Heiner Kruse

Logic Pro

Das umfassende Handbuch

Liebe Leserin, lieber Leser,

kennen Sie Logic bereits aus früheren Versionen oder befassen Sie sich erstmalig mit dieser Software? In beiden Fällen wird die Funktionsvielfalt dieser DAW Sie beeindrucken: Sie erleichtert Ihnen die Arbeit und ermöglicht professionelle Musikproduktionen – vorausgesetzt, Sie kennen die passenden Funktionen und setzen sie richtig ein.

Dazu vermittelt Ihnen dieses umfassende Handbuch zu Beginn alle Grundlagen, die Sie für den Start benötigen. Bereits in den ersten beiden Kapiteln lernen Sie, wie Logic eingerichtet wird und führen eine komplette Beispielproduktion durch. Darauf aufbauend lernen Sie neben der Aufnahme und Bearbeitung von Audio und MIDI u. a. die Synthesizer- und Sampler-Programmierung, MIDI-Effekte oder das Abmischen mit Logic kennen.

Und da zur Musikproduktion mehr nötig ist als die Beherrschung der DAW, führt Heiner Kruse Sie auch in die Grundlagen der Harmonie- und Kompositionslehre ein und gibt Ihnen zahlreiche Tipps zur Produktion unterschiedlicher Genres an die Hand. Kapitel zu Filmvertonung, Mastering, dem Zusammenspiel mit anderer populärer Musiksoftware und ein Troubleshooting-Abschnitt runden den letzten Teil dieses Nachschlagewerks ab.

Wer könnte Ihnen die Vielzahl der relevanten Themen besser vermitteln als jemand, der nicht nur sehr erfolgreicher Musiker, Labelbetreiber und Musikproduzent ist, sondern auch als von Apple zertifizierter Dozent und Autor im Bereich Musikproduktion tätig ist? Heiner Kruse ist Logic-Experte der ersten Stunde, setzt bei seinen Musikproduktionen seit Anfang der 90er auf diese DAW und vermittelt sein Logic-Wissen seit vielen Jahren als Dozent. Ich bin sicher, dass Ihnen sein Werk eine große Hilfe sein wird!

Abschließend noch ein Wort in eigener Sache: Dieses Werk wurde mit großer Sorgfalt geschrieben, geprüft und produziert. Sollte dennoch einmal etwas nicht so funktionieren, wie Sie es erwarten, freue ich mich, wenn Sie sich mit mir in Verbindung setzen. Ihre Kritik und konstruktiven Anregungen sind jederzeit willkommen.

Ihr Christoph Meister
Lektorat Rheinwerk Computing

christoph.meister@rheinwerk-verlag.de
www.rheinwerk-verlag.de
Rheinwerk Verlag · Rheinwerkallee 4 · 53227 Bonn

Auf einen Blick

Wir hoffen, dass Sie Freude an diesem Buch haben und sich Ihre Erwartungen erfüllen. Ihre Anregungen und Kommentare sind uns jederzeit willkommen. Bitte bewerten Sie doch das Buch auf unserer Website unter **www.rheinwerk-verlag.de/feedback**.

An diesem Buch haben viele mitgewirkt, insbesondere:

Lektorat Christoph Meister
Korrektorat Petra Biedermann, Reken
Herstellung Melanie Zinsler
Typografie und Layout Vera Brauner
Einbandgestaltung Mai Loan Nguyen Duy
Coverbilder Shutterstock: 59147674 © O.V.D., 110428847 © martan, 124514986 © Evgeny Karandaev; iStockphoto: 21658287 © s-cphoto; Apple Incorporated
Satz SatzPro, Krefeld
Druck C.H.Beck, Nördlingen

Dieses Buch wurde gesetzt aus der TheAntiquaB (9,35/13,7 pt) in FrameMaker.
Gedruckt wurde es auf chlorfrei gebleichtem Offsetpapier (80 g/m²).
Hergestellt in Deutschland.

Bibliografische Information der Deutschen Nationalbibliothek:
Die Deutsche Nationalbibliothek verzeichnet diese Publikation in der Deutschen Nationalbibliografie; detaillierte bibliografische Daten sind im Internet über *http://dnb.dnb.de* abrufbar.

ISBN 978-3-8362-8014-3

3., aktualisierte Auflage 2021

Informationen zu unserem Verlag und Kontaktmöglichkeiten finden Sie auf unserer Verlagswebsite **www.rheinwerk-verlag.de**. Dort können Sie sich auch umfassend über unser aktuelles Programm informieren und unsere Bücher und E-Books bestellen.

Inhalt

3 Setup/Konfiguration, Speichern und MIDI-Hintergrundwissen 157

4 Hauptfenster-Übersicht, Hauptmenüs, Fensterübersicht 217

15 Die Effekte in Logic Pro 895

16 Automation, Smart Controls, Controller, Logic Remote 1017

19 Andere Programme, Synchronisation, spezielle Verbindungen 1165

20 Fehler, Workarounds, Problemlösungen 1181

Materialien zum Buch

Auf der Webseite zu diesem Buch stehen folgende Materialien für Sie zum Download bereit:

- **Beispielprojekte aus dem Buch**
- **Samples und Soundvorlagen**

Gehen Sie auf *www.rheinwerk-verlag.de/5230*. Klicken Sie auf den Reiter MATERIALIEN ZUM BUCH. Sie sehen die herunterladbaren Dateien samt einer Kurzbeschreibung des Dateiinhalts. Klicken Sie auf den Button HERUNTERLADEN, um den Download zu starten. Je nach Größe der Datei (und Ihrer Internetverbindung) kann es einige Zeit dauern, bis der Download abgeschlossen ist.

Kapitel 1
Einführung, Schnellkurs Mac, Logic-Installation

Hier finden Sie eine Einführung zum Buch, Grundlagen zum Mac-System, zur Logic-Installation und wie Sie das Programm mit und ohne externe Geräte wie Keyboard oder Audiointerface in Betrieb nehmen.

Sie lesen hier die dritte, stark überarbeitete und aktualisierte Auflage dieses umfassenden Handbuchs zum Thema Musikproduktion mit Logic. Die erste Auflage erschien 2014 und die zweite 2017.

Wenn Sie noch nicht sicher sind, ob Logic das richtige Werkzeug für Sie ist: Es gibt nun auch eine 90-Tage-Testversion von Logic Pro unter *https://support.apple.com/de-de/logic-pro*.

Logic im Bildungsbereich

Falls Sie studieren oder im Bildungsbereich arbeiten: Denken Sie daran, dass Sie über Apples Education Store ungefähr zum normalen Preis von Logic auch alle anderen Apple-Creativ-Apps hinzubekommen – vor allem *Final Cut Pro*, aber auch *MainStage*, *Motion* und *Compressor* (Stand Sommer 2021 bei Registrierung via Unidays).

1.1 Einführung

Das Programm, mit dem sich das Buch beschäftigt, heißt nun nicht mehr Logic Pro X, sondern nur noch Logic Pro. Es entwickelt sich ständig weiter. Auch die dritte Auflage dieses Buchs enthält gegenüber der zweiten viel Neues. Zum Beispiel sind die Themen LIVE LOOPS, STEP SEQUENCER, *Sampler* und *Quick Sampler* hinzugekommen. Oder Informationen über neue Sounds, die verbesserte Logic-Remote-App, Multi- und Remix-FX, Smart-Tempo-Anpassungen und die Instrumente *Session Horns* und *Session Strings*. Weitere Neuerungen ermöglichen einfachere Workflows. Da die zweite Auflage schon über 1.200 Seiten stark war, musste ich auch einige Inhalte kürzen.

In den letzten vier Jahren habe ich nicht nur viel Musik gemacht (vor allem unter meinem Künstlernamen »The Green Man (TGM)«), sondern auch viel geschrieben (besonders für

»professional audio«, aber auch fürs »SynMag«) und mich in die Welt modularer Synthesizer eingearbeitet (für neue Sounddesign-Abenteuer und eine erste Ambient-Live-Performance).

Immer wenn ich über meine eigenen Texte lese, will ich kürzen. Also ist das Buch gegenüber Vorauflagen vielleicht noch etwas mehr »streamlined« und durch die Erfahrungen der letzten Jahre ausgereifter. Dass man in Logic vieles auf mehrere Weise lösen kann, hat sich nicht geändert, und dem muss das Buch weiterhin gerecht werden. Die Struktur von 20 Kapiteln mit ihren jeweiligen Themen aus der zweiten Auflage habe ich beibehalten. Die erste Auflage des Buchs war (mit ebenfalls 20 Kapiteln) etwas anders aufgeteilt.

1.1.1 Buchphilosophie

Ich möchte mit diesem Buch den Kompromiss zwischen einem ausführlichen Kompendium und einem kompakten Ratgeber finden, aber auch unabhängig von Logic Tipps geben. Meine Bücher waren immer zielorientiert und hießen beispielsweise »Musikproduktion mit Reason«. Dieser Philosophie folgt auch dieses Buch. Manchmal erkläre ich »am Ziel orientiert« (z. B. Recording, Tempoanpassung, Vocal-Bearbeitung), manchmal die in Logic verfügbaren Funktionen nacheinander. Oft ergänze ich das durch Praxisbeispiele als niedergeschriebene Inhalte oder in Form von Projekten, die Sie im Bonusbereich finden. Bei einigen Projekten sind ergänzende Erläuterungen im Projekt selbst (statt im Buch) als Notizen gespeichert.

Das Buch soll Ihnen auch unabhängig von der verwendeten DAW in künstlerischer und technischer Hinsicht weiterhelfen. Zudem finden Sie zielbezogene Themen wie Mixdown, Synthesizerprogrammierung, Sounddesign, Filmvertonung, Effekte, Harmonielehre und Mastering in speziellen Abschnitten dieses Buchs.

1.1.2 E-Book

Als Besitzer(in) eines E-Books können Sie auf Verweise klicken und direkt zum Ziel springen. Der Rheinwerk-Verlag bietet für Buch-Käufer*innen ein Bundle-Angebot: Für nur 5 € zusätzlich können Sie auch das E-Book erwerben. Dieses ermöglicht ein schnelles Springen zu verlinkten Abschnitten bzw. Querverweisen via Doppelklick.

1.1.3 Zusätzliche Videos, Links, Kontakt, Privatschulungen

Unter *logichilfe.de* (zurzeit verlinkt zu einem YouTube-Kanal) habe ich zusätzlich einige Hilfsvideos veröffentlicht. Diese finden Sie dort in Playlists angeordnet, die den Kapitelnummern dieses Buchs entsprechen. Hier finden Sie z. B. eine Einführung für Anfänger oder Videos, die Updates betreffen. Oder spezielle Themen, z. B. das Editieren von Artikulationssets für die Nutzung mit Kontakt oder die Nutzung von externen Controllern. Das möchte ich noch vertiefen, aber lieber nicht zu viel versprechen, denn diese Videoproduktionen sind zeitintensiv.

Mein anderer YouTube-Kanal *www.youtube.com/basswerkrec* enthält Musik meines Labels »Basswerk« sowie unter dem Motto »Sound Reports« (*www.sound.report*) weitere Tutorials zu Themen außerhalb von Logic. Auf meiner Website unter *www.heinerkruse.de* lesen Sie mehr über meine Aktivitäten in Bezug auf Musik, Klangforschung, Texte und Schulungen. Sie finden dort aktuelle Links zu Social Media Channels mit News und zu einer Logic User Gruppe sowie Links zu anderen Webseiten und Domains, die ich nutze.

Als Dozent gebe ich regelmäßig Kurse für Musikproduktion an der Akademie Deutsche Pop/United Pop, wo ich auch Kurse konzeptioniert habe. Darüber hinaus gebe ich auch anderweitig Workshops (z. B. zuletzt bei der Bundesakademie Trossingen) und bin für Anfragen z. B. für Musik, Workshops und Online-Privatschulungen unter *heiner@basswerk.de* zu erreichen. Schreiben Sie bei Bedarf eine Mail mit dem Betreff »Anfrage Logic-Buch Leser«. Darüber hinaus plane ich (falls ich Zeit finde), weitere Tutorials zum Thema Sound und Musikproduktion.

1.1.4 Die Bedeutung von Musik und die neue Position für Sie mit Logic

Menschen musizieren miteinander, Menschen genießen Musik oder möchten sich mit Musik ausdrücken. Musik kann auch Konzentrationsübung und Meditation sein oder in schweren Zeiten für das Seelenheil sorgen. Man kann beim Musizieren alles um sich herum vergessen. Musik kann viel geben: Kraft, Freude, Muße, Ruhe oder Verbundenheit mit anderen. Bei Musik geht es auch darum, miteinander richtig umzugehen – ob in der Gemeinschaft mit Musiker*innen oder als DJ mit einer Crowd.

Ich habe im musikalischen Leben oft Unterstützung von tollen Musiker*innen erfahren und hoffe, mit diesem Buch etwas zurückgeben zu können und dem/der ein oder anderen zu helfen, Ideen umzusetzen, ohne an Technik, mangelnder Hilfe und Dokumentation zu scheitern. Denn mit Logic können Sie sich in eine Position bringen, wo Sie selbst Dinge realisieren können, für die Sie früher unbedingt Mitmusiker gebraucht hätten. Im Gegensatz zu vielen anderen Dingen des Lebens haben Sie es hier bei Bedarf allein in der Hand, was Sie realisieren. Das kann sehr glücklich machen – und soll nicht abwerten, wie schön es ist, mit anderen Musikern zusammenzuarbeiten.

Ein Computer, ein kleines Mischpult, Logic Pro und ein Mikrofon können ausreichen, um professionelle Produktionen zu realisieren – alleine, im Team oder via Dateiaustausch per Internet. Vorausgesetzt, Sie können als Komponist*in und Musiker*in mit den Tools richtig umgehen.

1.1.5 Was ist Logic Pro? Eine DAW!

Logic Pro ist graphisch und strukturell ein eher klassisch aufgebautes Sequencerprogramm mit Instrumenten und Effekten bzw. eine *Digital Audio Workstation* (abgekürzt DAW). Logic ist mit Programmen wie Pro Tools, Cubase oder PreSonus Studio One etwas mehr artverwandt als z. B. mit Ableton Live, Reason oder Fruity Loops, die anders strukturiert sind. Doch ändert sich dies ständig und die Hersteller bauen stets neue Tools ein. Durch die Integration der Live-Loops-Ansicht hat Logic nun zum Beispiel deutlich mehr Gemeinsamkeiten mit Ableton Live. Logic ist weltweit eines der populärsten Programme zum Produzieren von Musik aller Genres. In Logic produzierte Musik kann elektronische Schwerpunkte haben, muss aber auch überhaupt nicht nach »Computer« klingen. Logic ist für viele professionelle Komponisten und Filmmusikproduzenten das bevorzugte Programm – aus folgenden Gründen:

- Logic ist eine voll ausgestattete Workstation mit einem professionellen Mixer.
- Logic enthält Instrumente, professionelle Effekte und Sounds aller Art (in Logic Pro kommt eine riesige Auswahl topaktueller Sounds und Loops hinzu).
- Logic verfügt über die Werkzeuge, mit denen Sie Ihre Musik perfekt arrangieren und abmischen.
- Logic ist für die unterschiedlichsten Genres geeignet (Loop-Packs sind auch nach Genres sortiert).
- Logic nutzt die Ressourcen des Computers auch bei großen Projekten oft besser als andere Programme.
- Logic kooperiert über Audio-Unit-(AU-)Plug-ins mit einer endlosen Zahl von Instrumenten und Effekten anderer Hersteller.

Auch das iPad und iPhone können Sie bei der Arbeit mit Logic einbeziehen, sei es als Logic-Remote-Fernsteuerung oder mit GarageBand für iOS oder der Sprachmemos App als Skizzentool für unterwegs. Manche iOS-Apps können zudem nun auf Macs mit Apple-Prozessor geöffnet werden, auf denen auch Logic sehr gut läuft.

Logic wurde ursprünglich als Programm für professionelle Musikproduzenten konzipiert. Die Zielgruppe war damals eine vergleichsweise elitäre Gruppe von Studioprofis mit vielen Hardware-Klangerzeugern.

1.1.6 Wie ist das Buch aufgeteilt?

Dies ist ein sehr dickes Buch, denn auch wenn Logic nun viel einfacher zu bedienen ist als anfangs, sind (fast) alle alten Profifunktionen immer noch da. Einsteiger können komplexe Optionen auch ausblenden.

Das Buch ist folgendermaßen aufgebaut:

- »Teil 1: Einführung und Schnellkurse« umfasst Kapitel 1 und Kapitel 2. Hier geht es um Basics. Es gibt einen Mac-Grundkurs, eine Anleitung für die Installation und das Setup Ihres Arbeitsplatzes sowie einen Logic-Schnellkurs. Dieser skizziert einen Arbeitsablauf von der ersten Idee bis zum Export eines Audiofiles. Aus einer solchen Position heraus macht es mehr Spaß, sich danach den Details zu widmen.

- »Teil 2: Logic Pro im Detail« umfasst Kapitel 3 bis Kapitel 16. Kapitel 3 liefert Informationen zu Setups, Einstellungen, Tastaturkommandos etc. und theoretischen Background zu MIDI. Kapitel 4 bis Kapitel 6 widmen sich dem Hauptfenster, dem Herzstück von Logic, inklusive der neuen Live Loops-Funktion, der Aufnahme und dem Editing von Audio und MIDI und dem Arrangieren im Detail. In Kapitel 7 bis Kapitel 10 gehen wir die verschiedenen Editoren, Tempo- und Tuninganpassungen sowie Audio- und MIDI-Im- und Export durch.

  In Kapitel 11 stelle ich Ihnen die Grundlagen der Synthesizer- und Sampler-Programmierung sowie sämtliche Logic-Instrumente (und andere kurz) vor. Kapitel 12 vermittelt Basisinhalte zu Harmonie- und Kompositionslehre, die Sie auch ohne Kenntnisse von Notenschrift verstehen sollten. Kapitel 13 zeigt MIDI-FX und erläutert Logics MIDI-Umgebung. In Kapitel 14 und Kapitel 15 lesen Sie über Logics Mixer und Effekte. In Kapitel 16 geht es um Mix-Automation, Smart Controls sowie die Nutzung von Controllern und Logic Remote (iOS) mit Logic.
- »Teil 3: Mixingpraxis, musikalische und spezielle Ziele, Logic im Zusammenspiel mit anderer Software, Fehlersuche« umfasst Kapitel 17 bis Kapitel 20. Kapitel 17 bringt einen Mixing-Grundkurs, außerdem Beispiele und Inhalte zu Produktionstechniken verschiedener Genres und Instrumentengruppen. Kapitel 18 widmet sich vor allem der Vertonung von Filmen, Mastering und dem Thema Live-Act. Schließlich behandelt Kapitel 19 das Zusammenspiel Logics mit anderer Soft- und Hardware. Kapitel 20 listet Schwierigkeiten auf, die mir bei der Arbeit mit Logic begegnet sind. Zu guter Letzt hilft Ihnen ein Index am Ende des Buches beim Nachschlagen von Begriffen und Funktionen.

1.1.7 Wo finden Sie Projekte und Bonusinhalte zum Buch?

Unter *www.rheinwerk-verlag.de/5230* finden Sie den Bonusbereich mit »Materialien zum Buch«. Dieser enthält Downloads zu den Logic-Projekten. Ich bitte um Verständnis, dass viele Beispiele einen limitierten musikalischen Wert haben, da sie der Demonstration von Funktionen dienen. In Kapitel 17 finden Sie mehr und aussagekräftigere musikalische Beispiele.

Aus Platz- und Copyright-Gründen habe ich Logics Library Sounds *nicht* mit Projekten abgespeichert, doch diese sollten bei ordnungsgemäß installierten zusätzlichen Inhalten gefunden werden. Im Ordner *Sonstiges* finden Sie außerdem einzelne Bounces von Projektdateien als *.mp3*.

1.1.8 Ist Logic besser als andere DAWs?

Verschiedene Programme oder Hardwaregeräte implizieren unterschiedliche Workflows; was wem liegt, ist auch eine Typfrage und Sache der Gewohnheit. Sicher kann man auch mit anderen Programmen ähnlich gut zum Ziel kommen. Für mich ist Logic gewohntes Hauptwerkzeug, aber ich arbeite auch gerne mit anderen Programmen wie Ableton Live, Bitwig, Reason, Maschine oder Pro Tools.

Ich habe bei Studierenden oft gesehen, was aufgrund falscher Bedienung oder auch Bugs schieflaufen kann. Davon profitieren Sie als Leser*in und finden auch kritische Anmerkungen zu Dingen, die in Logic nicht ganz so gut gelöst sind – inklusive Lösungsvorschläge, wie Sie Probleme umgehen können.

1.1.9 Musikkooperationen?

Wenn Ihnen das Buch weitergeholfen hat und Sie Lust haben, an Beispielen aus dem Buch weiterzuarbeiten und etwas Neues zu basteln – schreiben Sie mir eine Mail an *heiner@basswerk.de*.

1.1.10 Danke

Viele Menschen haben bei der Erstellung dieses Buchs mitgeholfen, denen ich allen danken möchte. Besonderer Dank gebührt Sebastian Kestel, dessen Vision das Buch möglich machte, sowie Christoph Meister, der seit der zweiten Auflage federführend agiert. Meiner Frau Eva Kruse, die mich bei der zeitintensiven Erstellung dieses Buchs geduldig unterstützt hat, möchte ich ebenso besonders danken wie meiner Korrektorin Petra Biedermann (für alle drei Auflagen) sowie Jan Torkewitz, der mir bei Kapitel 12, »Harmonielehre, Skalen und Rhythmik: eine Einführung«, zur Seite stand.

1.2 Mac-Basics und -Shortcuts, Unterschiede zwischen Mac und PC

Wenn Sie Logic Pro nutzen wollen, ist ein Mac Pflicht, denn Logic ist ein Apple-Programm. Die folgenden Tipps zum Workflow auf dem Mac sollen Mac-Einsteigern und Umsteigern von Windows den Einstieg erleichtern. Sie kennen sich mit dem Mac schon aus und haben Logic schon installiert? Dann können Sie diesen Abschnitt auch überspringen, aber vor allem bei den Shortcut-Tipps ist vielleicht auch für Sie das ein oder andere dabei, was Sie noch nicht wussten.

Neben dem Mac-Tastaturlayout werde ich das Programm Finder erklären, das Ihnen die grundlegende Mac-Benutzeroberfläche liefert, sowie Sie kurz über den App Store und Systemaktualisierungen informieren.

1.2.1 Unterschiede zwischen der Mac- und der PC-Tastatur

Es ist wichtig, sich mit der Tastatur des Mac auszukennen, denn Sie können sich die Arbeit mit dem Mac und mit Logic mit Hilfe von voreingestellten oder selbst zugewiesenen *Tastaturkurzbefehlen* (englisch: *shortcuts*) deutlich vereinfachen. Es gibt vor allem in der linken unteren Ecke einige Unterschiede zu einer Windows-PC-Tastatur. Aber auch für Mac-User ist es wichtig, hier noch einmal zusammenzufassen, welche Bezeichnungen für Tasten gängig sind, damit es nicht zu Verwechslungen kommt. Kennen Sie den Unterschied zwischen der Wahltaste und der Umschalttaste? Tabelle 1.1 und Abbildung 1.1 zeigen, welche Symbole und Bezeichnungen Sie kennen sollten, um Tastaturkurzbefehle auf dem Mac und in Logic zu verstehen.

Die Tabelle fasst die verschiedenen gängigen Begriffe und Symbole zusammen. Oft werden in der Literatur oder in Workshops deutsche und englische Bezeichnungen gemischt benutzt. Ich bevorzuge in diesem Buch meist die Benutzung der Tastenkappen [⇧], [ctrl], [alt] und [cmd], die sich ohnehin aus der Beschriftung der Tastatur ergeben.

Mac	Windows-PC
[⇧] = Shift = Umschalttaste	[⇧] = Shift = Umschalttaste
[ctrl] = Ctrl = Control = ^	[Strg] = Strg = Steuerungstaste
[alt] = Alt = Alternate = Wahltaste = Optionstaste	[Alt] = Alt = Alternate
[cmd] = Cmd = Command = Befehlstaste = Apfeltaste	[⊞] = Win = Windows-Taste

Tabelle 1.1 Verschiedene Bezeichnungen für die Funktionstaste

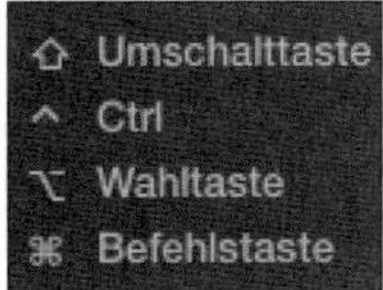

Abbildung 1.1 Funktionstasten der Mac-Tastatur mit den dazugehörigen Symbolen, wie sie von Logic benutzt und angezeigt werden

Wenn Sie sich Ihre Mac-Tastatur ansehen, werden Sie die oben abgebildeten Symbole darauf wiederfinden, wobei sich Laptoptastaturen von größeren Tastaturen leicht unterscheiden, wie Abbildung 1.2 und Abbildung 1.3 verdeutlichen.

Abbildung 1.2 Das Layout einer großen Mac-Tastatur

Abbildung 1.3 Das Layout einer kleineren Laptop-Mac-Tastatur

Die Taste mit dem `↵`-Symbol ❶ wird übrigens (wie in Windows auch) als *Eingabetaste* oder als *Return-Taste* bezeichnet, die Taste in Abbildung 1.2 ganz unten rechts nennt man dagegen *Enter-Taste* ❷.

Die Befehlstaste `cmd` beim Mac liegt links neben der Leertaste und ist am entsprechenden Symbol zu erkennen. Bei älteren Macs ist manchmal außerdem oder stattdessen ein Apfelsymbol abgebildet, weshalb man auch von der *Apfeltaste* spricht. Als Kürzel für die Befehlstaste wird Cmd (*command*, englisch = Befehl) benutzt. Auf Mac-Tastaturen fehlt die `Strg`-Taste (Steuerung), die bei PC-Tastaturen meist unten links liegt – also dort, wo bei Macs stattdessen die `ctrl`-Taste (*control*) platziert ist. Bei PC-Tastaturen liegt üblicherweise die `alt`-Taste links neben der Leertaste und links daneben die *Windows-Taste* mit einem Windows-Symbol (⊞).

Ein typischer Unterschied zwischen PC- und Mac-Shortcuts besteht darin, dass bei Programmen, die sowohl auf dem Mac als auch auf dem PC funktionieren (wie zum Beispiel *Reason*, *Ableton Live* oder *Word*), beim Mac die `cmd`-Taste oft die gleiche Funktion erfüllt wie beim PC die `Strg`-Taste – obwohl letztere eine andere Position auf der PC-Tastatur hat (ganz links unten außen). So lautet der Tastaturbefehl »kopieren« beim Mac `cmd` + `C` (auch genannt *Apfel + C*) und beim PC `Strg` + `C`.

Die `⌥`/`alt`-Taste wird auf PCs und Macs meist synonym verwendet; man nennt sie auch *Option-* oder *Wahltaste*. Die `⇧`-Taste ist auf beiden Systemen als *Großbuchstabentaste* oder *Umschalttaste* bekannt.

Bei der Arbeit mit dem Mac ist die Arbeit mit Shortcuts oft sinnvoll und spart Zeit. Viele Shortcuts können Sie später auch selbst vergeben, andere sind fest in das System integriert. Priorität sollte aber haben, dass Sie überhaupt erst einmal mit dem Mac zurechtkommen.

1.2.2 Einführung Mac/Finder

Wenn Sie Windows-Rechner gewöhnt sind oder sich mit einem Mac überhaupt nicht auskennen, ist der Umstieg mit Hilfe der Kenntnis einiger Mac-Basics relativ leicht.

Grundlegendes

Ich gehe davon aus, dass Sie das Mac-System grundsätzlich installiert haben und Ihren Benutzernamen sowie Ihr Benutzerkennwort kennen, das Sie zum Beispiel bei der Installation von bestimmten Programmen und Inhalten benötigen. Zu diesem Zweck müssen Sie sich nämlich oft nochmals als sogenannter *Administrator* anmelden, wodurch das Mac-Betriebssystem macOS verhindern möchte, dass ungewollt schädliche Software installiert wird.

All diese Dinge lässt Sie das Installationsprogramm bei einer kompletten Systemneuinstallation des Mac normalerweise automatisch konfigurieren. Dabei erstellen Sie ein Benutzerkonto mit einem Benutzernamen und Kennwort und haben Administratorrechte. Sie können mehrere Benutzer anlegen, die beispielsweise nur eingeschränkte Rechte haben (z. B. Schüler einer Schule, Kollegen oder Kinder).

Finder

Wenn Sie Ihren Mac in Betrieb genommen haben, öffnet sich zunächst das Programm *Finder*. Dass der Finder aktiv ist, sehen Sie oben links auf dem Bildschirm, wo FINDER rechts neben dem Apfelsymbol steht, wie in Abbildung 1.4.

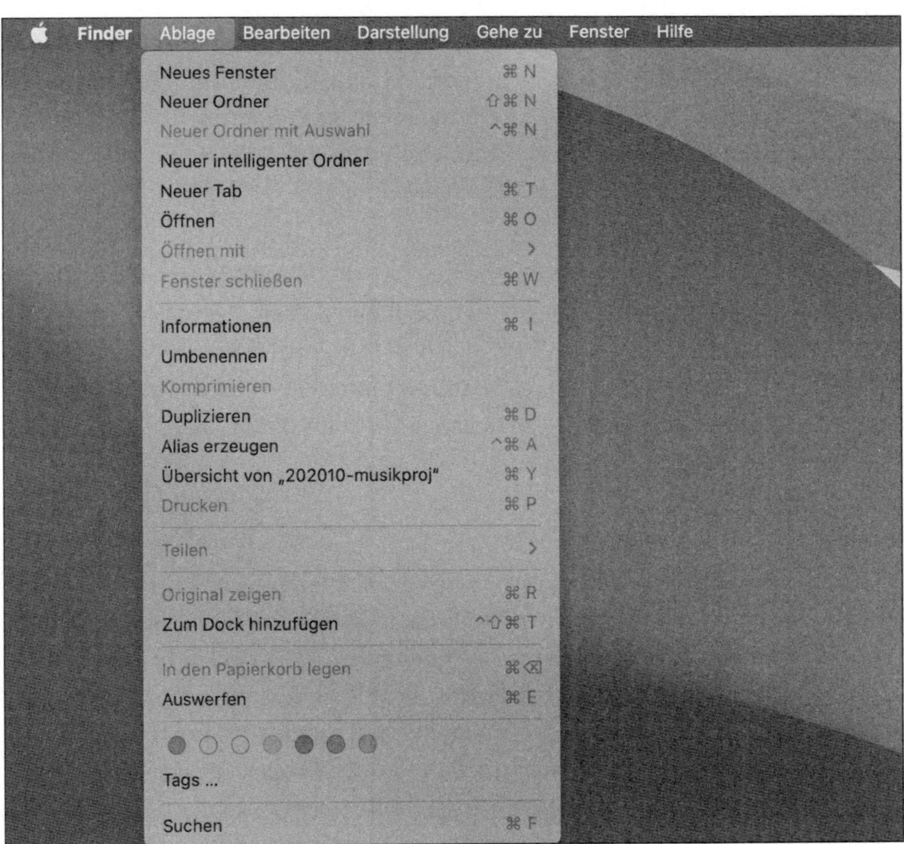

Abbildung 1.4 Sie befinden sich im Finder. Öffnen Sie von hier aus ein neues Fenster.

Hier steht immer der Name des Programms, das sich gerade im Vordergrund befindet und zu dem auch die weiteren sichtbaren Menüeinträge rechts daneben gehören. Sobald Sie mit einem anderen Programm arbeiten, steht dort ein anderer Name. Mit dem Shortcut [cmd] + [⇥] schalten Sie zwischen Programmen um (siehe Abbildung 1.5). Der Finder hat dabei das Icon mit dem Smiley.

Abbildung 1.5 Symbole der aktiven Programme in der Anzeige, die Sie mit den Tasten »cmd« und »Tab« erreichen. Durch wiederholtes Drücken der Tabulatortaste bei gehaltener »cmd«-Taste wechseln Sie zwischen den Programmen.

Tastaturkurzbefehle für das Mac-Programm Finder funktionieren nur, wenn der Finder als Programm im Vordergrund ausgewählt ist. Je nachdem, welches Programm im Vordergrund ist, ändern sich ganz oben auch die Menüs in der Menüleiste. Das Apfelmenü, das Sie links oben unterhalb des Apfels sehen, wenn Sie diesen anklicken, bleibt dagegen gleich, auch wenn Sie zwischen Programmen wechseln.

Im Finder können Sie neue Fenster und Ordner erzeugen (Abbildung 1.4), Dateien kopieren und einfügen, Darstellungsoptionen wählen, Hilfefunktionen aufrufen etc. Diese Dinge waren bislang auf verschiedenen macOS-Systemen gleich, auch wenn es immer wieder ein paar Änderungen in neuen Systemen gibt. Für die Arbeit mit diesem Buch ist es weitgehend unwesentlich, mit welchem System Sie arbeiten (solange Ihr Logic darauf läuft – Logic 10.6.2 braucht mindestens macOS 10.15.7 Catalina).

Fenster im Finder

Wählen Sie im Menü Ablage • Neues Fenster. Im neu geöffneten Fenster können Sie durch die Dateien und Ordner auf Ihrem Computer navigieren und hierfür verschiedene Ansichten wählen, die sich mit den Tastaturkommandos [cmd] + [1], [cmd] + [2], [cmd] + [3] und [cmd] + [4] aufrufen lassen. In Abbildung 1.6 habe ich die *Spaltenansicht* ❶ ([cmd] + [3]) ausgewählt. Der Button für die Spaltenansicht oberhalb des Menüeintrages Darstellung ist markiert. Der Button links daneben ❷ mit den drei horizontalen Streifen würde beispielsweise die Listenansicht auswählen, in der Sie Dateien nach Name, Größe oder Datum sortieren können, indem Sie oben im Fenster die entsprechende Spalte anklicken (siehe Abbildung 1.7). Die Buttons rechts und links daneben bieten weitere Ansichtsalternativen. Natürlich können Sie beliebig viele Fenster öffnen, Ordner erstellen und Dateien mit der Maus anfassen und bewegen. Wenn Sie dabei die Taste [alt] halten, werden Elemente nicht bewegt, sondern kopiert.

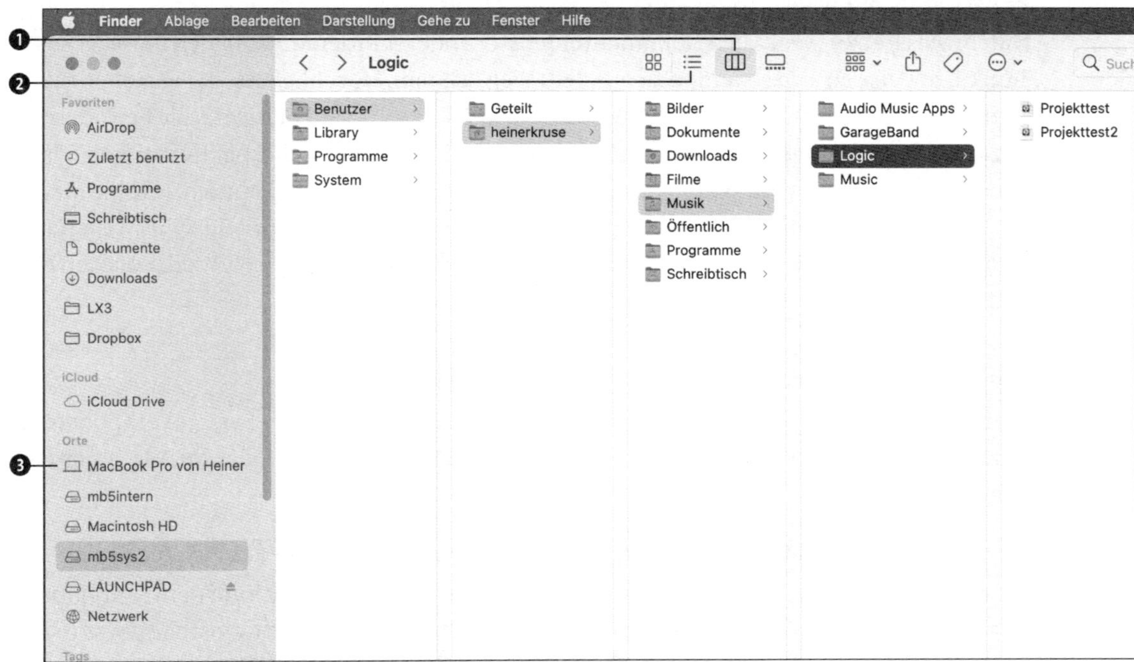

Abbildung 1.6 Im Fenster sehen Sie, wie Sie in der oberhalb des Eintrags »Darstellung« ausgewählten Spaltenansicht durch die Dateien navigieren.

Name	Änderungsdatum	Größe	Art
iLok License Manager	Heute, 09:57	43,8 MB	Programm
Affinity Photo	Heute, 09:37	2,49 GB	Programm
OneDrive	Heute, 09:35	203,5 MB	Programm
Microsoft OneNote	Heute, 09:35	1,04 GB	Programm
Microsoft PowerPoint	Heute, 09:35	1,66 GB	Programm

Abbildung 1.7 Ein anderer Ordner in der Listenansicht, die eine Sortierung u. a. nach Name oder – wie im Bild – nach Änderungsdatum erlaubt

Seit OS X 10.11 ähneln die Finder-Fenster gegenüber den Vorversionen noch mehr einem Browser. Sie können nicht nur (wie bereits in vorherigen Systemen) mit den Pfeiltasten oben links unterhalb der bunten Punkte zur letzten oder nächsten Ansicht navigieren, sondern nun auch Tabs innerhalb eines Fensters via ABLAGE • NEUER TAB (oder [cmd] + [T]) erstellen, um zwischen mehreren Ansichten in einem Fenster umzuschalten (siehe Abbildung 1.6). Für die Darstellung von Fenstern oder Dateien finden Sie im Menü DARSTELLUNG des Finders weitere Einstellungen.

Wenn Sie bei einem geöffneten Fenster oben links, wo Sie nebeneinander einen roten, einen gelben und einen grünen Punkt sehen, auf den gelben Punkt klicken (oder [cmd] + [M] für MINIMIEREN • FENSTER IM DOCK ABLEGEN betätigen), verschwindet das Fenster. Sie finden es danach im Dock wieder und können es von dort aus auf die ursprüngliche Größe bringen, indem Sie es anklicken. Auch Dokumentenfenster anderer Programme haben diese farbigen Punkte und lassen sich so temporär aus dem Weg räumen. Sie schließen ein Fenster oder Dokument, indem Sie auf den roten Punkt klicken (oder [cmd] + [W] betätigen). Sie befördern es zur bildschirmfüllenden Größe, wenn Sie auf den grünen Punkt klicken. In neueren Systemen führt dies im Gegensatz zu vorherigen Systemen zu einer Vollbildansicht, die die Menüleiste ausblendet, was manchmal lästig ist. Um das Fenster wie zuvor bildschirmfüllend zu vergrößern, halten Sie dort nun beim Klick auf den grünen Punkt [alt] fest oder klicken einfach doppelt auf den Fensterkopf.

Wo finde ich meine Festplatten, meine Dateien und Logic?

In diesem Abschnitt geht es darum, wo Sie verschiedene Inhalte oder Systemkomponenten auf dem Mac finden, die nach der Installation teilweise nicht standardmäßig angezeigt werden.

Wo ist meine Festplatte? Was zeigen Schreibtisch, Seitenleiste und das Fenster?

Sie können unter FINDER • EINSTELLUNGEN auswählen, welche Objekte auf dem Schreibtisch angezeigt werden, und unter FINDER • EINSTELLUNGEN • SEITENLEISTE einstellen, was in der Seitenleiste sichtbar ist (z. B. dass Sie Festplatten – wie von früheren Versionen gewohnt – wieder auf dem *Schreibtisch*, engl.: *desktop*), angezeigt bekommen. Oder dass der Name des Computers angezeigt wird, als dessen Inhalt sich die Festplatten anzeigen lassen, siehe Abbildung 1.6: MACBOOK PRO VON HEINER ❸). Im Menü DARSTELLUNG des Finders finden Sie weitere Darstellungsoptionen, z. B. das Einblenden der SEITENLEISTE oder der PFADLEISTE unten

Wo sind die Inhalte des Schreibtischs auf der Festplatte?

In Abbildung 1.6 sehen Sie Details zur Anordnung der Dateien: So ist zum Beispiel das, was Sie auf Ihrem Schreibtisch sehen, Bestandteil des Ordners SCHREIBTISCH, der sich im Bild rechts unten im Ordner DPOP160106 (Systemfestplatte) • BENUTZER • HEINERKRUSE befindet und den Sie auch mit Hilfe des Shortcuts [⇧] + [cmd] + [D] erreichen.

Benutzerordner und seine Library

Zu jedem Benutzerordner gehören Ordner wie BILDER, DOKUMENTE, DOWNLOADS, FILME und MUSIK (Abbildung 1.6). In letzterem legt Logic Pro seine Dateien in einem Unterordner namens AUDIO MUSIC APPS ab.

Außerdem sehen Sie in Abbildung 1.6 einen LIBRARY-Ordner auf der Systemfestplatte. Der LIBRARY-Ordner im Benutzerordner ist seit Mac OS X 10.7 normalerweise nicht sichtbar, Sie erreichen ihn aber unter anderem über das Menü GEHE ZU ..., wenn Sie es mit gehaltener [alt]-Taste aufrufen.

Programmordner und Favoriten

Auf der obersten Ebene der Festplatte sehen Sie einen Ordner PROGRAMME, in dem Sie auch LOGIC PRO finden, wenn Sie es installiert haben. Mit einem Doppelklick öffnen Sie es. Abbildung 1.6 zeigt links oben auch einen Ordner PROGRAMME unter dem Eintrag FAVORITEN. Dorthin (unter die FAVORITEN) können Sie übrigens auch alle Ordner ziehen, die Sie schnell erreichen möchten, wie ich das im Bild beispielsweise mit dem Ordner RHEINWERK getan habe. Wenn Sie bei einem geöffneten Ordner (z. B. PROGRAMME) die Taste [L] drücken, wird automatisch die erste Datei, die mit einem »L« (wie Logic) beginnt, selektiert.

Festplatten auswerfen und formatieren

Externe Festplatten müssen Sie auf dem Mac erst auswerfen, bevor Sie sie abziehen. Sie werfen eine Festplatte aus, indem Sie mit der rechten Maustaste (oder [ctrl] + Klick) das Kontextmenü aufrufen und den Eintrag AUSWERFEN auswählen (oder [cmd] + [E] betätigen).

Eine Festplatte können Sie im sogenannten *Festplatten-Dienstprogramm* (im Ordner PROGRAMME • DIENSTPROGRAMME, den Sie auch mit [⇧] + [cmd] + [U] aufrufen) Mac-kompatibel formatieren. NTFS-formatierte Windows-Festplatten lassen sich normalerweise auf Macs lesen, aber nicht beschreiben.

Dock und Apfelmenü

Eine Möglichkeit, Programme und minimierte Dokumente schnell aufzurufen, bietet das sogenannte *Dock*. Abbildung 1.8 zeigt das Dock. An den kleinen schwarzen Punkten unter/neben den Programm-Icons sehen Sie, welche Programme aktiv sind. Im Bild sind das mehrere Programme, wie zum Beispiel der Finder (repräsentiert durch das quadratische Gesichtssymbol) und das optional zu erwerbende Microsoft *Word*.

Mit einem Klick auf die unterschiedlichen Symbole schalten Sie zwischen den Programmen um. Wenn Sie beispielsweise auf Word klicken würden, stünde anschließend WORD und nicht mehr FINDER rechts neben dem Apfel – und die Menüs rechts daneben würden dann ebenfalls zu Word gehören.

Im Bild ruht die Maus über dem schwarz-silbernen Logic Pro-Programmsymbol (wodurch der Name des Programms angezeigt wird), und ein einfacher Klick darauf ruft das Programm Logic auf.

Abbildung 1.8 Hier sehen Sie das Dock unten. Aktive Programme sind mit einem Punkt markiert, das Zahnradsymbol führt zu den Systemeinstellungen.

Für das Dock können Sie einstellen, ob es permanent sichtbar ist oder nur dann, wenn Sie die Maus auf eine dem Dock zugewiesene Seite bewegen. In meinem Fall ist das unten, das Dock kann aber auch links oder rechts liegen. Sie finden Einstellungen für das Dock unter SYSTEMEINSTELLUNGEN – im Dock selbst oder im Apfelmenü (siehe Abbildung 1.9). Dort erreichen Sie auch wichtige grundlegende Befehle wie NEUSTART oder AUSSCHALTEN. Klicken Sie hierzu auf den Apfel ganz links oben.

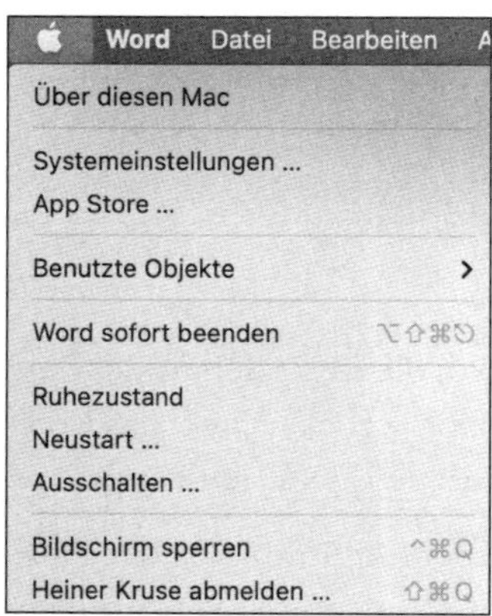

Abbildung 1.9 Die Einträge des Apfelmenüs

Systemeinstellungen

Wenn Sie die SYSTEMEINSTELLUNGEN öffnen, finden Sie dort neben dem Eintrag DOCK viele weitere Einstellmöglichkeiten für den Mac (siehe Abbildung 1.10). Sie können hier so ziemlich alles einstellen, inklusive der Konfiguration Ihrer Tastatur, der Sprache, der Maus, des Trackpads und der Bildschirme. Sound und MIDI werden allerdings größtenteils durch ein anderes Programm, das AUDIO-MIDI-SETUP, konfiguriert, das ich in Abschnitt 1.5, in verschiedenen Abschnitten über die Konfiguration von Audio und MIDI in Kapitel 3 sowie für Netzwerkverbindungen in Abschnitt 19.10 erläutere.

Mission Control ist ein Programm, mit dem Sie mehrere geöffnete Dokumente auf mehrere Schreibtische verteilen können. Sie sollten wissen, dass Programme wie Mission Control durch bestimmte, meist vorkonfigurierte Befehle aufgerufen werden, z. B. durch Tastaturkurzbefehle oder durch Bewegen des Mauszeigers in eine bestimmte Ecke. Es kann also sein, dass vorgegebene Shortcuts für Hilfsprogramme oder das System Sie bei der Arbeit mit Programmen behindern. Sie müssen solche Shortcuts in den zugehörigen Bereichen der SYSTEMEINSTELLUNGEN deaktivieren, damit sie in anderen Programmen wie Logic wieder verfügbar sind. Das geht allerdings nicht bei bestimmten System-Shortcuts (cmd + W zum Schließen eines Fensters oder cmd + M zum Minimieren bzw. Ablegen des Fensters im Dock sind fest vergeben).

Apple hat in der Vergangenheit circa einmal pro Jahr ein neues System veröffentlicht, mit kleinen Abweichungen waren die hier beschriebenen Dinge in den jeweiligen Systemen jeweils ähnlich.

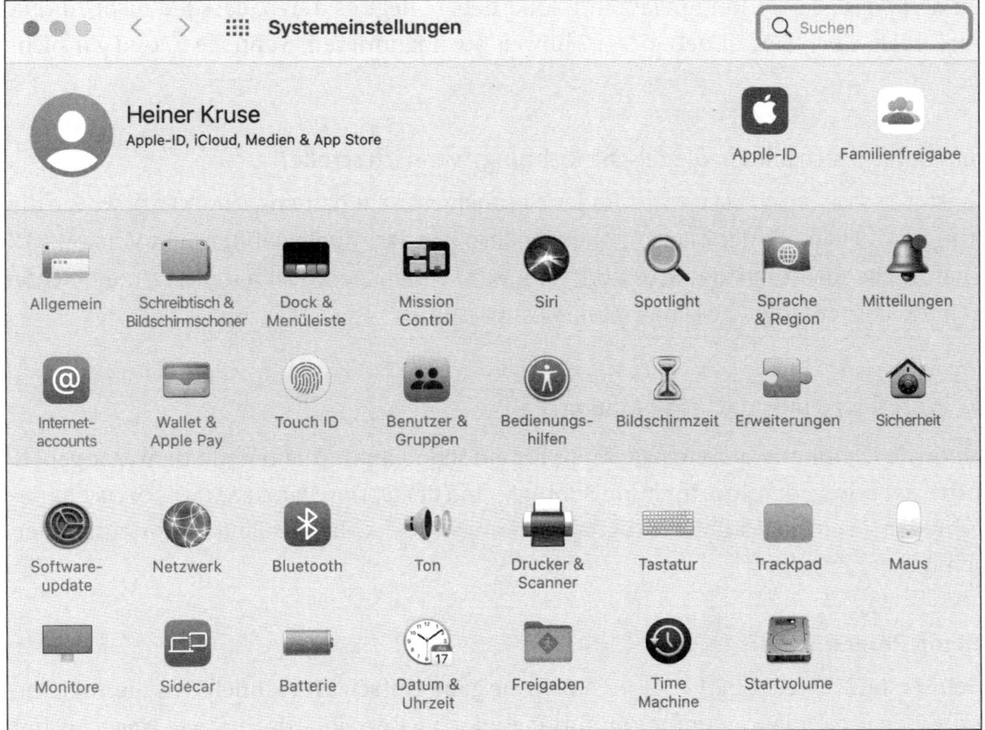

Abbildung 1.10 Die Systemeinstellungen

Unerwünschte Dateiauslagerung an iCloud

Wenn Sie in den SYSTEMEINSTELLUNGEN auf das Feld APPLE-ID klicken, gelangen Sie an die entsprechenden Einstellungen. Ab macOS 10.12 wird bei der Nutzung von iCloud teilweise Folgendes vorkonfiguriert: Apps können Dokumente in die Cloud auslagern, um Platz auf der Festplatte zu sparen. Das kann zu Problemen führen, wenn keine Internetverbindung vorhanden ist. Es kann auch dazu führen, dass Ihnen angedroht wird, dass alles auf Ihrem Schreibtisch gelöscht wird, wenn Sie die Option später deaktivieren möchten. Bei aktivierter iCloud sollten Sie in den zu iCloud gehörenden Optionen den Eintrag ORDNER SCHREIBTISCH & DOKUMENTE deaktivieren und zudem die Option MAC-SPEICHER OPTIMIEREN deaktivieren (wird in macOS 11 bei selektierter ICLOUD-Option unten angezeigt).

Gewünschte Dateiauslagerung an iCloud

Wenn Sie iCloud Drive nutzen, können Sie, ähnlich wie mit Dropbox, Dateien in der Cloud abspeichern und so leicht auf mehreren Rechnern arbeiten. iCloud erscheint dann rechts im Finderfenster unter den Favoriten. Sie können für die Inhalte über den Eintrag DOWNLOAD ENTFERNEN im Kontextmenü auswählen, ob sie auch auf Ihrem Rechner im Finder verfügbar sein sollen. Um genug Platz zu haben, benötigen Sie ein Abo bei Apple, das es in verschiedenen Preisstufen gibt. Wenn Sie auf dem Rechner oder iPhone regelmäßig eine Meldung bekommen, dass Sie zu wenig Platz in iCloud haben, liegt es daran, dass Sie nicht für ein Abo bezahlen. Doch Sie können diesen Hinweis auch ignorieren, wenn Sie iCloud gar nicht nutzen.

Warum bewegt sich alles in die falsche Richtung, wenn ich scrolle?

Im Fenster SYSTEMEINSTELLUNGEN finden Sie auch ein Feld namens TRACKPAD, wo Sie die Richtung, in die Sie mit der Maus scrollen, ändern können. Apple definierte in Version 10.7 die »natürliche Richtung« des Scrollings neu, was so manchen User auf die Palme brachte. Zum Glück kann man solche Dinge manuell anpassen.

1.2.3 Workflow-Tipps und Task Manager

Nun möchte ich Ihnen noch ein paar Tipps für ein schnelleres Arbeiten mit dem Mac geben, inklusive der erwähnten Suchfunktion Spotlight und der Option PROGRAMME SOFORT BEENDEN, mit der Sie ein abgestürztes Programm zwangsweise schließen. Einige Shortcuts haben Sie bereits kennengelernt.

Arbeit mit Programmen

Mit dem Tastaturbefehl `cmd` + `⇥` schalten Sie ganz einfach und schnell zwischen aktiven Programmen um. Um Programme komfortabel zu schließen, ohne dabei lange Wege z. B. mit der Maus oder dem Trackpad zurücklegen zu müssen, verwenden Sie die übliche Tastenkombination `cmd` + `Q`.

Was tun bei Hängern und Abstürzen? Programme mit einem Task Manager beenden!

Wenn ein Programm nicht mehr reagiert oder nicht beendet werden kann, können Sie es zu Letzterem zwingen. In solchen Fällen sehen Sie möglicherweise dauerhaft ein kreisrundes Symbol in Regenbogenfarben anstelle des Mauszeigers (von Usern liebevoll *Spinning Wheel of Death* getauft). Programmabstürze oder -hänger kommen beim aktuellen Mac-System nicht häufig vor. Ein Hänger kann allerdings auch dem Hauptprogramm Finder passieren. Oft sind angeschlossene Festplatten, optische Laufwerke oder USB-Sticks schuld; entfernt man sie, ist das Problem eventuell behoben. Welche Gründe auch immer Sie haben, ein Programm gewaltsam schneller beenden zu wollen, der Tastaturbefehl für den entsprechenden Dialog lautet `cmd` + `alt` + `esc`.

In diesem Dialog PROGRAMME SOFORT BEENDEN (eine Art Mac-Pendant zum Windows Task Manager) sehen Sie alle geöffneten Programme (siehe Abbildung 1.11). Wählen Sie die Anwendung aus, die Sie beenden möchten, und klicken Sie unten auf SOFORT BEENDEN. Eventuell ungesicherte Daten können dabei verlorengehen. Das Programm Finder ist nicht im Ordner PROGRAMME zu finden, kann aber bei Problemen ebenfalls beendet und durch Klick auf sein Symbol im Dock neu gestartet werden.

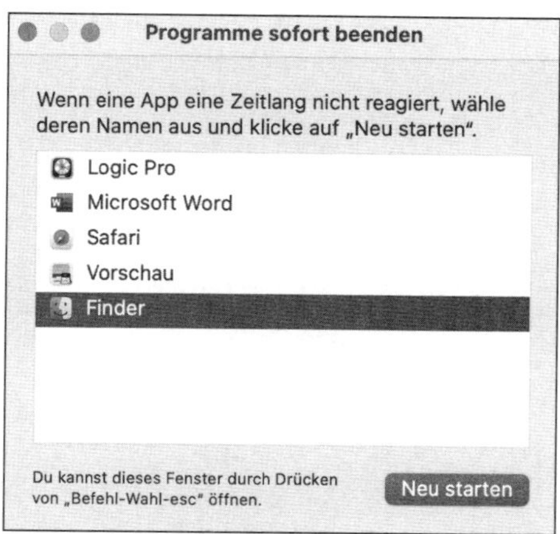

Abbildung 1.11 Dieser Dialog zeigt Ihnen alle aktiven Programme. Durch Auswahl des Programms und Klick auf »Sofort Beenden« lässt sich ein Programm zwangsweise schließen.

Wenn Sie Logic auf diese Weise beenden, können Sie in der Regel dank der Autosave-Funktion Ihre Arbeit weitgehend wiederherstellen.

Dateien schneller sichern

Wenn Sie beim Vorgang SICHERN UNTER ... zum Speichern eines Dokuments im anschließend erscheinenden Dialog eine sichtbare Datei anklicken, wird zunächst deren Name für die zu sichernde Datei übernommen! Kleine Korrekturen des Namens sind oft schneller als die Eingabe des ganzen Namens, z. B. wenn Sie für einen Song-Bounce als *.wav*-Datei den Namen eines Logic-Projekts verwenden wollen.

Dateien selektieren und im Papierkorb löschen

Mehrere Dateien gleichzeitig können Sie mit gehaltener [cmd]- oder [⇧]-Taste selektieren. Letztere wählt zusätzlich alle zwischen zwei selektierten Dateien liegenden Dateien mit aus.

Mit dem Tastaturkommando [cmd] + [⌫] können Sie eine oder mehrere Dateien in den Papierkorb verschieben. Damit sind diese meistens noch nicht automatisch gelöscht (außer in Sonderfällen, wenn Sie auf Festplatten mit bestimmten Zugriffsrechten arbeiten). Wenn Sie auf das Papierkorb-Symbol unten bzw. rechts im Dock klicken, sehen Sie übrigens die Papierkorb-Inhalte und können sie auch wieder daraus herausziehen.

Im FINDER-Menü (Abbildung 1.12) sehen Sie einen Eintrag PAPIERKORB ENTLEEREN. Er wird ausgegraut, wenn der Papierkorb leer ist. Mit diesem Befehl löschen Sie die Inhalte des Papierkorbs und geben Platz auf der Festplatte frei. Rechts neben dem Menüeintrag für den Befehl sehen Sie den dazugehörigen Shortcut [⇧] + [cmd] + [⌫], dargestellt mit den weiter oben erläuterten Symbolen. Das Symbol mit dem Pfeil nach links, in dem sich ein »x« befindet, symbolisiert die [⌫]-Taste.

Abbildung 1.12 Das »Finder«-Menü

Dateien finden mit Spotlight

Wenn Sie eine Datei suchen, klicken Sie oben rechts auf das Lupensymbol. Damit rufen Sie die Funktion Spotlight auf; es erscheint ein Eingabefenster im Finder, in das Sie den Suchbegriff eingeben können. Spotlight ist eine Apple-Funktion, die Festplatten indexiert, so dass Inhalte schneller gefunden werden können. Geben Sie den Namen (oder einen Teil davon) der gesuchten Datei ein.

Anschließend sehen Sie eine Liste der passenden gefundenen Dateien, kategorisiert nach ihrer Art (Programme, Dokumente, Ordner). Der Suchdialog enthält kurz nach dem Eintippen der ersten Zeichen u. a. eine Vorschau für gefundene Dateien und eine Vervollständigungsfunktion für die Suchanfrage (Abbildung 1.13).

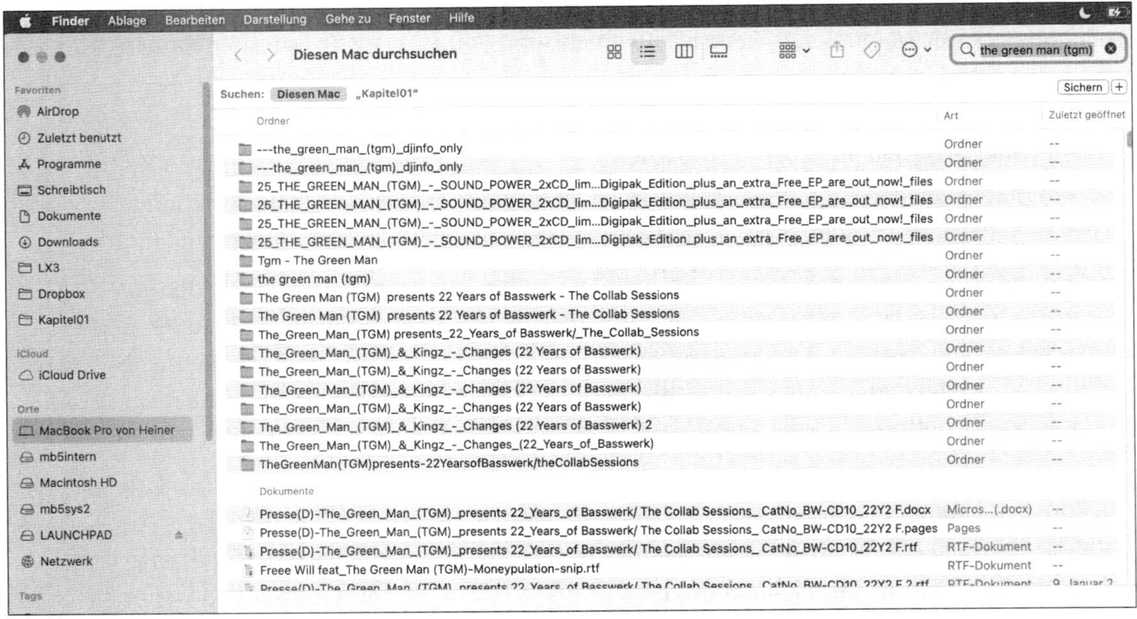

Abbildung 1.13 Finder-Suche in macOS 10.13

Wenn Sie in der Vorschau ganz nach unten scrollen, erscheint der Eintrag ALLE IM FINDER ZEIGEN. Wählen Sie ihn aus, um eine vollständige Liste der Treffer für Ihre gesuchte Eingabe zu sehen.

Ist die von Ihnen gesuchte Datei dabei, wählen Sie sie einfach aus und klicken sie an, um sie zu öffnen.

Alternativ finden Sie im Finder-Menü ABLAGE einen Eintrag für eine Dateisuche (Tastaturkurzbefehl [cmd] + [F]), die ebenfalls die Spotlight-Technologie nutzt. Hierüber erscheint ein Fenster mit zusätzlichen Optionen zur Verfeinerung der Suche (z. B. können Sie ausschließlich Musikdateien anzeigen lassen). Dieses Fenster erreichen Sie auch über den Eintrag MIT FINDER SUCHEN, der ganz unten in Ergebnissen einer Spotlight-Suche angezeigt wird.

Gefundene Datei im Finder anzeigen

Wenn Sie die gewünschte Datei in den Sucheinträgen gefunden haben und sehen wollen, wo sie liegt, selektieren Sie sie und nutzen dann den Tastaturbefehl [cmd] + [R]. Auf diese Weise öffnet sich ein Finder-Fenster, das die Datei an ihrem Ort anzeigt. Man nennt den Shortcut bzw. die Funktion im Englischen auch »Reveal in Finder«; so können Sie sich das »R« in dem Befehl vielleicht leichter merken.

Dateivorschau, Detailinformationen und Standardprogramme zum Öffnen von Dateien

Für die meisten Dokumente auf dem Mac erhalten Sie durch Drücken der Leertaste eine »Vorschau«. Eine Musikdatei wird kurz angespielt, ein Foto angezeigt usw. So stöbern Sie beispielsweise schnell durch Bilder, hören Musikdateien vor und lesen Dokumente, ohne erst die dazugehörigen Programme öffnen zu müssen. Ein Ordner mit Bassdrums zum Beispiel ist so spielend leicht durchgehört: Bei laufender Vorhörfunktion gehen Sie mit den Pfeilen der Tastatur nach oben und unten, um Sounds durchzuhören. Bei Textdateien werden die Inhalte teilweise sogar ohne sonstiges Zutun in der Spaltenansicht angezeigt, ansonsten gibt die Spaltenansicht rechts Informationen über Größe, Erstellungsdatum etc. einer Datei.

Wenn Sie auf eine Datei doppelklicken, öffnet sie sich mit dem hierfür voreingestellten Standardprogramm – das ein anderes sein kann als das, das sie gerade nutzen wollen. Mit einem Rechtsklick können Sie unter dem Eintrag ÖFFNEN MIT … in der Regel auch ein anderes Programm zum Öffnen des Dokuments auswählen. Wenn Sie die Datei selektieren und [cmd] + [I] drücken, erhalten Sie detailliertere Informationen über die Datei und das Standardprogramm zum Öffnen derselben (siehe Abbildung 1.14).

Hier können Sie unter anderem einstellen, mit welchem Programm das File regulär geöffnet wird (in Abbildung 1.14 ist es das Programm LOGIC für *.caf*-Dateien). Wollen Sie das für alle Files derselben Art einstellen, klicken Sie auf ALLE ÄNDERN. Ein Anwendungsbeispiel wäre beispielsweise, dass Sie möchten, dass alle MP3-Dateien nicht automatisch mit iTunes, sondern mit Logic oder einem anderen Programm (z. B. *TwistedWave*) geöffnet werden.

Mit alt + cmd + I erhalten Sie für mehrere zuvor ausgewählte Dateien oder Ordner Gesamtinformationen in einem Fenster. Auf diese Weise lässt sich der Speicherbedarf bzw. die Größe mehrerer Objekte gleichzeitig überprüfen.

Abbildung 1.14 Dieses Fenster mit Dateiinformationen öffnen Sie mit dem Tastaturkommando »cmd« + »I«, nachdem Sie eine Datei selektiert haben.

Tags im Finder

Im Bereich KOMMENTARE des Datei-Informationsbereichs können Sie zusätzliche Informationen eingeben (z. B. Stichwörter zu einem Audiofile wie: »Türknallen Holztür mit Metallgriff«, wodurch Spotlight bei einer entsprechenden Suche nach »Metallgriff« die Datei finden und auflisten würde, selbst wenn die Audiodatei nur *Door 2* hieße). Das kann bei der Geräuschvertonung von Filmen oder bei der Arbeit als Sounddesigner sehr nützlich sein. Darüber hinaus gibt es auch noch die Möglichkeit, Dateien via Kontextmenü im Finder mit Tags zu versehen.

Navigation im Finder

Folgende weitere nützliche Shortcuts helfen bei der Navigation im Finder:

- Ansicht COMPUTER aufrufen: [⇧] + [cmd] + [C]
- Ansicht DESKTOP aufrufen: [⇧] + [cmd] + [D]
- verschiedene Fensteransichten aufrufen: [cmd] + [1], [2], [3] oder [4]
- Fenster schließen: [cmd] + [W]

1.2.4 App Store, Systeminformationen

Über den App Store installieren Sie Systeme und Programme. Um zum App Store zu gelangen, klicken Sie auf das blaue runde Symbol mit dem weißen A im Dock oder wählen den APP STORE aus dem Apfelmenü aus.

Sie müssen einen Account mit Kennwort bzw. eine sogenannte *Apple-ID* anlegen und sich einloggen, was Sie möglicherweise von der Inbetriebnahme oder von der Registrierung Ihres Mac oder von der Nutzung des iTunes Stores bereits kennen (für den App Store und iTunes können Sie den gleichen Account benutzen).

Das Apfel-Menü zeigt übrigens auch den Eintrag ÜBER DIESEN MAC, der Ihnen Informationen über das aktuell installierte System, Ihren Prozessor oder die Größe des installierten Arbeitsspeichers liefert. Beachten Sie auch die SYSTEMEINSTELLUNGEN • APP STORE.

1.2.5 Systeme und Programme installieren, Sicherheitsblockaden

Auf neuen Macs ist stets das neueste System installiert. Meistens ist es nicht mehr möglich, sie mit älteren Systemen zu betreiben. Hingegen ist es oft kein Problem, ein neueres Betriebssystem auf älteren Macs zu installieren, sofern diese schon über 64-Bit-Prozessoren verfügen (siehe Abschnitt 1.3.1, »Systemvoraussetzungen für die Installation«). In der Regel erscheint bei Systemupdates eine Liste unterstützter Mac-Modelle. Doch oft findet man im Internet auch noch Workarounds, um z. B. macOS 11 Big Sur auf MacBook Pros von 2012 zu installieren, was offiziell nicht unterstützt wird.

Ältere Systeme

An ältere Systeme kommt man manchmal schwer heran. Sie ließen sich in der Vergangenheit teilweise über Apple-Support-Internetseiten beziehen. Ein empfehlenswerter Workaround ist es, vorher rechtzeitig ein Update anzutäuschen, dann das System zu speichern und später (etwa mit einem Jahr Verzögerung) zu updaten. Klicken Sie hierzu auf den entsprechenden Eintrag für ein Systemupdate oder laden das System aus dem App Store herunter. Das Update wird dann typischerweise in den Ordner *Programme* heruntergeladen. Brechen Sie den Installationsdialog ab. Dieser poppt nach vollständigem Download auf. Nun liegt die Datei mit dem Namen *Install macOS...* in Ihrem Ordner *Programme*. Von dort aus können Sie sie anderswo sichern und später installieren. Bei einem späteren Installationsprozess müssen Sie dann noch, falls es Schwierigkeiten gibt, eventuell das Datum auf eine Zeit zurücksetzen, in der das System aktuell war.

Hinweise zu Systemupdates und Backups finden Sie in Abschnitt 1.7.2.

Neues System und Programme installieren; Updates

Ein neues System und Programme installieren Sie typischerweise über den App Store oder alternativ nach Download vom Hersteller. Nicht über den App Store installierte Software müssen Sie mitunter über den Eintrag ÖFFNEN aus dem Kontextmenü starten, damit das System sie nicht aus Sicherheitsgründen blockiert. Seit hohen macOS-Versionen (10.14 und 10.15) müssen Sie teilweise weitere Programme autorisieren. Dies geschieht über das APFEL-MENÜ • SYSTEMEINSTELLUNGEN • SICHERHEIT. Hier müssen Sie sich autorisieren, um bestimmten Programmen Zugriffe zu erlauben, ohne die sie nicht richtig funktionieren.

Apple versucht, Ihnen Updates so leicht wie möglich zu machen. Via APFEL-MENÜ • APP STORE können Sie verfügbare Updates sehen – für Ihr System und für Programme wie Logic, die Sie über den App Store gekauft haben. Sie können dort durch einen Klick auf das entsprechende Feld Ihr System oder Ihre Programme aktualisieren. Oft ist es allerdings ratsam, automatische Updateangebote erst einmal zu ignorieren und sich genauer zu informieren, ob das jeweilige Update für die eigenen Bedürfnisse und Setups sinnvoll ist.

Achtung: Automatische Updates

Unter SYSTEMEINSTELLUNGEN • APP STORE legen Sie fest, ob Updates angezeigt oder gar automatisch installiert werden.

APFS und neuere Betriebssysteme

Das Betriebssystem macOS 10.13 (High Sierra) führte ein neues Dateiformat namens *APFS* (*Apple File System*) ein, das teilweise eine Beschleunigung der Datenzugriffe und mehr Sicherheit bringen soll, aber von älteren Systemen nicht gelesen werden kann. Zu bedenken ist, dass Festplatten, die mit dem neuen APFS formatiert wurden, ganz anders agieren als ihre Vorgänger. Sie können hier nachträglich Volumes erstellen, ohne die Platte neu formatieren zu müssen; die Volumes arbeiten damit mit dem insgesamt freien Speicherplatz, der auf alle Volumes verteilt wird. Manchmal ist daher schwer zu verstehen, wie sich freier Speicherplatz schaffen lässt. Zudem speichert der Mac mit APFS im Hintergrund *Snapshots*, um Festplatten wiederherstellen zu können, die Platz benötigen. Wenn Sie die letzten vier Snapshots löschen wollen, geben Sie im Programm *Terminal* Folgendes ein:

```
sudo tmutil thinLocalSnapshots / 10000000000 4
```

Das gute alte Festplattenreparaturprogramm *Disk Warrior* kann APFS-Festplatten aber nicht mehr erkennen, weil Apple nicht komplett verrät, wie APFS funktioniert. In der Praxis hatte ich in den letzten Jahren mit APFS-Platten aber auch weniger Ärger als zuvor mit anderen Formatierungen. Doch Apples eigenes Time-Machine-System macht mir damit Probleme.

Neuere Mac-Betriebssysteme ab OS X 10.13 und macOS 11, Apple-Silicon-Prozessoren

Auf OS X 10.13- und neueren (macOS-)Systemen müssen Sie die Installation von zusätzlicher Software wie UAD-Treibern erlauben. Diese Option finden Sie in den SYSTEMEINSTELLUNGEN unter SICHERHEIT • ALLGEMEIN • APPS DOWNLOAD ERLAUBEN. Auch sonst müssen Sie in neueren Systemen (besonders ab 10.15 Catalina oder 11 Big Sur) Programmen nun oft erst Rechte wie z. B. Zugriff auf die Festplatte einräumen. Meist geschieht das unter SYSTEMEINSTELLUNGEN • SICHERHEIT • DATENSCHUTZ. Links in der Ansicht sind dabei die Themen bzw. Dinge zu sehen, die man für die rechts aufgelisteten Programme erlauben muss, z. B. auch Zugriff auf Ortungsdienste oder auf Kamera und Mikrofon. Das dient dem Schutz vor schädlichen Programmen.

macOS 11 und neue Macs mit Apple-Silicon-Prozessoren laufen besonders gut und schnell mit Logic Pro, weil Logic Pro von Anfang an dafür optimiert wurde. Ein kleines MacBook Air mit M1-Prozessor kann im Test gut mit einem schnellen i9 MacBook Pro mithalten, zudem wird der Prozessor nicht so heiß, und es kommt ohne Lüfter aus, was beim Arbeiten sehr angenehm ist. Dabei kommt Logic auch mit kleineren Speicherkonfigurationen aus, größere werden vor allem für hochauflösende Videos gebraucht. Allerdings läuft Logic zumindest bei Redaktionsschluss auch unverändert gut auf Intel-Macs, weil es gewissermaßen zwei Logic-Versionen gibt, eine für Apple-Prozessoren, eine für Intel-Prozessoren, wovon Sie nichts merken. Um noch mit älteren, ausschließlich für Intel-Macs geschriebenen Programmen arbeiten zu können, wird eine Art »Übersetzerprogramm« namens *Rosetta 2* im Hintergrund automatisch installiert, was Sie einmal in einem Dialog erlauben müssen.

Abbildung 1.15 Rosetta 2 wird installiert, um auf M1-Macs Programme für Intel-Macs laufen zu lassen.

Damit ist der Mac-Grundkurs beendet, und wir wenden uns der Installation von Logic zu.

1.3 Logic-Installation, Computer- und Systemvoraussetzungen, Touchbar

In diesem Abschnitt werde ich die Installation von Logic erläutern, inklusive Systemvoraussetzungen, geeignete Macs und Touchbar-Option. Ganz am Ende dieses Kapitels lesen Sie etwas über die Prozedur eines System- oder Logic-Updates mit Backup-Optionen. Bei einer Erstinstallation betrifft Sie das (noch) nicht.

1.3.1 Systemvoraussetzungen für die Installation

Für die Installation von Logic Pro 10.6.2 ist mindestens das Betriebssystem macOS 10.15.7 nötig (Catalina). Neuere Systeme als das in den Mindestvoraussetzungen genannte sind grundsätzlich auch für Logic geeignet, Kompatibilität mit Drittanbietersoftware muss bei ganz neuen Systemen geprüft werden. Neuere Logic-Versionen erfordern möglicherweise ein neueres System als Mindestvoraussetzung.

Informationen über neue Updates erhalten Sie auch unter *support.apple.com* (tippen Sie dort ins Suchfeld »Logic« und die gesuchte Versionsnummer ein). Erfüllt Ihr System nicht die Mindestvoraussetzungen, ist der Kauf oder die Installation über den App Store nicht möglich.

Zu hohe oder sich ändernde Systemanforderungen sowie die Bindung an den Mac sind vielleicht der größte Nachteil von Logic Pro gegenüber anderen Programmen. Ich sage »vielleicht«, weil die optimierte Anpassung an den Mac andererseits auch dazu führt, dass Logic extrem leistungsstark ist und gut funktioniert. So laufen selbst kleine MacBooks mit den neuen Apple-»Metal«-Prozessoren teilweise schneller als große, teure Rechner, und Logic ist dafür optimiert.

Systemupdates oder ein Zwang dazu sind problematisch, weil professionelle User ein funktionierendes System aus Sicherheitsgründen nicht updaten möchten oder sollten. Es besteht immer die Gefahr, dass aktuell genutzte Plug-ins anderer Hersteller Probleme bekommen und sich Projekte nach einem Update nicht mehr richtig öffnen lassen. Ich installiere daher Mac-Systeme nach der in Abschnitt 1.2.5 beschriebenen Methode immer mit mindestens einem Jahr Verspätung. Ich lade typischerweise (wie schon oben erläutert) im August die letzte Version des alten Systems und behalte sie ca. 1,5 Jahre, bevor ich sie installiere, spätestens bis die Mindestvoraussetzungen für Logic auf das vor 2 Jahren erschienene System ansteigen. Bis dahin sind meist auch alle Drittanbieterprogramme an ein mittlerweile 1–2 Jahre altes System angepasst.

Eine sinnvolle Alternative im Hinblick auf die neueren Macs scheint mir auch, Ihren alten Mac zu behalten, wenn Sie einen neuen kaufen. Beim Umstieg auf die neuen Prozessoren gibt es noch mehr zu beachten als bei einem normalen Systemupdate, die Programme müssen hierfür angepasst werden, auch wenn einige Programme auch ohne Anpassung schon laufen. Lassen Sie vielleicht ein altes System unberührt und kaufen einen neuen Mac, um dort nur noch mit neuen Tools zu arbeiten, die dort schon funktionieren, falls Ihnen das möglich ist. So können Sie sicherstellen, dass Sie Ihre alten Projekte noch öffnen können, und gleichzeitig updaten. Aber auch das ist freilich nicht immer leicht, weil z. B. der Plug-in-Hersteller »Waves« eine Gebühr bzw. eine aktuelle Support-Lizenz für zweite Lizenzen verlangt oder alternativ anbietet, alte Plug-ins zu deautorisieren, damit Sie einen zweiten Rechner nutzen können. Möglicherweise können sie dann später auf dem veralteten System aber nicht mehr richtig autorisiert werden.

1.3.2 Welche Macs sind gut genug für Logic? Apple-Silicon-Prozessoren/M1?

Diese Frage lässt sich nicht allgemeingültig beantworten, sondern wir müssen die Bedürfnisse des jeweiligen Logic-Users betrachten. Zudem spielen die Aspekte Kompatibilität und Leistungsfähigkeit eine Rolle.

Mac-Hardware: Systemkompatibilität

Ganz neue Logic-Versionen lassen sich oft nur mit einer recht hohen Systemvoraussetzung installieren. Darauf sollten Sie beim Kauf eines (gebrauchten) Mac achten. Allerdings ist es manchmal möglich, die älteste kompatible Version noch über den App Store zu installieren.

Mac-Hardware: Leistungsfähigkeit, Erfahrungen und Nachhaltigkeit

Darüber hinaus stellt sich die Frage, ob Ihr Mac leistungsfähig genug für Ihre Ansprüche ist. Das hängt auch von der Komplexität Ihrer Projekte ab. Eine Angabe zum erforderlichen Arbeitsspeicher fand ich aktuell nicht, für Vorversionen musste der Rechner bereits über 4 GB RAM verfügen; 8 GB RAM sind sinnvoll; die Arbeit mit 16 GB RAM macht Spaß, und Sie können mit vielen gleichzeitig geöffneten Programmen flüssig arbeiten. Es ist zu lesen, dass Macs mit Apple/ARM-CPUs auch mit weniger RAM gut arbeiten und mitunter die (schnelle interne SSD-)Festplatte als Arbeitsspeicher nutzen. Ich kann bestätigen, dass Logic auf einem kleinen MacBook Air mit M1-Prozessor sehr schnell und flüssig läuft. Dieser hat eine längere Batterielaufzeit als andere Laptops und wird nicht so heiß, er braucht nicht einmal einen Lüfter, was ich beim Arbeiten sehr angenehm finde. Viele Plug-ins konnte ich schon problemlos installieren. Im Internet beim Hersteller nachschlagen müssen Sie vor allem, wenn Sie Treiber für Audiointerfaces installieren möchten.

Bei aktuellen Rechnern sind die Mac Minis (nur noch mit Apple-Prozessor erhältlich) zumindest für den stationären Gebrauch die günstigste Variante. Sie können in allen neuen Geräten (außer in Mac Pro Modellen) leider nicht mehr manuell die Systemfestplatte austauschen.

Im Web finden sich oft sehr aussagekräftige Vergleiche, in denen mit Hilfe sogenannter *Benchmarks* die Geschwindigkeiten von Rechnern miteinander verglichen werden. Ich fand meine Erfahrungen mit eigenen Rechnern oft in Tabellen im Netz bestätigt. Anhand von Benchmark-Tabellen listet beispielsweise die Seite *http://browser.primatelabs.com/mac-benchmarks* Macs nach ihrer Geschwindigkeit auf – getrennt nach 32- und 64-Bit-Prozessoren (Logic Pro läuft nur im 64-Bit-Modus).

1.3.3 Touchbar und die Simulation »Touché«

Viele seit 2016 erschienene MacBooks besitzen die sogenannte *Touchbar-Funktionalität*. Hierbei entfällt die obere Reihe der Tastatur zugunsten eines berührungsempfindlichen Multifunktionsdisplays. Dieses kann die bisherigen Tasten (esc, F1–F12, ⏏) emulieren, bietet aber noch viel mehr Optionen, die in der Touchbar-Zeile dargestellt werden können. Auch ohne die neueste Hardware können Sie in den Genuss dieser Funktionalität kommen oder sie ausprobieren, nämlich über die Freeware *Touché* (*https://red-sweater.com/touche*), die eine Touchbar 1:1 als Fenster auf Ihrem Rechner emuliert und aus der Abbildung 1.16 und Abbildung 1.17 stammen.

Abbildung 1.16 Touchbar mit Vogelperspektive auf das Arrangement

Abbildung 1.17 Touchbar mit Transporttasten

Detaillierte Erläuterungen dazu finden Sie in Abschnitt 3.7. Mein erstes MacBook mit Touchbar hat jedoch eine defekte Touchbar-Zeile, die flackert und rechts nicht mehr anzeigt, was sie anzeigen soll. Ich bin dann im Netz auf einige ähnliche Storys gestoßen, wo Touchbars einen solchen Defekt haben. In meinem Fall habe ich den Eindruck, dass dies mit der Hitzeentwicklung zu tun hat. Mein MacBook mit i9 wurde sehr heiß – wovon das Display wenig mitbekommt, die Touchbar hingegen schon. MacBooks ohne Touchbar kann das nicht passieren, die Geräte mit den neuen Apple-Prozessoren sollen auch weniger heiß werden.

1.3.4 Logic kaufen und installieren

Wenn Sie Logic noch nicht installiert oder gekauft haben, erwerben Sie es in Apples App Store. Sie können es auf so vielen Rechnern installieren, wie der App Store für Ihren User-Account zulässt (in der Regel fünf).

Anschließend beginnt ein Download von mehreren Gigabytes für die Erstinstallation des eigentlichen Logic Pro-Programms (6 Gigabytes freier Platz gefordert). Wenn Sie nach dem Download Logic Pro öffnen, beginnt automatisch ein weiterer Download von einigen Gigabytes Basisinhalten, den Sie bei Bedarf auch überspringen können. Logic muss sie erst herunterladen und dann entpacken, weshalb übrigens etwa die doppelte Menge an freiem Platz auf der Festplatte benötigt wird, als im Dialog angezeigt wird. Wenn alles normal läuft, erscheint ein Fenster (siehe Abbildung 1.18), das Ihnen anbietet, sich bereits während des Downloads des Basiscontents weiter zu informieren.

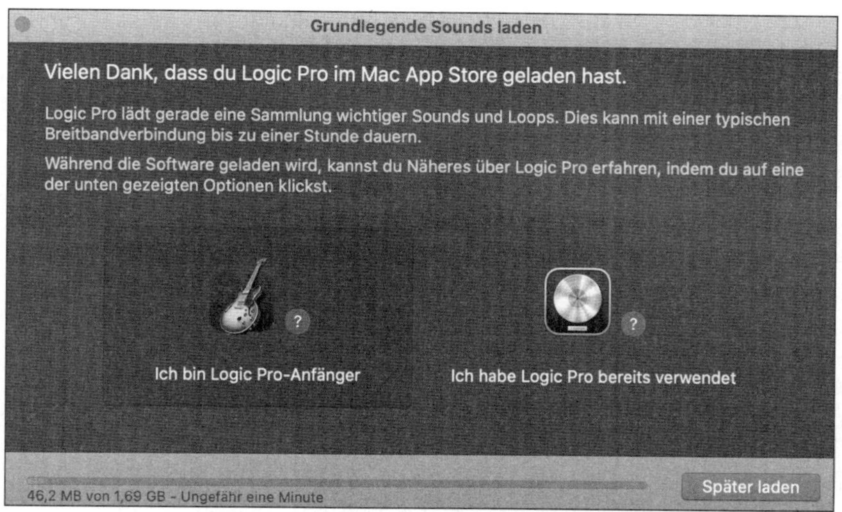

Abbildung 1.18 Diesen Dialog sehen Sie, wenn Sie Logic nach dem Download aus dem App Store das erste Mal öffnen.

Wenn Sie auf eines der beiden Felder klicken, werden Sie auf bestimmte Bereiche der Hilfeseiten im Internet weitergeleitet. Diese erreichen Sie aber auch direkt unter *http://help.apple.com/logicpro* oder aus dem Programm heraus. Nach dem Download werden Sie ein weiteres Mal nach Ihrem Admin-Benutzernamen und -Kennwort gefragt, um Inhalte zu installieren.

Nach der Installation dieser Basisinhalte lassen sich weitere Inhalte über den SOUND LIBRARY-MANAGER installieren.

1.3.5 Zusätzliche Inhalte installieren und herunterladen

Sie können zusätzliche Inhalte laden und installieren – über das Menü LOGIC PRO • SOUND LIBRARY und seine Optionen. Sie sollten am besten sofort alle Inhalte installieren, müssen dies aber nicht tun. Insgesamt gibt es ca. 80 GB an Sounds, Presets und Apple Loops – und mit jedem Update werden es mehr. Das erweitert die musikalischen Möglichkeiten, kann aber auch zu Platzproblemen führen.

Sie können selektiv nur bestimmte Inhalte installieren (beispielsweise erst einmal nur die Schlagzeugsounds auswählen). Im SOUND LIBRARY-MANAGER wird für verschiedene »Soundpacks« angezeigt, wie viel Platz die jeweilige Installation benötigen würde und welche Inhalte bereits installiert sind (Abbildung 1.19). Die Anzeige ist dabei nicht immer verlässlich. Aber Sie müssen sich auch nicht zu viele Gedanken machen, denn wenn Sie Songs mit fehlenden Inhalten laden, bietet Logic automatisch an, diese aus dem Internet nachzuladen. Auch in der BIBLIOTHEK und der Loops Library lassen sich fehlende Sounds erkennen und laden: Fehlende Standardsounds erscheinen ausgegraut und werden durch Klick auf ein rechts daneben erscheinendes entsprechendes Symbol heruntergeladen.

Der Eintrag FRÜHERE INHALTE UND KOMPATIBILITÄT erlaubt das Laden von Inhalten aus Logic-Vorversionen (Logic 9 und älter). Falls Sie genügend Platz auf der Festplatte haben, können Sie es sich auch ganz einfach machen: Klicken Sie unten auf das Feld ALLE NICHTINSTALLIERTEN AUSWÄHLEN, um alle fehlenden Inhalte zu installieren – oder wählen Sie eine Ebene höher den Eintrag ALLE VERFÜGBAREN SOUNDS LADEN. Sie können dabei bereits ungestört mit Logic arbeiten, während im Hintergrund Inhalte heruntergeladen werden. Falls die Automatik einmal versagen sollte, installieren Sie ein Inhaltspaket manuell nach.

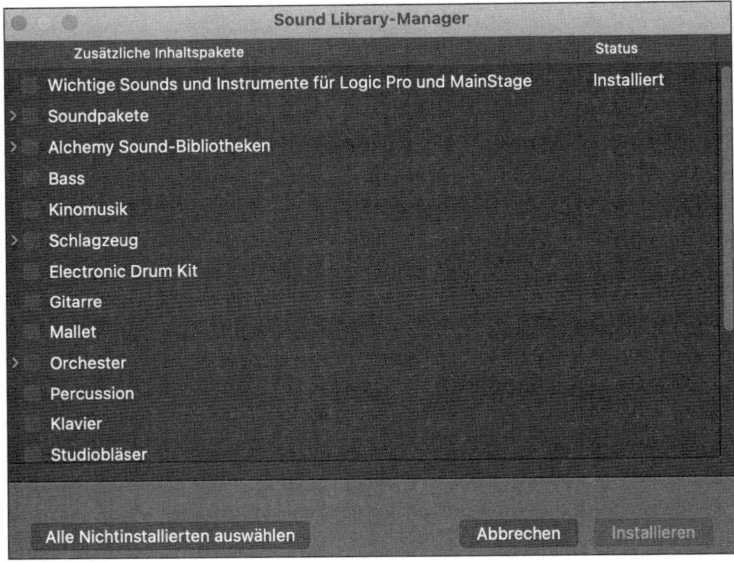

Abbildung 1.19 Diese Dialogbox zeigt, welche Inhalte bereits installiert sind, welche Sie noch laden können.

Tipp
In Kapitel 3, »Setup/Konfiguration, Speichern und MIDI-Hintergrundwissen«, finden Sie auch ausführliche Details über die Speicherorte von Logic-Inhalten.

1.3.6 Inhalte/Library/Loops auf externen Festplatten installieren

Insbesondere wegen einer relativ kleinen internen SSD-Festplatte eines Laptops besteht oft der Wunsch, Logic-Inhalte auf größere externe Speicher auszulagern. Ich empfehle die Installation der Inhalte auf der internen Festplatte des Rechners. Seit einiger Zeit gibt es jedoch unter LOGIC PRO • SOUND LIBRARY den Eintrag NEUER SPEICHERORT FÜR SOUND-BIBLIO-

THEK. Sie können dann die ganze Library (nicht jedoch einen Teil davon) an einen anderen Ort verschieben. Apple weist allerdings darauf hin, dass Sie nicht eine Library für mehrere Macs nutzen können, sondern jedes Logic seine eigene Library braucht.

Außerdem können Sie unter BENUTZERNAME • LIBRARY • AUDIO • APPLE LOOPS • USER LOOPS (gegebenenfalls müssen Sie die Ordner manuell anlegen) Aliasse von anderen Loop Libraries ablegen, um auf diese (getaggt, d. h. mit Datenbankschlagworten wie »Beats« für die Suche) zu verweisen und in der Loop Library zugreifen zu können. Sie können auch Ordner als ungetaggte Loops definieren. Mehr zu Speicherorten lesen Sie in Kapitel 3, zur Arbeit mit dem Loop Browser lesen Sie in Kapitel 4.

1.4 Logic Pro in Betrieb nehmen

In diesem Abschnitt zeige ich die erste Inbetriebnahme von Logic Pro.

1.4.1 Erster Start, Audio-Unit-Scan

Logics Audio-Unit-Manager untersucht installierte Audio-Unit-(AU-)Plug-ins beim ersten Start von Logic oder beim ersten Start von Logic nach der Installation externer Plug-ins auf Kompatibilität hin, gibt sie nach bestandenem Test für die Verwendung in Logic frei oder deaktiviert sie, falls sie Probleme machen. Logic Pro kann nur mit 64-Bit-Plug-ins arbeiten. Falls Sie viele Drittanbieter-Plug-ins installiert haben, kann der Scan ein wenig dauern, mit dem ABORT-Button können Sie ihn zum Glück auch überspringen/abbrechen und später nachholen.

AU-Plug-ins können Sie auch in einem Plug-in-Manager »sortieren«. Detailliertere Informationen hierzu finden Sie in Abschnitt 3.5.

1.4.2 Hilfe, mein Logic sieht aus wie GarageBand – erweiterte Werkzeuge ein- und ausblenden

Im Menü LOGIC PRO • EINSTELLUNGEN • ERWEITERTE WERKZEUGE (Abbildung 1.20) sollten Sie, falls das nicht bereits der Fall ist, die erweiterten Werkzeuge durch Klick auf das Feld daneben aktivieren, um den vollen Funktionsumfang von Logic zu sehen. Gegebenenfalls müssen Sie alle darunter sichtbaren Optionen ebenfalls aktivieren.

Wenn alle erweiterten Werkzeuge ausgeblendet sind, ähnelt Logic Apples Gratisprogramm *GarageBand*. So wird Anfängern und GarageBand-Umsteigern der Einstieg in Logic leicht gemacht. Es gibt weniger Optionen und eine einfachere Darstellung. Im Buch gehe ich allerdings davon aus, dass Sie mit allen eingeblendeten Werkzeugen arbeiten. Für das Öffnen eines Projekts spielt es keine Rolle, welche Werkzeuge eingeblendet sind oder beim Speichern des Projekts eingeblendet waren.

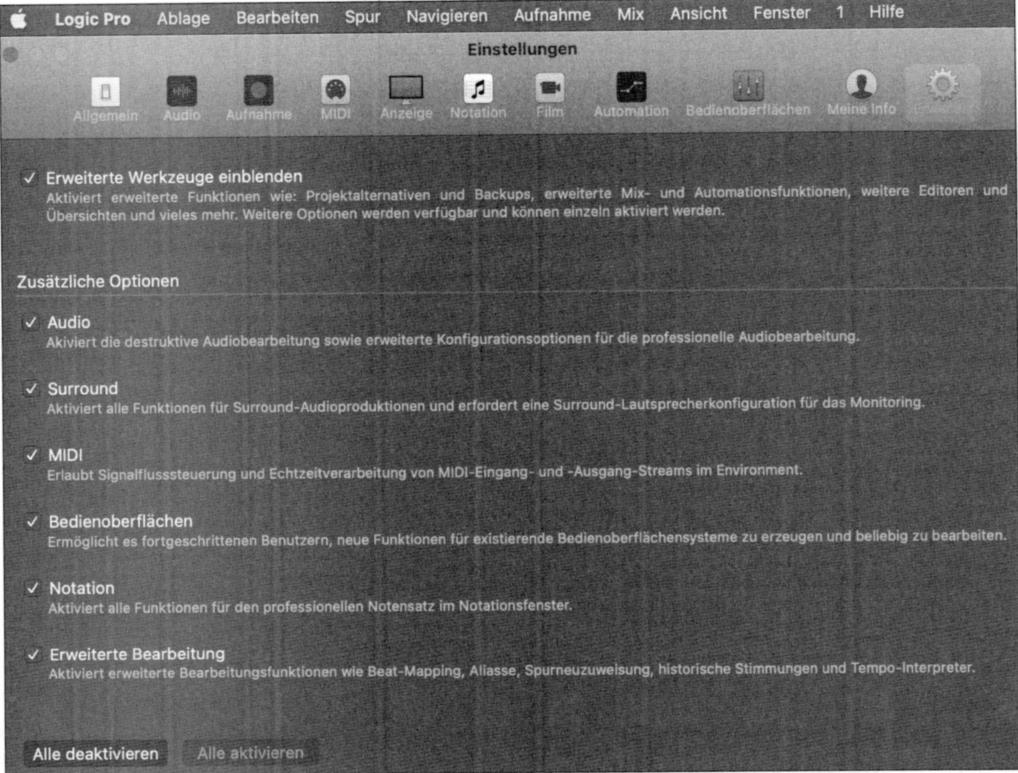

Abbildung 1.20 Hier aktivieren Sie den vollen Funktionsumfang von Logic.

1.4.3 GarageBand auf Mac und iPad

GarageBand für Mac ist auf Macs vorinstalliert oder gratis installierbar. Damit können auch Anfänger auf dem Computer musizieren und sich Logic »annähern«, denn GarageBand ist zumindest seit der Einführung von Logic Pro eine Art abgespeckte Version von Logic. Hierdurch wird dieses Buch immer mehr auch für GarageBand-User relevant. Ich empfehle zudem das Buch über GarageBand iOS, das mein Kollege Ben Kampert und ich im Rheinwerk-Verlag veröffentlicht haben und das auch eine Sektion über GarageBand Mac enthält. GarageBand-Projekte lassen sich in Logic öffnen – aber nicht umgekehrt. Ein wenig mehr zu GarageBand für Mac und iOS finden Sie in Abschnitt 19.1 über GarageBand für iOS.

1.4.4 Erstellung eines neuen Logic-Projekts; Projektvorlagen

Beim Starten des Programms öffnet sich voreingestellt ein leeres Projekt. Wenn Sie Logic zuvor anders konfiguriert haben, kann es sein, dass kein Fenster erscheint. Im Menü LOGIC PRO • EINSTELLUNGEN • ALLGEMEIN können Sie einstellen, was Logic beim Startvorgang machen soll. So kann Logic optional z. B. auch das zuletzt benutzte Projekt öffnen, Vorlagen anzeigen oder beim Start einfach gar nichts tun. Ist Letzteres eingestellt, so kann es sein, dass Sie Logic geöffnet haben und Logic bzw. das Projekt nicht sehen.

Stellen Sie dann (wie in Abschnitt 1.2.3 gelernt) durch Klick auf das Logic-Symbol im Dock oder durch den Shortcut [cmd] + [⇆] und anschließendes Auswählen des Logic-Symbols sicher, dass Logic das gerade angewählte Programm ist. Ist das gelungen, sehen Sie oben rechts neben dem Apfelsymbol den Eintrag LOGIC PRO.

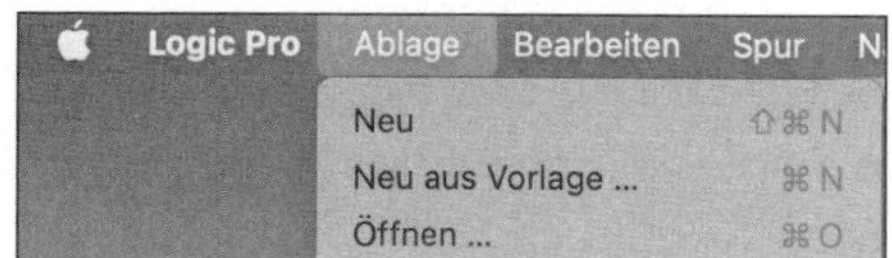

Abbildung 1.21 Logic als Programm ist angewählt/das »Ablage«-Menü.

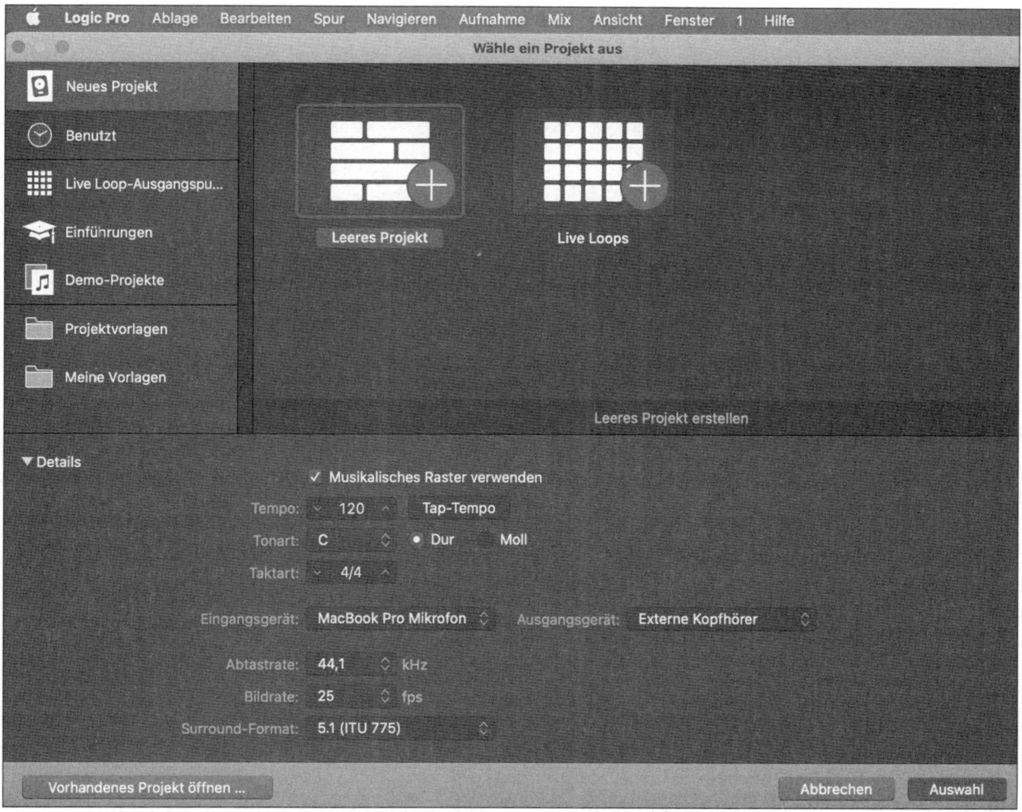

Abbildung 1.22 Der Dialog, der über »Ablage • Neu aus Vorlage« erreichbar ist

Wenn Sie im ABLAGE-Menü (Abbildung 1.21) den Eintrag NEU auswählen, wird immer ein leeres Projekt erzeugt; der nachfolgende Dialog zum Erzeugen von Spuren sieht aber nicht immer gleich aus, weil die Option LOGIC PRO • EINSTELLUNGEN • ANZEIGE • SYMBOLE IM DIALOGFENSTER NEUE SPUREN ANZEIGEN aktiviert werden kann.

Wenn Sie stattdessen NEU AUS VORLAGE wählen, sehen Sie den Dialog aus Abbildung 1.22. Für Anfänger sind einige Vorlagen sehr interessant, die als Tutorials gestaltet sind. Sie finden diese unter dem Eintrag EINFÜHRUNGEN, nachdem Sie NEU AUS VORLAGE gewählt haben oder anderweitig in den Vorlagendialog gelangt sind. Unter dem Eintrag LIVE-LOOPS-AUSGANGSPUNKTE finden Sie eine spezielle Art von Vorlage, in der Sie schnell mit genrespezifischen fertigen Loops herumspielen können.

Ich schlage vor, erst einmal auf LEERE VORLAGE zu klicken, um mit einem leeren Projekt zu beginnen und davon ausgehend dem Schnellkurs im nächsten Kapitel zu folgen. Sie können sich aber natürlich auch eine andere Vorlage ansehen.

Wählen Sie im anschließenden Dialog den Eintrag SOFTWARE-INSTRUMENT & MIDI aus, dabei wird voreingestellt ein E-Piano-Instrument erzeugt. Im nächsten Schritt möchte ich mit Ihnen gemeinsam sicherstellen, dass Sie gespielte Noten an Logic senden und hören können. Sie können von hier aus auch in den Schnellkurs von Kapitel 2 springen.

Alternativ finden Sie eine andere Projektdatei namens *02Leer* im Ordner *LogicProjekte* (in den Materialien zum Buch unter *www.rheinwerk-verlag.de/5230*), bei der ein einzelnes Instrument erzeugt wurde.

1.4.5 Inbetriebnahme von Logic mit und ohne Peripherie

Sie können Logic zumindest für den Anfang auch ohne zusätzliche Peripherie wie Keyboards und Audiointerface benutzen. Die Tastatur Ihres Computers dient als Hilfstool, um Noten einzuspielen, falls kein MIDI-Keyboard zur Hand ist. Auch den Sound können Sie über die Audioanschlüsse Ihres Computers ausgeben und bei einigen Mac-Modellen auch einspeisen. Manche Macs haben kombinierte Ein- und Ausgangs-Audiobuchsen, für die Sie spezielle Adapter benötigen.

Wird ein Audiointerface angeschlossen, wählt Logic es in der Regel automatisch aus – oder Sie werden in einem Dialog gefragt, ob Sie ein Gerät nutzen möchten. Angeschlossene Keyboards werden normalerweise ebenfalls automatisch erkannt (weitere Informationen hierzu in Abschnitt 1.5). Logic erkennt zudem, ob MIDI-Peripherie angeschlossen ist. Falls nicht, wird die MUSIK-TASTATUR automatisch aktiviert, damit Sie mit Ihrem Computer QWERTY-Keyboard Noten einspielen können. Sollte dies nicht der Fall sein: Gehen Sie dazu ins Menü FENSTER, und wählen Sie dort den Eintrag MUSIK-TASTATUR EINBLENDEN. Nun erscheint ein Fenster mit einer Art Keyboard, in dem Sie erkennen, welcher Buchstabe Ihrer Tastatur welche MIDI-Note auslöst (siehe Abbildung 1.23). Drücken Sie testweise die Taste [A] Ihrer Computertastatur. Wenn Sie einen Sound hören, ist alles gut, und Sie können zum nächsten Abschnitt springen.

Wenn Sie keinen Sound hören, überprüfen Sie, ob Ihr Verstärker aufgedreht und Ihr Audioausgang richtig angeschlossen ist und ob im Menü LOGIC PRO • EINSTELLUNGEN • AUDIO • GERÄTE unter AUSGANGSGERÄT und EINGANG-GERÄT die Soundkarte Ihrer Wahl eingestellt ist; ändern Sie gegebenenfalls die Einstellung, und wählen Sie das von Ihnen gewünschte Audiointerface aus (siehe Abbildung 1.24). Im Bild ist der interne Mac-Ausgang als Ausgang und das interne Mikrofon als Eingang vorgegeben.

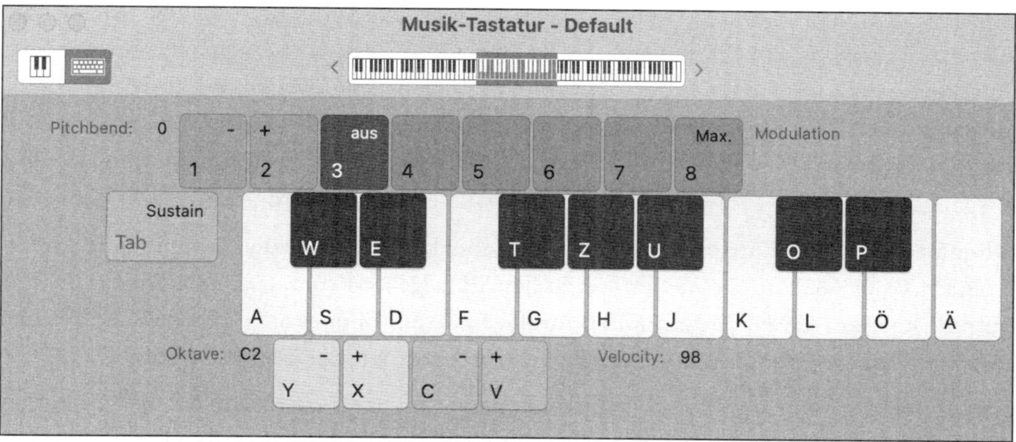

Abbildung 1.23 Die Musik-Tastatur in Logic Pro, mit deren Hilfe Sie Noten mit Ihrem Computerkeyboard spielen

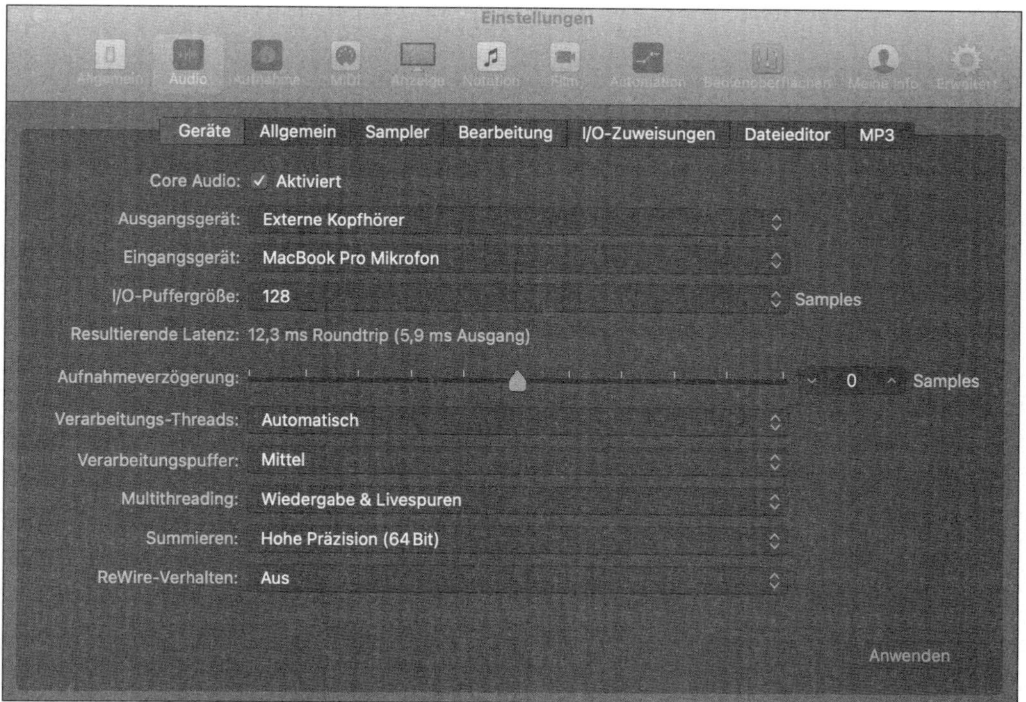

Abbildung 1.24 Im abgebildeten Audioeinstellungsdialog ist die interne Soundkarte als Ausgang und das interne Mikrofon als Eingang eingestellt.

Im Menü LOGIC PRO • EINSTELLUNGEN • AUDIO finden Sie weitere Einstellungen zur I/O-PUFFERGRÖSSE. In Abschnitt 3.3.2 über Audioeinstellungen und ihre Optimierung lesen Sie, was es hiermit auf sich hat.

Je nachdem, welches Gerät Sie in diesem Einstellungsdialog ausgewählt haben, weist Logic die am ausgewählten Interface verfügbaren Ein- und Ausgänge automatisch seinen intern nummerierten Inputs und Outputs zu. Wenn Sie also beispielsweise die internen Ein- und Ausgänge des Mac ausgewählt haben, sind sie automatisch dem Stereoausgang und dem Input 1–2 von Logics Spuren zugeordnet. Wenn Sie ein Audiointerface mit mehreren Ein- und Ausgängen benutzen, werden diese numerisch aufsteigend zugeordnet.

Die gemachten Einstellungen sind unabhängig von denjenigen für den Computer und seine Programme (es sei denn, Sie wählen jeweils den Eintrag SYSTEMEINSTELLUNG für das In- und Output-Gerät aus). Wenn Sie ein Audiointerface nutzen, kann es also sein, dass die Sounds verschiedener Programme aus unterschiedlichen Ausgängen ausgegeben werden.

Weitere Details und Hinweise zur Fehlerbehebung finden Sie in Abschnitt 1.5, »Peripherie: Audio, MIDI und eine Einführung in das Audio-MIDI-Setup«, und in Kapitel 20, »Fehler, Workarounds, Problemlösungen«.

1.4.6 Logic in Deutsch oder Englisch benutzen; Logic-Darstellung

Dieses Buch ist zwar ein deutsches Handbuch, aber Übersetzungen in Logic vom Englischen ins Deutsche sind nicht immer gut gelungen und teils nicht vorhanden. Oft sind die englischen Bezeichnungen griffiger und verbreiteter. In der aktuellen Version kann eine Übersetzung auch anders als in diesem Buch ausfallen, weil Logic diesbezüglich oft und unvorhersehbar verändert wird, ohne dass sich das auf die Funktionalität auswirkt. Aus diesen Gründen erwähne ich im Buch manchmal zusätzlich englische Bezeichnungen.

Außerdem ist es auf dem Mac bei vielen Programmen (inklusive Logic) möglich, das Programm in einer anderen Sprache zu starten, indem Sie das Programm zunächst schließen, dann in den SYSTEMEINSTELLUNGEN SPRACHE & REGION die gewünschte Sprache einstellen und das Programm neu starten. Es kann hier zuerst nötig sein, die gewünschte Sprache über den +-Button unten hinzuzufügen. Auch wenn der Mac danach Dialoge mit Vorschlägen zum Neustarten zeigt, ist ein Neustart für ein Öffnen von Logic X in der neuen Sprache meist nicht nötig. In manchen Logic-Versionen war es möglich, die Sprache unter EINSTELLUNGEN • ANZEIGE einzustellen.

Die Darstellung der Logic-Dialogfenster und Menüs wich im Test auf macOS 11-Systemen von der Darstellung auf OS X-Systemen ab, auch wenn die gleiche Logic-Version genutzt wurde. Daher sehen manche Menüs und Icons bei Ihnen eventuell anders aus als an mancher Stelle im Buch, ohne dass dies etwas an der Funktionalität ändert.

1.4.7 Logic-Manuals und (dynamische) Hilfe

Sie können über das HILFE-Menü oder über den Button mit dem Fragezeichen die DYNAMISCHE HILFE einblenden und im Menü HILFE auswählen, ob und wie sie erscheinen soll. Typischerweise erscheint sie zunächst oben links im Informationsbereich. Mehr Details finden Sie in Abschnitt 4.9.1.

Unter dem Menüpunkt HILFE können Sie auf weitere Optionen zurückgreifen:

- Nutzen Sie die Logic-Einführungen, die Sie auch im Vorlagen-Bereich finden.
- Schauen Sie in die Logic-Hilfe.

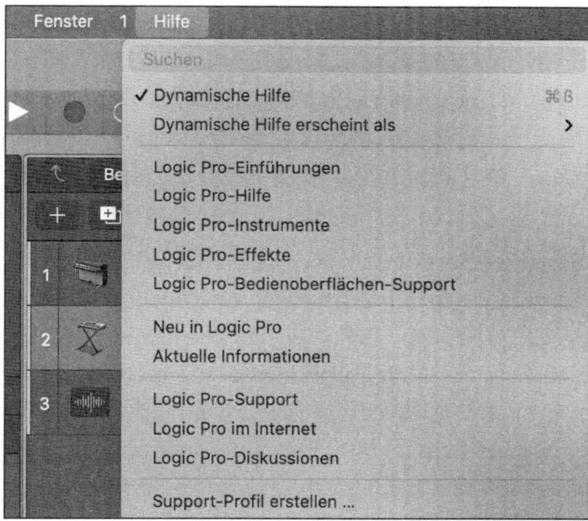

Abbildung 1.25 Das »Hilfe«-Menü in Logic

Handbücher

Es gibt mehrere Logic-Handbücher und Hilfsdokumente von Apple:

- das Logic-Benutzerhandbuch (Logic Pro)
- das »Logic Pro-Instrumente«-Handbuch
- das »Logic Pro-Effekte«-Handbuch
- das Handbuch »Logic Control Surfaces Support« (bislang nur in Englisch; mehr zu diesem Thema lesen Sie in Abschnitt 16.3, »Bedienoberflächen und Controller-Zuweisungen«)
- das Dokument »Aktuelle Informationen«, das neue Funktionen von kleineren Updates auflistet

Um nicht von einer Internetverbindung abhängig zu sein, können Sie sich diese Handbücher auch herunterladen. Wählen Sie hierzu im HILFE-Menü den Eintrag LOGIC PRO-SUPPORT, wo Sie Optionen zum Herunterladen von Handbüchern finden (Web, PDF, Apple Books).

1.5 Peripherie: Audio, MIDI und eine Einführung in das Audio-MIDI-Setup

Hier noch einige Informationen zu Audio- und MIDI-Peripheriegeräten und deren Konfiguration zur Nutzung mit Logic im AUDIO-MIDI-SETUP.

1.5.1 Welche Peripheriegeräte brauchen Sie wirklich?

Die Nutzung des internen Mac-Audiointerface finde ich für den Anfang vollkommen okay. Für einen ersten Funktionstest können Sie als Input auch das interne Mikrofon eines Laptops als Eingabequelle nutzen.

Falls Sie viel Gesang, Gitarre oder akustische Instrumente aufnehmen, benötigen Sie natürlich ein Audiointerface oder einen Mixer mit entsprechenden Anschlüssen und Mikrofonvorverstärkern. Sie verbessern mit einem guten Audiointerface mit guten Wandlern, guten Monitorboxen und eventuellen Optimierungen der Raumakustik natürlich auch die Qualität Ihrer Aufnahmen, Ihre Abhörsituation und die korrekte Wiedergabe Ihrer Musikproduktionen.

Es gibt User, die Noten mit der Maus einzeichnen oder mit dem Step Sequencer programmieren, doch das Fehlen eines Keyboards/einer Pianotastatur oder einer sonstigen Hardware-MIDI-Noten-Eingabemöglichkeit erschwert die Arbeit mit Logic deutlich, wenn Sie mit Software-Synths arbeiten und Noten einspielen möchten. Ich empfehle daher, entsprechende Hardware anzuschaffen. Ob Sie sich dabei für ein kleines Akai MPK mini, ein 25, 49, 61 oder 88 Tasten großes Keyboard mit oder ohne eigene Klangerzeugung oder Controllerfunktionen oder gar einen Pad-Controller wie *Maschine* entscheiden, ist natürlich eine Frage Ihrer persönlichen Arbeitsweise oder Ihres verfügbaren Platzangebots vor Ort.

1.5.2 Audio-MIDI-Setup

Das AUDIO-MIDI-SETUP verwaltet Ihre Audio- und MIDI-Geräte. Da es sich um ein zum System gehörendes Programm handelt, sieht es je nach verwendeter macOS-Version anders aus. Sie finden das AUDIO-MIDI-SETUP im Ordner DIENSTPROGRAMME, das sich im Ordner PROGRAMME befindet. Oft ist es auch als Symbol im Dock vorkonfiguriert. Es empfiehlt sich, das Programm in das Dock zu ziehen, um es immer schnell erreichen zu können. Alternativ können Sie mit dem Shortcut [cmd] + [⇧] + [U] automatisch ein Finder-Fenster mit dem geöffneten Ordner DIENSTPROGRAMME (englisch: *utilities*, daher das [U]) erzeugen.

Im AUDIO-MIDI-SETUP geht es darum, *welche* Geräte Ihnen in Logic zur Verfügung stehen. Ferner stellen Sie im AUDIO-MIDI-SETUP ein, wo der Sound des Mac-Systems und der Mac-Programme ohne eigene Audioeinstellung ausgegeben wird (was Sie in Logic unter EINSTELLUNGEN • AUDIO • GERÄTE durch Wahl der Option SYSTEMEINSTELLUNG für Input und Output auch übernehmen können).

Fortgeschrittene Möglichkeiten dieses Programms erläutere ich in Abschnitt 3.9, »Audiointerface-Konfiguration im Audio-MIDI-Setup«, schließlich können Sie mit dem Mac auch mehrere Interfaces kombinieren.

Falls es nicht wie gewünscht klappt: Bei manchen Interfaces und Keyboards müssen Sie erst Treiber installieren, bevor sie erkannt werden oder um zusätzliche Funktionen nutzen zu können. Manchmal helfen bei Problemen einfache Dinge wie Ab- und Anstecken des Gerätes oder ein Neustart von Logic oder des Computers.

1.5.3 Audiointerface auswählen und prüfen, ob Ihr Audiointerface erkannt wird

Im AUDIO-MIDI-SETUP können Sie nun einstellen, wo der Sound der anderen Programme Ihres Mac ein- und ausgegeben wird. Das AUDIO-MIDI-SETUP listet die erkannten Audiointerfaces auf. Wenn Sie Ihr Audiointerface hier nicht sehen, wird es auch nicht erkannt, und Logic kann es nicht finden. Um das zu prüfen, betrachten Sie das Fenster AUDIOGERÄTE des Programms, oder lassen es über den Menüeintrag FENSTER • AUDIOGERÄTE anzeigen.

1.5.4 Einstellen, wo der Sound der anderen Programme Ihres Mac ein- und ausgegeben wird

Sie sehen anhand der Symbole neben dem Namen des Audiointerfaces,

- welcher Input und
- welcher Ausgang für die Mac-Warntöne und
- welcher Ausgang für die Tonausgabe der sonstigen Mac-Programme ausgewählt ist.

Wenn Sie mit der rechten Maustaste auf einen der Einträge klicken oder bei selektiertem Audiointerface auf das Einstellungsrädchen unten klicken, erscheint ein Flip-Menü, wo Sie die oben genannten Einstellungen ändern können.

1.5.5 Was ist MIDI?

Anfang der 80er Jahre einigten sich verschiedene Synthesizerhersteller auf ein einheitliches Datenformat, um ihre Geräte besser miteinander verbinden zu können: *MIDI*. Dieses Datenformat ist auch in Logic Pro noch aktuell. Es wird von Logic-Instrumenten wie externen Hardwaresynthesizern gleichermaßen verstanden. MIDI ist ein *digitales* Datenformat – bis dahin waren Verbindungen auf analogem Weg hergestellt worden.

Sie spielen beispielsweise eine Note auf Ihrem Keyboard. Dadurch wird ein Note-On-Befehl gesendet; wenn Sie die Taste loslassen, wird ein entsprechender Note-Off-Befehl gesendet. Diese Informationen benötigen eine sehr geringe Datenmenge, und diese wenigen Daten allein sorgen noch nicht dafür, dass Sie etwas hören. Hierfür ist der *Klangerzeuger* zuständig, der die MIDI-Daten empfängt. Einen kleinen MIDI-Grundkurs finden Sie in Abschnitt 3.11.

In jüngerer Zeit gibt es immer mehr spezielle Controller, die in der Lage sind, detailliertere Kontrolle über Instrumente mit Hilfe der MPE-Technik zu übernehmen. Mehr hierzu lesen Sie in Kapitel 7 und Kapitel 11.

1.5.6 MIDI-Geräte auswählen

Die verfügbaren MIDI-Geräte sind in der Grundeinstellung *alle* aktiv. In der Regel wählen Sie im Logic-Hauptfenster eine MIDI-Spur aus, und diese empfängt automatisch die MIDI-Signale aller angeschlossenen bzw. aktiven MIDI-Geräte (sofern Sie nicht selbst etwas in der MIDI-Umgebung in Ihrem Logic-Vorlagensong verstellt haben).

Das Audio-MIDI-Setup listet im Fenster MIDI-Studio die erkannten MIDI-Geräte (wie zuvor die Audiogeräte) auf. Nicht erkannte Geräte erscheinen ausgegraut. Um zu prüfen, ob Geräte erkannt wurden, rufen Sie über den Menüeintrag Fenster das MIDI-Studio auf (siehe Abbildung 1.26).

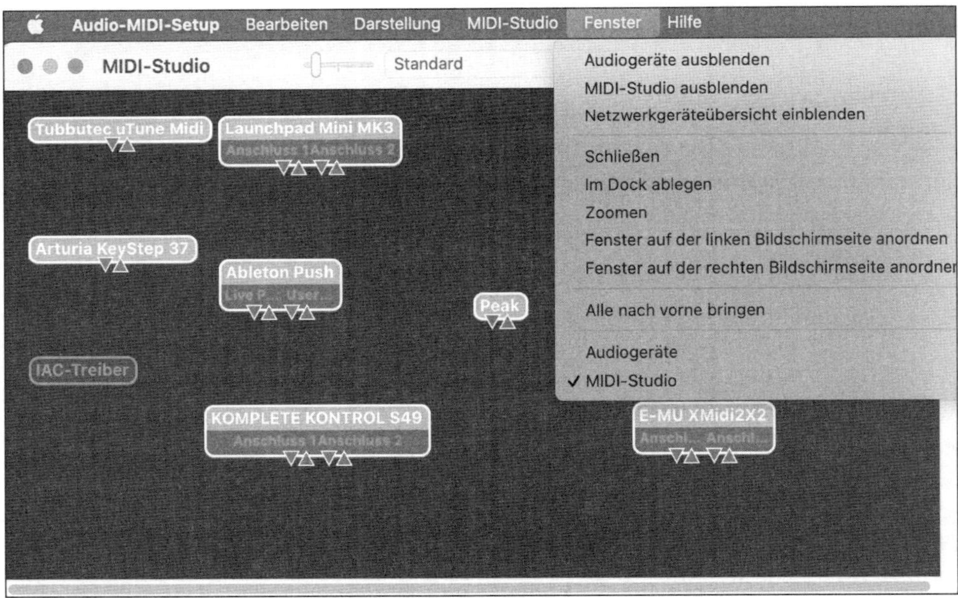

Abbildung 1.26 MIDI-Studio des Audio-MIDI-Setups

Eventuell blass dargestellte Objekte werden nicht erkannt: Das Audio-MIDI-Setup kann sich daran erinnern, welche Geräte Sie bereits benutzt haben, diese erscheinen blass ausgegraut. Wenn Ihr Keyboard erkannt wird (z. B. wenn Sie es via USB anschließen) oder Ihr MIDI-Keyboard korrekt an ein erkanntes MIDI-Interface angeschlossen ist, sollte es nun an Logic senden können. Wenn Ihr MIDI-Gerät nicht erkannt wird, können Sie (neben An- und Abstecken oder Installieren von Treibern) auch auf das Feld Neu suchen mit dem Refresh-Symbol klicken; Audio-MIDI-Setup durchsucht dann nochmals alles nach angeschlossenen Geräten.

1.6 iPad-Steuerung für Logic via Logic Remote

Logic Pro erlaubt die Bedienung und Fernsteuerung des Programms vom iPad aus mit Hilfe der kostenlosen Logic-Remote-App. Hierbei gibt es allerdings Vorgaben bezüglich der Versionsnummer von Logic, Logic Remote, dem Mac und iOS. Wenn Sie ein iPad besitzen und Logic Remote benutzen möchten, finden Sie ausführliche Erläuterungen zu Logic Remote in Abschnitt 16.4, »Logic Remote und Touch-Instrumente«. Logic Remote ist kein »Muss«, Sie können Logic auch sehr gut ohne Logic Remote benutzen.

1.7 Logic-Updates installieren und mit Backups arbeiten, Time Machine

Apple hat in den letzten Jahren eine relativ gute Updatepolitik mit Fehlerbeseitigungen betrieben. Updates von Software bergen aber immer auch das Risiko, dass einige Dinge nicht mehr funktionieren wie zuvor. Hier lesen Sie über einige Absicherungsstrategien bei Updates.

1.7.1 Logic-Backups behalten; Kompatibilität

Sie können im Ordner *Programme* oder anderswo eine Kopie von Logic erzeugen und ablegen, indem Sie das Programm mit gehaltener `alt`-Taste anfassen und zum gewünschten Ort ziehen. Anschließend sollten Sie die neue Datei umbenennen und beispielsweise die Versionsnummer im Dateinamen hinzufügen. Danach können Sie auch ein Update, das Ihnen der Mac über sein Programm *Softwareaktualisierung* für Logic anbietet, vornehmen, ohne die Vorversion verloren zu haben. Typischerweise sind mit neueren Versionen gespeicherte Dokumente nicht mehr komplett mit alten Versionen kompatibel, in der Praxis lassen sie sich oft trotzdem öffnen, und man bekommt nur eine kleine Warnung.

1.7.2 System-Backup behalten; externe Festplatten

Steht ein Systemupdate an, empfehle ich, vorher die gesamte Festplatte zu klonen oder ein Backup zu erstellen. Beachten Sie, dass die Zielfestplatte bei neueren Systemen mittlerweile eine SSD mit APFS-Formatierung sein muss. Als externe Festplatten empfehle ich ohnehin nur noch SSDs, sie sind viel schneller als herkömmliche Festplatten, auch wenn diese für reine Archivierungsaufgaben in der Erstanschaffung günstiger sind. Für System-Backups gibt es mehrere Möglichkeiten.

Carbon Copy Cloner

Ich empfehle das Programm *Carbon Copy Cloner* (CCC). Am besten ist es, wenn Ihnen auf Ihrem System eine zweite Festplatte oder Partition zur Verfügung steht, auf der Sie Ihr System klonen können, so dass Sie nach einem Update oder bei einem System-Crash entweder direkt vom anderen System booten oder das andere System wieder auf Ihre Platte zurückspielen. Von Festplatten, die mit CCC geklont wurden, kann direkt gestartet werden. Auch ein System-Backup auf eine externe SSD-Festplatte funktionierte im Test gut, und ich konnte davon starten. Lediglich einige wenige Softwareautorisationen von Drittherstellersoftware gehen bei einem Klonen mit CCC verloren, die meisten bleiben erhalten.

Festplatten-Dienstprogramm und APFS

Eine Alternative: das Festplatten-Dienstprogramm und die Option WIEDERHERSTELLEN. Hier können Sie zwei Volumes (Partitionen oder Festplatten) per Drag & Drop als Quelle und Ziel definieren. Das Festplatten-Dienstprogramm kopiert nach meinen bisherigen Erfahrungen langsamer und blockweise. Ich benutze es nicht für Backups, wohl aber zum ersten Formatieren von Festplatten.

Time-Machine-Backups

Eine dritte Alternative sind Backups mit Apples integriertem Time-Machine-Backup-System. Der Nachteil hierbei ist, dass diese normalerweise etwas länger dauern und von der Backup-Festplatte nicht direkt gestartet werden kann. Sie können allerdings ein System von einem Time-Machine-Backup wiederherstellen. Zumindest in der Theorie. Denn im Grunde klappt das zumindest bei mir seit der Einführung von APFS nicht mehr. Übrigens: Das Löschen von Fragmenten angefangener und gescheiterter, aber auch fertiger Backups ist eine Quälerei und dauert lange.

Wenn Sie in den SYSTEMEINSTELLUNGEN eine Time-Machine-Backup-Festplatte wählen, werden in der Regel automatisch Backups erstellt, wenn Sie diese Festplatte anschließen. Das hat den Vorteil, dass Sie nichts machen müssen, um das Backup zu erstellen, und so bei einem eventuellen Crash auf relativ aktuelle Backups zurückgreifen können. Sie übrigens müssen manuell Volumes auf Ihrem Rechner vom Time-Machine-Backup ausschließen, die nicht gesichert werden sollen. Ein Vorteil von Time Machine ist, dass sie verschiedene Backup-Zeitpunkte registriert, so dass Sie zu Systemen von einem bestimmten Zeitpunkt zurückspringen und diese oder auch einfach nur bestimmte Dateien wiederherstellen können.

1.7.3 Ausblick

Nun sollten Sie startklar sein, und im nächsten Kapitel beginnen wir mit einem Logic-Schnellkurs.

Kapitel 2

Schnellkurs: Musikproduktion und Hauptfenster in Logic

Vollziehen Sie in diesem Schnellkurs wichtige Arbeitsschritte bei der Realisation eines Musikstücks bis zu einem fertigen Audiofile, um ein Gefühl für den Prozess der Musikproduktion in Logic zu bekommen.

Dieser Schnellkurs ist in zwei Teile unterteilt. Teil 1 umfasst einen ersten Rundgang und einfache Workflows bei MIDI- und Audioaufnahmen. Teil 2 behandelt aufwendigere Edits, Timing- und Tuningkorrekturen, Mixdown und Audioexport. Auch der Schnellkurs wurde gegenüber den Vorauflagen überarbeitet. Aus Platzgründen und wegen der Vielzahl neuer Funktionen verweise ich an manchen Stellen auf neue kleine Schnellkurse und andere Stellen im Buch zu Neuerungen (insbesondere bezüglich LIVE LOOPS, STEP SEQUENCER und die jetzt besser funktionierende *Logic-Remote*-Fernsteuerung).

2.1 Einführung, Hinweise zum Schnellkurs, zu Live Loops und Videos

Einige von Ihnen möchten eher mit elektronischen Instrumenten etwas einspielen, andere möchten handgespielte Instrumente, Gesang und Schlagzeug aufnehmen (z. B. eine Band). Die meisten Musiker nutzen eine Kombination aus beidem. Dem soll der Schnellkurs gerecht werden, und er ist fast eine Art Buch im Buch. Wenn Sie an bestimmten Stellen mehr wissen möchten, nutzen Sie auch den Index des Buches, um Dinge nachzuschlagen. Manche User arbeiten lieber mit (fertigen) Loops oder der neu eingeführten LIVE LOOPS-Option; hierzu finden Sie mehr in Abschnitt 2.3.7 (Loop Browser) und 2.3.23 (LIVE LOOPS). Wenn Sie lieber LIVE LOOPS als Einstieg in Logic nutzen wollen, finden Sie in Abschnitt 2.3.23 Tipps hierfür.

Tempoanpassungen für selbstgesampelte Loops behandelt Kapitel 9.

Wenn Sie sich schon etwas mehr zutrauen, können Sie begleitend zu den Anleitungen dieses Kapitels Ihr eigenes Stück produzieren, anstatt den Schnellkurs genau »nachzumachen«. Bitte sehen Sie über den banalen musikalischen Gehalt mancher Beispiele hinweg. Es geht vor allem darum, Funktionen und Workflows zu erklären und Ihnen verschiedene Zwischenstände an die Hand zu geben, falls Sie nicht alles selbst nachvollziehen können.

Sie finden auf der Bonusseite alle Projekte zum Download. Projekte öffnen Sie über ABLAGE • ÖFFNEN (cmd + O). Bitte schließen Sie zuvor geöffnete Projekte. Logic kann mehrere Projekte gleichzeitig öffnen, das führt aber leicht zu Verwirrung. Mit ABLAGE • PROJEKT SCHLIESSEN oder alt + cmd + W schließen Sie schnell ein Projekt. Logic kann auch ohne geladenes Projekt als Programm geöffnet sein.

Auf *logichilfe.de* finden Sie unter der Playlist zu Kapitel 2 ergänzende Einführungsvideos, die besonders für Anfänger besonders hilfreich sein können.

2.2 Vorbereitung und Einstellungen, Demoprojekt, Logic Remote

In diesem Abschnitt finden Sie kurze Hinweise zu den richtigen Einstellungen und zum Demoprojekt. Wenn Sie direkt loslegen wollen, springen Sie zum Abschnitt 2.3.

Ich gehe davon aus, dass alle erweiterten Werkzeuge via LOGIC PRO • EINSTELLUNGEN • ERWEITERTE WERKZEUGE aktiviert sind. Um sicherzustellen, dass die Standard-Tastaturkommandos aktiv sind, wählen Sie im Menü LOGIC PRO • TASTATURKURZBEFEHLE • PRESETS • GERMAN aus. Ich empfehle, zumindest als Basis mit den Original-Logic-Shortcuts zu arbeiten, auch weil neue Funktionen hier bei Updates schlüssig integriert werden. Shortcuts helfen, schneller zu werden, aber manchmal machen Anfänger den Fehler, sich zu sehr auf Shortcuts zu konzentrieren, bevor sie das Programm verstanden haben. Verschaffen Sie sich zuerst einen Überblick über die Struktur und Fenster. Am wichtigsten ist, dass Sie das, was Sie machen wollen, erst einmal irgendwie hinkriegen. Die Shortcuts sind eher der zweite Schritt, um schneller zu sein. Manchmal kann Ihnen der in Abschnitt 3.6 genauer erklärte Dialog zum Finden und Einstellen von eigenen Shortcuts aber auch helfen, Funktionen kennenzulernen, wenn Sie dort nach Begriffen (wie z. B. »vorspulen«) suchen.

Zur Sicherheit sollten Sie außerdem *alle* Voreinstellungen außer den Tastaturkommandos initialisieren. Das geht über den Eintrag LOGIC PRO • EINSTELLUNGEN • ALLE AUSSER TASTATURKURZBEFEHLE INITIALISIEREN.

Sie können über das Hilfe-Menü oder über den Button mit dem Fragezeichen die DYNAMISCHE HILFE einblenden und im Menü HILFE auswählen, ob und wie sie erscheinen soll. Typischerweise erscheint sie zunächst oben links im Informationsbereich.

Wie sinnvoll es ist, sich mit einem zusätzlichen Tool wie Logic Remote zu beschäftigen, um damit Logic zu bedienen oder seine Instrumente zu spielen, hängt für mich sehr von der Reaktionsgeschwindigkeit ab. 2021 im Test mit einem MacBook Air mit M1-Prozessor, einem iPad und einem schnellen Modem empfand ich die Spielbarkeit von Logic-Instrumenten via Logic Remote gegenüber Vorversionen als beeindruckend verbessert. Eine Anleitung zu Logic Remote finden Sie in Abschnitt 16.3.

Um einen Eindruck von Logics Leistungsfähigkeit zu bekommen, können Sie im NEU AUS VORLAGE-Menü das mitgelieferte DEMOPROJEKT herunterladen bzw. öffnen und abspielen. Es handelt sich um eine Produktion von Billie Eilish namens »Ocean Eyes«, das in den USA Platin für über 1 Mio. Verkäufe erreichte.

2.3 Schnellkurs Teil 1: Projekt anlegen, erste MIDI- und Audioaufnahmen und Edits

Den Schnellkurs beginnen wir mit einem leeren Projekt.

2.3.1 Neues Projekt anlegen und eine erste Spur erstellen

- Öffnen Sie Logic.
- Wählen Sie im Menü ABLAGE den Eintrag NEU (erstellt automatisch ein leeres Projekt) oder NEU AUS VORLAGE. Falls Sie NEU AUS VORLAGE gewählt haben, wählen Sie im folgenden Dialog den Eintrag LEERES PROJEKT (Songs heißen in Logic *Projekt*).
- Anschließend erscheint ein Dialog zum Erzeugen einer ersten Spur. Er sollte ähnlich wie in Abbildung 2.1. aussehen (falls er bei Ihnen etwas anders aussieht, kann das an einem Redesign liegen; falls Sie zusätzlich Bilder sehen, so ist die Option SYMBOLE IM DIALOGFENSTER NEUE SPUREN ANZEIGEN im Menü EINSTELLUNGEN • ANZEIGE • ALLGEMEIN aktiviert.)
- Wählen Sie den Eintrag SOFTWARE-INSTRUMENT aus, indem Sie bei ausgewähltem Button SOFTWARE-INSTRUMENT (in Abbildung 2.1) einfach sofort auf ERZEUGEN klicken oder die [↵]-Taste drücken.

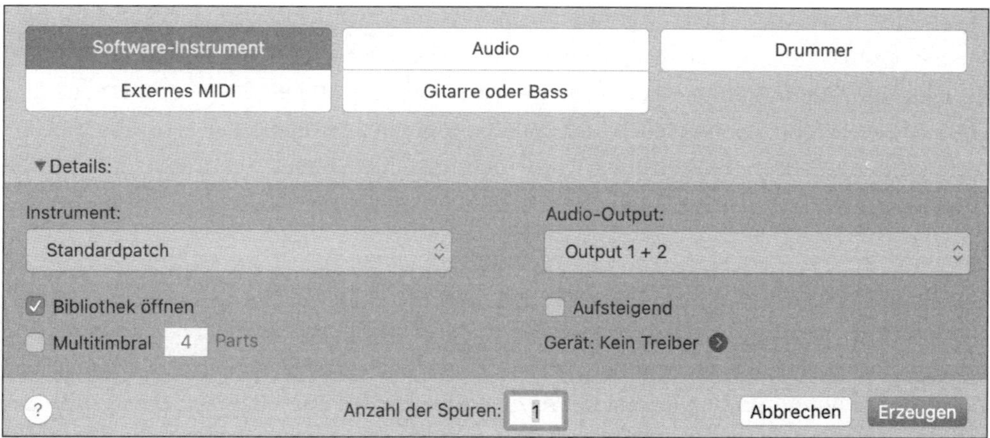

Abbildung 2.1 Der Dialog zum Erstellen einer neuen Spur

Achten Sie darauf, dass das Häkchen neben dem Eintrag BIBLIOTHEK ÖFFNEN gesetzt ist. Unter INSTRUMENT sollte STANDARDPATCH stehen.

Sie sollten nun über eine ausgewählte Tastatur das *E-Piano*-Software-Instrument der einzigen Spur Ihres Projekts spielen und über Ihre Lautsprecher hören. Alternativ öffnen Sie das Dokument *Schnellkursx3-01*.

2.3.2 Spuren erzeugen, Spurkategorien und Shortcuts zum Erzeugen von Spuren kennenlernen

Sie erzeugen eine neue Spur (alt + cmd + N) im Allgemeinen oder eine neue Spur einer bestimmten Kategorie (siehe unten) mit Hilfe eines Shortcuts oder über das Menü SPUR. Logic Pro unterscheidet zwischen verschiedenen Spurarten:

- *Software-Instrument-Spuren* (erzeugen mit alt + cmd + S): Spuren, die MIDI-Daten abspielen und an einen Logic-internen Klangerzeuger senden, der sich im selben Kanalzug befindet (eine solche Spur haben wir gerade geöffnet).
- *Externes MIDI* (erzeugen mit alt + cmd + X): Spuren, die ebenfalls MIDI-Dateien abspielen, diese aber an einen Klangerzeuger *außerhalb* von Logic senden, den Sie an den Mac angeschlossen haben. In einem Flip-Menü können Sie den MIDI-Anschlussport wählen, den Sie mit der Spur ansteuern möchten.
- *Audiospuren* (erzeugen mit alt + cmd + A): Spuren, die Audiodateien abspielen und aufnehmen können (z. B. aufgenommener Gesang, aufgenommene Gitarre, Samples). GITARRE UND BASS aus Logics Dialog beim Erzeugen von Spuren fällt ebenfalls in diese Kategorie, wird aber mit passenden Gitarreneffekten und -einstellungen geladen, z. B. aktiviertem Eingangs-Monitoring für die Aufnahme.

Es ist wichtig zu verstehen, dass Audiospuren keine MIDI-Regionen und Software-Instrument-Spuren keine Audiofiles abspielen können. Hier ein Beispiel mit modernen Sounds: Im Projekt *02MidiundAudio* spielt oben ein Dance-Synth, darunter ein Hip-Hop-Beat aus Apples Loop Library. Wenn Sie versuchen, den Inhalt der einen Spur auf die andere zu schieben, ist nichts mehr zu hören (falls Sie die Inhalte nicht installiert haben, ignorieren Sie dieses Beispiel).

Drummer-Spuren, Drummer- und Patternregionen

Die *Drummer-Spuren* in Logic Pro senden ebenfalls Inhalte als Steuerbefehle an ein Instrument, auch wenn ladbare, automatisch begleitende Schlagzeuger die Inhalte erzeugen (vergleiche die untere Spur im Projekt *02Drummer*). Sie können ihre Inhalte aber u. a. in andere MIDI-Spuren ziehen bzw. in MIDI konvertieren und bearbeiten (vergleiche Spur 1 im Projekt *02Drummer*). Patternregionen sind ein weiterer Sonderfall, werden mit dem neuen *Step Sequencer* benutzt und können ebenfalls in MIDI umgewandelt werden.

2.3.3 Speichern Ihres Logic-Projekts

Speichern Sie Ihr Projekt über das Menü ABLAGE • SICHERN UNTER (⇧ + cmd + S). Vergeben Sie einen Namen, und klicken Sie dann auf SICHERN.

Sie haben beim Speichern die Option, das Projekt in einem PAKET (Voreinstellung, siehe Abbildung 2.2) oder einem ORDNER zu verwalten.

Sichern

Sichern unter: Projekt

Tags:

Ort: Schnellkursx3-01

Meine Projekte verwalten als: Paket
Ordner

Folgende Dateien in dein Projekt kopieren: Audiodateien
Sampler-Audiodaten
Alchemy-Audiodaten
Ultrabeat-Audiodaten
Space Designer Impulsantworten
Filmdatei

Inklusive Apple Sound Library-Inhalt

Abbrechen Sichern

Abbildung 2.2 Der Dialog zum Abspeichern Ihres Projekts

Beim Sichern können Sie im Dialog Häkchen setzen, um Dateien wie selbstaufgenommene Soundinhalte (z. B. als Audiodateien oder Samples) mitzu speichern. Setzen Sie alle Häkchen wie im Bild, und lassen Sie die beiden unteren Haken unten weg. Filmdateien oder den Inhalt der Apple Sound Library müssen Sie für den Anfang nicht mitspeichern.

Logic Pro erstellt im Hintergrund automatisch Backups. Falls Logic während der Arbeit mit einem Projekt abstürzt oder Sie ein Projekt geschlossen und lange vorher nicht gesichert haben, erscheint beim Versuch, das Projekt neu zu öffnen, eventuell der Dialog aus Abbildung 2.3.

Abbildung 2.3 Meldung über automatisch gesicherte Dateien

Sie sollten dann die automatisch gesicherte Version öffnen, denn aus ihr heraus können Sie normalerweise jederzeit via ABLAGE • ZURÜCKSETZEN AUF auch wieder zu gesicherten Versionen springen, die unter diesem Menüpunkt rechts vom Menüeintrag zu sehen sind, wie in Abbildung 2.4. Sollte Ihnen dieser Dialog im Zusammenspiel mit Beispielprojekten dieses Buches begegnen, öffnen Sie bitte die gesicherte Version.

Wenn Sie Ihr Projekt schnell via ABLAGE • SICHERN … (cmd + S) speichern, können Sie mit dem gleichen Projekt weiterarbeiten, innerhalb dessen Sie aber stets via ABLAGE • ZURÜCKSETZEN AUF zu zuvor inklusive Uhrzeit und Datumsangabe gespeicherten Vorversionen zurückspringen können (Abbildung 2.4).

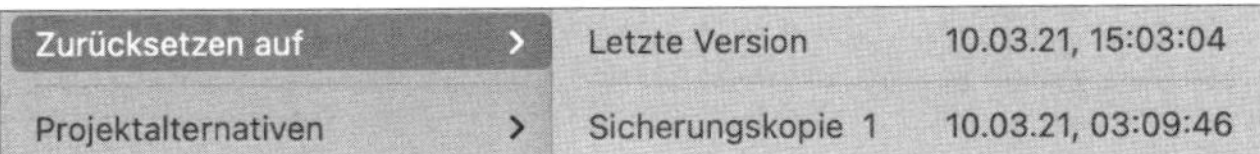

Abbildung 2.4 Hier sehen Sie, wie viele Sicherungskopien es aktuell gibt, und können sie auch aufrufen.

Detaillierte Informationen zum Thema Sichern und Projektverwaltung finden Sie in Abschnitt 3.1.

2.3.4 Übersicht über Logic und das Hauptfenster

Ganz oben in Abbildung 2.5 sehen Sie die *Hauptmenüs* ❶ von Logic (LOGIC PRO , ABLAGE, BEARBEITEN, SPUR, NAVIGIEREN, AUFNAHME, MIX, ANSICHT und HILFE) angeordnet, in denen Sie wichtige Befehle und Einstellungen finden. Darunter sehen Sie das *Hauptfenster*. Das Hauptfenster ist ein komplexes All-in-one-Fenster zur Arbeit mit Logic, in dem der komplette Songverlauf vertikal (in einzelnen Spuren) und horizontal (über die Zeit) dargestellt wird.

Abbildung 2.5 Das Logic-Hauptfenster im Dokument »Schnellkursx3-01«

Alternativ kann das Hauptfenster auch Loops und Szenen in einer Matrix anzeigen, der sogenannten *Live Loops*-Ansicht, die in Logic 10.5 eingeführt wurde (siehe Abschnitt 2.3.7).

Aufteilung des Hauptfensters

Betrachten Sie Abbildung 2.5 oder das Fenster Ihres geöffneten Dokuments *Schnellkursx3-01* etwas genauer.

- Oben im Hauptfenster sehen Sie die Bereiche *Steuerungsleiste* ❷ und *Anzeige* ❸ mit Tasten, die mit Symbolen beschriftet sind (z. B. zum Ein- und Ausblenden bestimmter Bereiche), sowie *Transportfunktionen* ❹ wie Record und Play und einen *Displaybereich* ❸ mit Songeinstellungen.
- Darunter sehen Sie eine schwarze Leiste, die in der Mitte weitere Menüs beherbergt ❺ (BEARBEITEN, FUNKTIONEN, ANSICHT). Daneben befinden sich weitere Einstellungen inklusive der Zoomregler und Zoom-Buttons oben rechts. Zoomen können Sie auch mit verschiedenen Zoom-Shortcuts (u. a. `cmd` + Pfeil `↑`, `↓`, `←` oder `→`) oder dem Vergrößerungswerkzeug (`alt` und Aufziehen eines Bereiches). Oberhalb von Takt 6 erkennen Sie das Standard-Zeigerwerkzeug ❻ als aktuell eingestelltes Werkzeug. Rechts daneben sehen Sie ein Menü für ein zweites Werkzeug, das mit gehaltener `cmd`-Taste aufgerufen wird. Beide Werkzeugmenüs lassen sich aufklappen, um ein Werkzeug auszuwählen.
- Links befindet sich die BIBLIOTHEK (englisch *library*) ❼: Hier wählen Sie Sounds und Einstellungen für Instrumente, Audiospuren, Effekte, spezielle Kanalzüge (Master- oder Aux-Kanäle) oder sogar für Kombinationen aus mehreren Kanalzügen aus. Durch Klick auf das Bibliotheks-/Schubladensymbol oben links ❽ blenden Sie die BIBLIOTHEK schnell ein und aus, durch Bewegen der vertikalen Linie rechts können Sie ihre Anzeige verbreitern und mehrspaltig machen (siehe Projekt *Schnellkursx3-01a*). Im Bild ist der Button oben links gedrückt und die BIBLIOTHEK eingeblendet. Ganz unten können Sie Patches sichern ❾.
- Rechts neben der BIBLIOTHEK findet sich der *Informationsbereich* ❿: Hier werden oben die dynamische Hilfe, darunter die Informationsfenster REGION und SPUR gefolgt vom Mixkanal der Spur inklusive einer im Routing nachfolgenden Spur angezeigt. Durch Klick auf das i-Symbol oben rechts neben dem Bibliothekssymbol (oder mit dem Shortcut `I`) blenden Sie den Infobereich ein und aus. Einzelne Informationsfenster können eingeklappt werden, um die Mixer-Spuren unten besser sehen zu können, in denen Sie Instrumente und Effekte laden und verschieben können.
- Rechts daneben sehen Sie die ausgewählte Spur und den Sequencer-/Arrangierbereich, der in Logic Pro »Bereich SPUREN« ⓫ heißt. Dabei ist ein Button mit rechteckigen Symbolen blau markiert, der BEREICH SPUREN EIN- UND AUSBLENDEN heißt. Links daneben ist ein Button mit Quadraten, der LIVE LOOPS-RASTER EIN- UND AUSBLENDEN heißt. Hiermit können Sie die LIVE LOOPS-Ansicht (siehe Abschnitt 2.3.23 und Abschnitt 6.8) einblenden. Diese verwendet die gleichen Spuren wie die Spurenansicht, ordnet Inhalte wie Audiofiles und MIDI-Regionen jedoch anders an.

- Jede Spur in unserem Beispiel hat einen Lautstärkeregler auf der Pegelanzeige und mit M und S beschriftete Buttons zum Stummschalten (M wie »mute«) und Soloschalten (S wie »solo«). Ferner hat die Spur in unserem Beispiel einen *Record-Button* und einen *Panoramaregler* (Abbildung 2.6). Diesen Bereich nennt man in Logic *Spur-Header*. Sie können ihn via `alt` + `T` konfigurieren oder per Rechtsklick auf die Spur und Auswahl des Eintrags Spur-Header konfigurieren weitere Bestandteile einblenden, z. B. On/Off-Buttons für einzelne Spuren.

Abbildung 2.6 Eine Spur mit »Mute«-, »Solo«- und »Record«-Button sowie Volume- und Pan-Regler

- Unten öffnet sich bei Doppelklick auf Regionen ein Editor im Bereich Editoren (Abbildung 2.7). Haben Sie auf eine MIDI-Region doppelt geklickt, öffnet sich ein MIDI-Editor (wahlweise Pianorolle, Notation oder Schritteditor); haben Sie doppelt auf eine Audioregion geklickt, öffnet sich ein Audioeditor (wahlweise Datei- oder Spur-Editor). Klicken Sie auf eine Drummer-Region, erscheint der Drummer-Editor. Abbildung 2.7 zeigt, wie das ungefähr aussehen kann, wenn wir mit unserem Schnellkurs fertig sind.

Abbildung 2.7 Hauptfenster mit fertigem Schnellkurs, eingeblendeter Pianorolle und Übersicht »Projekt«

- Auf der rechten Seite lassen sich Notizen, Listeneditoren (für Taktart, Tonart, Tempo etc.), Apple Loops oder Übersichten für Medien (Medien des aktuellen Projekts, Medien in Apple-Programmen und Logic-relevante Medien allgemein auf dem Rechner) einblenden. In Abbildung 2.7 sehen Sie die Übersicht PROJEKT, die im Projekt verwendete Audiofiles und Regionen anzeigt.

Bereiche des Hauptfensters ein- und ausblenden

Über das Hauptmenü ANSICHT oder verschiedene Buttons in der Steuerungsleiste können Sie einzelne Bereiche des Hauptfensters ein- und ausblenden und zusätzlich eine Symbolleiste (Abbildung 2.8) im Hauptfenster anzeigen, die Ihnen schnellen Zugriff auf praktische Funktionen auch ohne Kenntnis eines Shortcuts erlaubt – aber auch Platz wegnimmt, weshalb ich sie meistens ausgeblendet habe. In Logic können Sie fast alles manuell konfigurieren – von der Anzeige der Steuerungsliste über die Funktionen in der Symbolleiste und vieles mehr.

Abbildung 2.8 Logic mit eingeblendeter Symbolleiste

Das Hauptfenster ist darauf ausgelegt, hier alles Notwendige erledigen zu können, ohne weitere Fenster öffnen zu müssen. Trotzdem können Sie viele Ansichten über das Menü FENSTER auch als separates Fenster aufrufen.

Fokus im Hauptfenster einstellen

Wenn Sie die [⇆]-Taste drücken, wechselt der Fokus zwischen verschiedenen Bereichen des Hauptfensters, was Sie an einem dünnen blauen Rahmen um den jeweils fokussierten Bereich erkennen. Das bedeutet zum Beispiel, dass sich Tastaturkurzbefehle nun auf den fokussierten Bereich beziehen – und nicht auf einen anderen Bereich des Hauptfensters.

2.3.5 Das Songtempo für Ihr Projekt einstellen

Im Displaybereich können Sie Tempo und Takt einstellen. Aktuell sind Tempo 120 und ein $\frac{4}{4}$-Takt gewählt. Als erste Übung ändern Sie das Tempo in eine Einstellung Ihrer Wahl. In meinem Beispiel nehme ich Tempo 140. Klicken Sie doppelt auf die 120, und geben Sie Ihr gewünschtes Tempo ein. Diesen Zwischenstand finden Sie im Dokument *Schnellkursx3-01b*.

2.3.6 Die Bibliothek kennenlernen und Instrumentensounds durchhören

Lassen Sie uns zuerst Sounds durchhören, aussuchen und erste Noten einspielen. Wir fangen mit selbstgespielten Drums an, aber zuvor können Sie einmal Sounds von Logic »antesten«.

In der BIBLIOTHEK ist ein Eintrag namens CLASSIC ELECTRIC PIANO selektiert. Wenn Sie den hellgrauen Scrollbalken unten (sichtbar in Abbildung 2.5) nach links schieben oder den Bereich der BIBLIOTHEK durch Bewegung der Grenzlinie nach rechts vergrößern (wie in Abbildung 2.9), wird die übergeordnete Soundkategorie sichtbar. Diese heißt hier VINTAGE ELECTRIC PIANO und ist in Abbildung 2.9 selektiert.

- Klicken Sie stattdessen auf den Eintrag ELECTRONIC DRUM KIT.
- Klicken Sie auf den Eintrag IBIZA. Hierdurch laden Sie ein entsprechendes sogenanntes *Patch*.

Abbildung 2.9 Bibliothek

Nun ist das E-Piano zugunsten eines elektronischen Drumkits auf Basis des DRUM MACHINE DESIGNERS verschwunden. Dabei wurde nicht nur ein neues Instrument in Form eines Plugins geladen, sondern zusätzlich eine Kombination von Effekten und eine Kombination zusätzlicher Spuren, über die Einzelsounds des Drumkits separat abgemischt werden können. Der DRUM MACHINE DESIGNER macht das Arbeiten mit Drumsounds auch anderweitig leicht: Jeder Sound kann chromatisch gespielt werden, Samples lassen sich leicht importieren, Sounds können aber auch selbst synthetisch designt werden. Apple liefert ein gutes Tutorial-Projekt mit, was Sie in den Einführungen finden, wenn Sie NEU AUS VORLAGE auswählen – oder als Projekt im Ordner zu Kapitel 11, *11x3_DMDEinfprojekt*, im Bonusbereich.

Es gibt viele komplexe Patches in der BIBLIOTHEK.

Auf zwei Oktaven Ihrer Tastatur beginnend mit dem C1 sind nun die Drumsounds des *Ibiza*-Patches zu hören. Diesen Zwischenstand (inklusive eingestelltem Tempo 140) finden Sie auch im Dokument *Schnellkursx3-02*.

Hören Sie verschiedene Sounds durch. Sie sehen in Abbildung 2.9, dass es noch viele andere Soundkategorien gibt, z. B. BASS, GUITAR, ORCHESTRAL, PIANO, SYNTHESIZER, VINTAGE B3 ORGAN, ARPEGGIATOR, ÄLTERE VERSIONEN und viele weitere. Klicken Sie einfach eine Kategorie mit der Maus an, um ihren Inhalt zu sehen. Wenn Sie danach auf einen Eintrag klicken, ändert sich der jeweils in der Spur befindliche Sound sofort. Wenn Ihnen das etwas zu schnell ging, können Sie das Laden eines Patches mit [cmd] + [Z] (Undo) widerrufen. Wenn Sie einen Sound behalten und weiter stöbern möchten, laden Sie eine neue Software-Instrumenten-Spur (im Menü Spur oder via [alt] + [cmd] + [S]).

Wichtig zu wissen: Die BIBLIOTHEK zeigt unterschiedliche Inhalte an, je nachdem, welche Art Spur (z. B. Software-Instrument-Spur, Audiospur etc.) Sie ausgewählt haben und ob Sie den ganzen Kanalzug oder nur ein Plug-in (via [⇧] + Klick) per Klick mit dem Pfeil links neben den Plug-in-Namen selektiert haben. Klappen Sie die Informationsfenster REGION und SPUR ein, sehen Sie wie in Abbildung 2.10 den Pfeil links neben dem weiß umrahmten Eintrag: Dieser zeigt hier auf das oberste Feld, so dass die BIBLIOTHEK sogenannte *Patches* für den ganzen Kanalzug anzeigt. Wenn Sie stattdessen links neben den Eintrag E-PIANO klicken, dann wechselt der Pfeil nach unten links neben den E-PIANO-Eintrag, und die Anzeige in der BIBLIOTHEK zeigt Presets für das E-Piano.

Abbildung 2.10 Beachten Sie den Pfeil links im Bild.

Es gibt auch Patches in Form von Kombinationen von Effekten für Audiospuren, die angezeigt werden, wenn eine Audiospur selektiert ist (mehr hierzu in Abschnitt 2.4.3, »Patches und Presets in der Bibliothek«).

Sie können so viele Spuren erzeugen, wie Sie wollen; im Dialog zum Erzeugen von Spuren können Sie auch mehrere Spuren gleichzeitig erstellen.

Sie werden beim Soundstöbern bemerken, dass Logic seine Sounds in der BIBLIOTHEK vor allem nach Instrumentenkategorien sortiert bereitstellt.

Ich habe in einem Beispieldokument mehrere Spuren mit unterschiedlichen Sounds geöffnet – laden Sie *Schnellkursx3-01c*. Klicken Sie auf die unterschiedlichen Spuren, um das jeweilige Instrument zu spielen, oder benutzen Sie bei selektierter Spur die [↑]- und [↓]-Taste. Wie Sie Sounds selbst designen oder Presets modifizieren, lesen Sie ausführlich in Kapitel 11. Einfache Sound-Edits können Sie auch mit den Smart Controls vornehmen (mehr hierzu in Abschnitt 2.4.12)

In der untersten Spur befindet sich eine Drummer-Spur, in der ein virtueller *Drummer* automatisch für Sie Schlagzeug spielt. Im Dokument *Schnellkursx3-01d* spielt der »Drummer« einen anderen Style, es wurden zwei Apple Loops in die unterste Spur geladen und in Spur 8 ein paar Noten eingespielt. In Abschnitt 11.9 lesen Sie mehr über den »Drummer«.

Notizen (über Lieblingssounds oder Einstellungen) erstellen

Auf der rechten Seite des Fensters können Sie Notizen – wie zum Beispiel Sounds, die Ihnen gefallen – spur- oder projektbezogen festhalten. Klicken Sie auf das Symbol mit einem Blatt Papier und Stift, um den Notizenbereich einzublenden. Klicken Sie nun auf das Feld BEARBEITEN, um eine Notiz einzugeben, und anschließend auf FERTIG (Zwischenstand: *Schnellkursx3-02b*). Durch wiederholten Klick auf das Symbol mit Papier und Stift blenden Sie den Bereich wieder aus.

2.3.7 Loop Browser, Apple Loops

Es gibt auch noch den Bereich APPLE LOOPS, wo Sie genrespezifisches Material als Audiofile, Pattern, MIDI- oder Drummer-Region finden, vorhören und selbst hinzufügen können. Der Loop Browser stellt gebrauchsfertige Bestandteile verschiedenster Genres bereit, die dort in Packs verwaltet werden und in der Songtonhöhe vorgehört werden können, ob sie vielleicht zu bestehendem Material passen. Hierzu lesen Sie mehr in Abschnitt 4.13 und Abschnitt 17.4.3. Loops dieser Packs werden auch in den sogenannten *Live-Loop-Ausgangspunkten* verwendet, die Sie unter NEU AUS VORLAGE laden können. Diese können ein alternativer Einstieg in Logic sein, wo Sie mit genrespezifischem Material spielen und schnell Instrumentals erstellen können. Erläuterungen hierzu finden Sie in Abschnitt 2.3.23 und Abschnitt 6.8 bzw. Abschnitt 6.8.3 sowie Abschnitt 17.4.3 und Abschnitt 17.4.4. Auch im Verlauf dieses Schnellkurses wird ein Apple Loop eingebunden. Allerdings liegt zunächst der Schwerpunkt dieses Schnellkurses darauf, selbst Audio- und MIDI-Inhalte zu erzeugen.

2.3.8 Instrument-Plug-ins aus Logic oder von Drittherstellern ohne Bibliothek laden

Sie können Instrumente oder Plug-ins statt über die BIBLIOTHEK auch manuell in den Instrumenten-Slot laden. Wenn Sie im Dokument *Schnellkursx3-01* mit gehaltener Maustaste auf die rechte Seite des mit E-PIANO benannten Slots klicken (dort taucht ein dreigeteilter Button auf), können Sie im aufspringenden Menü ein Instrumenten-Plug-in auswählen. Instrumente von Drittherstellern finden Sie unten in der Liste unter AU-INSTRUMENTE (»AU« steht für Audio Unit).

2.3.9 Einspielmethoden und Step Sequencer

Es gibt unterschiedliche Methoden, Noten und Beats zu erzeugen, die jeweils andere Vorteile haben. Manche Musiker spielen Drums und Noten am liebsten über ein Keyboard, andere mit Drumpads ein. In beiden Fällen kann der Musiker gut seiner Emotion Ausdruck verleihen. Andere sampeln und schneiden sich Loops zurecht (siehe Kapitel 9) – und profitieren von Aufnahmen mit interessanten Sounds oder Rhythmen. Wieder andere programmieren am liebsten, anstatt einzuspielen, so dass es leichter wird, eine maschinelle Anmutung oder Dinge zu realisieren, die man so nicht hätte selbst einspielen können. So etwas geht seit Logic 10.5 mit dem neuen *Step Sequencer* deutlich einfacher. Für ihn gibt es einen eigenen Schnellkurs in Kapitel 7, »MIDI-Editoren, Artikulationsset-Editor, Step Sequencer«. Er erzeugt Patterns, keine normalen MIDI-Regionen. Sie können Regionen auch mit der *Pianorolle* erzeugen.

2.3.10 MIDI-Noten in Logic einspielen und aufnehmen und einfache Transportfunktionen

Zunächst sollen Sie hier lernen, selbst etwas einzuspielen. Zur Vereinfachung gehen wir wieder zurück zu einem Projekt mit nur einer Spur. Öffnen Sie bitte das Dokument *Schnellkursx3-02*.

Wir machen dort weiter mit dem im vorherigen Abschnitt ausgewählten *Ibiza*-Kit auf der bislang einzigen Spur. Ich werde nun eine einfache Bassdrum einspielen. Anschließend soll eine zusätzliche Hi-Hat einsetzen. Versuchen Sie, es mir nachzumachen ...

Ich unterscheide drei Methoden, die Beats eines Songs zu »erhalten«: 1.) manuell einspielen, 2.) mit Maus und Programmierung einzeichnen, 3.) fertigen oder gesampelten Loop bearbeiten und schneiden. Wir konzentrieren uns hier zunächst auf Methode 1.

Der Abschnitt über den *Step Sequencer* in Kapitel 7 und das Projekt *07x3-sseq1* liefern kompakte Erklärungen für Methode 2. Loops werden wir im Verlauf des Schnellkurses auch laden; was Sie zu Methode 3 wissen müssen, wird vor allem in Kapitel 9 erläutert.

Welche Note spiele ich, und wo kann ich das erkennen (MIDI-Aktivitätsanzeige)?

Wenn es Ihnen nicht gelingt, Bassdrum oder Keyboard auf Ihrer Tastatur zu finden, dann spielen Sie eventuell in einem falschen Tonhöhenbereich. Ob MIDI ankommt oder nicht, erkennen Sie wie in Abbildung 2.11 an einem kleinen Punkt im Display.

Abbildung 2.11 Der Punkt signalisiert eingehende MIDI-Daten.

- Klicken Sie einmal in den rechten Bereich des Displays, wo ein kleiner Abwärtspfeil zu sehen ist (Abbildung 2.12).

Abbildung 2.12 Optionen für das Informationsdisplay

- Wählen Sie im aufspringenden Menü den Eintrag EIGENE. Ich empfehle Ihnen generell, diese Einstellung beizubehalten.

Danach zeigt das Display beispielsweise eine detaillierte MIDI-Aktivitätsanzeige und hierüber auch die eingehenden MIDI-Informationen an, und Sie können prüfen, ob und was Sie gerade über Ihr Keyboard senden (Abbildung 2.13), und auf diese Weise als Anfänger auch Noten- und Akkordnamen lernen.

Abbildung 2.13 Eine eingehende MIDI-Note C1 auf Kanal 1 mit Velocity 64, die zuvor von der Musik-Tastatur aus Abbildung 2.14 erzeugt wurde

Mit der MUSIK-TASTATUR können Sie über eine Computertastatur Noten einspielen. Wenn Sie via [cmd] + [K] die MUSIK-TASTATUR verwenden und einblenden, sehen Sie, dass Sie mit den Buchstaben [Y] und [X] der deutschen Tastatur die Oktavlage der Tastatur verändern.

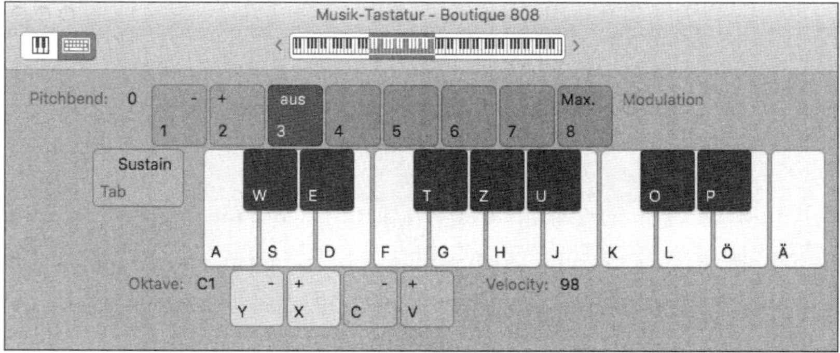

Abbildung 2.14 Die Musik-Tastatur ist im Bild so eingestellt, dass die Taste »A« die Note C1 spielt.

Im Bild ist die richtige Oktave beginnend mit C1 ausgewählt.

Die Bassdrum liegt in meinem Beispiel auf der Taste C1, die Hi-Hat auf der Taste F#1. Dies ist die übliche Drum-Belegung nach dem sogenannten *General-MIDI-Standard*, an den sich Logics Drum-Instrumente grundsätzlich halten. Sie finden die Bassdrum also in den meisten Drumkits auf C1.

Transportfunktionen

Im Hauptfenster sehen Sie die Buttons für Transportfunktionen wie *Aufnahme*, *Zurück zum Anfang*, *Zurückspulen*, *Stopp* und *Wiedergabe* (Abbildung 2.15).

Abbildung 2.15 Die Buttons für die Transportfunktionen

Mit den Tasten [,] und [.] können Sie *vor- und zurückspulen* und durch erneutes Drücken der Leertaste die Wiedergabe wieder starten. Um an eine Stelle im Song zu springen, klicken Sie mit der Maus einfach in den unteren Bereich des Taktlineals. Mit der [↵]-Taste gelangen Sie an den Projektanfang. Wenn Sie mit der rechten Maustaste auf die PLAY- oder RECORD-Taste klicken, erscheint ein Kontextmenü, das verschiedene Einstellungen für Play bzw. Record bietet.

Menü: Aufnahme und Einzähler einstellen

Über das Menü AUFNAHME • EINZÄHLER (Abbildung 2.16) stellen Sie ein, wie viele Takte das Metronom vor der Aufnahme klickt. Sie finden im Menü AUFNAHME viele weitere wichtige Aufnahmeeinstellungen, z. B. auch, was passieren soll, wenn Sie auf eine Spur mit bestehender Aufnahme weitere Aufnahmen machen und sich Aufnahmen »überlappen«. Genauere Erklärungen hierzu finden Sie in Kapitel 5 und Kapitel 6.

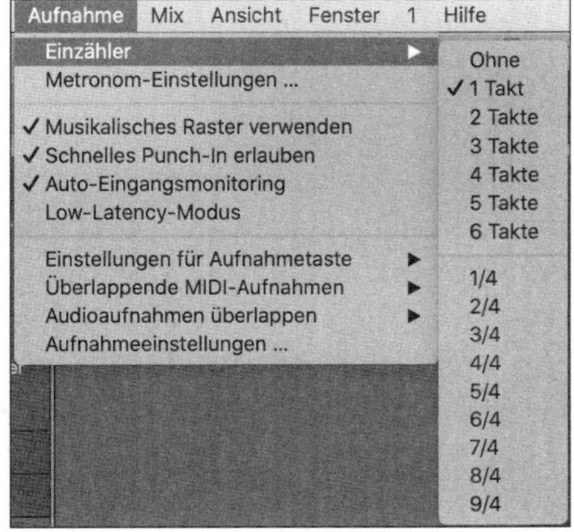

Abbildung 2.16 »Aufnahme«-Menü

Eine erste MIDI-Aufnahme erstellen, Undo/Redo (Widerrufen/Wiederholen)

- Klicken Sie nun auf das Feld mit dem roten Punkt, um eine Aufnahme zu starten (oder nutzen Sie den Shortcut [R]). Sie hören nun ein Metronom als Einzähler. Logics Sequencer startet, und Sie können etwas einspielen. Mit der Leertaste stoppen Sie die Aufnahme. Mit der [↵]-Taste springt Logic an den Songanfang zurück.
- Wenn Sie nicht zufrieden mit Ihrer Aufnahme sind, löschen Sie in unserem Schnellkurs die Region mit [⌫] und nehmen neu auf.
- Spielen Sie ein paar Noten ein – beispielsweise je zwei Takte, in denen die Bassdrum allein spielt, und zwei Takte, in denen Bassdrum und Hi-Hat spielen. Achten Sie dabei darauf, zum vorgegebenen Takt des Metronoms zu spielen. Falls Ihnen das zu schnell spielt, können Sie auch das Tempo ändern – z. B. um langsamer einzuspielen – und es später eventuell wieder schneller machen (bei MIDI-Regionen ist das unproblematisch, bei Audioaufnahmen geht das nur mit Hilfe von Flex Time; vergleiche Abschnitt 9.3 über Flex Time oder Abschnitt 2.4.1, »Audioaufnahmen detailliert editieren«).
- Drücken Sie danach die Leertaste, um die Aufnahme zu beenden. Ihre eingespielten Noten werden in einer *Region* zusammengefasst, die Sie editieren, verschieben und kopieren können. Alternativ öffnen Sie einfach das Dokument *Schnellkursx3-03* (Abbildung 2.17).

Abbildung 2.17 Eine erste aufgenommene Region

Wenn Sie Ihre letzte Aufnahme oder den letzten Arbeitsschritt rückgängig machen wollen, geht das mit Hilfe der Funktion *Undo* bzw. *Widerrufen*. Diese lösen Sie mit dem Tastaturkurzbefehl [cmd] + [Z] aus. Mit [⇧] + [cmd] + [Z] werden rückgängig gemachte Schritte wiederholt (*Redo-Funktion*). Hierfür müssen Sie den betreffenden Bereich im Fenster ausgewählt haben. Nicht für alle Logic-Funktionen steht Undo zur Verfügung (z. B. nicht für Änderungen an Mischpult- und Plug-in-Reglern).

In Abbildung 2.17 oder wenn Sie das Dokument *Schnellkursx3-03* öffnen, erkennen Sie unterhalb der Takte 2 bis 6 eine Region, die MIDI-Daten enthält. Sie hat automatisch den Namen der Spur angenommen, kann aber umbenannt werden. Mit *Step-Recording* und *Note Repeat* stehen weitere spezielle Tools für die Aufnahme zur Verfügung, die z. B. für die Einspielung schneller Hi-Hats, wie man sie im Trap-Genre nutzt, nützlich sein können. Wenn Sie über bestehende Aufnahmen aufnehmen wollen, beachten Sie die Optionen im Menü AUFNAHME • MIDI-AUFNAHMEN ÜBERLAPPEN. Mehr hierzu in Abschnitt 5.2.

2.3.11 Erste Edits eingespielter MIDI-Noten vornehmen und die Pianorolle kennenlernen

Nach dem Einspielen bemerken Sie vermutlich Ungenauigkeiten. Nun möchte ich zeigen, wie Sie diese bei Bedarf zumindest grob ausbügeln können. Dabei spielt es eine ganz große Rolle, ob Ihre Einspielung bereits halbwegs synchron mit Logics Metronom läuft! Wenn wir uns der Knechtschaft des Metronoms unterziehen, geht es vor allem darum, Eingespieltes (zum Beispiel mit Quantisierung) besser editieren und an das Logic-Tempo anpassen zu können. Ansonsten müssten Sie Regionen/Noten/Balken einzeln justieren – das kann sehr zeitraubend sein.

Die Drums der ersten Einspielung quantisieren

Auch im Beispiel *Schnellkursx3-03* sind ein paar Ungenauigkeiten. Diese wollen wir nun ausbessern. Das geht beispielsweise, indem Sie die eingespielte Region selektieren und links davon im Informationsfenster REGION unter dem Eintrag QUANTISIEREN die Einstellung in 1/8 NOTE ändern (siehe Abbildung 2.18). Dadurch werden gespielte Noten so korrigiert, dass sie genau innerhalb eines ⅛-Takt-Rasters liegen. Es ist dabei notwendig, dass Sie die Region zuvor selektieren. Allgemein gilt: Wählen Sie zuerst die zu bearbeitende Region oder Note aus, und führen Sie dann den Bearbeitungsbefehl aus. Der Name des Informationsfensters, REGION, sagt bereits, dass sich die Einstellungen auf einzelne Regionen beziehen. Sie finden diesen Zwischenstand im Dokument *Schnellkursx3-04*.

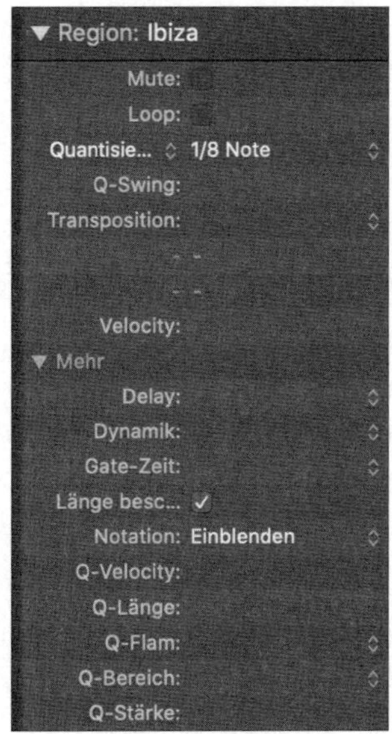

Abbildung 2.18 Die selektierte Region »Ibiza« wurde auf eine Achtelnote quantisiert.

Beim Quantisieren werden die eingespielten Noten anhand eines frei wählbaren Rasters (z. B. ⅛-Note) korrigiert und hierdurch alle genau auf die nächstliegenden Positionen des Rasters

(z. B. Achtelnotenpositionen) bewegt. Diese Korrektur erfolgt im Informationsfenster REGION nichtdestruktiv. Das heißt, Sie können jederzeit wieder zu Ihrem Original zurückkehren, das nicht dauerhaft verändert wurde. Das gilt für alle Einstellungen, die Sie in dieser Box vornehmen.

Wenn Sie auf das kleine Dreieck klicken, wo MEHR steht, sehen Sie weitere Parameter für die Region, z. B. prozentuale Quantisierungstärke. In einem Flip-Menü neben der Quantisierung können Sie die Quantisierung zudem zwischen KLASSISCH und INTELLIGENT umschalten. Letztere versucht, absichtliche Ungenauigkeiten zu erkennen und unbearbeitet zu lassen (z. B. Triller).

In unserem Beispiel mache ich mit einfacher Quantisierung weiter. Sie können den Unterschied zwischen aktivierter und nicht aktivierter Quantisierung bzw. zwischen *Schnellkursx3-03* und *Schnellkursx3-04* nicht nur hören, sondern auch sehen.

Doppelklicken Sie auf die grüne Region. Danach öffnet sich voreingestellt unten im Hauptfenster der Bereich PIANOROLLE. In Abbildung 2.19 und Abbildung 2.20 sehen Sie die eingespielten Noten unquantisiert und quantisiert in der PIANOROLLE. Alternativ zur Quantisierung einer Region können Sie in der PIANOROLLE Noten selektieren und im dortigen Quantisierungsmenü quantisieren.

Quantisierungsvoreinstellung/automatische Quantisierung

Wenn Sie eine Quantisierungseinstellung vornehmen, ohne eine Region selektiert zu haben, wird sie als Voreinstellung automatisch für jede neu erzeugte Region übernommen.

Wenn Sie mit gehaltener [⇧]-Taste oder durch Aufziehen eines Bereichs mit gehaltener Maustaste mehrere Regionen selektieren, können Sie die Einstellungen im Informationsfenster REGION auch für mehrere Regionen gleichzeitig vornehmen.

Die Darstellung von Takt, Taktposition und Songlänge in Logic

Abbildung 2.19 und Abbildung 2.20 erklären Quantisierung und Logics Taktraster besser. Sie sehen in Takt 2 vier gespielte Noten als Balken, der die Länge der gespielten Note abbildet. Die horizontalen Linien entsprechen Tonhöhen bzw. Tasten auf der Klaviatur. Sie sehen die Balken in Abbildung 2.19 etwas neben den vertikalen Linien liegen, in Abbildung 2.20 jedoch genau darauf. Das ist das Ergebnis der Quantisierung. Drei vertikale Linien zwischen den Takten (und die vierte Linie auf dem Takt selbst) markieren ¼-Noten, die dünneren vertikalen Linien dazwischen 1/16-Noten. Eine Einstellung von ¼ für die Quantisierung wäre also auch okay gewesen. ½ dagegen wäre zu grob ausgefallen, denn dann wäre die zweite Note an die gleiche Stelle wie die erste geschoben worden. Das wäre keine sinnvolle Korrektur gewesen.

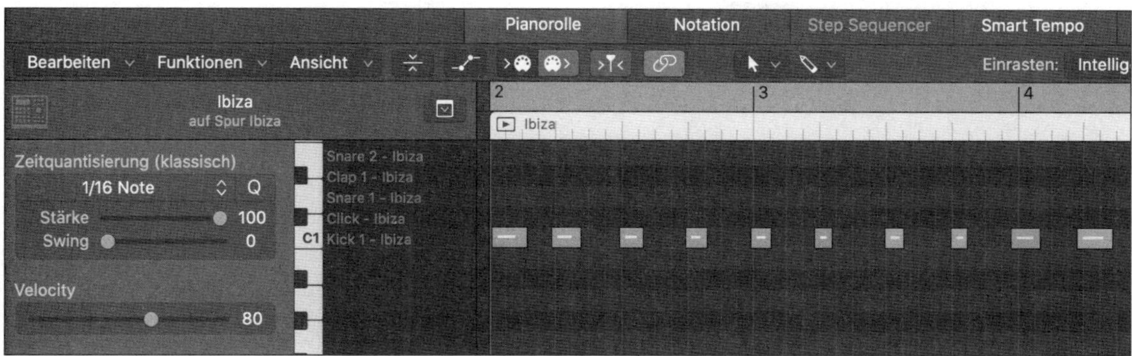

Abbildung 2.19 Die eingespielten Noten aus dem Beispiel »Schnellkursx3-03« in der Pianorolle – unquantisiert

Abbildung 2.20 Die eingespielten Noten aus dem Beispiel »Schnellkursx3-04« in der Pianorolle – mit im Informationsfenster »Region« eingestellter Quantisierung

Dass Sie diese 16tel-Noten-Linien sehen, liegt daran, dass /16 als *Rasterwert* für Ihren Song eingestellt ist (unter der Taktangabe »4/4« oben im Display des Hauptfensters oder in Abbildung 2.21). Wären hier Achtel (»/8«) eingestellt, würde sich die Anzeige entsprechend ändern.

Bei einem $\frac{4}{4}$-Takt passen in jeden Takt vier Viertelnoten, in jede Viertelnote weitere vier Sechzehntelnoten und in jede Sechzehntelnote weitere 240 Bruchteile, die hier *Ticks* heißen und folgerichtig 3.840stel-Noten sind (16 × 240 = 3.840).

Wenn also beispielsweise im Display steht: 9 3 2 76, dann bedeutet das eine Abspielposition von Takt 9, drei Vierteln, zwei Sechzehnteln und sechsundziebzig 3.840steln.

Abbildung 2.21 Songlänge und Rasterwert im Display

Unterhalb der Tempoeinstellung ist in unserem Beispiel im Display eine Songlänge von 129 Takten abzulesen, nach der Logic automatisch aufhört abzuspielen. Natürlich können Sie dort auch z. B. via Doppelklick eine andere Länge angeben.

Erste Edits in der Pianorolle

Die PIANOROLLE ist einer von mehreren Editoren zur Bearbeitung von Noten und MIDI-Events (siehe Abschnitt 7.2) Hier können Sie z. B. Noten anfassen, löschen, verschieben, kopieren, verlängern, verkürzen oder einzeichnen. Sie öffnet sich durch Doppelklick eine MIDI-Region, kann aber auch im Menü FENSTER als eigenes Fenster geöffnet werden. Auch in der PIANOROLLE gilt wieder: erst selektieren, dann bearbeiten. Wenn Sie bestimmte Noten selektieren und andere nicht, können Sie in der PIANOROLLE (mit dem Shortcut [Q] oder nach Klick auf den Q-Button) auch nur die ausgewählten Noten quantisieren. Sie können in der PIANOROLLE auch eine Tonhöhenquantisierung vornehmen, die gespielte Noten nur auf den korrekten Tönen einer Tonleiter zulässt. Zudem werden Drum-Namen bei Logic-Schlagzeuginstrumenten angezeigt, optional können die Tasten ausgeblendet werden (Menü ANSICHT • DRUMNAMEN). Eine reduzierte Ansicht zeigt ausschließlich verwendete Drums bzw. Noten (Button rechts neben dem Menü ANSICHT, Abbildung 2.22).

Abbildung 2.22 Reduzierte Ansicht und Drum-Namen in der Pianorolle

> **Tipp**
>
> Die zu editierende Region können Sie durch Klick auf den kleinen PLAY-Button links oben neben dem Namen der Region schnell anhören/abspielen.

Cycle-Bereich im Taktlineal einstellen

In unserem Schnellkursbeispiel habe ich erst bei Takt 2 angefangen zu spielen. In Abbildung 2.23 sehen Sie einen (gelben) Balken über Takt 2 bis 6. Dieser zeigt an, dass Logic beim Start der Wiedergabe nur die Takte 2 bis 6 wiederholt (geloopt bzw. gecyclet) abspielt. Das erreichen Sie wie folgt:

- Markieren Sie den Loop-Bereich oben im Taktlineal mit der Maus. Durch Klick auf den markierten Bereich (de-)aktivieren Sie den sogenannten *Cycle*. Alternativ nutzen Sie bei selektierter Region den Shortcut [cmd] + [U], um einen Bereich zu selektieren, der genau der Länge Ihrer selektierten Region entspricht, sowie den Shortcut [C], um den Loop zu aktivieren. Erläuterungen zu verschiedenen Einstellungen und Optionen für die Wiedergabetaste finden Sie in Abschnitt 4.5.6.
- Öffnen Sie das Dokument *Schnellkursx3-05*, wo Loop-Bereich und Cycle wie in Abbildung 2.23 eingestellt sind.

Abbildung 2.23 Oberhalb der Region sehen Sie einen aktiven Loop für Takt 2 bis 6. Die Region ist gerade mit gehaltener Maustaste im oberen Bereich angeklickt. Hierbei und beim Verschieben der Region werden Position und Länge der Region angezeigt.

Eine Region im Hauptfenster verschieben und ihre Länge anpassen

In unserem Beispiel soll es lieber bereits bei Takt 1 losgehen.

- Selektieren Sie die Region durch Anklicken mit der Maus mittig *im oberen Bereich der Region* (dort, wo der Name steht), halten Sie die Maustaste gedrückt, und schieben Sie die Region auf Takt eins. Während Sie die Region anfassen, zeigt Logic die Länge und Position in einem Zahlenformat, das Sie nun kennen. Wenn Sie die Region zu weit seitlich anfassen, klappt es nicht.
- Sorgen Sie außerdem dafür, dass Ihre Region vier Takte lang ist, indem Sie die Region gegebenenfalls am *unteren* rechten oder linken Ende anfassen, um sie zu verkürzen oder zu verlängern. Dann wird ein Längentool sichtbar (das klappt nicht, wenn Sie sich mit der Maus zu weit oben an der Region befinden). Wenn Sie die Maustaste dabei gedrückt halten, können Sie die Länge der Region verändern. Die eingestellte Länge wird Ihnen angezeigt.

Das Menü »Einrasten«

Regionen in Logic rasten beim Verschieben oder bei Längenänderungen möglicherweise in einem bestimmten Raster ein. Und möglicherweise verhält sich Logic dabei nicht immer ganz so, wie Sie es erhoffen. Wovon hängt das ab? Von den Einstellungen im Menü EINRASTEN. Ein solches Menü finden Sie nicht nur im Hauptfenster, sondern auch in der PIANOROLLE. Wundern Sie sich nicht, falls es in Ihrem Hauptfenster etwas anders aussieht, die Darstellung hängt davon ab, wie viel Platz auf dem Bildschirm zur Verfügung steht.

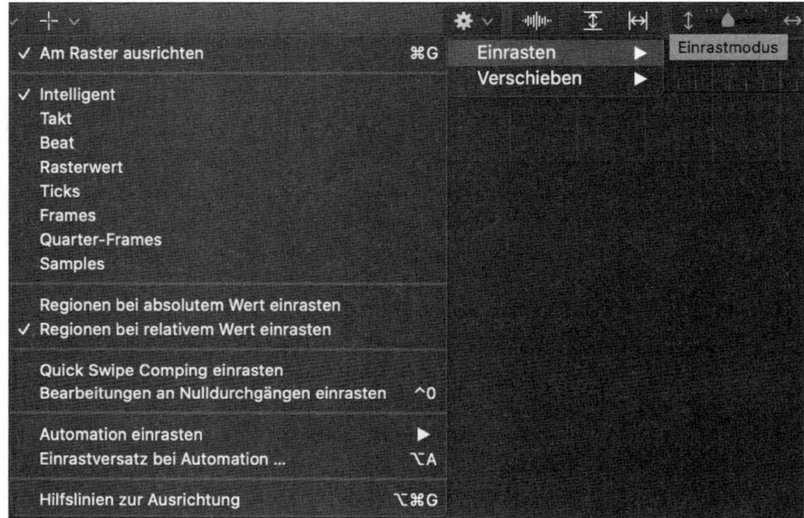

Abbildung 2.24 Menü »Einrasten«, hier sichtbar gemacht durch Klick auf den Pfeil neben dem Zahnrädchen. Das Menü »Einrasten« ist eventuell auch direkt sichtbar, wenn Sie genug Platz auf dem Bildschirm haben.

Ob sich die Regionen beim Verschieben an Rasterlinien einrasten, hängt davon ab, ob die Funktion AM RASTER AUSRICHTEN (cmd + G oder Klick auf den Eintrag im Menü, so dass das Häkchen auftaucht oder verschwindet) aktiviert ist – und ob Regionen bei absolutem Wert einrasten. REGIONEN BEI RELATIVEM WERT EINRASTEN (Voreinstellung in Abbildung 2.24) bedeutet: Regionen orientieren sich zwar am Raster, behalten aber einen eventuellen Versatz bei.

Sie können durch Selektion des entsprechenden Eintrags ein Raster einstellen – und auch festlegen, dass Regionen am absoluten und nicht am relativen Wert einrasten. Steht das Raster wie in Abbildung 2.24 auf INTELLIGENT, so hängt es von der Zoomeinstellung ab, mit welcher Rasterauflösung Sie gerade arbeiten.

Durch Drücken ctrl + ⇧ können Sie das Raster während des Verschiebens von Regionen oder bei Events mit der Maus temporär deaktivieren oder via ctrl-Taste temporär etwas feiner einstellen.

Eine Region loopen und geloopt anhören

Selektieren Sie eine Region und klicken auf das Häkchen LOOP im Informationsfenster REGION links, so wird die Region wiederholt, bis wieder eine andere Region auf der Spur liegt oder der Song beendet ist (vergleiche Abbildung 2.25). Diesen Zwischenstand finden Sie im Dokument *Schnellkursx3-06*. Nun können Sie eine Bassline dazu spielen oder dazu improvisieren, der Drumloop läuft als Begleitung erst einmal immer weiter.

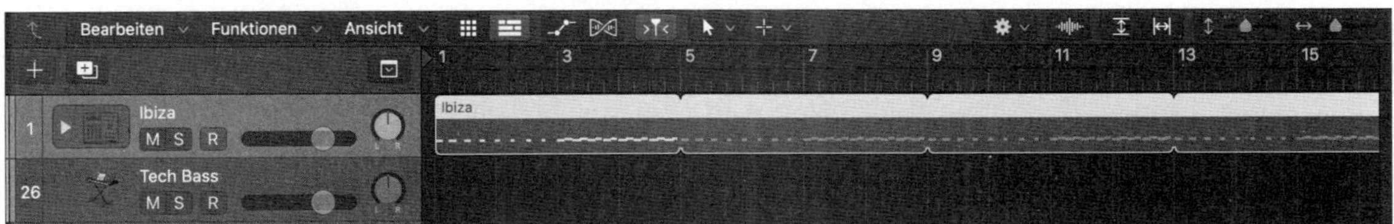

Abbildung 2.25 Die Region im Bild ist geloopt, die Ansicht ist ausgezoomt. Oben rechts sehen Sie zwei Schieberegler zum Zoomen, links daneben Buttons für eine automatische Optimierung der horizontalen und vertikalen Zoomstufe. Sie können aber auch mit Shortcuts zoomen.

Zoomen

Im Dokument *Schnellkursx3-06* habe ich die Ansicht ausgezoomt. Mit Hilfe der Tasten `cmd` + `←`, `→`, `↑`, `↓` zoomen Sie den sichtbaren Bildausschnitt im Arrangierbereich des Hauptfensters und in allen anderen Fenstern horizontal und vertikal ein und aus. Alternativ selektieren Sie einen Bereich mit gehaltener `alt`-Taste und zoomen ihn mit dem dann erscheinenden Lupenwerkzeug. Zurückzoomen zur vorherigen Einstellung geht dann durch erneutes Drücken von `alt` und einfachen Klick auf den Hintergrund.

Weitere Optionen zum Zoomen sind u. a. die Zoom-Handles am rechten oberen Rand des Spurenbereichs (Abbildung 2.25) oder die Buttons links daneben zum optimalen horizontalen und vertikalen Einzoomen.

2.3.12 Begleitung hinzufügen: Bassline via MIDI einspielen oder nachträglich einfangen

Wir nehmen nun eine Bassbegleitung mit einem Software-Instrument via MIDI auf.

Eine neue Spur erzeugen

Erzeugen Sie im Dokument *Schnellkursx3-06* eine neue Software-Instrument-Spur über das Menü SPUR oder direkt via `alt` + `cmd` + `S`. Sie können die neue Spur alternativ auch durch Klicken auf den +-Button links oberhalb der ersten Spur erzeugen und im folgenden Dialog die Option SOFTWARE-INSTRUMENT auswählen.

Bass-Sound auswählen

Der Sound »Tech Bass« soll nun in die neue Spur geladen werden. Er befindet sich in der BIBLIOTHEK und dort in der Kategorie SYNTHESIZER • BASS, Sie finden ihn aber auch, indem Sie z. B. »Tech« oben in das Suchfeld der BIBLIOTHEK eingeben. Spielen Sie nun mit Ihrem neuen Instrument bei laufendem Sequencer ein paar Töne zum neuen Beat – erst einmal ohne aufzunehmen.

Probegespieltes nachträglich einfangen mit der Funktion »Aufnahme behalten«

Sie können eingespielte MIDI-Noten in Logic nachträglich einfangen, auch wenn Sie zunächst nicht aufgenommen haben. Wenn Ihnen oder einem befreundeten Musiker mit Lampenfiebersyndrom beim Üben etwas besonders Gutes gelungen ist, ist es nicht verloren. Sie können so lange Sounds durchsuchen und herumklimpern, bis Ihnen etwas gefallen hat – und es erst dann nachträglich einfangen. Ich benutze diese Funktion sehr oft. Die Funktion nennt sich AUFNAHME BEHALTEN und kann mit dem Shortcut [⇧] + [R] nachträglich Ihre MIDI-Performance auf der Spur sichern. Am besten klappt das, wenn Sie bei laufendem Sequencer gespielt haben. Seit Logic 10.5 kann aber auch behalten werden, was bei stehendem Sequencer eingespielt wurde, jedoch muss die Taktzuweisung dann von Logic vorgenommen werden, wobei nicht immer sinnvolle Ergebnisse herauskommen.

Ich habe die Funktion benutzt, die Region anschließend geschnitten und das Ergebnis im Dokument *Schnellkursx3-07* zwischengespeichert. Falls Sie das Schneiden einer Region üben möchten, das ich im nächsten Abschnitt zeige, liegt im Dokument *Schnellkursx3-06b* mein Geklimper in ungeschnittener Form vor. Besser: Üben Sie das Schneiden anhand Ihrer eigenen Einspielung. Falls es nicht so klappt, liefern Ihnen Kapitel 5 über Aufnahme und Kapitel 6 über Editing alle wichtigen Details.

2.3.13 Editing: Teilen, Schneiden, Verschieben, Kopieren und Werkzeuge in Hauptfenster und Pianorolle

Zum Teilen/Schneiden einer Region können Sie verschiedene Techniken anwenden, die nachfolgend kurz besprochen werden. Hierzu gehören:

- Editing mit Hilfe der Locator-Punkte und des Taktlineals
- Teilen mit dem Scherenwerkzeug
- Editing in der PIANOROLLE.

Editing mit Hilfe der Locator-Punkte und des Taktlineals

Sie können einen gewünschten Bereich im Taktlineal markieren, *anschließend die zu schneidende Region markieren* und dann den Shortcut [ctrl] + [cmd] + [T] benutzen, um die Region genau auf die Länge des im Taktlineal selektierten Bereichs zu schneiden (siehe Abbildung 2.26). Falls Sie sich den Shortcut nicht merken möchten, können Sie auch die Symbolleiste einblenden und den Button für AN LOCATOR-PUNKTEN TEILEN anklicken, um die Funktion auszulösen.

Ich möchte hier grob eine Bassline-Idee herausschneiden und die Feinjustage später vornehmen.

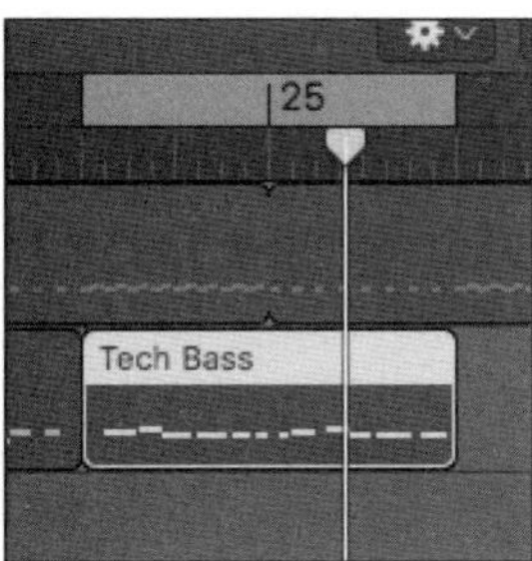

Abbildung 2.26 Die Region im Bild wurde anhand der Selektion im Taktlineal (auch linker und rechter Locator-Punkt genannt) geteilt.

Den Bereich im Taktlineal wählen Sie mit gehaltener Maustaste. Sie können ihn auch einstellen, indem Sie die Funktion LOCATOR-PUNKTE SETZEN ([cmd] + [U]) nutzen.

Dass Takt 23 für den linken und Takt 27 für den rechten Locator-Punkt eingestellt ist, sehen Sie auch im Display der bereits konfigurierten Anzeige (siehe Abbildung 2.27 und Dokument *Schnellkursx3-06c*). Sie können diese Zahlen auch mit der Maus anfassen und verändern oder nach Doppelklick eine Zahl eingeben. Der markierte Bereich im Taktlineal verändert sich dementsprechend (bei aktivem Cycle-Mode ist der Cycle-Bereich orange markiert, ansonsten erkennen Sie ihn hellgrau schattiert im Taktlineal). Im Schnellkurs-Beispiel könnte der Schnitt ja auch erst bei Takt 23 2 1 1 anstatt glatt auf Takt 23 erfolgen, wonach man die Region wieder auf vier Takte Länge ziehen könnte. Eine entsprechende Einstellung können Sie auch im Display vornehmen.

Abbildung 2.27 Die Locator-Punkte im Display

Alternative Schnittmethoden, primäre und sekundäre Werkzeuge

Alternativ können Sie die Region auch mit dem Scherenwerkzeug teilen. Es gibt zwei Werkzeugmenüs, über die Sie an das Scherenwerkzeug gelangen (siehe Abbildung 2.29). Das Werkzeugmenü für den linken Mausklick zeigt das Zeigerwerkzeug als eingestelltes *Primärwerkzeug*. Mit einem Klick auf das Menü oder dem Shortcut [T] rufen Sie dieses (linke) Werkzeugmenü auf und können weitere Werkzeuge auswählen (Abbildung 2.28).

Das rechte Werkzeugmenü (Werkzeugmenü für das Klicken bei gedrückter Befehlstaste) enthält die gleichen Werkzeuge und zeigt ein ausgewähltes *Sekundärwerkzeug*, das bei gehaltener [cmd]-Taste erscheint. Ein Sekundärwerkzeugmenü finden Sie in vielen Logic-Fenstern.

In Abbildung 2.29 ist die SCHERE als Sekundärwerkzeug eingestellt.

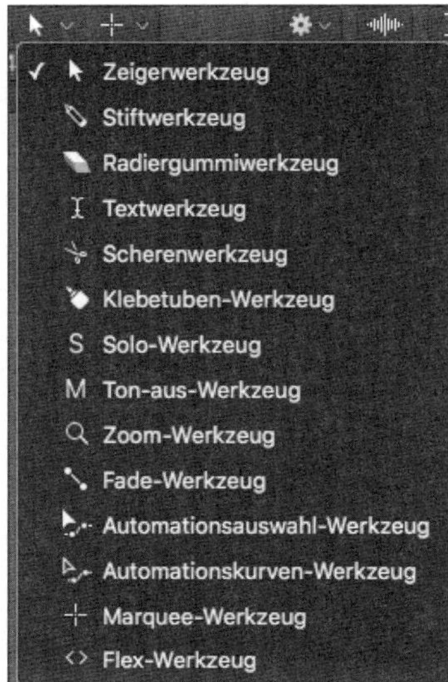

Abbildung 2.28 Werkzeuge

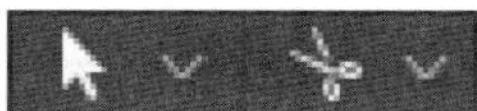

Abbildung 2.29 Primär- und Sekundärwerkzeug-Menüs

Wenn Sie nun die [cmd]-Taste festhalten, schneiden Sie mit der SCHERE die Region an der gewünschten Taktstelle, die Logic Ihnen hilfsweise anzeigt. Die SCHERE ist erst zu sehen, wenn Sie den Cursor über der Region platzieren. Wenn Sie nach dem Schnitt die Region links daneben löschen wollen, selektieren Sie sie und drücken die Taste [⌫].

Sie können als alternative Schnittmethode auch das Längentool nutzen, die Region an der *unteren* linken Ecke anfassen und die linke Ecke auf Takt 23 1 1 1 oder 23 2 1 1 ziehen. Die vorher gespielten Daten werden dabei nicht gelöscht, bei den zuvor gezeigten »echten« Schneidetechniken hingegen schon. In *Schnellkursx3-07* finden Sie die entsprechend geschnittene Bassline.

Überlappende Noten beim Teilen?

Wenn Sie die Region an einer Stelle teilen wollen, an der eine Note spielt, müssen Sie in einem aufspringenden Dialog z. B. wählen, ob die Note gekürzt oder geteilt werden soll. Eine gespielte Note ist ein MIDI-Steuerbefehl mit Befehlen an deren Anfang und Ende.

Weiteres MIDI-Editing in der Pianorolle

Die PIANOROLLE zeigt Inhalte der im Hauptfenster selektierten Region(en) an. Die meisten Schneide-, Edit- und Kopierfunktionen funktionieren dort wie im Hauptfenster – bezogen auf Noten statt auf Regionen. Ein Längenwerkzeug erscheint, wenn Sie eine Note am linken oder rechten Ende mit der Maus anfassen, sie können quantisieren und haben auch wieder zwei Werkzeugmenüs.

In der PIANOROLLE ist ein STIFT als sekundäres Werkzeug voreingestellt (siehe Abbildung 2.30). Wenn Sie also mit gehaltener `cmd`-Taste mit der Maus in der PIANOROLLE agieren und an eine bestimmte Stelle klicken, erzeugen Sie eine Note. Sie können Noten auch anfassen und bewegen. Meistens hören Sie dabei auch Sound, der auf der entsprechenden Note erzeugt wird, weil in der PIANOROLLE die MIDI OUT-Option aktiviert ist. Dies ist erkennbar an einem grünen Symbol mit einem Pfeil, der von dem kreisrunden MIDI-Symbol wegzeigt (siehe Markierung in Abbildung 2.30). Anstelle des Stiftes können Sie auch ausprobieren, Noten mit dem Pinselwerkzeug einzuzeichnen oder zu löschen, was beim Drumprogramming eine sinnvolle Alternative ist.

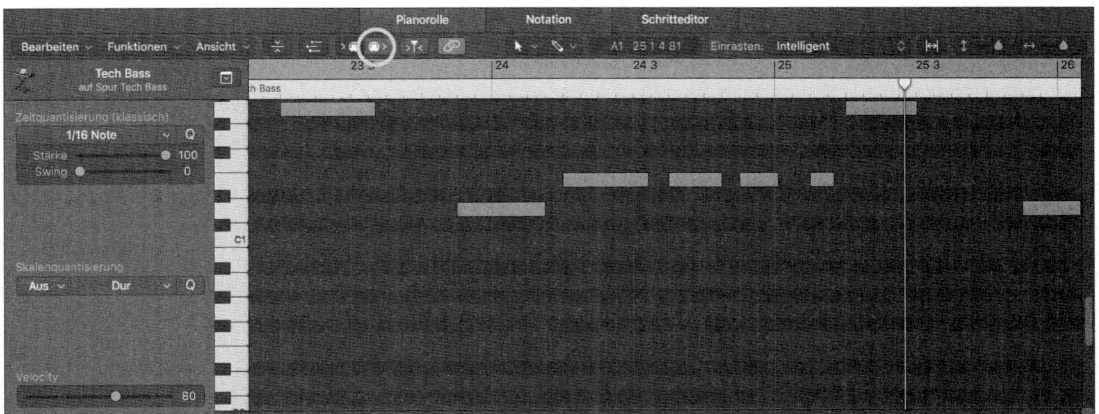

Abbildung 2.30 Pianorolle mit »Stift« zum Einzeichnen von Noten als sekundäres Werkzeug in »Schnellkursx3-07«

Einfaches Kopieren von Regionen und Noten

Halten Sie zum Kopieren von Regionen oder Noten jeweils beim Verschieben die `alt`-Taste gedrückt.

> **Beim Loslassen »alt« gedrückt halten**
>
> Wichtig ist, dass Sie die `alt`-Taste gedrückt haben, wenn Sie das zu kopierende Element loslassen, nicht wenn Sie es das erste Mal anfassen – das ist beim Konkurrenten *Pro Tools* genau umgekehrt.

Wenn Sie mehrere Noten oder Regionen auswählen, können Sie sie gleichzeitig bearbeiten.

2.3.14 Regionen oder Spuren einfärben

Wenn Sie im Menü ANSICHT • FARBEN EINBLENDEN wählen, erscheint eine Farbpalette, mit der Sie selektierte Regionen individuell einfärben. Das gilt erst einmal nicht für die Noten in der PIANOROLLE, deren Farbe voreingestellt über die Anschlagstärke (*Velocity*) Auskunft gibt. Auch Spuren bzw. Mixerkanäle können Sie im Mixer einfärben.

2.3.15 Selektionstechniken mit Shift und CMD.

Mit gehaltener [⇧]- oder alternativ [cmd]-Taste sorgen Sie dafür, dass Sie bei bereits selektierten Objekten die Selektion beibehalten, und können auf unterschiedliche Weise weitere Objekte der Selektion hinzufügen. Wenn Sie z. B. Spuren oder Mixerkanäle selektieren, Spur 1 selektiert haben und mit gehaltener [⇧]-Taste auf Spur 7 klicken, werden alle Spuren dazwischen ebenfalls selektiert. Wenn Sie nur Spur 1 und Spur 7 selektieren möchten, halten Sie hierfür die [cmd]-Taste gedrückt, während Sie Spur 7 selektieren. Ähnlich ist es beim Selektieren von Regionen oder im Mac-Finder.

2.3.16 Kontextmenüs von Regionen und Noten

Bei Rechtsklick sowohl auf *Regionen* (im Hauptfenster) als auch auf *Noten* (z. B. in der PIANOROLLE) öffnen sich unterschiedliche *Kontextmenüs* mit vielen Funktionen. Fast alles, was Sie suchen könnten, werden Sie hier gut kategorisiert finden.

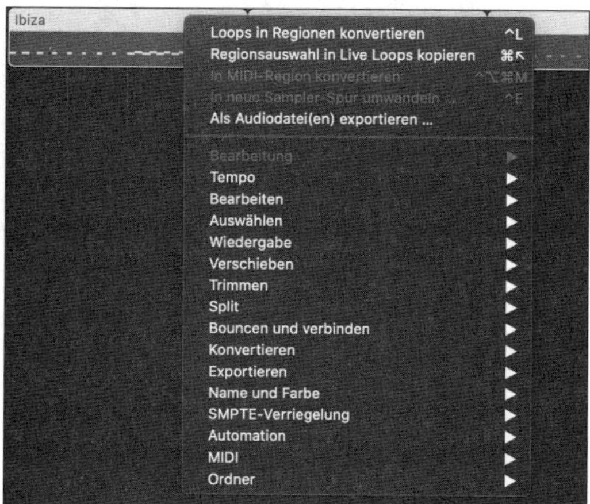

Abbildung 2.31 Regionskontextmenü

2.3.17 Übung: Schneiden, Editieren, Arrangieren, Einfärben, Lautstärke justieren

Sie sollten nun in der Lage sein, folgende Übung durchzuführen:

1. Arrangieren Sie die Drum-Spur im Dokument *Schnellkursx3-07* so, dass von Takt 1 bis 9 nur die Bassdrum spielt und von Takt 9 bis 25 Bassdrum und Hi-Hat. Färben Sie dabei die ab

Takt 9 beginnende Region in einem helleren Grün ein (Sie finden die Lösung in Dokument *Schnellkursx3-07b*).

2. Lassen Sie den Bass ab Takt 17 einsetzen und bis Takt 25 spielen, und färben Sie die Region blau ein. Vorsicht: Wenn Sie nun unsere bereits glatt auf Takt 23 1 1 1 geschnittene Region zu Takt 17 1 1 1 schieben, bemerken Sie vielleicht, dass der erste Basston erst eine Viertelnote später spielt, nämlich bei 17 2 1 1. Er sollte aber schon bei Takt 17 1 1 1 spielen, ansonsten hört sich der Basseinsatz irgendwie komisch bzw. verspätet an, insbesondere wenn Sie das Stück von vorn hören. An diesem Beispiel merken Sie vielleicht, dass es Stellen in einem Musikstück gibt, an denen gewisse musikalische Dinge quasi erwartet werden. In unserem Fall liegt es auch daran, dass wir nach den ersten vier Takten eine Veränderung hatten (die Hi-Hat kam dazu) – und nun vielleicht eine weitere nach weiteren vier Takten erwarten. Lösen Sie das Problem mit Hilfe einer der Schneide-, Verschiebe- oder Längenänderungstechniken, die Sie kennengelernt haben, so dass die Bassnote früher spielt (Sie finden den Zwischenstand in Dokument *Schnellkursx3-07c*).
3. Sie können eine Region an der oberen rechten Ecke anfassen. Danach erscheint ein Loop-Tool-Symbol. Mit ihm können Sie nun die Region ähnlich wie mit der Loop-Funktion im Informationsfenster REGION loopen. Hierzu ziehen Sie die Länge der Region mit angezeigtem Loop-Tool bis zu dem Punkt – im Beispiel Takt 17 –, an dem der Loop enden soll (Sie finden diesen Zwischenstand in Dokument *Schnellkursx3-07d*).
4. Im Menü BEARBEITEN • WIEDERHOLEN können Sie eine selektierte Region einfach (cmd + R) oder mehrfach wiederholen.
5. Verringern Sie nun die Lautstärke des Bass-Sounds, indem Sie den LAUTSTÄRKE-Slider im Track etwas nach links bewegen oder unten im Kanalzug den Lautstärkeregler herunterdrehen (siehe Abbildung 2.32 und Abbildung 2.33). Sie finden diesen Zwischenstand im Dokument *Schnellkursx3-07e*.

Abbildung 2.32 Der Lautstärkeregler in der Spur (rechts)

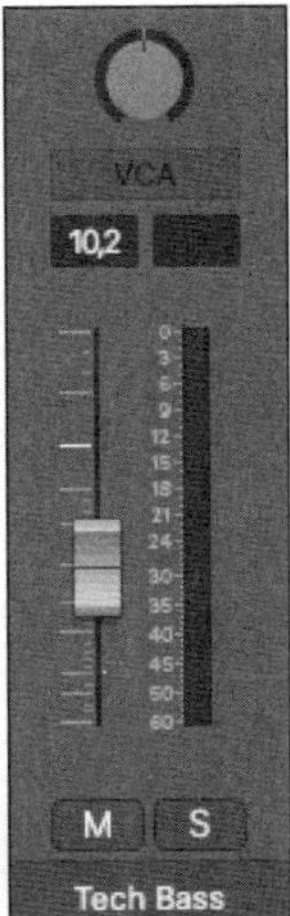

Abbildung 2.33 Der Lautstärkeregler im Kanalzug

2.3.18 Audiofiles und Apple Loops in ein Projekt einbinden

Klicken Sie nun oben rechts auf den zweiten Button von rechts mit der Schleife bzw. dem Loopingsymbol. Hierdurch werden die installierten Apple Loops im Loop Browser eingeblendet (falls Sie die Loop-Packs *Dubstep* und *Jam Pack 1* nicht geladen haben, holen Sie das bitte jetzt nach oder installieren direkt alle zusätzlichen Inhalte). Mehr zum Loop Browser und Live-Loops-Ausgangspunkten lesen Sie in Abschnitt 4.13, Abschnitt 6.8.3 und Abschnitt 17.4.4.

Wenn Sie oben auf den Eintrag LOOPS klicken und entsprechende Inhalte installiert haben, können Sie einzelne Loop-Packs mit genrespezifischem Soundmaterial anwählen (siehe Abbildung 2.34), so dass nur deren Inhalte angezeigt und durchsucht werden können. Manchmal erscheinen Loops in ausgegrauter Schrift mit einem Download-Button, weil sie noch nicht heruntergeladen wurden.

Abbildung 2.34 Loop-Packs

Der selektierte Beat ARMAMENT BEAT 01 gehört zum Apple-Loop-Pack *Dubstep*. Klicken Sie auf einzelne Einträge, um die Apple Loops vorzuhören.

Abbildung 2.35 Der Apple Loop »Armament Beat 01« wird auf Takt 17 im Hauptfenster gezogen.

Logics Sound Library liefert mit den Apple Loops fertige musikalische Bausteine, die Sie auch selbst erstellen können, um Ihre Ideen schneller bei der Hand zu haben. Wie Sie Apple Loops nutzen können, hängt davon ab, ob es sich um *blaue*, *grüne* oder *gelbe* Apple Loops handelt. Gelbe Apple Loops können zudem Patterns und Drummer-Regionen sein. Apple Loops sind grundsätzlich Audiofiles (im Format AIFF oder CAF), die bei der Nutzung mit Apple-Programmen weitere Funktionen offenbaren und sich eventuell auch auf Instrumentenspuren (grün) oder auf Drummer-Spuren (gelb) oder als Patterns (gelb, seit Logic 10.5) auf MIDI-Spuren ziehen lassen. Sowohl Drummer- als auch Patternregionen (die ansonsten im Drummer-Editor oder im Step Sequencer editiert werden) lassen sich im per Rechtsklick erreichbaren Kontextmenü in MIDI-Spuren umwandeln und steuern ganz normal (austauschbare) Logic-Patches an. Alle Apple Loops liegen als Audiodatei vor, die zusätzliche Inhalte wie Tagging oder Sequenzinformationen hat. Informationen über musikalischen Inhalt, Tempo und Tonhöhe sind in den Files gespeichert – ähnlich wie Tags bzw. Informationen bei Musik im MP3- oder AAC-Format. Alle Apple Loops können sich automatisch dem eingestellten Tempo (und bei Bedarf auch einer eingestellten Tonart) anpassen.

Wenn Sie Loops in das Hauptfenster hinüberziehen, können Sie sie auf einer bestimmten Taktposition platzieren. Bitte ziehen Sie den »Armament Beat« auf Takt 17. Logic erzeugt nun automatisch eine neue *Audiospur* (weil in unserem Beispiel noch keine vorhanden ist). Das geschähe übrigens auch, wenn Sie ein beliebiges anderes Audiofile ins Logic-Fenster zögen. Dieses würde dann allerdings nicht automatisch im Tempo des Songs wiedergegeben. Fassen Sie die Audioregion anschließend an, und kopieren Sie sie ein weiteres Mal. Diesen Zwischenstand finden Sie im Dokument *Schnellkursx3-08*.

2.3.19 Audiofiles, Regionen, der Bereich »Übersichten« und die Übersicht »Projekt«

Zum Verwalten und Editieren von Audiofiles besitzt Logic verschiedene Ansichten im Hauptfenster und optionale Fenster.

Um einen Überblick zu haben, welche Audiofiles und Audiofile-Regionen bislang in Ihrem Projekt verwendet werden, öffnen Sie die Ansicht Übersicht PROJEKT, die Sie rechts oben im

Hauptfenster durch Klick auf den Button ÜBERSICHTEN und anschließende Auswahl des Tabs PROJEKTE einblenden (siehe Abbildung 2.36).

Abbildung 2.36 Rechts oben im Bild im Bild der »Übersichten«-Button, etwas darunter die Übersicht »Projekt«

In unserem Beispiel sehen Sie nun zwei im Spurenbereich verwendete Regionen eines Audiofiles – des Apple Loops »Armament Beat«.

Sie können von jedem Audiofile beliebig viele Regionen erstellen, die auf jeweils andere Teile des Audiofiles verweisen können. Das ist z. B. bei Gesangs- oder Audioaufnahmen praktisch, um gute Stellen einer Aufnahme zu markieren, damit Sie sie schnell verwenden und wiederfinden können. Sie können Regionen auch einfärben, umbenennen und auch in neue Audiofiles umwandeln. Sobald Sie eine Region kopieren, taucht sie auch in der PROJEKT-Ansicht auf.

2.3.20 Pegel und Fades bei Audioregionen

Für Audioregionen gibt es im Informationsfenster REGION auch eine eigene Pegeleinstellung. Auf diese Weise können Sie für einzelne Regionen schnell eine andere Lautstärke einstellen, ohne die Lautstärke anderer Regionen auf der Spur zu verändern. Wenn Sie das kleine Dreieck neben dem Eintrag MEHR aufklappen, sehen Sie u. a. Regioneneinstellungen für Fade-ins und -outs. Fades können Sie auch mit gehaltenen Tasten `ctrl` + `⇧` erzeugen.

2.3.21 Einfache Edits von Audioregionen

Sie können Audioregionen teilen, schneiden, kopieren und kürzen. Je nachdem, wohin Sie den Cursor mit der Maus bewegen, bietet Logic unterschiedliche Werkzeuge und Funktionen an: Fassen Sie die Regionen zum Ändern der Länge an einer der unteren Ecken an, um mit dem Längenwerkzeug arbeiten zu können (Abbildung 2.37). Wenn Sie es bei gehaltener Maustaste bewegen, zeigt Logic auch die Länge der Region daneben an – in Weiß, falls Sie diese verändert haben, und in Gelb, falls die Länge der zuvor eingestellten Länge entspricht.

Abbildung 2.37 Das Tool, mit dem Sie die Länge der Audioregion verändern

Öffnen Sie entweder das Dokument *Schnellkursx3-09* mit einer fertig eingebauten Schlagzeugvariation, oder versuchen Sie, diese auf der Basis von *Schnellkursx3-08* und folgenden Übungsschritten nachzuvollziehen:

- Kopieren Sie eine dritte Region des Audiofiles *Armament Beat* auf Takt 21 mit einer Länge von zwei ganzen Takten (die Anzeige zeigt 2 0 0 0 an).
- Kopieren Sie dahinter zwei weitere Regionen mit einer Länge von je einer Viertelnote (die Anzeige zeigt 0 1 0 0 an).
- Kopieren Sie dahinter zwei weitere Regionen mit einer Länge von je einer Achtelnote (die Anzeige zeigt 0 0 2 0 an, was zwei 16tel-Noten = einer 8tel-Note entspricht).

2.3.22 Audioaufnahme: akustische Begleitung (Gesang) über den Audioeingang aufnehmen

Ich habe nun die Wörter »House Music« in mein Mikrofon gesprochen und mit Logic aufgenommen. Auch wenn ich kein Gitarrist bin, habe ich später noch mit einer Gitarre einen Akkord gespielt und diesen ebenfalls aufgenommen.

Grundsätzlich sind für das Aufnehmen externer Audioquellen in Logic folgende Schritte sinnvoll:

1. das Projekt als Ordner speichern, damit Audioaufnahmen im Ordner gespeichert werden (haben wir schon erledigt)
2. Audiospur erzeugen und benennen (noch zu tun)
3. Aufnahmequelle in Mixer oder Audiointerface auswählen, gegebenenfalls passendes Mikrofon auswählen und anschließen, richtig aussteuern (noch zu tun)

   Input für Audiokanal einstellen und Aufnahmepegel für Logic aussteuern (noch zu tun). Eventuell/Optional: Software-Monitoring aktivieren und Tape Return hören (nicht immer nötig). Eventuell muss konfiguriert werden, dass man sich selbst »live« und andererseits bestehende Musikteile auf einem Kopfhörer hören kann.
4. Vorzähler einstellen
5. bei Bedarf Sample- und Bitrate ändern/einstellen (siehe Abschnitt 5.4.2)
6. aufnehmen

Hierzu finden Sie detaillierte Ausführungen in Kapitel 5, »Aufnahme im Hauptfenster (incl. Live Loops)«, und im Folgenden eine Kurzanleitung.

Audiospur erzeugen und benennen, Aufnahme aktivieren

Erzeugen Sie eine Audiospur im Menü SPUR • NEUE AUDIOSPUR (alt + cmd + A).

Vorsicht: Bei aktivierter Aufnahme kann es sein, dass Sie einen Rückkoppelungspfeifton abbekommen – zum Beispiel wenn Ihr Mikro zu nah an einem Lautsprecher steht, der zu laut aufgedreht ist. Logic Pro gibt Warnhinweise und regelt automatisch Lautstärken von scharf geschalteten Audiospuren herunter. Reduzieren Sie trotzdem vorsichtshalber zusätzlich die Lautstärke Ihres Verstärkers. Schalten Sie durch Klick auf den M-Button (für *mute*) zunächst die Spur stumm, damit es keine Rückkoppelung geben kann, und klicken Sie erst dann auf R wie *record* (siehe Abbildung 2.38). Damit ist die Spur scharf geschaltet und bereit für eine Aufnahme. Eventuell muss noch der INPUT-Button gedrückt sein, damit Sie eingehendes Material hören.

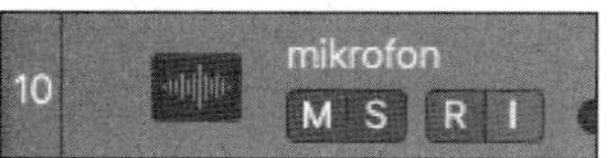

Abbildung 2.38 Scharf geschaltete und gleichzeitig stumm geschaltete Spur mit aktiviertem Input-Monitoring

Benennen Sie die Spur, indem Sie den bisherigen Namen (z. B. AUDIO 2) doppelt anklicken und anschließend einen neuen Namen eingeben. So erhalten alle Audiofiles, die Sie auf dieser Spur aufnehmen, automatisch den Spurnamen mit durchnummerierten Zahlen in der Reihenfolge ihrer Aufnahme.

Input für Audiokanal einstellen und Aufnahmepegel für Logic aussteuern

Wenn Sie Eingang 1 (INPUT 1) als Aufnahmequelle eingestellt haben, entspricht dieser dem ersten Eingang der eingestellten Soundkarte. Sie können auch einen anderen oder einen Stereoeingang einstellen. Wenn Sie auf den Kreis links daneben klicken, können Sie den Kanalzug von *mono* auf *stereo* umschalten (siehe Abbildung 2.39).

Abbildung 2.39 Kanal auf »stereo«. Per gehaltener Maustaste auf »Input« wird das Wahlmenü sichtbar.

Wenn Sie alles richtig gemacht haben, sehen Sie einen Pegelausschlag im Kanalzug. Der Pegel sollte so ausgesteuert sein, dass Sie genug Sicherheitsabstand zur obersten 0-dB-Marke haben. Wichtig: Der Lautstärkeregler Ihres Kanalzugs regelt nur, wie laut das, was Sie gerade aufnehmen wollen, wieder aus Logic herauskommt. Auch eventuell eingestellte Effekte im Kanalzug wirken erst hinter dem aufgenommenen oder eingehenden Signal.

Signal abhören, Logic zurück ins Mischpult routen, um eventuell begleitende Musik, Klick oder Tape Return zu hören

Eine sinnvolle Regel in Toningenieurskreisen lautet: Hören Sie beim Aufnehmen das Signal, das von Logic zurückkommt (*Tape Return*), und nicht jenes, das Sie in Logic hineinschicken. »Alle hör'n Tape Return!« Auf diese Weise können Sie Fehler bei der Aufnahme wie z. B. Wackelkontakte rechtzeitig bemerken. Das Setup hierfür will aber erst verstanden werden (siehe Kapitel 5). Auch wenn Sie nicht Tape Return hören, wollen Sie in der Regel dafür sorgen, dass Sie das bereits vorhandene musikalische Material oder einen Klick während der Aufnahme z. B. auf einem Kopfhörer hören können.

Aufnahmeposition vorbereiten

Sie sollten sich eine Taktstelle überlegen, an der Sie Audio aufnehmen möchten. Dabei spielt auch die Einstellung des vorher klickenden Einzählers eine Rolle (erreichbar über das Menü AUFNAHME • AUFNAHMEEINSTELLUNGEN).

Kommen wir auf unser Beispiel zurück: Kopieren Sie die musikalischen Inhalte von Takt 9 bis Takt 17 auf Takt 25 bis Takt 33 (oder zusätzlich bis Takt 41), um beispielsweise ab Takt 25 einen Vocal-Einsatz aufnehmen zu können. Um genau ab Takt 25 aufnehmen zu können, positionieren Sie die Abspielposition auf Takt 25, indem Sie die entsprechende Markierung im Taktlineal dorthin bewegen. Dieser Zwischenstand ist im Dokument *Schnellkursx3-09b* gespeichert.

Audioaufnahme starten

Drücken Sie jetzt wieder den AUFNAHME-Button oder den Shortcut [R], um an der von Ihnen gewünschten Stelle Audiomaterial aufzunehmen. Einen neuen Zwischenstand inklusive einer Aufnahme (ich habe die Wörter »House Music« eingesprochen) finden Sie im Dokument *Schnellkursx3-10*. Wenn Sie nicht zufrieden mit Ihrer Aufnahme sind, löschen Sie die Region mit [⌫] und nehmen neu auf. Um alternative Takes aufzunehmen, beachten Sie die Optionen im Menü AUFNAHME • AUDIOAUFNAHMEN ÜBERLAPPEN. Details hierzu können Sie in den ausführlichen Ausführungen zum Thema Aufnahme in Kapitel 5 nachlesen. Dort finden Sie auch Details zu der Frage, welche Möglichkeiten es gibt, neues Material über bestehende Aufnahmen aufzunehmen.

2.3.23 Live Loops, Live-Loops-Ausgangspunkte/-Vorlagen und Live-Loops-Schnellkurs

Nun haben Sie schon ein paar Basics erlernt. Seit Logic 10.5 bietet Apple aber noch eine ganz andere Methode zum Arbeiten: das *Live-Loops-Raster*. Einerseits kann das Live-Loops-Raster etwas sein, was speziell für Anfänger interessant ist. Auch für Profis kann das Live-Loops-Raster als Pool für Ideen oder Ort zum Aufnehmen von Ideen interessant sein. Andererseits ist der Workflow in Logic anders »gewachsen«, und Sie benötigen das Live-Loops-Raster nicht unbedingt. Es ist auch eine Typfrage, ob Sie damit arbeiten möchten oder nicht. Die Befürworter dieser Arbeitsweise sagen: Man kann sich auf eine innere Uhr verlassen und spontan Szenen starten und so das Gefühl für musikalische Abläufe in den Arbeitsprozess integrieren. Loops werden stets wiederholt, es muss nicht durch ein Arrangement gescrollt werden. Man muss hier nicht mehr Blöcke wie bei einer Verwaltungsaufgabe hin- und herschieben. Wenn Sie lieber LIVE LOOPS als Einstieg in Logic nutzen wollen, finden Sie nachfolgend Tipps dazu.

Um einen Song auszuproduzieren, muss man allerdings auch verstehen, wie LIVE LOOPS-Raster und Bereich, Spuren und Sequencer zusammenarbeiten.Grundsätzlich arbeiten Sie im Live-Loops-Raster mit Zellen, in die Inhalte aufgenommen und dort ähnlich wie Regionen editiert werden können. Zellen können also als Ideenpool, aber auch als Vorbereitung für Arrangements und Live-Acts dienen. Die Zellen aller Spuren können zu Szenen zusammengefasst werden, die Songteile sein können, die live nacheinander aufgerufen werden können. Dabei können Sie improvisieren und ganze Szenen, aber auch einzelne Zellen anderer Szenen aufrufen. Das lässt sich als »Performance-Aufnahme« auch im Arrangierfenster bzw. Bereich SPUREN festhalten.

Live-Loops-Ausgangspunkte/Vorlagen

Live-Loops-Raster stehen auch als genrespezifische Songvorlagen zur Verfügung. Logic liefert sogenannte *Live-Loops-Ausgangspunkte* im Vorlagenbereich, wenn Sie NEU AUS VORLAGE wählen. 17 nach Stilrichtungen sortierte Live-Loops-Templates werden in Logic 10.6 mitgeliefert, die jeweils Loops aus bestimmten Loop-Packs nutzen und ein voreingestelltes Tempo haben. In diesen Vorlagen finden Sie ein leeres Arrangement, aber eine voll gefüllte Live-Loops-Matrix, wo stets mehrere Spuren mit zueinander passenden Sounds und mehrere Szenen mit eigenen Zellen angelegt sind. Für manche Anfänger sind diese (alternativ zu einem leeren Logic Song) der bevorzugte Start, um mit Logic loszulegen. Mit solchen Vorlagen kann tatsächlich auch ein Kind oder Nicht-Musiker einen Song erstellen – natürlich basierend auf fertigen Elementen. So könnte ein Anfänger vielleicht eine angepasste Musik für eine Jazzdance-Gruppe erstellen oder ein Jugendlicher mit moderner Musikproduktion à la Logic in Berührung gebracht werden.

Sind die Loops Audiofiles, kann man natürlich weniger leicht selbst etwas damit einspielen oder modifizieren, als wenn es MIDI-Spuren sind. Noten von grünen Apple Loops lassen sich leicht verändern, sie können mit Ihnen wie mit normalen MIDI-Regionen arbeiten (siehe Abschnitt 4.13). Viele Loops der neuen Soundpacks sind ausschließlich als Audio-Loops verfügbar, doch auch mit ihnen können Sie kreativ werden, z. B. durch Slicing und Resampling. In Abschnitt 17.4 finden Sie hierzu Beispiele und detaillierte Erläuterungen zu Loop-Packs und Genres.

Schnellkurs »Live Loops«

Einen guten eigenen Schnellkurs zur Arbeit mit LIVE LOOPS finden Sie im Projekt *LLSchnellkursx3-01*. Dieser Schnellkurs stammt von Apple selbst, und ich habe ihn leicht modifiziert; Erläuterungen hierzu finden Sie nicht im Buch, sondern im Projekt selbst (Abbildung 2.40).

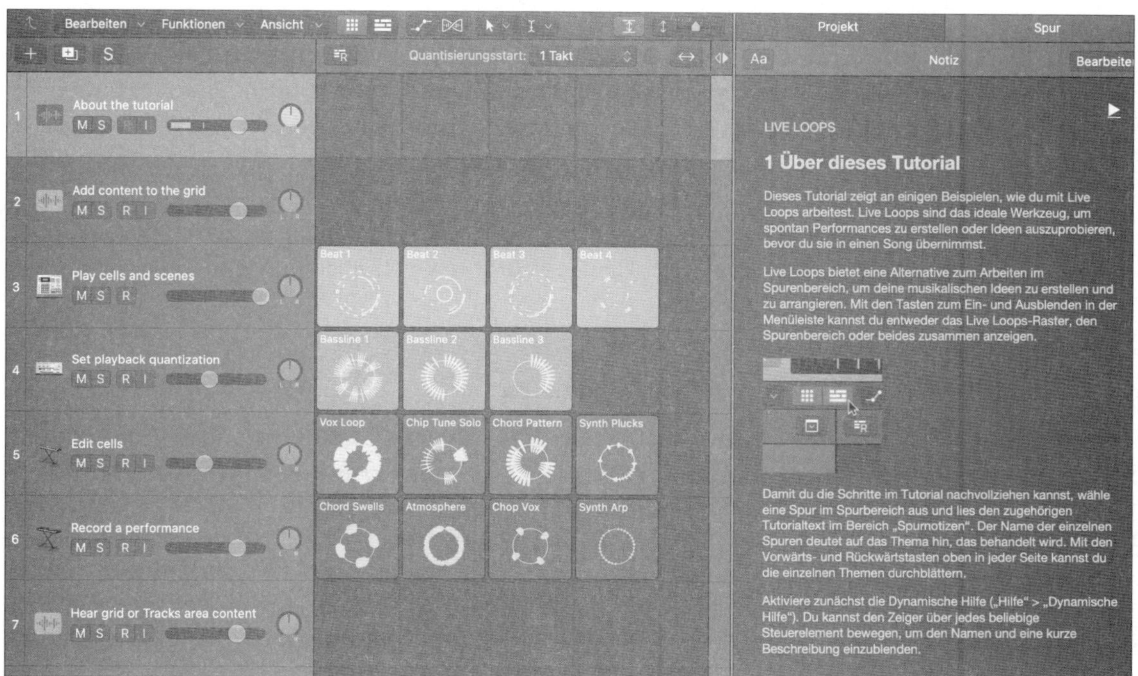

Abbildung 2.40 Schnellkurs von Apple

Wenn Sie mehr dazu lesen möchten, schauen Sie in Abschnitt 5.2, »Aufnahmen in der ›Live Loops‹-Ansicht« oder in Abschnitt 6.8, wo Sie die ausführlichste Besprechung zum Thema LIVE LOOPS in diesem Buch finden.

2.4 Schnellkurs Teil 2: weitere Edits, FX, Automation, Mix und Export

Dieser Abschnitt des Schnellkurses beschäftigt sich mit fortgeschrittenen Edits, Effekten und dem Mixdown. Hinweis: Ab nun basiert Spur 1 in den Projekten auf einem anderen Instrument namens *Boutique 808*. Hier ist ein Patch mit *Ultrabeat*-Plug-in geladen, dessen einzelne Sounds auf separate Aux-Kanäle in einem Spurstapel geroutet sind. Dieses war die Basis des Schnellkurses in Vorauflagen. Ich habe es in den bisherigen Projekten ausgetauscht, weil Logic ab Version 10.5 das Arbeiten mit dem DRUM MACHINE DESIGNER bei elektronischen Kits deutlich leichter macht und außerdem das Patch *Boutique 808* in Logic 10.6 aus der BIBLIOTHEK verschwunden ist bzw. nur noch als *Ultrabeat*-Preset existiert. Anhand dieses Presets kann ich Ihnen jedoch immer noch gut Automation und Konfiguration von Einzel-Outputs für Instrumente von Drittanbietern erklären.

Aux-Spuren

Aux-Spuren sind eine Art Hilfskanal, durch den Audiosignale geroutet werden können, beispielsweise um diese zusammenzufassen oder um Effekte hinzuzumischen. Aux-Spuren werden automatisch oder manuell im Mixer erzeugt und nicht im Hauptmenü SPUR. Wenn Sie ein Instrument laden, das aus mehreren Spuren oder Instrumenten besteht (z. B. *Boutique 808-Drumkit*), erscheint auch ein Aux-Kanal (Summenstapel-Master), aus dem einerseits »verbundene« Instrumente per MIDI angesteuert und in dem andererseits die Audiosignale mehrerer Instrumente zusammengemischt werden. Auch Aux-Kanäle, die als separate Audio-Outputs eines Instruments fungieren, können MIDI an das Instrument senden.

2.4.1 Audioaufnahmen detailliert editieren

Sie können weitere Edits vornehmen oder beispielsweise das Timing und die Tonhöhe von Gesang korrigieren oder Drums in Slices zerstückeln und kreativ verarbeiten.

Audiofiles und Regionen, Audiodatei- und Audiospureditor

Im Beispiel *Schnellkurs10a* habe ich die Aufnahme zerschnitten, indem ich die Abspielposition genau zwischen beide Wörter bewegt und dann den Schneidebefehl [cmd] + [T] ausgelöst habe, so dass zwei Audioregionen mit den Wörtern »House« und »Music« entstanden sind. Diese habe ich jeweils verschoben, um eine Rhythmusvariation zu erreichen. Außerdem habe ich alle Regionen in der Übersicht PROJEKT entsprechend den gesprochenen Wörtern umbenannt. Nach Doppelklick auf eine Region öffnet sich unten wiederum der Bereich EDITOREN, diesmal mit *Audioeditoren*.

Diesmal können Sie unten zwischen einem AUDIOSPUR-, AUDIODATEI- und einem SMART TEMPO-Editor auswählen, die auf dem Bildschirm als SPUR- und DATEI-Tabs erscheinen. Im AUDIOSPUREDITOR (Abbildung 2.41) können Sie durch Klick auf den Wiedergabeknopf oben links in der Region diese ähnlich wie in der PIANOROLLE schnell vorhören. Ansonsten ähnelt er einer vergrößerten Spur (mehr zum AUDIOSPUREDITOR in Abschnitt 6.6.1).

Schalten Sie auf den AUDIODATEIEDITOR um (Abbildung 2.41). Dieser hat eigene Menüs und erlaubt über das BEARBEITEN-Menü destruktive Edits am Audiofile wie z. B. Schnittoperationen, die das Original-Audiofile verändern. Im Gegensatz zum Schneiden einer Region im Bereich SPUREN verändern solche Edits die Audiodatei, wobei auch der AUDIODATEIEDITOR nichtdestruktive Edits wie das Erzeugen oder Ändern von Regionen eines Audiofiles erlaubt (z. B. via BEARBEITEN • AUSWAHL ZU REGION). Mehr Details zum AUDIODATEIEDITOR und zur Übersicht PROJEKT lesen Sie in Kapitel 8.

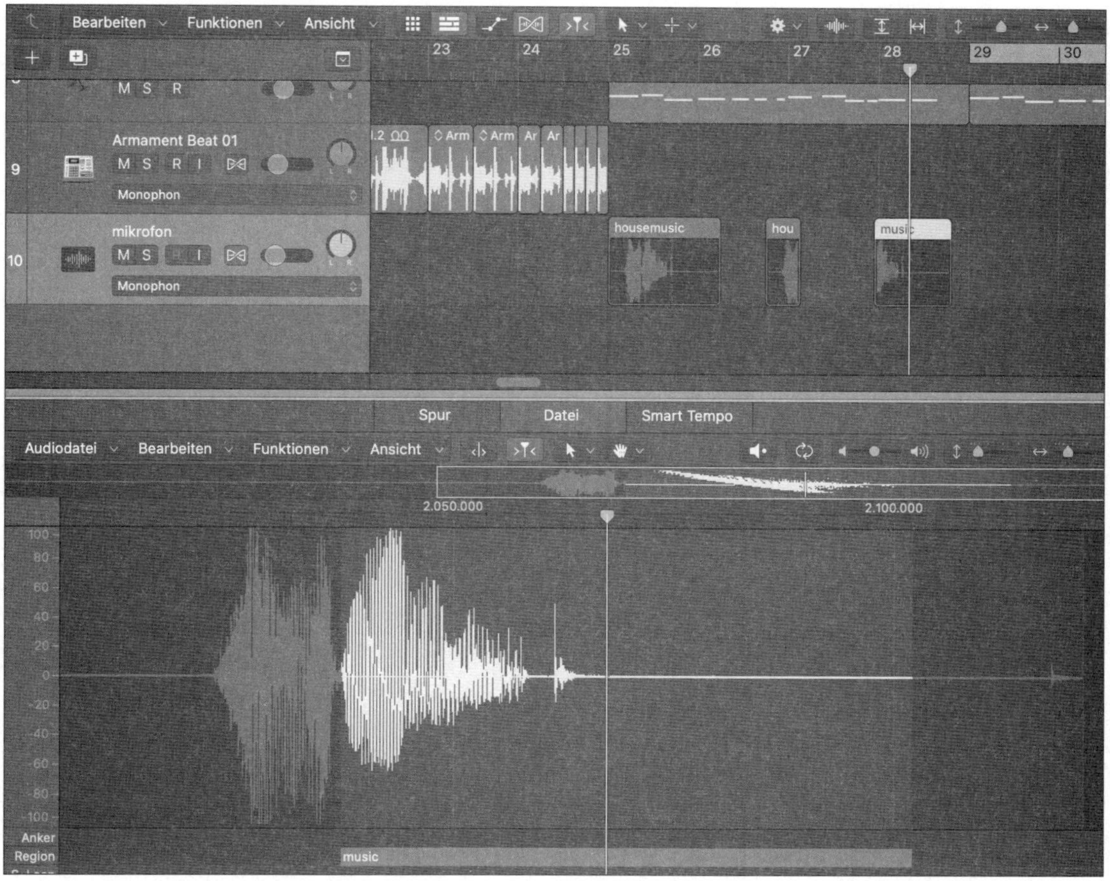

Abbildung 2.41 Der Audiodateieditor erlaubt im Menü »Funktionen« auch destruktive Edits.

Timing einer Audioaufnahme mit dem Flex-Mode ändern

Mit Hilfe von Echtzeit-Time-Stretching bzw. dem sogenannten *Flex-Mode* können Sie Timingveränderungen realisieren. Hierzu klicken Sie im Spurenbereich auf das Symbol rechts neben dem ANSICHT-Menü, das ein Audiofile unter einer Art Schleifensymbol zeigt und beim Anklicken eingefärbt wird (siehe Abbildung 2.42), oder nutzen Sie den Tastaturkurzbefehl [cmd] + [F].

Abbildung 2.42 Mit Klick auf den mittleren Button erscheint die Flex-Ansicht.

Nun erscheint in den Spuren ein Flip-Menü, in dem Sie einen Flex-Modus auswählen (Abbildung 2.43). Je nachdem, ob Drums, Gesang oder komplexes Audiomaterial vorliegen, eignet sich jeweils ein bestimmter Time-Stretching-Algorithmus bzw. Flex-Modus am besten.

Abbildung 2.43 Der Flex-Mode »Monophon« wird für die Gesangsspur aktiviert.

Der Flex-Modus ist eine spurbezogene Option, die zusätzlich für die Region aktiviert sein muss. Das geschieht grundsätzlich automatisch, wenn Sie den Flex-Modus für die Spur wählen, kann aber im Informationsfenster REGION für jede Region separat ein- und ausgeschaltet werden. Auch in der Spur können Sie den Flex-Modus ein- und ausschalten (Abbildung 2.44).

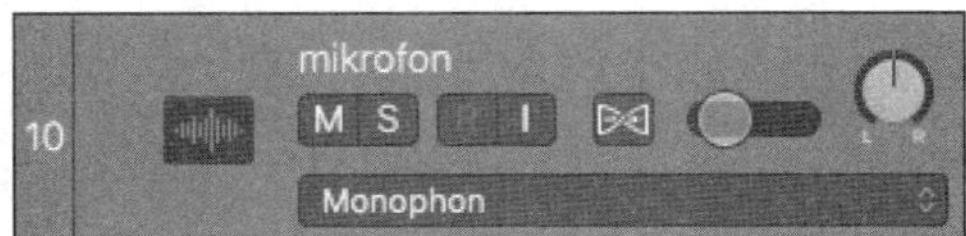

Abbildung 2.44 Der »Flex«-Button leuchtet, wenn Flex für die Spur aktiv ist.

Im Dokument *Schnellkurs10b* habe ich den Flex-Mode aktiviert und zusätzliche Drum- und Bass-Regionen kopiert und ab Takt 33 eingefügt, um das Beispiel zu verlängern (siehe Abbildung 2.43). Im *Schnellkurs10c* habe ich zusätzlich das Tempo auf 50 BPM heruntergedreht, um Ihnen vorzuführen, dass die Audiofiles in der Spur nun das eingestellte Tempo mitgehen. Der Flex-Mode tackert dabei gewissermaßen bestimmte Stellen des Audiofiles an Taktpositionen fest. Die Taktposition bleibt ja bei Tempoänderungen stets gleich, es sei denn, Sie lösen die Taktbezogenheit (durch manuelle Verriegelung an SMPTE-Zeitpositionen) auf. Im Dokument *Schnellkurs10c* macht der »Armament Beat« die Tempoänderung ebenfalls mit, weil er ein Apple Loop ist und in seinem Informationsfenster REGION ein Häkchen beim Eintrag TEMPO UND TONHÖHE FOLGEN gesetzt ist; dann funktioniert die automatische Tempoanpassung bei Apple Loops auch ohne aktivierten Flex-Modus. Bei anderen importierten Audiofiles dagegen muss der Flex-Modus aktiv sein.

Wenn Sie *Schnellkurs10* öffnen und dort das Tempo ändern, hören Sie, dass das Vocal-Audiofile die Tempoänderung dort bislang nicht mitmacht. Im Dokument *Schnellkurs11* habe ich eine rhythmische Variation des Gesangssamples erstellt. Die Aufnahme wird gedehnt und zusätzlich vom Timing her verändert.

- Zunächst kopierte ich die Region einmal auf Takt 29 und schnitt sie anschließend auf die Länge eines Takts.
- Anschließend fasste ich die Region rechts unten, so dass das Längentool erschien.

- Ich fasste die Region (bei aktivem Flex-Mode) rechts oben an (siehe Abbildung 2.45), so dass sich das Längentool in ein Time-Stretching-Werkzeug wandelte, mit dem ich anschließend bei gehaltener Maustaste die Region auf eine Länge von zwei Takten dehnte. Die Region wurde nun also nicht verlängert, sondern gedehnt. Mit dem Ergebnis war ich aber bezogen auf die Rhythmik nicht zufrieden.

Abbildung 2.45 So sieht das Werkzeug für Time-Stretching-Operationen aus, das erscheint, wenn Sie die »alt«-Taste drücken und die Region an ihrer rechten oder linken Ecke anfassen.

- Daher klickte ich danach in die obere Hälfte der Wellenform und versuchte, bestimmte Bereiche auf bestimmte Taktpositionen zu ziehen, so dass die Wörter halbwegs genau auf die Zählzeit 1 fielen. Jedes Mal, wenn Sie bei aktiviertem Flex-Mode mit gehaltener Maustaste in die Wellenform klicken, wird ein Flex-Marker erzeugt, mit dessen Hilfe Sie die Wellenform verschieben können (Abbildung 2.46).

Abbildung 2.46 Flex-Editing in der Wellenform

Es spielt dabei eine Rolle, ob bereits links oder rechts von Flex-Bearbeitungen Flex-Marker existieren. Diese sorgen dafür, dass sämtliche Dehnungen nur bis zu diesem Marker erfolgen. Wenn Sie mit der Maus in die untere Hälfte der Wellenform klicken, werden eventuell automatisch drei Flex-Marker erzeugt, so dass Sie den mittleren davon anschließend leicht verschieben können, ohne dass links und rechts davon etwas verrutscht. Neben kreativen Variationen können Sie mit solchen Edits alle Ungenauigkeiten aus Audioaufnahmen ausbügeln. Sogar quantisieren können Sie Audiofiles im Flex-Modus.

Das Flex-Editing kann auch unten im AUDIOSPUREDITOR erfolgen. Auf diese Weise können Sie oben einen Überblick über das Arrangement behalten, unten dagegen stärker hineingezoomt arbeiten.

Details zum Flex-Mode finden Sie in Kapitel 9, »Tempo und ›Smart Tempo‹-Editor, Tuning, Timing und Groove«, allerdings beschäftigen wir uns gleich auch noch kurz mit der FLEX PITCH-Tonhöhenkorrektur.

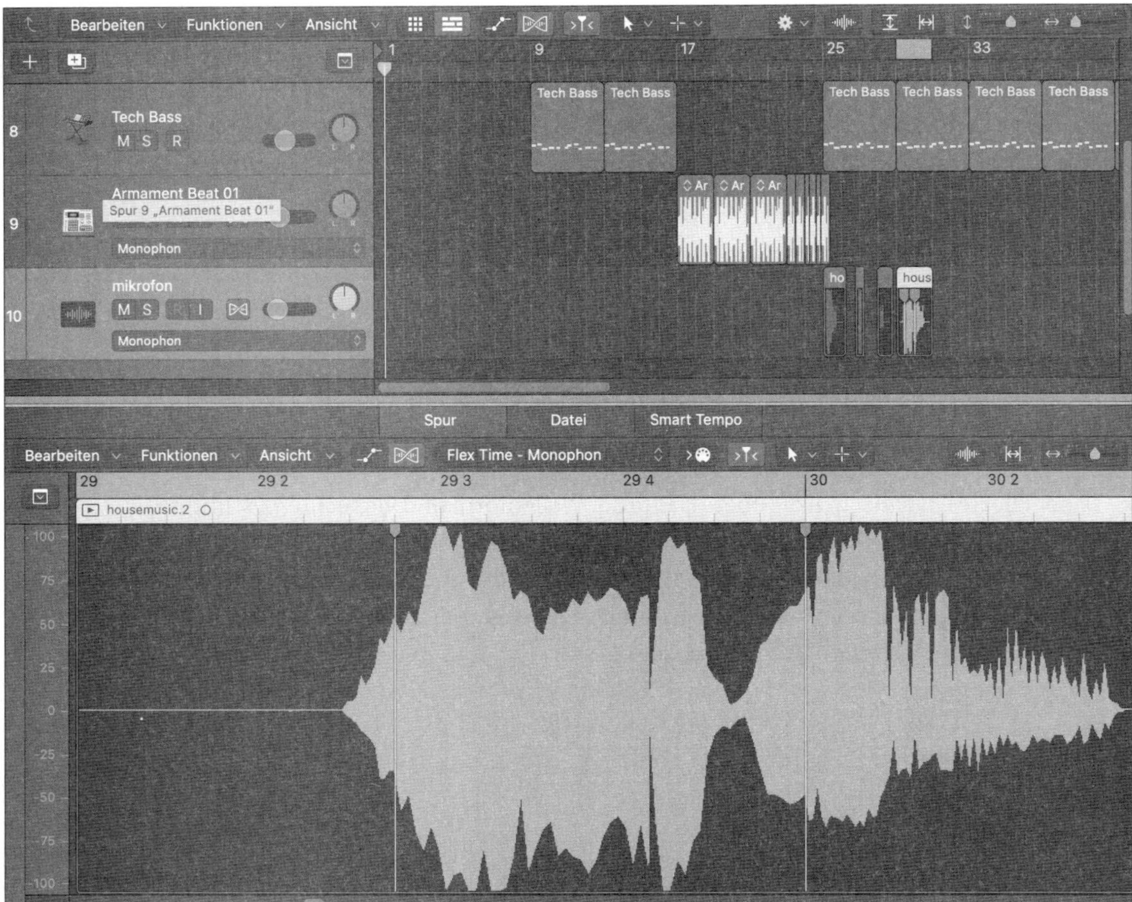

Abbildung 2.47 Durch einen Doppelklick auf die Audioregion öffnet sich unten der Editorbereich zum Editieren von Audiofiles, hier: Audiospureditor mit Flex-Editing.

Eine weitere Option zum Editieren von Audiofiles ist die Funktion AUSWAHLBASIERTE BEARBEITUNG, mit der Sie Effekte direkt in eine neue Datei einrechnen können, die dann anstelle der alten Region (*in place*) eingefügt wird (siehe Abschnitt 6.6.14).

Tuning der Audioaufnahme mit »Flex Pitch« verändern

Im Dokument *Schnellkurs12* habe ich die Tonhöhe meiner eingesprochenen Worte etwas verändert und nach unten gestimmt. Mein Ergebnis ist eher experimentell und soll Ihnen nur kurz die Möglichkeiten der Gesangstonhöhenkorrektur in Logic zeigen.

Wenn Sie in der Spur als Flex-Modus FLEX PITCH auswählen, können Sie die Tonhöhe korrigieren. Das geht einerseits im Hauptfenster, wo bei kleineren Zoomstufen kleine waagerechte Balken erscheinen, die die Tonhöhe darstellen sollen und die Sie nach oben und nach unten schieben können.

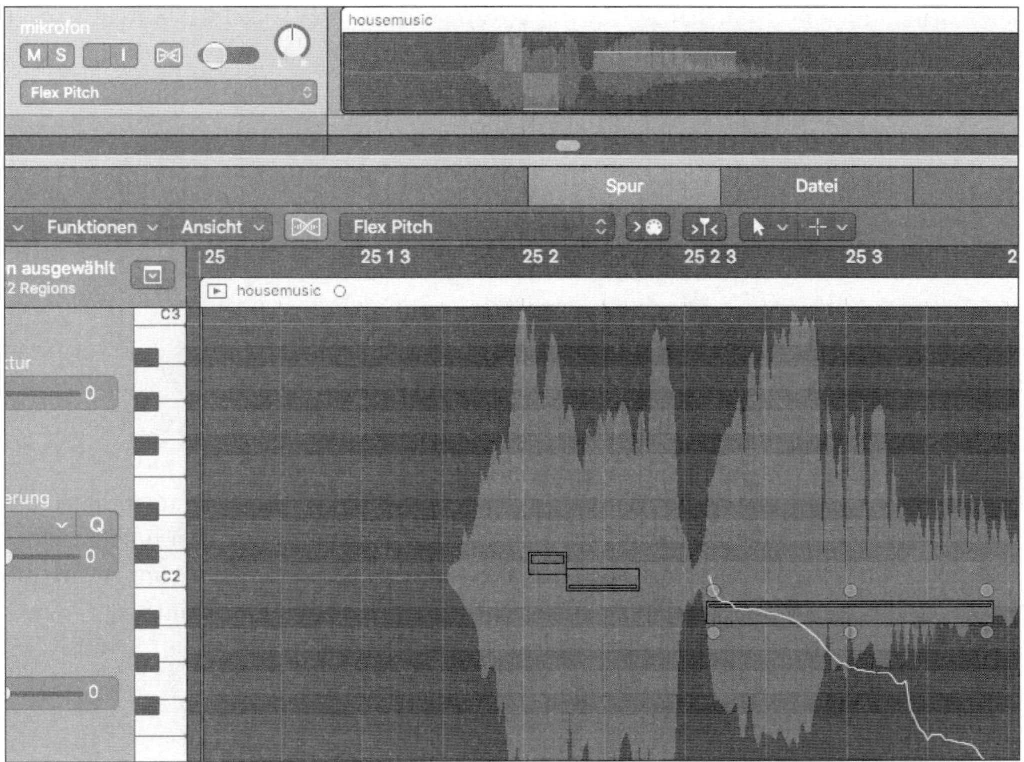

Abbildung 2.48 Eine Audioregion mit »Flex Pitch« – oben im Hauptfenster, unten im »Spur«-Editor. Sie können die Balken, die die Tonhöhe symbolisieren, in beiden Fenstern anfassen.

Für eine größere Darstellung ist der AUDIOSPUREDITOR vorgesehen. Um den Balken herum erscheinen jeweils sechs Punkte, anhand deren Sie die Parameter PITCH, FINE PITCH, FORMANT SHIFT, PITCH DRIFT (links und rechts) und GAIN justieren können. Mehr in Abschnitt 9.4 über FLEX PITCH und Tonhöhenkorrektur.

Regionen in Audiofiles umwandeln und Bouncen von Regionen auf Festplatte

Über das Kontextmenü (erreichbar via Rechtsklick auf eine Region) können Sie selektierte Regionen inklusive der Spureffekte auch als Audiodatei bouncen oder exportieren – z. B. um einen Flex-Edit als neue Audiodatei zu speichern, die Sie auch außerhalb Logics verwenden können oder um eine MIDI-Region in ein Audiofile umzuwandeln (dessen Wiedergabe mittendrin starten kann, das weniger Ressourcen benötigt und andere Formen von Edits erlaubt). Diese Funktion finden Sie im Menü BOUNCEN UND VERBINDEN (das Sie im Regionskontextmenü sehen) als Befehl BOUNCEN AUF SPEICHERMEDIUM (ctrl + B).

Es kann auch gewollt sein, ein neues Audiofile von einer Region anzulegen, ohne Effekte einzurechnen. Dazu wandeln Sie eine Region in ein neues Audiofile um. Das geht im Regionskontextmenü via KONVERTIEREN • IN NEUE AUDIODATEI UMWANDELN (Shortcut alt + cmd + F).

2.4.2 Audioeffekte einbinden (Teil 1)

Sie können Effekte auch einzeln in den Kanalzug laden, den Sie links vom Spurenbereich sehen (falls der Informationsbereich eingeblendet ist). Gehen Sie mit der Maus an die Stelle in Ihrem Kanalzug, wo AUDIO FX steht (siehe Abbildung 2.49).

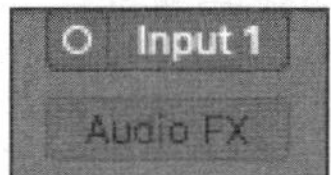

Abbildung 2.49 Im »Audio FX«-Slot werden Effekte geladen.

Halten Sie die Maustaste gedrückt, und wählen Sie einen Effekt aus dem aufspringenden Menü, das die Logic-Effekte kategorisiert auflistet. Effekte anderer Hersteller finden Sie unten im Menüeintrag AUDIO UNITS nach Herstellernamen kategorisiert. Sie können sich die Plug-in-Anzeige auch mit dem Plug-in-Manager konfigurieren (siehe Abschnitt 3.5)

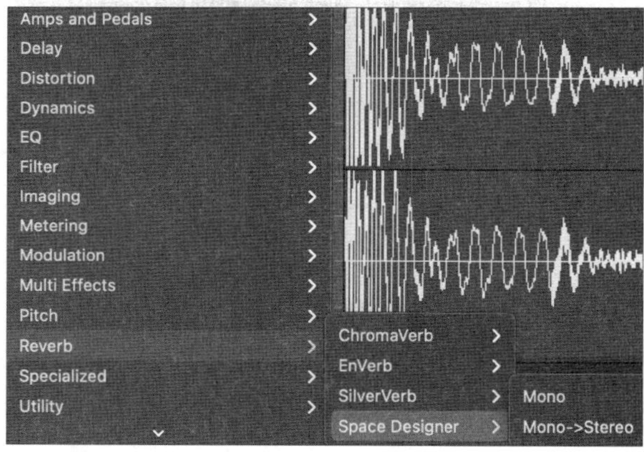

Abbildung 2.50 Das Menü zur Auswahl eines Effekts ist kategorisiert nach Effekttypen wie Hall, Delay und EQ, dabei werden vielfach englische Bezeichnungen benutzt.

Im Beispiel *Schnellkurs13* habe ich einen Space Designer-Effekt (eines von Logics Hall-Plug-ins) in den Audio FX-Slot geladen. Beim erstmaligen Laden öffnet sich das zugehörige Plug-in-Fenster.

Wenn Sie den Cursor mit der Maus über den Eintrag des aktuell geladenen Effekts bewegen, verändert sich die Grafik des Effekt-Slots, über den Sie sich mit der Maus bewegen. Statt des Namens »Space Designer« sehen Sie dort nun einen dreigeteilten AUDIO FX-Slot (siehe Abbildung 2.51): Links schalten Sie den Effekt an und aus. Ein Klick auf die Mitte öffnet das Plug-in. Wenn Sie mit gehaltener Maustaste auf den rechten Bereich gehen, gelangen Sie ins Flip-Menü zur Auswahl von Effekten.

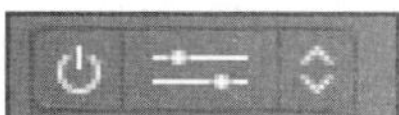

Abbildung 2.51 So sieht der »Audio FX«-Slot mit geladenem Effekt aus, wenn Sie den Cursor mit der Maus darüberbewegen.

2.4.3 Patches und Presets in der Bibliothek

Natürlich besitzt Logic jede Menge Presets für seine Effekte (in Abbildung 2.52 sind einige zu sehen, weitere können Sie im Internet über den Sound Library-Manager laden).

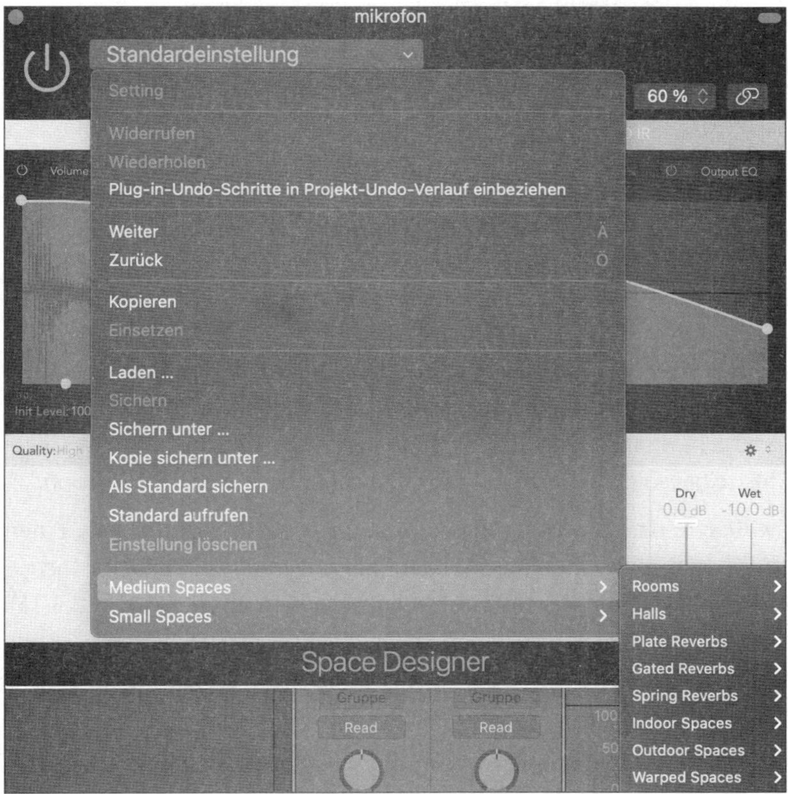

Abbildung 2.52 Das Plug-in-Settings-Menü im »Space Designer« – inklusive erster geladener Inhalte, weitere können Sie hinzuladen

Wenn Sie in der Kanalzuganzeige mit gehaltener ⇧-Taste auf den Effekt-Slot oder links daneben klicken, wird dieser weiß umrandet, und es erscheint links daneben ein blauer Pfeil, der den Slot markiert, siehe Abbildung 2.53. Damit erreichen Sie, dass sich die Ansicht der Inhalte der Bibliothek nun nicht mehr auf den gesamten Kanalzug, sondern auf das gewählte Effekt-Plug-in bezieht. Wenn Sie genau hinsehen, sehen Sie, dass es sich um die gleichen Einträge handelt (Medium Spaces usw.), die sowohl im Presetsmenü als auch in der Bibliothek zu sehen sind.

Außerdem ist unterhalb des geladenen Effektes ein weiterer, kaum sichtbarer und nicht eingefärbter, sehr schmaler Slot vorhanden, in den Sie einen weiteren Effekt laden könnten. Klicken Sie darauf, um an das Aufklappmenü zum Erzeugen eines neuen Effekts zu gelangen.

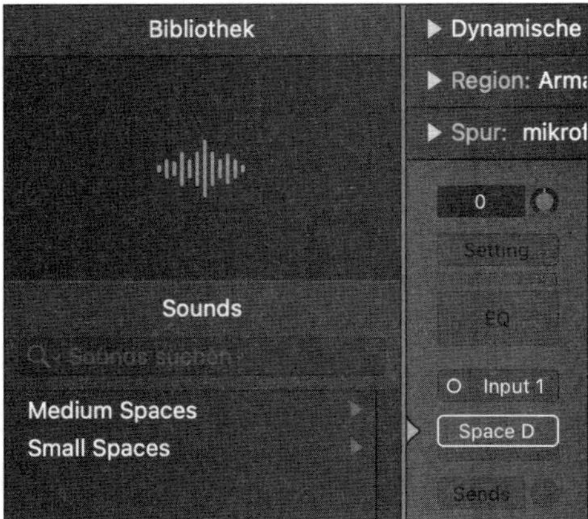

Abbildung 2.53 Der weiße Rahmen um den Eintrag »Space Designer« zeigt an, dass der Slot durch Anklicken mit gehaltener »Shift«-Taste selektiert wurde, wodurch Sie in der Bibliothek nun automatisch die zum Plug-in gehörenden Plug-in-Settings angezeigt bekommen.

Die Position der Effekte im Kanalzug können Sie vertauschen, indem Sie den Slot bei geladenem Effekt in der Mitte anfassen und mit gehaltener Maustaste in den gewünschten Slot bewegen. Das funktioniert auch, wenn dieser sich in einem anderen Kanalzug befindet. Gegebenenfalls tauschen Effekte bei solchen Verschiebungen auch automatisch ihre Position.

Den gesamten Mischpultkanal einer Spur nennt man *Channel-Strip* oder *Kanalzug*. Einen ganzen Kanalzug inklusive Kombinationen aus Effekten (bei MIDI-Spuren inklusive Instrument) können Sie speichern und ganz oder teilweise wieder laden (mehr in Abschnitt 3.2.5). Je nachdem, welche Art Spur Sie selektiert haben, zeigt die BIBLIOTHEK entsprechende *Patches* an. Im Bild ist eine Audiospur selektiert. Für Audiospuren gibt es auch Voice-Patches, mit denen Sie Gesangsspuren schnell bearbeiten können.

In den Dokumenten *Schnellkurs13b* und *Schnellkurs13c* habe ich alternative Einstellungen für den Audio-Kanalzug geladen. In *Schnellkurs13b* klingt die Stimme nach Telefonstimme, in *Schnellkurs13c* nach Retroeffekt (gegebenenfalls müssen Sie zusätzliche Inhalte laden).

2.4.4 Spuren duplizieren

Ein Klick auf den rechten Button mit dem +-Symbol über den Spuren erzeugt eine neue Spur, die dieselben Effekte und dasselbe Routing besitzt wie die bereits selektierte Spur. Alternativ geht das auch über das Menü SPUR • ANDERE • NEUE SPUR (EINSTELLUNG DUPLIZIEREN) oder cmd + D.

In *Schnellkurs14* habe ich die Vocal-Spur dupliziert, um einige der Vocals mit einem zusätzlichen Effekt (Delay) zu versehen. Der Halleffekt aus der Originalspur wurde dabei erneut geladen. Natürlich können Sie so etwas auch anders lösen (via Automation).

2.4.5 Bus-Routing, Summierung, Aux-Kanäle, Spurstapel

Es ist sehr oft sinnvoll, mehrere Audiosignale zusammenzufassen. Sei es, um sie mit einem einzigen Lautstärkeregler zu regeln, sie gemeinsam durch einen Effekt zu schicken oder um sie für einen Remix oder Live-Act getrennt vom Rest zu exportieren. Im Mix mache ich das in der Regel zumindest mit allen Drums, mit allen Bässen, allen Vocals und allen sonstigen Sounds – und oft noch mit stärker verschachtelten Subgruppen. In unserem Beispiel könnten wir beispielsweise die beiden Vocal-Spuren zusammenfassen. Hierzu stellen Sie auf beiden Vocal-Spuren einen anderen Output ein. Momentan ist STEREO OUT eingestellt. Das entspricht einem Routing zu den ersten beiden Anschlüssen einer Soundkarte. Stellen Sie nun in beiden Vocal-Spuren BUS 4 als Output ein (siehe Abbildung 2.54 und Abbildung 2.55).

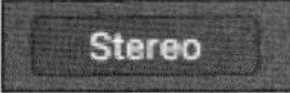

Abbildung 2.54 Der Mauszeiger ist an den Slot bewegt, der zur Auswahl des Outputs dient.

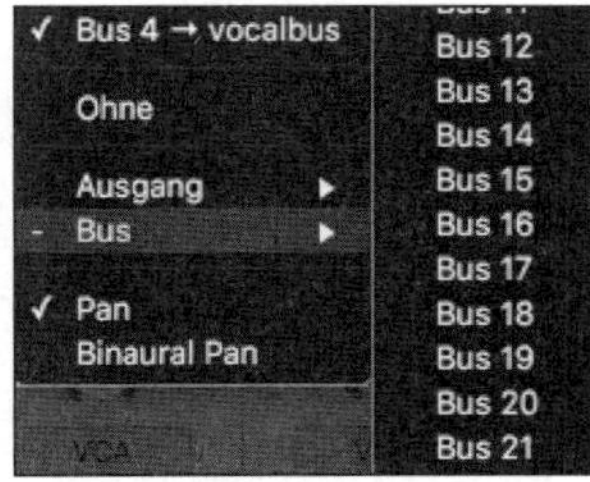

Abbildung 2.55 Im Bild ist Bus 4 als Output ausgewählt, der Aux-Kanal wurde bereits beschriftet.

Logic erstellt beim erstmaligen Routing des Signals auf Bus 4 automatisch einen Aux-Kanalzug, bei dem Bus 4 als Input und Stereo Out als Output eingestellt ist, um das Signal von Bus 4 abzugreifen und hörbar zu machen. Dadurch hören Sie das Signal wie zuvor, denn es landet nach wie vor beim Stereo Out und läuft nur durch den Aux-Kanal hindurch. Sie können sich die Busse als eine Matrix vorstellen, durch die Sounds fließen. Der Aux-Kanal wird benutzt, um den Sound aus der Matrix abzugreifen und an einen Ausgang zu routen, der Sound ausgibt.

Im Infobereich des Logic-Hauptfensters sehen Sie stets zwei Kanalzüge. Der linke davon entspricht dabei der selektierten Spur. Der rechte sichtbare Kanalzug hat sich in unserem Beispiel nun geändert: Hier sehen Sie jetzt nicht mehr den Kanalzug für den Stereo-Output, sondern stattdessen den neuen Aux-Kanal, bei dem BUS 4 als Input und STEREO OUT als Output eingestellt ist. Durch Doppelklick auf seinen Namen können Sie einen neuen Namen eingeben – ich nenne ihn »vocalbus« (Abbildung 2.56). Diesen Zwischenstand finden Sie im Dokument *Schnellkurs15*.

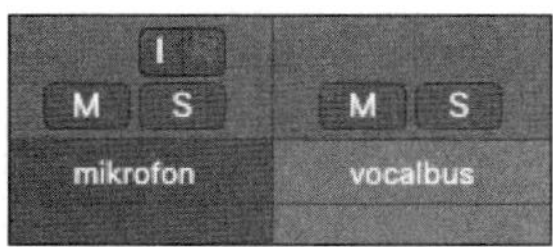

Abbildung 2.56 Rechts im Bild der beschriftete Aux-Kanal (in dessen Input nun Bus 4 eingestellt ist)

Busse als Signalquelle in Audiospuren, Input-Monitoring

Auch in einer neuen Audiospur könnten Sie Bus 4 als Input einstellen, z. B. um beide Vocal-Spuren schnell als neues Audiofile aufzunehmen. Busse können als Inputs für Audiospuren dienen, so dass Sie Busse auch in Echtzeit aufnehmen bzw. mitschneiden können. Bei aktiviertem INPUT-MONITORING-Button (mit »I« oberhalb des SOLO-Buttons beschriftet, vergleiche *Schnellkurs15b*) kann das Signal ähnlich einem Aux-Kanal durch einen Audiokanal durchgeschleift werden, mehr hierzu lesen Sie in Kapitel 14. In *Schnellkurs15c* habe ich zudem mit der rechten Maustaste auf den Vocal-Bus-Aux-Kanal geklickt und die Option SPUR ERZEUGEN (`ctrl` + `T`) ausgewählt, wodurch für den Aux-Kanal eine Spur im Spurenfenster angelegt wurde.

Spurstapel: Spurstapel erzeugen und abspeichern

Im *Schnellkurs15d* habe ich das Zusammenfassen der Audiosignale auf eine andere Art erreicht: Ich habe die Vocal-Spuren selektiert und mit Hilfe der Funktion SPURSTAPEL ERZEUGEN im nachfolgenden Dialog in einen *Summenstapel* umgewandelt. Das bedeutet, dass wieder beide Vocal-Spuren auf einen Aux-Kanal geroutet werden. Der Summenstapel-Aux-Kanal wird zudem sofort in der Spurenansicht sichtbar und kann ein- und ausgeklappt werden, um die Spuren, die er verwaltet, zu verstecken (siehe Dokument *Schnellkurs15e*). Nun landen die beiden Vocal-Spuren ebenfalls in Bus 4 (weil dies der erste unbenutzte Bus bei der Track-Stack-Erstellung war), der dann Input des Summenstapel-Aux-Kanales wird (siehe Projekt *Schnellkurs15e*).

Diese Art Summenstapel mit Aux-Kanal können Sie außerdem als *Patch* inklusive aller enthaltenen Routings und Spuren abspeichern. Hierzu selektieren Sie die Summenstapel-Aux-Spur und klicken dann auf den SICHERN ...-Button unterhalb der BIBLIOTHEK. Sie können auch Instrumentenspuren zu Spurstapeln zusammenfassen. Ein Summenstapel-Aux-Kanal kann MIDI-Daten an im Summenstapel liegende Spuren senden, so dass Instrumente gebaut werden können, die sich aus mehreren Synths zusammensetzen und jeweils ihre eigenen Effekte haben können.

Falls Sie im SPURSTAPEL ERZEUGEN-Dialog statt SUMMENSTAPEL die Option ORDNERSTAPEL auswählen, fasst Logic die beiden Spuren ebenfalls zusammen, legt aber keinen Aux-Kanal an, sondern nur einen Fader, der die Lautstärke beider Spuren zwar regeln kann, hierfür aber kein Bus-Routing benutzt und auch keine Effekte laden kann. Dieses Beispiel finden Sie im Dokument *Schnellkurs15f*. Diese Option nutzt man vor allem, wenn man ein wenig Ordnung schaffen will, ohne dass sich am Routing etwas ändert. Die Optionen bei der Nutzung von Spurstapeln sind komplex; ausführliche Details finden Sie in Abschnitt 4.9.19.

2.4.6 Effekt-Plug-ins in andere Spuren verschieben und kopieren

Sie können Effekte einer Spur in andere Spuren verschieben, indem Sie die Maustaste gedrückt halten und den Effekt einfach in die andere Spur hinüberziehen. Dabei bleiben sämtliche im Effekt vorgenommenen Einstellungen erhalten. Wenn Sie dabei die `alt`-Taste gedrückt halten, wird der Effekt nicht verschoben, sondern kopiert. Sie könnten den Hall der beiden Vocal-Spuren nun auch auf den Summenbus legen und aus den beiden einzelnen Spuren entfernen, um ein Hall-Plug-in weniger nutzen zu müssen und beide Spuren einheitlich zu bearbeiten (siehe Projekt *Schnellkurs16*).

2.4.7 Audioeffekte einbinden (Teil 2): Bus-Routings via Send

Selektieren Sie Spur 2, TECH BASS, und drehen Sie den SEND-Regler probeweise hoch, während Sie den Sound spielen oder den Track abspielen lassen. Sie hören, dass Sie damit dem Bass etwas Hall zumischen, denn indem Sie den SEND-Regler hochdrehen, schicken Sie den Bass an das Hallgerät in Bus 3, dessen Sound wiederum im Stereo-Output landet.

Diesen Zustand habe ich im Dokument *Schnellkurs17* zwischengespeichert. Nachdem ich das Bus-Routing (hier: Send 1 an Bus 3) im Kanal eingestellt habe, hat Logic automatisch einen Aux-Kanal (hier: mit Input Bus 3) erstellt, um das Audiosignal aus Bus 3 abzugreifen. Sie können über mehrere Sends und die Outputs natürlich auch an mehrere Busse bzw. Aux-Kanäle gleichzeitig senden. Welchen Aux-Kanal Sie rechts im Infobereich/Inspector sehen, hängt davon ab, worauf Sie zuvor mit der Maus geklickt haben. In Abbildung 2.57 habe ich den blau leuchtenden SEND-Button an BUS 3 rechtsseitig angeklickt, so dass der zugehörige Aux-Kanal mit BUS 3 als Input angezeigt wird.

Wenn Sie auf die Anzeige STEREO OUT unten im Kanalzug klicken, erscheint der Kanalzug für den Stereo-Output rechts im Infobereich. Achtung, sehr wichtig: Bedenken Sie, dass Sie das Signal bei einem Bus-Routing via Send wie im Beispiel an Bus 3 *und* den Stereo Out senden (also zweimal ausgeben!). Zuvor haben wir das Signal bei einer Summierung an Bus 4 *anstelle* des Stereo Outs geschickt. Dieses Detail wird von vielen Schülern meiner Kurse immer wieder übersehen.

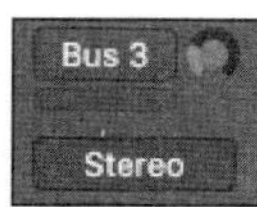

Abbildung 2.57 Im Bild habe ich den »Send«-Regler des Sounds »Tech Bass« etwas hochgedreht.

Wenn Sie den SEND-Bereich mit der Maus überfahren, sehen Sie, dass Sie ihn wie Plug-ins durch Klick auf den erscheinenden EIN/AUS-Button links aktivieren/deaktivieren können. Auf diese Weise können Sie z. B. temporär Ihre gewählten Send-Lautstärken und Automationen beibehalten und trotzdem den Effekt abschalten.

Wenn Sie einen neuen, leeren Song mit einem geladenen *Vintage E-Piano*-Patch erstellen, sind dort normalerweise ebenfalls zwei solcher Send-Busse aktiv, ohne dass Sie etwas gemacht haben. Das können Sie mit einem Mischpult vergleichen, an das bereits zwei Effektgeräte angeschlossen sind, bevor Sie loslegen. In vielen Patches sind bereits Send-Effekteinstellungen integriert, beim Laden von Patches können Sie dies aber auch umgehen bzw. ignorieren (vergleiche »Patches mischen« in Abschnitt 4.7.4).

Sie können Effektgeräte sowohl in den AUDIO FX-Slot als auch in einen Bus laden und dort via Send ansteuern. Man unterscheidet auch zwischen Insert- und Send-Verkabelung bzw. -Effekten (mehr in Abschnitt 14.2.3 über Einschleif- vs. Zumischeffekte).

Es wird Zeit, den Mixer kennenzulernen, wo Sie alle für eine Spur relevanten Kanalzüge auf einmal sehen können.

2.4.8 Der Mixer (1): Instrumente mit einfachen oder mehreren Outputs erzeugen

Im Hauptfenster können Sie den Mixer im unteren Bereich des Hauptfensters einblenden, und zwar über den Menüpunkt ANSICHT • MIXER EINBLENDEN oder mit Hilfe des Shortcuts [X] oder mit dem kleinen Button oben in der Steuerungsleiste (siehe Abbildung 2.58).

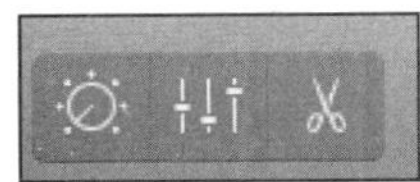

Abbildung 2.58 Der Mixerbutton in der Steuerungsleiste

Sie können den Mixer aber auch als separates Fenster öffnen – über den Menüeintrag FENSTER • MIXER ÖFFNEN ([cmd] + [2]). Auch die PIANOROLLE, die Übersicht PROJEKT, den (Audio-) DATEI-Editor und viele Ansichten mehr können Sie über das FENSTER-Menü als eigenständiges Fenster anzeigen lassen. Beim Mixer-Fenster ist das aufgrund seines Platzbedarfs besonders sinnvoll.

Details zum Mixer erfahren Sie in Kapitel 14. Hier zeige ich kurz einige wichtige Arbeitsschritte:

Sie können Sounds eines Instruments aus mehreren Outputs kommen lassen, um sie besser abzumischen. Das betrifft in unserem Fall die erste Spur. Das dort geladene Drumkit *Boutique 808* ist ein Patch, das im Spurstapel-Format gespeichert wurde. Dieses ermöglicht, dass auch alle Einstellungen mitgespeichert werden, die einzelne Outputs eines Instruments betreffen. Klicken Sie auf den Pfeil in Spur 1 rechts neben der Zahl 1, um die Spuren aufzuklappen (Abbildung 2.59).

Abbildung 2.59 Im Fenster sehen Sie die aufgeklappte Spur 1.

Dieser Zwischenstand ist im Dokument *Schnellkurs18* gespeichert. In Abbildung 2.60 sehen Sie unten über dem Eintrag KICK zwei Buttons, mit denen Sie zusätzliche Ausgänge für das in der KICK-Spur geladene Instrument *Ultrabeat* erzeugen (+-Button) und wieder löschen (–-Button) können.

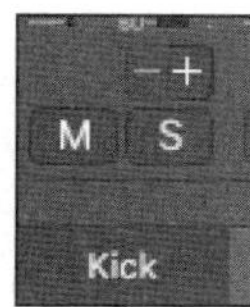

Abbildung 2.60 Buttons zum Erzeugen von Aux-Kanälen für Einzelouts

Im Beispiel sind das die Spuren SNARE, HI HATS etc. In diesen Aux-Spuren sind zudem oben die verschiedenen Ausgänge von *Ultrabeat* als Eingänge eingestellt (UB 3–4, UB 5–6 ...).

Achtung

Sie können auf solchen mit den Namen einzelner Schlagzeuginstrumente beschrifteten Spuren mit MIDI-Daten alle möglichen Sounds ansteuern, auch wenn diese eventuell aus einem anderen Aux-Kanal als Audiosignal herauskommen.

Wichtig: Nur wenn *Ultrabeat* (wie im *Boutique 808*-Kit) als Multi-Ausgang-Instrument geladen ist, erscheinen in seinem Instrumenten-Mixerkanal die –/+-Buttons, mit denen Sie zusätzliche Outputs erzeugen können.

Abbildung 2.61 »Ultrabeat« als Multi-Ausgang-Instrument auswählen

Für viele, aber nicht für alle Instrumente steht diese MULTI-OUTPUT-Funktion zur Verfügung. Damit die einzelnen Sounds nun so wie auf den Kanälen beschriftet aus den Aux-

Spuren herauskommen, muss das natürlich auch im Instrument entsprechend eingestellt sein. In unserem Beispiel mit *Ultrabeat* und dem Patch *Boutique 808* sehen Sie das in Abbildung 2.62.

Abbildung 2.62 Für die verschiedenen Sounds sind verschiedene Outputs eingestellt (z. B. »Sub 1« für Kick und »Sub 2« für Rim).

Selektieren Sie nun Spur 4, Hi Hats. Sie sehen, dass dort ein Delay-Effekt namens Delay Designer aktiviert ist. Dieser wirkt sich nur auf die Hi-Hat aus, nicht auf die anderen Drumsounds. Deaktivieren Sie den Delay Designer, um den Soundunterschied zu hören. Delays eignen sich unter anderem gut, um zusätzliche rhythmische Komponenten mit Hilfe eines Effekts einzubauen.

Im Drum Machine Designer und dem Patch *Ibiza* aus dem ersten Teil des Schnellkurses werden Ihnen all diese Arbeiten abgenommen, denn für alle Pads gibt es bereits jeweils einen eigenen Kanalzug!

2.4.9 Der Mixer (2): Übersicht und Anzeigemodi

Logics Mixer bietet nicht nur große Flexibilität, sondern auch verschiedene Mixer-Ansichten an, damit es bei komplexen Konfigurationen nicht unübersichtlich wird. Diese heißen:

- Einzeln
- Spuren
- Alle

Selektieren Sie Spur 1 im Dokument *Schnellkurs18*, und klicken Sie im Mixer auf den Button Einzeln. Der Mixer zeigt nun sämtliche Aux-Kanäle an, die mit der selektierten Spur in Verbindung stehen bzw. durch die noch der Sound fließt. Das ist quasi eine konsequente Fortführung der zwei Spuren, die Sie im Informationsbereich sehen – diesmal ist die Anzeige nicht auf zwei Spuren limitiert.

Abbildung 2.63 In der »Einzeln«-Ansicht zeigt der Mixer alle Spuren, die den Sound der gewählten Spur betreffen.

Wechseln Sie nun in die Ansicht SPUREN. Nun macht es einen Unterschied, ob Ihre Spurstapel-Spur 1 ausgeklappt ist oder nicht, denn der Mixer zeigt nun alle im Spurenbereich sichtbaren Spuren an.

In der Ansicht ALLE dagegen sehen Sie alle im Logic-Projekt verwendeten Spuren inklusive aller Aux-Kanäle, egal, ob diese im Spurenbereich sichtbar sind oder nicht.

2.4.10 MIDI-FX-Plug-ins einbinden

Im Dokument *Schnellkurs19* habe ich eine weitere Spur eingebaut, die ein Software-Instrument spielt, das den MIDI-Effekt »Arpeggiator« benutzt.

MIDI-Effekte können Sie weit oben im Kanalzug, noch über dem Instrumenten-Slot, wählen. Im Mixer ist der passende Slot links mit MIDI-FX gekennzeichnet. Das ist von Grafik und Signalfluss her logisch, denn die beim Instrument ankommenden MIDI-Noten, die Sie spielen, werden zuerst vom MIDI-Effekt bearbeitet, bevor sie beim Instrument landen.

Sie können verschiedene MIDI-Effekte laden, die ebenfalls eigene Presets besitzen. Ein Arpeggiator wandelt beispielsweise gespielte Noten und Akkorde in rhythmische Sequenzen mit schnell gespielten Einzeltönen (unter Verwendung derselben Noten) um. Der »Arpeggiator« von Logic Pro macht das übrigens auch, wenn die Wiedergabe ansonsten angehalten ist. In Abschnitt 13.1.1 finden Sie eine sehr ausführliche Anleitung für Logics »Arpeggiator«-MIDI-Effekt und andere MIDI-FX (in den darauffolgenden Abschnitten). Es gibt auch interessante MIDI-FX von Drittherstellern, z. B. Step Sequencer. MIDI-Effekte können natürlich ebenfalls Bestandteil von Patches sein.

Im Dokument *Schnellkurs19* habe ich einen kurzen Basis-Sound des *Retro Synths* benutzt. Solche kurzen Synth-Sounds eignen sich besonders gut für schnelle Arpeggios. Zusätzlich habe ich einen Delay- und einen Halleffekt eingefügt. In den Projektnotizen lesen Sie weitere Erläuterungen.

2.4.11 Erste Mix-Automationen einbauen

In der Hi-Hat-Spur des Patches *Boutique 808* (entspricht Spur 4, falls die Track-Stack-Spur in Track 1 ausgeklappt ist) ist ein Send zu Bus 2 eingestellt, der noch komplett heruntergedreht ist. Wenn Sie diesen SEND-Regler mit der Maus aufdrehen, bekommt die Hi-Hat zusätzlichen Hall. Das liegt daran, dass in Bus 2 (genauer: einem Aux-Kanal mit eingestelltem Bus 2 als Input) ein Hall geladen ist.

Ein solcher Hall auf der Hi-Hat lässt sich gut als dynamische Komponente einbauen, um die Drums interessanter zu machen. Grundsätzlich können Sie an jedem Effekt-, Instrumenten- oder Lautstärkeregler drehen und diese Bewegungen in Logic aufzeichnen. Das nennt man *Automation*.

In welchem Automationsmodus sich eine Spur befindet, stellen Sie in ihrem unteren Bereich ein, wo als Standard READ vorgegeben ist. Genau wie die Effekt-Slots lässt sich der Automationsmodus mit einem Power-Button links ein- und ausschalten, wenn Sie mit der Maus über das Feld gehen.

Schalten Sie nun den Automationsmodus ein, und stellen Sie außerdem LATCH statt READ ein, indem Sie das Feld links anklicken und den entsprechenden Eintrag aus dem Flip-Menü auswählen (siehe Abbildung 2.64 und Abbildung 2.65).

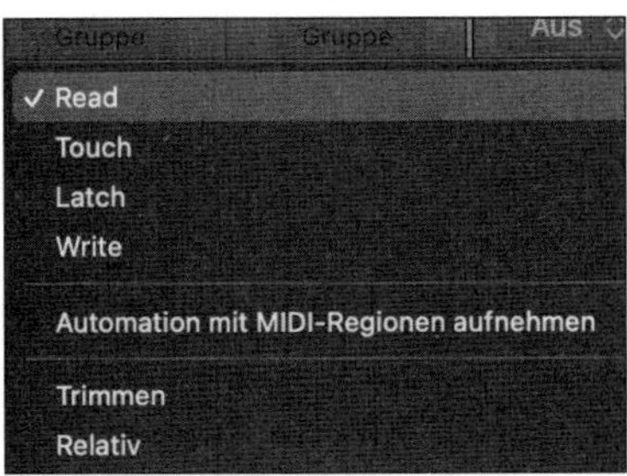

Abbildung 2.64 Hier wählen Sie den Automationsmodus aus.

Abbildung 2.65 Im Bild ist »Latch« als Automationsmodus eingestellt, um Reglerbewegungen aller Art aufzunehmen. Vergessen Sie nicht, ihn nach erfolgter Automationsaufzeichnung wieder auf »Read« zu stellen.

Achtung: Vergessen Sie nicht, den Automationsmodus nach erfolgter Automationsaufzeichnung wieder zurück auf READ zu stellen. Ansonsten passiert es schnell, dass Sie an Reglern drehen und das versehentlich als Automation aufzeichnen.

Voreingestellt arbeiten wir gerade mit spurbezogener Automation. Es gibt auch noch regionsbezogene Automation, die sich leichter verschieben oder loopen und teilweise etwas anders editieren oder aufzeichnen lässt (siehe Kapitel 16.) Im Dokument *Schnellkurs20* habe ich eine Automation eingebaut. Hören Sie sich die Soundveränderung an – die Hi-Hat bringt nun so etwas wie eine zusätzliche Steigerung oder einen Spannungsaufbau in die simplen Beats hinein.

Sie können die Automation auch im Spurenbereich mit Hilfe eines Klicks auf den entsprechenden Button im Hauptfenster (siehe Abbildung 2.66) oder mit dem Shortcut [A] sichtbar machen. Erneutes Drücken von [A] blendet die Automationsansicht anschließend wieder aus.

Abbildung 2.66 Button zum Einblenden der Automationsansicht rechts neben dem »Ansicht«-Menü

In der Hi-Hat-Spur können Sie in der Automationsansicht in einem weiteren Flip-Menü aussuchen, welchen Parameter Sie gerade angezeigt bekommen (Abbildung 2.67 und Abbildung 2.68). Die Parameter sind dabei sortiert. SEND 1 gehört zur MAIN-Gruppe der Parameter. Gehen Sie in ein anderes Menü (z. B. DELAY D für »Delay Designer«), dann sehen Sie die Parameter des entsprechenden Effekts und können auch selbst eine Automation einzeichnen (z. B. mit dem Stifttool). Mehr zum Thema Automation und alternative Aufzeichnungsmethoden lesen Sie in Abschnitt 16.1.

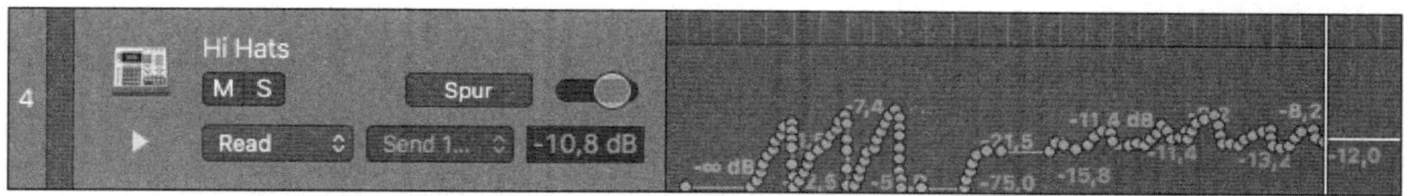

Abbildung 2.67 Spur mit angezeigter Send-Automation

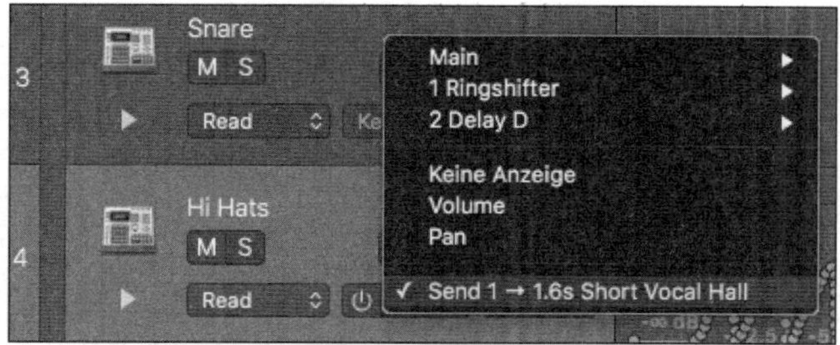

Abbildung 2.68 Das Flip-Menü zur Auswahl des Parameters, der angezeigt werden soll

Natürlich könnten Sie auch mit dem im ersten Teil des Schnellkurses verwendeten Instrument *Ibiza* eine Automation aufzeichnen. Auch hier lässt sich die Spur aufklappen, und Sie sehen die Einzelsounds als Einzelspuren. Dort geladene Effekte können Sie automatisieren. Hier könnten Sie nun allerdings auch noch die einzelnen Drumsounds chromatisch auf der Tastatur spielen, damit Hi-Hats leicht verschiedene Tonhöhen haben können. Mehr hierzu lesen Sie in Abschnitt 11.14, »Drum Machine Designer (DMD)«.

2.4.12 Smart Controls, mehrere Mix-Automationen für ein Instrument einbauen

Viele Logic-Sounds bzw. -Patches sind so programmiert, dass Ihnen mit Hilfe von sogenannten *Smart Controls* schnell die wichtigsten Klangparameter zur Verfügung stehen. Auch bei nicht vorkonfigurierten Sounds mappt Logic automatisch die wichtigsten Parameter auf Smart Controls, die eigentlich nur leicht erreichbare Fernsteuerungen anderer Parameter darstellen. Die *Smart Controls* entsprechen dem, was Sie auch in GarageBand an (vereinfachten) Zugriffsmöglichkeiten auf Effekte und Instrumente finden. Das verschaffte Logic X anfangs zu Unrecht das Image einer großen GarageBand-Version. Da *Smart Controls* auch mehrere Parameter gleichzeitig und skaliert ansteuern können, dienen sie nicht nur der Vereinfachung, sondern sind auch ein komplexes Profitool. Alle Details zu Smart Controls lesen Sie in Abschnitt 16.2.

Klicken Sie oben im Hauptfenster auf den SMART CONTROLS-Button, oder benutzen Sie den Shortcut [B], um die Smart Controls des selektierten Sounds »Tech Bass« unten im Hauptfenster ein- und auszublenden. Alternativ doppelklicken Sie auf das Symbol einer Spur oder öffnen ein eigenständiges Fenster unter FENSTER • SMART CONTROLS ÖFFNEN.

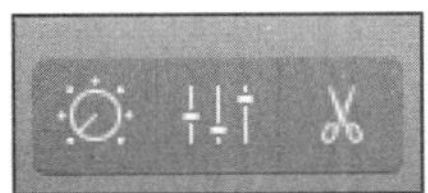

Abbildung 2.69 Der Button in der Steuerungsleiste des Hauptfensters zum Öffnen der Ansicht »Smart Controls« links

Spielen Sie den Song nun ab, und bewegen Sie dabei einige der Smart Controls. Diese können mit verschiedenen AUDIO FX-Slots oder Bus-Sends verbunden sein. Welche das sind, sehen Sie, wenn Sie den Informationsansicht-Button im Smart-Controls-Bereich links oben wie in Abbildung 2.70 anklicken, um den Informationsbereich für die Smart Controls einzublenden.

Abbildung 2.70 Der im Bild selektierte »Ambience«-Drehregler der Smart Controls regelt das Mixverhältnis dry/wet im Plug-in »SilverVerb«.

Sie können auch Bewegungen von Smart Controls als Automation aufzeichnen. Im Dokument *Schnellkurs21* habe ich das gemacht. Indem ich den Cutoff-Regler zwischendurch (im Bereich von Takt 33 bis Takt 45) auf- und danach wieder zugedreht habe, habe ich die Dramatik der Bassline gesteigert und später wieder beruhigt. Im Spurmenü zur Auswahl der sichtbaren Automationsparameter der Tech Bass-Spur sehen Sie den Eintrag Smart Controls. Der Bindestrich links von dem Eintrag zeigt an, dass der aktuell sichtbare Parameter Cutoff aus der Kategorie Smart Controls stammt. Analog dazu habe ich auch die Automation der Hi-Hat angepasst, damit sie ebenfalls bei Takt 45 eine Art Höhepunkt hat, bevor beide Sounds sich wieder »beruhigen«.

Für nachfolgende Dokumente habe ich durch einfachen Klick auf die Line der Automationskurve bei Takt 9 und Takt 25 einen Automationspunkt erstellt, der dafür sorgt, dass der Regler an diesen Positionen auch ganz sicher den gewünschten Wert annimmt (siehe Abbildung 2.71).

Abbildung 2.71 Im Bild sind mehrere Automationen gleichzeitig für die Gitarrenaufnahme zu sehen.

Übrigens: Bewegungen von Smart Controls können auch ohne weiteres als »Regionsautomation« aufgezeichnet werden, wenn Logic sich im Aufnahmemodus befindet. Das funktioniert besonders gut bei MIDI-Spuren. Sie können dabei während des Spielens von MIDI-

Noten an Smart Controls (z. B. in Logic Remote) drehen und die Bewegungen ohne vorherige Umschaltung eines Automationsmodus aufzeichnen. Diese »einfachere« Bedienung stammt aus GarageBand, wo Apple den User nicht mit komplexen Automationsmodi behelligt. So kann die Automation auch leichter mit der Region verschoben werden. Auch andere Parameter können so aufgezeichnet werden, wenn die Option aktiviert ist (siehe Abbildung 2.64). Mehr hierzu in Abschnitt 16.2.

2.4.13 Eine Gitarre aufnehmen, stimmen und mit automatisierten Effekten versehen

Nun habe ich eine weitere Spur erzeugt, die Kategorie AUDIO • GUITAR & BASS ausgesucht und einen Gitarrenakkord aufgenommen. Die Auswahl der Kategorie GUITAR & BASS für die Audiospur bedeutet, dass Logic ein Patch für die Audiospur lädt, das Effekteinstellungen besitzt, die zu Gitarren oder Bass-Sounds passen. Übrigens: Wenn Sie eine Gitarre aufnehmen, können Sie sie zuvor auch mit Logics »Tuner«-Plug-in stimmen (im Effekt-Plug-in-Menü finden Sie es unter der Kategorie METERING). Sie können den Tuner auch über einen Button mit Stimmgabel in der Steuerungsleiste öffnen, falls Sie diese zuvor entsprechend konfiguriert und eine Audiospur selektiert haben.

Öffnen Sie Dokument *Schnellkurs22*. Meine Akustikgitarre läuft hier durch ein Patch namens *Seventies Rock* und klingt anschließend wie eine E-Gitarre. Logic besitzt jede Menge Gitarren- und Basseffekte mit authentischem Sound und cooler Optik (was Sie z. B. sehen, wenn Sie das »Pedalboard«-Plug-in im Kanalzug öffnen). Ich habe ein zusätzliches Tape-Delay in den Kanalzug eingefügt. Der Gitarrenakkord spielt zwei Mal. Beim zweiten Mal habe ich Automationen für mehrere Smart Controls gleichzeitig aufgenommen, was sich in der Spurenansicht darstellen lässt, indem Sie das kleine Dreieck neben dem Eintrag READ wie in Abbildung 2.71 aufklappen.

Die Smart Controls sehen in der Gitarrenspur ganz anders aus als in der TECH BASS-Spur. Das liegt daran, dass sich im Informationsbereich oben verschiedene Layouts auswählen lassen. Auch verwendete EQs lassen sich in der Smart-Controls-Ansicht anzeigen.

2.4.14 Logics »Drummer« benutzen

Logics »Drummer« kann halbautomatisch Schlagzeugbegleitungen für Sie erstellen (Details in Kapitel 11). Erzeugen Sie eine neue Drummer-Spur. Dabei öffnet sich ein Patch mit einem Drumkit und Effekten. Außerdem wird im Spurbereich automatisch mindestens eine gelbliche Drummer-Region erzeugt. Im unteren Bereich des Hauptfensters öffnet sich spätestens nach einem Doppelklick auf eine Region ein »Drummer«-Bereich bzw. ein DRUMMER-EDITOR, in der BIBLIOTHEK sehen Sie eine Auswahl an Drummern verschiedener Genres und Subgenres, die als zusätzliche Inhalte installiert sein müssen. Als Erstes installiert wurde übrigens der Rockdrummer *Kyle*, der voreingestellt das *SoCal Kit* spielt, das sich auch für Hip Hop gut eignet.

Öffnen Sie das Dokument *Schnellkurs23*. Hier habe ich eine Drummer-Spur erzeugt und editiert (Abbildung 2.72).

Abbildung 2.72 Eine Drummer-Spur mit eingeblendetem Rockdrummer »Kyle« unten

Für jede Drummer-Region lassen sich im »Drummer«-Editorbereich unten Parameter einstellen. Nach Änderungen verändert sich die zugehörige Drummer-Region automatisch. Neue Regionen erstellen Sie per Copy & Paste oder indem Sie mit der Maus über das Regionsende gehen und den auftauchenden +-Button klicken.

Probieren Sie kleine Edits für Drum-Regionen aus. Sie können spätestens nach einem Doppelklick unten im DRUMMER-EDITOR einen gelben Punkt in einem X/Y-Quadrat einfügen, um das Schlagzeugspiel innerhalb zweier Gegenpole (einfach versus komplex, leise versus laut) vage zu positionieren. Außerdem können Sie im DRUMMER-EDITOR links vom X/Y-Pad diverse Stile und rechts davon Art und Intensität der Verwendung der einzelnen Schlagzeugkomponenten wählen. In der BIBLIOTHEK wählen Sie einen Drummer und sein Genre aus, darunter das Schlagzeug.

Wenn Ihnen dieser Apple-typisch intuitive, aber keine präzisen Angaben erlaubende Dialog mit Ihrem »Drummer« nicht ausreicht, können Sie Drummer-Regionen jederzeit mit der rechten Maustaste anklicken und über das aufspringende Menü und den Eintrag KONVERTIEREN • IN MIDI-REGION KONVERTIEREN in eine normale MIDI-Region umwandeln, die Sie manuell editieren können. Das kann auch nur für einzelne Regionen geschehen, während andere im »Drummer«-Modus bleiben. Allerdings können Sie auf eine Drummer-Spur nicht per MIDI Noten aufnehmen, ein RECORD-Button fehlt. Andererseits können Sie natürlich auch die Drumsounds im Kanalzug durch Anwählen eines neuen Patches verändern.

Die in *Schnellkurs24* neu erstellte MIDI-Region habe ich anschließend editiert. Zwei Schläge bei Takt 45 holperten etwas. Ich habe sie selektiert und mit dem Shortcut `ctrl` + `M` unabhängig vom Rest stumm geschaltet und mit dem STIFT eine weitere Beckennote eingefügt (siehe *Schnellkurs25*).

2.4.15 Step Sequencer

Regionen des in Logic 10.5 eingeführten STEP SEQUENCERS verhalten sich ähnlich wie Drummer-Regionen. Sie werden ebenfalls gelb dargestellt und lassen sich via Kontextmenü in eine MIDI-Region umwandeln, während Sie nicht in Echtzeit MIDI-Noten einspielen, sondern sie lediglich im Step-Sequencer-Editorfenster programmieren können.

Es gibt viele Musiker, denen das Programmieren von Drums per Mausklick mehr liegt als das Einspielen von Hand und die sich im STEP SEQUENCER besonders wohl fühlen. Ich betrachte ihn als alternatives Werkzeug aus einer großen Werkzeugkiste, in der ansonsten auch mein Keyboard herumliegt. Manche Dinge, wie zufällige Rhythmen, maschinell präzise Beats oder extrem schnelle Drumrolls und Stuttereffekte lassen sich in einem STEP SEQUENCER leichter realisieren.

Für weitere Erläuterungen gehen Sie bitte zu Abschnitt 7.9, »Step Sequencer und Patterns«.

2.4.16 Grooves/Quantisierungen von Schlagzeugspuren für mehrere Regionen gleichzeitig anpassen

Logic besitzt verschiedene Optionen, Grooves von Schlagzeugspuren aneinander anzupassen. Damit sind die Situationen gemeint, in denen das Feeling verschiedener Schlagzeugspuren zwar grob passt (d. h. vom Gesamttempo her), aber nicht im Detail (also zum Beispiel bezüglich der Zwischenschläge innerhalb eines Taktes, die in verschiedenen Spuren leicht versetzt voneinander vorkommen können).

Logic erlaubt es, den Groove von Spuren oder Regionen an das Feeling einer bestimmten Region anzupassen, was Sie in Abschnitt 9.2.2, »Groove-Optimierung mit Groove-Tracks«, nachlesen können.

Für den Anfang empfiehlt es sich, eventuell störende Ungenauigkeiten zu beseitigen, indem Sie alle Regionen mit der gleichen Einstellung im Informationsfenster REGION quantisieren (1/16- oder 1/8-Note sind z. B. gängige Quantisierungen, 1/8-Swing-D-Beat ist eine alternative Swing-Beat-Quantisierung, deren Wirkung man in der Regel deutlich hören kann).

- Selektieren Sie hierzu alle Regionen, die Sie quantisieren wollen, indem Sie sie mit gedrückter `⇧`-Taste anklicken oder indem Sie mit gedrückter Maustaste einen Selektionsbereich mit der Maus aufziehen. Möglicherweise zeigt die Einstellung QUANTISIERUNG im

Informationsfenster REGION anschließend ein Sternchen. Das zeigt an, dass Sie Regionen selektiert haben, für die bislang unterschiedliche Einstellungen gelten (Abbildung 2.73).

Abbildung 2.73 Mehrere Regionen mit verschiedenen Quantisierungseinstellungen sind selektiert.

- Indem Sie eine neue Einstellung wählen, vereinheitlichen Sie sie für alle Regionen.

Aber auch hierbei sind einige Dinge zu beachten. So kann die Drummer-Spur erst dann quantisiert werden, wenn die Regionen wie oben gezeigt in MIDI-Regionen umgewandelt wurden.

Audioregionen (z. B. die Region ARMAMENT GROOVE) können ebenfalls quantisiert werden, wenn ein Flex-Mode für die Spur und die Region aktiviert wurde (bevorzugter Flex-Mode für Schlagzeug ist übrigens RHYTHMISCH).

Ich demonstriere Ihnen das an einem Beispiel: Öffnen Sie dazu das Dokument *Schnellkurs24b*. Hier habe ich vielen Regionen aus Schnellkurs 24 – inklusive des Basses – einen Swing-Beat-Groove verpasst. In den folgenden Beispielen arbeite ich aber ohne die Swing-Beat-Quantisierung weiter.

2.4.17 Externe MIDI-Klangquelle ansteuern, das Informationsfenster »Spur«

Wenn Sie einen externen Klangerzeuger benutzen, wird der Klang außerhalb von Logic erzeugt – außerhalb des Computers (siehe Kapitel 13) oder in einem anderen Programm (siehe Kapitel 19). Logic sendet MIDI-Steuerdaten zum externen Klangerzeuger. Erzeugen Sie eine neue externe MIDI-Spur im Menü SPUR • NEUE EXTERNE MIDI-SPUR (`alt` + `cmd` + `X`). Das Informationsfenster SPUR einer externen MIDI-Spur sieht etwas anders aus als das einer Software-Instrument-Spur. Sie können dort den MIDI-PORT einstellen – in Abbildung 2.74 als PORT 1 sichtbar (physischer Ausgang Ihres MIDI-Interface, über den Ihr Klangerzeuger angesteuert wird, hiermit kann auch der USB-MIDI-Port eines Synths oder ein computerinterner IAC-Bus gemeint sein). Ein Klick auf den entsprechenden Eintrag (UNITOR8AMT8 PORT 1 in Abbildung 2.74) erlaubt das Auswählen eines (anderen) Zielports; im Flip-Menü werden sämtliche angeschlossenen MIDI-Interfaces oder -Instrumente aufgelistet. Darunter können Sie auch einen MIDI-Kanal einstellen.

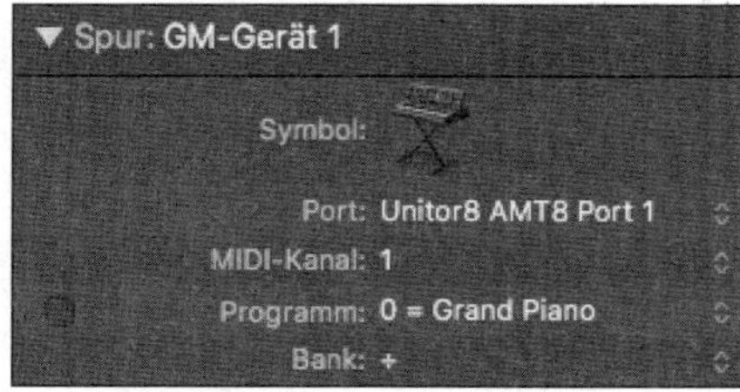

Abbildung 2.74 Hier stellen Sie Port und Kanal im Informationsfenster »Spur« ein.

Öffnen Sie probeweise das Dokument *Schnellkurs26*. Vermutlich fragt Logic Sie beim Öffnen, wo das MIDI-Interface für die erzeugte Spur ist, weil es das von mir konfigurierte MIDI-Interface sucht. Ein solcher Dialog wird immer dann erscheinen, wenn Sie eine Zuordnung von MIDI-Interfaces in einem Projekt vorgenommen haben und dieses dann auf einem anderen Arbeitsplatz öffnen, wo dieses MIDI-Interface nicht vorhanden ist. Klicken Sie auf NICHT ZUORDNEN. Der Port wird dann auf »aus« gestellt, das können Sie natürlich später wieder ändern.

Weil Konfigurationen außerhalb von Logic bei jedem von Ihnen unterschiedlich sind, machen wir nun wieder ohne externen Klangerzeuger weiter.

2.4.18 Song arrangieren, globale Spuren und Arrangement Marker

Das Arrangieren eines Songs ist eine Kunst, die Sie bei der laufenden Arbeit mit Logic immer besser lernen. Wir haben in diesem Schnellkurs bereits Regionen verschoben, kopiert, ihre Länge geändert oder sie gelöscht. Genau diese Techniken wenden Sie auch beim Arrangieren an und werden sie durch Learning by Doing immer besser beherrschen. Einige weitere stelle ich Ihnen hier kurz vor.

Regionen stumm schalten/Mute

Sie können eine Region stumm schalten, falls Sie nicht ganz sicher sind, ob Sie sie verwenden möchten (regionenbezogenes Muting). Verwenden Sie hierfür bei selektierter Region den Shortcut `ctrl` + `M`. Anschließend sehen Sie die Region blasser eingefärbt und mit einem Punkt vor dem Regionsnamen (siehe Abbildung 2.75).

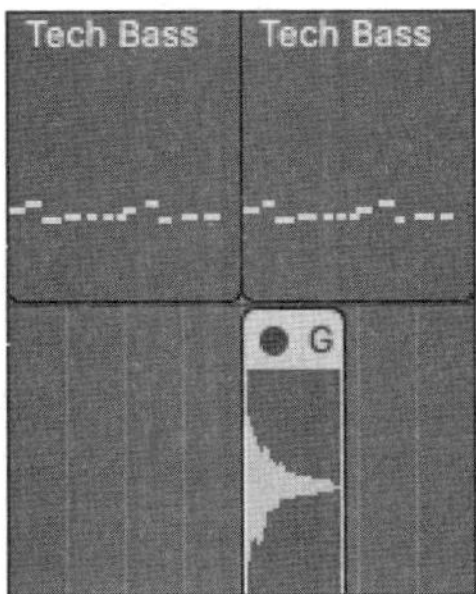

Abbildung 2.75 Die Region unten im Bild ist stumm geschaltet.

Öffnen Sie das Dokument *Schnellkurs27*. Dort habe ich beispielsweise den ersten Gitarrenakkord auf Takt 13 wie in Abbildung 2.75 stumm geschaltet, ohne ihn zu löschen.

Regionen beschriften

Wählen Sie das Textwerkzeug als primäres oder sekundäres Werkzeug aus. Klicken Sie auf eine Region, um sie zu beschriften.

Globale Spuren und Arrangement Marker

Logic besitzt sogenannte *globale Spuren*, die so heißen, weil sie einen Bezug zu allen anderen Spuren haben. Globale Spuren können unter anderem das Tempo und die Tonart steuern sowie Filme, Marker und Arrangement Marker verwalten. Im Menü SPUREN können Sie alle globalen Spuren auf einmal einblenden lassen bzw. zuvor konfigurieren oder auch einzelne Spuren ein- und ausblenden. Besonders wichtig ist natürlich die *Tempospur*, in der wechselndes Tempo realisiert werden kann (siehe Kapitel 9)

Die *Arrangement-Marker-Spur* liefert Tools zum Arrangieren: Arrangement Marker (die mit der +-Taste neben dem Eintrag erzeugt werden) können Sie verschieben, und das zugehörige Musikmaterial darunter verschiebt sich automatisch mit (siehe Kapitel 6, »Editieren und Arrangieren im Hauptfenster (incl. Live Loops)«). Arrangement Marker kommen auch in GarageBand für iOS als 8-taktige Songabschnitte vor, so dass Sie musikalische Ideen strukturiert auf iPhone oder iPad anlegen und später in Logic weiterbearbeiten können. Im Dokument *Schnellkurs27b* habe ich solche Arrangement Marker erzeugt. Laden Sie die Datei, probieren Sie Arrangement Marker aus, und versuchen Sie probeweise, Bereiche zu verschieben (oder zu kopieren).

Menü	Kurzbefehl	Untermenü	Kurzbefehl
Globale Spuren	▶	Globale Spuren einblenden	G
Spuralternativen einblenden		Globale Spuren konfigurieren ...	⌥G
Ausgangsspur einblenden	⇧⌘M	Arrangementspur ausblenden	⇧⌘A
Drum-Spur ersetzen oder doppeln ...	^D	Marker-Spur ausblenden	⇧⌘K
Regionen in neue Sampler-Spur konvertieren ...	^E	Filmspur einblenden	⇧⌘O
Spur ausblenden	^H	Taktart/Tonart-Spur ausblenden	
Alle Spuren einblenden	^⇧H	Transpositionsspur einblenden	⇧⌘X
Ausgeblendete Spuren einblenden	H	Tempospur ausblenden	⇧⌘T
		Spur „Beat-Mapping" einblenden	⇧⌘B

Abbildung 2.76 Das Menü zum Ein- und Ausblenden globaler Spuren

»Normale« Marker helfen Ihnen, schnell verschiedene Bereiche des Songs zu erkennen und dorthin zu navigieren. Sowohl normale Marker als auch Arrangement Marker können Sie mit Hilfe der Farbpalette einfärben. Im Dokument *Schnellkurs27c* finden Sie normale Marker. Öffnen Sie es. Mit den Shortcuts [alt] + [,] oder [.] können Sie schnell zum vorherigen oder nächsten Marker springen.

2.4.19 Einen Song abmischen

Für das Abmischen eines Songs gibt es viele Wege. Hierbei Vorschriften zu machen, ist schwer, andererseits gibt es auch ein paar Grundregeln. So versucht man meistens, Sounds in drei Sounddimensionen zu positionieren, um sie etwas voneinander abzuheben. Denn ein Mix, in dem alle Sounds gleich präsent sind, ist oft ähnlich langweilig wie Porträtfotos, deren Hintergrund genauso scharf wie das fotografierte Antlitz ist. Die drei Sounddimensionen lassen sich wie folgt beschreiben:

- räumliche Ebene: vorn und hinten
- horizontale Ebene: links, mittig und rechts im Stereobild
- vertikale Ebene: oberer, mittlerer und tiefer Frequenzbereich

Zusätzlich kann das Spiel mit Kontrasten aus trockenen, uneffektierten Sounds und halligen, effektierten Sounds für einen interessanten Mix mit »Tiefe« sorgen (mehr in Abschnitt 17.1). Im Folgenden einige Tipps.

Spuren anordnen

Sie können Spuren so verschieben, dass z. B. oben alle Schlagzeugspuren, darunter die Bässe, darunter die Sounds und darunter die Vocals liegen. Das habe ich im Dokument *Schnellkurs28* gemacht. Auf diese Weise finden Sie sich besser zurecht, falls Sie das Projekt eines Kollegen bearbeiten – oder ein eigenes, das Sie länger nicht angefasst haben. Zum Verschieben einer Spur fassen Sie sie durch Klick mit gehaltener Maustaste an ihrem Namen an und verschieben sie nach oben oder unten. Achtung: Im Mixer lassen sich die Spuren dagegen nicht verschieben. Wenn Sie Spuren im Mixer verschieben wollen, verschieben Sie sie im Hauptfenster und schalten den Mixer mittig oben auf die SPUREN-Ansicht.

Lautstärke regeln

Bevor Sie Effekte einsetzen, oder wenn Sie generell wenig Zeit haben, sollten Sie immer zuerst versuchen, eine gute Mischung der Elemente Ihres Songs durch einfache Regelung ihrer Lautstärken zu realisieren.

Solo und Mute

Mit den Shortcuts M (für »mute«) oder S (für »solo«) oder Klick auf die entsprechenden Buttons in der Spur bzw. im sogenannten *Spur-Header* können Sie schnell den Inhalt bestimmter Spuren allein hören oder stumm schalten. Abgesehen von diesen spurenbezogenen Funktionen gibt es regionenbezogene Solo- und Mute-Funktionen, die Sie mit ctrl + M bzw. ctrl + S auslösen.

Spuren einpacken

Sie können mehrere Spuren selektieren (mit gehaltener ⇧- oder gehaltener cmd-Taste) und über den Befehl SPUR • SPURSTAPEL ERZEUGEN in einen Spurstapel packen, um mehr Übersichtlichkeit in Ihrem Arrangement zu haben. Im Dokument *Schnellkurs28b* habe ich alle Drum-Spuren in einen Spurstapel/Ordnerstapel gewandelt. Sie erinnern sich, dass Sie bei der Erzeugung eines Spurstapels zwischen den Optionen ORDNERSTAPEL und SUMMENSTAPEL wählen konnten. Dieser Spurstapel wurde als Ordnerstapel angelegt. Das bedeutet, dass (noch) kein Bus-Routing für die Spuren vorgenommen wurde. Bei den folgenden Beispielen mache ich allerdings ohne diesen Ordnerstapel weiter.

Strukturiertes Summen-Bus-Routing

Bei Projekten mit vielen Spuren ist es sinnvoll, die Sounds verschiedener Soundkategorien in eigene Summen-Bus-Aux-Kanäle zu routen. So können Sie sie gemeinsam bearbeiten, solo hören, exportieren oder stumm schalten. Betrachten Sie Abbildung 2.77, oder öffnen Sie das Dokument *Schnellkurs28c* mit bereits sortierten Drum-Spuren und eingestelltem Bus-Routing für alle Schlagzeugspuren. Sie sollten in so einem Fall beachten, dass auch all jene Aux-Kanäle auf eine hier DRUMSUMME genannte Summen-Aux-Spur geroutet werden, die Effektgeräte beherbergen, die über Send-Routings Sound von Schlagzeugspuren geschickt bekommen. Sie sollten dafür sorgen, am Ende der Signalkette (aber noch vor dem Master) wirklich alle Drumsounds inklusive aller Effekte auf einer Summenspur zu haben. Sie möchten diese ja beispielsweise nicht lauter und leiser machen und hierdurch unbewusst die Relation zwischen Hall und trockenem Signal ändern oder stumm schalten und trotzdem noch irgendwelche Schlagzeughallreste zu hören bekommen.

Abbildung 2.77 Sämtliche Spuren mit Schlagzeug landen dank eines eingestellten Bus 7 im Output im Aux-Kanal »Drumsumme« ganz rechts, dessen Input auf Bus 7 steht.

Alle Spuren links von der Spur TECH BASS im Bild sind Schlagzeugspuren (und selektiert). Die Spuren SNARE, HI HATS, PERCUSSION, BASS HITS und SOCAL haben Sends zu den Bussen 2 und 5 eingestellt. Also werden die Aux-Kanäle rechts mit Bus 2 bzw. Bus 5 als Input (im Bild ebenfalls selektiert) ebenfalls in die DRUMSUMME (Bus 7) geroutet. Für die Unterspuren der Track-Stack-Spur BOUTIQUE 808 (KICK, SNARE ...) kann Bus 1 als Output eingestellt bleiben, denn die Track-Stack-Spur leitet mit Bus 1 als Eingang alles auf Bus 7 weiter!

Ferner ist es durch Rechtsklick auf den DRUMSUMME-Aux-Kanal und Auswahl des Eintrags SPUR ERZEUGEN (`ctrl` + `T` bei selektierter Spur) möglich, die DRUMSUMME-Spur im Spurenfenster sichtbar zu machen. Öffnen Sie das Dokument *Schnellkurs29*. Der DRUMSUMME-Aux-Kanal wird dort als Spur im Spurenbereich angezeigt, so dass z. B. Automationen besser zu bearbeiten sind.

»Equalizer« und »Compressor«

Zusätzlich habe ich danach die Effekte »Equalizer« und »Compressor« eingesetzt, die zu den wichtigsten Effekten gehören. Beim »Equalizer« ist eine Automation eingebaut, die am Anfang Bass herausdreht und langsam hereinkommen lässt. Mit dem »Equalizer« können Sie Bässe, Mitten oder Höhen dämpfen/wegfiltern oder anheben, um den Gesamtsound einzelner Spuren zu verändern, wobei Logics »Equalizer« sehr präzise Einstellmöglichkeiten erlaubt. Es empfiehlt sich, bei allen Sounds, die nicht Bass spielen sollen, auch Bass wegzufiltern. Wie Sie sehen, macht der »Equalizer« auch als Tool für Effektverläufe eine gute Figur.

Der »Compressor« sorgt grob gesagt dafür, dass die lautesten Stellen nicht ganz so viel lauter sind als die leisen Stellen. Mit anderen Worten: Der Dynamikumfang wird geringer. Er sorgt in unserem Beispiel dafür, dass die Drumsounds ein wenig mehr *verschmelzen* und subtil rhythmisch pumpen.

Die beiden Effekte erkläre ich Ihnen in den Abschnitten über den »Channel EQ« (Abschnitt 15.2) und den »Compressor« (Abschnitt 15.3.1) genauer.

2.4.20 Limiter und Pre-Mastering

Wenn Sie in einer Abhörsituation abmischen, die keine neutrale Wiedergabe der Frequenzen gewährleistet (was fast immer der Fall ist), kann es sein, dass Sie bestimmte Frequenzen zu sehr betonen, weil Sie diese zu wenig hören – oder umgekehrt. Wenn Sie den Track dann woanders anhören, wird Ihnen das eventuell auffallen. Achten Sie dennoch zunächst vor allem darauf, dass die Relationen der Sounds zueinander stimmen, denn den Gesamtklang des Mixes können Sie nachträglich noch ändern. Es gibt Mastering-Spezialisten, die Ihnen hierbei helfen können.

Sie können selbst den Gesamtklang des Songs verändern, indem Sie einen Equalizer in den Master-Output einfügen oder einen Kompressor und danach noch einen Limiter nutzen. Ein Brickwall-Limiter kann die Lautstärke zu lauter Signale oberhalb eines Grenzwertes so abschneiden, dass der eingestellte Grenzwert überhaupt nicht mehr überschritten werden kann. Das ist sinnvoll, wenn Sie ein Projekt als Audiofile exportieren und keine digitalen Verzerrungen wünschen, die vorkommen können, wenn der Pegel Ihres Audiofiles bereits über die 0-dB-Marke im Master-Output hinausgeht. Die Verwendung des Limiters kann auch sinnvoll sein, wenn Ihr Song noch relativ leise ist und Sie ihn insgesamt lauter machen möchten, dann können Sie den Eingangspegel Ihres Limiters erhöhen. Egal, wie laut Sie das Signal machen, das in einen Brickwall-Limiter hineingeht – mehr als 0 dB werden nicht herauskommen.

Öffnen Sie *Schnellkurs29b*. Dort habe ich das Plug-in »Adaptive Limiter« (mit Brickwall-Limiter-Funktionalität) aus dem Bereich Dynamics in einen Effekt-Slot des Master-Outputs geladen. Anschließend habe ich im Limiter das Signal sowohl via Input Scale als auch über den Gain-Regler lauter gemacht, was deutlich zu hören ist. Wenn Sie das Signal zu laut in den Limiter schicken oder es dort zu laut aufdrehen, wird es aber irgendwann schlecht und unsauber klingen. Probieren Sie selbst aus, wie stark Sie den Gain-Regler hochdrehen können, ohne dass der Klang sich zu sehr verschlechtert. Sie finden in Abschnitt 18.3 mehr zum Thema Mastering. Details zu Logics Limitern lesen Sie in Abschnitt 15.3.8.

2.4.21 Logic-Projekt als Audiotrack exportieren/bouncen und speichern

Nun wollen wir aus dem Projekt ein Audiofile erzeugen, das Sie veröffentlichen oder anderswo abspielen können. Man spricht von *bouncen*. Reguläres Bouncen bedeutet, dass Sie genau das als Audiofile bekommen, was Sie (in Logic) hören. Das ist in der Regel alles, aber wenn Sie eine Spur auf Solo stellen und anschließend bouncen, so enthält Ihr Audiofile nur den Sound der solo gestellten Spur. Sie finden die Funktion im Menü Ablage • Bouncen • Projekt oder Abschnitt oder rufen den entsprechenden Dialog mit dem Shortcut [cmd] + [B] auf (Abbildung 2.78).

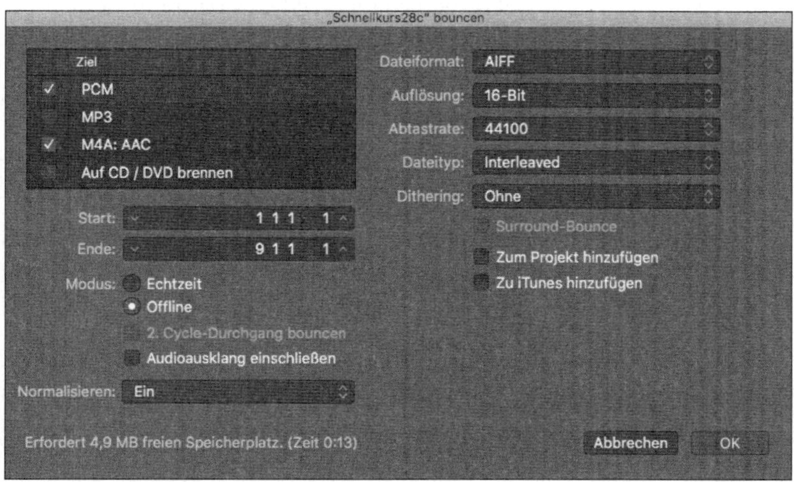

Abbildung 2.78 Der Bounce-Dialog

Audioformat beim Bounce wählen

Hier können Sie zunächst das gewünschte Audioformat einstellen. Setzen Sie das Häkchen neben dem Eintrag PCM, selektieren Sie diesen Eintrag, und nehmen Sie anschließend rechts die Detaileinstellungen vor (z. B. ob ein AIFF- oder ein WAV-File gebounct werden soll).

Die Einstellung in Abbildung 2.78 entspricht CD-Qualität (PCM/AIFF mit 16 BIT AUFLÖSUNG und 44.100 HZ SAMPLERATE). Sie können zusätzlich auf das Kästchen neben MP3 oder M4A: AAC klicken, um in einem Rutsch zusätzliche andere Formate zu bouncen. Mehr zu Audioformaten, Sample- und Bitrates lesen Sie in Abschnitt 10.2.

Taktbereich bzw. Songabschnitt beim Bounce wählen

In unserem Fall soll das Projekt in voller Länge, also von Takt 1 bis ca. Takt 51, gebounct werden. Der Bounce-Dialog in Abbildung 2.78 zeigt aber Takt 41 als Startpunkt und Takt 49 als Endpunkt. Das können Sie im Bounce-Dialog manuell ändern. Alternativ können Sie schon vor dem Auslösen des Bounce-Dialogs den gewünschten Bereich im Taktlineal selektieren. Achten Sie darauf, den Bereich lang genug zu wählen, damit eventueller Audioausklang nicht abgeschnitten wird oder setzen Sie das Häkchen beim Eintrag AUDIOAUSKLANG EINSCHLIESSEN.

Modus beim Bounce wählen; externe Klangerzeuger beim Bounce berücksichtigen

Unter MODUS (Abbildung 2.78) können Sie einstellen, ob Sie in ECHTZEIT (entspricht der Original-Abspielgeschwindigkeit) oder OFFLINE (so schnell, wie es der Computer angesichts der verwendeten Effekte schafft, ohne dass Sie in Echtzeit mithören können) bouncen möchten. Ein Bounce berücksichtigt nur interne Sounds aus Logics Mixer. Externe Klangerzeuger werden in der Regel nicht mitgebounct bzw. sind im fertigen Bounce nicht zu hören, es sei denn, sie wurden in Logic hineingeroutet, dort hörbar gemacht, und Sie bouncen in Echtzeit. Der gängigste Workaround ist, den Sound eines externen Klangerzeugers vor dem Bounce in eine Audiospur aufzunehmen.

Normalisieren/Übersteuerungsschutz beachten

Übrigens: Durch NORMALISIEREN im Bounce-Dialog wird Ihr Projekt nachträglich auf 0 dB maximale Lautstärke gesetzt. Dies kann eine Anhebung oder Absenkung der Lautstärke bedeuten. Ihr Projekt wird so auch ohne Limiter vor Übersteuerungen geschützt, dabei aber gegebenenfalls auch um den Betrag der Übersteuerung leiser gemacht. Mehr hierzu in Abschnitt 10.2.6.

Bounce speichern und in das Projekt integrieren; andere Bounces

Wenn Sie im Dialog aus Abbildung 2.78 schließlich auf BOUNCEN klicken, erscheint ein Dialog, der Sie auffordert, Ihrem zu exportierenden Bounce einen Namen zu geben und einen

Speicherort zu wählen. Ist das Projekt als Ordner gespeichert (siehe *Schnellkurs30alsOrdner*), soll dort normalerweise der Bounce in einem Unterordner BOUNCES gesichert werden, dieser Ort wird Ihnen jedenfalls automatisch im Speichern-Dialog angeboten. Ist es als Paket gespeichert (siehe Projekt *Schnellkurs30*), müssen Sie den Speicherort manuell wählen.

Abbildung 2.79 Hier liegt der Bounce auf Spur 1.

Im Projekt *Schnellkurs30bxedited* habe ich noch ein paar Klangeinstellungen verändert, den Bounce auf Spur 1 gelegt und diese solo geschaltet. Das lege ich meinen Studenten für Projekte nahe. Auf diese Weise speichern Sie das klangliche Ergebnis Ihres Projekts zum Zeitpunkt des Bounces sicher mit dem Projekt. Das hat den Vorteil, dass Sie den Song, egal, wo Sie ihn abspielen wollen, genau so vorliegen haben und abspielen können, wie er bei Ihnen zu Hause oder im Studio geklungen hat.

Der Bounce entstand allerdings unter Mitwirkung von Multibandkompressor und Limiter auf der Masterspur, diese habe ich im Beispiel deaktiviert, damit der abgespielte Bounce nicht ein weiteres Mal durch sie hindurchläuft. Wenn Sie das Projekt wieder ohne den Bounce hören möchten, müssen Sie die Plug-ins im Master-Channel wieder aktivieren und die Bounce-Spur oder Region stumm schalten, damit es so klingt wie im Bounce. Oder Sie können eine Art Masterersatzkanal anlegen, durch den Sie nur Ihren Mix, nicht aber den Bounce oder einen Referenz-/Vergleichstrack hören (wie im Projekt *Schnellkurs30x3-bxedited*). Hierzu routen Sie einfach alle Spuren, die bislang noch in den Master gehen, in den neuen Aux-Kanal – außer der für den Vergleichstrack.

Sie können auch einzelne Elemente eines Songs wie Regionen (über das Kontextmenü und den Eintrag BOUNCEN – wie schon gezeigt) oder Spuren (über die Menübefehle ABLAGE • BOUNCEN oder ABLAGE • EXPORTIEREN) bouncen. Mehr dazu erfahren Sie in Kapitel 10.

2.5 Ausblick

Wenn Sie dieses Kapitel durchgearbeitet haben und das Musizieren Ihnen nicht völlig fremd ist, sollten Sie nun in der Lage sein, in Logic einfache Tracks oder musikalische Layouts zu erstellen. Mit dem Shortcut `alt` + `cmd` + `W` schließen Sie ein Projekt. Zuvor sollten Sie es allerdings sichern. Nach diesem Schnellkurs sollten Sie vielleicht einmal überprüfen, ob Sie die folgenden Fragen beantworten können. Wenn nicht, sollten Sie die entsprechenden Abschnitte des Schnellkurses wiederholen.

- Wie speichere ich mein Projekt richtig?
- Wie erstelle ich ein Software-Instrument, suche Sounds aus und nehme MIDI-Noten auf?
- Wie kann ich eingespielte Noten korrigieren und arrangieren, so dass sie genau so klingen, wie ich möchte? Wie öffne ich die PIANOROLLE, und worauf beziehen sich ihre Inhalte?
- Was bedeutet »Quantisierung«, und wie stelle ich sie ein?
- Wie zoome ich Ansichten ein und aus?
- Wie nehme ich Audioquellen (Gesang oder Gitarre) in Logic auf?
- Wie verwalte ich Audiomaterial und positioniere einzelne Teile meiner Aufnahme richtig? Was ist der Unterschied zwischen Regionen und Audiofiles?
- Wie stimme ich das Timing mehrerer Schlagzeugspuren aufeinander ab?
- Wie korrigiere ich das Timing und das Tuning einer Gesangsaufnahme?
- Was sind Busse und Aux-Kanäle? Wie stelle ich einen Bus als Send-Output oder als Output im Kanal ein? Was machen »Equalizer« und »Compressor«?
- Was sind Spurstapel, Patches und Plug-in-Settings?
- Wie bounce ich meinen Song, um ihn auf CD zu brennen oder in einem Musik-Player abzuspielen?

Vielleicht stellen sich Ihnen auch einige Fragen aus der folgenden Liste:

- Wie kann ich einen Drumloop von Schallplatte sampeln und an das Tempo im Song anpassen? (siehe Abschnitt 9.1.2)
- Welche Optionen habe ich, zusätzliche Noten für eine Region aufzunehmen, in der es schon Noten gibt? (Antwort in Abschnitt 5.3.12, »Überlappende MIDI-Aufnahmen, Overdubs vs. Ersetzen«)
- Welche Optionen habe ich, mehrere Gesangs-Takes aufzunehmen und später die besten Stellen davon auszusuchen? (Antwort in Abschnitt 5.3, »MIDI aufnehmen oder programmieren«)
- Wie funktionieren ein Equalizer und ein Kompressor wirklich? (Antwort in Kapitel 15, »Die Effekte in Logic Pro«)
- Was kann ich tun, damit mein Mix besser klingt? (Antwort in Kapitel 17, »Mixingstrategien, musikalische Ziele und Stile«)
- Welche Fenster gibt es in Logic, und wie kann ich sie anordnen? (Antwort in Abschnitt 4.2, »Übersicht: Fenster und Fensteranordnungen«)
- Wie stelle ich meine eigenen Tastaturkommandos ein? (Antwort in Abschnitt 3.6, »Tastaturkurzbefehle nutzen, verwalten und selbst erstellen«)

- Ich möchte mehr über Harmonielehre und Kompositionstechniken wissen. Kann mir das Buch weiterhelfen? (Das Thema finden Sie in Kapitel 12, »Harmonielehre, Skalen und Rhythmik: eine Einführung«.)

Ansonsten können Sie zu einem beliebigen Kapitel im Buch springen, das Sie interessiert. Wenn Sie selbst mit Synthesizern, Drum Machines, Samplern und Effekten Musik produzieren möchten, könnten Sie zu Kapitel 11 über Logics Instrumente oder Kapitel 15 über Logics Effekte springen. In diesen Kapiteln warten viele Soundbeispiele auf Sie, und es macht Spaß, sie durchzuarbeiten.

Kapitel 3
Setup/Konfiguration, Speichern und MIDI-Hintergrundwissen

Willkommen in Teil 2 dieses Buches – nun geht es ins Detail. Dabei kann es besonders in diesem Kapitel auch etwas trockener als zuvor zugehen. Deshalb können Sie es bei Bedarf auch nur zum Nachschlagen benutzen. Orientieren Sie sich dabei an Gliederung und Index.

Das Kapitel behandelt die Themen Speichern, Soundverwaltung und Einstellungen. Es gehört außerdem die Konfiguration von Tastaturkommandos (*Shortcuts*) und Touchbar (Feature von manchen MacBook Pros) dazu. Auch die Möglichkeit, Logic intern mit »Microtunings« zu »stimmen«, ist Thema dieses Kapitels.

Merken Sie sich, dass Sie Einstellungen in Logic in zwei Kategorien vornehmen können:

- in den allgemeinen Einstellungen (erreichbar via LOGIC PRO • EINSTELLUNGEN). Diese gelten für Logic allgemein.
- in den projektbezogenen Einstellungen (erreichbar via ABLAGE • PROJEKTEINSTELLUNGEN). Diese beziehen sich auf das jeweilige Projekt.

3.1 Speichern und Verwalten von Projekten

In diesem Abschnitt finden Sie Details zum Thema Speichern und Verwalten von Projekten sowie zu den Funktionen für die Bereinigung und Verwaltung von Projekten.

3.1.1 Grundregeln des Speicherns, Umgang mit verwendeten Dateien

Sie sollten Projekte im nach dem Befehl ABLAGE • SICHERN UNTER ... (⇧ + cmd + S) erscheinenden Dialog (erstmalig) speichern. Dabei stehen Ihnen die Optionen PAKET und ORDNER zur Verfügung. Beim Speichern als Paket sichert Logic alle zugehörigen Projektinhalte in einer einzigen Datei. Beim Speichern als Ordner legt es einen Ordner an, in den Inhalte in Unterordnern je nach Wunsch gespeichert werden. Sie können geöffnete Projekte jederzeit nachträglich im jeweils anderen Format speichern. Egal, ob Sie Projekte als Paket oder als Ordner verwalten, Sie können und sollten zum Projekt gehörende Dateien wie Gesangsaufnahmen und Samples in die Paketdatei bzw. den Ordner kopieren. Wenn Sie das getan haben, sorgt Logic automatisch dafür, dass Audiodateien, die Sie ins Projekt hineingezogen haben, in die Paketdatei oder den Projektordner kopiert werden. Dies können Sie ansonsten bzw. zuvor auch unter PROJEKTEINSTELLUNGEN • MEDIEN einstellen.

Wenn Sie Ihr Projekt nicht gespeichert haben, erstellt Logic automatisch eine Paketdatei bzw. Sicherungskopie *Ohne Titel* im Ordner *Benutzer/Musik/Logic*, die meist auch nach einem Absturz noch auffindbar ist. Neue Audioaufnahmen landen ohne erstmalige Sicherung auch dort.

Wenn Sie ein Projekt als Ordner speichern möchten und im Dialog aus Abbildung 3.1 auf SICHERN klicken, wird automatisch ein Projektordner mit dem eingegebenen Namen (hier: *Musterspeicherung1*) angelegt. In macOS ist das optionale Hinzufügen von Tags (unterhalb der Eingabe des Projektnamens) hinzugekommen, die bei der Suche mit Spotlight helfen können, ein Projekt schneller aufzufinden.

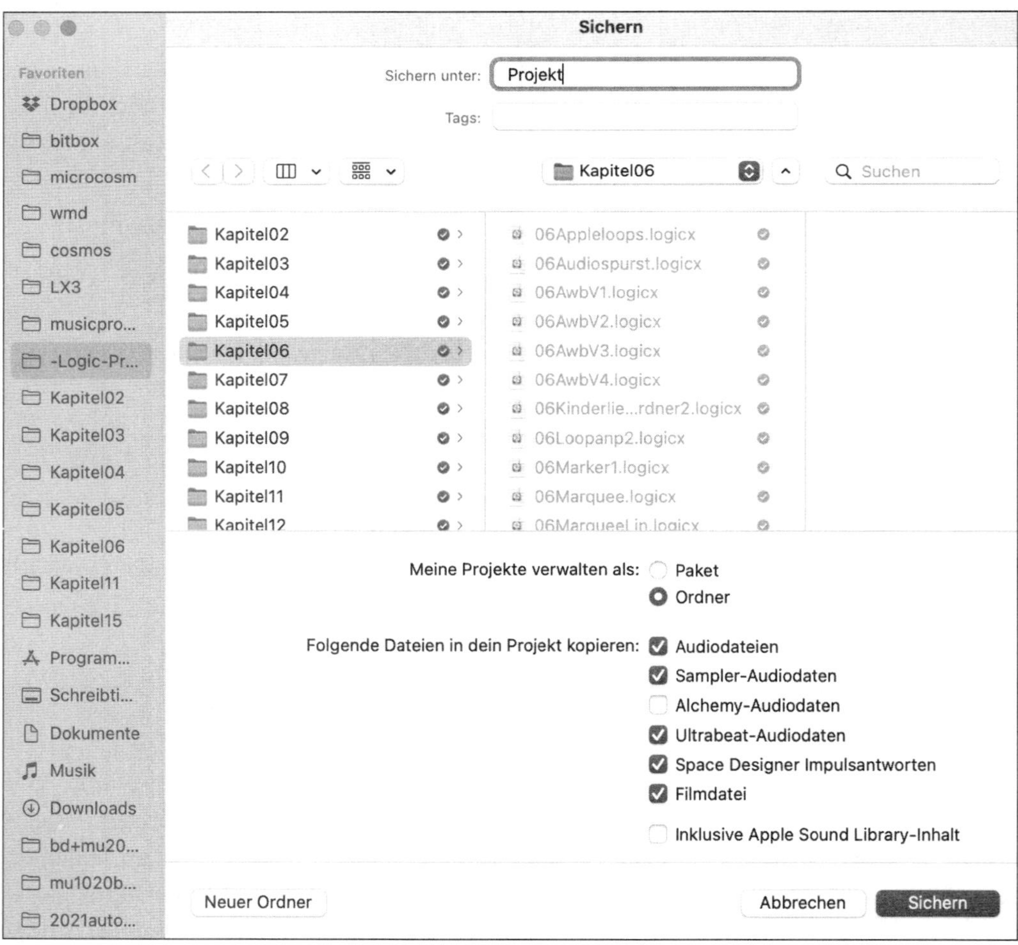

Abbildung 3.1 Im Bild ist eingestellt, dass alle Dateiarten in Ihren Projektordner kopiert werden und Sie das Projekt als Ordner verwalten.

Wie gesagt: Speichern Sie alle Dateien, die zum Projekt gehören, in einem Ordner. Nach meiner Erfahrung ist das langfristig die richtige Strategie, auch wenn es manchmal bedeutet, dass Dateien doppelt gespeichert werden. Das gilt insbesondere, wenn Sie auf verschiedenen Rechnern arbeiten oder Ihr Stück fertig ist. Als Musikproduzent möchten Sie ab und zu Ihre Soundbibliothek umsortieren, ohne dass Ihre Projekte dann die verwendeten Sounds nicht mehr finden. Damit Sie alle Dateien leichter auffinden, empfehle ich eine Verwaltung als Ordner.

3.1.2 Speichern von Apple-Soundinhalten in Ihren Projekten

Sie können Logic-Projekte inklusive aller Audiofiles, aber ohne die Inhalte der Sound Library speichern (hierfür lassen Sie im Dialog aus Abbildung 3.1 das unterste Häkchen weg – umgekehrt setzen Sie es, wenn Sie die Inhalte der Sound Library mitspeichern wollen). Wenn alle Soundinhalte der Apple Sound Library auf Ihrem Rechner installiert sind, müssen Sie sie natürlich nicht unbedingt zusätzlich mit jedem Projekt speichern. Auch ich habe bei den Beispieldateien dieses Buches die Apple-Inhalte aus Platzgründen nicht mitgespeichert. Aber: Nach der endgültigen Fertigstellung eines Projekts kann das für die langfristige Archivierung eines Projekts dennoch sinnvoll sein, weil Sie nicht sicher sein können, welche Inhalte in zukünftigen Logic-Versionen zur Verfügung stehen werden.

3.1.3 »Sichern …« und Sicherungskopien

SICHERN … oder [cmd] + [S] ist die einfachste und schnellste Methode, Ihr Projekt zu sichern. Dabei wird voreingestellt automatisch eine Sicherungskopie der Vorversion erstellt.

Sicherungskopien werden innerhalb der Projektdatei verwaltet, egal, ob die Projektdatei als Paket oder als Ordner verwaltet wird. Sie finden gespeicherte Sicherungskopien inklusive der zuletzt gespeicherten Version im Menü ABLAGE • ZURÜCKSETZEN AUF (Abbildung 3.2).

Zurücksetzen auf	>	Letzte Version	28.03.21, 21:32:49
Projektalternativen	>	Sicherungskopie 1	28.10.14, 23:56:41

Abbildung 3.2 Im Menü sehen Sie sowohl die zuletzt gesicherte Version als auch mit dem Befehl »Sichern« (»cmd« + »S«) gespeicherte Sicherungskopien (Projekt »03Indian«).

Jedes Mal, wenn Sie mit [cmd] + [S] ein Projekt sichern, wird automatisch eine neue Sicherungskopie mit Datum und Uhrzeit erstellt. Das ist komfortabler, als in einem Ordner nach manuell gespeicherten Projektdateien zu suchen. Nachteil: *Projektinterne* automatische Sicherungen können nicht manuell benannt werden. Hierfür steht die Alternativenfunktion zur Verfügung.

Dieses projektinterne Sichern birgt aber auch das Risiko, dass Sie an gesicherte Dateien nicht mehr herankommen, wenn sich aus irgendeinem (allerdings eher unwahrscheinlichen)

Grund einmal die Hauptdatei selbst nicht mehr öffnen lässt, denn nur über diese gelangt man an die Sicherungskopien.

Unter LOGIC PRO • EINSTELLUNGEN • ALLGEMEIN • PROJEKTHANDHABUNG • AUTOMATISCHE SICHERUNGSKOPIE können Sie einstellen, wie viele Versionen maximal via ABLAGE • ZURÜCKSETZEN AUF erreichbar bleiben, wenn Sie via [cmd] + [S] sichern.

3.1.4 »Sichern unter ...« mit Paket- versus Ordnerdateien: Vor- und Nachteile

Ich empfehle, nach angemessenen Zeitintervallen mit dem Befehl SICHERN UNTER ([⇧] + [cmd] + [S]) eine neue Datei mit neuem Namen abzuspeichern. Das kostet bei einer Verwaltung des Projekts als Ordner kaum zusätzlichen Platz, weil zugehörige Medien bereits im gleichen Ordner liegen und nicht neu kopiert werden müssen.

Bei einer Speicherung als Paketdatei ist es hingegen unter dem Aspekt der Platzersparnis oft sinnvoller, den Befehl SICHERN (und nicht SICHERN UNTER ...) zu benutzen, damit nicht jeweils eine neue Projektdatei inklusive aller Mediendateien neu erstellt wird. Der Vorteil der Paketspeicherung ist die komplette Zusammenfassung des Projekts in einer Datei. Hierdurch wird unter anderem das Verschicken leichter, z. B. via AirDrop oder WeTransfer.

Ein Nachteil bei als Paketdatei gespeicherten Projekten ist auch, dass Logic beim Bounce-Dialog nachfragt, wohin der Bounce gespeichert werden soll, anstatt direkt den Projektordner und den dann automatisch angelegten Ordner *Bounces* hierfür vorzuschlagen (was der Fall ist, wenn Sie mit der ORDNER-Option arbeiten). Doch auch in der Paketdatei kommen Sie an gespeicherte Medien heran, indem Sie mit der rechten Maustaste auf die Paketdatei klicken und den Eintrag PAKETINHALT ZEIGEN auswählen. Die Mediendateien werden im Ordner *Media* abgelegt.

Natürlich können aber auch andere Programme und Plug-ins (z. B. Ableton oder Kontakt) eine solche Paketdatei nicht lesen oder Dateien in ihr finden. Das ist ein weiterer Nachteil, denn ich packe in der Praxis alle zu einem Projekt gehörenden Dateien in den Projektordner. Dazu gehören auch von anderen Programmen benötigte Dateien.

3.1.5 Speichern von Drittanbieter-Daten im Projektordner

Wenn Sie externe Plug-ins wie Battery oder Kontakt benutzen, legen Sie manuell Ordner in Ihrem Projektordner an, wo Sie die vom Plug-in verwendeten Sounds abspeichern, denn diese speichert Logic normalerweise nicht automatisch mit ab. Zwar kann Logic den Status von Plug-ins wie Battery, Maschine und Kontakt mit dem Projekt speichern und wieder aufrufen, inklusive der Verweise auf Dateien. Allerdings enthält ein solcher Status in der Regel nicht die verwendeten Audiodateien selbst. Daher sollten Sie für die zugehörigen Dateien selbst einen passend beschrifteten Ordner in Ihrem Projektordner anlegen. Dies gilt ebenso, wenn Sie via ReWire verbundene Programme wie Ableton oder Reason nutzen.

3.1.6 Projektverwaltung

Der Menüeintrag ABLAGE • PROJEKTVERWALTUNG erlaubt Ihnen Zugriff auf verschiedene fortgeschrittene Funktionen bei der Verwaltung von Projekten:

- BEREINIGEN
- ZUSAMMENLEGEN
- UMBENENNEN
- IM FINDER ANZEIGEN

Wenn Sie nachträglich Dateien in Ihr Projekt kopieren oder daraus löschen möchten, geht das mit der hier aufgelisteten ZUSAMMENLEGEN-Funktion aus dem Menüpunkt PROJEKTVERWALTUNG.

»Bereinigen«

Dateien, die in keiner Projektalternative verwendet werden, können Sie aus der Übersicht PROJEKT löschen. Mit dem Befehl BACKUPS LÖSCHEN entfernen Sie die Sicherungskopien. Außerdem können Sie Dateien aus dem Projekt bzw. dem Projektordner löschen.

»Zusammenlegen«

Mit Hilfe der Funktionalität ZUSAMMENLEGEN können Sie nachträglich sicherstellen, dass alle zum Projekt gehörenden Medien in Projektordner oder Paketdatei gespeichert werden, ohne hierfür die Funktion SICHERN UNTER ... benutzen zu müssen, mit Hilfe derer Sie das ebenfalls erreichen könnten, aber einen neuen Projektnamen vergeben müssen. Doch auch nach der Nutzung der Funktion ZUSAMMENLEGEN sollten Sie die eigentliche Projektdatei nochmals speichern.

»Umbenennen«

Mit UMBENENNEN ändern Sie den Namen des gesamten Projekts. Wenn Sie das Projekt in einem Ordner verwalten, wird durch eine Änderung des Projektnamens auch automatisch der Name dieses Ordners geändert!

»Im Finder anzeigen«

Mit der Funktion IM FINDER ANZEIGEN lassen Sie sich den Speicherort Ihrer Projektdatei auf Ihrem Computer schnell und unkompliziert anzeigen, der Ordner mit der Datei wird im Finder geöffnet.

3.1.7 Autosave

Logic Pro speichert im Hintergrund automatisch Ihre Arbeit an einem Projekt, selbst wenn Sie es noch gar nicht gespeichert haben (gegebenenfalls als Projektdatei mit dem Namen

Ohne Titel, in die auch zugehörige Audiofiles von Aufnahmen geschrieben werden). Die Autosave-Funktion kann nicht manuell konfiguriert werden. Falls Logic während der Arbeit mit einem Projekt abstürzt oder via Task Manager zwangsweise beendet wird, werden Sie beim erneuten Öffnen eines Projekts gefragt, ob Sie auf eine von Ihnen selbst gesicherte oder auf die automatisch gesicherte Version zurückgreifen möchten (Abbildung 3.3).

Wenn Sie auf GESICHERT klicken, wird die zuletzt gesicherte Version geöffnet. Wenn Sie die automatisch gesicherte Version öffnen (was ich empfehle), wird dadurch die zuletzt gesicherte Version nicht überschrieben. Es werden nur die automatisch gesicherten Daten in Logic geladen. Die zuletzt gesicherte Version erreichen Sie also nach wie vor über den Menüpunkt ABLAGE • ZURÜCKSETZEN AUF ...! Wenn Sie die automatisch gesicherte Version öffnen, sollten Sie sie schnellstmöglich speichern, um eventuell später über das Menü ZURÜCKSETZEN AUF ... wieder an sie heranzukommen.

Abbildung 3.3 Die Meldung von Logic, falls es automatisch gesicherte Daten gibt

Sollte Ihnen dieser Dialog im Zusammenspiel mit Beispielprojekten dieses Buches begegnen, öffnen Sie dagegen ruhig die gesicherte Version. Logic sicherte auch automatisch, wenn ich nur ein Projekt geöffnet ließ und gar nichts oder versehentlich etwas verändert hatte.

3.1.8 Alternativen

Logic Pro bietet die Möglichkeit, sogenannte *Alternativen* zu speichern. Diese können Sie im Menü ABLAGE • ALTERNATIVEN wiederfinden, aufrufen und bearbeiten. Der Vorteil liegt darin, dass Sie sie via ALTERNATIVEN BEARBEITEN nachträglich (im Gegensatz zu Sicherungskopien) umbenennen können und sie aus Ihrem Logic-Projekt heraus verfügbar sind. Sie können so z. B. an einem Projekt arbeiten und verschiedene Versionen (z. B. kurze und lange Version) als Alternativen abspeichern.

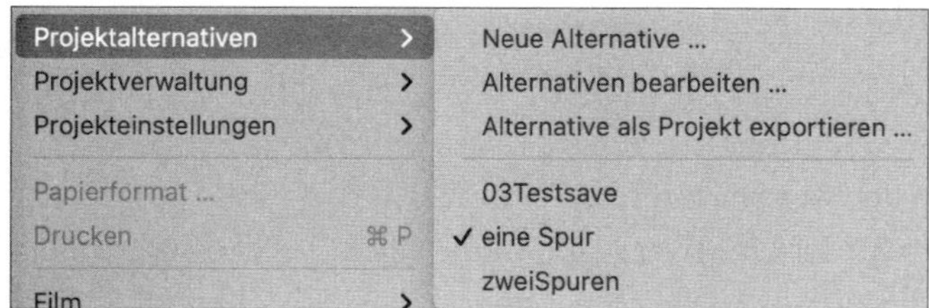

Abbildung 3.4 Sie finden gespeicherte Alternativen im Menü »Ablage • Alternativen«.

Wenn Sie eine Alternative aufrufen und daran weiterarbeiten, anschließend aber auf eine andere Alternative umschalten möchten, werden Sie gefragt, ob Sie Änderungen am Projekt speichern möchten. Alternativen sind eigenständige Projekte in einem Projekt. Wenn Sie ALTERNATIVE BEARBEITEN... wählen, erscheint der Dialog aus Abbildung 3.5, siehe Projekt *03Testsave*.

Projektalternativen bearbeiten

Alternativname	Erstellungsdatum
03Testsave	28.08.2017, 12:06:44
eine Spur	28.03.2021, 21:38:54
zweiSpuren	28.08.2017, 12:24:56

Umbenennen Entfernen Fertig

Abbildung 3.5 Dialog »Projektalternativen bearbeiten«

Sie können Alternativen als separates Projekt exportieren. Das Ganze kann verwirren, wenn man z. B., ohne es zu merken, gerade an der »falschen« Alternative arbeitet. Der Name des Gesamtprojekts hat mit den Namen der Alternativen nichts zu tun, auch das kann verwirren. Besser fände ich, wenn es möglich wäre, verschiedene Arrangements und Mixereinstellungen abzuspeichern. Doch das geht leider bislang nicht.

Der Befehl SICHERN UNTER ... bleibt mein Favorit für unterschiedliche Versionen und ist zum Glück weiterhin in Logic vorhanden, während er von Apple aus Final Cut Pro und TextEdit verbannt wurde. Das macht dort das Speichern unter einem neuen Namen unnötig kompliziert (hierzu muss man dort erst die Datei duplizieren und danach umbenennen und neu sichern). Selbst erfahrene Nutzer von PCs oder alten Mac-Systemen sind bei der erstmaligen Nutzung dieses Systems oft ratlos.

3.1.9 Projekt schließen

Mit dem Shortcut `alt` + `cmd` + `W` können Sie ein Logic-Projekt – sofern es (z. B. via `cmd` + `S`) gesichert wurde – schnell schließen.

3.1.10 Ein (kürzlich benutztes) Projekt laden

Projekte werden grundsätzlich über das Menü ABLAGE • ÖFFNEN geladen. Im Menü ABLAGE • BENUTZTE DOKUMENTE werden jedoch zuletzt benutzte Dokumente aufgelistet und können so schneller gefunden und geladen werden. Interessant hierbei: Wenn Sie ein Projekt mit dem gleichen Namen an zwei verschiedenen Orten gespeichert haben, werden sogar beide Projekte mit dem jeweiligen Speicherort angezeigt. Manchmal werden zuletzt benutzte Projekte aber nicht gelistet, wenn das Projekt nicht ladbar ist, etwa weil der Speicherort (z. B. eine externe Festplatte) nicht verfügbar ist.

3.1.11 Projektvorlagen nutzen und erstellen

Sie können jeden beliebigen Logic-Song als Vorlage sichern. Nutzen Sie hierzu den Befehl ABLAGE • ALS VORLAGE SICHERN. Die Datei wird hierdurch im Ordner *Benutzer/Audio Music Apps/Project Templates* gesichert. Anschließend erstellen Sie mit dem Befehl ABLAGE • NEU AUS VORLAGE Songs auf Basis dieser Vorlage. Der neue Song wird dann als Projekt mit dem Namen *Ohne Titel* geöffnet. Änderungen an diesem neuen Projekt verändern nicht die Projektvorlage.

Eine einfache Beispielvorlage habe ich mit der Datei *4Bus+X140317* erstellt, die Sie in den Materialien zum Buch unter *Logic-Projekte/Vorlagen* finden. Um sie als Vorlage benutzen zu können, öffnen Sie die Datei zuerst und sichern sie anschließend via ABLAGE • ALS VORLAGE SICHERN. Danach können Sie ein neues Projekt von dieser Vorlage erstellen. In der Vorlage habe ich verschiedene Aux-Kanäle erstellt: *Aux 1* für Drumsounds, *Aux 2* für Bässe, *Aux 3* für Sounds und *Aux 4* für Vocals. Das ist schon mal ein guter Anfang, um Sounds und Spuren, die anschließend benutzt werden, auswendig richtig und schnell zu routen. Darüber hinaus gibt es einen Aux-Kanal *Aux 5* für das Mastering und zwei Aux-Kanäle mit einem kurzen und einem langen Hall für die Instrumentenspur, die ebenso wie das Instrument selbst in den Aux-Kanal für Sounds geroutet ist.

Eine deutlich komplexere Vorlage finden Sie unter *03x3_TemplateTGM20210311*. In der Praxis benutze ich manchmal eine solche Vorlage, manchmal fange ich aber auch mit einem komplett leeren Projekt an.

3.1.12 Import von Teilen eines Songs

Über die Übersicht ALLE DATEIEN können Sie auch Teile eines Songs importieren. Hierzu gehen Sie auf diese Übersicht und doppelklicken auf ein Logic-Projekt. Anschließend werden die Inhalte bzw. Spuren des Projekts angezeigt, und Sie können auswählen, ob Sie bestimmte Spuren mit oder ohne Inhalte, Plug-ins oder Automationen des betreffenden Projekts in Ihr aktuell geöffnetes Projekt importieren wollen. Dieser Prozess wird in Abschnitt 10.6.1 genauer erläutert.

3.2 Speichern und Verwalten von Sounds; Logic-Inhalte auf dem Mac

In diesem Abschnitt geht es darum, wo auf Ihrem Rechner installierte Logic-Inhalte wiederzufinden oder installierbar sind, welche Datenformate Logic verwendet und wie und wohin Sie diese speichern können und wie Sie Apple Loops, auch von Drittanbietern, verwalten. Wie Sie mit den Optionen unter LOGIC PRO • SOUND LIBRARY beim Installieren der Sounds arbeiten, konnten Sie bereits in Abschnitt 1.3.5 lesen. Ferner erläutere ich den Unterschied zwischen Patches, Channel-Strips und Plug-in-Settings von Logic-Plug-ins sowie von Plug-ins anderer Hersteller.

3.2.1 Benutzerordner sichtbar machen

Der Ordner *Library* im Benutzerordner ist beim Mac von Haus aus seit Mac OS X 10.7 unsichtbar. Wenn Sie mit gedrückter `alt`-Taste auf das Finder-Menü GEHE ZU klicken und die Maustaste festhalten, sehen Sie im aufspringenden Menü auch den *Library*-Ordner. Alternativ können Sie das Programm *Terminal* (das sich im Ordner *Dienstprogramme* befindet) benutzen, um ihn sichtbar zu machen. Geben Sie hierzu im Programm Terminal Folgendes ein:

```
sudo chflags nohidden ~/Library
```

Gegebenenfalls müssen Sie sich hierfür mehrfach mit dem User-Passwort legitimieren. Danach sollte der *Library*-Ordner sichtbar sein.

Der Befehl

```
sudo chflags hidden ~/Library
```

hebt das Ganze wieder auf, und der Ordner sollte danach wieder unsichtbar sein.

3.2.2 Von Logic verwendete Dateiformate und -endungen

Tabelle 3.1 listet von Logic verwendete Dateiformate und -endungen (auch *Dateisuffixe* genannt) auf. Dateiformate von Audiofiles werden in Abschnitt 10.1 besprochen.

Logic ist außerdem in der Lage, GarageBand-Projekte mit der Endung *.band* zu öffnen.

Dateiendung	Erläuterung
.logicx	Logic Pro-/Logic Pro X-Song
.logic	Logic 9-Song
.wav, *.aiff*, *.caf*	Audiodateien, *EXS*-Samples oder als Sample importierte *Alchemy*-Samples. Komprimierte Dateien wie *.mp3*-Dateien werden beim Import automatisch konvertiert.

Tabelle 3.1 Dateiendungen mit Erläuterungen

Dateiendung	Erläuterung
.patch	Patches aus Logic Pro oder MainStage
.cst	Channel-Strip in Logic Pro oder Logic 9. Logic Pro kann Logic 9-Channel-Strips problemlos öffnen und auch speichern. Sie sind das Format der Wahl, wenn Sie die Funktion AUSWAHLBASIERTE BEARBEITUNG nutzen.
.pst	Logic-Plug-in-Settings für Logic-eigene Plug-ins
.aupreset	AU-Presets von Drittanbieter-Plug-ins
.exs	*Sampler*- und *EXS*-Sampler-Instrument. In dieser Datei steht geschrieben, welche Samples verwendet werden und wo sie auf der Tastatur liegen. Die Samples selbst sind nicht mit in der Datei gespeichert.
.acp	*Alchemy*-Presets
.aaz	*Alchemy*-Samples mit Editor-Daten (z. B. nach Import eines Bildes)
.arp, .lfo, .ahd, .mse, .seq, .mma, .src, .eff, .cvr, .cvb, .dly, .shp, .vcp, .mfx	verschiedene *Alchemy*-Preset-Formate für Teilbereiche von *Alchemy*
.ubs	*Ultrabeat*-Samples in diesem Format können im Samplebereich von *Ultrabeat* mit dem Befehl LOAD SAMPLE geladen werden. Bei einer neueren Installation wurden *Ultrabeat*-Samples jedoch als *.aiff*-Files installiert.
.logikcs	Logic-Tastaturkommandos (können auch aus Logic 9 importiert werden)
.sdir	Impulsantworten/Audiofiles, die in den »Space Designer«-Reverb geladen werden können. Zu finden in den Impulse-Responses-Ordnern. Können in Logic auch selbst erstellt werden.
.plist	Preference Files, mitunter als Alternative/Ergänzung zu *.pst*-Files auch im Plug-in-Settings-Ordner zu finden, enthält z. B. Arp-Groove-Settings.
.layout	Smart-Control-Designs
.scl	Tuning-Files/-Stimmungen innerhalb des Logic-Programmfiles

Tabelle 3.1 Dateiendungen mit Erläuterungen (Forts.)

3.2.3 Logic-Inhalte auf dem Mac

Einige Inhalte sind Teil der Logic-Programmdatei, deren Paketinhalte sich via Rechtsklick auf das Icon anzeigen lassen. Die meisten Inhalte (inklusive Demosongs) werden im Ordner *Library/Application Support/Logic* auf Ihrer Systemfestplatte abgelegt. Sie finden dort nur die installierten Logic-Inhalte, nicht die von Ihnen selbst gespeicherten Patches, Channel-Strip-Settings und Plug-in-Settings oder Key-Commands. Diese werden im Ordner *Benutzer/<Benutzername>/Musik/Audio Music Apps* gespeichert, von wo aus nicht nur Logic, sondern auch die Programme GarageBand und MainStage auf sie zugreifen können. Presets für Logics eigene Instrumente und Effekte werden dort (im Gegensatz zu Presets für Plug-ins von Drittherstellern) im Ordner *Plug-In Settings* abgespeichert und auch *Presets* genannt (*.pst*). Praktischerweise steht dabei für jeden Effekt ein eigener Ordner zur Verfügung. Tipp: Sie können Presets in diesen Ordnern im Finder sortieren, um sie in Logic ordentlich aufgelistet zu sehen! Gegebenenfalls müssen Sie die BIBLIOTHEK oder Presetmenüs in Logic aktualisieren, um die Inhalte entsprechend einer vorgenommenen Umsortierung anzuzeigen. Eigene Projektvorlagen werden im Ordner *Audio Music Apps/Project Templates* und selbsterstellte Sampler-Instrumente im Ordner *Audio Music Apps/Sampler Instruments* abgelegt.

Alchemy

Vorinstallierte *Alchemy*-Inhalte finden Sie unter *Library/Application Support/Logic*. User-*Alchemy*-Inhalte finden Sie unter *Benutzer/Musik/Audio Music Apps/Plug-In Settings/Alchemy*. Dort werden in einem Unterordner *Libraries* von Ihnen erstellte Presets für Teilbereiche von *Alchemy* (Sources, Effekte, Arps etc.) verwaltet.

Logic-Programm-Paketdatei

Weitere Logic-Inhalte wie die Standard-Project-Templates (Vorlagen) und Default-Patches (Standard-Patches, die z. B. beim Erzeugen eines bestimmten Instruments aufgerufen werden) finden sich in der Logic-Programmdatei selbst. Die Logic-Programmdatei ist ihrerseits ebenfalls eine Paketdatei, deren Inhalt Sie sich mit Hilfe der rechten Maustaste anzeigen lassen können (Vorlagen befinden sich im Unterordner *Resources/Project Templates/New Project*). Normalerweise sollten Sie dort aber im Interesse Ihrer Logic-Betriebssicherheit keine Veränderungen vornehmen!

Sonstige Inhalte

Patches als Kombinationen mehrerer Channel-Strips wurden schon früh und vor Logic Pro von dem Programm MainStage benutzt. Manche alten MainStage-Patches müssen Sie zuerst noch in MainStage 3 öffnen und von dort exportieren, bevor Sie sie in Logic öffnen können.

Unter *Library/Application Support/Logic/Smart Controls* finden Sie Smart-Control-Designs in Form von *.layout*-Files. Die werksseitig installierten Apple Loops und Impulsantworten (Hallräume für den »Space Designer«-Hall) sind im Ordner *Library/Audio* in einem *Apple*

Loops-Unterordner gespeichert. Im Ordner *Library/Audio* finden Sie neben Apple Loops auch Drittanbieter-Plug-ins und Impulse Responses. Von Ihnen erzeugte Apple Loops, Impulse Response, Presets/Plug-in-Settings liegen im Ordner *Benutzer/<Name>/Library/Audio*.

In Abschnitt 1.3.6 lesen Sie, wie Sie Logic-Inhalte auf externe Festplatten auslagern können.

3.2.4 Apple Loops installieren, ungetaggte Loops: Speicherorte

Apple Loops, die zur Logic Library gehören, finden Sie unter LIBRARY • AUDIO • APPLE LOOPS • APPLE. Unter MEINE LOOPS sehen Sie im Loop Browser die Dateien, die im Benutzerbereich liegen – unter *Benutzer/<Benutzername>/Library/Audio/Apple Loops/User Loops*. Dort in Ordner einsortierte Loops (hier z. B. CLEANDNB1) sehen Sie typischerweise unten, während ein manuell im Ordner *Library/Audio/Apple Loops* installierter Ordner (hier: DJF_APPLE_LOOPS) weiter oben in der Liste auftaucht. Wenn Sie ein Apple-Loops-Pack bei einem Drittanbieter erwerben oder eigene Apple Loops in Ordnern kategorisieren wollen, dann tun Sie das einfach innerhalb der vorgegebenen Pfadstruktur und mit Hilfe von Aliassen. Ziehen Sie das Pack hierzu einfach auf den Loop Browser, oder legen Sie unter BENUTZERNAME • LIBRARY • AUDIO • APPLE LOOPS • USER LOOPS Aliasse von anderen Loop Libraries ab, um auf diese zu verweisen und darauf in der Loop Library zugreifen zu können. (Gegebenenfalls müssen Sie die Ordner manuell anlegen.) Nach dem Umsortieren von Inhalten der Ordner oder dem Hinzufügen neuer Apple Loops muss der Index neu indiziert werden. Ihre Apple Loops werden danach kategorisiert aufgelistet. In neueren Versionen wurden Aliasse nur im Pfad *Benutzer/<Benutzername>/Library/Audio/Apple Loops/User Loops* erkannt (siehe auch Abschnitt 1.3.6.). Sie können in neueren Versionen auch unformatierte Inhalte als sogenannte *ungetaggte Loops* in der Übersicht ALLE DATEIEN markieren. Mehr hierzu und zur Arbeit mit Apple Loops lesen Sie in Kapitel 4.

3.2.5 Patches, Channel-Strip-Settings und (Default-)Presets/Plug-in-Settings: Bedeutung und Speicherorte

Patches, *Channel-Strip-Settings* und *Presets* bezeichnen jeweils Soundeinstellungen, die Sie individuell oder über die BIBLIOTHEK laden können. Die Begriffe *Preset* und *Plug-in-Setting* werden synonym verwendet. Man unterscheidet also wie folgt:

- *Patches* (die sich auf Channel-Strips beziehen) sind in der Hierarchie vor den
- *Channel-Strip-Settings* (inklusive Performances als Abwandlung davon) angesiedelt, denn ein Patch kann mehrere Channel-Strips/Performances enthalten bzw. verwenden. Ferner kann ein Channel-Strip mehrere Effekte mit
- *Plug-in-Settings* enthalten, wobei es Unterschiede zwischen Settings für Logic-interne und für Fremdanbieter-Plug-ins gibt. Ferner ist zwischen einem Factory-Preset von Fremdanbietern und einem über Logic gespeicherten *.aupreset* für Fremdanbieter-Plug-ins zu unterscheiden.

In der BIBLIOTHEK-Ansicht sehen Patches und Channel-Strip-Settings gleich aus. Logic Pro stellt vor allem Patches bereit. Seit Version 10.3 haben Channel-Strip-Settings wieder an Bedeutung hinzugewonnen, denn sie werden für das Audio-Processing der Funktion AUSWAHLBASIERTE BEARBEITUNG verwendet. Auch in neuen Logic Pro-Installationen erscheinen Channel-Strip-Settings aus alten Logic 9-Versionen in der BIBLIOTHEK unter dem Eintrag ÄLTERE VERSIONEN. Achtung: Bei Patches, Channel-Strip-Settings und Presets, die Quick Sampler nutzen, werden Samples in einem Ordner daneben mitgespeichert.

Patches

Patches sind ein Format, das Ihnen erlaubt, einen oder mehrere Kanalzüge zusammen mit Instrument- und Effektkombinationen zu speichern. Sie können so z. B. Bass-Sounds verschiedener Plug-ins (z. B. *Alchemy*, *Massive*, *Serum*) in einem Ordner *Basssounds* layern, zusammenfassen. So kann die BIBLIOTHEK Ihre Haupt-Sound-Library werden, in der Sie schnell alles ablegen können, z. B. alle Lieblingsbässe aller Synths, und Sie müssen nicht in verschiedenen Bass-Presetmenüs der unterschiedlichen Synths suchen. Patches können wie ein Channel-Strip-Setting eine einfache Kombination aus Effekten und Instrumenten eines Kanalzugs darstellen, können aber auch eine gespeicherte Kombination aus mehreren Kanalzügen (*Spurstapel*) mit komplexeren Verkabelungen (Bus-Routings mit Aux-Kanälen) sein. Sie enthalten oft auch Smart-Control-Einstellungen. Es gibt Audio-, Aux-, Instrument- und Output-Patches; sie werden in unterschiedlichen Ordnern als *.patch* abgelegt. Welche Patches in der BIBLIOTHEK angezeigt werden, hängt vom gewählten Spurtyp ab. Sowohl für das Laden als auch für das Sichern sollte der weiße Selektionsrahmen im Kanalzug ganz oben (wo SETTING steht) via [⇧] + Klick auf das Feld für den gesamten Kanalzug (und nicht für ein Plug-in) oder durch Klick links neben den Eintrag selektiert sein (Abbildung 3.6). Das funktioniert übrigens auch für den im Informationsbereich angezeigten zweiten, rechten Kanalzug.

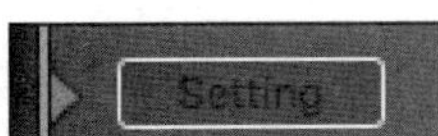

Abbildung 3.6 Das Setting des gesamten Kanalzugs ist für die Arbeit mit der Bibliothek selektiert.

Dies ist die Voraussetzung dafür, dass die BIBLIOTHEK Patches für die jeweilige Spurkategorie anzeigt. Das Sichern und Laden von Patches erfolgt über den SICHERN ...-Button unten rechts in der BIBLIOTHEK (Abbildung 3.7).

Abbildung 3.7 »Sichern ...«-Button unten in der Bibliothek

Ein entsprechender Dialog öffnet sich. Der Speicherpfad für User-Patches lautet *Benutzer/<Benutzername>/Musik/Audio Music Apps/Patches*, wobei in den Unterordner der jeweiligen Patch-Kategorie (Audio, Aux, Instrument und Output) gespeichert wird.

Ergänzende Hinweise zur Arbeit mit der BIBLIOTHEK sowie zur Funktion *Patch-Mischen*, mit Hilfe derer nur Teile eines Patches (z. B. ohne Sends) geladen werden können, lesen Sie in Abschnitt 4.7.

Channel-Strips

Eine Kombination aus Effekten (bei MIDI-Spuren inklusive Instrument) kann auch als *Channel-Strip* (*.cst*) verwaltet werden. Channel-Strip-Presets gab es bereits in Logic 9. Sie sind das Preset-Format der Wahl, wenn Sie die AUSWAHLBASIERTE BEARBEITUNG (siehe Kapitel 6) nutzen. Die CST-Dateien der Benutzer werden in der BIBLIOTHEK im Ordner BENUTZEREINSTELLUNGEN FÜR CHANNEL-STRIPS angezeigt. Ältere Logic 9-Channel-Strips finden Sie in der BIBLIOTHEK unter dem Eintrag ÄLTERE VERSIONEN. Beim Laden bemerken Sie zwischen Channel-Strips und Patches, die sich nur auf einen Kanalzug beziehen, oft keinen Unterschied.

Wenn Sie den Eintrag SETTING ganz oben im Kanalzug selektieren und die Maustaste gedrückt halten, können Sie im angezeigten Menü Ihren Kanalzug auch als Channel-Strip-Setting sichern. Sie können über diesen Dialog auch nur PLUG-INS oder SENDS davon laden.

Beim Sichern öffnet sich ein entsprechender Dialog, der Speicherpfad lautet entweder *Benutzer/Music/Audio Music Apps/Channel Strip Settings* oder *Benutzer/Library/Application Support/Logic/Channel Strip Settings* – beides funktioniert. Außerdem gibt es Unterkategorien für die Kanalzugtypen (*Bus, Input, Instrument, Master, Output, Processing, Track*).

Auch im Dialog AUSWAHLBASIERTE BEARBEITUNG ([alt]+[⇧]+[P]) können Sie Channel-Strips sichern, für sie ist der Unterordner *Processing* vorgesehen.

Performances

Sie können zusätzlich eine Unterart von Channel-Strips, sogenannte *Performances*, sichern. Wenn Sie ein Channel-Strip-Setting als Performance sichern, werden Sie aufgefordert, eine PROGRAMMNUMMER zu vergeben. Als Performance gespeicherte Channel-Strip-Settings finden Sie in der BIBLIOTHEK unter USER-CHANNEL-STRIP-SETTINGS • PERFORMANCES. Anschließend können Sie eine solche Performance laut Logic-Manual über per Keyboard gesendete Program-Change-Befehle auf MIDI-Kanal 1 aufrufen.

Plug-in-Settings von Logic-Plug-ins laden und sichern; Standardpresets

Ist der weiße Selektionsrahmen im Kanalzug via [⇧]-Klick um einen Plug-in-Slot gesetzt oder der Pfeil links neben dem Plug-in-Slot, zeigt die BIBLIOTHEK Plug-in-Settings an. Zudem wird dann mit dem Befehl SICHERN ... unten in der BIBLIOTHEK ein entsprechender Dialog zum Speichern des *.pst*-Plug-in-Settings aufgerufen. Der vorgegebene Standardpfad ist, wie erwähnt, *Benutzer/<Benutzername>/Musik/Audio Music Apps/Plug-In Settings* sowie der Unterordner für das jeweilige Plug-in; ein anderer Speicherort kann ebenfalls gewählt werden. Ausnahme: Falls ein *Sampler*-Plug-in markiert ist, wird eine *.exs*-Datei gespeichert.

In jedem Plug-in-Fenster können Sie außerdem im Setting-Menü Plug-in-Settings unabhängig von der Bibliothek laden, sichern oder auch als eine Art Default-Setting laden und sichern. Die Dialoge zum Laden oder Sichern erlauben dabei auch ein Laden aus oder Sichern in frei wählbaren Ordnern.

Presets für nicht Logic-interne Plug-ins speichern

Presets für AU-Plug-ins anderer Hersteller werden mit der Dateiendung *.aupresets* abgespeichert (und nicht als *.pst* wie die Plug-in-Settings für Logic-Plug-ins). Das Settings-Menü im Plug-in-Fenster bietet hierbei grundsätzlich die gleiche Funktionalität wie bei Logic-Plug-ins. Sie haben sowohl im Settings-Menü des Plug-in-Fensters als auch im Dialog Sichern unter … die Möglichkeit, Presets für Drittanbieter-Plug-ins abzuspeichern. Wenn Sie ein Setting für ein Drittanbieter-AU-Plug-in erzeugen, wird es normalerweise im Ordner *Benutzer/<Benutzername>/Library/Audio/Presets* landen, von wo aus auch andere Programme darauf zugreifen können, die AU-Plug-ins verwenden (z. B. Ableton Live, Maschine). Gegebenenfalls müssen Sie den Ordner noch, wie oben in Abschnitt 3.2.3 über Logic-Inhalte gezeigt, sichtbar machen, um ihn leichter erreichen zu können. Die Bibliothek zeigt so gespeicherte User-Presets an, manchmal jedoch mit dem Plug-in gelieferte Werkspresets, selbst wenn sie sich im gleichen Ordner befinden. Diese sind aber manchmal dennoch über das Plug-in-Setting-Menü erreichbar, manchmal haben die Plug-ins auch ein eigenes Preset-Management, auf das die Bibliothek nicht zugreifen kann.

3.3 Logic-Einstellungen

Die Einstellungen (Logic Pro • Einstellungen) beziehen sich auf die allgemeinen Programmeinstellungen. Wichtiges wie Audioeinstellungen oder automatischen Latenzausgleich von Verzögerungen durch Plug-ins stellen Sie hier ein. Sie können Einstellungen über das Menü Logic Pro • Einstellungen • Alle ausser Tastaturkurzbefehle initialisieren mit Ausnahme der Tastaturkurzbefehle (siehe Abschnitt 3.4.12) stets auf Werkseinstellungen zurücksetzen, falls sich Logic merkwürdig verhält und Sie nicht wissen, warum, oder Sie versehentlich etwas verstellt haben. Leider können Sie Ihre Einstellungskonfigurationen umgekehrt nicht als »Presets« abspeichern.

Es ist nicht ganz leicht, bei der Vielzahl an Einstellmöglichkeiten durchzublicken. Hierbei soll dieser Abschnitt helfen, der viele (wichtige), aber (aus Platzgründen) nicht alle Einstellungen behandelt, einige sind auch selbsterklärend. Bei kleinen Updates ändern sich oft die Anordnungen der Einstellungen, die meisten Funktionen bleiben aber gleich. Daher finden Sie hier vor allem Erläuterungen zu Funktionen und nicht alle Dialogfenster als Abbildungen.

3.3.1 Einstellungen »Allgemein«

Unter dem Tab Allgemein der Logic-Einstellungen (Abbildung 3.8) öffnet sich ein Fenster mit den Unterkategorien Projekthandhabung, Bearbeitung, Cycle, Folgen, Mitteilungen und Bedienungshilfen.

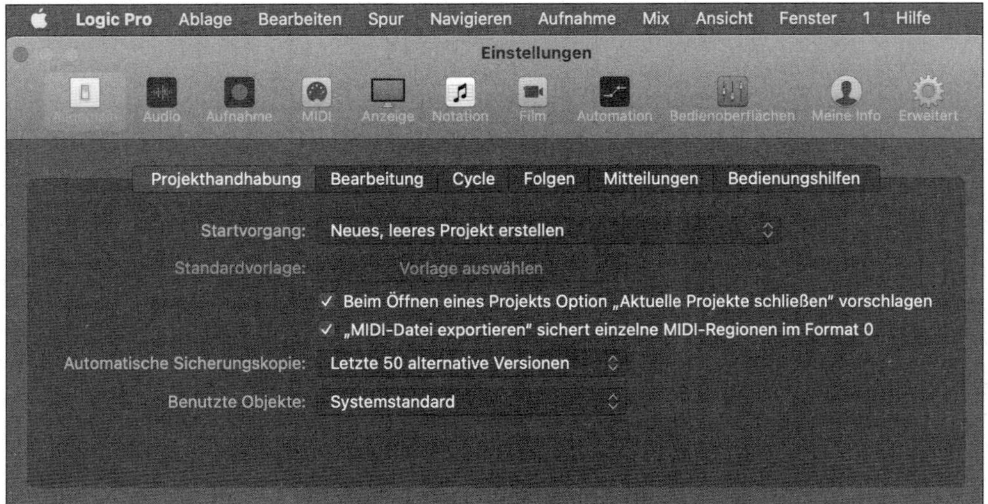

Abbildung 3.8 Einstellungen allgemein

»Projekthandhabung«

Unter Startvorgang legen Sie fest, was passiert, wenn Sie Logic starten. Sie können beim Start von Logic immer das zuletzt bearbeitete Projekt öffnen, ein bestimmtes Projekt öffnen, ein neues, leeres Projekt erstellen oder einstellen, dass gar nichts beim Start von Logic passiert. Sinnvoll sind aus professioneller Sicht die Optionen Keine Aktion oder Nachfragen, um keine Probleme durch eventuell nicht vorhandene Projekte zu riskieren. Unter Automatische Sicherungskopie können Sie einstellen, wie viele Versionen maximal via Ablage • Zurücksetzen auf erreichbar bleiben, wenn Sie via [cmd] + [S] sichern.

»Bearbeitung«

Oben stellen Sie die Anzahl der Undo-Schritte ein. Wenn Sie hier eine höhere Anzahl von Schritten vorgeben, können Sie zwar mehr Operationen nachträglich rückgängig machen, beanspruchen allerdings auch mehr Arbeitsspeicher auf Ihrem Rechner.

»Living Groove«-Verbindung: In Logic können Sie aus Noten einer Region Quantisierungsraster (sogenannte *Groove-Templates*) erstellen, die anschließend im Quantisierung-Menü auftauchen und mit denen Sie andere Regionen quantisieren können. Eine aktive »Living Groove«-Verbindung sorgt dafür, dass sich die Quantisierung aller betroffenen Regionen ändert, wenn Sie die rhythmischen Komponenten der Originalregion verändern.

Ferner gibt es Optionen zum Selektieren der Spur, wenn eine Region (oder ein Bereich) selektiert ist und umgekehrt.

Unter dem Eintrag RECHTE MAUSTASTE können Sie dieser verschiedene Funktionen zuweisen. Als Standard ist eingestellt, dass sie ein Kontextmenü öffnet. Sie können die rechte Maustaste aber auch einem Werkzeug direkt zuweisen, so dass Ihnen drei Werkzeugmenüs zur Verfügung stehen. Hierfür wählen Sie die Option KANN EINEM WERKZEUG ZUGEWIESEN WERDEN. In den jeweiligen Fenstern werden dann drei Werkzeugmenüs nebeneinander angezeigt.

Alternativ lässt sich mit der rechten Maustaste ein Werkzeug- oder ein kombiniertes Werkzeug- und Kontextmenü aufrufen. Übrigens: Das aktuell selektierte Werkzeug aus dem zweiten Werkzeugmenü (sogenanntes *Sekundärwerkzeug* oder *Secondary Tool*) rufen Sie stets mit gehaltener [cmd]-Taste auf.

Falls Sie ein *Force-Touch*-Trackpad nutzen, können Sie es hier aktivieren/deaktivieren. Mit einem Force-Touch-Trackpad kann man kräftig klicken, indem man auf das Trackpad drückt und dann mehr Druck ausübt. Auf diese Weise sind zusätzliche Funktionen in manchen Apps nutzbar.

Klickzonen für Werkzeuge: Wenn Sie z. B. die Option KLICKZONEN FÜR MARQUEE-WERKZEUG wählen und anschließend beim Versuch, eine Region zu schneiden, den Cursor mit dem Standard-Pfeilwerkzeug über den unteren Bereich einer Region bewegen, erscheint automatisch das Marquee-Tool. KLICKZONEN FÜR FADE-WERKZEUG lässt automatisch das Fade-Werkzeug erscheinen, wenn Sie sich im Grenzbereich zwischen zwei Audioregionen bewegen. Auch für QUICK SWIPE COMPING und Take-Bearbeitung gibt es eine optionale Klickzone. Als Standardvoreinstellung sind sie jedoch deaktiviert.

Die Option NUR EINE BEWEGUNGSRICHTUNG IN erlaubt Ihnen, das Verschieben oder Kopieren von Objekten wie Regionen oder Noten in *eine* Richtung zu limitieren. Auf diese Weise stellen Sie zum Beispiel sicher, dass eine Region, die Sie in eine darunterliegende Spur vertikal verschieben wollen, die gleiche Position auf der horizontalen Achse bzw. dem Taktlineal behält. Sie können einstellen, ob diese Funktion nur für den Bereich SPUREN oder auch für Editoren wie PIANOROLLE und NOTATION aktiv ist. Sie können diese Einstellung auch deaktivieren und anders erreichen, denn Sie erhalten die gleiche Funktionalität, wenn Sie beim Verschieben oder Kopieren von Objekten die [⇧]-Taste gedrückt halten.

Darunter legen Sie unter DOPPELKLICK AUF MIDI-REGION ÖFFNET fest, welcher der in Kapitel 7 detailliert erläuterten MIDI-Editoren sich bei einem Doppelklick auf eine MIDI-Region automatisch öffnet und ob Sie in der PIANOROLLE auch Regionsgrenzen editieren können.

»Cycle« und die »Folgen«- und »Link«-Funktionen, Bedienungshilfen

Die Einstellungen im Bereich CYCLE betreffen mögliche Optimierungen für eventuelle Glitches oder leichte Audioholperer, die beim Abspielen im Cycle-Mode vorkommen können, was für Live-Performances wichtig sein kann.

Die Einstellungen des Bereichs FOLGEN betreffen verschiedene Fenster und die Frage, ob die »Folgen«-Funktion beim Starten oder bei der Bewegung der Abspielposition automatisch aktiviert wird. Viele Fenster besitzen zusätzlich eine LINK-Einstellung, wo Sie bestimmen, ob der Inhalt von selektierten Objekten oder manchmal auch die gleiche Ebene wie im Bereich SPUREN angezeigt wird.

In BEDIENUNGSHILFEN können Sie nun einstellen, dass Plug-ins in Reglerdarstellung geöffnet werden, was bei der Nutzung der Voice-over-Funktion für sehbehinderte Nutzer hilfreich ist, indem Parameter vorgelesen werden können.

3.3.2 Einstellungen »Audio« und ihre Optimierung (inklusive Bitrate und Latenz)

Unter LOGIC PRO • EINSTELLUNGEN • AUDIO gibt es die Unterkategorien GERÄTE, ALLGEMEIN, SAMPLER, I/O-ZUWEISUNGEN, DATEIEDITOR und MP3 (Abbildung 3.9).

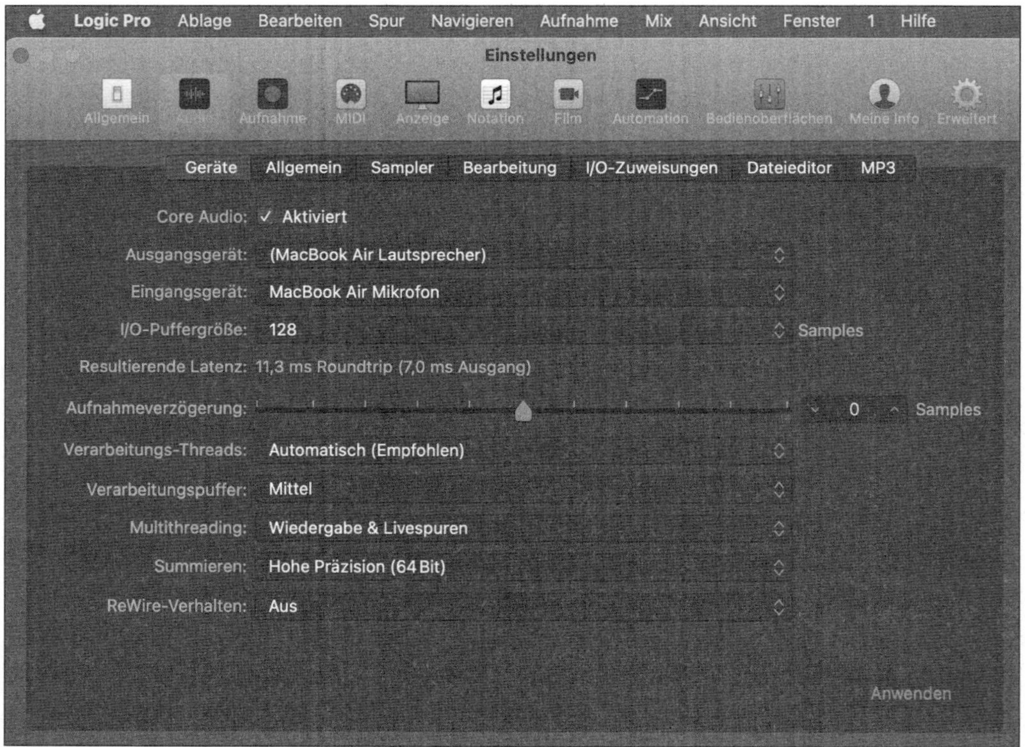

Abbildung 3.9 »Einstellungen • Audio«

»Geräte« (Audiointerface, Latenz, Bitrate)

Die vielleicht wichtigsten Einstellungen in der praktischen Arbeit mit Logic Pro finden Sie unter dem Tab GERÄTE. Die meisten Änderungen, die Sie in diesem Fenster vornehmen, werden wirksam, sobald Sie den Button ANWENDEN unten rechts drücken (der im Bild ausgegraut ist, weil gerade nichts geändert wurde). Alternativ schließen Sie das Fenster einfach, auch dann werden die Änderungen übernommen und nicht verworfen. Es erfolgt jeweils eine Art Restart des Audiobereichs von Logic. Eine Ausnahme ist z. B. das Häkchen beim Eintrag 24-BIT-AUFNAHME: Hier erfordert eine Änderung keinen Restart. Umgekehrt erlaubt ein Entfernen und neues Setzen des AKTIVIERT-Häkchens beim Eintrag CORE AUDIO den Restart bei ansonsten gleichbleibenden Einstellungen, anschließend können Sie unten den Button ANWENDEN drücken. Durch solche Restarts lassen sich manche Probleme der Audioausgabe beheben. CORE AUDIO muss aktiviert sein, damit Audiofunktionen in Logic überhaupt präsent sind. Ist CORE AUDIO nicht aktiv, stehen auch keine Audio-Plug-ins in den Effekt-Slots zur Verfügung. Letzteres kann helfen, wenn Sie das Projekt ansonsten wegen eines stets abstürzenden Plug-ins nicht öffnen können. Öffnen Sie dann Logic, deaktivieren Sie Core Audio, versuchen Sie dann, Ihren Track zu laden, entfernen Sie ein eventuell Probleme verursachendes Plug-in (Plug-ins erscheinen durchgestrichen in den Slots), speichern Sie unter einem neuen Namen, schließen Sie den Song, reaktivieren Sie CORE AUDIO, und versuchen Sie, den Song neu zu laden.

- AUSGANGSGERÄT und EINGANGSGERÄT: Sie können hier für Output und Input separat ein Audiointerface einstellen. Diese Einstellungen betreffen Logic, nicht den Sound anderer Programme auf dem Mac. Gleichwohl gibt es die Option SYSTEMEINSTELLUNG, die bewirkt, dass automatisch die Einstellungen für Audioein- und -ausgänge aus dem AUDIO-MIDI-SETUP übernommen werden. Welche Audiointerfaces zur Verfügung stehen, hängt nicht nur von den angeschlossenen Geräten, sondern auch von den Einstellungen im AUDIO-MIDI-SETUP ab, denn dort können mehrere Audiointerfaces zu einem *Gerät* verbunden werden, das sich anschließend in Logic als Audiointerface auswählen lässt. Sie können z. B. auch Audio zwischen Mac-Programmen (via *BlackHole*, *Loopback* o. Ä.) austauschen (siehe Abschnitt 3.9).
- I/O-PUFFERGRÖSSE: Hier bestimmen Sie die Größe des Pufferspeichers, den die Audiohardware für ihren Betrieb nutzt. Je kleiner die Puffergröße, desto geringer die Latenz. Bei kleiner Puffergröße bzw. Latenz können Sie besser recorden, eingehende Audiosignale ohne große Verzögerung hören oder Instrumente spielen. Kleine Puffergrößen benötigen höhere CPU-Leistung und gut programmierte Treiber bzw. Hardware. Es kann daher auch sinnvoll sein, große Puffergrößen einzustellen, um z. B. ein fertig eingespieltes und CPU-intensives Projekt besser (beispielsweise ohne Ruckler) abspielen und abmischen zu können.

  Die Puffergröße rechnet Logic vage in Millisekunden um, was Sie an der Anzeige RESULTIERENDE LATENZ darunter sehen (wobei zwei Wandlungen berücksichtigt werden – Input und Output sowie die systemimmanente Latenz). Es ist wichtig zu verstehen, dass die resultierende Latenz nicht nur von der Puffergröße, sondern auch von der eingestellten Projekt-Samplerate abhängt. Achtung: Diese können Sie aber nur in den PROJEKTEINSTELLUNGEN festlegen.

Die Samplerate gibt an, aus wie vielen digitalen Samples in der Sekunde sich der Sound zusammensetzt. Der Puffer wird in Samples angegeben – nicht in Sekunden. Tausend Millisekunden sind eine Sekunde. Bei einer Samplerate von 44.100 Hz in der Sekunde werden also 44.100/1.000 = 44,1 Samples in einer Millisekunde abgespielt. Bei einer Samplerate von 88.200 Hz werden dagegen 88.200/1.000 = 88,2 Samples in einer Millisekunde abgespielt. Bei einer von 44.100 Hz in 88.100 Hz geänderten Samplerate würde also dieselbe Puffergröße nun nur noch die Hälfte der Zeit bedeuten. Je höher die Samplerate, desto kleiner wird die Latenz bei gleichbleibendem Puffer. Aus diesem Grunde kann es auch passieren, dass Ihr System nicht mehr funktioniert, nachdem Sie die Samplerate verdoppelt haben – weil ein eventuell bereits am Limit arbeitendes Audiointerface möglicherweise eine zeitliche Halbierung seines Puffers nicht mehr hinbekommt. Ist die Puffergröße zu klein für Ihren Rechner oder Ihre Soundkarte, merken Sie das in der Regel an Knackgeräuschen oder Warnmitteilungen.

Eine voreingestellte Latenz von 128 oder 256 Samples bei einer Samplerate von 44.100 Samples/Sekunde ist normalerweise problemlos. Schwächelt Ihr Rechner, gehen Sie auf 512, 1.024 oder 2.048 hoch. Brauchen Sie eine schnellere Wiedergabe für Live-Performances, versuchen Sie, auf 64 oder 32 herunterzugehen. Das ist zum Beispiel ein Grund, warum manche Soundkarten wie z. B. Avid-Pro-Tools-Hardware so teuer sind: Einige von ihnen erlauben extrem kurze Latenzen bei sehr hohen Samplerates, so dass Musiker im Studio, die über Kopfhörer ein Signal von ihrem eigenen Spiel hören, keine Verzögerung bemerken, obwohl das Signal bereits in den Computer und zurück geleitet wurde.

- AUFNAHMEVERZÖGERUNG: Verzögert die Audioaufnahme um einen festen Wert, um etwaige Datenverzögerungen auszugleichen, die vom Treiber verursacht werden. Normalerweise müssen Sie diese Einstellung nicht anpassen. Wenn Sie aber für den Kopfhörermix eines Sängers beispielsweise eine andere Software (z. B. eines Audiointerfaceherstellers wie UAD) oder den Low-Latency-Mode bei der Aufnahme nutzen, kann es sein, dass die Aufnahme gegenüber dem Playback aus Logic verrutscht. Sinnvollerweise können Sie entstehende Verzögerungen nach einer Aufnahmesession prüfen und alle Aufnahmen gleichzeitig entsprechend verschieben. Oder nach einer solchen Prüfung eine neue Einstellung für AUFNAHMEVERZÖGERUNG vornehmen, um nachfolgende Aufnahmen automatisch anzupassen. Ich korrigiere so etwas meist manuell und überprüfe das Timing bei jeder Aufnahme neu.
- BEARBEITUNGS-THREADS: Seit Logic 10.0.7 unterstützt Logic bis zu 24 Verarbeitungsthreads auf 12-Core-Maschinen (hier einstellbar, die Voreinstellung lautet: AUTOMATISCH).
- MULTI-THREADING: Zusätzlich können Sie unter MULTI-THREADING einstellen, ob mehrere Threads nur für WIEDERGABESPUREN oder für WIEDERGABE UND LIVESPUREN verfügbar sind.

- VERARBEITUNGSPUFFER: Er steht zur Berechnung von Mischungen und Effekte zur Verfügung (Optionen KLEIN, MITTEL und GROSS). Größere Pufferspeicher verursachen eine höhere Latenz. Niedrige Pufferspeicher können Logics Fähigkeit zur Echtzeitverarbeitung des Audiomaterials einschränken.
- SUMMIEREN: Hier können Sie 64-Bit-Summierung aktivieren, wodurch beim Gesamtmix/Bounce die Klangqualität verbessert wird (eingeführt in Version 10.3).
- REWIRE-VERHALTEN: AUS, WIEDERGABE-MODUS oder LIVE-MODUS: Mit AUS verhindern Sie, dass sich Logic automatisch als ReWire-Masterprogramm anmeldet, mit dem sich später gestartete Programme wie Reason als Slave verbinden, wie es bei den anderen beiden Einstellungen der Fall ist. Ist AUS eingestellt, öffnen sich potentielle ReWire-Slave-Programme wie Ableton Live oder Reason mit eigener Audiointerface-Einstellung und können unabhängig von Logic genutzt werden. Damit eine Umschaltung zwischen AUS und einem der anderen Modi wirksam wird, müssen Sie Logic Pro neu starten.

  Im LIVE-MODUS ist die Latenz für das Live-Einspielen von ReWire-Instrumenten geringer als beim WIEDERGABE-MODUS, dafür wird der Prozessor mehr beansprucht.

»Allgemein«

Im Reiter EINSTELLUNGEN • AUDIO • ALLGEMEIN finden Sie weitere Einstellungen für Logics Audio-Engine.

- SAMPLEGENAUE AUTOMATION: Bestimmt, welche Automationen samplegenau erfolgen. Zu beachten sind in diesem Kontext allerdings auch die projektbezogenen Automationseinstellungen (die über das MIX-Menü oder die PROJEKTEINSTELLUNGEN zugänglich sind).
- AUTOMATISCHE BUSZUWEISUNG VERWENDET: Hier können Sie einstellen, dass Logic die automatische Buszuweisung beim Laden von Patches nur für Busse oberhalb einer bestimmten Nummer vornimmt.
- SOFTWARE-MONITORING: Muss aktiviert sein, damit Sie eingehendes Audiomaterial live via Software abhören können.
- EINGANGS-MONITORING: Die Einstellungen führen in der Praxis nach jahrelangem Arbeiten mit Logic leider nicht immer zu den Ergebnissen, die man aus der Beschreibung im Handbuch erwarten würde. Sie lauten EINGANGS-MONITORING NUR FÜR AUSGEWÄHLTE SPUR UND WENN EINGANGS-MONITORING AKTIVIERT IST (das wurde von der Beschriftung her geändert) sowie UNABHÄNGIGER-MONITORING-PEGEL FÜR CHANNEL-STRIPS, DIE FÜR DIE AUFNAHME AKTIVIERT SIND. Die neue Beschriftung betrachte ich als gutes Indiz, dass man dem Problem auf der Spur ist, tatsächlich hilft es meistens (aber vermutlich auch weiterhin nicht immer), den INPUT-Button eines aufnehmenden oder scharf geschalteten Kanals zu drücken, wenn man eingehendes Audiomaterial live abhören möch-

te. Wird dabei z. B. ein internes Mic benutzt, dreht Logic sinnvollerweise die Kanallautstärke automatisch herunter, um Feedbackschleifen/Rückkopplungen zu vermeiden.

- DIM-LEVEL: Im Master-Kanalzug gibt es einen mit »D« markierten DIM-Button, mit dem Sie den Sound schnell leiser machen können. Um wie viel es leiser wird, stellen Sie hier ein.
- PLUG-IN-LATENZ (Latenzausgleich) und LOW-LATENCY-MODUS: Instrumente und Effekt-Plug-ins verursachen rechenintensive Prozesse, die Zeit beanspruchen. Wenn Sie auf verschiedenen Spuren unterschiedliche Instrumente und Effekte nutzen, gleicht Logic die unterschiedlichen Bearbeitungszeiten dieser Plug-ins mit Hilfe des *Latenzausgleichs* automatisch aus, so dass am Ende alle Spuren synchron wiedergegeben werden. Weil Logic nicht in die Zukunft blicken kann, kann das nur funktionieren, indem alle Signale an das mit der größten Verspätung ankommende Audiosignal angepasst werden. Die Option WIEDERGABEVORLAUF verzögert den Start der Wiedergabe entsprechend. Sie können einstellen, für welche Bereiche dieser Latenzausgleich gilt, oder den Latenzausgleich auch deaktivieren. Die Nachteile der hierdurch entstehenden Latenzen bestehen u. a. in der eingeschränkten, weil nur mit Verzögerung erfolgenden Spielbarkeit von Software-Instrumenten. Logic besitzt allerdings eine sehr praktische Funktion namens *Low-Latency-Modus*. Sie können besonders rechenintensive Plug-ins temporär deaktivieren, um live mit einer nur geringen Verzögerung Instrumente spielen zu können. Welche Plug-ins dabei genau deaktiviert werden (diese werden dann temporär orange eingefärbt) und wie hoch die maximale Verzögerung sein darf, bestimmen Sie hier, indem Sie ein LIMIT festlegen. Den Low-Latency-Modus aktivieren Sie mit einem in der Steuerungsleiste einblendbaren Button oder dem Befehl LOW-LATENCY-MODUS EIN-/AUSSCHALTEN, für den ein Shortcut vergeben werden kann – oder durch Aktivierung des Häkchens für den LOW-LATENCY-MODUS unter EINSTELLUNGEN • AUDIO • ALLGEMEIN.

»Sampler«

Mit diesen Einstellungen können Sie z. B. konfigurieren, wie das Sampler-Instrument nach Audio-Samples sucht, diese speichert, Informationen über die Originaltonhöhe verarbeitet, einen virtuellen Speicher verwendet und Ladezeiten verkürzt werden. Zudem können Sie durch Setzen des Häkchens GEMEINSAME SAMPLES BEIM PROJEKTWECHSEL IM SPEICHER BEHALTEN (Voreinstellung) Samples projektübergreifend nutzen, was beim Wechsel zwischen Projekten ebenfalls Ladezeiten verkürzt.

Sample-Speicher

ORIGINAL: Lädt die Samples mit ihrer Original-Bittiefe in den Arbeitsspeicher. Sie werden dann bei der Wiedergabe in das interne 32-Bit-Fließkomma-Format des Host-Programms umgewandelt.

32-BIT-FLOAT: Samples werden als 32-Bit-Float-Dateien gespeichert und geladen. Dadurch erübrigt sich die Konvertierung in Echtzeit. Der Sampler kann solche Dateien effizienter verarbeiten und mehr Stimmen gleichzeitig wiedergeben. Hierdurch erhöht sich allerdings der Speicherbedarf, 16 Bit Samples benötigen dann doppelt so viel RAM.

Samples suchen auf:

Hier stellen Sie ein, wo Samples gesucht werden (auf LOKALEN, EXTERNEN oder ALLEN VOLUMES). Hierdurch kann vermieden werden, dass eine Suche zu lange dauert.

Originalnote lesen von ...

Das Manual erläutert Details zu den verschiedenen hier verfügbaren Optionen. Wird versucht, aus der DATEI zu lesen, wird im Datei-Header nachgeschaut. Die ANALYSE-Option versucht, aus der längsten verfügbaren Note eine Tonhöhe zu erkennen und dann auch für die restlichen Samples richtig einzustellen. Wird keine Tonhöhe erkannt, wird den Zonen automatisch C3 als Originalnote zugeordnet. Für die Option DATEINAME gibt es weitere Einstellungen ...

Position der Originalnote im Dateinamen

Eine intelligente Analysefunktion erkennt (laut Manual) sinnvolle Zeichenfolgen zur Bestimmung der Originalnote aus dem Dateinamen. Die Optionen beim Import und das Verhalten des Samplers ändern sich beinahe mit jedem Update. Prüfen Sie daher im Einzelfall, ob alles wie gewünscht funktioniert.

Der Sampler kann Zahlen in Dateinamen (relativ) unabhängig von ihrem Format erkennen – sowohl »60« als auch »060« sollen erkannt werden. Weitere mögliche Werte sind »21« bis »127«. Die Analyse erkennt außerdem Zeichenfolgen wie »C3«, »C 3«, »C_3«, »A–1«, »#C3« oder »C#3«. Der Bereich reicht dabei von »C–2« bis »G8«. Im Bereich ZAHLENWERT können Sie eine numerische Position im Dateinamen festlegen, die der Sampler zum Ermitteln der Originalnote verwendet. Ein Loop könnte, wie das Manual ausführt, z. B. *loop100-60.wav* heißen, um anzugeben, dass er ein Tempo von 100 Beats pro Minute hat und dass die Originalnote die 60. Position (E6) ist. Wenn Sie die Position der Zahl kennen, die die Originalnote repräsentiert, können Sie festlegen, dass ein numerischer Wert die Originalnote an Position 8 des Dateinamens liest.

Virtueller Speicher

Wenn der VIRTUELLE SPEICHER aktiviert ist (Voreinstellung, hierdurch werden Projekte schneller geladen), werden nur die anfänglichen Attacks des Samples in den Arbeitsspeicher geladen. Der Rest des Samples wird in Echtzeit von der Festplatte gestreamt. In Projekten mit vielen beteiligten Audiospuren und relativ wenigen Sampler-Instanzen kann dies spürbare Auswirkungen auf die Gesamtleistung haben. Wenn das Feld AKTIVIERT nicht ausgewählt ist und nicht genügend Arbeitsspeicher für alle Samples vorhanden ist, muss der Sampler Daten zwischen Arbeitsspeicher und Festplatte übertragen, was die Leistung beeinträchtigt. Durch

Deaktivieren des Felds AKTIVIERT erhöht sich auch die Zeit zum Laden des Projekts. Hierfür können weitere Details eingestellt werden.

»Bearbeitung«

- CROSSFADE-DAUER und CROSSFADE-KURVE: Für den Bereich SPUREN werden Standardzeitwerte und Standardkurvenformen für Crossfades aktiviert. Sie können natürlich jederzeit im Informationsfenster REGION manuelle Einstellungen vornehmen.
- SCRUBBING: Wenn MIT AUDIO IM SPURBEREICH SCRUBBEN aktiv ist, werden MIDI-Regionen gescrubbt (egal, ob sie ausgewählt wurden oder nicht). (Achtung: Damit Scrubbing funktioniert, muss die Pausetaste gedrückt sein).

»I/O-Zuweisungen«

- STEREO-AUSGANG: Die Option SPIEGELN im OUTPUT-Reiter sorgt dafür, dass das Signal zusätzlich aus Output 1–2 herauskommt, wenn Sie einen anderen Output, z. B. 3–4, auswählen.

  Falls Sie Surround-Sound nutzen, können Sie Ihr Setup auf bestimmte Standards initialisieren. Das hier gewählte Surround-Format ändert das Layout/Routing zwischen den Kanälen und Lautsprechern im Bereich I/O-ZUWEISUNGEN. Das tatsächliche Surround-Format wird in den PROJEKTEINSTELLUNGEN festgelegt.
- BOUNCE-DATEISUFFIXE: Hier legen Sie fest, welche Dateisuffixe beim Bouncen verwendet werden (wichtig z. B. bei Surround-Bounces).

Audiodateieditor

Logic verwaltet Undo-Schritte für Aktionen im AUDIODATEIEDITOR getrennt von Undo-Schritten anderer Bereiche. Daher finden Sie in diesem Reiter hierfür zusätzliche Detaileinstellungen wie etwa die ANZAHL DER UNDO-SCHRITTE oder die Frage, ob Änderungen an der Selektion eines Bereichs ebenfalls rückgängig gemacht werden können. Solche Features benötigen zusätzliche Rechenleistung und Speicherplatz.

Externer Audiodateieditor

Logic erlaubt die Zuhilfenahme eines externen Sample-Editors, in dem Sie selektierte Audiofiles aus Logic schnell öffnen können. Klicken Sie auf das Feld hinter dem Eintrag EXTERNER SAMPLE-EDITOR, um einen solchen zu definieren. Über das BEARBEITEN-Menü, den AUDIOSPUREDITOR, die Übersicht bzw. das Fenster PROJEKTAUDIO oder direkt mit dem Shortcut [⇧] + [W] öffnen Sie selektierte Audiofiles anschließend in dem ausgewählten Programm. Details zur Anwendung der Funktion und eine Diskussion über geeignete Programme finden Sie in Abschnitt 8.3, »Nutzung eines externen Audioeditors«.

»MP3«

Im Bereich MP3 treffen Sie Einstellungen für das Bouncen von MP3. Das ist nicht so wichtig, weil Sie die gleichen Einstellungsoptionen (und mehr) für die Erstellung von MP3s auch im Bounce-Dialog angezeigt bekommen und dort ändern können.

3.3.3 Einstellungen »Aufnahme«

Hier stellen Sie beispielsweise ein, ob Sie mit 24-Bit-Auflösung und mit welchem Audiofileformat Sie aufnehmen. Ist die Option 24-Bit-Aufnahme aus, nehmen Sie mit 16 Bit auf (Abbildung 3.10).

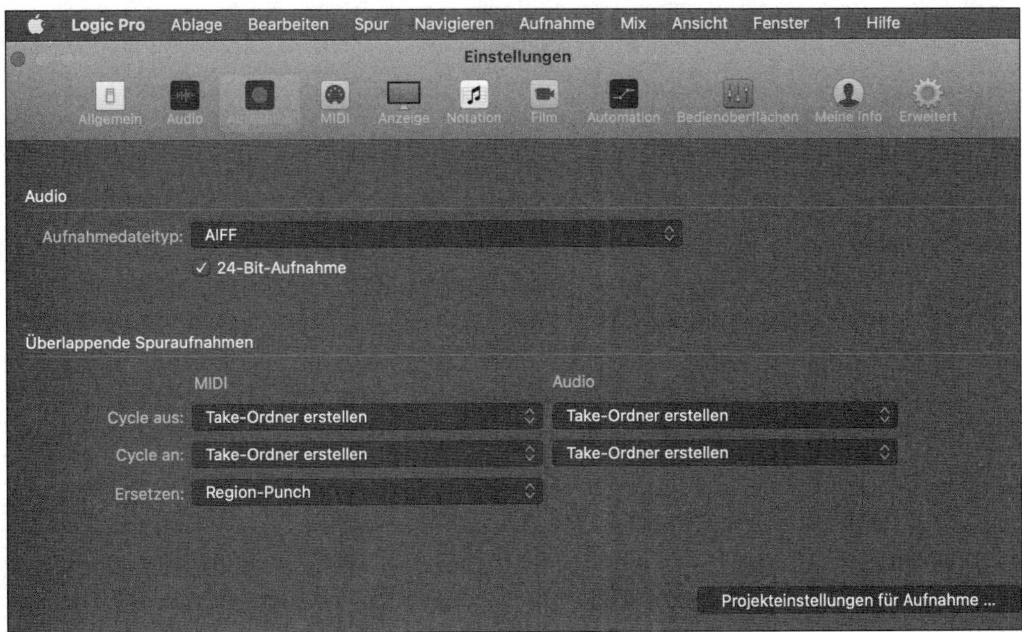

Abbildung 3.10 »Einstellungen • Aufnahme«

Die darunter angezeigten Einstellungen für überlappende Aufnahmen stellen Voreinstellungen für das Menü Aufnahme dar, die Sie dort jederzeit ändern können und über die Sie ab Abschnitt 5.1.8 mehr lesen.

3.3.4 Einstellungen »MIDI«

Unter dem MIDI-Tab der Logic-Einstellungen finden Sie folgende Reiter: Allgemein, Zurücksetzen (Reset), Sync und Eingänge (Abbildung 3.11).

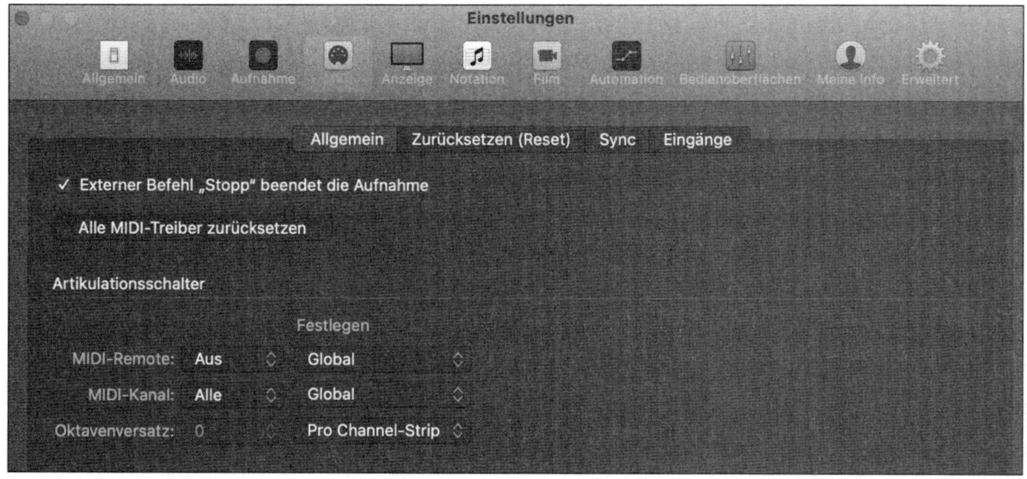

Abbildung 3.11 »Einstellungen • MIDI«

»Allgemein«

Durch Setzen des Häkchens bei Externer Befehl »Stopp« beendet die Aufnahme stellen Sie ein, dass, falls der Timecode bei externer Synchronisation während der Aufnahme stoppt, der Aufnahmemodus ausgeschaltet wird. Ohne gesetzte Option stoppt Logic Pro, bleibt aber im Aufnahmemodus (Aufnahmemodus ist im Pausenzustand).

Sie können ferner durch Klick auf Alle MIDI-Treiber zurücksetzen alle MIDI-Treiber bei Kommunikationsproblemen zurücksetzen. Dies ist manchmal praktisch, wenn MIDI-Verbindungen neu gescannt werden müssen.

MIDI-Remote legt fest, ob das Wechseln der Artikulation via externem MIDI Controller aktiviert oder deaktiviert ist (Sie könnten das deaktivieren wollen, um bei Live-Performances nicht versehentlich Keyswitches auszulösen, Sie können MIDI-Remote aber auch im Artikulationsset-Editor aktivieren/deaktivieren, siehe Abschnitt 7.7). MIDI-Remote-Set: Soll die MIDI-Remote-Einstellung für alle Kanäle gleich sein, wählen Sie Global, andernfalls Pro Channel-Strip. Auch den MIDI-Kanal für Artikulationswechsel können Sie einstellen. Soll die MIDI-Kanal-Einstellung für alle Kanäle gleich sein, stellen Sie MIDI-Kanal auf Global, andernfalls auf Pro Channel-Strip. Auch einen Oktavenversatz (Global/Pro Channel-Strip) können Sie einstellen. Nur bei globalen Einstellungen ist die jeweilige Kanaleinstellung relevant. Wird Pro Channel-Strip eingestellt, erscheint die Kanaleinstellung ausgegraut. Lesen Sie mehr zum Artikulationsset-Editor in Kapitel 7.

»Zurücksetzen«/MIDI-Reset

Falls Sie im Display die MIDI-Aktivitätsanzeige eingeblendet haben, können Sie durch Doppelklick einen MIDI-Reset-Befehl senden. Hier stellen Sie ein, ob dabei bestimmte Regler bzw.

Controller ebenfalls zurückgesetzt werden, wobei es unterschiedliche Einstellungen für Software und externes MIDI gibt.

»Sync«

Es ist möglich, Geräte über MIDI zu synchronisieren (siehe auch Abschnitt 19.3 und Abschnitt 3.4.2, denn in den PROJEKTEINSTELLUNGEN finden Sie weitere, z. T. neue Sync-Optionen). Hierfür können Sie z. B. durch Einstellung eines Delays alle MIDI-Outputs leicht verzögert ausgeben lassen oder das Aufgreifen oder Senden von MTC (MIDI Time Code) verzögern.

»Eingänge«

Bei computerinternen Verbindungen müssen Sie darauf achten, dass Logic ein via IAC-Bus ausgehendes Signal nicht wieder an sich selbst schickt, was zu Endlosschleifen von Datenströmen führen kann. Um das zu verhindern, können Sie hier IAC-Bus-Eingänge deaktivieren, denn ansonsten landen voreingestellt alle Eingangssignale über den SUM-Ausgang des physischen Eingangs in Logics Sequencer bzw. der ausgewählten Spur. Logic hat im Gegensatz zu anderen DAWs keine Einstellung für den MIDI-Eingang pro Spur.

3.3.5 Einstellungen »Anzeige«

Es gibt vier Reiter: ALLGEMEIN, SPUREN, MIXER und EDITOREN.

»Allgemein«

Mit INFORMATIONSFENSTER GROSS erscheinen Darstellungen im Informationsbereich in größerer Schrift, vergleichbar mit der Darstellung vor Logic 10.3. Hier wählen Sie auch, wie groß Menüs sind und wie der Dialog NEUE SPUREN dargestellt wird, wie das mittlere C dargestellt wird, wie die Taktpositionen angezeigt werden (wenn Sie beispielsweise aus Pro Tools eine andere Taktdarstellung gewöhnt sind, können Sie diese in Logic ebenfalls wählen) und wie das Zeitformat angezeigt wird (SMPTE-Timecode mit Frames, die die Bilder pro Sekunde bei Filmen anzeigen, oder normale Zeitanzeige mit Millisekunden). Hinweis: Unter einem Eintrag PROGRAMMSPRACHE konnten Sie hier früher die Sprache für Logic einstellen. Oft sind z. B. die Begriffe der englischen Version »griffiger« und kürzer. Nun müssen Sie hierfür in den SYSTEMEINSTELLUNGEN die Sprache ändern und danach Logic neu starten.

»Spuren«

Hier lässt sich eine andere Farbe für den Hintergrund oder für ein Gitternetz im Hintergrund des Bereichs SPUREN einstellen. Praktisch: Sie können außerdem einstellen, dass Spuren, Regionen und Marker automatisch eingefärbt werden. So entstehen die schön ordentlich eingefärbt aussehenden Projekte! Damit eine Spurfarbe sofort in der Spur sichtbar wird, müssen Sie im Spur-Header die Komponente SPURTYP-FARBBALKEN einblenden.

»Mixer«

Hier können Sie einstellen, ob sich Plug-ins automatisch öffnen, wenn sie in einen Slot eingefügt werden oder beim Erstellen von Plug-ins oben in einer Liste zuletzt benutzter Plug-ins erscheinen. Sie können auch eine Peak-Hold-Zeit oder einen Standard (z. B. EBU LANGSAM) für die Reaktionszeit der Pegel einstellen.

»Editoren«

Stellen Sie im Bereich EDITOREN ein, ob die PIANOROLLE einen hellen Hintergrund haben soll.

3.3.6 Einstellungen »Notation«

Die Einstellungen im Bereich NOTATION betreffen den Noten-Editor (siehe Abschnitt 7.4). Sie können hier unter anderem die Farbe eines selektierten Bereichs (Voreinstellung: Grün) ändern. Sie können auch einstellen, ob das Kamerawerkzeug erfasste Bilder in die Zwischenablage oder als PDF liefert.

Sie können Noten in polyphonen Notenzeilen automatisch in Bass- und Violinschlüsselnotation teilen und einstellen, bei welcher Note die Teilung erfolgen soll.

3.3.7 Einstellungen »Film«

Erläuterungen zu allgemeinen und projektbezogenen Filmeinstellungen finden Sie in Kapitel 18 über Filmmusik.

3.3.8 Einstellungen »Automation«

Sie können hier einen Einrastversatz für Automationen einstellen, um eventuell Verzögerungen zu kompensieren. Sie können auch einstellen, ob Automation stets mit Regionen verschoben wird – das geht aber auch im MIX-Menü. Ob Regionsautomation Vorrang vor Spurautomation hat, wird momentan unter PROJEKTEINSTELLUNGEN • ALLGEMEIN eingestellt.

Über weitere Parameter dieses Einstellungs-Tabs wie die Modi, verschiedene Optionen für das Stiftwerkzeug und Automation Quick Access lesen Sie in Kapitel 16 bzw. Abschnitt 16.1.23.

3.3.9 Einstellungen »Bedienoberflächen«

Sie können Logic mit verschiedenen Controllern fernsteuern. Logic erkennt Bedienoberflächen, die die Lua-Skriptsprache verwenden. Ich finde das Thema Logic und Bedienoberflächen komplex und arbeite meist mit Maus, Keyboard und einfachem MIDI-Controller.

Der Tab BEDIENOBERFLÄCHEN besteht aus den Reitern ALLGEMEIN, INFO-TEXT und MIDI-CONTROLLER.

In Ersterem können Sie z. B. einstellen, welche Informationen wie lange auf einem entsprechenden Controller angezeigt werden oder ob SOLO/MUTE-Tasten blinken etc.

Der Bereich INFO-TEXT bietet Optionen für Anzeigen im Controller.

Unter MIDI-CONTROLLER werden Bedienoberflächen gelistet, die beim ersten Anschließen automatisch konfiguriert werden können. Diese Einstellung können Sie hier nachträglich ändern, indem Sie das Häkchen beim Feld AUTOMATISCH setzen oder entfernen. Falls Sie das Häkchen setzen, werden Zuweisungen für dieses Gerät automatisch erstellt, wobei die Informationen im Lua-Skript als Basis dienen. Existiert bereits eine vom Benutzer definierte oder bearbeitete Zuweisung für ein Steuerelement, wird sie beibehalten, und es wird keine zusätzliche Zuweisung für dieses Steuerelement erstellt. Das Lua-Skript wird gestartet und aktiviert seine optionale MIDI-In- und MIDI-Out-Verarbeitung.[1]

Wenn Sie das Feld AUTO deaktivieren, werden die Lua-Skript-Zuweisungen entfernt (vom Benutzer geänderte Zuweisungen bleiben erhalten), und die MIDI-Verarbeitung durch das Lua-Skript wird gestoppt. Mehr hierzu finden Sie in Abschnitt 16.3, »Bedienoberflächen und Controller-Zuweisungen«.

Zum Thema Bedienoberflächen-Support gibt es ein eigenes Manual. Sie erreichen es über das HILFE-Menü. Beachten Sie dabei die genaue Beschriftung des Manuals. Eventuell wird hierbei ein veraltetes Manual angezeigt, und im Internet ist ein neueres zu finden.

3.3.10 Einstellungen »Meine Info«

Hier können Sie persönliche Informationen eingeben, die es ermöglichen, Ihren Song bei einer Freigabe zu identifizieren.

3.3.11 Einstellungen »Erweitert«

Wie bereits zuvor erläutert, können Sie selbst den Funktionsumfang von Logic über die ERWEITERTEN WERKZEUGE erweitern oder beschränken, um weniger Funktionen angezeigt zu bekommen, was Logic für Anfänger übersichtlicher macht. Welche Funktionen beim Ausblenden des ein oder anderen Werkzeugs genau fehlen, ist im Dialog mehr oder weniger selbsterklärend. Um alle erweiterten Werkzeuge zu aktivieren/deaktivieren, nutzen Sie am besten die Schaltflächen ALLE AKTIVIEREN oder ALLE DEAKTIVIEREN unten links im Dialog, denn nach jedem Aktivieren eines einzelnen Unterpunkts startet Logics Grafik neu.

1 Logic 10.3-Bedienoberflächen-Manual

3.4 Projekteinstellungen

Die PROJEKTEINSTELLUNGEN werden mit dem Projekt gespeichert und gelten (im Gegensatz zu den allgemeinen Einstellungen) nur für das jeweilige Projekt. An die PROJEKTEINSTELLUNGEN gelangen Sie über das Menü ABLAGE • PROJEKTEINSTELLUNGEN.

3.4.1 Projekteinstellungen »Allgemein«

Wenn der Haken beim Eintrag MUSIKALISCHES RASTER VERWENDEN (Abbildung 3.12) gesetzt ist, wird als primäres Lineal im Spurenbereich das Taktlineal angezeigt. Eine größere Bedeutung hat diese Option nicht, außer dass bei Audioaufnahmen zusätzlich Tempoinformationen in die Datei aufgenommen werden. Im ANSICHT-Menü des Spurenbereichs können Sie jederzeit ein sekundäres Lineal ein- oder ausblenden. Selbst wenn Sie die Option MUSIKALISCHES RASTER VERWENDEN aktivieren, werden Ihre Aufnahmen einen Taktbezug behalten, so dass sich bei Änderungen des MIDI-Tempos auch die Zeitposition von Regionen und Events verändert. Wenn Sie das verhindern möchten, müssen Sie für selektierte Regionen die SMPTE-POSITION VERRIEGELN (im Menü FUNKTIONEN des Hauptfensters.)

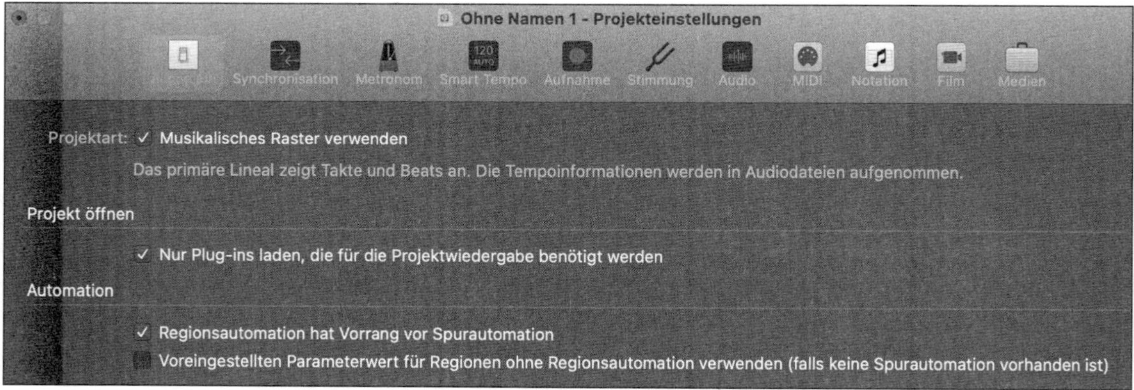

Abbildung 3.12 Projekteinstellungen »Allgemein«

NUR PLUG-INS LADEN, DIE FÜR DIE PROJEKTWIEDERGABE BENÖTIGT WERDEN: Wenn Sie diese Option aktiviert lassen (Voreinstellung), lädt Logic z. B. Plug-ins auf leeren Spuren nicht, solange Sie diese nicht ansteuern möchten. Das beschleunigt das erstmalige Laden des Projekts, für mich überwiegt dabei aber der Nachteil, dass die Arbeit mit dem Projekt später sperriger wird, weil man stets an unerwarteter Stelle warten muss, um Plug-ins zu laden. Ich empfehle also, die Option zu deaktivieren.

Regions- vs. Spurautomation

Spur- und Regionsautomation können koexistieren, Sie können hier REGIONSAUTOMATION HAT VORRANG VOR SPURAUTOMATION (Voreinstellung) aktivieren. Außerdem können Sie einstellen, dass ein voreingestellter Parameterwert für Regionen ohne Regionsautomation verwendet wird, falls keine Spurautomation vorhanden ist. Dies ist voreingestellt deaktiviert. Regionen ohne Automation springen dann auf den Wert, den Sie einstellen, wenn keine Automation aktiv ist. Diesen können Sie jederzeit wieder ändern. Regionen ohne Automation springen dann auf den geänderten Wert (siehe Abschnitt 16.1.3), ob dabei immer genau passiert, was Sie erwarten, halte ich allerdings nicht für sicher. Alternativ können Sie natürlich einfach einen einheitlichen Wert in die Spurautomation schreiben.

3.4.2 Projekteinstellungen »Synchronisation«

Die Einstellungen zum Thema Synchronisation umfassen vier verschiedene Reiter.

Im Reiter ALLGEMEIN der projektbezogenen Synchronisationseinstellungen stellen Sie ein, ob Logic nach der eigenen Clock läuft, als Sklave eines MIDI Time Codes (MTC) eines externen Sync-Masters (siehe Kapitel 19, »Andere Programme, Synchronisation, spezielle Verbindungen«) oder nach der Vorgabe von Taps der TAP-TEMPO-Funktion mit im TEMPO-INTERPRETER vorgenommenen Einstellungen.

Der MTC sendet absolute Zeitpositionen in seinen Nachrichten. Diese enthalten Informationen über die SMPTE-Zeit. Dabei ist wichtig, dass die richtige FRAME-RATE eingestellt wurde.

Sie können ferner die Synchronisationsposition eines Filmes gegenüber dem Logic-Taktlineal verschieben, indem Sie die Start-Taktposition in Logic einer Zeitposition im Film zuweisen (siehe auch Abschnitt 18.1.3).

Im AUDIO-Tab können Sie ergänzend Feinjustierungen für den Fall von Problemen bei der Synchronisation vornehmen.

Im MIDI-Tab stellen Sie ein, wohin Logic welche Synchronisationsinformationen sendet, falls Logic selbst der Taktgeber für ein anderes externes Programm sein soll (siehe auch Kapitel 19). Auch MTC kann gesendet werden. Dabei kann neuerdings für jedes Ziel eine eigene Einstellung inklusive Verzögerungseinstellung vorgenommen werden. Wenn Sie AUF MIDI MACHINE CONTROL-EINGABE HÖREN aktivieren, reagiert Logic auf entsprechende Befehle. So konnte ich im Test z. B. mit Transporttasten eines Sensel Morph mit »Piano Overlay« Logic steuern.

Im UNITOR-Tab können Sie Feineinstellungen für die Synchronisation mit dem Emagic[2]-MIDI-Interface Unitor 8 vornehmen, das SMPTE-Daten lesen und schreiben und für die Videosynchronisation hilfreich sein kann.

2 Ehemalige Entwicklerfirma von Logic

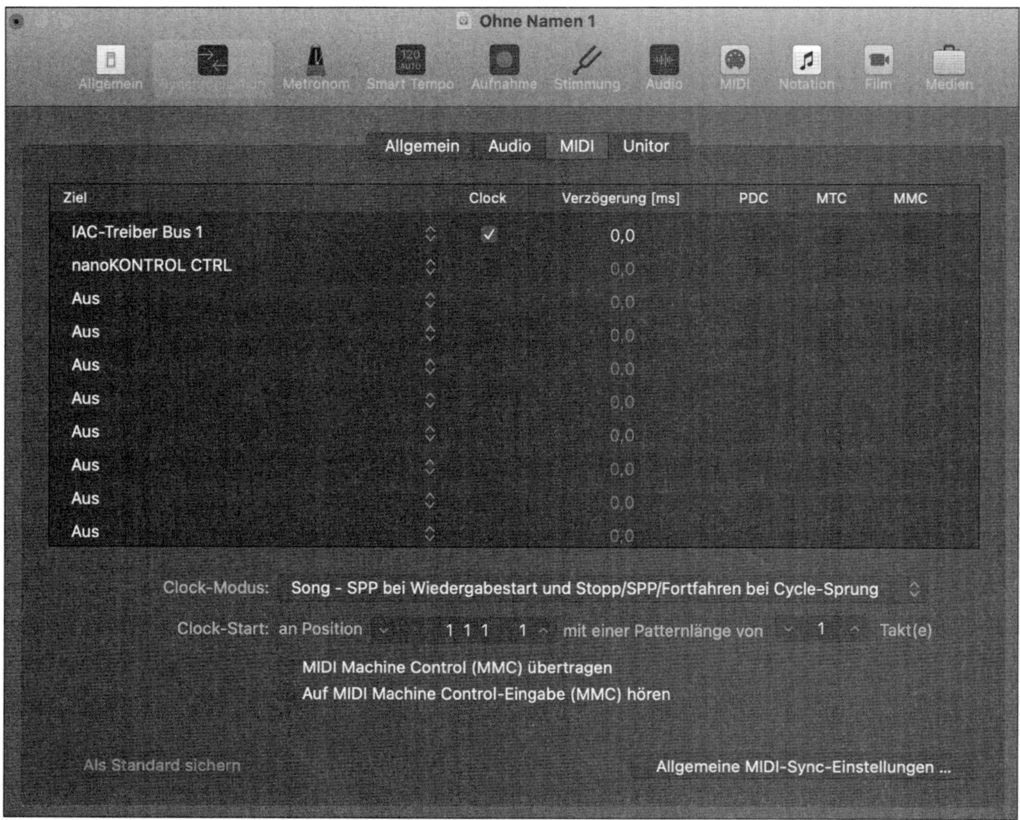

Abbildung 3.13 Projekteinstellungen »Synchronisation • MIDI«

3.4.3 Projekteinstellungen »Metronom« und »Klopfgeist«

Dieses Fenster erreichen Sie auch über den Eintrag METRONOMEINSTELLUNGEN im AUFNAHME-Menü. Wenn das Häkchen beim Eintrag AUDIO CLICK (KLOPFGEIST) aktiviert ist, gibt Logic den Klick bei aktivierter Metronomfunktion aus einem eigenen Instrument namens *Klopfgeist* aus. Dieses sehen Sie im Mixer, wenn Sie sich dort alle Spuren anzeigen lassen. Dort ist es immer Instrument Nr. 256. Sie können dort auch ein anderes Instrument laden und den *Klopfgeist* ersetzen oder im *Klopfgeist* andere Klicksounds einstellen. Im Flip-Menü OUTPUT stellen Sie den Audioausgang Ihres *Klopfgeist*-Instruments ein. Damit der *Klopfgeist* nicht versehentlich stumm geschaltet wird, wenn Sie eine Spur solo schalten, ist die Spur mit *Klopfgeist solo safe* geschaltet.

Eher aus alten Zeiten stammt dagegen noch die Option, das Metronom durch ein externes MIDI-Instrument »klicken« zu lassen. Falls Sie das wünschen, müssen Sie im Flip-Menü neben dem Eintrag PORT den entsprechenden MIDI-Anschluss Ihres externen Instrumentes einstellen.

3.4.4 Projekteinstellungen »Smart Tempo«

Hier stellen Sie ein, wie Logic sich bei der Aufnahme oder dem Import von Audiofiles verhält. Zudem können Sie einstellen, welche Standardeinstellung im Bereich FLEX & FOLGEN ausgewählt wird, wenn das Regionstempo für neue Aufnahmen oder importierte Aufnahmen vom Projekttempo abweicht.

- PROJEKTTEMPO BEIBEHALTEN: Mit dieser Einstellung verhält sich Logic wie zuvor.
- PROJEKTTEMPO ANPASSEN: Logic passt sein Tempo automatisch an Aufnahmen und importierte Audiofiles an.
- AUTOMATISCH: Wählt eine der beiden anderen Optionen automatisch aus.

Ich habe in meiner täglichen Arbeit eigentlich immer PROJEKTTEMPO BEIBEHALTEN eingestellt, so dass ich Anpassungen stets manuell und nach genauer Bearbeitung im SMART TEMPO-Editor vornehmen kann, was ich in Kapitel 9 erklären werde.

3.4.5 Projekteinstellungen »Aufnehmen«

Hier können Sie die Länge des Einzählers einstellen, das ist aber auch über das Menü AUFNAHME möglich. Sie können auch einstellen, ob Takes eingefärbt (klappte im Test nicht immer) oder ob Tempoänderungen mit dem TEMPO-Regler aufgenommen werden (Abschnitt 9.8). Sie können auch einen projektbezogenen Audioaufnahmepfad festlegen.

Die Aktivierung der Option MEHRSPURAUFNAHMEN NACH EVENT-KANAL TRENNEN ist wichtig, wenn Sie mehrere Instrumente gleichzeitig getrennt voneinander aufnehmen möchten. Ist die Option deaktiviert, werden bei der Aufnahme alle MIDI-Daten zu allen scharf geschalteten Spuren gesendet. In die selektierte Spur wird eine neue Originalregion aufgenommen, in die anderen Spuren Aliasse davon.

Sie finden weitere Erläuterungen zu den Einstellungen für Audio- und MIDI-Aufnahmen in Kapitel 5.

3.4.6 Projekteinstellungen »Stimmung«

Im Tab STIMMUNG (Abbildung 3.14) können Sie die Tonhöhe von Software-Instrumenten insgesamt (oben) verstimmen. Sie können aber auch die Tonhöhen einzelner gespielter Tasten im Microtuningbereich verstimmen.

Dabei können Sie eigene Stimmungen anwenden oder im Laufe der Musikgeschichte und in verschiedenen Kulturen entstandene Stimmungen benutzen.

Oft war man sich im Laufe der Geschichte nicht immer ganz einig, wie nun ein Instrument gestimmt werden müsste. Andererseits werden Instrumente in anderen Kulturen ganz anders gestimmt. Unser gleichmäßig gestimmtes 12-Ton-System ist nur ein sehr kleiner Ausschnitt von dem, was musikalisch möglich ist.

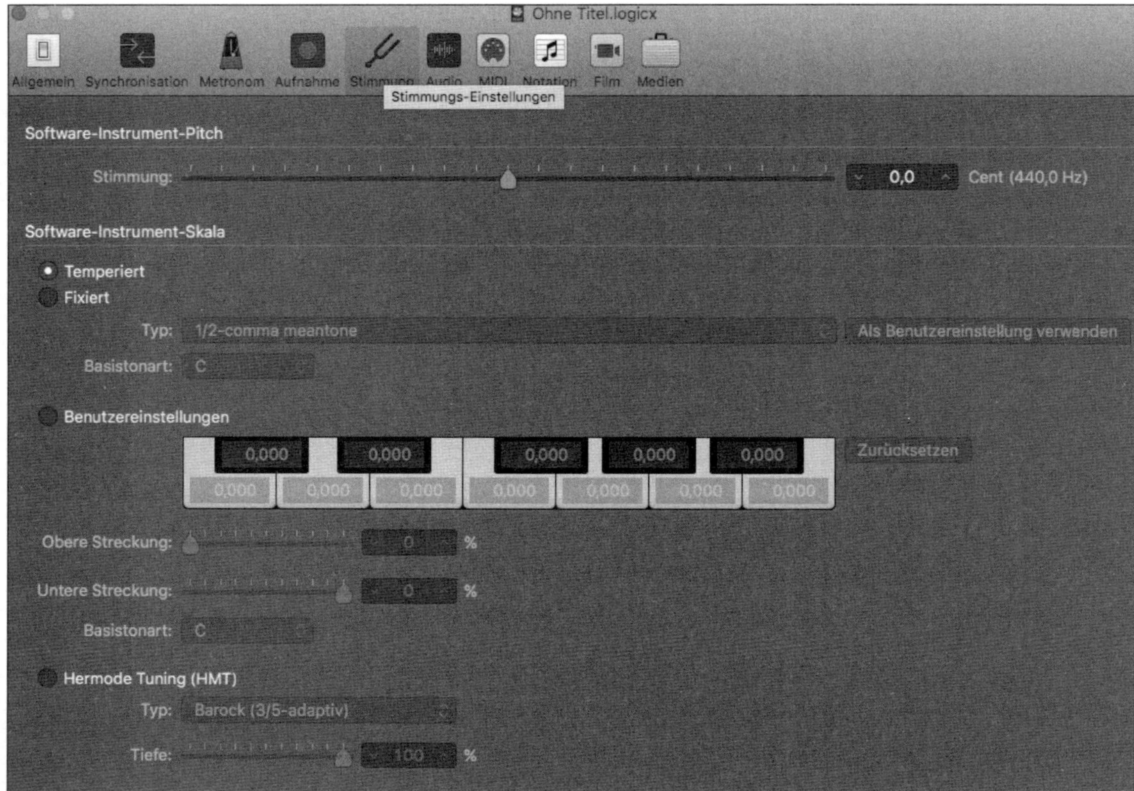

Abbildung 3.14 Die Projekteinstellungen »Stimmung«

Wichtig ist, dass Logic im Gegensatz zu anderen Programmen nicht nur eine Stimmung, sondern auch noch den Grundton einstellen kann. Doch Skalen, die durch ein anderes Mapping mehr als 12 Töne pro Oktave nutzen, kann Logic leider (bislang) nicht verarbeiten. Auch kann Logic einzelne Töne in den PROJEKTEINSTELLUNGEN um nicht mehr als einen Halbton verstimmen. Von daher ist Logic bei der Nutzung von Skalen beschränkt.

Die Einstellung HERMODE TUNING erlaubt in Logic eine automatische Stimmung elektronischer Software-Instrumente während einer musikalischen Darbietung inklusive Frequenzkorrektur. Dabei wird versucht, Quinten, Terzen oder/und Septimen (je nach gewähltem TYP im Flip-Menü) entsprechend der natürlichen Obertöne *rein* zu stimmen. Es werden automatische Korrekturen vorgenommen, die sich den musikalischen Inhalten anpassen. Das Logic-Handbuch wartet hier mit einigen sehr ausführlichen Detailinformationen auf, mehr zum Thema und auch Erläuterungen zu Projektbeispielen (siehe Projekte *03Tuning02* und *03Indian*) finden Sie in Kapitel 12, »Harmonielehre, Skalen und Rhythmik: eine Einführung«.

Wenn Sie auf den Button ALS BENUTZEREINSTELLUNG WÄHLEN klicken, zeigt Ihnen Logic die Verstimmungen der aktuell gewählten fixierten Skala genau an bzw. übernimmt sie als Benutzereinstellung. Schalten Sie anschließend links daneben die BENUTZER-Stimmung aktiv

– dann können Sie die Stimmung manuell editieren (und mit dem Projekt, aber leider nicht separat abspeichern).

Zudem lassen sich im Bereich STRECKUNG Stimmungen von akustischen Konzertinstrumenten wie Konzertpianos anpassen. In einigen Logic-Instrumenten wie etwa den drei Instrumenten der *Vintage*-Serie (*Vintage Piano, Clav* und *B3*) finden Sie solche Parameter auch im Instrumenten-Plug-in.

3.4.7 Projekteinstellungen »Audio« (inklusive Samplerate und Surround-Format), Apple-Loops-Qualität

Die Samplerate eines Projekts bestimmen Sie hier. Denken Sie daran: Die für Latenz und Performance wichtige Puffergröße geben Sie unter LOGIC PRO • EINSTELLUNGEN • AUDIO in Samples an. Verdoppeln Sie die Samplerate, bedeutet das: Bei gleicher Puffergröße wird die Latenz halbiert, wodurch Ihr System schneller reagiert, aber auch überfordert sein kann. In diesem Tab stellen Sie außerdem das SURROUND-FORMAT für Ihr Projekt ein. Die Zuweisung zu Output-Kanalzügen erfolgt hingegen unter EINSTELLUNGEN • AUDIO • I/O ZUWEISUNGEN. Die Option AUTOMATISCHE VERWALTUNG VON CHANNEL-STRIP-OBJEKTEN sollten Sie aktiviert lassen, es sei denn, Sie möchten manuell in der MIDI-UMGEBUNG Änderungen vornehmen. Die Option AUTOMATISCHE BENENNUNG VON CHANNEL-STRIP-OBJEKTEN sorgt dafür, dass diese nach dem zuletzt geladenen Channel-Strip-Setting/Patch benannt werden. Die PAN LAW-Einstellung von –3 DB KOMPENSIERT soll verhindern, dass ein Sound mit mittiger Panorama-Einstellung lauter klingt, als wenn er auf links oder rechts gelegt wird. Sie haben hier allerdings alternativ die Einstellmöglichkeiten 0 DB und –3 DB. Dazu liefert das Handbuch zusätzliche Detailinformationen. Zudem kann seit Logic 10.4. ein Algorithmus APPLE LOOPS: HOHE QUALITÄT aktiviert werden, wodurch Apple Loops besser klingen. Um Kompatibilität mit alten Projekten zu erhalten, können Sie die Option deaktivieren

3.4.8 Projekteinstellungen »MIDI«

Hier finden Sie die projektbezogenen Einstellungen zum Thema MIDI mit den Reitern ALLGEMEIN, INPUT-FILTER, VERFOLGEN und LÄNGE BESCHN(EIDEN).

»Allgemein«

In den PROJEKTEINSTELLUNGEN unter MIDI • ALLGEMEIN können Sie einstellen, dass nach dem Laden eines Projekts MIDI-Einstellungen an verwendete Instrumente gesendet werden. Die Option ALLE REGLERWERTE ermöglicht Ihnen, nach dem Laden eines Projekts auch alle Reglerwerte der MIDI-UMGEBUNG zu senden.

Darunter finden Sie die Option CONTROL CHANGE 7/10 STEUERT DIE LAUTSTÄRKE/BALANCE VON CHANNEL-STRIP-OBJEKTEN. Falls diese *ausgeschaltet* bzw. nicht aktiviert ist, bedeutet das, dass der genannte Befehl die Lautstärke-/Pan-Fader in den verwendeten Plug-ins selbst anspricht und nicht die entsprechenden Lautstärke-/Pan-Fader des zugehörigen Logic-Channel-Strips.

MIDI-Thru bezeichnet das Durchschleifen von eingehenden MIDI-Signalen an das im Spurinstrument eingestellte Ziel. MIDI-THRU FÜR SYSEX ist beispielsweise sinnvoll, wenn Parameteränderungen via SysEx sofort zu hören sein sollen. Ein INSTRUMENT OHNE MIDI-THRU-FUNKTION leitet live eingehende MIDI-Informationen nicht automatisch an das in der Spur eingestellte Ziel weiter, im Abspielmodus dagegen sendet es MIDI an das Ziel. Mit einer Spur ohne MIDI-Thru können Sie MIDI in eine Logic-Spur aufnehmen, ohne dass diese MIDI-Informationen direkt wieder an den Synthesizer gesendet werden. Im Flip-Menü neben dem Eintrag INSTRUMENT OHNE MIDI-THRU-FUNKTION können Sie hierfür ein in der MIDI-UMGEBUNG verfügbares MIDI-Instrument auswählen.

»Eingang-Filter«

Wenn Sie Abschnitt 3.11.3, »MIDI-Befehle«, in diesem Kapitel lesen, werden Sie die im Bereich MIDI • INPUT-FILTER aufgelisteten Befehle wiedererkennen: Es sind die acht Standard-MIDI-Befehle (mit »Note-Befehlen« sind ja Note-On- und Note-Off-Befehle gemeint). Wenn zum Beispiel ein Häkchen beim Eintrag SYSTEM-EXKLUSIV gesetzt ist, ist es nicht möglich, dass Logic systemexklusiv Daten empfängt und (eventuell versehentlich) weiterleitet, weil sie zuvor von Logic herausgefiltert werden. Das gilt analog dazu auch für die anderen MIDI-Befehle, falls ein Häkchen gesetzt ist.

»Verfolgen«

Grundsätzlich geht es im Fenster MIDI • VERFOLGEN der PROJEKTEINSTELLUNGEN darum, dass Logic bei einem Start der Wiedergabe in der Mitte des Projekts dieses zuvor nach im Song an früheren Taktpositionen vorkommenden MIDI-Befehlen durchsucht, um diese auf die an der Abspielposition eigentlich angemessene Werte zu setzen. Das ist deshalb wichtig, weil es andernfalls passieren kann, dass ein an früherer Stelle im Projekt vorkommender MIDI-Befehl beim Start der Wiedergabe in der Mitte eines Songs nicht berücksichtigt wird, weil er ja gar nicht erst abgespielt wurde. Somit wären Parameter ohne die VERFOLGEN-Funktion anders eingestellt, wenn Sie Ihr Projekt von der Mitte aus starten, als wenn Sie es von Anfang an abspielen. Sie können im Dialog einstellen, nach welchen MIDI-Befehlen Ihr Projekt dabei durchsucht wird.

Dabei ist auch die Option NOTE interessant, die voreingestellt ausgeschaltet ist. Ist die Notenverfolgen-Funktion aktiv, spielen Noten, die an der Taktposition noch gehalten werden, auch ohne den vorher erfolgten Note-On-Befehl. Das ist bei besonders lang gespielten Noten hilfreich, damit man die Wiedergabe nicht stets am Anfang der Note starten muss.

3.4.9 Projekteinstellungen »Notation«

Unter NOTATION finden Sie zahlreiche Einstellungen für die Darstellung im Noten-Editor, der ein komplexes Thema für sich ist. In diesem Dialog geht es um Seitenränder, Abstände zwischen Noten, die maximale Anzahl der Takte pro System, automatische Anzeige von Seitenzahlen, Taktnummerierungen, Instrumentennamen in der Notation, alternative Notation von Saiteninstrumenten mit Bünden (Tabulatur), Darstellung von Akkorden und Akkorddiagrammen, Darstellung von Notenschlüsseln, Takt- und Tonart, das Layout, den Einfluss verwendeter graphischer Symbole auf die MIDI-Wiedergabe der Noten und Optionen für die farbliche Darstellung von Noten oder Velocities.

Hier liefert das Handbuch detaillierte Informationen; auf einige elementare Möglichkeiten dieses Editors gehe ich in Abschnitt 7.4, »Notationseditor«, ein.

3.4.10 Projekteinstellungen »Film«

Die Option, hier eine SMPTE-Zeit für den Filmstart einzugeben, erlaubt im Zusammenspiel mit den PROJEKTEINSTELLUNGEN unter SYNCHRONISATION und den allgemeinen EINSTELLUNGEN • FILM, einen zu vertonenden Film an einem Fixpunkt in Logics Taktraster auszurichten. Mehr hierzu finden Sie in Abschnitt 18.1.3.

3.4.11 Projekteinstellungen »Medien«

Eine wichtige und recht versteckte Voreinstellung verbirgt sich im Bereich MEDIEN (Abbildung 3.15).

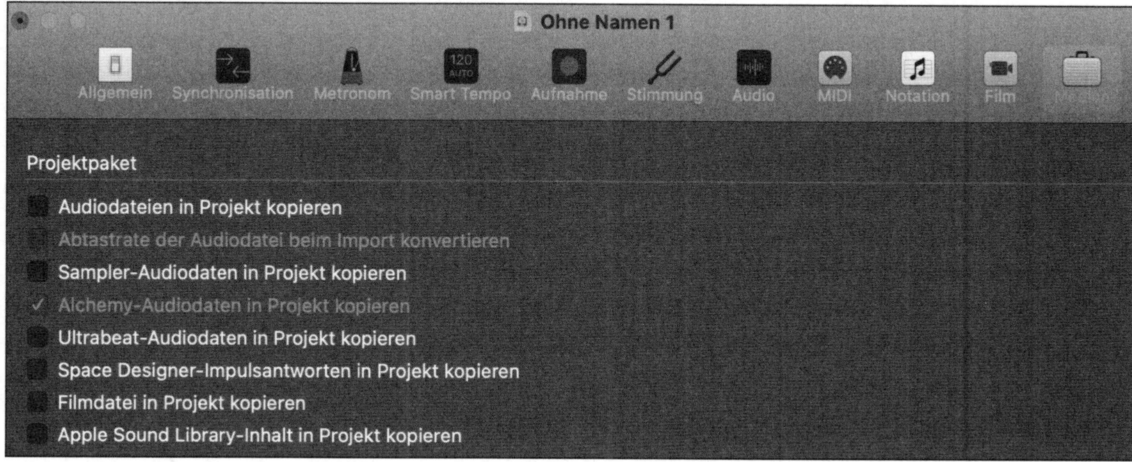

Abbildung 3.15 Projekteinstellungen »Medien«

Hier können Sie einstellen, welche Medien ins Projekt kopiert oder beim Import in die richtige Samplerate konvertiert werden. Wenn Sie den Befehl ABLAGE • SPEICHERN UNTER oder den Befehl ABLAGE • PROJEKTVERWALTUNG • PROJEKT ZUSAMMENLEGEN auswählen, sehen Sie ähnliche Optionen (siehe ab Abschnitt 3.1).

3.4.12 Projekteinstellungen importieren

Über den Eintrag ganz unten aus dem zugehörigen Menü ABLAGE • PROJEKTEINSTELLUNGEN • PROJEKTEINSTELLUNGEN IMPORTIEREN können Sie verschiedene PROJEKTEINSTELLUNGEN aus anderen Logic Pro-Projekten importieren. Wählen Sie in einem Dialog zunächst das Logic-Projekt, aus dem Sie importieren möchten. Sie können auch Fensteranordnungen, Transform-Sets usw. importieren (alle Optionen sehen Sie in Abbildung 3.16). Konfigurationen der Steuerungs- und Symbolleiste sind in diesem Zusammenhang übrigens Bestandteil von Fensteranordnungen.

Abbildung 3.16 Dialog zum Importieren von Projekteinstellungen

3.5 Plug-in-Manager und Audio Units

Grundsätzlich sind installierte Audio Units nach dem Scan anschließend im jeweiligen AU-INSTRUMENTE- bzw. AUDIO UNITS-Menü in Logic für Instrumente oder Effekte verfügbar.

3.5.1 Manueller Scan bei Problemen

Falls einmal ein externes Plug-in Probleme macht oder Sie den Scan abgebrochen haben: Rufen Sie den Audio-Unit-Manager über das Menü LOGIC PRO • EINSTELLUNGEN • PLUG-IN-MANAGER auf.

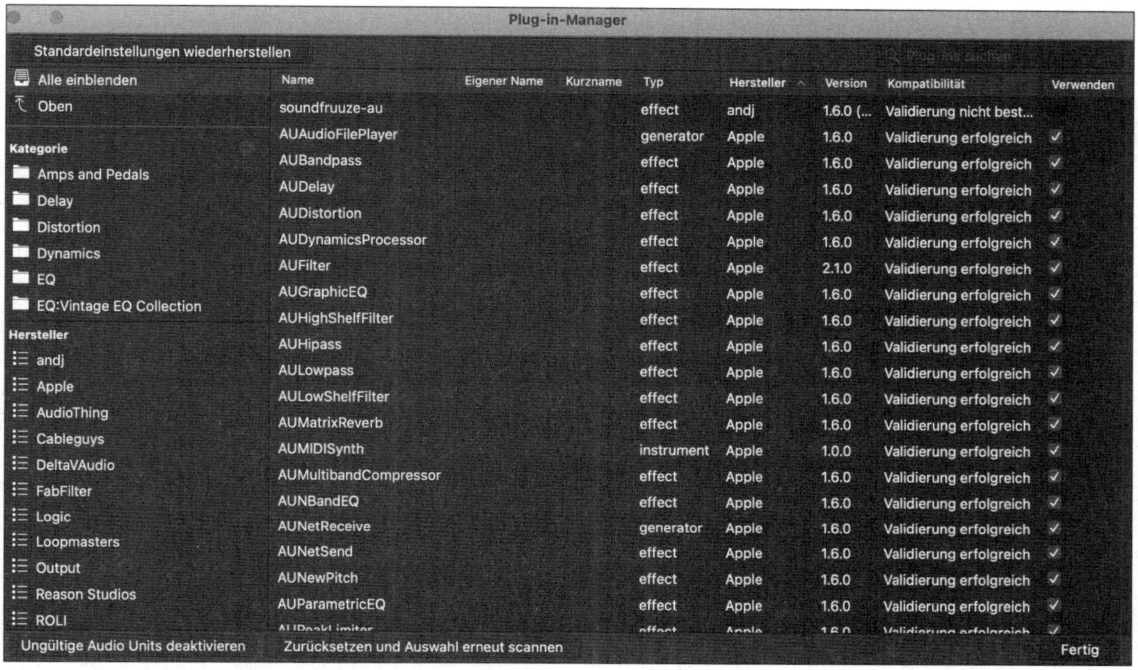

Abbildung 3.17 Der Plug-in-Manager

Sie können z. B. Instrumente selektieren, die nicht aufgelistet werden oder kein Häkchen unter VERWENDEN haben – was nur bei Drittanbieter-Plug-ins vorkommen kann –, und unten auf ZURÜCKSETZEN UND AUSWAHL ERNEUT SCANNEN klicken. Nur selektierte Objekte werden gescannt. Möglicherweise ist danach ein Problem behoben, manchmal hilft auch ein Rechnerneustart. Um schnell alle nicht aktiven Plug-ins zu finden, können Sie oben auf die Spalte VERWENDEN klicken, so dass die aktiven/nicht aktiven Plug-ins gruppiert aufgelistet werden.

3.5.2 Problematische Plug-ins

Gegebenenfalls müssen Sie die Prozedur wiederholen, manchmal klappt es beim zweiten Versuch. Sie können theoretisch auch ein Plug-in, obwohl es die Validierung nicht bestanden hat, durch Anklicken des Häkchens unter VERWENDEN aktivieren. In den meisten Fällen ist das aber nicht empfehlenswert. Plug-ins, bei denen das VERWENDEN-Häkchen nicht gesetzt ist, erscheinen nicht in den Logic-Auswahlmenüs.

Logic Pro kann nur mit 64-Bit-Plug-ins arbeiten. AU-Plug-ins von Drittherstellern kann Logic nach dem Scan in der Regel verwenden, das Format VST versteht Logic nicht. Normalerweise ist das kein Problem, denn Hersteller, die Mac-Plug-ins anbieten, stellen diese meist auch im AU-Format zur Verfügung.

3.5.3 Eigene Plug-in-Menü-Konfigurationen und Ordner bearbeiten

Sie können Plug-ins im Plug-in-Manager konfigurieren und Ordner erstellen und links verwalten, um z. B. Ihre Lieblings-Plug-ins verschiedener Hersteller oder Plug-ins nach Kategorien zusammenzufassen. Diese Order sehen Sie dann auch beim Laden von Plug-ins. Einige Effekt-Plug-ins von Drittherstellern erscheinen nach der Zuordnung in eigene Ordner auch als ladbare Instrumente mit Side-Chain-Input. Voreingestellt werden die Ordner angezeigt, nach denen Logic seine Plug-ins sortiert: AMPS & PEDALS, DELAY, DISTORTION usw. (siehe unten links in Abbildung 3.17). Unterhalb der Ordner gibt es zusätzlich eine Liste der Hersteller der von Ihnen verwendeten Plug-ins. Klicken Sie auf den Herstellernamen (Logic-Plug-ins sind unter LOGIC aufgelistet), und verschieben Sie gewünschte Plug-ins in Ordner. Legen Sie durch Klick auf das kleine, nur schwach erkennbare +-Zeichen rechts neben dem Eintrag KATEGORIE selbst neue Ordner an. Per Rechtsklick können Sie diese durch Auswahl der ENTFERNEN-Option auch wieder löschen. Die Anzeige erfolgt zunächst alphabetisch, doch die Ordneranordnung kann verschoben werden. Sie können sowohl Instrument- als auch Effekt-Plug-ins in Ordner schieben.

Wenn Sie ein Plug-in aus einem Ordner in einen anderen verschieben und dabei die `alt`-Taste gedrückt halten, wird das Plug-in in den Ordner kopiert und erscheint fortan in Ihrer Liste mehrfach. Wenn Sie Plug-ins ohne gehaltene `alt`-Taste aus Ordnern verschieben, verschwinden sie aus dem Ordner, in dem sie sich bis dahin befanden.

Zusätzlich zu selbstkonfigurierten Ordnern stehen Ihnen beim Laden von Plug-ins ganz unten aber immer die Menüs AUDIO UNITS und LOGIC zur Verfügung. Dort finden Sie in jedem Fall weiterhin die Standard-Logic-Unterordner (Abbildung 3.18) bzw. die Plug-ins von Drittherstellern im AUDIO UNITS-Unterordner sortiert nach dem Herstellernamen.

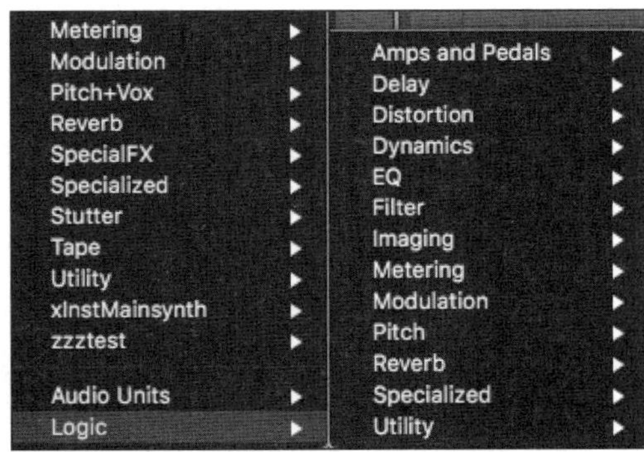

Abbildung 3.18 Die Ordner links sind selbst konfiguriert, unten finden Sie Logic inklusive der Standardunterordner, darüber den Eintrag »Audio Units«.

Konfigurationen speichern oder resetten?

Sie können leider keine Konfigurationen speichern, sehr wohl aber die Standardeinstellungen wiederherstellen.

Es gibt aber eine unoffizielle Methode, die ich schon einmal ausprobiert habe: Im Pfad *Benutzer/Musik/Audio Music Apps/Databases* finden Sie den Ordner *Tags*. Darin sind die Konfigurationen des Plug-in-Managers gespeichert. Wenn Sie eine Kopie dieses Ordners an einem sicheren Ort speichern, können Sie ein Backup Ihrer Plug-in-Konfiguration anlegen und gegebenenfalls wieder einsetzen.

3.6 Tastaturkurzbefehle nutzen, verwalten und selbst erstellen

Fast jeder mit der Maus erreichbare Menüpunkt oder Befehl kann als *Tastaturkurzbefehl* (auch *Tastaturkommando, Key-Command* oder *Shortcut* genannt) frei konfiguriert werden. Es gibt Befehle, die nicht mit der Maus oder per Menüeintrag, sondern nur via Tastaturkurzbefehl ausführbar sind. Zudem sind bei weitem nicht für alle Befehle voreingestellt Shortcuts vergeben. Auch die in Kapitel 1, »Einführung, Schnellkurs Mac, Logic-Installation«, kurz vorgestellte Touchbar von MacBook Pros können Sie über den Bereich TASTATURKURZBEFEHLE konfigurieren (siehe Abschnitt 3.7). Ein Tastaturkommandoset lässt sich als Preset speichern. Zum Beispiel über das Menü LOGIC PRO • TASTATURKURZBEFEHLE • PRESETS können Sie schnell auf das Standard-Shortcut-Set oder auf selbstgespeicherte Presets zurückschalten. Im Bonusbereich finden Sie auch ein Shortcut-Set von mir, das bis auf sehr wenige Änderungen auf Logics DEUTSCH Preset beruht. In letzter Zeit wurde der Dialog LOGIC PRO • TASTATURKURZBEFEHLE immer wieder leicht geändert. Es sind Neuerungen und gute neue Shortcuts hinzugekommen, z. B. zum schnellen Öffnen des Instrument-Plug-in-Fensters der ausgewählten Spur. Übrigens: Auch Logics Menüeinträge helfen Ihnen beim Erlernen von Shortcuts, indem diese in den Menüs neben den Befehlen angezeigt werden.

3.6.1 Hard-wired Shortcuts

Einige wenige Tastaturkurzbefehlsfunktionen in Logic sind fest vergeben. Sie tauchen nicht im Fenster TASTATURKURZBEFEHLE auf. Je nachdem, welche Art Maus (Scrolling in zwei oder vier Richtungen) oder Trackpad Sie benutzen, haben manche Modifier beim Scrollen/Zoomen allerdings unterschiedliche Wirkungen. Tabelle 3.2 zeigt eine Liste wichtiger Hard-wired Shortcuts.

Tastenkürzel	Beschreibung
`alt` (früher `ctrl` + `alt`)	Lupenfunktion: Ein Bereich kann aufgespannt und gezoomt werden. Erneuter Klick mit gehaltener `alt`-Taste zoomt zur ursprünglichen Zoomeinstellung zurück.

Tabelle 3.2 Hard-wired Shortcuts in Logic

Tastenkürzel	Beschreibung
⇧ + ctrl bei Kurvenbearbeitung	Kurve wird gebeugt, z. B. bei Automationskurven und MIDI-Draw-Kurven.
⇧ + ctrl im Hauptfenster (gegebenenfalls mit Mauszeiger über Anfang/Ende einer Audioregion)	Der Arrangierbereich kann in vier Richtungen bewegt werden (über Audioregion: Fade-Werkzeug, [Cross-]Fade kann erzeugt werden).
cmd	Die gehaltene cmd-Taste ruft das ausgewählte Werkzeug aus dem zweiten Werkzeugmenü des Fensters auf.
cmd + Klick auf Taktlineal	Cycle-Bereich wird in Skip-Bereich umgewandelt.
alt + Scrollen (z. B. im Hauptfenster oder in der PIANOROLLE)	Die Zoomstufe aller Spuren verändert sich gleichzeitig (gegebenenfalls abweichendes Verhalten, falls eine einzelne Spur zuvor deutlich stärker eingezoomt wurde).
⇧ + Scrollen mit Maus (z. B. im Hauptfenster oder in der PIANOROLLE)	horizontales Scrolling (bei Maus mit horizontalem Mausrad)
⇧ + Klick auf untere linke Ecke eines Spur-Headers im Bereich SPUREN	Alle Spuren werden auf eine einheitliche vertikale Zoomstufe zurückgesetzt.
alt + Klick auf Fader im Kanalzug und viele andere Einstellungen (z. B. PAN-, Plug-in-Regler)	Reset. Der Kanalzugfader wird auf 0 dB zurückgesetzt, diverse Einstellungen können so zurückgesetzt werden (z. B. PAN- oder Plug-in-Regler).
alt + Klick auf SOLO oder MUTE in Kanalzügen	Deaktiviert alle aktiven Solos und Mutes.
ctrl + Klick auf SOLO-Button im Kanalzug	Schaltet den SOLO-Button *solo safe*.
alt + Klick auf Marker im Bereich SPUREN oder Einträge in der MARKER-Liste	Die Abspielposition springt an den Marker-Anfang.
alt + Klick mit Fade-Tool auf Fades bzw. Beschleunigungs-/Verlangsamungseinstellungen von Audioregionen im Hauptfenster oder im AUDIOSPUREDITOR	Löscht Fades bzw. Beschleunigungs-/Verlangsamungseinstellungen von Audioregionen im Hauptfenster oder im AUDIOSPUREDITOR.
⇧ + ctrl in der PIANOROLLE	Velocity-Werkzeug

Tabelle 3.2 Hard-wired Shortcuts in Logic (Forts.)

Tastenkürzel	Beschreibung
⇧ + alt bei Parameterbearbeitung (z. B. in PIANOROLLE, in der EVENT-Liste oder im Informationsfenster REGION im Hauptfenster)	Alle selektierten Events haben anschließend den gleichen Wert für den entsprechenden Parameter eingestellt.
⇥	Fokuswechsel zwischen Teilbereichen im Hauptfenster
⌫	Löschen selektierter Objekte
ctrl + Leertaste	Vorhören von Selektionen im AUDIODATEI-EDITOR, in der Übersicht PROJEKT und der Übersicht ALLE DATEIEN
cmd auf Autopunch-Markierung	Deaktiviert Autopunch.

Tabelle 3.2 Hard-wired Shortcuts in Logic (Forts.)

3.6.2 Tastaturkurzbefehle editieren/frei konfigurierbare Kurzbefehle

Kommen wir nun zu den frei definierbaren Tastaturkurzbefehlen. Über das Menü LOGIC PRO • TASTATURKURZBEFEHLE • BEARBEITEN öffnen Sie das Fenster zur Vergabe von Tastaturkurzbefehlen (Shortcut: alt + K; Abbildung 3.19). Tipp: Auch beim Anklicken eines beliebigen Menüpunktes bei gehaltener ctrl-Taste öffnet sich der Dialog für die Shortcut-Vergabe für den selektierten Befehl.

Befehle suchen; Logic kennenlernen; Kategorisierung von Shortcuts für Befehle

Das Fenster TASTATURKURZBEFEHLE kann beim Kennenlernen von Logic helfen: Mit der Suchfunktion rechts oben finden Sie schnell Shortcuts und Befehle. Oft muss man beim Suchen ein paarmal herumprobieren, bis man den richtigen Begriff gefunden hat. Suchen Sie beispielsweise den Shortcut für schnelles Vor- und Zurückspulen (⇧ + . bzw. ⇧ + ,), so heißt der Befehl *Vorspulen* und nicht etwa *Vorwärts*. Manche Übersetzungen sind gewöhnungsbedürftig, bei kleinen Logic-Versionssprüngen erfolgen zudem oft unbemerkt kleine Änderungen und Neuerungen. Schauen Sie mal nach, was es gibt, um Ihren Workflow beschleunigen. Befehle, die mit einem Punkt davor markiert sind, sind nur über Shortcuts erreichbar und nicht in Menüs zu finden. Insbesondere in kleinen Updates kommen hier ständig neue Befehle hinzu. Manche Shortcuts wie z. B. AUF ABSPIELPOSITION BEWEGEN (englisch: *pickup clock*) gibt es auch als Icon in der Symbolleiste oder als Shortcut, nicht aber in Menüs. Manche Befehle gibt es nur auf der numerischen Tastatur (angezeigt durch ein Symbol), manche gibt es doppelt mit höherer und niedrigerer Priorität (dann sind zwei Quadrate daneben zu sehen, und via Rechtsklick kann der andere Befehl angezeigt werden)

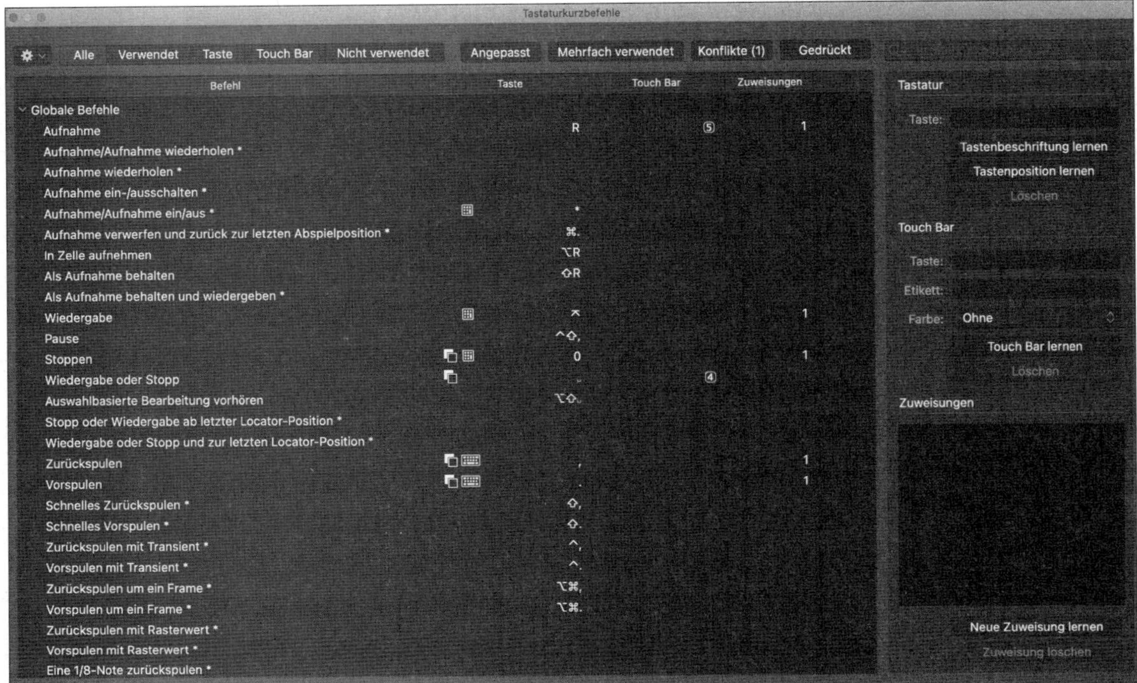

Abbildung 3.19 Das Fenster »Tastaturkurzbefehle« auf einem Mac mit Touchbar und macOS 10.12

Was zeigt das Fenster »Tastaturkurzbefehle« an?

Im Bereich oben links (Abbildung 3.20) gibt es die selbsterklärenden Anzeigeoptionen ALLE, VERWENDET, TASTE, TOUCH BAR, NICHT VERWENDET. Daneben: ANGEPASST, MEHRFACH VERWENDET, KONFLIKT, GEDRÜCKT. Neu: Via Klick auf ANGEPASST oben sehen Sie alle Shortcuts, die gegenüber dem gespeicherten Shortcut-Preset verändert wurden.

Oben links finden Sie ein Aktionsmenü mit Zahnrad, dort können Sie via ALLE ERWEITERN/ ALLE REDUZIEREN die Anzeige der Funktionsbereiche aus- und einklappen, was Sie ansonsten für alle Funktionsbereiche (z. B. GLOBALE BEFEHLE) links neben dem Eintrag selbst machen können.

Tastaturkurzbefehle laden, teilweise laden und sichern

Das Laden eines der mehreren Factory-Standardsets (z. B. in verschiedenen Sprachen oder für Pro-Tools-User optimiert) ist über LOGIC PRO • TASTATURKURZBEFEHLE • PRESETS, aber auch über das zuletzt genannte Aktionsmenü oben links möglich. Dieses Buch orientiert sich am Standardpreset DEUTSCH. Dort können Sie via TASTATURKURZBEFEHLE IMPORTIEREN aber auch User-Tastaturkurzbefehl-Presets aus beliebigen Ordnern (nicht nur aus dem Standardverzeichnis) importieren (etwa um auf einem fremden Rechner schnell eigene Shortcuts vom Desktop laden zu können, wo Sie diese zuvor abgelegt haben). TASTATURKURZBEFEHLE IN AUSWAHL IMPORTIEREN (eingeführt in Logic 10.4) importiert die Shortcuts eines im nachfolgenden Dialog zu selektierenden Sets in eine Auswahl, Sie können also Teile eines Shortcut-Sets in ein anderes kopieren.

Wenn Sie den Befehl TASTATURKURZBEFEHLE EXPORTIEREN auslösen, können Sie sie an einen beliebigen Platz exportieren. Natürlich wird Ihnen zunächst der Standardordner als Speicherort angeboten (von dem aus Shortcuts via LOGIC PRO • TASTATURKURZBEFEHLE • PRESETS ja schneller geladen werden können).

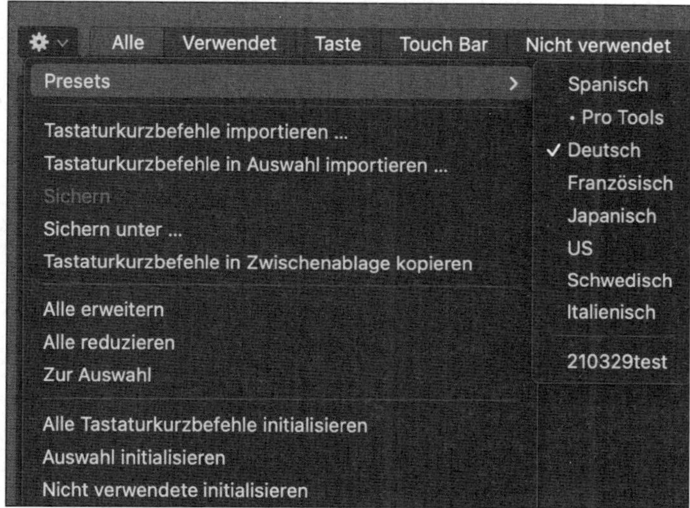

Abbildung 3.20 Optionen im Fenster »Tastaturkurzbefehle«

Shortcuts, die dem Apple-Betriebssystem zugeordnet sind, können in Logic nicht richtig funktionieren. Das können Sie durch Anpassung von SYSTEMEINSTELLUNGEN ändern, insofern der Shortcut nicht fest vergeben ist. Beispiel: [cmd] + [M] ist für »Fenster minimieren bzw. im Dock ablegen« reserviert. In einem solchen Fall (wie übrigens auch beim Versuch, bereits in Logic vergebene Shortcuts neu zu nutzen) meldet sich Logic mit einem erläuternden Warnhinweis.

3.6.3 Tastaturkurzbefehle selbst vergeben/verwalten

Um selbst Tastaturbefehle zu vergeben, klicken Sie die Schaltfläche ALS TASTENBESCHRIFTUNG LERNEN (oder alternativ ALS TASTENPOSITION LERNEN) an und drücken danach die gewünschte Tastenkombination. Bei ALS TASTENBESCHRIFTUNG LERNEN geht es um die Beschriftung der Taste, bei ALS TASTENPOSITION LERNEN um ihre Position. Das kann einen Unterschied ausmachen, wenn Sie zum Beispiel von einer englischen auf eine deutsche Tastatur wechseln. Dass beispielsweise der Shortcut [cmd] + [Z] auf englischen Tastaturen effizienter ist als auf deutschen, liegt daran, dass die [Z]-Taste einer englischen Tastatur dort liegt, wo sich auf einem deutschen Keyboard das Y befindet – nämlich direkt neben der [cmd]-Taste, was leichter zu greifen ist. Ein als Tastaturposition auf einer englischen Tastatur vergebener

Shortcut [cmd] + [Z] wäre auf der deutschen Tastatur als [cmd] + [Y] genauso schnell erreichbar. Ein weiteres Beispiel: Die Ziffer 1 gibt es sowohl auf dem Haupttastenfeld als auch auf dem Ziffernblock. Shortcuts des Nummernblocks werden durch ein kleines quadratisches Symbol gekennzeichnet.

Ist eine Kombination noch nicht vergeben, wird die neue übernommen, und Sie können das Fenster mit einem Mausklick wieder schließen. Im anderen Fall erhalten Sie eine Warnmeldung und können sich dafür entscheiden, entweder einen anderen Shortcut zu ersetzen oder ihn zu belassen. Diese Problematik kommt oft vor, wenn man viele eigene Shortcuts vergeben will, weshalb ich empfehle, grundsätzlich mit den Standard-Shortcuts zu arbeiten und diese lediglich ein wenig an eigene Bedürfnisse anzupassen.

Tastaturkurzbefehle als Textdokument exportieren

Über den Knopf OPTIONEN können Sie eine komplette Shortcut-Liste auch als Textdokument exportieren. Via TASTATURKURZBEFEHLE IN ZWISCHENABLAGE KOPIEREN können Sie die Liste von gerade angezeigten Shortcuts in die Zwischenablage speichern und via Paste-Befehl ([cmd] + [V]) an ein Textprogramm übergeben, um sie von dort aus beispielsweise auszudrucken. So lassen sich Shortcuts wie Vokabeln lernen.

3.6.4 Befehle mit Controllern oder MIDI-Geräten fernsteuern

Ferner lassen sich Befehle mit dem Button NEUE ZUWEISUNG LERNEN (unten rechts) auch Controllern oder MIDI-Befehlen zuweisen, so dass Sie Logic z. B. mit einem iOS-Gerät, einem MIDI-Keyboard oder einem MIDI-Controller fernsteuern können. Dabei ist es auch möglich, mehrere MIDI-Befehle bzw. -Controller demselben Befehl zuzuweisen, um beispielsweise mehrere Controller benutzen zu können. Sie können auch das Loslassen eines Controller-Buttons einer Funktion zuweisen, indem Sie den Button an der Hardware zuerst drücken, anschließend mit der Maus NEUE ZUWEISUNG LERNEN auslösen und danach den Hardware-Controller-Button loslassen.

Die Zuordnungen von Controller-Zuweisungen können Sie in einem entsprechenden Dialogfenster editieren. Lesen Sie zu diesem komplexen Thema Abschnitt 16.3, »Bedienoberflächen und Controller-Zuweisungen«, oder das Logic-Manual zu Bedienoberflächen. Entsprechende Zuweisungen werden auch im TASTATURKOMMANDO-Fenster angezeigt, wo Sie sie nach Selektion mit dem Button ZUWEISUNG LÖSCHEN auch wieder loswerden können.

3.7 Touchbar

Bei der Nutzung eines Mac mit Touchbar können Sie der Touchbar Befehle zuweisen. Weitere Optionen erläutere ich Ihnen in diesem Abschnitt.

3.7.1 Systemeinstellungen Tastatur/Touchbar

In den SYSTEMEINSTELLUNGEN im Bereich TASTATUR können Sie einstellen, ob die Touchbar z. B. APP-STEUERUNGEN oder CONTROL STRIP erweitern, TASTEN F1, F2 USW. , SCHNELLAKTIONEN oder SPACES zeigt. Zusätzlich kann auch die [fn]-Taste andere Darstellungen aufrufen (z. B. [F1]–[F12], App-Steuerungen). Unten rechts lassen sich angezeigte Icons des Mac-Control-Strips einstellen.

3

3.7.2 Touchbar in Logic – Übersicht

Die Touchbar hat die vier Hauptansichten mit je einem eigenen Icon (Abbildung 3.21). Dieses Icon erscheint auch, wenn Sie eine Ansicht aufrufen (z. B. Smart Controls, 2. von links in Abbildung 3.22), und durch nochmaliges Antippen dieses Icons gelangen Sie wieder ins Hauptmenüzurück, wo sie eine der vier Ansuchten aufrufen können.

Diese heißen (von links nach rechts).

- Smart Controls (Ansicht 1)
- Arrangement-Übersicht (Ansicht 2)
- Tastaturkommandos (Ansicht 3)
- Performance-Ansicht (Ansicht 4)

Abbildung 3.21 Übersicht über alle Ansichten

Smart Controls (Ansicht 1)

Die Smart-Controls-Ansicht zeigt jeweils die zur Spur gehörenden Smart Controls, die dementsprechend unterschiedlich aussehen können. So sehen Sie für den DRUM MACHINE DESIGNER Felder mit beschrifteten Drumsounds, für das E-Piano Smart Controls. Durch Klick auf einen Button erscheint ein Pegelregler für Justagen. Für *Alchemy* sehen Sie einen Strip, der den acht Feldern des Transform-Pads entspricht, so dass Sie schnell zwischen Soundvariationen morphen können.

Abbildung 3.22 Smart-Controls-Felder eines E-Pianos

Arrangement-Übersicht (Ansicht 2)

In dieser Ansicht können Sie durch Tappen und Bewegen des Fingers von rechts nach links schnell durch das Arrangement navigieren. Sie bewegen dabei den Abspielpositions-Marker.

Abbildung 3.23 Arrangement in der Touchbar

Tastaturkommandos (Ansicht 3)

Diese Ansicht zeigt zugewiesene Tastaturkurzbefehle. Mit verschiedenen Modifiern (⇧-, ctrl-, alt- und cmd-Taste oder Kombinationen davon) können weitere Befehle aufgerufen werden.

Voreingestellt sind unter anderem:

- ohne Modifier: Transportbefehle
- ⇧-Modifier: verschiedene Funktionen und Fenster einblenden
- ctrl-Modifier: Spuren erzeugen, Automation

Abbildung 3.24 Touchbar mit Transportbefehlen

Performance-Ansicht (Ansicht 4)

Die Performance-Ansichten dienen zum Spielen des Instruments im Kanalzug bzw. zum Bedienen einer Audiospur. Aktuell bietet Logic folgende Performance-Ansichten:

- Tastatur (mit wählbarer Skala)
- Tastatur, die nur Tasten einer Skala anzeigt (Abbildung 3.25)
- Audiokanal-Bedienelemente (z. B. Gain)
- Drums (Abbildung 3.26)

Abbildung 3.25 Keyboard-Performance-Strip mit gewählter Skala und optionalem Arp

Abbildung 3.26 Performance-Strip für Drums inklusive Note Repeat

3.7.3 Touchbar – Befehle selbst zuweisen

Das funktioniert im Prinzip wie das Zuweisen von Tastaturkurzbefehlen. Wählen Sie im Menü LOGIC PRO • TASTATURKURZBEFEHLE • BEARBEITEN (alt + K). Gehen Sie dann folgendermaßen vor:

1. Wählen Sie zuerst den gewünschten Befehl aus, den Sie zuweisen möchten, und klicken Sie darauf, so dass er selektiert ist.

2. Klicken Sie dann auf TOUCH BAR LERNEN.
3. Drücken oder klicken Sie dann auf das Touchbar-Feld, das Sie zuweisen möchten. Der zuzuweisende Befehl sollte dabei zur Ansicht passen. Sie können z. B. Feld 5 der Funktion AUFNAHME/AUFNAHME WIEDERHOLEN anstelle der voreingestellten Funktion AUFNAHME zuweisen. Dann erscheint (in diesem Fall) zunächst ein Warnhinweis, dass es bereits eine zugewiesene Funktion gibt, den Sie diesmal ignorieren können, denn wir wollen sie ja absichtlich ersetzen. Anschließend können Sie dem Button noch manuell im Bereich FARBE Rot zuweisen. In der Spalte TOUCH BAR steht nun klein die zugewiesene Touchbar-TASTE 5 neben dem Befehl.

3.8 Undo- und Redo-Funktionalität in Logic

Grundsätzlich erlaubt Logic via Undo (cmd + Z) und Redo (⇧ + cmd + Z), Bearbeitungsschritte rückgängig zu machen und rückgängig Gemachtes zu wiederholen. Was im letzten Schritt rückgängig gemacht oder wiederholt werden kann, wird auch im BEARBEITEN-Menü angezeigt, mehr Schritte sehen Sie im Fenster UNDO-VERLAUF, das Sie via (alt + cmd + Z) oder über das BEARBEITEN-Fenster erreichen. Diese Verlaufs-Undo-Liste (Abbildung 3.27) bietet den größten Komfort und listet die Schritte gemäß der Zahl der möglichen gespeicherten Schritte auf. Neueste Änderungen stehen unten. Wenn Sie durch Klick auf einen Schritt zu diesem zurückspringen, werden die Einträge danach/darunter ausgegraut angezeigt. Das bedeutet, dass sie rückgängig gemacht wurden, wobei sie durch einen weiteren Klick auf Einträge weiter unten oder durch Nutzung der Redo-Funktion wiederhergestellt werden können. Wenn Sie nun allerdings eine neue Operation vornehmen, verschwinden die nächsten Schritte, was logisch ist, weil Logic auf der Basis eines veränderten Zustands nicht mehr die Folgeschritte eines anderen Zustands realisieren kann.

Relativ neu ist die Option, auch Parameteränderungen an Mixer- und Plug-ins rückgängig zu machen. Diese lassen sich teilweise getrennt verwalten: Oben rechts sehen Sie im Fenster UNDO-VERLAUF die Buttons MIXER und PLUG-IN. Nur wenn Sie sie aktivieren, so dass sie blau unterlegt sind, werden diese Parameteränderungen in der Liste angezeigt, so dass die Undo/Redo-Shortcuts sich auch auf sie beziehen.

Welcher Undo-Schritt im BEARBEITEN-Menü zu sehen ist, hängt auch vom im Fokus stehenden Fenster ab. Es ist wichtig, darauf zu achten, um nicht durch Nutzung von Undo unerwartete Resultate auszulösen. In den Logic-Einstellungen unter ALLGEMEIN und AUDIO lässt sich die Zahl der Undo-Schritte im AUDIODATEIEDITOR und im Hauptmenü BEARBEITEN getrennt einstellen.

Logic ist teilweise in der Lage, auch beim Öffnen bereits gespeicherter Projekte nachträglich Schritte, die vor der Speicherung erledigt wurden, im UNDO-VERLAUF anzuzeigen. Alternativ kommen Sie über gespeicherte Sicherungskopien an wiederherzustellende Zwischenstände heran.

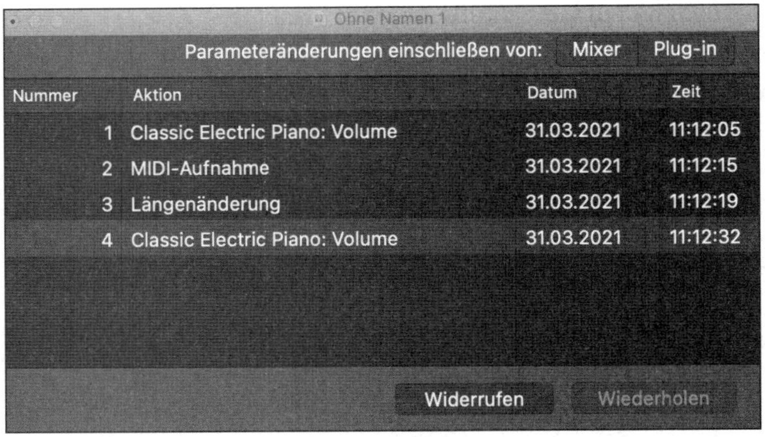

Ohne Namen 1

Parameteränderungen einschließen von: Mixer Plug-in

Nummer	Aktion	Datum	Zeit
1	Classic Electric Piano: Volume	31.03.2021	11:12:05
2	MIDI-Aufnahme	31.03.2021	11:12:15
3	Längenänderung	31.03.2021	11:12:19
4	Classic Electric Piano: Volume	31.03.2021	11:12:32

Widerrufen Wiederholen

Abbildung 3.27 Undo-Verlauf; neueste Änderungen stehen unten.

Nicht alles kann immer korrekt rückgängig gemacht werden. Eine weitere Option ist es dann, Spuren aus anderen Logic-Projekten zu importieren, falls Sie wiederherzustellende Elemente bereits gespeichert hatten. Speichern Sie Ihr Projekt zuvor unter einem neuen Namen, und öffnen Sie hierfür über die Übersicht Alle Dateien durch Doppelklick eine zuvor gespeicherte Version Ihres Projekts, die die wiederherzustellenden Einstellungen enthält (mehr Details siehe Kapitel 10).

3.9 Audiointerface-Konfiguration im Audio-MIDI-Setup

In diesem Abschnitt geht es um die Konfiguration von Audiointerfaces. Das Audio-MIDI-Setup habe ich in Abschnitt 1.5.2, »Audio-MIDI-Setup«, bereits kurz vorgestellt, zusätzlich finden Sie weiter unten einen Abschnitt über MIDI im Audio-Setup (Abschnitt 3.10). Die zur Verfügung stehenden Audiogeräte machen Sie via Fenster • Audiogeräte einblenden sichtbar, wobei bei verschiedenen macOS-Versionen kleine Unterschiede vorkommen, weil es sich um ein zum System gehörendes Programm handelt.

Sie können durch Klick auf den +-Button ganz unten rechts im Audio-MIDI-Setup eigene virtuelle Geräte erzeugen, die mehrere physisch vorhandene Audiointerfaces kombiniert nutzen. Das ist in Form von

- Hauptgeräten oder
- Geräten mit mehreren Ausgängen

möglich. Solche Geräte können Sie selbst benennen und in Logic später als eigenständiges Audiointerface auswählen. Wenn Sie die Routing-Software *BlackHole* (kostenfrei) oder *Loopback* installieren, können Sie Audiodaten zwischen mehreren Programmen auf dem Rechner hin und her senden. Sie können im Audio-MIDI-Setup dann auch ein Audiointerface erstellen, das ein virtuelles Interface aus Loopback in Kombination mit physischen Ein- und Ausgängen nutzt. Mehr hierzu lesen Sie in Abschnitt 19.2 und Abschnitt 19.8.

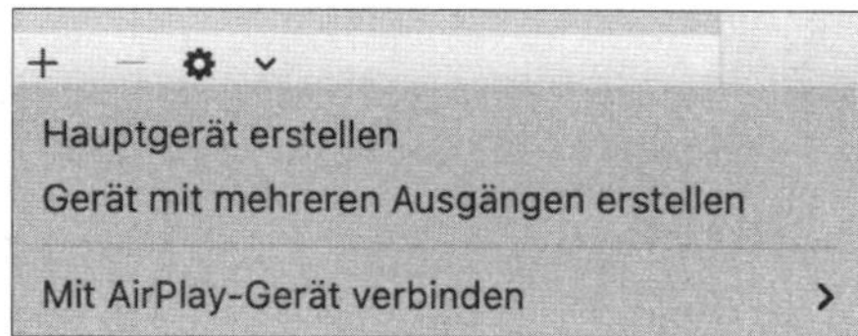

Abbildung 3.28 Geräte im Audio-MIDI-Setup erzeugen

Hauptgeräte stellen die In- und Outputs mehrerer Interfaces gleichzeitig zur Verfügung, wodurch Sie beispielsweise aus zwei Audiointerfaces mit je zwei Kanälen eines mit insgesamt vier machen können (Abbildung 3.29). Geräte mit mehreren Ausgängen dagegen senden einfach nur den Output an mehrere wählbare Outputs gleichzeitig.

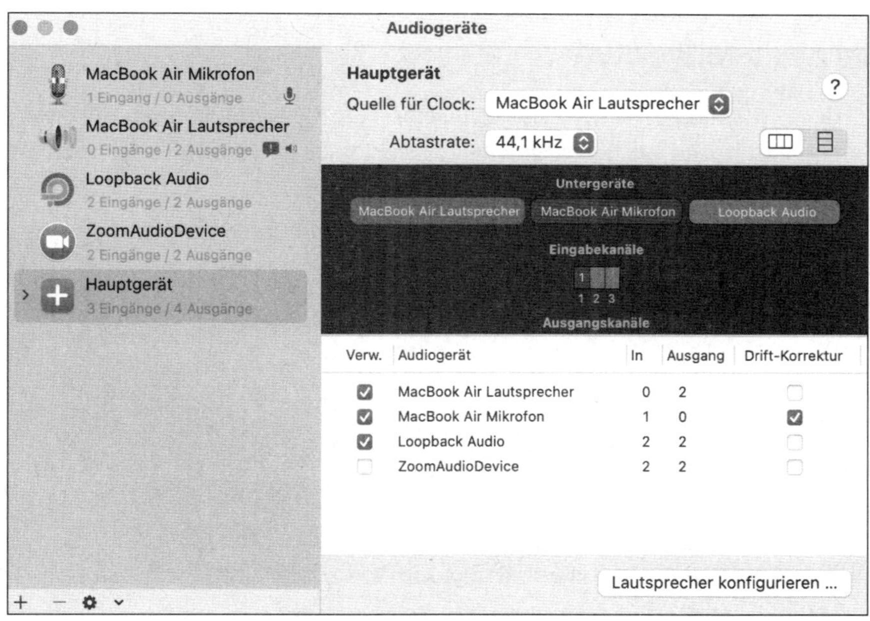

Abbildung 3.29 Im Bild sehen Sie, dass für das neue Hauptgerät vier Ausgänge zur Verfügung stehen. Hierbei werden zwei Audiointerfaces kombiniert, die jeweils zwei Ausgänge haben.

Anschließend können Sie das neu erzeugte Gerät z. B. in Logic verwenden. Hierzu wählen Sie es unter LOGIC PRO • EINSTELLUNGEN • AUDIO • GERÄTE aus der Liste aus. Im Beispiel würde dann Output 1 an den MACBOOK AIR LAUTSPRECHER senden, Output 3–4 an LOOPBACK AUDIO.

Tipp: Beachten Sie, dass die Nummerierung der Ausgänge abhängig von der Reihenfolge ist, in der Sie das Häkchen bei VERW. für »Verwenden« aktivieren. Sie können die Reihenfolge der Zuweisung aber auch nachträglich ändern, indem Sie die Untergeräte aus Abbildung 3.29

verschieben. So könnten Sie LOOPBACK AUDIO von rechts nach links vor den Eintrag MACBOOK AIR LAUTSPRECHER schieben, um die Ein- und Ausgänge von Loopback Audio an erste Stelle zu setzen (erscheinen dann in Logic als Input 1–2 und Output 1–2). Ein Interface, das möglicherweise zwischendurch nicht mehr verfügbar ist (z. B. USB-Audiointerface), sollten Sie eher »hinten« bzw. »unten« positionieren – dann verrutschen die Zuweisungen nicht, wenn es mal nicht da ist.

Beachten Sie, dass ein Gerät, das ausschließlich Eingänge verwendet, nicht in Logics Liste der Output-Interfaces stehen kann und umgekehrt. Manchmal müssen Sie Logic erst schließen und neu starten, um ein im AUDIO-MIDI-SETUP neu konfiguriertes Gerät in Logic zu sehen.

Zum Umbenennen eines Geräts doppelklicken Sie auf den Namen. Mit dem Pfeil links neben dem Namen sehen Sie die verwendeten Untergeräte, und mit Rechtsklick auf die enthaltenen Geräte können Sie Master-Clock-Einstellungen vornehmen.

3.10 MIDI im Audio-MIDI-Setup

Im Programm AUDIO-MIDI-SETUP sehen Sie MIDI-Geräte, die Sie schon einmal mit Ihrem Rechner verbunden hatten, und solche, die gerade angeschlossen sind. Blenden Sie dazu im Menü FENSTER das MIDI-STUDIO ein (siehe auch Kapitel 1).

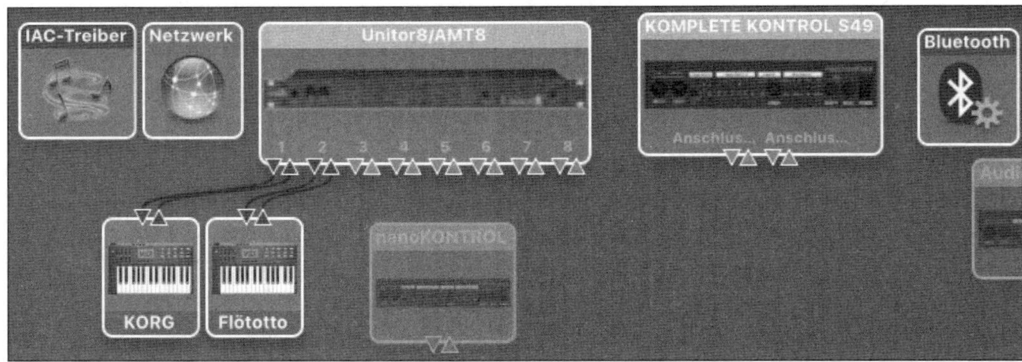

Abbildung 3.30 Im Bild sind zwei virtuelle Objekte mit zwei Ports des angeschlossenen MIDI- Interface verbunden.

Sie können im AUDIO-MIDI-SETUP auch eigene Objekte erzeugen und benennen und einstellen, welche MIDI-Kanäle Sie damit spielen wollen. Angenommen, Sie haben einen KORG-Synthesizer an Port 1 des AMT8-Interface angeschlossen: Dann können Sie z. B. oben in der Symbolleiste des Programmfensters auf GERÄT HINZUFÜGEN (in neueren Versionen nur +) klicken, das neue Gerät »KORG« nennen und nach einem Doppelklick auf das erzeugte Gerät weitere Einstellungen vornehmen. Anschließend könnten Sie die In- und Out-Verbindungen zum AMT8 mit virtuellen Kabeln herstellen, indem Sie mit gehaltener Maustaste die entsprechenden Anschlüsse verbinden. Sie können Ihrem Synthesizer auch einen Wunschnamen geben (siehe die beiden Objekte unten links in Abbildung 3.30). Die ganze Prozedur dient vor allem dem Zweck, die angeschlossenen Geräte im Computer schneller finden zu können, indem Sie bei der Einstellung eines MIDI-Ports in Logic direkt den Namen eines angeschlossenen Synthesizers sehen. Bei der Auswahl eines MIDI-Ports im Informationsfenster SPUR für eine externe MIDI-Spur sehen Sie die Namen der neu erzeugten Geräte. Das funktioniert übrigens auch in anderen Programmen, die MIDI nutzen (Abbildung 3.31).

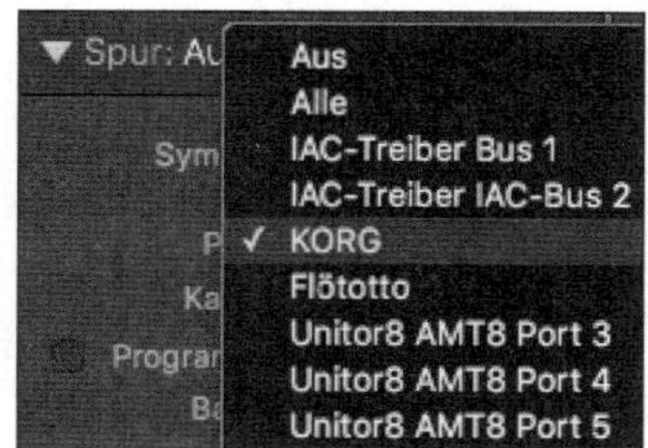

Abbildung 3.31 Portauswahl in Logic

Sie können auch zwei Geräte gleichzeitig mit demselben Port verbinden und im Objekt nach einem Doppelklick die entsprechenden MIDI-Kanäle aktivieren/deaktivieren. Sie können außerdem über die Objekte *IAC-Bus*, *Netzwerk* und *Bluetooth* spezielle Verbindungen (z. B. innerhalb des Computers, via Netzwerk/WLAN oder Bluetooth) konfigurieren (siehe Kapitel 19).

3.11 MIDI in Theorie und Praxis

Das MIDI-Format (*Music Instruments Digital Interface*) erlaubt eine Datenübertragung zwischen Geräten verschiedener Hersteller – und somit auch zwischen Logic und externen Synthesizern sowie Software-Instrumenten. Es wurde zur Vereinheitlichung der Kommunikation zwischen Geräten verschiedener Hersteller Anfang der 80er Jahre eingeführt und u. a. von Dave Smith entwickelt.

Die Tonhöhe einer gespielten Note kann via MIDI exakt übermittelt werden. Beim vor MIDI dominierenden CV/Gate-Verbindungssystem (CV = *Control Voltage*), bei dem Steuerungsdaten analog übertragen wurden, war das nicht immer ganz so einfach.

MIDI spielt auch bei Lightshows, Live-Acts oder Synchronisierung von Programmen bei Filmvertonungen eine Rolle. Logic wurde ursprünglich als reines MIDI-Programm ohne Audiofunktionen konzipiert und besitzt viele komplexe MIDI-Funktionen.

3.11.1 Grundlegende technische Informationen über MIDI

MIDI-Steuerungsdaten werden über MIDI-Kabel digital und unidirektional übertragen, d. h. nur in eine Richtung. Zudem erfolgt die Übertragung seriell, das heißt, Daten werden nacheinander und nicht gleichzeitig parallel übertragen. Ferner gibt es eine Datenübertragungsgeschwindigkeit von 31,25 kBit/s, die relativ langsam ist. Bei großen Datenmengen können also auch hörbare Verzögerungen auftreten.

Über MIDI übertragene Daten haben eine bestimmte Struktur, in der die Befehle untergebracht sind. Am Beispiel einer auf dem Keyboard gespielten Note und des zugehörigen MIDI-Befehls sieht das folgendermaßen aus:

- Statusbyte (Note On)
- 1. Datenbyte (bei Noten: Tonhöhe/Pitch [128 Werte, 0–127])
- 2. Datenbyte (bei Noten: Velocity [128 Werte, 0–127])

Wenn Sie die gespielte Taste wieder loslassen, wird ein Note-Off-Befehl mit der gleichen Befehlsstruktur gesendet. Die Länge einer gespielten Note ist also *nicht* Teil des Note-On-Befehlssatzes, auch wenn es in Logics EVENT-Liste manchmal so aussieht.

Die Bewegung eines Drehreglers würde dagegen in der Regel wie folgt übertragen:

- Statusbyte (Control Change)
- 1. Datenbyte
  (bei Control-Change-Regler-Bewegung: Control-Change-Regler-Wert (128 Werte))
- 2. Datenbyte
  (bei Control-Change-Regler-Bewegung: Control-Change-Regler-Wert (128 Werte))

Wenn Sie sich digitale Computerbefehle als Abfolge von Nullen und Einsen vorstellen, dann ergeben zwei aufeinanderfolgende Stellen eines Befehls mit diesen beiden Möglichkeiten $2^2 = 4$ verschiedene Werte, die dargestellt werden können: 00, 01, 10 und 11. Die 0 und die 1 werden über das Kabel in Form von zwei verschiedenen Spannungswerten (0 V oder 5 V) gesendet, die das Empfängergerät eindeutig interpretieren kann. Statusbyte und Datenbytes haben jeweils acht solcher Stellen, die man auch *Bits* nennt. Auf ein Statusbyte folgen typischerweise zwei Datenbytes (sogenannter *3-Byte-Datensatz* – das wurde festgelegt).

Das Statusbyte hat an der ersten Stelle eine 1, die Datenbytes jeweils eine 0. Es bleiben also jeweils noch sieben weitere Stellen übrig, um Werte zu übertragen. Das ergibt jeweils $2^7 = 128$ Werte. Daher gibt es in der Regel 128 verschiedene Werte in MIDI-Befehlen. Die zweite bis vierte Stelle des Statusbytes gibt an, um welchen Befehl es sich handelt. Es gibt demzufolge $2^3 = 8$ verschiedene Befehle (welche das sind, lesen Sie im nächsten Abschnitt). Die fünfte bis achte Stelle des Statusbytes gibt an, welcher MIDI-Kanal gesendet wird. Es gibt $2^4 = 16$ verschiedene MIDI-Kanäle, die übertragen werden können.

Es gibt Ausnahmen: Bei manchen Befehlen wie SysEx wird die Struktur weitgehend aufgelöst, im Running Status Mode folgen auf ein Statusbyte mehrere Datenbytes für eine effizientere Übertragung. Pro MIDI-»Port« können für 16 Kanäle gleichzeitig Steuerungsinformationen übertragen werden – etwa so, als würde man ein Orchester mit 16 verschiedenen

Musikern dirigieren. Um mehr Musiker zu dirigieren, bräuchte man entsprechend mehrere Ports. Bei MIDI-Verbindungen zu Klangerzeugern außerhalb des Rechners (auch bei einer Verbindung dieser über USB) ist mit einem MIDI-Port ein physischer Anschluss bzw. ein MIDI-Ein- bzw. -Ausgang gemeint.

3.11.2 MPE

Bei der Nutzung von MPE (*MIDI Polyphonic Expression*) werden mehrere Kanäle genutzt, um ein Instrument mit mehr Ausdrucksmöglichkeiten spielen zu können. Noten werden dabei typischerweise auf mehreren MIDI-Kanälen (2–15) gesendet, während MIDI-Kanal 1 (oder 16) als Masterkanal für Befehle benutzt wird. So können mit Hilfe eines MPE-Controllers z. B. Pitch-Bend, Slide und Pressure über drei Dimensionen gesteuert werden: X- und Y-Achse repräsentieren Bewegungen auf dem Controller, Z den »Druck«. Veränderungen können dann pro Note gespielt werden. Mehr dazu lesen Sie in Abschnitt 11.32, »MPE (MIDI Polyphonic Expression) mit Logic nutzen«.

3.11.3 MIDI-Befehle

Tabelle 3.3 zeigt die MIDI-Befehle und die Verwendung der zugehörigen Datenbytes.

Befehl	1. Datenbyte	2. Datenbyte
Note Off	Note	Velocity
Note On	Note	Velocity
Polyphonic Pressure	Note	Wert
Control Change	Controller-Nr.	Wert
Program Change	Banknummer(uneinheitlich)	Programmnummer (uneinheitlich)
Channel Pressure	Wert	Wert
Pitch Bend	Wert	Wert
System Exclusive	Hersteller-ID und Daten	Daten

Tabelle 3.3 Die MIDI-Befehle

Logic zeigt Ihnen ein- und ausgehende Befehle in einem entsprechend konfigurierten Display an (siehe Abschnitt 4.4.1). Sämtliche Befehle mit Ausnahme von System Exclusive enthalten Informationen über den MIDI-Kanal im Statusbyte. Damit können für 16 verschiedene MIDI-Kanäle voneinander unabhängige Werte gesendet werden.

MIDI-Kanal-abhängige Befehle (Channel Voice Messages)

Polyphonic Pressure und *Channel Pressure* transportieren Informationen über den Druck, den ein Keyboarder durch nachträglichen Druck bei gehaltener Taste auf die Taste ausübt. Während Polyphonic Pressure diesen Wert für jede Klaviertaste einzeln übermittelt, passiert das bei Channel Pressure für alle Noten eines MIDI-Kanals gemeinsam, egal, wie viele Tasten nachträglich gedrückt werden. Unter Musikern kursiert der Begriff *Aftertouch* für diese Funktion, wobei zumeist nur Channel Pressure damit gemeint ist, denn es gibt kaum (noch) Keyboards, die polyphonen Aftertouch senden können. Viele senden nicht einmal einfachen Aftertouch. Abgesehen davon reagieren viele Synthesizersounds nicht auf Aftertouch-Befehle, weil sie nicht so programmiert sind, dass dieser Parameter Klangveränderungen bewirkt. Ein positives Beispiel sind dagegen Hardwaresynthesizer von Dave Smith (Prophet 8, 12, Mopho etc.), deren Keyboards einfaches Aftertouch senden, was in den meisten Sounds deutlich hörbare Soundänderungen bewirkt.

Control-Change-Befehle (in Logic oft übersetzt als STEUERUNG) sind dafür da, die Bewegungen eines Reglers zu senden. Manche Reglernummern sind dabei standardisiert vergeben, z. B. Control Change 1 für das Mod-Wheel eines Keyboards und Control Change 7 für Volume.

Wenn Sie beispielsweise die typischen acht Regler zur Bedienung eines Synths an einem MIDI-Hardwarecontroller (z. B. KORG nanoKONTROL, Maschine) vorfinden, so benutzen diese Regler typischerweise Control-Change-Nummern, die normalerweise nicht für bestimmte Funktionen (wie Volume oder ModWheel) verwendet werden.

Es gibt auch Modifizierungen und Sonderfälle, so wird manchmal eine Kombination aus Control-Change-Informationen zum Senden eines Program-Change-Befehls genutzt. Auch beim Pitch-Bend-Befehl werden die beiden Wertebytes manchmal miteinander kombiniert benutzt, um eine feinere Auflösung der gesendeten Werte zu erreichen. Denn wenn nur 128 Werte zur Verfügung stehen, können etwa Pitch-Bend-Werteveränderungen ein wenig »ruckartig« klingen. Das hängt auch davon ab, wie weit in der Klangprogrammierung die Pitch-Bend-Range definiert wird. Bei einer maximalen Auswirkung von +/–24 Halbtönen wird eventuell eine höhere Auflösung benötigt als bei +/–2 Halbtönen (oftmals Standardeinstellung). In vielen Fällen wird der Einfachheit halber nur der Wert *eines* der beiden Datenbytes für das Pitch-Bending variiert.

Die eigenwillige Übersetzung »Steuerung« für Control-Change-Befehle in Logic macht das Lernen der MIDI-Standards für Anfänger nicht einfacher – und die Arbeit für Fortgeschrittene auch nicht.

System-Exclusive-Daten (SysEx)

System-Exclusive-Daten werden benutzt, um Geräteinformationen wie etwa Soundeinstellungen zu senden oder zu empfangen. Im Gegensatz zu den anderen sieben MIDI-Befehlen enthalten sie keine MIDI-Kanal-Information, denn eine systemexklusive Information wie z. B. Daten für eine Presetbank soll und kann nur einmal und nicht sechzehnmal gleichzeitig gesendet werden. Zudem muss sichergestellt werden, dass andere Geräte eine solche Information ignorieren. Details zum Im- und Export von SysEx-Daten finden Sie in Abschnitt 10.7.3, »Im- und Export von System-Exclusive-(SysEx-)Daten«.

MIDI Time Code

Mit MIDI TIME CODE werden z. B. 24, 25 oder 30 Mal in der Sekunde (je nach gewünschtem Synchronisationsformat) Positionsinformationen übertragen, um Bandmaschinen, Sequencer oder andere MIDI-Geräte miteinander synchronisieren zu können. Es gibt noch weitere Raten/Einstellungen wie z. B. 29,97 Drop Frame oder 50 bzw. 60 fps für HD. Mit den Befehlen *Start*, *Continue* und *Stop* können über MIDI auch Befehle gesendet werden, die einem Sequencer befehlen, von Anfang an oder von der aktuellen Position aus abzuspielen oder anzuhalten.

System-Reset-Befehle versetzen Empfänger in ihren Grundzustand und initialisieren ihre Vorgabewerte.[3]

MIDI-Aktivitätsanzeige und MIDI-Reset

Sie können in einem kleinen Monitorfeld (MIDI-Aktivitätsanzeige) im Display (oder im MIDI-UMGEBUNG-Fenster unter KLICK & PORT) sehen, ob überhaupt und welche MIDI-Befehle ankommen, wenn Sie z. B. auf dem Keyboard Noten spielen – vorausgesetzt, Sie haben das Display entsprechend konfiguriert (Einstellung: EIGENE).

3.11.4 Externe MIDI-Hardwaresynthesizer anschließen, Daisy Chaining, Sternverkabelung, Local on/off

Da MIDI eine unidirektionale Schnittstelle ist, werden wie in Abbildung 3.32 zwei Kabel benötigt, wenn sich Ihr MIDI-Interface und ein externer Synthesizer gegenseitig MIDI-Daten senden sollen.

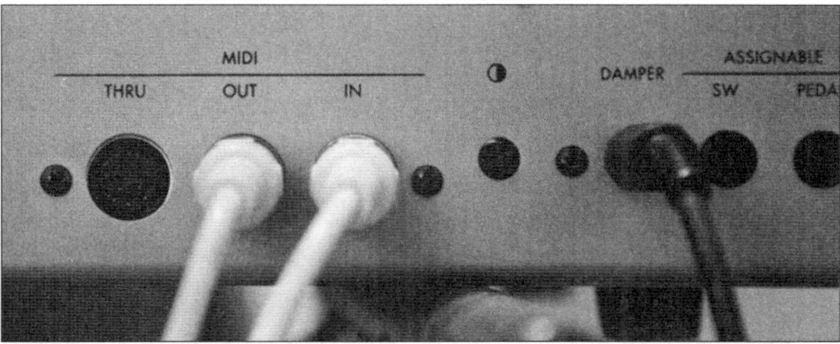

Abbildung 3.32 Ein Synthesizer mit MIDI-Buchsen und -Verkabelung. Für ein angeschlossenes Pedal muss oft im Gerät noch eine Polarität eingestellt werden, damit es nicht falsch herum funktioniert.

3 Quelle: MIDI-Kompendium auf *http://www.zem-college.de/midi*

Daisy Chaining und MIDI-Thru, grundsätzliche MIDI-Port- und -Kanalkonfiguration

MIDI-Thru heißt auch eine dritte MIDI-Buchse, die in Abbildung 3.32 zu sehen (und nicht bei allen MIDI-Geräten vorhanden) ist. Sie schleift eingehende MIDI-Daten an angeschlossene Geräte durch.

Angenommen, der im Bild sichtbare Klangerzeuger (ein KORG-Synth) ist mit Logic verbunden. Sie haben ihn an Ihr kleines MIDI-Interface angeschlossen (hier eine Mbox), das jeweils nur einen einzigen MIDI-Ein- und Ausgang besitzt. Falls Sie die MIDI-In-Buchse eines weiteren externen Klangerzeugers (den nenne ich hier »Bassstation«) mit der MIDI-Thru-Buchse des KORG verbunden haben, empfängt die Bassstation anschließend dieselben MIDI-Daten von Logic wie der KORG (mit einer minimalen Verzögerung). Sie empfängt dagegen nicht die MIDI-Daten, die vom KORG-Synthesizer ausgesendet werden, diese werden nur aus dem MIDI-Out-Anschluss ausgegeben!

Diese Art der Verkabelung nennt man *Daisy Chaining*. Die Idee dabei ist, einen MIDI-Port für mehrere Geräte zu nutzen, weil der KORG und die Bassstation jeweils nicht alle 16 MIDI-Kanäle gleichzeitig benötigen. Die Bassstation kann ohnehin nicht mehr als einen Ton zur gleichen Zeit ausgeben. Zu diesem Zweck müssten Sie der Bassstation im Informationsfenster SPUR von Logic neben dem richtigen Port, der gemeinsam mit dem KORG-Synth benutzt wird, einen eigenen MIDI-Kanal zuweisen, der mit dem in der Bassstation eingestellten Empfangskanal übereinstimmen müsste. Ebenso müsste dem KORG-Synth derselbe Port, aber ein eigener (anderer) MIDI-Kanal in der Spur zugewiesen werden, der auch im KORG-Synth eingestellt werden muss.

Pro Port stehen 16 MIDI-KANÄLE zur Verfügung, entsprechende Kanäle werden als Einträge in der BIBLIOTHEK angezeigt.

Sternverkabelung

Eine andere Art der Verkabelung nennt sich *Sternverkabelung*. Hierbei wird jeder Synthesizer an seinen eigenen MIDI-Port angeschlossen. Das setzt natürlich voraus, dass ein MIDI-Interface im Studio vorhanden ist, das so viele Ports besitzt wie die Anzahl der Synthesizer, die Sie anschließen möchten (z. B. MotU MIDI Express oder Unitor 8 mit 8 MIDI-Ports für 8 Klangerzeuger). Der Vorteil dieser Verkabelung ist ein leicht verbessertes Timing durch die kürzeren Kabelwege – vorausgesetzt, Sie nutzen nicht zu lange MIDI-Kabel. Generell sollten Sie 10 Meter Kabellänge nicht überschreiten und in einer Daisy Chain nicht mehr als fünf Geräte verbinden.

Local on/off

Wenn Ihr externer Synthesizer ein eigenes Keyboard besitzt, nehmen Sie damit möglicherweise Noten auf eine Logic-Spur auf, während diese Spur an denselben Synthesizer MIDI-Daten sendet, so dass dieser Synthesizer beim Einspielen seine MIDI-Daten doppelt bekommt: einmal vom internen Keyboard und einmal von Logic. Hierbei entsteht eine Art

Kammfilter- oder Flanging-Effekt. Um das zu verhindern, haben die meisten Keyboards mit eigener Klangerzeugung eine sogenannte *Local-off-Funktion*, die das Keyboard von der internen Klangerzeugung trennt. Ist das – was selten vorkommt – nicht der Fall, kann auch ein (in der Regel selten gebrauchtes) MIDI-Thru-Instrument in Logic (wählbar unter PROJEKTEINSTELLUNGEN • MIDI • ALLGEMEIN) helfen, ausschließlich beim Live-Einspielen die MIDI-Daten nicht an den Synth zu senden; siehe Abschnitt 5.2.

3.11.5 General MIDI, GM-Drumkits und MIDI-Files

General MIDI (kurz GM) ist ein weiterer Standard, der unter anderem 128 Standardsounds einer Soundbank definiert, so dass vorkonfigurierte GM-MIDI-Files auf verschiedenen GM-Klangerzeugern immer die richtigen Instrumente ansteuern. Programm Nr. 0 ist beispielsweise immer ein Grand Piano, Programm Nr. 32 immer ein Acoustic Bass. Das gilt allerdings nur für sogenannte *General-MIDI-Klangerzeuger*. Hierdurch lassen sich leicht Arrangements bekannter Kompositionen als MIDI-Files (*.mid*) erstellen, die Logic und alle anderen gängigen Sequencer-Programme im- und exportieren können.

Außerdem ist die standardisierte Drum-Belegung eine wichtige Anwendung von GM (z. B. C1 immer Kick, D1 und E1 Snares, F1, G1 und A1 Low, Mid und Hi Tom), die von den meisten Drumkits aus Logics Library verwendet wird. Kennt man sie, findet man sich in vielen Drumkits unterschiedlicher Herkunft leicht auf dem Keyboard zurecht, um Drums einzuspielen.

Weitere Erläuterungen zu diesem Thema im Hinblick auf den Im- und Export finden Sie in Abschnitt 10.7, »MIDI-Im- und -Export«, und den Unterabschnitten über General MIDI.

Kapitel 4
Hauptfenster-Übersicht, Hauptmenüs, Fensterübersicht

Sie finden in diesem Kapitel eine Übersicht über Logics Hauptfenster inklusive der »Live Loops«-Ansicht und Hauptmenüs – die Herzstücke des Programms – sowie über einige Bedienungsdetails, dank denen Sie schneller in Logic arbeiten können. Kapitel 5 (Aufnahme) und Kapitel 6 (Edits) gehen dann workflow-orientiert ins Detail.

In Logic Pro können Sie fast alles über das Hauptfenster und die Hauptmenüs erledigen. Seit Logic 10.5 ist zum Bereich SPUREN, in dem Sie arrangieren, die LIVE LOOPS-Ansicht hinzugekommen. In Teilbereichen des Hauptfensters können Sie die wichtigsten anderen Bereiche einblenden, um alles in nur einem Fenster griffbereit zu haben: Editoren wie die PIANOROLLE oder den AUDIODATEIEDITOR, den Bereich SMART CONTROLS, den Mixer oder die Übersicht PROJEKTAUDIO. Viele davon sind auch als separate Fenster verfügbar und werden in eigenen Kapiteln besprochen. Eine workfloworientierte Einführung fanden Sie bereits in Kapitel 2.

Neben den Hauptmenüs oben gibt es in Fenstern weitere umfangreiche Menüs mit teilweise deckungsgleichen Inhalten: Die Menüs BEARBEITEN, FUNKTIONEN und ANSICHT im Hauptfenster, die Menüs EINRASTEN und VERSCHIEBEN sowie Kontextmenüs für Regionen, Transporttasten, die Steuerungsleiste, das Taktlineal und Szenen im LIVE LOOPS-Bereich. Kontextmenüs erreichen Sie jeweils mit der rechten Maustaste oder via `ctrl` + Klick. Viele Funktionen sind in Logic Pro mehrfach und an verschiedenen Stellen zu finden, und Sie können Aufgaben immer auf verschiedenen Wegen lösen. Das ist ein Charakteristikum von Logic mit Vor- und Nachteilen.

4.1 Übersicht: Hauptmenüs in Logic

Die Hauptmenüs sind mittlerweile sehr gut strukturiert. Sie können Ihnen oft beim Erlernen und Bedienen des Programms weiterhelfen. Tabelle 4.1 liefert Ihnen eine grobe thematische Übersicht über die Hauptmenüs und deren Inhalte.

Menüname	Inhalte
Logic Pro	allgemeine Einstellungen, Audio-Unit-Manager (siehe Kapitel 2, »Schnellkurs: Musikproduktion und Hauptfenster in Logic«) und Installation (Kapitel 1, »Einführung, Schnellkurs Mac, Logic-Installation«)
Ablage	Projektverwaltung (Sichern etc.) und Projekteinstellungen (vergleiche Kapitel 3, »Setup/Konfiguration, Speichern und MIDI-Hintergrundwissen«), Import und Export (vergleiche Kapitel 10, »Export und Import von Audio, MIDI, Sonderformaten und Projektbestandteilen«)
Bearbeiten	Die wichtigsten Bearbeitungs- und Tempofunktionen. Die Anzeige des Bearbeiten-Menüs ändert sich je nach selektiertem Fenster.
Spur	Alle möglichen Arten von Spuren erzeugen, globale Spuren (inklusive Tempo- und Film-), Spurstapel, Spuren verwalten (sortieren, einfärben etc.)
Navigieren	Einstellungen für Play und Stopp, Locator-Punkte, »Gehe zu ...«-Funktionen, Marker-Befehle etc. Einstellungen für Play, Stop und Record werden hier auch in Abschnitt 4.5.5 besprochen.
Aufnahme	Klick, Vorzähler, Aufnahmeeinstellungen, Einstellungen für überlappende Aufnahmen etc. (Kapitel 5, »Aufnahme im Hauptfenster (incl. Live Loops)«). Hier haben sich die Bezeichnungen der Optionen in vergangenen Versionen immer wieder geändert.
Mix	Automations- und Mixereinstellungen (Kapitel 16, »Automation, Smart Controls, Controller, Logic Remote«)
Ansicht	Diese Einstellungen betreffen hauptsächlich das, was im Hauptfenster zu sehen ist oder eingeblendet wird, zusätzlich kann eine Farbpalette ein- und ausgeblendet oder der Vollbildmodus aktiviert werden.
Fenster	Hier rufen Sie die verschiedenen Fenster auf.
Fensteranordnungen/ Fensteranordnungsnummer	Hier können Sie Fensteranordnungen konfigurieren, speichern, ändern und aufrufen. Im Menü rechts daneben zeigt eine Zahl die aktive Fensteranordnung, darunter verbirgt sich ein weiteres Menü für die Arbeit mit Fensteranordnungen, siehe Abschnitt 4.2.1.

Tabelle 4.1 Die Hauptmenüs in Logic

Menüname	Inhalte
HILFE	Hier gelangen Sie an die verschiedenen Handbücher, aktuelle Informationen (in den Handbüchern nicht aktualisierte Informationen über Veränderungen bei Updates) und die dynamische Hilfe von Logic.

Tabelle 4.1 Die Hauptmenüs in Logic (Forts.)

Diese HAUPTMENÜS stehen weitgehend unabhängig von den eingeblendeten Logic-Fenstern zur Verfügung. Die Inhalte des BEARBEITEN-Menüs ändern sich allerdings fensterspezifisch. Viele Fenster haben eigene Untermenüs und ein zusätzliches, eigenes BEARBEITEN-Menü. Dieses hat oft ähnliche Inhalte wie das Haupt-BEARBEITEN-Menü bei selektiertem Fenster und ist z. B. im Hauptfenster ähnlich auch im Kontextmenü einer Region zu finden, das sich via Rechtsklick bei selektierter Region öffnet.

4.2 Übersicht: Fenster und Fensteranordnungen

Ursprünglich wurde Logic als Programm mit vielen Fenstern zur Nutzung mit mehreren Monitoren konzipiert. Die meisten Funktionen der verschiedenen Fenster sind mittlerweile in das Hauptfenster integriert. Dennoch ist die Arbeit mit mehreren Monitoren und mehreren geöffneten Fenstern immer noch eine besonders komfortable Option, für die Sie *Fensteranordnungen* speichern können.

4.2.1 Welche Fenster gibt es in Logic? – Vollbildmodus, Anordnung auf Bildschirmseiten

Im FENSTER-Menü können Sie einzelne Fenster im Dock ablegen, Fenster auf der linken oder rechten Seite anordnen oder mit dem Befehl NÄCHSTES FENSTER (Shortcut `alt` + `w`) zum nächsten Fenster springen. Dieses Menü zeigt Ihnen auch, welche verschiedenen Fenster es in Logic gibt, und ganz unten, welche zu welchem Projekt gehörenden Fenster aktuell geöffnet sind.

Den Vollbildmodus können Sie für das Hauptfenster auch unten im Hauptmenü ANSICHT aktivieren und deaktivieren oder durch Klick auf den grünen Button oben links im Fenster (für eine einfache Fenstervergrößerung halten Sie dabei die `alt`-Taste fest). Wenn Sie den Cursor über dem grünen Button schweben lassen, erscheinen Optionen wie VOLLBILDMODUS oder FENSTER AUF DER LINKEN SEITE ANORDNEN, die sich bei gehaltener `alt`-Taste ändern.

Einige Fenster haben Sie im Schnellkurs kennengelernt, z. B. Hauptfenster, MIXER, AUDIODATEIEDITOR, SMART CONTROLS und PIANOROLLE. Weitere MIDI-Editoren sind Notationseditor, SCHRITTEDITOR, MIDI-TRANSFORMER und EVENT-Liste. Darüber lesen Sie in Kapitel 7, wo auch der Step-Sequencer erklärt wird. Details zum SMART TEMPO-Editor lesen Sie in Kapitel 9, Details zu Smart Controls in Abschnitt 16.2. *Schwebefenster* bzw. englisch *Float-Fenster* bezeichnen Fenster, die stets im Vordergrund schweben. Im Schwebefenster »Transport« können Sie z. B. den Transportbereich aus der Steuerungsliste des Hauptfensters als separates Fenster öffnen. Hier können Sie etwa Buttons einblenden, für die in der Steuerungsleiste kein Platz war.

In der TAKTART/TONART-Liste verwalten Sie Takt- und Tonartänderungen im Songverlauf (siehe Abschnitt 4.10 über die Listeneditoren im Hauptfenster). Viele Fenster lassen sich als Bereich im Hauptfenster einblenden, dabei sind die Bezeichnungen der deutschen Übersetzung nicht immer gleich. So ist z. B. das Fenster PROJEKTAUDIO (siehe Abschnitt 8.1) das Pendant zur mit PROJEKT beschrifteten Übersicht PROJEKTAUDIO im Hauptfenster (hier verwalten Sie im Projekt verwendete Audiodateien).

4.2.2 Anlegen und Aufrufen von Fensteranordnungen

Sie können mehrere Fenster öffnen und Anordnungen als Fensteranordnung (*Screenset*) in einem Projekt speichern, um sie schnell und mit Shortcuts wieder aufrufen zu können (`1` für Fensteranordnung 1, `2` für Fensteranordnung 2 usw.). Dabei stehen Ihnen 99 mögliche Fensteranordnungen zur Verfügung, von denen die ersten zehn dank der Shortcuts besonders schnell zu erreichen sind. Wenn Sie eine zweistellige Fensteranordnung aufrufen, müssen Sie beim Eingeben der ersten Ziffer die `ctrl`-Taste gedrückt halten.

Und so funktioniert das: Bei einem leeren Projekt sehen Sie zunächst nur *eine* Fensteranordnung in dem Menüpunkt rechts neben dem Eintrag FENSTER, eine Zahl zeigt dabei wie in Abbildung 4.1 die aktuell sichtbare Fensteranordnung an.

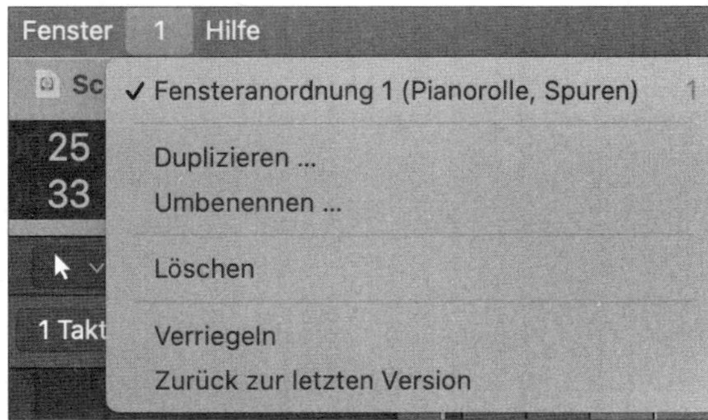

Abbildung 4.1 Fensteranordnungen in Logic (hier: nur eine Anordnung)

Wählen Sie nun den Eintrag DUPLIZIEREN aus. Sie werden anschließend gefragt, wie Sie die neue Fensteranordnung nennen möchten. Nehmen wir an, Sie möchten schnell ein großes MIXER-Fenster öffnen können. Nennen Sie Ihre neue Fensteranordnung daher »Mixer«. Alternativ können Sie auch eine Zifferntaste wie die `2` oder `3` drücken, dann legt Logic ein entsprechendes Screenset an. Allerdings erscheint dann nicht der Dialog zur Benennung. Sie können eine Fensteranordnung umbenenennen, indem Sie den Eintrag UMBENENNEN auswählen. Öffnen Sie nun über das Menü FENSTER • MIXER ein MIXER-Fenster ([cmd] + [2]). Danach (nicht vorher, denn ansonsten würden Sie das einzige offene Fenster und damit das ganze Projekt schließen) schließen Sie das Hauptfenster. Sie haben nun Fensteranordnung 2 verändert.

Wenn Sie zufrieden sind mit Fensteranordnung 2, wählen Sie den Eintrag VERRIEGELN. Hiermit sorgen Sie dafür, dass die aktuell gewählte Fensteranordnung nicht mehr durch Öffnen und Schließen von Fenstern verändert werden kann. Sie können die Fensteranordnung danach im gleichen Menü jederzeit wieder entriegeln, um sie wieder zu verändern. Eine verriegelte Fensteranordnung erkennen Sie an einem kleinen schwarzen Punkt neben ihrer Nummer. Das Ergebnis finden Sie im Dokument *04Fensteranordnung*.

4.2.3 Musik-Tastatur und Keyboard

Die MUSIK-TASTATUR kann Noten mit unterschiedlichen Velocities, Pitch-Bend-Befehle, Modulation (Control Change 1) und Sustain-Pedal-Befehle senden. Die Beschriftung zeigt die Tasten Ihrer Computertastatur an, mit denen Sie Noten spielen und entsprechende MIDI-Befehle senden können; wenn Sie die passenden Tasten Ihres Computerkeyboards drücken, zeigt die MUSIK-TASTATUR dies ebenfalls an. Um ein Sustain-Pedal zu simulieren, halten Sie die [⇥]-Taste gedrückt; probieren Sie es einmal mit dem ganz einfachen Standard-E-Piano (*Vintage E-Piano*) aus (siehe Dokument *03Sustain*). Die MUSIK-TASTATUR rufen Sie mit dem Befehl MUSIK-TASTATUR EIN- UND AUSBLENDEN [cmd] + [K] oder über das FENSTER-Menü auf. Unten links stellen Sie den Tastaturbereich bzw. die Oktavlage ein, daneben können Sie die Anschlagstärke wählen. Mit dem Umschalter oben verwandeln Sie die MUSIK-TASTATUR in das KEYBOARD (und zurück). Das Keyboard stellt je nach aufgezogener Fenstergröße unterschiedlich viele Tasten bereit. Die Tasten können zwar angeklickt, aber nicht wie bei der MUSIK-TASTATUR über die Buchstaben der Computertastatur angespielt werden.

4.3 Das Hauptfenster: Aufbau und Bereiche

Das Hauptfenster ist ein komplexes All-in-one-Fenster zur Arbeit mit Logic, in dem der komplette Songverlauf vertikal (in einzelnen Spuren) und horizontal (über die Zeit) dargestellt wird, das Sie bereits in Kapitel 2 kennengelernt haben.

4.3.1 Übersicht über Bereiche des Hauptfensters

Betrachten Sie Abbildung 4.2, oder öffnen Sie das Projekt *04Schnellkurs31*. Die Breite oder Höhe einzelner eingeblendeter Bereiche des Hauptfensters lässt sich an deren Grenzen teilweise verändern. Das ist immer dann der Fall, wenn Sie mit dem Cursor auf eine Grenzlinie gehen und ein kleines Symbol zum horizontalen oder waagerechten Verschieben des Bereichs angezeigt wird.

Abbildung 4.2 Logics Hauptfenster aus dem Dokument »04Schnellkurs31«

Grundsätzlich unterteilt sich das Hauptfenster in folgende Bereiche:

- oben: Steuerungsleiste mit Transportfunktionen ❶
- oben: Symbolleiste ❷
- links: BIBLIOTHEK ❸
- links: Informationsbereich und dynamische Hilfe ❹
- mittig: Bereich SPUREN (der eigentliche Sequencer- und Arrangierbereich) inklusive globaler Spuren, Menüs, Automation, Flex, Einrasten- und Verschieben-Menüs ❺
- rechts: Notizen, Listen, Apple-Loops-Browser und Übersichten ❻
- unten: Bereich EDITOREN, Mixer und Smart Controls ❼

4.3.2 Menü »Ansicht«, Bereiche im Hauptfenster ablösen, Fensterfokus

Über das Hauptmenü ANSICHT lassen sich die meisten Bereiche des Hauptfensters ein- und ausblenden. Neben den Einträgen sehen Sie den passenden Shortcut. Auch eine Farbpalette ([alt] + [C]) gehört dazu, mit der Sie selektierte Spuren oder Regionen einfärben.

Bereiche ablösen

Sie können viele Bereiche (z. B. Editoren, ÜBERSICHTEN oder das Informationsfenster REGION) mit Klick auf entsprechende Beschriftungs-Tabs und anschließendes Ziehen bei gehaltener Maustaste auch »loslösen«. Dann liegt der jeweilige Bereich anschließend als separates, frei verschiebbares Fenster vor.

Fokus mit Tabulatortaste im Hauptfenster wechseln

Wenn Sie die [⇥]-Taste drücken, wechselt der Fokus zwischen den verschiedenen Bereichen des Hauptfensters (BIBLIOTHEK, Bereich SPUREN, dem rechten Bereich – Listen, Notizen, Loop Browser und Übersichten – sowie dem unteren Bereich mit Editoren und Mixern).

Welcher Bereich gerade fokussiert ist, erkennen Sie an einem dünnen blauen Rahmen um den jeweiligen Bereich. Das bedeutet auch, dass sich einige Tastaturkurzbefehle auf den fokussierten Bereich beziehen. Ein wichtiger Shortcut in diesem Zusammenhang lautet [ctrl] + Leertaste zum Vorhören von Audiomaterial außerhalb des Bereichs SPUREN.

Nachfolgend beschreibe ich die einzelnen Bereiche des Hauptfensters.

4.4 Oben: Steuerungsleiste, Display, Songeinstellungen

In der Steuerungsleiste (zu der auch das Display gehört) finden Sie die wichtigsten Transport- sowie konfigurierbare Buttons für sonstige Funktionen und zum Einblenden von Bereichen des Hauptfensters.

4.4.1 Steuerungsleiste und Display konfigurieren

Die Steuerungsleiste können Sie aus dem Menü ANSICHT heraus ein- und ausblenden. In Abbildung 4.3 und Projekt *04Leer* habe ich sie bereits umkonfiguriert.

Abbildung 4.3 Die Steuerungsleiste im Projekt »04Leer«

Die Steuerungsleiste lässt sich über das Kontextmenü (Abbildung 4.6) oder via ANSICHT • STEUERUNGSLEISTE UND ANZEIGE ANPASSEN umkonfigurieren (Abbildung 4.4). Anpassungen werden projektspezifisch und nicht allgemein für Logic gespeichert.

Abbildung 4.4 Rechtsklicken Sie zum Anpassen der Steuerungsleiste.

Nun können Sie auswählen, für was in Steuerungsleiste und Display angezeigt wird (siehe Abbildung 4.5).

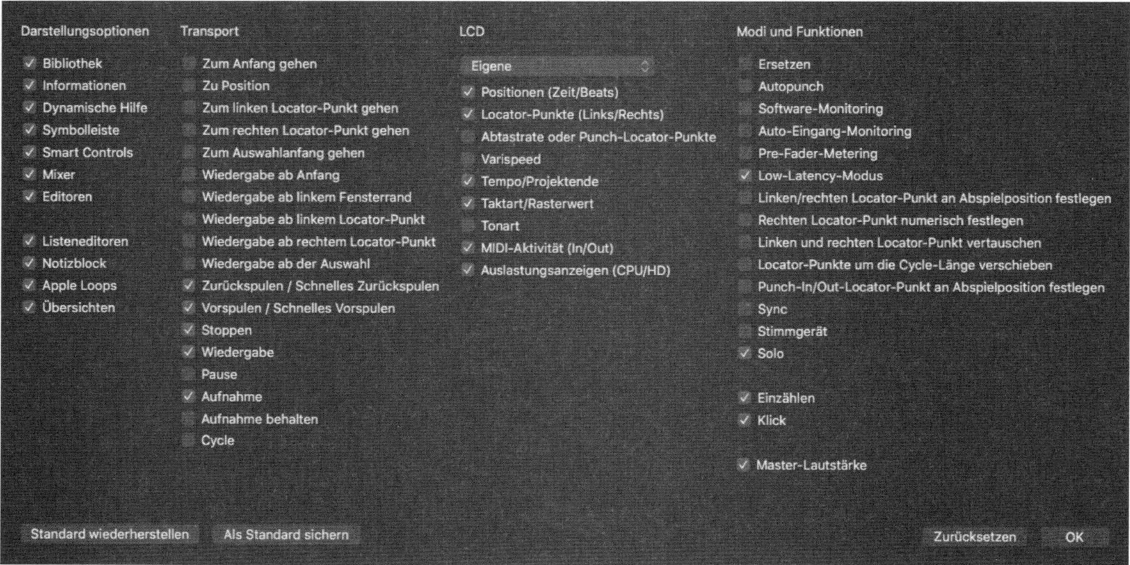

Abbildung 4.5 Optionen für Steuerungsleiste und Display

Um die Einstellung für das Display (auch *LCD* oder *Anzeige* genannt) zu ändern, klicken Sie auf das Flip-Menü LCD oder seinen rechten Bereich (vergleiche Abbildung 4.6).

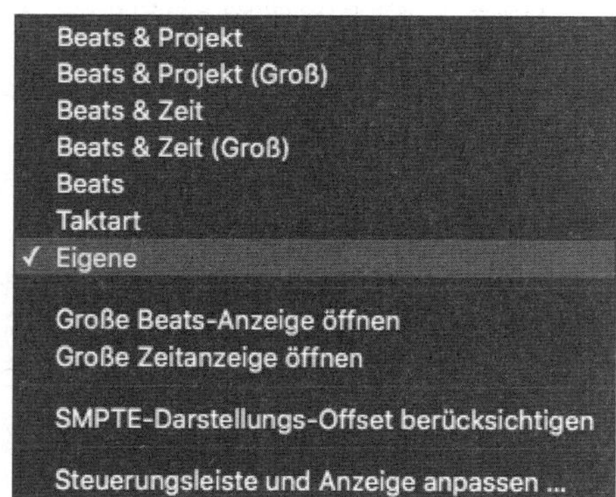

Abbildung 4.6 Umschaltung der Ansicht auf den Modus »Eigene«

Ist die Ansicht EIGENE für das Display konfiguriert, hat dies den Vorteil, dass das eingestellte Tempo exakt inklusive Nachkommastellen angezeigt wird. In den anderen Ansichten sehen Sie das leider nicht. Sie bietet Ihnen ferner einen kleinen MIDI-Monitor, der eingehende MIDI-Daten detailliert anzeigt, und weitere Anzeigen (z. B. Locator-Punkte oder Punch-in-Bereiche).

Falls nach Konfiguration der Ansicht EIGENE nicht genug Platz in der Steuerungsleiste ist, erreichen Sie über das >>-Symbol weitere Funktionen (Abbildung 4.7 und Projekt *04Leer2*) oder öffnen gegebenenfalls ein separates Transport-Schwebefenster, das als zweite Steuerungsleiste dienen kann.

Abbildung 4.7 >>-Symbol zum Erreichen weiterer Funktionen

4.4.2 Songlänge einstellen

Unterhalb der TEMPO/BPM-Anzeige können Sie im Projekt *04Leer2* auch die Songlänge (in Abbildung 4.3 129 Takte) einstellen. Nach Ablauf von 129 Takten hält Logic in diesem Beispiel automatisch an.

4.4.3 Tempo, Takt- und Tonart im Display einstellen

Tempo, Takt- und Tonart können Sie im Display oder im jeweiligen Listeneditor einstellen. Doppelklicken Sie auf das entsprechende Feld für das Tempo im Display, und geben Sie den gewünschten Wert ein. Das in BPM (Beats/Schläge per Minute) angezeigte Tempo entspricht hier der Zahl der Viertelnoten pro Minute. Bei einem 4/4-Takt passen in jeden Takt vier Viertelnoten, in jede Viertelnote weitere vier Sechzehntelnoten und in jede Sechzehntelnote weitere 240 Bruchteile, die *Ticks* heißen und 3.840stel-Noten sind. Sie können auch andere Taktmaße einstellen, z. B. 6/8-Takt oder sehr krumme Taktarten. Für die Stelle unter dem Bruchstrich stehen Ihnen ganze, halbe, Viertel-, Achtel-, Sechzehntel-, 32stel- und 64tel-Noten zur Aufteilung des Taktes zur Verfügung. Für die erste Zahl der Noten pro Takt können Sie jede Ziffer zwischen 1 und 99 eingeben.

Abbildung 4.8 Das Display im einfachen »Beats & Projekt«-Modus, wo Sie immerhin BPM, Tonart und Taktart sehen und eingeben können

4.4.4 Rasterwert im Display einstellen

Wenn die Einstellung für das Display auf EIGENE steht (Abbildung 4.3), können Sie unterhalb der Taktanzeige den Rasterwert (voreingestellt 16tel-Noten) einstellen. Um ternäre Rhythmen in der PIANOROLLE einzuzeichnen, können Sie auch 6tel oder 12tel als Rasterwert wählen. Der Rasterwert ist für viele Befehle (z. B. Verschieben) oder auch die Anzeige in der PIANOROLLE relevant.

4.4.5 MIDI-Aktivitätsanzeige im Display

In Abbildung 4.9 zeigt das Symbol links eingehende Controllerbewegungen an, die mit MIDI-Kanal 1 eingehen. Dabei wird gerade Controller Nr. 1 mit dem Wert 54 gesendet.

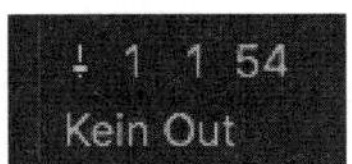

Abbildung 4.9 MIDI-Aktivitätsanzeige mit eingehendem MIDI-Controller, wenn das Display im Modus »Eigene« steht

In Abbildung 4.10 symbolisiert die Note den eingehenden Note-On-Befehl, die Zahl 1 daneben den MIDI-Kanal, das C3 die Tonhöhe (wird im ersten Datenbyte übertragen), die 98 die Velocity (wird im zweiten Datenbyte übertragen, vergleiche Abschnitt 3.11 über MIDI). Bei eingehenden Noten werden Ihnen auch die Namen von gespielten Akkorden angezeigt.

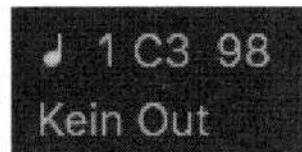

Abbildung 4.10 MIDI-Aktivitätsanzeige mit eingehender Note

In Abbildung 4.11 wird angezeigt, dass der Note-Off-Befehl auch ausgeht (an ein externes Instrument).

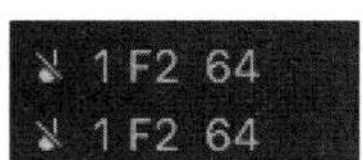

Abbildung 4.11 MIDI-Aktivitätsanzeige mit ein- und ausgehendem Note-Off-Befehl

Falls Sie das Display nicht entsprechend konfiguriert haben, erkennen Sie MIDI-Aktivität an den kleinen Punkten oben in der Taktanzeige.

Blinkende Punkte oben rechts stehen für eingehende MIDI-Signale, blinkende Punkte unten rechts für ausgehende MIDI-Signale (Abbildung 4.12).

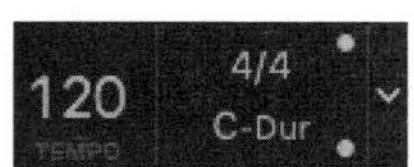

Abbildung 4.12 MIDI-In- und -Out-Indikatoren (Punkte rechts oben und unten im Display)

Auf ähnliche Weise sehen Sie auch die anderen Befehle, nur dass statt der Note ein anderes Symbol zu sehen ist. So könnten Sie zum Beispiel auch überprüfen, ob Ihr Keyboard Aftertouch-Informationen sendet oder nicht oder die Nummer des Controllers erfahren, den Sie gerade senden, wenn Sie z. B. an einem angeschlossenen Hardwarecontroller drehen.

4.4.6 MIDI-Reset im Display

Durch Doppelklick auf die MIDI-Aktivitätsanzeige erzeugen Sie einen MIDI-Reset-(Zurücksetzen-)Befehl, der hängende Noten zum Schweigen bringen kann. Was genau beim MIDI-Reset-Befehl gesendet wird, hängt von den allgemeinen Einstellungen unter LOGIC • EINSTELLUNGEN • MIDI • ZURÜCKSETZEN ab (wie z. B. Note-Off-Befehle, Zurücksetzen von Controllern auf 0 und Pitch-Bending auf Mittelstellung). Einzelne Spuren können Sie im Informationsfenster SPUR vom MIDI-Reset-Befehl ausnehmen.

4.4.7 CPU/HD-Meter und Wellenformberechnung

Rechts neben der MIDI-Aktivitätsanzeige sehen Sie Aktivitätsanzeigen für Ihre CPU-Belastung und die HD-(Hard Drive-)Beanspruchung. Via Doppelklick gelangen Sie zu einer detaillierteren Anzeige (Abbildung 4.13). Wie viele Balken Sie sehen, hängt von der in Ihrem Rechner verbauten CPU ab. Die Zahl der Verarbeitungsthreads ist einstellbar unter EINSTELLUNGEN • AUDIO • GERÄTE. Die Leistungsfähigkeit im Zusammenspiel mit Apple-Computern ist ein großes Plus von Logic. Wenn Sie Berechnungen wie Wellenformdarstellungen durchführen, informiert ein kleiner Balken unterhalb des Displays über den Bearbeitungsfortschritt.

Abbildung 4.13 CPU-Meter

4.5 Oben: Transport, Taktlineal und Menü »Navigieren«

Die Transportfunktionen hängen eng mit dem Taktlineal des Bereichs SPUREN im Hauptfenster zusammen. Wichtige Funktionen finden Sie in diesem Zusammenhang auch im Menü NAVIGIEREN.

4.5.1 Taktlineal, Locator-Punkte und Cycle

In Abbildung 4.14 sehen Sie das Taktlineal mit einem aktiven Cycle-Bereich zwischen Takt 4 und 6. Dieser Bereich wird geloopt abgespielt. Ein Klick in den unteren Bereich im Taktlineal bewegt den Abspielpositions-Marker an die entsprechende Stelle, ein Klick in den oberen, gelbfarbigen Bereich (de)aktiviert den Cycle-Modus.

Abbildung 4.14 Der linke Locator-Punkt im Bild steht auf Takt 4, der rechte auf Takt 6.

Alternativ schalten Sie den Cycle-Modus mit dem Shortcut [C] oder Klick auf den gelben CYCLE-Button mit den zwei rotierenden Pfeilen ein und aus.

Sie können den Cycle-Bereich und damit die beiden Locator-Punkte (linker und rechter Locator-Punkt) mit gehaltener Maustaste im Taktlineal einstellen, indem Sie die Maus über den Taktbereich bewegen. Dies ist auch durch Eingabe der Locator-Punkte im Display möglich, wenn Sie es entsprechend konfiguriert haben.

4.5.2 Locator-Punkte automatisch setzen

Es gibt mehrere Methoden, Locator-Punkte automatisch an Selektionen anzupassen, so dass Sie schnell abspielen können, was Sie selektieren.

Über das Kontextmenü des CYCLE-Buttons können Sie einstellen, dass Locator-Punkte immer automatisch anhand bestimmter Kriterien gesetzt werden, hierfür wählen Sie den Eintrag LOCATOR-PUNKTE AUTOMATISCH SETZEN aus, so dass ein Häkchen dahinter erscheint. Dann ändert auch der CYCLE-Button sein Aussehen (Abbildung 4.15).

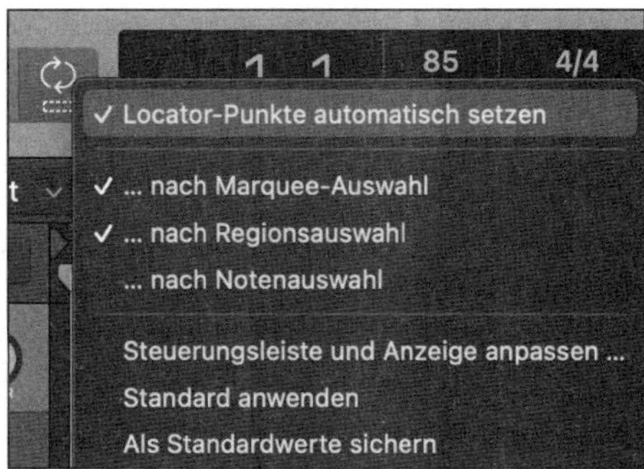

Abbildung 4.15 Kontextmenü des »Cycle«-Buttons. Locator-Punkte können jetzt automatisch gesetzt werden, und der »Cycle«-Button hat unten ein kleines Rechteck.

Die Einträge darunter (die bestimmen, wann die Locator-Punkte bei aktivierter Option automatisch gesetzt werden) sind von oben nach unten nach Priorität geordnet. Ein Eintrag muss selektiert werden, damit ein Häkchen dahinter erscheint. Auch im Kontextmenü des PLAY-Buttons existieren solche Optionen, die nach Priorität geordnet sind, um die Wiedergabe anhand einer Selektion automatisch zu starten. Das erkläre ich genauer in Abschnitt 4.5.6.

Meine meist genutzte Funktion, um die Locator-Punkte zu setzen, ist eine andere: Sie heißt LOCATOR-PUNKTE SETZEN. Hiermit werden die Locator-Punkte genau entsprechend der Länge einer zuvor selektierten Region gesetzt. Der Shortcut für den Befehl (der in voller Länge LOCATOR-PUNKTE DEN REGIONEN/EVENTS/MARQUEE ANPASSEN heißt) lautet `cmd` + `U`. Den Befehl gibt es auch in der Symbolleiste (Abbildung 4.16).

Der Shortcut `U` setzt die Locator-Punkte gerundet (der Befehl heißt GERUNDETE LOCATOR-PUNKTE ÜBER REGIONEN/EVENTS FESTLEGEN). Diese Befehle finden Sie auch im NAVIGIEREN-Menü.

Abbildung 4.16 Der Button zum Setzen von Locator-Punkten in der Symbolleiste

Der sich bewegende Zeiger in Logic, der die Abspielposition anzeigt, heißt *Abspielpositions-Marker* (englisch *Song Position Pointer* oder kurz *SPP*). Das Taktlineal heißt im Englischen *Ruler*. Ein weiteres Kontextmenü ist via Rechtsklick/`ctrl` + Klick auf das Taktlineal zu erreichen und enthält wichtige Befehle im Zusammenhang mit Taktlineal und Locator-Punkten, die beim Arrangieren benötigt werden – und auch den Eintrag LOCATOR-PUNKTE AUTOMATISCH SETZEN.

4.5.3 Taktlineal: Bereich im Song überspringen; linken und rechten Locator-Punkt vertauschen (Skip-Modus)

Die Funktion LINKEN UND RECHTEN LOCATOR-PUNKT VERTAUSCHEN rufen Sie ebenfalls nach einem Rechtsklick auf das Taktlineal auf, mit `cmd` + Klick auf einen Cycle-Bereich im Taktlineal oder mit Hilfe des Shortcuts `=` (der nur auf der numerischen Tastatur aufgerufen werden kann; Laptop-User können die Taste natürlich neu vergeben). Sie führt dazu, dass anstelle eines Cycle-Bereichs ein Bereich eingestellt werden kann, der übersprungen wird. Im Taktlineal wird das wie in Abbildung 4.17 durch einen zackig hinterlegten und gelb umrandeten Bereich sichtbar.

Abbildung 4.17 So sieht es aus, wenn Takt 6, 7 und 8 übersprungen werden.

4.5.4 Start vor Takt 1?

Der Startpunkt eines Logic-Projekts kann vor Takt 1 liegen. Wenn Sie mit der Maus auf das kleine Dreieck links von der Markierung des Takts 1 gehen, erscheint ein Längentool. Wenn Sie den Cursor nun bei gehaltener Maustaste nach links oder rechts bewegen, verschieben Sie den Anfangszeitpunkt des Projekts (siehe Abbildung 4.18).

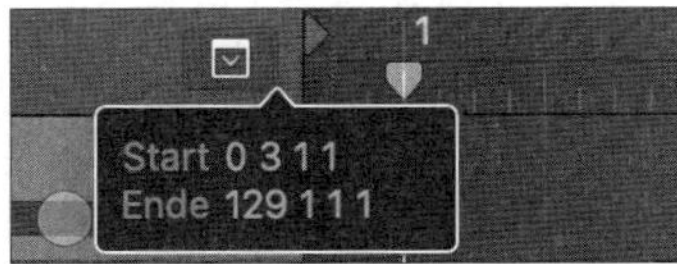

Abbildung 4.18 Das Längentool im Taktlineal zum Verschieben des Startzeitpunktes

Starten Sie Ihr Projekt einige Takte vor Takt 1, damit Sie verhindern, dass Logic zu viele Spuren- und Plug-in-Berechnungen auf Takt 1 berechnen muss. Knackser können sonst die Folge sein. Viele Produzenten möchten gern genau auf Takt 1 anfangen, um mit vertrauten Taktzahlen zu arbeiten (z. B. Start des Hauptteils bei Takt 65 etc.). Ein Start vor Takt 1 kann allerdings zu Problemen bei der Arbeit mit synchronisierten Programmen führen. Eine alternative Methode ist es, den Startpunkt eines Arrangements auf einen späteren Takt, z. B. auf Takt 9 oder 17, zu verlegen. Das mache ich oft so.

4.5.5 Transportfunktionen: Einführung

Es gibt verschiedene Transportfunktionen, die als Buttons in der Steuerungsleiste oder im Schwebefenster »Transport« eingeblendet werden können. Hierzu gehören beispielsweise Befehle wie (Shortcut in Klammern):

- Aufnahme- ([R]), Stopp- ([0] auf der numerischen Tastatur) und Wiedergabetaste (LEERTASTE, [↵])
- zum Anfang gehen ([↵])
- zur Position ([#])
- zum linken Locator-Punkt gehen
- zum rechten Locator-Punkt gehen

Tasten wie Aufnahme-, Stopp- und Wiedergabetaste haben ein eigenes Funktionsmenü, das Sie z. B. durch Rechtsklick auf den jeweiligen Transportbutton erreichen. Hier stellen Sie ein, wie Logic sich beim Auslösen solcher Buttons verhält. Das sind Dinge, die Ihnen vielleicht gar nicht so bewusst sind, aber einen großen Unterschied machen können. Wenn Sie beispielsweise von einer anderen DAW wie Pro Tools oder Ableton kommen, kann es sein, dass Sie ein bestimmtes Verhalten beim Auslösen von Record, Play oder Stop gewohnt sind. Dieses können Sie durch Auswahl einer passenden Einstellung mit großer Wahrscheinlichkeit auch für Logic einstellen.

Auch im NAVIGIEREN-Menü finden Sie Optionen für die Start- und Stopptaste und weitere Navigationsfunktionen.

4.5.6 Wiedergabetaste, alternative Wiedergabefunktionen der Wiedergabetaste und zusätzliche Wiedergabefunktionen

Für die Wiedergabe (Leertaste) gibt es im Submenü der PLAY-Taste verschiedene Einstellungen. Drücken Sie hierfür mit der rechten Maustaste (oder länger mit gehaltener Maustaste oder mit `ctrl` + Klick) auf den PLAY-Button. Was genau passiert, wenn Sie PLAY drücken?

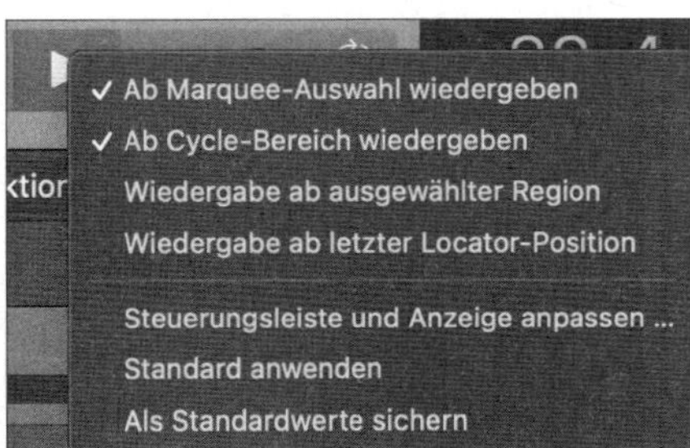

Abbildung 4.19 Die Optionen für die Wiedergabetaste

Die in Abbildung 4.19 sichtbaren Optionen können alle vier aktiviert sein – die oberen Einträge haben Priorität gegenüber den darunterliegenden Einträgen.

- AB MARQUEE-AUSWAHL WIEDERGEBEN: Wenn dieses Häkchen gesetzt ist, beginnt die Wiedergabe beim Anfangspunkt der Marquee-Auswahl, falls eine Marquee-Auswahl vorhanden ist – selbst dann, wenn ein Cycle aktiv ist, weil der Eintrag in der Prioritätenliste ganz oben steht.
- AB CYCLE-BEREICH WIEDERGEBEN: Die Wiedergabe beginnt am linken Cycle-Locator-Punkt. Beachten Sie auch die Optionen zum automatischen Setzen von Locator-Punkten (z. B. auf die Auswahl via `cmd` + `U`) im NAVIGIEREN-Menü.
- WIEDERGABE AB AUSGEWÄHLTER REGION: Die Wiedergabe beginnt bei der ausgewählten Region.
- WIEDERGABE AB LETZTER LOCATOR-POSITION: Die Wiedergabe beginnt nicht dort, wo Sie Ihren Song zuletzt angehalten, sondern dort, wo Sie ihn zuletzt gestartet haben. Sinn: Sie können einen bestimmten Abschnitt immer wieder von vorn hören, ohne beachten zu müssen, wie weit der Abspielmarker danach gelaufen ist, oder deswegen wieder ein- und auszoomen zu müssen.
- Im Konfigurationsmenü für die Steuerungsleiste stehen weitere Buttons für Wiedergabefunktionen zur Verfügung, z. B. (Shortcuts in Klammern):
  - WIEDERGABE AB ANFANG
  - WIEDERGABE AB LINKEM FENSTERRAND (`⇧` + `⏏`)

- Wiedergabe ab linkem Locator-Punkt
- Wiedergabe ab rechtem Locator-Punkt
- Wiedergabe ab der Auswahl ([⇧] + Leertaste)

4.5.7 Aufnahmetaste

Wenn Sie z. B. via rechter Maustaste auf den Aufnahmeknopf im Transportfenster klicken, öffnet sich ein Submenü. Hier können Sie einstellen, welche Funktion der Aufnahme-Button (bzw. der Shortcut [R]) genau hat.

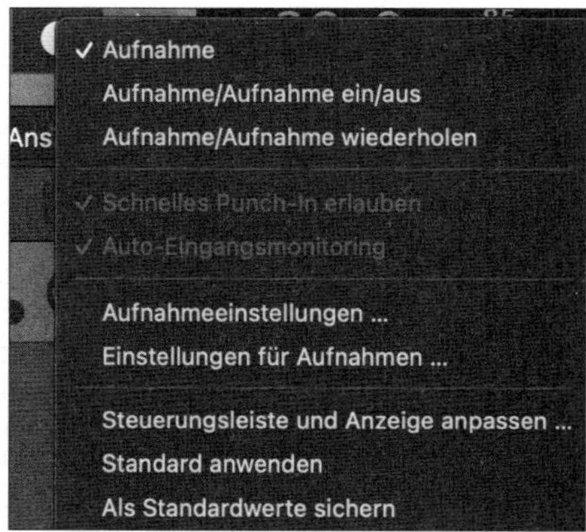

Abbildung 4.20 Das »Aufnahmetasten«-Untermenü

- Die Standardeinstellung Aufnahme sorgt dafür, dass Sie durch Drücken auf den Aufnahmeknopf oder mit dem Shortcut [R] die Aufnahme starten. Ein weiteres Drücken von [R] bleibt ohne Funktion.
- Ist das Häkchen dagegen beim Eintrag Aufnahme/Aufnahme ein/aus gesetzt, dann wird die Aufnahme beim nächsten Klick auf den Aufnahme-Button oder bei der nächsten Betätigung des Shortcuts [R] beendet.
- Ist das Häkchen beim Eintrag Aufnahme/Aufnahme wiederholen gesetzt, bewirkt jeder Klick auf den Aufnahme-Button oder jedes Auslösen des Shortcuts [R] ein erneutes Auslösen der Aufnahme an der gleichen Stelle, an der die Aufnahme zuerst gestartet wurde (und Sie müssen eine zuvor gemachte, eventuell misslungene Aufnahme nicht extra löschen, denn das geschieht automatisch). Diese Einstellung nutze ich meistens.

Natürlich können Sie alternativ für die Funktion Aufnahme/Aufnahme wiederholen auch einen anderen, zusätzlichen Shortcut vergeben, um einerseits den Shortcut [R] für die »normale« Aufnahmefunktion zu nutzen, andererseits direkt an die Funktion Aufnahme/Aufnahme wiederholen heranzukommen.

4.5.8 Stopp-/Gehe-zu-Anfang-Button

Wenn Sie mit der rechten Maustaste oder per [ctrl] + Klick auf den STOPP-Button klicken, erscheint das Submenü aus Abbildung 4.21. Besonders wichtig finde ich die obersten drei Einträge; die meisten Funktionen sind selbsterklärend. Es geht darum, was genau passiert, wenn Sie den STOPP-Button klicken oder die den STOPP-Funktion auslösen.

- STOPPEN: Stoppt lediglich die Projektwiedergabe, ohne die Abspielposition zu bewegen.
- WIEDERGABE STOPPEN UND ZUM LINKEN LOCATOR-PUNKT GEHEN: Beendet die Wiedergabe und bewegt die Abspielposition zum linken Locator-Punkt.
- STOPP UND ZUR LETZTEN LOCATOR-POSITION: Stoppt und bewegt die Abspielposition zu der Position, von der aus Sie den Play-Modus zuletzt gestartet haben.

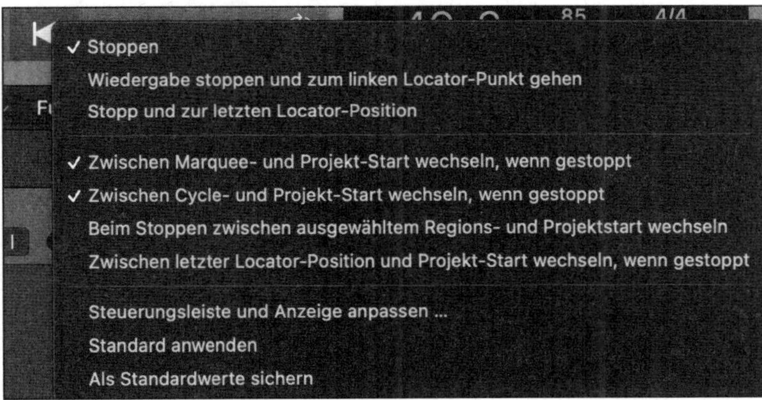

Abbildung 4.21 Optionen für die Stopp- und die Gehe-zu-Anfang-Taste

Bei Interesse an Shortcuts und weiteren praktischen Befehlen geben Sie im Dialog zur Anpassung der Tastaturkurzbefehle den Begriff »Wiedergabe« im Suchfeld ein, um sie angezeigt zu bekommen.

4.5.9 Position eingeben, Befehl »Zur Position ...«

Sie können im Display manuell eine Position eingeben, zu der die Abspielposition springen soll. Sie können außerdem den Befehl ZUR POSITION ... (Shortcut [#]) benutzen (oder einen Button ZU POSITION in der Steuerungsleiste einrichten). Daraufhin erscheint ein Dialog, in dem Sie die Position eingeben, zu der die Abspielposition springen soll (Abbildung 4.22).

Nicht zuletzt bei Filmvertonungsaufgaben wird so etwas öfter gebraucht, schließlich können Sie je nach Bedarf nicht nur einen Takt, sondern auch eine Zeitposition eingeben.

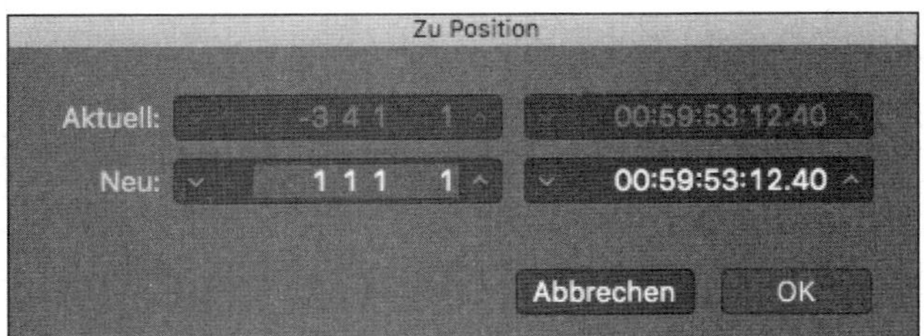

Abbildung 4.22 Dialog zum Eingeben einer Zielposition für die Abspielposition

4.5.10 Scrubbing

Beim sogenannten *Scrubbing* bewegen Sie die Maus so über Regionen, dass deren Inhalte in der Geschwindigkeit Ihrer Mausbewegung hörbar werden. Das funktioniert sowohl für Audio- als auch für MIDI-Regionen. Sie müssen das allerdings unter EINSTELLUNGEN • AUDIO • BEARBEITUNG • MIT AUDIO IM SPURBEREICH SCRUBBEN (für Audio) oder PROJEKTEINSTELLUNGEN • MIDI • ALLGEMEIN (für MIDI) aktivieren. Das Werkzeug in Logic hierfür ist das Solo-Werkzeug – aber auch wenn Sie mit der SCHERE schneiden wollen, funktioniert es. Halten Sie mit ausgewähltem Solowerkzeug die Maustaste gedrückt, und bewegen Sie es nach links und rechts, um den Inhalt der ausgewählten Region(en) vorzuhören. Das funktioniert auch durch Bewegung des Abspielpositions-Markers, falls sich Logic gerade im angehaltenen Wiedergabemodus befindet. Der Shortcut für PAUSE ist voreingestellt das [,] (Komma) im Ziffernblock einer großen Tastatur (nicht auf Laptoptastaturen erreichbar). Alternativ können Sie den PAUSE-Button in der Steuerungsleiste einblenden.

Die Scrubbing-Funktion können Sie außerdem Shortcuts (Vor- und Zurückspulen mit Hörkontrolle/Scrub Forward/Rewind) und angeschlossenen Controllern zuweisen. Mehr Informationen hierzu finden Sie im Handbuch »Logic Pro Control Surfaces Support«.

4.5.11 Vor- und Rückspulbefehle

Für die Vor- und Rückspul-Buttons gibt es verschiedene zuweisbare Tastaturkurzbefehle, von denen vor allem die Befehle *Vorspulen* (Shortcut [.]), *Zurückspulen* (Shortcut [,]), *schnelles Vorspulen* ([⇧] + [.]) und *schnelles Zurückspulen* ([⇧] + [,]) in den Standard-Tastaturkurzbefehlen vergeben sind.

Außerdem sind die Befehle *Vor- und Zurückspulen mit Transient* ([ctrl] + [,] bzw. [ctrl] + [.]), *um ein Frame, mit Rasterwert* und *per Scrubbing* als Shortcut nutzbar/zuweisbar. Ich empfehle, einen Tastaturkurzbefehl für die Funktion *Zurückspulen/Vorspulen mit Rasterwert* zu vergeben. Hiermit arbeite ich öfter, weil sich der Rasterwert schnell im Display verändern lässt.

4.5.12 Menü »Navigieren«

Viele wichtige und bereits gezeigte Transportfunktionen erreichen Sie (auch) über das übergeordnete NAVIGIEREN-Menü (Abbildung 4.23). Im NAVIGIEREN-Menü finden Sie außerdem Einträge für die Arbeit mit Locator-Punkten und Markern.

Unter dem Menü-Punkt GEHE ZU können Sie (über einen nachfolgenden Dialog) nicht nur zu einer Position, sondern auch direkt zu Locator-Punkten, Auswahlanfang und -ende oder einem Marker springen.

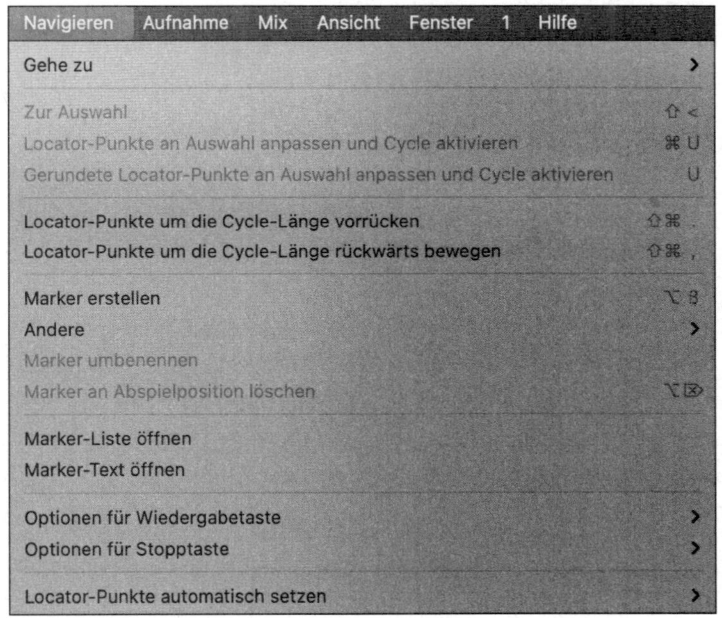

Abbildung 4.23 »Navigieren«-Menü

4.5.13 Schwebefenster »Transport« und große Beats-/Zeitanzeige

Sie können sich über einen entsprechenden Eintrag im FENSTER-Menü ein separates Schwebefenster »Transport« anzeigen lassen, das Ihnen grundsätzlich die gleiche Funktionalität wie Steuerungsleiste und Display anbietet. Es ist dann frei verschiebbar und durch Rechtsklick auf den Hintergrund genau wie die Steuerungsleiste inklusive des Displays frei konfigurierbar. Falls Sie also in der Steuerungsleiste nicht genug Platz für ein breites Display haben, können Sie zusätzlich ein Transport-Schwebefenster nutzen.

Über das Display in Steuerungsleiste und Transportfenster können Sie sich auch eine große Beats- oder Zeitanzeige darstellen lassen (siehe Abbildung 4.6 und Abbildung 4.24). In diesen Fenstern können Sie auch die angezeigte Taktposition mit der Maustaste anfassen und damit die Abspielposition bzw. den Playhead (kurz *SPP* für *Song Position Pointer*) bewegen.

Abbildung 4.24 Große Beats- und große Zeitanzeige sind als frei schwebende Fenster geöffnet.

4.6 Oben: Symbolleiste für schnellen Zugriff auf Befehle

Unter der Steuerungsleiste ist die Symbolleiste eingeblendet (Abbildung 4.2), ein-/ausblendbar durch Klick auf den quadratischen Button mit einem nach unten zeigenden Pfeil rechts neben dem I-Symbol oder via `ctrl` + `alt` + `cmd` + `T`).

Um Befehle auszuführen, klicken Sie auf die entsprechenden Symbole. Die Funktionen sind alle auch anderweitig erreichbar (z. B. über Shortcuts). Die Symbolleiste hat den Zweck, wichtige Befehle (für Benutzer ohne Kenntnisse von Shortcuts bzw. für Anfänger) schnell verfügbar darzustellen. Auch die Symbolleiste passen Sie über das Menü ANSICHT • SYMBOLLEISTE ANPASSEN oder per rechter Maustaste bzw. `ctrl` + Klick auf die Leiste selbst an.

Symbole in der Symbolleiste lassen sich nicht frei anordnen, sondern nur mit Häkchen aktivieren und deaktivieren. Bei Platzmangel führt ein >>-Symbol rechts zu weiteren Symbolen/Befehlen.

Erwähnenswert ist die *Nudge*-Funktion: Hier können Sie nicht nur den Wert für *Nudge* (Verschieben eines selektierten Objekts um einen Betrag) einstellen, sondern mit Hilfe zweier Pfeile die Nudge-Aktion selbst (selektiertes Objekt nach links und rechts um den eingestellten Wert verschieben) durchführen. Die Einstellung des Nudge-Werts heißt auch SCHRITTWEITE und wird verwirrenderweise bei den Shortcuts nur unter diesem Namen gelistet (wer nur mit der englischen Version arbeitet, hat es hier einfacher). Via `ctrl` + `alt` + `D` können Sie die Schrittweite beispielsweise auch auf den eingestellten Rasterwert einstellen.

Abbildung 4.25 Nudge-Funktion in der Symbolleiste

4.7 Links: Bibliothek als Soundquelle

Durch Klick auf das Schubladensymbol links blenden Sie die BIBLIOTHEK ein; Erläuterungen zur inhaltlichen Bedeutung von Patches, Channel-Strips, Plug-in-Settings sowie Presets von Fremd-Plug-ins und zu deren Sicherung und Speicherorten finden Sie in Abschnitt 3.2. Presets für den Step-Sequencer finden Sie im STEP SEQUENCER selbst. Die folgenden Ausführungen behandeln vor allem folgende Fragen: Wie arbeiten, laden und speichern Sie am besten mit Hilfe der BIBLIOTHEK? Was ist zu beachten?

4.7.1 Arbeiten mit der Bibliothek

In der BIBLIOTHEK steht Ihnen eine komfortable Suchfunktion zur Verfügung; geben Sie gesuchte Begriffe in das Suchfeld ein. Sie können die BIBLIOTHEK im Hauptfenster durch Ziehen der Grenzmarkierung verbreitern, um mehr Spalten zu sehen (Abbildung 4.26). Ist die Darstellung zu schmal, um alles anzuzeigen, erscheint ein Scrollbalken.

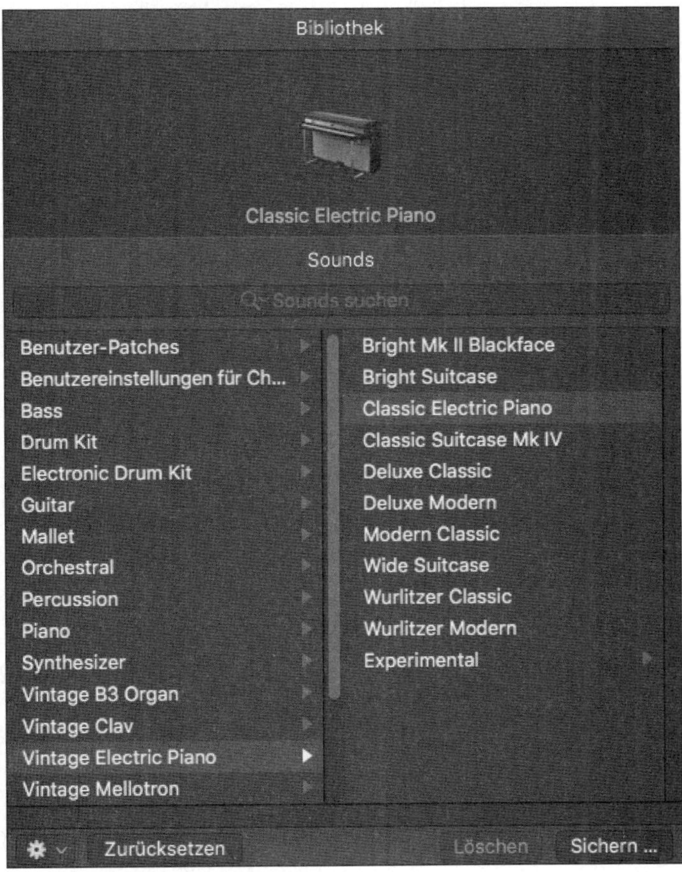

Abbildung 4.26 Bibliothek

Zur Wiederholung: Die Ansicht der Bibliotheksinhalte wechselt automatisch, je nachdem, was Sie im Kanalzug selektieren. Wenn Sie mit gehaltener [⇧]-Taste auf einen Slot klicken, wird dieser weiß umrandet, und es erscheint links daneben ein blaues Dreieck, das den Slot markiert. Alternativ klicken Sie links neben den Slot, so dass der Pfeil erscheint. Dies funktioniert für beide im Informationsbereich angezeigten Spuren. Sie können also auch für den rechten Kanalzug des Informationsbereichs Bibliotheksinhalte sehen und Patches und Presets laden. Die Anzeige der BIBLIOTHEK bezieht sich jeweils auf:

- den gesamten Kanalzug einer der beiden Spuren (je nachdem, welche Art Spur selektiert ist, werden Audio-, Aux-, Instrument- oder Output-Patches angezeigt; siehe Abbildung 4.27)
- das gewählte Effekt-Plug-in
- das selektierte Instrument

Sie können durch Klick auf einen angezeigten Eintrag das jeweilige Patch bzw. Preset etc. laden. Sie können durch Klick auf den Eintrag SICHERN... unten in der BIBLIOTHEK Patches, aber auch Plug-in-Presets etc. entsprechend der aktuellen Anzeige speichern.

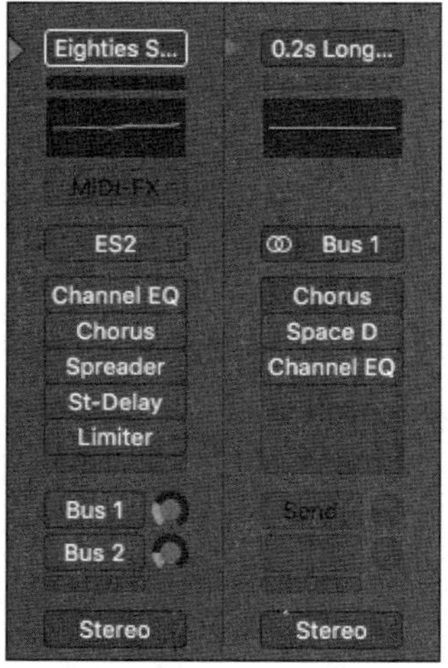

Abbildung 4.27 Mit selektiertem Gesamtkanalzug zeigt die Bibliothek Patches – alternativ auch für die rechte Spur.

Zwischen den angezeigten Einträgen in der BIBLIOTHEK können Sie (bei Fokus auf der BIBLIOTHEK) mit den Pfeiltasten [↑] umschalten. Hierdurch – oder durch Anklicken des jeweiligen Eintrags – wird jeweils ein neues Patch, Plug-in-Setting oder *Sampler*-Instrument geladen (was Sie via Undo, [cmd] + [Z], rückgängig machen können). Sie können hierfür auch den Befehl NÄCHSTES bzw. VORHERIGES PATCH/PLUG-IN SETTING ODER EXS INSTRUMENT LADEN nutzen (Shortcuts [Ä] und [Ö]; das funktioniert auch, wenn Sie gerade den Fokus auf dem Bereich SPUREN haben).

4.7.2 Bibliothek-Aktionsmenü: Zu viele Bus-Sends? Patches mischen!

Unten links in der BIBLIOTHEK finden Sie ein Aktionsmenü. Die BIBLIOTHEK zeigt den Eintrag PATCH-MISCHEN EIN (Abbildung 4.28), der die Ansicht aus Abbildung 4.29 aufruft. Diese bietet zusätzliche Detailoptionen beim Laden von Patches, z. B. um nicht alle Send-Einstellungen zu laden.

Abbildung 4.28 Der Eintrag »Patch-Mischen ein« im Menü unten links in der Bibliothek

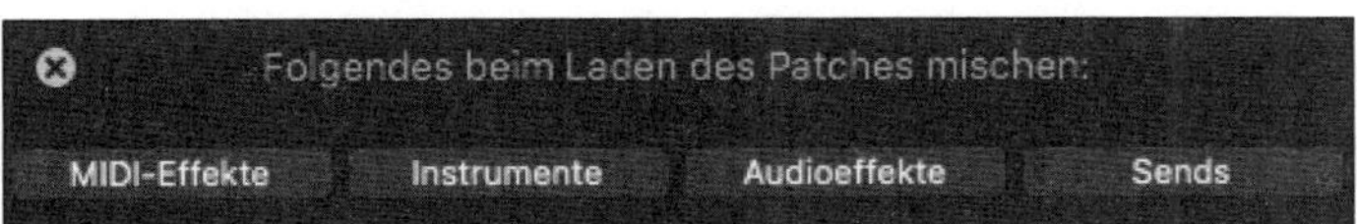

Abbildung 4.29 Optionen zum Thema »Patch-Mischen« in der Bibliothek

Alle blau unterlegten Elemente von Patches werden beim Laden eines Patches bzw. der Auswahl des Bibliothekseintrags geladen. Wenn Sie Bereiche deaktivieren, werden sie nicht mehr mit Patches geladen. Teile des zuvor geladenen Patches würden dann erhalten bleiben und mit den anderen Einstellungen des neu geladenen Patches (z. B. Instrument) »vermischt«, daher heißt die Funktion *Patch-Mischen*. Wenn Sie z. B. den Button SENDS deaktivieren, werden beim Klick auf einen Bibliothekseintrag keine Send-Einstellungen des Patches geladen, die bislang vorhandenen Einstellungen im Kanalzug bleiben erhalten. Das ist hilfreich, denn oft lädt Logic mehr Sends, als man eigentlich möchte. Sie können zudem unter EINSTELLUNGEN • AUDIO • ALLGEMEIN • AUTOMATISCHE BUSZUWEISUNG VERWENDET einstellen, ab welcher Bus-Nummer Busse für automatische Zuweisungen beim Laden von Patches verwendet werden.

4.7.3 Bibliothek-Aktionsmenü: Sortieren, aktualisieren, herunterladen

Die BIBLIOTHEK zeigt auch noch nicht geladene Inhalte an, die durch Klick auf neben dem Eintrag erscheinende, nach unten zeigende Pfeile geladen werden können, wenn ein Häkchen neben dem Eintrag VERFÜGBARE DOWNLOADS ANZEIGEN gesetzt ist.

Sie können an den in Abschnitt 3.2 gezeigten Speicherorten für Patches, Channel-Strips und Presets selbst im Finder Umsortierungen vornehmen (und dabei Ordner und Unterordner anlegen), die danach auch in der BIBLIOTHEK angezeigt werden können. Gegebenenfalls müssen Sie hierfür zunächst noch einmal die Ansicht der BIBLIOTHEK aktualisieren (Abbildung 4.28).

4.7.4 Patches-Praxis: Spurstapel-Patches für Audiospuren laden

Wenn Sie ein Spurstapel-Audio-Patch laden, das eine komplexere Effektkonfiguration über interne Aux-Wege für eine Audiospur realisiert, bleiben die auf der Audiospur liegenden Regionen typischerweise auf der in den Spurstapel wandernden Audiospur liegen.

4.8 Links: Informationsbereich und dynamische Hilfe

Das I-Symbol in der Steuerungsleiste blendet im Hauptfenster den Informationsbereich (in der englischen Version *Inspector* genannt) ein. Rechts daneben können Sie mit dem Fragezeichensymbol die dynamische Hilfe einblenden (Abbildung 4.30).

Abbildung 4.30 Buttons für Infobereich und dynamische Hilfe

4.8.1 Dynamische Hilfe

Die DYNAMISCHE HILFE informiert kurz, welche Funktion der Bereich hat, den Sie gerade mit der Maus überfahren. Zusätzlich wird angeboten, detailliertere Informationen mit Hilfe des Befehls DETAILHILFE EINBLENDEN (Shortcut ⇧ + cmd + ß) anzuzeigen. Durch diesen Shortcut erscheint der entsprechende Bereich aus der Dokumentation. Der Shortcut cmd + ß aktiviert/deaktiviert generell die Anzeige der *dynamischen Hilfe*. Sie können über das HILFE-Menü auch Manuals zu Logic und AKTUELLE INFORMATIONEN (Details der Änderungen in den letzten Updates) aufrufen. Die DYNAMISCHE HILFE erscheint als Abschnitt oben im (eingeblendeten) Informationsbereich. Optional erscheint sie alternativ in Form gelber Sprechblasen am Mauszeiger oder als Schwebefenster. Entsprechende Optionen können Sie im Menü HILFE • DYNAMISCHE HILFE ERSCHEINT ALS einstellen.

4.8.2 Informationsbereich mit Informationsfenster »Region«, »Zelle« und »Spur«

Im Informationsbereich können oben die DYNAMISCHE HILFE oder das Informationsfenster FILM zu sehen sein, darunter das Informationsfenster REGION (oder Informationsfenster ZELLE im LIVE LOOPS-Bereich) und das Informationsfenster SPUR.

Das Informationsfenster REGION zeigt Parameter der selektierten Region(en) (im Bereich SPUREN) und Zell(en) (im LIVE LOOPS-Bereich) an. Je nachdem, ob es sich um Audio- oder MIDI-Regionen oder Zellen handelt, sind diese Parameter unterschiedlich (z. B. MIDI: Velocity, Quantisierung, Transponierung, Dynamik; Audio: Fade, Pegel und ebenfalls Transposition [+ Feinabstimmen] und Quantisierung, falls Flex aktiv ist).

Das Informationsfenster SPUR zeigt Parameter des gewählten Spurobjekts (siehe Abschnitt 4.9.13) an. Auch sie fallen je nach Spurkategorie unterschiedlich aus. Bei externen MIDI-Spuren stellen Sie hier z. B. den Port bzw. MIDI-Ausgang ein. Für alle MIDI-Spuren lässt sich ein Tastaturbereich definieren.

Je nach Bildschirmgröße müssen Sie bestimmte Bereiche im Informationsbereich mit den kleinen Dreiecken einklappen, um mehr sehen zu können. Manche Bereiche klappen sich bei Platzmangel auch automatisch ein.

Werden spezielle MIDI-Editoren wie Notationseditor oder SCHRITTEDITOR verwendet und sind fokussiert, sind teilweise andere Inhalte bzw. der Informationsbereich dieser Editoren zu sehen. Auch im Informationsfenster SPUR sind abhängig davon, ob eine externes oder ein Software-Instrument verwendet wird, andere Parameter zu sehen. Die meisten Parameter der Informationsfenster REGION und SPUR werden in Kapitel 6 erläutert.

4.8.3 Kanalzuganzeige im Informationsbereich

Darunter wird der Mixer-Kanalzug der selektierten Spur angezeigt, bei Audiospuren und Software-Instrument-Spuren inklusive Plug-ins sowie einem zweiten Kanalzug. Bei dem angezeigten zweiten Kanalzug handelt es sich meist um einen Kanal, an den das Signal des Spurenkanalzugs (via Sends oder via Outputs) geroutet wird. Welcher Kanal angezeigt wird, falls mehrere solcher Kanäle in Frage kommen (beispielsweise weil das Signal sowohl über einen Send als auch über einen Output aus dem Kanalzug herausgeroutet wird), hängt davon ab, welchen Output-Slot Sie kurz mit der Maus anklicken. (Wollen Sie beide Kanäle sehen, wechseln Sie in den Mixer und wählen dort die Ansicht EINZELN).

Wenn Sie mit dem DRUM MACHINE DESIGNER arbeiten, ist oft links der Kanalzug für das gesamte Drumkit und rechts ein Kanalzug für ein Pad-Instrument zu sehen.

4.9 Mittig: Bereiche »Spuren« und »Live Loops«, Hauptmenü »Spur«

Mittig finden Sie die Spurenansicht, auch Bereich SPUREN genannt und die LIVE LOOPS-Ansicht.

4.9.1 Spurenansicht/ Bereich: Spuren und Live Loops Ansicht

Der Bereich SPUREN zeigt den Sequencerbereich an und ist das Herzstück des Hauptfensters, der eigentliche Aufnahme- und Arrangierbereich. Er wird seit Logic 10.5 ergänzt durch den LIVE LOOPS-Bereich, der mit dem Spurenbereich interagieren kann (siehe Abschnitt 6.8).

Sie finden rechts neben dem Ansicht-Menü die beiden Taster Live Loops-Raster ein-/ausblenden und Spurenbereich ein-/ausblenden. Blenden Sie andere Teile des Hauptfensters über Buttons und das Menü Ansicht aus, um diesem Bereich mehr Platz einzuräumen und so besser arrangieren zu können (Abbildung 4.31).

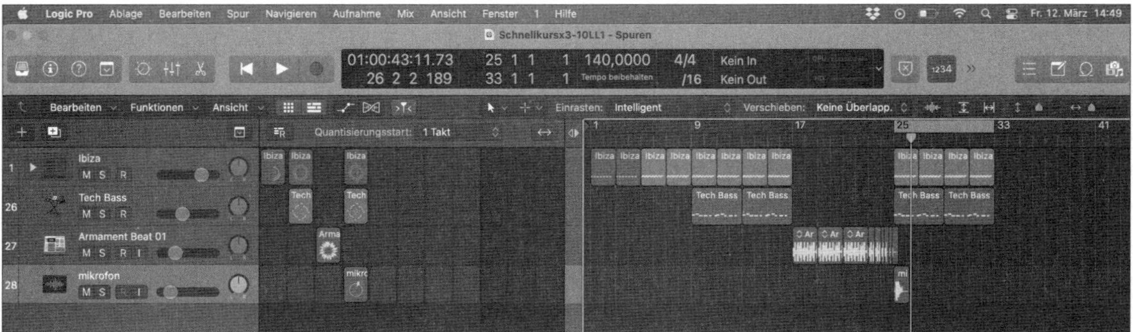

Abbildung 4.31 Bereich »Spuren« und »Live Loops«

Mittig können Sie die Trennlinie verschieben, um dem Live Loops- oder Spurenbereich mehr Platz zu geben. Mit den kleinen Pfeilen in der Mitte wählen Sie, welcher Bereich aktiv sein und abspielen soll. Ist der Loops-Bereich aktiv, werden Regionen im Spurenbereich ausgegraut.

Im Spurenbereich erstellen Sie Ihren Song mit MIDI- und Audioregionen, arbeiten mit dem Taktlineal und mit globalen Spuren, in denen Sie z. B. Marker und Tempowechsel unterbringen. Der Bereich Spuren verfügt über eigene Menüs, die ich zusammen mit dem Hauptmenü Spur vorstelle, nachdem kurz die Optionen für Scrolling, Spurgröße und Zooming besprochen wurden. Beachten Sie, dass für Regionen und Zellen Kontextmenüs verfügbar sind. Diese beinhalten teilweise zusätzliche Optionen (z. B. Wiedergabegeschwindigkeit und -richtung für Live Loops), die anderswo (bislang) nicht zu finden sind.

4.9.2 Scrolling, Zoomen und Spurgröße ändern

Falls Sie nicht alle Events auf dem Bildschirm sehen können, hilft die Scrollfunktion des Bereiches Spuren weiter. Mit dem Scrollrad der Maus scrollen Sie vertikal oder auch horizontal (mit ⇧ + Scrollen).

Scrolling

Mit Hilfe der sogenannten Scrollen bei Wiedergabe-Funktion im Menü Ansicht (ctrl + < bewegt sich nicht der Wiedergabepositions-Marker, sondern bleibt im Bild stehen, während im Hintergrund das Arrangement visuell »vorbeifliegt« bzw. sich bewegt.

Zoomen und Spurgröße ändern: Basics

Logic bietet sehr viele Optionen für das Zoomen:

- Mit cmd + ↑, ↓, ← oder → zoomen Sie vertikal und horizontal.
- Via alt + Mausrad/Touchpad zoomen Sie vertikal.
- Rechts oben im Bereich SPUREN zoomen Sie mit horizontal angeordneten Slidern vertikal und horizontal.
- Eine weitere Alternative ist das Aufziehen eines Bereichs mit dem Zoomwerkzeug (es erscheint bei gehaltener alt-Taste); die Umschaltung auf den Zoombereich erfolgt automatisch, nachdem Sie den Bereich aufgezogen haben. Ein Klick auf den Hintergrund mit gehaltener alt-Taste stellt die Ansicht auf die vorherige Zoomstufe zurück.
- Die beiden Buttons oben rechts passen Ihren Bereich SPUREN schnell optimal vertikal und horizontal an, so dass Sie möglichst eine Komplettübersicht bekommen (Abbildung 4.32). Sie leuchten blau, wenn sie aktiv sind. Bei vergrößerten Spuren oder aktiver Automationsansicht klappt das nicht immer. Das Anlegen einer leeren Region als Maß für das vertikale Auto-Zooming kann hilfreich sein (siehe Projekt *04Vorlage*).

Abbildung 4.32 Buttons für horizontales und vertikales Auto-Zoomen

Sonstige Zoomalternativen

Der Shortcut Z ist dem Befehl UMSCHALTEN ZWISCHEN ZOOM AN AUSWAHL ANPASSEN UND ZOOM AN ALLE INHALTE ANPASSEN zugeordnet. Das bedeutet, dass das erste Auslösen von Z dafür sorgt, dass die Zoomstufen für den ausgewählten Bereich optimiert werden, und Sie mit einem weiteren Drücken von Z wieder (wie beim Zoomwerkzeug) zurück zur zuvor eingestellten Zoomstufe springen.

Eine weitere Option ist das Sichern (⇧ + ctrl + alt + cmd + 1, 2 oder 3) und Abrufen (ctrl + alt + cmd + 1, 2 oder 3) von drei verschiedenen Zoomstufen.

In der Tastaturkommandoliste finden Sie noch weitere Optionen. Außerdem können Sie ein iPad mit Logic Remote einsetzen und es für Zoom- und Navigationsfunktionen nutzen.

Vertikale Spurhöhe einzelner Spuren modifizieren

An den Spurgrenzen können Sie die Größe für einzelne Spuren unabhängig von anderen Spuren vertikal einstellen. Wenn Sie mit gehaltener ⇧-Taste auf die untere Ecke einer Spur klicken, wird die Größe für *alle* Spuren gemeinsam zurückgesetzt. Wenn Sie beim Aufziehen der vertikalen Spurgröße die alt-Taste gedrückt halten, so ändert sich die Größe für alle Spuren.

Sie können auch mit [ctrl] + [alt] + [cmd] + [Z] bzw. [ctrl] + [alt] + [cmd] + [↑]/[↓] Spuren vertikal im Hauptfenster ein- und auszoomen oder ergänzende Shortcuts nutzen.

Wellenformzoom

Die Wellenformen von Audiospuren können ebenfalls (vertikal) gezoomt werden. Hierfür gibt es oben rechts im Bereich SPUREN einen Button (Abbildung 4.33). Wenn Sie darauf klicken, wird er bläulich eingefärbt, und der Wellenformzoom wird aktiv. Diesen können Sie via Button-Klick deaktivieren, ohne dass die exakte Zoomstufe verlorengeht. Wenn Sie mit gehaltener Maustaste länger daraufklicken, können Sie genau einstellen, wie stark Sie einzoomen möchten (siehe Abbildung 4.34). Die Darstellungsergebnisse gelten gleichzeitig für alle Audiodateien, sind allerdings bei Dateien mit wenig Pegel nicht immer auf dem erhofften Niveau.

Abbildung 4.33 Einstellen der Zoomstufe

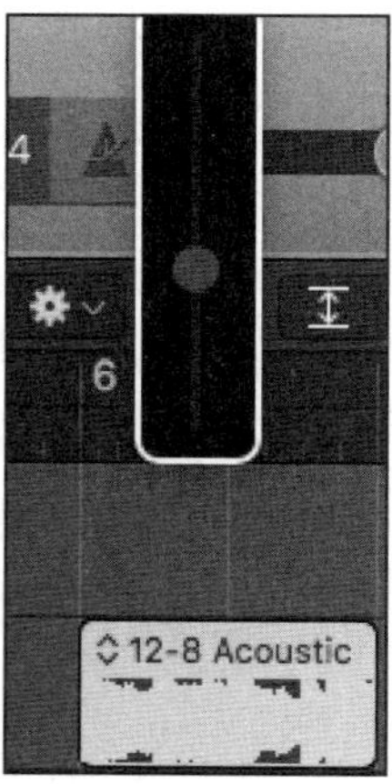

Abbildung 4.34 Wellenformzoom

Wellenformzoom steht übrigens auch im AUDIOSPUREDITOR zur Verfügung. Ein Reset auf die Originalgröße erfolgt mit [alt] + Klick auf den Button.

4.9.3 Hauptmenü »Spur«

Im Hauptmenü SPUR (Abbildung 4.35) finden Sie die direkten Befehle und Shortcuts zum Erzeugen von Spuren und vieles mehr.

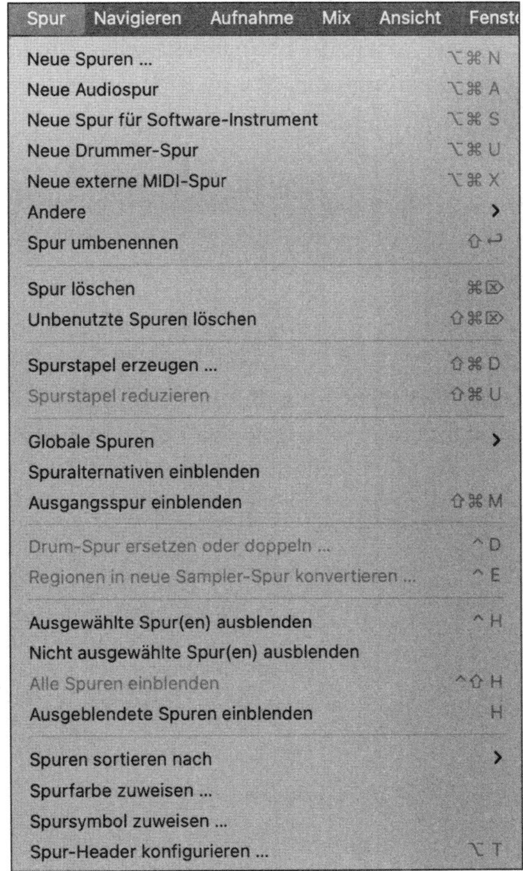

Abbildung 4.35 Hauptmenü »Spur«

4.9.4 Spuren erstellen: Basics

Durch Klick auf das +-Symbol im Bereich Spuren oder den Shortcut alt + cmd + N gelangen Sie in den Dialog zum Erzeugen neuer Spuren (siehe auch Abschnitt 2.4.1 im Schnellkurs). Im Dialog können Sie zunächst eine zu erstellende Spurkategorie auswählen, je nach Auswahl erscheinen darunter andere Optionen, ganz unten ist zudem die Zahl der zu erstellenden Spuren einstellbar.

Für Audiospuren können Sie auswählen, ob in einem Rutsch mehrere Spuren mit aufsteigenden Eingängen erstellt werden sollen oder ein Standardpatch zu laden ist. Dieses wird dann automatisch bei jedem Auslösen des Befehls Neue Audiospur geladen. Wählen Sie stattdessen Software-Instrument, erscheint ein Flip-Menü Instrument. Dort können Sie ein Plug-in, Standardpatch oder Leerer Channel-Strip wählen. Auch diese Einstellung wird später automatisch bei jedem Auslösen des Befehls Neue Spur für Software-Instrument geladen. Sie können über die Eingabe eines Werts von 1–16 in das Feld neben dem Eintrag MULTITIMBRAL (PARTS) im Dialog zur Erstellung von Software- und MIDI-Instrumenten optional bis zu 16 Spuren mit unterschiedlichen MIDI-Kanälen erstellen (siehe auch Abschnitt 4.9.6). Eine Kurzanleitung zum Ansteuern externer MIDI-Instrumente finden Sie im Schnellkurs in Abschnitt 2.4.17, Details zum Konfigurieren der MIDI-UMGEBUNG in Kapitel 13.

Einzelne Spuren lassen sich aber schneller über die direkten Shortcuts realisieren:

- Mit alt + cmd + S erzeugen Sie schnell eine Software-Instrument-Spur.
- Mit alt + cmd + A erstellen Sie schnell eine Audiospur.
- Mit alt + cmd + X legen Sie schnell eine Spur für ein externes MIDI-Instrument an.

Unter dem Eintrag ANDERE im SPUR-Menü finden Sie weitere Optionen zum Erzeugen neuer Spuren (Abbildung 4.36). Der Inhalt dieses Menüs wechselt je nach selektierter Spur, verschiedene Fälle erläutere ich nachfolgend.

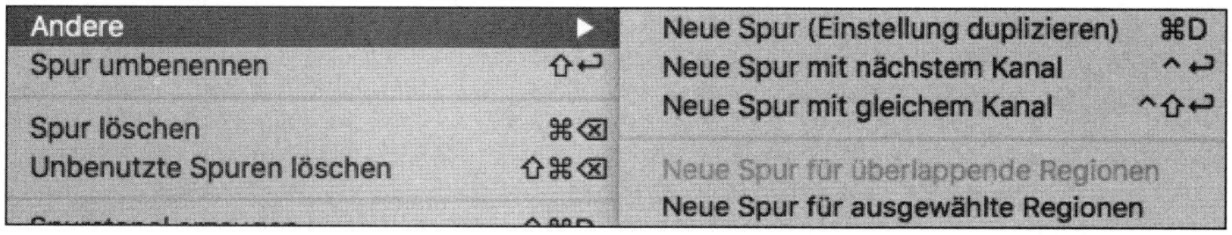

Andere ▶
Spur umbenennen ⇧↩
Spur löschen ⌘⌫
Unbenutzte Spuren löschen ⇧⌘⌫

Neue Spur (Einstellung duplizieren) ⌘D
Neue Spur mit nächstem Kanal ^↩
Neue Spur mit gleichem Kanal ^⇧↩
Neue Spur für überlappende Regionen
Neue Spur für ausgewählte Regionen

Abbildung 4.36 Spezielle Spuroptionen im »Spur«-Menü für eine Audiospur

4.9.5 Neue Spur mit gleichem Kanal/Instrument/mehrere Spuren des gleichen Instruments

Wenn Sie genau die gleiche Spur noch einmal benötigen, nutzen Sie die Option SPUR • ANDERE • NEUE SPUR MIT GLEICHEM KANAL (für Audiospuren) bzw. NEUE SPUR MIT GLEICHEM INSTRUMENT (ctrl + ⇧ + ↩). Solche Spurduplikate können jeweils ein eigenes Set an Regionen und Spuralternativen (siehe Abschnitt 6.7) verwalten, sind dabei aber stets von denselben Spurautomationen oder Mute- und Solo-Schaltungen betroffen. Im Spur-Header können Sie einen SPUR-EIN/AUS-Button aktivieren, der dann für jede Spur einzeln Aktivierungen ermöglicht.

Eine Alternative ist die Funktion SPUR DUPLIZIEREN, die eine neue Spur mit denselben Einstellungen anlegt (siehe Abschnitt 4.9.7), für die dann auch leicht veränderte Effekte oder Spurautomationen genutzt werden können.

4.9.6 Neue Spur mit nächstem Kanal/Instrument/Audioobjekt erstellen

Wenn Sie externe MIDI-Instrumente oder Plug-ins anderer Hersteller *multitimbral*, d. h. mit mehreren verschiedenen MIDI-Kanälen auf mehreren Spuren, verwenden möchten, ist diese Option nützlich.

Stellen Sie zunächst auf der ausgewählten Instrumenten-Spur einen MIDI-Kanal (z. B. KANAL 1) statt ALLE (Voreinstellung) ein. Wählen Sie dann SPUR • ANDERE • NEUE SPUR MIT NÄCHSTEM KANAL ([ctrl] + [↵]).

Falls MIDI KANAL: ALLE eingestellt ist, ist NEUE SPUR MIT NÄCHSTEM KANAL nicht zu sehen, stattdessen erscheint NEUE SPUR MIT NÄCHSTEM INSTRUMENT, was eine neue Spur mit einem neuen Instrument erzeugt.

Die meisten Logic-Instrumente sind nicht auf die Nutzung mehrerer MIDI-Kanäle ausgelegt. Stattdessen bietet es sich für Logic-Instrumente an, für jedes Instrument eine neue Spur zu erzeugen.

Hier können Sie auch eine neue Audiospur mit dem nächsten Audioobjekt erstellen, wenn eine Audiospur selektiert ist.

4.9.7 Spuren duplizieren

Mit dem Befehl NEUE SPUR (EINSTELLUNG DUPLIZIEREN) ([cmd] + [D]) erzeugen Sie eine neue Spur als Duplikat mit den gleichen Einstellungen und Plug-ins wie die aktuell selektierte (siehe Abschnitt 6.4.2). Auf diese Weise können Sie schnell mit einer Variation eines Sounds arbeiten.

Abbildung 4.37 Rechts neben der +-Taste zum Erzeugen einer neuen Spur sehen Sie den Button zum Duplizieren einer Spur.

4.9.8 Globale Spuren

Globale Spuren (z. B. Tempospur, Marker-Spur, Filmspur) betreffen das ganze Projekt bzw. alle Spuren eines Projekts gemeinsam und werden oberhalb von LIVE LOOPS und Spurenansicht angezeigt. Im Menü SPUR • GLOBALE SPUREN • GLOBALE SPUREN EIN-/AUSBLENDEN, mit dem Button mit einem nach oben zeigenden Dreieck für die globalen Spuren oder mit dem Shortcut [G] blenden Sie globale Spuren ein und aus. Das Dreieck zeigt nach unten, wenn die Spuren ausgeblendet sind, und nach oben, wenn sie eingeblendet sind, dann wird der Button zudem blau eingefärbt.

Sie können über das Menü SPUR • GLOBALE SPUREN • GLOBALE SPUREN KONFIGURIEREN oder via [alt] + [G] den Dialog zum Konfigurieren der globalen Spuren aufrufen. Dort können Sie einstellen, welche globalen Spuren sichtbar sind.

Durch Klick auf die +-Symbole der jeweiligen globalen Spur erzeugen Sie dort Einträge (Marker, 8-taktige Arrangement Marker etc.). Durch Klick auf die jeweiligen Einträge können Sie *Sets* verwalten, um z. B. zwischen unterschiedlichen Marker-Beschriftungen zu wechseln. Es gibt globale Arrangement-, Marker-, Taktart/Tonart-, Tempo- und Beat-Mapping-Spuren. Die einzelnen globalen Spuren werden im Detail in anderen Abschnitten erläutert. Inhalte der globalen Spuren MARKER, TAKTART/TONART und TEMPO lassen sich nicht nur in der globalen Spurenanzeige, sondern auch (und manchmal besser) in den zugehörigen Listeneditoren editieren.

4.9.9 Spuren sortieren nach ... und mehr Optionen

Sie können mittels verschiedener Optionen unter dem Eintrag SPUREN SORTIEREN NACH ... im Menü SPUR Spuren nach verschiedenen Kriterien sortieren (MIDI-KANAL, AUDIOKANAL, AUSGANGSKANAL, INSTRUMENTNAME, SPURNAME, BENUTZT/UNBENUTZT). Darunter können Sie im Menü Spuren umbenennen, löschen, einfärben oder nach verschiedenen Kriterien sortieren.

4.9.10 Ausgabespur einblenden

Unter dem Menüeintrag SPUR • AUSGABESPUR EINBLENDEN (⇧ + cmd + M) erzeugen Sie schnell eine Spur für den Master-Stereo-Ausgangskanalzug im Bereich SPUREN. Bei Surround-Konfigurationen wird ein Spurstapel mit mehreren integrierten Aux-Kanälen eingeblendet (der Eintrag im SPUR-Menü heißt dann MASTER-SPUR EINBLENDEN).

4.9.11 Spurkontextmenü/Spur neu zuweisen

Mit der rechten Maustaste gelangen Sie in ein Spurkontextmenü, das weitgehend dem Hauptmenü SPUR entspricht. Allerdings können Sie hier auch im Eintrag SPUR NEU ZUORDNEN ein Objekt der MIDI-UMGEBUNG als Spurobjekt auswählen (vergleiche Abschnitt 13.2), an das dann die Spurinhalte oder die im Sequencer ankommenden MIDI-Daten geschickt werden. So können Sie theoretisch auch eine Software-Instrument-Spur im Bereich SPUREN nachträglich in eine Audiospur umwandeln.

Abbildung 4.38 Im Submenü »Spur neu zuordnen« sehen Sie rechts die Layer der MIDI-Umgebung, aus denen Sie ein Objekt auswählen können.

4.9.12 Spur-Header konfigurieren

Der eigentliche Spurbereich, in dem Sie den Spurnamen sehen, heißt *Spur-Header*. Für ihn können Sie verschiedene wichtige Funktionen bzw. Buttons ein- und ausblenden (Abbildung 4.39).

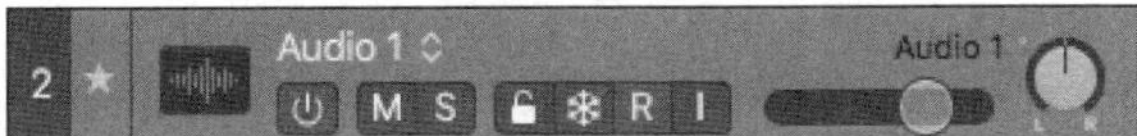

Abbildung 4.39 Spur-Header einer Audiospur mit vielen eingeblendeten Optionen (siehe auch Abbildung 4.40)

Wenn Sie mit der rechten Maustaste in eine Spur klicken, sehen Sie im Spurkontextmenü unten die beiden Einträge Spur-Header-Komponenten und Spur-Header konfigurieren (letzterer ist auch leicht erreichbar via `alt` + `T`). In beiden können Sie wählen, was angezeigt wird. Im ersten Fall sehen Sie eine Liste mit Komponenten, im zweiten Fall den Dialog Spur-Header konfigurieren mit wählbaren Buttons (Abbildung 4.40). Mit Hilfe des Menüpunkts darüber (Spurfarbe zuweisen ...) können Sie außerdem das Fenster Farben einblenden, um die selektierte Spur einzufärben.

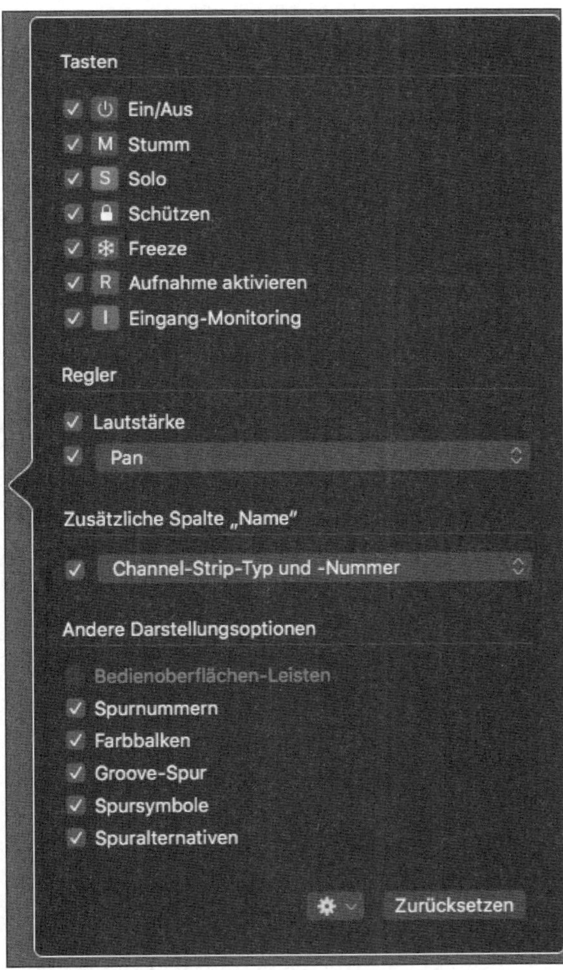

Abbildung 4.40 Die möglichen Komponenten des Spur-Headers werden ebenfalls im Fenster »Spur-Header-Konfiguration« angezeigt.

Auch den Lautstärkeregler des Kanalzugs können Sie im Bereich SPUREN einblenden, ebenso wie den Panoramaregler. Anstelle des Panoramareglers können Sie auch SEND-Regler im Spur-Header anzeigen.

Auch eine zusätzliche Namensspalte ist einblendbar. Das kann hilfreich sein, wenn Sie eine Spur individuell beschriften, aber z. B. gleichzeitig noch sehen möchten, welches Patch in der Spur geladen ist oder um welchen Kanalzug im Mixer bzw. welches Objekt aus der MIDI-UMGEBUNG es sich handelt.

Durch Anfassen des Spur-Headers mit der Maus können Sie Spuren nach oben oder unten verschieben und anders anordnen. Ein Klick auf den Spur-Header selektiert zudem die Spurinhalte innerhalb des Cycle-Bereichs oder bei deaktiviertem Cycle für die ganze Spur (AUTOPUNCH darf nicht aktiviert sein).

4.9.13 Spuralternativen im Spur-Header

Stellen Sie sich eine Spur als Musikabspielgerät vor, in das Sie unterschiedliche Musik laden können (z. B. Tonbänder). So ähnlich verhält es sich mit Spuralternativen. Sie können für eine Spur mehrere Spuralternativen erstellen. Im SPUR-Menü können Sie die Funktion einblenden. Neben dem Spurnamen erscheint der Name der aktiven Spuralternative oder – wenn es noch keine gibt – eine Grafik mit nach oben und unten zeigenden Pfeilen. Wenn Sie darauf klicken, erscheint ein Kontextmenü. Mehr zu Spuralternativen lesen Sie in Abschnitt 6.7.

4.9.14 Spursymbole im Spur-Header

Ein Rechtsklick auf das Symbol (Icon) einer Spur führt Sie in ein Menü, wo Sie unter zahlreichen in Kategorien eingeteilten Symbolen bei Bedarf ein solches für Ihre Spur wählen können. Im Eintrag EIGENE SYMBOLE können Sie über einen +-Button eigene Bilddateien als Spursymbole importieren.

4.9.15 Freeze-Funktion im Spur-Header

Mit Hilfe der Freeze-Funktion (erreichbar über einen Button, den Sie über den Spur-Header einblenden können) können Sie Spuren einfrieren. Dies ist z. B. für Spuren interessant, bei denen viele Plug-ins geladen sind und die viel Prozessorleistung in Anspruch nehmen. Die Freeze-Funktion kann auch helfen, wenn Sie ein Projekt auf einem anderen Rechner abspielen möchten, bei dem ein bestimmtes verwendetes Plug-in fehlt. Vorteil der Freeze-Funktion gegenüber einem Bounce: Mit nur einem Knopfdruck sind alle Spureinstellungen wie vor dem Einfrieren wieder da. Nochmaliges Klicken des FREEZE-Buttons im Spur-Header deaktiviert die Freeze-Funktion und löscht die temporären Audiodateien. Bei jedem Freeze-Prozess müssen Audiofiles neu erstellt werden. Ein Bounce ist eine etwas sicherere, aber etwas weniger komfortable Alternative und eher geeignet, wenn Sie die Audiofiles behalten und verwalten wollen.

Klicken Sie einmal auf den FREEZE-Button (Abbildung 4.41), der dann grün erscheint. Nun wird beim nächsten Mal, wenn Logics Sequencer gestartet wird, diese Spur von Takt 1 maximal bis zum eingestellten Songende eingefroren (gegebenenfalls sind die Freeze-Files kürzer bzw. nur so lang wie Inhalte auf den Spuren). Dabei wird im Hintergrund ein 32-Bit-Audiofile erzeugt und automatisch platziert/abgespielt, das allerdings nicht in der Spur dargestellt wird – dort sehen Sie die Spurinhalte wie zuvor (z. B. MIDI-Regionen, Audioregionen).

Abbildung 4.41 »Freeze«-Button, zu erkennen an der Schneeflocke

Sie finden die zugehörigen Audiofiles in Ihrem Projektordner im Unterordner *Freeze Files*. Der FREEZE-Button der Spur bleibt nun grün eingefärbt. Sie können nach wie vor die Lautstärke des Kanalzugs regeln, jedoch keine Edits mehr in den eingefügten Plug-ins vornehmen. Im Informationsfenster SPUR können Sie zusätzlich einstellen, ob im Freeze-Modus (im Informationsfenster SPUR) mit NUR QUELLE nur die Inhalte der Spur ohne Effekte (z. B. bei rechenintensiven Flex-Modi) eingefroren werden oder im Modus PRE-FADER die Spur inklusive aller Effekte.

Wenn Sie versuchen, ein solches Audiofile auf eine Audiospur zu ziehen, erzeugt Logic im gleichen Ordner automatisch ein 24-Bit-File.

4.9.16 Sonstige Optionen im Spur-Header

Mit der Verriegelungsfunktion (GESCHÜTZT-Symbol) schützen Sie Spuren vor unbeabsichtigten Bearbeitungen. Die Groove-Spur erläutere ich in Abschnitt 9.2.

4.9.17 Solo und Mute: regionsbezogen und spurbezogen; Spur-Ein/Aus-Button

Grundsätzlich unterscheidet Logic zwischen:

- Regionen-, Zellen-, Noten- und Ordner-Solo und -Mute (in Logic *Solo-* und *Stummschaltung* genannt). Sie können im Haupt- oder Editorfenster betreffende Inhalte solo (via `ctrl` + `S`) oder stumm (via `ctrl` + `M`) schalten.
- Spuren-Solo und -Mute (in Logic auch *Channel-Strip-Solo* und *-Mute* genannt)

Egal, ob Regionen-, Zellen- oder Spuren-Solo oder -Mute: Logic Pro versucht, Ihnen grafische Hilfen zu geben, indem es stumm Geschaltetes ausgegraut , solo Hörbares hingegen gelb umrandet anzeigt. Stumm geschaltete Regionen werden zudem mit einem Punkt links oben neben dem Regionsnamen versehen (Abbildung 4.42).

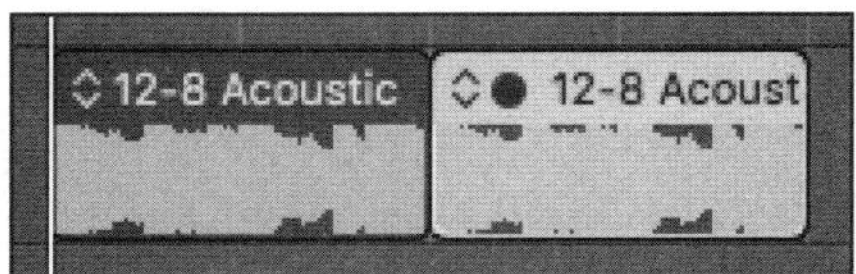

Abbildung 4.42 Im Bild rechts eine stumm geschaltete Region

Selektierte Regionen können Sie auch im Informationsfenster REGION durch ein Häkchen neben dem dortigen Eintrag MUTE stumm schalten. Oder wählen Sie die Option TON AUS im Bereich WIEDERGABE des Kontextmenüs, das sich bei einem Rechtsklick auf die Region öffnet. Zusätzlich gibt es das Solo- und das Mute-Werkzeug. Im Solo-Modus für Regionen ist/sind immer die Region(en) solo zu hören, die Sie gerade selektiert haben. Ausnahme: Sie können eine Solo-Verriegelung für selektierte Regionen einschalten (via [alt] + [S]). Das hat den Zweck, dass die soloverriegelten Regionen weiterhin solo spielen, auch wenn Sie andere Region(en) selektieren und solo schalten.

Im zweiten Fall (Spuren-Solo/Mute) hören Sie die Mischpult-Spur solo (sogenanntes *Solo in place*) oder schalten sie stumm. Die im Bild sichtbaren SOLO- und MUTE-Buttons rechts gehören zum Spur-Header und entsprechen den SOLO- und MUTE-Buttons im Kanalzug. Es ist in Logic Pro nicht möglich, für mehrere Spuren desselben Instruments individuell Mute- und Solo-Funktionen einzustellen. Verwenden Sie stattdessen den über die SPUR-HEADER-KONFIGURATION erreichbaren SPUR-EIN/AUS-Button, um einzelne Spuren zu aktivieren/deaktivieren.

Die wichtigsten Befehle (mit voreingestelltem Shortcut) lauten:

- Solo-Modus für Regionen/Ordner/Noten ein/aus: [ctrl] + [S]
- Solo-Verriegelungsmodus für Regionen/Ordner/Noten ein: [alt] + [S] (Ausschalten mit [ctrl] + [S])
- Channel-Strip-Solo ein/aus: [S]
- Mute für Noten/Regionen/Ordner ein/aus: [ctrl] + [M]
- Channel-Strip-Mute ein/aus: [M]
- [ctrl] + [alt] + [cmd] + [S] deaktiviert/aktiviert die Solo-Schaltung überall, jedoch bezieht sie sich nur auf Spuren und den Mixer, nicht auf Regionen oder Noten.
- [alt] + Klick auf einen SOLO- oder MUTE-Button im Kanalzug schaltet Solo oder Mute im Mixer für alle Kanalzüge aus.
- [ctrl] + Klick auf einen SOLO-Button im Kanalzug schaltet diesen *solo safe*, was Sie an einer durchgestrichenen Linie im SOLO-Button erkennen. Das bedeutet, dass dieser Kanalzug nicht stumm geschaltet wird, wenn andere Kanäle solo geschaltet werden (und so gewissermaßen vor der Solo-Schaltung anderer Spuren »geschützt« ist). Wenn Sie ein Signal via Bus an einen Aux-Kanal senden, schaltet Logic praktischerweise diesen Aux-Kanalzug

bei Aktivierung des SOLO-Buttons Ihrer Spur automatisch temporär *solo safe*, damit nicht diese Stummschaltung verhindert, dass Sie etwas hören.

- [alt] + [⇧] + [S] wählt solo hörbare Regionen aus (auch Regionen auf *solo* und *solo safe* geschalteten Kanälen werden hierbei ausgewählt).
- Im Hauptfenster wählen Sie stumm geschaltete Regionen mit [⇧] + [M] aus.
- Im Mixer wählen Sie stumm geschaltete Channel-Strips mit [⇧] + [M] aus.

Zudem gibt es alternativ auch noch Solo- und Ton-aus-Werkzeuge (siehe Kapitel 6) für Solo- oder Stummschaltungen.

4.9.18 Hide-(Ausblenden-)Funktion

Mit der Hide-Funktion oder den entsprechenden Befehlen des SPUR-Menüs zum Spur-Ein- und Ausblenden blenden Sie Spuren ein und aus. Lösen Sie den Befehl SPUREN AUSBLENDEN EIN-/AUSSCHALTEN (Shortcut [H]) aus, um den Hide-Modus zum Ein- oder Ausblenden von Spuren angezeigt zu bekommen oder zwischen den beiden Modi (Spuren ein- oder ausgeblendet) zu wechseln. Oberhalb der Spuren wird ein grün eingefärbter Button mit dem Buchstaben »H« sichtbar, der dort vorher eventuell nicht zu sehen war (Abbildung 4.43).

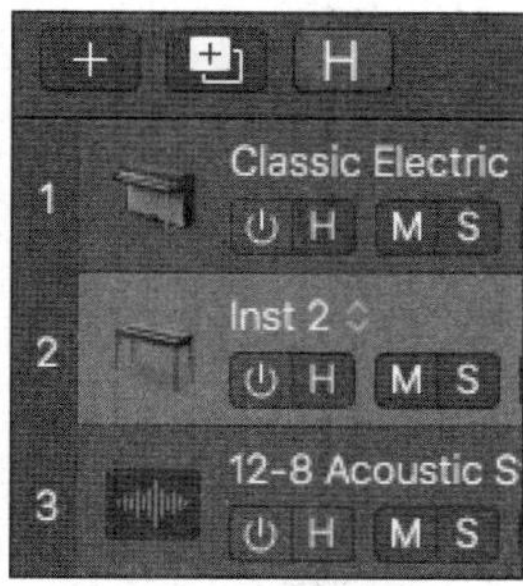

Abbildung 4.43 Hide-Modus mit grünem H, Spuren können zum »Verstecken« selektiert werden (hier Spur 3 ebenfalls mit grünem H).

Nun können Sie den Hide-Modus mit einem Mausklick auf den H-Button der jeweiligen Spur für einzelne Spuren aktivieren. Wird der große H-Button oben grün angezeigt, sehen Sie alle Spuren – auch die, die zum Ausblenden markiert sind (z. B. Spur 3 in Abbildung 4.43). Nach Klick auf den Knopf (oder erneute Betätigung des Shortcuts [H]) werden die zum Ausblenden markierten Spuren wieder versteckt, sind aber weiterhin hörbar. Mit dem Befehl AUSGEWÄHLTE SPUR(EN) EIN- UND AUSBLENDEN ([ctrl] + [H]) geht es eventuell etwas schneller. Falls Spuren auf diese Weise »versteckt« wurden, erscheint der H-Button anschließend in Orange. Daran erkennen Sie, dass es Spuren gibt, die aktuell nicht angezeigt werden. Sind keine Spuren versteckt, erscheint der Button farblos (oder ist gar nicht sichtbar, falls die Funktion noch nicht benutzt wurde).

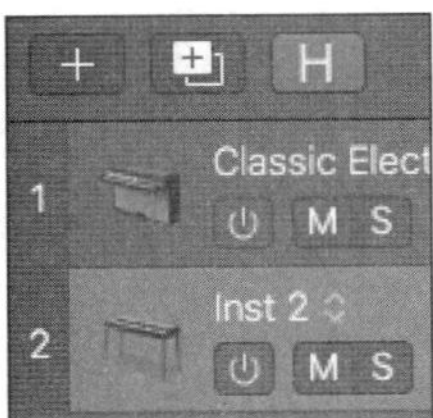

Abbildung 4.44 Hide-Modus mit orangefarbenem Button oben und versteckter Spur 3

Die Funktion ist auch im Zusammenhang mit Mixgruppen interessant (vergleiche Abschnitt 14.4). Hierbei können Sie ganze Gruppen von Instrumentenspuren bequem ein- und ausblenden oder sich allein anzeigen lassen, indem Sie andere Gruppen ausblenden. Mit dem Befehl ALLE SPUREN EINBLENDEN (⇧ + ctrl + H) lassen Sie schnell wieder alle Spuren anzeigen. Manchmal ist das Verstecken von Spuren in einem Ordnerstapel (z. B. für »Reste«) allerdings die übersichtlichere Alternative.

4.9.19 Spurstapel und Arrangieroptionen

Mit *Spurstapeln* können Sie mehrere Spuren zusammenfassen. Mit Spurstapeln der Kategorie *Summenstapel* zusammengefasste Tracks lassen sich als Patches abspeichern. Spurstapel sind auch ein Werkzeug, mit dem Sie beim Arrangieren und Mixen Ordnung schaffen. Das geht alternativ auch mit Ordnern und Take-Ordnern. Diese Funktionen stelle ich in Unterabschnitten von Abschnitt 6.7 nacheinander vor, wenn es um Arrangiertechniken geht.

4.9.20 Sonstiges aus dem Menü »Spur«

Die Funktion REGIONEN IN NEUE SAMPLER-SPUR KONVERTIEREN erkläre ich in Abschnitt 9.3.9. Über die Funktion DRUM-SPUR ERSETZEN ODER DOPPELN können Sie Details in Abschnitt 17.4.5 nachlesen.

4.9.21 »Folgen«-Funktion

Die Funktion ABSPIELPOSITION FOLGEN (die es auch in anderen Fenstern gibt) stellt sicher, dass die aktuelle Wiedergabeposition zu sehen ist.

Abbildung 4.45 »Abspielposition folgen« ist eingeschaltet.

4.9.22 Automation oder Flex-Bearbeitung einblenden

Im Bereich SPUREN können Sie sich über Buttons oben (je nach Darstellung) oder Shortcuts entweder Automation (Shortcut A, Abbildung 4.46) *oder* Flex-Einstellungen anzeigen lassen. Das betrifft lediglich die Anzeige unabhängig davon, wo ein Modus aktiv ist. Automationsdaten werden nur im Spuren-, nicht im LIVE LOOPS-Bereich angezeigt, regionsbezogene Automation ist für beide alternativ unten in PIANOROLLE und Noteneditor einblendbar (vergleiche Projekt *04x3-Automatio1*). Sie finden in den Spuren selbst zusätzliche Automations- und FLEX-Buttons, mit denen Sie Automation und Flex-Modus spurweise aktivieren/deaktivieren können.

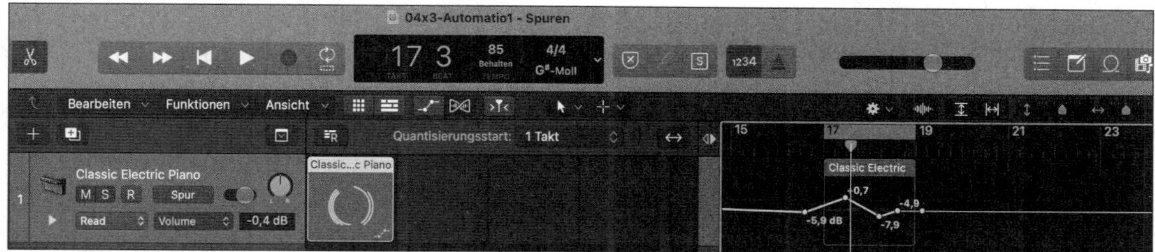

Abbildung 4.46 Automation eingeblendet

Mit *Automationen* können Sie Reglerbewegungen so gut wie aller Parameter in einem Mix aufzeichnen, einzeichnen und editieren. Das erkläre ich in Abschnitt 16.1, »Automation«.

Mit dem *Flex-Mode* nehmen Sie detaillierte Timing- und Tonhöhenkorrekturen vor. Details dazu erfahren Sie in verschiedenen Abschnitten von Kapitel 9, »Tempo und ›Smart Tempo‹-Editor, Tuning, Timing und Groove«.

4.9.23 »Einrasten«- und »Verschieben«-Menüs

Die Einstellungen der Menüs EINRASTEN und VERSCHIEBEN sind entscheidend dafür, wie sich Regionen und Objekte beim Verschieben verhalten und ob sie beispielsweise an glatten Taktpositionen einrasten oder nicht. In welcher Form diese Menüs oberhalb des Taktlineals angezeigt werden, hängt vom verfügbaren Platz auf Ihrem Bildschirm ab. Inhaltliche Details zu diesen Menüs liefert Kapitel 6.

4.9.24 Menüs »Bearbeiten«, »Funktionen« und »Ansicht« im Bereich »Spuren«

Das BEARBEITEN-Menü hat (bei selektiertem Bereich SPUREN) dieselben Einträge wie das Haupt-BEARBEITEN-Menü am oberen Bildschirmrand. Oben steht die Undo-Funktion. Viele Funktionen finden sich auch im Kontextmenü von Regionen wieder und werden in Kapitel 6 funktionsbezogen erläutert. Bitte nutzen Sie den Index, um Funktionen aufzufinden. Funktionen zum Ausschneiden und Kopieren von Zeitabschnitten finden sich außerdem im Kontextmenü des Taktlineals.

4.9.25 Menü »Funktionen« im Bereich »Spuren«

Im FUNKTIONEN-Menü finden Sie nun neu oben Optionen zum Erzeugen von MIDI- und Drummer-Regionen und Patterns. Die Einträge in Abbildung 4.47 beziehen sich auf eine selektierte MIDI-Region; die ausgegraut sichtbaren Einträge sind nur verfügbar, wenn eine Audioregion selektiert ist. Sie sehen hier unter anderem viele Optionen zum automatischen Benennen von Regionen nach Spurnamen und umgekehrt. Hier gelangen Sie an die AUSWAHLBASIERTE BEARBEITUNG, die Effekte in Audiodateien hineinrechnet. Hier können Sie auch einen Dialog zum (nichtdestruktiven) Normalisieren des Regionspegels aufrufen. Sie finden hier auch spezialisierte und nur hier vorhandene Auftrennungsfunktionen für MIDI-Daten oder Optionen, Einstellungen in MIDI-Regionen hineinzuschreiben. Viele Funktionen finden Sie auch hier im Regionskontextmenü wieder, sie erläutere ich in Kapitel 6.

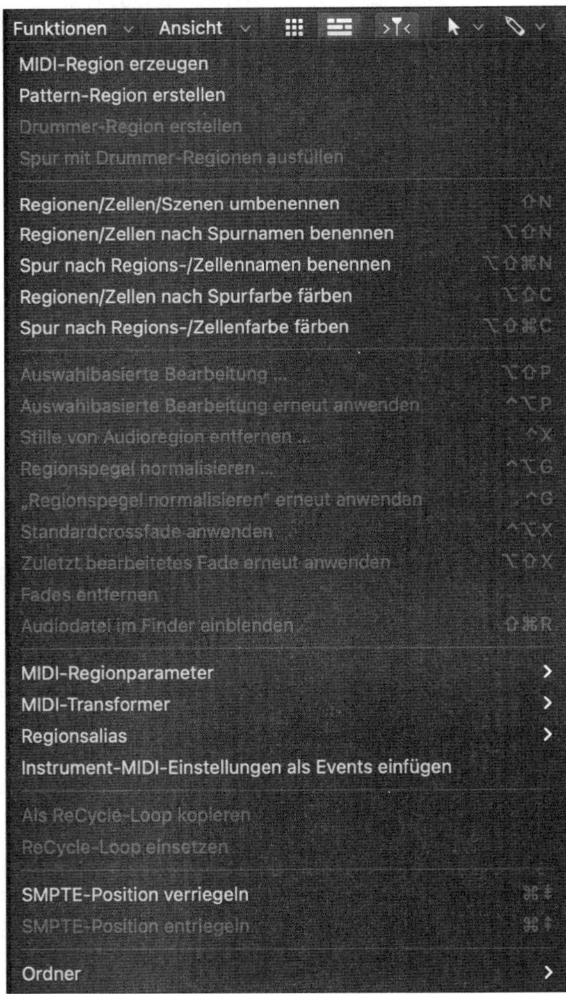

Abbildung 4.47 »Funktionen«-Menü im Hauptfenster

4.9.26 Menü »Ansicht« im Bereich »Spuren«

Das ANSICHT-Menü im Bereich SPUREN stellt einige zusätzliche Darstellungsoptionen zur Verfügung. Hinweise zum Scrolling entnehmen Sie bitte Abschnitt 4.9.2.

- LINK-Modus: Das Hauptfenster besitzt wie andere Editorfenster im ANSICHT-Menü die Möglichkeit, es zu verlinken – mit dem gleichen Level oder dem Inhalt eines anderen Fensters. Auf diese Art und Weise könnten Sie beispielsweise zwei Hauptfenster öffnen, von denen eines stets die Inhalte des anderen anzeigt (was hilfreich sein kann, wenn Sie z. B. Ordner editieren).
- MIDI-DRAW: MIDI-Draw ermöglicht die Ansicht von MIDI-Controller-Daten und deren Editierung im Hauptfenster. Das können gewöhnliche MIDI-Controller-Daten, aber auch in MIDI-Controller-Daten umgewandelte Automationsdaten sein. Eine ähnliche Funktionalität finden Sie z. B. in der PIANOROLLE. Wählen Sie im Menü ANSICHT • MIDI-DRAW • AUTOMATISCH DEFINIEREN, um vorhandene Daten zu sehen oder zum nächsten Parameter umzuschalten. Die Einträge im MIDI-DRAW-Menü sind ausgegraut, wenn die Automationsansicht aktiv ist. Mehr Details zum Thema MIDI-Draw finden Sie in Abschnitt 7.3.
- ZWEITES LINEAL, MARQUEE-LINEAL: Ein zweites Lineal (Abbildung 4.48) ermöglicht eine gleichzeitige Darstellung eines Takt- und eines Zeitlineals. Ein Marquee-Lineal erlaubt komplexe Selektionen ähnlich wie das Marquee-Tool. Mehr hierzu erfahren Sie in Kapitel 5, »Aufnahme im Hauptfenster (incl. Live Loops)«.

Abbildung 4.48 Zweites Lineal

- RASTER: Ein im Hintergrund abgebildetes Raster können Sie mit dem Shortcut `ctrl` + `G` ausblenden.

Für den LIVE LOOPS-Bereich stehen weitere Ansichtsoptionen zur Verfügung.

4.9.27 Kontextmenü für Regionen im Bereich »Spuren«/Kontextmenü im Taktlineal

Im via Rechtsklick auf REGIONEN erreichbaren Kontextmenü sind fast alle wichtigen Logic-Funktionen thematisch kategorisiert erreichbar. Oben im Kontextmenü werden stets die zuletzt benutzten Funktionen aufgelistet. Per Rechtsklick auf das Taktlineal gelangen Sie an weitere Funktionen, die z. B. beim Arrangieren wichtig sind. Beide Menüs werden in Kapitel 6 erläutert.

4.10 Rechter Fensterbereich: Übersicht

Im rechten Fensterbereich können Sie LISTEN ❶, NOTIZEN ❷, den LOOP BROWSER sowie ÜBERSICHTEN ❸ anzeigen lassen.

Abbildung 4.49 Buttons zum Einblenden der Ansichten im rechten Teil des Hauptfensters

4.11 Rechts: Listeneditoren

Die *Listeneditoren* lassen sich rechts im Hauptfenster mit dem ganz linken Button einblenden. Sie können sie auch als frei schwebende Fenster vom Hauptfenster loslösen.

4.11.1 Grundsätzlicher Workflow in Listeneditoren

Im Bereich LISTEN (Abbildung 4.50) (Shortcut [D]) gibt es die EVENT-Liste, eine MARKER-Liste, eine TEMPO-Liste und eine TAKTART/TONART-Liste.

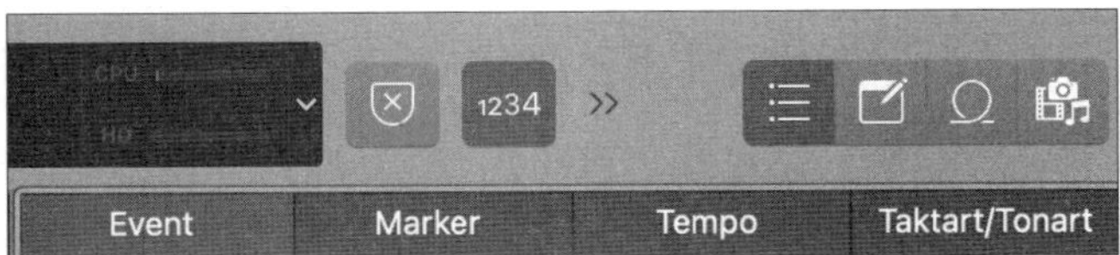

Abbildung 4.50 Listeneditoren

Alle Listeneditoren sind ähnlich zu bedienen. Ihnen gemeinsam ist die Eigenschaft, dass die hier aufgelisteten Ereignisse untereinander angeordnet werden, wobei die früheren Ereignisse oben stehen und die späteren unten. Für die Ereignisse wird jeweils eine Takt- oder eine Zeitposition aufgelistet. Diese können Sie durch einen Doppelklick bequem editieren. Wenn Sie zum Beispiel ein Ereignis glatt auf Takt 9 positionieren möchten, reicht es, »9 1 1 1« oder einfach nur »9« einzugeben. Mit dem +-Button erzeugen Sie jeweils neue Ereignisse.

Kurzübersicht Listeneditoren

- Der komplexeste Editor ist die EVENT-Liste. Die EVENT-Liste kann nicht nur dem Editieren von MIDI-Daten, sondern auch dem Editieren von Automationsdaten oder dem Arrangieren von Regionen dienen.
- Die MARKER-Liste bietet beim Editieren von Markern gegenüber der globalen Spur zusätzlichen Komfort.

- Tonart und Takt können Sie grundsätzlich zunächst im Display einstellen. Im Listenbereich des Hauptfensters können Sie ergänzend eine TAKTART/TONART-Liste nutzen (z. B. für Taktart-Wechsel). So können Sie z. B. Taktartwechsel in einem Song programmieren.
- Sie können das Tempo im Display eingeben, und Änderungen des Songtempos werden auch in den globalen Spuren angezeigt. Doch manchmal lassen sich Tempoänderungen präziser in der TEMPO-Liste eingeben. Eine Tempokurve lässt sich dagegen besser in den globalen Spuren einzeichnen. Öffnen Sie das Logic-Projekt *04Tempowechsel*; dort finden Sie ein Beispiel.

4.12 Rechts: Notizblock

Den *Notizblock* können Sie rechts oben im Hauptfenster mit dem dritten Button von links einblenden. Sie können ihn als freischwebendes Fenster vom Hauptfenster loslösen. Im Bereich NOTIZ (❷ in Abbildung 4.49) können Sie sich je nach gewähltem Tab projekt- oder spurbezogene Notizen machen (Shortcut `alt` + `cmd` + `P`) (Abbildung 4.51). Sie können hier Notizen für Kollegen, die weiterarbeiten sollen, oder zur Erinnerung für sich selbst unterbringen. Auch in Beispieldateien dieses Buchs oder neueren Apple-Tutorials finden Sie oft Informationen im Notizen-Bereich.

Abbildung 4.51 Projektnotizen

Zum Erstellen von Notizen klicken Sie oben rechts auf den BEARBEITEN-Knopf, was in Abbildung 4.51 bereits geschehen ist, so dass dort nun der Eintrag FERTIG steht und der Button blau leuchtet. Auf diesen Button klicken Sie nach erfolgter Bearbeitung, um die Notiz fertigzustellen. Zusätzlich können Sie links oben auf das kleine Buchstabensymbol klicken, um ein Schriftenmenü angezeigt zu bekommen.

Bei spurbezogenen Notizen wird immer die zur gerade selektierten Spur gehörige Notiz angezeigt. Diese Funktion eignet sich, um Kommentare zu erfolgten Aufnahmen auf Spuren (z. B. verwendetes Mikrofon) oder Mixproblemen in der jeweiligen Spur unterzubringen. Die Spurnotizen sind dann (falls dort unter ANSICHT • CHANNEL-STRIP-KOMPONENTEN eingeblendet ist) auch in der Mixeransicht zu sehen.

4.13 Rechts: Apple Loops und Loop Browser als Soundquelle

Im *Loop Browser* (O) finden Sie vor allem gut sortierte und getaggte AUDIO-, SOFTWARE-INSTRUMENT-, DRUMMER- und (Step-Sequencer-)PATTERN-LOOPS, genannt *Apple Loops*. Eines der wichtigsten Merkmale von Apple Loops ist, dass sie *tempounabhängig* in Logic genutzt werden können. Sie können zudem takt- und temposynchron und in der Songtonart vorgehört werden. Wenn Sie dann einen Apple Loop in den Bereich SPUREN ziehen, »folgt« er normalerweise automatisch dem Tempo Ihres Songs – das entsprechende Häkchen im Informationsfenster REGION für die Anpassung wird automatisch gesetzt. Sie können auch eigene Apple Loops speichern.

Im Loop Browser ist im Laufe der Zeit immer mehr genrespezifisches Soundmaterial (z. B. Dubstep, Electro House) hinzugekommen, und das Design hat sich verändert. Aber auch Orchestrales und Perkussives ist zu finden – etwa im Loop-Pack *Symphony Orchestra*. Mehr Informationen zu Genres und Inhalten liefert Abschnitt 17.4.3.

Sie können selbst Ordner mit Apple Loops anlegen und verwalten und den Loop Browser zu einem wichtigen Ressourcenbereich machen. Über den Befehl LOOP BROWSER EIN-/AUSBLENDEN (Shortcut: O) können Sie den Apple Loop Browser im rechten Bereich des Hauptfensters ein- und ausblenden (Abbildung 4.52).

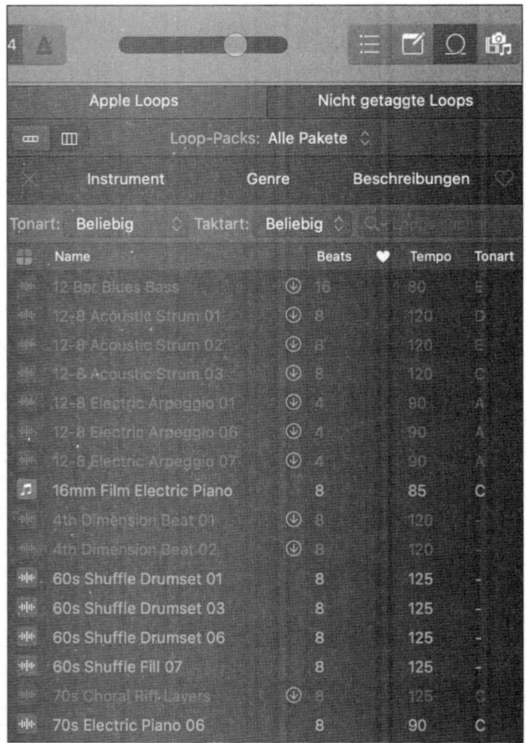

Abbildung 4.52 Der Loop Browser (oberer Bereich). Einige Loops im Bild sind noch nicht heruntergeladen.

4.13.1 Loops-Dateiformate, blaue, grüne und gelbe (Drummer- und Pattern-)Loops, Qualität

Die von Apple gelieferten Apple Loops liegen in neueren Logic-Versionen meist als *.caf*-Dateien vor, die angeblich verlustfrei die Dateigröße um etwa die Hälfte reduzieren, aber oft nicht auf Windows-PCs abgespielt werden können. Es gibt auch Apple Loops im *.aif*-Format.

- Blaue AUDIO-LOOPS (Audio) lassen sich nur auf Audiospuren ziehen. Nach dem Import ist im Informationsfenster REGION die Option TEMPO & TONHÖHE FOLGEN aktiviert, wodurch die Loops temposynchron abspielen. Bei den meisten neuen Apple Loops handelt es sich um reine Audiofiles, also blaue Apple Loops. Diese klingen zwar meistens »fett«, doch kann der User ihre Entstehung kaum nachvollziehen, und sie sind auch etwas weniger leicht zu editieren als grüne Apple Loops, wobei Sie in Kapitel 17, »Mixingstrategien, musikalische Ziele und Stile«, Beispiele für den kreativen Umgang mit blauen Apple Loops finden.
- Grüne SOFTWARE-INSTRUMENT-LOOPS (MIDI und Audio) lassen sich auf Instrument- *und* Audiospuren ziehen. Auf einer Instrumentenspur werden der gespeicherte Channel-Strip *und* die dazugehörigen MIDI-Daten geladen.

Beim Import grüner Apple Loops (MIDI und Audio) auf Instrumentenspuren werden die Send-Effekte, die beim Vorhören im Loop Browser oder bei einem Import des grünen Apple Loops auf einer Audiospur zu hören sind, nicht immer korrekt berücksichtigt. Gegebenenfalls müssen Sie entsprechende Effekte nachträglich einfügen. Um genau denselben Effekt hinzubekommen, ist allerdings ein wenig Erfahrung nötig.

- Gelbe PATTERN-LOOPS (Patterns und Audio, z. B. aus dem Loop-Pack *Step Sequencer*) lassen sich wie grüne Apple Loops auf Instrument- *und* Audiospuren ziehen (siehe »Step Sequencer« in Kapitel 7).
- Gelbe DRUMMER-LOOPS (Drummer und Audio) lassen sich dementsprechend auf Drummer-Spuren und Audiospuren ziehen (siehe »Drummer« in Kapitel 11).

Unter LOGIC PRO • EINSTELLUNGEN • AUDIO kann seit Logic 10.4. ein Algorithmus APPLE LOOPS: HOHE QUALITÄT aktiviert werden, wodurch Apple Loops besser klingen. Um Kompatibilität mit alten Projekten zu erhalten, können Sie die Option deaktivieren.

4.13.2 Tags/Suchkriterien und Loop-Packs

Apple Loops werden ähnlich wie MP3-Files mit Informationen »getaggt« (z. B. Schlagzeug/Beats, Tempo, Tonart). Im Loop Browser werden einerseits diese Tags zur Suche nach bestimmten Soundkategorien und Filterung der angezeigten Suchergebnisse benutzt. Zudem ist es andererseits möglich, alle, nur Ihre eigenen oder nur Apple Loops aus bestimmten Packs anzeigen zu lassen. Weil in Logic Pro zahlreiche neue Packs mitgeliefert werden, die sich jeweils einem anderen Genre wie z. B. Future Bass, Hip-Hop, Electro House, Dubstep,

Modern R & B, Tech House, Deep House und Chillwave widmen, ist es auf diese Weise schnell möglich, auf Audiomaterial für bestimmte Genres zuzugreifen. Hierzu wählen Sie einfach oben im Loop Browser neben dem Eintrag Loop Packs aus, ob

- alle Loops (Alle Pakete bzw. Packs),
- nur die aus einem bestimmten installierten Soundpack oder
- nur Ihre eigenen, selbsterzeugten Apple Loops

angezeigt werden. Sie können die angezeigten Loops aber auch durch Auswahl von Tags eingrenzen und nach Kriterien suchen (Instrumente/Genres/Stimmungen), während alle Packs angezeigt werden. Klicken Sie hierzu auf das entsprechende Feld oder auf mehrere Felder. Manche Packs wie z. B. Vision & Verse haben keine eindeutig einem Genre zuzuordnenden Namen, obwohl sie durchaus zu Genres gehören. In Kapitel 17 finden Sie genauere Erläuterungen zu den musikalischen Inhalten der Packs und außerdem Projektbeispiele zu Genres und Instrumentengattungen.

Abbildung 4.53 Tags/Suchkriterien

In Abbildung 4.53 ist als Suchkriterium bzw. Tag der Button E-Piano gedrückt, so dass nur E-Pianos angezeigt werden. Durch Klick auf den X- bzw. Zurücksetzen-Button können Sie neue Suchkriterien definieren. Sie können auch eine gewünschte Taktart, Tonart oder den Namen eines gesuchten Loops oder Namensbestandteile über das Suchfeld mit dem Lupensymbol eingeben. Oben ist außerdem ausgewählt, dass alle Packs bzw. Pakete angezeigt werden. Unter dem Tag Toneffekte (im Reiter Instrumente) und/oder nach Einblenden der Spaltenansicht finden Sie auch (zumeist nicht loopbasierte) Sounds/One-Shots für die Geräuschvertonung von Filmen.

Links neben der Spaltenüberschrift NAME ist zudem ein kleines Viereck zu sehen. Klicken Sie hier, um zu wählen, ob alle oder nur bestimmte (z. B. grüne) Apple Loops angezeigt werden.

4.13.3 (Mehrere) Apple Loops laden

Sie können Apple Loops per Drag & Drop sowohl in die LIVE LOOPS- als auch in die Spurenansicht laden. Sie können mit gehaltener [cmd]- oder [⇧]-Taste mehrere Loops selektieren – und auch mehrere Loops gleichzeitig laden. Halten Sie dabei die [⇧]-Taste gedrückt, dann werden mehrere hinübergezogene Loops nicht auf eine Spur, sondern untereinander auf mehrere Spuren geladen.

4.13.4 Apple Loops synchron und in Songtonart vorhören

Wenn Sie einen Apple Loop anklicken, wird er Ihnen in der unten eingestellten Lautstärke temposynchron vorgespielt; nochmaliges Klicken stoppt die Vorhörwiedergabe. Anschließend können Sie mit den Pfeiltasten [↑] und [↓] durch die Loop-Sammlung navigieren; der jeweils selektierte Loop wird automatisch zum Vorhören abgespielt.

Abbildung 4.54 Einstellungen zum Vorhören von Loops

Auch mit [ctrl] + Leertaste können Sie die Wiedergabe starten und stoppen. Das Vorhören erfolgt über den im Mixer vorkonfigurierten Prelistening-Channel-Strip. Apple Loops können taktsynchron in der Song-Tonart, ihrer Originaltonart oder einer gewählten Tonart vorgehört werden – auch wenn es sich um Audiofiles handelt (durch Einstellung im Flip-Menü SPIELEN IN).

4.13.5 Variationen von Apple Loops

Manche Apple Loops sind Variationen anderer Apple Loops – was am Namen erkennbar ist. Gemeinsam bilden diese Variationen gewissermaßen eine Art Loop-Familie. Gegebenenfalls können Sie die Variationen dann auch direkt in einer Region oder Zelle aufrufen (Abbildung 4.55); dazu dienen die Pfeile neben dem Regionsnamen.

Abbildung 4.55 Die verfügbaren Variationen sind hier direkt in der Region anwählbar.

4.13.6 Loops als Favoriten markieren

Durch Klick auf einen Button unter der Herzchen-Spalte markieren Sie Apple Loops als Favoriten. Die Markierung lässt sich auch wieder entfernen. Klicken Sie das Herzchen oben an, so werden nur Ihre favorisierten Loops angezeigt.

4.13.7 Tonartanpassung, Transponieren und Tempoanpassungen von Apple Loops

Bei der Verwendung von Apple Loops sind die Einstellungen im Informationsfenster Region etwas anders als bei anderen Audiodateien. Auch die eingestellte Tonart des Projekts spielt eine Rolle. Sie sehen im Informationsfenster REGION eine Option namens TEMPO & TONHÖHE FOLGEN zum Anpassen von Tempo und Tonart. Im Bereich MEHR, der im Informationsfenster REGION aufgeklappt werden kann, ist zudem ein Eintrag TEMPO zu finden. Damit können Sie das Tempo eines Loops vervielfachen oder teilen (Abbildung 4.56).

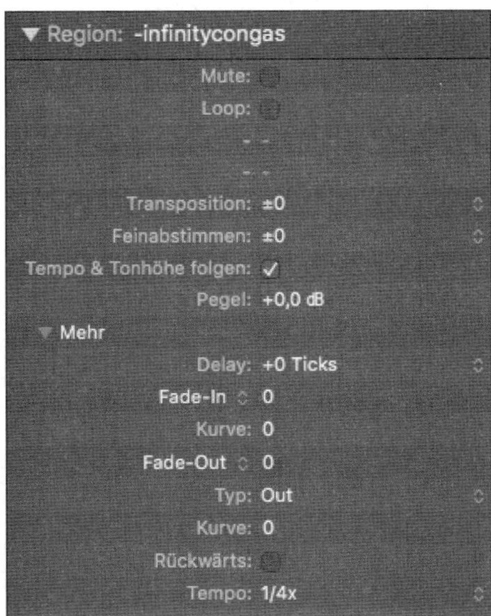

Abbildung 4.56 Die Einträge »Tempo & Tonhöhe folgen« und das Flip-Menü »Tempo« zur Temposkalierung unten

Tipp: Wenn im Loop Browser die Tonhöhe des Loops z. B. »E« ist, der Loop beim Import in einen Song mit anderer Tonart (z. B. »C«) aber anschließend mit gleicher Tonhöhe wie beim Vorhören im Browser spielt, liegt das daran, dass im Loop Browser unten eingestellt ist, dass Loops in der Songtonart vorgehört werden. Übrigens: Auch andere Audio- (seit 10.3.2) und MIDI-Regionen lassen sich im Informationsfenster REGION nachträglich transponieren.

4.13.8 Eigene Apple Loops speichern

Sie können eigene musikalische Ideen als Apple Loops exportieren (z. B. via ABLAGE • EXPORTIEREN • REGION ZUR LOOP-BIBLIOTHEK oder [ctrl] + [⇧] + [O]) – oder indem Sie Regionen direkt auf die Loop-Bibliothek ziehen. Details finden Sie in Abschnitt 10.4, »Audio und MIDI: Apple Loops erzeugen/exportieren«.

4.14 Rechts: Übersichten »Projekt« und »Alle Dateien«

Diese beiden Übersichten dienen vor der Verwaltung von und dem Zugriff auf Audiodateien und Projektinhalte. Die Übersicht MEDIEN ist mit Version 10.5 verschwunden.

4.14.1 Übersicht »Projekt« im Hauptfenster

Die Übersicht PROJEKT können Sie sich als separates Fenster (PROJEKTAUDIO, Öffnen mit [cmd] + [8]) anzeigen lassen, das fast funktionsgleich ist. Alle Details hierüber lesen Sie in Abschnitt 8.1.

In der Übersicht PROJEKT (Abbildung 4.57) sehen Sie Audiofiles und Regionen (= markierte Teilbereiche von Audiofiles), die im Projekt verwendet werden. Diese können Sie zum Beispiel per Drag & Drop ins Arrangierfenster ziehen oder mit Rechtsklick auf die *Region* oder *Audiodatei* bzw. über die Menüs AUDIODATEI und BEARBEITEN auch verwalten und exportieren. Unten können Sie Dateien (gegebenenfalls geloopt) vorhören; hierfür betätigen Sie bei fokussierter Übersicht PROJEKT den Shortcut [ctrl] + Leertaste oder klicken auf das Lautsprechersymbol.

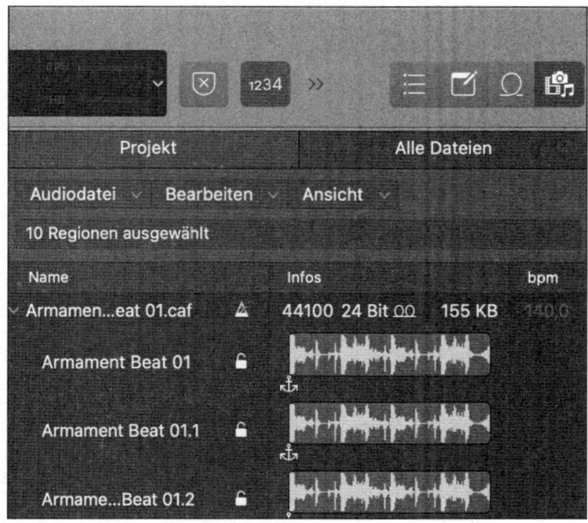

Abbildung 4.57 Übersicht »Projekt«

4.14.2 Übersicht »Alle Dateien«, Import von Projektteilen

Die Übersicht ALLE DATEIEN ist nur über das Hauptfenster zu erreichen. Sie ist ein echter Geheimtipp bei der Arbeit mit Logic.

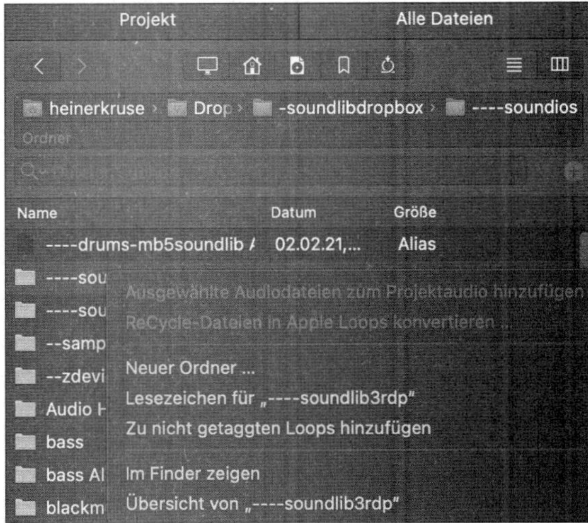

Abbildung 4.58 Die Übersicht »Alle Dateien«

Sie können mit der Übersicht ALLE DATEIEN (Abbildung 4.58):

- überall auf dem Rechner Audiomaterial suchen und vorhören (*.aif*, *.wav*, *.mp3*, *.m4a*, *.rx2* u. a.)
- Ordner erzeugen und Dateien schnell im Finder finden
- häufig genutzte Ordner mit Lesezeichen und als *untagged* Loops markieren
- Spuren und Inhalte aus anderen Logic-Dokumenten importieren

Ein großer Vorteil der Übersicht ALLE DATEIEN ist, dass Sie keineswegs alle Dateien sehen. Sie sehen stattdessen nur die für Logic relevanten Dateien und können auf diese Weise z. B. schneller Ihren Schreibtisch oder einen Ordner durchsuchen. Zusätzlich können Sie Audioformate wie ReCycle-Dateien vorhören, was über den normalen Finder nicht geht. Dabei werden diese sogar temposynchron abgespielt (leider nicht taktsynchron). Besonders schnell ist der Zugriff mittels Taster auf zentrale Stellen, die Sie an ihrem Symbol erkennen:

- die oberste Hierarchieebene des Computers
- den Ordner des Benutzeraccounts
- den Ordner, in dem sich das Projekt befindet

  Je nachdem, ob das Projekt als Paket oder als Ordner gespeichert wird, ist entweder der Inhalt des Projektordners (inklusive Medien, wie in Abbildung 4.58) oder des übergeordneten Ordners zu sehen, in dem die Paketdatei liegt.

- Lesezeichen
- *untagged* (nicht getaggte) Loops

Sie können Verweise zu Ordnern/Loops als Lesezeichen oder als *untagged* (nicht getaggte) Loops hinzufügen. Ungetaggte Loops bieten zusätzlich die Möglichkeit, dass Logic versucht, Loop-Eigenschaften zu erkennen und die Loops im Projekttempo vorzuspielen. Befinden sich beispielsweise *.rx2*-Dateien im Ordner, ist die Wahrscheinlichkeit hoch, dass die Erkennung richtig funktioniert. Ansonsten funktioniert das nicht immer korrekt und ersetzt nicht eine gute Library aus Apple Loops und/oder Rex Files. Für nicht getaggte Loops erscheint via Rechtsklick auf Ordner oder Datei ein anderes Kontextmenü, wo Sie unter HÖRPROBE einstellen können, ob im Projekttempo vorgehört werden soll oder nicht. Ungetaggte Loops erscheinen zudem als zusätzlicher Reiter im Loops-Bereich.

Wählen Sie einen Ordner im Browser der Übersicht ALLE DATEIEN aus und nutzen im Kontextmenü einen der Einträge (LESEZEICHEN FÜR... oder ZU NICHT GETAGGTEN LOOPS HINZUFÜGEN). Klicken Sie dann auf das Lesezeichen-Symbol, um alle Lesezeichen zu sehen, oder auf das Symbol rechts daneben, um ungetaggte Loops zu sehen. Zu finden sind diese Verweise auch als Bookmarks in Ihrem *Audio Music Apps*-Ordner des Benutzerordners. Dorthin können Sie auch manuell Ordner ziehen oder sie dort löschen, das wirkt sich auf die Anzeige in Logic aus.

Pfadleiste und Suchfunktion

Unterhalb der Symbole wird eine Pfadleiste angezeigt (Abbildung 4.58) – mit einem Klick auf einen dort angezeigten Ordner wechseln Sie jeweils dorthin. Über das darunter sichtbare Eingabefeld (rechts neben dem Lupensymbol) für einen zu suchenden Dateinamen und die Eingabefelder für passende Suchkriterien durchsuchen Sie bestimmte Orte. Zusätzliche Optionen zum Wechsel auf die Spaltenansicht und die browsermäßigen Pfeile links oben (um schnell zur zuletzt gezeigten Ansicht zurückzuschalten) sowie die Option, Suchkriterien einzustellen, machen die Übersicht ALLE DATEIEN zu einer Mischung aus einem Finder-Fenster, Browser und Spotlight.

Praxistipps

Sind vorhörbare Files selektiert, ändert sich die Darstellung unten, und ein Vorhör-Button mit Lautsprechersymbol erscheint. Dann können Sie Dateien vorhören und für das Vorhören auch eine Lautstärke einstellen. Anstelle des Lautsprechersymbols können Sie zum Vorhören auch, bei fokussierter Übersicht, den Shortcut `alt` + Leertaste nutzen. Wenn Sie eine Datei selektieren und rechts unten auf HINZUFÜGEN klicken, wird die Datei zum Logic-Projekt hinzugefügt.

Ein Tipp, falls Sie schnell Dateien zwischen anderen Programmen (z. B. Pro Tools oder TwistedWave als externem Sample-Editor) und Logic austauschen wollen: Speichern Sie Dateien aus anderen Programmen in einem selbstangelegten Ordner innerhalb des Projektordners.

Dann können Sie diesen über die Übersicht ALLE DATEIEN schnell in Logic erreichen (indem Sie auf den Button für den Projektordner klicken) und von dort die Datei in Logic importieren (z. B. per Drag & Drop).

Import von Teilen aus anderen Projekten

Über den Übersichtsbrowser lassen sich Spuren inklusive Effekt-Settings und Noten aus anderen Projekten importieren! Hierfür müssen Sie lediglich das gewünschte Logic-Projektfile, aus dem Sie Teile importieren wollen, ausfindig machen und darauf doppelklicken (siehe Kapitel 10).

4.15 Unten: Editoren, Smart Controls und Mixer im Hauptfenster

Zum Schluss wenden wir uns dem unteren Bereich des Hauptfensters zu: Oben links im Hauptfenster können Sie entweder den Bereich SMART CONTROLS (Shortcut: [B]), ein Mixerfenster (Shortcut: [X]) oder den Bereich der Editoren (Shortcut: [E]) anzeigen lassen. Bis auf den AUDIOSPUREDITOR und den DRUMMER-EDITOR lassen sich diese Bereiche über das FENSTER-Menü auch als eigenständige Fenster öffnen. Die verschiedenen Editoren, die Smart Controls (Abschnitt 16.2) und der AUDIOSPUREDITOR (Abschnitt 6.6.1) werden in separaten Kapiteln erläutert.

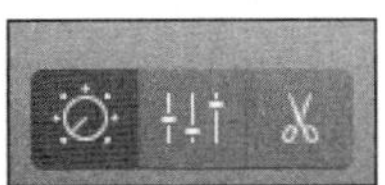

Abbildung 4.59 Die Buttons zum Einblenden von Smart Controls, Mixer und Editoren

4.15.1 Editoren

Der Editorbereich öffnet sich auch bei Doppelklick auf Regionen oder Zellen oder nach einem Klick auf das Symbol mit der SCHERE in der Steuerungsleiste. Wenn Sie auf eine MIDI-Region doppelklicken, öffnet sich unten ein MIDI-Editor (wahlweise PIANOROLLE, NOTATION, STEP-SEQUENCER oder SMART TEMPO-Editor); wenn Sie auf eine Audioregion doppelklicken, öffnet sich unten ein Audioeditor (wahlweise AUDIODATEI-, AUDIOSPUREDITOR oder SMART TEMPO-Editor, deren Tabs teilweise abgekürzt mit SPUR und DATEI beschriftet sind). Handelt es sich um eine Drummer-Spur, wird unten ein DRUMMER-EDITOR angezeigt. Wenn Sie eine Zelle doppelklicken, erscheint unten eine Art Allround-Editorbereich, wo Sie Zelleninhalte aller Art editieren können (MIDI, Audio, Pattern, Drummer), wobei eine Region innerhalb einer Zelle zu bearbeiten ist, beide haben eigene Grenzen. Für MIDI-Zellen ähnelt die Ansicht der PIANOROLLE für Audio dem AUDIOSPUREDITOR; unterhalb der Taktlineals können Sie eine Region anfassen, dann ändert sich die Anzeige im Informationsbereich REGION, und Regions- statt Zellenparameter werden angezeigt. Der LINK-Modus eines Editors verknüpft den

Editor mit der Anzeige im Spurenbereich. Das bedeutet zum Beispiel: Wenn Sie eine Region im Hauptfenster selektieren, zeigt der Editor ihren Inhalt. Mehr hierzu in Abschnitt 7.1.3

4.15.2 Smart Controls

Den Bereich SMART CONTROLS können Sie auch mit einem Doppelklick auf ein Spursymbol im Spur-Header öffnen. Hier werden Ihnen vorkonfigurierte Regler angezeigt, mit denen Sie schnell wichtige Klangparameter des Kanalzugs ansteuern können.

Mit einem VERGLEICHEN-Button können Sie zwischen neuen und alten Einstellungen wechseln. Sie können auch selbst Smart Controls für eigene Instrumente sowie MIDI-Fernsteuerungen für Smart Controls konfigurieren.

Durch Klick auf den EQ-Button können Sie sich hier alternativ einen im Kanalzug befindlichen EQ anzeigen lassen. Bei der Verwendung des *Alchemy*-Synths steht zusätzlich ein Transform-Pad zur Verfügung. Bei Instrumentenspuren stehen oben rechts Arpeggiatoroptionen und ein zugehöriges Arp-Flip-Menü bereit. Details lesen Sie in Abschnitt 16.2.

Abbildung 4.60 Smart Controls

4.15.3 Mixer im Hauptfenster

Über den Mixer lesen Sie in Kapitel 14. Wenn Sie den Mixer unten im Hauptfenster einblenden, sieht das in etwa aus wie in Abbildung 4.61. Der Mixer im Hauptfenster besitzt zwar die gleiche Funktionalität wie das große MIXER-Fenster, weil aber meist weniger Platz zur Verfügung steht, ist die in Abbildung 4.61 rechts oben einstellbare schmaleren Kanalzugdarstellung sinnvoll. Ich empfehle, für den Mixer ein separates Fenster zu öffnen (via [cmd] + [2]) und via Screenset oder mit dem Shortcut [cmd] + [<] (zum vorherigen Fenster wechseln) zwischen Fensteransichten umzuschalten, weil Sie in der Vollansicht des Mixers besser alle Plugins eines Kanalzugs sehen können.

Sie können in der Mixeransicht des Hauptfensters an der rechten Seite oder mit dem Mausrad nach oben und unten und mit gehaltener ⇧-Taste und Mausrad nach links und rechts scrollen oder durch Verschieben der Grenzlinie zwischen verschiedenen Bereichen des Hauptfensters dem Mixer mehr Platz im Hauptfenster einräumen.

Abbildung 4.61 Mixer im Hauptfenster

Sie wissen, dass im Infobereich des Hauptfensters der Kanalzug der ausgewählten Spur und ein Zielkanalzug angezeigt werden. Falls es mehrere Zielkanalzüge gibt (z. B. Output, Bus-Send), erscheint rechts jeweils der Kanalzug, der dem jeweiligen Output entspricht, den Sie mit der Maus anklicken. Die Ansicht EINZELN im Mixer ist eine bessere Alternative hierzu, weil sie alle Zielkanalzüge einer selektierten Spur anzeigt, so dass Sie schnell einen Überblick über das gesamte Routing bekommen.

4.15.4 Spur im Hauptfenster für Mixerkanal erzeugen

Oft möchte man für einen Zielkanal eine eigene Spur (z. B. einen Aux-Kanal für die Drumsumme oder einen Send-Effekt) erzeugen, um dort beispielsweise eine Automation aufzeichnen zu können. Dies geht (sowohl im Infobereich des Hauptfensters als auch im Mixer des Hauptfensters oder im separaten MIXER-Fenster) durch Rechtsklick auf den entsprechenden Kanalzug (Abbildung 4.62) oder alternativ via `ctrl` + `T` (bei im Mixer selektierter Spur).

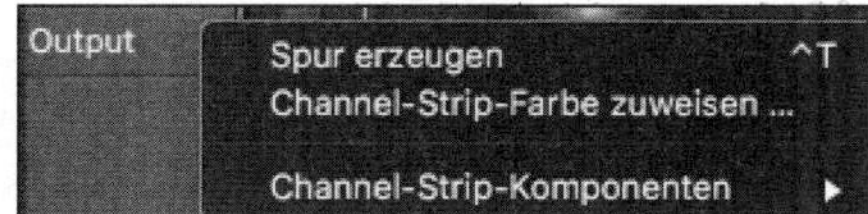

Abbildung 4.62 Spur für den angeklickten Mixerkanal erzeugen

4.15.5 Ausblick

Nachdem Sie nun gesehen haben, was wo zu finden ist: Lernen Sie vor allem die Realisation bestimmter Ziele (z. B. einen oder mehrere Takes aufnehmen, editieren, Tempounabhängigkeit erreichen, Grooves optimieren usw.) in den nächsten Kapiteln. Viel auswendig zu lernen klappt bei einem Programm wie Logic nicht; die Dinge prägen sich ein, wenn Sie regelmäßig zielorientiert arbeiten.

Kapitel 5
Aufnahme im Hauptfenster (incl. Live Loops)

In diesem Kapitel geht es um jegliche Arten von Aufnahmen in Logics Hauptfenster.

Es gibt Allgemeines, was Sie sowohl für MIDI als auch für Audioaufnahmen in Logic wissen sollten. Darüber lesen Sie hier zuerst – und über Aufnahme in Zellen des Live-Loops-Rasters. Anschließend werden die Eigenheiten von MIDI- und Audio-Aufnahmen mit zugehörigen Funktionen separat erläutert. Wenn Sie als Anfänger schnell zur Sache kommen wollen: Der Schnellkurs aus Kapitel 2 hat bereits eine Einführung in Logics grundlegende Aufnahme-Workflows geliefert. Beachten Sie auch in Kapitel 3 besprochene Details zu allgemeinen Einstellungen und PROJEKTEINSTELLUNGEN • AUFNAHME. Das Aufnehmen von Audio und MIDI und die Bearbeitung der Aufnahmen finden hauptsächlich im Hauptfenster statt. Darüber hinaus gibt es Sampling im *Quick Sampler*, worüber Sie in Kapitel 11 lesen. Das Erstellen von Patterns mit dem STEP SEQUENCER wird in Abschnitt 7.9 ausführlich behandelt.

5.1 Allgemeine Aufnahmefunktionalität und das Menü »Aufnahme«

Das AUFNAHME-Menü zeigt Ihnen die wichtigsten Optionen und Einstellungen rund um das Thema Aufnahme an. Ganz unten können Sie unter AUFNAHMEEINSTELLUNGEN ... auch zum Menü von ABLAGE • PROJEKTEINSTELLUNGEN • AUFNAHME springen (Abbildung 5.1). Wir gehen zunächst von einer Aufnahme im Spurenbereich aus.

Abbildung 5.1 Hauptmenü »Aufnahme«

5.1.1 Einzähler/Vorzähler einstellen und Aufnahme starten

Um an einer bestimmten Takt- oder Zeitposition mit der Aufnahme zu beginnen, bewegen Sie den Abspielpositions-Marker im Bereich SPUREN an diese Stelle und stellen im AUFNAHME-Menü unter dem Eintrag EINZÄHLER ein, wie viele Takte vorher ein Klick einzählen soll. Alternativ geht das in den projektbezogenen AUFNAHMEEINSTELLUNGEN.

Voreingestellt ist in Logic ein Einzähler von einem Takt. Die optimale Länge des Einzählers hängt auch von der gewählten Songgeschwindigkeit ab. Wenn Sie andere Künstler im Studio aufnehmen, ist es wichtig, dass Sie die Länge des Einzählers kennen und sie den performenden Künstlern vor der Aufnahme mitteilen. Mit dem EINZÄHLER-Button (oder via ⇧ + K) können Sie den Einzähler aktivieren/deaktivieren (Abbildung 5.2). Sie können sich den Klick auch ausschließlich während des Einzählens vorspielen lassen, was Sie allerdings nur in den Metronomeinstellungen festlegen können (siehe Abschnitt 5.1.4).

Abbildung 5.2 Links der Button für den Einzähler in der Steuerungsleiste

Anschließend beginnt die Aufnahme nach Auslösung des Aufnahmebefehls (Shortcut: R) an der Wiedergabeposition oder dem gewählten Cycle-Bereich (falls Sie nicht gerade Punch-in-Recording benutzen). Zusätzlich zählt der eingestellte Einzähler Ihnen entsprechend viele Takte vor dem Einsetzen der Aufnahme vor und lässt Logic früher loslaufen.

Wenn Sie nicht zufrieden mit Ihrer Aufnahme sind, löschen Sie die Region mit ⌫ und nehmen sie neu auf oder nutzen die Funktion AUFNAHME/AUFNAHME WIEDERHOLEN. Für den Aufnahmebefehl können Sie verschiedene Einstellungen treffen.

5.1.2 Musikalisches Raster verwenden

Diese Einstellung regelt, ob Sie bei der Aufnahme ein Takt oder Zeitlineal sehen. Unabhängig davon landen Ihre Aufnahmen voreingestellt stets auf einer taktbezogenen Position (siehe auch Abschnitt 5.4.14).

5.1.3 Einstellungen für die Aufnahmetaste

Konfigurieren Sie via Rechtklick auf den Aufnahmeknopf, ob der AUFNAHME-BUTTON (bzw. der Shortcut R)

- die Standardeinstellung AUFNAHME,
- bei abwechselndem Drücken AUFNAHME/AUFNAHME EIN/AUS
- oder AUFNAHME/AUFNAHME WIEDERHOLEN

auslöst (siehe auch Transportfunktionen in Kapitel 4, »Hauptfenster-Übersicht, Hauptmenüs, Fensterübersicht«).

5.1.4 Metronomeinstellungen

Typischerweise wird der Metronomklick über das interne Software-Instrument *Klopfgeist* ausgegeben, das im Mischpult *solo safe* geschaltet ist. Im *Klopfgeist* können Sie verschiedene Sounds einstellen. Der Klick kann auch an ein externes MIDI-Instrument gesendet werden.

Einfache Einstellungen für das Metronom (Abbildung 5.3) finden Sie auch im Submenü des METRONOM-Buttons in der Steuerungsleiste (via Rechtsklick oder langem Linksklick).

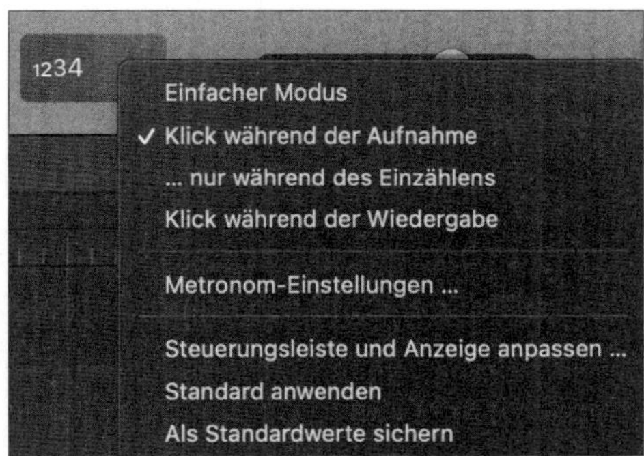

Abbildung 5.3 »Metronom«-Button

Über das Menü AUFNAHME • METRONOM-EINSTELLUNGEN (auch via ABLAGE • PROJEKTEINSTELLUNGEN • METRONOM) können Sie alle Metronomeinstellungen vornehmen (z. B. auch welche Noten das Metronom an den *Klopfgeist* sendet).

Sie können sich den Klick auch ausschließlich während des Einzählens vorspielen lassen, wenn Sie z. B. etwas ohne Klick aufnehmen möchten (und Sie Logic mehr wie eine Bandmaschine benutzen und nicht von einem vorgegebenen Tempo gestört werden möchten).

5.1.5 Low-Latency-Modus bei Aufnahmen nutzen

Wenn Sie latenzintensive Plug-ins wie den »Linear Phase EQ« nutzen, wird die Latenz des Gesamtsystems manchmal zu groß, um ohne störende Verzögerung neue Aufnahmen machen zu können. Als Musiker merken Sie das an langen Verzögerungen von Klängen, die Sie über MIDI spielen, so dass Aufnahmen fast unmöglich werden. Auch wenn Sie einen Musiker live über ein Mikro aufnehmen und dabei Tape Return hören möchten, stört eine zu große Latenz sehr.

In solchen Situationen können Sie den Low-Latency-Mode in Logic einschalten, um die Latenz temporär außer Kraft zu setzen (via selbst zugewiesenem Shortcut oder durch einen

Button in der Steuerungsleiste, siehe Abbildung 5.4). Dadurch werden latenzverursachende Plug-ins vorübergehend deaktiviert (und erscheinen orange eingefärbt), so dass sich Noten besser einspielen und Aufnahmen verzögerungsfreier abhören lassen. Sie können hierfür eine maximal erlaubte Latenz unter LOGIC PRO • EINSTELLUNGEN • AUDIO • ALLGEMEIN • PLUG-IN-LATENZ einstellen. Vergessen Sie nach der Aufnahme nicht, diesen Modus für den Mixdown wieder zu deaktivieren.

Abbildung 5.4 Der Low-Latency-Modus ist, wie in der Steuerungsleiste sichtbar, aktiviert.

5.1.6 Punch-in-Recording (Autopunch und schnelles Punch-in)

Beim Punch-in-Recording geht es darum, an einer bestimmten Stelle mit der Aufnahme einzusetzen und sie an einer anderen wieder zu verlassen. Das macht man zum Beispiel, wenn man mit einem Teil einer Aufnahme zufrieden war, einen anderen aber ersetzen möchte. Sie können automatische (*Autopunch*) oder manuell ausgelöste Punch-in-Aufnahmen (*schnelles Punch-in*) vornehmen. Es handelt sich um eine Funktion, die aus Zeiten der Aufnahme auf Magnetband stammt. Logic bietet komfortablere Methoden – inklusive des Umschaltens zwischen mehreren Aufnahmen (z. B. mit Hilfe von Take-Ordnern).

Bei automatischem Punch-in müssen Sie einen aufzunehmenden Bereich im Taktlineal oder über die Locator-Punkte vordefinieren. Nutzen Sie hierfür die Option AUTOPUNCH-MODUS EIN/AUS (Shortcut ctrl + alt + cmd + P). Danach erscheinen ein rot markierter Bereich im Taktlineal, dessen linke und rechte Grenze Sie mit der Maustaste verschieben können, sowie ein AUTOPUNCH-Button in der Steuerungsleiste (sofern nicht bereits vorhanden). Alternativ dazu können Sie auch einen Bereich mit dem Marquee-Tool selektieren und anschließend die Aufnahme mit R auslösen. In beiden Fällen ist dies der Punch-in-Bereich für Ihre geplante Punch-in-Aufnahme.

Beim schnellen Punch-in müssen Sie einen entsprechenden Haken im Menü AUFNAHME unter dem Eintrag SCHNELLES PUNCH-IN ERLAUBEN setzen (nur bei Audioaufnahmen nötig) und die Funktion AUFNAHME/AUFNAHME EIN/AUS für den Aufnahmeknopf definieren. Weitere Erläuterungen und Beispiele finden Sie ab Abschnitt 5.4.17.

5.1.7 Smart-Controls-Bewegungen aufnehmen?

Sie können auch Bewegungen von Smart Controls aufnehmen oder als Automation aufzeichnen. Mehr hierzu in Abschnitt 16.1.

5.1.8 Überlappende Aufnahmen in mehreren Takes: Übersicht

Was passiert, wenn Sie ergänzend etwas aufnehmen wollen, wo sich schon eine Aufnahme befindet, oder wenn Sie mehrere Takes nacheinander aufnehmen möchten? Hierfür bietet das AUFNAHME-Menü verschiedene Einstellungen. Sie sind gegliedert in MIDI- (Eintrag ÜBERLAPPENDE MIDI-AUFNAHMEN) und Audioaufnahmeoptionen (Eintrag AUDIOAUFNAHMEN ÜBERLAPPEN), für die jeweils ein Untermenü verfügbar ist. Dort trennt Logic zwischen Situationen, in denen ein CYCLE aktiv ist oder nicht. Was hierbei voreingestellt ist, wählen Sie unter LOGIC PRO • EINSTELLUNGEN • AUFNAHME aus.

Die Optionen für MIDI und Audio sind zwar in getrennten Untermenüs verfügbar, ähneln sich aber. Für MIDI-Aufnahmen stehen noch Optionen zum Überlappen und Zusammenführen für Overdubs zur Verfügung, die es für Audioaufnahmen naturgemäß nicht gibt, sowie zum Ersetzen der alten Aufnahme. Abbildung 5.5 zeigt die Optionen für Audioaufnahmen, die ich hier aufführe, weil sie für MIDI ebenfalls vorhanden sind.

Abbildung 5.5 Optionen für überlappende Audioaufnahmen

Sie können also sowohl für MIDI- als auch für Audioaufnahme aussuchen, ob Logic

- neue Aufnahmen in sogenannte Take-Ordner schreibt,
- neue Aufnahmen in Spuralternativen schreibt,
- für neue Aufnahmen jeweils neue Spuren anlegt.

Die Optionen NEUE SPUR ANLEGEN bzw. NEUE SPUR ANLEGEN UND STUMMSCHALTEN erklären sich von selbst. Besonders die Optionen TAKE-ORDNER ERSTELLEN und SPURALTERNATIVEN ERSTELLEN bieten sehr komfortable Editier- und Verwaltungsoptionen, die ich nun kurz erläutere.

5.1.9 Überlappende Aufnahmen: »Take-Ordner erstellen«

Take-Ordner sind die Voreinstellung, es gibt sie für MIDI und Audio. Bei der Aufnahme werden bisherige Spurinhalte stumm geschaltet, so dass Sie mehrere Takes nacheinander aufnehmen können. Die Aufnahmen landen in einer Art aufklappbarer Region, die Sie in Abbildung 5.6 sehen, wenn Sie die Option TAKE-ORDNER ERSTELLEN wählen.

Abbildung 5.6 Ein in einer MIDI-Spur erstellter Take-Ordner

Diesen Ordner können Sie mit dem Pfeil links oben aufklappen, um die verschiedenen Takes zu sehen. Die in Abbildung 5.6 sichtbare Zahl 2 zeigt an, dass Take 2 im Take-Ordner für die Wiedergabe ausgewählt ist.

Abbildung 5.7 Audio-Take-Ordner

Unter PROJEKTEINSTELLUNGEN • AUFNAHME können Sie Takes automatisch einfärben lassen (das klappte im Test jedoch nicht immer).

In Bezug auf das, was nach der Aufnahme an Editing möglich ist, unterscheiden sich Take-Ordner für Audio und MIDI erheblich. Das liegt in der Natur der Sache, weil z. B. Audioaufnahmen von mittendrin abgespielt werden können, bei MIDI aber Note-On- und Note-Off-Befehle entscheidend sind. Daher können Sie bei Audio-Take-Ordnern mittels der sogenannten *Comping-Funktion* eine Mischung verschiedener Takes erstellen, bei MIDI-Take-Ordnern aber nicht. Mehr zur Aufnahme von Audio-Take-Ordnern in finden Sie in Abschnitt 5.4.16.

Sie können auch im LIVE LOOPS-Bereich in Take-Ordner aufnehmen. Danach können Sie verschiedene Takes nochmal anders verwalten und auf Zellen verteilen.

5.1.10 Überlappende Aufnahmen/Spuralternativen aufnehmen

Das Arbeiten mit Spuralternativen (siehe auch Abschnitt 6.7.1) funktioniert für Audio und MIDI gleich. Sie können Spuralternativen für überlappende Aufnahmen auswählen, aber auch manuell erstellen. Sie können Spuralternativen auch unabhängig von den Einstellungen für überlappende Aufnahmen manuell erstellen. Spuralternativen sind eine großartige Möglichkeit, Ideen und Takes aufzubewahren und zu verwalten, ohne dass das Arrangement zu unübersichtlich wird.

Im Projekt *05Spuralternative1* habe ich drei Takes im Cycle-Modus aufgenommen und eingestellt, dass Logic Spuralternativen erstellen soll. Die letzte Alternative erscheint in der Spur.

Darin ist neben dem Spurnamen ein C zu sehen. Dies zeigt an, dass die Spuralternative C sichtbar und hörbar ist. Der erste Take wurde in Spuralternative A, der zweite in B und der dritte in C gelegt. Im Kontextmenü, das Sie in Abbildung 5.8 neben dem Buchstaben C erreichen, können Sie die Spuralternativen anwählen. Diese werden aktiv, sobald Sie das Häkchen daneben sehen (hier: C). Sie können dort die Spuralternativen umbenennen oder inaktive einblenden.

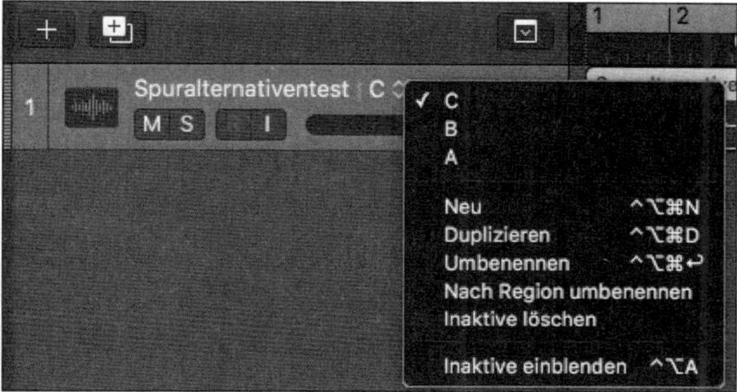

Abbildung 5.8 Spuralternativenkontextmenü, im Bild ist »C« aktiv.

Mit dem Befehl NEU ([ctrl] + [alt] + [cmd] + [N]) können Sie auch eine neue, leere Spuralternative erstellen und darin etwas Neues aufnehmen. Sie können Audio- und MIDI-Regionen aber auch per Drag & Drop in die nun sichtbaren Spuralternativspuren hinein- und oder auf andere Spuren herausziehen.

5.1.11 Ersetzen

Den (aus meiner Sicht wenig wichtigen) ERSETZEN-Modus erreichen Sie durch einen Klick auf den in der Steuerungsleiste anzeigbaren Button oder mit dem Shortcut [/] auf der Nummerntastatur. In diesem Modus werden im relevanten Taktbereich liegende Regionen bei einer neuen Aufnahme überschrieben. Ob dabei nur eine neue Region erzeugt, ein Inhaltstempel ersetzt, ein Region-Punch-in angewendet wird oder Inhalte gelöscht werden, ist in Version 10.6 im Menü ÜBERLAPPENDE MIDI-AUFNAHMEN wählbar, obwohl die Hilfebeschreibung sich auch auf überlappende Audioaufnahmen bezieht.

5.2 Aufnahmen in der »Live Loops«-Ansicht

Sie können auch in Zellen der LIVE LOOPS-Ansicht aufnehmen. Für viele Komponisten ist diese Arbeitsweise der neue, bevorzugte Workflow. Man konzentriert sich auf die Elemente, die man aufnehmen möchte, und muss sich erst mal keine Gedanken über deren Position im Arrangement machen.

5.2.1 Aufnehmen in »Live Loops«: Basics

Sie können in eine leere Zelle aufnehmen oder eine Option im Kontextmenü wählen (via Rechtsklick in eine leere Zelle). Dort können Sie eine Zelle erstellen (z. B. Audio, MIDI, Pattern) oder auswählen, direkt in eine MIDI- oder Audio-Zelle aufzunehmen `alt` + `R`. Dies startet die Aufnahme sofort. Tipp: Auch wenn Sie den Bereich SPUREN selektiert haben, startet `alt` + `R` eine Aufnahme im LIVE LOOPS-Bereich. Wenn Sie eine Pattern-Zelle erzeugen, können Sie Inhalte im STEP SEQUENCER programmieren (siehe Abschnitt 7.9).

Sind Spuren scharf geschaltet, taucht ein Aufnahmebutton in der Zelle auf, wenn Sie mit der Maus darüberfahren. Via `alt` + `R` können Sie direkt in eine selektierte Zelle aufnehmen – oder sich dabei von angeschlossenen Controllern wie iPad oder Launchpad helfen lassen und mit deren Hilfe die Aufnahme auslösen.

Optionen für die AUFNAHME: (TAKES, ERSETZEN, ZUSAMMENFÜHREN [nur MIDI]) sind im Informationsfenster ZELLE zu finden. Aufnahmen in *Zellen* sind im Gegensatz zu Aufnahmen im Bereich SPUREN danach nicht an einer Sequencer-Taktposition. Allerdings befindet sich nach der Aufnahme eine Region in der Zelle, die sich an Grenzen und Taktlineal der Zelle ausrichtet und innerhalb der Zelle editiert werden kann.

Voreingestellt haben Zellen eine Länge von 4 Takten. Im Informationsfenster ZELLE stellen Sie jedoch ein, wie lange die Aufnahme dauert und was danach passiert.

Dabei stehen unter REC-LÄNGE: die Optionen ZELLENLÄNGE, AUTOMATISCH (TAKTE) und AUTOMATISCH (BEATS) zur Verfügung.

In den Automatikmodi können Sie auswählen, ob eine automatische Aufnahme, die sich an der Dauer Ihrer Aufnahme orientiert, nach Beendigung derselben via `alt` + `R` am nächsten Takt (empfohlen, so dass im Loop-Mode stets alles synchron bleibt) oder am Beat-Ende endet. Zudem können Sie unter BEI REC-ENDE: einstellen, ob die Zelle in den WIEDERGABE-Modus wechselt oder die Aufnahme via AUFNAHME FORTSETZEN weitergeht. Auf diese Weise können Sie wie mit einem Looper arbeiten, der nach der Aufnahme automatisch eine taktsynchrone Wiedergabe beginnt.

Die kreisförmige Darstellung in der Zelle hilft Ihnen bei der Orientierung, an welcher Stelle Sie sich bei der Aufnahme in einem Loop gerade befinden – insbesondere wenn die Aufnahmelänge der Zellenlänge entspricht. Freilich gelten ergänzend die Einzähler-Einstellungen.

Vor der Aufnahme ist oft ein *Reset* sinnvoll, den Sie ganz unten rechts in der Ecke in Form eine Stoppsymbols finden oder durch dreimaliges Klicken der Stopptaste (`0`) bzw. der Taste ZUM ANFANG GEHEN im »Transport«-Bereich bewirken können.

5.2.2 Recording in »Live Loops«: Begleitend klimpern/Anwendungsbeispiel 1

Nehmen Sie zu einem laufenden Drumloop auf, indem Sie so lange improvisieren und klimpern, bis Ihnen etwas gefallen hat. Hierzu resetten Sie, starten die Szene oder stellen die Szene im Kontextmenü in die Warteschlange, selektieren die Zelle, sorgen dafür, dass REC-LÄNGE AUTOMATISCH (TAKTE) eingestellt ist und starten die Aufnahme via [alt] + [R] oder per Klick in die Zelle.

Anschließend befindet sich in der Zelle eine Art Region, die Sie unten im Editorbereich in einer Art gemischtem Zelleneditor editieren, kürzen und verschieben können, während sie zusätzlich Start-, Loop- und Längenparameter für die Zelle selbst einstellen können. Wenn Ihnen also die letzten vier Takte eines zwanzigtaktigen Geklimpers gefallen, kürzen Sie die Region, verschieben sie an Takt 1 und kürzen anschließend die Loop-Länge ebenfalls auf 4 Takte.

Wenn Sie in eine Zelle mit REC-LÄNGE: ZELLENLÄNGE aufnehmen, beachten Sie die Einstellung für BEI REC-ENDE im Informationsfenster ZELLE. Ist hier WIEDERGABE eingestellt, endet die Aufnahme nach einmaligem Durchlauf. Ist AUFNAHME FORTSETZEN eingestellt, läuft sie weiter.

5.2.3 Aufnahmen über existierende Zellen oder bei Überlappungen/im Loop-Modus

Dann – und auch sonst, wenn über existierende Zellen aufgenommen wird – ist wichtig, welcher Aufnahmemodus eingestellt ist: TAKES, ERSETZEN oder ZUSAMMENFÜHREN (nur MIDI). Ist ZUSAMMENFÜHREN eingestellt, können Sie bisher Aufgenommenes bei der Aufnahme hören und live Neues dazu spielen.

5.2.4 Aufnahmen in Zellen in Take-Ordnern

Ist AUFNAHME: TAKE-ORDNER EINGESTELLT, können Sie eine Alternative zu bisherigen Inhalten aufnehmen. Ist BEI REC-ENDE: AUFNAHME FORTSETZEN aktiv, nehmen Sie mehrere Takes geloopt auf. Die Editing-Optionen unterscheiden sich bei Audio- und MIDI-Take-Ordnern und werden in Kapitel 6 detailliert erläutert; im LIVE LOOPS-Bereich gibt es in beiden Fällen jedoch im Kontextmenü noch besonders komfortable Optionen zum Kopieren oder Verschieben der Aufnahmen in andere Zellen oder Szenen. So können Sie beispielsweise schnell alle Takes einer Aufnahme in eigene Zellen manövrieren.

5.3 MIDI aufnehmen oder programmieren

Zu den besonderen Optionen bei der Aufnahme von MIDI-Noten gehören die Möglichkeiten, eine Aufnahme automatisch zu quantisieren, nachträglich einzufangen oder bei langsamerem Tempo aufzunehmen. Zudem gibt es Einstellungen, zwischen denen Sie wählen können, wenn Sie über bereits bestehende Daten oder zusätzlich MIDI aufnehmen. Grundsätzliche Regeln des Aufnehmens lesen Sie im vorangegangenen Abschnitt und in Kapitel 2. Viele hier behandelte Aspekte gelten sowohl für LIVE LOOPS als auch für den Bereich SPUREN.

5.3.1 Informationsfenster »Spur« für Software-Instrumente bei der Aufnahme

In Abbildung 5.9 sehen Sie ein Informationsfenster SPUR für ein Software-Instrument.

Abbildung 5.9 Software-Instrument-Informationsfenster

Hier müssen Sie bei geladenem Patch/Plug-in gar nichts einstellen, es sei denn, Sie nutzen ein Instrument von Drittherstellern, das verschiedene MIDI-Kanäle verwendet (z. B. multitimbrale oder MPE-fähige Instrumente). Die Logic-Instrumente sind meist nicht darauf ausgelegt, verschiedene MIDI-Kanäle zu empfangen, sondern sollen nur ein MIDI-Instrument gleichzeitig spielen und spielen dieses auch, wenn sie einen beliebigen MIDI-Kanal empfangen. Daher entfällt meist die Notwendigkeit, einen MIDI-Kanal einzustellen, und darum stört es zunächst nicht, dass im Informationsfenster SPUR als MIDI-Kanal ALLE eingestellt ist. Dabei wird dann stets der MIDI-Kanal, den Ihr Keyboard sendet, an das Instrument weitergeleitet.

5.3.2 Live-Mode; Spuren scharf schalten

Software-Instrument-Spuren werden automatisch scharf geschaltet und in einen Live-Mode versetzt, wenn sie ausgewählt werden. Allerdings kann die Wiedergabe der ersten gespielten Note leicht verzögert erfolgen. Sobald Sie eine Note an die Spur senden, wird die Spur in den Live-Mode versetzt. Sie erkennen das auch am RECORD-Button im Bereich SPUREN, der dann nicht mehr mit einem roten R auf grauem Hintergrund, sondern mit einem weißen R auf rotem Hintergrund angezeigt wird.

5.3.3 Externes MIDI-Instrument ansteuern und aufnehmen

Nach dem Erzeugen einer externen MIDI-Spur (`alt` + `cmd` + `X`) müssen Sie im Informationsfenster SPUR eines externen MIDI-Instruments den richtigen Port und den richtigen MIDI-Kanal einstellen, um den externen Klangerzeuger ansteuern zu können.

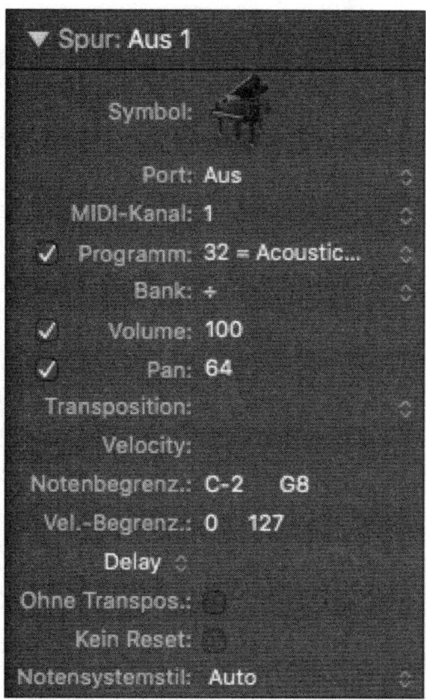

Abbildung 5.10 Informationsfenster für externes MIDI-Instrument

Voreingestellt ist zunächst:

- PORT: ALLE
- MIDI-KANAL: 1

Der MIDI-PORT kann der physische Ausgang Ihres MIDI-Interface sein, mit dem Ihr Klangerzeuger verbunden ist, oder dessen USB-Port. Oder auch ein via IAC-Bus oder via ReWire angesteuertes Instrument eines anderen Programms auf demselben Computer (siehe Kapitel 19)

Sollte am externen Klangerzeuger ein anderer MIDI-KANAL eingestellt sein, müssen Sie den Kanal entweder im Synth oder in Logic angleichen, um zu hören, was auf der Spur spielt. Mit einem MIDI-Port können 16 MIDI-Kanäle adressiert werden.

Sie können im Informationsfenster SPUR für externe MIDI-Instrumente auch eine (Sound-) Programm- und Banknummer, die Lautstärke des Sounds und das Panorama angeben, so dass die Einstellungen jedes Mal beim Abspielen des Projekts von Anfang an an den Klangerzeuger gesendet werden (wenn ein Häkchen neben PROGRAMM, VOLUME oder PAN gesetzt ist, Abbildung 5.10). Dann setzt der startende Logic-Sequencer den gewählten Sound immer wieder auf die im Informationsfenster SPUR getroffene Einstellung zurück. Die eventuell angezeigten Instrumentennamen neben den Programmnummern beziehen sich auf General-MIDI-fähige Geräte und haben nicht notwendigerweise etwas mit den vorhandenen Sounds in einem angeschlossenen Hardware-Synth zu tun. Was angezeigt wird, hängt ab von der Konfiguration des in der Spur ausgewählten Objekts in der MIDI-UMGEBUNG, wo eingestellt wurde, dass ein General-MIDI-fähiges Objekt angesteuert wird (siehe Abschnitt 13.2).

Ergänzend finden Sie in Kapitel 3, »Setup/Konfiguration, Speichern und MIDI-Hintergrundwissen«, und Kapitel 13, »Die MIDI-FX-Plug-ins und die MIDI-Umgebung«, weitere Ausführungen zur Verkabelung von externen Hardware-Klangerzeugern.

Bereits im Schnellkurs haben Sie gelesen, wie Sie externe Klangerzeuger ansteuern, und das Dokument *Schnellkurs26* mit einer externen MIDI-Spur gefunden.

5.3.4 Automatische Quantisierung von Regionen und Zellen nach der Aufnahme

Wenn Sie im Informationsfenster REGION oder ZELLE eine Einstellung für die Quantisierung vornehmen (Abbildung 5.11), ohne eine Region oder Zelle selektiert zu haben, wird sie anschließend für jede neu aufgenommene Region automatisch übernommen.

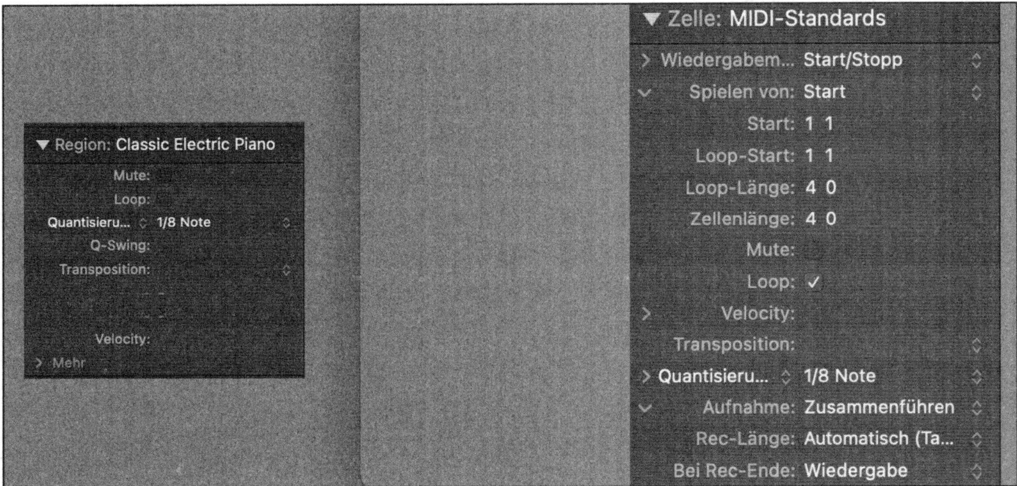

Abbildung 5.11 Quantisierung in den Informationsfenstern »Region« und »Zelle«

5.3.5 MIDI-Aufnahme im Hauptfenster und Aufnahme nachträglich einfangen/behalten

Wenn Sie etwas eingespielt, aber nicht aufgenommen haben, können Sie eingespielte MIDI-Noten nachträglich mit der Funktion AUFNAHME BEHALTEN einfangen. Das kann helfen, gelungene Takes von Musikern mit Lampenfieber festzuhalten. Es hilft auch generell im kreativen Prozess. Ich nutze diese Funktion oft. Sie können spielerisch mit Sounds herumprobieren und Gelungenes jederzeit einfangen. Das landet dann typischerweise in einer Region (nicht in einer Zelle). Ab Logic 10.5 können Sie diese Funktion nun auch bei stehendem Sequencer nutzen. Dann jedoch muss Logic selbst eine Taktzuweisung »erahnen«, wodurch sich das Tempo der Einspielung auch ungewollt ändern kann, so dass ich die Nutzung dieser Funktion bei mitlaufendem Sequencer für sinnvoller halte. (Wenn Sie etwas einspielen möchten, das nichts mit dem Songtempo zu tun hat, können Sie das Metronom ausschalten und auch für MIDI-Aufnahmen hinterher Taktzuweisungen im SMART TEMPO-Editor vornehmen, siehe Kapitel 9).

AUFNAHME BEHALTEN funktioniert nur mit MIDI-Daten, denn diese (mit kleinen Datenmengen) werden stets in einem Puffer zwischengespeichert. Allerdings gibt es auch einen Trick, Audioaufnahmen nachträglich einzufangen, den ich in Abschnitt 5.4.21 vorstelle.

Sie lösen die Funktion AUFNAHME BEHALTEN mit dem Shortcut [⇧] + [R] aus. Alternativ können Sie sich in der Steuerungsleiste einen Button hierfür einblenden lassen. AUFNAHME BEHALTEN erlaubt auch das nachträgliche Einfangen mehrerer Takes. Wenn der Cycle-Modus aktiv ist und Sie stundenlang vor sich hin klimpern, können Sie mit einmal [⇧] + [R] alles einfangen und in Take-Ordnern oder Spuralternativen bearbeiten, nachträglich zerschneiden oder nach guten Stellen durchsuchen, falls die entsprechende Option unter MIDI-AUFNAHMEN ÜBERLAPPEN eingestellt ist. Die Option ZUSAMMENFÜHREN ist dabei meist weniger sinnvoll.

5.3.6 Noten beim Einspielen transponieren

Ein mögliches Szenario ist, dass Sie eingespielte Noten automatisch transponieren möchten. Angenommen, Sie möchten einen Song in Es-Dur begleiten, kennen sich aber mit den weißen Tasten von C-Dur besser aus. In diesem Fall können Sie im Informationsfenster SPUR die TRANSPOSITION auf +3 stellen. Schon spielen Sie Es-Dur mit den weißen Tasten der C-Dur-Tonleiter.

5.3.7 Langsameres Tempo für schwierige Einspielungen einstellen

Sie können ein langsameres Tempo einstellen, um schwierige Passagen aufzunehmen. Aufgenommene MIDI-Events landen an Takt- und nicht an Zeitpositionen, so dass Sie anschließend einfach das Tempo wieder hochschrauben können. Zusätzlich stehen Ihnen Tools wie der MIDI-TRANSFORMER, das Time-Stretching-Tool, TIME HANDLES in der PIANOROLLE oder der SMART TEMPO-Editor zur Verfügung, mit denen Sie leicht das Tempo einer Einspielung verdoppeln können. Ganz einfach gelöst: Auch für MIDI-Regionen ist es möglich, sie mit gehaltener [alt]-Taste an ihrem Ende anzufassen und zu dehnen oder zu stauchen.

5.3.8 Notenwiederholung und punktuelles Löschen

Die Funktionen NOTENWIEDERHOLUNG (engl. *note repeat*) und PUNKTUELLES LÖSCHEN (engl. *spot erase*) sind durch Buttons in der Symbolleiste (Abbildung 5.12), in Logic Remote, in der Touchbar oder als selbst definierbarer Tastaturkurzbefehl verfügbar.

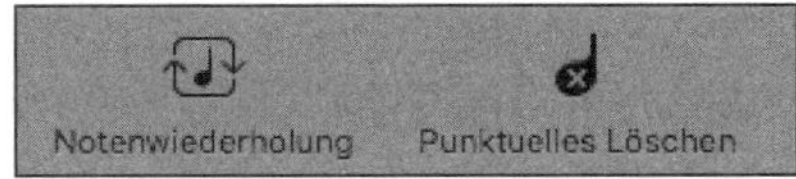

Abbildung 5.12 Buttons in der Symbolleiste für die Funktionen »Notenwiederholung« und »Punktuelles Löschen«

Notenwiederholung/Note Repeat

Mit der Funktion NOTENWIEDERHOLUNG können Sie live eine einzige eingespielte Note wiederholen lassen und diese Wiederholungen aufzeichnen. In welcher Geschwindigkeit die gewünschte Note wiederholt wird, ist im Schwebefenster NOTENWIEDERHOLUNG einstellbar, das beim Aufrufen der Funktion eingeblendet wird (Abbildung 5.13).

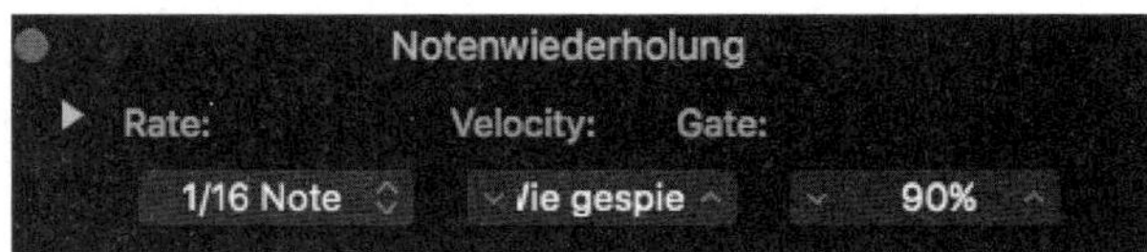

Abbildung 5.13 »Notenwiederholung«-Fenster

In Abbildung 5.14 ist dieses Fenster mit dem Dreieck oben links ausgeklappt worden und mittig links das Häkchen beim Eintrag TASTE gesetzt, wodurch zusätzlich ein Tastaturbereich eingeblendet wird.

In der Abbildung erkennen Sie vielleicht schon, dass Sie die Notenwiederholungsgeschwindigkeit auf verschiedene Weise variieren können, wodurch z. B. auch die für den Trap-Stil typischen, sich in der Geschwindigkeit steigernden *Drumrolls* entstehen können.

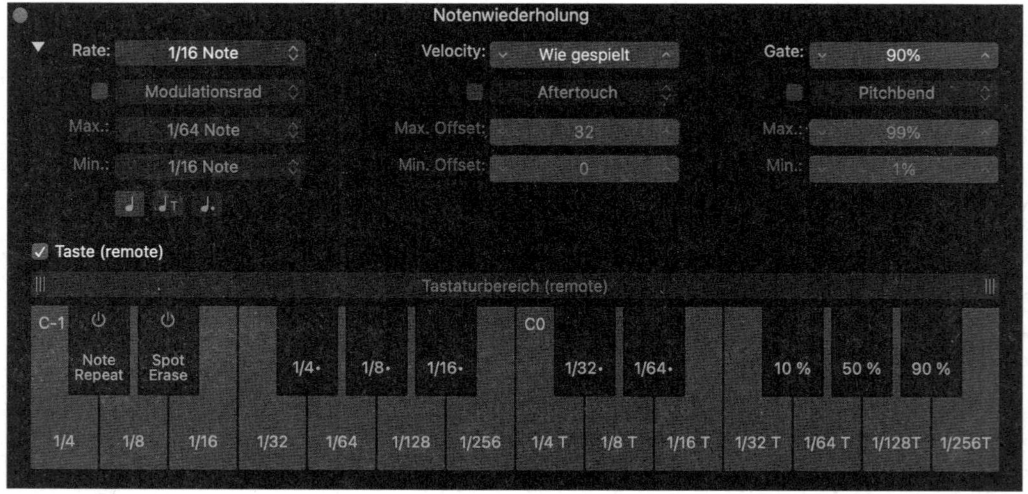

Abbildung 5.14 Ausgeklapptes »Notenwiederholung«-Fenster

Zum einen können Sie die Wiederholrate mit einem Controller wie dem Modulationsrad verändern bzw. modulieren. Dabei können Sie einen Wertebereich »von ... bis« einstellen. Zum anderen können Sie im Tastaturbereich auch Tasten definieren, mit denen Sie zwischen verschiedenen Notenwiederholungsgeschwindigkeiten umschalten. Der Tastaturbereich für diese Funktionalität lässt sich dabei verschieben. Fassen Sie hierzu die Handles des blauen Balkens oberhalb der Tastatur an, und verschieben Sie sie. Das kann z. B. helfen, wenn Sie unterwegs ohne angeschlossenes Keyboard mit der MUSIK-TASTATUR arbeiten müssen. Eine ähnliche Anpassung und einen kleinen Drumroll habe ich im Projekt *05NoteRepeat1* programmiert, ein weiteres Beispiel finden Sie unter *05Drmroll1*.

Auch die VELOCITY und die Länge der wiederholten Noten lassen sich einstellen – oder von MIDI-Informationen wie *Pressure* oder *Pitch Bend* in Echtzeit bei der Aufnahme modulieren. Die *Note Repeat-* und die *Spot-Erase*-Funktionen lassen sich auch über definierte Tasten ein- und ausschalten.

Punktuelles Löschen/Spot Erase

Die Funktion PUNKTUELLES LÖSCHEN erlaubt Ihnen, bereits aufgenommene Noten durch Spielen der entsprechenden Note in Echtzeit zu löschen. Hierdurch können Sie intuitiv interessante rhythmische Variationen programmieren. Ein Beispiel finden Sie im Projekt *05Drmroll1loesch*. Diese Funktion ist oft bei Drumcomputern für die Beatprogrammierung vorzufinden.

Abbildung 5.15 Punktuelles Löschen

5.3.9 Erzeugen von leeren MIDI-Regionen

Nach einem Rechtsklick auf einen leeren Bereich im Bereich SPUREN oder eine leere Live-Loops-Zelle erzeugen Sie mit dem entsprechenden Befehl aus dem Kontextmenü eine leere MIDI-Region (Abbildung 5.16) oder eine MIDI-Zelle, die Sie z. B. für Overdub-Aufnahmen nutzen können.

Abbildung 5.16 Leere MIDI-Region erzeugen

5.3.10 Einzeichnen von Events; Programmieren von Beats und Melodien

Natürlich können Sie Ihre Noten/Events auch manuell einzeichnen. Seit Logic 10.5 ist hierfür der STEP SEQUENCER eine besonders gute Option, der aber mit sogenannten *Patternregionen* arbeitet (siehe Abschnitt 7.9). Zum Programmieren von Beats und Melodien ist er nun sicherlich die beste Option in Logic und besitzt außerdem einen eigenen Pattern-Browser mit Pattern-Presets.

Um normale MIDI-Regionen und Zellen derart zu editieren, bieten vor allem die PIANOROLLE oder der sogenannte SCHRITTEDITOR (nur noch als separates Fenster aufrufbar) gute Möglichkeiten. Voraussetzung ist, dass eine leere oder auch bereits mit Noten gefüllte Region/Zelle als Container für die Events vorhanden ist.

Sie können in der PIANOROLLE Noten mit dem Stift- oder Pinselwerkzeug einzeichnen. Mehr hierzu in Kapitel 7, »MIDI-Editoren, Artikulationsset-Editor, Step Sequencer«, in den Abschnitten über die PIANOROLLE.

5.3.11 Noten Schritt für Schritt erzeugen/Step-Input-Keyboard

Zusätzlich gibt es mit dem sogenannten STEP-INPUT-KEYBOARD (das Sie mit `alt` + `cmd` + `K` öffnen, siehe Abbildung 5.17) eine weitere Möglichkeit, Noten zu erzeugen.

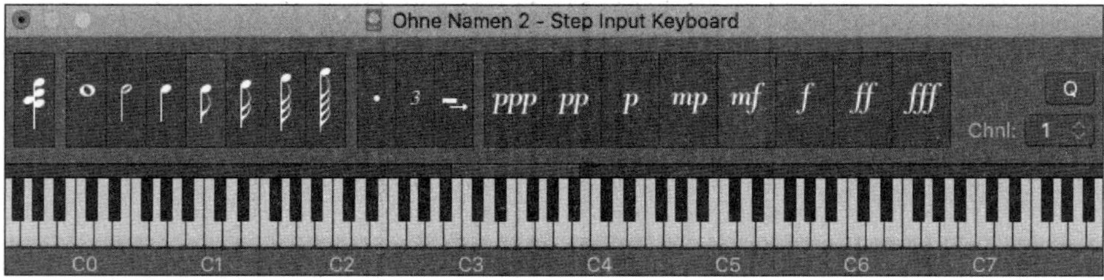

Abbildung 5.17 Step-Input-Keyboard

Stellen Sie beim STEP-INPUT-KEYBOARD ein, welche Notenlänge Sie erzeugen wollen, wählen Sie die gewünschte Anschlagstärke (die Buttons entsprechen den in der Notation üblichen Bezeichnungen für gespielte Lautstärke), und klicken Sie anschließend auf dem Keyboard auf die gewünschte Tonhöhe. Nun werden entsprechende Note-On-/Note-Off-Befehle mit dem eingestellten MIDI-Kanal erzeugt.

Wenn Sie einen Akkord über das STEP-INPUT-KEYBOARD erzeugen wollen, klicken Sie vorher auf das Akkordsymbol ganz links und klicken dann auf alle Noten des gewünschten Akkordes. Um die Eingabe des Akkordes zu beenden, klicken Sie ein weiteres Mal auf das Akkordsymbol.

Die Lautstärkebezeichnungen, bekannt aus Notensatz, lauten:

- PPP: piano pianissimo (extrem leise)
- PP: pianissimo

- P: piano
- MP: mezzopiano
- MF: mezzoforte
- F: forte
- FF: fortissimo
- FFF: forte fortissimo (extrem laut)

Sie sind (im Gegensatz zu den im NOTATION-Editor verfügbaren Symbolen) jeweils bestimmten MIDI-Werten im Bezug auf die Velocity zugewiesen.

Sie können auch mit einem beliebigen Keyboard Noten spielen, die an der Abspielposition eingefügt werden. Dies geht zum Beispiel, wenn sich Logic in einem pausierenden Aufnahmemodus befindet (eine aktive Aufnahme wird durch Klick auf den PAUSE-Button – [,] auf der numerischen Tastatur – in den Pausemodus versetzt). Sie können auch den MIDI IN-Button in der PIANOROLLE, im Notationseditor oder in der EVENT-Liste aktivieren (leuchtet danach rot, Abbildung 5.18).

Abbildung 5.18 Links der »MIDI In«-Button der Pianorolle, der rot wird, wenn Sie ihn aktivieren

Anschließend werden die auf einem beliebigen Keyboard gespielten Noten oder Akkorde eingefügt (in der Länge, die im STEP-INPUT-KEYBOARD eingestellt ist, und mit der auf dem Keyboard gespielten Velocity). Damit das funktioniert, muss der entsprechende Editor angeklickt und »im Fokus«, also blau umrandet, sein. Das STEP-INPUT-KEYBOARD muss hingegen nicht eingeblendet sein.

Falls Sie eine Eingabe korrigieren wollen, nutzen Sie die Undo-Funktion ([cmd] + [Z]).

5.3.12 Überlappende MIDI-Aufnahmen, Overdubs vs. Ersetzen

Optionen für MIDI-Aufnahmen, die entweder im Cycle-Modus oder einfach zusätzlich zu einer bestehenden Region auf der gleichen Spur und im gleichen Taktbereich – erfolgen, finden Sie im Menü AUFNAHME • ÜBERLAPPENDE MIDI-AUFNAHMEN

Grundsätzliche Einstellungen hierfür habe ich ab Abschnitt 5.1.8 erläutert. Beachten Sie auch die Ausführungen zu Spuralternativen in Abschnitt 5.1.10 und die Erläuterungen zum weiteren Editieren in Kapitel 6. Für MIDI-Aufnahmen stehen aber noch besondere Optionen zum Überlappen und Zusammenführen zur Verfügung, die es für Audioaufnahmen nicht gibt und die ich nachfolgend erläutere.

Verschiedene »Zusammenführen«-Optionen

Die neu gespielten Noten werden in einer Region mit den zuvor eingespielten Noten verschmolzen. Das geht nur mit MIDI-Regionen, nicht mit Audio. Diese Methode eignet sich zum Beispiel, um nacheinander die verschiedenen Sounds eines Drumkits aufzunehmen, und verbindet nacheinander erstellte Aufnahmen. Sie können z. B. zunächst die Kickdrum aufnehmen, anschließend pausieren (während der Cycle weiterläuft) und danach in einer Art Overdub-Modus weitere Sounds aufnehmen. Die bisherigen Aufnahmen werden dabei abgespielt und sind zu hören. Gefällt Ihnen ein Take nicht, können Sie den letzten Take mit [cmd] + [Z] rückgängig machen. Mit der Take-Ordner-Methode entstünden dabei unübersichtlich viele leere Takes.

In einer Live-Loops-Zelle realisieren Sie so etwas, indem Sie im Informationsfenster ZELLE Folgendes einstellen: BEI REC-ENDE: AUFNAHME FORTSETZEN und als Modus AUFNAHME: ZUSAMMENFÜHREN (siehe Abschnitt 5.2.3).

Im Bereich SPUREN sollten die zuvor eingespielte Region bei der neuen Aufnahme selektiert haben, wenn Sie eine Option ZUSAMMENFÜHREN sinnvoll anwenden möchten. Ansonsten wird die darunterliegende Region meist nur von einer neuen Region überlagert, auch wenn sich verschiedene Logic-Versionen und ZUSAMMENFÜHREN-Optionen nicht immer gleich verhalten oder in verschiedenen Versionen umbenannt oder anders in Menüs einsortiert wurden.

»Überlappung«

Letzteres ist bei Auswahl der Option ÜBERLAPPUNG gewollt. Liegen zwei Regionen übereinander, können Sie eine davon auf eine neue Spur ziehen oder beide selektieren und mit dem Befehl [cmd] + [J] oder dem entsprechenden Eintrag REGIONEN VERBINDEN aus dem BEARBEITEN-Menü des Bereichs SPUREN zu einer Region verbinden. Allerdings besteht bei sich überlagernden Regionen die Gefahr, dass Sie manchmal gar nicht wissen, dass Regionen übereinanderliegen, weil Sie sie nicht (mehr) sehen. In diesem Fall hilft die Funktion NEUE SPUREN für überlappende Regionen im Menü SPUR • ANDERE.

5.3.13 Aufnehmen auf mehreren MIDI-Spuren: separate Aufnahmen oder Layering

Sollen mehrere Musiker mit unterschiedlichen Keyboards gleichzeitig spielen und live MIDI in Logic aufnehmen (hallo Josi!), erfordert dies etwas Know-how. Das Gleiche gilt, wenn Sie MIDI-Daten eines externen Sequencers (z. B. MPC) auf mehreren Kanälen gleichzeitig aufnehmen möchten.

Die Aktivierung der Option PROJEKTEINSTELLUNGEN • AUFNAHME • MIDI • MEHRSPURAUFNAHMEN NACH EVENT-KANAL TRENNEN (siehe Abschnitt 3.4.4) ist wichtig, wenn Sie mehrere Instrumente gleichzeitig und getrennt voneinander aufnehmen möchten. Logic hat nicht wie andere Sequencer für jede Spur einen eigenen MIDI-Ein- und Ausgang, die Verkabelung erfolgt stattdessen über die MIDI-UMGEBUNG. In diese müssen Sie aber nicht eintauchen, um das hier ins Auge gefasste Ziel einer Mehrspuraufnahme zu realisieren.

Sie müssen für zwei weitere Dinge sorgen: Zunächst müssen die von verschiedenen Keyboards oder von einem externen Sequencer kommenden MIDI-Daten, die auf einer eigenen Spur aufgezeichnet werden sollen, jeweils einen eigenen MIDI-Kanal haben. Stellen Sie diesen gegebenenfalls an Ihrem Keyboard ein, eventuell müssen Sie hierzu in dessen Manual nachschlagen.

Anschließend weisen Sie jeder Spur, die Sie aufnehmen möchten, einen MIDI-Kanal zu, den Sie im Informationsfenster SPUR einstellen. Dieser muss natürlich dem Kanal entsprechen, den Sie aufnehmen möchten. Stellen Sie für die Spur außerdem das gewünschte Software-Instrument ein. Nun können Sie bis zu 16 Spuren mit unterschiedlichen MIDI-Kanälen gleichzeitig auf separaten Spuren aufnehmen.

Ist die Option MEHRSPURAUFNAHMEN NACH EVENT-KANAL TRENNEN hingegen deaktiviert (Voreinstellung), werden bei der Aufnahme alle MIDI-Daten zu allen scharf geschalteten Spuren gesendet. In die (selektierte) Hauptspur wird eine neue Originalregion aufgenommen, und in die anderen Spuren Aliasse (siehe Abschnitt 6.5.16) davon. So entstehen gelayerte Sounds. Abgesehen davon, erlaubt es Logic auch über die Spurstapel-Funktionalität, mehrere Synths gleichzeitig anzusteuern und deren Sounds zu *layern*. Schalten Sie zusätzlich Audiospuren scharf, so nehmen diese natürlich auf jede Spur ein jeweils eigenes Audiofile (und kein Alias) auf.

5.4 Audio aufnehmen

Themen, die speziell Audioaufnahmen betreffen, sind zum Beispiel:

- die Vorbereitung der Aufnahme, inklusive Benennung der Dateien und Wahl des Audioformats und Speicherorts
- das Routing
- die Aussteuerung

5.4.1 Speichern und Name der Audioaufnahme

Wenn Sie Ihr Projekt noch nicht gespeichert haben oder wenn Sie es als Paket speichern, werden Audioaufnahmen in der Paketdatei (die gegebenenfalls *Ohne Titel* heißt) gespeichert – es sei denn, Sie haben unter PROJEKTEINSTELLUNGEN • AUFNAHME einen anderen Audiopfad festgelegt. Hierdurch ist Logic Pro schneller als Vorversionen aufnahmebereit. Das bedeutet aber andererseits, dass Sie die Aufnahmen möglicherweise nicht im Finder oder via Spotlight wiederfinden (weil Sie in der Paketdatei versteckt liegen). Wenn Sie Ihr Projekt vor

Aufnahmebeginn als Ordner speichern, wird es für Sie leichter, den Überblick über Aufnahmen zu behalten.

Damit Ihre aufgenommenen Files nicht verwechselbare Namen wie *Ohne Namen #01* erhalten, sollten Sie entweder das Projekt zunächst speichern oder die Audiospur aussagekräftig benennen. Eine danach neu aufgenommene Aufnahmedatei wird anschließend nach dem Spurnamen benannt. Ist kein solcher eingestellt, greift Logic neuerdings auch den Projektnamen auf. Bei einer Namensvergabe für ein Projekt und für Spuren empfehle ich, das aktuelle Datum und den Namen des aufzunehmenden Künstlers einzubauen. Nutzen Sie dabei das Datumsformat Jahr/Monat/Tag, eventuell sogar mit Uhrzeit (z. B. *171021-1659*), um später gleichnamige Aufnahmen in einer Listenansicht anhand des Namens chronologisch auflisten zu können. So verhindern Sie auch Verwechslungen und können leicht neuere von älteren Versionen unterscheiden.

5.4.2 Samplerate und Bitrate einstellen

Unter Logic Pro • Einstellungen • Audio • Geräte stellen Sie Ihr Audiointerface, den Verarbeitungspuffer und die Bitrate ein. Unter Logic Pro • Einstellungen • Audio • Aufnahme bestimmen Sie das Dateiformat und die Bitrate. Ist das Häkchen bei 24-Bit-Aufnahme gesetzt, nehmen Sie Audio in 24-Bit-Qualität auf, ansonsten in 16 Bit.

Die Samplerate (auch *Abtastrate* genannt) stellen Sie dagegen unter Ablage • Projekteinstellungen • Audio ein. Je nach verwendetem Audiointerface sind Samplerates bis zu 192 kHz möglich.

Mehr Informationen zu technischen Details erhalten Sie in Abschnitt 10.1, »Audio: Dateiformate, Bitrate, Abtastrate/Samplerate«, Details zur Optimierung der Einstellungen bezüglich Puffer und Latenz lesen Sie in Abschnitt 3.3.2.

5.4.3 Stereo-/Mono-Eingangsquelle wählen und scharf schalten, Software-Monitoring

Jede Spur kann scharf geschaltet werden – allerdings nur dann, wenn auch ein entsprechender Eingang vorhanden ist. Voreingestellt wird für neu erzeugte Spuren automatisch der erste Eingang des Audiointerface oben in der Spur als Input eingestellt. Falls Sie kein Audiointerface für den Input eingestellt haben, sehen Sie im Kanalzug auch keinen Button zum Scharfschalten. Abgesehen davon müssen Sie den richtigen Input Ihres Audiointerface auswählen, an den Ihre Signalquelle angeschlossen ist, falls mehrere Inputs vorhanden sind. Wenn Sie eine Soundkarte mit z. B. 16 Eingängen nutzen, stehen auch 16 Inputs zur Verfügung. Sie können den gewählten Input in der Spur jederzeit ändern.

Der weiße Kreis kennzeichnet eine Monospur. Ein Klick auf den Kreis wandelt die Spur in eine Stereospur um. Daraufhin ändern sich die Optionen im Input. Für Stereokanäle muss der Input dementsprechend zweikanalig sein.

Abbildung 5.19 Input-Optionen für einen Monokanal. Der weiße Kreis links zeigt an, dass es sich um eine Monospur handelt. Der rechte Kanal ist ein Stereokanal (erkennbar an den zwei Ringen links). Entsprechend stehen Mono- oder Stereoeingänge im »Input«-Menü zur Verfügung.

Falls bereits ein Signal am Kanal anliegt und die Spur selektiert ist, sehen Sie ein R in der Spur im Bereich SPUREN sowie einen Ausschlag im Level-Meter des Kanals (gegebenenfalls auch im Bereich SPUREN; Abbildung 5.20).

Abbildung 5.20 Im Spurenbereich ist bereits ein Pegelausschlag zu erkennen. Das rote »R« signalisiert, dass die Spur schnell scharf geschaltet werden kann und bereits den Eingangspegel anzeigt.

Wenn Sie die Spur dagegen richtig scharf schalten, sehen Sie sowohl im Bereich SPUREN als auch im Kanalzug ein blinkendes R (weiße Schrift auf rotem Grund). Jetzt könnten Sie mit dem Aufnahmebefehl (Shortcut [R]) aufnehmen. Zuvor sollten Sie das eingehende Signal allerdings noch richtig aussteuern.

Abbildung 5.21 Die Audiospur im Bild ist scharf geschaltet, der »Record«-Button blinkt.

Hinweis: Es ist nicht möglich, auf zwei Audiospuren im gleichen Format (z. B. mono/stereo) aufzunehmen, die exakt den gleichen Input eingestellt haben.

5.4.4 Aussteuern und Einpegeln Teil 1: Einstellungen in Logic

Um den Eingangspegel richtig auszusteuern, sollten Sie zuerst den Kanalzug scharf schalten. Der Pegel, den Sie danach in einem aufnahmebereiten Logic-Kanalzug sehen, repräsentiert, was in Logic ankommt. Das stellen Sie typischerweise außerhalb von Logic ein. Ausnahme sind die Audiogerätesteuerungen. In Abbildung 5.19 sind im Kontextmenü des Kanalzugs die Channel-Strip-Komponenten so konfiguriert, dass oben auch Audiogerätesteuerungen zum Einpegeln zu sehen sind, was nicht für alle Interfaces funktioniert, wohl aber für das interne Mikrofon eines Laptops. Es ist oft nicht notwendig, diesen Regler zu benutzen, manchmal lässt er sich je nach angesprochener Eingangsquelle auch gar nicht bewegen. Oft ist das auch nicht notwendig, denn Sie stellen die Eingangslautstärke in der Drittanbietersoftware Ihres Interface oder am Interface direkt ein. Seit Logic 10.3.2 ist es jedoch auch möglich, dort detaillierte Interfaceeinstellungen vorzunehmen, z. B. für einige Apogee-Interfaces. Ob Sie sie angezeigt bekommen, hängt von der Konfiguration des Channel-Strips ab (siehe Abschnitt 14.1.11).

5.4.5 Aussteuern und Einpegeln Teil 2: Einpegeln im Mischpult

Wenn Sie ein Mischpult einsetzen oder Ihr Signal von einem Mischpult in ein Audiointerface routen, sollten Sie das Signal im Mischpultkanal mit dem GAIN-Regler so aussteuern, dass es dort weder verzerrt noch zu leise herauskommt. Hierzu sollte der Pegel des Kanals nach Justierung des GAIN-Reglers (und gegebenenfalls 0-dB-Stellung des Faders – man spricht auch von *Unity Gain*) bei ca. 0 dB ausschlagen. Ein sogenannter *Headroom* (Puffer bis zur 0-dB-Grenze) von 6 bis 9 dB ist bei Mikrofonaufnahmen sinnvoll, so dass Sie die Aufnahme so aussteuern könnten, dass der maximale Pegel bei –6 oder –9 dB liegt. Insbesondere bei Sprache sollten Sie nicht zu wenig Headroom einräumen, die Ausschläge können hier sehr groß sein. Andererseits soll der Pegel unter dieser Prämisse so laut wie möglich sein, um nicht einen zu starken Rauschanteil diverser am Aufnahmeprozess beteiligter Geräte mit aufzunehmen. Je niedriger der Signalpegel der Quelle für Ihre Aufnahme eingestellt ist, desto lauter ist typischerweise das (immer gleich laute) Grundrauschen der Geräte (z. B. des Audiointerface) im Verhältnis zum Signal, das aufgenommen werden soll (z. B. dem Gesang).

Anschließend müssen Sie gegebenenfalls noch das, was vom Mischpult an ein Audiointerface gesendet wird, richtig einpegeln. Diese Aufgabenstellungen gibt es generell beim Recording und im Zusammenspiel mit analogen Geräten. Für viele Studenten, die nur mit Computern arbeiten (wo es kaum rauscht), ist das zunächst etwas ungewohnt.

Je nachdem, ob Sie z. B. ein Mikrofon, einen Synth oder eine E-Gitarre für die Audioaufnahme angeschlossen haben, kann es sein, dass das eingehende Signal Dämpfung oder Verstärkung benötigt.

5.4.6 Stimmgerät/Tuner

Mit dem Stimmgerät (auch: *Tuner*), das auch über den STIMMGERÄT-Button in der Steuerungsleiste erreichbar ist, falls eine Audiospur mit aktivem Eingang selektiert ist, können Sie die Tonhöhe von eingehenden Audiosignalen exakt ablesen und gegebenenfalls Ihr Instrument stimmen. Im Bereich METERING finden Sie das gleiche Gerät als TUNER-Plug-in zur freien Verwendung.

5.4.7 Phantomspeisung und Mikrofonwahl

Insbesondere Signale von empfindlichen Kondensatormikrofonen benötigen eine Verstärkung (z. B. mit Hilfe von Phantomspeisung und zusätzlicher Input-Gain-Justage), Sie können solche Mikros nicht ohne Verstärkung an einen einfachen Audio-Input anschließen. Sie benötigen sogenannte *Mic-Pre-Amps*, die normalerweise in Mischpulten und Audiointerfaces integriert werden und deren Qualität nicht zuletzt auch an der Lautstärke des Grundrauschens festgemacht wird.

Kondensatormikrofone wie z. B. Neumann U87, Brauner Phantom oder Røde NT1 (sehr rauscharm) und NT2 (Preis-Leistungs-Tipps) ermöglichen detailreichere Aufnahmen, sind aber auch empfindlicher gegenüber sehr lauten Impulsen. Dabei sind Kleinmembranmikros meist etwas präziser und klangneutraler, Großmembranmikros sind besonders rauscharm und schmeicheln oft der Stimme. Dynamische Mikrofone wie etwa das SM57, SM58 oder SM7B von Shure benötigen keine Phantomspeisung und sind robuster. Sie gehen weniger schnell durch zu laute Signale kaputt und eignen sich besser für den Livebereich.

Beachten Sie auch die Richtcharakteristik des Mikrofons: Ein Mic mit Kugelcharakteristik nimmt deutlich mehr Umgebungsgeräusche auf. Von Niere bis hin zur Superniere sind die Mikrofone immer stärker gerichtet, so dass Sie weiter entfernte Ziele anvisieren können.

Es gibt natürlich auch Szenarios, in denen es gewünscht ist, die Verzerrungen bzw. Übersteuerungen des Mischpults oder Audiointerface aufzunehmen.

5.4.8 Raumakustik für Aufnahmen

Für Audioaufnahmen und ihre Verständlichkeit sind grundsätzlich Räume mit einem ausgeglichenen Frequenzbild und nicht zu kurzer, aber auch nicht zu langer Nachhallzeit geeignet (< 0,8 Sekunden). Orchester und Big Bands bevorzugen dagegen längere Nachhallzeiten, die bei Konzerträumen typischerweise zwischen ca. 1,5 und 2,2 Sekunden liegen. Ein Raum sollte möglichst nicht Maße haben, die durcheinander teilbar sind.

Eventuelle Frequenzüberbetonungen durch Reflektionen bestimmter Wellen können durch Absorber oder Bassfallen ausgeglichen werden, ungünstige Raummaße durch eingezogene Wände. In der Playlist »Raumakustik« von *logichilfe.de* finden Sie interessante Videos zu diesem Thema.

Die Nachhallzeit ist die Zeit, die vergeht, bis der Schalldruck in einem Raum nach dem Abklingen einer Schallquelle auf den 1.000sten Teil, also um 60 dB, abgefallen ist. Daher kommt die Bezeichnung RT60.

5.4.9 Logic-Inhalte »live« aufnehmen

Sie können auch einen internen Bus als Input einer Audiospur einstellen. Damit ist es möglich, das Signal anderer Logic-Spuren live aufzuzeichnen, deren Signal an diesen Bus geroutet ist.

Sie können dabei auch an Effekten der abspielenden Spuren live herumdrehen und dies in Echtzeit aufzeichnen. Das geht beim Bouncen nicht, dabei ist Logic für weitere Bedienung gesperrt. Details zum Bus-Routing lesen Sie in Kapitel 14 über das Mischpult.

5.4.10 Tape Return in Logic hören, Monitoring, externes Routing

Es gibt den alten Tontechniker-Spruch: »Alle hör'n Tape Return.« Diesen Begriff nutzt man generell für das Abhören des Audiomaterials vom Aufnahmemedium (hier: Logic, das Aufnahmemedium war früher fast immer ein Tape). Grund: Sollte z. B. irgendwo auf dem Signalweg in den Recorder eine Störung sein oder dieser nicht richtig aufnehmen, so werden Sie das nur dann bereits während der Aufnahme hören und können reagieren, wenn Sie Tape Return hören.

Das erfordert jedoch einen gewissen Routing-Aufwand, eventuell benötigen Sie auch ein kleines Mischpult. Ein guter Treiber und eine kurze Latenz sind ebenfalls wichtig.

Software-Monitoring

Sie können in Logic Pro das Eingangssignal live mithören. Die Voraussetzung hierfür ist laut Logic-Manual, dass die Option SOFTWARE-MONITORING unter ABLAGE • EINSTELLUNGEN • AUDIO • ALLGEMEIN aktiviert und die Spur scharf geschaltet ist. Es gibt dort allerdings noch ein paar zusätzliche Einstellungen zu beachten, vergleiche Abschnitt 3.3.2. Zusätzlich muss der Kanal scharf geschaltet sein. In der Praxis gibt es damit in Logic seit Jahren kleinere Probleme und inkonsistentes Verhalten. Allerdings gibt es für Sie zunächst viele Einstellungen auf Korrektheit zu überprüfen, u. a. am Audiointerface. Ergänzende Hinweise finden Sie in Abschnitt 20.2.7 bei der Fehlersuche.

Input-Monitoring-Button

Wenn Sie im Kanalzug den INPUT-MONITORING-Button aktivieren, sollten Sie stets den anliegenden Input im Kanal hören können; Logic macht allerdings dann zunächst automatisch den Kanal leiser, um Rückkopplungen zu verhindern. Beachten Sie die Ausführungen zum Thema Auto-Input-Monitoring im nächsten Unterabschnitt. Buttons zum Scharfschalten (R) und Aktivieren des Input-Monitorings (I) finden Sie sowohl unten im Kanalzug als auch im Spur-Header (Abbildung 5.22).

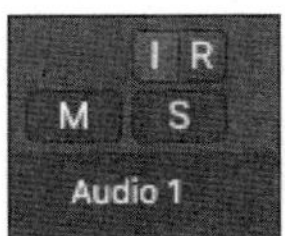

Abbildung 5.22 Der Kanal im Bild ist scharf geschaltet, Input-Monitoring ist ebenfalls aktiv.

Externes Routing

Auch außerhalb von Logic gibt es vieles, was Sie beachten müssen.

Falls Sie eine Soundkarte mit eigener angebundener Software und einer Monitoring-Funktion nutzen (z. B. UAD Console), kann es sein, dass Sie Einstellungen in einer separaten Software treffen müssen, um das Signal nicht doppelt abzuhören. Oder Sie hören alternativ das Signal ausschließlich über diese externe Software und schalten es in Logic stumm.

Manche Audiointerfaces haben eingebaute Umschalter, mit denen Sie wahlweise das eingehende oder das ausgehende Signal hören, so dass Sie auch ohne Mischpult diese Optionen haben.

Falls Sie ein externes Mischpult benutzen, um einerseits Ihre Klangquelle aufzunehmen und andererseits den Sound aus Logic auszugeben, müssen Sie dafür sorgen, dass Sie den Sound von Logic nicht versehentlich wieder an Logic zurückschicken. Ansonsten kann eine Feedbackschleife entstehen. Ein Mischpult ist eine Art Matrix, und wenn es kein sehr kleines Mischpult ist, verfügt es zusätzlich zum Master-Bus wenigstens über einen separaten Stereobus (den ich hier Sub-Output nenne).

Wohin mit dem Signal, das aufgenommen werden soll?

Das Signal des Kanalzuges, an dem der Eingang des externen Klangerzeugers anliegt, lässt sich dann wahlweise an einen Sub-Output, einen Master-Output oder an beides schicken. Ist nun beispielsweise das aufzunehmende Signal auf den Sub-Output eines Mischpults geroutet und der Sub-Output des Mischpults mit dem Eingang des Audiointerface verbunden (und der Signalpegel überall entsprechend eingestellt), können Sie es aufnehmen.

Wo bekomme ich das Monitoring-Signal?

Der Output des Audiointerface (also das, was von Logic zurückkommt) sollte mit einem Eingangskanal im Mischpult verbunden sein; doch den Output dieses Eingangskanals routen Sie im Mischpult *nicht* auf diesen Sub-Output (sonst besteht die Gefahr einer Rückkopplung), sondern zum Main-Output, den Sie im Beispiel aus Abbildung 5.23 über Boxen abhören können. Nun würden Sie in diesem Beispiel Tape Return hören.

Der Master-Out wird in meiner Abbildung direkt mit der PA verbunden, während das finale Aufnahmegerät bereits mit dem Sub-Bus verbunden ist (Abbildung 5.23 und Abbildung 5.24).

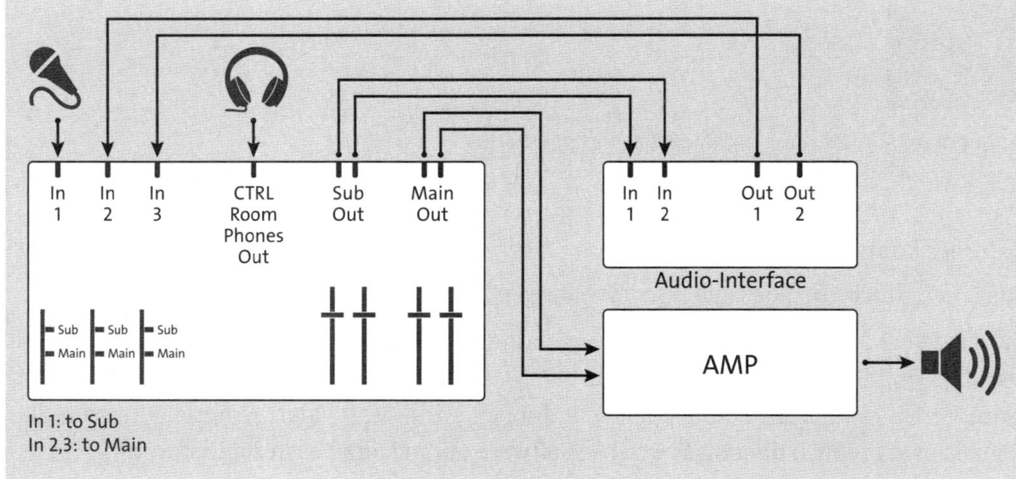

Abbildung 5.23 Einfaches Routing bei der Audioaufnahme inklusive Tape-Return-Abhörsituation

Abbildung 5.24 Mixer-Routing in einem Kleinmixer von Behringer. Der Stereokanal 5/6 ist an Sub 1-2 geroutet (der mittlere der drei schwarzen Buttons ist leicht gedrückt), das Signal kommt auf Kanal 1 und 2 von Logics Audiointerface zurück und wird von dort auf den Main-Mix geroutet (die unteren schwarzen Buttons sind gedrückt).

Control-Room

Eine Control-Room- oder Phones-Sektion im Mixer erlaubt es bei vielen kleineren Mixern, darüber zu entscheiden, ob Sie das Signal des Sub-Outputs oder des Main-Outputs über die Kopfhörer oder die an den Control-Room-Out angeschlossenen Monitore hören (bei großen Pulten können in der Control-Room-Sektion meist die Summe, weitere externe Quellen und die Solo-Sammelschiene abgehört werden).

Mehrere Kopfhörermixe

Es können komplexe Routings nötig werden, wenn unterschiedliche Musiker unterschiedliche Abmischungen hören wollen. Diese können Sie – falls Ihr Audiointerface genügend Ausgänge hat – auch über Logic konfigurieren. Hierfür legen Sie für jeden gewünschten Sub-Mix einen Aux-Kanal mit entsprechend eingestelltem Ausgang des Interface an. Für jeden Sub-Mix-Aux-Kanal stellen Sie als Input einen Bus ein. Diesen steuern Sie über die Sends einzelner Kanäle mit unterschiedlichen Lautstärken an. Auf diese Weise können Sie verschiedene Mixe anlegen, die nicht beeinflussen, wie die eigentliche Aufnahme klingt. Letztere sollte der Toningenieur über seinen konfigurierten Tape-Return-Abhörweg unabhängig von den Mixen für die beteiligten Musiker abhören können.

Natürlich müssen Sie bei Aufnahmen sicherstellen, dass Sie und der Künstler den Klick des Einzählers hören. Musiker tragen bei Mikrofonaufnahmen geschlossene Kopfhörer, über die sie das Metronom oder bereits aufgenommene Spuren (z. B. Schlagzeug als Guide-Track) hören können, ohne dass viel davon nach außen dringt. Aus diesem Grund fängt man bei Aufnahmen von Bands oft mit der Aufnahme des Schlagzeugs an.

5.4.11 Latenz bei der Aufnahme

Wenn Sie den Low-Latency-Mode zu Hilfe nehmen oder das eingehende Signal abhören, können Sie die Latenz beim Abhören für eine Aufnahme ebenfalls verbessern oder eliminieren. Allerdings kann es so oder so sein, dass die Aufnahme ein wenig verrutscht in Logic hineingelangt und Sie sie nachträglich manuell verschieben müssen.

5.4.12 Auto-Input-Monitoring

Eine wichtige Einstellung, die Sie beachten müssen, ist die Auto-Input-Monitoring-Schaltung; hier können Sie zwei Möglichkeiten einstellen:

1. Ob Sie bei der Aufnahme in Spuren immer das eingehende Signal hören (genannt: *Input-Monitoring*) oder
2. ob das am Audioausgang ausgespielte Signal in bestimmten Aufnahmesituationen von der Wiedergabe bereits aufgenommenen Materials zum am Input anliegenden Signal (und zur alten Aufnahme zurück) automatisch umschaltet (genannt: *Auto-Input-Monitoring*). Diese Einstellung oder Funktion wird z. B. bei Aufnahmen ab einer bestimmten Position oder bei Punch-in-Recording benötigt.

Zwischen diesen beiden Modi schalten Sie um, indem Sie im Menü AUFNAHME ein Häkchen beim Eintrag AUTO-INPUT-MONITORING (Abbildung 5.1) setzen. Ist das Häkchen nicht gesetzt, sollten Sie immer Input-Monitoring hören, das gilt auch, wenn der INPUT-Button im Kanalzug wie zuvor gezeigt aktiviert ist.

Die Auto-Input-Monitoring-Umschaltung zwischen einem bereits aufgenommenen und noch aufzunehmenden Signal funktionierte bei mir in Logic Pro zumindest teilweise nur bei aktivierter SCHNELLES PUNCH-IN ERLAUBEN-Funktion.

5.4.13 Einfache Audioaufnahme im Hauptfenster mit Tempovorgabe

Durch einen Doppelklick auf die Stopptaste (oder Drücken der Taste [0] auf der numerischen Tastatur) bewegen Sie den Abspielpositions-Marker auf Takt 1. Wenn Sie die Taste [R] für *record* drücken, sollte die Aufnahme genau dort losgehen. Ich nehme in diesem Abschnitt beispielhaft simple Aufnahmen, wo ich von 1 bis maximal 10 zähle, um Take-Ordner, Comping und Punch-in-Recording zu erklären.

Öffnen Sie das Dokument *06Zaehlerrec1*. Hier zähle ich von 1 bis 4.

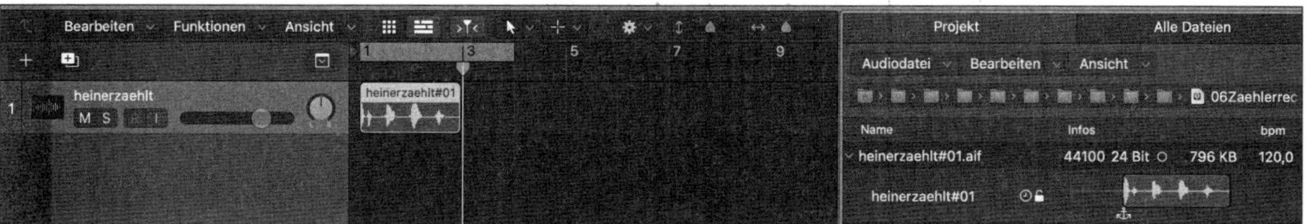

Abbildung 5.25 Die erste Aufnahme ist im Kasten – im Bild habe ich die Übersicht »Projekt« zusätzlich eingeblendet.

Das Audiofile wurde dabei nach dem Namen der Audiospur (HEINERZAEHLT) benannt und am Ende mit dem Zusatz *#01* versehen. Abbildung 5.25 zeigt, wie das in Logic aussieht, wenn Sie zusätzlich die Übersicht PROJEKT öffnen. Sie erkennen an der Darstellung in der Übersicht PROJEKT, dass die Region nicht über die ganze Länge des Audiofiles geht und somit Logic auch den Vorzähler mit aufgenommen hat: Es gibt ein Audiofile mit dem Namen *heinerzaehlt#01* und eine gleichnamige Region; die Darstellung in der Übersicht PROJEKT zeigt, dass die blau markierte Region kürzer ist als das gesamte Audiofile. Die Länge der Region wurde automatisch so gesetzt, dass der Vorzähler abgeschnitten wurde. Falls Sie wünschen, dass beispielsweise das Atmen vor Takt 1 hörbar sein soll, verlängern Sie die entsprechende Region entsprechend nach links, um auch die während des Vorzählers erfassten Geräusche abzuspielen.

Die Aussteuerung der Beispielaufnahme ist nicht optimal – die gesprochene Zahl »Eins« ist leicht übersteuert. Wenn Sie in der Spur eine zweite Aufnahme erstellen, bekommt diese selbstverständlich den Zusatz *#02*. Wenn Sie eine Aufnahme sofort wieder löschen möchten, betätigen Sie einfach [⌫]. Danach erscheint der Dialog aus Abbildung 5.26.

Selbst wenn Sie Aufnahme *#02* löschen, erhält die nächste Aufnahme die Ziffer *#03* usw. Das hat vermutlich etwas mit der Undo-Funktion zu tun, die es mitunter ermöglicht, Aufnahme *#02* wieder zurückzuholen – obwohl der angezeigte Dialog eigentlich besagt, dass das Löschen nicht widerrufen werden kann. Wenn Sie dagegen das Projekt abspeichern und schließen, wird die nächste Aufnahme wieder mit *#02* nummeriert.

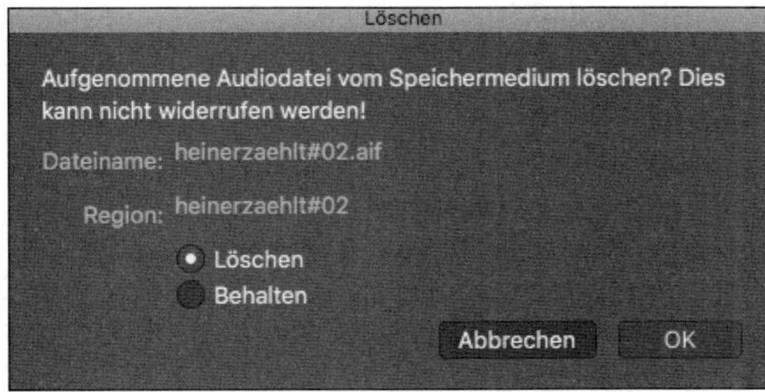

Abbildung 5.26 Der Dialog zum Bestätigen des Löschvorgangs

5.4.14 Audioaufnahme im Hauptfenster in freiem Tempo; Logic als Bandmaschinenersatz

Viele Musiker möchten lieber ohne straighten Klick aufnehmen und selbst im Songverlauf das Tempo bestimmen oder wechseln. Es bleibt sinnvoll, das ungefähre Tempo der Aufnahme zu kennen, um einen passendes Vorzählertempo einstellen zu können. In Kapitel 9, »Tempo und ›Smart Tempo‹-Editor, Tuning, Timing und Groove«, diskutiere ich verschiedene Möglichkeiten in Logic, Aufnahmen mit schwankendem Tempo zu bearbeiten. Sie können Logic an schwankendes Tempo anpassen oder auch schwankendes Tempo glattbügeln und an Logic anpassen.

Zeitbezug oder Taktbezug/Zeitanzeige oder Taktanzeige?

Es kann sinnvoll sein, sich bei einer solchen Aufnahme nicht vom Taktlineal irritieren zu lassen, sondern stattdessen ein Zeitlineal einzublenden. Dazu können Sie bei Bedarf unter PROJEKTEINSTELLUNGEN • ALLGEMEIN oder im Menü AUFNAHME die Option MUSIKALISCHES RASTER VERWENDEN ausschalten. Danach sehen Sie als primäres Lineal kein Taktlineal, sondern stattdessen ein Zeitraster. Alternativ können Sie im Menü ANSICHT des Bereichs SPUREN die Option SPUREN • ZWEITES LINEAL aufrufen.

Aber Achtung: Auch wenn Sie ein Zeitlineal benutzen, sind Ihre Aufnahmen in Logic zunächst immer Taktpositionen zugeordnet. Bei Tempoänderungen ändert sich dann die Zeit-, nicht aber die Taktposition der Aufnahmen, sofern sie nicht genau auf Takt 1 liegen! Um Regionen oder Aufnahmen festen Zeitpositionen zuzuordnen, müssen Sie sie via FUNKTIONEN • SMPTE-ZEIT VERRIEGELN zeitverriegeln. Zu diesem Thema finden Sie mehr Details in Abschnitt 18.1.4.

5.4.15 Audioaufnahmen überlappen/in mehreren Takes: Optionen

Wenn Aufnahmen im Bereich Spuren in mehreren Takes erfolgen sollen, gibt es dafür zwei für Logic relevante Szenarien: Sie können dafür einen Cycle-Bereich/Loop bei der Aufnahme erstellen oder ein zweites Mal auf derselben Spur aufnehmen. Details zur Cycle-Aufnahme im Live-Loops-Raster finden Sie in Abschnitt 5.2.3.

In beiden Fällen legt Logic standardmäßig Take-Ordner an, um die Aufnahmen zu verwalten, doch es gibt auch andere Optionen. Ab Abschnitt 5.1.8 habe ich allgemeine Optionen für überlappende Aufnahmen im Menü Aufnahme • Audioaufnahmen überlappen vorgestellt.

Beachten Sie auch die Ausführungen über die Möglichkeiten der neuen Funktion Spuralternativen in Abschnitt 5.1.10. Hier lesen Sie, was nur für *Audio*-Aufnahmen gilt. Dabei geht es hier nur um den Aufnahmevorgang. Die Editing-Prozeduren erläutere ich in Kapitel 6, »Editieren und Arrangieren im Hauptfenster (incl. Live Loops)«.

5.4.16 Audioaufnahmen überlappen: Audio-Take-Ordner aufnehmen

Im Dokument *05Zählerrec2* habe ich für Takt 3 und 4 einen Cycle/Loop eingestellt, um an dieser Taktposition wiederholt aufzunehmen (Abbildung 5.27).

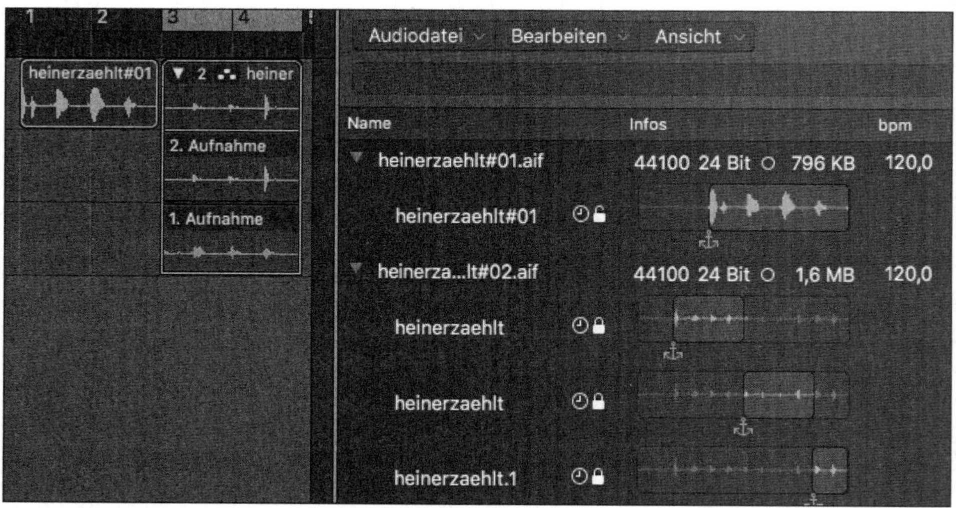

Abbildung 5.27 Die Aufnahme auf den Takten 3 und 4 habe ich in mehreren Durchgängen erstellt.

Die im Cycle-Modus wiederholt aufgenommenen Takes befinden sich grundsätzlich in einem einzigen Audiofile, das (entsprechend den Cycles) in Regionen aufgeteilt ist, wie Abbildung 5.27 zeigt.

Anwendungsbeispiele

Diese Aufnahmetechnik empfiehlt sich unter anderem, wenn es eine Stelle im Song gibt, an der dem Künstler die Performance schwerfällt. Angenommen, es handelt sich um einen Sänger, der einen besonders hohen Ton erreichen soll: Indem Sie ihn die Stelle innerhalb eines sinnvollen musikalischen Zusammenhangs (z. B. in ein, zwei oder vier Takten) wiederholt singen lassen, erhöht das die Chance, dass ein optimaler Versuch in relativ kurzer Zeit aufgenommen wird.

Wenn Sie den Vorzähler entsprechend länger einstellen oder eine Punch-in-Aufnahme programmieren, haben Sie die Möglichkeit, dem Sänger die Takte vor der schwierigen Stelle vorzuspielen, so dass er die schwierige Stelle nicht »aus dem Nichts« singen muss, sondern die Passage vorher schon mitsingen kann, ohne dass dies aufgezeichnet wird (Hinweise zu möglichen Problemen beim Monitoring finden Sie in Abschnitt 20.2.)

Im Projekt *06zaehlerrec2* habe ich einen 2-taktigen Cycle eingestellt. Jede halbe Note habe ich eine neue Zahl gesagt. In Take 1 zähle ich von 1 bis 4, in Take 2 von 5 bis 8. Nachdem ich die Zahl 10 ausgesprochen habe, habe ich die Leertaste gedrückt, um Logic anzuhalten.

Logic hat nun einen sogenannten Take-Ordner mit zweieinhalb Takes erstellt (siehe Abbildung 5.27). Dieser spielt im Bild die zweite Aufnahme ab, also den Bereich, in dem ich von 5 bis 8 zähle. Die Aufnahme der Zahlen 9 und 10 taucht nicht im Take-Ordner auf, weil ich Logic angehalten habe, bevor der dritte Cycle komplett durchlaufen war. Anhand der dritten Region in der Übersicht PROJEKT erkennen Sie allerdings, dass auch die Aufnahme dieser beiden gesprochenen Zahlen vorhanden ist, die Sie von dort in den Bereich SPUREN oder den Take-Ordner ziehen können.

Der Take-Ordner bietet besonders bei Audioaufnahmen komfortable Editierfunktionen, über die Sie mehr in Kapitel 6 lesen.

Es ist natürlich auch bereits in der Aufnahmesituation sinnvoll, Aufnahmen so zu beschriften, dass sie Sie später wiedererkennen. Sie könnten favorisierte Takes auch mit Hilfe der Farbpalette oder Takes generell via Einstellung im Menü PROJEKTEINSTELLUNGEN • AUFNAHME automatisch einfärben (klappte im Test nicht immer). In diesem Zusammenhang ist auch das automatische Einfärben von Spuren über das Menü EINSTELLUNGEN • ANZEIGE sinnvoll. In meinem Beispiel habe ich die Regionen in der Übersicht PROJEKT beschriftet, wodurch sie im Take-Ordner leichter zu erkennen sind (vergleiche Projekt *06zaehlerrec2-named*).

5.4.17 Punch-in-Aufnahme und »schnelles Punch-in« für Audioaufnahmen

In Abschnitt 5.1 finden Sie das Thema Punch-in-Aufnahmen in Grundzügen erklärt. Für Punch-in bei Audioaufnahmen sind zusätzliche Details – vor allem beim Monitoring (siehe Abschnitt 5.4.20) – zu beachten. Punch-in-Aufnahmen können Sie spontan (*schnelles Punch-in/Punch on the Fly*) oder vorprogrammiert (*Autopunch*) vornehmen.

5.4.18 Autopunch

Auf Basis des Dokuments *06zaehlerrec2named* habe ich eine vorprogrammierte Punch-in-Aufnahme erstellt, um die dort gesprochene Zahl 7 zu ersetzen.

Im Taktlineal teilt sich bei eingeschalteter Autopunch-Funktion der eingefärbte Cycle-Bereich in einen oberen und einen unteren Bereich. Der untere (rote) Bereich markiert den *Punch-Bereich*, in dem aufgenommen wird, der obere (gelbe) den *Cycle-Bereich*, der abgespielt wird (die Autopunch-Funktion aktivieren und deaktivieren Sie über einen entsprechenden Button in der Steuerungsleiste [rot in Abbildung 5.28] oder mit dem Befehl AUTOPUNCH-MODUS EIN/AUS [`ctrl` + `alt` + `cmd` + `P`]).

Über ein entsprechend konfiguriertes Display lässt sich der Autopunch-Bereich einfacher einstellen, was bei einem Beispiel wie diesem, wo es nur um einen kurzen Abschnitt geht, hilft (siehe Abbildung 5.28). Diesen Zwischenstand finden Sie im Dokument *06zaehlerrec2prepunched*.

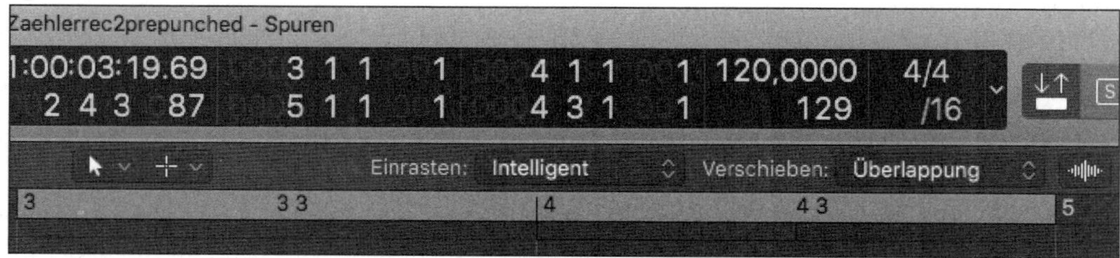

Abbildung 5.28 Hier habe ich von Takt 4 1 1 1 bis Takt 4 3 1 1 ein Autopunch programmiert, was auch am rot leuchtenden »Autopunch«-Button sowie am Display abzulesen ist.

Die erfolgte Punch-in-Aufnahme ist im Dokument *06zaehlerrec2punched* (neu gesprochene »7«) im Take-Ordner zu sehen und zu hören.

Mit entsprechend eingestellter Auto-Input-Monitorfunktion schaltet Logic bei der Aufnahme zwischen der Wiedergabe des zuvor aufgenommenen Materials (hier die gesprochenen Zahlen 5 und 6) und der Wiedergabe des neu aufzunehmenden Input-Signals (Zahl 7) um – und nach der Aufnahme wieder zurück auf die Wiedergabe (Zahl 8).

Übrigens: Trotz des aktivierten Cycle-Bereichs bricht die Aufnahme danach ab. Der Cycle-Bereich hat hier vor allem die Funktion, einen vom Punch-in-Bereich unabhängigen Wiedergabebereich zu markieren. Um ein zweites Mal oder immer wieder neu aufzunehmen, müssen Sie die Prozedur leider wiederholen oder den Cycle-Modus ohne Auto-Punch-in benutzen.

Punch-in-Shortcuts

Einige praktische Befehle und die dazugehörigen Standard-Logic-Pro-Shortcuts lauten:

- Punch-in-Locator-Punkt an Abspielposition festlegen: `ctrl` + `alt` + `cmd` + `I`

- Punch-in-Locator-Punkt an gerundeter Abspielposition festlegen: ⇧ + ctrl + alt + cmd + I
- Punch-out-Locator-Punkt an Abspielposition festlegen: ctrl + alt + cmd + O
- Punch-out-Locator-Punkt an gerundeter Abspielposition festlegen: ⇧ + ctrl + alt + cmd + O

Abbildung 5.29 Mit den mit »In« und »Out« beschrifteten Buttons setzen Sie an der Abspielposition die entsprechenden Punch-in-Locator-Punkte.

5.4.19 Schnelles Punch-in erlauben/Punch on the Fly

Im Aufnahme-Menü findet sich außerdem der Eintrag Schnelles Punch-in erlauben. Die englische Übersetzung hierfür heißt *Punch on the Fly*. Sie können auch lange auf den Aufnahmeknopf im Transportfenster klicken – so öffnet sich ein Submenü, wo Sie die Funktion ebenfalls aktivieren können, indem Sie sie mit gehaltener Maustaste auswählen, falls noch kein Häkchen gesetzt ist. Sie können nun eine Spur abspielen und spontan an einer Stelle etwas Neues aufnehmen. Das klappt, weil die Audiospur (sofern zuvor richtig scharf geschaltet) bei aktiver Option Schnelles Punch-In erlauben und laufendem Sequencer Audio im Hintergrund aufnimmt. Daher können Sie, was die Aufnahme angeht, beliebig ein- und aussteigen – ohne eine Unterbrechung oder gar Knackser als Folge des Umschaltens.

Aufnahme ein/aus

Damit das Ein- und Aussteigen aus der Aufnahme richtig funktioniert, sollten Sie die Funktion Aufnahme/Aufnahme ein/aus benutzen, die Sie über das Aufnahme-Menü oder wiederum durch langes Drücken des Aufnahmeknopfes der Funktion Aufnahme (und damit dem Ihnen bekannten Shortcut R) zuweisen können. Hiermit können Sie bei einer schnellen Punch-in-Aufnahme die Aufnahme spontan aktivieren und bei einem zweiten Drücken auf die Taste R wieder deaktivieren. Vorsicht: Möglicherweise wird eine Aufnahme dennoch erst dann sichtbar, wenn Sie die Stopptaste gedrückt haben!

5.4.20 Auto-Eingangs-Monitoring

Bei aktiviertem Auto-Eingangs-Monitoring soll Logic zwischen bereits auf der Spur liegendem Audiomaterial (bei Playback) und der neuen Aufnahme (während der Aufnahme) automatisch umschalten. Die Funktion ist aktiv, sobald links neben Aufnahme • Auto-Eingangs-Monitoring ein Häkchen gesetzt ist. Diese Einstellung ist nicht zuletzt optimal für Punch-in Aufnahmen.

Ist das Häkchen nicht gesetzt, sollen Sie bei scharf geschalteten Spuren hingegen stets nur das anliegende Eingangssignal hören (im gängigen Toningenieur-Sprachgebrauch wäre das dann *Input-Monitoring* statt *Auto-Input-Monitoring*). Das ist etwa sinnvoll, wenn Sie gerade einen Kanal aussteuern möchten.

Das Abhören des Eingangssignals funktioniert in Logic manchmal nicht wie erhofft (in Kapitel 20, »Fehler, Workarounds, Problemlösungen«, finden Sie Hinweise, wie Sie mit eventuell auftretendem Fehlverhalten umgehen können).

5.4.21 Audioaufnahmen nachträglich einfangen? Manchmal geht es!

Falls sie im AUFNAHME-Menü die Funktion SCHNELLES PUNCH-IN ERLAUBEN aktiviert und einen Track scharf geschaltet haben, ist es möglich, auch Audioaufnahmen nachträglich einzufangen. Das hat einen logischen Hintergrund: Die Funktion SCHNELLES PUNCH-IN ERLAUBEN ermöglicht es, aus dem Wiedergabemodus schnell in den Aufnahmemodus zu wechseln. Das klappt nur deshalb, weil Logic sowieso im Hintergrund bereits aufnimmt. Diese Aufnahme wird als temporäre Datei auf der Festplatte gespeichert – ohne dass Sie es bemerken. Allerdings müssen Sie die Spur hierfür richtig scharf schalten, so dass Sie den RECORD-Button wie im Live-Mode weiß auf rot und nicht rot auf grau sehen.

Sie können es selbst ausprobieren, indem Sie ein Projekt als Ordner speichern und sich im Finder den im Ordner befindlichen Unterordner *Audiofiles* geöffnet anzeigen lassen. Denn genau hierhin werden die temporären Audiofiles geschrieben. Dabei werden die Audioaufnahmen wiederum durchnummeriert, und die temporäre Aufnahme erhält die Nummer, die die nächste reguläre Aufnahme bekommen hätte.

Im Gegensatz zur MIDI-Funktion AUFNAHME BEHALTEN ist dies keine offizielle Logic-Funktion, und es gelingt nur mit einiger Vorsicht. Denn wenn Sie erneut in den Aufnahme- oder Wiedergabemodus gehen, wird die temporäre Aufnahme von der regulären Aufnahme überschrieben.

Es kann beispielsweise passieren, dass ein Künstler, während Logic läuft, eine herausragende Performance hingelegt, die Sie aber nicht aufgenommen haben, jedoch nachträglich einfangen möchten. Nur wenn Sie direkt danach in den *Audiofiles*-Ordner gehen und die temporäre Aufnahme dort herausziehen oder umbenennen, können Sie sie dauerhaft behalten und retten. Das geht manchmal übrigens auch, wenn Sie irgendwann auf Aufnahme drücken ([R]). Alles davor können Sie dann einfach nach links aufziehen (natürlich nur ab dem Startzeitpunkt der Wiedergabe). Damit wäre die Aufnahme auch gerettet; in meinen Praxisversuchen hat das manchmal geklappt, ein anderes Mal aber auch nicht – beim letzten Test 2021 ging's. Übrigens: Wenn Ihr Projekt in der Dropbox gespeichert ist, können Sie das Phänomen genauer verfolgen, denn da meckert die Dropbox jedes Mal, wenn Logic versucht, eine temporäre Aufnahme zu löschen.

5.4.22 Auf mehrere Spuren Audio aufnehmen, aufsteigende Inputs/Outputs einstellen

Sie können auf mehrere Spuren gleichzeitig Audio aufnehmen. Schalten Sie dafür die gewünschten Spuren scharf. Sie können für mehrere selektierte Spuren auch gemeinsam einen Input oder Output einstellen. Wenn Sie bei Letzterem die `alt`-Taste gedrückt halten, werden Inputs/Outputs in aufsteigender Reihenfolge erzeugt; dies funktioniert mit Inputs, Bussen und auch mit physischen Outputs.

Für die Bearbeitung der Aufnahme empfiehlt sich eventuell die Erstellung einer Bearbeitungs- und Mixgruppe durch Zuordnung der Spuren zu Gruppen im Kanalzug (z. B. bei Schlagzeugaufnahmen mit mehreren Mikros, siehe Abschnitt 14.3).

5.5 Philosophisches zum Thema Audioaufnahmen

Ich arbeite seit 2005 als Dozent für Logic und auch andere Programme. Natürlich gibt es zum Thema Audioaufnahme und Audiobearbeitung auch unter den verschiedenen Dozenten viele unterschiedliche Philosophien. Das hat natürlich auch etwas damit zu tun, in welchem Genre jemand zu Hause ist. Ich finde es oft bereichernd, die sehr unterschiedlichen Sichtweisen von Kollegen kennenzulernen, nicht zuletzt, weil die heutige Musik sehr oft Elemente verschiedener Genres miteinander kombiniert. Mancher Student mag etwas verwirrt sein, wenn der eine Dozent dies und der andere etwas anderes für richtig erklärt – aber genau das wird im Laufe der Zeit helfen zu verstehen, dass die Wahrheit in der Mitte liegt ... und herauszufinden, wo für Sie selbst diese Mitte ist.

So vermittelte beispielsweise ein Kollege, der unter anderem Mikrofonie unterrichtet, morgens den Schülern die Qualitätsunterschiede zwischen Mikrofonen, mit dem Fazit, dass ohne ein anständiges Mikrofon keine gute Aufnahme möglich ist und dass eine Aufnahme nicht verzerren darf. Nachmittags erfuhren die Schüler dann von mir, wie sie beispielsweise mit dem »Logic Match EQ« die Aufnahme eines billigen Mikrofons in die klangliche Nähe der Aufnahme eines teuren Mikrofons bringen können. Was nicht bedeutet, dass ich nicht auch ein gutes Mikrofon schätze. Doch wenn ich Drum & Bass produziere, lässt mir das Genre viele Freiheiten. Es darf hier oberste Priorität sein, ob die Aufnahme musikalisch und vom Feeling her passt. Wenn der Sound mal ein bisschen anders ist, ist das kein Problem, denn Experimente sind erlaubt. Ich habe schon aus in ein Telefon-Headset aufgenommenen Vocals einen Track machen können und wurde gefragt, wie ich die Effekte auf den Vocals hinbekommen habe. Auch Logic bietet im »Space Designer« schöne Presets, die Stimmen klingen lassen, als kämen Sie aus dem Radio.

Ich glaube zudem an die »Magie des ersten Takes«, insbesondere wenn man Künstler aufnimmt, die ohnehin »richtig gut« sind. Oft sind erste Versuche, etwas musikalisch rüberzubringen, am besten oder besonders authentisch. Während es natürlich sehr hilfreich sein kann, erst einige Male zu üben, bevor die Sie die Performance aufnehmen, ist es aus Sicht eines Toningenieurs oft sinnvoll, solche Übungen schon aufzunehmen und gut kenntlich gemacht abzuspeichern, insbesondere wenn Sie den Künstler selten im Studio haben.

Auch wenn mir klar ist, dass ein gutes Mikrofon Gold wert ist – und eine wirklich schlechte Aufnahme manchmal nicht gerettet werden kann –, werde ich außerdem nicht müde, die chirurgischen Möglichkeiten Logics bei der Bearbeitung von Aufnahmen hervorzuheben. Wenn also eine Aufnahme beispielsweise nur etwas zu hell oder zu dumpf ist, lässt sich das recht gut mit einem Logic-EQ korrigieren.

Und was Verzerrungen angeht: Natürlich ist es sinnvoll, zuerst eine saubere Aufnahme zu realisieren, um eventuelle Verzerrungen später kontrolliert hinzufügen zu können. Doch Geschichte wurde oft anders geschrieben. So hörte ich beispielsweise einmal in einem Interview der bekannten Kölner Band Can, dass den Mitgliedern ganz besonders wichtig war, bei der Aufnahme alle Effekte »final« mit aufzunehmen, damit genau das, was in jenem magischen Moment der Aufnahme als gut empfunden wurde, auch genauso eingefangen wurde. Auch dieser Standpunkt hat seine Berechtigung. Heutzutage ist schließlich eine der größten Schwierigkeiten bei der Vielzahl der Möglichkeiten, *gute Entscheidungen* im Produktionsprozess zu treffen. Und mit dieser Methode werden ja Entscheidungen getroffen, und Sie können sich so auch von der Last der unzähligen Möglichkeiten, die Sie später eventuell noch haben, befreit fühlen. Ich hatte einmal spontan einen Sänger im Studio, der so in Fahrt war, dass er eine unglaubliche Performance hinlegte, die allerdings ziemlich verzerrt war – weil er etwas zu laut in das Mikrofon sang. Doch die Aufnahme war perfekt für den Song. Und nicht zuletzt hörte der Sänger sich auch selbst inklusive dieser Verzerrungen, was ihn möglicherweise dazu angeregt hatte, genau in diesem Style zu singen. Manchen zu sehr an der Technik verhafteten Toningenieuren fehlt das Verständnis für diese Sichtweise – oder besser gesagt würden sie nicht merken, wenn ein solcher Moment da wäre, weil sie sich auf etwas anderes konzentrieren.

Wenn Sie gute Künstler im Studio aufnehmen möchten, dann geht es für einen Produzenten zudem nicht nur darum, die Aufnahme technisch optimal einzufangen, sondern auch darum, den Künstler bei Laune zu halten, genau hinzuhören und seinen besten kreativen Moment einzufangen. In praktische Handlungen übersetzt bedeutet das: Hören Sie aufmerksam hin, wenn jemand musikalisch herumprobiert. Der Dialog und das Feedback machen die Aufnahmesession ja auch für den Künstler speziell. Sorgen Sie auch für einen vollen Kühlschrank oder sonstige Vorräte, fragen Sie den Künstler eventuell vorher nach Sonderwünschen, und vergessen Sie wie gesagt bloß nicht, den AUFNAHME-Button zu drücken, wenn Ihr Künstler am Mikrofon loslegt oder improvisiert, selbst wenn noch nicht alles richtig eingestellt ist! Konfigurieren Sie Ihr Setup bzw. ein (Talkback-)Mikro bereits so, dass Sie schnell zum Künstler Kontakt aufnehmen können.

Eine andere Frage ist künstlerisch: Wie viele Vorgaben machen Sie z. B. einem Sänger? Geben Sie ihm ein Arrangement vor und erklären ihm genau, was er wohin aufnehmen soll? Oder lassen Sie ihn improvisieren und erarbeiten erst später ein Arrangement, so dass Sie offenlassen, was für ein Musikstück entstehen wird? Auch das ist wieder eine Typfrage. Denken Sie einmal darüber nach – was passt besser zu Ihnen oder zum nächsten Projekt? Oder probieren Sie beides einmal aus. Beides hat Vor- und Nachteile, beides ist reizvoll.

5.6 Online-Jams? SonoBus

In Zeiten, in denen Künstler eher über das Internet zusammenarbeiten (müssen oder möchten), sind gemeinsame Recording-Sessions mit Dialog trotzdem etwas anderes, als einen Künstler allein seinem Schicksal zu überlassen. Es gibt hier stets neue Lösungen; zum Zeitpunkt der Erstellung dieses Buches hat mich besonders die SonoBus-Software beeindruckt. Damit können Sie online gemeinsam jammen und müssen sich kaum um das Routing kümmern, denn die Software hat einen eigenen Recorder, dessen Aufnahmen Sie später in Logic weiterbearbeiten können. Das ist wesentlich einfacher, als z. B. aus Logic Audio an eine andere Software zu routen, während man Audio von dieser Software empfängt und verhindern muss, dass es Audio- oder Feedback-Schleifen dabei gibt. Internes Audio-Routing im Computer ist durchaus keine einfache Aufgabe. Mit zwei Rechnern zu arbeiten kann ebenfalls eine sinnvolle Alternative sein.

Von anderer Seite wurde mir Jamulus empfohlen, eine Sofware, mit der wohl einige Chöre erfolgreich synchron proben konnten.

5.7 Übung: externe MIDI-Spur als Audio aufnehmen

Tipp: Eine wichtige und sehr gute Übung ist es

- einen Hardware-Synth-Sound auszuwählen,
- etwas einzuspielen,
- das Eingespielte zu bearbeiten, bis es gefällt, und
- es anschließend inklusive korrektem Routing und Aussteuerung als Audio aufzunehmen –
- und dann damit weiterzuarbeiten.

Das ist ein einfach erscheinender, aber gar nicht so einfach zu bewältigender und plausibler Anwendungsfall, wenn Sie z. B. einmal in einem anderen Studio oder mit einem geliehenen Synth spielen und zu Hause an dem Ergebnis weiterarbeiten möchten. Hierbei lernen Sie MIDI-, Audioaufnahme- und Editiervorgänge gleichermaßen – und müssen zudem das Zusammenspiel von Computer und externer Hardware richtig konfigurieren. Oft gibt es im Audiointerface noch Optionen für die Eingangsempfindlichkeit oder einen sogenannten *Direct-Monitoring*-Regler oder -Knopf. Mit diesem können Sie einstellen, ob das Interface das eingehende oder das ausgehende Signal ausgibt. Um wirklich Tape Return hören zu können, muss natürlich das ausgehende Signal zu hören sein.

Kapitel 6
Editieren und Arrangieren im Hauptfenster (incl. Live Loops)

Dieses Kapitel erklärt detailliert Bearbeitungsoptionen im Hauptfenster, die oft auch für andere Fenster gelten. Was ist nach der Aufnahme zu tun? Welche Möglichkeiten bieten die Informationsfenster »Region« und »Spur«? Von Edits arbeiten wir uns über Ordner, Spuralternativen und Spurstapel vor in Richtung Arrangiertechniken, und Sie finden in diesem Kapitel auch einen ausführlichen Abschnitt über »Live Loops«.

6

In Kapitel 4 gab es bereits eine Übersicht über das Hauptfenster, das Spur-Menü und den Bereich Spuren, Aufnahmetechniken in Kapitel 5. Einen kompakteren Überblick über diese Workflows lieferte der Schnellkurs aus Kapitel 2. Zunächst behandelt dieses Kapitel – analog zum Vorgehen in Kapitel 5 bezüglich Aufnahme – Funktionen, die für Edits von Audio- *und* MIDI-Spuren relevant sind, bevor es anschließend separat um Besonderheiten bei Audio- und MIDI-Edits geht.

Auch AUDIOSPUREDITOR und AUSWAHLBASIERTE BEARBEITUNG werden in Abschnitt 6.6.16 besprochen. In Abschnitt 6.7 geht es um die Arbeit mit globalen Spuren und das Arbeiten mit Spurstapeln, Spuralternativen und Ordnern. Die Besprechung von Tools, die das Arrangieren betreffen, sowie sonstige Workflows und Funktionen im Hauptfenster runden das Kapitel zunächst ab. In Abschnitt 6.8 finden Sie eine ausführliche Vorstellung des LIVE LOOPS-Bereichs im Hauptfenster, der auf vielfältige Weise genutzt werden kann – und nicht zuletzt auch als Hilfe beim Arrangieren.

6.1 Allgemeines Editing 1: Menüübersicht, Einrasten und Verschieben

Wie editiere ich Audio und MIDI-Regionen im Hauptfenster? Viele Optionen kommen mehrfach in verschiedenen Menüs vor. Ich stelle hier also nochmal kurz die zum Teil schon gezeigten wichtigsten Menüs vor und zeige auch, was wo doppelt oder wo ausschließlich vorkommt. Besonders genau gehe ich auf die Menüs EINRASTEN und VERSCHIEBEN ein, die beim Editing sehr wichtig sind. Nutzen Sie ergänzend den Index des Buches, um Funktionen und Begriffe aufzufinden. Als Besitzer eines E-Books können Sie auf Verweise klicken, und die Datei springt automatisch dorthin.

6.1.1 Regionskontextmenü und Kontextmenü im Bereich »Spuren«

Das Regionskontextmenü hat sich mittlerweile zum wohl wichtigsten Menü beim Editing entwickelt. Sowohl für Audio- als auch für MIDI-Regionen öffnet sich voreingestellt im Bereich SPUREN durch Rechtsklick/`ctrl` + Klick ein thematisch gut sortiertes Regionskontextmenü, in dem Sie die wichtigsten Befehle finden, die ansonsten über andere Menüs verteilt sind. Das Kontextmenü für Zellen im LIVE LOOPS-Bereich sieht allerdings etwas anders aus. Ein wiederum anderes Kontextmenü (z. B. mit Optionen zum Erzeugen von MIDI- und Patternregionen) sehen Sie, wenn Sie mit der rechten Maustaste in den leeren Bereich SPUREN klicken. Beide Menüs sind in Abbildung 6.1 zu sehen.

Teilweise finden Sie anderswo, z. B. im BEARBEITEN-Menü, zum gleichen Thema etwas mehr oder andere Befehle. Zuletzt benutzte Befehle werden oben gelistet.

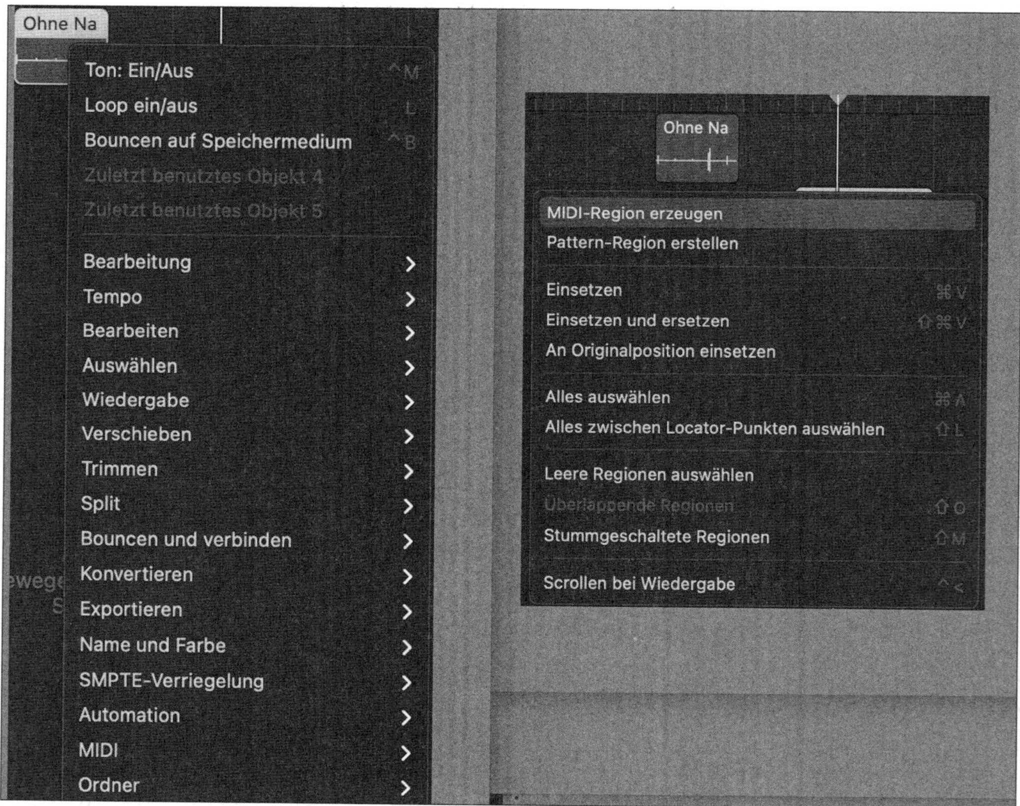

Abbildung 6.1 Regionskontextmenü und Kontextmenü im Bereich »Spuren«

6.1.2 Menüs »Bearbeiten«, »Funktionen« und »Ansicht« im Bereich »Spuren«

Diese Menüs tauchen von links nach rechts in dieser Reihenfolge am oberen Rand des Bereichs Spuren auf. Das BEARBEITEN-Menü (siehe Abbildung 6.6) hat (bei selektiertem Bereich SPUREN) dieselben Einträge wie das Haupt-BEARBEITEN-Menü am oberen Bildschirmrand.

Das nur hier verfügbare und damit etwas versteckte FUNKTIONEN-Menü (Abbildung in Kapitel 4) besitzt viele praktische Funktionen, von denen viele allerdings auch in den beiden oben gezeigten Kontextmenüs enthalten sind. Oben können Sie nun MIDI-, Pattern- oder Drummer-Regionen erstellen, darunter Regionen einfärben und umbenennen, darunter sehen Sie spezielle Funktionen für Audio bzw. MIDI. Ganz unten sind ORDNER-Funktionen. Die Funktion AUSWAHLBASIERTE BEARBEITUNG, die Effekte in Audiodateien hineinrechnet, finden Sie ebenso im FUNKTIONEN-Menü wie spezialisierte Auftrennungsfunktionen für MIDI-Daten und vor allem die (noch) nur hier vorhandene Möglichkeit, Einstellungen des Informationsfenster SPUR in MIDI-Regionen hineinzuschreiben.

Das ANSICHT-Menü erlaubt das Einblenden eines Zeitlineals, MIDI-Draw und weitere Ansichts- und Spurzoomoptionen.

6.1.3 Taktlinealkontextmenü

Sie finden auch im Taktlineal ein Kontextmenü, das Befehle rund um das Taktlineal, Schnitte und das Setzen von Locator-Punkten bereitstellt. Diese sind beim Arrangieren sehr hilfreich. Erläuterungen finden Sie in Abschnitt 6.7.14.

6.1.4 Spur-Header-Kontextmenü

Per Rechtsklick auf eine Spur gelangen Sie an das Spurkontextmenü, über das Sie u. a. die Anzeige verschiedener Elemente im Spur-Header konfigurieren und das ansonsten inhaltlich weitgehend dem Haupt-Spur-Menü entspricht. Hier können Sie auch für jede Spur einen eigenen Ein-/Aus-Button einblenden lassen oder eine Spur einem Objekt der MIDI-UMGEBUNG zuweisen.

6.1.5 Menü »Einrasten« und die Funktion »Am Raster ausrichten«

Wenn Sie richtig verstehen wollen, was passiert, wenn Sie Regionen (und in der PIANOROLLE Noten) anfassen und verschieben, müssen Sie das Menü EINRASTEN kennen und die Funktionen im Zusammenhang mit der Option AM RASTER AUSRICHTEN verstehen.

Sowohl im Bereich SPUREN als auch in der PIANOROLLE können Sie Objekte an einem Raster ausrichten. Das betrifft das Bewegen oder Kopieren von Regionen sowie Regionslängenänderungen, aber auch:

- das Bewegen der Abspielposition
- das Anpassen eines Cycle-Bereichs
- das Bewegen von Loops
- das Bewegen von Steuerpunkten in Automationskurven
- das Bewegen von QUICK SWIPE COMPING-Teilen bei Take-Ordnern mit Audioinhalten.

Die Funktion BEARBEITUNGEN AN NULLDURCHGÄNGEN EINRASTEN ctrl + 0 betrifft Selektionen von Audiofiles (siehe Abschnitt 6.6.2)

Sichtbarkeit des »Einrasten«-Menüs

Achtung: Ob Sie ein Werkzeug/Einstellungsrädchen sehen, hinter dem sich das Menü EINRASTEN verbirgt (Abbildung 6.2), oder dieses direkt zu erreichen ist (Abbildung 6.3), hängt vom verfügbaren Platz auf Ihrem Bildschirm ab. Bei zu wenig Platz kann es auch komplett versteckt sein.

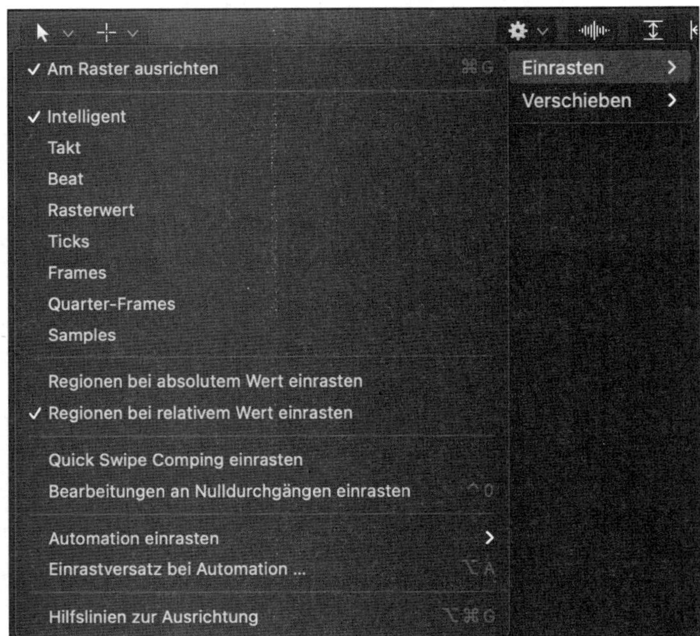

Abbildung 6.2 Die Menüs »Einrasten« und »Verschieben«

Abbildung 6.3 Ist mehr Platz vorhanden, sehen Sie die Menüs »Einrasten« und »Verschieben« sofort unabhängig voneinander.

Es gibt einen Eintrag mit dem Namen AM RASTER AUSRICHTEN. Nur wenn das Häkchen hier gesetzt ist, werden Regionen beim Verschieben tatsächlich am im EINRASTEN-Menü eingestellten Raster ausgerichtet. Mit dem Shortcut cmd + G schalten Sie diese Funktion ein und aus. alt + cmd + G schaltet zusätzlich ein oder aus, ob beim Verschieben Hilfslinien eingeblendet werden oder nicht (Menüeintrag: HILFSLINIEN ZUR AUSRICHTUNG). Die Shortcuts können Sie sich eventuell leichter merken, wenn Sie daran denken, dass das G für das englische Wort *grid* (Raster) steht. Zusätzlich gibt es im ANSICHT-Menü eine Funktion RASTER

EIN- UND AUSBLENDEN (Shortcut [ctrl] + [G]). Wenn Sie mit [cmd] + [G] das Raster deaktivieren, wird Ihnen das im EINRASTEN-Menü auch angezeigt, dort steht dann AUS.

Einrasten: Zum absoluten oder zum relativen Wert?

Neben dem Raster selbst ist die Frage, ob Regionen auf einem absoluten oder relativen Wert einrasten sollen. Ist REGIONEN BEI ABSOLUTEM WERT EINRASTEN eingestellt, so rasten die Regionen direkt auf dem eingestellten Rasterwert ein.

Ist REGIONEN BEI RELATIVEM WERT EINRASTEN eingestellt (was momentan bzw. je nach Logic-Version die Voreinstellung ist), so bleibt ein Versatz der Regionen gegenüber einem Raster bestehen! Beispiel: Falls eine Region eine Viertelnote vor einem glatten Takt beginnt, als Raster TAKT eingestellt sowie die Funktion REGIONEN BEI RELATIVEM WERT EINRASTEN aktiviert ist, wird die Region taktweise verschoben, behält aber stets ihren Auftakt von einer Viertelnote bei.

Sie können für beide Einstellungen einen Shortcut vergeben.

Einrasten: Rastereinstellungen

Für das Raster selbst stehen die folgenden Einstellungen zur Verfügung:

- INTELLIGENT: Je nach Zoomstufe oder eingestelltem Raster rasten Objekte am nächsten Takt, Beat (zweite Stelle im Display hinter dem Takt je nach Taktart/Metrum, zumeist ¼-Note) oder Subbeat usw. ein.
- TAKT: Objekte rasten am nächsten Takt ein.
- BEAT: Objekte rasten am nächsten Beat ein.
- RASTERWERT: Objekte rasten an der nächsten dem Raster entsprechenden Unterteilung ein.
- TICKS: Das ist die richtige Einstellung, um Objekte um minimale Werte zu verschieben. Ticks ($^1/_{3840}$-Note) sind die feinste Taktauflösung von Logic.
- FRAMES: Das ist für Geräuschvertonung die richtige Einstellung, um Sounds bei der Filmvertonung exakt auf den gewünschten Frame zu ziehen.
- QUARTER-FRAMES und SAMPLES stellen ein noch feineres Raster dar, das ebenso wie die Einstellung AUS weitgehend freies Verschieben ermöglicht.

Temporäre Rasterdeaktivierung/Feinjustage

Mit gehaltener [ctrl]-Taste beim Verschieben von Regionen können Sie diese in einem feineren Raster (typischerweise der im Display eingestellte Rasterwert unterhalb der Taktanzeige) verschieben. In Bezug auf das Menü EINRASTEN bedeutet das eine temporäre Deaktivierung des Rasters. Wenn Sie [ctrl] + [⇧] festhalten, wird das Raster noch feiner, und Sie können Regionen genau auf Ticks platzieren.

6.1.6 Menü »Verschieben«, Überlappungsoptionen

Im Menü VERSCHIEBEN sind verschiedene Optionen verfügbar, die Aktionen wie Bewegungen, Längenänderungen oder Löschen von Regionen betreffen. Die Einstellungen ÜBERLAPPUNG bzw. KEINE ÜBERLAPPUNG sind wichtig. Sie haben jeweils eigene Vorteile.

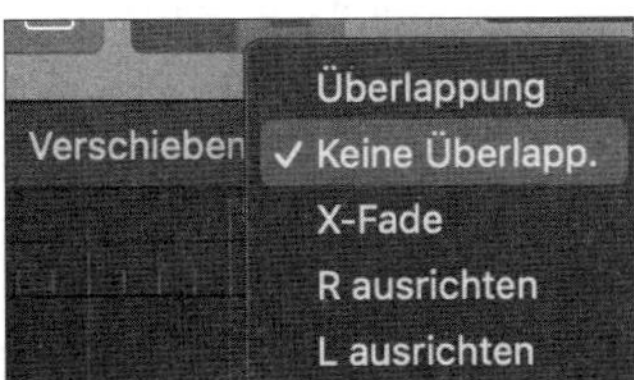

Abbildung 6.4 Die Optionen im Menü »Verschieben«

- ÜBERLAPPUNG: Regionen können sich überlappen, weil die linke und rechte Begrenzung der Region auch dann beibehalten wird, wenn Sie sie über einer anderen Region platzieren. Dies ist nützlich, damit Sie Inhalte nach Regionslängenänderungen beim Verschieben schnell wieder zu erreichen.
- KEINE ÜBERLAPPUNG: Platzieren Sie eine Region über einer anderen Region, so wird die im Arrangement früher spielende Region an ihrem rechten Rand gekürzt. Das ist eine »ordentliche« Lösung, die verhindert, dass unnötig Regionsfragmente herumliegen.
- X-FADE: Wenn sich durch einen Editiervorgang zwei Audioregionen überlappen, wird automatisch ein Crossfade ausgeführt.
- R AUSRICHTEN (»R« für »rechts«) und L AUSRICHTEN (»L« für »links«), englisch *shuffle*: Sowohl bei R AUSRICHTEN als auch bei L AUSRICHTEN wird die Position von Regionen getauscht, falls eine über die andere bewegt wird.
  - L AUSRICHTEN: Bewegen Sie eine Region nach links, wird ihr linker Endpunkt an den Startpunkt der früher im Arrangement platzierten Region geschoben. Bewegen Sie den rechten Rand einer Region, rutschen die folgenden Regionen nach. Löschen Sie eine Region, rutschen die anderen Regionen entsprechend nach links nach. Insbesondere wenn Sie Radiobeiträge schneiden, könnte diese Option für Sie interessant sein: Hat sich z. B. jemand versprochen, können Sie einen Teil der Aufnahme herausschneiden, und der Rest rutscht schnell automatisch passend nach.
  - R AUSRICHTEN: Bewegen Sie eine Region nach rechts, wird ihr rechter Endpunkt an den Startpunkt der folgenden Region geschoben. Bewegen Sie den linken Rand einer Region, rutschen die vorhergehenden Regionen nach; Ausnahme: Wenn dadurch die vorhergehenden Regionen über den Anfang des Projekts hinaus bewegt würden, überlappt die geänderte Region die vorherige um den entsprechenden Wert. Löschen Sie eine Region, rutschen die anderen Regionen entsprechend nach rechts nach.

6.2 Allgemeines Editing 2: Regions-Editing im Hauptfenster, Menüs

Dieser Abschnitt beleuchtet, wie Sie Regionen in Logic Pro bearbeiten und zeigt Ihnen auch, wie Sie diese Optionen, die sowohl für Audio- als auch für MIDI-Regionen relevant sind, im Hauptfenster finden.

6.2.1 Transportfunktionen im Editor

Dieser Abschnitt beleuchtet, wie Sie Regionen in Logic Pro bearbeiten und zeigt Ihnen auch, wie Sie diese Optionen, die sowohl für Audio- als auch für MIDI-Regionen relevant sind, im Hauptfenster finden.

- Die Wiedergabe beginnt.
- Temporär wird ein Cycle-Modus für die Länge der Region eingestellt.
- Die Region wird temporär solo geschaltet.

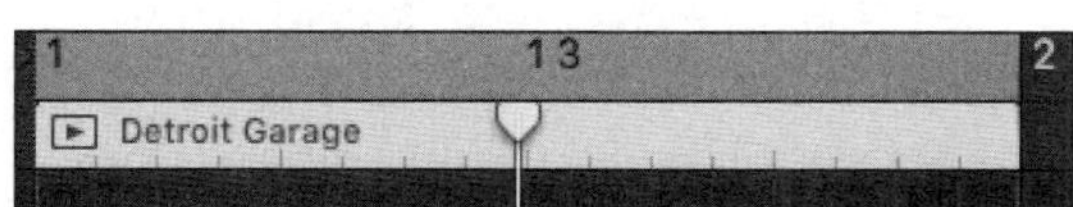

Abbildung 6.5 Links unter der Taktzahl 1 sehen Sie den Play-Button.

Ein weiterer praktischer Befehl beim Editieren lautet: WIEDERGABE AB DER AUSWAHL, den Sie über den Shortcut [⇧] + Leertaste aufrufen können.

Alternativ hilft das automatische Setzen eines Cycle-Bereichs anhand einer Selektion (mit dem Befehl [cmd] + [U] oder einfach nur [U] für gerundetes Setzen der Locator-Punkte). Bei Rechtsklick auf die Transporttaste stehen weitere Optionen zur Verfügung.

Nutzen Sie auch praktische Shortcuts für Transportfunktionen wie zu Vor- und Rückspulen: [,] oder [.].

6.2.2 Region(en) oder Teilbereiche auswählen/Selektionstechniken

Grundsätzlich gilt: Regionen, Noten oder Objekte müssen Sie zuerst selektieren, bevor Sie sie bearbeiten. Wichtigste Tools zum Auswählen von Regionen und Bereichen von Regionen sind das Zeigerwerkzeug und das Marquee-Werkzeug.

Außerdem finden Sie im Regionskontext- oder BEARBEITEN-Menü verschiedene Selektionstechniken im in beiden Menüs vorhandenen Untermenü AUSWÄHLEN (Abbildung 6.6). Die Auswahl im BEARBEITEN-Menü ist dabei noch umfangreicher.

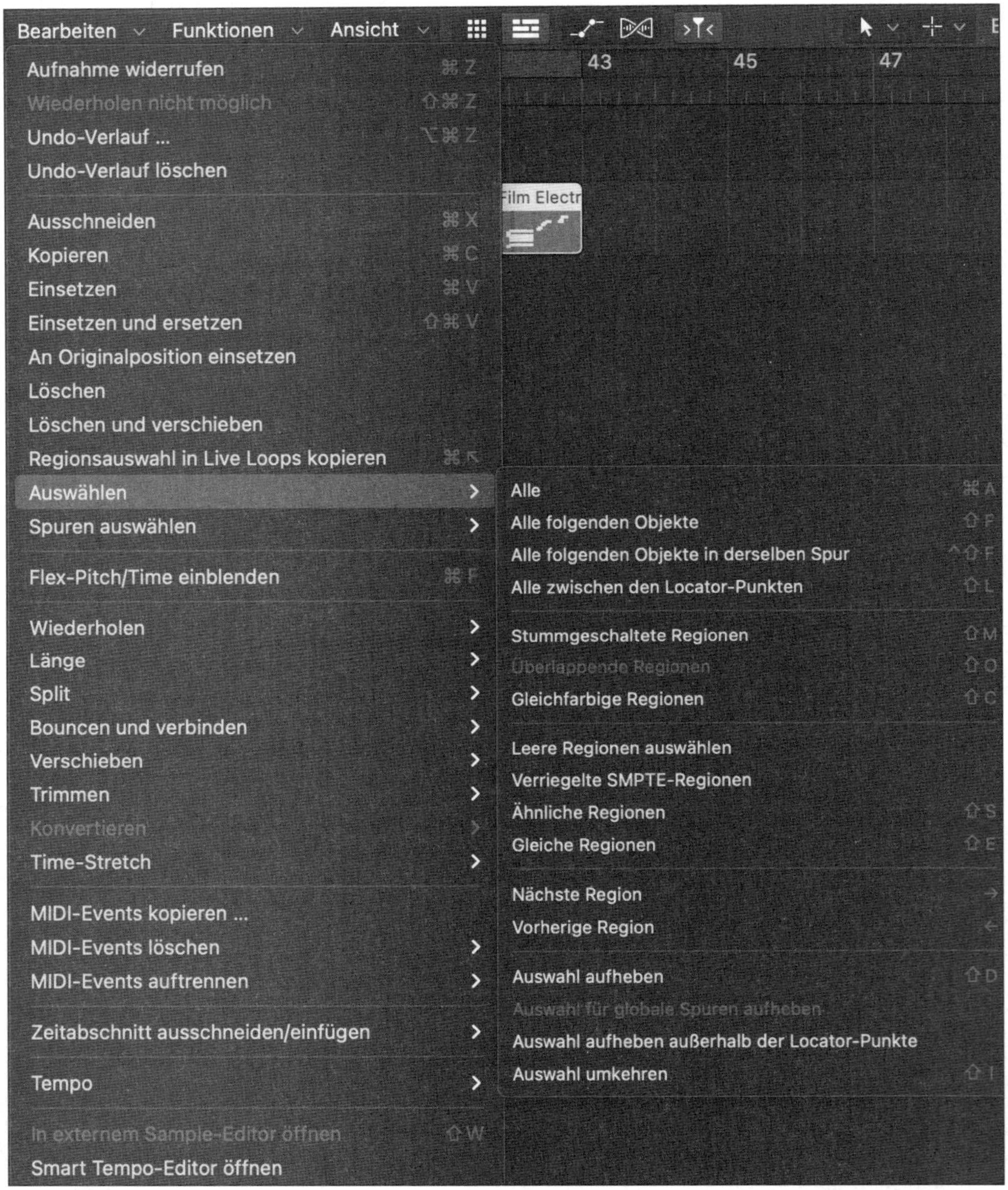

Abbildung 6.6 Sonderfunktionen für das Auswählen von Regionen

Sie können dort z. B. Alle folgenden Objekte (⇧ + F), Stummgeschaltete, Überlappende, Gleichfarbige, Gleiche, Ähnliche, Nächste, Vorherige oder Leere Regionen auswählen. Der Befehl Nächste, Vorherige Region (auswählen) mit den Links/Rechts-Pfeiltasten funktioniert im Live Loops-Bereich auch für Zellen. Die Option Gleiche Regionen erkennt und selektiert Regionen, die genauso sind wie die selektierte Region. Ist keine

Region selektiert, sind die entsprechenden Einträge im AUSWÄHLEN-Menü ausgegraut. Mit dem Befehl AUSWAHL UMKEHREN (⇧ + I) selektieren Sie schnell alle Objekte, die nicht der vorher erstellten Selektion entsprechen (Abbildung 6.6).

In der Praxis besonders hilfreich ist das Selektieren von Bereichen zwischen Locator-Punkten (⇧ + L) mit dem Eintrag ALLE ZWISCHEN LOCATOR-PUNKTEN oder die Option AUSWÄHLEN • ALLE FOLGENDEN OBJEKTE (⇧ + F), um nachfolgende Songteile nach hinten zu verschieben. Ergänzend und alternativ stehen Schneide- und Löschfunktionen im Kontextmenü des Taktlineals zur Verfügung, wo sich z. B. auch Takte zwischen Locator-Punkten herausschneiden oder einfügen lassen.

Spurinhalte auswählen

Wenn Sie auf den Spur-Header klicken, selektieren Sie die Spurinhalte innerhalb des Cycle-Bereichs oder bei deaktiviertem Cycle für die ganze Spur (Autopunch darf nicht an sein).

6.2.3 Regionslänge ändern

Bewegen Sie den Mauszeiger an den linken oder rechten unteren Rand einer Region, um deren Länge zu ändern. Nun wird ein Längenänderungstool angezeigt. Bewegen Sie das Tool mit gehaltener Maustaste nach links oder rechts, um die Länge der Region zu verändern. Seit Logic 10.3 werden bei Veränderungen der Regionslänge temporär auch Inhalte ausgegraut angezeigt, die außerhalb der momentan aktiven Regionsgrenzen liegen.

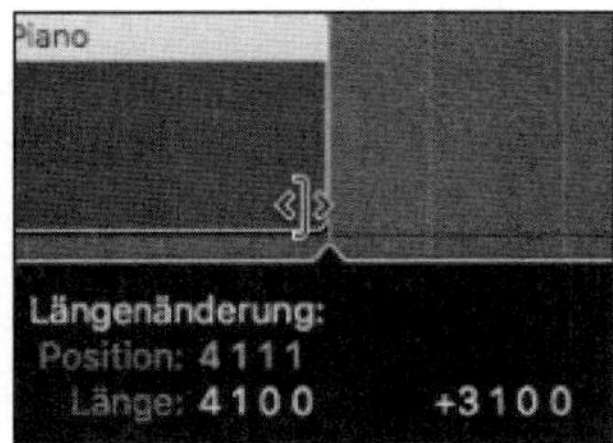

Abbildung 6.7 Auch bei der Veränderung der Regionslänge hilft Ihnen wieder die kleine Infobox.

Halten Sie beim Ändern der Länge von Regionen die ctrl-Taste fest, können Sie Längenänderungen in einem feineren, mit ctrl + ⇧ in einem noch feineren Raster einstellen. Entscheidend sind wieder die Einstellungen in den Menüs EINRASTEN und VERSCHIEBEN sowie die aktivierte Funktion AM RASTER AUSRICHTEN (siehe Abschnitt 6.1.5).

Mit den Shortcuts ⇧ + alt + ← oder → verkürzen oder verlängern Sie Regionen um eine eingestellte Schrittweite (mehr hierzu in Abschnitt 6.2.6 im Abschnitt »Regionen um Nudge-Wert (Schrittweite) verschieben«). Im Gegensatz zu einer MIDI-Region kann z. B. eine sehr kurze Audioregion nicht über ihre Originallänge hinaus verlängert werden. Um besser arrangieren zu können, können Sie sie in einen ORDNER oder TAKE-ORDNER einpacken.

6.2.4 Region trimmen

Im jeweiligen Menüunterpunkt Trimmen (finden Sie im Bearbeiten- und im Regionskontextmenü) stehen Ihnen verschiedene Optionen zum Kürzen oder Verlängern der Region (z. B. bis vorherige/nächste Region, auf Bereich innerhalb von Locator-Punkten) zur Verfügung. Auch die Optionen Regionsanfang/-ende an vorherigem/nächstem Transienten trimmen sind sehr praktisch. Sie können zudem eine Region auf die Länge der Locator-Punkte mit cmd + Ü kürzen.

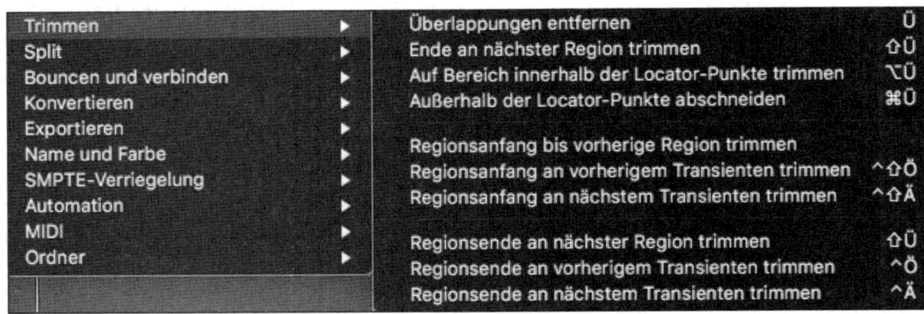

Abbildung 6.8 »Trimmen«-Menü im Kontextmenü

6.2.5 Regionen teilen/schneiden, Split

Die beiden unten beschriebenen Funktionen finden Sie im Bereich Split (sowohl im Bearbeiten- als auch im Regionskontextmenü).

Region(en)/Events an der Abspielposition teilen

Wenn Sie den Songpositionsanzeiger genau auf eine bestimmte Stelle bewegen (z. B. durch manuelle Angabe der Position im Display), können Sie eine oder mehrere selektierte Regionen exakt an der Songposition teilen. Nutzen Sie hierfür den Shortcut cmd + T oder den entsprechenden Button in der Symbolleiste. Es ist auch möglich, einen Shortcut zu vergeben, um Regionen oder Events an einer gerundeten Abspielposition zu teilen. Diese Funktion ist in Verbindung mit Shortcuts zum Bewegen der Abspielposition besonders gut nutzbar (Vor- und Rückspulen: `,` oder `.`, mit gehaltener ⇧-Taste geht es schneller). So können Sie beispielsweise Shortcuts nutzen, um die Abspielposition automatisch bis zum nächsten/vorherigen Transienten zu bewegen (ctrl + `,` ; ctrl + `.`). Auf diese Weise können Sie Audiomaterial schnell in seine »Einzelteile« zerlegen. Beim Filmschnitt können Sie Shortcuts vergeben, um die Abspielposition mit Shortcuts um Frames vor- und rückwärtszubewegen.

Region(en)/Events an Locator-Punkten oder Marquee-Auswahl teilen

Wenn Sie eine (selektierte) Region auf den im Taktlineal markierten Bereich zurechtschneiden wollen, ist dieser Befehl (oder das Trimmen, siehe Abschnitt 6.2.4) eine gute Option. Hierfür steht auch ein Button in der Symbolleiste zur Verfügung. Der voreingestellte Shortcut hierfür lautet [ctrl] + [cmd] + [T]. Die genaue Bezeichnung des Befehls lautet: REGIONEN/EVENTS AN LOCATOR-PUNKTEN ODER MARQUEE-AUSWAHL TEILEN. Sie können also auch einen Bereich mit dem Marquee-Tool auswählen und den Befehl anwenden. Es besteht die Möglichkeit, dass mit dem Marquee-Tool oder dem Marquee-Lineal ein anderer Bereich selektiert ist als mit den Locator-Punkten. In diesem Fall hat die Marquee-Selektion Priorität!

Region(en)/Zellen außerhalb der Locator-Punkten, des Abspielbereichs oder Marquee-Auswahl schneiden

Mit dieser Funktion ([cmd] + [Ü]) kürzen bzw. trimmen Sie Regionen/Zellen schnell entsprechend einer Selektion.

6.2.6 Region verschieben/bewegen/kopieren

Fassen Sie eine oder mehrere Regionen an, halten Sie die Maustaste gedrückt, und bewegen Sie die Maus nach links, rechts, oben oder unten, um die Region(en) zu verschieben. Wenn Sie dabei die [alt]-Taste festhalten, werden eine oder mehrere Regionen kopiert. Dabei taucht eine kleine Box auf, die Sie über die aktuelle bzw. neue Position und Länge der selektierten bzw. kopierten oder verschobenen Region informiert, siehe Abbildung 6.9.

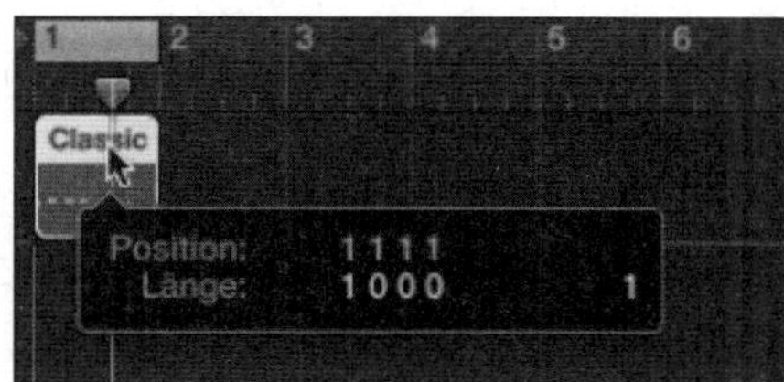

Abbildung 6.9 Beim Bewegen einer Region werden Ihnen in einer Infobox ihre Taktposition und Länge angezeigt.

Wichtig sind hierbei die Einstellungen in den Menüs EINRASTEN und VERSCHIEBEN; sie entscheiden darüber, wie und wo Regionen dabei einrasten und ob Regionen sich auch überlappen können. Nachfolgend lesen Sie, wie es mit Hilfe von Shortcuts schneller gehen kann. Dabei ist anzumerken: Logic trennt Befehle zum Verschieben der Abspielposition von Befehlen zum Verschieben von Regionen/Events, das ist bei manch anderem Profi-Editor (z. B. Pro Tools) anders.

Regionen und Events um Nudge-Wert (Schrittweite) verschieben

Sie können Regionen und Events (wie Noten, z. B. in Editorfenstern) auch mit Hilfe von Tastaturshortcuts oder der Symbolleiste um einen bestimmten Wert verschieben. Wählen Sie die zu verschiebenden Regionen aus, halten Sie die Wahltaste gedrückt, und drücken Sie die Links- oder Rechtspfeiltaste, um Regionen um den eingestellten Nudge-Wert bzw. die Schrittweite zu verschieben ([alt] + [←] oder [→]). Die Begriffe *Nudge* und *Schrittweite* werden in Logic synonym verwendet. Diese Funktion finden Sie auch in der Symbolleiste und können sie darüber ausführen. Dort können Sie auch die Schrittweite schnell einstellen (siehe Abbildung 6.10 und Abschnitt 4.6).

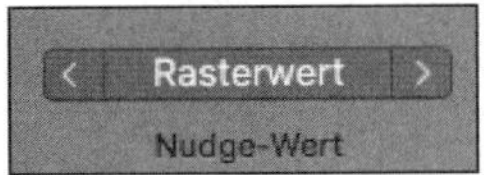

Abbildung 6.10 Durch Klick auf die Pfeiltasten können Sie Regionen in der Symbolleiste verschieben; mittig stellen Sie dabei den Wert ein, um den verschoben wird.

In Abbildung 6.10 ist RASTERWERT angezeigt, ein Klick auf den Eintrag erlaubt andere Einstellungen wie TAKT oder 1 MS. Sie können den Parameter SCHRITTWEITE auch für Längenänderungen von Regionen nutzen. Um die Schrittweite einzustellen, können Sie auch folgende Befehle verwenden, die man sich anhand von englischsprachigen Begriffen leichter merken kann (siehe Hinweise in Klammern):

- Schrittweite auf Tick setzen: `ctrl` + `alt` + `T` (wie *tick*)
- Schrittweite auf Rasterwert setzen: `ctrl` + `alt` + `D` (wie *division*)
- Schrittweite auf Beat setzen: `ctrl` + `alt` + `B` (wie *beat*)
- Schrittweite auf Takt setzen: `ctrl` + `alt` + `M` (wie *measure*)
- Schrittweite auf SMPTE-Frame setzen: `ctrl` + `alt` + `F` (wie *frame*)
- Schrittweite auf ½ SMPTE-Frame setzen
- Schrittweite auf 5 SMPTE-Frames setzen
- Schrittweite auf Sample setzen: `ctrl` + `alt` + `S` (wie *sample*)
- Schrittweite auf 1 ms setzen: `ctrl` + `alt` + `1`
- Schrittweite auf 10 ms setzen: `ctrl` + `alt` + `0`

Regionen und Events um festen Wert verschieben

Sie können Regionen und Events per Shortcut auch um einen festen Wert (anstatt um den Nudge-Wert) verschieben/verlängern/verkürzen. Allerdings sind hierfür zunächst keine Shortcuts vergeben. Suchen Sie im Shortcut-Menü nach »Region/Event«.

Limitierung auf eine Verschieberichtung

Sie können die Bewegung von Regionen und Events beim Verschieben oder Kopieren in eine Richtung beschränken: horizontal oder vertikal. Hierzu halten Sie beim Verschieben die `⇧`-Taste gedrückt. Alternativ wählen Sie unter LOGIC PRO • EINSTELLUNGEN • ALLGEMEIN • BEARBEITUNG • NUR EINE BEWEGUNGSRICHTUNG IN SPUREN aus. Auf diese Weise können Sie z. B. Regionen auf eine andere Spur verschieben, ohne versehentlich die Position zu verändern.

Optionen im Menü »Bearbeiten • Verschieben« zum Verschieben von Regionen/Events

Im Menü BEARBEITEN • VERSCHIEBEN des Bereichs SPUREN stehen Optionen zum Verschieben von Regionen/Events bereit, wie

- ZUR ABSPIELPOSITION (Shortcut [cmd] + [#]), heißt auch *Pickup Clock*: Verschiebt selektierte Regionen/Events auf die Abspielposition.
- NACH LINKS SCHIEBEN ([alt] + [←]): Verschiebt Region/Event um den eingestellten NUDGE-WERT (Schrittweite) nach links.
- NACH RECHTS SCHIEBEN ([alt] + [→]): Verschiebt Region/Event um den eingestellten NUDGE-WERT (Schrittweite) nach rechts.
- NUDGE-WERT FESTLEGEN AUF: Führt zu einem Untermenü, wo Sie NUDGE-WERT/Schrittweite einstellen können.

6.2.7 Regionen loopen, Loop-Tool, Loop in Regionen umwandeln

Bewegen Sie den Mauszeiger an den rechten oberen Rand einer Region. Nun wird ein Loop-Tool angezeigt. Bewegen Sie das Tool mit gehaltener Maustaste nach rechts, um die Region zu loopen. Gleichzeitig wird im Informationsfenster REGION ein Häkchen beim Eintrag LOOP gesetzt. Wenn Sie mit dem Loop-Tool arbeiten, setzen Sie einen Loop-Stopp, der in Abbildung 6.11 auf Takt 10 liegt. Wenn Sie einfach nur die Region selektieren und das Häkchen für LOOP im Informationsfenster REGION setzen, wird die Region zunächst so lange geloopt, bis ihr in der Spur eine neue Region »im Weg steht« oder Sie den zunächst bis zum Songende spielenden Loop mit dem Loop-Tool an einer Stelle anklicken. Das funktioniert sowohl für MIDI- als auch für Audioregionen. Mit dem Loop-Tool können Sie den geloopten Bereich verkürzen und verlängern, indem Sie den Cursor mit gehaltener Maustaste nach links oder rechts bewegen. Die geloopten Regionsbereiche werden dunkler dargestellt als das Original.

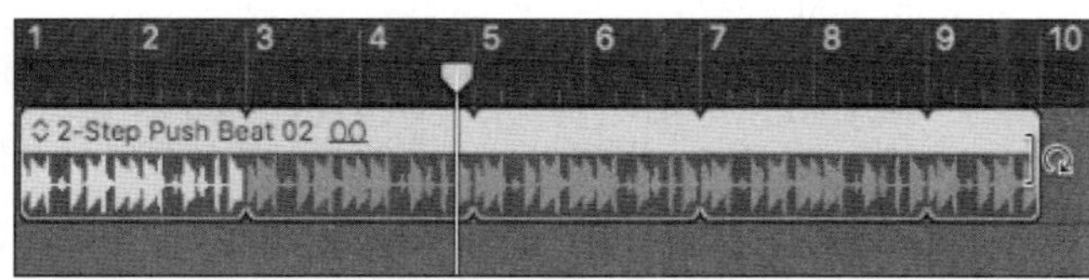

Abbildung 6.11 Geloopte Region. Mit dem Loop-Tool konfigurieren Sie nicht nur einen Loop, sondern gleichzeitig ein Ende des Loopings.

Wenn Sie das Häkchen für den Eintrag LOOP im Informationsfenster REGION entfernen oder den Shortcut [L] für den Befehl LOOP FÜR REGIONEN/ORDNER EIN/AUS nutzen, verschwindet der Loop bzw. die mit dem Loop-Tool justierte Loop-Länge. Der Loop erscheint nach nochmaliger Auslösung des Befehls oder Setzen des Häkchens zunächst wieder als Loop bis zum Songende oder bis zur nächsten Region. Im Menü BEARBEITEN • KONVERTIEREN (auch via Kontextmenü) können Sie Loops auch in vollwertige Regionen umwandeln ([ctrl] + [L]. Das funktioniert für Audio- und für MIDI-Regionen. Die Looping-Funktion dient zum Beispiel dem Zweck, eine Region schnell dauerhaft spielen zu lassen, um dazu ein anderes Instrument zu spielen. Wenn Sie im Songverlauf individuelle Edits vornehmen wollen, ist es nötig, hierfür eine eigene Region zu erstellen.

6.2.8 Regionen/Zellen/Events wiederholen, Regionen/Events mehrfach wiederholen

Um eine schnelle Wiederholung von Region, Zelle oder Event zu realisieren, nutzen Sie REGIONEN/ZELLE/EVENTS WIEDERHOLEN (cmd + R). Das ist eine Funktion, die sehr oft gebraucht wird und in anderen DAWs (Pro Tools, Ableton, Cubase) oft mit cmd + D belegt ist. Der Befehl cmd + D ist in Logic voreingestellt dem Befehl SPUR DUPLIZIEREN zugewiesen.

Übrigens: In älteren Logic-Versionen war cmd + R der Shortcut für die immer noch existente und ebenfalls interessante Funktion REGIONEN/EVENTS MEHRFACH WIEDERHOLEN. Diese Funktion (nun erreichbar via BEARBEITEN • WIEDERHOLEN • MEHRERE ... oder selbst zu vergebendem Shortcut) ruft einen Dialog auf, der danach fragt, wie oft der selektierte Bereich kopiert werden soll. Dort tippen Sie die gewünschte Zahl an Kopien ein. Mit dieser Funktion können Sie auch mehrere Objekte selektieren und wiederholen. Im Flip-Menü SCHRITTWEITE des aufspringenden Dialogs können Sie ein Raster für das mehrfache Kopieren einstellen. So kopieren Sie z. B. selektierte Regionen anhand eines glatten Taktrasters, damit sie ihre relativen Positionen beibehalten. Diese Funktion ist auch praktisch, wenn Sie in der PIANOROLLE oder im Notationseditor Noten mehrfach kopieren wollen.

6.2.9 Verbinden und Zusammenführen von Regionen

Mit Hilfe des Shortcuts cmd + J (J für englisch *join*), der auch von anderen Programmen bekannt ist, fassen Sie mehrere selektierte Regionen zusammen, falls das sinnvoll möglich ist. Im Menü BEARBEITEN finden Sie entsprechende Befehle unter dem Eintrag VERBINDEN, wo Sie auch Regionen pro Spur verbinden können.

Auch wenn das bei MIDI- und Audioregionen etwas unterschiedliche Konsequenzen hat, steht der Befehl doch für beide Arten Regionen zur Verfügung.

- MIDI-Regionen werden beim Verbinden einfach zu einer neuen MIDI-Region zusammengefasst. Falls verschiedene Regionen unterschiedliche Einstellungen im Informationsfenster REGION besitzen, werden diese normalisiert, d. h. dauerhaft in die Region hineingeschrieben.
- Für Audioregionen wird dabei meistens ein neues Audiofile gerendert (es sei denn, die neu verbundenen Regionen entsprechen der Ursprungskonstellation des bereits existierenden Audiofiles, und lediglich die Regionstrennung wird entfernt). Beim derartigen Rendern neuer Audiofiles erscheint ein Dialog, der fragt, ob Sie eine neue Audiodatei erstellen möchten.

Tipp

Klicken Sie einen Spur-Header doppelt an, so werden alle Regionen der Spur selektiert, was sich gut als Vorbereitung eignet, um sie pro Spur zu verbinden. Manchmal ist es besser, einen Bereich mit dem Marquee-Tool zu selektieren und via `ctrl` + `B` als Audiodatei bouncen. So können Sie leere Stellen einbeziehen und z. B. Regionen erstellen, die bei Takt 1 beginnen, um sie in andere DAWs zu exportieren.

6.2.10 Zeitdehnung- und -stauchung von Regionen (Time-Stretching und Time-Compression)

Wenn Sie bei der Arbeit mit dem Längentool die `alt`-Taste gedrückt halten und sich an der unteren Hälfte der Regionsgrenze bewegen, erscheint ein Time-Stretching-Tool, das aussieht wie das Längentool mit einer Art Wellenformsymbol (Abbildung 6.12). Hierdurch wird angezeigt, dass nicht die Länge verändert, sondern der Inhalt zeitlich gedehnt oder gestaucht wird. Auf diese Weise können Sie sowohl Audio- als auch MIDI-Regionen im Bereich SPUREN mit Time-Stretching bearbeiten. Die aktuell justierte Länge wird dabei genauso angezeigt wie bei einem normalen Längen-Edit.

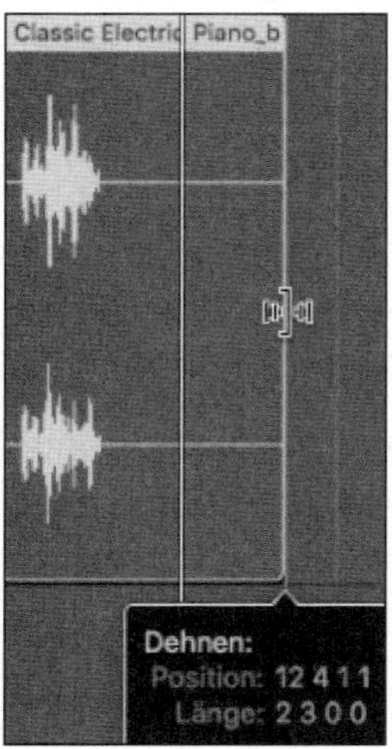

Abbildung 6.12 So sieht das Längentool für die Time-Stretching-Funktion bei gehaltener »alt«-Taste aus.

Alternativ stehen Ihnen im FUNKTIONEN-Menü der PIANOROLLE die sogenannten *Time Handles* zur Verfügung. Mit ihnen können Sie selektierte Bereiche einer MIDI-Region ebenfalls zeitlich dehnen oder stauchen (siehe Abschnitt 7.2.29). Eine weitere Alternative ist der SMART TEMPO-Editor, in dem Sie Taktpositionen zuweisen und anschließend Audio- und MIDI-Regionen ans Projekttempo anpassen können, wodurch ebenfalls Zeitdehnungen und -stauchungen stattfinden (siehe Kapitel 9).

6.2.11 Regionen beschriften und umbenennen

Sie können Regionen individuell benennen. Mit [⇧] + [N] zum Umbenennen von Regionen oder den Optionen zum Benennen von Regionen nach Spurnamen und umgekehrt im FUNKTIONEN-Menü oder Regionskontextmenü (unter NAME UND FARBE) geht das besonders schnell.

6.2.12 Regionen durchnummerieren

Wenn Sie mehrere Regionen selektieren, umbenennen (z. B. »Drums«), alle selektieren und anschließend eine davon entsprechend nummeriert beschriften (z. B. »Drums1«), werden die restlichen selektierten Regionen automatisch durchnummeriert, z. B. »Drums1«, »Drums2«, »Drums3« (siehe Abbildung 6.13), es sei denn, die Regionen sind Klone.

Abbildung 6.13 Durchnummerierte Regionen

6.2.13 Regionen färben; Farbe als Selektionstool

Mit [alt] + [C] oder über das Kontextmenü blenden Sie das Fenster FARBE ein. Wenn Sie auf eine Farbe klicken, während eine oder mehrere Regionen selektiert sind, erfolgt eine Einfärbung der Region(en). Die Farbe einer selektierten Region erkennen Sie im Fenster FARBE am weißen Rahmen um die Farbe, was es Ihnen erleichtert, andere Regionen mit exakt derselben Farbe einzufärben. Der Button AUTOMATISCH färbt alle Regionen in der Spurfarbe ein.

Auch das Auswählen gleichfarbiger Regionen ist möglich. Mit dem Befehl AUSWAHL UMKEHREN ([⇧] + [I]) können Sie andererseits schnell alle Objekte selektieren, die *nicht* einer bestimmten Farbe entsprechen.

6.2.14 Sonstiges und Spuralternativen

Falls Sie bislang nicht gefunden haben, was Sie suchen, schauen Sie in den nächsten Abschnitten oder im Index nach – oder klicken Sie im E-Book direkt auf die Verweise: Abschnitt 6.3 behandelt die Werkzeuge, Abschnitt 6.4 Allgemeines zu den Informationsfenstern, Abschnitt 6.5 MIDI-Editing, Abschnitt 6.6 Audio-Editing und Abschnitt 6.7 Arrangiertechniken und ergänzende Workflows und Tools. TAKE-ORDNER behandle ich z. B. nach MIDI und Audio getrennt (Abschnitt 6.5.4 und Abschnitt 6.6.9) sowie in Abschnitt 6.7.4 nochmals kurz im Vergleich zu ORDNERN als Arrangiertool. Spuralternativen sind ebenfalls eine hilfreiche Funktion beim allgemeinen Editing und werden in Abschnitt 6.7.1 erläutert. In Abschnitt 6.8 finden Sie Ausführliches zu LIVE LOOPS.

6.3 Allgemeines Editing 3: Werkzeuge im Hauptfenster

Durch Klick auf das Menü oder Drücken der T-Taste öffnet sich am Mauszeiger ein Werkzeugmenü. Dieses enthält 14 Werkzeuge, die Sie durch Mausklick oder einen daneben aufgelisteten Shortcut auswählen. Der Shortcut ist nur sichtbar, wenn Sie das Werkzeugmenü mit Hilfe der T-Taste sichtbar gemacht haben. Auf diese Weise können Sie z. B. durch Eingeben der Tastenkombination T + P schnell auf das Stiftwerkzeug zugreifen (gegenüber Vorversionen sind diese Shortcuts nun geändert). Drücken Sie zweimal hintereinander auf die T-Taste, so ist automatisch wieder das Zeigerwerkzeug ausgewählt. Einige Werkzeuge, wie das Textwerkzeug, sind erst sichtbar, wenn Sie den Pfeil über die Region bewegen. Im Bereich TASTATURKOMMANDOS vergeben Sie Shortcuts unabhängig von den Menüs, um ein Werkzeug direkt aufzurufen. Bisher sind nur wenige Shortcuts vorgegeben.

Welches Werkzeug ausgewählt ist, erkennen Sie am Häkchen links daneben bzw. an der Anzeige oben im unausgeklappten Werkzeugmenü. Es stehen Ihnen zwei Werkzeugmenüs nebeneinander angeordnet zur Verfügung – je nach Logic-Konfiguration manchmal sogar drei. Alle enthalten die gleiche Palette an Werkzeugen. Ist zu wenig Platz auf dem Bildschirm, sind sie dort möglicherweise nicht zu sehen. Blenden Sie dann andere Teile des Hauptfensters aus oder nutzen die Shortcuts, um an Werkzeuge zu gelangen. Dass es mehrere Menüs gibt, soll Ihnen helfen, schneller zwischen häufig benutzten Werkzeugen umzuschalten. Das zuvor manuell selektierte Werkzeug aus dem zweiten Werkzeugmenü (sogenanntes *Sekundärwerkzeug* oder *Secondary Tool*) rufen Sie mit gehaltener cmd-Taste auf (Abbildung 6.14).

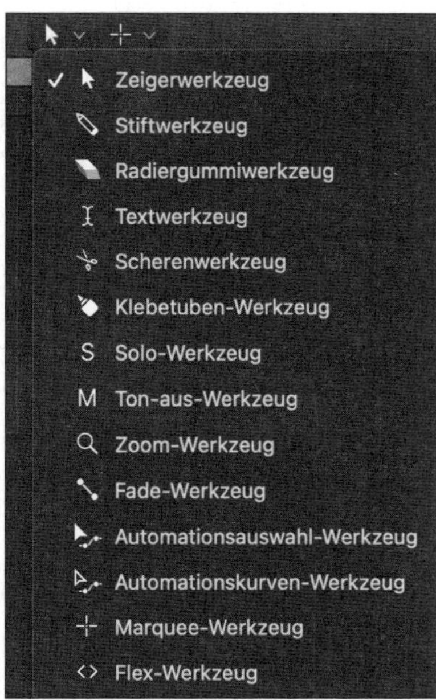

Abbildung 6.14 Hier ist das erste Werkzeugmenü eingeblendet. Die Werkzeugmenüs unterscheiden sich nicht voneinander, erlauben lediglich die individuelle Zuweisung eines jeweils anderen Werkzeugs. Im Bild ist das Zeigerwerkzeug zugewiesen.

Auch in anderen Fenstern wie der PIANOROLLE oder dem AUDIODATEIEDITOR stehen mehrere Werkzeugmenüs bzw. ein Secondary Tool zur Verfügung, dort enthalten die Werkzeugmenüs zum Teil etwas andere Werkzeuge, die in den jeweiligen Kapiteln besprochen werden.

6.3.1 Zeigerwerkzeug/Selektion

Das Zeigerwerkzeug (Shortcut [T]) ist das Standardwerkzeug für das Auswählen und andere Operationen. Manchmal wird dieses Werkzeug auch *Pfeilwerkzeug* oder *Mauszeiger* genannt. Wenn Sie dieses Werkzeug über den Anfang oder das Ende von Regionen, Markern oder Events bewegen, so ändert sich sein Aussehen, und Sie können beispielsweise die jeweilige Region, das Event oder auch Loops am Anfang oder Ende verlängern oder verkürzen.

Klicken Sie auf eine Region, um sie zu selektieren. Um mehrere Regionen zu selektieren, klicken Sie sie mit der gehaltenen [⇧]-Taste an oder spannen mit dem Standard-Zeigerwerkzeug einen Bereich um die gewünschten Regionen auf. Klicken Sie die Maustaste unterhalb der Regionen, und ziehen Sie dann mit gehaltener Maustaste einen Bereich auf, der die Regionen selektiert.

Zusätzliche Optionen für ein Multifunktionszeigerwerkzeug

In den allgemeinen Einstellungen (LOGIC PRO • EINSTELLUNGEN • ALLGEMEIN • BEARBEITUNG) können Sie Klickzonen für das Zeigerwerkzeug aktivieren: So verwandelt sich das Zeigerwerkzeug optional z. B. in ein Marquee-, Fade- oder Quick Swipe-Tool, wenn Sie einen bestimmten Bereich einer Region oder eines Take-Ordners mit der Maus überfahren.

6.3.2 Stiftwerkzeug

Das Stiftwerkzeug (Shortcut [P]) erzeugt neue (leere) Regionen oder Events (z. B. Automationen) im Hauptfenster und ist im Hauptfenster besonders wichtig beim Editieren von Automation.

6.3.3 Radiergummiwerkzeug

Mit dem Radiergummiwerkzeug (Shortcut [E]) löschen Sie Regionen und Events.

6.3.4 Textwerkzeug

Das Textwerkzeug (Shortcut [⇧] + [T]) dient zum Beschriften von Regionen,

6.3.5 Scherenwerkzeug und die nützliche Funktion »wiederholt schneiden«

Sie können eine Region mit dem Scherenwerkzeug (Shortcut [I]) teilen. Stellen Sie das Scherenwerkzeug ein, und bewegen Sie es mit gehaltener Maustaste über die Region. Dabei wird diese automatisch selektiert, und auch Scrubbing ist möglich. Sie hören den Inhalt der entsprechenden Region am Schnittpunkt, sie wird temporär solo geschaltet. Das ist sowohl bei Audio- als auch bei MIDI-Regionen der Fall. Wenn mehrere Regionen selektiert sind, hören Sie beide gleichzeitig. Eine zusätzliche Infobox informiert Sie über den anvisierten Schnittpunkt.

Wenn Sie mit aktiviertem Scherenwerkzeug die `alt`-Taste halten, steht der Befehl WIEDERHOLT SCHNEIDEN zur Verfügung, mit dem Sie Regionen oder Noten in mehrere gleiche Teile auftrennen. Neben der SCHERE sehen Sie dabei ein kleines +-Symbol (siehe Abschnitt 6.6.13).

6.3.6 Klebetuben-Werkzeug

Die Klebetube (Shortcut `G`) dient dem Verbinden von Regionen/Events. Sie entspricht dem Befehl REGIONEN VERBINDEN (`cmd` + `J`).

6.3.7 Solo- und Mute-Werkzeuge

Das Werkzeug SOLO (Shortcut `S`) dient zum temporären Solo-Hören einer Region (nicht: der Spur), solange die Maus gedrückt bleibt, und erlaubt optionales Scrubbing.

Das Mute-Werkzeug (Shortcut `M`) dient dem Stummschalten von Regionen und Events (nicht: der Spur). Details über Solo und Mute für Regionen und Spuren lesen Sie in Abschnitt 4.9.17.

6.3.8 Zoomwerkzeug

Das Zoomwerkzeug (Shortcut `Y`) dient der Vergrößerung der Darstellung. Spannen Sie mit dem Zoomtool einen Bereich auf – und Logic zoomt ein und nutzt die Größe des Fensters zur Darstellung genau dieses Bereichs. Nochmaliges Klicken auf den Hintergrund mit dem Zoomwerkzeug bewirkt ein Zurückspringen zur vorher aktuellen Zoomstufe. Das Zoom- bzw. Lupenwerkzeug können Sie übrigens auch durch alleiniges Drücken der Taste `alt` aufrufen (falls der Zeiger über Regionen schwebt mit `ctrl` + `alt`).

6.3.9 Fade/Crossfade-Werkzeug

Das Fade/Crossfade-Werkzeug (Shortcut `A` oder `ctrl` + `⇧` in Verbindung mit Mausaktionen bei gehaltener Maustaste) dient zum schnellen Erstellen von nichtdestruktiven Fades (am Regionsanfang oder -ende) oder Crossfades (zwischen zwei Regionen) bei Audiodateien (nicht für MIDI); vergleiche Abschnitt 6.6 über das Editieren von Audioaufnahmen.

Ist im Informationsfenster REGION BESCHLEUNIGEN/VERLANGSAMEN statt FADE-IN und -OUT eingestellt, wird das Fade-Tool für Beschleunigungs- oder Verlangsamungsoperationen verwendet.

6.3.10 Automationsbearbeitungswerkzeuge

Das Automationswahlwerkzeug (Shortcut [U]) dient zum Selektieren und Editieren von Automationspunkten.

Das AUTOMATIONSKURVE-Werkzeug (Shortcut [W]) verwenden Sie zum Erzeugen von Automationskurven bzw. exponentiellen und logarithmischen Verläufen in der Automation. Das AUTOMATIONSKURVE-Werkzeug können Sie bei der Bearbeitung von Automation auch durch gleichzeitiges Drücken der Tasten [ctrl] + [⇧] in Verbindung mit Mausaktion bei gehaltener Maustaste aufrufen, auch andere Kurven können Sie so bearbeiten.

6.3.11 Marquee-Werkzeug und Marquee-Lineal: Selektieren und Schneiden

Maquee-Werkzeug und Maquee-Lineal sind komplexe Tools zum Auswählen und Schneiden, insbesondere (aber nicht nur) für Audioregionen. Zunächst eine Übersicht: Mit dem Marquee-Werkzeug (Fadenkreuz; Shortcut [R]) können Sie Teile einer oder mehrerer Regionen im Bereich SPUREN auswählen – zum Beispiel, um sie durch Anklicken zu schneiden. Mit einem Klick an einer Position (statt einer Selektion) wird es zum Marquee-Einfügemarker, der anschließend durch Drücken der [←]- und [→]-Tasten zum nächsten/vorherigen Transienten springen kann. Dies dient als passende Markierung für Schnittoperationen (via [ctrl] + [cmd] + [T]). Hilfreich ist dabei auch das Marquee-Lineal.

Tipp

Der in Abschnitt 6.6.2 vorgestellte AUDIOSPUREDITOR eignet sich besonders gut für Edits mit dem Marquee-Tool.

Marquee-Werkzeug als Standardwerkzeug

Das Verhalten des Standard-Pfeilwerkzeuges können Sie in den allgemeinen Logic-Einstellungen im Bereich ALLGEMEIN • BEARBEITUNG ändern (KLICKZONEN FÜR WERKZEUG »MARQUEE«), so dass ein Marquee-Werkzeug automatisch sichtbar wird, wenn Sie den Cursor über den unteren Bereich einer Region bewegen.

Markieren und Schneiden, Marquee-Einfügemarkierung

Mit dem Marquee-Werkzeug können Sie einen Bereich einer Region markieren und dann mit dem Shortcut [ctrl] + [cmd] + [T] herausschneiden (Befehl: REGION/EVENTS AN LOCATORPUNKTEN ODER MARQUEE-AUSWAHL TEILEN). Wenn Sie den selektierten Bereich der Region anklicken, wird er an den Selektionsgrenzen geschnitten und selektiert (Projekt *06Marquee*). Sie können mit dem Marquee-Tool selektierte Bereiche auch direkt mit der [⌫]/[←]-Taste löschen. So können Sie z. B. aus einem Audiofile manuell »stille« Stellen herausschneiden (Abbildung 6.15).

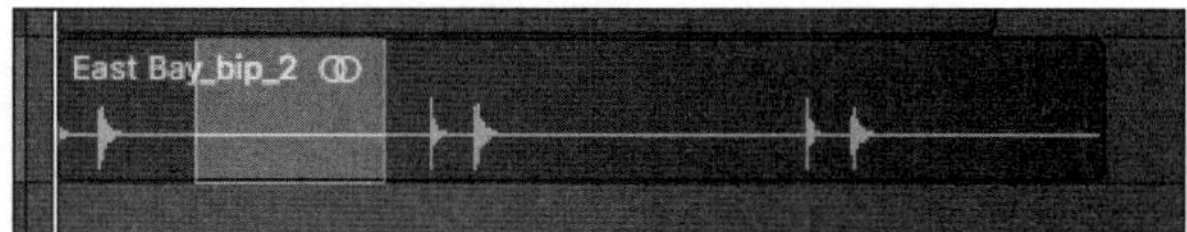

Abbildung 6.15 Den hier selektierten Bereich können Sie mit der »Delete«-Taste sofort löschen.

Wenn Sie (anstatt einen Bereich zu markieren) mit dem Marquee-Werkzeug nur einmal kurz in eine Region klicken, so erhalten Sie anstelle eines selektierten Marquee-Bereichs eine Einfügemarke (englisch *insert point*; siehe Abbildung 6.16), die ebenso zum Schneiden und mittels Pfeiltasten zum Navigieren zu Transienten genutzt werden kann.

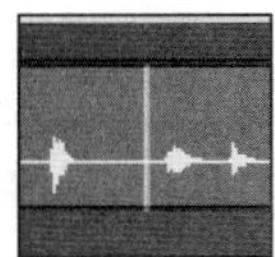

Abbildung 6.16 Im Bild wird das Marquee-Tool als Insert-Point benutzt (Projekt »06MarqueeMark«).

Navigationsfunktionen im Zusammenhang mit dem Marquee-Tool

Wenn für die Wiedergabetaste die Option AB MARQUEE-AUSWAHL WIEDERGEBEN aktiv ist (im Kontextmenü oder im NAVIGIEREN-Menü), beginnt die Wiedergabe selbst dann beim Anfangspunkt der Marquee-Auswahl, falls noch ein Cycle-Bereich eingestellt ist. Ein eventuell eingestelltes automatisches Setzen von Locator-Punkten, die Funktion LOCATOR-PUNKTE SETZEN in der Symbolleiste oder der entsprechende Eintrag, der auftaucht, wenn Sie mit der rechten Maustaste oder [ctrl] + Klick auf Ihre Selektion im Marquee-Lineal klicken, bringt die Locator-Punkte in Einklang mit Ihrer Marquee-Selektion. Mit [ctrl] + [↥] oder [↧] springen Sie mit der Abspielposition zum Auswahlanfang oder -ende.

Marquee-Lineal

Wenn Sie im Bereich SPUREN im ANSICHT-Menü das Marquee-Lineal einblenden, können Sie durch die Selektion eines Taktbereichs im Marquee-Lineal diesen Bereich wie mit dem Marquee-Tool für alle Spuren gleichzeitig selektieren.

Es ist außerdem möglich, anschließend einige Spuren aus der Selektion zu entfernen, indem Sie mit der gehaltenen [⇧]-Taste auf den Spur-Header klicken. In Abbildung 6.17 sehen Sie das eingeblendete Marquee-Lineal und darunter drei Spuren. Die Inhalte aller Spuren sind durch die Selektion im Marquee-Lineal ebenfalls selektiert – mit Ausnahme der zweiten Spur, deren Spur-Header mit gehaltener [⇧]-Taste angeklickt wurde. [ctrl] + [cmd] + [T] würde in diesem Fall den selektierten Bereich aus den Regionen in Spur 1 und 3 herausschneiden (Projekt *06MarqueeLin*).

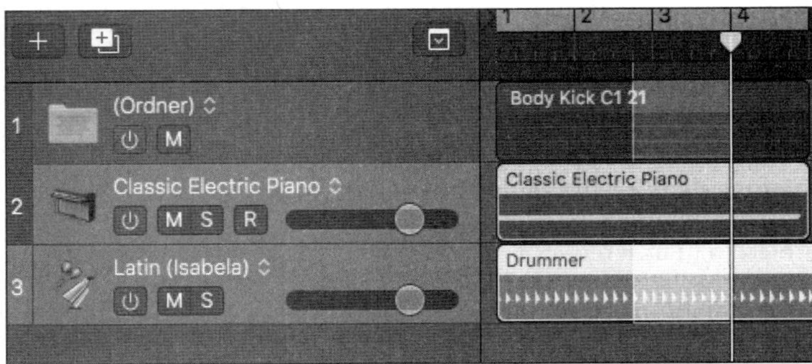

Abbildung 6.17 In der Abbildung habe ich Spur 2 aus der Selektion des Marquee-Lineals entfernt.

Wenn Sie eine Selektion mit dem Marquee-Tool erstellen, wird sie im Marquee-Lineal angezeigt. Im Bild ist mit Marquee-Tool und Marquee-Lineal ein anderer Bereich selektiert als mit den Locator-Punkten. In diesem Fall hat die Marquee-Selektion bei Schneidebefehlen Priorität.

Selektionen anhand von Transienten oder Noten erweitern und verschieben

Die Länge einer mit dem Marquee-Werkzeug oder dem Marquee-Lineal erstellten Selektion können Sie mit den Pfeiltasten [←] und [→] verändern. Die Selektion wird dann bis zum nächsten gefundenen Transienten (oder der nächsten gefundenen MIDI-Note) ausgedehnt oder reduziert. Wenn Sie dabei die [⇧]-Taste festhalten, wird der Anfang des Selektionsbereichs ausgedehnt oder reduziert, ansonsten das Ende des Selektionsbereichs. Wenn Sie die Marquee-Einfügemarkierung benutzt haben, müssen Sie die [⇧]-Taste nutzen, um mit [←] oder [→] eine Auswahl auszuweiten, ansonsten bewegt sich die Markierung einfach zum nächsten Transienten. Wenn Sie mit dem AUDIOSPUREDITOR arbeiten (siehe Abschnitt 6.6.2), erkennen Sie das besonders gut.

Mit dem Tastaturkommando [⇧] + [⤒] oder [⤓] verschieben Sie die gesamte Marquee-Auswahl (an Transienten orientiert) nach rechts oder links. Die Befehle hierzu heißen: ERSTES AUSWÄHLEN UND MARQUEE-SELEKTION NACH LINKS VERSCHIEBEN bzw. LETZTES AUSWÄHLEN UND MARQUEE-SELEKTION NACH RECHTS VERSCHIEBEN.

Logic erkennt auch die Start- und Endpunkte von MIDI-Noten als mögliche Transienten bzw. Selektionserweiterungspunkte beim Editing von MIDI-Regionen.

6.3.12 Flex-Werkzeug

Mit dem Flex-Werkzeug (Shortcut [X]) erreichen Sie schnell grundlegende Flex-Bearbeitungsmöglichkeiten, ohne dass Sie dafür die Flex-Ansicht aktivieren müssen. Mit dem Flex-Werkzeug können Sie Stellen in der Wellenform der Region anklicken und bewegen.

6.4 Allgemeines Editing 4: Informationsfenster »Region« und »Spur« allgemein

Der folgende Abschnitt behandelt die Bereiche der Informationsfenster REGION und SPUR, die für MIDI- und Audiospuren und -regionen übergreifend relevant sind. Ist statt einer Region eine Zelle markiert, gibt es logischerweise auch ein Informationsfenster ZELLE. Dieses hat einige gleiche Optionen wie das Informationsfenster REGION, die ich hier nicht gesondert aufführe. Das Informationsfenster ZELLE und LIVE LOOPS bespreche ich in Abschnitt 6.8. Auch Drummer-Regionen (siehe Kapitel 11) können Sie im Informationsfenster REGION noch muten, verzögern oder loopen. Dies gilt auch für Pattern-Regionen des STEP SEQUENCERS (siehe Abschnitt 7.9), die Sie teilweise auch noch transponieren können.

6

Das Informationsfenster REGION blenden Sie im Infobereich ein. Hier stellen Sie für selektierte Regionen nichtdestruktive Abspielparameter ein. Sie können jederzeit wieder zu Ihrem Original zurückkehren, da es nicht dauerhaft verändert wurde. Das gilt für alle Einstellungen, die Sie in dieser Box vornehmen. Sie können es außerdem als Schwebefenster »Regionsinfos« (funktioniert auch für Zellen) unabhängig vom Hauptfenster einblenden (⇧+alt + R). Je nachdem, ob eine Audio- oder MIDI-Region selektiert ist, stehen gemeinsame und verschiedene Parameter zur Verfügung, und die Darstellung verändert sich. Hier die gemeinsamen Parameter:

6.4.1 Informationsfenster »Region«: »Mute«

Hiermit schalten Sie Regionen stumm. Stumm geschaltete Regionen sind erkennbar an einem Punkt links im Namen und ausgegrauter Farbe.

6.4.2 Informationsfenster »Region«: »Loop«

Wenn der LOOP-Parameter aktiviert ist, wird die Region wiederholt bzw. geloopt; siehe Abschnitt 6.2.7.

6.4.3 Informationsfenster »Region«: »Transposition«

Seit Version 10.3.2 können sowohl MIDI- als auch alle Audioregionen (falls Flex an ist) transponiert werden, zuvor ging das nur für bestimmte Audioregionen. Zudem zeigen Regionen nun Transpositionswerte an, sofern in der Anzeige genug Platz dafür da ist (vergleiche Projekt *06Regtransp*). Ob Transposition auch in der PIANOROLLE angezeigt wird, können Sie dort im Menü ANSICHT einstellen.

6.4.4 Informationsfenster »Region«: »Delay«

Hierfür muss der Bereich MEHR im Informationsfenster REGION aufgeklappt werden, die Region wird um einstellbare Werte (in Ticks bzw. ms) verzögert bzw. vorgezogen (bei negativen Werten). Eine genaue Erläuterung folgt in Abschnitt 6.4.7.

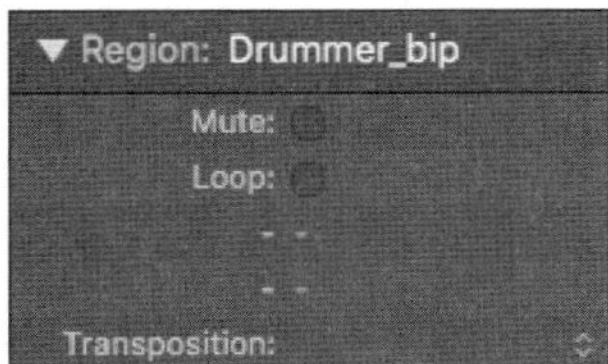

Abbildung 6.18 Der obere Bereich des Informationsfensters »Region« – hier für eine Audioregion

6.4.5 Informationsfenster »Region«: Quantisierung für MIDI und Audio

Die Funktion QUANTISIERUNG gehört zum Informationsfenster REGION, ist aber auch an anderen Stellen (und im Informationsfenster ZELLE) verfügbar. Auch Audioregionen können quantisiert werden, falls sie sich im Flex-Modus befinden.

Durch eine Quantisierungseinstellung werden gespielte Noten so korrigiert, dass sie genau auf das von Ihnen eingestellten Raster der Quantisierung geschoben werden. Diese Korrektur erfolgt nichtdestruktiv.

Ob eine Quantisierung und welches Raster sinnvoll ist, hängt von der Qualität und Rhythmik Ihrer Einspielung und vom eingestellten Tempo ab. Eine 16tel-Noten-Quantisierung bei Tempo 86 entspricht z. B. einer 8tel-Noten-Quantisierung bei Tempo 172.

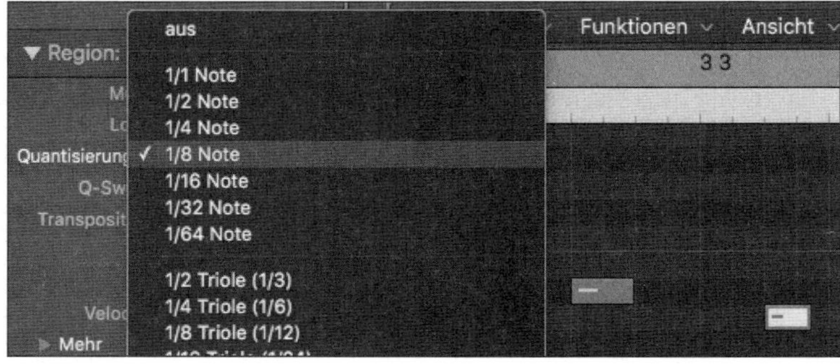

Abbildung 6.19 Die Noten im Bild liegen genau auf Achtelnoten.

Bei der Auswahl eines Quantisierungsrasters (Abbildung 6.19) werden die eingespielten Noten oder Flex-Marker einer Audioregion genau auf die Rasterposition geschoben, die der gespielten Note am nächsten ist. MIDI-Noten können dabei überlappen, Audioregionsbestandteile nicht – allein schon deshalb, weil eine Audiospur nicht mehr als einen Ton gleichzeitig ausgeben kann.

Seit einiger Zeit bezieht sich die Quantisierung sinnvollerweise immer auf das absolute Raster. Das alte Verhalten (nämlich Quantisierungsorientierung am Regionsstart) war manchmal irritierend, wenn Regionen z. B. auf Zählzeiten zwischen den 16tel-Noten starteten. Dies erreichen Sie nun mit gehaltener `alt`-Taste. Nach dem Verschieben von Regionen wird die Quantisierung so oder so nicht automatisch beibehalten und muss gegebenenfalls neu vorgenommen werden.

Die meisten Quantisierungsfunktionen stehen in den MIDI-Editoren und der EVENT-Liste ebenfalls zur Verfügung. Sie können auch mehrere Audioregionen in verschiedenen Spuren arrangieren, selektieren und über die EVENT-Liste quantisieren – vorausgesetzt, diese zeigt die gleiche Ebene an wie der Bereich SPUREN. Mehr in Abschnitt 7.6 über die EVENT-Liste.

6.4.6 Erweiterte Quantisierung: Q-Stärke und Q-Bereich

Wenn Sie auf das kleine Dreieck im Informationsfenster REGION klicken, wo MEHR steht, sehen Sie weitere Parameter für die Region. Dort ist es auch möglich, unter Q-STÄRKE eine Quantisierungsstärke einzustellen, so dass die Noten nicht ganz genau, sondern nur prozentual in Richtung einer Rasterposition korrigiert werden.

Q-BEREICH erlaubt die Einstellung eines Bereichs um die Quantisierungsrasterlinien herum, der entscheidend dafür ist, ob Events quantisiert werden oder nicht. Bei einem positiven Wertebereich werden viele Noten exakt auf die gewünschte Rasterpositionen gesetzt, während Schläge außer der Reihe eventuell unquantisiert bleiben.

Steht Q-BEREICH auf 0, werden alle Noten quantisiert. Ist ein negativer Wert eingestellt, werden lediglich Noten außerhalb des Bereichs quantisiert, so dass nur die am ungenauesten eingespielten Noten quantisiert werden. Oft bzw. je nach Art des eingespielten Materials haben negative Werte auch gar keine Wirkung.

Ist die Quantisierung aus, hat auch eine Einstellung für Q-BEREICH keine Wirkung. Weitere Quantisierungsparameter wie Q-FLAM, Q-VELOCITY und Q-LÄNGE stehen nur bei MIDI-Regionen zur Verfügung und werden in Abschnitt 6.5 erläutert.

Spezielle Quantisierungsraster in Logic

Neben den Standardrastern, die gleichmäßigen Einteilungen der Zwischenräume zwischen den Zählzeiten »eins« von Takten entsprechen und sich selbst erklären, gibt es noch besondere Quantisierungs-Taktraster, deren Sound Sie hören sollten, um zu begreifen, was die Quantisierung bei verschiedenem musikalischem Material bewirkt. Einen kleinen Eindruck erhalten Sie im Dokument *06quantisierungsraster* anhand eines Drumloops.

Gemischte Quantisierung erlaubt z. B. die Berücksichtigung von 8tel- oder 12tel-Notenschlägen (1/8 & 1/8 TRIOLE-Setting), ungerade Quantisierung teilt den Beat in die entsprechende Schlagzahl ein, z. B. NOVEMOLEN (9 Schläge pro Takt).

Swing-Quantisierung

Bei Shuffle-Beats/Swing-Beats wird jeder zweite Schlag bzw. jede zweite Linie des Quantisierungsrasters leicht nach hinten verschoben. Die Quantisierungsraster entsprechen folgender Einstellung:

- 1/8F SWING oder 1/16F SWING: 71 %
- 1/8E SWING oder 1/16E SWING: 66 %
- 1/8D SWING oder 1/16D SWING: 62 %
- 1/8C SWING oder 1/16C SWING: 58 %
- 1/8B SWING oder 1/16B SWING: 54 %
- 1/8A SWING oder 1/16A SWING: 50 %

Mit dem Parameter Q-SWING (Abbildung 6.20) können Sie die gleiche Wirkung erzielen. Q-SWING-Werte unter 50 % schieben die Position jedes zweiten Schlags des Rasterwerts nach vorn statt nach hinten. Nicht zuletzt bei der Produktion von Beats für das House-Genre können Sie hören, dass die Beats mit Swing wesentlich lebendiger klingen.

Abbildung 6.20 »Q-Swing«

Groove-Templates

Sie können Quantisierungsraster aus Regionen erzeugen und auf andere Regionen anwenden, um ein einheitliches Feeling zu erhalten. Wenn Sie eine Region selektieren und zum Quantisierungsmenü wechseln, sehen Sie dort unten im Quantisierungsmenü den Eintrag GROOVE-TEMPLATE ERZEUGEN, mit dem Sie einen zusätzlichen Eintrag bzw. ein neues Raster im Quantisierungsmenü auf Basis der selektierten Region erzeugen und anschließend in allen Quantisierungsmenüs von Logic verwenden können. Dieser taucht anschließend unten in der Quantisierungsrasterliste auf und erhält den Namen der Region, aus der er gewonnen wurde (manchmal hat das in der Vergangenheit nicht funktioniert, stellen Sie für Audio-Regionen gegebenenfalls den Flex-Mode RHYTHMISCH ein. Vorsicht: das Raster geht verloren, wenn Sie diese Region löschen). Mehr Details hierzu finden Sie in Abschnitt 9.2 über Groove-Anpassungen.

Quantisierung von nachträglich bearbeiteten Regionen

Einstellungen im Informationsfenster REGION entsprechen nicht unbedingt den Inhalten der Region. Es ist ja möglich, freie Edits einzelner Noten *nach* einer Quantisierung vorzunehmen oder auch die ganze Region etwas zu verschieben. Die quantisierten Noten verrutschen dann. Falls Sie die Quantisierung anschließend auf AUS stellen und danach erneut quantisieren, erfolgt eine neue Quantisierung auf der Basis der neuen Verschiebung.

6.4.7 Informationsfenster »Region« und Informationsfenster »Spur«: »Delay«

Der DELAY-Parameter steht sowohl im Informationsfenster REGION als auch im Informationsfenster SPUR von Instrumentenspuren zur Verfügung. Im Informationsfenster REGION wird der DELAY-Parameter sichtbar, wenn Sie auf das kleine Dreieck neben dem Eintrag MEHR klicken.

Abbildung 6.21 Delay im Informationsfenster »Region«

Mit dem DELAY-Parameter stellen Sie einen kleinen Versatz für Regionen ein. Das ist beispielsweise sinnvoll, wenn Sie eine MIDI-Region editieren, die einen langsam anschwellenden Streichersound spielt. Nehmen wir an, dass die Noten jeweils auf der Taktzählzeit 1 spielen. Im Ergebnis klingt ein solcher Sound durch die lange Attack-/Anschwellzeit der Streicher dann trotzdem so, als würde er etwas zu spät spielen. Wenn Sie für die Region oder den Instrumentparameter beispielsweise ein negatives DELAY (z. B. –200) einstellen, werden alle Noten etwas vorgezogen gespielt und können trotzdem auf ganze Noten quantisiert werden. Ein in Ticks angegebenes DELAY verändert natürlich seine zeitliche Länge, wenn Sie das Tempo ändern. Im rechts in der Zeile aufrufbaren Flip-Menü wird unterstützend angezeigt, welche Millisekunden-Verzögerung im eingestellten Tempo welchen Taktbruchteilen entspricht.

Im Informationsfenster SPUR können Sie aussuchen, ob das DELAY in Ticks oder Millisekunden eingestellt wird. Die Einstellungen im Informationsfenster SPUR beziehen sich nicht auf selektierte Regionen, sondern auf die gesamte Spur und alle Regionen, die in ihr spielen. Wenn Sie sowohl im Informationsfenster SPUR als auch im Informationsfenster REGION ein DELAY einstellen, so werden diese miteinander verrechnet.

6.4.8 Informationsfenster »Region«: mehrere Regionen gleichzeitig editieren

Wenn Sie mehrere Regionen gleichzeitig selektieren, können Sie im Informationsfenster REGION Parameter für mehrere Regionen gleichzeitig verändern. Falls dieser Parameter für mehrere selektierte Regionen bereits auf unterschiedliche Werte eingestellt ist, erscheint im Informationsfenster REGION ein Sternchensymbol.

Nachfolgende Wertänderungen des Parameters werden nun zusätzlich übernommen, so dass eine *relative* Änderung der Parameterwerte entsteht. Im Ergebnis sehen Sie anschließend den absoluten, für alle Regionen eingestellten Wert im Informationsfenster. Wenn Sie eine *absolute* Änderung herbeiführen möchten, halten Sie die Tasten [⇧] + [alt] während der Wertänderung gedrückt.

Falls für die Parameter nur ein Häkchen zu setzen ist, sieht die Darstellung im Falle, dass mehrere Regionen mit unterschiedlichen Einstellungen selektiert sind, aus wie in Abbildung 6.22 für den Parameter LOOP.

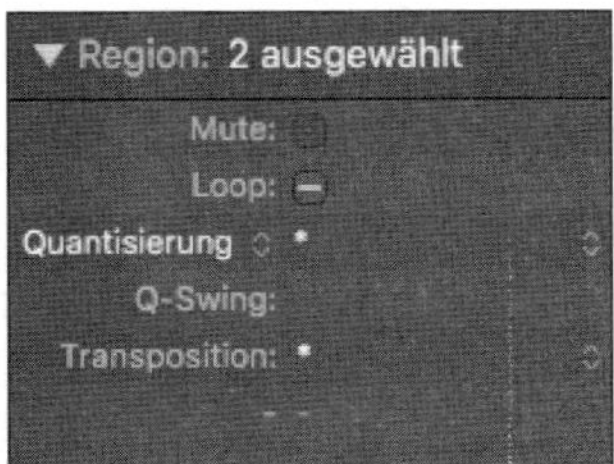

Abbildung 6.22 Für mehrere selektierte Regionen liegen jeweils unterschiedliche Loop-, Quantisierungs- und Transpositionseinstellungen vor.

Ferner können Sie mehrere Regionen und Spuren gleichzeitig editieren, wenn Sie eine Gruppe für mehrere Spuren angelegt haben, für die die gleichzeitige Bearbeitung im Hauptfenster (hiermit sind z. B. auch Schneide- oder Flex-Bearbeitungen gemeint) der zugehörigen Spuren aktiviert ist (vergleiche Abschnitt 14.3 über Mix- und Edit-Gruppen). Das ist zum Beispiel bei Timingkorrekturen von Mehrspuraufnahmen relevant.

6.4.9 Informationsfenster »Spur«: »Kanal« und »Freeze« bei Audio- und Software-Instrument-Spuren

Die Parameter KANAL und FREEZE (siehe Abschnitt 4.9.15) stehen bei Audiospuren und Software-Instrument-Spuren (nicht jedoch bei externen MIDI-Spuren) zur Verfügung:

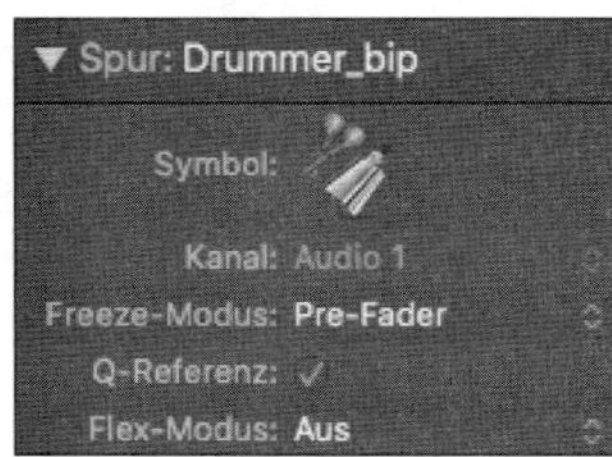

Abbildung 6.23 »Kanal«- und »Freeze«-Einstellungen im Informationsfenster »Spur«

Kanal

Die KANAL-Angabe entspricht hier dem der Spur zugeordneten Objekt in der MIDI-UMGEBUNG (im Layer MIXER) – und nicht (wie bei externen MIDI-Spuren) dem MIDI-Kanal. Beim Erzeugen einer Spur (z. B. einer neuen Software-Instrument-Spur) wird gegebenenfalls automatisch ein zugehöriges Objekt in der MIDI-UMGEBUNG erstellt, falls es noch nicht vorhanden ist. Unabhängig von Spurname und -nummer werden auch die Objekte in der MIDI-UMGEBUNG durchnummeriert (z. B. *Audio 1, 2, 3* ... sowie *Instrument 1, 2, 3* ...). Jedes Objekt kann es dabei nur einmal geben. Wenn Sie im Hauptfenster also im Menü SPUR • ANDERE eine NEUE SPUR mit dem gleichen Instrument erzeugen, so erkennen Sie anhand der Kanalbeschriftung, ob es sich bei zwei Spuren um das gleiche Instrument bzw. MIDI-Umgebungs-Objekt handelt. Im Spur-Header können Sie konfigurieren, dass Sie dies entsprechend angezeigt bekommen.

Freeze-Modus

Hier legen Sie fest, ob im Freeze-Modus NUR QUELLE nur die Inhalte der Spur ohne Effekte (z. B. bei rechenintensiven Flex-Modi) oder PRE-FADER (inklusive aller Effekte) eingefroren werden. Mehr zum Freeze-Modus lesen Sie in Abschnitt 4.9.15.

6.4.10 Parameter dauerhaft anwenden/normalisieren

Über das FUNKTIONEN-Menü gibt es im Untermenü MIDI-REGIONPARAMETER bzw. im Regionskontextmenü im Unterabschnitt MIDI für MIDI-Regionen Optionen, die Quantisierung oder alle/andere Parameter dauerhaft anzuwenden `ctrl` + `N`. Sie benötigen diese Funktion beispielsweise, wenn Sie eine ungenaue Einspielung zunächst grob quantisieren (z. B. 1/16) und dann nochmals anders mit Groove-Templates quantisieren möchte. Nach der ersten »groben« Quantisierung wird dann neu mit dem Template quantisiert.

6.5 MIDI-Editing im Hauptfenster: spezielle Funktionen

In diesem Abschnitt geht es um die Bearbeitung von MIDI-Regionen. Logics spezielle MIDI-Editoren stehen Ihnen auch im Hauptfenster im Editorenbereich zur Verfügung, werden aber in Kapitel 7, »MIDI-Editoren, Artikulationsset-Editor, Step Sequencer«, besprochen (PIANOROLLE, NOTATION, SCHRITTEDITOR und EVENT-Liste). Allerdings gibt es auch viele Funktionen zum Editieren von MIDI-Daten, die ausschließlich oder besonders gut im Hauptfenster zu realisieren sind. Hierzu zählen:

- das Editieren von MIDI-Parametern der Informationsfenster REGION und SPUR
- Spezialfunktionen zum Auftrennen von MIDI-Daten nach Noten oder Kanal
- MIDI-Take-Ordner

6.5.1 MIDI-Events in Regionen löschen, kopieren oder schneiden: Besonderheiten

Beim Editieren und Schneiden von MIDI-Regionen oder Noten in Regionen müssen Sie beachten, dass MIDI-Noten keine Information über ihre Länge enthalten, sondern dass am Ende einer Region ein Note-Off-Befehl gesendet wird. Liegen z. B. zwei Regionen übereinander, die exakt die gleiche Note spielen, kann das dazu führen, dass ein Note-Off-Befehl einer älteren Note gesendet wird und die kurz zuvor neu gestartete Note ausschaltet, obwohl diese eigentlich länger spielen soll. Wenn Sie eine Region an einer Stelle schneiden wollen, in der eine MIDI-Note gehalten ist, könnten mehrere Verfahrensweisen sinnvoll oder gewünscht sein. Logic hat dafür Pop-up-Dialogfragen eingebaut (Abbildung 6.24).

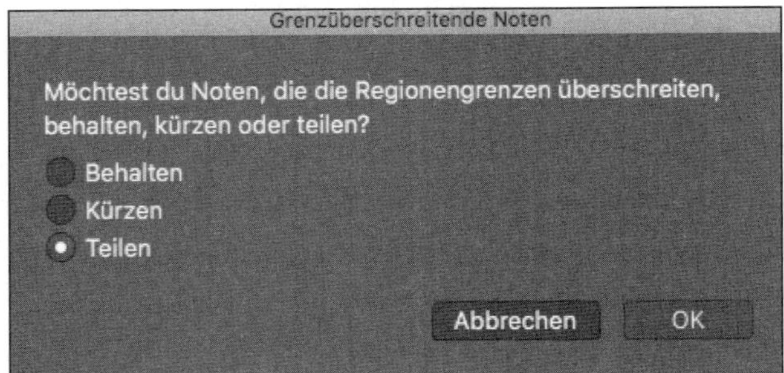

Abbildung 6.24 Dialog für überlappende Noten

Wählen Sie aus, ob die Noten in zwei Noten geteilt, in ihrer ursprünglichen Länge beibehalten oder am Schnittpunkt ohne Erzeugen einer zweiten Note gekürzt werden.

Im BEARBEITEN-Menü des Bereichs SPUREN finden Sie spezielle Menüpunkte zum Kopieren, Löschen und Auftrennen (siehe Abbildung 6.25, Abschnitt 6.5.3) von MIDI-Events, u. a:

- Mit MIDI-EVENTS LÖSCHEN können Sie nach verschiedenen Kriterien (z. B. ZWISCHEN LOCATOR-PUNKTEN, AUSSERHALB DER REGIONSGRENZEN) MIDI-Events löschen.
- Über die Funktion MIDI-EVENTS KOPIEREN zum Kopieren/Bewegen eines selektierbaren Bereichs lesen Sie mehr in Abschnitt 7.2.28 im Zusammenhang mit der PIANOROLLE.

6.5.2 Schneiden anhand von MIDI-Noten

Nutzen Sie bei zuvor selektierter Region den Shortcut ZURÜCKSPULEN MIT TRANSIENT bzw. VORSPULEN MIT TRANSIENT (`ctrl` + `,` und `ctrl` + `.`) um mit der Abspielposition zum vorherigen/nächsten Notenstart oder Notenende zu springen, wo Sie eine Region mit `cmd` + `T` schneiden können.

6.5.3 Auftrennen von MIDI-Events/Regionen nach Tonhöhe oder Kanal und Beschriftung von Regionen oder Spuren

Wenn Sie eine Region mit mehreren MIDI-Noten gespielt haben (z. B. Kick, Snare und Hi-Hat), können Sie über den Befehl MIDI-EVENTS AUFTRENNEN im BEARBEITEN-Menü des Hauptfensters für jede Tonhöhe eine eigene Spur mit einer eigenen Region erzeugen.

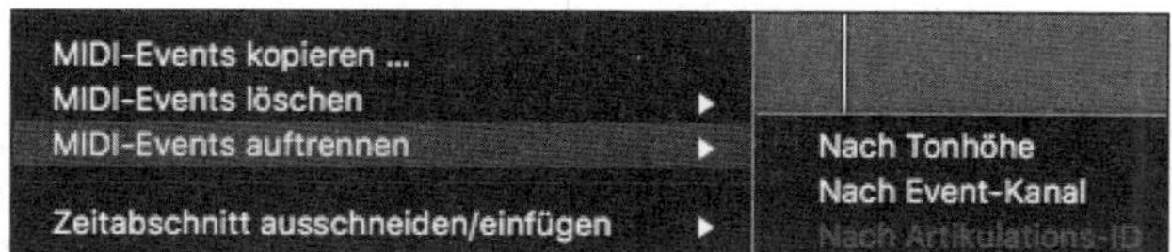

Abbildung 6.25 Im »Bearbeiten«-Menü des Hauptfensters finden Sie den Befehl »MIDI-Events auftrennen«.

Auch eine Auftrennung nach Event-Kanälen ist möglich. Das ist hilfreich, falls Sie MIDI-Daten von mehreren Keyboards gleichzeitig einspielen und nachträglich auftrennen möchten, oder wenn Sie ein GM-File des Typs 0 importiert haben, bei dem alle Instrumente in einer Region gespeichert, aber verschiedenen MIDI-Kanälen zugewiesen sind.

Praxisbeispiel zum Auftrennen von MIDI-Events

Öffnen Sie das Projekt *06Midiedit1*. Hier habe ich einen Groove mit drei Schlagzeugsounds aufgenommen. Im Projekt *06Midiedit2* habe ich diese aufgetrennt. Sie erkennen am Eintrag KANAL der Software-Instrument-Spuren, dass alle vier Spuren das gleiche MIDI-Umgebungs-Objekt bzw. Instrument ansteuern. Im Projekt *06Midiedit3* habe ich alle Regionen beschriftet (via Selektion und ⇧ + N) und die Spuren über das FUNKTIONEN-Menü und den Befehl SPUR NACH REGIONSNAMEN BENENNEN umbenannt. Eine verbesserte Konfiguration sehen Sie in Abbildung 6.26 und finden Sie im Projekt *06Midiedit4*.

Über die SPUR-HEADER-KONFIGURATION habe ich EIN/AUS-Tasten eingeblendet, um einzelne Spuren deaktivieren zu können. Über die Option ZUSÄTZLICHE SPALTE »NAME« • CHANNEL-STRIP-TYP UND -NUMMER können Sie sich zusätzlich zum Spurnamen den Namen des zugehörigen Channel-Strip-/Environment-Objekts/Instrumentenkanals im Bereich SPUREN anzeigen lassen, um den Überblick zu behalten, da hier alle drei Spuren dasselbe Instrument ansteuern.

Abbildung 6.26 Über die »Spur-Header-Konfiguration« wurden die Spuren mit einer »Ein/Aus«-Taste versehen und zeigen zusätzlich den Namen des Instrumentenkanals an.

6.5.4 MIDI-Events dehnen/stauchen

MIDI-Regionen können Sie dehnen/stauchen, indem Sie die Länge der Region mit gehaltener `alt`-Taste editieren, so dass das entsprechende Werkzeug sichtbar wird (siehe Abschnitt 6.2.10). Time-Stretching für MIDI-Regionen ist z. B. hilfreich, um ein musikalisches Thema, das Sie ohne Metronom in Logic hineingeklimpert und aufgenommen haben, an ein gewünschtes Tempo in Logic anzupassen. Alternativ können Sie auch TIME HANDLES in der PIANOROLLE (siehe Abschnitt 7.2.29) oder den SMART TEMPO-Editor (siehe Abschnitt 9.6) hierfür nutzen.

6.5.5 MIDI-Take-Ordner editieren

In Abschnitt 5.2 wurde kurz die MIDI-Aufnahme in mehreren Takes behandelt. Nachfolgend geht es um Bearbeitungsoptionen *nach* der Aufnahme. Im Projekt *06Kinderlieder-Takeordner* habe ich wie beschrieben »Alle meine Entchen« und anschließend »Hänschen klein« (unquantisiert) mit der Einstellung TAKE-ORDNER ERSTELLEN in dieselbe Spur aufgenommen. Diesen Ordner können Sie mit dem Pfeil links oben aufklappen. Die Zahl 2 zeigt dabei an, dass Take 2 im Take-Ordner ausgewählt ist (siehe Abbildung 6.27).

Abbildung 6.27 MIDI-Take-Ordner mit zwei Takes

Das Aufklappen des Pfeils lässt die Aufnahmen sichtbar werden, ein Klick auf die Zahl ruft ein zusätzliches Menü auf (Abbildung 6.28).

Das Häkchen neben dem Take zeigt an, welcher Take gerade zu hören ist. Um einen anderen Take hörbar zu machen, klicken Sie ihn einfach an. Wenn Sie einen Take angeklickt und selektiert haben, stehen im Informationsfenster REGION auch Parameter wie Quantisierung zur Verfügung, die nicht angezeigt werden, wenn Sie nur den Take-Ordner selbst als eine Art »Containerregion« selektieren. Den zuletzt eingespielten Take finden Sie oben.

Das Menü bietet neben den Funktionen zum Umbenennen, Löschen und Reduzieren verschiedene Funktionen zum Entpacken an. Sie können die Takes via TAKE UMBENENNEN beschriften und danach leicht zwischen ihnen umschalten. Dies habe ich im Projekt *06Kinderlieder-Takeordner2* gemacht. Mit der Funktion ENTPACKEN können Sie die Takes in zwei neue

Spuren entpacken. Dabei werden im Beispiel zwei Spuren mit jeweils einer Region erzeugt, und die Region, die aus dem gerade nicht selektierten Take erzeugt wurde, wird stumm geschaltet. Mit der Funktion ENTPACKEN IN NEUE SPUREN landen beide Regionen in einer eigenen Spur.

Die Option REDUZIEREN macht aus dem Take-Ordner mit dem gerade hörbaren Take eine einfache Region, wodurch sämtliche nicht selektierten Takes verschwinden. ENTPACKEN IN NEUE SPURALTERNATIVEN legt die Takes in Spuralternativen (siehe Abschnitt 6.7.1).

Abbildung 6.28 Kontextmenü des Take-Ordners

Sie können mit MIDI-Take-Ordnern keine QUICK SWIPE COMPING-Funktion benutzen wie mit Audio-Take-Ordnern. Dies ist eine logische Beschränkung, da andernfalls Note-On und Off-Befehle eventuell nicht korrekt übermittelt würden. Mit der Comping-Funktion von Ableton Live 11 geht so etwas, aber die Ergebnisse sind nicht immer logisch. Sie können einzelne Takes innerhalb von MIDI-Take-Ordnern auch (leider) nicht verschieben. Wollen Sie nur einen bestimmten Bereich eines Take-Ordners reduzieren, hilft es, den Take-Ordner vorher zu zerschneiden.

6.5.6 MIDI-Take-Ordner: Länge ändern

MIDI-Take-Ordner-Regionen können Sie (wie normale MIDI-Regionen auch) links wie rechts über die Länge der in ihr vorhandenen Takes hinaus mit dem Längentool erweitern – z. B. damit Sie eine kurze Region bequem als längeres, gut greifbares Objekt zum Arrangieren verwenden können.

6.5.7 Informationsfenster »Region«: besondere Parameter bei MIDI-Regionen

Das Informationsfenster REGION zeigt bei MIDI-Regionen andere Parameter an als bei Audioregionen, z. B. bezüglich QUANTISIERUNG, DYNAMIK, VELOCITY und TRANSPOSITION (Letzteres funktioniert etwas anders als bei Audioregionen). Um alle Optionen zu sehen, klappen Sie den Pfeil neben dem Eintrag MEHR auf.

Viele Quantisierungsfunktionen stehen zusätzlich in den MIDI-Editoren zur Verfügung. Abbildung 6.29 zeigt ein aufgeklapptes Informationsfenster REGION für MIDI-Regionen.

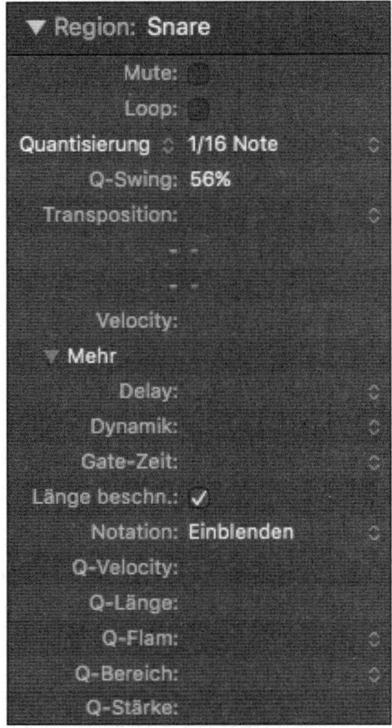

Abbildung 6.29 Das Informationsfenster »Region« inklusive eingeblendeter weiterer Parameter

6.5.8 Zusammenspiel zwischen Pianorolle und Hauptfenster bei der MIDI-Quantisierung

Auch in der PIANOROLLE können Sie quantisieren – nicht nur Regionen, sondern auch einzelne Noten. Ist in der PIANOROLLE unter ZEITQUANTISIERUNG ein entsprechender Wert eingestellt, wird durch Auslösen des Shortcuts [Q] bei fokussiertem Hauptfenster dieser Wert auch im Informationsfenster REGION für im Hauptfenster selektierte Regionen eingestellt.

6.5.9 Informationsfenster »Region«: »Velocity« und »Dynamik«

Positive oder negative Werte verändern die Velocity *aller* Noten der selektierten Region. Sie können außerdem die DYNAMIK der gespielten Noten als Regionsparameter von 0 (fester Wert) bis 400 % einstellen. Ist kein Eintrag zu sehen, steht die DYNAMIK auf 100 %, und die Velocities werden so weitergeleitet, wie Sie sie gespielt haben. Bei der Einstellung fester Werte werden alle Noten mit der gleichen Velocity ausgegeben. Ob diese nun der leisesten oder lautesten Note entspricht, hat sich in vergangenen Logic-Versionen mehrmals geändert und muss ausprobiert werden. Aber in jedem Fall können im VELOCITY-Bereich durch Eingabe eines positiven oder negativen Wertes die gespielte Velocity ändern.

6.5.10 Informationsfenster »Region«: »Gate-Zeit«, Länge, »Notation«

Die GATE-ZEIT wird in Prozent angegeben. Kleinere Werte verkürzen die Längen aller Noten in der Region, größere Werte verlängern sie. Ist bei LÄNGE BESCHNEIDEN ein Häkchen gesetzt, schneidet Logic Noten am Ende von Regionen automatisch ab. Das hat deshalb eine Bedeutung, weil andernfalls nicht der Note-Off-Befehl gesendet wird, der die Note abschaltet, und die Note hierdurch möglicherweise weiterspielt. Im Praxistest wurde der Note-Off-Befehl allerdings immer auch am Ende der Note gesendet, selbst wenn das Regionsende bereits überschritten wurde.

Ist die Funktion NOTATION deaktiviert, soll die MIDI-Region nicht im Notationseditor dargestellt werden (z. B. weil ihre Inhalte wie SysEx dort nicht editiert werden sollen).

6.5.11 Informationsfenster »Region«: intelligente Quantisierung für MIDI-Events

Im Informationsfenster REGION steht für die Quantisierung von MIDI-Regionen nun die zusätzliche Option INTELLIGENTE QUANTISIERUNG zur Verfügung. Diese versucht, Bereiche zu erkennen, die besser nicht wie der Rest der Noten entsprechend dem Raster quantisiert werden, z. B. *Triller* oder kurzzeitig schnell gespielte Noten. Auch beim Editieren von Schlagzeugpatterns kann die Funktion hilfreich sein.

Die Option ist ein wenig versteckt, Sie finden sie durch Klick auf den Eintrag QUANTISIERUNG im Informationsfenster REGION, wo Sie nun zwischen KLASSISCHER und INTELLIGENTER QUANTISIERUNG wählen können (Abbildung 6.30).

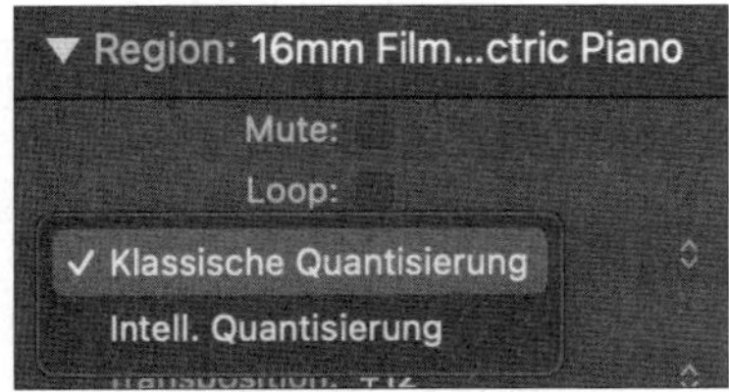

Abbildung 6.30 Flip-Menü »Klassische/Intelligente Quantisierung«

Im Projekt *06xIntelliQ* finden Sie ein einfaches Beispiel mit drei Regionen, von denen die erste unquantisiert ist, die zweite klassisch im $1/16$-Raster und die dritte im intelligenten Modus im $1/16$-Raster, wodurch sich für die zwischendurch schnell gespielten Noten ein abweichendes Ergebnis ergibt.

6.5.12 Informationsfenster »Region«: weitere Quantisierungsoptionen für MIDI

Die Quantisierungsparameter Q-STÄRKE und Q-BEREICH (Abbildung 6.29) regeln das Ausmaß der Quantisierung (wodurch Feinheiten des Ausgangsmaterials beibehalten werden können) und wurden in Abschnitt 6.4.5 im Abschnitt »Informationsfenster ›Region‹: ›Quantisierung‹ für MIDI und Audio« erläutert. Die nachfolgend aufgelisteten Quantisierungsoptionen stehen jedoch lediglich für MIDI-Regionen zur Verfügung:

- Q-FLAM: Akkorde werden zu einer Art Flam bzw. Arpeggio entzerrt. Positive Werte bewirken ein aufsteigendes, negative ein absteigendes Arpeggio. Nützlich, um z. B. Up- oder Downstrokes bei Gitarren zu simulieren, obwohl die Akkorde zunächst auf der Klaviatur ohne entsprechenden Zeitversatz eingespielt wurden.
- Q-VELOCITY: Hiermit regeln Sie prozentual, inwiefern die Anschlagdynamik einer als Groove-Template verwendeten Region auf die selektierte Region angewendet wird.
- Q-LÄNGE: Steuert prozentual, inwiefern die Länge der Noten einer als Groove-Template verwendeten Region auf die Noten der selektierten Region angewendet wird. Übrigens: Optionen zum Trimmen der Notenlänge(n) (z. B. das Erzwingen eines Legatos) finden Sie auch im Menü BEARBEITEN • TRIMMEN von PIANOROLLE und Notationseditor.

Tipp

Wenn Sie schnell alle Noten auf die gleiche Länge oder z. B. auf Längen von glatten Notenbruchteilen quantisieren wollen, kann Ihnen auch der MIDI-TRANSFORMER helfen (siehe Abschnitt 7.8).

6.5.13 Informationsfenster »Region«: automatische Quantisierung und Standardparameter

Automatische Quantisierung steht nur für MIDI-Regionen zur Verfügung und funktioniert, wenn Sie eine Quantisierungseinstellung im Informationsfenster REGION vornehmen, ohne dass eine Region selektiert ist. Daraufhin wird jede eingespielte Region automatisch mit der eingestellten Quantisierung abgespielt. Sie können auf diese Weise auch andere Standardparameter für neue MIDI-Regionen festlegen.

6.5.14 Informationsfenster »Spur« bei Software-Instrumenten und externen MIDI-Spuren

Bei Software-Instrumenten und externen MIDI-Spuren hat das Informationsfenster SPUR zwar viele gemeinsame Parameter, externe MIDI-Spuren besitzen aber zusätzlich Einstellungen für Program-Change-Befehle und mehr. Abbildung 6.31 zeigt die verschiedenen Einstellmöglichkeiten.

Abbildung 6.31 Settings für das Informationsfenster »Spur« einer Software-Instrument-Spur (links) und für das Informationsfenster »Spur« einer externen MIDI-Spur (rechts)

Die Parameter Delay und Freeze-Modus habe ich bereits besprochen.

- Bei Software-Instrumenten gibt es einen Eintrag Kanal *zusätzlich* zum Eintrag MIDI-Kanal, womit eine Kanalzugtyp-Nummerierung gemeint ist.
- Transposition: Hier können Sie sämtliche Inhalte der Spur transponieren.
- Velocity: Hiermit verändern Sie schnell die Velocity-Werte auf der gesamten Spur positiv oder negativ um den eingestellten Wert.
- Notenbegrenzung: Hier können Sie einstellen, dass das Instrument nur einen bestimmten Notenbereich empfängt. Das ist hilfreich, wenn Sie zwei Instrumente in einem Split-Keyboard-Modus auf unterschiedlichen Bereichen der Tastatur spielen möchten.
- Velocity-Begrenzung: Hier können Sie einstellen, dass das Instrument nur einen bestimmten Velocity-Bereich empfängt. Das ist hilfreich, wenn Sie Instrumente layern wollen und manche nur bei niedrigeren Velocities, andere nur bei höheren Velocities erklingen sollen.
- Ohne Transpos.: Schützt alle Regionen der Spur vor Transposition über das Informationsfenster Spur oder Region. Diese Einstellung kann helfen, versehentliche Transponierung von Schlagzeugregionen zu verhindern.
- Kein HMT: Haben Sie in den Projekteinstellungen unter Stimmung Hermode Tuning eingestellt, so findet sich zusätzlich das Feld Kein HMT, mit dem Sie für die jeweilige Software-Instrument-Spur das Hermode Tuning deaktivieren können, z. B. für ein Klavier, das typischerweise wohltemperiert gestimmt ist und dessen Sound mit HMT nicht jedermanns Sache ist.

- KEIN RESET: Wenn Sie einen MIDI-Reset-Befehl senden, wird er nicht über das Instrument ausgegeben.
- NOTENZEILENFORMAT: Hier können Sie einen Notensystemstil für den NOTATION-Editor auswählen oder automatisch erzeugen. Das Informationsfenster SPUR erlaubt bei Software-Instrumenten und Aux-Kanälen keine Einstellung für Program-Change-Befehle. Hierfür gibt es Workarounds:
  - Verbinden Sie das Environment-Objekt der externen MIDI-Spur in der MIDI-UMGEBUNG mit einem Software-Instrument.
  - Schreiben Sie via FUNKTIONEN • INSTRUMENT-MIDI-EINSTELLUNGEN ALS EVENT EINFÜGEN die entsprechenden Einstellungen (wie z. B. Program-Change-Befehle) dauerhaft in die Region, anstatt sie über das Informationsfenster SPUR zu senden. Das ist nützlich, wenn Sie ein MIDI-File für einen GM-Klangerzeuger oder zur Verwendung in einem anderen Programm erstellen wollen.
  - Nutzen Sie ein Keyboard, das Program-Change-Befehle senden kann.

6.5.15 Informationsfenster »Spur«: besondere Parameter bei externen MIDI-Spuren

Die folgenden Parameter stehen nur bei externen MIDI-Spuren zur Verfügung:

- PORT: Hier stellen Sie den MIDI-Anschluss ein, an den das Instrument sendet. Das Instrument entspricht einem Objekt, das im Environment erzeugt wurde und dort im Layer MIDI-INSTR. zu finden ist. Wenn Sie Objekte dort mit dem Namen der angeschlossenen Synths beschriften, haben Sie einen besseren Überblick, welchen Synth Sie gerade ansteuern.
- KANAL: Achtung: Entspricht hier der Einstellung MIDI-KANAL eines Software-Instruments.
- PROGRAMM und BANK, VOLUME und PAN: Den Program-Change-MIDI-Befehl verstehen viele Instrumente, manche verstehen nur Program Change und nicht Bank Change. Falls Sie hier ein Häkchen gesetzt und sonst am Klangerzeuger alles richtig eingestellt haben, schaltet der empfangende Klangerzeuger automatisch auf das hier ausgewählte Programm. Das kann irritierend sein, wenn Sie z. B. manuell am Klangerzeuger einen Sound auswählen, dieser aber beim Abspielen des Songs immer wieder auf einen anderen Sound zurückspringt.

  Ein Access-Virus-C-Synth hat beispielsweise vier Bänke A, B, C und D mit je 128 Sounds. Der Bank-Change-Befehl ändert die angewählte Bank, der Program-Change-Befehl ein Programm. General-MIDI-Klangerzeuger haben feste Zuweisungen von Instrumenten zu Programmnummern. Diese werden in Logic aufgelistet, falls dies im entsprechenden Environment-Objekt so konfiguriert wurde. Dort ist z. B. Programm Nr. 1 immer ein Piano, Programm Nr. 11 immer ein Vibraphon, Programm Nr. 50 sind immer Streicher, und auf MIDI-Kanal 10 spielen immer Drums mit einer bestimmten Tastaturbelegung.

Software-Instrumente wie z. B. Native Instruments Kontakt, *Massive* und *FM8* erlauben die Erstellung von Bänken oder Programmlisten, mit Hilfe derer per Program-Change-Befehl zwischen Sounds umgeschaltet werden kann. Das ist nicht nur in Live-Situationen, sondern auch bei der Verwaltung von Sounds hilfreich. So lässt sich beispielsweise eine Programmliste mit Lieblings-Bass-Sounds nutzen.

6.5.16 Informationsfenster »Spur«: Besonderheiten bei Spurstapeln und Aux-Kanälen

Die Parameter des Informationsfensters SPUR für Aux-Kanäle und Spurstapel-Masterspuren entsprechen weitgehend denen des Informationsfensters SPUR für Software-Instrumente, allerdings steht kein Freeze-Modus zur Verfügung.

6.5.17 Aliasse (MIDI)

Aliasse sind Regionen, die exakte Abbilder von Regionen sind. Sie können Aliasse im Menü FUNKTIONEN • REGIONSALIAS einer selektierten Region erzeugen. Wenn Sie das Original editieren, dann ändert sich der Alias automatisch mit. So können Sie beim Arrangieren und Editing Zeit sparen. MIDI-Aliasse erkennen Sie an der kursiven Darstellung ihrer Bezeichnung (Abbildung 6.32).

Abbildung 6.32 Alias

Aliasse können Sie im Menü FUNKTIONEN • REGIONSALIAS auch nachträglich in eine reguläre Kopie umwandeln, Sie können dort auch die Originalregion ausfindig machen etc. Verwaiste Aliasse sind Aliasse, deren Originalregion gelöscht wurde. Im Gegensatz zu Loops können Aliasse überallhin bewegt werden. Aliasse können auch bei der Aufnahme mehrerer Spuren gleichzeitig erstellt werden (siehe Abschnitt 5.3.13).

6.6 Audio-Editing im Hauptfenster

Sie arbeiten in Logic mit Audioaufnahmen und Audioregionen. Die Audioregionen sind Verweise auf bestimmte Abschnitte Ihrer Audiofiles bzw. Ihrer Audioaufnahmen.

Ein Doppelklick auf eine Audioregion öffnet unten den Editorenbereich für Audiofiles. Dort gibt es (links neben dem SMART TEMPO-Editor) den AUDIOSPUREDITOR und den AUDIODATEIEDITOR.

In Kapitel 8 finden Sie eine detaillierte Beschreibung des AUDIODATEIEDITORS. Der AUDIOSPUREDITOR ist hingegen ein Bestandteil des Hauptfensters und wird weiter unten besprochen, ebenso wie AUSWAHLBASIERTE BEARBEITUNG (zum Einrechnen von Effekten direkt ins Audiofile). In der Übersicht PROJEKT (bzw. dem Fenster PROJEKTAUDIO, siehe Kapitel 8) im Hauptfenster sehen Sie eine Übersicht Ihrer Audiodateien und Regionen.

Wichtige Tools im Hauptfenster zum Editieren von Audioaufnahmen und Audioregionen sind wieder die beiden Informationsfenster REGION und SPUR. Hier können Sie z. B. Transposition (seit Version 10.3.2 für alle Audiofiles), nichtdestruktive Fades, Gain-Änderungen oder Reverse-Einstellungen für eine oder mehrere selektierte Regionen vornehmen. Auch Details für Time-Stretching-Bearbeitungen mit Flex-Audio finden Sie dort (mehr dazu in Kapitel 9).

6.6.1 Schneiden anhand von Transienten

Transienten sind die Stellen in einer Audioaufnahme, an denen es plötzlich sehr laut wird, z. B. die kurze Attack-Phase eines Schlagzeuginstruments. Nutzen Sie bei zuvor selektierter Region (!) den Shortcut ZURÜCKSPULEN MIT TRANSIENT bzw. VORSPULEN MIT TRANSIENT ([ctrl] + [,] und [ctrl] + [.]) um mit der Abspielposition zum vorherigen/nächsten Transienten zu springen, wo Sie eine Region mit [cmd] + [T] schneiden können. So können Sie eine Audioaufnahme leicht »slicen« oder in ihre Einzelteile zerschneiden. Diese Funktion ähnelt der »Tab to Transients«-Option in Pro Tools. Alternativ können Sie auch mit dem Marquee-Einfügemarker (siehe 6.3.11) arbeiten und sie mit den Pfeiltasten zum nächsten/vorherigen Transienten bewegen

Das Setzen oder Editieren der Position von Transient-Markern erfolgt hingegen im AUDIODATEIEDITOR (siehe Kapitel 8).

6.6.2 Audiospureditor und Spur-Edits

Der AUDIOSPUREDITOR ist eine Art vergrößerte Einzelspur des Bereichs SPUREN (Abbildung 6.33) und mehr. So können Sie sich das Ein- und Auszoomen sparen und parallel mit zwei verschiedenen Zoomstufen/Ansichten arbeiten. Unten eingezoomt, oben im Bereich SPUREN behalten Sie weiterhin die Übersicht. Audio-Edits sind aufgrund der Darstellungsgröße komfortabler möglich. Es ist auch möglich, mehrere Regionen im AUDIOSPUREDITOR zu selektieren – wie bei einer »normalen« Spur. Mit den Pfeil-Navigationstasten navigieren Sie zwischen verschiedenen Regionen und Spuren. Sie können aber auch ohne AUDIOSPUREDITOR mit [ctrl] + [alt] + [cmd] + [Z] bzw. [ctrl] + [alt] + [cmd] + [↑]/[↓] Spuren vertikal im Hauptfenster ein- und auszoomen oder ergänzende Shortcuts nutzen.

Sie finden auch einen kleinen PLAY-Button in der Region – wie in PIANOROLLE und DRUMMER-EDITOR. Ein Klick darauf aktiviert wiederum einen der Regionslänge entsprechenden Cycle, stellt einen Loop ein, startet die Wiedergabe und schaltet die Region temporär solo. Wenn Sie die Wiedergabe mit der Leertaste beenden, springt der Cycle-Bereich wieder auf seine ursprüngliche Einstellung zurück.

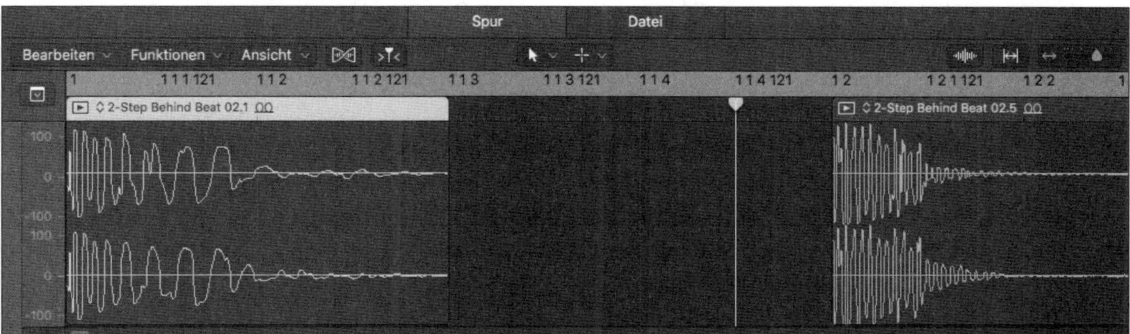

Abbildung 6.33 Audiospureditor

Besonders geeignet ist der Audiospureditor für Schnitte und sonstige Edis, weil Sie hier besser sehen, wo Sie schneiden. Er ist ferner besonders für Bearbeitungen im Flex-Mode geeignet. Mit cmd + F können Sie die Flex-Ansicht im Audiospureditor aktivieren/deaktivieren und dann an derselben Stelle in einem Flip-Menü einen Flex-Modus auswählen. Anschließend können Sie z. B. via Flex Pitch erkannte Noten aus Audiofiles ähnlich wie in der Pianorolle editieren.

Im Audiospureditor stehen Ihnen eigene Werkzeuge, Werkzeugmenüs und ein Taktlineal zur Verfügung. Die Werkzeuge Vibrato und Lautstärke beziehen sich auf die Arbeit mit Flex, ebenso wie das Flex-Werkzeug (siehe Abschnitt 6.3.12). Das Editing (z. B. mit dem Marquee-Tool) funktioniert weitgehend wie im Bereich Spuren – mit kleinen Unterschieden: Wenn Sie eine Selektion in der unteren Hälfte der Anzeige (beim Flex-Editing außerhalb der Region) beginnen, wird voreingestellt automatisch das Marquee-Tool angezeigt (ein wenig im Stil von Pro Tools). Je nachdem, wo Sie mit dem Zeigerwerkzeug über die Region fahren, erscheinen unterschiedliche Tools wie das Loop- oder Längentool. Fassen Sie die Wellenform an, können Sie die Region verschieben (es sei denn, die Flex-Ansicht ist aktiv). alt ruft das Zoom Werkzeug auf, falls der Zeiger über einer Region schwebt, ist es ctrl + alt. Die Rastereinstellungen des Bereichs Spuren gelten für den Audiodateieditor nicht, sondern er verhält sich intelligent. Ein Einrasten von zu verschiebenden Objekten können Sie allerdings genau wie im Hauptfenster bei stark ausgezoomter Ansicht mit gehaltener ⇧ + ctrl-Taste temporär deaktivieren. Die Bearbeiten- und Ansicht-Menüs des Audiospureditors entsprechen weitgehend denen des Hauptfensters ohne MIDI-Funktionen.

6.6.3 Audio knacksfrei schneiden; Bearbeitungen einrasten

Die Funktion Bearbeitungen an Nulldurchgängen einrasten ctrl + 0 im Menü Einrasten des Hauptfensters betrifft Selektionen von Audiofiles (z. B. mit dem Marquee-Tool). Ist diese Option aktiv, so können die Selektionsgrenzen nicht ganz frei gesetzt werden, sondern werden automatisch auf den nächstmöglichen Nulldurchgang gesetzt (um Knackser zu vermeiden).

6.6.4 Regionspegel normalisieren (aus »Funktionen«-Menü)

Achtung: Im FUNKTIONEN-Menü kann der Regionspegel normalisiert werden (ctrl + alt + G). Dabei geht ein Dialogfenster auf. Hier können Sie einstellen, den Befehl auch auf mehrere Regionen anzuwenden, einen Zielpegel einstellen oder eine Berechnungsgrundlage (Peak oder Loudness) auswählen. Die Normalisierung erfolgt dabei nichtdestruktiv über die Pegel-Einstellung im Informationsfenster REGION.

6.6.5 Informationsfenster »Region« bei Audioregionen

Das Informationsfenster REGION zeigt bei Audioregionen andere Parameter an, wie Abbildung 6.34 zeigt. Das Quantisierungsmenü wird nur eingeblendet, wenn ein Flex-Modus aktiv ist (siehe Kapitel 9, »Tempo und ›Smart Tempo‹-Editor, Tuning, Timing und Groove«). Sie können Flex auch regionsbezogen ein- und ausschalten.

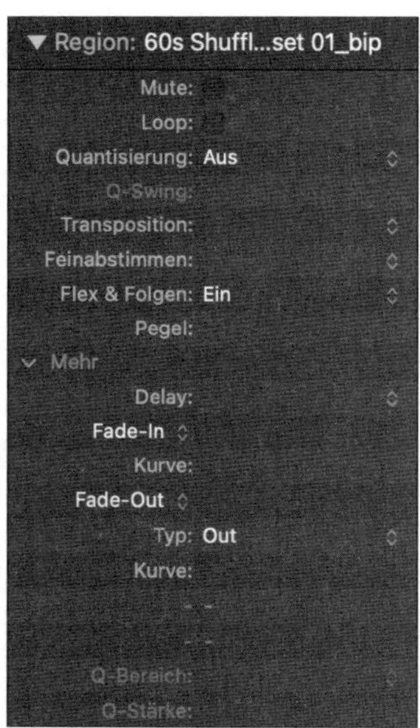

Abbildung 6.34 Informationsfenster »Region« mit aktiviertem Flex-Modus

6.6.6 Informationsfenster »Region«: »Pegel« für Audioregionen; alternatives De-Essing/Regionspegel normalisieren

Der Eintrag PEGEL ist ein von Automation unabhängiger Parameter für Audioregionen. Hiermit können Sie auch ohne Automation die Lautstärke einzelner Regionen individuell einstellen. Im Dokument *06ZaehlerrecPegel* können Sie das anhand eines Beispiels nachvollziehen. Den übersteuerten S-Laut am Anfang habe ich in eine separate Region geschnitten und diese leiser gemacht (was die Situation allerdings nicht wesentlich verbessert). Die Regionen für die Zahlen 2 und 4 haben niedrigere Pegel, bei der Region für die Zahl 3 habe ich den Pegel erhöht. Dies wird auch an der Wellenformdarstellung sichtbar. Übrigens: Im FUNKTIONEN-Menü kann der Regionspegel normalisiert werden (ctrl + alt + G). Dabei geht ein Dialogfenster auf. Die Normalisierung erfolgt dabei nichtdestruktiv über die Pegel-Einstellung im Informationsfenster REGION.

6.6.7 Informationsfenster »Region«: »Fades«, »Crossfade«, »Batch Fades« für Audioregionen

Es gibt mehrere Möglichkeiten, Fades für Regionen in Logic einzustellen. Eine davon ist das Fade-Werkzeug, das ich oben bereits vorgestellt habe. Es erscheint auch bei eingestelltem Zeigerwerkzeug durch temporäres Drücken der Tasten ctrl + ⇧. Bewegen Sie das Fade-Werkzeug zum Erstellen von Fades mit gehaltener Maustaste über den Bereich, in dem der Fade erstellt werden soll. Das funktioniert sowohl für Regionsanfang und -ende als auch für Crossfades (Abbildung 6.35).

Abbildung 6.35 »Crossfade«

Den Verlauf eingezeichneter Fades ändern Sie, indem Sie sie mit dem Fade-Werkzeug mittig anfassen und die Kurvenform verändern (Abbildung 6.36). Ein Klick auf den Fade mit Fade-Werkzeug und gehaltener alt-Taste löscht den Fade.

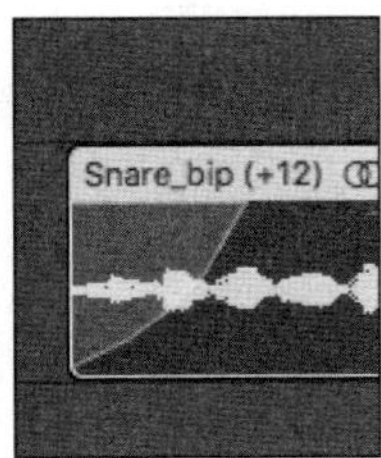

Abbildung 6.36 Fade-Kurvenedit mit dem Fade-Werkzeug

Alternativ können Sie Fade-Parameter im Informationsfenster REGION einstellen, wobei Sie die Fade-Parameter durch Klick auf MEHR erst einblenden müssen. Geben Sie dann einfach den gewünschten Wert für Fades ein. Sind mehrere Regionen selektiert, können Sie Fades für mehrere Regionen gleichzeitig erstellen und editieren (*Batch Fade*). Auch dort können Sie mit dem Parameter KURVE die Verlaufsform der Fades editieren. Die Verlaufsform Ihrer Fades wird in den Regionen in nicht immer logischer Form angezeigt. Insbesondere wenn Regionen stark ausgezoomt sind, entspricht die Darstellung nicht immer der echten Relation zur Länge der Region, sondern diese wird verlängert dargestellt, damit erkenntlich ist, dass es einen Fade gibt. Im FADE-OUT-Menü können Sie statt eines Fade-outs verschiedene Crossfade-Varianten einstellen. Wenn Sie hier einen Crossfade einstellen, zwei Regionen selektieren und einen Wert angeben, wird ein Crossfade erstellt. Es wird zwischen verschiedenen Crossfade-Typen unterschieden:

- X (Crossfade): gleichmäßiger, linearer Crossfade
- EqP (Equal Power Crossfade): sorgt für einen Kurvenverlauf, der gleichmäßige Lautstärke gewährleistet und einen Lautstärkeabfall verhindert
- X S (S-Curved Crossfade): ein S-kurven-förmiger Crossfade

6.6.8 Informationsfenster »Region«: »Beschleunigen«/»Verlangsamen«

Statt Fades können Sie auch Beschleunigungs- oder Verlangsamungsprozesse einstellen. Wechseln Sie hierfür im Flip-Menü des Informationsfensters Region vom Fade-Modus in den entsprechenden Beschleunigen-Modus (statt Fade-In) oder Verlangsamen-Modus (statt Fade-Out). Sie können dabei wie bei den Fades die Kurvenform ändern. In den Regionen ist anschließend statt einer Fade-Kurve eine orangefarbene Kurve zu sehen. Werden Regionen stark ausgezoomt dargestellt, entspricht die Darstellung nicht immer der echten Relation zur Länge der Region.

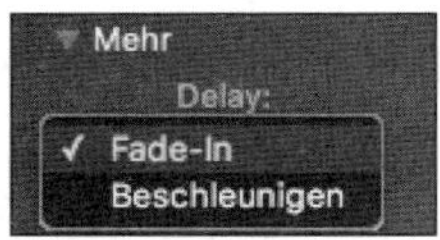

Abbildung 6.37 Beschleunigungsmodus

Abbildung 6.38 Verlangsamungsmodus

Die Verlaufsformen der Kurve sind hier dank drastischerer Unterschiede beim Hören besser unterscheidbar als bei Fades. Im Projekt *06Zaehlerrecverlangsamung* hören Sie eine Verlangsamung einer Region im Stile eines anhaltenden Plattenspielers.

6.6.9 Informationsfenster »Region«: »Transposition«, »Feinabstimmung«, »Tempo und Tonhöhe folgen«, »Flex & Folgen«, »Tempo«

Mit Transposition und Feinabstimmung können Sie Audioregionen nicht nur in Halbtonschritten, sondern auch in Cents transponieren. Wenn Sie die Parameter verstellen, wird automatisch ein Flex-Mode für die Region und die Spur aktiviert. Dies bedeutet gleichzeitig, dass die Region sich auch an Tempoänderungen anpasst (es sei denn, sie ist SMPTE-zeitverriegelt). Wenn Sie Flex für die Region oder die Spur deaktivieren, bleibt der eingestellte Transpositionswert erhalten und wird in Klammern dargestellt. Setzen Sie die TRANSPOSITION auf 0 zurück, wird Flex eventuell deaktiviert.

TEMPO UND TONHÖHE FOLGEN wird nur (noch) für Apple Loops angezeigt. Für Apple Loops gibt es im aufklappbaren Bereich nun noch einen TEMPO-Parameter, um Loops z. B. in halber oder doppelter Geschwindigkeit abzuspielen: Einstellungen von 1/8 bis 8× sind möglich.

Früher gab es diese Option auch für andere Files, und beim Import alter Logic-Projekte wird die alte Einstellung übernommen. Im Dokument *06ZaehlerrecEditpitch* hören Sie, wie es damals klang, wenn eine Audioregion mit diesem Parameter verstimmt wurde. Nach dem Deaktivieren der Funktion und anschließendem Aktivieren von Flex steht dagegen auch hier der neue Transpositionsparameter zur Verfügung – und es klingt nun besser (siehe *06ZaehlerrecEditpitch2*).

FLEX & FOLGEN können Sie regionsweise via Auswahl von EIN oder AUS aktivieren. Die Einstellungen: EIN + TAKTE AUSRICHTEN bzw. EIN + BEATS AUSRICHTEN sorgen dafür, dass im SMART TEMPO-Editor (Details in Kapitel 9) vorgenommene Zuweisungen von Taktpositionen übernommen werden. Das Korrigieren von Timingfehlern wird in Kapitel 9, »Tempo und ›Smart Tempo‹-Editor, Tuning, Timing und Groove«, behandelt, wenn es um Flex Time geht.

6.6.10 Informationsfenster »Spur«: Flex-Modus bei Audiospuren

Falls ein Flex-Modus aktiviert wurde, stehen im Informationsfenster SPUR weitere Optionen zur klanglichen Feinjustage des Flex-Algorithmus zur Verfügung. Falls Sie Flex deaktivieren möchten, so finden Sie hierfür den Eintrag FLEX-MODUS: AUS im Informationsfenster SPUR.

6.6.11 Take-Ordner: Comps, »Quick Swipe Comping«, Takes, Abschnitte verschieben

Take-Ordner bei Audioaufnahmen können mehrere Takes auf einer Spur verwalten. Sie können aber auch mehrere Audiofiles gemeinsam selektieren und im BEARBEITEN- oder Kontextmenü unter dem Eintrag ORDNER • TAKE-ORDNER zu einem Take-Ordner packen. Oder durch Effektierungen mit AUSWAHLBASIERTER BEARBEITUNG neue Takes und einen Take-Ordner erstellen.

Denken Sie aber an Folgendes: Im Take-Ordner (und auf einer Audiospur) kann (im Gegensatz zum Paket-Ordner) nie mehr als ein Audiofile gleichzeitig wiedergegeben werden! Take-Ordner sind ein zentrales Element bei der Editierung von Audioaufnahmen, weil schnell Teilbereiche verschiedener Takes mit dem sogenannten QUICK SWIPE COMPING selektiert werden können. Einen Vergleich zwischen Ordnern und Take-Ordnern finden Sie in Abschnitt 6.7.4. Andererseits sind Take-Ordner nicht ganz so leicht editierbar wie Regionen. Klicken Sie gegebenenfalls auf Takes, um im Informationsfenster REGION mehr Parameter zu sehen. Im Test klappte das übrigens nicht immer für alle Parameter. Auch das Selektieren von Takes ist etwas mühsam, man will ja nicht versehentlich swipen. Es kann daher sinnvoll sein, Take-Ordner nach erfolgten Edits wieder auszupacken, um Regionen oder Zellen besser editieren zu können. Auch in Live-Loops-Zellen können Sie mit Take-Ordnern arbeiten.

Praxisbeispiel

Öffnen Sie das Dokument *06zaehlerrecabcd*. Hier befinden sich drei Takes im Take-Ordner. Im ersten zähle ich »1, 2, 3, 4«, im zweiten »6, 7, 8, 9« und im dritten (etwa doppelt so schnell) »A, B, C, D«. In Abbildung 6.39 ist der letzte Take ausgewählt. Oben links im Ordner sehen Sie einen Pfeil, der den Take-Ordner aufklappt. Rechts daneben steht die Zahl 3, die anzeigt, dass sich drei Takes im Ordner befinden. Das Symbol rechts daneben zeigt den Namen des aktiven Takes an. Die Takes habe ich bereits kurz nach der Aufnahme im Kontextmenü des Take-Ordners umbenannt – dann findet man sich später schneller zurecht (Abbildung 6.39).

Sie können nun mit der Maus einen Take anklicken, um ihn anzuwählen und hörbar zu machen, oder mit dem QUICK SWIPE COMPING mit der Maus über bestimmte Teile der jeweiligen Takes mit gehaltener Maustaste fahren, um Ausschnitte aus verschiedenen Takes zu selektieren und zu einem sogenannten *Comp* zu kombinieren.

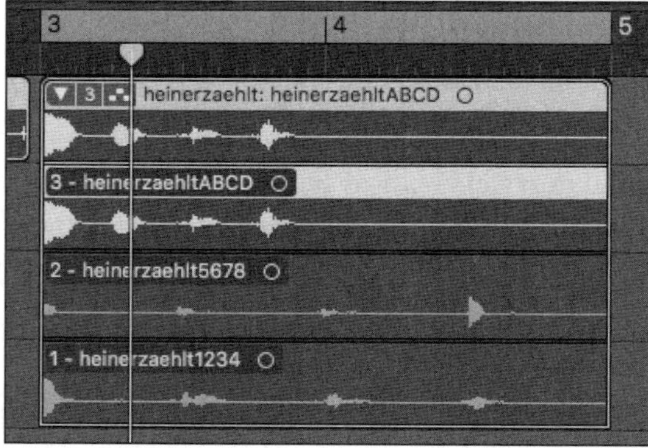

Abbildung 6.39 Im Bild ist der dritte Take zu hören.

Die selektierten Bereiche aus den Takes in Abbildung 6.40 ergeben, dass nun Folgendes zu hören ist: »1, 2, D, 7, 8« (was Sie in unserem speziellen Beispiel an der Beschriftung und den Namen der Takes erkennen).

Sie können zwischen mehreren Comps wechseln. In Abbildung 6.40 zeigt der Take-Ordner an: COMP B. Daran sehen Sie, dass es schon einen weiteren Comp gibt, nämlich Comp A. Comps werden automatisch als Comp A, B, C usw. benannt; Sie können sie aber auch selbst benennen.

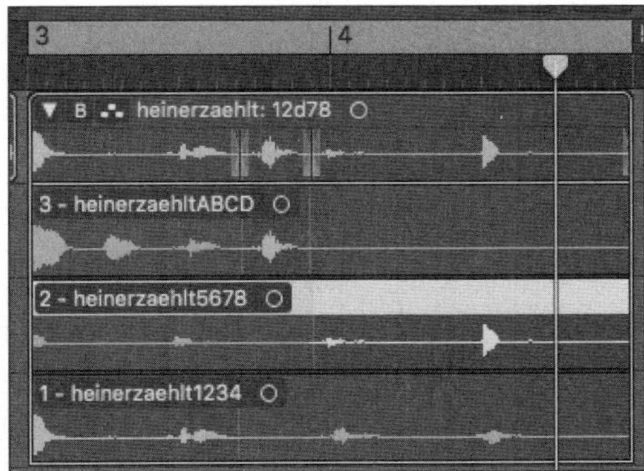

Abbildung 6.40 Dieser Comp ergibt als hörbare Audioausgabe: »1, 2, D, 7, 8«.

Take-Ordner/Comping-Menü

Wenn Sie auf das Feld rechts neben dem Aufklappfeil klicken, öffnet sich ein Menü mit allen Optionen, siehe Abbildung 6.41. Dort habe ich den oben sichtbaren COMP B nun in »12d78« umbenannt (siehe auch Projekt *06Zaehlerrec2-12d78*). Take-Ordner können ganze Takes oder Comps abspielen, wobei ein Comp identisch mit einem Take sein kann. Im Bild spielt Comp B (genannt B – 12D78), links daneben ist ein Häkchen gesetzt. Sie könnten stattdessen auch einen der Takes oben im Menü oder Comp A selektieren, so dass das Häkchen danach dort zu sehen wäre. Sie sehen auch die Option COMP UMBENENNEN im Menü.

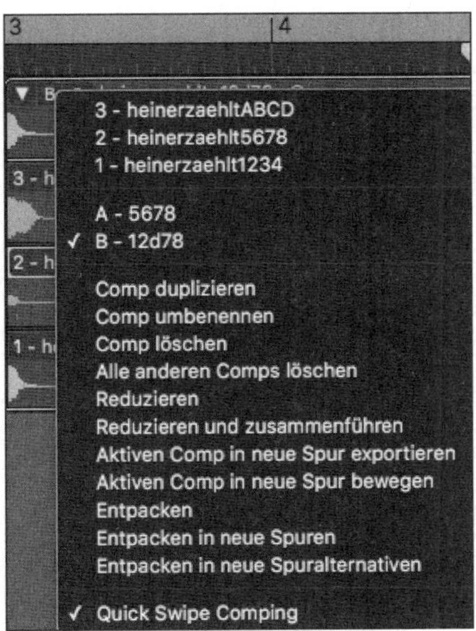

Abbildung 6.41 Comping-Menü

Unten im Menü ist QUICK SWIPE COMPING aktiviert. Nur wenn dies der Fall ist, funktioniert der Trick des Selektierens verschiedener Bereiche eines Takes, indem Sie mit gehaltener

Maustaste darüberfahren. Sie können bei aktiviertem QUICK SWIPE COMPING auch blau markierte Bereiche mittig anklicken und so selektieren – und anschließend mit der [⌫]-Taste oder dem Befehl BEARBEITEN • LÖSCHEN aus dem Take-Ordner entfernen.

Neue Comps erstellen

Wollen Sie weitere Comps erzeugen, funktioniert das grundsätzlich durch die Funktion COMP DUPLIZIEREN, mit der Sie einen aktiven Comp kopieren und anschließend verändern können (das habe ich zuvor schon einmal gemacht, sonst könnte es keine zwei Comps geben). Sie können Comps mit den entsprechenden Menüeinträgen auch löschen.

Verschiebemodus vs. »Quick Swipe Comping«

Ist QUICK SWIPE COMPING inaktiv, können Sie die Takes anfassen und nach links oder rechts (auch über die bisherigen Grenzen des Take-Ordners hinaus) bewegen. Beachten Sie: Im Take-Ordner-Header sehen Sie nun als äußerliches Erkennungsmerkmal ein Scherensymbol (Abbildung 6.42). Auch durch Klick auf das entsprechende Symbol können Sie vom einen in den anderen Modus umschalten.

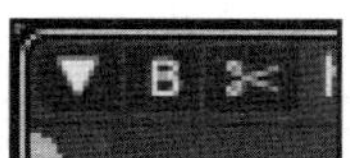

Abbildung 6.42 »Quick Swipe Comping« ist für diesen Take-Ordner aus, stattdessen ist der »Verschieben«-Modus aktiv.

Beim Anfassen des Takes erscheint nun ein Hand-Mauszeiger. Das Ergebnis einer Verschiebeoperation finden Sie im Projekt *06Zaehlerrec2-12d78moved*.

Natürlich können Sie beide Modi abwechselnd benutzen und nach dem Verschieben einzelner Bestandteile des Take-Ordners wieder swipen.

6.6.12 Take-Ordner reduzieren, entpacken, Comps und Takes bewegen und exportieren

Export von Take-Ordner-Inhalten

Sie können die Inhalte (Takes, Comps) eines Take-Ordners reduzieren, entpacken (wodurch der Take-Ordner aufgelöst wird) oder Comps exportieren und bewegen (wobei der Take-Ordner erhalten bleibt). Sollen mehrere Aufnahmen gleichzeitig spielen, müssen Sie entsprechende Bereiche aus dem Take-Ordner exportieren, dieser kann ja nur eine Aufnahme wiedergeben.

»Reduzieren« und »Reduzieren und zusammenführen«

Die Funktion Reduzieren (Abbildung 6.41) sorgt dafür, dass sämtliche anderen Takes verschwinden und nur noch der selektierte Take oder Comp übrig bleibt. In der Übersicht Projekt sind die anderen Takes allerdings nach wie vor verfügbar. Das unterscheidet sich von Reduzieren und zusammenführen dadurch, dass im ersten Fall Regionen mit Crossfades erzeugt werden und im zweiten Fall aus diesen Regionen ein neues, zusammenhängendes Audiofile erstellt wird – ganz so, als würden Sie die Regionen alle selektieren und den Befehl Verbinden (`cmd` + `J`) auslösen.

Aktive Comps in neue Spur bewegen/exportieren

Mit dem Befehl Aktives Comp in neue Spur bewegen wird der aktive Comp in eine neue Spur verschoben (wo er anschließend wie ein reduzierter Take-Ordner mit Crossfades zu sehen ist) und mit Aktives Comp in neue Spur exportieren exportiert. Der Unterschied zwischen beiden Varianten ist, dass die Inhalte beim Exportieren im Take-Ordner bleiben, während sie beim Bewegen daraus verschwinden.

»Entpacken« und »Entpacken in neue Spuren«

Diese Befehle lösen den kompletten Take-Ordner auf und exportieren alle Takes und Comps – entweder auf Kopien derselben Spur, wobei das, was zuvor im Take-Ordner nicht zu hören war, stumm geschaltet wird (via Regionsstummschaltung), oder auf neue Spuren, so dass anschließend zunächst alle Takes und Comps gleichzeitig zu hören sind.

Entpacken in neue Spuralternativen

Bei Audio-Take-Ordnern exportieren Sie mit dieser Alternative nicht nur die Takes, sondern auch alle existierenden Comps in neue Spuralternativen. Diese sind insofern eine interessante Alternative zu Comps, als sich die Regionen dort manchmal leichter editieren und bewegen lassen als im Take-Ordner – eben wie in einer ganz normalen Spur. Mehr zu Spuralternativen lesen Sie in Abschnitt 6.7.1.

6.6.13 Stuttereffekte mit der Funktion »Wiederholt schneiden«

Wenn das Scherenwerkzeug ausgewählt ist und Sie dabei die `alt`-Taste gedrückt halten, erscheint ein kleines +-Symbol rechts oben neben der Schere. Hiermit können Sie selektierte Regionen in lauter gleich lange Segmente zerschneiden. Anschließend können Sie beispielsweise jede zweite Region löschen oder stumm schalten, um einen Stuttereffekt zu erzeugen. Voraussetzung hierfür ist, dass das Audiofile durchgängig Sound von sich gibt, vergleiche Projekt *06Stutter1*. Sie können zusätzlich einfach die Länge aller geschnittenen und ausgewählten Schnipsel gleichzeitig kürzen, um Stottereffekte zu generieren.

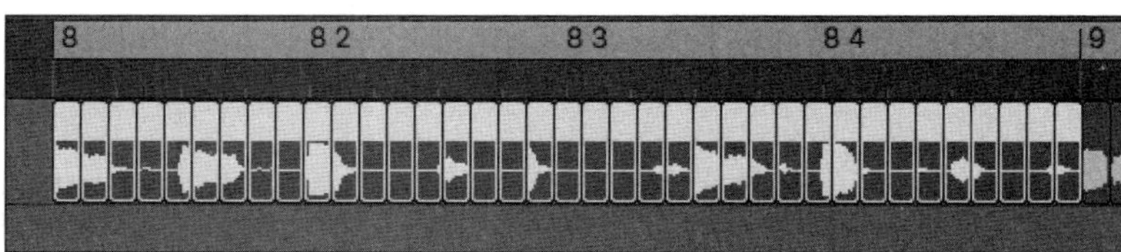

Abbildung 6.43 Mit der Funktion »Wiederholt schneiden« geschnittene Region

6.6.14 Klon-Regionen/Klone (Audio) und Regionen

Klone (auch *Klonregionen* genannt) sind Instanzen einer Audioregion. Dabei kommt dieselbe Region mehrfach im Arrangierbereich vor. Wird z. B. die Region gekürzt, werden alle Klonregionen ebenfalls gekürzt. Wenn Sie eine Region mit gehaltener [alt]-Taste kopieren, erstellen Sie eine neue Region. Wenn Sie sie stattdessen mit [alt] und [⇧] anfassen und kopieren, erzeugen Sie einen Klon. Klone sind Audio-Pendants zu MIDI-Aliassen. Es ist nicht (wie bei MIDI-Aliassen) eine Region das Original und die anderen sind Aliasse, sondern alle Regionen sind gleichberechtigt (Ergänzendes zu Klonen lesen Sie in Kapitel 8, »Audiobearbeitung in ›Projektaudio‹-Fenster und Audiodateieditor«).

Sie können Klone im Kontextmenü im Bereich KONVERTIEREN (oder via [alt] + [cmd] + [R]) in eine neue Region umwandeln. Alternativ geht das via BEARBEITEN • KONVERTIEREN • AUDIOREGION IN NEUE REGION. Ich benutze meistens eigenständige Regionen, mir ist meist das Risiko zu hoch, versehentlich ungewollt Regionen zu verändern.

6.6.15 Editing von Mehrspuraufnahmen und Drums, Drums doppeln

Wenn Sie mehrere Spuren einer Gruppe zuweisen, können Sie in den Gruppeneinstellungen die Option BEARBEITEN auswählen. Dann werden sämtliche Regions-Edits wie Quantisieren, Verschieben, Schneiden und Kopieren für alle der Gruppe zugehörigen Spuren gleichzeitig vorgenommen, so dass Sie z. B. Mehrspurschlagzeugaufnahmen leichter editieren können. Sie können dabei auch temporär die Gruppe deaktivieren, um Spuren temporär einzeln zu editieren. Über das Erstellen von Gruppen lesen Sie mehr in Kapitel 14. Logic bietet außerdem ein Tool, das aufgenommene akustische Drums mit elektronischen Drums »doppelt«, nämlich die Funktion DRUM-SPUR ERSETZEN ODER DOPPELN ([ctrl] + [D]) im Menü SPUR. Ein Beispiel finden Sie in Kapitel 17.

6.6.16 Effekte in Files hereinrechnen mit »Auswahlbasierter Bearbeitung«

Die Funktion AUSWAHLBASIERTE BEARBEITUNG erlaubt das schnelle Einrechnen von Effekten in Audiodateien. In einem Fenster können Sie Effekte oder Effektkanalzüge laden, bearbeiten und mit einem Klick anwenden. Das spart Zeit gegenüber anderen Methoden. Es impliziert aber auch einen anderen Workflow.

- Der Zeitsparfaktor ist z. B. bei Geräuschvertonungen wichtig, wo verschiedene Operationen wie z. B. Effektierung oder Lautstärkeanpassungen von Schritten manchmal hunderte Male wiederholt werden. Ob man für die gleiche Prozedur einen oder drei Schritte braucht, wird plötzlich wichtig. Macht man so etwas nur ab und zu, ist es dagegen eher egal.
- Mal eben schnell – z. B. in eine Bassdrum – einen anderen Effekt hineinrechnen zu können, macht das Arbeiten mit Audiodateien (gegenüber der Ansteuerung eines Instruments via MIDI) deutlich attraktiver, und Sie werden hierdurch anders produzieren.

Funktionsweise und Anwendungsbeispiele

Öffnen Sie das Fenster AUSWAHLBASIERTE BEARBEITUNG über das Menü FUNKTIONEN des Bereichs SPUREN oder via [alt] + [⇧] + [P] (das »P« steht für *processing*). Sie können nun in die A und B genannten Spalten manuell einzelne Effekte laden oder oben ein Channel-Strip-Preset wählen. Channel-Strip-Presets werden mitgeliefert, können aber auch selbst erstellt werden (im Kontextmenü des Settingbereichs eines Kanalzugs). In Abbildung 6.44 habe ich das Channel-Strip-Setting WEIRD DELAY geladen.

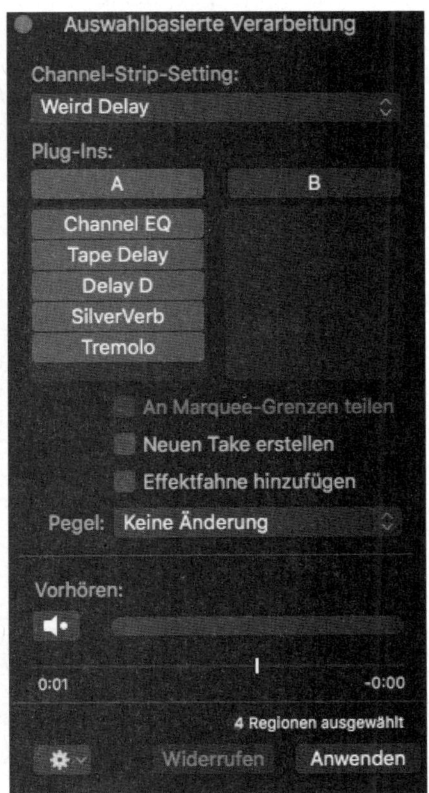

Abbildung 6.44 Dialog »Auswahlbasierte Bearbeitung«

Im Projekt *06AwbV1* habe ich eine einfache Bassdrum viermal hintereinander jeweils auf 1/4-Noten Zählzeiten gelegt, wie in Abbildung 6.45 sichtbar. Selektiere ich nun die erste Bassdrum und klicke auf ANWENDEN im Dialog AUSWAHLBASIERTE BEARBEITUNG, generiert Logic eine neue Audiodatei – in diesem Fall eine Bassdrum mit ausklingendem Echo (siehe Projekt *06AwbV2*).

Abbildung 6.45 Die erste Region ist ein neues, effektiertes File.

Die auf der Spur liegende Region wird automatisch und auf der gleichen Spur und Taktposition (*in place*) gegen ein neues Audiofile ausgetauscht, das effektiert ist. Die Effekte werden in das Audiofile hereingerechnet. Das alte Audiofile wird dabei nicht überschrieben, sondern Sie finden nun eine neue Audiodatei mit aufsteigender Nummerierung in der Übersicht PROJEKT.

Optionen: »Effektfahne hinzufügen«, »Neuen Take erstellen«, »An Marquee-Grenzen teilen«

Aktivieren Sie EFFEKTFAHNE HINZUFÜGEN, um lange ausklingende Effekte über die bisherige Länge der Region hinaus in das neue Audiofile einzurechnen.

Wählen Sie NEUEN TAKE ERSTELLEN, um die Effektierung in einen neuen Take zu rendern.

Wählen Sie AN MARQUEE-GRENZEN TEILEN – und wenn Sie dann mit dem Marquee-Werkzeug nur einen Teilbereich eines Audiofiles selektieren, wird nur dieser effektiert.

Effekt vorhören

Um den Effekt vorzuhören, klicken Sie auf den Button mit dem Lautsprechersymbol. Beim Vorhören werden automatisch Solo und ein Cycle aktiviert. Das ist zumindest unten im Einstellungsbereich voreingestellt, kann aber geändert werden. Der Cycle orientiert sich an der Selektion. Gegebenenfalls müssen Sie also leider erst (z. B. mit dem Marquee-Werkzeug) einen größeren Bereich vorselektieren, um einen eventuellen Effektausklang vorhören zu können.

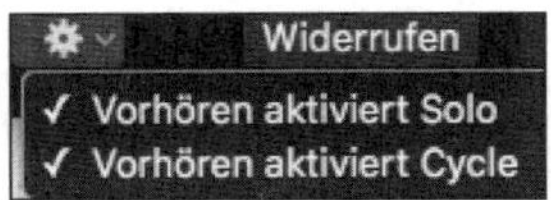

Abbildung 6.46 Einstellungen für die Vorhörfunktion

Effekte mehrfach anwenden

Klicken Sie ein weiteres Mal auf ANWENDEN, so können Sie den gleichen Effekt mehrfach anwenden. Hierfür steht auch der Befehl AUSWAHLBASIERTE BEARBEITUNG ERNEUT ANWENDEN (`ctrl` + `alt` + `P`) zur Verfügung. Er wird immer auf die Region(en) angewendet, die Sie gerade selektiert haben! Sie können den Effekt also auch schnell auf mehrere Regionen anwenden.

Audioeffekt-Slots A und B

Die beiden Slots helfen Ihnen, schnell auf zwei verschiedene, alternative Effekte zuzugreifen, von denen nur einer aktiv sein kann, indem Sie oben darauf klicken, so dass er blau gefärbt ist. Im Projekt *06AwbV3* ist in Slot B ein Hall geladen, der auf den zweiten Kick angewendet wurde. Sie können Effekte auch zwischen den Slots hin und her schieben.

Pegelanpassung

Im Menü zur PEGELANPASSUNG finden Sie ein paar selbsterklärende Optionen (Abbildung 6.47). NORMALISIEREN bedeutet hier, dass das Audiofile auf den maximal möglichen Pegel angehoben wird, was bei Anwendung auf leisen Parts eine deutliche Veränderung bewirkt. Im Projekt *06AwbV4* habe ich den aushallenden Teil einer Kickdrum mit dem Marquee-Werkzeug selektiert und die Optionen NORMALISIEREN und zuvor die Region via AN MARQUEE-GRENZEN TEILEN geschnitten.

Abbildung 6.47 Pegeloptionen im Menü »Auswahlbasierte Bearbeitung«

6.6.17 Regionen und Spuren bouncen oder in Audiodateien umwandeln

Mit dem Befehl REGIONEN BOUNCEN (`ctrl` + `B`) können Sie (alternativ) jede Audio- oder MIDI-Region auf einer Software-Instrument-Spur inklusive der Effekte auf der Spur zu einem neuen Audiofile bouncen. Auf diese Weise können Sie zum Beispiel schnell mal einen Effekt auf eine Spur legen, das Ergebnis inklusive Automation und Effektausklang auf eine neue (oder die gleiche) Spur bouncen (Angaben hierzu machen Sie im aufspringenden Dialogfenster) und danach den Effekt wieder ausschalten. Routings werden dabei für eine neue Spur übernommen. Mehr zu Export und Bouncing finden Sie in Abschnitt 10.2 bis Abschnitt 10.4.

Mit dem Befehl IN NEUE AUDIODATEI(EN) UMWANDELN (alt + cmd + F) konvertieren Sie eine oder mehrere Regionen in eine neue Audiodatei. Dabei spielen Effekte und Routings der Spur keine Rolle und werden nicht in das neue Audiofile eingerechnet. Die auf der Spur liegende Region wird auf der gleichen Spur und Taktposition (*in place*) gegen eine neue Audiodatei ausgetauscht.

6.7 Arrangiertechniken, Ordner, Spuralternativen, Spurstapel und ergänzende Funktionen im Hauptfenster

Das Hauptfenster stellt viele Funktionen zur Verfügung, die bei der Ausarbeitung eines Projekts bzw. der Erstellung eines Arrangements besonders hilfreich sind. Damit meine ich Spuralternativen, (Paket-)Ordner, Spurstapel, globale Spuren mit Markern, das Kontextmenü des Taktlineals, Arrangement Marker und Taktart-/Tonart-Wechsel sowie spezielle Navigations-, Editier- und Selektionsfunktionen. Zusätzliche musikalische Tipps finden Sie in Kapitel 12, musikalische Beispiele in Kapitel 17. Das mixtechnische Zusammenfassen von Instrumenten gehört gewissermaßen auch zum Arrangement, Sie lesen darüber in Kapitel 14 und Kapitel 17.

6.7.1 Spuralternativen und Arrangementvariationen

Spuralternativen können sowohl beim Verwalten von Aufnahmen, beim Editieren als auch beim Arrangieren hilfreich sein. Wenn Sie z. B. beim Überlappen von Aufnahmen im Menü AUFNAHME die Option SPURALTERNATIVE ERSTELLEN wählen, können Sie leicht (und auf andere Weise als in Take-Ordnern) zwischen verschiedenen Aufnahmetakes wechseln, die jeweils auf der richtigen Position liegen. Oft sind beim Arrangieren die Möglichkeiten wichtig, während der kreativen Erstellung eines Songs einerseits mit verschiedenen Variationen eines Sounds oder andererseits mit verschiedenen eingespielten Inhalten desselben Sounds zu arbeiten. Mit Spuralternativen behalten Sie Ideen im Hintergrund, ohne durch ein überfülltes Arrangement die Übersicht zu verlieren. Machen Sie Spuralternativen zunächst im Menü SPUREN (SPURALTERNATIVEN EINBLENDEN) oder im Spur-Header-Konfigurationsbereich sichtbar.

Durch die Shortcuts (Abbildung 6.48) zum Erstellen neuer Spuralternativen oder eines Duplikats wird nicht nur eine Spuralternative erstellt, auch das Einblenden der Funktionalität in der Spur geschieht dann automatisch, falls die Funktion in der Spur noch nicht benutzt wurde. Sind schon Spuralternativen vorhanden, werden sie ohnehin im Spur-Header angezeigt.

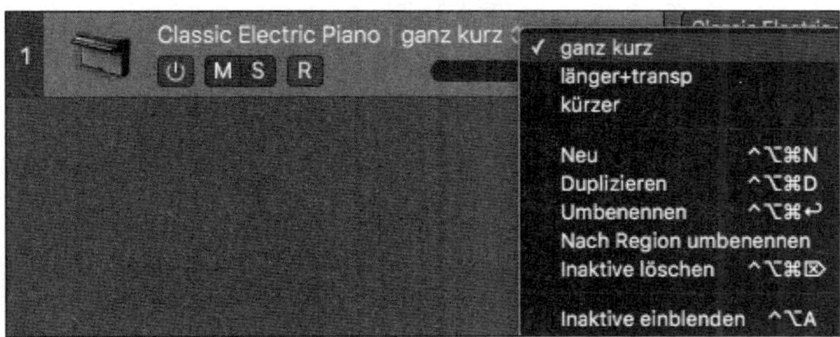

Abbildung 6.48 Spuralternativen und die zugehörigen Befehle

Zwischen Spuralternativen können Sie wechseln; es ist immer eine Spuralternative aktiv. Aktivieren Sie die Ansicht INAKTIVE EINBLENDEN (ctrl + alt + A), um vorhandene Spuralternativen zu sehen. Inhalte können Sie per Drag & Drop hinein- und herausziehen. Beachten Sie, dass Sie Spuralternativen unabhängig von Spuren benennen können, was beim Arrangieren sehr nützlich sein kann (vergleiche Projekt *06Spuralt2*), zumal sich im Spur-Header beides nebeneinander anzeigen lässt.

Abbildung 6.49 Inaktive Spuralternativen sind hier sichtbar (Projekt »06Spuralt2«).

Wenn Sie inaktive Spuralternativen einblenden, können Sie sie auch durch Klick auf den nach oben gerichteten Pfeil in die Spur hieven und aktivieren. Zuvor/Alternativ können Sie sie mit dem Power-Button rechts neben hörbar machen und Probe hören.

Wenn Sie via NEUE SPUR MIT GLEICHEM INSTRUMENT oder NEUE SPUR MIT GLEICHEM KANAL mehrere Spuren des gleichen Objekts erzeugen, können die verschiedenen Duplikate dieser Spuren übrigens jeweils ihr eigenes Set an Regionen und Spuralternativen verwalten. Diese teilen dann aber auch die gleiche Spurautomation miteinander. Im Gegensatz zu Pro Tools' Playlisten sind Logics Spuralternativen leider nicht zwischen Spuren austauschbar.

6.7.2 Soundvariationen/Spur duplizieren

Um schnell eine Variation eines Sounds (Audio oder MIDI) in Ihrem Projekt zu integrieren, nutzen Sie den Befehl NEUE SPUR (EINSTELLUNG DUPLIZIEREN) im Menü SPUR • ANDERE

(Shortcut [cmd] + [D]). So erzeugen Sie schnell eine unabhängige neue Spur mit den Einstellungen der zuvor selektierten Spur, z. B. um dort danach für eine Variation einen anderen Effekt zu laden.

6.7.3 (Paket-)Ordner und Songvariationen

Paket-Ordner (die früher und an manchen Stellen in Logic immer noch einfach nur Ordner hießen bzw. heißen) dienen vor allem dazu, in einem Projekt mehrere Teil- oder Komplettarrangements zu verwalten oder mehrere Spuren oder Regionen zusammenzufassen. Ordner liegen dann auf neutralen Ordner-Spuren, zwischen denen Sie hin und her kopiert werden können. Sie sind ein sehr hilfreiches Tool beim Arrangieren.

Sie können mehrere Spuren bzw. ihre Regionen selektieren und den Befehl ORDNER PACKEN (im FUNKTIONEN-Menü unter dem Eintrag ORDNER) auslösen. Eine Ordnerregion und eine entsprechende Spur werden dann angelegt (Abbildung 6.50). Im FUNKTIONEN-Menü stehen anschließend auch Einträge zum Entpacken des Ordners zur Verfügung. Das funktioniert nur im Bereich SPUREN und logischerweise nicht für Zellen.

Die ORDNER-Funktion profitiert davon, dass Logic im Gegensatz zu anderen DAWs mehrere Kopien derselben Spur bzw. desselben Spurobjekts anlegen kann. Auf diese Weise können Sie beispielsweise zwei verschiedene Arrangements in zwei Ordnern verwalten und gleich abmischen; Änderungen an den Mixeinstellungen einer Spur beziehen sich dann auf die Inhalte beider Ordner (das diskutiere ich im Detail später in diesem Abschnitt).

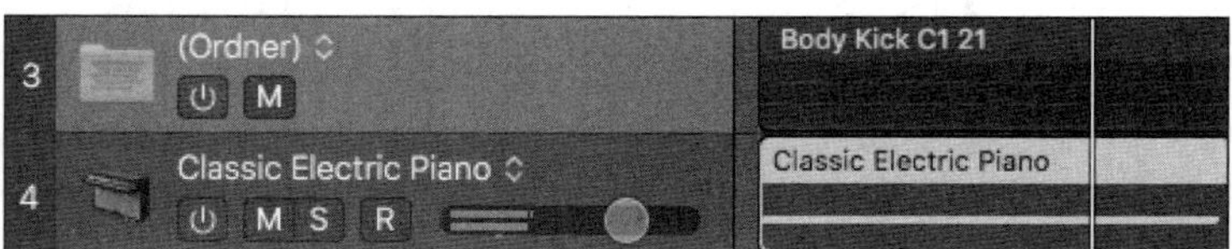

Abbildung 6.50 Ordnerregion auf Ordnerspur

Sie können anschließend auf den gepackten Ordner doppelklicken, um seinen Inhalt zu sehen. Wenn Sie dann wieder zu Ihren anderen Spuren bzw. auf die alte Hierarchieebene zurückmöchten, so klicken Sie auf den Button mit dem nach oben zeigenden Pfeil oben links im Bereich SPUREN (siehe Markierung in Abbildung 6.51 ebenfalls ganz oben links) oder doppelklicken in den leeren Hintergrund des Bereichs SPUREN.

Manchmal erleichtern solche Ordner das Arbeiten mit Regionen auch beim Arrangieren, z. B. wenn kleinere Regionen verschiedener Spuren (auch Audio und MIDI gemischt) zu einem editierbaren und verschiebbaren Block zusammengefasst werden sollen – ähnlich einem Pattern (siehe Projekt *06Ordner*). Übrigens: Wenn Sie nur eine Spur mit Regionen zusammenfassen, bleibt das Spurinstrument erhalten; ansonsten wird eine Ordner-Spur erzeugt. Diverse Funktionen finden Sie im FUNKTIONEN-Menü, aber auch im Kontextmenü von Regionen. In beiden finden Sie ganz unten einen Eintrag ORDNER und darin die Einträge PAKET-ORDNER und TAKE-ORDNER.

Abbildung 6.51 Funktion zum Verlassen eines Ordners

Songvariationen mit Ordnern erstellen, Ordner und Spuralternativen

Sie können mehrere Spuren zu einem Ordner zusammenfassen, anschließend die Ordnerspur duplizieren und den Ordner kopieren, um mehrere Variationen eines Songs in einem Projekt zu verwalten. Dabei wird jeweils eine neue Spur desselben Objekts der MIDI-UMGEBUNG erstellt, ähnlich wie bei den Befehlen NEUE SPUR MIT GLEICHEM INSTRUMENT und NEUE SPUR MIT GLEICHEM KANAL (für Audiospuren). Ein sehr reduziertes Beispielprojekt zum Experimentieren mit der Funktion finden Sie unter *06OrdnerArr1*, in dem zwei Ordner mit jeweils zwei Spuren vorhanden sind, die unterschiedliche Arrangements enthalten. Dabei können die verschiedenen Duplikate jeweils ein eigenes Set an Spuralternativen verwalten, so dass Sie z. B. a) mehrere Ordner in verschiedenen Varianten hintereinander arrangieren oder b) in jedem Ordner spurbezogen mit verschiedenen Spuralternativen herumhantieren können.

Das ist eine geniale Funktion, die man anderswo vergeblich sucht. Sie stammt noch aus den frühen Anfängen von Logic, als es noch vor allem ein MIDI-Programm war. Problematisch wird die Nutzung einer solchen Funktion jedoch möglicherweise, wenn Sie Automation nutzen. Denn eine Änderung von Spurautomation würde ebenfalls sofort alle Ordner/Songvariationen betreffen und könnte – je nach Komplexitätsgrad und Übersichtlichkeit Ihres Projekts – zu unbeherrschbarem Chaos führen. Die ausschließliche Nutzung von Regionsautomation kann möglicherweise Abhilfe schaffen. Automationen sollten dann aber möglichst bis an die Regionsgrenzen gehen, und Sie sollten eine Spurautomation erstellen, die einen Referenzwert im Mix festsetzt, falls keine Regionsautomation vorhanden ist (siehe Kapitel 16).

Ordnerspuren – auch als Arrangement-Tool oder Patternersatz

Bei der Verwendung von Ordnern kann es passieren, dass Sie einen Ordner versehentlich auf eine falschen Spurkategorie bewegen und Sie nichts mehr hören. Grundsätzlich gilt: Ordnerspuren sind geeignet, die Wiedergabe aller Paket-Ordner zu ermöglichen. Sie können auch stets eine neue Spur, gleich welcher Art, erzeugen und für sie im Menü SPUR NEU ZUORDNEN (erscheint durch Rechtsklick auf die Spur-Header) ORDNER auswählen, um eine neue Ordner-Spur zu erstellen.

Sie können Ordnerspuren nutzen, um Ihre Ordner in Blöcken zu arrangieren und sich von der klassischen spurgebundenen Weise zu arrangieren lösen. Ähnlich wie in FL Studio mit seinen Patterns kann dann auf jeder Ordnerspur beliebiger Inhalt liegen, und Sie kommen mit weniger Spuren aus. Im Gegensatz zu Spurstapeln können Sie auch mehrere Ebenen verschachteln und Ordner in Ordner packen. In den Anfängen von Logic, das Nachfolger des patternbasierten MIDI-Sequencers Notators war, wurden Ordner vor allem als Ersatz für die Patterns präsentiert. Ordner als Patterns zu nutzen ist also durchaus vom Hersteller vorgesehen.

Verlinkung zweier Hauptfenster/»Link«-Modus/Inhalte von Ordner und Arrangement gleichzeitig sehen

Das Hauptfenster besitzt im ANSICHT-Menü aus dem Bereich SPUREN ganz oben unter ANSICHT • LINK die Möglichkeit, es zu verlinken. Auf diese Art und Weise können Sie zwei Hauptfenster öffnen, von denen eines stets die Inhalte des anderen anzeigt. Das ist relevant, wenn Sie Ordner selektieren. Sie können dann verschiedene Hierarchieebenen gleichzeitig sehen. Hierzu wählen Sie für das zweite Fenster unter ANSICHT • LINK die Option INHALT aus (so dass die Ordnerinhalte des ersten Fensters angezeigt werden).

6.7.4 Ordner versus Take-Ordner

Ein wichtiger Unterschied zwischen Take-Ordnern und Ordnern besteht darin, dass Ordner verschiedene Spuren enthalten können, während Take-Ordner sich immer nur auf eine Spur beziehen, so dass beispielsweise nur ein Audiofile gleichzeitig wiedergegeben werden kann. Für Ordner werden dann neutrale Ordnerspuren angelegt, zwischen denen Ordner leicht hin und her verschoben werden können.

In Ordnern müssen Sie stets die Hierarchieebene wechseln, um Inhalte zu sehen, Take-Ordner lassen sich hingegen im Arrangement aufklappen. Ein Beispiel, in dem verschiedene Bass-Sound-Regionen in einem Take-Ordner und Drumsound-Regionen in einem regulären Ordner zusammengefasst werden, finden Sie im Projekt *06TrackObass3*. Die Drums werden außerdem in einem Bus summiert.

Ordner und Take-Ordner als Tool zum Zusammenfassen von kleinen Regionen einer Spur

Beide können auch dem Zweck dienen, lose herumliegende Regionen zu einer längeren Region zusammenzufassen, und sind dabei jeweils etwas anders zu bedienen. Take-Ordner haben den Nachteil, dass verschiedene Regionsparameter nicht mehr im Informationsfenster zu sehen sind, wenn Sie lediglich den zugeklappten Take-Ordner anklicken. Bei Paket-Ordnern sind (wenn nur Regionen einer Spur enthalten sind) mehr Parameter im Informationsbereich zu sehen. Wenn Sie eine Quantisierung einstellen wollen, können Sie in einem nachfolgenden Pop-up-Dialog auswählen, den Inhalt des ganzen Ordners zu quantisieren.

Ordner, die nur eine Spur enthalten, benötigen keine Ordnerspur, sondern können die Spur beibehalten.

6.7.5 Ordner versus Spurstapel

Gegenüber Spurstapeln haben die Paket-Ordner-Regionen den Vorteil, besser editierbar zu sein, Sie können z. B. leichter die Länge von Paket-Ordner-Regionen ändern. Ordner lassen sich auch ganz leicht kopieren, Regionen der Spurstapel-Masterspur, die lediglich Inhalte der darunter liegenden Spuren zusammenfassen, hingegen nicht (siehe Abschnitt 6.7.12). Zudem lassen sich beliebig viele Ordnerebenen ineinander verschachteln, auch das geht mit Spurstapeln nicht. Ordnerregionen können Sie hingegen nicht wie Spurstapel aufklappen, sondern müssen zwischen Hierarchieebenen wechseln. Das kann aber auch ein Vorteil sein, weil Sie dann beim Editieren stets nur sehen, was im Ordner enthalten ist, und gar nicht erst andere Spuren ausblenden müssen.

6.7.6 Spurstapel – Einführung

Spurstapel sind eine Kombination aus mehreren Spuren, die als Summenstapel oder Ordnerstapel vorliegen können. Mit Spurstapeln können Sie im Bereich SPUREN Spuren zusammenfassen, ohne wie bei den Ordnern die Ansichtsebene wechseln zu müssen. Dies kann beim Aufräumen eines Arrangements sehr nützlich sein. Spuren können Sie im Bereich SPUREN einfach aus Spurstapeln heraus- und in sie hineinziehen. Es gibt Summenstapel und Ordnerstapel. Wenn Sie Spuren in Spurstapeln erstellen wollen, funktioniert dies leider nicht mit Befehlen zum Erzeugen neuer Spuren, denn diese erstellen Spuren außerhalb des Spurstapels. Als Workaround bietet sich das Duplizieren von Spuren via [cmd] + [D] an. Wenn Sie eine Spur im Spurstapel duplizieren, wird die neue Spur ebenfalls im Spurstapel angelegt. Manchmal erscheinen die Einträge SPURSTAPEL ERZEUGEN oder SPURSTAPEL-TYP ausgegraut. Nicht immer verhält sich Logic hierbei ganz logisch. Möglicher Grund: Spurstapel-Spuren lassen sich normalerweise nicht verschachtelt bzw. nochmals als Spurstapel anlegen. Allerdings können Sie einmalig nachträglich einen Summenstapel der jeweils anderen Kategorie (Ordnerstapel vs. Summenstapel) in einen manuell (z. B. durch »Stapeln« einer einzelnen Spur) angelegten Ordnerstapel ziehen.

6.7.7 Spurstapel erzeugen

Den Eintrag SPURSTAPEL ERZEUGEN finden Sie im Menü SPUR, via Rechtsklick auf den Spur-Header, oder Sie nutzen den Shortcut [⇧] + [cmd] + [D]. Wollen Sie eine oder mehrere selektierte Spuren zu einem Spurstapel zusammenfassen, selektieren Sie zuvor die entsprechenden Spuren und lösen dann den Befehl SPURSTAPEL ERZEUGEN aus. Im folgenden Dialog wählen Sie eine der Optionen ORDNERSTAPEL und SUMMENSTAPEL (Abbildung 6.52), die ich nachfolgend erläutere.

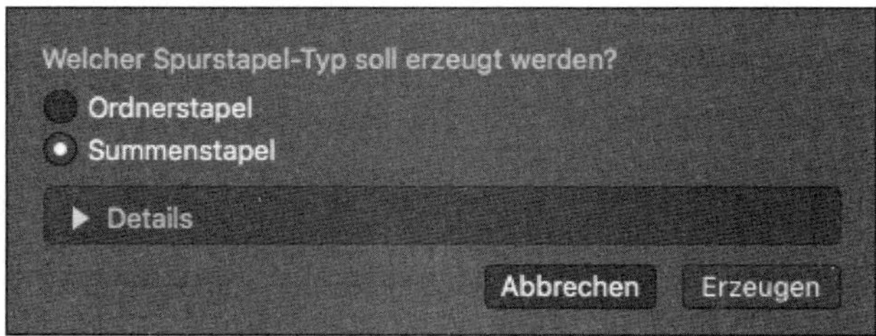

Abbildung 6.52 Dialog bei der Erstellung eines Spurstapels

6.7.8 Spurstapel: Summenstapel vs. Ordnerstapel

Spurstapel der Kategorie SUMMENSTAPEL sorgen für ein automatisches Bus-Routing der zusammengefassten Spuren auf die Summenstapel-Masterspur. Summenstapel lassen sich als Patches speichern (z. B. Patch *Boutique 808* aus dem zweiten Teil des Schnellkurses, Abbildung 6.53). Ordnerstapel ändern dagegen das Routing nicht und können auch nicht gespeichert werden. Das lässt aber mehr Freiheiten für manuelles Routing und Hineinziehen von Spuren.

Abbildung 6.53 Spur 1 aus »06Schnellkurs30TrackStack«

6.7.9 Spurstapel: mit Ordnerstapeln arbeiten

Wählen Sie ORDNERSTAPEL, um Spuren oder Instrumentengruppen in einem Ordnerstapel mit Spurstapel-Masterspur und Fader, aber ohne Audio-Routing im Projekt zusammenzufassen. Eine Automation des Faders ist möglich. Zudem können Sie schnell alle Inhalte Ihres Ordnerstapels solo hören oder muten. Ordnerstapel eignen sich sehr gut als Ordnungstool, um Ihren Bereich SPUREN übersichtlicher zu gestalten. Mit Hilfe der Hide-Funktion der Spurstapel-Masterspur können Sie zudem schnell alle Spuren eines Spurstapels schnell ausblenden. Ich habe ein Beispiel auf der Basis des Projekts *Schnellkurs30* aus Kapitel 2 und allen Spuren, die keine Drum-Spuren sind, erstellt; das Ergebnis sehen Sie in Abbildung 6.54 und finden es im Projekt *06Schnellkurs30TrackStack*.

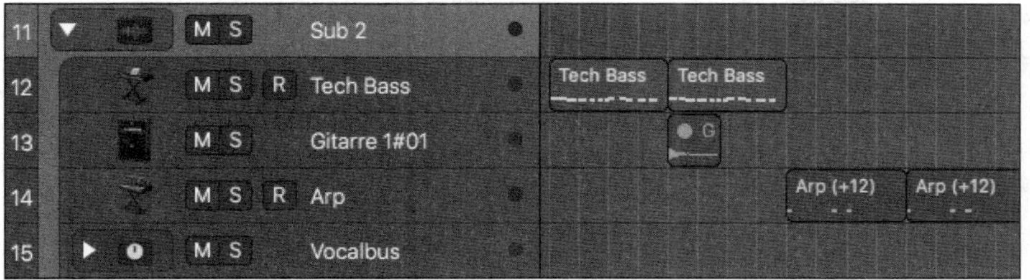

Abbildung 6.54 Selektierte Spuren und Dialog zum Erzeugen eines Spurstapels

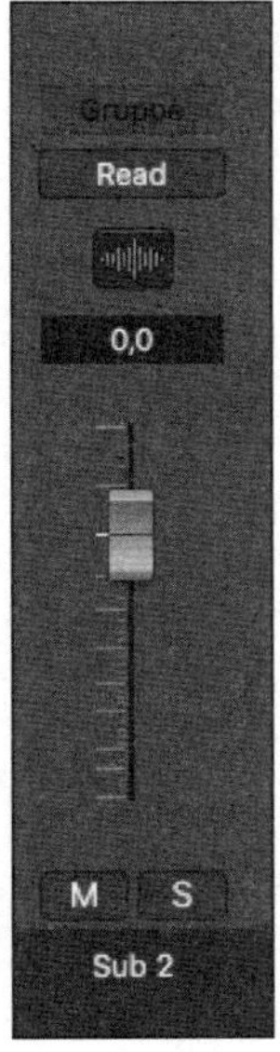

Abbildung 6.55 Kanalzug eines Ordnerstapels. Dies ist ein (VCA-)Fader, kein Aux-Kanal und hat keine Plug-in-Slots.

Ergänzend finden Sie im Projekt *06x3_TemplateTGM20210311* ein Template, bei dem die Aux-Kanäle, Audiospuren und Instrumentspuren in Ordnerstapeln angelegt sind. Summierungs-Aux-Kanäle sind als Spuren angelegt, Sends in Summen geroutet. Die jeweils letzten Summenbusse sind »oben« zu sehen, wenn mehrere Summenbusse genutzt werden.

6.7.10 Spurstapel: mit Summenstapeln und Layering arbeiten

Das Routing im Summenstapel ist der Hauptunterschied zum Ordnerstapel: Die im Stapel liegenden Spuren werden automatisch an einen Bus geroutet. Die aufklappbare Summenstapel-Masterspur ist ein Aux-Kanal, in dem genau dieser Bus als Input eingestellt ist. Wählen Sie SUMMENSTAPEL, wenn Sie das so haben möchten. Übrigens: Wenn Sie mehrere Spuren zu einem Summenstapel zusammenfassen, die als Ausgang bereits denselben Bus eingestellt hatten, so wird dieser automatisch als Eingangsbus für den neue Summenstapel-Master-Aux-Kanal übernommen.

Summenstapel lassen sich als Patches in der BIBLIOTHEK abspeichern. Dies gilt für Kombinationen diverser Arten von Spuren, also z. B. sowohl für Kombinationen aus Instrumenten mit Layern als auch für Audiospuren mit Kombinationen aus Aux-Kanälen für komplexe Effekt-Routings. Wenn Sie Spuren in Summenstapel ziehen, wird automatisch ihr Output-Routing geändert.

Summenstapel für Instrumente mit Einzelout-Aux-Spuren und Layering

Summenstapel werden zum Beispiel für Instrumente mit mehreren Ausgangskanalzügen (z. B. Producer Kits im Ordner *Drum Kit*; siehe Projekt *06x3-Producerkit+Summenstapel* – oder unser bereits öfter verwendetes Patch *Boutique 808*), gelayerte Synth-Sounds oder Instrumentengruppen genutzt.

Über die Summenstapel-Masterspur können Sie die darin verpackten Instrumentenspuren per MIDI ansteuern und Noten aufnehmen. In Summenstapeln benutzte Instrumente werden auf einer im Stack liegenden Spur eingefügt und vom Master angesteuert. Auf verwendete Aux-Spuren (z. B. von Einzel-Outputs für verschiedene Drumsounds eines Instruments) können Sie zwar Regionen ziehen und abspielen, aber nicht aufnehmen; Aux-Kanäle können nämlich überraschenderweise nicht nur Audio ausgeben, sondern auch MIDI senden. Die Beschriftung eines (Audio ausgebenden) Einzelout-Aux-Kanals (z. B. Snare) in einem Spurstapel-Patch kann daher insofern verwirrend sein, als eine MIDI-Region auf der Spur auch andere Sounds im verbundenen Instrument/Drumkit (z. B Kicks) ansteuern kann. Sie müssen stets im Kopf trennen: Wann geht es um MIDI (in der Region), wann um Audio (im Aux-Kanal)? Auch in Abschnitt 14.5 (über den Mixer und Outputkonfigurationen) finden Sie zu diesem Thema Beispiele.

Summenstapel mit Audio- oder Aux-Spuren

Ein Summenstapel kann auch den Zweck haben, die in ihm untergebrachten Spuren abzumischen. Sie können auch Patches erstellen, um schnell für eine Audiospur ein komplexes Bus-Routing aufzurufen. Ergänzende Erläuterungen hierzu lesen Sie in Abschnitt 14.2 über Aux-Kanäle, Busse und Sends.

Aux-Kanäle können allerdings keine Audioregionen abspielen. Wenn Sie ein Spurstapel-Audio-Patch laden, das eine komplexere Effektkonfiguration über interne Aux-Wege für eine Audiospur realisiert, bleiben die auf der Audiospur liegenden Regionen typischerweise auf der in den Spurstapel wandernden Audiospur liegen. Achtung: Ist der Summenstapel dann zusammengeklappt, ist das Audiomaterial dann dennoch auf der Summenspur zu sehen (Abbildung 6.56, Abbildung 6.57, Projekt *06Audiospurst*).

Abbildung 6.56 So wird das Audiomaterial im Spurstapel angezeigt, das auf einer Audiospur im Stack liegt.

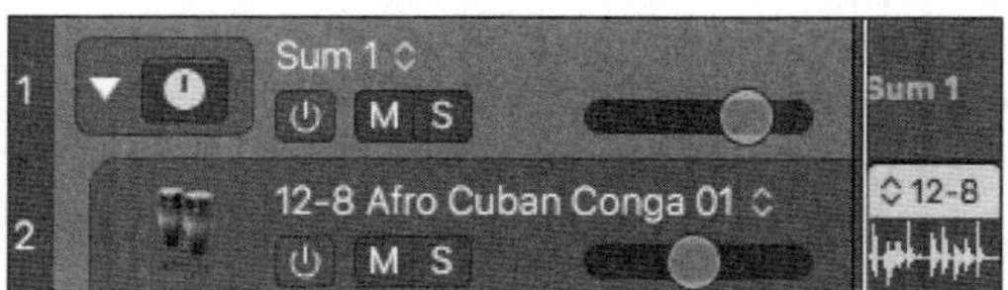

Abbildung 6.57 Audiomaterial wird nur von einer Audiospur, nicht von einem Aux-Kanal abgespielt.

Summenstapel abspeichern

Summenstapel können Sie als Patch inklusive aller enthaltenen Routings und Spuren abspeichern. Hierzu selektieren Sie die Spurstapel-Aux-Spur und klicken auf den SICHERN ...-Button unterhalb der BIBLIOTHEK. Viele solcher Patches finden Sie in der BIBLIOTHEK, und viele – egal, ob Instrument-, Audio-, Aux- oder Output-Patches – enthalten komplexe Routings. Eine Kategorisierung nach Hauptspurtyp erfolgt automatisch, so dass Sie beim Laden eines Patches für eine Instrumentenspur nur Instrumenten-Summenstapel angezeigt bekommen usw.

Manuelles Routing in Summenstapeln?

Öffnen Sie das Projekt *06Trackstacksum*. Hier habe ich einen Summenstapel für zwei Synths erzeugt. Der Stapel wird auch entsprechend benannt: Die Busse 1, 2 und 3 waren schon für Send-Routings belegt; der Stapel wird nun *Sum 4* genannt, weil Bus 4 als Output für die Spuren und als Input des Stapel-Masterkanals fungiert. Spuren, die Sie nachträglich in einen Summenstapel ziehen, werden automatisch in die Summenstapel-Masterspur geroutet. Zwar sind manuelle Routing-Konfigurationen inklusive der Integration von zusätzlichen Sub-Bussen in die Spurstapel möglich. Doch müssen Sie stets aufpassen, dass keine Automatik automatisch eingreift, weshalb ich für komplexe oder manuelle Anordnungen lieber Ordnerstapel nutze.

Die Outputs der beiden Spuren im Beispiel wurden zwar auf Bus 4 geroutet, jedoch sind für beide Spuren Sends an Busse eingestellt. Die Frage ist, ob die Outputs dieser Send-Busse ebenfalls auf Bus 4 landen. Ansonsten wäre bei Nutzung dieser Sends auch bei stumm geschalteter Stack-Masterspur noch ein Resthall der darin vorhandenen Instrumente zu hören. Bei älteren Logic-Versionen klappte das nicht automatisch, bei neueren hingegen schon.

6.7.11 Spurstapel reduzieren/auflösen

Im Spurmenü können Sie mit der Funktion STAPEL REDUZIEREN (englisch: *flatten stack*; [⇧] + [cmd] + [U]) Spurstapel auch wieder auflösen.

6.7.12 Spurstapel: Mehrere Spurstapel verschachteln?

Sie können einmalig Summenstapel in Ordnerstapel ziehen (und umgekehrt), ansonsten aber keine Stapel in Stapel hineinziehen. Das kann zu Problemen führen, wenn z. B. alle Drums zusammengefasst werden sollen, dabei aber bereits Spurstapel-Spuren im Einsatz sind. Alternativ können Sie die PAKET-ORDNER-Funktion nutzen.

6.7.13 Spurstapel: Darstellung und Edits von Regionen

Die Darstellung der Inhalte von Spurstapeln ist wegen der Verschiedenheit von Spurstapel-Konfigurationen nicht immer leicht zu verstehen. Es geht um das, was in der obersten Spur zu sehen und zu editieren ist, wenn der Spurstapel zusammengeklappt ist. Dies repräsentiert nicht immer den Inhalt des Spurstapels.

Eine Spurstapel-Spur (egal, ob Ordnerstapel oder Aux-Kanal) können Sie ein- (Abbildung 6.59) und ausklappen (Abbildung 6.58), um die Spuren, die verwaltet werden, zu verstecken (Projekt *06Schnellkurs30TrackStack*).

Abbildung 6.58 Ausgeklappter Spurstapel-Ordnerstapel

Abbildung 6.59 Eingeklappter Spurstapel-Summenstapel

Falls ein Spurstapel aus Spuren zusammengestellt wird, die Regionen enthalten, und diese übereinanderliegen, ist bei eingeklappten Spurstapeln in der Haupt-Spurstapel-Spur ebenfalls eine Art Region zu sehen, mit der Sie normalerweise – ähnlich, aber nicht genau wie mit einem Ordner – die Inhalte verschieben und kopieren können, die sich aber etwas anders verhält als eine normale Region oder ein Ordner.

Wird ein Spurstapel, in dem sich übereinanderliegende Regionen befinden, zugeklappt, sieht es aus wie in Abbildung 6.60. Die Region auf der Spurstapel-Masterspur können Sie aber nicht wie eine normale Region editieren. Sie können sie zwar normalerweise verschieben und auf der gleichen Spur kopieren oder an der Abspielposition oder den Locator-Punkten schneiden (selbst das klappte mit neueren Logic-Versionen manchmal nicht). Aber Sie können nie die Länge ändern oder sie auf eine andere Spur (z. B. einen duplizierten Spurstapel) kopieren. Für solche Operationen sind Ordner vorgesehen bzw. besser geeignet

Beispiel: Eine Spurstapel-Region wurde im Bild von Takt 33 auf Takt 53 kopiert. Sie können nicht das Ende des Objekts anfassen, um es beispielsweise am Ende auf Takt 55 zu kürzen. Wohl aber können Sie hierfür im Taktlineal Takt 53 bis 55 auswählen und die Funktion AN LOCATOR-PUNKTEN TEILEN benutzen, um das Objekt zu teilen (Abbildung 6.60).

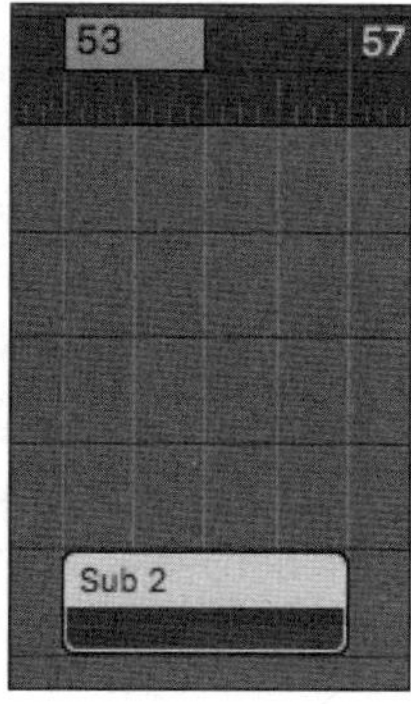

Abbildung 6.60 Kopierte Spurstapel-Region. Diese Art »Region« zeigt an, dass es in den enthaltenen Spuren des Summenstapels Inhalte gibt (Projekt »06Schnellkurs30TrackStack3«). Die Balken im Ordner zeigen an, wie viele Regionen übereinanderliegen: Von Takt 53 bis 55 ist es eine, von Takt 55 bis 57 sind es zwei.

Wenn Sie den Spurstapel aufklappen und Regionen im Stapel verlängern oder loopen, verlängert sich auch die Spurstapelregion (Projekt *06Schnellkurs30TrackStack4*). Haben die Regionen unterschiedliche Quantisierungen, können Sie das am Informationsfenster REGION erkennen, das sich dann wie bei der Selektion mehrerer Regionen verhält.

Wenn Sie aber eine MIDI-Region auf einem Summenstapel-Master-Aux-Kanal einspielen, erzeugen Sie eine neue MIDI-Region. Die anderen Inhalte bzw. Regionen der Spuren aus dem Stapel werden dann nicht mehr angezeigt, sind aber noch hörbar (Abbildung 6.61, vergleiche Projekt *06Spurstapel05*).

Abbildung 6.61 Die MIDI-Region steuert über den Aux-Kanal alle im Stack befindlichen Synths an.

Wenn Sie die neue MIDI-Region anschließend verschieben, werden die Inhalte der im Spurstapel verborgenen Spuren nicht mitverschoben (Abbildung 6.62, Abbildung 6.63).

Abbildung 6.62 In der Masterspur werden die im Stack liegenden Regionen nicht mehr angezeigt.

Abbildung 6.63 In der Masterspur werden die im Stack liegenden Regionen nicht mehr angezeigt – wie die ausgeklappte Stack-Spur beweist. Falls Sie die Region auf der Masterspur wieder entfernen, werden die Inhalte wieder angezeigt.

Falls Sie eine Region auf der Masterspur wieder entfernen, werden die Inhalte wieder angezeigt (siehe Projekt *06Spurstapel6*); das betrifft sowohl Summenstapel als auch Ordnerstapel.

Eine mögliche Strategie, um nicht die Übersicht zu verlieren, ist der Verzicht auf MIDI-Daten in den Unterspuren, so dass diese nur in der Spurstapel-Masterspur vorkommen, wie das z. B. bei Drummer-Spuren der Fall ist. Die Alternative hierzu ist der Verzicht auf Regionen auf der Summenspur und die ausschließliche Nutzung der Spuren innerhalb des Stapels – was typischerweise der Fall ist, wenn viele unterschiedliche Instrumente in einem Stack vorkommen, die zusammen abgemischt, aber nicht gelayert oder gemeinsam über MIDI angespielt werden sollen.

6.7.14 Arrangement: Taktlinealkontextmenü, Bereich zwischen Locator-Punkten wiederholen, kopieren, einfügen oder löschen

Möchten Sie arrangieren und verschieben, so bieten sich diverse Funktionen des BEARBEITEN-Menüs des Hauptfensters (Abbildung 6.64) sowie des Kontextmenüs des Taktlineals (Abbildung 6.65) an. Es geht zum Beispiel darum, größere Blöcke eines Arrangements dort hin und her zu »manövrieren«, zu kopieren oder zu löschen. Lesen Sie ergänzend auch den Abschnitt über Arrangement Marker (siehe Abschnitt 6.7.16).

Abbildung 6.64 Zeitabschnittoperationen im »Bearbeiten«-Menü

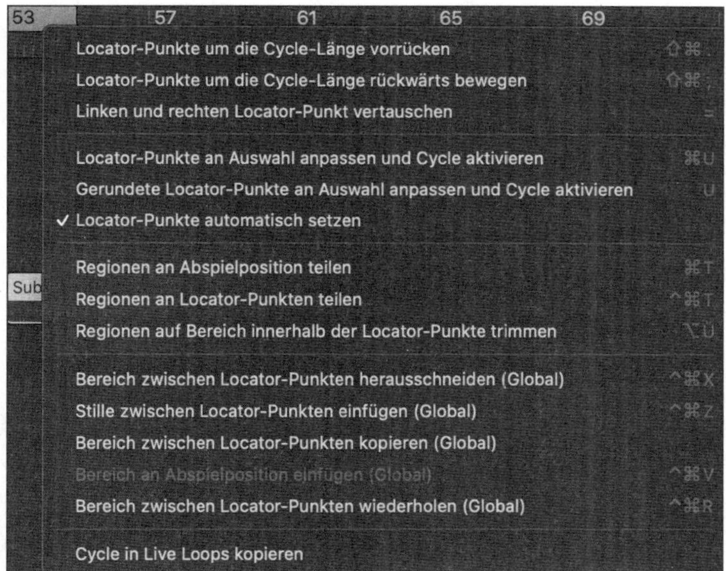

Abbildung 6.65 Taktlineal-Kontextmenü

Oft hilfreich ist die schnelle Anpassung der Locator-Punkte an die Auswahl im NAVIGIEREN-Menü – automatisch (z. B. nach Regionsauswahl) über den Eintrag LOCATOR-PUNKTE AUTOMATISCH SETZEN ganz unten im NAVIGIEREN-Menü, manuell exakt via [cmd] + [U] oder gerundet mit [U].

Besonders finde ich die Optionen im Unterpunkt AUSWÄHLEN UND ZEITABSCHNITT AUSSCHNEIDEN/EINFÜGEN des BEARBEITEN-Menüs – insbesondere mit Kenntnis der Shortcuts (siehe Abbildung 6.64): Zeitabschnitte werden über die Locator-Punkte definiert – und können eingefügt, wiederholt, gelöscht oder durch Stille ersetzt werden. Unter BEARBEITEN • AUSWÄHLEN können Sie ALLE Objekte ([⇧] + [A]) oder ALLE ZWISCHEN DEN LOCATOR-PUNK-

TEN selektieren (⇧ + L). Wenn Sie alles selektieren, können Sie schnell das ganze Arrangement verschieben.

Unter BEARBEITEN • ZEITABSCHNITT AUSSCHNEIDEN/EINFÜGEN können Sie Bereiche zwischen Locator-Punkten löschen (ctrl + cmd + X), kopieren (unabhängig von der Selektion), wiederholen (ctrl + cmd + R) oder einfügen (ctrl + cmd + V). Gegebenenfalls sollten Sie zuvor überlappende Regionen schneiden (z. B. via AN LOCATOR-PUNKTEN TEILEN/TRENNEN oder ctrl + cmd + T).

Ein weiteres Tool, das ich oft benutze, um ein Arrangement zu verlängern oder einen neuen Part einzufügen, ist der Befehl AUSWÄHLEN • ALLE FOLGENDEN OBJEKTE im BEARBEITEN-Menü. Auch im Regionskontextmenü sind diverse Auswahloptionen zu finden, die in Abschnitt 6.2.2 nachzulesen sind. So können Sie alle Regionen selektieren, die hinter einer Taktposition liegen (gegebenenfalls mit der gehaltenen ⇧-Taste und Mausklick einzelne Regionen manuell selektieren/deselektieren). Den so selektierten Block können Sie dann um eine gewünschte Taktzahl nach hinten verschieben, um einen neuen Part in den Song einzufügen.

6.7.15 Arrangementteile mit »Live Loops«-Bereich austauschen

Wenn Sie im Taktlineal-Kontextmenü die Funktion CYCLE IN LIVE LOOPS KOPIEREN nutzen, landen die kopierten Regionen spurweise als neue, zum Teil aus zuvor mehreren Regionen zusammenfasste Zellen einer Szene im LIVE LOOPS-Bereich (siehe Abschnitt 6.8), so dass beim Drücken eines Szene-Triggers genau das Gleiche spielt, was zuvor im Cycle zu hören war. Umgekehrt können Sie Szenen des LIVE LOOPS-Bereichs via SZENE AN ABSPIELPOSITION EINFÜGEN oder SZENE AN ABSPIELPOSITION KOPIEREN in den Bereich SPUREN transferieren. Im ersten Fall wird eine Szene eingefügt, und bisherige Inhalte wandern nach hinten, im zweiten werden sie ersetzt.

6.7.16 Arrangieren mit Arrangement Markern

Eine globale Spur mit einem innovativen Funktionsansatz ist die Arrangement-Marker-Spur, die Sie mit dem Befehl SPUR • GLOBALE SPUREN • ARRANGEMENTSPUR EIN- ODER AUSBLENDEN (⇧ + cmd + A) anzeigen und verbergen. Nachdem Sie Arrangement Marker erzeugt haben, können Sie sie einfach verschieben, und das zugehörige Musikmaterial darunter verschiebt sich (voreingestellt) automatisch mit! Dabei werden möglicherweise auch Schnittoperationen vorgenommen.

Ferner werden in neu erzeugten Drummer-Spuren automatisch Regionen entsprechend den vorhandenen Arrangement Markern erstellt.

Arrangement Marker können Sie auch mit Hilfe der über das Menü ANSICHT einblendbaren Farbpalette (Shortcut [alt] + [C]) einfärben.

Arrangement Marker unterscheiden sich optisch von normalen Markern: Sie haben oben links keine »Ecke ab« (siehe Projekt *6x3-PopRock1-arr* und Abbildung 6.66).

Abbildung 6.66 Globale Arrangement-Marker-Spur

Die Arrangement-Marker-Funktion ist eng in Verbindung mit GarageBand für iOS zu betrachten, wo jeweils einzelne Arrangement-Marker-Bereiche editiert und später zu einem Song zusammengefügt werden können. Sie können ferner Arrangement-Marker-Sets nutzen.

Arrangement Marker erzeugen

Erzeugen Sie Arrangement Marker mit Hilfe des +-Symbols in der globalen Spur. Die Beschriftung der Arrangement Marker erfolgt zunächst automatisch und orientiert sich an klassischen Songstrukturelementen, Sie können die Namen aber manuell ändern (Abbildung 6.67). Wenn Sie auf den Button mit dem +-Zeichen klicken (rechts neben dem Eintrag ARRANGEMENT der Arrangement-Marker-Spur in Abbildung 6.66), wird hinter dem letzten bereits erzeugten Arrangement Marker ein weiterer, 8-taktiger Arrangement Marker erzeugt. Sie können Arrangement Marker auch durch Klick mit dem Stiftwerkzeug auf die Arrangement-Marker-Spur erzeugen.

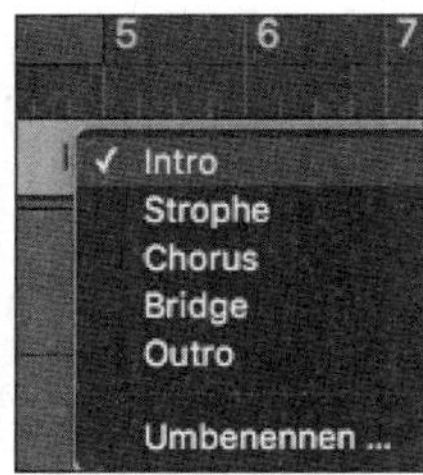

Abbildung 6.67 Automatische Beschriftung von Arrangement Markern

Beachten Sie auch Abschnitt 6.7.17 zu »normalen« Markern, denn Sie können normale Marker in Arrangement Marker konvertieren oder aus Arrangement Markern erstellen, ändern und dann wieder zurückkonvertieren.

Länge von Arrangement Markern verändern

Bewegen Sie die Maus über den Grenzbereich eines Arrangement Markers, und bewegen Sie die Markierung, so dass Sie den Arrangement Marker ähnlich wie eine Region verkürzen und verlängern können. Fassen Sie den Grenzbereich zwischen zwei Arrangement Markern an und bewegen die Markierung, so verkürzen Sie einen der beiden Marker und verlängern den anderen.

Arrangement Marker umbenennen

Doppelklicken Sie auf einen Arrangement-Marker-Namen in der Arrangement-Marker-Spur, um den Namen mit Hilfe eines sich öffnenden Kontextmenüs zu ändern.

Mit Arrangement Markern arbeiten

Im Dokument *06Schnellkurs27b* habe ich solche Arrangement Marker erzeugt. Laden Sie *06Schnellkurs27b*, und probieren Sie, die Marker zu verschieben – Sie sehen, dass sich alle auf den zugehörigen Takten liegenden Regionen bzw. der gesamte entsprechende musikalische Part mitverschiebt. Mit gehaltener `alt`-Taste sind Arrangement Marker und -Bereiche auch kopierbar.

Natürlich birgt die Nutzung von Arrangement Markern auch die Gefahr in sich, versehentlich etwas falsch zu machen, aber es gibt ja auch noch die Undo-Funktion.

Arrangement-Marker-Sets

Ähnlich wie bei anderen globalen Spuren steht Ihnen die Option zur Verfügung, mehrere ARRANGEMENT-MARKERSETS anzulegen, mit denen Sie arbeiten können. Klicken Sie auf den Namen der globalen Spur, um das Set-Menü angezeigt zu bekommen (Abbildung 6.68). In den Sets können Sie dann beispielsweise die Inhalte auf alternative Art und Weise zusammenfassen.

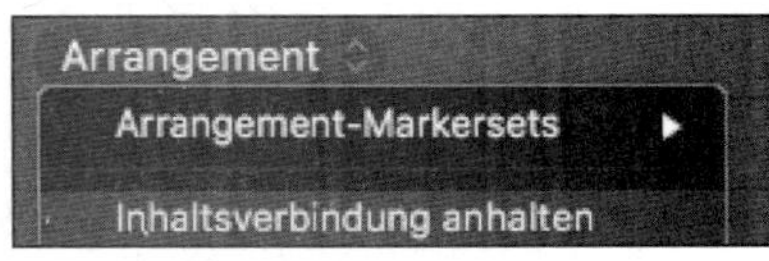

Abbildung 6.68 Arrangement-Marker-Sets

Inhaltsverbindung anhalten

Sie können auch die Verbindung der Arrangement Marker zu den Inhalten temporär anhalten, um ungestört die Arrangement-Marker-Anordnung ändern zu können, ohne dass Inhalte mitverschoben werden.

6.7.17 Listeneditoren: Marker, Tempo etc.

Nachfolgend geht es um die Themen Marker, Tempo, Taktart/Tonart, für die auch Edits in Listeneditoren vorgenommen werden können. Das grundsätzliche Arbeiten mit Listeneditoren bespreche ich auch in Abschnitt 4.11.

6.7.18 Marker und die »Marker«-Liste

Marker können Sie im Gegensatz zu Arrangement Markern auch im Listeneditor MARKER verwalten, im Gegensatz zu diesen fehlt bei »normalen« Markern oben links eine kleine Ecke (Abbildung 6.69) und sie haben keine Verknüpfung mit darunterliegenden Bereichen. Sie können sie also verschieben, ohne dass sich Regionen mitverschieben. Marker helfen Ihnen vor allem, schnell verschiedene Bereiche des Songs zu erkennen und dorthin zu navigieren, können aber auch in Arrangement Marker umgewandelt werden. Übrigens: Ist die globale Marker-Spur nicht eingeblendet, werden Marker klein und nicht eingefärbt im Taktlineal angezeigt.

Marker erstellen, Marker nummerieren

Wenn Sie einen Cycle-Bereich im Taktlineal selektieren und nach unten in den Marker-Bereich ziehen, wird automatisch ein Marker in entsprechender Länge erstellt. Das funktioniert auch, wenn die globale Marker-Spur nicht eingeblendet ist. Im NAVIGIEREN-Menü können Sie ebenfalls einen MARKER ERSTELLEN (alt + ß).

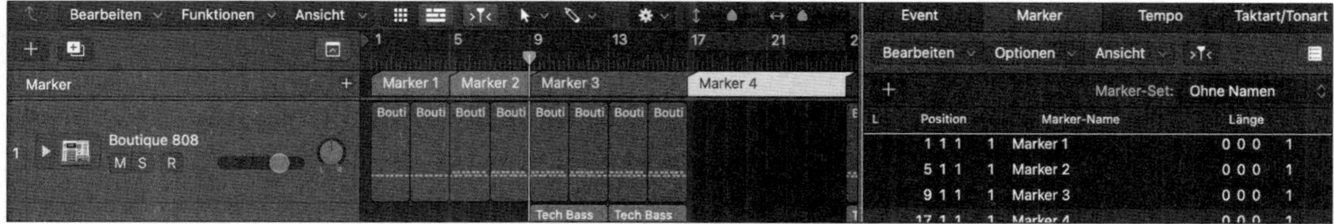

Abbildung 6.69 Marker (automatisch nummeriert) als globale Spur und rechts in der »Marker«-Liste

Im Dokument *06Schnellkurs27c* finden Sie normale Marker. Öffnen Sie es. Es gibt verschiedene weitere Optionen, Marker zu erzeugen, beispielsweise durch Klick mit dem Stiftwerkzeug auf die Marker-Spur. Über das Menü NAVIGIEREN • ANDERE können Sie Marker aus Regionen erstellen, Marker aus Audiodateien auslesen, Marker in Audiodateien exportieren (so dass diese auch beim Öffnen der Audiodatei in anderen Programmen sichtbar werden) oder Filmszene-Marker erstellen oder entfernen. Filmszene-Marker sind mit festen Zeiten und nicht mit Taktpositionen verknüpft (siehe Abschnitt 18.1.5). Sie können Marker auch durch Klick auf die +-Taste in der MARKER-Liste erstellen. Wenn Sie nach jedem erstellten Marker ein ## stehenlassen (wird zunächst automatisch erzeugt) oder Marker entsprechend beschriften, werden sie automatisch durchnummeriert. Wenn Sie dann neue Marker einfügen, ändern die folgenden Marker ihre Nummern automatisch entsprechend. Die Nummern bleiben immer fortlaufend aufsteigend, auch wenn Sie einen Marker löschen oder hinzufügen.

Marker-Länge

Die MARKER-Liste zeigt Ihnen auch die genaue Marker-Länge an, die sich hier auch editieren lässt (diese stimmt nicht immer mit dem überein, was Sie in der globalen Spur sehen; Marker können nach dem Erzeugen durch einen Shortcut »kürzer« als angezeigt sein). Alternativ können Sie auch Marker in der globalen Spur ähnlich wie Regionen editieren und verkürzen und verlängern.

Marker umbenennen und nummerieren

Doppelklicken Sie auf einen Marker-Namen in der Marker-Spur oder der MARKER-Liste, um den Namen zu ändern. Wenn Sie die Zeichen ## hinter den Markern (werden automatisch erstellt) dort belassen (oder manuell hinzufügen), werden Marker automatisch durchnummeriert. Auch wenn Sie neue Marker einfügen, werden sie entsprechend automatisch umnummeriert.

Marker-Sets

Wie bei anderen globalen Spuren steht Ihnen die Option zur Verfügung, mehrere Marker-Sets anzulegen und zu verwalten. Klicken Sie auf den Namen der globalen Spur, um das Set-Menü angezeigt zu bekommen (Abbildung 6.70).

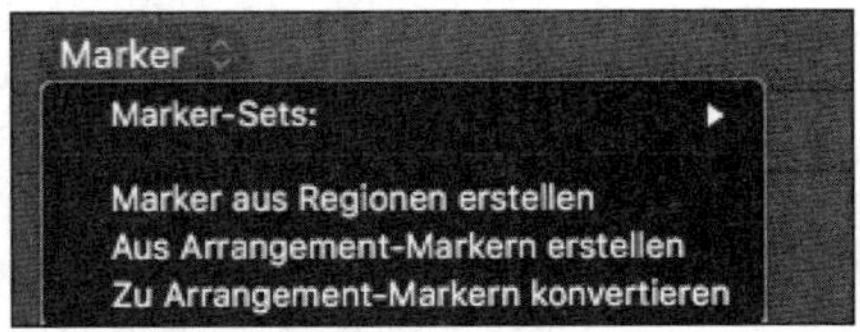

Abbildung 6.70 Marker-Sets

Marker-Sets können Sie auch in der MARKER-Liste verwalten. Sie können verschiedene Marker-Sets speichern, aufrufen und zwischen ihnen umschalten. Mit Marker-Sets können Sie Ihr Projekt auch nach verschiedenen Kriterien gliedern. So kann sich ein Marker-Set beispielsweise auf Szenenbezeichnungen eines Films und ein anderes auf die musikalischen Inhalte beziehen. Neu erstellte Sets können Sie auch umbenennen (siehe Abbildung 6.71).

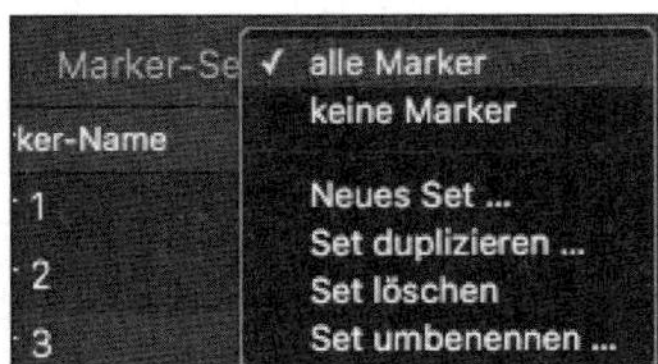

Abbildung 6.71 Marker-Set im Projekt »Schnellkurs27cmark2«

Marker vs. Arrangement Marker

Sie können im Marker-Flip-Menü in der globalen Spur normale Marker in Arrangement Marker konvertieren oder aus Arrangement Markern erstellen, ändern und dann wieder zurückkonvertieren (Abbildung 6.70). Dabei können die Sets z. B. für Experimente hilfreich sein. So können Sie leicht ein neues Marker-Set erstellen, modifizieren und danach zum Erstellen von Arrangement Markern nutzen.

Navigation mit Markern

Mit den Shortcuts `alt` + `,` und `.` springen Sie schnell zum vorherigen bzw. nächsten Marker. Ein gegebenenfalls aktiver Cycle springt dabei mit! Mit dem Shortcut `alt` + `#` wählen Sie Marker über ihre Nummern aus. Durch Klick auf den Marker mit gehaltener `alt`-Taste springt die Abspielposition an den Marker-Anfang. Das klappt auch, wenn Sie mit gehaltener `alt`-Taste einen Eintrag in der MARKER-Liste anklicken. Sie finden zudem im NAVIGIEREN-Menü im Unterpunkt GEHE ZU ... Befehle zum direkten Erreichen von Markern: GEHE ZU ... VORHERIGER/NÄCHSTER MARKER (`alt` + `,` bzw. `.`), GEHE ZU MARKER-NUMMER ... (`alt` + `#`).

Wenn Sie einen selektierten Marker hoch in den Taktlinealbereich ziehen, werden automatisch entsprechende Locator-Punkte gesetzt, und der Cycle-Modus wird aktiviert.

Marker-Design in der »Marker«-Liste editieren; große Marker für Karaoke

Beim Editieren von Markern in der MARKER-Liste können Sie einen Marker selektieren und unten seinen Namen ändern. Dabei stehen auch ein Typografiemenü (via Klick auf den Button AA, Abbildung 6.72) und beim Editieren des Marker-Texts noch ein weiteres Kontextmenü via Rechtsklick zur Verfügung.

Dort finden Sie zahlreiche Funktionen, z. B. Layoutoptionen, Optionen zum Teilen und zur Sprachausgabe. So können Sie das Aussehen Ihrer Marker detailliert gestalten. Natürlich können Sie Marker auch mit der Farbpalette einfärben.

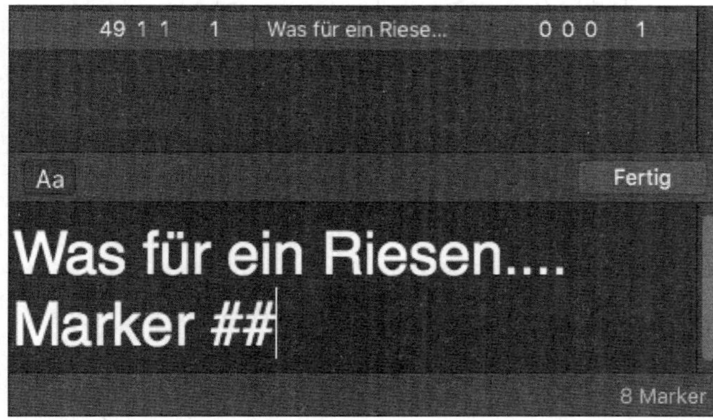

Abbildung 6.72 Marker-Text-Fenster im Projekt »06Schnellkurs27cmark3«

Marker sind nicht nur zum Navigieren durch einen Song praktisch, sie können quasi als Teleprompter-Ersatz dienen, wenn sie über den Befehl MARKER-TEXT ÖFFNEN im NAVIGIEREN-Menü als separates Fenster angezeigt werden (vergleiche hierzu auch das Projekt *06Marker1*). Das ist z. B. bei Präsentationen oder Karaoke-Performances interessant.

Der Inhalt des Fensters ändert sich automatisch, sofern FOLGEN aktiviert ist, wenn Sie zum nächsten Marker wechseln. Auch mit dem Meta-Event GEHE ZU MARKER können Sie Marker ansteuern – z. B. zu Präsentationszwecken (siehe Abschnitt 18.4, »Meta-Events in Logic«).

6.7.19 Taktart/Tonart detailliert einstellen und wechseln

Tonart und Takt können Sie wie schon gezeigt im Display einstellen. Es gibt aber auch eine globale Taktart/Tonart-Spur. Auch im Listenbereich des Hauptfensters können Sie zusätzlich eine TAKTART/TONART-Liste einblenden. So können Sie z. B. Taktartwechsel in einem Song programmieren. Das kann auch für moderne Genres oder Dance-Musik interessant sein. Wenn Sie im Internet irgendwo meinen Song The Green Man – »Easy feat. MC's Dragoon & Chevy« auftreiben können, finden Sie dort zwischendurch ein paar Takte lang einen Wechsel auf einen $^3/_4$-Takt, der im Club regelmäßig für gute Stimmung gesorgt hat.

Mit der Nutzung von Touch-Instrumenten in Logic Remote oder GarageBand für iOS gewinnt die Einstellung von Tonarten und Tonartwechseln im Song an Bedeutung hinzu. Denn dort können Sie mit automatisch auf Basis der Tonart konfigurierten Akkord-Strips arbeiten. Auch bei der Arbeit mit Apple Loops sind Tonarten wichtig, denn sie können in der Songtonart vorgehört werden, und die Tonart kann im Informationsfenster automatisch angepasst werden. Das funktioniert natürlich nur auf Basis der eingestellten Songtonart.

Erzeugen von Taktart/Tonart-Events

Durch Klick auf die +-Taste in der globalen Spur oder im Listeneditor erzeugen Sie Takt- und Tonart-Events. Im Flip-Menü des Listeneditors (Abbildung 6.73) wählen Sie aus, ob Sie ein TAKTART- oder ein TONART-Event einfügen wollen.

Abbildung 6.73 Taktart- oder Tonart-Event einfügen

Beispiel mit Taktart/Tonart-Wechseln

Öffnen Sie das Logic-Dokument *06Taktart*, oder betrachten Sie Abbildung 6.74 und Abbildung 6.75. An Takt 5, 9 und 13 habe ich Taktwechsel eingefügt. Der automatische Drummer wechselt dabei ebenfalls den Takt. Die Taktwechsel werden im Taktlineal angezeigt.

Im Taktlineal sehen Sie außerdem, dass die Zahl der Striche/Unterteilungen zwischen den Taktnummern entsprechend der Taktart geändert wurde, wodurch sich auch die Länge der Takte im Taktlineal ändert, denn vier Takte im $\frac{3}{4}$-Takt bedeuten 12 Schläge, 4 Takte im $\frac{4}{4}$-Takt bedeuten 16 Schläge usw.

Abbildung 6.74 In der Listenansicht können Sie unter dem Reiter »Taktart/Tonart« Takt- oder Tonartwechsel einstellen.

Abbildung 6.75 Das Taktlineal zeigt die Taktänderungen an.

Taktart/Tonart-Sets

Sie können (wie von den Markern und der Tempo-Liste bekannt) sowohl in der globalen Spur als auch im Listeneditor verschiedene Taktart/Tonart-Sets speichern, aufrufen und zwischen ihnen umschalten. Auf diese Weise können Sie neue Varianten ausprobieren, ohne alte, mühsam ausgearbeitete Edits verwerfen zu müssen. Um mit einer neuen Alternative arbeiten zu können, erzeugen Sie ein neues Set. Dieses können Sie anschließend umbenennen.

6.7.20 Varispeed

Zum Abschluss des Kapitels noch ein Special: Wenn Sie das Display so konfigurieren, dass die Ansicht Eigene gewählt ist, steht Ihnen bei den Konfigurationsoptionen für die Anzeige die Option Varispeed zur Verfügung. Hierdurch erscheint neben der Varispeed-Anzeige im Display ein zusätzlicher Varispeed-Button (bei genügend Platz, siehe Abbildung 6.76 und Abbildung 6.77).

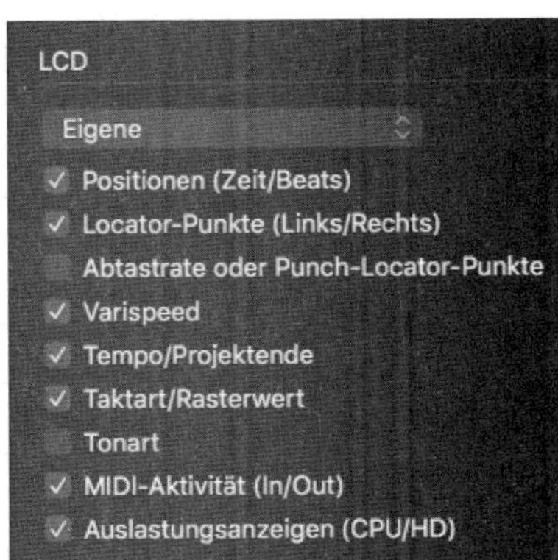

Abbildung 6.76 »Varispeed« als Option im Display

06Schnellkurs30bxvarispeed - Schnellkurs30bedited - Spuren
1 1 1 1 Varispeed 140,0000 4/4 Kein In
51 1 1 1 +6,00% 129 /16 Kein Out

Abbildung 6.77 »Varispeed« in der Anzeige und im Projekt »06Schnellkurs30bxvarispeed«

Mit VARISPEED können Sie Ihr gesamtes Arrangement (über externe Mischpulte ausgegebene externe Klangerzeuger ausgenommen) schneller abspielen und haben die Option, die Tonhöhe zu verändern. Das klingt manchmal wie ein Plattenspieler, der schneller läuft, was Sie im Projekt *06Schnellkurs30bxvarispeed* nachvollziehen können. Wenn Sie auf den Eintrag VARISPEED klicken, erscheinen drei Optionen für den Modus (Abbildung 6.78):

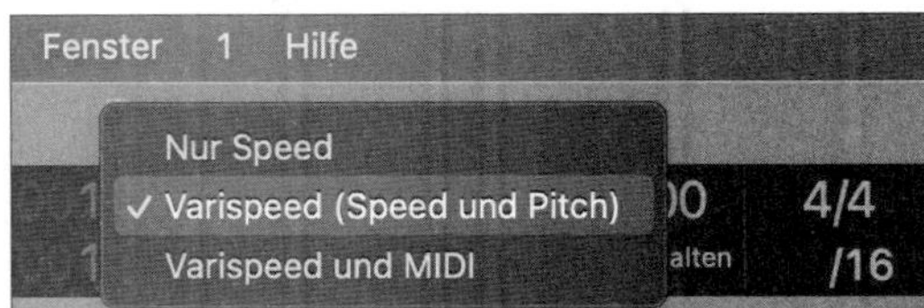

Abbildung 6.78 »Varispeed«-Modi

- NUR SPEED: Nur das Tempo wird geändert, die Tonhöhe bleibt gleich.
- VARISPEED (SPEED UND PITCH): Tempo und Tonhöhe werden geändert, ähnlich einem Plattenspieler, der schneller läuft.
- VARISPEED UND MIDI: Zusätzlich werden laut Handbuch Tonhöhen von MIDI-Noten (quantisiert) transponiert. Damit sind wohl externe MIDI-Spuren gemeint, denn bei der Verwendung von internen Synths höre ich im Projekt *06Schnellkurs30bxvarispeed* keinen Unterschied zwischen VARISPEED (SPEED UND PITCH) und VARISPEED UND MIDI, obwohl eine MIDI-Software-Instrument-Spur spielt.

Ein Sinn von VARISPEED war möglicherweise, die Tonhöhen einer bestehenden Aufnahme an zusätzlich aufzunehmende Instrumente anzugleichen, die selbst nicht exakt auf die Aufnahme gestimmt werden können. Der durch einen erhöhten Pitch-Wert im VARISPEED-Modus entstehende Effekt kann aber auch die Energie eines Stückes subtil erhöhen und ähnelt einer Wiedergabe durch den DJ im Club, der den Track leicht schneller abspielen lässt.

6.8 »Live Loops«: Übersicht, Performance, Editing, Arrangement-Composing

Dieser Abschnitt enthält detaillierte Erläuterungen zum Thema LIVE LOOPS. Ergänzend finden Sie erste Hinweise zu LIVE LOOPS in Kapitel 2 und Erläuterungen zur Aufnahme in Live-Loops-Zellen in Kapitel 5. Mehr Informationen über Genres, Loop-Packs und Live-Loops-Vorlagen, liefert Kapitel 17. Details Live-Acts mit LIVE LOOPS und Nutzung von Logic Remote in Verbindung mit LIVE LOOPS lesen Sie in Kapitel 16 und Kapitel 18. In Abschnitt 6.8.8 lesen Sie hier noch kurz mehr über die Nutzung von Novation-Launchpads mit Live Loops.

6.8.1 Live-LoopsÜbersicht

LIVE LOOPS sind eine »Alternativansicht« musikalischer Inhalte und ein Tool zum Komponieren, Arrangieren oder (live) Performen. Sie erreichen diese Ansicht über das Hauptfenster (Befehl LIVE LOOPS-RASTER EIN-/AUSBLENDEN ([ctrl] + [cmd] + [L]) bzw. via Button mit Punktmatrix rechts neben dem ANSICHT-Menü. Angelehnt an Ableton und Bitwig enthalten die Spuren Zellen in einer Matrix, die anstelle der üblichen Regionen aufgenommen, gespielt oder auf verschiedene Weise ausgelöst bzw. getriggert werden können. Die Zellen aller Spuren lassen sich zu Szenen zusammenfassen. Dies können z. B. Songteile sein. Diese können in ein Arrangement eingefügt (siehe Abschnitt 6.7.15) oder ebenfalls auf verschiedene Weise getriggert bzw. live nacheinander aufgerufen werden. Dabei können Sie improvisieren und musikalische Inhalte vermischen, z. B. indem Sie einzelne Zellen anderer Szenen aufrufen. So wird das Produzieren etwas interaktiver mit mehr taktilen Optionen. Die Befürworter dieser Arbeitsmethode sagen: Loops werden stets wiederholt, es muss nicht durch das Arrangement gescrollt werden. Man kann sich auf eine innere Uhr verlassen und spontan Szenen starten und so das Gefühl für musikalische Abläufe in den Arbeitsprozess integrieren.

6.8.2 Zellen und Szenen

Zellen und Szenen starten Sie durch mittiges Anklicken mit der Maus oder über einen angeschlossenen Controller (optimal: Logic Remote oder Novations Launchpads). Klicken Sie auf eine Zelle, um sie zu starten, oder am unteren Rand einer Spalte, um die ganze Spalte zu starten. Eine solche Spalte als Kombination mehrerer Spuren mit je einer Zelle wird *Szene* genannt und der Auslöser *Szenen-Trigger*.

Mit LIVE LOOPS können Sie Musik komponieren, indem Sie Zellen und Szenen zunächst als Ideensammlung nutzen und verschiedene Kombinationen ausprobieren. Es gibt Audio- und MIDI-, Pattern- und Drummer-Zellen, die sich optisch voneinander unterscheiden. Die Zellen bilden Audio,-, MIDI-, Pattern- oder Drummer-Inhalte ab. Zellen können eigene Aufnahmen, Regionen, Loops, Audiofiles, Patterns, Drumloops, Harmonie-Loops, Melodie-Loops oder Effekte enthalten.

Eine Szene enthält je eine Zelle pro Spur. Die Spuren sind dabei genauso wie rechts im normalen Arrangement bzw. Bereich SPUREN angeordnet. Zellen sind also etwas Ähnliches wie »Regionen«, genauer gesagt ist eine Zelle eine Art Container mit zusätzlichen (oft loopbasierten) Einstellungen, die normalerweise eine, aber möglicherweise sogar auch mehrere Regionen enthält.. Zellen haben stets Loop-Einstellungen und können auch rückwärts abgespielt werden, die Inhalte haben Taktpositionen in der Zelle, jedoch keine Zuordnung zu einem Arrangement. Damit sind Zellen natürlich besonders und nicht zuletzt für die Verwendung von Apple Loops geeignet.

6.8.3 Wechselspiel zwischen »Live Loops«- und »Spuren«-Bereich, Arrangement-Performance

Typischerweise spielt entweder eine Zelle im LIVE LOOPS-Bereich *oder* eine Region im Bereich SPUREN – nicht beides, da beide über dieselbe Audiospur bzw. dasselbe Instrument zu hören sind. Ausnahmen sind eigentlich nicht vorgesehen, können aber mit MIDI Spuren vorkommen. LIVE LOOPS-Bereich und Arrangement/Bereich SPUREN können interagieren. Zum Starten von Zellen gibt es Optionen wie Trigger-Modi und Quantisierungsstartpunkte. Startet eine Zelle, wechselt stets auch das Projekt in den Abspielmodus. Das hat den Vorteil, dass Sie die Inhalte einer Spur als Begleitung zum Rest testen können.

Mittige Teilerspalte zum Umschalten zwischen Bereichen

Die Spuren des Zellen- bzw. Live-Loops-Rasters entsprechen denen des Arrangementbereichs. Mittig wird eine Teilersparte angezeigt, die nur sichtbar ist, wenn LIVE LOOPS angezeigt werden. Sie können sie je nach Platzbedarf nach links und rechts schieben und dann mit den kleinen mittigen Pfeilen entscheiden, ob der LIVE LOOPS- oder der Arrangement-Bereich SPUREN spielen soll. In dieser Spalte können Sie pro Spur – oder ganz oben für alle Spuren – umschalten, ob die Inhalte des Bereichs SPUREN oder des LIVE LOOPS-Bereichs abgespielt werden. So können Sie zwischen Live-Improvisation und fertigem Projekt umschalten. Ist der LIVE LOOPS-Bereich aktiv, sind die Regionen der Spur nur ausgegraut sichtbar. Umgekehrt gilt das nicht: Spielen Regionen in der Spur, bleiben die LIVE LOOPS farbig zu sehen. Spurübergreifend ist es kein Problem, von einer Spur Zellen und von einer anderen Spur Regionen abzuspielen. Was im LIVE LOOPS-Bereich genau abgespielt wird, hängt natürlich ansonsten davon ab, welche Zellen gerade spielen bzw. getriggert wurden. Ausnahmen gab es im Test dennoch. So konnte ich im Bereich SPUREN einer MIDI-Spur aufnehmen und die Ergebnisse hören, während auf der gleichen Spur eine Zelle abspielte.

Regionen in den »Live Loops«-Bereich kopieren – und umgekehrt

Zellen können in den Bereich SPUREN gezogen werden (wo sie dann wieder zu Regionen konvertiert werden) und umgekehrt. Sie können eine oder mehrere selektierte Regionen mit dem Befehl REGIONSAUSWAHL IN LIVE LOOPS KOPIEREN (zu finden im BEARBEITEN-Menü) in den LIVE LOOPS-Bereich herüberkopieren. Achten Sie darauf, dass der LIVE LOOPS-Bereich zuvor eingeblendet wurde, sonst funktioniert es nicht. Das Herüberkopieren ist auch für mehrere Regionen bzw. Zellen in beide Richtungen möglich. Sie können auch eine Marquee-Selektion über das Kontextmenü oder den Befehl MARQUEE-AUSWAHL IN LIVE LOOPS KOPIEREN in eine Zelle kopieren.

Sie können direkt in Zellen aufnehmen (siehe Abschnitt 5.2 über Aufnahmen in der Live Loops Ansicht) oder Loops aus dem Loop Browser in Zellen ziehen. Die Zellen und Szenen, die Sie starten, können live performt und im Performance-Aufnahmemodus (aktivierbar via [ctrl] + [P]) live im Bereich SPUREN aufgezeichnet werden. Umgekehrt können Sie auch Teile eines Arrangements in eine Live-Loops-Szene transferieren, um sie live performen zu können (siehe Abschnitt 6.7.15 und Optionen des Taktlinealkontextmenüs).

Einen Song in ein Live-Loops-Raster transformieren – z. B. für Live-Performances

Ich habe ein weiteres Beispiel auf Basis des bereits in Kapitel 2 verwendeten Projekts *Schnellkursx3-10* erstellt (zusätzlich zu finden im Ordner zu Kapitel 6). Die bisherigen vier Songteile von *Schnellkursx3-10* habe ich in *Schnellkursx3-10LL1* in den LIVE LOOPS-Bereich kopiert. Hierzu habe ich

1. den LIVE LOOPS-Bereich eingeblendet,
2. einen jeweils 8 Takte langen Bereich im Song selektiert (davon gibt es vier),
3. mit der rechten Maustaste ein Kontextmenü im Bereich des Taktlineals aufgerufen und die Option CYCLE IN LIVE LOOPS KOPIEREN ausgewählt (Abbildung 6.79).

Im Projekt *Schnellkursx3-10LL2* habe ich die Inhalte des Arrangements gelöscht. Probieren Sie nun aus, Loops oder Szenen zu spielen bzw. zu »triggern«, so dass der Song wieder wie vorher oder anders klingt. Etwas Ähnliches habe ich in Abschnitt 17.4.5 mit einem Pop-Song gemacht (siehe Projekt *17PopRock1+LL* im Ordner *17PopRock1* zu Kapitel 17, der Song mit seinen Songbestandteilen wurde in den LIVE LOOPS-Bereich kopiert; dort habe ich außerdem die Szenennamen via Doppelklick oder im Kontextmenü mit Marker-Namen der kopierten Cycle-Bereiche abgeglichen).

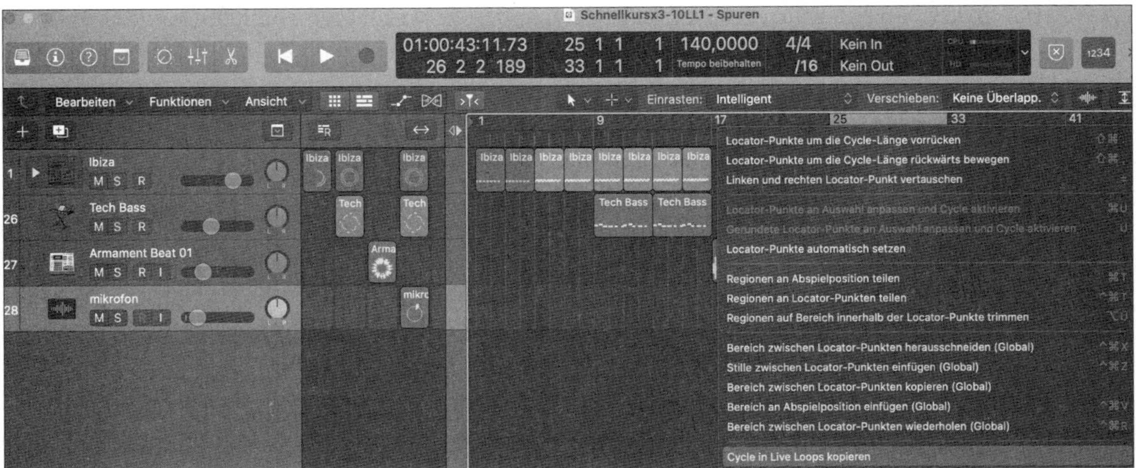

Abbildung 6.79 In »Live Loops« kopierte Songabschnitte

Live-Loops-Raster/-Regionen/-Szenen als Performance ins Arrangement aufzeichnen oder transferieren

Wenn Sie den (bei Aktivschaltung) roten Button ALS PERFORMANCE AUFZEICHNEN ([ctrl] + [P]) oben links im LIVE LOOPS-Bereich triggern und zusätzlich die Aufnahme starten, können Sie im Bereich SPUREN aufzeichnen, was im LIVE LOOPS-Bereich gerade spielt bzw. was Sie dort durch Ansteuern der Zellen und Szenen im Verlauf live performen (Abbildung 6.80). So wird der Bereich Live Loops zu einem Arrangier-Tool. Sie können spontan Loops und Szenen starten und Ihr Gefühl für den optimalen musikalischen Ablauf des Stücks in Echtzeit anwenden.

Abbildung 6.80 Die Live-Loops-Performance wird aufgenommen (Projekt »Schnellkursx3-10LL3«).

Natürlich können Sie Zellen und Szenen auch per Drag & Drop transferieren.

6.8.4 Live-Loops-Vorlagen

Logic liefert außerdem viele interessante, genrespezifische Live-Loops-Ausgangspunkte im Vorlagenbereich, wenn Sie NEU AUS VORLAGE wählen. Zum Ausprobieren werden 17 nach Stilrichtungen sortierte und auf Loop-Packs basierende Live-Loops-Templates mitgeliefert. Darin finden Sie ein leeres Arrangement, aber eine voll gefüllte Live-Loops-Matrix, wo stets mehrere Spuren mit zueinander passenden Sounds und mehrere Szenen mit eigenen Zellen angelegt sind. Damit kann tatsächlich auch ein Kind oder Nichtmusiker einen Song erstellen – natürlich basierend auf fertigen Elementen. So könnte ein Anfänger vielleicht eine angepasste Musik für eine Jazzdance-Gruppe erstellen oder ein Jugendlicher mit moderner Musikproduktion à la Logic in Berührung gebracht werden.

Sind die Loops Audiofiles, können Sie natürlich weniger leicht selbst etwas damit einspielen, als wenn es MIDI-Spuren sind. Viele Loops der neuen Soundpacks sind Audio-Loops, doch auch damit können Sie kreativ werden, z. B. durch Slicing und Resampling. In Kapitel 17 finden Sie hierzu Beispiele und Erläuterungen zu Loop-Packs und Genres.

6.8.5 Zellen: Details und Wiedergabeoptionen, Informationsbereich, Kontextmenü und Editoren

Selektieren Sie eine Zelle, und blenden Sie den Informationsbereich ZELLE ein. Dort finden Sie viele spezielle Edit-Optionen für Zellen. Allerdings gibt es noch weitere Optionen in einem Zellenkontextmenü, die im Informationsfenster im Test nicht sichtbar waren (bezüglich Rückwärtswiedergabe und Temposkalierung).

Mit dem Shortcut `E` rufen Sie den zum Spurtyp passenden (MIDI- oder Audio-)Editor auf, um eine Zelle zu editieren. In diesem Editor können Sie in den Zellen liegende Inhalte (z. B. eine oder mehrere Regionen) selektieren. Dann ändert sich mitunter auch die Anzeige im Informationsbereich, und Sie sehen wieder ein Informationsfenster REGION. So enthält zum Beispiel die Zelle ganz oben links in *Schnellkursx3-10LL1* mehrere Regionen. Das passiert zum Beispiel, wenn Sie einen Cycle-Bereich in den LIVE LOOPS-Bereich kopieren, in dem zwei Regionen liegen. Ansonsten sind Zellen vom Handling wohl eher dafür gedacht, nur eine Region zu verwalten, obwohl Sie sogar Regionen in Zellen schneiden können. Wenn Sie zwei Regionen in den LIVE LOOPS-Bereich ziehen, werden sie typischerweise zu zwei Zellen.

Ansichtsoptionen für »Live Loops« und Bereich »Spuren«, was spielt?

Ähnlich wie in Bitwig und anders als in Ableton können Loops- und Spurenansicht gleichzeitig zu sehen sein. Mittig können Sie durch Klicks auf die in Richtung Live Loops-Bereich (links) oder BEREICH: SPUREN (rechts) spurweise oder insgesamt auslösen, welcher Bereich gerade spielt und zudem die Größenaufteilung vornehmen. Mit `alt` + `B` (beides sichtbar), `alt` + `L` (nur LIVE LOOPS sichtbar), `alt` + `N` (nur Bereich SPUREN sichtbar) schalten zwischen verschiedenen Ansichten um.

Zur Wiederholung: Performances im LIVE LOOPS-Bereich können als Arrangement aufgezeichnet werden, indem Sie via `ctrl` + `P` den *Performance-Aufnahmemodus* aktivieren. Cycle-Bereiche des Arrangements können Sie im Kontextmenü des Taktlineals mit dem Befehl CYCLE IN LIVE LOOPS KOPIEREN in eine neue Szene umwandeln.

Trigger- und Abspieloptionen

Sie können Zellen einzeln oder in ganzen Szenen (für alle Spuren gleichzeitig) live auslösen. Klicken Sie auf eine Zelle, um sie zu starten. Klicken Sie erneut darauf, um sie wieder anzuhalten – so funktioniert das, wenn START/STOPP als Wiedergabemodus im Informationsfenster ZELLE ausgewählt ist. Selektieren Sie eine Zelle, und blenden Sie das Informationsfenster ZELLE ein. Sie können dort die Modi START/STOPP, GEHALTEN und RETRIGGER auswählen. Im Modus START/STOPP spielt eine Zelle nach erstmaligem Start endlos weiter, sofern ein Loop aktiv ist (englisch: *toggle*). GEHALTEN (englisch: *gate*) spielt die Zelle nur, solange Sie die Taste gedrückt halten. RETRIGGER startet die Zelle bei jedem Drücken neu. Etwas gewöhnungsbedürftig ist, dass stets nicht nur die Zelle, sondern auch der Sequencer losläuft. Das hat den Vorteil, dass man die Inhalte einer Spur als Begleitung zum Rest testen kann. Eine Ausnahme gibt es: Wird der Marker *Projektende* erreicht, kann die Zelle weiterspielen, ohne dass das Projekt weiterläuft.

Im Zellenkontextmenü, können Sie die RÜCKWÄRTSWIEDERGABE und zusätzlich im Menü WIEDERGABE im Bereich TEMPO das Wiedergabetempo skalieren und optional ⅛, ¼, ½, 1, 2, 4, 8 als Tempo einstellen.

Unter SPIELEN VON ... stellen Sie ein, ob Inhalte einer Zelle von Anfang an (START), ab der Position des letzten Stoppbefehls (STOPPPOSITION), ab der aktuellen Position (AKTUELLE ZELLPOSITION) oder ab der Position, die aktuell wäre, wenn die Zelle von Anfang an durchgelaufen wäre (ABSPIELPOSITION) spielen.

Im globalen Menü QUANTISIERUNGSSTART legen Sie fest, an welchen Taktpositionen überhaupt ein Start einer Zelle losgehen kann – oder wann genau ein in der Zelle befindlicher Loop aufhört zu spielen. Dass sich die Loops an der globalen Quantisierungsstarteinstellung orientieren, ist die Voreinstellung. Mit Hilfe der Option QUANTISIERUNGSSTART können Sie exaktes Timing sichern. So können Sie mit recht ungenauem Timing und etwas vorverlegt eine Zelle starten - aber diese beginnt die Wiedergabe beispielsweise nur exakt auf der Zählzeit 1, wenn 1 TAKT als Raster ausgewählt ist. Ist der Eintrag AUS gewählt, ist ein sofortiger Start möglich.

Loop- und Start-Einstellungen, Darstellung

Besonders wichtig sind die Einstellungen START, LOOP-START, LOOP-LÄNGE und ZELLENLÄNGE. Typischerweise ist für Zellen ein Loop-Modus aktiv, dieser kann im Informationsfenster ZELLE auch deaktiviert werden. Dann wird eine Zelle optisch anders dargestellt, man sieht darin keine kreisförmige Darstellung mehr. Für eine größere Darstellung gibt es oben rechts den Button RASTER-ZOOM. Zoombefehle wie [cmd] + Pfeiltasten oder [Z] funktionieren auch im LIVE LOOPS-Bereich.

Arbeiten im Editorbereich

Im Editorbereich finden Sie eine Art Pianorolle für MIDI-Zellen und eine Art Audiospureditor für Audiozellen.

In der Praxis fand ich Details manchmal im Editorbereich leichter zu editieren als im Informationsfenster, manchmal verhielt sich der Editorbereich aber auch nicht ganz logisch, und ich konnte z. B. Teilregionen nicht löschen. Beachten Sie die Trennung von Region und Zelle, beide haben beispielsweise eigene Loop-Einstellungen. Je nachdem, was gerade selektiert ist, zeigt das Informationsfenster manchmal Zellen-, manchmal Regionsparameter an.

6.8.6 Szenen: neue Szenen erstellen, Edits, Trigger-Optionen

Für Szenen können Sie teilweise ähnliche Einstellungen wie für Zellen vornehmen.

Szenen-Trigger-Optionen

Im Kontextmenü des Szenen-Triggers sind ebenfalls die Einträge QUANTISIERUNGSSTART und WIEDERGABEMODUS zu sehen, rechts davon werden dann Einstellungen gezeigt (z. B. 1/1 NOTE, für QUANTISIERUNGSSTART, START/STOPP für WIEDERGABEMODUS).

Sie können optional Einstellungen für die ganze Szene oder für alle Szenen anwenden, denn ein zusätzlicher Eintrag ALLE SZENEN TRIGGER FESTLEGEN enthält ebenfalls diese beiden Menüs.

Neue Szenen erstellen

Im Kontextmenü finden Sie außerdem die Option LEERE SZENE EINFÜGEN.

> **Tipp**
> Kombiniert mit der Option WIEDERGABEZELLEN HIERHER KOPIEREN (was Sie im zweiten Schritt machen) können Sie mit diesem Befehl aus gerade spielenden Zellen eine ganz neue Szene erstellen.

Szenen editieren

Sie können Szenen über das Kontextmenü der Szenen-Trigger auch UMBENENNEN, DUPLIZIEREN oder LÖSCHEN. SZENE AN ABSPIELPOSITION KOPIEREN fügt die Szene im Bereich SPUREN an der Abspielposition ein, ohne dass andere Inhalte verschoben werden. Räumen Sie dort also vorher auf, wenn Sie die Funktion nutzen. Gegebenenfalls sind Einstellungen zum

Thema Überlappung relevant. SZENE AN ABSPIELPOSITION EINFÜGEN fügt hingegen die Szene an der Abspielposition ein und rückt den Rest des Arrangements nach hinten.

6.8.7 Take-Ordner und Spuralternativen in »Live Loops«

Auch Take-Ordner können Sie in LIVE LOOPS verwalten und aufnehmen. Spuralternativen sind im LIVE LOOPS-Bereich nicht verfügbar.

Zellen mit mehreren Takes zeigen die Zahl verwalteter Takes oben links an. Solche Zellen und Take Ordner können Sie zwischen dem Live Loops-Bereich und dem Bereich: Spuren hin- und herschieben.

Im Menü, das erscheint, wenn Sie auf die angezeigte Anzahl der Takes klicken, stehen Ihnen allerdings für Zellen nicht alle Funktionen zur Verfügung, die Sie von Take-Ordnern als Regionen bislang kennen (z. B. gibt es kein Comping für Audiotakes). Andererseits finden Sie im Kontextmenü verschiedene zusätzliche Optionen, um Inhalte in leere Zellen rechts, Szenen, Spuren oder Zellen darunter (in neuer oder anderer Spur) zu kopieren, verschieben oder entpacken.

Zum Reduzieren oder Entpacken von Zellen mit mehreren Takes (z. B. in Szenen oder Spuren) gibt es auch Shortcuts.

6.8.8 »Live Loops« mit Novation Launchpads nutzen

Die Novation Launchpads in verschiedenen Varianten eignen sich besonders gut, um den LIVE LOOPS-Bereich und mehr fernzusteuern. Mit der Matrix aus Pads können Sie Zellen und Szenen-Trigger ansteuern, die Pads neuerer Launchpads leuchten dabei in der Farbe der Zellen. Logic erkennt angeschlossene Launchpads automatisch. Im Test hatte ich ein Launchpad Mini MK3.

Ein kleines Problem bei der Nutzung von Launchpads mit Logic ist, dass diese ursprünglich für Ableton Live konzipiert wurden, wo die Darstellung von Zellen und Szenen um 90 Grad gedreht ist. In Logic haben Spuren im LIVE LOOPS-Bereich stets die horizontale Ebene, wie im Arrangementbereich. In Ableton Live sind Tracks in der mit dem LIVE LOOPS-Bereich vergleichbaren Session-Ansicht stattdessen vertikal angeordnet. Unter BEDIENOBERFLÄCHEN • SETUP können Sie im Bereich GERÄT unter dem Eintrag DEVICE ROTATION eine Drehung um 90 Grad (nach links oder rechts) der Live Loops-Darstellung auf dem Launchpad auswählen.

Launchpad drehen?

Sie können im BEDIENOBERFLÄCHEN-SETUP unter DEVICE ROTATION einstellen, dass die Anordnung gedreht wird, was für Logic passend voreingestellt ist (Abbildung 6.81). Alternativ können Sie das Launchpad selbst drehen. Details zum Setup für Bedienoberflächen lesen Sie in Abschnitt 16.3.

Trigger und Szene-Trigger in der Session-Ansicht

So oder so können Sie nun Szenen und Zellen mit dem Gerät starten und stoppen. Was dabei genau passiert, hängt von den eingestellten Trigger-Optionen ab. Die Zellen zeigen ihre Farben an. Auch wenn mehr als 64 Zellen im Spiel sind, geht das, weil Sie mit den Navigationstasten oben jeweils andere Spuren und Zellen anzeigen lassen können.

Szenetrigger erscheinen, wenn Sie mit den Navigationstasten die Zellenansicht nach unten bewegen. In der Session-Ansicht sehen Sie das Live-Loops-Raster.

Abbildung 6.81 Launchpad Mini: Die oberste Reihe der gelb leuchtenden Launchpad-Pads zeigt die gelben Zellen der obersten Spur des Logic-Projekts.

Drums-, Keys- und User-Ansichten

Doch die Launchpads können noch mehr: In der Drums-Ansicht können Sie Drums und in der Keys-Ansicht Klavier mit dem Gerät spielen. Das Launchpad Mini MK3 hat dabei einige Limitationen, so kann es erstaunlicherweise keine Töne unter C1 spielen oder auch keine Velocity-Abstufungen senden. Für die User-Ansicht können Sie weitere Funktionen via Novations Components-Software (via Browser nutzbar) programmieren. Das fand ich allerdings nicht so einfach, z. B. hätte ich gern Smart Controls angesteuert und fand so schnell keine schnell verständliche Anleitung bzw. Lösung hierfür, habe es aber mit dem Behringer X-Touch Mini realisiert (siehe Videos zu Kapitel 16 in *logichilfe.de* oder Abschnitt 16.3).

Mixerfunktionen

Die acht Tasten der rechten Reihe des Launchpad Mini MK3 übernehmen spurbezogen folgende Funktionen (von oben nach unten): Volume, Pan, Send 1, Send 2, Umschaltung zwischen LIVE LOOPS- und Arrangement-Bereich, Mute (blau), Solo (gelb), Rec (rot).

Wenn Sie also beispielsweise in der Session-Ansicht oben links auf die oberste Taste drücken, geht das Launchpad Mini MK3 in eine Mixer-Ansicht, und durch Streichen über die Pads können Sie, wenngleich mit begrenzter Auflösung, die Lautstärke der Tracks ändern. Nochmaliges Drücken der Taste oben links bringt Sie zurück in die Session-Ansicht. Ähnlich geht das mit Pan und Sends und den Tasten darunter.

Kapitel 7

MIDI-Editoren, Artikulationsset-Editor, Step Sequencer

Eingespielte Noten und andere MIDI-Events können Sie in Logic mit verschiedenen Editoren und Tools editieren – mit oder ohne Notenkenntnisse, grafisch oder mit logischen Operationen. Seinem Ursprung als MIDI-Programm verdankt Logic eine große Funktionsvielfalt. Seit Logic 10.5 ist auch noch ein auf MIDI-Events basierender Step Sequencer hinzugekommen, der allerdings mit einer eigenen Art von Regionen arbeitet, sogenannten Patternregionen.

Die in diesem Kapitel besprochenen Fenster, MIDI-Editoren und Tools heißen:

- PIANOROLLE/MIDI-Editor für Zellen
- Ansicht AUTOMATION/MIDI in Editoren
- EVENT-Liste/-Schwebefenster (kann auch für Positionierungen von Audioregionen und Automationen verwendet werden)
- Editor NOTATION
- SCHRITTEDITOR
- Artikulationsset-Editor
- MIDI-TRANSFORMER
- STEP SEQUENCER

Mit Ausnahme des MIDI-TRANSFORMERS lassen sich alle genannten Editoren sowohl als Bereich im Hauptfenster als auch als eigenes Fenster öffnen. Das gilt auch für den am Ende des Kapitels besprochenen neuen STEP SEQUENCER, der nicht wie die anderen Editoren ein reiner MIDI-Editor ist, weil er Patternregionen verwaltet – gleichwohl aber dabei mit MIDI-Befehlen arbeitet. In Kapitel 9, »Tempo und ›Smart Tempo‹-Editor, Tuning, Timing und Groove«, finden Sie ergänzend Informationen zum Editing mit dem SMART TEMPO-Editor, der nun auch im Hauptfenster als Tab bei den MIDI-Editoren zu sehen ist.

7.1 Die Editoren: Überblick und gemeinsame Eigenschaften

Die Editoren konkurrieren nicht miteinander, sondern stellen für verschiedene Arbeitssituationen optimierte Lösungen dar, die sich auch kombiniert nutzen lassen. Es gilt stets das

Prinzip: erst selektieren, dann bearbeiten. Sie können z. B. einen Editor für eine komfortable Selektion nutzen und anschließend in einem anderen Editor die eigentliche Operation durchführen. Welchen MIDI-Editor Sie bevorzugen, kommt auch auf persönliche Vorlieben an. So ist der EVENT-Editor vielleicht eher etwas für Menschen, die gerne mit Zahlen arbeiten, der NOTATION-Editor eher etwas für Musiker, die Notenschrift beherrschen, während die PIANOROLLE vielleicht am leichtesten zu bedienen und etwas visueller orientiert ist. Eine leicht abgewandelte Form der Pianorolle ist gleichzeitig der MIDI-Editor für Zellen. MIDI können Sie natürlich auch im Hauptfenster editieren. Im Informationsfenster REGION sind viele wichtige Einstellungen für MIDI-Daten möglich, schnell erreichbar und nichtdestruktiv einstellbar.

7.1.1 Menüs

Wie schon im Hauptfenster finden Sie auch in den MIDI-Editoren eigene Menüs. Viele Funktionen (z. B. Selektions- und Verschiebetechniken) der in allen Editoren vorhandenen Menüs BEARBEITEN, FUNKTIONEN und ANSICHT kennen Sie schon aus den vorangegangenen Kapiteln. Darüber hinaus gibt es wiederum ein Kontextmenü, das Sie per Rechtsklick auf Noten erreichen. Nutzen Sie ergänzend den Index, um einzelne Begriffe nachzuschlagen.

7.1.2 Werkzeuge

In den Editoren finden Sie eigene Werkzeugmenüs, die Sie ähnlich wie die Werkzeuge im Hauptfenster aufrufen. Durch Drücken der [T]-Taste öffnet sich am Mauszeiger auch in (fokussierten) Editoren ein Werkzeugmenü, in dem Sie Werkzeuge durch Mausklick oder einen direkt daneben aufgelisteten Shortcut auswählen (der wieder nur zu sehen ist, wenn Sie das Menü via [T] aufgerufen haben). Das aktuelle Werkzeug aus dem zweiten Menü (Sekundärwerkzeug) rufen Sie wiederum mit gehaltener [cmd]-Taste auf.

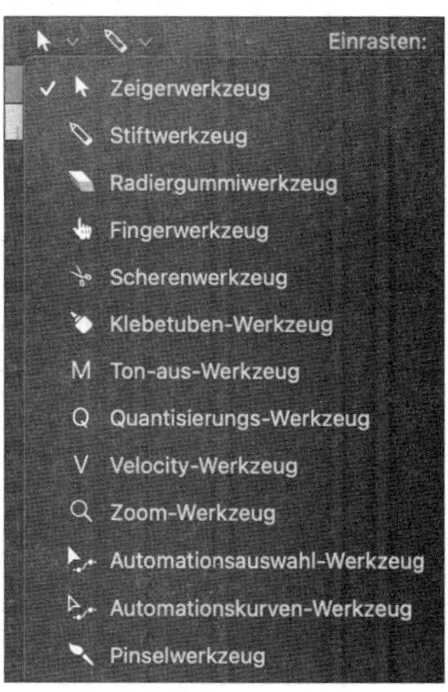

Abbildung 7.1 Das erste Werkzeugmenü in der Pianorolle ist eingeblendet.

Viele Werkzeuge kennen Sie aus dem Bereich SPUREN. Es gibt aber auch spezielle Werkzeuge, die nur in bestimmten Editoren vorkommen (Abbildung 7.1), sie werden in diesem Kapitel im Kontext des Edit-Vorgangs erläutert (z. B. Velocity editieren/Velocity-Werkzeug).

7.1.3 Link-Modus und die Funktion »Abspielposition folgen«

Der LINK-Modus (im Menü ANSICHT oder Taste mit Kettensymbol, die gelb leuchtet, wenn sie aktiv ist) eines Editors verknüpft den Editor mit der Anzeige im Spurenbereich. Das bedeutet zum Beispiel: Wenn Sie eine Region im Hauptfenster selektieren, zeigt der Editor ihren Inhalt.

Wenn ein LINK-Modus vorhanden ist, lässt er sich im Untermenü ANSICHT des Editors aktivieren, wie z. B. in der EVENT-Liste (Abbildung 7.2). In der EVENT-Liste spielt dabei die Hierarchieebene eine wichtige Rolle, so können Sie z. B. je nach Level die Position der Regionen selbst oder deren Inhalte editieren. Der Link funktioniert hier also (ausnahmsweise) optional auf gleichrangiger oder untergeordneter Ebene. Mehr hierzu in Abschnitt 7.6 über die EVENT-Liste.

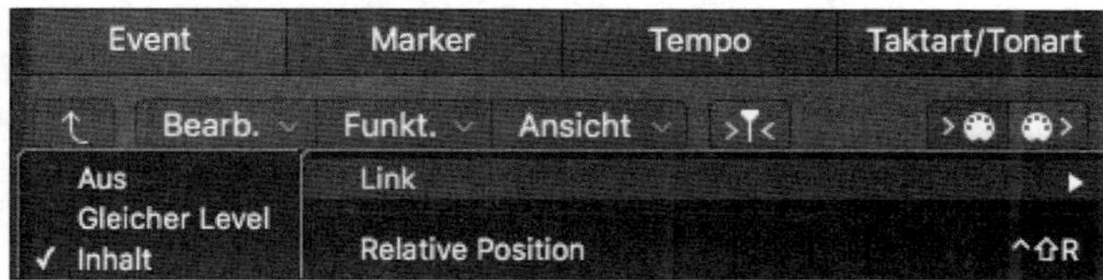

Abbildung 7.2 »Link«-Modus in der »Event«-Liste

Die LINK-Funktion können Sie in anderen Editoren wie der PIANOROLLE auch mit Hilfe des Buttons mit dem Kettensymbol aktivieren (aktiviert leuchtet der Button gelb). Links daneben sehen Sie einen Button mit einem Abspielpositionszeiger, dessen Funktion ABSPIELPOSITION FOLGEN (manchmal nur kurz FOLGEN genannt) Sie in Abbildung 7.3 sehen.

Abbildung 7.3 Die Buttons für die Funktionen »Abspielposition folgen« und »Link«

Anhand der PIANOROLLE wird der Unterschied zwischen der Funktion LINK und der Funktion ABSPIELPOSITION FOLGEN deutlich: Ist die Funktion LINK aktiviert, dann zeigt die PIANOROLLE die Noten der Region(en) an, die im Bereich SPUREN bzw. im Arrangierbereich selektiert wurde(n). Ist die Funktion ABSPIELPOSITION FOLGEN aktiviert, zeigt die PIANOROLLE immer einen Inhalt um die aktuelle Abspielposition herum. Es kann sinnvoll sein, ABSPIELPOSITION FOLGEN zu deaktivieren, wenn Sie einen bestimmten Bereich bearbeiten und verhindern möchten, dass die Anzeige ständig ungewollt umspringt. Umgekehrt sollten Sie

LINK deaktivieren und ABSPIELPOSITION FOLGEN aktivieren, wenn die PIANOROLLE stets den Inhalt der selektierten Spur bei der aktuellen Abspielposition zeigen soll. Diese Details helfen Ihnen, einen komfortablen Workflow in Logic zu finden.

7.1.4 »MIDI Out«-Button in den MIDI-Editoren

Die aktivierte MIDI OUT-Funktion sorgt dafür, dass in den Editoren angefasste Noten oder Events als MIDI-Befehl gesendet werden, so dass Sie die Tonhöhe der editierten Note hören können, falls der angesteuerte Klangerzeuger Sound ausgibt (Abbildung 7.4).

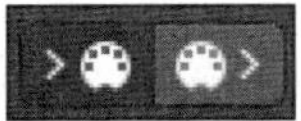

Abbildung 7.4 »MIDI Out«-Button (links daneben der »MIDI In«-Button)

7.1.5 »MIDI In«-Button und Step-Input-Recording in den MIDI-Editoren

Ist der in PIANOROLLE, Notationseditor und EVENT-Liste vorhandene MIDI IN-Button (links neben dem MIDI OUT-Button) aktiv (dann leuchtet er rot) und der Editor im Fokus, können Sie über Ihr angeschlossenes Keyboard auch Noten in der im STEP-INPUT-KEYBOARD festgelegten Länge erzeugen (*Step-Input-Recording*). Mehr hierzu in Abschnitt 5.3.11 über die Aufnahme mit dem STEP-INPUT-KEYBOARD.

7.1.6 Informationsfenster »Lokal« in Pianorolle und Notationseditor

In PIANOROLLE und Notationseditor können Sie im lokalen Menü ANSICHT ein Informationsfenster LOKAL einblenden (Abbildung 7.5).

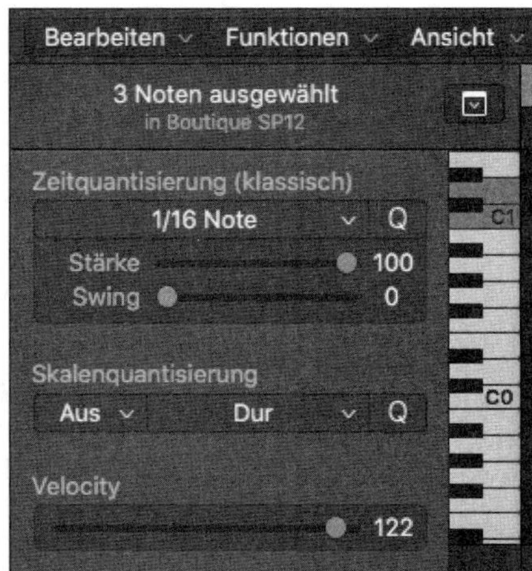

Abbildung 7.5 Informationsfenster »Lokal« in der Pianorolle

Hier können Sie für selektierte Noten ZEITQUANTISIERUNG, SKALENQUANTISIERUNG und VELOCITY-EDITING durchführen. Detaillierte Erläuterungen finden Sie in verschiedenen Abschnitten über Zeitquantisierung (Abschnitt 7.2.25), Skalenquantisierung (Abschnitt 7.2.26) und Velocity-Editing (Abschnitt 7.2.13) sowie in Abschnitt 7.2 über die PIANOROLLE.

Besonderheiten beim Editieren mehrerer Events

Beim Editieren mehrerer Noten/Events sorgt in vielen Fällen das gleichzeitige Drücken von ⇧ + alt dafür, dass der eingestellte Wert für alle selektierten Events übernommen wird, während ansonsten die Werte nur als Offset (Versatz) zu ihrem bisherigen Wert verändert werden.

7.1.7 Editieren der Inhalte mehrerer Regionen

Für das Editieren mehrerer Regionen gleichzeitig halten die Editoren unterschiedliche Funktionen bereit. In der PIANOROLLE sehen Sie z. B. die Noten aller Regionen gleichzeitig (falls LINK aktiv ist und unter Ansicht AUSGEWÄHLTE REGIONEN eingestellt ist). Im Notationseditor wird zunächst voreingestellt eine Partitur angezeigt.

7.1.8 Voreingestellter Editor nach Doppelklick auf eine MIDI-Region

Unter LOGIC PRO • EINSTELLUNGEN • ALLGEMEIN • BEARBEITEN stellen Sie neben dem Eintrag DOPPELKLICK AUF MIDI-REGION ÖFFNET ein, welcher Editor sich durch Doppelklick auf eine MIDI-Region unten im Editorenbereich des Hauptfensters öffnet.

7.1.9 Scrolling und Zooming in Editoren

Falls Sie nicht alle Events auf dem Bildschirm sehen können, hilft Ihnen neben dem Zoom auch die Scrollfunktion weiter. Sie können mit dem Scrollrad der Maus vertikal oder auch horizontal scrollen (mit ⇧ + Scrollen). Auch die Zoomfunktionen funktionieren, wie Sie das vom Hauptfenster bereits kennen.

7.1.10 Sonstiges

Den MIDI-TRANSFORMER (Abschnitt 7.8) erreichen Sie in allen MIDI-Editoren auch über das FUNKTIONEN-Menü (inklusive der EVENT-Liste).

Auch die Funktion MIDI-EVENTS KOPIEREN (Abschnitt 7.2.28) ist in allen Editoren zugänglich (teils im BEARBEITEN-, teils im FUNKTIONEN-Menü).

Mit dem Befehl HALTEPEDAL IN NOTENLÄNGE KONVERTIEREN nutzen Sie Haltepedaldaten (MIDI-Controller 64), um die Länge gespielter Noten zu ändern, indem Logic die Notenlänge entsprechend der Haltepedalinformation einstellt. Auch diese Funktion ist in den MIDI-Editoren zu finden (in der Regel im Menü FUNKTIONEN • NOTEN).

Die Funktionen REGIONEN/ZELLEN/EVENTS WIEDERHOLEN (cmd + R) oder REGIONEN/EVENTS MEHRFACH WIEDERHOLEN können analog zum Kopieren/Wiederholen von Regionen in MIDI-Editoren angewendet werden.

Beachten Sie auch die Möglichkeiten, mit Hilfe von MIDI-Plug-ins und der MIDI-UMGEBUNG (siehe Kapitel 13) MIDI-Events zu manipulieren, z. B. Noten in Echtzeit auf in Skalen vorkommende Noten zu korrigieren (*MIDI-FX Transposer*).

7.2 Pianorolle und MIDI-Editor für Zellen

Die PIANOROLLE ist vielleicht der wichtigste Editor für die Bearbeitung eingespielter MIDI-Noten. Dieser Editor besitzt viele spezielle Funktionen, die andere Editoren nicht haben. Sie ist zudem der voreingestellte Editor für MIDI-Inhalte von Zellen. In der PIANOROLLE können sich auch Musiker ohne Kenntnisse von Notenschrift leicht zurechtfinden und Noten bequem verschieben, kürzen, verlängern, löschen, hinzufügen, quantisieren oder die Velocity ändern. Keyboarder haben es besonders leicht, denn links wird eine Klaviertastatur angezeigt.

Auf der linken Seite sehen Sie in Abbildung 7.6 das optional über das Menü ANSICHT ein-/ausblendbare oder ⇧ + alt + I einblendbare Informationsfenster LOKAL.

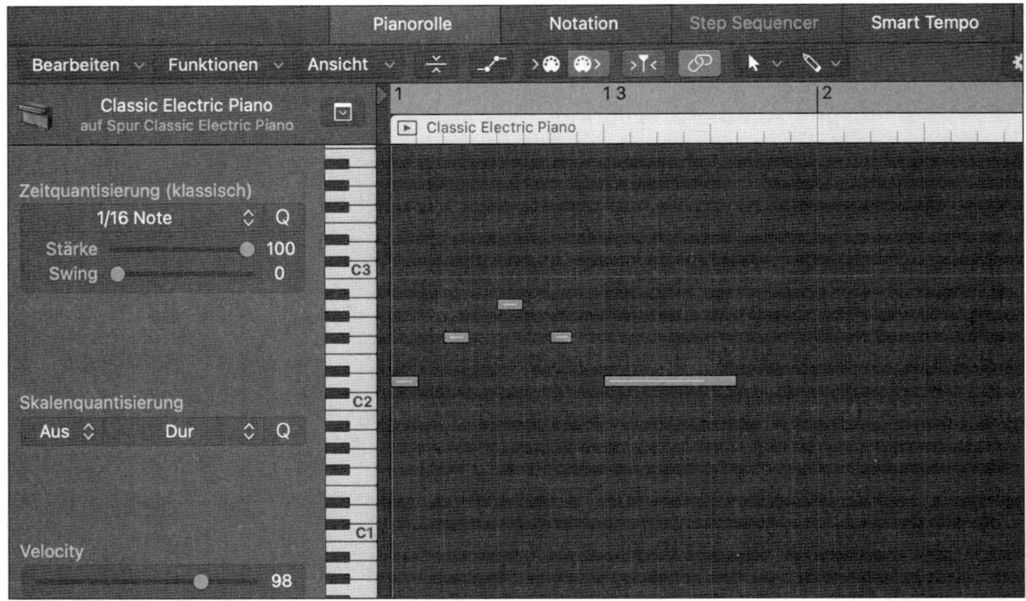

Abbildung 7.6 Die Pianorolle im Hauptfenster; Sie können sie auch als eigenes Fenster öffnen.

Typischerweise öffnet sich eine MIDI-Region nach einem Doppelklick unten in der PIANOROLLE im Editorenbereich des Hauptfensters (siehe Abbildung 7.6 und Projekt *07Pianorolle1*), weil dies die Voreinstellung unter LOGIC PRO • EINSTELLUNGEN • ALLGEMEIN • BEARBEITEN ist. Ist der MIDI OUT-Button an, so erzeugen das Anklicken einer Note oder ein Klick auf die in der PIANOROLLE abgebildeten Tastatur sofort den entsprechenden MIDI-Befehl, so dass die Note bzw. Tonhöhe hörbar wird (es sei denn, Einstellungen beim Klangerzeuger verhindern dies).

7.2.1 Play-Button im Taktlineal der Pianorolle; MIDI-Editor für Zellen

Ähnlich wie bei Audioregionen im AUDIOSPUREDITOR können Sie Regionen in der PIANOROLLE wieder durch Klick auf den kleinen PLAY-Button oben in der Region abspielen. Dabei passiert Folgendes:

- Die Wiedergabe beginnt.
- Temporär wird ein Cycle-Modus für die Länge der Region eingestellt.
- Die Region wird temporär solo geschaltet.

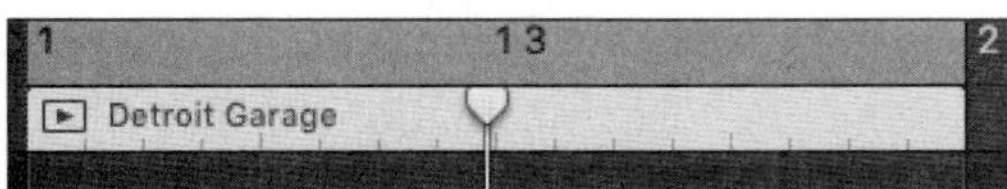

Abbildung 7.7 Links unter der Taktzahl 1 sehen Sie den Play-Button.

Dies gilt auch für Zellen, allerdings ist hier das eingestellte QUANTISIERUNGSSTART-Raster maßgebend dafür, wann die Zelle beginnt zu spielen. Außerdem gelten ergänzend die START-, LOOP-START-, LOOP-LÄNGE und ZELLENLÄNGE-Einstellungen aus dem Informationsfenster ZELLE, die Sie auch durch Anfassen der Markierungen im Taktlineal des MIDI-Editors modifizieren können. Auch Regionslängen können Sie durch Anfassen bestimmter Bereiche (Regionsgrenzen, gefärbter Bereich im Taktlineal) in MIDI-Editoren ändern (kürzen, verlängern, verschieben).

7.2.2 Verschieben von Regionen in der Pianorolle, Regionslänge in der Pianorolle ändern

Wenn Sie eine Region in der PIANOROLLE an ihrer Abspielleiste unterhalb des Taktlineals anfassen, können Sie die Region seit Logic 10.1 auch in der PIANOROLLE verschieben. Sie können voreingestellt die Länge der editierten MIDI-Region in der PIANOROLLE ändern. Hierzu bewegen Sie den Cursor über die in der PIANOROLLE sichtbaren Regionsgrenzen, wodurch ein Längentool erscheint. So machen Sie Inhalte, die außerhalb von Regionsgrenzen liegen, hörbar.

7.2.3 Pianorolle als separates Fenster loslösen

Wenn Sie den PIANOROLLE-Tab mit gehaltener Maustaste anfassen und in eine beliebige Richtung wegziehen, wird die PIANOROLLE vom Hauptfenster losgelöst und zum separaten Fenster. Das erreichen Sie auch mit dem Shortcut [cmd] + [4] oder durch Auswählen des Eintrags PIANOROLLE ÖFFNEN im FENSTER-Menü bei selektierter MIDI-Region.

7.2.4 Menüs »Bearbeiten«, »Funktionen«, Notenkontextmenü

Funktionen (z. B. Selektions- und Verschiebetechniken) der in allen Editoren vorhandenen Menüs BEARBEITEN, FUNKTIONEN und ANSICHT kennen Sie auch schon aus den vorangegangenen Kapiteln. Darüber hinaus gibt es ein Kontextmenü, das Sie per Rechtsklick auf Noten erreichen (siehe Abschnitt 7.2.6). Darin finden Sie die wichtigsten Editierfunktionen gebündelt.

7.2.5 Menü »Ansicht«: mehrere Regionen oder den Inhalt einer Spur editieren

Im Menü ANSICHT finden Sie weitere Optionen. So können Sie die angezeigte NOTENFARBE statt nach Anschlag auch nach MIDI-Kanal oder Regionsfarbe anzeigen lassen. Hier stellen Sie zudem unter REGIONSTRANSPOSITION ein, ob eine über das Informationsfenster eingestellte Transposition automatisch in den Notenbalken der PIANOROLLE angezeigt wird oder die untransponierten Noten der Region zu sehen sind.

Sind mehrere Regionen selektiert, so können Sie durch Doppelklick auf eine einzelne Note in der PIANOROLLE nur den Inhalt jener Region anzeigen lassen, in der sich die doppelt angeklickte Note befindet.

Ein Doppelklick auf den Hintergrund wechselt zu einer Ansicht der Events aller Regionen in der PIANOROLLE. Welche Regionen hiermit genau gemeint sind, hängt von einer Einstellung im Menü ANSICHT der PIANOROLLE ab: Dort können Sie zwischen den Einträgen EINE SPUR und AUSGEWÄHLTE REGIONEN wählen. Im ersten Fall wechselt die Ansicht der PIANOROLLE gegebenenfalls zu den Inhalten aller Regionen einer Spur (auch wenn diese nicht selektiert sind), im zweiten Fall (spurübergreifend) zu den Inhalten aller selektierten Regionen.

7.2.6 Notenkontextmenü in der Pianorolle

Das Standard-Kontextmenü einer Note (Abbildung 7.8) macht viele Auswahl- und Bearbeitungsfunktionen schnell erreichbar.

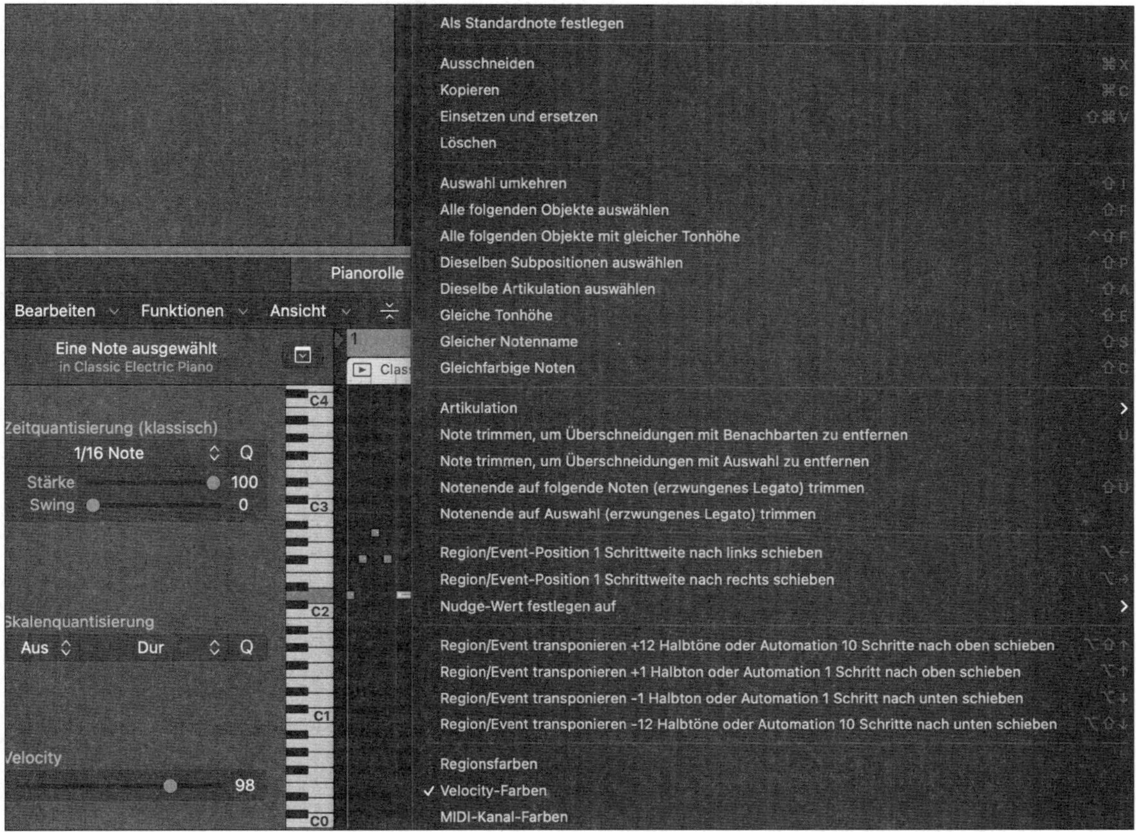

Abbildung 7.8 Kontextmenü in der Pianorolle

7.2.7 Reduzierte Ansicht und Drum-Namen in der Pianorolle

Die reduzierte Ansicht reduziert die Anzeige auf die tatsächlich in der Region vorkommenden Noten/Events. Sie ist ein bevorzugter Modus, wenn Sie mit Schlagzeuginstrumenten aus Logic arbeiten. Sie lässt sich mit dem Icon rechts neben dem Ansicht-Menü aufrufen (siehe Abbildung 7.9).

Ist ein Schlagzeug-Patch in Logic ausgewählt, werden die verwendeten Soundbezeichnungen links angezeigt. Ein Beispiel finden Sie im Projekt *07x3PianoR1*.

Die Namen der Drums werden auch im nicht reduzierten Modus angezeigt. Hierzu mussten Sie vor Version 10.3.2 im Menü Ansicht der Pianorolle den Eintrag Drum-Namen auswählen. Die Drum-Namen erscheinen seit Version 10.3.2 automatisch. Ein Aktivieren des Eintrags blendet dann zusätzlich die Tasten aus, was im reduzierten Modus ohnehin der Fall ist. Die reduzierte Ansicht kann auch bei zu editierenden Instrumentennoten sinnvoll sein, wenn Sie Platz sparen müssen.

Abbildung 7.9 Pianorolle mit reduzierter Ansicht und Drum-Namen

7.2.8 Noten erzeugen; Stiftwerkzeug

Sie können Noten mit dem Stiftwerkzeug einzeichnen. Mit dem Stiftwerkzeug erzeugte Noten haben die gleiche Länge wie zuletzt erstellte oder angeklickte Noten.

7.2.9 Noten erzeugen und löschen: Pinselwerkzeug in der Pianorolle

Das Pinselwerkzeug in der PIANOROLLE dient ebenfalls dem schnellen Einzeichnen von Events in der PIANOROLLE. Es bietet Vorteile gegenüber dem Stiftwerkzeug, denn es ist ein Multifunktionswerkzeug: Wenn Sie das Pinselwerkzeug über Events bewegen, wandelt es sich in ein Radiergummiwerkzeug, wodurch auch ein schnelles Löschen von Events möglich ist. Wenn Sie es an den Anfang oder das Ende von Events bewegen, wird es zum Längenwerkzeug.

Und noch etwas ist anders als beim Stiftwerkzeug: Die Länge der durch das Pinselwerkzeug eingezeichneten Events entspricht dem unter ZEITQUANTISIERUNG in der PIANOROLLE eingestellten Wert (Abbildung 7.10 und Projekt *07xPianoR2*).

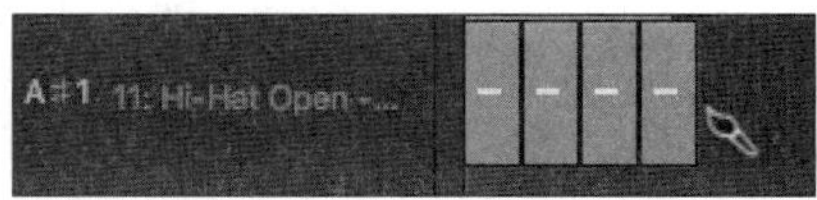

Abbildung 7.10 Pinselwerkzeug in der Pianorolle

Sie können mit dem Pinselwerkzeug z. B. schnell und komfortabel Rolls mit $^1/_{64}$-Noten einzeichnen. Das Pinselwerkzeug ist nicht nur beim Drum-Editing praktisch: Wenn Sie z. B. eine Skala einstellen und mit dem Pinselwerkzeug quer über die Tastatur Noten einzeichnen, werden automatisch nur die Noten der gewählten Skala gezeichnet. Im Beispiel *07xPinselnoten* habe ich mit dem Pinselwerkzeug schnell viele 1/64-Noten einer c-Moll-Skala und im Beispiel *07xPinsel2* in zwei Durchgängen Noten der Skala f-Moll (pentatonisch) eingezeichnet.

7.2.10 Noten erzeugen advanced: Pinselmuster definieren

Sie können mit dem Pinselwerkzeug sogenannte *Pinselmuster* (englisch: *brush patterns*) nutzen. Selektieren Sie hierzu zunächst die Noten, die Sie als Pinselmuster definieren möchten. Nutzen Sie anschließend den Befehl PINSELMUSTER DEFINIEREN (Abbildung 7.11.)

Abbildung 7.11 Der Befehl »Pinselmuster definieren« im Kontextmenü des Pinselwerkzeugs

Ihn erreichen Sie mit dem Shortcut [ctrl] + [⇧] + [B] oder alternativ über das dementsprechend erweiterte Kontextmenü des Pinselwerkzeugs. Dort können Sie das Pinselmuster auch wieder zurücksetzen ([ctrl] + [⇧] + [⌫]). Wenn Sie ein Pinselmuster definiert haben, bewirkt das Zeichnen mit dem PINSEL nun nicht mehr das Zeichnen einzelner Noten, sondern des entsprechenden Musters, auch wenn Sie einen versetzten Notenbereich nutzen. Dieses etwas versteckte und eher spezielle Tool eignet sich z. B. für Trap-Beat-Rhythmusfiguren oder Melodiefiguren, die Sie versetzen oder transponieren wollen.

7.2.11 Noten auswählen/selektieren

Wenn Sie eine gespielte Note selektieren, helfen Ihnen der kleine Infokasten (zeigt dann Velocity und Tonhöhe) sowie die dann blau unterlegte Keyboardtaste (D2 auf dem Keyboard in Abbildung 7.12).

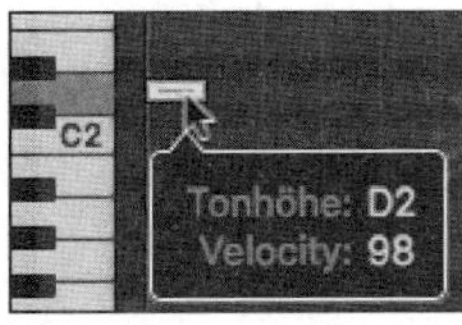

Abbildung 7.12 Selektierte Note D2

Selektierte Noten werden heller angezeigt. Wenn Sie auf der abgebildeten Tastatur auf eine Taste klicken, werden alle mit dieser Taste gespielten Noten in der Region selektiert. Mit den Pfeiltasten [←] oder [→] selektieren Sie die vorherige bzw. nächste Note. Wenn Sie dabei die [⇧]-Taste halten, werden Noten zur Selektion hinzugefügt.

Im Menü BEARBEITEN • AUSWÄHLEN sowie im Notenkontextmenü (siehe Abschnitt 7.2.6) stehen diverse Einträge zum effizienten Selektieren von Noten zur Verfügung. Neben bereits bekannten Techniken wie dem Selektieren von Noten zwischen Locator-Punkten gibt es auch Befehle zum Selektieren stumm geschalteter, überlappender oder gleichfarbiger Noten, ferner von Noten mit gleichem Notennamen, gleicher Tonhöhe, mit gleichem MIDI-Kanal, mit gleicher Subposition im Takt, mit gleicher Artikulations-ID (siehe Abschnitt 11.12.13). Außerdem können Sie die höchste oder tiefste Note auswählen und die Auswahl (auch durch Klick auf den Hintergrund) aufheben oder umkehren. Wenn Sie Noten verschieben wollen und die Maustaste nach Klick auf die Note gedrückt halten, zeigt der Infokasten an, auf welcher Taktposition die Note sich gerade befindet (siehe Abbildung 7.13). Beachten Sie Abschnitt 7.2.27 und die Optionen für das Einrasten.

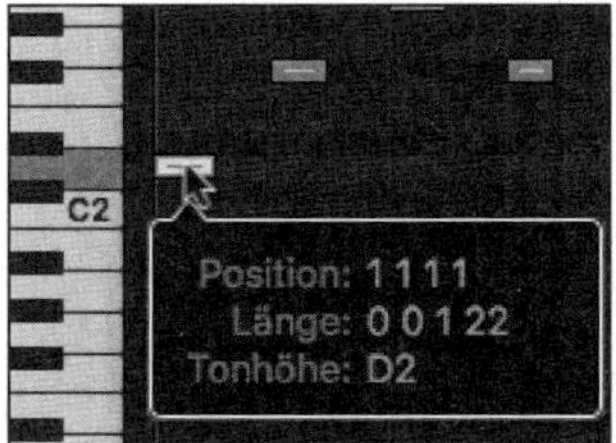

Abbildung 7.13 Der Infokasten in der Pianorolle zeigt die Taktposition an.

Noten können Sie (ähnlich wie eine Region im Bereich SPUREN) durch Selektion bei gehaltener Maustaste und anschließender Bewegung des Objektes verschieben oder mit gehaltener [alt]-Taste kopieren. Durch Selektieren einer Note und anschließendes Betätigen der [⌫]-Taste löschen Sie die Note.

7.2.12 Noten in großen oder kleinen Schritten per Shortcut transponieren

Mit [alt] + [↑], [↓] transponieren Sie selektierte Noten jeweils einen Halbton nach oben bzw. unten. Wenn Sie dabei die [⇧]-Taste drücken, erfolgt die Transponierung nicht nur um einen Halbton, sondern um eine Oktave.

7.2.13 Velocity mit Velocity-Werkzeug und Slider editieren

Die Velocity von Noten können Sie mit dem Velocity-Werkzeug, dem VELOCITY-Slider im Informationsfenster LOKAL oder im Automationsbereich (siehe Abschnitt 7.3) der PIANOROLLE editieren.

Wenn das Velocity-Werkzeug ausgewählt ist, können Sie Noten selektieren und mit gehaltener Maustaste nach oben und unten schieben, wodurch sich die Velocity der Noten verändert. Sie erreichen das Velocity-Werkzeug im mit [T] aufrufbaren Werkzeugmenü via Shortcut [9] oder direkt via [ctrl] + [cmd].

Ist eine Note selektiert, können Sie den Velocity-Wert auch mit dem VELOCITY-Slider (siehe Abbildung 7.14) links im Infobereich der PIANOROLLE anzeigen und verändern.

7.2.14 Velocity mehrerer Noten ändern (Besonderheiten)

Sind mehrere Noten selektiert, so wirkt sich eine Veränderung des Velocity-Wertes mit VELOCITY-Slider oder -Werkzeug grundsätzlich auf sämtliche Noten als Offset-Wert aus, also als Versatz zum bisherigen Wert. Unterschiede bleiben also auch beim Editieren mehrerer Noten erhalten, es sei denn, Sie halten [⇧] + [alt] gedrückt, dann wird die Werteveränderung absolut, bzw. für alle bearbeiteten Noten gilt dann der gleiche Wert.

Wenn Sie lediglich die [alt]-Taste drücken, wird eine Wertebegrenzung aufgehoben, die sich ergeben kann, wenn eine von mehreren selektierten Noten eine obere oder untere Grenze erreicht hat (dies wurde in Version 10.0.7 eingeführt). Wenn beispielsweise die erste Note eine Velocity von 100 hat und die zweite eine Velocity von 120, Sie beide gemeinsam selektieren und den VELOCITY-Slider der PIANOROLLE auf +5 einstellen, landet die eine Note bei Velocity 105 und die andere bei 125. Eine gemeinsame Änderung über +7 hinaus wäre zunächst nicht möglich, weil die Relation zwischen Noten gewahrt würde und die Werte für Velocity nicht über 127 hinausgehen können. Wenn Sie aber dabei die [alt]-Taste drücken, können Sie den Wert (auch wenn beide Noten selektiert sind) weiter erhöhen, aber natürlich nur für die Noten, die noch nicht das Maximum 127 erreicht haben. Bei Standardeinstellung ändert sich mit der Velocity auch die Notenfarbe.

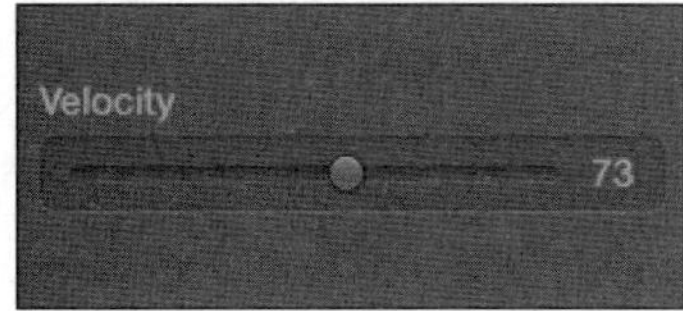

Abbildung 7.14 »Velocity«-Slider in der Pianorolle

7.2.15 Scherenwerkzeug und »Wiederholt schneiden«

Mit dem Scherenwerkzeug können Sie Noten teilen. Das Scherenwerkzeug beherrscht nun (wie im Hauptfenster) die Funktion WIEDERHOLT SCHNEIDEN. Wenn Sie die [alt]-Taste bei ausgewähltem Scherenwerkzeug drücken, sollte rechts neben der SCHERE ein kleines +-Zeichen zu sehen sein.

Auf diese Weise schneiden Sie schnell eine Note in viele gleich lange Teile, je nachdem, wo Sie die SCHERE ansetzen. Die Länge neuer Notenfragmente, die via WIEDERHOLT SCHNEIDEN erzeugt werden, entspricht der Länge vom Notenanfang bis zum ersten angesetzten Schnitt.

Die Funktion kann z. B. beim Erstellen schneller Trap-Hi-Hats nützlich sein und ist fast so etwas wie eine Offlinealternative zur Note-Repeat-Funktion.

7.2.16 Events um Schrittweite kopieren/verschieben

Ähnlich wie im Hauptfenster können Sie Noten bzw. Events (z. B. Kurvenpunkte der AUTOMATION/MIDI-Ansicht) auch in der PIANOROLLE um den Parameter *Schrittweite* verschieben. Das kann etwas komfortabler als das Verschieben durch Anfassen mit der Maus sein. Für die Befehle NACH LINKS SCHIEBEN und NACH RECHTS SCHIEBEN sind die Shortcuts [alt] + [←] bzw. [alt] + [→] vergeben, der Befehl wird unter BEARBEITEN • VERSCHIEBEN im Untermenü sichtbar. Verschoben wird dabei um die eingestellte Schrittweite (Nudge-Wert, einstellbar in einem Eintrag darunter, NUDGE-WERT FESTLEGEN AUF, der ein weiteres Untermenü öffnet).

Auch die Funktion EVENTS MEHRFACH WIEDERHOLEN kann in der PIANOROLLE und den anderen MIDI-Editoren angewendet werden. Dabei können Sie einstellen, in welchem Raster die Wiederholungen erzeugt werden sollen.

Die Funktion REGIONEN/ZELLEN/EVENTS WIEDERHOLEN wiederholt selektierte Events mit einem einzigen Shortcut, den Sie frei zuweisen können. Die Länge der entstehenden Wiederholung ist von der Länge der Selektion abhängig. Die beiden Funktionen funktionieren sowohl für Events in der PIANOROLLE als auch für Regionen im Hauptfenster (siehe Abschnitt 6.2.8).

7.2.17 Events zur Abspielposition bewegen

Sie finden im Menü BEARBEITEN • VERSCHIEBEN auch den Befehl ZUR ABSPIELPOSITION, ([cmd] + [#]), mit dem Sie Noten an die Abspielposition bewegen.

7.2.18 Events nur in eine Richtung bewegen

Unter LOGIC PRO • EINSTELLUNGEN • ALLGEMEIN • BEARBEITEN können Sie festlegen, dass Events in PIANOROLLE und Notationseditor nur in eine Richtung bewegt und kopiert werden können, um versehentliches Verrutschen der Events beim Verschieben zu verhindern. Ist diese Option nicht aktiv, erreichen Sie das Gleiche über die gehaltene [⇧]-Taste während des Bewegungs- oder Kopiervorganges.

7.2.19 Notenanfang/-ende auf Abspielposition setzen

Mit dem Befehl REGION/EVENT/MARQUEE-START AUF ABSPIELPOSITION SETZEN ([cmd] + [Ö]) setzen Sie den Anfang einer Note auf die Abspielposition, mit dem Befehl REGION/EVENT/MARQUEE-ENDE AUF ABSPIELPOSITION SETZEN ([cmd] + [Ä]) entsprechend das Ende einer Note.

7.2.20 Noten binden

Mit dem Befehl NOTEN BINDEN (cmd + J) aus dem BEARBEITEN-Menü fügen Sie zwei selektierte Noten (mit der gleichen Tonhöhe) zu einer langen, gebundenen Note zusammen.

7.2.21 Noten verkürzen/verlängern, Finger-Werkzeug

Mit dem Längentool (das automatisch auftaucht, wenn Sie sich mit dem Cursor über den Anfang oder das Ende der Note bewegen) ändern Sie die Länge der Note.

Nutzen Sie auch das Finger-Werkzeug zum Verkürzen/Verlängern von Events.

7.2.22 Länge für mehrere Noten ändern

Sind mehrere Noten selektiert, können Sie Parameter wie die Länge mehrerer Noten gleichzeitig editieren. Wenn Sie die Tasten ⇧ + alt gedrückt halten, während Sie die Länge mehrerer selektierter Noten ändern, werden diese auf die gleiche Länge gesetzt (auf die Länge der Note, deren Ende Sie gerade editieren), während ansonsten die Werte nur als Offset zu ihrem bisherigen Wert verändert werden. Achten Sie dabei darauf, erst das Längentool durch Anfassen einer Note am Ende zu bedienen, *bevor* Sie die ⇧-Taste drücken. Ansonsten deselektieren Sie mit der ⇧-Taste eine Note.

7.2.23 Noten trimmen, Legato erzwingen

Im Untermenü BEARBEITEN • TRIMMEN finden Sie verschiedene Optionen zum Anpassen der Notenlänge (Abbildung 7.15).

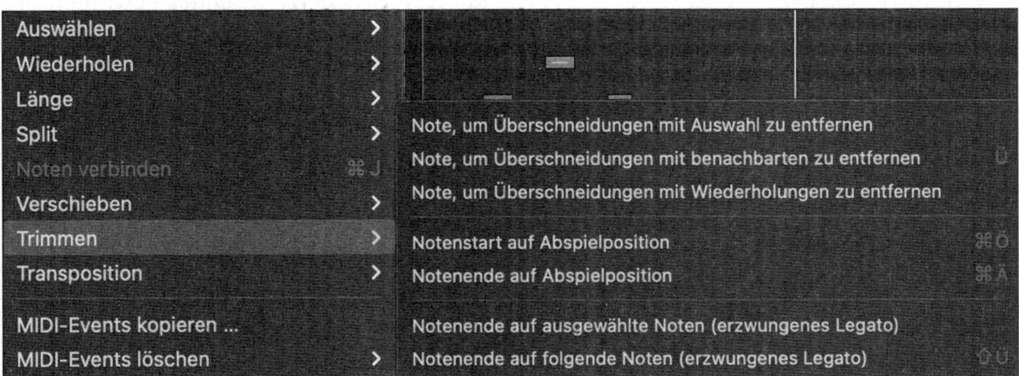

Abbildung 7.15 Optionen im »Trimmen«-Untermenü des »Bearbeiten«-Menüs

Logic kann Ihnen helfen, die Noten (z. B. von selektierten Akkorden) schnell auf eine bis zum nächsten folgenden Akkord oder bis zur nächsten folgenden Note gebundene Länge zu bringen. Hierzu selektieren Sie die Noten und wählen anschließend in der PIANOROLLE den Menübefehl BEARBEITEN • TRIMMEN • NOTENENDE AUF AUSGEWÄHLTE (oder FOLGENDE) NOTEN (ERZWUNGENES LEGATO) aus. Früher hieß diese Option *Force Legato*. Ein Beispiel sehen Sie in Abbildung 7.16 und Abbildung 7.17 (Projekte *07Pianorolle2* und *07Pianorolle2b*). In einem erscheinenden Dialog müssen Sie gegebenenfalls auswählen, dass Akkorde nicht geändert werden sollen. Sind die Noten einmal auf eine einheitliche Länge gebracht, lassen sich mehrere Noten davon ausgehend auch gut auf eine ganz andere Länge kürzen (z. B. auch in der EVENT-Liste), etwa um gleich lange Pausen zu den nachfolgenden Noten zu erzeugen.

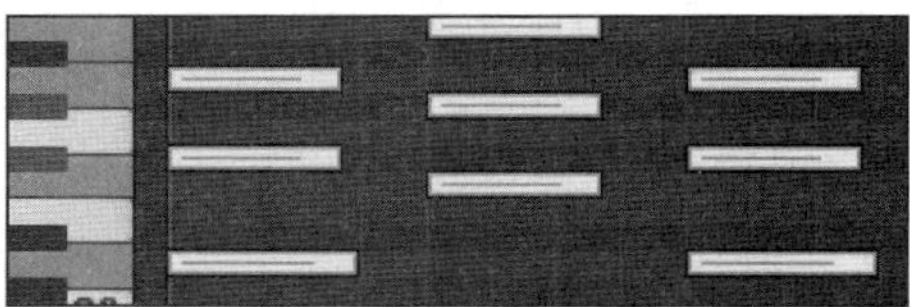

Abbildung 7.16 Akkorde in der Pianorolle vor der Force-Legato-Bearbeitung

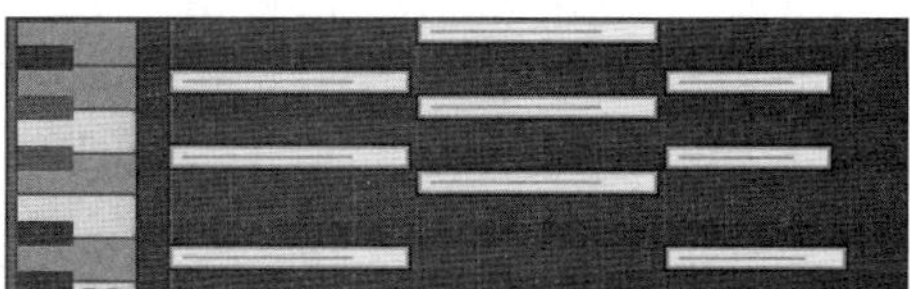

Abbildung 7.17 Gebundene Noten nach der Force-Legato-Bearbeitung

7.2.24 Einzelne Noten stumm schalten

Mit dem Shortcut zum Stummschalten von Regionen im Bereich SPUREN können Sie auch in der PIANOROLLE Noten stumm schalten. Standardbefehl ist hier [ctrl] + [M] für *mute*. An dem Spruch »Weniger ist mehr« ist oft etwas dran; nicht zuletzt Basslines gewinnen oft, wenn einige zunächst eingespielte Noten weggelassen werden. Allerdings möchte man so etwas in der Regel gerne ausprobieren, ohne die eingespielten Noten direkt zu löschen, daher ist es oft sinnvoller, sie probeweise stumm zu schalten. Stumm geschaltete Noten erscheinen ausgegraut.

7.2.25 Zeitquantisierung in der Pianorolle; Quantisierungswerkzeug

Selektierte Events können Sie durch Einstellung eines Quantisierungsrasters im Menü ZEITQUANTISIERUNG (KLASSISCH) (Abbildung 7.18) des Informationsfensters LOKAL oder mit dem Quantisierungswerkzeug quantisieren.

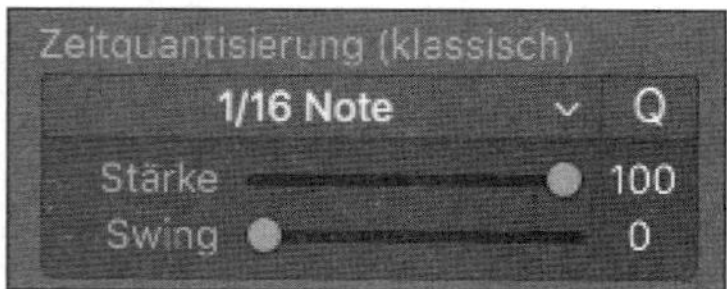

Abbildung 7.18 Das Menü »Zeitquantisierung (klassisch)« in der Pianorolle

Ist bereits ein Zeitraster eingestellt, erfolgt die Quantisierung selektierter Noten durch Klick auf den mit Q beschrifteten Button neben dem Rastereintrag im Informationsfenster LOKAL, durch Auslösen des Befehles FUNKTION • NOTEN QUANTISIEREN, durch den Shortcut Q oder durch Anklicken des Events mit dem Quantisierungswerkzeug. Übrigens: In den letzten Logic-Versionen wurden diese Quantisierungen nicht im Informationsfenster des Hauptfensters angezeigt.

7.2.26 Tonhöhen-/Skalenquantisierung

Selektierte Noten können Sie durch Einstellen eines Grundtons und einer zugehörigen Skala im Menü SKALENQUANTISIERUNG des Informationsfensters LOKAL quantisieren (Abbildung 7.19), wodurch Noten auf in der Skala mit dem jeweiligen (einstellbaren) Grundton vorkommende Töne korrigiert werden.

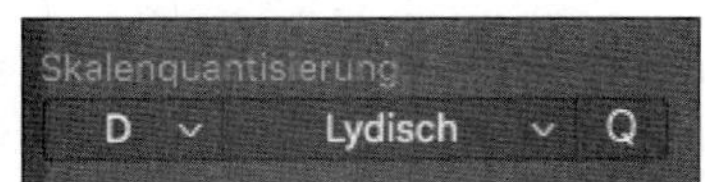

Abbildung 7.19 Grundton und Skala auswählen

Ist eine Skala eingestellt, kann die Skalenquantisierung selektierter Noten durch Klick auf den Q-Button im Bereich SKALENQUANTISIERUNG erfolgen. Mehr zu Harmonielehre, Skalen und Tonleitern lesen Sie in Kapitel 12.

7.2.27 Editierungs- bzw. Verschiebungsraster in der Pianorolle

Für das Raster, in dem Ihre Edit-Operationen in der PIANOROLLE erfolgen, stehen im EINRASTEN-Menü verschiedene Einstellungen zur Verfügung. Das Prinzip der EINRASTEN-Funktion entspricht demjenigen des EINRASTEN-Menüs im Hauptfenster (siehe Abschnitt 6.1.5).

Durch Drücken der ctrl-Taste oder der Tasten ctrl + ⇧ können Sie das Raster wie im Hauptfenster auch temporär deaktivieren. Falls die Funktion AM RASTER AUSRICHTEN via cmd + G dauerhaft deaktiviert ist, sehen Sie dies auch im EINRASTEN-Menü.

Ist NOTEN BEI ABSOLUTEM WERT EINRASTEN eingestellt, so rasten Noten direkt auf dem eingestellten Rasterwert ein. Ist NOTEN BEI RELATIVEM WERT EINRASTEN eingestellt, so bleibt ein Versatz der Noten gegenüber einem Raster bestehen.

7.2.28 MIDI-Events kopieren

Über das Menü BEARBEITEN rufen Sie den Dialog MIDI-EVENTS KOPIEREN auf (der auch in anderen MIDI-Editoren zur Verfügung steht). Hierüber können Sie einen bestimmten Bereich zwischen Locator-Punkten selektieren und an eine bestimmte Position bewegen oder kopieren. Abbildung 7.20 bezieht sich dabei auf einen Prozess, der im Projekt *07Pianorolle4* zum Ergebnis aus *07Pianorolle4b* führt.

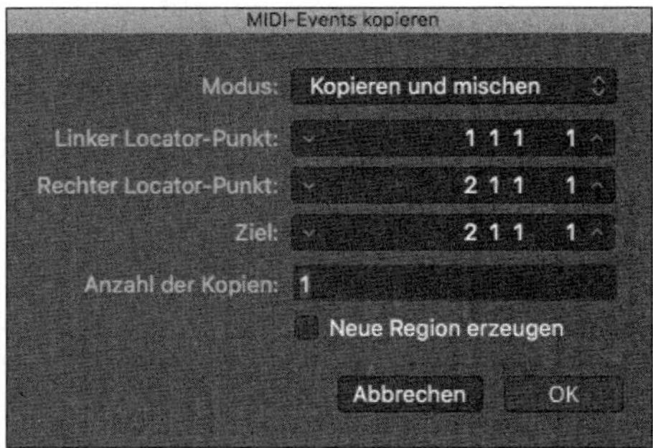

Abbildung 7.20 MIDI-Events kopieren im »Bearbeiten«-Menü der Pianorolle

Dabei stehen verschiedene weitere Optionen zur Verfügung:

- KOPIEREN UND MISCHEN: Kopierte Daten werden an der Zielposition mit Daten an der Zielposition gemischt.
- KOPIEREN UND ERSETZEN: Kopierte Daten ersetzen an der Zielposition bisherige Daten.
- KOPIEREN UND EINFÜGEN: Kopierte Daten werden eingefügt und verschieben an der Zielposition vorhandene Daten nach hinten.
- BEWEGEN UND MISCHEN: Bewegte Daten werden an der Zielposition mit Daten an der Zielposition gemischt.
- BEWEGEN UND ERSETZEN: Bewegte Daten ersetzen an der Zielposition bisherige Daten.
- BEWEGEN UND EINFÜGEN: Bewegte Daten ersetzen an der Zielposition bisherige Daten und verschieben diese nach hinten.
- ROTIEREN: Die Daten werden an die Zielposition verschoben. Daten an der Zielposition sowie die Daten, die zwischen Quell- und Zielposition fallen, werden in Richtung Quellposition und um einen zentralen Punkt rotiert, der sich auf halber Länge zwischen der Quell- und Zielposition befindet.
- DIREKT AUSTAUSCHEN: Vertauscht die ausgewählten Daten mit jenen, die an der Zielposition beginnen. Die Länge des ausgetauschten Abschnitts wird durch die Locator-Punkte bestimmt.
- ENTFERNEN: Entfernt die selektierten Quelldaten, die restlichen Daten rücken gegebenenfalls entsprechend nach.

Die Zeitposition von Noten können Sie (ähnlich wie Regionen im Hauptfenster) im FUNKTIONEN-Menü verriegeln, was insbesondere bei der Geräuschvertonung von Filmen nützlich ist. Nutzen Sie diese Funktion in der PIANOROLLE, so können Sie die Position von selektierten Events einer Region an Zeitpunkte binden, während dies für andere Events der Region nicht der Fall sein muss.

Bei Quantisierungen, die sich danach auf alle Noten beziehen, werden die zuvor verriegelten Positionen auch ignoriert, das heißt, die Noten werden trotz Verriegelung mitquantisiert. Typischerweise würde man im Bereich SPUREN allerdings vermutlich eher ganze Regionen an Zeitpositionen verriegeln, um im Arrangement die Übersicht zu behalten.

7.2.29 Time-Stretching von Noten in der Pianorolle (»Time Handles«)

MIDI-Time-Stretching ist auch für selektierte Bereiche einer Region der PIANOROLLE möglich. Dies ist eine sehr wichtige Funktion, um z. B. frei gespielte Noten schnell an das Taktraster anzupassen.

Wählen Sie das Menü FUNKTIONEN • TIME HANDLES. Die *Time Handles* sehen Sie jedoch erst in Form zweier blauer Marker am linken und rechten Ende Ihrer Selektion, wenn Sie nach der Aktivierung der TIME HANDLES-Option mehrere Noten selektieren (siehe Abbildung 7.21). Schieben Sie sie nun zusammen oder auseinander, um Noten zu stauchen oder zu dehnen.

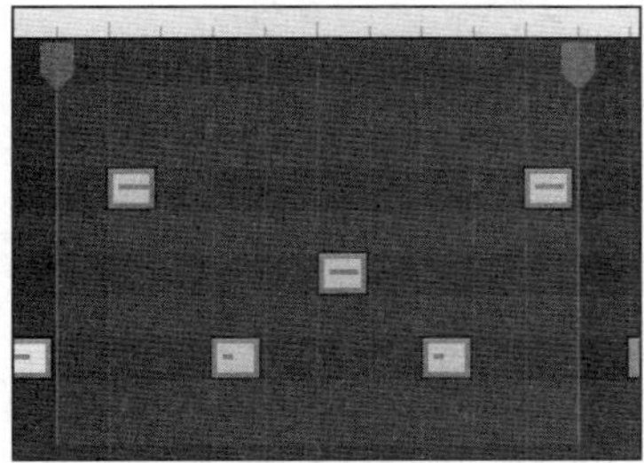

Abbildung 7.21 Zeit-Handles bezogen auf mehrere selektierte Noten

Sie können alternativ mit gehaltener [alt]-Taste im Bereich SPUREN eine MIDI-Region dehnen/stauchen. Öffnen Sie hierzu auch das Beispielprojekt *07xPiRZeithandle*.

7.3 Automation und MIDI (in Pianorolle und Notationseditor)

In PIANOROLLE und Notationseditor (aber auch im Hauptfenster) können Sie in einer mit dem Shortcut [A] (bei zuvor in den Fokus gesetztem Editor) aufrufbaren Ansicht AUTOMATION/MIDI unten (Abbildung 7.22) nicht nur Noten und Notenlängen, sondern auch Velocities, Regionsautomation und Controller-Daten editieren. Klicken Sie alternativ zum Shortcut [A] auf das Automationssymbol im Editor.

Sie können dabei sowohl Daten ganz neu einzeichnen als auch bereits aufgenommene Daten editieren. In den folgenden Ausführungen mache ich das meist in der PIANOROLLE. Nutzen Sie den Befehl VERWENDETE PARAMETER NACHEINANDER ANZEIGEN ([cmd] + [Y]) für Ansichten, die Automation anzeigen – auch zu finden als NACHEINANDER ANZEIGEN im Flip-Menü der AUTOMATION/MIDI-Darstellung, siehe Abbildung 7.23. (In Vorversionen hieß diese Darstellung MIDI-DRAW und der Befehl AUTOMATISCH DEFINIEREN, mit gleichem Shortcut ([cmd] + [Y]). Bei mehrfachem Auslösen dieser Funktion wechselt die Darstellung zwischen verschiedenen Parametern – je nachdem, welche Daten in der Region vorhanden sind (Controller, Velocity, Regionsautomation u. a.).

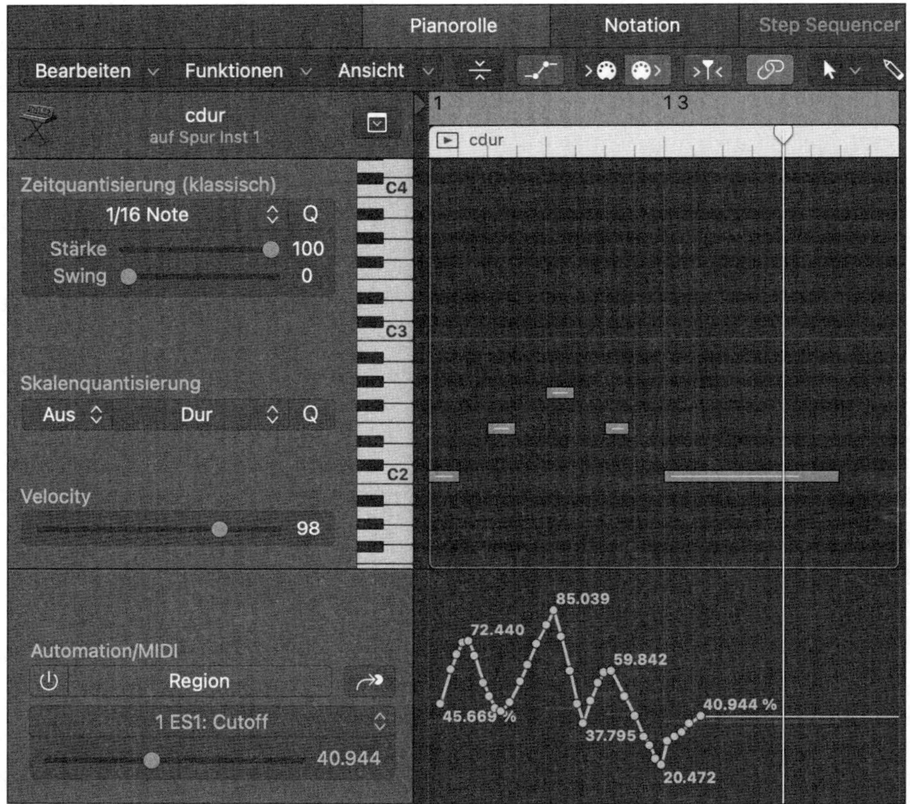

Abbildung 7.22 Automation/MIDI-Kurve mit Regionsautomation

Mehr zu Control-Change- bzw. MIDI-CC-Befehlen lesen Sie in Abschnitt 3.11.2. In Regionsautomation konvertierte Spurautomationsdaten können hier ebenfalls editiert werden.

Auch Velocity-Edits können Sie hier vornehmen. Während MIDI-Controller-Daten frei eingezeichnet werden können – hierbei werden auch neue Events generiert –, verhalten sich die Dinge anders, wenn Sie Velocity-Werte editieren wollen: Die Information über die Anschlagstärke einer gespielten Note (Velocity) ist Teil des Notenbefehls, hier müssten also zuerst Noten erzeugt werden. Betrachten wir zunächst das Editieren von Velocity und anschließend das Editing von MIDI-Controller-Daten.

7.3.1 Velocity editieren

Wenn Sie Automation in der Pianorolle einblenden und keine Controller-Daten in der Region vorhanden sind, sehen Sie zunächst meistens eine Anzeige für die Velocity. Typischerweise ist der STIFT in der PIANOROLLE als Sekundärwerkzeug eingestellt. Beim Editieren von Velocity-Werten sorgt das Stiftwerkzeug ebenso wie eine gedrückte Maustaste dafür, dass eine Linie erscheint, mit der Sie einen Verlauf einzeichnen können. In beiden Fällen gilt: erst selektieren, dann editieren.

Bei unterschiedlichen Velocity-Werten ändert sich typischerweise die Farbe der eingezeichneten Noten (dies ist die Voreinstellung im Menü ANSICHT der PIANOROLLE). Sie finden ein Beispiel im Projekt *07Velocitydraw1*. Im Ergebnis spielt die abgebildete Region die Noten gegen Ende immer leiser, was allerdings nur funktioniert, weil der Klangerzeuger *E-Piano* entsprechend auf Velocity-Werte reagiert. Die nach dem Zeichnen einer Linie erzeugten Velocity-Werte entsprechen nicht immer exakt dem, was Sie erwarten, denn die Linie sorgt lediglich für eine »Skalierung« der bisher vorhandenen Werte.

7.3.2 Erzeugen und Editieren von Regionsautomations- und MIDI-Controller-Daten in der Ansicht »Automation/MIDI«, MIDI-Controller zur Steuerung eines Synths

Wenden wir uns nun Beispielen zu, in denen Automation und MIDI-Controller-Daten eingezeichnet und editiert werden, die Synths ansteuern. Im Projekt *07MidictrldrawO* habe ich einen *ES1*-Synth in den Instrumenten-Slot geladen. Dieser kann mit Automation und mit MIDI-Controller-Daten angesteuert werden. Wenn Sie einen Parameter des *ES1* anfassen und im MIDI-Editor AUTOMATION/MIDI einblenden, dann erscheint dort automatisch der zuletzt angefasste Parameter und darunter sogar ein Werteslider, so dass Sie für ihn schnell (z. B. testweise) Werte justieren und (z. B. mit dem STIFT) eine Kurve einzeichnen können – wie im Projekt *07regautdraw1* für den Filter-Cutoff (siehe Abbildung 7.22). Hierfür muss zuvor allerdings die Option AUTOMATIONSPARAMETER IM MODUS READ AUTOMATISCH SELEKTIEREN im Menü MIX aktiviert sein! Tatsächlich ist ja im Bild und Projektbeispiel zudem Regionsautomation aktiviert. Lesen Sie mehr zum Thema in Kapitel 16.

Sie können zudem im Menü EINRASTEN auswählen, ob die Einzeichnung gerastert erfolgen soll. Achten Sie dabei darauf, dass das Häkchen bei AKTIV gesetzt ist, ansonsten bewirkt die Auswahl eines Rasters nichts. Mit der gehaltenen `alt`-Taste können Sie bei entsprechender Voreinstellung dann zudem mit dem Stiftwerkzeug Automation im Stile von Steps einzeichnen (siehe Abschnitt 16.1.9 und Projekt *16x3_Automation1b* und Erläuterungen zur Automationseinstellung WAHLTASTE GEDRÜCKT HALTEN FÜR ABGESTUFTE BEARBEITUNG).

Sie können alternativ auch einen MIDI-Controller-Werteverlauf einzeichnen. Im Projekt *07MidictrldrawO* steuert MIDI-Controller 17 (in der Liste als *General #2* gekennzeichnet, weil es keine typische Zuweisung für diesen Controller gibt) ebenfalls die Cutoff-Frequenz des Filters (weil das im *ES1* so eingestellt ist). Wählen Sie den Controller aus dem Flip-Menü aus. Auch Smart Controls finden Sie dort oben im Menü.

Wählen Sie nun Controller 17 aus, und zeichnen Sie mit dem STIFT einen Werteverlauf für Controller 17 ein. Das habe ich gemacht und das Ergebnis hören Sie im Projekt *07Midictrl-*

draw1: In der zweiten Region bewegt sich nun die Filter-Cutoff-Frequenz des *ES1*. Der am Ende der Region eingestellte Wert wird beibehalten, wenn die Abspielposition am Ende des Cycle-Bereichs zurück zu Takt 1 springt. Solche Controller-Befehle können auch Parameter von anderen Plug-ins wie Native Instruments Massive (dort ist MIDI Learn über einen Rechtsklick auf einen Parameter möglich) oder eines externen Klangerzeugers fernsteuern.

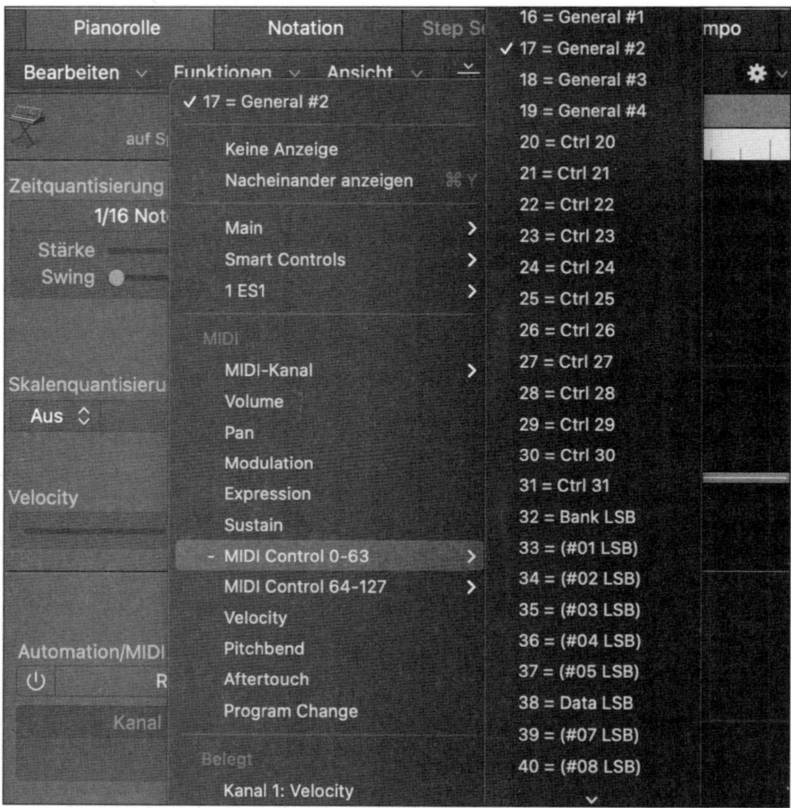

Abbildung 7.23 Auswahlmenü für im Bereich »Automation/MIDI« sichtbare Daten

Editieren von MIDI-Controller-Daten und Kurvenverläufen in »Automation/MIDI«

Das Editieren von Automation/MIDI-Kurvenverläufen funktioniert ähnlich wie das Editieren von Automationsdaten im Hauptfenster. Sie können einen Werteverlauf selektieren und mit dem Zeigerwerkzeug nach oben und unten schieben. Im Projekt *07Midictrldraw2* habe ich den Werteverlauf nach unten gezogen, um den Filter etwas dumpfer und die Wirkung des Kurvenverlaufs deutlicher hörbar zu machen.

Sie können eine Controller-Bewegung auch als Verlauf zwischen zwei Events definieren, entweder als Gerade oder als Kurve.

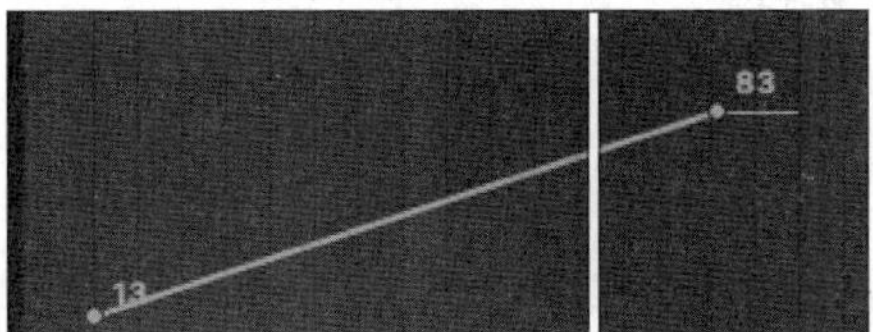

Abbildung 7.24 Linearer Verlauf zwischen Controller-Events

In Abbildung 7.24 ergibt sich der Werteverlauf aus lediglich zwei Events, zwischen denen Logic einen linearen Verlauf interpoliert (Projekt *07Midictrldraw2b*). Wenn Sie auf den rechten Punkt doppelklicken, wird er gelöscht. Wenn Sie irgendwo auf die Linie oder daneben klicken, erzeugen Sie einen weiteren Punkt, der den Kurvenverlauf verändert. Sie können die Kurve aber auch mit gleichzeitig gehaltener `ctrl` + `⇧`-Taste anfassen. Es erscheint automatisch das AUTOMATIONSKURVE-Werkzeug, mit dem Sie den Kurvenverlauf verbiegen können (siehe Abbildung 7.25 oder Projekt *07Midictrldraw5*).

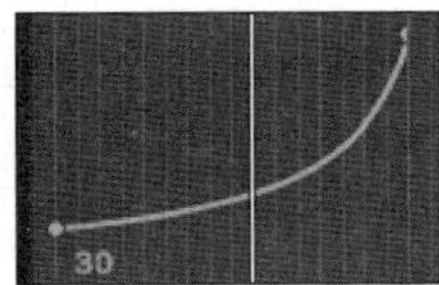

Abbildung 7.25 Kurvenförmiger Verlauf zwischen Events – erzeugt mit Hilfe des »Automationskurve-«Werkzeugs

7.3.3 Automation/MIDI in separaten Regionen editieren

Ein Vorteil der Fernsteuerung mit Controller-Daten ist, dass Sie sie wie MIDI-Noten auch leicht in eigene Regionen bewegen können, die unabhängig von den Notenregionen existieren können.

Ein Beispiel: In *07Midictrldraw3* habe ich im Menü SPUR mit ANDERE • NEUE SPUR MIT GLEICHEM MIDI-KANAL eine neue Spur mit dem gleichen MIDI-Kanal eingestellt. Anschließend habe ich die zweite Region in die untere Spur kopiert. Daraufhin habe ich die Region in der oberen Spur von Controller-Daten befreit und in der Region in der unteren Spur die Notendaten gelöscht. Anschließend habe ich die Regionen entsprechend umbenannt (Abbildung 7.26).

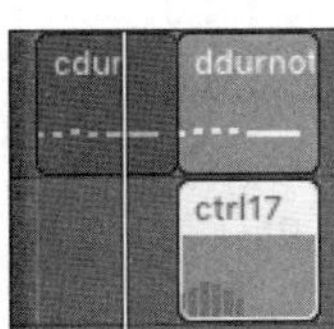

Abbildung 7.26 In der selektierten Region befinden sich lediglich Controller-Daten.

Anschließend habe ich die Region mit den Controller-Daten noch einmal nach links kopiert, so dass zu jeder Notenregion eine Controller-Region gehört. Danach habe ich in der linken Region die Controller-Daten nach unten verschoben, so dass der Sound in Takt 1 dumpfer klingt als in Takt 2, in beiden Takten aber Bewegung im Sound ist (siehe Projekt *07Midictrl-draw4*).

Sie können die Controller-Daten so komplett unabhängig von den MIDI-Daten verwalten und z. B. in der oberen Spur verschiedene Noten spielen, die in der unteren Spur stets von der gleichen Filterbewegung begleitet werden. Sie können eine modulierende Region auch loopen und anschließend Noten einspielen, die »live« moduliert werden. Diese Technik können Sie auch mit Regionsautomation anwenden, die Sie im Bereich AUTOMATION/MIDI editieren können.

7.4 Notationseditor

Auch den MIDI-Notationseditor können Sie unten im Editorenbereich einblenden. Mit dem Shortcut [cmd] + [5] oder dem Eintrag NOTATIONSEDITOR ÖFFNEN ... im FENSTER-Menü bei selektierter MIDI-Region öffnet sich der Notationseditor als separates Fenster.

7.4.1 Einführung

Editing im Notationseditor ist zwar auch vergleichbar mit Editing in der PIANOROLLE, doch die Handhabung ist anders und eher für Leser*innen mit Notenkenntnissen geeignet. Selektion, Kopieren, Löschen und Verschieben – vieles funktioniert ähnlich, das Informationsfenster LOKAL mit ZEIT- und SKALENQUANTISIERUNG sowie Optionen für das VELOCITY-EDITING sind analog zur PIANOROLLE vorhanden.

Der Notationseditor kann auch bei der Erstellung von Noten für anders gestimmte Instrumente hilfreich sein. Editing im Notationseditor kann zusätzlich oder ausschließlich dem Zweck der Erstellung eines Notenblattes als Vorlage für Musiker dienen. Dabei geht es um das Einfügen bestimmter Symbole wie Vorzeichen, Notenschlüssel, Spielweisen (piano, forte etc.) oder Pausen.

Diesen beiden unterschiedlichen Verwendungszwecken wird der Notationseditor nicht immer simultan gerecht, denn vieles, was dargestellt wird, hat keine Auswirkung auf das, was ausgegeben wird! Dies ist einerseits gewöhnungsbedürftig, andererseits ist es beabsichtigt. Denn wenn man den Notationseditor zum Erstellen einer qualitativ hochwertigen Notation nach gültigen Standards benutzen will, möchte man beim Editieren der Notenschrift typischerweise die klanglichen Ergebnisse oft nicht ändern.

Zum Erstellen von Notenschrift auf dem Markt gibt es auch spezialisierte Notationsprogramme wie *Sibelius*, *Dorico* oder *Finale*. Diese werden auch von vielen Logic-Usern für das Erstellen einer professionellen Notation favorisiert.

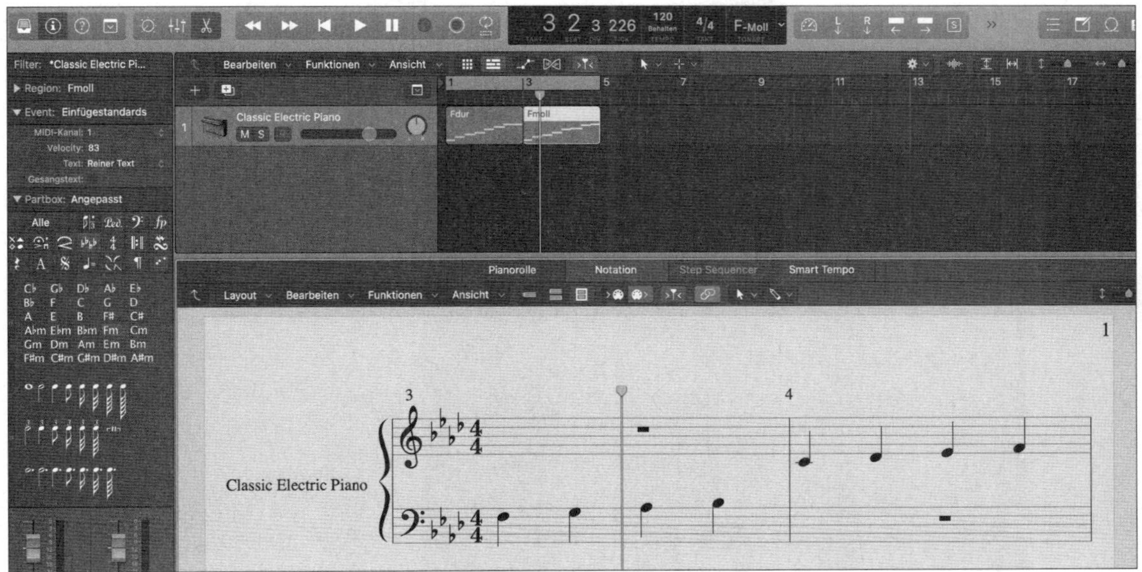

Abbildung 7.27 Notationseditor und Menü »Ansicht«

7.4.2 Ansichten, Ansichtsänderungen, Drucken

Der Notationseditor verfügt über verschiedene Ansichten. Diese heißen LINEARE ANSICHT, REDUZIERTE ANSICHT und SEITENANSICHT. Sie wählen sie über das Menü ANSICHT • ANSICHTSMODUS oder einen der drei rechts daneben liegenden und bei Aktivität lila unterlegten Buttons aus, die sichtbar sind, wenn genug Platz vorhanden ist (Abbildung 7.27).

Die lineare Ansicht zeigt, anders als die reduzierte Ansicht, durch einen aufgehellten Bereich auch die Region bzw. deren Grenzen an. Im Menü ANSICHT können Sie auch »Notenetiketten« einblenden, so dass Notennamen und Velocity auf dem Notenbalken dargestellt werden. Allerdings sind diese nicht sichtbar, wenn die Zoomstufe zu klein ist.

Die Seitenansicht (aufrufbar via `ctrl` + `P`) ermöglicht eine Vorschau dessen, was Sie im Hauptmenü via ABLAGE • DRUCKEN ausgeben können. Ein entsprechendes Druckdokument der im Projekt *07Notation4* selektierten Region finden Sie im Bonusbereich im Ordner *Sonstiges* mit dem Namen *07NotenausdruckNotation4.pdf*. Oben rechts im Notationseditor können Sie vertikal zoomen oder mit dem Button links daneben die Ansichtsgröße automatisch für den vorhandenen Platz optimieren (Abbildung 7.27). Ist der Notationseditor im Bereich EDITOREN des Hauptfensters fokussiert (ein Fokussierungswechsel erfolgt durch Klick auf die `⇥`-Taste), ändert sich auch die Anzeige im Infobereich des Hauptfensters, und Parameter des Notationseditors werden im Informationsbereich angezeigt. Das hat damit zu tun, dass es sehr viele Inhalte gibt, die es darzustellen gilt.

Die Anzeigen im Informationsfenster REGION und darunter sind im Hauptfenster bei fokussiertem Notationseditor anders. Der Informationsbereich des Notationseditors wird auch angezeigt, wenn Sie den Notationseditor als separates Fenster öffnen. Zusätzlich können Sie über das lokale ANSICHT-Menü oder via ⇧ + alt + I den *lokalen* Informationsbereich einblenden (Abbildung 7.28). Das geht jedoch nur, wenn gerade die lineare Ansicht angezeigt wird.

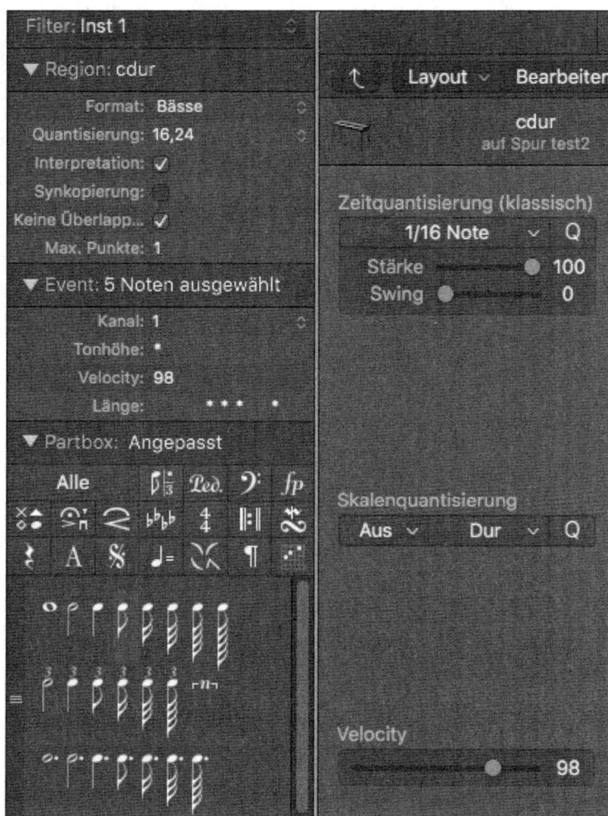

Abbildung 7.28 Notationseditor und Informationsbereiche, oben links der Eintrag »Filter« für rechts daneben auszuwählende Notationssets

Notationssets

Sie können mehrere Notationseditor-Fenster öffnen, in denen jeweils unterschiedliche Notationssets angezeigt werden. Im Menü FILTER im Informationsbereich des Hauptfensters können Sie Instrumente und zugehörige Notationssets auswählen. Sie müssen gegebenenfalls noch Link-Einstellungen beachten oder deaktivieren, die die Anzeige automatisch an selektierte Regionen koppeln.

7.4.3 Tonart wählen

Das Einstellen der Tonart im Listenbereich des Hauptfensters oder das Einfügen eines Tonartsymbols sorgt für die Anzeige der passenden Vorzeichen, wodurch sich die Darstellung der Noten ebenfalls entsprechend ändert und übersichtlicher wird (entsprechende Vorzeichen müssen Sie nun nicht mehr vor die Note setzen). Am hörbaren Ergebnis ändert sich hierdurch jedoch nichts.

Abbildung 7.29 zeigt einen im Bereich EDITOREN des Hauptfensters eingeblendeten Notationseditor mit in den Notationseditor gezogenen Vorzeichen für f-Moll. Im Informationsbereich des Hauptfensters wird nun ein Informationsbereich für die Region angezeigt, der zum Notationseditor gehört, bei dem es wiederum mehr um die Darstellung als die Noteneditierung geht. Dort eingestellte Quantisierungen bewirken z. B. eine veränderte Darstellung der Noten, aber keine Quantisierung der MIDI-Events.

Unten links im Informationsbereich sehen Sie Symbole für die Auswahl einer Tonart (Fm für f-Moll ist gerade selektiert) ❶ und darunter Notensymbole ❷. Im Informationsbereich ist zudem markiert, dass Notenwerte ❸ und Tonartsymbole ❹ angezeigt werden (die jeweils vierten Felder von rechts unterhalb des Schriftzugs PARTBOX: ANGEPASST), so dass Sie sie in die Notation ziehen können. Sie finden das abgebildete Beispiel auch im Projekt *07Notation1*. Die erste Region im Projekt spielt übrigens F-Dur und hat andere Vorzeichen.

Abbildung 7.29 Notationseditor

Im Projekt *07Notation2* ist D-Dur als Tonart eingestellt, wodurch die entsprechenden Vorzeichen im Notationseditor automatisch gesetzt werden.

7.4.4 »Partbox«, Notenerzeugung per Drag & Drop und Notationselemente

Mit Hilfe der PARTBOX lassen sich verschiedene Informationen wie Notenlängen oder Spielhinweise anzeigen bzw. ein- und ausblenden. In Abbildung 7.30 sind z. B. Notenlängen und Lautstärkeinformationen eingeblendet.

Während Sie Notensymbole auch per Drag & Drop in den Editierbereich ziehen können und dies einen entsprechenden MIDI-Befehl mit der Note erzeugt, haben andere Komponenten keine Wirkung auf die Note. So erzeugt z. B. das Hineinziehen einer Fortissimo-Lautstärkeanweisung keine entsprechende Velocity.

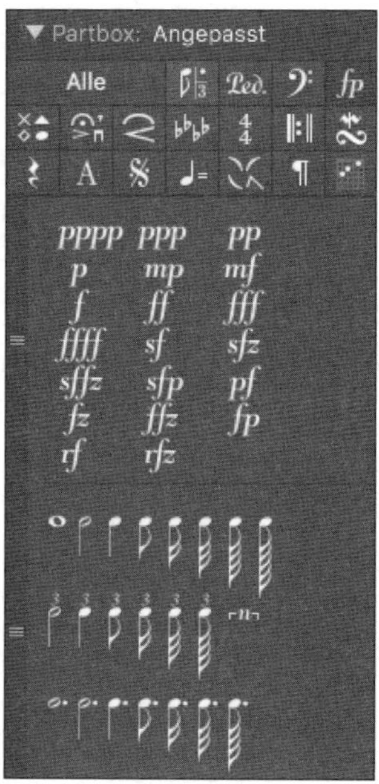

Abbildung 7.30 Hier werden auch die Lautstärkeanweisungen in der »Partbox« angezeigt.

Dass der ein oder andere Befehl nur für die Darstellung, aber nicht für die Wiedergabe relevant ist, kann beim Komponieren problematisch werden. Ein Beispiel sind Wiederholungszeichen. Ein – allerdings nur mäßig zufriedenstellender – Lösungsvorschlag hierfür ist, mit zwei unterschiedlichen Projekten zu arbeiten oder das Projekt erst nach seiner Fertigstellung und dem Audioexport für die Notation zu optimieren.

7.4.5 Noten einfügen; Einfügestandards

Sie erzeugen Noten mit dem Stiftwerkzeug oder durch einfaches Hineinziehen einer Note aus den links angezeigten Notensymbolen in den Notationseditor. Sind keine Noten selektiert, ist bei selektiertem Notationseditor-Tab links in der Regel ein Infobereich mit Event-EINFÜGESTANDARDS zu sehen, wo diverse Parameter eines mit dem STIFT einzufügenden Events vorgegeben werden (siehe Abbildung 7.31).

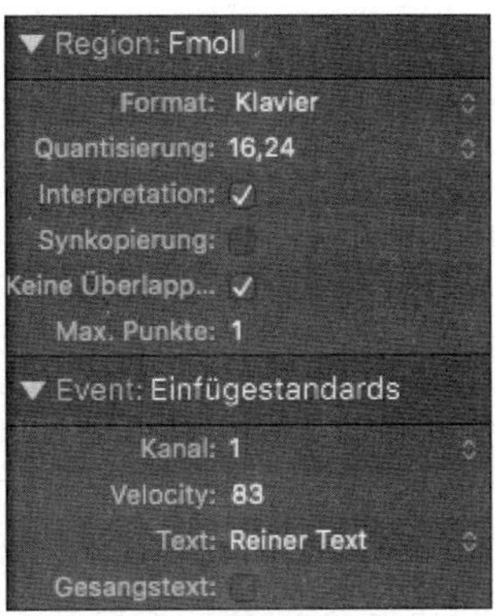

Abbildung 7.31 Event-Einfügestandards

7.4.6 Noten selektieren, kopieren, verschieben und löschen

Selektierte Noten werden im Notationseditor grünlich dargestellt, nicht selektierte Noten schwarz. Mit den Pfeiltasten [←], [→] bewegen Sie die Selektion zur vorherigen bzw. nächsten Note, ein Klick auf den Hintergrund hebt Selektionen auf. Selektierte Noten können Sie mit der Maus verschieben, mit gehaltener [alt]-Taste kopieren und mit [⌫] löschen. Mit [alt] + [↑]/[↓] transponieren Sie selektierte Noten jeweils einen Halbton nach oben bzw. unten. Wenn Sie dabei die [⇧]-Taste drücken, erfolgt die Transponierung nicht nur um einen Halbton, sondern um eine Oktave. Wie Sie sehen, ähneln viele Bearbeitungsfunktionen denen, die Sie in der PIANOROLLE finden. Der bei mit gehaltener Maustaste selektierten Noten oder beim Verschieben von Noten angezeigte kleine Infokasten hilft Ihnen auch hier wieder bei der Auswahl der Taktposition und zeigt zudem die Tonhöhe an, was auch hilfreich sein kann, wenn Sie Notenschrift lernen möchten.

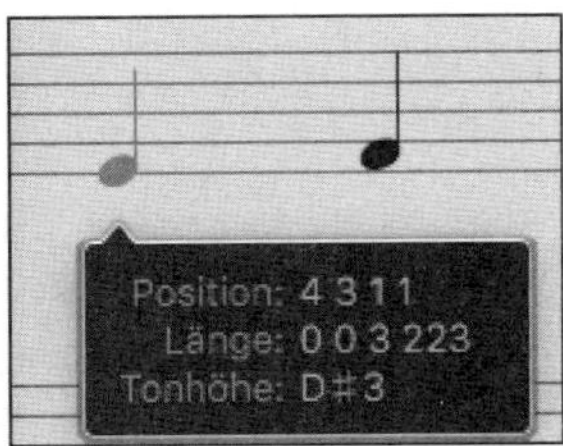

Abbildung 7.32 Infokasten im Notationseditor

7.4.7 Notenlängen anzeigen und editieren

Die Länge der Noten können Sie etwas besser editieren, wenn im Menü ANSICHT die Option LÄNGENBALKEN für ALLE oder für SELEKTIERTE NOTEN ausgewählt ist (siehe Projekt *07Notation3*).

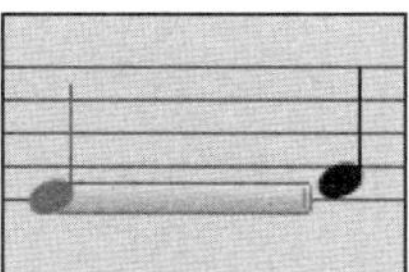

Abbildung 7.33 Notation mit angezeigten Längenbalken für selektierte Noten (wählbar im Menü »Ansicht«)

7.4.8 Gespielte Noten in unterschiedlichen Notationssystemen (z. B. Violin- und Bassschlüssel) setzen; Werkzeuge

Der Notationseditor verfügt über ein eigenes Werkzeugmenü mit bekannten und speziellen Werkzeugen. Hier soll das Stimmtrennungswerkzeug vorgestellt werden.

Stimmtrennungswerkzeug

Damit es beispielsweise möglich ist, die in einer Region gespielten Noten in ein System mit Violin- und Bassschlüssel zu setzen, muss für die selektierte Region bei gleichzeitig fokussiertem Notationseditor-Tab in dem nun sichtbaren Informationsfenster ein entsprechendes Notationsformat ausgewählt sein. Alternativ geht das im Hauptfenster und im Informationsfenster SPUR im Menüpunkt ganz unten (NOTENSYSTEMSTIL).

Anschließend können Sie gespielte Noten mit der Maus und dem Werkzeug STIMMTRENNUNGSWERKZEUG grafisch voneinander trennen. Halten Sie dabei die Maustaste so lange gedrückt, bis Sie mit einer gegebenenfalls gezogenen Linie zufrieden sind. Sie können das im Projekt *07Notation4* oder anhand der Vorher-nachher-Abbildungen – Abbildung 7.34 und Abbildung 7.35 – nachvollziehen.

Abbildung 7.34 Notationstrennung: vorher

Abbildung 7.35 Notationstrennung: nachher

7.5 Schritteditor

Im Schritteditor werden die Geschehnisse von MIDI-Regionen in sogenannten *Lanes* dargestellt. Das hat den Vorteil, dass Sie im Gegensatz zur Automation/MIDI-Darstellung mehr als eine Kurve gleichzeitig sehen können. Lanes können nicht nur Kurven, sondern auch Notenwerte darstellen. Der Schritteditor eignet sich gut zum Editieren von Schlagzeugregionen, weil Sie sich Lanes mit Bezeichnungen der Schlagzeugsounds anzeigen lassen können, die z. B. mit der GM-Drum-Belegung übereinstimmen. Nutzt der jeweilige Klangerzeuger das GM-Mapping, funktioniert das perfekt. In neueren Logic Pro-Versionen (ab 10.1) machen die reduzierte Ansicht in der Pianorolle in Kombination mit dem Pinselwerkzeug und der Step Sequencer (ab 10.5) dem Schritteditor allerdings starke Konkurrenz, so dass er mittlerweile gar als Tab bei den MIDI-Editoren im Hauptfenster zugunsten des Step Sequencers herausgeflogen, aber (auch aus Kompatibilitätsgründen) noch als separates Fenster erreichbar ist.

Mit dem Befehl Schritteditor öffnen … im Fenster-Menü öffnet sich der Schritteditor optional sofort als separates Fenster, Sie können ihn aber auch im Hauptfenster im Bereich Editoren einblenden. Dann sehen Sie die Informationen zu den Lanes nicht unten im Editorenbereich, sondern im Bereich Spuren.

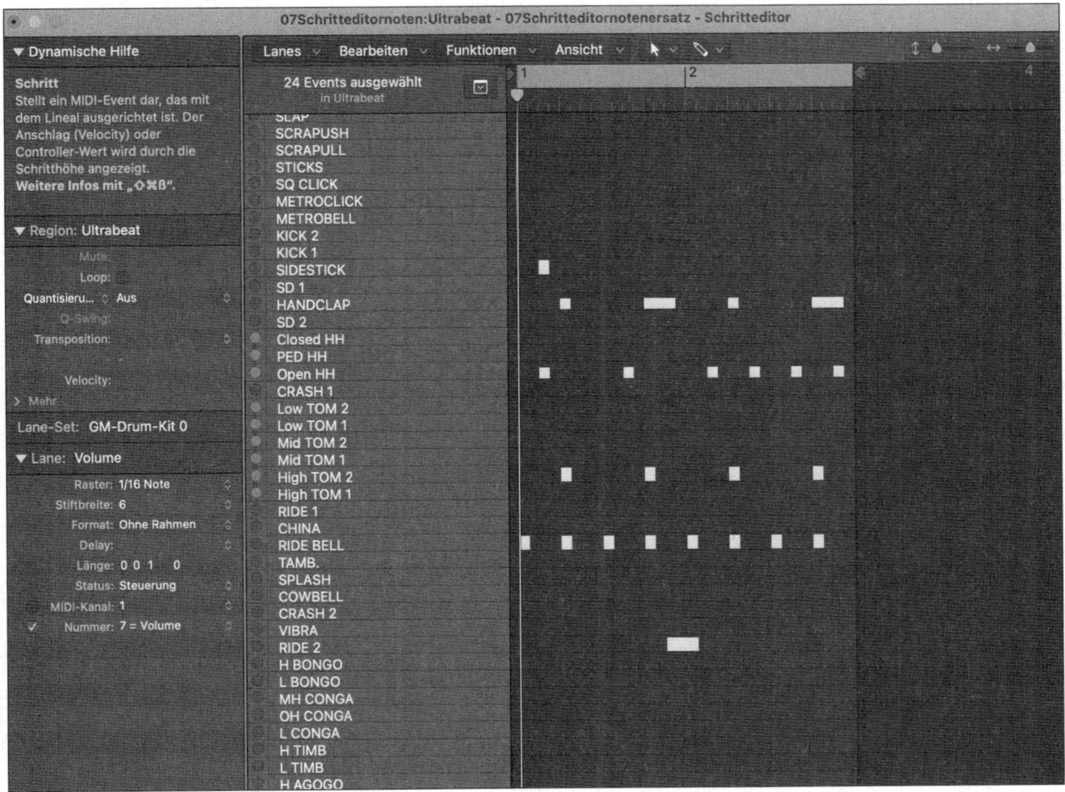

Abbildung 7.36 Schritteditor

Dies gilt – wie beim Notationseditor – aber nur dann, wenn der Fokus im Hauptfenster auf dem SCHRITTEDITOR (Abbildung 7.36) und nicht auf dem Bereich SPUREN liegt.

7.5.1 Zoom

Rechts oben im SCHRITTEDITOR sind die Zoomslider, in der Abbildung ist die Darstellung vertikal an den verfügbaren Platz optimiert – vertikale und horizontale Optimierung der Darstellung regeln wieder die beiden Buttons links neben den Zoomslidern.

7.5.2 Lanes und Lane-Sets

Wenn Sie eine MIDI-Region (wie ein *Ultrabeat*-Pattern) im SCHRITTEDITOR öffnen und sich ihre Inhalte anzeigen lassen, können Sie mit der Funktion NEUES LANE-SET FÜR AKTUELLE EVENTS automatisch Lanes für alle in der Region vorkommenden (und aktuell selektierten) Events erzeugen. Sie können Lanes auch manuell oder über den Befehl MEHRERE LANES ERZEUGEN ... erstellen; in diesem Fall fragt ein Dialog, welche Events hierfür herangezogen werden sollen.

Ein *Lane-Set* ist eine Sammlung mehrerer Lanes, die angezeigt werden. Im Infobereich des Hauptfensters können Sie zwischen mehreren Lane-Sets umschalten (rechts neben dem Eintrag LANE-SET oben links in Abbildung 7.36).

MIDI-Befehlstyp für Lane auswählen

Sie können jede Lane im Infobereich editieren. So können Sie zum Beispiel für eine manuell erzeugte Lane aussuchen, welche MIDI-Daten angezeigt werden soll. Unter STATUS wählen Sie den MIDI-Befehl, den Sie in der Lane sehen wollen z. B. NOTE, NOTE OFF. Control-Change-Befehle werden hier verwirrenderweise wieder STEUERUNG genannt, siehe Abbildung 7.37).

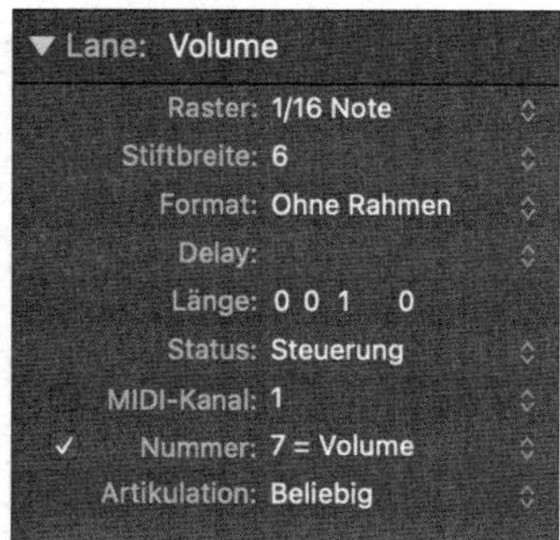

Abbildung 7.37 Im Infobereich links im Fenster wählen Sie, was in der Lane angezeigt wird, oder stellen z. B. die Stiftbreite fürs Einzeichnen ein.

Praxisbeispiele

Im Beispiel *07Schritteditornoten* werden Noten eines *Ultrabeat*-Patterns im SCHRITTEDITOR angezeigt (siehe Abbildung 7.36).

Sie können mit dem STIFT Events einzeichnen oder mit dem Linienwerkzeug Werteverläufe realisieren. Außerdem können Sie eine Stiftbreite zum Einzeichnen von Events sowie ein Raster einstellen (siehe Abbildung 7.37).

Im Dokument *07Schritteditordraw1* steuern zwei MIDI-Controller Parameter des *ES2* (einmal den PITCH und einmal den CUTOFF). Das zugehörige Lane-Set habe ich manuell in »es2-2ctrls« umbenannt. Im Dokument *07Schritteditordraw2* habe ich zusätzlich zum *ES2* ein Drumkit geladen. Das Lane-Set GM DRUMKIT zeigt wiederum automatisch die richtigen Namen zu den verwendeten Noten an (erreichbar via Menü LANES • NEUES LANE-SET FÜR GM-DRUMS). Die meisten Logic-Drumkits benutzen eine solche GM-Standard-Tastaturbelegung, so dass Sie ohne große Gefahren die Sounds austauschen und andere Logic-Drumpatches laden können.

Finger-Werkzeug

Das Finger-Werkzeug im SCHRITTEDITOR kann, wie Sie wissen, zum Verschieben von Events genutzt werden.

7.6 »Event«-Liste/Event-Schwebefenster

Die EVENT-Liste (Abbildung 7.38) und das kleine Event-Schwebefenster (das im Prinzip nur eine Zeile der EVENT-Liste abbildet) ermöglichen das Editing von Regionen, Regionspositionen, Noten und MIDI-Events in einer Darstellung, die Informationen in einer Liste als Zahlen darstellt. Die Events haben dabei jeweils eine eigene Zeile.

Auch die EVENT-Liste steht als separates Fenster (cmd + 7) oder als Teil des Bereichs LISTEN im Hauptfenster zur Verfügung. Dabei taucht die EVENT-Liste im Hauptfenster allerdings nicht unten bei den EDITOREN, sondern rechts bei den LISTEN auf, wo Sie auch die ähnlich aufgebauten Listen zum Editieren von TAKTART/TONART, MARKERN und TEMPO erreichen.

Die Darstellung von Informationen wie Taktposition, Länge des Events, MIDI-Kanal, MIDI-Datenbytes (bzw. deren Inhalte wie Tonhöhe, Velocity und Controller-Nummer) in einer Liste in Zahlenform bietet manchmal Vorteile gegenüber anderen Editoren. Die EVENT-Liste eignet sich z. B. gut, um Events präzise zu erzeugen oder die Länge und Position von Events und Noten zu editieren. Außerdem können bestimmte Events ausgeblendet werden. Auch Automationsdaten sind Events, die Sie in der EVENT-Liste editieren können (siehe Abschnitt 7.6.5 und Abschnitt 16.1).

7.6.1 Events ausblenden

Sie können Events nach Kategorien durch Klick auf die blau markierten Felder, die den MIDI-Befehlstypen entsprechen (NOTEN, AFTERTOUCH, PROGR. CHANGE usw.), ausblenden lassen (so dass Sie z. B. alle MIDI-Events sehen, die kein Notenbefehl sind).

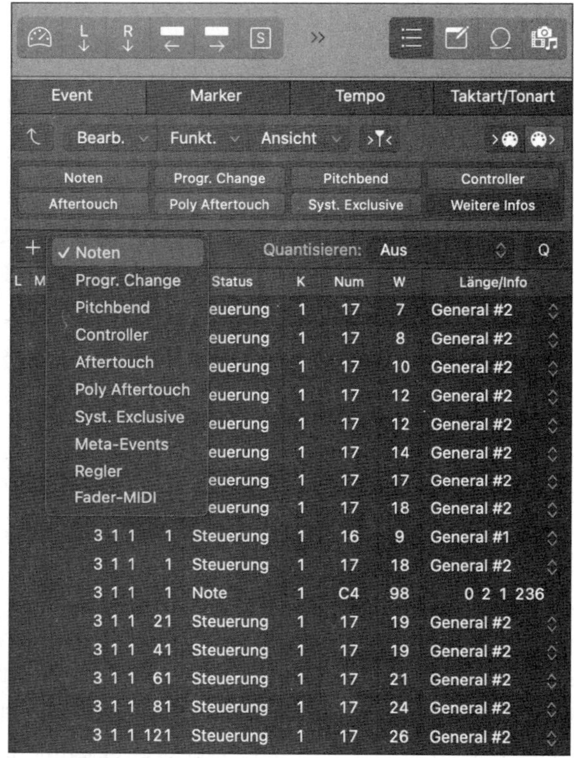

Abbildung 7.38 »Event«-Liste

7.6.2 Events erzeugen

Sie können alle Arten von Events mit der kleinen +-Taste an der aktuellen Abspielposition erzeugen. Im Flip-Menü daneben wählen Sie aus, welche Events erzeugt werden sollen. Dieses Flip-Menü wird aber erst sichtbar, wenn Sie mit der Maus über den entsprechenden Bereich fahren.

In der EVENT-Liste können Sie zum Beispiel auch Program-Change-Befehle erzeugen, mit denen Sie Sounds umschalten, oder in MIDI-Files dafür sorgen, dass bestimmte Programme aufgerufen werden. Sie können auch sogenannte *Meta-Events* erzeugen, die in Abschnitt 18.4 erläutert werden. Hierbei handelt es sich nicht um Standard-MIDI-Befehle, sondern um ein Logic-internes Befehlsformat mit einer ähnlichen Struktur.

Ist der rote MIDI IN-Button aktiv, lassen sich auch einfach durch Spielen auf der MIDI-Tastatur (Masterkeyboard) oder Logics MUSIK-TASTATUR neue Noten oder Controller schreiben.

7.6.3 Ansicht-Menü, »Link«-Modus

Im ANSICHT-Menü der EVENT-Liste können Sie auch entscheiden, ob Locks (verriegelte Events), Mutes (TON AUS), die grundsätzlichen MIDI-Befehlsdaten und die POSITION, ARTIKULATIONS-IDs (via [ctrl] + [⇧] + [D]) und mehr eingeblendet werden sollen. Ferner können Sie sich im ANSICHT-Menü die Position und Länge von Events auch als SMPTE-Zeitangabe oder die Länge als absolute Position des Event-Endes anzeigen lassen.

Den LINK-Modus habe ich in Abschnitt 7.1.3 schon kurz vorgestellt, hier finden Sie etwas detailliertere Informationen und ein Beispiel – bezogen auf die EVENT-Liste, denn hier spielt er eine besondere Rolle. Unter ANSICHT • LINK können Sie in der EVENT-Liste einstellen, ob dort der Inhalt einer untergeordneten Ebene oder einer mit dem verlinkten Fenster gleichberechtigten Ebene angezeigt wird. Sie könnten daher zum Beispiel mit zwei EVENT-Listen parallel arbeiten, von denen eine die arrangierten Regionen und deren Taktpositionen im Bereich SPUREN zeigt und die andere die Inhalte der (MIDI-)Regionen (z. B. Noten und ihre Taktpositionen). Eventuell müssen Sie nach dem Umschalten zwischen verschiedenen LINK-Modi die EVENT-Liste neu öffnen, um eine veränderte Ansicht zu sehen.

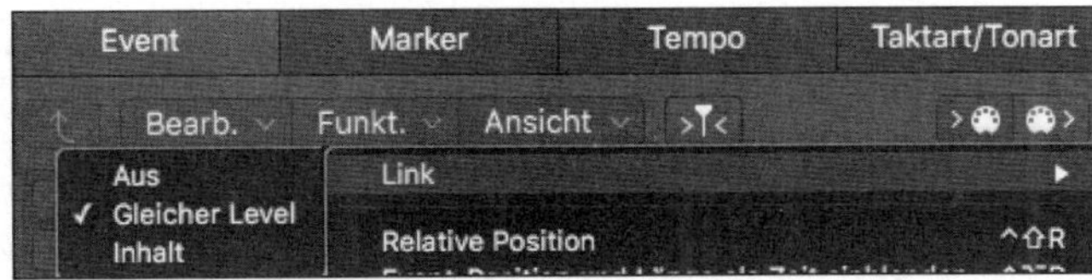

Abbildung 7.39 Die »Link«-Einstellung im »Ansicht«-Menü

In Abbildung 7.40 zeigt die EVENT-Liste das gleiche Level an. Sie sehen rechts zwei Regionen namens DRUMMER und ES2. Sie können diese Regionen durch Veränderung der Taktposition oder Länge nun in der EVENT-Liste editieren bzw. verschieben. Auf diese Weise können Sie sogar mit Hilfe der EVENT-Liste arrangieren – auch Regionen können in der EVENT-Liste editierbare Events sein. Ein Doppelklick auf die Taktposition ermöglicht auch die direkte Eingabe einer anderen Position, Sie können die Zahlen aber auch mit gehaltener Maustaste nach oben und unten bewegen.

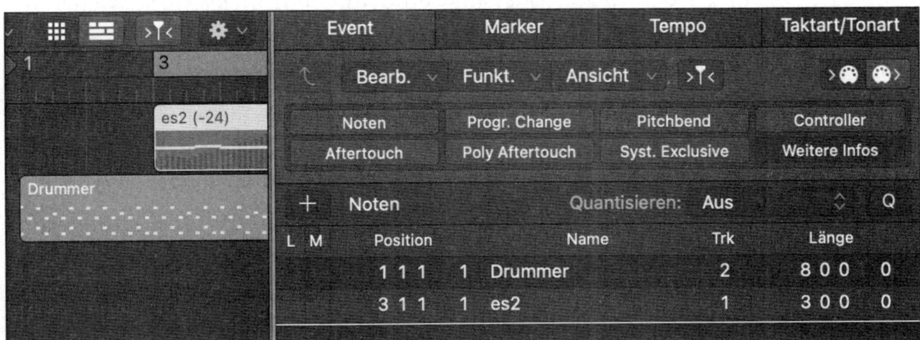

Abbildung 7.40 Mit dem Bereich »Spuren« verlinkte »Event«-Liste, die den gleichen Level anzeigt

Die auf diese Weise selektierten Regionen können Sie nun in der EVENT-Liste im Flip-Menü quantisieren. Quantisieren Sie so z. B. kurze Regionen mit Schlagzeugsounds, die auf Audiospuren herumliegen – ein Workflow, der durch die neue Funktion AUSWAHLBASIERTE BEARBEITUNG auch für Musiker (und nicht nur Geräuschvertoner) attraktiver geworden ist, weil einzelne Sounds schnell effektiert werden können. Die Eingabe oder Änderung von Takt- und Längenangaben oder Quantisierung für Events funktioniert natürlich auch, wenn der LINK-Modus auf INHALT steht, dann sind die Inhalte von Regionen betroffen.

7.6.4 Datenstruktur und Selektionstechniken, Workflow-Beispiel

In Abbildung 7.38 werden die Inhalte einer Region mit Namen ES2 angezeigt. Dabei handelt es sich um einige wenige Noten und viele Controller-Daten von zwei Controllern aus dem Beispiel *07Eventliste1*. Die EVENT-Liste bietet manchmal selektionstechnische Vorteile gegenüber der PIANOROLLE. Sie können zum Beispiel alle Noten und Controller-Daten oben in der Liste durch Klick auf die blauen Felder ausblenden lassen, so dass Sie die übrigbleibenden Daten selektieren und weitereditieren können (z. B. alle auswählen und löschen, verschieben, ohne dass dies die ausgeblendeten Daten betrifft).

7.6.5 Automations-Events in der »Event«-Liste

Automations-Events bzw. -daten in Logic haben eine ähnliche Struktur, die sich in dieser Listenform darstellen lässt. Sie können eine Liste der Spur-Automations-Events oder (für Regionsautomation) die EVENT-Liste aufrufen und Automationsdaten editieren (`ctrl` + `cmd` + `E`; siehe auch Abschnitt 16.1.23).

7.6.6 Event-Schwebefenster

Einen Sonderfall stellt das Event-Schwebefenster dar, das Sie über das FENSTER-Menü als separates, unabhängiges und frei schwebendes Fenster einblenden können. Im Event-Schwebefenster wird eine einzelne Zeile im Stile einer EVENT-Liste mit dem gerade selektierten Event angezeigt. Dies kann z. B. eine Region oder auch eine Note sein. Im Event-Schwebefenster können Sie – wie in der EVENT-Liste – auf die Takt- oder Zeitposition des Events klicken und es mit gehaltener Maustaste verschieben. So können Sie beispielsweise Regionen verschieben. Dies ist z. B. bei Filmvertonungen praktisch. Außerdem können Sie das Event-Schwebefenster nutzen, um Noten direkt auf eine bestimmte Position zu bewegen, indem Sie auf den jeweiligen Wert im Fenster doppelklicken, ihn per numerische Eingabe überschreiben und mit der `↵`-Taste bestätigen. Wenn Sie in den allgemeinen Einstellungen das musikalische Raster nicht anzeigen lassen, kann das Event-Schwebefenster auch Zeitpositionen statt Taktpositionen anzeigen. Ansonsten funktioniert das über den aus der EVENT-Liste bekannten Befehl EVENT-POSITION UND LÄNGE ALS ZEIT ANGEBEN (`ctrl` + `alt` + `R`) – allerdings nur, wenn das Event-Schwebefenster selektiert ist.

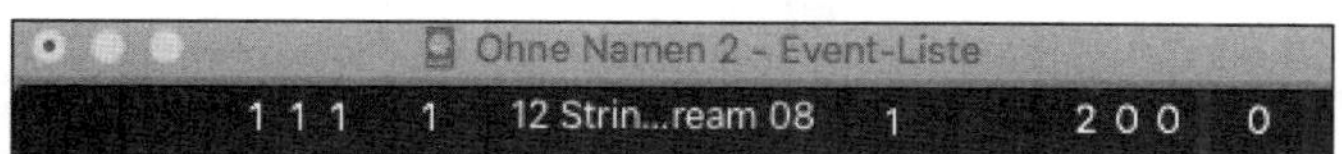

Abbildung 7.41 Event-Schwebefenster

7.7 Artikulationen, Artikulations-IDs und Artikulations-ID-Editor

Artikulationen sind bestimmte Spielweisen (wie z. B. staccato, pizzicato und legato) von Sounds in Instrumenten wie dem *Drum Kit Designer*, *Session Horns*, *Session Strings* oder dem *Sampler* (z. B. das Patch *Violin 1* oder das Instrument *Violin 1+*, mehr dazu in Kapitel 11 im Abschnitt über den Sampler). Artikulationen sind in den Instrumenten meist als Gruppen von Samples organisiert, diese können mit MIDI-Befehlen von externen Controllern, aber auch mit Artikulations-ID-s, die Teil des Notenbefehls sind, aufgerufen werden.

Wenn Sie darüber nichts wissen, könnten Sie sich wundern, wenn zwei bis auf die Artikulations-ID identische Notenbefehle unterschiedliche Sounds in diesen Instrumenten auslösen. Der Parameter Artikulations-ID (ARTICULATION) dient auch dem Umschalten zwischen (mit IDs durchnummerierten) Gruppen (als Alternative zur Umschaltung per Note) im Sampler. Artikulations-IDs werden im Notenbefehl übermittelt, so dass gleichzeitig Noten mit unterschiedlichen Artikulationen von demselben Instrument gespielt werden können. Sie können diese Technik mit Hilfe von Artikulationssets und einem Editor auch zusammen mit externen Instrumenten wie Kontakt-Libraries nutzen.

Damit das Umschalten zwischen Gruppen so schnell möglich ist, müssen die Gruppen bereits vorher in den Arbeitsspeicher geladen worden sein. Deshalb ist der Bedarf an Arbeitsspeicher bei der Programmierung solcher Sounds hoch, was für ein 64-Bit-Programm wie Logic Pro kein Problem ist, solange genug Arbeitsspeicher verbaut ist.

Artikulations-IDs werden in vielen Patches von Logic Pro verwendet, zum Beispiel bei Drumkits, die gemeinsam mit dem »Drummer« benutzt werden, aber auch Streicher- und Brass-Sounds, insbesondere die *Session Strings*- und *Session Horns*-Instrumente arbeiten mit Artikulationen. Weitere Brass- und Strings-Sounds sind mit Artikulationen sind teilweise etwas versteckt zu finden; einige sind mit einem + hinter dem Sound markiert, Sie finden dieses + in den Soundnamen einiger *.exs*- bzw. Sampler-Instrumente (z. B. auch *Violins 2+*). Ich entdecke immer mehr von diesen Sounds, je länger ich mit Logic Pro arbeite. In Patches heißen die Instrumente auch mal »Smart«, wie die Smart Strings im Projekt *11EXSString*. Ein weiteres Beispiel zu dem Thema finden Sie in Kapitel 17 mit dem Projekt *17Strings1*, wo mehrere String-Artikulationen gleichzeitig aktiv sind.

7.7.1 Editing und Nutzung von Artikulations-IDs

Das Editing von Artikulations-IDs ist in Logic Pro-MIDI-Editoren auf unterschiedliche Weise möglich, z. B. in der PIANOROLLE im Kontextmenü einer Note oder in der EVENT-Liste, wo Sie im Ansicht-Menü eine separate Spalte für Artikulation einblenden können. Falls ein sogenanntes Artikulationsset mit dem Instrument gespeichert oder geladen wurde, erscheint im Informationsbereich der Pianorolle ein zusätzliches Flip-Menü unterhalb der Skalenquantisierungsoptionen zum Auswählen von Artikulations-IDs. Dann können Sie bei zugewiesenen Keyswitches auch im Bereich der Smart Controls Keyswitches anzeigen lassen und schnell aufrufen, um live die Artikulation zu wechseln (aktivieren Sie hierfür den MIDI-Remote-Button in der Smart-Controls-Ansicht). Artikulations-IDs stehen auch als Modulationsziel in der Modulationsmatrix des *Samplers* zur Verfügung.

Passen Sie in der Event-Liste gegebenenfalls die Spaltenbreite etwas an, um den Parameter richtig angezeigt zu bekommen (siehe Abbildung 7.42).

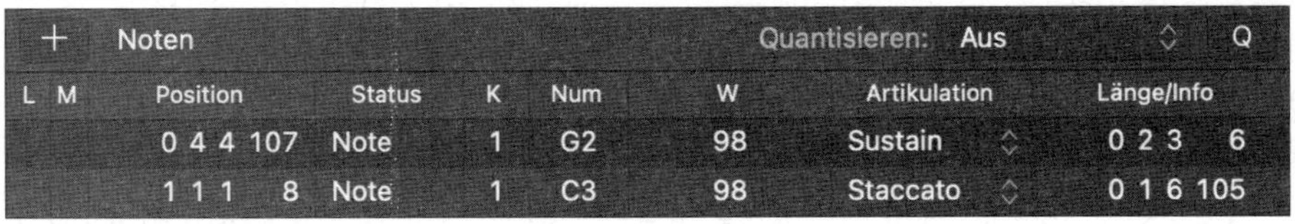

+ Noten Quantisieren: Aus Q

L	M	Position	Status	K	Num	W	Artikulation	Länge/Info
		0 4 4 107	Note	1	G2	98	Sustain	0 2 3 6
		1 1 1 8	Note	1	C3	98	Staccato	0 1 6 105

Abbildung 7.42 Die beiden Noten haben unterschiedliche Artikulations-IDs.

Um sinnvoll mit dieser Funktion zu arbeiten, müssen Sie natürlich zuvor das Instrument genauer untersuchen und erforschen, was genau mit welcher Artikulations-ID aufgerufen wird. Gegebenenfalls eignen sich andere Editoren auch besser für die Vorselektion von bestimmten Noten und Akkorden (z. B. die Pianorolle).

7.7.2 Streicher und Artikulations-IDs editieren: ein Beispiel

Wie können Sie Artikulationen ändern?

1. Wählen sie in der Pianorolle oder im Notationseditor im Inspector die Note(n) aus, und ändern Sie die Artikulation(en). Übrigens: Es gibt hier auch »Auswählen«-Tools, mit denen Sie z. B. schnell alle Noten mit der gleichen Artikulation auswählen.
2. Im Notenkontextmenü der Pianorolle oder des Notationseditors finden Sie ebenfalls ein Artikulationsmenü, wo Sie das Gleiche erreichen.
3. In der Event-Liste können Sie sich Artikulationen ebenfalls anzeigen lassen. Hierzu aktivieren Sie im Menü Ansicht Artikulation und machen eventuell die Spalte etwas breiter.

Ein Beispiel sehen Sie in Abbildung 7.43, die aus dem in Abschnitt 17.4 über Streicher benutzten Projekt *17Strings1* stammt. Hier habe ich mit der Pianorolle bestimmte Noten (die Legato-Samples spielen) selektiert. Anschließend habe ich die Noten um einige Ticks nach vorn geschoben, weil die Legato-Noten eine längere Attack-Zeit als die Staccato-Noten haben. Ob diese Noten nun Staccato- oder Legato-Samples triggern, hängt von der eingestellten Artikulation ab. In der Pianorolle können Sie für selektierte Noten ein Kontextmenü aufrufen, wo

Sie die Artikulation für alle selektierten Noten einstellen können. Dies können Sie auch in der EVENT-Liste in der Spalte ID (für »Artikulations-ID«) einstellen, die Sie im ANSICHT-Menü einblenden und anschließend gegebenenfalls noch etwas in die Breite ziehen.

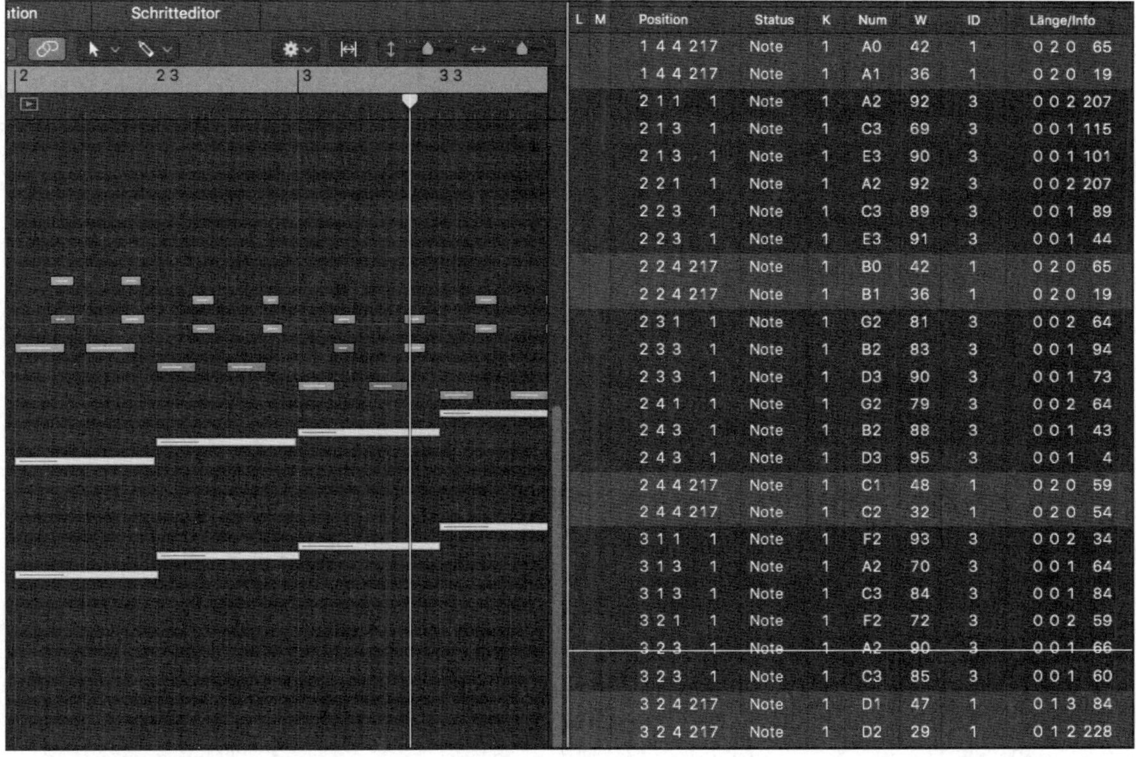

Abbildung 7.43 Editierte Events in der »Event«-Liste

7.7.3 Artikulationsset-Editor

Sie erreichen den Artikulationsset-Editor über das Informationsfenster SPUR unter dem Eintrag ARTIKULATIONSSET. Dort können Sie ein Artikulationsset auswählen, neu erstellen oder bearbeiten. Im Artikulationsset-Editor gibt es die Tabs SCHALTER, ARTIKULATIONEN und OUTPUT. Beachten Sie ergänzend die Einstellungsoptionen zu MIDI-Remote unter LOGIC PRO • EINSTELLUNGEN • MIDI • ALLGEMEIN (siehe Kapitel 3).

Im Artikulationsset-Editor können Sie Verschiedenes einstellen, z. B. ob Keyswitches mit einem externen MIDI-Controller möglich sind (MIDI REMOTE on/off, auch in Logics EINSTELLUNGEN • ALLGEMEIN • MIDI einstellbar) – und welche MIDI-Befehle was auslösen. Wenn Sie dann Noten spielen, die Keyswitches auslösen, werden diese »live« als Artikulations-IDs in andere Notenbefehle geschrieben und sind im MIDI-Editor danach nicht als Note zu sehen (siehe Projekt *07x3Midiremoteartset*, wo Sie das mit einem Studio Strings Instrument ausprobieren können). Keyswitches können Sie im Smart-Control-Bereich sehen (und ansteuern, Abbildung 7.45), und zwar jene, die zum Artikulationsset gehören, das im Informationsfenster SPUR ausgewählt ist. Der Button zum Einblenden der Keyswitches ist manchmal nicht zu sehen, wenn nicht genug Platz da ist.

Sie können im Artikulationsset-Editor unter SCHALTER zudem einen Modus einstellen, es geht dabei zum Beispiel um Live-Performances und z. B. darum, ob die Artikulationen kurz oder dauerhaft aufgerufen werden. So kann ein »Keyswitch« die gewählte Artikulation nur »momentary« aktivieren (z. B. bei Fall-Artikulationen) – wonach das System wieder zu einem anderen Artikulationsset zurückspringt. In anderen Fällen wird die Artikulationsänderung via Keyswitch/MIDI Remote permanent. Abbildung 7.44 zeigt ein Artikulationsset für die *Studio Horns*. Dieses Instrument wird in Kapitel 11 zusammen mit *Session Strings* vorgestellt. In *Ensemble/Section*-Patches der Library werden gegebenenfalls verschiedene Teile des Ensembles in einer Spurstapelspur organisiert. Dort können Sie schon sehen, dass einzelne Teile des Ensembles in Einzelouts herausgeroutet werden können, deren Aux-Kanäle beschriftet sind.

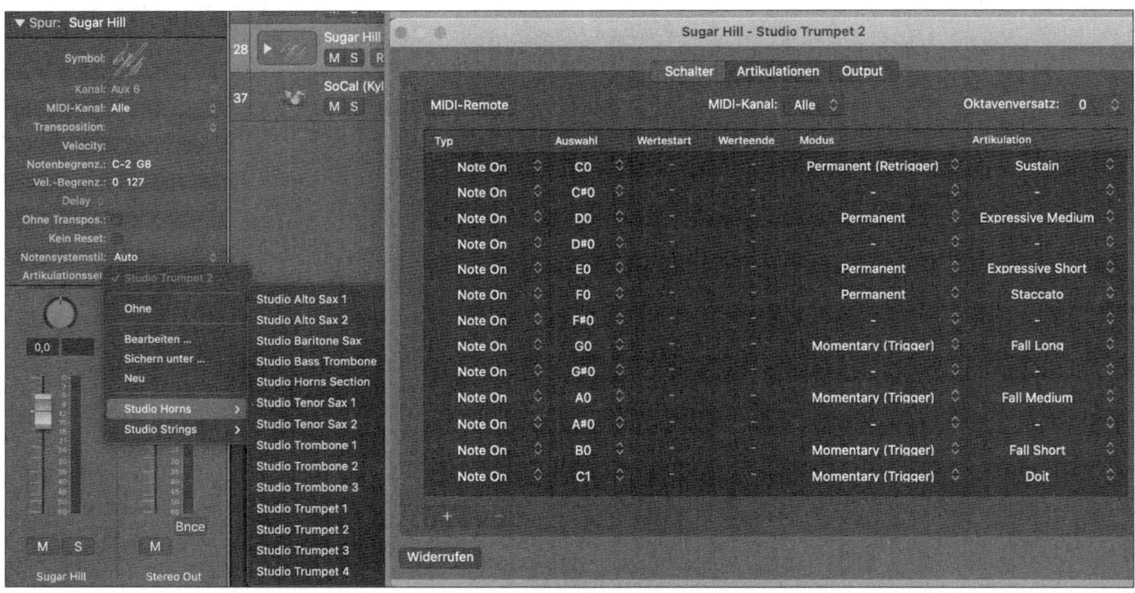

Abbildung 7.44 Links Auswahl des Artikulationssets im Informationsfenster »Spur«, rechts Artikulationsset-Editor

Mit dem Artikulationsset-Editor sind also detaillierte Einstellungen für die MIDI-Fernsteuerung möglich, z. B. bei der Arbeit mit dem *Studio Horns*-Instrument, wenn Sie vielleicht Artikulationen wie einen »Fall« über ein externes MIDI-Keyboard nur kurz aufrufen möchten (Modus: *Momentary*). Wenn Sie so mit Sampler-Instrumenten arbeiten wollen, reicht es nicht, eine Artikulations-ID einer Gruppe zuzuweisen. Die Artikulationen müssen auch für das Instrument in der Instrumentenspur vorkonfiguriert sein, damit sie in Logics Editoren oder den Smart Controls mit mehr Komfort ausgewählt werden können. Im Artikulationsset-Editor werden übrigens auch Notationssymbole für Artikulationen definiert. Detailliertere Informationen hierzu finden Sie im Logic-Manual.

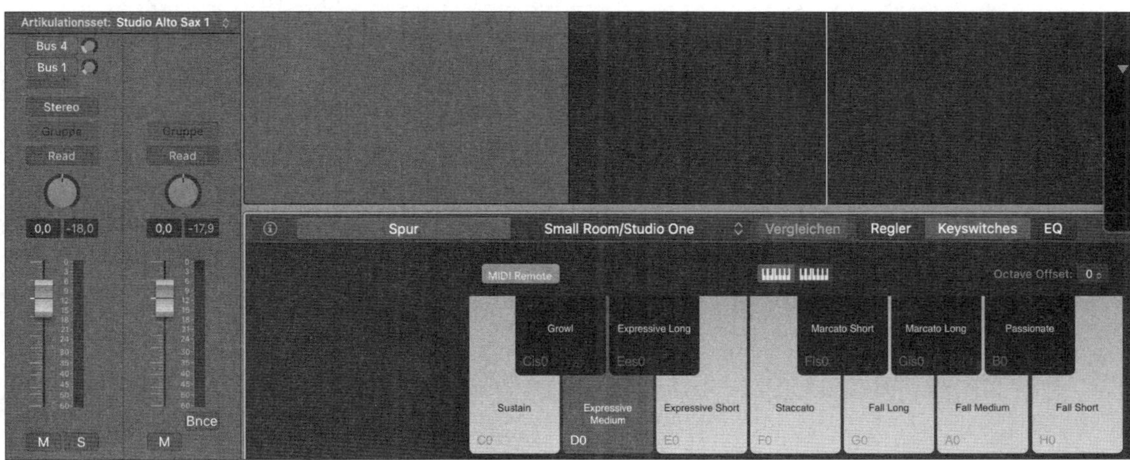

Abbildung 7.45 Keyswitches im Smart-Control-Bereich, die zum Artikulationsset gehören, das links oben im Bild im Informationsfenster »Spur« ausgewählt ist. Der Button zum Einblenden der Keyswitches ist manchmal nicht zu sehen, wenn nicht genug Platz da ist.

Artikulationsset-Editor für Drittanbieter-Instrumente

Wenn Sie Drittanbieter-Libraries benutzen, verstehen diese Artikulations-IDs zunächst nicht. Das können Sie im Artikulationsset-Editor ändern.

Auch Instrumente anderer Hersteller nutzen Artikulationen, oft werden diese über unterschiedliche Velocities einer einzelnen Note oder Keyswitches aus einem Tastaturbereich aufgerufen, den das Instrument üblicherweise nicht spielt (z. B. C0–F0). Wenn Sie Zuweisungen im Artikulations-ID-Editor machen, können Sie anschließend die Artikulationen auch über Edits der Artikulations-IDs in der PIANOROLLE wechseln.

Im Projekt *07x3artset* habe ich das für das *String Ensemble* aus der Kontakt Factory Library gemacht. Stellen Sie dort das Artikulationsset KONTAKT-STRINGENS für die Spur ein. Dann können Sie nun auch mit dem Kontakt Instrument *String Ensemble* ganz leicht mehrere Artikulationen gleichzeitig spielen, indem Sie sie in der PIANOROLLE editieren. Sie können sich das auch in einem Video ansehen, das Sie in der Playlist zu Kapitel 7 unter *logichilfe.de* finden, wo es darum geht, Artikulations-IDs mit Kontakt zu nutzen.

Erstellen Sie hierfür im Artikulationsset-Editor die Namen der Artikulationen, und bringen Sie sie mit einer Artikulations-ID zusammen. Im Bereich OUTPUT stellen Sie ein, was bei Auswahl der ID passieren soll – z. B. die Ausgabe eines Note-On-Befehls. Auf diese Weise löst die Auswahl der Artikulations-ID im Logic-Editor den entsprechenden Keyswitch aus. Das Logic-Manual spricht vom »Definieren von Ausgabetransformationen«.

7.8 MIDI-Transformer

Der MIDI-Transformer ermöglicht auf spezielle Art und Weise MIDI-Editing. Sie können Objekte nach bestimmten Kriterien selektieren und anschließend alle einer genau konfigurierten Bearbeitung unterziehen – oder auch selektierte Events löschen. Insbesondere hilft der MIDI-Transformer bei der Auswahl und Bearbeitung einer größeren Zahl von Objekten oder bei komplexeren Bearbeitungsschritten. Zudem erlaubt er experimentellere Operationen wie die Umwandlung von Befehlen oder den Austausch von Datenbytes, so dass Sie aus einer Controller-Bewegung theoretisch auch gespielte Noten erzeugen können. Der MIDI-Transformer besitzt ein Echtzeit-Pendant namens Transformer in der MIDI-Umgebung (siehe Abschnitt 13.2.10).

7.8.1 Grundsätzliche Bedienung des MIDI-Transformers

Grundsätzlich können Sie mit dem MIDI-Transformer zunächst eine Auswahl von MIDI-Daten nach bestimmten Kriterien treffen (Auswahlbedingung, oben sichtbar) und anschließend die gesamte Auswahl wiederum nach sehr spezifischen Kriterien bearbeiten (z. B. im Modus Funktion für ausgewählte Events). Oben rechts stellen Sie den Modus ein.

Das Auswählen und Bearbeiten kann unabhängig voneinander passieren, indem Sie rechts unten auf einen der Buttons Nur auswählen, Nur anwenden oder Auswählen und Anwenden klicken. Sie können also beispielsweise auch manuell (ohne die Hilfe des MIDI-Transformers) Events selektieren und anschließend die im MIDI-Transformer definierte Bearbeitung für die selektierten Events durch den Befehl Anwenden auslösen.

7.8.2 Modus

Oben rechts lässt sich wie gesagt ein Modus einstellen (Abbildung 7.46 und Abbildung 7.47). Es stehen vier Modi zur Verfügung. Diese lauten:

- Funktionen auf ausgewählte Events anwenden
- Funktionen anwenden und nicht ausgewählte Events löschen
- Ausgewählte Events löschen
- Ausgewählte Events kopieren, dann Funktionen anwenden

Ein Beispiel: Nutzen Sie den MIDI-Transformer, um beispielsweise nur alle Noten mit derselben Tonhöhe (z. B. Snares auf E1) in sämtlichen Regionen einer Spur zu selektieren und anschließend zu löschen (indem Sie rechts oben unter Modus die Funktion Ausgewählte Events löschen auswählen).

Sie müssen dazu natürlich zumindest einen der beiden Buttons (Nur anwenden oder Auswählen und Anwenden) unten rechts in Abbildung 7.47 drücken, die eine Anwenden-Funktion auslösen.

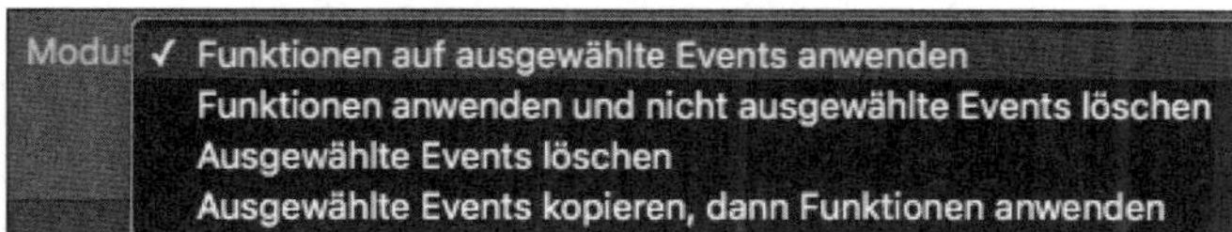

Abbildung 7.46 Modi im MIDI-Transformer

7.8.3 Presets und eigene Parametersets

Links oben stehen unter PRESETS einerseits bereits konfigurierte Voreinstellungen zur Verfügung, andererseits können Sie auch sämtliche Kriterien in einem NEUEN PARAMETERSET selbst definieren.

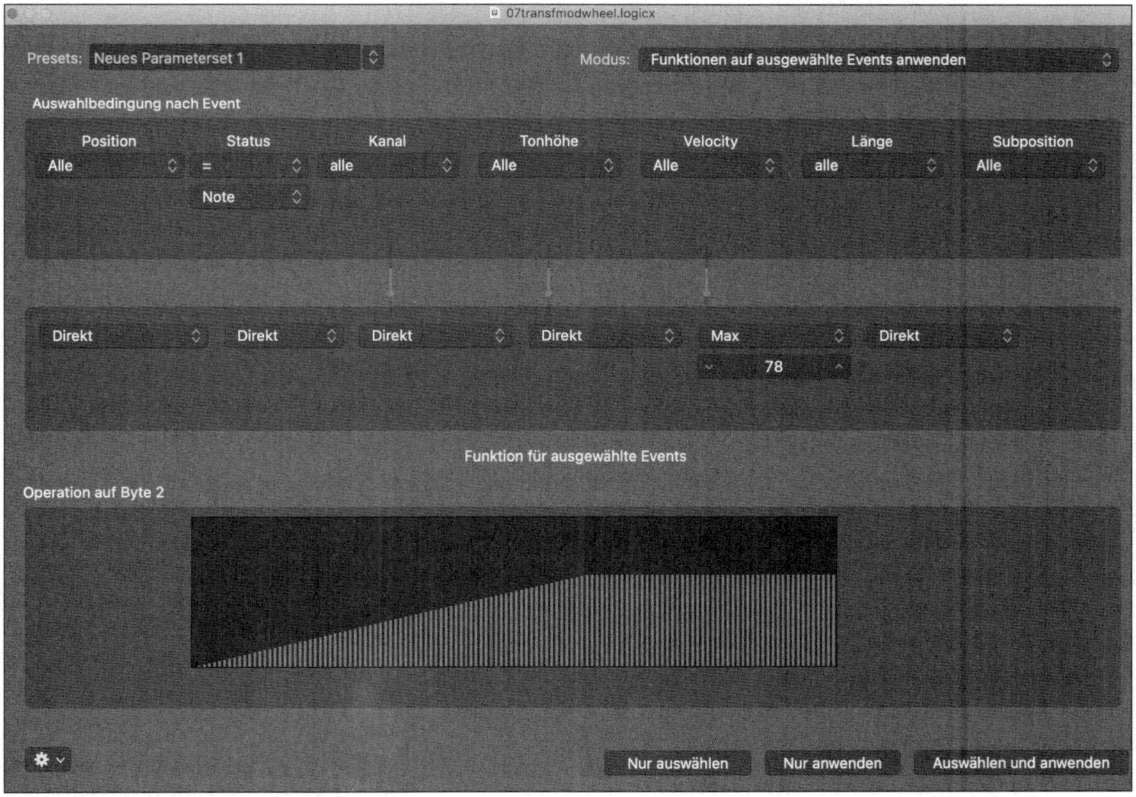

Abbildung 7.47 Der MIDI-Transformer

Oben links im MIDI-TRANSFORMER wählen Sie ein Transform-PRESET (Voreinstellung, Abbildung 7.48) – z. B. DOPPELTE GESCHWINDIGKEIT.

Ein Beispiel: Der MIDI-TRANSFORMER zeigt im oberen Bereich (bzw. oberhalb einer virtuellen Mittellinie) eine Auswahlbedingung und unten eine Funktion. Für beide Bereiche können Sie Parameter einstellen. Bei der Operation DOPPELTE GESCHWINDIGKEIT passiert Folgendes:

Alle Noten werden selektiert. Anschließend werden ihre Position und Länge in Relation zum Anfang der Selektion halbiert (*Div. 2* = dividiere durch 2). Unten links in der Ecke ist ein Häkchen beim Eintrag NICHT VERWENDETE PARAMETER AUSBLENDEN gesetzt, so dass nur die für die oben erklärte Funktionalität benötigten Parameter angezeigt werden.

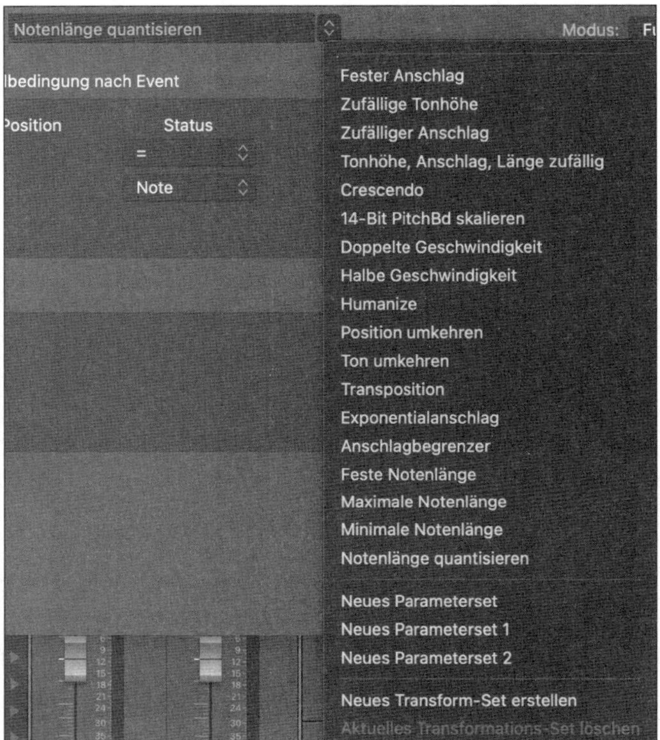

Abbildung 7.48 Hier wählen Sie ein Preset aus, im Bild habe ich zudem bereits manuell neue Parametersets erzeugt.

Mit dieser Funktion können Sie beispielsweise etwas langsam einspielen und dann schneller machen. In Logic ist es auch möglich, etwas langsam einzuspielen und dann mit gehaltener `alt`-Taste die Regionslänge auf die gewünschte Länge einzustellen (eine Art MIDI-Time-Stretching).

Abbildung 7.48 zeigt weitere Presets des MIDI-TRANSFORMERS. Viele der genannten Funktionen sind selbsterklärend, das Logic Pro-Benutzerhandbuch enthält weitere Details zu diesen Funktionen.

7.8.4 Eigenes Parameterset verwenden

Ganz unten im Menü lässt sich ein eigenes TRANSFORM-SET ERSTELLEN. Anschließend erscheint ein Dialog. Im initialisierten Parameterset ist die Option NICHT VERWENDETE PARA-

METER AUSBLENDEN im versteckten Aktionsmenü unten links nicht gesetzt, und alle eingestellten Optionen sind sichtbar.

7.8.5 Speichern und Importieren von Parametersets, Preset-Management

Wenn Sie über den Eintrag NEUES TRANSFORM-SET ERSTELLEN ein neues Set erzeugen, wird dieses anschließend in der PRESET-Liste aufgeführt (wie in Abbildung 7.48 NEUES PARAMETERSET).

Hier können Sie Presets durch Auswahl des Eintrags NEUES TRANSFORM-SET ERSTELLEN auch umbenennen. Sie werden dann gefragt, ob Sie ein Preset umbenennen oder ein neues Parameterset erzeugen möchten.

Die Presets bleiben projektbezogen im Presetmenü, das heißt, sie sind in einem anderen Projekt nicht aufrufbar, sondern nur über die Funktion ABLAGE • PROJEKTEINSTELLUNGEN • PROJEKTEINSTELLUNGEN IMPORTIEREN aus anderen Projekten importierbar.

7.8.6 Anwendungsbeispiele

Ein Beispiel: In Abbildung 7.47 ist eine VELOCITY-Begrenzung eingestellt. In der Auswahlbedingung ist dabei vorgegeben, dass sämtliche Noten selektiert werden. Im Funktionsbereich ist die Velocity auf einen Maximalwert von 78 begrenzt. Das bedeutet, dass sämtliche Noten mit einer Velocity unter 78 unverändert bleiben, während alle Noten mit einer Velocity von 78 und darüber auf eine Velocity von 78 gesetzt werden. Eine solche Operation ist beispielsweise sinnvoll, wenn ein Synthesizersound bei großen Velocities beginnt, grell zu klingen, Sie aber ansonsten mit den Soundeinstellungen zufrieden sind und nichts weiter daran verändern möchten, oder gegebenenfalls bei bestimmten Samplebibliotheken, in denen mit bestimmten Velocity-Werten eine andere Spielweise desselben Instruments verbunden ist (z. B. Wechsel von legato auf staccato bei Werten über 120).

In den verschiedenen Flip-Menüs stehen zahlreiche Parameter zur Verfügung. Zunächst zu den Auswahlbedingungen: Wählen Sie zum Beispiel nur auf bestimmten Positionen liegende Events oder nur MIDI-Controller-Daten aus. Oder wählen Sie beispielsweise nur Noten einer bestimmten Tonhöhe, Noten mit einem bestimmten MIDI-Kanal oder Noten bis zu einer bestimmten Velocity oder Länge aus.

Im Funktionsbereich können Sie dagegen Parameter direkt auf einen bestimmten Wert korrigieren, addieren, subtrahieren, Noten in MIDI-Controller umwandeln, die Position verschieben und vieles mehr.

Auch Logic-eigene und nicht zum MIDI-Protokoll gehörende Event-Typen wie Regler- (zur Steuerung von Automation) und Meta-Events (siehe zu Meta-Events Abschnitt 18.4) können einbezogen werden und stehen in der STATUS-Spalte als Auswahlbedingung oder Bearbeitungsfixierung zur Verfügung.

Etwas holprig ist dabei die deutsche Übersetzung. So wird beispielsweise die früher auch in deutschen Versionen verwendete englische Bezeichnung THRU für das unveränderte Durchschleifen der Parameter mit DIREKT übersetzt, die Fixierung eines Parameters auf einen bestimmten Wert heißt in der englischen Version FIX und in der deutschen KORRIGIEREN. Auch können die Slots der beiden Reihen zu einer fehlerhaften Darstellung verrutschen.

Befehle und Datenbytes vertauschen

Sie können mit dem MIDI-TRANSFORMER auch experimentieren und beispielsweise Befehle verändern oder Befehlskomponenten bzw. Datenbytes vertauschen. Öffnen Sie das Projekt *07transfmodwheel*, oder betrachten Sie Abbildung 7.49. In diesem Beispiel habe ich zunächst eine Region aufgenommen, die keine Noten, sondern lediglich MIDI-Daten aus der Bewegung eines Modulation-Wheels an meinem Master-Keyboard enthält. Das Modulation-Wheel am Keyboard sendet normalerweise MIDI-Controller Nr. 1. Viele Instrumentenpresets sind so programmiert, dass bei einer Erhöhung des Wertes von MIDI-Controller 1 automatisch ein Vibratoeffekt erzeugt wird, indem ein LFO die Tonhöhe moduliert. Ein MIDI-Befehl besteht, wie in Abschnitt 3.11 erläutert, aus drei Bytes, die hintereinander gesendet werden: Wird ein Notenbefehl gesendet, so steht im ersten Datenblock der Notenbefehl, im zweiten Datenblock (erstes Datenbyte) die Tonhöhe und im dritten Datenblock (zweites Datenbyte) die Velocity. Wenn Sie dagegen das Mod-Wheel bewegen, so wird im ersten Datenblock der Befehl Control Change gesendet (was der MIDI-TRANSFORMER mit STEUERUNG übersetzt), im zweiten Datenblock (erstes Datenbyte) die Controller-Nummer (hier: 1 für das Mod-Wheel) und im dritten Datenblock (zweites Datenbyte) die Position des gedrehten Mod-Wheels.

Nun erlaubt Ihnen der MIDI-TRANSFORMER, die Befehle und Datenbytes zu vertauschen. Auf diese Weise können Sie aus einem gedrehten Mod-Wheel gespielte Noten machen! Zunächst wird in der Spalte STATUS in Abbildung 7.49 geregelt, dass sämtliche Steuerungsbefehle (MIDI-Controller) selektiert werden, was in der Spalte DATENBYTE 1 noch auf solche Steuerungsbefehle limitiert wird, die Controller Nummer 1 senden. Im Funktionsbereich habe ich vorgegeben, dass der Status der MIDI-Befehle nach der Bearbeitung immer NOTE heißen soll, indem ich KORRIGIEREN • NOTE eingestellt habe.

Die Datenbytes tauschen Sie durch Klick auf die blauen Linien im mittleren Bereich. Klicken Sie gegebenenfalls mehrmals, bis die gewünschte Verbindung entsteht. In Abbildung 7.49 sehen Sie, dass Datenbyte 2 in den Funktionsbereich von Datenbyte 1 geroutet ist und umgekehrt.

In unserem Beispiel bedeutet das: Für ein hoch aufgedrehtes Mod-Wheel entsteht anschließend eine hohe Note in Datenbyte 1, denn der Wert wird ja direkt übernommen (Einstellung: DIREKT). Auf der anderen Seite wird Controller Nummer 1 im ersten Datenbyte nicht durchgeschleift, sondern auf einen fixen Wert von 84 korrigiert. Das geschieht, weil ansonsten die

Noten mit Velocity 1 gespielt würden und möglicherweise (je nach Einstellung im Klangerzeuger) nicht zu hören wären.

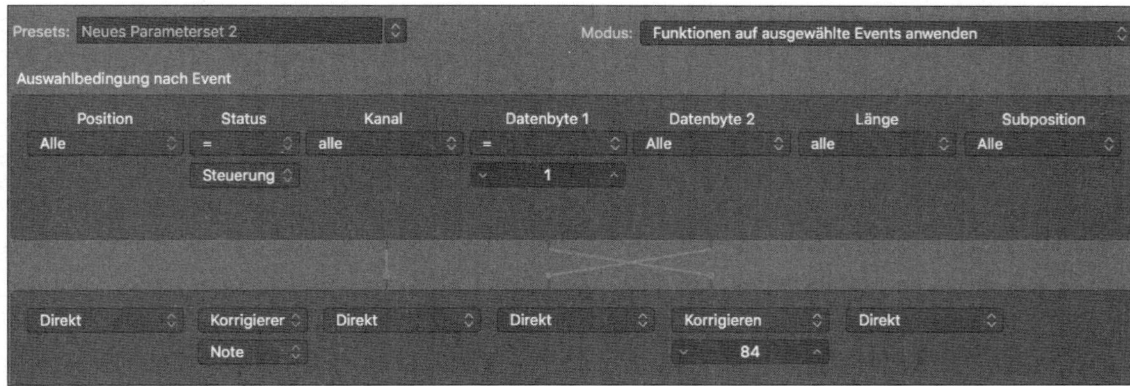

Abbildung 7.49 Datenbyte 1 und Datenbyte 2 werden vertauscht.

Das Ergebnis können Sie im Dokument *07transfmodwheel2* hören oder in Abbildung 7.50 sehen.

Weitere Anwendungsmöglichkeiten des Transformers bzw. eine vergleichbare Operation in Echtzeit finden Sie auch in Abschnitt 13.2, über das Echtzeit-Pendant des MIDI-TRANSFORMERS namens *Transformer* in der MIDI-UMGEBUNG. Aber auch mit Hilfe des MIDI-FX *Scripter* (und z. B. des Presets *Modwheelglissandoscript*) ist so etwas möglich (siehe Abschnitt 13.1.8, »Scripter«).

Abbildung 7.50 Mod-Wheel-Bewegungen wurden in Noten umgewandelt.

7.9 Step Sequencer und Patterns

Mit dem STEP SEQUENCER können Sie Patterns erzeugen – Drumpatterns, aber auch Harmonien und Melodien. Gegenüber einem Einspielen mit der Hand können Sie so eher »maschinell« klingen oder ungewöhnlichere Abfolgen realisieren, die man nicht mit der Hand spielen kann, z. B. schnelle Rolls/Note Repeats für Hi-Hats in Trap-Beats. Der STEP SEQUENCER wurde in Logic 10.5 eingeführt, stand Usern von GarageBand iOS in etwas einfacherer Form aber bereits lange vorher zur Verfügung. Der STEP SEQUENCER ist nun auch via Logic Remote bedienbar, auch wenn dort nicht alle Optionen erreichbar sind. Das STEP SEQUENCER-Fenster ist mehr als die anderen in diesem Kapitel besprochenen Editoren ein Platz zum Erzeugen von Musik, auch wenn Sie in der PIANOROLLE mit STIFT und PINSEL teilweise ähnlich arbeiten können. Auch im Live-Loops-Bereich können Sie mit Patterns und Step Sequencer arbeiten. Wenn Sie schnell mit einem Tutorial arbeiten möchten: Öffnen Sie das Projekt *07x3-sseq1* (siehe Abbildung 7.51), das auf einem Projekt namens STEP SEQUENCER aus dem Bereich Einführungen basiert.

7.9.1 Pattern-Regionen, Pattern-Zellen und Pattern-Loops

Wichtig zu verstehen ist, dass Sie hier mit Pattern-Regionen oder -Zellen arbeiten, die sich von anderen Regionen und Zellen unterscheiden, was auch an deren grafischer Darstellung im Inneren erkennbar ist. Pattern-Regionen werden mit Rechtsklick in der Spur erzeugt – oder durch Aufrufen des STEP SEQUENCER-Editors für eine leere Spur und Klick auf einen Step. Eine Pattern-Zelle erstellen Sie im via Rechtsklick erreichbaren Zellen-Kontextmenü mit dem Befehl PATTERN-ZELLE ERSTELLEN.

Zeichnen Sie dann Steps und Parameter ein, um ein Pattern zu erstellen. Eine Realtime-Aufnahme in Pattern-Regionen ist (noch) nicht möglich. Auch Audiospuren können (noch) nicht direkt Teil eines Patterns sein, Audiomaterial kann nur als Inhalt eines Instruments/Samplers getriggert werden. Auch im Loop Browser finden Sie nun Patternregionen als neue Loops-Kategorie, insbesondere im Loop-Pack *Step Sequencer*. Hier können Sie Anwendungsbeispiele kennenlernen und fertige Patterns kombiniert mit Sounds laden.

Pattern-Regionen und -Zellen lassen sich im Kontextmenü im Bereich KONVERTIEREN in MIDI-Regionen und -Zellen umwandeln, umgekehrt geht das nicht. Sie verhalten sich ähnlich wie Drummer-Regionen: Ihre Länge im (Step Sequencer-) Editor ist unabhängig davon, wie lang die Patterns im Arrangement oder die Zellenlängen sind. Im Arrangement bzw. unter ZELLENLÄNGE stellen Sie ein, wie lange das Pattern spielt oder wiederholt wird.

Wie lang das Pattern selbst ist, stellen Sie hingegen im *Step Sequencer*-Editor ein. Sie können hier Patternlängen von 12 bis 64 Schritte einstellen. Wenn Sie die Patternlänge ändern bzw. verlängern, duplizieren Sie dabei praktischerweise das aktuelle Pattern. Pattern-Loops sind nun auch ein neues (Apple-) Loops-Format. Zum Einstieg könnten Sie auch im Loop Browser nach Beispielpatterns suchen, die Sie zahlreich im Loop-Pack STEP SEQUENCER finden und die das Leistungsvermögen des Step Sequencers gut demonstrieren.

Eine Art von Patterns im Sinne eines zusammenfassenden Elements mehrerer Spuren, das man in einem Arrangement leicht hin- und herschieben kann, können Sie in Logic auch in Form sogenannter *Paket-Ordner* nutzen (siehe Abschnitt 6.7 über Paket-Ordner).

7.9.2 Patternbibliothek, Pattern vorhören, speichern und als Loop exportieren

Es gibt für Patterns auch eine separate Patternbibliothek ([⇧] + [alt] + [B]) bzw. einen Browser mit über 150 Factory-Patterns der Kategorien BASS, DRUMS und MELODIC. Diese kann nur über den STEP SEQUENCER im Menü ANSICHT • PATTERN ÜBERSICHT oder den kleinen Button links neben dem I-Symbol erreicht werden (siehe Abbildung 7.52). Er verwaltet nur Patterns, keine dazugehörigen Sounds. Es gibt dort auch noch eine Sektion für Templates und User-Patterns.

Viele Drumpatterns sind auf Kompatibilität mit Drum-Machine-Designer-Kits ausgelegt, so dass Sie leicht seine Kits austauschen und Patterns mit verschiedenen Sounds/Kits ausprobieren können. Das können Sie leicht anhand des Projekts *07x3-sseqdrm1* ausprobieren. Im Beispiel *07x3-sseqdrm2* spielen zusätzlich ein Lead-Synth- und ein Basspattern. In diesem Beispiel sehen Sie auch, dass es für Patterns auch im Informationsfenster REGION noch Einstellungen gibt, die zwar nicht ganz so umfangreich sind wie für Audio und MIDI-Regionen, doch können Sie melodische Patterns wie den auf Spur 2 spielenden 80s-Synth transponieren. Oben rechts im Pattern-Browser finden Sie ein am Zahnrad erkennbares Aktionsmenü, wo Sie Pattern und Vorlagen sichern können. Hier finden Sie zudem die auswählbare Option PROJEKTTONART VERWENDEN, die Patterns von der Tonhöhe her anpasst (erkennbar an einem gesetzten Häkchen hinter dem Eintrag).

Unten im STEP SEQUENCER-Editor ist mit einer Preview-Taste das Vorhören von Patterns möglich, ohne dass der Sequencer läuft. Sie können Patterns als Apple Loops exportieren, wenn Sie Patterns mit einem Kit zusammen abspeichern wollen. Das ist schon deshalb sinnvoll, weil der Loop Browser (zumindest bislang im Gegensatz zu Instrumenten-Patches der BIBLIOTHEK) auch mit einer Vorhörfunktion für Patterns ausgestattet ist. Natürlich können Sie auch Patterns im Live-Loops-Raster als Zellen nutzen und eine Live-Loops-Matrix mit Patterns als Vorlage speichern, um schnell an Ihre Lieblingspatterns heranzukommen.

7.9.3 Step-Sequencer-Basics, Parameter und Beispielprojekt

Der STEP SEQUENCER ist eine Ansammlung von »Zeilen« (englisch: *rows*), die meist jeweils eine Instrumenten-Note oder einen Drumsound ansteuern. Besonders interessant ist, dass jede Zeile ihre eigene Clock Division, Richtung sowie Loop- und Zufallsparameter haben kann. Editieren lassen sich z. B. VELOCITY, TIE NOTE, LOOP, START/END, NOTE REPEAT, STAR OFFSET, STEP RATE oder SKIP. Die Pfeile im Spur-Header bewegen die eingestellten Werte der ganzen Zeile nach oben/unten.

Apple liefert, wie schon erwähnt, ein hervorragendes Tutorial als etwas versteckt untergebrachte Vorlage mit, das ich separat im Bonusbereich abgespeichert habe. Öffnen Sie das Projekt *07x3-sseq1* (Abbildung 7.51). Lesen Sie im Spurnotizenbereich Anweisungen, und benutzen Sie die Pfeiltasten, um zum nächsten Abschnitt des Tutorials zu gelangen. In verschiedenen Spuren liegen dort Patternregionen, und Sie können jeweils andere Übungen ausprobieren, die Sie an Regions- und Spurnamen erkennen.

Abbildung 7.51 Step Sequencer mit Apple-Tutorial

Abbildung 7.52 Velocity-Ansicht und eingeblendeter Pattern-Browser

Schritte und Parameter

Aktive Schritte sind farbig zu sehen, inaktive dunkel bzw. grau. Mit der Maus können Sie Schritte an- und ausschalten (Abbildung 7.51 zeigt im Projekt für Spur 4 TURN STEPS ON & OFF an, rechts im NOTIZEN-Bereich sind Erklärungen zu sehen). Oben können Sie zwischen der SCHRITT EIN/AUS- und einer zweiten Ansicht wechseln, für die es ein Flip-Menü gibt. Vorsicht, Falle: Sie sehen dieses Flip-Menü möglicherweise nicht, wenn auf dem Bildschirm nicht genug Platz ist. Schließen Sie gegebenenfalls seitliche Fensterbereiche des Hauptfensters, oder öffnen Sie den STEP SEQUENCER als separates Fenster.

Oder klappen Sie die betreffende Spur mit dem Dreieck links neben dem Spur-Icon auf, um weitere Parameter zu sehen (optional: VELOCITY/WERT, GATE, BOGEN, NOTE, OKTAVE, LOOP-START/ENDE, NOTENWIEDERHOLUNG, HÄUFIGKEIT, START DES VERSATZES, SCHRITTRATE, ÜBERSPRINGEN), siehe Abbildung 7.52.

Velocity, Notenlänge, Note Repeats, Zufallsfunktionen

Zeichnen Sie in Spur 5 des Dokuments Velocities (Abbildung 7.51 zeigt für Spur 5 EDIT NOTE VELOCITY an). Beachten Sie dabei auch die Pfeiltasten links in der Spur, um alle Steps gleichzeitig zu bearbeiten.

NOTENWIEDERHOLUNG bzw. Note Repeats sind eine rhythmisch interessante Option, die oft in Trap- oder Future-Beats-Musik verwendet wird und die Sie per Step programmieren können – das sehen Sie in Spur 6 (Abbildung 7.51 zeigt für Spur 6 USE NOTE REPEAT an). Es gibt auch jede Menge Randomisierungsoptionen, unter anderem den Parameter HÄUFIGKEIT (engl.: *chance*) (siehe Spur 7). Im Menü FUNKTIONEN können Sie auch Zeilenwerte zufällig erstellen lassen (siehe Spur 20).

In Spur 9–14 des Beispielprojekts wird eine Bassline, in den Spuren 15–21 ein melodisches Pattern erstellt. Zunächst spielt die Bassline durch Änderung der Step-Parameter OKTAVE und NOTE unterschiedliche Noten, Notenlängen werden via GATE verkürzt oder verlängert, BOGEN verbindet zwei Noten und hält sie, wobei GATE immer noch die Länge bestimmten kann.

Patternlänge, Loops, Variationen

Sie können Variationen einbauen, indem Sie die Patternlänge ändern. Patterns können 12–64 Schritte lang sein. Verdoppeln Sie die Länge, wird das Pattern automatisch kopiert bzw. dupliziert. Es werden aber maximal 16 Steps gleichzeitig gezeigt. Mittig oberhalb der Steps erscheinen dann kleine Fenster mit Übersichten, mit Hilfe derer Sie die Ansicht verschiedener Teile des Patterns umschalten können.

In einer MELODIC-Spur kann jede Tonhöhe anders sein. Sie können Steps in mehreren Notenzeilen programmieren, um Melodien oder gar Harmonien zu spielen. Mit der +-Taste und dem aufspringenden Menü können Sie zusätzliche Spuren im Pattern erzeugen und aus dem aufspringenden Menü schnell die gewünschte Tonhöhe auswählen (siehe Spur 16). In Spur 17 und 18 wird der Parameter LOOP-START/ENDE gezeigt. Verschiedene Längen der Reihen können schnell interessante Patterns erzeugen. Sie können auch einfach mal ein bestehendes Pattern kopieren und diesen Parameter für einzelne Zeilen ändern, um eine Variation zu erhalten. Wie bei anderen Step-Sequencern und dem von *Ultrabeat* auch bestimmt die Step-Länge das Tempo. Wird die voreingestellte Step-Länge von $\frac{1}{16}$-Note auf $\frac{1}{32}$ umgeschaltet, läuft das Pattern doppelt so schnell bzw. ist nur noch einen halben statt einen Takt lang (siehe Spur 18 und 19). Der Parameter ist oberhalb der Spuren im Flip-Menü pro Pattern, außerdem auch als Parameter pro Reihe verfügbar.

Automation

Sie können mit der +-Taste auch eine Automationsspur für Automationsparameter erstellen (siehe Spur 19 und 20). Grundsätzlich unterscheidet der STEP SEQUENCER zwischen Noten- und Automationsspuren. Parameterbewegungen in Sequenzen machen diese musikalisch oft erst richtig interessant. Um derartige Automationen aufzuzeichnen, gehen Sie zunächst in den *Step-Modus* zurück und zeichnen Steps ein, denn Achtung, nur für aktive Steps werden eingezeichnete Automationswerte aktiv! Sie können Instrument- und Effektparameter oder Smart Controls automatisieren. Im Informationsbereich, über den Sie nachfolgend mehr lesen, können Sie auswählen, ob Automationswerte per Step gerastert umspringen oder weich zum neuen Wert »sliden«, indem Sie für die Zeile wie in Abbildung 7.53 als Automationsmodus SLIDE einstellen.

7.9.4 Informationsbereich des Step Sequencers

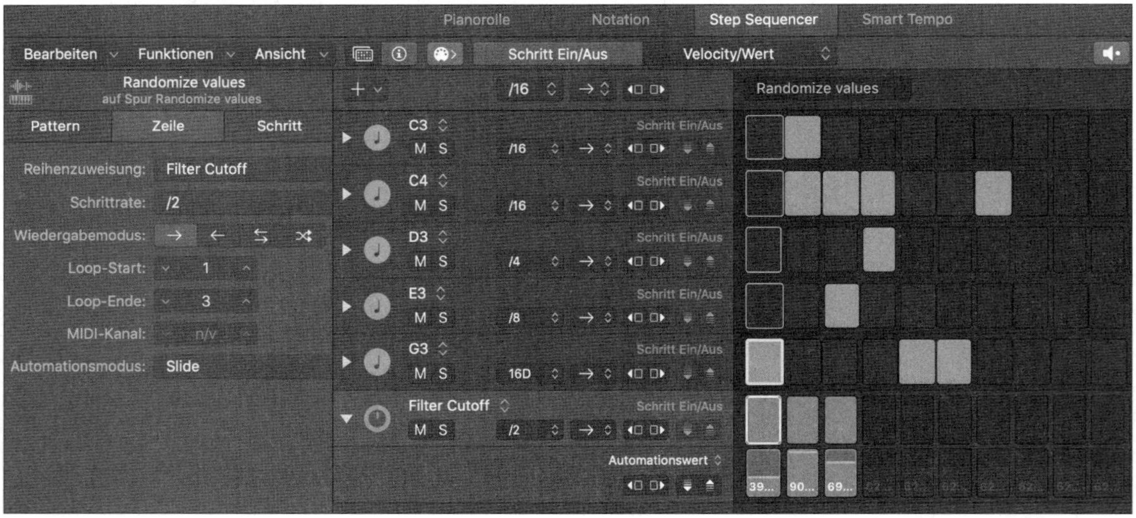

Abbildung 7.53 Unten eine Automationszeile, links der Informationsbereich, der eingeblendet werden kann. Mit Hilfe der Vorhörtaste oben rechts spielt das Pattern auch bei angehaltenem Sequencer.

Im Informationsbereich können Sie Parameter in drei Tabs bzw. Reitern einstellen für

- das PATTERN (Länge, Schrittrate, Wiedergabemodus (damit ist die Abspielrichtung gemeint), Swing, Tonart, Quantisierung),
- die ZEILE (Noten- bzw. Parameterzuweisung, Schrittrate, Wiedergabemodus, Loop-Start/Ende, MIDI-Kanal, Automationsmodus) oder
- den SCHRITT bzw. Step (Schrittrate, Überspringen, Bogen, Häufigkeit, Startversatz sowie bei Automations-Steps den prozentualen Wert und bei Noten-Steps Note, Velocity und Gate).

Die SCHRITTRATE ist ein Parameter, der hier sowohl auf der übergeordneten PATTERN-Ebene als auch der ZEILEN- und sogar der SCHRITT-Ebene vorkommt und auch hilft, den Unterschied zwischen diesen drei Tabs zu verstehen. Beträgt die Schrittrate 1/16, so ergeben 16 Step einen Takt. Wird die Schrittrate auf Patternebene in 1/8 geändert, ist genau das gleiche Pattern nun doppelt so lang (16/8 = 2 Takte). Wenn Sie die Schrittrate auf Zeileneben ändern, spielt eine Zeile bzw. Spur oder Komponente Ihres Patterns in einem anderen Tempo als der Rest. Und schließlich ist einstellbar, dass einzelne Schritte eine andere Länge haben als der Rest der Zeile, was komplexe Rhythmen ermöglicht.

Sie sehen in Abbildung 7.53 in den Spuren bzw. Zeilen mitunter deckungsgleiche (Zeilen-)Einstellmöglichkeiten für SCHRITTRATE und WIEDERGABEMODUS sowie Mute- und Solo-Buttons. Steps lassen sich dort auch mit entsprechenden Buttons nach links oder rechts verschieben – erkennbar an den Buttons mit Pfeilen, die in die entsprechende Richtung zeigen. Rechts daneben sind weitere zwei Buttons mit Pfeilen nach oben und unten. Hiermit können Sie alle Werte einer Zeile schrittweise nach oben oder unten verändern. In Abbildung 7.53 sind die Buttons mit diesen Pfeilen allerdings nur für den Automationswert der untersten Zeile verfügbar.

Kapitel 8
Audiobearbeitung in »Projektaudio«-Fenster und Audiodateieditor

Alle Audioaufnahmen oder importierten Audiofiles können Sie in den in diesem Kapitel besprochenen Fenstern und Editoren verwalten und editieren.

8

Das PROJEKTAUDIO-Fenster und der AUDIODATEIEDITOR stehen beide als Bereich im Hauptfenster und als eigenständiges Fenster zur Verfügung.

Dass sich bei einem Doppelklick auf eine Region nicht automatisch der AUDIODATEIEDITOR, sondern der AUDIOSPUREDITOR (siehe Abschnitt 6.6.1) öffnet, kann nicht geändert werden. Am Ende des Kapitels lesen Sie kurz, wie Sie mit einem externen Sample-Editor in Logic Pro arbeiten können. In Kapitel 6, »Editieren und Arrangieren im Hauptfenster (incl. Live Loops)«, und Kapitel 9, »Tempo und ›Smart Tempo‹-Editor, Tuning, Timing und Groove«, finden Sie ergänzend viele weitere Inhalte zum Thema Audiobearbeitung, z. B. mit dem SMART TEMPO-Editor.

8.1 »Projektaudio«-Fenster (und Übersicht »Projekt«)

Das Fenster PROJEKTAUDIO ([cmd] + [8]) ist fast funktionsgleich mit der Übersicht PROJEKT im Hauptfenster, bietet aber eine etwas andere Darstellung und ein zusätzliches OPTIONEN-Menü inklusive der Funktion STILLE VON AUDIOREGION ENTFERNEN .... Der Hauptzweck des PROJEKTAUDIO-Fensters ist die Verwaltung Ihrer Audiodateien und -regionen im Projekt. Von hier aus können Sie Audiofiles oder Regionen editieren, in den Bereich SPUREN ziehen oder exportieren.

8.1.1 Mit Audiofiles und Regionen im Fenster »Projektaudio« arbeiten

Audiofiles sind physisch auf der Festplatte vorhandene Dateien. Regionen sind lediglich Verweise auf eine Audiodatei bzw. Abspielanweisungen für bestimmte Teilbereiche einer Audiodatei. Für eine Audiodatei kann es unendlich viele Regionen geben, die sich leicht in selbständige Audiofiles umwandeln lassen.

Abbildung 8.1 »Projektaudio«-Fenster

Import in den Bereich »Spuren«, Regionskontextmenü

Im Fenster Projektaudio sehen Sie Audiofiles und Regionen, also markierte Teilbereiche von Audiofiles. Regionen können Sie grundsätzlich per Drag & Drop in den Bereich Spuren hineinziehen. Mit ctrl + Klick auf eine Datei erscheint zudem ein Kontextmenü, in dem Sie unter anderem die Option Zu Spur hinzufügen (ctrl + #) finden, mit der Sie die Region auf der aktuellen Spur an der Abspielposition einsetzen.

Editing

Ein Doppelklick auf eine Region im Fenster Projektaudio öffnet diese im Audiodatei-editor. Im Projektaudio-Fenster verwalten und arbeiten Sie mit Regionen von Audiofiles, und oft sehen und verwalten Sie hier mehr Regionen, als Sie tatsächlich im Bereich Spuren verwenden. Das kann unter anderem daran liegen, wie Logic Regionen bei Schnittoperationen erzeugt. Ein Beispiel dazu: In Abbildung 8.2 sehen Sie eine Region (Projekt *08Regionsbounce*). Die Übersicht Projekt ist fokussiert, der Pfad für die Datei ist oben rechts klein zu sehen, weil der Name der Audiodatei selbst selektiert ist.

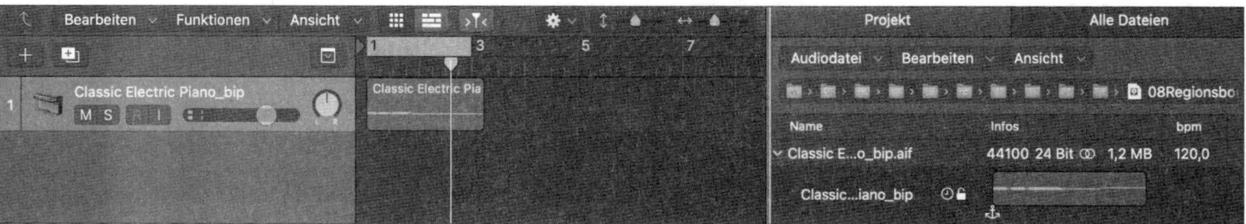

Abbildung 8.2 Eine Region

In Abbildung 8.3 habe ich diese Region an der Abspielposition geteilt. Daraufhin sehen Sie im Bild in der Übersicht PROJEKT nun gleich drei Regionen: die Region mit der ursprünglichen Länge (die nicht mehr im Bereich SPUREN vorkommt) sowie die beiden neuen Regionen, die durch das Teilen entstanden sind. Die erste Region soll möglicherweise nicht verlorengehen, doch es ist mitunter sinnvoll, unbenutzte Regionen via FUNKTIONEN • NICHT VERWENDETE AUSWÄHLEN, [⇧] + [U], zu selektieren und mit [⌫] zu löschen), um einen besseren Überblick zu behalten.

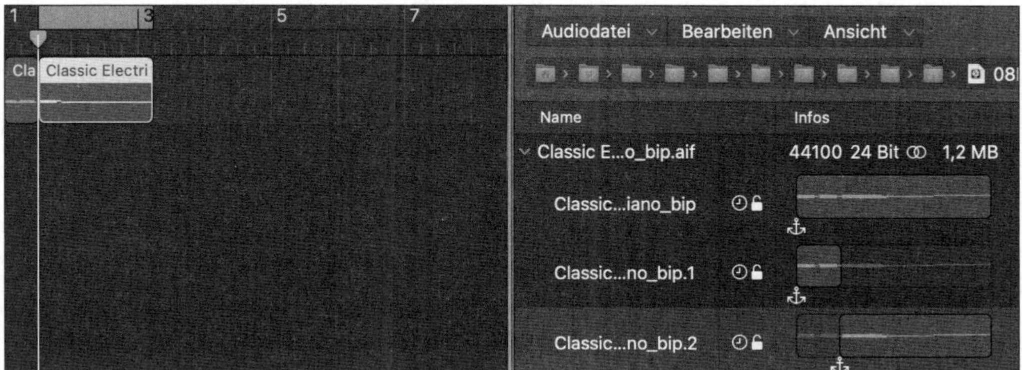

Abbildung 8.3 Nach der Teilung an Takt 1 3 1 1 gibt es drei Regionen in der Übersicht »Projekt«.

Auf solche Weise getrennte Regionen können Sie mit [cmd] + [J] wieder zu einer neuen Region zusammenfügen, ohne dass hierfür ein neues Audiofile gerendert werden muss.

Wenn Sie nun die beiden Regionen selektieren und mit gehaltener Taste [alt] kopieren, entstehen zwei weitere Regionen. Kopieren Sie dagegen mit [⇧] + [alt], dann entstehen Klone (siehe Abschnitt 8.1.4).

8.1.2 Vorhören, Handsymbol, Verschiebetool, Längentool und Lautsprechersymbol

Wenn Sie auf Regionen klicken, erscheint, je nachdem, wohin Sie genau klicken

- ein Lautsprechersymbol (zum Vorhören, bei Bewegung des Cursors mittig auf mittlerer Höhe der Region, Abbildung 8.4);

Abbildung 8.4 Lautsprechersymbol

- ein Längentool (zum Ändern der Länge der Region, bei Bewegung des Cursors über die linken und rechten Enden der Region);
- ein Verschiebetool (zum Verschieben der Region/bei Bewegung des Cursors mittig über die untere Hälfte einer Region, Abbildung 8.5), mit dem Verschiebetool behalten Sie die

Länge einer Region exakt bei, verschieben jedoch den in der Region ausgewählten Bereich des Audiofiles;

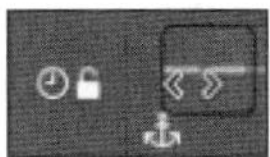

Abbildung 8.5 Verschiebetool

- ein Handsymbol (zum Ziehen der Region in den Bereich SPUREN, bei Bewegung des Cursors mittig über die obere Hälfte einer Region) oder
- ein Fingersymbol (zum Verändern des Ankerpunktes). Wenn Sie das allerdings im AUDIODATEIEDITOR machen, ist es etwas leichter, den Anker genau auf die gewünschte Stelle zu setzen.

Vorhören von Dateien im Detail

Klicken Sie wie oben abgebildet mittig auf eine dargestellte Region, um sie vorzuhören, oder nutzen Sie hierfür `alt` + Leertaste. Auch unten links können Sie Regionen (gegebenenfalls geloopt) vorhören und hierfür auch eine Lautstärke einstellen. Zum Vorhören können Sie bei fokussierter Übersicht PROJEKT und selektierter Region auch den Shortcut `alt` + Leertaste betätigen. Mit `↑` oder `↓` wählen Sie die nächste bzw. vorherige Region aus. Sie können auch alle Regionen aus- oder einblenden (im Menü ANSICHT oder via `alt` + `↓` oder `alt` + `↑`), um gegebenenfalls mit den Pfeiltasten das nächste oder vorherige Audiofile zu selektieren (Abbildung 8.6). Die Audioausgabe des AUDIODATEIEDITORS erfolgt über den Prelisten-Channel-Strip des Mixers.

Abbildung 8.6 Vorhörbereich im Fenster »Projektaudio«

8.1.3 Löschen und Verwalten von Audiodateien

Für eine Audiodatei ist stets mindestens *eine* Region im PROJEKTAUDIO-Fenster (Abbildung 8.1) zu sehen. Falls Sie versuchen, diese zu löschen, löschen Sie gleichzeitig das Audiofile aus dem Bereich PROJEKTAUDIO. Dadurch verschwindet es noch nicht automatisch aus Ihrem Projektordner. Dies geschieht erst, wenn Sie Ihr Projekt via ABLAGE • PROJEKTVERWALTUNG bereinigen. Ein Löschen von selektierten Audiofiles von der Festplatte ist auch mit Hilfe der Funktion DATEI(EN) LÖSCHEN im Menü AUDIODATEI und via `cmd` + `⌫` möglich.

8.1.4 Klone

Klone (auch *Klonregionen* genannt) sind Instanzen einer Audioregion. Dabei kommt dieselbe Region mehrfach im Arrangierbereich vor. Wird z. B. die Region gekürzt, werden alle Klonregionen ebenfalls gekürzt. Es ist nicht (wie bei MIDI-Aliassen) eine Region das Original und die anderen sind Aliasse, sondern alle Regionen sind gleichberechtigt.

Wenn Sie eine Region mit gehaltener `alt`-Taste kopieren, erstellen Sie eine neue Region. Wenn Sie sie stattdessen mit `alt` und `⇧` anfassen und kopieren, erzeugen Sie stattdessen einen Klon. Auch mit dem Befehl REGIONEN/ZELLEN/EVENTS WIEDERHOLEN können Sie Klone erzeugen, wenn Sie im Dialog ALIASSE ODER KOPIEN auswählen (irritierenderweise ist hier die Bezeichnung nicht korrekt). Für eine Aktualisierung des Regionsverwendungszählers müssen Sie die Übersicht PROJEKT gegebenenfalls noch fokussieren. Sie können Klone im Kontextmenü des Hauptfensters im Bereich KONVERTIEREN (oder via `alt` + `cmd` + `R`) in eine neue Region umwandeln. Alternativ geht das via BEARBEITEN • KONVERTIEREN • AUDIOREGION IN NEUE REGION.

Wie viele Instanzen einer Region verwendet werden, können Sie durch das Einblenden eines Regionsverwendungszählers kontrollieren. Wählen Sie hierzu den Eintrag unten im ANSICHT-Menü der Übersicht PROJEKT aus (Abbildung 8.7). Wenn Sie die Region im PROJEKTAUDIO-Fenster oder in der Übersicht PROJEKT selektieren, werden hierdurch außerdem automatisch alle Instanzen derselben Region im Projekt selektiert.

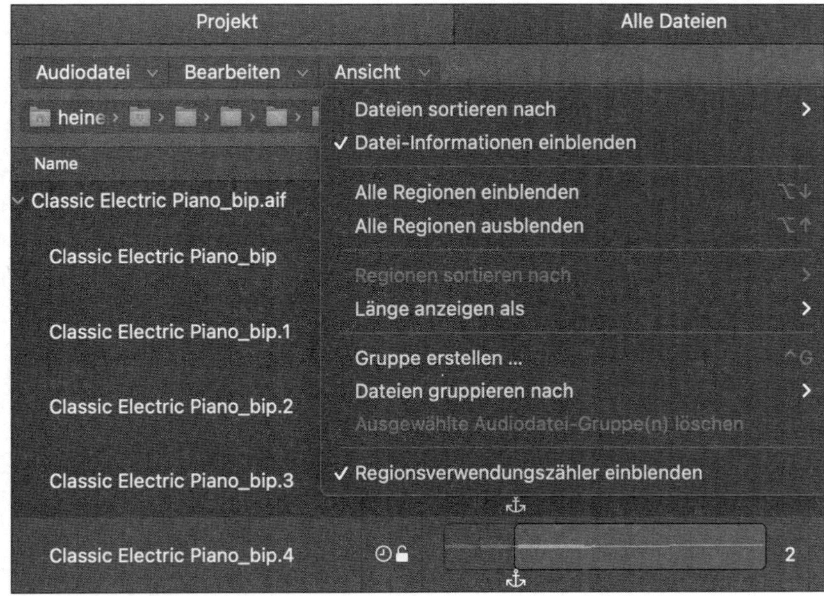

Abbildung 8.7 Hier blenden Sie den Regionsverwendungszähler ein; neben der Region wird dann angezeigt, wie oft sie verwendet wird.

Ich benutze meistens eigenständige Regionen statt Klone von Audioregionen, insbesondere weil sich die Klone nicht so schnell wie Aliasse anhand einer Kursivschrift und leicht veränderter Darstellung erkennen lassen. Oft ist mir das Risiko zu hoch, versehentlich andere Regionen mit zu verändern.

8.1.5 Menü »Audiodatei«

Nachfolgend erläutere ich verschiedene Funktionen, die Sie im Menü AUDIODATEI (Abbildung 8.8) finden.

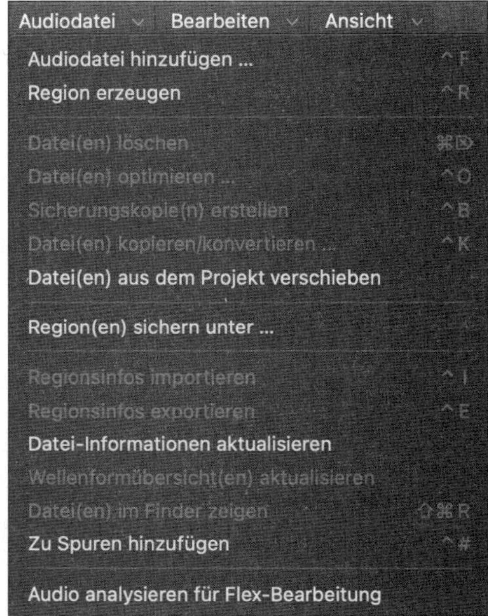

Abbildung 8.8 »Audiodatei«-Menü im »Projektaudio«-Fenster

Menü »Audiodatei«: »Audiodatei hinzufügen«

In diesem Dialog oder mit dem Shortcut [ctrl] + [F] fügen Sie Ihrem Projekt Audiodateien hinzu. Anschließend öffnet sich ein Dialogfenster. Mehr Details zum Audioimport finden Sie in Abschnitt 10.7.

Menü »Audiodatei«: »Region erzeugen«

Mit dem Befehl REGION ERZEUGEN ([ctrl] + [R]) legen Sie eine Region an. Sie können beliebig viele Regionen eines Audiofiles erzeugen und umbenennen. Auf diese Weise können Sie schnell unterschiedliche Bereiche einer Audioaufnahme markieren und so oft sie wollen verwenden. Dieser Befehl erzeugt eine neue, eigenständige Region, keinen Klon.

Menü »Audiodatei«: »Datei(en) löschen«, »Datei(en) optimieren«

Beide Befehle funktionieren nur, wenn Sie mindestens ein Audiofile selektieren – und nicht eine Region. Der Befehl DATEIEN LÖSCHEN öffnet einen Dialog (WOLLEN SIE WIRKLICH LÖSCHEN?) und entfernt gegebenenfalls die Datei von der Festplatte.

Der Befehl DATEIEN OPTIMIEREN analysiert zunächst, welche Bereiche eines Audiofiles im Projekt verwendet werden. Anschließend können Sie über einen Dialog sämtliche nicht benutzten Bereiche des Audiofiles von der Festplatte löschen, wobei Sie einen Sicherheitspuffer einstellen können. Diese Funktion dient vor allem Platzsparzwecken, führte in der Vergangenheit aber auch gelegentlich dazu, dass die Audiofiles nach der Optimierung nicht mehr zu gebrauchen waren, weshalb ich sie selten benutzte. Bei jüngeren Testversuchen mit Logic Pro funktionierte das aber tadellos. Dennoch empfehle ich Ihnen, diese Funktion nur dann zu verwenden, wenn Sie zuvor ein externes Backup einer zu optimierenden Datei erstellt haben. Das wiederum macht den Platzsparvorteil aber möglicherweise zunichte. Allerdings kann es ja noch andere Gründe geben, Dateien zu optimieren – zum Beispiel das Entfernen unerwünschter Teile einer Aufnahme oder den Wunsch, ein zu verschickendes Projekt möglichst klein zu halten.

Menü »Audiodatei«: »Datei(en) kopieren und konvertieren«, »Datei(en) verschieben«, Samplerate konvertieren

Auch diese Befehle funktionieren nur, wenn Sie im PROJEKTAUDIO-Fenster ein oder mehrere Audiofiles selektieren – und nicht eine Region. Wenn Sie eine Datei verschieben möchten, öffnet sich ein Dialog, der Sie auffordert, ein Ziel für die selektierte Datei anzugeben.

Etwas interessanter ist vielleicht der Befehl DATEIEN KOPIEREN UND KONVERTIEREN (`ctrl` + `K`). Hiermit gelangen Sie in einen Dialog, mit dem Sie beispielsweise auch das Audioformat, die Samplerate oder das Stereoformat (*Split* oder *Interleaved*) ändern können.

Die Datei *08Zaehlerrecsampleratenkonv* enthält das gleiche Audiofile einmal mit 44.100 und einmal mit einer Samplerate von 48.000 (nach Konvertierung). Letzteres klingt dunkler/ langsamer – denn die Samplerate im Projekt beträgt 44.100 Samples/Sekunde. Das in eine Samplerate von 48.000 Samples/Sekunde konvertierte Audiofile ist nach einer Sekunde noch nicht vollständig abgespielt, der Effekt ist in etwa so, als ob Sie eine Schallplatte langsamer laufen lassen. Hierbei habe ich übrigens zunächst die zweite Datei wieder manuell ins Projekt geladen, denn der Dialog geht nicht davon aus, dass Sie sowohl das Original als auch die konvertierte Version im Projekt behalten möchten. Stattdessen wählen Sie unten im Dialog, ob das Projekt auf die neue Datei verweisen soll (wodurch das Original aus der Liste der Dateien im PROJEKTAUDIO-Fenster entfernt wird) oder nicht.

Sie können hier auch Split-Stereo-Dateien (zwei Monodateien mit den Endungen *.L* und *.R* für Stereo) in Interleaved-Audio-Dateien (nur eine Datei im Stereomodus) umwandeln und umgekehrt.

Übrigens: Die genauen Einstellungen für die Qualität einer eventuellen Konvertierung in MP3 oder AAC können Sie hier nicht definieren; das geht (zumindest für MP3) über die Programmeinstellungen: LOGIC PRO • EINSTELLUNGEN • AUDIO • MP3.

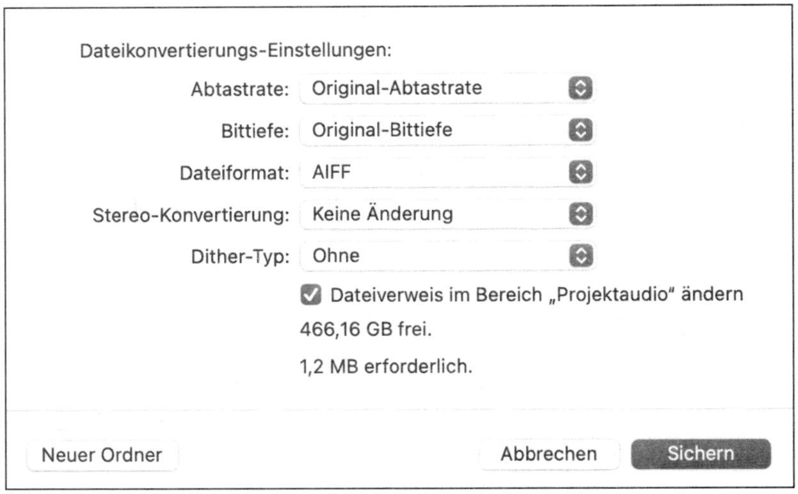

Abbildung 8.9 Konvertierungsoptionen im Dialog für den Befehl »Datei(en) kopieren und konvertieren«

Menü »Audiodatei«: »Datei(en) im Finder zeigen«

Mit diesem Befehl (englisch REVEAL IN FINDER, ⇧ + cmd + R) öffnet sich schnell ein Finder-Fenster mit dem Speicherort der Datei; die Datei erscheint dabei selektiert.

Menü »Audiodatei«: »Sicherungskopie(n) erstellen«

Der Befehl legt an dem Ort, an dem die Datei liegt, nach einem entsprechenden Hinweis eine Sicherungskopie mit dem Zusatz *dup* (für *duplicated*) am Ende des Namens an (ctrl + B).

Menü »Audiodatei«: »Region(en)sichern unter«

Mit diesem Befehl sichern Sie schnell und komfortabel alle selektierten Regionen als Audiofiles. Ein Dialog zum Speichern öffnet sich, der detaillierte Format- und sonstige Einstellungen für die zu speichernden Regionen erlaubt (wie in den Dateikonvertierungseinstellungen, Abbildung 8.9). Unten haben Sie ferner die Option, die neuen Audiofiles durch Setzen eines Häkchens automatisch zum Fenster PROJEKTAUDIO, also zu Ihrem Projekt, hinzuzufügen.

Menü »Audiodatei«: Regionsinfos importieren/exportieren

Nach dem Auslösen des Befehls REGIONSINFOS EXPORTIEREN (ctrl + E) erscheint ein Dialog, der fragt, ob Sie Regionsinfos in der Audiodatei sichern (und gegebenenfalls bestehende Regionsinfos aus der Audiodatei löschen) wollen. Es geht hierbei um die Informationen über die zur Audiodatei gehörenden bzw. in ihr verwendeten Regionen. Angenommen,

Sie haben das gemacht, während Sie in einem bestimmten Projekt (nennen wir es *Projekt 1*) arbeiten. Wenn Sie das Audiofile nun in einem anderen Projekt (nennen wir es *Projekt 2*) öffnen oder dort bereits mit dem Audiofile arbeiten, können Sie die Regionsinfos des Audiofiles importieren (ctrl + I), um auf Regionen aus *Projekt 1* zuzugreifen, die zusätzlich zu den Regionen existieren, die Sie ohnehin bereits in *Projekt 2* von dem Audiofile erstellt haben (ebenfalls wieder via Dialog) Es versteht sich von selbst, dass hierbei das entsprechende Audiofile selektiert sein muss. Achtung: Bei einem Konvertieren der Audiodatei in andere Samplerates können Informationen über die Regionsinfos der Audiodatei verlorengehen.

Menü »Audiodatei«: »Zu Spuren hinzufügen ...«

Mit dem Befehl ZU SPUREN HINZUFÜGEN (ctrl + #) positionieren Sie eine oder mehrere Regionen an der Abspielposition in der gewählten Spur; gegebenenfalls können Sie beim Import mehrerer Regionen auswählen, dass neue Spuren erzeugt werden sollen.

8.1.6 Menü »Bearbeiten«

Nachfolgend erläutere ich verschiedene Funktionen des Menüs BEARBEITEN im Fenster PROJEKTAUDIO. Das BEARBEITEN-Menü enthält die üblichen Cut-, Copy- und Paste-Befehle sowie Befehle zum Auswählen. Wenn Sie eine Region kopieren und einsetzen, wird eine neue Region erzeugt. Wenn Sie das Gleiche mit einem Audiofile versuchen, geht das natürlich nicht, weil ein Audiofile mit dem gleichen Namen ja schon im Projekt vorhanden ist. Die Undo-Liste im Fenster PROJEKTAUDIO entspricht der des Hauptfensters.

Menü »Bearbeiten«: Selektionen (und die Option, nicht verwendetes Material zu löschen)

Zu den Selektionsoptionen ALLES AUSWÄHLEN, VERWENDETE AUSWÄHLEN und NICHT VERWENDETE AUSWÄHLEN: Insbesondere letztere hilft wie erwähnt beim Aufräumen eines Projekts: Sie können sämtliche Regionen und Audiofiles auswählen, die im Bereich SPUREN *nicht* verwendet sind (Shortcut: ⇧ + U). Anschließend können Sie die Selektion via ⌫ aus dem Fenster PROJEKTAUDIO entfernen. In einem weiteren Schritt könnten Sie dann Audiodateien (nach einem Backup) optimieren oder/und das Projekt unter ABLAGE • PROJEKTVERWALTUNG zusammenlegen und von nicht verwendeten Audiofiles komplett bereinigen. Alternativ löschen Sie selektierte Audiofiles über das Menü AUDIODATEI unter DATEI(EN) LÖSCHEN direkt von der Festplatte. Danach sollten Sie das Projekt allerdings neu speichern, damit Logic beim nächsten Neustart nicht unnötig nach den gelöschten Dateien sucht. Aber auch bereits das Löschen von überflüssigen Regionen allein (ohne das Löschen von Audiofiles) schafft mehr Übersicht bei der Arbeit im PROJEKTAUDIO-Fenster.

Menü »Bearbeiten«: »An Nulldurchgängen einrasten«

Mit der Funktion AN NULLDURCHGÄNGEN EINRASTEN sorgen Sie dafür, dass Längen-Edits stets so gut es geht an Nulldurchgängen der Wellenform einrasten, um Knackser zu vermeiden. Genaueres hierzu finden Sie in Abschnitt 8.2.5, denn diese Funktion gibt es auch im AUDIODATEIEDITOR, der sich besser als das PROJEKTAUDIO-Fenster für detaillierte Änderungen der Selektion eignet.

Menü »Bearbeiten«: »Im externen Sample-Editor öffnen«

Sie können Audiofiles in einem definierten externen Sample-Editor öffnen (Shortcut ⇧ + W), um auf spezielle Funktionen für das Audioediting Ihres bevorzugten Editors zurückzugreifen. Einen externen Audioeditor legen Sie unter EINSTELLUNGEN • AUDIO • AUDIODATEIEDITOR fest (siehe Abschnitt 8.3).

8.1.7 Menü »Optionen«: »Stille von Audioregion entfernen ...« (»Strip-Silence«)

Das OPTIONEN-Menü ist nicht in der Übersicht PROJEKT, sondern nur im separaten Fenster PROJEKTAUDIO sichtbar. Die Funktion STILLE VON AUDIOREGION ENTFERNEN ... hieß in früheren Versionen STRIP-SILENCE oder STRIP-STILLE und wird im Pop-up-Fenster STILLE ENTFERNEN genannt. Sie ist die einzige Funktion im Menü OPTIONEN (Abbildung 8.10) und erscheint nur, wenn eine Region selektiert ist.

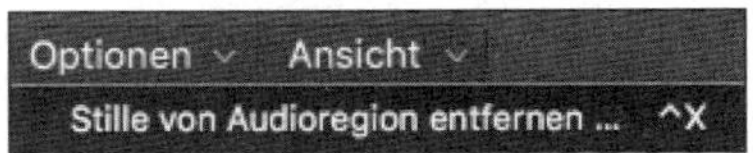

Abbildung 8.10 Das »Optionen«-Menü im Fenster »Projektaudio«

Egal, wie Sie heißt, Sie erreichen sie via Shortcut ctrl + X oder auch über verschiedene andere Menüs, z. B. im Untermenü SPLIT des Regionskontextmenüs. Es handelt sich um eine Funktion zum (schnelleren) Erstellen von Regionen aus längeren Audiofiles auf der Basis von Pegelausschlägen, z. B. um aufgenommene Drum-Hits oder Field-Recordings schneller sinnvoll zu schneiden. Im Dialogfenster STILLE ENTFERNEN (Abbildung 8.11) können Sie unten links einen SCHWELLENWERT für Pegelausschläge einstellen, der zur Erstellung von neuen Regionen führen soll – ebenso wie eine MINDESTDAUER FÜR STILLE und eine zusätzliche Attack- und Release-Zeit, durch die neue Regionen gegebenenfalls am Anfang oder Ende noch etwas verlängert werden. Auf diese Weise befreien Sie Audioaufnahmen von leiseren Phasen mit eventuellen Störgeräuschen, die zwischen den wichtigen Aufnahmeteilen liegen, ohne mühsam Stelle für Stelle manuell schneiden zu müssen. Dabei kann die bearbeitete Region auch im Bereich SPUREN liegen, und es werden (nach einem Dialog) nur die gewünschten Zwischenbereiche gelöscht, während für den Rest neue Regionen erzeugt werden, die das Audiomaterial positionsgenau wie zuvor abspielen.

Praxisbeispiel

STILLE VON AUDIOREGION ENTFERNEN ... kann auch für andere Ziele gut sein. Nehmen Sie zum Beispiel Schlagzeugsounds eines Instruments nacheinander auf, erfassen Sie dann die einzelnen Sounds mit Strip-Silence in Regionen, und exportieren Sie sie anschließend mit Hilfe der Funktion Region(en) sichern unter ... als einzelne Audiofiles. Im Beispiel *08Strip-silence* habe ich so etwas Ähnliches gemacht: Ich habe verschiedene synthetisch erzeugte Sounds von *Ultrabeat* – bearbeitet mit einem Verzerrungseffekt – zu einem Audiofile gebounct (via ctrl + B). Anschließend habe ich die Funktion Stille von Audioregion entfernen ... bei selektierter Audioregion mit dem Befehl ctrl + X aufgerufen.

In Abbildung 8.11 sehen Sie, dass die Funktion die ersten beiden Schläge ganz links nicht getrennt hat. Ich habe den Schwellenwert etwas erhöht, so dass der Ausklang der ersten Kick als Stille akzeptiert wird. Danach ergibt sich das Bild aus Abbildung 8.12.

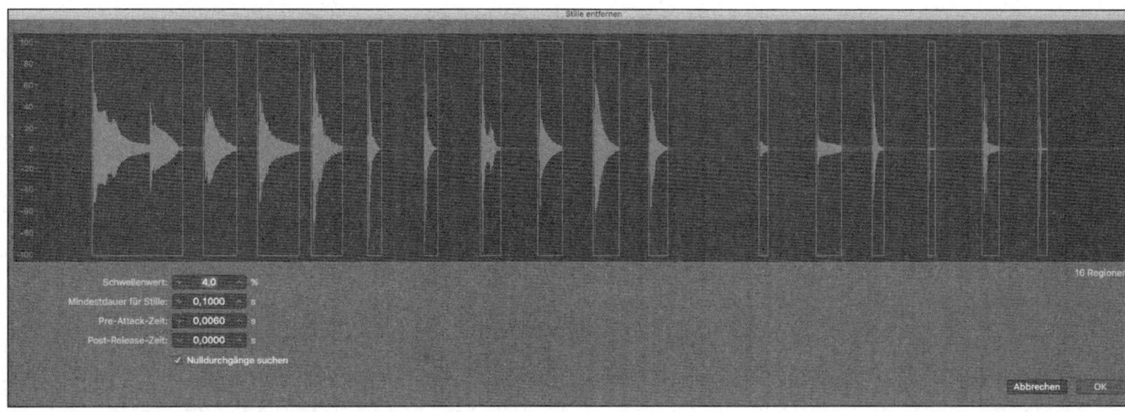

Abbildung 8.11 »Stille von Audioregion entfernen ...«

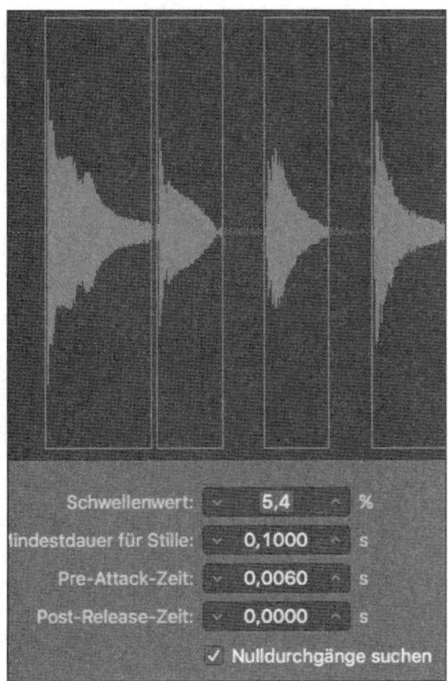

Abbildung 8.12 »Stille von Audioregion entfernen ...« mit erhöhtem Schwellenwert

Zudem werden einige Schläge etwas früh abgeschnitten. Bedenken Sie, dass STILLE VON AUDIOREGION ENTFERNEN ... letztlich nur ein Editing-Tool darstellt, das nichtdestruktiv ist und ergänzend zu anderen Tools eingesetzt werden kann. STILLE VON AUDIOREGION ENTFERNEN ... soll Ihnen etwas Zeit sparen, verbietet Ihnen aber nicht, nachträglich manuell zu editieren. Versuchen Sie also nicht, stundenlang an den Reglern herumzudrehen, bis für alle Regionen die perfekte Einstellung gefunden ist (was oft gar nicht geht), sondern erstellen Sie Regionen auf der Basis eines ungefähr erwünschten Ergebnisses, und justieren Sie anschließend kleine Ungenauigkeiten nach. Wenn Sie verhindern möchten, dass die Schläge am Anfang noch eine kurze Attack-Zeit haben, und der Pegelausschlag so nah wie möglich am Regionsanfang liegen soll (und Sie den Regionsstartpunkt nicht nachträglich bei allen Regionen manuell ändern wollen), ist dies hingegen machbar, indem Sie eine gegen 0 gehende PRE-ATTACK-ZEIT einstellen.

Wenn Sie mit der Bearbeitung fertig sind, auf OK klicken und eine Region editiert haben, die im Bereich SPUREN liegt, werden positionsgetreu neue Regionen erzeugt, die die alte Region ersetzen. Ansonsten – und falls die Region nicht im Bereich SPUREN liegt – werden einfach nur neue einzelne Regionen im PROJEKTAUDIO-Fenster erzeugt (siehe Abbildung 8.13 oder Projekt *08Stripsilence2*).

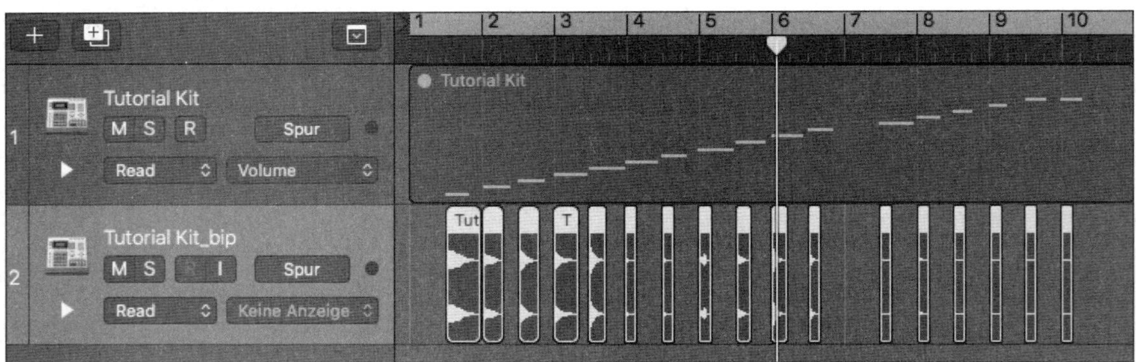

Abbildung 8.13 Das Ergebnis des »Strip-Silence«-Prozesses

8.1.8 Menü »Ansicht«

Menü »Ansicht«: Sortier- und Anzeigeoptionen (Teil 1)

Nun zu einigen Optionen des Menüs ANSICHT. Ist unter DATEI SORTIEREN NACH • OHNE (Abbildung 8.14) eingestellt, so werden die Dateien in der Reihenfolge aufgeführt, in der Sie sie erstellen bzw. dem Projekt hinzufügen. Unlogischerweise wird das nicht so »benannt« – dabei ist dies eine der sinnvollsten Sortierungseinstellungen überhaupt, durch die Sie stets unten die zuletzt bearbeiteten Audiofiles sehen.

Abbildung 8.14 Optionen im Menü »Dateien sortieren nach ...«

Sie können Audiodateien aber auch nach NAME, GRÖSSE, LAUFWERK, BITTIEFE oder DATEITYP auflisten. Nutzen Sie die Sortierungsoption NAME, um schneller »verwandte« Audiofiles zu finden; mit der Option GRÖSSE finden Sie schnell große Audiofiles im Projekt, um diese gegebenenfalls zu löschen.

»Alle Regionen einblenden«/»Alle Regionen ausblenden«

Indem Sie mit der genannten Option Regionen ausblenden (alt + ↓), erhalten Sie im PROJEKTAUDIO-Fenster eine bessere Übersicht über verwendete Audiofiles, die dann ohne Regionen aufgelistet werden. Anschließend lassen sich die Regionen auch wieder einblenden (alt + ↑).

Regionen sortieren nach ...

Sie können nicht nur Audiofiles sortieren, sondern auch Regionen nach dem STARTPUNKT innerhalb des Audiofiles, nach LÄNGE oder NAME anzeigen lassen. Hierzu müssen Sie allerdings das Audiofile und nicht die Regionen selektieren. Das ist relevant, wenn Sie sehr viele verschiedene Regionen eines Audiofiles in Ihrem Projekt benutzen, z. B. weil es sich um eine sehr lange Aufnahme handelt.

Menü »Ansicht«: Sortier- und Anzeigeoptionen (Teil 2): Gruppierungsfunktionen

Sie können Audiofiles im PROJEKTAUDIO-Fenster in Gruppen zusammenfassen (das hat übrigens nichts mit Mixgruppen oder VCA-Gruppen zu tun). Hierzu selektieren Sie ein oder mehrere Audiofiles und wählen die Option GRUPPE ERZEUGEN ... im Menü ANSICHT. Die Audiofiles werden nun automatisch der Gruppe hinzugefügt. Sie können aber auch ohne Audiofile-Selektion eine Gruppe erzeugen und Audiofiles per Drag & Drop darauf ziehen. Als Resultat lassen sich die Audiofiles im PROJEKTAUDIO-Fenster in der Gruppe anzeigen, die Gruppe lässt sich auch »einklappen«. Im Projekt *08Stripsilenceandgroup3* habe ich die aus dem STILLE VON AUDIOREGION ENTFERNEN ...-Vorgang gewonnenen Regionen mit dem Befehl REGION(EN) SICHERN UNTER ... als einzelne Audiofiles gesichert, die alle einen manuell vorgegebenen Namen mit einem automatischen Nummernzusatz erhalten haben. Dabei habe ich die Option genutzt, die zu exportierenden Regionen als neue Audiofiles dem Projekt hinzuzufügen. Anschließend habe ich alle Audiofiles selektiert und eine neue Gruppe mit passendem Namen erzeugt (Abbildung 8.15).

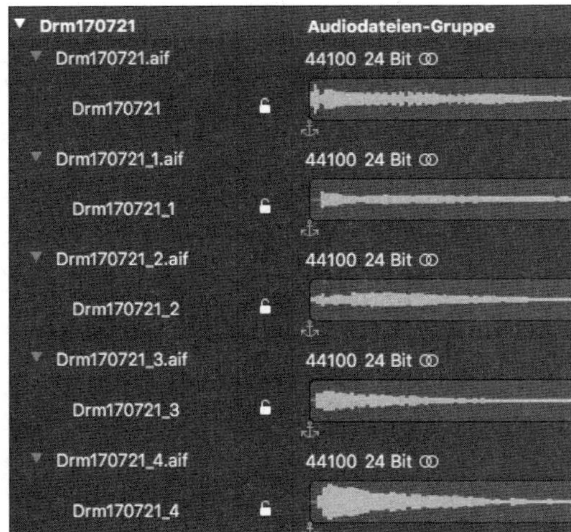

Abbildung 8.15 Gruppierte Dateien (die Gruppe heißt hier »Drm170721«)

Mit der zusätzlichen Funktion DATEIEN GRUPPIEREN NACH können Sie Dateien nach den Kriterien ORT, DATEIATTRIBUTE (wie Dateiformat oder Bitrate) oder der AUSWAHL IM SPURBEREICH gruppieren. Dies bewirkt eine automatisierte Gruppierung im PROJEKTAUDIO-Fenster.

Möglicherweise sehen Sie anschließend einen Dialog, in dem Sie entscheiden, ob bereits gruppierte Audiofiles in ihrer Gruppe bleiben sollen oder nicht.

Logic 9 erlaubte im Zusammenhang mit dieser Funktion die Erstellung von Ordnern für Audiodateigruppen, in die die Audiofiles automatisch bewegt wurden, wenn die Funktion PROJEKT ZUSAMMENLEGEN mit einer entsprechenden Option benutzt wurde. Das hatte den Vorteil, dass man Audiofiles auch für die Verwendung im Finder oder in anderen Programmen vorsortieren konnte. Das hat bislang in Logic Pro leider nicht mehr funktioniert (Stand: Logic 10.6.1; Logic erstellt nun einen Ordner, sortiert die Files aber nicht darin ein).

Menü »Ansicht«: Dateiinformationen und Regionsverwendungszähler

Durch Einblenden des Regionsverwendungszählers im ANSICHT-Menü können Sie sich anzeigen lassen, wie oft die Region im Bereich SPUREN benutzt wird (bzw. wie viele Klone [siehe Abschnitt 8.1.4] es von einer Region gibt).

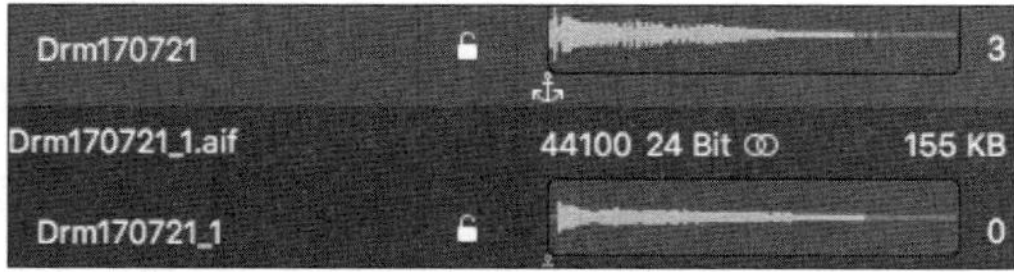

Abbildung 8.16 Rechts neben der Region zeigt der eingeblendete Verwendungszähler an, wie oft Sie die Region benutzen (hier 3-mal bzw. 0-mal). Dateiinformationen sind in der mittleren Spalte »Infos« eingeblendet (hier: 44.100 kHz, 24 Bit, Stereo, 155 KB).

Über das Menü ANSICHT können Sie sich weitere Dateiinformationen – vor allem Samplerate, Bitrate und Kanalzahl – einblenden lassen. Die weiteren angezeigten Informationen fallen im großen PROJEKTAUDIO-Fenster unabhängig von der Funktion etwas anders aus als in der im Hauptfenster integrierten Übersicht PROJEKT.

8.1.9 Umbenennen von Audiofiles und Vorgehensweise bei nicht gefundenen Files

Doppelklicken Sie auf den Namen einer Audiodatei, um sie umzubenennen. Aber Vorsicht – möglicherweise greifen andere Projektversionen auf die umzubenennende Datei zu. Falls eine Datei nicht gefunden wird, erscheint zunächst der Dialog aus Abbildung 8.17.

8

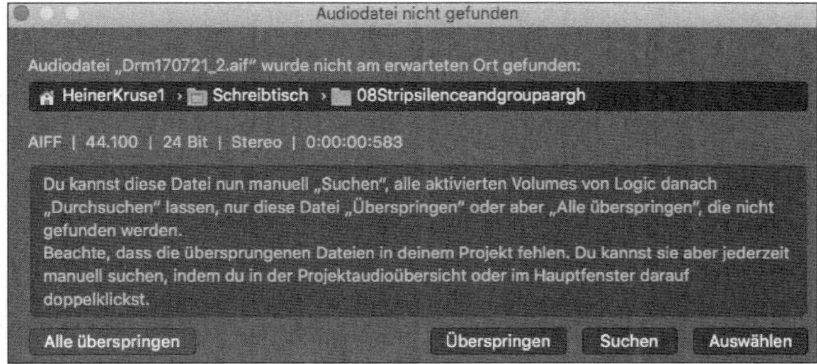

Abbildung 8.17 Eine Datei wird nicht gefunden.

Sie können nun auf SUCHEN klicken, um die Datei via Spotlight suchen, auf ÜBERSPRINGEN, um jede weitere Such- oder Zuordnungsprozedur für die fehlende Datei zu überspringen; oder Sie suchen eine Datei in einem nachfolgenden Dialog im Finder aus, indem Sie auf AUSWÄHLEN klicken. Wenn Sie auf ALLE ÜBERSPRINGEN klicken, überspringen Sie logischerweise die Suche für alle noch fehlenden Dateien.

Wenn eine gesuchte Datei gefunden wird, geht es automatisch weiter. Werden mehrere Dateien mit dem gleichen Namen gefunden, werden die Dateien aufgelistet, und Sie können eine aussuchen. Verwenden Sie also eindeutige Namen bei Aufnahmen oder Bounces für Dateien, z. B. indem Sie Datum und Uhrzeit hinzufügen. Wird die Datei nicht gefunden, weil Sie sie z. B. umbenannt haben, können Sie auch eine andere Datei durch Klick auf AUSWÄHLEN zuordnen. Hat diese einen anderen Namen, erscheint ein Dialog. Darin müssen Sie bestätigen, dass Sie eine andere Datei verwenden wollen.

8.2 Audiodateieditor

Der AUDIODATEIEDITOR (via [cmd] + [6] öffnet er sich als separates Fenster) dient der Bearbeitung von Audiodateien und Regionen. Sie können hier *nichtdestruktiv* Regionen editieren, erstellen und ihre Länge verändern oder auch Audiofiles *destruktiv* bearbeiten. Ein *de-*

struktiver Edit wäre zum Beispiel die Selektion eines Bereichs, den Sie anschließend aus einem Audiofile herausschneiden. Destruktive Bearbeitungen werden in die Dateien eingerechnet. Ein *nichtdestruktiver* Edit verändert das Original-Audiofile nicht. Da Logic jeweils eine Sicherungsdatei erstellt, sind Undo-Schritte möglich. Wie viele Undo-Schritte (durch Sicherungskopien) möglich sind, legen Sie zentral unter EINSTELLUNGEN • AUDIO • AUDIODATEIEDITOR fest. Achtung: Diese Undo-Einstellung weicht von der allgemeinen Undo-Einstellung für andere Arbeitsschritte außerhalb des AUDIODATEIEDITORS ab. Im Hauptfenster erscheint der AUDIODATEIEDITOR im Editorbereich einer Audiodatei, dort steht sein Name abgekürzt in Form des Tabs DATEI.

In jüngeren Logic-Versionen gewinnt der in Kapitel 6 besprochene AUDIOSPUREDITOR (Tab SPUR im Editorbereich einer Datei im Hauptfenster) insofern an Bedeutung, als man manchmal den AUDIODATEIEDITOR nicht mehr braucht. Denn Sie können z. B. auch im AUDIOSPUREDITOR den Pegel einer Region normalisieren (das geschieht nichtdestruktiv als Einstellung PEGEL im Informationsfenster REGION) oder aus dem AUDIOSPUREDITOR die Funktion AUSWAHLBASIERTE BEARBEITUNG zum Einrechnen von Effekten in Audiodateien erreichen (die ebenfalls in Kapitel 6 besprochen wird). Zudem erscheint der AUDIOSPUREDITOR als Editor von Zellen mit Audiomaterial im LIVE LOOPS-Bereich.

Das Editing von Transient-Markern, die aus mehreren Gründen wichtig sind (siehe Abschnitt 8.2.6), bleibt hingegen bislang exklusiv dem AUDIODATEIEDITOR vorbehalten.

8.2.1 Neue Region erzeugen und Selektionstechniken

Der obere Teil des Editors in Abbildung 8.18 zeigt eine kleine Übersicht der gesamten Audiodatei und etwas heller umrahmt den Bereich, der gerade angezeigt wird, sowie den gerade selektierten Bereich, den ich für die Abbildung mit dem Befehl NEUE REGION aus dem BEARBEITEN-Menü in eine Region umgewandelt habe und der nun der Region entspricht, während der Ankerpunkt etwas verschoben wurde. Oben in Abbildung 8.18 sehen Sie die Regionsgrenzen. Wenn Sie oben in die Übersicht des gesamten Audiofiles klicken, wird unten entsprechend ein anderer Bereich bei gleicher Zoomstufe angezeigt (z. B. wenn Sie ganz links an den Anfangsbereich der Übersicht klicken).

Wenn Sie auf eine Region im Fenster PROJEKTAUDIO oder im Hauptfenster doppelklicken oder den AUDIODATEIEDITOR mit selektierter Region öffnen, ist der Bereich der Region zunächst automatisch im AUDIODATEIEDITOR selektiert.

Zum Aufziehen einer Selektion halten Sie die Maustaste gedrückt. Wenn Sie anschließend eine Selektion verändern möchten, halten Sie dabei ⇧ und die Maustaste gedrückt. Ob Sie dabei das linke oder rechte Ende Ihrer Selektion verändern, hängt davon ab, ob Sie sich dabei rechts oder links von der Mitte des selektierten Bereichs befinden. Wenn Sie ⇧ nicht gedrückt halten, verschwindet die aktuelle Selektion, und Ihr Cursor springt dorthin, wo Sie geklickt haben.

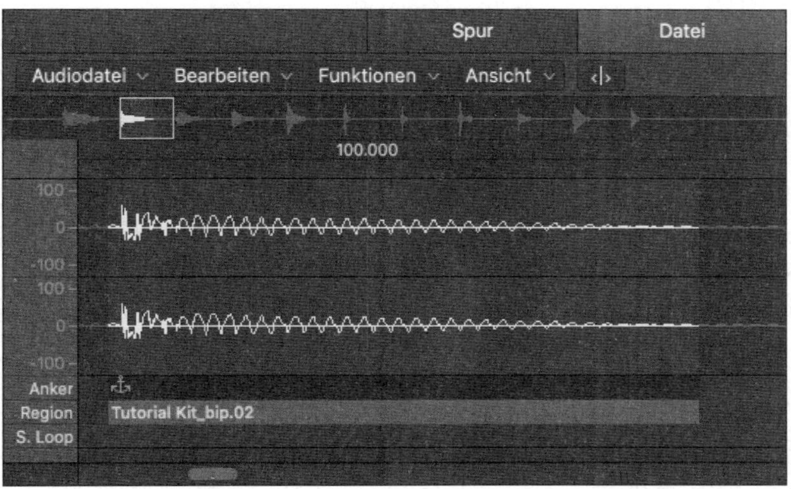

Abbildung 8.18 Eine Region mit leicht verschobenem Ankerpunkt im Audiodateieditor aus dem Projekt »08Audiodateiedit1«

Markierte Teilbereiche können Sie anschließend über die verschiedenen Menüs bearbeiten, z. B. für die üblichen Schneideoperationen. Lesen Sie zum Thema »neue Regionen erzeugen« auch Abschnitt 8.2.5 über das BEARBEITEN-Menü und speziell den Unterabschnitt zum Menü BEARBEITEN • REGION AUS AUSWAHL oder AUSWAHL AUS REGION sowie zur Funktion GEHE ZU ....

8.2.2 Vorhören von bearbeitetem oder zu bearbeitendem Material/Audioausgabe im Audiodateieditor

Die Audioausgabe des AUDIODATEIEDITORS erfolgt über den Prelisten-Channel-Strip des Mixers. Wenn Sie auf den Vorhör-Button (mit dem Lautsprechersymbol) klicken oder bei fokussiertem AUDIODATEIEDITOR den Shortcut `alt` + Leertaste nutzen, wird die Selektion (!) abgespielt. Falls genug Platz für die Darstellung ist, sehen Sie außerdem einen CYCLE-Button zum wiederholten Abspielen der Selektion.

Es gibt außerdem u. a. folgende Shortcuts für die Wiedergabe bei fokussiertem AUDIODATEIEDITOR:

- Region starten/stoppen: `⇧` + `ctrl` + `alt` + Leertaste
- Region ab Anfang starten/stoppen: `ctrl` + `alt` + Leertaste
- Auswahlanfang und -ende auf vorherigen Transienten und Wiedergabe starten: `alt` + `cmd` + `←`
- Auswahlanfang und -ende auf nächsten Transienten und Wiedergabe starten: `alt` + `cmd` + `→`
- Auswahl zu Region: `↖`

Die Wiedergabefunktionen in Bezug auf das automatische Setzen von Auswahlanfang und -ende auf Transienten sind besonders hilfreich beim Slicing und Transienten-Editing und sind auch im BEARBEITEN-Menü unter FESTLEGEN zu finden.

8.2.3 Ankerpunkte, Regionen mit Auftakt arrangieren

Der Ankerpunkt markiert, welcher Zeitpunkt der Audiodatei auf der im Arrangierfenster gewählten Taktposition einrastet. Er ist gewissermaßen das (neue) Verbindungsglied zum Taktlineal, was auch durch eine weiße horizontale Linie vom Ankerpunkt zum Taktlineal angezeigt wird (Abbildung 8.19), sofern Sie die Funktion HILFSLINIEN ZUR AUSRICHTUNG, `alt` + `cmd` + `G`, aus dem EINRASTEN-Menü des Bereichs SPUREN nicht deaktiviert haben.

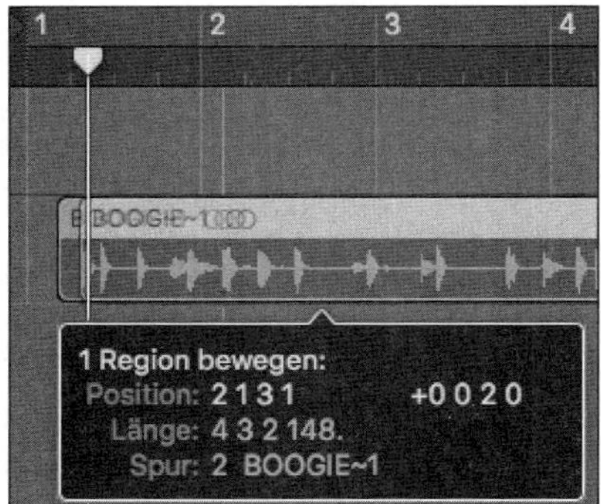

Abbildung 8.19 Das Bewegen der Region orientiert sich am Ankerpunkt, eine kleine weiße horizontale Linie wird angezeigt.

Voreingestellt (ohne Ankerverschiebung) ist der Regionsanfang der Bezugspunkt zum Taktlineal. Doch bei einem Drumloop kann es sinnvoller sein, den Ankerpunkt z. B. genau auf die erste Bassdrum zu legen, während vorher noch ein Intro-Roll spielt. Oder stellen Sie sich eine Wellenform der gesprochenen Zahl »Zwei« vor. Bei der korrekten rhythmischen Platzierung einer solchen Region im Bereich SPUREN erscheint es sinnvoll, genau mit dem »ei« von »zwei« auf dem betonten Schlag zu liegen, während das »zw« vorher kommt. Entsprechend müssten Sie einen Anker setzen. Fassen Sie ihn einfach mit Gefühl an, und bewegen Sie ihn an die gewünschte Stelle innerhalb der Region. Ähnliche Aufgabenstellungen erwarten Sie beispielsweise, wenn Sie Audiofiles mit Streichersounds und langen Attack-Phasen positionieren. Wenn Sie die Region dann im Bereich SPUREN einfügen, entspricht die dargestellte Position im Informationsfenster der Position des Ankers.

Das kleine Informationsfenster zeigt beim Verschieben ebenfalls die Position des Ankers. Das ist die Idee bei der Nutzung des Ankers: Es ist natürlich viel einfacher, die Region anhand des betonten Taktschlages zu verschieben, als zu rätseln, wie viele Ticks genau die Region vorher anfangen muss, damit der betonte Teil des Audiofiles genau auf der betonten Taktposition liegt.

Allerdings müssen Sie dies auch noch in Verbindung mit einer anderen Funktion betrachten: Es ist die Frage, ob im Einrasten-Menü des Bereichs Spuren eingestellt ist, dass Regionen auf einem absoluten oder einem relativen Wert einrasten! Ist Letzteres eingestellt (und das ist komischerweise die Voreinstellung), so hilft die korrekt gesetzte Ankerposition beim Verschieben nicht so viel, weil Logic versucht, die ungerade Position der Region, also ihren genauen Versatz zur glatten Taktzahl, beim Verschieben beizubehalten. Ist dagegen eingestellt, dass Regionen auf einem absoluten Wert einrasten, versucht Logic, die Region auf glatte Takte zu ziehen.

Anker von Regionen aus dem Arrangement verschieben

Ob eine Region, deren Anker Sie verschieben und die bereits im Arrangement vorkommt, automatisch verrutscht oder an der Position liegenbleibt, hängt davon ab, ob im Menü Bearbeiten (siehe unten) der Eintrag Position auf Spur verriegeln, wenn Anker bewegt wird (`ctrl` + `A`) an oder aus ist.

Öffnen Sie das Projekt *08electroaudio2*. Hier habe ich ein Audiofile aufgenommen und spreche: »One, two, three.« Ich möchte, dass der Beat genau auf »three« einsetzt (bzw. dabei auf dem »ree« von »three«). Hierzu verschiebe ich im Audiodateieditor den Ankerpunkt genau auf das am lauteren Ausschlag zu erkennende »ree«. Nun ist die Region im Arrangierbereich mit diesem markierten Punkt verbunden. In der Variante *08electroaudio2b* liegen später im Song auf Takt 17 und 19 zwei Regionen mit einem »three«. Die erste Region auf Takt 17 liegt dort genau mit dem »ree« auf der 1, die zweite Region nicht.

Wenn Sie den Anker im Audiodateieditor auf das »ree« verschieben, so rutscht die Region automatisch auf die richtige Position, falls die Option Position auf Spur verriegeln wenn Anker bewegt wird nicht aktiv ist. Ist diese dagegen aktiv (das heißt, das Häkchen ist gesetzt), so bleibt die Region (zunächst) trotz des Verschiebens des Ankerpunkts an derselben Position.

8.2.4 Menü »Audiodatei«, Sicherungskopien

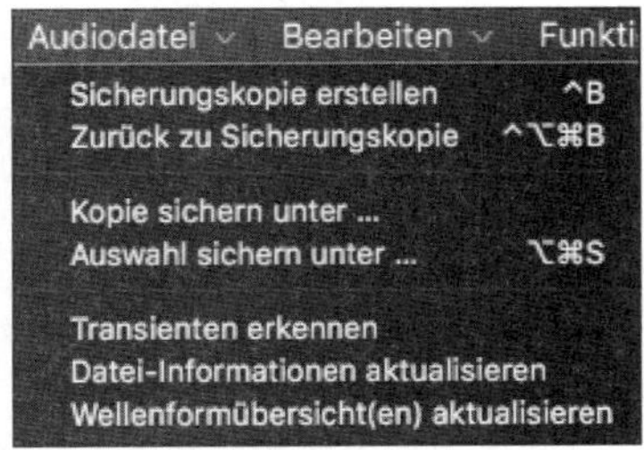

Abbildung 8.20 Menü »Audiodatei« im Audiodateieditor

Die meisten Einträge des Audiodatei-Menüs (Abbildung 8.20) sind selbsterklärend, Transient-Bearbeitung behandelt Abschnitt 8.2.6.

Wenn Sie *destruktive* Edits wie das Herausschneiden oder Reversen/Rückwärtsdrehen eines Bereichs aus dem Audiofile durchführen, sollten Sie stets vorher eine Kopie des Originals anfertigen und irgendwo ablegen. Das ist auf verschiedene Weise möglich:

- Wenn Sie SICHERUNGSKOPIE ERSTELLEN (ctrl + B) wählen, wird eine Kopie der Audiodatei mit der Erweiterung *.dup* im selben Ordner wie das Original erstellt. Sie können dann via ZURÜCK ZU SICHERUNGSKOPIE (ctrl + alt + cmd + B) die bestehende Audiodatei durch Ihre Sicherungskopie ersetzen.
- Die Option AUDIODATEI • KOPIE SICHERN UNTER nutzen Sie typischerweise, um Audiodateien unter einem anderen Namen zu speichern. Dabei können Sie – durch Setzen des entsprechenden Häkchens unten – auch auswählen, dass die Kopie anschließend auch in der Übersicht PROJEKT verfügbar ist.
- Im Menü AUDIODATEI lässt sich übrigens auch eine Auswahl als Audiodatei abspeichern.

8.2.5 Menü »Bearbeiten«

Hier einige Erläuterungen zu Funktionen im Menü BEARBEITEN (siehe Abbildung 8.21).

Abbildung 8.21 Das »Bearbeiten«-Menü des Audiodateieditors

Menü »Bearbeiten«: Regionen erzeugen, bearbeiten, schneiden

Eine neue Region, die Sie über den entsprechenden Eintrag oder via [ctrl] + [R] erzeugen, wird anschließend in der Übersicht PROJEKT angezeigt und kann von dort in den Bereich SPUREN gezogen werden. Sie können neue Regionen auch aus einer Auswahl erzeugen. Dies ist für mich der bevorzugte Schneide- bzw. Edit-Workflow in Logic mit den Funktionen REGION • AUSWAHL und AUSWAHL • REGION im BEARBEITEN-Menü. Damit schneide ich z. B. Drumloops. Nachdem ich eine genaue Selektion erstellt habe (z. B. ein Takt), wende ich den Befehl AUSWAHL • REGION an, woraufhin die Regionsgrenzen meiner Region exakt auf die Selektion (also z. B. einen Takt) gesetzt werden. Das ist z. B. wichtig, wenn Sie das Tempo einer Aufnahme herausfinden oder das Tempo der Aufnahme an ein Projekt anpassen möchten (mehr in Abschnitt 9.7.1). 8

Ein Beispiel: In Abbildung 8.22 entspricht die Selektion *nicht* der Region. Mit dem Befehl AUSWAHL • REGION würden die Regionsgrenzen genau auf die Auswahl gesetzt und auch im Bereich SPUREN entsprechend geändert. Probieren Sie es im Projekt *08Count1* selbst aus.

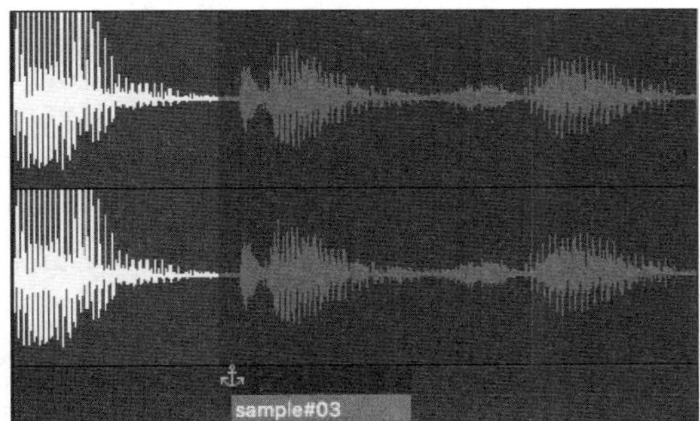

Abbildung 8.22 In diesem Bild entspricht die Selektion nicht der Region.

Sie können im AUDIODATEIEDITOR beim Schneiden/Editieren unabhängig vom Bereich SPUREN im AUDIODATEIEDITOR detailliert horizontal einzoomen, um z. B. den Anfang einer Selektion sehr exakt festzulegen. Möchten Sie anschließend das Ende genauso detailliert justieren, müssen Sie nicht erst wieder auszoomen, ans Auswahlende gehen und dann wieder einzoomen, sondern können die Funktion GEHE ZU … • AUSWAHLENDE (Abbildung 8.23) nutzen. Ferner finden Sie im GEHE ZU …-Untermenü Optionen, z. B. mit denen Sie zum REGIONSANFANG, -ENDE oder -ANKER springen.

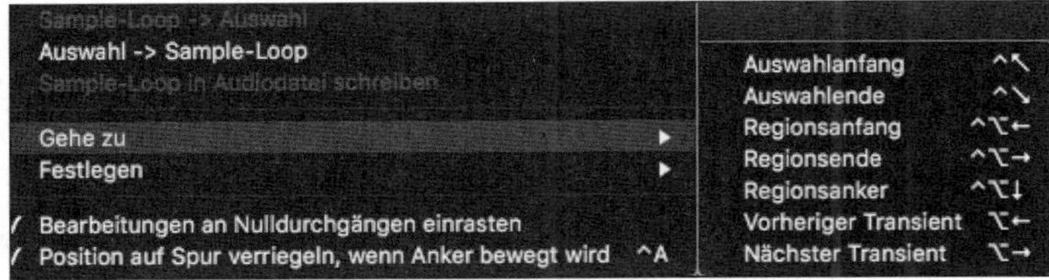

Abbildung 8.23 Die Optionen im »Gehe zu …«-Menü. Beachten Sie auch die dort angezeigten Shortcuts.

Im Projekt *08electroaudio2b* habe ich ebenfalls einige neue Regionen erzeugt und entsprechend beschriftet – jeweils eine eigene für »one«, »two« und »three«. Hierzu habe ich jeweils einen Bereich im Audiofile gewählt und den Befehl NEUE REGION ERZEUGEN oder AUSWAHL • REGION benutzt – je nachdem, ob schon eine Region vorhanden war.

Menü »Bearbeiten«: »Bearbeitungen an Nulldurchgängen einrasten«

Mit dieser Funktion unten im BEARBEITEN-Menü sorgen Sie dafür, dass Längen-Edits stets so gut es geht an Nulldurchgängen der Wellenform einrasten, um Knackser zu vermeiden. Ist wie in Abbildung 8.21 ein Häkchen gesetzt, rasten von Ihnen gemachte Selektionen automatisch ein, was allerdings ein wenig einschränkend sein kann, weil Ihre Selektion nicht exakt übernommen wird. Umgekehrt sollten Sie also prüfen, ob diese Funktion aktiv ist, wenn Sie sich wundern, dass Logic Ihre Selektionen oder Bearbeitungen auf der Basis von Selektionen nicht exakt so erstellt oder beibehält, wie Sie das erwarten (und gegebenenfalls die Funktion deaktivieren, indem Sie den Eintrag nochmals im BEARBEITEN-Menü aufrufen).

Menü »Bearbeiten«: Sample-Looping

Mit Hilfe der Sample-Looping-Funktionen loopen Sie Audiofiles und Regionen, was unter anderem der Vorbereitung von Audiofiles für die Nutzung in *Quick Sampler* und *Sampler* dienen kann. Allerdings haben diese mittlerweile auch einen eigenen Audioeditor-Bereich, wo das möglich ist (z. B. mit der Option WRITE SAMPLE TO AUDIOFILE im Aktionsmenü des *Quick Samplers*).

Im AUDIODATEIEDITOR stehen drei Optionen zur Verfügung:

- SAMPLE-LOOP • AUSWAHL
- AUSWAHL • SAMPLE-LOOP
- SAMPLE-LOOP IN AUDIODATEI SCHREIBEN

Die erste und die letzte Option sind erst dann verfügbar, wenn Sie bereits einen Loop festgelegt haben. Das sieht dann ungefähr aus wie in Abbildung 8.24. Sie können einen Sample-Loop über den entsprechenden Eintrag in eine Audiodatei schreiben, so dass er z. B. auch von Drittanbieterprogrammen erkannt wird.

Ich empfehle aus Sicherheitsgründen, im Sampler keine Regionen (und am besten keine Audiofiles) zu benutzen, die im Bereich SPUREN vorkommen, sondern stattdessen eine Kopie des entsprechenden Audiofiles mit eigenem Namen zu verwenden. Es kann auch sinnvoll sein, für neue Loop-Einstellungen jeweils ein neues Audiofile anzulegen. In neueren Logic-Versionen sorgt Logic beim Import in den Sampler automatisch dafür, dass neue Audiofiles verwendet werden, die dann aber den gleichen Namen haben (siehe Projekt *08Stripsilence-andgroup3Ordner+Spl*).

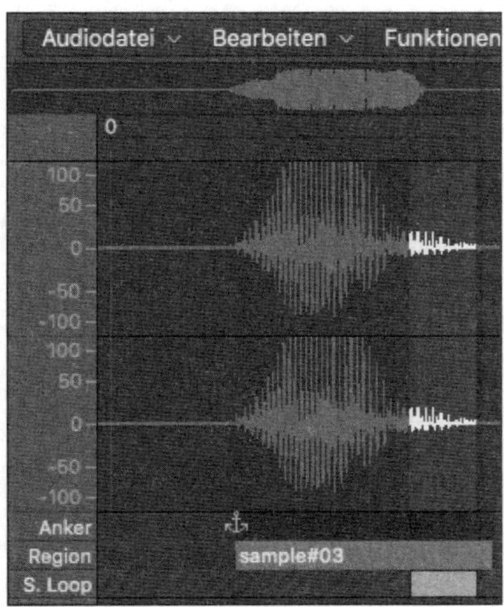

Abbildung 8.24 Angezeigter Loop-Bereich für ein Sample

8.2.6 Transient-Bearbeitungsmodus

Ist der Transient-Bearbeitungsmodus aktiv, den Sie mit dem Button rechts neben dem ANSICHT-Menü über den Eintrag im Menü AUDIOFILE aktivieren, so können Sie Markierungen in Form von vertikalen, orangefarbenen Linien für erkannte Transienten sehen und justieren (Abbildung 8.25). Die –/+-Zeichen rechts daneben erscheinen bei aktiviertem Transient-Bearbeitungsmodus, hiermit können Sie die Zahl der per automatischer Analyse erkannten Marker reduzieren/erhöhen.

Abbildung 8.25 Button zum Aktivieren des Transient-Bearbeitungsmodus

Wo genau im Audiofile solche Transient-Marker liegen und dass sie korrekt gesetzt sind, ist zum einen beim automatischen Anpassen von Audiofiles ans Tempo via Flex Time, zum anderen beim Konvertieren von Audiofiles in eine neue *Sampler*- oder Drum-Machine-Designer-Spur auf der Basis von Transient-Markern entscheidend für gute Ergebnisse. Auch bei der Nutzung von Quantisierungsfunktionen, beim Erstellen von Groove-Templates aus Audiofiles und beim Export von Apple Loops ist es unverzichtbar, dass die Transienten richtig gesetzt sind, damit Tempo- und Groove-Anpassungen korrekt funktionieren.

Ein Beispiel: Im Projekt *08Transedit1* (Abbildung 8.26) werden Regionen mit Flex Time in einem anderen Tempo abgespielt. Dabei sind die Transient-Marker für die Region aus Spur 1 (wie im Bild) korrekt gesetzt, woran sich die Tempoanpassung orientiert. Dies funktioniert, indem die Taktpositionen der Transient-Marker beibehalten werden. Daher spielt es auch eine Rolle, zu welchem Zeitpunkt und bei welchem Tempo Flex erstmalig aktiviert wird, weil so die Transient-Marker zu Taktpositionen zugeordnet werden.

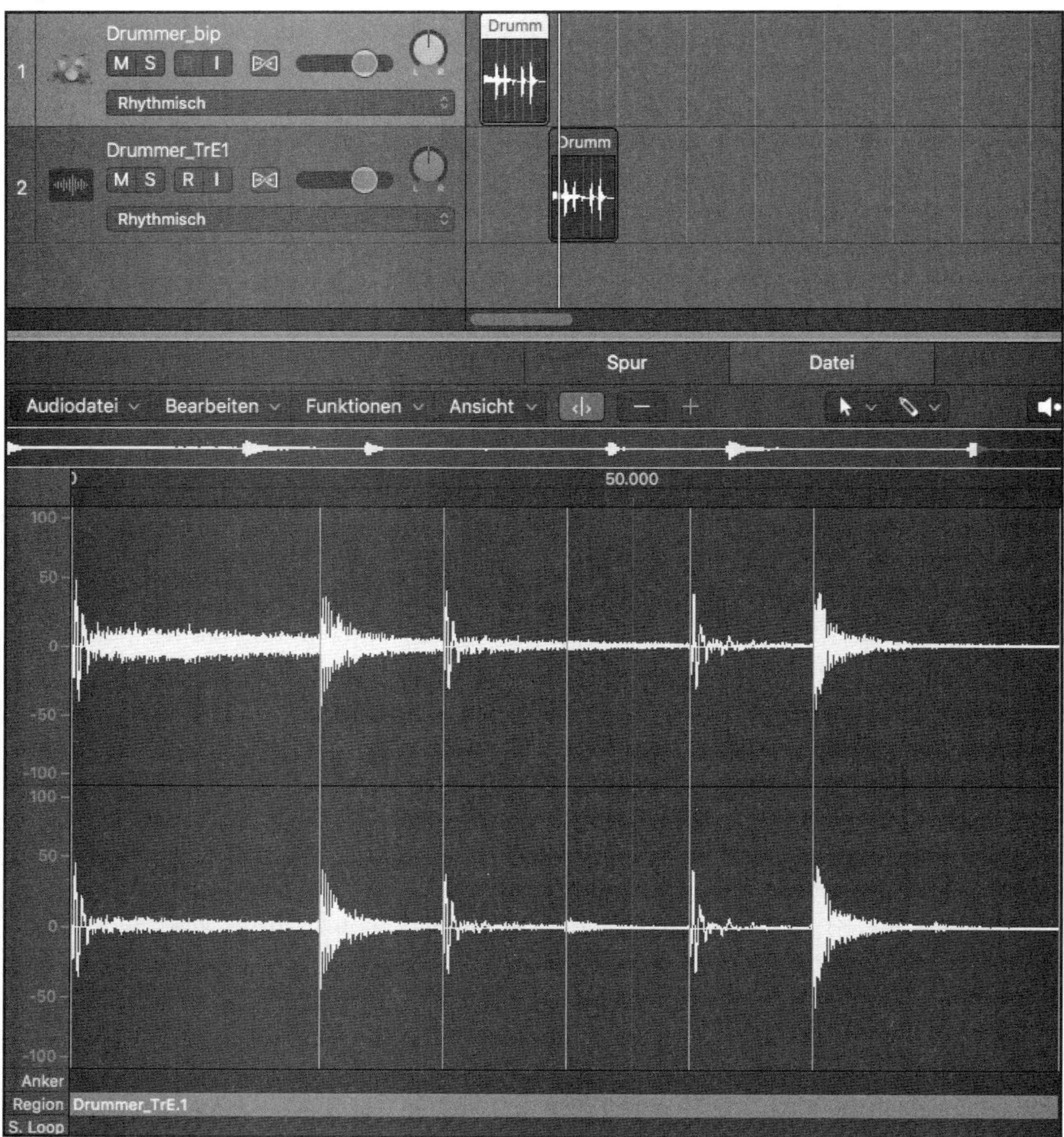

Abbildung 8.26 Erkannte Transienten

Für die Region in Spur 2 sind die Transient-Marker nicht korrekt gesetzt (Abbildung 8.27). Entsprechend holpert die Wiedergabe für Spur 2.

Erkannte Transienten identifizieren Sie an den braunen Linien. Die –/+-Buttons verringern bzw. erhöhen die Empfindlichkeit des Erkennungsmodus. Mit dem Stiftwerkzeug zeichnen Sie neue Transienten ein; einzelne Transient-Marker löschen Sie mit einem Doppelklick oder dem Radiergummiwerkzeug. Dies geht auch, wenn Sie einen Bereich bei aktiviertem Transient-Editiermodus selektieren und die [⌫]-Taste drücken. Halten Sie die [alt]-Taste, um Transient-Marker zu verschieben.

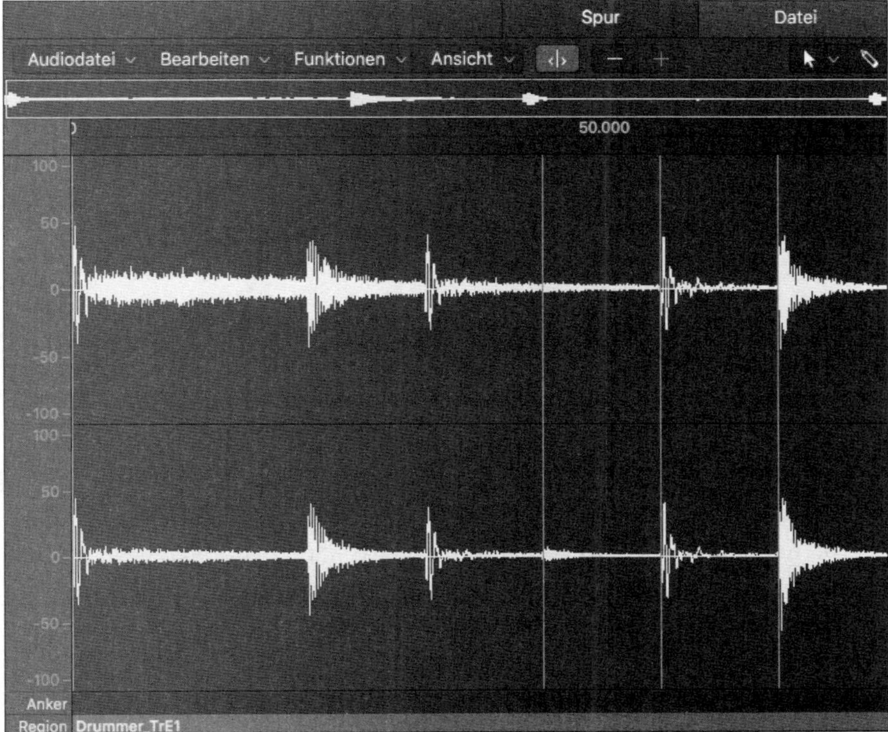

Abbildung 8.27 Am Anfang der Region wurden die Transienten nicht richtig erkannt.

Klicken Sie auf den Vorhör-Button, um den selektierten Bereich anzuhören. Im Menü BEARBEITEN • FESTLEGEN … können Sie Auswahlanfang und -ende auf den vorherigen bzw. nächsten Transienten setzen ([⇧] + [cmd] + [←]/[→]) oder dabei zusätzlich automatisch die Wiedergabe starten ([alt] + [cmd] + [←]/[→]). Auf diese Weise wird das Vorhören einfacher – und erlaubt eine Hörkontrolle beim exakten Setzen von Transienten und beim Vorhören einzelner Schläge. Sie finden unter FESTLEGEN … zusätzliche Tools zum Justieren der Selektion. So lässt sich (ähnlich wie im Hauptfenster bei der Arbeit dort mit dem Marquee-Tool) die Selektion an ihrem Ende mit den Pfeiltasten ([←] und [→]) erweitern oder reduzieren und springt, je nach verwendeter Pfeiltaste, auf den nächsten oder vorherigen erkannten Transienten. Wenn Sie dabei die [⇧]-Taste benutzen, verändern Sie statt des Auswahlendes den -anfang. Sie können auch die Funktionen aus dem GEHE ZU-Untermenü nutzen, um zum nächsten oder vorherigen Transienten zu springen (siehe Abschnitt 8.2.5).

Übrigens: Sie können auch im BEARBEITEN-Menü des AUDIOSPUREDITORS mit dem Befehl AUDIO ANALYSIEREN FÜR FLEX-BEARBEITUNG und Aktivierung der Flex-Ansicht TRANSIENTEN sichtbar machen, sie dort aber bislang nicht bearbeiten.

8.2.7 Menü »Funktionen«

Das Menü FUNKTIONEN (Abbildung 8.28) zeigt einige destruktive Editierfunktionen. Selektieren Sie den entsprechenden Bereich Ihres Audiofiles, um die entsprechende Operation auf den selektierten Bereich anzuwenden. Es handelt sich hierbei im Grunde nur um eine Basisausstattung – es fehlen z. B. Effekte wie Hall oder Delay. Um Effekte von Plug-ins oder Channel-Strips in (neue) Audiofiles einzurechnen, nutzen Sie die Optionen zum Bouncen von Regionen oder die Funktion AUSWAHLBASIERTE BEARBEITUNG im Hauptfenster. Logic erlaubt zudem, einen externen Sample-Editor mit umfangreicherer Ausstattung zu nutzen und Dateien aus Logic heraus mit diesem zu öffnen (siehe Abschnitt 8.3).

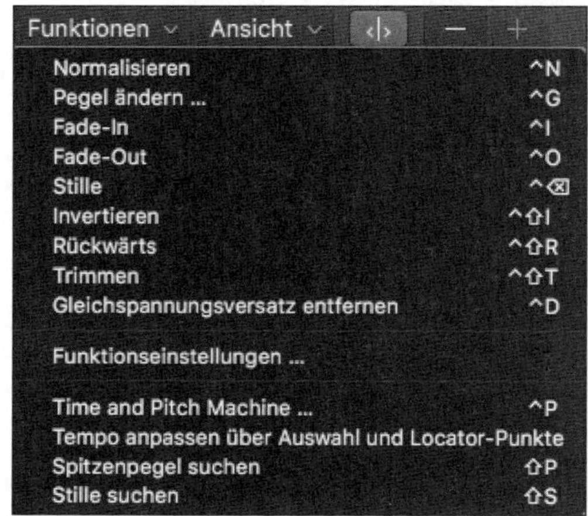

Abbildung 8.28 Das Menü »Funktionen«

Menü »Funktionen«: Normalisieren

Der Begriff NORMALISIEREN kann Ihnen an verschiedenen Stellen in Logic oder anderen Programmen begegnen. NORMALISIEREN im AUDIODATEIEDITOR bedeutet, die lauteste Stelle im Audiofile aufzufinden und dann das gesamte Audiofile um den Betrag lauter zu machen, um den die im Audiomaterial gefundene lauteste Stelle von einer möglichen Maximallautstärke (die bei digitalen Files mit 0 dB – bezogen auf den Headroom – bezeichnet wird) entfernt ist, es sei denn, Sie haben den Zielwert für die Normalisierung zuvor über den Eintrag FUNKTIONSEINSTELLUNGEN auf einen anderen Wert als 0 dB eingestellt (Abbildung 8.29).

Das bedeutet, dass mit NORMALISIEREN nur die Gesamtlautstärke, nicht aber das Lautstärkeverhältnis zwischen laut und leise oder der Klang der Aufnahme verändert wird.

Falls sich also beispielsweise irgendwo im Audiofile ein Knackser befindet, der bis zur Maximallautstärke ausschlägt, während der Rest des Audiofiles mit einer maximalen Lautstärke von –20 dB dahindümpelt, bewirkt der Befehl NORMALISIEREN keine Veränderung.

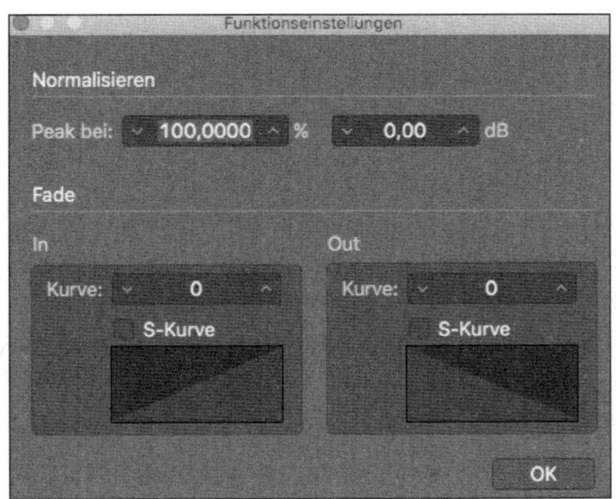

Abbildung 8.29 Der Dialog »Funktionseinstellungen«, den Sie aus dem Menü »Funktionen« aufrufen (Einstellungen für Fades und Normalisierung)

Menü »Funktionen«: sonstige Edits

PEGEL ÄNDERN ..., FADE-IN, FADE-OUT, RÜCKWÄRTS und STILLE sind weitgehend selbsterklärend und werden auf einen ausgewählten Bereich angewendet. Sowohl Pegeländerungen als auch Fades können Sie jedoch auch nichtdestruktiv im Informationsfenster REGION des Bereichs SPUREN realisieren. Aber Achtung: Es sind Clippings/Übersteuerungen durch Pegeländerungen möglich! Sie sollten also gegebenenfalls die Funktion MAXIMUM SUCHEN im sich nach der Auslösung der Funktion PEGEL ÄNDERN öffnenden Dialog nutzen, um zuvor zu überprüfen, wie viel »Luft« Sie noch für eine Anhebung haben (siehe Abbildung 8.30).

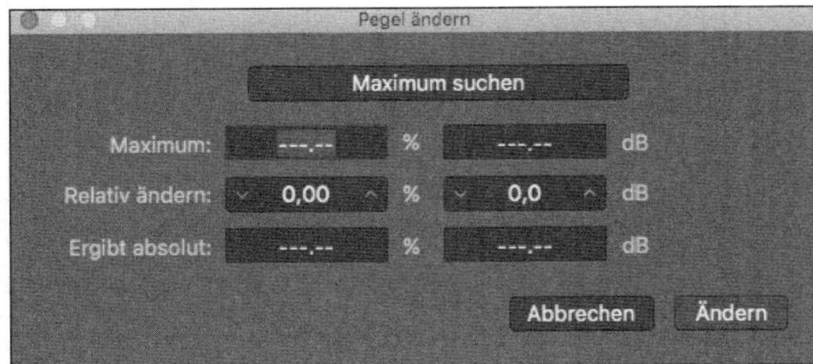

Abbildung 8.30 »Pegel ändern«-Dialog

Mit dem Befehl TRIMMEN (englisch: *crop*) schneiden Sie Bereiche des Audiofiles außerhalb des selektierten Bereichs ab.

Falls Ihre Wellenform nicht gleichmäßig um die Nulllinie in der Mitte herum nach oben und unten ausschlägt, kann das Nachteile haben:

- Es kann zu Knacksern am Anfang oder am Ende des Audiofiles kommen.
- Sie können das Audiofile mit einem Limiter nun nicht mehr so laut machen, weil beispielsweise oberhalb der Nulllinie bereits die Grenze erreicht ist, während unten noch Luft ist.

Sie können mit dem Eintrag GLEICHSPANNUNGSVERSATZ ENTFERNEN störenden Einfluss von Gleichspannung eliminieren, wodurch die Schwingungen Ihrer Audiodatei nicht exakt um die Nulllinie, sondern etwas versetzt schwingen (und dementsprechend früher an die oberste Pegelgrenze stoßen können). Dies sollten Sie spätestens beim Mastering einer fertigen Mischung tun. Logic zeigt an, wie groß der prozentuale Anteil des Gleichspannungsversatzes (*DC-Offset*) ist.

Mit dem Befehl INVERTIEREN spiegeln Sie die Schwingungen des Audiofiles an der Mittelachse.

8.2.8 Stiftwerkzeug zum Editieren von Audiomaterial

Mit dem Stiftwerkzeug können Sie in der Audiodatei zeichnen, sofern Sie die Wellenform nah genug eingezoomt haben. Dies bietet Ihnen zum einen ein paar limitierte Optionen beim Design von Wellenformen, zum anderen ist es so manchmal möglich, Knackser in einem Audiofile loszuwerden. Nach meiner Erfahrung hat das allerdings selten so gut funktioniert, dass die Knackser komplett verschwunden waren, und klappt nach meinen Praxiserfahrungen z. B. in Pro Tools besser. Bedenken Sie außerdem, dass es sich hierbei um destruktives Editing handelt.

8.2.9 Time and Pitch Machine

Aus dem FUNKTIONEN-Menü ist noch die TIME AND PITCH MACHINE ([ctrl] + [P]) hervorzuheben, mit der Sie einen selektierten Bereich bearbeiten. Hier handelt es sich um eine Einrichtung für destruktives Time-Stretching von Audiofiles. Das betrifft vor allem Fälle, in denen Sie nicht mit Flex-Algorithmen arbeiten. Hilfreich bei der TIME AND PITCH MACHINE ist, dass Sie leicht eine genaue Ziellänge eingeben können. Das ist z. B. von Vorteil, wenn Sie bei einer Filmvertonung eine Audiodatei exakt auf die Länge einer Szene legen möchten.

Sie können unter MODUS zwischen einem klassischen und einem freien Modus wählen. Beim klassischen Modus verändert eine Änderung der Länge eines Audiofiles auch dessen Tonhöhe, im freien Modus (siehe Abbildung 8.31) können Sie die Tonhöhe unabhängig von der Länge des Audiofiles einstellen. Voreingestellt ist dabei der Wert 0 für die TRANSPOSITION, so dass sich bei einer Längenänderung die Tonhöhe zunächst einmal nicht verändert.

Die TIME AND PITCH MACHINE war schon in wesentlich älteren Logic-Versionen vor Einführung der Flex-Technologie integriert und hat durch diese etwas an Bedeutung verloren. Die Algorithmen sind teilweise veraltet, teilweise aktualisiert, in jedem Fall aber dieselben Algorithmen, die Ihnen im großen BEARBEITEN-Menü der Logic-Menüleiste bei selektiertem Bereich SPUREN zur Verfügung stehen, wenn Sie im Bereich SPUREN eine Region *ohne* Flex-Algorithmus zeitlich dehnen oder stauchen (z. B. mit gehaltener `alt`-Taste). Die TIME AND PITCH MACHINE hat nach wie vor ihre Daseinsberechtigung, nicht zuletzt, wenn Sie gerne Lo-Fi- oder Vintage-Digital-Effekte als Kreativanwendung einsetzen.

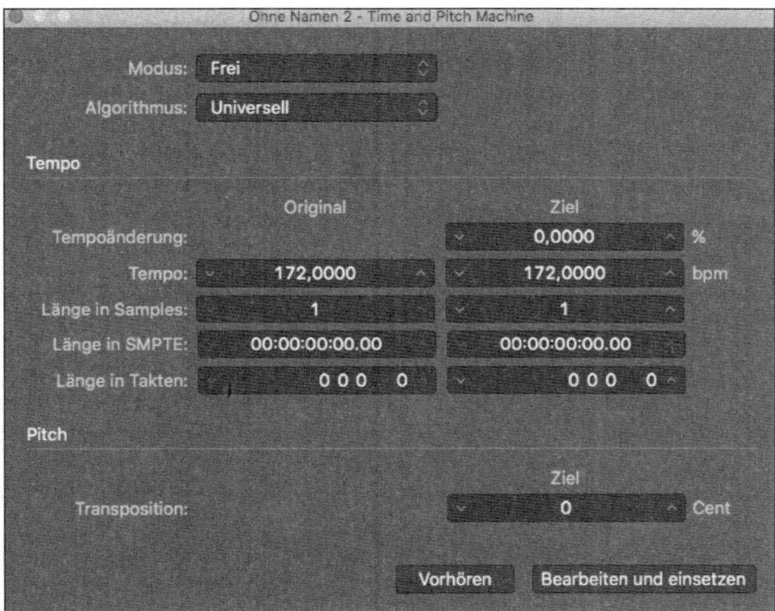

Abbildung 8.31 Dialog »Time and Pitch Machine«

In der Vergangenheit boten diverse Firmen zusätzliche Algorithmen an, die nach der Installation unter ALGORITHMUS wählbar waren (z. B. Serato *Pitch & Time*), aber seit dem Erscheinen der qualitativ verbesserten Flex-Modi etwas an Bedeutung verloren haben und zum Teil nicht mehr aktualisiert werden (z. B. iZotope »Radius«). Serato *Pitch & Time* ist sehr teuer, hat aber auch eine sehr gute Qualität, die Sie teilweise auch mit anderen Serato-Produkten testen können.

8.3 Nutzung eines externen Audioeditors

Selektierte Audiofiles und Regionen lassen sich mit dem Befehl `⇧` + `W` aus verschiedenen Fenstern heraus in einem externen Sample-Editor öffnen, den Sie zuvor unter EINSTELLUNGEN • AUDIO • AUDIODATEIEDITOR definiert haben. Als externe Sample-Editoren eignen sich Programme wie TwistedWave, DSP-Quattro, Steinberg WaveLab und viele mehr. Eine Empfehlung ist TwistedWave, das ich in Abschnitt 19.8 kurz vorstelle. Es arbeitet schnell, ist einfach zu bedienen und editiert und schreibt auch MP3s. Auch Pro Tools oder Audacity sind geeignet, allerdings muss hier bereits ein Dokument geöffnet sein, damit das Audiofile anschließend z. B. in der Pro-Tools-Session auftaucht.

Im Normalfall aktualisiert sich eine in einem externen Audiofile-Editor bearbeitete und unter dem gleichen Namen wieder gesicherte Datei automatisch in Logic, nachdem Sie vom Editor zurück zu Logic wechseln. Sonst speichern Sie die bearbeitete Datei unter einem neuen Namen an einem Ort, den Sie aus Logic schnell erreichen – am besten im Projektordner, falls Sie Ihr Projekt als Ordner verwalten, an den Sie relativ schnell über die Übersicht ALLE DATEIEN gelangen. Der Dateitransfer wird so erheblich beschleunigt.

Kapitel 9

Tempo und »Smart Tempo«-Editor, Tuning, Timing und Groove

In diesem Kapitel finden wir das Tempo von Audiofiles heraus und passen es an Logic an – und umgekehrt. Das machen wir sowohl mit Audiofiles, die ein schwankendes Tempo haben, als auch mit solchen, die ein gleichmäßiges Tempo aufweisen. Wir bearbeiten Timingungenauigkeiten und korrigieren oder extrahieren sie. Wir bearbeiten Tonhöhen von Solo-Instrumenten wie Vocals in Audioaufnahmen mit »Flex Pitch«. Wir extrahieren Grooves und wenden sie auf andere Drums an. Dabei wird auch der in Logic 10.4 eingeführte »Smart Tempo«-Editor vorgestellt.

Logic Pro bietet Werkzeuge zur Korrektur von Tempo-, Timing- und Tuningdetails, weitere innovative Tools wie Slicing und die Möglichkeit, Groove-Templates als Vorbilder bei Quantisierungen zu nutzen. Wir arbeiten außerdem mit SMART TEMPO-Editor, Groove-Spur und Flex-Technologie. Dabei ist stets abzuwägen, wieviel Automatikfunktionen sinnvoll genutzt werden können und wie viele manuelle Anpassungen nötig sind. Der »Smart Tempo«-Editor bietet in Bezug auf Automatismen deutliche Verbesserungen und kann sowohl für Audio- als auch für MIDI-Inhalte genutzt werden. Klappt es mit Automatikfunktionen nicht richtig, muss man sich dennoch nach wie vor gut auskennen.

9.1 Einführung und einfache Tempoanpassung

Wenn Sie eine Band-Aufnahme im Studio gemacht haben, bei der der Bassist Timingprobleme hatte oder der Sänger einige Töne nicht gut getroffen hat, ist es heute oft kein großes Problem mehr, die Aufnahme nachträglich auf ein deutlich verbessertes Niveau zu hieven. Bei solchen Korrekturen von Timing und Tonhöhe helfen neben den oben genannten Werkzeugen vor allem die Flex-Modi, die ich hier zuerst vorstelle. Logic unterscheidet zwischen *Flex Time* (zur Timingkorrektur, verschiedene Algorithmen stehen zur Verfügung) und *Flex Pitch* (zur Tonhöhenkorrektur inklusive optionaler Timingkorrektur).

Ich beginne im Kapitel mit »richtigem Zählen« und einem Schnellkurs zum einfachen Anpassen eines ungeschnittenen Audiofiles mit unbekanntem Tempo. Dann geht es weiter mit Groove-Anpassungen. Mit Groove-Anpassungen sind Justierungen kleiner Timingnuancen gemeint, wenn das grobe Tempo schon stimmt.

Danach stelle ich Flex-Modi im Detail vor, anschließend SMART TEMPO, bevor wir beides im Detail für verschiedene Tempoanpassungs-Aufgabenstellungen nutzen. Grundsätzlich ist das Ziel dieses Kapitels bzw. bei der Arbeit mit Logic, dass Sie im Taktraster von Logic arbeiten. Erst dann entfalten viele Logic-Tools ihre Fähigkeiten – z. B. Quantisierungen, Groove-Funktionen oder das Einbinden von temposynchronen Modulationseffekten oder Delays. Daher kann es auch sinnvoll sein, Logic an eine Aufnahme anzupassen, die ohne Klick eingespielt wurde. Möglicherweise möchten Sie ein wechselndes Tempo in einem Song verwenden, bestehende Aufnahmen in einem neuen Tempo remixen oder Logics Tempo an eine bestehende Aufnahme anpassen oder deren Tempo herausfinden.

Manche vorgestellten Workflows sind auch geeignet, Musikkompositionen an einen Film anzupassen (Filmvertonung finden Sie ansonsten in Abschnitt 18.1).

9.1.1 Richtiges Zählen als Basis von Tempoanpassungen

Bei allen Arten von Tempo- und Timingoperationen in Logic ist es wichtig, zumindest die Taktzählzeit eines 4/4-Taktes in Viertelnoten (1, 2, 3, 4, 1, 2, 3 ...) oder gegebenenfalls andere Taktmaße richtig mitzählen zu können. Sie brauchen diese Mitzählfähigkeit zum Beispiel, um Aufnahmen korrekt auf eine gewünschte Taktlänge zu schneiden oder um die Taktlänge oder Position einzelner Schläge einer Region herauszufinden.

Sollten Sie unsicher sein, kann Logic Ihnen zumindest bezüglich der Basics helfen; Taktzählzeiten werden im Display angezeigt. Nehmen Sie zum »Zählenüben« ein Stück, das im Logic-Taktraster arrangiert ist, wie z. B. unser Schnellkursdokument oder das über das HILFE-Menü ladbare Logic Pro-Demoprojekt. Auch in Kapitel 12 gehe ich auf Rhythmik ein. Natürlich ist es bei komplexerem musikalischem Material wie Breakbeats etwas schwieriger, mitzuzählen, als bei straighten Techno-Bassdrums oder Pop-Rhythmen.

9.1.2 Einen gesampelten Drumloop anpassen? Schnellkurs Tempoanpassung

Wenn Sie das Tempo eines rohen und ungeschnittenen Samples anpassen möchten, gehen Sie wie folgt vor: Grundlage ist, selbst bestimmen zu können, wie lang ein Drumloop – gemessen in Takten – ist. Haben Sie einen unsauber geschnittenen Drumloop, sollten Sie einen oder zwei Takte sauber abzählen und sauber schneiden. Selektieren Sie in Logics Taktlineal einen oder zwei Takte (je nachdem, was Sie geschnitten haben) und gleichzeitig die Region, können Sie folgenden Befehl auslösen: BEARBEITEN • TEMPO • TEMPO ANPASSEN ÜBER REGIONSLÄNGE UND LOCATOR-PUNKTE. Dabei rechnet Logic aus, welches Tempo einzustellen ist, damit die selektierte Region wirklich so lang ist wie der im Taktlineal markierte Bereich. Über die Markierung teilen Sie Logic diese Länge mit. Nur so kann das von Logic berechnete Tempo richtig sein. Liegt die Region dann anschließend richtig im Taktraster, können Sie sie gegebenenfalls noch genau auf einen Taktanfang ziehen. Dann können Sie auch den Flex-Modus aktivieren und das Tempo ändern. Sie haben Tempounabhängigkeit erreicht!

Sie finden ein Beispiel hierfür im Ordner *09Anpass1*. In *09Anpass1* liegt eine ungeschnittene Aufnahme. In *09Anpass2-cutted* wurde ein abgezählter Takt sauber herausgeschnitten. In *09Anpass3-tempofound* habe ich das Tempo nach der oben genannten Methode ermittelt (Ergebnis: 117,745 BPM, nur genau erkennbar, wenn das Display auf die Ansicht EIGENE umgeschaltet wurde). In *09Anpass4+bounce* habe ich die Region auf Takt 1 gelegt. Sie ist weiterhin genau einen Takt lang. Da ich das Audiofile aufgenommen habe, als ein Logic-Tempo von 85 eingestellt war, spielt Logic nun verrückt, wenn ich Flex aktiviere. Ich habe daher Flex erst einmal deaktiviert und die Region erneut gebounct. Jetzt schalte ich für Spur 2 Flex ein – das Tempo verrutscht nicht. Jetzt kann ich das Tempo ändern, und der Drumloop macht alle Anpassungen mit. Durch Quantisierung klingt das Ergebnis besser (Projekt *09Anpass5-flex+adj1*), durch manuelles Justieren der erkannten Transient-Marker noch einmal etwas besser (*Projekt 09Anpass5-flex+adj2*).

Alle Details und Fälle zum Thema Tempoanpassung liefert Abschnitt 9.6.7.

9.2 Groove-Optimierungen mit Groove-Templates, Quantisierungen und Groove-Tracks

Nachdem grundsätzlich alles im richtigen Tempo spielt, kann es sein, dass mehrere Drumloops ein wenig vom Feeling aneinander angepasst werden müssen. Hierfür können Sie die Drumloops mit einem vorgegebenen Raster quantisieren oder Groove-Templates und Groove-Spuren verwenden.

Mit Groove-Templates kann das Timing *einzelner MIDI- und Audioregionen* erfasst werden, um musikalische Inhalte mit dem Raster des Groove-Templates zu quantisieren. So können Sie beispielsweise eigene Drums an Vorbilder von berühmten Schlagzeugern anpassen.

9.2.1 Groove-Optimierung mit Groove-Templates und Quantisierung

Im Informationsfenster REGION erscheint unten im Quantisierungsmenü der Eintrag GROOVE-TEMPLATE ERZEUGEN, wenn eine MIDI-Region oder eine Audioregion, die sich im Flex-Modus EIN befindet, angewählt ist. Durch Auswahl des entsprechenden Eintrags (Abbildung 9.1) können Sie ein Quantisierungsraster auf Basis der selektierten Region erzeugen. Dieses wird anschließend mit dem Namen der Region, von der es stammt, oberhalb des Eintrags GROOVE-TEMPLATE ERZEUGEN im Quantisierungsmenü aufgelistet (Abbildung 9.2). Sie können anschließend andere Regionen damit quantisieren, um mehrere gleichzeitig spielende Regionen aneinander vom Timing anzupassen.

In der Praxis sind die Ergebnisse nicht immer gleich gut, es kommt natürlich darauf an, wie gut die Beats zueinander passen. Die Unterschiede sind manchmal subtil, aber wichtig. Sie finden unten Praxisbeispiele. Manchmal ist etwas Vorarbeit nötig, manchmal klingt es auch besser, beide Regionen mit einem Quantisierungspreset (wie z. B. 1/16 SWING B) zu quantisieren. Die Quantisierung verschiebt ja stets nur Schläge an naheliegenden Positionen, erfasst aber nicht, wo eine Kick und wo eine Snare spielt.

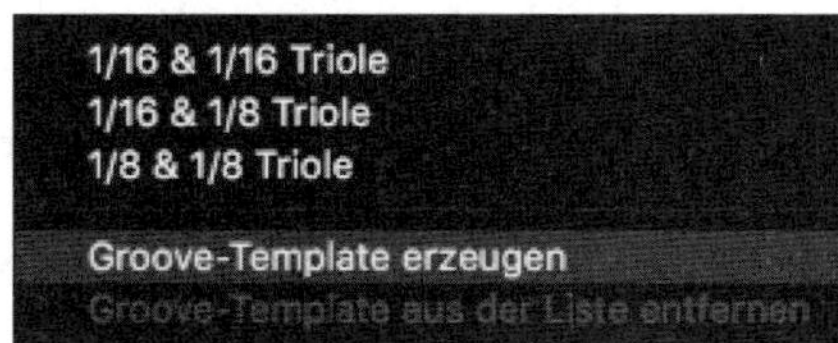

Abbildung 9.1 Eintrag »Groove-Template erzeugen« unten im Quantisierungsmenü

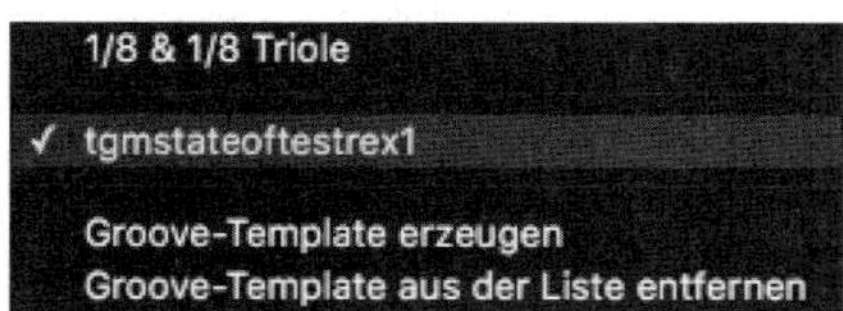

Abbildung 9.2 Ein Groove-Template namens »tgmstateoftestrex1« wird unten aufgelistet (siehe Projekt »09nugroovetemp«).

Kopplung von Groove-Templates an die Quellregion

Logic erlaubt im Gegensatz zu Reason, Pro Tools oder Live nicht, das Quantisierungsraster songunabhängig zu speichern. Es ist gekoppelt an die MIDI-Region, von der es stammt. Sie sollten diese also nicht löschen. Ansonsten funktioniert normalerweise die Quantisierung nicht mehr.

Unter EINSTELLUNGEN • ALLGEMEIN • BEARBEITEN gibt es eine Einstellungsoption, die regelt, ob das Quantisierungsraster sich automatisch mitändert, wenn Sie die Originalregion editieren (Häkchen bei »LIVING GROOVE«-VERBINDUNG).

Sie können *DNA-Groove-Templates* importieren (= Quantisierungsraster-Fremdformat, das mit manchen Sample-CDs mitgeliefert wird, z. B. »DNA Groove Templates: Sly Dunbar«). Das funktioniert über den Dialog ABLAGE • IMPORTIEREN • ANDERE.

Im sich öffnenden Fenster wählen Sie das File, das Sie importieren möchten. Es werden dann Regionen auf einer Spur angelegt, die Sie anschließend wie oben beschrieben in Groove-Templates umwandeln können. Das können Sie letztlich mit jedem beliebigen MIDI-File machen: Importieren oder per Drag & Drop ins Hauptfenster ziehen, Groove-Template erstellen – fertig!

Eine aktive »Living Groove«-Verbindung sorgt dafür, dass sich die Quantisierung aller betroffenen Regionen ändert, wenn Sie die rhythmischen Komponenten der Originalregion verändern (LOGIC PRO • EINSTELLUNGEN • ALLGEMEIN • BEARBEITUNG).

Groove-Templates für und von Audiofiles

Sie können Groove-Templates auch aus Audioregionen generieren. Hierzu muss sich die Region im Flex-Modus befinden. In einigen Fällen musste zudem für die Spur der Flex-Algorithmus RHYTHMISCH eingestellt sein, was für Drumloops ohnehin sinnvoll ist, damit im Quantisierungsmenü der Eintrag GROOVE-TEMPLATE ERZEUGEN erscheint. Damit das Template korrekt die Schläge der Audioregion erfasst, müssen Sie im Transienten-Erkennungsmodus des AUDIODATEIEDITORS sicherstellen, dass alle Transienten richtig erkannt wurden (siehe Abschnitt 8.2.6). Ergänzende Hinweise liefert Abschnitt 9.3.8.

Groove-Templates: Praxisbeispiele

Haben Sie vorher beispielsweise einen James-Brown-Beat haargenau geslicet, können Sie nun das Feeling dieses Beats als Quantisierungsmuster für andere Drumloops oder Songbestandteile verwenden.

Falle Ihr eingespielter Groove sehr weit entfernt davon ist, auf richtigen Zählzeiten zu liegen, führt eine Quantisierung mit Groove-Templates oft nicht zum gewünschten Ergebnis. Sie sollten dann Ihre Region zunächst auf ein »glattes« Raster quantisieren (z. B. ⅛ oder $1/16$) und diese Quantisierung dauerhaft einrechnen lassen (z. B. im Bereich SPUREN im Menü FUNKTIONEN • MIDI-REGIONPARAMETER • QUANTISIERUNG DAUERHAFT ANWENDEN, [ctrl] + [Q]). Wenden Sie erst danach das Groove-Template auf die »vorquantisierte« Region an.

Groove-Templates sind bei der Arbeit mit vielen Layern von Drumloops sehr wichtig. Wenn Sie mehrere Drumloops oder Schlagzeugebenen layern, entsteht oft irgendwann ein »holpriger« Sound. Manchmal hilft allerdings keine Quantisierung, sondern Snares und Bassdrums müssen manuell verschoben werden (falls z. B. in Loop 1 eine Snare nur auf Zählzeit »2« und in Loop 2 nur auf Zählzeit »2 und« liegt). Denn die Quantisierungsfunktion sorgt ja nur dafür, dass die Schläge auf die nächstliegende Linie gezogen werden. Sie erkennt dagegen nicht, ob Kicks oder Snares gleichzeitig spielen.

Zusätzlich müssen Sie beim Mix darauf achten, ob zwei oder mehr übereinanderliegende Sounds sich eventuell gegenseitig ein wenig auslöschen oder wie Sie zusammen klingen, und eventuell einzelne Sounds minimal (z. B. um wenige Samples oder in der Schwingphase) verschieben, was Klangunterschiede bewirken kann.

Spielen Sie mehrere Drumloops, können Sie wie gesagt beide gleich quantisieren oder die Quantisierung des einen Drumloops auf den anderen anwenden (um z. B. beiden ein James-Brown-Feeling zu verpassen). So etwas funktioniert nicht immer gleich gut, und oft muss man ein bisschen ausprobieren. Ein Beispiel finden Sie in Abschnitt 17.4.8 und in den Projekten, deren Namen mit *17Loop3x* beginnen. Oft sind es scheinbar winzige Unterschiede, die den Groove insgesamt deutlich flüssiger machen können, falls Sie versuchen, Drums aus vielen Layern zu erstellen.

Damit die Quantisierungsfunktion greift, müssen die im Klangerzeuger ausgelösten Schläge verzögerungsfrei abgespielt werden. Das bedeutet: Es sollte keine lange Attack-Phase in einem Sound stecken, und ein Sample oder Slice sollte nicht unsauber geschnitten sein (so dass die MIDI-Note zunächst Stille und dann erst den Schlag auslöst). Zum anderen müssen bei allen Audioregionen alle Schläge mit Hilfe der Transientenerkennung (siehe Abschnitt 8.2.6) erkannt werden.

In den erweiterten Quantisierungseinstellungen des Informationsfensters REGION bei MIDI- und Audioregionen stehen außerdem die Parameter INTELLIGENTE QUANTISIERUNG, Q-STÄRKE und Q-BEREICH zur Verfügung, für eine MIDI-Region können Sie zudem unter Q-VELOCITY und Q-LÄNGE einstellen, ob sich die Quantisierung (auf der Basis des Groove-Templates) zusätzlich auf die Länge und Velocity von Schlägen auswirkt.

9.2.2 Groove-Optimierung mit Groove-Tracks

Groove-Tracks sollen die Prozedur einer Groove-Anpassung gegenüber den Groove-Templates vereinfachen und die Möglichkeiten erweitern. Ich selbst benutze allerdings eher Groove-Templates.

Die Anpassung in Groove-Tracks findet auf Basis einer Spur statt, die auch wechselnde Grooves nutzen kann. Sie gilt für die ganze Spur/den ganzen Song und nicht wie bei Groove-Templates regionsbezogen. Groove-Tracks lassen sich gut in Verbindung mit Drummer-Spuren nutzen. Sie dienen einer schnellen Anpassung der Grooves *mehrerer Spuren* aneinander.

Sie können pro Projekt einen Groove-Track festlegen. Dieser ist dann in puncto Groove-Quantisierung die Vorlage (vergleichbar mit einem Template) für ausgewählte andere Tracks. Arbeiten Sie mit Groove-Tracks, so stehen alternative Quantisierungsmethoden sowohl in der Master-Groove-Spur als auch in Spuren, die der Master-Groove-Spur folgen, nicht mehr zur Verfügung.

Groove-Tracks erstellen

Zur Erstellung von Groove-Tracks sind mehrere Schritte nötig. Konfigurieren Sie zunächst den Spur-Header über den Befehl SPUR-HEADER KONFIGURIEREN (alt + T), den Sie auch im Spurkontextmenü (Abbildung 9.3) finden, das Sie per Rechtsklick auf die Spur aufrufen. Klicken Sie auf das Häkchen neben dem Eintrag GROOVE-SPUR.

Nach dieser Konfiguration bewegen Sie die Maus über die Spurnummer. Es erscheint ein Sternchen, mit dem Sie die Spur als Master-Groove-Spur festlegen (Abbildung 9.4, ohne vorherige SPUR-HEADER-KONFIGURATION geht es nicht). Nach einem nochmaligen Klick auf das Sternchen verschwindet dieses wieder, und Sie können die Prozedur wiederholen, um eine andere Spur als Master-Groove-Spur festzulegen.

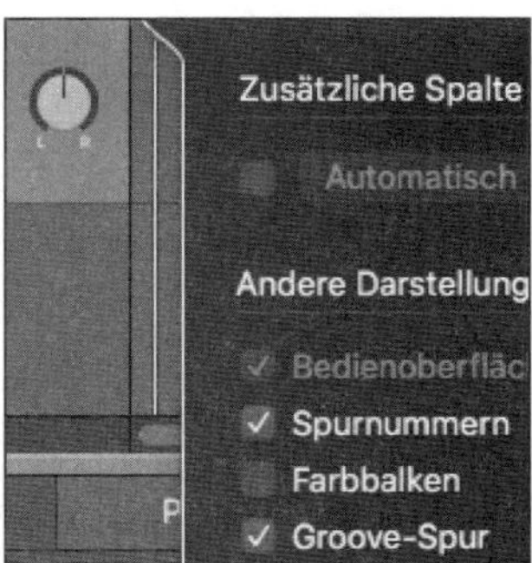

Abbildung 9.3 Eintrag »Groove-Spur« im Dialog »Spur-Header konfigurieren«. Stellen Sie dort die Sichtbarkeit der Groove-Spur ein.

Abbildung 9.4 Hier lege ich die sichtbare Spur als Groove-Spur fest.

Die Darstellung im Bereich SPUREN ändert sich anschließend ein wenig, und eine neue Spalte erscheint. An ihr erkennen Sie, welche der ausgewählten Spuren Ihre Master-Groove-Spur ist, welche Spuren dieser Master-Groove-Spur folgen und welche sie ignorieren. Setzen Sie die Häkchen entsprechend, damit Spuren der Master-Groove-Spur folgen. Audiospuren mit eingestelltem Flex-Modus können dabei einbezogen werden (Abbildung 9.5).

Abbildung 9.5 Die Zuweisung von Groove-Spuren

Groove-Tracks: Praxisbeispiele

Ein Logic-Dokument, mit dem Sie das selbst nachvollziehen können, finden Sie im Bonusbereich unter dem Namen *09Groovespur*.

In Spuren, die der Master-Groove-Spur folgen, ist stets der Name der Master-Groove-Spur im Bereich QUANTISIERUNG des Informationsfensters REGION eingestellt und an einem Sternchen daneben erkennbar.

Das Beispiel *09Groovespur* macht deutlich, wie eine Groove-Spur funktioniert und auch, wo eventuell Probleme bleiben. Die beiden Spuren, die hier aufeinander abgestimmt werden sollen, haben rhythmisch nicht allzu viel gemeinsam, was Sie merken, falls Sie beide völlig unabhängig voneinander laufen lassen.

Die Grundidee der Quantisierung ist, dass (auf einer Slave-Spur) Noten zum nächstliegenden Raster hin korrigiert werden, wobei es sich im Fall der Master-Groove-Spur ja nicht unbedingt um ein gleichmäßiges Raster, sondern um eine Vorgabe anhand der in der Master-Groove-Spur gespielten Noten handelt. Falls es zusätzlich zu Noten, die korrigiert wurden, auf der Slave-Spur Noten gibt, die zwischen zwei Quantisierungslinien liegen, bleiben diese unverändert.

In der Praxis und im vorliegenden Beispiel bedeutet das: Zwei mit Hilfe der GROOVE-SPUR-Funktionalität aufeinander abgestimmte Grooves spielen ihre wichtigsten Schläge in der Regel total synchron und gleichzeitig. Ob allerdings weitere Schläge, die nur in einer der beiden Spuren vorkommen, zum Rest passen, bleibt offen bzw. subjektiv. Zudem wird durch die Quantisierung ja nicht automatisch erkannt, um welches Schlagzeuginstrument es sich handelt. So ist möglich, dass ein Snare-Schlag der einen Spur mit einem Kickdrum-Schlag der anderen Spur synchronisiert wird. Sie sollten also nicht zu viel von solchen Automatikfunktionen erwarten. Sie als menschliches Kontrollorgan sind immer noch gefragt.

9.3 Flex-Time-Algorithmen für Tempo- und Timingbearbeitung im Detail

Die in Logic 9 eingeführte Flex-Time-Stretching-Technik erlaubt nichtdestruktive Timing-Edits. Damit können semiprofessionelle Aufnahmen (vom Timing her) durch nachträgliche Korrekturen in gut gespielte Aufnahmen verwandelt werden. Natürlich wird die Flex-Technik auch gerne für kreative Edits genutzt. Seit Logic Pro gibt es außerdem FLEX PITCH für Tonhöhenkorrekturen (siehe Abschnitt 9.4, »›Flex Pitch‹ und andere Tonhöhenkorrekturen«).

Mit eingeschalteten Flex-Modi werden grundsätzlich bestimmte Stellen einer Audioregion bestimmten Taktpositionen in Logic zugeordnet, manuelle Edits lassen sich vornehmen. Ändern Sie anschließend das Tempo, bleiben die Taktpositionen bestehen; es erfolgt eine Tempoanpassung. In Logic 10.4 wurde der SMART TEMPO-Editor eingeführt, der auch die Flex-Funktionen erweitert.

Es stehen verschiedene klangliche Algorithmen zur Verfügung.

9.3.1 Flex-Ansicht aufrufen, Flex-Einstellungen in den Informationsfenstern »Spur« und »Region«

Via [cmd] + [F] oder Klick auf den entsprechenden Button neben dem Menü ANSICHT können Sie im Bereich SPUREN die Flex-Modus-Ansicht aufrufen, der Button aus Abbildung 9.6 erscheint danach farbig unterlegt. Dies ist zunächst nur eine Ansichtsaktivierung, durch die sich automatisch auch die Zoomstufe der Spuren verändert, um Flex-Parameter besser anzuzeigen.

Abbildung 9.6 Flex-Ansichtsaktivierung

Besonders geeignet für Flex-Editing ist der AUDIOSPUREDITOR, der eine große Darstellung der selektierten Spur bereithält.

Im Spur-Header, AUDIOSPUREDITOR oder Informationsfenster SPUR können Sie Flex und einen Flex-Modus für eine Spur aktivieren (Abbildung 9.7) und auch wieder deaktivieren. Der FLEX-Button erscheint nach Aktivierung in der Spur blau unterlegt. Bei erstmaliger Aktivierung wird automatisch ein Modus bzw. Algorithmus eingestellt, von dem Logic denkt, dass er passt. Im Bild (vergleiche Projekt *09FlexBeat1*) ist RHYTHMISCH aktiv.

Abbildung 9.7 Rechts der Flex-Button (Schleifensymbol)

Im Informationsfenster SPUR unter dem Eintrag FLEX-MODUS (Abbildung 9.10) oder im Spur-Header (Abbildung 9.8) können Sie einen FLEX-MODUS einstellen.

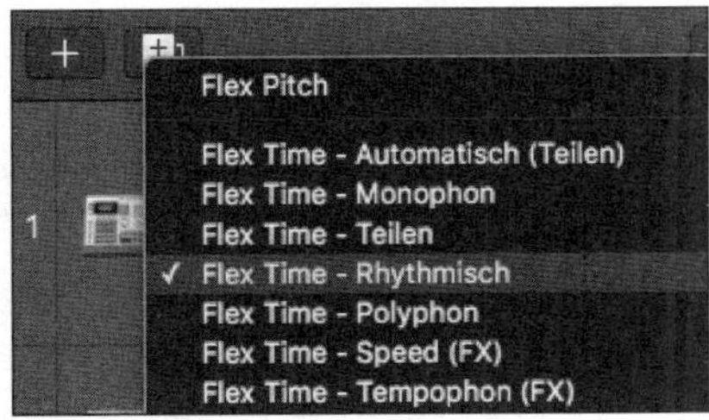

Abbildung 9.8 Auswahl des Flex-Modus im Informationsfenster »Spur«

Sie können nicht nur die Flex-Time-Algorithmen, sondern auch FLEX PITCH auswählen (siehe Abschnitt 9.4 über FLEX PITCH).

Zusätzlich muss FLEX TIME UND TEMPO FOLGEN für die selektierten Regionen aktiviert sein (siehe Abbildung 9.9). Das geschieht voreingestellt automatisch, wenn Sie Flex für die Spur aktivieren - oder manuell im Informationsfenster REGION. Die Funktion ist regionsgebunden, und Sie können einzelne Regionen einer Spur von der Flex-Bearbeitung ausschließen. Die Standardeinstellung ist EIN. Die Optionen EIN + TAKTE AUSRICHTEN sowie EIN + TAKTE UND BEATS AUSRICHTEN beziehen sich auf eine zusätzliche Orientierung an mit dem SMART TEMPO-Editor gemachten Einstellungen. Die Einstellung EIN erlaubt manuelle Edits. Flex verbindet das Audiofile dabei auf der Basis von gefundenen Transienten oder manuell gesetzten Markern mit dem Taktlineal – und diese Verbindungen bleiben bei Tempoänderungen bestehen, alle Audioinhalte bleiben auf den gleichen Taktpositionen liegen. Das ist mit TEMPO FOLGEN gemeint.

Abbildung 9.9 Für die Region aktivierter Flex-Mode

9.3.2 Flex-Time-Algorithmen im Detail (ohne »Flex Pitch«)

Die Flex-Time-Algorithmen finden Sie zusammen mit einer Beschreibung in Tabelle 9.1 dargestellt. Auch bei der Verwendung von FLEX PITCH sind Timingkorrekturen möglich. Wählen Sie den Eintrag AUTOMATISCH aus, versucht Logic, anhand des Audiomaterials einen passenden Algorithmus einzustellen.

Im Informationsfenster SPUR können Sie außerdem je nach Algorithmus unterschiedliche Feineinstellungen vornehmen, wie in Abbildung 9.10 die Einstellung GRAIN-GRÖSSE oder CROSSFADE für den Algorithmus TEMPOPHON (FX) oder die Option KOMPLEX für den Algorithmus POLYPHON. Probieren Sie es aus; die optionalen Detaileinstellungen ermöglichen interessante Soundveränderungen, die Sie teilweise auch experimentell nutzen können.

Abbildung 9.10 Flex-Algorithmus »Tempophon« im Informationsfenster »Spur« und in Spur 4 des Beispielprojekts »09Flexbeat1«

Flex-Algorithmus	Beschreibung
Monophon	Speziell für Stimmen und Solosounds geeignet. Manchmal auch ein interessanter elektronischer Verfremdungseffekt bei Nutzung auf Drums. Die zusätzliche Perkussiv-Einstellung im Informationsfenster Spur versucht, die Transienten besser beizubehalten.
Rhythmisch	Geeignet für Drumloops. Die Transienten werden automatisch beibehalten. Dies ist bei Drumsounds sinnvoll, diese möchte man typischerweise nur langsamer spielen und nicht die Schläge selbst in die Länge ziehen. Bei langsamerem Tempo wird eine Art Loop-Nachhall hinzugefügt. Zusätzliche Parameter: Loop-Länge, Loop-Decay und Loop-Versatz.
Slicing (früher: Teilen)	Geeignet für Drumloops, die hier einfach nur zerschnitten werden. Ähnlich wie Rhythmisch. Entspricht in etwa dem Slicing bei ReCycle. Das Audiofile bleibt unverändert, bei langsamerem Tempo klingt es unter Umständen zu kurz, es sei denn, Sie füllen die Lücken. Zusätzliche Parameter: Lücken füllen an/aus, Slice-Delay-Länge, Slice-Länge (Kürzung kann helfen, Knackser am Slice-Ende zu entfernen).
Polyphon	Geeignet für komplexeres Material, wie z. B. gesamte Songs. Die zusätzliche Option Komplex soll Transienten besser bewahren.
Speed (FX)	Langsameres Material klingt tiefer, schnelleres hochgepitcht – wie bei einem Plattenspieler oder Tape-Deck mit veränderter Geschwindigkeit.
Tempophon (FX)	Eine Art Old-School-Time-Stretching mit Artefakten ähnlich der Granularsynthese (Sound aus kleinen Teilchen) Der Flex-Algorithmus Tempophon ist benannt nach einem alten Bandgerät, dass durch rotierende Tonköpfe die Tonhöhe unabhängig von der Geschwindigkeit ändern konnte, das hier zumindest in Ansätzen emuliert werden kann. So etwas klingt reizvoll, weil es durch Tonhöhenveränderungen nach unten nur scheinbar klingt, als würde das Band langsamer laufen. Der Effekt konnte stufenlos geregelt werden und wurde in Stockhausens Nationalhymnen und Stanley Kubrick's »2001-Odysee im Weltraum« bei der Abschaltung des Supercomputers HAL9000 benutzt (an dieser Stelle Dank an Dirk Matten für die Geschichtsstunde). Nachregelbar sind Grain-Grösse und Grain-Crossfade. Ergebnis ist ein tonaler Sound

Tabelle 9.1 Flex-Time-Algorithmen und Detaileinstellungen

Im Beispiel *09Flexbeat1* finden Sie einen Drumloop auf verschiedene Arten mit Flex-Tools bearbeitet (siehe Abbildung 9.11).

Abbildung 9.11 Das Beispiel »09Flexbeat1«

In Spur 1 spielt in der zweiten Hälfte von Takt 2 der gleiche Beat wie in der zweiten Hälfte von Takt 1 mit einer subtilen Rhythmusmodifikation (Flex-Time-Algorithmus RHYTHMISCH). Der gleiche Beat spielt in den Spuren 2, 3, 4, 5 und 6 mit doppelter Länge, um die klangliche Wirkung der Algorithmen zu demonstrieren, Spur 2 behält den Algorithmus RHYTHMISCH bei. In Spur 3 spielt der Beat mit dem Algorithmus TEMPOPHON (FX), ebenso in Spur 4, dort aber mit etwas veränderten Einstellungen im Informationsfenster SPUR.

Spur 5 ist der Algorithmus SPEED (FX) zugewiesen, und es klingt wie ein in halber Geschwindigkeit laufender Plattenspieler. In Spur 6 stretcht der Algorithmus MONOPHON den Beat recht gleichmäßig, aber das wirkt hier nicht besonders gut und funktioniert eher bei Vocals und Solo-Instrumenten. In Spur 6 ist der Algorithmus POLYPHON mit der Detaileinstellung KOMPLEX eingestellt. Auch wenn dies ein aufwendiger Algorithmus ist, sind Drums doch besser mit dem Algorithmus RHYTHMISCH zu bearbeiten, weil dort die Transienten weniger gestreckt werden.

9.3.3 Flex-Time-Editing/Timingkorrekturen vornehmen

Sie können bei aktiviertem Flex-Modus selbst Flex-Marker für Timing-Edits setzen – unter anderem per Mausklick – und mit ihnen Teile eines Audiofiles verschieben. Im Beispiel *09Zaehlerrecflex* finden Sie meine in Kapitel 6, »Editieren und Arrangieren im Hauptfenster (incl. Live Loops)«, eingesprochenen Zahlen mit Flex Time modifiziert.

Wenn Sie die Maus dabei über erkannte Transient-Marker bewegen, ist es leicht, an genau dieser Stelle einen Flex-Marker zu setzen. Darüber hinaus gibt es nun selbst zuweisbare Shortcuts, um Flex-Marker an der Abspielposition oder dem vorherigen/nächsten Transienten zu setzen.

Aber auch an anderen Stellen können Sie Flex-Marker im Audiofile einfügen. Durch Anfassen mit gehaltener `alt`-Taste verschieben Sie einen Flex-Marker nachträglich auf dem Audiofile, ohne das Audiofile zu bewegen. Das Löschen von Flex-Markern funktioniert ebenfalls per Mausklick oder durch Klick auf das mit x markierte Symbol über dem Marker (siehe Abbildung 9.12). So können Sie mit lauter einzelnen Flex-Markern einer Audioregion genau eine gewünschte Rhythmik geben, die auch experimentell sein und vom Original stark abweichen kann.

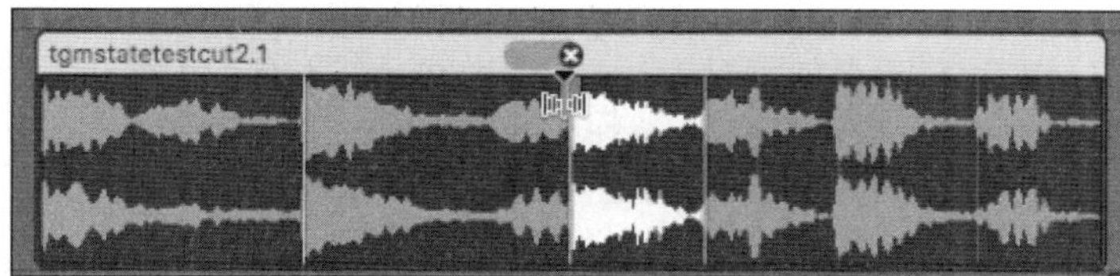

Abbildung 9.12 Flex-Marker

Der Flex-Marker in Abbildung 9.12 auf Takt 1.3 wurde nach rechts bewegt. Dadurch wird das Audiomaterial bis zu diesem Marker gedehnt (weiße Darstellung) und nach dem Marker (bis zum nächsten Marker) gestaucht (graue Darstellung). Falls das Audiomaterial keinerlei Dehnung/Stauchung erfahren hat, erscheint es in der Farbe der Region (siehe Abbildung 9.13). Die farbliche Darstellung der Flex-Bearbeitung hat sich bei kleinen Versionsupdates in der Vergangenheit allerdings schon öfter geändert.

Extreme Flex-Bearbeitungen zeigt Logic gegebenenfalls rot an bzw. fragt in einem Warndialog nach, ob Sie das wirklich wollen, und warnt vor Systemüberlastungen.

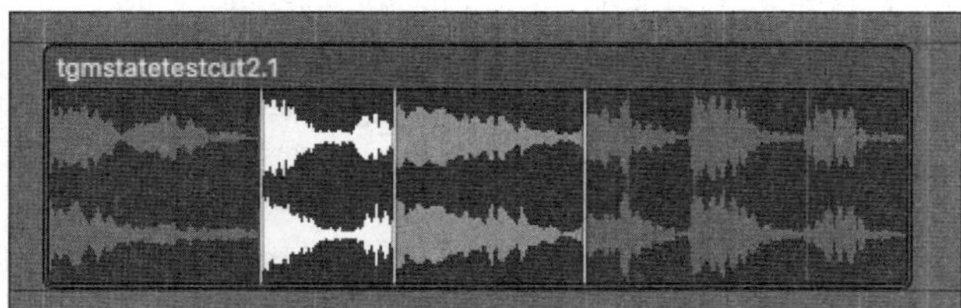

Abbildung 9.13 Flex-Korrektur: links unbearbeitet, daneben weiß (gestaucht), dunkler (gedehnt) und dahinter wieder unbearbeitet

Bewegen Sie den Cursor in die untere Regionshälfte, erscheinen drei Striche. Diese deuten auf Logics Angebot hin, drei Flex-Marker auf einmal zu setzen, und zwar anhand der erkannten Transienten.

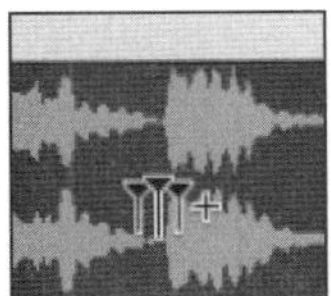

Abbildung 9.14 Sie können drei Flex-Marker auf einmal setzen, wenn Sie den Cursor in den unteren Bereich der Region bewegen.

Der Sinn dieser Funktion erklärt grundsätzlich einen typischen Workflow: Durch die äußeren Marker, die sich freilich auch weiter außen setzen lassen, bleibt vor und hinter der Time-Stretch-Operation alles unverändert. Innerhalb der Marker können Sie nun frei editieren und Timingkorrekturen vornehmen, ohne sich um das, was davor oder danach kommt, kümmern zu müssen. Wenn Sie dagegen wollen, dass sich nach einem Edit alles Nachfolgende verschiebt, wird es in Logic leider ein wenig kompliziert (siehe Abschnitt 9.3.6.)

Flex-Marker lassen sich mit Reißzwecken vergleichen, mit denen das Audiomaterial an einer bestimmten Taktposition »festgeklebt« wird. Typischerweise klebt man vor und hinter dem zu editierenden Bereich das Audiomaterial mit Flex-Markern fest, um sicherzustellen, dass Sie nur das Audiomaterial im selektierten Bereich bearbeiten und davor oder dahinter alles unverändert bleibt. Beispiel: Eine Schlagzeugaufnahme ist gut gelungen, aber ein kleiner Teil zwischendurch (z. B. ein Fill) soll ausgebessert werden.

Regionskontextmenü und Flex

Das Regionskontextmenü liefert einige wichtige Optionen, wenn Sie mit Flex arbeiten (Abbildung 9.15). Über MANUELLE FLEX-BEARBEITUNGEN ZURÜCKSETZEN erreichen Sie Befehle, mit denen Sie alle oder nur manuelle Flex-Bearbeitungen rückgängig machen.

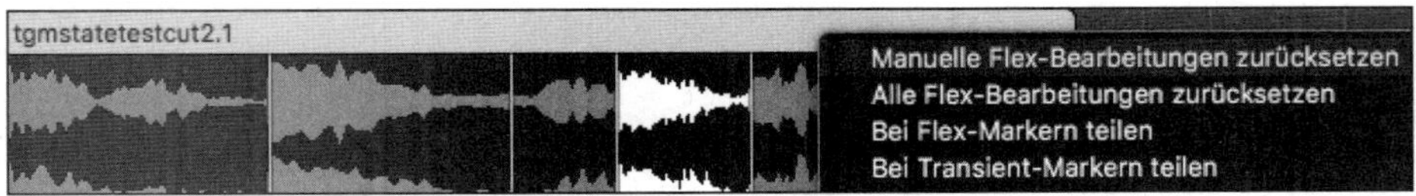

Abbildung 9.15 Optionen zum Löschen von Flex-Bearbeitungen im Kontextmenü einer Audioregion

Mit REGIONEN ANHAND VON FLEX-MARKERN/TRANSIENT-MARKERN TEILEN splitten Sie Regionen auch anhand von Flex- und Transient-Markern.

9.3.4 Flex und das Marquee-Werkzeug

Das Marquee-Werkzeug bietet wichtige zusätzliche Optionen beim Arbeiten mit Flex Time.

Verschieben eines Bereichs

Wenn Sie einen mit dem Marquee-Tool selektierten Bereich in der oberen Hälfte der Region anfassen, können Sie ihn verschieben (es erscheint ein Handsymbol). Die Bereiche der Region davor oder dahinter werden dann automatisch gedehnt bzw. gestaucht (Abbildung 9.16 oder Projekt *09Zaehlerrecflex2*).

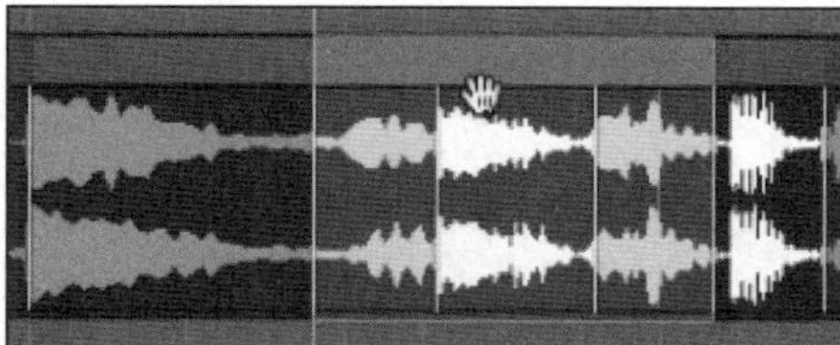

Abbildung 9.16 Mit dem Marquee-Tool selektierter und nach rechts verschobener Bereich

Flex-Marker mit Hilfe des Marquee-Tools setzen

Wenn Sie mit dem Marquee-Werkzeug bei aktiviertem Flex einen Bereich selektieren und in den unteren Bereich der Region klicken (es erscheinen drei Flex-Marker-Symbole), werden automatisch drei Flex-Marker erzeugt: zwei an den äußeren Grenzen der Selektion und einer in der Mitte.

9.3.5 Gesamte Region dehnen/stauchen

Ist ein Flex-Time-Mode aktiviert und fassen Sie die Region mit dem Cursor am Anfang oder Ende sowie an der oberen Hälfte an, können Sie die gesamte Region (nichtdestruktiv) dehnen oder stauchen. Längen von 400 % sind dabei durchaus möglich – ich habe auf diese Weise schon einige sehr interessante Schlagzeugsounds erhalten.

9.3.6 Anfang einer Region dehnen/stauchen und Rest der Region automatisch mitbewegen

Leider haben sich beim Flex-Editing ein paar Ungereimtheiten eingeschlichen. Weil z. B. die Grenzen einer Region in Logic stets wie zusätzliche Flex-Marker fungieren, die Sie aber ja nicht manuell gesetzt haben und eventuell nicht wollen, müssen Sie sich manchmal eines Workarounds bedienen. Wenn Sie beispielsweise eine Spur von Beginn an Takt für Takt anpassen möchten, wollen Sie meist nicht, dass durch eine Anpassung des vorderen Teils (z. B. Dehnung) der Teil hinter der Anpassung eine gegenteilige Bearbeitung (Stauchung) erfährt. Stattdessen sollte der hintere Teil in diesem Fall um das Ausmaß der Dehnung mit nach rechts rutschen. Es empfiehlt sich daher, für derartige Edits den SMART TEMPO-Editor zu nutzen (siehe vor allem Abschnitt 9.6.5.).

Alternativ müssen Sie den letzten sichtbaren Flex-Marker vor dem Regionsende über dieses hinausschieben, wodurch sich die Region verlängert und der unsichtbare Flex-Marker am

Ende der Region verschwindet. Oder die Region am Ende teilen, wieder in die Länge ziehen. Das klappt nicht immer und nur, falls das Regionsende auch das Ende der Audiodatei ist. Versuchen Sie, alle störenden Flex-Marker rechts von Ihrer Bearbeitung manuell zu löschen. Danach sollte sich der rechte Rand der Region mitbewegen, wenn Sie weiter vorn liegende Flex-Marker ändern (siehe Abbildung 9.17, Abbildung 9.18 oder Projekt *09Zaehlerrecflex3*). Ich behandle ungern kleine Bugs, die oft schnell behoben werden, so dass Sie nicht verstehen, was ich meine, wenn Sie meinen Text lesen. Aber diese Probleme mit Flex-Markern gibt es schon wirklich sehr lange.

Abbildung 9.17 Die Region vor der Bearbeitung

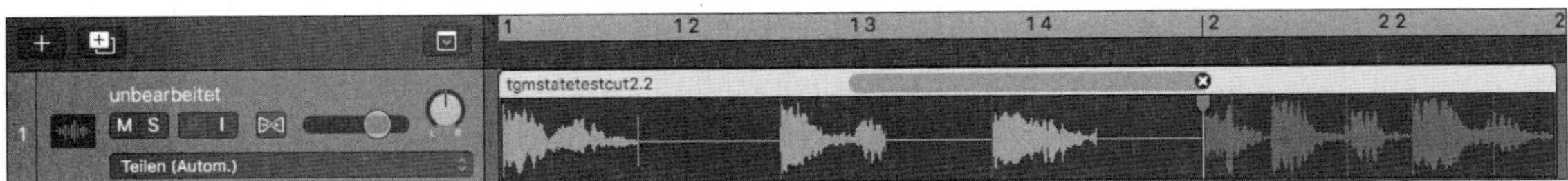

Abbildung 9.18 Der rechte Bereich wird mitverschoben.

9.3.7 Sounddesign mit Flex

Im Projekt *09Flexextremestretch* ist ein Apple-Drumloop extrem gedehnt, was je nach ausgewähltem Flex-Time-Algorithmus sehr unterschiedlich klingt: Vergleichen Sie Spur 1 und 2. Bei Bedarf sollten Sie die stumm geschalteten Spuren solo hören. Die klanglichen Ergebnisse habe ich übrigens in den Spuren darunter gebounct, in einer weiteren Spur darunter in einen Sampler geladen, bearbeitet, eingespielte Noten wiederum gebounct etc. – dies nur als Gedankenanstoß, denn Flex-Tools können auch ein Sounddesign-Tool sein. Sie können Flex-Marker auch nach links und rechts über andere Flex-Marker hinausziehen, um extremer zu dehnen oder zu stauchen.

9.3.8 Flex-Time-Quantisierung

Sie können auch Audioregionen, die sich im Flex-Modus befinden, quantisieren. Wenn Sie allerdings beispielsweise die Quantisierung auf 1/1-Note einstellen, werden natürlich nicht alle Teile des Audiofiles übereinander auf die Zählzeit 1 gezogen, sondern nur der an der nächsten Position erkannte Transient. Der Rest bleibt unberührt, weil die Teile der Datei ja nicht übereinander liegen können und eine Audiospur nicht zwei Regionen gleichzeitig ausgibt.

Die Quantisierung erfolgt anhand erkannter Transienten. Sie können im BEARBEITEN-Menü des AUDIOSPUREDITORS mit dem Befehl AUDIO ANALYSIEREN FÜR FLEX-BEARBEITUNG Transienten analysieren. Sie können ferner im Transienten-Erkennungsmodus des AUDIODATEIEDITORS Transienten erkennen lassen, um das Ergebnis zu verbessern. Mehr zu diesem Thema lesen Sie in Abschnitt 8.2.6 über den AUDIODATEIEDITOR bzw. den Transienten-Erkennungsmodus. Die Quantisierung rückt lediglich die erkannten Transient-Marker genau auf das Quantisierungsraster, manchmal müssen Sie bei unbefriedigenden Ergebnissen die Transienten manuell justieren, auch wenn die automatische Erkennung recht gut arbeitet. Unser Beat aus dem Beispiel *09Flexbeat1* hat diesbezüglich Verbesserungspotential, wie Sie im Beispiel *09Flexbeat2* sehen können.

Nicht immer liefert Logic bei diesem Prozess optimale Ergebnisse – manchmal erscheinen Flex-Marker, die man selbst nicht erzeugt hat und die man manuell löschen muss.

9.3.9 Ergänzende Hinweise zu Flex Time

Ich habe gute Erfahrungen damit gemacht, vor der erstmaligen Aktivierung von Flex alle Taktpositionen korrekt zuzuweisen, indem ich temporär Logics Tempo an das Originaltempo des Audiofiles anpasse. Bedenken Sie Folgendes: Wenn Sie den Flex-Modus bei einem nicht mit dem Taktraster synchronen Audiofile aktivieren, weist Logic den Transienten »falsche« Taktpositionen zu. Wenn Sie dann Flex-Bearbeitungen zurücksetzen (oder Flex deaktivieren, das Tempo ändern und dann Flex wieder aktivieren), kann es passieren, dass Logic diese falschen Taktpositionen beibehält, das Audiofile unerwartet *timestretcht* und Schläge auf diese »falschen« Positionen verschiebt, die dem Stand des ersten Aktivierens von Flex entsprechen.

Ich rate Ihnen also, *zuerst* das Tempo einer Region herauszufinden, so dass die Taktlänge Ihrer Region korrekt ist, und *erst dann* einen Flex-Mode für die Spur zu aktivieren und anschließend beliebig das Tempo zu ändern. Hierdurch werden die Transienten von Beginn an mit richtigen Taktpositionen verknüpft. Die Region hat nun *vor* einer Bearbeitung die richtige Taktlänge, und die einzelnen Transienten liegen bereits exakt an den richtigen Taktpositionen. Auf dieser Basis lassen sich auch Folge-Edits wie Tempoänderungen oder Slicing zuverlässiger ausführen.

Denn Achtung! Slicing, also das Umwandeln von Regionen in neue Sampler-Spuren, wie in Abschnitt 9.8, funktioniert nämlich meist nur bei nicht mit Flex bearbeiteten Regionen korrekt. Als Workaround können Sie auch die Region mit Flex-Edits auf die korrekte Position bzw. das richtige Tempo bringen, selektieren und dann mit `ctrl` + `B` ein neues Audiofile dieser Region bouncen. Für dieses neue Audiofile können Sie dann ohne aktiven Flex-Mode korrekt slicen oder den Flex-Mode erstmalig aktivieren, wodurch die Transienten auch wieder auf den korrekten Taktpositionen festgetackert werden und weitere Tempoänderungen unproblematisch sein sollten. Diese Methode hat sich auch bewährt, wenn Sie Audiofiles mit wechselndem Tempo bearbeiten und auf ein neues Tempo bringen wollen.

9.4 »Flex Pitch« und andere Tonhöhenkorrekturen

Die Tonhöhen-Korrektur FLEX PITCH orientiert sich an am Markt erfolgreichen Programmen wie Celemony Melodyne und Antares Auto-Tune, in denen detailliertes, manuelles Editing möglich ist (quasi »offline«), während der Sequencer nicht läuft (Gesangskorrektur in Echtzeit können Sie in Logic mit dem »Pitch Correction«-Plug-in realisieren).

Prinzipiell können Sie damit Gesangs-Audioaufnahmen (auch solche, die nicht in Logic erstellt wurden) mit Intonationsfehlern korrigieren – oder die Tonhöhe anderer Audioaufnahmen wie Trompetensolos manipulieren, so dass Sie theoretisch mit Hilfe von Logic z. B. auch renommierte Trompeter neue Melodien spielen lassen können. Es gibt Sound Libraries auf dem Markt, die genau für solche Zwecke hergestellt wurden. Sie können mit Hilfe von FLEX PITCH auch MIDI-Noten aus Audiomaterial generieren. FLEX PITCH umfasst außerdem einen Time-Stretching-Algorithmus.

Eine wichtige Komponente hierbei ist die näherungsweise Bewahrung von ursprünglichen Formanten und Obertönen, damit eine Stimme nach einer Transponierung nicht nach zu schnell abgespielter, heller Helium-Gas-Stimme oder nach dunklem Flaschengeist klingt.

9.4.1 Ganze Region transponieren

Seit Logic 10.3.2 können Sie ganze Audioregionen durch einen entsprechenden Parameter im Informationsfenster REGION nichtdestruktiv transponieren. Dies bewirkt zudem eine automatische Aktivierung des Flex-Time-Modus. Mit dem Eintrag FEINABSTIMMEN können Sie außerdem Finetuning betreiben und Verstimmungen im Cent-Bereich für die selektierte Region realisieren.

9.4.2 »Flex Pitch«-Praxis

Schauen wir uns zunächst einmal genauer an, was mit FLEX PITCH möglich ist. Über den Befehl FLEX PITCH/TIME EIN-/AUSBLENDEN ([cmd] + [F]) können Sie im Bereich SPUREN wieder die Flex-Modus-Ansicht aufrufen und im Spur-Header, im AUDIOSPUREDITOR oder im Informationsfenster SPUR den Modus FLEX PITCH aktivieren. Zusätzlich muss Flex für die selektierten Region(en) aktiviert sein, wie Sie das nun schon von Flex Time kennen sollten.

Mit FLEX PITCH detailliert editieren bzw. die Tonhöhe korrigieren können Sie einerseits im Hauptfenster. Dort erscheinen bei geringeren Zoomstufen kleine waagerechte Balken, die die Tonhöhe darstellen und die Sie nach oben und unten schieben können. Es täuscht, wenn nicht viel Platz da zu sein scheint, um die Balken zu verschieben, denn Sie können auch über die Grenzen hinaus immer weiter schieben. Mehr Optionen bzw. eine bessere Darstellung zum Editieren gibt es bei größeren Zoomstufen und unten im AUDIOSPUREDITOR, wo Sie Flex als Ansicht aktivieren und auch den Algorithmus auswählen können, so dass (falls FLEX PITCH eingestellt ist) um den Balken herum jeweils sechs Punkte (*Hotspots*) erscheinen, mit denen Sie Parameter wie Vibrato, Fine Pitch, Formant Shift, Pitch Drift (links und rechts) und Gain justieren können (Abbildung 9.19). Im Audiospureditor erscheinen Noten wie Balken, damit Sie hier Audiomaterial ähnlich wie in der Pianorolle editieren können. Ein erstes Beispiel hierfür haben Sie bereits im Schnellkurs kennengelernt. Ein weiteres finden Sie im Projekt *09laaa1* auf der Basis einer einzigen, relativ schief und mit viel Vibrato gesungenen Note.

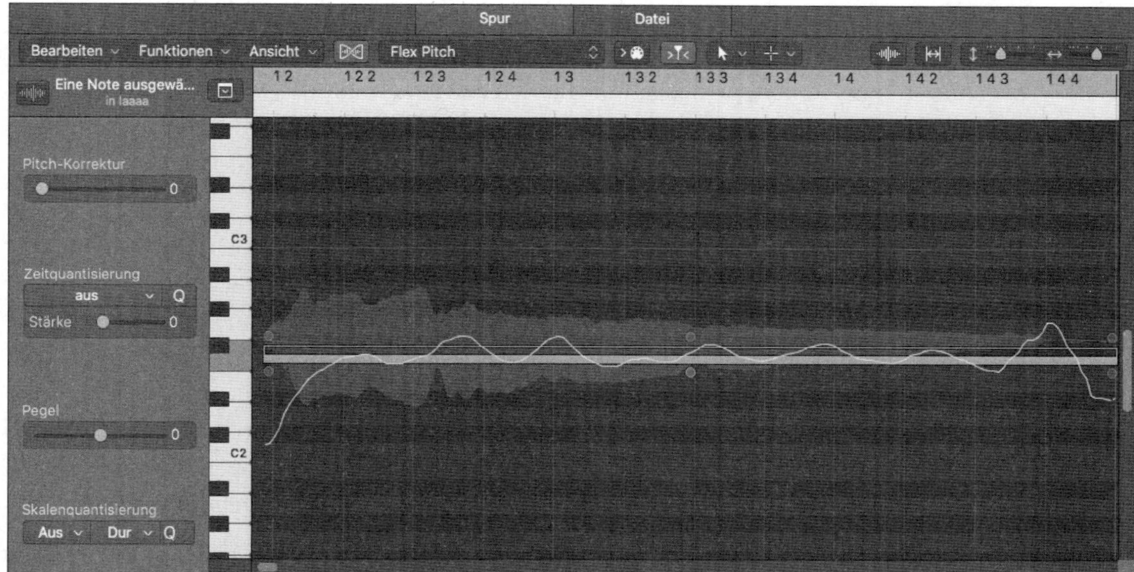

Abbildung 9.19 »Flex Pitch« im Audiospureditor/Projekt »09laaa1«

9.4.3 »Flex Pitch«-Erkennung und -Parameter im Informationsfenster »Spur«

Nach der Aktivierung von Flex Pitch in der Spur erscheint (nach automatischer Analyse des Audiomaterials durch Logic) unter anderem im Informationsfenster Spur der eingestellte Flex Pitch-Modus mit seinen Parametern. Durch die Auswahl der Option Audio analysieren für Flex-Bearbeitung im Bearbeiten-Menü des Audiospureditors können Sie Material jederzeit neu analysieren. Im folgenden Beispiel lieferte eine Neuanalyse bessere Ergebnisse als das alte Beispiel aus Logic 10.0.7.

Abbildung 9.20 »Flex Pitch«-Einstellungen im Informationsfenster »Spur«

Während ein in der deutschen Logic-Version FORMANTSPUR genannter Parameter im Informationsfenster SPUR über die Zeiträume der Suche nach Formanten entscheidet und bei einer fehlerhaften Analyse helfen kann, können Sie mit dem Parameter FORMANTVERSCHIEBUNG im Informationsfenster SPUR die Formanten allgemein verschieben.

Im Menü FORMANTEN können Sie aussuchen, ob alles (Option IMMER VERARBEITEN) bearbeitet wird oder nur die stimmhaften Formanten (Option STIMMLOSE FORMANTEN BEHALTEN). Mit »stimmlosen Formanten« sind alle nicht tonalen Bestandteile wie z. B. S-Laute gemeint. Testen Sie diesbezüglich das Projekt *09Vocalkorrx02-Formantkorr-2*). Hier wurde alles nach unten transponiert, manche Konsonanten (besonders ein »S«) klingt dann mit IMMER VERARBEITEN ganz anders als mit STIMMLOSE FORMANTEN BEHALTEN.

Erkennung

Logic unterscheidet zwischen stimmhaftem und stimmlosem Audiomaterial. Stimmhafte Formanten (in denen eine Tonhöhe erkannt wird) werden erkannt und erscheinen, wie Sie in den nächsten zwei Abschnitten lesen werden, als Balken in den Regionen und in einer Art Pianorolle des AUDIOSPUREDITORS. Möglicherweise gibt es aber nach der Erkennung Stellen, an denen gar kein Balken zu sehen ist. Das sind Bereiche, die Logic als »nicht stimmhaft« einstuft, z. B. S- oder T-Laute – oder Schlagzeugsounds. Das ist auch oft sinnvoll, denn es klingt natürlicher, wenn diese Laute bei Tonhöhenkorrekturen *nicht* verschoben werden. Falls Sie daran manuell etwas ändern möchten, wird es schwierig; am ehesten gelingt das im AUDIOSPUREDITOR. Mehr hierzu in Abschnitt 9.4.7.

9.4.4 Editierung der Tonhöhe im Hauptfenster (Bereich »Spuren«)

Nach der Aktivierung von FLEX PITCH in der Spur erscheint nach der automatischen Analyse des Audiomaterials durch Logic in den betroffenen Regionen eine Balkenanzeige (siehe Abbildung 9.21), bei vergrößerter Zoomstufe ähnelt die FLEX PITCH-Darstellung im Hauptfenster der Darstellung im AUDIOSPUREDITOR. Erkannte Noten(-balken) können Sie mit Hilfe von sechs Steuerungspunkten, sogenannten *Hotspots*, editieren (Abbildung 9.19).

Abbildung 9.21 Einzelne Balken sind selektiert, und das Kontextmenü wird aufgerufen.

Die mittlere horizontale Linie der Darstellung repräsentiert im Bild eine glatte Tonhöhe entsprechend der Stimmung. Sie können erkannte Notenbalken auch im Bereich SPUREN mit dem Scherenwerkzeug zerteilen.

Die sichtbaren Balken können Sie via AUF IDEALTONHÖHE EINSTELLEN im Kontextmenü der Region (siehe Abbildung 9.21) auf glatte Tonhöhen bringen.

Sie können die Balken im Hauptfenster ganz nach oben und unten schieben, was einer Verschiebung um +/– 50 Cents gleichkommt. Wenn Sie versuchen, den Balken über diese Grenzen hinauszuschieben, ist das zumindest theoretisch auch möglich – Sie editieren dann im Bereich der nächsthöheren oder nächstniedrigeren Note.

Das Kontextmenü ändert sich und nimmt Bezug auf eine mehrfache Selektion, wenn Sie (mit gehaltener ⇧-Taste im Bereich SPUREN) alle Noten bzw. Balken selektiert haben. Sie können dann nicht eine Note, sondern ALLES auf Ideal- oder Originaltonhöhe einstellen.

9.4.5 Analyse der Tonhöhe, »Flex Pitch«-Editing im Audiospureditor

Nach dem Aktivieren von FLEX PITCH können Sie die Region doppelklicken und im AUDIOSPUREDITOR editieren. In Logic öffnet sich im Bereich EDITOREN nach einem Doppelklick auf Audioregionen zunächst der AUDIODATEIEDITOR.

Sie können einzelne Noten auch im AUDIOSPUREDITOR über das Kontextmenü auf Original- oder Idealtonhöhe einstellen. Letzteres entspricht einem waagerechten Balken. Das per Logic-Erkennung in einer Note existente Vibrato ändert sich hierdurch nicht, wodurch trotz Korrektur auf Idealtonhöhe eine »ungerade« Tonhöhenschwankung vorkommen kann.

Falls die automatische Erkennung gut funktioniert hat, können Sie im AUDIOSPUREDITOR erkannte Noten aus Vocals oder Solo-Instrumenten ähnlich wie in der PIANOROLLE editieren. Sie können Noten verschieben oder durch Anfassen am linken und rechten Ende verlängern und verkürzen (wodurch gegebenenfalls vorherige oder folgende Noten verkürzt oder verlängert werden und Flex-Time-Edits vorgenommen werden). Sie können den die Tonhöhe symbolisierenden Balken wie eine MIDI-Note einfach nach oben und unten schieben und dabei das Ergebnis vorhören. Der Balken rastet dabei stets auf den Tönen der Tastatur ein, feinere Änderungen machen Sie via FINE PITCH (beim Editieren des Notenbalkens, siehe unten). Zudem ist es in einem über das Menü ANSICHT einblendbaren lokalen Informationsmenü (links in Abbildung 9.19) möglich, erkannte Noten zu quantisieren – sowohl bezüglich des Timings als auch bezüglich der verwendeten Notenskala. Die Einstellungen beziehen sich dabei auf selektierte Noten. Mit dem PITCH-KORREKTUR-Regler links im Infobereich des AUDIOSPUREDITORS korrigieren Sie graduell die Tonhöhe in Richtung der Idealtonhöhe (auf glatte Noten, vergleiche Editierung mit FLEX PITCH im Bereich SPUREN), nicht aber das Vibrato. Mit dem PEGEL-Slider verändern Sie die Lautstärke einzelner oder mehrerer selektierter Noten.

Wenn Sie erkannte Noten im AUDIODATEIEDITOR selektieren, können Sie sie in einem Rutsch verschieben und mit den Reglern des Informationsbereichs im AUDIOSPUREDITOR schnell gemeinsam editieren.

Notenbalken editieren, »Hotspots«

Sie können die Noten bzw. Notenbalken aber auch einzeln und detaillierter editieren. Um eine angezeigte Note in Form eines Balkens herum erscheinen, wenn Sie Ihre Maus darüber schweifen lassen, jeweils sechs Punkte (*Hotspots*), anhand deren Sie Parameter wie VIBRATO, FINE PITCH, FORMANT SHIFT, PITCH DRIFT (links und rechts für Anfang und Ende) und GAIN justieren können (siehe Abbildung 9.22 bis Abbildung 9.27).

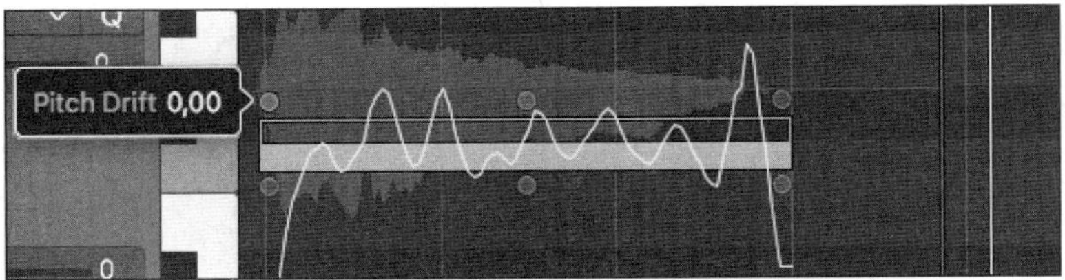

Abbildung 9.22 »Pitch Drift«-Hotspot (sowohl links als auch rechts oben)

PITCH DRIFT bezeichnet den Tonhöhenverlauf von und zur nächsten gesungenen Tonhöhe.

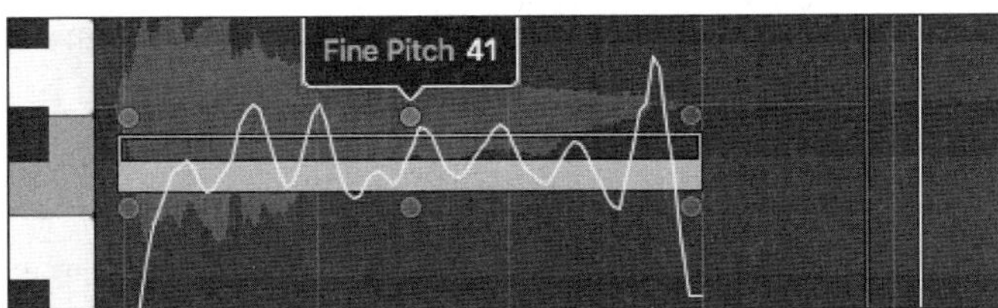

Abbildung 9.23 »Fine Pitch«-Hotspot

Mit FINE PITCH verschieben Sie Noten in Cent-Schritten anstatt in Halbtönen und können Noten so auch »neben« exakte Töne setzen. Die angezeigte Note entspricht aber ohnehin nicht immer der wirklichen Note, z. B. wenn noch ein starkes Vibrato in der Note vorkommt. Es kann dann auch sinnvoll sein, die Note zum Editieren in mehrere Noten zu zerschneiden.

Das Ausbügeln des Vibratos ist ein gängiger Effekt, der sich für meine Ohren nicht unbedingt schön anhört, aber sehr populär ist und als *Cher-Effekt* bekannt wurde. Ein schönes Beispielvideo finden Sie im Internet, wenn Sie nach den Stichwörtern »Obama Auto-Tune« oder »Obama T-Pain« suchen.

In vielen Fällen wird nicht nur das Vibrato »ausgebügelt«, sondern auch jeglicher Drift bis hin zum Angleichen mehrerer ursprünglich unterschiedlicher Tonhöhen auf nur einen Wert. Dies passiert auch durch Skalenänderung bzw. manuelles Einschränken/Ändern der gesungenen Skala, was in Logic auch mit Hilfe des Plug-ins »Pitch Correction« in Echtzeit möglich ist (siehe Abschnitt 15.12.1).

In FLEX PITCH editieren Sie ja »offline« bzw. nachträglich. Hier funktionieren diese Angleichungen am besten mit dem VIBRATO-Hotspot. Was ich damit meine, hören Sie, wenn Sie den Sound im Projekt *09laaa1* (Abbildung 9.24) mit dem im Projekt *09laaa2* vergleichen (Abbildung 9.25).

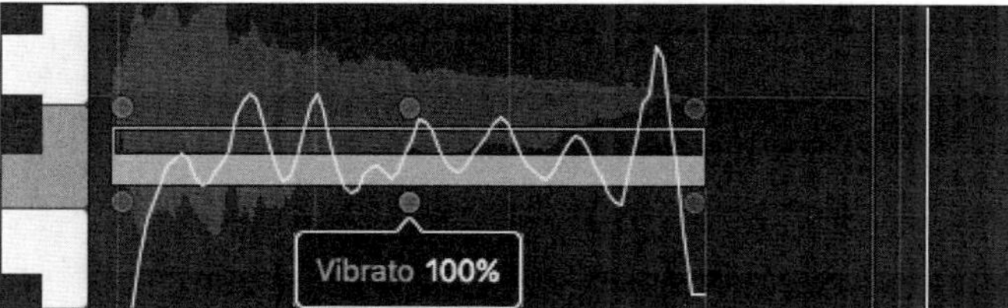

Abbildung 9.24 »Vibrato«-Hotspot

Abbildung 9.25 Glattgebügeltes Vibrato

In Letzterem habe ich eine einfache, gesungene Note glattgebügelt, der Vibratoeffekt ist verschwunden. Im Projekt *09laaa5* ist gegenüber *09laaa4* ein leichter PITCH DRIFT-Effekt hinzugekommen (*09laaa3* ist eine unbearbeitete Variante aus einem anderen Beispiel).

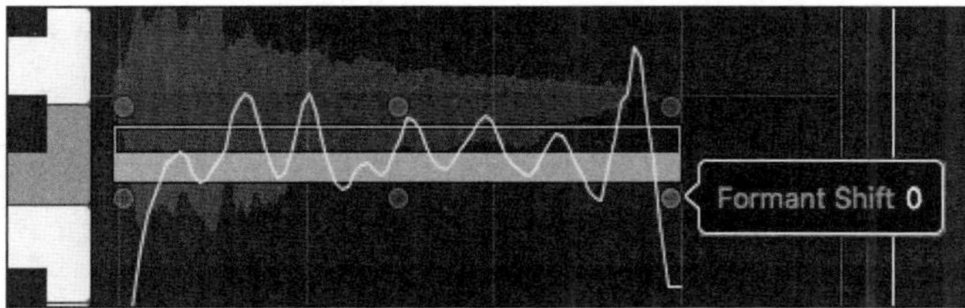

Abbildung 9.26 »Formant Shift«-Hotspot

Das Bearbeiten von FORMANTEN lässt Vocals bei gleichbleibender Tonhöhe tiefer oder höher klingen.

Entsprechende im AUDIOSPUREDITOR vorgenommene Formanten-Edits verschwanden im Test übrigens nicht beim Zurücksetzen der FLEX PITCH-Edits des Audiofiles auf die Originaltonhöhe, was Sie im Projekt *09Attention1* hören (anders aber, wenn Sie FLEX PITCH deaktivieren).

Im Projekt *09Attention2* sind dagegen die Notentonhöhen verschoben. Im Projekt *09Attention3* habe ich die Spur zweimal dupliziert und jeweils andere Tonhöhen eingestellt, so dass ein G-Dur-Akkord in diversen Lagen gesungen wird. Sie können FLEX PITCH also auch nutzen, um Stimmen zu doppeln oder eine zweite Stimme zu erzeugen. In *09Attention4* habe ich das Ganze noch weitgehend von Formantveränderungen befreit.

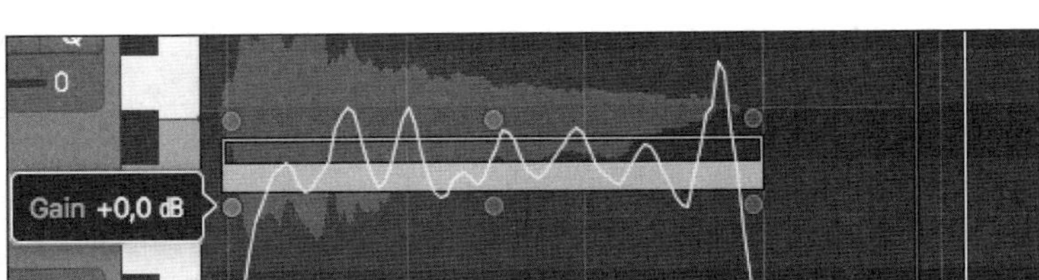

Abbildung 9.27 »Gain«-Hotspot. Mit ihm machen Sie die Note leiser oder lauter.

Solche kurzen, überschaubaren Vocals eignen sich gut, um eigene Versuche mit FLEX PITCH anzustellen.

9.4.6 »Flex Pitch«-Noten im Audiospureditor einspielen

Aktivieren Sie den MIDI IN-Button, fokussieren Sie den AUDIOSPUREDITOR bei aktiver FLEX PITCH-Ansicht, und platzieren Sie den Abspielmarker vor einem im AUDIOSPUREDITOR abgebildeten Notenbalken. Spielen Sie dann Noten ein. Hierdurch verändert sich die Tonhöhe des Audiomaterials auf Ihre eingespielte Note. Der Abspielpositions-Marker springt zur nächsten erkannten Note, und Sie können die Prozedur wiederholen (Abbildung 9.28).

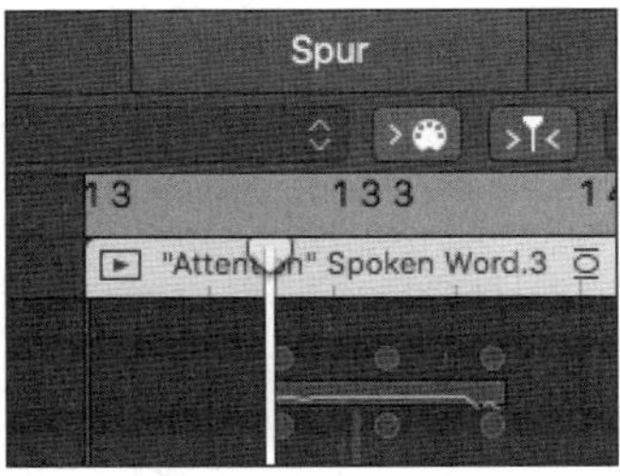

Abbildung 9.28 MIDI-In im Audiospureditor

9.4.7 Probleme bei der Analyse von Audiomaterial in »Flex Pitch«, experimentelles Editing

Manchmal erscheinen nach dem Aktivieren von FLEX PITCH falsche oder gar keine Notenbalken – also nicht nur kein Balken, wenn Töne nicht als stimmhaft erkannt wurden, sondern z. B. auch ein langer Balken, obwohl eigentlich mehrere Töne gesungen werden. Falls Sie mit den Ergebnissen der Analyse nicht zufrieden sind, können Sie als ersten Versuch mit der Funktion AUDIO ANALYSIEREN FÜR FLEX-BEARBEITUNG im Menü BEARBEITEN des AUDIOSPUREDITORS einen neuen Analyseversuch wagen (der nach Logic-Updates für alte Projekte besser als in Vorversionen ausfallen kann).

Stiftwerkzeug, Schere und Klebetuben-Werkzeug als Hilfstools und Experimentierwerkzeuge

Sie können Noten im AUDIODATEIEDITOR mit dem Scherenwerkzeug oder durch Einzeichnung neuer Noten mit dem STIFT trennen, falls zwei gesungene Töne oder Silben als eine einzige Note erkannt wurden und Sie stattdessen zwei Noten bzw. Silben daraus machen und editieren möchten. Im umgekehrten Fall verbinden Sie mit dem *Klebetuben-Werkzeug* mehrere Noten zu einer einzigen (wie in *09laaa5* geschehen). Wenn Sie versuchen, mit dem STIFT an einer Stelle neue Noten zu erzeugen, an der bislang keine Tonhöhe erkannt/zugeordnet wurde, müssen Sie die Maustaste so lange gedrückt halten, bis ein vertikaler blauer Strich angezeigt wird. Bewegen Sie dann, um den Bezug herzustellen, Ihr Stiftwerkzeug so weit nach links oder rechts, dass diese Linie über der Note angezeigt wird, für die Sie eine Notenerkennung erzeugen wollen (siehe Abbildung 9.29). 9

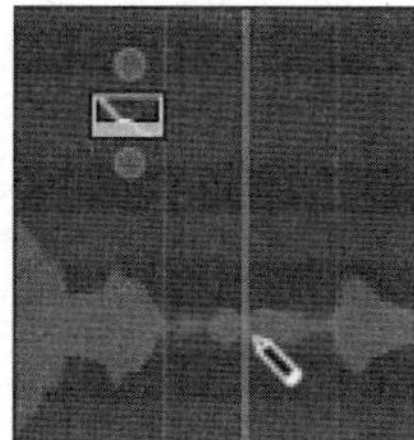

Abbildung 9.29 Der vertikale blaue Strich, der beim Einzeichnen von Noten erscheint, wenn Sie die Maustaste lang genug gedrückt halten

Falls sich nach einer Trennung mit dem Scherenwerkzeug die im AUDIOSPUREDITOR sichtbare Länge der Note geändert hat oder ein Teil davon verschwunden ist, können Sie neue Noten mit dem *Stift* einzeichnen. Falls Sie dabei allerdings eine Note einzeichnen, die nicht der tatsächlichen Tonhöhe entspricht, kann das Editing im Chaos enden.

Spaß kann es dagegen machen, mit Absicht falsche Ergebnisse zu erzeugen. Wenn Sie z. B. Schlagzeug analysieren, werden oft nur wenige tonale Bestandteile erkannt, und diese sind eigentlich kaum brauchbar und werden dann oft den Snares zugeordnet. Im Beispiel *09Drumeditfpitch* habe ich ein paar zusätzliche Noten im AUDIOSPUREDITOR für einen Drumloop eingezeichnet, andere gelöscht. Dies ist zwar kein überragend gelungenes Beispiel geworden, doch ich hoffe, es zeigt, worauf ich hinauswill.

9.4.8 Audio mit »Flex Pitch« in MIDI-Noten umwandeln

Die alte Audio-zu-Noten-Funktionalität des ehemaligen Sample-Editors aus Logic 9 wurde durch eine Funktion ersetzt, die Sie im aktivierten FLEX PITCH-Edit-Mode im BEARBEITEN-Menü des AUDIOSPUREDITORS wiederfinden: MIDI-SPUR AUS FLEX PITCH-DATEN ERZEUGEN.

Hierdurch wird eine MIDI-Spur mit einer Region auf der Basis der analysierten Noten erzeugt. Die Resultate sind nicht immer völlig zufriedenstellend, dienen jedoch als guter Start für weitere Edits. Im Dokument *09laaa4plusMIDI* finden Sie die Funktion an einem praktischen Beispiel angewendet.

9.4.9 Timingkorrekturen mit »Flex Pitch«, Umschalten zwischen Tuning- und Timingkorrektur

Sind bei Gesangsaufnahmen Korrekturen nötig, dann gilt dies meistens sowohl für das Timing als auch für die Tonhöhe. FLEX PITCH kann beidem gerecht werden.

Im Beispiel *09VocalkorrxO1* habe ich das Timing zweier stark korrekturbedürftiger Vocal-Aufnahmen im Flex-Time-Modus MONOPHON mit Flex-Markern im Bereich SPUREN editiert und das Metronom dazu klicken lassen, um ein akzeptables Ergebnis zu erreichen. Nach Umschaltung auf FLEX PITCH bleiben die Timingkorrekturen erhalten (siehe Dokument *09VocalkorrxO2*). Welcher Algorithmus dabei verwendet wird, wird nicht angegeben, der Natur der Sache nach müsste es MONOPHON sein. Weiteres Editieren des Timings im FLEX PITCH-Modus funktioniert übrigens über das Editieren von Noten und Notenlängen im AUDIOSPUREDITOR und nicht wie bei den anderen Modi im Bereich SPUREN. Dieser zeigt im FLEX PITCH-Modus nur Informationen über die Tonhöhe an.

Umgekehrt erscheint beim Wechsel in einen Flex-Time-Mode nach Editing im FLEX PITCH-Modus eine Nachfrage, ob FLEX PITCH-Änderungen »angehalten werden sollen«. Das bedeutet, dass die FLEX PITCH-Änderungen nicht mehr zu hören, aber auch nicht verloren, sondern nur angehalten sind, sie werden beim nächsten Wechsel in den FLEX PITCH-Modus wieder aufgerufen.

Tipp: Regionen bouncen oder in neue Audiofiles konvertieren

Natürlich können Sie auch mal den Überblick verlieren, wenn Sie die Tonhöhen editieren oder sowohl Timing als auch Tuning mit zwei verschiedenen Flex-Modi editieren. Oft editiere ich beides nacheinander – zuerst das, was mich mehr stört. Weil beide Flex-Modi nichtdestruktives Editing bieten, empfehle ich, erfolgreich editierte Region(en) zu bouncen (ctrl + B). Damit sichern Sie Ihre Ergebnisse ab und können Sie in andere Programme exportieren.

9.4.10 Fazit und Ausblick, Melodyne, Auto-Tune und VocAlign

Wenn Sie ganz sicher sein wollen, dass Sie auf jeden Fall zum Ziel kommen, empfehle ich Ihnen zusätzlich den Kauf des Programms Melodyne, das Sie auch bei schwierigeren Tonhöhenkorrekturen mit größter Wahrscheinlichkeit nicht im Stich lassen wird. Hierzu und zu anderen Programmen lesen Sie mehr in Abschnitt 17.4.22.

9.5 Tempowechsel im Song

Logic ermöglicht die Erstellung/Editierung eines Tempoverlaufs im Listeneditor TEMPO sowie in der globalen Tempospur.

9.5.1 Tempoverläufe erstellen und bearbeiten

Wenn Sie in einem Song ein wechselndes Tempo verwenden möchten, können Sie in Logics TEMPO-Liste (wie bei der Arbeit mit anderen Listeneditoren) durch Klick auf das +-Symbol oberhalb der Spalte POSITION in Abbildung 9.30 an der Abspielposition Tempoevents erzeugen. Diese lassen sich wie andere Events bzw. die EVENT-Liste editieren, und Sie können manuell eine Taktposition und ein ab dort geltendes Tempo eingeben.

Alternativ erzeugen Sie in der globalen Spur TEMPO durch Doppelklick oder mit dem Stiftwerkzeug ein Tempoevent.

Wenn Sie in der TEMPO-Liste neue Tempoevents erzeugen, sieht der erzeugte Tempoverlauf im Dokument zunächst treppenförmig aus (siehe Abbildung 9.30 und Projekt *09tempo0*).

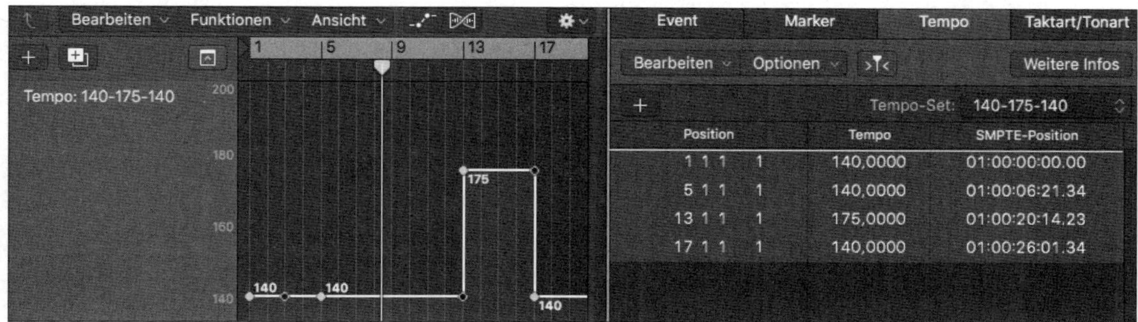

Abbildung 9.30 Tempoverlauf und Tempo-Listen-Editor mit Tempoevents

Wenn Sie danach den Punkt anfassen, der auf Takt 13 unterhalb des Punktes mit dem Eintrag 175 liegt, und ihn bewegen, können Sie eine Kurve (vergleichbar mit jener in Abbildung 9.31) formen (siehe Projekt *09Tempo1*). Dort sind zum einen Einträge in der TEMPO-Liste vorhanden, zum anderen ist ein Tempoverlauf bzw. eine Kurve in der globalen Tempospur zu sehen. Der Kurvenverlauf ist zunächst nicht in der TEMPO-Liste erkennbar, es sei denn, Sie klicken auf das oben rechts in Abbildung 9.30 sichtbare Feld WEITERE INFOS, danach werden zusätzliche Tempoevents angezeigt.

Der typische Workflow, um einen fließenden Tempoverlauf zu erzeugen, ist also: zuerst ein Event in der TEMPO-Liste erzeugen, dann in der globalen Spur eine Kurve formen.

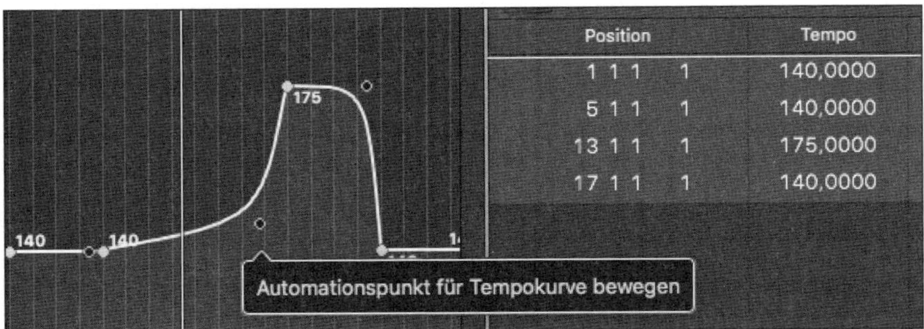

Abbildung 9.31 Tempokurve mit editierbarem Automationspunkt in den globalen Spuren und angezeigter »Tempo«-Liste rechts

9.5.2 Tempo-Sets

Zusätzlich stellt Logic eine Funktion namens TEMPO-SETS zur Verfügung, die Sie, ähnlich wie Sie das z. B. schon von Marker-Spuren kennen, sowohl über die TEMPO-Liste als auch über die globale Tempospur erreichen (Abbildung 9.32). Auf diese Art und Weise können Sie verschiedene Tempoverläufe für das gleiche Stück verwalten und zwischen ihnen wechseln. Sie können Tempo-Sets erzeugen, löschen oder umbenennen. Der Set-Name wird dann auch angezeigt (Abbildung 9.32).

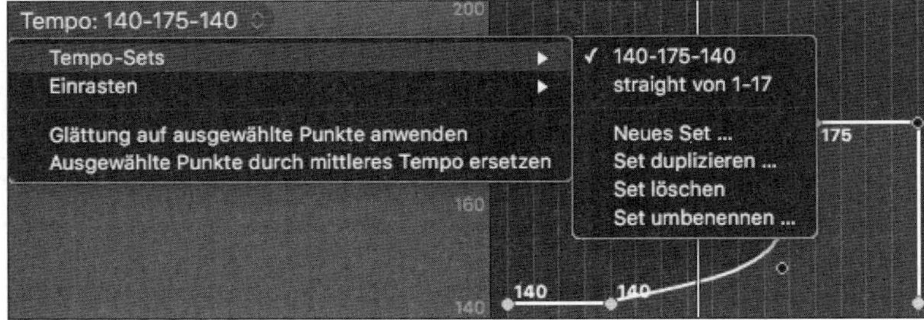

Abbildung 9.32 Tempo-Set in der globalen Spur im Hauptfenster und rechts in der »Tempo«-Liste aus dem Projekt »09Tempo2«

In den globalen Spuren finden Sie Optionen, die Tempokurven zu glätten und Events einrasten zu lassen. Die Einstellungen werden dabei tempo-set-spezifisch verwendet. Ein Beispiel: Im Dokument *09Tempo2* habe ich ein weiteres Tempo-Set erzeugt und die Tempo-Sets beschriftet, was angezeigt wird.

Im zweiten Tempo-Set habe ich einen Tempoverlauf von Takt 1 bis 17 realisiert und hierfür unter dem Eintrag EINRASTEN 1/1-Note eingestellt. Wenn Sie dort das angezeigte Tempo im Display beobachten und das Projekt bei Takt 1 starten, sehen Sie, dass die Tempoänderungen nur bei glatten Takten erfolgen. Wenn Sie das Projekt *09Tempo3* aufrufen, sehen Sie, dass das bei dem anderen Tempo-Set nicht der Fall ist und dort die Tempoänderung zwischen Takt 5 und 13 fließend (in⅛-Schritten) verläuft. Das sehen Sie außerdem, wenn Sie in der TEMPO-Liste auf den Button WEITERE INFOS klicken.

9.5.3 Tempo-Kontextmenü in der globalen Spur

Nachdem Sie in der globalen Tempospur Punkte selektiert haben, erreichen Sie mit gehaltener [ctrl]-Taste + Klick ein Kontextmenü, in dem Sie z. B. eine Tempoeinstellung nach links bewegen oder einen Mittelwert erzeugen.

9.6 Tempoanpassungen und »Smart Tempo«-Editor

Der in Logic 10.4 eingeführte Smart Tempo-Editor ermöglicht Tempoanpassungen auf neue Weise. Dabei werden automatische Erkennungsvorgänge und manuelle Eingriffsmöglichkeiten miteinander verbunden. Der SMART TEMPO-Editor greift auch in Funktionen der Flex-Einstellungen ein. Er erscheint zudem im Hauptfenster als Tab im Editorenbereich sowohl von Audio- als auch von MIDI-Regionen. Zudem gibt es Projekteinstellungen SMART TEMPO. Diese erreichen Sie in den PROJEKTEINSTELLUNGEN oder über die Tempoanzeige im Display. Vor allem eines ist wichtig zu verstehen: Es geht im SMART TEMPO-Editor (aber auch bei anderen Methoden der Tempoanpassung) zunächst darum, dem musikalischen Material im Detail die richtigen (oder zukünftig gewünschten) Taktpositionen zuzuweisen; der SMART TEMPO-Editor arbeitet dabei mit einer Auflösung von Viertelnoten. Ist dies einmal gelungen, können Sie leicht das Tempo ändern oder Ihren Song an das Tempo von im SMART TEMPO-Editor analysiertem musikalischem Material anpassen. Bei einer Ausrichtung an Taktpositionen bleibt das musikalische Material synchron.

Die in vor Version 10.4 vorhandenen Tempoanpassungsmethoden bleiben erhalten. In meiner Praxis gibt es einige eher an manueller Bedienung orientierte ältere Bearbeitungsmethoden, die ich nach wie vor bevorzuge, während an anderer Stelle der SMART TEMPO-Editor die Lösung von Tempoanpassungsaufgaben wesentlich leichter macht. Ich erkläre in den folgenden Absätzen die verschiedenen Problemstellungen und Lösungsmöglichkeiten für Tempoanpassungen aller Art. Logic kann nicht nur wechselndes Tempo von zu bearbeitendem Material »glattbügeln«, sondern sich auch an wechselndes Tempo anpassen. Der SMART TEMPO-Editor ist nun das wichtigste Werkzeug für beides.

9.6.1 Tempoinformationen im File

Logic speichert bei Audioaufnahmen in Logic die Projekttempoinformation im File. Sie können diese Information auch in ein Audiofile schreiben oder löschen – via BEARBEITEN • TEMPO • PROJEKTTEMPO IN AUDIODATEI SCHREIBEN oder ORIGINALAUFNAHMETEMPO ENTFERNEN. Ähnliche Optionen sehen Sie auch im BEARBEITEN-Menü des SMART TEMPO-Editors.

9.6.2 »Smart Tempo«-Editor: Übersicht über Methoden der Taktzuweisung (automatische und manuelle Erkennung, Tap-Tempo)

Wenn Sie mit dem SMART TEMPO-Editor arbeiten, gibt es eine automatische Erkennung, Live-Erkennungsmethoden und manuelle Justageoptionen. In jedem Fall geht es darum, zunächst in der Datei die richtigen Taktpositionen zuzuweisen..

[⇧] + Leertaste spielt das File im Editor vom Anfang, der FOLGEN-Button verlinkt. Bei der automatischen Erkennung hängt die Korrektheit der Takterkennung stark vom jeweiligen Material ab und ist auch ein wenig Glückssache. Sie funktioniert oft aber sehr gut.

Die manuellen Tools sind vielseitig genug, um alle Probleme lösen zu können. In allen Fällen erfolgt eine Anpassung nur bis zu einer Genauigkeit von Viertelnoten (Beats). Durch manuelle Verdoppelung des Tempos im SMART TEMPO-Editors wird die Auflösung im Notfall feiner.

Bei der Live-Erkennungsmethode (eine Art Tap-Tempo-Methode) tappen Sie Viertelnoten bzw. den Shortcut [D] in Echtzeit zum abspielenden File und drücken danach [↵]. Logic setzt danach Beatmarker, [ctrl] + [D] würde einen Downbeat setzen. Das kann ein guter erster Schritt sein, wenn die Erkennung schwierig ist, um danach mit manueller Bearbeitung weiterzumachen. In Testversuchen fand ich die Bedienung schwierig und habe mehr mit automatischer Erkennung und manuellen Edits gearbeitet.

9.6.3 »Smart Tempo«-Editor: Zwei Methoden der Anpassung von Tempo oder Audiofile nach erfolgter Taktzuweisung

In einem zweiten Schritt können Sie die Funktionen REGIONSTEMPO AUF PROJEKTTEMPO ANWENDEN ... (Fall 3 und 4 aus Abschnitt 9.6.6) oder PROJEKTTEMPO AUF REGIONSTEMPO UND DOWNBEAT ANWENDEN ... (Fall 1 und 2) auslösen, um das Projekttempo an die analysierte Region oder das Tempo der Region an das Projekttempo anzupassen. Diese Funktionen finden Sie nicht nur im BEARBEITEN Menü des SMART TEMPO-Editors, sondern auch in Logics BEARBEITEN-Menü (bei selektierter Region).

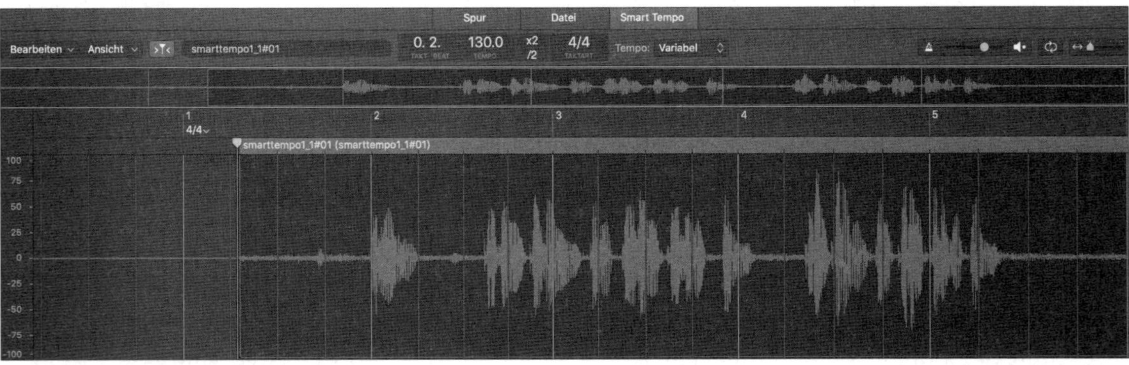

Abbildung 9.33 »Smart Tempo«-Editor

9.6.4 »Smart Tempo«-Editor: Taktzuweisung mit automatischer Analyse und Anpassung von Tempo oder Audiofile im Details

Wenn es mit der automatischen Analyse im Smart Tempo-Editor klappt, können Sie schnell zum Ziel kommen. Hier ein typischer Workflow:

Selektieren Sie die zu analysierende Region, und öffnen Sie den SMART TEMPO-Editor. Bei importiertem Material sehen Sie möglicherweise keine Wellenformdarstellung und müssen erst auf ANALYSIEREN klicken. Auch bei unbefriedigend verlaufenen Analysen können Sie im Menü BEARBEITEN • ERNEUT ANALYSIEREN wählen. Das geht übrigens auch nur für einen selektierten Teilbereich anstatt für das ganze File.

Wenn Sie das Material in Logic aufgenommen haben, sind typischerweise schon Tempoinformationen in der Region enthalten (siehe Abschnitt 9.6.1). Vielleicht wissen Sie auch schon das ungefähre Tempo. Bei Breakbeats kann es beispielsweise sein, dass auf 172 BPM angelegte Beats als 86 BPM erkannt werden. Für diese Fälle können Sie X2 drücken, um das erkannte Tempo zu verdoppeln. Das Arbeiten mit dem doppelten Tempo erhöht die Genauigkeit der Auflösung bei der Arbeit mit dem SMART TEMPO-Editor, der mit Viertelnoten arbeitet. Vielleicht wissen Sie auch, welche Taktart genutzt wird oder ob es sich um eine MIDI-Produktion mit gleichmäßigem Tempo handelt oder ob Tempowechsel vorhanden sind. Oben im Smart Editor können Sie entsprechende Einstellungen für die Rahmenbedingungen vornehmen (z. B. TEMPO: KONSTANT oder VARIABEL).

SMART TEMPO erkennt in vielen Fällen die Zuordnungen zu Takten bei der Analyse längerer Audio- und MIDI-Dateien komplett richtig. Manchmal muss man auch nur die Option DOWNBEAT FESTLEGEN anwenden, um eine Zählzeit 1 festzulegen oder zu korrigieren. Danach können Sie das Tempo unter BEARBEITEN/TEMPO oder im BEARBEITEN-Menü des SMART TEMPO-Editors via PROJEKTTEMPO AUF REGIONSTEMPO UND DOWNBEAT ANWENDEN ... anpassen. Anschließend wird die Region in Ihr gewähltes Taktraster eingefügt, so dass Sie beispielsweise einen Remix im gewünschten Tempo machen können. Alternativ können Sie Logics Tempo an die Region via REGIONSTEMPO AUF PROJEKTTEMPO ANWENDEN ... anpassen. Es erscheint ein Dialog, der anbietet, ein Häkchen bei DOWNBEAT AN NÄCHSTEN PROJEKT-DOWNBEAT ANPASSEN zu setzen. Das heißt, dass Logic sich zwar an die Region anpassen, deren erste »1« aber an eine »1« des Projekts verschieben möchte. Die ergänzende Option RELATIVE POSITION ALLER REGIONEN BEIBEHALTEN kann zudem helfen, wenn mehrere Regionen oder Mehrspuraufnahmen im Spiel sind. SMPTE-zeitverriegelte Regionen können nicht im SMART TEMPO-Editor bearbeitet werden.

9.6.5 »Smart Tempo«-Editor: Manuelle Taktzuweisung im Detail, Praxisbeispiel

Nachfolgend erläutere ich die manuelle Taktzuweisung im SMART TEMPO-Editor im Detail. Denn die automatische Erkennung klappt nicht immer, der SMART TEMPO-Editor bietet aber genug Tools für manuelle Edits. So habe ich im Projekt *09x3smarttempo1* etwas eingesungen, was nichts mit dem Projekttempo zu tun hatte. Automatikfunktionen aus den PROJEKTEINSTELLUNGEN habe ich zuvor deaktiviert. Ein wenig sinnvolles Smart-Tempo-Analysefile ist schon da. Auf Takt 11 liegt unabhängig davon ein Snare-Schlag. Dieses Beispiel soll Ihnen helfen, den Workflow für manuelle Edits und mögliche dabei auftauchende Probleme zu verstehen. Zunächst sollten Sie oben unter TEMPO: VARIABEL einstellen. Logic will wissen, ob das File ein wechselndes oder konstantes Tempo hat. Im Beispiel ist es variabel, ich »summe« im zweiten Teil wesentlich schneller.

Nun können Sie Takt- und Beatpositionen manuell zuweisen, indem Sie die vertikale Linie verschieben. Die helleren gelben Linien stellen ganze Takte dar – sogenannte *Downbeatmarker* (für »Einser«-Zählzeiten bzw. glatte Taktpositionen), die dunkleren Linien Beats (für Viertelnoten). Wenn Sie mit der Maus über diese Linien fahren, erscheinen fünf Punkte mit optionalen Werkzeugen, die ich von oben nach unten erläutere.

DOWNBEAT FESTLEGEN: Dieser Punkt erscheint nur bei Beatmarkern, die keine Downbeatmarker sind, um sie in einen Downbeat umzuwandeln. Oder anders gesagt: Damit legen Sie fest, wo die Zählzeit 1 liegt. Der Marker wird danach heller und zu einem Downbeatmarker.

MARKER VERSCHIEBEN: Damit verschieben Sie einen einzelnen Beatmarker. Davor und danach bleibt alles gleich. Das brauchen Sie, um einen einzelnen Schlag einer Performance mit abweichendem Timing zu editieren.

AUSWAHL SKALIEREN: Innerhalb einer Auswahl werden Marker verschoben, davor und danach bleibt alles gleich. Das brauchen Sie, um einen kleinen Teil einer Performance mit abweichendem Timing zu editieren.

NACH LINKS SKALIEREN, NACH RECHTS VERSCHIEBEN: Diese Methode ist besonders wichtig. Damit können Sie sich Schritt für Schritt von vorne nach hinten durch eine Region durcharbeiten. Passen Sie einen Downbeat oder Beat an, dann wird es typischerweise leichter, den nächsten Downbeat oder Beatmarker ebenfalls an die richtige Position zu bringen. Es ist egal, ob Sie einen Downbeat oder Beat anpassen. In der Praxis ist es ja oft so, dass man bestimmte Zählzeiten besser erkennen kann als andere, typischerweise eine 1. Weisen Sie auf alle Fälle nur Zählzeiten zu, die Sie ganz sicher erkannt haben! Dann können Sie eventuell andere Ungenauigkeiten, die davorliegen, nachträglich noch justieren, indem Sie einzelne Marker verschieben. Nachfolgendes wird nicht gestaucht oder skaliert, die nachfolgenden Marker behalten zunächst die bisherigen, gleichen Abstände zueinander – zumindest so lange, bis Sie sie bearbeiten. So ergibt sich der Workflow typischerweise, wenn Sie ein Stück analysieren, das kontinuierlich ein leicht wechselndes Tempo hat.

ALLE SKALIEREN: Eine Skalierung eines Bereichs bewirkt eine Skalierung aller Abstände gleichzeitig um einen fixen Downbeat herum (links von einem angefassten Downbeat). Das würden Sie eventuell benötigen, wenn die Erkennung für ein Stück mit gleichmäßigem Tempo insgesamt falsch wäre und geändert werden müsste.

ALLE VERSCHIEBEN: Alle Marker werden gleichmäßig verschoben. Das würden Sie anwenden, wenn die Zuweisung leicht versetzt und ansonsten richtig ist. Oder wenn Sie noch gar nicht durchblicken und überhaupt erst einmal einen Downbeatmarker auf die 1 setzen und dann sehen möchten, was sich ergibt.

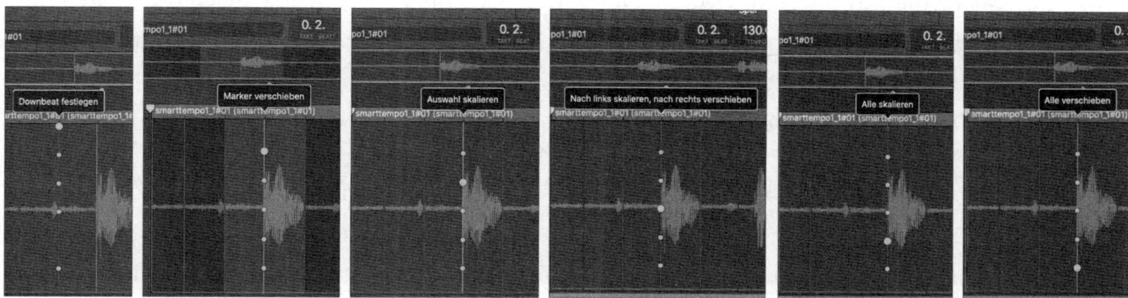

Abbildung 9.34 »Tools« im »Smart Tempo«-Editor

Letzteres habe ich für unser Beispiel gemacht: Ich habe einen einzigen Marker mit Alle verschieben auf meine erste Silbe, die die erste Zählzeit 1 ist, geschoben (dies ist der Stand im Projekt *09x3smarttempo2* und in Abbildung 9.33 und Abbildung 9.34) – in der Hoffnung, dass dann der Rest vielleicht ansatzweise passt, aber das ist nicht der Fall.

Im nächsten Schritt passe ich die nächste 1 an. Hierfür könnte ich Nach links skalieren, nach rechts verschieben nutzen, ich habe aber Alle skalieren benutzt. Der linke Downbeatmarker bleibt, die zweite 1 meiner Performance ist nun richtig zugewiesen (siehe Projekt *09x3smarttempo3*). Zwischendurch muss ich das Audiofile natürlich ab und zu abspielen, um mir die Zählzeiten klarzumachen. Das mache ich mit der regulären Abspielfunktion des Hauptfensters. Es gibt mehrere Methoden, wie man das am besten macht. Sie können versuchen, zunächst alle Marker richtig zu setzen, indem Sie versuchen, die Zählzeiten anhand der Wellenform zu erkennen – ohne weitere Hilfe von Logic. Alternativ können Sie sich auf verschiedene Weise von Logics Klick helfen lassen.

Sie können sich Takt für Takt mit Nach links skalieren, nach rechts verschieben durch die Aufnahme durcharbeiten – hier gibt es ja nur vier Takte und einen »Abschluss«, aber das ist die typische Vorgehensweise. Sorgen Sie zunächst dafür, auf allen Downbeats die richtigen Marker zu setzen. Im Projekt *09x3smarttempo4* habe ich Regionstempo auf Projekttempo anwenden ... im Bearbeiten-Menü des Smart tempo-Editors ausgelöst, das Metronom aktiviert und weitere Marker angepasst. Durch den Klick hören Sie, dass die Marker nun einigermaßen richtig gesetzt sind. Zunächst erschien aber ein Dialog, der einerseits mitteilte, dass das Tempo der ausgewählten Region auf das Projekttempo angewendet werden soll, und andererseits anbot, ein Häkchen bei Downbeat an nächsten Projekt-Downbeat anpassen zu setzen. Das heißt, das Logic sich zwar an die Region anpassen will, deren erste 1 aber an eine 1 des Projekts verschieben möchte. Die ergänzende Option Relative Position aller Regionen beibehalten kann helfen, wenn mehrere Regionen oder Mehrspuraufnahmen im Spiel sind.

Durch eine solche Anpassung des Logic-Tempos via Regionstempo auf Projekttempo anwenden ... kann also der Klick helfen, die Marker richtig zu setzen. Wenn Sie die Marker danach allerdings wieder verschieben, müssen Sie die Funktion stets wieder neu auslösen, um den Erfolg der Korrekturen mit Klick zu überprüfen. In der Aufnahme summe ich nachfolgend ja deutlich schneller – und auch nicht ganz gleichmäßig. Da die Performance eben nicht ganz gleichmäßig war, liegen manche Beatmarker danach immer noch nicht genau an der richtigen Stelle. Doch wenn die 1er-Zählzeiten erst einmal stimmen, ist es meistens nicht mehr so schwer, die Marker dazwischen mit Marker verschieben einzeln nachzujustieren. Dabei hilft die Wellenformdarstellung.

Jetzt möchte ich die Aufnahme an einen straighten House-Beat anpassen. Dazu muss ich im Menü Bearbeiten die Funktion Projekttempo auf Regionstempo und Downbeat anwenden... nutzen. Wenn das Projekttempo allerdings schon lauter Temposchwankungen hat (wie im Projekt *09x3smarttempo4*), klappt das natürlich nicht richtig. Also habe ich im Projekt *09x3smarttempo4b* ein neues Tempo-Set in der globalen Tempospur angelegt, das dort nun aktiv ist. Das Ergebnis finden Sie im Projekt *09x3smarttempo5*.

Dort ist nun für die Region als Eintrag unter Flex & Folgen die Einstellung Ein zu sehen. Es gibt aber auch noch die Einträge Ein + Takte ausrichten und Ein + Takte und Beats ausrichten. Sie sorgen dafür, dass jede Änderung von Downbeat oder Beatmarkern automatisch für die Region übernommen wird. Im Projekt *09x3smarttempo3b* habe ich mit Absicht einen Marker hinter Takt 3 falsch verschoben, was sofort hörbar wird, und in *09x3smarttempo3c* wieder korrigiert.

Eventuelle Timingungenauigkeiten innerhalb der Viertelnoten bzw. Beats bleiben bei der Arbeit mit Smart Tempo unbeachtet und können durch Funktionen im Quantisierungsmenü erfasst oder bearbeitet werden (siehe Abschnitt 9.2). Edits von Mehrspuraufnahmen diskutiere ich in Abschnitt 9.7.

9.6.6 Tempoanpassungen: Übersicht über generelle Aufgabenstellungen

Hier eine Übersicht zu Tempoanpassungs-Aufgabenstellungen in der Praxis, die wir nachfolgend noch einmal an der Zielsetzung orientiert durchgehen. Diese Ausführungen können Ihnen auch helfen, wenn Sie mit einer anderen DAW oder Logic-Version arbeiten. Anschließend diskutieren wir Logics verfügbare Werkzeuge bezogen auf die Aufgabenstellungen. Stets gilt: Das Zuordnen von korrekten Taktpositionen ist wichtig und Voraussetzung für weitere Schritte.

Sie sollten unterscheiden zwischen

- der Arbeit mit Audiomaterial mit gleichmäßigem MIDI-Tempo und
- der Arbeit mit Audiomaterial mit ungleichmäßigem Tempo (Band, die ohne Klick gespielt hat). Mit ungleichmäßigem Tempo meine ich hier nicht kleine Groove-Schwankungen innerhalb eines Taktes, sondern größere, langfristigere Schwankungen wie z. B. in einem

Pop-Song aus den 60er Jahren, bei dem Sie sicher sein können, dass noch kein Computer im Spiel war.

Ferner sollten Sie die Möglichkeiten unterscheiden, einerseits

- das Audiomaterial an das Tempo von Logic oder andererseits
- das Tempo von Logic an das Audiomaterial anzupassen.

Dementsprechend unterscheiden wir hier zwischen vier Fällen:

- Fall 1: das Logic-Tempo an Audiomaterial mit gleichmäßigem Tempo anpassen
- Fall 2: Audiomaterial mit gleichmäßigem Tempo an das Logic-Tempo anpassen
- Fall 3: das Logic-Tempo an Audiomaterial mit ungleichmäßigem Tempo anpassen
- Fall 4: Audiomaterial mit ungleichmäßigem Tempo an das Logic-Tempo anpassen

Im Workshop zum SMART TEMPO-Editor haben Sie schon die Fälle 3 und 4 kennengelernt, die schwieriger zu bearbeiten sind als die Fälle 1 und 2. Für Fälle 1 und 2 können Sie genauso vorgehen, sollten im SMART TEMPO-Editor lediglich für das TEMPO den Eintrag KONSTANT wählen. Auch mit *Slicing* können Sie eine Unabhängigkeit des Tempos erreichen; dies beschreibe ich in Abschnitt 9.8.

Wenn Sie ein schwankendes Tempo beibehalten und Logics Taktraster anpassen, können Sie grundsätzlich zwar taktsynchrone Inhalte oder Apple Loops nutzen, die sich an die Tempoänderungen anpassen können. Allerdings wird es komisch klingen, wenn Sie bestimmte, sehr straighte Apple Loops wie z. B. einen House-Beat-Drumloop bei wechselndem Tempo dazumischen. Eher lassen sich ein zusätzliche Instrumenten-Solos oder ab und zu eine Bassdrum auf der Taktzählzeit 1 einbinden.

9.6.7 Tempoanpassungen bei gleichmäßigem Tempo (Fall 1 und 2)

Öffnen Sie das Dokument *09Tempoanpass01*. Das kurze Audiofile in diesem Dokument passt bislang nicht zu dessen Tempo, ist aber auch (in seinem eigenen Tempo) noch nicht auf eine glatte Taktlänge zurechtgeschnitten.

In diesem Beispiel löse ich das Zuordnen von Taktpositionen nicht durch den SMART TEMPO-Editor, sondern durch Schneiden auf eine gewünschte Taktlänge. Es spielt keine Rolle, ob Sie einen, zwei oder anderthalb Takte schneiden, wichtig ist, dass Sie genau wissen, wie viele Takte es sind. Zudem ist diese Art einer konkreten Schnittaufgabenstellung eine gute Übung, um zu überprüfen, wie gut Sie die Tools beherrschen, die Logic Ihnen für den Schnitt bereitstellt (z. B. die Arbeit im AUDIODATEIEDITOR, den ich in Abschnitt 8.2 ausführlich besprochen habe). In unserem Beispiel soll genau ein Takt geschnitten werden. Um das zu vereinfachen, ist unser Audiofile am Anfang bereits sauber geschnitten und beginnt mit der Taktzählzeit 1. Sie müssen lediglich das Ende neu schneiden und hören hierfür am besten die nächste Taktzählzeit 1 aus dem Audiofile heraus.

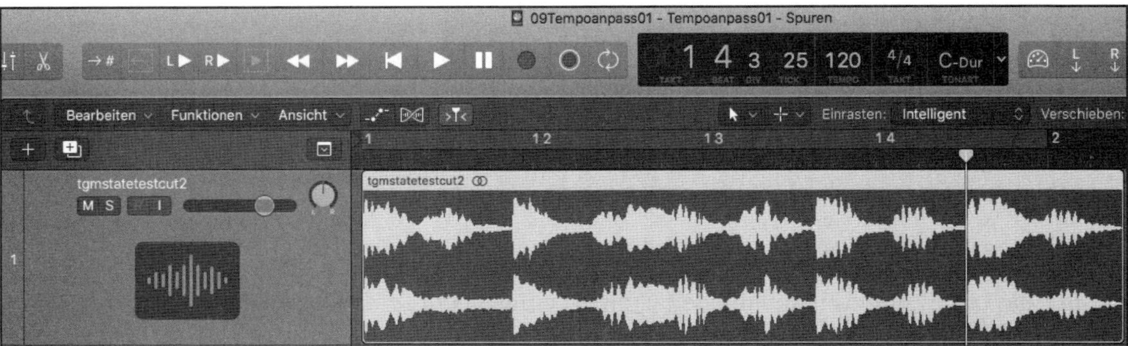

Abbildung 9.35 Der Abspielpositions-Marker im Bild bei Takt 1 4 3 25 liegt ungefähr auf der nächsten Zählzeit 1 im Audiofile.

In Abbildung 9.35 zeigt die Abspielposition, wo Sie ungefähr schneiden müssten. Es hilft, sich diese vorher anhand der Wellenform visuell zu verdeutlichen. Eine solche Schneideoperation können Sie auf verschiedene Weise durchführen, unter anderem

- durch die Selektion der gewünschten Länge im AUDIODATEIEDITOR und anschließende Wahl der Funktion BEARBEITEN • AUSWAHL ZU REGION (siehe Abschnitt 8.2.1),
- durch Schnitt im Hauptfenster an der Abspielposition wie in Abbildung 9.35 (Shortcut cmd + T),
- mit Hilfe des Scheren- oder Marquee-Werkzeugs, eventuell mit Hilfe der Option, das Marquee-Tool zum vorherigen/nächsten Transienten zu bewegen oder auch der TRIMMEN-Option im Kontextmenü.

Egal, welche Methode Sie anwenden, wichtig ist, dass Sie diesen Schnitt inklusive eines richtig gezählten Taktes irgendwie präzise hinbekommen. Ob es geklappt hat, können Sie überprüfen, indem Sie den geschnittenen Bereich loopen und prüfen, ob sich der Loop »rund« anhört.

Fall 1: Originaltempo herausfinden und Projekttempo an Audiofile anpassen

Öffnen Sie das Dokument *09Tempoanpass02*. Hier ist das Audiofile bereits auf einen glatten Takt in seinem eigenen Tempo geschnitten – das aber nicht mit Logics Tempo übereinstimmt.

Selektieren Sie genau einen Takt im Taktlineal, so dass der linke Locator-Punkt glatt auf Takt 1 und der rechte Locator-Punkt glatt auf Takt 2 steht (Abbildung 9.36). Wichtig: Selektieren Sie außerdem die Region, deren Tempo Sie herausfinden möchten.

Wählen Sie nun im BEARBEITEN-Menü die Option TEMPO • TEMPO ANPASSEN ÜBER REGIONSLÄNGE UND LOCATOR-PUNKTE (zweiter Eintrag von oben in Abbildung 9.37). Die Funktion erreichen Sie auch über das FUNKTIONEN-Menü des Sample-Editors.

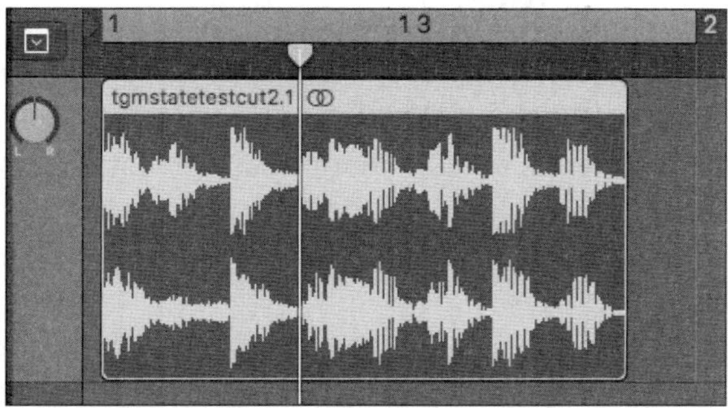

Abbildung 9.36 Im Bild habe ich einen Takt im Taktlineal sowie die Region selektiert.

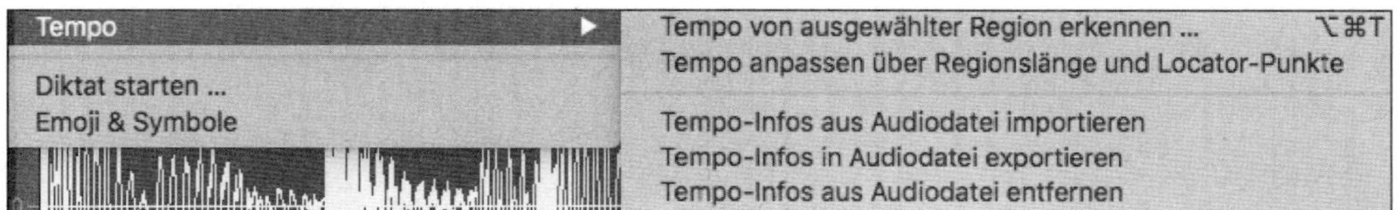

Abbildung 9.37 Der Dialog zur Tempoanpassung bezogen auf einen selektierten Bereich im Taktlineal und eine selektierte Region

Dabei passiert Folgendes: Logic muss nur wie ein Taschenrechner eine Gleichung lösen. Es muss bei vorgegebener Zeit (= die selektierte Region) und vorgegebener Taktzahl (= der markierte Bereich im Taktlineal) das Tempo ausrechnen. Dieses wird anschließend automatisch eingestellt, wobei Sie in einem aufspringenden Dialog die Option haben, eine Tempoänderung im selektierten Bereich (durch Klick auf ERZEUGEN) oder GLOBAL für das ganze Projekt zu erstellen. Wählen Sie GLOBAL.

Ob Sie alles richtig gemacht haben, können Sie testen, indem Sie die betroffene Region selektieren und ihre neue Taktlänge prüfen. Logischerweise muss diese in unserem Beispiel genau einen Takt betragen. Abbildung 9.39 zeigt dies; Sie sehen dort außerdem die eingeblendete Tempospur mit dem neuen Tempo. Diesen Zwischenstand finden Sie im Dokument *09Tempoanpass03*.

Wenn Sie eine Region auf diese Weise analysiert und das Tempo herausgefunden haben, kann es natürlich sein, dass durch kaum zu vermeidende Ungenauigkeiten beim Schnitt ein etwas ungenaues Tempo herauskommt. Achtung, das können Sie nur dann sehen, wenn Sie im Display die Ansicht EIGENE entsprechend konfiguriert haben (siehe Dokument *09Tempoanpass03b*). Andere Displayeinstellungen (wie im Dokument *09Tempoanpass03*) zeigen Ihnen nicht die Nachkommastellen an.

Abbildung 9.38 Das im Projekt »09Tempoanpass03« herausgefundene Tempo, das im Dokument »09Tempoanpass03b« anders dargestellt wird

Manchmal (wie in unserem Beispiel) ist es so, dass analysiertes Material aus modernen Musikproduktionen ein glattes Tempo (z. B. 135) verwendet, der Schnitt aber nicht genau genug sein kann, um auf ein glattes Ergebnis zu kommen. Dann sollten Sie das Tempo manuell korrigieren. Probieren Sie aus, was besser passt. In unserem Fall wäre Tempo 136 am wahrscheinlichsten, aber auch Tempo 135 sollte in Betracht gezogen werden.

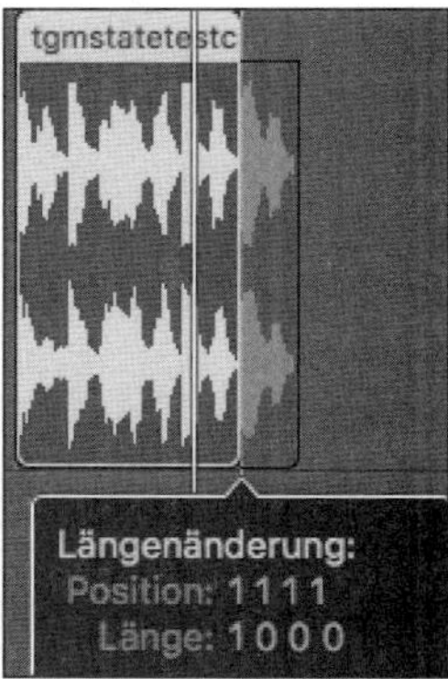

Abbildung 9.39 Die Region im Bild ist genau einen Takt lang.

Tempo von ausgewählter Region erkennen (Automatik)

Zusätzlich zu der hier gezeigten Methode gibt es eine ältere, nicht immer überzeugende automatische Funktion Tempo von ausgewählter Region erkennen (alt + cmd + T). Logic macht danach selbst Vorschläge, um welches Tempo es sich handelt, von denen Sie einen auswählen und anwenden können, wobei Ihnen verschiedene weitere Optionen zur Verfügung stehen.

»BPM Counter«

Alternativ können Sie auch das Plug-in »BPM Counter« (Abbildung 9.40) als einfaches Tempomessgerät zu Hilfe nehmen. Es hat zwei Buttons, »: 2« und »× 2«, mit denen Sie ein als halb oder doppelt so schnell erkanntes Tempo (z. B. bei Breakbeats) korrigieren. Sie finden es als Effekt-Plug-in unter dem Eintrag Metering.

Abbildung 9.40 »BPM Counter«

Fall 2: Audiofile an Projekttempo anpassen

Auf der Basis des Dokuments *09Tempoanpass02* möchte ich nun die umgekehrte Form der Tempoanpassung nachvollziehen: Die Region soll sich an unser Projekttempo anpassen. Das können wir außerhalb des SMART TEMPO-Editors durch nichtdestruktives Flex-Editing mit dem vorhandenen Audiofile realisieren. Alternativ geht es auch durch Time-Stretching und Erzeugen eines neuen Audiofiles. Wir unterscheiden also zwischen

- nichtdestruktivem und
- destruktivem Time-Stretching.

Die Verfahrensweise ist bei beiden Fällen weitgehend gleich, bei nichtdestruktivem Time-Stretching ist lediglich Flex aktiviert. Auch mit *Slicing* können Sie eine Unabhängigkeit des Tempos erreichen. Dies beschreibe ich in Abschnitt 9.8.

Tempoanpassung durch destruktives Time-Stretching

Öffnen Sie das Dokument *09Tempoanpass02*. Die Region im Dokument ist (in ihrem eigenen Tempo) bereits auf einen glatten Takt geschnitten. Gehen Sie bei selektierter Region im Dokument *09Tempoanpass02* in das BEARBEITEN-Menü. Dort finden Sie unter dem Eintrag TIME-STRETCH die Funktion REGIONSLÄNGE AUF LOCATOR-PUNKTE DEHNEN/STAUCHEN (alt + cmd + L). Hiermit wird die selektierte Region auf einen zuvor im Taktlineal selektierten Bereich gedehnt. Wenn Sie also sauber einen Takt geschnitten haben, müssen Sie anschließend die Region lediglich auf die Länge eines Taktes dehnen/stauchen, um sie an Logics Tempo anzupassen. Beim Dehnen/Stauchen wird (falls kein Flex-Modus aktiv ist) ein neues Audiofile angelegt, das das alte im Spurenbereich ersetzt. Sie haben unter BEARBEITEN • TIME-STRETCH • TIME-STRETCHING ALGORITHMUS die Wahl zwischen verschiedenen, zum Teil älteren Time-Stretching-Algorithmen. Diese klingen meistens nicht ganz so gut wie jene, die im Flex-Modus geboten werden. Klangeinbußen sind beim Timestretching generell vor allem dann deutlich hörbar, wenn Audiofiles stark in die Länge gezogen werden. Sie können aber auch als gewollte Artefakte genutzt werden.

Das Ergebnis können Sie im Dokument *09Tempoanpass04* aufrufen. Dort sehen Sie außerdem, dass in der Übersicht PROJEKT ein neues Audiofile angelegt wurde.

Alternativ können Sie die Region auch mit gehaltener alt-Taste an ihrer rechten unteren Ecke anfassen, so dass ein Time-Stretching-Tool bzw. eine Art Längentool mit speziellen Wellenformsymbolen erscheint (Abbildung 9.41). Mit ihm bringen Sie Ihre Region auf die gewünschte Länge, wobei Sie gegebenenfalls Einstellungen des EINRASTEN-Menüs beachten müssen. Der im Menü BEARBEITEN • *Time*-STRETCH ausgewählte Algorithmus ist dabei aktiv. Dabei wird ebenfalls ein neues Audiofile erzeugt (falls Flex nicht aktiv ist).

Eine weitere Alternative finden Sie im FUNKTIONEN-Menü des AUDIODATEIEDITORS; sie heißt TIME AND PITCH MACHINE (siehe Abschnitt 8.2.9). Der Vorteil der TIME AND PITCH MACHINE besteht in einem Dialogfenster, das präzise Eingaben zu Takt-, Zeit- oder Samplelänge für Quell- und Zieldatei des Time-Stretchings erlaubt.

Tempoanpassung durch nichtdestruktives Time-Stretching und Flex-Algorithmen

Gehen Sie zurück zum Dokument *Tempoanpass02*. Aktivieren Sie den Flex-Modus, und stellen Sie den Algorithmus Rhythmisch ein (Abbildung 9.41). Achten Sie darauf, dass Flex im Informationsfenster Region für die betreffende Region aktiviert ist.

Anschließend können Sie wiederum die gewünschte Taktlänge im Taktlineal wählen, zugleich die Region selektieren und wie im Beispiel zuvor die Time-Stretch-Funktion Regionslänge auf Locator-Punkte dehnen/stauchen (alt + cmd + L) aus dem Menü Bearbeiten • Time-Stretch aufrufen. Die Region wird dann auf die passende Länge gedehnt/gestaucht. Dabei wird kein neues Audiofile angelegt und das alte Audiofile nicht verändert. Wenn Sie einen doppelt so langen Taktbereich im Taktlineal auswählen, halbiert Logic das Tempo der Region entsprechend. Alternativ können Sie mit dem Längen-Tool arbeiten und die Regionslänge exakt einstellen, es erscheint bei aktiviertem Flex-Modus beim Anfassen der oberen Ecke einer Region, die alt-Taste brauchen Sie nun nicht mehr. Nun können Sie Ihre Region leicht auf die gewünschte Länge bringen (siehe Abbildung 9.41). Im Dokument *09Tempoanpass05* habe ich das Audiofile mit dem Flex-Modus Rhythmisch auf 1 Takt gedehnt.

Abbildung 9.41 Das Stretch-Längentool. Die Länge der Region wird Ihnen angezeigt, wenn Sie die Maustaste festhalten. Auf diese Weise können Sie die Maus bewegen, bis die Ziellänge erreicht ist.

Experimentelle Anwendung von Time-Stretching

Natürlich können Sie die gezeigten Arbeitsschritte nicht nur für einfache Tempoanpassungen verwenden, sondern hiermit auch kreative Prozesse gestalten. So ist es insbesondere im nichtdestruktiven Modus ja ein Kinderspiel, Audiofiles im doppelten, vierfachen, halben oder geviertelten Tempo laufen zu lassen, egal, ob Sie Flex-Tools verwenden oder nicht.

Im Dokument *09Tempoanpass06* habe ich das Audiofile auf vier Takte Flex-Mode Rhythmisch gedehnt. Das ist immerhin gleichbedeutend mit 400%igem Time-Stretching. Weil der Algorithmus jedoch auf Rhythmisch steht, wird der Sound der Schläge/Transienten weitgehend bewahrt und vor allem der Nachhall/Aushall gedehnt, wodurch interessante Drumsounds entstehen. Im Dokument *09Tempoanpass06b* habe ich das Audiofile auf vier Takte Flex-Mode Polyphon gedehnt. Sie hören, dass das Time-Stretching jetzt zwar künstlich klingt, aber gleichmäßiger erfolgte. Im Dokument *09Tempoanpass04b* habe ich das Audiofile auf vier Takte mit destruktivem Time-Stretching, universellem Algorithmus und Längentool gedehnt.

Tempoanpassung von MIDI-Regionen

Sie können Tempoanpassungen auch für MIDI-Regionen anwenden. Nachdem Sie eine MIDI-Region korrekt geschnitten haben, können Sie sie mit bereits gezeigten Tools wie der gehaltenen `alt`-Taste bei einer Längenänderung timestretchen und ans Tempo anpassen. Typischerweise nutzen Sie für MIDI-Regionen die Funktion TIME HANDLES oder den SMART TEMPO-Editor. Die hier beschriebenen Beispiele sind also eher »Alternativmethoden«, die in älteren und neueren Programmversionen funktionieren.

Praxisbeispiel 1

Im Projekt *09MIDItempo1* habe ich in Spur 1 eine *E-Piano*-Region eingespielt. Dabei habe ich ein ungefähres Tempo eingestellt, mir einen Klick nur während des Vorzählers vorspielen lassen und die Aufnahme erst bei Takt 2 ohne Klick begonnen, damit nicht eventuell Noten verschluckt werden. In Spur 2 (hier zunächst stumm geschaltet) habe ich die gleiche Region, die ich zuvor aus Spur 1 dorthin kopiert hatte, nach vier Takten geschnitten. Offensichtlich habe ich die vier Takte in einem schnelleren als dem eingestellten Tempo gespielt. Daher habe ich anschließend die Region mit gehaltener `alt`-Taste auf eine Länge von vier Takten gedehnt. Das Ergebnis liegt in Spur 2. Ich musste im EINRASTEN-Menü einstellen, dass Edits auf absolute Werte einrasten sollen (das wirkt sich auch auf Edits mit dem Längentool aus). Problematisch bleibt eine Temposchwankung innerhalb der Region, die ich durch eine Quantisierung beseitigen konnte (die quantisierte Version der Region habe ich in Spur 3 kopiert).

Praxisbeispiel 2

Ein Schüler spielte mir seinen Entwurf vor. Er hatte mehrere Drum-Regionen aneinandergereiht. Diese spielten jeweils nacheinander einen 2 Takte langen Groove. Jedoch hatte das Tempo seines Grooves nichts mit dem in Logic eingestellten Tempo zu tun, er hatte ohne Metronom aufgenommen.

Ich konnte die Regionen in Logics Taktraster bringen, indem ich zunächst im Menü FUNKTIONEN des Bereichs SPUREN ihre SMPTE-Positionen verriegelte, denn durch eine Tempoänderung sollten diese nicht verrutschen, sie spielten ja bereits korrekt nacheinander. Anschließend wählte ich eine Region (die ja 2 Takte lang sein sollte), wählte 2 Takte im Taktlineal aus und nutzte wiederum TEMPO ANPASSEN ÜBER REGIONSLÄNGE UND LOCATOR-PUNKTE (global für den ganzen Song). Danach waren die Regionen im Takt mit Logic, und ich entriegelte die SMPTE-Positionen wieder.

9.6.8 Tempoanpassung bei schwankendem Tempo (Fall 3 und 4) und Mehrspuraufnahmen

Das Spielen ohne Klick erlaubt Musikern eine zusätzliche musikalische Ausdrucksmöglichkeit in Form von Tempowechseln, die bei computergestützter Musikproduktion oft etwas in den Hintergrund gerät. Dabei ist z. B. ein sich steigerndes Songtempo ein sehr wirksames Mittel, um die Spannung eines Songs hochzuhalten oder eine Steigerung emotional spürbar zu machen. Eine Aufnahme ohne Klick kann ist dann sinnvoll. Sie kann auch sinnvoll sein, wenn Musikbands nicht in der Lage sind, ein Stück korrekt zu einem Klick einzuspielen (weil das Stück zu schwierig ist oder die Musiker das Timing nicht so gut beherrschen). Wenn Sie Logic wie eine Bandmaschine als reines Aufnahmegerät benutzen und das MIDI-Taktraster ignorieren, müssen Sie sich natürlich nicht um Tempoanpassungen kümmern. Tempoanpassungen in Logic sind nötig, wenn Sie

- entweder Logic oder seine Sequencer-Inhalte als Begleitung zum Song mitspielen lassen möchten und wollen, dass Logic richtig »mitzählt« (Fall 3), so dass auch das Editing insgesamt komfortabler wird,
- oder wenn Sie einen Song oder eine Mehrspuraufnahme mit schwankendem Tempo in ein gleichmäßiges Taktraster von Logic bringen möchten, um beispielsweise einen DJ-freundlichen Remix zu erstellen (Fall 4).

Beachten Sie, dass ich eine solche Anpassung (Fall 4) mit dem SMART TEMPO-Editor schon in Abschnitt 9.6 anhand eines Beispiels zeige. Die nachfolgenden Erläuterungen sind als ergänzende Beispiele oder Alternativmethoden zu verstehen.

Logics Tempo an einen Song mit wechselndem Tempo anpassen (Fall 3)

Logic kann sein Tempo an Musik mit wechselndem Tempo anpassen. Richtig eingesetzt, können Sie Logic als eine Art zusätzliches Band-Mitglied verwenden.

Für einige der folgenden Ausführungen und Abbildungen habe ich einen alten Rock-Song namens »A Horse with no Name« von der Gruppe America verwendet, den ich aus Copyright-Gründen nicht in den Bonusbereich legen konnte (den Song können Sie im Internet kaufen, er eignet sich für Übungszwecke gut; sein Anfangstempo beträgt ca. 120 BPM, und die Temposchwankungen sind nicht zu extrem).

Nun möchte ich Logic den Song begleiten lassen. Weil bei dieser Methode das schwankende Tempo beibehalten werden soll, aktivieren Sie hierbei Flex *nicht*, das Audiofile soll unverändert bleiben.

Grundsätzlich haben Sie verschiedene Möglichkeiten, Logic das Tempo und damit auch die Taktpositionen eines vorgegebenen Songs mit wechselndem Tempo vorzugeben:

- Nutzen Sie den SMART TEMPO-Editor wie in Abschnitt 9.6 beschrieben.

- Geben Sie durch »Tappen« das Tempo manuell vor, und nutzen Sie anschließend die Funktion BEATS VON REGION, um Logic das wechselnde Tempo des Songs mitzuteilen. Das funktioniert zuverlässig.
- Wenden Sie BEATS VON REGION auf das Audiofile selbst an. Eventuell erkennt Logic automatisch korrekt alle Tempowechsel. Das klappt nicht immer, aber wenn es klappt, spart es Zeit.
- Ziehen Sie Taktpositionen auf Transient-Marker, die in Audio- oder MIDI-Regionen vorkommen. Optimale Ergebnisse erzielen Sie möglicherweise durch die Kombination dieser Technik mit den Ergebnissen von BEATS VON REGION.

»Beats von Region« mit manuell eingespielter Region

Zur Vorbereitung der Nutzung der Funktion BEATS VON REGION legen Sie wieder die »Eins« des Audiofiles auf einen fixen Punkt in Logic (z. B. auf Takt 1 oder 9). Lassen Sie sich einen kurzen Vorzähler vorspielen, und spielen Sie anschließend die Original-Audiospur ohne störenden Klick ab. Dabei tappen Sie analog zur Musik beispielsweise in Viertelnoten auf Ihrem Keyboard und nehmen das auf eine Software-Instrument-Spur (zum Beispiel mit einem Schlagzeugsound) auf. Am besten stellen Sie zuvor den Metronomklick so ein, dass das Tempo dem Anfang des Stücks ungefähr entspricht und Sie ihn beim Einzählen hören, aber nicht mehr danach (wenn die Aufnahme beginnt). Denn der Klick hat ja mit dem Rhythmus und Tempo des Audiofiles, an das Logic angepasst werden soll, bislang ja noch nichts zu tun. Die entsprechende Einstellung KLICK WÄHREND DER AUFNAHME/NUR WÄHREND DES EINZÄHLENS finden Sie in den METRONOM-EINSTELLUNGEN im Menü AUFNAHME.

Anschließend blenden Sie in den globalen Spuren die Beat-Mapping-Spur ein. Wenn Sie auf den Eintrag BEAT-MAPPING klicken, wird ein Eintrag BEATS VON REGION sichtbar (Abbildung 9.43), auf den Sie klicken, wenn die Region mit der Aufnahme der getappten Viertelnoten selektiert ist.

Im anschließenden Dialog fragt Logic, wie die von Ihnen getappten/gespielten Noten interpretiert werden sollen. Wenn Sie anschließend hier Viertelnoten als Option auswählen, fügt Logic automatisch Tempokurven und Änderungen so ein, dass die von Ihnen gespielten Viertelnoten automatisch auf Viertelnotenpositionen in Logics Taktraster liegen und das Logic-Metronom somit synchron mit den getappten Schlägen spielt.

Blenden Sie auch die Tempospur ein (eine globale Spur), um die von Logic vorgenommenen Tempoänderungen zu sehen (Abbildung 9.42). Nun sollte Logic synchron zu Ihrer Aufnahme laufen. Mit dieser Methode geht es relativ schnell, Logics Tempo zumindest halbwegs genau an musikalische Inhalte mit schwankendem Tempo anzupassen. Die Genauigkeit, mit der Logic nun synchron zu Ihrer Aufnahme läuft, hängt davon ab, wie genau bzw. synchron Sie die Viertelnoten eingespielt haben.

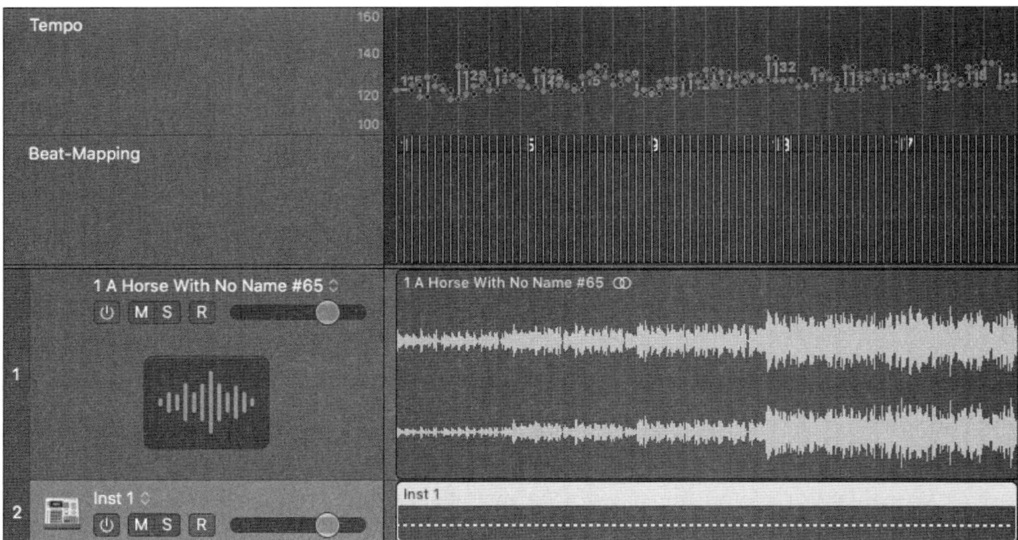

Abbildung 9.42 Im Bild hat Logic das Tempo mit Hilfe der »Beats von Region«-Funktion anhand der gespielten Noten in Viertelnotenschritten geändert.

Abbildung 9.43 Die Funktion »Beats von Region« in der globalen Spur »Beat-Mapping«

»Beats von Region« für das gesamte Audiofile

Sie können die Funktion BEATS VON REGION wie gezeigt auch auf die ganze Audiodatei anwenden. Im Folgedialog bietet Logic eine *Tolerierung* fehlender oder zusätzlicher Events an (Abbildung 9.44). Im Beispiel von »A Horse with no Name« hat dies erstaunlich gut funktioniert, auch wenn die Audiodatei ohne erkennbaren Grund einen halben Takt nach hinten geschoben wurde. Dies konnte ich durch ein nachträgliches Verschieben aller Tempoevents sowie der Regionsposition um einen halben Takt nach vorn ausbügeln.

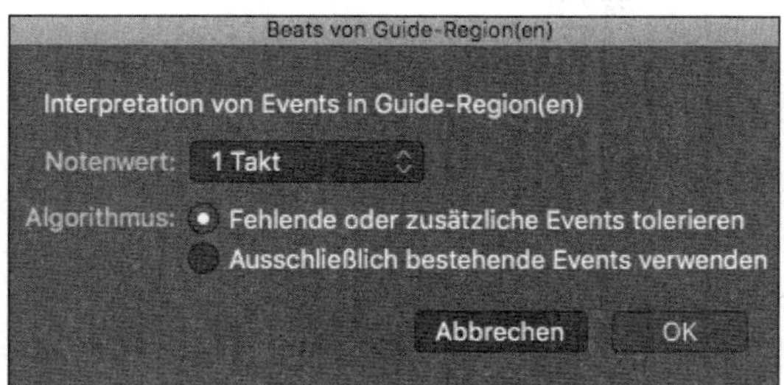

Abbildung 9.44 »Beats von Guide-Region(en)«-Dialog – Variante 2

»Beat-Mapping«: Beispiel 1 (Audio)

Gehen wir nachfolgend von einer ungefähren, aber nicht ganz korrekten Anpassung durch das manuelle Eintappen und die Anwendung von BEATS VON REGION aus. Nun können Sie die zweite Technik der detaillierteren Anpassung des Audiofiles anwenden, um das Ergebnis zu optimieren.

Da Taktlineal und Song schon einigermaßen zueinandergefunden haben, ist es nun leichter, Korrekturen vorzunehmen. Sie können die im Folgenden gezeigte Methode des BEAT-MAPPINGS allerdings auch anwenden, ohne vorher die Funktion BEATS VON REGION benutzt zu haben.

Sie können eine oder mehrere Regionen selektieren und zum BEAT-MAPPING heranziehen. Selektierte Regionen (egal, ob Audio oder MIDI) sind in der Beat-Mapping-Spur schattiert.

Das Taktraster, das oben in der Beat-Mapping-Spur erscheint, entspricht dem von Logics Taktlineal. Wählen Sie bei selektiertem Audiofile in der Beat-Mapping-Spur TRANSIENTEN ANALYSIEREN aus. Ihr Audiofile wird nun analysiert (für MIDI-Regionen müssen/können keine Transienten analysiert werden, denn diese liegen quasi als Note-On-Befehl vor). Es ist auch möglich, dass bereits Transienten erkannt wurden und Sie gefragt werden, ob sie überschrieben werden können. Mit den –/+-Buttons neben dem Eintrag BEAT-MAPPING erhöhen oder verringern Sie die Empfindlichkeit und die Zahl erkannter Transienten.

Anschließend können Sie eine Taktposition im Taktlineal mit einem erkannten Transienten im Audiofile verbinden, um genau diese Stelle des Audiofiles mit der gewünschten Logic-Taktposition zu verknüpfen. Das funktioniert, weil Logic anschließend eine Tempoänderung in der Tempospur einfügt (siehe Abbildung 9.45). Sie sollten das Audiofile am Anfang beginnend bis zum Ende durcharbeiten – denn Tempoänderungen verschieben das Taktraster für alles Folgende. Außerdem sollten Sie sicherstellen, dass Sie ein Tempoevent am Anfang Ihrer Aufnahme platzieren, falls diese nicht exakt bei Takt 1 beginnt. Zur besseren Kontrolle können Sie sich beim BEAT-MAPPING stets den Klick mit vorspielen lassen.

BEAT-MAPPING-Marker können Sie durch Doppelklick oder mit dem Radiergummiwerkzeug wieder löschen. Große Tempossprünge weisen auf eine möglicherweise fehlerhafte Zuordnung hin.

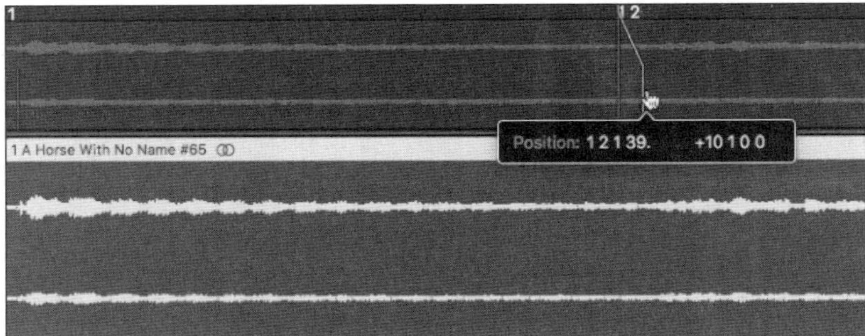

Abbildung 9.45 Mit gehaltener Maustaste ziehe ich die Taktposition 1.2 zu dem beim dritten Gitarren-Strumming erkannten Transienten auf Position 1 2 1 39. Anschließend ändert Logic das Tempo entsprechend.

Alternativ können Sie für eine größere Genauigkeit der Anpassung auch die zuvor gespielten Viertelnoten aus der MIDI-Region nachträglich justieren, um Logics Tempoänderungen zu optimieren, und anschließend wieder BEATS VON REGION nutzen. Natürlich ist das zeitaufwendig.

Hinweis: Da Sie sich globale Spuren auch in der PIANOROLLE oder den Audioeditoren anzeigen lassen können, können Sie auch dort mit der BEAT-MAPPING-Funktion arbeiten.

»Beat-Mapping«: Beispiel 2, Audio und MIDI, MIDI und Flex schützen

Hier noch ein anderes Beispiel: Im Projekt *09Beatmapp1* spielt ein Klavier nicht zum Takt, die gespielten Akkorde werden gefühlvoll langsamer gespielt (*ritardando*). Die so eingespielte MIDI-Region habe ich zudem als Audiofile gebounct.

Im Projekt *09Beatmapp2* habe ich die Taktpositionen im Beat-Map-Grid-Transienten im Audiofile zugewiesen. Hierdurch wurden Tempoänderungen erzeugt (siehe Abbildung 9.46).

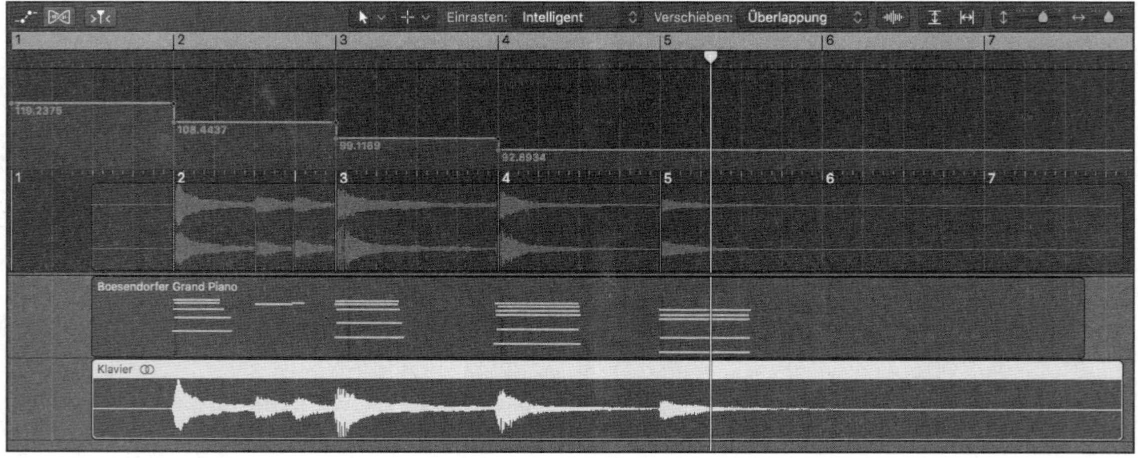

Abbildung 9.46 Mit »Beat-Mapping« habe ich Logics Raster an die selektierte Audioregion und die synchron laufende MIDI-Region angepasst.

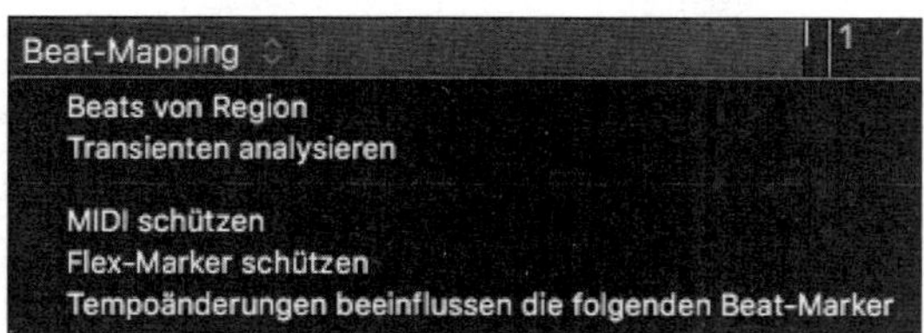

Abbildung 9.47 MIDI schützen

Wenn Sie MIDI SCHÜTZEN auswählen und damit das Häkchen setzen, bleiben die MIDI-Noten bei BEAT-MAPPING-Edits auf ihren Taktpositionen. Ob das sinnvoll ist oder nicht, hängt davon ab, ob die MIDI-Region zu dem Zeitpunkt, an dem Sie MIDI SCHÜTZEN aktivieren, bereits auf den richtigen Positionen des Logic-Taktrasters liegt. Das Gleiche gilt für die Option FLEX-MARKER SCHÜTZEN.

Falls Sie z. B. zuerst einen Beat in das Taktraster gebracht haben und anschließend Logics Tempo aus irgendeinem Grund via BEAT-MAPPING anpassen möchten, sollten Sie MIDI oder Flex-Marker schützen, damit die MIDI-Events bzw. Flex-Marker an ihren (bereits korrekt) zugewiesenen Taktpositionen bleiben und nicht an die Zeitposition gekoppelt sind. Dies ist beim BEAT-MAPPING für Audio und MIDI-Inhalte der Fall, wenn die entsprechenden Optionen deaktiviert sind.

Falls Sie die MIDI-Region dagegen ohne Bezug zum Klick frei eingespielt haben (wie im Beispiel), sollten Sie MIDI SCHÜTZEN beim BEAT-MAPPING zunächst besser deaktivieren. In *09Beatmapp2* war MIDI SCHÜTZEN vor der Bearbeitung ausgeschaltet, die MIDI-Noten sind so an ihren Zeitpositionen geblieben. Das erfolgte BEAT-MAPPING passt nun für beide Spuren. Durch Tempoänderungen wurde das Logic-Taktraster sowohl an die Audio- als auch an die MIDI-Spur angepasst. Für das BEAT-MAPPING hätte ich auch die MIDI-Region heranziehen können (siehe Projekt *09Beatmapp3*).

Sie können nun auch das Tempo in der Tempospur nachträglich ändern (z. B. die treppenförmigen Tempoverläufe mit Kurven glätten). Die an neu zugeordneten Taktpositionen liegenden MIDI-Events machen die Tempoänderungen jetzt mit, ohne ihre Taktposition zu verlieren. Auf diese Weise können Sie theoretisch auch wieder ein glattes Taktraster ohne Temposchwankungen einführen (siehe Projekt *09Beatmapp3b*). Dies funktioniert auch mit Audiofiles, wenn der Flex-Modus zum richtigen Zeitpunkt aktiviert wird. Logic verhält sich dabei nicht immer wie erwartet, aber berechenbar (siehe nächster Abschnitt).

Song mit schwankendem Tempo an straightes Taktraster von Logic anpassen/Remixing (Fall 4)

Oft möchte man Aufnahmen mit schwankendem Tempo in ein Taktraster ohne Temposchwankungen bringen – z. B. um straighte DJ-Club-Remixe zu erstellen oder schlecht eingespielte Aufnahmen zu formatieren. Die neueste und eleganteste Methode hierfür ist die Nutzung des SMART TEMPO-Editors wie in Abschnitt 9.6 beschrieben. In diesem Abschnitt erläutere ich alternative Methoden.

Straightes Tempo nach Beat-Mapping einstellen

Wenn Sie wie oben gezeigt ein BEAT-MAPPING vornehmen, erhalten Sie eine Tempospur mit Tempoänderungen und ein Audiofile, das auf richtigen Taktpositionen liegt. Nun könnten Sie ja zumindest theoretisch einfach das Tempo in der Tempospur ändern: Sie könnten die Tempoänderungen löschen und ein komplett einheitliches Tempo einstellen (siehe Projekt *09Beatmapp3b* im Ordner für die zu Kapitel 9 gehörenden Projekte), in der Hoffnung, dass das Audiofile an den korrekten Taktpositionen liegenbleibt. Das sollte bei »geflexten« Audiofiles ja eigentlich immer der Fall sein, denn Flex-Marker tackern Events an Taktpositionen fest.

In der Praxis verrutscht das Audiofile in Logic allerdings leider nach solchen Tempoänderungen. Das geschieht selbst nach korrekter erstmaliger Aktivierung von Flex nach dem BEAT-MAPPING, vermutlich weil diese Region noch (falsche) Taktpositionen aus einer Zeit vor der Tempoanpassung »kennt«.

Abhilfe schafft entweder die Option BEARBEITEN/TEMPO/ORIGINALAUFNAHMETEMPO ENTFERNEN. Oder alternativ ein einmaliger Regionsbounce der »ungeflexten« Originalregion. Für diese muss Flex deaktiviert sein – alle Taktpositionen stimmen ja jetzt durch die Tempoanpassungen. Sie erhalten dann eine zweite Audiodatei, deren Schläge auf korrekten Taktpositionen liegen. Wenn Sie jetzt Flex für die neu erzeugte Region mit korrekten Positionen erstmalig aktivieren, können Sie das Tempo beliebig ändern, und das Audiofile wird sich korrekt an das Tempo anpassen. Falls z. B. ein House-Remix gewünscht ist, könnten Sie anschließend Beats einspielen und quantisieren oder einen Drumloop dazumischen.

Für ein komplexes Audiofile empfiehlt es sich, den Flex-Modus POLYPHON einzustellen.

Song mit schwankendem Tempo manuell mit Flex-Markern anpassen

Alternativ legen Sie das Audiofile des anzupassenden Songs an einer passenden Taktposition am Anfang des Logic-Projekts an. Anschließend aktivieren Sie den Flex-Modus für die betreffende Spur. Danach wird das Audiofile analysiert. In Abbildung 9.48 habe ich wieder »A Horse with no Name« für die Tempoanpassung benutzt. Das Tempo des Songs liegt ja nahe an den eingestellten 120 BPM und ist schwankend. Typisch: Sobald das Schlagzeug einsetzt, schnellt das Tempo gegenüber dem Intro leicht in die Höhe.

Nun gehen Sie Schritt für Schritt durch den Song und setzen einzelne (!) Flex-Marker auf erkannte Transienten (erkennbar an den dünnen Linien), die auf erkennbaren Taktpositionen (z. B. Zählzeit 1 oder Viertelnoten wie in Abbildung 9.48) liegen, und bewegen sie mit gehaltener Maustaste an die gewünschte Taktposition.

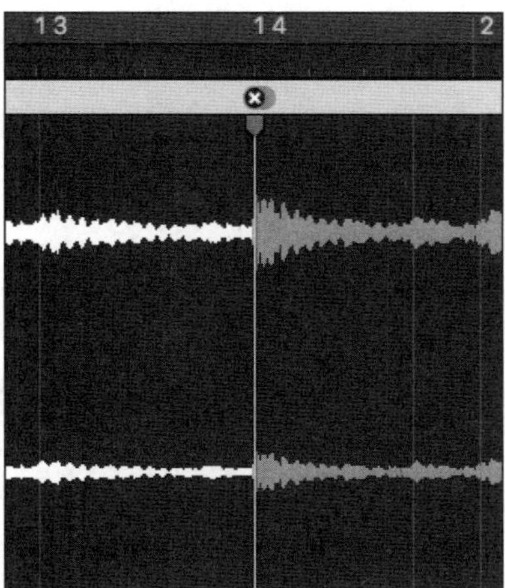

Abbildung 9.48 Durch Anfassen der Transienten-Linie erstellen Sie einen Flex-Marker.

Achtung: In Logic Pro wurde bei meinen Tests beim Erstellen dieses Buchs (im Gegensatz z. B. zu Pro Tools) durch das sukzessive Setzen und Verschieben von Flex-Markern beim Verschieben des jeweils letzten neu gesetzten Markers *nicht* auch der Rest des Audiofiles (etwa nach hinten) verschoben. Stattdessen wurde mit jedem neuen Flex-Marker stets der Rest des Audiofiles gestaucht, als ob ganz hinten bereits ein Flex-Marker gesetzt wäre. Mehr hierzu in Abschnitt 9.3.6. Informationen zu einer neueren Workflow-Alternative liefert Abschnitt 9.6.5.

Sie können alternativ auch zunächst die Takte eines Audiofiles manuell durchzählen. Stellen Sie danach bei aktiviertem Flex-Modus vorab eine passende Länge für die gesamte Region ein (via Längentool mit gehaltener `alt`-Taste). Anschließend setzen Sie die manuellen Flex-Marker beginnend von Takt 1 taktweise genau bis zum Ende des Stückes.

9.7 Sonderfall: Tempo von Mehrspuraufnahmen anpassen und unsauber eingespielte Stellen korrigieren

Wenn Sie mehrere Spuren einer Mehrspuraufnahme (z. B. Drummer-Spuren) gleichzeitig mit Flex-Tools bearbeiten, sollten Sie die Spuren, die Sie gemeinsam bearbeiten möchten, zuvor einer Gruppe zuweisen (siehe Abschnitt 14.8 über Mixgruppen) und unter GRUPPENEINSTELLUNGEN BEARBEITEN • GEMEINSAM QUANTISIEREN aktivieren (siehe Abbildung 9.49). Hierdurch werden bei Flex-Bearbeitungen sämtliche Edits in allen Spuren der Gruppe gleichzeitig vorgenommen.

Wenn Sie z. B. ein Schlagzeug mit mehreren Mikrofonen aufgenommen haben, sollen sich bei manchen Edits ja die Aufnahmen aller aufgenommenen Spuren mitbewegen. Wenn Sie einzelne Spuren bearbeiten wollen, deaktivieren Sie die Gruppe temporär oder entfernen die Spur aus der Gruppe.

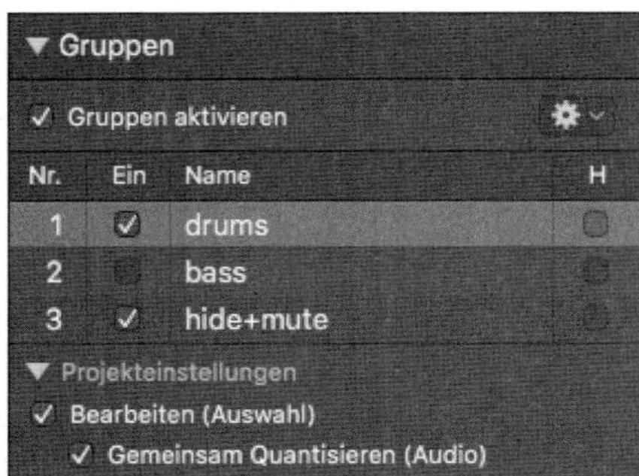

Abbildung 9.49 Gruppeneinstellungen mit Option »Gemeinsam Quantisieren (Audio)«. Diese hieß in Vorversionen »Phasenstarres Audio«, dieses »Versprechen« halten DAWs beim Time-Stretching nicht unbedingt ein.

Mehrspuraufnahmen können wie die Beispiele zuvor in einem schwankenden oder einem gleichmäßigen Tempo vorliegen, wenn sie z. B. zu einem Klick eingespielt wurden. Oft soll eine Ungenauigkeit der Einspielung ausgebügelt werden, beispielsweise ein holprig eingespielter Drum-Fill.

Es gibt verschiedene Anwendungsszenarien:

- Möglichkeit 1: Sie möchten nur eine unsauber eingespielte Stelle korrigieren, danach soll es weitergehen wie bisher.

  In diesem Fall setzen Sie in allen Spuren Flex-Marker kurz vor den Anfang und kurz hinter das Ende des Bereichs, den Sie bearbeiten wollen. Auf diese Weise kann außerhalb der zu korrigierenden Stelle nichts verrutschen. Dann bearbeiten Sie die unsauber eingespielte Stelle – entweder nach Gefühl oder mit Hilfe von Logics Taktraster. Für die zweite Möglichkeit müssen Sie natürlich auch den Rest des Songs an das Taktraster anpassen, ansonsten stellt dieses ja keine relevante Orientierung dar.
- Möglichkeit 2: Sie möchten Logics Tempo an das Tempo der Mehrspuraufnahme anpassen. Bislang hat das Tempo der Aufnahme nichts mit Logics Tempo zu tun; Sie haben Logic wie eine Bandmaschine eingesetzt.
- Möglichkeit 3: Sie möchten die gesamte Mehrspuraufnahme in ein neues Tempo bringen (das möglicherweise gar nichts mit dem Originaltempo zu tun hat, z. B. wenn Sie einen Remix anfertigen).

Zum Experimentieren finden Sie in den Materialien zum Buch verschiedene Beispiele, anhand derer ich mögliche Vorgehensweisen erläutere.

9.7.1 Mehrspurtestprojekte zur Tempoanpassung

Im Dokument *09Mehrspur01* kann der Drummer weder richtig gut Schlagzeug spielen, noch hat er einen Klick gehört. Die Aufnahme besteht aus 5 Spuren – je eine mit Aufnahmen von

Mikrofonen für Bassdrum, Snare und Hi-Hat und zwei Spuren mit Aufnahmen von XY-Mikrofonen für eine räumliche Aufnahme des gesamten Sets. Für unsere Zwecke ist das gut, denn wir wollen testweise aus dem Nichts etwas Brauchbares machen. Dieses Dokument soll als Basis für weitere Versuche dienen. Damit Sie wissen, was erreicht werden soll, habe ich ein paar Folgedokumente gespeichert, in denen ich diverse Klippen nacheinander umschifft habe. In der Praxis verhielt sich Logic bei mir nicht immer wie erwartet oder erhofft – Sie können anhand der Beispielprojekte selbst nachvollziehen, was in Ihrer Logic-Version funktioniert und was nicht. Es war mir bei Flex-Editing-Versuchen teilweise nicht möglich, einen einfachen Flex-Marker zu setzen, der den ganzen Bereich links und rechts davon dehnte/stauchte. Vielmehr wurden oft links und rechts (ungewollt) zusätzliche Flex-Marker aktiv.

9.7.2 Mehrspuranpassung via »Smart Tempo«

Für die Arbeit mit SMART TEMPO kann Logic Mehrspuraudioaufnahmen in Mehrspursets organisieren. Dies ist eine relativ neue Methode, die das Manual empfiehlt. Zum Erstellen von Mehrspursets selektieren Sie die Regionen und wählen anschließend im Menü BEARBEITEN • TEMPO • SMART TEMPO-MEHRSPURSET ERSTELLEN

Dann erstellt Logic einen Downmix (so drückt sich das Manual aus) der Audiodateien im Mehrspurset. Dieser wird analysiert. Einzelne Regionen können in einem Dialogfenster mit einem Häkchen beim Feld TRÄGT ZUR ANALYSE BEI davon ausgenommen werden. Die Ergebnisse der Smart-Tempo-Analyse werden in alle Audiodateien im Mehrspurset geschrieben. Das habe ich im Projekt *09MehrspurSTMS1* gemacht. Änderungen können Sie auch nachträglich via BEARBEITEN • TEMPO • SMART TEMPO- MEHRSPURSET BEARBEITEN vornehmen.

Die Ergebnisse der SMART TEMPO-Analyse für den Downmix werden laut Manual auf alle Dateien im Mehrspurset für SMART TEMPO angewendet und können im Editor SMART TEMPO angezeigt und bearbeitet werden. Änderungen werden auf alle Dateien im Mehrspurset angewendet.

Im Test kamen allerdings für mein Beispiel nur wenig sinnvolle Ergebnisse heraus. Sicherlich wird diese Funktion kontinuierlich verbessert werden, probieren Sie es also besser selbst mit Ihrer aktuellen Version aus. Im folgenden Abschnitt finden Sie alternative Workflows und Praxisbeispiele.

9.7.3 Mehrspuranpassung: Old-School-Methoden und Probleme mit Overheads bei Timingkorrekturen

Im Dokument *09Mehrspur02* sind alle Spuren bereits einer Gruppe zugewiesen, und der FLEX-Mode ist aktiv. In den Dokumenten *09Mehrspur03* und *09Mehrspur04* ist das Schlagzeug an das Logic-Taktraster angepasst, wobei ich im Dokument *09Mehrspur04* zusätzlich eine Swing-Quantisierung für die Hi-Hat programmiert habe.

Die Overheads (Mikrofonaufnahme, die sämtliche Schlagzeugsounds umfasst, hier Overhead-Aufnahme mit XY-Mikrofonie) sind in beiden Fällen ausgeblendet. Das ist sinnvoll, wenn die einzelnen Spuren verschiedene Bearbeitungen erfahren haben. Die Overhead-Aufnahme hat dann zumindest für einzelne Instrumente ein anderes Timing inne. Es hört sich dementsprechend furchtbar an, wenn man sie dazumischt. Im Projekt *09Mehrspur05* geht es dank zusätzlicher Quantisierung etwas besser.

Eine alternative Methode finden Sie im Dokument *09Mehrspur01a*. Dort habe ich die Kickdrum-Region als alternative Methode in der Beat-Mapping-Spur analysiert und jeder Kickdrum einen Takt zugewiesen, damit zunächst Logic sein Tempo an das Audiomaterial anpasst. Ähnlich könnten Sie auch mit dem SMART TEMPO-Editor arbeiten. Anschließend habe ich FLEX für alle Spuren aktiviert und ein neues Tempo-Set mit einem schnelleren Tempo erzeugt (Projekt *09Mehrspur01a2*). In einem Alternativprojekt ist ein langsameres Tempo nahe dem Originaltempo eingestellt (Projekt *09Mehrspur01b*, siehe Abbildung 9.50).

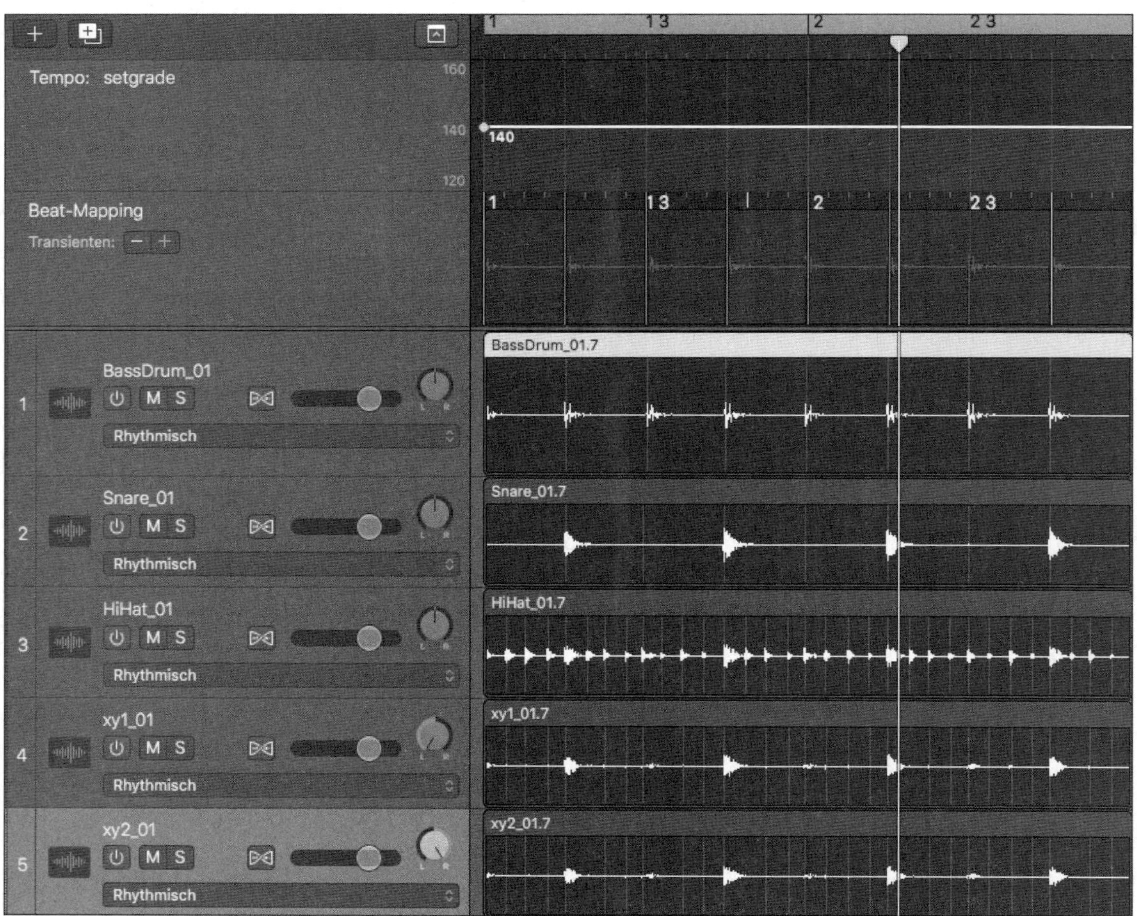

Abbildung 9.50 Mit »Beat-Mapping« editierte Mehrspuraufnahme

Wie schon gezeigt, kann es bei unerwartetem Verrutschen der Audiodateien nötig sein, das Originalaufnahmetempo aus Regionen zu entfernen oder erst nach der Tempoanpassung Spuren als neue Audiodateien zu bouncen und erst danach Flex erstmalig für neue Audiodateien zu aktivieren.

Aktivieren Sie erst danach einen Flex-Modus für neue Files, und erstellen Sie anschließend ein neues Tempo-Set mit dem neuen, gewünschten (gleichmäßigen) Tempo. Die Schläge sollten nun an ihren Taktpositionen bleiben.

9.8 Slicing, Tempoanpassung via Slicing und ReCycle-Datei-Import

Auch Slicing kann eine Methode der Tempoanpassung sein – und mehr. Grundsätzlich gilt beim Slicing von Drumloops: Schneiden Sie zunächst einen sauberen Takt oder/und finden dessen Tempo heraus – dann geht der Rest einfacher. Wenn Sie zudem vorher im AUDIODATEIEDITOR die Transienten im Transient-Bearbeitungsmodus richtig gesetzt haben (siehe Abschnitt 8.2.6), ist das Ergebnis der Slicing-Prozedur auch vorhersehbarer.

Wenn die MIDI-Noten für die Slices einmal auf den richtigen Taktpositionen liegen, können Sie das Tempo nach Belieben verändern, und die Slices spielen im Takt mit.

9.8.1 Übersicht über Slicing-Basics aus Logic 10.5 und neuer

Beim *Slicing* wird ein Audiofile auf der Basis erkannter Transienten in Einzelteile zerschnitten (englisch *sliced*). Das ist seit Logic 10.5 zum Beispiel im *Quick Sampler* nach einem Sample-Import möglich. Noch einfacher geht es, wenn Sie einen Drumloop im Bereich SPUREN unter einen Spur-Header ziehen (auf eine leere Spur) und dort aus dem Optionen einen der Einträge QUICK SAMPLER (OPTIMIERT) oder DRUM MACHINE DESIGNER wählen. Sie finden dort noch mehr Optionen, die aber kein Slicing auslösen. Schon in Vorversionen ermöglichte EXPORTIEREN IN NEUE SAMPLER-SPUR ein automatisiertes Slicing. Nun stehen dort aber *Sampler*, DRUM MACHINE DESIGNER und *Alchemy* als Ziele zur Verfügung. Während beim Slicing selbst stets ein MIDI-File auf der neuen Spur erzeugt wird, ist der MIDI-Export aus dem Instrument heraus in Logic 10.6.2 nur im *Quick Sampler* möglich.

9.8.2 Automatisiertes Slicing im »Quick Sampler«

Im Projekt *09x3sliceqs1* habe ich einen Drumloop auf einen leeren Spur-Header gezogen und die Option QUICK SAMPLER (OPTIMIERT) gewählt, es wurde dann sofort ein *Quick Sampler* im Slicing-Modus mit dem Sample geladen. Die Taktzuweisungen wurden automatisch richtig vorgenommen, und Sie müssen nun nicht viel mehr tun, als aus dem unteren Viertel der Wellenform-Anzeige via Drag & Drop das MIDI-File zu exportieren. Klicken Sie es an, und ziehen Sie es mit gehaltener Maustaste in die Spur (siehe Projekt *09x3sliceqs2*). Sie können nun problemlos Tempo und Pitch ändern (*09x3sliceqs3*). Weitere Details zum *Quick Sampler* und manuellem Slicing dort finden Sie in Kapitel 11.

9.8.3 Automatisiertes Slicing in den Drum Machine Designer

Wenn Sie den Eintrag Drum Machine Designer wählen, werden die Slices direkt in Pads des Drum Machine Designers exportiert, wo Sie sie einzeln abmischen können. Auch aus dem Quick Sampler heraus können Sie Slices im Kontextmenü direkt in den Drum Machine Designer exportieren, aber nur wenn der Slice-Modus aktiviert ist. Das habe ich basierend auf dem letztgenannten Projekt in *09x3sliceqs3dmd1* gemacht. Auch die nachfolgend erläuterte Funktion Exportieren in neue Sampler-Spur ermöglicht ein automatisiertes Slicing in eine Drum-Machine-Designer-Spur.

9.8.4 Konvertieren: in neue Sampler-Spur umwandeln (Slicing und Regionsimport)

Slicing in Logic funktioniert auch mit der Funktion In neue Sampler-Spur umwandeln (Abbildung 9.51; Rechtsklick auf Audiofile oder `ctrl` + `E`). Dabei lässt sich ein Audiofile (z. B. ein Drumloop) anhand erkannter Transienten in eine Sampler-Spur umwandeln – oder Sie können eine oder mehrere Regionen in ein Sampler-Instrument umwandeln. Als Ziel-Sampler-Instrument können Sie seit Logic 10.5 zwischen *Sampler*, Drum Machine Designer und *Alchemy* (mit verschiedenen Resynthese-Importoptionen) auswählen. Im Projekt *09x3slice-options* habe ich all diese Möglichkeiten realisiert. Im Projekt *09x3slice-options2* sehen Sie, welche zusätzlichen Möglichkeiten das birgt. So können Sie im Drum Machine Designer den Slices schnell Effekte und EQ-Einstellungen zuweisen oder in *Alchemy* Spectralsynth-Optionen nutzen.

Schauen wir uns die Funktion In neue Sampler-Spur umwandeln noch etwas genauer an. Sie können damit (Abbildung 9.51; Rechtsklick auf Audiofile oder `ctrl` + `E`) ein Audiofile (z. B. Drumloop) anhand erkannter Transienten in eine Sampler-Spur umwandeln – oder Sie können eine oder mehrere Regionen in ein Sampler-Instrument umwandeln.

Selektieren Sie z. B. einen Drumloop oder einige Regionen, und rufen Sie im Kontextmenü den Befehl In neue Sampler-Spur umwandeln über das Submenü Konvertieren auf (Abbildung 9.51).

Abbildung 9.51 Der Eintrag »In neue Sampler-Spur umwandeln« im Menü »Konvertieren«

Es erscheint der Dialog aus Abbildung 9.52.

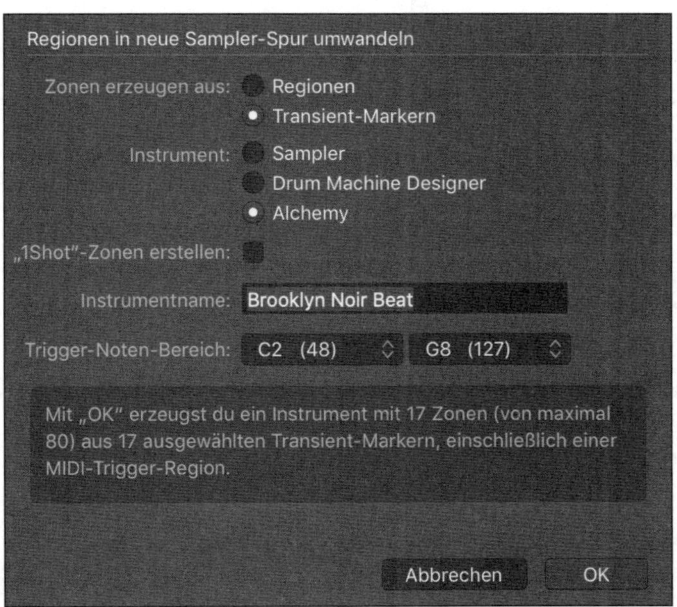

Abbildung 9.52 Der Dialog nach dem Auslösen der Funktion »In neue Sampler-Spur umwandeln«

9

Natürlich muss es sich nicht notwendigerweise um einen Drumloop handeln – auch Gitarrensoli, Arpeggios oder Synth-Lines eignen sich für das Slicing und können danach kreativ anders eingesetzt werden.

Sie werden im Dialog aus Abbildung 9.52 zunächst gefragt, ob Sie in einem neu zu erschaffenden Sampler-Instrument Samplezonen aus mehreren selektierten REGIONEN oder aus TRANSIENT-MARKERN erzeugen wollen.

- Die erste Variante erlaubt es Ihnen, schnell mehrere im Bereich SPUREN selektierte Regionen als abfeuerbare Samples auf Ihre Sampler-Tastatur zu legen (ein einfaches Beispiel finden Sie im Projekt *09Regionenaufsampler* oder in Abbildung 9.53).
- In der zweiten Variante analysiert Logic das Audiofile und versucht, einzelne Schläge in der Audiodatei mit Hilfe von Transient-Markern zu erkennen und als Zonen auf jeweils eine eigene Taste eines neuen Sampler-Instruments zu legen (siehe Abbildung 9.54 bis Abbildung 9.55).

In beiden Fällen können Sie festlegen, auf welchem Tastaturbereich die neuen Samplezonen angelegt werden sollen. Gleichzeitig informiert Sie der Dialog im Voraus darüber, wie viele Samplezonen mit dieser Einstellung angelegt werden. Anschließend wird eine Spur mit dem gewählten Instrument sowie ein passendes MIDI-File auf der Spur erzeugt.

Im ersten Fall wird für jede erkannte Region eine Samplezone pro Taste generiert, zusätzlich wird eine MIDI-Region erzeugt. Darin enthalten sind Notenbefehle, die Position und Länge der Region entsprechen. Sie könnten so auch einen Drumloop in lauter kleine Regionen zerschneiden und anschließend importieren, das zeige ich im nächsten Abschnitt mit einem importierten ReCycle-File. Diese Option kann auch dem Zweck dienen, mehrere herumliegende Regionen/Effekte zu einem Instrument zusammenzufassen.

Abbildung 9.53 Die drei Regionen aus Spur 1–3 wurden in eine neue Sampler-Spur umgewandelt und zum richtigen Zeitpunkt getriggert.

Im zweiten Fall wird für jeden via Transientenerkennung erkannten Schlag eine Samplezone für je eine Taste generiert. Zusätzlich wird wiederum eine MIDI-Region erzeugt. Darin enthalten sind Notenbefehle, die Position und Länge des Schlages/Schnipsels im Audiofile entsprechen. Vor dem Slicing sollten Sie das korrekte Tempo herausfinden, damit die Taktpositionen *vor* dem Slicing stimmen. Aber: Slicen Sie auf diese Weise möglichst keine Loops, die durch »Flex folgen«- bzw. »Tempo folgen«-Einstellungen auf den richtigen Taktpositionen liegen, denn das, was geslicet wird, basiert auch vom Timing her auf dem Originaltempo des Audiofiles. Wenn Sie einen im Tempo veränderten Loop slicen wollen, sollten Sie ihn zunächst als neues Audiofile bouncen und danach erst slicen. Durch die Beibehaltung der Taktpositionen der Einzelschläge erreichen Sie Tempounabhängigkeit, denn Sie können das MIDI-File nun in beliebigem Tempo abspielen.

Abbildung 9.54 zeigt eine neue MIDI-Region unterhalb eines Original-Drumloops aus dem Projekt *09Slice1*.

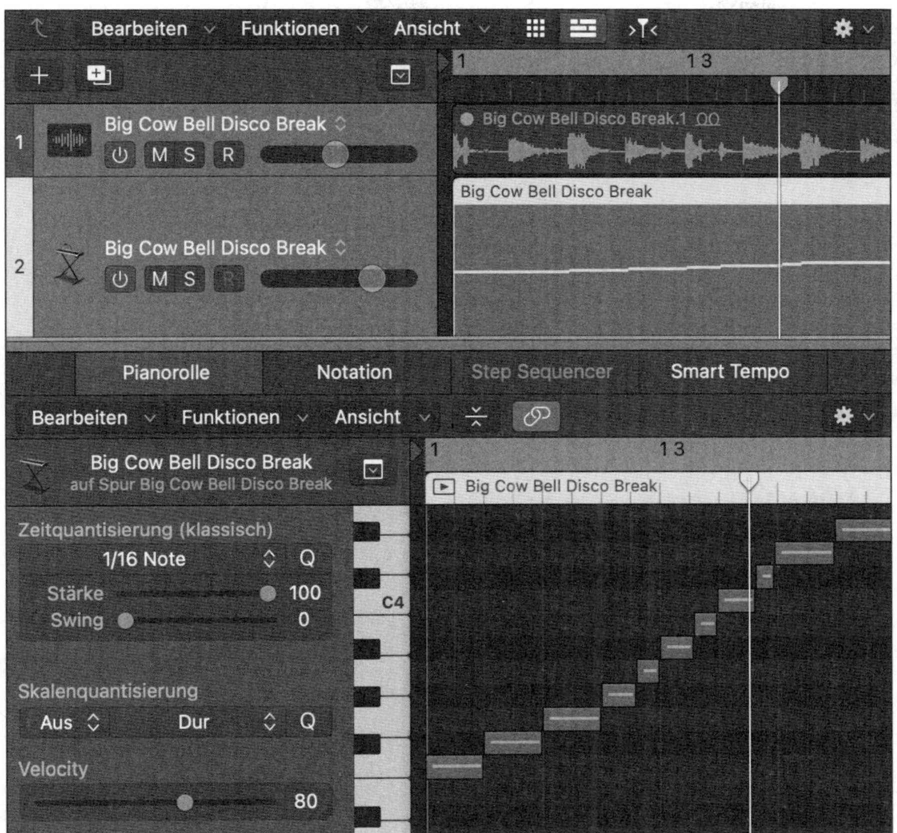

Abbildung 9.54 Bereich »Spuren« und Pianorolle nach dem Slicing

Im Projekt *09x3Slice* finden Sie ein weiteres Beispiel, wobei der Drumloop dort wiederum alternativ im *Quick Sampler*, *Sampler*, DRUM MACHINE DESIGNER und *Alchemy* geslicet wurde. Nur aus dem *Quick Sampler* können Sie dabei auch nachträglich noch ein MIDI-File exportieren (siehe Kapitel 11).

Exkurs: Verbesserung der Transienten-Erkennung für das Slicing

Die Transienten-Erkennung bzw. die Position der Transient-Marker lässt sich im AUDIODATEIEDITOR justieren, wenn Sie den Transient-Bearbeitungsmodus einschalten. Dies erläutere ich genauer in Abschnitt 8.2.6. Bedenken Sie bei der Transienten-Erkennung unter dem Aspekt des Slicings zur automatischen Tempoanpassung: Falls ein Schlag aus zwei Schlägen besteht (also ein Transient-Marker zu wenig gesetzt wurde), werden diese beiden Schläge immer im Originaltempo abgespielt, wodurch die Tempounabhängigkeit grundsätzlich verlorengeht.

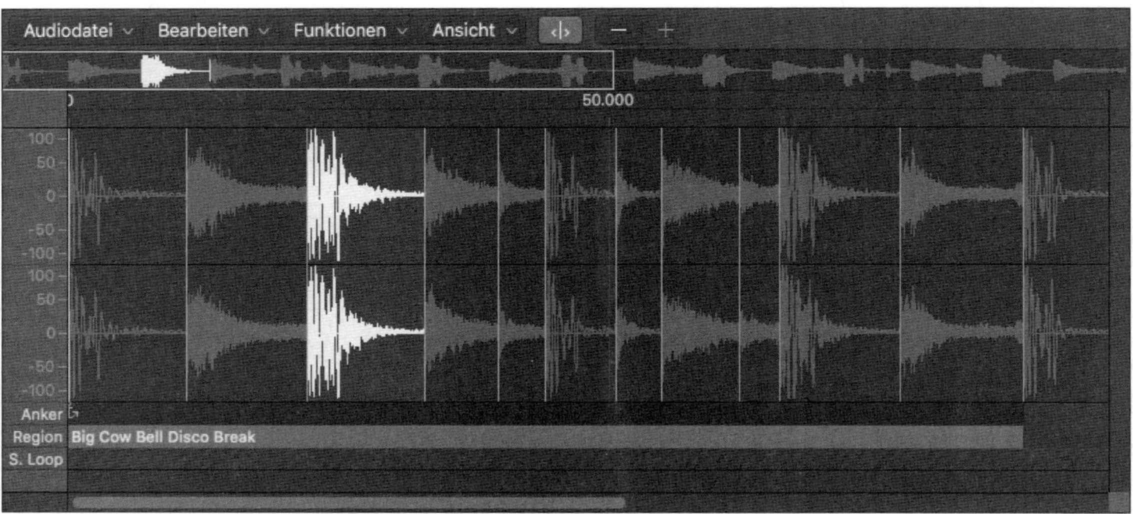

Abbildung 9.55 Transient-Bearbeitungsmodus

Wenn Sie zu viele Transient-Marker setzen, klingt das Ergebnis dagegen bei anderen Tempi unnötig zerhackt. Ob solche Probleme bestehen, hören Sie natürlich vor allem dann, wenn Sie das Tempo probeweise deutlich verlangsamen oder beschleunigen.

In Abbildung 9.55 ist genau ein Schlag zwischen zwei Transient-Markern markiert, mit `alt` + `cmd` + ←/→ können Sie den vorherigen bzw. nächsten Schlag anhören und überprüfen.

Ergänzende Hinweise und Praxisbeispiele

Vollziehen Sie das an einem Beispiel nach: Öffnen Sie das Projekt *09Tempoanpass07sliced*. Hier liegt der Drumloop bereits in an das Taktraster angepasster Form vor; slicen Sie ihn. Das Resultat können Sie in *09Tempoanpass07bsliced* bewundern und werden keinen großen Unterschied feststellen. Anschließend können Sie in Logic jedes Tempo einstellen, und das MIDI-File spielt es synchron mit.

Ein geslicter Drumloop bietet kreative Möglichkeiten, die sich daraus ergeben, dass für jeden einzelnen Schlag Zugriff auf das Timing und die Klangparameter besteht. So lassen sich z. B. alle Slices gleichzeitig mit dem Pitch-Wheel hochpitchen. Oder stellen Sie für alle Slices gleichzeitig eine kurze, perkussive Hüllkurve ein, um den Drumloop abgehackt klingen zu lassen. Das hören Sie beispielsweise im Projekt *09Tempoanpass07csliced* – hier habe ich den Drumloop hochgepitcht und eine Hüllkurve mit kurzem Decay- und Sustain-Wert auf 0 gestellt. Alternativ lassen sich auch die Notenlängen in der PIANOROLLE kürzen.

Schließlich lassen sich auch Quantisierungsfunktionen auf die neue MIDI-Region sinnvoll anwenden – und zwar in beide Richtungen: Extrahieren Sie das Feeling des Grooves, oder verändern Sie den Groove mit einem Quantisierungsraster (z. B. Swing-Beat; siehe *09Tempo-anpass07dsliced*). Ein weiteres Beispiel finden Sie unter *09Slice-other*, wo ich auch Noten umarrangiert habe und wo zusätzliche, duplizierte Sampler-Instrumente mit anderen Einstellungen und Automationen vorkommen. Auch in Abschnitt 17.4 über Drums und Breakbeats finden Sie weiterführende Projektbeispiele.

Nach dem Slicing können Sie die Slices aber auch unabhängig von einem MIDI-File einzeln auf der Tastatur spielen und etwas Neues selbst über die Tastatur einspielen. Das betrifft nicht nur Drums, sondern wird in der Praxis auch mit Instrumentenloops im Hip-Hop-Bereich gern gemacht. Im Projekt *09rexbreakbeat* wende ich eine andere Technik an: Alle Slices spielen den Drumloop bis zum Ende. So wird hiermit eine musikalische, breakbeatorientierte Spielweise eines Drumloops möglich, die der alten Schule entspricht, wo z. B. zwei oder drei Schnipsel eines Drumloops in den Sampler geladen wurden, die an unterschiedlichen Stellen begannen und dann abwechselnd und rhythmisch sinnvoll über das Keyboard getriggert wurden. Das können Sie im Beispielprojekt *09rexbreakbeat* nachvollziehen. In Abschnitt 17.4.9 über »Breakbeats« finden Sie ein Projektbeispiel, wo ich diese Technik mit dem gleichen Drumloop noch ein wenig mehr ausgereizt habe.

9.8.5 ReCycle-Dateien in Logic nutzen

Die Idee tempounabhängiger Loops durch Slicing stammt nicht zuletzt aus dem ca. 1994 von der schwedischen Firma Reason Studios (früher Propellerhead) erfundenen und heute noch aktuellen Programm *ReCycle*. Durch die mangelhafte Aktualisierung des Programms ReCycle seitens der Schweden schwindet leider seine Bedeutung, auch wenn *.rx2*-Dateien nun auch von Reason erstellt werden können. Vorteile der Nutzung der von diesem Programm erstellten ReCycle-Dateien (die auch *Rex-Files* genannt werden) gegenüber der Funktion IN NEUE SAMPLER-SPUR UMWANDELN in Logic sind:

- Sie können die einmal geslicten Drumloops in vielen Programmen verwenden. Weil es das erste Programm seiner Art war, wurden ReCycle-Files zu einer Art Standardformat: Die ReCycle-Dateien aller ReCycle-Versionen (mit den Dateiendungen *.rx2*, *.rcy* und *.rex* – Version 1 war noch mono) können von vielen Programmen und Samplern gelesen werden, z. B. von Logic, Cubase, Reason, Pro Tools, Ableton Live, Maschine, Kontakt, Battery – nun allerdings nicht mehr von Logics *Sampler*.
- Die ReCycle-Datei enthält sowohl das Sample-Preset als auch die MIDI-Region. Beides kann beim Import extrahiert werden.
- Der Editiervorgang ist im Programm ReCycle inklusive der genauen Bestimmung und des Vorhörens einzelner Slices komfortabel.

In der Übersicht ALLE DATEIEN können Sie – im Gegensatz zum Finder – auch ReCycle-Dateien in an das Songtempo angepasstem Tempo (aber leider nicht taktsynchron) vorhören.

ReCycle-Dateien können Sie:

- direkt in Logic ziehen (dann haben Sie die Auswahl zwischen verschiedenen Importmethoden) und dann (seit Logic 10.5. nur noch auf Umwegen) in ein *Sampler*-Instrument konvertieren
- über die Übersicht ALLE DATEIEN in Apple Loops konvertieren

Sie können die folgenden Erläuterungen anhand der zum Bonusmaterial zu Kapitel 9 gehörenden ReCycle-Datei *tgmstateoftestrex* nachvollziehen. Beim regulären Import einer ReCycle-Datei in Logic öffnet sich der Dialog aus Abbildung 9.56.

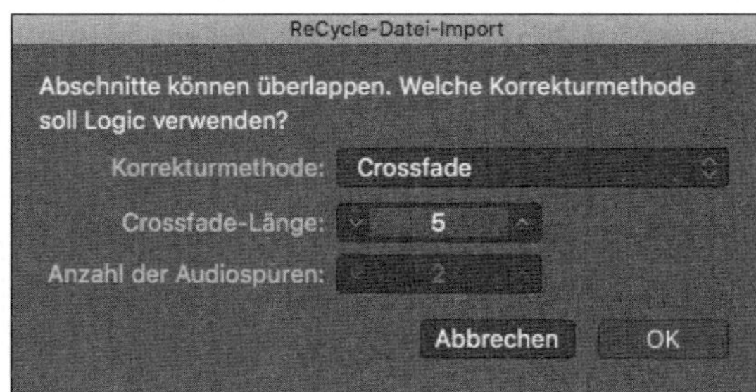

Abbildung 9.56 Dialog beim ReCycle-Datei-Import

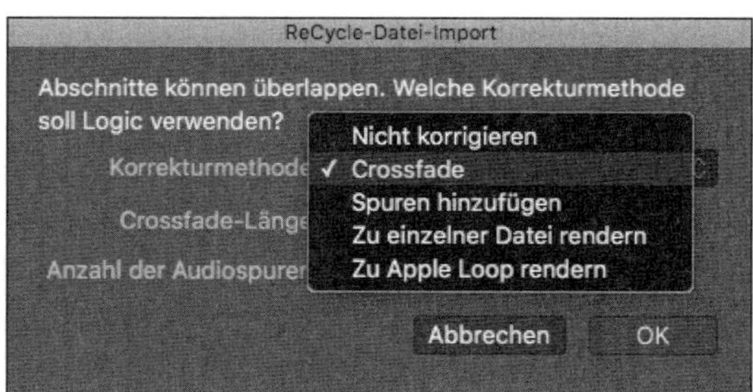

Abbildung 9.57 Korrekturmethoden beim ReCycle-Datei-Import

In diesem Dialog werden Ihnen verschiedene Einstellungen für den Import angeboten (Abbildung 9.57):

- NICHT KORRIGIEREN: Auf einer Audiospur wird ein Ordner angelegt, in dem die einzelnen Slices als einzelne Audiofiles angeordnet sind. Das sehen Sie, wenn Sie auf den Ordner doppelklicken. Die ReCycle-Datei landet zudem als Audiofile in der Übersicht PROJEKT. Dabei werden eine Region in voller Länge und Regionen für die einzelnen Slices angelegt (siehe Datei *09reximport1*).
- CROSSFADE (Voreinstellung): Wie NICHT KORRIGIEREN, allerdings bekommen die Regionen Crossfades.
- SPUREN HINZUFÜGEN: Ähnlich wie NICHT KORRIGIEREN und CROSSFADE, allerdings werden unterschiedliche Spuren bei sich überlappenden Regionen erstellt. Die Regionen kön-

nen sich überlappen, weil sie in ReCycle mit dem Stretch-Parameter künstlich verlängert werden können, was beim Abspielen in langsameren Tempo Vorteile hat. Weil der Ordner in Logic dann aus mehreren Spuren besteht, ist die Spur eine Ordnerspur – und nicht mehr nur eine Audiospur (siehe Dokument *09reximport2*).

- ZU EINZELNER DATEI RENDERN: Die ReCycle-Datei wird in eine einzelne Audiodatei gerendert.
- ZU APPLE LOOP RENDERN: Die ReCycle-Datei wird in einen Apple Loop gerendert.

Logic benutzt die in ReCycle definierten Transienten ebenfalls als Transient-Marker. Allerdings habe ich mit Logic Pro auch Fälle erlebt, in denen die Transienten aus ReCycle bei einem Import als einzelne Datei oder als Apple Loop nicht im AUDIODATEIEDITOR und dessen Transienten-Ansicht korrekt wiederzufinden waren. Der Import von Slices in Form von erzeugten Regionen in einer Spur nach der voreingestellten CROSSFADE-Methode funktionierte dagegen stets korrekt.

Übrigens: Wenn Sie einzelne Regionen einer nach der Methode SPUREN HINZUFÜGEN importierten ReCycle-Datei selektieren und die Funktion IN NEUE SAMPLER-SPUR UMWANDELN nutzen (im Submenü KONVERTIEREN des Kontextmenüs von Regionen), landen die Slices ebenfalls nicht nur als Zonen auf den Tasten des *Samplers*, sondern es wird zusätzlich ein MIDI-File erstellt, das die Slices an der entsprechenden Regionsposition triggert. Sie können das am Beispiel *09reximport3* nachvollziehen. Auf diese Weise können Sie die fehlenden Importoptionen im neuen Sampler gegenüber dem *EXS24* kompensieren.

9.8.6 Logic, (Apple) Loops und ReCycle im Zusammenspiel

ReCycle-Dateien lassen sich noch auf andere Weise einbinden und konvertieren:

1. In Logic selektierte Audioregionen lassen sich als ReCycle-Loop kopieren und via Copy & Paste in ReCycle öffnen und umgekehrt. Sie finden entsprechende Befehle im Menü FUNKTIONEN des Bereichs SPUREN. Wenn Sie einen in ReCycle kopierten Loop einsetzen, finden Sie ihn in Logic typischerweise nicht direkt auf der Spur, sondern lediglich in der Übersicht PROJEKT.
2. Mehrere in der Übersicht ALLE DATEIEN selektierte ReCycle-Loops lassen sich per Rechtsklick mit einer Art Batch-Processing in Apple Loops umwandeln.

Sampler-Instrument konvertieren

Wenn Sie einen Apple Loop in ein Sample-Instrument konvertieren wollen, dann wandeln Sie ihn zur Sicherheit zuvor in eine neue, unabhängige Datei im AIF-Format um. Dies gilt insbesondere, weil beim Slicing vorherige Tempoanpassungen nicht korrekt berücksichtigt werden.

9.9 Tempoanpassungen mit Tap-Tempo, dem Tempo-Interpreter oder dem Tempo-Regler

Eine weitere Tempoanpassungsoption ist die Nutzung der Funktion TAP-TEMPO und des TEMPO-INTERPRETERS, mit deren Hilfe Sie Logics Tempo sogar live an ein laufendes Stück anpassen können.

9.9.1 Tap-Tempo

Sie können Logic live zu Musik mit schwankendem Tempo synchronisieren, indem Sie das Tempo in Logic mit manuellen Taps regulieren.

Die einfachste Möglichkeit, Logic einmal ein Tempo mittels Taps mitzuteilen, besteht bereits ganz am Anfang beim Erzeugen eines Projekts, wenn Sie im Menü ABLAGE ein NEUES PROJEKT AUS VORLAGE erstellen. Im anschließenden Dialog werden Sie gefragt, welches Tempo das Projekt haben soll. Sie können aber auch auf den Button TAP-TEMPO drücken, um selbst das Tempo einzutappen (Abbildung 9.58).

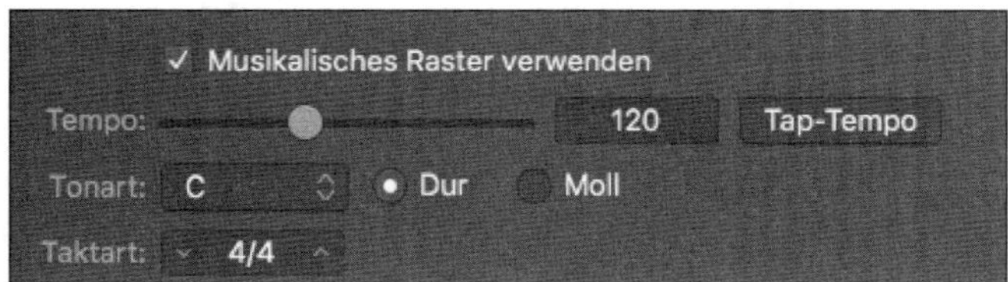

Abbildung 9.58 Der Button »Tap-Tempo«

Abgesehen davon gibt es eine TAP-TEMPO-Funktion bzw. den sogenannten TEMPO-INTERPRETER in Logic: Sie »tappen« über eine bestimmte Taste, die Sie festlegen müssen (Sie finden den Shortcut TAP-TEMPO in den Tastaturkommandos, zum Zeitpunkt der Drucklegung dieses Buchs war werksseitig kein Shortcut vergeben), das Tempo ein – und erklären Logic über die TEMPO-INTERPRETER-Funktion, wie Ihre »Taps« interpretiert werden sollen.

Ich schlage für die Zuweisung zur TAP-TEMPO-Funktion den bislang unbenutzten Tastaturkurzbefehl [⇧] + [ctrl] + [alt] + [T] oder einen MIDI-Befehl vor.

Nun rufen Sie den TEMPO-INTERPRETER auf, den Sie unter BEARBEITEN • TEMPO • TEMPO-INTERPRETER im BEARBEITEN-Menü des Bereichs SPUREN im Hauptfenster finden. Hier legen Sie fest, wie die von Ihnen über die der TAP-TEMPO-Funktion zugewiesene Taste eingegebenen Impulse von Logic interpretiert werden (Abbildung 9.59).

Stellen Sie außerdem in den PROJEKTEINSTELLUNGEN unter SYNCHRONISATION • ALLGEMEIN den SYNC-MODUS auf MANUELL, und setzen Sie ein Häkchen bei der Option EXTERNEN SYNC UND TAP-TEMPO AUTOMATISCH AKTIVIEREN (Abbildung 9.60).

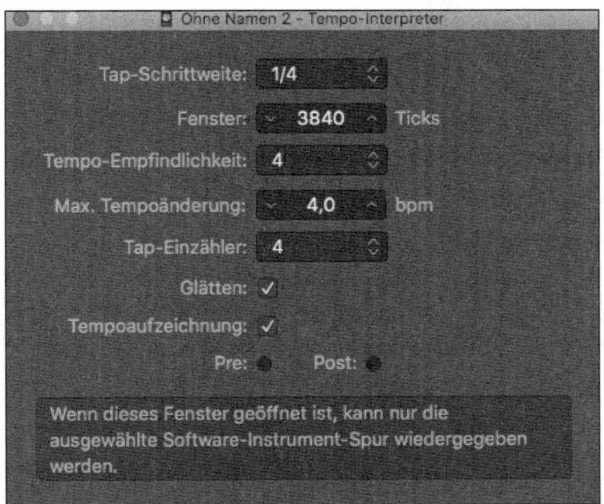

Abbildung 9.59 Die Einstellungen des »Tempo-Interpreter«-Fensters

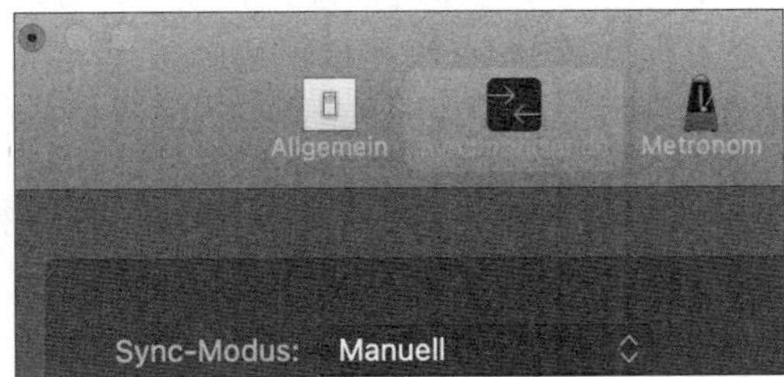

Abbildung 9.60 Der »Sync-Modus« in den Projekteinstellungen wurde auf »Manuell« gestellt.

Die Tempo-Interpreter-Einstellungen im Bild geben eine Tap-Schrittweite von einer Viertelnote und einen Einzähler von vier Schlägen vor. Viertelnoten eignen sich sehr gut für diese Funktion. Sie müssen nun lediglich anfangen, mit dem für den Befehl Tap-Tempo vergebenen Shortcut das gewünschte Tempo im Viertelnotentakt »einzutappen«. Nach vier Taps hat Logic bereits das Tempo errechnet und beginnt loszulaufen.

Die Feinjustierungsoptionen im Fenster Tempo-Interpreter erlauben unter anderem, einzustellen, wie genau Logic auf Temposchwankungen Ihres Klopfens reagiert. Soll Logic live mitlaufen, kann es sinnvoll sein, zu verhindern, dass Logic Ungenauigkeiten beim Tempo-Klopfen zu exakt wahrnimmt. Stattdessen ist oft gewünscht, dass Logic ein weitgehend konstantes Tempo beibehält – was allerdings nicht ganz einfach zu realisieren ist. Hierzu sollten Sie die Option Glätten aktivieren und im Feld Max. Tempoänderung einen möglichst kleinen Wert eintragen. Umgekehrt sollten Sie die Option Glätten deaktivieren, wenn Logic Ihren Taps exakt folgen soll (siehe Abbildung 9.59).

9.9.2 Temporegler

Außerdem können Sie das Tempo mit dem Tempo-Regler fernsteuern. Der Tempo-Regler ist ein Reglerobjekt, das Sie in der MIDI-Umgebung im Menü Neu • Regler • Sonderfälle • Tempo-Regler erzeugen. Mit ihm können Sie das Tempo manuell erhöhen und verringern. Wenn Sie den Tempo-Regler zwischen den Objekten Physischer Eingang und Sequenzereingang im Layer Klick & Port wie in Abbildung 9.61 verkabeln, können Sie Bewegungen des Tempo-Reglers aufzeichnen (siehe Projekt *09Temporegler1*). Die Aufzeichnung können Sie anschließend in den globalen Spuren editieren. Die reine Live-Fernsteuerung funktioniert aber bereits durch den Regler selbst – auch ohne Verkabelung, denn die Tempoänderungen erfolgen mit Hilfe des sogenannten *Meta-Events 100*. Dieses steuert das Sequencertempo.

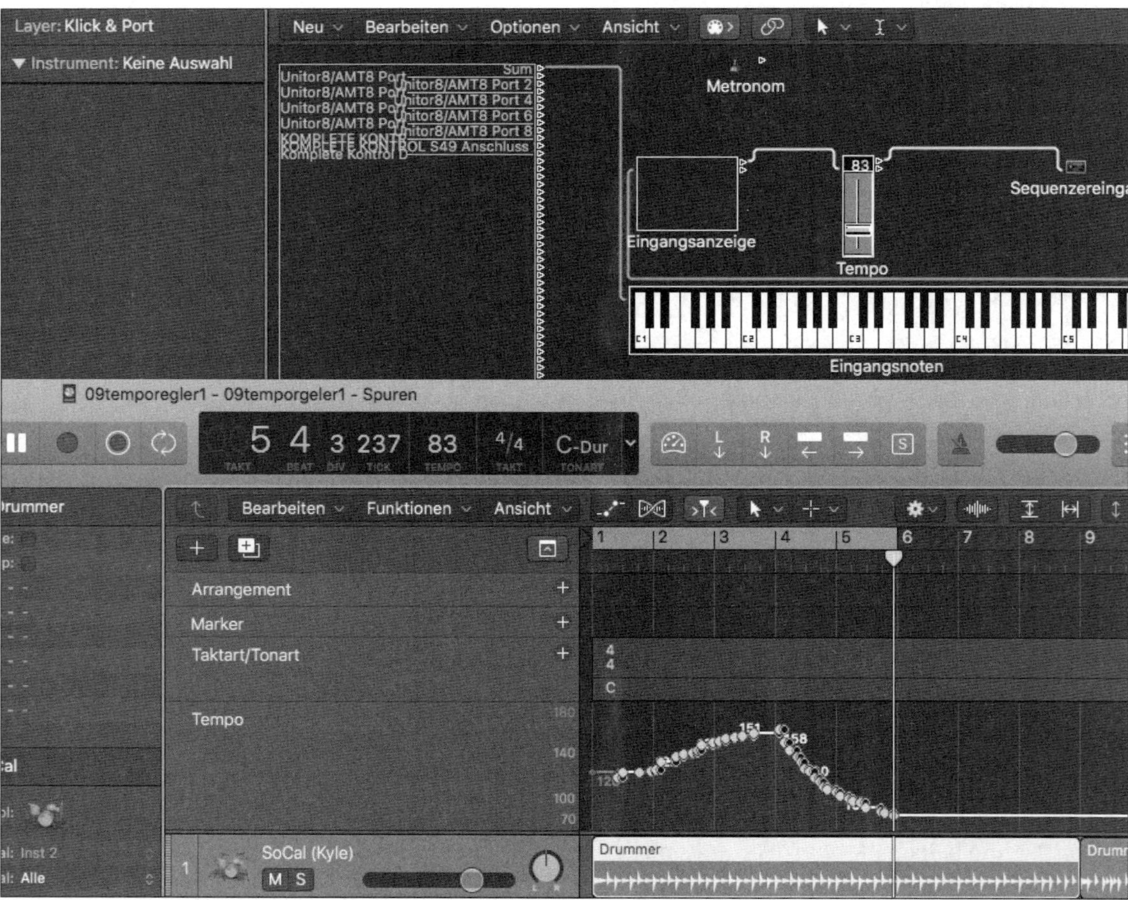

Abbildung 9.61 Hier ist der »Tempo«-Regler im Layer »Klick & Port« zwischen dem physischen Eingangsobjekt und dem Sequencereingang verkabelt, so dass seine Bewegung aufgezeichnet werden kann.

Im Projekt *09Temporegler2* habe ich den TEMPO-Regler als Spurobjekt zugewiesen (via Rechtsklick auf den Spur-Header und Klick auf den Eintrag SPUR NEU ZUORDNEN, der im Spur-Kontextmenü erscheint). Das funktioniert nur, weil ich ihn zuvor in der MIDI-UMGEBUNG zuweisbar gemacht habe, indem ich das entsprechende Häkchen neben dem Eintrag ZUWEISBAR in der Infobox zum TEMPO-Regler gesetzt habe. Anschließend habe ich eine Region erzeugt und in der Region der Spur mehrere Meta-Events Nr. 100 erzeugt, die die Stellung des TEMPO-Reglers verändern. Auch das kommt einer Tempoautomation gleich.

Mehr zum Thema MIDI-UMGEBUNG, Layers etc. lesen Sie in Abschnitt 13.2, »MIDI-Umgebung/Environment«. Ergänzende Informationen zu Meta-Events finden Sie außerdem in Abschnitt 18.4.

Kapitel 10
Export und Import von Audio, MIDI, Sonderformaten und Projektbestandteilen

Dieses Kapitel widmet sich dem Thema Audio- und MIDI-Im- und Export, Bounces und dem Export von Regionen oder Spuren. Außerdem finden Sie Informationen zu verschiedenen Audioformaten, Samplerates und Bitrates. Und schließlich noch Optionen zum Import und Export von besonderen Formaten und Projektbestandteilen.

Die verschiedenen Möglichkeiten, Audio- und MIDI-Dateien in Logic zu im- oder zu exportieren, behandelt dieses Kapitel. Ein Audioexport wird manchmal auch *Bounce* genannt, andernorts wird vom *Export* oder von *Konvertieren in eine Audiodatei* gesprochen. Da stellt sich die Frage nach den Unterschieden.

10.1 Audio: Dateiformate, Bitrate, Abtastrate/Samplerate

In diesem Abschnitt geht es um die Eigenschaften der Dateiformate wie Bitrate und Samplerate. Logic Pro nutzt mal den Begriff *Abtastrate*, mal *Samplerate*. Hier werden beide synonym benutzt.

10.1.1 Von Logic nutzbare Audiodateiformate und ihre maximale Dateigröße

Logic bevorzugt Datenformate ohne klangverschlechternde Kompression, die auch *Lossless*-Formate genannt werden. Wenn Sie zum Beispiel eine *.mp3*-Datei importieren, wird sie automatisch in ein Lossless-Format umgewandelt, damit Logic das komprimierte Format nicht ständig dekodieren muss, was CPU-Leistung kostet.

Im Bounce-Dialog sind diese Formate unter PCM (Pulse-Code-Modulation) zusammengefasst. Dabei können Sie zwischen verschiedenen PCM-Formaten auswählen:

- *AIFF = Audio Interchange File Format* (*.aif* oder *.aiff*), entwickelt von Electronic Arts; Standard auf Macs; erlaubt maximal 2 GB große Dateien, was bei einer Auflösung von 16 Bit und einer Samplerate von 44,1 kHz ca. 3 Stunden und 15 Minuten bei einer Stereodatei entspricht.

- *WAVE (PC)* = basiert auf Microsofts RIFF-Format, dem meistverbreiteten Format. Logic benutzt das Format Broadcast Wave (BWF), das in der Datei auch Informationen über Zeitpositionen (Timestamps) enthalten kann und (im ursprünglichen Format) eine maximale Dateigröße von 4 GB zulässt. Größere Files sind grundsätzlich mit dem Format MBWF/RF64 möglich, das bislang nicht in Logic verwendet wird.
- *SD2 = Sounddesigner 2* (*.sd2*); entwickelt von Digidesign; Verbreitung lässt nach; in der Regel nicht PC-kompatibel; steht in Logic nur für den Import, aber nicht mehr für den Export oder Bounce zur Verfügung.
- *CAF* = Apple-Audioformat (*Core Audio Format*), in dem Apple-Loop-Content gespeichert wird (etwa halbe Dateigröße von *.aif*/*.wav*). Dateien werden mit dem sogenannten Apple Lossless Codec komprimiert, der angeblich verlustfrei arbeitet. Es handelt sich um ein Container-Datenformat, das heißt, in der Paketdatei können auch Metadaten abgelegt werden. Der Nachteil dieses Formats ist mangelnde Kompatibilität mit anderen Programmen oder mit PCs. Es erlaubt Dateigrößen >4 GB (laut Logic-Handbuch ca. 13 Std. und 30 Min. bei einer Samplerate von 44,1 kHz).

Beim *AAF*-Format handelt es sich um ein auch von anderen DAWs wie Pro Tools verwendetes Format, das den Austausch (Import und Export) mehrerer Audiospuren gleichzeitig in einer Datei inklusive Verweisen zu Spurnummern, Zeitpositionen und Volume-Automation ermöglicht (erstellbar über ABLAGE • IMPORTIEREN bzw. EXPORTIEREN, aber nicht über den Bounce-Dialog).

Die maximale Dateigröße kann z. B. eine Rolle spielen, wenn Sie einen 7 Stunden langen MP3-Mitschnitt von einem Clubabend in einen Editor oder ein Programm importieren wollen, das versucht, diese Datei automatisch in ein AIFF-File umzuwandeln. Bei älteren Versionen von Logic führte das wegen der maximalen Dateigröße von 2 GB für AIFF-Dateien zu einem Crash – abgesehen davon, dass 32-Bit-Programme nur ca. 4 GB verwalten bzw. adressieren konnten. Wenn Sie eine so große MP3-Datei in Logic Pro ziehen, die als WAV-Datei größer als 4 GB würde, konvertiert Logic Pro sie nun in eine neue Datei im CAF-Format.

10.1.2 Samplerate, Bitrate und Dateigröße

Die *Samplerate* regelt, wie oft in der Sekunde eine Art »Schnappschuss« des Audiosignals aufgenommen wird, das von analog in digital und zurück umgewandelt wird. Die *Bitrate* (einstellbar in den allgemeinen Einstellungen) dagegen regelt, wie groß die Auflösung ist bzw. wie umfangreich die aufgenommenen Daten dieses Schnappschusses sind. Die Samplerate wird in Samples pro Sekunde angegeben. Eine Samplerate von 44.100 Samples pro Sekunde mit 16 Bit Auflösung entspricht CD-Qualität. Bei einer Abtastrate von 44,1 kHz sind das also 44.100 Einzelsamples pro Sekunde oder 44.100 Wandlungen von analogen in digitale Signale oder umgekehrt.

Pro Sekunde fallen Abtastrate × Bytes pro Sample (Auflösung) × Anzahl der Kanäle (mono = 1, stereo = 2) Bytes an. Ein Beispiel: 5 min = 300 s, CD-Qualität (16 Bit = 2 Byte, 44.100 Hz, stereo). Das ergibt 44.100 Hz × 2 Byte × 2 × 300 s = 52.920.000 Byte = 51.679,69 KB = 50,5 MB (geteilt durch 1.024).

Eine 16-Bit-Auflösung bedeutet 65.536 mögliche Level (die Lautstärke des Samples kann in 65.536 Werten dargestellt werden), bei 24 Bit sind es 16.777.216 Level.

Standard für Audiofiles

16 Bit und 44,1 kHz im WAV-Format sind das übliche CD-Format bzw. Standard für die Anlieferung von Audiofiles.

Eine Verwendung von Audiofiles mit verschiedenen Samplerates im Projekt ist problematisch und sorgt dafür, dass einige davon schneller oder langsamer klingen und eine Veränderung der Tonhöhe auftritt. Der Grund: Die Festlegung einer Samplerate bedeutet, dass eine bestimmte Zahl Samples pro Sekunde gelesen wird. Audiofiles mit kleineren oder größeren Samplerates werden schneller oder langsamer als bei der Aufnahme ausgelesen (Beispiel im Projekt *10SR2x*). Dagegen ist die Verwendung von Files mit unterschiedlichen Bitrates im Projekt unproblematisch.

10.1.3 Samplerate und Bitrate: Praxis und Buffer

Die Vorteile kleinerer Sample- und Bitrates sind ein geringerer Speicherbedarf und eine höhere Geschwindigkeit bei der Verarbeitung. Zudem ist keine zusätzliche Wandlung mehr nötig, wenn das Zielformat ohnehin 44.100 Samples und 16 Bit bzw. CD-Qualität aufweist. Abgesehen davon, dass die Fähigkeit zur Wahrnehmung von Detailverbesserungen durch höhere Sample- und Bitrates von vielen Faktoren (individuelle Wahrnehmungsfähigkeit, Gehörschulung, Blendersyndrom, Qualität der Wiedergabe-PA) abhängt, gibt es Anwendungsbeispiele, die höhere Sample- oder Bitrates besonders rechtfertigen, z. B. wenn Sie beabsichtigen, die Aufnahmen später langsamer abzuspielen oder in einen Sampler zu laden, um sie dort heruntergepitcht abzuspielen. Auch das lässt sich wieder mit einem Film vergleichen: Wenn Sie einen Slow-Motion-Effekt nutzen möchten, hilft Ihnen eine höhere Bildrate pro Sekunde deutlich.

Auch wenn die Aufnahmen wiederholt in verschiedensten Effekten bearbeitet werden, kann eine Aufnahme mit höheren Samplerates oder Auflösungen sinnvoll sein, denn in solchen Fällen können die Unterschiede später deutlicher zutage treten.

Einige Toningenieure empfehlen 48 kHz als Standard-Samplerate für Aufnahmen – zum Beispiel, weil bei 48-kHz-Aufnahmen die Höhenwiedergabe besser als bei 44,1 kHz sein soll. Über den Daumen gerechnet sagt man, dass die Wiedergabe von Frequenzen mit etwa der Hälfte der Samplerate störungsfrei möglich ist. 48 kHz ist auch ein gebräuchliches Standardformat bei der Filmvertonung oder auf DVDs, Vielfache dieser Samplerate (96 und 192 kHz) werden ebenfalls eher im Video- als im Audiobereich verwendet.

Bedenken Sie, dass Sie die I/O-PUFFERGRÖSSE für Logic unter EINSTELLUNGEN • AUDIO in Samples einstellen. Verdoppeln Sie also die Samplerate (Samples pro Sekunde), so halbieren Sie damit die Puffergröße zeitlich, ohne an der Puffergröße selbst etwas zu ändern, was den Rechner stärker fordert. Stellen Sie die Puffergröße zu klein und die Samplerate zu hoch, ist möglicherweise gar nichts mehr zu hören.

10.1.4 Komprimierte Formate

Die gängigsten komprimierten Audiodateiformate sind:

- MP3
- AAC/M4A/M4R

MP3-Dateien haben ab 192 kBit Auflösung meiner Meinung nach eine erträgliche Qualität, die (gerade noch so) auch einem Publikum vorgespielt werden könnte. Unter DJs ist der Austausch von 320-kBit-MP3s populär. Das Fraunhofer-Institut hat 2017 die Weiterlizenzierung des Formates eingestellt, weil andere Formate besser klingen, so dass andere Formate in Zukunft wichtiger sein werden, wie z. B. AAC. Diese können dann allerdings nicht immer von allen Geräten decodiert werden.

AAC (*.m4a*) ist das Format der Stücke von Apple Music (früher: iTunes), es wird auch oft für Streaming verwendet. iTunes-Stücke wurden zunächst mit 128 kBit/44,1 kHz angeboten und lieferten dabei bereits brauchbare Ergebnisse und besseren Sound als ihre MP3-Pendants. Danach wurden 256-kBit-AAC-Dateien das gängige Format. Apple Music unterstützt nun auch HE-AAC-Dateien (auch MPEG-4 AAC genannt).

.m4r-Dateien sind als Telefon-Klingeltöne verwendbare Files, die Sie für iPhones zurzeit nur aus GarageBand iOS heraus erzeugen und exportieren können.

10.1.5 Interleaved vs. Split Stereo

Interleaved ist ein Begriff für ein Stereofile, in dem beide Kanäle in einer Datei gebündelt sind. Im Gegensatz dazu gibt es auch Split-Stereo-Files. Auch sie sind Stereofiles, nur eben in zwei Teilen. Logic beherrscht eine Konvertierung von dem einen in das andere Stereo-File-Format (im Fenster PROJEKTAUDIO via DATEIKONVERTIERUNG). Wenn Sie zwei Split-Stereo-Dateien mit den Endungen *.L* und *.R* auf eine Stereo Spur ziehen, rendert Logic übrigens eine neue Interleaved-Datei hieraus.

10.1.6 Surround

Das Bouncen von Audioformaten in Surround-Formaten bzw. mit mehr als zwei Kanälen ist möglich (*Surround-Bounce*). Unter EINSTELLUNGEN • AUDIO • I/O-ZUWEISUNGEN können Sie auf detaillierte Surround-Einstellungen zugreifen. Achtung: Manchmal erstellt man automatisch einen Surround-Master-Kanal, wenn man bestimmte mehrkanalige Apple Loops benutzt bzw. importiert. Das kann zu Problemen beim Bouncen führen, weil gegebenenfalls automatisch ein Surround-Output erstellt wird. Logic bounct aber bisher noch keine sogenannten AC3-Encodierungen oder andere Kino-/DVD-Formate. Dazu benötigen Sie externe Encoder.

10.1.7 Rex/ReCycle

Logic kann Rex-Files importieren und über die Übersicht ALLE DATEIEN anspielen; den Import dieser Files behandelt Abschnitt 9.8.5.

10.2 Audio: gesamtes Projekt oder Abschnitt bouncen

Bouncen (cmd + B) bedeutet das Zusammenrechnen des Hörbaren in eines der gängigen Audiofile-Formate, die von anderen Geräten und Programmen gelesen werden können.

Betrachten wir zunächst die Funktion BOUNCEN • PROJEKT ODER ABSCHNITT. Sie wird in der Regel benutzt, um aus dem fertigen Logic-Projekt eine Audiodatei zu erstellen.

Sie können dabei einen ganzen Song oder auch nur einen Teilbereich eines Songs oder solo gestellte Spuren bouncen. Weitere Optionen zum Exportieren oder Bouncen von Teilbereichen eines Projekts bespreche ich in Abschnitt 10.3.

10.2.1 Bounce-Dialog und Auswahl der Dateiformate für den Bounce: PCM, MP3, M4A/AAC, CD

Der Bounce-Befehl befindet sich u. a. im Menü LOGIC PRO • ABLAGE. Der anschließende Dialog bezieht sich in der Regel auf den Output 1–2 (erkennbar oben im Fenster) und erlaubt die Auswahl verschiedener Zielformate. Dabei ist es sogar möglich, aus Logic heraus auf CD zu brennen. Bei den anderen Zielformaten handelt es sich um unkomprimierte PCM-Files, die Sie aus Abschnitt 10.1.1 kennen, sowie um MP3 und M4A bzw. AAC.

Zunächst können Sie also das gewünschte Audioformat oder mehrere Formate für den Bounce einstellen. Wenn Sie das Häkchen neben dem Eintrag »PCM« setzen und diesen Eintrag selektieren, können Sie anschließend rechts die Detaileinstellungen vornehmen (z. B. ob ein AIFF- oder ein WAV-File und in welcher Bit- und Samplerate gebounct werden soll). Die Einstellung in Abbildung 10.1 entspricht CD-Qualität (PCM/AIFF mit 16 Bit AUFLÖSUNG und einer ABTASTRATE von 44.100 Hz). Eine feinere Auflösung von 24 Bit ist möglich. Bedenken

Sie, welches Format gegebenenfalls von potenziellen Empfängern eines Exports gewünscht ist. Das Erzeugen von 32-Bit-Bounces ist nicht immer eine gute Option. So nutzen Download-Shops typischerweise maximal eine Auflösung von 24 Bit. Weil bei Konvertierungen (insbesondere bei der von 32 auf 24 Bit) Fehler passieren können, möchten solche Shops und auch deren Zulieferer diesen Prozess und die Verantwortung dafür nicht übernehmen. Sie müssen selbst auf das gewünschte Format konvertieren und konvertierte Formate probehören und auf Fehler überprüfen.

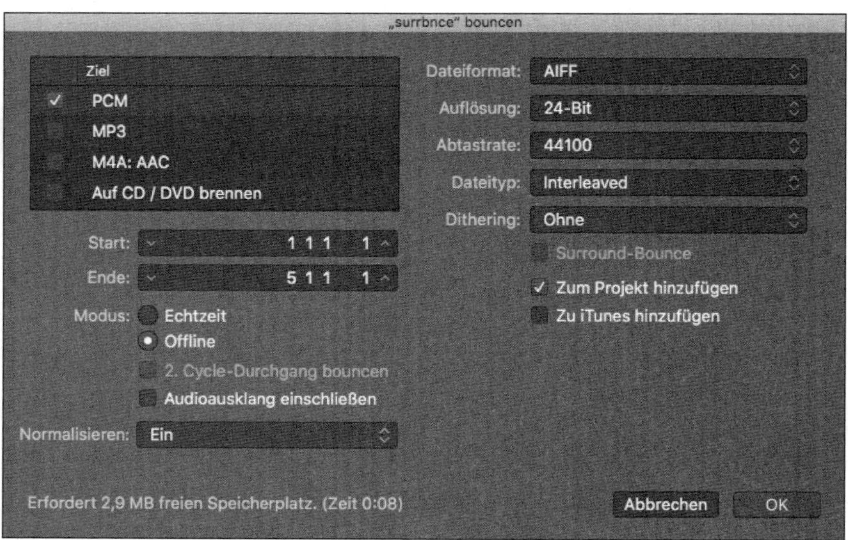

Abbildung 10.1 Bounce-Dialog

Sie können mehrere Formate gleichzeitig bouncen und z. B. zusätzlich auf das Kästchen neben MP3 oder M4A:AAC klicken, um in einem Rutsch zusätzliche andere Formate zu bouncen. Wenn Sie den Eintrag MP3 links selektieren, erscheinen rechts die möglichen Detaileinstellungen für das Format. Beachten Sie, dass hierbei stets zunächst ein PCM-Format gebounct und anschließend gewandelt wird. Unter EINSTELLUNGEN • AUDIO • I/O ZUWEISUNGEN können Sie zudem Dateisuffixe für Bounces einstellen, was insbesondere bei Surround-Bounces eine Rolle spielt.

10.2.2 Welcher Audio-Output, und was genau wird gebounct?

Es wird in der Regel das gebounct, was zu hören ist, wenn Sie die PLAY-Taste drücken, nämlich der Output 1–2. Das heißt: Möchten Sie einen Sound solo bouncen, reicht es, ihn solo abzuspielen, denn sowohl Regionssolo als auch Spurensolo entsprechen hier einem *Solo in place*, das heißt, Sie hören das Signal solo wie im Mix über denselben Output. Ausnahme: Wenn Sie an einem eventuell vorhandenen Output-Objekt, das nicht dasjenige ist, das Sie gerade abhören, den BOUNCE-Knopf drücken, bouncen Sie eventuell etwas anderes als das, was Sie hören.

Abbildung 10.2 Links ist der rechte der beiden Kanälel auf Output 3–4 geroutet, rechts erscheint ein neues, passendes Output-Objekt.

Wenn Sie Audiokarten mit mehreren Outputs verwenden, legt Logic zusätzliche Output-Objekte an, sobald Sie einen solchen separaten Output als Ausgang in einem Kanalzug wählen. Diese verfügen über einen eigenen BOUNCE-Button und einen eigenen Bounce-Dialog (Abbildung 10.2). Im Fensterkopf des Bounce-Dialogs sehen Sie dann z. B., wenn Output 3–4 gebounct werden soll.

10.2.3 Taktbereich beim Bounce wählen, Cycle-Bereich zweimal bouncen, Audioausklang einschließen

Der Bounce-Dialog in Abbildung 10.1 zeigt Takt 1 als Startpunkt und Takt 5 als Endpunkt. Das können Sie im Dialog durch Eingabe anderer Werte in START und ENDE manuell ändern. Alternativ können Sie den ganzen Song im Taktlineal selektieren, *bevor* Sie in den Bounce-Dialog wechseln. Dann wird der selektierte Bereich automatisch im Bounce-Dialog voreingestellt. Wenn Sie die Songlänge im Display entsprechend einstellen, kann der Bounce-Bereich nie über die maximale Songlänge hinausgehen. Sie können auch einen Cycle-Bereich im Taktlineal einstellen, der anschließend gebounct wird. Dabei ist es auch möglich, ihn ein zweites Mal zu bouncen (Option 2. CYCLE-DURCHGANG BOUNCEN in Abbildung 10.1), um eventuell einen Audioausklang aus dem ersten Cycle mitzubouncen oder ein Rumpeln am Anfang der Loop-Aufnahme zu verhindern. Ähnliche Optionen gibt es auch beim Bouncing von Live-Loops-Zellen.

Audioausklang einschließen

Ist das Häkchen bei AUDIOAUSKLANG EINSCHLIESSEN gesetzt, werden ausklingende Sounds über die im Dialog eingestellte Taktposition hinaus gebounct, damit es kein abruptes Ende im Bounce gibt. Auch diese Option findet sich in verschiedenen Bounce-Dialogen; sie führt eventuell zu Problemen, falls Sie z. B. nicht endendes Delay im »Tape-Delay«-Plug-in eingestellt haben. In diesem Fall empfiehlt es sich, den Bounce gegebenenfalls abzubrechen. Ich überlege mir insbesondere beim Bounce fertiger Stücke vorher, wie lang der Bounce werden soll, verlängere in solchen Fällen den Taktbereich entsprechend, deaktiviere die Option AUDIOAUSKLANG EINSCHLIESSEN, bearbeite den Bounce anschließend destruktiv in einem Editor und schneide oder fade das Ende nach Bedarf.

10.2.4 Modus beim Bounce wählen: Echtzeit- vs. Offline-Bounce

Sie können in Echtzeit (entspricht der Original-Abspielgeschwindigkeit) oder offline (so schnell, wie es der Computer angesichts der verwendeten Effekte schafft, ohne dass Sie in Echtzeit mithören können) bouncen. Externe Klangerzeuger werden nur mitgebounct, wenn ...

- sie in Logic hineingeroutet sind *und*
- in Echtzeit gebounct wird.

Es gibt die Meinung, dass Echtzeit-Bounces oder Aufnahmen auf Audiospuren via Bus-Routing aufgrund einer angeblich verlustfreieren Art der Berechnung/Erzeugung besser klingen. Ich fand die Klangqualität von Offline-Bounces bislang absolut brauchbar und bevorzuge diese vor allem aus folgenden Gründen: Wenn Sie (insbesondere bei einem komplexen Projekt) einen Echtzeit-Bounce vornehmen, muss Logic zusätzlich zum Bounce die korrekte Wiedergabe des Audiomaterials realisieren. Hierdurch wird es nicht nur zusätzlich beansprucht, es ist zudem verpflichtet, für die Berechnung des Bounces nie länger zu brauchen, als das Abspielen in Echtzeit dauert.

Falls Logic damit an irgendeiner Stelle im Projekt für den Bruchteil einer Sekunde überfordert sein sollte, können sich Artefakte einstellen. Zwar sollte normalerweise ein Warnhinweis erscheinen und der Bounce abgebrochen werden (das gilt natürlich nur, wenn Sie intern bouncen und keinen externen Recorder verwenden), bei mir ist es jedoch in der Praxis vorgekommen, dass sich kleinere Holperer oder Fehler in solche Echtzeit-Bounces geschlichen haben, ohne dass Logic den Bounce unterbrach. In der Praxis bedeutet das einen hohen Zeitaufwand, der viel Substanz kostet: Sie werden sich den Bounce anhören wollen, während er in Echtzeit passiert – und außerdem danach das gebouncte File. Ist eine Klangverbesserung von Echtzeit-Bounces den zusätzlichen Aufwand wert? Für mich nur dann, wenn ich den Unterschied wirklich selbst hören kann, und nicht, wenn ich nur darüber lese.

Wenn Sie Offline-Bounces verwenden und Logic temporär überfordert ist, kann es sich dagegen immer die Zeit für den Bounce nehmen, die es braucht, denn es bounct mit der x-fachen Geschwindigkeit der CPU-Leistungsfähigkeit. Das bedeutet andererseits oft eine Zeitersparnis: Wird die CPU-Leistungsfähigkeit nur zu einem Zehntel beansprucht, bounct Logic offline dementsprechend auch mit der zehnfachen Geschwindigkeit. Zudem haben die Offline-Bounces in meiner Praxiserfahrung wesentlich seltener Artefakte.

10.2.5 64-Bit- vs. 32-Bit-Rendering (Summieren)

Unter LOGIC PRO • EINSTELLUNGEN • AUDIO • GERÄTE können Sie für das SUMMIEREN zwischen den Optionen 64 BIT und 32 BIT wählen. Dies betrifft neben dem, was Sie im laufenden Logic-Betrieb hören, ebenfalls den Bounce (siehe detailliertere Erläuterungen im nächsten Abschnitt). Die 64-Bit-Option bietet eine mögliche klangliche Verbesserung durch größeren Dynamikumfang und feinere Auflösung.

10.2.6 »Normalisieren«, Übersteuerungsschutz, interne Bitrate-Wandlung

Sie können im Bounce-Dialog aus Abbildung 10.3 und auch in anderen Exportdialogen für Audiofiles unter dem Eintrag NORMALISIEREN zwischen folgenden Optionen wählen:

- AUS: keine Normalisierung/kein Übersteuerungsschutz. Das bedeutet: Wenn im Song der Master-Output über 0 dB ausschlägt, klingt der Bounce anschließend möglicherweise verzerrt.
- NUR ÜBERSTEUERUNGSSCHUTZ: Wenn im Song der Master-Output über 0 dB ausschlägt, macht Logic den Bounce automatisch leiser, so dass keine Verzerrungen auftreten (und zwar um genau den Wert der maximalen Übersteuerung).
- EIN (Voreinstellung): wie bei NUR ÜBERSTEUERUNGSSCHUTZ. Zusätzlich wird der Bounce aber lauter gemacht, falls die lauteste Stelle leiser als 0 dB ist – und zwar genau so viel, bis der höchste Pegel 0 dB beträgt. Dabei erfolgt keine Klangveränderung oder -stauchung wie beim Limiting. Der Bounce wird lediglich lauter gemacht. Dieses Normalisieren entspricht der Funktion NORMALISIEREN im AUDIODATEIEDITOR.

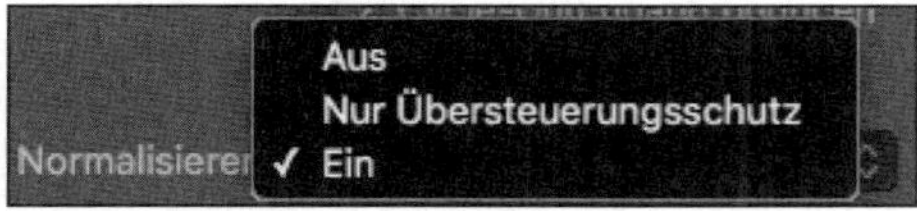

Abbildung 10.3 Einstellungen unter der Option »Normalisieren«

Die letzten beiden Einträge schützen Sie vor Übersteuerungen, falls z. B. kein Brickwall-Limiter in der Masterspur installiert ist. Wenn Sie keinen Limiter benutzen und den Übersteuerungsschutz aktivieren, klingt Ihr Bounce hinterher möglicherweise leiser als der Song bei der Arbeit in Logic zuvor (und zwar um genau den Wert der maximalen Übersteuerung). Ein solches File eignet sich anderseits besser als bereits selbst mit Limiter bearbeitete Files dazu, später an einen externen Mastering-Ingenieur weitergegeben zu werden, weil der Dynamikumfang durch das Limiting noch nicht eingeschränkt wurde.

Falls Sie ein übersteuertes Projekt ohne Übersteuerungsschutz bouncen, wird das Ergebnis nach dem Bounce natürlich trotzdem niemals mehr Pegel haben als 0 dB. Werte, die darüber hinausgingen, wurden abgeschnitten. Wie das bei der Wiedergabe klingt, kommt auf das musikalische Material und den Einzelfall an – und auch auf den Sound Ihres Wandlers.

Beachten Sie, dass automatisches Normalisieren beim Export von Teilbereichen eines Songs die Lautstärkerelationen der Teilbereiche verändern kann!

Technischer Hintergrund

Warum kommt es überhaupt so weit, dass ein zunächst nicht verzerrendes Projekt zu einem verzerrten Bounce wird? Die theoretische Dynamik eines 16-Bit-Files liegt ungefähr beim Sechsfachen seiner Bittiefe (also ca. 96 dB). Die theoretisch mögliche Dynamik eines 24-Bit-Files beträgt demzufolge ca. 144 dB. Bei 32- oder 64-Bit-Files bzw. Summierung ist theoretisch noch mehr Dynamik möglich, und selbst übersteuertes Material kann verzerrungsfrei wiedergegeben werden. Logic arbeitet intern mit einer 64- oder 32-Bit-Auflösung beim Summieren (siehe oben), die beim Bounce in 24- oder 16-Bit-Audiofiles gewandelt wird, wodurch Verzerrungen auftreten können, falls der Output über 0 dB liegt. Solche Verzerrungen durch Wandlungen können in DAWs auch vorkommen, wenn in Plug-ins Wandlungen stattfinden (durch Truncation, also Abschneiden der niederwertigen Bits ohne Dithering). Das passiert theoretisch bei jeder Offlinebearbeitung. Ob Sie diese Verschlechterungen hören können, ist eine andere Frage; z. B. werden bei leisen Hallausklängen manchmal Unterschiede hörbar. Im Einzelfall kommt es auf die verwendeten Programme und Hardwarekomponenten an. Leider kann man die Funktionsweise von Software-Plug-ins nicht wie Schaltpläne eines Effektgeräts analysieren und miteinander vergleichen.

Ein Praxisbeispiel: Im Projekt *10Channeleqverzerr1* ist ein Apple Loop geladen. Im Masterbereich wird per Automation ab Takt 3 ein »Channel EQ« aktiviert (den ich genauer in Abschnitt 15.2.4 erläutere) und der lediglich mit LPF und HPF Signalanteile wegfiltert. Trotzdem schnellt der Peak des Kanals durch die Plug-in-Bearbeitung von 0 dB auf +4,7 dB. Natürlich ergäbe ein Bounce mit einem kurzzeitigen Spitzenwert von 4,7 dB nicht das gleiche Ausmaß an Übersteuerung und Lautstärke wie ein Bounce des gleichen Files ohne EQ mit einem um +4,7 dB angehobenen Masterbereich (was Sie im Beispielprojekt *10Channeleqverzerr2* hören).

10.2.7 Dithering

Beim *Dithering* geht es um die klangliche Optimierung von Artefakten, die durch die Bitreduktion entstehen. Vom mehrfachen Dithering eines Audiofiles ist abzuraten, genauso wie von mehrfacher Truncation durch Bitrate-Wandlung.

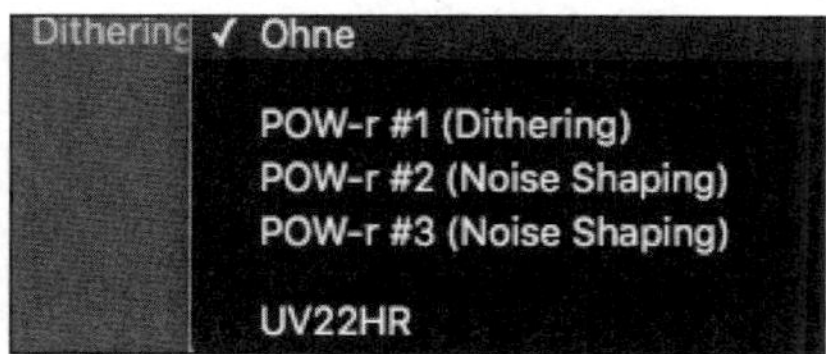

Abbildung 10.4 Dithering-Optionen

Sie können im Bounce-Dialog zwischen verschiedenen DITHERING-Optionen wählen (Abbildung 10.4). Dithering in Logic betrifft die Wandlung des internen 32-Bit-Signals in Dateien mit dem Zielformat 24 oder 16 Bit. Dies kann beim Bouncen einer Audiodatei, beim Brennen einer CD aus Logic heraus oder beim Export von AAF-Dateien der Fall sein. Die Option UV22HR steht nur zur Verfügung, wenn Sie ein 16-Bit-Audiofile bouncen wollen. Der Algorithmus UV22HR stammt von Apogee und wird im Logic-Handbuch selbst als bester der vorhandenen Algorithmen hervorgehoben. 10

10.2.8 »Zum Projekt hinzufügen«

Auch die Option ZUM PROJEKT HINZUFÜGEN kommt in verschiedenen Bounce- und Audioexportdialogen vor. Logic bietet hiermit an, die Files der Übersicht PROJEKTAUDIO für die weitere Verwendung im Projekt hinzuzufügen. Wenn Sie das entsprechende Häkchen setzen, wird Ihr Bounce automatisch für weitere Verwendungen in Ihrem Projekt hinzugefügt, und Sie ersparen sich die eventuell notwendigen Schritte für einen anschließenden Import.

10.2.9 Speicherort für Bounces auswählen

Wenn Sie dann auf BOUNCEN klicken oder [↵] drücken, fragt Logic in einem Dialog, wo Sie den Bounce speichern möchten. Falls Sie das Projekt als Ordner verwalten, bieten der Dialog im Projektordner den Unterordner *Bounces* als Speicherort an. Falls Sie das Projekt als Paket verwalten, müssen Sie einen Speicherort außerhalb des Pakets festlegen. Vergeben Sie einen sinnvollen Namen, der sich auf den Namen des Projekts bezieht. Wenn Sie nach Festlegung des Speicherorts auf BOUNCEN klicken oder [↵] drücken, sehen Sie während des Bounce-Vorgangs (sowohl bei Echtzeit- als auch bei Offline-Bounces) ein kleines Fenster im Vordergrund mit einem Balken, der Sie über den Fortschritt informiert.

10.2.10 Bounces abbrechen

Mit dem Befehl [cmd] + [.] brechen Sie einen laufenden Bounce ab. Dies gilt auch beim Bounce von Spuren oder Regionen. Manchmal bleibt dabei das bisher gebouncte File trotzdem erhalten, z. B. beim Abbruch eines Bounces mit endlosem Audioausklang.

10.2.11 Logic-Blockade beim Bounce, Bus-Routing als Alternative zur Aufnahme von Parameterbewegungen in Echtzeit

Beim Bounce ist Logic blockiert, und Sie können nicht auf Parameter zugreifen. Als Alternative zum Bouncing (z. B. um live vorgenommene Parameter-Edits in Logic direkt aufzunehmen), können Sie die aufzunehmenden Signale auf einen Bus routen, diesen als Input im Audiokanal einstellen und das Bus-Signal anschließend in die Audiospur aufnehmen. Diese Methode eignet sich natürlich auch zur Aufnahme einzelner, solo geschalteter Regionen oder Spuren. So können Sie z. B. auch während der Audioaufnahme an Parametern drehen, und das wird live aufgezeichnet.

10.3 Audio: Spuren oder Regionen als Audio exportieren oder bouncen

Logic Pro bietet verschiedene komfortable Optionen für den Export von Spuren oder Regionen an. Sie finden sie (unter anderem) in den Menüs ABLAGE • EXPORTIEREN und ABLAGE • BOUNCEN. Natürlich können Sie auch Teile eines Songs durch das zuvor gezeigte Bouncing eines Projekts oder Abschnitts bouncen, wenn Sie die betreffenden Spuren oder Regionen solo schalten.

Bei wichtigen Projekten sollten Sie stets noch einmal selbst überprüfen, ob alles korrekt exportiert wurde. Auch ein Testlauf mit kleineren Projekten kann helfen, die vielen Funktionen zu verstehen. Bedenken Sie, dass wichtige Unterschiede zwischen den verschiedenen Optionen bestehen, insbesondere zwischen Bounces und Exports, z. B. wann Effekte mit hereingerechnet werden und wann nicht. Das Thema Export und Bounces hat zudem in verschiedenen Logic-Updates oft kleine Änderungen erfahren. Diese betreffen etwa Details beim Export von Einzelausgängen von Instrumenten und Aux-Kanälen. Um alles komplett zu verstehen, sollten Sie den Mixer verstehen bzw. Kapitel 14 über den Mixer gelesen haben. Logics Verhalten entsprach in der Vergangenheit in Details auch nicht immer der Dokumentation. Daher gilt: Vertrauen ist gut, Kontrolle ist besser.

Gegen Ende dieses Abschnitts lesen Sie über die Option, Regionen in neue Audiodateien umzuwandeln. In Abschnitt 8.1.5 können Sie Details zu Optionen nachlesen, Audiodateien im Fenster PROJEKTAUDIO in andere Formate zu konvertieren oder Regionen als Audiofiles zu exportieren.

10.3.1 Vorsicht vor dem Normalisieren von Teilbereichen eines Songs bei Bounces und Exporten

Wenn im Exportdialog Normalisieren nicht ausgeschaltet ist, kann sich die Lautstärke gebouncter Spuren und als Konsequenz die Lautstärkerelation zwischen den exportierten Spuren verändern. Das gilt natürlich auch, wenn die Option Nur Übersteuerungsschutz ausgewählt wurde, sie macht die Audiodatei ja gegebenenfalls leiser. Falls Verzerrungen in einzelnen Spuren drohen, könnten Sie besser stattdessen vorher einen Limiter in übersteuerten Spuren einsetzen und/oder gegebenenfalls die Lautstärken vor dem Export anpassen. Je fertiger Ihr Mix vor dem Export ist, desto ärgerlicher kann es sein, wenn Lautstärken durch die Normalisierungsfunktion verändert werden.

10.3.2 Exportoptionen

Nachfolgend bespreche ich einige Möglichkeiten des Menüs Ablage • Exportieren (Abbildung 10.5). Der Export von Regionen zur Loop-Bibliothek betrifft Audio und MIDI und wird Thema von Abschnitt 10.4.1 sein.

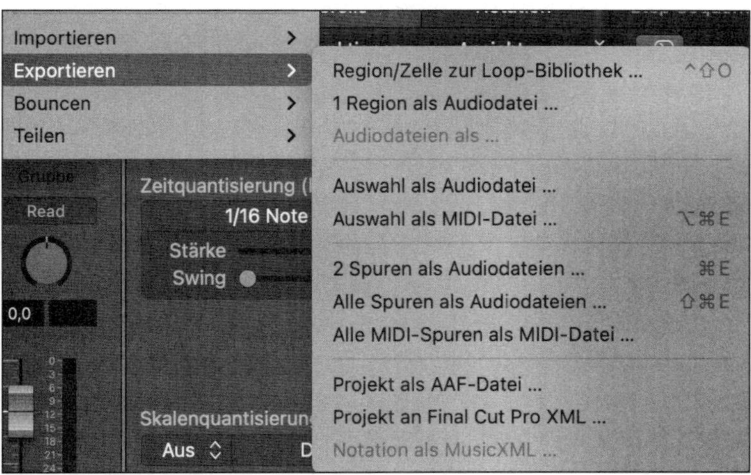

Abbildung 10.5 Menü »Ablage • Exportieren«

10.3.3 Region(en) oder eine Auswahl als Audiodatei(en) exportieren

Mit diesen Optionen aus dem Menü Ablage • Exportieren können Sie eine oder mehrere zuvor selektierte Region(en) oder eine Auswahl als Audiofiles exportieren. Dabei spielt es keine Rolle, ob es sich um Audio- oder um MIDI-Regionen handelt, es ist sogar mit Spurstapelregionen möglich. Als Ergebnis erhalten Sie immer eine oder mehrere Audiodateien. Diese können optional zum Projekt hinzugefügt werden, ersetzen aber niemals die alte Region im Bereich Spuren. Nach der Selektion und Auswahl einer der beiden Befehle öffnet sich der Dialog aus Abbildung 10.6.

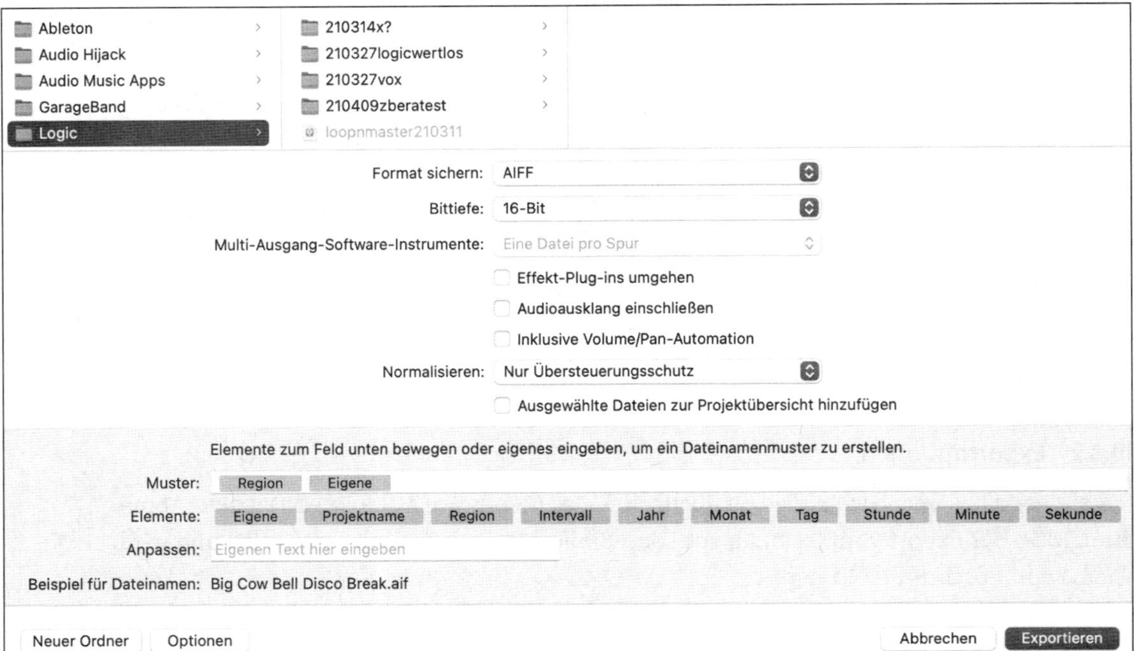

Abbildung 10.6 Dialog zum Regionsexport

Der untere Bereich des Exportdialogs lässt sich durch Klick auf die OPTIONEN-Schaltfläche ein-/ausblenden. Ein professionelles Feature: Unten können Sie ELEMENTE in ein Feld bewegen, um eine automatisierte Benennung exportierter Regionen zu realisieren. Lesen Sie zum Thema Export von Multi-Ausgang-Software-Instrumenten Abschnitt 10.3.5.

10.3.4 Spuren exportieren

Sie können über das Menü ABLAGE • EXPORTIEREN sowohl eine einzelne Spur als Audiodatei ([cmd] + [E]) als auch alle Spuren als Audiodateien exportieren ([⇧] + [cmd] + [E]). In beiden Fällen sehen Sie im Anschluss einen Dialog, der nach dem Zielort fragt und Ihnen unter OPTIONEN wiederum verschiedene Möglichkeiten zur Benennung der Tracks anbietet.

Wenn Sie verwendete Busse ebenfalls exportieren möchten, ist dies möglich, wenn diese im Bereich SPUREN als Spur angelegt sind. Die Länge des Exports bzw. der exportierten Dateien entspricht maximal der (hier im erweiterten Display eingestellten) Songlänge (Abbildung 10.7), auch kurze Exporte sind möglich. Falls in der Spur nicht über die volle Länge des Exportbereichs Musik spielt, wird die exportierte Datei kürzer.

Abbildung 10.7 Hier ist die Songlänge auf 89 Takte eingestellt.

Sie können auch Signale von Aux-Kanälen exportieren, und zwar sowohl Aux-Kanäle als Spuren als auch – über die Funktion REGION BOUNCEN – eine auf eine Aux-Kanal-Spur mit dem Stiftwerkzeug eingezeichnete leere Region. Wenn Sie generell Aux-Kanal-Spuren bouncen möchten, sollten Sie zuvor die jeweilige(n) Aux-Spur(en) im Bereich SPUREN erzeugen (via Selektieren im Mixer und `ctrl` + `T`), zusätzlich hat es mir in der Praxis oft geholfen, eine leere Region auf die Spur für die Länge des zu bouncenden Bereichs zu legen.

10.3.5 Spurexport: Sonderfall Multi-Ausgang-Software-Instrumente

Sowohl beim Exportieren von Regionen als auch beim Exportieren von Spuren erscheint möglicherweise ein Eintrag MULTI-AUSGANG-SOFTWARE-INSTRUMENTE mit verschiedenen Optionen, die sich im Test nicht immer schlüssig verhalten haben (Abbildung 10.8).

Abbildung 10.8 Flip-Menü zur Auswahl des Exports von jeweils einer Datei pro Channel-Strip

Auch beim Bouncen von Regionen oder Spuren erscheint im Bounce-Dialog ein Eintrag, ob Instrument-Multi-Ausgänge mit exportiert bzw. als neue Spuren angelegt werden (Abbildung 10.9).

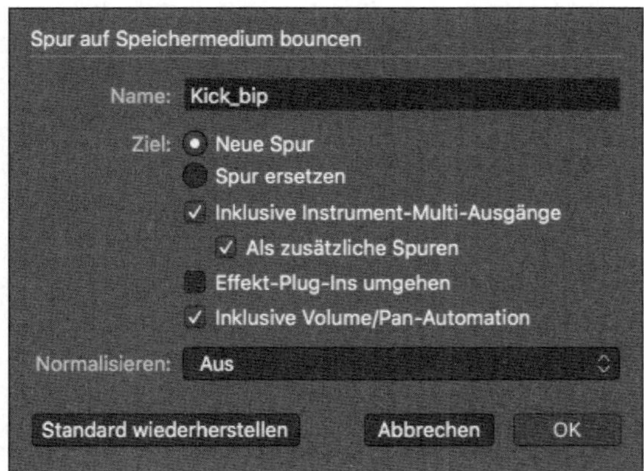

Abbildung 10.9 Spuren-bouncen-Dialog

Auch wenn sich bei Updates oft Nuancen ändern: Es hilft, das genaue Routing zu verstehen, um das, was Logic tut, zumindest besser nachvollziehen zu können. Ein Beispiel finden Sie nachfolgend und in den Projekten *10Exporttest* und *10Exporttest2*. Dort liegt eine Region auf einer Spurstapelspur. Bei dieser handelt es sich nicht um eine Instrumentenspur. Gleichwohl sendet die Spurstapelspur MIDI an das Instrument im Spurstapel. Das Instrument selbst liegt im Projekt in Spur 2. Als Aux-Kanäle vorliegende Einzelouts sind beschriftet. Sie könnten die

Region aus Spur 1 nun auch auf Spur 2 ziehen. Das, was Sie dann hören, wäre zwar zunächst dasselbe, für einen Export würde das möglicherweise einen Unterschied machen.

Multi-Ausgang-Software-Instrumente beim Spurexport und -Regionsexport

Wenn Sie die Funktion ABLAGE • EXPORTIEREN • ALLE SPUREN ALS AUDIODATEI nutzen, müssen Sie zunächst einen Zielordner auswählen. Wenn Sie im anschließenden Dialog beim Flip-Menü für Multi-Ausgang-Instrumente EINE DATEI PRO CHANNEL-STRIP wählen, werden die Unterspuren im Spurstapel-Instrument auch ohne das Vorhandensein von Regionen auf diesen Spuren exportiert – vorausgesetzt, auf der Instrumentenspur (!) befindet sich eine Region. Befindet sich diese lediglich auf der Spurstapelspur, hat das im Test nicht funktioniert. Die Instrumentenspur ist typischerweise und wie im Beispiel im Spurstapel versteckt (probieren Sie es mit den Projekten *10x3drm1* und *10x3drm2*). Auch mit Drum-Machine-Designer-Spuren und -Regionen klappte es im Test nicht (probieren Sie es mit Projekt *10x3drmelec1*). Alle genannten Projekte haben eine Songlänge von lediglich 9 Takten eingestellt, um die Tests zu vereinfachen.

Wenn Sie eine Region selektieren, die auf einer Spur mit einem Instrument liegt, das mehrere Ausgänge nutzt, (und nur dann) erscheinen ebenfalls Optionen im Bereich MULTI-AUSGANG-SOFTWARE-INSTRUMENTE. Wenn Sie EINE DATEI PRO CHANNEL-STRIP wählen, wurden im Test leider auch nicht auch die Einzelouts als separate Spuren exportiert. Befindet sich die Region auf der Spurstapelspur, hat der Export im Test funktioniert. Die Instrumentenspur ist manchmal im Spurstapel versteckt. Das war früher auch beim DRUM MACHINE DESIGNER so, der neue DRUM MACHINE DESIGNER arbeitet hingegen hauptsächlich mit Instrumentenspuren. Nutzen Sie auch hier wieder die Testprojekte *10x3drm1*, *10x3drm2* und *10x3drmelec1*.

10.3.6 Bounce-Optionen

Nachdem ich in Abschnitt 10.2 die Optionen zum Export des gesamten Projekts besprochen habe, komme ich nun zu den anderen Optionen des Bounce-Dialogs (Abbildung 10.10).

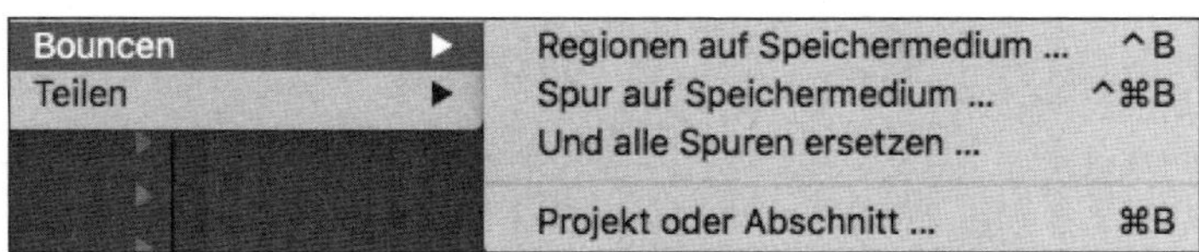

Abbildung 10.10 Bounce-Dialog

Beim Bouncen von Regionen und Spuren stehen keine detaillierten Einstellungen für das Zielformat zur Verfügung, erstellt wurden bei meinen Versuchen 24-Bit-Audiofiles in der Samplerate des Projekts.

10.3.7 Regionen und Zellen bouncen

Eine in der Praxis besonders wichtige Funktion, die ich oft benutze, ist die Funktion BOUNCEN • REGIONEN AUF SPEICHERMEDIUM (ctrl + B). Selektieren Sie eine Region oder Zelle, und Logic erstellt ein Audiofile daraus, das im Bereich SPUREN automatisch auf die richtige Abspielzeit und zumeist auf eine neue Spur gelegt wird. Es gibt dabei verschiedene Optionen, die Sie in einem aufspringenden Dialog einstellen können, z. B. ob die Originalspur gelöscht oder der Effekt mit eingerechnet wird oder ob der Bounce normalisiert werden soll.

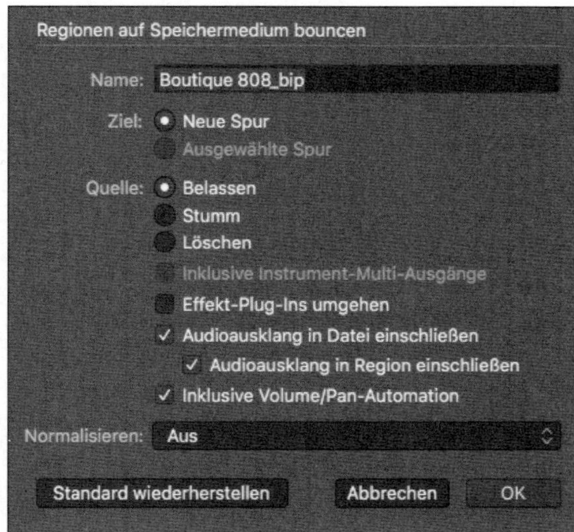

Abbildung 10.11 Der Dialog »Regionen auf Speichermedium bouncen«

Auch Automationen können in die neue Audiodatei hineingerechnet werden – dies ist ein Vorteil gegenüber der neuen Funktion AUSWAHLBASIERTE BEARBEITUNG, die ansonsten als Alternative zum Regionsbounce betrachtet werden kann.

Falls eine neue Spur das Ziel für den Bounce ist, bekommt sie exakt die Routing-Einstellungen der Originalspur. Das bedeutet gleichzeitig, dass die nachfolgend auf einem Bus liegenden Effekte nicht mitgebounct werden, hierfür würden Sie die Funktion BOUNCEN • PROJEKT ODER ABSCHNITT BOUNCEN benutzen.

Sinn der Funktion ist z. B., ein gebounctes Audiofile anstelle einer aufwendig mit Effekten versehenen Stelle mit Automationen oder anstelle eines gespielten Software-Instruments verwenden zu können. Dadurch kann einerseits der Rechner entlastet werden, andererseits können Sie mit solchen Audiofiles auch kreativ arbeiten. Auch für die Filmvertonung ist dies ein zeitsparendes Feature. Sie können mit dieser Funktion z. B. auch eine Stelle im Song in ein Audiofile umwandeln, die Unsicherheit verbreitet, beispielsweise weil ein Plug-in nicht sauber läuft oder viele unübersichtliche Edits und Automationen vorkommen. Vielleicht wollen Sie auch ein Audiofile in einem Sampler oder einem anderen Programm weiterverarbeiten.

Als Ziel die ausgewählte Spur auszuwählen, ist als Option oft (wie in Abbildung 10.11), aber nicht immer ausgegraut. Abgesehen davon, dass ein Bounce natürlich nicht auf einer Software-Instrument-Spur landen sollte, ist das nicht immer logisch. Sie ist normalerweise ausgegraut, wenn Sie dieselbe Spur, auf der die Region liegt, oder eine MIDI-Spur angewählt haben, nicht jedoch, wenn Sie eine andere Audiospur selektiert haben. Es ist wohl nicht vorgesehen, mit einer neuen gebouncten Region eine alte zu ersetzten, was bei einer Einstellung ZIEL = AUSGEWÄHLTE SPUR, QUELLE = LÖSCHEN theoretisch möglich wäre. Nutzen Sie hierfür alternativ die Funktion SPUR BOUNCEN oder AUSWAHLBASIERTE BEARBEITUNG.

Die Option AUSGEWÄHLTE SPUR ist nicht mehr ausgegraut, wenn Sie zuvor eine andere, im Projekt vorhandene Audiospur ausgewählt haben. Zusätzlich besteht die Option, die Quellregion zu löschen, stumm zu schalten oder zu belassen.

Die neue Audioregion wird typischerweise auf eine neue oder eine zuvor ausgewählte (andere) Audiospur gelegt, die alte Region wird dann stumm geschaltet. Ein Beispiel finden Sie im Projekt *10bounceinplace1*, wo ich eine Region inklusive des in der Spur eingestellten Delays in die Spur darunter gebounct habe.

Seit Logic 10.3.2 ist es auch möglich, Regionen aus Spurstapelspuren bzw. aus Instrumenten mit verbunden Aux-Kanälen auf diese Weise zu bouncen. Beachten Sie hierzu und zum Thema Einzelouts Abschnitt 10.3.5. Alternativ hat bereits in Vorversionen auch die Funktion ALS AUDIODATEI EXPORTIEREN für den Export einer Spurstapel-Region funktioniert.

10.3.8 Einzelne Spuren bouncen

Mit der Funktion SPUR(EN) BOUNCEN ... (Menü: ABLAGE • BOUNCEN • SPUR AUF SPEICHERMEDIUM ..., ctrl + cmd + B) können Sie (einzelne oder mehrere) zuvor selektierte Audio- und Software-Instrument-Spuren bouncen und optional *in place* ersetzen (Abbildung 10.12). Entscheidend ist hierbei logischerweise das Selektieren der Spur(en), nicht der Region(en). Auch mehrere Spuren selektieren Sie mit gehaltener ⇧- bzw. alt-Taste.

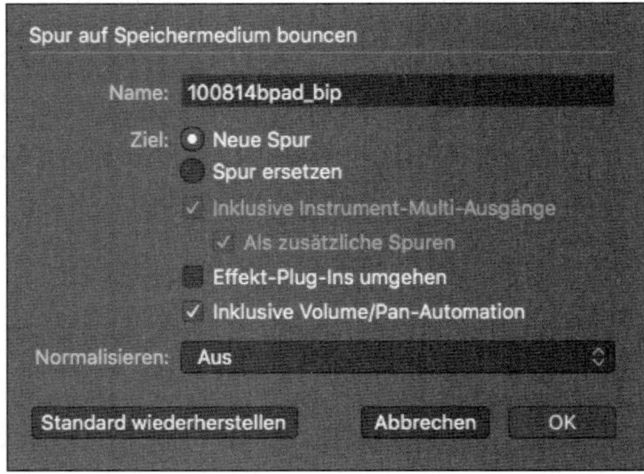

Abbildung 10.12 Dialog »Spur auf Speichermedium bouncen«

Das Ergebnis landet dann auf einer Audiospur, deren Send- und Output-Routing der Quellspur entspricht (oder diese ersetzt).

Auch Aux-Kanal-Spuren können Sie so bouncen. Diese müssen dabei keine leere Region auf der Spur liegen haben, was in Vorversionen teilweise nötig war. Beim Bouncen von Instrument-Multi-Ausgängen spielte es eine Rolle, ob die Spur eines Instruments oder die Spurstapel-Spur selektiert war. Im Test wurden nur im ersten Fall Audiodateien für die Einzelout-Aux-Spuren erstellt. Das können Sie im Beispiel *10Exporttest* selbst ausprobieren.

Multi-Ausgang-Software-Instrumente und Aux-Kanäle beim Spur-Bounce; Regionsbounce

Seit Logic 10.3.2 ist es auch möglich, Spuren und Regionen aus Spurstapelspuren bzw. aus Instrumenten mit verbunden Aux-Kanälen mit Einzelout-Spuren zu bouncen. Selbst wenn es auch hier wieder schwierig war, Einzelouts als separate Dateien zu bouncen bzw. zu erhalten, wurden diese im Test immerhin stets in die gebouncte Region einbezogen, egal, ob diese auf der Instrumentenspur oder der Spurstapelspur lag.

Beim Bouncen von Instrument-Multi-Ausgängen spielte es eine Rolle, ob die Spur eines Instruments oder die Spurstapel-Spur selektiert war. Im Test wurden auch hier wieder nur im ersten Fall Audiodateien für die Einzelout-Aux-Spuren erstellt. Nutzen Sie auch hier wieder die Testprojekte *10x3drm1*, *10x3drm2* und *10x3drmelec1*.

10.3.9 Alle Spuren bouncen (inklusive Aux-Kanäle) und ersetzen

Sie können diese Prozedur auch für mehrere Spuren durchführen oder die nachfolgend beschriebene Option ABLAGE • BOUNCEN • UND ALLE SPUREN ERSETZEN verwenden.

Mit dem Menübefehl ABLAGE • BOUNCEN • UND ALLE SPUREN ERSETZEN können Sie alle Spuren eines Projekts durch Audiofiles ersetzen. Dies betrifft auch die im Bereich SPUREN sichtbaren Aux-Kanal-Spuren. Sie müssen hierbei keine leeren Regionen auf Aux-Kanälen erstellen, es wird automatisch eine Audiodatei in der richtigen Länge angelegt, falls der Aux-Kanal als Spur im Bereich SPUREN vorhanden ist! Hierfür müssen Sie gegebenenfalls die jeweilige(n) Aux-Spur(en) im Bereich SPUREN erzeugen (via SELEKTIEREN im Mixer und `ctrl` + `T`).

Zur Sicherheit sollten Sie auch vor und nach dieser komplexen Operation das Projekt sichern, gegebenenfalls einmal als Kopie in einem separaten Ordner. In der Praxis hat die Funktion bei mir sehr gut funktioniert. Es ist so theoretisch möglich, schnell ganze Projekte aus Logic in allen Einzelspuren in eine andere DAW oder auf analoge Mehrspurbänder zu übertragen.

Output-Channel-Strips werden dabei nicht gebounct; bestehende Sends auf Spuren bleiben erhalten, selbst wenn für die Aux-Kanäle ein Bounce erstellt wird. Wiederum sollten Sie die Wirkung der zuvor schon erläuterten Option NORMALISIEREN nicht vergessen, die zwar Verzerrungen verhindern, aber auch Lautstärkerelationen verändern kann.

Die bereits zuvor besprochenen Probleme beim Export und Bounce von Einzelouts und Summenstapelspuren können auch hier auftreten, testen Sie es selbst mit den Projekten *10x3drm1*, *10x3drm2* und *10x3drmelec1*. Ein weiteres Praxisbeispielprojekt, mit dem es im Test mal besser funktioniert hat, beschreibe ich in Abschnitt 10.3.11.

10.3.10 Freeze-Funktion und 32-Bit-Export

Den FREEZE-Button müssen Sie zunächst im Spur-Header sichtbar machen, was bei manchen Spuren (z. B. Aux-Kanäle, Instrumente mit Einzelouts) nicht möglich ist. Mit Hilfe der Freeze-Funktion können Sie Spuren einfrieren, was ich in Abschnitt 6.4.8, im Unterabschnitt über die Freeze-Funktion, erläutert habe. Dabei wird im Hintergrund ein 32-Bit-Audiofile erzeugt und automatisch platziert/abgespielt, das allerdings nicht in der Spur dargestellt wird, dort sehen Sie die Spurinhalte wie zuvor (z. B. MIDI-Regionen, Audioregionen). Sie finden entsprechende Audiofiles in Ihrem Projektordner im Unterordner *Freeze Files*. Der FREEZE-Button der Spur bleibt nun grün eingefärbt. Wenn Sie versuchen, ein solches Audiofile auf eine Audiospur zu ziehen, erzeugt Logic im gleichen Ordner automatisch ein 24-Bit-File und legt das entsprechende Audiofile auf der Spur an. Wir haben es hier also mit einer weiteren Alternative eines Spurexports zu tun. Über den Umweg der Freeze-Funktion ist es also auch möglich, ein 32-Bit-Audiofile aus Logic zu exportieren, indem Sie es aus dem Ordner *Freeze Files* in Ihrem Projektordner oder -paket in einen anderen Ordner legen. Wenn Sie mit einem nochmaligen Klicken des FREEZE-Buttons im Spur-Header die Freeze-Funktion deaktivieren, verschwinden die Freeze-Dateien im Ordner *Freeze Files* (im Projektordner oder in der Paketdatei) aus vorherigen Rendering-Prozessen ohne weitere Nachfrage. Wenn Sie die Datei allerdings zuvor in einen anderen Ordner gelegt haben, bleibt sie dort erhalten.

10.3.11 Ein Praxis-Beispielprojekt mit Spurexporten

Im Projekt *10freeze+bounce* spielt auf Spur 1 eine Orgel. Im Projekt *10freeze+bounce2* ist diese Spur eingefroren. Im Projekt *10freeze+bounce3* habe ich das eingefrorene Audiofile auf eine Audiospur gezogen; es wurde automatisch in ein 24-Bit-File umgewandelt. Im Projekt *10-freeze+bounce4* spielt zusätzlich eine Bass-Spur, deren Sound an zwei Aux-Kanäle gesendet wird. Im Projekt *10freeze+bounce4spurersetzen* habe ich die beiden Spuren mit der SPUR BOUNCEN-Funktion in Audiofiles umgewandelt, deren Send- und Output-Routing dabei gleich bleibt.

Im Projekt *10freeze+bounce5* habe ich diesen Bounce wieder rückgängig gemacht und für alle Channel-Strips, durch die Audio läuft, Spuren erzeugt, also für die beiden Send-Aux-Kanäle des Basses und für einen eingerichteten Summen-Aux-Kanal, wo alle Signale landen. Im Projekt *10freeze+bounce5allespurenaudiofile* habe ich die Funktion ABLAGE • BOUNCEN • ALLE SPUREN ERSETZEN angewendet. Die Aux-Sends, die von der Bass-Spur beschickt werden, bleiben aktiv. Im Projekt habe ich neue Audiospuren mit einem gebouncten Audioinhalt dieser Aux-Kanäle angelegt. Diese (oder die Sends) müssen Sie stumm schalten, damit es so klingt wie vor der Anwendung der Funktion ABLAGE • BOUNCEN • ALLE SPUREN ERSETZEN. Ein wenig Konfiguration und Kontrolle ist nach der Anwendung dieser Funktion also nötig, manche Bounces sollten Sie eventuell manuell durch Soloschaltungen vornehmen. Solche Bounces sind sinnvoll, wenn Sie ein Projekt an jemanden weitergeben möchten, der Ihre Fremd-Plug-ins nicht zur Verfügung hat.

10.3.12 Regionen in neue Audiodateien umwandeln

Interessant ist auch die Funktion REGIONEN IN NEUE AUDIODATEIEN UMWANDELN im Bereich SPUREN ([alt] + [cmd] + [F], auch im Kontextmenü von Regionen unter KONVERTIEREN), mit der Sie Regionen (auch mehrere gleichzeitig) in neue Audiofiles umwandeln, auf die dann im Bereich SPUREN automatisch neu verwiesen wird. Das ist zum Beispiel hilfreich, wenn Sie an einem Teil eines Audiofiles eine destruktive Bearbeitung vornehmen wollen (z. B. Lautstärkeveränderung). Für solche Edits arbeiten Sie besser an einem neuen Audiofile und verändern lieber nicht das Original, das noch von anderen Regionen »gebraucht« werden könnte. Auch einzelne Regionen, die mit STRIP-SILENCE nichtdestruktiv geschnitten wurden, können Sie auf diese Weise schnell in Audioregionen wandeln, die Sie danach z. B. in den *Sampler* oder NI Kontakt importieren können.

10.4 Audio und MIDI: Apple Loops erzeugen/exportieren

Wie bereits in Abschnitt 4.9 über den Loop Browser angedeutet, können Sie sowohl Audio- als auch MIDI-Regionen (sofern diese auf Software-Instrument-Spuren liegen) und -Zellen inklusive der Kanalzug-Settings als Apple Loops ex- und importieren. Das Ergebnis ist immer eine Audiodatei, die aber eventuell zusätzliche Informationen verwaltet (z. B. welches Software-Instrument geladen wird, wenn die Datei aus dem Loop Browser heraus auf eine leere oder eine MIDI-Spur gezogen wird). Auf diese Weise können Sie auch eigene musikalische Ideen in Apple Loops umwandeln bzw. exportieren – hierdurch kann die Loop Library zum Ideenpool werden.

10.4.1 Grundsätzlicher Workflow

Der Export funktioniert bei selektierten Regionen über den Befehl ZUR LOOP-BIBLIOTHEK HINZUFÜGEN ([⇧] + [ctrl] + [O], z. B. im Kontextmenü einer Region/Zelle unter EXPORTIEREN). Alternativ können Sie auch den Menüeintrag ABLAGE • EXPORTIEREN • REGION ZUR LOOP-BIBLIOTHEK nutzen oder Regionen einfach auf die Loop-Bibliothek ziehen. Sie können auch mehrere Regionen/Zellen gleichzeitig exportieren.

Beim anschließenden Tagging-Dialog aus Abbildung 10.13 können Sie viele Informationen, z. B. auch das (Ton-)Geschlecht, eingeben. Das klappt besser, wenn Sie Loops einzeln exportieren.

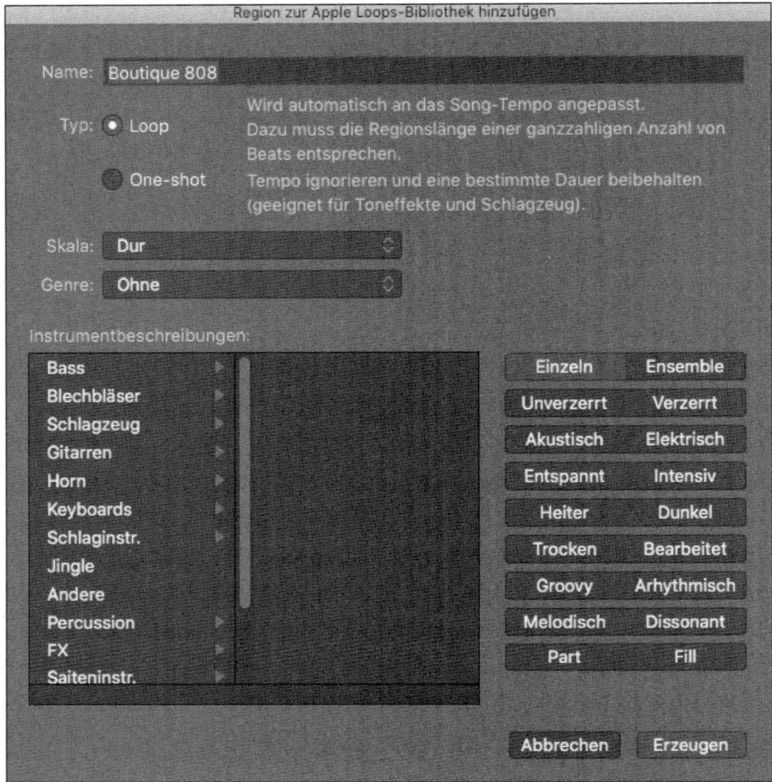

Abbildung 10.13 Der Dialog zum Taggen Ihrer eigenen Apple Loops

»Loop« vs. »One-shot«

Eine Speicherung als Loop, der sich automatisch dem Songtempo anpasst und im Loop Browser mit Beatlänge angezeigt wird, ist nur dann möglich, wenn die Region eine glatte Taktzahl hat (im Loop Browser wird anschließend eine Zeit, die der Länge des Audiofiles entspricht, in der Spalte Beats angezeigt). Andernfalls erfolgt eine Speicherung als One-shot. »One-shots« (z. B. Effektgeräusche) werden beim Import nicht automatisch ans Tempo angepasst.

Speicherung/Indexierung

Die Speicherung kann etwas dauern, weil die Datenbank zwischendurch neu indexiert wird. Das ist vielleicht der größte Nachteil bei der Arbeit mit Apple Loops als Soundarchiv. Bei zu exportierenden Audiofiles sollten Sie vor dem Export darauf achten, dass die Transienten richtig gesetzt und erkannt sind.

Gespeichert werden die Apple Loops (gelbe, grüne und blaue) als Audiofiles (*.aif* oder *.caf*) mit Zusatzinformationen im Pfad *Benutzer/Library/Audio/Apple Loops*. Die so erzeugten Apple Loops lassen sich wie ein normales Audiofile abspielen.

Deshalb können Sie z. B. auch gelbe und grüne Apple Loops auf Audiospuren ziehen: Sie werden dann als Audiofile geladen, und es wird eine Audioregion erzeugt. Außerdem sind aber die MIDI-Informationen selektierter Regionen in grünen Apple Loops gespeichert, so dass beim Ziehen eines grünen Apple Loops auf eine Software-Instrument-Spur im Bereich SPUREN automatisch eine MIDI-Region erzeugt wird.

Komplexe Routings?

Wenn Sie beim Export z. B. eines grünen Apple Loops sicherstellen wollen, dass alle Effekteinstellungen mit eingerechnet werden, sollten Sie die Effektierung vor dem Speichern über Insert- und nicht über Send-Effekte realisieren. Beim Import grüner Apple Loops werden keine Send-Effekt-Einstellungen berücksichtigt, wodurch der Loop anders klingen kann, als wenn er auf eine Audiospur gezogen oder im Loop Browser vorgehört wird. Ähnlich verhält es sich mit gelben Apple Loops. Neue Logic-Versionen bouncten im Test einfach eine Audioregion bzw. erzeugten einen blauen Apple Loop, wenn ich MIDI-Noten, die mit zu komplexen Routings verknüpft waren (z. B. bei Spurstapel-Instrumenten), in den Loop Browser zog. In jüngeren Update-Release-Notes war wieder von Verbesserungen die Rede. Probieren Sie es im Zweifelsfall aus, was klappt und wie ein exportierter Loop klingt.

Indexierung

Falls Sie im Finder neue Apple Loops in die User Library (*Benutzer/Library/Audio/Apple Loops*) gelegt haben oder Ihre Loops nicht richtig im Browser angezeigt werden, sollten Sie die Informationen des Loop Browsers mit Hilfe von ALLE LOOPS ERNEUT INDIZIEREN (unten im Loop-Packs-Flip-Menü des Loop Browsers) neu indizieren, damit alle Inhalte wieder korrekt angezeigt werden. Dieses Anlegen eines neuen Index aller Apple Loops ist auch der Grund, weshalb es beim Hinzufügen einzelner Dateien zum Loop Browser meist relativ lange dauert, denn normalerweise erfolgt es hierbei automatisch. Das geht in der Konkurrenz-DAW Ableton Live mit dem Pendant »Clips« meist schneller.

Loop-Familien

Wenn Sie Apple Loops speichern und dabei durchnummerieren, können Sie eine Art »Loop-Familie« erzeugen. Bereits die Library enthält viele Loops, von denen es mehrere Varianten gibt, bei denen Sie schnell im Arrangierbereich des Hauptfensters zwischen Varianten umschalten können.

10.4.2 ReCycle-Dateien in Apple Loops umwandeln

Aus der Übersicht ALLE DATEIEN oder dem Reiter NICHT GETAGGTE LOOPS heraus lassen sich selektierte ReCycle-Dateien über ein Kontextmenü, das dort bei Rechtsklick auf angezeigte Audiodateien erscheint, mit dem Befehl RECYCLE-DATEIEN IN APPLE LOOPS KONVERTIEREN in Apple Loops konvertieren. Apple möchte die neu erstellten Loops dann unter *User/Library/Audio/Apple Loops/User Loops/Single Files* speichern. Sie können umgekehrt Apple Loops nicht in ReCycle-Dateien konvertieren. Dieses Format kann nur von den Programmen ReCycle und Reason geschrieben werden.

10.5 Sonderformate exportieren

Im EXPORT-Menü (und nicht im Bounce-Dialog) ist es möglich, Projekte als AAF-(Advanced Authoring Format-)Datei, Final Cut Pro XML und Music XML zu exportieren.

AAF ist ein von anderen DAWs wie Pro Tools verwendetes Format, das den Austausch (Import und Export) mehrerer Audiospuren und -dateien gleichzeitig inklusive Verweisen zu Spurnummern, Zeitpositionen und Volume-Automation ermöglicht. Hierbei werden jedoch MIDI-Files nicht berücksichtigt. Um ein komplettes Projekt zu exportieren, sollten Sie MIDI-Files zuvor in Audiospuren umwandeln.

Wählen Sie den Eintrag ABLAGE • EXPORTIEREN • PROJEKT ALS AAF-DATEI, so können Sie im anschließenden Dialog SAMPLERATE, BITTIEFE, DATEIFORMAT (WAV, AIFF) und DITH-TYP (Dithering-Typ) auswählen.

Wenn Sie einen Export als *Final Cut Pro XML* (*.fcpxml*) wünschen, können Sie wählen, ob ein eventuell im Projekt vorhandenes Video einbezogen und ob als zusammengesetzter Final-Cut-Pro-Clip exportiert wird. Logic bietet detaillierteste Möglichkeiten zur Erstellung einer Filmvertonung, auf diese Weise können Sie das Tonmaterial schnell zu Final Cut passgenau übertragen.

Music XML (*.xml*) ist ein offenes Dateiformat zum Export von Notenschrift, das auch von anderen Notationsprogrammen gelesen werden kann. Um eine Music-XML-Datei aus Logic zu exportieren, selektieren Sie nicht nur die Region, sondern öffnen auch den Notationseditor.

10.6 Importieren

Via ABLAGE • IMPORTIEREN können Sie Bestandteile von und Live-Loops-Raster aus anderen Logic-Projekten, Audio- und MIDI-Dateien, Musikmemo-Dateien, Music XML, Final Cut XML und AAF-Dateien in Ihr Projekt laden. Darüber hinaus gibt es weitere Importoptionen in anderen Fenstern, wie z. B. in der Übersicht PROJEKT oder der Übersicht ALLE DATEIEN. Über letztere können Sie fast alles auf Ihrem Rechner ausfindig machen und importieren.

Das Importieren von MIDI-Dateien behandele ich in Abschnitt 10.7. Das Laden von Patches und Apple Loops haben Sie schon an anderen Stellen im Buch kennengelernt.

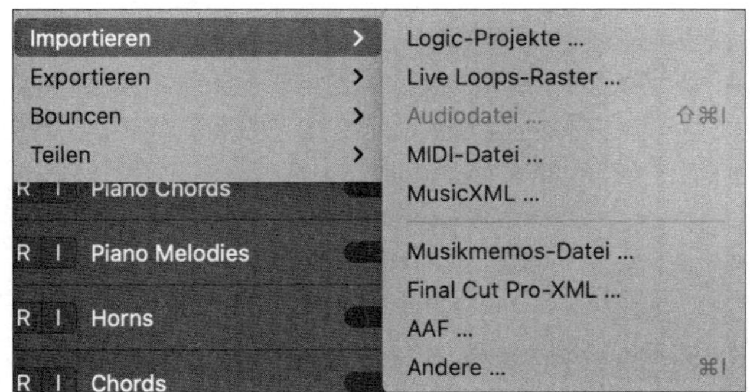

Abbildung 10.14 Importoptionen in Logic

10.6.1 Spurimport aus anderen Projekten in der Übersicht »Alle Dateien«

Sie können Spuren inklusive Effekt-Settings und Noten aus anderen Projekten importieren, etwa mit dem Befehl ABLAGE • IMPORTIEREN • LOGIC-PROJEKTE. Alternativ machen Sie einfach das gewünschte Logic-Projektfile, aus dem Sie Teile importieren wollen, in der Übersicht ALLE DATEIEN ausfindig und doppelklicken darauf. So oder so vollziehen Sie den Import anschließend über die Übersicht ALLE DATEIEN.

Wenn Sie das beispielsweise mit dem Projekt *10Schnellkurs32* machen, sollten Sie eine Ansicht ähnlich derjenigen in Abbildung 10.15 erhalten (die ich hier zur besseren Übersicht etwas in die Breite gezogen habe). Sie können Inhalte von Spuren (Regionen), Plug-ins bzw. Channel-Strips, Sends, I/Os und Automationen importieren. Setzen Sie das Häkchen in der entsprechenden Spalte, um die entsprechenden Inhalte mit zu importieren (Abbildung 10.15). Sie können die zu importierenden Spuren und Inhalte Ihrem aktuellen Projekt hinzufügen – oder die aktuell selektierte(n) Spure(n) durch die zu importierende Auswahl ersetzen. Dementsprechend finden Sie unten rechts die Buttons ERSETZEN und HINZUFÜGEN.

Oder Sie importieren nur bestimmte Teile einer Spur, beispielsweise nur eine Channel-Strip-/Mixer-Einstellung oder nur eine Automation (ohne die Inhalte der Spur). Das kann hilfreich sein, wenn Sie beispielsweise versehentlich etwas an Plug-ins verändert haben, nicht mehr genau wissen, wie der Ursprungszustand war, und die Undo-Funktion Ihre Veränderung nicht aufgezeichnet hat.

Importieren Sie dann die Inhalte einer älteren Version in eine neue Spur, und vergleichen Sie sie mit der fraglichen Originalspur, um zurück zu den ursprünglichen Einstellungen zu finden. Beachten Sie dabei, dass es logischerweise nicht möglich ist, Inhalte aus einem aktuell geöffneten Projekt zu importieren. Speichern Sie Ihr Projekt daher zuerst unter einem anderen Namen neu.

Sie können auch Tempo- und Marker-Spuren, Projektnotizen (sofern vorhanden) oder ganz unten Projekteinstellungen importieren.

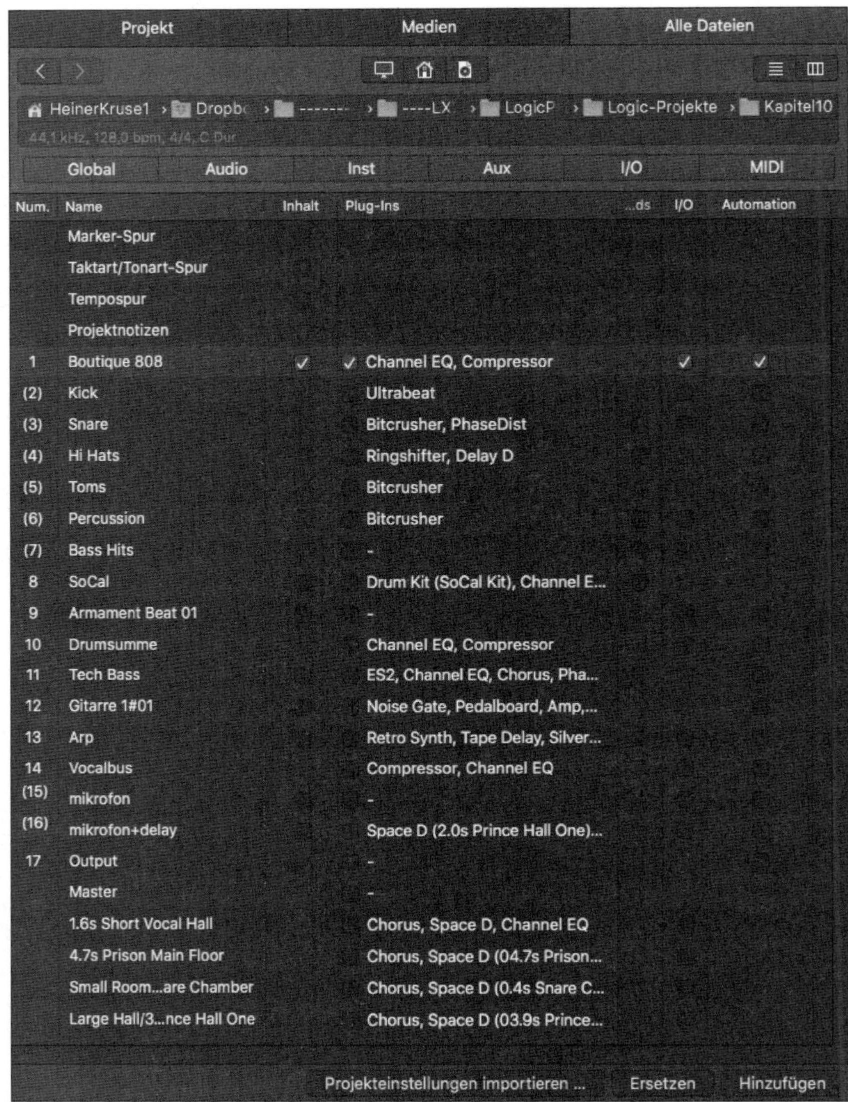

Abbildung 10.15 Importieren von Inhalten aus Logic-Projekten nach Doppelklick auf eine Projektdatei in der Übersicht »Alle Dateien«

10.6.2 Audio: verschiedene Importoptionen

Über das Menü ABLAGE • IMPORTIEREN • AUDIODATEI (⇧ + cmd + I) lassen sich Audiofiles importieren, wenn Sie zuvor eine Audiospur selektiert haben. Hierüber ist es allerdings nicht möglich, mehrere Audiofiles gleichzeitig zu importieren.

Der Import mehrerer Audiodateien funktioniert aber meist intuitiv per Drag & Drop aus dem Finder (z. B. in den Bereich SPUREN, wo Sie nun mehrere Samples in den Spur-Header ziehen können, um daraus ein *Sampler*- oder Drum-Machine-Designer-Patch zu erstellen). Sie können Audiodateien auch per Drag & Drop aus den Übersichten PROJEKT und ALLE DATEIEN in den Bereich SPUREN importieren. Auch per Klick mit dem Stiftwerkzeug auf eine Taktposition können Sie eine Audiodatei dort importieren.

Alternativ gibt es auch den Befehl AUDIODATEI HINZUFÜGEN ([ctrl] + [F] im Menü AUDIODATEI in der Übersicht PROJEKT), hier gelangen in einen Importdialog (mit dessen Hilfe Sie eine Datei oder auch mehrere auf einmal importieren können (siehe auch Abschnitt 8.1.5).

Sowohl nach dem Import von Audiofiles als auch nach der Aufnahme neuer Audiofiles berechnet Logic die Wellenformen und zeigt dies in einem von links nach rechts fortschreitenden Balken unterhalb des Displays an. Beachten Sie gegebenenfalls die PROJEKTEINSTELLUNGEN • SMART TEMPO, die über automatische Anpassungen entscheiden.

Der Import von Audiodateien in verschiedene Instrumente oder Effekte (*Sampler*, DRUM MACHINE DESIGNER, *Alchemy, Ultrabeat, Space Designer*) funktioniert zum Teil via Drag & Drop, zum Teil über Dialoge, die ich in den Abschnitten zu den jeweiligen Plug-ins bespreche.

10.6.3 Werden Audiodateien beim Import automatisch in den Projektordner kopiert?

Im Menü ABLAGE • PROJEKTEINSTELLUNGEN • MEDIEN können Sie unterschiedliche Voreinstellungen für das Importieren von Medien in ein Projekt vornehmen und festlegen, ob diese beim Import automatisch in das Projekt kopiert werden oder nicht. Dass sich die Audiofiles in der Übersicht PROJEKT befinden, bedeutet *nicht* automatisch, dass sie auch im Projektordner gespeichert sind (auch wenn das die Voreinstellung ist), sondern sie können auch an einem anderen Ort liegen (siehe Abschnitt 3.4.10 über die PROJEKTEINSTELLUNGEN unter MEDIEN oder Abbildung 10.16).

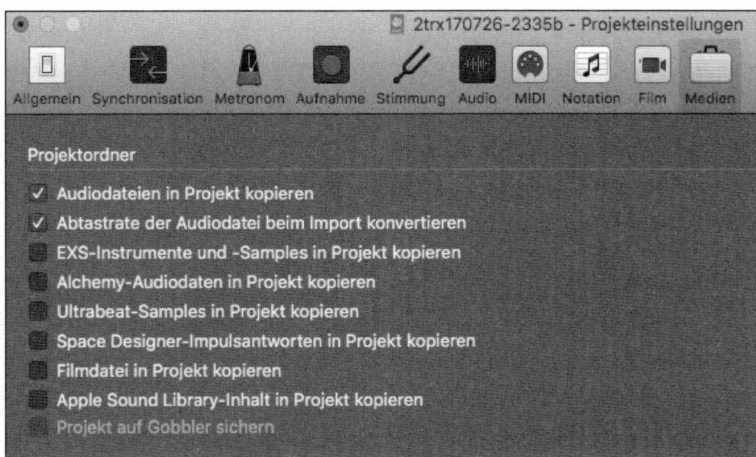

Abbildung 10.16 Projekteinstellungen

10

10.6.4 Komprimierte Audiodateien importieren

Es ist laut Manual möglich, komprimierte Audiodateien zu importieren. Hierzu gehören die Formate AAC, MP3 und CAF. Im Test mit Logic 10.6.1 auf einem Mac mit Apple-Prozessor wurden diese Formate aber stets in unkomprimierte Audiodateien konvertiert.

Wenn ABTASTRATE DER AUDIODATEI BEIM IMPORT KONVERTIEREN wie in Abbildung 10.16 selektiert ist, wurden komprimierte Audiodateien beim Import immer schon in *.aif*-Dateien konvertiert. In älteren Logic-Versionen wurden sie ansonsten als komprimierte Dateien geladen und abgespielt, was Logic bei der Wiedergabe ein wenig zusätzliche Leistung abverlangte. Komprimierte Dateien sind/waren grafisch an einem Symbol erkennbar.

Abbildung 10.17 Symbol für komprimierte Dateien

.caf-Dateien werden von Apple hingegen nicht als komprimierte, sondern als verlustfreie Dateien behandelt.

Wenn Sie eine extrem lange MP3-Datei in Logic Pro ziehen, die als WAV-Datei größer als 4 GB ausfallen würde, konvertiert Logic Pro sie in eine neue Datei im CAF-Format.

Grundsätzlich empfehle ich, in Logic nur mit den Standard-PCM-Formaten WAV und AIFF zu arbeiten. Selbst bei der Arbeit mit dem CAF-Format, in dem die meisten Apple Loops vorliegen, habe ich manchmal Probleme gehabt, was allerdings schon etwas länger her ist. Allerdings sollten Sie ohnehin besser eine Kopie von importierten Apple Loops anlegen, wenn Sie versuchen, destruktive Edits an ihnen vorzunehmen.

10.6.5 Sonderformate importieren

Sie können über das Importmenü Projekte als AAF-Datei, Final Cut Pro XML und Music XML importieren.

AAF-Files aus anderen Sequencern importieren Sie über das Menü ABLAGE • IMPORTIEREN • AAF oder über einen Doppelklick auf eine AAF-Datei in der Übersicht ALLE DATEIEN. Die entsprechenden Inhalte werden anschließend Ihrem Projekt hinzugefügt. Sie können AAF-Dateien auch über das Menü ABLAGE • ÖFFNEN als eigenes Projekt öffnen.

Durch den Import einer Final-Cut-Pro-XML-Datei (*.fcpxml*) können Sie schnell Ton- und Videomaterial von Final Cut importieren. Auch Music-XML-Dateien lassen sich importieren.

Importierte Ergebnisse tauchen danach einerseits auf Spuren als MIDI-Dateien auf. Andererseits sind zusätzliche Notationssymbole und -details in diesen Dateien, die im Notationseditor (aber zum Teil auch in anderen Editoren wie der EVENT-Liste) gezeigt werden. Unter *https://musescore.com* finden Sie einige kostenlose *.xml-* bzw. *mxl*-Dateien, die Sie importieren können.

10.7 MIDI-Im- und -Export

Weil MIDI-Befehle ein standardisiertes Format haben, ist es natürlich auch möglich, zwischen Sequencern Dateien auszutauschen. Sie können MIDI-Files (*.mid*) einfach in den Bereich SPUREN ziehen oder über ABLAGE • IMPORTIEREN • MIDI-DATEI importieren.

10.7.1 Was sind ».mid«-Files und was ist General MIDI?

.mid-Files können unterschiedlichen Charakter haben und verschiedene Zwecke erfüllen.

- So können zum Beispiel Plug-ins wie Kontakt, Battery, Maschine und Stylus RMX oder ReCycle MIDI-Files exportieren, mit denen geslicte Loops oder Patterns in einem Sequencer abgespielt werden können. Auch in ReCycle- bzw. Rex-Files stecken (gewissermaßen versteckte) *.mid*-Dateien.
- *.mid*-Files, die SysEx-Daten enthalten, können dagegen dem Zweck dienen, über SysEx-Dump-Befehle Programme, Bänke und Einstellungen von Synthesizern zu einem externen MIDI-Sequencer und von dort wieder in das Instrument zu senden (siehe Abschnitt 10.7.3.).
- Am bekanntesten ist die Verwendung von *.mid*-Files als General-MIDI-Files (abgekürzt GM-Files). Diese enthalten Program-Change-Befehle, durch die automatisch bestimmte Sounds auf GM-kompatiblen Klangerzeugern aufgerufen werden.
- Auch in Music-XML-Dateien sind MIDI-Daten enthalten.

Wenn Sie ein MIDI-File ohne Program-Change-Befehl auf eine leere Spur ziehen, erzeugt Logic typischerweise eine externe MIDI-Spur. Die MIDI-Daten können dann von Logic an ein externes MIDI-Instrument gesendet werden. Wenn Sie es auf eine Software-Instrument-Spur ziehen, spielt es das Instrument an.

10.7.2 General MIDI, GM-Drumkits und der Import von GM-Files

Fast alle Hits der Welt sind als General-MIDI-Files im Internet erhältlich und können in Logic importiert werden. Die Qualität der GM-Files hängt von den Künsten des Arrangeurs ab. Auf Webseiten wie *www.midi.com.au*, *www.mididb.com* oder *www.free-midi.org* finden Sie MIDI-Files mit Arrangements der meisten populären Pop-Songs und Klassikwerke. Zahlreiche davon sind kostenlos, aber gegen kleine Gebühren finden sich auch teilweise aufwendiger ausgearbeitete MIDI-Files.

General-MIDI-Songs sind MIDI-Files, die fest zugewiesene Instrumente abspielen. Das funktioniert, weil Program-Change-Befehle für die einzelnen Spuren in den MIDI-Files gespeichert sind und als Klangerzeuger ein Instrument mit einer Standardsoundbelegung angesteuert wird.

In der Standardsoundbelegung sind 128 Soundprogramme und der MIDI-Kanal 10 nach einem genormten Standard belegt, z. B. Programm 1 = Grand Piano, MIDI-Kanal 10 = immer Drums. Zudem haben Drumkits ebenfalls eine Standardbelegung (z. B. C1 immer Kick, D1 und E1 Snares, F1, G1 und A1 Low, Mid und Hi Tom), die auch von den meisten Drumkits aus Logics Library verwendet wird.

Vergebene Programmnamen sehen Sie auch in der Programmliste des Informationsfensters SPUR.

Hier noch ein paar ergänzende Hinweise:

- Wenn Sie in einem leeren Projekt eine externe MIDI-Spur erzeugen, wird diese normalerweise einem Multi-Instrument-Objekt mit dem Namen *GM-Instr.* zugeordnet. Wenn Sie doppelt auf das Spur-Icon (oder das Icon im Environment-Fenster) klicken (siehe Projekt *10GMInstr*), öffnet sich ein Fenster, wo Sie die Namen der Programme festlegen können. Definieren können Sie dort auch einen Controller als Bankwechselbefehl (im Projekt Controller 32) und festlegen, ob GM-Programm-Drumnamen für Kanal 10 verwendet werden (siehe Abschnitt 13.2.7).
- Wenn Sie (siehe das Projekt *10Mappeddrms*) in der MIDI-UMGEBUNG ein sogenanntes *Mapped Instrument* mit einer Drumkit-Spur verkabeln und als GM-Namen initialisieren, sehen Sie die entsprechende Belegung (mehr zu Mapped Instruments in Abschnitt 13.2.13). Auch im SCHRITTEDITOR können Sie die Namen von Lanes nach GM-Namen initialisieren.
- Wenn Sie einen so konfigurierten GM-Song in ein leeres Logic-Projekt ziehen, lädt Logic automatisch Spuren mit Software-Instrumenten, die soundmäßig der Programmnummer eines GM-Geräts entsprechen. Diese wurden intern als Performances mit der entsprechenden GM-Programm-Nummer abgelegt. Dies funktioniert seit Logic 8.
- Ein Problem dabei sind oftmals Volume-Befehle, die Logic zum Übersteuern des Kanalzuges bringen. MIDI-Volume 90 entspricht 0 dB Fader-Gain, MIDI-Volume 127 entspricht +6 dB Fader-Gain. Dies gilt für MIDI-Daten, die auf Software-Instrument-Spuren abgespielt werden. Allerdings gilt andererseits: Die ausgeschaltete Option CONTROL 7/10 STEUERT DIE LAUTSTÄRKE/BALANCE VON CHANNEL-STRIP-OBJEKTEN unter PROJEKTEINSTELLUNGEN • MIDI sorgt dafür, dass der entsprechende Befehl nicht die entsprechenden Logic-Fader, sondern die (sichtbaren oder unsichtbaren) LAUTSTÄRKE-/PAN-Fader von verwendeten Plug-ins anspricht.
- In vielen MIDI-Files nicht enthalten ist eine Information über das Songtempo. Sinnvoll ist, dieses beim Export in den Dateinamen zu schreiben.
- Nach dem Import von GM-Files des Typs 0, bei dem alle Instrumente in einer Region gespeichert, aber verschiedenen MIDI-Kanälen zugewiesen sind, kann die Funktion MIDI-EVENTS AUFTRENNEN NACH TONHÖHE im BEARBEITEN-Menü des Hauptfensters hilfreich sein.

- Wenn Sie einen externen GM-Klangerzeuger nutzen wollen, steuern Sie ihn am besten mit einem Multi-Instrument an. Wie das ersatzweise mit dem (allerdings etwas instabilen) »DLS Music Device« funktioniert, lesen Sie in Abschnitt 13.2.11.

10.7.3 Im- und Export von System-Exclusive-(SysEx-)Daten

Gespeicherte Programme und Bänke eines externen Klangerzeugers lassen sich mit SysEx-Daten über MIDI übertragen, so dass Sie die Einstellungen eines Hardware-Synths komplett speichern und wieder laden können. Hierfür sollten Sie jeweils in der Bedienungsanleitung nachlesen, wie der Klangerzeuger diese Daten empfängt und sendet, und in Logic den SysEx-Datenfilter bei der Aufnahme ausschalten (unter PROJEKTEINSTELLUNGEN • MIDI • EINGANG-FILTER). Solche vom Klangerzeuger aufgenommenen und später als *.mid*-File aus Logic exportierte Daten lassen sich nach einem Export auch ohne Logic mit einem einfachen MIDI-File-Player wieder an den Klangerzeuger senden, um Einstellungen aufzurufen. Bei guter Backup-Politik ist die Datensicherung auf Festplatte zudem manchmal langlebiger als in Hardwaresynthesizern mit Presetmenüs – hier gehen Daten nicht selten beim »Ableben« von internen Batterien verloren. Es gibt Editor-Programme, mit denen Sie die Klangerzeugung bestimmter externer Synths wie bei einem Plug-in vor sich sehen und editieren können. Das funktioniert anhand des Austauschs systemexklusiver Daten via MIDI. Ein Beispiel hierfür sind Programme auf *www.soundtower.com* (Editoren für Synths von Moog, Alesis, Roland oder Dave Smith). Sie finden außerdem Soundbänke für verschiedene Instrumente auf dem Markt, die als *.mid*-Files angeboten werden.

Wenn Sie als Bestandteil eines Projekts SysEx-Daten an Klangerzeuger senden, sollten Sie sie immer den Noten voranstellen, um einen Überlauf (*MIDI-Overflow*) der Schnittstelle zu verhindern und vorab die richtigen Klangdaten zu laden.

10.7.4 MIDI-Export im Allgemeinen

Wenn Sie MIDI als *.mid*-File exportieren wollen, kann das (neben dem erwähnten Export von SysEx-Daten) den Zweck haben, ein General-MIDI-File zu erstellen oder einen Drumloop in einem anderen Sequencer zu spielen. Sie können auch ganz generell MIDI zur Verwendung in anderen Projekten exportieren. Hierzu nutzen Sie den Befehl ABLAGE • EXPORTIEREN • AUSWAHL ALS MIDI-DATEI (`alt` + `cmd` + `E`), der auch im Kontextmenü von Regionen im Bereich SPUREN erscheint. Wie der Name des Befehls schon sagt, wird dabei die selektierte Auswahl exportiert.

Für den korrekten Export von MIDI-Files sollten Sie:

- alle Regionen selektieren
- Aliasse in Regionen umwandeln

- alle Regionen einer Spur – da MIDI-Files im Format 0 nur eine Region pro Spur enthalten können – selektieren und zusammenfassen
- Regionsparameter und Spurparameter in die Regionen einrechnen (Regionsparameter normalisieren und Instrumenteinstellungen als Events einfügen)

Zudem/alternativ gibt es in neueren Logic-Versionen im EXPORTIEREN-Menü die Option EXPORTIEREN • ALLE MIDI-SPUREN ALS MIDI-DATEI ....

Für die Erstellung von General-MIDI-Files sollten Sie u. a. die Information über die Programmnummer (Program-Change-Befehle) des zugehörigen Sounds in der jeweiligen Region unterbringen. General-MIDI-Klangerzeuger verstehen noch weitere Einstellungen wie Lautstärke (Control Change 7) und Hall-Send. Für den Fall, dass Sie externe MIDI-Spuren nutzen, bietet Logic die Funktion INSTRUMENT-MIDI-EINSTELLUNGEN ALS EVENTS EINFÜGEN an. Ansonsten können Sie entsprechende Informationen auch über die EVENT-Liste erzeugen.

Bitte informieren Sie sich im Internet genauer über General-MIDI-Spezifikationen (oder die des Nachfolgers General MIDI 2), wenn Sie weitere Antworten benötigen, um die Files korrekt zu erstellen, oder alle Möglichkeiten ausschöpfen wollen.

Wie bereits in Abschnitt 10.4 erläutert, können Sie MIDI-Regionen auf Software-Instrument-Spuren inklusive der Kanalzug-Settings auch als grüne Apple Loops ex- und importieren.

10.8 Teilen mit AirDrop und Co.

Im Menü ABLAGE • TEILEN stehen Ihnen verschiedene Optionen zur Verfügung. Dabei ist besonders die Air-Drop-Funktionalität interessant. Darüber hinaus stehen weitere Optionen zur Verfügung, die sich häufig ändern (z. B. SoundCloud, Apple Music, in früheren Versionen Gobbler und die Medienübersicht), die ich hier im Gegensatz zu AirDrop daher nicht detailliert besprechen werde. PROJEKT FÜR GARAGEBAND IOS bedeutet, wie viele andere Optionen auch, lediglich den Export einer Audiodatei (in diesem Fall für GarageBand).

10.8.1 AirDrop

Sie können Songs mit Hilfe von AirDrop mit iOS-Geräten und Macs teilen, sofern die entsprechenden Betriebssysteme der Geräte aktuell genug sind. Das ist eine schnelle Art, Dateien zu übertragen. Damit der Austausch via AirDrop funktioniert, müssen sich Geräte gegenseitig erkennen. Hierfür müssen Sie auf jedem Gerät AirDrop aktivieren und einstellen, für wen das Gerät sichtbar ist. Funktioniert die Erkennung nicht auf Anhieb, kann es helfen, ein wenig zu warten oder die Sichtbarkeit aus- und wieder anzuschalten. Spezielle Aspekte des Austauschs von Dateien für/von GarageBand via AirDrop erkläre ich separat in Abschnitt 10.9.

AirDrop auf dem Mac aktivieren

Auf dem Mac können Sie sich sichtbar machen, indem Sie in der Seitenleiste des Finders auf das AirDrop-Symbol klicken. Zuvor müssen Sie sowohl Bluetooth als auch WLAN aktivieren. Ein Fenster erscheint, und Sie können aussuchen, wer diesen Mac sehen soll. Dies ist wichtig, wenn Sie eine Datei empfangen wollen. Sie sehen auch potenzielle Empfänger in dem Fenster.

Am Mac erscheint beim Empfang vom iOS-Gerät oder einem anderen Mac ein Dialog, der fragt, ob die Datei angenommen werden soll. Falls Sie das bestätigen, landet die Datei in Ihrem Benutzerordner unter *Downloads*.

AirDrop auf dem iOS-Gerät aktivieren

Bevor Sie einen Song auf dem iOS-Gerät mit AirDrop freigeben oder empfangen können, müssen Sie diese Funktion im *Kontrollzentrum* des iOS-Geräts aktivieren. Wiederholen Sie diese Prozedur gegebenenfalls, wenn es hakt.

10.8.2 Aus Logic via AirDrop exportieren

Wählen Sie ABLAGE • TEILEN • AIRDROP, so erscheint ein Dialog mit Exportoptionen. Grundsätzlich wird zwischen *Projekt* und *Song* beim Export unterschieden. Mit *Song* ist ein Audiofile gemeint, dessen Format Sie unter QUALITÄT auswählen. Mit *Projekt* ist das Logic-Projekt gemeint. Wenn Sie dieses nicht als Paket, sondern als Ordner gespeichert haben, erscheint eine Warnung, dass nicht alle Dateien mitexportiert werden, weil nur das sogenannte *Projektpaket* exportiert wird (Logic nennt die Projektdatei auch ohne Speicherung als Paket so, weil sich auch dann verschiedene Inhalte darin finden). Nach dem Klick auf TEILEN erscheint ein Dialog, in dem erkannte User ausgewählt werden können.

10.9 Dateiaustausch mit iOS-Geräten, GarageBand iOS, Sprachmemos

Je nach App tauchen auf Ihrem iOS-Gerät unterschiedliche Optionen auf, Dokumente per AirDrop zu verschicken oder zu empfangen. GarageBand iOS erlaubt Ihnen das Skizzieren von Tracks auf dem iOS-Gerät und eine spätere Weiterbearbeitung in Logic. Die App Musikmemos ist nicht mehr erhältlich. Stattdessen können Sie Ideen auch über das Mikro in der App Sprachmemos einsingen und resultierende Audiodateien mit dem Mac teilen und in Logic weiterverarbeiten.

10.9.1 GarageBand-iOS-Projekte oder Sprachmemos an den Mac senden und AirDrop-Export

Um ein GarageBand-iOS-Projekt an den Mac zu senden bzw. nachfolgend in Logic öffnen zu können, selektieren Sie den Song in GarageBand im Bereich MEINE SONGS mit einem langen Tap. Scrollen Sie bei den nachfolgend angezeigten Optionen gegebenenfalls nach unten, um die Option TEILEN zu sehen (z. B. auf dem iPhone). Anschließend klicken Sie auf TEILEN bzw. das zugehörige Icon (ein Art Blatt Papier mit einem Pfeil nach oben). Sie sehen dann die Anzeige aus Abbildung 10.18. Sie können das Projekt via AirDrop, iCloud Drive oder eine andere App versenden. Ähnlich funktioniert es mit den Aufnahmen der Sprachmemos App. Apple zwingt die Nutzer zunehmend stärker zur Nutzung von iCloud Drive. Ohne wenigstens ein kleines (allerdings auch recht günstiges) Abo ist die Arbeit mit einem iPhone ohne ständig störende Hinweise kaum mehr vernünftig möglich. Dies kann aber auch deshalb lohnen, weil iCloud die Dateiübertragung zwischen Mac und iOS-Gerät erleichtert.

Abbildung 10.18 Die Ansicht, die nach dem Antippen des »Teilen«-Icons erscheint – nennen wir sie den »Teilen ...«-Dialog.

Sie haben in allen genannten Fällen (und auch bei anderen Optionen) die Wahl, den Song als Audiodatei (SONG) oder als GarageBand-Projekt (PROJEKT) zu verschicken. Nur die PROJEKT-Option enthält alle Details Ihres GarageBand-iOS-Projekts.

10.9.2 .band-Dateien, Musikmemos

Projekte mit der Endung *.band* haben nicht immer das gleiche Dateiformat. *.band*-Projekte lassen sich typischerweise nur in den »größeren« Programmversionen öffnen. GarageBand Mac nenne ich »größer« als GarageBand iOS, und GarageBand iOS wiederum »größer« als Dateien des (mittlerweile nicht mehr erhältlichen, aber noch als Importoption verfügbaren Programms) Musikmemos.

10.9.3 Per Finder Dateien mit GarageBand austauschen

Wenn Sie Ihr iOS-Gerät an den Mac anschließen, erscheint es unter ORTE, ähnlich wie Festplatten. Wählen Sie es aus, dann sehen Sie einen Reiter DATEIEN. Klicken Sie darauf. Nun wird eine Liste von Apps angezeigt (Abbildung 10.19). Wählen Sie ein Programm, z. B. GarageBand, und lassen sich die Inhalte anzeigen, indem Sie das kleine Dreieck links daneben anklicken. Ziehen Sie gewünschte Inhalte auf den gewünschten Ort im Mac. Umgekehrt können Sie auch Dateien vom Mac für die iOS-Version von GarageBand per Drag & Drop dorthin ziehen.

Abbildung 10.19 Dateiaustausch zwischen iPad und Mac, hier mit der Logic-Remote-App

Dateien auf dem Mac laden

Die GarageBand-iOS-Projekte mit der Endung *.band* können Sie in Logic öffnen; gegebenenfalls muss Logic hierfür allerdings zusätzliche Inhalte herunterladen. Sie müssen die Datei außerdem via Rechtsklick selektieren und im aufspringenden ÖFFNEN MIT ...-Dialog LOGIC auswählen (ansonsten öffnet sich das Projekt nach einem Doppelklick in GarageBand).

Im Ordner zu Kapitel 16 finden Sie das auf diese Weise exportierte Songdokument *Garageios1.band* sowie die bereits in Logic importierte Version als gespeichertes Projekt (*Garageios1.logicx*). Hierbei habe ich einige der Smart Instruments benutzt und Sounds mit dem internen Mikro aufgenommen.

10.9.4 An das iOS-Gerät gesendete Dateien auf dem iOS-Gerät öffnen

Nachdem Sie Dateien in den zur App gehörenden Bereich gezogen haben, sind sie auf verschiedene Weise im iOS-Gerät nutzbar. Üblicherweise müssen Sie unter DURCHSUCHEN auswählen, ob Sie den Song oder die Audiodatei auf Ihrem iOS-Gerät, in iCloud Drive oder in weiteren Orten (z. B. zu den Apps zugehörige Inhalte, die auf dem Finder dorthin kopiert werden können) suchen möchten. Auf Apple Loops und Audiodateien können Sie im Loops- bzw. Audiobereich zugreifen.

10.10 Sonstige Import- und Exportoptionen

Weitere spezielle Importoptionen finden Sie in diesem Buch im Zusammenhang mit den jeweiligen Fenstern und Plug-ins. Hierzu gehört z. B. der Import von *.exs*-Instrumenten oder Audiodateien in *Alchemy*.

Kapitel 11

Die Instrumente: Synths, »Sampler«, »Drummer« und Co.

Dieses Kapitel erläutert die Instrumente von Logic im Detail und enthält außerdem einen Grundkurs zur Soundprogrammierung mit Synthesizern. Die Auswahl umfasst akustisches und elektronisches Schlagzeug, Synthesizer, Sampler, Vocoder, Pianos, Gitarren, World Instruments und mehr. Die Breite der Instrumentenausstattung ist eine der großen Stärken von Logic. Logics »Drummer« ist kein ladbares Instrument, sondern eine Spurgattung, die mit dem Laden eines Instruments verbunden ist, und wird in diesem Kapitel ebenfalls behandelt – inklusive des Drummer-Editors.

Am Anfang des Kapitels finden Sie Allgemeines zum Laden von Instrumenten. Abschnitt 11.5 behandelt die allgemeine Bedienung von Plug-in-Fenstern und ist daher auch für Effekte relevant. Danach folgt ein Synthesizer- und Sounddesign-Grundkurs. Nachfolgend werden die einzelnen Plug-ins sowie der »Drummer« erläutert. Einige Logic-Instrumente, z. B. *Alchemy*, können zudem so programmiert werden, dass sie auf spezielle Gesten von MPE-Controllern reagieren. Hierfür nutzt man in Logic den sogenannten *MIDI Mono Mode* (mit Basis Kanal 1 oder 16), den Sie jeweils unten im (aufklappbaren) erweiterten Bereich des Plug-ins etwas versteckt finden (siehe Abschnitt 11.32 über MPE).

11.1 Logic-Instrumenten-Plug-ins laden

Sie erreichen ein Menü mit Logic-Instrumenten (Abbildung 11.1) zum direkten Laden der Instrument-Plug-ins, indem Sie mit der Maustaste auf den rechten Teil eines Instrumenten-Slots klicken. Zuletzt benutzte Plug-ins werden nützlicherweise oben aufgelistet, wenn im Menü EINSTELLUNGEN • ANZEIGE • MIXER die Option PLUG-IN-MENÜ MIT DER LISTE DER ZULETZT VERWENDETEN PLUG-INS ANZEIGEN aktiviert ist.

Ein vergleichbares Menü ist auch beim Erstellen einer neuen Software-Instrument-Spur zu sehen (dabei fehlt der DRUM MACHINE DESIGNER). Alternativ können Sie Instrumente als Patches in der BIBLIOTHEK laden oder mit dem Plug-in-Manager Ordner zum schnellen Auffinden von Plug-ins (siehe Abschnitt 3.5) erstellen, die dann unter der Liste der Logic-Instrumente auftauchen. Wiederum darunter erscheinen weitere Ordner. Im Ordner LOGIC finden

Sie alle Logic-Instrumente noch einmal. Im Ordner AU-INSTRUMENTE finden Sie Drittanbieter-Instrumente.

Abbildung 11.1 Das Menü zur Auswahl von Logic-Instrumenten

11.2 Output-Konfiguration für Instrumente (Stereo/Mono/Surround/Multi-Out), mehrere Outputs für ein Instrument nutzen

Instrumente lassen sich oft (nicht immer) in verschiedenen Output-Konfigurationen (z. B. Mono, Stereo oder als 5.1-Surround-Sound-Konfiguration) oder als Multi-Ausgang-Instrument laden, dessen Einzel-Outputs in Aux-Kanälen abgegriffen werden können, die Sie entweder manuell erstellen oder die in Spurstapel-Instrumenten bereits integriert sind.

Um die Output-Konfiguration (Abbildung 11.2) eines Instruments zu ändern, laden Sie einfach das gleiche Instrument mit der gewünschten Output-Konfiguration noch einmal (das gewählte Setting bleibt erhalten – es besteht *Settingkompatibilität*).

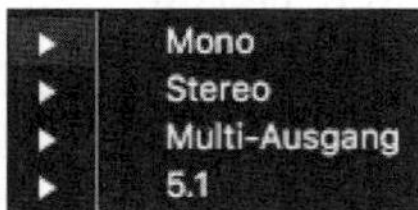

Abbildung 11.2 Output-Konfiguration eines »Sampler«-Instruments

11.3 AU-(Audio Unit-)Instrumente laden

AU/Audio-Unit-Instrumente von Drittanbietern lassen sich im unteren Bereich laden (AU MIDI-GESTEUERTE EFFEKTE, AU-GENERATOREN und AU-INSTRUMENTE, je nachdem, was Sie installiert haben). Sie können sie alternativ im Plug-in-Manager in eigene Ordner verschieben. Im Eintrag AU-GENERATOREN laden Sie z. B. mit macOS installierte Tools wie die Plug-ins »AUNetReceive« und »AUAudioFilePlayer«. »AUNetReceive« greift optional einen Stream auf, der via »AUNetSend« im gleichen Netzwerk gesendet wird.

11.4 Side-Chain-Input bei Instrumenten/AU-MIDI-gesteuerte Effekte

Wenn ein externes Audiosignal im Instrument verarbeitet werden soll (z. B. im *EVOC 20*-Vocoder), können Sie es via Side Chain in das Instrument routen. Das Flip-Menü zur Einstellung des Side-Chain-Audiokanals finden Sie im Plug-in-Fenster oben rechts (Abbildung 11.3). Falls sich dort kein entsprechendes Menü befindet, verfügt das Plug-in auch nicht über eine Side-Chaining-Funktion.

Abbildung 11.3 »Side Chain«-Flip-Menü, Umschaltung zwischen »Regler«- und »Editor«-Ansicht

Manche Instrumente können als Effekte genutzt werden (z. B. *Serum*, *FM8*). Diese werden dann als Instrument geladen, das zu effektierende Signal wird via Side Chain hineingeroutet. Warum macht man das so? Auf diese Weise können die Effekte MIDI empfangen. Das geht in einem normalen Effekt-Slot nicht. Doch das zu effektierende Audiosignal muss ja beim Plug-in landen, hierbei hilft der Side-Chain-Input. Ob das Plug-in dann als Instrument oder AU-MIDI-gesteuerter Effekt geladen wird, ist egal, solange die Instrumentversion auch einen Side-Chain-Input hat. Dieser ist bei einem AU-MIDI-gesteuerten Effekt stets vorhanden.

Mehr zum Thema Side Chain finden Sie in Abschnitt 14.9 sowie in Kapitel 15.

11.5 Plug-in-Bedienung und -Darstellung

Nachfolgend finden Sie generelle Hinweise zur Arbeit mit Plug-in-Fenstern in Logic. Es geht dabei hauptsächlich um die Instrument-, Audio- und MIDI-Plug-ins.

11.5.1 Plug-in-Fenster via Shortcut öffnen

Seit Logic 10.4 besitzt Logic zuweisbare Shortcuts, mit denen Sie (auch Audio- und MIDI-) Plug-ins eines bestimmten Slots öffnen. Für das Instrument der selektierten Spur lautet dieser Shortcut `alt` + `cmd` + `I`.

11.5.2 Fenstergröße, Darstellung als Regler oder Editor, »Link«-Modus

Ganz oben rechts im Plug-in-Fenster (Abbildung 11.3) können Sie mit einem ovalen Button ❶ den oberen Bereich ausblenden, um Platz zu sparen. Oben rechts wählen Sie unter ANSICHT die Größe der Darstellung des Plug-ins. Sie können das Fenster auch durch diagonales Ziehen an den unteren Ecken mit der Maus vergrößern und verkleinern. Ferner können Sie zwischen einer EDITOR-Ansicht (die die Plug-in-Oberfläche zeigt) und einer REGLER-Ansicht umschalten. Die REGLER-Ansicht bietet verbesserte Funktionalität der Voice-over-Funktion, die Logic-Inhalte, Befehle oder Parameter vorliest (z. B. für sehbehinderte Nutzer). Überraschenderweise besitzen manche Plug-ins (z. B. »Space Designer«, *Vintage Organ*) in der REGLER-Ansicht (Abbildung 11.3) mehr Einstellmöglichkeiten als in der EDITOR-Ansicht, daher sollten Sie sie kennen.

Wenn Sie den LINK-Modus im Plug-in-Fenster aktivieren (Button mit Kettensymbol ❷), wird das Fenster automatisch aktualisiert, wenn Sie ein neues Plug-in öffnen. Danach wird das neue Plug-in im gleichen Fenster angezeigt. Wenn Sie bei aktiviertem LINK-Modus den Slot oder die Spur wechseln, wechselt die Darstellung im Plug-in-Fenster automatisch auf den nächsten Slot oder den gleichen Plug-in-Slot der neu selektierten Spur (selbst wenn sich in diesem Slot gar kein Plug-in befindet). Mit dem BYPASS/POWER-Button aktivieren und deaktivieren Sie das Plug-in. Der Parameter lässt sich automatisieren, wobei er nicht unter den Automationsparametern des Plug-ins, sondern im MAIN-Menü des Kanalzugs zu finden ist.

11.5.3 Parameter-Reset

Eine nützliche Funktion ist der Reset via Klick mit gehaltener [alt]-Taste auf fummelig zu bedienende Parameter – hierdurch werden diese zurückgesetzt, also auf Null- oder Default-Stellung gebracht.

11.5.4 Alle Plug-ins ein- und ausblenden

Mit dem Shortcut [V] blenden Sie schnell alle Plug-in-Fenster ein und aus. Wenn Sie beim Schließen eines Plug-in-Fensters die [⇧]-Taste gedrückt halten, werden alle Fenster geschlossen.

11.5.5 Preset-Management, Preset-Initialisierung

Im SETTING-Menü der Plug-ins laden und sichern Sie Einstellungen. Die Optionen ALS STANDARD SICHERN, STANDARD AUFRUFEN und LÖSCHEN bzw. EINSTELLUNG LÖSCHEN (BENUTZERSTANDARD) erlauben Ihnen, eine Standardeinstellung für das Plug-in zu speichern, aufzurufen oder zu löschen.

Die verschiedenen Instrumente sind unterschiedlich umfangreich mit Soundpresets bzw. Settings ausgestattet. Sie können einige Plug-ins dort nun auch »initialisieren«, d. h. auf eine Basiseinstellung setzen, die meist ein guter Ausgangspunkt ist, um neue Presets zu erstellen und ein Plug-in zu erlernen. Hierfür gibt es z. B. in *Alchemys* Preset-Menü die Option EINSTELLUNG INITIALISIEREN.

Im gleichen Menü sind außerdem oben die selbsterstellten User-Presets sichtbar. Wenn Sie in der BIBLIOTHEK mit [⇧] + Klick auf das Plug-in oder links neben das Plug-in klicken, so dass der Pfeil auf das Plug-in zeigt, zeigt die BIBLIOTHEK danach Instrumentpresets an.

11.5.6 Wie schalte ich Presets um? – Presetverwaltung

Mit den Tasten [Ä] und [Ö] oder einem individuell vergebenen Shortcut schalten Sie schnell zwischen Sounds und Effektpresets um. Der Befehl heißt NÄCHSTES/VORHERIGES PATCH, PLUG-IN-SETTING ODER SAMPLER-INSTRUMENT und bezieht sich auf den (via [⇧] + Klick) selektierten Bereich im Channel-Strip bzw. das entsprechende Plug-in, ist also für jedes Plug-in, auch für Effekte und MIDI-FX, möglich.

Ist die BIBLIOTHEK selektiert, können Sie auch mit den Pfeiltasten schnell zwischen Presets umschalten. Das Laden von Patches oder Presets, die Samples verwenden (z. B. für *Alchemy*), dauert oft länger als das Umschalten von Synth-Presets, da erst Samples von der Festplatte geladen werden müssen.

Mit den entsprechenden Buttons können Sie Effekt-Settings auch kopieren und einsetzen (Abbildung 11.4). Der EINSETZEN-Button erscheint ausgegraut, wenn zuvor nichts kopiert wurde. Die Pfeilbuttons links schalten wiederum zwischen den Settings in dem Ordner um, in dem sich das aktuell geladene Setting befindet. Details zur Presetverwaltung lesen Sie in Abschnitt 3.2.5.

11.5.7 Vergleichen; zwischen gespeicherten und geänderten Einstellungen umschalten; Undo

Mit dem VERGLEICHEN-Button oberhalb des genannten Presets schalten Sie zwischen der aktuellen Soundeinstellung und der zuletzt benutzten um. Er leuchtet blau, sobald Sie an der gespeicherten Einstellung etwas verändert haben. Relativ neu in Logic ist die Option, mit Hilfe der Buttons oben Edits am Plug-in im Plug-in-Header zu widerrufen oder zu wiederholen.

Abbildung 11.4 »Vergleichen«-Button, Undo/Redo (Widerrufen/Wiederholen) und andere

Die Undo-/Redo-Funktion für Plug-ins können Sie auch mit einem dedizierten Shortcut nutzen (ctrl + alt + ⇧ + cmd + Z bzw. R). Im Undo-Verlaufs-Fenster (alt + cmd + Z) können Sie aber auch Plug-in- und Mixer-Arbeitsschritte von Undo/Redo ausschließen.

11.6 Einführung in Klangerzeuger (Synths und Sampler) und Klangsyntheseformen

So unterschiedlich die Bedienoberflächen von Synthesizern aussehen – bei den meisten ist die Struktur ähnlich. Daher lohnt es sich, eine Grundstruktur zu verstehen. Es gibt typischerweise:

- Klangerzeugungsbereich
- Filter
- einen Amp

Diese drei Bereiche sind meist von links nach rechts im Klangerzeuger angeordnet und generieren zusammen den Klang. Sie haben jeweils stets bestimmte Parameter und Regler (z. B. Pitch/Tonhöhe, Cutoff und Lautstärke). Diese sind typischerweise Modulationsziele für Modulationsquellen, die es außerdem gibt. Modulationsquellen erzeugen typischerweise selbst keinen Sound.

Modulationsquellen heißen beispielsweise Envelopes (Hüllkurven), LFOs (Low-Frequency Oscillators, d. h. Wellenformgeneratoren, die mit langsamer Frequenz schwingen) und Velocity (Anschlagstärke). Wenn Sie diese Grundstruktur und ihre typischen Parameter, die ich in den Folgeabschnitten vorstelle, verinnerlichen, dann können Sie viele Klangerzeuger verstehen. Der Rest ergibt sich auch aus Erfahrung: Wie klingt was?

Verknüpfungen zwischen Modulationszielen und -quellen können vorkonfiguriert sein oder manuell von Ihnen erstellt werden. Beispiel: Eine ADSR-Hüllkurve und die Velocity steuern oder »modulieren« die Lautstärke, um einen Lautstärkeverlauf zu erzeugen. Via Velocity wird es lauter, wenn Sie fester in die Tasten hauen.

Es gibt verschiedene Klangerzeugungsprinzipien: Sehr verbreitet ist die *subtraktive Synthese*. Der Name erklärt sich so: Von dem zunächst erzeugten Klang wird im Verlauf der Klangerzeugung etwas »weggenommen«, z. B. durch Filter. Mitunter wird auch von der *East-Coast-Synthese* gesprochen. Andere Synthese- bzw. Klangerzeugungsarten nennen sich *FM-Synthese, additive Synthese, Granularsynthese, Sampling, Wavetable-Synthese, Spektralsynthese und Physical Modeling*. Schließlich gibt es auch noch *Sampling*. Für die *West-Coast-Synthese*, die man oft in modularen Klangerzeugern findet, sind das nachträgliche Hinzufügen von Obertönen mit Waveshapern oder die Verwendung sogenannter *Low Pass Gates* (die Amp und Filterfunktion in sich vereinen) typisch. Bei Samplern besteht die Klangerzeugung aus Samples. All diese Klangerzeuger enthalten meist auch einen Filter und einen Amp, an die das Signal geschickt wird, sowie die typischen Modulationsquellen.

In Logic finden Sie die Syntheseformen beispielsweise folgendermaßen wieder (ohne Anspruch auf Vollständigkeit der Liste):

- subtraktive Synthese: *Retro Synth, ES1, ES2, Alchemy*
- FM-Synthese: *Retro Synth, EFM 1*
- additive Synthese: *Alchemy*
- Wavetable-Synthese: *Retro Synth*
- Granularsynthese: *Alchemy*
- Spektralsynthese: *Alchemy*
- Physical Modeling: *Sculpture*

11.6.1 Presets oder eigenes Sounddesign?

Als Musikproduzent können Sie unterschiedliche Einstellungen zu der Arbeit mit Synthesizer- und Sampler-Presets entwickeln: vom totalen Sounddesign-Purismus und der inneren Verpflichtung, jeden Sound selbst zu designen, bis hin zur ausschließlichen Nutzung von Presets. In der Praxis findet man sich oft irgendwo dazwischen. Lassen Sie sich nicht von irgendwem einreden, was sie tun müssen. Es ist nicht verwerflich, sich von Presets inspirieren zu lassen; jeder Sound hat einen eigenen Charakter. Sich aus Bausteinen von Plattformen wie Splice oder Loopmasters Tracks zusammenzubasteln ist sicher stark »vorkonfiguriert«. Andererseits ist es heute gängiger denn je, dass sich Sänger oder Rapper die Instrumentals aus dem Internet besorgen, um darauf zu performen. Auch viele nicht so berühmte Filmmusikkomponisten können es gar nicht anders machen, weil sie unter Zeitdruck stehen und oft mehrere Stücke an einem Tag für Auftraggeber fertigstellen müssen. Doch oft kommt irgendwann der Punkt, an dem die neuen Sounds für die bereits bestehenden Inhalte im Song passend gemacht werden müssen und entsprechende Kenntnisse trotzdem wichtig sind.

11.6.2 Hauptbestandteile eines Klangerzeugers: die Sektionen Osc, Filter und Amp und die Modulationsquellen

Jeder der Bereiche Klangerzeugung, Filter und Amp hat typische Einstellmöglichkeiten.

Wie immer, wenn es um Signalfluss geht, gibt es einen Anfang, eine Richtung und ein Ende des Signalflusses. Der Sound wird in der Oszillatorsektion erzeugt, durchläuft den Filterbereich (oder umgeht ihn), um anschließend in die Verstärker-(Amp-)Sektion zu gelangen. Abbildung 11.5 zeigt den typischen Aufbau eines Synths mit seinen Parametern.

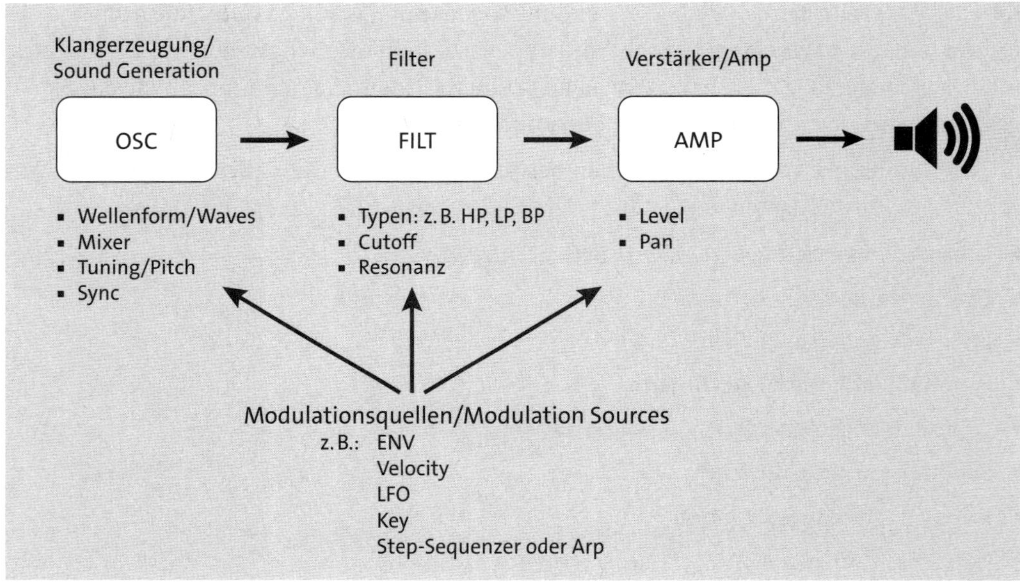

Abbildung 11.5 Der Aufbau eines Synthesizers

Klangerzeugung

Der *Klangerzeugungs-* bzw. *Oszillatorbereich* hat typischerweise folgende Einstellmöglichkeiten:

1. Sie können die Wellenform (z. B. Sine, Square, Saw, Noise) eines Oszillators wählen, der Sound erzeugt, sowie dessen
2. Tuning/Pitch/Oktavlage.
3. Meistens gibt es mehrere Oszillatoren, und Sie können ihr Mixverhältnis zueinander bestimmen.

Die Ausgestaltung des Mixbereichs fällt oft besonders unterschiedlich aus. So kann es wie in *Alchemy* Lautstärkeregler für die einzelnen Klangerzeuger geben, während im *ES2* ein Dreieck für die Balance zwischen den Oszillatoren sorgt.

Im Projekt *11Osc1* drehe ich zunächst am Tuning eines Oszillators, dann ändere ich die Wellenform, schließlich mische ich einen zweiten Oszillator hinzu. In Abschnitt 11.7 über den *Retro Synth* lesen Sie mehr über weitere Funktionen, die in diesem Bereich vorkommen können, wie Osc-Sync oder ein FM-Mode.

Filter und Filtertypen

Danach geht der Sound in den *Filterbereich*. Hier stellen Sie normalerweise den

1. Filtertyp (verschiedene Low Pass, High Pass, Band Pass, Band Reject etc.),
2. die Cutoff-Frequenz und die
3. Filterresonanz ein.

Bei einem Low-Pass-Filter regelt die Cutoff-Frequenz, unterhalb welcher Frequenz, bei einem High Pass, oberhalb welcher Frequenz das Signal durchgelassen wird. Ein Low-Pass-Filter ist dasselbe wie ein High-Cut-Filter, ebenso entsprechen sich High Pass und Low Cut.

Der Resonanzregler regelt die Stärke der Betonung der Cutoff-Frequenz. Das klingt zunächst vielleicht penetrant, doch Bewegungen der Filter-Cutoff-Frequenz klingen mit etwas höherer Resonanz oft interessanter.

Die Filter-Steilheit bestimmt optional, wie radikal das Signal abgeschnitten bzw. leiser gemacht wird (z. B. um 6, 12, 24 dB pro Oktave; das wird auch als *1-*, *2-* oder *4-Pol-Filter* bezeichnet).

Im Projekt *11Filt1* bewege ich zunächst die Cutoff-Frequenz eines Low-Pass-Filters und in den folgenden Takten in der Spur darunter die Cutoff-Frequenz eines High-Pass-Filters.

Amp-Sektion

Anschließend geht es in den *Amp/Verstärker*, wo Sie Lautstärke, Panorama (links/rechts) sowie Effekte einstellen. In manchen Klangerzeugern sind dort zusätzliche Effekte untergebracht.

Wellenformen

Laut *Fourier-Theorem* lassen sich alle Schallereignisse und andere Wellenformen (wie *Sawtooth*, *Pulse*, *Rectangle*) aus sich überlagernden Sinuswellen zusammensetzen, nämlich Grundton und Obertöne (typischerweise ein Vielfaches der Grundtonfrequenz, z. B. 2fache, 3fache, 4fache Frequenz). Filtert man die Obertöne, so bleibt lediglich der Grundton, also eine einzelne Sinuswelle (mehr zu Obertönen und ihrer Bedeutung für die Harmonielehre lesen Sie in Abschnitt 12.4). Andere Wellenformen haben mehr Obertöne und einen deutlich anderen Sound. Die Obertöne einer Wellenform können Sie beim Spielen einer Note auch im

Analyzer des »Channel EQs« (siehe Abschnitt 15.2.4) erkennen. Im *Alchemy*-Synth können Sie das gut nachvollziehen, auf einzelne Obertöne zugreifen und mittels additiver Synthese selbst Sounds designen.

Den typischen »hohlen« Sound einer Rechteckwellenform erreichen Sie z. B. durch das Weglassen jedes zweiten Obertons.

Modulationsquellen

Alle drei Hauptbereiche werden (als Modulationsziele) von sogenannten *Modulationsquellen* bearbeitet, zum Beispiel:

- Hüllkurven (englisch: *envelopes*, abgekürzt ENV oder EG für *Envelope Generator*) oder ADSR (siehe Abbildung 11.6)
- LFOs (= *Low-Frequency Oscillators*), die in niedrigen Frequenzen schwingen (z. B. einmal pro Sekunde = 1 Hz), für Beispiele siehe Abschnitt 11.6.4

Velocity (Projektbeispiel *11Mod1* – siehe unten)

- andere, wie beispielsweise Key Input (Tonhöhe der gespielten Note), Step Sequencer, MIDI-Controller

Es gibt viele weitere mögliche Modulationsquellen, und Modulationsquellen können sich auch gegenseitig modulieren.

Modulationsquellen versus Modulationsziele, Velocity versus Volume

In Synthesizern gibt es also Modulationsquellen und Modulationsziele (z. B. Tonhöhe, Cutoff-Frequenz und Amp-Lautstärke).

Ein einfaches Beispiel sind wie erwähnt Velocity (Modulationsquelle) und das Volume bzw. der Pegel des Amplifiers (Modulationsziel). *Velocity* ist die Anschlagstärke und wird mit dem MIDI-Befehl Note On als 2. Datenbyte gesendet. Das Volume bzw. der Pegel des Amps bestimmt die Lautstärke. Meistens sind Sounds so programmiert, dass die Lautstärke bei höherer Velocity größer wird. Je fester Sie draufhauen, desto lauter wird es.

Damit ahmt das elektronische Instrument die typische Verhaltensweise eines akustischen Instruments nach (z. B. ein Klavier). Fachlich korrekt ausgedrückt *moduliert* die Velocity den Pegel des Amps (Volume). Das ist keine Selbstverständlichkeit, sondern muss im Sound erst programmiert werden.

Im Projekt *11Mod1* ist ein Sound geladen, der umso lauter und umso heller klingt, je fester Sie ihn anspielen, weil die Velocity sowohl die Amp-Lautstärke als auch die Filter-Cutoff-Frequenz moduliert. Die Modulation kann in ihrer Intensität geregelt werden.

Viele Klangerzeuger ermöglichen eine freie, modulare Kombination aus Modulationsquellen und Modulationszielen. Beispiele aus der Hardwaresynthesizer-Welt hierfür sind modulare Synthesizersysteme (z. B. Doepfer Modular, Moog-Modularsystem), doch auch *Alchemy*, *ES2* und *Sampler* in Logic ermöglichen Parameterverknüpfungen auf modulare Art und Weise. Man spricht dann auch von einer *Modulationsmatrix*.

11.6.3 Hüllkurven (Envelopes)

Die Hüllkurve ist vielleicht das wichtigste und elementarste Klagformungswerkzeug. Sie zeichnet einen Werteverlauf.

ADSR

Die typische ADSR-Hüllkurve (Abbildung 11.6) hat den Vorteil, dass mit vier Knöpfen bzw. Schiebereglern ein Kurvenverlauf flexibel eingestellt werden kann.

Am einfachsten zu verstehen ist das Prinzip, wenn wir eine dem Verstärker (Amp) zugeordnete Hüllkurve (Amp-Envelope) betrachten. Man könnte auch sagen: Die Hüllkurve moduliert den Verstärker. Diese Hüllkurve regelt nun, wann es laut wird und wann leise, und zwar in einem zeitlichen Verlauf mit Bezug auf das Auslösen (*Triggering*) und Loslassen der Note, das in der Regel durch Ihr Klavierspiel oder den Sequencer erfolgt.

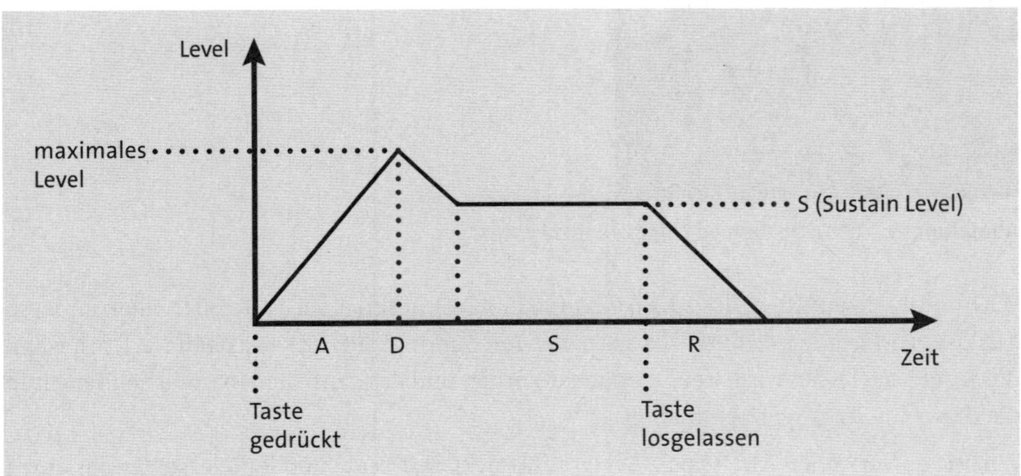

Abbildung 11.6 Die ADSR-Hüllkurve

Nachdem eine Note gespielt wurde und die entsprechende Taste weiter festgehalten wird ...

- ... dauert es die *Attack-Zeit »A«*, bis der Sound die maximale Lautstärke erreicht hat.
- ... dauert es anschließend die *Decay-Zeit »D«*, bis die Lautstärke auf
- ... den *Sustain-Pegel »S«* heruntergefahren wird (ist das Sustain-Level voll aufgedreht, ist die Decay-Zeit egal, denn die volle Lautstärke wird bereits nach Ablauf der Attack-Zeit erreicht).

Wird die Taste los gelassen ...

- ... dauert es die *Release-Zeit »R«*, bis der Verstärker nach dem Loslassen der Taste vom aktuellen Pegel der Hüllkurve vollständig heruntergedreht ist und man nichts mehr hört.

Diese Art Hüllkurve findet man in den meisten Synths wieder, so auch in *ES1* und *Retro Synth*. Die Erbauer von Hardware-Synths ermöglichten es so ihren Usern, mit nur vier Knöpfen/Reglern (jeweils einen für Attack, Decay, Sustain und Release) einen Hüllkurvenverlauf flexibel zu regeln.

In vielen Softwaresynthesizern ist eine solche Beschränkung gar nicht mehr nötig, weil sich auch graphische Edits und dementsprechend komplexere Hüllkurven realisieren lassen (das gilt in Logic z. B. für *Alchemy*, *Ultrabeat* und *Sculpture*).

Eine Lösung, die beides vereint, liefert Logics *Retro Synth*: Hier gibt es die besagten vier Regler für die Lautstärkehüllkurve, die dabei jedoch wie in Abbildung 11.7 graphisch dargestellt wird.

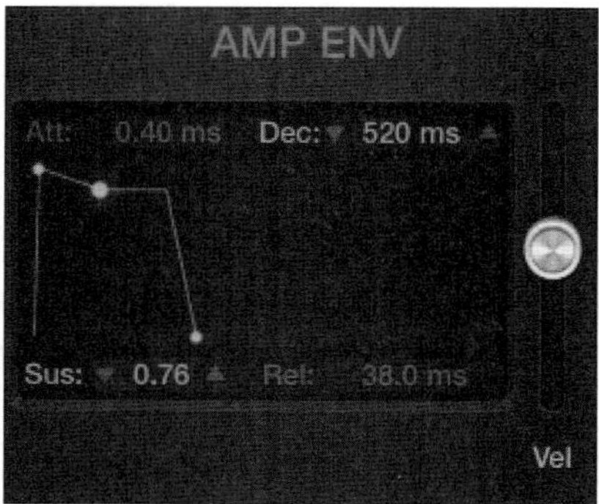

Abbildung 11.7 Die Hüllkurve in Logics »Retro Synth«

Wichtig ist zu verstehen, dass die Hüllkurve durch Drücken einer Taste oder einen anderen Auslöser gestartet wird, durch Loslassen der Taste springt sie zur Release-Phase. Doch wann die Taste losgelassen wird, weiß man nicht vorher, und das kann dementsprechend nicht in die Grafik im *Retro Synth* einfließen.

Wichtig zu verstehen ist, dass die Regler A (Attack), D (Decay) und R (Release) jeweils einen Zeitwert ausmachen, während S (Sustain) ein Levelwert ist (die Beschriftung im *Retro Synth* schreibt die Begriffe im Bild teilweise aus). Neben dem Levelwert S gibt es zwei weitere »versteckte« Levelwerte in der Hüllkurve: das maximale und das minimale Level. Hüllkurven werden auf viele Parameter angewendet, oft gibt es dann einen ENV-AMOUNT-Regler, der die Stärke der Hüllkurvenwirkung auf den jeweiligen Parameter regelt.

Eine Hüllkurve kann auch durch einen Impuls ausgelöst werden, z. B. einen im Side-Chain-Eingang eingehenden Drumloop. Man spricht auch von einem *Envelope Follower*. So etwas finden Sie in Logics »AutoFilter« und in den Modulationsquellen von *Alchemy*.

Die große Wirkung der Volume-Hüllkurve

Mit Einstellungen der ADSR-Hüllkurve können Sie sehr leicht und zielgerichtet Soundänderungen herbeiführen. Beispiel: Stellen Sie je eine lange Attack- und Release-Zeit für die Lautstärkehüllkurve ein, erhalten Sie einen flächigen Sound (Spur 2 im Projekt *11Adsr1*). Stellen Sie Attack und Release kurz ein, Decay ziemlich kurz und Sustain auf 0, so erhalten Sie einen recht perkussiven Sound (Spur 1 im Projekt *11Adsr1*). Steht Sustain auf maximalem Pegel, ist die Länge der Decay-Zeit egal, denn der Pegel bleibt beim Maximalwert.

Orgel vs. Piano in der ADSR-Volume-Hüllkurve

Bei vielen elektronischen Instrumenten bzw. Synthesizersounds ist der Sustain-Wert größer als 0; das bedeutet, dass bei gehaltener Taste immer ein (elektrischer) Sound hörbar bleibt. Dieser ist am Anfang möglicherweise kurzzeitig lauter, behält dann aber bei gehaltener Taste die Sustain-Lautstärke (>0) bei (wie eine Orgel, siehe Spur 4 im Projekt *11Adsr1*).

Bei einem Piano (typisch für ein akustisches Instrument) dagegen ist der Sustain-Wert eigentlich immer gleich 0, denn egal, wie lange Sie Ihre Hand auf der Taste halten (oder vielleicht noch das sogenannte Sustain-Pedal drücken), irgendwann herrscht Stille, wobei dies nach dem Loslassen der Taste etwas schneller geht (siehe Spur 3 im Projekt *11Adsr1*).

Also auch wenn sich das englische Wort *sustain* mit »aufrechterhalten« übersetzen lässt, stellt man bei einer Synthesizer-ADSR-Hüllkurve einen langen Decay-Wert und einen Sustain-Wert von 0 ein, um das Lautstärkeverhalten eines Klaviers zu simulieren. Ein gehaltenes Sustain-Pedal würde durch einen erhöhten Release-Wert emuliert – hierdurch verschwindet der Sound nach dem Loslassen einer Taste deutlich langsamer.

ADSR-Filter-Hüllkurve

Hüllkurven können nicht nur den Lautstärkeknopf des Verstärkers modulieren, sondern auch etwas anderes, wie z. B. die Filterfrequenz. Die Werte einer zweiten aktiven Hüllkurve namens FILTER ENV, die die Frequenz des Filter-Cutoffs moduliert, habe ich im Beispiel an die Amp-Env-Werte angepasst.

Im Projekt *11Adsr2* wirkt in Spur 1 die Filter-Env-Hüllkurve mit schnellem Attack, längerem Decay und heruntergedrehtem Sustain auf den zunächst heruntergedrehten Low-Pass-Filter bzw. dessen relativ tief eingestellte Cutoff-Frequenz, wodurch der Filter schnell geöffnet wird und sich langsam wieder schließt. In Spur 2 wird der Filter dagegen langsam geöffnet und ist zunächst verschlossen. Hier moduliert eine Hüllkurve mit langer Attack-Zeit den zunächst relativ geschlossenen Filter. In Spur 3 agiert eine ähnliche Hüllkurve wie in Spur 1, wirkt sich aber auf die Tonhöhe (Pitch) und nicht auf die Filterfrequenz aus. In Spur 4 ist diese Hüllkurve schneller und wirkt etwas extremer, wodurch eine schnelle Tonhöhenbewegung am Anfang des Sounds herbeigeführt wird, die sich in Lead- oder Drumsounds oft gut verwenden lässt.

Im Projekt *11AdsrFilt3* klingt der gleiche Sound durch leichte Veränderungen jeweils komplett anders, hierbei demonstriere ich auch die Wirkung des Filters: In Spur 2 habe ich mit einer tieferen Cutoff-Frequenz des Low-Pass-Filters mehr Höhen abgeschnitten, zudem habe ich dieselben Noten (via Informationsfenster REGION) drei Oktaven tiefer gespielt. In Spur 3 dagegen schneidet ein Hochpass-Filter die Bässe ab, und die Töne spielen eine Oktave höher als in Spur 1. Zusätzlich habe ich die Attack- und Release-Zeiten verlängert.

11.6.4 LFO (Low-Frequency Oscillator) und Vibrato, Tremolo und Wah Wah

Während es bei der Hüllkurve meistens einen manuell formbaren, aber auf einen einzigen Durchlauf begrenzten Verlauf nach dem Triggering oder Drücken einer Taste gibt, sorgt ein LFO für periodische Modulationen (es gibt auch Mischformen wie loopbare Hüllkurven oder Step Sequencer).

Ein LFO (*Low-Frequency Oscillator*) schwingt langsamer als ein Oszillator (z. B. einmal pro Sekunde = 1 Hz) – meist so langsam, dass man ihn selbst nicht hört (manche LFOs erlauben auch hörbare Schwingungsfrequenzen). Stattdessen soll er beispielsweise in jeder Sekunde eine immer wiederkehrende Klangveränderung (z. B. durch Modulation des CUTOFF-Reglers) bewirken.

Vibrato, *Wah Wah* und *Tremolo* sind Soundvariationen, die durch LFO-Modulationen entstehen. Der LFO ist dabei die Quelle; die Ziele sind jeweils andere: Beim Vibrato moduliert ein LFO die Tonhöhe (Osc oder Pitch-/Frequenzmodulation, abgekürzt FM), beim Wah Wah den Filter-Cutoff und beim Tremolo die Amp-Lautstärke (Amplitudenmodulation, abgekürzt AM). Insbesondere der Vibratoeffekt (stellen Sie sich die Stimme einer Opernsängerin vor) kann sehr unterschiedlich eingesetzt werden: Aus einem einfachen Sound entsteht mit Hilfe von Vibrato eine Art Sirene, eine Art Opernstimme oder auch ein sich dezent bewegender Sound, der nach altem Analog-Synth klingt.

Im Projekt *11LFOmoduliertpitch* finden Sie hierfür einige Beispiele. In Spur 1 moduliert ein langsamer LFO mit sinusartiger Wellenform die Tonhöhe sehr stark (Sireneneffekt). In Spur 2 ist der gleiche LFO schneller gestellt, moduliert die Tonhöhe aber weniger extrem, wodurch es etwas mehr wie ein menschliches Vibrato klingt. In Spur 3 ist statt der Sinuswellenform eine treppenförmige Zufallswellenform (auch *Sample & Hold* genannt) für den LFO eingestellt, die den Pitch wiederum extremer moduliert und mit einem anschließenden Band-Pass-Filter bearbeitet wird, um die tiefsten und höchsten Frequenzen abzuschwächen (R2-D2-Effekt). Bei einer Sample-and-Hold-Schaltung wird der Zustand einer Schwingung regelmäßig abgetastet und dann zunächst beibehalten, wodurch ein treppenförmiger Verlauf entsteht.

In Spur 4 moduliert ein LFO diesmal wieder mit Sinuston die Tonhöhe nur ganz leicht, wodurch der Sound etwas lebendiger wird als sein Pendant in Spur 5 ohne diese Modulation. Die Beispiele habe ich im *ES2*-Synth (siehe Abschnitt 11.20) erstellt.

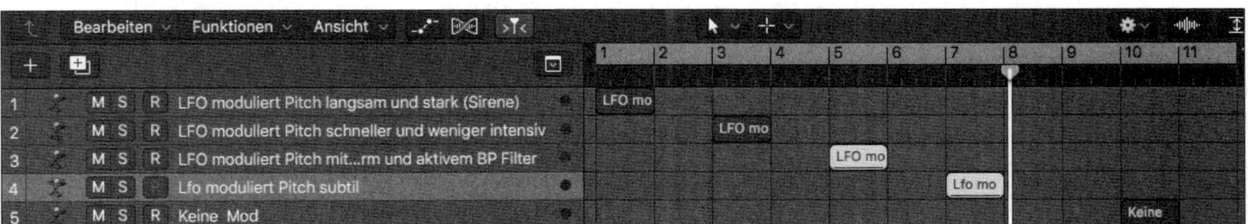

Abbildung 11.8 Ein LFO moduliert den Pitch auf verschiedene Weise.

Im Projekt *11LFOmoduliertcutoffundamp* hören Sie weitere Modulationsbeispiele: In Spur 1 moduliert derselbe LFO wie in Spur 2 die Cutoff-Frequenz eines Low-Pass-Filters, was man *Wah-Wah-Effekt* nennt. In Spur 1 ist allerdings der Resonanzparameter hochgedreht, wodurch der Effekt deutlich prägnanter wird, denn genau jene Frequenz, die laufend verändert wird (Cutoff), wird ja zusätzlich betont. Die Modulation in Spur 2 wird von Studenten bei Gehörbildungsübungen oder Blindtests oft mit der Modulation aus Spur 3 verwechselt, wo der LFO nicht den Cutoff, sondern den Amp bzw. dessen Lautstärke moduliert (sogenannter *Tremolo-Effekt*). Wer genau hinhört, bemerkt, dass in Spur 3 der gesamte Sound – inklusive all seiner Höhen bzw. ohne Veränderung des Höhenanteils – leiser und lauter gemacht wird, während in Spur 2 ein ähnlicher Effekt zu hören ist, der dadurch entsteht, dass die Höhen weg- und hinzugedreht werden. In Spur 4 ist ebenfalls ein Tremolo-Effekt zu hören, hier wurde der LFO für etwas schneller gemacht. In Spur 5 ist wieder ein Wah-Wah-Effekt aktiv, die Wirkung des LFO wird hier aber sanft eingeblendet, was interessant klingt. Dies geschieht durch die Einstellung einer Delay-Hüllkurve im LFO 1 des *ES2*-Synths – in anderen Synths nennt man das auch *Fade-in* oder einfach *Delay* für den LFO.

11.6.5 Key- oder Key-Follow-Parameter

Die Tonhöhe der auf dem Keyboard gespielten Note (bzw. deren Notennummer) ist eine beliebte Modulationsquelle; die Bezeichnung hierfür variiert (z. B. *Key* oder *Key Follow*). Eine typische Anwendung ist etwa die Modulation der Cutoff-Frequenz durch die Tonhöhe. Auf diese Weise öffnet sich ein Filter zunehmend, je höher die gespielte Note ausfällt.

11.6.6 Schwebungen

Schwebungen entstehen durch zwei Oszillatoren mit identischen Wellenformen mit leicht voneinander abweichenden Tonhöhen, die zusammengemischt werden. Da es bei geringen Verstimmungen eine gewisse Zeit dauert, bis beide Wellenformen wieder am gleichen Punkt ihres Zyklus sind, ist der Sound für diese Zeitdauer »in Bewegung«. Gleichzeitig wirkt der Sound durch die Stimmenverdoppelung meist »fetter«. Für viele Sounddesigner sind Schwebungen ein wichtiger Bestandteil von Sounds.

Im Projekt *11Schwebung* sind zwei Oszillatoren mit der gleichen Wellenform leicht gegeneinander verstimmt. In Spur 1 beträgt die Verstimmung nur 1 Cent, in Spur 2 dagegen 4 und in Spur 3 7 Cent, wodurch die Schwebung in Spur 2 und 3 im Vergleich zu Spur 1 wie ein schneller modulierender LFO klingt. In Spur 4 ist die Verstimmung noch größer und wird eher wie zwei verschiedene Töne wahrgenommen.

11.6.7 Weitere typische Synthesizerparameter in Logic und anderen Synthesizern

Folgende Parameter werden Ihnen in vielen Synths begegnen:

Pitch Bend Range

Hier stellen Sie ein, um wie viele Halbtöne Ihr PITCH BEND-Regler bzw. der entsprechende MIDI-Befehl (der ja auch eingezeichnet werden kann) den Sound nach oben und unten verändert. Wenn Sie Ihr Pitch-Wheel also z. B. ganz nach oben drehen, kann es (je nach Einstellung) sein, dass der gespielte Sound zwei Halbtöne, eine ganze Oktave oder gar noch stärker hochgepitcht wird.

Voices bzw. Zahl der Stimmen

Hiermit stellen Sie die maximale Anzahl der Stimmen (Voices) ein. Diese Funktion findet sich in Logic z. B. beim *ES1*, *ES2*, *Retro Synth* und *Sampler*. Im Monomodus kann der Synthesizer nur eine einzige Stimme ausgeben. Das ergibt manchmal, wenn Leads gespielt werden, einen bestimmten »eigenen« Sound von musikalischen Parts – weil ja niemals zwei Töne gleichzeitig erklingen können –, der an berühmte monophone Synthesizer wie den Minimoog erinnert, die vor allem aus technischen Gründen nicht mehr als einen Ton gleichzeitig ausgeben konnten.

Mono/Poly/Legato/Portamento/Glide

Im Legato- und im Portamento-Mode startet die Hüllkurve typischerweise nicht neu, wenn eine neue Note gespielt wird, sondern verweilt in ihrer Sustain-Phase, falls die alte Note nicht losgelassen wurde, bevor die neue Note gespielt wurde. Gleichzeitig ist dieser Modus oft (nicht immer) an einen Monomodus gekoppelt. Dadurch wechselt der Ton auf die neu gespielte Note, während die zuvor gespielte Note automatisch eliminiert wird.

Auf diese Weise lässt sich eine besondere Art, Solos zu spielen, realisieren. Diese ist zum Beispiel mit dem Spielen einer Flöte vergleichbar, wenn Sie zuerst heftig anblasen, anschließend die Luftzufuhr aufrechterhalten, dabei aber den Ton wechseln. Der Glide-Parameter regelt bezüglich des Portamento-Effekts außerdem, wie lange es dauert, bis die Tonhöhe eines neu gespielten Tones (ausgehend vom zuvor gespielten Ton) erreicht wird. Auch hier sind die Bezeichnungen nicht einheitlich. Typischerweise wird der Glide-Modus in Kombination mit einer Monoeinstellung für die Stimmenanzahl verwendet.

Im Poly-Mode sind Synths mehrstimmig, und die Zahl der maximal ausgebbaren Stimmen kann oft eingestellt werden; im Mono-Mode können Synths nur einstimmig spielen. Dies ist zwar eine Beschränkung der Möglichkeiten, kann für bestimmte Spielweisen – beispielsweise von Lead-Sounds – aber durchaus erwünscht sein. Insbesondere für Bässe ist das relevant, um undefinierte, energiereiche Klanggemische durch überlappende Noten im Tiefenbereich auszuschließen.

Tuning

Sie können oft nicht nur einzelne Oszillatoren, sondern mit der Tuningeinstellung die Gesamtstimmung des Instruments verstellen. Dabei geht es oft um Bruchteile von Halbtönen, beispielsweise wenn Synthesizer kombiniert mit akustischen Instrumenten benutzt werden, deren Stimmung etwas von der Norm abweicht. Oder wenn Musik aus anderen Welten mit anderen Tönen, z. B. aus Indien, realisiert werden soll. Manche Synths (z. B. von u-he) können hierfür »Skalen« (z. B. als *.scl*-Daten) laden. In Logic stellt man Stimmungen in den PROJEKTEINSTELLUNGEN ein, was nicht immer perfekt funktioniert.

Unison

Im Unison-Modus werden der gespielten Stimme zusätzliche, leicht verstimmte Voices hinzugemischt, um den Sound insgesamt fetter zu machen, ähnlich dem Chorus-Effekt bzw. der Schwebung zwischen mehreren Oszillatoren.

So weit einige erste allgemeine Erläuterungen, weitere ergeben sich bei der Besprechung der einzelnen Klangerzeuger. Wenn Sie das bisher Gelesene am Beispiel eines Synthesizers vertiefen möchten, schauen Sie sich zum Beispiel Abschnitt 11.7 über den *Retro Synth*, Abschnitt 11.16 über *ES1* oder auch Abschnitt 11.20 über den *ES2* an.

11.6.8 Klangbeispiele

Sie finden zwölf einfache Klangbeispiele mit verschiedenen Synths in 12 Spuren (Projekt *11Soundbeispiele*) mit kurzen Erläuterungen:

- Spur 1: Das Filter ist »geschlossen«, wird zunächst schnell geöffnet und dann im Verlauf des Abspielens wieder geschlossen. Das klingt das ungefähr so: »eeeaaaooouuu«. Die Attack-Zeit der modulierenden Hüllkurve ist kurz, der Filter geht sofort auf.
- Spur 2: Das umgekehrte »uuuoooaaaeee« finden Sie in Takt 5–9. Hier ist der Filter erst zu. Wegen der langen Attackzeit der Hüllkurve geht er nur langsam auf.
- Spur 3: Die Filterfrequenz wird von einem LFO zyklisch moduliert, die Bewegung ist dank eingestellter Resonanz gut hörbar.
- Spur 4: Der LFO ist schneller als in Spur 3. Seine Wellenform ist nun eine Zufallswellenform und es wird nicht mehr der Filter moduliert, sondern die Tonhöhe. Es klingt ein wenig nach R2-D2.

- Spur 5: Wieder moduliert der LFO die Tonhöhe, diesmal aber wieder mit einer Dreieckswellenform und viel langsamer. Es klingt nach einer Sirene.
- Spur 6: Der LFO moduliert wieder die Tonhöhe. Man nennt das auch *Vibrato-Effekt*. Diesmal ist die Modulationsintensität nicht so groß wie in Spur 5, und der LFO ist schneller. Es klingt nach einem traurigen, alten Synth, und es ist mehr Bewegung im Sound als ohne Modulation.
- Spur 7: Wie Spur 6, nur mit längerer Attack- und Releasezeit der Amp-Hüllkurve. Der Sound klingt noch mehr wie ein Pad.
- Spur 8: Wie Spur 6, doch nun mit kurzem Decay und Sustain auf »0« für die Amp-Hüllkurve. Der Sound wird schnell leise und ist nun perkussiv spielbar.
- Spur 9: Wieder ähnlich wie Spur 6, aber diesmal moduliert der LFO den Amp. Es kommt zu einem Tremolo-Effekt mit etwas größerer Intensität.
- Spur 10: Ein auf der Taste F tief gespielter Sinuston eignet sich besonders gut als Subbass.
- Spur 11: Der Sound aus Spur 10 mit Rechteck- statt Sinuswellenform hat mehr Obertöne, wodurch der wie in Spur 10 vorhandene Grundton weniger gut hörbar ist.
- Spur 12: Es klingt ein wenig nach einer Mücke, die vorbeifliegt. Eine Hüllkurve lässt die Tonhöhe von oben nach unten wandern, eine andere lässt den Filter erst auf- und dann wieder zugehen.

11.7 Retro Synth

Der *Retro Synth* (Abbildung 11.9) ist ein einfacher, maximal 16-stimmiger Synthesizer mit einfacher Bedienbarkeit, gutem Sound und einer recht flexiblen Klangerzeugung, der in einigen Beispielen oben bereits vorkam. Seine verschiedenen Klangerzeugungen bilden einen einfachen Querschnitt aus einigen populären Synths der Geschichte ab.

Für Filter und Modulationsquellen sind grafische Edits der Parameter möglich.

Soundmäßig hebt sich der *Retro Synth* von anderen Synths in Logic durch seine eingebaute Effektsektion mit CHORUS und FLANGER (wählbar durch Klick auf den Eintrag rechts oben im Synth, Abbildung 11.9 ❶) und die Option, in den globalen Einstellungen des SETTINGS-Bereichs ein *Voice-Detuning* (Abbildung 11.10 ❷) sowie ein *Voice-Stacking* ❸ einzustellen, ab. Design, Sound und Features machen den *Retro Synth* zu einer hybriden und auf das Wesentliche reduzierten Hommage an alte Moog-, Yamaha-, Roland- und PPG-Synthesizer, weil man zwischen verschiedenen Klangerzeugungsmodi umschalten kann. Die Sounds reichen von analog-warm bis digital-kalt, von harsch und aggressiv bis glockig. Ähnlichkeiten des Designs sollten allerdings nicht über ein im Vergleich zu den Originalen stark vereinfachtes Konzept hinwegtäuschen.

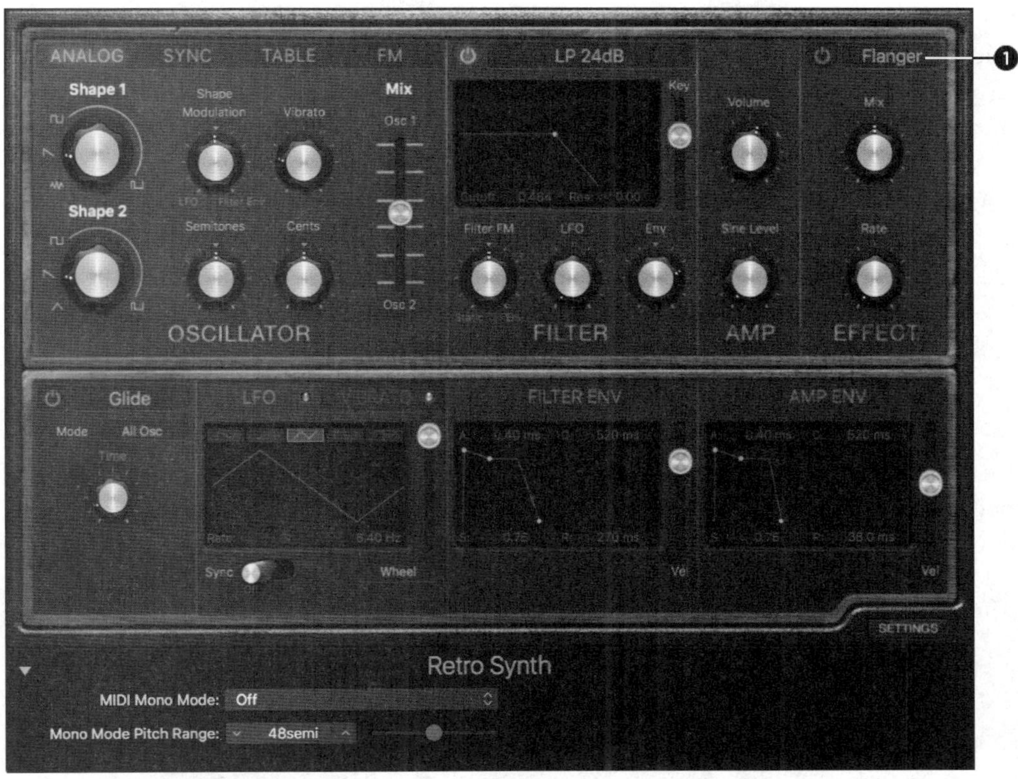

Abbildung 11.9 Die Grundansicht des »Retro Synths« – unten ausgeklappt

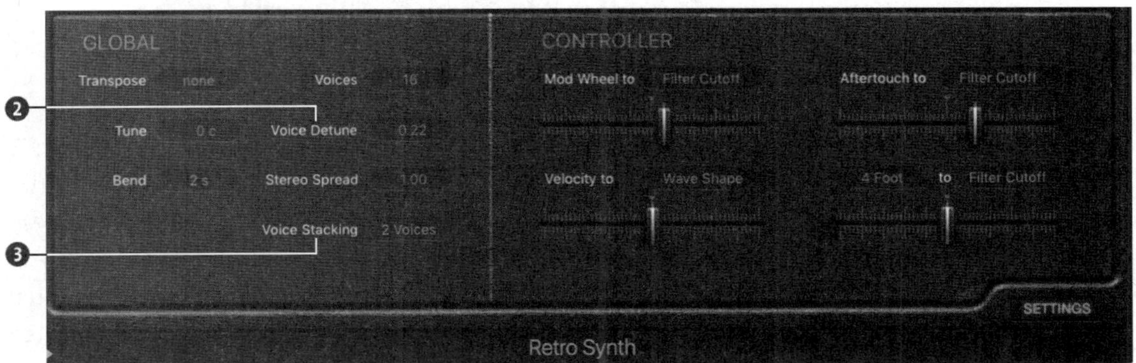

Abbildung 11.10 Im Bild sind Settings anstelle der LFOs und Envelopes eingeblendet. In den globalen Einstellungen sind »Voice Detune« und »Voice Stacking« einstellbar.

11.7.1 Klangerzeugung

Während die untere Hälfte in *Retro Synth* abgesehen von ihrem Look funktional immer gleich bleibt, können Sie mit den vier Tabs oben links vier verschiedene Arten der Klangerzeugung einstellen. Den Moog-artigen Look des oben abgebildeten ANALOG-Modus (Abbildung 11.9) hat auch die SYNC-Einstellung (Abbildung 11.11). Die anderen beiden Einstellungen verpassen dem Synth einen jeweils anderen Look. Der blaue TABLE-Look (Abbildung 11.12) erinnert an den *PPG Wave*, das Braun-Grün-Rosa-Farbschema der »FM«-Sektion an Yamahas *DX7*. Die Effektsektion erinnert mich an einen alten Roland-*Juno*-Synth (Abbildung 11.13). Von den Variationen wird in den folgenden Abbildungen nur die obere Hälfte eingeblendet. Für alle Klangerzeugungsmodi gilt, dass sich jeweils bestimmte Parameter wahlweise von LFO oder Envelope modulieren lassen. Grundsätzlich repräsentieren die beiden Shape-Regler links zwei Oszillatoren, die über den MIX-Regler zusammengemischt werden. Im FM-Mode heißen die beiden Regler MODULATOR und CARRIER.

Analog und Sync

Im ANALOG-Modus gibt es zwei unabhängige Oszillatoren mit unterschiedlichen Einstellmöglichkeiten. Über den Tuningregler können Sie z. B. einen davon stimmen, über Shape-Mod den Wellenform/Shape-Regler des anderen modulieren.

Abbildung 11.11 »Sync«-Mode im »Retro Synth«

Im SYNC-Modus wird die Wellenform des zweiten Oszillators (*Slave*) mit der des ersten Oszillators (*Master*) synchronisiert, wenn eine neue Note gespielt wird oder der Wellenformdurchgang des ersten Oszillators von vorn beginnt. Die Idee stammt aus älteren Synthesizern, bei denen sich Oszillatoren verstimmten (z. B. Sequential Circuits *Prophet V*). Der erste Oszillator funktioniert also grundsätzlich wie gewohnt, während die Wellenform des zweiten Oszillators verfremdete Züge annehmen kann, weil sie wegen der Kopplung an den ersten Oszillator an einer Stelle neu starten muss, an der ihre eigentliche Wellenform noch mittendrin im Zyklus wäre. Interessant wird es also, wenn Sie beispielsweise die Tonhöhe einer der beiden Oszillatoren verändern. Genau das passiert, wenn Sie am SYNC-Regler drehen (siehe Projekt *11Oscsync*). Dieser ist (entgegen seiner etwas irreführenden Beschriftung) eigentlich ein Pitch-Regler für Oszillator 2. Je höher Sie ihn drehen, desto mehr Obertöne entstehen, während gleichzeitig ein gleichbleibender Grundton zu hören ist, weil ja der Neustart des Wellenformzyklus an den unverändert bleibenden Master-Oszillator gekoppelt ist. Auch wenn Sie den Standardsound des *Retro Synths* im Sync-Modus aufrufen, wird der Effekt deutlich hörbar, wenn Sie den Osc-Mix-Regler nur auf Osc2 stellen und anschließend den Sync-Regler drehen.

Table – Wavetable-Klangerzeugung

Im Table-Modus (Abbildung 11.12) können Sie durch Drehen an den Shape-Reglern in jedem Oszillator unabhängig von seinem Gegenpart zwischen verschiedenen Wellenformen (sogenannten *Wavetables*) morphen (siehe Projekt *11Wavetable*). Die beiden Shape-Regler repräsentieren zwei Oszillatoren, die beide dieselbe Wavetable unabhängig voneinander nutzen. Zwischen den beiden Shape-Reglern finden Sie ein Menü zum Auswählen von Wavetables. Wavetables sind eine Ansammlung mehrerer kurzer Wellenformen, zwischen denen überblendet werden kann, indem die Shape-Regler bewegt werden (Projekt *11RetroWt1*). Dadurch entsteht eine komplexe Soundvariation. Bekannte andere Synths mit Wavetable-Synthese sind *Serum* und *Massive*. Aus wie vielen Wellenformen ein Wavetable zusammengesetzt ist, ist je nach Wavetable unterschiedlich. Alternativ können Sie dort auch eigene Wavetables erstellen (mehr zur Erstellung von Wavetables in Abschnitt 11.7.5).

Abbildung 11.12 »Table«-Mode im »Retro Synth«

FM

Im »FM«-Modus (Abbildung 11.13) moduliert typischerweise ein Oszillator (*Modulator*) den anderen (*Carrier*), wodurch obertonreiche Frequenzspektren mit schrägen Obertönen oder auch glockenartige Klänge entstehen können (siehe Projekt *11RetroFM1*).

Im *Retro Synth* funktioniert das auf eine spezielle Art und Weise, die nicht unbedingt auf andere FM-Synths übertragbar ist. So ist ein Teil der Klangerzeugung in den Amp-Bereich verrutscht: Dort können Sie im »FM«-Modus einen zusätzlichen Sinuston hinzumischen.

Es gibt einen Carrier- und einen Modulator-Oszillator (der Carrier wird passiv moduliert), beide haben grundsätzlich eine leicht unterschiedliche Wellenform inne. Das können Sie hören, indem Sie alle Regler des Oszillatorbereichs nach unten bewegen und im Mix-Regler zwischen Modulator und Carrier überblenden. Bewegen Sie den Shape-Regler, werden sowohl die Wellenform des Modulators als auch die des Carriers auf leicht unterschiedliche Art verändert. Typisch FM ist, dass der »FM«-Regler die Intensität regelt, mit der der Modulator den Carrier moduliert. Das führt dazu, dass sehr obertonreiche Sounds entstehen – es sei denn, der MIX-Regler steht zu 100 % auf der MODULATOR-Stellung; dann hört man ja nichts von dem Carrier, der moduliert wird. Die HARMONIC- und INHARMONIC-Fader verändern die Tonhöhe des *modulierenden* Oszillators. HARMONIC tut dies durch geradzahlige Multiplikation der Tonhöhe und indem teilweise Obertöne hinzugefügt werden, INHARMONIC verstimmt die Oszillatorfrequenz mit nicht geradzahliger Multiplikation, was in der Regel harsch oder schräg klingt, es sei denn, für den INHARMONIC-Regler ist ein Wert von 0,500 oder 1,000 eingestellt.

Abbildung 11.13 »FM«-Mode im »Retro Synth«

Mehr zum Thema FM-Synthese und einen weiteren Logic-FM-Synth finden Sie in Abschnitt 11.19, »EFM 1 und FM-Synthese«.

Voice Stacking und Voices, Legato

Die VOICE STACKING-Option im SETTINGS- Bereich (Abbildung 11.10) erlaubt ein Layern leicht verstimmter Voices übereinander (bis zu 8). Das ist eine Art Unison-Modus, der den Sound fetter macht.

Im VOICES-Flip-Menü wählen Sie die Zahl der Voices und können einen LEGATO-Mode einstellen. Im LEGATO-Mode werden Hüllkurven nicht neu getriggert, wenn noch eine Note liegengeblieben ist.

11.7.2 Filter-Sektion

In der FILTER-Sektion lassen sich in einem Flip-Menü oben diverse Filter (z. B. Low Pass, Band Pass, Hi Pass in verschiedenen Stilen und Flankensteilheiten) einstellen. Seit Logic 10.4 sind hier einige hinzugekommen, teilweise wurden die Bezeichnungen geändert.

Band-Reject-Filter (BR) filtern eine bestimmte Frequenz heraus, Peak-Filter betonen diese.

Die Cutoff-Frequenz lässt sich von Envelope, LFO oder Tonhöhe (KEY) modulieren. Zusätzlich kann die Filterfrequenz in der FILTER FM-Einstellung von der Klangerzeugung in Osc1 statisch oder in Abhängigkeit von einer Hüllkurve moduliert werden.

11.7.3 Amp-Sektion

In der AMP-Sektion findet sich ausnahmsweise ein zusätzlicher Sinustongenerator, der z. B. als Subbass untergemischt, aber nicht gestimmt werden kann. Rechts im EFFECT-Bereich können Sie alternativ CHORUS oder FLANGER hinzumischen, um die Sounds etwas fetter und/oder lebendiger zu machen (mehr hierzu in Abschnitt 15.11 über Modulationseffekte).

11.7.4 Modulationssektion

Auch wenn für die Modulatoren grafische Edits möglich sind, ist das Funktionsprinzip der Amp- und Filter-Hüllkurve dasselbe wie zuvor im Abschnitt über die ADSR-Hüllkurve erläutert. Die Grafik kann hilfreich sein, um den Hüllkurvenverlauf bzw. die Wirkung von Parameteränderungen bei Attack, Decay, Sustain und Release besser zu verstehen.

Die von unten nach oben bewegbaren Slider am rechten Rand der Sektionen LFO/VIBRATO, FILTER ENV und AMP ENV (Abbildung 11.9) bestimmen, wie sehr die Wirkungen von Hüllkurven und LFOs von weiteren Parametern wie der Velocity (bei den Hüllkurven) oder dem Mod-WHEEL (bei den LFOs, im Flip-Menü können Sie z. B. auch AFTERTOUCH wählen) abhängig sind. Im Projekt *11Retromod* hören Sie verschiedene Modulationseinstellungen und ihre Auswirkungen (die Spuren sind entsprechend beschriftet).

LFOs

Es gibt zwei LFOs; einer heißt VIBRATO und löst im Klangerzeugungsbereich ein Vibrato aus bzw. moduliert die Tonhöhe. Dies geschieht in Abhängigkeit vom VIBRATO-Regler im Klangerzeugungsbereich.

Unten im LFO können Sie die LFO-Geschwindigkeit einstellen, wobei freie und temposynchrone Einstellungen möglich sind, je nachdem, wie der SYNC-Schalter eingestellt ist. Steht z. B. der Slider am rechten Rand ganz oben, dominiert der Einfluss des Mod-Wheels auf die Modulation. Ein Beispiel: Steht das Mod-Wheel selbst auf »0«, wird die Modulation des SHAPE-Parameters im Projekt *11RetroLFOModwh* intensiver, wenn der Slider am rechten Rand unten steht.

Der zweite LFO lässt sich dagegen in der FILTER-Sektion als Modulationsquelle des Cutoffs nutzen.

Glide- und Autobend-Modus

Unten links lässt sich zunächst ein GLIDE-Modus aktivieren. Sie können zwischen GLIDE und AUTOBEND umschalten.

Abbildung 11.14 »Glide« vs. »Autobend«

Bei aktiviertem GLIDE-Effekt geht (mit justierbarer Zeitdauer) die Tonhöhe sanft in die des nächsten gespielten Tons über (abhängig von Einstellungen des LEGATO-Modes). Die Länge der Tonhöhenbewegung bzw. des Pitch-Bending-Effekts hängt von der Einstellung des TIME-Reglers sowie der Entfernung der nächsten bzw. zuvor gespielten Taste ab. Ist im Voice-Mode LEGATO eingestellt, klingt es noch einmal anders.

Ist alternativ AUTOBEND eingestellt, können Sie für jeden gespielten Ton eine andere Ausgangstonhöhe und eine Zeit einstellen, in der der Zielton erreicht wird. Die Ausgangstonhöhe kann über oder unter Ihrem gespielten Ton liegen (hierfür wählen Sie positive oder negative Depth-Werte). Ein Beispielprojekt finden Sie unter *11Glideautobend2*.

In beiden Fällen können Sie in einem Flip-Menü darunter auswählen, auf welche Teilbereiche der Klangerzeugung sich der Effekt auswirkt.

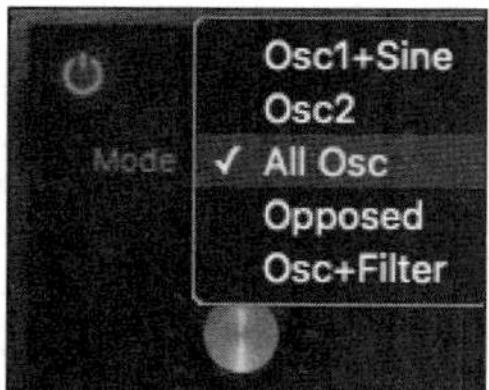

Abbildung 11.15 Von »Glide«/»Autobend« betroffene Bereiche der Klangerzeugung

11.7.5 Wavetables auswählen und selbst erstellen

Das Wavetable-Menü erreichen Sie zwischen den beiden SHAPE-Reglern (Abbildung 11.16 und Abbildung 11.17). Dort können Sie Wavetables auswählen und Wellenformen laden, aus denen Sie eigene Wavetables erstellen können.

Abbildung 11.16 »Shape«-Regler, darunter das Wavetable-Flip-Menü

Abbildung 11.17 Flip-Menü mit Wavetables und zum Erstellen eigener Wavetables, das, wenn es nicht wie hier beschnitten ist, noch viel mehr Wavetables darunter auflistet

Unten sehen Sie die verschiedene Wavetables, die zur Verfügung stehen. Oberhalb des MODULATION-Reglers sehen Sie in Abbildung 11.18 den Eintrag SHAPE.

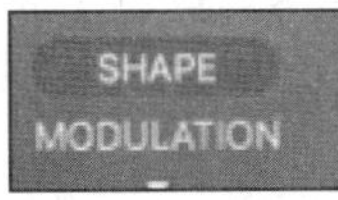

Abbildung 11.18 Shape – oder Formant?

Die Modulation durch LFO oder Envelope moduliert also die Position in der Wavetable, wodurch zwischen Wellenformen »gemorpht« wird. Im Projekt *11xRetroWavet1* hören Sie die klangliche Wirkung anhand einer Automation der SHAPE 1-Reglers. Im Projekt *11xRetroWavet2* erfolgt die Modulation via LFO.

Statt SHAPE können Sie aber auch FORMANT einstellen, um die Formanten der aktuell geladenen Wellenform zu modulieren. Im Dokument *11xRetroWavet3* moduliert der LFO aus *11xRetroWavet2* die Formanten (statt des SHAPE-Reglers).

Eigene Wavetables erstellen

Um eigene Wavetables zu erstellen, verwenden Sie den Eintrag CREATE WAVETABLE FROM AUDIOFILE aus dem Wavetable-Flip-Menü. Im anschließenden Dialog können Sie eine Audiodatei zur Analyse auswählen. Im aufklappbaren Bereich unten können Sie alternative Analysemodi stellen

Das Ergebnis eines Versuchs, ein Wavetable aus einer Audiodatei zu generieren, fällt höchst unterschiedlich aus und wird von Logic mit sehr verschiedenen Meldungen quittiert. Logic setzt für die Audiodatei »eine konstante Tonhöhe, verschiedene, durch Stille getrennte Abschnitte oder einen bzw. mehrere einzelne Cycle-Abschnitte« voraus. In der Praxis können Sie es trotzdem mit jedem x-beliebigen Audiofile ausprobieren. Das Ergebnis hängt stark von den Einstellungen unter AUDIO FILE ANALYSIS im erweiterten Bereich ab.

Ist es gelungen, eine neue Wavetable zu erstellen, so erscheint einer Meldung, die gleichzeitig angibt, aus wie vielen Wellenformen diese besteht (Glückssache...). Klappt es mit der Wellenform nicht, eine Wavetable zu erstellen, erscheint ebenfalls eine entsprechende Meldung. In schwierigen Fällen kann es quasi so gerade noch geklappt haben, so dass ein Wavetable mit einer einzelnen Wellenform erstellt wurde. Wird nach erfolgter und erfolgreicher Analyse der Modus der Analyse verändert, so kann eine neue, veränderte Meldung erscheinen, weil eine neue, andere Wavetable erstellt wird.

Wavetable-Verwaltung

Alle erstellten Wavetables sind zunächst nur temporär als CUSTOM WAVETABLE gespeichert. Erzeugen Sie eine neue, verschwindet die Vorgängertabelle. Wird die Soundeinstellung als Preset gespeichert, landet der Wavetable mit in der Presetdatei. Zudem gibt es ein User-Verzeichnis für Wavetables, wo Sie den generierten Wavetable speichern können (sie erscheint dann ganz unten in der Wavetable-Liste). In beiden Fällen ist der Speicherbedarf für Wavetables nicht besonders groß bzw. im KB-Bereich. Die via SAVE WAVETABLE AS ... gespeicherten User-Wavetables werden anscheinend in der *RetroSynthWavetable.plist*-Datei verwaltet, die sich im Ordner *Benutzer/Musik/Audio Music Apps/Plug-in Settings/Retro Synth* befindet.

11.8 Quick Sampler, Sampler, Auto Sampler und Alchemy: Kurzübersicht und Sampler-Einführung

Sampler sind sehr flexible Klangerzeuger, denn als Klangquelle steht das ganze Sounduniversum – inklusive Orchestersounds, Alltagsgeräuschen, World Instruments, Vocals und Synthesizern aller Art – zur Verfügung. Abgesehen von der anderen Klangerzeugung sind sie oft ähnlich zu bedienen wie Synthesizer. Seit Logic 10.5. ersetzen *Quick Sampler* und *Sampler*, die beide nun auch Echtzeit-Timestretching (*Flex*) beherrschen, den simplen und manchmal etwas sperrig zu bedienenden, aber durch Effizienz und Kompatibilität beliebten *EXS24*-Sampler. Ergänzend dazu können Sie mit dem »Auto Sampler« selbst sampeln.

Der *Quick Sampler* fungiert dabei auch als eine Art Vorstufe für den großen *Sampler*. Grundsätzlich ist der »große« *Sampler* eher für die Nutzung komplexerer Instrumente konzipiert, während der *Quick Sampler* stets nur ein einzelnes Sample lädt – oder auch aufnehmen kann. Das ist sinnvoll und greift alte, vergessene Tugenden der ersten Sampler wieder auf. Denn einerseits ist ein Sampler an sich sehr gut für kreatives Arbeiten mit einzelnen eigenen Aufnahmen geeignet. Andererseits können Sie ihn nutzen, um mit aufwendig gesampelten Libraries zu musizieren. Mit dem bereits zuvor in MainStage erhältlichen »Auto Sampler«-Plug-in können Sie die Sampling-Prozedur automatisieren.

Ein Austausch der Inhalte zwischen *Quick Sampler* und *Sampler* ist schnell möglich: Wenn Sie bei geladenem *Quick Sampler* den *Sampler* laden, werden Sample-Inhalt und Einstellungen automatisch geladen, es besteht *Settingkompatibilität*. Sie können auch *Quick Sampler*-Presets (*.pst*-Dateien) in *Sampler* laden. Diese enthalten nicht die Samples, nur die Verweise auf deren Speicherort. Der SAMPLER speichert seine Presets nach wie vor als *.exs*-Datei, und *EXS24*-Files können geladen werden.

Bei Fertigstellung dieses Buches nutzt Apple englische Bezeichnungen in den Samplern. Dies könnte sich aber auch wieder ändern.

Zu guter Letzt ist *Alchemy* natürlich auch ein Sampler, wenngleich eher Synthesizer-Sampler-Hybrid. Und auch der DRUM MACHINE DESIGNER kann Samples laden, arbeitet dabei allerdings mit *Quick Sampler*-Instanzen.

Wenn Sie ein Sample auf einen leeren Spur-Header-Bereich im Hauptfenster ziehen, bekommen Sie Angebote, diese in eines dieser Sampler-Instrumente umzuwandeln (Abbildung 11.19). Tun Sie das mit mehreren Samples, sieht das Angebot etwas anders aus.

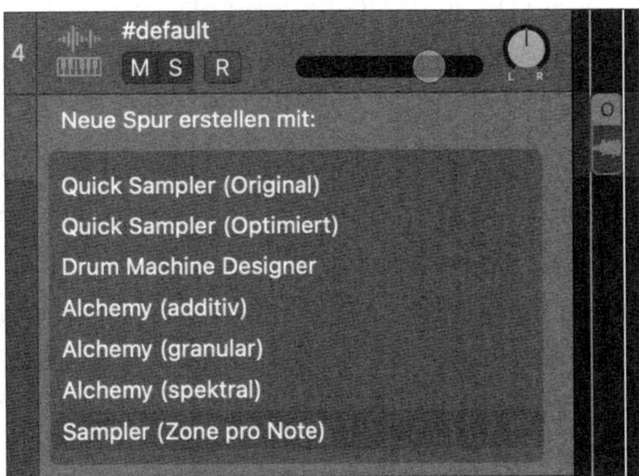

Abbildung 11.19 »Neue Spur erstellen mit:«-Angebot bei Drag & Drop eines Samples

Hintergrundinformation Sampler

Der erste Sampler im Sinne eines Instruments, das Audioaufnahmen spielbar macht, war das um 1960 erfundene *Mellotron* (siehe Abschnitt 11.25).

Die ersten digitalen Sampler kamen Ende der 1970er/Anfang der 1980er Jahre auf den Markt und waren zunächst nur für große Studios erschwinglich. Hierzu gehören das Synclavier (eigentlich ein FM-Synthesizer, später mit Sampling-Funktionen) und der Fairlight-Computer (siehe hierzu YouTube-Videos mit Bob Moog und Peter Gabriel zum Fairlight oder Art-Of-Noise-Interviews). Bekannte Pioniere, die diese Technik genutzt haben, sind Wally Badarou (Synclavier; »Level 42«, »M«), Trevor Horn und Art of Noise (Fairlight).

Ab den späten 1980er Jahren wurden Sampler bei gleichzeitiger Verbesserung der Technik (mehr Speicher, höhere Auflösung, mehr Stimmen) erschwinglicher. Bedienkomfort und Soundqualität der 1990er-Jahre-Geräte (Akai S-3000, EMU E-64) sind z. T. bis heute unerreicht (Sampling, Workflow, automatisches Sample-Mapping, Filterqualität). Dafür war die Soundverwaltung auf speziell formatierten Datenträgern oft mühsam.

Modernere Softwaresampler können deutlich größere Mengen an Samples laden, was realistische Orchesterinstrumentierungen ermöglicht. Dafür sind sie bislang meist nur Sample-Player, die selten Workflow-Lösungen für das Sampling eigener Sounds bieten, gewesen. Das ändert sich nun insbesondere mit dem *Quick Sampler*.

11.9 Quick Sampler (Single Sample)

Der *Quick Sampler* rekultiviert die Kunst, Samples aufzunehmen und selbst Sampler-Instrumente zu erschaffen. Diese Kunst hat die Musik der 80er und 90er Jahre geprägt und war in der Computer-DAW-Ära lange verlorengegangen. Der *Quick Sampler* bringt nicht nur Optionen zum schnellen Aufnehmen, sondern auch zum sofortigen Editieren und Mappen eines einzelnen Samples, wie es sie in alten Samplern gab. Der *Quick Sampler* ist übrigens auch sehr gut in den DRUM MACHINE DESIGNER integriert, so dass Sie sogar darin aufnehmen können und dieser (anstelle des Samplers) das in Logic vorgesehene Werkzeug ist, um an einem Drumkit mit mehreren Samples zu arbeiten und diese leicht individuell effektieren zu können (vergleiche Abschnitt 11.14.4). Dass der *Quick Sampler* nur mit einem Sample arbeitet, steht auch beim Auswählen des Plug-ins im Namenszusatz. Das Sample für der *Quick Sampler* können Sie aufnehmen oder importieren.

11.9.1 Recording

Wechseln Sie hierzu in die Ansicht RECORDER, und stellen Sie unterhalb der mittigen Anzeige einen Input ein. Drücken Sie nun RECORD. Im Bild ist voreingestellt, dass die Aufnahme nach Überschreiten des Thresholds von –23 dB beginnt, Sie können alternativ in einem Flip-Menü START IMMEDIATELY einstellen.

Sie sehen dabei Pegel, Aufnahmedauer sowie die Aufnahme live als Wellenform. Auch ein interner Bus kann die Signalquelle sein. Ein frisch aufgenommenes Sample wird sofort auf der ganzen Tastatur angelegt, der, QUICK SAMPLER schaltet voreingestellt in den Classic-Mode und versucht zudem, die Tonhöhe der Aufnahme zu erkennen.

Im Projekt *11x3-qsrec1* habe ich so spontan über das interne Mic gesampelt.

Die Aufnahme finden Sie übrigens danach nicht in der Übersicht PROJEKT, sondern im Projektordner unter SAMPLES • QUICK SAMPLER.

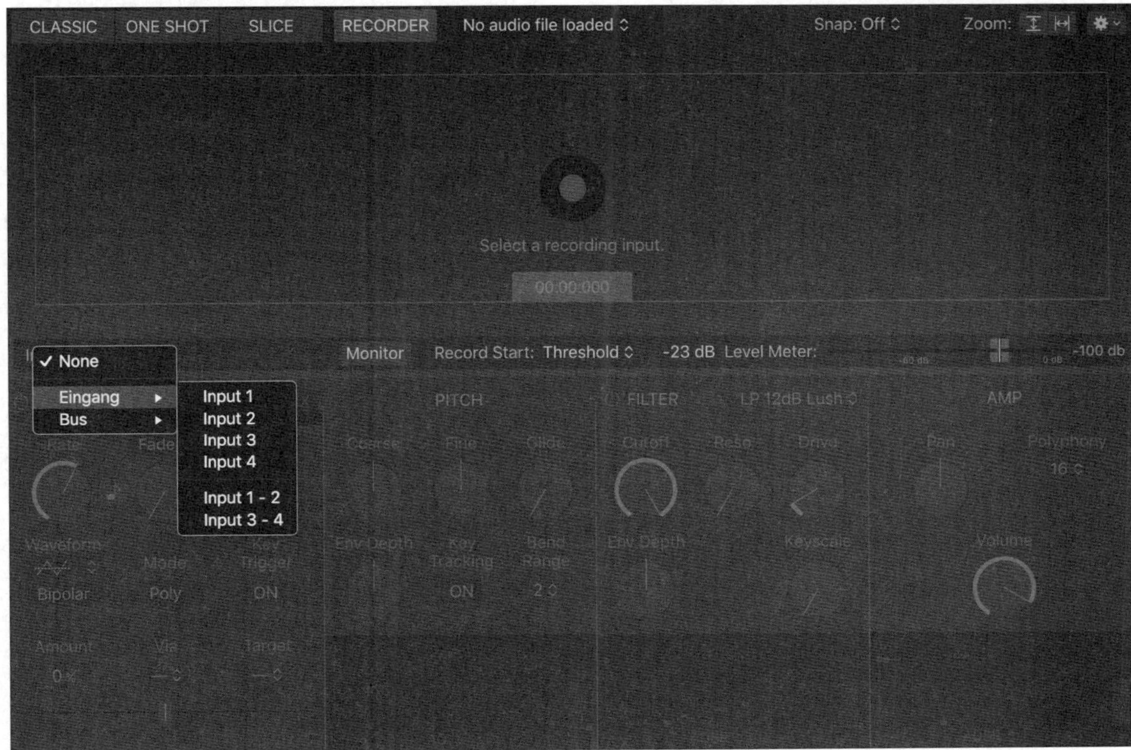

Abbildung 11.20 Der »Quick Sampler« im Recording-Modus

11.9.2 Importieren, Editieren

Der Import kann einerseits erfolgen, wenn Sie mittig oben im Namensfeld/Einblendmenü für das Sample auf NO AUDIOFILE LOADED klicken und im zugehörigen Menü LOAD AUDIOFILE auswählen. Übrigens: Wenn Sie mehrfach hintereinander aufgenommen oder importiert haben, finden Sie hier eine Liste der verwendeten Samples. Sie können Samples aber auch via Drag & Drop auf den *Quick Sampler* ziehen.

Beim Importieren eines Samples bietet der *Quick Sampler* Hilfen. Es gibt für die Drag-and-Drop-Option zwei Felder, auf die Sie Samples ziehen können (ORIGINAL und OPTIMIZED). Letzteres ist ein optimierter Import-Modus, der Tuning, Loudness, Loop-Points und Silence (Samplebeschnitt) automatisch für Sie einstellen will. Ob die Automatik funktioniert, hängt vom Sample ab. So ist es fraglich, wie ein aus mehreren Tönen bestehendes Sample automatisch gestimmt wird. Unter LOGIC PRO • EINSTELLUNGEN • AUDIO können Sie im SAMPLER-Tab Einstellungen für die automatische Erkennung vornehmen, siehe Abschnitt 3.3.2.

Abbildung 11.21 Der »Quick Sampler« mit geladenem Sample, eingestelltem Loop und Filterhüllkurvenbewegung (aus dem Tutorial »11x3-QuickSamplerTut1«)

11.9.3 Samples stimmen, editieren, stretchen, reversen, loopen

Die Bedienung im *Quick Sampler* ähnelt dem, was Sie im Zone-Bereich des Samplers machen können (siehe Abschnitt 11.10.5). Sie können Samples schneiden, stimmen, Start- und Endpunkte ändern oder einen Loop einstellen, so dass Ihr Sample endlos lange spielt. Sie können Start- und Endpunkte verändern, einen Ankerpunkt verschieben oder Loops programmieren. In einem Kontextmenü (Rechtsklick auf Wellenform) können Sie mit Crop-Befehlen Samples auf die Länge von Start- und Endpunkt oder die Loop-Länge stutzen. Samples können auch im PLAYBACK-Mode REVERSE rückwärts abgespielt werden.

Tuning und Sounddesign

Spielen Sie das Sample über Ihr Keyboard, um es zu hören. Im Projekt *11x3-qsrec2* wurde meine Aufnahme mit Hilfe der Automatik gestimmt und lässt sich mit einem anderen Instrument einigermaßen zusammen spielen. Darum geht es natürlich insbesondere beim Stimmen. Wenn Sie ein Sample laden und spielen, dann entspricht die Tonhöhe des gespielten

Samples manchmal nicht der Tonhöhe der gespielten Note. Um bei den Tonhöhen den Überblick zu behalten und gespielte MIDI-Noten einer anderen Spur mit den gleichen Tasten spielen zu können, empfiehlt es sich, das Instrument richtig zu stimmen. Manchmal ist die Stimmung eines Samples (wie hier) aber auch nicht ganz eindeutig, z. B. weil im Sample selbst die Tonhöhe etwas schwankt. Aus mehreren Tönen bestehende Samples lassen sich ebenfalls nicht eindeutig stimmen.

ROOT KEY (auf Deutsch: Tonart) gibt den Ton an bzw. die Klaviertaste, die den Ton in der Originaltonhöhe spielt. Wenn Sie nun also die Tonart oder den ROOT KEY in die Höhe drehen, verstimmt sich Ihr Instrument nach unten. Das ist logisch: Die Originaltonhöhe wird nun bei höher gespielten Tasten erreicht. Spielen Sie also weiterhin die gleiche Taste, hören Sie einen tieferen Ton.

Längenänderung bei Tonhöhenänderung/Time-Stretching

Wenn Sie ein Sample um 12 Halbtöne nach oben verstimmen, spielt es doppelt so schnell und doppelt so hoch. Mit Hilfe von Flex ist es möglich, trotz Tonhöhenänderung die Länge beizubehalten. Ist Flex aus, werden höher gepitchte Samples kürzer, tiefer gestimmte länger. Das können Sie man nutzen, um Drumloops an ein Tempo anzupassen. Diese in den 90er Jahren groß gewordene Technik trug maßgeblich zur Entwicklung von Breakbeat-Genres bei und ist auch heute noch interessant (siehe auch Projekt *17rexbreakbeat2*).

Loopen von Sounds

Aktivieren Sie die LOOP-Funktion unter dem Eintrag MODE, indem Sie eine Option auswählen, die nicht NO LOOP heißt. Danach werden Loop-Handles angezeigt, und der Loop kann editiert werden.

Tipp

Sie können für Regionen (ob sie nun in einem Sampler geladen sind oder auch nicht) Loops im AUDIODATEIEDITOR erstellen (Funktion BEARBEITEN • AUSWAHL ZU SAMPLE-LOOP) und diese in das Audiofile schreiben (Menü BEARBEITEN • SAMPLE-LOOP IN AUDIODATEI SCHREIBEN). Entsprechende Einstellungen werden beim Sample-Import übernommen.

One Shot

Im ONE SHOT-Modus werden alle Samples immer bis zum Ende gespielt – selbst wenn Sie die entsprechenden Keyboardtasten früher loslassen.

Snap und Zoom

Im SNAP-Menü können Sie einstellen, ob beim Verschieben von Start-, End- oder Loop-Punkten ein Raster hilft, exakt bei Zero-Crossings/Nulldurchgängen, Transienten oder Beats zu landen.

Rechts daneben sehen Sie die bekannten Zoom-Buttons, mit denen Sie die Darstellung des selektierten Bereichs zu optimieren.

11.9.4 Quick Sampler-Tutorials

Auch für den *Quick Sampler* liefert Logic ein hervorragendes Beispieldokument als Vorlage mit.

Ein erstes Projekt habe ich das unter *11x3-QuickSamplerTut1* leicht modifiziert gespeichert. Lesen Sie im Spurnotizen-Bereich Anweisungen, und benutzen Sie die Pfeiltasten, um zum nächsten Abschnitt des Tutorials zu gelangen. In verschiedenen Spuren können Sie jeweils andere Übungen ausprobieren, die Sie an Regions- und Spurnamen erkennen. Zunächst lernen sie, wie Sie das in Spur 2 liegende Sample importieren. Das Tutorial nutzt die Einstellung OPTIMIZED, obwohl das Sample eigentlich mehrstimmig ist. Nach dem Import lernen Sie in den Spuren 3–9, das Sample zu loopen, eine Filterhüllkurve und weitere Synth-Parameter einzustellen. Die Handles unter der Wellenformdarstellung erlauben, Sample-Playback-Start- und -Endpunkte zu justieren. Die Handles über der Wellenformdarstellung lassen Sie Fade- sowie Loop- Start- und Endpunkte setzen (siehe Abbildung 11.21, dort wurden nur die Loop-Punkte verschoben und erscheinen gelb. Darunter wurde der Loop aktiviert und mit dem X-Handle darunter ein Crossfade eingestellt. So kann das Sample endlos geloopt spielen). Sie aktivieren Loops typischerweise, damit ein Sample bei gehaltener Taste endlos weiterklingen kann. Wie gut derart erstellte Loops klingen, hängt oft vom Sample ab – es klappt nicht immer gleich gut. Das man den Loop-Rhythmus hört, ist meist nicht gewünscht, kann aber auch kreativ genutzt werden. So hat beispielsweise Peter Gabriel mal einen Song aus solch einem »abgehackt« klingenden Loop entstehen lassen, der ihm spontan gefiel.

Ein weiteres Projekt finden Sie unter *11x3-qs-karplus1*. Hier habe ich mit einem Dreadbox-Eurorack-Modul mit Karplus-Strong-Synthese experimentiert und die Ergebnisse aufgenommen. Die über eine Minute lange Aufnahme habe ich in den *Quick Sampler* gezogen, um dort daraus Instrumente zu machen. Die Zoom-Buttons oben rechts erlauben es dabei, einen kleinen gewählten Ausschnitt passend anzuzeigen, so dass Edits leicht gemacht sind. Experimentieren Sie, und verschieben Sie Start- und Endpunkte, um neue Instrumente zu erzeugen.

Im Aktionsmenü (erreichbar über das Zahnrad oben rechts) finden Sie weitere Optionen zum »Loopen« des Samples. Logic bietet einen AUTO-LOOP-Modus an, aber auch Optionen, die Loop-Start- und Endpunkte optimieren. Wie gesagt: Was sinnvoll ist, bestimmen Sie selbst. Die Automatik trifft nicht immer die optimale Entscheidung.

Viele Synth-Einstellungen sind auch im *Quick Sampler* möglich. Das hat auch damit zu tun, dass er in neuen Drum-Machine-Designer-Presets die samplebasierten Slots von *Ultrabeat* und dessen Synth-Fähigkeiten ersetzen muss. Die Bedienung ist dabei ähnlich wie im *Retro Synth*. Das betrifft auch Einstellungen wie Mono/Poly/Legato/Portamento/Glide.

Sampler und *Quick Sampler* haben viele Filtertypen spendiert bekommen – ähnlich wie in *Alchemy* und im *Multi FX*. Bedenken Sie, dass (ungeloopte) Samples im Gegensatz zu Oszillatoren möglicherweise nicht endlos lang erklingen, so dass Töne ausklingen können, auch wenn Sie »Synthesizer«-Einstellungen für einen Dauerton gemacht haben.

11.9.5 Slicing und MIDI-File-Export

Der *Quick Sampler* beherrscht Slicing auf verschiedene Weise. Sie können

1. anhand von Transienten oder Noten (das ist die Voreinstellung),
2. auf der Basis von Beatunterteilungen,
3. in mehrere gleiche Teile oder
4. manuell slicen.

Das Tutorial *11x3-QuickSamplerTut1* behandelt das Thema ebenfalls, schauen Sie sich die Beispiele in den Spuren 10–13 an. Klicken Sie in Spur 11 oben links auf SLICE. Slices werden anhand der Transienten und der Einstellung des SENSITIVITY-Reglers erkannt. Beginnend mit dem einstellbaren START KEY (hier: C2) können Sie die neuen Slices nun schon mit dem Keyboard spielen. Welches Slice von welcher Note ausgelöst wird, ist unter der Wellenformdarstellung zu sehen. Wenn Sie den Cursor auf den Notennamen bewegen, erscheint ein kleines PLAY-Symbol, mit dem Sie Slices auch ohne Keyboard anspielen können. Oben an den Fähnchensymbolen können Sie die Slice-Startpunkte verschieben.

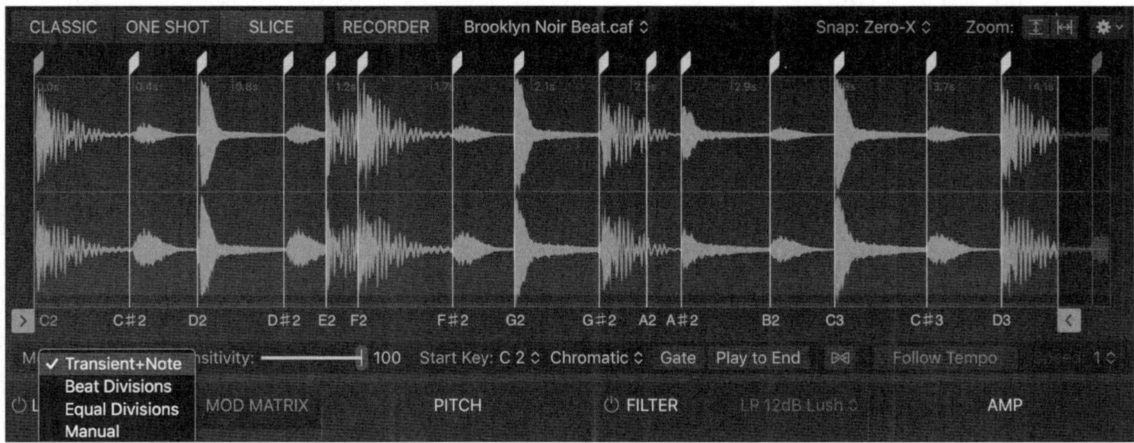

Abbildung 11.22 »Quick Sampler« im Slicing-Modus

Erstellte Slices können optional auch als ONE SHOTS (wenn GATE deaktiviert ist) oder bis zum Ende spielen (Option PLAY TO END, der Schalter befindet sich zusammen mit GATE unter der Wellenform).

MIDI-File-Export

Platzieren Sie den Zeiger im unteren Drittel der Wellenformanzeige. Wenn der Zeiger als Dreieck mit gebogenem Pfeil angezeigt wird, ziehen Sie dieses mit gehaltener Maustaste in die Spur, um ein MIDI-File zu exportieren, durch das die einzelnen Slices in der richtigen Reihenfolge und mit dem richtigen Timing abgespielt werden. Dabei erreichen Sie Tempounabhängigkeit. Die Slices werden auf bestimmten Taktpositionen gespielt, die bei jedem Tempo beibehalten werden. Mehr hierzu lesen Sie auch in Abschnitt 9.8.4.

Die Option COPY MIDI PATTERN finden Sie ebenfalls im Aktionsmenü. Ein in die Zwischenablage kopiertes Pattern können Sie im Arrangement oder einer Live-Loop-Zelle einfügen (cmd + V).

11.9.6 Slicing und Export zum Drum Machine Designer

Sie können vom *Quick Sampler* aus geslicte Samples via Rechtsklick in den DRUM MACHINE DESIGNER exportieren, um Slices einzeln abmischen zu können. Jedes Slice wird dabei auf ein Pad des DRUM MACHINE DESIGNERS gelegt. Der Befehl im Kontextmenü heißt CREATE DRUM MACHINE DESIGNER TRACK und erscheint nur, wenn der *Quick Sampler* sich im SLICE-Mode befindet.

11.9.7 Aktionsmenü, Beatanzeige, Crop und weitere Optionen im Quick Sampler

Im Aktionsmenü, das Sie rechts oben über das Zahnrad erreichen (Abbildung 11.23), finden Sie viele weitere Optionen und Funktionen.

Hierzu gehört die Anzeige in Beats, was bei Slicing und Time-Stretching-Operationen helfen kann, damit es rhythmisch synchron klingt. Über das Aktionsmenü können Sie den *Quick Sampler*-Inhalt auch in eine Drum-Machine-Designer-Spur umwandeln, wie im Projekt *11x3-Qsstretch2dmd* geschehen, wobei die Flex-Einstellungen übernommen wurden. Hier – und auch bei Rechtsklick auf die Wellenform – finden Sie auch die Option, via Crop das Sample destruktiv zu schneiden.

Im Aktionsmenü finden Sie auch Optionen zum automatischen Setzen und weiteren Optimieren eines Loops. Außerdem können Sie dort Synth-Parameter initialisieren oder Transienten und Tempo analysieren lassen.

Abbildung 11.23 Aktionsmenü im »Quick Sampler«

11.9.8 Flex und Tempo im Quick Sampler folgen

Dabei beherrscht der *Quick Sampler*, wie der große Bruder, auch Timestretching, in Logic *Flex-Time* genannt. Ein Algorithmus hierfür kann allerdings nicht gewählt werden. Dafür gibt es noch eine FOLLOW TEMPO-Option. Mit dieser werden Audiofiles, die Tempoinformationen enthalten, automatisch synchronisiert. Damit sind einerseits Apple Loops, mit Logic aufgenommene oder gebouncte Regionen oder Dateien, die mit dem SMART TEMPO-Editor analysiert wurden, gemeint. Im Projekt *11x3-Qsstretch* finden Sie hierfür ein Beispiel. Sie können auch via DERIVE TEMPO FROM LOOP LENGTH im Aktionsmenü oben rechts das Tempo berechnen lassen. Andererseits können Sie hiermit auch einfach nur regeln, dass Ihr Sample in jeder Tonhöhe gleich lang ist – wie in Spur 1 des *11x3-qs-karplus1follow*-Projekts.

11.9.9 Quick Sampler-Instrumente speichern/Sampleverwaltung

Quick Sampler-Presets werden als *.pst*-Datei im *Plug-in Setting*-Ordner abgelegt. Die Samples wandern in den Unterordner *Samples*. Das geschieht übrigens auch, wenn Sie Patches und Channel Strips mit dem Quick Sampler speichern. Wenn Sie mittig oben auf den Namen des geladenen Samples klicken (im NAMENSFELD/EINBLENDMENÜ FÜR DAS SAMPLE), erscheint zudem eine Liste der zuvor verwendeten Samples, und Sie können das Sample schnell austauschen.

11.10 Sampler (Multi-Sample)

Der neue *Sampler* ist darauf ausgelegt, größere Instrumente zu verwalten. Er ersetzt den bis Logic 10.4 vorhandenen *EXS24* Sampler. Dabei hat er einen vor allem durch zusätzliche Filter- und Flex-Time-Optionen gesteigerten Funktionsumfang, neue Drag-and-Drop-Funktionen und ein verbessertes integriertes Editing. Er kann im Gegensatz zum *Quick Sampler* nicht selbst aufnehmen. Unter LOGIC PRO • EINSTELLUNGEN • AUDIO können Sie im Sampler-Tab weitere Einstellungen vornehmen. Die Aktivierung eines virtuellen Speichers verkürzt die Ladezeiten. Sie können nun zudem Samples projektübergreifend nutzen, was beim Wechsel zwischen Projekten Ladezeiten verkürzt. Zudem gibt es verschiedene Optionen für die automatische Erkennung von Tonhöhen beim Sample-Import (siehe Abschnitt 3.3.2).

Abbildung 11.24 Sampler mit »Synth«-, »Mod Matrix«- und »Modulators«-Tab

11.10.1 Sampler: Übersicht und Vergleich mit der Vorversion EXS24

Der *Sampler* (Abbildung 11.24) ist in fünf Unterbereiche gegliedert, die ich hier auch »Tabs« nenne und die oben über Felder/Tabs aufrufbar sind. Sie heißen SYNTH, MOD MATRIX, MODULATORS, MAPPING und ZONE. Im Bild sind nur die ersten drei Bereiche angezeigt. Sie sind auch gleichzeitig anzeigbar/aufrufbar. Zum Anzeigen klicken Sie auf den kleinen Punkt links neben dem Eintrag, der gelb wird, sobald die Anzeige aktiviert ist.

Im SYNTH-Bereich können Sie Einstellungen für die Klangsynthese vornehmen und gelangen außerdem an einen Bereich DETAILS.

In der MOD-Matrix nehmen Sie Modulationszuweisungen vor.

Im MODULATORS-Bereich können Sie Einstellungen für einige der wichtigsten Modulationsquellen wie Envelopes und LFOs vornehmen. Neu ist, dass es nun bis zu fünf Hüllkurven mit verschiedenen Charakteristiken und vier LFOs gibt

Die Bereiche SYNTH, MOD MATRIX und MODULATORS zusammen entsprechen den *Synthesizer-Funktionen* (und damit in etwa dem, was Sie in Vorversionen in der Oberfläche des *EXS24* einstellten).

Der Bereich MAPPING entspricht tendenziell dem ehemaligen INSTRUMENT-EDITOR, wo Sie Zonen und Gruppen verwalten und festlegen, welches Sample wo auf der Tastatur liegt, wann abgespielt und an welchen Ausgang geschickt wird.

Der Bereich ZONE dient Einstellungen für einzelne Zonen und das jeweilige Sample, ähnlich wie sie im *Quick Sampler* möglich sind.

Im EINSTELLUNGEN-Menü ganz oben rechts können Sie den Sampler *resetten*, indem Sie Synth- und Mapping-Einstellungen initialisieren (INITIALIZE SYNTH PARAMETERS, NEW MAPPING). Sie können somit Mapping- und Synth-Parameter getrennt voneinander behandeln. Sie können mit Hilfe dieses Menüs Synth-Parameter auch importieren, kopieren und einfügen. Sie können neue, leere Mappings erstellen und Mappings ohne Synth-Parameter importieren. Es fehlt eine Slicing-Option für den Sampler – es ist wohl vorgesehen, dass Sie das im *Quick Sampler* erledigen. Auch können Sie aus vom *Quick Sampler* übernommenen, geslicten Instrumenten anscheinend (noch) kein MIDI exportieren.

Sampler vs. EXS24, Kompatibilität

Grundsätzlich hat der Sampler fast alle Funktionen des *EXS24* – und mehr, z. B. neue Filtertypen, zwei Filter statt einen, Echtzeit-Timestretching, mehr Modulatoren und einen integrierten Sample-Editor. Auch die Möglichkeit, ReCycle/*.rx2*-Dateien zu importieren oder MIDI eines geslicten Samples zu exportieren, ist verlorengegangen. Einige vom Vorgänger *EXS24* bekannte Funktionen sind nun an ganz anderer Stelle wiederzufinden. Die Bedienung hat nicht mehr viel mit dem *EXS24* gemeinsam, die Instrumente sind jedoch kompatibel, und mir sind bislang keine Probleme beim Laden begegnet. Sampler-Instrumente haben nach wie vor die Dateiendung *.exs*. In diesen Instrumenten ist insbesondere die Information gespeichert, welche Audiofiles benutzt werden (aber nicht die Audiofiles selbst) und mit welchen Einstellungen (z. B. Keyboardtastaturbereich, Velocity-Bereich, Looping, Tonhöhe) ein Audiofile abgespielt wird. Sie können ohne weiteres nicht erkennen, ob die Instrumente vom *EXS24* oder vom neuen Sampler stammen. Bislang konnte Ableton *.exs*-Files importieren, mit den neuen *.exs*-Files ging dies im Test nicht mehr. Generell scheint das Interesse an gegenseitigen Importoptionen abzunehmen, auch Kontakt kann keine Fremdformate mehr importieren. Das ist sehr schade.

Im alten *EXS24* wurde die Trennung von Mapping und Synth-Parametern im Optionsmenü über Einstellungen im Instrument speichern bzw. Einstellungen im Instrument löschen geregelt. Schon dort war es möglich, die Synth-Parameter von den Mapping-Parametern des Editors zu trennen.

11.10.2 Samples laden und mit dem Sampler loslegen

Es gibt mehrere Möglichkeiten, die Arbeit mit dem *Sampler* zu beginnen. Ist der *Sampler* leer, spielt er trotzdem Töne von einer Sinuswellenform. Wenn Sie bei geladenem *Quick Sampler* den *Sampler* aufrufen, werden die *Quick Sampler*-Einstellungen übernommen. Wieder können Sie Sampler-Instrumente auf verschiedene Weise erstellen und Samples auf verschiedene Weise laden und auch per Drag & Drop hineinziehen. Sie können ein Sampler-Kit nun auch erstellen, indem Sie ein oder mehrere Samples auf den Spur-Header ziehen (Abbildung 11.99).

Abbildung 11.25 »Mapping«- und »Zone«-Tabs bzw. -Bereiche des Samplers

Wenn Sie eine oder mehrere Regionen in *Sampler* hereinziehen, rendert Logic sie nun in neue Samples. Dies verhindert Verwechslungen mit Audiodateien, die im Arrangement benutzt werden.

Wurde ein Sample geladen, liegt es in einer Zone. Jede Zone kann maximal ein Sample enthalten. Nutzt das Instrument mehrere Samples, dann hat es auch mehrere Zonen, die in Gruppen zusammengefasst werden können. Zonen- und Gruppeneinstellungen nehmen Sie im MAPPING-Bereich vor. Im *Quick Sampler* landete das eine Sample zunächst automatisch auf der ganzen Tastatur. Im *Sampler* haben Sie Zonen, um für mehrere Samples Einstellungen vornehmen zu können; dabei ist offen, welchen Tastaturbereich diese einnehmen.

Samples auf den Sampler ziehen

Zieht man ein oder mehrere Samples auf den Sampler, sieht man oben zunächst die Optionen CHROMATIC und OPTIMIZED. CHROMATIC bedeutet, dass die Samples auf Tasten gemappt werden (1 Sample/Zone pro Taste) und die Originaltonhöhe beibehalten wird. Ziehen Sie Samples weiter in Richtung der Anzeige CHROMATIC, erscheinen zwei weitere Optionen: ZONE PER FILE (nicht optimiert) und SPLIT AT SILENCE (nicht optimiert). Ziehen Sie Samples weiter in Richtung der Anzeige OPTIMIZED, erscheinen die Optionen ZONE PER FILE (optimiert) und ZONE PER NOTE (optimiert).

ZONE PER FILE erstellt stets nur eine Samplezone für das File. Die Ergebnisse automatischer Bearbeitung können sehr unterschiedlich ausfallen. In der Optimized-Version hat es im Test mehrfach funktioniert, dass in Logic ein Audiofile, das aus einzelnen Noten/Tönen besteht, korrekt bzw. sinnvoll als Instrument gemappt wird. Außerdem wurden hierbei die Samples korrekt geschnitten und automatisch Tonhöhen erkannt. Beim Ziehen von einzelnen Regionen auf den Sampler klappte ein sinnvolles automatisches Mapping im Test hingegen zuletzt nur mit der Option ZONE PER FILE, nicht jedoch via ZONE PER NOTE. Hier wird es immer wieder Optimierungen geben, probieren Sie im Zweifel verschiedene Optionen aus.

Unter LOGIC PRO • EINSTELLUNGEN • AUDIO können Sie im SAMPLER-Tab Einstellungen für die automatische Erkennung von Tonhöhen, eine eventuelle Bitrate-Konvertierung im *Sampler* und die Verwendung von virtuellem Speicher treffen (siehe Abschnitt 3.3.2).

Samples via »Mapping«-Bereich oder »Zone«-Bereich laden

Sie können Samples auch in den MAPPING-Bereich hineinziehen oder von dort Samples importieren. Die entstehende Zonenbreite und Verteilung auf der Tastatur hängt davon ab, wo Sie die Samples loslassen (mehr Erläuterungen folgen gleich). Sie können auch eine oder mehrere neue Zonen erstellen ([ctrl] + [Z]), deren Tastaturbereich definieren und im ZONE-Tab des *Samplers* oder via Drag & Drop eine Audiodatei in die Zone laden – ähnlich wie im *Quick Sampler*.

Region(en) in neue Sampler-Spur umwandeln (Slicing und mehrere Regionen importieren)

Mit dieser Funktion können Sie einzelne Samples auf der Basis von Transientenerkennung oder mehrere Samples gleichzeitig in ein *Sampler-*, *Alchemy-* oder DMD-Instrument konvertieren. Sie finden diese Funktion im Kontextmenü, wenn Sie ein oder mehrere Regionen im Bereich SPUREN selektieren. Dann können Sie diese auf verschiedene Weise in eine *Sampler*-Spur umwandeln. Mit der Funktion IN NEUE SAMPLER-SPUR UMWANDELN (im Kontextmenü unter dem Eintrag KONVERTIEREN, erreichbar durch Rechtsklick auf eine Audioregion oder [ctrl] + [E]) wandeln Sie

- eine oder mehrere selektierte Regionen oder
- eine selektierte Region (z. B. einen Drumloop) anhand von Transient-Markern

in eine Sampler-Spur um.

Falls Sie einzelne Samples, die bereits als Regionen vorliegen, auf Tasten im Sampler chromatisch platzieren möchten, ist dafür die erste Option geeignet.

Die zweite Option teilt eine Region anhand erkannter Transienten in Abschnitte und verteilt diese ebenfalls chromatisch als Zonen auf der Tastatur.

In beiden Fällen wird außerdem eine MIDI-Region in der *Sampler*-Spur erzeugt, die im Fall 1 Noten an der bisherigen Abspielposition der Regionen und im Fall 2 Noten an der Taktposition erkannter Transienten erzeugt. Oft geht es dabei darum, via Slicing Tempounabhängigkeit zu erreichen. Daher erkläre ich den Befehl IN NEUE SAMPLER-SPUR UMWANDELN auch detailliert in Abschnitt 9.8.4.

11.10.3 Auto Sampler

Mit dem bereits zuvor in Apples MainStage verfügbaren Auto Sampler können Sie schnell externe und interne Synths absampeln und Sampler-Instrumente erzeugen. Der Auto Sampler wird jedoch als Effekt geladen, nicht als Instrument – und daher in Kapitel 15 besprochen. Der Auto Sampler stellt aber auch eine Alternative zum Erstellen von Instrumenten dar, daher erwähne ich das Plug-in hier. Der Auto Sampler macht den *Sampler* wieder zu einem echten Sampler (wo er sonst nur ein Sample-Player war), denn das Plug-in sampelt und ist eng mit dem *Sampler* verzahnt. Mit dem Auto Sampler erzeugte Instrumente erscheinen nach dem Sampling im Preset-Menü des *Samplers* in einem Unterordner *AutoSampled*.

11.10.4 Mapping-Tab im Sampler: Instrumente erstellen und editieren

Der MAPPING-Bereich (Abbildung 11.26) umfasst viele Funktionen des ehemaligen INSTRUMENT-EDITORS.

Übersicht und Menüs

Vor allem geht es darum, festzulegen, welches Sample wo auf der Tastatur liegt und wie es auf Velocities reagiert. Rechts oben können Sie zwischen drei Ansichten umschalten.

- Key-Mapping-Editor-Ansicht
- Zonenansicht
- Gruppenansicht

Zum einen sehen Sie dort einen Button mit Tastatursymbol, der die Key-Mapping-Editor-Ansicht aufruft. Alternativ können Sie rechts oben daneben auch eine Gruppen- oder Zonenansicht wählen (mit Hilfe der Buttons G und Z).

Für Zonen wird typischerweise eingestellt, auf welchem Bereich der Tastatur das Sample liegt. Dies ist aber auch für Gruppen einstellbar. Nutzt das Instrument mehrere Samples, dann hat es auch mehrere Zonen, die in Gruppen zusammengefasst werden können (z. B. für Snare- und Kick-Sounds, sanfte Anschläge oder Streicher-Artikulationen).

Der MAPPING-Bereich zeigt auch bei eingeblendeter Zonen- oder Gruppenansicht nicht notwendigerweise alle verfügbaren Einstellungen für Zonen und Gruppen an. Wichtig ist das VIEW-Menü. Was genau angezeigt wird, lässt sich in Menüeinträgen des VIEW-Menüs für Zonen und Gruppen separat einstellen, praktischerweise gibt es dort auch eine Option, alles anzeigen zu lassen (siehe Abbildung 11.28).

Vieles wird im Mapping-Editor sowohl in der einen als auch der anderen Ansicht angezeigt. Für Zonen sind zum Beispiel Tuning- und Loop-Parameter einstellbar – und das sowohl in der Key-Mapping-Editor- als auch in der ZONE-Ansicht. Scrollen Sie im Mapping-Editor bei eingestellter Zonen- oder Gruppenansicht nach rechts, um weitere Parameter zu sehen.

Darüber hinaus gibt es hier im Mapping-Editor die Menüs

- EDIT
- ZONE
- GROUP
- VIEW

Im EDIT-Menü finden Sie hauptsächlich Cut-, Copy- und Paste-Optionen. Im ZONE-Menü finden Sie z. B. Optionen für Lautstärkenanpassung (nichtdestruktiv), Tuning, automatisches Mapping und Looping. Im GROUP-Menü erzeugen Sie Gruppen oder können mit der Round-Robin-Option dafür sorgen, dass Groups (und damit die Samples darin) zufällig aufgerufen werden. Das VIEW-Menü habe ich oben schon erwähnt.

Key-Mapping-Editor-Ansicht

Ist rechts die Key-Mapping-Editor-Ansicht aktiv (wie in Abbildung 11.25), ist sie in vier Bereiche unterteilt:

- Oben sehen Sie Menüs,
- darunter eine Leiste mit Einstellungen für die selektierte Gruppe,
- darunter den Hauptbereich mit grafischer Darstellung von Zonen und Tastatur (optional ist links noch die Gruppenansicht zu sehen, wenn Sie auf den kleinen Button mit den Linien rechts neben dem Namen der Gruppe klicken)
- und unten Einstellungen für selektierte Zonen.

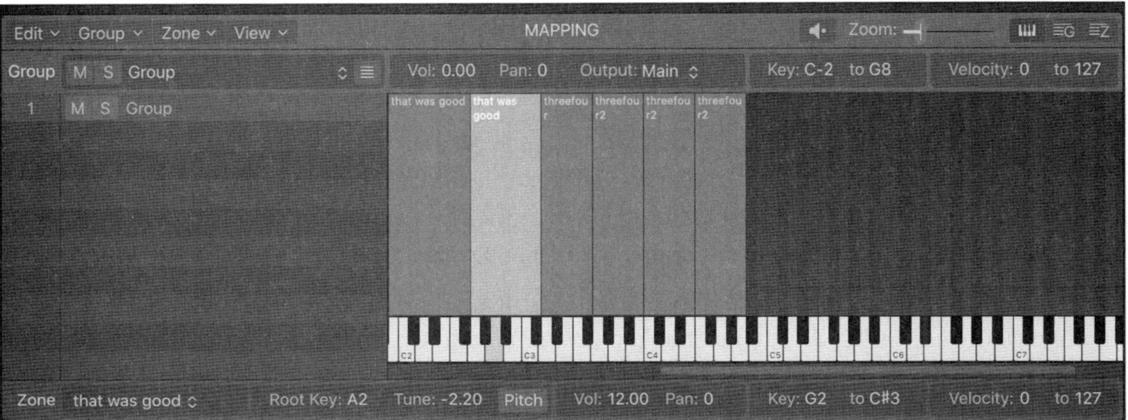

Abbildung 11.26 »Mapping«-Bereich mit eingeblendeter Keyboard-Mapping-Editor-Ansicht. Zonen lassen sich auch verschieben oder mit gehaltener »Alt«-Taste kopieren.

Den hiervon zu unterscheidenden Zone-Editor bespreche ich in Abschnitt 11.10.5.

Key-Mapping-Editor-Ansicht: Samples im Mapping-Bereich laden

Sie können Samples in den MAPPING-Bereich hineinziehen bzw. per Drag & Drop laden. Wenn Sie Samples in den MAPPING-Bereich hineinziehen, erreichen Sie eine chromatische Anordnung (ein Sample pro Taste), indem Sie die Samples kurz oberhalb der angezeigten Tastatur loslassen. Das ist typischerweise der Fall, wenn Sie ein Drumkit erstellen, aber auch wenn Sie sich ein FX-Preset zum Abfeuern von FX-Samples, ganzen Drumloops oder Jingles basteln. Auch komplexe Dubstep-Basslines lassen sich erstellen, indem Sie sorgfältig gestimmte Samples entsprechend auf der Tastatur eines Samplers anordnen und schnell nacheinander abspielen. Eine Zone kann jeweils nur ein Sample verwalten.

Je weiter oben Sie loslassen, desto breiter werden die Zonen für jedes Sample. Lassen Sie sie auf einer Taste los, werden alle Samples als Velocity-Zonen auf dieser einen Taste gemappt, so dass bei unterschiedlichen eingehenden Velocity-Werten unterschiedliche Samples spielen (z. B. weich und hart angeschlagene Schlagzeugsounds). Dieses Verhalten entspricht dem des Mapping-Editors in NI Kontakt, der seit Jahren der etablierteste Sampler auf dem Markt ist.

Im Untermenü ZONE gibt es den Eintrag LOAD AUDIO FILES (mit Shortcut [ctrl] + [O]). Wenn Sie hier mehrere Audiofiles auswählen, werden sie chromatisch auf der Tastatur angeordnet (ein Sample pro Taste). Für eine Zone stellen Sie ein, welches Sample geladen ist (ein Sample pro Zone) und auf welchem Bereich der Tastatur Sie es im Sampler spielen können. Mehrere Zonen können sich überlagern, so dass Sie mehrere Samples gleichzeitig spielen können. Sie können jederzeit über das ZONE-Menü neue Zonen (via NEW) hinzufügen ([ctrl] + [Z]) oder auch aus der Zone heraus ein AUDIO-SAMPLE LADEN ([ctrl] + [o]). Im ZONE-Menü gibt es weitere Optionen zum automatisierten Anordnen Ihrer Zonen (Split, Automap, Remap), die jeweils weitere Untereinträge haben. So können Sie Samples auf der Basis der Note im Dateinamen mappen lassen, Samples auf weiße oder schwarze Tasten mappen lassen usw. Manche Automatikfunktionen wie Mapping auf der Basis von Strip-Silence haben bei mir im Test aber nicht zuverlässig funktioniert. Solche Automatikfunktionen sind oft einen Versuch wert, ich konzentriere mich hier aber eher auf Details der manuellen Lösungen, bei denen Sie konkret eingreifen können. Nutzen Sie ergänzend Apples Logic-Manual.

In den Beispielen *11ExsSY1* und *11Exsinst1sing* ist ein Sample auf der ganzen Tastatur von C-2 bis C8 verteilt. Außerdem ist PITCH als Wiedergabemodus aktiviert, so dass das Sample je nach gespielter Taste seine Tonhöhe verändert. Beides sorgt dafür, dass Sie das geladene Sample im *Sampler* nun wie ein Instrument spielen können. Im ZONE-Bereich unter dem Eintrag KEY ist C-2 to G8 als Tastaturbereich eingestellt, der in der Zonenansicht übrigens KEY RANGE heißt. Diesen Bereich können Sie durch Anfassen der Zone oder Änderung der Werte ändern. Der Balken oberhalb der Tastatur korrespondiert mit den Einstellungen und kann mit der Maus verändert werden, indem Sie ihn an der rechten oder linken Ecke anfassen, so dass ein Längentool erscheint, und mit gehaltener Maustaste die jeweilige Ecke nach links oder rechts ziehen.

Wenn Sie eine Zone anfassen, können Sie sie auch als Ganzes nach links oder rechts ziehen oder via [←] löschen. Sie können mehrere Zonen selektieren und gleichzeitig editieren. Bewegen Sie die Maus auf einen leeren Bereich im Editor, und ziehen Sie einen Bereich bei gehaltener Taste auf, um mehrere Zonen zu selektieren und zu editieren.

In der separaten Zonenansicht finden Sie noch mehr Einstellungsoptionen, beachten Sie die Optionen im VIEW-Menü. Sie können z. B. bei einem geslicten Loop auch gleichzeitig alle Slices bis ans Sample-Ende verlängern, indem Sie die Zonenansicht wählen, den Zonenparameter Sample-Ende sichtbar machen, auf das Feld für das Sample-Ende doppelklicken und den passenden Wert numerisch eingeben.

Multisamples

Mit *Multisamples* sind mehrere Einzelaufnahmen gemeint, die über die Tastatur verteilt werden. So erreichen Sie einen natürlicheren Klang. Nutzen Sie nur ein Sample für das ganze Instrument bzw. *eine* Originaltonhöhe, hört sich der Sound vor allem in höheren Oktaven sehr unnatürlich an. Die Formanten und Obertöne eines Samples werden dann nach oben oder nach unten verschoben. Bei Vocal-Samples klingt das, als hätte jemand Lachgas inhaliert –

oder nach einem düsteren Flaschengeist. Jede Zone im Sample-Instrument hat eine KEY RANGE, die angibt, auf welchem Bereich der Tastatur die Zone spielt.

Wie viele Samples für ein gut klingendes Instrument nötig sind, variiert. Wenn Nuancen eines Klaviers richtig gut eingefangen werden sollen, ist ein Sample pro Taste nötig, aber auch mit einem Sample pro Oktave lassen sich bei vielen Instrumenten ordentliche Ergebnisse erzielen. Bei manchen Synth-Sounds kommen Sie mit weniger Samples aus. Tiefer gestimmte Samples klingen oft interessant. So basieren viele Klänge des im Filmmusikbereich häufig verwendeten Software-Instruments *Omnisphere* von Spectrasonics auf tiefer gestimmten Samples.

Velocity-Layering/Programmierung von Velocity-Bereichen

Eine weitere Methode, die notwendig ist, um authentischen Instrumentenklang in einem gesampelten Instrument einzufangen, ist das *Velocity-Layering*. Hierbei werden Zonen mit unterschiedlichen Samples angelegt, die in Abstufungen entsprechend der Anschlagsdynamik abgespielt werden. Damit versucht man dem gerecht zu werden, dass leiser oder lauter gespielte Noten (z. B. bei Naturinstrumenten oder Schlagzeug) unterschiedlich klingen. Dies kann mit Filter-Cutoff- oder Amp-Variationen allein nicht gut genug emuliert werden. Daher wird für verschiedene Dynamikstufen ein eigenes Sample erstellt, dem dann ein Velocity-Bereich zugewiesen wird (Key-Mapping-Ansicht: VELOCITY, Zonenansicht: VELOCITY RANGE). Man spricht von *Velocity-Layern*. Wie viele Velocity-Zonen man sinnvollerweise für ein gut gesampeltes Instrument benötigt, lässt sich nicht verallgemeinern. Die Firma Imperfect Samples hat einen Versuch unternommen, 128 Velocity-Layer eines Klaviers zu erfassen (mehr Velocity-Werte lässt MIDI ohne MPE gar nicht zu). Weil jede Keyboard-Tastatur unterschiedlich zu spielen ist, hat der Hersteller der Sample-Library es schwer, das Originalfeeling eines Klaviers authentisch auf die Keyboards von Sampler-Usern zu transportieren. Hier hilft eventuell das MIDI-FX-Plug-in »Modifier«, mit dem Sie ähnlich wie bei Spectrasonics Keyscape-Library die Empfindlichkeit des Keyboards skalieren und so an das Instrument anpassen können. Ein deutlich weniger aufwendig gesampeltes Klavier in Logic finden Sie im Projekt *11x3SamplerGrandPiano*.

Velocity-Crossfades, Velocity-Amp-Modulation und Sample Select

Wenn Sie verschiedene Sampler-Instrumente aus der Library öffnen, ist es oft so, dass zugewiesene Velocity-Bereiche klar voneinander getrennt sind (wie beim *Grand Piano* im Projekt *11x3SamplerGrandPiano*). Auf diese Weise wechseln sich die beiden Samples ab und spielen nie gleichzeitig. Haben Sie viele Samples zur Verfügung, klingt das echt. Haben Sie dagegen nur zwei Samples und sind diese zudem recht unterschiedlich, klingt ein abrupter Wechsel zwischen den beiden bei einer bestimmten Velocity meist unnatürlich.

Ein zusätzliches Tool bei der Programmierung von Velocity-Layern ist die Einstellung des zugehörigen Crossfade-Wertes im *Sampler*-Plug-in, um eine weiche Überblendung zwischen Layern zu realisieren. Wenn Sie versuchen, den Sound eines natürlichen Instruments nachzuahmen, indem Sie z. B. nur zwei verschiedene Audiosamples bzw. Velocity-Layer benutzen, ist die Funktion *Velocity-Crossfading* bei der Erstellung eines realistisch klingenden Instruments hilfreich.

Öffnen Sie die Datei *11EXSVelolayer*. Hier habe ich zwei verschiedene Snares in den *Sampler* geladen. Je fester Sie auf Ihrem Keyboard spielen, desto lauter hören Sie einen leicht zischenden Sound, der hinzugemischt wird. Im ZONE-Bereich ist dieser zischende Sound einem Velocity-Bereich von 119 bis 127 zugewiesen, die andere Snare hat einen Velocity-Bereich von 0 bis 127. Die »normale« Snare spielt also über den gesamten Velocity-Bereich, die »zischende« Snare nur über einen Teilbereich. Dass diese zischende Snare nun nicht plötzlich hinzukommt, sondern langsam eingeblendet wird, liegt vor allen Dingen an den Einstellungen im GROUP-Bereich, wo ein Velocity-Crossfade mit einem Wert von 55 eingestellt ist. Das bedeutet, dass die zischende Snare eben nicht erst ab einer Velocity von 119 spielt (wie für die ZONE eingestellt), sondern für die 55 Velocity-Werte darunter, also bereits ab Velocity 63 langsam eingeblendet wird. Neben dem Eintrag für diesen CROSSFADE-Amount können Sie auswählen, welchen Verlauf die Kurve des Crossfades nimmt. Aber: Leider war das immer noch nicht alles. Denn das Ganze funktioniert auch im neuen *Sampler* nur, weil in einem Modulationsslot programmiert wurde, dass die Velocity sich zu 100 % auf den Parameter S.SELECT (Sample Select) auswirkt. Nicht ganz unkompliziert, finden Sie? Ich stimme zu. Normalerweise brauchen Sie das aber immerhin nicht einzustellen, weil es die Voreinstellung für neue Instrumente ist.

Velocity wirkt auf Volume

Die Wirkung des Einblendens der Snare wird dadurch verstärkt, dass die Velocity insgesamt die Lautstärke beider Snares moduliert, so dass der Gesamtsound lauter wird, wenn Sie fester spielen. Dies stellen Sie im MODULATORS-Bereich ein, wo Env 1 den Amp ansteuert. Im Projekt *11EXSVelolayer* ist zu sehen, dass für Env 1 der Slider VELOCITY hochgedreht ist. Steht er auf 0 dB, wirkt sich die Velocity nicht aus. Steht er niedriger, wird der *Sampler* bei kleineren Velocities leiser.

Sample-Layer via Mod-Wheel ansteuern

Sie können auch andere Parameter benutzen, um Samples anzusteuern. Definieren Sie beispielsweise das Mod-Wheel Ihres Keyboards (das den MIDI-Control-Change-Befehl 1, dargestellt als CTRL #1, sendet) als Modulationsquelle. Wenn Sie nun das Mod-Wheel bewegen, wird zwischen Velocity-Layern umgeschaltet. Im Dokument *11EXSVelolayer2* geschieht das mit unseren zuvor programmierten Snares.

Zonenansicht: Basics

In der ZONE-Ansicht (Abbildung 11.27) sehen Sie eine Liste der Zonen mit dem jeweiligen zur Zone gehörigen AUDIOFILE, KEY RANGE und VELOCITY RANGE, MIXER (VOLUME, PAN, OUTPUT), PLAYBACK-Einstellungen (PITCH, 1 SHOT, REVERSE), LOOP-, XFADE, Start- und Endpunkt und Gruppeneinstellungen. Zu Zonen gehörende Gruppen sind links zu sehen. Zonen lassen sich per Drag & Drop auf Gruppen ziehen.

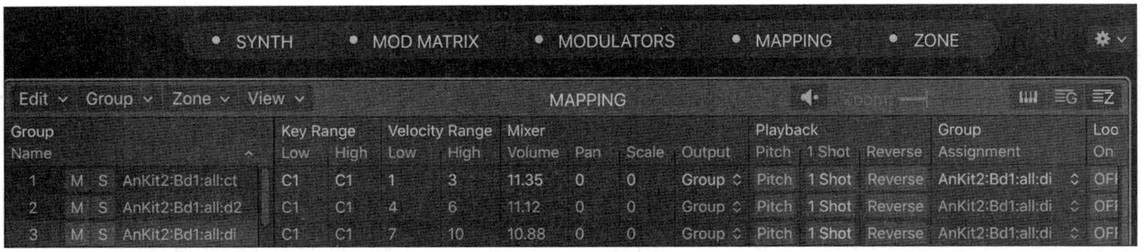

Abbildung 11.27 Die »Zonen«-Ansicht und das Menü zur Auswahl der Outputs

Zonenansicht: Playback-Optionen, Reversed Samples

Nur wenn bei den Playback-Optionen Pitch aktiv ist, werden Samples beim Spielen über das Keyboard transponiert. 1 Shot bedeutet, dass Samples unabhängig von der Länge der gehaltenen Taste oder Hüllkurve stets bis zum Ende abgespielt werden

Bei Filmmusik oft verwendet werden *Reversed Sounds*, die sich besonders gut mit rückwärts gespielten Samples realisieren lassen. Sie können alle Gruppen und danach alle Zonen und Samples in der Zonenansicht mit [cmd] + [A] auswählen und anschließend gemeinsam bearbeiten. Dann können Sie für sämtliche Zonen den Rückwärts-(Reversed-)Modus aktivieren. Das habe ich in einem Beispiel für das Sample-Instrument *Classical Piano* gemacht. Weil die Samples unterschiedlich lang sind, habe ich einfach ihren Sample-Endpunkt auf eine einheitliche Länge gesetzt. Das ist natürlich eine recht unkonventionelle und ungenaue Editiermethode, doch nun lässt sich das Piano bereits einigermaßen im Rückwärtssound abspielen, um Ihnen zu zeigen, was ich soundmäßig meine. Das Soundbeispiel finden Sie im Projekt *11ReversedTripHop*.

Einzelouts in Zonen oder Gruppen

Sollen Einzelouts (für Zonen oder Gruppen) genutzt werden, muss der *Sampler* als Multi-Ausgang-Instrument geladen, und es müssen zusätzliche Aux-Kanäle angelegt werden (siehe Abschnitt 14.5). Zonen lassen sich zu Gruppen zusammenfassen (z. B. zur Auswahl von verschiedenen Artikulationen oder für ein übersichtlicheres Ausgangsrouting für mehrere Samples gleichzeitig). Die Nutzung von Gruppen ist sinnvoll (aber nicht zwingend notwendig), wenn Sie verschiedene Samples unterschiedlichen Kanalzügen/Einzelouts zur Abmischung zuführen wollen. Sie können auch für Zonen im Bereich Mixer unter Output einen Ausgang (oder Group) einstellen. Je mehr Samples in Ihrem Instrument vorkommen, desto sinnvoller ist es aus Übersichtsgründen, zum Zweck des Output-Routings Gruppen zu verwenden.

Stellen Sie sich vor, Sie haben ein Drumkit mit verschiedenen Schlagzeugsounds gesampelt. Dabei haben Sie jeden Schlagzeugsound einzeln mit verschiedenen Anschlagstärken aufgenommen. Nun möchten Sie alle Bassdrum-Aufnahmen in einem eigenen Kanalzug abmischen.

Hierfür erzeugen Sie eine Gruppe »Bassdrum« (GROUP • NEW GROUP, ctrl + G), auf die Sie die verschiedenen Samplezonen mit verwendeten Bassdrum-Samples ziehen.

Im Bereich OUTPUT der Zone stellen Sie einfach ein: GROUP. Nun müssen Sie noch den gewünschten Output des *Samplers* im Bereich OUTPUT der Gruppe festlegen.

Im Projekt *11EXSGruppenouts* können Sie das nachvollziehen. Das im Projekt verwendete Drumkit habe ich aus einem Drum-Kit-Designer-Instrument abgeleitet. Es handelte sich um ein Producer Kit, und ich habe die Einzelouts neu zugewiesen (siehe Projekt *11EXSGruppenouts2*).

Um einen besseren Überblick über die Zuordnung der bis zu 26 verschiedenen Output-Kanäle des *Samplers* zu behalten, können Sie den Output-Kanälen auch im EDIT-Menü via EDIT OUTPUT LABELS ... einen Namen zuweisen, was im Beispielprojekt vorab erfolgt ist.

Gruppenansicht; Groups erzeugen; Zuweisung von Samples zu Gruppen

Im Menü GROUP erzeugen Sie eine neue Gruppe (ctrl + G). Im MAPPING-Tab schalten Sie rechts oben zwischen der Zonen- und der Gruppenansicht um. Auch bei aktivierter ZONE-Ansicht können Sie mit Gruppen arbeiten; die im Instrument vorhandenen Gruppen sind dann links sichtbar, und Sie können Zonen den Gruppen zuweisen, indem Sie sie auf die Gruppennamen ziehen. Wenn Sie noch keine Gruppe manuell (zusätzlich) angelegt haben, ist nur eine Gruppe mit dem Namen des Instruments vorhanden. Ist sie angeklickt, sind die Zonen dort zu sehen und können auf eine andere bzw. eine neu angelegte Gruppe gezogen werden. Grundsätzlich gilt: Wenn Sie dort einen Gruppenordner anklicken, sehen Sie nur die in dieser Gruppe enthaltenen Zonen.

Gruppenansicht: Basics

In der Gruppenansicht sehen Sie hingegen keine Zonen, sondern gruppenbezogene Einstellungen für MIXER (VOLUME, PAN, OUTPUT), KEY RANGE, VELOCITY RANGE, ROUND ROBIN, diverse ENABLE BY ...-Optionen, PLAYBACK (VOICES, EXCLUSIVE) und diverse OFFSETS, z. B. für Filter.

Falls Sie etwas nicht sehen, müssen Sie die entsprechenden Darstellungen erst im VIEW-Menü sichtbar machen.

Viele Parameter sind selbsterklärend oder wurden schon besprochen, mehr Information entnehmen Sie bitte dem Manual; andere werden nachfolgend erläutert.

Gruppenansicht: »Playback«-Optionen

Wenn Sie in die Gruppenansicht wechseln, können Sie im Bereich PLAYBACK in der Spalte EXCLUSIVE auch Exklusivitätsgruppen (CLASS 1, CLASS 2 etc.) definieren. Auf diese Weise können Sie z. B. programmieren, dass eine offene Hi-Hat stets ausgeht, wenn danach eine geschlossene Hi-Hat gespielt wird.

Gruppenansicht: Gruppen und Envelope/Filter-Offsets

Ein Nachteil des *Sampler* gegenüber Kontakt und Co. ist die fehlende Option, samplerintern den Gruppen komplett eigene Filter, Effekte oder Hüllkurven zuzuweisen. Sämtliche Änderungen des Filtertyps im *Sampler*-Plug-in betreffen ja das gesamte Instrument. In der Group-Ansicht können Sie immerhin Offset-Werte für Filter und Hüllkurve einstellen. Damit ist ein Versatzwert gegenüber der Einstellung in der Plug-in-Oberfläche gemeint. Auf diese Weise sind unterschiedliche Filter- und Hüllkurveneinstellungen für verschiedene Gruppen möglich (jedoch keine jeweils *eigenen* Filter oder Hüllkurven).

Gruppenansicht: »Gruppe auswählen nach«; Artikulations-IDs

Die Funktionen bzw. Ansichten (zurzeit englisch beschriftet) Group Enable by ... (früher: Gruppe: Gruppe auswählen nach) erlauben, eine Gruppe anhand von Parametern wie einer vorher gespielten Note (z. B. C0) auszuwählen.

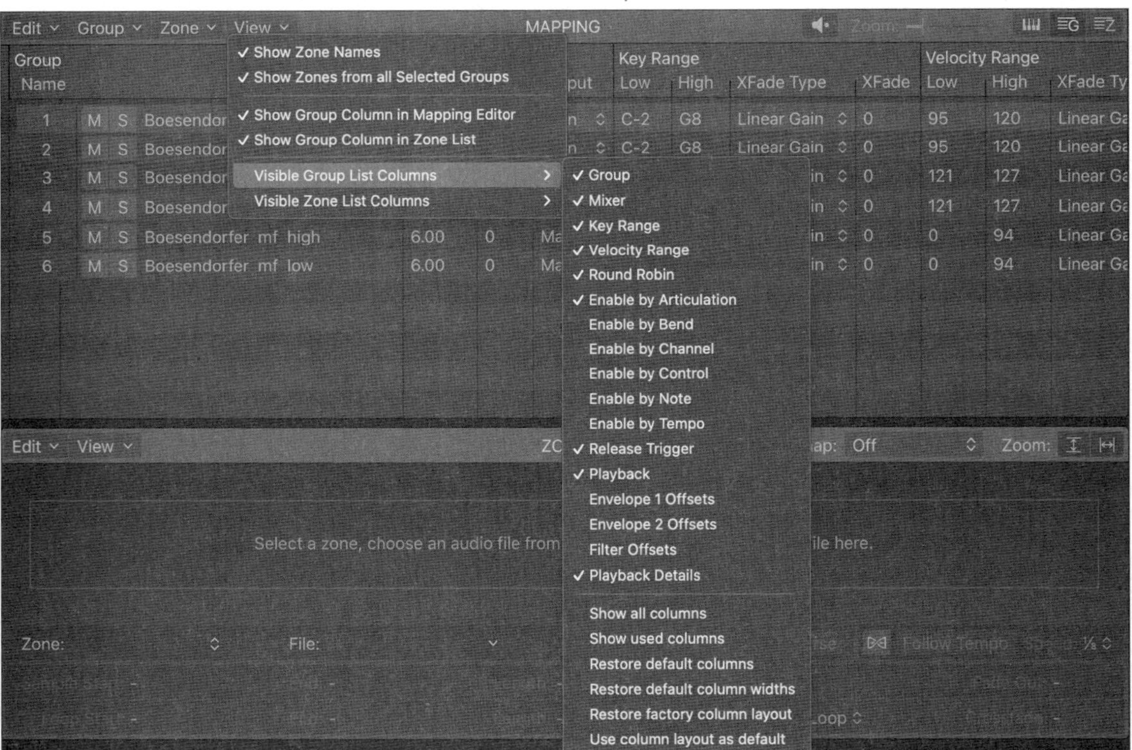

Abbildung 11.28 Gruppenansicht und Optionen des »View«-Menüs

Im Fall von Noten wählt man dabei oft Noten in einem Tastaturbereich aus, der das Instrument nicht direkt anspielt, weil er keiner Zone zugewiesen ist (z. B. ganz tiefe Noten wie C-2).

Man spricht auch von *Keyswitches*. Diese werden oft bei der »Programmierung« von Orchestersounds verwendet (siehe Projekt *11EXSString*). Ein wichtiger Logic-spezifischer Parameter zum Auswählen von Gruppen im Sampler (z. B. für Spielweisen/Artikulationen von Streichern) und anderen Logic-Instrumenten wie *Studio Horns*, *Studio Strings* oder Drumkits sind die sogenannten *Artikulations-IDs* (ein naheliegender Name), die in Logic als Teil des Notenbefehls verwaltet werden und in PIANOROLLE und EVENT-Liste gut editierbar sind. Der in Kapitel 7 vorgestellte Artikulationsset-Editor erlaubt weitere Einstellungsdetails für MIDI-Fernsteuerung und Konvertierungen solcher Befehle. Diese Möglichkeiten basieren fast immer auf derartigen Instrumentprogrammierungen, wo verschiedene Instrumentspielweisen mit Befehlen aufgerufen werden.

Natürlich müssen Sie in der Praxis nur die Optionen sehen, die Sie auch nutzen, hierbei hilft das VIEW-Menü.

In Kapitel 17, »Mixingstrategien, musikalische Ziele und Stile«, finden Sie das Beispiel *17Horns2*, wo zwischen French-Horn-Artikulationen mit Hilfe des Parameters »Steuerung 1« gewechselt wird (hiermit ist das Mod-Wheel bzw. Controller Nr. 1 gemeint). In *17Horns2* können Sie verschiedene Wertebereiche des Controllers definieren, die die jeweiligen Artikulationen aufrufen.

Mehr hierzu lesen Sie auch in Abschnitt 7.7, »Artikulationen, Artikulations-IDs und Artikulations-ID-Editor«.

11.10.5 Zone-Editor im Sampler: Samples stimmen, editieren, stretchen, reversen, loopen

Ergänzend zur Zonenansicht im Mapping-Editor finden Sie in Sampler noch einen ZONE-Tab, der der Ansicht im *Quick Sampler* zum Editieren einer Zone ähnelt. Das ist logisch, denn schließlich geht es im ZONE-Tab immer um die Einstellungen für ein einzelnes Sample.

Hier können Sie Samples schneiden, stimmen, Start- und Endpunkte ändern oder einen Loop einstellen, so dass Ihr Sample endlos lange spielt. Sie können Start- und Endpunkte verändern, einen Ankerpunkt verschieben oder Loops programmieren.

Auch die Bedienung ist ähnlich wie im *Quick Sampler*. Einige Dinge wiederholen sich hier, einige sollten Sie im Abschnitt 11.9.2 nachlesen, einige Details sind anders.

»Edit«-Menü, Kontextmenüs und externer Instrument-Editor

Sie können Samples auf die Länge von Start- und Endpunkten schneiden (mit Hilfe der Crop-Funktionen, siehe Abbildung 11.29 und Abbildung 11.30). Sie können sie auch in einem in Logics Einstellungen definierten externen Audioeditor bearbeiten.

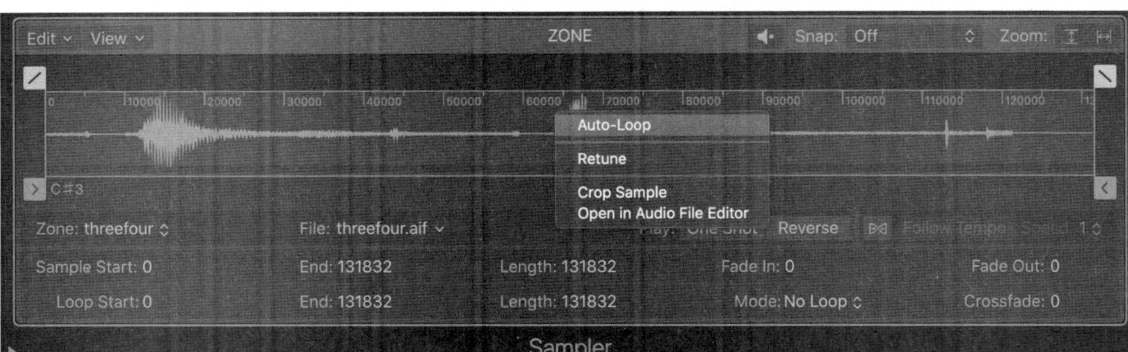

Abbildung 11.29 Wellenform-Kontextmenü mit Crop-Optionen: »Crop Loop« erscheint nur, wenn ein Loop aktiv ist.

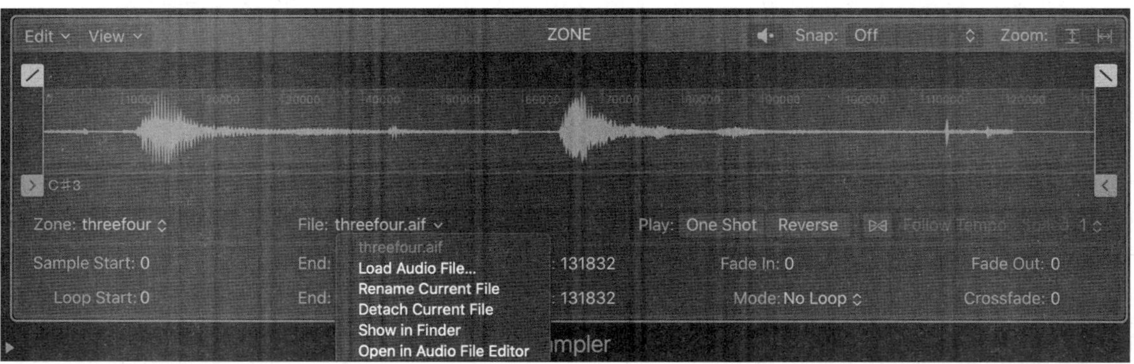

Abbildung 11.30 Dialog zum Austauschen von Samples und zum Öffnen in einem externen Editor

Prelisten

Sie sehen oben ein kleines Lautsprechersymbol, um das Sample vorzuhören.

Tuning und Sounddesign, Längenänderung bei Tonhöhenänderung/Time-Stretching

Wenn Sie ein Sample in eine Zone laden und anschließend im *Sampler* spielen, entspricht die Tonhöhe des gespielten Samples oft nicht der Tonhöhe der tatsächlich der gespielten Note. Um bei den Tonhöhen den Überblick zu behalten und gespielte MIDI-Noten einer anderen Spur mit den gleichen Tasten spielen zu können, empfiehlt es sich, das Sampler-Instrument richtig zu stimmen. Im Beispiel *11Exsinst1sing3* habe ich das Sample aus dem Beispiel *11Exsinst1sing2* gestimmt. ROOT KEY (deutsch: TONART) gibt die Taste an, die das Sample in der Originaltonhöhe spielt.

Als Hilfe beim Stimmen habe ich im Dokument *11Exsinst1sing3* eine Instrumentenspur mit einem *E-Piano* (das die korrekte Tonhöhe spielt) und das »Tuner«-Plug-in genutzt (das die gespielte Tonhöhe des Samples anzeigt). Im Dokument *11Exsinst1sing4* habe ich aus dem gleichen Sample vor allem mit Hilfe von Tuning und anderen Hüllkurveneinstellungen eine Bassdrum, eine Hi-Hat und einen Lead-Sound gebastelt, die nun in drei verschiedenen *Sampler*-Instanzen spielen.

Mit Hilfe von Flex-Tools ist es möglich, die Länge bei sich ändernden Tonhöhen gleich zu halten. Ist Flex aus, werden höhergepitchte Samples kürzer, tiefer gestimmte länger.

Loopen von Sounds

Das Loopen von Sounds funktioniert im Sampler genauso wie im Quick Sampler: Sie Aktivieren die LOOP-Funktion unter dem Eintrag MODE, indem Sie eine andere Option als NO LOOP wählen. Danach werden Loop-Handles angezeigt, und der Loop kann editiert werden. Das Sample aus dem einfachen Beispiel *11Exsinst1sing* habe ich in *11Exsinst1sing2* geloopt. Gleichzeitig habe ich den Samplestartpunkt etwas nach hinten verschoben. Diese Einstellungen können Sie im *Sampler* sowohl im ZONE-Bereich als auch in der ZONE-Ansicht des Mapping-Editors machen. In Letzterem können Sie Loops auch stimmen. Ein weiteres Beispiel finden Sie im Projekt *11ExsSY2*.

11

One Shot

Bei eingeschaltetem ONE SHOT werden alle Samples immer bis zum Ende gespielt – selbst wenn Sie die entsprechenden Keyboardtasten früher loslassen (vergleiche Projekt *11Kit170901-a*). Selektieren Sie gegebenenfalls mehrere Zonen gleichzeitig, und deaktivieren Sie diese Option, um den Lautstärkeverlauf der Hüllkurve des *Samplers* auf die Zone entsprechend ihrer gespielten MIDI-Note anzuwenden (siehe *11Kit170901-b*).

Snap und Zoom

Auch diese Funktionen stimmen mit den Menüs des Quick Samplers überein: Im SNAP-Menü können Sie einstellen, ob beim Verschieben von Start-, End- oder Loop-Punkten ein Raster hilft, exakt bei Zero-Crossings/Nulldurchgängen, Transienten oder Beats zu landen. Rechts daneben sehen Sie die bekannten Zoom-Buttons, mit denen Sie die Darstellung des selektierten Bereichs optimieren. Dies hilft auch, um niedrig ausgesteuerte Samples besser darzustellen.

11.10.6 Synth- und Mod Matrix-Tabs im Sampler

Im SYNTH-Tab (Abbildung 11.31) können Sie die typischen Synthesizereinstellungen vornehmen. Neu im Sampler sind eine große Auswahl verschiedener Filtermodule, detailliertere Hüllkurven sowie mehr Modulatoren. Einstellungen, die Sie im SYNTH-Bereich und der Modulationsmatrix vornehmen, beziehen sich meist auf alle Zonen und Gruppen.

Klangerzeugung: Voice Modes, Details, Filterbereich, Amp

Die Zahl der maximal ausgegebenen Stimmen (MONO/POLY) können Sie im SYNTH-Tab im DETAILS-Bereich (rechts oben wählbar) ebenso einstellen wie ein Legato (im Bereich MODE) und einen Unison-Modus. Ein Soundbeispiel finden Sie im Projekt *11legato*. Die Klangerzeugung erfolgt hier wiederum nicht durch ein Sample, sondern durch einen Sinuston. Diesem werden durch den DRIVE-Regler im Filter zusätzliche Obertöne hinzugefügt, um den Effekt besser hörbar zu machen.

Im Filterbereich des *Samplers* können Sie verschiedene Filtertypen für die zwei Filter auswählen und Routing-Optionen nutzen. Jeder Filter muss erst aktiviert werden und besitzt einen DRIVE-Regler, durch den er noch etwas fetter klingt.

Abbildung 11.31 »Synth«-Bereich des Samplers

Der AMP-Bereich ist sehr simpel ausgestattet. Achtung: Sollen mit höherer Velocity gespielte Tasten den Sampler lauter machen, programmieren Sie dies im neuen Sampler nun im Bereich MODULATORS (z. B. ENV 1 AMP, hier muss die Wirkung der Velocity heruntergedreht sein) oder in der MOD MATRIX (VELOCITY moduliert VOLUME).

Mod Matrix

Die Modulationsmatrix ermöglicht komplexe Modulationen. Es stehen unzählige Modulationsziele und Modulationsquellen zur Verfügung, die Sie verknüpfen können und deren Modulationsintensität Sie in den Modulationsslots (wie bei vielen Logic-Instrumenten üblich) von einem weiteren Parameter modulieren lassen können. Das ist nicht anders als bei anderen Synthesizern, die wir schon besprochen haben – nur dass die Klangerzeugung hier aus Samples besteht. Typisches Beispiel: Die Vibratointensität regeln Sie mit Hilfe des Mod-Wheels (entspricht MIDI-Controller #1).

Der KEY-Parameter kann dafür sorgen, dass höhere Noten automatisch leiser gemacht werden. Das ist insbesondere bei Samplern eine sinnvolle Funktion, weil mit höherem Pitch abgespielte Samples durch die Verdichtung des Audiomaterials oft lauter klingen.

Ein für Sampler wichtiges und typisches Modulationsziel ist der Parameter SAMPLE START. Durch Modulation des Sample-Startpunktes können Sie z. B. Streicher oder Drums mit viel oder wenig Attack spielen.

Im neuen FILTER BY …-Bereich können Sie die Anzeige im MOD MATRIX-Bereich nach bestimmten Zielen, Quellen oder zuletzt angeklicktem Parameter filtern, um schneller zu finden, was Sie suchen.

Weitere Beispiele mit einer vergleichbaren Modulationsmatrix finden Sie in Abschnitt 11.20.7, »Modulation-Router«, im Unterabschnitt über den *ES2*-Synthesizer.

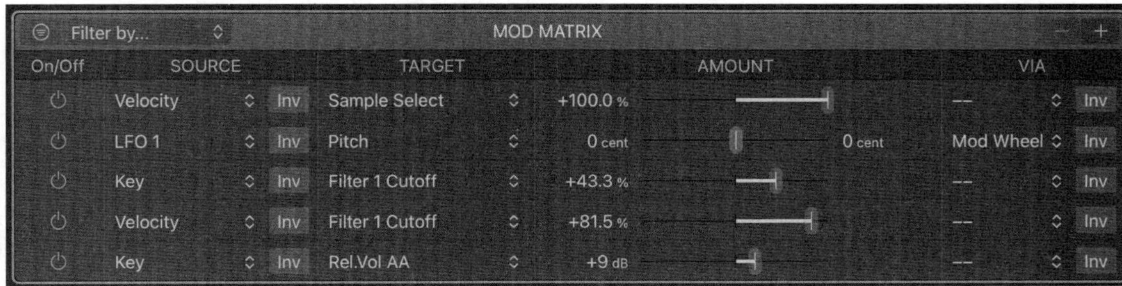

Abbildung 11.32 »Mod Matrix«

11.10.7 Modulators-Tab im Sampler

Im MODULATORS-Bereich können Sie Envelopes (Hüllkurven) und LFOs editieren und erzeugen. Drücken Sie auf die +ENV- oder +LFO-Buttons oben rechts, um eine neue Hüllkurve oder einen neuen LFO (von maximal fünf) zu erzeugen. Envelopes und LFOs erscheinen wie kleine Module. Wenn Sie ein solches Modul selektieren, können Sie es oben rechts mit der –-Taste auch löschen.

Envelopes/Hüllkurven stehen nun in vielen verschiedenen Formaten zur Verfügung. Sie haben bereits eine ADSR-Hüllkurve kennengelernt. Eine DAHDSR-Hüllkurve fügt zwei weitere Zeitparameter hinzu. Delay verzögert den Hüllkurvenstart, und H – die Hold-Zeit – bestimmt, wie lange die Hüllkurve nach dem Ablauf der Attack-Phase auf dem höchsten Wert bleibt, bevor die Decay-Phase beginnt. Dieser Parameter ist wichtig beim Sounddesign von Drumsounds. So kann ein Schlag eine kurze Zeit (die *Hold-Zeit*) voll präsent sein, um danach schnell auszuklingen.

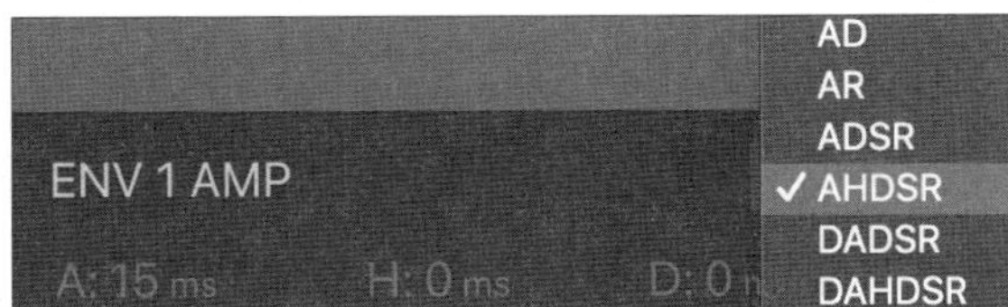

Abbildung 11.33 Hüllkurventypen

Für die LFOs können Sie eine Wellenform einstellen. Durch Klick auf das Notensymbol erscheint die LFO-Geschwindigkeit (Rate) als Notenwert für temposynchrone Modulation. Mit KEY TRIGGER stellen Sie ein, ob der LFO mit jeder neu gespielten Taste neu startet. Ergänzend entscheidet der MONO/POLY-Switch darüber, ob die Modulation durch den LFO für jede gespielte Note gleich oder jeweils individuell ist. Über die beiden Kurvensymbole daneben stellen Sie ein, ob der LFO nur positive oder auch negative Werte einnehmen kann. Das könnte z. B. entscheiden, ob der Filter bei einer Modulation durch einen LFO ab einer Frequenz immer weiter aufgeht – oder zwischendurch auch mal weiter schließt.

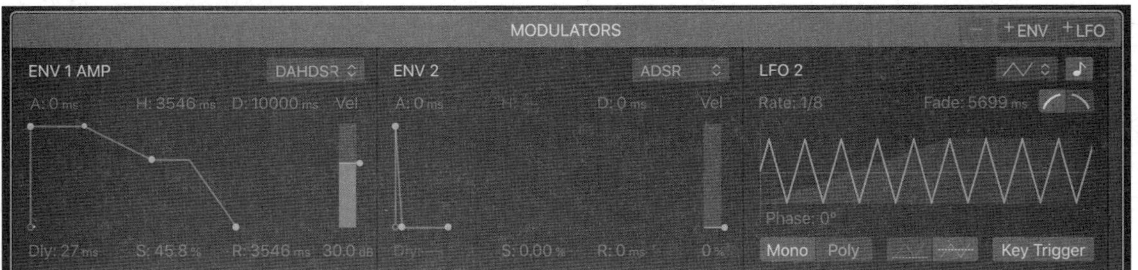

Abbildung 11.34 Rechts ein Sampler-LFO. Links sehen Sie die Amp-Modulation im neuen Sampler: Der Regler im rechten Bereich von Env 1 bestimmt die Auswirkung der Velocity auf den Amp. Einstellungen hier wirken sich in der Regel auf alle Zonen aus.

11.10.8 Speichern von Sampler- bzw. ».exs«-Instrumenten und Import anderer Formate

Sampler-Instrumente (*.exs*) sollten Sie mit dem Projekt speichern, um ein späteres reibungsloses Laden zu sichern. Dies wird üblicherweise im Rahmen der Projektverwaltung erledigt. Aber manchmal möchte man ja auch Instrumente und Samples für weitere Bearbeitungen duplizieren oder für Nutzungen anderswo oder in der *Sampler*-Library speichern. Dies ist aus dem Plug-in-Menü heraus möglich. Mit der SICHERN UNTER ...-Funktion im Plug-in-Menü können Sie ein Sampler-Instrument *ohne die dazugehörigen Samples* im Standardordner *User/Music/Audio Music Apps/Sampler Instruments* (empfohlen) speichern. Sie können später aus dem *Sampler* und der BIBLIOTHEK auf Instrumente dieses Ordners zugreifen. Für die nicht mitgespeicherten Samples wird ihr Speicherort referenziert. Sie können durch Setzen des Häkchens bei der Option MIT AUDIODATEN SICHERN ein Sampler-Instrument auch inklusive seiner Samples abspeichern. Hierbei öffnet sich ein Dialog, in dem Sie einen beliebigen Speicherort für das Instrument wählen, die zugehörigen Samples werden dabei in dem gleichen Pfad in einem eigenen Ordner neben der *.exs*-Datei abgelegt.

Vorsicht bei langen Namen
Bei Samples, deren Name länger als 32 Zeichen ist, konnte es in der Vergangenheit Probleme beim Laden auf anderen Systemen geben.

11.10.9 Exkurs: Drum Kit Designer, GarageBand-Instrumente und der »Sampler«

Wenn Sie Drum-Kit-Designer-Instrumente laden (die mit dem »Drummer« oder über die BIBLIOTHEK geladen werden können), so können Sie sie in Sampler-Instrumente umwandeln. Bei einfachen Drum-Kit-Designer-Instrumenten ist der *Sampler* dabei teilweise settingkompatibel, das heißt, es klingt ähnlich wie vorher. Bei komplexeren Producer Kits ist das nicht mehr unbedingt der Fall, vor allem müssen Sie eventuell Einzelouts manuell neu zuweisen. Es ist sinnvoll, zu wissen, dass die Drum-Kit-Designer-Instrumente auf der Technik des *Samplers* basieren, denn auf diese Weise bekommen Sie möglicherweise detaillierteren Zugang zu einzelnen Parametern von Sounds in Ihrem Instrument als mit dem DRUM KIT DESIGNER selbst, wo es allerdings intuitiver zugeht. Denn bei der Vielzahl von verwendeten Samples ist es durchaus schwierig, durchzublicken, welches Sample gespielt oder editiert wird. Ähnlich verhält es sich mit manchen GarageBand-Instrumenten wie *Horns* oder *Strings*. Wenn solche Instrumente geladen sind, können Sie im Instrumenten-Slot einen *Sampler* laden, um das Instrument besser editieren zu können. Der Sound sollte hierbei unverändert bleiben, es besteht Settingkompatibilität.

11.11 Alchemy-Synthesizer und Sampler

Mit Logic 10.2 wurde *Alchemy* eingeführt, ein Synthesizer-Sampler-Hybrid, der in Folgeversionen stets verbessert wurde und neue Funktionen hinzubekam.

11.11.1 Einführung

Alchemy ist ein Hybrid aus Sampler und Synthesizer. Das Plug-in kann wie ein einfacher, subtraktiver Synth genutzt werden, aber auch wie ein Sampler, ein Granularsynthesizer, ein additiver Synth oder eine Mischung aus diesen Werkzeugen. Das führt dazu, dass *Alchemy* klanglich wohl das vielseitigste Logic-Instrument ist. Sie finden eine dementsprechend interessante Preset-Library vor. Ähnlich wie Logic selbst ist *Alchemy* einerseits intuitiv, andererseits komplex und verschachtelt (Abbildung 11.35). Manche Dinge funktionieren erstaunlich einfach und intuitiv, allerdings sind manche Funktionen auch ziemlich versteckt. Wollte ich wirklich alles erklären, könnte ich ein eigenes Buch zu *Alchemy* schreiben. Ich habe 2015 Tutorials für eine mittlerweile etwas in die Jahre gekommene *Alchemy*-DVD produziert (»Hands On Alchemy« bei DVD Lernkurs) und biete unter *www.logichilfe.de* weitere Tutorials an.

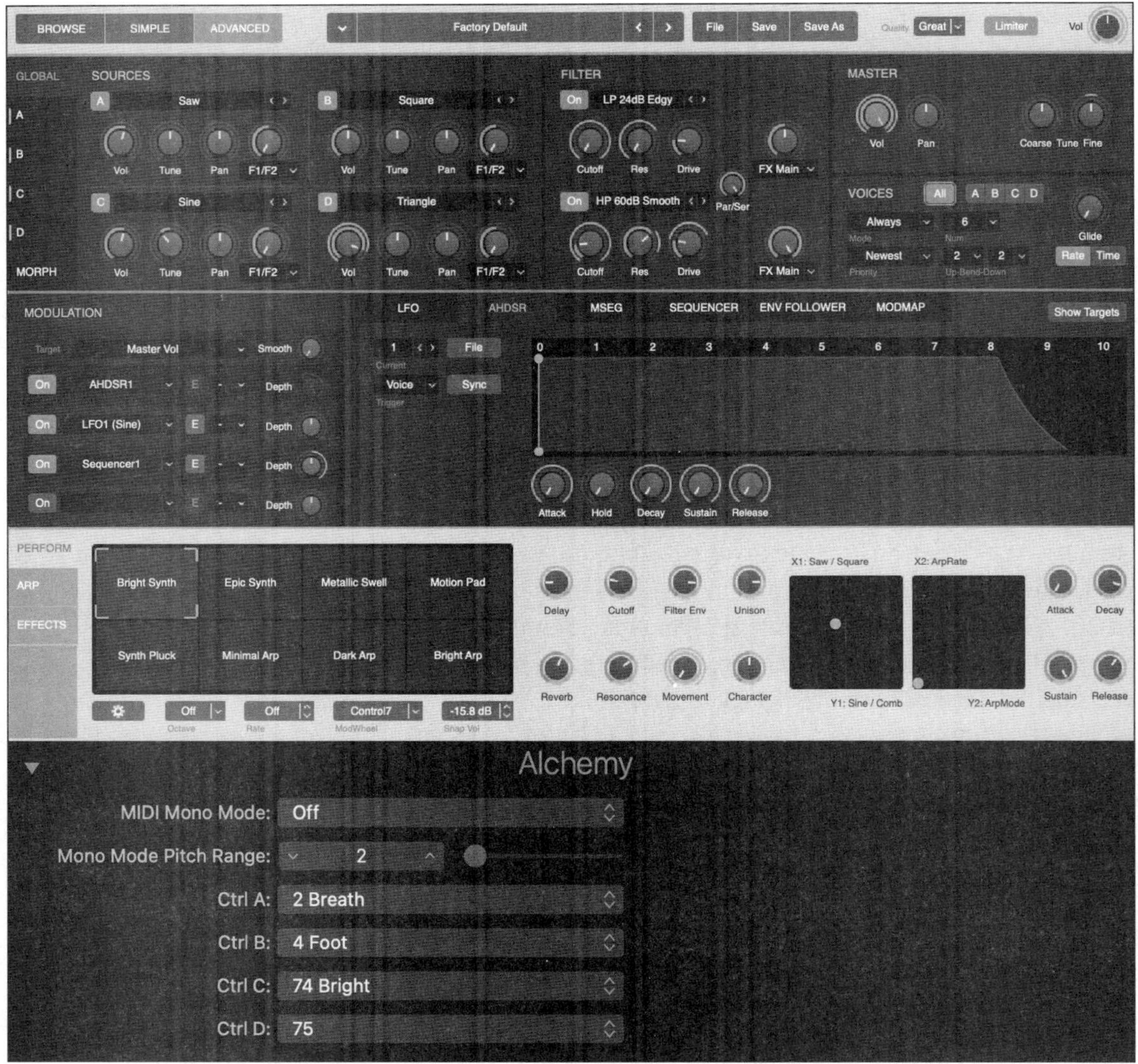

Abbildung 11.35 »Alchemy«

11.11.2 Logic-Alchemy im Vergleich zu Camel-Audio-Alchemy

Vor dem Aufkauf der Firma Camel Audio durch Apple war *Alchemy* in einer ähnlichen Vorversion (bis 1.5) auch für User anderer Systeme erhältlich. Diese war etwas anders und insgesamt nicht ganz so gut ausgestattet, verfügte allerdings auch über manche Sound Libraries, die nicht mehr erhältlich sind. Das Logic-Plug-in hieß zunächst *Alchemy 2. Alchemy* besitzt gegenüber der Vorversion neue Klangerzeugungsfunktionen, und es erfolgte eine Anpassung an Logic. Optionen zum Speichern im FILE-Menü sind gegenüber der Vorversion jedoch reduziert. Dafür ist es andererseits möglich, *Alchemy*-Sounddaten mit dem Logic-Projekt zu verwalten. Ein Parameter-Reset funktioniert wie bei anderen Logic-Plug-ins via `alt` + Klick. *Alchemy* reagiert nun (wie andere Logic-interne Klangerzeuger) auch auf in den PROJEKTEINSTELLUNGEN ausgewählte Stimmungen/Microtunings.

11.11.3 Basics der Klangerzeugung

Alchemy hat vier *Soundsources*, die jeweils einen eigenen Klangerzeugungsbereich haben. Die Klangerzeugungsmodi heißen ADDITIVE, SPECTRAL, FORMANT, GRANULAR, SAMPLER und VA (*Virtual Analog*), mit Hilfe derer auch Audiodateien geladen bzw. resynthetisiert werden können. Im VA-Modus benimmt sich *Alchemy* z. B. wie ein komplexer Synthesizer mit einer großen Auswahl an Oszillatorwellenformen. Sie können Klänge im additiven Resynthesemodus aus bis zu 600 Sinustönen neu synthetisieren. Andererseits können im SPECTRAL-Modus auch Sounds aus Bildern generiert werden. Mit Granularsynthese, der additiven oder spektralen Synthese beherrscht *Alchemy* Time-Stretching in Echtzeit und kann auch als Sampler dienen, der *EXS*-Instrumente mit gewissen Einschränkungen importieren kann.

Sampling-Spezialisten wie *Kontakt* oder Logics eigener *Sampler* beherrschen manche für das detaillierte Sounddesign von Instrumenten wichtige Funktionen trotzdem bislang besser, z. B. die Nutzung von Artikulations-IDs und Einzelout-Routing.

11.11.4 Obere Leiste, einfachen Grundsound laden

Betrachten wir nun *Alchemy* von oben bis unten und zunächst die obere Leiste von links nach rechts (Abbildung 11.36).

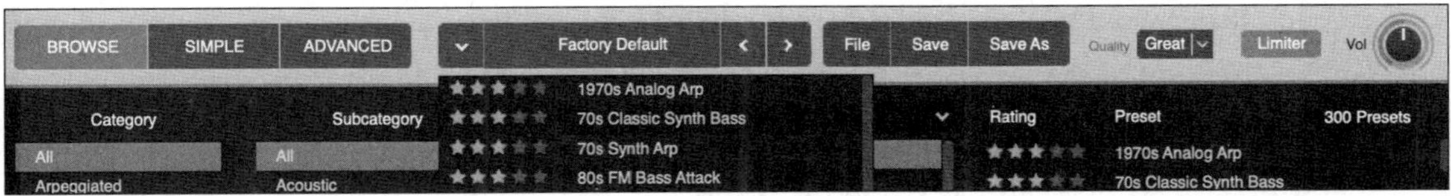

Abbildung 11.36 Obere Leiste in »Alchemy«

Links oben in der oberen Leiste schalten Sie zwischen den Ansichten BROWSE, SIMPLE-Mode und ADVANCED um. In allen drei Ansichten bleiben die obere Leiste und der Performance-View-Anteil sichtbar. Das, was darunter angezeigt wird, variiert.

Rechts daneben wählen Sie in einem Drop-down-Menü mit Hilfe von übergeordneten Kategorien einen Sound aus, der wiederum rechts daneben angezeigt wird. Die Soundanzeige entspricht der rechten Spalte im Browser. Durch Klick auf den Namen können alle Sounds wie im Browser (entsprechend der gewählten Kategorie oder dem Tag) angezeigt werden.

Wählen Sie im Browser etwas anderes aus, ändert sich auch hier die Anzeige. Daneben gibt es Vorwärts/Rückwärts-Buttons, Speicherfunktionen im FILE-Menü (reduziert gegenüber der *Alchemy*-Vorversion) sowie die SAVE- und SAVE AS-Menüs.

Einfachen Grundsound laden

Mit der Option INITIALIZE PRESET aus dem FILE-Menü (Abbildung 11.37) oder der Auswahl des Eintrags EINSTELLUNG INITIALISIEREN aus dem Preset-Menü beginnen Sie mit einem leeren *Alchemy*. Das einfache Preset mit einem aktiven Oszillator, das dann geladen wird, erlaubt Ihnen, einzelne Funktionen auszuprobieren, ohne dass Sie von komplexen Programmierungen gestört werden.

Abbildung 11.37 Option zum Erstellen eines leeren Presets

Alchemy speichert Presets als *.acp*-Datei. Mit der Funktion SAVE CONSOLIDATED werden auch Samples am Ort der Speicherung mitgespeichert (exklusive Factory-Samples, eventuell mit zusätzlichen *.aaz*-Dateien z. B. nach dem Import eines Bildes). Logic bietet sicherheitshalber auch an, die *Alchemy*-Samples im Projektordner mitzuspeichern. Eine Funktion zum monolithischen Speichern aller Dateien in einer Paketdatei fehlt bisher.

Qualität der Soundausgabe

Ganz rechts können Sie im QUALITY-Drop-down-Menü die Qualität der Soundausgabe wählen, um eventuell CPU-Ressourcen zu sparen. Ganz oben rechts ist ein Master-Volume-Regler.

11.11.5 Browser/Library, Tags und Sterne

Unterhalb der oberen Leiste sehen Sie in der Ansicht BROWSE bzw. beim ersten Öffnen von *Alchemy* den Browser (Abbildung 11.38). Sterne können Sie nach Klick auf den Sound vergeben. Zum Vergeben von Sternen »swipen« Sie kurz über diese. Ein Klick auf den Eintrag RATING sortiert die Darstellung Ihrer Presets übrigens nach der Zahl der Sterne. Seit Version 10.2.1 sind die vorkonfigurierten drei Sterne pro Sound grau, nur selbst vergebene Sterne leuchten golden.

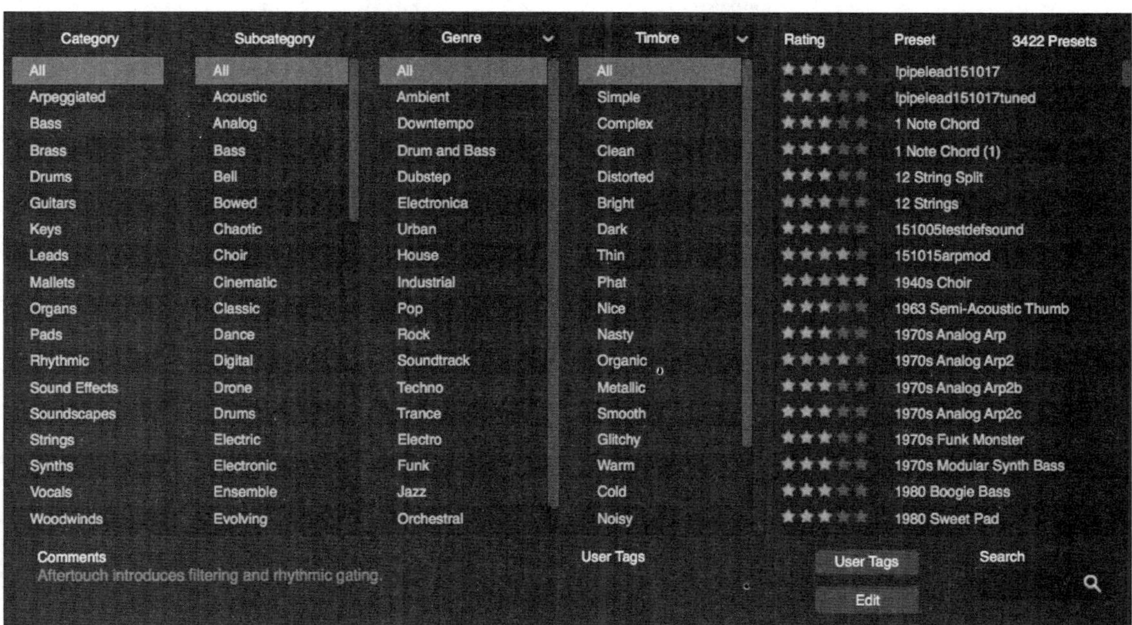

Abbildung 11.38 »Alchemys« Browser nach dem Öffnen in der Browseransicht

Der Browser besteht aus vier Spalten. Tags können ausgewählt werden, um die rechts erscheinende Liste auf Sounds, die mit den selektierten Tags versehen sind, zu beschränken. Nutzen Sie außerdem das SEARCH-Feld, um nach Presetnamen oder Begriffen zu suchen. Die Ergebnisliste rechts zeigt anschließend nur Sounds passend zu Ihrer Suche oder/und den markierten Tags an. Auch Sounds, deren im COMMENTS-Feld eingegebene Begriffe mit Ihrem Suchbegriff übereinstimmen, tauchen in der Liste auf. Die zwei rechten Tags-Spalten können Sie in Drop-down-Menüs frei konfigurieren, so dass Sie nach weiteren Kriterien suchen können (z. B. Sound-Designer- oder User-Tags). Tags eines Sounds können Sie via EDIT-Button (unter dem USER-TAGS-Button) ändern. Wählen Sie die gewünschten Tags aus, und schließen Sie den Dialog durch Klick auf CLOSE.

Sie können auch COMMENTS bearbeiten. Das ist nützlich, da Sie die detaillierten Beschreibungen später durchsuchen können. Viele Sounds sind bereits mit Kommentaren versehen, diese sind jedoch meist englisch: »Aftertouch introduces rhythmic filtering and gating«.

Tags löschen

Im SEARCH-Feld können Sie auch Sounds mit einem bestimmten Tag aus der Ergebnisliste ausfiltern, indem Sie die [-]-Taste in der Suche verwenden.

Es gibt auch User-Tags. Zusätzlich zu den vorkonfigurierten Tags können Sie sie mit einem Rechtklick auf USER TAGS erstellen oder im erscheinenden Kontextmenü wieder (aus Soundtags) löschen. Zugehörige Ordner im Finder mit *Alchemy*-Presets lassen sich wie die Logic-

Patch-Library manuell umsortieren. Die Darstellung der Library lässt sich über das FILE-Menü aktualisieren. Änderungen werden nach dem »Refresh« sichtbar.

11.11.6 Simple-Mode; Performance Controls

Der SIMPLE-Mode ist eine vereinfachte Darstellung von *Alchemy*. Sie entspricht dem Performance-Bereich, der im ADVANCED-Mode ganz unten zu sehen ist. Dort stehen acht Transform-Pads, acht Drehregler, zwei X/Y-Pads und vier ADSR-Regler zur Verfügung (siehe Abschnitt 11.11.22).

Abbildung 11.39 »Simple«-Mode-Ansicht

Auch im Smart-Controls-Bereich von *Alchemy* sind ein Transform-Pad und andere Regler des Performance-Bereichs einblendbar.

11.11.7 Advanced-Mode: Klangerzeugung, Filter und globale Ansicht

Durch Umschaltung auf den ADVANCED-Mode erhalten Sie detaillierten Zugriff auf die *Alchemy*-Soundprogrammierung (es gibt allerdings noch weitere Editoransichten). Links sehen Sie die Reiter GLOBAL, A, B, C, D und MORPH.

Soundsources im Detail

Die Soundsources A, B, C und D lassen sich auch individuell editieren, indem Sie links oben statt auf GLOBAL auf einen der Tabs für die Bereiche A–D klicken, woraufhin die Klangerzeugungsbereiche einer Soundsource sichtbar werden (Abbildung 11.40). Ganz unten können Sie auch eine Morphing-Funktion aktivieren (siehe Abschnitt 11.11.17 über Morphing).

Für die Soundsources A, B, C und D stehen Parameter wie Lautstärke, Tuning sowie drei eigene Filter zur Verfügung, aber auch Keyscaling-, WAIT- und Loop-Optionen. So können Sie einfach das Lautstärkeverhältnis von verschiedenen Parts der Klangerzeugung (z. B. wenn Sie einen Analogsynth mit einem Sampler mischen) justieren.

In jeder Soundsource gelangen Sie mit dem EDIT-Button rechts neben dem Stereo/Mono-Wahlschalter in einen Edit-Bereich (z. B. für geladene Samples oder manuelle Einzeichnungen, siehe Abschnitt 11.11.16).

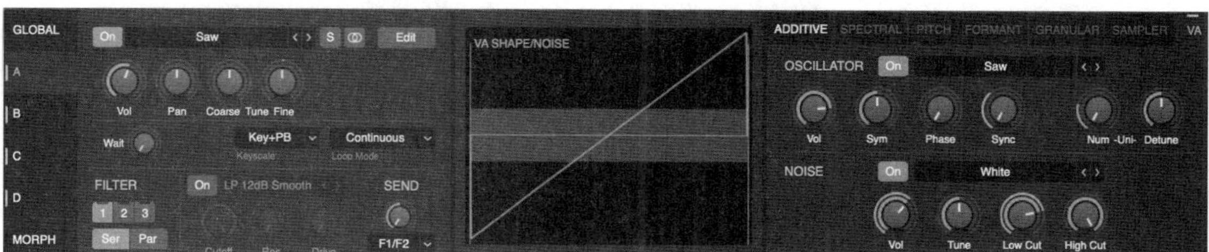

Abbildung 11.40 Erweiterte Darstellung der Soundsource A. Rechts der aktivierte Tab »VA« (Virtual Analog)

Beim Parameter KEYSCALE geht es darum, ob sich die Tonhöhe bei gespielten Noten oder Pitch-Bending verändert oder gleich bleibt (was bei Drumsounds sinnvoll sein kann). In jeder Soundsource gibt es auch einen SOLO-Button und einen SEND-FX-Routing-Regler. `alt` + Klick auf einen der Reiter A–D links versetzt eine Source ebenfalls in den Solo-Modus. In der Soundsource kann auch ein Loop-Modus (wie z. B. CONTINUOUS, FORWARD/BACKWARD, START/END, START/LENGTH) aufgerufen werden, der sich auch im EDIT-Mode erreichen lässt. Wenn START/END oder START/LENGTH ausgewählt ist, erscheinen entsprechende Regler in der Soundsource, die moduliert werden können (im GRANULAR-Modus z. B. anstelle von START und POSITION).

Ferner hat jede Soundsource ein eigenes Menü zum Laden von Samples und Wellenformen mit Copy/Paste-Befehlen, das ich detailliert in Abschnitt 11.11.8 besprechen werde. Hier zunächst ein Überblick darüber, wo Sie die Klangerzeugungsbereiche finden:

Klangerzeugungen in der Soundsource

Für die Klangerzeugung stehen in jeder Soundsource die Modi ADDITIVE, SPECTRAL, PITCH, FORMANT, GRANULAR, SAMPLER und VA (*Virtual Analog*) zur Verfügung, die Sie jeweils über einen ON-Button aktivieren/deaktivieren, auch ohne dass Sie zuvor Audiomaterial importiert haben (Ausnahme: SAMPLER und GRANULAR, deren Tabs erscheinen dann ohne vorherigen Audioimport stets ausgegraut, siehe ABBILDUNG 11.32. Haben Sie Audiomaterial mit einem bestimmten Analysis-Mode importiert, sind die anderen Klangerzeugungsmodi genauso ausgegraut.)

Abbildung 11.41 Klangerzeugungsmodi (hier ist »VA« aktiviert)

Rechts oben sehen Sie im Bild übrigens den ohne jeden Import voreingestellt aktivierten Virtual-Analog-Tab (VA), dort ist eine SAW-Wellenform geladen, die Klangerzeugung ist ON.

Mehrere Klangerzeugungen nutzen?

Ist (wie im Bild) noch nichts importiert worden, stehen zunächst additive und virtuell-analoge Synthese (VA) gleichzeitig zur Verfügung. Durch Klick auf den Edit-Button in der Soundsource können Sie im Editor (Bereich: Additive oder Spectral, siehe Abschnitt 11.11.16) auch selbst etwas zeichnen und damit den Bereich aktivieren, jedoch wie gesagt nicht, wenn Sie schon Audio in einem anderen Analysemodus importiert haben! Es können zwar grundsätzlich mehrere Modi gleichzeitig aktiv sein, hierbei gelten aber Regeln, die nicht sofort erkennbar sind. So entscheidet z. B. bei den Bereichen Granular und Sampler in meiner aktuellen Logic-Version, welcher Reiter angewählt ist, was ich höre – selbst wenn beide auf On stehen.

Filterbereich in der Soundsource

Jede Soundsource hat intern drei eigene Filter, die von den globalen Filtern zu unterscheiden sind. Es lassen sich sehr viele verschiedene Filtertypen aussuchen, das gilt für alle drei Filter – und auch die globalen Filter. Die Namen der Filter wurden zwischendurch geändert. Auch kreative Filter sind dabei, wie z. B. der Downsample-Filter (siehe Projekt *11AlchFiltdownsample*). Die drei Filter können seriell oder parallel geschaltet werden.

Routing in der Soundsource

Neben den drei Filtern können Sie mit Hilfe eines Drehreglers und eines darunterliegenden Routing-Flip-Menüs definieren, wohin der Sound der Soundsource gesendet wird (z. B. F1/F2, F1/FX A). Mit Hilfe des Drehreglers regeln Sie, wie viel Signal an welches der beiden Ziele geht.

Globale Ansicht mit Filtern

Ist der Reiter Global angewählt (Voreinstellung, Abbildung 11.42), werden vier verschiedene Oszillatorbereiche bzw. die Soundsources A, B, C und D angezeigt (inklusive Pegelausschlag), und Sie haben Zugriff auf Parameter wie Tune, Volume on/off, die globalen Filter und den globalen Master-Bereich.

Abbildung 11.42 Reiter »Global«

Es stehen zwei globale Filter zur Verfügung. Sie können parallel oder seriell geroutet sein, wobei diesmal ein Regler zum Überblenden zwischen den beiden Modi existiert. Am Ende jedes Filtermoduls ist ein Routing-Bereich, mit dem Sie den Sound in den FX-Bereich (an Main, A, B, C oder D) senden.

Globales Filter-Routing

Nicht direkt ersichtlich ist, dass der Sound direkt in den MASTER-Bereich geroutet wird, wenn der Regler ganz links steht; ansonsten wird prozentual skaliert. Sie können die gleichen Filtertypen auswählen wie bei den Soundsource-Filtern.

Master-Bereich

Im globalen MASTER-Bereich gibt es viele verschiedene VOICE-/POLYPHONIE-/GLIDE-/RETRIGGER- und PORTAMENTO-Einstellungen. Dass diese Einstellungen für die einzelnen Soundsources unterschiedlich ausfallen können, ist eine weitere Besonderheit von *Alchemy*. Auch die Stärke eines eventuell benutzten Pitch-Bending-Effekts stellen Sie hier ein.

11.11.8 Soundsource-Menü

Durch einen Klick auf die Beschriftung einer Soundsource erscheint ein Menü zum Laden von Wellenformen oder zum Importieren von Audio. Unter dem Eintrag LOAD VA ist eine große Auswahl virtuell-analoger Wellenformen für den Virtual-analog-Bereich vorhanden (Abbildung 11.43).

Abbildung 11.43 Import von Audio – oder Laden einer virtuell-analogen Wellenform

Zudem können Sie hier den Inhalt einzelner Sources kopieren und einsetzen, speichern (als Datei mit der Endung *.src*, eventuell mit zusätzlichem Audiomaterial) und laden, löschen und via RANDOMIZE SOURCE zufällig einstellen. Die Zufallsfunktion hat mich hier jedoch weniger überzeugt.

11.11.9 Laden von Audiodaten und .exs-Instrumenten; Übersicht über Synthese- und Resyntheseformen

Wenn Sie im Menü den Eintrag IMPORT AUDIO wählen, erscheint ein Dialog. Über diesen können Sie sowohl Samples als auch Sampler- bzw. *.exs*-Instrumente importieren. Das ist etwas ungewohnt, denn man kennt es eher so, dass die Importdialoge für Audiomaterial und/oder Patches eigene Dialoge sind, es ist aber eine sehr interessante Zusatzoption. Sie können auch im Editorbereich für die Soundsource das gleiche Menü aufrufen oder Samples auf Soundsources per Drag & Drop ziehen, dann gibt es zusätzliche Optionen zum Hinzufügen neuer Zonen und Gruppen (siehe Abschnitt 11.11.16).

Alternativ können Sie ein einzelnes Sample auf einen leeren Spur-Header-Bereich im Hauptfenster ziehen (siehe Abbildung 11.19).

Abbildung 11.44 Audioimport

Ist unten PREVIEW aktiv, können Sie auf Files klicken und diese vorhören. Links navigieren Sie durch Festplatten und die Library, und durch Klick auf das Sternchen neben der Pfadzeile ganz oben erstellen Sie Favoriten, die anschließend links unten unter FAVORITES gelistet werden.

Analyse beim Import von Audiodateien und .exs-Instrumenten

Für den Sample-Import bzw. die *Resynthetisierung* eines Samples gibt es die Algorithmen ADDITIVE, SPECTRAL, ADD+SPEC, GRANULAR sowie SAMPLER. Zusätzlich gibt es Bereiche für Pitch- und Formantkorrektur. Sie müssen leider etwas versteckt links unten im Dialogfenster auswählen, wie der Import (z. B. ADDITIVE, GRANULAR ...) ausgeführt wird (Abbildung 11.45).

Es geht darum, wie Audio geladen oder resynthetisiert wird und ob es anschließend im Sampler oder anderen Synthesebereichen bzw. bestimmten Ansichten des Editors editiert werden kann (siehe Abschnitt 11.11.16). Bei spektraler oder additiver Resynthese wird das sich ändernde Frequenzspektrum eines Signals analysiert und eine Reproduktion versucht, in die Sie auf verschiedene Weise mit grafischen Mitteln eingreifen und Frequenzen zeichnen oder löschen können. Wenn Sie ein *.exs*-Instrument laden, können Sie die entsprechende Einstellung unten links für die Analyse dementsprechend für alle Zonen des *.exs*-Instruments vornehmen.

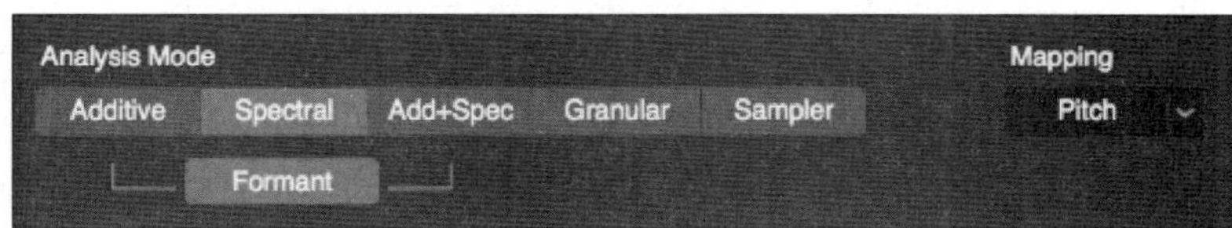

Abbildung 11.45 Einstellungen für die Analyse

Ist ein Sample z. B. nicht in einem passenden Modus importiert worden, ist der entsprechende Modus später für die Soundsource zunächst nicht adressierbar, wobei es logische Ausnahmen gibt. So kann ein im SAMPLER-Mode importierter Sound danach auch im GRANULAR-Mode genutzt werden. Additive, virtuell-analoge und spektrale Synthese können z. B. auch gemeinsam genutzt werden, nicht jedoch Sampling *und* Granularsynthese gleichzeitig.

Sie können durch Einstellungen im ADDITIVE-, SPECTRAL- und VA-Bereich einer Soundsource später aber auch (zusätzlich oder allein) Klänge ohne Audioimport im Stile eines Synths erzeugen, z. B. wenn im Editor (siehe Abschnitt 11.11.16) Teiltöne oder Bilder »angelegt« wurden. *Alchemy* ist ja ein Synth-Sampler-Hybrid.

Die Ergebnisse einer spektralen additiven Resynthese fallen je nach importiertem Material unterschiedlich überzeugend aus, für meinen Geschmack oft ziemlich künstlich. Sie ergänzen sich mitunter gut mit den Ergebnissen der additiven Synthese, es klingt dann manchmal auch, als ob Sie bei einem Vocoder zusätzliche Brillanz oder s-Laute hinzumischen. Die Modi GRANULAR und SAMPLER sind oft eher geeignet, wenn es natürlich(er) klingen soll.

Welche Resynthese wie klingt, hängt immer vom importierten Material ab und müssen Sie im Einzelfall ausprobieren. In den nachfolgenden Abschnitten ab Abschnitt 11.11.10 beschreibe ich die Syntheseformen genauer.

Mapping, Probleme beim .exs-Import

Eine Voreinstellung für Mapping beim Import mehrerer Samples kann auf PITCH oder DRUM stehen, so dass mehrere Samples entweder als spielbares Instrument oder im Stile eines Drumkits (eine Zone pro Taste) geladen werden. Wenn Sie *.exs*-Instrumente importieren, erscheint zudem unten im Importdialog ein Eintrag MAX SIZE mit optionalem Flip-Menü, in dem Sie bestimmen können, wie viele Layer eines *.exs*-Instruments geladen werden sollen (Abbildung 11.46).

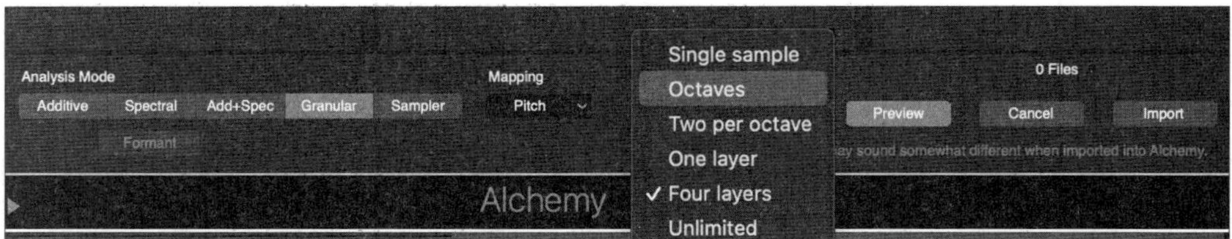

Abbildung 11.46 Flip-Menü

Im Test konnte *Alchemy* aber auch bei der Einstellung UNLIMITED nicht immer alle Informationen eines komplexen Instruments auslesen, manchmal dauerte es auch ziemlich lange – je nach gewählter Analyseoption. Insbesondere bei einfachen, selbst erstellten Instrumenten gab es dagegen oft gar keine Probleme. Im Sampler-ANALYSIS-Mode geht es natürlich am schnellsten. Der Härtetest: Beim *Full Brass+*-Sampler-Instrument wurde im Test nur eine Gruppe/Artikulation importiert.

11.11.10 Additiver Modus

Die additive Synthese beruht auf dem Fourier-Theorem, wonach sich jeder Ton aus einzelnen Sinustönen zusammensetzen lässt. In *Alchemy* stehen hierfür bis zu 600 Sinustöne zur Verfügung, die editiert werden können. Die Grundidee einer solchen Synthese ist auch in alten Zugriegel-Orgeln zu finden (wie z. B. Logics *Vintage B3 Organ*). In der Soundsource stehen entsprechende Einstellungen zur Verfügung, die wir uns hier zunächst anschauen und die Sie im Editor verfeinern können. Mit NUM PARTIALS stellen Sie ein, wie viele Partialtöne verwendet werden (Abbildung 11.47). Sie können die additive Synthese in *Alchemy* als Klangerzeugung, aber auch zur Resynthese nach Import von Audiomaterial nutzen.

Sie können auch einstellen, ob mit Sinustönen oder anderen Wellenformen synthetisiert oder resynthetisiert wird (via Umschaltung zwischen SINE und COMPLEX). Bei der Einstellung COMPLEX erscheinen das bekannte Menü zur Wellenformauswahl und ein SYM-Regler, mit dem Sie die Symmetrie der Wellenformen verändern können. Der PVAR-Regler sorgt bei Einstellung 0 % für keine Variation, bei 100 % folgen Teiltöne den in der Originalaudiodatei erkannten Tonhöhenschwankungen. So klingt es bei 0 % nach Roboter oder Vocoder.

Abbildung 11.47 Additiver Klangerzeugungsbereich in der Soundsource

Der Bereich darunter, der Additivelementbereich, dient dazu, bestimmte Elemente der Synthese etwas zu verändern. Dieser Bereich steht in Form von drei FX-Slots mit Parametern zur Verfügung, und Sie können in jedem Slot verschiedene Modi auswählen (Abbildung 11.47). Im HARMONIC-Mode von Slot 1 können Sie z. B. bestimmte Gruppen von Sinustönen (FUNDAMENTAL, OCTAVES, ODD/EVEN oder FIFTHS) betonen oder abschwächen. PULSE/SAW skaliert Teiltonpegel, um höhere Teiltöne weicher als tiefe Teiltöne zu machen, und ist voreingestellt geladen, wenn kein Sample im additiven Modus importiert wurde. In jedem Slot gibt es verschiedene Modi, und in verschiedenen Updates sind neue Optionen hinzugekommen.

Informationen über Edits der einzelnen Teiltöne der additiven Resynthese lesen Sie in Abschnitt 11.11.16 über den Editor. Mit Hilfe der SPEED-/POSITION-Regler links im Klangerzeugungsbereich können Sie die Startposition und Wiedergabegeschwindigkeit ändern, aber nur wenn Sie etwas additiv resynthetisiert haben.

11.11.11 Spektrale Synthese/Resynthese

Bei der spektralen Resynthese wird das sich ändernde Frequenzspektrum eines Signals als Bild aufgezeichnet. Sie können die entstandene Zeichnung mit grafischen Werkzeugen im Editor editieren (siehe Abschnitt 11.11.16 über *Alchemys* Editor). Sie können eine Zeichnung aber auch ohne Audioimport erstellen oder Bilder importieren (vergleiche Projekt *11Alch-SpectralMan*). Das Handbuch spricht von »Spektral-Bins«, die mit Sound gefüllt werden (alternativ Sinustöne oder Rauschen). Die Ergebnisse der spektralen Resynthese klingen z. B. bei Drumloops meist besser als die der additiven Synthese, doch lassen sich beide Modi auch kombinieren. Unten sind wiederum Effektbereiche mit Spezialeffekten zu sehen. Auch hier sind nach Updates weitere Effekte hinzugekommen.

Abbildung 11.48 »Spectral«-Tab in der Soundsources

Im Projekt *11AlchSpectOrg* finden Sie ein Orgelsample, das im SPECTRAL-Mode gespielt werden kann. Darunter ist ein Effekt aktiv. Die Einstellung SPECTRAL + FORMANT ist die Standardvoreinstellung beim Import. Die zusätzliche Analyse der Formanten verbessert die Qualität der klangformenden Optionen im FORMANT-Klangerzeugungsbereich der Soundsource. Mit Hilfe der SPEED-/POSITION-Regler links im Klangerzeugungsbereich können Sie die Startposition und Wiedergabegeschwindigkeit des Materials ändern.

11.11.12 Formant-Modus

Mit *Formanten* sind im generellen Sprachgebrauch *Partialtöne* gemeint, die besonders prägend für einen Sound sind. Wählen Sie in *Alchemy* beim Audioimport das Feld FORMANT mit aus, so stehen im FORMANT-Bereich auch Regler einer ANALYZED-Sektion zur Verfügung. Zusätzlich sehen Sie Regler eines SYNTHESIZED-Bereichs. Nun können Sie die Formanten manipulieren (siehe Projekt *11AlchSpectOrgForm*).

Die Formanten können Sie im SYNTHESIZED-Mode auch ändern, wenn Sie kein Audio importiert haben. Auf diese Weise können Sie jeden Sound ein wenig heller oder dunkler klingen lassen. Rechts stehen vier spezielle Filter zur Verfügung, zwischen deren Sound Sie mit Hilfe des SELECT-Reglers morphen (Abbildung 11.49). Für jeden dieser Filter gibt es wiederum ein Flip-Menü mit Filtertyp-Optionen.

Abbildung 11.49 »Formant«-Bereich

11.11.13 Granular- und Sampler-Modus

Diese beiden Modi sind eng miteinander verbunden und setzen, im Gegensatz zu ADDITIVE, SPECTRAL und VA, einen Audioimport voraus. Erfolgt die Analyse beim Import im SAMPLER-Mode, können Sie trotzdem im GRANULAR-Modus (Abbildung 11.50) weiterarbeiten, und umgekehrt. Welche Klangerzeugung (GRANULAR oder SAMPLER) Sie hören, hängt vom angewählten Reiter ab. So habe ich im Projekt *11AlchGran+Sampler* ein Wasserrauschen in *Alchemy* geladen, die Spur dupliziert und in Spur 2 GRANULAR statt SAMPLER ausgewählt. Sie hören in den Spuren nur den ausgewählten Reiter (Spur 1 SAMPLER, Spur 2 GRANULAR).

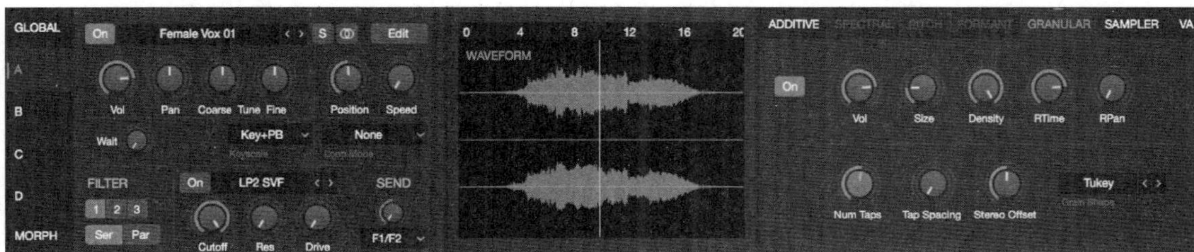

Abbildung 11.50 Rechts im Bild der »Granular«-Tab, in der Mitte die Wellenform, links weitere wichtige Regler

Links in der Soundsource stellen Sie Startposition und Abspielgeschwindigkeit (SPEED) ein. SPEED ist nur im GRANULAR-Modus verfügbar. Auf diese Weise kann Ihr Sound unabhängig von der Tonhöhe immer in der gleichen Länge gespielt werden. Im SAMPLER-Modus werden die Samples dagegen typischerweise schneller abgespielt, je höher die Tonhöhe ist.

Abbildung 11.51 »Position«- und »Speed«-Regler

Im GRANULAR-Modus ist also Echtzeit-Time-Stretching möglich. Das Sample wird in einzelne Grains zerlegt, zwischen denen sanft überblendet wird. Auf diese Weise können Samples unabhängig von der Tonhöhe ihre Länge beibehalten. Das ist relevant, wenn ein Sample mit rhythmischen Veränderungen als Akkord gespielt werden soll, ohne dass die Synchronizität verlorengeht. Andererseits können Sie im GRANULAR-Modus auch den SPEED auf 0 stellen und eine geeignete Position im Sample mit POSITION auswählen (Abbildung 11.51). Sie können so aus jedem noch so kurzen Sound theoretisch eine atmosphärische Fläche basteln, indem Sie ergänzend eine lange Releasezeit und eine passende weiche ATTACK-Zeit einstellen (siehe Projekt *11AlchGranKalimb*, wo ich aus einem kurzen Kalimba-Sound ein Pad erzeugt habe). Wie weich das klingt, hängt nicht zuletzt vom GRAIN SHAPE-Parameter ab. Abletons *Granulator* oder *Omnisphere* können das auch – mit klanglich teilweise noch ein wenig mehr oder anderen Justageoptionen.

Alchemy ist insofern recht leicht zu bedienen, als der Ausgangspunkt für Edits nach dem Import zunächst die Wiedergabe in Originalgeschwindigkeit unabhängig von der Tonhöhe ist. Hierdurch wird das klangliche Ergebnis nachvollziehbarer, extreme Verfremdungen müssen Sie erst selbst erstellen. So eignet sich *Alchemys* GRANULAR-Modus sogar auch für Drumloops.

Im GRANULAR-Tab können Sie Länge und Zahl der verwendeten Grains einstellen. Außerdem können Sie optional mehrere Grains aus verschiedenen Bereichen des Samples nehmen und im Stereopanorama mit Hilfe der Drehregler NUM TAPS/TAP SPACING/STEREO OFFSET pannen. Ein weiteres Projektbeispiel finden Sie unter *11xAlch1021Gran*. Die meisten wichtigen Parameter der Granularsynthese lassen sich modulieren, die höchste Grain-Dichte macht den Klang mächtiger und weicher. Lange Hüllkurven sind beim Sounddesign von Flächen mit Granularsynthese wichtig. Die Hüllkurven von *Alchemy* können nur scheinbar nicht so lange Werte annehmen: Bei 20 Sekunden ist bei *Alchemys* normalen Hüllkurven Schluss, die MSEGs können dafür aber quasi endlos lang sein. Zudem ist es im Gegensatz zu den genannten Instrumenten möglich, die Granularsynthese auf mehrere Samples, die wie bei einem Multi-Sampling-Instrument gemappt werden, anzuwenden.

11.11.14 Sampler

Der SAMPLER-Modus ist weniger erklärungsbedürftig. Mapping und Looping nehmen Sie im Editor vor. Aktivieren/Deaktivieren Sie den SAMPLER-Modus wiederum mit dem ON-Button. Der im SAMPLER-Modus bereitstehende REVERSE-Button (Abbildung 11.52) fehlt mir leider im GRANULAR-Modus.

Abbildung 11.52 »Sampler«-Modus

11.11.15 Virtual Analog/VA

Im Bereich VA benimmt sich *Alchemy* eher wie ein konventioneller Synth, bietet aber auch hier eine Menge: viele Wellenformen, SYNC und Pulsweitenmodulation.

Dieser Bereich steht immer, auch ohne Audioimport, zur Verfügung. Sie können aus einem großen Wellenform-Menü virtuell-analoge Wellenformen heraussuchen. Für jede Soundsource ist auch ein Noise Generator vorhanden.

Abbildung 11.53 »Virtual Analog«-Bereich

11.11.16 Bereich Edit in Alchemy (Editor)

Ein Klick auf den EDIT-Button (Abbildung 11.54) öffnet einen Editor.

Abbildung 11.54 Rechts im Bild sehen Sie den »Edit«-Button.

Im Editor können Sie zwischen einer MAIN-, einer ADDITIVE- und einer SPECTRAL-Ansicht umschalten. Der EDIT-Mode erlaubt auch ohne Sample-Import das Einzeichnen von additiven Synthesekonfigurationen und -verläufen (Abbildung 11.59) sowie Klangverläufe/Zeichnungen für spektrale Synthese (Abbildung 11.60). Auch Bilder können importiert werden. Dabei gibt es einen MAIN-Bereich (siehe unten) mit Wellenformdarstellung auch für in der ADDITIVE- oder SPECTRAL-Ansicht bearbeitetes Material – z. B. um einen Samplestartpunkt oder Loop einzustellen. Sie sehen ihn in Abbildung 11.55.

Main-Bereich, Keymap-Editor

Die MAIN-Ansicht (Abbildung 11.55) ist ein Mapping-Editor mit Wellenformansicht. In *Alchemy* heißt dieser Bereich auch *Keymap-Editor*. Sie sehen in einem Bereich oberhalb einer Tastatur, welche Samples Sie spielen.

Darin können Sie Zonenbreiten verändern oder auch Velocity-Bereiche grafisch festlegen, detaillierte Edits (z. B. Basistonhöhe, Velocity-Bereiche) hierzu sind auch links unten im Bereich ZONE möglich.

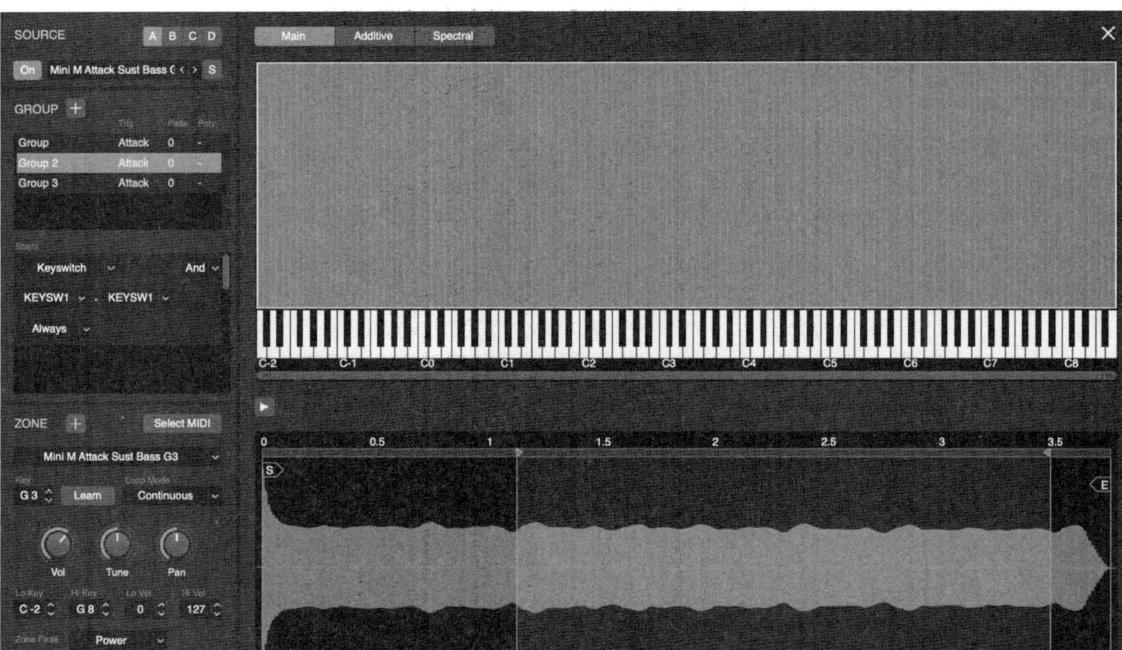

Abbildung 11.55 »Main«-Ansicht im Editor

Mit einem Rechtsklick auf eine Zone rufen Sie ein Kontextmenü auf, um z. B. mehrere Samples zu einer Gruppe zusammenzufassen, Gruppenzuweisungen vorzunehmen oder Samples auszutauschen.

Abbildung 11.56 Die selektierten Zonen überlappen sich von A2 bis C3 mit der Zone links daneben. Außerdem spielt die untere Zone nur bei niedrigen und die obere bei größeren Velocities.

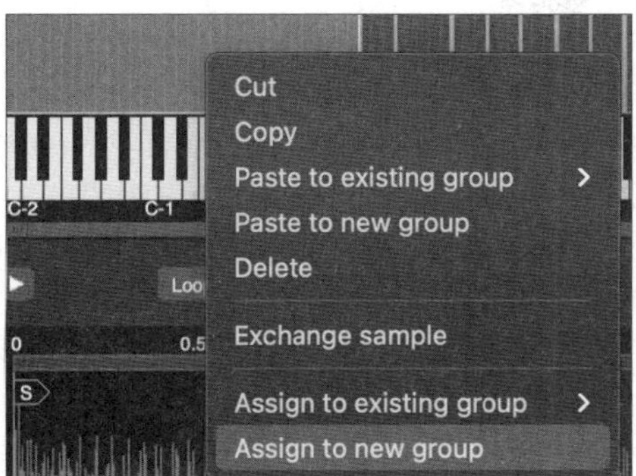

Abbildung 11.57 Kontextmenü im Keymap-Editor

Im Bereich links oben können Sie Gruppen editieren. Für Gruppen können Sie etwa einstellen, dass sie nur unter bestimmten Bedingungen hörbar sind, um verschiedene Artikulationen eines Instruments aufzurufen.

Wellenformanzeige/Start-, End- und Loop-Punkte, Zonen

Unten ist eine Wellenformanzeige zu sehen. Diese erscheint wie gesagt auch für synthetisiertes Material. Hier können Sie den Start- und Endpunkt für ein Sample oder einen Loop verändern. Für einen Loop-Bereich erscheinen Markierungen. Das LOOP MODE-Menü enthält seit Logic 10.4 zusätzliche Optionen. Für im SAMPLER-Mode importierte Samples erscheint auch ein LOOP XFADE-Button oberhalb des Wellenformdisplays.

Im ZONE-Bereich links unten lassen sich auch neue Zonen erstellen und neue Samples importieren. Neben den üblichen Einstellungen wie den Root Key können Sie dort den Looping-Modus einstellen. Dabei stehen verschiedene Optionen wie FORWARD/BACKWARD zur Verfügung. Sie können ganz unten auch Crossfades für eine selektierte Zone einstellen. Gegenüber *Alchemy 1.5* fehlt ein Slicing-Mode. Sampler-Instrumente lassen sich in *Alchemy* importieren, während das umgekehrt nicht geht.

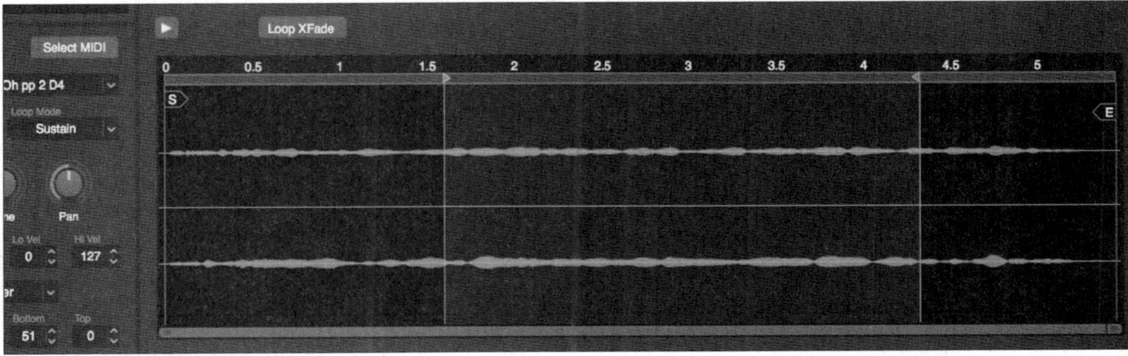

Abbildung 11.58 Gelooptes Sample

Soundsource-Menü im Editor

Ist der EDIT-Bereich einmal geöffnet, können Sie von hier aus auch über die Source-A-, B-, C- und D-Buttons oben links auf die anderen Soundsources zugreifen, darunter Soundsources solo stellen oder z. B. Einstellungen duplizieren, von anderen Soundsources übernehmen oder randomisieren (das Menü entspricht dem aus der Soundsource, siehe Abbildung 11.43). Sie können Edits via SAVE SOURCE speichern oder wieder laden.

Gruppenoptionen

Im Editor können Sie eine Gruppe von Samples leicht als zusätzliche Gruppe laden, um komplexe Instrumente zu erzeugen. Klicken Sie hierzu auf die +-Taste neben dem Eintrag GROUP, und wählen Sie den Eintrag IMPORT. Gruppen können durch verschiedene Optionen ausgelöst werden. Auch Fade- und Polyphonie-Einstellungen stehen zur Verfügung. Im Editor unter der Gruppenliste sind Triggeroptionen wie ROUND ROBIN unter GROUP • STARTS verfügbar. Wählen Sie KEYSWITCH (und eine Range, z. B. Keyswitch 1 bis 5) aus, erscheint ein neuer Regler, der Modulationsziel sein kann, in der Soundsource. Doch es gibt auch »richtige« Keyswitches als Option.

Unter dem Eintrag CONTROL dienen Controls aus dem Performance-Bereich, X/Y-Pads oder richtige MIDI-Controller dazu, Samplegruppen auszulösen. Dabei können Sie eine prozentuale Range einstellen. Sie können auch Transform-Pad-Stellungen als Trigger nutzen. Wenn Ihnen das grundsätzliche Arbeiten mit Samplezonen, Velocity-Layern und Gruppen unbekannt ist, verweise ich auf Abschnitt 11.10.4 über den Sampler, wo ich dies genauer erkläre.

Additive-Bereich im Editor

Im ADDITIVE-Bereich lassen sich auch Sinustöne gezielt ansteuern, die Tönen der Obertonreihe entsprechen. Andererseits lässt sich auch der Soundverlauf manipulieren. Dies geschieht mit einer Folge von *Snapshots*, die Amplitude, Tonhöhe, Panorama und Phase jedes Teiltons zu einem bestimmten Zeitpunkt erfassen. Zwischen Snapshots wird weich überblendet, das Handbuch nennt das »homogen aktualisieren«.

In der oberen Grafik, der Teiltonbalkendarstellung, können dabei Lautstärken, Tuning und Pan von Teiltönen justiert werden. Was angezeigt wird, lässt sich umschalten. Die Taste OVERALL regelt, ob Veränderungen in der Teiltonbalkendarstellung sich auf alle Punkte der Teiltonhüllkurve oder nur auf einzelne beziehen. So kann jeder Teilton eine eigene Hüllkurve aufweisen. So ist z. B. auch die Resynthese von Drumloops möglich.

Sie können alle, einzelne oder nur bestimmte Teiltöne editieren. In einem Drop-down-Menü können Sie auswählen, welche Teiltöne editiert werden. Im unteren Teil von Abbildung 11.59 (Teiltonhüllkurve) sehen Sie eine Reihe von Punkten, die die zeitliche Position von Hüllkurven-Snapshots angeben.

Es stehen verschiedene Werkzeuge zum Bearbeiten dieser Hüllkurve zur Verfügung. Punkte können ausgedünnt oder auch verschoben werden, Loops und Warp-Marker können gesetzt werden.

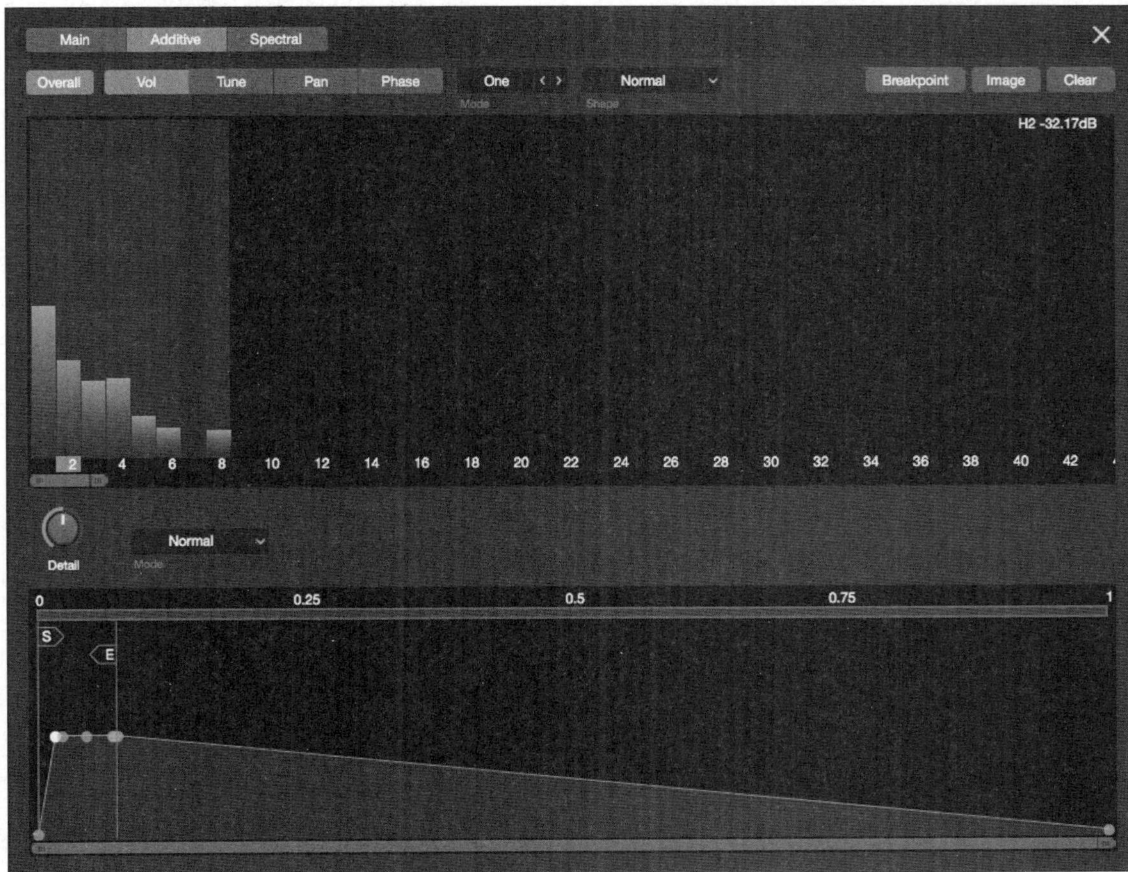

Abbildung 11.59 Editor für additive Synthese

Spectral-Bereich im Editor

Im SPECTRAL-Bereich der EDIT-Page können Sie, ähnlich wie ehemals in Soundtrack Pro, in einer Spectralanalysegrafik (Spectogramm) zeichnen, um bestimmte Frequenzbereiche zu betonen oder zu entfernen. Das Ergebnis einer spektralen Resynthese klingt oft ähnlich wie Granularsynthese. Die X-Achse entspricht der Zeit, die Y-Achse tiefen/hohen Frequenzen und die Helligkeit der Darstellung der Lautstärke.

Mit verschiedenen Tools wie STIFT oder RADIERGUMMI, deren Größe und Farbe einstellbar sind, können Sie grafisch editieren. Oben sind die hohen, unten die tiefen Töne, die Darstellung kann linear oder exponentiell sein. Für die Werkzeuge lassen sich Größe und Helligkeit einstellen, und Sie können im Zeichen- oder Maskierungsmodus arbeiten. Unter IMAGE importieren Sie ein Bild.

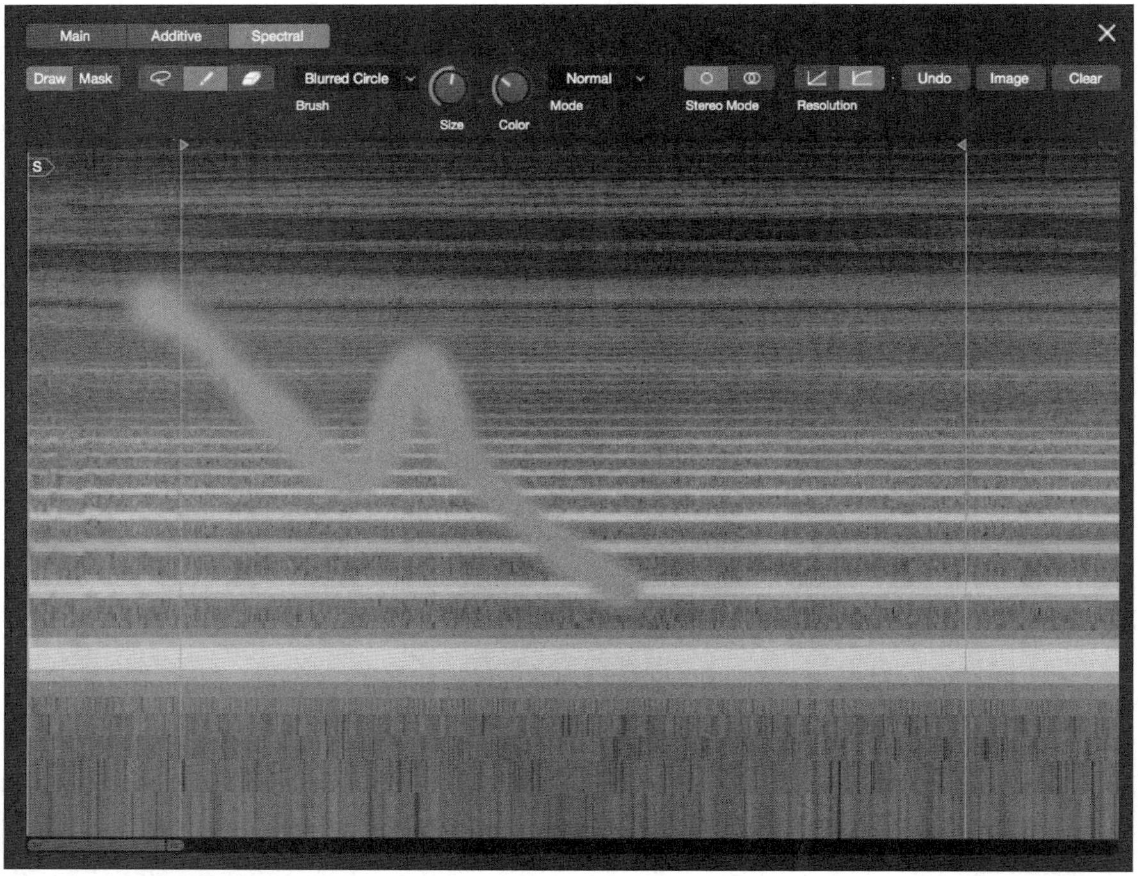

Abbildung 11.60 Editor für spektrale Synthese

11.11.17 Morphing

Im MORPH-Tab wird zwischen Crossfading und Morphing unterschieden. Oben rechts haben Sie vier Optionen (XFADE XY, XFADELIN und MORPH XY, MORPH LIN). Sie können also linear oder mit Hilfe eines X/Y-Pads überblenden (siehe unten).

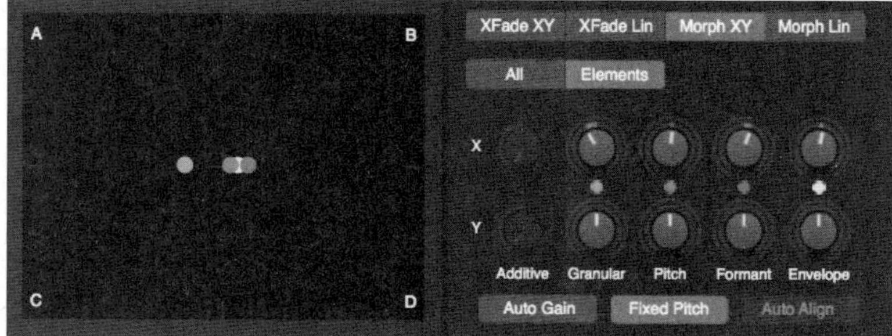

Abbildung 11.61 »Morph XY« für Elements

Crossfading

Beim Crossfading wird zwischen den Soundsources überblendet, ohne sie zu verändern (Modi XFADE XY, XFADE LIN). Es werden alle Soundsources gleichzeitig abgespielt, die X-/Y-Bereiche steuern die Abmischung.

Morphing

Beim Morphing wird zwischen verschiedenen grün angezeigten Parametern der verschiedenen Soundsources gleichzeitig gemorpht (Modi MORPH XY, MORPH LIN). Was genau an einer Position in der Matrix eingestellt ist, hängt von den Einstellungen aller vier Soundsources ab. Ist im MORPH-Tab ein Morph Mode angewählt, haben Parameter, die von Morphs betroffen sind, einen grünen Rand. Ist ein Morph Mode deaktiviert, ist dieser grüne Rand nicht mehr zu sehen. Sound entsteht, indem zwischen Parametern der Soundsources interpoliert wird. Ist der Morph-Punkt in der Mitte des Quadrats, bewirkt die Parameteränderung eines Parameters auch eine Soundveränderung.

»All« vs. »Elements«

Zudem können Sie Morphs alternativ für alle Bereiche einer Soundsource (Einstellung ALL) oder auch für Teilbereiche (Einstellung ELEMENTS) separat anwenden. Im ELEMENTS-Mode kann das Morphing auch nur auf bestimmte Parameter bezogen erfolgen (so dass z. B. ein Voice-Sample den Tonhöhenverlauf eines im additiven Modus analysierten Synth-Samples übernimmt). Das Handbuch spricht auch von »Cross-Synthesis«. Parameter, die nicht vom Morph betroffen sind, werden in der Sourceansicht mit einem Kettensymbol (Locksymbol) angezeigt.

XY vs. Lin

Sowohl für Crossfades als auch für Morphs können Sie zwischen einer X/Y-Pad- (mit zwei Achsen X und Y) und einer linearen Darstellung (die nur eine Achse X hat) wählen, um zwischen den Soundsources A, B, C und D zu crossfaden oder zu morphen. Bewegungen an Punkten können Sie mit der Maus vornehmen und z. B. als Automation aufzeichnen. Sie können Punkte aber auch mit Hilfe der X-/Y-Knöpfe rechts bewegen, die zudem als Modulationsziel ansteuerbar sind.

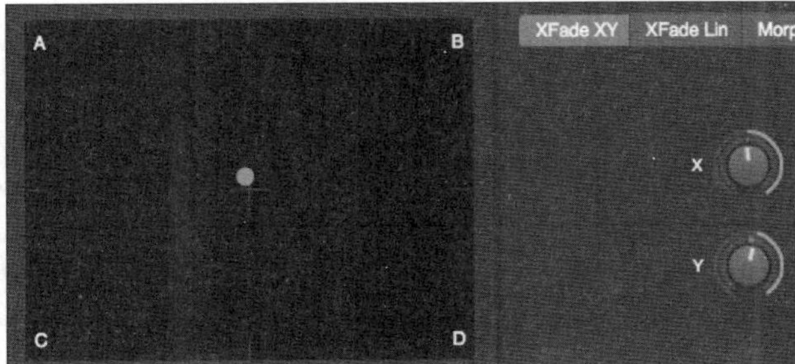

Abbildung 11.62 XY-Crossfade-Pad mit X- und Y-Reglern rechts

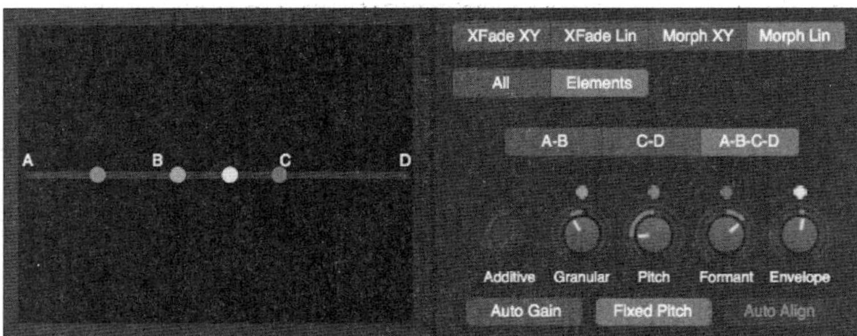

Abbildung 11.63 Lineares Morphing im »Elements«-Mode

11.11.18 Modulationsmatrix, Modulationsquellen und Step Sequencer

Die Modulationsmatrix verknüpft Bestandteile der Klangerzeugung mit Modulationsparametern und mehr. *Alchemy* verfügt über eine komplexe Modulationsmatrix. Diese ganz zu verstehen, ist nicht einfach. Aber auch für den Einstieg können Sie komplexe Presets ja einfach nur nutzen und damit spielen und erst einmal mit einfachen Edits anfangen, für die Sie nur ein paar Basics verstehen müssen.

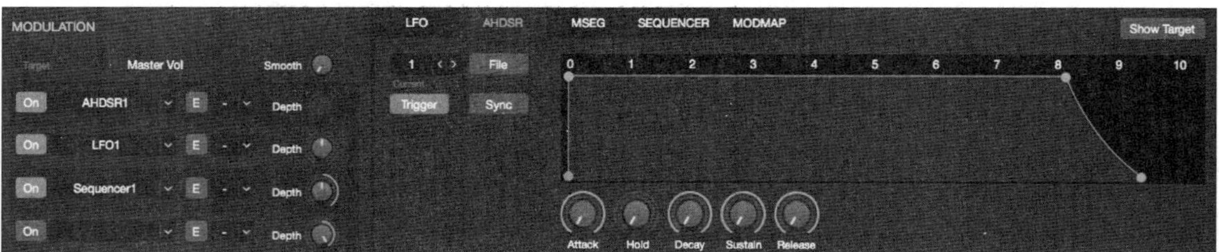

Abbildung 11.64 Modulationsbereich

Grundsätzliche Funktionsweise

Grundsätzlich gilt: Wird ein Knopf selektiert und erscheint er blau, kann er moduliert werden. Dann werden die für diesen Knopf gültigen Einstellungen im Modulationsbereich angezeigt. Die Reglereinstellung selbst wird ebenfalls blau angezeigt, der (gegebenenfalls von mehreren Parametern) modulierte Wertebereich dagegen orange. Der während der Modulation aktive Wert wird durch einen sich bewegenden weißen Punkt am Regler dargestellt.

Bis zu 10 Modulationsquellen können in eigenen Slots für einen Zielparameter definiert werden; sind es mehr als vier, erscheint im Bereich MODULATION rechts ein Slider. Vorkonfiguriert ist z. B. eine AHDSR-Hüllkurve für den globalen Output-/Lautstärkeparameter. Wird ein Parameter moduliert, ist das wie gesagt am orangefarbenen Ring um den Parameter erkennbar. Durch Klick auf die »E« Taste in der Modulationsmatrix lässt sich die relevante Modulationsquelle anzeigen. Ändern Sie dann die Anzeige einer Modulationsquelle (z. B. LFO 2 statt

LFO 1), sehen Sie nicht automatisch auch die Anzeige des Parameters, der das Ziel (z. B. von LFO 2) ist. Im Bereich SHOW TARGET rechts können aber alle Ziele von Modulationsquellen sortiert angezeigt werden (so dass Sie auch sehen, wenn eine Quelle mehrere Ziele ansteuert).

Modulationen entfernen

Aktive Modulationen können Sie stets über das Kontextmenü via CLEAR MODULATION komplett entfernen.

Modulationsquellen: Übersicht

Es gibt zahlreiche Modulationsquellen, die sich in einem Flip-Menü erzeugen lassen: LFOs, MSEG-HÜLLKURVEN, AHDSR-HÜLLKURVEN, SEQUENZER, ENVELOPE FOLLOWER ... Und das ist noch nicht alles. Auch Noteneigenschaften (NOTE PROPERTY) – und hierüber auch die Arpeggiatoren, Elemente des Performance-Bereichs (PERFORM) oder MIDI können Modulationsquellen sein. Die Option ENVELOPE FOLLOWER (in Verbindung mit dem Side-Chain-Eingang, siehe 11.11.19) ist zuletzt neu hinzugekommen. Man kann bis zu 16 LFOs erzeugen. Außerdem lassen sich in einem weiteren Flip-Menü sogenannte Modmaps erzeugen.

Über den FILE-Eintrag lassen sich jeweils Presets (z. B. für LFOs, Hüllkurven und Step Sequencer) aufrufen und speichern.

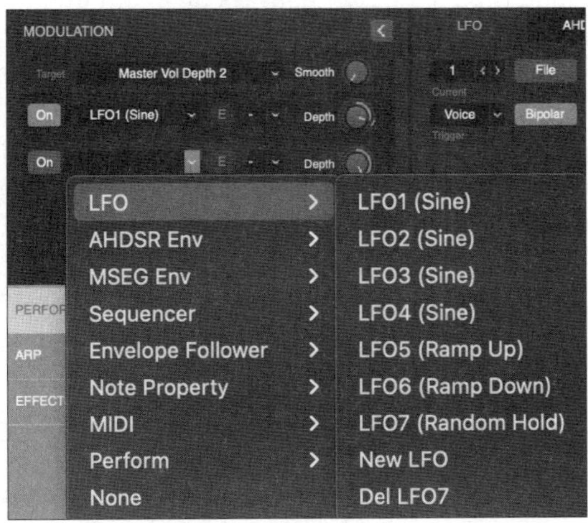

Abbildung 11.65 Auswahl der Modulationsquelle

Verschachtelte Modulationen

Manchmal ist die Anzeige allerdings verwirrend: Auch wenn Sie die Modulationstiefe herunterdrehen, verändert sie sich im Originalparameter nicht immer. Um das zu verstehen, ist Hintergrundwissen nötig: Fast jeder *Alchemy*-Parameter kann in bis zu 10 Modulations-Slots moduliert werden. Es gibt allerdings eine drei Ebenen tiefe Hierarchie: Modulationsintensiäten können selbst wiederum in fünf Slots von Modulationsquellen moduliert werden, die selbst jeweils wiederum von einer weiteren Quelle moduliert werden können. Hierdurch kommen die orangefarbenen Ringe um die Modulation-DEPTH-Regler zustande, und deshalb verschwinden sie auch manchmal nicht, wenn man eine Modulation herunterdreht. Um an die zusätzlichen Modulationsebenen zu gelangen, klicken Sie jeweils mit gehaltener `ctrl`-Taste auf den DEPTH-Regler des Knopfes. Dort stehen die Einträge ADD, COPY, CLEAR, PASTE und SHOW MODULATION zur Verfügung (Abbildung 11.66). Wählen Sie den Eintrag SHOW MODULATION, (früher: EDIT MODULATION), wird die nächsttiefere Modulationsebene angezeigt.

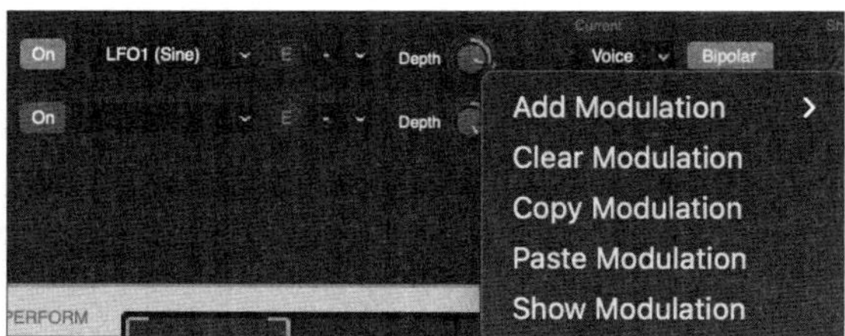

Abbildung 11.66 So gelangen Sie in die nächsttiefere Modulationsebene.

Eine Zahl hinter der Bezeichnung der Modulation bezieht sich dabei auf die drei Ebenen und die Modulationsslots, von denen es wie angedeutet in Ebene 1 zehn, in Ebene 2 fünf und in Ebene 3 einen gibt.

Es könnte dort also auch stehen: FILTER 1 CUTOFF DEPTH 10.5, wenn auf der dritten Ebene die Depth des fünften Slots von Ebene 2 moduliert wird, die wiederum die Depth aus Slot 10 moduliert (wo ein Parameter den Filter-Cutoff moduliert). Ich kann auch nichts dafür. Klicken Sie in dem Fall auf den Filter-Cutoff-Regler, um wieder die oberste Modulationsebene angezeigt zu bekommen.

Modmaps sind eine weitere Modulationsquelle und stehen nicht wie die anderen Modulationsquellen als Quelle in der Matrix zur Verfügung, sondern können Modulationen im Slot skalieren/quantisieren. Hierfür steht im Slot ein Flip-Menü zur Verfügung, durch Klick auf den E-(Edit-)Button zeigen Sie die relevante Modmap direkt an. Mehr zu Modmaps finden Sie im weiteren Verlauf des Abschnitts.

LFOs

Für die LFOs stehen über 100 Wellenformen zur Verfügung, die bipolar oder unipolar wirken können (was Sie im LFO-Bereich an-/ausschalten; Abbildung 11.67). Was mir ein wenig fehlt, ist ein »echtes« Sample & Hold. Stattdessen gibt es ähnlich aussehende Kurven, die keinen zufälligen Wert generieren und halten, sondern nur eine sich aus einem solchen Verhalten ergebende Kurve, die (stets gleich) wiederholt wird.

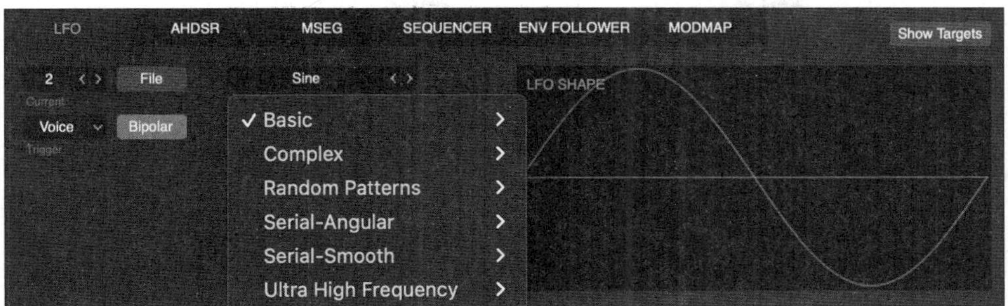

Abbildung 11.67 LFOs in »Alchemy«

MSEG (Multiple-Stage Envelope Generator)

In MSEG-Hüllkurven können Punkte (*Breakpoints*) frei eingezeichnet oder (nach Rechtsklick) gelöscht werden (Abbildung 11.68).

11

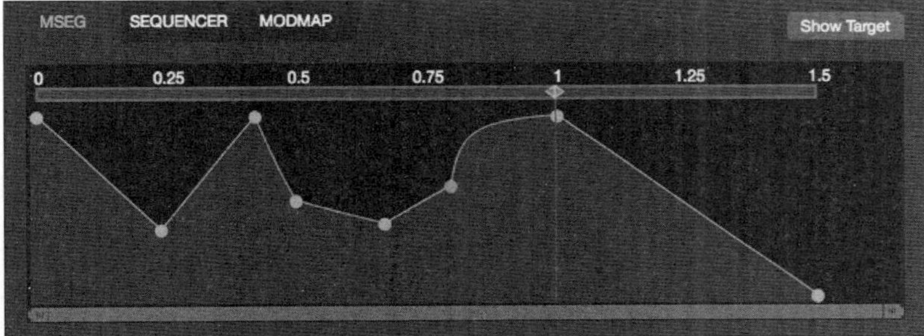

Abbildung 11.68 MSEG-Hüllkurve in »Alchemy«

Kurvenverläufe zwischen Breakpoints entstehen durch Anfassen der Linie, ähnlich wie bei Tempokurven in Logic. Sie können auch treppenförmige Verläufe programmieren. Ein Sync-Button ändert die Darstellung der X-Achse in Beats. Während dies eine Art »Sync X« ist, ist die Snap-Y-Funktion eine Art vertikales Raster, das sinnvoll ist, wenn die MSEG-Hüllkurve die Tonhöhe modulieren soll (so dass die »Höhe« des Step-Sequencer-Werts in glatten Halbtönen einrastet).

Lange MSEG-Hüllkurven

Ziehen Sie einen Punkt nach rechts, erweitert sich die Länge der Hüllkurve. Eine Besonderheit der MSEGs ist auch ihre optionale Länge, die weit über die 20 Sekunden einer ADSR-Hüllkurve hinausgehen kann! Das ist ziemlich wichtig, denn auf diese Weise können Sie dann doch auch in *Alchemy* atmosphärische Ambientsounds erschaffen, die sich minutenlang im Verlauf stets ein wenig verändern (im Browser auch mit »Evolving« getaggt zu finden), obwohl die ADSR-Hüllkurven nur 20 Sekunden lang sind. Ein Praxisbeispiel finden Sie im Projekt *11Alchlongpad*. In einem Test konnte ich die MSEG-Hüllkurve übrigens auf über 10.000 Sekunden ziehen.

Geloopte MSEG-Hüllkurven

In MSEGs lassen sich auch Loops einstellen, für die verschiedene Modi zur Verfügung stehen, z. B. CONTINUOUS/FWD/BACKWARD. In diesen beiden Modi läuft der Loop auch in der Release-Phase. Im SUSTAIN-Mode wechselt die Hüllkurve beim Release zur Releasephase. Außerdem stehen die Edit-Modi SLIDE und STRETCH zur Verfügung.

Step Sequencer

Besonders interessant ist, dass der Step Sequencer (Abbildung 11.69) Sequenzen von 128 Steps Länge beherrscht und dass 16 verschiedene Step Sequencer zur Verfügung stehen. Für Tuningmodulationen ist die VALUE SNAP-Option interessant, mit der Sie z. B. Töne mit der korrekten Modulationsintensität chromatisch ansteuern.

Im EDIT MODE bestimmen Sie, ob Sie VALUE, LENGTH oder SWING editieren. Groove-Templates wie in Omnisphere können bislang nicht verarbeitet werden.

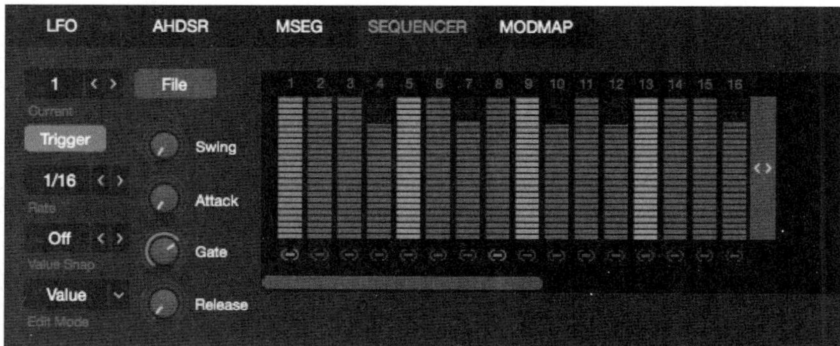

Abbildung 11.69 Step Sequencer in Alchemy

11.11.19 Modulationsmatrix: Side Chain und Enveloper Follower

Seit Logic 10.4 verfügt *Alchemy* auch über einen Side-Chain-Eingang und einen Envelope Follower. Letzterer generiert eine Hüllkurve auf der Basis eingehenden Audiomaterials. Hierdurch lassen sich leicht rhythmisch sehr interessante Modulationen erzeugen. Ein Beispiel finden Sie im Projekt *11x3EnvFollow*. Sie finden den Envelope Follower als optionale Modulationsquelle in der Modulationsmatrix. Eingehendes Audiomaterial kann von verschiedenen Stellen aus *Alchemy* selbst, aber auch vom Side-Chain-Eingang stammen.

11.11.20 Modulationsmatrix: Modmaps

Modmaps sind keine Modulatoren, sondern verarbeiten den Output einer Modulationsquelle, bevor sie auf ein Ziel angewendet werden. Dementsprechend werden Sie in einem anderen Flip-Menü (zwischen Quelle und Modulationsintensität) erstellt und eingefügt (Abbildung 11.70).

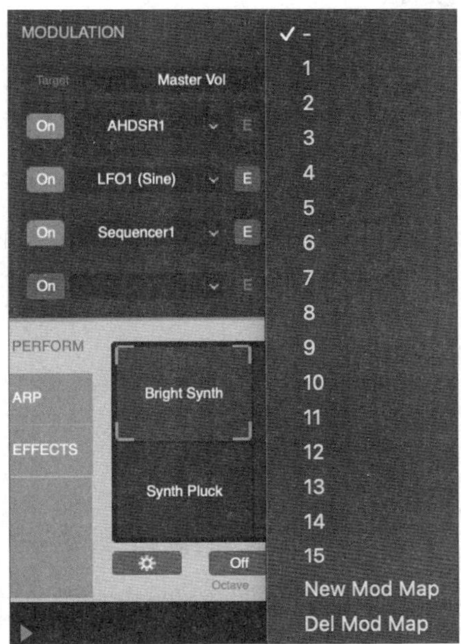

Abbildung 11.70 Modmaps

Auf diese Weise können Sie z. B. ein kurvenförmiges Velocity-Ansprechverhalten realisieren. Es ist beispielsweise auch möglich, einen LFO mit Zufallswellenform, der die Tonhöhe moduliert, so zu skalieren, dass die zufälligen Werte immer Tonhöhen einer Dur- oder Moll-Tonleiter ergeben. Für Letzteres steht ein entsprechendes Preset zur Verfügung, die manuelle Justage ist nicht ganz einfach. Man arbeitet wieder mit der SNAP-Funktion, die es erlaubt, Werte in einem Raster zu quantisieren. SNAP steht hier für die X- und die Y-Achse zur Verfügung. Wie in MSEG-Hüllkurven lassen sich auch Breakpoints einzeichnen.

11.11.21 Perform, Arp und Effects

Der untere Bereich von *Alchemy* besteht aus den Bereichen PERFORM, ARP und EFFECTS. Sie wählen durch Klick auf die Tabs links, welcher davon angezeigt wird. Voreingestellt ist der nachfolgend beschriebene PERFORM-Bereich sichtbar, der auch im Simple-Mode zu sehen ist (Abbildung 11.71).

Abbildung 11.71 »Perform«-Bereich von »Alchemy«

11.11.22 Perform-Bereich

Der PERFORM-Bereich vereint zwölf Drehregler, zwei X/Y-Pads und ein Transform-Pad mit acht Snapshots als kompaktes Bedienpanel für komplexe Soundvariationen.

Bewegungen am Transform-Pad oder an Drehreglern können zu komplexen Veränderungen mehrerer Parameter führen. Die Transform-Pad-Idee hat man sich meiner Erinnerung nach damals von NIs Synth-Projekt *Kore* abgeguckt, das leider eingestellt wurde. Die komplexe Programmierarbeit, die dahintersteckt, können Sie selbst erledigen oder anderen überlassen.

Funktionsweise

Die acht Knöpfe, zwei X/Y-Pads und vier ADSR-Knöpfe können über die Modulationsmatrix Parametern zugeordnet werden. Sie stehen dort als Quellen zur Verfügung. Sie lassen sich auch per Automation ansteuern.

Darüber hinaus steht ein Transform-Pad mit acht Snapshots zur Verfügung, zwischen denen stufenlos gemorpht werden kann. Dabei wird ein kleines Quadrat sichtbar (Abbildung 11.73).

Bei den Snapshots handelt es sich um Parametereinstellungen der Regler aus dem PERFORM-Bereich.

Regler und X/Y-Pad des »Transform«-Bereichs

Eine im Manual typische Zuordnung der 8 Knöpfe lautet:

- 1 und 5: FX-Delay/Reverb
- 2 und 4: Filter-Cutoff und Resonanz
- 3 und 7: Modulationen/rhythmische Veränderungen
- 4 und 8: Timbre und Panoramapositionierung

Dies ist nur eine Beispielzuweisung, abweichende Zuordnungen sind auch in der Factory-Library zu finden und frei konfigurierbar. Im Menü GEAR können Sie mit der AUTO ASSIGN-Funktion automatische Zuweisungen vornehmen.

Neben den beiden X/Y-Pads gibt es vier ADSR-Drehregler, die typischerweise der Amp-Hüllkurve AHDSR 1 zugeordnet sind.

Aktionsmenü

Unten links finden Sie ein Aktionsmenü (Abbildung 11.72). Dort können Sie z. B. automatische Zuweisungen für den gesamten PERFORM-Bereich via AUTO ASSIGN ALL realisieren. Sie können auch Snapshots randomisieren, eine Einstellung auf alle acht Snapshots kopieren etc.

Wichtig: Ist SNAPSHOT UPDATE aktiv, gilt: Wenn Sie Regler oder X/Y-Pads aus dem PERFORM-Bereich verändern, verändert sich auch die Einstellung des dabei gerade selektierten Snapshots. Unten finden sich noch einige Flip-Menüs mit Einstellungen (z. B. wie laut einzelne Snapshots sind und wie lange ein Übergang dauert). Snapshots lassen sich in der unter

OCTAVE im PERFORM-Bereich definierten Oktave mit Keyswitches aufrufen. Ein stufenloser Übergang zwischen Snapshots ist möglich. RATE regelt dabei, wie lange der Übergang dauert (stufenlos = RATE OFF). Das MODWHEEL können Sie verschiedenen Controls des TRANSFORM-Bereichs zuweisen. SNAP VOL regelt die Lautstärke der einzelnen Snapshots.

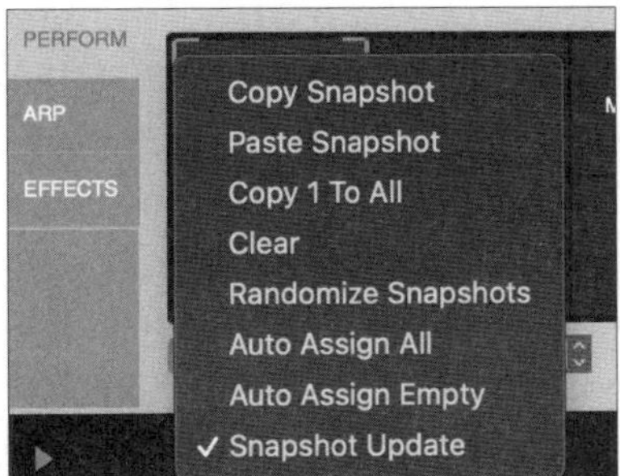

Abbildung 11.72 Inhalt des Aktionsmenüs unten

Abbildung 11.73 Snapshots, Snapshot-Kontextmenü, Aktionsmenü und Flip-Menüs unten

Snapshots haben ein Kontextmenü (Abbildung 11.73). Mit seiner Hilfe sind alle acht Snapshots speicherbar. Außerdem sind Einstellungen anderen Transform-Pads zuweisbar oder austauschbar. Auch für die acht Regler, zwei X/Y-Pads und vier ADSR-Knöpfe gibt es Kontextmenüs. Sie können hier z. B. Modulationsverknüpfungen löschen oder eine Einstellung sämtlichen acht Transform-Pads zuweisen. Mit der LOCK-Funktion verriegeln Sie Einstellungen, so dass bei Bewegungen des Transform-Pads keine Veränderungen passieren. Verriegelte Controls erkennen Sie an einem kleinen Schloss unterhalb des Reglers. Der PERFORM-Bereich ist also weit mehr als ein reiner Fernsteuerungsbereich, sondern ein komplexes Tool für Echtzeit-Sounddesign. Das ist aber nicht alles, was *Alchemy* in puncto Soundmorphing zu bieten hat, denn auch das bereits gezeigte Morph-Pad ist ja ein Tool für Überblendungen.

11.11.23 Arpeggiatoren

Mit einem Arpeggiator gestalten Sie Ihre Sounds leicht technoid/rhythmisch. Damit der Arp läuft, setzen Sie zunächst den MODE-Drehregler auf einen der aktiven Betriebsmodi (steht in Abbildung 11.74 noch auf MODE OFF). *Alchemys* Arp hat eine Sync-Option. Ist sie ausgeschaltet, können Sie die Arpeggio-Geschwindigkeit (im Gegensatz zum Arpeggiator in den MIDI-

FX) hier auch stufenlos verändern. Bedenken Sie, dass eventuell Fernsteuerungen über das Transform-Pad oder/und die Modulationsmatrix existieren; dann kann der Knopf ausgegraut erscheinen. Die Modulation wird in der Modulationsmatrix angezeigt. Im Projekt *11-AlchArp1* spielt der Standardsound mit aktivem Arp.

Patterns und sonstige Einstellungen

Über den PATTERN-Drehregler, der auch als Modulationsziel zur Verfügung steht, lassen sich pro Arpeggiator bis zu 16 Patterns aufrufen (siehe auch Projekt *11AlchArp1b*). Dabei können die Patterns auch unterschiedlich lang sein. Die sonstigen Einstellungen wie z. B. die Geschwindigkeit (RATE), Arp-Richtung, Notenlänge, VELOCITY und Oktavlage gelten dagegen für alle Patterns. Mit SPLIT teilen Sie die Tastatur auf (in einen Bereich, der vom Arp betroffen ist, und einen anderen, wo das nicht der Fall ist). Mit LATCH aktivieren Sie den Arp dauerhaft. Im Menü KEY TRIGGER können Sie einstellen, ob gespielte Noten den Arpeggiator nur an Taktpositionen eines einstellbaren Rasters starten.

Step- und Multi-Ansicht

Unten gibt es vier Arps (einen pro Soundsource) oder alternativ einen globalen Arp. Alle Arps bieten zwei Modi: STEP (Abbildung 11.74) und MULTI (Abbildung 11.75). Dies sind zwei verschiedene Ansichten desselben Arpeggiators, was bedeutet, dass ein Edit in der einen Ansicht sich auch auf die andere auswirkt.

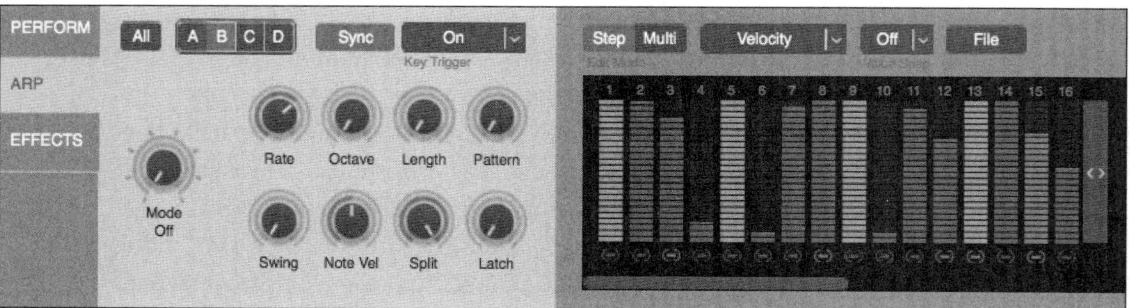

Abbildung 11.74 »Alchemys« Arpeggiatorbereich mit »Step«-Ansicht

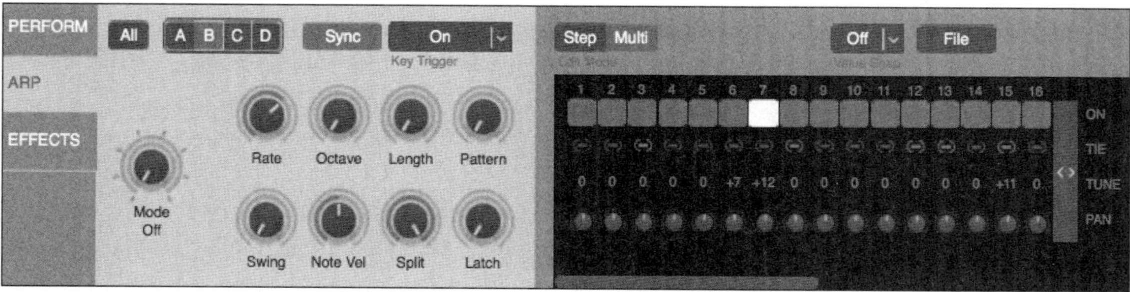

Abbildung 11.75 »Multi«-Ansicht im Arp

Die beiden Ansichten lassen sich für verschiedene Ziele nutzen. In der STEP-Ansicht können Sie gut Parameterverläufe für verschiedene Parameter programmieren, die in einem Flip-Menü (in Abbildung 11.76 ist VELOCITY gewählt) sichtbar werden. Dazu gehören auch die Step-LENGTH sowie die beiden Parameter ARP MOD 1 und 2. Letztere können Sie als Modulationsquelle in der Modulationsmatrix unter NOTE PROPERTIES nutzen. Mit SPLIT teilen Sie die Tastatur auf in einen Bereich, der vom Arp betroffen ist, und einen anderen, wo das nicht der Fall ist. Mit LATCH aktivieren Sie den Arp dauerhaft. Rechts daneben können Sie im Flip-Menü VALUE SNAP ausgehende Werte »quantisieren«, auch wenn dies nicht immer direkt zu sehen ist. Über den FILE-Eintrag lassen sich eigene Arp-Presets aufrufen bzw. speichern, und es gibt auch wieder eine RANDOMIZE-Funktion.

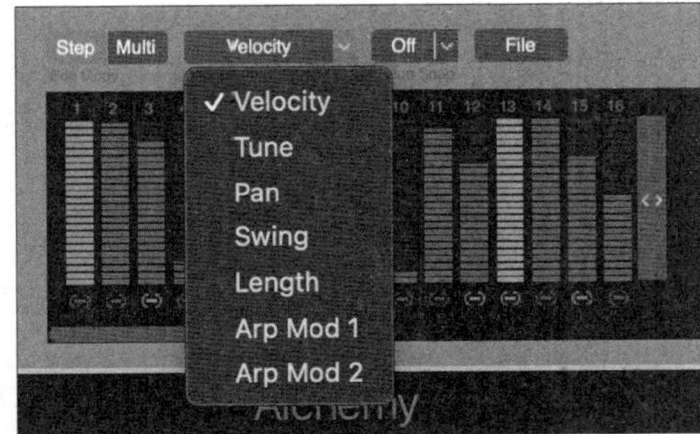

Abbildung 11.76 Wählbare Parameter im Arp

In einem Arpeggiator kann es also unabhängige Werteverläufe für Länge, Velocity und weitere Parameter geben. Über das Flip-Menü wählen Sie aus, welche Kurven Sie editieren, so dass ein Arp aus mehreren Step Sequencern besteht, denn für jeden Parameter können Sie eine ganz eigene Kurve zeichnen.

11.11.24 Effects-Sektion

In der EFFECTS-Sektion finden Sie die FX-Bereiche bzw. Busse MAIN, A, B, C und D (Abbildung 11.77).

Abbildung 11.77 »Alchemys« Effektsektion

Die FX-Busse A, B, C und D sind mit FX-Racks vergleichbar, an deren Ende ein SEND genannter Regler steht, der den Sound entweder zum Main-FX Bereich (Stellung ganz rechts, nachvollziehbar im Projekt *11AlchFXAOut*) oder direkt zum Output routet. Die Effekte sind dabei von links nach rechts angeordnet. Im Master-Bereich können Sie ebenfalls wie in einem Rack nacheinander Master-FX einsetzen. Von dort aus geht es zum Output-Bereich. Auf diese Weise können Sie beispielsweise den vier Soundsources jeweils eine eigene Effektkette spendieren – und am Schluss noch einmal alles zusammen effektieren. Bemerkenswert ist auch das Vorhandensein eines Convolution-Reverbs, einer Art »Space Designer« für *Alchemy* mit überzeugender Library und Presets. Während die Halleffekte eindeutig die Stärke von *Alchemy* sind, fehlt gegenüber Konkurrenten wie *Serum* und *Spire* ein Multibandkompressor, der manche Presets erst richtig fett klingen lässt. Natürlich können Sie auch den auch aus Logic im Channel-Strip nehmen und das Ergebnis als Patch speichern.

Über den FILE-Eintrag lassen sich FX-Presets aufrufen und speichern. In der FX-Sektion bewirkt RANDOMIZE (im FILE-Menü) eine zufällige Verstellung der Parameter; die Effekte bleiben wie vorher angeordnet. FX-Parameter lassen sich in der Modulationsmatrix auch ansteuern und modulieren. Da *Alchemy* eine Weiterentwicklung des gleichnamigen Camel-Audio-Synths ist, finden Sie in der Effektsektion auch viele eigenständige FX des Vorgängers, die Sie von Logic nicht kennen.

11.11.25 Erweiterter Parameterbereich

Alchemy kann so programmiert werden, dass der Synth auf spezielle Gesten von MPE-Controllern reagiert. Hierfür nutzen Sie den *MIDI Mono Mode* (mit Basis Kanal 1 oder 16), den Sie unten im (aufklappbaren) erweiterten Bereich des Plug-ins etwas versteckt finden (siehe Abschnitt 11.32 über MPE). Den MIDI Mono Mode gibt es auch für Sampler und Quick Sampler.

11.12 »Drummer« und Drummer-Regionen

Logics »Drummer« bietet Ihnen schnell automatisch erstellte und detailreiche Schlagzeugbegleitungen unterschiedlichster Stilrichtungen im Flow eines echten Schlagzeugers, die Sie bei Bedarf auch komplett nacheditieren können. Drummer-Spuren arbeiten dabei mit Drummer-Regionen, die zunächst automatisch erzeugt werden. Sie können auf einer Drummer-Spur nicht selbst Noten wie auf einer MIDI-Spur aufnehmen. Aber wenn Sie es versuchen, erscheint ein Dialog-Fenster, in dem Ihnen angeboten wird, eine neue Spur mit dem im »Drummer« verwendeten Kit zu erstellen, damit es (doch) geht.

Die Auswahl an Drummern ist seit der ersten Veröffentlichung von Logic Pro ständig erweitert worden. Zur Verfügung stehen Drummer für die Genres Rock, Alternative, Songwriter, R & B, Electronic, Hip-Hop und Percussion mit Subgenres. Für jeden Drummer stehen Presets zur Verfügung. Es gibt zudem »Drummer«-Apple-Loops, die Sie schneller vorhören und laden können.

11.12.1 Drummer-Spur erzeugen

Wenn Sie eine neue Drummer-Spur erzeugen, öffnet sich zusätzlich ein Patch mit einem Drumkit und Effekten (DRUM KIT DESIGNER oder DRUM MACHINE DESIGNER). Außerdem werden im Spurenbereich automatisch gelbliche Regionen erzeugt, durch die das Kit im Stile des »Drummers« automatisch »getrommelt« wird. Für jede Region oder Zelle können Sie unten im Editor eigene Einstellungen vornehmen. Eine Drummer-Zelle erstellen Sie bei selektierter Zelle einer Drummer-Spur unten im Editor-Bereich. Den Drummer und das Genre wählen Sie hingegen links in der BIBLIOTHEK aus. Auf Drummer-Spuren können Sie wie gesagt nicht manuell MIDI aufnehmen. Sie können auch mehrere Drummer-Spuren erzeugen.

11.12.2 Genre und Drummer wählen

In der BIBLIOTHEK wählen Sie zunächst ein Genre aus. Rechts davon erscheinen dann die verfügbaren Drummer inklusive Subgenre (Abbildung 11.78). Die Drummer müssen als zusätzliche Inhalte zunächst installiert sein. Als Erstes installiert wurde übrigens der Rock-Drummer *Kyle*. Er spielt auch im Dokument *11Drummer1*. Wenn ein Drummer selektiert ist und allein angezeigt wird (wie in Abbildung 11.78), können Sie die Maus auch auf das Foto bewegen oder auf den Eintrag in der BIBLIOTHEK klicken, um den Drummer auszuwählen. Darunter ist auch eine Auswahl des Drumkits möglich (siehe Abbildung 11.85). Sie können Drummer auch durch Drummer-Loops auswählen und erzeugen.

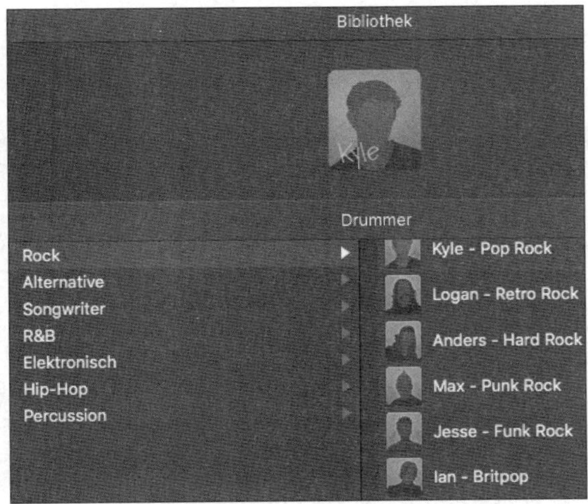

Abbildung 11.78 Hier wählen Sie ein Genre aus.

11.12.3 Drummer mit Drummer-Loops erzeugen und vorhören

Sie können gelbe Drummer-Loops wie andere Apple Loops auch im Loop Browser vorhören (Abbildung 11.79). Wenn Sie einen Drummer-Loop auf eine leere Spur ziehen, wird automatisch der zugehörige Drummer mit der entsprechenden Drummer-Region erzeugt.

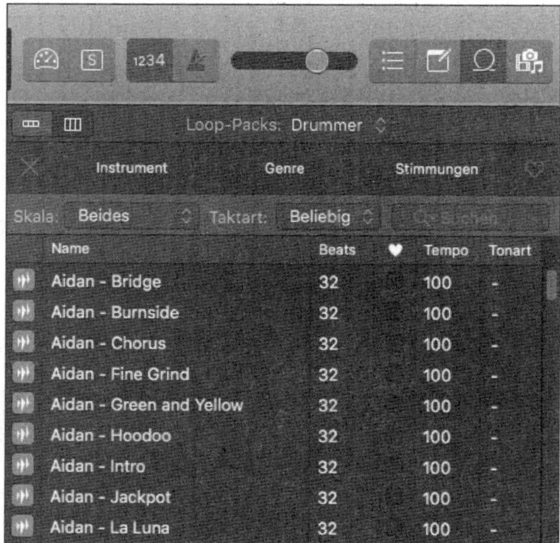

Abbildung 11.79 Drummer-Loops

Ähnlich wie bei grünen Loops können Sie gelbe Drummer-Loops auch auf Audiospuren ziehen und so eine Audiodatei ins Projekt bewegen.

11.12.4 »Drummer« und Drummer-Regionen ohne Arrangement Marker

Sind keine Arrangement Marker vorhanden, wird eine 8-taktige Drummer-Region erstellt, siehe Dokument *11Drummer1* und Abbildung 11.80.

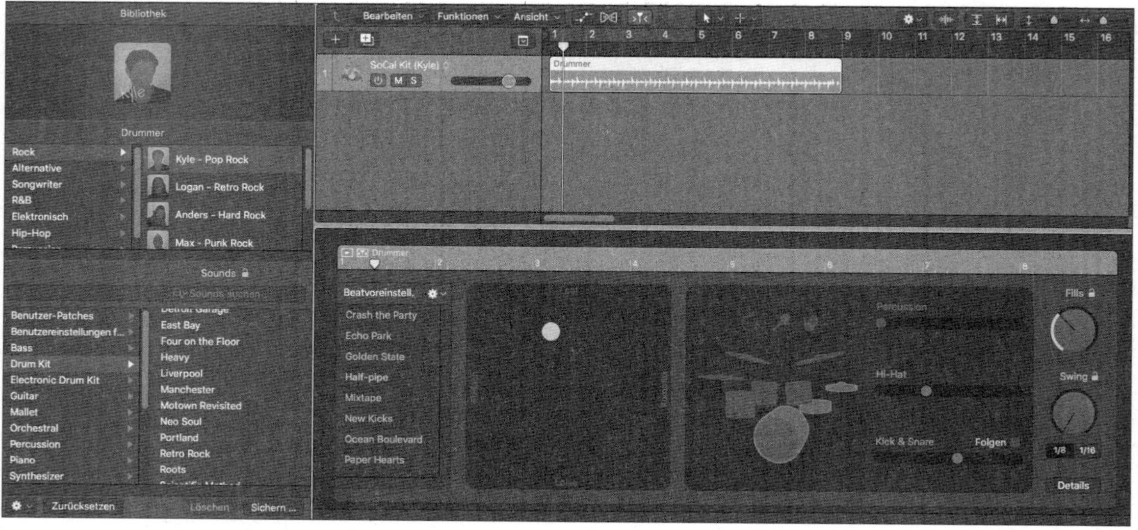

Abbildung 11.80 Eine Drummer-Spur mit angezeigtem Editor; der Informationsbereich ist hier ausgeblendet, um Platz zu sparen.

11.12.5 Manuell Drummer-Regionen erzeugen und kleine Edits

Bewegen Sie den Mauszeiger rechts neben die Drummer-Region, so erscheint voreingestellt ein +-Zeichen, mit dem Sie weitere Regionen erzeugen. Dies können Sie unter EINSTELLUNGEN • ANZEIGE • SPUREN deaktivieren. Auf Drummer-Spuren und Aux-Kanäle ohne RECORD-Button können Sie keine MIDI-Noten aufnehmen.

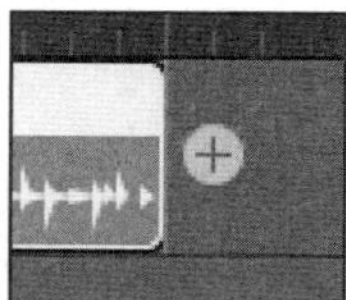

Abbildung 11.81 +-Symbol zum Erzeugen einer Drummer-Region

Sie können Drummer-Regionen auch verlängern, indem Sie sie mit dem Längentool in die Länge ziehen. Ansonsten können Sie sie ähnlich wie andere Regionen editieren und z. B. zerschneiden. Typischerweise spielt der »Drummer« eine kleine Variation am Regionsende. Details editieren Sie im DRUMMER-EDITOR. Wenn Sie die Drummer-Region einzoomen (z. B. durch Selektion der Region und den Shortcut [Z]), sind mehr Details der diversen aktiven Schlagzeuginstrumente sichtbar (z. B. oben Hi-Hats und unten Kick und Snare).

11.12.6 »Drummer« und Drummer-Regionen mit Arrangement Markern

Im anderen Fall gilt: Je nachdem, wie viele Arrangement Marker aktiv sind, wird beim Erzeugen einer Drummer-Spur eine bestimmte Menge an Drummer-Regionen im Bereich SPUREN erzeugt, die automatisch mit dem Namen von Arrangement Markern beschriftet werden (siehe Projekt *11Drummer1b*). Auf diese Weise haben Sie schnell eine komplette Begleitung für einen Song.

Abbildung 11.82 Arrangement Marker mit passenden, automatisch erzeugten Drummer-Regionen

11.12.7 Drummer-Editor – Basics

Der DRUMMER-EDITOR wird beim Erzeugen einer Drummer-Spur oder nach Doppelklick auf eine Drummer-Region unten im Bereich EDITOREN des Hauptfensters sichtbar. Mit ihm können Sie vor allem Drummer-Regionen editieren, aber auch regeln, ob Kits beim Wechseln des Drummers beibehalten werden oder nicht.

Drummer-Region für Edits solo geloopt abspielen

Durch Klick auf den PLAY-Button im Taktlineal der Drummer-Region im DRUMMER-EDITOR werden (wie schon von PIANOROLLE und AUDIOSPUREDITOR bekannt) mehrere Dinge ausgelöst:

- Die Wiedergabe beginnt.
- Temporär wird ein Cycle-Modus für die Länge der Region eingestellt.
- Die Region wird temporär solo geschaltet.

Abbildung 11.83 Play-Taste der Drummer-Region

Wenn Sie auf das FOLGEN-Symbol rechts neben der PLAY-Taste in Abbildung 11.83 klicken, zeigt der Editor beim Abspielen eines Arrangements automatisch die an der Taktposition liegende Region an.

11.12.8 Presets/Beatvoreinstellungen im Drummer-Editor einstellen, nutzen und speichern

Der DRUMMER-EDITOR stellt verschiedene vorgefertigte Presets (BEATVOREINSTELLUNGEN) pro Drummer mit voreingestellten Parametern bereit. Es ist zwar kein Zugriff auf einzelne Noten möglich, die der Drummer spielt, dafür gibt es andere Parameter wie Komplexität des Spiels, Lautstärke, Fills und Ghost Notes. Die Parameter sind regionsbezogen und werden für jede Regionen individuell eingestellt. Selektieren Sie jeweils eine Drummer-Region, um ihre Einstellungen zu ändern. Presets symbolisieren komplette Einstellungen aller Parameter. Eigene Konfigurationen können Sie als User-Presets speichern.

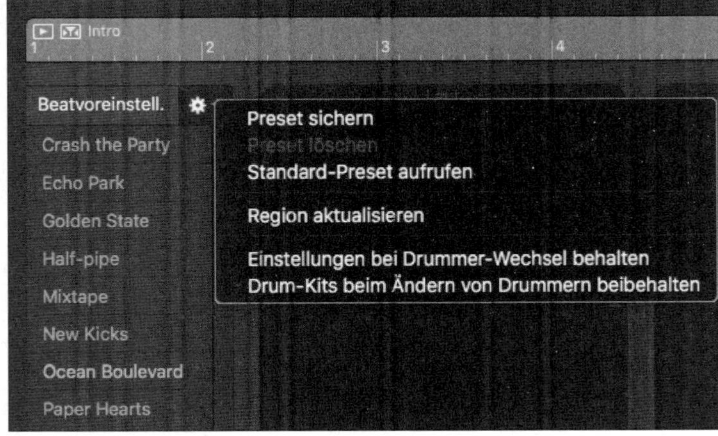

Abbildung 11.84 Drummer-Presets

11.12.9 Drummer-Regions-Einstellungen bei Drummer-Wechsel behalten

Wählen Sie den entsprechenden Eintrag im Presetmenü, damit die Einstellungen für die Regionen (z. B. des X/Y-Pads) beim Wechsel des Drummers beibehalten werden.

11.12.10 Kit ohne Drummer wechseln

In Abbildung 11.85 sehen Sie in der unteren Hälfte der Library einen Bereich Sounds, in der Sie unabhängig vom Drummer ein neues Patch wählen können.

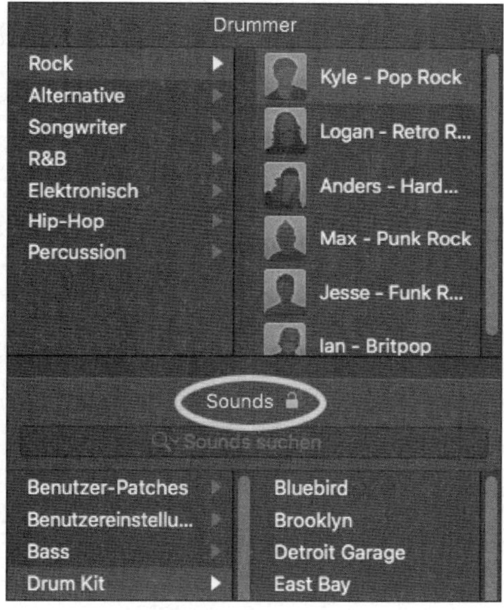

Abbildung 11.85 Browser/Library für Drummer

11.12.11 Drummer ohne Kit wechseln

Den Drummer können Sie ändern, ohne dass das Drumkit wechselt. Verriegeln Sie hierzu das Schloss neben dem Eintrag Sounds (siehe Markierung in Abbildung 11.85), oder nutzen Sie die Option Drum-Kits beim Ändern von Drummern behalten im Zahnradmenü des Editors (Abbildung 11.84).

11.12.12 Schlagzeugspielvariationen im X/Y-Pad einstellen

Sie können z. B. einen gelben Punkt in einem X/Y-Pad positionieren, um das Schlagzeugspiel innerhalb zweier Gegenpole vage zu positionieren.

Die Gegenpole im X/Y-Pad für die Einstellungen einer Drummer-Region lauten:

- Einfach versus Komplex
- Leise versus Laut

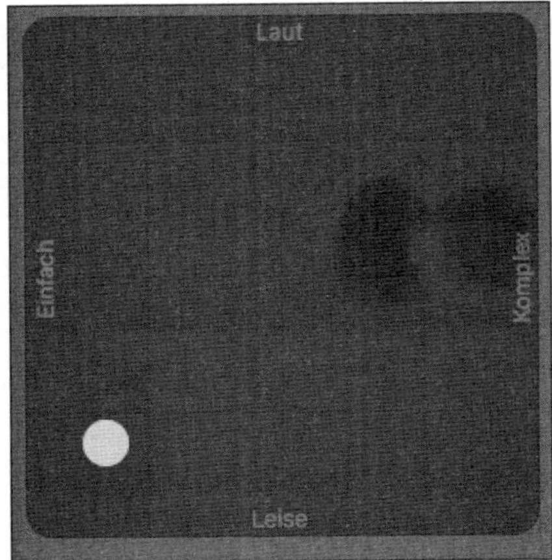

Abbildung 11.86 X/Y-Pad

Was genau dabei passiert, hängt bei elektronischen und Percussion-Drummern von den Einstellungen unter DETAILS ab.

Wenn Sie Änderungen im DRUMMER-EDITOR vornehmen (oder den Drummer wechseln), aktualisieren sich die Regionen nach kurzer Zeit automatisch. Sie können ausgewählte Drummer-Regionen im Kontextmenü via BEARBEITEN • REGION AKTUALISIEREN auch aktualisieren, ohne Einstellungen für die Region zu verändern, um eine geringfügig unterschiedliche Version zu erzeugen.

Im Dokument *11Drummer2rnb* befinden sich vier Regionen, gewählt ist R-and-B-Drummer *Rose*, die zunächst leise und einfach, dann leise und komplex, dann laut und einfach und dann laut und komplex spielt (Abbildung 11.87).

Abbildung 11.87 Regionen im Dokument »11Drummer2rnb«

11.12.13 Wahl der verwendeten Schlagzeuginstrumente und deren Lautstärke

Außerdem können Sie rechts vom X/Y-Pad verwendete Schlagzeugkomponenten auswählen oder deaktivieren. Sie können zudem die Intensität der Verwendung der einzelnen Schlagzeugkomponenten individuell bestimmen (Abbildung 11.88). Weiter nach rechts bewegte Slider sorgen für ein lauteres und komplexeres Spiel oder ein anderes Pattern. Steigern Sie z. B. die Intensität für Kick und Snare, während Sie sie für andere Komponenten unverändert lassen.

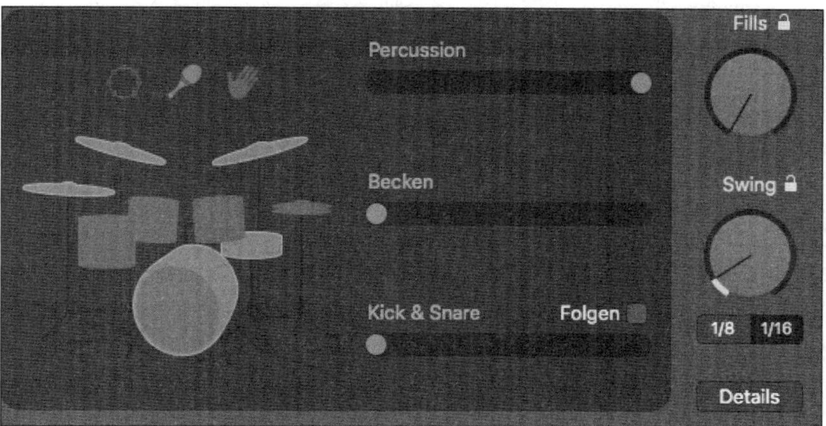

Abbildung 11.88 Einige Drummer-Editor-Parameter

KICK & SNARE stellen einen Kit-Instrument-Part dar und können bezüglich des wählbaren Patterns nur gemeinsam editiert werden, lassen sich aber separat ein- und ausschalten, so dass gegebenenfalls nur eine Kick oder nur eine Snare zu hören ist. Die Variationen 7 und 8 stellen Halftime- bzw. Doubletime-Variationen ein. Mit der FOLGEN-Option folgt das KICK & SNARE-Pattern einer eingestellten Groove-Spur.

Je nach verwendetem Drummer sieht die Darstellung jeweils etwas anders aus. Die elektronischen Drummer und Percussion-Drummer weichen von der Darstellung der akustischen Varianten ab und ähneln sich (Abbildung 11.89 und Projekte *11Drummer2perc* und *11Drummer2Dubst*).

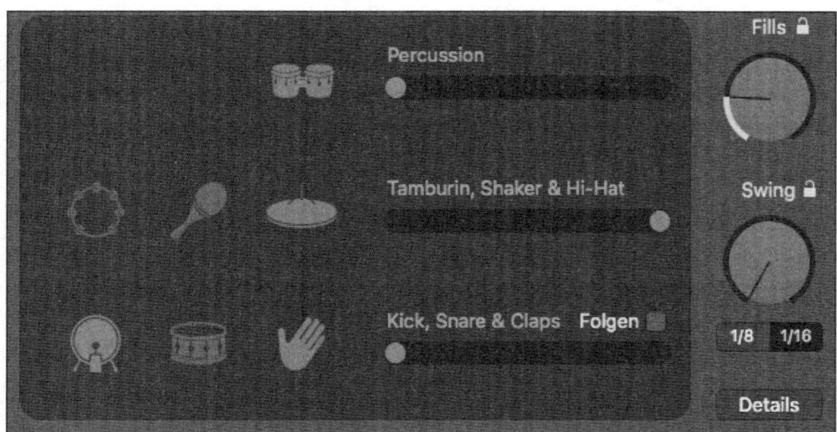

Abbildung 11.89 Elektronischer Drummer

Praxisbeispiele

Im Dokument *11Drummer3rnb* spielen die gleichen vier Regionen vier unterschiedliche User-Presets und wurden mit dem Namen der Presets beschriftet. Während im Preset »Block Party« beispielsweise Becken und Percussion spielen, spielt im Preset »New School« eine Hi-Hat statt des Beckens (ohne Percussion). Im Dokument *11Drummer4rnb* spielt das Preset »Block Party« zunächst mit einer Halftime-, dann einer normalen und schließlich einer Doublespeed-Variante.

11.12.14 Fills und Swing-Beat

Auf der rechten Seite justieren Sie die Anzahl und Länge der FILLS und den SWING-Beat-Faktor (siehe Markierungen in Abbildung 11.90). Mit einem Klick auf das Schlosssymbol verriegeln Sie die entsprechenden Einstellungen, so dass sie auch bei einem Wechsel des Presets oder des Drummers erhalten bleiben.

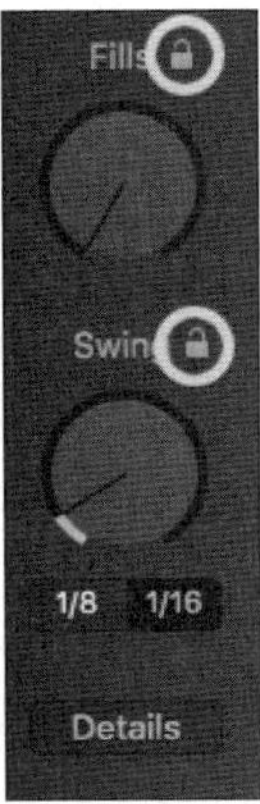

Abbildung 11.90 Fills und Swing-Beat stellen Sie rechts ein.

11.12.15 Details im Drummer-Editor

Die Ansicht aus Abbildung 11.91 erscheint bei einem elektronischen und ähnlich bei einem Percussion-Drummer durch Klick auf den DETAILS-Button.

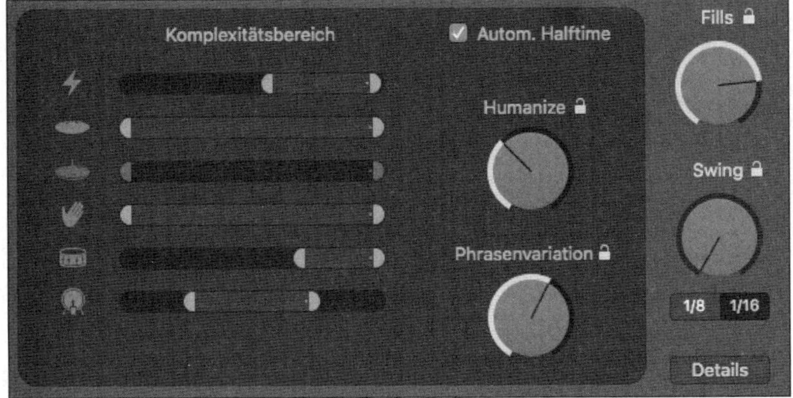

Abbildung 11.91 Detailoptionen

Die in der Abbildung sichtbaren, sehr kleinen Pünktchen in den Slidern repräsentieren die im X/Y-Pad im DRUMMER-EDITOR gewählte Komplexitätseinstellung. Die Komplexitätsoptionen sind im DRUMMER-EDITOR individuell für die einzelnen Drumkit-Instrumente einstellbar. Für jedes Drumkit-Instrument ist unterhalb des Eintrags KOMPLEXITÄTSBEREICH eine Art Wertebereich oder »Range« mit Slidern einstellbar, die Sie für jedes durch ein Symbol dargestellte Kit-Instrument am linken und rechten Ende verschieben können. Einstellungen für die Komplexität im X/Y-Pad des DRUMMER-EDITORS wirken dann für die einzelnen Instrumente nur innerhalb dieser Range (siehe hierzu Projekt *11xDrmKomplex*, wo die Komplexität für die zweite Region höher ist als für die erste, wobei die Hi-Hat schon in der ersten Region nur Einstellungen im oberen Komplexitätsbereich zulässt).

Auch eine HUMANIZE- und eine PHRASENVARIATION-Funktion sind mit an Bord. Die Option AUTOM. HALFTIME sorgt beispielsweise beim Hip-Hop-Drummer *Maurice* dafür, dass er auch bei einem eingestellten Drum-and-Bass-Tempo von 172 BPM immer Hip-Hop-mäßig langsam bleibt.

Bei akustischen Drummern sieht die DETAILS-Seite ein wenig anders aus (Abbildung 11.92).

Wenn Sie den FEELING-Regler nach rechts bewegen, spielt der »Drummer« ein wenig vor dem Beat, wenn Sie ihn nach links bewegen, hinter dem Beat (verspätet, schleppend). Das erscheint vielleicht insofern etwas irritierend, als Sie den FEELING-Regler nach links bewegen, hierdurch die Schläge des Drummers aber weiter nach rechts rücken und umgekehrt. Das lässt sich anhand der graphischen Updates der Drummer-Region auch visuell nachvollziehen und kontrollieren (siehe Projekt *11Drumfeel*).

GHOST NOTES sind kleine, kaum hörbare Zwischenschläge, die Logic automatisch einfügt und deren Lautstärke Sie hier einstellen. Ferner können Sie festlegen, wie weit eine offene HI-HAT geöffnet ist.

Abbildung 11.92 Details im Drummer-Editor

11.12.16 Regions- oder spurbezogen einem Groove folgen

Es ist möglich, dass der Groove des Schlagzeugers in einer Drummer-Region dem Feeling einer bestimmten Spur im Arrangement folgt. Statt des Sliders erscheint beim Klick auf FOLGEN ein Flip-Menü mit den im Projekt als Vorlage geeigneten/vorhandenen Tracks. Dabei können Sie pro Drummer-Region im DRUMMER-EDITOR auch jeweils eine eigene Spur einstellen, der die Region (bzw. das KICK & SNARE-Pattern) folgt. Sie finden ein Praxisbeispiel im Dokument *11Drummer5rnb*, wo in einer zweiten Spur ein *E-Piano* auf unterschiedliche Weise spielt. Für die Drummer-Regionen ist im entsprechenden Taktbereich FOLGEN eingestellt, ansonsten sind die Einstellungen für alle drei Drummer-Regionen gleich. Sie sehen, dass hierdurch drei recht unterschiedliche Drummer-Regionen realisiert werden, die auf die Intensität und das Feeling des *E-Piano*-Spiels mehr oder weniger sinnvoll eingehen. Für andere Drummer-Regionen ist es dann wieder möglich, anderen Spuren zu folgen.

Wenn Sie zwei Drummer gleichzeitig spielen lassen, können Sie einen davon als Groove-Masterspur definieren, der der andere folgt (siehe Projekt *11xDrummerHipH+2x*).

11.12.17 Drummer-Region in MIDI umwandeln und umgekehrt

Sie können Drummer-Regionen im Kontextmenü (und dort im Menü KONVERTIEREN) in MIDI-Regionen umwandeln, so dass Sie anschließend einzelne Noten im Detail editieren können. Eventuell müssen Sie dabei aber auf versteckte Artikulations-IDs achten, die die Soundauswahl beeinflussen können (siehe Abschnitt 11.9.5 zum *Sampler*).

Eine Konvertierung ist zumindest teilweise auch umgekehrt möglich. Im Dokument *11Drummerkonv1* habe ich auf der Instrumentenspur eines Producer Kits, das zuvor als Drummer-Spur geladen wurde, ein paar Noten mehr schlecht als recht eingespielt (auf der Drummer-Spur selbst lässt sich kein MIDI aufnehmen). Wenn ich die entsprechende Region auf die Drummer-Spur ziehe, erscheint im Kontextmenü unter KONVERTIEREN die Option IN DRUMMER-SPUR UMWANDELN (Ergebnis im Projekt *11Drummerkonv2*). Der »Drummer« macht im Beispiel zwar nicht genau das, was ich eingespielt habe, aber etwas Ähnliches. Das Gleiche wäre für eine MIDI-Region möglich, die Sie zuvor von einer Drummer-Region in eine MIDI-Region umgewandelt haben.

11.13 Drum Kit Designer

Der DRUM KIT DESIGNER bietet eine intuitiv bedienbare Plug-in-Oberfläche, die den einfachen Austausch von Drumsounds ermöglicht. Er ist Bestandteil vieler Drummer-Patches, kann aber auch als Patch oder Instrument ohne Drummer geladen werden. Soundmäßig ist er vor allem für akustische Drums zuständig.

11.13.1 Drum Kit Designer: grundsätzliche Bedienung

Je nachdem, welches Schlagzeuginstrument Sie auf der Plug-in-Oberfläche selektieren oder welches Kit Sie geladen haben (Producer Kits bieten mehr Optionen), sieht die Plug-in-Oberfläche jeweils etwas anders aus, ist aber vom Prinzip her gleich zu bedienen.

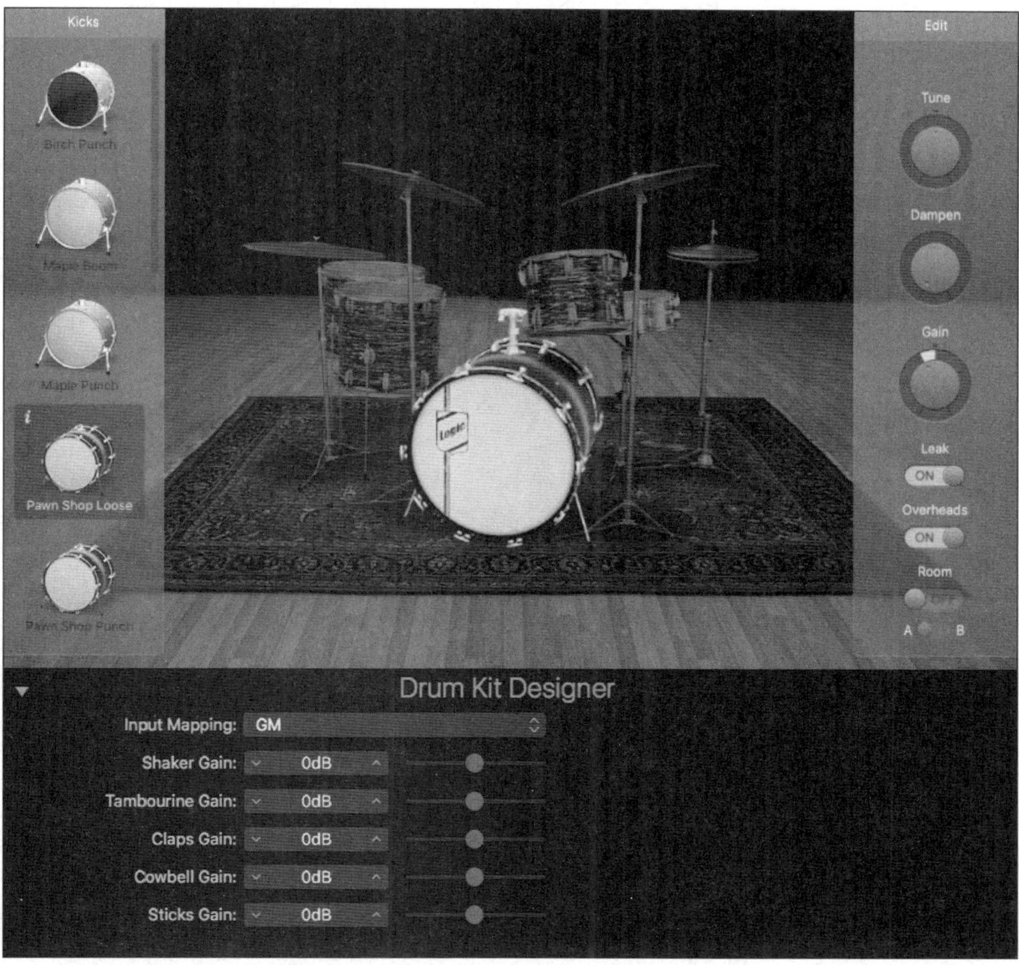

Abbildung 11.93 Ein Producer Kit und die »Edit«-Optionen für die Kickdrum

Abbildung 11.93 zeigt ein geladenes (Producer) Drumkit (siehe Abschnitt 11.13.2.). Beim Erstellen einer Drummer-Spur oder beim Erzeugen eines Drum-Kit-Designer-Instruments öffnet sich zunächst ein einfaches Drumkit (mit etwas weniger Optionen).

Sie können stets leicht durch Klick auf ein Instrument im Kit ein Instrument auswählen (hier: Bassdrum) und dann anschließend rechts und links verschiedene Typen auswählen oder Parameter wie Tuning, Damping oder Volume einstellen. Auf diese Weise können Sie sich ein individuelles Kit zusammenstellen. Im aufklappbaren erweiterten Bereich können Sie ferner Pegel für Instrumente justieren und verschiedene Input-Mappings auswählen. Hierbei können Sie aussuchen, ob das Mod-Wheel steuern kann, wie weit die Hi-Hat geöffnet wird, und sich zwischen einer GM-Schlagzeugbelegung und einer Roland-V-Drum-Belegung entscheiden.

Falls Sie Toms oder Crashbecken selektieren, stehen links andere Kits und rechts im Edit-Bereich Optionen für alle oder einzelne Toms bzw. Crashbecken zur Verfügung, die Sie durch Klick auf den jeweiligen Reiter (in Abbildung 11.94 All, Low, Mid und High für die Toms) auswählen.

Wenn Sie den Drum Kit Designer als Multi-Ausgang-Instrument öffnen, lassen sich die einzelnen Schlagzeugsounds über zu erzeugende Aux-Kanäle als Einzel-Outputs abgreifen.

Abbildung 11.94 Die drei Toms (Low, Mid, High) sind selektiert, links gibt es alternative Toms, rechts werden die »Edit«-Einstellungen für alle Toms angezeigt.

11.13.2 Producer Kits

In der Bibliothek stehen die meisten Drum Kits auch als Producer Kits zur Verfügung, die detailliertere Eingriffe in das Mixverhältnis der Sounds und weitere Parameter zulassen. Sie sind in einem eigenen Ordner innerhalb der Kategorie DRUM KITS untergebracht und am +-Zeichen hinter dem Bibliothekseintrag erkennbar.

Producer Kits sind Spurstapel, bei denen bereits Aux-Kanäle für einzelne Sounds eingerichtet wurden. Das Drumkit-Instrument erscheint dabei (wie bei anderen Spurstapel-Instrument-Patches auch) nicht in der Spurstapel-Masterspur (wo stattdessen EQ und »Compressor« aktiv sind), sondern in einer im Spurstapel integrierten Spur (in der Regel die erste Spur, die beim Aufklappen unterhalb der Spurstapel-Spur zu sehen und mit einem RECORD-Button ausgestattet ist).

Die weiteren mit den einzelnen Instrumentennamen beschrifteten Spuren dienen der separaten Abmischung dieser Sounds und haben keinen eigenen RECORD-Button. Sie können in letzteren Spuren jedoch auch alle anderen Sounds des Drumkits via MIDI ansteuern, z. B. indem Sie Regionen auf diese Spuren ziehen, daher kann die Beschriftung verwirrend sein (siehe Abschnitt 6.7.6 über Spurstapel).

Dabei können Sie unter anderem einstellen, ob die Sounds noch an einen Leak-Kanal, an Overheads oder an Room-Aux-Kanäle gesendet werden. Typisch für Mikrofon-Schlagzeugaufnahmen ist, dass für jedes einzelne Schlagzeuginstrument eigene und passende Mikrofone genommen werden. Die Einzelmikros für die Schlagzeuginstrumente nehmen aber auch die Umgebungsgeräusche auf (so ist z. B. die Kick auf der Snare-Mikro-Aufnahme zu hören). Das ist einerseits nachteilig, weil einzelne Drumsounds auf diese Weise niemals so sauber und getrennt voneinander herausgearbeitet werden können wie bei der Produktion elektronischer Drums. Andererseits wird in Logics DRUM KIT DESIGNER (aber auch vergleichbaren Tools wie NIs *Studio Drummer* oder XLN Audios *Addictive Drums*) die Möglichkeit bereitgestellt, genau diesen »Nachteil« zu realisieren, damit es authentisch klingt. Außerdem ist es üblich, bei der Schlagzeugaufnahme Overhead-Mikros hoch über dem Schlagzeug zu platzieren, um später einen räumlichen Sound hinzumischen zu können. Auch diese Option bieten die Producer Kits. Die Einstreuungen und das Vermischen der Sounds in den einzelnen Mixkanälen sowie die räumlichen Anteile ergeben einen charakteristischen Sound.

Der Overhead-Sound wird im *Motown Revisited*-Kit (Abbildung 11.95) beispielsweise realisiert, indem Drumsounds des Overhead-Aux-Kanales via Bus-Send an einen Reverb-Aux-Kanal gesendet werden. Bei anderen Producer Kits werden allerdings auch andere Mixer-Konfigurationen geladen (z. B. *Neo Soul* inklusive Aux-Kanälen mit Distortion-Effekten).

Sounds des DRUM KIT DESIGNERS basieren weitgehend auf *Sampler*-Presets. Um auf andere Art und Weise Edits vornehmen zu können, ist es möglich, einen *Sampler* (bei Producer Kits am besten als Multi-Ausgang-Version) anstelle des DRUM KIT DESIGNERS in den Instrumenten-Slot zu laden. Dabei besteht weitgehende, aber nicht immer komplette Settingkompatibilität. Im Sampler wird dabei mit Gruppen und Artikulations-IDs gearbeitet.

Abbildung 11.95 Mixerkonfiguration eines Producer Kits

11.14 Drum Machine Designer (DMD)

Der DRUM MACHINE DESIGNER (hier kurz: DMD) erlaubt schnellen Zugriff auf einzelne Drumsounds und wurde in Logic 10.5 gravierend überarbeitet und funktioniert völlig anders gegenüber Vorversionen, bewahrt aber Kompatibilität.

11.14.1 Drum Machine Designer: Basics und Aufbau

Der DMD besteht aus Kits und Pads bzw. zwei bis drei Seiten mit je 16 Zellen/Pads, in die Sie Sounds laden können. In Vorversionen hießen sie *Zelle*; da es nun Zellen im Live-Loops-Raster gibt, werden einzelne Sound-Slots im DMD nun *Pads* genannt. Sie können seit Logic 10.5 beliebige andere Kanalzüge (via BIBLIOTHEK) in ein Pad laden und jeden geladenen Sound in seiner Unterspur über die ganze Klaviertastatur spielen. Je nachdem, ob Sie auf die obere Leiste des Kits oder auf ein Pad klicken, zeigt die BIBLIOTHEK unterschiedliche Inhalte an. Mit dem Preset EMPTY KIT wird der DMD leer geladen.

Im Pad wird (seit Logic 10.5) definiert, welche Eingangsnote das Pad triggert. Wenn Sie diese Note in der DMD-Spur spielen, erklingt das Pad. Die Ausgangsnote definiert, welche Note an das geladene Instrument gesendet wird, wenn Sie den DMD über seine Hauptspur ansteuern. Klappen Sie den DMD als Spurstapel hingegen auf, lässt sich jeder Pad-Sound in einer eigenen Spur wie ein Instrument chromatisch spielen.

Pad-Inhalte können bei selektiertem Pad nun unten im DMD editiert werden, wenn ein *Quick Sampler* oder *Drum Synth* verwendet wird. Sie können auch ein oder mehrere Samples per Drag & Drop auf Pads laden. Hierfür werden dann automatisch *Quick Sampler*-Instrumente pro Pad erstellt.

Es gibt pro Pad je einen Instrumenten-Channel-Strip und gegebenenfalls weitere Aux-Kanäle für Effekte, die sichtbar werden, wenn Sie die Spurstapel-Spur aufklappen.

In der oberen Leiste des Kits (dort steht: KIT-STEUERELEMENTE) finden Sie (falls die Leiste selektiert ist) Mute- und Solo-Tasten und ein Aktionsmenü mit weiteren Optionen zum Benennen oder Umsortieren. Sie können hier z. B. auch einstellen, dass das entsprechende Pad stets selektiert wird, wenn Sie es anspielen.

Der Drum Machine Designer liefert »ab Werk« vor allem elektronische Drumsounds und ist Bestandteil vieler Drummer-Patches. Beim Erzeugen einer neuen Spur steht er (teilweise) nicht in der Liste (denn er ist strenggenommen kein Instrument, sondern ein Aux-Kanal) und hat kein eigenes Presetmenü. Eigentlich ist der DMD eine Art Mega-Smart-Control-Fernsteuerung für die verwendeten Instrumente. Er ist immer ein Spurstapel mit einem Buseingang, dementsprechend wird er auch nicht in der Liste der Instrumente aufgeführt, sondern darunter (oder gar nicht im Flip-Menü zur Auswahl eines Instruments beim Erstellen einer Software-Instrument-Spur, weil ja eine Aux-Spur erstellt würde). Die einzelnen Pads laden typischerweise *Quick Sampler*, *Drum Synths* oder (früher) *Ultrabeat*. Dass nun aber pro Pad jedes beliebige Instrument inklusive MIDI-FX in ein DMD-Pad geladen werden kann, erweitert die Möglichkeiten enorm. Doch der Workflow ändert sich hierdurch auch.

11.14.2 Tutorial-Projekt

Apple liefert ein gutes Tutorial-Projekt mit, das Sie in den Einführungen finden, wenn Sie NEU AUS VORLAGE auswählen – oder als Projekt *11x3_DMDEinfprojekt* im Bonusbereich.

11.14.3 Kit laden

Zum Kennenlernen des DRUM MACHINE DESIGNERS öffnen Sie das Projekt *11x3_DMD1*. In diesem Projekt und in Abbildung 11.96 wurde das Kit *After Party* geladen. Der Eintrag AFTER PARTY oben in der Leiste ist selektiert. Ist der Eintrag oben mit dem Namen des Drumkits selektiert, zeigt die BIBLIOTHEK Drum-Machine-Patches an und im Informationsbereich den Kanalzug, an den der Ausgang des DRUM MACHINE DESIGNERS gesendet wird. Zwischen diesen können Sie, wie bei anderen Patches auch, mit den [ö]/[ä]-Tasten wechseln, um andere Kits zu laden. Unten sind Smart Controls für das Kit zu sehen, mit denen Sie die Lautstärken und Effekte der Kit-Sounds einstellen – zumindest wenn Sie auf den Eintrag KIT-STEUERELEMENTE oben rechts klicken, um diese anzuzeigen. Sie können die Plug-in-Fenstergröße durch Ziehen unten rechts verändern, oben rechts wird eine prozentuale Zoomstufe angezeigt.

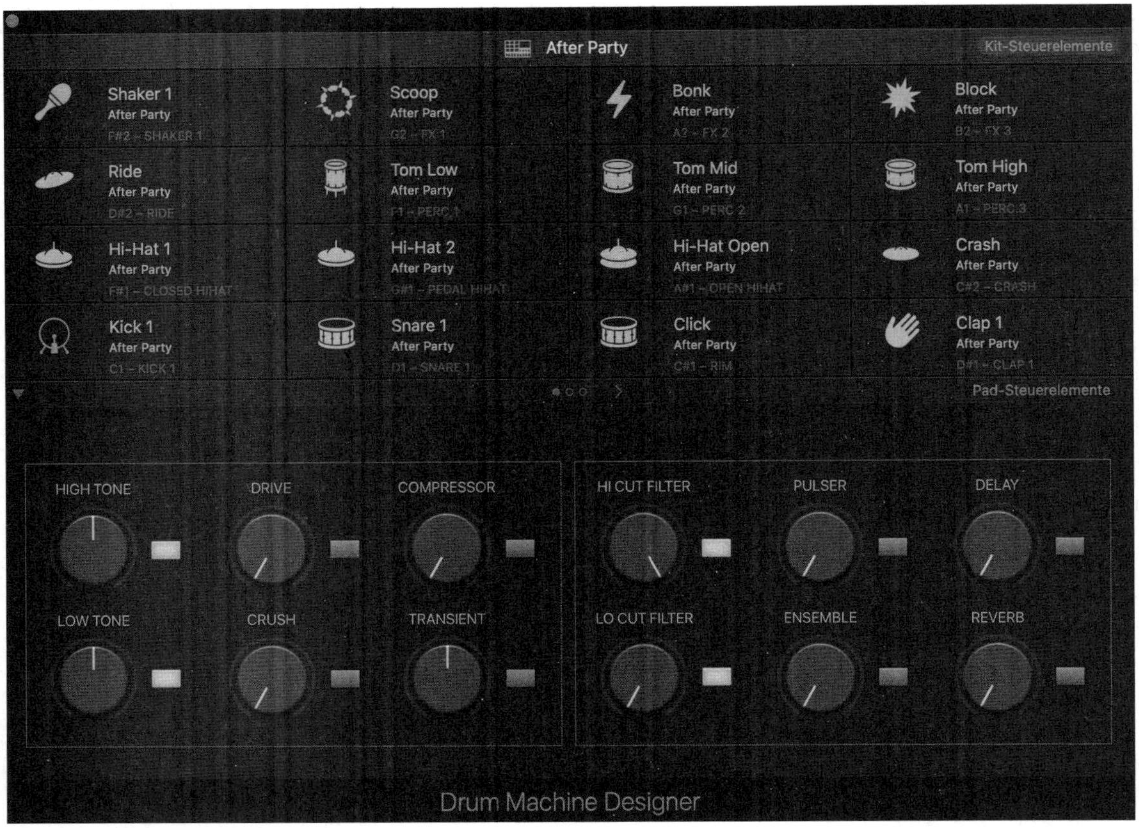

Abbildung 11.96 Drum Machine Designer

11.14.4 Kit-Pieces/Pads/Samples laden, »Quick Sampler« und »Drum Synth« im DMD, Instrumente und AUs von Drittanbietern im DMD

Wenn Sie ein Pad selektieren, sehen Sie Einstellungen für EINGANG und AUSGANG (hier wird jeweils eine Note eingestellt) des Pads sowie MUTE- und SOLO-Schalter. Stumm geschaltete Pads werden gedimmt dargestellt. Die Eingangs- bzw. Input-Note bestimmt, welche Note das Pad triggert, die Ausgangs- bzw. Output-Note bestimmt, welche Note vom Pad des DMD an das geladene Instrument gesendet wird. Daneben ist noch pro Pad ein Aktionsmenü verfügbar, erreichbar über das kleine Zahnradsymbol. Dort können Sie die BIBLIOTHEK öffnen, PAD-RESAMPLING betreiben oder eine EXKLUSIONSGRUPPE festlegen (siehe 11.14.7), KIT-NAMEN ÄNDERN und PAD(S) LÖSCHEN.

Ist ein einzelnes Pad oder das Feld PAD-STEUERELEMENTE selektiert, erscheinen unten im Smart-Control-Bereich Ansichten des *Quick Samplers, Drum Synths* oder Smart Controls für das Pad (Abbildung 11.97) – wenn der Eintrag PAD-STEUERELEMENTE selektiert ist. Je nach selektiertem Pad werden andere Parameter angezeigt (z. B. BODY, DISTORTION für eine Snare).

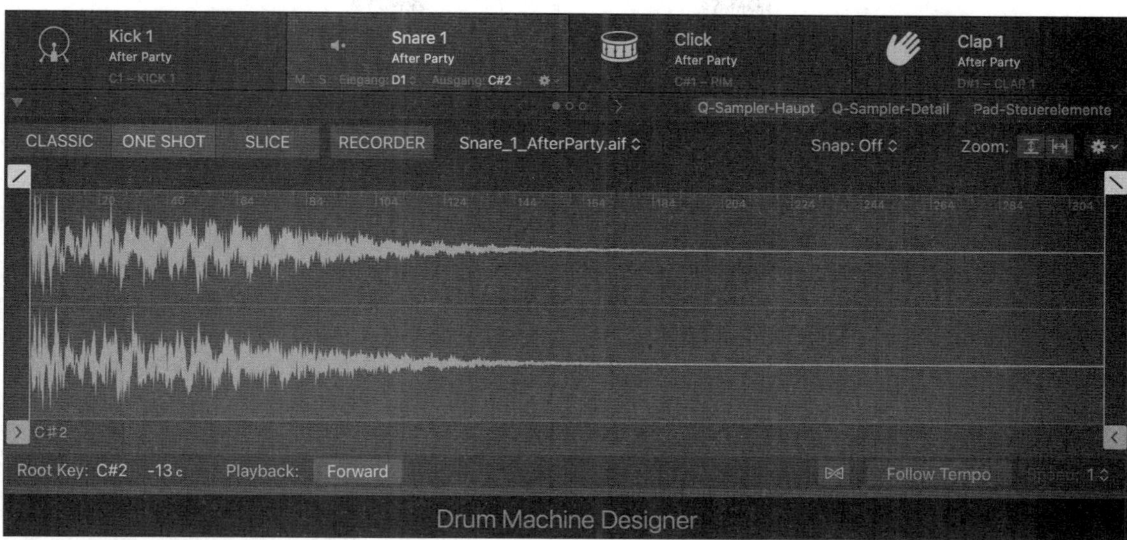

Abbildung 11.97 »Quick Sampler«-Bedienelemente eines Pads

Sind Quick Sampler oder Drumsynths im Pad geladen, kann die Ansicht links neben dem Eintrag Pad-Steuerelemente umgeschaltet werden, um deren Parameter unten anzeigen zu lassen. Dabei sind für den *Quick Sampler* alle Funktionen wie Slicing und Recording oder das Aktionsmenü zum Kopieren des MIDI-Patterns griffbereit und können aus dem DMD heraus ausgeführt werden. Lesen Sie hierzu die jeweiligen Abschnitte über den *Quick Sampler* in diesem Kapitel.

Es gibt mehr als die eine Anzeigeseite 16 Pads – nämlich noch eine zweite oder gar eine dritte Seite (mittig finden sich kleine Punkte zum Umschalten zwischen den Anzeigeseiten).

Ist ein Pad selektiert, erscheinen in der Bibliothek Patches für Kit-Pieces passend zum selektierten Pad. Mit den ö/ä-Tasten wechseln Sie zwischen den Kit-Pieces. Sie können nun wie gesagt auch alle andere Instrumenten-Patches, z. B. von Drittanbietern, aus der Bibliothek laden! Wenn dabei bereits ein Beat spielt, sind die ausgetauschten Sounds schnell in Echtzeit zu hören. Als Beispiel dient Projekt *11x3_DMDKick*, um Kick (schon erledigt) und Snare (machen Sie es selbst) auszutauschen. Ist ein Pad selektiert, zeigt der Informationsbereich im Hauptfenster als zweiten Kanal rechts den zugehörigen Channel-Strip (Abbildung 11.98), das Feld ganz oben ist weiß umrandet, die angezeigten Bibliotheksinhalte sind also Kanalzug-Patches für das Pad.

Sie laden Samples, indem Sie sie auf Pads ziehen. Dabei wird ein *Quick Sampler* geladen. Sie können auch mehrere Samples auf den DMD ziehen. Oder Sie können ein Drum-Machine-Designer-Kit erstellen, indem Sie mehrere Samples auf den Spur-Header ziehen (siehe Abbildung 11.99).

Abbildung 11.98 Rechts der Kanalzug, der zur Kick gehört – und die dazugehörigen Patches in der Bibliothek. Die Kick »After Party« wurde gegen die Kick »Warm Breeze« ausgetauscht. In der dazugehörigen Kick-Warm-Breeze-Spur können Sie die Kick chromatisch spielen, in der After-Party-Spurstapel-Spur steuert nur C1 die Kick an.

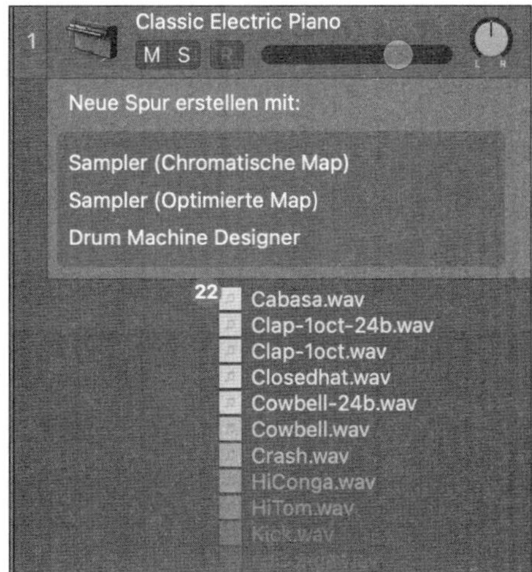

Abbildung 11.99 Erzeugen eines DMD-Kits durch Ziehen von Samples auf einen leeren Spur-Header

11.14.5 Slicing via Quick Sampler und Drum Machine Designer

Sie können im *Quick Sampler* im SLICE-Mode Samples via Rechtsklick in den DRUM MACHINE DESIGNER exportieren, um Slices dort einzeln abmischen zu können. Jedes Slice wird dabei auf ein Pad des DRUM MACHINE DESIGNERS gelegt. Der Befehl im Kontextmenü heißt CREATE DRUM MACHINE DESIGNER TRACK und erscheint nur, wenn der *Quick Sampler* sich im SLICE-Mode befindet.

11.14.6 Pads im Drum Machine Designer chromatisch spielen

Der Aufbau der in Logic 10.5 neu eingeführten DMD-Version mit Instrumentenspuren pro Pad erlaubt wie gesagt, über die DMD-Spur die Pads mit je einer Note anzusteuern, bei Bedarf aber auch das im Pad geladene Instrument oder den geladenen Sound über die ganze Tastatur zu spielen. Hierzu klappen Sie den DMD-Spurstapel auf und steuern das im Pad geladene Instrument auf seiner eigenen Spur an, wo Sie auch Noten aufnehmen können. Auf diese Weise können einzelne Schläge Ihrer Drums unterschiedliche Tonhöhen haben. Im Beispiel *11x3-DMD2-snarepitch* habe ich das für die Snare gemacht. Sinnvoller wäre es dann vielleicht, auch sämtliche anderen Drums auf ihren Einzelspuren anzusteuern, wodurch die Darstellung der Region nach dem Zusammenklappen etwas anders aussieht (siehe *11x3-DMD2b-snarepitch*).

Mit diesen neuen Möglichkeiten ist es zudem einfacher, (kurze) Sounds von Instrumenten in Drumloops zu integrieren oder den DRUM MACHINE DESIGNER und seine Spurstapel als kompakte Beatdesign-Option zu sehen, wo auch Basslines entstehen.

Möchten Sie z. B. den Regler DISTORTION der Kick automatisieren, dann geht das auch nicht in der Drum-Machine-Designer-Spur. Sie müssen hierfür eine eigene Spur für die Kick nutzen. Dies galt auch schon für ältere Versionen des DMD.

11.14.7 Aktionsmenü mit Pad-Resampling und Exklusionsgruppen

Pads haben nun ein mit der rechten Maustaste oder über das Zahnrad erreichbares Aktionsmenü. Dort gibt es auch die Option RESAMPLE PAD. Mit diesem Befehl wird die Eingangsnote des ausgewählten Pads an den DRUM MACHINE DESIGNER gesendet. Dieser Note zugeordnete Pads (gegebenenfalls auch mehrere) werden dann in einem Offline-Bounce-Vorgang abgespielt und gebounct, einschließlich aller Channel-Strip- und Master-Spur-Plug-ins und in eine neue *Quick Sampler*-Instanz auf einem neuen Channel-Strip geladen (wiederzufinden auf dem ersten freien Pad).

Alternativ können Sie auch eine Region, die auf einer Drum-Machine-Designer-Spur liegt, auf den Spur-Header ziehen. Handelt es sich beispielsweise um ein Drumpattern, so finden Sie dieses anschließend als Audiofile in einem freien Pad wieder.

Im Aktionsmenü können Sie auch die Bibliothek für Pads aufrufen und Pads einer Exclusive Group zuordnen. Weisen Sie mehrere Pads einer Gruppe zu. Dann werden zukünftig alle anderen Sounds in dieser Gruppe stumm, sobald ein Drumsound der Gruppe ausgelöst wird. Das ist z. B. für offene und geschlossene und Hi-Hats sinnvoll, die in der Natur nicht gleichzeitig spielen können. Eine zugewiesene Gruppennummer wird gedimmt oben rechts im Pad angezeigt.

Im Projekt *11x3DMDPadresample* habe ich Snare 1 auf D1 geresampelt und landet auf E3. Die Pads für Snare 1 und Snare 2 habe ich Gruppe 1 zugewiesen.

Im Aktionsmenü können Sie auch Pads umbenennen und löschen.

11.14.8 Drum Machine Designer – ältere Versionen mit »Ultrabeat«

In älteren Versionen des DMD, die aus in Versionen vor Logic 10.5 erstellten Projekten weiterhin ladbar sind, gibt es pro Pad je einen Aux-Kanal und weitere Aux-Kanäle für Effekte, die sichtbar werden, wenn Sie die Spurstapel-Spur aufklappen. Sie können dort auch auf Kanäle zugreifen, wenn Sie den Mixer öffnen und die Drum-Machine-Designer-Spur mit dem kleinen Dreieck unten öffnen. Für jeden Einzelsound in *Ultrabeat* sind Sub-Outs voreingestellt, die von einem eigenen Aux-Kanal im Spurstapel abgegriffen werden, siehe Projekt *11x-DMD1e*. Diese Spur kann auch die anderen Sounds in *Ultrabeat* ansteuern, im Fall der Kick entsteht eine Spur mit *Ultrabeat* selbst, im Fall von anderen Kit-Pieces entstehen Aux-Kanäle, deren Input auf Einzelouts des *Ultrabeats* steht und diesen via MIDI ansteuern. Der DRUM MACHINE DESIGNER ist dort ein Spurstapel mit einem vorkonfigurierten Multi-Ausgang *Ultrabeat* mit speziellen Smart Controls. Es fehlen Optionen zum Time-Stretching von Drumsamples.

In neueren Versionen alter Presets werden die früher in *Ultrabeat* geladenen Sounds nun teilweise in *Quick Sampler*- oder *Drum Synth*-Sounds übersetzt. Öffnen Sie das Dokument *11x3DMD1d*. Sie sehen dort, dass im neuen »After Party«-Preset (Spur 2) keine Group-Send-Aux-Konfigurationen mehr vorhanden sind; Spur 1 lädt das Preset im alten Stil mit der alten *Ultrabeat*/Aux-Konfiguration).

11.15 Ultrabeat

Ultrabeat ist Logics Drumcomputer mit eigenem Step Sequencer. Dieser kann auch ohne Logics Hauptsequencer gestartet werden. *Ultrabeat* besitzt eine eigene Drumpattern-Programmieroberfläche. Patterns können Sie später auch in den Bereich SPUREN übertragen und dort editieren. Mit *Ultrabeat* können Sie sowohl synthetische Drumsounds designen als auch Samples laden – und das gleich 24 Mal. Die neuen Drumsynths übernehmen diese Funktionen teilweise. Ganz oben spielt Sound Nr. 25 – hier ist ein Bass-Sound vorgesehen, der über die Oktaven darüber wie ein Instrument gespielt werden kann.

Auf der linken Seite ist eine Art Mini-Klaviatur für die 24 + 1 Sounds von *Ultrabeat* abgebildet, die auf der jeweiligen Taste (C1–B2) bzw. dem Rest der Tastatur darüber (C3–C8 für den Bass) spielen. Im Tastaturbereich von C-1 bis B0 lassen sich Patterns triggern. Hierfür gibt es verschiedene Modi.

Die blauen Balken in den Sound-Slots sind Lautstärkeregler ❶, wieder rechts daneben MUTE- und SOLO-Button ❷ und PAN-Regler ❸ – fast ein kleines Mischpult also. Die restlichen Parameter rechts daneben stehen jeweils für jeden Sound einzeln zur Verfügung. Man könnte *Ultrabeat* also auch als Modul mit 25 Synths bezeichnen. Über den STEP-Modus (anwählbar links unten) können Sie auch Parameterverläufe programmieren, um Beats interessanter zu machen. Diesbezüglich steht *Ultrabeat* berühmteren Artgenossen wie NI *Maschine* oder Elektron *Analog Rytm* kaum nach. Seit Logic 10.5 gibt es für so etwas allerdings auch noch Logics STEP SEQUENCER, der sich mit jedem Instrument nutzen lässt.

Abbildung 11.100 »Ultrabeat«

11.15.1 Klangerzeuger osc1, noise und osc2 in Ultrabeat

Ultrabeat besteht aus drei Klangerzeugungsbereichen (OSC1, NOISE und OSC2), die sich separat ein- und ausschalten lassen. Ist ein Klangerzeugungsbereich eingeschaltet, leuchtet sein virtueller Power-Button rot. OSC1 und OSC2 haben diverse Klangerzeugungsoptionen (OSC2 u. a. das Laden von Samples sowie Logics Component-Modeling-Synthese, die auch in *Sculpture* und anderen zum Einsatz kommt). Im Noise Generator stehen ein eigener Filter mit Resonanz und ein DIRT-Modul (eine Art »Bitcrusher«) zur Verfügung. Alle Klangerzeugungsbereiche können Sie mit den Pfeilen in die mittlere FILTER-Sektion routen; die Pfeile leuchten rot, wenn das Routing aktiv ist. Unterhalb der Filtersektion befinden sich ein Beatcrushing- und Distortion-Bereich (die Sie jeweils mit den CRUSH- ❹ bzw. DISTORT-Buttons ❺ unten aktivieren).

Mit Filtern, Tuningeinstellungen und den vier präzisen Hüllkurven (unten rechts) und zwei LFOs (oben links) lassen sich Sounds formen.

Die einzelnen Sounds eines *Ultrabeat*-Presets werden als *Voices* bezeichnet. Sie können Voices via Rechtsklick initialisieren und Standardeinstellungen aufrufen, z. B. eine neutrale Einstellung, die zum Laden von Samples geeignet ist, oder Synthesizereinstellungen, die z. B. einen Sinusbass, eine Kick, eine Snare oder eine Hi-Hat erzeugen (siehe Abbildung 11.101). Voices lassen sich auch kopieren und auf anderen Tasten einfügen. Die Optionen COPY (VOICE & SEQ) und PASTE VOICE oder PASTE SEQUENCE) erscheinen ebenfalls im Kontextmenü von Voices, hiermit können Sie sowohl die voicebezogenen Einstellungen als auch die für die Voice bestehenden Sequenzen in *Ultrabeat* kopieren und unabhängig voneinander in Voices einfügen.

Abbildung 11.101 Rechtsklick-/Kontextmenü der Voices

11.15.2 Samplebasierte Sounds

Im Projekt *11Ultrabeatvintagemasch* ist ein Sample als Snare-Sound geladen, die beiden anderen Klangerzeugungsbereiche sind deaktiviert. Durch Klick links oberhalb der Wellenform erscheint ein Flip-Menü zum Laden von Samples. Auch via Drag & Drop können Sie Samples laden. Das Preset *Drag & Drop Samples* im Drum-Kits-Ordner der Presets ist optimal, um das auszuprobieren, weil es ansonsten neutrale Einstellungen vorkonfiguriert hat.

Im Flip-Menü zum Laden von Samples finden Sie auch den Eintrag LOAD SAMPLE. Hierüber gelangen Sie in einen Dialog, wo Sie Kits, Drum-Bänke und einzelne Sounds finden. Einzelsounds liegen hier als *.aif*-Audiodateien vor, die auch in das Fenster PROJEKTAUDIO oder in den *Sampler* geladen werden können. In Vorversionen waren es auch *.ubs*-Dateien, also nur in *Ultrabeat* ladbare Samples, die ich bei einer neuen Installation zumindest erst einmal nicht mehr aufgefunden habe.

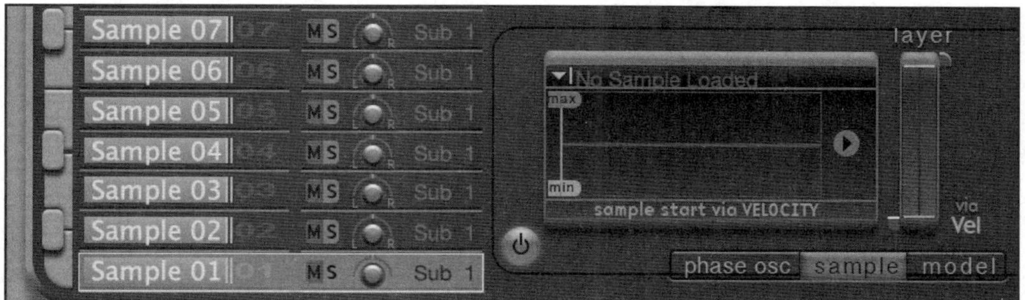

Abbildung 11.102 Unten ist der Samplemodus für »osc2« eingestellt; dort, wo »No Sample Loaded« steht, können Sie Samples über ein Flip-Menü laden. Es geht aber auch via Drag & Drop.

11.15.3 Ultrabeat-Presetverwaltung, Import-Mode (auch von .exs-Instrumenten)

Wenn Sie ein *Ultrabeat*-Preset laden, laden Sie Sounds für alle 25 Voices und Patterns. Verwendete Samples können nicht mit dem Preset, aber mit in den Projektordner gespeichert werden.

Im Import-Mode lassen sich Voices aus Presets per Drag & Drop laden. Klicken Sie auf den Button IMPORT (sichtbar z. B. unterhalb des KOPIEREN-Buttons in Abbildung 11.102); anschließend werden Sie in einem Dialog gefragt, aus welchem Preset Sie importieren möchten. Wählen Sie eines aus. Sie finden übrigens auch sogenannte *Drum Banks*, z. B. Sammlungen von Kicks oder Hi-Hats. Diese Presets eignen sich gut für den Import. Sie können auch *Sampler*/*.exs*-Instrumente auswählen und Sounds daraus importieren (allerdings können nicht alle Einstellungen übernommen werden).

Klicken Sie auf einen angezeigten Sound (in Abbildung 11.103: TALK DRUM MID), um ihn vorzuhören, ziehen Sie ihn dann nach links auf den gewünschten Slot (hier: COW BELL), um ihn inklusive aller Parametereinstellungen zu laden. Wenn Sie Samples aus einem *.exs*-Instrument importieren, erscheint eine ähnliche Anzeige mit Samplezonen.

Sie können zu importierende Sounds auch mit `ctrl` + Klick anklicken und Einstellungen (voice- und sequencerbezogen) kopieren.

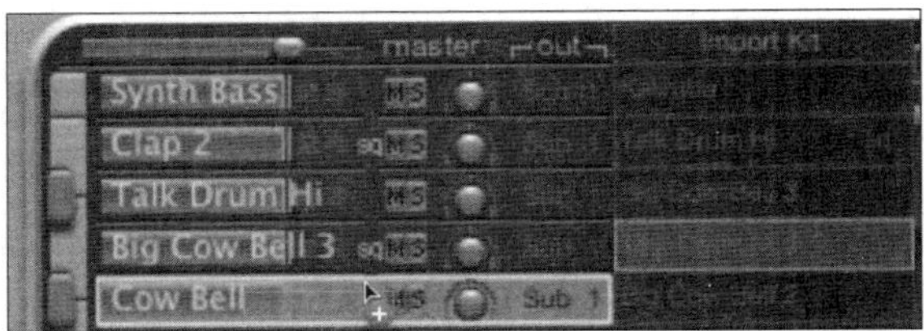

Abbildung 11.103 Importdialog: Auswahl einzelner Sounds

11.15.4 Sounddesign in Ultrabeat

Sie können das Tutorial-Kit aus den Tutorial-Settings laden, um exemplarisch das Sounddesign für einige typische synthetische Drumsounds nachzuvollziehen. Das habe ich im Dokument *11Ultrabeatkick1* getan. Zunächst habe ich die Kick 1 etwas editiert. Betrachten Sie die Kick 1: Sie wird ausschließlich im obersten Osc erstellt. Unten rechts ist eine kurze Envelope-4-Hüllkurve, die auf den Amp geroutet ist, eingestellt. Sie regelt die Lautstärke. Wenn Sie bei den vier Hüllkurven unten rechts auf Envelope 1 umschalten, sehen Sie eine Hüllkurve, die auf den Pitch der Klick geroutet ist. In *11Ultrabeatkick1b* habe ich das Routing von Envelope 1 deaktiviert, in *11Ultrabeatkick1c* habe ich Envelope 1 wieder auf den Pitch geroutet. In *11Ultrabeatkick1d* habe ich Envelope 1 verlängert und in *11Ultrabeatkick1e* die Form der Hüllkurve wieder verändert. Sie hören: Der »Klick«-Sound der Kick entsteht zu einem großen Teil aus der Modulation der Tonhöhe (Abbildung 11.103 und Abbildung 11.104). Die Zuweisung von Modulationsparametern ist in *Ultrabeat* leider nicht besonders übersichtlich.

Abbildung 11.104 »pitch« steht auf »A#0«, aber der Modulationsbereich (blau) lässt eine höhere Tonhöhe zu. Modulator ist hier »envelope 1«.

Abbildung 11.105 »envelope 1« – eingezoomt und editiert. Die Hüllkurven des »Ultrabeat« erlauben präzisere Edits als andere Logic-Synths, wenn es um sehr kurze Hüllkurven geht, was bei der Formung von Drumsounds wichtig ist.

Beachten Sie auch die Option für das Zooming oben rechts in den Darstellungsfenstern für die Envelopes. Zur Veränderung des Zoombereichs bewegen Sie die Maus mit gehaltener Taste über den ZOOM-Schriftzug, und bewegen Sie sie nach links oder rechts.

Hi-Hat

Im Projekt *11Ultrabeathh1* entsteht eine Hi-Hat aus dem Noise Generator, der u. a. mit einer kurzen Hüllkurve und einem Filter bearbeitet wird. Gleichzeitig habe ich im Projekt *11Ultrabeathh1* eine Automation aufgenommen, die dokumentiert, wie sich die künstliche Hi-Hat durch Bewegung/Verlängerung des Decay-Bereichs der Hüllkurve von einer eher geschlossenen in eine offene Hi-Hat ändert. Das Gleiche passiert in *11Ultrabeathh2*, wobei es sich diesmal um eine andere Hi-Hat handelt. Diese setzt sich aus drei Sounds der drei Klangerzeugungsbereiche OSC 1, NOISE und OSC 2 zusammen. Die virtuellen Power-Buttons aller drei Klangerzeugungsbereiche leuchten. Zusätzlich ist der Equalizer-Bereich aktiv. Darin stehen zwei Bänder mit variabler Bell- und Shelving-Charakteristik zur Verfügung. In Abbildung 11.106 sehen Sie zudem den finalen Lautstärkeregler des *Ultrabeat*-Sounds – sowie Einstellungen, dass die Lautstärke von ENVELOPE 4 via Velocity moduliert wird.

Abbildung 11.106 Der EQ-Bereich eines Sounds in »Ultrabeat«

11.15.5 Patterns nutzen und programmieren

Bei Werkspresets sind meist bereits programmierte Drumpatterns integriert. Diese erreichen Sie unten links im Flip-Menü PATTERN (Abbildung 11.107).

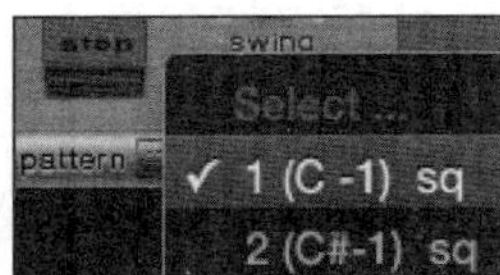

Abbildung 11.107 Patternauswahlmenü unten links in »Ultrabeat«

Steht dort PATTERN 1 (C-1) SQ, dann bedeutet der Eintrag SQ, dass hier eine Sequenz vorhanden ist und über die genannte Taste angesteuert werden kann. Daneben kann ein Flip-Menü geöffnet werden, wo die 24 Patternslots der Tasten C-2 bis B0 zu sehen sind, ein Häkchen neben der Sequenz zeigt dort, welche Sequenz gerade in *Ultrabeat* geladen bzw. aktiv ist. Diese geladene Sequenz können Sie auch unabhängig von Logics Sequencer abspielen, indem Sie den Power-Knopf des Sequencers ❶ (im Bild unter dem Schriftzug) aktivieren und daneben auf PLAY ❷ drücken, falls *Ultrabeats* SEQUENCER aktiv ist.

Abbildung 11.108 Im Bild sind »sequencer« und »pattern mode« angeschaltet.

Die dem Pattern zugeordnete Note (im Bild z. B. C-1) spielt eine Rolle, falls weiter rechts noch der PATTERN-Mode aktiviert worden ist (Abbildung 11.108). Dann können Sie durch Anspielen der sehr tiefen Note C-1 dieses Pattern auslösen. In Abbildung 11.108 sehen Sie außerdem, dass das Beispielpattern eine Länge (LENGTH) von 32 Schritten und eine Auflösung (RESOLUTION) von ¹⁄₁₆-Schritten aufweist. Das bedeutet, dass das Pattern zwei Takte lang ist (denn bei einer Auflösung von ¹⁄₁₆ hat ein Takt eine Länge von 16 Schritten). Beides können Sie verstellen. Bei einer Auflösung von ¹⁄₃₂ können Sie feinere Rhythmusnuancen programmieren.

Eigene Patterns programmieren/Full View und Sequenzansicht eines Sounds

Sie können bei aktiviertem SEQUENCER selbst neue Patterns programmieren, indem Sie im PATTERN-Menü das Flip-Menü aufrufen (wo steht, auf welchen Tasten bereits Patterns liegen) und einen Eintrag suchen, neben dem noch nicht SQ für »Sequenz« steht. Der Sequencer ist zum Programmieren und Einzeichnen, aber nicht zum Live-Einspielen von Schlägen gedacht. Unten zeigt *Ultrabeat* im Bereich SEQUENCER eine Sequencer-Spur und die Schläge für einen selektierten Soundslot an. Schläge, Velocity und Länge sind hier editierbar. Wenn Sie per Klick auf die in *Ultrabeat* abgebildete Tastatur einen anderen Sound anwählen, erscheint eine andere Ansicht, und die Patternschläge für ein anderes Instrument werden anzeigt. Alternativ lassen sich Patterns im Full View programmieren, wo Sie alle Patternspuren gleichzeitig sehen. Hierbei lassen sich Schläge nicht nur intuitiv einzeichnen oder löschen, es stehen auch einige Hilfsfunktionen zur Verfügung, wie etwa ADD EVERY DOWNBEAT, um auf bestimmten Zählzeiten Noten zu erzeugen, oder ALTER EXISTING RANDOMLY, um zufällige Änderungen zu erreichen. (Abbildung 11.109). Steps können auch nach links oder rechts verschoben werden.

Abbildung 11.109 Full-View-Ansicht mit Kontextmenü inklusive Tools zum Erzeugen und Bearbeiten von Schlägen

11.15.6 Parameter-Step-Programmierung und Step-View

Unter dem Power-Knopf des Sequencers gibt es die Option, einzelne Parameter pro Schritt zu ändern (STEP-Modus statt VOICE-Modus) ❶. Die Änderungen werden dabei relativ zum Ausgangswert vollzogen (*Offset-Werte*). Änderbare Parameter leuchten gelb. Das ist wichtig, um wirklich abwechslungsreiche Patterns zu erzeugen. Ähnliches können Sie nun aber auch mit dem Step Sequencer (siehe Kapitel 7) realisieren. Um im STEP-Modus eine Werteänderung zu programmieren, selektieren Sie zunächst den entsprechenden Step und drehen dann am entsprechenden Regler (in *Ultrabeats* Klangprogrammierungsbereich) oder ziehen den zugehörigen Balken unten im Step Sequencer von *Ultrabeat* ❷ mit gehaltener Maustaste nach oben oder unten. Sie können entsprechende Werteverläufe auch in Logics Haupt-Sequencer exportieren (siehe Abschnitt 11.15.8), sie werden dort als Regionsautomation angezeigt. Wenn Sie den STEP-Modus verlassen, sind diese Parameterautomationen allerdings nicht mehr zu hören und werden auch beim Drag-and-Drop-Export von Patterns (siehe Abschnitt 11.15.8) nicht mitexportiert. Sehr wohl bleiben sie natürlich hörbar, wenn Sie sie bereits korrekt exportiert und Sie *Ultrabeats* internen SEQUENCER deaktiviert haben.

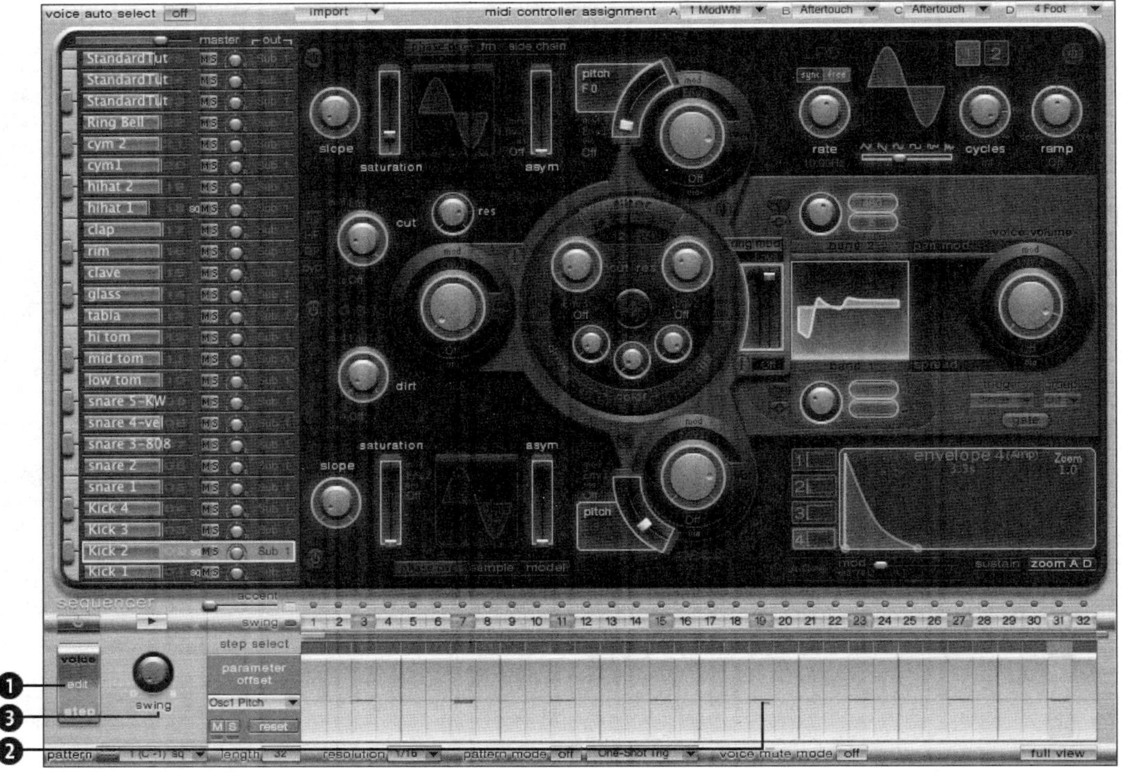

Abbildung 11.110 Der »step«-Modus

Im Projekt *11Ultrabeatstepmod* hören Sie, dass der Pitch des Sounds »Kick 2« aus OSC1 für manche Schritte verändert wurde.

11.15.7 Accent und Swing

Hier können Sie ein »Swing«-Feeling für *Ultrabeat*-Patterns einstellen. Die Noten auf den geraden Zählzeiten werden dabei nach hinten verschoben (nur bei ⅛- oder $\frac{1}{16}$-Auflösung), falls Sie das blaue Lämpchen beim Eintrag SWING ❸ aktivieren und den virtuellen Drehknopf SWING aufdrehen (Letzteres reichte bei mir in der Praxis bereits).

Eine zusätzliche Möglichkeit, Nuancen in Patterns einzubauen, liefert die ACCENT-Funktion, die einzelne Schläge lauter macht. Die blauen Lämpchen über den Zählzeiten aktivieren eine besondere Betonung eines Schlages. Ob die ACCENT-Funktion aktiv ist und wie stark sie wirkt, hängt vom blauen Aktivierungsschalter bzw. der Stellung des danebenliegenden ACCENT-Sliders ab.

11.15.8 Übertragung eines Patterns in den Bereich »Spuren«

Fassen Sie das Quadrat rechts neben dem Patternschriftzug an, und ziehen Sie es in eine Spur des Bereichs SPUREN (Abbildung 11.111). So entsteht ein MIDI-File.

Abbildung 11.111 Via »Drag to Arrange Window« wird das Pattern in den Bereich »Spuren« gezogen.

Danach können Sie das *Ultrabeat*-Pattern als MIDI-Region im Bereich SPUREN weiterbearbeiten. Achtung: Um zu verhindern, dass die Noten doppelt spielen, müssen Sie den internen Sequencer von *Ultrabeat* ausschalten, ansonsten werden die Noten ja sowohl vom Bereich SPUREN aus als auch von *Ultrabeats* internem Sequencer gespielt. Beim Ziehen von Patterns ins Arrangement berücksichtigt *Ultrabeat*, wenn Sie Sounds in *Ultrabeat* selbst mit dem kleinen »M«-Knopf stumm geschaltet haben – entsprechende Noten werden als stumm geschaltete MIDI-Events in der neuen Region erscheinen. Auch programmierte Step-Parameter-Offsets werden mit übertragen – vorausgesetzt, der STEP-Modus ist im Moment des Drag-and-Drop-Vorgangs eingeblendet.

11.15.9 Pattern triggern und der Pattern-Mode

Ist der PATTERN-Mode aktiv, können 24 Patterns mit den Tasten C-1 bis B0 getriggert werden (C-1 im Beispiel oben). Auf diese Art und Weise können Sie im Bereich SPUREN Patterns von *Ultrabeat* arrangieren, indem Sie Regionen mit einzelnen Noten, die Patterns triggern, benutzen. Für den PATTERN-Mode gibt es wiederum vier verschiedene Triggering-Optionen im Flip-Menü rechts daneben (Abbildung 11.108). Ist der TOGGLE-Mode ausgewählt, spielt das Pattern immer weiter, auch wenn Sie die Taste loslassen (und stoppt, wenn Sie sie erneut drücken). Die Option TOGGLE ON STEP 1 funktioniert genauso, aber das nächste Pattern startet erst auf Zählzeit 1. Im SUSTAIN-Mode spielt es dagegen nur so lange, wie Sie die Taste festhalten. Mit ONE SHOT TRIG spielen Sie ein Pattern genau einmal in voller Länge ab.

11.15.10 MIDI-Controller mit Ultrabeat einsetzen

Ultrabeat besitzt im oberen Teil vier Slots, mit denen Sie sogenannten *Controllern A–D* MIDI-Controller-Daten zuweisen. Diese können Sie mit Hilfe der VIA-Parameter in den Modulationsslots zur Modulation einsetzen.

11.15.11 Nutzung von Einzelouts

Sie können die verschiedenen Sounds von *Ultrabeat* auch in verschiedenen Kanalzügen abmischen. Hierfür müssen Sie *Ultrabeat* als Multi-Ausgang-Instrument laden, zusätzliche Aux-Kanäle erzeugen, dort verschiedene *Ultrabeat*-Outputs als Input auswählen und diese in den entsprechenden Sound-Outputs in der *Ultrabeat*-Oberfläche einstellen (siehe Abbildung 11.112, wo z. B. RIM und SNARE1 an den Ausgang 3–4, der hier SUB 2 heißt, geroutet werden).

Abbildung 11.112 Rechts sind die Einzelouts pro Sound eingestellt.

Sie können auch auf die Aux-Kanäle Noten aufnehmen, die den *Ultrabeat* triggern. Mehr zur Konfiguration im Mixer bei der Nutzung von Einzelouts erfahren Sie in Abschnitt 14.5.

11.16 Drum Synth

Der *Drum Synth* hat viele Gemeinsamkeiten mit *Ultrabeats* synthetischem Teil, denn er ersetzt im DRUM MACHINE DESIGNER seit Logic 10.5 in vielen Presets Sounds, die vorher von *Ultrabeat* realisiert wurden. Allerdings erfordert die Bedienung weniger Synthesizerkenntnisse als bei *Ultrabeat* und ist leicht verständlich gemacht. Es gibt hier keine Hüllkurven, Modulationsziele und -intensitäten, keinen vollparametrischen EQ, sondern allenfalls DECAY (Ausklang) und ansonsten griffigere Parameter wie SNAP oder BODY als einfache Regler. Von daher behält *Ultrabeat* andererseits noch eine Daseinsberechtigung, weil man hier z. B. Hüllkurven genau editieren und ihre Wirkung dosieren kann. Die für *Ultrabeat* oben erläuterten Sounddesignbeispiele sind zudem auch auf anderen Synthesizern nachvollziehbar. Mit synthetisch erzeugten Drumsounds erreichen Sie leicht, dass jeder Schlag ein wenig anders klingt, wenn Sie mit Automation arbeiten.

Eigentlich sind es gleich mehrere Drumsynths: KICKS, SNARES AND CLAPS, PERCUSSION, HATS & CYMBALS heißen die vier Kategorien, die sich oben links in einem Flip-Menü einstellen lassen. In einem Flip-Menü darunter gibt es aber noch in jedem Bereich weitere Auswahlmöglichkeiten (unterschiedliche Kicks, Snares usw.). In vielen Oberkategorien oder auch den unterschiedlichen Sounds einer Kategorie stehen jeweils andere Parameter zur Verfügung. Im Projekt *11x3Drumsynth* sind vier Spuren mit je einem Sound der vier Oberkategorien geladen.

Ein Vorteil gegenüber *Ultrabeat* ist, dass die designten Sounds wie ein Instrument über die komplette Tastatur mit verschiedenen Tonhöhen gespielt werden können.

Wenn Sie KEY TRACKING ausschalten, entfällt das, und der Sound spielt in gleichbleibender Tonhöhe, egal, welche Taste Sie anschlagen (Abbildung 11.113).

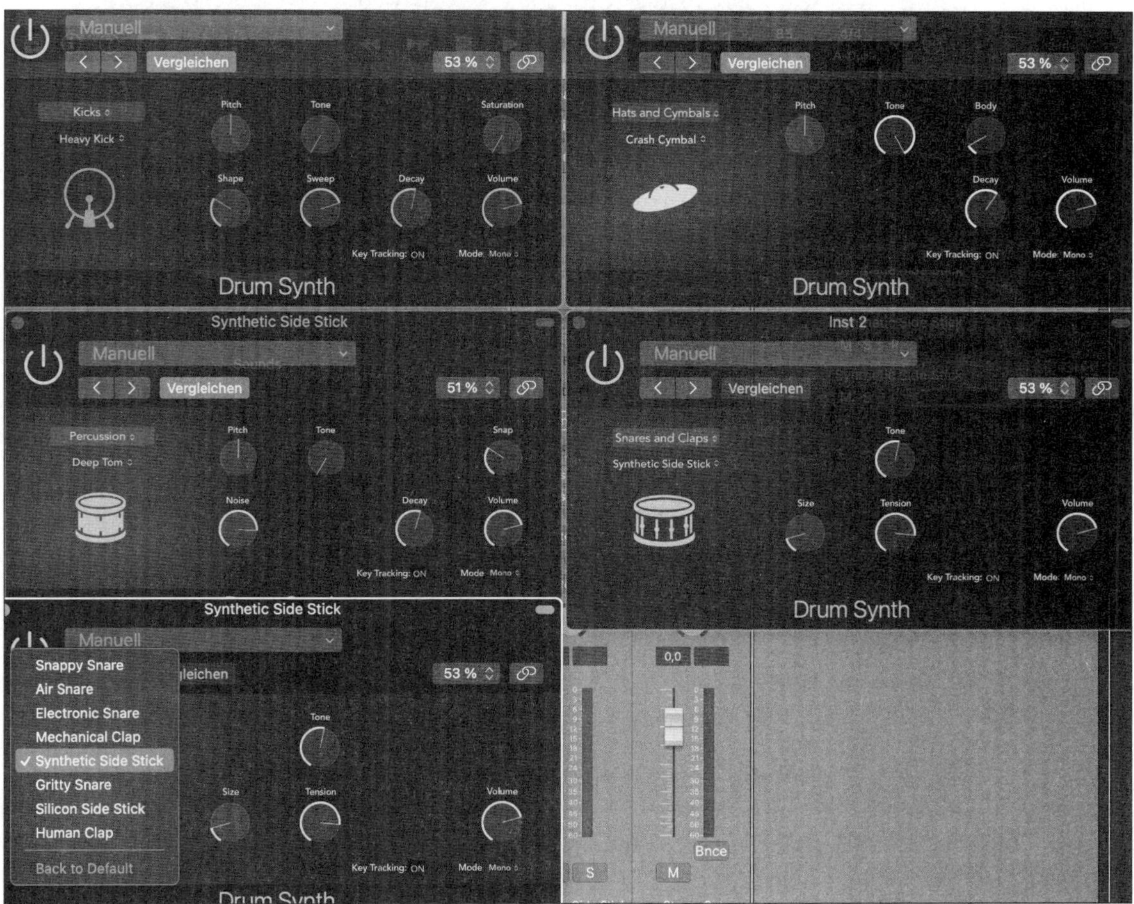

Abbildung 11.113 »Drum Synth«

Im MONO-Mode spielen die Sounds stets gleich lang, im GATE-Mode enden sie beim Loslassen der Taste früher. Im POLY-Mode können sie polyphon erklingen.

11.17 ES1

Der *ES1* ist ein einfacher analoger Synthesizer. Sein Aufbau ist typisch für einen Analogsynthesizer mit subtraktiver Synthese (Abbildung 11.114).

Abbildung 11.114 Der »ES1« mit ausgeklappten erweiterten Parametern

11.17.1 Oszillator-Bereich

Ganz links stellen Sie die grobe Tonhöhe in *Inch* bzw. *Fuß* ein ❶; 32 Fuß ist die tiefste und 2 Fuß die höchste Einstellung (die Bezeichnung bezieht sich auf das Längenmaß von Orgelpfeifen). Mit den zwei Drehrädchen rechts daneben ❷ wählen Sie die Wellenformen der beiden Oszillatoren aus. Weiter rechts daneben befindet sich ein Schieberegler mit der Bezeichnung MIX ❸. Hier bestimmen Sie die Relation zwischen der Lautstärke des einen und des anderen Oszillators. Eine Besonderheit ist, dass der zweite Oszillator ein Suboszillator ist, der immer eine Oktave (also 12 Halbtöne) tiefer als der Hauptoszillator spielt.

11.17.2 Filter-Bereich

Der Filter des *ES1* ❹ beherrscht nur den Low-Pass-Modus, diesen jedoch in vier verschiedenen Intensitäten. Die beiden 24-dB-Varianten ❺ schneiden die Höhen am steilsten ab – der

CUTOFF-Regler darüber ❻ bestimmt, bei welcher Frequenz das geschieht. Der RESONANCE-Regler unten ❼ legt fest, ob diese Frequenz betont wird. DRIVE ❽ regelt den Grad der Verzerrung im FILTER-Bereich. Mit KEY ❾ stellen Sie ein, ob die Cutoff-Frequenz sich bei höheren gespielten Noten ändert. Je weiter der KEY-Regler aufgedreht ist, desto höher stellt sich die Cutoff-Frequenz bei höheren Noten auf der Klaviatur ein.

Modulation des Filters durch Envelope und Velocity

In dem mit ADSR VIA VEL beschrifteten Regelbereich rechts daneben ❿ stellen Sie ein, ob die Standard-ADSR-Hüllkurve, die sich eigentlich auf die Lautstärke auswirkt, auch auf die Filter-Cutoff-Frequenz wirkt, wobei Sie die Velocity Einfluss nehmen lassen können. Der typische Zweck ist, dass der Sound umso heller klingt, je stärker Sie die Tasten anschlagen. Sie können den Regler auseinanderziehen, so dass er wie im Bild aus zwei kleinen Dreiecken besteht. Das bedeutet, dass die Wirkung der ADSR-Hüllkurve auf die Cutoff-Frequenz bei festem Klavierspiel so stark ist wie mit dem oberen Teil des Reglers eingestellt. Der untere Teil des Reglers dagegen steht auf 0 bzw. Mittelstellung. Das bedeutet, dass die ADSR-Hüllkurve bei gespielter Velocity 0 keinen Einfluss auf die Cutoff-Frequenz hat. Schieben Sie die beiden Reglerelemente zusammen, hat die Velocity keinen Einfluss mehr, und Sie regeln nur, wie stark die ADSR-Einstellungen die Cutoff-Frequenz beeinflussen.

11.17.3 Amplifier-Bereich

Auch im AMPLIFIER-Bereich finden Sie einen solchen zweigeteilten Regler ⓫. Der obere Teil des Reglers stellt ein, wie groß die Lautstärke des Amps bei gespielter Velocity 127 ist; der untere Teil bestimmt, wie groß sie bei gespielter Velocity 0 ist. Schieben Sie die beiden Reglerelemente zusammen, hat die Velocity hat keinen Einfluss auf die Lautstärke. Rechts können Sie statt einer ADSR-Hüllkurve auch einen anderen Modus (AGATER oder GATER) auswählen ⓬, wodurch sich neben der gespielten Klaviaturtaste (auf die sich hier der Begriff »Gate« bezieht) nur die genannten Regler der Hüllkurve auf den Amp auswirken.

11.17.4 Envelopes und LFO

Auf der linken Seite des *ES1* sehen Sie einen LFO ⓭. Für ihn können Sie verschiedene Wellenformen einstellen. Seine Geschwindigkeit kann temposynchron oder unabhängig vom MIDI-Tempo geregelt werden. Rechts daneben lassen sich die möglichen Ziele des LFO einstellen, wobei Sie immer nur eines auswählen können. Die Stärke der Modulation des Zieles beeinflussen Sie mit dem Mod-Wheel. Auch hier lässt sich der Regler wieder auseinanderziehen, so dass er aus zwei kleinen Dreiecken besteht, deren oberes die Modulationsintensität bei voll hochgedrehtem Mod-Wheel anzeigt, während das untere die Modulationsintensität bei einer Stellung 0 des Mod-Wheels repräsentiert.

Analog dazu funktioniert das auf der rechten Seite mit der Mod-Hüllkurve ⓮ (MOD ENVELOPE) und der ADSR-Hüllkurve ⓯. Die Wirkung Letzterer auf den Filter-Cutoff variieren Sie über die Velocity; zudem moduliert sie den Amp. Jedoch ignoriert der Amp in den Modi AGATER oder GATER eventuell manche Regler.

Die zusätzliche Mod-Hüllkurve verfügt nicht über die üblichen vier ADSR-Regler, sondern lediglich über einen Drehregler, der wahlweise eine lange ATTACK-Zeit (inklusive anschließendem hohen Sustain) oder eine lange DECAY-Zeit (mit Sustain = 0) einstellt. Auch für diese können Sie ein Modulationsziel auswählen und die Modulationsintensität mit Hilfe des zweigeteilten Reglers durch die Velocity beeinflussen.

11.17.5 MIDI-Modulation/-Controller

Die Bedienungsanleitung »Logic Pro-Instrumente« teilt mit, dass der *ES1* auf MIDI-Controller-Daten reagiert, und eine Tabelle listet genau auf, welche das sind, gegebenenfalls müssen Sie es ausprobieren. Sie finden eine entsprechende Option in den erweiterten Parametern, wenn Sie den kleinen Pfeil links unten am *ES1* ⓰ ausklappen. Sie können einen MIDI-Mode zwischen OFF und FULL REMOTE ⓱ umschalten. Hier wird eingeschaltet, dass die Fernsteuerung über MIDI-Controller funktioniert, der *ES1* hat beim ersten Öffnen diesen MIDI-Mode normalerweise auf OFF voreingestellt.

11.17.6 Globale Parameter

Unten im *ES1* sehen Sie verschiedene sogenannte globale Parameter ⓲:

- TUNE: Hiermit stellen Sie eine globale Verstimmung für den *ES1* ein. Wie Sie an den drei Nachkommastellen sehen, können Sie den Synth bis zu $\frac{1}{1000}$-Halbtöne genau verstimmen. In der Praxis ließen sich in meinem System allerdings nur $\frac{1}{10}$-Halbtöne als Verstimmung einstellen. Sie können den Wert auch durch Doppelklick auf das Feld manuell eingeben.
- ANALOG: Dieser Parameter sorgt dafür, dass die Cutoff-Frequenz gespielter Noten individuell verstimmt und verändert wird, wodurch subtile Veränderungen erzeugt werden.
- BENDER RANGE: Um wie viele Halbtöne soll Ihr PITCH BEND-Regler den Sound verändern?
- OUT LEVEL: Stellen Sie hier den maximalen Ausgangspegel ein.
- VOICES: Legt die maximale Anzahl der Stimmen fest. Dabei ist eine unbegrenzte, nur durch die Systemleistung limitierte Anzahl von Stimmen ebenso möglich wie ein Legato-Mode.
- CHORUS: Hier aktivieren Sie einen Choruseffekt.

11.18 ES E, ES M, ES P

ES E, *ES M* und *ES P* sind drei einfache Synthesizer mit jeweils eigener Spezialisierung, die zumindest die Presets betrifft.

- *ES E* ist auf Ensemble-/Pad-Sounds ausgelegt.
- *ES M* ist spezialisiert auf monophone Leads bzw. Bässe.
- *ES P* eignet sich besonders für synthetische Bass-Sounds.

Im Dokument *11ESE_ESM_ESP1* hören Sie kurz typische Sounds der drei Synths. Alle drei sind recht einfach aufgebaute Synths mit subtraktiver Synthese. Ein im Oszillatorbereich erzeugter Sound wird jeweils von einem Low-Pass-Filter mit Resonanz bearbeitet, und es stehen ein LFO und eine Hüllkurve in leicht unterschiedlichen Ausführungen und Verschaltungen zur Verfügung.

Auf einige Besonderheiten gehe ich unten kurz ein. Wenn Sie Abschnitt 11.6 über Synthesizer-Basics gelesen haben oder sich mit Synths auskennen, sollten Sie den Rest von selbst verstehen.

11.18.1 ES E

Die Wellenform ❷ kann von *Sawtooth* (ganz links) bis *Pulse* mit verschiedenen Pulsbreiten (nach rechts) umgestellt werden. Die Buttons »4«, »8« und »16« ❶ transponieren die Klangerzeugung in Oktaven (Abbildung 11.115).

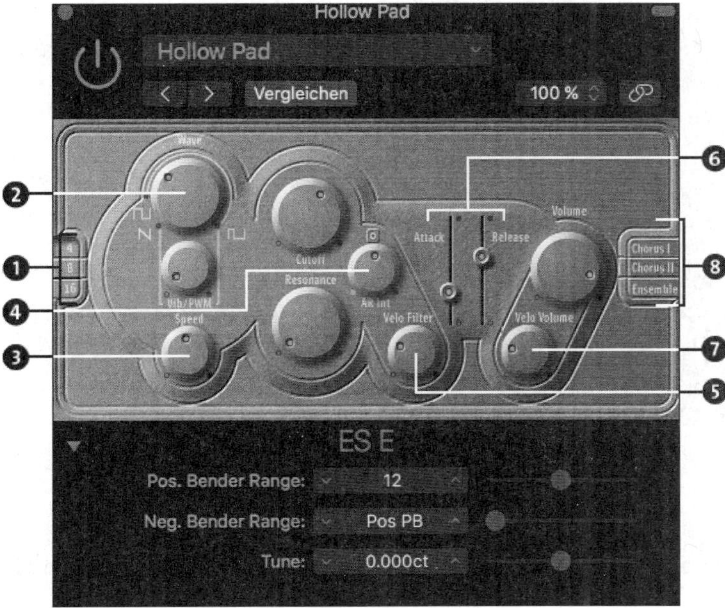

Abbildung 11.115 »ES E«

Mit dem SPEED-Regler unten ❸ justieren Sie die LFO-Geschwindigkeit. Steht die Wellenform auf Sawtooth, wird die Tonhöhe moduliert; steht sie auf Pulse, wird die Pulsbreite moduliert.

Die ATTACK- und RELEASE-Regler ❻ der einfachen Hüllkurve betreffen sowohl die Filter- als auch die Amp-Hüllkurve, wobei Sie die Intensität der Wirkung der Filterhüllkurve via AR INT ❹ einstellen. Es stehen Regler für die Wirkung der gespielten Velocity auf den Filter ❺ und auf die Lautstärke ❼ zur Verfügung. Besonders für Flächen geeignet ist die Effekteinheit rechts am Ende der Klangerzeugung mit CHORUS I- und CHORUS II- sowie einem ENSEMBLE-Effekt ❽.

11.18.2 ES M

Die Wellenform können Sie von Sawtooth (ganz links) bis Rechteck (englisch *rectangle*; Regler nach rechts) einstellen (Abbildung 11.116). Mittige Einstellungen ergeben einen Mix der beiden Wellenformen ❶. Die Buttons »8«, »16« und »32« ❷ transponieren die Klangerzeugung in Oktaven.

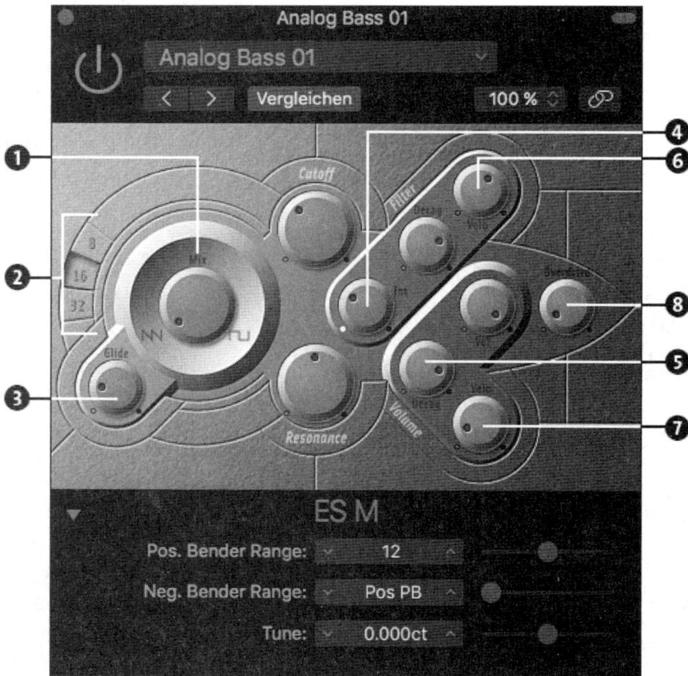

Abbildung 11.116 »ES M«

Mit dem GLIDE-Regler ❸ verlängern Sie den Übergang der Tonhöhe zwischen zwei gespielten Noten. Der *ES M* ist (wie der Name bereits andeutet) monophon ausgelegt (kann also nie mehr als einen Ton ausgeben).

Die einfachen Hüllkurven für Filter und Amp besitzen lediglich einen DECAY-Regler ❺, wobei Sie die Intensität der Wirkung der Filterhüllkurve via INT ❹ einstellen. Es stehen Regler für die Wirkung der gespielten Velocity auf den Filter ❻ und auf die Lautstärke ❼ zur Verfügung. Besonders für harsche Leads im *Roland 303*-Stil geeignet ist die Effekteinheit rechts am Ende der Klangerzeugung mit einem OVERDRIVE-Effekt ❽.

11.18.3 ES P

Der Sound kann aus fünf verschiedenen Wellenformen sowie NOISE ❷ erzeugt werden. Indem Sie die entsprechenden Regler links hochdrehen, mischen Sie die jeweilige Wellenform hinzu. Die Buttons »4«, »8« und »16« ❶ transponieren die Klangerzeugung in Oktaven (Abbildung 11.117).

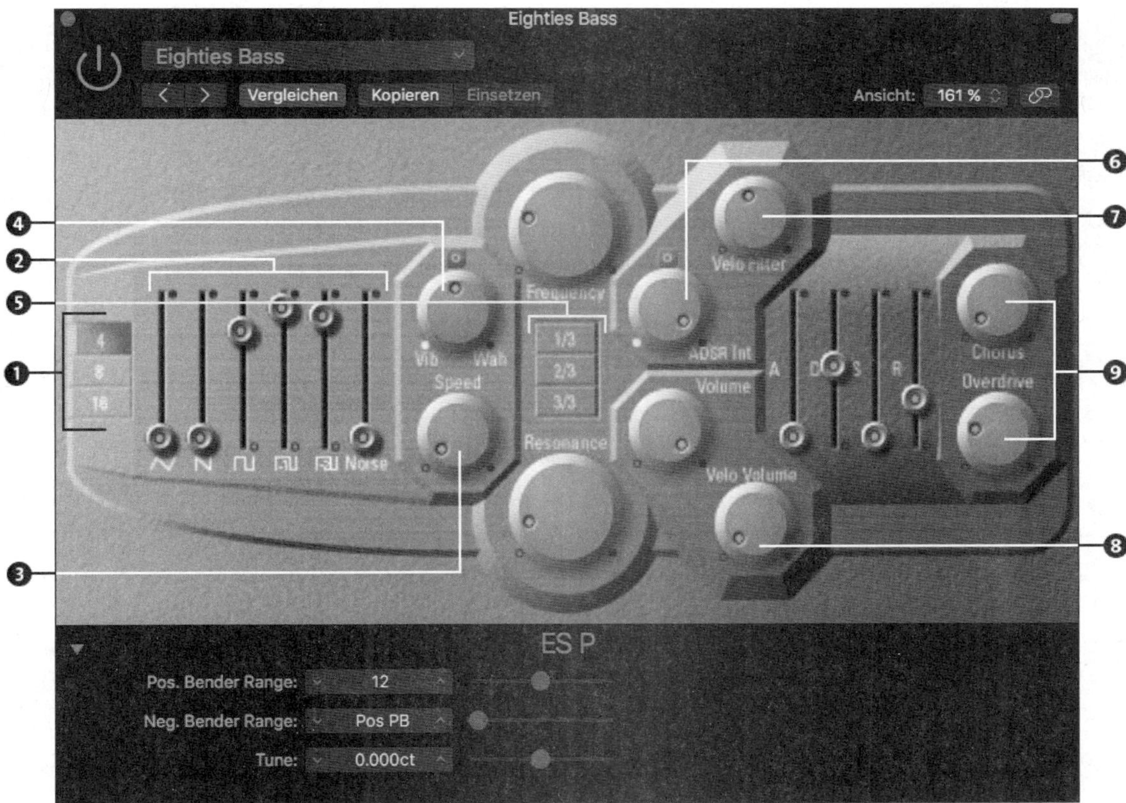

Abbildung 11.117 »ES P«

Die Knöpfe »1/3«, »2/3« und »3/3« ❺ entsprechen einer Key-Follow-Funktion. Hier stellen Sie die Intensität ein, mit der die Höhe der auf dem Keyboard gespielten Note die Cutoff-Frequenz beeinflusst. Ist »3/3« eingestellt, geht der Filter bei hohen Noten weit auf; ist kein Button gedrückt, hat die Höhe der gespielten Note keine Auswirkung auf die Cutoff-Frequenz.

Mit dem SPEED-Regler links daneben ❸ justieren Sie die LFO-Geschwindigkeit. Drehen Sie den Regler darüber ❹ auf VIB, wird die Tonhöhe moduliert; steht der Regler auf WAH, wird die Cutoff-Frequenz moduliert.

Die Hüllkurve ist als ADSR-Hüllkurve etwas komfortabler ausgeführt, aber wiederum für Filter und Amp zuständig, wobei Sie die Intensität der Wirkung der Filterhüllkurve via ADSR INT ❻ einstellen. Es stehen Regler für die Wirkung der gespielten Velocity auf den Filter ❼ und auf die Lautstärke ❽ zur Verfügung. Die Effekteinheit (in Abbildung 11.117 rechts im Bild) am Ende der Klangerzeugung ❾ wartet sowohl mit einem CHORUS- als auch mit einem OVERDRIVE-Effekt auf.

11.19 EFM 1 und FM-Synthese

Der *EFM 1* basiert auf dem Klangerzeugungsprinzip der *FM-Synthese* (*Frequency Modulation*), die Sie bereits in Abschnitt 11.7 über den *Retro Synth* kurz kennengelernt haben und die erstmals 1983 in Form des Yamaha *DX7* auf den Markt kam. FM ist besonders für E-Piano-Sounds, Bässe und glockenartige Klänge bekannt. Bei der FM-Synthese kann man den Ausgang eines Oszillators (bei diversen FM-Synths *Operator* genannt) an den Eingang eines anderen routen. Damit lassen sich theoretisch vibratoähnliche Effekte erzielen, etwa als ob ein LFO einen Osc Pitch moduliert, bei der FM-Synthese können die modulierenden Oszillatoren aber deutlich schneller schwingen als ein LFO, wodurch sich neue Klangfarben ergeben. Die Sounds sind vom Obertonspektrum her komplexer und weniger leicht vorhersehbar als bei einfachen, subtraktiven Synths, doch die grundsätzliche Idee der FM-Synthese ist nicht übermäßig schwer zu verstehen. Freilich unterscheidet sie sich beim *EFM 1* von anderen FM-Synths wie NIs *FM8* oder Abletons *Operator*, die deutlich komplexer aufgebaut sind.

Wie stark sich Klangfarbe bzw. der Obertongehalt ändern, hängt nicht nur von der Frequenz des modulierenden Operators (hier im EFM 1 MODULATOR genannt) ab, sondern auch vom Verhältnis dieser Frequenz zur Frequenz des Zieloszillators (hier CARRIER) und der Intensität der Modulation, die in der Regel der Lautstärke des modulierenden Oszillators entspricht. Diese Intensität bzw. Lautstärke können Sie auch mit der Hüllkurve modulieren, so dass Sie Sounds generieren können, die ihre Klangfarbe anhand des zeitlichen Verlaufs der Hüllkurve ändern. Dabei prägt die Präzision bzw. Schnelligkeit der Hüllkurve die Soundmöglichkeiten.

Die Kombination aus einem Oszillator, einem Verstärker und einer Hüllkurve stellt typischerweise einen »Operator« dar. Stehen mehr als zwei Operatoren zur Verfügung, können Sie sie auf verschiedene Art verknüpfen. Eine solche Verknüpfung heißt *Algorithmus* und legt fest, welche Operatoren welche anderen modulieren und welche Operatoren hörbar werden. NIs *FM8* erlaubt dem User eine sehr freie Programmierung solcher Algorithmen.

In Logics *EFM 1* (Abbildung 11.118) gibt es dagegen eine feste Konfiguration von zwei Oszillatoren, MODULATOR und CARRIER, und er kann eher als Basis-FM-Synth mit einer reduzierten Grundausstattung betrachtet werden.

Der CARRIER-Oszillator (rechts ❽) wird fix vom MODULATOR-Oszillator (links ❶) moduliert (wie Sie Intensität und Intensitätsverlauf regeln, lesen Sie im nachfolgenden Praxisbeispiel). Der CARRIER-Oszillator hat eine Sinuswellenform, für den MODULATOR-Oszillator können Sie verschiedene Wellenformen einstellen.

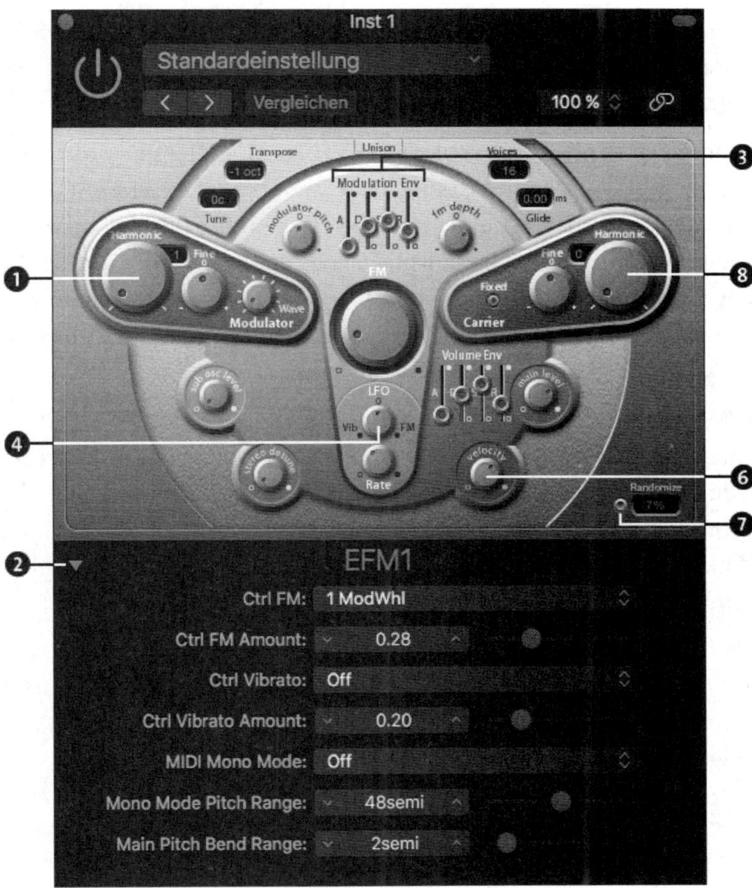

Abbildung 11.118 »EFM 1«

Unten halb rechts sehen Sie eine Lautstärke-ADSR-Hüllkurve ❺, oberhalb des FM AMOUNT-Reglers eine Modulationshüllkurve ❸. Der LFO unterhalb des »FM«-Reglers ❹ kann die FM-Intensität oder die Tonhöhe des Carriers modulieren (eine Art Vibrato). Unten rechts bestimmen Sie die Wirkung der gespielten Velocity auf den Amp ❻. Mit Hilfe des RANDOMIZE-Buttons ganz unten rechts ❼ können Sie die Einstellungen des *EFM 1* zufällig verändern.

11.19.1 Praxisbeispiele: FM und FM Depth

Hier einige Beispiele: Im Dokument *11EFM1a* hören Sie über eine Automation des »FM«-Reglers die Wirkung der Modulation. Im Dokument *11EFM1b* klingt der gleiche Sound mit einer etwas anderen Grundfrequenz deutlich anders. Im Dokument *11EFM1c* klingt es noch einmal deutlich schräger, weil ich die modulierende Frequenz verändert habe.

Es hilft, zu verstehen, dass beim *EFM 1* zunächst nur der CARRIER-Oszillator rechts hörbar ist, wenn der kleine Regler FM DEPTH sowie der große FM-Regler ganz nach unten gedreht sind.

In einem weiteren Beispiel stimme ich den *EFM 1* ungefähr so (Spur 1 im Dokument *11EFM2*), dass er von der Tonhöhe denselben Ton spielt wie Logics *E-Piano* (in Spur 7, aber ohne Region). Dazu habe ich den HARMONIC-Regler des Carriers auf 2 eingestellt.

Um den CARRIER-Oszillator durch den MODULATOR-Oszillator zu modulieren, können Sie auch den FM DEPTH-Regler hochdrehen, der die Wirkung der Hüllkurve auf die FM-Intensität regelt. Das habe ich in Spur 2 getan. Sie hören nur dann einen Effekt, wenn die Hüllkurve für die FM-Modulation eine solche hörbar macht. Im Beispiel ist das der Fall: Die Attack-Zeit ist kurz, die Decay-Zeit ist lang und steuert auf einen Sustain-Wert 0 zu. Dementsprechend verebbt der FM-Effekt nach einiger Zeit. Auch wenn der dicke FM-Regler eigentlich ganz links auf 0 steht, kann also eine FM-Modulation hörbar und aktiv sein.

In Spur 3 des Beispiels *11EFM2* wird das Tuning völlig anders realisiert: Der CARRIER-Oszillator steht auf einer fixen Frequenz (der FIXED-Button ist eingeschaltet und leuchtet rot). Das bedeutet, dass ohne FM-Modulation immer der gleiche Ton gespielt wird, der bei einer Einstellung von 0 wiederum sehr tief und eventuell auf kleinen Speakern kaum zu hören ist. Beim MODULATOR-Oszillator links ist nun der HARMONIC-Regler auf 1 eingestellt, wodurch der Sound beim Spielen von höheren Tasten auch wie gewohnt höher spielt.

In Spur 4 des Beispiels *11EFM2* hören Sie, dass die Modulationshüllkurve gleichzeitig die Tonhöhe und den FM-Amount moduliert. In Spur 5 ist ein Vibratoeffekt zu hören. Spur 6 wartet mit einem weichen Lead auf, den ich übrigens so ähnlich in meinem Track »Somehow you know when it's right« verwendet habe.

11.19.2 MIDI-Controller-Zuweisung

Mit dem kleinen Pfeil zum Aufklappen unten links im *EFM 1* (❷ in Abbildung 11.118) können Sie unter CTRL FM und CTRL VIBRATO diesen beiden Funktionen einen MIDI-Controller zuweisen, indem Sie diesen aus dem Flip-Menü auswählen. Ist oben bei CTRL FM 1 MODWHL eingestellt, so steuern Sie den FM-Amount mit dem Mod-Wheel Ihres Keyboards und können entsprechende Daten als MIDI-Daten aufnehmen. Das bedeutet vor allem, dass Sie für eine Bewegung des Parameters keine Automation aufnehmen müssen, sondern diese auch als MIDI-Daten in eine geeignete Spur aufnehmen können. Zudem skalieren Sie via CTRL FM AMOUNT die Auswirkung der Mod-Wheel-Bewegung auf den Parameter.

11.20 ES2

Der *ES2* ist ein komplexer subtraktiver Synth mit einer Modulationsmatrix und vielen weiteren Modulationsoptionen. In Logics *ES2* findet sich in den Presets im Unterordner TUTORIAL SETTINGS eine fast neutrale Einstellung, die sich sehr gut eignet und die ich empfehle, um mit dem Experimentieren zu starten. Das Preset nennt sich *Analog Saw Init*. Sie können aber nun auch im Preset-Menü die Einstellungen initialisieren.

11.20.1 ES2-Aufbau und -Routing

Der Aufbau des *ES2* ähnelt dem, was sie von anderen Synthesizern kennen.

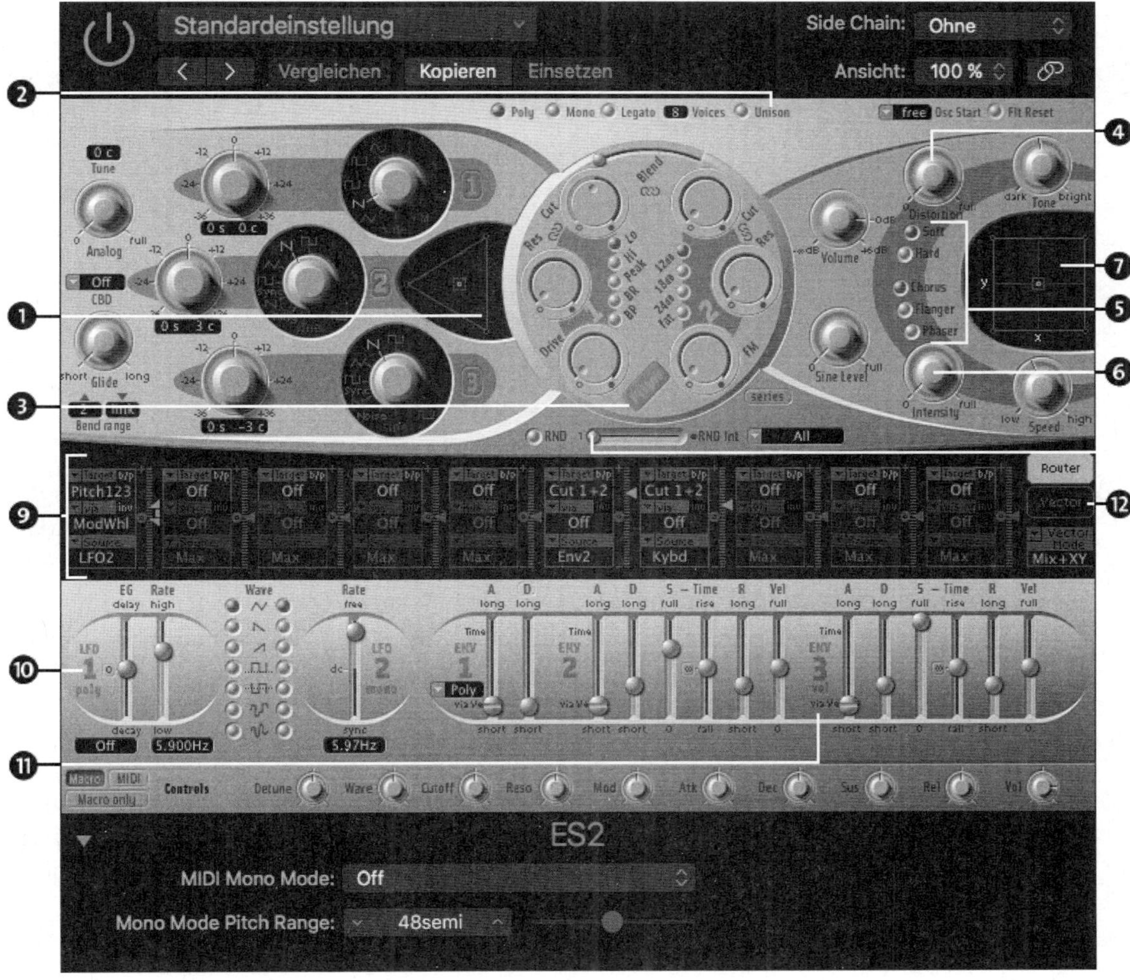

Abbildung 11.119 »ES2«

- Auf der linken Seite sehen Sie die Oszillatorsektion mit drei Oszillatoren und einem Osc-Mixer, der in einem Dreieck untergebracht ist ❶, sowie einigen globalen Parametern zur Klangerzeugung. Weitere globale Klangparameter (UNISON, OSC START etc.) finden sich ganz oben mittig/rechts ❷.
- In der Mitte ist die FILTER-Sektion mit zwei verschiedenen Filtern ❸, zwischen denen Sie auf verschiedene Weise überblenden können.
- Rechts sehen Sie die Amp-Sektion, die zusätzlich mit einem DISTORTION-Effekt ❹ sowie einer Modulationseffekt-Sektion ❺ versehen ist. Der Regler SINE LEVEL ❻ erlaubt das Hinzumischen eines weiteren Sinustons. Das X/Y-Pad ❼ ist eine zusätzliche Modulationsquelle.
- Mit der Zufallssektion ❽ unter der FILTER-Sektion erstellen Sie zufällige Presets.
- Darunter befindet sich die Modulationsmatrix (*Modulation-Router*) ❾ mit frei konfigurierbaren Modulationsquellen und -zielen. Anstelle einer Modulationsmatrix können Sie auch eine Vektorhüllkurve (VECTOR) ⓬ einblenden, mit der Sie zwischen verschiedenen Einstellungen des X/Y-Pads oder der Osc-Mix-Sektion überblenden können.
- Unter der Modulationsmatrix gibt es auf der linken Seite zwei LFOs ❿ und rechts daneben drei Hüllkurven ⓫.
- Unter LFO und Hüllkurve können Sie unter MIDI-Controller-Assignments sechs verschiedene Hardwarecontroller zuweisen (siehe z. B. Abbildung 11.137).

11.20.2 Oszillatorsektion und globale Parameter

Die Oszillatorsektion links oben besteht aus drei verschiedenen Oszillatoren, die jeweils eigene Tonhöhen und Wellenform-Einstellungen erlauben. Die Tonhöhen geben Sie in Semitones und Cents (»s« und »c«) an, wobei 100 Cent genau einen Halbtonschritt (*Semitone*) ausmachen. Eine Einstellung von +1 s +50 c entspricht also der gleichen Tonhöhe wie eine Einstellung von +2 s –50 c. In Abbildung 11.120 ist Osc 2 um ca. drei Oktaven nach unten verstimmt. Ein Klick auf die entsprechende Zahl rechts neben dem Bereich, in dem Sie die Wellenform auswählen, (de-)aktiviert den jeweiligen Oszillator.

Mixer

Das Dreieck rechts neben Oszillator 2 ist der Oszillatormixer. Bewegen Sie den im Dreieck sichtbaren Punkt in eine der drei Ecken, um jeweils nur einen der drei Oszillatoren zu hören. Wenn sich der Punkt in der Mitte des Dreiecks befindet, hören Sie den Sound aller drei Oszillatoren gleichzeitig. Mit der Einstellung in Abbildung 11.120 ist nur Osc 1 zu hören.

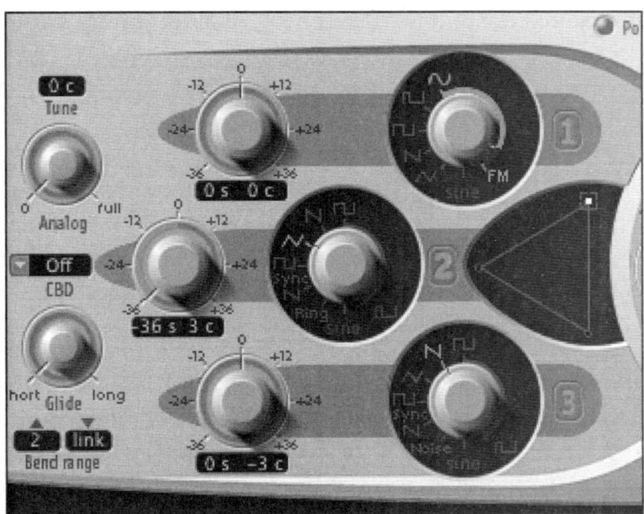

Abbildung 11.120 Die Oszillatorsektion des »ES2«

FM im »ES2«

Oszillator 1 kann von Oszillator 2 frequenzmoduliert werden (was im Bild eingestellt ist). Je weiter Sie den Regler in Osc 1 in Richtung »FM« aufdrehen, desto intensiver ist die Modulation durch Osc 2.

Sync, Ringmod, Wellenformen

Osc 2 und 3 können zu Osc 1 synchronisiert oder ringmoduliert werden. Die Pulsbreite einer gewählten Rechteckwellenform in Osc 1 (und gegebenenfalls die von Osc 2 und 3) können Sie als Ziel im Modulation-Router auswählen und modulieren. Der Regler SINE LEVEL in der Amp-Sektion erlaubt allerdings das Hinzumischen eines weiteren Sinustons, der zum Beispiel als Bassfundament dienen kann.

Für Osc 1 können Sie weitere Wellenformen, die das Handbuch »Digiwaves« nennt, auswählen, wenn Sie ihn auf SINE stellen und das in Abbildung 11.121 gezeigte Flip-Menü via `ctrl` + Klick aufrufen. Anschließend wird die gewählte Wellenform in Osc 1 angezeigt.

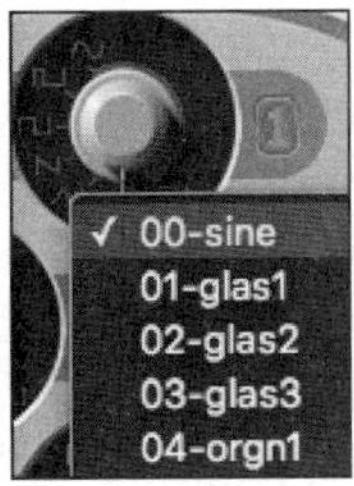

Abbildung 11.121 Zusätzliche Wellenformen in Osc 1

Globale Parameter in der Oszillatorsektion: Constant Beat Detuning, Analog, Tuning, Bend range, Unison, Osc Start

Ganz oben links stellen Sie im Bereich TUNE die globale Stimmung des *ES2* in Cents ein.

CBD (*Constant Beat Detuning*): Schwebungen durch leichte Verstimmung zweier Oszillatoren gegeneinander klingen in höheren Frequenzbereichen »schneller« als in tiefen Frequenzbereichen bzw. klingen schneller schräg. Aktivieren Sie CBD zu 100 %, so versucht der *ES2*, die Schwebung über den ganzen Tastaturbereich konstant zu halten. Wenn Sie sich das im Vergleich anhören wollen, öffnen Sie das Projekt *11ES2CBD*. Dort hören Sie drei Akkorde des gleichen Sounds zunächst mit und anschließend ohne aktivierten CBD-Mode.

Mit der BEND RANGE stellen Sie ein, um wie viele Halbtöne der Sound bei voll aufgedrehtem PITCH BEND-Regler und entsprechend konfigurierter Modulation maximal verstimmt werden kann.

Mit dem ANALOG-Drehregler links oben werden alle drei Oszillatoren nach einem Zufallsmuster um einen bestimmten Prozentsatz verstimmt, um das instabile Tuning analoger Synths zu emulieren. Hierdurch können Klänge etwas lebendiger werden, aber auch schief klingen. Ist als Synth-Mode MONO oder LEGATO eingestellt, bewirkt ANALOG nur einen Grad der Verstimmung übereinandergelegter Stimmen bei aktiviertem UNISON-Modus. Bei aktiviertem LEGATO-Mode werden die Hüllkurven bei neu gespielten Tasten nicht getriggert, wenn zuvor gespielte Tasten noch gedrückt sind, was nur im MONO-Mode funktioniert. Im POLY-Mode gibt die bei VOICES eingestellte Zahl die maximale Stimmenzahl bzw. die maximal gleichzeitig ausgebbaren Töne an, im MONO- oder LEGATO-Mode stellen Sie damit die Anzahl der im UNISON-Mode verwendeten Stimmen ein.

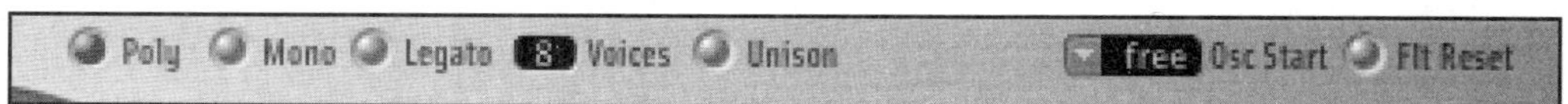

Abbildung 11.122 »Poly«-, »Mono«-, »Legato«-, »Osc Start«- und »Flt Reset«-Einstellungen oben im »ES2«

Im OSC START-Flip-Menü stellen Sie ein, ob Oszillatorwellenformen zufällig (FREE), am Nullpunkt (SOFT) oder bei der größtmöglichen Lautstärke (HARD) beginnen; bei SOFT und HARD wird jeweils auf Note On gesynct. Interessanterweise wird der Sound durch die Einstellungen SOFT und HARD manchmal gleichermaßen lauter, weil es weniger Auslöschungen durch unsynchron startende Oszillatoren gibt.

11.20.3 Filterbereich

Die zwei Filter in der FILTER-Sektion können Sie parallel oder seriell verschalten. Hierzu klicken Sie auf den Button unten rechts (siehe Markierung in Abbildung 11.123) nahe der Filtersektion; der Name der aktiven Schaltung wird angezeigt (siehe Abbildung 11.123 und Abbildung 11.124).

Der erste Filter ist ein Multimode-Filter mit den Filtertypen Low Pass, High Pass, Peak, Band Reject und Band Pass. Der zweite Filter ist ein Low-Pass-Filter, für den Sie verschiedene Flanken-Steilheiten einstellen können. Filter 2 ist zur Selbstoszillation fähig, das heißt, wenn Sie den Resonanzregler ganz hochdrehen, erzeugt er von allein Sound. Eine Besonderheit ist der FM-Modulationsmodus: Drehen Sie den »FM«-Regler hoch, können Sie Filter 2 durch eine in Osc 1 gewählte Wellenform modulieren (was selbst dann möglich ist, wenn Osc 1 abgeschaltet ist).

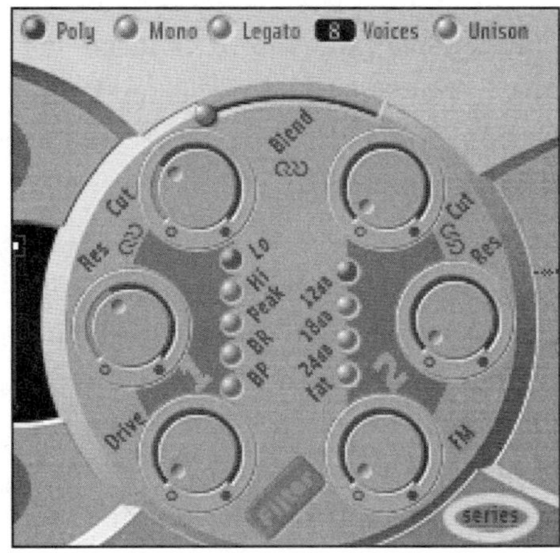

Abbildung 11.123 »ES2«-Filter seriell geschaltet

Abbildung 11.124 »ES2«-Filter parallel geschaltet

Beim parallelen Routing ist der DRIVE-Regler zur Verzerrung *vor* Filter 1 positioniert. Die Verzerrung erfolgt für jede gespielte Stimme einzeln. Beim seriellen Routing ist der Signalfluss inklusive der Positionierung des DRIVE-Reglers etwas komplizierter und je nach Stellung des

Blend-Reglers etwas anders. Allerdings ist sowohl bei parallelem als auch bei seriellem Routing eindeutig, dass Sie bei ganz nach rechts gedrehtem Blend-Regler nur eine Wirkung von Filter 2 hören und bei ganz nach links gedrehtem Blend-Regler nur die Wirkung von Filter 1.

11.20.4 Amp-Bereich mit Effekten

Das Signal kommt mono im Amp-Bereich an, dessen oberster linker Regler ein simpler Lautstärkeknopf ist. Sie können es dort bearbeiten und z. B. mit Hilfe des Distortion-Reglers auf unterschiedliche Art und Weise (wahlweise Soft oder Hard oder mit dem Tone-Regler heller oder dunkler) verzerren. Im Projekt *11ES2Bassdistort* hören Sie als Beispiel einen kräftig verzerrten Bass. Verändern Sie das Ausmaß der Verzerrung und die Stellung des Tone-Reglers, um ein Gefühl für die Verzerrungseinheit des *ES2* zu bekommen.

Zusätzlich steht im Amp-Bereich ein Modulationseffekt zur Verfügung, bei dem Sie wahlweise einen Chorus, Flanger oder Phaser einstellen können. Öffnen Sie den Song *11ES2Choruspad*, wo ein entsprechender Sound geladen ist. Der Intensity-Regler bestimmt die Stärke der Effektwirkung. Typischerweise sind in Modulationseffekten LFOs integriert, deren Geschwindigkeit den Verlauf des Effekts prägt. Nicht anders im *ES2*, wo Sie mit dem Speed-Regler die Geschwindigkeit eines solchen LFOs regeln können. In Abschnitt 15.11.1 über Modulationseffekte wie Chorus, Flanger und Phaser finden Sie eine genauere Erläuterung zur Funktionsweise von Modulationseffekten.

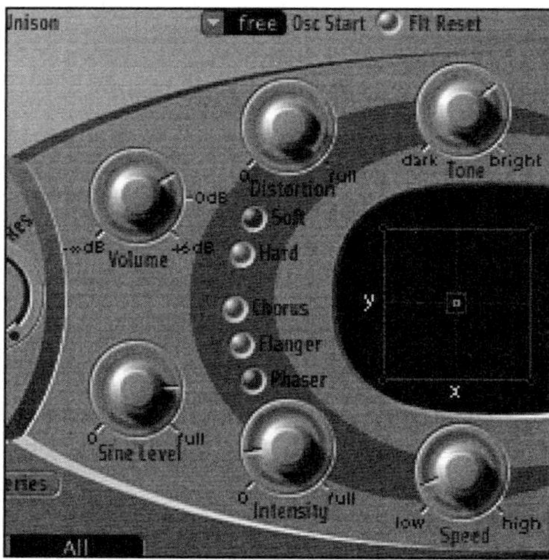

Abbildung 11.125 Amp-Bereich des »ES2«

Der Sine Level-Regler ist wie erwähnt ein versteckter zusätzlicher Oszillator in Form einer Sinuswelle, die sich besonders gut als Subbass eignet.

Das X/Y-Pad ist eine Modulationsquelle, die zusammen mit den Vektorhüllkurven genutzt werden kann. Mehr hierzu in den folgenden Abschnitten.

11.20.5 LFOs und Envelopes

Der *ES2* verfügt über zwei LFOs und drei Envelopes (Hüllkurven) mit jeweils leicht unterschiedlicher Ausstattung, siehe Abbildung 11.126.

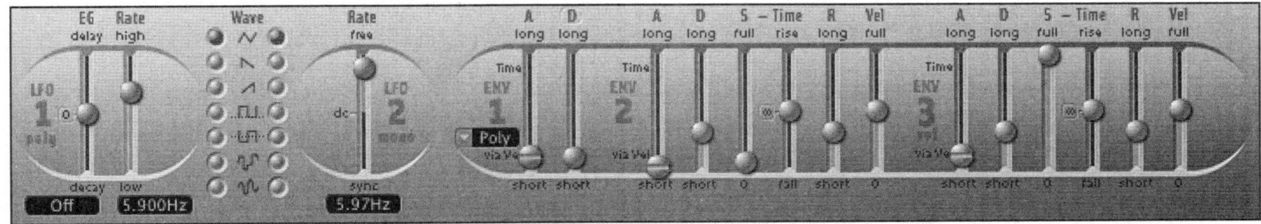

Abbildung 11.126 LFOs und Envelopes im »ES2«

Die unteren beiden Wellenformen der LFOs sind Zufallswellenformen, die zweite von unten echtes SAMPLE & HOLD (der Zustand wird kurz gehalten, bevor stufenlos der nächste Zustand aufgerufen wird, was einen treppenförmigen Werteverlauf ergibt). LFO 1 verfügt über eine zusätzliche interne Hüllkurve, die seine Wirkung entweder einblendet oder ausfadet.

Envelope 1 besitzt lediglich ATTACK- und DECAY-Regler, Sustain steht (ohne sichtbar zu sein) fix auf 0. ENV 2 und ENV 3 haben einen Regler mehr als herkömmliche ADSR-Hüllkurven. Sie können zusätzlich eine Sustain-Zeit (S-TIME) einstellen. Das ist, wenn Sie als Anfänger ADSR-Hüllkurven verstehen wollen, irreführend. Denn normalerweise ist Sustain eben im Gegensatz zu Attack, Decay und Release *kein* Zeitwert, sondern ein Pegelwert. In der Praxis wird mit dem S-TIME-Regler im *ES2* ein weiterer Zwischenhaltepunkt in der Hüllkurve eingeführt. Der DECAY-Regler bestimmt weiterhin, wie lange es dauert, bis die Hüllkurve von vollem Ausschlag auf den Sustain-Pegel herabfällt. Wenn der Regler für die Sustain-Zeit in Mittelstellung bzw. im Off-Modus ist, verhalten sich die Hüllkurven wie ganz normale ADSR-Kurven.

Sie können ergänzend das Beispielprojekt *11ES2EnvSustainxtratime* öffnen, wo die Hüllkurve die Tonhöhe moduliert, damit Sie den Verlauf der Hüllkurve gut nachvollziehen können. Ist der S-TIME-Regler ganz unten, so fällt die Hüllkurve nach Erreichen des Sustain-Pegels schnell auf einen Nullpunkt – als gäbe es einen weiteren Sustain-Pegel mit dem Wert 0 (das passiert im Beispiel in Spur 2). Wie lange es dauert, bis dieser erreicht wird, hängt davon ab, wie weit unten der S-TIME-Regler steht. Wenn Sie ihn bewegen, erkennen Sie eventuell bereits einen Zeitwert in einem gelben Infokasten. Ist er weniger weit unten, fällt der Hüllkurven-Pegel ebenfalls auf einen Sustain-Wert 0 – aber deutlich langsamer (das passiert im Beispiel in Spur 1). Ähnlich funktioniert es umgekehrt: Ist der SUSTAIN-TIME-Regler in der oberen Hälfte, landet die Hüllkurve früher oder später immer bei einem voll aufgedrehten Pegel. In Spur 3 des Beispiels geht das ganz schnell, weil der Regler ganz nach oben gedreht ist.

Envelope 3 ist übrigens automatisch dem Amp zugeordnet und moduliert diesen, ohne dass dies im Modulation-Router konfiguriert werden muss. Env 3 kann außerdem zusätzliche Parameter modulieren bzw. steht hierfür als Modulationsquelle zur Verfügung.

11.20.6 Zufallsfunktion im ES2

Der *ES2* besitzt einen Zufallsmodus (»RND«, *random*) zum zufälligen Erzeugen von Sounds, der recht einfach zu bedienen ist. Auf der rechten Seite wählen Sie in einem Flip-Menü aus, ob sich die Zufallsfunktion auf alle Bereiche des *ES2* oder nur auf selektierte Teilbereiche auswirkt.

Mit dem Slider in der Mitte ❷ stellen Sie die Intensität von Zufallsveränderungen gegenüber dem bisherigen Setting ein. Ein Klick auf den »RND«-Button ❶ erzeugt das Zufalls-Setting.

Abbildung 11.127 Zufallsmodus im »ES2«

11.20.7 Modulation-Router

Das Herzstück der Klangbearbeitung ist eigentlich der Modulation-Router (Abbildung 11.128).

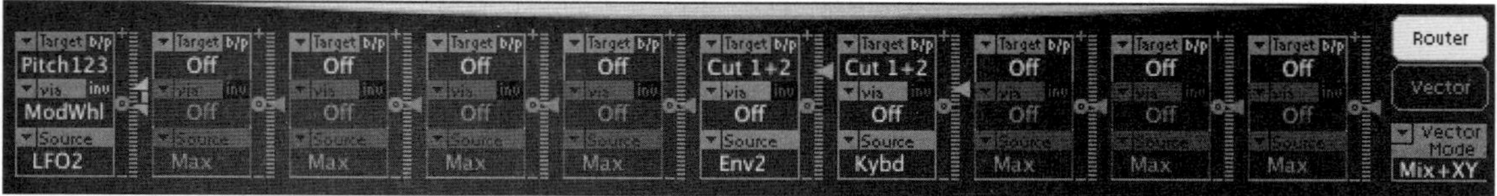

Abbildung 11.128 Modulation-Router im »ES2«

Sie können hier verschiedenste Modulationsziele und Modulationsquellen miteinander verknüpfen. Mit Hilfe des VIA-Parameters binden Sie die Verknüpfung zweier Parameter an weitere Parameter oder einen Hardwarecontroller.

Ein gängiges Beispiel ist der erste Slot links in Abbildung 11.128, der in vielen Sounds vorkonfiguriert ist. Modulationsquelle ist ein LFO, der mit ca. 6 Hz schwingt. Diese Schwingung wird zum Modulationsziel PITCH123 geroutet, womit die Tonhöhe aller drei Oszillatoren gleichzeitig gemeint ist. Die Modulation findet allerdings nur statt, wenn Sie das Mod-Wheel aufdrehen – und dann so stark, wie es bei dem orangefarbenen, oberen Dreieck eingestellt ist. Ist das Mod-Wheel dagegen ganz heruntergedreht, beträgt das Ausmaß der Modulation den Wert des grünen unteren Dreiecks im Modulation-Router-Slot, nämlich 0. Mit anderen Worten: Wenn Sie eine Note spielen und dabei leicht das Mod-Wheel bewegen, dann hören Sie einen dezenten Vibratoeffekt – und zwar umso stärker, je weiter Sie das Mod-Wheel hochdrehen. Drehen Sie es wieder herunter, so hören Sie keine Beeinflussung der Tonhöhe durch den LFO.

Im Beispielprojekt *11ES2LFOMod* moduliert ein LFO 1 die Cutoff-Frequenz gleichmäßig, und wir erhalten eine Art Wah-Wah-Effekt. Außerdem moduliert ein LFO 2 mit einer Zufallswellenform die Geschwindigkeit von LFO 1, wodurch dieser immer wieder zufällig seine Modulationsgeschwindigkeit ändert.

Es gibt zahlreiche Modulationsziele, Modulationsquellen und VIA-Parameter in den drei Menüs bzw. Zeilen eines Slots. Leider kann der DISTORTION-Amount nicht als Modulationsziel fungieren (ersatzweise ist natürlich eine Automation dieses Parameters möglich).

Die Modulationsquellen CONTROLLER A–F können Sie unten im *ES2* verschiedenen MIDI-Hardwarecontrollern zuweisen (siehe Abschnitt 11.20.10.).

Side Chain

Interessant ist auch die Modulationsquelle SIDE CH (Side Chain). Im Projekt *11ES2Sidechainmod* moduliert ein Drumloop den Filter-Cutoff des *ES2*. Der *ES2* generiert dabei mit einer Art Envelope Follower eine Hüllkurve aus dem Signal des Drumloops, die nun die Frequenz des Cutoff-Filters erhöht und verringert. Den Drumloop selbst habe ich dabei aus dem Mix entfernt, indem ich kein Ziel im Output-Bereich des Kanalzugs eingestellt habe.

11.20.8 X/Y-Pad

Das X/Y-Pad steht als Modulationsquelle im Modulation-Router zur Verfügung, und zwar in Form separater X- und Y-Achsen-Parameter (Pad-X und Pad-Y). Die Position des Punktes des X/Y-Pads kann sowohl als Automation aufgezeichnet als auch durch Punkte von nachfolgend erläuterten Vektorhüllkurven moduliert werden.

11.20.9 Vektorhüllkurve

Die Vektorhüllkurve kann anstelle der Modulationsmatrix eingeblendet werden (indem Sie rechts vom ROUTER- in den VECTOR-Modus schalten, siehe Abbildung 11.129) und die Stellung der Punkte auf dem X/Y-Pad oder in der Osc-Mix-Sektion (oder beides) ❷ beeinflussen bzw. modulieren.

Abbildung 11.129 Vektorhüllkurvenbereich im »ES2« mit eingestelltem »Solo Point«-Mode, der Schriftzug »Solo Point« ❶ ist dunkel auf hellem Hintergrund zu sehen.

Ganz unten rechts im Vektorbereich ist in Abbildung 11.129 Mix+XY eingestellt ❷, Sie können zwischen den Einstellungen Off, Mix, XY oder Mix+XY als Ziel der Vektorhüllkurve wählen. Sie sehen dabei allerdings gegebenenfalls keine dazugehörige Bewegung im X/Y-Pad und der Osc-Mix-Sektion, sondern hören sie nur.

Mit der Vektorhüllkurve können Sie zwischen verschiedenen Soundeinstellungen morphen. Ist ganz unten links im Vektorbereich Solo Point eingestellt ❶ (siehe Abbildung 11.129), hören Sie nur einen selektierten Punkt der Vektorhüllkurve solo. Dies entspricht einer normalen, statischen Einstellung des *ES2*. Besteht die Vektorhüllkurve aus mehreren Punkten, können Sie für jeden Punkt unterschiedliche Einstellungen (in der Osc-Mix- oder der X/Y-Pad-Sektion) treffen. Ist der Solo Point-Mode aktiv, stören die weiteren Vektorhüllkurvenpunkte nicht weiter, und der *ES2* benimmt sich wie ein Synth ohne Vektorhüllkurve oder Morphing. Ist Solo Point ausgeschaltet, dann läuft die Hüllkurve mit einstellbaren Zeit- bzw. Taktabständen durch die Punkte und durchläuft verschiedene Einstellungen (Abbildung 11.130).

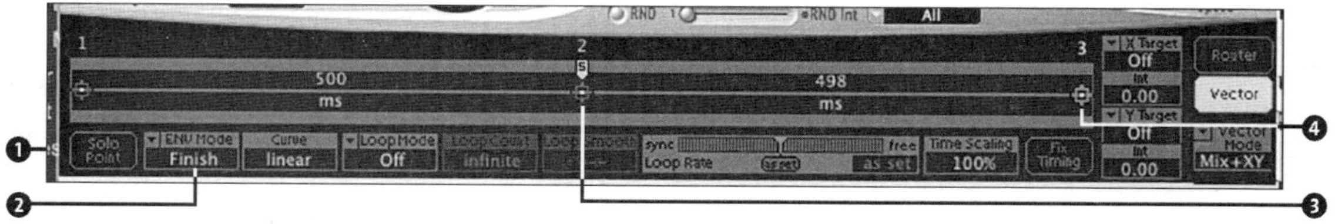

Abbildung 11.130 Unten links ist der »Solo Point«-Modus ausgeschaltet ❶, und der dritte Vektorhüllkurvenpunkt ist selektiert ❹.

Im Projekt *11ES23PointVector* (Achtung: Sie müssen den Sound im Projekt erst mit einer Taste spielen, um etwas zu hören) habe ich jedem Punkt der Vektorhüllkurve eigene Soundeinstellungen zugewiesen. Dies gelingt, indem Sie jeweils einen Vektorpunkt selektieren (in Abbildung 11.130 ist rechts der dritte Vektorhüllkurvenpunkt selektiert, wodurch er grünlich eingefärbt wird ❹) und beispielsweise im Osc-Mix-Dreieck eine Veränderung herbeiführen (wobei die Vektorhüllkurve den Osc-Mixer modulieren muss). Im genannten Beispiel habe ich für jeden Vektorhüllkurvenpunkt einen der drei Oszillatoren solo geschaltet, indem ich den Punkt des Osc-Mix-Dreiecks in jeweils eine andere Ecke gezogen und dabei jeweils einen der drei Vektorhüllkurvenpunkte selektiert habe.

Im Projekt *11ES23PointVector* läuft die Vektorhüllkurve nur bis zum zweiten Punkt. Dort sehen Sie ein kleines S ❸ oberhalb des zweiten Vektorhüllkurvenpunktes, das den Beginn der Sustain-Phase markiert und durch Klick oberhalb des gewünschten Vektorpunkts verschoben werden kann. Drücken und halten Sie also eine Taste Ihres Keyboards, verweilt die Vektorhüllkurve im Env Mode Normal an dieser Position. Nach dem Loslassen der Taste läuft der Rest der Vektorhüllkurve ab, wovon allerdings nur dann genug zu hören ist, wenn die Amp-Hüllkurve durch eine entsprechend lange Release-Zeit den Sound hörbar macht und nicht durch eine kurze Release-Zeit das Signal frühzeitig verstummen lässt.

Ist die Vektorhüllkurve jedoch im Env Mode Finish (siehe Abbildung 11.130 ❷), so läuft sie bis zum letzten Vektorpunkt ganz durch (siehe Projekt *11ES23PointVectorfinish*). In Abbildung 11.131 sehen Sie das Flip-Menü zur Auswahl eines der beiden Modi.

Abbildung 11.131 Umschaltung des »Env Mode« zwischen »Normal« und »Finish«

Natürlich können Sie über ein Kontextmenü (Abbildung 11.132), das Sie mit Rechtsklick in die Vektorhüllkurve erreichen, weitere Vektorpunkte einfügen, kopieren oder löschen. Im Projekt *11ES24PointVector* habe ich einen weiteren Punkt hinzugefügt. Im Projekt *11ES28PointVectorfinish* habe ich mit Hilfe der Funktion Init to 8/8 Loop schnell eine Vektorhüllkurve mit acht Vektorhüllkurvenpunkten erstellt, die im gleichen Abstand zueinander stehen, wodurch rhythmische Effekte möglich sind, die zudem geloopt werden können.

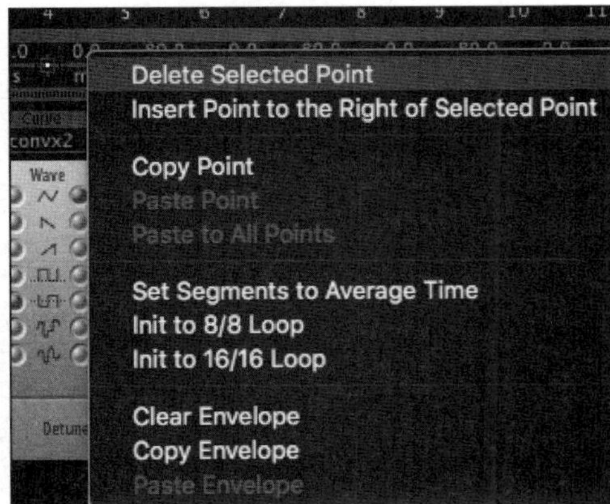

Abbildung 11.132 Kontextmenü zum Erzeugen von Punkten der Vektorhüllkurve bei Rechtsklick auf den Hüllkurvenverlauf

Den einzelnen Punkten habe ich im Projekt *11ES28PointVectorfinish* unterschiedliche Einstellungen für die Osc-Mix-Sektion und das X/Y-Pad zugewiesen, wobei die Hüllkurve beides ansteuert, Pad-X und Pad-Y im Router Filter-Cutoff und LFO-Rate modulieren und die Hüllkurve zudem geloopt ist, was ich weiter unten im Abschnitt über den Loop-Modus erläutere. Hierdurch wird ein in Richtung Dubstep gehender Synth-Sound möglich.

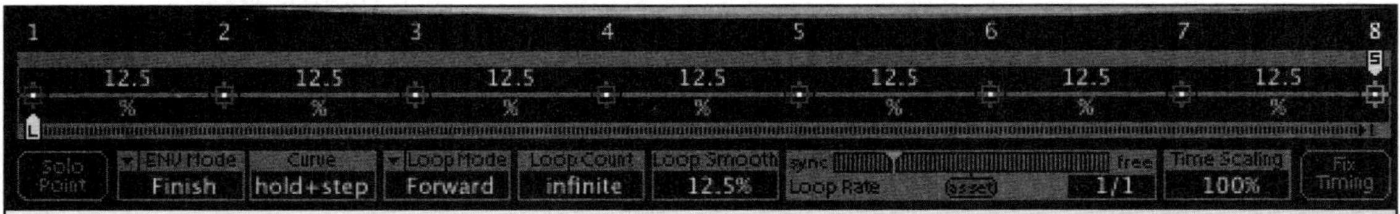

Abbildung 11.133 Acht Vektorpunkte sind im Sound von »11ES28PointVectorfinish« aktiv und von Punkt 1 bis 8 geloopt.

Ein anderes Beispiel finden Sie im Dokument *11ES2Waveseq*. Natürlich stellt der *ES2* jede Menge Presets zur Verfügung, die dieses Feature nutzen. Laden Sie beispielsweise einige Sounds aus dem Ordner SYNTH MOTION SEQUENCES in der Library des *ES2*. Da jedes mögliche Modulationsziel im Router auch ein Ziel einer Modulation durch eine Bewegung im X/Y-Pad sein kann, sind die Einsatzmöglichkeiten der Vektorhüllkurve für Soundvariationen fast grenzenlos.

Curve-Menü

Im CURVE-Menü stellen Sie ein, auf welche Weise zwischen Punkten der Vektorhüllkurve überblendet wird. Hierbei taucht allerdings kein Flip-Menü auf, sondern Sie müssen den Bereich festhalten und den Mauszeiger bei gedrückter Maustaste nach oben und unten schieben, um zwischen verschiedenen Modi umzuschalten (z. B. LINEAR, HOLD + STEP, siehe Abbildung 11.134).

Abbildung 11.134 Für den Verlauf der Werteänderungen zwischen den Punkten ist »hold + step« eingestellt.

Die verschiedenen Modi regeln beispielsweise, ob der Parameterverlauf fließend ist oder ob beim Erreichen von Punkten in der Vektorhüllkurve ruckartig zwischen eingestellten Parameterwerten umgeschaltet wird. Mehr Details entnehmen Sie bitte dem Logic-Instrumente-Handbuch.

Loop-Modus

Für die Vektorhüllkurve können Sie – ähnlich wie übrigens in *Sculpture* – einen Loop-Bereich zwischen zwei oder mehreren Vektorpunkten einstellen (siehe Abbildung 11.135), so dass die Vektorhüllkurve bestimmte Bereiche stets wiederholt durchläuft. Den Start- und Endpunkt des Loops verschieben Sie durch Klick oberhalb bzw. unterhalb des Vektorpunkts.

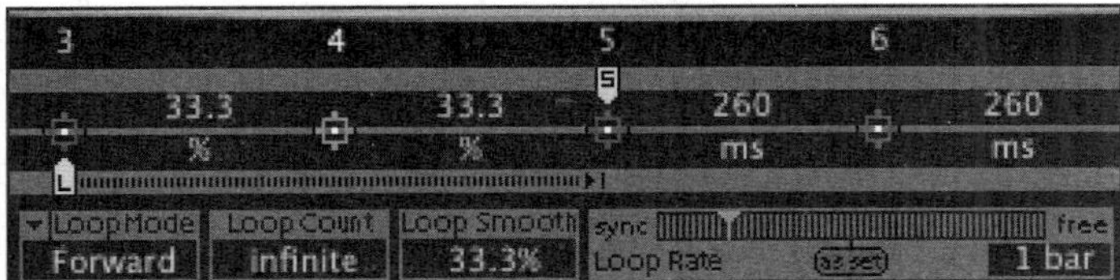

Abbildung 11.135 Hier wird zwischen Vektorpunkt 3 und 5 in einer Länge von einem Takt geloopt.

Dabei können Sie via Flip-Menü LoopMode zwischen den Modi Off, Forward, Backward und Alternate (vorwärts/rückwärts) wählen.

Unter Loop Count stellen Sie ein, ob der Loop sich endlos oder nur x-mal wiederholt. Loop Smooth stellt eine Parameterglättung zwischen den Loop-Punkten ein. Mit der Loop Rate synchronisieren Sie den selektierten Loop-Bereich auf eine bestimmte Taktlänge (siehe Abbildung 11.135). Während die Abbildung für die Abstände zwischen den anderen Vektorpunkten 260 ms anzeigt, sehen Sie zwischen den drei Vektorpunkten des Loops eine Prozentzahl, die die Verweildauer bei den Vektorpunkten angibt (hier: je 33 %). Diese 33 % beziehen sich auf die unten rechts im Bild zu sehende Loop-Länge von einem Takt. Ist als Loop Rate dagegen as set eingestellt (was durch Klick auf das as set-Feld auch nachträglich immer wieder möglich ist), können Sie die Loop-Länge mit Hilfe des Time Scaling-Parameters verändern (Abbildung 11.136).

Abbildung 11.136 Die Optionen »Loop Rate as set« und »Time Scaling«

Time Scaling (Zeitskalierung)

Mit Hilfe des Parameters Time Scaling (siehe Abbildung 11.136) können Sie den gesamten zeitlichen Ablauf der Vektorhüllkurve beschleunigen oder verlangsamen. Wenn Sie dies tun, können Sie anschließend durch Klick auf den Fix Timing-Button die skalierten Werte, die festlegen, wie lang ein Übergang zwischen den Punkten der Vektorhüllkurve dauert, als absolute Werte in der Hüllkurve erhalten. Hierdurch springt die Einstellung für das Time Scaling automatisch wieder auf 100 % um. Im Projekt *11ES28PointVectorfinish2* habe ich einen solchen Sound mit relativ schnell umspringenden Werten realisiert.

Noch schneller ist der Loop allerdings im Projekt *11ES28PointVectorfinish3*, weil ich dort für die gesamte Loop-Länge nur ¹⁄₆₄-Note eingestellt habe. Die Einstellung des Time Scaling-Wertes ist dabei ohne Bedeutung.

11.20.10 Makro- und Controller-Zuweisungen, Easy (»Macro only«) Mode

Unten im *ES2* können Sie MIDI-Controller den als Modulationsquellen oder via-Parameter zur Verfügung stehenden Ctrl A–F zuweisen. Das spielt nur dann eine Rolle, wenn Sie externe Hardware zur Fernsteuerung von Modulationen nutzen möchten. Durch die Zwischenstufe der Controller Assignments (Abbildung 11.137) können Sie Sounds mit komplexen Modulationsroutings auch an anderen Arbeitsplätzen mit anderen Controllern nutzen und müssen gegebenenfalls nicht die Modulationsmatrix, sondern lediglich die Controller Assignments editieren.

Abbildung 11.137 »Controller Assignments«

Macro Controls (Abbildung 11.138) im *ES2* sind vorkonfigurierte Regler, die in der Regel mehrere Parameter gleichzeitig steuern, die Sie nicht selbst editieren können und die schnell Zugriff auf wichtige Parameter des *ES2* erlauben. So steuert beispielsweise der Cutoff-Macro-Regler die Cutoff-Frequenzen beider Filter.

Abbildung 11.138 »Macro Controls«

Im Macro only-Mode verschwindet die komplette Oberfläche des *ES2*, und nur noch die Macro-Regler stehen zur Bedienung zur Verfügung.

11.20.11 Surround-Modus im »ES2«

Surround-Instanzen des *ES2* haben unten im aufklappbaren Bereich noch die Parameter Surround Range und Surround Diversity.

- Surround Range bestimmt die Breite des Surround-Felds, innerhalb dessen Sie Bewegungen des Sounds im Modulation-Router mit Hilfe des Modulationszieles Pan steuern können, von 0 bis 360 Grad.
- Surround Diversity verteilt das Signal gleichmäßig auf allen Lautsprechern (bei Stellung 1) oder nur auf jenen, die am nächsten zur Pan-Position liegen (bei Stellung 0).

11.21 Sculpture

Sculpture ist ein sehr spezieller Synthesizer, der der Kategorie »Physical Modeling« zugewiesen werden kann und der als frühes Meisterwerk der Software-Instrument-Programmierung gewürdigt werden muss. *Sculpture* versucht unter anderem, Saiten-, Blas- und Zupf-Instrumente zu simulieren – und zwar nicht samplebasiert, sondern auf der Basis von Algorithmen. Die Klangerzeugung basiert auf Logics Component-Modeling-Synthese, die auch in *Ultrabeat*, *Vintage B3*, *Vintage Clav* und dem *Vintage Electric Piano* zum Einsatz kommt.

Sculpture kann mal sehr luftig klingen, mal sehr futuristisch – mal nach Flöte, mal nach Saite. Neben Effekten wie DELAY, WAVESHAPER und LIMITER besitzt er mit flexiblen Envelopes und MORPH-Pad mächtige Sounddesign-Tools. Viele Logic-User wissen gar nicht, welche klanglichen Möglichkeiten in ihrem Programm stecken. *Sculpture* erweitert die klanglichen Möglichkeiten von Logic um eine weitere Dimension.

Abbildung 11.139 »Sculpture«

11.21.1 Sculpture: Aufbau und Routing

- Der silberne Bereich des Plug-ins oben ist der Klangerzeugungsbereich.
- Im graublauen Bereich findet die Modulation statt.
- Unten im schwarzgrauen Teil finden Sie die globalen Controller.

Um die Klangerzeugung zu verstehen, hilft es, den Signalfluss zu verstehen, der Ihnen zusätzlich die vorhandenen Module bewusst macht. Laut Handbuch lautet er (in dieser Reihenfolge): Objekte – Pickups – AmpEnv – Waveshaper – Filter – StereoDelay – BodyEQ – Level-Limiter.

Oben rechts schalten Sie zwischen POLY, MONO und LEGATO (siehe Markierung in Abbildung 11.139) um. Im Dokument *11Sculpture01* habe ich zu Demozwecken unterschiedliche *Sculpture*-Sounds in verschiedene Spuren geladen.

11.21.2 Klangerzeugungsobjekte

Anstelle von Oszillatoren sehen Sie auf der linken Seite drei Objekte:

OBJECT 1 kann die Saite anregen. Die Art der Anregung wählen Sie in einem Flip-Menü aus (IMPULSE, STRIKE, GRAV STRIKE, PICK, BOW = Bogen, BOW WIDE, NOISE und BLOW, siehe Abbildung 11.140). Ein Vergleich der Wirkungen auf Basis des einfachen Sounds »0000default«, den Sie im Ordner TUTORIAL der *Sculpture*-Settings finden, hören Sie im Projekt *11Sculptimpulse1*. Wie Sie dort sehen, lässt sich eine Umschaltung der Anregungsmodi auch automatisieren.

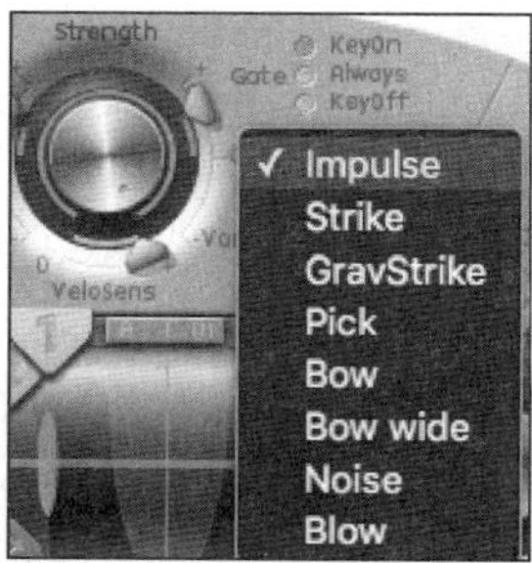

Abbildung 11.140 Anregungsmodi von »Object 1«

- OBJECT 2 kann eine Saite anregen oder dämpfen/stören und bietet sowohl die Optionen des OBJECT 1- als auch des OBJECT 3-Menüs (verschiedene Soundbeispiele für Dämpfung/Störung hören Sie im Projekt *11Sculptimpulse2*).
- OBJECT 3 kann eine Saite ausschließlich dämpfen/stören (die Dämpf-/Störmodi heißen: DISTURB, DISTURB 2 SIDED, BOUNCING, BOUND, MASS, DAMP).

Mit dem Drehknopf am Objekt stellen Sie jeweils die Intensität ein. Viele Anregungsmodi klingen ziemlich authentisch und laden zu experimentellen Einstellungen ein.

Mit den Reglern um die Knöpfe herum stellen Sie TIMBRE, GATE, VARIATIONEN und Velocity-Empfindlichkeit (VELOSENS) ein.

Die abgebildete schwingende Saite zeigt die Punkte, an denen die drei Objekte die Saite anregen oder dämpfen/stören. Diese Punkte können Sie verschieben (und Verschiebungen automatisieren), wodurch sich der Sound verändert (siehe Projekt *11Sculptimpulse3*). Zusätzlich gibt es zwei Pickups, die den Sound der Saite abgreifen und die Sie ebenfalls verschieben können. Auch der Abstand der Anregung/Dämpfung zu den Pickups beeinflusst den Sound (siehe Projekt *11Sculptimpulse4*).

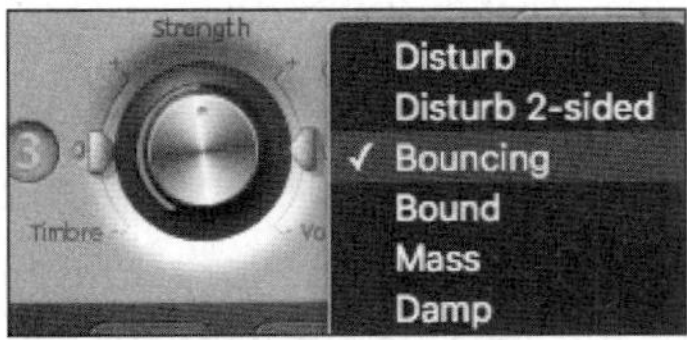

Abbildung 11.141 Dämpfungsmodi von »Object 3«

ctrl + Klick auf die Saite (de-)aktiviert ihre Schwing-Animation. Objekte können Sie ähnlich wie Oszillatoren an- und ausschalten.

Das Logic-Handbuch liefert ergänzende Beschreibungen zu Details der Anregungen/Dämpfungen.

11.21.3 Bereich »Material«

Mit den Saitenparametern in der Mitte des Bereichs MATERIAL stellen Sie die Dämpfung beim Ausschwingverhalten (INNER LOSS) oder die Steifheit (STIFFNESS) der Seite ein. Hierdurch bewegt sich das angeregte Saitenmaterial in einem Spektrum zwischen den Eigenschaften von Stahl, Nylon, Glas und Holz. Unten links klingt es ungedämpft schwingend wie eine Stahlsaite, oben rechts gedämpft und nicht schwingend wie Holz (siehe Projekt *11Sculptmaterial1*).

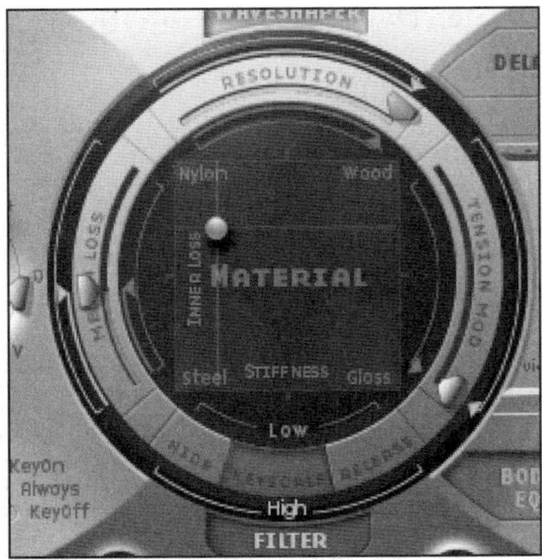

Abbildung 11.142 »Material«-Bereich von »Sculpture«

Der Regler MEDIA LOSS links außen simuliert weitere Reibungsverluste durch Umgebungsmaterial und blendet virtuell zwischen Luft (unten) und Wasser (oben) als Materie über, in der Sounds entstehen und ausschwingen (Projekt *11Sculptmedialoss1*). RESOLUTION regelt den Obertongehalt (Projekt *11Sculptresolut1*), TENSION MOD regelt die (kurzfristige) Modulation der Spannung durch die Impulse (Projekt *11Sculpttensionmod1*), was eventuell extremere Ergebnisse nach sich zieht; der LEVEL LIMITER (siehe unten) als Absicherung soll zu starke Pegelausschläge verhindern.

Mit dem PITCH BEND-Regler simulieren Sie ein leichtes Ziehen der Seite.

Mit einem Klick auf die Buttons KEYSCALE und RELEASE unten im Mittelkreis (Abbildung 11.142) bestimmen Sie die Wirkung der gespielten Tonhöhe und des Release auf den Bereich MATERIAL (oder blenden die KEYSCALE- und RELEASE-Einstellugen mit HIDE aus). Im Modus KEYSCALE sind Regler außerhalb und innerhalb des MATERIAL-Kreises zu sehen (Abbildung 11.142), jene außerhalb regeln die Wirkung von Tönen oberhalb des Tons C3, jene innerhalb die der Töne unterhalb C3. Die Wirkung der Regler ist dabei umso größer, je weiter der gespielte Ton vom C3 entfernt ist. Im Projekt *11Sculptkeyscale1* können Sie das nachvollziehen. Dort wird der Ausklang der Saite zunächst für die höheren, dann für die tieferen Töne mit Hilfe des Parameters MEDIA LOSS gedämpft.

Im Modus RELEASE sind Regler nur außerhalb des MATERIAL-Kreises zu sehen, diese erlauben alternative Einstellungen für die Release-Phase (das Handbuch spricht von einer Saite, die während des Schwingens in einen Eimer Wasser geworfen wird, siehe Projekt *11Sculptreleasemod1*).

11.21.4 Hüllkurve, Spread und Level Limiter

Sculpture verfügt über eine Standard-ADSR-Hüllkurve, die den Amp moduliert, zu sehen links in Abbildung 11.143. Rechts daneben regeln Sie die Stereobreite.

Abbildung 11.143 »Sculpture«-ADSR und Level Limiter

Der LEVEL LIMITER in Abbildung 11.143 ganz rechts limitiert

- in der Stellung MONO das gesamte Signal,
- in der Stellung POLY jede Stimme separat,
- in der Stellung BOTH sowohl jede Stimme separat als auch das gesamte Signal
- und kann natürlich auch auf OFF gestellt und deaktiviert werden.

11.21.5 Waveshaper

Es stehen verschiedene Waveshaping-Typen zur Verfügung, siehe Abbildung 11.144. Hier können Sie Verzerrungen hinzufügen. Den WAVESHAPER müssen Sie durch Klick auf den entsprechenden Button zunächst aktivieren (wie z. B. oben in Abbildung 11.142).

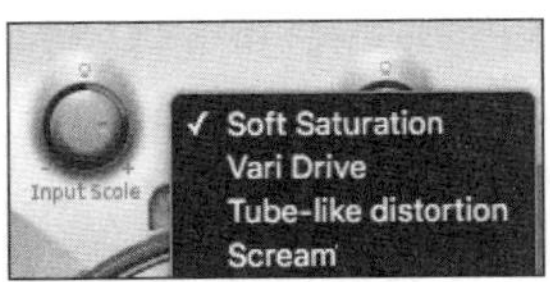

Abbildung 11.144 Waveshaping-Bereich

11.21.6 Filter

Auch den FILTER müssen Sie zuerst aktivieren. HIPASS, LOWPASS, PEAK, BANDPASS und NOTCH stehen zur Verfügung (Abbildung 11.145).

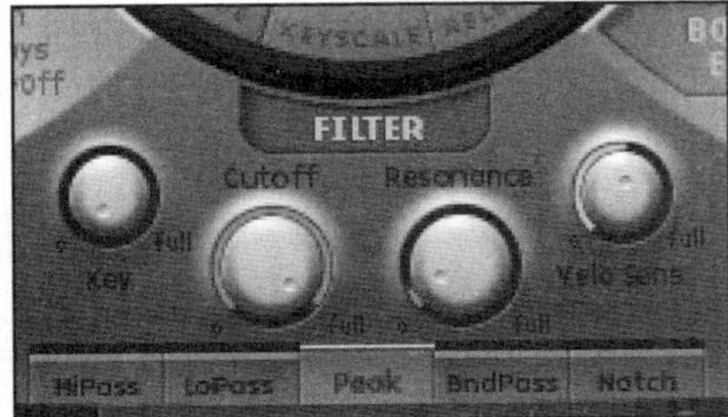

Abbildung 11.145 »Sculpture«-Filter

11.21.7 Delay

Bei der Nutzung von *Sculptures* DELAY (siehe Abbildung 11.146) können Sie einen Effektanteil mit dem WET LEVEL-Regler hinzumischen. Ähnlich wie beim Tape-Delay können Sie beim Feedback den Bass- und Höhenbereich wegfiltern. Das DELAY kann auch temposynchron agieren. Bewegungen auf einem Vektor-Pad, die Stereo-SPREAD und GROOVE (bzw. Delay-Zeit) betreffen, können automatisiert werden. Den DELAY-Effekt können Sie durch Klick auf den DELAY-Button auch abschalten.

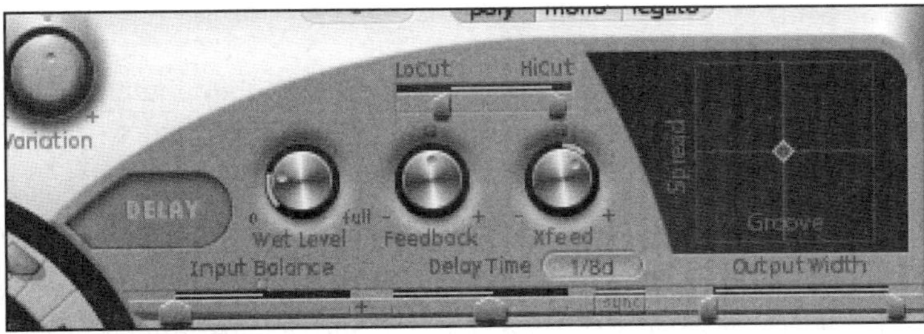

Abbildung 11.146 Delay in »Sculpture«

11.21.8 Body EQ

Der BODY EQ-Bereich (Abbildung 11.147) muss zunächst aktiviert werden und ahmt über Formanten-Manipulation den Sound verschiedener Korpusse nach. Sie können im Frequenzanzeigebereich mit der Maus zeichnen (und das eventuell auch als Automation oder Modulation aufzeichnen).

Dann können Sie verschiedene Korpusse auswählen (zwei akustische Gitarren, zwei Westerngitarren, zwei weitere Gitarren, Banjo, Mandoline, zwei Ukulelen, Kalimba, zwei Kontrabässe, Cello, drei Violinen, zwei Flöten). Dabei stehen Ihnen FORMANT SHIFT- und FORMANT STRETCH-Klangregler zur Klangformung zur Verfügung. In der Einstellung LO MID HI stellt der BODY EQ dagegen einen EQ mit zwei Shelving-Bändern und einem Peak-Band zur Verfügung.

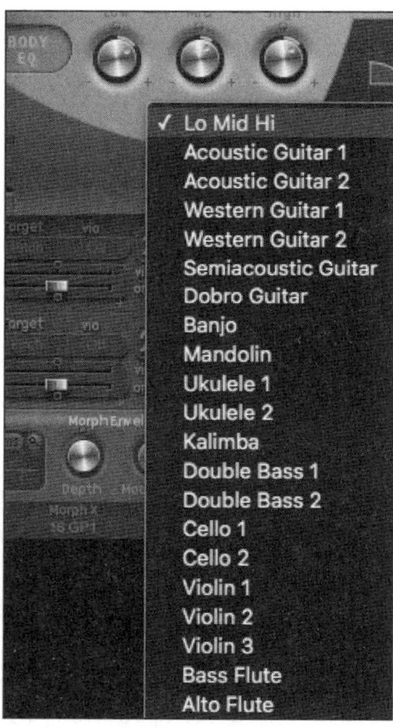

Abbildung 11.147 »Body EQ« in »Sculpture«

11.21.9 Modulationsbereich: LFOs, Jitter, Vibrato, Velocity, Note On Random oder CTRL A und CTRL B

Ziele der zwei LFOs sind frei konfigurierbar und können (wie z. B. in *ES2*) über einen dritten Parameter gesteuert werden. Die Wellenform des LFO können Sie zusätzlich zur Auswahl einer Wellenform detailliert editieren.

Unten links können Sie auch JITTER, VIBRATO, VELOCITY, NOTE ON RANDOM oder CTRL A und CTRL B als Modulationsquellen (zusätzlich zu den LFOs) einstellen und bekommen entsprechende Parameter anstelle der LFOs angezeigt. Es gibt zwei Jitter-Objekte, die LFO-ähnlich wirken.

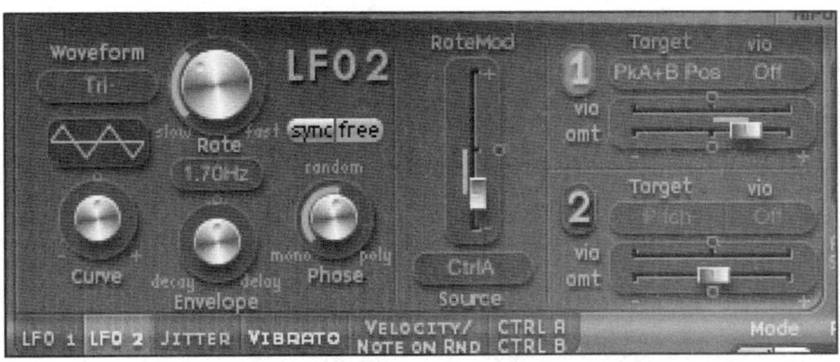

Abbildung 11.148 LFO-Bereich von »Sculpture«

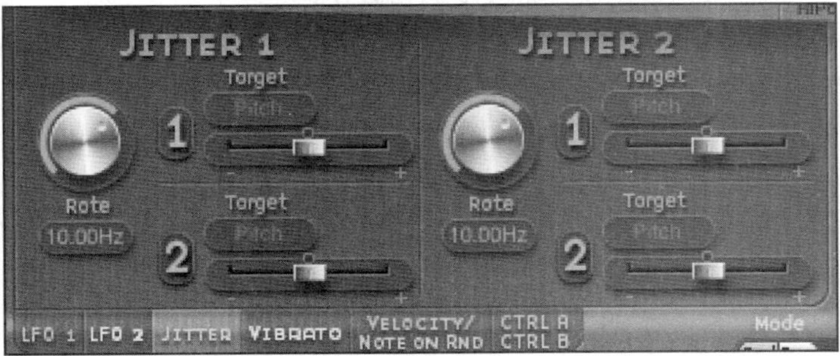

Abbildung 11.149 Jitter in »Sculpture«

NOTE ON RANDOM bewirkt zufällige Änderungen bestimmter Parameter pro gespielter Note, um natürliche Spielweisen zu ermöglichen.

11.21.10 Modulationsbereich: Envelopes

Für jede Hüllkurve können Sie zwei Modulationsmodi konfigurieren: Envelope und Control (Abbildung 11.150).

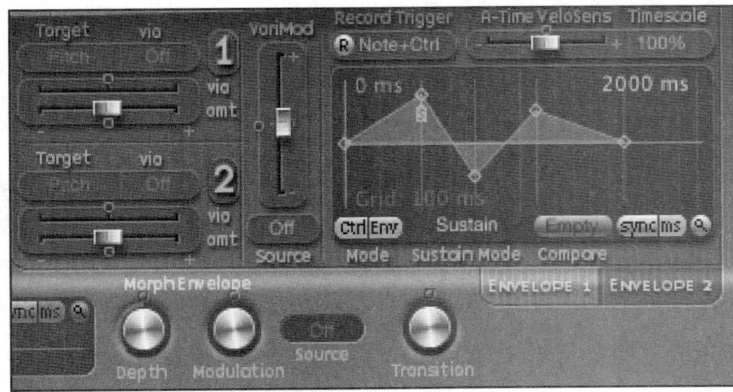

Abbildung 11.150 Envelope-Bereich von »Sculpture«

Im Envelope-Modus steht eine Hüllkurve mit editierbarem Verlauf zur Verfügung. Im Control-Modus können Sie Bewegungen eines weiter unten im MIDI-Controller-Assign-Bereich zuweisbaren Controllers aufzeichnen.

Unten können Sie dem Contr Env einen Controller zuweisen.

Dann können Sie auf Aufnahme schalten (wobei es verschiedene optionale Record Trigger-Modi gibt, die die Aufnahme einer Bewegung auslösen, siehe Abbildung 11.151).

Abbildung 11.151 »Sculpture«: Envelope-Rec-Mode

Die Hüllkurven können Sie in beiden Fällen in der zugehörigen Grafik editieren (siehe Abbildung 11.152).

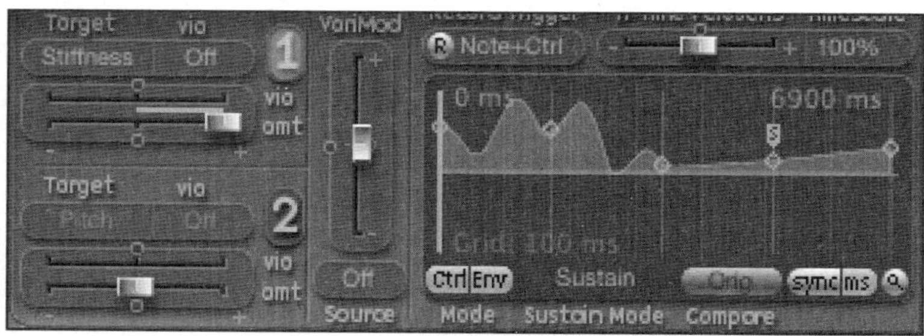

Abbildung 11.152 Hüllkurve mit aufgezeichneter Controller-Bewegung

Sie können – ähnlich wie in *Ultrabeat* – Punkte zur Formung der Hüllkurve bewegen und einen sync-Modus einstellen, um eventuelle Punkte der Hüllkurven an Taktrasterwerten auszurichten. Bei mit Controller-Bewegungen erstellten Hüllkurven können Sie die Original- mit den editierten Hüllkurven vergleichen.

Zusätzlich können Sie verschiedene Abspielmodi für die Hüllkurve einstellen (Sustain, Finish, Loop Forward, Loop Backward, Loop Alternate).

Abbildung 11.153 Envelope-Modes

Bei eingestellten Loop-Modi lässt sich ein bestimmter Bereich der Hüllkurve loopen – eine ähnliche Funktionalität finden Sie bei Hüllkurven des *ES2* und unten in *Sculpture*, wo Sie Bewegungen im MORPH-Pad aufzeichnen und in einer Hüllkurve editieren können. Dies behandle ich in den nächsten Abschnitten, die dort erläuterten Möglichkeiten werden Ihnen auch die Möglichkeiten von ENVELOPE 1 und 2 etwas besser verständlich machen, weil einiges analog dazu anwendbar ist.

11.21.11 Morph-Pad

Laden Sie das Preset *Electric Jazz Guitar* aus dem Presetordner *Sculpture Legacy* in Logic, oder öffnen Sie das Projekt *11SculptureMorph*. Bewegen Sie den roten Punkt in der Mitte in eine der vier Ecken des MORPH-Pads. Sie sehen, dass *Sculpture* für jede Ecke des MORPH-Pads verschiedene Soundeinstellungen aufruft.

Jede der vier Ecken stellt eine Soundeinstellung dar, verändert werden allerdings nur die Parameter mit einem roten Punkt bzw. orange markierte Parameter sowie der Einstellungspunkt im Bereich MATERIAL. Wenn sich der rote Punkt des Morphs in einer der vier Ecken oder in der Mitte des MORPH-Pads befindet, können Sie Parameterveränderungen vornehmen, die anschließend jedes Mal wieder aufgerufen werden, wenn der rote Punkt an dieser Stelle ist.

Durch das MORPH-Pad existieren so gewissermaßen fünf Soundeinstellungen, zwischen denen Sie auch überblenden können. Die roten Punkte in den Parametern bzw. in der Grafik von *Sculpture* verändern sich dabei und zeigen Ihnen die aktuelle Position des Morphings an, während die orangefarbene Linie den Wert des nächstgelegenen Morphing-Punktes darstellt. Hierfür muss allerdings unten links AUTO SELECT aktiv sein, so dass der nächstliegende Punkt editiert wird. Ist AUTO SELECT ausgeschaltet, so verändert sich die Selektion eines Morph-Punktes bei Bewegungen auf dem MORPH-Pad nicht automatisch, so dass Sie eventuelle Edits immer noch für den aktuell selektierten Punkt vornehmen, der mit zwei Kreisen umrandet ist (in Abbildung 11.154 ist das der Punkt in der Mitte, in Abbildung 11.155 ist es der Punkt oben links).

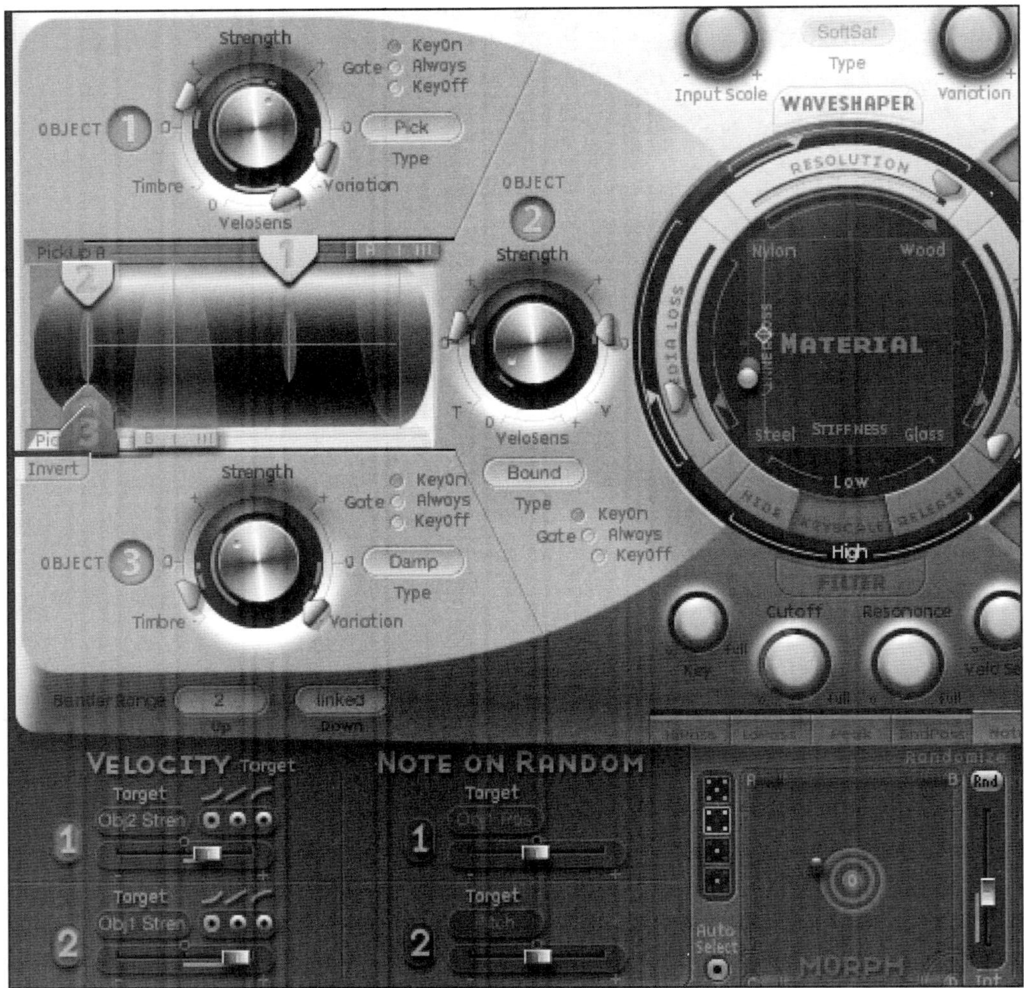

Abbildung 11.154 Unten rechts im Bild das »Morph«-Pad. Einige betroffene Parameter weisen orangefarbene Linien und rote Punkte auf.

Im Bereich MATERIAL sehen Sie einen schwach dunkelgrauen Punkt, der die Position aufgrund der aktuellen Stellung im MORPH-Pad widerspiegelt (die Sie auch hören), während der heller leuchtende Punkt die Einstellung für den selektierten Morph-Punkt repräsentiert.

Wenn Sie den Morph-Punkt anfassen, gelangen Sie mit einem Rechtsklick auf den Morphing-Punkt in ein zusätzliches Menü (Abbildung 11.156), wo sich die Soundeinstellungen von Morphing-Punkten kopieren, vertauschen und verändern lassen.

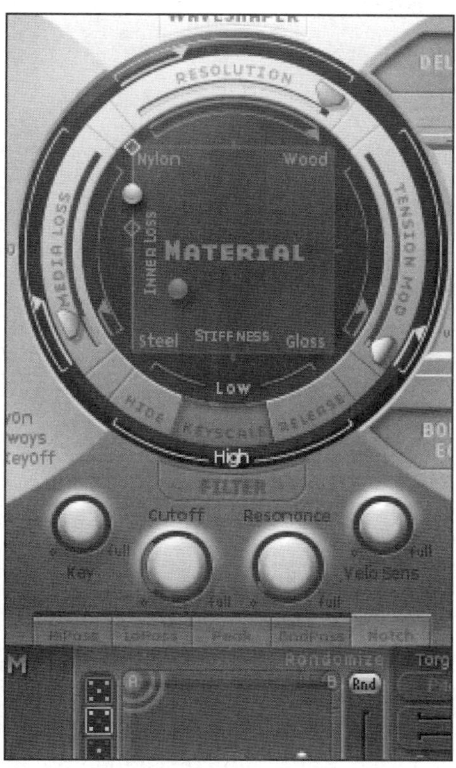

Abbildung 11.155 »Material«-Bereich und »Morph«-Pad mit selektiertem Morph-Punkt oben links

Abbildung 11.156 »Morph«-Pad-Positionswerte können Sie über dieses Menü editieren.

11.21.12 Zufallsfunktion im Morph-Pad

Ferner gibt es eine Zufallsfunktion im MORPH-Pad (siehe Abbildung 11.157). Wählen Sie mit den würfelähnlichen Darstellungsbuttons links, welche der fünf Morph-Punkte von der Zufallsfunktion betroffen sein sollen.

Bestimmen Sie anschließend durch Klick auf den kleinen RND-Button, welche Funktionen vom Zufallsmodus betroffen sein sollen (siehe Abbildung 11.158).

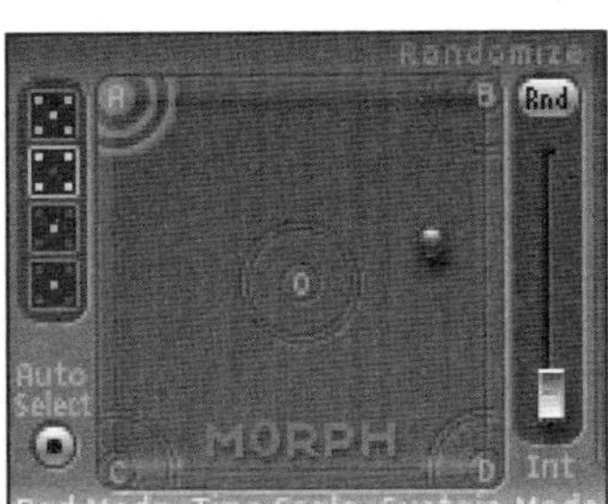

Abbildung 11.157 »Morph«-Pad und Random-Funktion

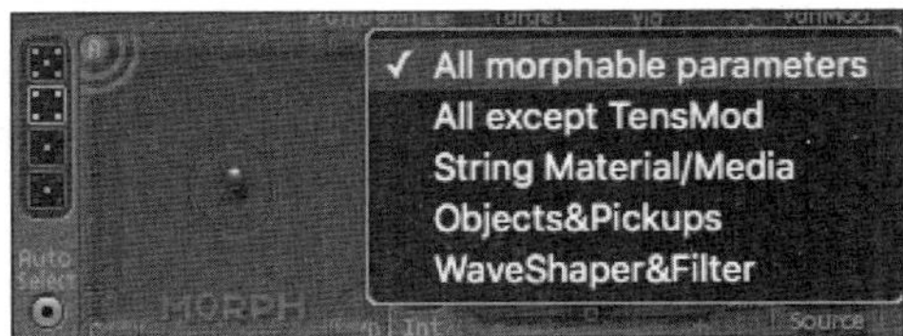

Abbildung 11.158 Wählbare Parameter für Zufallsmorphs nach Rechtsklick auf den »Rnd«-Button

Schieben Sie nun den Random-Intensity-(INT-)Fader hoch, um das Ausmaß der vorbereiteten Zufallsvariation einzustellen. Klicken Sie auf RANDOM, um den Prozess auszulösen. Anschließend werden die Einstellungen der zuvor markierten Morph-Punkte verändert, und Sie haben einen kontrolliert zufällig erzeugten Sound.

11.21.13 Aufzeichnung von Bewegungen des Morph-Pads

Öffnen Sie das Projekt *11Sculpturemorph2*; dort ist der Sound »Turbine Noise« geladen (Abbildung 11.159). In dem Bereich unterhalb des MORPH-Pads können Sie Bewegungen des MORPH-Pads aufzeichnen und editieren, falls der ENV-Modus links oben aktiviert ist ❶. Falls nur PAD aktiviert ist, ist nur die Einstellung des Morph-Punktes auf dem Pad relevant. Falls sowohl PAD als auch ENV als Modi aktiv sind (und blau unterlegt schimmern), ist zusätzlich zu der aufgezeichneten Bewegung, die mit dem Morph-Punkt in der Mitte beginnt, ein Versatz aktiv, der die gesamte Bewegung um genau jenen Betrag und in jene Richtung verschiebt, die der Morph-Punkt vom Mittelpunkt entfernt ist.

Sie können links auf den RECORD-Button ❷ drücken, anschließend eine Bewegung auf dem MORPH-Pad aufzeichnen, diese durch erneuten Klick auf den RECORD-Button beenden und anschließend die Aufzeichnung als mehrstufige Hüllkurven ähnlich wie für ENVELOPE 1 und ENVELOPE 2 editieren. Wann genau die Aufzeichnung dieser Bewegung beginnt, stellen Sie im entsprechenden Menü ein. Ist der Morph-Punkt zu Beginn Ihrer Bewegung nicht in der Mitte, müssen Sie ihn gegebenenfalls vor dem Spielen einer Note in die Mitte zurückführen, damit Ihre MORPH-Pad-Bewegungen beim Abspielen der Note auf genau jenen Positionen ablaufen, auf denen Sie sie aufgenommen haben.

Abbildung 11.159 Unten im Bild der Bereich, wo Bewegungen aufgezeichnet werden. Das Bild zeigt die im Projekt »11Sculpturemorph2b« aufgenommene Bewegung inklusive eines Versatzes.

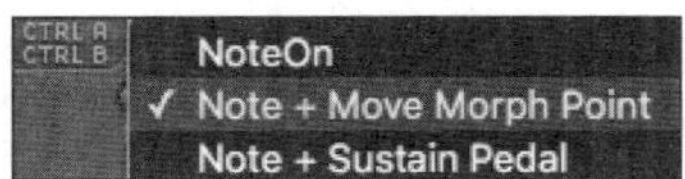

Abbildung 11.160 Hier stellen Sie ein, durch welche Aktion die Aufzeichnung der Bewegung auf dem »Morph«-Pad startet.

Im Dokument *11Sculpturemorph2b* habe ich eine solche Bewegung für den eingestellten Sound aufgezeichnet. Morph-Envelopes sind polyphon – für jede neu gespielte Taste starten sie neu.

11.21.14 Envelopes für die Bewegung des Morph-Pads editieren

Wenn Sie im Envelope-Bereich den Abstand zwischen verschiedenen Punkten Ihrer Aufzeichnung verkürzen, läuft an dieser Stelle auch die Bewegung zwischen den Punkten auf dem MORPH-Pad schneller. Im Bereich TIME SCALE skalieren Sie das Gesamttempo der Hüllkurve.

Zum genaueren Editieren können Sie zoomen: Klicken Sie mit der Maus auf den Envelope-Bereich. Nun erscheint der Schriftzug ZOOM (Abbildung 11.161), und Sie können durch Bewegung mit der Maus nach links und rechts zoomen. Mit Klick auf das Lupensymbol zoomen Sie wieder aus.

Ist SYNC aktiviert, rasten Bewegungspunkte im Taktraster ein, so dass Sie auch rhythmische Modulationen realisieren können.

Abbildung 11.161 Zooming in dem Bereich, in dem Bewegungen des »Morph«-Pads aufgezeichnet werden

Für die Hüllkurve stehen wiederum verschiedene Modi zur Verfügung (Abbildung 11.162), wie auch in ENVELOPE 1 und ENVELOPE 2. Interessant ist auch die Option, den Verlauf der Hüllkurve durch Bewegung eines Controllers manuell zu durchfahren – eine Technik, die einigen Sounddesignern unter Ihnen vielleicht auch von Native Instruments *Absynth* bekannt ist.

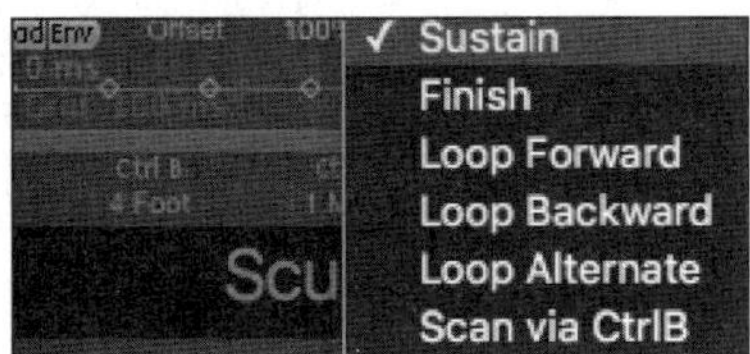

Abbildung 11.162 Einstellbare Envelope-Modes in »Sculpture«

Ein kleines »S« markiert den Sustain-Punkt; diesen können Sie verschieben, um einen bestimmten Punkt des Verlaufs als Sustain-Punkt zu markieren. Sind Loop-Modi anstelle eines Sustain-Modus eingestellt, erscheinen zusätzliche Loop-Punkte. In Abbildung 11.163 habe ich LOOP BACKWARD eingestellt, wodurch wiederholt der Bereich zwischen dem Sustain-Punkt und dem Loop-Punkt abgefahren wird. Das hier abgebildete Beispiel beruht auf der aufgezeichneten Bewegung der vorherigen Abbildungen, allerdings habe ich den Bewegungsverlauf mit dem TIME SCALE-Parameter beschleunigt und auf 16 % der Originalzeit eingestellt sowie weitere Edits vorgenommen, die ich im nächsten Abschnitt erläutere.

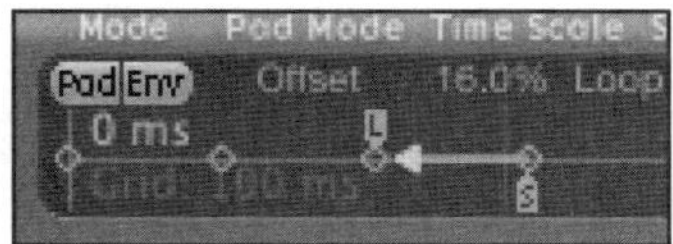

Abbildung 11.163 »Looping Backward« mit 16 % als eingestelltem Wert für das »Time Scaling«

11.21.15 Weitere Edits für Envelopes für die Bewegung des Morph-Pads

Mit gehaltener Maustaste können Sie Morph-Punkte nachträglich verschieben. In Abbildung 11.164 habe ich gegenüber Abbildung 11.159 die letzten beiden Envelope-Punkte verschoben.

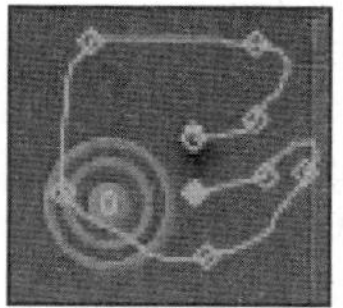

Abbildung 11.164 Die letzten beiden Morph-Punkte wurden manuell editiert.

Mit dem DEPTH-Drehregler (rechts unten in Abbildung 11.165) skalieren Sie die Intensität der Verlaufsauswirkung.

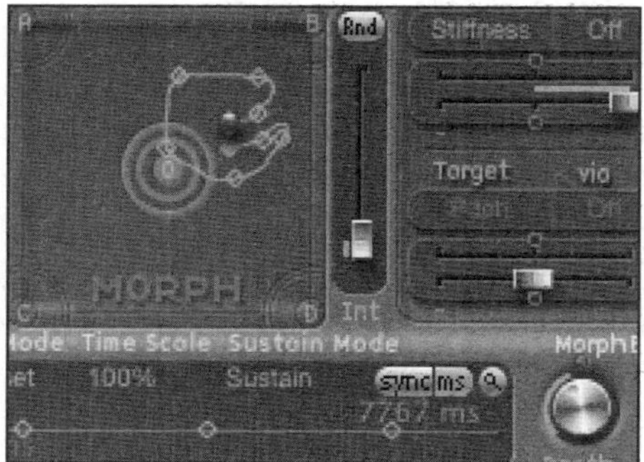

Abbildung 11.165 Der Verlauf wurde etwas skaliert.

Mit dem TRANSITION-Regler bestimmen Sie, ob der Verlauf zwischen Punkten Ihrer Aufzeichnung auf dem MORPH-Pad genau so bleibt, wie Sie ihn aufgezeichnet haben, oder ob er linear oder im Step-Modus verläuft. Ist Letzteres der Fall, wird ruckartig und ohne Übergänge zwischen Punkten gewechselt (Abbildung 11.166). Insbesondere im Zusammenhang mit der unten genannten SYNC-Funktion für Envelopes werden hiermit interessante rhythmische Ergebnisse möglich.

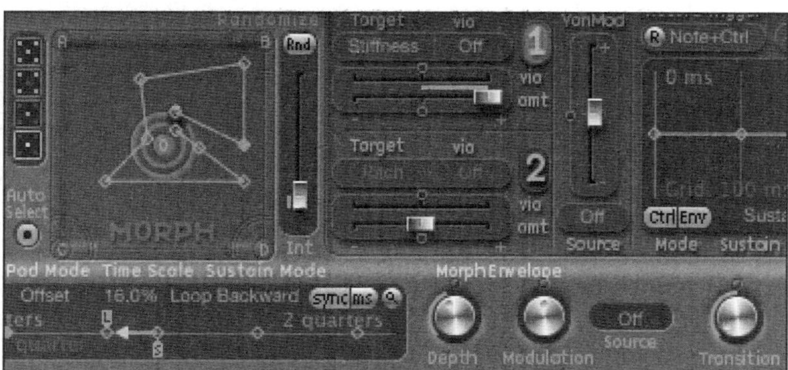

Abbildung 11.166 Bei einem linearen Verlauf besteht die Verbindung zwischen Punkten aus einer Geraden und ist schnörkellos.

Manchmal sind es die kleinen, subtilen Änderungen, die Morphs interessant machen. Verallgemeinerungen sind hier allerdings schwierig, denn dafür gibt es einfach zu viele Möglichkeiten in *Sculpture*.

Von Synths wie *Sculpture* kann man sich auch mal inspirieren lassen und muss nicht alles verstehen, was klanglich passiert. Der Zufall ist ein wichtiger Partner – hören Sie genau hin, wenn er Ihnen ein schönes Geschenk anbietet, und nutzen Sie es.

11.21.16 Zusätzliche Parametermodulation in Automation

Manche Parameter wie z. B. der Body EQ können nicht Ziele von Modulationsquellen, wohl aber Ziele von Automation sein.

11.21.17 Surround-Modus von Sculpture

Surround-Instanzen von *Sculpture* haben unten im aufklappbaren Bereich noch die Parameter Surround Range und Surround Diversity.

- Surround Range legt die Breite des Surround-Felds, innerhalb dessen Sie Bewegungen des Sounds mit Hilfe des Modulationszieles Pan eines Pickups (hier *Pickup Position* genannt) steuern können, von 0 bis 360 Grad fest. Stellen Sie für einen LFO einen Sägezahn ein und setzen Sie die Surround Range auf 360 Grad, bewirkt dies eine kreisförmige Bewegung im Surround-Feld.
- Surround Diversity verteilt das Signal gleichmäßig auf allen Lautsprechern (bei Stellung 1) oder nur auf jenen, die am nächsten zur Pan-Position liegen (bei Stellung 0).

11.22 Vintage Electric Piano

Das *Vintage Electric Piano* von Logic ist der Nachfolger des *EVP88* aus Logic 9; es hat einen anderen Namen, sieht anders aus, besitzt aber die gleiche Funktionalität. Ich nenne es im Buch oft nur *E-Piano*, weil der Name kürzer ist und auch so im Plug-in-Slot angezeigt wird.

Es sind elektronische Keyboards wie Rhodes, Hohner und Wurlitzer, die hier nachgeahmt werden und die in der Vergangenheit von Künstlern wie Billy Joel (»Just the Way you are«, Rhodes), Justin Timberlake (»Señorita«, Rhodes), den »Carpenters« (»Top of the World«. Wurlitzer), »Steely Dan« (»Do it again«, Wurlitzer) und »Led Zeppelin« (»Stairway to Heaven«, Hohner Electra) verwendet wurden.

Probieren Sie ein paar Patches aus. Die Unterschiede zwischen den Sounds sind nuancierter und weniger groß als bei anderen Instrumenten. Das Sounderlebnis stellt sich vor allem dann ein, wenn Sie ein paar gute Harmonien damit spielen. Das Dokument *11Epiano1* kann als Beispiel dienen.

Abbildung 11.167 Übersicht über die Bedienoberfläche des »Vintage Electric Pianos«

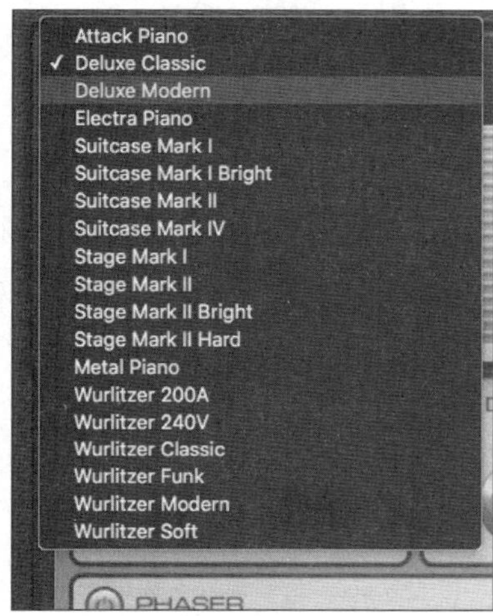

Abbildung 11.168 Oben links im Flip-Menü wählen Sie unter verschiedenen E-Piano-Modellen aus.

Oben rechts können Sie auf den dort stehenden Eintrag (auf meinem System war das voreingestellt immer DELUXE CLASSIC) klicken, um aus verschiedenen E-Piano-Engines auszuwählen (siehe Abbildung 11.168).

11.22.1 Effects

In der EFFECTS-Sektion finden Sie EQ-, DRIVE-, CHORUS-, PHASER- und TREMOLO-Effekte (Abbildung 11.167).

CHORUS, PHASER und TREMOLO sind Modulationseffekte, die Sie nutzen können, um ein bisschen mehr Bewegung in den Sound zu bekommen. Alle drei Effekte sind klassische Modulationseffekte, die Ihr Keyboardspiel durch etwas Bewegung im Sound lebendiger klingen lassen sollen. Interessant ist beim *E-Piano*, dass Sie diese Modulationseffekte nicht nur alternativ, sondern auch gleichzeitig einsetzen können.

Weitere Soundjustageoptionen erreichen Sie, indem Sie oben rechts auf DETAILS klicken.

11.22.2 »Details« und gespreizte Stimmung

Unter MODEL stellen Sie die Zahl der verfügbaren Stimmen, DECAY- und RELEASE-Zeiten, Stereobreite sowie die Lautstärke von glockig klingenden Obertönen (TINE BELL) und emulierten Geräuschen von Filzdämpfern des Originals ein.

Abbildung 11.169 Detaileinstellungen des »Vintage Electric Pianos«

Im Bereich PITCH können Sie die Tonhöhe mit dem STRETCH TUNING-Parameter einer gespreizten Stimmung unterwerfen. Er dient laut Handbuch insbesondere dazu, Probleme beim gemeinsamen Musizieren mit Logics *Vintage*-Instrumenten und einem echten akustischen Instrument zu beheben. Klaviere und andere Saiteninstrumente werden in der Praxis oft leicht gespreizt gestimmt, um Inharmonizitäten der Obertonstruktur zu kompensieren, durch die bei gleichmäßiger Stimmung Obertöne tiefer und hoher Töne gegeneinander verstimmt klingen könnten. Die Stimmung des *Vintage Electric Pianos* können Sie hier gegebenenfalls angleichen.

WARMTH steuert die zufällige Verstimmung aller Tongeneratoren.

11.23 Vintage Clav

Das *Vintage Clav* (Abbildung 11.170) emuliert das Hohner D6 Clavinet, das insbesondere von Künstlern wie Herbie Hancock, Stevie Wonder oder den Commodores typischerweise für Funk- oder Rock-Musik benutzt wurde, und entspricht dem *EVD6* aus Logic 9. Das Logic-Instrumente-Handbuch führt als Referenztracks für das Hohner D6 Stevie Wonders Tracks »Superstition« und »Higher Ground« an. Logics *Vintage Clav* emuliert auch Ungenauigkeiten der Originalmodelle – so klingen zwei nebeneinander gespielte Töne beispielsweise meistens leicht unterschiedlich.

Abbildung 11.170 Logics »Vintage Clav«

Den Sound des Clavinets hören Sie im Beispielprojekt *11Clavinet1*, wo ein paar typische Töne von unterschiedlichen Clavinet-Settings gespielt werden. Ähnlich wie beim *Vintage E-Piano* können Sie oben links zwischen verschiedenen Modellen wählen.

Abbildung 11.171 Modelle des Clavinets

Insbesondere die Modelle *Classic I* und *II* sowie *Vintage I* und *II* emulieren das Original-Hohner-D6, die letzteren beiden ahmen ein etwas abgerockteres Modell nach. Die anderen Modelle sind Variationen. Das *Mellotone* liefert über die gesamte Tastatur einen gleichmäßigen, weichen Klang. *Sitartone* und *Belltone* haben einen höheren Anteil inharmonischer Obertöne. *Dulcitone* erinnert an ein Dulcimer. Ganz wichtig ist der *Damper* unten rechts, der die Ausklingzeit verlängert oder verkürzt. Weitere Details sind im Handbuch zu den Logic-Instrumenten nachzulesen.

Rechts oben (siehe Abbildung 11.170) können Sie zwischen verschiedenen Plug-in-Seiten mit Einstellmöglichkeiten umschalten:

- MAIN
- EFFECTS
- DETAILS

Den unteren Bereich des *Vintage Clavs* mit den Schaltern und dem DAMPER sehen Sie auf allen drei Seiten.

11.23.1 Main-Page

Auf der MAIN-Page (Abbildung 11.170) können Sie die Position des Pickups (sowohl bezüglich der Höhe der Position als auch bezüglich des Winkels) verschieben, um den Klang zu verändern. Mit Hilfe der Taster PICKUP »A B« und »C D« unten können Sie einen zusätzlichen Tonabnehmer nutzen bzw. die interne Verschaltung der Pickups verschieben, wodurch sich ein anderer Sound ergibt. Ein Pickup ist *über*, einer *unter* den Saiten angebracht. In der Vorgängerversion *EVD6* aus Logic 9 hießen die vier Pickup-Konstellationen noch Lower, Upper,

Lower – Upper und Lower + Upper, was das Ganze für mein Empfinden etwas leichter verständlich macht. Bewegungen an der Pickup-Position können Sie via Automation aufzeichnen (siehe Projekt *11Clavinet2* und *11Clavinet3*).

Der STEREO SPREAD-Parameter moduliert die Stereoposition des erzeugten Sounds in Abhängigkeit von der gespielten Tonhöhe (rote Anzeige) oder/und der Pickup-Position (gelbe Anzeige) – was ein Unterschied zum Hohner D6 ist, das über eine Mono-Klangerzeugung verfügt.

Die Filterschalter darunter sind gedrückt, wenn Sie sie oben klicken. BRILLIANT, TREBLE und MEDIUM dünnen den Bassbereich aus und machen den Sound nasal, schärfer oder dünner, SOFT macht den Sound weicher.[1]

11.23.2 Effects

In der Effektsektion (Abbildung 11.172) stehen Ihnen WAH, COMPRESSOR, DISTORTION und MODULATION zur Verfügung.

Abbildung 11.172 Effektsektion im »Vintage Clav«

Für den WAH-Effekt lassen sich verschiedene Modi einstellen, die klassische Wah-Pedale (z. B. eines von Jimi Hendrix) emulieren sollen (Abbildung 11.173) – und er steht als »Fuzz-Wah« (mit mehr Parametern) auch als separates Effekt-Plug-In unabhängig vom *Vintage Clav* zur Verfügung (siehe Abschnitt 15.10.4, »Fuzz-Wah«). Zusätzlich können Sie die Intensität der Wirkung einer Hüllkurve auf die Cutoff-Frequenz einstellen, die von einem Envelope Follo-

1 Vergleiche Logic Pro-Instrumente-Handbuch, S. 405.

wer ausgelöst wird. Dabei wird die Hüllkurve von gespielten Noten bestimmter Intensität ausgelöst – die Empfindlichkeit stellen Sie mit dem ENVELOPE-Regler ein. Der Parameter RANGE bestimmt die Cutoff-Frequenz. Im Beispiel *11Clavinet4* hören Sie ein Soundbeispiel, bei dem mit jeder gespielten Note die Hüllkurve die Filterfrequenz nach oben und wieder nach unten bewegt.

Im MODULATION-Bereich können Sie zwischen PHASER, FLANGER und CHORUS wählen. Mehr zum Unterschied zwischen diesen drei Effekten lesen Sie in Abschnitt 15.11 über Modulationseffekte.

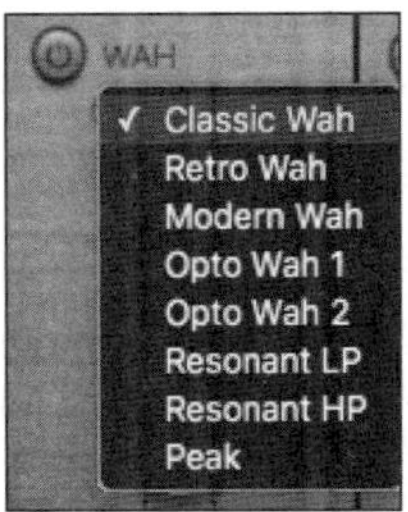

Abbildung 11.173 »Wah«-Modi

11.23.3 Details

Auf der DETAILS-Seite können Sie Feineinstellungen vornehmen. Je nach eingestelltem Modell fällt die Wirkung aber leicht unterschiedlich aus. Viele Parameter ähneln denen von *Sculpture*, andere sind auch von anderen Instrumenten bekannt. Ich erwähne hier einige besondere Parameter, andere schlagen Sie gegebenenfalls bitte im Handbuch nach.

Abbildung 11.174 Detaileinstellungen des »Vintage Clavs«

EXCITE und CLICK betreffen die Anregung der Saite sowie ein Klickgeräusch beim Loslassen der Gummihämmer.

Die Saitenparameter beeinflussen das Schwingverhalten der Saite. STIFFNESS und INHARMONICITY können eine Spreizung unharmonischer Obertöne bewirken. TENSION MOD führt zu einer Verstimmung im Anschluss auf den Anschlag der Saite und ermöglicht auch schräge und verstimmte Sounds.

Im Bereich PITCH unterwerfen Sie die Tonhöhe des *Vintage Clavs* mit dem STRETCH-Parameter einer gespreizten Stimmung (siehe Abschnitt 11.22.2 über das *Vintage E-Piano*). WARMTH steuert die zufällige Verstimmung aller Tongeneratoren.

11.24 Vintage B3 Organ

Auch die *Vintage B3* ist eine liebevolle, detailgetreue Emulation eines Instrumentenklassikers – der Hammond-B3-Orgel (und Nachfolger des *EVB3* aus Logic 9). Im Original rotieren stählerne Tonräder vor elektromagnetischen Tonabnehmern. Eine weitere charakteristische Komponente sind die eingebauten rotierenden Leslie-Lautsprecher in dem etwa kühlschrankgroßen Leslie-Cabinet-Gehäuse.

Die Klangerzeugung von Logics B3-Emulation basiert wiederum auf Logics Component-Modeling-Synthese. Auch der rotierende Lautsprecher wird nachgebildet und kann sogar als Effekt ohne die *B3* eingesetzt werden.

Die Hammond-Orgel war insbesondere in den 60er und 70er Jahren sehr populär. Sie war einmal ein Ersatz für wesentlich teurere Pfeifenorgeln in Kirchen gedacht, wurde anschließend in Kirchen für Gospel-Musik verwendet und trat von dort aus ihren Siegeszug in allen möglichen Genres von Rock über Blues bis Funk an. Die Liste der Interpreten oder Keyboarder von Bands, die diese Orgel benutzen, ist lang: Procol Harum, Deep Purple, Isaac Hayes, Santana, Pink Floyd ...

Die *Vintage B3* besitzt fünf Pages/Ansichten für Soundfeineinstellungen:

- MAIN
- ROTOR CABINET
- OPTIONS
- EFFECTS
- EXPERT

11.24.1 Main-Page

Charakteristisch für die Spielweise der Orgel sind zwei leicht versetzt übereinanderliegende Tastaturen (*Manuale*) wie bei einer Kirchenorgel sowie Fußpedale (in Form einer zweioktavigen Fußpedaltastatur), über die die Orgel gespielt wird. Dort nennt man das Obermanual *Swell* oder *Schwellwerk*, das Untermanual *Great* oder *Hauptwerk*. Für jedes Manual kann ein eigener Sound eingestellt werden, der sich aus neun verschiedenen Frequenzen zusammensetzt. Die Lautstärke dieser Frequenzen lässt sich bei der echten Hammond-Orgel genau wie in Logics *Vintage B3* über die neun Zugriegel einstellen, für die jeweils neun verschiedene Lautstärken (0–8) einstellbar sind. Auch für den Pedalbereich ist ein eigener Sound einstellbar – hierfür sind in Logics *B3* die beiden Riegel in der Mitte zwischen den 9er-Zugriegelgruppen links und rechts ❷ vorgesehen.

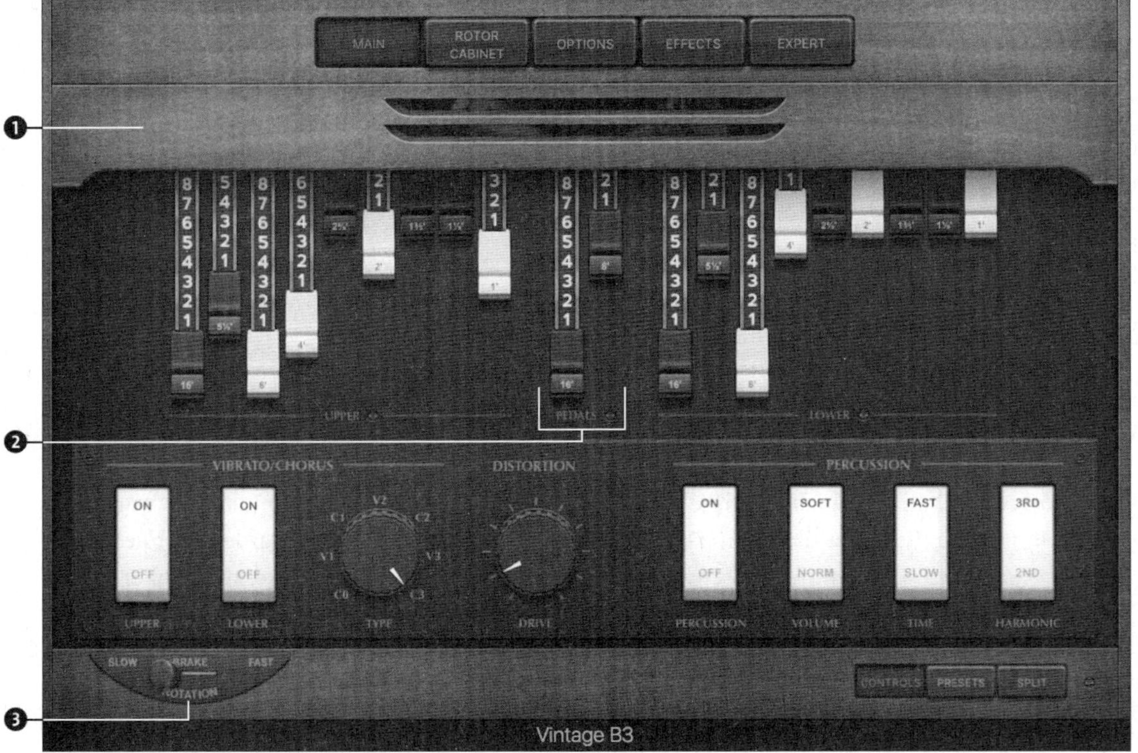

Abbildung 11.175 »Main«-Page mit Zugriegeln

In der MAIN- und der ROTOR CABINET-Ansicht ist unten links ein kleiner Schalter ❸ mit drei Einstellungen zu sehen, der den Leslie-Lautsprecher in langsame oder schnelle Drehung versetzt (oder ihn in der Mittelstellung anhält – BRAKE). Auch wenn es für die Leslie-Simulation eine separate Seite mit Settings gibt (ROTOR CABINET), erkennen Sie an der grafischen Simulation oben (hinter den beiden »Luftschlitzen«) ❶, ob sich der rotierende Lautsprecher bewegt oder nicht. Das ist allerdings nicht gleichbedeutend damit, dass der Effekt aktiv ist – der Lautsprecher kann sich drehen, der Effekt aber trotzdem abgeschaltet sein (siehe die Seite ROTOR CABINET).

Unten rechts können Sie die MAIN-Ansicht zwischen den Ansichten CONTROLS, PRESETS und SPLIT umschalten. Ich zeige die letzteren beiden zuerst, weil sie mir für das Verständnis des Instruments wichtiger erscheinen.

Presets-Ansicht

In der PRESETS-Ansicht werden pro Manual die Tasten einer Oktave für das Aufrufen von Presets (inklusive Miniaturgrafik der Zugriegeleinstellungen) dargestellt. In Abbildung 11.176 sind für beide Manuale Presets der obersten Taste (deutsch: H, englisch: B) aufgerufen. Wenn Sie nun einzelne Zugriegel verstellen, ändert sich die Miniaturgrafik auf der Taste automatisch, die die Stellung der Zugriegel abbildet. Dies gilt zumindest, wenn in den Optionen oder in einem Flip-Menü in der Regleransicht des Plug-ins (siehe Abschnitt 11.5.2) eingestellt ist, dass stets der CURRENT PRESETKEY editiert wird (Abbildung 11.178 und Abbildung 11.177).

Alternativ können Sie einstellen, dass Edits der Zugriegel nur die Taste A# (B♭) bezüglich des oberen Manuals und H bezüglich des unteren Manuals verändern. Ist Letzteres eingestellt, können Sie mit den Zugriegeln einen neuen Sound auf anderen Tasten quasi vorbereiten, bevor Sie ihn über A# und H aufrufen. Abbildung 11.177 zeigt, wo Sie das einstellen können.

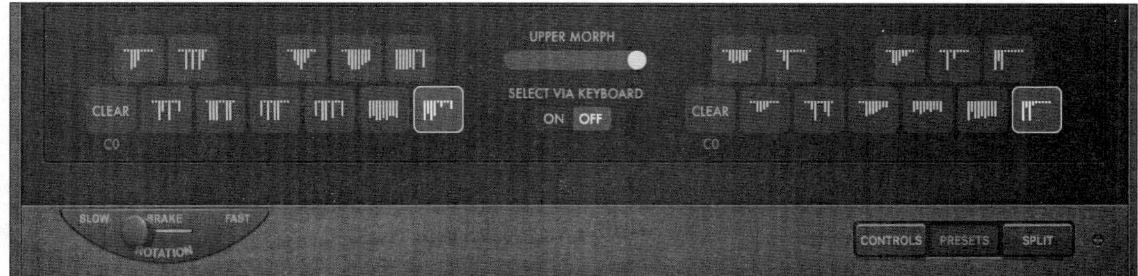

Abbildung 11.176 »Vintage B3«-Presets

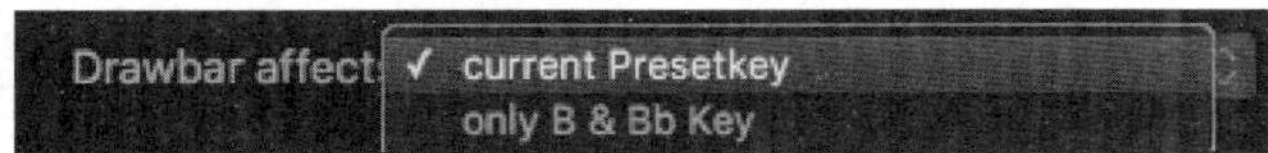

Abbildung 11.177 Dieses Flip-Menü finden Sie in der Regleransicht, wenn Sie nach unten scrollen.

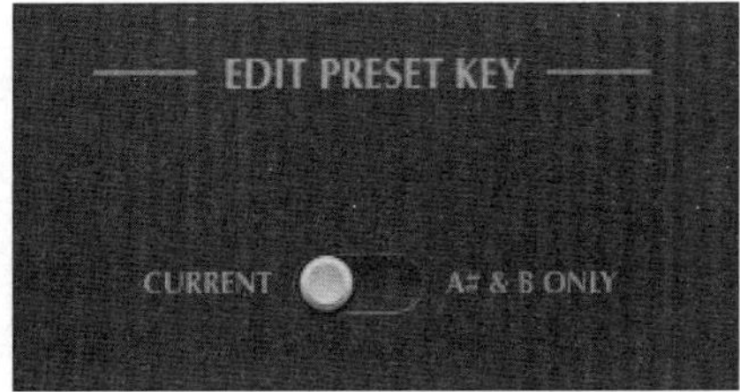

Abbildung 11.178 Dieser Wahlschalter befindet sich auf der »Options«-Page.

Die unterste Taste C ist mit CLEAR beschriftet und setzt alle Zugriegel des Manuals auf Nullstellung.

Die Einstellungen im Keyboard-Split-Modus (die ich im nächsten Abschnitt erläutern werde) sind entscheidend dafür, ob Sie Presets mit Ihrem Keyboard oder nur mit der Maus umschalten können. Im folgenden Beispiel habe ich im Keyboard-Split-Mode SINGLE eingestellt, um die Presettasten mit nur einem Keyboard ansteuern zu können.

Im Beispiel *11VintageB3b* gibt es zwei Spuren desselben Instruments. Dort schalte ich in Takt 1 und 2 in der unteren Spur zwischen verschiedenen Presets um, oben spielen Akkorde. Ab Takt 3 spiele ich zunächst oben einen Akkord und unten die C0/CLEAR-Presettaste. Ich halte den Akkord, dabei spiele ich unten andere Presettasten an, wodurch jedes Mal ein anderer Sound zu hören ist und scheinbar ein neuer Akkord gespielt wird. Die Wirkung des Morph-Reglers, mit Hilfe dessen verschiedene Soundpresets gemorpht werden können, hängt von zusätzlichen Einstellungen der OPTIONS-Seite ab, und ich erkläre sie in Abschnitt 11.24.3, »Options«.

Wenn Sie durch Morphing eine interessante Soundeinstellung gefunden haben, können Sie sie nicht nur als Logic-Plug-in-Setting, sondern auch im Stile der Original-Hammond-Orgel als Presettaste speichern. Sie erreichen das Menü zum Abspeichern wiederum, indem Sie die Plug-in-Ansicht auf die Ansicht REGLER umstellen, dort finden Sie das versteckte SAVE MORPH TO ...-Flip-Menü.

Im Gegensatz zu den Plug-in-Presets oben im Plug-in-Fenster rufen diese Presets Zugriegeleinstellungen, aber keine anderen Parameter auf. Auch die Original-Hammond-Orgel hat neben den beiden Manualen jeweils eine Oktave mit invertiert eingefärbten Tasten zum Aufrufen registrierter Presets. Es ist nur logisch, dass die beiden Oktaven jeweils die Presets für das betreffende Manual aufrufen. Es ist ein wenig Konfigurationsarbeit oder -verständnis notwendig, damit das bei Ihnen zu Hause ähnlich funktionieren kann – insbesondere wenn Sie die gleiche Flexibilität mit nur einem einzigen Keyboard erreichen möchten –, aber es ist möglich. Hierfür wechseln Sie unten rechts in die SPLIT-Ansicht.

Keyboard-Split-Modes

Um das Verhalten der Original-Hammond-Orgel zu Hause mit den Ihnen zur Verfügung stehenden Keyboards oder Controllern nachzuahmen, richten Sie im Keyboard-Split-Mode ein Setup für ein oder mehrere Keyboards bzw. Controller ein.

Die *Vintage B3* in Logic zeigt die beiden Manuale und den Pedalbereich ja grafisch nicht an. Klicken Sie stattdessen unten rechts auf die SPLIT-Taste, um Optionen für Keyboard-Splitting angezeigt zu bekommen (Abbildung 11.179). Sie haben die Wahl zwischen:

- SINGLE
- SPLIT
- MULTI

Im Single-Mode spielt die gesamte Klaviatur nur den Klang des oberen Manuals. Wenn Sie bei den Presets Select via Keyboard aktiviert haben, können Sie die Presets mit den Tasten C0 bis B0 aufrufen.

Der Split-Mode (Abbildung 11.179) teilt die Klaviatur in drei Teile ein (auch wenn das Handbuch nur von zwei Teilen spricht). Der untere Teil spielt den Sound des Pedalbereichs (und kann dann gegebenenfalls nicht zusätzlich Presets aufrufen), der mittlere den Sound des Lower Manuals und der obere den Sound des Upper Manuals. Welcher der drei Bereiche angespielt wird, sehen Sie darüber an dem Lämpchen (siehe Markierungen in Abbildung 11.179), das neben dem Eintrag Upper, Pedal oder Lower aufleuchtet. Eventuell müssen Sie die Bereiche Pedal, Lower oder Upper unterhalb des abgebildeten Keyboards noch transponieren (z. B. Pedals nach oben, wenn Sie Pedals via Noten unterhalb von C1 spielen), um etwas zu hören. Das funktioniert technisch deshalb, weil Logic den gespielten Noten nun intern verschiedene MIDI-Kanäle zuweist, so dass es möglich ist, die Note C2 mit dem Sound des Pedal-Bereichs unabhängig von der Note C2 des Lower Manuals mit nur einem Keyboard zu spielen. Sie können dabei selbst definieren, welches Manual der *B3* über welche Tasten Ihres Keyboards angesteuert wird, indem Sie die Grenzmarkierung verschieben oder nach Klick auf den Learn-Button neu zuweisen.

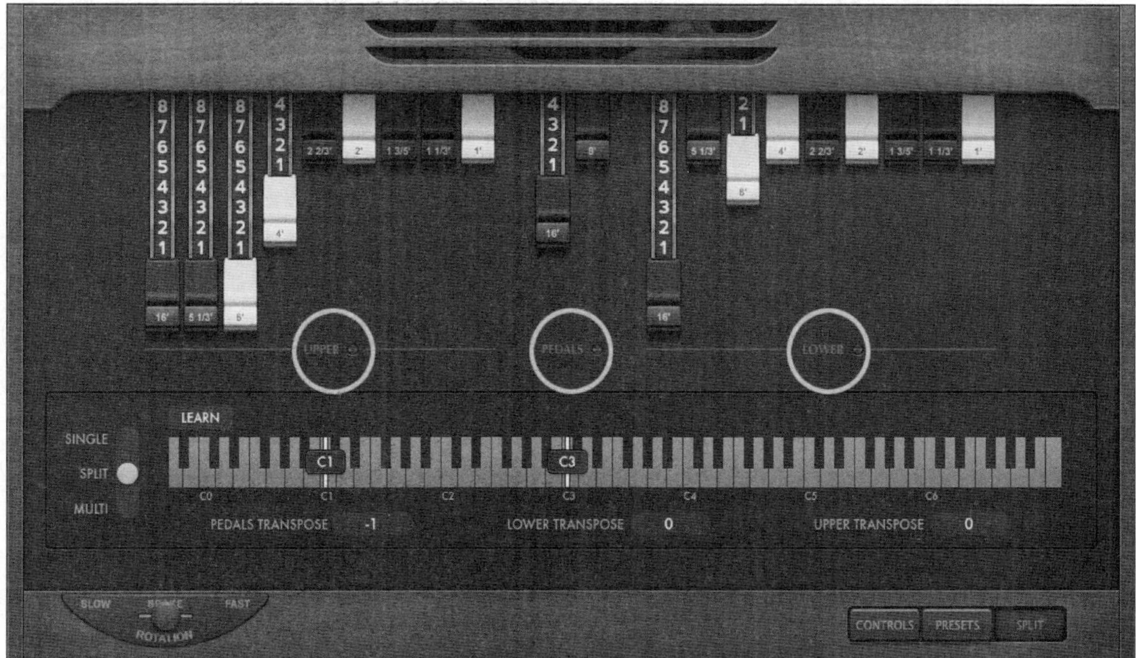

Abbildung 11.179 Unten rechts ist die Ansicht für den Keyboard-Split aktiviert, links sehen Sie die Optionen »Single«, »Split« und »Multi«.

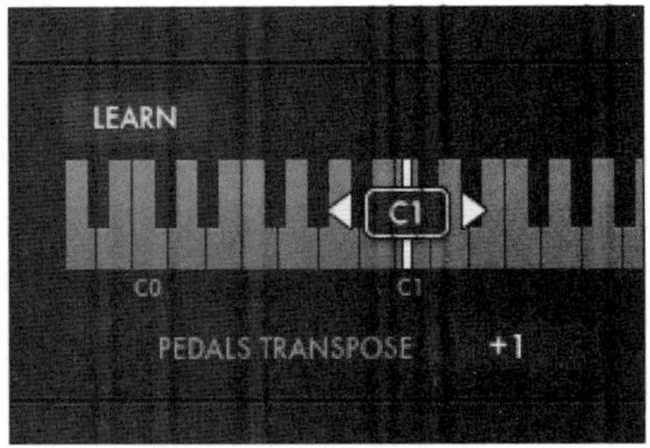

Abbildung 11.180 Änderung der Grenzbereiche für das Ansteuern von Manuals auf Ihrem Keyboard

Der MULTI-Mode teilt die Klaviatur ebenfalls in drei Teile ein. Diesmal können Sie Ihre Keyboards über den MIDI-Kanal dem Upper oder Lower Manual oder den Pedals zuweisen. Diese Methode eignet sich gut, wenn Sie die *B3* mit mehreren Keyboards spielen wollen.

Auch hier können Sie für die einzelnen Bereiche wieder einen eigenen Transpositionswert einstellen. Im Gegensatz zu Logic 9 (*EVB3*) ist nun der MIDI-Kanal pro Bereich frei zuweisbar. Zuvor waren es fest die Kanäle 1–3 für Upper, Lower und Pedal-Bereich (Abbildung 11.181).

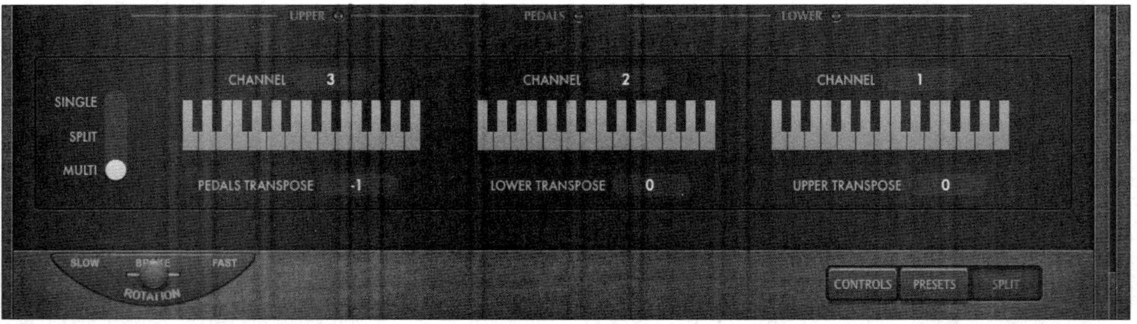

Abbildung 11.181 »Multi«-Mode

Controls und Sonstiges; Stimmung

Sehen wir uns noch die sonstigen Regler der MAIN-Page an. Mit den Tastern für

- VIBRATO/CHORUS,
- DISTORTION und
- PERCUSSION

fügen Sie dem Sound zusätzliche Effekte hinzu.

VIBRATO und CHORUS sind für beide Manuals separat einstellbar und emulieren den Scanner-Vibrato-Effekt der B3. Der Drehknopf bietet Ihnen verschiedene Vibratos (V1, V2, V3) und Choruseffekte (C0, C1, C2 und C3) an; je höher die Zahl hinter dem Effekt, desto intensiver ist der Effekt zu hören. Sowohl das Original als auch Logics »Scanner Vibrato«-Effekt beruhen laut Manual auf einer sehr speziellen Technik, die angeblich mit herkömmlichen LFOs nicht zu simulieren ist (und in Logic emuliert wurde).[2] Auf der OPTIONS-Seite sehen Sie zusätzliche Einstellmöglichkeiten für die Geschwindigkeit und Intensität des Effekts (unter SCANNER VIBRATO). Laut Handbuch wird dieser nur von wenigen Künstlern (z. B. Brian Auger) benutzt, und es empfiehlt, diesen Effekt alternativ zum Leslie (ROTOR CABINET) – und nicht gemeinsam mit ihm – einzusetzen. Das ist natürlich Geschmacksache; interessant klingen natürlich auch Kombinationen. Im Dokument *11vintageb3modandfx* hören Sie ab Takt 1 den Scanner-Vibrato-Effekt, ab Takt 3 eine Kombination aus SCANNER VIBRATO und Leslie.

- DISTORTION wird dagegen für das gesamte Instrument eingestellt und simuliert die Verzerrung eines eingebauten Leslie-Verstärkers, wobei Sie verschiedene Verstärkertypen auswählen können. Der DRIVE-Regler regelt die Intensität der Verzerrung (passt dabei aber die Lautstärke automatisch an) und ist an einen anderen DRIVE-Regler gekoppelt, der im Fenster EFFECTS angezeigt wird. Dort können Sie zwischen verschiedenen Verstärkertypen für die Verzerrung wählen und mit dem TONE-Regler die Klangfarbe ändern.
- PERCUSSION steht nur für das obere Manual zur Verfügung und fügt Obertöne zum Anfang jeder Note hinzu, die schnell verklingen und für ein perkussives Element sorgen. Wie schnell genau, das stellen Sie mit dem FAST/SLOW-Regler ein, wobei Sie in der OPTIONS-Ansicht für FAST und SLOW präzise Zeitwerte vorgeben können. Mit dem Schalter HARMONIC fügen Sie einen jeweils anderen zusätzlichen Oberton hinzu. Mit dem Schalter VOLUME LOW/HIGH wählen Sie zwischen zwei Lautstärken für den PERCUSSION-Effekt aus, die Sie im OPTIONS-Bereich (ebenso wie die Velocity-Empfindlichkeit) wiederum detailliert einstellen können. Im Dokument *11VintageB3Perc* hören Sie die Wirkung des Effektes an drei verschiedenen Einstellungen: Zunächst ist der Effekt aus (Takt 1 und 2), dann laut und kurz (Takt 3 und 4) und schließlich länger (Takt 5 und 6). Im Beispiel mache ich außerdem Gebrauch vom DISTORTION-Effekt.

Detailerläuterungen zur Funktionsweise der Taster entnehmen Sie bitte dem Handbuch zu den Logic-Instrumenten.

Durch die technischen Gegebenheiten der Klangerzeugung hat die Hammond-Orgel eine insbesondere bei Terzen und Quinten leicht veränderte Stimmung gegenüber Pfeifenorgeln, was für Pfeifenorgelspieler unangenehm bzw. ungewohnt klingen kann, andererseits auch den Sound der Hammond-B3-Orgel ausmacht.

11.24.2 Rotor Cabinet

In der ROTOR CABINET-Ansicht (Abbildung 11.182) sehen Sie die Nachbildung der rotierenden Leslie-Lautsprecher. Es gibt dabei unten einen Basslautsprecher und oben Hörner für die Höhen.

2 Vergleiche Logic Pro-Effekte-Handbuch, S. 218.

Abbildung 11.182 Die »Rotor Cabinet«-Ansicht

In der MAIN- und der ROTOR CABINET-Ansicht sehen Sie unten links einen kleinen Regler namens ROTATION ❶, der über drei verschiedene Einstellungen verfügt. Hierdurch werden die Leslie-Lautsprecher in der Stellung SLOW in langsame oder in der Stellung FAST in schnelle Drehung versetzt (in der Mittelstellung BRAKE werden die Speaker angehalten). In der ROTOR CABINET-Ansicht finden Sie zusätzliche Justageoptionen.

Ein Rotor-Cabinet-Effekt steht auch als Effekt-Plug-in zur Verfügung. Mit dem CABINET-Schalter (de-)aktivieren Sie den Effekt. Auch ohne dass sich der Motor dreht, sorgt die Nutzung des Cabinets für einen authentischen Sound. Öffnen Sie das Dokument *11VintageB3A*, um ein Beispiel zu hören. In Takt 3 wird das zuvor aktivierte Cabinet bei ansonsten gleichen Einstellungen deaktiviert.

Oberhalb der abgebildeten Lautsprecherbox können Sie unter TYPE verschiedene Lautsprecherboxen auswählen, die z. B. als aufgenommene Impulsantworten vorliegen. Der Eintrag REAL CABINET ❷ (der auch im Beispiel verwendet wird) simuliert eine echte Leslie-Box mit zwei Lautsprechern (wodurch im Bereich MIC PROCESSING ❸ weitere Drehregler zur Justage der Stereobreite angeboten werden – für HORN und DRUM –, denn beide Speaker werden simuliert mit jeweils eigenen Mikros abgenommen). Ebenso bietet nur die Option REAL CABINET für die Mics auch die Optionen MIC POSITION FRONT und REAR (wodurch auch der Lautsprecherkasten in der Abbildung von beiden Seiten gezeigt werden kann). Für alle anderen

Einstellungen als REAL CABINET wird die Box nur von vorn (wie eine Art große Holzkiste) gezeigt, und es gibt links zusätzliche bzw. andere Optionen für die Position eines Mikros (DISTANCE und ANGLE).

Bei den Einstellungen der Parameter für den MOTOR geht es vor allem um die Relation der Drehungen der beiden Lautsprecher bzw. des Hoch- und Tieftöners zueinander:

- In der Einstellung SYNC sind diese fast synchron, aber besonders beim An- oder Auslaufen der Motoren sind Unterschiede zu hören.
- In der Einstellung »910« bleibt der Rotor des Basslautsprechers in der Einstellung SLOW stehen, um einen stabilen Bass-Sound zu gewährleisten, während der Hochtöner sich noch drehen kann (Memphis-Sound).
- In der Einstellung INV dreht sich der Hochtöner schnell, wenn sich der Basstöner langsam dreht, und umgekehrt.
- In der Einstellung NORMAL entspricht die Einstellung beider Lautsprecher der Einstellung des ROTATION-Reglers ❶ unten links.

Unter SPEED MIDI CONTROL können Sie für die Geschwindigkeit der Drehung des Lautsprechers einen MIDI-Controller konfigurieren, mit dem Sie diese fernsteuern. Dabei stehen verschiedene Optionen zur Verfügung, darunter eine Fernsteuerung durch das Mod-Wheel. Weitere Details entnehmen Sie bitte dem Handbuch. Bedenken Sie, dass Sie die meisten Parameter (auch ohne optionale MIDI-Fernsteuerung) auch automatisieren können.

11.24.3 Options

Im Bereich MORPH stellen Sie ein, wie der Morphing-Regler der MAIN-Page funktioniert. Es ist möglich, zwischen Zugriegelpresets klanglich zu überblenden/zu morphen. Im LINEAR-Mode geschehen diese Übergänge weich, im STEP-Mode dagegen abgehackt. Ich habe den Morphing-Regler im Dokument *11VintageB3c* automatisiert. In den Takten 1 und 2 erfolgen die Übergänge weich und linear, in den Takten 3 und 4 ruckartig im STEP-Mode. Sie können auch einen MIDI-Controller für das Morphing zuweisen – oder es via Automation realisieren.

Im Feld RANGE stellen Sie ein, zwischen welchen Presets gemorpht werden kann. Als oberste Taste ist dabei das H gesetzt; wenn Sie bei RANGE »C#« einstellen, betrifft der Morph-Bereich alle Einstellungen bis hinunter zum C#. Wenn Sie dagegen »A#« einstellen, morphen Sie lediglich zwischen den beiden Einstellungen der Tasten H und A#.

Bei linearen Morphs kann es sein, dass Sie eine Einstellung gut finden und auf eine Presettaste speichern wollen; die Lösung versteckt sich – wie in Abschnitt 11.24.1, im Unterabschnitt über die »Presets-Ansicht« bzw. Abbildung 11.177 gezeigt – in der Plug-in-Ansicht, die Sie von EDITOR auf REGLER umschalten müssen (siehe Abschnitt 11.5.2). Dort finden Sie dann einen Eintrag SAVE MORPH TO ....

Abbildung 11.183 »Options«-Page

Die Einstellungen für den PERCUSSION-Effekt habe ich bereits in Abschnitt 11.24.1, im Unterabschnitt über die CONTROLS-Ansicht, erläutert.

11.24.4 Effects

Mit einem Klick auf den MASTER-Schalter in der Effektsektion der *Vintage B3* (de-)aktivieren Sie die gesamte Sektion (der Leslie- bzw. ROTOR CABINET-Effekt ist unabhängig davon).

Der PEDAL-Schalter entscheidet, ob die mit dem Pedalregister gespielten Noten die Effektsektion ebenfalls durchlaufen oder nicht.

Die interne Reihenfolge der Effekte, durch die das Signal in der *Vintage B3* läuft, lautet zunächst (wie auch im Bild) EQUALIZER, WAH WAH, DISTORTION, REVERB, Rotor/Leslie (der letzte Effekt ist nicht im Bild, sondern auf der ROTOR CABINET-Page zu finden). Die Reihenfolge von EQUALIZER, WAH WAH und DISTORTION können Sie jedoch mit Drag & Drop auf der EFFECTS-Page ändern.

Für den WAH WAH-Effekt stehen verschiedene Filtertypen zur Verfügung. Sie können zudem einen MIDI-Controller definieren, mit dem der Organist selbst den Wah-Effekt realisiert und den Filter auf- und zudreht. Wie weit der Filter bei voller Bewegung des MIDI-Controllers dabei auf- und zugeht, hängt von der Einstellung unter RANGE ab. Im Dokument *11vintageb3-modandfx* hören Sie den Effekt ab Takt 9.

Abbildung 11.184 »Effects«-Page der »Vintage B3«

Auch im DISTORTION-Bereich stehen verschiedene Verstärkertypen für die Verzerrung zur Verfügung. Der TONE-Regler variiert die Frequenzen der Verzerrung, während der DRIVE-Regler ein Double des DISTORTION-Reglers auf der MAIN-Page ist. Im Dokument *11vintageb3-modandfx* hören Sie außerdem ab Takt 7 die Wirkung des Reverbs und ab Takt 11 einen stark verzerrten Akkord.

11.24.5 Expert

Im Bereich PITCH können Sie wie schon bei *Vintage E-Piano* und *Vintage Clav* die Tonhöhe der *Vintage B3* mit dem STRETCH-Parameter einer gespreizten Stimmung unterwerfen (siehe Abschnitt 11.22.2 über das *Vintage E-Piano*). WARMTH steuert die zufällige Verstimmung aller Tongeneratoren.

Im Bereich SUSTAIN können Sie auswählen, auf welche Tastaturen sich die Wirkung eines angeschlossenen Sustain-Pedals bezieht.

Unter MISC wählen Sie einen Controller aus, um Ihre *Vintage B3* von diesem aus optimal bedienen zu können. Zur Auswahl stehen die Einstellungen ROLAND VK, KORG CX, HAMMOND SK/XK, NATIVE INSTRUMENTS B4D, NORD ELECTRO und OFF. Viele dieser Hardwarecontroller stellen zumindest partiell mehr oder weniger originalgetreue Nachbildungen der Zugriegel der Hammondorgel mit einem Keyboard und weiteren Features dar.

Im Bereich CONDITION können Sie diverse Parameter einstellen, die bestimmte Zustände (z. B. aufgrund von Abnutzung) bestimmter Bauteile simulieren. Weitere Details entnehmen Sie bitte dem Handbuch.

Etwas genauer möchte ich noch die Parameter unter ORGAN MODEL ansprechen. Dort bestimmt ...

- MAXIMUM WHEELS die Zahl der Tonradgeneratoren, die simuliert werden (was bei höheren Werten Authentizität und zusätzliche Obertöne bringt, aber Rechenleistung fordert),
- EQUALIZER TONAL BALANCE das Mischverhältnis zwischen den höheren und tieferen Tonrädern.
- LOWER und PEDALS VOLUME legen die Lautstärke des jeweiligen Registers fest.
- SHAPE modifiziert die Wellenform der Tonradgeneratoren, um bestimmte Orgelmodelle nachzuahmen.
- Der BASS FILTER befreit den Sound des Bass-Manuals bzw. Pedalbereichs von eventuell störenden Höhen.
- Mit dem ULTRABASS-Schalter können auch auf den Keyboardmanualen zusätzliche tiefe Töne gespielt werden. Allerdings können Sie diese auch auf der MAIN-Page transponieren.

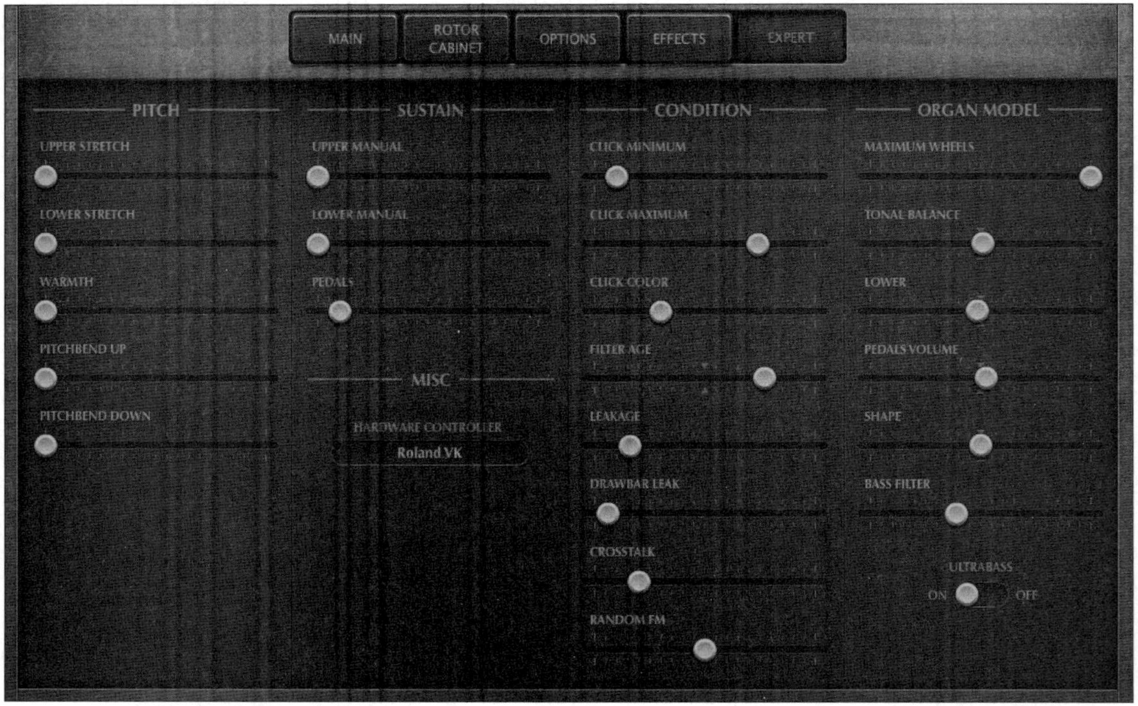

Abbildung 11.185 »Expert«-Page

11.25 Vintage Mellotron

Das erste Mellotron war ein in den 60er Jahren erfundenes Instrument, das Klänge von Solo-Instrumenten und Ensembles in eine Art spielbare Orgel packte, mit der beispielsweise ein Alleinunterhalter zu Hause eine Tanzparty musikalisch gestalten konnte. Technisch basierte das Mellotron auf Bandschleifen (*Tape Loops*; Endloswiedergabe bei gehaltener Taste möglich). Auf Teilen der Tastatur waren dabei teilweise Rhythmus-Loops oder musikalische Sequenzen untergebracht, der Tonumfang für spielbare Instrumente war dafür oft reduziert. Die Bänder des Mellotrons wurden in neueren Geräten immer wieder neu aufbereitet, zuletzt auch in Plug-ins von G-Force und Arturia. Logics *Vintage Mellotron* bietet nur einen kleinen Teil der ursprünglichen Soundauswahl. Immerhin können Sie zwischen zwei Sounds überblenden und mit dem TAPE-Regler den Sound alter Tapes auf verschiedene Weise ins Spiel bringen.

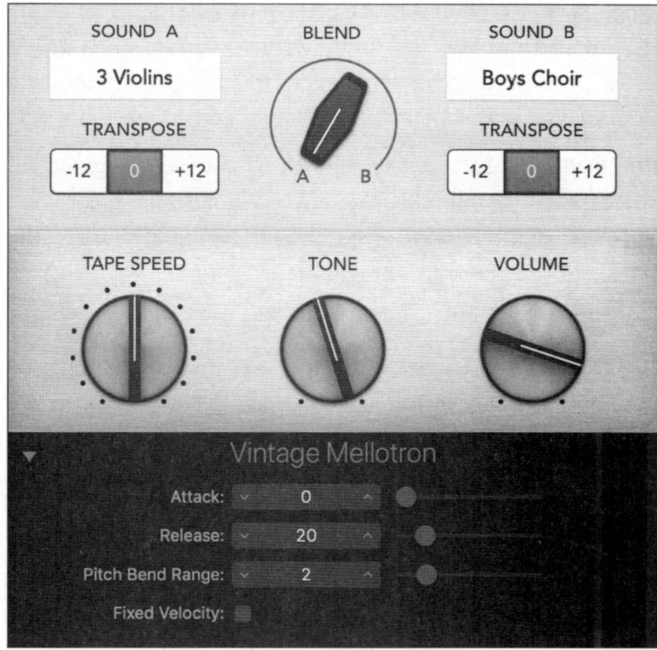

Abbildung 11.186 Das »Vintage Mellotron« in Logic

Mellotron-Sounds sind in vielen bekannten Produktionen zu hören (etwa die Flöte in »Stairway to Heaven« von Led Zeppelin und Nelly Furtados »Why do all good Things come to an End«, Streicher in vielen Songs des »Moon Safari«-Albums von Air) und sind von diversen Herstellern für neue Sampler aufbereitet worden. Auch in Logic finden Sie unter dem Eintrag VINTAGE MELLOTRON einige Mellotron-Sounds (Projekt *11Mellotron*).

11.26 EVOC 20 PS-Vocoder

Ein Vocoder moduliert ein Trägersignal (*Carrier*) mit einem Modulatorsignal (*Modulator*). Genauer: Der Vocoder analysiert mit Hilfe vieler Band-Pass-Filter den Modulator (also z. B. eine Stimme) und wendet dessen Lautstärke-Verlaufshüllkurven/Charakteristika in Form von live arbeitenden Hüllkurven (*Envelope Follower*) »pro Filter« auf den Carrier (die Fläche) an. Je mehr Filter im Einsatz sind, desto präziser wird in der Regel das Ergebnis. Typischerweise erzeugt man mit Vocodern Roboterstimmen. Der erste Vocoder wurde der Legende nach entwickelt, um Nachrichten am Kriegsgegner vorbeizuschleusen, später wurden Vocoder-Stimmen unter anderem durch Kraftwerk und Herbie Hancock berühmt.

In Logics *EVOC 20 PS*-Vocoder routet man gewöhnlich eine Gesangsaudiospur in den Vocoder, indem man die Gesangsspur im SIDECHAIN-Bereich einstellt. Soll die Gesangsspur selbst in der Originalversion nicht mehr zu hören sein, müssen Sie das Output-Routing der entsprechenden Audiospur entfernen! Dann stellen Sie beispielsweise rechts die SIGNAL-Einstellung auf SYNTH, um einen Synth-Sound auszuwählen, der als Vocoder-Carrier den Sound prägt. Danach stellen Sie den SIGNAL-Bereich wieder zurück auf VOC. Nun können Sie die Gesangsspur mit eigenen Akkorden, die Sie als MIDI-Noten einspielen, prägen.

Dabei spielt die Originaltonhöhe natürlich überhaupt keine Rolle, da nur der Pegelverlauf pro Band in der Zeit ausgewertet wird. Somit können Sie z. B. etwas völlig schief einsingen. Solange Sie rhythmisch auf dem Punkt sind und nachher die richtigen Noten greifen, ist die Vocoder-Linie perfekt in der Tonart. Sie hören aber nur dann etwas, wenn

- Logic läuft,
- die Gesangsspur richtig in den Side-Chain-Eingang des Vocoders geroutet ist und
- Sie bei angewählter Vocoder-Spur zeitgleich live Noten spielen oder auf der Vocoder-Spur bereits eine Region mit Noten abspielt.

Natürlich ist es alternativ auch interessant, etwas anderes als Stimmen durch den Vocoder laufen zu lassen – beispielsweise Beats. Und: Bei Verwendung der Effektversion »EVOC 20 TrackOscillator« werden die Möglichkeiten noch erweitert, denn dort ist es möglich, jeden beliebigen Synth als Synthesequelle zu verwenden. Mehr hierzu lesen Sie in Abschnitt 15.10.2, »EVOC 20 TrackOscillator«.

Logics Vocoder (Abbildung 11.187) verfügt über maximal 20 Bänder, was im Vergleich zur Konkurrenz nicht viel ist. Dafür gibt es aber speziellere Eingriffsmöglichkeiten wie FORMANT STRETCH ❹ und FORMANT SHIFT ❺. Der Charakter des Vocoder-Sounds hängt stark von der Auswahl des im linken Bereich einstellbaren Synthesizer-Carrier-Sounds und der eingestellten ATTACK- und RELEASE-Zeiten in der Analysesektion ab.

Links in Abbildung 11.187 sehen Sie die Parameter des Synthesizers – inklusive ATTACK- ❶ und RELEASE-Regler ❷ (etwas weiter in der Mitte als vertikale Slider links unterhalb der mittigen Grafik). Die Oszillatoren können im Dual- oder FM-Modus betrieben werden und besitzen 50 statische Wellenformen mit sehr unterschiedlichem Klangcharakter. Dagegen beziehen sich die ATTACK- und RELEASE-Regler oben links ❸ auf die Analyse des Signals und haben dementsprechend eine ganz andere Wirkung auf den Vocoder-Sound als ATTACK und RELEASE des Synths! Probieren Sie es aus – oder öffnen Sie das Dokument *11housemusicvocoded1*. Hier drehe ich an verschiedenen Parametern des Vocoders und habe das als Automation aufgezeichnet. Zwischen Takt 1 und Takt 4 wird der RELEASE-Wert der Side-Chain-Analyse verändert.

Interessant ist hier auch die Wirkung des FREEZE-Parameters, der den aktuellen Sound kurz einfriert (und den Sie natürlich automatisieren können, was im Beispiel etwa bei Takt 19 passiert). Im Filterbereich in der Mitte stellen Sie unter BANDS die Zahl der Band-Pass-Filter, die für die Analyse zur Verfügung stehen, ein (im Beispiel steigt die Zahl der Bänder etwa bei Takt 7 an, wodurch der Vocoder etwas besser verständlich wird). Für die Band-Pass-Filter können Sie einen Frequenzbereich einstellen – und zwar separat für den Analysebereich und für die Filter, die das Synth- bzw. Carrier-Signal modulieren. Das heißt, während die Analyse im Bild auf einen Frequenzbereich von 140 Hz bis 3.800 Hz beschränkt ist, erfolgt die Modulation durch FORMANT STRETCHING im Bild in einem breiteren Frequenzbereich. Rechts oben in Abbildung 11.187 ist VOC (für »Vocoder«) im SIGNAL-Feld eingestellt ❻. Hier können Sie auch den SYNTH oder ANA (das Analysesignal) auswählen. Im Beispiel erfolgt auch diese Umschaltung automatisiert ca. bei Takt 12, so dass Sie zwischendurch auch das pure Vocal-Signal hören.

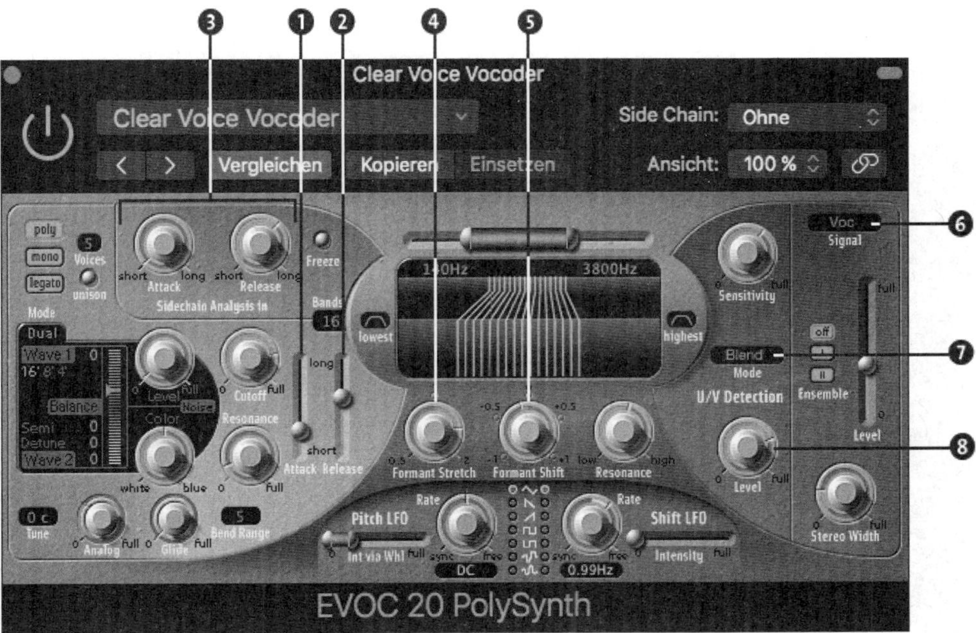

Abbildung 11.187 Logics »EVOC 20«-Vocoder

Die menschliche Stimme spricht außerdem mit stimmhaften und stimmlosen Lauten. Um den Vocoder noch echter nach Stimme klingen zu lassen, können Sie diese stimmlosen Signalanteile (z. B. »S«- und »T«-Laute) getrennt von den stimmhaften Signalen durch einen Rauschgenerator (NOISE), durch einen Rauschgenerator plus Synth (NOISE + SYNTH) oder durch die echten, im Analysesignal vorkommenden stimmlosen Anteile, die mit einem HP-Filter bearbeitet (BLEND) wurden, simulieren bzw. hinzumischen. Hierfür ist der Regler U/V DETECTION ❽ da, der die Lautstärke dieser stimmlosen Signalanteile regelt, während Sie darüber die Auswahl zwischen NOISE, NOISE + SYNTH oder BLEND ❼ treffen. Im Beispiel hören Sie ca. bei Takt 17, dass der Vocoder ohne diese Signalanteile deutlich weniger prägnant klingt.

Im Dokument *11housemusicvocoded1* habe ich diverse Parameter des Vocoders automatisiert. Ein weiteres Beispiel finden Sie im Projekt *11Beatvocoded*. Hierbei moduliert ein Beat den Synth. Durch die im Bereich U/V DETECTION hinzugemischten stimmlosen Original-Beat-Anteile ist der Originalcharakter des Beats deutlich besser herauszuhören.

11.27 Studio Horn und Studio Strings

Studio Strings und *Studio Horns* sind samplebasierte Instrumente, die sich mit einem Keyboard nicht so leicht authentisch spielen lassen. Damit es auch aus der DAW echt klingt, werden typischerweise verschiedene echte Spielweisen aufgenommen und im Instrument umgeschaltet. So auch in diesen beiden Instrumenten. Auf dem Markt gibt es sehr unterschiedliche Libraries, die alle ein wenig anders klingen. So kann man sich ein großes Orchester mit bombastischem Sound oder ein kleines, eher intim klingendes Ensemble wünschen (Abbildung 11.188).

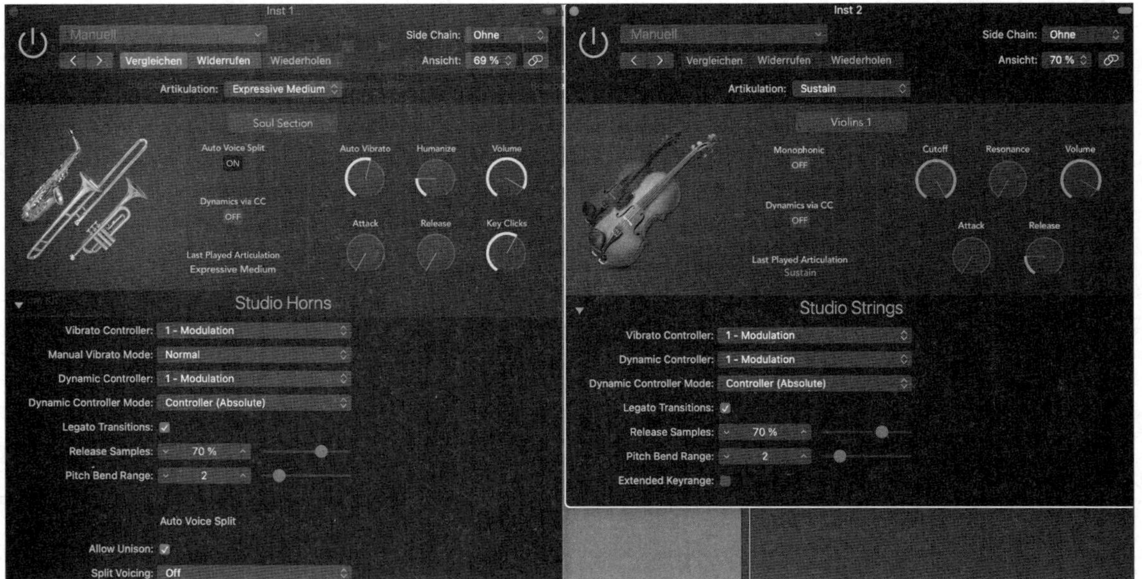

Abbildung 11.188 »Studio Strings« und »Studio Horns«

Die beiden Logic-Studio Libraries sind eher für Pop-Produktionen gedacht. Ihr gekonnte Nutzung wird auch durch neue weitere »grüne« Apple Loops demonstriert, die Sie in den beiden Loop-Packs *Session Strings* und *Session Horns* finden, wobei mich die Disco-Streicher noch mehr beeindruckt haben. Man kann leicht verschiedene Typen von Streich- oder Blasinstrumenten miteinander kombinieren und Artikulationen, Modulationen und eine Humanize-Funktion nutzen, um schnell an einen authentischen Sound zu bekommen. Die verschiedenen Spielweisen stehen als Artikulationen zur Verfügung. Diese können mittig oben in einem Flip-Menü oben ausgewählt werden, das man fast übersehen kann, weil es sich außerhalb der gestalteten Plug-in-Oberfläche befindet. Abbildung 11.189 zeigt die verfügbaren Artikulationen beider Instrumente in einer Bildmontage.

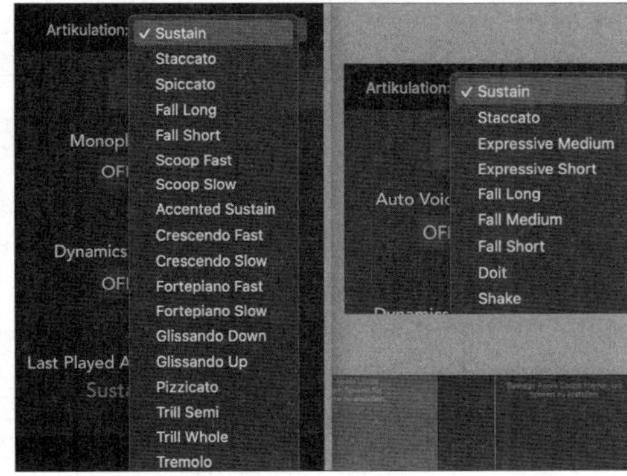

Abbildung 11.189 Artikulationen in »Session Strings« und »Session Horns«

Unterhalb der Artikulationseinstellungen wählen Sie ein Soundset aus. Zur Verfügung stehen jeweils verschiedene Ensembles (SECTIONS) und Solo-Instrumente (SINGLES), siehe Abbildung 11.190 und Abbildung 11.191.

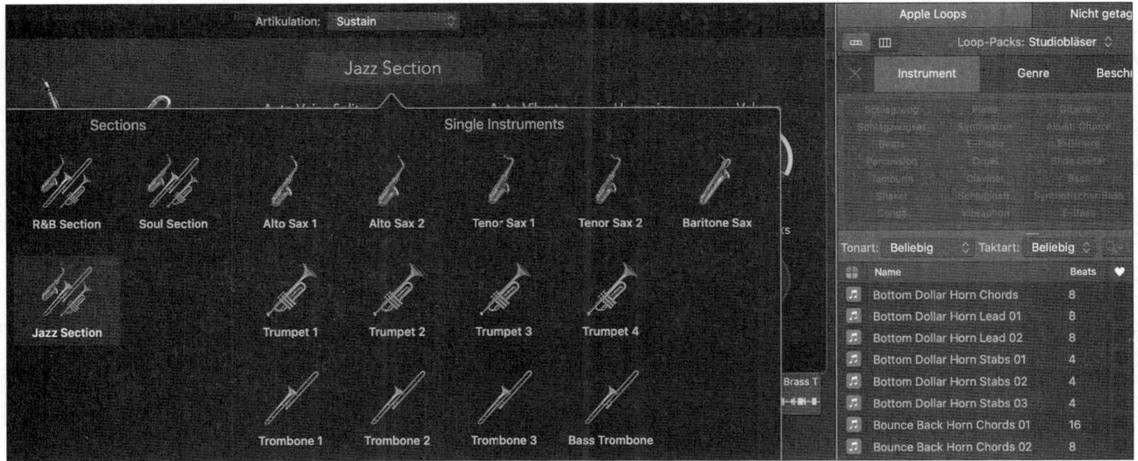

Abbildung 11.190 »Sections« und »Single Instruments« in »Session Horns«, rechts im Bild das zugehörige Apple-Loops-Pack »Studiobläser«

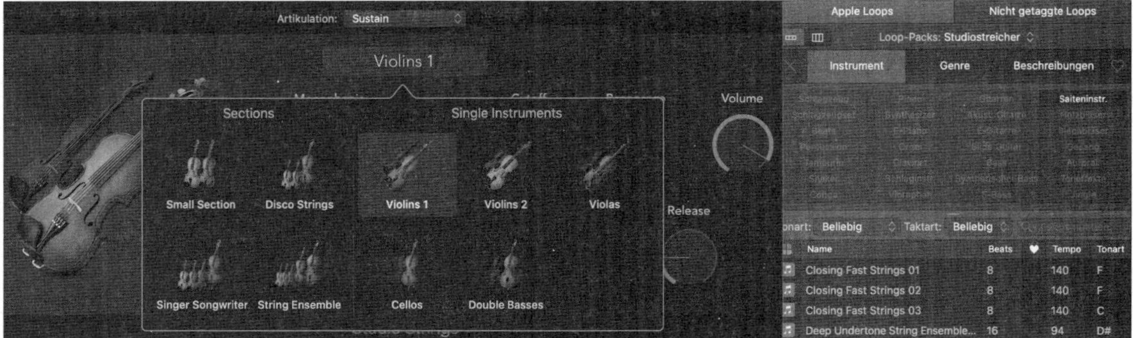

Abbildung 11.191 »Sections« und »Single Instruments« in »Session Strings«, rechts im Bild das zugehörige Apple-Loops-Pack »Studiostreicher«

In Ensembles-Patches mit Sections werden gegebenenfalls verschiedene Teile des Ensembles in einer Spurstapelspur organisiert. In der Bibliothek sind bei den *Session Horns* die Ensemble-Patches zuerst zu sehen, Single Instruments in einem Unterordner. Bei den *Session Strings* ist es umgekehrt.

Wenn Sie *Session Strings* oder *Session Horns* als Multi-Ausgang-Instrumente laden, dann können Teile des Ensembles in Einzelouts herausgeroutet werden. Welche das genau sind, ist vorgegeben und in Patches beschriftet, im Zweifelsfall aber auch am Pegel in den zugehörigen Aux-Kanälen zu sehen.

Ist in den erweiterten Parametern Split Voicing-Mode aus, werden alle Instrumente des Ensembles gleichzeitig gespielt. Ist ein Split-Mode an, dann spielen bestimmte Noten nur bestimmte Instrumente. Was das genau bedeutet, können Sie in den erweiterten Parametern einstellen. Sie können auch MIDI-Kanäle nutzen, um sie bestimmten Instrumenten zuzuweisen. In den erweiterten Parametern können Sie zudem einstellen, welcher Controller Soundveränderungen wie Vibrato und Dynamics steuert. Dabei stehen die Dynamics typischerweise für Sustain- und nicht für alle Artikulationen zur Verfügung.

Artikulationen sind via *Artikulations-IDs* aufrufbar, die in Logic Teil eines Notenbefehls sind. Dadurch kann man Noten mit unterschiedlichen Artikulationen auch gleichzeitig spielen. Dies steht im Gegensatz zu anderen Libraries, wo Artikulationen oft nur mit einem MIDI-Befehl für das ganze Instrument umgeschaltet werden können. Für die beiden Instrumente *Studio Horns* und *Studio Strings* gibt es *Artikulationssets*, die Sie im Informationsfenster Spur aufrufen; laden Sie ein Preset aus der Bibliothek, dann ist hier schon ein Set eingestellt. Außerdem finden Sie Artikulationen wie oben schon gezeigt auch im Instrument. Sie können gleichwohl Artikulationen auch via MIDI aufrufen. Im Artikulationsset-Editor oder im Smart Controls-Bereich können Sie sehen und ändern, welcher MIDI-Befehl welche Artikulation in welcher Form (z. B. dauerhaft oder nur solange Sie eine Keyswitch-Note, etwa F0, halten) aufruft. Details hierzu und zum Artikulationsset-Editor lesen Sie in Abschnitt 7.7.

- HUMANIZE sorgt für Variationen in Tuning und Lautstärke. Diese nehmen zu, je weiter sie den Regler aufdrehen. Eine Auswahl von Cc 16 für DYNAMICS unten erlaubt eine Ansteuerung der Dynamik unabhängig vom Vibrato. Dynamics via Cc muss trotzdem an sein.
- AUTO VIBRATO: Je höher man dreht, desto schneller und intensiver wird es, ein kleines Delay ist zu hören. Die Steuerung des Vibratos in den erweiterten Parametern erlaubt außerdem diverse Manual Vibrato Modes.
- Saxophon-Instrumente in *Session Horns* können noch KEY-CLICKS hinzumischen.
- Mit aktivierten LEGATO TRANSITIONS im erweiterten Bereich (die es bei beiden Instrumenten gibt) klingen die Übergänge ein wenig besser.
- RELEASE SAMPLES regelt die Lautstärke der Release Samples, die stets ausgelöst werden, wenn eine Note losgelassen wird.
- EXTENDED KEYRANGE erlaubt ein Mapping über den natürlichen Tonumfang des Instrumentes hinaus.

11.28 External Instrument

Das Plug-in *External Instrument* (Sie finden es im Untermenü UTILITY) dient der Ansteuerung eines externen Instruments, das über Logics MIXER abgemischt werden soll. Sie können sowohl das Ziel zu sendender MIDI-Daten als auch einen Audio-Input einstellen (Abbildung 11.192).

Bei der Auswahl zu sendender MIDI-Daten können Sie sowohl einen Port als auch einen MIDI-Kanal einstellen. Der einzustellende INPUT bezieht sich auf Audiosignale.

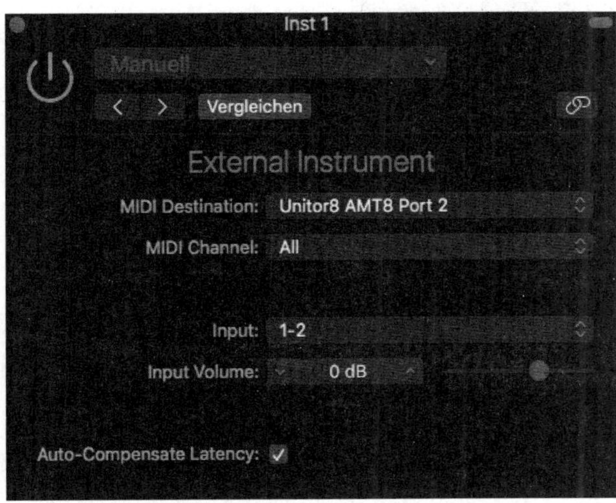

Abbildung 11.192 »External Instrument«

Wenn Sie ein externes Instrument über Logic abmischen, muss das externe Instrument in Echtzeit sowohl eingangsseitig als auch wie alle anderen Sounds ausgangsseitig gewandelt werden, wodurch die doppelte Latenz vorhanden ist. Diese kann das *External Instrument* optional kompensieren.

Sie können externe Instrumente alternativ auch über externe MIDI-Spuren ansteuern (die etwas mehr Parameter besitzen) und über Aux-Kanäle mit entsprechend konfiguriertem Input oder auf Input-Monitoring geschaltete Audiokanäle abmischen.

Der Vorteil dabei, externe Instrumente in Logics Mixer abzumischen, besteht vor allem in der Möglichkeit, alle Mixer-Reglereinstellungen wieder im selben Mixer aufzurufen.

11.29 Klopfgeist

Das *Klopfgeist*-Instrument (zu finden im Untermenü UTILITY) erzeugt Logics Metronomsounds und wird normalerweise automatisch in ein Instrument mit der Kanalnummer INSTR. 256 geladen. Wenn Sie es auf einen anderen Instrumentenkanalzug laden, können Sie den Klicksound wie einen Synthesizer spielen (Abbildung 11.193).

Abbildung 11.193 »Klopfgeist«

Dabei stehen Ihnen Tuningregler sowie die Option, das Plug-in mehrstimmig (POLY) oder einstimmig (MONO) zu betreiben (TRIGGER MODE-Setting), zur Verfügung. Sie können auch die Wirkung der Velocity auf den Amp einstellen.

Mit dem TONALITY-Regler verändern Sie den tonalen Charakter des Klicks. Im Presetmenü stehen verschiedene Klick-Styles zur Verfügung.

11.30 Test Oscillator

Der *Test Oscillator* (zu finden im Untermenü UTILITY) erzeugt einen Dauerton, ohne dass Sie eine Note spielen müssen. Sie können für diesen Dauerton verschiedene Wellenformen auswählen und Lautstärke und Frequenz einstellen (Abbildung 11.194).

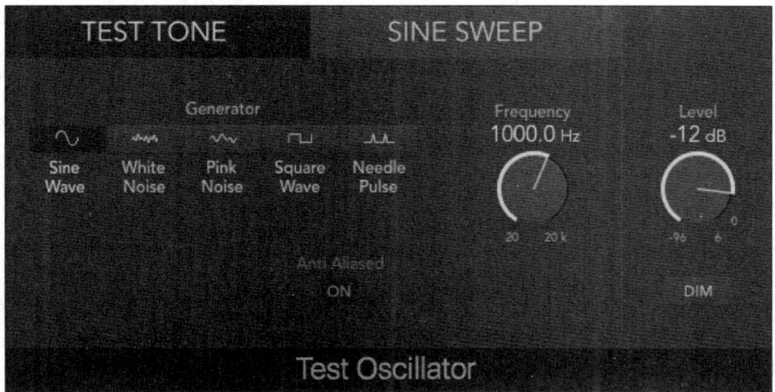

Abbildung 11.194 »Test Oscillator« (hier in der »Test Tone«-Ansicht)

Sie können außerdem einen Sinussweep erzeugen (auch via Automation), um ihn als Effekt zu nutzen oder vor allem mit seiner Hilfe Impulsantworten für den Space Designer zu erstellen. Sie können dabei Länge und Frequenzbereich des Sweeps einstellen. Einen Sweep lösen Sie durch Klick auf den TRIGGER-Button aus. In den erweiterten Parametern können Sie einstellen, ob der Sweep-Mode linear oder logarithmisch ist.

Ansonsten dient der Test Oscillator auch zum Anpassen der Logic-Pegel bzw. dessen Interface auf eine analoge Umgebung oder auch zum Einmessen von akustischen Räumen per Rauschen oder Sinussweep in Verbindung mit einem Analyzer. Auch ein Einsatz als Stimmton für Gitarristen ist denkbar (z. B. A = 440 Hz). Der Test Oscillator steht übrigens auch im EFFEKTE-Menü als Plug-in zur Verfügung.

11.31 Multitimbrale Instrumente nutzen

In Logic erzeugt man für einen neuen Sound einfach eine neue Spur mit einer neuen Plug-in-Instanz. Logics Software-Instrumente arbeiten typischerweise nicht multitimbral – populäre Instrumente anderer Anbieter wie Native Instruments *Kontakt* (siehe Abschnitt 19.9) oder Spectrasonics *Omnisphere* dagegen schon.

Wenn Sie im Informationsfenster SPUR statt ALLE einen Kanal (z. B. KANAL 1) für den MIDI-KANAL einstellen, können Sie im Menü SPUR • ANDERE eine NEUE SPUR MIT NÄCHSTEM MIDI-KANAL erzeugen (ctrl + ↵).

Auf diese Weise können Sie mehrere Spuren für unterschiedliche MIDI-Kanäle einer multitimbralen Hardware- oder von multitimbralen Software-Instruments (z. B. NI *Kontakt*, Spectrasonics *Omnisphere*, Apple »DLS Music Device«) nutzen, um mehrere Instrumente aus diesem Klangerzeuger zu spielen. Falls ALLE eingestellt ist, werden zwar theoretisch alle Kanäle zum Instrument durchgeschleift, in einem Notenbefehl ist jedoch immer ein MIDI-Kanal (und niemals alle) integriert. In der Praxis bedeutet das, dass Noten mit genau jenem MIDI-Kanal an Ihrem Instrument ankommen, den Ihr Masterkeyboard sendet, falls ALLE für den MIDI-Kanal der Spur eingestellt ist.

Trennen Sie hierbei bitte gedanklich MIDI und Audio. Die bisher getroffenen Einstellungen betreffen nur MIDI. Ohne weitere Konfiguration sind sämtliche Sounds des Software-Instruments aus demselben Kanalzug zu hören. Um diese in verschiedenen Kanalzügen abzumischen, müssen Sie das Instrument neu als Multi-Ausgang-Instrument laden (hierbei gehen keine Einstellungen verloren) und zusätzliche Aux-Kanäle erzeugen. Diese können dann auch genutzt werden, um MIDI an das Instrument zu senden.

Wie Sie alternativ mit Hilfe der MIDI-UMGEBUNG Ähnliches erreichen oder ein externes multitimbrales MIDI-Instrument ansteuern, lesen Sie in Abschnitt 13.2.11.

11.32 MPE (MIDI Polyphonic Expression) mit Logic nutzen

MPE (MIDI Polyphonic Expression) Controller wie ROLIs *Seaboard* oder Sensel *Morph* ermöglichen ausdrucksstarke Performances, die geeignete Klangerzeuger voraussetzen. Auch in Logic können Sie sinnvoll mit solchen MPE-Controllern arbeiten. Als Keyboarder kann man so beispielsweise authentisch Saiten- oder Blasinstrumente spielen.

Noten werden dabei typischerweise auf mehreren MIDI-Kanälen (2–15) gesendet, typischerweise auf einem Kanal pro Note/Voice, während MIDI-Kanal 1 (oder 16) als Master- bzw. Basiskanal für bestimmte Befehle benutzt wird. Pitch-Bend (X), Slide (Y) und Pressure (Z) werden über drei Dimensionen gesteuert: X und Y-Achse repräsentieren Bewegungen auf dem Controller, Z den »Druck«. Die Nutzung von MPE ist in einer DAW auch deshalb oft unproblematisch, weil man nur selten mehrere Kanäle für ein Instrument braucht. Es ist kein Problem, wenn Logic für ein Instrument alle MIDI-Kanäle nutzen will, weil man für ein neues Instrument meistens eine neue Spur anlegt.

Einige Logic-Instrumente wie beispielsweise *Alchemy* können so programmiert werden, dass sie auf die Glide-Geste von MPE-Controllern reagieren. Hierfür nutzt man in Logic den sogenannten *MIDI Mono Mode* (mit Basis Kanal 1 oder 16), den Sie jeweils unten im (aufklappbaren) erweiterten Bereich des Plug-ins etwas versteckt finden. Hierdurch ist z. B. »per Note« Glide-Control möglich - für notenbezogene Vibratos und Pitch-Bending. Für Pitch-Bending wendet man typischerweise Bewegungen auf der X- bzw. horizontalen Achse des Controllers an. Auch notenbezogene Brightness, Velocity und Aftertouch sind so möglich, wenn Ihr Zielinstrument mitspielt. Im Test gelang mir das mit *Alchemy*, was ich nachfolgend zeige.

Die PIANOROLLE bietet eine optionale AUTOMATION/MIDI-Anzeige. Im aufrufbaren Flip-Menü können Parameter für detaillierteres nachträgliches Editing angezeigt werden. Zum besseren Verständnis trägt aber auch hier wieder die EVENT-Liste bei. Wurden Noten mit einem MPE-Controller aufgenommen, wie in der zweiten Region von Projekt *11x3-mpe1*, wird in der EVENT-Liste sofort sichtbar, dass jede Note einen eigenen MIDI-Kanal hat. Über ein normales MIDI-Keyboard eingespielte Noten haben hingegen alle MIDI-Kanal 1, wie in der ersten Region.

Will man so aufgenommenes Pitch-Bending wie in der zweiten Region des Beispiels editieren, stößt man in der Piano-Rolle auf ein Problem – die EVENT-Liste hilft: Der Pitch-Bending-Befehl braucht mehr als die üblichen 128 Werte pro Controller, um feine Tuningdifferenzen zu ermöglichen. Hierfür nutzt er zwei Controller. Die EVENT-Liste zeigt den eingestellten Wert, der sich aus beiden Datenbytes ergibt, rechts als Ergebnis an. Ein solches Editing in der PIANOROLLE ist jedoch auf Anhieb nicht so leicht. Setzte ich dort im Test Pitch-Bend auf –3, landete der Ton (wie im Projekt *11x3-mpe2*) viel zu tief, eine Korrektur von –384 in –327 in *11x3-mpe3* klingt da schon besser (Abbildung 11.195).

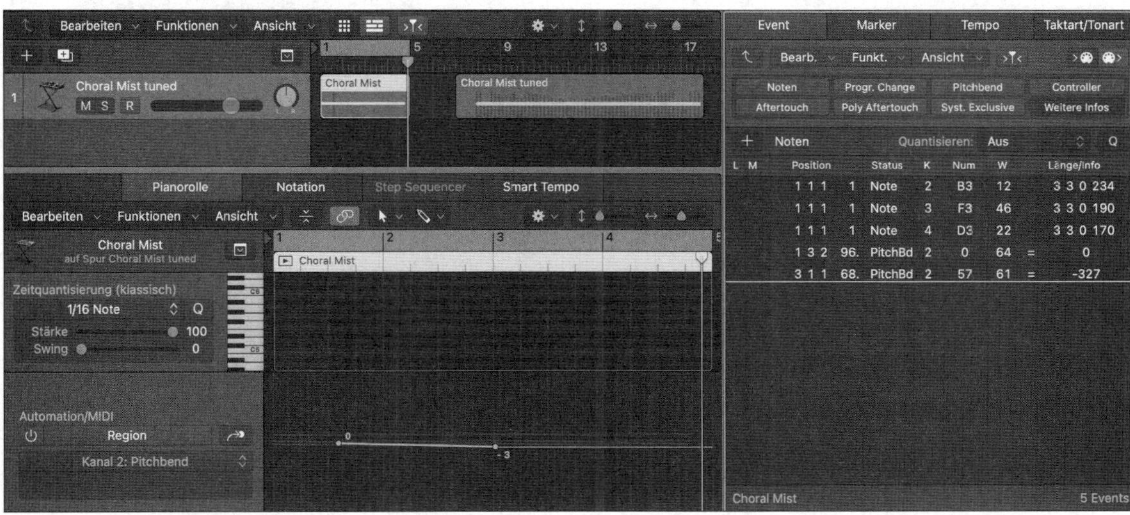

Abbildung 11.195 Notenbezogenes Pitch-Bending im Projekt »11x3-mpe3«

Wenn Sie genau drüber nachdenken, ist ein solches Editing von Noten- und MIDI-Parametern in Logic natürlich auch nachträglich auf der Basis einer Einspielung mit einem einfachen Keyboard ohne MPE-Fähigkeiten möglich. Allerdings geht es natürlich leichter, wenn mit einem MPE-Controller eingespielt wurde. So oder so können Sie in Logic, z. B. mit Hilfe der EVENT-Liste, genau überprüfen, was los ist. Und sehen Details beim Editing, die Sie z. B. in Ableton Live 11 trotz einer dedizierten Ausrichtung auf MPE nicht finden – nämlich dass Sie den MIDI-Kanal jeder gespielten Note schnell sehen und somit Edits weiterer Parameter genau dieser Note zuordnen können. Im Projekt *11x3-mpeanalog1* habe ich einen Akkord mit dem Computer-Keyboard eingespielt, dann für jede Note einen MIDI-Kanal eingestellt, dann den Parameter AFTERTOUCH (zu finden bei den Note Properties als Modulationsquelle) in der Modulationsmatrix dem Filter-Cutoff eines Filters in Part A zugewiesen. Nun habe ich in der PIANOROLLE Automation eingeblendet, unten MIDI-Kanal 2 und dann AFTERTOUCH ausgewählt – es erschien AFTERTOUCH KANAL 2. Dann habe ich eine Kurve eingezeichnet und für die Note E, die MIDI-Kanal 2 zugewiesen ist, die VELOCITY heruntergedreht. Sie hören in dem Beispiel nun ganz eindeutig, dass der Filter sich nur für diese Note öffnet, nicht für die anderen. Damit das geht, muss natürlich der Klangerzeuger – hier *Alchemy* – mitspielen.

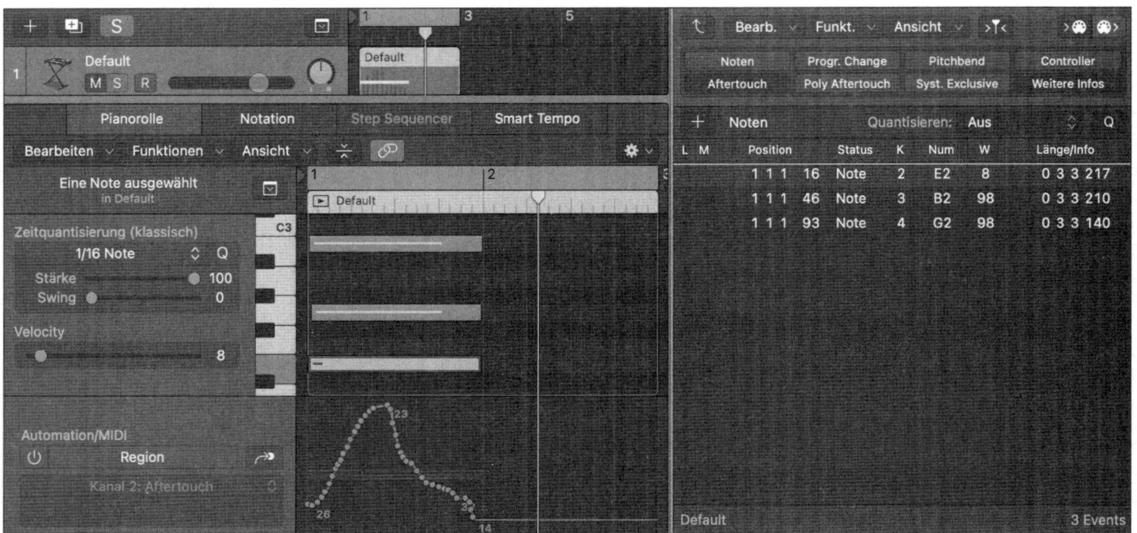

Abbildung 11.196 Notenbezogene Aftertouch-Kurve im Projekt »11x3mpeanalog«. Rechts in der »Event«-Liste ist die Darstellung von Aftertouch deaktiviert.

PIANOROLLE und EVENT-Liste ergänzen sich, in der PIANOROLLE werden Parameterkurven pro Kanal angezeigt, und das Einzeichnen einer Kurve geht so leichter. In Abbildung 11.196 und auch in *11x3-mpe4* habe ich in der EVENT-Liste alles außer Noten ausgeblendet. So sehen Sie die MIDI-Kanäle der gespielten Noten. Wenn Sie jetzt in der EVENT-Liste eine Note anklicken, wechselt die Darstellung in der PIANOROLLE automatisch auf den diesem Kanal zugeordneten Parameter, d. h. Aftertouch-Kanal 2, wenn Sie gerade Aftertouch editieren. Das Gleiche geht aber auch, wenn Sie die Note in der PIANOROLLE editieren. Im Projekt *11x3-mpe4* habe ich wieder Aftertouch dem Filter-Cutoff in Part B zugewiesen, alle anderen Parts stumm geschaltet und wieder herumprobiert. Sie hören auch hier Filterbewegungen, die für die verschiedenen Noten unterschiedlich sind.

Allerdings muss ein MPE Controller ebenfalls erst einmal sinnvoll konfiguriert werden. So will z. B. die Pitch-Bend Range passend eingestellt sein; wichtig ist, dass die Pitch-Bend-Range im Logic-Instrument mit der Pitch-Bend Range im Controller übereinstimmt. Ein *Sensel Morph* Controller mit *Piano-Overlay* reagiert beispielsweise in bestimmtem, begrenzten Umfang auf ein nachträgliches Wackeln eines Fingers bei gehaltener Taste. Welche Einstellungen dann in Alchemy sinnvoll sind, müssen Sie individuell testen. ROLIs *Seaboard Block* wird z. B. über die Dashboard-App konfiguriert. Im Default-Mode agiert das Gerät als MPE-Controller. Geeignete Logic-Instrumente sind bislang *Alchemy, EFM 1, ES2, Sampler, Retro Synth, Sculpture* und *Vintage Clav*. Wenn Sie andere Logic-Instrumente mit einem ROLI-Controller nutzen möchten, setzen Sie diesen in den Single Channel Mode. Hierdurch sind Glide, Slide und Pitch nun nicht mehr polyphon performbar.

Die *Alchemy*-Sounds *Airy Synth Lead* und *Vocal Choir Mixed Oh* eignen sich gut für Experimente. In *Airy Synth Lead* ist Channel Pressure bereits zugewiesen.

Bekannte MPE-Klangerzeuger von Drittherstellern sind ROLIs *Equator*, Softube Modular, UVI *Falcon*, NI *Reaktor* oder Cherry Audios *Voltage Modular* und *DCO-106*. Auch einige NI-Kontakt-Libraries und andere populäre Plug-ins wie u-hes *Repro 5* oder Xfer *Serum* haben MPE-Optionen. Mit der MTS-ESP Suite von oldsound.com können Sie auch Logics Klangerzeuger microtonal stimmen und spielen (siehe Abschnitt 12.9).

11.33 Ausblick: weitere interessante Software-Instrumente von Drittherstellern/modulare Hardware

Die Instrumente aus Logic bieten viel, doch können sie durch einige andere auf dem Markt erhältliche Instrumente ergänzt werden. Im Abschnitt zu MPE habe ich schon einige bekannte MPE-fähige Klangerzeuger genannt. Hier noch einige empfehlenswerte Software-Instrumente, die Logic als Plug-ins sinnvoll ergänzen können. Darüber hinaus können Sie Ihr in diesem Kapitel erworbenes Wissen bezüglich Sounddesign natürlich auch für Hardware verwenden. Unter *sound.report* finden Sie auch ein paar Videos von mir zu modularen und anderen Synthesizern. Ich baue selbst an einem modularen Eurorack-Hardwaresystem. Es fasziniert mich, es anzuschalten und direkt mit zwei Händen losschrauben zu können. In einem modularen System können Sie das Beste aller Welten verbinden. Interessante neue Module lassen sich in ein System integrieren. Die Ergebnisse nehme ich oft in einem Audiorecorder auf und verarbeite sie dann weiter in Logic, Pro Tools oder Ableton Live. Hierbei ist ein guter Sampler natürlich besonders wichtig.

11.33.1 Native Instruments

Kontakt ist ein professioneller Sampler und kann als multitimbrales Instrument in Logic genutzt werden, da Sie es als Audio-Unit-Plug-in laden können. Kontakt ist schon lange auf dem Markt, wurde kontinuierlich weiterentwickelt und bietet detaillierte Sounddesignoptionen. Für mich ist Kontakt deshalb und aufgrund der Vielzahl der für Kontakt erhältlichen Soundinhalte vielleicht das wichtigste Instrumenten-Plug-in beim Produzieren überhaupt. Ich sample oft Analog-Synths und Field-Recordings in Kontakt und baue daraus Instrumente.

Bei vielen installierten Libraries ergibt sich allerdings der Nachteil einer relativ langen Ladezeit beim erstmaligen Öffnen.

Kontakt funktioniert auch standalone und kann dann über vier verschiedene MIDI-Ports jeweils 16 MIDI-Kanäle empfangen. Wenn Sie Kontakt als Plug-in laden, steht nur ein MIDI-Port mit seinen 16 Kanälen zur Verfügung. Allerdings können Sie ja so viele Kontakt-Instanzen laden, wie Sie möchten. Zudem können Sie mehr als 16 Instrumente in einer Kontakt-Instanz öffnen.

Kontakt hat zudem folgende Vorteile:

- Samplezonen können in Gruppen zusammengefasst werden, für die sich individuelle Effekte und Modulationen einstellen lassen.
- Kontakt besitzt viele verschiedene Time-Stretching-Engines und sogar eine Wavetable-Option.
- Kontakt kann Loops automatisch temposynchron spielen und alternativ slicen.
- Es gibt zahlreiche verschiedene gut klingende Filtertypen.
- Zahlreiche Effekte stehen in Kontakt auf verschiedenen Sub-Ebenen (Gruppen-Inserts, Busse, Instrument-Sends, Instrument-Inserts) zur Verfügung und können mit den Instrumenten gespeichert werden.
- Für Modulationen stehen zusätzliche flexible Hüllkurven und Step Sequencer zur Verfügung.
- In Skripts können Akkordspeicher, Arpeggiator, Step Sequencer und vieles mehr für ein Instrument geladen werden. In einer eigenen Programmiersprache (*KSP*) können Hersteller eigene Skripte für ihre Instrumente (z. B. Streicher-Ensembles, die bestimmte Sequenzen spielen) inklusive individualisierter Grafik erstellen.

Maschine ist Native Instruments Groove-Production-Zentrale, die insbesondere bei der Programmierung von Beats durch eine überzeugende Library mit optionalen Soundpacks aller Genres Logic gut ergänzt und nun auch als Standalone-Produkt *Maschine+* erhältlich ist, das ohne angeschlossenen Computer arbeitet. *Battery* ist NIs auf Drums spezialisierter Sampler, der die vielen Soundpacks ebenfalls nutzen kann (siehe auch Abschnitt 19.6).

FM8, Absynth, Massive, Massive X, Battery, Reaktor – Native Instruments' Synths sind fantastische Ergänzungen zu Logic und auch im »Komplete«-Bundle erhältlich – *Kontakt* eingeschlossen. Das Bundle erfüllt nahezu alle Wünsche, die an Klangerzeuger gestellt werden können. Bei *Reaktor* sind verschiedenste Synths dabei oder separat erhältlich, vom alten analogen Vintage-Sound bis zu Physical Modeling, inklusive eines modularen Systems (»Blocks«). Abgespeckte Versionen können Sie zum Ausprobieren umsonst herunterladen – ein paar tolle Sounds sind schon dabei!

In der *Komplete Kontrol*-Software können Sie, ebenso wie mit *Maschine*, alle Sounds mit Hilfe von Tags durchsuchen. Auch Drittanbieter unterstützen das Format *.nks* (*Native Kontrol*

Standard), um Komplete Kontrol zur Browsing-Zentrale zu machen. Als Logic-User haben Sie diesbezüglich mit der BIBLIOTHEK bereits eine fast unschlagbare Alternative, die höchstens den Nachteil hat, in anderen DAWs nicht genutzt werden zu können.

Die dazugehörigen Komplete-Kontrol-Keyboards haben zwar keine eigene Klangerzeugung, harmonieren aber prächtig mit Logic und können nicht nur besonders gut die NI-Komplete-Instrumente ansteuern, sondern emulieren auch eine Mackie-Control-Fernsteuerung, so dass unter anderem Logic-Transportfunktionen über das Keyboard ohne weitere Konfiguration ausgelöst werden können.

11.33.2 Xfer

Xfers *Serum* ist ein sehr gut klingender Synth, der viele Dubstep- und Trap-Presets mitliefert. Er arbeitet vor allem auf Basis der Wavetable-Klangerzeugung, kann aber auch Samples verwenden. Goodies wie ein Mono-Sub-Path, der an den Effekten vorbeiläuft, zahlreiche verschiedene Filter sowie ein integrierter Multibandkompressor können schon bei Presets für einen richtig »dicken« Sound sorgen.

11.33.3 Arturia, xils-Lab

Arturia und xils-Lab haben sich eher auf die Emulation bekannter Hardwareklassiker spezialisiert – hier gibt es einige Schätze zu entdecken. Arturia bietet die berühmtesten Instrumente, Arturias Plug-in-Handling hat sich zuletzt deutlich verbessert. xils ist immer gut für nerdige Exoten mit coolen Sounds.

11.33.4 u-he

u-he liefert mit *Diva* ein an Analogklassikern orientiertes Plug-in, mit *Zebra* einen innovativen Synthesizer, mit dem Soundprogrammiererlegende Howard Scarr Sounds für Hans Zimmer bastelt, und mit *Bazille* einen modularen Synth. Auch der *Repro-Synth* und *Hive* sind interessant, Letzterer ist vergleichsweise leicht zu bedienen und kommt mit einer für Dance-Produktionen gut geeigneten Library. Viele u-he-Synths, wie auch der zuletzt weiterentwickelte *Hive 2*, sind zudem in der Lage, mit *.scala*-Dateien und microtonalen-Stimmungen zu arbeiten.

11.33.5 Spectrasonics

Produkte von Spectrasonics wie *Omnisphere* (Sounds), *Trillian* (Bass) und *Stylus Rmx* (Drums) eignen sich nicht zuletzt gut für Filmmusikaufgaben und liefern »teuer« klingende Sounds »out of the box«. Auch Omnisphere ist ein Plug-in, das multitimbral verwendet werden kann. Hier liegt die Stärke besonders in der mitgelieferten Sound Library.

11.33.6 AIR/Akai

Akai macht Native Instruments in vielen Bereichen Konkurrenz. Die *MPC* als Maschine-Konkurrent in Form der MPC-X und -Live-Modelle mit Touchscreen funktioniert sowohl Standalone als auch mit Computersoftware. Die Plug-ins der Schwesterfirma AIR sind ein Preis-Leistungs-Geheimtipp, *Transfuser* ist ein sehr kompetenter Loop/Rex-File-Player. Das Akai-*VIP*-Plug-in verfolgt ein mit Komplete Kontrol vergleichbares Konzept.

11.33.7 ROLI/FXpansion

Die mit ROLI fusionierten Briten bieten unter anderem mit *Geist 2* (samplebasiert, hochprofessionell, guter Rex-File-Player) und *Tremor* (synthetisch, mit Sequencer) zwei hervorragende Drumtools. ROLI bietet mit *Equator* und *Strobe* Synths, die für das Spielen mit MPE-Steuerung optimiert sind.

11.33.8 Emulation realistischer Instrumente

Kontakt ist als Basis die Heimat für zahllose spezialisierte Libraries von Herstellern aus aller Welt, die Spielbarkeit und Klang von für Keyboarder in der DAW verfügbar gemachten Instrumenten auf ein neues Level bringen.

Die Firma East-West bietet verschiedene World-, Orchester- und Pop-/Rock-Synth-Sounds auf der Basis einer eigenen Sample-Player-Engine.

Der Hersteller Music Lab aus Russland stellt hervorragende Plug-ins her, die ein realistisches Gitarrenspiel ermöglichen. Mittlerweile hat Native Instruments hier ebenfalls einiges im Programm, z. B. die *Strummed Acoustic Library*. Die Kanadier von AAS liefern ein Pendant auf der Basis von Physical Modeling (*Strum GS2*).

11.33.9 Splice, Loopcloud, Serato und Co.

Hip ist auch die Plattform *Splice*, wo Sie trendige und günstige Plug-ins und Sounds aufspüren können. Dies kostet allerdings eine monatliche Gebühr. Viele DJs laden sich ihre Sounds von Splice und setzen ihre Stücke daraus zusammen, um schnell professionell oder zeitgemäß klingen zu können. Das geht in der *Loopcloud* von Loopmasters mit dazugehöriger App noch leichter. Auf ähnlichen Pfaden wandelt *Soundtrap* von Spotify. Auch Serato bietet mit *Serato Sample* ein Sampler-Plug-in und mit *Serato Studio* ein Produktionstool an, das es DJs besonders leicht machen soll. Die Firma ist bekannt und berühmt für hervorragende Time-Shifting-Algorithmen im Profi-Bereich.

Kapitel 12
Harmonielehre, Skalen und Rhythmik: eine Einführung

Sie können durch den Auf- und Abbau von Spannung oder die Nutzung bestimmter Tonvorräte leicht musikalische Ziele erreichen. Und auch ohne große Vorkenntnisse lassen sich einige Grundpfeiler der klassischen Kompositionslehre nachvollziehen. Dieses Kapitel erläutert Grundbegriffe der Musiktheorie.

12

Die hier zusammengetragenen Inhalte sind eine Art »kleines ABC« der Harmonielehre für den Einsteig, für die Sie keine Notenkenntnisse beherrschen müssen. Besonders interessant sind manche Inhalte der Harmonielehre auch im Zusammenhang mit Sounddesign (z. B. beim EQing) und speziellen Funktionen von Logic (z. B. bei additiver Synthese in *Alchemy* oder dem Hermode Tuning).

12.1 Logic hilft beim Lernen: Noten- und Akkordanzeige

Die Bezeichnung der Akkorde, die Sie in Logic einspielen, wird in Logics Display angezeigt. Wenn Sie das Display wie in Kapitel 4 gezeigt auf die Ansicht EIGENE gestellt haben, wird auch der Name jeder einzelnen gespielten Note angezeigt.

12.2 Tonleitern und Klaviertöne, Dur und Moll, Intervalle

Eine *Oktave* besteht aus zwölf Halbtonschritten (Abbildung 12.1).

Eine in westlicher Musik verwendete *Tonleiter* (auch *Skala* genannt) besteht üblicherweise aus sieben aufeinanderfolgenden verschiedenen Tönen, deren Grundton auf einer selbst gewählten ersten Taste liegt. Wenn man Musik mit einem bestimmten Instrument und Tönen einer solchen Tonleiter produziert, ergibt das einen bestimmten, eigenen Klang (ich benutze auch das Wort *Sound*).

Die weißen Tasten beginnend mit dem C sind die Tasten der sogenannten C-*Dur*-Tonleiter und heißen C, D, E, F, G, A und H – dann geht es wieder los mit dem C. Dur klingt ziemlich fröhlich.

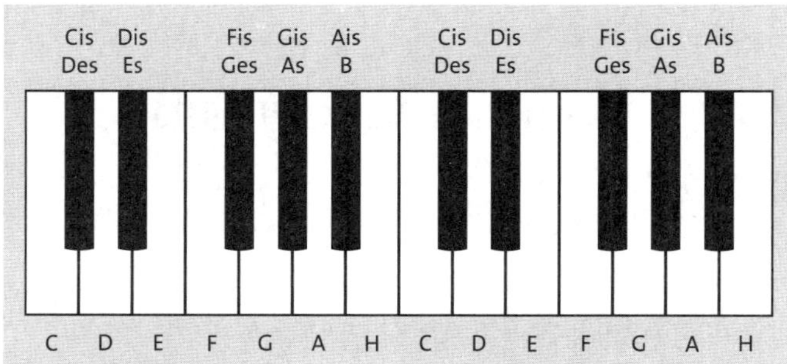

Abbildung 12.1 Klaviatur mit Notennamen

Die sogenannte a-*Moll*-Tonleiter benutzt dieselben Tasten wie die C-Dur-Tonleiter, beginnt aber mit dem A statt mit dem C. Die Töne der a-Moll-Tonleiter heißen A, H, C, D, E, F und G – dann geht es wieder los mit dem A.

Moll klingt traurig – Sie hören das gut im Vergleich mit Dur. Wie ist das möglich, wo es doch die gleichen Tasten verwendet werden? Das liegt daran, dass die Abfolge von Halbton- und Ganztonschritten jeweils eine andere ist. Ein Ganztonschritt besteht aus zwei Halbtonschritten. In beiden Tonleitern ist der zweite Ton der Tonleiter einen Ganzton entfernt, der dritte Ton dagegen ist in der Dur-Tonleiter einen Ganzton (von D auf E), in der Moll-Tonleiter nur einen Halbton entfernt (von H auf C).

Die Reihenfolge macht's: Moll- und Dur-Tonleiter/Mollparallele

Eine Dur-Tonleiter hat ihre Halbtonschritte (bezogen auf den Grundton) jeweils zwischen dem dritten und vierten und dem siebten und achten Ton der Tonleiter. Bei der C-Dur-Tonleiter (die den namensgebenden Grundton C hat) sind das auf der Klaviatur die beiden weißen Tasten *ohne* schwarze dazwischen; also E und F sowie H und C.

Die Moll-Tonleiter hat die Halbtonschritte (bezogen auf den Grundton) hingegen zwischen dem zweiten und dritten und dem fünften und sechsten Ton der Tonleiter. Bei der a-Moll-Tonleiter liegen die Halbtonschritte wie bei der C-Dur-Tonleiter zwischen den Tönen H und C sowie E und F. Sie liegen bezogen auf den Grundton A an der zweiten und dritten bzw. fünften und sechsten Position der Tonleiter. Spielt man eine Dur-Tonleiter vom sechsten bis zum nächsten sechsten Ton, spielt man ihre »parallele« Moll-Tonleiter, deren Grundton stets drei Halbtöne unter dem Grundton der Dur-Tonleiter liegt.

12.2.1 Halbtonschritt und Ganztonschritt

Weil die Töne einer typischen westlichen Klaviatur vom »Tuning« her alle gleich weit voneinander entfernt liegen (je ein *Halbtonschritt*, was in vielen Instrumenten 100 Cent entspricht), ist der Abstand zwischen zwei weißen Tasten doppelt so groß, wenn eine schwarze Taste dazwischenliegt (*Ganztonschritt*).

12.2.2 Tonales Zentrum, Tonika und Tonleiter

Dieselben gespielten Töne können eine sehr unterschiedliche Wirkung haben, je nachdem, von welchem Grundton aus man sie spielt. Das liegt daran, dass man den ersten Ton bzw. Grundton als Basis, Heimat, tonales Zentrum oder sogenannte *Tonika* interpretiert und die Abstände zu den anderen Tönen der Tonleiter in Relation zu diesem Grundton setzt. Das wiederum ist etwas, was auch außerhalb westlicher Musikkulturen oft vorkommt, z. B. bei indischer Raga-Musik.

Insgesamt haben die meisten westlichen Tonleitern sieben Schritte. Die weißen Tasten auf dem Klavier heißen also C, D, E, F, G, A, H und C. Es gibt aber auch Tonleitern mit einer anderen Zahl an Tönen, z. B. mit fünf Schritten, oder bei indischer Musik mit 23 Schritten, bis der eine Oktave höher liegende nächste Grundton mit der doppelten Frequenz erreicht wird.

12.2.3 Das Problem mit dem »H« und dem »B«

Der im Deutschen *H* genannte Ton wird im Englischen als *B*, das deutsche *B* dagegen als *B♭*, ausgesprochen: *B flat*, bezeichnet. Im Englischen lassen sich die Töne deshalb leicht anhand des Alphabets merken (a-Moll: A, B, C, D, E, F, G).

12.2.4 Bass abmischen und die Tonart

Töne unterhalb von ca. E1 bzw. unterhalb von ca. 40 Hz können auf vielen Lautsprechern nur unbefriedigend wiedergegeben werden. Auf großen Anlagen sind auch etwas tiefere Töne noch gut zu hören, z. B. D1 oder C#1. Wenn aber ein A1 ihr Grundton ist, spielt A1 mit ca. 27,5 Hz (zu tief für viele Anlagen), A2 jedoch bei 55 Hz (zu hoch, um wie ein Subbass zu wirken). Wenn Sie den Subbass eines in H oder A komponierten Stückes durch Spielen des Grundtons im Mix klanglich nicht so kräftig wie bei einen Vergleichstrack in F oder E hinbekommen, liegt das einfach an der verwendeten Tonart. Die Problemlösung liegt dann nicht im Mischpult, sondern in den Noten der Komposition. Probieren Sie aus, ob Sie Ihren Song vielleicht auch in einer anderen Tonart spielen können. Das ist nicht immer ganz so leicht möglich, z. B. wenn Gesang transponiert werden muss und danach unnatürlich klingt.

In Abschnitt 17.2.5 finden Sie eine Tabelle, in der Sie Frequenzen für Töne nachschlagen können.

12.2.5 Intervalle, Komplementärintervalle

Der Abstand zwischen zwei Tönen wird *Intervall* genannt. Verschiedene Intervalle haben einen bestimmten Klang und eine bestimmte Wirkung. Haben Sie den »Sound« eines Intervalls ein paarmal gehört, setzt er sich im Kopf fest. So beträgt der Abstand zwischen den zwei Tönen einer Polizeisirene im Deutschland eine Quarte. Das Gleiche gilt für die zwei Töne eines Kölner Karnevalstuschs. Die Kenntnis solcher Tonabstände und Tonbezüge hilft z. B.

einem Sänger, der die nächste Note vom Blatt singen muss (und sich diese dann im Kopf vorstellen kann, bevor er weiter singt). Zum Üben gibt es viele gute Gehörbildungsprogramme für iPhone/iPod/Android, z. B. den »Harmonic Ear Trainer«.

Eine Terz (also der Abstand vom ersten bis zum dritten Ton der Tonleiter) ist nicht in jeder Tonleiter gleich groß. So ist der dritte Ton in der Moll-Tonleiter einen Ganzton- und einen Halbtonschritt vom Grundton entfernt (was einer *kleinen Terz* entspricht), während der dritte Ton in der Dur-Tonleiter (wie bei C-Dur) zwei Ganztonschritte entfernt ist (entspricht einer *großen Terz*).

Nachfolgend liste ich das in einer für DAW-User besonders brauchbaren Liste auf, in der ich einen Intervallnamen (z. B. große oder kleine Terz) jeweils der absoluten Zahl der Halbtonschritte des Abstands zwischen den Tönen (Intervall) gegenüberstelle.

Meine Korrektorin Petra Biedermann findet es mit einer Klaviatur vor Augen leichter, die Inhalte der Liste nachzuvollziehen und zu lernen. Sie erläutert das wie folgt: Septime = sieben weiße Tasten voneinander entfernt, Sexte = sechs weiße Tasten voneinander entfernt, Quinte = fünf etc. Es geht immer aus dem (lateinischen) Wort hervor, wie viele weiße Tasten es sind. Je nachdem, wie viele schwarze Tasten dazwischenliegen, ist es jeweils ein großes oder kleines Intervall. Und auch die Halbtonschritte lassen sich gut an der Klaviatur abzählen.

Beim Lernen von Tonleitern, Intervallen und Skalen haben viele Musiker jeweils andere eigene Tricks und Eselsbrücken, um sie sich leichter merken zu können.

- 12 Halbtonschritte = reine Oktave
- 11 Halbtonschritte = große Septime
- 10 Halbtonschritte = kleine Septime
- 9 Halbtonschritte = große Sexte
- 8 Halbtonschritte = kleine Sexte
- 7 Halbtonschritte = reine Quinte
- 6 Halbtonschritte = Tritonus = übermäßige Quarte oder verminderte Quinte (Stammtonprinzip)
- 5 Halbtonschritte = Quarte
- 4 Halbtonschritte = große Terz
- 3 Halbtonschritte = kleine Terz
- 2 Halbtonschritte = große Sekunde
- 1 Halbtonschritte = kleine Sekunde
- 0 Halbtonschritte = Prime

Sogenannte *Komplementärintervalle* ergänzen sich gegenseitig zu einer Oktave, zum Beispiel: kleine Sexte (8 Halbtonschritte) + große Terz (4 Halbtonschritte) = Oktave (12 Halbtonschritte). Andere Komplementärintervalle sind: Prime + Oktave, Quarte + Quinte usw.

Ist ein Intervall größer, muss natürlich das andere etwas kleiner sein. Beispiel: eine verminderte Sekunde + eine übermäßige Septime = eine Oktave.

Eselsbrücke

Zum Lernen der Benennung von Intervallen gibt es z. B. folgende »Eselsbrücke«:

»Die eins (Prime), vier (Quarte), fünf (Quinte) und acht (Oktave) sind rein und andere Intervalle klein!«

Bezogen auf die C-Dur-Tonleiter (siehe Abbildung 12.2) können wir nun Folgendes sagen:

- Der Schritt vom ersten zum ersten Ton (C = der Grundton selbst) heißt *Prime*.
- Der Schritt vom ersten zum zweiten Ton (D) heißt (große) *Sekunde*.
- Der Schritt vom ersten zum dritten Ton (E) heißt (große) *Terz*.
- Der Schritt vom ersten zum vierten Ton (F) heißt *Quarte*.
- Der Schritt vom ersten zum fünften Ton (G) heißt *Quinte*.
- Der Schritt vom ersten zum sechsten Ton (A) heißt (große) *Sexte*.
- Der Schritt vom ersten zum siebten Ton (H) heißt (große) *Septime*.
- Der Schritt vom ersten zum achten Ton (C) heißt *Oktave*.
- Der Schritt vom ersten zum neunten Ton (D) heißt *None*.

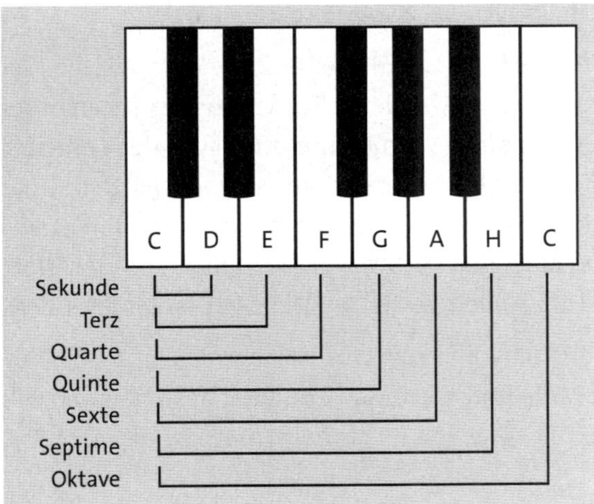

Abbildung 12.2 Die Tasten der C-Dur-Tonleiter mit Intervallnamen auf der Klaviatur

12.2.6 Dur- und Moll-Tonleiter von jedem Grundton selbst bestimmen

In der Dur-Tonleiter haben wir also zunächst zwei Ganztonschritte, dann einen Halbtonschritt, dann wieder drei Ganztonschritte und dann wieder einen Halbtonschritt. Man kann auch sagen: groß – groß – klein – groß – groß – groß – klein.

In der Moll-Tonleiter haben wir zunächst einen Ganztonschritt, dann einen Halbtonschritt, dann zwei Ganztonschritte, einen Halbtonschritt, und wieder zwei Ganztonschritte. Das entspricht: groß – klein – groß – groß – klein – groß – groß.

So können Sie sich auch ohne große Kenntnisse die genauen Töne einer Dur- oder Moll-Tonleiter von irgendeinem anderen Grundton aus ohne weitere Kenntnisse selbst herleiten. Wenn Sie eine Klaviatur vor sich haben, müssen Sie die Abstände nicht auswendig können, es reicht dann, zu wissen, dass eine Dur-Tonleiter, die ausschließlich weiße Tasten benutzt, beim C beginnt und eine Moll-Tonleiter beim A. Dann können Sie die gleichen Abstände von jedem Grundton abzählen. Auf diese Weise können Sie bestehende Töne einer Dur-Melodie zum Beispiel in eine tiefere Tonleiter bringen (*transponieren*), etwa weil die Töne ansonsten für einen Sänger zu hoch sind. Logic erleichtert Ihnen das Ganze zusätzlich, weil Sie Regionen oder Spuren einfach in den Informationsfenstern REGION und SPUR transponieren können.

12.3 Stammtonprinzip und die Namen der schwarzen Tasten

Diejenigen schwarzen Tasten, die rechts von einer weißen Taste mit einem bestimmten Namen liegen (also einen höheren Ton spielen), können denselben Namen tragen und ein »is« angehängt bekommen: Cis, Dis, Fis, Gis, Ais. Man spricht von *erhöhten Tönen*, auch geschrieben als C#, D#, F#, G#, A#. Die schwarzen Tasten, die links von einer weißen Taste mit einem bestimmten Namen liegen, können hingegen ein »es« im Namen haben; man spricht von *erniedrigten Tönen*: Des, Es, Ges, As, B (oder englisch D♭, E♭, G♭, A♭, B♭ bzw. *B flat*).

In wohltemperierten Klaviaturen ist Ges dieselbe Taste bzw. derselbe Ton wie Fis. Wie die Taste bzw. der Ton nun genannt wird, hängt von der verwendeten Tonart ab. Das sogenannte *Stammtonprinzip* besagt, dass jeder Stammtonname (C bis H) nur einmal in der Tonleiter vorkommen darf. Das »Fis« in einer G-Dur-Tonleiter wird dementsprechend nach dem F benannt und nicht nach dem G (denn das G gibt es ja schon in der Tonart – daher zählt man auf: ... Fis, G anstatt ... Ges, G). So kommt es, dass auch mal ein Ton »Fisis« (doppelt erhöht) statt »G« oder »His« statt »C« heißen kann (Gis-Dur-Tonleiter: Gis, Ais, His, Cis, Dis, Eis, Fisis, Gis).

Mit diesem Wissen können Sie nun leichter nachvollziehen, aus welchen Tönen z. B. die G-Dur-, F-Dur- und D-Dur- bzw. die e-Moll-, d-Moll- und die h-Moll-Tonleiter bestehen und wie die entsprechenden Töne heißen. Beispiel: Die Töne von E-Dur heißen: E, Fis, Gis, A, H, Cis, Dis, E.

Wer Notenschrift lesen kann, hat natürlich Vorteile, wenn die Töne einer Tonleiter bestimmt werden müssen: In D-Dur werden zwei Töne der C-Dur-Tonleiter um einen Halbton erhöht, die Noten werden am Anfang der Zeile mit zwei # Zeichen gekennzeichnet, entsprechend die Namen der Töne: F# = Fis und C# = Cis. In As-Dur hingegen kennzeichnen vier ♭-Zeichen die Tonart, da vier Töne um einen Halbton erniedrigt werden – darunter D♭ = Des.

12.4 Akkorde und Harmonien

Ein Akkord kann auch *Harmonie* genannt werden; er besteht aus mindestens drei Tönen. Die Grundakkorde zu Dur und Moll bestehen jeweils aus Prime, Terz und Quinte. Das heißt: Man nimmt den 1., 3. und 5. Ton der Tonleiter, um damit einen Akkord zu spielen: C-Dur = C – E – G, a-Moll = A – C – E, c-Moll = C – Es – G. Man kann Akkorde auch anders betrachten: Dur-Akkord = große Terz und kleine Terz, Moll-Akkord = kleine Terz und große Terz. Harmonien und Harmoniefolgen sind urheberrechtlich übrigens im Gegensatz zu Melodien kaum schützbar.

Die restlichen Töne der Tonleiter bilden nun den »Standard-Tonvorrat«, um zu den Akkorden »typische« Melodien zu spielen oder um daraus andere Akkorde zu bilden, die aus Tonleitertönen bestehen (z. B. dem 2., 4. und 6. Ton). Die Töne einer Tonleiter – zusammen mit den Akkorden - formen einen wiedererkennbaren Klang, und natürlich gibt es mehr Tonleitern als Dur und Moll, siehe Abschnitt 12.14.

Leicht üben und nachvollziehen lässt sich das für den Anfang mit den C-Dur- und a-Moll-Tonleitern, C-Dur und a-Moll sind ausschließlich mit weißen Tasten spielbar – wenn Sie mit anderen Dur- und Moll-Tonleitern experimentieren wollen, brauchen Sie mehr als nur die weißen Tasten).

12

Werden Melodien und Akkorde nur aus den tonleitereigenen Tönen gebildet, heißen sie *diatonisch*. Den verschiedenen Akkorden weist man in der Theorie Funktionen zu. Die einfachste Funktion lautet: *Tonika*. Das ist der *Heimatakkord* der Tonleiter – zu ihm, also zum Grundton der Tonika, will sich ein Song zumeist wieder auflösen. Ein Beispiel: Spielen Sie »Alle meine Entchen« von C ausgehend.

Die zur C-Dur-Tonleiter gehörenden diatonischen Akkorde (mit Funktionsbezeichnungen) heißen dementsprechend:

1. C-Dur (Tonika, C – E – G)
2. d-Moll (Subdominantparallele, D – F – A)
3. e-Moll (Dominantparallele, E – G – H)
4. F-Dur (Subdominante, F – A – C)
5. G-Dur (Dominante, G – H – D)
6. a-Moll (Tonikaparallele, A – C – E)
7. H vermindert (verkürzter Dominantseptakkord, H – D – F; verkürzt, weil als obere drei Töne eines Vierklangs G – H – D – F [Dominantseptakkord, siehe Abschnitt 12.7], interpretiert)

Diese Akkorde haben Sie nun kennengelernt, aber was es mit den Funktionsbezeichnungen auf sich hat, wird Ihnen vielleicht klarer, wenn Sie die nächsten Abschnitte lesen. Ich liefere daher zunächst ein wenig Theorie und Hintergrundwissen, bevor ich unsere Liste mit den Akkorden der C-Dur-Tonleiter wieder aufgreife.

12.5 Obertöne und Fourier-Theorem, Stimmungen und Hermode Tuning

Töne bestehen in der Natur nicht nur aus einem Ton, sondern aus einem Grundton und mehreren Obertönen, die mitschwingen, wie Sie z. B. bei Klaviertönen hören oder was Sie am Beispiel der Wellenformen grafisch im Analyzer eines »Channel EQs« nachvollziehen können. Letztlich ist in Tönen jeder Teilton bzw. jedes Intervall in unterschiedlicher Lautstärke enthalten. Jeder Ton hat seine eigene Obertonreihe (bei der die Obertöne unterschiedlich laut sind). Manche Synthesizer erlauben eine Editierung der Lautstärken von Obertönen oder die Erzeugung von natürlichen oder unnatürlichen Obertönen.

Wenn Sie einen Sinuston in einem einzelnen *ES2*-Oszillator spielen, so sehen Sie in einem Analyzer, dass er deutlich weniger Obertöne hat als eine Rechteckwellenform im gleichen Synth (Abbildung 12.3 und Abbildung 12.4).

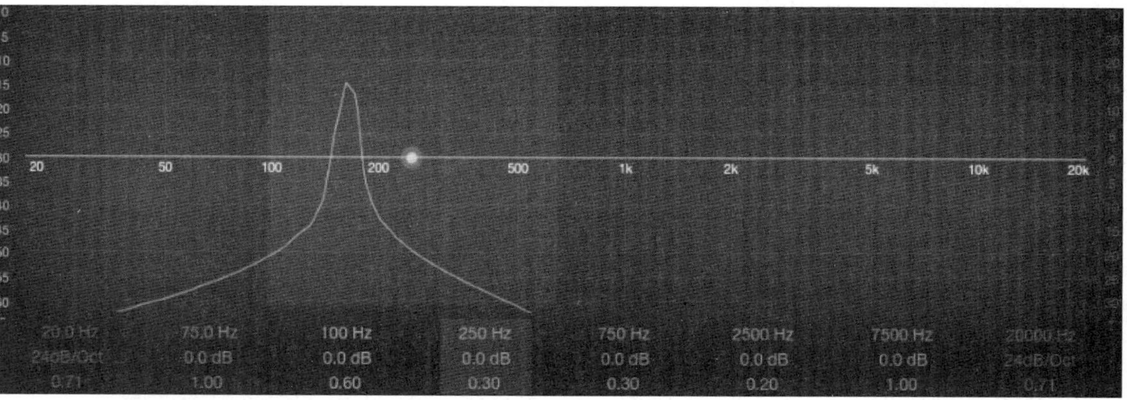

Abbildung 12.3 Sinuston

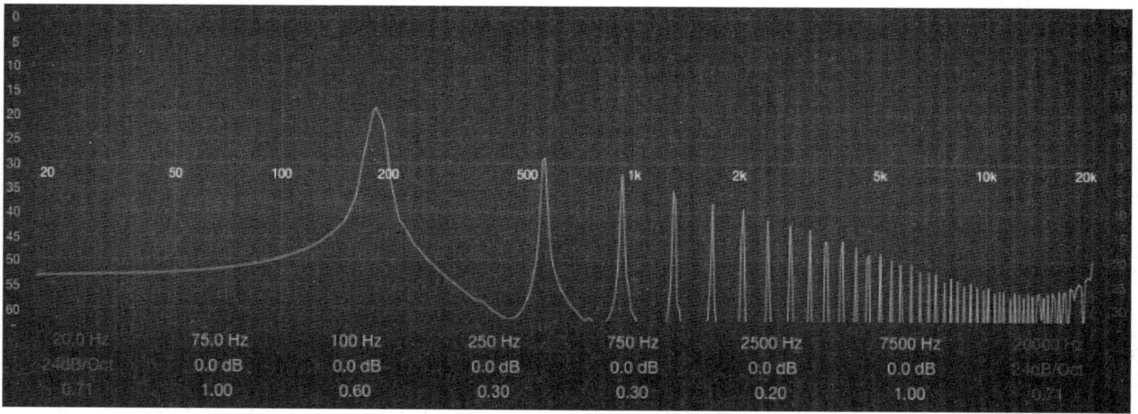

Abbildung 12.4 Rechteckwellenform

In Orgeln setzten sich Sounds oft aus Grundtönen und mehreren Obertönen zusammen, die mit »Reglern« (Zugriegel oder Register) hinzugemischt werden. Laut *Fourier-Theorem* lassen sich alle Schallereignisse aus sich überlagernden Sinuswellen zusammensetzen, nämlich Grundton und Obertöne. Filtert man die Obertöne, so bleibt lediglich der Grundton, also eine einzelne Sinuswelle.

Je nachdem, wie laut manche Obertöne sind, empfinden wir das als typisch für bestimmte Instrumente (z. B. Flöte, Trompete). Deshalb sind z. B. bei Kirchenorgeln bestimmte Register entsprechend beschriftet. Die additive Klangerzeugung von Logics *Alchemy*-Synth funktioniert genau nach diesem Prinzip.

Abbildung 12.5 Orgelzugriegel

Begreift man einen Instrumenten-Ton auf diese Art und Weise, so kann man jeden Ton als Akkord aus mehreren Teiltönen verstehen. Daher klingt ein Akkord aus drei gleichen Noten bei jedem Instrument (oder Synthesizersound) etwas anders.

12.5.1 Obertonreihe und wohltemperierte Stimmung, Residualeffekt

Der erste Oberton in der Natur schwingt doppelt so schnell wie der Grundton, der zweite dreimal so schnell, der dritte viermal usw. In diesem Zusammenhang ist auch die Frequenztabelle aus Abschnitt 17.2.5 interessant. Ein Ton, der eine Oktave höher spielt als ein Grundton, hat genau dessen doppelte Frequenz (schwingt also zweimal so schnell, entspricht dem ersten Oberton). Der zweite Oberton hat also die dreifache Frequenz des Grundtons. Ausgehend vom Kammerton A (bzw. a'), der in Deutschland auf 440 Hz gestimmt ist, finden

Sie in der gerade erwähnten Tabelle die Frequenzen aller Töne der Tastatur. Während der erste Oberton dem Grundton entspricht (nur eine Oktave höher, im Beispiel: C), ist der zweite Oberton das G. Dieser zweite Oberton liegt nun eine Quinte über dem ersten Oberton. Eine Quinte bedeutet: fünf Schritte auf der Tonleiter (entspricht sieben Halbtonschritten).

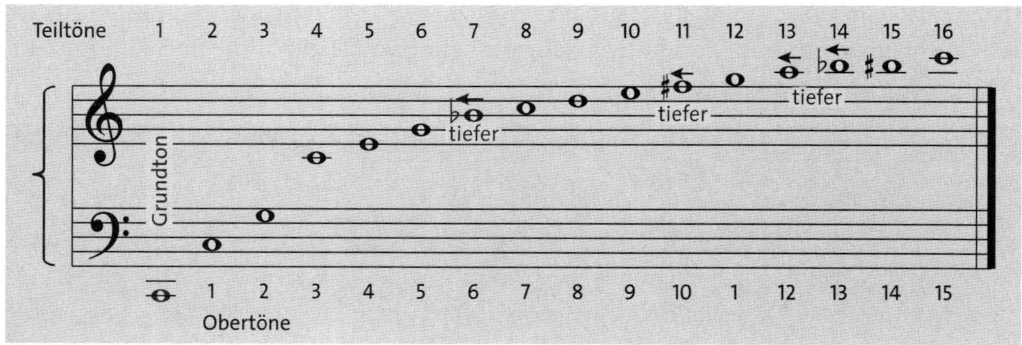

Abbildung 12.6 Obertöne eines Grundtons (hier: C)

Nacheinander gespielt, ergeben die Obertöne eine Melodie, die man *Obertonreihe* nennt. Auf *www.oberton.org* wird das schön erklärt und von der »ältesten Melodie der Welt« gesprochen[1] und davon, dass verschiedene Kulturen unterschiedliche Intervalle der Obertonreihe in ihre Tonsysteme eingebaut haben. Wenn wir Musik hören, setzen wir Tonfolgen mehr oder weniger unbewusst in unserem Kopf zu Akkorden zusammen. Vermutlich sehnen wir uns in Liedern, die wir hören, nach bestimmten Auflösungen oder Vervollständigungen. Unbewusst wollen wir den Akkord der Obertonreihe vervollständigen. Genau das ist der Grund, warum es tatsächlich so etwas wie eine »Hit-Formel« gibt, die immer und immer wieder funktioniert und zu der ich im Laufe dieses Kapitels komme. Und noch ein Phänomen gibt es in diesem Zusammenhang: Wenn wir die typischen Obertöne hören, denkt sich das menschliche Gehirn manchmal den Grundton hinzu. Dieses psychoakustische Phänomen wird *Residualeffekt* genannt und spielt auch beim Hören auf kleinen Lautsprechern oder beim Abmischen von Bass-Sounds eine Rolle.

Den Grundton und seine ersten Obertöne hören Sie im Projekt *12Ersteobertoene*. Berücksichtigen Sie aber, dass die Stimmung hier eben nicht 100 % exakt den Obertönen entspricht, sondern der wohltemperierten Stimmung, die sich in der Musikgeschichte als »Kompromiss« herausgearbeitet hat. Ist der Grundton A, so müsste beispielsweise der zweite Oberton E mit 440 Hz × 3 = 1.320 Hz schwingen, weist aber in der Tabelle in Abschnitt 17.2.5 nur eine Frequenz von 1.318,5 Hz auf.

Auch wenn unsere sogenannte wohltemperierte Stimmung mit 12 Teiltönen, die die gleichen Abstände zueinander haben, nicht genau der Obertonreihe entspricht, ist sie doch zumindest daraus hergeleitet. Sie klingt also ähnlich, aber genau genommen nicht ganz so gut, wie

1 *http://www.oberton.org/obertongesang/die-obertonreihe*

wenn gespielte Töne auf den exakten Frequenzverhältnissen »einrasten«. Sie bietet den Vorteil, dass ein Instrumentalist auf einem wohltemperiert gestimmten Instrument Stücke in allen Tonarten spielen kann, während ein rein gestimmtes Instrument mit unterschiedlichen Abständen zwischen den Tönen in verschiedenen Tonarten zwangsläufig anders klingen muss. Ein Chor hingegen braucht ja keine gestimmten Tasten und kann seinen Klang stets anpassen und klingt deshalb manchmal besonders gut. Reine Stimmungen klingen beeindruckend, Beispiele dafür finden Sie auf *www.hermode.com*. Logic versucht mit der Hermode-Tuning-Option (siehe nächster Abschnitt) etwas Ähnliches zu realisieren und in diesem Abschnitt geht es vor allem um die Theorien, auf denen das basiert. In Kapitel 3 werden die (Stimmungs-)Einstellungsmöglichkeiten in Logic detailliert besprochen, dort finden Sie auch ein Projektbeispiel.

12.5.2 Hermode Tuning, mikrotonale Stimmungen und natürliche Obertöne

Sie können Logic in den PROJEKTEINSTELLUNGEN auch »anders« stimmen, z. B. so dass die Stimmung mehr an den Frequenzen der natürlichen Obertöne orientiert ist und zwischen den Halbtonschritten *nicht* immer exakt 100 Cent liegen. Es gibt viele verschiedene Stimmungen in der Musikgeschichte und Musikwelt (weitere Details zum Thema Projekteinstellungen finden Sie in Kapitel 3). Musik aus dem indischen oder arabischen Raum hat oft mehr Teiltöne, als Sie mit einem wohltemperierten Klavier spielen können. Gleichwohl spielt die Musik auch dort (z. B. in indischen Ragas) oft um einen »Grundton« herum. Dementsprechend wichtig ist es, auch für andere Stimmungen den Grundton ändern zu können. Das kann Logic im Gegensatz zu einigen anderen Instrumenten, die mit mikrotonalen Stimmungen arbeiten können. Mikrotonale Stimmungen werden oft als *.scl*-Dateien oder *.tun*-Dateien geladen. Interessante Hinweise und ein plattformunabhängiges Tool zum Erstellen solcher Skalen finden Sie aktuell auf *https://sevish.com/scaleworkshop/*. Das ursprüngliche Programm Scala zum Schreiben von *.scl*-Dateien ist Windows-basiert (*http://www.huygens-fokker.org/scala/downloads.html*). Auch die mit Logic mitgelieferten Stimmungen basieren auf dem SCL-Format, was Sie in der Programmdatei sehen können, wenn Sie sich via Rechtsklick deren Contents anzeigen lassen. Doch Skalen, die durch ein anderes Mapping mehr als 12 Töne pro Oktave nutzen, kann Logic leider (bislang) nicht verarbeiten. Auch kann Logic einzelne Töne in den PROJEKTEINSTELLUNGEN um nicht mehr als einen Halbton verstimmen. Von daher ist Logic bei der Nutzung von Skalen beschränkt.

Es gibt in Logic aber noch die beeindruckende Option »Hermode Tuning«, die versucht, die reine Stimmung automatisch für bestimmte Intervalle je nach (automatisch von Logic) erkanntem Akkord herzustellen. Eine sehr anschauliche Anleitung dazu finden Sie im Logic-Manual.

Probieren Sie es einmal aus: Spielen Sie mit dem Standard-E-Piano einen C-Dur- oder c-Moll-Dreiklang bei eingeschaltetem HERMODE TUNING (HMT), oder wechseln Sie zwischen temperierter und Hermode-Einstellung hin und her. Ich jedenfalls war begeistert von dem Soundunterschied; die Standardeinstellung klang für meine Ohren mitunter plötzlich *flach*.

Sie können HMT auch spurweise im Informationsfenster SPUR deaktivieren (der Button erscheint nur, falls HMT ansonsten aktiv ist). Grundsätzlich besteht die Wahl zwischen:

- temperierter Stimmung
- nach einem bestimmten Modus fixierter Stimmung
- Hermode-Stimmung

Probieren Sie aus, mit Logics *E-Piano* eine fixierte Skala wie etwa die abgebildete 1/2-COMMA MEANTONE oder eine der indischen Skalen zu spielen. Wechseln Sie dabei von einem c-Moll- zu einem f-Moll-Akkord – plötzlich klingt es grausam. Mit dem Hermode Tuning klingen die Akkorde dann wieder halbwegs akkurat – und interessant. Öffnen Sie das Projekt *12Tuning02*, wo ich das obengenannte Beispiel nachvollzogen und in entsprechend benannte Regionen eines Audiofiles abgespeichert habe; oder probieren Sie so lange herum, bis Sie etwas Interessantes hören.

Allerdings ist oder war die Funktionalität nicht ganz bug-frei, Stimmungseinstellungen gingen immer wieder verloren, z. B. beim Laden eines neuen Instruments in die Spur. So oder so habe ich für das Projekt *12Tuning02* Noten mit dem *Vintage E-Piano* live mit verschiedenen Stimmungen gespielt und dabei mitgeschnitten. Die Unterschiede zwischen den drei (entsprechend der Stimmung beschrifteten) Regionen sollten Sie zu Hause hören können. In Hinweisen zu Logic-Updates stand zuletzt auch, dass ein Bug behoben sei, durch den das Hermode Tuning beim Bounce nicht richtig funktionierte.

Ein weiteres Beispiel mit einer manuell erstellten indischen Stimmung finden Sie im Projekt *12Indian*. Das Logic-Tuning funktioniert nicht mit Drittanbieter-Klangerzeugern; diese bieten teilweise eigene Tuningsektionen an (z. B. *Kontakt*, *Absynth*). In vielen Synths (z. B. von u-he, in Novations *Peak* und *Summit* sowie in *Absynth*) gehen die Möglichkeiten über Logics Optionen hinaus, weil einzelne Töne um mehr als einen Halbton verstimmt werden können. Teilweise kann man anderswo aber nicht den Grundton ändern. Ein Workaround besteht darin, die Oszillatoren zu verstimmen.

Ein ganz neues Tool namens Oddsound MTS-ESP Suite (*www.oddsound.com*) erlaubt, manche Logic-Instrumente polyphon (siehe Abschnitt 11.32 über MPE) und andere monophon microtonal stimmen und spielen zu können. Hierzu nutzt es ein Master Server-Programm und MIDI FX als Clients. Direkt unterstützte Instrumente kann es auch ohne MIDI-FX-Plug-in via SysEx microtonal und in Echtzeit stimmen. Zu den unterstützten Plug-ins gehören bereits u-he Hive2, Tal Sampler und Xfer Serum. Das Programm erlaubt zudem die Erstellung eigener Skalen nach Gehör sowie deren Export als *.scl*- und *.tun*- bzw. als *.scl*- und *.kbm*-Dateien. Das Handbuch liefert außerdem detaillierte theoretische Informationen zu Stimmungen.

Mehr wissenschaftliche Inhalte und Formeln können Sie auch unter *http://de.wikipedia.org/wiki/Tonstruktur_(mathematische_Beschreibung)* nachlesen.

12.6 Kadenzen, Akkordfunktionen, der Auf- und Abbau von Spannung – und die »Hit-Formel«

Bei Musikkomposition lässt sich die Quinte gut Richtung Grundton auflösen, sie ist diesem Klang (auch in der Obertonreihe) sehr nahe. Man legt also beispielsweise einen Grundton oder Grundakkord als Haupttonart fest (z. B. C/C-Dur). Wechselt man dann zu G/G-Dur, kann man von dort leicht wieder zu C/C-Dur zurückkehren.

Der Grundton (z. B. C) kann seinerseits die Quinte eines anderen Tons und Akkords sein und sich umgekehrt auch in Richtung eines anderen Tons auflösen, der sich eine Quinte tiefer befindet (dann: F). Das heißt, es besteht auch ein sehr enger Bezug zu jenem Ton, der sich eine Quarte höher befindet (also zwischen dem Grundton C und F). Zudem gilt: Quinte + Quarte = Oktave.

Um dem Hörer genau zu vermitteln, welche der Töne die »Heimtonart« ist, arbeiten Kompositionen mit Wiederholungen und Betonungen, um einem bestimmten Ton Halt zu geben, der eindeutig als Grundton erkannt werden soll, während zwischendurch auf andere Töne oder Akkorde gewechselt wird. Dabei wird Spannung auf- und wieder abgebaut.

Dadurch entsteht eine typische *Kadenz* (Abfolge von Akkorden), und die Musiktheorie gibt dem Grundton und den zum Grundton im Quart- bzw. Quintverhältnis stehenden Tönen »Funktionsbezeichnungen« in dieser Abfolge. Diese heißen: *Tonika* (T), *Subdominante* (SD), *Dominante* (D), *Tonika* (T); im Beispiel wären das die Töne (oder Akkorde) C – F – G – C. Eine andere Bezeichnung in der Musiklehre bezieht sich auf die Stufen der Grundtöne der Akkorde in der Tonleiter der verwendeten Tonart. C – F – G – C bezogen auf C-Dur entspräche demnach 1 – 4 – 5 – 1, was in der sogenannten *Stufentheorie* in römischen Ziffern geschrieben wird (I – IV – V – I).

Folgendermaßen könnte man Funktionen von Akkorden beschreiben:

- Tonika (T) = tonales Zentrum (hier: C bzw. Stufe I)
- Subdominante (S oder SD) = Quinte abwärts, Quarte aufwärts, der Tonika nahestehender Ton, relativ wenig Spannung, wenig Strebewirkung zum Grundton (hier: F, Stufe IV)
- Dominante (D) = Quinte aufwärts, als Dur-Akkord/Dur-7-Akkord spannungsreich, Strebewirkung zum Grundton, stärkt Tonalität (hier: G, Stufe V)

In Kompositionen ist es wichtig, die richtige Kombination aus dem Aufbau und dem Auflösen von Spannung zu finden. Die Spannung wird aufgelöst, wenn man wieder in der Tonika (oder ihrer Parallele) angelangt ist. In den dominantischen Akkorden ist die Spannung am höchsten. Das heißt, typischerweise wechselt man von der Tonika in subdominantische Akkorde, danach in dominantische und dann wieder in die Tonika. Die Tonika ist im Beispiel C bzw. der Akkord C. Dieser strebt Richtung F bzw. F-Akkord. Um z. B. klarzustellen, dass der Grundton C ist, wechselt man danach von F auf G oder den G-Akkord. Von dort geht/strebt es wieder eindeutig Richtung C.

12.6.1 Gleitton und Leitton

Dass wir das Streben der Akkorde in Richtung anderer empfinden, hat damit zu tun, dass in den Akkorden Töne vorkommen, die nach einer Auflösung streben, die einen Halbton höher liegt (genannt *Leitton*). Umgekehrt spricht man von *Gleittönen*, wenn sie nach einer Auflösung streben, die einen Halbton darunter liegt. Beispiel: C-Dur, Dominantakkord G – H – D – hier strebt das H zum C (Gleitton). Andererseits hat es auch damit zu tun, dass wir die verschiedenen natürlichen Obertöne als Gesamtakkord betrachten, dessen Teiltöne zueinander zu passen scheinen.

12.6.2 Kadenzprinzip und tonales Zentrum

Wichtig ist, sich beim Komponieren stets des tonalen Zentrums, also der Tonika, bewusst zu sein. Oft setzt man sich beim Songarrangement auch Ziele, wann man die Tonika wieder erreichen will, um die »Heimat« des Songs zu unterstreichen, beispielsweise nach 8 Takten.

Dieses Kadenzprinzip ist letztlich die Grundlage vieler Popsongs, denn die einzelnen Funktionen lassen sich auch wiederholen und leicht abwandeln. Die Akkorde können in anderer Reihenfolge gespielt oder wiederholt werden. »Stellvertretende« Funktionsakkorde, die »Ähnlichkeiten« besitzen (z. B. 2 von 3 Tönen sind dieselben, a-Moll statt C-Dur, e-Moll statt G-Dur), lassen sich anstelle der typischen Funktionsakkorde einbauen. Nimmt man alle Dreiklänge einer Tonleiter, dann kann man ihnen »Stufennummern« und Funktionen zuordnen und es so sehen, dass alle Akkorde letztlich eine Funktion wahrnehmen. Im Einzelfall und bei Unklarheiten (wenn die Akkorde nicht exakt den Akkorden aus der Theorie entsprechen) müssen Sie sich bei einzelnen Akkorden überlegen, welcher Funktion Sie sie zuordnen wollen.

- C-Dur (Tonika); C – E – G; Stufe I
- d-Moll (Subdominantparallele); D – F – A; Stufe II
- e-Moll (Dominantparallele); E – G – H; Stufe III
- F-Dur (Subdominante); F – A – C; Stufe IV
- G-Dur (Dominante); G – H – D; Stufe V
- a-Moll (Tonikaparallele); A – C – E; Stufe VI
- H vermindert (verkürzter Dominantseptakkord); H – D – F; verkürzt, weil als obere drei Töne des Dominantseptakkords/Vierklangs G – H – D – F interpretiert; Stufe VII (siehe auch Abschnitt 12.7 über Akkordumkehrung).

a-Moll und C-Dur haben zwei Töne gemeinsam (C und E). Sie können also bei einer C-Dur-Komposition durchaus auch a-Moll als Vertreter der Tonika C-Dur verwenden. Auch in anderen Fällen kommt es vor, dass Akkorde zwei Töne gemeinsam haben. So hat z. B. e-Moll sowohl mit der Tonika als auch mit der Dominante zwei Töne gemeinsam. Daher wird der Akkord in der Literatur nicht nur als Dominantparallele, sondern auch als *Tonikagegenklang* bezeichnet. Der Kontext, in dem man den Akkord spielt, macht mal die eine, mal die andere Interpretation passender.

Auch d-Moll als Subdominantparallele zu F-Dur hat mit der Subdominante zwei Töne gemeinsam. Verwenden Sie d-Moll statt F-Dur, dann benutzen Sie also die zweite Stufe (II) statt der vierten und erhalten eine sogenannte II–V–I-Kadenz (auch *Jazz-Kadenz* genannt, deren Verwendung sehr gängig ist) anstelle einer IV–V–I-Kadenz. d-Moll wird in diesem Beispiel auch als *Subdominantparallele*, a-Moll als *Tonikaparallele* und e-Moll als *Dominantparallele* bezeichnet. Den Dreiklang, der sich durch die Töne H – D – F ergibt, kann man als verkürzten Dominantseptakkord betrachten, denn die Töne H und D kommen auch in G-Dur (G – H – D) vor; mit »sept« ist der zusätzliche siebte Ton gemeint. G – H – D – F (durch die Anreicherung mit der kleinen Septime F) ist eine sehr starke Dominante, der hier eventuell nur der Grundton fehlt.

12.6.3 Funktionsakkorde in Logic und GarageBand

Wenn Sie beispielsweise Logic Remote oder GarageBand auf dem iPad benutzen, so erleichtern Ihnen diese Programme das Finden der zugehörigen Akkorde, indem sie automatisch Akkord-Strips zur Verfügung stellen, die sich leicht spielen lassen und zu der im Projekt eingestellten Tonart passen, aber auch manuell editiert werden können (siehe Abschnitt 16.4.12). Zu den Dreiklängen können Sie dabei leicht einen vierten Ton und einen Basston hinzufügen (Abbildung 12.7).

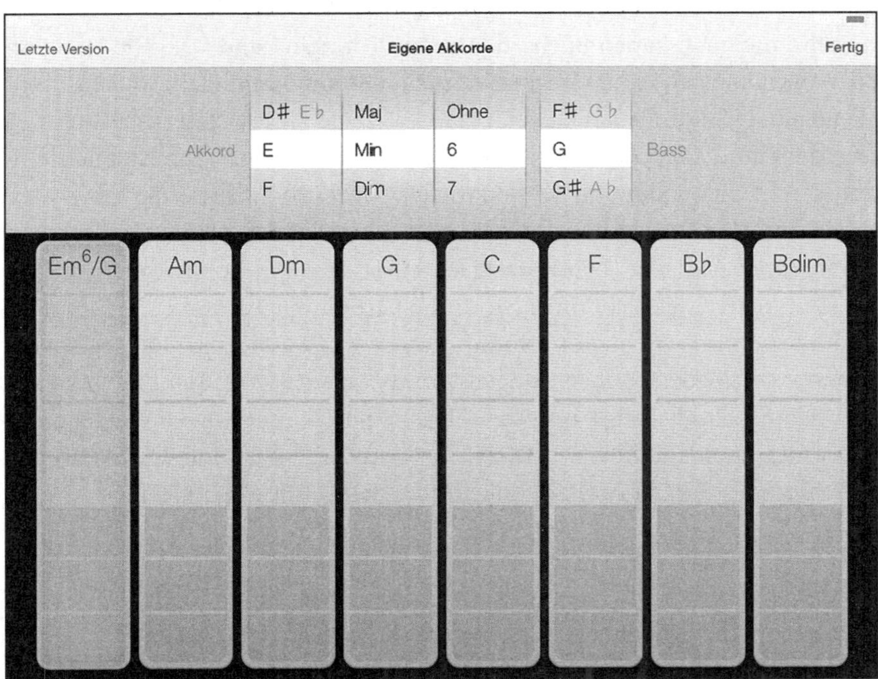

Abbildung 12.7 Akkord-Strips in Logic Remote

12.6.4 Hit-Formel

Ein sehr anschauliches Beispiel für die erfolgreiche Nutzung des Kadenzprinzips in Popsongs liefert die Band Axis of Awesome, die in einem Potpourri ein Medley aus zahlreichen großen Hits spielt, die sich alle aus den gleichen vier Akkorden zusammensetzen, die noch dazu in der gleichen Reihenfolge gespielt werden. Hiervon finden sich mehrere Varianten im Netz. Darunter sind u. a. die folgenden bekannten Titel:

Alphaville – »Forever young«, Alex Lloyd – »Amazing«, Maroon 5 – »She will be loved«, U2 – »With or without you«, The Beatles – »Let it be«, Red Hot Chili Peppers – »Under the Bridge«, Bob Marley – »No Woman, no cry«, a-ha – »Take on me«, Green Day – »When I come around«, Toto – »Africa«, The Offspring – »Self Esteem«, Lady Gaga – »Poker Face«, MGMT – »Kids«.

Geben Sie einfach den Begriff »4 Chord Song« ins Suchfeld bei YouTube ein, und Sie finden genug Beispiele.

Die verwendete Akkordfolge heißt: D-Dur – A-Dur – h-Moll – G-Dur, was (um zwei Halbtöne nach unten transponiert) C-Dur – G-Dur – a-Moll – F-Dur entspricht. Das sind die bekannten Hauptfunktionen von C-Dur, nämlich C-Dur, G-Dur und F-Dur – die nur zwischendurch von der Tonika zu ihrer Moll-Parallele a-Moll wechselt. Sie können sich das im Projekt *12awesomekadenz* anhören. Die gewählte Kadenz habe ich in C eingespielt und anschließend zwei Halbtöne über das Informationsfenster REGION transponiert.

12.6.5 »Pop Formeln« und »Hip Hop Formeln« von Volkmar Kramarz

Sehr gut erklärt wird das auch in den Büchern »Die Pop Formeln« und »Die Hip Hop Formeln« von Volkmar Kramarz. In seinen Werken versucht der Autor, sämtliche Musikzusammenhänge anhand einer pianorollenähnlichen Darstellung und ohne Noten zu erläutern. Er nennt z. B. als sogenannte *Hip-Hop-Smash-Formel* die Kadenz a-Moll (Tonikaparallele) – G-Dur (Dominante) – F-Dur (Subdominante) und wieder G-Dur (Dominante), die seiner Meinung nach (und nachvollziehbarerweise) so oder leicht abgewandelt einem Großteil von Hip-Hop-Tracks zugrunde liegt. Die Theorie dabei lautet, dass die Hip-Hopper gern mit Moll anfangen. Noch einfacher verdeutlicht finde ich das im berühmten Riff von Dr. Dre in »Still Dre«, in dem (mit nur einem Zwischenton) einfach ständig von a-Moll zu e-Moll gewechselt wird. Dabei werden verschiedene Umkehrungen von Akkorden (siehe Abschnitt 12.7) genutzt, so dass bei jedem Akkordwechsel zwei Töne liegenbleiben können und nur einer geändert werden muss. Insgesamt kommen drei Dreiklänge vor: C – E – A (a-Moll, 1. Umkehrung), H – E – A (Zwischenton), H – E – G (e-Moll, 2. Umkehrung; siehe Projekt *12HipHop*).

12.6.6 Variationen

Und so geht es in der Theorie weiter bei der Konstruktion von Songs. Sie können ab und zu die Moll-Parallele oder anstelle der Dur- die Moll-Akkorde eines Tons benutzen, bei Dur- oder Moll-Akkorden die Grundtöne weglassen und Zwischentöne hinzufügen etc. Beziehen Sie diese Tricks ein, können Sie letztlich jeden Song von der Funktion her analysieren und Akkorden einen funktionalen Charakter zuordnen. Und die wichtigsten Funktionen sind eben Tonika, Subdominante und Dominante. Eine weitere mögliche Abwandlung wäre: Während oben a-Moll, G-Dur, F-Dur, G-Dur spielen, bleibt unten im Bass die ganze Zeit ein A liegen. Andererseits könnte oben a-Moll liegenbleiben, während unten der Bass A – G – F – G spielt. Diese beiden Abwandlungen hören sich recht unterschiedlich an, basieren aber auf der gleichen funktionstheoretischen Idee – ebendieser Hip-Hop-Smash-Formel. Laut Kramarz »kaschieren« sie nur die Originalformel. Probieren Sie auch das einfach einmal aus ...

12.6.7 Zwischendominanten

Ein Werkzeug, mit dem Sie bestimmte Akkorde vorbereiten, sind sogenannte *Zwischendominanten*. Damit sind die eine Quinte vom Zielakkord entfernten Akkorde (typischerweise in Dur und mit zusätzlicher kleiner Septime: Dominantseptakkord) gemeint. Der Zielakkord ist hierbei nicht die Tonika, sondern ein anderer Akkord.

Diese Prinzipien können Sie auch als Anfänger langsam verinnerlichen. Es ist hilfreich, regelmäßig sich selbst die Frage zu beantworten: Wie lauten die zugehörigen Funktionsakkorde und Töne der Tonart, in der ich gerade komponiere?

Natürlich ist Spannung nicht nur eine Frage von Akkorden oder Harmonielehre – es ist ein zentrales Thema, wenn es um Musik im Allgemeinen geht. Sei es Klassik, Pop, Techno, Rock oder Drum & Bass, sei es ein 3-Minuten-Track, ein 30-minütiger Live-Act, ein 90-Minuten-Konzert oder ein 9-stündiger Clubabend: Die musikalischen Elemente müssen richtig in Szene gesetzt werden, damit sie ihre Wirkung entfalten – mit Akkorden, Effekten, Sounds, Arrangements, Automationen ... Auch ein Sound (wie z. B. ein neu einsetzendes Instrument, ein Umweltgeräusch, ein Sample oder ein Synthesizereffekt) braucht eine Bühne und will »vorbereitet« werden.

Einige weitere Beispiele für die Bedeutung des Auf- und Abbaus von Spannung in der Musik:

- Ich hatte einen Schüler, der in einem Live-Act auf mehrere Minuten heftigster E-Gitarre anschließend einen ebenso heftigen Synth folgen ließ. Doch dieser konnte meiner Meinung nach seine Wirkung gar nicht erst entfalten – weil ich als Hörer schon von der E-Gitarre vorher erschöpft war.
- In einem 9-stündigen Clubabend entfalten die härtesten Stücke irgendwann ihre Wirkung nicht mehr, wenn nicht zwischendurch mal etwas anderes läuft (es sei denn, Sie gehen davon aus, dass der Rezipient sich seine Pausen selbst schafft, indem er zwischendurch den Raum verlässt und sich Abwechslung sucht, in der er dem musikalischen Vortrag nicht mehr folgt).
- Spielt ein DJ zwei Stücke einer ähnlichen musikalischen Intensität hintereinander, von denen das folgende einige BPM (z. B. 5–10 BPM) langsamer als das vorherige Stück ist, klingt das neue Stück »lahm« und wirkt ermüdend.

- In vielen Dance-Musik-Stücken wird der Hauptpart mit einem Break oder Trommelwirbel vorbereitet und in Szene gesetzt.

Bei minimaler oder repetitiver Musik sind es die kleinen Abweichungen von Schemata, die besonders deutlich wahrgenommen werden können und Wirkung entfalten.

12.7 Akkordumkehrung, weite und enge Lage

Die gleichen Akkorde können einen anderen Klang ergeben, wenn Sie alle oder einzelne Töne eine Oktave höher oder tiefer spielen. Für bestimmte derartige Variationen eines Dreiklangs haben sich Begriffe eingebürgert: Man spricht von *1.* und *2. Umkehrung* sowie *enger* und *weiter Lage*. Betrachten wir das am Beispiel von C-Dur.

- Die 1. Umkehrung eines Akkordes hat die Terz im Bass bzw. als tiefsten Ton (z. B. E – G – C).
- Die 2. Umkehrung eines Akkordes hat die Quint im Bass bzw. als tiefsten Ton (z. B. G – C – E).

Außerdem gibt es natürlich die Grundstellung (C – E – G). Man unterscheidet zwischen enger und weiter Lage (am Beispiel C-Dur). Wenn Sie einen Akkord in weiter Lage spielen, spielen Sie einen Ton (z. B. die Terz oder den mittleren Ton des Akkords) eine Oktave höher als die anderen Töne. Hierdurch verändert sich der Sound sehr stark. Das können Sie im Projekt *12Akkordlageundumkehr* hören. Sämtliche Akkorde sind C-Dur-Akkorde in verschiedenen Lagen und Umkehrungen.

Betrachten Sie es also als weiteres Werkzeug in der Kiste Ihrer Kompositionstools, einen Akkord mal in enger, mal in weiter Lage oder auch als erste oder zweite Umkehrung zu spielen. Ein Wechsel zu anderen Akkorden klingt oft besonders interessant, wenn ein Großteil der Töne liegenbleiben kann und sich nur einer der Töne ändert. Auch das erreichen Sie manchmal leicht, indem Sie Ihren Akkord als Umkehrung spielen.

- enge Lage: Grundstellung (C – E – G)
- 1. Umkehrung, Terz = tiefster Ton, = *Sextakkord* bzw. *Terzsextakkord* (E – G – C)
- 2. Umkehrung, Quint = tiefster Ton = *Quartsextakkord* (G – C – E)
- weite Lage: Grundstellung, weite Lage (C – G + höheres E)
- 1. Umkehrung, weite Lage: Terz = tiefster Ton = *Sextakkord* (E – C + höheres G)
- 2. Umkehrung weite Lage: Quint ist tiefster Ton (G – E + höheres C)

Die vier Regionen im Beispiel *12Akkordlage* demonstrieren dies. In Region 1 wechseln die Töne von C-Dur zu e-Moll. Zunächst spielen beide Töne in Grundstellung, danach spielt in Region 2 C-Dur als 1. Umkehrung, wodurch zwei Töne liegenbleiben können (E und G), während nur das oben melodieführende C in das H wechselt. Mit so einem Sound hat z. B. Moby in seinem Hit »Go« gespielt – und hat anschließend (wie in Region 3) den oberen Ton zwischendurch ins D bewegt. Auch in Region 4 spielen wieder abwechselnd C-Dur und e-Moll, diesmal allerdings in anderen Lagen und Umkehrungen. Die klangliche Wirkung einer weiteren Lage wird in den Regionen 5 und 6 noch einmal deutlich: In beiden Regionen spielt exakt die gleiche Akkordfolge mit Akkorden in Grundstellung, in Region 5 jedoch in weiter Lage und in Region 6 in enger Lage. Hierdurch ist der Klang in Region 5 ein anderer als in Region 6.

Übrigens: In der Musiktheorie gibt es auch eine andere Verwendung und Bedeutung des Wortes *Lage* im Zusammenhang mit der Beschreibung von Akkorden: Es gibt an, welcher der *tiefste* Ton eines Akkordes ist (z. B. *Quintlage*), während die sogenannte *Stellung* angibt, welcher der *höchste* Ton eines Akkordes ist.

12.8 Grundsätzliche Gedanken zur Kompositionsphilosophie

Ich will Ihnen nicht nahelegen, dass Sie Ihre Songs mit solchen Akkorden aus dem Lehrbuch komponieren müssen. Das sture Anwenden dieser Prinzipien klingt zunehmend langweilig. Komponieren Sie gern unabhängig von diesen Theorien – aber Sie sollten sie zumindest kennen, um, wenn Sie mal nicht weiterwissen, eine Orientierungshilfe zu haben.

Abwechslung verschaffen auch Synthesizersounds mit interessanten Obertönen – oder gesampelte Umweltgeräusche und Effekte aller Art. Spätestens nachdem Sie diesen Abschnitt gelesen haben, sollte Ihnen klar sein, dass sich Musiktheorie und Sounddesign nicht voneinander trennen lassen.

Einer der erfolgreichsten Komponisten der Neuzeit ist der Elektronik-Musikpionier Jean Michel Jarre, dessen 1976 produziertes Album »Oxygène« über 12 Millionen Exemplare verkaufte. Jarre war ein Schüler von Pierre Schaeffer, auf den er sich immer wieder beruft (Jarre über Schaeffer: »In my opinion, this guy is the father of all of us. He created absolutely everything. He was the first saying that music is not made of notes, but of sounds and noise.«[2]). Schaeffer prägte den Begriff der *Musique concrète*. Schaeffer sah die Nutzung von Alltagsgeräuschen in der Musik als Wandlung vom »Konkreten« ins »Abstrakte«, während bei klassischer Musik die Komposition selbst das Abstrakte sei.[3] Künstler wie Jarre oder auch Karlheinz Stockhausen ließen sich von diesen Gedanken inspirieren und erschufen auf dieser Basis etwas Neues. Musste Schaeffer zunächst noch mit Tonbandspulen arbeiten, hatten es die Künstler spätestens seit Einführung des Samplers leichter, solche Ideen in Kompositionen einfließen zu lassen. Spätere Vorreiter waren Art of Noise und Trevor Horn, aber auch für Künstler wie Peter Gabriel eröffnete das Sampling neue Wege. Ich habe die Erfahrung gemacht, dass viele interessante Sounds meiner Stücke durch gezielte Verfremdungen im Sampler entstehen. Das funktioniert für synthetische und akustische Klänge sowie Umweltgeräusche gleichermaßen gut.

Betrachten Sie Ihre Komposition wie ein Koch sein Gericht: Kleine Zutaten, egal, ob aus der musiktheoretischen oder der klangformenden Ecke, sind oft entscheidend und prägend für

2 *http://www.soundonsound.com/sos/feb08/articles/jmjarre.htm*

3 *http://de.wikipedia.org/wiki/Musique_concrete*

ein geniales Werk. Umgekehrt kann eine falsch platzierte Kleinigkeit auch schnell alles verderben.

Ich betrachte Ausführungen über Musiktheorie, Obertonreihen und Kirchentonleitern vor allem als mögliche Hilfestellungen, die ich nutzen kann – aber nicht muss. Insbesondere wenn ich bei einem Song nicht genau weiß, wie es weitergehen soll, hilft es mir, mir bewusst zu machen, in welcher Tonart ich mich gerade befinde und welche Töne jetzt nahelägen.

Es hilft auch, wenn ich die Stimmung, die ich mit dem Stück ausdrücken möchte, ungefähr in Worte fassen oder mir bewusst machen kann. Neben den simplen Dur- und Moll-Tonleitern gibt es viele andere Tonleitern wie die Kirchentonleitern (siehe Abschnitt 12.14); sie sind recht eindeutig mit bestimmten Stimmungen verbunden und eignen sich zum Erzeugen dieser. Lust auf »sinnlos gut gelaunt«? Oder »cool«?

12.9 Quintenzirkel und Tonleitern in der Notation

In der Musiktheorie ist oft vom *Quintenzirkel* die Rede. Die Kenntnis des Quintenzirkels hilft, anhand der Anzahl der ♭-Vorzeichen oder Kreuzzeichen # in einem Notenblatt die Tonart zu erkennen. Der Quintenzirkel kann auch der Kontrolle dienen, wie viele schwarze Tasten eigentlich in der Tonart vorkommen müssen. Die im Quintenzirkel benachbarten Tonarten sind jeweils die, die der verwendeten Tonart besonders verwandt sind (und jeweils eine Quinte nach oben oder unten entfernt liegen) und sich daher als Standardkandidaten für Tonartwechsel in einer Komposition anbieten.

Im Quintenzirkel sind Tonarten in einem Kreis angeordnet. Ganz oben auf 12 Uhr steht die C-Dur-Tonleiter; die Tonleitern rechts davon haben jeweils ein Kreuzchen (#) mehr, je weiter es im Kreis nach unten geht, die Tonleitern links davon haben jeweils ein ♭ mehr.

Die Tonleitern im Quintenzirkel können Sie sich mit einer Eselsbrücke leicht merken:

- F(ritz) B(rachte) Es(ther) As(tern) Des Ges(angvereins)

Das erste Wort steht für die Tonart mit einem ♭, das zweite Wort für die Tonart mit zwei ♭ usw. Die ♭ kommen dabei in folgender Reihenfolge dazu: B, Es, As, Des, Ges, Ces. B-Dur hat also beispielsweise die Vorzeichen für B und Es, Es-Dur für B, Es und As usw.

- G(eh) D(u) A(lter) E(sel) H(eringe) Fis(chen)

  Das erste Wort steht für die Tonart mit einem #, das zweite Wort für die Tonart mit zwei # usw. Die Kreuzchen kommen dabei in folgender Reihenfolge hinzu: Fis, Cis, Gis, Cis, Ais, Eis. D-Dur hat also beispielsweise die Vorzeichen Fis und Cis, A-Dur hat Fis, Cis, Gis usw. Fis und Ges sind dann wieder derselbe Ton.

Die jeweils nächste Tonleiter mit jeweils einem # mehr liegt genau eine Quinte (7 Halbtöne) höher liegt als die vorherige, während die jeweils nächste Tonart mit einem ♭ mehr jeweils genau eine Quinte tiefer liegt – daher der Name Quintenzirkel. In der Aufzählung der Tonleitern durch die Eselsbrücke fehlen noch die Ces- bzw. Cis-Tonleitern, die im Quintenzirkel abgebildet sind. Allerdings entspricht Ces H, und Cis entspricht Des.

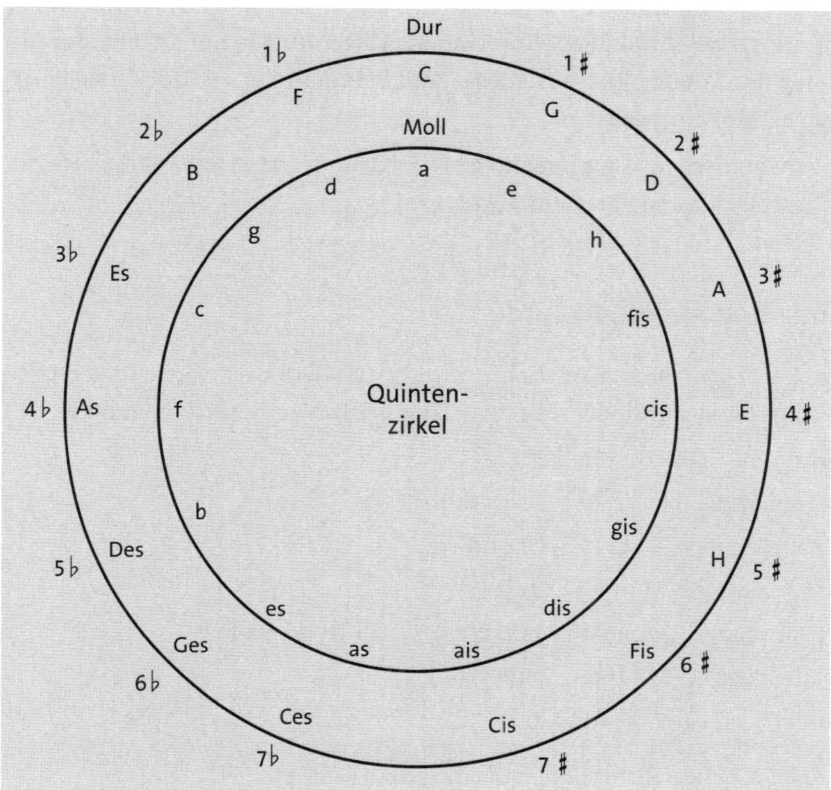

Abbildung 12.8 Der Quintenzirkel

Entsprechend werden diese Tonarten auch in Notenblättern notiert: Abbildung 12.9 und Abbildung 12.10 zeigen beispielsweise F-Dur und f-Moll.

Abbildung 12.9 F-Dur-Notation (oder d-Moll)

Abbildung 12.10 f-Moll-Notation (oder As-Dur)

Wenn in einem Notenblatt ein ♭ zu sehen ist, so kann die Tonart nach dem Quintenzirkel entweder F-Dur oder d-Moll lauten. Wird im gleichen Stück die Tonart gewechselt, und es kommen plötzlich vier ♭ in einer Taktzeile vor, handelt es sich um As-Dur oder f-Moll. Ohne mehr zu wissen oder gehört zu haben, können Sie nun bereits Vermutungen nur anhand der aufgelisteten Vorzeichen des Notenblattes anstellen – zum Beispiel, dass das Stück möglicherweise von F-Dur nach f-Moll wechselt ...

Auch bei anderen »theoretischen« Gelegenheiten spielen Quinten eine Rolle – lesen Sie Abschnitt 12.5.1, Abschnitt 12.14.2 und Abschnitt 12.14.3.

12.10 Vierklänge und andere Akkorde

Aus den Tönen der C-Dur-Tonleiter lassen sich natürlich statt der bisher verwendeten Dreiklänge auch Vierklänge herstellen, indem wir den 7. Ton der Tonleiter hinzunehmen:

1. C-Major 7 (Tonika; C – E – G – H), Stufe I
2. d-Moll 7 (Subdominantparallele, D – F – A – C), Stufe II
3. e-Moll 7 (Dominantparallele, E – G – H – D), Stufe III
4. F-Major 7 (Subdominante, F – A – C – E), Stufe IV
5. G-Dominant 7 (Dominante/Dominantseptakkord, G – H – D – F), Stufe V
6. a-Moll 7 (Tonikaparallele, A – C – E – G), Stufe VI
7. H halbvermindert (H – D – F – A), Stufe VII

Die Bezeichnung »Major 7« bezieht sich hier auf eine große Septime.

Das ist nicht zuletzt ein Ansatz, der vom Sound her dem Jazzbereich nahe ist. Andererseits können Sie natürlich auch andere Töne der Tonleiter hinzunehmen – z. B. den 6., 9., 11. oder 13. Ton der Tonleiter dem Akkord hinzufügen. Nehmen Sie sich ruhig einmal zwischendurch die Zeit, das auszuprobieren. Logic hilft Ihnen dabei, indem es im Display den gespielten Akkord erkennt und benennt. Wie bereits oben erwähnt, können Sie auch Logic Remote auf dem iPad nutzen, um schnell ausgewählte Vierklänge zu spielen (siehe Abschnitt 16.4.12).

12.11 Taktzählweise und Rhythmik, Polyrhythmik

Ein $\frac{4}{4}$-Takt kann mit vier Viertelnoten, aber auch jeder anderen beliebigen Kombination aus Noten und Pausen gefüllt werden: ganze Noten, halbe Noten, Viertelnoten, Achtelnoten, Sechzehntelnoten, Viertelpausen usw. Der $\frac{4}{4}$-Takt in Abbildung 12.11 enthält eine Viertelnote, vier Sechzehntelnoten, eine weitere Viertelnote und eine Viertelnotenpause.

Abbildung 12.11 Beispiel für einen 4/4-Takt

Abbildung 12.12 zeigt die verschiedenen Noten und Pausenzeichen in Logic bei der Arbeit mit dem Notationseditor. Im 4/4-Takt zählt man »1, 2, 3, 4, 1, 2, 3, 4« usw. Verschiedene Taktarten werden jeweils unterschiedlich gezählt; so hört sich z. B. ein 3/4-Takt etwas anders an als ein 6/8-Takt. In letzterem zählt man »1, 2, 3, 4, 5, 6, 1, 2, 3 ...«. Meistens sind die Zählzeiten 1 betont, und bei 1 beginnt ein musikalisches Motiv möglicherweise wieder von vorn.

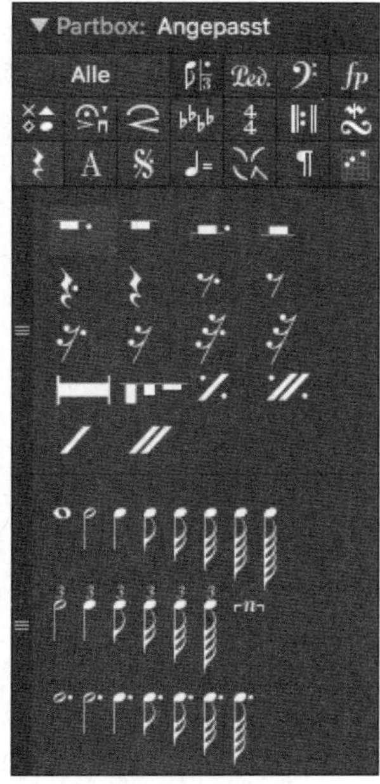

Abbildung 12.12 Noten und Pausenzeichen

12.11.1 Rhythmen und Dichtermetren, binäre und ternäre Spielweisen

Wenn man Rhythmen hört, sind bestimmte Zählzeiten eher »leicht«, andere eher »schwer«. Schwer ist bei moderner Pop- und Dance-Musik, die meist 4/4-Takte nutzt, tendenziell die erste Zählzeit. Zweitschwerste Zählzeit ist (im 4/4-Takt) die dritte. Wir können das auch auf größerer Ebene bzw. in Bezug auf Songteile betrachten: Wenn wir 32 Takte haben, ist die 1 des 1. und 17. Taktes oft etwas schwerer als diejenige der anderen Takte. Bei Drum & Bass liegt die Betonung dagegen oft auf den Zählzeiten 2 und 4. Man spricht hier von *Offbeats*, da sie zwischen den typischen betonten Zählzeiten des Metrums liegen. Trotzdem sollte man auch hier die 1 heraushören können.

Sowohl in der Musik als auch in der Literatur bezeichnet der Begriff *Metrum* die Weise, in der betonte und unbetonte Schläge aufeinanderfolgen. Folgen über einen Zeitraum (z. B. in einem Song) länger gleiche Metren aufeinander, kann man davon sprechen, dass mit jedem neuen Metrum ein neuer Takt beginnt (das Stück »steht« dann beispielsweise im $\frac{4}{4}$-Takt, im $\frac{6}{8}$-Takt).

Man unterscheidet *binäre* (zweiteilige; lateinisch *bini* = »zwei«) und *ternäre* (dreiteilige; lateinisch *ter* = »dreimal«) Spielweisen.

Binäre Spielweise

Bei der binären Spielweise werden die Noten (z. B. Viertelnoten) in zwei gleich lange Noten unterteilt (in diesem Fall also Achtelnoten). Die Noten werden gespielt wie notiert (etwa bei Rock, Latin, Marsch, aber auch Funk-Musik).

Ternäre Spielweise und Swing

Bei ternärer Spielweise werden Noten in eine Gruppe von drei gleich langen Noten unterteilt, die *Triole* genannt wird; auf die Länge einer Viertelnote passen also drei Achtelnoten. Häufig werden nur die erste und die dritte dieser Noten gespielt, die mittlere wird ausgelassen. Dies klingt, als ob bei einem binären Rhythmus die zweite Note der Gruppe erst später gespielt wird; Musiker nennen dies auch *Shuffle*. Auf diese Weise entsteht ein für bestimmte musikalische Stilrichtungen charakteristisches Swing-Feeling (z. B. Jazz, Blues, Electro-Swing). Dies wirkt bei mittleren Tempi besonders gut, bei langsameren Tempi wird die zweite Achtelnote oft tendenziell noch mehr verzögert.[4] In der Praxis wird dies in der Notation häufig nicht kenntlich gemacht, sondern lediglich einmal am Anfang des Stückes verzeichnet.

Die Übergänge vom geraden bis hin zum Swing-Feeling können fließend sein, und auch Logic bietet hierfür geeignete Quantisierungsraster und Programmierungen solcher Feelings durch die Quantisierungsraster oder den Drehregler SWING in *Ultrabeat* an, die verschiedene Intensitäten von Verschiebungen ermöglichen. Bei den Quantisierungen $\frac{1}{8}$ A-F oder $\frac{1}{16}$ A-F werden jeweils die zweite und vierte $\frac{1}{8}$- bzw. $\frac{1}{16}$-Note verzögert. F hat dabei die größte Verzögerungs-/Swing-Intensität, A die kleinste. Solche Swing-Bestandteile sind oft prägend für Grooves des »House«-Genres.

Verslehre

Auch in der Verslehre bezeichnet man die Weise, in der »schwere« und »leichte« Silben aufeinanderfolgen, als Metrum. Die fünf wichtigsten Metren mit Nennung der Reihenfolge der Silbenbetonung und mit Beispielwörtern[5]:

---

4 Quelle: *universal_lexicon.deacademic.com*

5 Gunter Steudel, MA-Skript, Deutsche Pop, 2006

- Jambus: leicht, schwer; Beispiel: »Verstand«
- Trochäus: schwer, leicht; Beispiel: »Hilfe«
- Spondeus: schwer, schwer; Beispiel: »Vollmond«
- Daktylus: schwer, leicht, leicht; Beispiel: »Achterbahn«
- Anapäst: leicht, leicht, schwer; Beispiel: »Harmonie«

Unter *www.musicians-place.de* finden Sie einen detaillierten Rhythmikkurs. Ein empfehlenswertes Buch zum Thema Rhythmik ist »Die Rhythmik-Lehre« von Eddy Marron.

12.11.2 Synkopen

Synkopen sind ein Stilmittel, das starre Betonungsraster zu verändern, indem eigentlich unbetonte Schläge betont werden. Dies wird beispielsweise erreicht, indem ein musikalisches Motiv bei einer Wiederholung etwas verschoben wird.

12.11.3 Polyrhythmik

Wenn mehrere unterschiedliche Rhythmen in einem Stück zusammenspielen, spricht man von *Polyrhythmik*. Die Rhythmen können dabei verschiedene Längen oder Taktmaße haben. Ein einfaches Beispiel sind zwei verschiedene, parallel laufende Rhythmen.

Polyrhythmik kommt häufig in afrikanischen Rhythmen vor: Verschiedene Musiker (z. B. Percussionisten) spielen zusammen, aber die Länge der musikalischen oder rhythmischen Figuren, die sie spielen, ist unterschiedlich. Sie ist aber auch ein einfaches Mittel in der modernen Musik, relativ einfache Rhythmen komplexer zu machen, indem man zwei rhythmische Instrumente kontinuierlich leicht gegeneinander versetzt.

Drumcomputer und Schlagzeug-Plug-ins machen das Programmieren von komplexen Rhythmen ziemlich leicht. Ähnliches ist in GarageBand und Logic im STEP SEQUENCER (siehe Abschnitt 7.9) und durch verschiedene (geloopte) Regionen mit unterschiedlicher Länge oder Quantisierung ebenfalls leicht realisierbar.

Die offene Hi-Hat (in der vierten Zeile von unten) wiederholt sich hier nach $^{12}/_{16}$-Schritten, während die Snare (zweite Zeile von unten) sich nach 8 und die anderen verwendeten Instrumente mit Ausnahme des Effekts FX (der sich nach $^{32}/_{16}$ wiederholt) sich nach $^{16}/_{16}$ wiederholen. Insbesondere die Hi-Hat klingt also in den nachfolgenden Takten etwas anders, und es dauert 6 Takte, bis alle Instrumente gleichzeitig wieder von vorn anfangen.

Aus Sicht eines Schlagzeugers mag das Beispiel oben »gehört« bzw. zum »Livespielen« schwierig wirken. Wenn man die Noten aber nicht selbst spielen und nur ein paar Dreiecke verschieben oder Regionslängen kürzen muss, ist es ziemlich banal.

12.12 Melodien: einfache Lieder, Spannung, Pentatonik, Motiv und Phrase

Indem Sie zwei verschiedene Töne spielen (z. B. E und G), können Sie bereits Spannung darstellen. Aus der unterschiedlichen Reihenfolge und Länge der beiden gespielten Töne ergeben sich bereits verschiedene Ausdrucksmöglichkeiten, die beispielsweise musikalisch eine Szene in einem Theaterstück unterstützen oder in einem Stummfilm untermalen könnten. Dabei müssen Sie berücksichtigen, dass die Verwendung von Intonation in Wörtern in verschiedenen Sprachen unterschiedliche Bedeutung hat oder regionale Unterschiede vorkommen. Als Kölner kenne ich beispielsweise eine bestimmte Art von Kölnern oder Rheinländern, zu sprechen, eine Art Singsang. Wie auch immer, klar ist, dass verwendete Tonhöhen menschliche Regungen richtungsweise ausdrücken können. Betrachten wir beispielsweise die deutsche oder englische Sprache, fällt uns Folgendes auf: Frage und Befehl entsprechen zwei verschiedenen Melodietönen, am Ende geht dabei die Tonhöhe aufwärts (»Ach wirklich?«, »Oh really?«, »Jetzt geh!«). Bei Antwort und Bitte oder einem Befehl mit zwei Silben geht die Tonhöhe am Ende tendenziell abwärts (»Bitte schön!«, »You're welcome!«, »Ach, bitte!«, »Jetzt laufe!«)

Je mehr rhythmische Betonungen Sie in einfache Tonfolgen legen, desto ausdrucksstärker werden diese. Mit einem dritten Ton A können Sie beispielsweise bereits einfache Kinder- oder Naturvolkstammeslieder spielen.

12.12.1 Pentatonik

Fügen Sie den drei Tönen G, E und A noch das C und das D hinzu, entsteht eine Tonleiter bzw. Tonreihe aus fünf Tönen. Man spricht von *Pentatonik* (griechisch: *penta* = »fünf«). Die Tonleiter wird in Logics Skalenquantisierungsfunktion als Dur-Pentatonik-Skala verwendet (C, D, E, G, A mit Grundton C). Die pentatonische Tonreihe enthält Sprünge, die größer als ein Ganzton sind, und ist daher keine Skala im strengeren Sinn, sondern eine Art Tonauswahl. Die Moll-Pentatonik-Tonleiter (so wie Logic sie benutzt) besteht dagegen (basierend auf C) aus den Tönen C, Es, F, G und B. Mit A als Basis entspricht das wieder den Tönen A, C, D, E, G (die der Dur-Pentatonik-Tonleiter mit Grundton C entsprechen). Mit Dis als Basis ergäben sich (transponiert) die Töne Dis, Fis, Gis, Ais und Cis – die Tonreihe entspricht also den schwarzen Tasten.

Die Pentatonik mit nur fünf Tönen in der Tonleiter erlaubt eine einfache Annäherung an das Thema Skalen für Anfänger. Zum einen, weil es nur um fünf Töne geht, zum anderen, weil der »asiatische« Klang einen recht hohen Wiedererkennungswert hat. Und auch weil Logic über Instrumente verfügt, die das zusätzlich unterstützen (siehe Projekt *12Pentatonik*). In dem Projekt hören Sie die oben erwähnten Dur- und Moll-Pentatonik-Töne, die entspannende Wirkung der jeweiligen Pentatonik-Tonleiter. Diese entspannende Wirkung entsteht, weil die »spannungsreichen« Halbtonschritte der jeweiligen Dur- und Moll-Tonleiter vermieden werden. Die Töne, denen auf der Tonleiter ein einfacher Halbtonschritt folgt, bieten meist mehr Spannung und Auflösungsdrang als die anderen (z. B. Leitton und Gleitton). Die Töne der Pentatonik-Tonleiter haben keinen solchen Schritt und sind daher spannungsarm und klingen immer relativ harmonisch miteinander (asiatisch).

12.12.2 Was braucht man noch für eine Melodie?

Die Töne für Melodien stammen typischerweise aus dem Tonvorrat der Tonleitern bzw. Skalen. Als Tonleitern stehen Dur- und Moll-Tonleitern, Pentatoniken, Kirchentonleitern (siehe Abschnitt 12.14), Blues-Tonleitern und andere Skalen zur Verfügung.

Sie haben bereits gelernt, dass musikalische Gesetze manchmal dafür da sind, gebrochen zu werden. Unter diesem Aspekt stelle ich hier typische Ansätze zur Melodiegestaltung zur Diskussion: Eine Melodie sollte singbar, selbständig und eine in sich geschlossene Folge von Tönen sein. Der Tonumfang sollte maximal eine Oktave plus eine Quinte betragen.

12.12.3 Motive, Melodien und Phrasen

Die kleinste musikalische Sinneinheit ist das *Motiv*, die nächstgrößere Einheit ist die *Phrase*.

Leichte oder unbetonte Endtöne eines Motivs bauen Spannung auf; auf schweren, betonten Stellen kommt die Musik dagegen eher zur Ruhe. Als tendenziell schwer empfinden wir auch lange Notenwerte oder etwa Phrasen, in denen sich die Töne nach unten bewegen. Als tendenziell leicht werden dagegen kurze Notenwerte, Offbeats, hohe Töne oder von der Tonhöhe her eher aufsteigende musikalische Elemente empfunden.

Verarbeitungsmöglichkeiten für ein Motiv lassen sich kategorisieren in:

- Wiederholung
- Variation
- Kontrast

Abgesehen davon, dass Sie diese Verarbeitungsmöglichkeiten miteinander kombinieren können, lassen sie sich auch getrennt voneinander als rhythmische und melodische Verarbeitungsmöglichkeiten betrachten.

Melodien bewegen sich typischerweise in Sekundschritten.

Auf der Basis eines Motivs kann eine Melodie ...

- rückwärts gespielt werden (das nennt man *musikalischer Krebs/Krebsgang*)
- als sogenannte *Umkehrung* gespielt werden (die Richtungen der Intervalle werden umgekehrt, z. B. aufwärts statt abwärts)
- melodisch variiert werden
- transponiert und kopiert werden (das Motiv wird transponiert mehrfach hintereinander verwendet)

Die Art und Weise, wie Motive kombiniert werden, ergibt eine Art melodischen Rhythmus (z. B. schnelle Rap-Strophe – langsam, getragener Refraingesang – schnelle Rap-Strophe – schnell gesungene Bridge). Auch dieser Rhythmus kann als (größere) musikalische Einheit betrachtet werden, die wiederholt wird, um dem Song Struktur zu geben.

Wird das gleiche Motiv mehrfach mit nur leichten Änderungen (z. B. Transponierung um einen Halbton) verwendet, spricht man bezüglich des Gesamtabschnitts aller Wiederholungen auch von einer *Sequenz*.

Zuletzt sind einfache, sich wiederholende Dur-Terzen als sogenannter *Millenial Whoop* in vielen banalen Popsongs als Erfolgsmuster identifiziert worden.

Für verschiedene Songteile gibt es je nach Funktion gängige Bezeichnungen, die ich im nächsten Abschnitt anspreche. Eine solche Einteilung mag für einen minimalen Techno-Track absurd erscheinen, dennoch gibt es oft auch dort bestimmte Trackteile, die bestimmte (vergleichbare) Funktionen übernehmen.

12.13 Aufbau von Songs und Songteilen, Arrangement

Über das Thema Arrangement könnte man ein eigenes Buch schreiben. Gelungene Arrangements arbeiten sehr oft mit verschiedenen Intensitäten desselben Themas. Als gelungene Beispiele fallen mir z. B. die Variationen des (eigentlich banalen) Hauptthemas im Soundtrack von »Inception« genauso ein wie der Pop-Klassiker »Video killed the Radio Star« von den Buggles.

Dabei vermischen sich klassische Orchestrierungstechniken wie das Hinzufügen zusätzlicher Stimmen oder das Führen einzelner Stimmen nach gewissen Regeln mit neuartigen Techniken durch den Einsatz von Effekten (wie etwa dem Nach-vorn-Holen eines Sounds aus einem verhallten Hintergrund anstelle einer Steigerung von piano zu forte).

Bestimmte Teile eines Songs lassen sich manchmal kategorisieren, insbesondere wenn Sie Songs miteinander vergleichen, die dem gleichen Genre entstammen. Auf diese Weise können Sie das Genre etwas systematischer analysieren. Sie können zunächst die Songteile identifizieren und sie dann charakterisieren. Um zu lernen ist es ein guter Schritt, einen Lieblingssong unter dem Aspekt Songstruktur/Arrangement zu analysieren und mit anderen musikalischen Inhalten nachzubauen, um ein Gefühl für gut gelungene Dosierungen zu bekommen.

Typische Songteile in der Popmusik lauten beispielsweise:

- Intro (Einführung)
- Vers/Strophe (z. B. musikalische und textliche Geschichte)
- Chorus/Refrain (Text: Haupttext, einprägsam; Musik: höchster Wiedererkennungswert, viele Instrumente spielen lebhaft)
- Bridge (Überbrückung/Einschub/dritter Hauptteil)

- Interlude, Solo (Überbrückung, Instrumentensolo, oft instrumental)
- Pre-Chorus (Übergang von Strophe zu Refrain)
- Break – um z. B. der Stelle eine größere Bedeutung zu geben, etwa indem die Band aussetzt und ein Sänger oder Instrumentalist solo performt

Wenn Sie dagegen einen Electro-House-Produzenten nach typischen Songteilen fragen, so kennt er vielleicht eher:

- Breakdown (Spannung wird langsam aufgebaut, musikalischer Teil, oft mit Gesang)
- Build-up (Überleitung zwischen Breakdown und Drop, z. B. Trommelwirbel oder Rise [Ton mit kontinuierlich ansteigender Tonhöhe])
- Drop (hier sollen die Tänzer ausflippen, das Stück soll seinen Höhepunkt erreichen, oft ohne Gesang und mit Bass/Synth-Leadline)

Wenn Sie dagegen Filmmusik analysieren, sind wieder andere Einteilungen gebräuchlich. Etwas ketzerisch gesagt könnten diese bei einem gewissen Komponisten auch heißen:

- Hauptthema mit Instrumentation 1
- Hauptthema mit Instrumentation 2
- Hauptthema mit Instrumentation 3 usw.

Trotzdem kann es sich – vor allem wegen der gekonnten Instrumentierung und des Arrangements – dabei um ein gefeiertes Meisterwerk handeln ... Abgesehen davon gibt es natürlich auch bei Filmmusiken sehr große Unterschiede; und es werden immer öfter ausdrucksstarke Popsongs von abseits der Filmmusik erfolgreichen Künstlern als Filmmusik herangezogen.

Aber unabhängig davon, wie man Songteile oder Phrasen nun bezeichnet, ist es doch interessant, dass viele Musikstücke über einen strukturierten Aufbau und Funktionen in Bezug auf den Spannungsaufbau innerhalb der Komposition verfügen. So finden sich Songteile (wenn jeder Part einen eigenen Buchstaben erhält) z. B. folgendermaßen angeordnet in Songs wieder:

- ABAB CDCD EEEE ABAB CDCD
- ABAC DEDF GGGG ABAC

Dabei bleibt es subjektiv, wie groß die musikalischen Einheiten sind, die zu einem Songteil, der strukturiert angeordnet wird, zusammengefasst werden. Wenn man freiere Interpretationen erlaubt, kann man so auch sehr langgezogene, minimalistische Tracks mit so einem Schema erfassen.

Dies sollen nur Beispiele sein, auf welche Weise eine Analyse erfolgen könnte. Das Studium anderer Songs mit gut gelungenem Aufbau ist insbesondere für den Anfang hilfreich, um ein Gefühl für die richtige Dosierung von Variationen, Wiederholungen, Überraschungen, Verzierungen und Spannungen zu entwickeln.

12.13.1 Kontrapunkt

Im weitesten Sinne geht es beim Thema Kontrapunkt um die Lehre, wie man mehrstimmige Arrangements realisiert. Es geht grundsätzlich darum, wie man zu einer vorhandenen Melodie eine begleitende Tonfolge komponiert, die sowohl im Zusammenklang (vertikal) gut klingt als auch allein für sich gestellt eine sinnvolle und gegenüber der ursprünglichen Melodie eigenständige Tonfolge ergibt. Hierfür wurden im Verlauf der Geschichte verschiedene Regeln aufgestellt. So wird z. B. die Parallelführung bestimmter Intervalle vermieden, weil hiermit die Eigenständigkeit der Stimme verlorengeht. Eine andere Regel (die wir unbewusst schon beim mit Mobys »Go« verwandten Beispiel gehört haben) ist, dass Dissonanzen (Spannungen) im Sekundschritt aufgelöst werden (und nicht mit großen Sprüngen in der Melodie über Terzen oder größere Intervalle hinweg). Umgekehrt werden Spannungen bzw. dissonante Töne eingeführt, indem sie zunächst in einem spannungsarmen (konsonanten) Kontext gespielt werden und man anschließend die anderen Töne so bewegt, dass der liegenbleibende Ton dissonant wird. Die entstehenden Harmonien werden dann als Resultat fortschreitender Stimmführungen aufgefasst und nicht umgekehrt (das führt natürlich zu einer verstimmten Art von Musik). Solche Regeln klingen altmodisch, doch führte die Einhaltung solcher Regeln zu musikalischen Meisterwerken (z. B. von Johann Sebastian Bach). Die Kenntnis und das Studium solcher Regeln sind auch heute noch sehr inspirierend und für den Satz mehrstimmiger Arrangements essentiell.

12.14 Skalen und Kirchentonleitern, modale Komposition, Filmmusik

In Abschnitt 12.12.1 habe ich Ihnen bereits Pentatonik als erste »Skala« vorgestellt. Nun geht es weiter mit den Kirchentonleitern.

12.14.1 Kirchentonleitern

Spielen Sie eine Tonleiter nicht vom Grundton, sondern von einem anderen Ton aus, erhalten Sie einen anderen Sound bzw. eine andere Stimmung, obwohl Sie mit dem gleichen Tonvorrat arbeiten. Das haben Sie schon im Zusammenhang mit der Dur- und der Moll-Tonleiter kennengelernt. Die Dur-Tonleiter besteht aus sieben Tönen, und Sie können (wie bei der Pentatonik auch) von jedem Ton aus eine Tonleiter beginnen, die jeweils einen eigenen Sound hat. Die sieben verschiedenen Tonleitern, die sich hieraus ergeben, nennt man *Kirchentonleitern*; man spricht auch von *Modi*, wobei diese auch als Teilmenge des übergeordneten Begriffs *Skalen* (zu denen auch z. B. Pentatonik-Skalen mit fünf Tönen oder Bluestonleitern gehören) anzusehen sind. Besonders leicht für einen Anfänger ist das mit Hilfe der weißen Tasten auf der Tastatur nachzuvollziehen: Wenn Sie als ersten Ton das C nehmen und alle weißen Tasten spielen, ist das nicht nur die C-Dur-Tonleiter, sondern man nennt das auch *Modus 1* oder *ionisch*. Merken Sie sich die Größe der aufeinanderfolgenden Sekundschritte, so erhalten Sie für die Dur-Tonleiter Folgendes: G (groß) – G – K (klein) – G – G – G – K. Beginnen Sie nun mit einem anderen Grundton (z. B. eine schwarze Taste wie Es), so können Sie anhand der bekannten sieben Abstände für die Schritte einer Tonleiter schnell nachvollziehen, welche Töne zur Es-Dur-Tonleiter gehören:

Es – F – G – As – B – C – D – Es (entspricht GGKGGGK).

Spielen Sie dagegen vom 6. Ton der C-Dur-Tonleiter aus (A) *nur auf den weißen Tasten*, so entspricht der Abstand zwischen den Tonleiterschritten keinesfalls mehr GGKGGGK. Das ist allein schon anhand der ersten beiden Schritte leicht nachzuvollziehen: Nach dem ersten Schritt zum Ton H landen wir beim C als nächste weiße Taste; insgesamt verläuft diese Tonleiter bezogen auf die Schrittgröße wie folgt: GKGGKGG. Das ist dann nicht nur die a-Moll-Tonleiter, sondern auch der sogenannte *Modus 6* (*aeolisch*), der so genannt wird, weil er den Tönen einer einfachen Dur-Tonleiter (hier: C-Dur) entspricht, wenn man deren 6. Ton (hier: A) als Grundton nimmt.

12.14.2 7 Modi von C bis H

Wenn Sie dieses Vorgehen nun für jeden der sieben Töne der Dur-Tonleiter durchspielen, entstehen insgesamt sieben Tonleitern:

- Modus 1 – *ionisch* (Dur): GGKGGGK
  (von C ausgehend: C – D – E – F – G – A – H – C)
- Modus 2 – *dorisch*: GKGGGKG
  (von D ausgehend: D – E – F – G – A – H – C – D)
- Modus 3 – *phrygisch*: KGGGKGG
  (von E ausgehend: E – F – G – A – H – C – D – E)
- Modus 4 – *lydisch*: GGGKGGK
  (von F ausgehend: F – G – A – H – C – D – E – F)
- Modus 5 – *mixolydisch*: GGKGGKG
  (von G ausgehend: G – A – H – C – D – E – F – G)
- Modus 6 – *aeolisch* (Moll): GKGGKGG
  (von A ausgehend: A – H – C – D – E – F – G – A)
- Modus 7 – *lokrisch*: KGGKGGG
  (von H ausgehend: H – C – D – E – F – G – A – H)

Das Besondere an diesen sieben Tonleitern ist, dass sie tendenziell jeweils eine eigene klangliche Wirkung (ich nenne das hier mal *Sound*) haben. Diesen sollte man gehört haben, um zu wissen, wovon die Rede ist. Der Sound der sieben Kirchentonleitern deckt von sinnlos gut gelaunt über indifferent cool bis zu depressiv sehr viele Stimmungen ab. Besonders charakteristisch für die jeweiligen Skalen sind stets die in ihr vorkommenden Halbtonschritte bzw. kleinen Schritte. Diese in Melodieführungen zu betonen, hebt meist den Charakter der Skala besonders hervor, wohingegen das Spielen von Grundton und Quinte als Begleitung für fast alle Skalen (außer lokrisch) passt, ohne dass dadurch die Skala erkennbar wird. Sich die (stets zwei) vorkommenden Halbtonschritte einer Kirchentonleiter zu merken, ist eine weitere Hilfe beim Lernen..

Natürlich ergibt sich der Gesamtsound auch aus den verschiedenen verwendeten Instrumenten in einem Song (und deren meist nicht bewusst bekannten Obertönen), allerdings ist es erstaunlich, wie prägnant wiedererkennbar allein der Sound der Kirchentonleitern ist.

12.14.3 7 Modi – sortiert nach »Fröhlichkeit«

Ordnet man den Sound der Kirchentonleitern nach dem Ausmaß der Fröhlichkeit/Traurigkeit, so kommt eine andere Reihenfolge zustande. Hierbei haben die fröhlicheren bzw. zuerst genannten Tonleitern auch stets die zum Grundton größeren Intervalle als die nachfolgenden Tonleitern, bei denen stets ein Intervall kleiner wird. Die Bezeichnung der einzelnen Intervalle hilft ebenfalls beim Kennenlernen der Kirchentonleitern: So sind z. B. die große Dur-Terz und die kleine Septime typisch und prägend für »mixolydisch«.

- Modus 4 – *lydisch*: GGGKGGK
  (oder auch: g2 g3 ü4 r5 g6 g7 bezüglich der Intervallgrößen, lies: große Sekunde, große Terz, übermäßige Quarte, reine Quinte, große Sexte, große Septime)
- Modus 1 – *ionisch* (Dur): GGKGGGK
  (oder auch: g2 g3 r4 r5 g6 g7)
- Modus 5 – *mixolydisch*: GGKGGKG
  (oder auch: g2 g3 r4 r5 g6 k7)
  (Die oberen Modi lassen sich Dur zuordnen und haben eine große Terz.)
- Modus 2 – *dorisch*: GKGGGKG
  (oder auch g2 k3 r4 r5 g6 k7)
- Modus 6 – *aeolisch* (Moll): GKGGKGG
  (oder auch g2 k3 r4 r5 k6 k7)
- Modus 3 – *phrygisch*: KGGGKGG
  (oder auch k2 k3 r4 r5 k6 k7)
- Modus 7 – *lokrisch*: KGGKGGG
  (oder auch g2 k3 r4 v5 g6 k7; v5 steht für verminderte Quinte)
  (Die unteren Modi lassen sich Moll zuordnen und haben eine kleine Terz.)

Der Grundton von nach dieser Reihenfolge auf den weißen Tasten angeordneten Kirchentonleitern liegt übrigens jeweils eine Quinte über der vorherigen Tonleiter: C (Grundton für den ionischen Modus auf den weißen Tasten) liegt eine Quinte über F (Grundton für die lydische Skala auf den weißen Tasten). Betrachten wir diese Reihenfolge genauer, so fällt auf, dass die Tonleitern umso schwerer/»trauriger« wirken, je früher die kleinen, einfachen Halbtonschritte auf der Tonleiter auftauchen. Jede nachfolgende Tonleiter in der Sortierung nach

»Fröhlichkeit« entspricht der Tonleiter davor – mit Ausnahme eines einzigen Halbtonschritts, der einen Schritt früher kommt.

12.14.4 Praxisbeispiel

Im Dokument *12Kirchentonarten* hören Sie in dieser Anordnung für jede Kirchentonleiter ein kurzes Soundbeispiel (mit einer Pause dazwischen). Die Betonung der im jeweiligen Modus vorkommenden Halbtonschritte in einem Melodieverlauf sowie die jeweilige Herstellung des Bezugs zum Grundton sollen dabei jeweils den Charakter der Skala herausarbeiten. Zusätzlich läuft in Spur 2 eine Begleitung, die fast immer passt, weil sie nur Grundtöne und Quinten verwendet. Ausnahmen bilden der lokrische Teil ab Takt 49 (hier passt die Quinte nicht) und die letzte Region, die »dorisch« zwei Halbtöne tiefer und wieder zurück spielt.

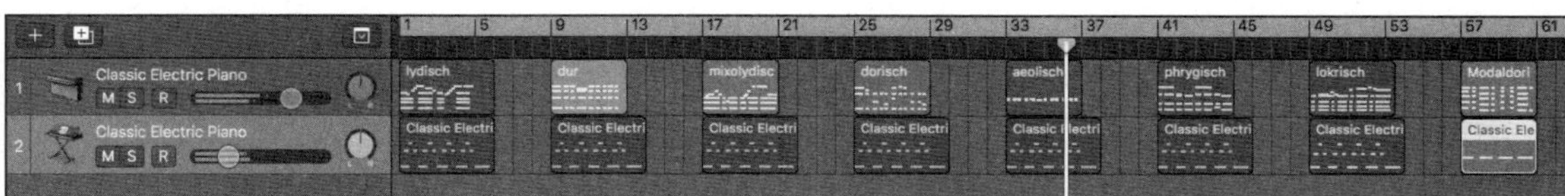

Abbildung 12.13 Musikalische Beispiele für die Kirchentonarten im Projekt »12Kirchentonarten«

Jede der sieben Kirchentonleitern können Sie mit diesem Wissen nun natürlich von einem beliebigen Grundton aus bilden.

Jede der sieben Kirchentonleitern hat also mehrere »typische« Töne bzw. Intervalle, die sie gegenüber den anderen Tonleitern charakterisieren. Den Charakter der Tonleiter betont man in der Melodie durch besonders intensive Verwendung dieser typischen Töne – z. B. des Grundtons und der Halbtonschritte in Verbindung mit dem Grundton (bekannte Begriffe sind in diesem Zusammenhang die *phrygische Sekunde*, *dorische Sext*, *lydische Quart* und die *mixolydische Sept*).

12.14.5 Blues-Tonleitern

In der Literatur finden sich verschiedene Blues-Tonleitern, z. B. Dur- und Moll-Blues-Tonleitern, doch auch diese werden nicht ganz einheitlich verwendet. Ein Beispiel für eine auf C basierende Moll-Blues-Tonleiter sind die Töne C – Es – F – Ges – G – B (dies entspricht Pentatonik und einer hinzugefügten verminderten Quinte). Die Blues-Dur-Tonleiter verwendet dagegen C – D – Es – E – G – A – C. Diese beiden Tonleitern finden Sie (wie alle Kirchenleitern und einige Skalen mehr) auch als Skalenquantisierung in Logic (sie heißen dort DUR (BLUES) und MOLL (BLUES)). Ihnen gemeinsam ist, dass Noten, die zwischen reiner und verminderter Quinte oder reiner und verminderter Terz liegen (die sich durch die natürlichen Obertöne ergeben), durch die in der wohltemperierten Skala darunter- und darüberliegenden Töne ersetzt werden. Die in den Tonleitern verwendeten Halbtonschritte sind besonders charakteristisch für die Tonleitern.

12.14.6 Harmonisch und melodisch Moll in der Musiktheorie

Die Funktionsakkorde Tonika, Dominante und Subdominante einer Moll-Tonleiter sind Moll-Akkorde (z. B. a-Moll, e-Moll und d-Moll bei der a-Moll-Tonleiter). So entsteht eine weniger starke Tendenz der Dominante, sich in die Tonika aufzulösen.

Um dem entgegenzuwirken, erhöht man die Terz des Dominantakkordes (aus e-Moll wird E-Dur). Es ergibt sich eine orientalisch klingende Tonleiter namens *harmonisch Moll* (A – H – C – D – E – F – Gis – A). Um den dort vorhandenen zu großen Sprung zwischen dem sechsten und siebten Schritt zu kaschieren, erhöht man zusätzlich den Ton darunter, so dass sich die Tonleiter *melodisch Moll* ergibt (A – H – C – D – E – Fis – Gis – A).

12.14.7 Sonstige Skalen und Harmonielehretools in Logic

Wie erwähnt, liefert Logic durch die Option der Skalenquantisierung im Informationsfenster LOKAL der PIANOROLLE und des Notationseditors, im MIDI-FX-Plug-in »Transposer« oder durch die Akkord-Strips in Logic Remote und GarageBand für iOS einige harmonielehrebezogene Hilfestellungen. Auch in Controllern anderer Firmen wie Abletons Push oder NIs Maschine Jam ist das automatische Aufleuchten von zu Skalen/Tonleitern gehörenden Tönen ein zentrales Element.

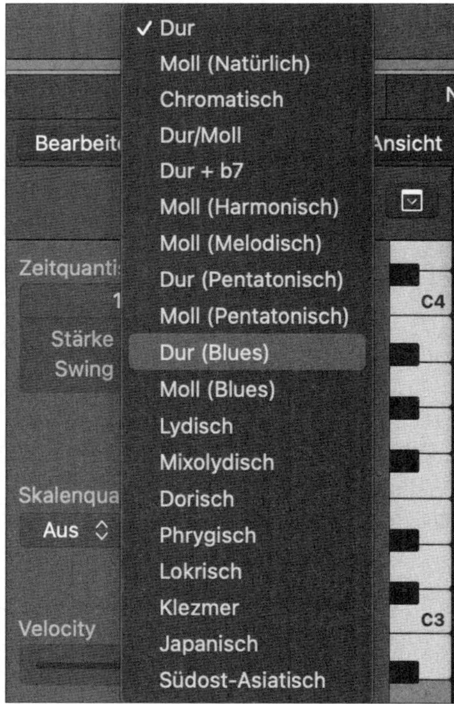

Abbildung 12.14 Skalenquantisierung in Logic

Die Kenntnis von Kirchentonleitern und anderen Skalen ist ein wichtiges Element im »Sortiment der Fähigkeiten« eines Komponisten. Die Verwendung von Kirchentonleitern als Melodievorrat ist keineswegs altbacken, sondern eine sehr gängige Technik bei der Musikkomposition, was Sie im folgenden Abschnitt hoffentlich nachvollziehen können.

12.14.8 Modale Komposition und Filmmusik

Modale Komposition ist ein Oberbegriff für eine Kompositionstechnik, in der man die Klangfarbe bestimmter Modi bzw. Kirchentonleitern auskostet und darin verweilt, anstatt z. B. Kadenzen mit Zwischendominanten zu komponieren.

Ein wegweisendes Beispiel ist das Miles-Davis-Album »Kind of Blue«. Im Opener »So what« dominiert der dorische Sound, der anschließend auch beim Wechsel in andere Tonarten beibehalten wird. Miles Davis und der Cool Jazz verwendeten oft eine dorische Skala – ein Inbegriff für Indifferenz und Coolness. Im Jazz-Genre findet man das Verweilen in bestimmten Modi bzw. Kirchentonarten über einen längeren Zeitraum eines Stücks oft. Gegebenenfalls wird dabei auch die Tonart gewechselt und derselbe Modus in einer neuen Tonart weitergespielt (wie z. B. auch bei »So what« oder in Takt 57 des Dokuments *12Kirchentonarten*).

- Ein anderes Beispiel: Thomas Newman benutzte im Titelthema für die Serie »Six Feet Under« mixolydisch – im Film geht es um eine Familie, die ein Beerdigungsinstitut leitet und in Situationen gerät, bei denen die Menschen nicht wissen, ob sie nun lachen oder weinen sollen. Die mixolydische Skala verwendet die kleine Septime einer Moll-Tonleiter, aber die große Terz der Dur-Tonleiter, und vermittelt irgendwie beide Stimmungen und passt zum Thema.
- Björks düsteres »Army of me« (lokrisch) erzeugt seine düstere Stimmung zu einem großen Teil über das Spiel mit der kleinen Sekunde vom Grundton aus.
- Die intensive Verwendung von Mollharmonien im Hip-Hop (z. B. bei Dr. Dre – »Still Dre«) sind letztlich ein weiteres Beispiel für modale Komposition.

Ich finde immer wieder erstaunlich, wie leicht man zu einer Filmszene eine eindrucksvoll passende Musik komponieren kann, die eine bestimmte Stimmung erzeugen soll, wenn man zuvor eine bestimmte Skala oder einen Modus ausgewählt hat. Dabei ist zu beachten, dass es bei der Komposition von Filmmusik unterschiedliche Strategien gibt. So kann das Ziel sein, Bilder zu untermalen, zu kommentieren oder ihre Stimmungswirkung in die gleiche Richtung zu verstärken, die die Bilder des Films ohnehin bereits vermitteln.

Eine andere Strategie kann darin liegen, dass die Musik eher neutrale Bilder in eine bestimmte Stimmungsrichtung bewegen möchte oder sich eher an Handlungssträngen oder Figuren orientiert (mehr hierzu in Abschnitt 18.1).

12.14.9 Modal Interchange

Im Gegensatz zur modalen Komposition ist mit dem Begriff *Modal Interchange* eine Kompositionstechnik gemeint, bei der man zwischen verschiedenen Modi und Klangfarben wechselt, dabei aber stets den Grundton bzw. das tonale Zentrum beibehält. Auf diese Weise wechseln Sie die Stimmungen, haben aber dennoch eine Konstante – nämlich den Grundton bzw. den Bezug zu demselben. Beispiele hierfür sind viele Kompositionen der Beatles oder Michael Jacksons »Earth Song«.

12.15 Ausblick: Theorie und Praxis

Die Theorie soll Sie nie am intuitiven Musizieren hindern, kann Ihnen aber vielleicht weiterhelfen, wenn Sie nicht mehr weiterwissen. Je mehr Sie die Theorie verinnerlicht und verstanden haben, desto intuitiver können Sie sie danach anwenden oder davon abweichen und Neues ausprobieren. Für erfolgreiche Musikproduktionen muss der Gesamtsound stimmen – und der wird zu einem großen Teil auch durch Sounddesign bestimmt.

Wenn Sie komplexe und aufwendig designte Sounds oder komplexe Samples spielen, haben diese möglicherweise bereits so viele Obertöne, dass die hier erläuterten Regeln über Harmonien und Akkorde nicht ohne weiteres anzuwenden sind, weil einzelne Töne solcher Sounds als mehrere gleichzeitig gespielte Töne eingeordnet werden müssen. Welche Töne dann passen oder nicht, muss man dann auch nicht immer analysieren, sondern eher gut hinhören. Das ist ein weiterer Aspekt, der mich bei der Arbeit mit stufenlos stimmbaren Modularsystemen reizt – das »Hinhören«. Für eine Analyse oder Editierung von Sounds kann aber auch das Programm *Melodyne Editor* helfen, das Obertöne in Noten analysieren und bei Bedarf auch entfernen kann.

12.16 Ausblick: Literaturtipps

Gute ergänzende Bücher zu dem Thema sind die sehr günstige »Allgemeine Musiklehre« von Kurt Johnen (Reclam), die »Neue Jazz-Harmonielehre« von Frank Sikora, »Die neue Harmonielehre« von Frank Haunschild sowie die praxisnah für Kompositionsanfänger geschriebenen Bücher von Volkmar Kramarz (»Die Pop Formeln« und »Die Hip Hop Formeln«). Ebenfalls sehr gut für den Einstieg geeignet ist das Reclam-Büchlein von Markus Lonardoni mit dem Titel »Popularmusiklehre. Pop, Rock, Jazz«. Sehr inspirierend fand ich auch die Autobiographie von Philip Glass und seine Etuden.

Kapitel 13

Die MIDI-FX-Plug-ins und die MIDI-Umgebung

Mit MIDI-FX-Plug-ins und der »MIDI-Umgebung« ergeben sich viele Möglichkeiten der MIDI-Programmierung und Verkabelung, die ich Ihnen in diesem Kapitel nahebringen möchte.

MIDI-FX-Plug-ins bieten viele kreative Möglichkeiten und sind teilweise einfacher zu bedienen als die MIDI-UMGEBUNG (früher auch *Environment* genannt) und die dort vorhandenen, zum Teil ähnlichen Alternativen bzw. Vorgänger. Nicht zuletzt für die Produktion von elektronischer Musik können Sie diese Tools nutzen. Auch Drittanbieter wie z. B. Xfer oder Five12 bieten interessante MIDI-FX-Plug-ins an.

Es lohnt sich, auch einen Blick auf die MIDI-UMGEBUNG zu werfen, nicht zuletzt, um zu verstehen, wie MIDI-Steuersignale genau durch Logic laufen – denn MIDI-Spuren haben hier nicht wie anderswo (z. B. in Pro Tools und Ableton Live) ein MIDI-In-Wahlmenü.

13.1 MIDI-FX-Plug-ins

MIDI-FX-Plug-ins führen Änderungen an MIDI-Daten herbei, die als MIDI weitergesendet werden (typischerweise an ein Instrument). Bei der Bedienung von MIDI-FX-Plug-ins erinnert vieles an Instrument- oder Audio-Effekt-Plug-ins: Auch bei MIDI-FX wird wieder ein dreigeteilter Bereich sichtbar, wenn Sie den Mauszeiger über das Plug-in bewegen; links finden Sie wieder EIN/AUS-Buttons, durch Doppelklick auf den mittleren Bereich öffnen Sie das Fenster, und über den rechten Bereich gelangen Sie an ein Flip-Menü zur Auswahl eines anderen Plug-ins.

MIDI-FX-Plug-ins können Sie nach einem Klick auf den mittleren Bereich mit gehaltener Maustaste auch per Drag & Drop wie andere Plug-ins auf andere Kanalzüge oder MIDI-FX-Slots im selben Kanalzug verschieben. Es ist auch möglich, mehrere MIDI-FX-Plug-ins in den gleichen Kanalzug zu laden (siehe Abbildung 13.1). Bewegen Sie hierzu Ihren Mauszeiger an den oberen oder unteren Rand des Plug-ins. Sobald Sie eine hellgrüne Linie sehen, klicken Sie mit der Maustaste, um das Menü zum Einfügen eines MIDI-FX-Plug-ins aufzurufen. Beim Einfügen eines MIDI-FX-Plug-ins öffnet sich das Plug-in-Fenster nicht automatisch, sondern erst nach Doppelklick. Natürlich können MIDI-FX als Bestandteil von Patches mitgespeichert werden. Weitere Details zum Handling von Plug-in-Fenstern finden Sie in Abschnitt 11.5, »Plug-in-Bedienung und -Darstellung«.

Abbildung 13.1 Der dreigeteilte Bereich für das MIDI-FX-Plug-in

Testen Sie die Presets im Plug-in-Presetmenü, um einen Eindruck zu bekommen, was das jeweilige MIDI-FX-Plug-in kann. Sehr interessant ist auch die in Abschnitt 13.1.5 erläuterte Möglichkeit, Plug-in-Parameter mit MIDI-FX zu modulieren.

13.1.1 Arpeggiator

Die Grundfunktion eines *Arpeggiators* ist es, gespielte Noten in einer anderen Reihenfolge wiederzugeben oder überhaupt eine Reihenfolge von bisher gleichzeitig gespielten Noten zu generieren – z. B. von einzelnen Noten eines Akkords. Akkorde werden gewissermaßen auseinandergenommen. Die einzelnen Noten werden rhythmisch in einer bestimmten Reihenfolge nacheinander wiedergegeben, weswegen sich besonders kurze, perkussive Synth-Sounds für den Einsatz mit einem Arpeggiator eignen.

Mit einem Arpeggiator erzeugten Melodien hört man ihre »computergenerierte« Herkunft an, sie eignen sich daher gut für elektronische Musik und als Mittel, um eine gewisse »Technikästhetik« musikalisch auszudrücken. Man kann den Arp aber auch nutzen, um Drums (z. B. Hi-Hat-Figuren) zu designen oder Sounds im Stil alter Videogames zu realisieren (z. B. mit sehr schnellem Arp). Im Gegensatz zum Arp des *Alchemy*-Synths kann dieses Arp-Plug-in allerdings nicht frei/stufenlos seine Geschwindigkeit verändern (es bleibt immer in einem Sync-Modus). In Abschnitt 13.2.10 über den Arpeggiator, Delay-Lines und mehr in der MIDI-UMGEBUNG finden Sie noch eine dritte Option, Arpeggios in Logic zu erzeugen.

Einführung, Abspielmodi, Beispiele

Logics »Arpeggiator« kann – im Gegensatz zu dem Arpeggiator aus dem Environment – auch ohne laufenden Sequencer aktiv sein. Hierzu muss lediglich die PLAY-Taste oben links gedrückt sein. Selbst darum müssen Sie sich kaum kümmern: Ist sie nämlich nicht aktiv, startet der »Arpeggiator« automatisch, wenn Sie den Sequencer starten.

Es gibt verschiedene Einstellungen, in welcher Reihenfolge eingespielte Noten wieder abgespielt werden (Abspielmodi). Die Buttons mit den Pfeilen unter dem Eintrag NOTE ORDER repräsentieren diese Einstellungen. Zusätzlich sehen Sie rechts daneben Einstellungen für Variationen und Oktavlage (siehe Abbildung 13.2).

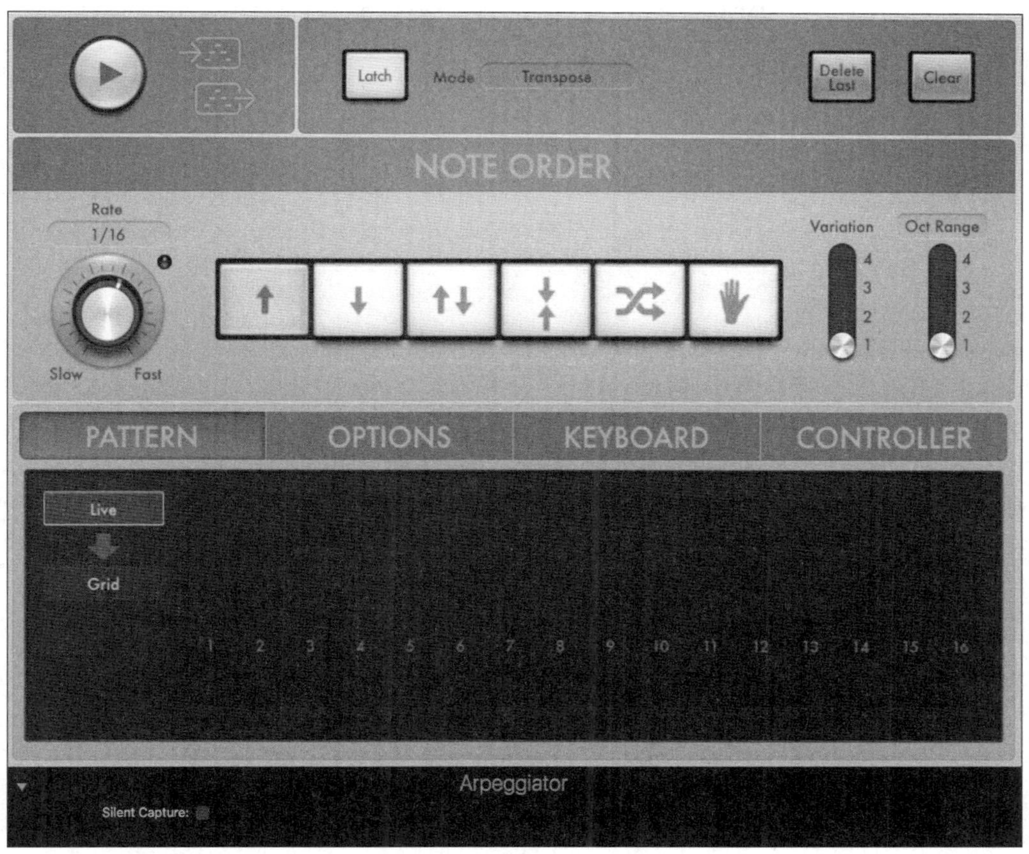

Abbildung 13.2 Logics MIDI-FX »Arpeggiator«

Hier einige Beispiele: Im Dokument *13Arp1* spiele ich mit dem *Retro Synth* einen c-Moll-Akkord, der in einer Abwärtsreihenfolge arpeggiert wird. Im Dokument *13Arp2* dagegen ist der OCT RANGE-Regler auf 3 gestellt, weswegen der gesamte Akkord über drei Oktaven der Tastatur verteilt gespielt wird und das Arpeggio beeindruckender wirkt.

Im Dokument *13Arp3* ist der Zufallsmodus (Button mit den verschlungenen Pfeilen, Abbildung 13.4) eingestellt, im Dokument *13Arp3b* erfolgt das Arpeggio im Up/Down-Mode über drei Oktaven. Ein Klick auf den OCT RANGE-Schriftzug schaltet auf den INVERSIONS-Mode um, wodurch die Reihenfolge der gespielten Akkordnoten modifiziert wird (Dokument *Arp3c* oder Abbildung 13.3). Im Handbuch »Logic Pro-Effekte« ist aufgelistet, welche Variationen bzw. INVERSIONS-Modes in welchen Abspielmodi was genau bewirken. Im Projekt *13Tecarp1* wird ein Standard-Arpeggiator von einem 4/4-Beat begleitet. Im Projekt *13Arp10* dagegen ist die Abspielgeschwindigkeit erhöht – es klingt nach kaputtem 8-Bit-Videospiel. In *13Arp11* realisiert der Arp in der unteren Spur eine Hi-Hat-Figur (durch eine im GRID-Mode programmierte Figur, siehe unten, das Videospielmotiv wird wiederholt und transponiert).

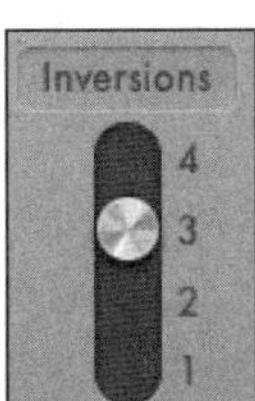

Abbildung 13.3 »Inversions«-Modus des »Arpeggiators« (erscheint bei Klick anstelle des Eintrags »Oct Range«)

Der über den Button mit dem Handsymbol rechts aktivierbare Modus arpeggiert die Noten in der Reihenfolge der mit der Hand gespielten Noten. Dieser Modus kann zusätzlich verriegelt werden, um die Abspielreihenfolge auch bei neu gespielten Noten beizubehalten (orientiert an der Tonhöhe, es erscheint bei Verriegelung kleines Schlosssymbol unter dem Button mit der Hand, siehe Abbildung 13.4).

Abbildung 13.4 Optionen für die Abspielreihenfolge inklusive Verriegelungsoption

MIDI-Arpeggio exportieren

Wenn Sie eines der Felder neben der PLAY-Taste (Abbildung 13.5) mit gehaltener Maustaste anfassen, während der »Arpeggiator« läuft, können Sie ein eintaktiges MIDI-File aus dem »Arpeggiator« in den Bereich SPUREN ziehen. Manchmal möchte man die einzelnen arpeggierten Noten im Detail bearbeiten – nicht nur die simplen gespielten Akkorde. Hierfür benutzen Sie das untere der beiden Felder mit dem Pfeil an der rechten Seite (der symbolisiert, was aus dem Arpeggiator »herausgeht«). Wenn Sie live Noten gespielt haben, können Sie auch nur diese Noten (z. B. einen Akkord) aus dem Arp in den Sequencer befördern, indem Sie das obere der beiden Felder rechts neben der PLAY-Taste anfassen und in den Sequencer ziehen (der Pfeil symbolisiert, was in den Arp »hineingeht«).

Abbildung 13.5 Per Drag & Drop lassen sich kurze Sequenzen aus dem »Arpeggiator« exportieren.

Pattern-Bereich, Live- und Grid-Mode

Im PATTERN-Bereich schalten Sie zwischen LIVE- und GRID-Mode um:

- LIVE-Mode: Das Verhalten des »Arpeggiators« wird inklusive Velocities in Echtzeit durch eingespielte MIDI-Noten bestimmt.
- GRID-Mode: Sie hören zwar weiter eingespielte Noten, diese werden aber in einer editierbaren Sequenz arpeggiert, so dass z. B. einzelne Schläge deaktiviert werden können (Pausen). Die Sequenz enthält außerdem Velocity-Parameter oder auch Haltebögen (*Ties*) und Akkorde und kann beliebig verlängert werden. Ein gelber Step-Marker zeigt die Abspielposition im Grid an.

Im Dokument *13Arp6* habe ich den LIVE-Modus deaktiviert, und der »Arpeggiator« spielt nach einem vorgegebenen festen Grid/Rhythmus. Dabei können (siehe Abbildung 13.6) auch einzelne Schläge ausgelassen werden: Pausen erzeugen Sie durch Klick auf die Nummer eines entsprechenden Steps, dieser wird hierbei deaktiviert.

Steps können hier auch als kompletter Akkord gespielt werden, indem Sie das Akkordsymbol unter der Nummer des Steps aktivieren (siehe auch Projekte *13Arp6b* und *13Arp6c*). Im Beispiel habe ich für den *Retro Synth* übrigens den Monomodus deaktiviert, so dass er mehrstimmig spielen kann.

Vergessen Sie nicht, dass der »Arpeggiator« selbst keinen Sound erzeugt. Ferner bestimmt das Grid nur, wie Ihre eingespielten Noten abgespielt werden. Wenn Sie einen neuen Akkord spielen, ändern sich nach wie vor die Noten, die Sie hören. Die Balken bilden – wie im LIVE-Modus – die Velocity ab. Bewegen Sie die Maus mit gehaltener Maustaste über die Balken, um diese zu einer Einheit (Tie, Abbildung 13.7) zu verbinden. Ganz unten markiert ein Cycle-Bereich, welche Schritte durchlaufen werden – in Abbildung 13.6 sind sechs Schritte eingestellt.

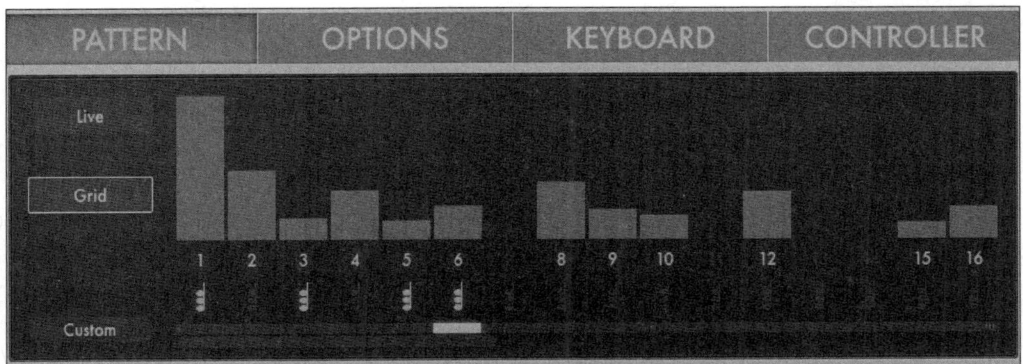

Abbildung 13.6 »Grid«-Modus

Wenn Sie vom GRID- zum LIVE-Modus wechseln, gehen die Grid-Einstellungen nicht verloren.

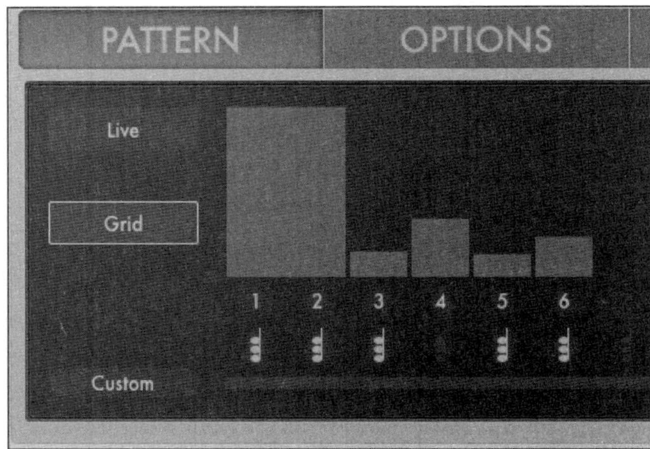

Abbildung 13.7 Steps 1 + 2 sind verbunden, auf 1 + 2, 3, 5 und 6 spielen Akkorde, auf Step 4 spielt eine einzelne Note, und auf Step 7 wird pausiert.

Es gibt auch die Möglichkeit einer Interaktion zwischen den beiden Modi Live und Grid: Im Live-Modus eingespielte Noten können Sie durch Klick auf den Pfeil in den Grid-Modus kopieren und dort weiter editieren (siehe Abbildung 13.8). Das habe ich in den Dokumenten *13Arp7* (zunächst aus dem Live-Mode herüberkopiert) und *13Arp8* (weiter editiert, inklusive veränderter Einstellungen im Options-Tab, siehe den folgenden Abschnitt »Options«) gemacht.

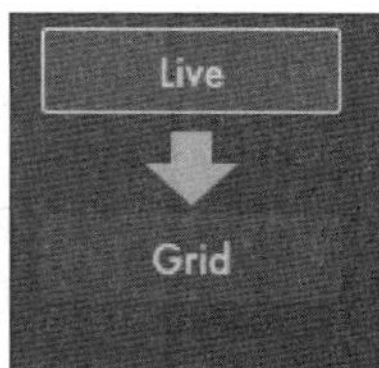

Abbildung 13.8 Durch Klick auf den Knopf mit dem Pfeil kopieren Sie die Inhalte des »Live«-Modus in das Grid.

Eine vergleichbare Arpeggiator-Funktionalität finden Sie übrigens in Plug-ins wie *Alchemy*, Native Instruments *FM8*, Spectrasonics *Omnisphere* oder in *Reason*. *Omnisphere* glänzt dabei noch mit einer optionalen MIDI-Groove-Synchronisation des Arpeggiators anhand von Groove-Templates.

Im Live-Modus erscheinen zusätzliche Optionen, Livepausen, Haltebögen oder Akkorde einzufügen, die später in den Grid kopiert werden können. Das passiert aber nur, wenn der Latch-Modus aktiv ist (siehe Abbildung 13.9).

Abbildung 13.9 Zusätzliche Optionen zum Setzen von Parametern für die Sequenz im »Grid«-Mode

Unten links, dort wo in Abbildung 13.6 CUSTOM steht, gibt es ein aufklappbares Menü mit rhythmischen Figuren für den GRID-Modus, die Sie laden können. Dort können Sie auch Ihre eigenen Patterns speichern (siehe Abbildung 13.10).

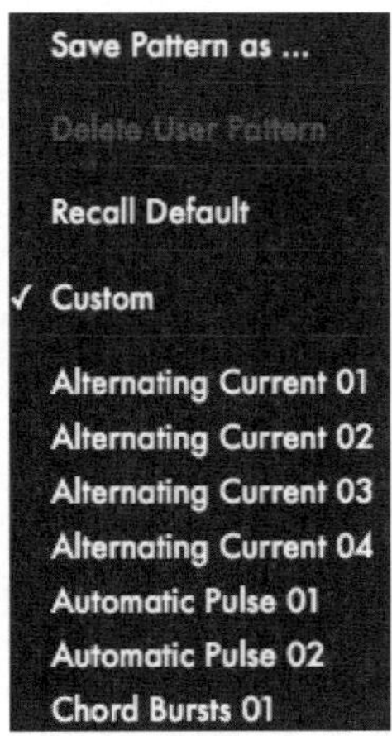

Abbildung 13.10 Hier werden Patterns aufgerufen und gespeichert – die Liste ist noch wesentlich länger als im Bild.

Options

Im Bereich OPTIONS aus Abbildung 13.11 verändern Sie die Notenlängen (NOTE LENGTH) der gespielten Noten und bauen eine Zufallskomponente (RANDOM) ein. Sie können die VELOCITY-Werte skalieren und dort ebenfalls eine Zufallskomponente einbauen. Sie können einen SWING-Faktor integrieren und die Länge des im PATTERN-Bereich eingestellten Pattern-Cycles zwischen der im GRID-Mode eingestellten Länge und der Länge der gespielten Noten stufenlos überblenden.

Abbildung 13.11 Die Optionen des »Arpeggiators«

Das führt zwar in der Praxis zu manchmal etwas verwirrenden Resultaten, wann genau sich ein Arpeggio wiederholt. Dabei können allerdings musikalisch sehr inspirierende Ergebnisse herauskommen. Hören Sie also einfach genau hin, wie es klingt, anstatt genau verstehen zu wollen, warum es so und nicht anders passiert.

Keyboard

Im KEYBOARD-Bereich des »Arpeggiators« stellen Sie mit der INPUT SNAP-Funktion ein, ob eingespielte Noten im Raster der im »Arpeggiator« eingestellten Notenrate verarbeitet werden – auf diese Weise fallen eingespielte Noten niemals komplett aus dem verwendeten Notenraster und werden quantisiert (falls wie in Abbildung 13.12 LINK TO RATE eingestellt ist). Ist unter INPUT SNAP NONE eingestellt, werden eingehende Noten nicht quantisiert.

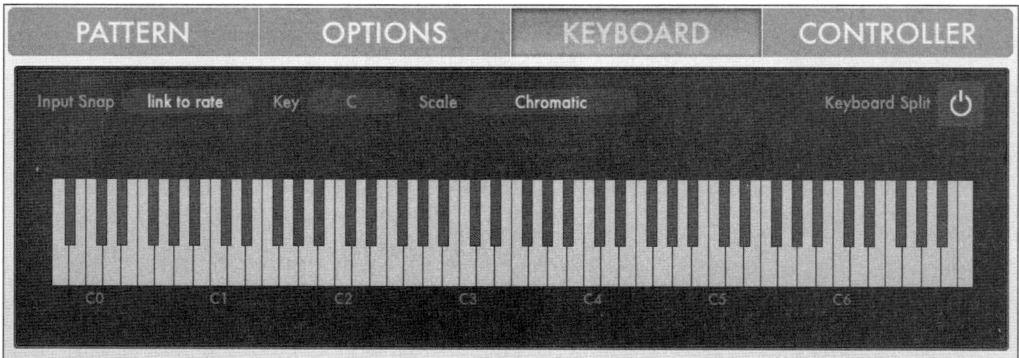

Abbildung 13.12 »Keyboard«-Einstellungen des »Arpeggiators«

Über die Flip-Menüs in den Bereichen KEY und SCALE stellen Sie ein, ob nur bestimmte Noten zugelassen werden – wie bei einer Skalenquantisierung. Im Dokument *13Arp9* spielt in der Region ein d-Moll-Akkord, das Keyboard ist aber auf D-Dur (englisch *major*) eingestellt. Daher wird die Note F des d-Moll-Akkordes, die nicht in D-Dur vorkommt, in ein E umgewandelt, was Ihnen auf dem Keyboard auch angezeigt wird (Abbildung 13.13).

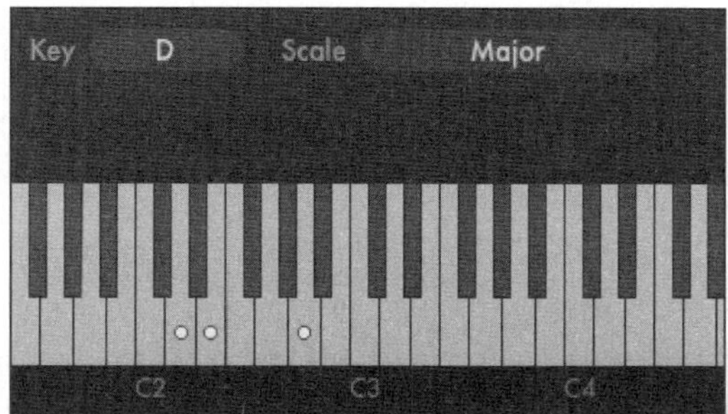

Abbildung 13.13 Ein gespielter d-Moll-Akkord wird wegen der eingestellten Dur-Skala auf die Noten D, E und A korrigiert.

Sie können das Keyboard auch splitten, so dass nur ein Teil Ihres Keyboards Arpeggios spielt oder/und ein Teil des Keyboards Funktionen des »Arpeggiators« fernsteuert. In Abbildung 13.14 und dem Dokument *13Arp9b* ist beispielsweise die Taste D2 weder dem Arpeggio noch einer Fernsteuerungsfunktion zugeordnet, weshalb sie im Dokument *13Arp9b* wie eine ganz normale Note spielt. Die Tastaturbereiche verändern Sie mit den Slidern neben den Bezeichnungen REMOTE und ARPEGGIO.

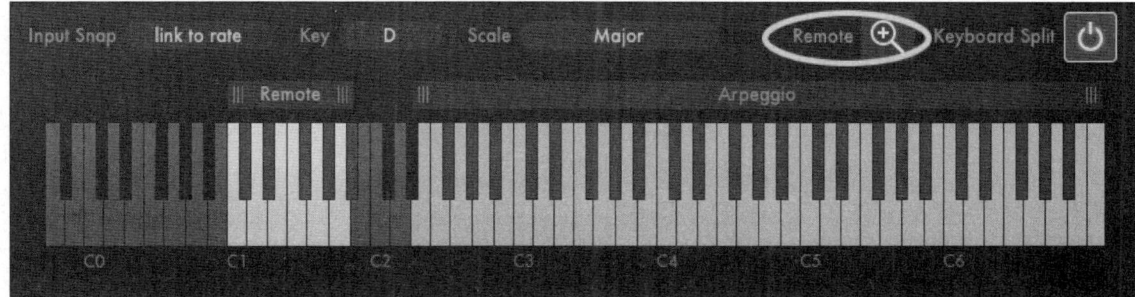

Abbildung 13.14 Der »Keyboard Split«-Mode ist aktiviert.

In Abbildung 13.15 sehen Sie, wie Sie einem Tastaturbereich »Arpeggiator«-Funktionen zuweisen. Klicken Sie hierzu auf das Lupen-Symbol neben dem REMOTE-Eintrag. Umschaltungen können dann also durch gespielte Noten ausgelöst werden (anstatt durch Automation) – wie im Beispieldokument *13Arp9c*, wo zwischen einem Ab- und einem Aufwärts-Arpeggio umgeschaltet wird. Die Funktionalität ist den Tasten dabei nicht fest zugewiesen, stattdessen können Sie Funktionen per Drag & Drop von einer Taste zur anderen ziehen. Durch Klick auf den REMOTE-Knopf (die Lupe mit Pluszeichen in der Mitte, siehe Markierung in Abbildung 13.14) wechseln Sie in die Fernsteuerungsansicht, die alle verfügbaren Funktionen bereits enthält.

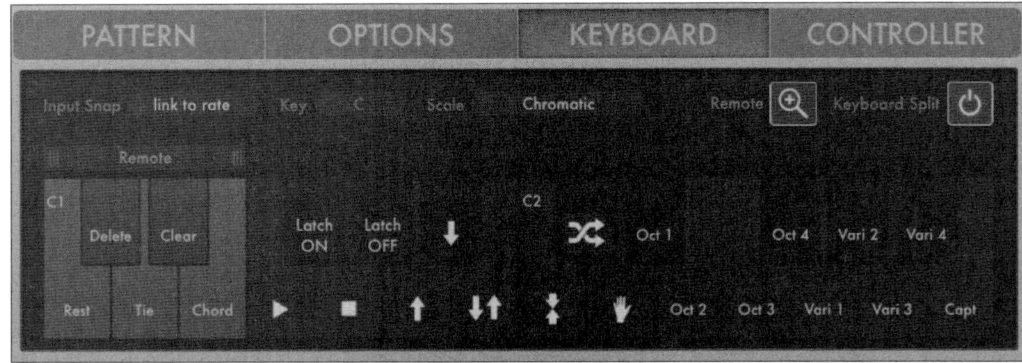

Abbildung 13.15 Im Bild ist einigen Tasten jeweils eine »Arpeggiator«-Funktion zugewiesen.

Controller

Sie können bestimmten Funktionen MIDI CONTROLLER zuweisen (siehe Abbildung 13.16). Hierfür stehen vier Zuweisungs-Slots zur Verfügung.

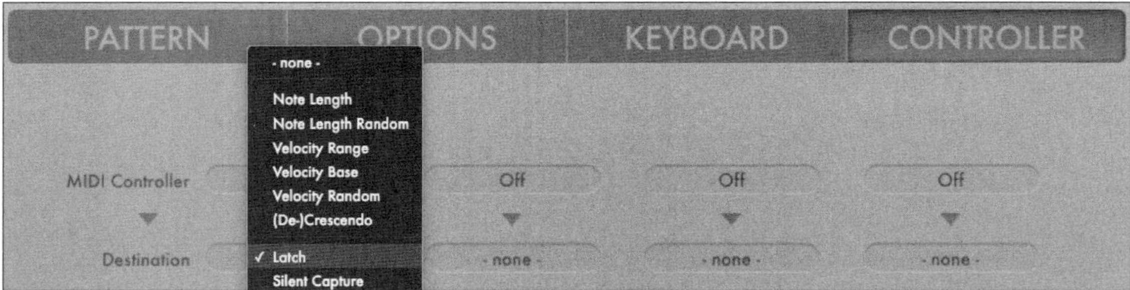

Abbildung 13.16 Der »Controller«-Dialog im »Arpeggiator«

Im Dokument *13Arp6d* habe ich beispielsweise der NOTE LENGTH-Funktion MIDI CONTROLLER 3 zugewiesen und eine Parameterveränderung in die Region eingezeichnet. Hierdurch ändert sich die Notenlänge im Verlauf des Arpeggios. Einen ähnlichen Soundeffekt erhalten Sie übrigens, indem Sie den Decay-Parameter eines Synths live automatisieren (Sie finden ein Beispiel hierzu im Dokument *13Arp6e*).

Latch-Mode

Im LATCH-Mode (Abbildung 13.17) wird das Arpeggio auch dann gehalten, wenn Sie gespielte Tasten loslassen. Der »Arpeggiator« spielt dann automatisch weiter. Im Flip-Menü rechts daneben stehen unter MODE zusätzliche Optionen zur Verfügung.

Besonders interessant finde ich die Varianten ADD und ADD TEMPORARILY, mit denen Sie bereits laufenden Arpeggios Noten dauerhaft oder temporär hinzufügen. Im Dokument *13Arp4* geschieht Ersteres, in *13Arp5* Letzteres. Beachten Sie: Auch über die Region hinaus spielt der

»Arpeggiator« weiter. Mit der Option THROUGH spielen Sie einfach Noten dazu, die nicht vom »Arpeggiator« verfremdet werden.

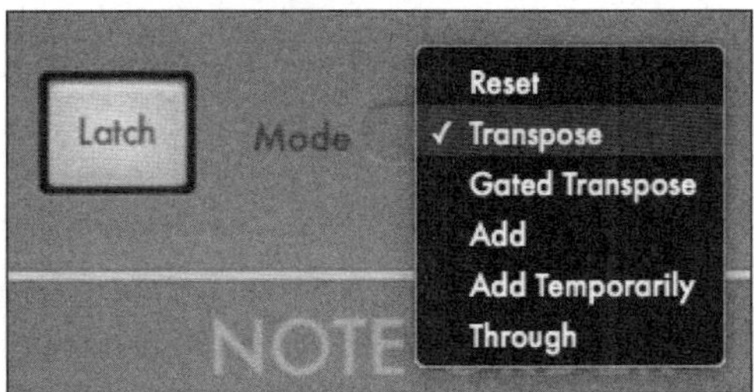

Abbildung 13.17 Die zusätzlichen »Mode«-Einstellungen für den »Latch«-Mode des »Arpeggiators«

Die LATCH-Modes lassen sich weniger gut in einem gespeicherten Songbeispiel darstellen – am besten schalten Sie LATCH ein und probieren selbst, wie es klingt, wenn Sie zusätzliche Noten zum Arpeggio hinzufügen oder auch einen der anderen Modi benutzen. Die Tasten DELETE LAST und CLEAR rechts oben im »Arpeggiator« beziehen sich ebenfalls auf den LATCH-Modus und können benutzt werden, um die letzte respektive alle Noten aus dem laufenden Arpeggio zu entfernen.

In den unten am Plug-in aufklappbaren erweiterten Bereich können Sie eine Option SILENT CAPTURE aktivieren, die sich ebenfalls auf den LATCH-Mode bezieht. Ist SILENT CAPTURE aktiviert, können Sie einzelne Noten spielen und einem Live-Pufferspeicher gespielter Noten im »Arpeggiator« hinzufügen, ohne von einem laufenden »Arpeggiator« gestört zu werden (zwischengespeicherte Noten werden im Display angezeigt). Wenn Sie SILENT CAPTURE anschließend deaktivieren, beginnt der »Arpeggiator« loszulaufen und erzeugt bei aktiviertem LATCH-Modus aus den von Ihnen zuvor eingespielten Noten ein Arpeggio.

13.1.2 Chord Trigger

Das MIDI-FX-Plug-in *Chord Trigger* erzeugt aus einem einzelnen gespielten Ton (der oben angezeigt wird) automatisch einen Akkord (Anzeige in der unteren Klaviatur). Dieses Plug-in unterscheidet zwischen einem SINGLE- und einem MULTI-Mode.

- Im SINGLE-Modus ist *ein* Akkord programmiert, der transponiert für jede gespielte Taste ausgelöst wird. Beispiel: Aus C wird Cm^7, aus D wird Dm^7 usw. (wie in Spur 1 des Projekts *13Chordtrigger*).
- Im MULTI-Modus müssen Sie für jede Taste einen eigenen Akkord programmieren. Beispiele: Aus C wird Cm^7, aus D wird D^{maj7}, aus E wird a-Moll. Dieser Modus entspricht dem Verhalten des »Akkordspeicher«-Plug-ins in der MIDI-UMGEBUNG (wie in Spur 2 des Projekts *13Chordtrigger*).

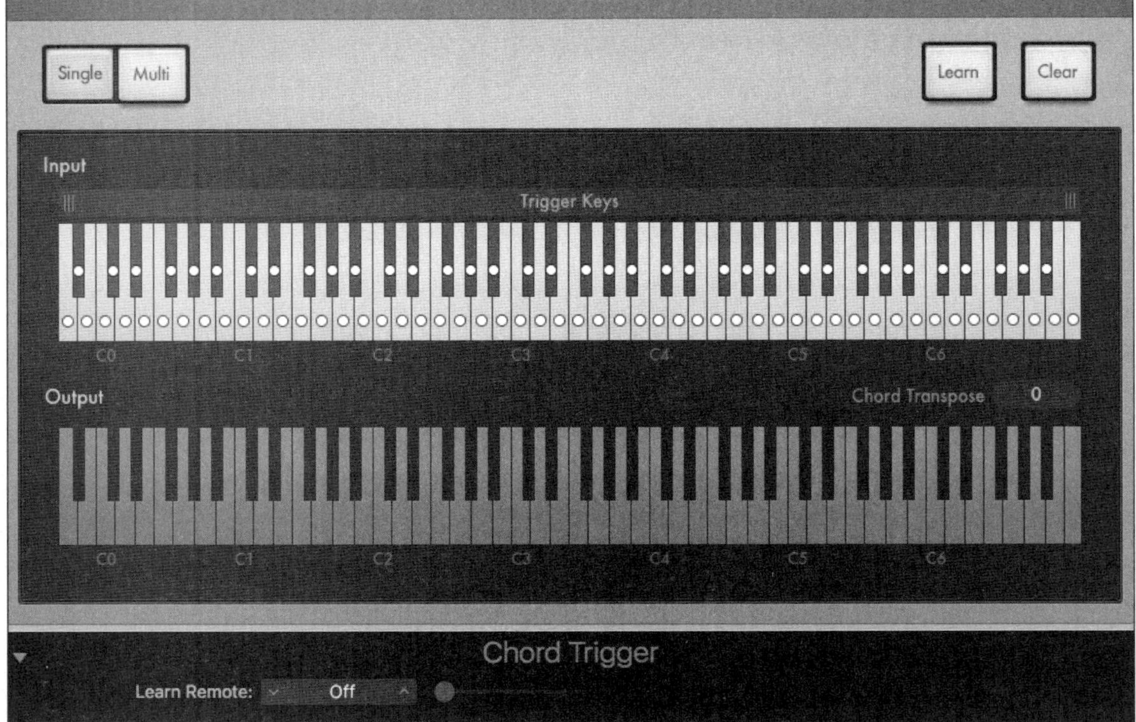

Abbildung 13.18 »Chord Trigger«

Oberhalb der oberen Tastatur wird ein TRIGGER KEYS-Bereich aufgespannt (siehe Abbildung 13.19) und zeigt den Bereich der Tastatur an, der Akkorde auslöst. Nur der im TRIGGER KEYS angezeigte Bereich löst – wenn überhaupt – Akkorde aus; im MULTI-Modus kann es sein, dass manchen Tönen kein Akkord zugewiesen ist. Ein Projektbeispiel finden Sie unter dem Namen *13Chordtrigger*.

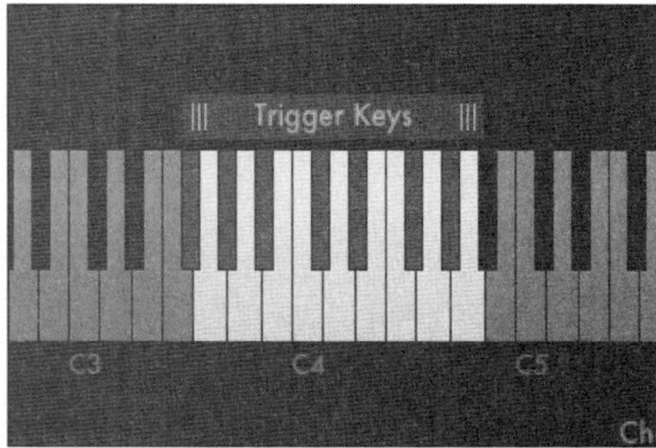

Abbildung 13.19 »Trigger Keys«

Im LEARN-Modus (siehe Abbildung 13.20) geben Sie nacheinander die Töne eines Akkords ein, der anschließend für alle (SINGLE-Modus) oder nur bestimmte (MULTI-Modus) Tasten gilt. Im MULTI-Modus selektieren Sie zunächst eine Taste in der oberen Tastatur, die dann rot markiert wird. Anschließend spielen Sie einen Akkord ein, der dann unten in der Tastatur angezeigt wird.

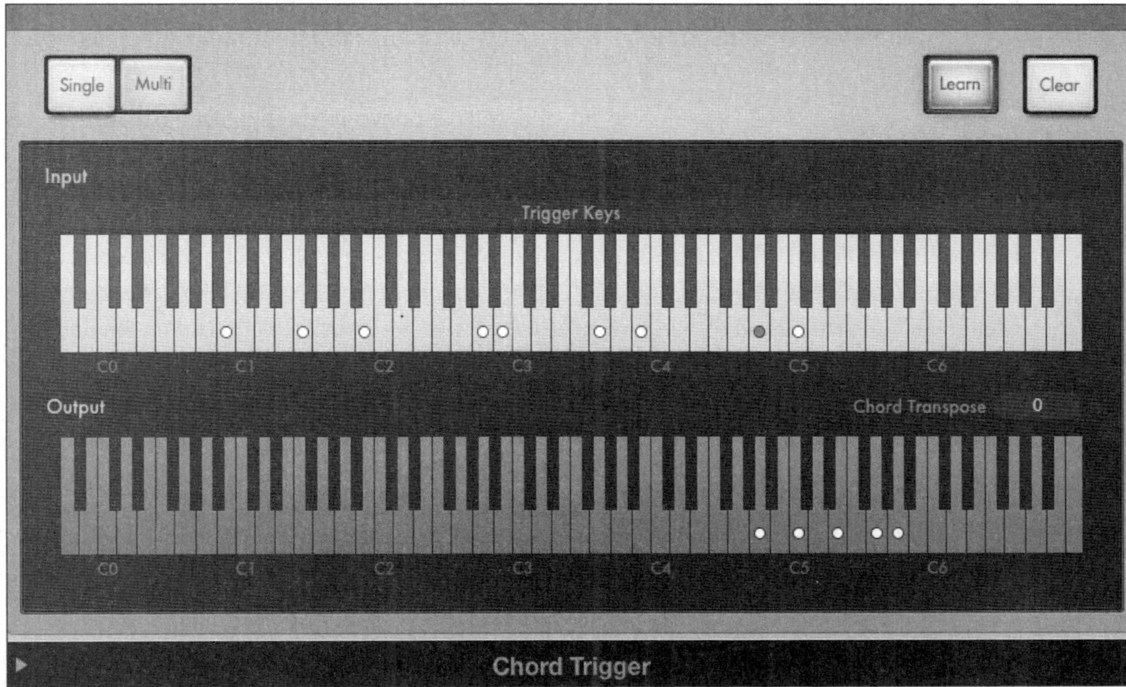

Abbildung 13.20 »Chord Trigger«-Learn-Modus

Alternativ können Sie die Tasten auch per Maus anklicken. Um die Zuweisung zu löschen, drücken Sie bei weiterhin aktiviertem LEARN-Modus auf den CLEAR-Button; gelöscht wird dann der Akkord, der der mit dem roten Punkt markierten Note zugewiesen ist. Wenn Sie die `alt`-Taste beim Klick auf die CLEAR-Taste festhalten, werden alle zugewiesenen Akkorde gelöscht. Um die Zuweisung zu beenden oder einen weiteren Akkord zuzuweisen, klicken Sie eine andere Taste in der oberen Klaviatur oder klicken erneut auf den LEARN-Button. In den unten am Plug-in einblendbaren erweiterten Parametern können Sie via LEARN REMOTE eine Taste programmieren, die automatisch den LEARN-Modus an- und ausschaltet. Diese Taste liegt automatisch im Bereich einer 88er-Klaviatur, da nur die MIDI-Notennummern 21 bis 108 verfügbar sind, nicht aber 0 bis 127.

Nach erfolgter Zuweisung von Akkorden im MULTI-Modus bewirkt eine Verschiebung des TRIGGER KEYS-Bereichs (z. B. nach oben) überraschenderweise eine Transposition: Die Akkorde, die den Tasten zugewiesen wurde, wechseln; in aufsteigender Reihenfolge bleibt die Zuweisung gleich, wird nun aber von höheren Tasten ausgelöst – und löst höhere Akkorde aus.

Das MIDI-FX-Plug-in »Chord Trigger« verfügt in beiden Modi über eine große Presetauswahl, die Ihnen auch helfen kann, den Sound bestimmter Akkorde, deren Name Ihnen als Anfänger vielleicht noch nichts sagt, kennenzulernen. Mit dem MULTI-Modus ist das »Chord Trigger«-Plug-in beispielsweise auch in der Lage, Gitarren-Barré-Griffe schnell auf einem Piano verfügbar zu machen. Weitere Projektbeispiele finden Sie unter *13Chords1*, *13Chords2* und *13Chords3*.

13.1.3 Modifier

Das MIDI-FX-Plug-in *Modifier* ermöglicht unter anderem die Echtzeit-Bearbeitung eingehender MIDI-Daten, wie z. B. die Wandlung eines eingehenden MIDI-Controllers in einen anderen (siehe Abbildung 13.21). Die Werte des eingehenden Controllers können auch skaliert oder um den im ADD-Bereich eingestellten Wert verschoben werden – wobei der eingehende Controller auch unverändert bleiben kann. Mit Hilfe des THRU-Buttons können Sie den eingehenden Wert *zusätzlich* ausgeben. Unter dem Eintrag LEARN PLUG-IN PARAMETER im Menü RE-ASSIGN TO können Sie auch einen Plug-in-Parameter zuweisen (siehe Abschnitt 13.1.5).

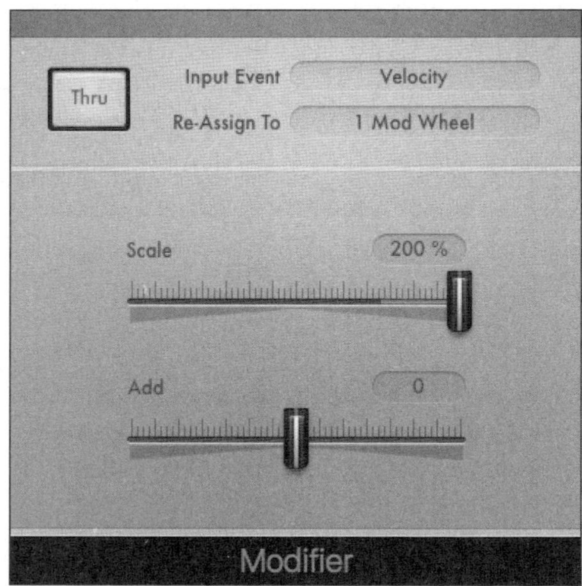

Abbildung 13.21 »Modifier«

13.1.4 Modulator

Der *Modulator* (siehe Abbildung 13.22) kann mit Hilfe eines LFOs und einer Hüllkurve folgende MIDI-Befehle erzeugen: MIDI-Control-Change-, Aftertouch- und Pitch-Bend-Befehle. Im unteren Bereich stellen Sie im neben dem Eintrag TO erscheinenden Flip-Menü ❶ jeweils den durch LFO oder Env erzeugten Parameter ein. Beide Bereiche (LFO und Env) (de-)aktivieren Sie über die Power-Buttons ❷ oben unabhängig voneinander.

Im Dokument *13Modulator1* erzeugt der LFO ein Up and Down des Mod-Wheel-Controllers (Control Change 1), im *Vintage Piano* ist in den erweiterten Parametern außerdem eingestellt, dass das Mod-Wheel das Tremolo steuert.

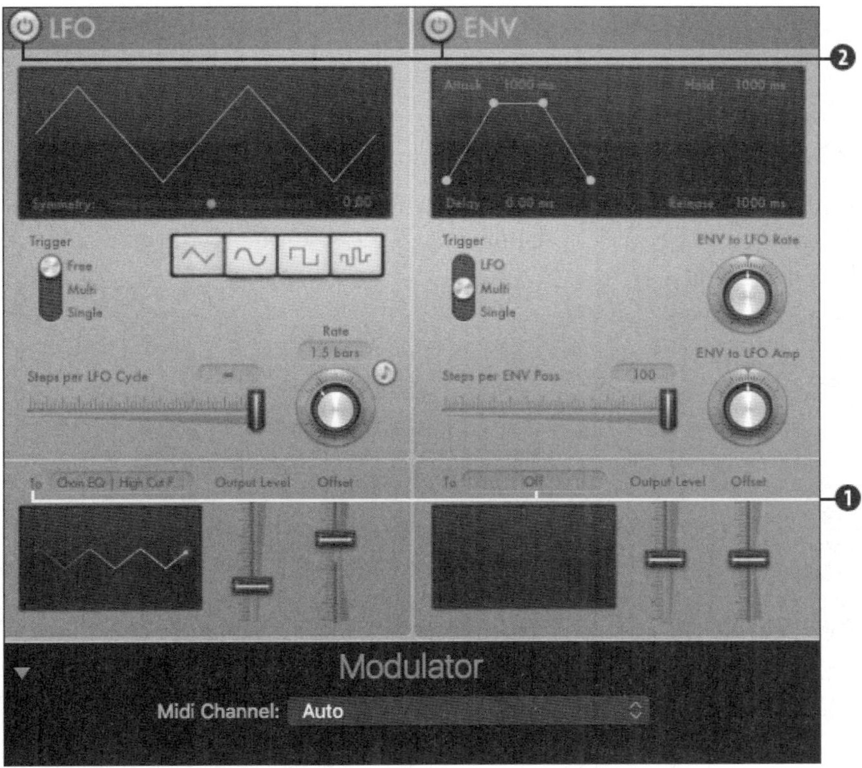

Abbildung 13.22 »Modulator«

Für den LFO lassen sich verschiedene Wellenformen einstellen. Eine MIDI-Tempo-Synchronisation ist möglich (durch Klick auf das Notensymbol), ansonsten ist das Tempo auch in Hz einstellbar.

Die Hüllkurve ist keine Standard-ADSR-Hüllkurve, sondern kann als DAHR-Hüllkurve (Delay, Attack, Hold, Release) bezeichnet werden. Der Delay-Zeit (Wie lange dauert es, bis die Attack-Zeit beginnt?) folgt eine Attack-Zeit (Wie lange dauert es, um von 0 auf den höchsten Ausschlag zu kommen?), eine Hold-Zeit (Wie lange wird der höchste Ausschlag beibehalten?) und eine Release-Zeit (Wie lange dauert es, um vom höchsten Ausschlag auf 0 zu kommen?). Es gibt weder Decay-Zeit noch Sustain-Pegel; wann die Release-Zeit einsetzt, hängt von der Hold-Zeit ab.

Sowohl für den LFO als auch für die Hüllkurve gibt es verschiedene TRIGGER-Optionen:

- FREE (nur LFO): Der LFO läuft frei, unabhängig von eingehenden MIDI-Noten.
- SINGLE: MIDI-Noten lösen LFO oder ENV aus, aber nicht, wenn es sich um gebundene Noten (Legato-Spielweise) handelt.
- MULTI: Alle eingehenden MIDI-Noten lösen LFO bzw. ENV aus.
- LFO (nur ENV): Der LFO löst die Hüllkurve aus, wenn er seinen positiven Spitzenwert erreicht.

Wenn Sie STEPS PER LFO CYCLE oder STEPS PER ENV PASS reduzieren, erfolgt der jeweilige Parameterverlauf treppenförmig (siehe Projekt *13Modulator2* oder Abbildung 13.23).

Durch die Möglichkeit, mit der Hüllkurve die LFO-Geschwindigkeit oder -Wirkungsstärke zu modulieren, entstehen noch komplexere Optionen zum Erzeugen von Werteverläufen.

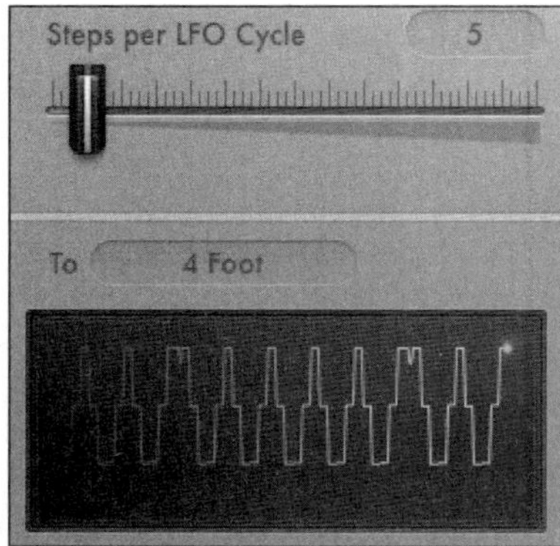

Abbildung 13.23 Treppenförmiger Werteverlauf durch eine Reduzierung der Schritte per LFO-Cycle auf 5

Leider lässt sich der erzeugte MIDI-Output bislang nicht als normale Region aufnehmen und editieren. Allerdings sind sehr wohl Verknüpfungen mit MIDI-Befehlen oder internen Plug-ins möglich, wie der nächste Abschnitt zeigt.

13.1.5 Fernsteuerung von Plug-in-Parametern mit MIDI-FX (Modulator, Modifier)

Sie können manche MIDI-FX nutzen, um Parameter von Plug-ins bzw. Effekten fernzusteuern. Aktuell geht das bei *Modifier* und *Modulator*. Sie können zu modulierende Plug-in-Parameter von Logic-Plug-ins dabei direkt (ohne den Umweg über MIDI) zuweisen. Wählen Sie hierzu unter TO (beim *Modulator*, siehe Abbildung 13.24) bzw. RE-ASSIGN TO (beim *Modifier*) den Eintrag LEARN PLUG-IN PARAMETER aus.

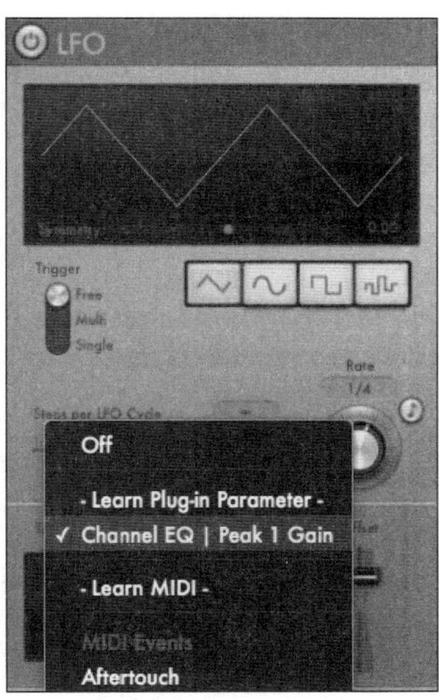

Abbildung 13.24 Zuweisungsoptionen für den LFO. Der Eintrag mit dem Häkchen signalisiert eine bereits erfolgte Zuweisung.

Im Projekt *13ModulatorX1* moduliert der LFO des *Modulators* anschließend den Gain des Peak-1-Bandes eines »Channel EQs«.

Im Projekt *13ModulatorX2* moduliert der LFO stattdessen die Frequenz. In *13ModulatorX3* und alternativ in *13tecarp2* habe ich EQ-Einstellungen sowie den OFFSET-Wert, der entscheidet, welcher Wertebereich moduliert wird, und zuletzt die Intensität der Wirkung (OUTPUT LEVEL im *Modulator*) verändert, um mit der gleichen Technik eine andere Modulation zu erreichen. Sie können mit dem *Modulator* ganz präzise justieren, was Sie modulieren wollen.

13.1.6 Note Repeater

Mit dem MIDI-FX-Plug-in *Note Repeater* (Abbildung 13.25) können Sie ein MIDI-Delay erzeugen und dabei Anzahl (REPEATS), Transposition (TRANSPOSE) und Velocity-Verlauf (VELOCITY-RAMP) der erzeugten Delays justieren. Wie interessant das musikalisch sein kann, verstehen Sie, wenn Sie es sich anhören. Öffnen Sie hierfür das Projekt *13Noterepeater1*. Die transponierten Noten klingen hier besser, wenn die Velocity durch eine VELOCITY-RAMP-Einstellung unter 100 % langsam absinkt.

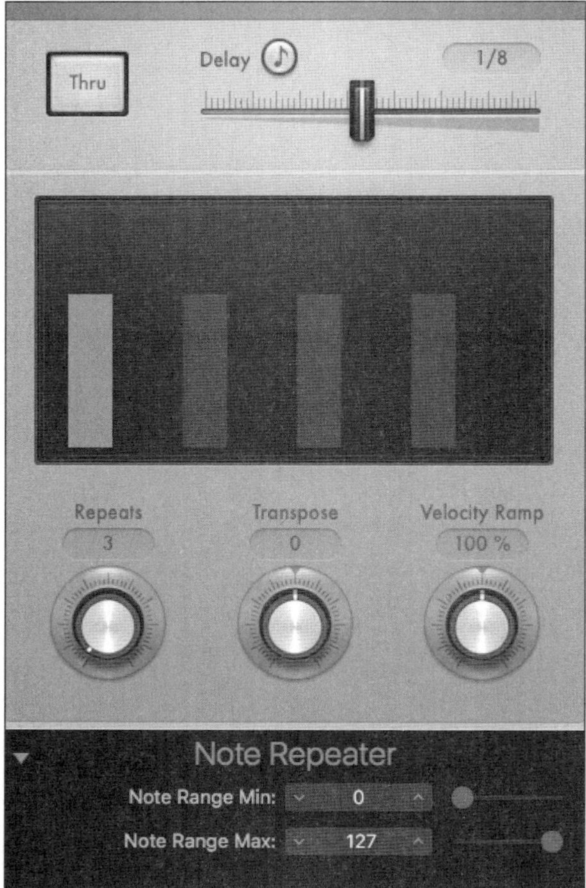

Abbildung 13.25 »Note Repeater«

Den – gleichbleibenden – zeitlichen Abstand zwischen den einzelnen Delays stellen Sie ganz oben mit dem DELAY-Slider ein. Eine MIDI-Tempo-Synchronisation ist natürlich möglich (durch Klick auf das Notensymbol über dem Slider, ansonsten sind Delays in Millisekunden einstellbar). Der THRU-Button sorgt dafür, dass der eingehende Ton ebenfalls wiedergegeben wird.

Unten stellen Sie den Notenbereich ein, für den das Plug-in aktiv ist. Wenn Sie den MIN-Regler über den MAX-Regler hinaus drehen, werden nur Werte *außerhalb* des Bereichs bearbeitet, der sich aus den eingestellten Werten ergibt. Ein weiteres Beispiel finden Sie im Projekt *13Noterepeater2*.

13.1.7 Randomizer

Der *Randomizer* (siehe Abbildung 13.26) ordnet eingehende MIDI-Events im Zufallsmodus neu. Dabei handelt es sich um verschiedene Channel Voice Messages oder Teile davon (Note

Number, Pitch Bend, Control Change etc.). Dies betrifft zunächst nur die unter der INPUT RANGE eingestellten Werte.

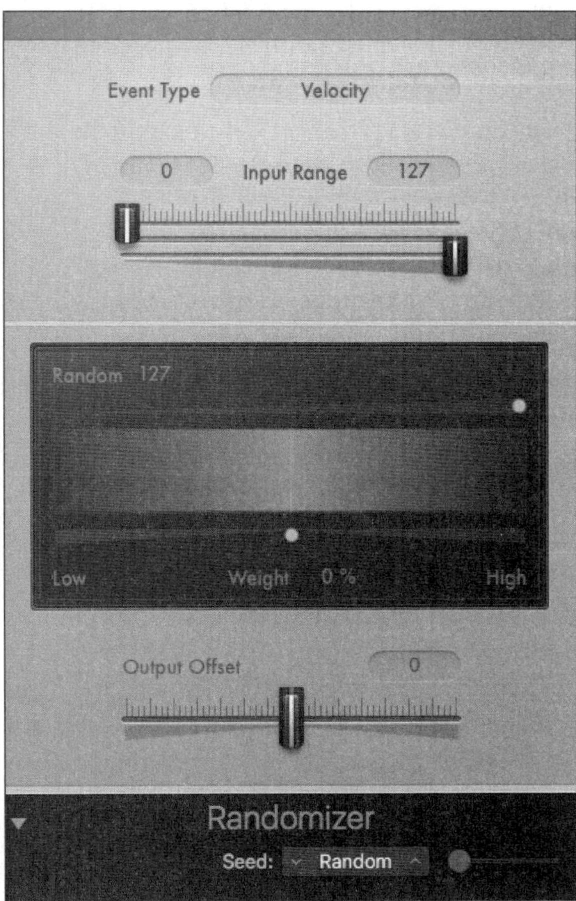

Abbildung 13.26 »Randomizer«

Hierdurch lässt sich eventuell der Klang von eingehendem Material etwas »vermenschlichen«, falls der Klangerzeuger entsprechend auf die eingehenden Werte reagiert. Aber auch interessante maschinell klingende Effekte sind möglich. Der Befehl TUNING ist hierbei allerdings nicht eindeutig der generellen MIDI-Implementierung zuzuordnen. Im Praxisversuch hatte er nur bei Verwendung eines Logic-Instruments eine Wirkung, nicht aber bei Drittanbieter-Plug-ins, ähnlich wie das bei der Projekteinstellung STIMMUNG der Fall ist. Vergleichen Sie hierzu Spur 2 im Projekt *13Randomiz*, wo außerdem ein »Chord Trigger«-Plug-in aktiv ist; Spur 2 erklingt mit Zufallstuning im *Randomizer*, Spur 3 mit ansonsten identischen Inhalten und Settings ohne *Randomizer*.

Wenn Sie den MIN-Regler über den MAX-Regler hinaus drehen, werden wiederum nur Werte *außerhalb* des Bereichs bearbeitet. Der RANDOM-Regler darunter regelt das Ausmaß der Zufallswirkung (im Handbuch wird dieser Regler »Amount« genannt), das Sie zudem nach oben oder unten »lenken« können. Eine Wirkung ist nur dann zu beobachten, wenn der zufällig zu verändernde Wert auch tatsächlich als Event in der Region vorkommt. Es bringt also natürlich nichts, den »Randomizer« für Pitch-Bending einzustellen, wenn Sie zuvor keinen Pitch-Bend-Befehl aufgenommen haben.

In den erweiterten Parametern bestimmt der Parameter SEED einen Startpunkt für die zufällige Anordnung von Werten, den Sie seinerseits wieder auf RANDOM stellen können.

13.1.8 Scripter

Mit dem MIDI-FX-Plug-in *Scripter* (siehe Abbildung 13.27) können Sie eigene MIDI-Plug-ins erstellen (hierfür benötigen Sie Kenntnisse der Sprache JavaScript) oder von anderen Programmierern erstellte MIDI-Plug-ins laden (hierfür benötigen Sie keine Programmierkenntnisse). Es werden bereits einige Skripts als Presets mitgeliefert, deren Wirkungen u. a. der anderer MIDI-FX-Plug-ins oder der von Objekten in der MIDI-UMGEBUNG ähneln. Skripte können in einem Editor geöffnet werden, und die Auswahl wird ständig erweitert. Zuletzt ist auch ein Drum-Probability-Skript hinzugekommen, mit dem Sie Schlagzeug-Schläge Wahrscheinlichkeitseinstellungen unterwerfen können, um Beats automatisiert abwechslungsreicher zu gestalten – eine Kreativtechnik, die vor allem in der elektronischen Musikproduktion Anwendung findet.

Im Dokument *13Scripter1* lernen Sie einige davon kennen. In Spur 1 werden die Noten aus Spur 2 anhand einer einstellbaren Note gespiegelt. In Spur 3 werden die gleichen Noten mit einem »Harmonizer«-Skript um weitere Noten – ähnlich dem »Chord Trigger«-Plug-in – ergänzt. In Spur 4 wirkt das »Mod Wheel Glissando«-Skript in dem Sinne, dass aus Mod-Wheel-Bewegungen Noten erzeugt werden. Das können Sie übrigens auch mit Hilfe des MIDI-TRANSFORMERS (siehe Abschnitt 7.8, »MIDI-Transformer«) oder im Environment auch mit Hilfe des Echtzeit-Transformers realisieren (siehe Abschnitt 13.2.10). Der »Note Repeater« in Spur 5 funktioniert ähnlich wie das MIDI-Delay.

Ein neueres Beispiel liefert Projekt *13x3_dmdprobab*. Der DRUM MACHINE DESIGNER ist kein »normales« Instrument, sondern wird in einen Aux-Channel geladen. MIDI-FX können daher nur auf einzelne Spuren innerhalb des DMD angewendet werden. Im Beispiel ist auf der Kick-Spur ein Probability-Skript aktiv, das die Bassdrum nur mit fünfzigprozentiger Wahrscheinlichkeit spielen lässt.

Wer sich genauer mit der Programmierung solcher Skripts beschäftigen möchte, findet im Logic Pro-Effektehandbuch eine detaillierte Anleitung hierzu. Das Presetmenü des *Scripters* enthält viele nützliche, komplexe Skripte und auch einige Tutorial-Presets, die sich modifizieren lassen und anhand derer sich das Scripting leichter erlernen lässt.

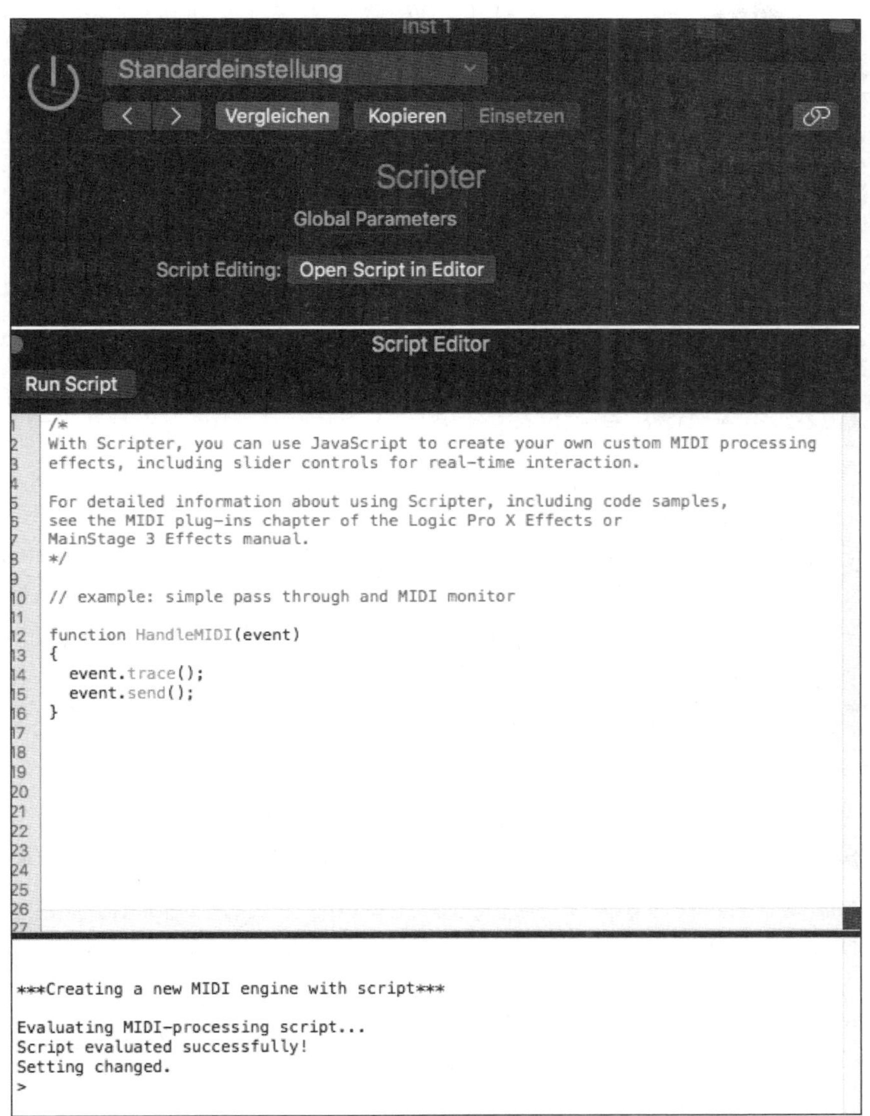

Abbildung 13.27 »Scripter«

13.1.9 Transposer

Mit dem MIDI-FX-Plug-in *Transposer* (siehe Abbildung 13.28) können Sie z. B. eingehende MIDI-Noten live transponieren oder live eine Echtzeit-Notenkorrektur vornehmen, indem Sie nur Noten bestimmter einstellbarer Skalen zulassen. Im Beispiel *13Transposer1* lässt der Transposer nur die Noten C und C1 zu, obwohl auch ein D und E in der Region vorkommen.

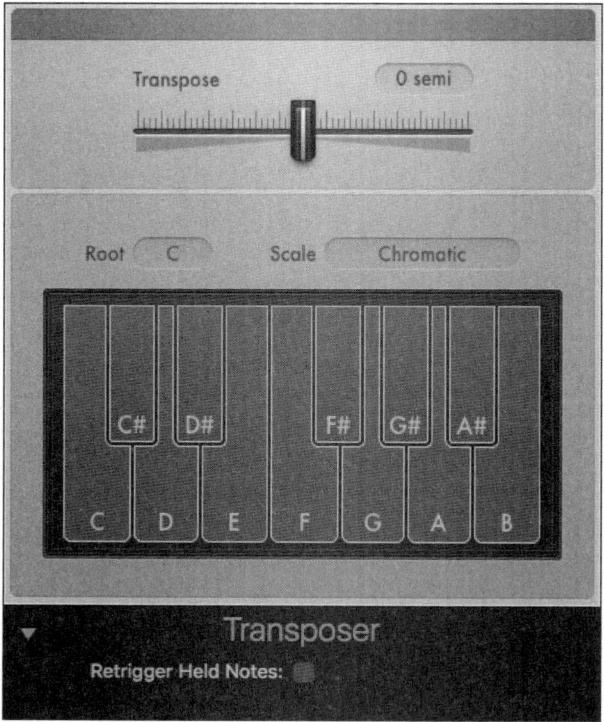

Abbildung 13.28 »Transposer«

13.1.10 Velocity Processor

Der *Velocity Processor* (siehe Abbildung 13.29) kann Note-On- oder Note-Off-Velocity bearbeiten. Die Optionen ähneln den Werteveränderungsoptionen im Fenster des MIDI-Transformers (der ja auch als Echtzeit-Transformer zur Verfügung steht). Unter Mode lassen sich drei verschiedene Werteveränderungsmodi auswählen, wodurch sich die grafische Darstellung des *Velocity Processors* jeweils etwas verändert.

- Im Comp./Exp.-Modus (links) werden die Werte oberhalb eines Thresholds und ähnlich wie bei einem Audiokompressor oder Audioexpander (bei Ratio-Werten unter 1, siehe mittlerer Regler) skaliert. Das Input/Output-Diagramm in der Mitte (Input auf der waagerechten x-Achse, Output auf der vertikalen y-Achse) stellt die Einstellungen grafisch dar, wobei Sie bei MIDI immer berücksichtigen müssen, dass Werte unter 0 oder über 127 nicht möglich sind. Mit dem Make Up-Regler (rechts) werden die Output-Werte insgesamt erhöht, im Auto-Modus dagegen stellen Sie über den Make Up-Regler einen maximalen Wert ein.
- Im Value/Range-Modus werden die Werte entweder auf den unter Value eingestellten Wert begrenzt (Einstellung Value) oder auf die unten in den erweiterten Parametern eingestellte Range (Einstellung Range, siehe Abbildung 13.30).

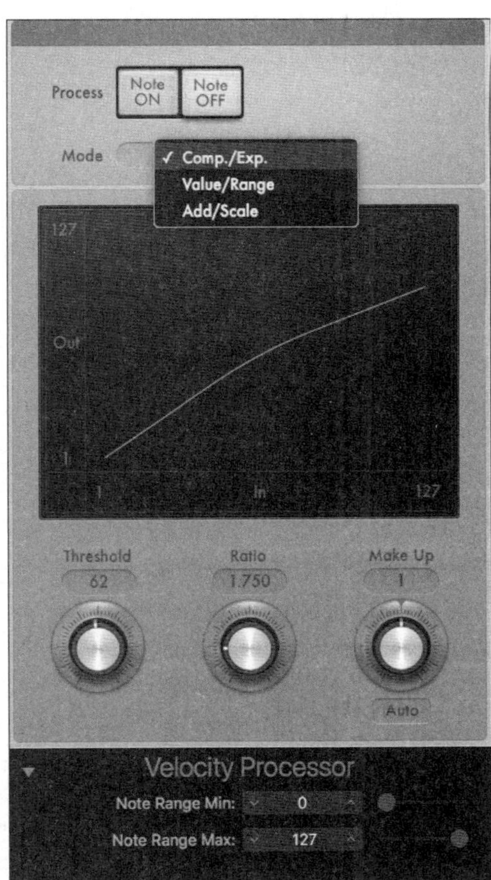

Abbildung 13.29 »Velocity Processor«

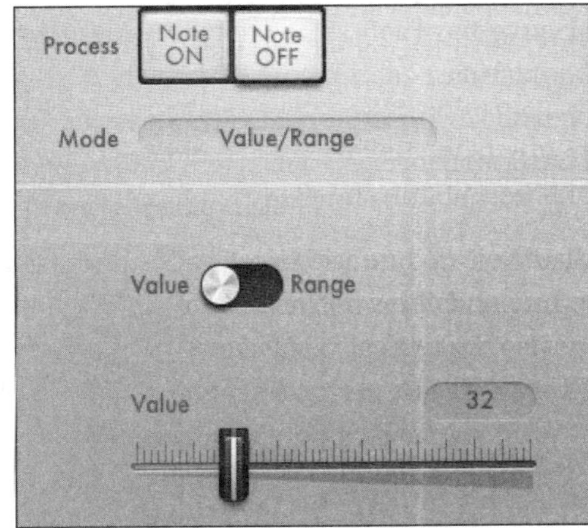

Abbildung 13.30 »Velocity Processor« im »Value/Range«-Modus

- Im ADD/SCALE-Modus können Sie die Velocity-Werte skalieren oder/und absenken bzw. erhöhen (Abbildung 13.31).

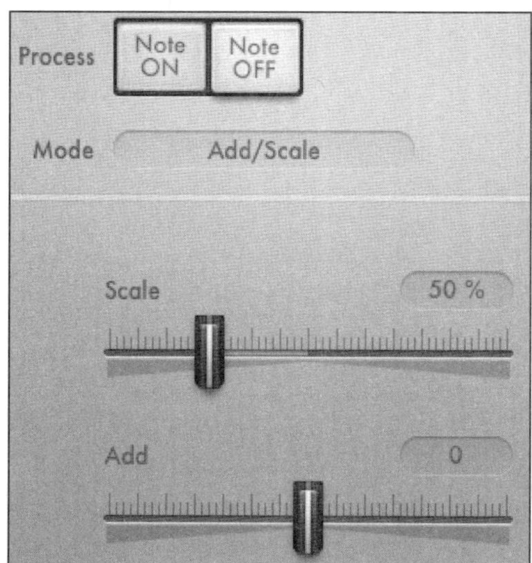

Abbildung 13.31 »Velocity Processor« im »Add/Scale«-Modus

13.1.11 Audio-Unit-MIDI-FX von Drittherstellern

Interessante AU-MIDI-FX-Plug-ins von Drittherstellern gibt es immer mehr. Diese lassen sich in den MIDI-FX-Slot eines Instruments laden. Besonders populär ist das »LFO-Tool« von Xfer, mit dem Sie Modulationen des Filters und anderer Plug-ins in gut editierbaren LFOs programmieren können. »Chtulu« (ebenfalls von Xfer) oder Kirnus »Cream« bieten eher erweiterte Arpeggiator- oder Akkordfunktionen. Ein Monster-Programm, das sowohl standalone wie auch als MIDI-FX funktioniert, ist Five12s »Numerology«. Hier finden Sie viele Profi-Step-Sequencer aller Art, die Sie nach alter Schule programmieren können. Das Ergebnis lässt sich als MIDI an Logic schicken. Zudem kann Abletons Push-Controller für die Step-Sequencer-Programmierung benutzt werden.

13.2 MIDI-Umgebung/Environment

Die MIDI-UMGEBUNG (englisch *environment*, so wird sie auch in Logic 10.6.1 noch im Fensterkopf genannt) bildet im wahrsten Sinne die MIDI-UMGEBUNG Ihres Arbeitsplatzes in Logic ab. Sie ist eine Art MIDI-Patchbay, in der Sie das MIDI-Signal einer Spur im Sequencer an Instrumente und Objekte innerhalb und außerhalb Logics routen.

Im Hauptfenster ordnen Sie, vermutlich ohne es zu wissen, jede Spur einem Objekt aus der MIDI-UMGEBUNG zu, an das die MIDI-Daten gesendet werden. Von einem solchen Objekt können die Daten auch an andere Objekte im Environment weitergeleitet werden. Sie können Kabel zwischen Objekte ziehen, um diese miteinander zu verbinden. Es gibt in Logic keinen jeweils eigenen MIDI-Ein- und Ausgang pro Spur. Manche Kabel, wie die Verbindung eines summierten Eingangs mit dem Sequencereingang, sind voreingestellt vorhanden. Das ist die Grundlage des MIDI-Datenflusses in Logic. MIDI-Prozessoren, Arpeggiatoren oder Akkordspeicher lassen sich an verschiedenen Stellen integrieren; Sie können auch gesplittete Instrumente realisieren.

Objekte in Logics MIDI-UMGEBUNG sind die Kanalzüge des Mixers, MIDI-Instrumente, der Eingang des Sequencers, alle physischen Eingänge sowie zahlreiche Spezialobjekte wie Fader, Knöpfe, Kanalsplitter, Arpeggiator, Transformer, Delay Line, Touch Tracks, Akkordspeicher und viele mehr. Viele der kreativen Optionen, die Sie in den MIDI-FX-Plug-ins kennengelernt haben, stehen auch in der MIDI-UMGEBUNG zur Verfügung und sind dort etwas weniger komfortabel zu erreichen und zu bedienen, dafür aber flexibler zu verkabeln.

Interessant an solchen Verkabelungen ist, dass Sie MIDI-Daten-verfremdende Objekte wie einen Arpeggiator, eine Delay Line oder einen Transformer einerseits *vor*, andererseits *nach* dem Eingang der MIDI-Daten in den Sequencer verkabeln können. Die Verfremdung der MIDI-Noten kann also wie bei den MIDI-FX-Plug-ins aus einfachen Noten im Sequencer entstehen (Verkabelung *nach* dem Sequencereingang), andererseits können die MIDI-Daten-Verfremdungen aber auch bereits im Sequencer als MIDI-Region aufgenommen und später editiert werden (Verkabelung *vor* dem Sequencer). Das geht mit den MIDI-FX nicht.

Bei den Kabelverbindungen im Environment handelt es sich ausschließlich um MIDI-Verbindungen, durch die MIDI-Daten fließen – auch wenn Audioobjekte involviert sind. Über das Menü ANSICHT • RAHMENLOSES SCHWEBEFENSTER des MIDI-UMGEBUNG-Fensters können Sie sich dieses übrigens auch als Float-Fenster anzeigen lassen, das stets im Vordergrund bleibt.

Öffnen Sie zu den folgenden Erläuterungen begleitend das Logic-Projekt *15Environment01*.

13.2.1 Grundlagen der MIDI-Umgebung, Layer und Verkabelung

Die MIDI-UMGEBUNG besteht aus verschiedenen Layern. (Abbildung 13.32).

Abbildung 13.32 Layer »Anzeige« oben links in der MIDI-Umgebung mit sichtbarem Flip-Menü-Feld

Zwischen den Layern schalten Sie in einem Menü links im MIDI-UMGEBUNG-Fenster um. Sie können Layer auch umbenennen, löschen oder erzeugen (siehe Abbildung 13.33).

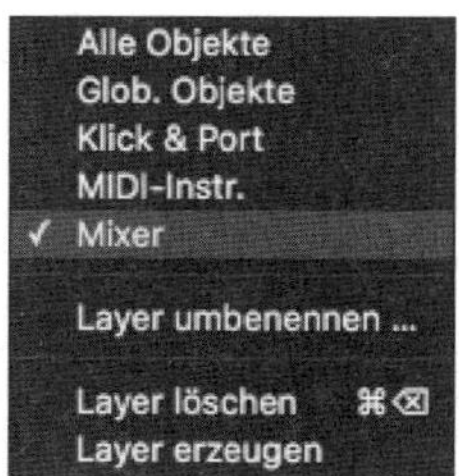

Abbildung 13.33 Das Auswahlmenü für Layer in der MIDI-Umgebung

Die wichtigsten Layer heißen:

- Klick & Port
- MIDI-Instr.
- Mixer

Die Unterteilung in Layer ist funktionsbezogen und dient vor allem der Übersicht; theoretisch könnten sich alle Objekte auch in einem Layer befinden.

Zugehörige Objekte werden in Logic Pro oft automatisch erzeugt und in bestimmte Layer gelegt (in alten Logic-Versionen mussten Sie Environment-Objekte zunächst selbst erzeugen, bevor Sie sie in einer Spur nutzen konnten). Im Layer MIDI-Instr. etwa sollen die Objekte liegen, die Ihnen beim Erzeugen einer externen MIDI-Spur zur Verfügung stehen, und im Layer Mixer nur Audioobjekte. In frühen Logic-Versionen war es üblich, die Objekte kreuz und quer über die Layer zu verteilen, ab und zu sorgt das allerdings nun für Stabilitätsprobleme. Es ist sogar möglich, Layer aus anderen Projekten zu importieren (siehe Abschnitt 13.2.15). Außerdem gibt es die Layer Globale Objekte und Alle Objekte. In Letzterem werden alle im Environment vorhandenen Objekte aufgelistet. Im Layer Globale Objekte werden nur Objekte angezeigt, die in allen Layern zu sehen sind. Die anderen Layer stelle ich nachfolgend kurz vor.

13.2.2 Layer »Klick & Port«, MIDI-Datenfluss, einfache Verkabelung

Im Klick & Port-Layer sehen Sie die verfügbaren MIDI-Eingänge/Eingangs-Ports. Wenn im Buch bislang von Ports gesprochen wurde (z. B. bei Einstellungen im Informationsfenster Spur), waren meistens die MIDI-Ausgänge gemeint.

MIDI-Datenfluss, Physischer Eingang, SUM

In Abbildung 13.34 ist der mit Sum (Englisch für »Summe«) beschriftete Kabelausgang des Objekts Physischer Eingang (links unten im Bild) mit dem Objekt Sequenzereingang verbunden. Das bedeutet, dass sämtliche MIDI-Daten, die von irgendeinem angeschlossenen Gerät in Logic eingehen, an den Sequencereingang weitergeleitet werden. Von dort aus werden MIDI-Daten jeweils an das in der Spur ausgewählte Spurobjekt weitergeleitet. Einen jeweils eigenen MIDI-Ein- und Ausgang pro Spur gibt hingegen nicht. Daher werden z. B. MIDI-Mehrspur-Aufnahmen relativ kompliziert (siehe Abschnitt 3.4.5 über die Projekteinstellungen »Aufnahme«).

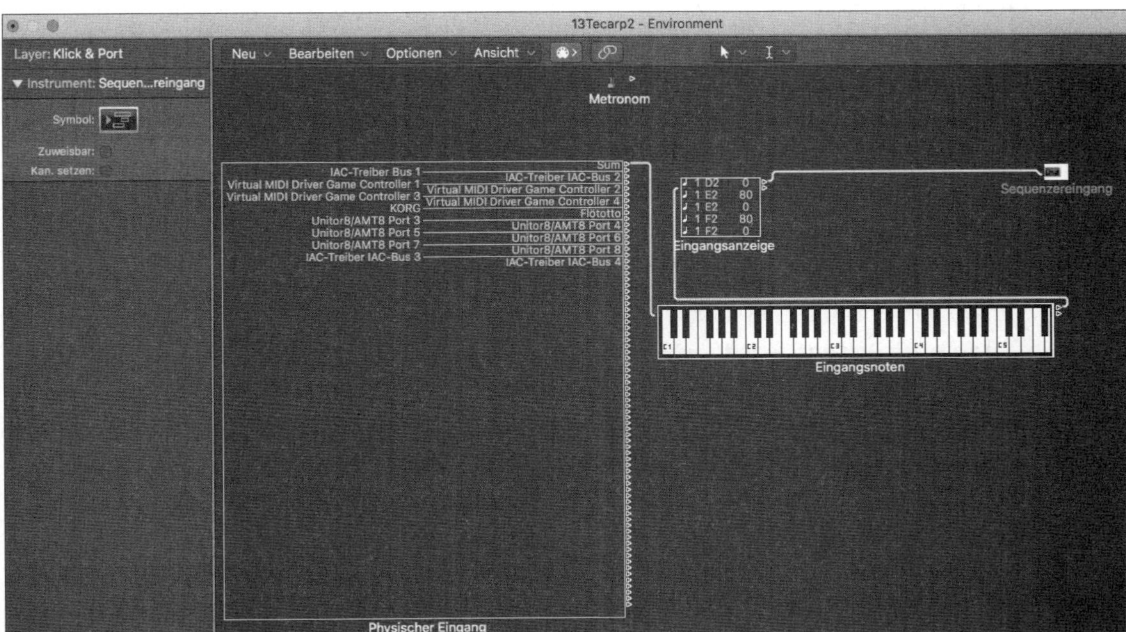

Abbildung 13.34 Layer »Klick & Port«

Dabei sehen Sie in der zwischenverkabelten Eingangsanzeige (Monitor), welche MIDI-Daten genau ankommen. Das entspricht der MIDI-Aktivitätsanzeige im Display des Hauptfensters. Auch durch Klick auf das Eingangsnotenkeyboard können Sie Noten senden. Vom Sequencereingang werden MIDI-Daten an das in der Sequenzspur zugeordnete Objekt gesendet.

Im Objekt PHYSISCHER EINGANG sehen Sie sämtliche von Logic erkannten MIDI-Eingänge. Beachten Sie, dass diese auch im AUDIO-MIDI-SETUP umbenannt werden können. Falls keine Verbindung zwischen dem PHYSISCHEN EINGANG und dem SEQUENZEREINGANG mehr besteht (z. B. weil Sie das Kabel versehentlich gelöscht haben), kann Logic trotz ansonsten richtiger Konfiguration kein MIDI mehr empfangen, und Logic scheint »nicht zu funktionieren«. Mancher User ist in Unkenntnis des Environments bei solchen Problemen schon verzweifelt. Als Zugeständnis an den unerfahrenen Benutzer kam bei manchen späteren Logic-Versionen (unlogischerweise) auch dann MIDI im Sequencer an, wenn das Objekt PHYSISCHER EINGANG gelöscht wird. Das wiederum führte zu anderen Problemen und war bei Redaktionsschluss im Test nicht mehr so. Generell kann die Verkabelung des SUM-Outputs aller eingehenden MIDI-Signale mit dem Sequencereingang problematisch sein.

Zu Bedenken ist, dass die Entstehung von Feedbackschleifen bei internem Routing auf dem Computer zwischen Apps mit Hilfe der sogenannten *IAC-Busse* verhindert werden muss. Daher gibt es nun unter LOGIC PRO • EINSTELLUNGEN • MIDI • EINGÄNGE die Möglichkeit, die IAC-Busse und alle anderen Eingänge aus dem SUM-Ausgang des PHYSISCHEN EINGANGS herauszufiltern. IAC-Busse werden über das AUDIO-MIDI-SETUP erzeugt (siehe Abschnitt 19.5.1, »Computerinterne MIDI-Verbindungen mit Logic«). Feedback-Schleifen entstehen, wenn MIDI an IAC-Busse gesendet wird und sie über den SUM-Output wieder zurück in Logic geroutet werden. Als alternativen Workaround können Sie auch einzelne Objekte des PHYSISCHEN EINGANGS aus dem SUM-Output entfernen, indem Sie sie einzeln mit einem Kabel abgreifen und an irgendein nutzloses Objekt senden.

Manuelle Verkabelung

Sie können manuelle Verkabelungen vornehmen, indem Sie einen der dreieckigen Objektausgänge mit gehaltener Maustaste anfassen, zum Zielobjekt Ihrer Wahl führen und das dabei automatisch entstehende Kabel damit verbinden. Dabei entsteht an Objekten, deren Anschlüsse nun belegt sind, ein weiterer neuer Anschluss, mit dem Sie ein weiteres Kabel verbinden können usw. Sie können Kabel auch wieder löschen. Dabei müssen Sie darauf achten, nur das Kabel zu selektieren. Sie können dann via [⌫] löschen oder alternativ entweder im Menü BEARBEITEN den Befehl NUR KABEL LÖSCHEN ([ctrl] + [⌫]) oder das Radiergummiwerkzeug verwenden.

Praxisbeispiele

Nehmen wir an, Sie haben ein Keyboard an Port 1 eines MIDI-Interface angeschlossen. Nun könnten Sie das Kabel, das aus den Summenausgang (SUM) hinausgeht, entfernen und stattdessen ein Kabel aus einem Port 1 mit dem SEQUENZEREINGANG verbinden. Auf diese Weise würden nur die Noten, die Sie mit Ihrem am Port 1 angeschlossenen Keyboard spielen, in Logics Sequencer landen. Andere angeschlossene Keyboards oder Controller könnten Sie nun beispielsweise für andere Programme auf Ihrem Computer verwenden, ohne dass Logic davon Notiz nimmt.

13.2.3 Layer »MIDI-Instr«

Im Layer MIDI-INSTR. (siehe Abbildung 13.35) und im Projekt *13MidiEnv* sehen Sie vorkonfigurierte MIDI-Objekte, die am Arbeitsplatz angeschlossene Synthesizer repräsentieren. Wenn Sie nicht wie ich ein AMT8-Interface angeschlossen haben, wird Logic dies beim Öffnen allerdings monieren (siehe nächster Abschnitt).

Der Inhalt dieses Layers wird beim Erzeugen einer neuen externen MIDI-Spur in der BIBLIOTHEK im Hauptfenster angezeigt, was ich in Abschnitt 13.2.6 genauer erläutere.

Sie können außerdem viele zusätzliche Objekte wie Arpeggiator, Fader oder Delay Line neu erzeugen und in Ihr Setup integrieren. All diese Objekte können Sie über das Menü NEU erstellen, das auch in anderen Layern erreichbar ist.

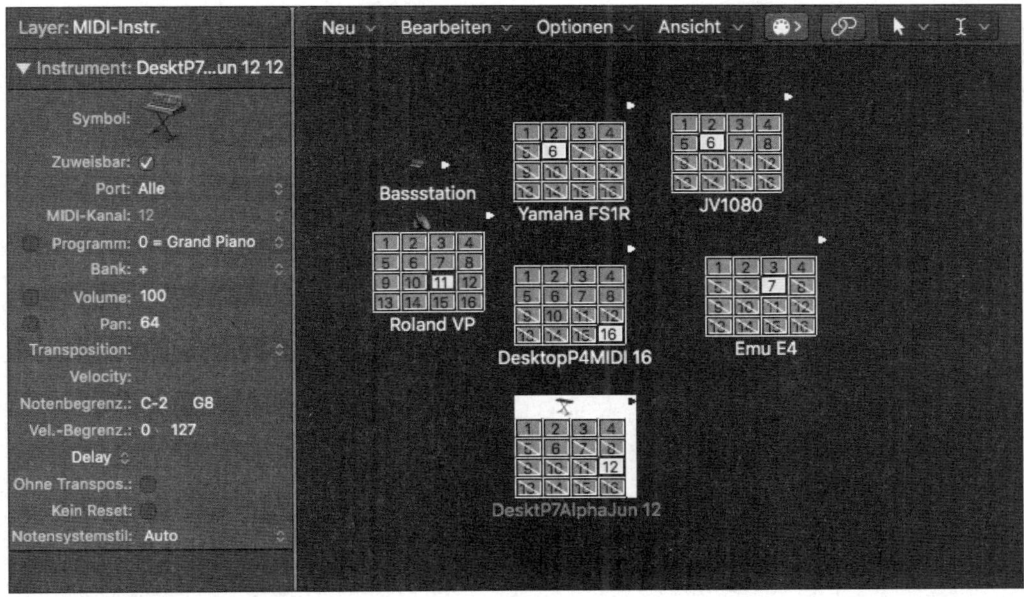

Abbildung 13.35 Layer »MIDI-Instr.«

Fehlt das MIDI-Interface?

Logic fragt Sie beim Öffnen von Projekten, die externe MIDI-Spuren verwenden, manchmal, wo das MIDI-Interface für diverse erzeugte Spuren ist, weil es das vorkonfigurierte MIDI-Interface sucht und nicht findet. Sie können in dem Dialog wahlweise Ihr MIDI-Interface zuweisen oder auf NICHT ZUORDNEN klicken. Während Sie diese Frage beim Öffnen des Dokuments *13Environment01* wohl nicht gestellt bekommen, weil sämtliche Ports hier entweder auf der Einstellung ALLE oder auf der Einstellung AUS standen, wird Ihnen dieser Dialog höchstwahrscheinlich begegnen, wenn Sie das Dokument *13Environment02* öffnen, es sei denn, Sie haben wie ich ein AMT8-MIDI-Interface angeschlossen, das mit neueren System- oder Logic-Versionen übrigens Kompatibilitätsprobleme hat.

13.2.4 Layer »Mixer«

Im Layer MIXER (siehe Abbildung 13.36) sehen Sie die Audioobjekte – hier allerdings nicht ganz so schick angeordnet wie im MIXER-Fenster. Die Anordnung erfolgt typischerweise nach dem Parameter KANAL. So ist beispielsweise jedem Software-Instrument (INST 1, INST 2 ...) oder Audiokanalzug (AUDIO 1, AUDIO 2 ...) ein Kanal zugeordnet, was Sie im Informationsfenster SPUR in Abbildung 13.36 für die selektierte Software-Instrument-Spur sehen. Ironischerweise werden MIDI-FX-Plug-ins in Channel-Strip-Objekten in der MIDI-UMGEBUNG nicht angezeigt. Plug-ins in Objekten können im Layer MIXER nicht wie im MIXER-Fenster verschoben oder kopiert, sondern nur geladen werden.

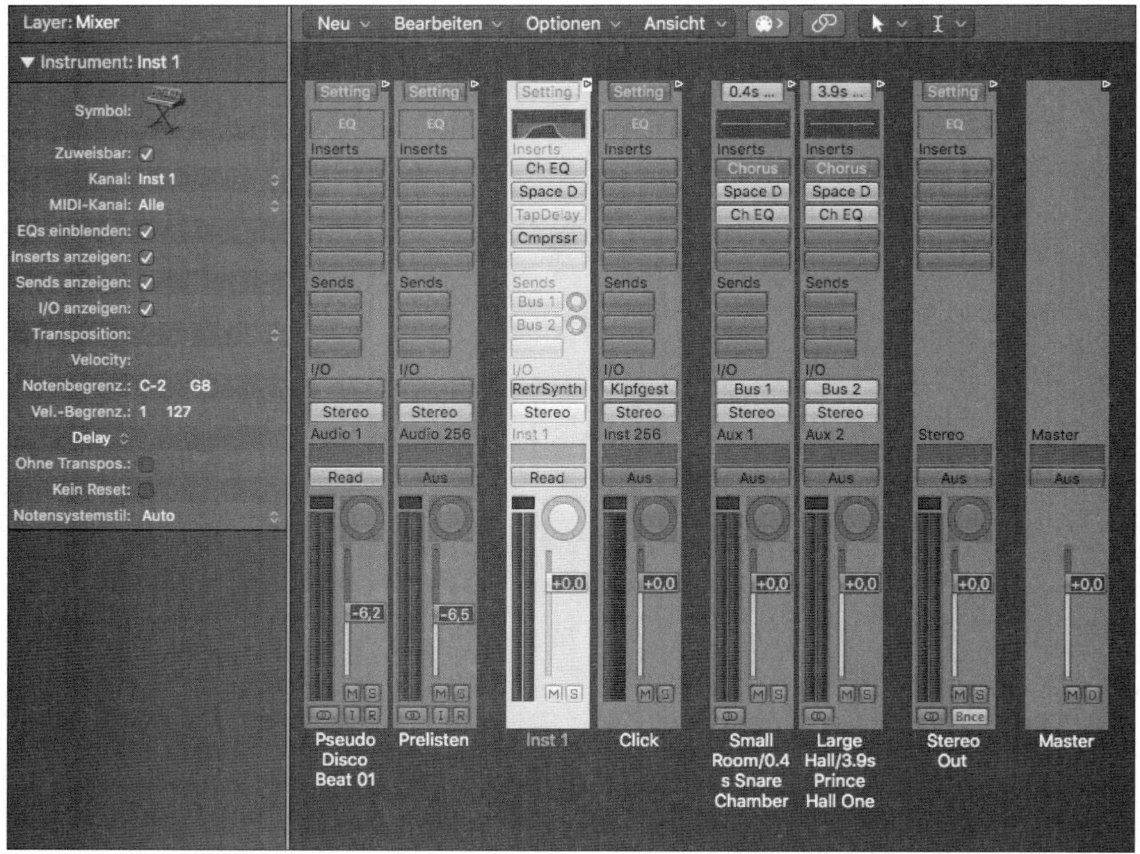

Abbildung 13.36 Layer »Mixer«

13.2.5 Objekte neu erzeugen

Über das Menü Neu (Abbildung 13.37) erzeugen Sie neue Objekte. Dabei können Sie auch manche Channel-Strip-Objekte erzeugen. Hier wird die Verzahnung des Bereichs Spuren mit der MIDI-Umgebung deutlicher: Instrumente und Audiokanäle erstellen Sie über das Menü Spuren oder im Hauptfenster. Dabei werden stets automatisch die zugehörigen Environment-Objekte erzeugt. In alten Logic-Versionen (z. B. Logic für Windows 5.5) mussten Sie erst die MIDI-Umgebungs-Objekte erstellen und konnten erst danach eine Spur mit diesen erzeugen. Manche Channel-Strip-Objekttypen wie Busse oder Inputs werden eigentlich nicht mehr benutzt und sind vor allem aus Gründen der Kompatibilität mit alten Versionen noch verfügbar. Bus-Objekte sind fest bestimmten Bussen zugeordnet, Input-Objekte fest bestimmten Eingängen. Zusätzlich können Sie hier Output- und Masterobjekte erzeugen. Weitere Informationen zu diesen Kanalzugtypen finden Sie in Kapitel 14, »Der Mixer und das Routing«.

Abbildung 13.37 Neue Objekte, die erzeugt werden können

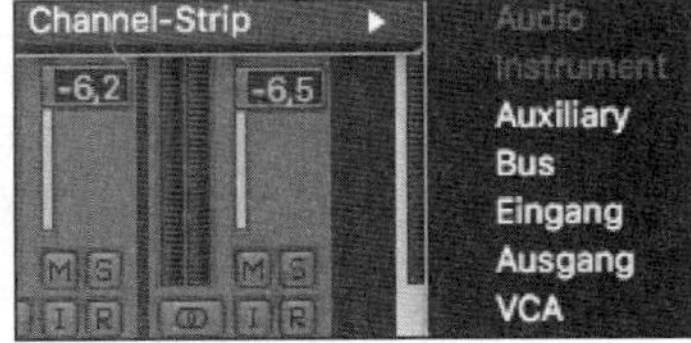

Abbildung 13.38 Channel-Strips, die Sie im Menü »Neu« erzeugen können

13.2.6 Objekte zum Ansteuern externer MIDI-Geräte in der MIDI-Umgebung konfigurieren, Optionen

Im Layer MIDI-Instr. können Sie verschiedenste Objekte erzeugen bzw. platzieren. Öffnen Sie das Dokument *13GMInstr* oder *13Environment03*. In Abbildung 13.39 bzw. Projekt *13Environment03* sehen Sie zwei Multi-Instrument-Objekte namens GM-Gerät und KORG Z1 sowie ein einfaches Instrument namens Bassstation. Sie können eines dieser Objekte als Spurobjekt für ein externes MIDI-Instrument auswählen und sehen es auch in Ihrer Bibliothek, wenn Sie eine externe MIDI-Spur selektiert haben. Voraussetzung ist, dass wie in der Abbildung das Häkchen unter Zuweisbar gesetzt ist. Sie sehen in Abbildung 13.39 links ein eingeblendetes Informationsfenster zu dem selektierten Objekt, in diesem Fall zum Objekt Yamaha FS1R. Unter dem Eintrag Port ist hier momentan noch Alle eingestellt. Hier würden Sie in der Praxis einstellen, an welchen MIDI-Port Ihr Synthesizer angeschlossen ist. Das

Objekt YAMAHA FS1R ist ein sogenanntes *Multi-Instrument*, während das Objekt BASSSTATION ein einfaches Objekt ist. Multi-Instrumente können gleichzeitig an mehrere MIDI-Kanäle senden, die als sogenannte *Subkanäle* abgebildet sind und durch Klick auf die entsprechende Zahl oder Setzen des Häkchens ZUWEISBAR im Informationsfenster freigeschaltet werden. Im Bild sind nur die Kanäle 1, 2, 3 und 4 freigeschaltet, so dass auch nur diese Einträge in den entsprechenden Menüs auftauchen werden. Dies erkennen Sie an den *nicht* durchgestrichenen Zahlen des Multi-Instrument-Objekts. Der Inhalt des Informationsfensters in Abbildung 13.39 bezieht sich auf den dort selektierten Subkanal 5. Wenn Sie das Häkchen beim Eintrag ZUWEISBAR im Informationsfenster entfernen, erscheint ein Subkanal im Multi-Instrument (wie teilweise für Kanäle im Bild zu sehen) durchgestrichen.

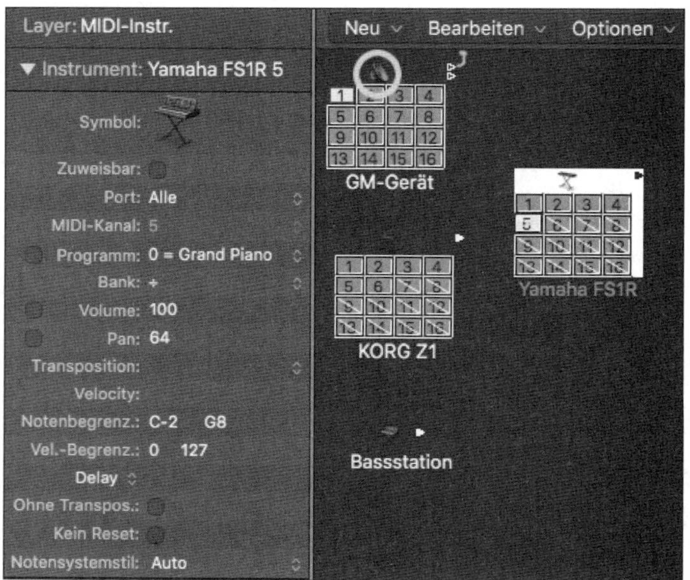

Abbildung 13.39 Verschiedene Objekte im Layer »MIDI-Instr.« inklusive der Informationen zum Objekt »Yamaha FS1R«

Für externe MIDI-Spuren können Sie in neuen Logic-Versionen eine Spur anlegen, die zu einem bestimmten MIDI-Port sendet, auch ohne dass zuvor ein Environment-Objekt existiert (dieses wird automatisch erzeugt). Um einen Überblick über Ihre angeschlossenen Geräte zu behalten, empfiehlt es sich dennoch nach wie vor, die entsprechenden Objekte zunächst im Layer MIDI-INSTR. (und nicht in anderen Layern) zu erzeugen, richtig zu benennen und dem angeschlossenen Port zuzuweisen.

Im OPTIONEN-Menü finden Sie z. B. die Definition von Bankwechselbefehlen und das automatisierte Senden von Faderbefehlen – schließlich können Objekte ja auch Fader sein, die einen Soundexpander ergänzen, der wenig Bedienelemente zum Ansteuern von Parametern hat (siehe Abschnitt 13.2.14).

Objekte im Bereich »Spuren« als Spurinstrument auswählen

Sie sehen die Objekte außerdem (sortiert nach Layern), wenn Sie mit der rechten Maustaste auf eine Spur (im Spur-Header im Hauptfenster über dem Spurnamen) klicken und im anschließend erscheinenden Kontextmenü den Eintrag SPUR NEU ZUORDNEN wählen – siehe Abbildung 13.40.

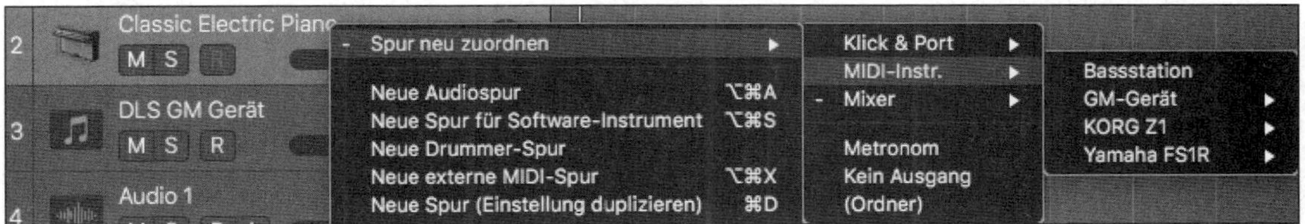

Abbildung 13.40 Die Objekte des Layers »MIDI-Instr.« links in der Bibliothek bei selektierter externer MIDI-Spur. Sie sehen außerdem die Layer der MIDI-Umgebung im Menü »Spur neu zuordnen«.

Alternativ können Sie Environment-Objekte auch ganz einfach zum Spurinstrument machen, indem Sie sie auf den Spur-Header im Hauptfenster ziehen. Wenn Sie ein entsprechendes Environment-Objekt wie etwa den »Arpeggiator« als Spurobjekt ausgewählt haben, erscheinen seine Parameter auch im Informationsfenster SPUR.

Spätestens jetzt sollte Ihnen die enge Verzahnung zwischen MIDI-UMGEBUNG und SPUR-Fenster klar geworden sein. Sie können theoretisch jedes Spurinstrument durch Auswahl eines anderen Eintrags im Menü SPUR NEU ZUORDNEN ändern.

13.2.7 Programmnamen eines Multi-Instruments konfigurieren

Für Multi-Instrument-Objekte können Sie die Namen der Programme definieren sowie einen als BANKWECHSEL-BEFEHL vorgegebenen Controller (in Abbildung 13.41: CONTROLLER 32) und festlegen, ob GM-Drum-Programmnamen für Kanal 10 verwendet werden (unten im Bild). Klicken Sie hierzu doppelt auf das Icon des Objekts, in Abbildung 13.39 (siehe Markierung) ist das ein kleiner Lautsprecher für das Objekt »GM-Gerät«.

Im OPTIONEN-Menü (oben rechts in Abbildung 13.41) des Dialogfensters mit Programmnamen finden Sie Optionen für die Definition von Programmnamen und Verwaltung von Soundbänken. Sie können ein Soundset wie im Beispiel als Instrument mit GM-Namen initialisieren; die Namen tauchen anschließend in der Programmliste auf. Sie können auch Namen von Sounds anderer Klangerzeuger einsetzen und finden dort Funktionen zum Ausschneiden, Kopieren und Einsetzen (siehe Abbildung 13.42), um z. B. die Namen aus einer Textauflistung einzufügen oder die Namen von Presets eines externen Synths zu übertragen. Für so etwas war früher das Programm *SoundDiver* zuständig. Es wurde eingestellt, weil die Verwaltung externer Synths aus Logic heraus im Vergleich zur Nutzung von Software-Instrumenten zumindest vorübergehend eher der Ausnahmefall geworden ist.

Abbildung 13.41 Zuweisung von Programmnamen im Instrument »GM-Gerät« (Projekt »13GMInstr«)

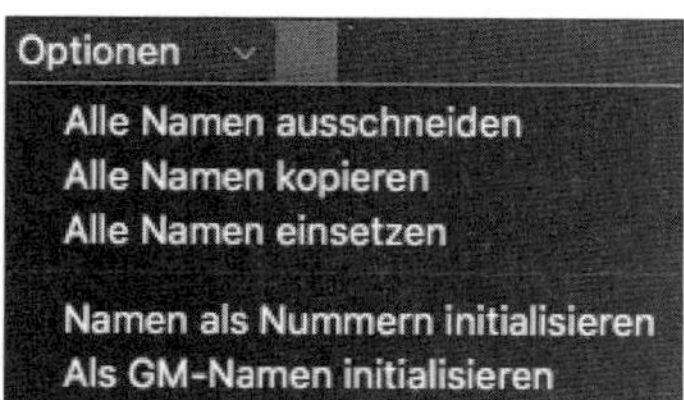

Abbildung 13.42 Namensinitialisierung für Multi-Instrumente

13.2.8 Verkabelung über Layer hinweg

Sie können Objekte aus einem Layer mit einem anderen verbinden. Hierzu halten Sie die `alt`-Taste gedrückt, wenn Sie eine Kabelverbindung herstellen wollen. Nun erscheint ein Menü, das wie in Abbildung 13.43 die Layer und ihre Inhalte auflistet. Wählen Sie das gewünschte Objekt aus. Nun wird eine Verbindung dorthin erzeugt, die wie ein abgebrochenes Kabel aussieht. Beim Zielobjekt auf dem anderen Layer sehen Sie dagegen leider nicht, dass es verkabelt ist. Alternativ können Sie übrigens auch zwei Fenster mit verschiedenen Layern öffnen, um eine Verbindung herzustellen, und das Kabel dabei einfach von einem zum anderen Fenster ziehen.

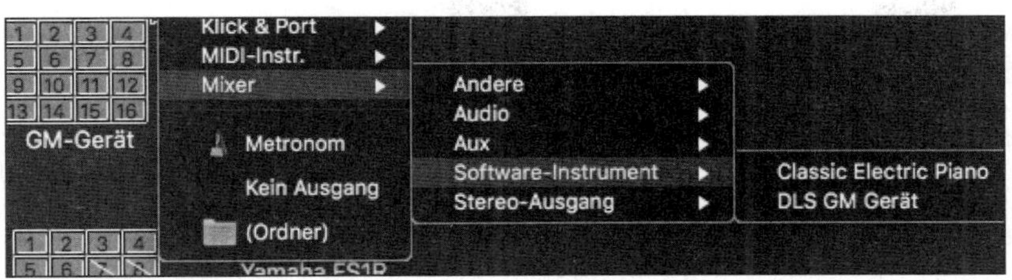

Abbildung 13.43 Das Menü zeigt die drei Layer »Klick & Port«, »MIDI-Instr.« und »Mixer« an.

Abbildung 13.44 Das Objekt »GM-Gerät« ist mit einem Objekt in einem anderen Layer verbunden.

Sie können auch mehrere Kabel aus einem Objekt herausziehen, um sie mit verschiedenen Zielobjekten zu verbinden. Mit jedem neu gezogenen Kabel »wächst« ein weiterer Kabelausgang nach.

Im Projekt *13Environment03* habe ich das Objekt »GM-Gerät« mit einem passenden multitimbralen Software-Instrument »DLS Music-Device« verkabelt (siehe Abschnitt 13.2.11).

13.2.9 Praxisbeispiel: Layer und Keyboard-Splits

Mit Hilfe von einfachen MIDI-Instrumenten habe ich im Projekt *13LayerundKeyboardsplit* einen Layer und ein Keyboard-Split-Instrument realisiert. Es handelt sich bei den Objekten in diesem Beispiel jeweils um über das Menü NEU erzeugte einfache MIDI-Instrumente, die ich entsprechend benannt habe. Das *Layer* genannte Instrument leitet eingehende MIDI-Noten gleich an zwei verschiedene Software-Instrumente weiter.

Das Instrument *Keyboardsplit* leitet MIDI an zwei weitere, neu erzeugte MIDI-Instrumente weiter, die hier *splitA* und *splitB* heißen und von denen jedes wiederum mit einem anderen Software-Instrument verbunden ist. Die Zielinstrumente können nach wie vor auch direkt als Spurinstrumente angewählt werden. In *splitA* und *splitB* wird konfiguriert, welche gespielten Noten zu welchem Instrument gelangen, hierfür ist im Informationsbereich jeweils ein eigener Tastaturbereich eingestellt, und zwar C-2 bis B2 für *splitA* und C3–G8 für *splitB*.

Etwas Ähnliches können Sie in Logic Pro auch mit Hilfe von Aux-Kanälen realisieren, die als Spurstapel-Master an weitere Software-Instrument-Spuren MIDI senden, für die Sie dann Tastaturbereiche einstellen können. Der Vorteil von Spurstapeln in Form von Summenstapel gegenüber der Variante aus Projekt *13LayerundKeyboardsplit* ist, dass Sie das Konstrukt anschließend als Patch speichern können (siehe Abschnitt 6.7.9 über Spurstapel).

13.2.10 Arpeggiator, Delay Line, Akkordspeicher, Transformer, Touch Tracks – und Verkabelungstricks in der MIDI-Umgebung

Die freien Verkabelungsoptionen in der MIDI-UMGEBUNG bieten nach wie vor Vorteile gegenüber den MIDI-FX. Daher sind Objekte wie Arpeggiator, Delay Line, Transformer und Akkordspeicher durchaus eine Betrachtung wert. All diese Objekte können Sie über das Menü NEU erzeugen und sollten sie im Layer MIDI-INSTR. platzieren.

Arpeggiator

Der Arpeggiator aus Logics MIDI-UMGEBUNG ist im Vergleich zu Logics MIDI-FX-Arpeggiator einfacher zu bedienen, funktioniert aber nur dann, wenn Logics Sequencer läuft.

Im Beispiel *13ArpEnv1* habe ich ein »Arpeggiator« im Layer MIDI-INSTRUMENTE mit Hilfe mit dem Software-Instrument *E-Piano* verbunden und zudem als Spurinstrument ausgewählt. Letzteres ist möglich, indem Sie das Objekt *Arpeggiator* der Spur neu zuordnen oder das Objekt *Arpeggiator* auf den Spur-Header ziehen. Voraussetzung ist das (hier automatisch) gesetzte Häkchen unter dem Eintrag ZUWEISBAR im Informationsfenster.

Im Projekt ist ein zufälliges Arpeggio über drei Oktaven mit einer Auflösung und Notenlänge von ¹⁄₁₆-Note eingestellt, dessen Sound ich besonders gut finde. Alle Einstellungen für das selektierte Objekt *Arpeggiator* sind in dem zugehörigen Informationsfenster im Fenster MIDI-UMGEBUNG editierbar (siehe Abbildung 13.45).

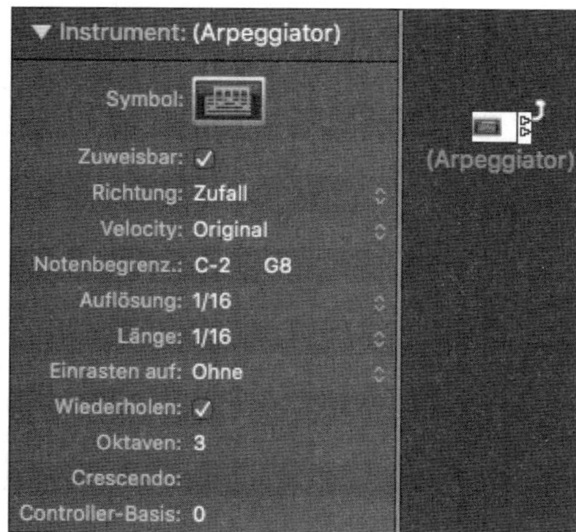

Abbildung 13.45 Der »Arpeggiator« im Layer »MIDI-Instr.«

In der Spur spielen wieder lediglich die Akkorde, die anschließend in den Arpeggiator wandern und dort »zerpflückt« werden, bevor sie im Software-Instrument ankommen.

Anders habe ich es im Dokument *13ArpEnv2* gelöst. Dort habe ich denselben Arpeggiator im Layer KLICK & PORT zwischen den physischen Eingang und den Sequencereingang verkabelt.

Ergebnis: Sämtliche eingespielten Noten werden nun vom »Arpeggiator« bearbeitet, bevor sie im Sequencer und irgendeiner dort angewählten Spur landen. Daher erscheinen die vom Arpeggiator erzeugten, über drei Oktaven verteilten $\frac{1}{16}$-Zufallsnoten auf Basis des gespielten Akkordes nun im Sequencer, nachdem sie eingespielt und aufgenommen wurden (siehe Abbildung 13.46 und Abbildung 13.47).

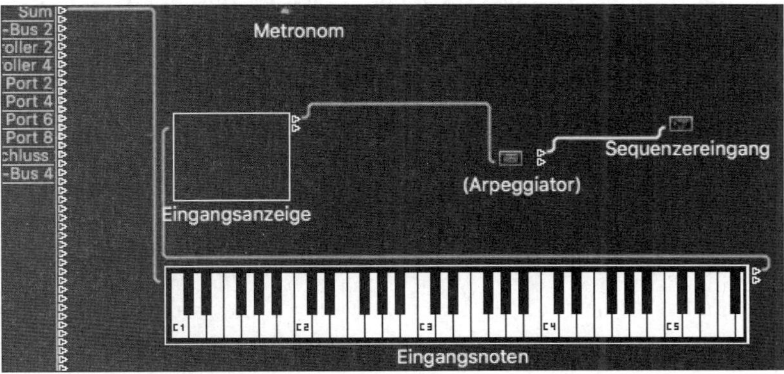

Abbildung 13.46 Der »Arpeggiator« im Layer »Klick & Port«

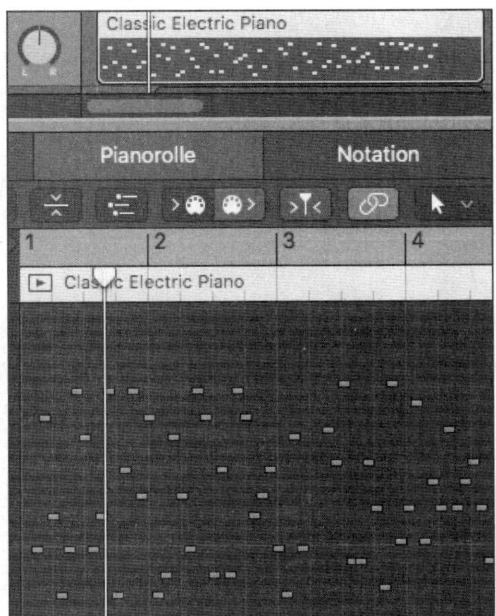

Abbildung 13.47 Aufgenommene »Arpeggiator«-Noten im Projekt »13ArpEnv2«

Delay Line

Das Objekt Delay Line lässt sich ähnlich wie der Arpeggiator im Beispiel zuvor einbinden. Es erzeugt ebenfalls nur dann eine Wirkung, wenn der Sequencer läuft.

Im Dokument *13DlyEnv1* ist das Objekt *Delay Line* mit dem gleichen *E-Piano* wie im Beispiel oben der *Arpeggiator* verbunden. Dieses Beispiel demonstriert die Bedeutung von Verkabelung in der MIDI-UMGEBUNG recht gut: Sie suchen sich ein in der MIDI-UMGEBUNG liegendes Objekt als Spurobjekt aus, dorthin werden die im Objekt SEQUENZEREINGANG eingehenden MIDI-Daten geleitet, und von diesem Objekt aus können die MIDI-Daten über Kabel an andere Objekte geschickt werden. Diese Zielobjekte können Sie, wie im Fall des *E-Pianos*, aber natürlich auch nach wie vor *direkt* als Spurobjekt auswählen (wie in Spur 1, unbehelligt von den früher im MIDI-Signalfluss liegenden Objekten *Delay Line* und *Arpeggiator* im Beispielprojekt)!

Im Beispiel habe ich mit der *Delay Line* fünf kurze MIDI-Delays erzeugt, die jeweils eine um einen Wert von 4 reduzierte VELOCITY haben (Abbildung 13.48). Im Hauptfenster ist das Informationsfenster für die Delay Line als Informationsfenster SPUR ebenfalls zu sehen, wenn die Delay Line als Spurobjekt ausgewählt wurde. Beim Erzeugen externer MIDI-Spuren (via `alt` + `cmd` + `X`) zeigt die BIBLIOTHEK die im Layer MIDI-INSTR. platzierten Objekte *Arpeggiator* und *Delay Line* in einem Ordner ANDERE OBJEKTE an (Abbildung 13.49).

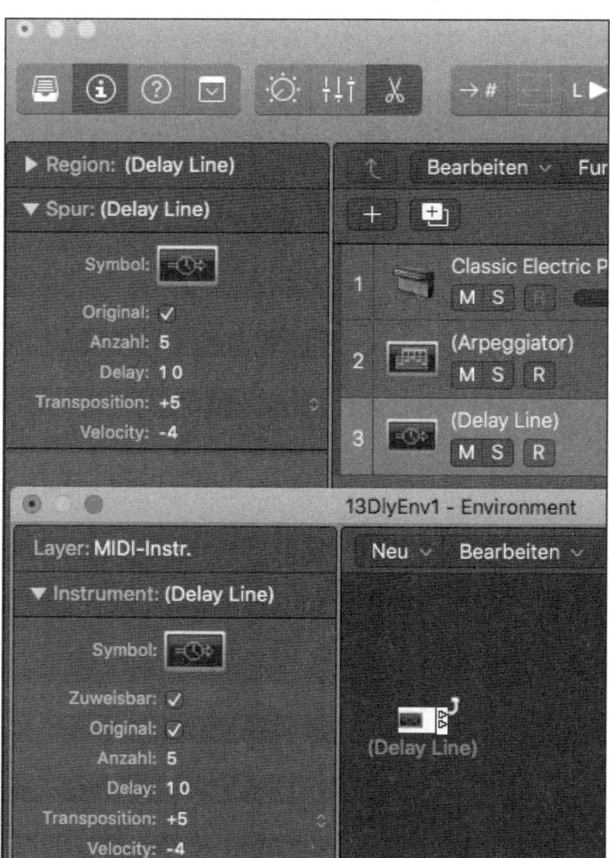

Abbildung 13.48 Eingestellte Parameter für die »Delay Line«

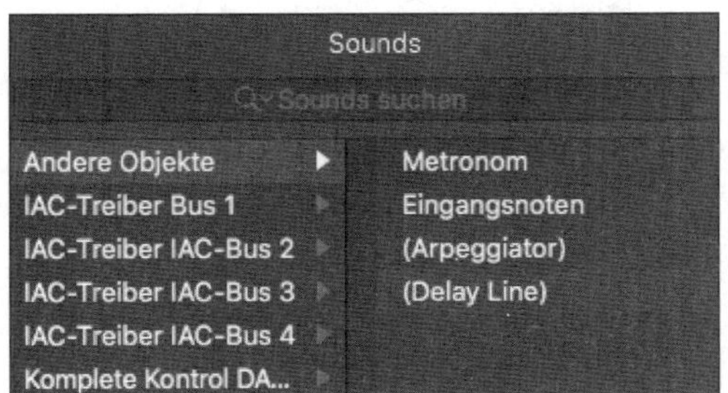

Abbildung 13.49 Das Informationsfenster für das »Delay Line«-Objekt taucht auch in der Bibliothek im Hauptfenster auf.

»Akkordspeicher«

Im *Akkordspeicher*-Objekt (siehe Abbildung 13.50) können Sie für einzelne Tasten einfach resultierende Akkorde programmieren. Das Beispiel *13AkkArpEnv1* enthält in Spur 4 ein solches *Akkordspeicher*-Objekt, das wiederum an das einzige Software-Instrument *E-Piano* geroutet ist. Für die Taste C habe ich dabei einen Akkord programmiert. Als Konsequenz spielt dieser Akkord nun bei jedem Auslösen eines C aus dem im Informationsfenster des Akkordspeichers festgelegten Notenbereich C2–C4, alle anderen Töne werden allerdings wie gehabt durchgeschleift. In der untersten Spur des Projekts habe ich eine Kopie des *Akkordspeicher*-Objekts (die ich durch Ziehen bei gehaltener `alt`-Taste erzeugt habe) mit dem *Arpeggiator*-Objekt aus Spur 2 verkabelt (Abbildung 13.51), so dass das einfache Einspielen z. B. der Note C3 in der Spur ein komplexes Arpeggio auslöst. Probieren Sie es aus!

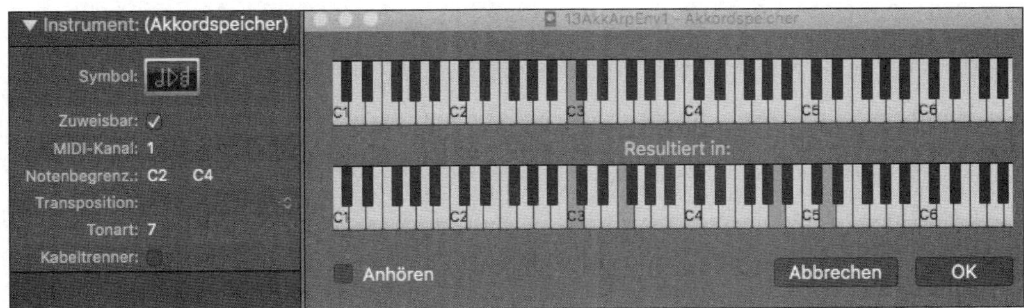

Abbildung 13.50 »Akkordspeicher«-Objekt

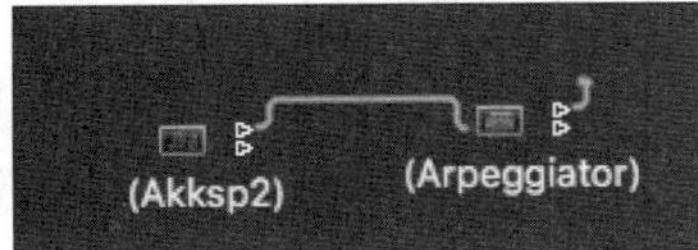

Abbildung 13.51 »Akkordspeicher«, dessen MIDI-Out im »Arpeggiator« landet

Alternativ lässt sich auch ein sogenanntes *Touch Tracks*-Objekt ähnlich wie ein *Akkordspeicher*-Objekt nutzen, siehe den übernächsten Abschnitt, »Touch Tracks«.

Transformer

Im Dokument *13Transf1* ist ein Transformer mit dem *E-Piano* verbunden, der eingehende Mod-Wheel-Daten in Noten umwandelt. Außerdem ist der »Transformer« als Spurinstrument ausgewählt (wozu ich das Häkchen unter ZUWEISBAR im Informationsfenster manuell setzen musste). Der Transformer ist eine Art Echtzeit-Pendant zum MIDI-Transformer und kann zu verschiedensten Zwecken eingesetzt werden. Natürlich kommt es dabei auch wieder darauf an, wo genau im MIDI-Signalfluss Sie ihn verkabeln. Sie könnten ihn beispielsweise einsetzen, um sicherzustellen, dass von Ihnen gespielte, eingehende Noten niemals eine bestimmte Velocity (hier: 86) überschreiten (siehe Projekt *13Velocitylimit* oder Abbildung 13.52) – oder in Echtzeit die Velocity Ihres Keyboards skalieren. Die Verkabelung in Abbildung 13.52 vor dem Sequencereingang ist im Beispiel so angelegt, dass dies sämtliche eingehenden MIDI-Daten für alle Spuren betrifft.

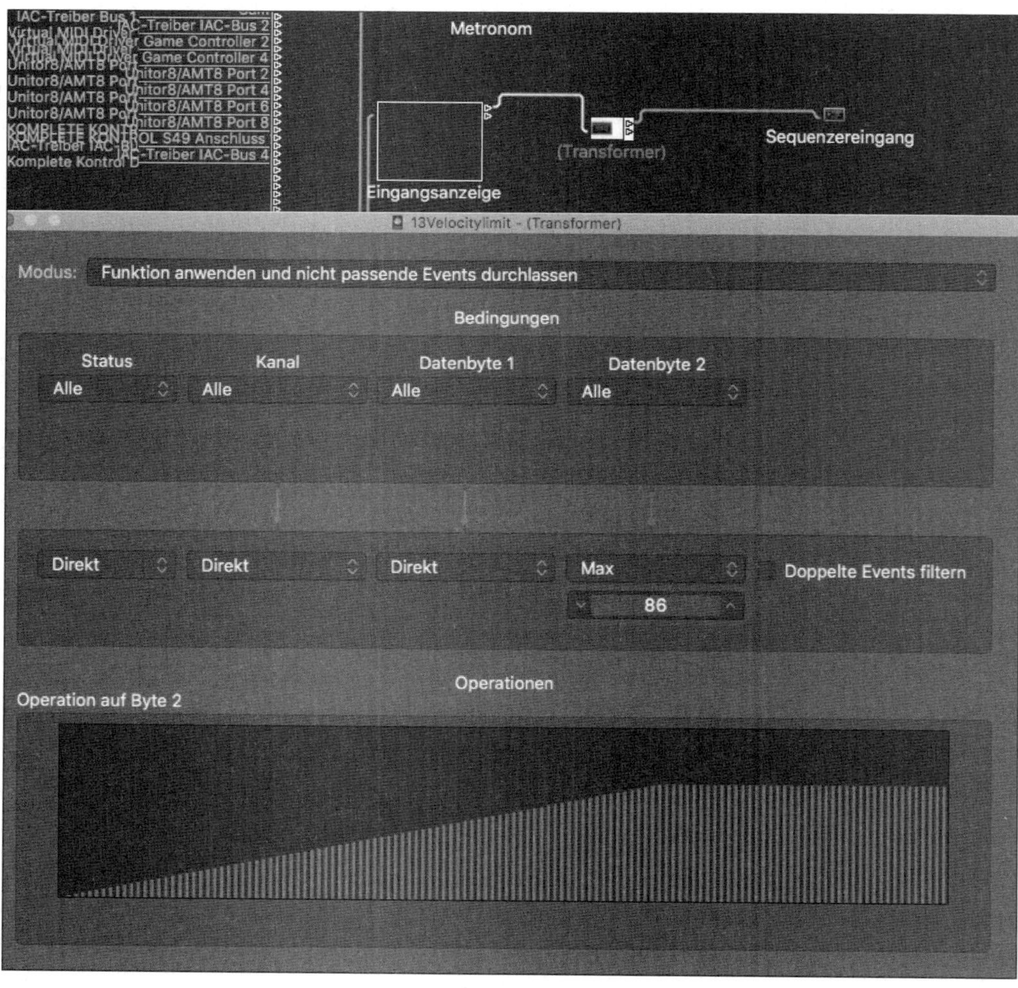

Abbildung 13.52 Velocity-Limiting in Echtzeit im Transformer

In einem weiteren Beispiel wird – analog zu einem in Abschnitt 7.8.6 für den MIDI-Transformer erläuterten Beispiel – die Bewegung des Mod-Wheels (allerdings diesmal in Echtzeit) in Noten umgewandelt. Das Ergebnis einer Mod-Wheel-Bewegung hören Sie in Dokument *13Transf1*. Die Noten klingen hierbei sehr lange aus, weil ja keine Note-Off-Befehle gesendet werden.

Auch Logic-eigene und nicht zum MIDI-Protokoll gehörende Events wie Regler- (zur Steuerung von Automation) und Meta-Events (siehe Meta-Events in Abschnitt 18.4) können einbezogen werden.

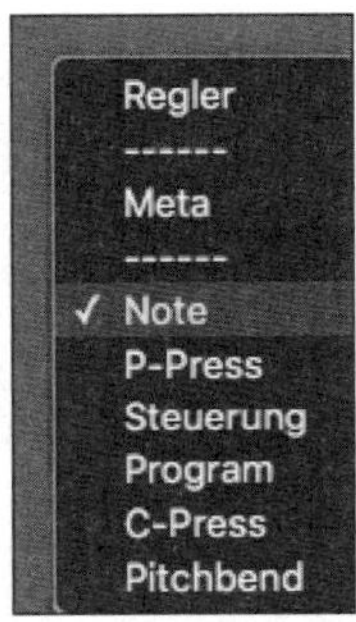

Abbildung 13.53 Mögliche Bedingungen oder Fixierungen für das Statusbyte

Der (Echtzeit-)»Transformer« in der MIDI-Umgebung verfügt über einige zusätzliche Funktionen wie etwa Modi, mit denen Events, die eine Bedingung erfüllen, aus einem anderen Kanal herausgeschickt werden können als jene, die die Bedingung nicht erfüllen.

Abbildung 13.54 Modi im »Transformer«

Erwähnenswert hierbei ist auch die Funktion des Transformers mit dem Namen Spurautomationsauftrenner (wahr -> oberes Kabel), zu sehen unten in Abbildung 13.54. Erfüllte Bedingungen können auf die Automation eines Objekts geroutet werden, MIDI-Daten lassen sich dabei in Regler-Event-Daten zur Steuerung bestimmter Plug-in-Parameter umwandeln. Auch umgekehrt können Automationsdaten theoretisch in MIDI-Controller-Daten umgewandelt werden (abgesehen davon, dass Sie Spurautomationsdaten über das Mix-Menü in Regionsautomation wandeln können; siehe Abschnitt 16.1.19).

Touch Tracks

Touch Tracks bieten die Möglichkeit, mit einer Taste Regionen, die zuvor eingespielt wurden, automatisch und über die ganze Tastatur transponiert auszulösen. Der Sequencer darf hierfür nicht angehalten sein, sondern muss laufen. Im Beispiel *13Touchtrack1* habe ich eine Region eingespielt und in den Layer MIDI-INSTR. gezogen. Hierdurch wird automatisch ein *Touch Tracks*-Objekt (siehe Abbildung 13.55) erzeugt, das ich anschließend als Spurinstrument eingestellt habe.

Alternativ können Sie ein solches Objekt auch im Menü NEU erzeugen. Der Objektname wurde im Beispiel zunächst aufgrund des Regionsnamens CLASSIC ELECTRIC PIANO vergeben. Nun können Sie in dieser Touch Tracks-Spur (Spur 2 im Projekt) die Region transponiert über die ganze Tastatur spielen. Im Beispiel erklingt der Sound erst mit etwas Verzögerung, denn auch die Region selbst beginnt nicht auf der Zählzeit 1, sondern etwas später. Der Sound kommt dabei von Spur 1; ein Kabel vom *Touch Tracks*-Objekt zum klangerzeugenden Instrument musste hierfür allerdings nicht gezogen werden.

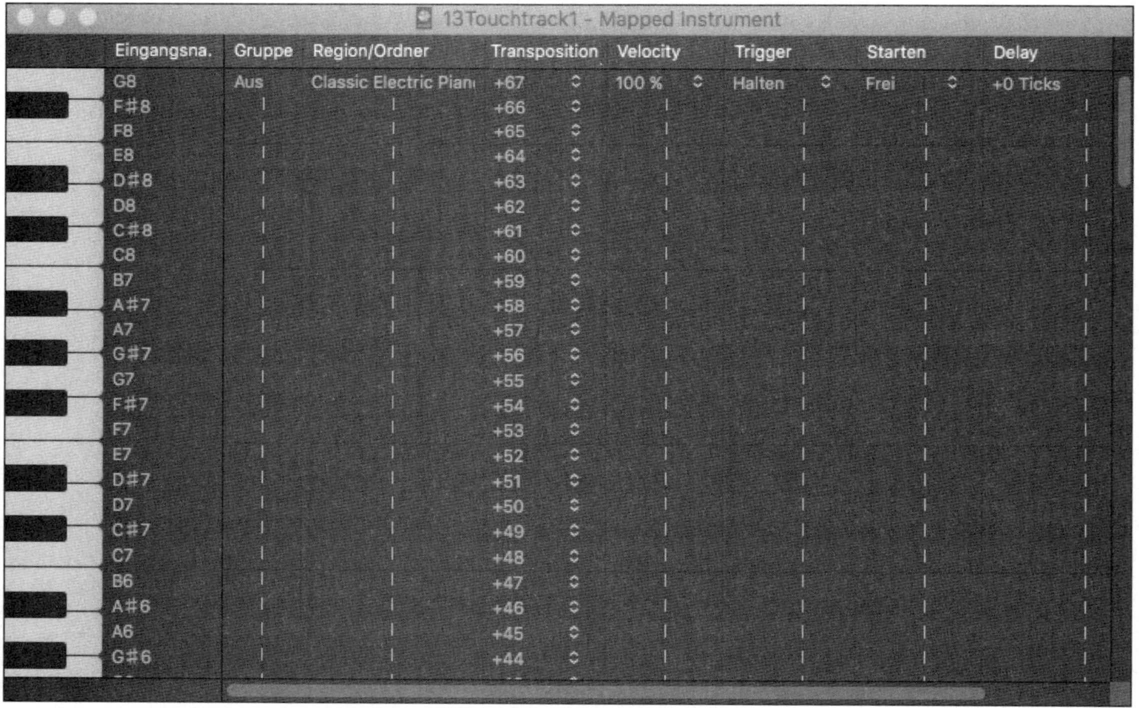

Abbildung 13.55 Geöffnetes »Touch Tracks«-Objekt; ganz oben ist der Name der Region zu sehen.

Die Bedienung bzw. Editierung kann in Einzelfällen aber etwas unlogisch oder holprig sein. Zu beachten ist beispielsweise, dass im Bereich SPUREN gelöschte Regionen anschließend auch aus Touch Tracks verschwinden, andererseits die Undo-Funktion nicht für Edits im *Touch Tracks*-Objekt funktioniert.

Mehrere Regionen in Touch Tracks nutzen

Sie können auch mehrere Regionen auf unterschiedliche Tasten ziehen, um verschiedene Regionen zu triggern. Im Projekt *13Touchtrack2* ist eine weitere Region namens Akkord (ein Akkord spielt auf der Zählzeit 1) auf der Taste C#3 aktiv, alle anderen Tasten triggern wie im Projekt *13Touchtrack1* weiterhin die Region Classic Electric Piano. Für derartige Operationen bietet Logic ab Version 10.5 mit der Live Loops-Ansicht und einem Controller wie Novations Launchpad allerdings in den meisten Fällen vermutlich die besseren Optionen.

Optionen in den Spalten, z. B. für »Trigger« und »Starten«

Sie können in den jeweiligen Spalten für jede Taste Einstellungen vornehmen, indem Sie auf Felder mit den nach oben und unten zeigenden Pfeilen klicken (siehe Abbildung 13.56). In der Abbildung ist z. B. für das Starten Frei eingestellt und für die Taste G8 eine Transposition +67. Sie können für die Spalten Transposition, Velocity, Trigger, Starten und Delay Einstellungen vornehmen.

Eingangsna.	Gruppe	Region/Ordner	Transposition	Velocity	Trigger	Starten	Delay
G8	Aus	Classic Electric Pian	+67	100 %	Halten	Frei	

Abbildung 13.56 »Touch Tracks«-Konfigurationsoptionen

Praxisbeispiel

Im Projekt *13Touchtrack3* sind für beide Regionen zusätzlich unterschiedliche Optionen aus den Spalten Trigger und Starten aktiv. Zunächst ist für beide Regionen Nächste 1/1 als Startpunkt eingestellt. Dies ist hilfreich bei Live-Performances: Auch wenn auf der Bühne totales Chaos herrscht und Sie irgendwann mit schlechtem Timing die Taste drücken, wird der Trigger trotzdem immer erst auf der nächsten Zählzeit 1 ausgelöst. Mit der Option Umschalten, Schleife im Bereich Trigger stellen Sie ein, dass das Auslösen einer Taste zwischen dauernder Wiederholung und angeschaltetem bzw. abgeschaltetem Zustand umschaltet. Hierdurch sorgt das kurze Triggering der Note C#3 im Projekt für ein länger andauerndes Spielen der einen Takt langen Region Akkord2. Das nächste C#3 schaltet den »Betrieb« dieses Sounds dann aus, das nächste C#3 wieder an usw. Die Taste C3 im Projekt triggert dagegen unsere erste Region Classic Electric Piano, die sich im Trigger-Mode Halten, Schleife befindet, d. h., sie wird geloopt wiedergegeben, solange die Taste gehalten wird.

13.2.11 GM-Gerät verkabeln und Klangerzeuger mit Hilfe von Multi-Instrument-Objekten multitimbral nutzen

In diesem Abschnitt geht es um die Nutzung und Verkabelung von Multi-Instrument-Objekten aus der MIDI-Umgebung als Spurobjekte, von denen aus MIDI zu Klangerzeugern gesendet wird, die auf allen MIDI-Kanälen empfangsbereit sind. Solche eine Verkabelung simuliert die Existenz eines externen General-MIDI-Klangerzeugers und kann auch bei der Nutzung von verbreiteten multitimbralen Instrumenten wie *Kontakt* oder *Omnisphere* hilfreich sein, auch wenn Logic auch einfachere Lösungen bereithält (siehe Abschnitt 10.7.2 über den GME-Imprt und Abschnitt 11.31 zu multitimbralen Instrumenten).

Verkabelung eines Multi-Instruments mit einem Klangerzeuger im Environment

Im Dokument *13Environment03* und dem Beispiel einer Verkabelung hin zu einem Objekt, das in einem anderen Layer liegt, habe ich das Multi-Instrument-Objekt mit dem Namen »GM-Gerät« mit einem GM-fähigen Plug-in verkabelt, das sich »DLS Music Device« nennt. Dieses Plug-in ist standardmäßig auf jedem Apple-Rechner installiert und steht nachfolgend stellvertretend für einen externen GM-Klangerzeuger. Sie finden dieses Plug-in als externes Instrumenten-Plug-in unter dem Herstellereintrag APPLE. Das Apple-AU-Plug-in *DLS Music Device* ist ein General-MIDI-kompatibler Klangerzeuger, der zwar unscheinbar aussieht, aber tatsächlich 16 verschiedene Instrumente unabhängig voneinander ausgeben kann (ab und zu führte das DLS Music Device allerdings in der Vergangenheit zu Programmabstürzen). Auch QuickTime kann dieses Instrument ansteuern, daher lassen sich z. B. General-MIDI-Files auch ohne Logics Hilfe mit dem QuickTime Player abspielen.

Das DLS Music Device ist im Gegensatz zu den Logic-Instrumenten multitimbral, d. h., es kann die Informationen mehrerer eingehender unterschiedlicher MIDI-Kanäle verarbeiten, um so ein ganzes Arrangement abspielen zu können. Hierfür muss im Informationsfenster SPUR in der Spur mit dem geladenen DLS Music Devic unter MIDI-Kanal ALLE eingestellt sein, damit alle Kanäle empfangen werden können (Abbildung 13.57).

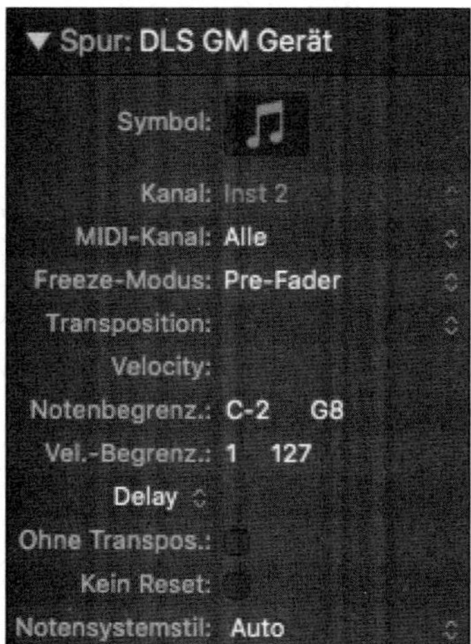

Abbildung 13.57 Hier habe ich eingestellt, dass das Instrument der Spur alle MIDI-Kanäle empfangen kann.

Wenn Sie das selbst nachvollziehen wollen: Verbinden Sie im Environment ein MULTI-INSTRUMENT-MIDI-Objekt (das MIDI-Daten für die einzelnen Kanäle bzw. gespielten Instrumente sendet) mit einem Kabel (mit Hilfe der gehaltenen `alt`-Taste layerübergreifend) mit dem Ziel-Software-Instrument. Die Instrumente eines Multi-Instruments müssen Sie durch Klick auf seine Zahlenfelder manuell freischalten. Nun können Sie MIDI-Spuren mit 16 verschiedenen Kanälen zu diesem Instrument routen und Ihr Setup wie ein Orchester mit 16 Musikern betrachten.

Im Dokument *13Environment04* spielt ein kleines Arrangement, um das zu demonstrieren. Es soll verdeutlichen, dass es leicht ist, in Logic mehrere Spuren mit unterschiedlichen Instrumenten zu spielen, die dasselbe Klangerzeuger-Gerät ansteuern, sei es nun ein externes Hardwaregerät (hierzu finden Sie im Bonusbereich das Projekt *13GMohneDLS*) oder ein internes Gerät in Form eines Software-Instrumenten-Plug-ins (*13GMmitDLS*). Im Projekt *13Environment04* habe ich die Spuren des Environment-Objekts »GM-Gerät« benutzt (siehe Abbildung 13.58).

Ein Vorteil der oben gezeigten Methode gegenüber der Nutzung von Software-Instrument-Spuren mit verschiedenen Kanälen ist: Für jede externe MIDI-Spur können Sie im Informationsfenster SPUR eigene Parameter wie das verwendete Programm und den MIDI-Kanal vorgeben (bei Software-Instrument-Spuren lassen sich keine Programmnummern einstellen). So ist zum Beispiel für Spur 2 PROGRAMM: 32 (ein ACOUSTIC BASS) eingestellt. Sie müssen dabei allerdings darauf achten, das Häkchen neben dem Eintrag PROGRAMM zu setzen. Ansonsten wird der Befehl zum Aufrufen des Programms nicht an das Instrument gesendet. Und: Nach dem Öffnen des Projekts hören Sie eventuell trotz korrekter Einstellung beim Projekt einen Flügel auf Spur 2. Eventuell wird der Bass erst nach einem Start/Stopp-Befehl oder Ab- und erneutem Anhaken im Infofenster hörbar. Sie können Program-Change-Befehle aber auch in Regionen exportieren (das ist auch sinnvoll, wenn ein Export geplant ist). Im Projekt *13Environment04b* habe ich via Menübefehl FUNKTIONEN • INSTRUMENT-MIDI-EINSTELLUNGEN ALS EVENTS EINFÜGEN des Bereichs SPUREN die Information über das einzustellende Programm in die erste Region von Spur 2 (und dort an den Anfang) geschrieben. Die Position, an der die Events eingefügt werden, wird durch die Abspielposition bestimmt; die Region habe ich hier zudem nach links verlängert.

Abbildung 13.58 Projekt »13Environment04«. Für die Drum-Spur ist MIDI-Kanal 10 im Infofenster eingestellt.

Neue Spuren mit weiteren MIDI-Kanälen erzeugen Sie dann übrigens über den Menübefehl SPUR • ANDERE • NEUE SPUR MIT NÄCHSTEM MIDI-KANAL oder den entsprechenden Shortcut `ctrl` + `↵`.

Multitimbrales Instrument mit mehreren Software-Instrument-Spuren ansteuern

Im Projekt *13Environment05* spiele ich drei Spuren mit verschiedenen MIDI-Kanälen meines Software-Instruments *DLS Music Device* auf einfachere Weise Der Befehl SPUR • ANDERE • NEUE SPUR MIT NÄCHSTEM MIDI-KANAL bezieht sich hier direkt auf die Software-Instrument-Spur und erzeugt jeweils eine neue Software-Instrument-Spur mit dem gleichen Objekt, aber einem anderen MIDI-Kanal. Das funktioniert nur, wenn zuvor nicht MIDI-KANAL: ALLE, sondern ein bestimmter MIDI-Kanal eingestellt ist. Dass es in Logic im Gegensatz zu den meisten anderen Sequencerprogrammen möglich ist, für ein internes Software-Instrument mehrere Spuren zu erzeugen, kann zu Verwirrung führen, wenn es um die Ansicht von Automationsdaten geht, denn diese werden dann in mehreren Spuren gleichzeitig angezeigt. Neue Spuren mit weiteren einzelnen MIDI-Kanälen erzeugen Sie über das Menü SPUR • ANDERE oder den entsprechenden Shortcut `ctrl` + `↵`. Weil Software-Instrument-Spuren keinen Eintrag für die Programmnummern haben, fügen Sie gewünschte Befehle am besten mit Hilfe der EVENT-Liste ein, siehe Kapitel 7, »MIDI-Editoren, Artikulationsset-Editor, Step Sequencer«.

Multitimbrales Instrument mit Aux-Kanälen ansteuern

Eine weitere Alternative zum Ansteuern multitimbraler Instrumente ist (übrigens seit Logic 9.1.8) die Nutzung von Aux-Kanälen, die zu einem Multi-Ausgang-Instrument gehören und die Einzelouts eines Instruments ausgeben. Diese Aux-Kanäle können ergänzend auch MIDI an das Hauptinstrument senden. Sie können den MIDI-Kanal im Informationsbereich des Aux-Kanals einstellen.

13.2.12 Kanaltrenner-Objekt und Aufnahme mehrerer Spuren

Das *Kanaltrenner*-Objekt ist in der Lage, live durch es geroutete MIDI-Daten nach Kanälen aufzutrennen und anschließend jeden Kanal einzeln auszugeben. Diese Funktionalität ist zum Beispiel hilfreich, wenn mehrere eingehende MIDI-Daten von verschiedenen Keyboards an verschiedene einzelne Instrumente geroutet werden sollen.

Lesen Sie zu diesem Thema auch Abschnitt 3.4.5 über die Projekteinstellungen »Aufnahme« und Abschnitt 5.3.13 über Aufnahme auf mehreren MIDI-Spuren.

13.2.13 Mapped Instrument

Sogenannte *Mapped Instruments* erlauben spezielle Konfigurationen für Instrumente (siehe Abbildung 13.59). Sie erlauben:

- eine Beschriftung der einzelnen Tasten (z. B. Drumsounds)
- das Mapping von Eingangsnoten zu Ausgangsnoten (diese müssen nicht übereinstimmen), MIDI-Kanälen und Velocity-Offset-Werten

- das Senden von Noten zu bestimmten Kabel-Outputs (die Zahl der Kabel-Outputs erhöht sich, wenn Sie ein zusätzliches Kabel mit einem freien Kabeloutput des Objekts verbinden; hierdurch können Sie mit Hilfe des Mapped Instruments auch mehrere verschiedene Software-Instrumente oder externe Klangerzeuger ansteuern)
- die Zuweisung eigener Notationsparameter wie etwa eine für bestimmte Schlagzeugsounds typische Form

Wenn Sie die Maus mit gehaltener Maustaste über mehrere Noten bewegen, können Sie mehrere Tasten für Edits selektieren. Im Projekt *13Mappeddrms* habe ich ein Mapped Instrument mit einem Drumkit-Software-Instrument verkabelt, und Sie können die Richtigkeit der GM-Beschriftung überprüfen. In der PIANOROLLE ist die Funktion mittlerweile von der automatischen Anzeige der Drum-Namen (siehe Kapitel 7, »MIDI-Editoren, Artikulationsset-Editor, Step Sequencer«) »überholt« worden. Die EVENT-Liste sollte Namen anzeigen.

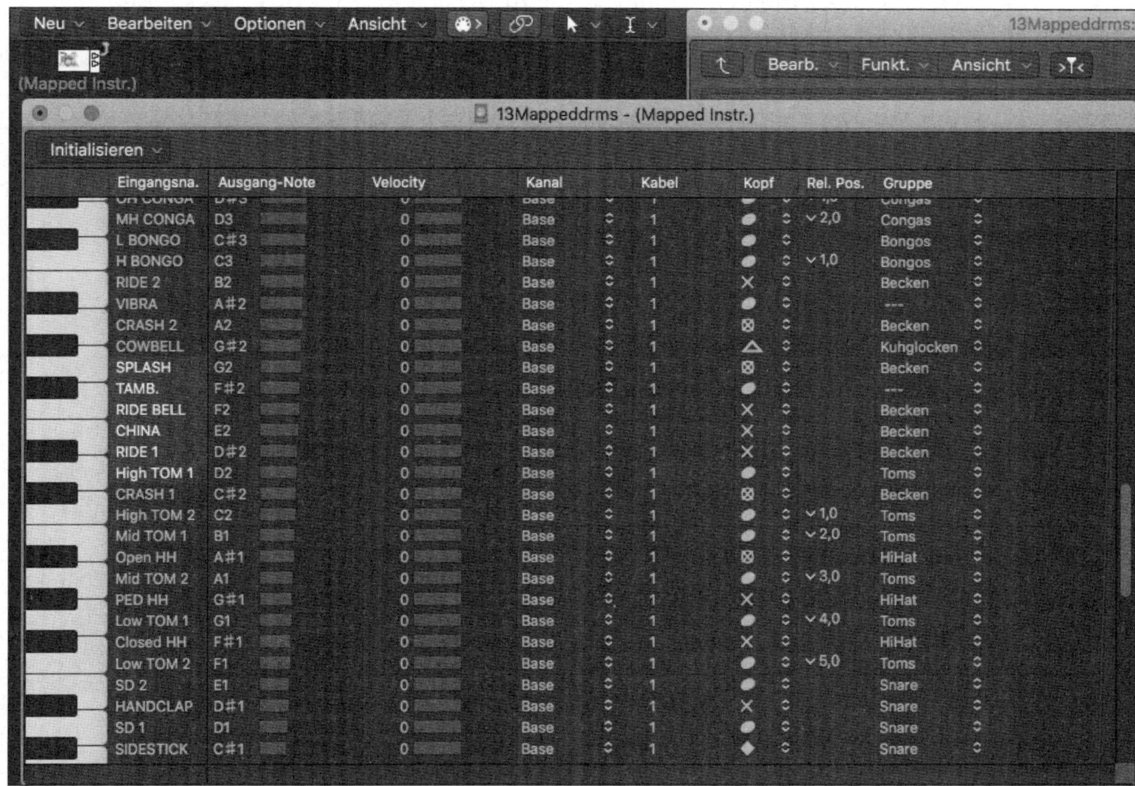

Abbildung 13.59 Mapped Instrument

13.2.14 Sonstige Environment-Objekte und -Layer

Im Environment finden Sie noch viele weitere Objekte, die ich hier aus Platzgründen nicht alle aufführen kann und die Sie im Handbuch nachschlagen können. Besonders interessant sind die Fader- und Knopf-Objekte: In Ermangelung eines Hardwarecontrollers oder als Alternative dazu können Sie Fader und/oder Knöpfe in einem Layer arrangieren, um MIDI-Controller-Daten (über optimalerweise übersichtlich angeordnete Fader) an Logic zu senden. Im Dokument *13Faderenv1* habe ich einen neuen Layer erzeugt. In diesem Layer senden acht neu erzeugte Fader jeweils Controller 21–28. Sie können diese nun beispielsweise zur Fernsteuerung von Plug-ins oder einer MIDI-Hardware ohne dedizierte Knöpfe zur Steuerung von Parametern benutzen. Im Menü NEU stehen Ihnen unter dem Eintrag REGLER viele verschiedene Knöpfe und Fader zur Verfügung.

Im OPTIONEN Menü finden Sie Befehle zum Zurücksetzen von Fadern und zum automatisierten Senden von (allen oder selektierten) Faderbefehlen – um schnell alle eingestellten Faderwerte an das Ziel zu senden.

Alle Faderobjekte wurden mit dem Farbfenster (`alt` + `C`) eingefärbt und verfügen außerdem über optionale Inputeinstellungen, die zunächst jeweils ebenfalls auf Controller 21–28 eingestellt sind. Alle Fader werden über ein neutrales »Transformer«-Objekt, das ich hier ROUTER getauft habe, an den Sequencereingang geroutet (siehe Abbildung 13.60).

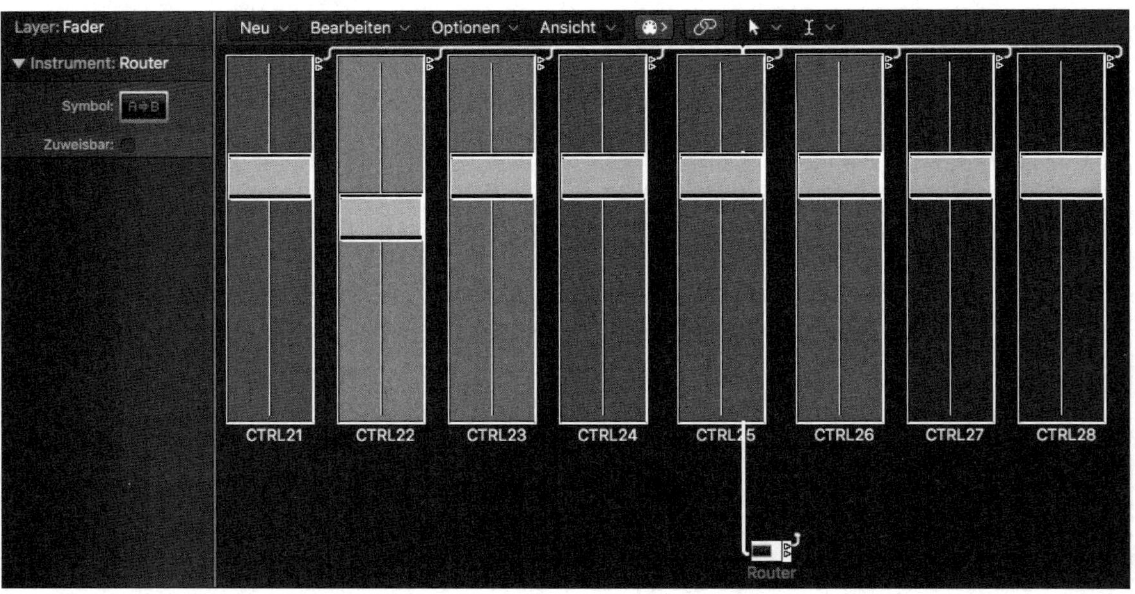

Abbildung 13.60 Selbsterzeugter und benannter »Fader«-Layer

Sie können die Inputeinstellungen aber auch abändern und beispielsweise einen Hardwarecontroller, der Controller 40–47 sendet, mit unseren virtuellen Logic-Fadern (aber nicht mit dem Sequencereingang) verbinden, um von der Hardware (obwohl diese zunächst etwas anderes ausgibt) Controller 21–28 an die virtuellen Fader (und von dort transformierte CC-Befehle weiter an den Sequencereingang) zu senden. Hierfür habe ich im Projekt *13Faderenv2* ein neutrales »Transformer«-Objekt als Sammelstelle eingerichtet, mit dem Sie den Output Ihres angeschlossenen Controllers im physischen Eingang des Layers KLICK & PORT (am Sequencereingang vorbei) verbinden müssten.

Monitor

Das Objekt *Monitor* im KLICK & PORT-Layer zeigt die Struktur durchfließender MIDI-Daten an. Es wurde in Abschnitt 13.2.2 kurz vorgestellt; es kann auch in anderen Layern zum Einsatz kommen. Tipp: In Abschnitt 16.1.23 über Automationsdatenedits in der EventListe finden Sie ein Beispielprojekt (*16Parametermonitoring*), das den Monitor nutzt, um herauszufinden, welche Bezeichnungen und Nummern Logic für die Bewegung einzelner Plug-in-Regler verwendet (so dass Sie z. B. Kurven zum Ansteuern bestimmter Parameter danach leichter selbst einzeichnen können).

Temporegler

In Abschnitt 9.9.2 finden Sie Erläuterungen über den TEMPO-Regler, den Sie im Menü NEU • REGLER • SONDERFÄLLE erzeugen und zur Steuerung des Logic-Tempos verwenden können.

13.2.15 Import von externen Environment-Layern und -Objekten

Sie können Environment-Layer aus anderen Projekten importieren, und zwar über das Menü OPTIONEN • ENVIRONMENT IMPORTIEREN des Fensters MIDI-UMGEBUNG. Zur Auswahl stehen mehrere Möglichkeiten – inklusive des Imports von Layern und Objekten aus anderen Projekten bis hin zum Ersetzen des kompletten Environments. Das ist interessant, weil es im Internet viele herunterladbare Environments zu verschiedensten Zwecken gibt, die Sie importieren können.

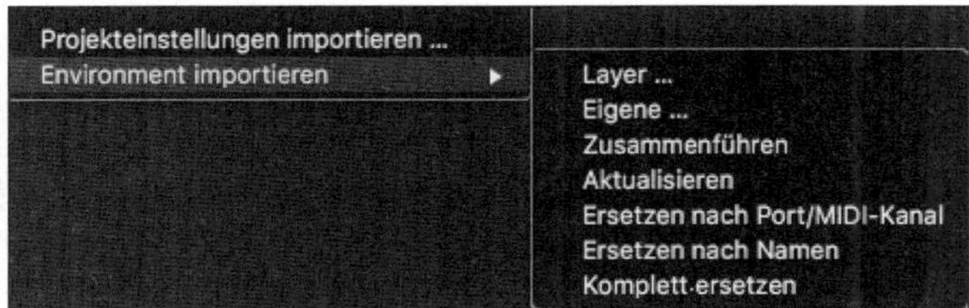

Abbildung 13.61 Import von Environments

Wenn Sie die Option LAYER auswählen, erscheint der Dialog aus Abbildung 13.62. Im Flip-Menü LAYER können Sie Layer aus dem gewählten Projekt auswählen.

Wenn Sie hier beispielsweise einen Layer MIDI-INSTR. importieren, legt Logic in Ihrem Projekt einen neuen Layer mit dem entsprechenden Namen an (auch wenn sich ein solcher bereits in Ihrem aktuellen Projekt befindet). Die BIBLIOTHEK kann gegebenenfalls auch auf Inhalte anderer verschiedener Layer zurückgreifen.

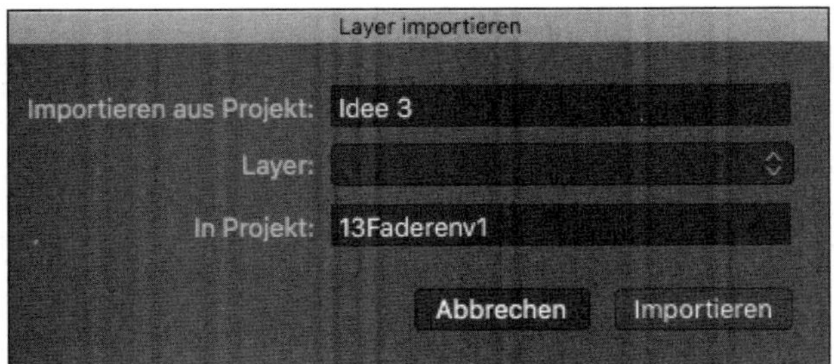

Abbildung 13.62 Optionen zum Import von Layern

Wenn Sie die Importoption EIGENE ... wählen, können Sie Objekte Ihres Tracks gegen Objekte des anderen Projekts austauschen oder einzelne Objekte importieren.

Kapitel 14
Der Mixer und das Routing

Damit ein Song gut klingt, mischen Sie seine einzelnen Bestandteile entsprechend ab. Ihre Arbeitsoberfläche ist der Mixer bzw. das Mixer-Fenster, auch wenn einzelne Spuren im Hauptfenster angezeigt werden. In Kapitel 15, »Die Effekte in Logic Pro«, lernen Sie dann alle Effekte kennen; in Kapitel 17, »Mixingstrategien, musikalische Ziele und Stile«, finden Sie einen kleinen Leitfaden für Mixingstrategien.

Logics Mischpult ist mächtig und flexibel. Um Kontrolle über Ihre Mixe zu bekommen, sollten Sie wissen, wie das Signal durch den Mixer fließt – und auch, wie Sie es umleiten, effektieren, splitten und zusammenfassen. Und auch, wie was angezeigt wird. Sie lernen Begriffe wie *Insert-* und *Send-Effekte, Busse, Summen-Routing* und *Stems* und ihre Bedeutung kennen.

14.1 Einführung in den Mixer

Logics Mixer orientiert sich an klassischem Mischpult-Design, seine Flexibilität ist auch von teuersten Hardwaremixern kaum zu übertreffen. Es bietet innovative Ansichtsoptionen für Übersichtlichkeit.

14.1.1 Mixerfenster einblenden und scrollen

Im Hauptfenster blenden Sie mit dem Shortcut [X] oder dem entsprechenden Button in der Symbolleiste unten einen kleinen Mixer ein. Das MIXER-Fenster öffnen Sie dagegen mit dem Shortcut [cmd] + [2]. Tipp: Bei Mouse-Wheels, die nur vertikal scrollen, können Sie via [⇧] + Scrollrad horizontal scrollen, um besser durch einen großen Mixer mit vielen Spuren zu navigieren.

14.1.2 Ansichten des Mixers: Übersicht

Eine Besonderheit des Logic-Mixers sind seine drei Ansichten:

- EINZELN
- SPUREN
- ALLE

14.1.3 Ansicht »Einzeln«

In der Ansicht EINZELN wird ein Kanalzug inklusive sämtlicher für den Signalfluss relevanten Folge-Kanalzüge angezeigt (bei regulärer Verkabelung mit Aux-Kanälen, nicht jedoch bei Nutzung von Audiospuren als Sammelspuren).

Abbildung 14.1 Ansicht »Einzeln« im Mixer für einen Kanalzug

Die anderen beiden Ansichten (SPUREN, ALLE) benötigen meist etwas mehr Platz in der Breite.

14.1.4 Ansicht »Spuren«; Spuren anordnen, sortieren und verschieben; Spuren im Hauptfenster

In der Ansicht SPUREN (siehe Abbildung 14.2) wird die Reihenfolge und Anordnung von Spuren aus dem Bereich SPUREN auch im Mixer angezeigt. Achtung: Allerdings lassen sich auch dann die Spuren nur im Bereich SPUREN, nicht im Mixer selbst verschieben! Manche Mixerspuren sind möglicherweise im Bereich SPUREN nicht zu sehen. Um alle Spuren im Bereich SPUREN verfügbar zu haben, müssen Sie gegebenenfalls für Aux- oder sonstige Mixerkanalzüge eigene Spuren im Bereich SPUREN erzeugen. Dies geht, wie gezeigt, durch Rechtsklick auf den entsprechenden Kanalzug oder via `ctrl` + `T` (bei selektierter Spur). Andererseits zeigt Abbildung 14.2 oben mehr Felder, die in Abbildung 14.1 aus Platzgründen nicht zu sehen und nur über das Aktionsmenü erreichbar sind. Auch die neue Option, Sends als Fader darzustellen, ist in Abbildung 14.2 zu sehen, sie verschwindet oben jedoch, wenn im Fenster nicht genug Platz da ist.

Abbildung 14.2 Ansicht »Spuren« im Mixer für einen Kanalzug

Automatisches Erzeugen von Aux-Spuren mit Automation im Hauptfenster

Wenn Sie in einem Mixer-Kanalzug, der bislang in der Spurenansicht nicht zu sehen ist, wie z. B. Aux oder *Output*, einen Automationsmodus aktivieren, wird nun automatisch im Bereich SPUREN eine Spur dieses Kanalzugs erzeugt. Sie können nun auch mehrere Spuren gleichzeitig selektieren und neue Spuren im Hauptfenster erzeugen.

Spuren automatisch sortieren

Unter SPUREN SORTIEREN NACH ... bietet das SPUR-Menü praktische Optionen zum Erzeugen und zum *automatischen* Sortieren von Spuren nach Kategorien (wie MIDI-Kanal, Audiokanal oder Spurname). Alternativ ist ein *manuelles* Umsortieren von Spuren zwar möglich, muss allerdings wie gesagt im Hauptfenster im Bereich SPUREN und kann nicht im Mixer selbst erfolgen. Auch automatische Sortierungen finden zunächst im Hauptfenster statt, wodurch sie im Mixer in der Ansicht SPUREN angezeigt werden.

14.1.5 Ansicht »Alle«

In der Ansicht ALLE (hier ohne Abbildung) sehen Sie alle Spuren des Mixers (z. B. inklusive *Klopfgeist* und Prelistening-Kanal, siehe Abschnitt 14.1.34) und müssen gegebenenfalls zur Seite scrollen, weil nicht alles in einem Fenster darstellbar ist. Dabei werden alle Kanalzüge und Mixer-Objekte in einer bestimmten, nicht verschiebbaren Reihenfolge angezeigt, die die verschiedenen Typen von Kanalzügen im Mixer nacheinander in der Reihenfolge ihrer Kanalnummerierung als MIDI-Umgebung-Objekte auflistet. Kanaltyp und -nummer werden oberhalb des SETTING-Buttons sichtbar, wenn Sie sich im ANSICHT-Menü für Channel-Strip-Komponenten TYP UND NUMMERNBESCHRIFTUNG anzeigen lassen. Wenn Sie sich dort dagegen die NUMMER anzeigen lassen, ist die Spurnummer gemeint, die Sie unter dem Spurnamen sehen (siehe Abschnitt 14.1.11).

14.1.6 Undo im Mixer

Im Mixer oder den Plug-ins vorgenommene Edits können Sie seit Logic 10.4. auch via UNDO rückgängig machen. Dabei können Sie Mixer- und Plug-in-Edits optional in die »normale« Undo-Liste integrieren (was voreingestellt automatisch passiert). Diese orientiert sich nach wie vor an den zeitlich zuletzt vorgenommenen Operationen, doch können Sie nun Mixer- oder Plug-in-Edits auch ausklammern oder temporär herausfiltern.

14.1.7 Kanalzugtypen im Mixer und weitere Ansichtsoptionen

Der Mixer zeigt folgende Arten von Kanalzügen an:

- Audio
- Instrumente
- Aux
- Bus
- Input
- Output
- Master
- MIDI

Die verschiedenen Kanalzugtypen werden rechts oben aufgelistet und können durch Klick auf den entsprechenden Button in den Ansichten SPUREN und ALLE ein- und ausgeblendet werden. Angezeigte Kanalzugtypen erkennen Sie an blau leuchtenden Buttons. Klicken Sie einen Kanalzugtyp-Eintrag dagegen mit gehaltener `alt`-Taste an, so wird anschließend *aus-*

schließlich diese Spurkategorie angezeigt. Ein anschließender Klick auf den blau leuchtenden Kanalzugtyp-Button reaktiviert die Anzeige für alle Kanalzugtypen. Rechts daneben stellen Sie die Spurbreite für angezeigte Objekte ein (siehe Abbildung 14.3).

Abbildung 14.3 Einstellung für die Breite der Darstellung des Kanalzugs

14.1.8 Spur-Selektionstechniken im Mixer

Haben Sie beispielsweise Spur 1 selektiert und klicken mit gehaltener [⇧]-Taste auf Spur 7, werden alle Spuren dazwischen ebenfalls selektiert. Wenn Sie nur Spur 1 und Spur 7 selektieren möchten, halten Sie hierfür die [cmd]-Taste gedrückt, während Sie Spur 7 selektieren. Sie können auch den Cursor mit gehaltener Maustaste über die Abbildung der Spuren im Mixer bewegen, um mehrere Spuren auszuwählen.

14.1.9 Spuren löschen

Wenn Sie eine oder mehrere Spuren selektiert haben, können Sie sie durch Klick auf die [⌫]-Taste löschen (gegebenenfalls erfolgt eine Warnung, falls Spuren für das Arrangement bzw. im Bereich SPUREN verwendet werden).

14.1.10 Plug-ins und Effekte im Mischpult bedienen

Sie laden ein Plug-in, indem Sie mit Gefühl und gehaltener Maustaste auf den entsprechenden Slot klicken und das Plug-in aus dem Menü auswählen, oder über die BIBLIOTHEK.

Wenn Sie den Cursor mit der Maus über den Eintrag eines geladenen Plug-in-Slots bewegen, verändert sich dessen Grafik. Statt des Namens des Plug-ins sehen Sie eine dreigeteilte Ansicht (Abbildung 14.4). Diese ist für Software-Instrumente und Audioeffekte blau, für MIDI-Effekte grün.

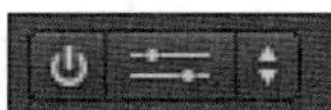

Abbildung 14.4 Dreigeteilter Slot

Für alle Plug-ins gilt: Links schalten Sie das Plug-in an und aus. Ein Klick auf die Mitte öffnet das Plug-in. Wenn Sie mit gehaltener Maustaste auf den rechten Bereich gehen, gelangen Sie wieder ins Flip-Menü zur Auswahl von Plug-ins. Während pro Kanalzug nur ein Instrument geladen werden kann, wird beim Einfügen von Effekt-Plug-ins unterhalb des geladenen Effekts ein weiterer, nicht eingefärbter, sehr schmaler Slot sichtbar, in den Sie einen weiteren Effekt laden könnten. Halten Sie beim Klick auf diesen Slot die Maustaste mit Gefühl lange genug gedrückt, um an das Aufklappmenü zum Erzeugen eines neuen Effekts zu gelangen.

Mit dem Shortcut V blenden Sie schnell alle geöffneten Plug-in-Fenster ein oder aus. Wenn Sie mit gedrückter Maustaste den Cursor von oben nach unten oder von unten nach oben über Effekt-Plug-ins bewegen, können Sie diese in einem Rutsch aktivieren oder deaktivieren.

Effekte verschieben und kopieren

Die Position der Effekte im Kanalzug vertauschen Sie, indem Sie den Slot bei geladenem Effekt in der Mitte anfassen und mit gehaltener Maustaste in den gewünschten Slot bewegen. Gegebenenfalls tauschen Effekte bei solchen Verschiebungen auch automatisch ihre Position, falls mehrere Effekte geladen sind. Darüber hinaus ist es kein Problem, auf die gleiche Art und Weise Effekte einer Spur in andere Spuren zu verschieben, indem Sie die Maustaste gedrückt halten und den Effekt einfach in die andere Spur hinüberziehen. Dabei bleiben sämtliche im Effekt vorgenommenen Einstellungen erhalten. Wenn Sie dabei die alt-Taste gedrückt halten, wird der Effekt nicht verschoben, sondern kopiert.

14.1.11 Aufbau und Ansichtsoptimierung von Channel-Strips

Sie finden im Menü ANSICHT unten diverse Optionen für die Anzeige der Bestandteile von Kanalzügen. Auch ein Rechtsklick auf einen Kanalzug öffnet ein Kontextmenü mit entsprechenden Optionen. Die komfortabelste Option ist der über ANSICHT • CHANNEL-STRIP-KOMPONENTEN KONFIGURIEREN erreichbare Dialog aus Abbildung 14.5.

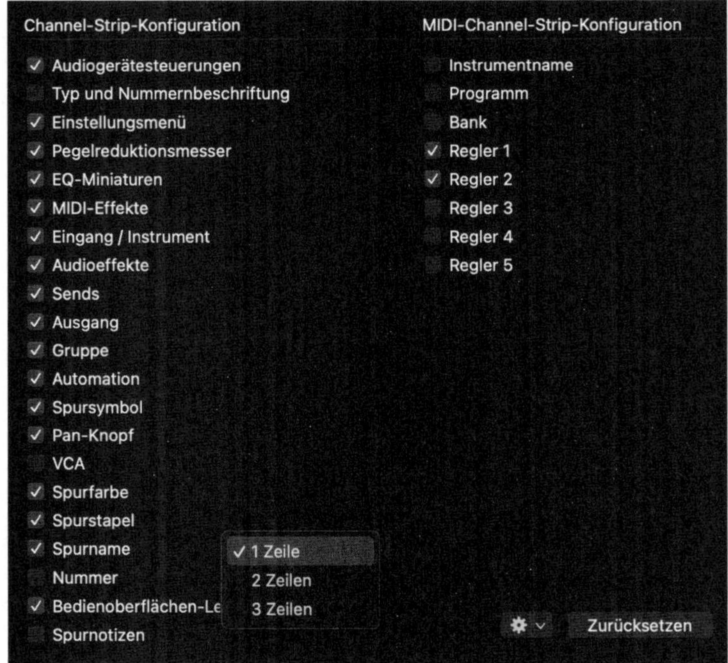

Abbildung 14.5 Dialog »Channel-Strip-Komponenten konfigurieren«

Betrachten Sie Kanalzüge mit allen eingeblendeten Optionen. Je nach Anzahl der Effekte etc. kann ein Kanalzug sehr lang werden. Beim Instrumentenkanalzug können Sie oben »MIDI-FX«-Plug-ins und darunter Instrumente laden. Der Bereich für Audiogerätesteuerung fehlt gegenüber dem Audiokanal. Beim Aux-Kanalzug ist unten kein RECORD-Button zu sehen. Mehr zur Konfiguration von MIDI-Kanalzügen lesen Sie in Abschnitt 14.1.33).

14.1.12 Kanalzug: Audiogerätesteuerung

Hier können Sie bei Audiospuren die Eingangslautstärke Ihres Audioeingangs regeln (ein relativ neues Feature in Logic). Nutzen Sie hierfür bei Interfaces von Drittanbietern gegebenenfalls ihre mitgelieferte Software. So können Sie hier z. B. seit Logic 10.3.2 diverse Einstellungen wie Phantomspeisung von Apogee-Interfaces einstellen. Neuerdings werden Audiogerätesteuerungen nicht mehr angezeigt, wenn das verwendete Audiogerät sie nicht unterstützt.

Abbildung 14.6 Apogee-Element-24-Einstellungen im Logic-Mixer

14.1.13 Kanalzug: Typ und Nummernbezeichnung:

Zeigt die Art des Kanalzugobjekts und seine Nummer an. Kanalzugobjekte vom Typ AUDIO werden im Mixer in der Reihenfolge ihrer Kanalzuweisung durchnummeriert. Diese Kanalzuweisung ist im Informationsfenster in der MIDI-UMGEBUNG einstellbar und in den anderen Fenstern ausgegraut sichtbar, z. B. AUDIO 1, AUDIO 2 ...

14.1.14 Kanalzug: »Setting«-Menü

Hier laden und speichern Sie *.cst*-Files (Channel-Strip-Presets).

14.1.15 Kanalzug: Pegelreduktions- und EQ-Miniaturen

Die Miniaturdarstellungen (Abbildung 14.7) zeigen die Gain-Reduction durch das erste verwendete Logic-»Compressor«-Plug-in im Kanalzug bzw. die EQ-Kurve des ersten verwendeten »Channel EQs« oder »Linear Phase EQs«. Ein Doppelklick auf die jeweiligen Miniaturen öffnet und schließt das zugehörige Plug-in. Falls noch kein EQ oder »Compressor« eingefügt ist, wird ein entsprechendes Plug-in beim ersten Doppelklick in den Miniaturenbereich automatisch eingefügt.

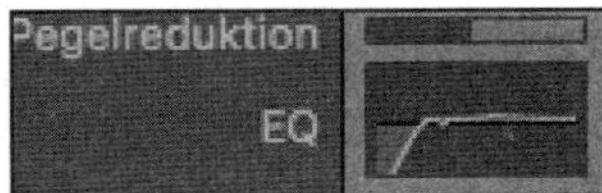

Abbildung 14.7 Pegelreduktions- und EQ-Kurven-Miniaturen

14.1.16 Kanalzug: MIDI-FX

Sind MIDI-FX aktiv, werden sie oberhalb der Plug-ins angezeigt (nur bei Software-Instrument-Spuren). Diese können Sie ebenfalls per Drag & Drop zwischen Kanälen austauschen und kopieren (siehe Kapitel 13, »Die MIDI-FX-Plug-ins und die MIDI-Umgebung«).

14.1.17 Kanalzug: Kanalkonfiguration, Input/Instrument, Mono/Stereo/Surround, Wiedergabe von Stereo- und Split-Dateien

In Audio- und Aux-Kanälen wird der Input inklusive der Schaltung für Mono/Stereo und Surround angezeigt (links daneben, siehe Abbildung 14.8). Das Flip-Menü erreichen Sie im Bild durch Klick auf die Kreise bzw. das Symbol für das ausgewählte Routing (in Abbildung 14.8 zwei Kreise für »Stereo«). Sie können dort auch z. B. nur das linke Signal auswählen und so nur den linken bzw. nur einen Kanal eines Stereosignals wiedergeben. Das ist beispielsweise bei Verwendung bestimmter Mikrofontechniken nützlich. Nutzen Sie den entsprechenden Eintrag LINKS bzw. RECHTS im Flip-Menü neben dem Eingang, wo sonst die zwei Kringel für eine Stereokonfiguration zu sehen sind (Abbildung 14.8). Dies gilt sowohl für Audiospuren als auch für Aux-Kanäle. Wenn Sie zwei Split-Stereo-Dateien *.L* und *.R* auf eine Stereo Spur ziehen, rendert Logic übrigens eine neue Interleaved-Datei hieraus und legt diese automatisch auf die Stereo-Spur

In Software-Instrument-Spuren können Sie im Eingangsbereich ein Instrument-Plug-in laden.

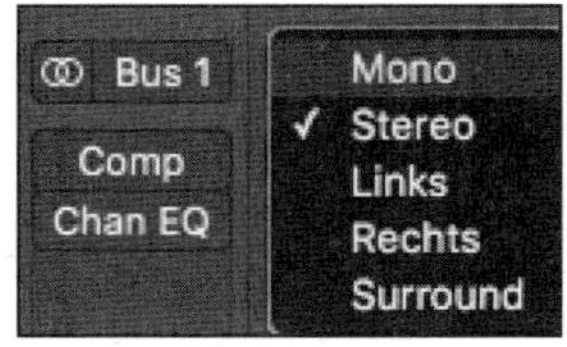

Abbildung 14.8 Input-Auswahl

Über Kanalkonfigurationen, die sich durch die Verwendung der Effekte ergeben (z. B. Mono zu Stereo, Dual-Mono, lesen Sie mehr in Abschnitt 15.1).

14.1.18 Kanalzug: Audioeffekte

In diesen Slots fügen Sie Audioeffekt-Plug-ins ein (siehe auch Abschnitt 14.1.10)

14.1.19 Kanalzug: Sends und Sends als Fader

Von hier aus senden Sie das Signal *pre* oder *post fader* an Busse (siehe Abschnitt 14.3 über Einschleif- vs. Zumischeffekte). Beachten Sie, dass es meist außerdem aus dem Output-Bereich herauskommt. Beim Erzeugen von Bussen steht der Pegel des SEND-Knopfes zunächst auf minus unendlich. Klicken Sie mit gehaltener `alt`-Taste auf den Fader, um ihn auf eine Einstellung von 0,0 dB zu bringen. Zum Abgriff des Signals neu erstellter Zielbusse erzeugt Logic automatisch einen Aux-Kanal oder verwendet einen existierenden Aux-Kanal. Bewegen Sie die Maus über den linken Teil der SENDS-Anzeige, um einen Power-Knopf angezeigt zu bekommen und Sends zu aktivieren/deaktivieren. Inaktive Sends sind grau, aktive blau farbig unterlegt.

Mit Hilfe der neuen Option SENDS AUF FADER (oben im Mischpult, falls genug Platz) können Sie die Send-Einstellungen als Fader darstellen lassen. Das macht die Bedienung eventuell leichter und verdeutlicht, dass die Sends genauso wie der Hauptfader ein Signal des Kanalzugs regeln und an ein oder mehrere Ziele schicken, nur die Art und Weise wie man das regelt und einstellt, ist anders.

14.1.20 Kanalzug: Ausgang

Von hier aus kann das Signal an Outputs oder Busse gesendet werden. Wenn Sie mehrere Kanalzüge selektieren und beim Einstellen des Zieles die `alt`-Taste drücken, dann werden Ausgangskanäle aufsteigend eingestellt (z. B. Bus 25, 26, 27 ...).

14.1.21 Kanalzug: Gruppe

Hier können Sie den Kanalzug einer oder mehreren Mixgruppe(n) zuweisen (siehe auch Abschnitt 14.8).

14.1.22 Kanalzug: Automation

Hier stellen Sie den Automationsmodus der Spur ein (siehe Abschnitt 16.1). In den Kanalzügen des Mixers können Sie so gut wie jeden Parameter (inklusive der meisten Regler von Audioeffekt- und Instrumenten-Plug-ins, MIDI-Plug-ins via Smart Controls) live verändern und die Bewegungen/Veränderungen als Automation aufzeichnen.

14.1.23 Kanalzug: VCA-Gruppe

Weisen Sie Spuren einer VCA-Gruppe zu (siehe Abschnitt 14.8.3).

14.1.24 Kanalzug: Spursymbol

Ein Spursymbol können Sie unterhalb der Automationseinstellung einblenden und es z. B. durch Doppelklick auf das Symbol im Informationsfenster Spur des Hauptfensters oder durch Rechtsklick auf das Symbol im Spur-Header im Bereich Spuren auswählen.

14.1.25 Kanalzug: Pan, Pan/Balance, Stereo-Pan, Binaural

Hiermit bewegen Sie das Signal im Stereofeld nach links und rechts. Klicken Sie mit gehaltener alt-Taste auf den Pan/Balance-Regler, um ihn zurück auf Mittelstellung zu bringen. Handelt es sich um einen Mono-Kanalzug, ist ein Pan-Regler zu sehen. Handelt es sich um einen Stereokanalzug, übernimmt der Regler voreingestellt eine Balance-Funktion, er verschiebt also das gesamte Stereobild nach links oder rechts.

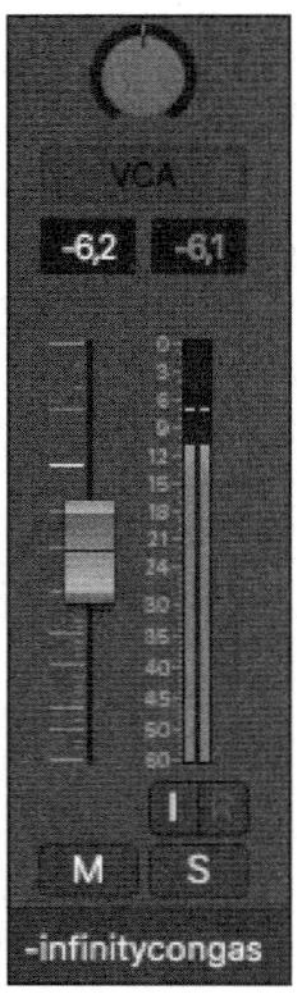

Abbildung 14.9 Volume-Regler, Pegelanzeige etc.

Via Stereo-Pan können Sie die Breite des Stereobilds kontrollieren und zusätzlich nach links oder rechts verschieben. Rufen Sie bei Stereokanälen das Kontextmenü des Pan-Reglers auf, um die Option Stereo-Pan zu erreichen.

Abbildung 14.10 Via »Stereo-Pan« schmaler gemachtes Stereobild, leicht nach rechts positioniert

Sie können ferner die Option BINAURAL auswählen, die auch erscheint, wenn als Output eines Kanalzuges SURROUND ausgewählt ist. Dann steht statt des PAN-Reglers ein Positionierungsregler zur Verfügung (siehe Abschnitt 15.9.3 zu Binaural Pan).

14.1.26 Kanalzug: Gain- und Pegel-Anzeigen

Die linke Zahl (–6,2) zeigt die Stellung des VOLUME-Reglers an. Die rechte Zahl (–6,1) liefert den maximalen Pegel (Abbildung 14.9). Durch Doppelklick auf die Gain-Anzeige können Sie manuell einen Wert für den Volume-Fader eingeben. Durch einen Doppelklick auf die Pegel-Anzeige setzen Sie den Wert zurück, so dass er neu gemessen werden kann. Hierfür gibt es auch einen (Shortcut-zuweisbaren) Befehl ÜBERSTEUERUNGSANZEIGE IN AUDIOKANÄLEN ZURÜCKSETZEN. Auch beim erneuten Starten des Sequencers wird die Anzeige zurückgesetzt.

14.1.27 Kanalzug: Volume-Regler

Mit diesem Regler stellen Sie die Lautstärke des Kanalzugs ein. Halten Sie die [⇧]-Taste gedrückt, um in feineren Schritten zu justieren. Klicken Sie mit gehaltener [alt]-Taste auf den Fader, um ihn auf eine Einstellung von 0,0 dB zurückzusetzen. Doppelklicken Sie auf die Gain-Anzeige, um den Wert numerisch einzugeben.

14

14.1.28 Kanalzug: Input- und Record-Button

Bei Audiokanalzügen sind INPUT-Buttons sichtbar, mit denen Sie Signale durch Audiokanäle schleifen oder einfach nur hörbar machen (genannt *Eingangsmonitoring* bzw. *Input-Monitoring*). Audiokanäle können so fast wie Aux-Kanäle verwendet werden, durch die das Signal fließt und abgegriffen wird, mit dem Vorteil, dass Sie Audiokanäle durch Klick auf den RECORD-Button auch schnell in den Aufnahmemodus versetzen können.

14.1.29 Kanalzug: Mute- und Solo-Button, solo safe, Prelistening-Kanal

Mit diesen Buttons schalten Sie Kanalzüge stumm oder solo (»M« wie *mute*, »S« wie *solo*) Die Solo-Schaltung in Logics Mischpult entspricht einem *Solo-in-place-Modus*, denn die Spur bleibt in ihrem normalen Kontext zu hören und wird nicht auf einen separaten Solo-Bus (wie z. B. beim *Cueing* in einem DJ-Mixer) geroutet. Die Befehle *Solo* und *Mute* für einen Kanalzug entsprechen in Logic Pro den Shortcuts [S] und [M].

Falls das Signal eines solo geschalteten Kanals durch einen nachfolgenden Aux-Kanal läuft, wird dieser automatisch *solo safe* geschaltet, damit Sie das Signal auch hören können. Das ist eine sehr nützliche Automatik, die man nicht in allen DAWs findet. Sie können Kanäle auch manuell *solo safe* schalten, so dass sie von einer eventuellen späteren Solo-Schaltung eines Kanals ausgenommen werden. Hierzu klicken Sie mit gehaltener [ctrl]-Taste auf den SOLO-

Button, so dass das S anschließend wie in Abbildung 14.11 rot durchgestrichen wird. Ein erneutes Klicken mit gehaltener ctrl-Taste hebt die Solo-safe-Schaltung wieder auf.

Abbildung 14.11 Solo-safe-Schaltung

Mit alt + Klick auf einen MUTE- oder einen SOLO-Button werden alle Mute- bzw. Solo-Schaltungen im Mixer deaktiviert. Auch der Befehl SOLO ÜBERALL AUSSCHALTEN (Shortcut ctrl + alt + cmd + S) deaktiviert alle Solo-Schaltungen, inklusive sogenannter Regionssolos (siehe hierzu auch Abschnitt 4.9.17 über den Bereich SPUREN und den Unterabschnitt »Mute und Solo«).

14.1.30 Kanalzug: Spurfarbe, Spurname, Spurnummer

Diese Channel-Strip-Komponenten sind weitgehend selbsterklärend und lassen sich optional ein- bzw. ausblenden. Sie färben die Spur ein, indem Sie die Farben einblenden (alt + C) und bei selektierter Spur eine Farbe anklicken. Diese erscheint dann unten in der Spur. Außerdem können Sie einen Spurnamen vergeben. Die Spurnummer aus dem Bereich SPUREN im Hauptfenster wird ebenfalls unten (mit dem Spurnamen) angezeigt. Dies ist z. B. sinnvoll, um die Spurnummer auch bei Nutzung der Mischpultansicht ALLE im Blick zu behalten (siehe Abbildung 14.12).

Audio 3 -infi...ngas Prelisten Clas...Piano Clas...Piano
5 6 1 2

Abbildung 14.12 Spurnummern werden optional unten im Kanalzug angezeigt.

14.1.31 Kanalzug: Notizen

Unten können Sie Notizen für den Kanalzug eintippen und auf diese Weise schnell im Mixer sehen. Diese entsprechen den Notizen, die im Hauptfenster im Bereich NOTIZEN unter dem Reiter SPUR stehen. Sie können die Notizen in beiden Bereichen eingeben, und sie werden dann überall sichtbar.

14.1.32 Sonstige Kanalzugtypen: Bus, Input, Output, Master (bei Stereo- und Surround-Projekten)

Es gibt noch weitere Kanalzugtypen in Logic. Bus- und Inputkanalzüge sind vor allem aus Kompatibilitätsgründen noch in aktuellen Logic-Versionen enthalten. Heute wird empfohlen, anstelle von Bus- oder Input-Channel-Strips nur Aux-Channel-Strips einzusetzen. Praxisrelevanter sind noch die *Output*- und *Master*-Kanalzüge (Abbildung 14.13).

Bus- und Inputkanalzüge

Kanalzüge vom Typ *Bus* und vom Typ *Input* erzeugen Sie in der MIDI-UMGEBUNG im Layer MIXER im Menü NEU • CHANNEL-STRIP. Ein Bus-Objekt ist fest einem Bus und ein Input-Objekt fest einem Input zugewiesen. Die Objekte greifen das Signal des Busses oder Inputs ab, der Input kann hierbei nicht verändert werden, nur der Output. Im Informationsfenster SPUR wird unter KANAL entsprechend (und ausgegraut) angezeigt, welcher Input oder Bus durch den Kanalzug repräsentiert wird (z. B. BUS 3, siehe Projekt *14Busobjekteffekt*). Für Bus-, Input- und Output-Kanalzüge können Sie wählen, ob es sich um Stereo- oder Mono-Kanalzüge handelt.

Vorsicht

In Bus-Objekten aufgerufene Effekte sind anschließend möglicherweise auch in anderen Kanälen zu hören. Dies gilt beispielsweise für Aux-Kanäle, in denen die entsprechenden Busse als Input eingestellt sind (siehe Projekt *14Busobjekteffekt*).

Output- und Master-Kanalzüge

Die Output-Kanalzüge werden im Menü EINSTELLUNGEN • AUDIO • I/O-ZUWEISUNGEN den Ausgangskanälen einer Stereo- oder auch einer 5.1- bzw. Surround-Konfiguration zugewiesen und repräsentieren die physischen Ausgänge Ihres Audiointerface. Für Output-Kanalzüge (die über eigene BOUNCE-Buttons unten im Kanalzug verfügen) gibt es auch eigene Patches in der BIBLIOTHEK; sie werden sichtbar, wenn Sie einen Output-Kanalzug im Bereich SPUREN selektieren. Im Hauptmenü SPUR können Sie mit [⇧] + [cmd] + [M] die AUSGABESPUR im Bereich SPUREN schnell anzeigen lassen (bei Surround-Konfigurationen spricht das Menü von einer MASTER-SPUR). Patches für einen Output-Kanalzug sind oft mit Genrenamen wie Hip-Hop, Pop, Jazz, Rock benannt und sollen Ihnen helfen, bei Ihrer Mischung dem typischen Frequenzgang und Sound bestimmter Genres schnell nahezukommen.

Der Master-Kanalzug kann selbst keine Plug-ins laden, steuert die Lautstärke aller Output-Kanalzüge gleichzeitig und entspricht einem VCA-Fader. Dies erscheint überflüssig, wenn es ohnehin nur *einen* Stereo-Output-Kanalzug gibt. Falls es derer jedoch mehrere sind oder Surround-Konfigurationen gemischt werden, kann der Master-Kanalzug die Lautstärke *aller* Output-Kanäle gleichzeitig steuern (laut Handbuch sind dann auch Effekt-Aux-Kanäle von Änderungen an der Masterspur betroffen, siehe hierzu Abschnitt 3.3.2 über Audioeinstellungen und den Unterabschnitt über I/O-Zuweisungen). Das Lautstärkeverhältnis zwischen den verschiedenen Outputs bleibt bestehen. Der Master-Kanalzug verfügt außerdem über einen DIM-Button (Markierung D rechts unten in Abbildung 14.13), der temporär die Lautstärke senkt. Das Ausmaß der Lautstärkeabsenkung via DIM stellen Sie unter EINSTELLUNGEN • AUDIO • ALLGEMEIN ein.

Natürlich können Sie all diese Kanalzugtypen auch automatisieren; bei Master-Kanalzügen könnte das beispielsweise für Fade-outs am Ende von Projekten sinnvoll sein.

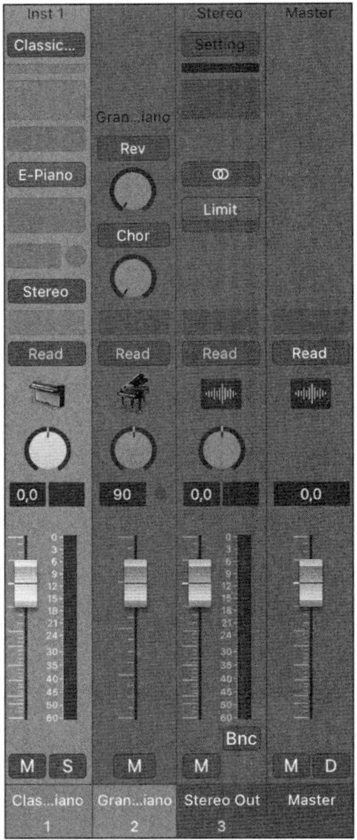

Abbildung 14.13 Output- und Master-Kanalzug, links in Spur 2 ein MIDI-Kanalzug

14.1.33 MIDI-Kanalzüge im Mixer

Etwas anders sehen MIDI-Kanalzüge im Mixer aus (Spur 2 in Abbildung 14.13.) Es ist auch bei MIDI-Kanalzügen über das Menü ANSICHT • MIDI-CHANNEL-STRIP-KOMPONENTEN oder über das generelle Menü zum Konfigurieren von Channel-Strips ANSICHT • CHANNEL-STRIP-KOMPONENTEN KONFIGURIEREN (siehe Abschnitt 14.1.11, Abbildung 14.5) rechts möglich, zusätzliche Regler und Anzeigen im Kanalzug einzublenden. Dort stellen Sie ein, wie viele Regler im Kanalzug zur Verfügung stehen.

Wenn hier ein Button wie REV oder CHOR zu sehen ist, betrifft das die Steuerung/Abmischung mit angeschlossenen General-MIDI-Klangerzeugern, bei denen zum Beispiel die Zumischung eines Chorus-Effekts mit einem standardisierten MIDI-Controller angesteuert wird (z. B. hier: Controller Nr. 93). Sie können stattdessen durch Klick auf den (z. B. mit CHOR beschrifteten) Button auch andere MIDI-Controller auswählen und senden lassen, um andere Parameter anzusteuern.

Übrigens: Die Bewegung der Regler, die hier konfiguriert wurden und die eigentlich (MIDI-) Control Change-Daten senden, können Sie wie bei anderen Mischpultspuren auch als Automation aufzeichnen und editieren (siehe Projekt *14MIDIChautomation*).

14.1.34 Prelistening und »Klopfgeist«

In jedem Logic-Projekt ist normalerweise ein Prelistening-Audiokanal (Audio Kanal 256, er wird zum Vorhören der Dateien aus diversen Fenstern genutzt, *solo safe* geschaltet) sowie ein *Klopfgeist*-Software-Instrument (Instrument 256 für das Metronom) vorhanden. Beide sehen Sie in der MIXER-Ansicht, wenn der Mixer auf ALLE zum Anzeigen aller Spuren eingestellt ist. Beachten Sie, dass das versehentliche Einfügen eines Effekts im Prelistening-Audiokanal dazu führt, dass sämtliche Files versehentlich effektiert vorgehört würden, weil das Vorhören im AUDIODATEIEDITOR, im Loop Browser und in der Übersicht PROJEKT durch diesen Audiokanal erfolgt.

14.1.35 »I/O-Beschriftungen« im Mixer

Im Fenster I/O-BESCHRIFTUNGEN, das Sie über das OPTIONEN-Menü des Mixers aufrufen, können Sie für Ihr System lange oder kurze individuelle BENUTZER-Beschriftungen für Inputs, Outputs und Busse vergeben. Diese gelten projektübergreifend. Das ist schade, zumindest Optionen zum Speichern und Laden einer Konfiguration würden helfen. Es können auch vom Treiber eines Audiointerface übermittelte Beschriftungen übernommen werden (Abbildung 14.14). Wählen Sie jeweils den gewünschten Eintrag durch Klick auf den Punkt aus. In einem Flip-Menü oben können Sie manuelle Beschriftungen ganz oder für Teilbereiche zurücksetzen.

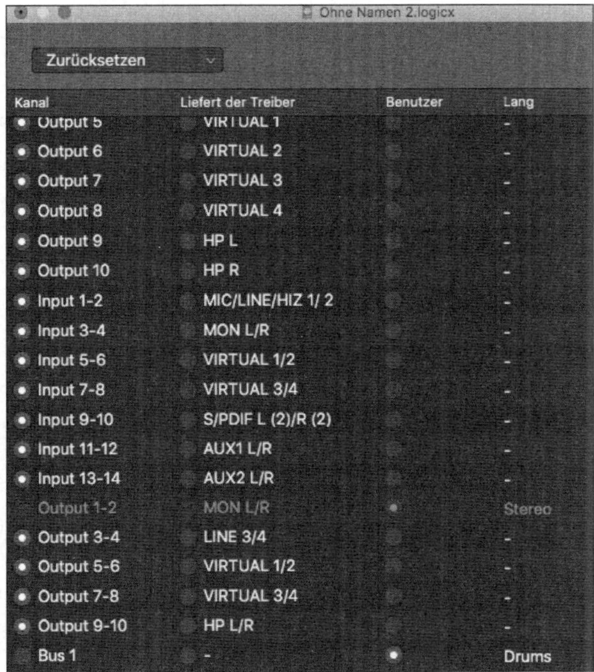

Abbildung 14.14 I/O-Beschriftungen, inklusive vom Treiber eines UAD-Apollo-Twin-Interface übermittelte Namen für die aufgelisteten Inputs und Outputs

14.2 Aux-Kanäle, Busse, Sends, Routing-Strategien, Insert- vs. Send-FX und Einzelouts

Logics Mixer erlaubt flexible und komplexe Routings. Weil er im Vergleich zu Hardwaremixern freier konfigurierbar ist, verlangt er dem Mix-Engineer allerdings ab und zu auch mehr Gedanken über das Routing- bzw. Mixkonzept ab. Dies gilt z. B. für die Verwendung und Beschriftung von Aux-Kanälen.

Wenden Sie Summen- oder Aux-Kanal-Routing nur an, wenn Sie wissen, was Sie und warum Sie es tun. Machen Sie nichts, »weil man das ja so macht«, sondern nur, weil Sie es aus einem bestimmten Grund so wollen. Wenn Sie einmal in wenigen Minuten einen Rough Mix erstellen wollen oder Sie auch so zufrieden mit Ihrem Ergebnis sind, kann es auch sinnvoll sein, nur die Lautstärken zu ändern und eventuell noch via EQ und »Compressor« etwas zu machen und das Bus-Routing erst einmal wegzulassen.

14.2.1 Unterschied zwischen Bussen und Aux-Kanälen

Jeder Channel-Strip kann über seinen Output auf einen Bus geroutet werden oder via Send(s) das Signal an einen (oder mehrere) Bus(se) schicken. Signalführende Busse existieren wie eine unsichtbare Matrix im Hintergrund – und werden typischerweise von Aux-Kanälen abgegriffen. Wenn Sie im Output- oder im Send-Bereich eines Channel-Strips einen Bus einstellen, erzeugt Logic automatisch einen Aux-Kanal, bei dem derselbe Bus als Input, aber auch ein Output eingestellt ist. Die Aux-Kanäle können Signale aus der Bus-Matrix auf diese Weise hörbar machen.

14.2.2 Aux-Kanäle manuell erstellen

Neue Aux-Channel-Strips können Sie im Mixer auch manuell im Menü unter OPTIONEN • NEUEN AUX-CHANNEL-STRIP ERZEUGEN oder mit dem Shortcut `ctrl` + `N` erzeugen.

14.2.3 Welcher Bus landet in welchem Aux- oder Audiokanal? Beschriftung

Warum macht man es überhaupt so, dass es Aux-Kanäle und Busse unabhängig voneinander gibt? Das erhöht die Flexibilität bei der Arbeit mit dem Mischpult. Auf diese Weise kann es z. B. auch mehrere Aux-Kanäle geben, die den gleichen Bus abgreifen und etwa unterschiedlich effektieren oder an andere Outs senden. Busse werden in Logic zu vielen Gelegenheiten benutzt, z. B. auch als Input-Option (Audiospuren und Instrumente sind hier nicht auswählbar). Für einen Anfänger ist es dadurch aber nicht einfacher.

Damit Sie nicht die Übersicht verlieren, welcher Aux-Kanal welchen Bus abgreift, hilft Logic Ihnen: Wenn Sie einen Aux-Kanal so konfigurieren, dass Bus 4 im Input anliegt, wird der Name des Aux-Kanals (gegebenenfalls manuell verändert) fortan neben dem Eintrag BUS 4 zu sehen sein, wenn Sie irgendwo ein Routing zu Bus 4 einstellen möchten. Falls Bus 4 von mehreren Aux-Kanälen abgegriffen wird, werden die Namen aller Aux-Kanäle angezeigt, die Bus 4 abgreifen. Wenn Sie manuell einen Bus im Aux-Input einstellen, zeigt Logic außerdem die Kanäle, die an diesen Bus senden.

Wird ein Bus für einen Summenstapel benutzt, ist der Name der Summenstapelspur vorn, und der Bus kann hinter dem Pfeil rechts daneben angezeigt werden (rechts in Abbildung 14.15). Dort wird z. B. der Bus 8 für die Summierung des Spurstapels mit dem Namen FIZZY BEATS (Demoprojekt »Ocean Eyes« von Billy Eilish, das zu Logic 10.6 gehört) benutzt.

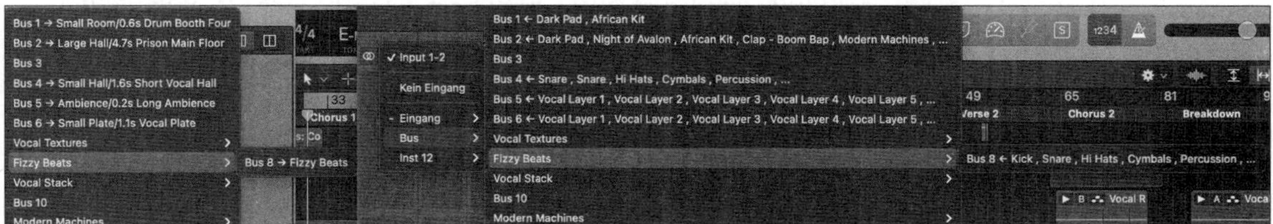

Abbildung 14.15 Busse zeigen in der Fotomontage links die Namen der Aux-Kanäle an, in denen dieser Bus als Input eingestellt ist. Das ist die Ansicht, in der Sie einen Bus im Ausgang einstellen. Rechts die Kanäle, die an diesen Bus senden. Das ist zu sehen, wenn Sie manuell im Aux-Kanal einen Bus als Eingang einstellen wollen.

14.2.4 Audiokanäle statt Aux-Kanäle nutzen; Live-Recording von Bussen

Wenn Sie einen Audiokanal mit aktiviertem Eingangsmonitoring für das Bus-Routing verwenden und einen Bus als Input einstellen, so hat dieser Audiokanal de facto die Funktion eines Aux-Kanals: Das Signal wird durchgeschleift und hörbar gemacht. In Ableton Live ist diese Methode Standard. Gegenüber dem Aux-Kanal hat ein so konfigurierter Audiokanal den Vorteil, dass Sie mit einem Klick vom Input-Monitoring in den Aufnahmemodus schalten und das Signal schnell aufnehmen können. In Logic ist das nicht der vorgesehene Routing-Weg. Daher haben Sie andererseits den Nachteil, dass die Ansicht EINZELN im Mixer Audiokanäle, durch die das Signal auf diese Weise geroutet wird, nicht anzeigt. Ein weiterer Nachteil: Die Audiospur erscheint in der Darstellung des Informationsbereichs nicht automatisch als zweite Spur rechts wie der Aux-Kanal. Immerhin wird ein solcher Audiokanal bei der Auswahl der Busse als Output neben dem Bus-Namen in den Auswahlmenüs angezeigt (wie die Aux-Kanäle links in Abbildung 14.15).

Daher sollten Sie für Summen- und Effekt-Routing besser Aux- statt Audiokanäle verwenden. Allerdings spricht nichts dagegen, Bus-Signale auf Audiokanälen als Alternative zu einem Bounce aufzunehmen, so dass beispielsweise live vorgenommene Parameter-Edits in Logic direkt mitgeschnitten werden können, was beim regulären Bouncen ja nicht möglich ist, hierbei ist die Livebedienung von Parametern ja gesperrt. Leider können Sie in Logic nicht wie in Ableton Audiokanäle oder Instrumente selbst als Input auswählen, sondern müssen den Umweg über einen Bus gehen.

14.3 Einschleif- vs. Zumischeffekte (Insert-FX vs. Send-FX) – und die Möglichkeiten der Verkabelung

Die in der Überschrift genannten Begriffe werden in vielen Tontechniklehrbüchern verwendet. Was ist die Idee dahinter?

- Ein Hall z. B. wird eher als Zumischeffekt bezeichnet. Man schickt in analogen Mischpulten, wie zuvor besprochen, üblicherweise das Originalsignal zum Main-Output und sendet es zusätzlich per Aux-Send an ein angeschlossenes (oder im Mixer vorhandenes) Hallgerät. Dieses muss nun intern auf 100 % wet stehen (so dass nur das Effektsignal herauskommt). Dieses Effektsignal wird nun dem Mix hinzugemischt. Man spricht von einem *Zumisch-* oder *Send-Effekt*.
- Bei einem Equalizer dagegen geht das Signal typischerweise direkt in den EQ und wird dort bearbeitet (z. B. indem Bass herausgefiltert wird). Es ergäbe nun keinen Sinn, das Signal, bei dem der Bass noch nicht herausgefiltert wurde, erneut hinzuzumischen. Daher spricht man bei einem EQ eher von einem typischen *Einschleif-* oder *Insert-Effekt*. Das bearbeitete Signal ersetzt das Original normalerweise vollständig.

Abbildung 14.16 zeigt die typische Verkabelung eines Zumischeffekts, die Sie in Abschnitt 14.3.1 über Send-Busse kennenlernen.

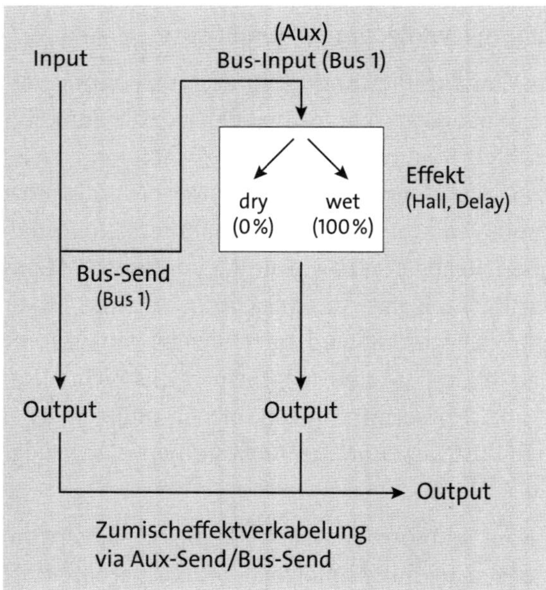

Abbildung 14.16 Zumischeffekt via Send-Verkabelung (wie in vielen analogen Mischpulten, aber auch in Logic möglich)

In Logic und vielen anderen Sequencerprogrammen kann man *alle* Plug-ins (also auch Hallgeräte) in *Insert-Slots* laden. Verkabeln Sie ein Hallgerät auf diese Weise (nennen wir das hier einmal »Insert-Verkabelung«), wird der Hall in der Regel jedoch trotzdem dazugemischt, weil Sie im Hallgerät ja intern das Mixverhältnis dry/wet justieren können, das zwei Signale betrifft und nicht nur eines. Abbildung 14.17 illustriert dies.

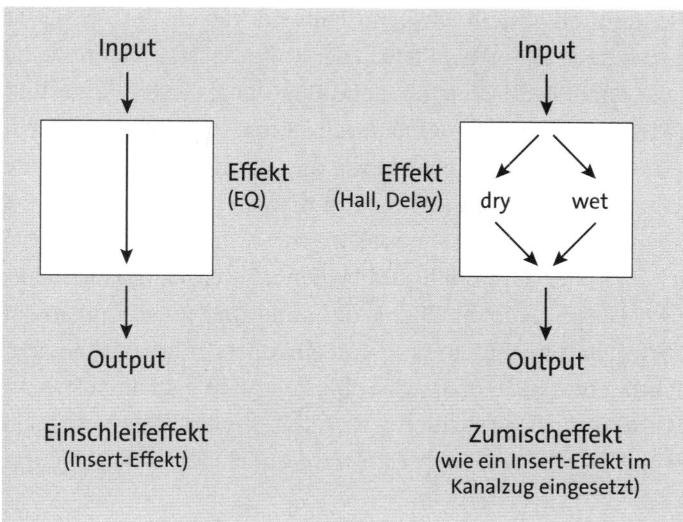

Abbildung 14.17 Zumischeffekt vs. Einschleifeffekt, im Kanalzug eingefügt

In der Praxis ist es mittlerweile gängiger denn je, die idealtypischen, theoretischen Kategorien zu durchbrechen und einen typischen Insert-Effekt wie einen Kompressor zum Originalsignal hinzuzumischen. Das hat auch damit zu tun, dass Verkabelungen in einer DAW oft schneller zu realisieren sind. Logics »Compressor« hat aus diesem Grund einen versteckten DRY/WET-Regler, den Sie unten mit dem Dreieck aufklappen, so dass Sie den »Compressor« über eine Insert-Verkabelung wie einen Zumischeffekt einsetzen können. Diese *Parallelkompression* oder *New-York-Kompression* genannte Mixtechnik wurde vor allem von amerikanischen Toningenieuren etabliert. Es ist in modernen DAWs viel leichter als früher möglich, Parallelkompression ohne Artefakte und aufwendige Verkabelung zu realisieren.

Ich rate eher davon ab, eine Parallelkompression über eine Bus-Send-Verkabelung herzustellen, um das Risiko unerwünschter *Kammfiltereffekte* zu minimieren, was bei einem per Send zugemischten Kompressorsignal eher gegeben ist. Das kann ziemlich schlecht klingen, weil Sie zwei relativ ähnliche Signale (das Original und das komprimierte Signal) zusammenmischen, falls eines mit einer ganz leichten Verzögerung ankommt. Aber ich hatte solche Probleme bei älteren Logic-Versionen, bei neueren habe ich anders gearbeitet. Es kann sein, dass so etwas bei neuen Versionen reibungslos klappt. So oder so gilt: Sie müssen selbst aufmerksam hinhören bei dem, was Sie ausprobieren.

Mehr Ausführungen und Beispiele zum »Compressor« (und Parallelkompressionsbeispiele) finden Sie in Abschnitt 15.3.1, »Compressor«.

14.3.1 Send-Busse verwenden

Sends können das Signal über die SEND-Regler aus dem Kanalzug heraus an einen zu wählenden Bus senden (siehe Abbildung 14.18). Dieser kann dann in einem Aux-Kanal abgegriffen werden, wo er (automatisch) als Input eingestellt wird. Mit Hilfe der neuen Option SENDS AUF FADER (oben im Mischpult zu sehen, falls genug Platz in der Breite da ist) können Sie die Send-Einstellungen auch als Fader darstellen lassen. Ein Send-Bus, der als Fader dargestellt werden soll, wählen Sie im Flip-Menü rechts neben dem Eintrag SENDS AUF FADER durch ein Häkchen aus. Dann werden die Sends der Spuren, ebenso wie die dazugehörigen Fader, die den entsprechenden Send regeln, gelb eingefärbt. Dabei kann man stets nur ein Send-Ziel auswählen, weil es nur einen Fader gibt, so dass alle Sends aller Spuren, die zum gleichen Ziel (z. B. Bus 2) senden, automatisch als Fader dargestellt und bedienbar werden. Das verdeutlicht, dass ein Send genauso wie der Hauptfader ein Signal des Kanalzugs regelt und an ein Ziele schickt, auch wenn dies sonst anstatt mit einem Fader mit einer Art Drehregler gemacht wird. Dieser bleibt weiterhin sichtbar und bedienbar, wird aber nun vom gelb eingefärbten Fader, an dem auch der eingestellte Wert besser abzulesen ist, ferngesteuert. Dies kann auch praktisch sein, wenn die Fader mit angeschlossenen Hardware-Controllern ferngesteuert werden können.

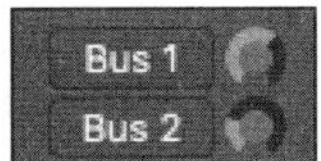

Abbildung 14.18 »Send«-Regler

Abbildung 14.19 Sends für Bus 4 auf Fader gelegt

14.3.2 Pre- und Post-Fader-Sends

Die Bezeichnungen *Pre-* oder *Post-Fader-Send* oder *Post-Pan-Send* bezeichnen die genaue Stelle im Signalfluss, an der das Signal vom SEND-Regler abgegriffen wird. Der Abgriff des Signals kann vor oder hinter dem Fader bzw. PANORAMA-Regler erfolgen, hierdurch entscheidet sich, ob die VOLUME- und PAN-Regler eine Auswirkung auf das gesendete Signal haben (Einstellung POST) oder nicht (Einstellung PRE). In Abbildung 14.20 und Abbildung 14.21 sehen Sie, wo Sie die entsprechenden Einstellungen in Logic vornehmen.

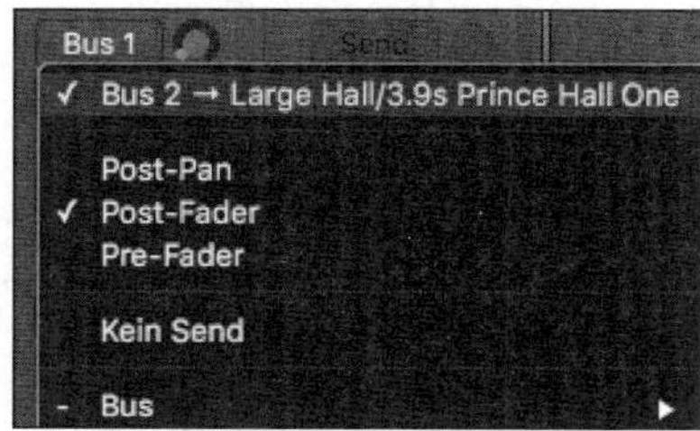

Abbildung 14.20 Auswahl eines Ziels für die »Send«-Regler (oben links): »Post-Pan«, »Post-Fader« oder »Pre-Fader«

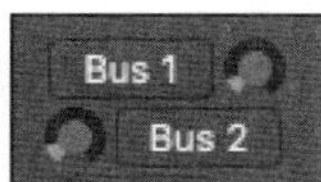

Abbildung 14.21 Oben ein Post-Fader-Send, unten ein Pre-Fader-Send

- Eine typische Anwendung für *Post-Fader-Sends* ist der Einsatz von Hall und Delay auf Sounds im Mix. Durch die POST-FADER-Einstellung bleibt die Dry/Wet-Relation gleich, wenn Sie den Fader des Ursprungsklangs nach oben oder unten bewegen, um die Gesamtlautstärke zu ändern. Der Output im Send verändert sich analog zur Gesamtlautstärke entsprechend (siehe Projekt *14Pianohall1*).
- Eine typische Anwendung von *Pre-Fader-Sends* ist die Nutzung der Sends für einen Kopfhörermix, den ein Instrumentalist oder Vocalist während seiner Performance hört. Dieser Kopfhörermix kann den Präferenzen des Künstlers entsprechend eingestellt werden. In einem solchen Fall möchte man typischerweise, dass die Fader-Lautstärken, die zum Beispiel den Mix im Control-Room oder im Veranstaltungsraum bestimmen, keinen Einfluss auf den Kopfhörermix haben. Das heißt, auch bei veränderter Faderstellung im Kanal bleibt das über die Sends zum Kopfhörermix ausgehende Signal gleich.

14.3.3 Effekt-Sends: Vertiefung

Wenn Sie ein Signal an mehrere Busse schicken möchten, realisieren Sie das über mehrere Sends oder über einen Output und einen zusätzlichen Send. Sie können umgekehrt Aux-Kanäle bzw. Sends nutzen, um (wie bei einem Hardwaremischpult) einen einzigen Hall- oder

Delay-Effekt für mehrere Spuren gleichzeitig zu verwenden. Hierzu laden Sie einen entsprechenden Effekt in einen Aux-Kanal, für dessen Input Sie einen entsprechenden Bus (typischerweise Post-Fader) einstellen (z. B. Bus 1). Anschließend schicken Sie mit Hilfe des Sends aus mehreren Kanälen (z. B. BD, SN) Signale unterschiedlich laut an diesen Effekt, um jeweils eine unterschiedliche Dosierung für die einzelnen Sounds hinzuzufügen.

Im Effekt selbst stellen Sie ein, dass lediglich das Effektsignal ausgegeben wird (Einstellung 100 % WET, siehe Abschnitt 14.3). Typischerweise senden die Kanäle ihr Signal zusätzlich an einen anderen Output (z. B. Stereo Out oder Drum-Bus), mit Hilfe der Sends wird lediglich der Effekt dosiert.

Diese Technik entspringt der Nutzung analoger Mischpulte und Effektgeräte. Früher war es nicht so leicht wie heute möglich, jeder Spur Effekt-Plug-ins hinzuzufügen. Stattdessen standen nur wenige Effektgeräte bereit, die auf diese Weise mit dem Mischpult verkabelt und von mehreren Kanälen angesprochen werden konnten. Doch diese Technik hat auch heute noch ihre Berechtigung, denn es klingt ziemlich natürlich, wenn verschiedene Instrumente eines Songs den gleichen Hall nutzen und gewissermaßen im gleichen Hallraum spielen. Bei vielen Patches aus der BIBLIOTHEK werden bereits Aux-Kanäle mit Effekten (z. B. mit einem kurzen und einem längeren Hall) geladen, die über Sends Pegel vom Instrument erhalten (siehe Projekt *14Send1*).

14.3.4 Master-Effekt-Send simulieren

In analogen Mischpulten steht meist noch ein *Aux-Master-Send-Regler* zur Verfügung, mit dem Sie die Lautstärke aller eingehenden Signale ans Hallgerät gegebenenfalls dämpfen (um Verzerrungen zu vermeiden) oder anheben (um einen zu großen Rauschanteil des Effektgeräts zu vermeiden). Sie können eine entsprechende Aux-Master-Send-Verkabelung in Logic simulieren, indem Sie ein »Gain«-Plug-in vor den Effekt verkabeln oder einen zusätzlichen Aux-Kanal erzeugen und von diesem aus alles an den Effekt weiterleiten.

Letzteres finden Sie im Projekt *14SendFx1* verkabelt. Dort ist ein FX-Send von zwei Spuren zu hören, die beide dieselbe Delay-Effekt-Instanz ansteuern (TAPE DELAY im Aux-Kanal *SendFX1* mit BUS 2 als Input). BUS 1 ist jedoch als Master-FX-Send zwischengeschaltet, der das Signal an BUS 2 weiterleitet. Am Ende wird alles in BUS 3 summiert (siehe Abbildung 14.22).

Außerdem wird die Lautstärke des Effekts natürlich durch die Lautstärke bestimmt, mit der Sie das Effektsignal wieder in den Mix zurücksenden (in analogen Geräten spricht man oft vom *Aux Return*). Die Aux-Return-Lautstärke entspricht in Logic dem Lautstärkeregler des Effekt-Aux-Kanals. Zusätzlich bietet Ihnen Logic im Aux-Kanal natürlich die Möglichkeit, das Effektsignal nachfolgend mit einem EQ zu bearbeiten.

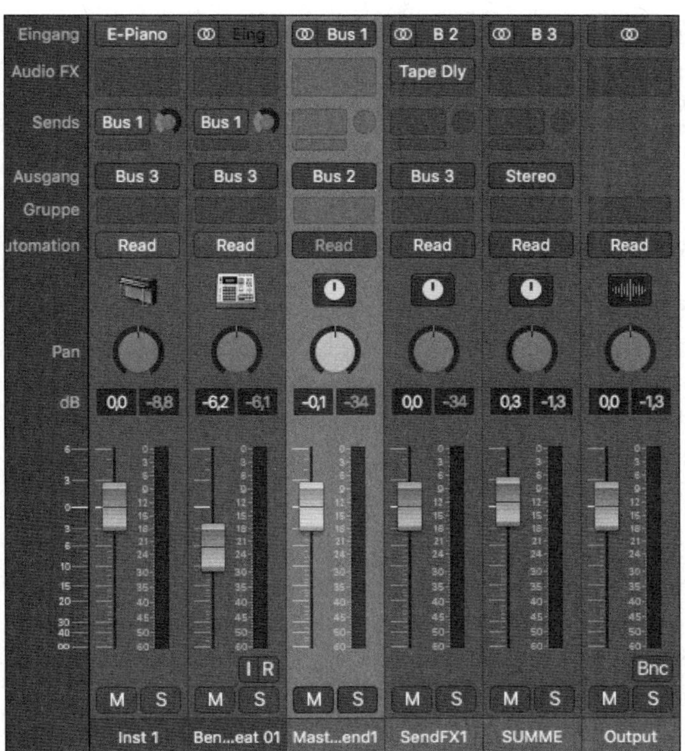

Abbildung 14.22 Im Projekt »14SendFx1« nutzen die beiden Kanäle links das »Tape Delay« via Bus-Send; ein weiterer Aux-Kanal ist zwischengeschaltet.

14.3.5 Feedbackschleife im Aux-Kanal erzeugen

Sie können einen Aux-Kanal via Send theoretisch auch an sich selbst routen, um einen Feedbackeffekt zu erzeugen! Allerdings ist hier Vorsicht vor Rückkopplungen geboten. Ein Beispielprojekt namens *17Dubfxpiano*, das Sie nicht zu laut abhören sollten, finden Sie in Abschnitt 17.4, wo es um Dub geht.

14.3.6 Vorteile einer Send- gegenüber einer Insert-Verkabelung

Ein Vorteil davon, z. B. ein »Tape Delay«-Effekt nicht als Insert-Effekt auf den Spuren, sondern als Bus-Send zu verkabeln, besteht darin, dass Sie temporär damit aufhören können, bestimmte Sounds in den Effekt zu senden, damit aber nicht den Ausklang des Effektgeräts herunterregeln, sondern nur das Signal, das in den Effekt hineingeht. Genau das demonstriert das Projekt *14SendFx1* mit seinen Automationen. In *14SendFx2* wird eine Silbe von Lyrics mit Delay versetzt. Weil der Send nach der Silbe heruntergedreht wird, kann der Effekt weiter ausklingen, während im weiteren Verlauf der Rest der Vocals ohne Effekt abgespielt wird. Der zwischengeschaltete MASTERFXSEND1-Aux-Kanal ist hier zwar eher Luxus, bietet aber in diesem Zusammenhang ebenfalls den zusätzlichen Komfort, das Signal aller Instrumente gleichzeitig schnell mal mehr und mal weniger in den Effekt senden zu können. Zusätzlich simuliert er das Routing in einem Analogpult, wo solche Master-Send-Regler besonders helfen müssen, das Effektgerät in der optimalen Lautstärke anzusteuern.

14.4 Summierung, Subgruppen und Stems

Sie können in einem Bus alle Signale bestimmter Instrumentenkategorien (z. B. Drums) zusammenfassen, indem Sie den Output aller Spuren auf einen entsprechenden Summierungs-Bus (z. B. Bus 33) routen. Logics Aux-Channel-Strips, die beim Bus-Routing automatisch erzeugt werden, greifen dabei wie gesagt den jeweiligen Bus als Input im Aux-Kanal ab und schicken diesen voreingestellt in die Stereosumme. Das heißt, im neuen Aux-Kanal steht z. B. INPUT: BUS 33, OUTPUT: OUTPUT 1–2 bzw. STEREO OUT (siehe Projekt *14Summ1*).

Ich finde es wichtig, bestimmte Instrumentengruppen wie Drums, Bass, Sounds oder Vocals in Aux-Kanälen bzw. Bussen zusammenzufassen. Wozu das Ganze?

1. Zum einen können Sie so stets leicht die Gesamtlautstärke einer Instrumentengruppe regeln oder diese kurz solo oder stumm schalten, um sie in sich schlüssig abzumischen. Wenn ich viele Schlagzeugspuren mühsam zusammengemischt habe, mir aber irgendwann insgesamt das Schlagzeug zu leise erscheint, wird es so (auch auf einem analogen Mischpult) einfach, mal eben das gesamte Schlagzeug lauter zu machen, ohne die Relationen zu verändern – indem ich ebenjenen Subgruppen-Fader bewege.
2. Zum anderen können Sie so leicht die Stereosubgruppen gemeinsam bearbeiten und soundmäßig stärker »verschmelzen« und zu einer Einheit formen, indem Sie z. B. einen Kompressor oder einen Hall einschleifen. Meine Schlagzeugsounds entspringen (im Gegensatz zur typischen Situation bei einer Schlagzeug-Mikrofonierung) oft sehr unterschiedlichen Quellen. Eine gemeinsame Bearbeitung aller Sounds durch einen EQ oder einen Kompressor hat in der Regel den Effekt, dass die Sounds ein wenig zusammengeschweißt werden. Auf Englisch nennt man das *glueing*. Hierbei geht es nicht darum, Kleber zu benutzen oder daran zu schnüffeln, sondern den Effekt zu erzielen, als käme alles von derselben Schlagzeugeinheit. Auch ein dezenter Hall, den Sie auf alle Drums legen, kann diesen Effekt bewirken.
3. Außerdem ist es so leicht möglich, am Ende der Produktion Instrumentenstämme (sogenannte *Stems*) solo aufzunehmen, um gegebenenfalls später z. B. einen Remix mit allen Sounds außer den Drums anzufertigen – oder lediglich die Drums für einen weiteren, neuen Track zu nutzen.

In Logic 10.3 wurde die maximale Zahl der Busse von 64 auf 256 erweitert. Das ermöglicht die Nutzung von vielen weiteren Subgruppen: Falls beispielsweise Kick, Snare und Hi-Hat von einem elektronischen Schlagzeug stammen, zusätzlich aber Conga, Djembe und Tambourin von einem Percussionisten dazukommen, könnte man die elektronischen und die akustischen Sounds vorher in »Sub-Subgruppen« zusammenfassen und bearbeiten, bevor sie schließlich alle auf einem Drumsummenkanal landen. Ähnlich sieht es bei Vocals aus: Falls Lead- und Background-Vocals vorkommen, könnte es ebenfalls sinnvoll sein, sie zunächst getrennt voneinander in Subgruppen zusammenzufassen – beispielsweise um die Backgroundsänger, wie der Name schon sagt, so abzumischen, dass sie etwas mehr aus dem Hintergrund kommen als die Hauptstimme. Bei Rock-/Pop-Produktionen, Big-Band-Jazz-Aufnahmen oder anderen Genres sind dann vielleicht andere Kategorisierungen sinnvoll. In der Rock-/Pop-Musik sind es vielfach Gitarren (elektrische und akustische), Bläser verschiedenster Art, E-Pianos, Orgeln und Akustikpianos etc., die als Subgruppen zusammengefasst werden.

14.4.1 Summierung – wohin mit den Aux-Kanälen mit vorkonfigurierten Effekten? Routing-Test

Oft ist es gar nicht so einfach, dafür zu sorgen, dass wirklich alle Spuren, die z. B. mit Schlagzeug zusammenhängen, auf eine Busspur geroutet werden. Schließlich sollten hierfür eigentlich auch all jene Aux-Kanäle auf die Drumsumme geroutet werden, die über Send-Routings Sound von Schlagzeugspuren geschickt bekommen. Ich empfehle, wirklich alle Drumsounds auf eine Summierungsspur zu routen – wie z. B. im Projekt *14Summ1* den Hall, der an Bus 1 geschickt wird. Sie möchten ja beispielsweise nicht, dass, wenn Sie die Drumsumme stumm schalten, trotzdem noch irgendwelche Schlagzeughallreste zu hören sind (das würde im Projekt *14Summ1falsch* passieren). Oder dass sich der Hallanteil der Drums verändert, wenn Sie die Drumsumme leiser machen (weil der Hall woanders abgemischt wird). Selbst wenn Sie nachfolgend die Drumsumme mit Hall versehen wollen, der nicht zusätzlich komprimiert werden soll, empfiehlt es sich, den Hall und das trockene Signal in einem zusätzlichen Bus zusammenzumischen, um die entsprechende Soundgruppe schnell bouncen, muten oder solo hören zu können. Alternativ könnten Sie natürlich auch mit VCA- oder Mixgruppen (siehe Abschnitt 14.8) arbeiten.

Ob Sie richtig geroutet haben, testen Sie, indem Sie z. B eine Drumsumme solo hören: Nichts anderes außer Drums sollte dann zu hören sein. Anschließend sollten Sie sie stumm schalten – keine Drums sollten dann zu hören sein, auch kein leiser Nachhall davon.

14.4.2 Summierung mit Spurstapeln: automatisches Routing

Die Befehle zum Erstellen oder Auflösen von Spurstapeln finden sich im SPUR-Menü. Spurstapel werden in Abschnitt 6.7 ausführlich behandelt. Die Verwendung von Spurstapeln der Kategorie Summenstapel für die Summierung ist natürlich auch ein Mischpultthema. Bei Summenstapeln wird automatisch der Output von in den Spurstapel hinein- oder aus ihm herausgezogenen Spuren verändert, diese werden in die Master-Summenstapel-Spur geroutet. Ziehen Sie sie wieder heraus, wird wieder das ursprüngliche Routing eingestellt. Beides kann verwirrend sein. Sind bereits mehrere Spuren in einen Bus geroutet, kann diese Konfiguration auch nachträglich in einen Summenstapel gewandelt werden, wenn Sie alle Tracks selektieren und einen Summenstapel erzeugen.

Manchmal sind Ordnerstapel eine einfachere Alternative, um Ordnung zu schaffen. Sie können in Ordnerstapeln ein Routing auf einen finalen Sammelbus – wie auch weitere Routing-Konfigurationen (z. B. weitere Subgruppen) – manuell realisieren und z. B. via `ctrl` + `T` erzeugte Aux-Spuren manuell im Bereich SPUREN in den Ordnerstapel ziehen.

14.4.3 Nummerierung von Bussen

Bei vielen Bussen und Subgruppen kann es schwierig werden, die Übersicht zu behalten. Das gilt umso mehr, weil neu geladene Spurstapel-Patches oft automatisch zusätzliche Busse erzeugen. Unter EINSTELLUNGEN • AUDIO • ALLGEMEIN können Sie nun auch konfigurieren, welche Busse Logic für die automatische Zuordnung benutzt (z. B. ab Bus x).

Eine Lösung könnte auch sein, zunächst ein Template anzulegen, das Bus 1 für Drums, Bus 2 für Bässe, Bus 3 für Sounds und Bus 4 für Vocals vorkonfiguriert. Egal, wie viele Busse Sie sonst verwenden, Sie können auf diese Weise schnell erkennen, wo die »finalen« Busse sind, und Spuren dorthin routen.

Logic zeigt ja wie gezeigt beim Routing in Busse die Beschriftung der Aux-Kanäle an, die diesen Bus benutzen. Ist ein Aux-Kanal als DRUMSUMME beschriftet, ist er beim Bus-Routing relativ einfach aufzufinden. Ich habe mir angewöhnt, die Aux-Kanäle *Drumsumme1*, *Drumsumme* 2 zu nennen, falls es sich beim Mix so ergibt, dass ich noch eine Summierung brauche. Die zugehörigen Aux-Kanäle lege ich meist im Hauptfenster an. Die höhere Zahl ist bei mir dann im Routing immer am Ende und in der grafischen Anordnung oben. Eine Alternative oder Ergänzung ist, die Busse 1–32 für Drums, 33–64 für Bass, 65–96 für Sounds und 97–128 für Vocals anzulegen. Logic gruppiert die Anzeige der Busse selbständig in 32er-Gruppen. Etwas Ähnliches finden Sie mit Sends als Vorlage angelegt im Projekt *14Vorlagekomplex2104*.

14.5 Output-Konfiguration von Instrumenten; mehrere Ausgänge; Multi-Outs in Spurstapeln nutzen

Um mehrere Ausgänge bzw. Einzelouts eines Instruments zu benutzen und dessen Sounds über mehrere Channel-Strips in Logic abzumischen, müssen Sie das Instrument als Multi-Ausgang-Instrument laden. Wenn Sie die Output-Konfiguration eines bereits geladenen Instruments ändern möchten, laden Sie einfach das gleiche Instrument mit der gewünschten Output-Konfiguration noch einmal (das gewählte Setting bleibt erhalten – es besteht Setting-kompatibilität, siehe Abbildung 14.23).

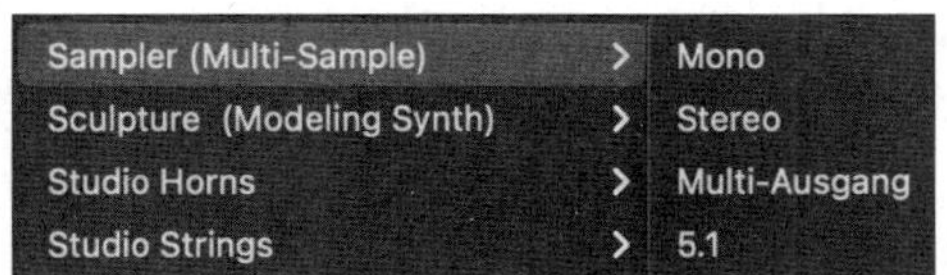

Abbildung 14.23 Output-Konfigurationen eines Instruments, hier: »Sampler«

Anschließend erscheint unten im Kanalzug des Instruments ein kleiner +-Button, mit dem Sie zusätzliche Aux-Kanäle für Einzelouts erzeugen. In so erzeugten Aux-Kanälen werden zudem automatisch passende Inputs (bzw. Instrumenten-Outputs) eingestellt. Sie können so nacheinander die einzelnen Outputs des Instruments über Aux-Kanäle abgreifen. Sie können im Inputmenü des Aux-Kanals entsprechende Einzel-Outputs auch manuell auswählen (siehe Abbildung 14.24). Der Minus-Button zum Löschen von Aux-Kanälen für Instrument-Einzelouts erscheint ausgegraut, wenn keine Aux-Kanäle zum Löschen vorhanden sind.

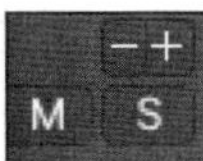

Abbildung 14.24 Der +-Button zum Erzeugen zusätzlicher Aux-Kanäle

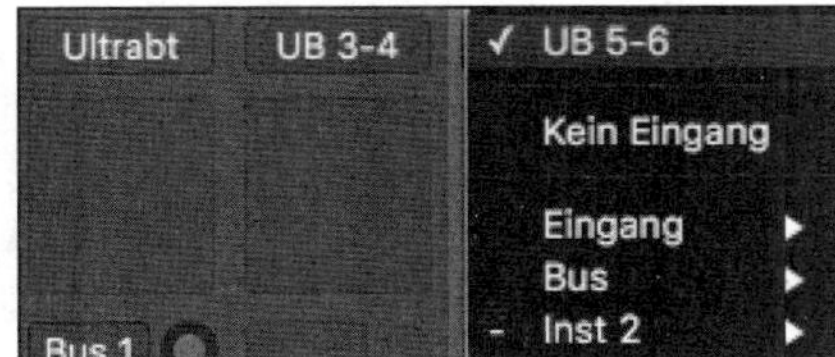

Abbildung 14.25 Hier wählen Sie die Einzel-Outputs, z. B. von »Ultrabeat« (bis zu 24) aus.

Damit Sie in diesen Aux-Kanälen allerdings tatsächlich verschiedene Sounds eines Instruments hören, müssen Sie diese Sounds zuvor im jeweiligen Instrument (z. B. Hi-Hat aus *Ultrabeat*) selbst auch an die Einzelouts senden/routen! Wenn Sie dies allerdings tun, ohne zuvor das Plug-in als Multi-Ausgang-Instrument geladen zu haben, passiert nichts – alle Sounds werden unverändert im Instrumentenkanalzug ausgegeben.

In Logic Pro sind solche Konfigurationen in vielen Spurstapel-Patches, insbesondere bei Drumkit-Patches integriert. Die Aux-Kanäle sind in der Lage, MIDI an das im Input ausgewählte Instrument oder gegebenenfalls (wenn sie als Spurstapel-Master verwendet werden) an im Spurstapel vorkommende Instrumente zu senden.

Im Projekt *14Auxeinzelouts1* und Spurstapel »Boutique 808« ist konfiguriert, dass der Sound sämtlicher Aux-Kanäle am Ende in einem gemeinsamen Aux-Kanal zusammengemischt wird (mit Input BUS 1), daher ist als Output in den Spurstapel-Spuren BUS 1 eingestellt. Dieser Aux-Kanal mit dem Input BUS 1 fungiert als Spurstapel-Masterspur, während sich das klangerzeugende Instrument in einer der Spurstapel-Spuren befindet. Im Bus-Menü taucht dann statt Bus 1 nun Boutique 808 auf, dahinter ist in einem Sub-Menü Bus 1 gelistet (und auswählbar). Es ist vermerkt, dass Bus 1 in die Spur Boutique808 führt. Im Preset genutzte Sends (an Bus 2) wurden damals nicht automatisch in Bus 1 geroutet – das ist nicht ganz konsequent, in neueren Logic-Versionen ist der Umgang mit solchen Routings meist konsequenter.

Die Beschriftung der Aux-Kanäle und/oder das im Aux-Kanal anliegende Signal muss nicht mit dem via MIDI angesteuerten Sound übereinstimmen. So kann z. B. ein Aux-Kanal im Spurstapel *Snare* heißen, Sie spielen in einer MIDI-Region auf der Spur aber Kicks und Hi-Hats – das kann verwirren. Sie können dies im Projekt *14Auxeinzelouts1* selbst nachvollziehen. Wenn Sie das Projekt *14Auxeinzelouts2* laden, finden Sie dort ein anderes Beispiel mit einer vergleichbaren Konstellation: die sogenannten *Producer Kits*, zu finden unter dem Bibliotheks-Eintrag Drum Kit. Das sind ebenfalls Patches mit bereits aufwendig vorkonfigurierten Einzelouts.

14.6 Aux-Kanäle als ReWire-Input

Im Aux-Input-Bereich können Sie auch Audio-Outs von ReWire-Programmen wie Reason oder Live oder auch Einzel-Outputs von Instrumenten einstellen. Mehr hierzu in Abschnitt 19.1 über die Nutzung von Logic und ReWire.

14.7 Aux- oder Audio-Kanäle zum Abmischen externer Klangerzeuger im Mixer

Es ist möglich, externe MIDI-Instrumente in Echtzeit in Logics Mixer abzumischen. Hierfür können Sie entweder das Plug-in *External Instrument* nutzen (siehe Abschnitt 11.28, »External Instrument«), oder Sie senden MIDI über eine externe MIDI-Spur an Ihr externes Instrument und mischen das Audiosignal des Instruments über einen oder mehrere Aux- oder Audiokanäle in Logic ab, indem Sie in diesen den Input Ihres Audiointerface einstellen, an den Ihr externes Instrument angeschlossen ist. Für einen Audiokanal müssten Sie zudem das Eingangsmonitoring aktivieren.

Auf diese Weise produzierte ich selbst eine Zeitlang Stücke, indem ich MIDI-Daten für einen EMU-Sampler arrangierte und dessen über ADAT-Kabel in Aux-Kanäle gerouteten Output über Logics Mischpult abmischte. Manche Filmmusikkomponisten arbeiten heute noch so, wenn sie die klanglichen Ergebnisse mehrerer Rechner mit unterschiedlichen Sound Libraries digital zusammenmischen möchten.

Dabei müssen Sie natürlich entstehende Latenzen beachten. Bis Sie den Sound Ihres MIDI-Instruments hören, vergeht die doppelte Latenzzeit, denn sowohl der Eingang als auch der

Ausgang muss gewandelt werden. Das ist der Nachteil einer solchen Konfiguration. Das Plug-in *External Instrument* bietet nun einen Button für optionalen Latenzausgleich.

Weil zudem Verzögerungen durch MIDI auftreten können, die in Relation zur reinen Audio-Latenz meist nicht konstant bleiben – je nachdem, wie viele MIDI-Daten gesendet, Audiodaten gewandelt und Latenzen von Plug-ins kompensiert werden müssen –, sind solche Mischungen in der Praxis schwierig. Doch es kommt auch auf den Einzelfall und das Instrument an: Möchten Sie z. B. eine von einem externen Instrument in Logic geroutete Hi-Hat (bei der Ungenauigkeiten schneller auffallen) mit Schlagzeugsounds Logic-interner Instrumente synchronisieren, ist das nach meiner Erfahrung kaum dauerhaft und zufriedenstellend lösbar. Bei einem Bass oder bei Strings fallen solche Timingungenauigkeiten dagegen weniger auf. So oder so empfehle ich langfristig, den Sound des MIDI-Instruments als Audioaufnahme in Ihr Arrangement zu integrieren und damit weiterzuarbeiten (oder alternativ nur mit MIDI und ohne Audiospuren zu arbeiten und eventuell auch extern abzumischen).

14.8 Mix-, Edit- und VCA-Gruppen, gemeinsame Bearbeitung von Mix-Kanälen

Spuren lassen sich zu Gruppen zusammenfassen. Auf diese Weise erreichen Sie beispielsweise, dass Sie den VOLUME-Fader einer Spur bewegen und sich die VOLUME-Fader anderer Spuren derselben Mixgruppe automatisch mitbewegen. Auch SEND- und PAN-Regler-Bewegungen oder Solo- und Mute-Schaltungen lassen sich so synchronisieren (siehe Abbildung 14.28). Das funktioniert für Audio-, Software-Instrument- und Aux-Kanal-Spuren. Ein Sonderfall sind die hinzugekommenen VCA-Gruppen, die über einen eigenen Bereich im Kanalzug bzw. andere Befehle verwaltet werden. In neueren Logic-Versionen wurden die Funktionen und Shortcuts rund um die Arbeit mit Mixgruppen in Details verbessert.

14.8.1 Bearbeitung mehrerer Kanäle mit Gruppierung

Um verschiedene Spuren einer Gruppe zuzuweisen, selektieren Sie mehrere Spuren gleichzeitig, wählen an der entsprechenden Stelle im Channel-Strip (unterhalb des Schriftzuges) eine entsprechende Gruppe aus (die gegebenenfalls neu erzeugt wird, Abbildung 14.26) und benennen diese anschließend im GRUPPEN-Fenster. Das Fenster für Gruppeneinstellungen rufen Sie via `⇧` + `alt` + `G` auf (Abbildung 14.27). Seit Logic 10.4 sind Optionen wie das Hinzufügen selektierter Kanalzüge im Aktionsmenü und Shortcuts hinzugekommen. `alt` + Klick auf die Gruppenanzeige im Kanalzug fügt alle selektierten Tracks der Gruppe hinzu. Es gibt auch einen manuell zuweisbaren Shortcut zum Erstellen einer Gruppe aus selektierten Spuren. Der Befehl lautet GRUPPE FÜR AUSGEWÄHLTE CHANNEL-STRIPS/SPUREN ERZEUGEN.

Abbildung 14.26 Hier weisen Sie im Kanalzug eine Gruppe zu, die Sie in den Gruppeneinstellungen beschriften können.

Abbildung 14.27 Hier öffnen Sie die Gruppeneinstellungen.

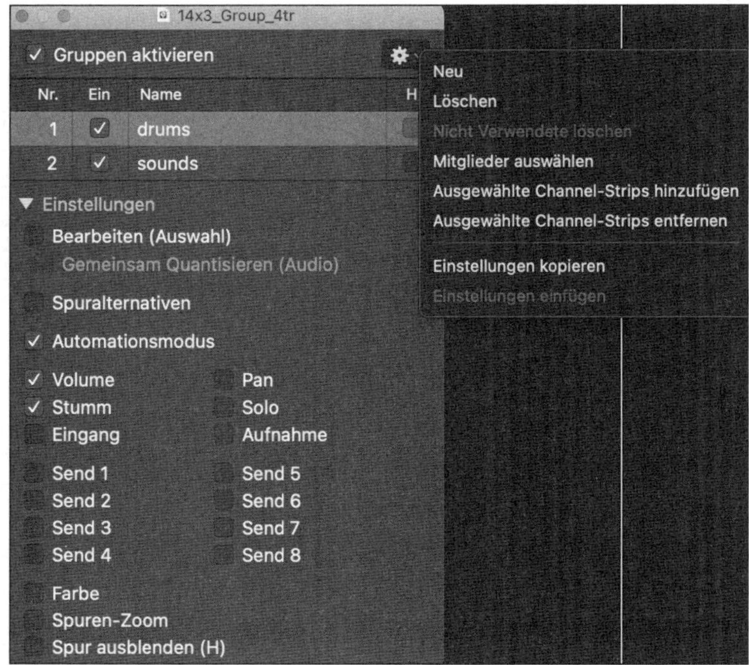

Abbildung 14.28 Im Bild sind die Gruppen bereits beschriftet.

Während die Nutzung von Gruppen manchmal zu etwas mehr Komfort beim Mixing oder Editing führt und eine Alternative zur Zusammenfassung der Signale in Bussen darstellt, ist sie für die Timing- bzw. Tempoanpassung einer Mehrspurschlagzeugaufnahme unverzichtbar. In den Gruppeneinstellungen können Sie hierfür ein Häkchen neben dem Eintrag BEARBEITEN (AUSWAHL) setzen, um z. B. bei Schneide-, Flex- oder Edit-Optionen alle Regionen der Gruppe gleichzeitig zu bearbeiten. Durch das Setzen des Häkchens beim Untereintrag GEMEINSAM QUANTISIEREN (AUDIO) geht es tendenziell darum, ob sich Regionen einer Gruppe bei Edits phasenstarr verhalten. Das ist insbesondere wichtig, wenn Sie eine Aufnahme derselben Schallquelle mit mehreren Mikrofonen bearbeiten. Verrutscht eine Aufnahme nur leicht, kann sich der Sound unabsichtlich gravierend verändern. Dieser Eintrag hieß in Vorversionen PHASENSTARRES AUDIO. Mittlerweile nimmt Apple den Mund nicht mehr ganz so voll. In Tests mit Apple Loops benahm sich die Funktion bei aktiviertem Flex-Mode nicht immer schlüssig (probieren Sie es im Projekt *14Group* oder *14x3_Group_4tr* aus). Es gilt: Probieren geht über Studieren.

Gruppen aktivieren/deaktivieren

Einzelne Gruppen können Sie im GRUPPEN-Fenster deaktivieren. Klicken Sie hierzu auf den Button in der Spalte EIN, um die Gruppe an- und auszuschalten. Dies erlaubt dann gegebenenfalls, einzelne Veränderungen in einzelnen Kanälen vorzunehmen, ohne die komplette Gruppe zu beeinflussen. Mit [⇧] + [G] deaktivieren/reaktivieren Sie alle Gruppen gleichzeitig.

Gruppierung zur Ansichtsoptimierung und Spuren mehreren Gruppen zuweisen

Auch zum Optimieren der Ansicht im Bereich SPUREN kann die Zuweisung verschiedener Spuren zu Gruppen als Alternative oder Ergänzung zu Spurstapeln oder Ordnern sinnvoll sein: In den Gruppeneinstellungen können Sie die Hide-Funktion für alle Spuren einer Gruppe gleichzeitig aktivieren und deaktivieren. Lassen Sie auf diese Art und Weise mit Hilfe der Gruppenfunktionalität z. B. Drum-, Bass-, Sound- und Schlagzeugspuren nach entsprechender Zuweisung zu Gruppen einzeln anzeigen, während alle anderen Spuren ausgeblendet, aber optional weiterhin zu hören sind.

Etwas Ähnliches habe ich im Projekt *14Schnellkurs30f-ordnung3* realisiert, in dem Sie die zuvor beschriebenen Ansichtsoptionen ausprobieren können. Zwei Spuren mit dem Bounce und einem Vergleichstrack sind in Gruppe 2, alle Drum-Spuren sind in Gruppe 1 und alle sonstigen Spuren (außer einem Master-Aux-Kanal) in Gruppe 3. Im Beispiel habe ich für die Spuren außerhalb der Drums nur eine einzige Gruppe eingerichtet, weil es ja ansonsten nicht so viele verschiedene Spuren im Projekt gibt.

Für Gruppe 2 ist die Hide-Funktion aktiv. Der orangefarbene HIDE-Button im Bereich SPUREN zeigt an, dass Spuren versteckt sind. Logic hat nun auch Shortcuts eingeführt, um schnell eine gesamte Gruppe ein- und auszublenden ([ctrl] + [⇧] + [1] bis [9]). Dabei bevorzuge ich die Einstellung, dass die Mute-Funktion nicht gemeinsam für Gruppenspuren verwendet wird. Zum Stummschalten einer Gruppe bevorzuge ich Bus-Routing auf einen entsprechenden Aux-Kanal.

Hinweis: Spuren ausblenden

Wenn Ihnen die Hide-Funktionalität im Spur-Header nicht angezeigt wird, können Sie den Befehl SPUREN AUSBLENDEN EIN- UND AUSSCHALTEN (Shortcut H) nutzen, um die entsprechenden Buttons im Spur-Header zu sehen. Die neuen Shortcuts zum Ein- und Ausblenden einer Gruppe funktionieren aber auch ohne vorherige Anzeige der Hide-Funktion.

Sie können Spuren übrigens mehreren Gruppen zuordnen, indem Sie bei der Zuordnung die ⇧-Taste gedrückt halten (siehe Abbildung 14.29).

Abbildung 14.29 Die linke Spur gehört zu den Gruppen 1 und 2, die rechte zu den Gruppen 1, 2, 3 und weiteren.

Dabei kann bezüglich der Einstellung SPUR EIN-/AUSBLENDEN ein Konflikt entstehen, weil diesbezügliche Einstellungen für verschiedene Gruppen unterschiedlich sein können, dann ist manchmal in der H-Spalte der Gruppen ein Strich zu sehen, der anzeigt, dass nicht für alle Spuren die gleiche Einstellung aktiv ist. Alternativ können Sie die Hide-Funktion für einen Spurstapel-nutzen, dessen Inhalte dann automatisch mit ein- und ausgeblendet werden.

14.8.2 Bearbeitung mehrerer Kanäle ohne Gruppierung und aufsteigende Outputs konfigurieren

Natürlich können Sie auch ohne Gruppierung mehrere Kanalzüge gleichzeitig steuern, wenn Sie sie zuvor gemeinsam selektiert haben (dies funktioniert bei externen MIDI-Spuren nicht). Auf diese Weise können Sie in die selektierten Kanäle z. B. gleichzeitig Plug-ins einfügen, die Parameter von Plug-ins jedoch nicht gleichzeitig editieren.

Sie können für mehrere selektierte Spuren auch gemeinsam Effekte laden oder gemeinsame Reglerbewegungen vornehmen – oder einen Input oder Output einstellen. Wenn Sie bei Letzterem die alt-Taste gedrückt halten, werden Inputs/Outputs in aufsteigender Reihenfolge erzeugt; dies funktioniert sowohl mit Bussen als auch mit physischen Outputs.

14.8.3 VCA-Gruppen/VCA-Spuren/VCA-Fader

VCA-(Voltage Controlled Amplifier-)Gruppen sind ein typisches Feature von analogen Mixern. Wenn Sie in Logic eine VCA-Gruppe erzeugen, so erzeugen Sie einen zusätzlichen Fader, der die Lautstärke aller relevanten Kanäle senkt. Das entspricht der Funktionalität von Ordnerstapeln (ohne die Stapelfunktion) oder des Master-Faders. Vorteil (z. B. gegenüber Summierung per Bus-Routing): Sie benötigen keinen zusätzlichen Aux-Kanal und müssen kein Routing vornehmen. Nachteil: In VCA-Fader können Sie aber auch keine Effekte routen, wie Sie das von Bussen her kennen.

Wie erzeugen Sie VCA-Gruppen?

Zum Erzeugen von VCA-Gruppen haben Sie wieder mehrere Möglichkeiten:

- Selektieren Sie die Kanalzüge im Mixer, und wählen Sie im OPTIONEN-Menü des MIXER-Fensters NEUEN VCA ERSTELLEN oder NEUEN VCA FÜR AUSGEWÄHLTE CHANNEL-STRIPS ERSTELLEN (falls schon ein Ordnerstapel existiert, wird der entsprechende VCA-Fader hier bereits aufgeführt, oder es passiert nichts).
- Machen Sie den Bereich »VCA« in Ihrem Channel-Strip sichtbar, und weisen Sie im Feld selektierten Kanalzügen eine VCA-Gruppe zu. (Abbildung 14.30).
- Sie können bis zu 256 VCA-Gruppen erstellen.

Abbildung 14.30 VCA-Gruppen-Anzeige

14.9 Side Chain in Logic Pro

Bei der Anwendung von Side Chaining geht es typischerweise darum, dass das Plug-in auf ein anderes Signal reagiert als jenes, das es bearbeitet. Damit ist aber nicht unbedingt ein völlig anderes externes Signal, sondern alternativ (und in der ursprünglichen Bedeutung des Wortes) auch eine in der Side Chain bearbeitbare (z. B. gefilterte) Version des Originalsignals gemeint. Die in Logic so bezeichnete *Side Chain* (SC) ist genau genommen ein sogenannter *Key Input*, also der Eingang eines externen Signals.

Side-Chain-Schaltungen bei Hardware-Instrumenten erlauben typischerweise das Senden des *internen* Signals aus der Hardware nach draußen (z. B. um es via EQ zu bearbeiten) und wieder zurück. In Logic haben viele Plug-ins (etwa der »Compressor«) Plug-in-interne Filtermöglichkeiten, die eine solche Schaltung ohne weitere Verkabelung realisieren (also auch ohne Relevanz des SIDE CHAIN genannten Eingangs rechts oben im Plug-in, der »Key Input« heißen müsste).

In Logic können Sie Audiokanäle, Busse, Inputs und mittlerweile auch Software-Instrumente als Side-Chain-Input-Quellen nutzen.

In diesem Buch finden Sie Side-Chaining-Beispiele an vielen Stellen, z. B. in Abschnitt 15.3, in dem diverse Dynamic-Plug-ins angesprochen werden, oder in Kapitel 17, wenn es um das Thema Mixdown geht.

14.10 Ausblick

Im nächsten Kapitel werde ich Logics Effekte im Detail und mit Beispielen behandeln. In Kapitel 16, »Automation, Smart Controls, Controller, Logic Remote«, finden Sie das Thema Automation. Automation ist ja eigentlich auch eine Mischpultfunktion, mit der Sie vermutlich mehr anfangen können, wenn Sie die Effekte verstanden haben. Das Thema Mixing und weitere Praxisbeispiele mit Erläuterungen zu Mixtechniken finden Sie in Kapitel 17. Außerdem führt das Thema Mastering in Abschnitt 18.3 einige der hier erläuterten Inhalte weiter.

Kapitel 15
Die Effekte in Logic Pro

In diesem Kapitel lesen Sie über Logics Effekte. Auch wenn viele Effekte Logic-spezifische Eigennamen haben: Ähnliches finden Sie auch in anderen Programmen wieder. Versuchen Sie, zielorientiert zu agieren – dann finden Sie sich schnell DAW-unabhängig zurecht. Fragen Sie sich insbesondere beim Mixing vor dem Einsatz von Effekten: Was wollen Sie erreichen? Und was können Sie dafür tun?

Logic besitzt eine ziemlich komplette Allround-Effektausstattung inklusive einiger »Spezialisten«. Zuletzt sind insbesondere in Form der Multi-FX einige hinzugekommen.

15.1 Einführung und allgemeine Eigenschaften der Effekte

Viele Aspekte der Plug-in-Bedienung habe ich bereits in Abschnitt 11.5 erläutert. Hier finden Sie Ergänzungen zu Details, die sich auf Effekte beziehen.

15.1.1 Effektliste, Laden von Effekt-Plug-ins

In Logics Effektmenü sind Effekte nach Kategorien aufgelistet. Sie können die Anzeige der Plug-ins jedoch auch im Menü unter LOGIC PRO • EINSTELLUNGEN • PLUG-IN-MANAGER konfigurieren (siehe Abschnitt 3.5). Das Standard-Plug-in-Menü in Logic ist aber auch im Fall einer selbstkonfigurierten Plug-in-Liste ganz unten unter dem Eintrag LOGIC noch zu finden. Die Kategorien dort beschreiben die grundsätzliche Funktionalität der enthaltenen Effekte. Die Erläuterungen in diesem Kapitel sind nach diesen Kategorien geordnet. In Logic sind die Kategorien alphabetisch sortiert, in diesem Kapitel eher nach Relevanz.

Wir beginnen mit EQs, Dynamics, Hall und Delay, weil das sehr häufig benötigte Effekte sind. Neu seit Logic 10.4 ist die Kategorie MULTI-EFFECTS. In Abbildung 15.1 sehen Sie die Effektkategorien.

In neueren Logic Pro-Versionen werden oben die fünf zuletzt benutzten Plug-ins aufgelistet, so dass Sie sie auf diese Weise schneller erreichen (falls im Menü unter EINSTELLUNGEN • ANZEIGE • MIXER die Option PLUG-IN-MENÜ MIT DER LISTE DER ZULETZT VERWENDETEN PLUG-INS aktiviert ist).

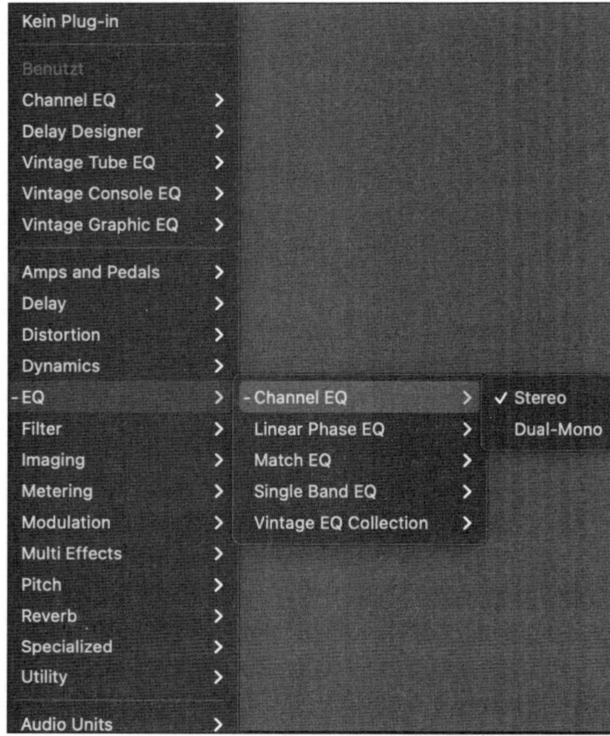

Abbildung 15.1 Die Effektkategorien

15.1.2 Effekte: Bedienung und Ansicht von Plug-in-Fenstern, Presetmanagement

Ausführungen zur Bedienung und Darstellung von Plug-in-Fenstern finden Sie in Abschnitt 11.5, Details zur Presetverwaltung in Abschnitt 3.2.5. Beachten Sie die noch relativ neue Option, Effekt-Edits oben im Plug-in-Fenster durch Klick auf entsprechende Buttons zu WIDERRUFEN und zu WIEDERHOLEN.

Die Optionen ALS STANDARD SICHERN, STANDARD AUFRUFEN und LÖSCHEN sowie EINSTELLUNG LÖSCHEN (BENUTZERSTANDARD) erlauben Ihnen, eine Standardeinstellung für das Plug-in zu speichern, aufzurufen oder zu löschen.

Für Effekt-Plug-ins gibt es spezielle (relativ neue, selbst zuweisbare) Shortcuts wie ALLE EFFEKT PLUG-INS UMGEHEN (schaltet alle FX der Spur auf Bypass) oder ALLE EFFEKT PLUG-INS ENTFERNEN.

Ansicht

Überraschenderweise besitzen manche Plug-ins (z. B. Space Designer, siehe Abschnitt 15.4.4) in der REGLER-Ansicht mehr Einstellmöglichkeiten als in der EDITOR-Ansicht (siehe Abbildung 15.2). Neben dem Zooming-Wert können Sie bei manchen Plug-ins (z. B. beim Loudness Meter) auch einstellen, ob das Plug-in vertikal oder horizontal dargestellt wird.

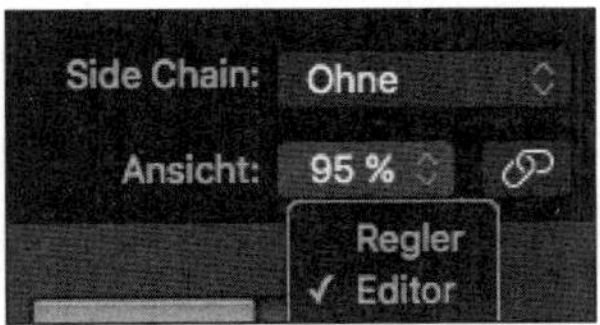

Abbildung 15.2 Zoom- und Ansichtseinstellungen, »Side Chain«-Eingang

15.1.3 Audio-Units-Effekte

Effekte von Drittanbietern finden Sie nach Herstellern sortiert unten im Menü unter AUDIO UNITS aufgelistet.

15.1.4 Output-Konfiguration (Mono/Dual-Mono/Stereo/5.1 Surround): Einführung

Beim Laden des Plug-ins stehen unterschiedliche Konfigurationen zur Auswahl. Diese heißen z. B. »Mono« und »Mono to Stereo« bei einem Mono-Eingangssignal oder »Stereo und Dual-Mono« bei einem zweikanaligen Eingangssignal (wie in Abbildung 15.1).

Viele Plug-ins (z. B. Halleffekte) erlauben eine Wandlung eines Monosignals in ein Stereosignal (sogenanntes *Pseudo-Stereo*). Mit gehaltener `alt`-Taste können Sie zwischen zwei Stereo-Plug-ins auch ein Mono-Plug-in im Kanalzug einfügen. Ob eine Audio- oder Aux-Spur zunächst im Mono- oder Stereoformat vorliegt, wählen Sie links neben dem Input aus. Ebenfalls spielt eine Rolle, ob bereits Plug-ins im Stereo- oder Monoformat im Kanalzug geladen sind.

Sollten Effekte nicht aufgelistet werden, kann das auch daran liegen, dass Sie einen Effekt auf einer Monospur laden möchten, das Plug-in aber nur im Stereoformat vorliegt.

15.1.5 Dual-Mono- und Mitte/Seite-Bearbeitung

Die Dual-Mono-Bearbeitung erlaubt getrennte Bearbeitung für links/rechts. Ein entsprechender Bereich, um das auszuwählen, wird bei Plug-ins angezeigt, die in Dual-Mono-Konfiguration geladen werden.

Sie können durch Aktivierung des COUPLE-Modus die Parameteränderungen schnell für beide Kanäle des Dual-Mono-Modus anwenden. Das Zahnradmenü ruft eine Darstellung auf, in der für die Plug-ins oft auch eine Mitte/Seite-Bearbeitung einstellbar ist.

Mehr zum Thema Mitte/Seite-Bearbeitung finden Sie in Abschnitt 17.3.4.

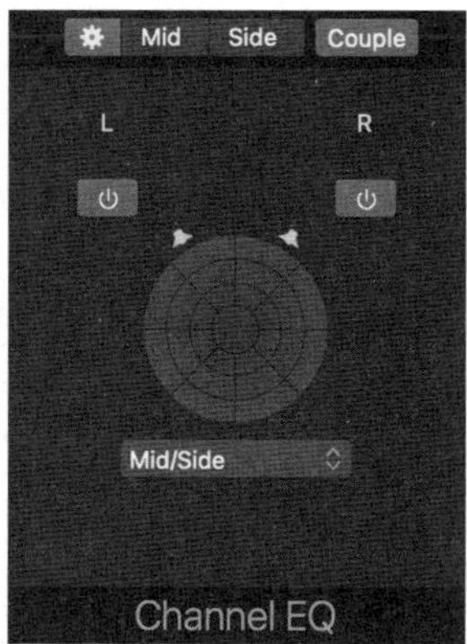

Abbildung 15.3 Zahnradmenü in der Dual-Mono-Konfiguration

15.1.6 Surround

Viele Plug-ins können auch im Multi-Mono- oder 5.1-Surround-Format geladen werden. Die entsprechende Option wird nur angezeigt, wenn Sie im Input oder einem vorherigen Plug-in im Kanalzug das SURROUND-Format ausgewählt haben. In einigen Plug-ins wie dem Space Designer stehen dann zusätzliche Mix-Output-Regler zur Verfügung.

Sind Surround-Kanalzüge im Spiel (was automatisch der Fall ist, wenn Sie Surround-Audiofiles auf einen leeren Bereich SPUREN ziehen oder manche älteren Apple-Loop-Sound-FX laden), werden der Output des Kanals sowie der Master-Output automatisch entsprechend konfiguriert (was Sie ändern müssen, wenn Sie nur einen einfachen Stereo-Bounce realisieren möchten). Im Panorama-Regelbereich eines solchen Kanalzugs können Sie den Sound frei positionieren und die Surround-Positionierung auch leicht automatisieren (siehe Abbildung 15.4 und Abschnitt 15.9.3 über Surround Panning).

Abbildung 15.4 Surround Routing

15.1.7 Effekte via MIDI ansteuern, Side-Chain-Input bei Effekten und AU-MIDI-gesteuerten Effekten

Es ist möglich, bei manchen Plug-ins oben rechts im sogenannten SIDE CHAIN-Eingang (siehe Abbildung 15.2) andere Kanalzüge auszuwählen und sie in den Effekt zu routen oder zur

Steuerung eines Effekts zu nutzen. In Logic wird Side Chaining auch benutzt, um auf Umwegen Effekte per MIDI fernzusteuern: In Audio-Unit-Effekt-Slots geladene Effekte können keine MIDI-Daten empfangen, doch viele Effekte, insbesondere von Drittherstellern, sind so konzipiert, dass man sie eigentlich via MIDI ansteuern soll, um intuitiv Effektparameter zu verändern.

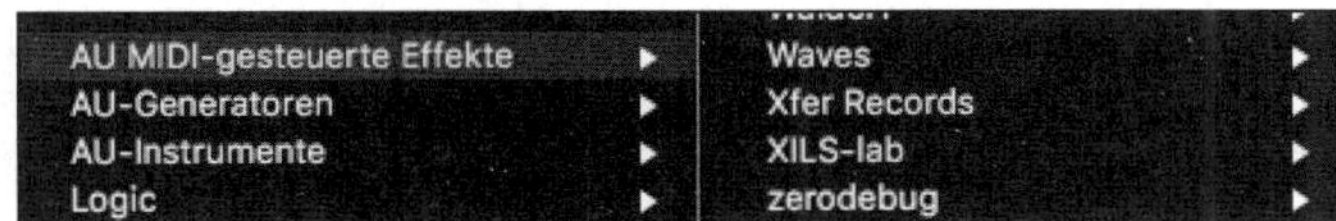

Abbildung 15.5 Hier laden Sie AU-MIDI-gesteuerte Effekte.

Eine Möglichkeit, das Problem in Logic zu umgehen, ist, den Effekt in einen Instrumenten-Slot zu laden, dieser kann ja MIDI-Daten empfangen. Das zu effektierende Signal wird dann via Side-Chain-Input in den als Instrumenten-Plug-in geladenen Effekt geroutet.

Es gibt viele AU-MIDI-gesteuerte Effekte von anderen Herstellern, z. B. Sugar Bytes »Looperator«, Native Instruments »FM8« und »Reaktor« mit Ensembles wie »The Finger« etc. Es kann sehr sinnvoll sein, Effekte via MIDI zu steuern, um z. B. spontan und nach Gefühl im richtigen Moment mit einer Keyboard-Taste/-Note einen Effekt auszulösen. Alternativ können Sie Effektparameter auch mit Automationen bewegen.

15.1.8 Effekte via MIDI-FX modulieren

Es ist auch möglich, via MIDI-FX Parameter zu modulieren. Im Beispiel *15FXMod* moduliert ein LFO des MIDI-FX-Modulators den Gain eines EQ-Bandes des »Channel EQs«. Dies funktioniert durch eine interne Verknüpfung besonders komfortabel mit Logic-Plug-ins. Mehr hierzu in Abschnitt 13.1.5.

15.1.9 Nutzung älterer Effekte aus Vorversionen

Einige ältere Effekte aus Logic-Vorversionen sind in neuen Logic-Versionen nicht mehr vorhanden (»AVerb«, »Bass Amp«, »DeEsser«, »DJ EQ«, »Fat EQ«, »Silver EQ«, »GoldVerb«, »PlatinumVerb«, »Guitar Amp Pro«, »Silver Compressor«, »Silver Gate«, »Denoiser«, »Grooveshifter«, »Speech Enhancer«). Wenn diese Effekte in einem alten Projekt vorkommen, öffnet Logic Pro sie dennoch. Im Projekt *15Guitaramp+AVerb* habe ich die beiden im Projektnamen genannten Logic 9-Effekte verwendet, im Projekt *15L9FX* alle oben genannten Effekte, so dass Sie von dort aus auch an sie herankommen und gegebenenfalls auch Channel-Strip-Settings oder Patches mit diesen Effekten speichern können, falls Sie sie öfter benutzen möchten. Ältere Plug-ins tauchen dann in einer Unterkategorie namens ÄLTERE VERSIONEN in der Plug-in-Liste auf. In alten Projekten verwendete *EXS24*-Instrumente werden hingegen durch das *Sampler*-Plug-in ersetzt.

Sie können auch die Beispielprojekte *15Denois1*, *15Grooveshift1* und *15SpeechEnhance* aus der Vorversion des Buchs öffnen, die noch im Begleitmaterial enthalten sind, um an ältere Plugins heranzukommen.

15.2 Equalizer (EQ)

In diesem Abschnitt finden Sie zunächst Basiswissen über EQs. Der EQ ist vielleicht der unverzichtbarste Effekt beim Abmischen.

Abbildung 15.6 zeigt die EQs in Logics EQ-Kategorie, die ich danach einzeln vorstellen werde.

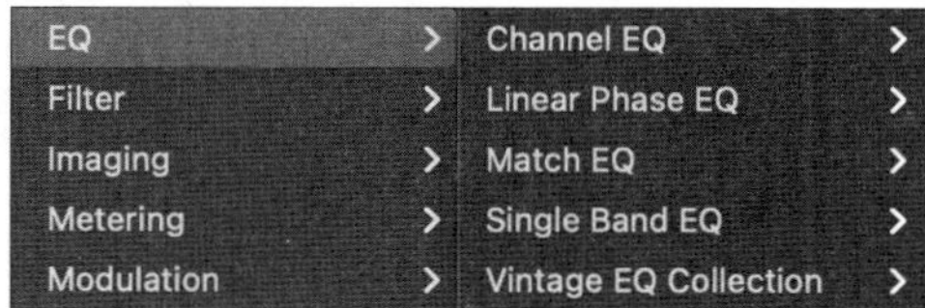

Abbildung 15.6 EQs in Logic

15.2.1 Einfache, semiparametrische und vollparametrische EQs

Bei Equalizern unterscheidet man meist zwischen

- einfachen (inklusive grafischen),
- semiparametrischen und
- vollparametrischen Equalizern.

Einfache Equalizer regeln nur die Lautstärke eines festgelegten Frequenzbandes (Beispiel: Bass- und Höhen-Regler am Verstärker). Einfache Equalizer findet man oft an Mischpulten oder Verstärkern. Ein grafischer Equalizer besteht aus vielen einfachen Equalizern (typischerweise 31 von je ⅓-Oktave Breite), so dass der Verlauf der Frequenzkorrektur »grafisch« durch die Regler dargestellt wird (wie auch bei Logics »Vintage Graphic EQ«).

Semiparametrische Equalizer bieten zusätzlich die Möglichkeit der Frequenzauswahl. Sie können also die Frequenz einstellen, die Sie leiser oder lauter machen. Diese Art EQ finden Sie oft bei kleineren analogen Mischpulten.

Vollparametrische Equalizer haben drei Einstellmöglichkeiten: Gain, Frequenz und Q-Faktor. Mit Letzterem bestimmen Sie, wie steil bzw. mit welcher Breite angehoben und abgesenkt wird. Das Verhältnis Frequenz geteilt durch Bandbreite nennt man *Q*. Man spricht auch von *Güte*. Eine Anhebung über eine Breite von 100 Hz entspricht bei einer Frequenz von 100 Hz (Q = 1) einer breiteren Anhebung als bei einer Frequenz von 1.000 Hz (Q = 10). Wenn also der Q-Faktor veränderbar ist, regeln Sie damit bei Bell-EQs (siehe unten) auch die Bandbreite. Ein großer Q-Faktor bedeutet eine kleine Bandbreite und eine schmale Glocke, ein kleiner Q-Faktor eine große Bandbreite und eine breite Glocke. Logics »Channel EQ« und »Linear Phase

EQ« erlauben hier große Variabilität von sehr breit bis sehr schmal. Das ist gut für chirurgische Präzisionseingriffe; diesbezüglich können viele analoge EQs nicht mithalten, auch wenn sie manchmal schöner »färben«.

15.2.2 Bell- und Shelving-Charakteristik, Filter

Eine andere Kategorisierung von Equalizern lautet:

- Bell-EQ (Glockencharakteristik)
- Shelving-EQ (Kuhschwanzcharakteristik)
- Filter (High Pass und Low Pass)

Bell-EQs erhöhen die Lautstärke für die Frequenz »glockenförmig« um die gewählte (oder fest eingestellte) Frequenz herum. Beim vollparametrischen EQ wird mit dem Q-Faktor die Breite der »Glocke« geregelt.

In *Shelving-EQs* finden Sie eine Art »halbe« Glocke: Ein Low Shelving bearbeitet die eingestellte Frequenz und gleichmäßig alle Frequenzen darunter, ein High Shelving bearbeitet die eingestellte Frequenz und gleichmäßig alle Frequenzen darüber. Auch Shelving-EQs können (zumindest in Logics »Channel EQ«) einfach, semiparametrisch und vollparametrisch sein. Anstelle des Q-Faktors wird nur die Steilheit der Shelving-Kurve eingestellt (eine Hälfte der Glocke).

Filter im »Channel EQ« haben drei Parameter: Frequenz, Flankensteilheit und Resonanz (Betonung der Filterfrequenz, was besonders bei Filtersweeps interessant klingt). Sie haben Filter schon in Synthesizern kennengelernt. Es gibt Hochpass- und Tiefpassfilter (entspricht *Low Cut* und *High Cut*). Wenn von der *Flankensteilheit* gesprochen wird, drückt das aus, um wie viel dB *pro Oktave* der Sound leiser wird. Ein Beispiel: Ein Filter mit 24 dB Flankensteilheit bei 128 Hz macht den Sound bei 64 Hz (= halbe Frequenz = genau eine Oktave tiefer) um etwa 24 dB leiser und bei 32 Hz sogar um 48 dB. Je mehr dB pro Oktave abgeschnitten werden, desto »steilflankiger« arbeitet der Filter.

15.2.3 EQ-Anwendungsbeispiele

Hier einige Anwendungsbeispiele:

- Sie möchten einen Sound im Mix weiter hinten auf einer virtuellen Bühne positionieren. Um dies zu simulieren, entfernen Sie vor allem Höhen, beispielsweise gleichmäßig mit einem Hi-Shelving-EQ, und auch ein wenig Bässe. Aber auch Hall und Dynamics können hierbei helfen.
- Ein tonales Geräusch oder ein Sound stört. Nun heben Sie mit einem vollparametrischen EQ schmalbandig eine Frequenz an, wo Sie das störende Geräusch vermuten (hierbei kann ein Analyzer helfen, den Sie in Logics »Channel EQ« und »Linear Phase EQ« eingebaut finden). Dann ändern Sie die Frequenz so lange, bis die richtige gefunden ist. Danach senken

Sie diese Frequenz stark ab. Hören Sie Ihren Mix jedoch nicht zu lange mit solchen extremen Probeeinstellungen, denn Ihre Ohren gewöhnen sich schnell an falsche Relationen oder ermüden.

- Heben Sie tendenziell eher breitbandig an, und senken Sie eher schmalbandig ab. Sie möchten einen Track etwas heller klingen lassen? Heben Sie hierfür die Höhen oberhalb einer Frequenz gleichmäßig an. Natürlich senkt man auch manchmal »breiter« oder kräftiger ab, z. B. mit Low Shelf oder Low Cut (= High Pass), um störende Bassanteile bei Vocals oder Drums oder beim Bass selbst wegzufiltern.
- Sie wollen einen analogen Retro-Sound hinbekommen? Viele ältere, analoge Geräte hatten begrenzte Frequenzgänge. Senken Sie in den extremen Höhen- und Tiefenbereichen ab (etwa mit einem nicht so steilflankigen Filter). Sie haben ein analoges Mackie- oder Behringer-Mischpult mit einem Bassregler vor sich? Solche Bassregler sind meistens Shelving-EQs. Das ist wichtig zu wissen, denn ein 80-Hz-Bell-EQ hebt in der Regel den Subbass nicht an, ein 80-Hz-Shelving-EQ dagegen schon. Ebenso hebt ein 12-kHz-Shelving-EQ auch Frequenzen oberhalb von 12 kHz an. Bei besseren Pulten können Sie das in der Anleitung oder im Schaltdiagramm nachlesen.
- Sie wollen eine Bassdrum designen. Hierbei sind extremere EQ-Veränderungen praktikabel. Sie müssen ja nicht, wie z. B. bei einem Basslauf, beachten, dass unterschiedliche Noten vorkommen, sondern müssen oft nur eine gepielte Bassdrum EQen. Detaillierte EQ-Edits ermöglichen es, aus einer akustischen Bassdrum leicht etwas zu machen, was nach fetter EDM-Kick klingt. Theoretisch können Sie fast jeden gewünschten Drumsound mit EQing designen. Hierbei ist Logics »Match EQ« ein mächtiges Werkzeug.

15.2.4 Channel EQ durch Doppelklick laden

Der Channel EQ lässt sich auch durch Doppelklick auf das mit EQ beschriftete freie Feld oben im Channel-Strip öffnen, siehe Abbildung 15.7. Anschließend erscheint in diesem Feld eine Miniaturdarstellung des EQ.

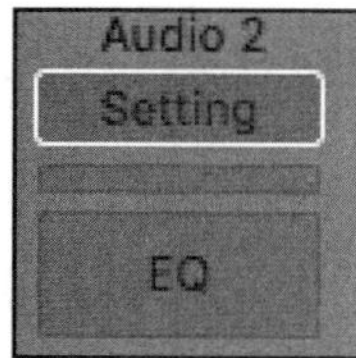

Abbildung 15.7 Klicken Sie in das EQ-Feld, um einen »Channel EQ« zu laden.

15.2.5 Channel EQ und Linear Phase EQ

Beide Logic-EQs (siehe Abbildung 15.8 und Abbildung 15.9) sind sehr flexible Werkzeuge. Sie bieten jeweils:

- vier vollparametrische Bell-EQs
- zwei Shelving-Filter (High und Low Shelving mit regelbarer Charakteristik)
- zwei Filter (High und Low Pass, mit wählbarer Flankensteilheit, 6, 12, 18, 24, 36 oder 48 dB pro Oktave)

Die einzelnen Bänder lassen sich oben durch Klick auf das Symbol, das den jeweiligen EQ-Typ repräsentiert, an- und abschalten.

Logics EQs klingen relativ neutral und färben wenig.

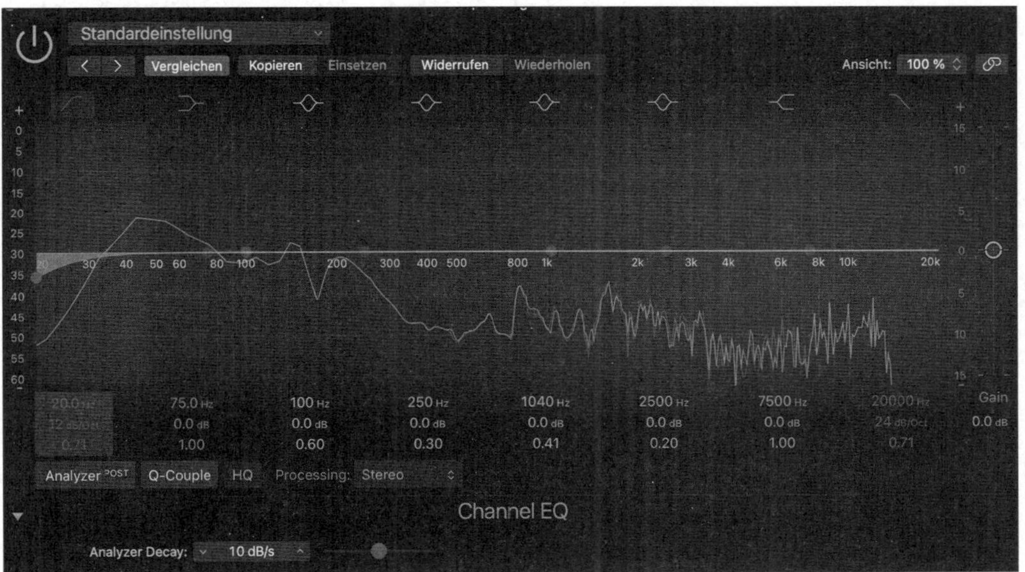

Abbildung 15.8 »Channel EQ«

Logics »Channel EQ« und »Linear Phase EQ« sind settingkompatibel: Laden Sie anstelle des einen den anderen, dann bleiben die Einstellungen erhalten. Letzterer gibt das Signal phasentreu erst wieder aus, wenn alle Frequenzbänder gleichzeitig berechnet sind – egal, wie viele Frequenzbänder aktiv sind. Hieraus ergibt sich ein klanglicher Unterschied. Er verbraucht außerdem mehr CPU-Ressourcen und führt mehr Latenz ein.

Die meisten analogen Hardware-EQs sind nicht linearphasig und klingen trotzdem sehr angenehm. Das kann auch die räumliche Empfindung beeinflussen. Manchmal ist das ein gewollter oder tolerierter Effekt.

Bei der Bedienung gibt es kaum Unterschiede zwischen den beiden Logic-Haupt-EQs. Der »Channel EQ« ist blau – der »Linear Phase EQ« schwarz; beim »Channel EQ« können Sie über die HQ-Taste OVERSAMPLING aktivieren/deaktivieren. Via Oversampling kann die Samplerate bei der EQ-Bearbeitung verdoppelt werden.

Sie können mit Logic pur, ohne jedes Drittanbieter-Plug-in, sehr gut Tracks abmischen.

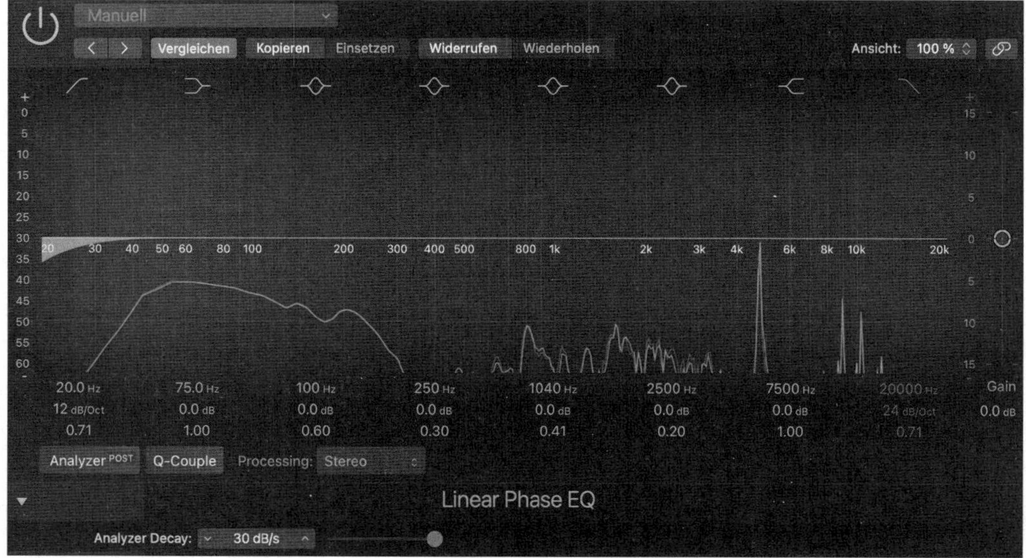

Abbildung 15.9 »Linear Phase EQ«

15.2.6 Analyzer im EQ

Als Hilfestellung bieten beide Logic-EQs den integrierten Analyzer, der mit verschiedenen Auflösungen den Frequenzgang vor und nach der EQ-Bearbeitung anzeigen kann (unten in Abbildung 15.8 und Abbildung 15.9). Um den Analyzer zu benutzen, klicken Sie auf den entsprechenden Button. Sie können den Analyzer dabei Pre- oder Post-EQ schalten und auswählen, ob der Analyzer den Frequenzgang vor oder nach der Bearbeitung durch den EQ anzeigt. Im erweiterten Bereich des EQs können Sie außerdem die Geschwindigkeit, mit der der Analyzer die Frequenzkurvendarstellung an das Signal anpasst, in dB/s einstellen.

Wenn das Signal zu leise ist, so dass Sie den Frequenzgang nicht richtig sehen können, fassen Sie die Zahlen auf der linken Seite der EQ-Darstellung (Lautstärkeangaben auf der Y-Achse) an und ziehen sie mit gehaltener Maustaste nach oben, um einen anderen Wertebereich angezeigt zu bekommen.

15.2.7 Q-Couple

Mit deaktivierter Q-Couple-Funktion, die anderswo »proportional Q« heißt, passt sich die Bandbreite bei verschiedenen Gain-Einstellungen an. Größere Anhebungen werden dann automatisch schmalbandiger, was in der Praxis dem Verhalten mancher etablierter Hardware-EQs entspricht. Der Unterschied war für mich im Test aber nicht beim Drücken auf den Q-Couple-Knopf festzustellen, sondern nur, wenn ich den Gain anhob, und das mal mit und mal ohne aktive Q-Couple-Funktion.

15.2.8 Typische EQ-Settings für Instrumente am Beispiel einer Kickdrum

Im Internet finden Sie einige Aufstellungen von Studios, die Ihre Erfahrungen beim EQing in Form einer generalisierten Aufstellung der Öffentlichkeit zugängig machen. Solche Aufstellungen sind für Anfänger hilfreich, um erste Anhaltspunkte zum Ausprobieren zu bekommen und dabei spielerisch die Wirkung bestimmter Frequenzen zu erlernen (z. B. *http://www.dontrecordsmusicgroup.com/mixdown.htm*).

Je nach Genre und Kombination von verwendeten Instrumenten sind aber oft andere Settings empfehlenswert. Der Link empfiehlt +3 dB bei 50 Hz, –3 dB bei 275 Hz und +1 dB bei 3 kHz für das EQing einer Kickdrum. Das Beispiel zeigt, dass man oft mehrere Frequenzen bearbeitet, um verschiedene Ziele zu erreichen: Die 50 Hz würde man anheben, um mehr bassigen Druck zu erzeugen, die 275 Hz absenken, um etwas »Dröhnen« herauszunehmen, und die 3 kHz anheben, um das Anschlag-Kick-Geräusch zu verstärken. Als Drum-and-Bass-Musiker bin ich aber gewöhnt, die Kickdrum etwas höher abzumischen und *nicht* bei 50 Hz zu verstärken. Auf diese Weise lasse ich Platz für den Subbass.

Es gibt viele neue, spezialisierte Kickdrum-Plug-ins, wie *Kick2*, *Punchbox* und *Big Kick*, die Kickdrums aus mehreren Soundlayern zusammenbauen können, um diese Einzelteile einer Kick zu designen. Doch auch mit nur einem einzigen Sound und einem EQ haben Sie oft vergleichbare Möglichkeiten. Dabei kann es sinnvoll sein, auch mal extremere Einstellungen oder mehrere EQs hintereinander zu nutzen.

Weiteres zum Thema Mixdown finden Sie ab Abschnitt 17.1 über Mixing.

15.2.9 M/S-Processing im EQ

Logics »Channel EQ« und »Linear Phase EQ« erlaubt den Zugriff auf Mid/Side-Processing (*Mitte/Seite* oder *M/S*) auch direkt im Plug-in. Sie können im PROCESSING-Menü von »Channel EQ« und »Linear Phase EQ« unten unter anderem einstellen, nur das Mittensignal oder nur das Seitensignal zu bearbeiten. Wollen Sie beides, fügen Sie einfach mehrere EQs hintereinander in den Kanalzug ein oder nutzen eine Dual-Mono-Konfiguration im Mitte/Seite-Modus.

15.2.10 Vintage EQ Collection: Übersicht und Gemeinsamkeiten der Modelle

Die Plug-ins der Vintage EQ Collection sind mit Logic 10.4 dazugekommen. Sie ähneln sehr stark berühmten analogen Vorbildern, deren Name nicht benutzt wird.

Alle Vintage-EQs haben eine Nachbildung eines Röhrenverstärkers am Ende mit umfangreicherer Ausstattung als bei typischen Vorbildern: Es gibt einen DRIVE-Regler, die Verzerrungs-Charakteristik kann in jedem EQ von jedem Vintage-EQ übernommen werden (SILKY/Tube EQ, PUNCHY/Graphic EQ, SMOOTH/Console EQ). Außerdem können Sie die Phasentreue und damit auch die Latenz oder CPU-Last wählen (LINEAR braucht mehr CPU und hat mehr Phasentreue). Es gibt außerdem unten einen kleinen VOLUME-Regler als Wertedarstellung in Zahlen, der unabhängig von der via DRIVE hinzugefügten Färbung Lautstärkekompensationen ermöglicht.

Abbildung 15.10 Die drei EQs der »Vintage EQ Collection«

Vintage Tube EQ

Der Vintage Tube EQ benötigt etwas mehr Erläuterung als die beiden anderen. Er ist ein passiver EQ nach dem Vorbild der Pultec-EQ-Modelle EQP-1A und MEQ-5. Diese wurden einst in einer kleinen Werkstatt von Ollie Summerland and Gene Shank in Teaneck, New Jersey, USA gebaut. Ein passiver EQ arbeitet im Gegensatz zu aktiven EQs ausschließlich mit Absenkungen, wobei diese Absenkungen mit Boost-Reglern teilweise wieder »aufgeholt« werden. Aktive Hardware-EQs arbeiten hingegen zusätzlich mit Amps pro Band.

Ein passiver EQ hebt eine Frequenz an, indem alle anderen Frequenzen (stärker als die zu betonende Frequenz) abgesenkt werden und dann die Summe (z. B. bei Pultec-Hardware durch einen legendär gut klingenden Tube-Amp am Ende) verstärkt wird. Bei Pultec-EQs klingt es keineswegs neutral, wenn man scheinbar die gleiche Frequenz absenkt (via »Attenuator«, übersetzt »Abschwächer«, abgekürzt »Atten«) und gleichzeitig anhebt (via »Boost«). Die Bänder haben oft jeweils etwas andere Frequenzen oder Kurvencharakteristiken. Die Ansteuerung der Frequenzen ist weniger präzise möglich als in anderen Logic-EQs. Passive EQs sind dennoch sehr beliebt, weil die weich geschwungenen, breitbandigen und eher unaufdringlichen EQ-Kurvenverläufe oft gut und musikalisch klingen. So wird das gleichzeitige Anheben und Absenken im Bereich tiefer Frequenzen manchmal als »Pultec-Trick« bezeichnet, der bei vielen Motown-Platten für einen bestimmten Kick-Sound verwendet wurde.

Zunächst zum oberen Teil: Cut und Boost für den Low-Frequency-Bereich sind beide mit Regelbereichen von 1–10 beschriftet. LOW BOOST verstärkt aber bis zu 13,5 dB, LOW ATTEN senkt bis zu 17,5 dB ab – das entspricht vage den Eigenschaften des Hardwarevorbilds, und beide haben Glocken-(Bell-)Charakteristik. LOW FREQ bestimmt die mittlere Frequenz. Die Frequenz zum Absenken liegt etwas über der Frequenz zum Anheben, gleichzeitig wird beim Absenken ein wenig Bass unterhalb der Hörschwelle entfernt. Sie heben also einen bestimmten angenehmen Bass an, indem Sie sowohl anheben als auch absenken. Die Beschriftung des EQs entspricht dabei nicht unbedingt genau dem, was passiert. Wer es genau wissen will, kann die entstehende Frequenzkurve auch mit einem Match EQ analysieren. Die gleichzeitige Anhebung und Absenkung bei 30 Hz bewirkt z. B. einen Boost bei ca. 80 Hz und eine Absenkung bei ca. 200 Hz, was oft angenehm klingt und ergänzend mit Anhebungen im Höhenbereich verschönert werden kann.[1]

Bei der Originalhardware rasteten die Frequenzwahlregler auf bestimmten Positionen ein. In Logics Tube EQ sind stufenlose Übergänge wählbar. Die oben beschriebene Anhebung bei ca. 80 Hz (und darunter im Stile eines Low-Shelving-EQs) mit Abschwächung um 200 Hz (als sanfte Kurve) erreichte ich in einem Test bei Logics Vintage Tube EQ eher bei einer Reglerstellung von 20 Hz für den Low-Bereich, siehe hierzu auch das Projekt *15x3pultec1* (inklusive alternativ einschaltbare Analyse des »Match EQ«).

HIGH FREQ bestimmt die mittlere Frequenz eines Bell-EQs, die Bandbreite deren Q-Faktor. Dieses Band kann nur anheben. Mit schmalen Bandbreiten kann der EQ stärker anheben (im Original bis ca. +18 dB) als mit breiten (im Original bis ca. +10 dB). HIGH ATTEN und HIGH ATTEN SELECTION betreffen einen Shelving-EQ; HIGH ATTEN regelt die Abschwächung, HIGH ATTEN SELECTION die Frequenz dazu.

Vintage Graphic EQ

Dieser EQ wurde nach dem Vorbild eines API-Equalizers entwickelt. Es gibt zehn EQ-Bänder mit je 12 dB Verstärkung/Absenkung. Jedes Band hat jeweils die doppelte Frequenz des tieferen Bands, liegt also genau eine Oktave höher. Indem Sie mit dem Tuningregler alle Bänder stimmen, können Sie den Equalizer gewissermaßen an Ihren Song anpassen, so dass Ihnen schnell zehn musikalische Bänder zur Verfügung stehen. Dies ist in Halbtonschritten möglich, entstehende Frequenzen werden automatisch angezeigt. Bei einer Einstellung von +12 erreicht das höchste Band 32 kHz, Anhebungen ermöglichen eine gewisse Art von High-End-Sound.

Vintage Console EQ

Dieser EQ wurde einer NEVE-Console nachempfunden und erzeugt oft einen schönen, warmen und weichen Sound, weshalb das zugehörige Amp-Modell auch »Smooth« heißt. Die

1 *https://abbeyroadinstitute.nl/blog/demystifying-the-pultec/* – Autor Dennis Beentjes im Abbey Road Institute über Pultec Hardware

vier Bänder können oben einzeln aktiviert werden, die Bedienung ist ansonsten gegenüber anderen EQs nicht ergänzend erklärungsbedürftig. Natürlich entwickeln Sie vor allem durch Ausprobieren ein Gefühl für die genaue Wirkung des EQs, die ja nicht wie beim »Channel EQ« auch anhand einer Grafik abzulesen ist.

15.2.11 Match EQ

Der Match EQ hilft, den Frequenzgang von einem Signal auf ein anderes zu übertragen. Dabei können Sie die Kurve glätten, die Wirkung können Sie skalieren, und Sie können die Grenzen der Bearbeitung bestimmen, um im oberen und unteren Frequenzbereich keine oder nur eine schwächere Bearbeitung zu haben. Der Match EQ lässt sich auch in einen linearphasigen Modus schalten, wodurch er etwas mehr Latenzen einführt und mehr CPU-Leistung benötigt. Auch ein Analyzer, den Sie Pre- oder Post-EQ schalten können, ist eingebaut.

Beispielanwendungen

- Gleichen Sie damit zum Beispiel Musikstücke auf einer CD beim Mastering oder ein Musikstück an ein Vorbild z. B. desselben Genres näherungsweise an. Der Match EQ stellt im Presetbereich viele genretypische Einstellungen bzw. Spektren zur Verfügung.
- Versuchen Sie, einen Drumsound näherungsweise klingen zu lassen wie einen Vorbild-Drumsound – der Match EQ ist dafür das ideale Tool.
- Sie können auch die Frequenzcharakteristika von Vorbildmikrofon A (z. B. teures Neumann-Mikro) als sogenanntes *Template* auf die zu bearbeitende Aufnahme (CURRENT MATERIAL) von Mikrofon B (beispielsweise ein günstiges t.bone-Mikro) via Match EQ anwenden, indem Sie zweimal dieselbe Sprachaufnahme mit beiden Mikrofonen erstellen und anschließend mit dem Match EQ analysieren. Das kann nicht nur sinnvoll sein, um tendenziell einen »teuren« Sound mit einem günstigen Mikro hinzubekommen, es kann auch nötig sein, wenn nachträglich ein Schnipsel einer Produktion unter anderen Aufnahmebedingungen oder mit einem anderen Mikrofon neu aufgenommen werden muss, aber wie die alte Aufnahme klingen soll – sei es bei einer Musik- oder bei einer Filmproduktion. Natürlich gelingt das nur näherungsweise; inwiefern das Ergebnis zufriedenstellend ist, bleibt eine subjektive Entscheidung.
- Soll nur ein Teilbereich des Frequenzspektrums angeglichen werden (z. B. Bassbereich), so erreichen Sie dies, indem Sie für die zu vergleichenden Sounds lediglich diesen Bereich abhören bzw. vergleichen (etwa indem Sie ein entsprechendes Band eines Multibandkompressors/»Multipressors« in Logic zuvor auf »solo« stellen).

Workflow

Um z. B. den Sound von Vorbild Mikro A für Mikro B mit dem Match EQ hinzubekommen, öffnen Sie einen Match EQ auf der Spur der Aufnahme von Mikrofon B, routen die Spur des

Referenzsignals Mikrofon A oben rechts in den Side Chain-Eingang und wählen Reference: Learn, Anschließend spielen Sie die Aufnahme der Referenz für eine Weile ab, bis die Frequenzkurve des Vorbilds »gelernt« wurde. Dann klicken Sie nochmals auf Reference: Learn, um den Lernmodus zu beenden.

Nun entfernen Sie das Signal von Mic A wieder aus der Side Chain. Klicken Sie jetzt auf den Current: Learn-Button. Spielen Sie die von Ihrem »Match EQ« zu bearbeitende Aufnahme von Mic B ab – und zwar am besten genauso lange wie beim Vorbild –, um den Frequenzgang des zweiten Mikros zu lernen. Klicken Sie erneut auf den Current: Learn-Button, um den Lernmodus wieder zu beenden.

Alternativ können Sie zwei Match EQs nutzen – auf den Spuren von Vorbild Mic A und B. Lernen Sie zuerst das Spektrum von Vorbild Mic A, kopieren Sie es im Kontextmenü, fügen Sie es auf der Spur von Mic B ein, und lernen Sie auf der Mic-B-Spur das aktuelle Material. Es ist auch möglich, Frequenzgänge aus Match EQ-Settings oder Audiofiles zu importieren bzw. zu generieren (siehe Einträge in Abbildung 15.11). Dieses Copy-and-Paste-Menü steht sowohl im Reference- als auch für den Current Material-Bereich zur Verfügung!

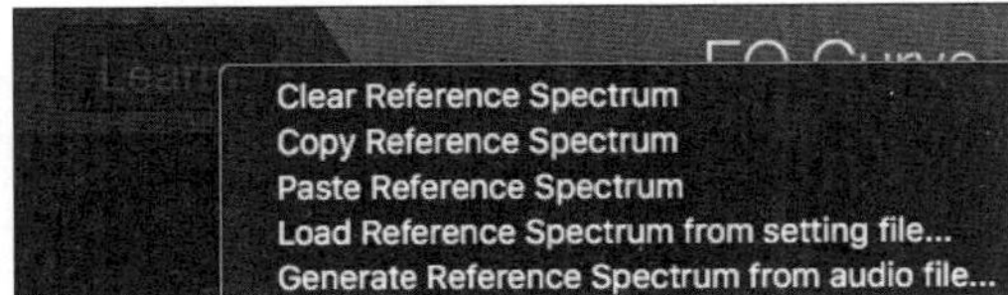

Abbildung 15.11 Die »Match EQ«-Optionen im Bild stehen sowohl im »Template«- als auch im »Current Material«-Bereich zur Verfügung.

Wenn Sie alles richtig gemacht haben, löst nun ein Klick auf den Match-Knopf (Abbildung 15.12) einen Abgleich der beiden Spektren aus.

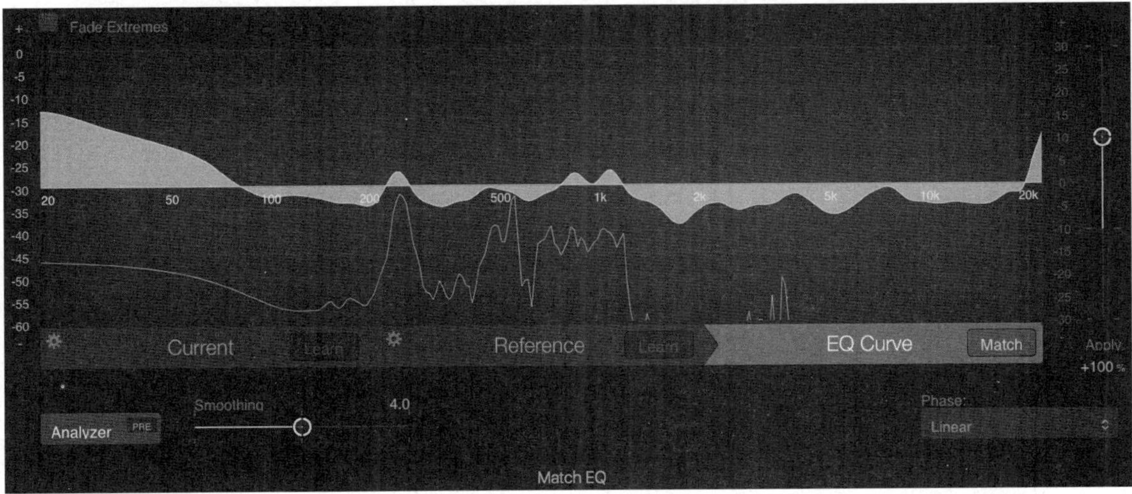

Abbildung 15.12 »Match EQ«-Kurve

Der Match EQ stellt dann eine Filterkurve ein, um das Signal von Spur B an den Sound von Spur A anzupassen. Mit dem APPLY-Fader auf der rechten Seite regeln Sie das Ausmaß dieses Equalizings prozentual. Unangenehm klingende »Nasen« (schmalbandige Anhebungen oder Absenkungen) in der EQ-Kurve können Sie auch manuell mit Mausoperationen grafisch entfernen.

Ein Beispiel mit zwei sehr unterschiedlichen Vocals finden Sie im Projekt *15MatchEQ*. Zunächst habe ich den Vocal aus Spur 2 an den Sound aus Spur 1 angepasst, dann umgekehrt (was im Beispiel weniger gut funktioniert und verzerrt).

Kurven-Finetuning

Durch Klick auf FADE EXTREMES in den erweiterten Parametern entfallen Bearbeitungen an den äußeren Frequenzbereichen. Sie können die Bearbeitung so nicht nur »einblenden«, sondern auch die äußerste Grenze des FADE EXTREMES-Bereichs nach innen ziehen, um einen Frequenzbereich komplett von der Bearbeitung auszunehmen. Zudem kann eine Bewegung des SMOOTHING-Reglers beeinflussen, ob die Frequenzkurve des »Match EQ« sämtliche Details enthält oder eher geglättet verläuft.

Abbildung 15.12 und Abbildung 15.13 zeigen dies anhand eines anderen Frequenzspektrums, bei dem eine Aufnahme eines AKG-C414-Mikros (mit Low Cut) mit einem Brauner-Mikro verglichen wurde, das als Vorbild diente.

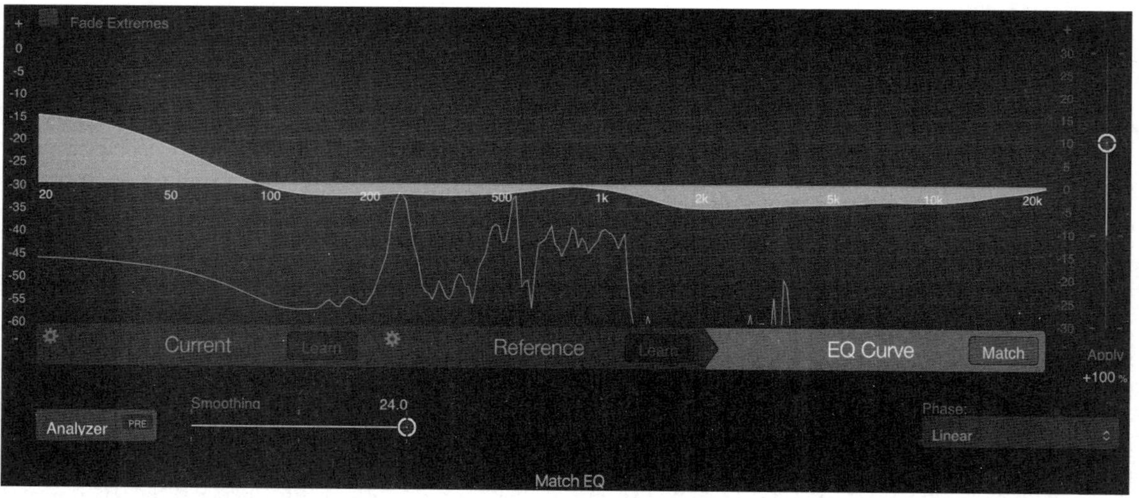

Abbildung 15.13 Stark geglättete »Match EQ«-Kurve

Mit Hilfe des APPLY-Reglers erfolgt die Veränderung prozentual; von –100 % bis 200 % ist alles möglich. Eine Einstellung von 100 % kommt dem Vorbild am nächsten. Wählen Sie z. B. 30 %, geht der Sound nur ein bisschen in Richtung des Vorbilds. Wählen Sie dagegen –100 %, könnten Sie diese Einstellung nutzen, um das Vorbild so klingen zu lassen wie das eigentlich zu bearbeitende Material.

Mit gehaltener Maustaste können Sie auch manuell in der Match EQ-Kurve zeichnen. Das ist zwar etwas fummelig, erlaubt mit vielen kleinen Bewegungen jedoch eine Art Ausradieren einer ungewünschten Bearbeitung unter Beibehaltung des Rests.

Mit gehaltener `alt`-Taste und Klick auf die Grafik können Sie manuelle Änderungen wieder »resetten«.

Presets

Die gewonnene Einstellung lässt sich als Match EQ-Preset speichern, mit dessen Hilfe Sie zum Beispiel sämtliche Aufnahmen, die Sie in Zukunft zu Hause mit Mikrofon B (z. B. Shure) machen, in etwa klingen lassen, als wären sie mit Mikrofon A (Neumann) aufgenommen. Sie können auch ein Plug-in-Setting speichern, das lediglich ein Referenzspektrum enthält – z. B. von Ihrer Lieblingsbassdrum.

15.2.12 Single Band EQ

Der Single Band EQ ist ein einfacher EQ. Sie können zwischen einem LOW CUT-, LOW SHELF-, PARAMETRIC-Bell-EQ-, HIGH SHELF- und HIGH CUT-Band auswählen – das entspricht den Optionen im Channel EQ. Je nach Auswahl steht Ihnen als weiterer Parameter der QFACTOR oder die Flankensteilheit des Filters zur Verfügung (mit bis zu 48 dB/Oktave, wie im Channel EQ bzw. Linear Phase EQ).

15.3 Dynamics

Plug-ins aus der DYNAMICS-Sektion (Abbildung 15.14) führen am Audiomaterial Bearbeitungen durch, die mit dem Lautstärkeverlauf des eingehenden Materials zusammenhängen und darauf reagieren. Man spricht auch von *Regelverstärkern*. Die Differenz zwischen dem lautesten und leisesten Signal nennt man *Dynamik*. Zwischen absoluter Stille bei 0 dB und einer Schmerzgrenze von 120 dB SPL liegen also theoretisch 120 dB. Die Dynamik eines Audiosignals kann verkleinert (*Compression*) und vergrößert (*Expansion*) werden. Medien wie CDs oder Vinyl benötigen schon aus technischen Gründen eine Kompression, weil sie einen solchen Dynamikumfang nicht wiedergeben können.

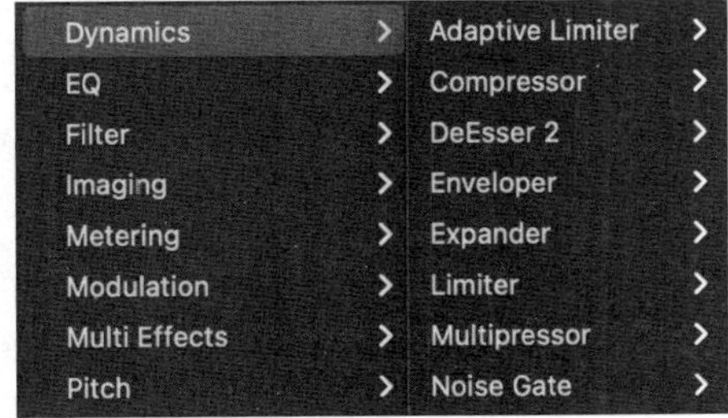

Abbildung 15.14 »Dynamics«-Plug-ins in Logic

»Dynamikbearbeitung« in der Praxis: Ein Kompressor verdichtet ein Signal oder bringt es zum Pumpen. Ein Gate blendet rauschende Zwischenteile aus oder zerteilt ein Signal rhythmisch. Ein Brickwall-Limiter verhindert strikt, dass ein bestimmter Pegel überschritten wird, und macht das Signal »kontrolliert« lauter. Ein Enveloper betont Drums, ein De-Esser reduziert unangenehme s-Laute aus Vocal-Aufnahmen ... Es gibt viele Beispiele mehr.

Spielen viele Instrumente in Pop-Musik gleichzeitig, wird es oft stärker notwendig, den Dynamikumfang einzelner Instrumente zu begrenzen, um eine gleichmäßige Lautstärke zu erreichen und einen guten Mix anfertigen zu können. Ansonsten würden die leisen Stellen eines Instruments, die gut solo zu hören sind, durch andere Instrumente oft verdeckt.

15.3.1 Compressor

Im Deutschen heißt der Effekt eigentlich Kompressor, im Englischen und in Logic wird das Wort dagegen mit C (Compressor) geschrieben. Sie können den ersten Compressor eines Kanalzugs in Logic schnell durch einen Doppelklick auf die schmale Leiste unter dem Setting-Bereich im Kanalzug laden. Dort wird danach auch die Gain Reduction angezeigt.

Abbildung 15.15 Logics Compressor

Grundsätzliche Funktionsweise

Ein Kompressor bearbeitet das eingehende Signal, wenn dessen Lautstärke lauter als der sogenannte *Threshold* (Schwellenwert, THR) ist. Die Dynamik wird so verringert. Um den

THRESHOLD passend einzustellen, können Sie auch den INPUT GAIN-Regler links in Logics Compressor nutzen.

Übersteigt die Lautstärke des Signals den Threshold, wird das Signal im Verhältnis der RATIO (1:1 bis 30:1) leiser gemacht. Bis diese Wirkung vollständig eintritt, vergeht die ATTACK-Zeit. Ist das Signal wieder leiser als der THRESHOLD, dauert es die RELEASE-Zeit, bis das Signal wieder unbearbeitet zu hören ist. Den Übergang zwischen Bearbeitung und keiner Bearbeitung können Sie mit Hilfe einer einstellbaren »Soft Knee«-Kurve weich gestalten (siehe unten).

Weil ein Kompressor auf ein abwechselnd lautes Signal unterschiedlich reagiert, kann er zusätzliche Rhythmik in die Mischung bringen. Es ist außerdem einleuchtend, dass Veränderungen der kompressoreigenen Reaktionsgeschwindigkeit für ein stark verändertes musikalisches Resultat sorgen können. Die Reaktionsgeschwindigkeit bei gleichbleibender Kompressionseinstellung via THRESHOLD und RATIO hängt von mehreren Faktoren ab: Zu diesen Faktoren zählen die erwähnten Regelzeiten (ATTACK/RELEASE), die KNEE-Einstellung (Kurvenverlauf um den Threshold herum), aber auch der verwendete Kompressortyp bzw. Circuit-Type (Schaltungsstyp) – und ob als Referenz für den THRESHOLD PEAK oder RMS eingestellt ist. Über den DISTORTION-Bereich können Sie in Logics Compressor zusätzlich Sättigung/Verzerrung hinzufügen.

Ein Beispiel: Ein eingehendes Signal mit einem digitalen Pegel von –12 dB geht bei einer eingestellten RATIO von 4:1 und einem THRESHOLD von –20 dB nur noch mit einem Pegel von –18 dB aus dem Kompressor heraus, weil die zusätzlichen 8 dB nur im Verhältnis 4:1 durchgelassen werden. Steht die RATIO auf 8:1, kommt nur noch 1 dB durch.

Man spricht daher bei einem Kompressor, der mit einer Ratio höher als 8:1 bis hin zu unendlich zu 1 arbeitet, von *Limiting*. Ist eine Ratio von 1:1 eingestellt, entspricht der Output dem Input.

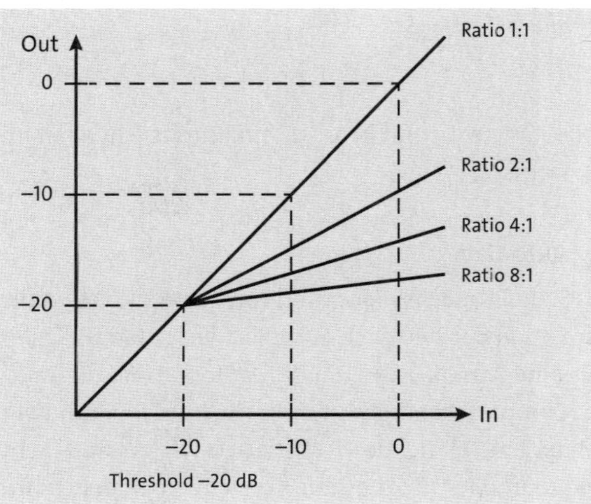

Abbildung 15.16 Input und Output bei einem Threshold von –20 dB und verschiedenen Kompressor-Ratios

Wenn man einen Kompressor auf einen Drumloop legt, ist leicht nachvollziehbar, warum daraus tendenziell rhythmische und pumpende Effekte entstehen: Der Kompressor reagiert insbesondere im PEAK-Modus auf die lautesten Stellen, z. B. auf die Bassdrum. Kein Wunder also, wenn die durch den Kompressor entstehende Veränderung manchmal zusätzlichen »Groove« hineinbringt.

Knee

Der KNEE-Parameter regelt den Übergangsverlauf zwischen Nicht-Kompression unter dem THRESHOLD und Kompression über dem THRESHOLD. Bei einem »Hard Knee« (Abbildung 15.17) ist am Threshold ein exakter Knick vorhanden, der mit alternativen Einstellungen (drehen Sie nach rechts) runder und weicher dargestellt werden kann – was oft etwas weicher und unauffälliger klingt. Was der KNEE-Parameter im Compressor macht, zeigt Ihnen auch die Kurve links in der GRAPH-Ansicht an.

Anzeige des Compressors

Die Lautstärkereduzierung wird oben unter GAIN REDUCTION angezeigt, wenn METER eingestellt ist. Ist GRAPH eingestellt, sehen Sie noch mehr: die Kompressionskennlinie mit Threshold und Knee (im Bild ein »Hard Knee« mit KNEE-Einstellung »0«), den Kompressionsverlauf und rechts ebenfalls die aktuelle Gain Reduction.

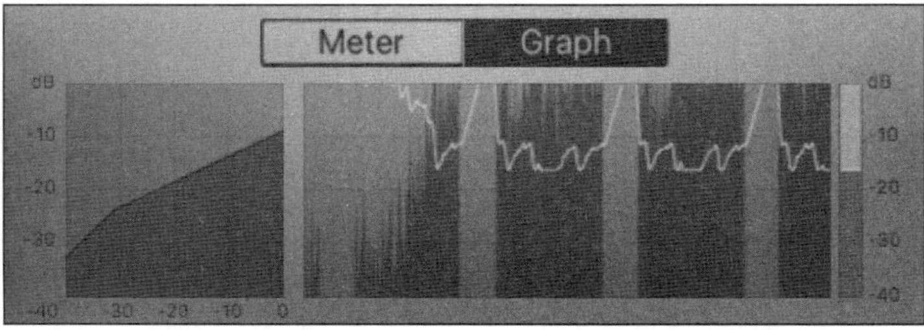

Abbildung 15.17 »Graph«-Ansicht mit Knee links

Ist nur ein Compressor aktiv, sehen Sie die Gain Reduction in einer Miniaturansicht oben im Kanalzug. Ein Doppelklick öffnet den Compressor.

Compressor: Macht er leiser oder lauter? Auto Gain

Ein Kompressor macht grundsätzlich das Signal zunächst leiser und verringert die Dynamik. Lauter wird es erst dadurch, dass sich am Ende der Kette ein zusätzlicher Lautstärkeregler (GAIN) befindet und aufgedreht ist (oder eine AUTO GAIN-Funktion automatisch die Lautstärke erhöht). Der AUTO GAIN bei Logics Compressor sorgt mitunter für eine Überkompensation der Bedämpfung, die sich stark an der Einstellung des THRESHOLD-Reglers und nicht an der tatsächlichen Gain-Reduction orientiert. Sie ist daher mit Vorsicht zu genießen. Im Zweifelsfall sollten Sie den AUTO GAIN besser deaktivieren, um keine undurchschaubaren

Lautstärkeveränderungen bei Edits im Compressor zu erleben. Versuchen Sie stattdessen, den Compressor manuell um etwa so viele Dezibel lauter zu machen, wie der Compressor das Signal durchschnittlich leiser macht. Das ist an der GAIN REDUCTION-Anzeige ablesbar. Dann können Sie den Gesamtklang mit und ohne Compressor durch manuelles An- und Ausschalten des Compressors besser vergleichen (siehe Projekt *15CompGain*).

Input Gain und Output Gain (im Vergleich zu Auto Gain)

Mit Hilfe des neuen INPUT GAIN-Reglers machen Sie das Signal lauter, bevor es in den Compressor geht. Dies hilft, wenn das Signal zu leise ist und Sie durch Herunterregeln des THRESHOLD-Reglers nicht genug Kompression einstellen können. Mit dem OUTPUT GAIN-Regler machen Sie andererseits das gesamte Ausgangssignal wieder leiser – und zwar im Signalfluss hinter dem MIX-Regler, während der oben erwähnte AUTO GAIN-Regler das Signal vor dem MIX-Regler lauter macht. Mit dem MIX-Regler können Sie zwischen unbearbeitetem und bearbeitetem Signal überblenden und beide zusammenmischen (siehe den Unterabschnitt über Parallelkompression).

Limiter im Compressor

Logics Compressor hat rechts oben noch einen eigenen Limiter, der ergänzend und unabhängig zum Compressor seinen Dienst verrichtet. Hierzu muss er aber erst mit dem Button unterhalb des Schriftzugs LIMITER eingeschaltet werden. Er verfügt über einen zusätzlichen, eigenen Threshold-Regler.

Kompressortypen bzw. Circuit Types

Logics Compressor hat sieben unterschiedliche Circuit Types (siehe Abbildung 15.18), die Sie oben einstellen können. Diese sollen verschiedene Hardwarekompressor-Modelle nachahmen. Berühmt ist er vor allem für den neutralen Sound des Platinum-Modus. Verschiedene Kompressorkonzepte verwendeten unterschiedliche Bauteile, wodurch manche Modelle z. B. träge in der Attack-Regelzeit und schnell im Release-/Rückregelverhalten waren, bei anderen war es umgekehrt. Die klanglichen Wirkungen dieser Modi unterscheiden sich stark voneinander.

Ich möchte hier nicht beurteilen, ob die Logic-Emulationen den Vorbildern entsprechen oder nicht. Manchmal sucht man eher nach einem stark hörbaren Kompressoreffekt (z. B. um Drums lebendiger zu machen), in anderen Fällen eher nach unauffälligen Kompressoren (etwa um Stimmen gleichmäßig laut zu machen). Probieren Sie aus, welcher Kompressor oder Circuit Type in der jeweiligen Situation hilft – das machen selbst erfahrene Toningenieure immer wieder mit unterschiedlichen Geräten und Plug-ins und sammeln dabei Erfahrung.

Abbildung 15.18 Compressor mit oben angewählter Vintage-FET-Emulation

Platinum

Die oberste Einstellung (PLATINUM DIGITAL) entspricht dem Verhalten des »Compressors« aus alten Versionen und macht recht genau und neutral, was Sie einstellen. Je nachdem, ob Sie den Compressor auf das PEAK- oder das RMS-Signal (eine Voreinstellung, die nur in diesem Modus möglich ist) reagieren lassen, kann er sehr schnell, aber auch sehr unauffällig reagieren (siehe Erläuterung weiter unten).

Studio, Vintage und Classic VCA

VCA-Kompressoren reagieren typischerweise auf das PEAK-Signal. Sie sind sehr weit verbreitet. Sie bekommen damit gut ein aggressives, klares Signal mit prägnanten Transienten hin. Beispiele: dbx160- (in Logic: CLASSIC VCA), Focusrite- (in Logic: STUDIO VCA) und SSL- (in Logic: VINTAGE VCA), Neve- oder API-Bus-Kompressoren. In jedem Fall neu in Logic ist der CLASSIC VCA-Modus – und er klingt auch gut (Sie finden ein Soundbeispiel im Projekt *15xCompNu1*).

Studio und Vintage FET

FET-Kompressoren (mit Feldeffekttransistoren) reagieren typischerweise besonders schnell auf Transienten. Setzen Sie sie z. B. ein, wenn Sie hören möchten, wie der Kompressor arbeitet, weil Sie diesen Sound mögen. Ein typisches Beispiel hierfür ist der UREI 1176. Gewissermaßen nehmen Sie hiermit eher eine Mikro-Dynamics-Bearbeitung vor, Sie bearbeiten eher die kurzfristigen Unterschiede.

Vintage Opto

Berühmte Opto-Kompressoren wie z. B. Teletronix LA2A reagieren manchmal eher langsam auf Signalspitzen, doch das hängt auch von der eingehenden Frequenz ab. Ein LA2A ist geeignet, mit wenig Reglern eine gleichmäßige, unauffällige Bearbeitung zu realisieren, und eignet sich damit besonders für Vocals und Radiostationen (gewissermaßen eine Makro-Dynamics-Bearbeitung, man bearbeitet eher die großen, langfristigen Unterschiede). Die Release-Reaktion ist typischerweise zunächst schnell und später langsam, vollzieht sich also in mehreren Abschnitten und funktioniert ebenfalls programmabhängig (d. h. je nach eingehendem Audiomaterial unterschiedlich). Dies ergibt einen speziellen Sound. Allerdings ist die Frage, was genau der Logic-Opto-Mode zu emulieren versucht. Das Logic-Handbuch spricht z. B. davon, dass Opto-Kompressoren ein besonders schnelles Einschwingverhalten hätten.

Vari-Mu

Bislang nicht emuliert wird der auf Röhren basierende Kompressortyp Vari-Mu. Kompressoren wie der Fairchild 670 oder Manleys Vari-Mu beherrschen diesen. Dadurch, dass Verzerrung im Spiel ist, oder die Ratio bei stärkerer Kompression ansteigt, ergibt sich ein spezieller Sound, der auf zahlreichen populären Produktionen zu finden ist und gerne auch auf Summen eingesetzt wird. Ein derartiges Verhalten kann näherungsweise durch ein weicheres »Knee« erreicht werden, so dass die Kompression lauterer Signale etwas stärker ist.

Attack, Release, Peak und RMS

Eine zu kurze ATTACK-Zeit kann z. B. die Transienten eliminieren. Das ist in der Regel nicht erwünscht, es sei denn, Sie möchten einen Sound absichtlich unauffälliger machen oder ihn etwas weiter hinten im Mix platzieren. Abgeschnittene Transienten sind ein typischer Grund, warum manche Bassdrums im Mix kaum wahrnehmbar sind.

Für die optimale Einstellung des THRESHOLDS ist wichtig, ob der Compressor auf PEAK oder RMS reagiert, was Sie unterhalb der THRESHOLD-Regelung auswählen. Außerhalb des Platinum-Modus steht die PEAK/RMS-Umschaltung in Logics Compressor nicht zur Verfügung, weil die emulierten analogen Regelkreise dies auch nicht beherrschen. Peak sind die Spitzenwerte der Pegellautstärke, RMS ist ein Durchschnittswert. Peak entspricht demnach einem lauteren, sich schneller bewegendem Signal, das analysiert wird. Dementsprechend arbeitet der Kompressor bei ansonsten gleichen Einstellungen weniger und langsamer, wenn der Kompressor auf RMS-Pegel statt auf Peak-Pegel reagieren soll.

Max- und Sum-Detection

Diese Option entscheidet, ob der Kompressor reagiert, wenn nur auf einer Seite eines Stereosignals der THRESHOLD überschritten wird (Stellung MAX) oder ob er auf beiden Seiten überschritten werden muss (Stellung SUM).

Bässe komprimieren

Es ist ziemlich schwer, die richtige Lautstärke für Bässe zu finden, wenn es um Musik geht, bei der der Bass Druck erzeugen soll. Sind die Bässe zu laut, machen sie einen Track »platt« oder dröhnen im Club. Sind sie zu leise, wirkt ein Stück »kraftlos«. Der relevante Unterschied liegt manchmal in wenigen Millimetern Faderweg. Vielleicht brauchen Sie ein paar Versuche, bis Sie die richtige Einstellung gefunden haben, vor allem wenn bei der Abmischung die Abhörsituation nicht optimal ist.

Hören Sie einen Track über verschiedene Anlagen so lange, bis Sie sicher sind, ob der Bass okay, zu laut oder zu leise ist, machen Sie gegebenenfalls Korrekturen, wiederholen Sie bei Bedarf die Prozedur. Weil es oft so schwer ist, die richtige Lautstärke für den Bass zu finden, ist es wichtig, nicht zu viele Schwankungen in der Lautstärke zuzulassen. Das erreichen Sie mit einem Kompressor, der relativ stark komprimiert (mit einer hohen Ratio).

Drums komprimieren

Komprimierte Drums klingen meistens *kompakter*. Die leisen Stellen werden lauter und die lauten Stellen leiser. Bearbeitet ein Kompressor auf einem Summenbus *zusammengemischte Drums*, klingen diese nach der Bearbeitung etwas mehr »aus einem Guss«, da sich die Kompressoreffekte auf alle Sounds gleichzeitig auswirken. Öffnen Sie hierfür das Dokument *15compressor1*, und vergleichen Sie den Sound der Drums mit und ohne Compressor. Bei der Bearbeitung *einzelner* Sounds durch den Compressor geht es dagegen oft darum, deren Soundlautstärke konstant zu halten. Sollen einzelne Schläge klanglich knalliger oder länger/breiter wirken, kann auch ein Transient-Designer helfen (z. B. Logics »Enveloper«).

Internes Side Chaining

Bei der Bearbeitung der Schlagzeugsumme ist das Hauptproblem oft, dass der Kompressor zu stark auf die Bassdrum reagiert. Hier können Sie gegensteuern: Sie können einstellen, dass der Kompressor auf ein von der Bassdrum befreites Signal reagiert, insgesamt allerdings das komplette Signal bearbeitet. Somit reagiert der Kompressor auf ein verändertes internes Signal und somit auf ein anderes Signal als das, das er bearbeitet. Auf ähnliche Weise sollten Sie bei männlichen Vocals mit viel Bass arbeiten, wenn Sie die Schönheit einer tiefen Stimme erhalten wollen. Auch bei anderen Instrumentenkategorien kann eine Kompressorbearbeitung besser klingen, wenn der Kompressor auf diese Weise nicht zu stark auf den Bass reagiert.

Ist kein externes Signal für Side Chaining vorgesehen, beziehen sich die Filtereinstellungen auf das anliegende Signal. Blenden Sie oben rechts im Compressor (Abbildung 15.19) den SIDE CHAIN-Bereich ein und aktivieren unten einen High-Pass-Filter als Side-Chain-Filter (FILTER steht auf ON, MODE auf HP). Das hatte ich bereits in *15compressor1* gemacht und im Projekt *15compressorsidechain1* noch einmal etwas übertrieben mit einer Automation dargestellt, die den Side-Chain-Filter zum Soundvergleich abwechselnd an- und ausschaltet. Der Side-

Chain-Filter bearbeitet in diesem Beispiel die Drums und schneidet die Bässe ab. Hierdurch reagiert der Compressor weniger stark auf die Kickdrums und lässt sie entsprechend besser durch.

Abbildung 15.19 Der Side-Chain-Filter im Compressor

Side Chaining mit externen Signalen

Man kann einen Kompressor auch so einstellen, dass er seine Lautstärkeveränderungen als Reaktion auf ein *externes* Audiosignal ausführt (z. B. Bassdrum-Loop), aber auf ein anderes anwendet (beispielsweise Fläche auf der Spur, in der der Compressor eingefügt wurde). Auf diese Weise kann im genannten Beispiel die Bassdrum dafür sorgen, dass die Fläche leicht pumpt/vibriert, was meist etwas weicher klingt, als wenn Sie versuchen, die Fläche mit einem Gate (anstelle eines Kompressors) und einem externen Signal rhythmisch zu variieren.

Wollen Sie so etwas in Logic realisieren, sollten Sie den Compressor im Channel-Strip der Fläche laden und die Bassdrum bzw. den Drumloop als SIDE CHAIN einstellen. Ein Beispiel finden Sie im Projekt *15compsidech*. Als Side-Chain-Input dient dort ein Beat auf einem »Ghost Track« (Spur 3), der zunächst auch als Kopie auf Spur 1 zu hören ist, später aber nicht mehr, dabei aber die ganze Zeit in der stumm geschalteten Spur 3 weiterläuft und die Fläche aus Spur 4 moduliert. Falls ein Side-Chain-Instrument nicht hörbar sein soll (z. B. wenn der Drumloop nur »Trigger-Funktion« hat), entfernen Sie den Output aus dem Kanal. Auf diese Weise bringen Sie z. B. die Fläche konstant zum Pumpen, auch wenn die eigentlichen Drums pausieren.

Im Aufklappmenü lässt sich das externe Side-Chain-Signal (wie bei der Verwendung des internen Signals für das Side Chaining) noch filtern, um sicherzustellen, dass der Compressor auf einen bestimmten Teil des Signals reagiert. Bei Bassdrums als Trigger empfiehlt es sich wiederum, etwas Bass in der Side Chain herauszufiltern, um ein etwas präziseres Ansprechverhalten auf den Rest des Signals zu bekommen, das ansonsten oft zu stark durch die Energie der Bassdrums dominiert wird.

Ducking

Auch beim *Ducking-Effekt* reagiert ein Kompressor auf ein anderes Signal als jenes, das er leiser macht. Ein typisches Beispiel: Ein Kirmesmoderator redet wie im Beispiel *15Ducking* (»Einsteigen, mit dabei sein ...«), und bei seiner Ansage wird automatisch die Musik (auf einem Sammelbus) leiser. Angebracht sind hier in der Regel kräftige Ratios, schnelle Attack- und extrem langsame Release-Zeiten, damit die Musik in Sprechpausen nicht zu schnell wieder auf die alte Lautstärke zurückschwingt. Hierfür laden Sie den Compressor im Channel-Strip der Musik und stellen die Stimme als SIDE CHAIN-Input ein.

Parallelkompression/New-York-Kompression

Wie in Abschnitt 14.2 über Insert- und Send-Effekte erwähnt, ist es heute durchaus üblich, einen Kompressor über einen Zumischeffekt zu nutzen. Logics Compressor hat aus diesem Grund einen DRY/WET-Regler, der eine Parallelkompression ohne Phasenprobleme ermöglicht und sich unten mit dem Dreieck aufklappen lässt. Dieses Feature fehlt in so manchen teuren Kompressor-Plug-ins. Ein Beispiel für Parallelkompression finden Sie im Projekt *15Logicparallelcomp1*. Manchmal klingt es besonders gut, wenn man ein stark komprimiertes Signal zu einem unkomprimierten dazumischt. Sie können ein stark komprimiertes, pumpendes Signal durch die unverfälschten Drums des Originals anreichern. Hierdurch werden Drums in der Regel deutlich kompakter als ohne Kompression, andererseits aber auch weniger glattgebügelt als bei einer reinen Kompression ohne Zumischung des Originals. Sie haben mixtechnisch die Wahl zwischen »the best of both worlds«: Mischen Sie diese beiden Signale nun – je nach Geschmack – zusammen; schalten Sie den Kompressor einmal aus, um den unbearbeiteten Sound zu hören – oder bewegen Sie den MIX-Slider auf 100 %, um nur das extrem komprimierte Signal zu hören. Ein weiteres Beispiel finden Sie im Projekt *15Compmix1*. Natürlich können Sie auch ein weniger drastisch mit dem Compressor bearbeitetes Signal zumischen.

15.3.2 Noise Gate, Ducker vs. Gate-Modus

Im Gegensatz zum Kompressor arbeitet das Gate, wenn der (wiederum regelbare) Threshold *unterschritten* (statt wie beim Kompressor überschritten) wird. Dann wird das Signal um den unter REDUCTION eingestellten Wert abgesenkt, die Dynamik wird vergrößert. In anderen Noise Gates lässt sich stattdessen oft eine Ratio einstellen. Es wird eine Hüllkurve ausgelöst, die den Verlauf der Öffnung (im GATE-Modus) oder den Verlauf der Schließung (im DUCKER-Modus) bestimmt. Ob das Gate offen ist oder nicht, sehen Sie darüber an der OPEN/CLOSE-Anzeige. Die Hüllkurve besitzt lediglich die Parameter ATTACK, HOLD und RELEASE. Auch beim NOISE GATE (Abbildung 15.20) gibt es einen SIDE CHAIN-Bereich. Ist kein externes Signal oben rechts eingestellt, beziehen sich die Filtereinstellungen auf das interne/anliegende Signal. Die Gefahr, dass ein sich öffnendes Gate Transienten abschneidet, weil es sich einen Tick zu spät öffnet, können Sie durch Einstellung eines LOOKAHEAD-Zeitraums reduzieren. Das Gate analysiert das Signal dann vorausschauend, indem die Signalausgabe etwas verzögert erfolgt. Dabei wird leider auch Latenz eingeführt.

Hysteresis, Hold und Decay

Ergänzend zu den Parametern HOLD und DECAY der Hüllkurve ist auch der HYSTERESIS-Parameter geeignet, zu verhindern, dass das Gate nach einem gewollten »Öffnen« zu schnell wieder schließt. Im Grunde ist der HYSTERESIS-Parameter ein zweiter Threshold. Manche Gates haben dementsprechend zwei unabhängige Thresholds. In Logics Gate liegt das Hysteresis-Gate um eine bestimmte dB-Zahl *unter* dem eigentlichen Threshold, damit niedrigere Lautstärken vorkommen müssen, um das Gate erneut zu schließen.

Damit soll sichergestellt werden, dass es lange genug offen ist, um das gewünschte Signal durchzulassen. Man möchte sogenanntes *Gate-Flattern* verhindern. Das tritt auf, wenn die Ausschwingphase eines Signals im Pegel um den THRESHOLD-Wert herum schwankt, bevor sie endgültig darunterfällt. Eine andere Möglichkeit der Vorbeugung gegen diesen Effekt ist die Verlängerung der HOLD-Zeit.

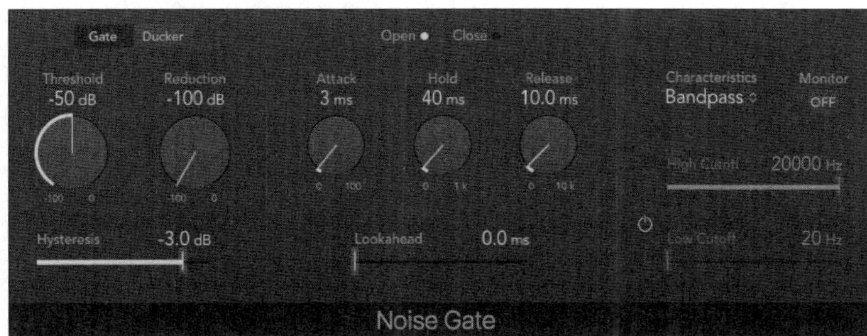

Abbildung 15.20 »Noise Gate«

Mit dem Gate nur die wichtigen Sounds durchlassen

Benutzen Sie ein Gate z. B., um Nebengeräusche bei mit Mikrofonen aufgenommenen Drums auszublenden oder rauschende Kanäle stumm zu schalten, solange auf dem Kanal kein Sound spielt. Ein typisches Beispiel sind Toms, die selten gespielt werden. Auf der Aufnahme sind dann stets die Nebengeräusche der anderen Drums zu hören. Aufgabe des Gates könnte es nun sein, die Toms nur dann durchzulassen, wenn sie tatsächlich spielen, und ansonsten die Lautstärke mit einem hohen REDUCTION-Wert herunterzupegeln. Um das zu optimieren, können Sie per SIDE CHAIN die Frequenz der Toms betonen und andere Frequenzen entfernen, so dass das Gate erst recht nur auf die Toms und nicht auf etwas anderes reagiert. Oft ist in so einem Fall manuelles Herausschneiden der gewünschten Sounds die sauberere Alternative.

Verschiedene Beispiele für Gate-Anwendungen

Öffnen Sie das Dokument *15noisegate1* (Abbildung 15.20). Im SIDE CHAIN-Bereich schneidet ein LOW CUT-Filter den Bassbereich ab, damit das Gate präziser auf den Rest reagieren kann. Beim Öffnen des Gates wird eine Hüllkurve ausgelöst, für die ich die RELEASE-Zeit verlängert habe, so dass sich das Ergebnis wiederum etwas weniger abgehackt anhört als mit ganz kurzer RELEASE-Zeit. Im Beispiel habe ich den THRESHOLD absichtlich nur an den lautesten Schlägen eines Drumloops orientiert, so dass dieser nach der Bearbeitung abgehackter klingt als zuvor. Bei den lautesten Schlägen öffnet sich das Gate, das ansonsten das Signal um 48 dB leiser macht (einstellbar im Bereich REDUCTION, hier sind natürlich auch höhere oder niedrigere Werte wählbar).

Im Dokument *15noisegate2* habe ich u. a. den ATTACK der Hüllkurve verlängert, wodurch das Gate langsamer aufgeht, was ein wenig an einen rückwärts laufenden Drumloop oder Scratching erinnert, in jedem Fall aber indirekter klingt, weil die Transienten stark beschnitten werden.

Im Dokument *15gatedrev* ist das Gate einem Reverb auf einem per Send angesteuerten Effektbus nachgeschaltet und schneidet den Hall unterhalb einer gewissen Lautstärke ab, wodurch ein sogenannter *Gated-Reverb-Effekt* entsteht (bekannt auch von Phil Collins).

Gate auf externe Signale reagieren lassen (Trance-Gate)

Oder Sie verwenden ein Gate, um via Side Chain typische zerhackte Tranceflächen zu erzeugen. Fügen Sie das Gate im Channel-Strip der Fläche ein, und routen Sie ein Trigger-Signal (z. B. Snaredrum) in den Side-Chain-Kanal. Das Resultat klingt, je nach Einstellung, weniger weich und deutlicher abgehackter als die Modulation einer Fläche via Compressor und Side Chain.

Im Dokument *15Trancegate* wird eine Fläche durch einen Beat zerhackt. Jedes Mal, wenn dank des in der SIDE CHAIN anliegenden Beats der THRESHOLD überschritten wird, öffnet sich das Gate, und die Hüllkurve wird ausgelöst. Die Reaktion auf das Über- und Unterschreiten des THRESHOLDS erfolgt noch präziser, wenn Sie im SIDE CHAIN-Bereich etwas Bass abschneiden, weil die Energie einer Bassdrum ansonsten dominiert.

15.3.3 Expander

Der Expander (zuletzt neu designt) kann die Dynamik eines Signals vergrößern und z. B. helfen, Schläge eines Drumloops mit wenig Lautstärkeunterschieden stärker zu betonen. Lesen

Sie bitte auch Abschnitt 15.3.7 über den Enveloper, der für diesen Zweck eine gute Alternative darstellt.

Abbildung 15.21 »Expander«

Analog zum Compressor stellen Sie auch beim Expander eine RATIO ein. Eine RATIO von 0,6:1 bedeutet, dass das Signal oberhalb des THRESHOLDS im Verhältnis 0,6:1 komprimiert (also verstärkt) wird. Ein Beispiel dafür hören Sie im Projekt *15Expander1*, wo ein Drumloop zunächst unbearbeitet, dann mit dem Expander effektiert spielt. Ein weiteres Beispiel finden Sie in *15exp2*, wo Sie den Expander erst aktivieren müssen.

Der Regelbereich für die RATIO liegt in Logics Expander zwischen 0,5:1 und 1:1, während er bei Logics Compressor zwischen 1:1 und 30:1 liegt. Auch wenn der Compressor noch ein paar Regler mehr besitzt, entsprechen die sonstigen Regler des Expanders denen, die Sie schon vom Compressor kennen. Bei Übersteuerungen können Sie zwischen SOFT und HARD Clip wählen.

15.3.4 Multibandkompressor

Ein Multibandkompressor ist in der Lage, ein oder mehrere frequenzspezifische Teile des Signals unabhängig vom Rest des Signals zu bearbeiten. Ein solches Tool hilft beispielsweise, wenn an bestimmten Stellen einzelne Frequenzen immer wieder zu laut sind (z. B. extrem zischende Hi-Hat) und Sie diese »bändigen«, dabei aber nicht zu viel von der Frequenz (hier: Höhen) herausdrehen oder im Gegenteil diese noch präsenter machen möchten, indem Sie die Höhen mit dem GAIN-Regler des Bandes insgesamt anheben. Ein anderes Anwendungsbeispiel ist die Verdichtung des Signals auf eine im Vergleich zu einem normalen Kompressor unauffälligere Weise, z. B. beim Mastering.

Logics Multipressor-Plug-in ist ein komfortabel ausgestatteter, typischer Multibandkompressor. Die Filter, die die Frequenzbereiche voneinander trennen, sind dabei eher etwas weniger steil als bei Konkurrenzprodukten, was nicht unbedingt ein Nachteil ist.

Abbildung 15.22 Logics »Multipressor«

In Abbildung 15.22 sehen Sie in allen vier Bändern Pegel. Der linke (hellere) Balken symbolisiert den Eingangspegel, der rechte (dunklere) Balken den Ausgangspegel. Die Differenz zwischen beiden wird typischerweise auch ganz oben im Bereich Gain Change angezeigt.

Grundsätzlich sollten Sie Folgendes beachten:

1. In wie viele Frequenzbänder ist der Kompressor aufgeteilt? In Logics »Multipressor« sind es maximal vier Bänder, Sie können ihn auch mit weniger Bändern betreiben, indem Sie auf die mit den Zahlen 1–4 nummerierten Felder klicken und einzelne Bänder ausschalten – oder auf Bypass schalten. Ein Band »auszuschalten« hat eine andere Wirkung und verändert den Frequenzbereich anderer Bänder, als das Band via Bypass neutral einzustellen. Einzelne Bänder können Sie solo hören.
2. Wo sind die Übergangsfrequenzen zwischen den Bändern? Sie können sie durch Verschieben der Balken ändern. Die Bänder in Logics »Multipressor« sind nicht sehr scharf voneinander getrennt, die Filter sind nicht sehr steilflankig. Selbst wenn Sie ein Höhenband solo hören, werden Sie noch ein wenig Bass durchhören.
3. Für jedes Band stellen Sie einen Threshold ein, ab dem der Kompressor leiser wird. In Logics »Multipressor« bestimmen Sie eine Ratio, die regelt, in welchem Verhältnis das Signal bei Überschreitung des Thresholds leiser gemacht wird (in anderen Multibandkompressoren wie z. B. Waves »C4« stellt man stattdessen auch mal eine »Range« ein).

4. Für jedes aktive Band müssen Sie ATTACK- und RELEASE-Zeiten einstellen. Grundsätzlich gilt: Je tiefer die Frequenz, desto länger sind sinnvollerweise die ATTACK- und RELEASE-Zeiten.
5. Für jedes Band stellen Sie mit einem GAIN-Regler die Lautstärke des Bandes nach der Bearbeitung ein, ein Multibandkompressor besitzt somit auch eine Art Equalizerfunktionalität. Die Möglichkeiten, die EQ-Kurve zu editieren, sind aber limitiert. Alternativ gibt es auch dynamische EQs (z. B. FabFilter »Q3«). Dort ist es meist umgekehrt: Die Frequenzkurven lassen sich detailliert einstellen, aber es gibt nicht so viele Regler für die Einstellung der Dynamikbearbeitung.
6. Ist AUTOGAIN angeschaltet? Wenn ja, macht der »Multipressor« je nach eingestelltem Threshold die Bänder eventuell automatisch lauter.

Im Projekt *15Multipressordrums* liegt ein »Multipressor« auf einer Schlagzeugsumme, der insbesondere die Höhen verdichtet und anhebt. Im Beispiel ist die AUTOGAIN-Funktion aktiv. Weil die automatische Verstärkung teilweise zu extrem war, habe ich die einzelnen Bänder manuell mit dem GAIN-Regler oben wieder leiser gemacht.

Expander im Multipressor

Logics Multipressor bietet zusätzlich eine Expander-Sektion mit einem Downward Expander. Im Dokument *15multipressorgatedband* hören Sie, wie auf dem hohen Mittenband der Multipressor wie ein Gate reagiert, die Snare durchlässt und ansonsten den Pegel herunterregelt. Das entspricht auch dem Verhalten eines Noise Gates.

Für den normalen Kompressorbetrieb können Sie die Expander-Sektion aber auch vernachlässigen. Falls die RATIO auf 1 und die REDUCTION auf 0 steht, passiert nichts – ebenso wenig, als wenn der untere Threshold-Marker ganz unten steht (und somit nicht unterschritten werden kann).

15.3.5 Upward und Downward Expansion/Compression

Upward Expander verstärken das Signal, wenn ein bestimmter Threshold überschritten wird. Die Idee dabei ist die Betonung der Schläge; im Ergebnis kann aus einem relativ gleichförmigen Soundmaterial eines mit etwas mehr Kontrasten entstehen. Das entspricht einem Expander-Effekt.

Compressors regeln die Lautstärke unterhalb eines Thresholds herunter, wenn dieser unterschritten wird. Das entspricht dem Verhalten eines Noise Gates.

Downward Compressors machen das Signal oberhalb eines Thresholds leiser (wie Logics Compressor).

Upward Compressors machen das Signal unterhalb eines Thresholds lauter (kommt seltener vor, z. B. im kostenlosen Xfer-»OTT«-Plug-in und in Abletons Lives Multibandkompressor.

Beide leisten sowohl Upward als auch Downward Compression – und das außerdem für drei Bänder, so dass Signale extrem zusammengestaucht werden können).

In Logic arbeitet z. B. das Plug-in Expander als Upward Expander, die Plug-ins Noise Gate (allerdings ohne regelbare Ratio, sondern nur mit REDUCTION-Parameter) und Multipressor als Downward Compressor und Downward Expander.

15.3.6 DeEsser 2 – Bearbeitung von s- und Zischlauten

Ein De-Esser funktioniert ähnlich wie ein Multibandkompressor, mit nur einem Band. Ziel ist oft die Reduzierung der s-Laute aus Gesang- oder Sprachaufnahmen. Manche Produzenten, die keinen De-Esser bzw. keine frequenzspezifischen Dynamic FX nutzen, drehen sich beim Vocals-Abmischen im Kreis: Wenn sie Vocals brillanter machen wollen, stören s- und Zischlaute, und dann drehen sie hohe Frequenzen weg. Danach klingen die Vocals zu dumpf, und sie drehen wieder Höhen hinein usw.

Der DeEsser 2 ersetzt Logics alten DeEsser und ist nicht nur ein grafisches Update, sondern funktioniert anders.

Abbildung 15.23 Logics DeEsser 2

Logics DeEsser 2 wendet einen Filter vor der Erkennung an. Die Idee hierbei ist, dass ein eigener Frequenzbereich zur Entdeckung der s-Laute definiert wird. Sie können hierfür eine FREQUENCY, einen Filtertyp und eine RANGE einstellen. Außerdem bestimmt ein THRESHOLD (Schwellenwert), wann der De-Esser arbeitet, und ein MAX REDUCTION-Regler, um wie viel abgesenkt wird. Im MODE RELATIVE (Standard) orientiert sich der THRESHOLD an einem Vergleich mit der Gesamtlautstärke (das gefilterte Signal wird mit dem Gesamtsignal verglichen), im ABSOLUTE-Modus nur auf das gefilterte Signal selbst. Der RELATIVE-Mode ist meist besser geeignet, eine gelungene Bearbeitung zu erzielen, weil er bei Lautstärkeänderungen des Gesamtsignals dynamisch die Empfindlichkeit anpasse.

Ein Beispiel für die Funktionsweise des DeEsser 2 finden Sie im Projekt *15x3Deess2-1*. In Spur 1 (Takt 1) hören Sie die Sprachaufnahme ohne De-Essing. In Spur 2 (Takt 2) ist ein »DeEsser 2« aktiv, und seine Filter-Solo/Monitorfunktion lässt Sie (wie beim Side Chaining von Logics Compressor) das der Erkennung dienende Signal vorhören. Spur 3 (Takt 3) spielt die s-Laute mit aktivem DeEsser 2. Schalten Sie probeweise in den Absolute-Mode – dann findet kein De-Essing mehr statt, der Threshold müsste hierfür empfindlicher eingestellt werden.

Spur 4 und 5 (Takt 4) wenden eine andere Technik an: Spur 4 und 5 sind dieselbe Audiospur, weshalb nur ein Audiofile gleichzeitig von beiden wiedergegeben werden kann. Wiedergegeben wird stets das neueste File. Im Beispiel findet durch die verschiedenen Regionen, die in Takt 4 spielen, automatisch eine Umschaltung zwischen der Wiedergabe in Spur 4 und Spur 5 statt. In der unteren Spur habe ich s-Laute herausgeschnitten. Die Regionen der unteren Spur mit den s-Lauten habe ich im Informationsfenster Region mit Hilfe des Pegel-Parameters leiser gemacht.

15.3.7 Enveloper

Mit dem Enveloper bearbeiten Sie typischerweise Transienten von Drums (siehe Abbildung 15.24). Sie können aber auch einen weichen Ausklang von Flächen oder Gitarrensounds realisieren.

Abbildung 15.24 »Enveloper«

Dies funktioniert mit Hilfe integrierter Envelope Follower – und indem Sie die Hüllkurve des Signals unabhängig von der sonstigen Lautstärke modifizieren. Eines der ersten Effektgeräte dieser Art war SPLs Transient-Designer (als Hardware), dem Logics Enveloper nachempfunden ist.

Die beiden Gain-Regler für Attack und Release stellen das Ausmaß der Soundverstärkung oder -absenkung ein. Richtig hörbar wird das Ergebnis allerdings erst, wenn Sie mit dem Time-Regler entsprechende Zeiten einstellen, in denen die Bearbeitung wirken kann. Diese Zeiten betreffen die Bearbeitung von internen Lautstärkedetektoren bzw. Envelope Followern zugewiesenen Phasen. Am Ausgang des Envelopers können Sie das Gesamtsignal mit einem Output-Gain-Regler absenken oder anheben, nicht zuletzt um Lautstärkeveränderung durch den Effekt zu kompensieren.

Ein Beispiel: Öffnen Sie das Projekt *15Enveloper01*. Der Drumloop wird in Spur 1, ENVELOPER, so bearbeitet, dass neben den Attacks vor allem die Ausklingphasen lauter gemacht werden. Hierdurch entsteht ein leicht pumpender Sound. In Spur 2 werden diese Ausklingphasen dagegen mit dem GAIN-Regler abgesenkt, so dass die Schläge gekürzt klingen. In beiden Spuren ist die Attack-Phase verstärkt, was deutlicher wird, wenn Sie Spur 3 zum Vergleich hören, wo der Drumloop unbearbeitet liegt und die Bassdrum weniger knallig klingt. Außerdem wurden in Spur 1 und 2 für die Attack- und Release-Betonung (in Spur 1) und -absenkung (in Spur 2) relativ lange Zeiten eingestellt. Zudem habe ich den Lautstärkezugewinn in beiden Spuren mit einer Absenkung des Outputs um –3 dB kompensiert.

Selbst wenn ein THRESHOLD regelt, oberhalb welchen Wertes Signale bearbeitet werden, soll dieser doch laut Logic-Effekte-Handbuch im »Enveloper« zumeist sehr niedrig eingestellt bleiben, damit das ganze Signal bearbeitet wird, es sei denn, durch eine Veränderung des RELEASE-Wertes betonte Ausklänge führen zu einer zu starken Verstärkung des Rauschens.

15.3.8 Limiter und Adaptive Limiter

Ein *Limiter* ist eigentlich ein Kompressor mit hoher Ratio. Ab einer Ratio von 8:1 aufwärts wird von *Limiting* gesprochen. Sogenannte *Brickwall-Limiter* haben eine Ratio von unendlich zu 1 und sollen dafür sorgen, dass zu keinem Zeitpunkt ein Signal über die eingestellte *Out Ceiling* (*ceiling* ist passenderweise das englische Wort für »Zimmerdecke«) hinausgeht. Einen solchen Brickwall-Limiter mit einer Ratio von unendlich zu 1 benötigen Sie z. B. als letztes Glied in der Kette beim Mastering. Sie können Limiter aber auch auf Instrumenten (z. B. Bass) verwenden, um diesen eine gleichmäßige Lautstärke zu verpassen, wodurch sie leichter abzumischen sind.

Funktionsweise der Limiter in Logic

In Logic gibt es die Limiter-Plug-ins Limiter und Adaptive Limiter (siehe Abbildung 15.25 und Abbildung 15.26).

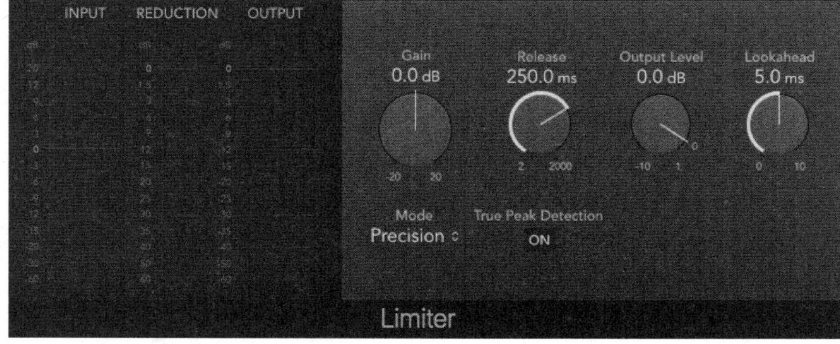

Abbildung 15.25 »Adaptive Limiter«

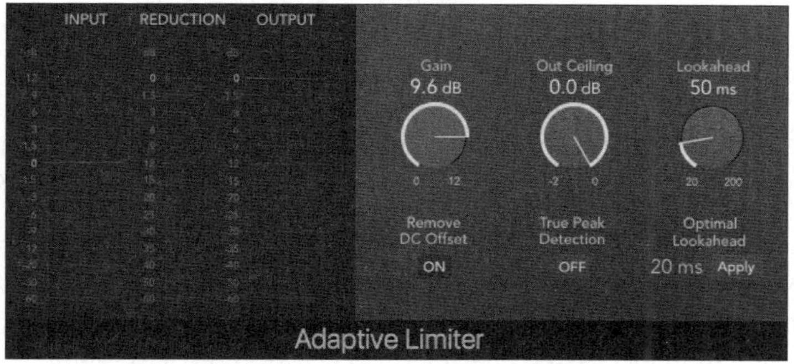

Abbildung 15.26 »Limiter«

Beide haben weitgehend die gleichen Regler, der Limiter noch eine einstellbare RELEASE-Zeit. Typischerweise haben Limiter im Gegensatz zum Compressor keinen Attack-Regler, denn dass kurzzeitig noch Pegelspitzen durchkommen, widerspäche ja dem Zweck.

Die Limiter erlauben grundsätzlich, das Signal lauter zu machen, ohne einen maximalen Pegel zu überschreiten. Dies geschieht, indem Sie den Input im Limiter oder vor dem Limiter aufdrehen. Den maximalen Pegel stellen Sie unter OUT CEILING ein; Werte unter 0 verringern die Gefahr von Verzerrungen mit bestimmten Wiedergabewandlern. Nicht jeder Wandler klingt gleich bzw. kann gleich gut mit Pegelspitzen umgehen.

Der Parameter LOOKAHEAD regelt, inwieweit Pegelspitzen im Voraus analysiert werden (was funktioniert, weil Logic das Signal verspätet ausgibt). Höhere LOOKAHEAD-Werte schneiden tendenziell die Transienten etwas mehr ab oder limiten »strenger«.

Mit dem TRUE PEAK DETECTION-Knopf werden Spitzenpegel auch zwischen Samples ermittelt. Auch dies bewirkt eine größere Absicherung gegen eventuelle Übersteuerung und Pegelspitzen.

Der Adaptive Limiter arbeitet laut Handbuch mit zusätzlicher »Färbung«, um die wahrgenommene Lautstärke zu erhöhen. Mit REMOVE DC wird im Adaptive Limiter ein Gleichstromversatz aus der Audioaufnahme entfernt, der eventuell zu einem niedrigeren maximalen Pegel führen würde.

Der Limiter besitzt noch den RELEASE-Knopf, der regelt, wie schnell die Lautstärkereduzierung nach Unterschreitung eines Grenzwerts wieder zurückgeregelt wird. Je kürzer die Release-Einstellung, desto schneller fährt der Limiter eine Pegelreduktion zurück – hierdurch wird das Signal im Gesamteindruck lauter. Er unterscheidet zudem zwischen einem PRECISION- und einem LEGACY-Mode. PRECISION erlaubt größere Lautstärke bei weniger Verzerrung. LEGACY entspricht der alten Version des Limiters, hier erscheint anstelle von TRUE PEAK DETECTION ein SOFT KNEE-Button.

Lesen Sie zum Thema optimale Lautstärke auch Abschnitt 15.8.1 über LUFS-Metering und Abschnitt 18.3 über Mastering.

Anwendungsbeispiele

Grundsätzlich ist das Ziel, das Signal ohne Klangeinbußen so laut wie möglich machen zu können (siehe Projekt *15limiting1*). Machen Sie extrem viel lauter, so klingt der Sound in fast jedem Limiter irgendwann ziemlich kaputt (siehe Projekt *15limiting2*).

Bei beiden Projekten kam der Adaptive Limiter zum Einsatz. In den Projekten *15limiting2b* und *15limiting2c* hören Sie die Wirkung des Limiters bei vergleichbaren Einstellungen im PRECISION- und LEGACY-Mode. In beiden Fällen verzerrt es weniger, man hört den Limiter aber auch stärker »arbeiten«, wobei der PRECISION-Mode etwas besser klingt. Im Beispiel *15limiting3* ist ein einfaches Gain-Plug-in im Masterkanal, das lediglich lauter macht, wodurch der Masterkanal übersteuert. Im Gegensatz zu den vorherigen Fällen mit Limiter wird sich das gebouncte Ergebnis dann anders anhören als das, was Sie beim Arbeiten mit Logic hören. In diesem Fall ist für das finale Ergebnis auch relevant, was Sie beim Bouncen unter NORMALISIEREN einstellen (siehe Abschnitt 10.2.6).

Wenn Sie die INTER SAMPLE PEAK DETECTION im Beispiel *15Electrolim1* aktivieren und rechts oben durch Klick auf die OVER-Schriftzüge über dem Pegel und unterhalb des MARGIN-Eintrages klicken, um die Anzeige zu resetten, dann sehen Sie, dass das Projekt mit eingeschalteter INTER SAMPLE PEAK DETECTION dort nicht mehr übersteuert, andernfalls aber schon.

Mastersatz-Aux-Kanal und Vergleich mit einem Referenzstück

Im Projekt *15Electrolim1* treffen sich sämtliche Sounds in einem Aux-Kanal, der mit »Masterersatz« beschriftet ist und einen Limiter beherbergt. Dank des Masterersatzkanals können Sie eine beliebige Spur, z. B. die REFERENZMUSIK genannte Spur 2 des Projekts, zum Soundvergleich am Limiter im Masterersatzkanal vorbei in den Stereo Out routen. Auf diese Weise können Sie Ihr Stück besser mit einem Referenzstück vergleichen.

15.4 Reverb

In diesem Abschnitt lesen Sie zunächst über Halleffekte im Allgemeinen und danach die über Logic-Hall-Plug-ins EnVerb, ChromaVerb, SilverVerb und Space Designer.

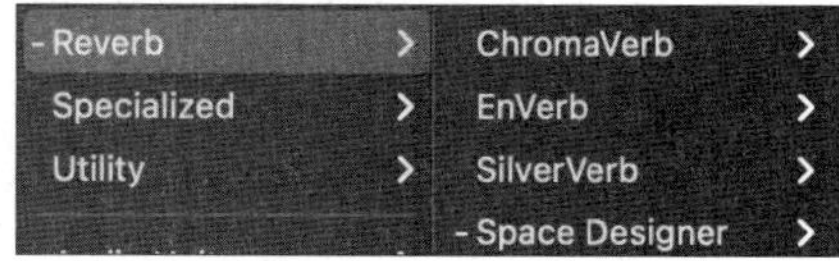

Abbildung 15.27 Reverbs in Logic

15.4.1 Hall im Allgemeinen

Ein Halleffekt simuliert Eigenschaften eines Raumes, in dem sich eine abzumischende Schallquelle befindet. Je nachdem, wo sich der Hörer im Raum befindet und wo die Schallquelle ist, wird diese unterschiedlich wahrgenommen und geortet. Hall ist dementsprechend neben dem EQ und den Dynamics ein weiteres Werkzeug, mit dem Sie eine Soundquelle auf einer virtuellen Bühne positionieren. Hall ist ein typischer »Zumischeffekt« und wird oft dem unveränderten Originalsignal zugemischt.

Algorithmischer Hall vs. Faltungshall

Man unterscheidet grundsätzlich zwischen *algorithmischem Hall*, bei dem Hall anhand von Algorithmen mit Parametern wie Raumgröße, Raumform und Reflexionsgrad synthetisch erzeugt wird, und *Faltungshall* (*Convolution-Reverb*), wo der Hall auf der Basis von Samples, sogenannten *Impulsantworten* (*Impulse Responses*, abgekürzt *IRs*), berechnet wird.

Raumgröße und Reflektivität

Die Halllänge und -dichte lassen sich, falls es sich um einen algorithmischen Hall handelt, meist mittels Decay-, Density- oder Room-Size-Parameter einstellen. Oft gibt es zusätzliche Parameter für die Reflektivität des Raumes. Natürlich klingen Räume sehr unterschiedlich, je nachdem, wie groß sie sind, wie glatt die Wände sind und welches Inventar sich in ihnen befindet. All das versuchen Hallgeräte und -Plug-ins zu berücksichtigen – sowohl durch Algorithmen als auch bei der Auswahl von Impulsantworten.

Pre-Delay und Initial Delay

Je näher Sie sich an der Schallquelle befinden, desto größer sind der Zeit- und Lautstärkeunterschied zwischen dem ersten (Original-)Signal (typischerweise via Dry regelbar) und den Reflexionen, die von den Wänden zum Ohr des Hörers zurückgelangen (Hall, typischerweise als Wet-Signal regelbar). Diesen Zeitunterschied stellt man in der Regel mit dem Parameter *Pre-Delay* ein, den Lautstärkeunterschied mit dem Mix-Regler. Auf diese Weise ändern Sie die Hörposition in einem Raum (bei gleichbleibender Raumgröße). Ist die Schallquelle weiter entfernt, ist das Pre-Delay typischerweise kleiner und das Hallsignal im Verhältnis zur Schallquelle lauter.

Man unterscheidet auch zwischen *Early Reflections* (frühe, erste Reflexionen, die sich aufgrund besonders günstiger Winkel ergeben) und *Reverb* (alle späteren, diffusen Reflexionen aus allen anderen Winkeln) und kann bei manchen Hallgeräten Details für beide getrennt voneinander einstellen. Diese heißen dann *Pre-Delay* und *Initial Delay*.

Die akustischen Eigenschaften von Räumen lassen sich so näherungsweise rekonstruieren. Auf diese Weise können Sie sich dem Ziel eines Mixes mit »Tiefe« bzw. Tiefenstaffelung nähern: Platzieren Sie manche Instrumente weiter vorn und andere weiter hinten im Raum.

Hall-EQ

Oft ist sinnvoll, den Hall-Output mittels eines EQs zu filtern, um z. B. lang anhaltende, dröhnende Bässe zu verhindern. Extrem tiefe Frequenzen können im Mix sehr stören, wenn sie zu lange nachhallen; extrem hohe Frequenzen mit langem Nachhall können unangenehm für die Ohren sein und die Sprachverständlichkeit herabsetzen.

Hall-Anwendungsbeispiele

Im Dokument *15Silververb-Predelay* hören Sie auf Spur 1 ein Beispiel, das einen nahe an der Schallquelle stehenden Hörer simulieren soll, in Spur 2 soll die Schallquelle weiter vom Hörer (bei ansonsten gleichem Raum) entfernt erscheinen. Hierfür wird die Schallquelle leiser gemacht, der Hallanteil im Mix erhöht sowie das Pre-Delay verkürzt. Wenn die Schallquelle weiter weg vom Hörer ist, treffen die ersten Reflexionen und der Sound der Originalschallquelle zwar deutlich später, aber tendenziell fast zeitgleich ein (und die Schallquelle ist natürlich tendenziell leiser – stellen Sie sich einen Priester in einer Kathedrale vor, der weit entfernt spricht). Steht der Priester (oder ein Lautsprecher mit seiner Stimme) dagegen direkt vor dem Hörer, ist er nicht nur lauter und präsenter, es dauert zudem etwas, bis die ersten Reflexionen eintreffen, nachdem Sie ihn als Originalschallquelle gehört haben. Wie gesagt: Hier geht es um die Positionierung im Raum, die Raumgröße bleibt gleich.

Halleffekte können natürlich auch interessant klingen, wenn Sie absichtlich »realitätsferne«, künstliche Einstellungen wählen. Verhallen Sie Stücke komplett und erzeugen eine neue Ästhetik, oder streben Sie ein gesundes Verhältnis zwischen trockenen und verhallten Sounds an. Die Art, wann und wo ein Künstler welchen und wie viel Hall einsetzt, drückt oft eine ganz persönliche »Signatur« oder für das Genre typische Soundästhetik aus. Viele Produzenten haben Lieblingshallgeräte und -Presets, die sie immer wieder nutzen. Ein Beispiel sind dominante Halleffekte auf Schlager- und Volksmusik-Vocals, mit denen fast jeder Vocalist sofort nach Volksmusik klingt (hallo Uli!).

15.4.2 SilverVerb

Ein einfacher Hall ist Logics SilverVerb (siehe Abbildung 15.28).

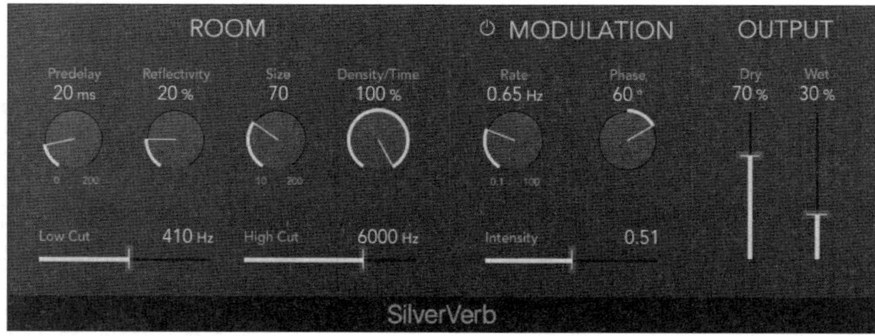

Abbildung 15.28 »SilverVerb«

Wichtige Parameter sind Predelay, Reflectivity (Reflektivität des Raums) und Size (Raumgröße). Der Density/Time-Regler bestimmt sowohl Raumgröße als auch Dauer des Halls.

Sind REFLECTIVITY und DENSITY/TIME ganz unten, klingt es eher wie ein Delay (siehe Spur 1 des Projekts *15Silververb1*). In Spur 2 des Beispiels habe ich die DENSITY/TIME erhöht, in Spur 3 auch den Reflexionsgrad. In Spur 2 klingt es noch ein wenig mehr nach Lo-Fi-Reverb, in Spur 3 etwas dichter.

Mit LOW CUT und HIGH CUT können Sie das Hallsignal von extremen Frequenzen befreien.

Den Hall können Sie außerdem mit einem LFO modulieren. Wenn Sie dabei die PHASE drehen, kann die Modulation für links und rechts unterschiedlich ausfallen.

Testen Sie die Logic-Presets, um einen Eindruck von Sound und Anwendungsmöglichkeiten des SilverVerbs zu bekommen.

15.4.3 ChromaVerb

Im ChromaVerb wird Hall algorithmisch erzeugt, also auf der Basis von Rechenformeln und nicht von Samples. Es beeindruckt klanglich und visuell und bietet 14 verschiedene Algorithmen, die das Abklingen von Sound in einer »kreisförmigen Struktur« simulieren, lange Decays bis zu 100 Sekunden und eine FREEZE-Funktion. Eine Besonderheit: Die Länge des Halls lässt sich frequenzspezifisch in einem DECAY-Damping-EQ einstellen. Es gibt ein MAIN- (Abbildung 15.29) und ein DETAILS-Fenster.

15

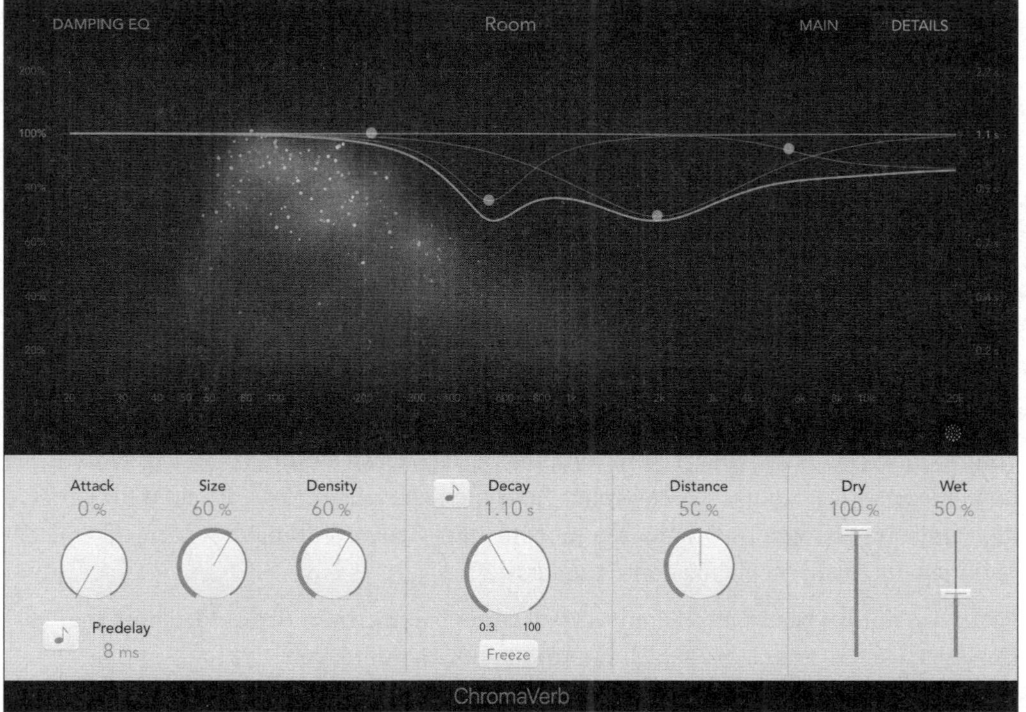

Abbildung 15.29 ChromaVerbs »Main«-Fenster

Main-Ansicht

Oben im MAIN-Fenster wählen Sie mittig einen Algorithmus. Klicken Sie auf dessen Namen, um andere Algorithmen zu sehen. Die im MAIN-Fenster sichtbare Frequenzkurve gibt für die (vertikale) Y-Achse keine Lautstärke, sondern einen Prozentwert an, der sich auf die Länge des Nachhalls bezieht. Das ist eine bereits in berühmten Lexicon-Effekten verwendete Technik, auch dort konnte man Hall-Länge für verschiedene Frequenzbereiche getrennt einstellen, allerdings nicht so detailliert. Apple spricht von einem *Damping-EQ*. Im Mix ist eine Einstellung, bei der der Bassbereich weniger lang ausklingt, oft sinnvoll. So etwas geht mit dem ChromaVerb leicht – siehe Projekt *15x3chroma1*. In *15x3chroma2* habe ich den Algorithmus *Room* angeklickt und gegen den weicheren *Concert Hall* ausgetauscht. In *15x3chroma3* agiert der *Synth Hall* – und die Bassanteile klingen etwas länger nach.

DENSITY regelt die Dichte der Reflektionen. Einige der weiteren Regler unten sind etwas anders als bei anderen Hallgeräten und können teilweise erst nach Blick ins Manual verstanden werden (wenn überhaupt): ATTACK erhöht bei den Algorithmen *Theatre*, *Dense Room*, *Smooth Space*, *Reflective Hall*, *Strange Room* und *Airy* im Zeitverlauf die Lautstärke. Bei *Room*, *Chamber*, *Concert Hall*, *Synth Hall*, *Digital*, *Dark Room* und *Bloomy* regelt ATTACK hingegen, wie lange es dauert, bis der maximale Dichtewert erreicht wird (einstellbar unter DENSITY).

Was genau PREDELAY regelt, lesen Sie in Abschnitt 15.4.1. ATTACK und PREDELAY regeln also mitunter Ähnliches. Ist PREDELAY sehr kurz und ATTACK sehr lang, klingt dies ähnlich, als ob PREDELAY lang ist und ATTACK kurz – nur weicher. PREDELAY im ChromaVerb ist synchronisierbar mit dem Tempo (siehe unten).

Zusätzlich verwirrend ist, dass es noch einen DISTANCE-Regler gibt. DISTANCE verändert die Wahrnehmung, indem das Lautstärkeverhältnis für frühe und späte Reflektionen bzw. frühe und späte Energie (Apple) verändert wird. Das war's aber immer noch nicht ... Denn in der DETAILS-Ansicht (Abbildung 15.30) können Sie auch noch den Anteil früher und später Reflektionen zueinander regeln, was etwas leicht anderes ist und damit in Wechselwirkung steht. Ein heruntergedrehter DISTANCE-Regler sorgt dafür, dass kaum Late Reflections existieren, der EARLY/LATE-Regler hingegen regelt ihren Pegel.

Außerdem haben Sie sowohl einen Regler für die Raumgröße (DISTANCE) als auch für die DECAY-Zeit – normalerweise hat ein Gerät nur einen von beiden –, und auch hier regeln beide vom Soundergebnis her wieder Ähnliches. Die DECAY-Zeit ist wie das PREDELAY syncbar, Sie können nach Klick auf das Notensymbol Taktzeiten einstellen. Wer Hallzeiten für perfekte Rhythmik am Songtempo orientieren möchte, findet beim ChromaVerb perfekte Einstelloptionen und mehr Möglichkeiten als anderswo.

FREEZE ist nur bei bestimmten Room-Typen verfügbar und friert den aktuell hörbaren Ausklang ein. Dieser Parameter ist auch für Automationen interessant.

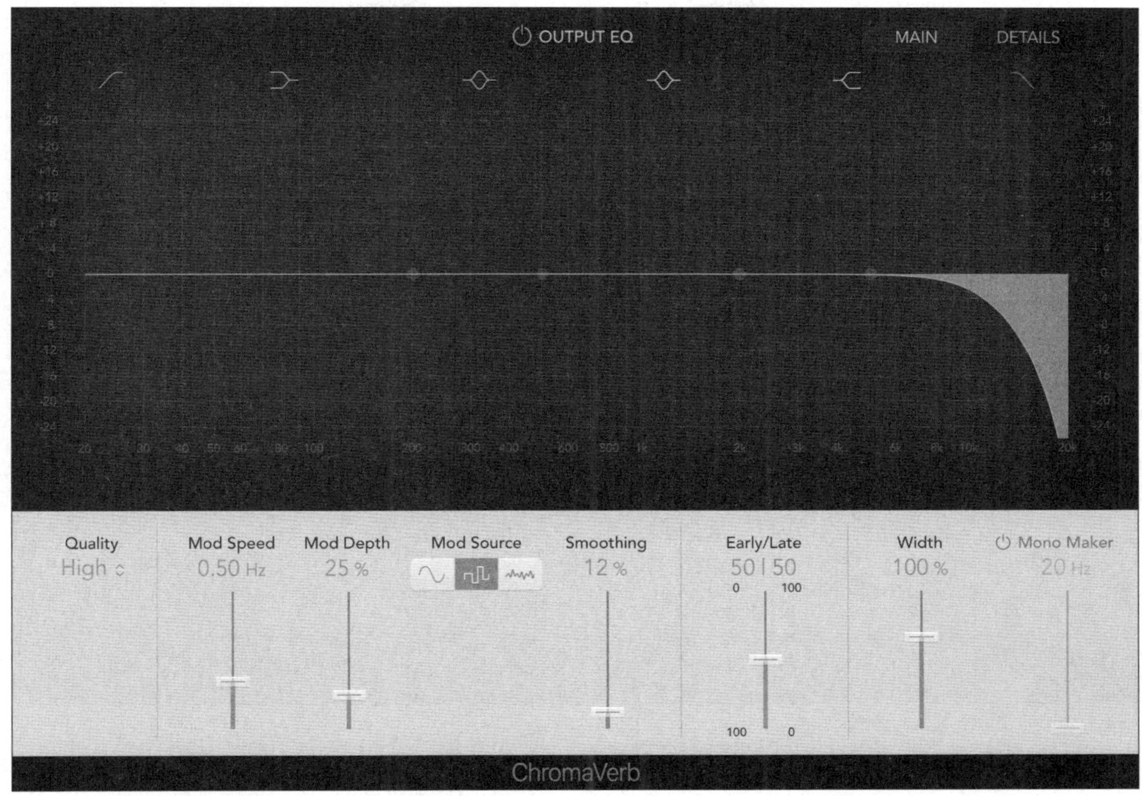

Abbildung 15.30 ChromaVerbs »Details«-Fenster

Details-Ansicht

Oben rechts erreichen Sie über den DETAILS-Button die DETAILS-Ansicht. Hierbei sehen Sie nun doch auch eine ganz normale EQ-Kurve bzw. einen EQ mit Hi/Lo Shelving und zweimal Bell EQ – aber unten auch andere Parameter wie QUALITY, Modulation, WIDTH und einen Mixregler für das Verhältnis von frühen Reflektionen zum Reverb-Tail (EARLY/LATE).

MODULATION regelt die Modulation durch eine Art LFO – nur was moduliert er? Das ist nicht sofort ersichtlich und zudem wohl je nach gewähltem Hallraum etwas anders, vermutlich ist die Nachhallzeit gemeint. Besonders gut klingt es im Projekt *15x3chroma4* mit dem *Bloomy*-Algorithmus. In *15x3chroma5* kommt zudem der MONO MAKER zum Einsatz

Mit QUALITY stellen Sie eine Qualitätsstufe ein. Mit ULTRA wurden im Test Modulationen besser hörbar (vergleiche Projekt *15x3chroma5* vs. *15chroma5ultra*).

Von der Theorie her ist der ChromaVerb also gar nicht so leicht zu verstehen – weil es oft zwei Regler gibt, die etwas Ähnliches einstellen. In der Praxis sind diese aber immerhin aussagekräftig beschriftet, so dass Sie spontan drehen und das Ergebnis in eine gewollte Richtung bringen können. Um dem »ChromaVerb« sein volles Potential zu entlocken, brauchen Sie aber vielleicht doch etwas länger.

15.4.4 Space Designer

Das Space Designer-Plug-in gehört zur Gattung der Faltungshalleffekte bzw. Convolution-Reverbs. Es kann darüber hinaus aber auch als eine Art algorithmischer Halleffekt arbeiten, der im Synthesized IR-Mode selbst Hall aus einem Algorithmus »errechnet« (siehe Abbildung 15.31). Der Space Designer erfuhr in Logic 10.4 eine Überarbeitung und bekam eine neue Grafik.

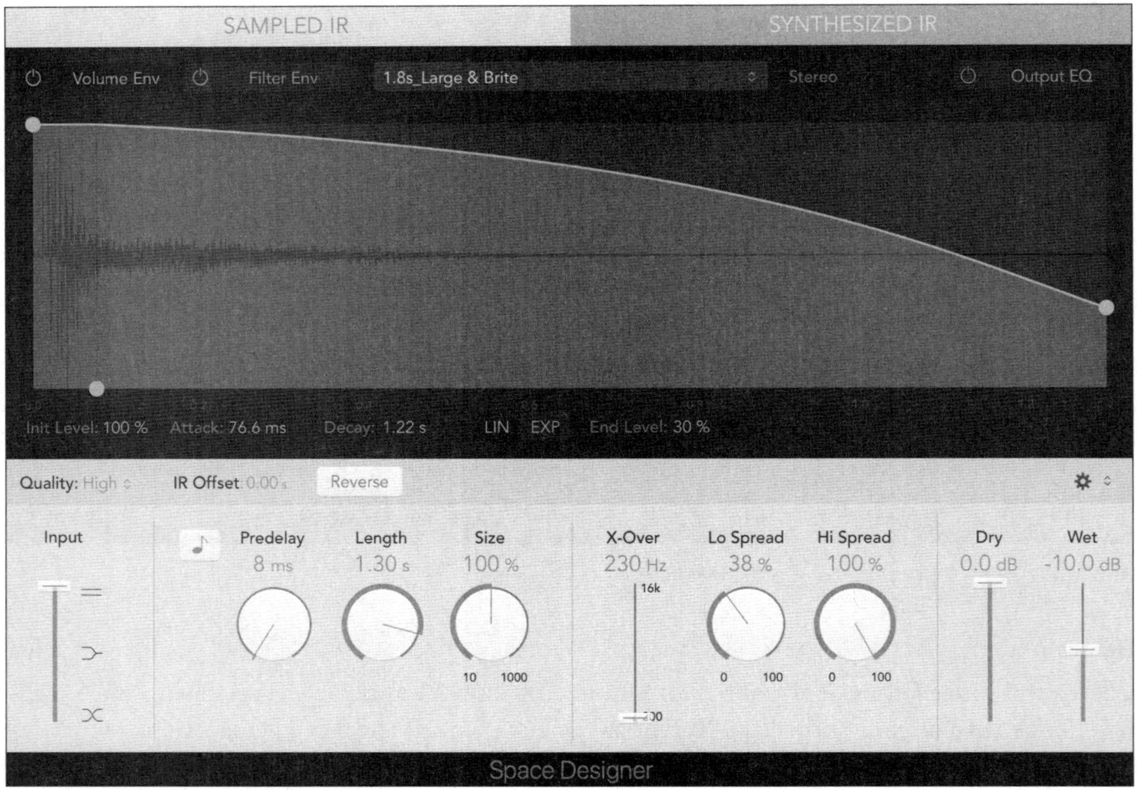

Abbildung 15.31 Space Designer

Faltungshall

Faltungshallgeräte nutzen Impulsantworten. Diese werden generiert, indem Sie einen Ton, der möglichst viele Frequenzen abdeckt (Pistolenschuss oder Sinus Sweep), durch einen Effekt oder in einem Raum abspielen und anschließend den Originalton wieder herausrechnen.

Die so erzeugten Impulse Responses können nun auch auf andere Signale angewendet werden. Gewissermaßen wird dann jedes Sample Ihrer zu effektierenden Spur mit dem IR-Audiofile einzeln bearbeitet bzw. multipliziert.

Mit IRs lassen sich nicht nur Hallräume nachbilden, sondern auch komplexe Effekte, Delays oder EQs nachahmen (allerdings keine dynamisch reagierenden Effekte, weil ja jeweils nur *eine* »statische« Reaktion eingefangen wird, auch wenn diese gegebenenfalls länger andauert). Die IR-Technik wird im Filmvertonungs-/Sounddesignbereich oft eingesetzt. So können Sie bei Nachvertonungen Geräusche und Sprecher in einer Abmischung in dem Raum platzieren, in dem sie im Film zu sehen sind – wenn Sie zuvor den Raumhall als IR »eingefangen« haben.

Die Stärke des Space Designer-Halls liegt im Vergleich zu algorithmusbasierten Halleffekten in einer großen klanglichen Flexibilität und in der authentischen Simulation natürlicher Hallräume – das ist in etwa so, als ob man einen Sampler mit einem Synthesizer vergleicht. Entscheidend ist dabei aber die Qualität der IRs. Teurere Convolution-Plug-ins bieten vor allem bezüglich der mitgelieferten Impulsantworten-Library einiges, was das Geld wert ist. Aber auch die Space Designer-Library ist gut ausgestattet.

Der besondere Vorteil vom Space Designer: IRs können auch selbst erstellt werden (siehe Abschnitt 15.4.5). In Logic erstellte IRs sind im Gegensatz zu IRs, die mit anderen, teureren Plug-ins erstellt wurden, auch übergreifend von anderen Plug-ins nutzbar!

Musikproduzenten nutzen IRs beispielsweise, um schnell Sound oder Vocals mit natürlichen Hallräumen zu versehen oder ihnen Effekte wie Telefonsound zu verpassen. Zudem können Sie von Effekten oder favorisierten Settings von seltenen, alten Hardwaregeräten oder komplexen, selbstgebauten Effektketten eigene IRs erstellen.

Beachten Sie, dass Sie den Effekt auf 100 % wet stellen müssen, um eine Aufnahme mit entsprechender IR so klingen zu lassen, als käme sie aus einem Telefon oder einem Gitarrenamp. Sie wollen in so einem Fall ja nur den Effekt hören und nicht noch die unbearbeitete Aufnahme hinzumischen (siehe Projekt *15x3spcdes2*).

Impulsantworten und Presets laden

Laden Sie die Space Designer-Presets (und zuvor Reverb-Inhalte im SOUND LIBRARY-MANAGER), um einen Eindruck von Sound und Anwendungsmöglichkeiten zu bekommen. Diese Preset-Library ist gut strukturiert, Sie finden dort IRs von Räumen, Kirchen (wie z. B. einen ca. 14 Sekunden langen Kirchenhall (DOME im Unterordner LARGE SPACES • INDOOR SPACES oder Projekt *15x3spcdes3*) oder von abgesampelten Effektgeräten, deren Originalmarkennamen aus rechtlichen Gründen nicht genutzt werden. Im Internet kursieren zahlreiche kostenlose und kostenpflichtige IR-»Aufnahmen« von Effekten, EQs, Telefonen und Transistorradios. Logic trägt dieser Nachfrage mit einigen Space Designer-Presets Rechnung, die Sie in der WARPED EFFECTS-Sektion finden.

Wenn Sie beliebige IRs laden möchten, klicken Sie auf das Feld mit der geladenen Impulsantwort und nutzen das aufspringende Menü (Abbildung 15.32).

Abbildung 15.32 IR laden

Zu experimentellen Zwecken können Sie auch andere Audiofiles (z. B. kurze Drumsounds) anstelle von IRs laden. Nicht immer kommt etwas Sinnvolles dabei heraus.

Length, Size und Samplerate im Space Designer

Die Berechnung von Effekten aus Impulsantworten verbraucht viel Rechnerleistung. Wenn Sie die Samplerate durch 2 oder 4 oder 8 teilen, wird die Samplerate und damit die CPU-Belastung reduziert – das ist im Space Designer mit Hilfe der QUALITY-Einstellung möglich. Dadurch verdoppelt oder gar vervierfacht sich theoretisch auch die Länge der Impulsantwort, weil beispielsweise eine 1 Sekunde lange Impulsantwort, die ursprünglich eine Samplerate von 44.100 Hz hatte und nun stattdessen mit einer Samplerate von 11.025 Hz benutzt wird, 4 Sekunden braucht, um komplett abgetastet zu werden. Dadurch gehen allerdings auch Höhen und Details verloren. Der neue Space Designer hat eine LENGTH- und eine SIZE-Regelung, die die Länge der Impulsantwort bestimmen. Die Wechselwirkung dieser Regler mit der Samplerate wird nun nicht mehr genau erklärt, doch werden echte IRs hörbar dumpfer, wenn Sie die Länge z. B. auf 800 % stellen (vergleiche das Projekt *15x3spcdes1*), es ist also anzunehmen, dass IRs nur durch Reduktion der Samplerate verlängert werden können. Durch die LENGTH- und SIZE-Einstellungen kann Kompatibilität mit alten Einstellungen bestehen, der alte Space Designer hatte bei Änderungen der Samplerate eine PRESERVE LENGTH-Option, was einer Size-Einstellung von 100 % entspricht.

Klangformung des Halls mit Hüllkurven, Filtern und EQ

Der Space Designer bietet Eingriffsmöglichkeiten in den Klangverlauf. Zur Verfügung stehen für IRs eine Volume- und eine Filterhüllkurve, für Synthesized IRs zusätzlich eine Density-Hüllkurve. (Hüllkurve wird jeweils Env abgekürzt, z. B. FILTER ENV). Voreingestellt sehen Sie die Volume-Hüllkurve, oben können Sie auf FILTER-ENV umschalten. Unter den Hüllkurven finden Sie Parameter, die über gewöhnliche ADSR-Kurven hinausgehen, darunter INIT LEVEL und END LEVEL sowie Optionen, die Hüllkurve linear oder exponential verlaufen zu lassen. Im Zahnradmenü mittig rechts sehen Sie zudem Einstellungen u. a. für Hüllkurven-Resets und Latenz- und Lautstärkekompensationen. Dort können Sie sich auch BEZIER HANDLES anzeigen lassen, um die Hüllkurve besser formen zu können (ähnlich wie in *Ultrabeat*).

Die voreingestellten Volume- und Filterhüllkurven können auch stören, weil sie den eigentlichen Sound der Impulsantwort verändern und mit einem Power-Button deaktiviert werden. Das klangliche Ergebnis fällt natürlich stark unterschiedlich aus, je nachdem, ob dort ein HP, BP, LP mit 6 dB oder LP mit 12 dB Flankensteilheit aktiviert wurde.

Zusätzlich steht ein EQ mit zwei Shelving- und zwei vollparametrischen Bell-EQs zur Verfügung. Oft ist es bei längeren Halleffekten sinnvoll, sie sowohl im Verlauf des Halls dumpfer werden zu lassen als auch insgesamt etwas von Bass zu befreien, weshalb die parallele Anwendung eines Filters *und* eines EQs nicht ungewöhnlich ist.

Predelay, Reverse und IR Offset

Sie können ein PREDELAY und den Startpunkt des IR-Files einstellen. Beide Parameter stehen in Wechselwirkung. Mit Hilfe der IR-Startpunktkorrektur lassen sich z. B. durch Latenz mit Verzögerung eingefangene IRs korrigieren, die hierdurch mit Stille beginnen. Ein späterer IR-Startpunkt kürzt ein so entstehendes ungewolltes Pre-Delay oder erste Reflektionen weg. Sie können den Parameter IR OFFSET auch kreativ nutzen oder ihn zusammen mit der REVERSE-Funktion mittig rechts neben der IR OFFSET EINSTELLUNG verwenden, mit Hilfe derer die Impulsantwort rückwärts abgespielt angewendet werden kann.

Spread

LO SPREAD und HI SPREAD erlauben eine Stereoverbreiterung für tiefe und hohe Frequenzen, die Grenze zwischen beiden wird via X-OVER eingestellt.

15.4.5 Impulsantworten selbst erstellen

IRs generieren Sie, indem Sie einen Ton, der möglichst viele Frequenzen abdeckt (Pistolenschuss oder Sinus-Sweep), durch einen Effekt oder in einem Raum abspielen, aufzeichnen und anschließend den Originalton wieder herausrechnen. Die so erzeugten Impulse Responses sind digitale Samples und können Sample für Sample auch auf andere Signale angewendet werden.

IRs mit der Impulse Response Utility selbst erstellen

Sie erreichen das Programm IMPULSE RESPONSE UTILITY, mit dem Sie IRs erstellen können, über den Space Designer (siehe Abbildung 15.32).

Mit der IMPULSE RESPONSE UTILITY (siehe Abbildung 15.33) können Sie einen Sinuston mit wählbarer Länge über einen einstellbaren Ausgang senden (z. B. Lautsprecher) und dabei über einen Eingang (z. B. internes Mikrofon) ein Antwortsignal (z. B. Hall des Sinustons im Raum, in dem Sie sich gerade befinden) aufnehmen.

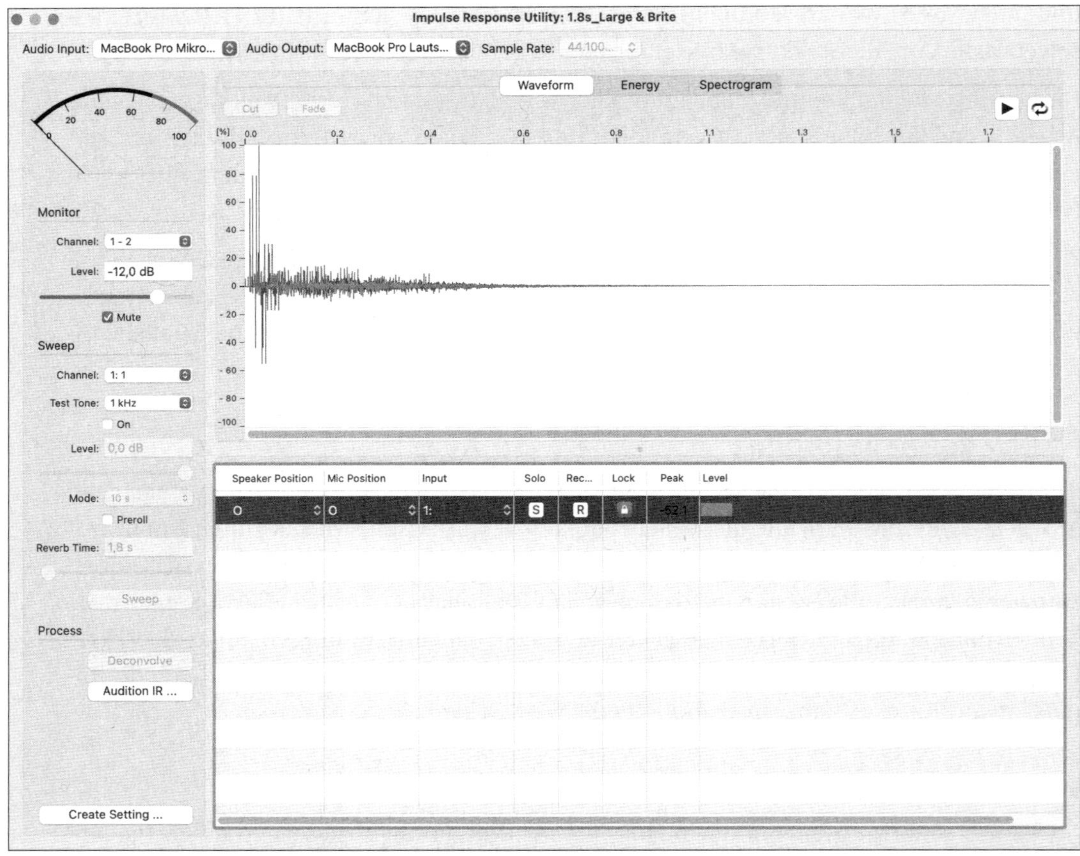

Abbildung 15.33 Die »Impulse Response Utility«

Die Aufnahme wandeln Sie anschließend in eine Impulse Response um, indem Sie den Sinuston durch Klick auf DECONVOLVE im PROCESS-Bereich aus der Aufnahme wieder herausrechnet.

Die Arbeitsschritte für das Sampling des Raumhalls bei richtig eingestellten Audioein- und -ausgängen (möglichst kurze Latenz) und mit Hilfe des internen Mikrofons sind:

1. Projekt erzeugen (mono)
2. Track scharf schalten (mono)
3. Sweep einstellen und auslösen, eventuell auf Preroll achten (es kann dauern, bis der Sweep losgeht) und Monitor muten
4. auf DECONVOLVE klicken
5. mit AUDITION IR Probe hören
6. in Logic bzw. im Space Designer via LOAD IR & INIT das resultierende *.sdir*-File importieren und den Space Designer resetten oder direkt in der IMPULSE RESPONSE UTILITY (Abbildung 15.33) ein Space Designer-Setting (*.pst*) erzeugen und im Space Designer aufrufen

Impulsantworten im Space Designer erstellen

Impulse Responses lassen sich dank einer versteckten Methode auch außerhalb der IMPULSE RESPONSE UTILITY im Space Designer von Logic erstellen. Während für die Aufnahme von Raumantworten eher das IR-Dienstprogramm sinnvoll erscheint, ist das Einfangen von speziellen Effekten, Effekt-Plug-ins oder Kombinationen aus Effekten mit der Logic-internen Methode einfacher.

Hierzu legen Sie zunächst ein selbsterzeugtes Sinus-Sweep-Audiofile auf eine Logic-Audiospur (z. B. ein zuvor mit Hilfe des Testtongenerators oder der IMPULSE RESPONSE UTILITY aufgenommenes Audiofile). Anschließend wenden Sie einen gewünschten Effekt auf das File an (z. B. als Insert-Effekte auf einer Audiospur, die den Sinus-Sweep abspielt) und bouncen das Ergebnis in ein neues Audiofile. Danach öffnen Sie Space Designer und wählen im Kopfmenü unter ANSICHT den Eintrag REGLER.

Sie sehen eine Parameter- bzw. Reglerliste. Scrollen Sie ein wenig nach unten, um dort eine Funktion zu finden, die sich DECODE IR nennt (siehe Abbildung 15.34) und die aus der Standardansicht heraus nicht erreichbar ist.

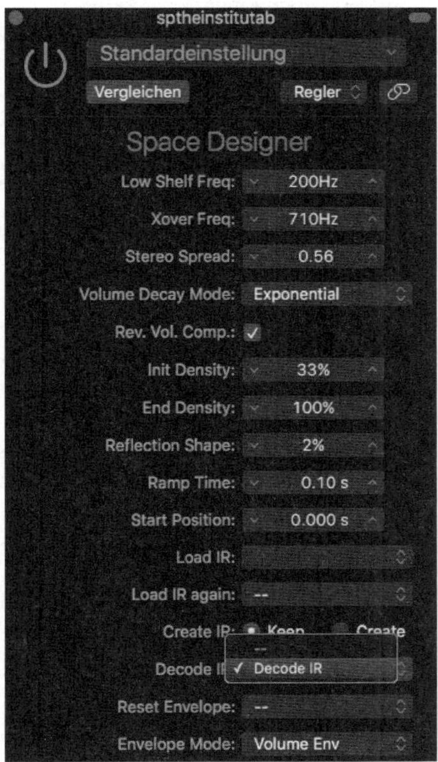

Abbildung 15.34 Der Eintrag zum Erstellen eigener IRs

Wählen Sie im Flip-Menü ein weiteres Mal DECODE IR aus. Danach fragt Logic in aufspringenden Dialogen automatisch zweimal nach Audiofiles: zuerst nach dem effektierten File, dann nach der Originalvorlage (typischerweise der Sinuston). Anschließend fragt Logic, wohin es das Ergebnis (als *.sdir*-Datei) speichern soll. Nun berechnet Logic automatisch ein File, das Sie anschließend über die Standardansicht des »Space Designers« unter LOAD IR laden können.

In jüngeren Logic-Versionen werden auf diese Weise selbsterstellte IRs bei langen Effekten leider manchmal »zu lang« bzw. enden mit einem merkwürdigen Flanging, sind aber dennoch zu gebrauchen (und gegebenenfalls auch manuell in einem Audiodateieditor kürzbar).

Hilfsprogramme bei der Erstellung von Impulse Responses

Wenn Sie schnell relativ viele Impulse Responses erstellen wollen, können Sie sie auch nacheinander bouncen und mit einem speziellen Programm der Firma Voxengo namens *Deconvolver* stapelweise dem Deconvolution-Prozess unterwerfen. Das Programm läuft zwar nur auf Windows-Systemen, doch Sie müssen lediglich einen Ordner mit den gebouncten Files sowie den Referenz-Sweep auf den Windows-Rechner kopieren. Ein weiteres Hilfsprogramm nennt sich *Space Designer Manager* und generiert aus Impulsantworten automatisiert Space Designer-Settings.

Import von selbsterstellten Impulsantworten in andere Convolution-Reverbs laden

.sdir-Files lassen sich auch in andere Impulshallgeräte wie *Altiverb* oder Kontakts Convolution-Modul importieren. Gegebenenfalls müssen Sie hierfür die Endung *.sdir* manuell in *.aiff* ändern. In diesem Punkt hat die Verwendung des Space Designers einen Vorteil gegenüber den meisten anderen, teureren IR-Plug-ins; die in Letzteren erstellten IRs lassen sich nur im jeweiligen Plug-in verwenden.

Kanalkonfiguration bei IRs

Wenden Sie ein Mono-IR-File in einem Stereo-Space Designer an, so werden beide Stereokanäle individuell mit dem Mono-File bearbeitet. Ein Hall sollte stereo eingefangen werden (Konfiguration: 1 Speaker, 2 Mikro-Positionen). Wird ein solches IR-File in einem Stereo-Space Designer angewendet, so werden beide Stereokanäle individuell mit dem Stereo-File bearbeitet – entsprechend einer True-Stereo-Verfahrensweise in einem Hallgerät.

Voraussetzung für die Gültigkeit der obigen Ausführungen ist, dass der Space Designer im INPUT-Bereich auf True Stereo eingestellt ist (Slider ist ganz oben)

Wird eine EQ-Impulsantwort oder die Impulsantwort eines eingefangenen Effekts im Space Designer genutzt, so entspricht der Sound natürlich nur dann (näherungsweise) dem Original, wenn der Space Designer auf 0 % dry und 100 % wet eingestellt ist. Allerdings kann es natürlich trotzdem gewünscht sein, den Hall zum Original hinzuzumischen.

Space Designer im 5.1-Modus

Im 5.1-Surround-Modus stehen im Space Designer zusätzliche Routing-Optionen zur Verfügung (Abbildung 15.35).

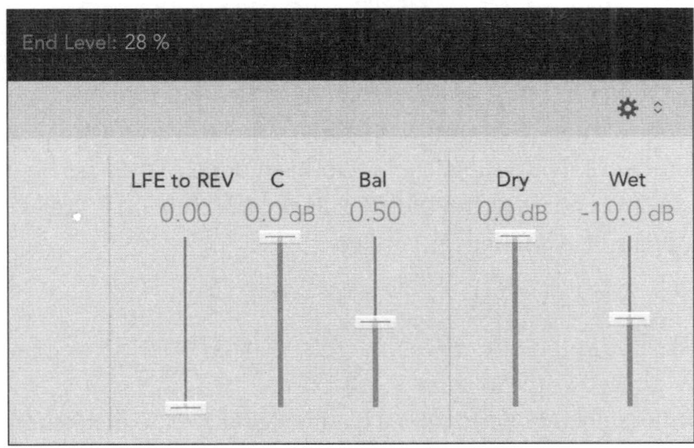

Abbildung 15.35 Mix-Regler im Space Designer im 5.1-Modus

15.4.6 EnVerb

Der Name des EnVerb-Plug-ins ist Programm, denn seine Besonderheit ist, den Lautstärkeverlauf des diffusen Halls mit einer Hüllkurve (Envelope) zu formen. Die wichtigsten Hüllkurven-Parameter sind etwas versteckt untergebracht: Oben ATTACK, DECAY, SUSTAIN und RELEASE, unten DRY SIGNAL DELAY, PREDELAY und HOLD. Der HOLD-Parameter entscheidet dabei über die Länge der Sustain-Phase. Hierdurch wird es möglich, den Hall für die Hold-Zeit gleichbleibend laut ausklingen zu lassen. Das ist z. B. für einen sogenannten *Gated-Reverb-Effekt* interessant.

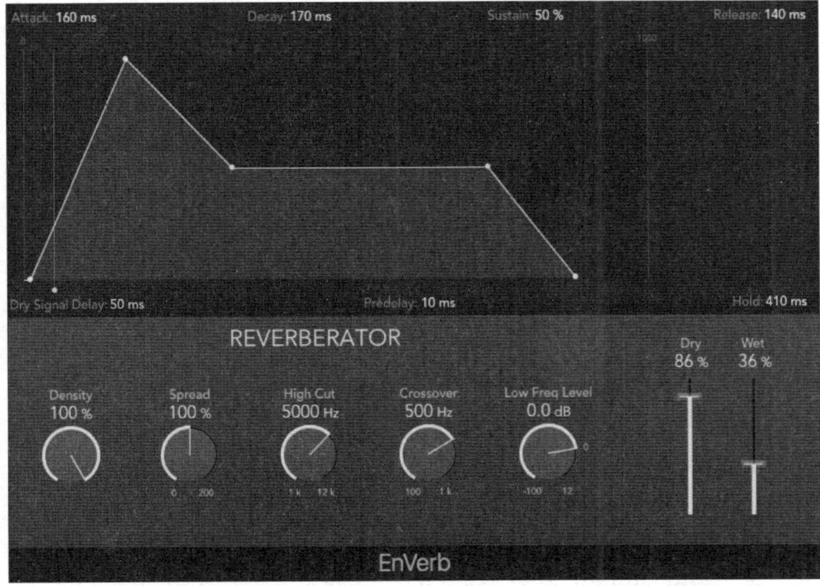

Abbildung 15.36 EnVerb

Dieser – in den 80er Jahren z. B. von Phil Collins für Drums genutzte – Effekt zeichnet sich dadurch aus, dass ein relativ lauter Hall nicht langsam und gleichmäßig ausklingt, sondern plötzlich verschwindet. Sie können diesen Effekt realisieren, indem Sie dem Hall ein Gate nachschalten, das leise macht, sobald eine bestimmte Lautstärke unterschritten wird. Ein ähnlicher Effekt ist aber auch mit dem EnVerb möglich, indem nach der HOLD-Phase eine sehr kurze RELEASE-Phase folgt. So etwas hören Sie im Projekt *15Enverb1* in Spur 5, das Projekt führt Ihnen zudem weitere Soundbeispiele mit dem EnVerb vor.

15.5 Distortion

Die Verzerrungs-Plug-ins von Logic (siehe Abbildung 15.37) bieten vielfältige Möglichkeiten der Verzerrung – von dezent bis extrem. Sie können Verzerrer auf die unterschiedlichsten Sounds und Instrumente anwenden: auf Drums, Gitarren, Vocals, Bässe und vieles mehr. Noch mehr Verzerrer finden Sie in der AMPS AND PEDALS-Sektion (siehe Abschnitt 15.6).

Abbildung 15.37 Distortion-Plug-ins in Logic

Dabei sind die unterschiedlichsten Anwendungsfälle vorstellbar: Vielleicht möchten Sie das Gesamtsignal nur etwas kompakter machen – und nutzen Verzerrer als Nuance, in etwa so wie ein leicht übersteuertes Mischpult. Vielleicht soll es ein bisschen nach altem Videospiel klingen. Vielleicht möchten Sie aber auch Vocals wie eine E-Gitarre verzerren.

Wenn Sie Verzerrungen subtil nutzen, kann der Effekt auch ähnlich wie ein Kompressor wirken: Eingehende Signale können nicht unbegrenzt oder im Verhältnis ihrer Eingangslautstärke lauter gemacht werden, sondern werden in der Ausgangslautstärke auf die ein oder andere Weise begrenzt. Hierdurch wird der Unterschied zwischen leisen und lauten Signalen geringer. Im Gegensatz zum Kompressor behalten die Verzerrer den Sound des Eingangssignals nicht sauber bei, sondern verzerren es und fügen Obertöne hinzu. Doch auch Kompressoren können eingebaute Verzerreinheiten haben, und die Grenzen sind fließend.

Verschiedene Verzerrer klingen sehr unterschiedlich. Der Markt ist groß, und es wird viel Geld für Verzerrer unterschiedlichster Art ausgegeben. Bevor Sie investieren, sollten Sie sich selbst ein Bild machen und ausprobieren, ob Ihnen der Sound gefällt. Leichte, dezente, auch ein bisschen »rough« oder zufällig klingende Verzerrungen hinzubekommen – das sind Dinge, die manchmal mit analogem Equipment besser oder anders klingen. Deshalb nehme ich oft Sounds analog auf und verarbeite sie dann im Sampler oder als Audiofile weiter.

Nicht aufgeführt in der Liste, aber eigentlich auch ein Verzerrungs-Plug-in ist der Exciter (Abschnitt 15.4.1).

15.5.1 Bitcrusher

Der Bitcrusher (Abbildung 15.38) ist ein vielseitiges Plug-in, das subtile Verzerrung, bitreduzierte Wiedergabe, kräftige Verzerrung und Brickwall-Limiting beherrscht. Es macht auch ohne Bitreduzierung als Verzerrer eine gute Figur. Mit dem MIX-Regler können Sie auch ein mit dem Bitcrusher effektiertes Signal ohne zusätzliches Routing stufenlos mit dem unbearbeiteten Signal zusammenmischen. Auf der linken Seite stellen Sie mit DRIVE eine zusätzliche Lautstärke ein, die in das Plug-in geht. Ob dies eine klangliche Auswirkung hat, hängt von der Lautstärke des eingehenden Signals und der Einstellung des CLIP LEVELS rechts ab. Mit dem CLIP LEVEL stellen Sie ein, ab wann der Bitcrusher verzerrt, und mit dem MODE, wie diese Verzerrung klingt. CLIP LEVEL ermöglicht es Ihnen also, auch nicht voll ausgesteuerte Signale zu verzerren. Mit dem RESOLUTION-Regler verändern Sie die Bitauflösung, mit dem DOWNSAMPLING-Regler die Samplerate. Die 12-Bit-Auflösung klingt dabei recht subtil und entspricht der Auflösung populärer Vintage-Drum-Machines wie der *E-mu SP-1200*, deren Sound recht populär ist.

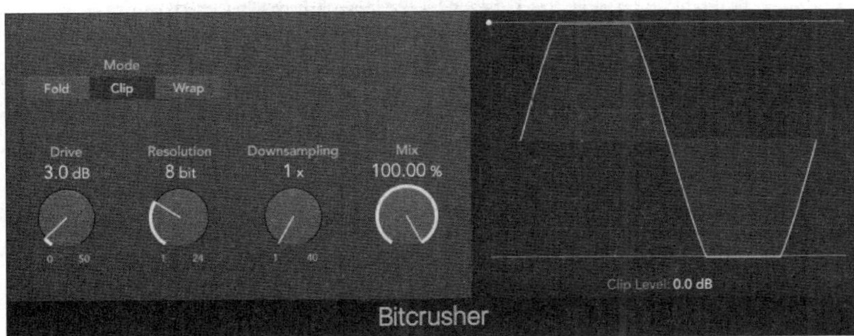

Abbildung 15.38 Bitcrusher

Eine Reduktion der Bitrate bzw. RESOLUTION und zusätzliche Reduzierung der Samplerate via DOWNSAMPLING-Regler führen zu einer Reduzierung der Auflösung des Audiomaterials, was »kaputt« klingt und ein gern genutzter Effekt für Lo-Fi-Anmutung ist. Bei hohen Bitrates über 16 Bit steht dagegen die Verzerrungsfunktionalität des »Bitcrushers« im Vordergrund.

Im Projekt *15Bitcrusher1* habe ich ca. bei Takt 16 zwischen verschiedenen Verzerrmodi umgeschaltet und den CLIP LEVEL-Regler heruntergedreht. Der obere Verzerrmodus klingt dabei extrem, der mittlere am moderatesten. In Spur 2 des Projekts ist die Verzerrung relativ subtil, in Spur 3 etwas stärker, dafür aber mit dem Originalsignal zusammengemischt. In der Automation aus Spur 4 hören Sie ca. bei Takt 5 bitreduzierten, »kaputt« klingenden Sound. Schade ist, dass der Bitcrusher, anders als andere Verzerrer, keinen nachgelagerten Output-Gain-Regler hat.

15.5.2 Clip Distortion

Der Clip Distortion-Effekt hat eine komplexe Kombination von Filtern, die interessante Effekte ermöglicht. Das Signal läuft zunächst durch den Drive-Regler, wird dort verstärkt, durchläuft dann einen HP-Filter (dessen Frequenz Sie mit dem Tone-Parameter oberhalb der Grafik verändern) und wird danach nichtlinear verzerrt, wobei Sie die Intensität mit dem Symmetry-Regler bestimmen (Abbildung 15.39). Dies ist sinnvoll, weil es oft besser klingt, nur die oberen Frequenzen von Signalen zu verzerren. Danach durchläuft es einen Low-Pass-Filter (hier mit Clip Filter beschriftet). Die neue Grafik illustriert die gewählten Cutoff-Frequenzen. Auch beim Clip Distortion-Plug-in finden Sie einen Mix-Regler, mit dem Sie das Original mit dem effektierten Signal zusammenmischen und der im Signalfluss dem Clip Filter folgt. Nachgeschaltet ist ein weiterer Low-Pass-Filter (LP Filter). Zusätzlich gibt es einen High Shelving-EQ, Input Gain- und Output Gain-Regler.

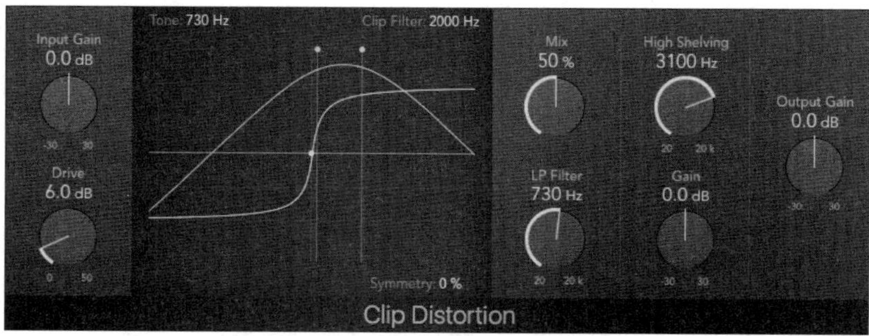

Abbildung 15.39 Clip Distortion

Den Sound mit einer Variation der Einstellung des Tone- und des Symmetry-Reglers hören Sie im Beispielprojekt *15Clipdistort1* mit einer Automation.

15.5.3 Distortion

Distortion (Abbildung 15.40) ist ein simpler Verzerrungseffekt mit einem Low-Pass-Filter in der Mitte, der den Sound bipolarer Transistoren emulieren soll. Das Handbuch spricht von einer Eignung für Lo-Fi-Effekte. Auch hier zeigt die Grafik, welche Frequenzen mit Drive betont werden (nämlich eher die hohen) und wo der Low Cut abschneidet, den Sie mit dem Tone-Parameter einstellen.

Die Wirkung des Level Compensation-Reglers finde ich weniger überzeugend, denn keineswegs empfinde ich das Abhören mit eingeschalteter Level Compensation als geeignet, den Sound mit und ohne Effekt bei gleicher Lautstärke zu vergleichen. Genau das wäre aber interessant: Lauter klingt ja oft besser, aber wie viel dabei »kaputtgeht«, fällt dabei manchmal etwas unter den Teppich.

Das Distortion-Plug-in hat dafür immerhin einen OUTPUT-Regler, mit dem Sie manuell die Lautstärke kompensieren können.

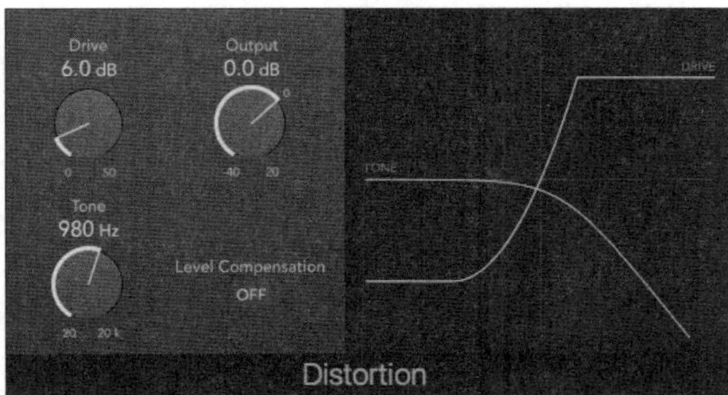

Abbildung 15.40 Distortion

15.5.4 Distortion II

Distortion II (Abbildung 15.41) ist die Distortion-Einheit aus dem *Vintage B3*-Instrument, das eine Hammond-Orgel emuliert.

Abbildung 15.41 »Distortion II«

Im Flip-Menü unterhalb des DRIVE-Reglers können Sie verschiedene Verzerrungsmodi auswählen (GROWL, BITY, NASTY, CLASS AB SOFT und HARD). Distortion II ist damit eines der vielseitigsten Verzerrer-Plug-ins in Logic. Im Praxisversuch scheinen beim TONE-Regler umso mehr Bässe im Spiel zu sein, je weiter er nach rechts gedreht ist. Im erweiterten Parameterbereich finden Sie wiederum einen MIX-Regler und einen Pegelregler zur Kompensation der Ausgangslautstärke. Ein Beispiel für den Sound der Distortion- und Distortion II-Plug-ins finden Sie unter *15Distortions1und2* – inklusive Automationen der Verzerrermodi und des TONE-Reglers.

15.5.5 Overdrive

Overdrive (Abbildung 15.42) bietet dieselben Parameter wie das Distortion-Plug-in, emuliert aber nicht bipolare Transistoren, sondern FETs (Feldeffekttransistoren) und soll einen wärmeren Verzerrungseffekt als das Distortion-Plug-in erzeugen.

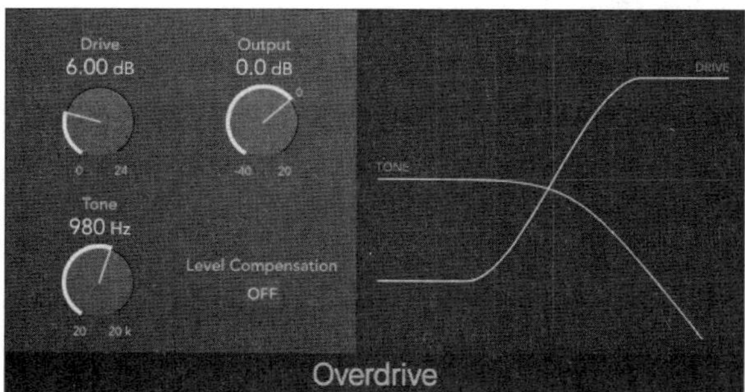

Abbildung 15.42 »Overdrive«

Im Dokument *15DistortionsundOverdrive* können Sie den Sound beider Plug-ins bei ansonsten gleichen Einstellungen in Spur 1 und 2 vergleichen – der Unterschied fällt nicht besonders groß aus, wobei Overdrive etwas mehr Substanz von der Kickdrum übrig lässt.

15.5.6 Phase Distortion

Phase Distortion (Abbildung 15.43) nutzt einen Low-Pass-Filter und moduliert mit dem gefilterten Signal die eigene Phasenlage. Dies soll laut Handbuch ähnlich wie bei Chorus oder Flanger funktionieren, wo es neben dem Originalsignal ein zeitverzögertes Signal gibt, wobei Sie die Zeitverzögerung dort in der Regel mit einem LFO modulieren können.

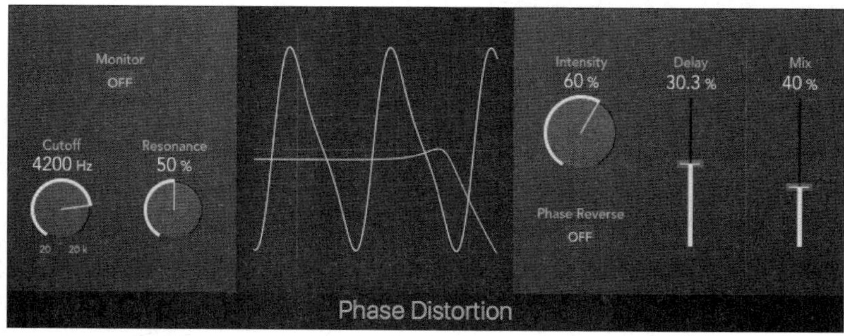

Abbildung 15.43 »Phase Distortion«

In Phase Distortion geschieht die Modulation durch das gefilterte Signal; INTENSITY regelt die Intensität des Effekts. Steht INTENSITY auf 0, ist kein Effekt zu hören.

Mit dem MIX-Regler mischen Sie den Effekt hinzu, mit dem MONITOR-Button hören Sie das eingehende Signal zum Vergleich.

Im Dokument *15Phasedistort1* hören Sie (mit Hilfe einer aufgenommenen Automation) zunächst in den ersten Takten die Wirkung einer Veränderung des CUTOFF-Reglers bei maximal eingestellter Intensität und Modulationszeit.

Das maximale zeitliche Ausmaß der Zeitverzögerung stellen Sie mit dem Regler DELAY ein. Auch ihn habe ich im Dokument zwischen Takt 8 und Takt 15 automatisiert, jedoch holpert es hierdurch zeitlich, und er ist für eine Automation nicht so gut geeignet.

15.6 Amps and Pedals

Unter AMPS AND PEDALS finden Sie spezielle Effekte für Gitarristen, die oft aber auch bei einer Effektierung von anderen Sounds ein gutes Bild abgeben (Abbildung 15.44). Die Gitarreneffekt-Plug-ins in Logic heißen:

- Amp Designer
- Bass Amp Designer
- Pedalboard

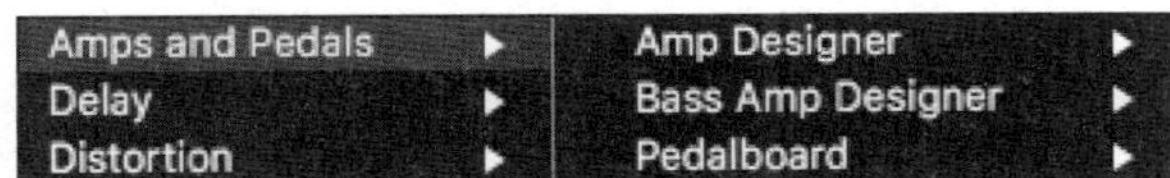

Abbildung 15.44 »Amps and Pedals«

Bedenken Sie, dass es an sehr vielen Stellen verschiedene Arten von Gitarren-Sound-Presets gibt, die Sie ausprobieren können, wenn Sie auf der Suche nach dem richtigen Sound sind:

- die Plug-in-Presets der oben genannten Gitarreneffekte (keine Kanalzug-, sondern Plug-in-Presets)
- Die Kanalzug-Presets und -Patches für Instrumente. Hier spielen Sie die Gitarre über MIDI und ein gesampeltes Instrument selbst.
- Die Kanalzug-Effekte für Audio. Hier wird eine Effektkombination geladen, um eine Audioaufnahme zu effektieren. Logic bietet an dieser Stelle die meisten Patches, denn idealerweise nimmt man eine echte Gitarre auf, anstatt sie via MIDI zu spielen.

Ein Beispiel für Instrumente sind die »Sunburst«-Variationen aus Logic 9, die unter INSTRUMENT-CHANNEL-STRIPS unter ÄLTERE VERSIONEN • LOGIC • 09GUITARS • 02ELECTRIC GUITARS oder im Beispieldokument *15Sunburst01* zu finden oder ladbar sind. Hier wird noch »Guitar Amp Pro« aus Logic 9 verwendet, der durch die Amp Designer abgelöst wurde.

Die Auswahl an Voreinstellungen ist aber insbesondere bei den Effektkombinationen für Audiospuren groß und gut sortiert. Instrumenten-Gitarrenpatches gibt es dagegen nicht so viele (und eher unter ÄLTERE VERSIONEN). Es kann daher auch sinnvoll sein, einen über MIDI gespielten Gitarrenriff zunächst als Audiodatei zu bouncen, um dann zwischen mehr Effekt-Patches für Audiospuren auswählen zu können. Ein Beispiel finden Sie im Dokument *15Remotegitandamps02*.

15.6.1 Amp Designer und Bass Amp Designer

Bei den Amp-Simulationen Amp Designer und Bass Amp Designer können Sie die Art des Verstärkers, der Lautsprecherbox (CABINET) sowie die Stellung und Art des Mikrofons einstellen, das das virtuell aus der Box herausströmende Signal abnimmt. Die Bedienung dieser beiden Plug-ins ist meist intuitiv, die Soundergebnisse beeindruckend.

Auf der linken Seite wählen Sie in beiden Plug-ins im Flip-Menü MODEL eine Kombination aus Amp und Cabinet. Sie können aber über die jeweiligen Flip-Menüs AMP und CABINET auch einen Verstärker mit jeder beliebigen Box kombinieren. Im MODEL-Menü links ist dann der Eintrag CUSTOMIZED zu lesen.

Rechts stellen Sie das gewünschte Mikro ein. Dabei ist auch eine Direktabnahme oder eine Variation der virtuellen Mikro-Abnahmeposition (siehe Abbildung 15.45) möglich, die Sie auch automatisieren können.

Abbildung 15.45 Bewegen Sie den weißen Punkt, um die Mikro-Abnahmeposition zu variieren. Je weiter in der Speakermitte Sie ihn platzieren, umso mehr Höhen und umso härtere Transienten erhalten Sie.

Amp Designer

Sound und Grafik von Verstärker- und Cabinet-Typen des Amp Designers (Abbildung 15.46) sind oft an berühmte Vorbilder angelehnt, es stehen viele verschiedene Varianten zur Verfügung.

Einige hören Sie im Projekt *15Remotegitandamps01*. Sie finden zudem jede Menge gut sortierte Presets für den Amp Designer.

Die verschiedenen Verstärkermodelle haben zudem EQ, Reverb und eventuell Tremolo und Vibrato eingebaut.

Abbildung 15.46 Amp Designer

Durch Klick auf das Dreiecksymbol rufen Sie eine reduzierte Ansicht auf, siehe Markierung unten rechts in Abbildung 15.47. Ein erneuter Klick auf das Dreiecksymbol rechts neben dem Eintrag OUTPUT, siehe Abbildung 15.47 unten rechts, bringt Sie wieder zur Vollansicht zurück.

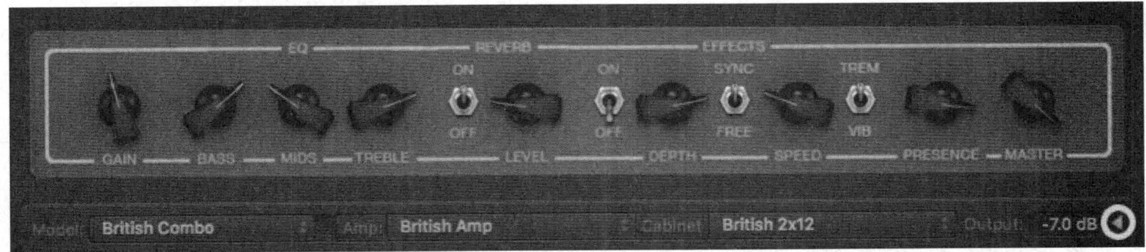

Abbildung 15.47 Amp mit eingeklappter Ansicht

Wenn Sie die Maus über den Eintrag REVERB Ihres Amps bewegen, tauchen dort verfügbare Reverbs auf (siehe Abbildung 15.48 und Abbildung 15.49).

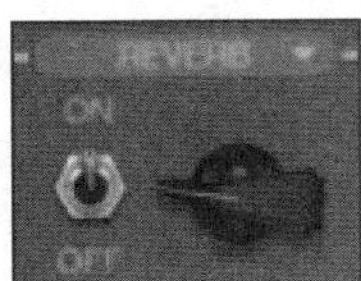

Abbildung 15.48 Wenn Sie die Maus über den Eintrag »Reverb« bewegen, erkennen Sie, dass es noch ein Flip-Menü gibt.

Wenn Sie die Maus auf die gleiche Weise über den Eintrag »EQ« bewegen, sind außerdem alternative EQ-Typen verfügbar.

Abbildung 15.49 Wählbare Reverbs in einem Amp

In den Flip-Menüs Amp, Cabinet und Mic finden Sie verschiedene emulierte Amps, Speaker und Mics. Beachten Sie im Cabinet-Menü ganz unten den Eintrag Direct, mit dem Sie das Signal direkt hinter dem Verstärker abgreifen. Die virtuellen Mikrofone sind an Klangcharakteristika echter Mikrofone angelehnt, die anhand der Namen zu erahnen sind.

Bass Amp Designer

Beim Bass Amp Designer (siehe Abbildung 15.50) werden drei Modelle von Bassgitarrenverstärkern emuliert. Es gibt dabei zusätzliche Signalflussoptionen, Sie können zudem unten mit einem Schieberegler zwischen dem Sound eines Verstärkers und dem einer emulierten DI-Box überblenden. Wenn Sie ganz links im Auswahlmenü für den Verstärkertyp unter Model den Eintrag Direct Box wählen, wird der Schieberegler ganz nach rechts auf Direct Box gestellt.

Abbildung 15.50 Bass Amp Designer

Auch wenn Sie auf eines der Felder AMP oder DIRECT BOX klicken, wird entweder ein AMP oder die DIRECT BOX angezeigt. Im Flip-Menü CABINET wählen Sie eine Lautsprecherbox und rechts ein Mikro und haben außerdem die Optionen DIRECT (POWER AMP OUT) und DIRECT (PRE AMP OUT), die die Box umgehen und das Signal vor oder hinter dem Amp abgreifen. Die Verstärkermodelle bestehen aus Vorverstärker (mit Kompressor und EQ) und Endstufe – hinter diesen kommt die Box (eventuell mit Mikrofonabnahme).

Im Dokument *15Remotegitandamps03* ist ein Bassgitarren-Amp im Einsatz – zusätzlich habe ich den gewählten Mix verändert und dessen Abnahmeposition geändert und automatisiert.

15.6.2 Pedalboard

In Logics Pedalboard gibt es eine Auswahl typischer Gitarrenpedaleffekte (auch »Tretminen« genannt; siehe Abbildung 15.51), die sich in einem Pedalboard (Gitarristen sagen auch gerne »Stressbrett« dazu) kombiniert abspeichern lassen.

Abbildung 15.51 Pedalboard

Typische Pedaleffekte sind Wah Wah, Flanger, Chorus, Phaser, Ringmodulator, Filter, verschiedene Verzerrer (verschiedene Arten »Fuzz«, »Vintage Drive« etc.), Delays und Pitch-Effekte etc. Sie sollten ihr Funktionsprinzip leicht verstehen, wenn Sie einen entsprechenden Abschnitt über Plug-ins derselben »Gattung« in diesem Kapitel gelesen haben, z. B. Abschnitt 15.11 über Modulationseffekte.

Mit Wah-Wah-Effekten ist die zyklische Modulation (durch einen LFO) der Filterfrequenz eines resonanten Low-Pass-Filters gemeint, bei einem Tremolo wird ein Amp zyklisch moduliert.

Interessant ist auch die große Auswahl an Presets des Pedalboard-Plug-ins. Im Projekt *15Remotegitandamps04* hören Sie einige davon. Sie finden im Presetmenü sowohl Kombinationen aus Pedalen als auch eine Sortierung nach Effekttyp. Zu beachten ist, dass in vielen Presets einige oder alle geladenen Pedale noch nicht aktiv sind und erst durch einen Klick auf den jeweiligen Knopf angeschaltet werden müssen. Aktive Pedale erkennen Sie an einer rot leuchtenden Diode in der Grafik des Pedals.

Pedal laden

Um ein Pedal zu laden, ziehen Sie es einfach vom rechten Bereich nach links. Das Signal fließt im Pedalboard von links nach rechts. Oberhalb der Anzeige der Pedale rechts im Pedal-Browser sehen Sie zwei Flip-Menüs. Dort, wo der Eintrag SHOW ALL zu sehen ist, können Sie alternativ auswählen, nur bestimmte Pedale angezeigt zu bekommen. Auf diese Weise wird die Auswahl übersichtlicher, und Sie können z. B. leichter alle 12 DISTORTION-Pedale sehen und einen Soundvergleich starten. Die anderen Kategorien heißen PITCH, MODULATION, DELAY, FILTER, DYNAMICS und UTILITY. Mit dem kleinen Dreieck unten links neben dem Pedal-Browser blenden Sie dessen Anzeige ein und aus.

Import Mode

Rechts oberhalb der Pedale sehen Sie einen IMPORT MODE-Button, über den Sie einzelne Pedale mit deren Einstellungen aus anderen Presets laden können. Nachdem Sie das Pedalboard-Setting im Importdialog ausgewählt haben, werden die verwendeten Pedalboards angezeigt, die Sie dann inklusive Setting ins Pedalboard ziehen können.

Fortgeschrittenes Routing im Pedalboard

Im Pedalboard sind zwei Signalfluss-Busse für das Audiosignal möglich (siehe oben in Abbildung 15.51). Diese entstehen, wenn Sie über den Pedalen auf das schwarze Feld und auf den Namen eines verwendeten Pedaleffekts klicken. Genauer: Es entsteht ein zusätzlicher Signalfluss-Mix-Bus und rechts in der Effektanordnung ein MIXER-Utility-Pedal (im Bild nicht sichtbar).

Alternativ ziehen Sie ein SPLITTER-Utility-Pedal in den Pedalbereich, um den zweiten Signalflussbus zu erzeugen. Ähnlich lässt sich der zusätzliche Mix-Bus wieder entfernen – indem Sie den MIXER bzw. SPLITTER löschen. Durch Klick auf den Pedalnamen bewegen Sie ein Pedal von einem Signalfluss-Bus zum anderen. Oder Sie klicken die Splitpunkte rechts oberhalb der Pedale an, um das Pedal in den jeweils anderen Bus zu schicken.

Makros im Pedalboard

Unten im erweiterten, ausklappbaren Parameterbereich können Sie Makroreglern Parameter aus dem Pedalboard oben zuweisen (siehe Abbildung 15.51 unten), die mit Presets gespeichert werden können. Sie können so die Zuweisung zu einem Parameter mit einem Controller fernsteuern und mit demselben MIDI-Controller abwechselnd verschiedene Parameter steuern, wenn Sie Presets wechseln.

15.7 Delay

Delay bedeutet übersetzt *Verzögerung*. Wenn wir von einem *Delay-Effekt* sprechen, meinen wir in der Regel eher ein *Echo*: Man hört das Original und anschließend weitere, zeitverzögerte Kopien davon (siehe Abbildung 15.52). *Sample-Delays* sind hingegen Signalverzögerungen/ Delays im wahrsten Sinne des Wortes (ohne Echo).

Abbildung 15.52 Delays in Logic

Während ein Sample-Delay meist wie ein Einschleifeffekt verkabelt wird, ist das *Echo-Delay* ein typischer Zumischeffekt. Viele bekannte Schlagzeugfiguren sind nicht nur durch die Schnelligkeit des Drummers entstanden, sondern durch Delay-Effekte, die auf einzelne Drumsounds gelegt wurden.

Ein solcher Echo-Delay-Effekt eignet sich auch als Effekt beim Überblenden zwischen mehreren Songteilen: Lassen Sie einen alten Songteil noch etwas nachklingen, während es mit etwas Neuem weitergeht. Echo-Delays werden oft in Dub- und Reggae-Musik verwendet. In Dub-Combos der 70er Jahre entdeckten Musiker das Mischpult als eigenständiges Instrument und mischten abwechselnd verschiedene Delays und Reverbs und Kombinationen aus beidem zu relativ monotonen Snares, Pianochords, Vocals und vielem mehr. Ein besonders beliebtes Gerät ist das Roland *RE-201 Space-Echo*, das als Besonderheit den Delay-Effekt mit einem eingebauten Spring-Reverb (Federhallgerät) erst richtig »spacig« macht.

15.7.1 Zeiten berechnen; Sync (für Effekte wie Delay, Hall usw.)

Abgesehen davon, dass die meisten Delay-Plug-ins erlauben, die Delay-Zeit im Sync-Mode passend zur BPM-Zeit einzustellen, können Sie das zu einem Tempo passende Delay auch errechnen. Bei einem Tempo von 120 BPM gibt es 120 Schläge pro 60 Sekunden, so dass bei einem $4/4$-Takt 500 ms oder 0,5 Sekunden (60 geteilt durch 120) pro Viertelnote herauskommen (unter *http://dvfugit.com/beats-per-minute-millisecond-delay-calculator.php* finden Sie ein Tool zum schnellen Ausrechnen der Delay-Zeit).

15.7.2 Tape-Delay oder Tap-Delay?

Sowohl bei den auf dem Markt befindlichen als auch den in Logic vorhandenen Delays unterscheide ich zwischen *Tape-Delays* und *Tap-Delays*. Bei Ersteren wird eine einzelne Verzögerung via Feedback-Regler erneut in den Effekt eingeschleift, wodurch das Echo entsteht. Bei Letzteren gibt es Regler zur Kontrolle von Delay-Zeit, -Lautstärke, -Pan, -Filter und eventuell sogar Pitch für mehrere Delays, die *Taps* heißen, und möglicherweise zusätzlich via Feedback wieder in den Effekt geschickt werden können.

15.7.3 Tape Delay

Der Name *Tape-Delay* kommt daher, dass hier ein bei Bandmaschinen realisierbarer Effekt nachgeahmt wird: Bei Tonbandmaschinen sitzt üblicherweise der Wiedergabetonkopf hinter dem Aufnahmetonkopf, so dass er die Aufnahme mit etwas Verzögerung wiedergibt. Routet man das vom Wiedergabekopf kommende Signal zurück in den Aufnahmekopf, so wird es erneut aufgenommen, erneut wiedergegeben usw. Es entsteht eine Feedbackschleife. Dabei spielt natürlich eine Rolle, wie laut und mit welchen Effekten bearbeitet das Signal zurück an den Aufnahmekopf geleitet wird.

Die Länge der Verzögerungen ist abhängig von der Bandgeschwindigkeit sowie dem Abstand zwischen den Tonköpfen.

Grundsätzlich erzeugt Logics Tape Delay zunächst ein einzelnes verzögertes Signal (Delay). Mischen Sie dieses zum Originalsignal dazu, gibt es zwei Signale (Echo; siehe Projekt *15tapeecho1*).

Durch eine integrierte Verzerrungseinheit kann es auch (ergänzend oder allein) wie ein Bandsättigungseffekt/Verzerrer genutzt werden. Als ich mich bei einem Interview mal für »mein Lieblings-Plug-in« entscheiden musste, hieß meine Antwort »Logics Tape Delay«. Vielleicht verstehen Sie nach diesem Abschnitt, warum. Lesen Sie ergänzend auch Abschnitt 14.3. über die Effekt-Sends.

Feedback und Filter

Der FEEDBACK-Regler schickt das verzögerte Effektsignal wieder in den Effekt zurück. Dadurch entstehen Echos. Das Signal kann durch die Filter unten bei jedem Durchlauf verändert werden (siehe Abbildung 15.53 oder Projekt *15tapeecho2*).

Die Wirkung des Filters hören Sie im Projekt *15tapeecho3*. Zunächst ist ein HP-Filter, dann ein LP-Filter und schließlich eine Kombination aus beidem aktiv. Je nach Filtereinstellung beginnt das Tape Delay ab einem Feedback über 100 %, im Verlauf immer lauter zu werden – Vorsicht vor zu lauten Rückkopplungen/Feedbacks!

Weil weiter entfernt klingende Sounds weniger Bässe und Höhen haben, klingen Delay-Feedbacks, die sowohl leiser werden als auch immer weniger Bässe und Höhen haben, besonders »räumlich« – als würden sie sich entfernen.

Character/Tape Head Mode, Tape Delay als Bandmaschine

Hier finden Sie die CHARACTER-Sektion, mit der Sie den Delay-Sound färben. Hierzu gehört die Unterscheidung zwischen einem CLEAN und einem DIFFUSE TAPE HEAD MODE. Letzterer erlaubt verschwommenere, halligere Delays, was besonders bei langen Feedbacks bzw. wiederholten Durchläufen auffällt. Den Sound hören Sie im Projektbeispiel *15tapeechoTH*. Ein weiterer Parameter ist CLIP THRESHOLD, ähnlich wie im Bitcrusher. Niedriger eingestellt beginnt der Effekt früher zu verzerren, was sich durch Feedbacks immer stärker manifestiert. Zudem können Sie in Stereoinstanzen die Breite des Effekts mit dem SPREAD-Regler manipulieren. Auch weniger breite Effekte haben dabei durchaus ihren Reiz und erlauben authentisch klingende Positionierungen im Raum. Die geringste Breite haben Sie bei einer SPREAD-Einstellung von 0. Mit sehr kurzen Delay-Zeiten und Einstellung auf 100 % wet können Sie mit dem Tape Delay auch eine Bandmaschine simulieren – siehe das Projekt *15x3tapedepianos1*, wo Apple Loops aus dem *Vision & Verse*-Soundpack verwendet werden.

15

Tape Delay-Zeit einstellen

Im Sync-Modus (siehe TEMPO SYNC-Button links neben DELAY-TIME) können Sie einen auf das MIDI-Tempo bezogenen Notenwert (im Bild 1/8-Note) für die Länge des Delays einstellen. Natürlich lassen sich auch andere Notenwerte oder Bruchteile von Notenwerten (mit Hilfe des GROOVE-Sliders darüber) auswählen. Ist der Sync-Button aus, können Sie das Delay auch frei in Millisekunden eingeben (siehe Projekt *15tapeecho4*) oder ein eigenes Tempo in BPM eingeben. Dabei sind auch sehr lange DELAY-Zeiten bis 4.999,9 ms möglich (was in »Hardwarezeiten« ein Qualitätskriterium für teure Delays war).

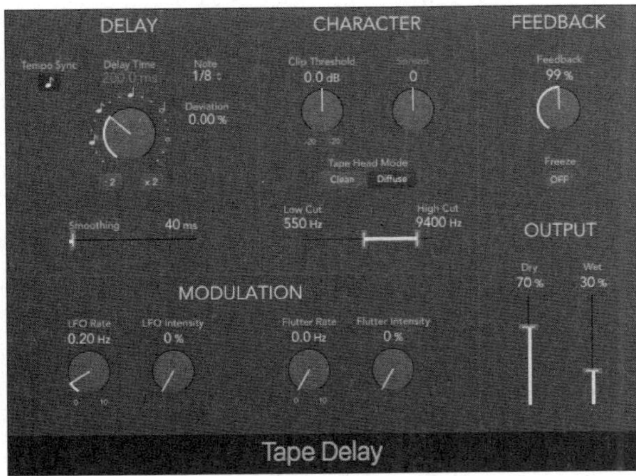

Abbildung 15.53 Tape Delay mit eingestelltem Feedback

Flutter & LFO

Die Flutter- und LFO-Parameter können zusätzliche Bewegung in den Effekt bringen. Hierbei soll auch die Ungenauigkeit einer Bandmaschine simuliert werden. Gleichlaufschwankungen des Motors, des Capstan, der Andruckrolle etc. lassen den Klang jedoch »organischer« und mitunter musikalischer wirken. Mit dem SMOOTHING-Parameter können Sie die Wirkung dieser Modulationen etwas glätten.

Beispiele

Öffnen Sie als Beispiel das Projekt *15Tapedelay3x*. Neben Übergängen zwischen Songteilen, einfachen Hi-Hat- oder sonstigen Schlagzeugfiguren (im Projektbeispiel Spur 2) und Vocals mit Dub-Charakter (Spur 1) können Sie mit dem Tape Delay auch Synthesizersounds ein wenig »spacig« oder nach »Retro« klingen lassen (Spur 3). Das Tape Delay ist bei meiner Arbeit eins der von mir am meisten verwendeten Plug-ins in Logic überhaupt.

15.7.4 Echo

Das einfachere Echo-Plug-in (siehe Abbildung 15.54) funktioniert ähnlich wie das Tape Delay, bietet aber nur temposynchrone Delays an.

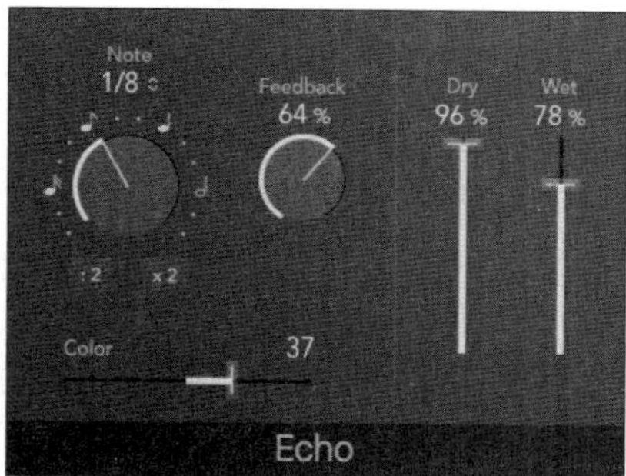

Abbildung 15.54 »Echo«

Der COLOR-Regler bestimmt die Filterung des via Feedback ins Plug-in zurückgehenden Sounds.

15.7.5 Delay Designer

Im Delay Designer lassen sich die Delays als Taps einzeln bearbeiten. Wir können es daher auch der Kategorie Tap Delay zuordnen.

Funktionsweise

Sie können Delay-Effekte mit Hilfe von sogenannten Taps mit unterschiedlichen Einstellungen erzeugen. Im Gegensatz zum Tape Delay haben Sie hier Kontrolle über einzelne Taps, wodurch rhythmisch komplexere Effekte möglich werden. Zudem sind pro Tap noch Pitch, Cutoff, Resonanz, Pan und Lautstärke einstellbar.

Unten wird ein Raster angezeigt, das der Einstellung, die Sie links oben unter GRID gewählt haben, entspricht. Dort können Sie jederzeit Delay-Taps einzeichnen (auch frei, also ohne Grid), die dann nacheinander Tap A, B, C usw. genannt werden. Es erscheint dabei ein Stiftwerkzeug. Durch Rechtsklick auf die Taps unten erscheint ein Kontextmenü mit Bearbeitungsmöglichkeiten und der Option zum Löschen eines Taps (Abbildung 15.55). Wenn Sie mit dem Stiftwerkzeug in der Mitte des Displays über bestehenden Taps hantieren, entsteht eine Linie zum schnellen Einzeichnen von Werteverläufen für Taps.

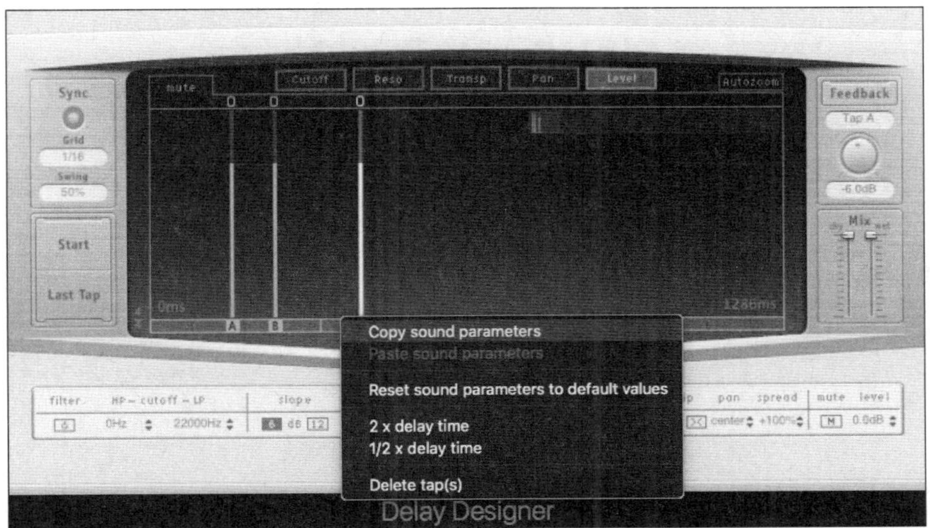

Abbildung 15.55 Delay Designer mit Tap-Kontextmenü

Am oberen Rand des Displays sind die möglichen Einstellungen pro Tap zu sehen (CUTOFF, RESO(NANZ), TRANSP(OSE), PAN und LEVEL). Im Bild wird gerade die Lautstärke (LEVEL) eingestellt, und alle Taps haben die gleiche Lautstärke. Wenn Sie einen Tap unten selektieren, können Sie oben auf die Parameterfelder klicken und Einstellungen für den jeweiligen Tap vornehmen. Das können Sie auch noch weiter unten mit zusätzlichen Beispielen nachvollziehen.

Der Abstand zwischen den Delay-Taps kann (wie im Bild) auch ungleichmäßig sein. Durch unterschiedliche Lautstärke-, Panorama- oder Transpositionseinstellungen pro Tap können Sie experimentelle rhythmische Delays erzeugen. Die Echos können hier z. B. auch nach 3–4 lauten Taps komplett verstummen, so etwas lässt sich z. B. mit dem Tap Delay *nicht* realisieren. Doch der Delay Designer hat ebenfalls eine FEEDBACK-Funktion, so dass Tape Delay-ähnliche Effekte auch mit dem Delay Designer möglich sind. Hierbei können Sie auswählen, an welchem Tap das Effektsignal wieder in den Effekt zurückgeschickt wird, wodurch die Delays noch komplexer werden können. Der Delay Designer kommt mit sehr vielen und gut kategorisierten Presets. Wenn Sie sie ausprobieren, werden Sie besser verstehen, welche Effekte Sie mit dem Delay Designer realisieren können. Im übernächsten Abschnitt lesen Sie außerdem noch, wie Sie live Delays »eintappen« können.

Anwendungsbeispiele

Betrachten Sie Abbildung 15.56, oder laden Sie das Projekt *15echo1*. Hier ist ein einzelner Delay-Tap auf die Länge eines Taktes bei links oben aktiviertem Sync-Mode mit einem Feedback von 0 dB und einer Einstellung von 100 % Dry und 100 % Wet für Tap A aktiv, wodurch ein endloses, sich in der Lautstärke nicht veränderndes Echo entsteht.

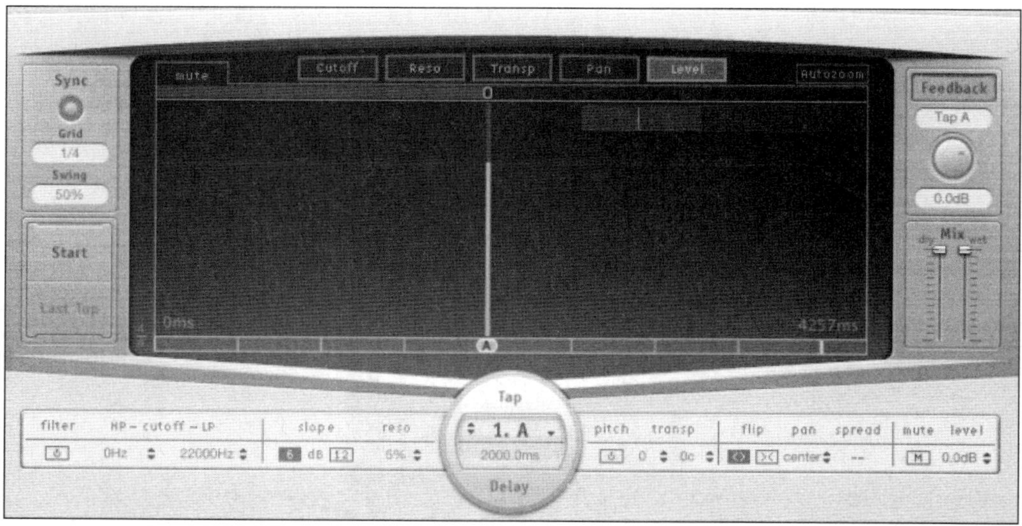

Abbildung 15.56 Ein unendliches Echo

Wählen Sie einen einfachen Delay-Tap bei eingeschaltetem Sync-Grid, und stellen Sie es auf ¼-Note ein. Unten wird ein Raster angezeigt, das der Einstellung, die Sie links oben unter Grid gewählt haben, entspricht. Dort können Sie jederzeit weitere Delay-Taps einzeichnen oder z. B. den einzelnen Tap auf ¼-Note einstellen. Bleiben wir zunächst bei unserem einfachen Beispiel mit nur einem Tap. Damit das Echo mit der Zeit etwas leiser und weniger bass- und höhenreich wird, stellen Sie im Cutoff-Bereich entsprechende Filterfrequenzen für HP und LP ein (die unten links angezeigt werden) und verringern die Lautstärke des Feedbacks oben rechts (siehe Projekt *15echo2* oder Abbildung 15.57).

Wie stark die folgenden Echos gefiltert sind, hängt von den in der Cutoff-Ansicht getroffenen Filtereinstellungen für die separat verfügbaren HP- und LP-Filter ab. Diese lassen sich in der Cutoff-Ansicht über den im Bild sichtbaren Balken ❶ und (auch ohne aktive Cutoff-Ansicht) unten links ❷ festlegen, wo Sie auch die aktuelle Einstellung überprüfen können. Diese Einstellungen stehen Ihnen für jeden Delay-Tap individuell zur Verfügung.

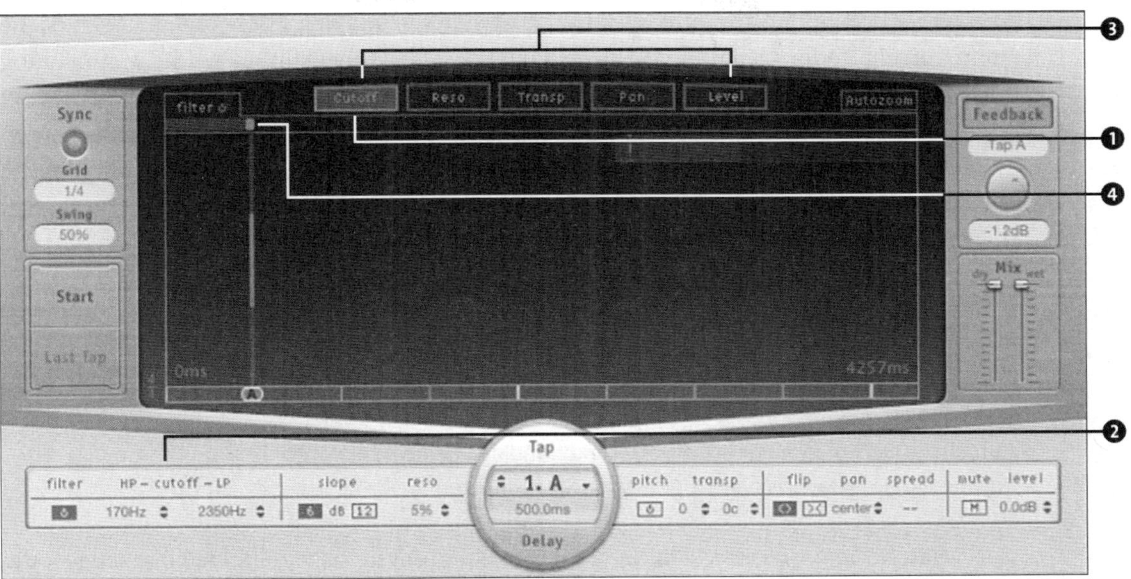

Abbildung 15.57 Tape-Delay-Effekt im Delay Designer

Neben den CUTOFF-Frequenzen können Sie für jeden Tap RESONANZ, TRANSPOSITION, PAN und LEVEL individuell einstellen. Oben im Display ❸ schalten Sie zwischen den entsprechenden Ansichten um.

Den in der jeweiligen Ansicht pro Tap einstellbaren Parameter können Sie in dem kleinen Punkt oben im Tap ❹ deaktivieren, was z. B. bei LEVEL-Einstellungen einer Tap-Mute-Funktion entspricht. Dementsprechend steht in Abbildung 15.56 oben im Display MUTE, in Abbildung 15.57 dagegen FILTER, in Abbildung 15.58 wird bezogen auf das Panorama mit FLIP der linke und rechte Audiokanal vertauscht.

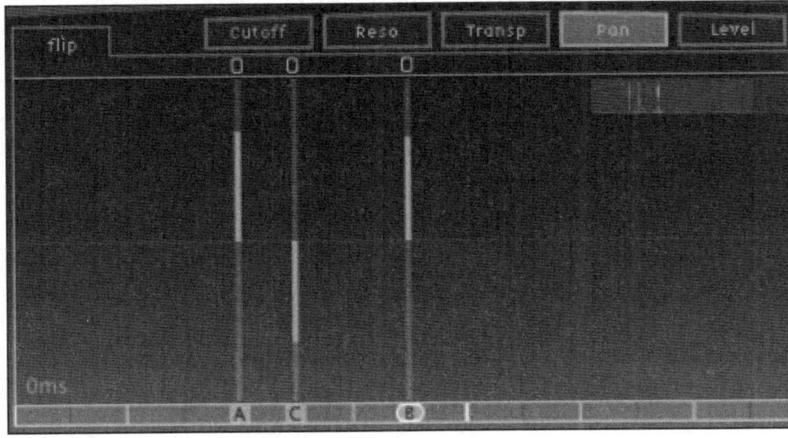

Abbildung 15.58 Drei Echos (Taps) mit unterschiedlichen Verzögerungs- und Panoramaeinstellungen

Sie können z. B. auch nach einem letzten, relativ lauten Tap den Effekt enden lassen (siehe Projekt *15echo3* oder Abbildung 15.58). Im Takt- bzw. Rasterlineal unten, wo Sie in Abbildung 15.58 die Taps A, B und C sehen, können Sie weitere Delay-Taps einzeichnen. Im Bild unter der PAN-Einstellung sichtbar ist eine Art Vogelperspektive aller Taps, die sich mit etwas Fingerspitzengefühl bei gehaltener Maustaste ein- und auszoomen lässt, wodurch sich die gesamte Anzeige verändert. Sie können dort anschließend auch einen angezeigten Ausschnitt nach links oder rechts verschieben.

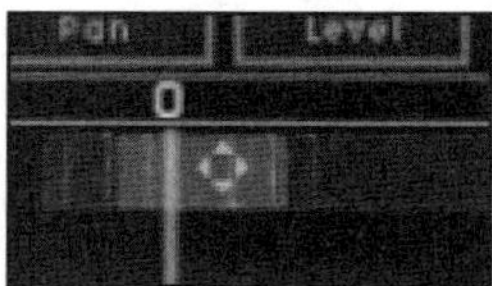

Abbildung 15.59 Zooming im Delay Designer und der kleine Punkt oben im Tap zum Deaktivieren von angezeigten Einstellungen

Der Delay Designer bietet vielfältige Möglichkeiten, rhythmische Effekte zu erzeugen, die auch sehr stark verfremdet wirken können (siehe Projekt *15echo3b*).

Sehr interessant ist sind auch die Optionen, Audio zu transponieren, z. B. um eine Oktave nach unten. Auf diese Weise kann der Delay Designer auch manche Funktionen/Sounds komplexer Effekte wie z. B. Holograms »Microcosm« ansatzweise nachahmen. Weitere Beispiele finden Sie im Presetmenü des Delay Designers.

Delay-Rhythmus manuell eintappen

Links unten lassen sich nach Klick auf den START-Button und anschließendes Tappen mit dem Mauszeiger auf den gleichen Button rhythmische Delays »eintappen«. Der letzte Tap muss dabei auf den Button darunter erfolgen. Das bekommt man nicht so leicht hin, aber Sie können ja auch alle Taps eintappen, dann einen beliebigen letzten Tap darunter eintappen und anschließend manuell löschen (siehe auch Projekt *15echo4*).

15.7.6 Stereo Delay

Das Stereo Delay (Abbildung 15.60) bietet im Gegensatz zum Tape Delay die Möglichkeit, Delay, Feedback, Filter und Mix-Parameter für links und rechts getrennt einzustellen. Auf diese Weise kann beispielsweise das Delay links einen anderen Rhythmus bzw. eine andere Zeiteinstellung haben als rechts. Zudem können Sie mit zwei CROSSFEED-Reglern Feedback eines Signals an die gegenüberliegende Stereoseite senden.

Pro Kanal können Sie zusätzlich für Feedback oder/und Crossfeed die PHASE drehen. Die Dry/Wet-Regelung können Sie nicht über separate Regler, sondern pro Kanal über einen eigenen OUTPUT MIX-Regler vornehmen, der rechts unten sitzt. Überraschenderweise finden Sie im Bereich GLOBAL unter ROUTING (zusätzlich zum üblichen Presetmenü) einige »Presets« zur schnellen Erstellung oder Nutzung gängiger Delay-Effekte, wie z. B. eines Ping-Pong-Delays. Die Einstellungen dort entsprechen verschiedenen Delay-Zeiten und Crossfeed-Einstellungen. Wenn Sie manuell die CROSSFEED-Regler verstellen, erscheint dort der Eintrag CUSTOMIZED.

Abbildung 15.60 Stereo Delay

Interessant ist auch die STEREO LINK-Funktion unten im Bereich GLOBAL: Existierende Unterschiede zwischen Kanälen werden nach Aktivierung relativ beibehalten, wenn Sie an einem Regler drehen.

Der Stereo Delay macht auf einfache Weise recht komplexe Delays möglich; ein einfaches Beispiel finden Sie im Projekt *15Stereodelay1*.

15.7.7 Stereo Delay

Das Stereo Delay (Abbildung 15.61) dient typischerweise einer subtilen Timingkorrektur von Aufnahmen (technisches Delay). Verzögerungen können Sie für die Kanäle separat in Samples und in Millisekunden einstellen. Die absolute Verzögerungszeit ist natürlich abhängig von der Samplerate (in Samples pro Sekunde), wenn Sie den Eintrag SAMPLES wählen.

Abbildung 15.61 Stereo Delay

Anwendungsbeispiele

Bei Aufnahmen mit mehreren Mikrofonen kann es zu Phasenproblemen kommen, wenn sie wieder zusammengemischt werden und Kammfilter mit regelmäßigen Bedämpfungen und Verstärkungen im Klangbild entstehen (siehe Abschnitt 17.2.6 über Phasenlage und Kammfilter). Mit Hilfe des »Sample Delays« können Sie dem – je nach Aufgabenstellung – entgegenwirken. Bei der richtigen Berechnung des Delays helfen auch theoretische Kenntnisse über die Geschwindigkeit, mit der sich Schall ausbreitet, sowie den Zusammenhang zwischen Ausbreitungsgeschwindigkeit, Wellenlänge und Frequenz (siehe Abschnitt 17.2.4 über die Geschwindigkeit der Schallausbreitung).

Spurbezogene Verzögerungen können Sie alternativ auch über den Spurparameter DELAY im zugehörigen Informationsfenster im Hauptfenster vornehmen, regionsbezogene Verzögerungen über den Parameter DELAY im Informationsfenster REGION.

Das Stereo Delay-Plug-in kann außerdem zur Erzeugung von Stereoeffekten dienen, wie Sie im Beispielprojekt *15Sampledly1* am Beispiel eines E-Piano-Sounds in Spur 2 im Vergleich zur unbearbeiteten Spur 1 hören. Hierbei wird ein Kanal gegenüber dem anderen leicht verschoben. Gegebenenfalls müssen Sie hierbei allerdings auf Monokompatibilität achten, durch Auslöschungen beim Zusammenmischen der Kanäle können Probleme entstehen (siehe Abschnitt 17.3.2).

Auch für eine »breitere« Wirkung von Hi-Hats eignet sich der Effekt gut.

15.8 Metering

In der Kategorie METERING finden Sie verschiedene Metering-(Anzeigen-)Plug-ins, die Ihnen hilfreiche Informationen beim Mixing geben (siehe Abbildung 15.62).

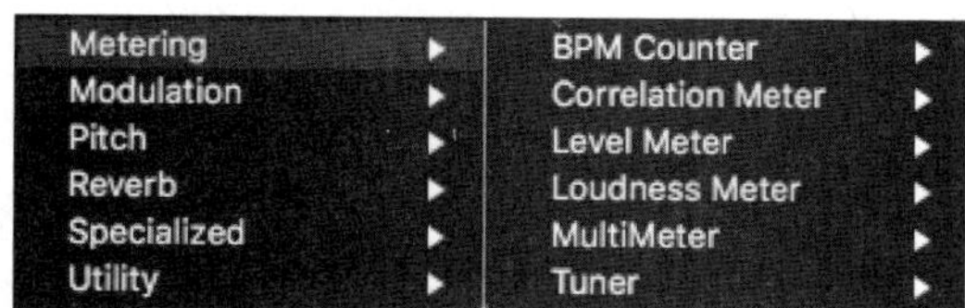

Abbildung 15.62 »Metering«-Menü in Logic

15.8.1 LUFS und Loudness Meter

Neu gegenüber früheren Versionen sind LUFS-Messungen im Loudness Meter und im MultiMeter.

EBU, LUFS-Arten

Die European Broadcasting Union (EBU) hat im Rahmen einer Richtlinie unter anderem den Begriff *Loudness Units Full Scale* (LUFS) eingeführt. Hiermit wird die durchschnittliche Lautstärke über einen bestimmten Zeitraum gemessen. Der Messalgorithmus orientiert sich an der menschlichen Lautstärkewahrnehmung. Relative Veränderungen oder Wertebereiche lassen sich mit Loudness Units (LU) darstellen, wobei 1 LU = 1 dB entspricht. Für LUFS-Messungen gibt es drei verschiedene Zeiträume:

- LUFS-M (*momentary*): momentane Lautheit im Zeitfenster von 400 ms
- LUFS-S (*short-term*): kurzfristige Lautheit für ein Zeitfenster von 3 Sekunden
- LUFS-I (*integrated*): Lautheit des gesamten Stücks, eine Art Durchschnittslautstärke

LUFS-I-Messung

Fällt bei der LUFS-I-Messung der Wert 10 dB unter den bisher gemessenen Wert, wird die Messung gestoppt. Es funktioniert dadurch nur begrenzt bzw. nur unter bestimmten Umständen, wenn man versucht, die Messung durch lange ruhige Phasen zu manipulieren. Ruhigere Phasen in Stücken führen aber durchaus zu niedrigeren LUFS- bzw. Lautstärkedurchschnitts-Werten.

Loudness Meter

Das LOUDNESS METER zeigt LUFS-M, -S und -I an. Es erlaubt im ANSICHT-Menü eine vertikale oder horizontale Darstellung.

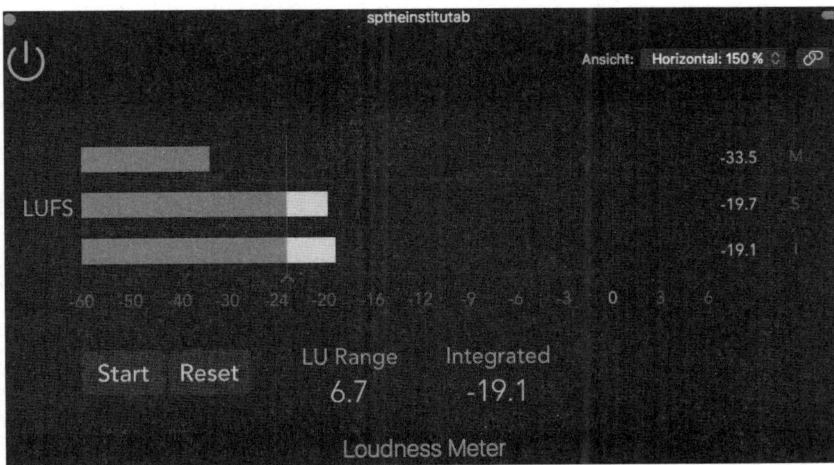

Abbildung 15.63 Loudness Meter in horizontaler Darstellung

Der Start der LUFS-I-Messung beginnen Sie mit Klick auf den START-Button links neben dem RESET-Button und resetten ihn gegebenenfalls mit Letzterem.

Lautheitsvorgaben

Die EBU hat nun in der Richtlinie R 128 Vorgaben gemacht, dass z. B. im Broadcastbereich eine Standardlautstärke von –23 LUFS für Produktionen normalisiert wird. Damit möchte man den »Loudness War« beenden. Dieser führe nicht nur zu teilweise überkomprimierten Produktionen, sondern auch dazu, dass Werbejingles zwischen Sendungen oft extrem viel lauter als vorheriges oder folgendes Programmmaterial sind. Dies ist für den Rezipienten der Sendung unangenehm.

Die konsequente Umsetzung der Richtlinie bedeutet in diesem Fall, dass laut gemasterte Stücke mit einer Lautstärke von –7 LUFS nun um 16 LU bzw. dB heruntergepegelt werden, um auf –23 dB LUFS zu kommen. Dadurch klingt möglicherweise ein uraltes, ungemastertes Stück mit mehr Dynamik bei der Sendung besser als ein laut gemastertes Stück. Die Richtlinie wird in der Praxis seit 2012 von öffentlich-rechtlichen und privaten Sendern in Deutschland teilweise angewendet. Stand Mitte 2021 normalisieren auch YouTube, Spotify und SoundCloud Material auf immerhin –14 LUFS.

15.8.2 BPM Counter

Der BPM Counter hilft Ihnen, schnell das Tempo eines Songs herauszufinden. Genauere Methoden, das Tempo herauszufinden, bespreche ich in Abschnitt 9.7. Durch Breakbeats wird der BPM Counter auch schnell einmal in die Irre geführt – oder das Ergebnis seiner Analyse ist die Hälfte der eigentlichen BPM-Zahl. Hierfür erlaubt der BPM Counter nun ein manuelles Halbieren/Verdoppeln des Tempos (siehe Abbildung 15.64).

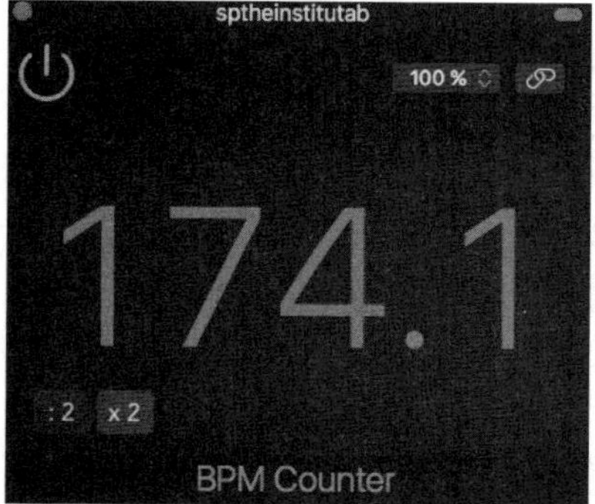

Abbildung 15.64 BPM Counter

15.8.3 Correlation Meter und Monokompatibilität

Das Correlation Meter zeigt den Phasenbezug beider Kanäle eines Stereosignals (siehe Abbildung 15.65).

- Eine Anzeige von +1 (ganz rechts) zeigt eine genaue Übereinstimmung in der Phasenlage beider Kanäle an (Monosignal).
- Eine Anzeige von 0 (weißer Balken in der Mitte) kann bei extremen Stereoeffekten auftreten (z. B. wenn nur auf einem Kanal etwas zu hören ist), ist aber noch relativ unproblematisch in Bezug auf die Zusammenmischung beider Kanäle. Die Signale sind nicht kohärent

(übereinstimmend), löschen sich aber auch nicht vollständig aus. Gegebenenfalls machen sich Kammfiltereffekte in Mono bemerkbar.

- Eine Anzeige links von der Null bis –1 (weißer Balken links im roten Bereich) zeigt eine gravierende Phasendrehung an. Dies bedeutet, dass die Kanäle sich beim Zusammenmischen stark gegenseitig auslöschen würden.

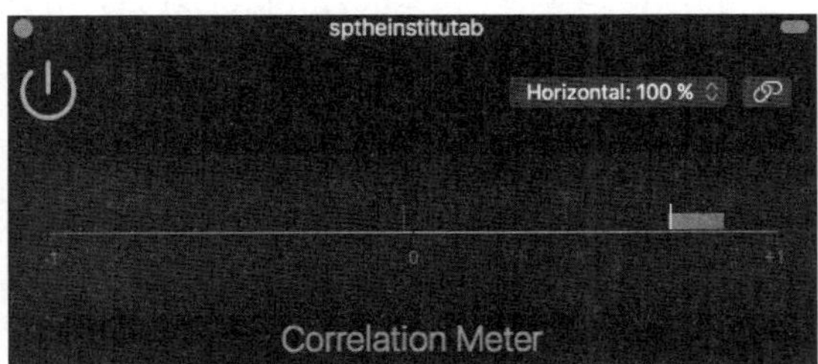

Abbildung 15.65 Correlation Meter

Alternativ zum Correlation Meter können Sie auch Logics MultiMeter-Plug-in nutzen, das ebenfalls ein Correlation Meter sowie weitere zusätzliche Anzeigen wie ein Goniometer bietet.

Warum kann fehlende Monokompatibilität ein Problem sein?

Das Hauptproblem bei mangelnder Monokompatibilität und Phasenauslöschungen besteht ganz banal darin, dass die Lautstärken eines Sounds beim Abspielen in Stereo und Mono unterschiedlich laut sind (und die Sounds gegebenenfalls in Mono unsauber bzw. nach Kammfilter klingen).

Durch Phasenauslöschungen werden kritische Sounds beim Abspielen in Mono leiser. Vergleichen Sie gegebenenfalls Ihren Mix in Stereo und Mono, um Probleme erkennen. Hierzu geeignet ist das »Gain«-Plug-in, mit dem Sie schnell von Stereo auf Mono umschalten.

Bei der Wiedergabe im Radio und beim Vinylschnitt erfolgt die Stereodekodierung nicht exakt wie im Original, sondern erfordert ein gewisses Maß an Monokompatibilität. So erfolgt beispielsweise die Übertragung von UKW-Stereoprogrammen über eine M/S-Codierung, so dass Monoempfänger oder Stereoempfänger bei schwacher Signalstärke nur das Monosignal verwenden.

Bei Problemen könnte also beispielsweise ein Flächensound im Radio leiser klingen als von CD zu Hause. Zudem können Bässe mit Phasendifferenzen einen Schneidstichel beim Vinylschnitt zu extremen Auf- und Abwärtsbewegungen zwingen, wodurch die Rille an manchen Stellen zu schmal werden und die Platte beim Abspielen springen kann. In vielen Clubs erfolgt die Basswiedergabe zudem mono über einen Subwoofer, und der Bass kann bei Phasenproblemen im wahrsten Sinne des Wortes verlorengehen. Selbst bei MP3-Kodierung mit der Joint-Stereo-Methode wird auf das M/S-Verfahren zurückgegriffen.

Was tun bei fehlender Monokompatibilität?

Ganz einfach: Verringern Sie die Stereobreite Ihres Sounds so lange, bis das Correlation Meter keine Probleme mehr anzeigt, und kompensieren Sie anschließend den Lautstärkeverlust durch eine leicht erhöhte Lautstärke. Auf diese Weise ist die Lautstärke Ihres Instruments in Stereo und Mono weitgehend gleich. Ein geeignetes Plug-in in Logic zur Verringerung der Stereobreite ist der Direction Mixer. Sie finden ein praktisches Beispiel im Projekt *15Monokompatibilität1*: In Spur 1 spielt ein durch einen zu extremen Einsatz des Stereo Spread-Stereo-Verbreiterungs-Plug-ins nicht monokompatibler Sound, und der Direction Mixer wird automatisiert und stellt das Signal zwischendurch auf Mono, wodurch es viel leiser wird (was natürlich nur dann auffällt, wenn Sie zuvor stereo gehört haben). In Spur 2 wird der gleiche Sound zunächst mit dem Direction Mixer in der Stereobreite deutlich verringert und zudem lauter gemacht. Nun wirkt sich eine Automation eines weiteren, nachgeschalteten »Direction Mixers« nicht mehr oder zumindest nicht mehr so extrem aus, und die Lautstärke bleibt weitgehend gleich.

Natürlich kommt die fehlende Monokompatibilität in diesem Beispiel vom zu extremen Einsatz des Stereo Spread-Plug-ins – und eine Alternative oder leichtere Variante zum Erreichen der Monokompatibilität wäre hier natürlich das Deaktivieren des Stereo Spread-Plug-ins. Manchmal haben Sie diese Möglichkeit jedoch nicht, weil Ihnen nicht monokompatibles Audiomaterial angeliefert wird.

Nur eine Seite eines Stereosignals nutzen

Eine weitere Alternative ist, eine Stereoseite von Spuren einfach nicht zu nutzen (und im Kanal-Input einer Audiospur nur LINKS oder RECHTS einzustellen) und eine gegebenenfalls notwendige Stereoverbreiterung durch Effekte selbst vorzunehmen. Das garantiert die volle Kontrolle, und ein stabiles Monosignal kann erzeugt werden.

Frequenzspezifisch die Stereobreite bearbeiten oder Monokompatibilität erreichen

Für den Fall, dass Sie Ihr Signal frequenzspezifisch bezüglich der Stereobreite bearbeiten oder monokompatibel machen möchten – also beispielsweise nur den Bass in Mono haben möchten, den Rest dagegen in Stereo –, bietet Logic zunächst kein geeignetes Plug-in. Es ist jedoch möglich, ein Signal an zwei Aux-Kanäle zu senden und dort einen Multibandkompressor/»Multipressor« mit identischen Settings und einer klangneutralen Kompressor-RATIO von 1 einzusetzen, der für den einen Aux-Kanal nur das Bassband solo hören lässt, für den anderen Aux-Kanal die anderen Kanäle. Anschließend bearbeiten Sie das Bassband mit einem Direction Mixer. Im Projektbeispiel *15Monokompatibilität2* habe ich das mit der Drum-Spur (in der ein Bass-Sound spielt) so gemacht.

Als Alternative von Drittherstellern hierfür bieten sich z. B. iZotopes »Ozone« oder »Neutron« an, die über Multiband-Imaging-Tools verfügen.

Um einen reinen Monobass zu erhalten, können Sie auch einen »Channel EQ« im M/S-Modus betreiben und z. B. den Bass aus dem Seitensignal komplett herausfiltern (vergleiche Abschnitt 15.1.5).

15.8.4 Level Meter

Das Level Meter-Plug-in zeigt verschiedene Arten von Pegeln an (siehe Abbildung 15.66). Wird die 0-dB-Marke überschritten, erscheint der Pegel oberhalb der 0 dB rot. PEAK ist der Spitzenwert des Signals und wird gegebenenfalls hellblau angezeigt, RMS (*Root Mean Square*) ist der durchschnittliche Wert in einem längeren Zeitraum (und wird gegebenenfalls dunkelblau angezeigt), der eher der Wahrnehmung des menschlichen Gehörs entspricht. Mit TRUE PEAK sind Spitzenwerte, die zwischen den Samples liegen und nicht immer angezeigt werden, gemeint. Diese können ebenfalls zu Verzerrungen führen und in vielen Limitern ebenfalls begrenzt werden, siehe Abschnitt 15.3.8 über den »Adaptive Limiter«.

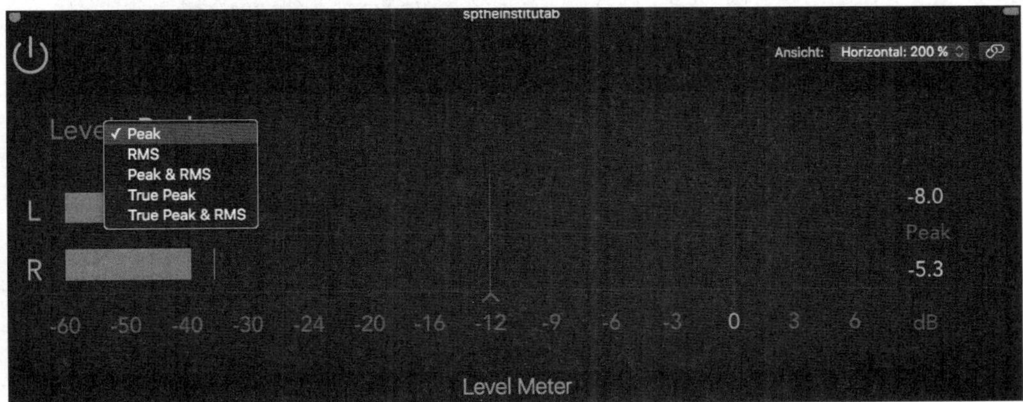

Abbildung 15.66 Level Meter

15.8.5 MultiMeter

Logics MultiMeter (siehe Abbildung 15.67) verbindet die Fähigkeiten der bisher vorgestellten Level Meter und Correlation Meter und bietet zusätzliche Funktionen wie einen ANALYZER und ein GONIOMETER, zwischen denen Sie die Darstellung wechseln können. Dabei bleibt unten stets ein Korrelationsgrad-Meter und rechts ein Pegel-Meter zu sehen. Auch LUFS-I und LUFS-S werden nun angezeigt.

Für die PEAK-Werte können Sie eine Verweildauer in der Anzeige einstellen. Ist HOLD gedrückt, können Sie im Flip-Menü daneben die Verweildauer festlegen. In der dort wählbaren Einstellung INFINITE bleiben die höchsten erreichten Peaks sowohl im ANALYZER als auch im LEVEL-Meter dauerhaft sichtbar.

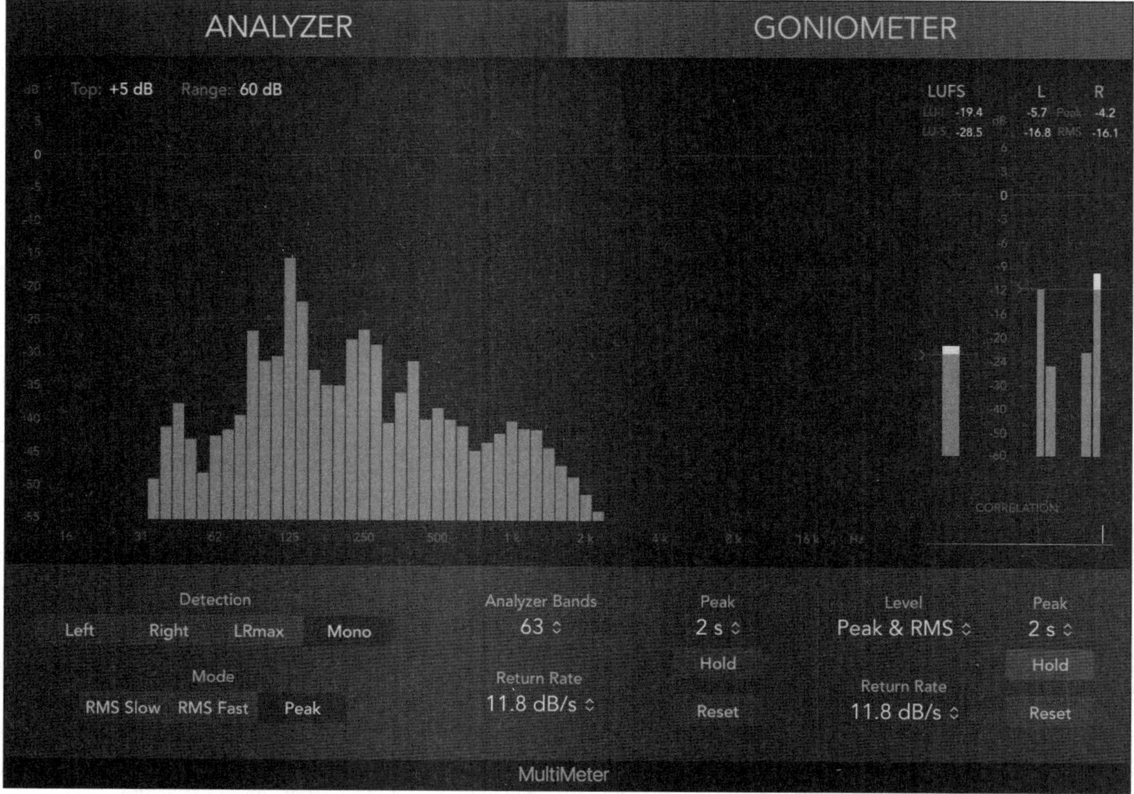

Abbildung 15.67 MultiMeter

Analyzer

Die Darstellung des ANALYZERS im MultiMeter orientiert sich an 30 bzw. 31 von der ISO (*International Organization for Standardization*) in Terzschritten (1/3-Oktaven = große Terzen) festgelegten Frequenzbändern zwischen 20 Hz und 20 kHz. Der ANALYZER zeigt PEAK-, RMS-SLOW- oder RMS-FAST-Pegel an. Den Spitzenwert der Anzeige können Sie als TOP-Wert einstellen, um Ihr Signal adäquat im ANALYZER zu sehen.

Für die RANGE können Sie Werte von 20 bis 80 dB einstellen. Bewegen Sie alternativ die Maus über den Wertebereich links nach oben und unten, um den angezeigten Wertebereich zu skalieren.

Stärker komprimierte Signale benötigen eine kleinere Darstellungsrange, damit die Unterschiede deutlich sichtbar werden. Höhere Werte sind bei Signalen mit größeren Lautstärkeunterschieden bzw. einem größeren Dynamikumfang sinnvoll. Zusätzlich können Sie die Anzeige zwischen links, rechts, der maximalen Stereosumme und der Monosumme umschalten.

Goniometer

Ein Goniometer zeigt – ähnlich wie das Correlation Meter – die Phasenlage eines Stereosignals an, ist jedoch nicht ganz so eindeutig zu lesen. Ein Stereosignal sieht in der Regel ein bisschen wie eine Wolke aus (siehe Abbildung 15.68).

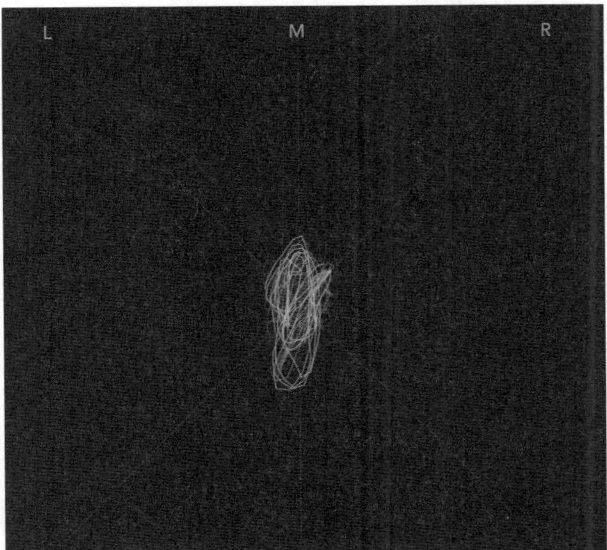

Abbildung 15.68 Wolke im Goniometer

Ein Monosignal wird durch einen mittigen vertikalen Strich dargestellt, ein nur auf dem rechten Kanal liegendes Signal durch einen um 45 Grad nach rechts gedrehten Strich und ein nur auf dem linken Kanal liegendes Signal durch einen 45 Grad nach links gedrehten Strich. Signale mit Phasenproblemen erkennen Sie an besonders in die horizontale Breite gehenden Strichen oder Wolken, eine senkrechte Wolke zeigt ein im Panorama mittiges und überwiegend monokompatibles Stereosignal an.

15.8.6 Tuner

Mit dem Tuner-Plug-in stimmen Sie Ihre Instrumente oder analysieren die Tonhöhe von Signalen. Abweichungen von gespielten Tönen werden rechts neben dem Ton in Cents sowie oben auf der Skala mit Abweichungen von +/–50 Cents angezeigt (Abbildung 15.69). Weil die Abweichung zwischen zwei Halbtönen exakt 100 Cents beträgt, kann über diese Darstellung jeder Ton dargestellt werden, denn ein C mit einer Abweichung von +50 Cents entspricht einem C# mit einer Abweichung von –50 Cents. In der Mitte wird der nächstliegende korrekte Ton angezeigt. Bei einer Standard-Konzertgitarre werden die sechs Gitarrensaiten beispielsweise auf die Töne E, A, D, G, H und E gestimmt. Der Tuner ist auch nützlich, um gesampelte Sounds mit unbekannter Tonhöhe richtig zu stimmen.

Abbildung 15.69 Hier wurde der Ton G näherungsweise getroffen.

Sie können den Tuner übrigens auch über einen Button in der Steuerungsleiste öffnen, falls Sie diese zuvor entsprechend konfiguriert und eine Audiospur selektiert haben. Hierbei wird allerdings kein Plug-in in der Spur eingefügt, es werden nur die Eingangssignale bei scharf geschalteter Audiospur (und nicht die bereits aufgenommenen Spurinhalte) gemessen und angezeigt.

15.9 Imaging

Unter dem Eintrag IMAGING finden Sie mit dem Direction Mixer und dem Stereo Spread-Plug-in zwei Plug-ins zur Bearbeitung der Stereobreite bzw. der Positionierung des Signals im Stereobild sowie das Plug-in Binaural Post-Processing (siehe Abbildung 15.70). Sie sehen den Eintrag IMAGING nicht, wenn im Kanaleingang SURROUND ausgewählt ist.

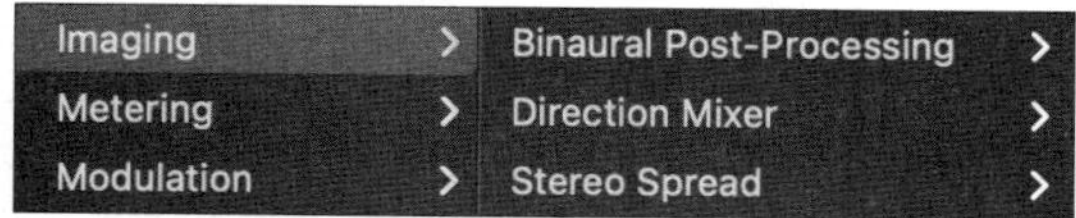

Abbildung 15.70 »Imaging«-Plug-ins

15.9.1 Direction Mixer

Mit dem bereits im Rahmen des Themas Monokompatibilität in Abschnitt 15.8.3 diskutierten Plug-in Direction Mixer (Abbildung 15.71) verändern Sie die Breite des Stereosignals und positionieren es auf der horizontalen Achse. Ich habe den Direction Mixer sehr oft benutzt, mittlerweile steht Ihnen alternativ die Funktion Stereo-Panning zur Verfügung.

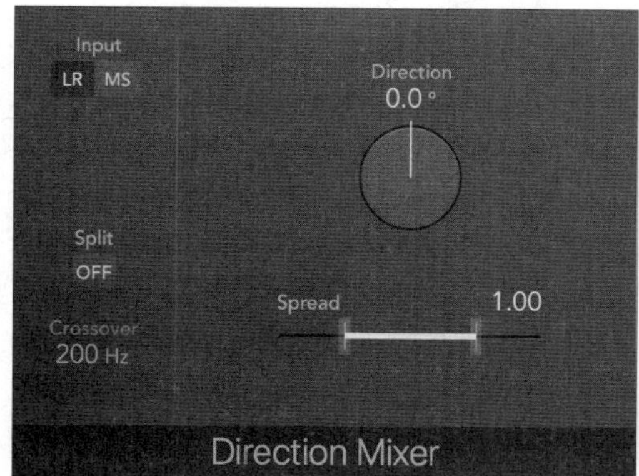

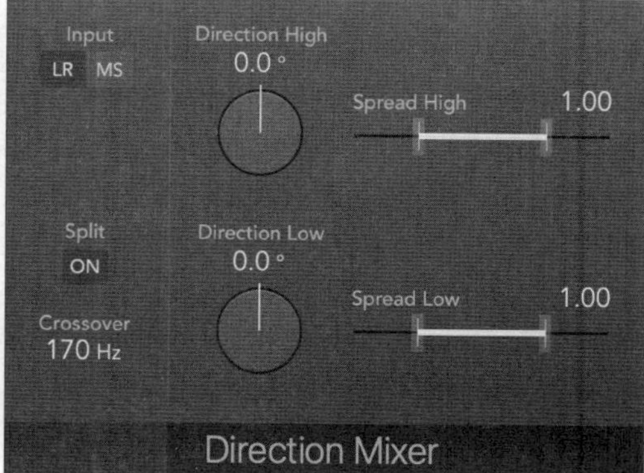

Abbildung 15.71 Direction Mixer

In der Einstellung 1.00 für den Spread-Regler entspricht die Wiedergabe exakt der vorgegebenen Kanaltrennung. Bei einer Einstellung von 0 entsteht ein reines Monosignal. Der Direction-Regler verschiebt die Mittenposition des Signals nach links oder rechts.

Die neue Split-Option ermöglicht eine Trennung in zwei Frequenzbereiche mit jeweils eigener Spread-Regelung. Die Trennfrequenz regeln Sie via Crossover. So können Sie z. B. leicht den Bassbereich auf Mono setzen oder schmaler mixen. Das ist sinnvoll, denn Bässe können nicht so gut geortet werden und werden über viele Anlagen mono zusammengemischt. Auslöschungen, die sich beim Zusammenmischen der Stereosignale ergäben, würden gegebenenfalls die Lautstärke verringern. Daher mischt man den Bass unterhalb tiefer Frequenzen (z. B. 100 Hz, Filterflankensteilheit muss berücksichtigt werden) oft mono ab.

In Abschnitt 17.3.4 finden Sie Ausführungen zur M/S-Technik, die eigentlich aus dem Bereich Mikrofonierung stammt. Dort erläutere ich auch, wie Sie mit dem Direction Mixer solche Aufnahmen dekodieren und eine M/S-Matrix selbst erstellen.

15.9.2 Stereo Spread

Das Stereo Spread-Plug-in (Abbildung 15.72) erlaubt eine Stereoverbreiterung des Signals, die auf dem Verschieben verschiedener Frequenzen nach links oder rechts im Stereobild beruht. Auf diese Weise machen Sie auch aus einer Monoaufnahme etwas, was tendenziell nach Stereo klingt.

Im Beispiel *15Stereospread1* habe ich ein breites Stereosignal zunächst mit dem Direction Mixer-Plug-in komplett auf Mono-Sound reduziert, um anschließend die Wirkung des Stereo Spread-Plug-ins vorzuführen. Mit den Intensity-Reglern Lower Int. und Upper Int. (links und rechts in Abbildung 15.72) bestimmen Sie das Ausmaß der Verschiebung im unteren und oberen Frequenzbereich. Darunter können Sie einen Frequenzbereich auswählen, in dem die Verschiebungen stattfinden. Mit dem Order-Regler stellen Sie ein, in wie viele unterschiedliche Frequenzbänder das Signal aufgeteilt wird. Allerdings bewirkt das Stereo Spread-Plug-in durchaus eine leichte Klangveränderung, und Sie sollten außerdem ein Correlation Meter nachgeschaltet in den Kanalzug einfügen, um nach der Bearbeitung durch das Stereo Spread-Plug-in die Monokompatibilität zu überprüfen. Alternativ könnten Sie natürlich auch beispielsweise einen Hall, einen Stereo Delay- oder einen Chorus-Effekt verwenden, um einem Monosignal mehr Stereobreite zu verpassen.

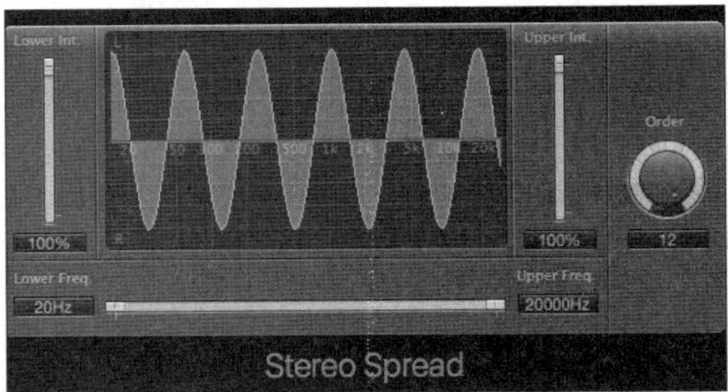

Abbildung 15.72 Stereo Spread

15.9.3 Binaural Post-Processing, Binaural Panner, und Surround Panner

Auch wenn Sie nur Stereo und kein 5.1- bzw. Surround-Ausgangsformat im Output eines Kanalzugs verwenden, erlaubt Logic unten im Kanalzug oder im Output-Menü die Einstellung eines Binaural Panners (siehe Abbildung 15.73). Dieser ähnelt einem Surround Panner. Das Handbuch[2] schreibt dazu sinngemäß: Weil Menschen aufgrund physischer Gegebenheiten unterschiedlich hören, gibt es Aufnahmen, die von Durchschnittshörern mit Mikros in den Ohren erstellt werden und sich auch für andere Hörer gut eignen, um Soundquellen zu orten oder zu verschieben. Wenn solche Aufnahmen nicht zur Verfügung stehen, können Sie sie mittels *Head-Related Transfer Function* simulieren. So bearbeitete Audiosignale eignen sich besonders für die Wiedergabe mit Kopfhörern und sollen den Sound von Kunstkopf-Mikrofonie simulieren.

Abbildung 15.73 Unten im Bild sehen Sie die Option »Binaural Pan« für den Kanalzug.

2 Logic Pro-Benutzerhandbuch, Seite 520

Anschließend verändert sich die Ansicht des PANNING-Reglers wie in Abbildung 15.74.

Abbildung 15.74 So sieht nach Auswahl der Option »Binaural« der binaurale »Panning«-Regler aus.

Nach einem Doppelklick auf den binauralen Panner öffnet sich das Fenster aus Abbildung 15.75. Die im erweiterten Parameterbereich einstellbare Diffusfeld-Kompensation (DIFFUSE-FIELD COMPENSATION) kommt einer Höhenanhebung ab typischerweise 9 kHz gleich, um den Höhenverlust durch Luftreibung im Diffusfeld auszugleichen.

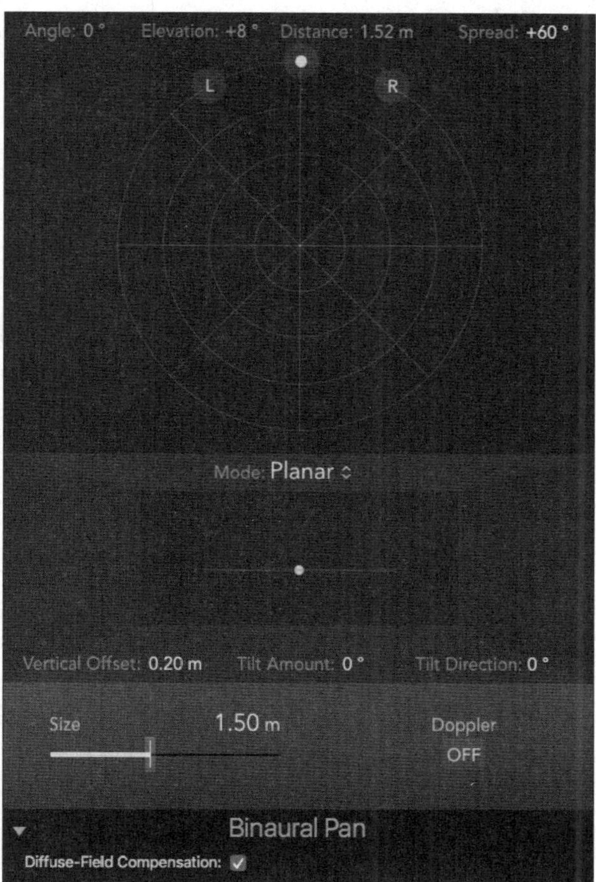

Abbildung 15.75 Binaural Panning im Detail

Zwischen den beiden L- und R-Markern sehen Sie einen Puck, den Sie ebenso wie die beiden Marker bewegen können, um das Stereofeld schmaler oder breiter zu machen oder die Position auf der Scheibe (PLANAR) oder Kugel (SPHERICAL) zu verschieben. Sie können via MODE einstellen, ob es sich bei der Panning-Fläche um eine Scheibe oder eine Kugel handelt.

Auch einen DOPPLER-Effekt können Sie hinzuschalten. Dies ist eine Stauchung oder Dehnung eines Sounds durch eine Veränderung des Abstands der hörenden Person zur Signalquelle – bekannt aus dem Effekt der sich im Sound verändernden Sirene eines vorbeifahrenden Polizeiautos.

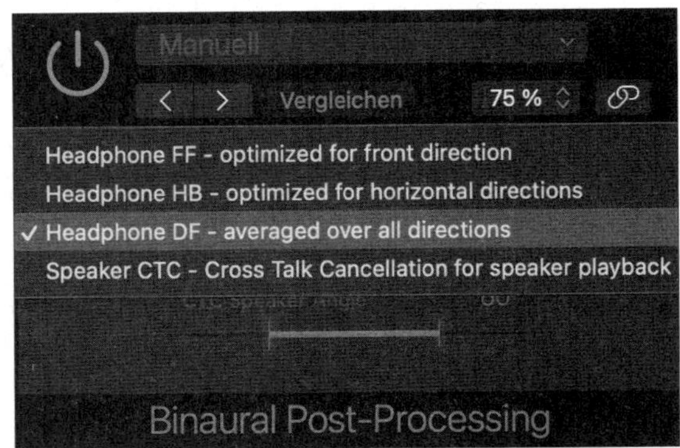

Abbildung 15.76 Binaural Post-Processing-Plug-in

Das Plug-in Binaural Post-Processing bietet verschiedene Optimierungsoptionen für die realistischere Wiedergabe binauraler Effekte, z. B. über Lautsprecher oder für Kopfhörer mit Schwerpunkt auf bestimmten Bewegungsrichtungen.

Im Dokument *17Binaural1* habe ich Bewegungen des Binaural Panners als Automation für eine Region von Takt 1 bis 7 aufgezeichnet. Anschließend habe ich die gleiche Region noch einmal inklusive der gleichen Automation dahinterkopiert, nun aber das »Binaural Post-Processing«-Plug-in mit der Einstellung SPEAKER CTC – CROSS TALK CANCELLATION (unten in Abbildung 15.76) verwendet (und einen hierdurch entstehenden Lautstärkeverlust mit einer Lautstärkeautomation kompensiert). Die Bewegungen auf der zweiten Region scheinen sich auf meinen Lautsprechern und für meine Ohren nun etwas besser nachvollziehbar anzuhören – urteilen Sie selbst.

Abgesehen von der nicht ganz so leicht verständlichen Theorie können Sie das Binaural-Panning-Tool natürlich auch »frei nach Schnauze« – wenn die Höreinstellung gefällt – oder als Alternative zu anderen Panning-Verfahren verwenden.

Wenn Sie eine Surround-Ausgangskonfiguration nutzen, können Sie das Signal mit dem Surround Panner auf ähnliche Weise bearbeiten und positionieren (jedoch mit mehr Möglichkeiten durch die zusätzlichen Ausgangskanäle). Steht Ihr Eingang dabei auf Mono/Stereo, sieht das Plug-in wiederum ein wenig anders aus.

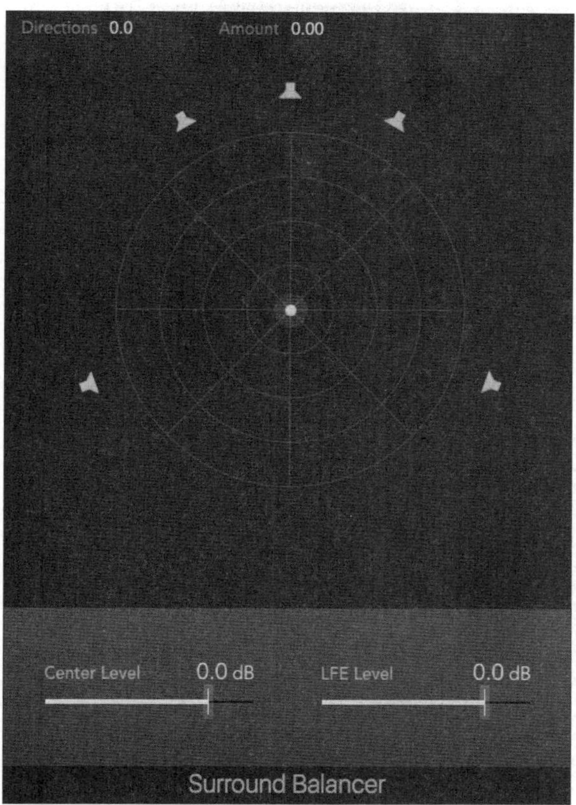

Abbildung 15.77 Surround Panning

15.10 Filter

Neben dem eher klassisch als modulierbarer Multimode-Filter arbeitenden AutoFilter-Plug-in stehen in der Kategorie FILTER einige speziellere Plug-ins zur Verfügung (siehe Abbildung 15.78), deren Wirkung auf der Nutzung von Filtern basiert.

Abbildung 15.78 Filter-Plug-ins in Logic

15.10.1 AutoFilter

Der AutoFilter (Abbildung 15.79) bietet detaillierte Modulationsoptionen. Sie können den AutoFilter auch wie einen ganz einfachen Filter in Logic benutzen.

AutoFilter als einfacher Filter

Hierzu stellen Sie zuerst die beiden Slider/Regler ENVELOPE und LFO im Bereich FILTER auf 0 %, die die Modulationsintensität regeln. Danach können Sie wie bei einem Standardfilter ohne Modulation den gewünschten FILTER und die CUTOFF-Frequenz einstellen. Zur Auswahl stehen ein Low-Pass-Filter mit 6, 12, 18 oder 24 dB Flankensteilheit sowie verschiedene Ausführungen eines variablen Filters (STATE VARIABLE-Filter, abgekürzt manchmal auch SVF genannt, mit den Optionen HP, BP, LP und Peak, die hier als Symbole dargestellt sind), dessen Steilheit nicht regelbar ist. Zusätzlich lässt sich der Filtersound mit dem FATNESS-Regler verstärken und mit zwei DISTORTION-Modulen verzerren. Diese verfügen über neue Verzerrungsmodi gegenüber den Vorversionen, die zudem Pre- oder Post-Filter genutzt werden können.

Abbildung 15.79 AutoFilter

Im Ausgangsbereich können Sie das unbearbeitete Original- (DRY SIGNAL) und das Effektsignal (MAIN OUT) zusammenmischen.

Via LFO oder Envelope modulierter AutoFilter

Der AutoFilter bietet Extrafunktionen: Sie können ihn mit einer Hüllkurve (ENVELOPE) oder einem LFO modulieren. So können Sie die für Synthesizer typischen Filterfunktionen (wie z. B. Filterverläufe oder Wah-Wah-Effekte) auch auf eine Audiospur legen und die Cutoff-Frequenz beispielsweise rhythmisch von einem LFO modulieren lassen. Nutzen Sie hierfür eine Rechteckwellenform in einem schnellen LFO, lässt sich auch eine Art Stuttereffekt erzeugen.

Die Bearbeitung der Cuttoff-Frequenz durch die Hüllkurve erfolgt dynamisch und bewirkt schnell einen rhythmischen Effekt: Auslöser ist nicht wie bei einem Synth die gedrückte Taste (nichts spielt oder empfängt MIDI). Der Impuls für die Auslösung der Hüllkurve wird hier durch die Lautstärke des Audio-Eingangssignals gegeben – also z. B. durch einen Drumloop. Die Empfindlichkeit, mit der die Hüllkurve immer wieder ausgelöst wird, justieren Sie mit dem THRESHOLD-Regler. Für die Hüllkurve können Sie u. a. ATTACK, DECAY und SUSTAIN manuell einstellen. Wenden Sie den AutoFilter auf einen Drumloop an, ist in der Regel ein zusätzliche Rhythmik hinzufügendes Klangergebnis die Folge, weil die Hüllkurve ja abhängig vom Drumloop immer wieder neu ausgelöst wird. Das klingt besonders interessant, wenn die Filterbewegung durch Betonung der Resonanzfrequenz deutlicher hörbar gemacht wird.

Bei einer Modulation durch den LFO ist auch eine Veränderung der LFO-Geschwindigkeit, -Phasenlage oder -Wellenform interessant.

Praxisbeispiel

Besser verständlich wird das anhand eines Beispiels: Im Dokument *15Autofilter1* spielt ein Drumloop, und die Hüllkurve moduliert zunächst mit betonter Resonanz den Filter. Dabei hat die Hüllkurve mit ansonsten identischen Einstellungen in Spur 1 und Takt 1 und 2 eine andere ADSR-Einstellung als in Takt 3 und 4. In Spur 3 und Takt 5 und 6 moduliert stattdessen ein LFO mit Rechteckwellenform und schneller Rate den Cutoff. In Spur 4 und Takt 7 und 8 habe ich noch ein wenig vom unbearbeiteten Original hinzugemischt. In Spur 5 und Takt 9 und 10 habe ich die Phasenlage der LFO-Schwingung verschoben, wodurch sich eine komplett andere Rhythmik ergibt; ein wenig vom Original bleibt hier zu hören. In Spur 6 und Takt 11 und 12 hören Sie das Original.

15.10.2 EVOC 20 TrackOscillator

Der EVOC 20 TrackOscillator (Abbildung 15.80) ist ein Vocoder, dessen Funktionsweise ich zum größten Teil in Kapitel 11, »Die Instrumente: Synths, ›Sampler‹, ›Drummer‹ und Co.«, erläutert habe. Der Unterschied zum *EVOC 20 PS*-Vocoder-Instrument und dem als Insert-Effekt verwendbaren EVOC 20 TrackOscillator besteht vor allem in anderen Routing-Optionen. Der Synthese-Part kann beim Vocoding nicht bloß vom internen Synth, sondern von jeder beliebigen Klangquelle stammen. Hierdurch erweitern sich die klanglichen Möglichkeiten enorm. Der EVOC 20 TrackOscillator kann als Effekt-Plug-in kein MIDI empfangen, die eventuell in ihn gerouteten Synths natürlich schon. Doch es gibt noch eine weitere Option: MIDI-Noten können durch eine Analyse des Eingangssignals erzeugt werden. Das macht dann ein monophoner *Pitch Tracking Oszillator*, der die Tonhöhe des Eingangssignals nachzuverfolgen versucht, was z. B. bei Vocals funktionieren kann.

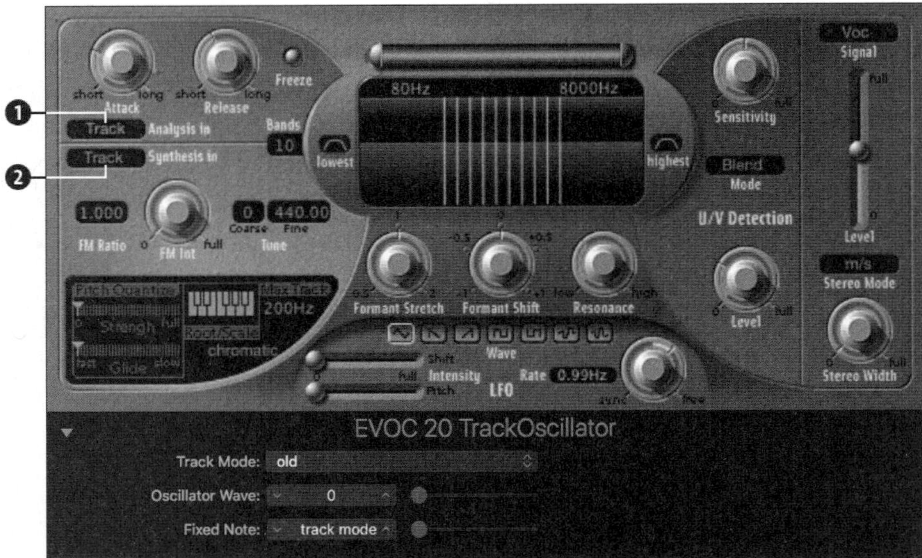

Abbildung 15.80 EVOC 20 TrackOscillator

Für den Analysebereich (links unter Analysis In ❶) und den Synthesebereich (darunter, unter Synthesis In ❷) können Sie das auf dem Track liegende Signal (Track) oder das in der Side Chain anliegende Signal (SideCh) in Flip-Menüs auswählen – oder auch für beide Bereiche das gleiche Signal. Für den Synthesebereich können Sie ferner den Pitch Tracking Oscillator (Eintrag Osc. im Flip-Menü) aktivieren (siehe Abbildung 15.81).

Abbildung 15.81 Einstellungen für den Pitch Tracking Oscillator

Pitch Tracking Oscillator

Der Tracking Oscillator soll synthetisch den gleichen Ton spielen, der sich aus der Analyse des eingehenden Signals ergibt. Hierzu muss zunächst für den Synthesebereich die Option Osc(illator) eingestellt sein (unterer Eintrag in Abbildung 15.81).

Mit der Pitch Quantize-Einstellung legen Sie fest, wie stark die Tonhöhe des eingehenden Signals dabei quantisiert wird, und mit Glide, wie schnell diese Quantisierungen vonstattengehen. Nicht zuletzt, weil Sie außerdem eine Skala einstellen oder einzelne Töne von der Quantisierung ausnehmen können, erinnert die Funktion an das Pitch Correction-Plug-in.

Praxisbeispiel

Im Projekt *15Trackfollowosc* wechseln nicht nur die Einstellungen, sondern die jeweils aktiven Tracks werden zusätzlich per eingezeichneter Automation solo geschaltet, damit im jeweiligen Taktbereich von den anderen Tracks nichts mehr zu hören ist. Achtung, das beste Beispiel kommt zum Schluss.

Wie beim Pitch Correction-Plug-in besteht beim Tracking Oscillator das Problem, dass nicht festgelegt werden kann, aus welcher Oktave die Töne stammen, so dass das Ergebnis eventuell zwischen Oktavlagen schwankt. In Spur 1 des Projekts ist festgelegt, dass nur ein C als Output zugelassen ist. Das Ergebnis klingt extrem holprig und flatterig. Änderungen des TRACK MODE/Analysemodus im erweiterten Bereich ändern daran wenig

In Spur 2 geht es etwas besser, dort sind chromatische Töne zugelassen, und der Analysemodus AKF im TRACK MODE-Bereich ist aktiv. Via MAX TRACK habe ich die maximale Frequenz für die Erkennung heraufgedreht, woraufhin die Erkennung deutlich besser funktioniert hat.

In Spur 3 hören Sie das unbearbeitete Original, das in Takt 7 und 8 mit den sich korrekterweise aus der FLEX PITCH-Analyse ergebenden Noten C und G eines E-Pianos zusammen gespielt wird. In Spur 3 und 4 spielt ein Vocal-Sample, das in der untersten Spur mit FLEX PITCH analysiert wurde, woraus sich die in der MIDI-Region von Spur 5 und 6 liegenden Töne ergaben (C und G), nachdem ich im AUDIODATEIEDITOR die Funktion BEARBEITEN • MIDI-SPUR AUS FLEX-PITCH-DATEN ERZEUGEN angewendet hatte (siehe Abschnitt 9.4.8). Die so gewonnenen Noten können Sie ebenfalls zum Spielen eines Vocoders nutzen – wie in Takt 9 und 10 des Beispielprojekts, wo ein *EVOC 20 PS* aktiv ist.

Externen Synth für die Vocoder-Klangerzeugung nutzen

In Takt 11 und 12 schließlich nutzt der »EVOC 20 TrackOscillator« einen Sound von *Alchemy*, der Akkorde spielt. Ein weiteres Beispiel finden Sie unter *15TrackVoco*. Diese Beispiele demonstrieren, dass das Klangpotential des EVOC 20 gegenüber dem als Instrument verwendbaren *EVOC 20 PS* deutlich erweitert werden kann, weil die Synthese nun nicht mehr aus EVOCs eigener limitierter Klangerzeugung kommen muss, sondern aus jedem beliebigen Synth stammen kann.

15.10.3 EVOC 20 Filterbank

Die EVOC 20 Filterbank (Abbildung 15.82) nutzt zwar Filterbänke des *EVOC 20*, hat ansonsten aber wenig mit den *EVOC 20*-Vocoder-Modellen zu tun – zumindest insofern, als hier keine Analyse eines Signals stattfindet. Stattdessen können Sie selbst die Lautstärke einzelner Bänder bestimmen.

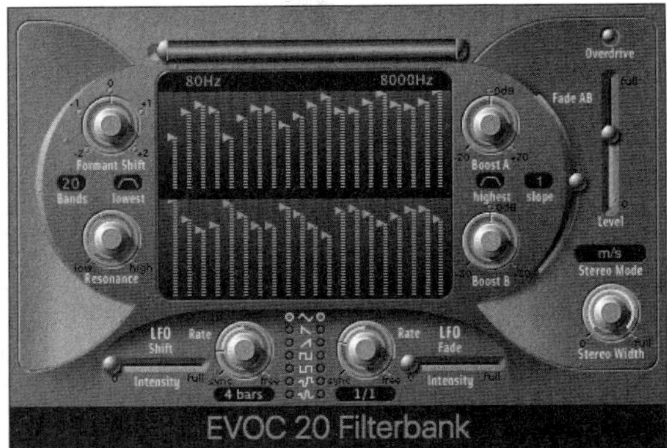

Abbildung 15.82 EVOC 20 Filterbank

Das Plug-in verfügt über zwei Filterbänke A und B (in der Mitte zu sehen), die genutzt werden, um dasselbe Signal durch beide Filterbänke parallel laufen zu lassen. Sie können rechts daneben mit dem Fade AB-Regler zwischen den Einstelllungen der oberen und der unteren Filterbank überblenden. Pro Filterbank stehen maximal 20 Bänder (einstellbar im Bands-Menü) zur Verfügung. Pro Band gibt es in jeder Bank eigene, von der anderen Filterbank unabhängige Pegel- sowie eigene Boost-Regler. Zusätzlich steht ein Frequenzbereichregler (FB) oberhalb der beiden Filterbänke zur Verfügung, der für beide Filterbänke und ihre Bänder einen Frequenzbereich einstellt.

Begrenzter Frequenzbereich?

Wenn Sie dort den Frequenzbereich begrenzen, dann liegen die Bänder nicht mehr auf den gleichen Frequenzen wie vorher, denn die eingestellte Anzahl an Bändern wird gleichmäßig auf den oben eingestellten Frequenzbereich aufgeteilt. Hierdurch können sich insbesondere bei hohen eingestellten Resonanzen deutliche Soundunterschiede ergeben.

Die kleinen Filterkurven über den Einträgen lowest und highest können Sie zwischen Band Pass und High Pass (für das unterste Band) und Band Pass und Low Pass (für das oberste Band) umschalten, um gegebenenfalls ganz tiefe oder ganz hohe Frequenzen herauszufiltern.

Formant Shift und Resonance

Ansonsten sind es vor allem der Formant Shift- und der Resonance-Regler, die die klangliche Besonderheit dieses Effekt-Plug-ins ausmachen, wie Sie es schon von den anderen *EVOC 20*-Vocoder-Plug-ins kennen. Mit dem Formant Shift-Regler verschieben Sie die Formanten aller Frequenzbänder. Der Sound der einzelnen Bänder verändert sich zusätzlich durch eine Betonung der Resonanz des Filterbandes.

Master, LFO

Ganz rechts gibt es noch eine Mastersektion mit einstellbarer Stereobreite (Stereo Width), Verzerrung und Lautstärke. Unten sehen Sie eine LFO-Sektion, für die Sie als Modulationsziel entweder den Formant Shift-Regler oder den Fade AB-Regler auserkiesen können.

Praxisbeispiel

Im Dokument *15EvocFilterbank* hören Sie einige Klangbeispiele. In Spur 2 und 3 wird die gleiche Einstellung einmal mit und einmal ohne betonte Resonanz hörbar gemacht, in Spur 4 moduliert ein LFO den Formant Shifting-Parameter. In Spur 6 ist die gleiche Einstellung von Spur 5 mit einem ganz oben deutlich veränderten Frequenzbereich für beide Bänder zu hören, wodurch die stark resonierenden Bänder andere Frequenzen betonen, was im Beispiel deutlich »schräger« als in Spur 5 klingt. Zusätzlich ist sowohl in Spur 5 als auch in Spur 6 eine LFO-Modulation aktiv, die zwischen Filterbank A und B überblendet, wo die Lautstärken der Frequenzbänder im Ansatz zueinander tendenziell spiegelbildlich eingestellt sind.

15.10.4 Fuzz-Wah

Das Fuzz-Wah-Plug-in entstammt der Effektsektion des Instruments *Vintage Clav* (siehe Abschnitt 11.23), bietet aber eine etwas andere Ausstattung als die dortige Effektsektion. Es geht um rhythmische Wah-Effekte sowie optionale Kompression und Verzerrung.

Abbildung 15.83 Fuzz-Wah

Die Intensität der Wirkung einer von einem Envelope Follower ausgelösten Hüllkurve auf die Cutoff-Frequenz stellen Sie mit dem Depth-Regler ein. Mit dem Parameter Range und seinem Regler bestimmen Sie die Cutoff-Frequenz. Die beiden Markierungen oben und unten im Range-Reglerbereich legen fest, welche Cutoff-Frequenz dem Nullpunkt und dem maximalen Pegel einer modulierenden Hüllkurve entspricht (also quasi den Modulationsbereich). Im Soundbeispiel im Projekt *15Fuzzwahsimpel* bewegt für einen Drumloop die vom

Envelope Follower ausgelöste Hüllkurve die Filterfrequenz rhythmisch nach oben und wieder nach unten. Mit dem RELATIVE Q-Regler bestimmen Sie die Filterresonanz, mit dem Regler WAH LEVEL die Gesamtlautstärke.

Wie im *Vintage Clav* können Sie rechts neben dem Eintrag AUTO WAH zwischen verschiedenen Modi bzw. emulierten Pedalen umschalten. In Abbildung 15.83 ist MODERN WAH eingestellt, es gibt jedoch noch einige Optionen mehr (siehe Abbildung 15.84).

Abbildung 15.84 Modi im Fuzz-Wah

Zusätzlich sind ein separat aktivierbarer Kompressor und ein Fuzz-Verzerrer eingebaut, dessen Tone-Regler ein Low-Pass-Filter ist.

Praxisbeispiel

Im Dokument *15Fuzzwah1* finden Sie ein komplexeres Beispiel für den Einsatz des Effekts: Ein Drumloop wird via Send auf drei Aux-Kanäle gesendet, die jeweils eigene »Fuzz-Wahs« mit unterschiedlichen Einstellungen beherbergen. Die Outputs aller drei Fuzz-Wah-Aux-Ausgänge sowie der Output des unbearbeiteten Audiokanals landen im Summenkanal. Das Ganze habe ich als Spurstapel gespeichert, um mehrere Signale zu kombinieren und um Signalteile mit zusätzlichen Effekten zu versehen und wie zusätzliche Percussion-Instrumente einzusetzen.

15.10.5 Spectral Gate

Das Spectral Gate-Plug-in (Abbildung 15.85) ist ein weiterer, relativ exotischer Filter und Gate-Effekt, der nicht besonders leicht zu verstehen ist. Ich hoffe, das Plug-in halbwegs verständlich machen zu können.

Spectral Gate unterteilt das Signal in mehrere Frequenzbereiche. Der in der Mitte via CENTER FREQ. und BANDWIDTH selektierte Frequenzbereich arbeitet mit dem THRESHOLD-Regler zusammen. Wie bei einem Gate trennt der THRESHOLD-Regler dann das Signal zunächst in Pegel oberhalb und unterhalb des THRESHOLDS für den selektierten Frequenzbereich. Es wird für den in der Mitte via CENTER FREQ. und BANDWIDTH festgelegten Bereich frequenzspezifisch festgestellt, ob der THRESHOLD überschritten wird oder nicht. Frequenzspezifisch bedeutet hierbei, dass dies für verschiedene Frequenzen einzeln geprüft wird. Dabei kann es passieren, dass Höhen eines Grooves den Threshold nicht überschreiten, die dröhnenden hohen Tiefen einer Kick dagegen schon (siehe Projekt *15SpectralGate1*). Center Freq. und Bandwidth können zudem von einem LFO moduliert werden.

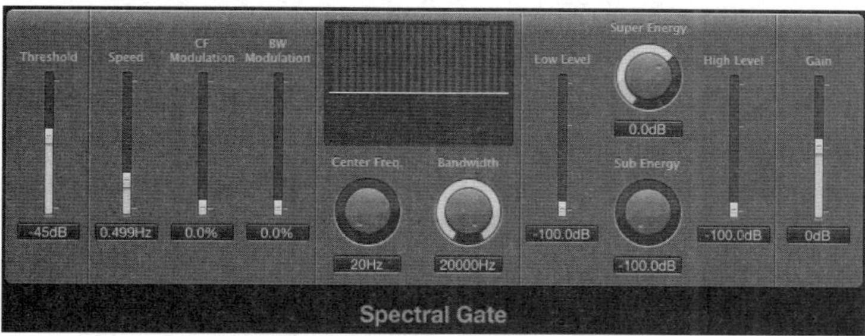

Abbildung 15.85 Spectral Gate

Auf der rechten Seite des Plug-ins sehen Sie vier Lautstärkeregler: Low Level, High Level, Super Energy und Sub Energy. Wenn Sie alle vier Lautstärkeregler herunterdrehen, ist erst einmal Stille angesagt. Die Regler für Low Level und High Level bestimmen die Lautstärke des von Center Freq. und Bandwidth *nicht* betroffenen Frequenzbereichs, der dementsprechend auch nicht von Threshold oder den Modulationsreglern links betroffen ist. Low Level und High Level sind also ganz einfache Lautstärkeregler für die unteren und oberen Frequenzbereiche, während ein definierter mittlerer Frequenzbereich beispielsweise moduliert werden kann (siehe Projekt *15SpectralGateMidmod*). Für viele Sounds im Mix ist es praktisch, nur den mittleren Frequenzbereich – noch dazu leicht verzerrt – modulieren zu können, während der untere und obere Frequenzbereich unbearbeitet bleiben. Der Super Energy-Regler bestimmt die Lautstärke der Frequenzen im definierten Frequenzbereich, die den Threshold überschreiten, der Sub Energy-Regler dagegen die Lautstärke der Frequenzen, die den Threshold *nicht* überschreiten.

Weitere Anwendungsbeispiele

In Spur 2 des Projekts *15Spectralgate1* habe ich den Frequenzbereich hörbar gemacht, der den Threshold *nicht* überschreitet (Sub Energy), den zuvor in Spur 1 gehörten Frequenzbereich Super Energy (hierbei sind aufgrund einer großen Bandwidth und eines relativ hohen Thresholds nur tiefe Frequenzen zu hören) dagegen heruntergedreht. In Spur 3 wird der mittlere Frequenzbereich moduliert. Am Ende steht noch ein Gain-Regler für die Summe zur Verfügung, mit dem Sie Lautstärkeänderungen nach der Effektbearbeitung kompensieren.

Im Projekt *15SpectralGate2* wird ein Beat moduliert, und ich habe den Threshold automatisiert. Die Automation liegt übrigens als Region mit Regionsautomation vor. Zusätzlich moduliert der LFO »CF« (die *Center Frequency*) und Bandwidth.

15.11 Modulation

Logic besitzt eine große Auswahl an Modulationseffekten, mit Hilfe derer Sie Sounds in Bewegung versetzen können (Abbildung 15.86). Allerdings sind unter MODULATION nicht alle wichtigen Logic-Modulations-Plug-ins gelistet, Sie finden im Pedalboard-Plug-in (siehe Abschnitt 15.6) viele weitere davon.

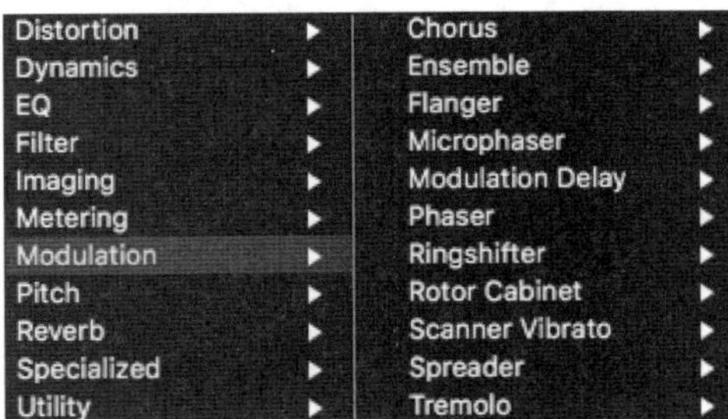

Abbildung 15.86 Modulations-Plug-ins in Logic

15.11.1 Chorus, Flanger, Phaser im Allgemeinen und der Kammfiltereffekt

Phasing- und Flanging-Effekte eignen sich besonders gut für Pads und Pianos sowie die Mitten- und Höhenanteile von Bässen, um diese etwas »lebendiger« zu machen, aber auch für Gitarren und Drums. Chorus-Effekte hört man oft auf Flächen, Synths und natürlich Vocals. Man findet diese Effekte sehr oft in Synthesizern, z. B. im *ES2*, *Retro Synth* oder in alten Roland-Juno-Hardware-Synths, wo sie Bestandteile von Presets sind. Sie klingen gut und bereichern die Sounds; zu erklären, was dabei genau passiert, ist aber nicht ganz unkompliziert.

15.11.2 Chorus und Flanger in Logic

Chorus und Flanger unterscheiden sich in der Theorie vor allem durch die Länge der Verzögerung, beim Flanger sind es ca. 1–10 ms, beim Chorus ca. 20–30 ms. Die Verzögerungszeit in Logics Chorus und Flanger lässt sich in beiden Effekten zwar nicht justieren, aber in beiden gibt es einen LFO, der die Verzögerungszeit moduliert und dessen Intensität Sie einstellen können. Auch die Geschwindigkeit der Modulation sowie der Anteil des Effekts sind einstellbar.

Chorus

Durch die längere Verzögerungszeit ist das Effektsignal beim Chorus eher als zusätzliches, zweites Signal wahrzunehmen – daher der Name Chorus. Man nutzt den Chorus-Effekt, um ein Signal, sei es nun ein Synthesizersound oder eine Gesangsstimme, tendenziell so klingen zu lassen, als würde es von mehreren Musikern gleichzeitig erzeugt. Man möchte Sound mit einem Chorus also etwas »fetter« machen. Die Modulation der Zeitverzögerung durch den LFO bewirkt in höheren Intensitäten einen Effekt, als würden beide Signale sich auch von der

Tonhöhe her etwas voneinander unterscheiden, was sie bedingt durch einen entstehenden »Doppler-Effekt« (ähnlich, wie wenn ein Krankenwagen vorbeifährt) auch tun. Je höher die INTENSITY, umso größer die Tonhöhendifferenz, und umso stärker kommt eine Schwebung zustande, was Sie durch eine Automation im Projekt *15Chorusintmod* hören.

Ein weiteres Soundbeispiel liefert das Projekt *15chorus1* (Abbildung 15.87), in dem ich eine Fläche mit einem Chorus-Effekt fetter gemacht habe. Mit dem MIX-Regler steuern Sie die Lautstärke des hinzugemischten moduliert zeitverzögerten Signals.

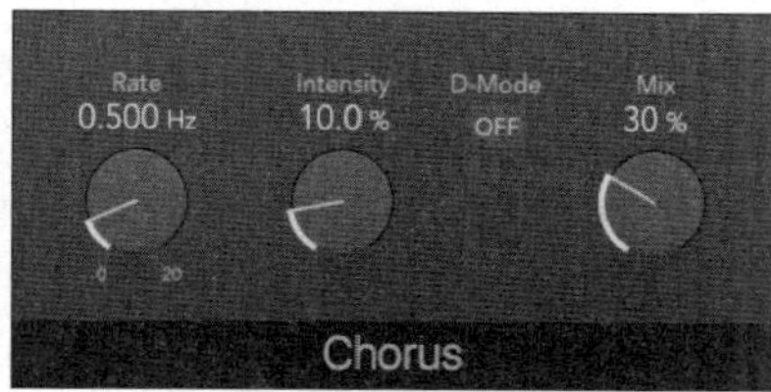

Abbildung 15.87 Der Chorus-Effekt

Flanger

Logics Flanger funktioniert wie der Chorus, die Verzögerung ist kürzer gehalten, und es gibt einen Regler mehr: Sie können das Effektsignal mit dem FEEDBACK-Regler nochmals in die Verzögerung zurückschicken.

Öffnen Sie als Beispiel das Projekt *15flanger* (Abbildung 15.88), wo die Fläche aus dem vorherigen Beispiel von einem Flanger bearbeitet wird. Den LFO habe ich hier besonders langsam eingestellt, wodurch sich die beim Zusammenmischen ausgelöschten Frequenzen langsam verändern und zu einer stetigen Verschiebung des Kammfilters im Frequenzbereich führen. Zusätzlich habe ich das Ergebnis mit dem FEEDBACK-Regler wieder zurückgeschleift, was den Effekt ähnlich dem Hochdrehen eines Resonanzreglers beim Filter zusätzlich betont.

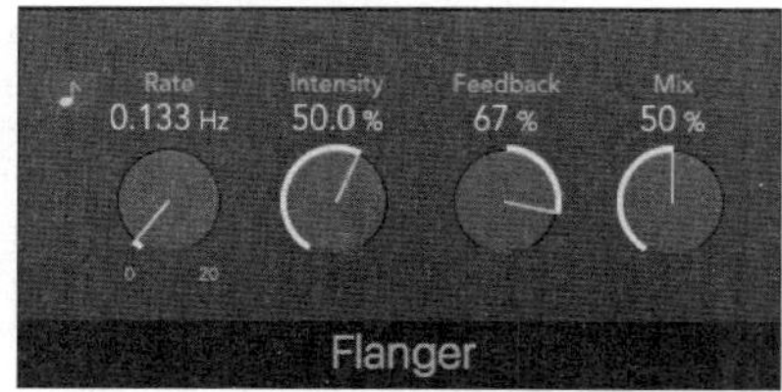

Abbildung 15.88 Der Flanger in Logic

15.11.3 Spreader

Der Spreader hat eine ähnliche Wirkung wie der Chorus-Effekt und mit Ausnahme des CHANNEL DELAY-Faders auch die gleichen Bedienelemente. Das hören Sie im Projekt *15Spreader1*, wo zunächst der Spreader, dann der Chorus-Effekt aktiv ist (beide werden beim Einsatz des jeweils anderen Plug-ins via Automation umgangen). Für den Spreader ist der MIX-Regler hier etwas höher eingestellt. Laut Handbuch ermöglicht der Spreader eine periodische Verschiebung eines Frequenzbereichs des Signals. Mit dem Regler CHANNEL DELAY können Sie zudem eine Verzögerung der Auftrennung des Stereosignals in Samples einstellen, deren zusätzliche Wirkung Sie in dem Projekt *15Spreader2* überprüfen können; ich fand sie zumindest im Beispiel weniger prägnant. Ähnlich wie bei der Nutzung des Sample Delays müssen Sie hier zudem auf die Monokompatibilität achten.

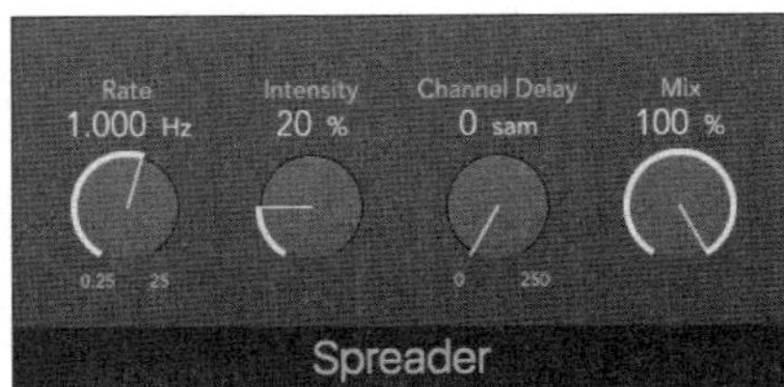

Abbildung 15.89 Spreader-Plug-in

15.11.4 Phaser

Beim Phaser läuft das zweite Signal typischerweise durch bestimmte Filter oder elektronische Bauteile, die auf bestimmte Frequenzen unterschiedlich reagieren oder Phasenverschiebungen nur in bestimmten Frequenzbereichen ermöglichen.

Logics Phaser (Abbildung 15.90) bietet mehr Möglichkeiten: zwei modulierende LFOs, zwischen denen Sie überblenden können, einen Envelope Follower sowie zusätzliche Filter links. Öffnen Sie das Dokument *15Phaser1* – hier hören Sie eine Modulation durch einen LFO. Auch wenn sich das Handbuch nicht genauer über die Konstruktion des Phasers auslässt und wir ihn hier nicht wie ein analoges Gerät auseinanderschrauben oder anhand eines Schaltplans analysieren können, wird an den Regelungsoptionen im SWEEP-Bereich deutlich, dass der Effekt frequenzspezifischer als beim Flanger eingesetzt werden kann. Die Bandbreite des zu bearbeitenden Signals können Sie hier definieren. Ein Phaser-Effekt ist daher oft etwas deutlicher hörbar und weniger subtil als der Flanger.

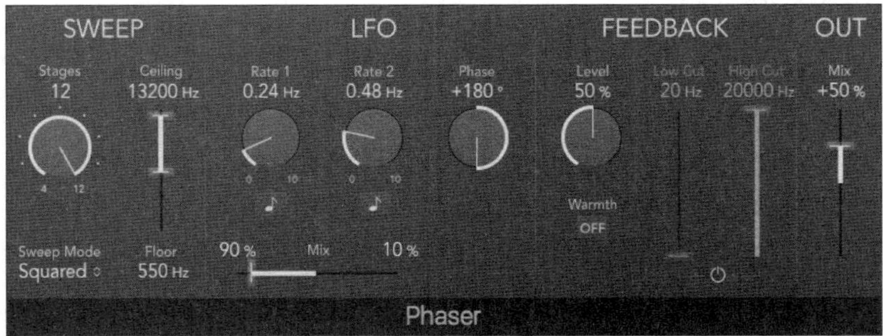

Abbildung 15.90 Logics Phaser

In Dokument *15Phaser2* ist zusätzlich ein zweiter LFO aktiv. Im Dokument *15Phaser3* sind beide LFOs inaktiv, und es ist insbesondere eine leichte Bewegung der Frequenzen am

Anfang des Sounds zu hören, die durch den Envelope Follower realisiert wird. Hierbei wird eine dem Lautstärkeverlauf folgende Hüllkurve generiert.

15.11.5 Microphaser

Eine einfachere Phaser-Variante findet sich im Microphaser, der zuvor noch als Apple-AU- und nicht als Logic-Plug-in firmierte und mittlerweile auch vom Design her angepasst wurde. In Logic Pro finden Sie ihn im Menü der Modulation-Effects wieder. Der Microphaser hat weniger Regelmöglichkeiten als der große Phaser, klingt aber schnell und ohne viel Justage sehr gut (siehe Projekt *15microphaser* und Abbildung 15.91).

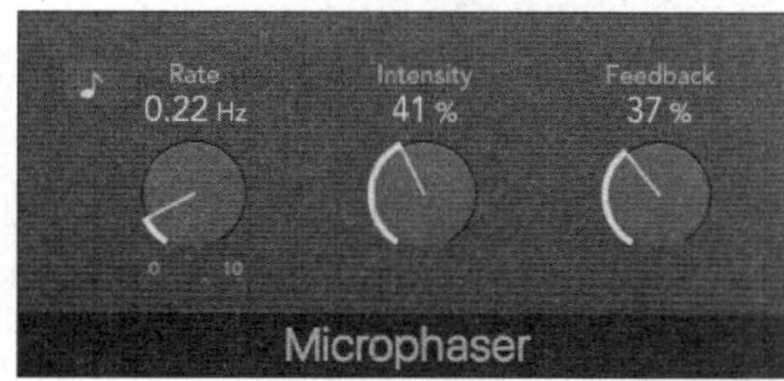

Abbildung 15.91 Microphaser

15.11.6 Ensemble

Der Ensemble-Effekt (siehe Projekt *15ensemble1* und Abbildung 15.92) kombiniert bis zu acht Choruseffekte und erlaubt komplexere Modulationen (regelbar über die Zahl der Voices) mit Hilfe von zwei Standard-LFOs (LFO1, LFO2) und einem Zufalls-LFO (Random). Dank Letzteren kann sich das Ergebnis noch mehr an natürliche Ungenauigkeiten in Intonation und Zeitbezug von Vokal- oder Streichergruppen annähern (siehe Projekt *15Ensemble2*). Rechts steht ein Mix-Regler zur Verfügung, der das Dry/Wet-Verhältnis regelt, via Volume Compensation können Sie außerdem Lautstärkeveränderungen nach der Effektbearbeitung ausgleichen.

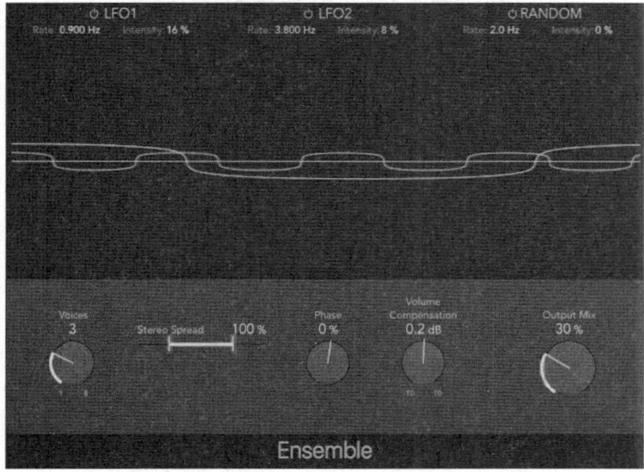

Abbildung 15.92 Der Ensemble-Effekt

15.11.7 Modulation Delay

Das Modulation Delay-Plug-in (Abbildung 15.93) nutzt ebenfalls zwei Signale, von denen eines zeitverzögert hinzugemischt wird.

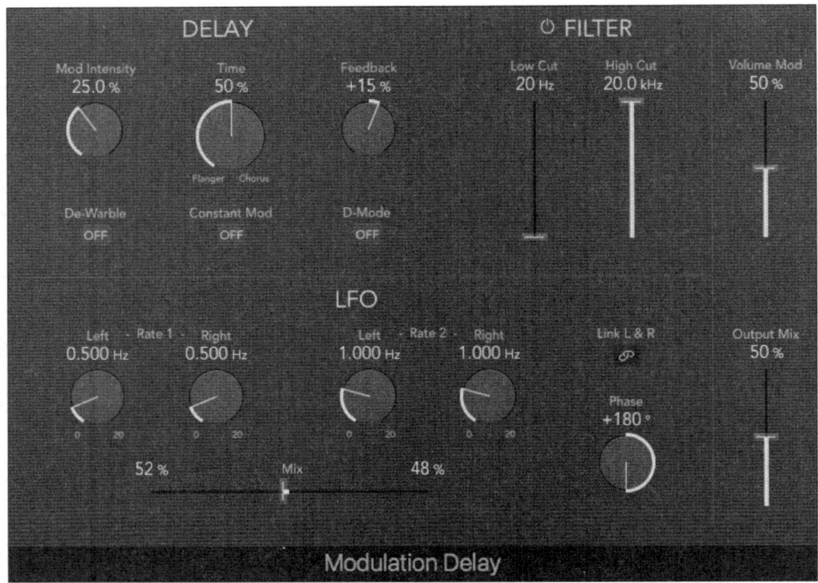

Abbildung 15.93 Modulation Delay

Das Modulation Delay erlaubt zusätzlich die manuelle Justage der Verzögerungszeit mit dem TIME-Drehregler, wodurch das Plug-in, wenn dieser Regler nach ganz links eingestellt ist, einem Flanger und bei weiter nach rechts aufgedrehter Stellung längeren Verzögerungen bzw. einem Chorus entspricht. Ein kleines Soundbeispiel finden Sie im Projekt *15Moddly*. Automatisieren Sie diesen Regler, können Sie sehr schön eine Art Doppler-Effekt hören. Zusätzlich stehen gleich zwei LFOs für die Modulation der Verzögerungszeit zur Verfügung, die zudem separate Einstellmöglichkeiten für die individuelle Modulation beider Stereokanäle anbieten (bei mehr Kanälen im Surround-Modus können Sie die Unterschiede skalieren, siehe Logic-Effekte-Manual). Auch die Lautstärke können Sie modulieren, und zwar über den VOLUME MOD.-Regler.

15.11.8 Rotor Cabinet und Scanner Vibrato

Diese beiden Effekte stammen aus der Emulation der B3-Hammond-Orgel in Logic in Form des *Vintage B3*-Instruments; Erläuterungen hierzu finden Sie in Abschnitt 11.24.

Rotor Cabinet

Hierbei handelt es sich um eine Emulation des sich drehenden Lautsprechers einer Hammond-Orgel (»Leslie«), durch den diese einen sehr charakteristischen Effekt erhält. Sie können den Effekt hier für jede beliebige Soundquelle verwenden. Dabei stehen verschiedene Einstellmöglichkeiten für den verwendeten Motor oder die Lautsprecher bzw. Mikrofonabnahme des Lautsprechers zur Verfügung (Abbildung 15.94).

Abbildung 15.94 Rotor Cabinet

Scanner Vibrato

Hier handelt es sich um eine Emulation des Scanner Vibrato-Effekts einer Hammond-Orgel. Der Drehknopf TYPE bietet Ihnen verschiedene Vibratos (V1, V2, V3) und Choruseffekte (C0, C1, C2 und C3) an; je höher die Zahl hinter dem Effekt, desto intensiver ist der Effekt zu hören. Die Vibrato- und Choruseffekte haben einen recht eigenen, speziellen Sound.

Ein Soundbeispiel finden Sie im Projekt *15ScanVib*. Das Logic Pro-Effekte-Handbuch sagt hierzu: »Der ›Scanner Vibrato‹-Effekt beruht auf einer analogen Delay-Line, bestehend aus einer Kette von mehreren Tiefpässen. Diese Delay-Line wird von einem mehrpoligen Kondensator mit einem rotierenden Tonabnehmer gescannt. Diese Eigenheiten sind mit herkömmlichen LFOs nicht zu simulieren.«[3]

3 Logic Pro-Effekte-Handbuch, Seite 218

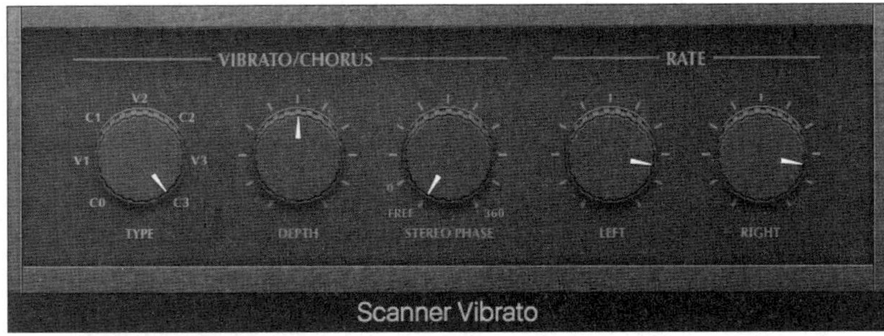

Abbildung 15.95 Scanner Vibrato

15.11.9 Ringshifter

Der Ringshifter (Abbildung 15.96) kann als *Frequency Shifter* (die deutsche Übersetzung im Handbuch lautet: »Frequenzschieber«) oder als *Ringmodulator* arbeiten.

Dabei gibt es vier Modi:

Frequency Shifting:

- SINGLE FREQ SHIFT
- DUAL FREQ SHIFT

Ringmodulator-Modus:

- OSC RING MOD
- SIDE CHAIN RING MOD

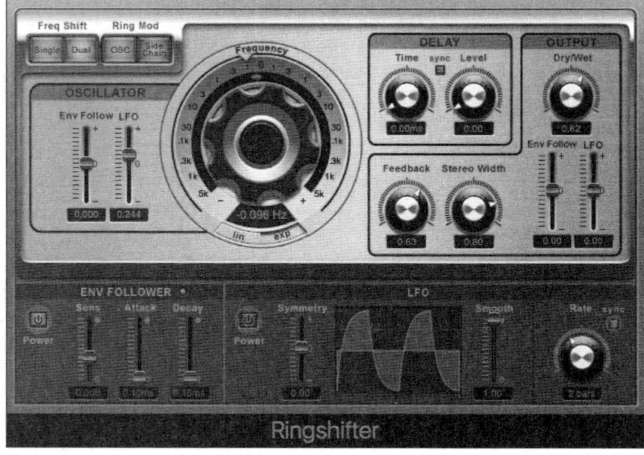

Abbildung 15.96 Der Ringshifter-Effekt

Frequency Shifter

Beim Frequency Shifting werden Teiltöne des Eingangssignals um einen bestimmten Betrag in Hertz verändert. Hierdurch erfolgt die Transposition nicht proportional zum ursprünglichen Frequenzverhältnis, wodurch phaserähnliche oder auch unharmonische, metallische Sounds entstehen können. Im DUAL FREQ SHIFT-Modus werden die Teiltöne für einen Stereokanal nach oben und für den anderen nach unten verschoben.

Ringmodulator

Bei einem Ringmodulator moduliert ein Oszillator einen anderen, ähnlich wie bei einfacher FM-Synthese. Das Frequenzspektrum des erzeugten Effektsignals besteht aus den Summen- und Differenzfrequenzen der Originalsignale. Sein Klang ist wegen der unharmonischen Spektren oft metallisch oder glockenhaft. Es können aber auch tremoloartige Sounds dabei herauskommen.

Drücken Sie den SIDE CHAIN-Knopf, fungiert statt des internen Oszillators der Side-Chain-Eingang als Modulator, und der interne Oszillator ist deaktiviert.

Weitere Elemente des Ringshifter-Plug-ins

In der Mitte steht ein großer Oszillator zur Modulation der Amplitude des Signals zur Verfügung, der in den ersten drei der vier oben aufgelisteten Modi eine Rolle spielt.

Die Frequenz des Oszillators können Sie linear oder exponentiell verändern. Langsame Einstellungen können wie LFO-Modulationen klingen. Durch Aufdrehen des FEEDBACK-Reglers intensivieren Sie die Wirkung des Effekts.

Die Wirkung der Oszillatormodulation in einem der ersten drei Modi können Sie (im silbern schimmernden OSZILLATOR-Bereich) zusätzlich regeln:

1. Über den DRY/WET-Regler rechts, der den Effektanteil erhöht oder verringert. Vorsicht: Diesen können Sie ebenfalls über den LFO und den Envelope Follower modulieren, so dass bei einer Stellung ganz links auf DRY möglicherweise trotzdem ein Effekt zu hören ist.
2. über den LFO-Regler – er moduliert (falls er aktiviert ist) die Frequenz des Modulationsoszillators
3. Über einen Envelope Follower (falls er aktiviert ist), der die Frequenz des Modulationsoszillators je nach eingehendem Audiosignal moduliert. Die Pegelausschläge des Envelope Followers bestimmen die Modulationsintensität umso stärker, je weiter Sie den Regler aufdrehen.

Sowohl den Envelope Follower als auch den LFO müssen Sie unten aktivieren, bevor sie eine Wirkung haben. Ein Envelope Follower erzeugt eine sich laufend verändernde Hüllkurve auf der Basis des eingehenden Audiosignals. Wie stark diese Hüllkurve ausschlägt, stellen Sie über den SENSITIVITY-Regler ein.

Praxisbeispiele

Im Projekt *15Ringshift1* hören Sie eine tonale Veränderung eines Drumloops via Frequency Shifting. Diese habe ich durch eine zusätzliche Modulation der Intensität (hier: nicht der Frequenz des Modulationsoszillators) mal mehr, mal weniger stark hörbar gemacht, was eine fast tremoloartige Wirkung hat, weil das Ganze ja hierdurch auch lauter und leiser wird.

Im Projekt *15Ringshift2* dagegen klingt der Ringshifter mehr wie eine Art Phaser auf einem E-Piano-Sound. Im Modus DUAL FREQ SHIFT ergibt sich ein zusätzlicher Stereoeffekt.

In *15Ringshift2b* habe ich den Modus RING MOD SIDE CHAIN eingestellt, und der Drumloop aus der oberen Spur moduliert per Side Chain das E-Piano aus dem Beispiel *15Ringshift2*. Zudem habe ich den DRY/WET-Regler auf 100 % WET gestellt. Hierdurch klingt die Modulation rhythmisch und anders als zuvor, ist allerdings nur mit Hilfe eines Equalizers und eines Kompressors auf der Spur gut hörbar. Seien Sie bitte vorsichtig, und drehen Sie hier nicht den DRY/WET-Regler wieder auf DRY zurück, ohne zuvor Ihre Abhöre herunterzudrehen.

Im Beispiel *15Ringshift3* hören Sie den Unterschied zwischen dem Sound im einfachen Frequency-Shifting-Mode und im Ringmodulator-Modus, zwischen diesen beiden wird in den Takten 1 und 2 per Automation umgeschaltet. In Takt 3 und 4 ist der FEEDBACK-Regler des Modulationsoszillators heruntergedreht, was den Effekt abschwächt.

Im Dokument *15Ringshift4* habe ich die Automationen vom vorherigen Beispiel beibehalten, aber ein anderes Preset in den Ringshifter geladen. Diesmal wird der Modulationsoszillator von dem Envelope Follower stark moduliert. Weil der Envelope Follower stark auf die lautesten Schläge des Drumloops reagiert, erhöht sich die Frequenz des Modulationsozillators genau an diesen Stellen. Dadurch wiederum ergibt sich eine rhythmische Veränderung der Tonalität des Drumloops.

15.11.10 Tremolo

Tremolo bezeichnet einen »zitternden« Effekt, den man z. B. in einem Synthesizer realisiert, indem man die Lautstärke durch einen LFO moduliert.

Das Tremolo-Effekt-Plug-in in Logic erlaubt Ihnen die Verwendung von sich wiederholenden Lautstärkehüllkurven auf das eingehende Audiomaterial. Die Hüllkurven, die den Lautstärkeverlauf prägen, können Sie dabei mit den SYMMETRY- und SMOOTHING-Reglern teilweise formen und mit dem PHASE-Regler für den linken und rechten Kanal getrennt voneinander einstellen. Nicht unwichtig ist auch der OFFSET-Regler oben, mit dem Sie die Hüllkurvenverläufe nach links und rechts bewegen (siehe Abbildung 15.97).

Die RATE bestimmt die Wiederholungsgeschwindigkeit der Hüllkurven, so dass die Bedienung und die Möglichkeiten des Tremolo-Plug-ins wiederum einem LFO mit einer in Grenzen editierbaren Wellenform ähnelt, der die Lautstärke moduliert.

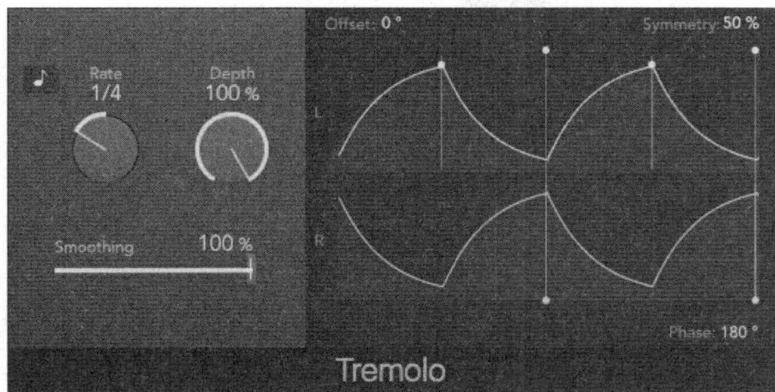

Abbildung 15.97 Tremolo-Effekt

Praxisbeispiel

Im Projektbeispiel *15Tremolo1* hören Sie das in drei verschiedenen Einstellungen (siehe Abbildung 15.98).

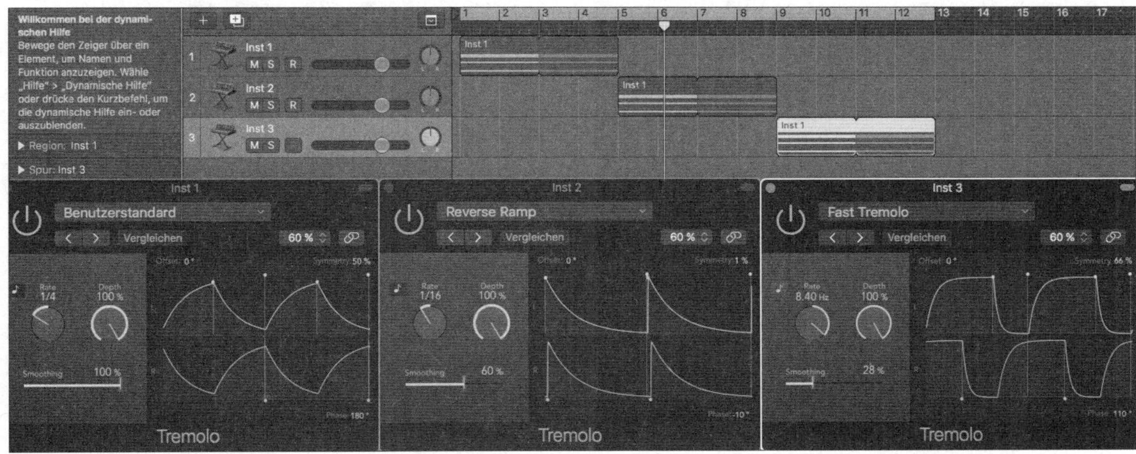

Abbildung 15.98 Tremolo-Effekte mit verschiedenen Einstellungen

Im Beispiel *15Tremolo2* bringt der Tremolo-Effekt eine Fläche zum Pumpen und liegt dabei voll im Trend aktueller Elektronik-Soundproduktionen.

Solche Effekte werden typischerweise mit Side Chaining erreicht, indem z. B. die im Beispiel spielende Kick mit jedem Schlag die Fläche über einen Kompressor leiser macht, in den sie geroutet ist. Das Side Chaining ist vielen Produzenten aber zu lästig, weshalb beispielsweise Plug-in-Hersteller wie Xfer (»LFO-Tool«), Cable Guys (»Volume-Shaper«) oder der House- und Elektro-DJ und Produzent Nicky Romero (in einfacherer Form) Plug-ins auf den Markt gebracht haben, die rhythmisches Pumpen auch ohne Side Chaining ermöglichen, indem sie mit wählbaren Verlaufskurven die Lautstärke (oder mehr) modulieren.

15.12 Pitch-Effekte und Vocal-Bearbeitung

Die Effekte in der Kategorie PITCH (siehe Abbildung 15.99) eignen sich besonders gut (aber natürlich nicht ausschließlich) für die Bearbeitung von Vocals.

Abbildung 15.99 Plug-ins zur Bearbeitung der Tonhöhe in Logic

Sämtliche Effekte plus den Vocoder habe ich im Beispielprojekt *15housemusicpitchkorr* (siehe Abbildung 15.100) benutzt. Spur 1 spielt den Vocal im Normalzustand ab, die in den anderen Spuren verwendeten Effekte werde ich Ihnen nachfolgend vorstellen.

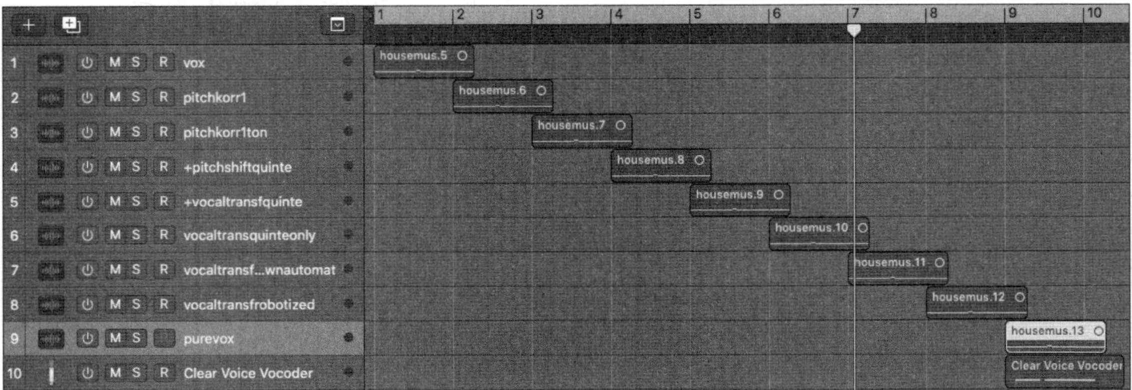

Abbildung 15.100 Die Spuren im Beispielprojekt »15housemusicpitchkorr« führen jeweils unterschiedliche Bearbeitungen einer Gesangsaufnahme vor.

15.12.1 Pitch Correction

Mit dem Plug-in Pitch Correction stellt Logic ein Tool für die Echtzeitkorrektur von Gesangstonhöhe zur Verfügung. Dieses ist als Effekt zu verstehen, Authentizität ist nicht die Priorität.

Die auf der Tastatur in Abbildung 15.101 leuchtenden Tasten, die Sie durch manuelles Anklicken oder durch Auswahl einer Tonart bzw. Skala in den Menüs ROOT und SCALE aktivieren, geben die Tonhöhen an, die für den zu korrigierenden Gesang erlaubt sind. Im Bild sind das F, G und A#. Unter den Tasten wird die aktuell stattfindende Korrektur angezeigt. Ganz rechts ist die Reaktionszeit (RESPONSE) des Plug-ins extrem schnell eingestellt, so dass die Korrekturen schnellstmöglich stattfinden. Links können Sie eine globale Stimmung festlegen oder unten (wie im Beispiel) eine generelle Verstimmung eingeben. Die Bypass-Schalter (BYP) deaktivieren die Notenkorrektur für bestimmte Töne.

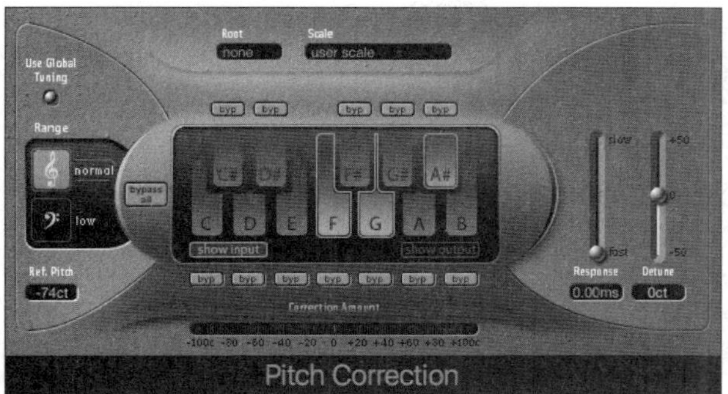

Abbildung 15.101 Das Pitch Correction-Plug-in

Praxisbeispiel

In Spur 2 des Projekts *15housemusicpitchkorr* wird der Gesang entsprechend Abbildung 15.101 korrigiert. Es entstehen relativ geglättete Töne; manch einer würde das eventuell »Cher-Effekt« nennen – nach der Sängerin Cher, die in Hits wie »Believe« einen ähnlichen Effekt erstmals verwendete. Oft nennt man den entsprechenden Effekt auch *Auto-Tune-Effekt* – nach dem gleichnamigen Plug-in der Firma Antares. Erstaunlicherweise fand die Musikwelt genreübergreifend (z. B. besonders bei Trap oder Ragga) Gefallen an der Künstlichkeit solcher Vocals. Dabei wird oft jeglicher tonale Drift entfernt – bis hin zum Angleichen mehrerer ursprünglich unterschiedlicher Tonhöhen auf nur einen Wert. In Spur 3 des gleichen Projekts habe ich die Wirkung des Pitch Correction-Plug-ins überzeichnet dargestellt, weil hier nur auf eine einzige aktive Note (G) korrigiert wird.

Problematisch bei solchen Einstellungen in Logics Pitch Correction ist manchmal, dass man keine Oktavlage einstellen kann, so dass die Korrektur des Plug-ins manchmal zwischen zwei Oktaven schwankt.

Ausblick

Editing mit Flex Pitch (siehe Abschnitt 9.4) oder den Drittanbieterprogrammen Melodyne und Auto-Tune ist in der Regel präziser und erlaubt offline detailliertere Eingriffe, Auto-Tune kann auch in Echtzeit arbeiten.

15.12.2 Pitch Shifter

Spur 4 und 5 des Projekts *15housemusicpitchkorr* spannen das Pitch Shifter-Plug-in mit ein. Es erlaubt grundsätzlich die Verstimmung des Audiomaterials durch Generierung eines verzögerten Zweitsignals mit höherer oder niedrigerer Samplerate ohne Formantenkorrektur in Echtzeit; es ist also auch möglich, mit Hilfe des »Pitch Shifters« live wie ein Flaschengeist oder eine Comic-Figur mit heller Stimme zu sprechen. Durch die fehlende Formantenkorrektur klingen tiefer gestimmte Vocals wie eine langsam abgespielte Platte oder eben wie ein Flaschengeist – und höher gestimmte Vocals in etwa wie nach dem Inhalieren von Helium.

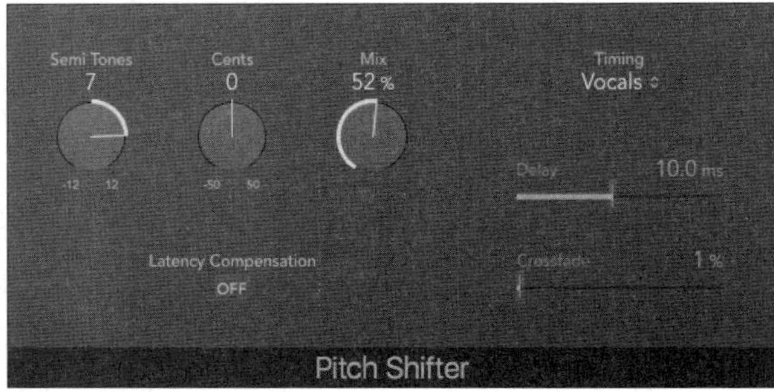

Abbildung 15.102 Logics Pitch Shifter

Der Pitch Shifter ist nicht nur als Einschleif-, sondern auch als Zumischeffekt interessant, was Sie in Spur 4 hören, wo der Gesang mit einer Stimmung von +7 Semitones hinzugemischt wird (entspricht einer Quinte, siehe Abbildung 15.102). Das ist beispielsweise geeignet, um Vocals in Refrainpassagen zu unterstützen.

Auch ein Finetuning in Cents ist möglich. Unter TIMING können Sie Algorithmen für die Timinganpassung wählen. Zur Auswahl stehen DRUM, VOCALS, SPEECH, PITCH TRACKING sowie MANUAL für manuelle Justage. Das Plug-in ist also auch eine Option für das Tuning von Drums. Wenn Sie eine pure Verstimmung realisieren wollen, stellen Sie einfach den Mix-Regler auf 100%. Zu beachten ist, dass der Pitch Shifter eine Latenz einführt, die Sie mit dem LATENCY COMPENSATION-Button ausgleichen können.

15.12.3 Vocal Transformer

Der Vocal Transformer (Abbildung 15.103) ermöglicht Tonhöhenbearbeitung von Audiomaterial, ähnlich wie der Pitch Shifter; er erlaubt allerdings zusätzlich Formantenkorrektur.

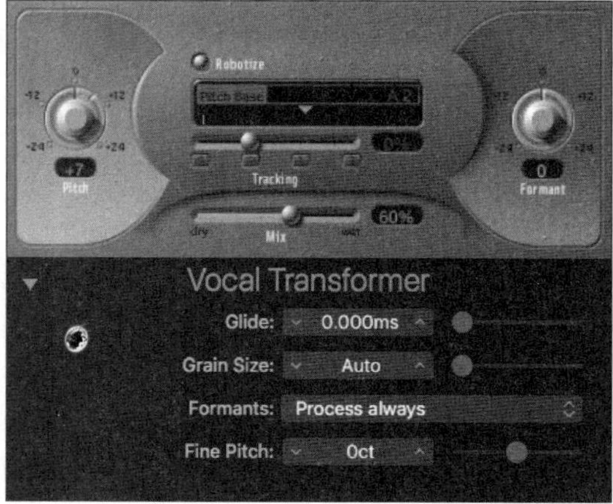

Abbildung 15.103 »Vocal Transformer«

In Spur 5 des Projekts *15housemusicpitchkorr* habe ich wiederum eine zweite Stimme hinzugemischt, die 7 Halbtöne bzw. eine Quinte über der Originalstimme liegt. Würden Sie den Regler FORMANT des »Vocal Transformers« rechts auf +7 drehen, entspräche das Ergebnis klanglich in etwa dem einer vergleichbaren Bearbeitung im Pitch Shifter. Doch der Regler in Spur 5 steht auf 0, um die Formanten der Originalstimme möglichst beizubehalten – d. h., es klingt in diesem Fall etwas weniger nach Micky Maus als in Spur 4. Auch der Vocal Transformer ist sowohl als Einschleif- wie auch als Zumischeffekt nutzbar. In Spur 6 hören Sie ihn in einer Einstellung 100 % WET.

Spur 7 demonstriert den Sound des Vocal Transformers bei einer Automation des PITCH-Parameters, den ich von weit oben nach unten bewegt habe, ohne dass sich die Formanten ändern. Der Sound erinnert mich an den Track »Intergalactic« von den Beastie Boys.

Mit dem ROBOTIZE-Parameter stellen Sie ein, ob die Tonhöhe im »Vocal Transformer« der Tonhöhe des Gesangs folgt oder nicht. Wenn ROBOTIZE aktiv ist, wirkt sich die Einstellung im hierfür vorgesehenen TRACKING-Regler darauf aus. Eine Einstellung von 0 wie in Abbildung 15.103 entspricht dem, was in Spur 8 des Projekts *15housemusicpitchkorr* passiert: Der Gesang bleibt kontinuierlich auf derselben Tonhöhe. Ein Klick auf den Button mit der 1 daneben stellt einen Tracking-Wert von 100 % ein; jetzt folgt die Tonhöhe exakt der Gesangstonhöhe. Probieren Sie einmal aus, was klanglich bei Werten von –100 % oder 200 % oder Werten dazwischen passiert: Die Gesangstonhöhen ändern sich dann relativ (entsprechend der Prozentzahl). 15

Im ausklappbaren Teil mit erweiterten Parametern haben Sie weitere Optionen. Der Vocal Transformer basiert auf Granularsynthese, das heißt, dass das Signal in kleine Granularteilchen zerlegt wird, die geloopt werden. Die Größe der Teilchen (GRAIN SIZE) können Sie justieren, wodurch sich der Sound stark ändert. Außerdem können Sie dort ein Pitch-Finetuning vornehmen und einen GLIDE-Parameter einstellen, der Übergänge zwischen den Tonhöhen zeitlich verlängert.

15.12.4 Vocoder und Harmonizer als Alternative zum Pitch Shifting?

In Spur 9 und 10 des Projekts *15housemusicpitchkorr* habe ich noch einen Vocoder zum Einsatz gebracht. Dessen Funktionsweise erläutere ich zwar genauer in Abschnitt 11.23, »Vintage Clav«, sowie in Abschnitt 15.10.2 über den EVOC 20 TrackOscillator. Ich möchte hier nochmals auf Vocoder hinweisen, mit deren Hilfe Sie völlig frei in der Zuordnung von Tonhöhen sind – die Stimme singt genau die Noten, die Sie mit dem Keyboard einspielen. Das müssen Sie sich mit einer relativ künstlich klingenden Stimme erkaufen.

Alternativen stellen Reasons »Neptune« oder Rolands »VT3« bzw. »VP7« dar, bei denen mit dem Keyboard gespielte Noten auch wie ein echter Chor klingen können.

15.13 Multi Effects

Die Multi Effects sind komplexe Plug-ins, die mehrere Effekte enthalten.

Abbildung 15.104 »Multi Effects«

Phat FX und Step FX ähneln sich grafisch und basieren auf älteren Camel-Audio-Plug-ins (»Camel Phat« und »Camel Space«). Nutzer dieser nicht mehr erhältlichen Plug-ins können nun sogar ihre alten Logic-Projekte mit diesen Plug-ins weiterbearbeiten. Probieren Sie die Presets aus, um ein Gefühl für die Effekte zu bekommen. Das lohnt sich bei diesen beiden Effekten besonders. Beide sind mit einem X/Y-Pad ausgestattet. Im X/Y-Pad können Sie für jede Achse (X, Y) jeweils zwei Modulationsziele aus Flip-Menüs auswählen. Bewegen Sie den Punkt auf dem X/Y-Pad, so steuern Sie damit schnell mehrere Parameter gleichzeitig. Das kann hilfreich bei Performances sein, aber auch als Automation aufgezeichnet werden.

Die Plug-ins Remix FX nutzen ebenfalls X/Y-Pads und sind im Stile von DJ-Mixer-Tools intuitiv bedienbar und bereits aus GarageBand iOS bekannt, wo man sie besonders gut mit Touchscreens und zwei Händen nutzen kann. Das gilt nun natürlich auch für Logic Remote.

15.13.1 Remix FX

Mit den *Remix FX* (vergleiche Abbildung 15.105) können Sie verschiedene performanceorientierte Effekte live anwenden und aufzeichnen. Viele Effekte sind typische Stutter- oder Filtereffekte, ähnlich wie Effekte eines DJ-Mixers. Sie lassen sich gut auf Beats eines gesamten Tracks, aber auch auf Einzelspuren anwenden. Wählen Sie einen Effekt aus, und klicken Sie mit gehaltener Maustaste auf eines der beiden X/Y-Pads.

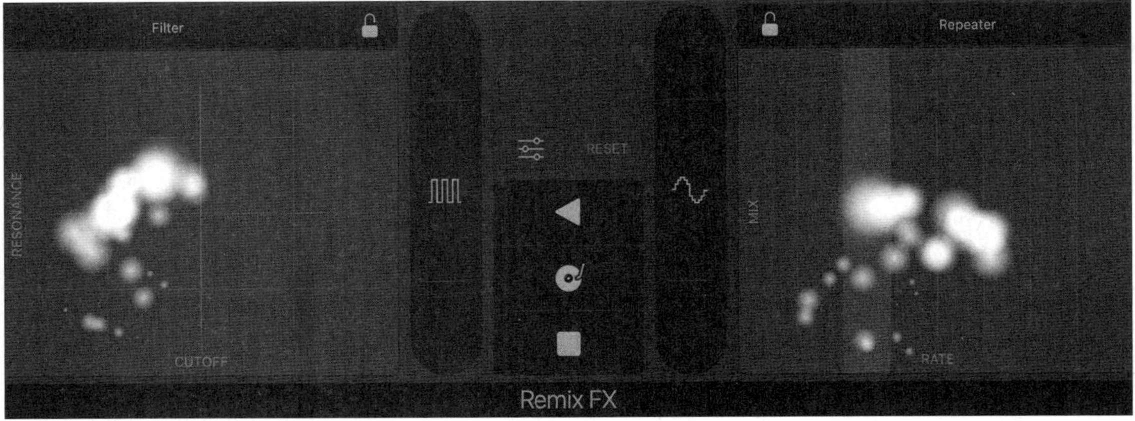

Abbildung 15.105 Remix FX in Aktion

Oder nutzen Sie Logic Remote (siehe Abschnitt 16.3) auf iPad oder iPhone, um mit zwei Händen gleichzeitig zwei X/Y-Pad s anzusteuern. Auf dem iPad werden speziell die Remix FX besonders gut dargestellt und sind sehr intuitiv zu bedienen. Zuerst veröffentlichte Apple diesen Effekt in GarageBand iOS, wo Sie ihn auch nach wie vor finden. Bewegungen werden dort in einer lilafarbenen Region auf einer eigenen FX-Spur aufgezeichnet, die editiert werden kann. Dort erstellte Projekte lassen sich in Logic öffnen. In Logic zeichnen Sie Bewegungen hingegen typischerweise als Automation auf.

Abbildung 15.106 Remix FX in Logic Remote

Sie können für beide X/Y-Pads oben durch Klick auf den Effektnamen zwischen folgenden FX auswählen: Filter, Wobble, Orbit, Repeater, Hall und Delay. Die X- und Y-Achse eines Pads steuert jeweils einen Parameter. Für den Filter-Effekt gilt X: Cutoff, Y: Resonanz. Wenn Sie den Finger immer weiter auf die rechte Seite des X/Y-Pads bewegen, nimmt der Filter immer mehr Bässe weg (High-Pass-Filter – alles, was über der Cutoff-Frequenz liegt, wird durchgelassen). Bewegen Sie den Filter auf die linke Seite, so filtert er immer mehr Höhen weg (Low-Pass-Filter – alles, was unter der Cutoff-Frequenz liegt, wird durchgelassen). Weiter oben auf dem X/Y-Pad wird die Resonanz hochgedreht: Das bedeutet, dass die Cutoff-Frequenz zusätzlich besonders betont wird.

Ähnlich funktioniert es mit den anderen Effekten, auch sie haben jeweils zwei Einstellungen, die Sie über das X/Y-Pad gleichzeitig fernsteuern können.

Weitere Effekte werden mittig angezeigt (SCRATCH, REVERSE, STOP sowie GATER und DOWNSAMPLER). Der STOP-Effekt ähnelt dem Anhalten eines Plattenspielers. Der SCRATCH-Effekt mit dem Plattenspieler-Symbol erzeugt ein rhythmisches Scratchen. Der REVERSE-Effekt bewirkt, dass der Sound rückwärts wiedergegeben wird. Speziell für die letztgenannten Effekte gilt: Wie es sich genau anhört, hängt stark davon ab, an welcher Stelle im Song ein Effekt aktiviert wird.

Der Charakter des GATER-Effekts ist das abwechselnde Aktivieren und Deaktivieren der Audiowiedergabe. Je höher Sie den Finger bewegen, desto schneller passiert das. Beim DOWNSAMPLER können Sie die Wiedergabe, ähnlich einem alten Videospiel, zunehmend kaputt klingen lassen. Sie finden diesen Effekt mit mehr Einstellmöglichkeiten auch im Bitcrusher.

Darüber sind noch ein RESET- und ein Settings-Button. Über Letzteren erreichen Sie einige Detaileinstellungen. Auf dem iPad können Sie X/Y-Pads mit dem Finger oder durch Bewegung des Geräts steuern. Dabei erscheint jeweils ein feuerwerksähnlicher Effekt, und die Bedienelemente werden lila eingefärbt. Ist die Rotationssteuerung aktiviert, können Sie den Effekt mit den Bewegungssensoren des iOS-Geräts steuern. In Logic Remote sehen zwei Symbole links und rechts vom Eintrag des Effektnamens eines X/Y-Pads: Der linke Button ist für die Funktion Rotationssteuerung, der rechte heißt FX-Sperre. Auf dem Mac ist nur der rechte Button sichtbar.

Sie können die Remix FX auch in mehreren Takes aufzeichnen und sich im ersten Durchlauf auf einen Effekt konzentrieren und beim zweiten Durchlauf einen neuen Effekt auswählen und das so immer so weiter fortsetzen, um Effekte zu layern.

Die Effektsperre sorgt dafür, dass der zuletzt eingestellte Effekt bzw. die Position auf dem X/Y-Pad beibehalten wird, wenn Sie den Finger hochheben. Umgekehrt können Effekte bei deaktivierter FX-Lock-Einstellung kurzzeitig ausgeführt werden und sofort wieder verschwinden.

15.13.2 Phat FX

Die Verzerrungsalgorithmen der Phat FX (Abbildung 15.107) gehören zum Besten, was es auf dem Markt gibt. Sie können zwischen vielen Verzerrungstypen wählen, um Dinge krass zu verzerren oder auch mal nur leicht anzufetten.

Die Phat FX besteht aus verschiedenen Teilbereichen, die ich hier Blöcke nenne. Diese sind teilweise Audioeffekte, teilweise Modulationsquellen. Jeder Block hat oben links einen kleinen Power-Button, um ihn zu aktivieren.

Abbildung 15.107 Phat FX

Besonders wichtig ist dabei der Distortion-Block, doch es gibt auch zwei Filter-Blöcke, Mod FX, Bass Enhancer und Compressor sowie einen Master-Block. Den Signalfluss können Sie flexibel gestalten: Verschieben Sie die Blöcke unten, um ihn zu ändern. Beachten Sie, dass an vielen Stellen Flip-Menüs versteckt sind. So besteht allein der Block Distortion aus drei Verzerrungsmodulen. Für jedes davon sind 11 Verzerrungsoptionen mit sehr unterschiedlichem Charakter da. Im Signalflussdiagramm unten gibt es keinen Distortion-Block, sondern stattdessen drei Blöcke, deren Namen den gewählten Verzerrungsoptionen entsprechen. Auch in den anderen klangverarbeitenden Blöcken finden Sie zahlreiche Flip-Menüs mit Optionen, z. B. für Filter- und Kompressortypen. Der Reject Mix-Regler im Bandpass-Modul ist eine Art Dry/wet-Regler und mischt das unbearbeitete Signal zur Weitergabe an den nächsten Block hinzu.

Um Bewegung in Effekte hereinzubringen, stehen Ihnen LFOs, Envelope Follower und das X/Y-Pad zur Verfügung, das je Achse zwei Ziele ansteuern kann. In jedem Modulator können Sie das angesteuerte Ziel und die Tiefe der Modulation auswählen. Aktive Modulationen und ihr Umfang sind an blauen Bereichen um die Zielparameter sichtbar.

Im Projekt *15x3PhatFX1* ist eine X/Y-Pad-Automation aufgenommen. In *15x3PhatFX2* habe ich die Einstellungen im X/Y-Pad geändert, so dass Bewegungen nicht nur die Cutoff-Frequenz des BP-Filters oben links, sondern auch noch dessen Resonanz ansteuern. Im Beispiel *15x3PhatFX3* wirkt sich der EnvFollower noch auf die Intensität der Vari Drive-Verzerrung aus. Zusätzlich ist in der Bass-Spur aller drei Beispiele bereits ein Envelope Follower in *Alchemy* im Einsatz. *15x3PhatFX4* hat weitere Änderungen inklusive einer anderen Signalflussreihenfolge und Filtermodulation als Ziel für den Envelope Follower.

15.13.3 Step FX

Das Step FX-Plug-in (Abbildung 15.108) besteht aus den Effekten MOD FX, Delay, Filter, Distortion, Master-Bereich sowie einem X/Y-Pad und einem Step Modulator-Bereich, in dem drei verschiedene Step-Modulatoren bzw. Step Sequencer aktiv sein können. Auch hier gibt es wie in Phat FX Blöcke, und auch hier können Sie den Signalfluss durch Verschieben der Blöcke verändern.

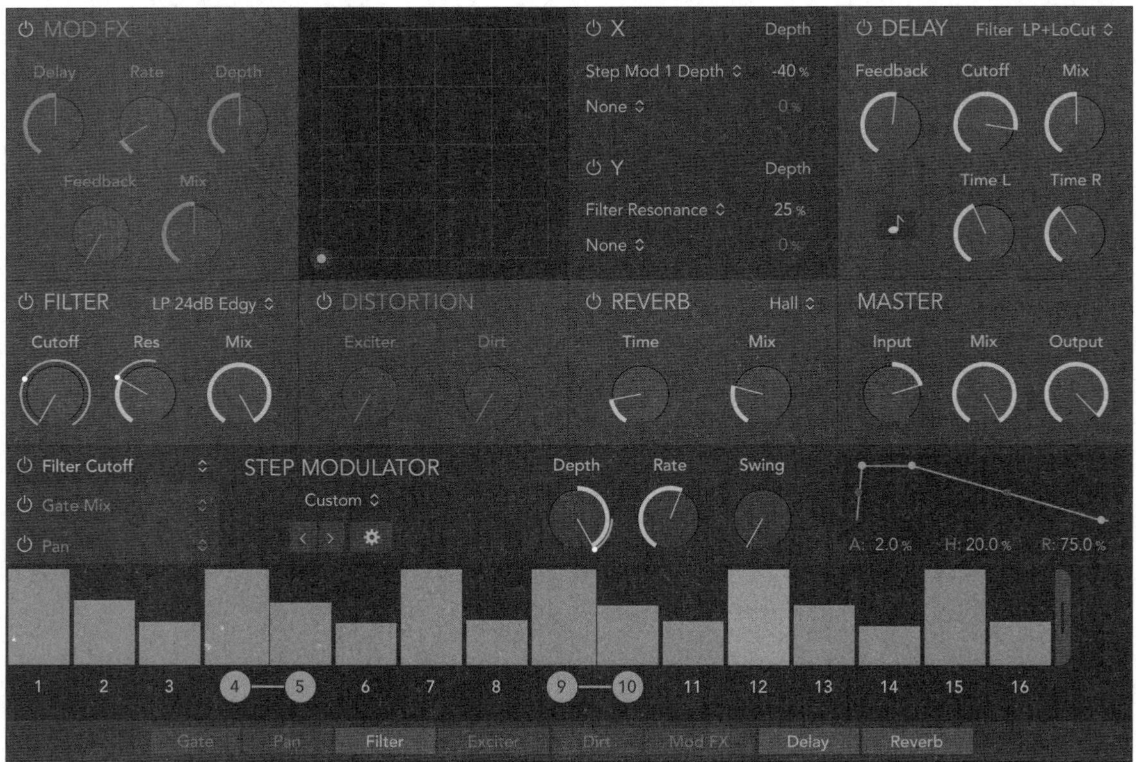

Abbildung 15.108 Step FX

Während die erstgenannten Effektblöcke wiederum die eigentliche Bearbeitung des Audiosignals realisieren, tun X/Y-Pad und Step-Modulatoren dies nur indirekt, indem sie andere Parameter modulieren. Welche Parameter das sind, ist wiederum einstellbar. Blaue Bereiche um die Zielparameter zeigen aktive Modulationen an.

Für jeden der drei Step-Modulatoren können Sie je ein Modulationsziel in einem Flip-Menü einstellen. Durch Klick auf das jeweilige Flip-Menü sehen Sie den jeweiligen Step-Modulator.

Des Weiteren können Sie bis pro Modulator die Modulationstiefe (DEPTH), die Abspielgeschwindigkeit (RATE), den SWING-Faktor, eine eigene Step-Hüllkurve sowie bis zu 128 Steps einstellen. Für Letzteres steht kein Eingabefeld zur Verfügung. Fassen Sie den rechten Rand des Sequencers an, und bewegen Sie ihn nach links oder rechts, um die Sequenzlänge zu verändern. Im durch einen Button mit Zahnrad erreichbares Aktionsmenü können Sie nicht nur Funktionen wie RANDOMIZE, SHIFT und REVERSE nutzen, sondern auch via APPEND DUPLICATE die Länge der Sequenz verdoppeln und dabei die Sequenz duplizieren. Für den Sequenzverlauf gibt es auch rhythmische oder LFO-ähnliche Presets, die Sie im Flip-Menü mit orangefarbener Schrift direkt unter der Beschriftung STEP-MODULATOR finden. Mit ihnen können Sie leicht ohne händische Programmierung Sequenz erstellen und sich inspirieren lassen. Doch natürlich können Sie auch selbst Step-Werte einzeichnen, die übrigens positiv und negativ sein können.

Im Projekt *15x3-StepFX1* verfeinern die Step FX-Plug-in einzelne E-Piano-Noten rhythmisch mit einem Delay. In *15x3-StepFX2* finden Sie ein anderes, eher hallbasiertes Beispiel, bei dem mehr Step-Modulatoren aktiv sind. *15x3-StepFX3* führt ein weiteres Step FX-Plug-in auf der Drum-Spur ein, wo durch die Kombination von Phat FX und Step FX ein komplexer Rhythmus entsteht.

15.14 Specialized

In der Unterkategorie SPECIALIZED finden Sie noch einige Plug-ins, die nicht in die anderen Kategorien passen (siehe Abbildung 15.109).

Abbildung 15.109 Plug-ins in Logics Effektkategorie »Specialized«

15.14.1 Exciter

Das Exciter-Plug-in (Abbildung 15.110) erzeugt hochfrequente Komponenten, die nicht Bestandteil des Originalsignals sind (nonlineare Verzerrungen). Zweck der Prozedur ist ein brillanterer, offenerer Klang, indem ein zuvor mit einem High-Pass-Filter bearbeitetes Signal verzerrt wird.

Wie schon im Rahmen der Distortion-Plug-ins erläutert, klingen solche Verzerrungen auf sehr tiefen Frequenzen weniger gut bzw. würden ansonsten den Gesamtsound dominieren – daher wird der High-Pass-Filter vor der Verzerrung angewendet. Die Frequenz des High-Pass-Filters stellen Sie mit dem FREQUENCY-Regler ein, mit dem HARMONICS-Regler können Sie die zusätzlich generierten Verzerrungen hinzumischen. COLOR 1 und 2 repräsentieren zwei unterschiedliche Verzerrungsspektren, von denen COLOR 2 ein wenig intensiver und dichter wirkt.

Die Nutzung eines Exciter-Effekts auf der Soundsumme kann wie eine Wunderheilung von Audiomaterial wirken und ist verlockend; beim ersten Hören klingt das Material mit einem Exciter oft scheinbar besser. Das kann sich jedoch schnell relativieren, wenn man das Material mit ein paar Tagen Abstand und im Vergleich mit anderen Aufnahmen hört – die über den gesamten Songverlauf und alle Instrumente zusätzlich versprühte Brillanz kann schnell nerven und zu aufdringlich werden, sie muss oft im Nachhinein wieder bedämpft werden. Deshalb ist Vorsicht bei der Nutzung eines solchen Effekts angesagt, insbesondere wenn Sie ihn auf den gesamten Mix anwenden. Dagegen eignet sich der Exciter auch, um für einzelne Instrumente die höheren Frequenzanteile präsenter zu machen.

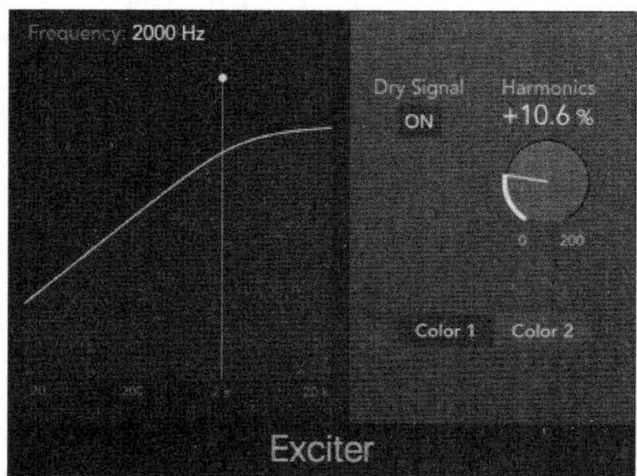

Abbildung 15.110 Exciter

Bekannte Hardware-Exciter sind z. B. Aphex »Aural Exciter«, SPL »Vitalizer« oder Behringer »Ultrafex«. In Zeiten von Bandaufnahmen wurden Exciter-Effekte oft genutzt, um den Höhenverlust beim Kopieren von Band zu Band zu kompensieren.

Im Beispiel *15Excite* läuft ein ohnehin stark bearbeiteter Drumloop durch einen automatisierten Exciter. Dabei hören Sie zunächst den Klang ohne Exciter, danach mit einem dezenten Exciting. Im weiteren Verlauf habe ich die Anteile der HARMONICS erhöht und die Frequenz des HPF verringert, wobei vor allem Letzteres deutlich hörbar wird. Um also nur dezente Brillanz und nicht mittigen Sound hinzuzumischen, muss die Cutoff-Frequenz des HPF hoch genug eingestellt sein.

15.14.2 SubBass

Das SubBass-Plug-in (Abbildung 15.111) erzeugt Basslines aus Sinustönen auf zwei verschiedenen Ebenen unterhalb des Originalsignals. Grundsätzlich helfen die separaten DRY-/WET-Regler Ihnen, genau zu hören, was das Plug-in macht (indem Sie den DRY-Regler komplett herunterdrehen).

Der Zweck des SubBass-Plug-ins ist es, Sub-Bässe unterhalb des Originalsignals zu erzeugen. Zur Steuerung dessen stehen Ihnen die Bereiche HIGH und LOW zur Verfügung, die Sie in einem wählbaren Mixverhältnis (Regler FREQ. MIX) hinzumischen können. Die beiden Bereiche können Sie grundsätzlich gleich bedienen, was auch bedeutet, dass der Bereich LOW theoretisch auch tiefer klingen kann als der Bereich HIGH.

Abbildung 15.111 SubBass

Mit den CENTER- und BANDWIDTH-Reglern definieren Sie für beide Bereiche separat, aus welchem Frequenzbereich SubBass Audio aus dem Originalsignal für die Erstellung einer neuen, »gedoppelten« Sinuston-Subbasslinie heranzieht. Mit dem RATIO-Regler stellen Sie ein, in welchem Frequenzverhältnis das passieren soll. Eine RATIO von 1 entspricht der Originaltonhöhe, 2 ist eine Oktave tiefer und 4 zwei Oktaven tiefer. 3 ist dementsprechend eine Oktave und eine Quinte tiefer. Trotzdem kann eine RATIO von 7 heller klingen als eine RATIO von 2, weil sie sich auf ein höheres zuvor gewähltes Frequenzband beziehen kann.

Praxisbeispiel

Es macht Spaß, am RATIO-Regler zu drehen, dabei die Frequenzen zu verstellen und auszuprobieren, was dabei herauskommt, denn es klingt oft musikalisch. Wenn Sie natürlich ein E-Piano spielen lassen, das nicht viel Bässe hat, und versuchen, das Originalsignal aus einem bassigen Frequenzbereich zu nehmen (wo kaum etwas vorhanden ist), und es zudem via hoher RATIO extrem tiefer legen möchten, dann bekommen Sie keinen Megatiefbass, sondern hören tendenziell ... nichts – wie in Spur 1 unseres Beispiels *15Subbass*. In den anderen Spuren des Projekts finden Sie jeweils weitere bzw. bessere Beispiele für die obigen Ausführungen, deren Effekt ich in den Spurnamen kurz erläutert habe (siehe Abbildung 15.112).

Ganz unten ist ein leerer *Sampler* geladen, mit dessen Hilfe Sie Sinustöne selbst hinzufügen können. Dabei kann auch die FLEX PITCH-Funktion helfen, eine MIDI-Spur aus Noten zu generieren, die Sie anschließend »tieferlegen« können (siehe Abschnitt 9.4.8).

Abbildung 15.112 Spuren im Projekt »15Subbass«

Außerdem können Sie dort den *Sampler* in Spur 9 Probe spielen, um nachzuvollziehen, welche Noten das SubBass-Plug-in jeweils hinzufügt.

15.15 Utility

In der Kategorie UTILITY finden Sie einige Plug-ins, die bei der täglichen Mixarbeit wichtig sein können, sowie das neue Auto Sampler-Plug-in (Abbildung 15.113).

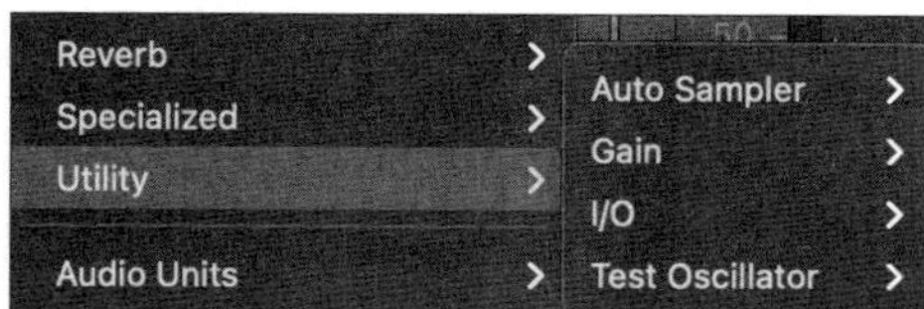

Abbildung 15.113 »Utility«-Menü

15.15.1 Auto Sampler

Mit dem Auto Sampler (Abbildung 15.114) ist es möglich, die Sampling-Prozedur zu automatisieren, um Multisamples oder Velocity-Layer in Ihrem Instrument zu erstellen. Hintergrund: Bereits vor vielen Jahren kaufte Apple die Firma Redmatica des Italieners Andrea Gozzi auf, der in seinen Programmen Auto Sampler und Keymap die besten Loop-Algorithmen erfunden hatte, die ich je gehört habe. Es geht dabei um das automatische Auffinden von gut klingenden Loops für die Ausklingphase eines Instruments. Allerdings konnten die Redmatica-Programme Presets für viele Sampler erstellen, der Auto Sampler in Logic erstellt nur Instrumente für Logics *Sampler*.

Im Januar 2015 erschien der Auto Sampler zuerst als Teil von MainStage, das diese Technologie offensichtlich nutzt – wenn auch in vereinfachter Form. Die Logic-Version des Auto Samplers unterscheidet sich kaum von der MainStage-Version, erste MainStage-Auto-Sampler konnten aber ältere Varianten von *.exs*-Instrumenten erstellen, die auch von anderen Samplern gelesen werden konnten. Die Kompatibilität zwischen den Samplern nimmt leider immer mehr ab. Früher konnten Ableton und Kontakt *.exs*-Instrumente importieren, mit neuen Sampler-*.exs*-Instrumenten ist mir das noch nicht gelungen. Gleichwohl können Sie Auto Sampler-Aufnahmen, deren Namensgebung typischerweise über Tonhöhe und Velocity informiert, natürlich auch manuell in einen anderen Sampler importieren und mit den dort vorhandenen Hilfstools als Instrument anlegen.

Die neuen Auto-Loop-Funktionen im *Sampler* und *Quick Sampler* scheinen mir nicht mit den Fähigkeiten der alten Redmatica-Programme vergleichbar. Im Auto Sampler gibt es mehr Loop-Optionen.

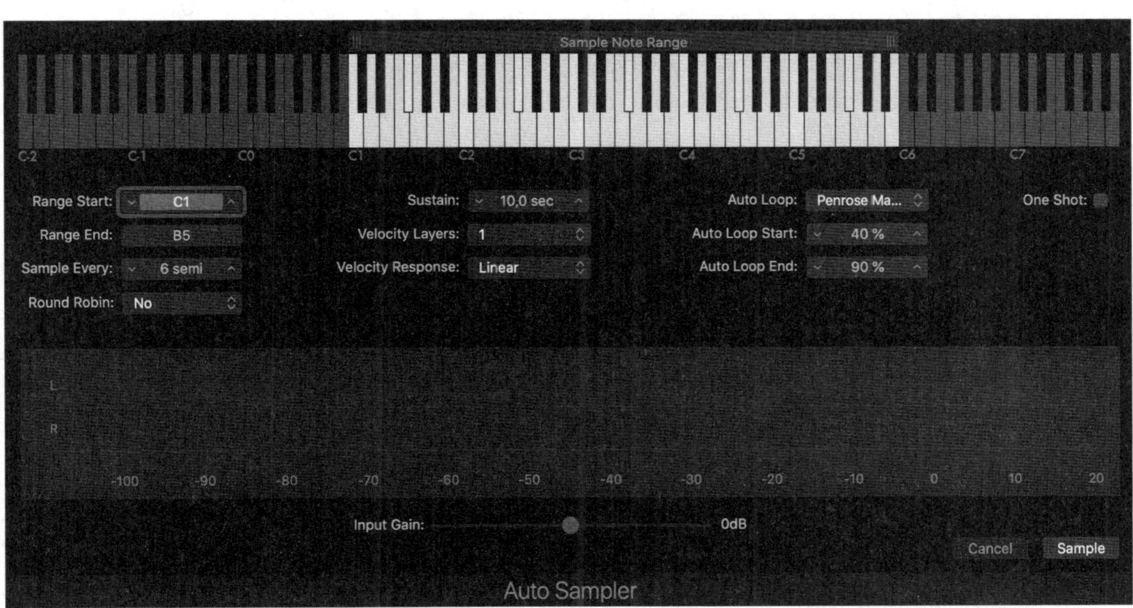

Abbildung 15.114 »Auto Sampler«

Ein Instrument mit dem Auto Sampler sampeln

Der Auto Sampler wird als Effekt-Plug-in in einen Kanalzug geladen, um ein Software-Instrument im Kanal zu sampeln. Wenn Sie stattdessen ein externes Instrument sampeln wollen, nutzen Sie das Instrumenten-Plug-in *External Instrument*. Anschließend nehmen Sie in beiden Fällen Einstellungen im Auto Sampler vor, bevor Sie mit dem Sampling loslegen, indem Sie unten rechts auf Sample drücken. Dabei werden MIDI-Befehle an das geladene Instrument gesendet.

Sie können den Sampling-Prozess dabei beobachten und zur Kontrolle mithören, eine Wellenformdarstellung unten zeigt Ihnen dabei den Pegel an. Steuern Sie nicht zu laut aus, damit die Aufnahme nicht übersteuert, und nicht zu leise, um nicht zu viel Rauschen in der Aufnahme zu haben.

Multisamples und Velocity-Layering im Auto Sampler

Sie können verschiedene Töne eines Instruments sampeln (und nicht nur einen) und daraus ein Sampler-Instrument erstellen. So erreichen Sie einen natürlicheren Klang. Man spricht von *Multisampling*. Das Instrument kann als Sampler-Instrument nur authentisch eingefangen werden, wenn Sie mehrere Tasten sampeln. Wie viele hierfür nötig sind, hängt vom Verwendungszweck ab. Nutzen Sie nur ein Sample für das ganze Instrument bzw. *eine* Originaltonhöhe, hört sich der Sound vor allem in höheren Oktaven sehr unnatürlich an.

Die Frage ist, wie viele Töne Sie brauchen, damit das Instrument im Sampler für Ihre Zwecke gut genug genutzt werden kann. Wenn Nuancen eines Klaviers richtig gut eingefangen werden sollen, ist ein Sample pro Taste nötig. Mit einem Sample pro Oktave lassen sich bei vielen Instrumenten ordentliche Ergebnisse erzielen. Bei manchen Synth-Sounds kommen Sie mit weniger Samples aus.

Im Bereich RANGE stellen Sie ein, in welchem Tastaturbereich Sie Samples aufnehmen möchten. Im Menü SAMPLE EVERY legen Sie fest, alle wie viel Halbtöne ein Sample erstellt wird. Die Tasten erscheinen anschließend im Auto Sampler farblich markiert.

Velocity-Layering; Programmierung von Velocity-Bereichen im Auto Sampler

Eine weitere Methode, die notwendig ist, um authentischen Instrumentenklang in einem gesampelten Instrument einzufangen, ist das *Velocity-Layering*. Hierbei werden Zonen mit unterschiedlichen Samples angelegt, die in Abstufungen entsprechend der Anschlagsdynamik abgespielt werden. Damit versucht man, der Tatsache gerecht zu werden, dass leiser oder lauter gespielte Noten (z. B. bei Naturinstrumenten oder Schlagzeug) unterschiedlich klingen. Man spricht von *Velocity-Layern*. Wie viele Velocity-Zonen man sinnvollerweise für ein gut gesampeltes Instrument benötigt, lässt sich nicht verallgemeinern. Die Firma Imperfect Samples hat einen Versuch unternommen, 128 Velocity-Layer eines Klaviers zu erfassen (mehr Velocity-Werte lässt MIDI ohne MPE gar nicht zu).

Wenn Sie die markierten Samples abzählen, die sich aus den Einstellungen RANGE und SAMPLE EVERY ergeben und mit dem unter VELOCITY LAYERS eingestellten Wert (bis zu 16 Layer sind einstellbar) multiplizieren, ergibt sich die Zahl der Samples bzw. Aufnahmen, die der Auto Sampler erstellen wird. Der Auto Sampler sampelt dann alle Töne mit verschiedenen Velocities entsprechend den von Ihnen vorgenommenen Einstellungen. Die Aufteilung der Velocity-Bereiche hängt auch von der Einstellung im Bereich VELOCITY RESPONSE ab. Ist er exponentiell, werden mehr Tasten mit niedriger Velocity gesampelt; ist er logarithmisch, mehr Tasten mit hoher Velocity.

Beides wird in der Anzeige darunter dargestellt. Sie können dort die Werte aber auch manuell ändern und nach oben und unten schieben, dann erscheint der Eintrag CUSTOM bei VELOCITY RESPONSE. Weil jede Keyboard-Tastatur unterschiedlich zu spielen ist, hat der Hersteller der Sample-Library es schwer, das Originalfeeling eines Klaviers authentisch auf die Keyboards von Sampler-Usern zu transportieren.

Loopen

Zum Loopen stehen unter dem Eintrag AUTO LOOP in einem Flip-Menü verschiedene Optionen zur Verfügung. Hierzu gehört der aus Redmaticas Programmen bekannte *Penrose*-Algorithmus.

Sampeln, gesampelte Instrumente verwalten

Zum Sampeln klicken Sie auf den Button SAMPLE unten rechts.

Die gesampelten Ergebnisse werden in einem *.exs*-Instrument zusammengefasst. In einem Dialog lässt sich einstellen, wohin es gespeichert werden soll.

Standardmäßig landen Samples in einem *Auto-Sampled*-Unterordner im Ordner *Audio Music Apps*. Zudem erscheinen sie im Sampler unter dem Eintrag AUTO SAMPLED im Presetmenü.

Im Projekt *15x3Autosampler1* können Sie ein einfaches *ES2*-Instrument mit dem »Auto Sampler« sampeln, was ich in *15x3Autosampler2+Samples* bereits erledigt habe – das Instrument habe ich dort in eine *Sampler*-Spur geladen.

15.15.2 Gain

Das Gain-Plug-in (siehe Abbildung 15.115) ist bei vielen Gelegenheiten ein praktischer Helfer. Sie können hier nicht nur die Lautstärke anpassen, sondern auch für jeden Kanal separat die Phase drehen, Kanäle vertauschen oder ein Stereosignal auf Mono umschalten. Je nachdem, ob Sie es auf einer Mono- oder einer Stereospur öffnen, sieht es dementsprechend etwas anders aus (Abbildung 15.115 zeigt beide Varianten).

Hier einige Anwendungsbeispiele:

- Mit dem Gain-Plug-in können Sie die Lautstärke anheben oder absenken, bevor das Signal in ein nachgeschaltetes Plug-in geroutet wird.
- Falls Sie eine Automation des Lautstärkereglers verwenden, können Sie die Lautstärke im Kanal unabhängig von diesem Lautstärkeregler und seiner Automation verändern.
- Schalten Sie mit dem Gain-Plug-in einen Stereokanal schnell auf Mono, z. B. die Summe, um die Monokompatibilität der Mischung zu prüfen.
- Vertauschen Sie mit dem Gain-Plug-in die Kanäle eines Stereosignals. Das ist etwa sinnvoll, wenn Sie mit einem Stereomikro einen Chor aufnehmen, bei dem die Tenöre links

und die Bässe rechts stehen, was auf der Aufnahme mit einem Stereomikro eventuell zunächst genau umgekehrt sein und so leicht wieder geändert werden kann.

- Drehen Sie mit dem Gain-Plug-in die Phase des Signals für den linken und rechten Kanal separat. Wenn Sie zwei identische Signale zusammenmischen und die Phase von einem komplett drehen, ist nichts mehr zu hören (siehe Projekt *15Phasendreher1*).

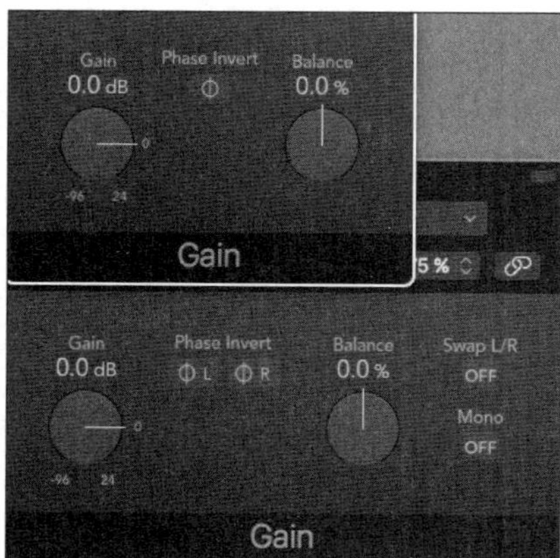

Abbildung 15.115 Gain-Plug-in in der Mono und Stereo-Ausführung

Mit den Phasendrehoptionen ist auch die Erstellung einer M/S-Matrix (siehe Abschnitt 17.3.4) möglich.

Ein Plug-in, das durchaus auch in die Kategorie UTILITY gehört hätte und das Gain-Plug-in gut ergänzt, ist der Direction Mixer, der die Stereobreite verändern kann und sich in der Kategorie IMAGING wiederfindet.

15.15.3 I/O Utility; externe Effekte einbinden

Mit dem I/O Utility-Plug-in (siehe Abbildung 15.116) binden Sie externe Effekte in Logics Mixer ein. Hierfür definieren Sie einen Audio-Output, der das Signal aus dem Kanalzug in den Effekt schickt, und einen Audio-Input, über den es wieder zurückkommt. Die entstehende Latenz kann ausgeglichen werden.

Wenn Sie auf LATENCY DETECTION: PING klicken, wird die Latenz durch das Aussenden und Empfangen eines Signaltons ermittelt, wodurch für sämtliche anderen Spuren bzw. Effekte entsprechende Latenz eingeführt wird, um die ermittelte Latenz zu kompensieren. Hierbei sollten Sie jedoch latenzeinführende Plug-ins in der Spur mit dem I/O-Plug-in zuvor deaktivieren. Mit dem LATENCY OFFSET-Regler können Sie die Latenz zwischen –500 und 1.000 Samples auch manuell justieren. Es versteht sich von selbst, dass Bounces bei der Nutzung externer Effekte nur in Echtzeit und nicht offline erfolgen können. Neu hinzugekommen sind ein DRY/WET-Regler sowie die Option, auf Mitte/Seiten-Kanalkodierung umzuschalten.

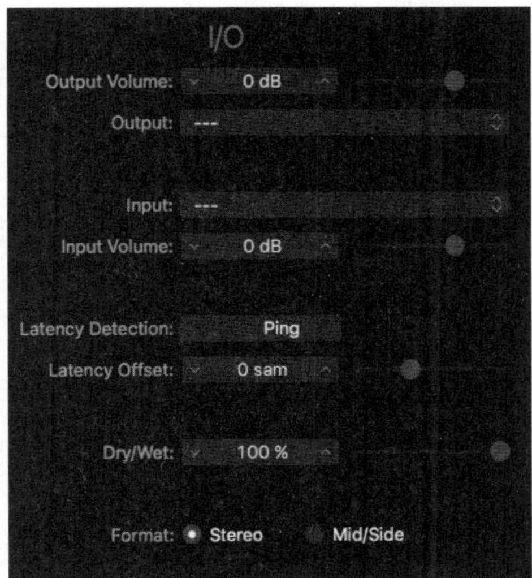

Abbildung 15.116 I/O

15.15.4 Multichannel Gain

15

Das Multichannel Gain-Plug-in steht im Surround-Modus anstelle des I/O-Plug-ins zur Verfügung. Mit dem Multichannel Gain-Plug-in (Abbildung 15.117) steuern Sie die Lautstärken einzelner Kanäle bei Surround-/5.1-Mischungen (siehe Projekt *15MultichGain*). Dabei lässt sich für einzelne Kanäle die Phase drehen oder eine Stummschaltung aktivieren.

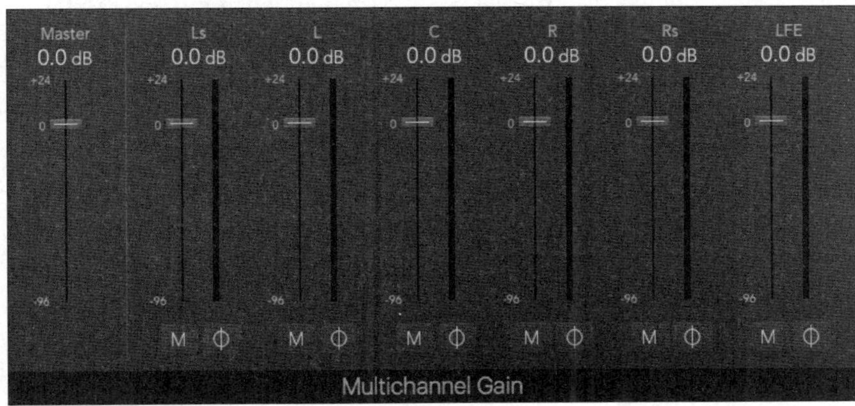

Abbildung 15.117 Multichannel Gain-Plug-in

15.15.5 Test Oscillator

Den Test Oscillator (siehe Abbildung 15.118) habe ich bereits in Abschnitt 11.30 vorgestellt; Sie finden ihn ebenfalls im EFFEKTE-Menü.

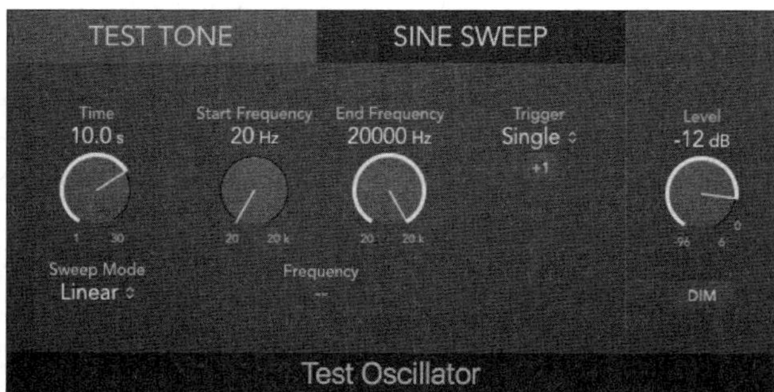

Abbildung 15.118 Test Oscillator (hier in der »Sine Sweep«-Ansicht)

15.16 Ausblick für Musiker, denen die Effekte in Logic nicht reichen

Insbesondere in den Bereichen Vocal-Bearbeitung (siehe Abschnitt 17.4.22 und folgende) und Mastering (siehe Abschnitt 18.3) können Sie Logic sinnvoll durch Drittanbieterprogramme ergänzen. Ansonsten brauchen Sie Drittanbieter-Plug-ins meiner Meinung nach nicht unbedingt, um auf allerhöchstem Niveau arbeiten zu können. Analoge Hardware lasse ich hier mal zunächst ganz außen vor.

Sehr empfehlen kann ich u. a. folgende Effekt-Plug-ins (Stand 2021):

- iZotope-Plug-ins: In Logic finden Sie fast alles, aber anderswo gibt es (noch) bessere Limiter, die hohe Lautstärke mit wenig Artefakten realisieren. »Ozone« ist ein großartiger Limiter mit zusätzlichen Modulen, z. B. für EQing, Bandmaschinensimulation, Metering oder frequenzspezifische Dynamik- und Stereobreitenbearbeitung. Hier wie auch im Mixtool »Neutron« finden sich auch einige Funktionen, die in die Richtung einer Mix- und Mastering-Assistenz gehen. Leider sind Updates für Besitzer von Vorversionen manchmal recht teuer und erscheinen recht oft. »RX« zur Klangrestauration ist ebenfalls ein marktführendes Tool.
- FabFilter-Effekte: im sehr empfehlenswerten FabFilter »Pro Q 3« können Sie z. B. die Flankensteilheit eines Bell-EQs unabhängig von der Bandbreite einstellen. Der FabFilter »Pro-MB 2« ist ein Multibandkompressor, der Frequenzen etwas schärfer voneinander trennt als Logics »Multipressor« und kann auch als DeEsser-Ersatz dienen. Es gibt auch Kompressoren, Verzerrer und Hall.
- UAD: Großartige Plug-in-Sammlung, aber externe Hardware ist Voraussetzung. Preislich nicht immer stimmige Relationen im Vergleich zur nativen Konkurrenz, dafür viele besonders gut klingende und vom Originalhersteller lizenzierte Emulationen (z. B. Manley Vari-Mu, Lexicon Hall, Fairchild, Teletronix, UREI und dbx Compressor, Pultec EQ, Harrison EQ) und viele Presets von bekannten Toningenieuren. Ungewollte Verzerrungen bei hochpegeligen Eingangssignalen (z. B. beim Mastering) passieren nach meiner Erfahrung bei UAD-Plug-ins seltener als bei bestimmten anderen Herstellern.

- Native Instruments »Komplete Bundle«: fantastisches Komplettpaket, auch mit immer besser werdenden Effekten (funktionieren ohne Dongle)
- Audio Ease »Altiverb«: ein großartiger Faltungshall (benötigt iLok)
- Sugar Bytes »Effectrix«: fantastisches Bedienkonzept für vielseitige, moderne Effekte, die auch in moderner Dance-Musik verwendet werden. »Turnado«: Echtzeiteffektmanipulation von mehreren Parametern gleichzeitig (gut für Live-Acts, wird z. B. von Beardyman verwendet). Diese Plug-ins funktionieren ohne Dongle. Es gibt noch viele mehr (»Looperator« etc.).
- Sound Toys »Native Bundle«: großartige Delay- und Modulationseffekte und Verzerrer (benötigen iLok)
- Dada Life: »Sausage Phattener« und »Endless Smile« für künstliche »Rises«. »Sausage Phattener« ist ein Plug-in zum »Anfetten« von Sounds. Eine »Verdichtung«, wie Sie in vielen Stufen eines analogen Mixes vorkommt, kann hier simuliert werden. Ähnliches machen auch viele andere Plug-ins (z. B. kostenlos Softubes »Tube«).
- Ohm Force: »Ohmicide« ist ein etwas in die Jahre gekommener und störrischer, aber extrem gut klingender Verzerrer.
- Xfer »OTT«: kostenlose Emulation des »Over the Top«-Presets von Abletons Multibandkompressor zum Squashen von Sounds (siehe Abschnitt 15.3.5). Von Xfer gibt es weitere, dem Synth *Serum* entliehene Effekte, die teilweise kostenlos sind.
- Hip ist auch die Plattform »Splice«, wo Sie neben Sounds auch trendige und günstige Plugins aufspüren können.

Kapitel 16
Automation, Smart Controls, Controller, Logic Remote

Die Themen Automation, Smart Controls, Controller und Logic Remote hängen oft zusammen: Die Frage ist häufig, welche Parameter bzw. wie viele davon Sie gleichzeitig ansteuern – und womit.

In diesem Kapitel lesen Sie, wie Sie in Logic mit Automation in Spuren und Regionen arbeiten, um Ihren Mix abwechslungsreicher zu machen. Außerdem finden Sie Erläuterungen zu Smart Controls, deren Nutzung und Konfiguration. Danach geht es um die Einbindung von Hardwarecontrollern und das iPad mit Logic Remote zur Bedienung von Logic ohne Maus.

16.1 Automation

Mit Hilfe von Automation können Sie komplexe und lebendige Mischungen verwirklichen. Sie können Bewegungen an einzelnen Reglern von Logic-Instrumenten, Effekten und Kanalzügen nacheinander oder simultan (mit Hilfe von Controllern) aufzeichnen, editieren und gesammelt wieder ablaufen lassen. Das kann entscheidend dafür sein, ob sich Instrumente später im Mix gegenseitig stören oder nicht. Sie können mit Automationen z. B. versuchen, das natürliche Verhalten von Bandmitgliedern nachzuahmen, wenn beispielsweise die anderen Instrumentalisten manchmal etwas leiser weiterspielen, um einem Solisten den Vortritt zu lassen. Andererseits wird etwa in der Dub-Musik durch die ständige Veränderung des Effekteinsatzes von Hall, Verzerrungen, EQs und Delays ein minimalistisches Musikgerüst komplex gemacht und mit Effekten angereichert.

Automation ist aber auch eine Komponente, die – wenn Sie einmal vorhanden ist – ein nachträgliches Umarrangieren eines Songs, z. B. durch Nutzung von Logic-Funktionen wie Spuralternativen oder Ordnern, schwieriger macht. Das gilt für sogenannte Spurautomation mehr als für Regionsautomation. In Logic können Sie fast alles automatisieren: Fader, Mutes, Sends und Plug-in-Parameterbewegungen – meist auch von Drittanbieter-Plug-ins (gegebenenfalls ist etwas Konfiguration nötig). Grundsätzlich gilt: Wählen Sie einen passenden Automationsmodus (LATCH oder TOUCH) zum Schreiben von Automation aus, drehen Sie mit der Maus am Regler – fertig ist die Automation (siehe Abbildung 16.1). Gehen Sie danach zurück in den READ-Modus. Auch MIDI-FX-Plug-in-Parameter lassen sich automatisieren. Sie können Automation über vor allem über das Hauptfenster, aber auch im MIX-Menü, im Kanalzug oder in der EVENT-Liste bearbeiten. Aber natürlich gibt es – wie immer – in Logic noch viele andere Möglichkeiten. Und leider sind die Voreinstellungen und Optionen über viele Menüs verstreut.

16.1.1 Erste Automation »live« aufzeichnen

Realisieren Sie eine erste einfache Aufzeichnung von Automation:

1. Aktivieren Sie die Automationsansicht über das Menü MIX • AUTOMATION EINBLENDEN (Shortcut [A]) oder über den dann blau leuchtenden Button links oberhalb des Taktlineals rechts neben dem ANSICHT-Menü (Abbildung 16.1).

Abbildung 16.1 Automation in Logic (Hier wurde bereits Automation aufgezeichnet.)

2. Stellen Sie den Automationsmodus der zu automatisierenden Spur auf LATCH oder TOUCH.

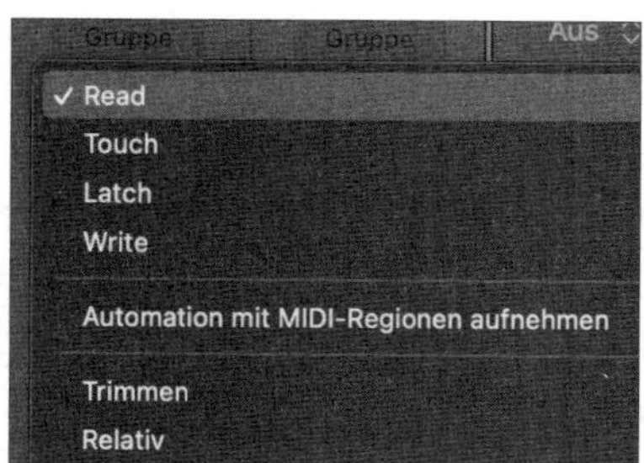

Abbildung 16.2 Automationsmodus im Spur-Header einstellen

3. Starten Sie nun den Sequencer. Bewegen Sie einen beliebigen Regler innerhalb des Kanalzugs (z. B. Lautstärkeregler, SYNTH-Regler, Regler eines geladenen Logic-Plug-ins) mit der Maus – fertig.
4. Stellen Sie den Automationsmodus anschließend zurück auf READ (Abbildung 16.2).

In Abbildung 16.1 und Beispielprojekt *16Automation1* ist Spurautomation für den Filter-Cutoff des *ES1* aufgezeichnet – das ist die Voreinstellung. Wenn Sie auf den Button SPUR klicken, erscheint alternativ der Eintrag REGION, mit dem Sie Regionsautomation aufzeichnen.

16.1.2 Aufzeichnung via »Latch«, »Touch«, Stiftwerkzeug – oder via Record mit Smart Controls?

Um Automation aufzuzeichnen, müssen Sie einen der hierfür geeigneten Modi (bevorzugt LATCH oder TOUCH) auswählen und den Sequencer laufen lassen. Der Unterschied zwischen beiden wird sichtbar, wenn Sie nach Reglerbewegungen den Sequencer weiterlaufen lassen. Im LATCH-Modus überschreibt die letzte Reglerstellung eine bisherige Automation; im TOUCH-Modus springt der Parameter gegebenenfalls auf einen zuvor aufgezeichneten Wert zurück, wenn bei einer zweiten Automationsaufzeichnung der Parameter losgelassen wird. Tendenziell nutze ich TOUCH eher bei Edits bzw. einer zweiten, LATCH bei einer ersten Aufzeichnung von Automation.

WRITE wird nicht empfohlen (siehe Abschnitt 16.1.6). Es ist in diesen Modi zwar grundsätzlich nicht nötig, Record zu aktivieren – Bewegungen von Smart Controls können Sie jedoch auch durch Klicken von RECORD (»R«) bzw. Nutzung der Aufnahmefunktion als Regionsautomation aufzeichnen (Details siehe Abschnitt 16.1.7). Das gilt auch, wenn Sie als Automationsmodus AUTOMATION MIT MIDI REGIONEN AUFNEHMEN in der Spur eingestellt haben (siehe Abbildung 16.2). Klicken Sie z. B. auf RECORD bzw. AUFNAHME, und bewegen Sie entsprechende Smart Controls oder das Transform-Pad. Im Test ging das sogar für Zellen des LIVE LOOPS-Bereichs. Um irgendwelche Automationsmodi müssen Sie sich nicht kümmern. Mit Bewegungen an anderen Plug-ins funktioniert das jedoch bislang nicht.

Automationsparameter auswählen (und via Stiftwerkzeug zeichnen)

Sie können in einem Flip-Menü (rechts neben READ, Abbildung 16.3) auf alle Parameter geladener Instrumente und Effekte (inklusive Smart Controls) zurückgreifen und sie sich anzeigen lassen. Was einfacher geht: Sie können im MIX-Menü seit Logic 10.4 die Funktion AUTOMATIONSPARAMETER IM MODUS »READ« AUTOMATISCH AUSWÄHLEN aktivieren. Dann wird im READ-Modus schnell der Parameter angezeigt, den Sie zuletzt angefasst haben. Diesen Modus können Sie auch mit einem (selbst zu vergebenden) Shortcut ein- und ausschalten.

Für jeden Parameter, den Sie sich anzeigen lassen, können Sie auch einfach mit dem STIFT eine Automationskurve einzeichnen und editieren, wodurch eine Automation auf der Spur erzeugt wird (siehe Abschnitt 16.1.10).

Abbildung 16.3 Automationsparameter

16.1.3 Spurautomation versus Regionsautomation: Einführung

Aufzeichnungen als Spurautomation sind die Voreinstellung, wenn Sie im LATCH- oder TOUCH-Mode in der Spur Automation aufzeichnen. Bewegungen von Smart Controls via »Record« werden ebenfalls und optional auch in Zellen als Regionsautomation aufgenommen. Regionsautomation lässt sich leichter verschieben, löschen oder u arrangieren als Spurautomation.

Sie können auch manuell den Modus Regionsautomation einstellen. Klicken Sie hierzu auf den blau markierten SPUR-Knopf, so dass dort nun REGION steht (Abbildung 16.4); dadurch verschwindet gleichzeitig die Ansicht vorhandener Spurautomation.

Abbildung 16.4 Regionsautomationsansicht

Grundsätzlich funktioniert die Arbeit mit beiden Automationsmethoden ähnlich. Regionsautomation hat voreingestellt Priorität vor Spurautomation. Sie können Regionsautomation in Spurautomation konvertieren und umgekehrt. Regionsautomation lässt sich in neueren Logic-Versionen auch sehr gut im MIDI-Editoren-Bereich bei eingeblendeter AUTOMATION/MIDI-Ansicht (z. B. in der PIANOROLLE) editieren (siehe Abschnitt 7.3 und Projekt *16Automation1regaut*). Mehr Details lesen Sie auch in Abschnitt 16.1.7, wo ich auch Probleme beim Zusammenspiel beider Automationsmethoden erläutern werde.

16.1.4 Automation spurweise aktivieren/deaktivieren

Mit dem bei aktiver Automation blau gefärbten Spur-Button aktivieren/deaktivieren Sie die Automation spurweise. Bewegen Sie hierzu die Maus über den linken Teil des Buttons, um, ähnlich wie bei Plug-ins, eine Art Power-Button zu drücken und damit die Automation zu (de-)aktivieren (Abbildung 16.5).

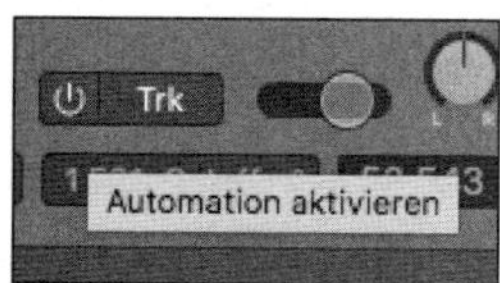

Abbildung 16.5 Links oben der Button zum Aktivieren/Deaktivieren der Automation. Spurautomation wird im Bild als »Trk« für »Track« (engl. für »Spur«) gekennzeichnet.

Alternativ können Sie das auch im Channel-Strip tun, hier (de-)aktivieren Sie allerdings in dem Slot, wo der Automationsmodus (READ, TOUCH, WRITE etc.) eingestellt wird (siehe unten in Abbildung 16.6). Ob Automation *sichtbar* ist, ist unabhängig davon, ob Automation *aktiv* ist oder nicht.

16.1.5 Übersicht über Menüs für Automationseinstellungen

Leider sind die Einstellungen für Automation – Stand bei Logic 10.6.1 – auf unterschiedlichste Menüs verteilt.

1. EINSTELLUNGEN • AUTOMATION versammelt viele wichtige Einstellungen zu Automation.
2. Unter EINSTELLUNGEN • AUDIO • ALLGEMEIN aktivieren Sie die SAMPLEGENAUE AUTOMATION.
3. PROJEKTEINSTELLUNGEN • ALLGEMEIN regelt das Verhältnis von Regionsautomation zu Spurautomation. Was hat Vorrang?
4. Das Menü EINRASTEN bietet Optionen zum Einrasten an das Raster beim Verschieben (AUTOMATION EINRASTEN, EINRASTVERSATZ BEIM VERSCHIEBEN).
5. Im MIX-Menü finden Sie sehr viele Einstellungen, die Sie auch anderswo finden, manche aber nur hier, z. B. Optionen zum Umwandeln (Spur- in Regionsautomation und umgekehrt), Löschen sowie die Voreinstellungsoption AUTOMATIONSPARAMETER IM MODUS READ AUTOMATISCH auswählen (zeigt dann den zuletzt angefassten Parameter im Hauptfenster oder MIDI-Editor).

Damit haben Sie schon einmal eine erste Übersicht. Weitere Details lesen Sie im Laufe dieses Kapitels.

16.1.6 Automationsmodi zur Aufzeichnung und Wiedergabe von Automation

Folgende Automationsmodi stehen zur Verfügung oder können per Shortcut für alle Spuren gleichzeitig aufgerufen werden (voreingestellt ist READ):

- READ (für alle Spuren: ⇧ + ctrl + cmd + R): Es können keine Automationsdaten geschrieben, sondern nur gelesen werden.
- TOUCH (für alle Spuren: ⇧ + ctrl + cmd + T): Automationsdaten werden bei Reglerbewegungen geschrieben und Änderungen vorgenommen, sobald Sie einen Regler anfassen. Sobald Sie loslassen, springt die Automation auf ihren ursprünglichen bzw. vorherigen Wert zurück. Diese Methode eignet sich gut, um in einem zweiten Durchgang eine leicht geänderte Variante über eine bereits bestehende Automation aufzunehmen.
- LATCH (für alle Spuren: ⇧ + ctrl + cmd + L): Wie im Modus TOUCH wird eine Reglerbewegung aufgezeichnet, sobald Sie den Regler bewegen. Wenn Sie loslassen, bleibt der Regler allerdings (im Gegensatz zum TOUCH-Modus) auf der zuletzt eingestellten Position und springt auch nicht zu einer eventuell zuvor aufgenommenen Automation zurück. Dieser Modus eignet sich gut, um eine neue Automation aufzuzeichnen, wenn es bislang noch keine gab.

- WRITE: Direkt nach dem Starten des Sequencers werden Daten von bestehenden Automationen überschrieben, ohne dass Sie etwas anfassen. Stattdessen wird die aktuelle Position eines Parameters neu in die Automation geschrieben – ein gefährlicher Modus also. Logic warnt Sie sogar, wenn Sie diesen Modus nutzen wollen, weil Daten sehr schnell überschrieben werden. Zusätzlich können Sie natürlich Parameterbewegungen aufzeichnen. Ich rate in den meisten Fällen von der Nutzung dieses Modus eher ab und empfehle, LATCH oder TOUCH zu verwenden. Der Modus kann sinnvoll sein, wenn Sie schnell für einen Songteil mehrere Parametereinstellungen in bestehende Automation schreiben bzw. diese überschreiben wollen. Wenn Sie die laufende Wiedergabe anhalten, springt ein eingestellter WRITE-Modus übrigens automatisch wieder auf TOUCH zurück.

  Unter EINSTELLUNGEN • AUTOMATION können Sie zusätzlich einstellen, was genau WRITE überschreiben würde, wenn es zum Einsatz käme. WRITE schreibt allerdings auch nur für Parameter Automation, für die bereits Automationsdaten existieren.
- AUS: Automation wird ignoriert.

Nachdem Sie Automation aufgezeichnet oder eingezeichnet haben, sollten Sie für alle Spuren stets sofort zurück in den READ-Modus wechseln, um zu verhindern, dass Sie versehentlich Automation aufnehmen.

- Die Modi RELATIV und TRIMMEN erlauben ergänzend relative Veränderung bzw. Skalierung der Automation (siehe Abschnitt 16.1.8).

Abbildung 16.6 zeigt, wo Sie in einem Kanalzug im Mixer den Automationsmodus einstellen. Eine Art Power-on/off- Button zum Aktivieren/Deaktivieren erscheint diesmal dann, wenn Sie die Maus über den linken Teil der Automationsmodus-Anzeige bewegen.

Abbildung 16.6 Auch in der Spur lässt sich ein Automationsmodus auswählen.

Hiermit können Sie eine Automation ebenfalls temporär deaktivieren, diese (De-)Aktivierung allerdings nicht als Automation aufzeichnen. Übrigens: Nach jedem Wechsel in einen anderen Automationsmodus wird die Automation eingeschaltet.

Darüber hinaus gibt es weitere Befehle, die als Shortcut vergeben werden können, z. B. Umschalten der ausgewählten Spur zwischen READ und LATCH ([ctrl] + [alt] + [A]) oder READ und TOUCH (noch nicht vergeben). Mit [⇧] + [ctrl] + [cmd] + [0] deaktivieren Sie die Automation aller Spuren gleichzeitig deaktiviert.

16.1.7 Aufnahme von Parametern und Smart-Control-Bewegungen via Record und Latch/Touch

Bewegungen von Parametern einer MIDI-Spur können während einer Performance auch via RECORD aufgenommen werden, wenn AUTOMATION MIT MIDI-REGIONEN AUFNEHMEN im Flip-Menü der Spur (unterhalb der READ-, TOUCH-Einträge) aktiviert ist. Diese Option ist allerdings nur für MIDI-Spuren verfügbar.

Smart Controls können Sie in MIDI-Spuren und Live-Loops-Zellen auch ohne vorhergehende Aktivierung von LATCH oder TOUCH oder der genannten Option aufzeichnen (entspricht dem Verhalten von GarageBand). Klicken Sie auf RECORD, oder nutzen Sie den Shortcut [R], und bewegen Sie bei laufender Aufnahme die gewünschten Parameter. Die entsprechenden Bewegungen werden als Regionsautomation in die Region geschrieben und sind auf die gleiche Weise editierbar. Automationsaufzeichung von Smart Controls via LATCH und TOUCH ist ebenso möglich (sowohl als Regions- wie auch als Spurautomation). Wenn Sie eine zweite Automation über eine erste Aufzeichnung aufnehmen möchten, empfiehlt sich die Nutzung von TOUCH oder LATCH anstelle von [R]/RECORD. Ansonsten kann es passieren, dass bei Reglerbewegungen einfach neue Automationspunkte aufgenommen werden, bereits aufgezeichnete Punkte aber bestehen bleiben, wodurch sich eine unsinnige Kurve mit wild herumspringenden Werten ergibt. Bei Zellen funktionierte das im Test allerdings nicht. In Audiospuren können Sie prinzipiell ebenfalls auf diese Weise Smart-Control-Bewegungen aufnehmen. Allerdings landen diese dann in einer separaten Region außerhalb einer Audioregion auf der Spur.

16.1.8 Modi Relativ und Trimmen

Die Modi RELATIV und TRIMMEN sind in dem Flip-Menü erreichbar, wo Sie die Automationsmodi aufrufen. Die TRIMMEN-Option steht zusätzlich im Spur-Header zur Verfügung, wo Sie mit ihr auch gut ohne Aufzeichnung von Automation arbeiten können.

Als Modus zum Aufzeichnen von Reglerbewegungen funktionieren beide Modi nur für wenige Parameter wie z. B. Volume. Beide Modi werden zusätzlich zum gewählten Automationsmodus (z. B. LATCH) aufgerufen. In der Spur ist dann auf dem Button T-LATCH (für LATCH mit aktivem TRIMMEN-Modus) und R-LATCH (für LATCH mit aktivem RELATIVE-Modus) zu sehen (Abbildung 16.7).

Im Modus RELATIVE sorgt eine Reglerbewegung und Aufzeichnung bei bereits existierender Automation für eine relative Veränderung. Danach steht die aufgezeichnete relative Automation als zusätzlicher Automationsparameter mit dem Zusatz +/– zum Editieren zur Verfügung (siehe Projekt *16RegionautomRel1* und Abbildung 16.8 sowie Abbildung 16.9).

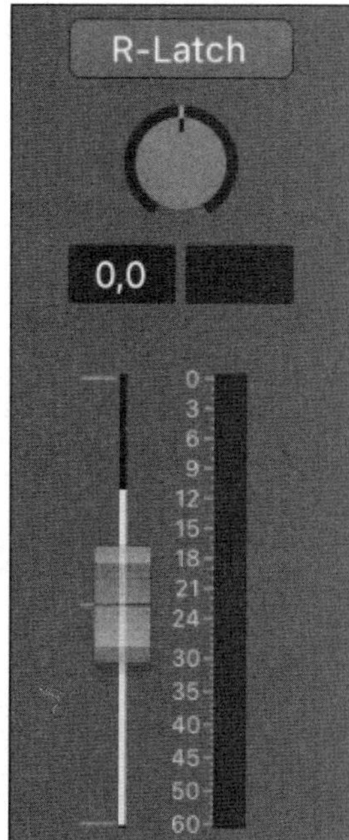

Abbildung 16.7 »Latch«-Modus mit »Relative-Mode«

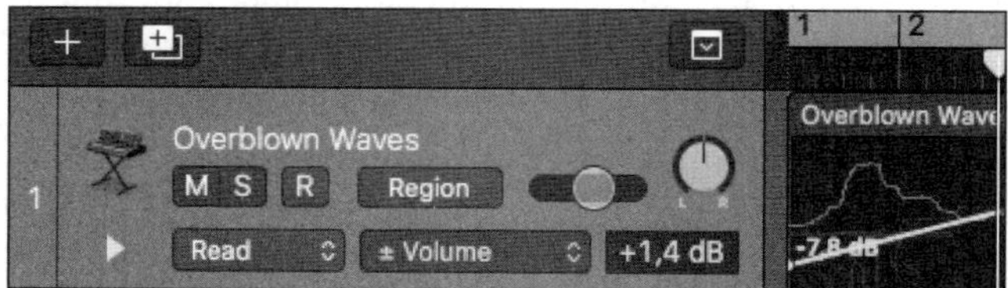

Abbildung 16.8 Aufgezeichnete relative Automation

Abbildung 16.9 Relative »Volume«-Automation als unten im Bild anwählbare, editierbare Kurve

Der TRIMMEN-Mode funktioniert ähnlich, jedoch wird die aufgezeichnete Automation beim Trimmen skaliert, das Ergebnis ist dann einfach nur eine neue, skalierte Automation (Projekt *16Regionenautomat1Trim*). Die Möglichkeit, bestehende Automation zu skalieren, besteht jedoch auch im Spur-Header – und dann auch für jede beliebige Parameterautomation. Gehen Sie hierzu mit der Maus auf das Feld rechts neben dem angezeigten Automationsparameter (Abbildung 16.10) und bewegen den dort angezeigten Wert mit gehaltener Maustaste nach oben oder unten, um die bestehende Automation zu trimmen bzw. zu skalieren. Dabei wird ein Symbol mit zwei nach oben und unten zeigenden Markierungen sichtbar.

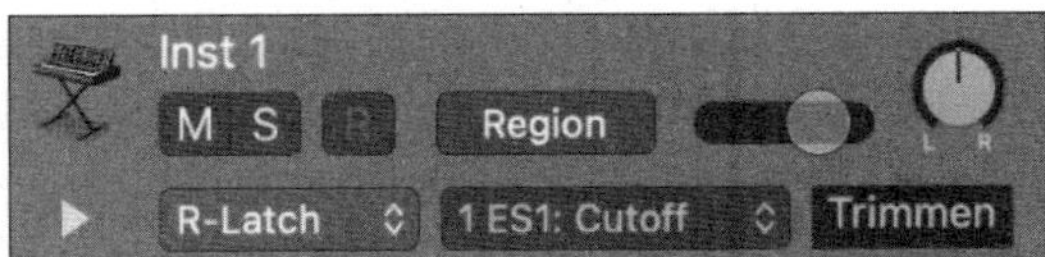

Abbildung 16.10 »Trimmen«-Option im Spur-Header

16.1.9 Darstellung von Automationsparametern und mehreren Automationen

Die Darstellung von Automationsparametern in Logic erfolgt spurweise. Oben können Sie SMART CONTROLS in einem Menü anwählen, im MAIN-Bereich die Parameter des Kanalzugs, darunter werden verwendete Plug-ins aufgelistet.

Abbildung 16.11 zeigt, wo Sie das im Spur-Header finden und auswählen, welchen Automationsparameter Sie sehen. Im Bild ist es der unten mit einem Häkchen versehene Parameter ES1: CUTOFF. Sie könnten aber auch in andere Menüs gehen und einen anderen Parameter auswählen, um ihn zu sehen und eine Automationskurve einzeichnen zu können. Alle Parameter, für die bereits Automation aufgenommen wurde, erscheinen unten im Menü oder werden ansonsten in ihrem zugehörigen Menü fett angezeigt. Für einzelne Automationspunkte werden erreichte Werte in der Automationskurve dargestellt, alternativ können Sie sie als *Regler-Events* in der EVENT-Liste anzeigen lassen (siehe Abschnitt 16.1.23). Ist noch keine Automation geschrieben, wird die VOLUME-Automationsspur gezeigt. 16

Abbildung 16.11 Im Spur-Header stellen Sie ein, welchen Automationsparameter Sie sehen.

Andere Automationsparameter blenden Sie ein, indem Sie sie in Submenüs (siehe Abbildung 16.12) auswählen. Wenn Sie eine Automation aufgezeichnet haben, wird der Parameter anschließend unten aufgelistet (Abbildung 16.12). Dies geschieht für Spur- und Regionsautomation jedoch unabhängig voneinander.

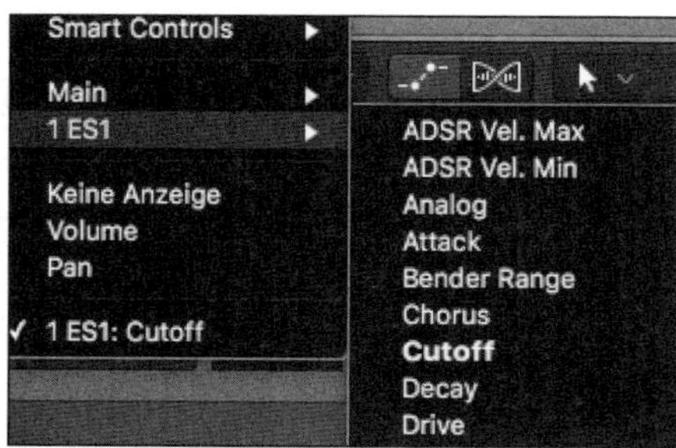

Abbildung 16.12 Ein Ausschnitt der Liste der verfügbaren »ES1«-Parameter

Im Projekt *16Automation2* habe ich eine zweite Automation aufgenommen.

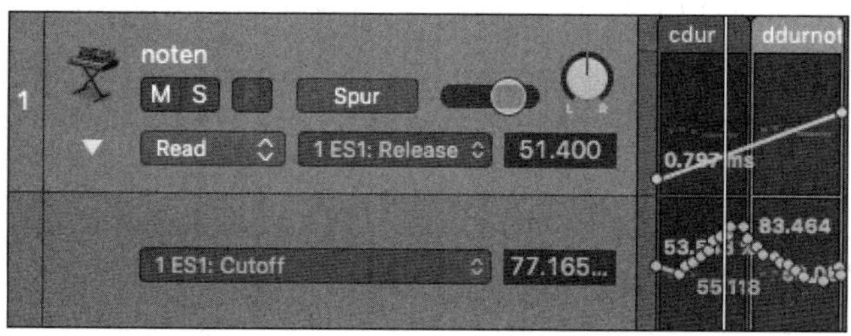

Abbildung 16.13 Der aufgeklappte Pfeil neben dem Automationsmodus erlaubt die Darstellung eines zweiten Automationsparameters der gleichen Spur.

Sie können mehrere Automationsparameter gleichzeitig sichtbar machen. Hierzu klicken Sie auf das Dreieck links neben der Anzeige des Automationsmodus, so dass sich eine weitere Automationsanzeigespur öffnet (Abbildung 16.13). Wenn Sie dabei die `alt`-Taste halten, dann erscheinen für alle vorhandenen Automationsparameter solche Spuren. Auch mit den kleinen +- und –-Buttons, die erscheinen, wenn Sie mit der Maus über die angezeigten Automationsparameterdarstellungsspuren gehen, können Sie die Parameter zusätzlich erzeugen oder löschen (hierbei geht es nur um die Darstellung, die Automation selbst bleibt hiervon unberührt).

Im Projekt *16Automation3* habe ich eine dritte Automation aufgenommen.

Welche Automationsparameter sichtbar sind, spielt in Befehlen im MIX-Menü für die Bearbeitung und Löschung von Automationen sowie für die Funktion Automation Quick Access (siehe Abschnitt 16.1.21) eine Rolle.

16.1.10 Einzeichnen von Automation, abgestufte Bearbeitung

Sie zeichnen Automationen ein, indem Sie mit dem Zeigerwerkzeug oder dem STIFT auf Automationslinien in einer Spur klicken und hierdurch Punkte erzeugen. Falls ein Parameter bislang noch nicht automatisiert ist, so entsteht damit für ihn automatisch eine Automation. Sie können im Menü EINRASTEN auswählen, ob die Einzeichnung gerastert erfolgen soll.

Achten Sie darauf, dass das Häkchen bei Aktiv gesetzt ist, ansonsten bewirkt die Auswahl eines Rasters nichts!

Mit gehaltener [alt]-Taste können Sie dann zudem mit dem Stiftwerkzeug Automation im Stile von Steps einzeichnen (siehe Projekt *16x3_Automation1b*, Abbildung 16.14 und Erläuterungen zur Automationseinstellung Wahltaste gedrückt halten für abgestufte Bearbeitung in 16.1.20).

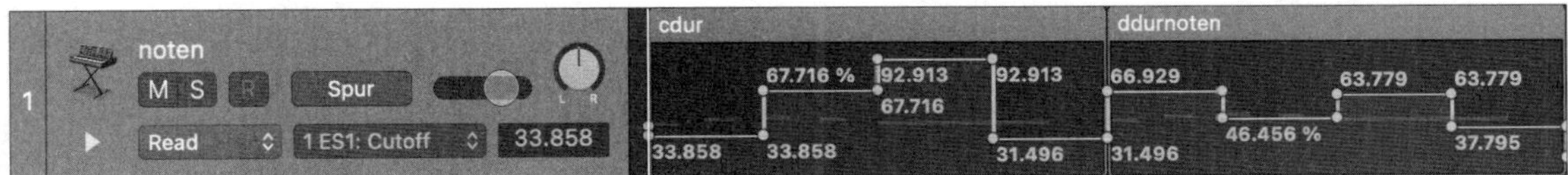

Abbildung 16.14 Viertelnoten-Raster eingezeichnete Automation mit »abgestufter« Bearbeitung

Ich zeige Ihnen auch eine Alternativmethode zum Erstellen solcher Kurven mit Hilfe des Einfügens von Punkten an der Abspielposition, was über im Mix-Menü zu findende Befehle möglich ist.

Versehentliches Einzeichnen von Automation

Falls Sie eigentlich eine Region verschieben wollen, versehentlich aber bei aktivierter Automationsansicht durch einen Klick auf die Region einen Automationspunkt für einen bislang noch nicht aktiven Parameter erzeugen (z. B. Volume), entsteht automatisch eine aktive Automation. Sie können derart entstandene Automationspunkte zwar wieder löschen, doch wäre auch danach für den Parameter Volume noch eine Automation aktiv, eventuell wäre auch der Wert noch verstellt. Die Lösung des Problems heißt in den meisten Fällen: erneute bzw. mehrmalige Betätigung der Undo-Funktion. Wenn sich ein Wert verstellt hat und Sie den alten Wert wiederhaben möchten, ohne ihn zu kennen, ist die sicherste Methode wie folgt: Speichern Sie das Projekt unter einem neuen Namen. Importieren Sie dann aus der Vorversion die Spur mit den alten Einstellungen (siehe Abschnitt 10.6.1).

Falls Sie im Arrangement Regionen verschieben möchten, sollten Sie die Automationsansicht also besser ausschalten.

16.1.11 Einfaches Selektieren und Löschen von Automation

Mit dem Zeigerwerkzeug oder mit dem Automationsauswahl-Werkzeug selektieren Sie Automation und Bereiche von Automationskurven. Alternativ selektieren Sie die gesamte Automation des editierten Parameters in der Spur per [alt]-Klick auf den ersten Knotenpunkt. Selektierte Automation können Sie via [⌫] löschen. Mit gehaltener [alt]-Taste und Dreifachklick lassen sich alle Automationspunkte der angezeigten Automationsspur markieren und anschließend löschen (nach Bestätigung im aufgehenden Dialog). Sie können Automationspunkte auch mit Doppelklick auf einen Automationspunkt wieder löschen.

Im MIX-Menü finden Sie weitere Funktionen zum Selektieren und Löschen verschiedener angezeigter Automationsdaten.

16.1.12 Automationskurven editieren

Mit Zeigerwerkzeug, STIFT, AUTOMATIONSAUSWAHL- und AUTOMATIONSKURVE-Werkzeug lässt sich die Automation editieren.

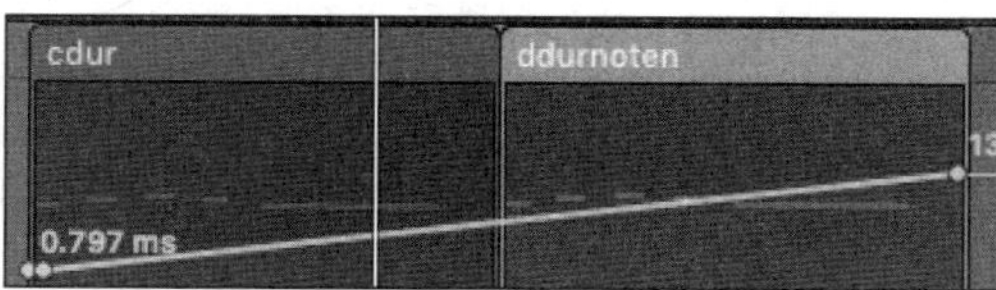

Abbildung 16.15 Die Automation verläuft linear zwischen den in den beiden Punkten eingestellten Werten.

Wenn Sie zwei Punkte einzeichnen, so verläuft die Automation zunächst linear zwischen diesen beiden Parametern (siehe Projekt *16Automation3*). Indem Sie einen Automationspunkt selektieren und nach links oder rechts über andere Automationspunkte hinwegbewegen, wandeln Sie einen etwas »überfüllten« Verlauf in einen interpolierten Verlauf zwischen zwei Punkten um.

Eine gerade Linie können Sie entweder mit zusätzlichen Automationspunkten oder mit dem AUTOMATIONSKURVE-Werkzeug (erscheint automatisch, wenn Sie die Tasten `ctrl` + `⇧` halten) »krumm« machen, um exponentiale oder andersartige Kurvenverläufe zu realisieren (siehe Abbildung 16.16).

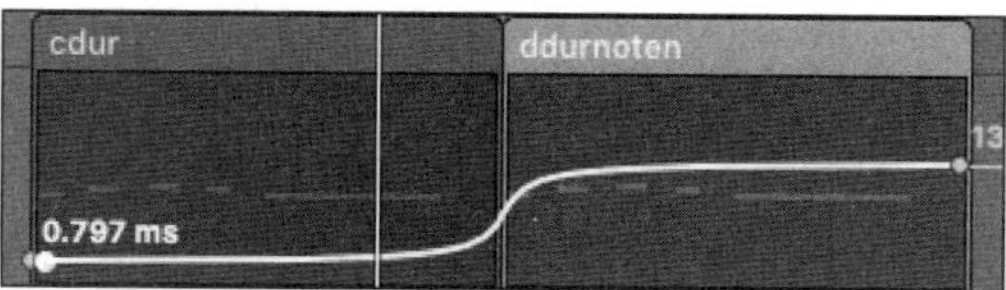

Abbildung 16.16 Beispiel einer gebogenen Automationskurve

Sie können Automation mit dem AUTOMATIONSAUSWAHL-Werkzeug selektieren und bewegen oder mit gehaltener `alt`-Taste auch kopieren.

Auch mit dem Marquee-Werkzeug können Sie Teilbereiche der jeweiligen Automation selektieren. Dies wird in der Region oder im Marquee-Lineal sichtbar. Wenn Sie nun zurück zum Zeigerwerkzeug wechseln, so lässt sich der markierte Bereich vertikal verschieben, wobei automatisch Automationsknotenpunkte erzeugt werden.

Weitere Hinweise zum Verschieben von Automation finden Sie in Abschnitt 16.1.16.

16.1.13 Automationspunkte am Regionsrand anfassen und editieren

Es ist oft unmöglich, einen Automationspunkt am äußersten Rand einer Region anzufassen. Das betrifft vor allem Regionsautomation, aber z. B. auch Spurautomation auf Takt 1 zu Beginn eines Projekts. Fassen Sie stattdessen einen anderen Automationspunkt weiter innen an, oder erzeugen Sie einen solchen, und bewegen Sie ihn ganz nach außen auf den Wert, den Sie mit dem äußersten Punkt erreichen wollen.

16.1.14 Automationspunkte exakt auf Werte einstellen

Mit gehaltener ctrl- + ⇧-Taste sowie gehaltener Maustaste können Sie Automationspunkte nach oben und unten in kleinstmöglichen Schritten verschieben, um einen exakt(er)en Wert zu erreichen. Wegen der beschränkten Auflösung der Automationskurven in Logic ist dies jedoch nicht immer möglich.

16.1.15 Einrast- und Versatzfunktion für Automation

Im EINRASTEN-Menü des Bereichs SPUREN können Sie unter AUTOMATION EINRASTEN einstellen, ob zu editierende Automationspunkte sich (z. B. beim Verschieben) am Raster orientieren oder nicht. Achten Sie darauf, dass das Häkchen bei AKTIV oben im Menü gesetzt ist.

Es ist auch möglich, hierfür einen projektbezogenen VERSATZ FÜR EINRASTEN DER AUTOMATION einzustellen, wenn Sie beispielsweise den Eindruck haben, dass Automationsparameterbewegungen etwas später hörbar als sichtbar sind. Einen entsprechenden Eintrag finden Sie auch im EINRASTEN-Menü, er oder der Shortcut alt + A ruft die EINSTELLUNGEN • AUTOMATION auf. Diese sind auch über das MIX-Menü zugänglich. Beachten Sie ferner die Einstellungen zu samplegenauer Automation (Abschnitt 16.1.22, »Die Option ›Samplegenaue Automation‹«) und die Option, mit dem STIFT bei gehaltener alt-Taste abgestuft einzuzeichnen.

16.1.16 Verschieben und Kopieren von Automation auf andere Spuren und Parameter

Sie können Automationsdaten auch in andere Spuren oder auf andere Parameter kopieren. Wenn Sie einen Automationsparameterverlauf angezeigt bekommen und ihn auf einen anderen Parameter der gleichen Spur kopieren möchten, selektieren Sie die zu kopierende Automation und wählen dann den Zielparameter im entsprechenden Menü mit gleichzeitig gehaltener Befehlstaste (cmd) aus. In einem nachfolgend erscheinenden Dialog wählen Sie, ob die Daten konvertiert und kopiert oder nur konvertiert werden (so dass die bisherige Automation verschwindet).

Wenn Sie Automationsdaten in eine andere Spur (auf den gleichen Parameter, der dort natürlich vorhanden sein muss) kopieren möchten, geht das auch mit Hilfe einfacher Kopieren- (cmd + C) und Einfügen-Befehle (cmd + V). Das Manual spricht davon, dass noch die Umschalttaste gehalten werden soll. Wird dann eine neue Spur selektiert, kann Kopiertes eingefügt werden – landet aber nicht immer an der gleichen Position. Tipp: Markieren Sie den Bereich der neuen Spur, in den Sie Automation einfügen möchten, mit dem Marquee-Tool. Dann wird die Automation genau dort eingefügt. Eventuell machen Sie es beim Kopieren zuvor genauso.

Hinweis: Wenn Sie ein bereits automatisiertes Plug-in verschieben, bleibt die Automation normalerweise erhalten und wird automatisch richtig/neu zugewiesen.

16.1.17 Automationstrimmfeld im Spur-Header; Skalierung und Verschiebung von Automation

Im Automationstrimmfeld im Spur-Header können Sie die gesamte Automation der Spur skalieren.

Abbildung 16.17 Hier trimmen Sie die sichtbare Automation.

Natürlich können Sie nicht nur die Volume-Automation, sondern auch den jeweils angezeigten Automationsparameter trimmen. Die Funktion wirkt typischerweise auf die ganze Spur und auch für selektierte Regionsautomation. Sie können eine Skalierung auch vornehmen, indem Sie alle Automationspunkte selektieren und nach oben oder unten ziehen. Achtung: Gegebenenfalls wird bei Nutzung dieser Funktion die Automation nicht nur (widerrufbar) skaliert, sondern auch destruktiv verändert, denn eine völlig glattgebügelte Skalierung lässt sich nicht mehr nachträglich in die ursprüngliche Form bringen.

16.1.18 Spur- versus Regionsautomation im Detail

Klicken Sie auf den SPUR-Button, um auf Region (Regionsautomation) umzuschalten. Spurautomation und Regionsautomation sind verschiedene Automationen, die separat aufgezeichnet werden und konkurrieren können. Spurautomation bezieht sich auf die gesamte Spur, Regionsautomation nur auf die selektierte Region. Regionsautomation wird dementsprechend auch immer mit Regionen bewegt. Regionsautomation existiert nur innerhalb der Regionsgrenzen, kann also auch am Ende einer Region plötzlich auf einen anderen Wert (z. B. von der Spurautomation) umspringen und kann nur aufgenommen werden, wenn eine Region da ist oder gerade erzeugt wird, was bei Audiospuren manchmal ein Problem ist. Regionsautomation hat gegenüber Spurautomation den Vorteil, dass sie sich z. B. leichter verschieben, kopieren, löschen oder gar »loopen« lässt.

Zudem kann sie, sofern es sich um MIDI-Regionen handelt, in den MIDI-Editoren im Bereich Automation • MIDI editiert werden. Vieles, wie das Aufzeichnen im Latch-Modus oder die Anzeige der Parameter, funktioniert mit Regionsautomation und Spurautomation grundsätzlich gleich. Regionsautomation kann auch im Record-Modus aufgenommen werden (siehe Abschnitt 16.1.7)

Manchmal ist es sinnvoll, eine leere Region zu erzeugen, um Automation darin zu erzeugen/ nutzen. In MIDI- und Aux-Spuren können Sie mit dem Stift eine leere Region erzeugen; in Audiospuren geht das nicht, da würde diese Aktion nach einem Audiofile fragen. Wollen Sie also eine Region für die Automation einer Audiospur nutzen, erzeugen Sie sie zuerst in einer Aux-Spur und ziehen Sie dann auf die Audiospur. Um Regionsautomation für ein Audiofile über die Länge desselben hinaus zu benutzen (z. B. wenn es durch einen Delay-Effekt länger ausklingt), können Sie auch einen Take-Ordner packen und nach links und rechts verlängern.

Spur- und Regionsautomation können auch friedlich koexistieren. Ist der gleiche Parameter betroffen, hat Regionsautomation voreingestellt Vorrang, und Spurautomation wird ignoriert, falls Regionsautomation existiert. Hierfür gibt es eine (leider sehr versteckte) Voreinstellung: Sie befindet sich unter Projekteinstellungen • Allgemein unter Automation.

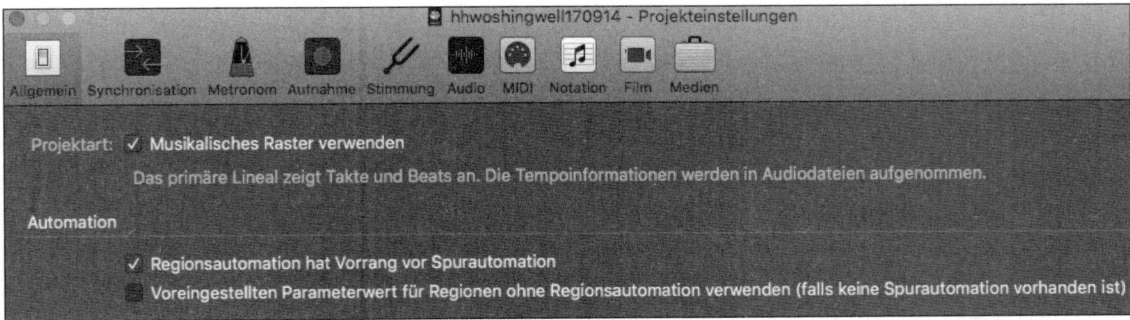

Abbildung 16.18 Allgemeine Projekteinstellungen

Was passiert, wenn zwischendurch eine Region ohne Automation vorkommt? Ist das Feld Voreingestellten Parameterwert für Regionen ohne Regionsautomation verwenden … deaktiviert, wird der letzte Parameterwert der vorhergehenden Region mit Automation aufgegriffen. Ist er aktiviert, wird stattdessen ein Wert aufgerufen, den Sie manuell einstellen, wenn keine Automation aktiv ist. Dies gilt nur für Regionen ohne Automation – nicht, wenn gar keine Region spielt. Die Option ist verwirrend, weil es ja sein kann, dass es keine vorhergehende Region gibt oder Sie den Track während einer Automation angehalten haben und an eine andere Stelle gesprungen sind, wodurch alles anders klingen kann.

Meine Lösung bzw. mein Tipp: Sicherer ist es, mit Hilfe einer zusätzlichen Spurautomation einen Wert festzulegen, der gelten soll, wenn keine Regionsautomation da ist. Beachten Sie aber Parametersprünge am Ende von Regionen. In *16SpurvsReg2b* ist für Spur 1 eine Spurautomation aktiv, die den Low Cut auf ca. 31 Hz einstellt. Diese Einstellung wird nun für die mittlere Region stets erreicht. Stellen Sie gegebenenfalls die Einstellung Mix • Spur mit Regionen bewegen auf Nie, um beim Verschieben von Regionen nur Regionsautomation, nie Spurautomation zu verschieben und nie unnötig gefragt zu werden. Das können Sie auch anhand der Projekte *16SpurvsReg1* und *16SpurvsReg2* bzw. *16SpurvsReg2b* nachvollziehen (Erläuterungen finden Sie in den Projektnotizen). Im Projekt *16SpurvsReg3* wird ein weiterer Vorteil von Regionsautomation offensichtlich: Ich habe eine neue Spur mit dem gleichen Instrument erstellt, die untere Spur hat eine »geloopte« Filterautomation, während die Spur darüber jeweils andere Noten spielt.

Spurautomation kann in Regionsautomation konvertiert werden – und umgekehrt.

16.1.19 Mix-Menü

Das Mix-Menü in Logic Pro (Abbildung 16.19) enthält grundlegende Funktionen für die Arbeit mit Automationsdaten, deren Darstellung und Bearbeitung, da Automation grundsätzlich eine Mischpult-Funktion ist bzw. zur Mix-Prozedur gehört.

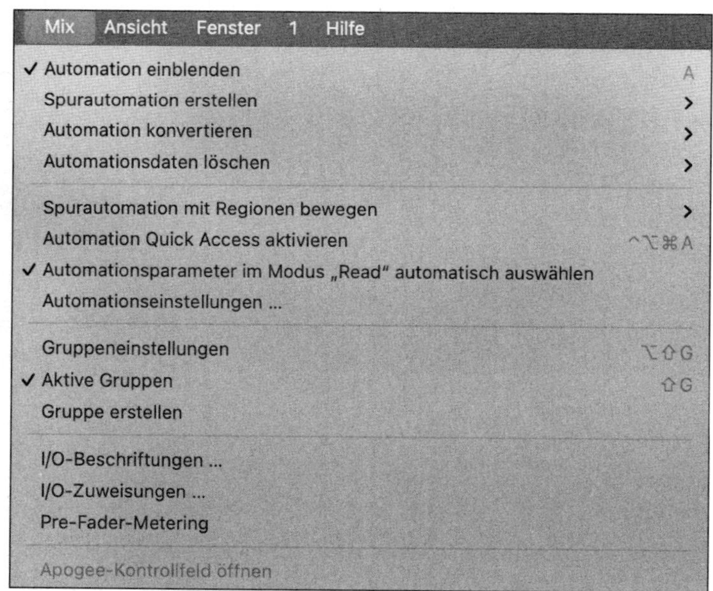

Abbildung 16.19 Das Menü »Mix« von Logic Pro

Spurautomation erstellen; Step-Automation

Im Funktionsbereich Spurautomation erstellen können Sie nicht nur Automationspunkte an Regionsrändern erstellen, sondern auch die aktuell an der Abspielposition gültigen Werte eines beliebigen Parameters als einen oder zwei Automationspunkte einfügen, um so eine Art Step-Automation zu realisieren – ein heißes Feature auf dem umkämpften Markt, mit dem auch Beatdesigner-Tools wie Maschine und Ableton zu glänzen wissen (Abbildung 16.20).

Ferner können Sie in diesem Menü auch einen oder zwei Automationspunkte für Lautstärke, Panorama und Sends oder einen Fade-out als Automation erstellen.

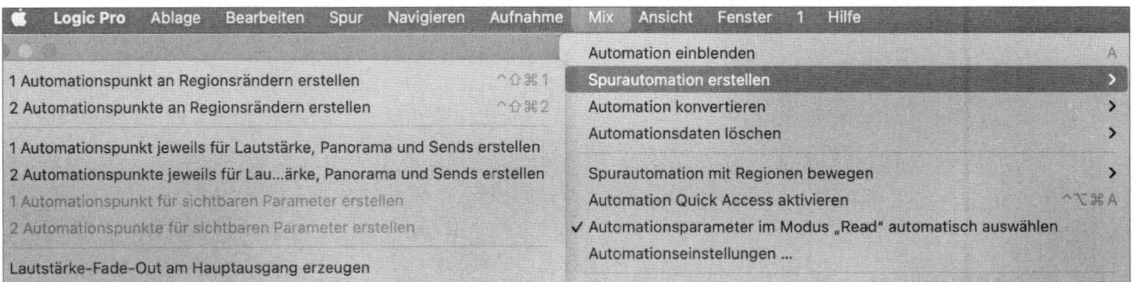

Abbildung 16.20 Der Menüeintrag für die Erstellung von Automationspunkten

Automationspunkte an der Abspielposition einfügen

Sie können an der Abspielposition einen oder zwei Automationspunkte des gerade sichtbaren Parameters oder für Volume, Pan und Sends einfügen. Hierdurch lassen sich treppenartige, rhythmisch sinnvolle oder auch sanfter verlaufende Automationen realisieren. Die Funktionsbezeichnung AUTOMATIONSPUNKTE FÜR SICHTBAREN PARAMETER ERSTELLEN unterschlägt, dass die Automationspunkte jeweils an der Abspielposition eingefügt werden.

In Abbildung 16.21 sehen Sie einen so erzeugten Automationsverlauf aus dem Beispielprojekt *16Stepautomat*. Hier spielt eine Synth-Line, bei der die LFO-Geschwindigkeit eines einfachen, typischen Wobble-/Wah-Wah-Sounds verändert wird. In den Takten 5 bis 9 habe ich die Abspielposition jeweils einen Takt vorwärtsbewegt, dann die LFO-Geschwindigkeit verändert und jeweils zwei Automationspunkte für den neuen LFO-Speed eingefügt. In den Takten 9 bis 13 habe ich dasselbe gemacht, aber nur einen Automationspunkt eingefügt.

Natürlich ist die Prozedur des Einfügens von Automationspunkten an der Abspielposition praktikabler, wenn Sie hierfür einen Shortcut erstellen, den Sie in Verbindung mit dem Shortcut zum Vor- und Rückspulen nutzen.

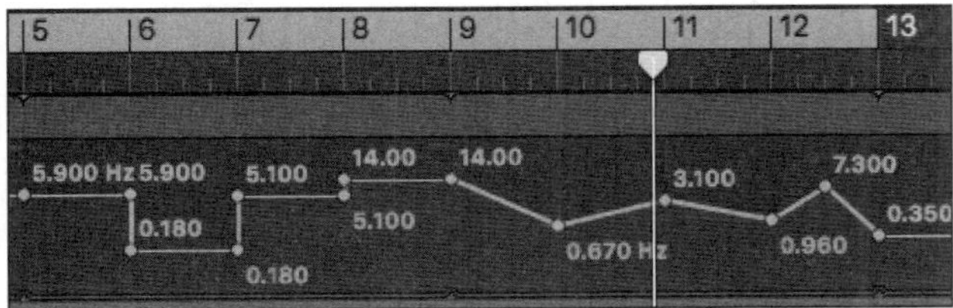

Abbildung 16.21 Eingefügte Automationspunkte – Unterschiede beim Einfügen von zwei Punkten oder einem Punkt an der Abspielposition

Beachten Sie auch die Möglichkeit, solche Kurven mit abgestufter Bearbeitung des Stiftwerkzeugs bei gehaltener `alt`-Taste zu realisieren – lesen Sie Abschnitt 16.1.10.

Automationspunkte an Regionsrändern erstellen

Sie können über den entsprechenden Befehl im Mix-Menü einen oder zwei Automationspunkte an den Grenzen einer selektierten Region (Regionsrändern) erstellen lassen. Auf diese Weise können Sie leicht die Automationseinstellungen für die Region ändern, während außerhalb davon alles gleich bleibt (alternativ können Sie regionsbezogene Automation nutzen, siehe Abschnitt 16.1.18).

Wenn Sie zwei Automationspunkte statt einem erstellen, sehen Sie den Unterschied nur dann, wenn Sie sehr weit hineinzoomen.

Sichtbare oder alle Automationsdaten löschen oder selektieren

Die Auswahl der Automationsdaten, die vom Löschbefehl betroffen sein sollen (Sichtbare, Alle, Verwaiste, Redundante, Gesamte) entscheidet darüber, was gelöscht wird. Im Praxistest wurde zudem Spurautomation nur dann gelöscht, wenn Spurautomation auch angezeigt wurde – und umgekehrt.

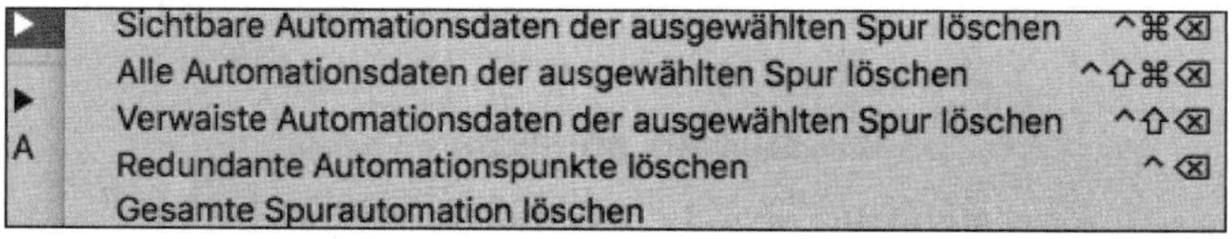

Sichtbare Automationsdaten der ausgewählten Spur löschen ^⌘⌫
Alle Automationsdaten der ausgewählten Spur löschen ^⇧⌘⌫
Verwaiste Automationsdaten der ausgewählten Spur löschen ^⇧⌫
Redundante Automationspunkte löschen ^⌫
Gesamte Spurautomation löschen

Abbildung 16.22 Das Menü zum Löschen von Automationsdaten

Sichtbar sind Automationen immer dann, wenn Sie den entsprechenden Parameter im Spur-Header ausgewählt haben und die Kurve angezeigt wird. Dabei ist es zwar möglich, dass mehrere Parameter sichtbar sind. Doch der Befehl Sichtbare Automationsdaten der ausgewählten Spur löschen löscht nach meinen Erfahrungen die Automationsdaten, die auf der Hauptspur selbst angezeigt werden. Nicht immer agiert Logic dabei komplett »logisch«. Tipp: Schauen Sie genau hin – und wenn nicht alles auf Anhieb so funktioniert wie erwartet, probieren Sie es noch einmal. Verwaiste Automationsdaten sind Automationsdaten, deren zugewiesener Parameter nicht mehr existiert. Beispiel: Sie haben eine Automation für einen »Channel EQ« aufgenommen, anschließend aber den »Channel EQ« aus dem Plug-in-Slot gelöscht, so dass die Automationsdaten ins Leere laufen. Mit der Funktion Redundante Automationspunkte löschen dünnen Sie die Automation etwas aus (um die CPU weniger zu belasten) und erreichen den (zumindest annähernd) gleichen Werteverlauf mit weniger Automationspunkten.

Verschieben von Automation mit Regionen

Unter Spurautomation mit Regionen bewegen können Sie aussuchen, ob Spurautomation nie oder immer mit den Regionen verschoben oder ob alternativ bei jedem Verschieben nachgefragt wird (siehe Abbildung 16.23).

Sie können einen selektierten Automationsbereich also unabhängig von Regionen verschieben oder mit gehaltener `alt`-Taste kopieren.

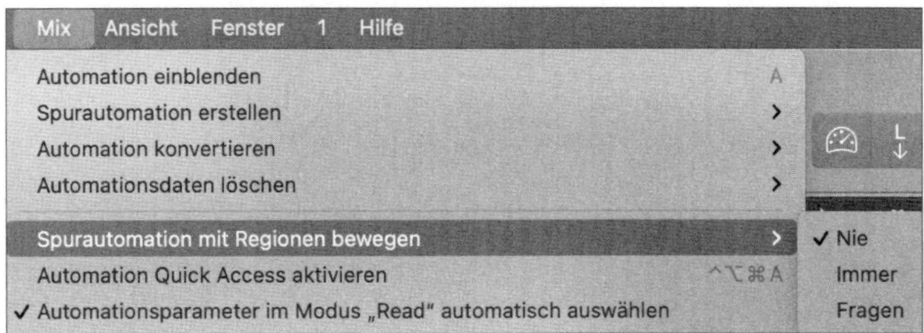

Abbildung 16.23 Die Optionen zum Verschieben von Automationen mit Regionen

Automation konvertieren (Spur- versus Regionsautomation)

Im MIX-Menü konvertieren Sie Spurautomation in Regionsautomation und umgekehrt.

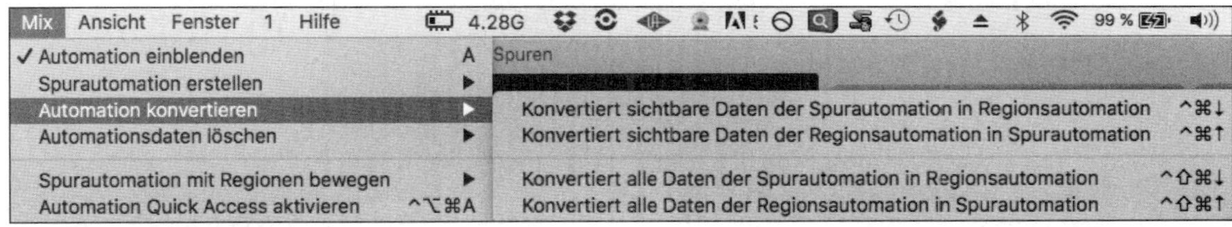

Abbildung 16.24 Automation konvertieren

Sie können alle oder nur die sichtbaren Automationen umwandeln. Für die Konvertierungsprozedur müssen Sie eine Region in der Spur selektiert haben, die der Länge der in sie zu kopierenden Daten entspricht. Hierzu können Sie (z. B. auf Aux-Spuren) auch beliebig eine leere Region einzeichnen.

Ein Projektbeispiel finden Sie im Dokument *16Automation3b*. Hier habe ich sämtliche Automation aus *16Automation3* in Regionsautomation konvertiert. Um die Automation beider Regionen gleichzeitig zu konvertieren, müssen beide selektiert sein. Nach der Umwandlung wurden die richtigen Automationsparameter im damaligen Test nicht automatisch angezeigt, dies musste ich erst manuell einstellen. Zudem wurde damals die Spurautomation nicht automatisch gelöscht. Da die Regionsautomation aber Priorität hat, fiel dies nicht negativ auf. Im Projekt *16Automation3c* habe ich die Spurautomation der Ordnung halber manuell gelöscht (via MIX • AUTOMATIONSDATEN LÖSCHEN • ALLE AUTOMATIONSDATEN DER AUSGEWÄHLTEN SPUR LÖSCHEN).

Wichtig dabei war auch, dies bei aktiver Spurautomationsansicht zu tun! Automationsbearbeitungen haben oft eine große Wirkung, daher rate ich: Arbeiten Sie nach dem Motto: Vertrauen ist gut, Kontrolle ist besser!

16.1.20 Automationseinstellungen

Sie erreichen die Automationseinstellungen (Abbildung 16.25) beispielsweise über den Menüpunkt Mix • Einstellungen • Automation. Sie gelangen hierbei zu dem gleichen Fenster, das Sie via Logic Pro • Einstellungen • Automation aufrufen.

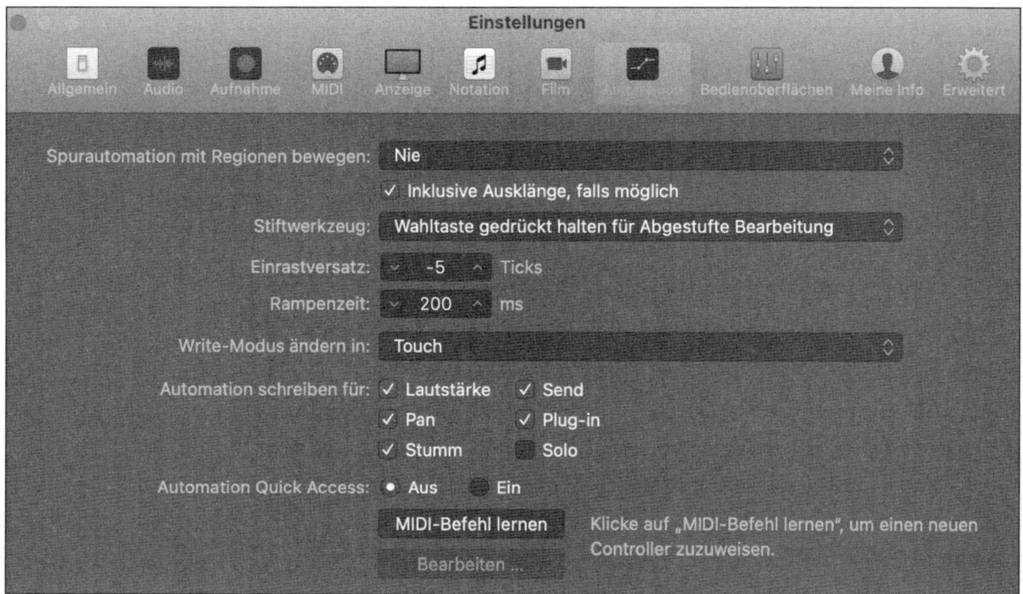

Abbildung 16.25 Die Automationseinstellungen gehören zu den allgemeinen Einstellungen, Sie erreichen sie aber auch über das Menü »Mix«.

Auch hier können Sie einstellen, ob Logic beim Verschieben von Regionen Automation immer oder nie verschiebt – oder immer nachfragt (Standardeinstellung). Falls Automationsverläufe in die Region hineinragen – möglicherweise sogar ohne Automationsknotenpunkt –, kann das zu Problemen führen, die Logic bei aktiver Option Inklusive Ausklänge, falls möglich zu lösen versucht.

Mit der gehaltenen `alt`-Taste können Sie (wie in Abschnitt 16.1.10 gezeigt) mit dem Stiftwerkzeug Automation im Stile von Steps einzeichnen (siehe Projekt *16x3_Automation1b*). Alternativ können Sie hier einstellen, dass dies das Standardverhalten des Stiftwerkzeugs ist und das freie Zeichnen via `alt` geht (Optionen: Wahltaste gedrückt halten für Abgestufte Bearbeitung bzw. ... für Kurvenbearbeitung).

Mit dem Einrastversatz stellen Sie ein, dass, wenn Automation gemäß den Einstellungen für das Raster einrasten soll, dies mit einem Versatz geschieht. Das ist sinnvoll, wenn es zu Verzögerungen der Reaktion auf die Automation oder bei der Wiedergabe der klanglichen Effekte einer Automationsbewegung bei bestimmten Plug-ins kommt.

Ferner können Sie festlegen, für welche Bereiche des Channel-Strips Automation überhaupt aufgenommen wird. Dies ist insbesondere relevant, wenn Sie mit externen Controllern arbeiten. Durch Deaktivierung bestimmter Parameter schließen Sie eine ungewollte Änderung durch Berühren der Controlleroberfläche aus. Gleichzeitig können Sie aber andere Werte gezielt ändern.

Es ist also z. B. nicht selbstverständlich, dass auch die SOLO-Buttons automatisiert werden können (voreingestellt ist wie in Abbildung 16.25 die Option für das Schreiben einer Solo-Automation deaktiviert).

16.1.21 Automation Quick Access

Mit Hilfe der Funktion *Automation Quick Access* weisen Sie einen MIDI-Controller der aktuell ausgewählten Spur und ihrem angezeigten Automationsparameter zu. Das Besondere hierbei ist, dass Sie mit einem Hardwarecontroller immer genau den Parameter steuern können, der in der selektierten Spur gerade angezeigt wird. Hierzu müssen Sie die Funktion Automation Quick Access natürlich einschalten (im Menü MIX oder via `ctrl` + `alt` + `cmd` + `A`).

Falls es noch keine Zuweisung gibt oder Sie auf MIDI-BEFEHL LERNEN klicken, können Sie durch anschließende Bewegung Ihres gewünschten Controllers einen Controller zuweisen, der anschließend übrigens nicht mehr als MIDI-Controller im Sequencer ankommt, sondern nur noch den Automationsparameter fernsteuert. Bei Bedarf können Sie die Zuweisung auch bearbeiten (siehe Abschnitt 16.3, »Bedienoberflächen und Controller-Zuweisungen«). Wenn Sie weitere Controller-Zuweisungen vornehmen, bei denen Sie bestimmte Parameter fix zuweisen, führt die zusätzliche Verwendung von Automation Quick Access nach meiner Erfahrung manchmal zu fehlerhaftem Verhalten von Logic.

16.1.22 Die Option »Samplegenaue Automation«

Etwas versteckt finden Sie unter EINSTELLUNGEN • AUDIO • ALLGEMEIN einen Eintrag SAMPLEGENAUE AUTOMATION. Im dazugehörigen Flip-Menü können Sie zwischen folgenden Optionen wählen:

- AUS
- LAUTSTÄRKE, PAN, SENDS
- LAUTSTÄRKE, PAN, SENDS, PLUG-IN-PARAMETER

Voreingestellt ist Letzteres, das war aber nicht immer so. Wenn Sie die Einstellung ändern, hat das eventuell Konsequenzen für die Wiedergabe älterer Projekte. Falls Sie in diesen z. B. die SAMPLEGENAUE AUTOMATION für Plug-in-Parameter deaktiviert und für diese Einstellung optimiert hatten, kann sie bei nachträglicher Aktivierung der Option verrutschen. In diesem Fall ist es einfacher, für das spezifische Projekt die Einstellung SAMPLEGENAUE AUTOMATION wieder temporär zu einem alten Verhalten hin zu ändern, als die gesamte Automation neu zu editieren. SAMPLEGENAUE AUTOMATION ist präziser, aber benötigt mehr CPU-Leistung. Probieren Sie aus, ob auf Ihrem System die CPU-Leistung dafür verfügbar ist.

16.1.23 Editierung von Automation in der »Event«-Liste und Datenformat von Automationsdaten

Mit dem Befehl LISTE DER SPURAUTOMATIONS-EVENTS (ctrl + cmd + E) rufen Sie eine EVENT-Liste mit Spurautomations-Events als separates Fenster auf. Ist eine Regionsautomation aktiv, erscheinen entsprechende Events bereits in der normalen Eventliste.

Logic benutzt für Automationsdaten (sowohl für Spur- als auch für Regionsautomation, wodurch nur ein anderer Datenabgriff eingeleitet wird) sogenannte *Regler-Events* bzw. *-Befehle* (in Vorversionen *Fader* genannt, bei wenig Platz für die Spalte war im Test auch in Logic 10.6.1 nur ein »F« zu sehen), die von der Struktur her einem dreiteiligen MIDI-Befehl entsprechen. Diese haben folgende Befehlsstruktur:

- *Regler* (Plug-in-Nummer 2–16, die 1 ist für die Regler des Kanalzugs vergeben)
- *Reglernummer* (0–127, damit sind Plug-in-Parameter gemeint)
- *Reglerwert* (0–127)

Betrachten Sie die Darstellung der Regionsinhalte in der EVENT-Liste in Abbildung 16.26. Im Statusbyte bzw. in der Spalte STATUS steht der Befehlstyp (REGLER). Die Ziffer dahinter in der KAN-(Kanal-)Spalte steuert einen bestimmten Bereich/Slot im Kanalzug an. »1« steht für den Kanalzug, »2« für das Instrument, und die folgenden Ziffern repräsentieren verwendete Plug-ins. Im Bild sehen Sie stets die Ziffer »2«, weil Parameter des geladenen Instruments *ES1* betroffen sind. Diese werden rechts in der EVENT-Liste in der Spalte LÄNGE/INFO richtig erkannt und aufgeführt. Zugewiesen werden sie über das, was im MIDI-Befehl normalerweise das erste Datenbyte ist und hier in der Spalte NUM in der EVENT-Liste sichtbar ist. Jeder *ES1*-Parameter ist nummeriert und hat seine eigene Nummer. Die Spalte VAL dahinter gibt den jeweiligen Wert für den Parameter an, der zu einem bestimmten Zeitpunkt aufgerufen wird.

Welcher Parameter welche Nummer in einem Kanalzug hat, erkennen Sie auch, wenn Sie in der MIDI-Umgebung ein Monitorobjekt mit einem Kanalzug verkabeln, dann am entsprechenden Regler drehen und den Monitor im Auge behalten (siehe Projekt *16Parametermonitoring*).

Entsprechend lassen sich Regler-Events wie MIDI-Daten in der EVENT-Liste editieren – und auch erzeugen. Als Beispielprojekt können Sie das Projekt *16Automation3* öffnen. Selektieren Sie die Automation, um sie in der EVENT-Liste angezeigt zu bekommen. Bestimmte Edits lassen sich so besser durchführen als durch das Zeichnen von Kurven. Hierzu zählen beispielsweise die genaue Positionierung eines Automationspunktes an einer Taktposition oder die Quantisierung von Automationspunkten.

Die Auflösung eines Wertebereichs von 0 bis 127 erklärt zudem, warum es manchmal nicht möglich ist, exakt eine gewünschte Lautstärke in der Automation einzustellen – hierfür wäre eine feinere Auflösung nötig. So entspricht eine Volume-Einstellung von +1,0 dB einem Regler-Wert von 95, während ein Regler-Wert von 96 den VOLUME-Fader auf +1,2 dB bewegt. Gegebenenfalls hilft in einem solchen Fall die Nutzung eines zusätzlichen Gain-Plug-ins.

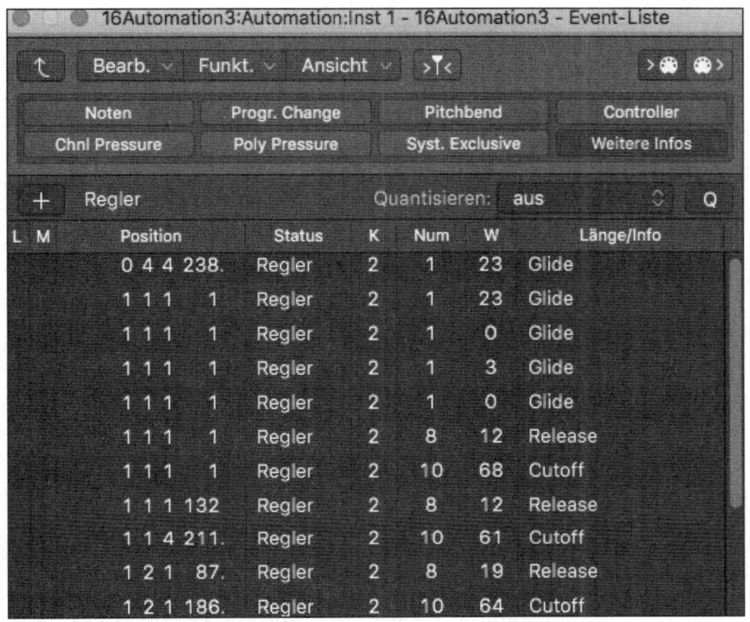

Abbildung 16.26 »Event«-Liste mit Automations-Events

Einschub: Der Pitch-Bending-Befehl braucht mehr als die üblichen 128 Werte pro Controller, um feine Tuningdifferenzen zu ermöglichen. Hierfür nutzt er zwei Controller. Die EVENT-Liste zeigt den eingestellten Wert, der sich aus beiden Datenbytes ergibt, rechts als Ergebnis an. Lesen Sie mehr hierzu in Abschnitt 11.32 über MPE.

Beachten Sie, dass Logic-Parameter in der EVENT-Liste als REGLER-Events aufgeführt werden, während Standard-MIDI-Control-Change-Befehle in der deutschen Version aktuell STEUERUNG heißen.

16.1.24 Regionsautomation in der Pianorolle

Eine Regionsautomationskurve lässt sich auch in der PIANOROLLE und im Notationseditor einblenden und editieren, siehe das Beispielprojekt *16Automation3d*.

16.2 Smart Controls

Smart Controls (in Vorversionen auch *intelligente Steuerungen* genannt) sind dafür da, einen oder mehrere wichtige Parameter eines Sounds oder Effekt-Patches über eine übersichtliche Bedienoberfläche anzusteuern. Für viele Instrumente und Patches sind sie vorkonfiguriert. Bewegungen von Smart Controls können Sie ohne LATCH oder TOUCH im üblichen Aufnahmemodus aufzeichnen (siehe Abschnitt 16.1.7).

16.2.1 Easy Knobbing oder Profi-Feature?

Smart Controls sind einerseits ein professionelles Tool, andererseits auch ein cooles Feature für Anfänger und eine »Brücke« zu GarageBand und iOS-Apps. GarageBand Mac und iOS sowie die iOS-Fernsteuerung Logic Remote nutzen Smart Controls ebenfalls – oder sogar ausschließlich. Mitunter sind dort ausschließlich Smart Controls und nicht die volle Benutzeroberfläche von Logic-Plug-ins verfügbar. Auf diese Weise bleiben in GarageBand Mac oder iOS erstellte Projekte kompatibel und können in Logic importiert werden. Es ist mit Smart Controls aber auch möglich, mehrere Parameter unterschiedlicher Plug-ins mit einem einzigen Knopf fernzusteuern und dessen Bewegung als Automation aufzunehmen. Dies ist eher ein Profi-Feature, von dem auch Anfänger profitieren, denn es ermöglicht auch ein Vorkonfigurieren von Reglern, um Sounds zu verändern.

16.2.2 Funktionsprinzip von Smart Controls

Smart Controls erlauben prinzipiell den Zugriff auf alle im Kanalzug verwendeten Klangerzeuger, Effekte, MIDI-FX-Plug-ins und Kanalzugparameter wie Volume, Pan oder Sends. Zudem können Sie jede Steuerung detailliert skalieren. Smart Controls sind nichts anderes als eine Fernsteuerung von einem oder mehreren Klangparametern, die *vor* dem eigentlichen Parameter liegt. Das kann auch schon mal für Verwirrung sorgen, falls z. B. ein Parameter sowohl von Smart Controls als auch direkt automatisiert wird. Wird etwa ein Filter-Cutoff direkt automatisiert, zeigt ein Smart-Control-Regler, der dem Cutoff zugewiesen ist, das nicht unbedingt an.

Die Logic Pro-Patches enthalten vorkonfigurierte Smart Controls. Logic mappt aber auch für nicht vorkonfigurierte Sounds automatisch wichtige Parameter.

Klicken Sie oben im Hauptfenster auf den SMART CONTROLS-Button, oder benutzen Sie den Shortcut [B], um Smart Controls ein- und auszublenden. In dem unten angezeigten Bereich lassen sich auch Channel EQ oder Linear Phase EQ anzeigen. Sie können auch ein Fenster SMART CONTROLS separat öffnen (im Menü FENSTER oder via [cmd] + [3]).

Öffnen Sie das Dokument *16SmartcontrolsO1*. Es besteht aus Beat und Bass des Schnellkurses. Lassen Sie sich die Smart Controls des Sounds »Tech Bass« aus Spur 2 anzeigen. Spielen Sie den Song nun ab, und bewegen Sie dabei einige der Smart Controls, die dort nicht mit einem bestimmten, sondern mit verschiedenen Insert-Slots oder Bus-Sends verbunden sind.

Praktisches Beispiel

Abbildung 16.27 zeigt, dass die Smart Controls für den Sound Tech Bass sowohl Zugriff auf den klangerzeugenden Synth geben als auch auf die im Kanalzug verwendeten Effekte oder Sends. Wenn Sie zum Beispiel den mit DELAY beschrifteten Knopf bewegen, steuert er die OUTPUT-MIX LEFT-/RIGHT-Regler des Plug-ins Stereo Delay fern, die zunächst noch auf 0 stehen. Wenn Sie besagtes Stereo Delay-Plug-in im Insert-Slot ausschalten oder bypassen, hat die Bewegung des Mix-Reglers im Plug-in natürlich keine Bedeutung mehr – ohne dass dies an der Anzeige der Smart Controls erkennbar wird.

Abbildung 16.27 Unten sind die Smart Controls des Sounds »Tech Bass« eingeblendet.

16.2.3 Automation von Smart Controls

Im Dokument *16SmartcontrolsO1x* habe ich an dem CUTTOFF-Regler des Smart-Control-Bereichs gedreht und das als Automation aufgezeichnet.

In der Anzeige der Automationsparameter finden Sie die Smart Controls oben. Auch automatisierte Smart Controls werden in ihrem Bereich fett angezeigt und unten im Menü fett aufgelistet (siehe Abbildung 16.28). Automation des mit CUTOFF beschrifteten Reglers des SMART CONTROLS-Bereichs ist allerdings unabhängig (und daher zu unterscheiden) von Automation des CUTOFF-Reglers direkt am Synth, auch wenn das meist nicht direkt erkennbar ist.

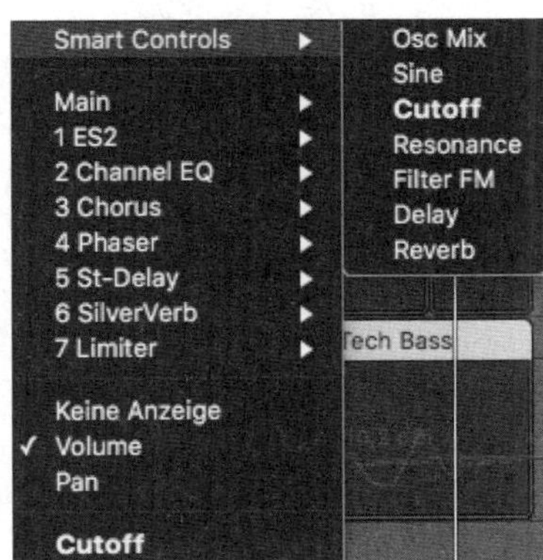

Abbildung 16.28 Automation von Smart Controls

16.2.4 Smart-Control-Designs und Konfiguration

Wenn Sie das Dokument *16SmartcontrolsO2* öffnen, ist die Automation wieder verschwunden, dafür sind einige Instrumente mehr geladen, die Ihnen zeigen, dass es viele verschiedene Designs von Smart Controls für diverse Instrumente gibt (siehe Abbildung 16.29, Abbildung 16.30). Wie Sie diese manuell einstellen, lesen Sie weiter unten. Beim Öffnen eines Plugins erstellt Logic automatisch Smart Controls – inklusive einer Zuordnung zu wichtigen Parametern und eines entsprechenden Designs, das Sie jederzeit manuell ändern können. Auch für Audiospuren, die für die Effektierung bestimmter Parts vorgesehen sind (z. B. Vocals, Gitarre), gibt es vorgefertigte Smart-Control-Designs (Abbildung 16.31).

Abbildung 16.29 Smart Control für die Drum-Spur inklusive Patterneinstellungen

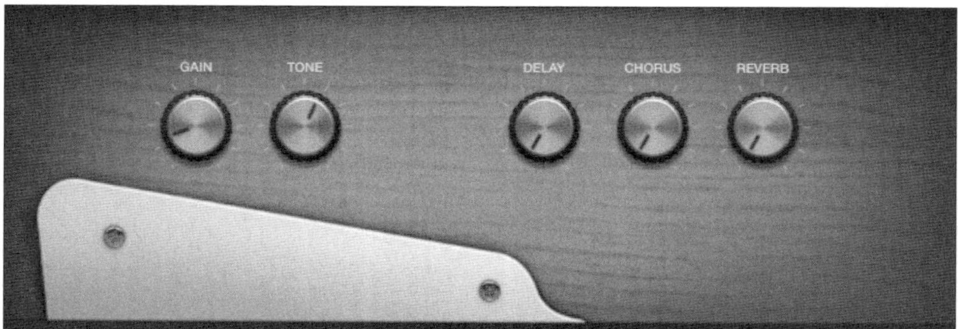

Abbildung 16.30 Smart Controls für einen E-Gitarren-Sound

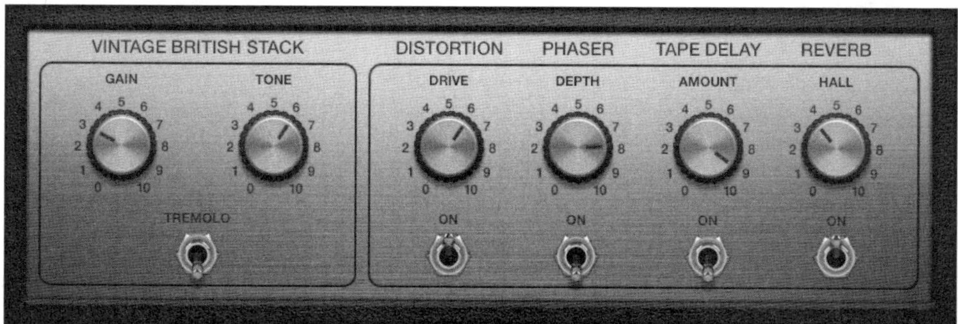

Abbildung 16.31 Smart Controls für eine E-Gitarren-Spur

16.2.5 Konfiguration von Smart Controls: Einführung

Sie können selbst Parameterzuweisungen, Skalierungen oder Designänderungen bei Smart Controls vornehmen. Drücken Sie hierfür auf den INFO-Button mit dem I-Symbol im Bereich der Smart Controls, um Details angezeigt zu bekommen; gegebenenfalls müssen Sie noch das kleine Dreieck neben dem Eintrag PARAMETER-MAPPING aufklappen. Öffnen Sie das Dokument *16smartcontrols03*. Hier habe ich zunächst einen *Retro Synth* geladen, der ein paar Noten spielt. Für ihn hat Logic automatisch ein synthesizerorientiertes Smart-Control-Design eingestellt, das an einen Moog-Synth erinnert.

16.2.6 Vergleichen

Ein blau eingefärbter VERGLEICHEN-Button zeigt – ähnlich wie bei der Arbeit mit Plug-ins – an, dass gegenüber der gespeicherten Einstellung etwas verändert wurde. Hier können Sie durch Klick auf den Button zwischen der neuen und der alten Einstellung umschalten (Abbildung 16.32).

Abbildung 16.32 Smart Controls des »Retro Synth«

In der Infobox links nehmen Sie immer die Einstellungen für den zuvor selektierten Smart-Control-Knopf vor (im Bild: CUTOFF).

16.2.7 Manuell ein Smart-Control-Design auswählen

Wenn Sie in der Infobox auf das Feld AUTOMATISCHE SMART CONTROLS klicken, wird Ihnen das Menü mit anderen Designs angezeigt.

16.2.8 Smart Controls: einfache Zuweisung und Editierung von Parametern

Sie haben zwei Möglichkeiten, einen Parameter zuzuweisen:

- Möglichkeit 1: Klicken Sie auf den LERNEN-Button (siehe Abbildung 16.33), und bewegen Sie anschließend den Parameter, den Sie zuweisen möchten.

Abbildung 16.33 Zuweisung eines Smart-Control-Parameters

Danach klicken Sie ein weiteres Mal auf den LERNEN-Button, um den Lernmodus wieder zu deaktivieren. Der neue Parameter wird automatisch auf dem entsprechenden Smart-Control-Button beschriftet, eine eventuell vorher existente Zuordnung wird überschrieben (Abbildung 16.34).

Abbildung 16.34 Der Smart-Control-Regler heißt nun »Send 1« (vorher »Sine Level«).

- Möglichkeit 2: Klicken Sie auf das Feld neben dem Parametereintrag, um an ein Menü zur Auswahl des Parameters zu gelangen (Abbildung 16.35).

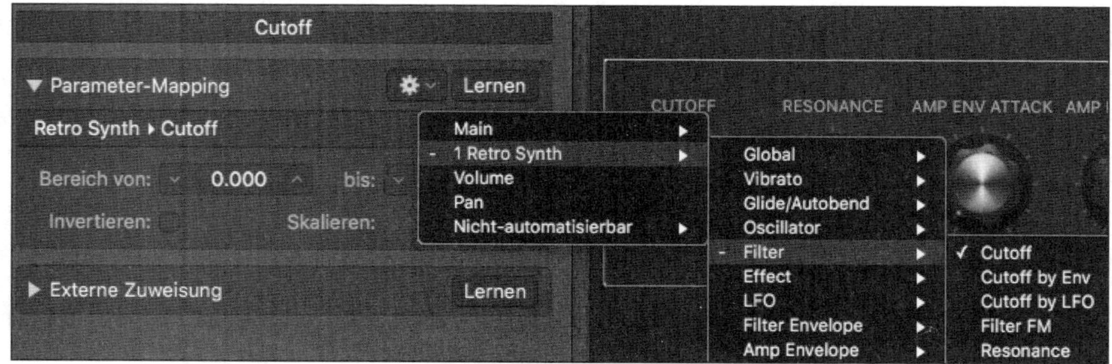

Abbildung 16.35 Menü zur Parameterauswahl

16.2.9 Smart Controls beschriften

Die Beschriftung oben nach einer Zuweisung (die der Beschriftung des Smart-Control-Reglers entspricht) können Sie via Doppelklick auch manuell eingeben. Das ist insbesondere sinnvoll, wenn mehrere Parameter zugewiesen sind.

16.2.10 Smart Controls: einfache Skalierung von Parametern

Öffnen Sie ferner den Bereich PARAMETER-MAPPING. Hier können Sie einen Werte- bzw. Regelbereich festlegen (z. B. obere und untere Filtergrenzfrequenz), der durch Bewegung des Smart-Control-Reglers (der hier dem Cutoff zugewiesen ist) geregelt wird. Wenn Sie im älteren Beispiel *16smartcontrols03* den CUTOFF-Regler ganz nach links drehen, ist der Filter komplett zugedreht. Es wäre hier sinnvoller, den CUTOFF-Regler des Synths so zu programmieren, dass er auch in ganz heruntergedrehtem Zustand noch ein wenig – wenn auch dunklen – Sound durchlässt. Dies erreichen Sie, indem Sie statt eines BEREICHS VON 0.00 BIS 1.00 einen anderen Wertebereich einstellen – z. B. 0.21 bis 1.00 (*16smartcontrols03b*; für mehr Details siehe Abschnitt 16.2.12).

Durch Klick auf das viereckige Feld mit den Slidern unterhalb des LERNEN-Buttons öffnen Sie übrigens das zugehörige Plug-in.

16.2.11 Zweiten Parameter zuweisen und Mapping-Menü

Nun weisen wir dem gleichen Smart-Control-Knopf einen weiteren Parameter zu. Weil der Synth-Sound im Projekt *16smartcontrols03* bei heruntergedrehtem Filter etwas leiser klingt als bei aufgedrehtem Filter, ist es beispielsweise sinnvoll, dem durch eine zusätzliche Anhebung der Lautstärke oder der Filterresonanz entgegenzuwirken. Hierfür könnten Sie dem entsprechenden Smart-Control-Regler einen zweiten Parameter zuweisen.

Klicken Sie auf das Symbol für das Aktionsmenü Menü, in dem sich unter anderem der Befehl MAPPING HINZUFÜGEN befindet (siehe Abbildung 16.36), womit ein zweites Mapping für den gleichen Knopf angezeigt werden kann. Über dieses Menü können Sie außerdem selektierte Mappings löschen oder auch Zuweisungen automatisch vornehmen lassen. Sie können über das Menü auch Mappings kopieren und für andere Smart Controls einfügen.

Unterhalb des bisherigen Eintrags RETRO SYNTH > CUTOFF entsteht eine zweite Zeile mit einem Flip-Menü, dort wählen Sie aus, um welches Plug-in es beim neuen bzw. jeweiligen Mapping geht. Sie können das zweite Mapping (siehe Abbildung 16.37) auch selektieren und editieren oder mit Hilfe des LERNEN-Buttons einem Parameter zuweisen (klappte im Test nicht immer).

Abbildung 16.36 Zusätzliche Mapping-Funktionen wie das Hinzufügen eines weiteren Mappings

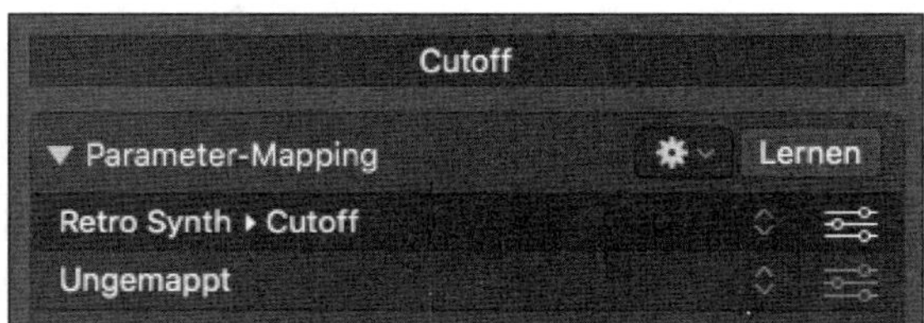

Abbildung 16.37 Ein zweiter, noch nicht zugewiesener Mapping-Parameter wurde hinzugefügt.

Im Projekt *16Smartcontrols03d2* habe ich einen dritten Parameter hinzugefügt, den Smart-Control-Button entsprechend beschriftet und Parameter skaliert. Wenn der Filter durch Drehen des Smart-Control-Knopfes CUTOFF+VOL+RESONANCE zugeht, kompensieren im Beispiel nun zusätzliche Lautstärke und eine betonte Resonanz den Lautstärkeverlust.

16.2.12 Smart Controls: komplexe Skalierung von Parametern

Nun wenden wir Parameterskalierung auf mehrere Parameter an. Es ist auch möglich, dass der Filter »aufgeht«, wenn Sie den Regler herunterdrehen. Hierfür klicken Sie entweder auf den Button neben dem Eintrag INVERTIEREN oder stellen beispielsweise einen Wertebereich von 1.000 bis 0.210 ein (wie in *16smartcontrols03c2*), wodurch die gleiche Automation nun zu einem anderen Soundverlauf führt.

Wenn Sie keinen linearen Werteverlauf wünschen, erlaubt ein Klick auf den ÖFFNEN-Button neben dem Eintrag SKALIEREN exponentielle oder manuell editierte Verläufe, um in bestimmten Wertebereichen feinere Veränderungen durch Drehen des Smart-Control-Reglers, für den Sie die Skalierung vornehmen, herbeizuführen. Das kann z. B. bei Parametern wie dem Feedback des Tape Delays wichtig werden, das in manchen Wertebereichen sehr empfindlich auf Veränderungen reagiert, während Veränderungen bei anderen Werten weniger prägnant sind.

Auf der horizontalen X-Achse in Abbildung 16.38 ist links ein Punkt mit einer Wertangabe von (0.210). Die 0 steht für einen komplett heruntergedrehten Smart-Control-Regler, die 0.210 für den Wert, den ich unter BEREICH VON ... BIS ... eingestellt habe. Der rechte Punkt dagegen markiert einen voll aufgedrehten Smart-Control-Regler, Wert 127, und die 1.000 zeigt die hierfür vorgenommene Einstellung.

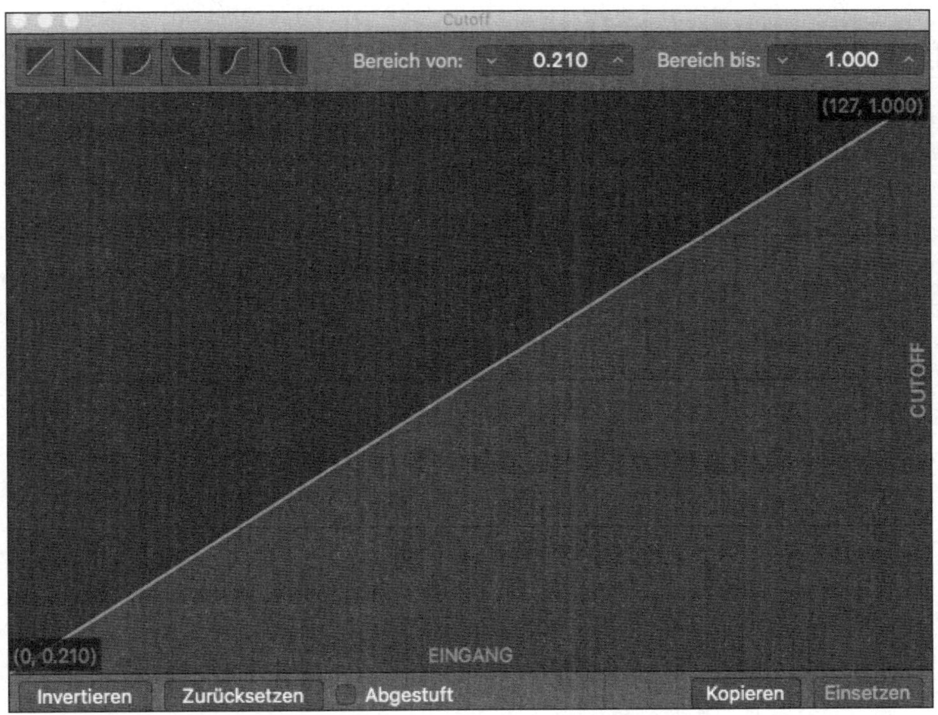

Abbildung 16.38 Skalierungsoptionen in den Smart Controls

Sie können nun selbst Kurven zeichnen, Punkte einfügen (durch Klick auf die Linie) und löschen (durch Selektion und [⌫]) sowie Positionen von Punkten auf der X- und Y-Achse editieren (siehe Abbildung 16.39). Mit einem Rechtsklick erscheint eine Option zum Zurücksetzen der Kurve auf eine lineare Standardkurve.

Manchmal muss man hier ein wenig viel mitdenken, zum Glück hilft dabei die Anzeige der Werte (Abbildung 16.39). Unter BEREICH VON ... BIS ... (oben im Bild) ist 0.262 bis 1.000 eingestellt. Oben links finden Sie Buttons zum schnellen Erzeugen bestimmter Kurvenverläufe. Beim Editieren mehrerer Skalierungskurven sind andere Kurven gedimmt im Hintergrund zu sehen.

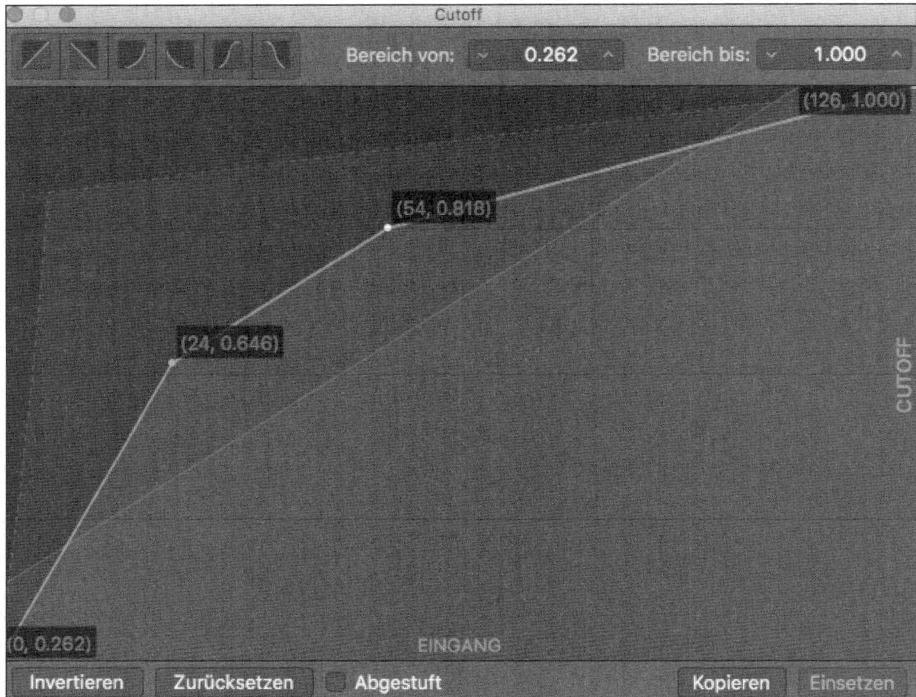

Abbildung 16.39 Editieren von Skalierungspunkten

16.2.13 Smart Controls bei Spurstapeln

Sie können Smart Controls auch bei Spurstapel-Spuren verwenden. Im Zuordnungsmenü für Mappings erscheinen die dem Spurstapel zugehörigen Tracks dann ganz unten (siehe Abbildung 16.40).

Abbildung 16.40 Smart Controls bei Track Stacks

Ein Beispiel mit zwei gestackten *Retro Synths*, wo verschieden skalierte Mappings auf die Bewegung des jeweiligen CUTOFF-Reglers angewendet werden, so dass entweder der Cutoff des einen oder der des anderen *Retro Synths* etwas weiter geöffnet ist, finden Sie im Projekt *16SmrtCntTrSt*.

16.2.14 Arpeggiator in der Smart-Control-Ansicht einfügen

Über den Button ganz rechts oben fügen Sie in der Smart-Control-Ansicht leicht ein Arpeggiator-MIDI-FX-Plug-in in den Kanalzug ein (siehe Abschnitt 13.1.1) und greifen auf Plug-in-Parameter zu (siehe Projekt *16SmartcontrolsO3e2* und Abbildung 16.41). Dies entspricht den typischen Optionen von GarageBand iOS oder des Logic-Remote-Instrumentenfensters mit Smart Controls. Im Bereich FACTORY sind zahlreiche Presets wählbar.

Abbildung 16.41 Ganz oben rechts der Button zum Einfügen des »Arpeggiators«

16.2.15 Hardwarecontroller zu Smart Controls zuweisen

Im Infobereich der Smart Controls können Sie den Smart Controls außerdem MIDI-Controller von angeschlossener Controllerhardware zuweisen. Gegebenenfalls müssen Sie noch das kleine Dreieck neben dem Eintrag EXTERNE ZUWEISUNG aufklappen. Klicken Sie dann dort auf den LERNEN-Button, und drehen Sie an Ihrer Hardware am gewünschten Controller, um diesen zuzuweisen (siehe Abbildung 16.42, dort werden auch bereits erfolgte Zuweisungen angezeigt, die auch durch automatische Zuordnung bestimmter Controller bereits vorhanden sein können). Nach der Zuweisung müssen Sie erneut auf LERNEN klicken, um den Lernmodus zu deaktivieren.

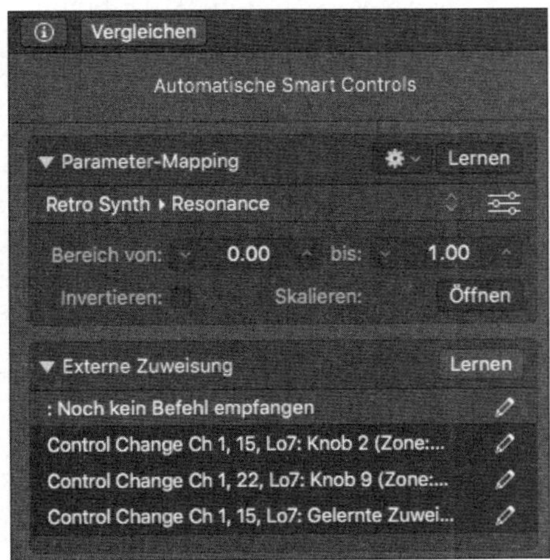

Abbildung 16.42 Der Hardwarecontroller ist zugewiesen – nun muss nur noch der »Lernen«-Button wieder deaktiviert werden.

16

Soll auch die Wirkung Ihres Hardwarecontrollers skaliert werden, klicken Sie zum Editieren auf das kleine Bleistiftsymbol rechts neben dem zugewiesenen Controller-Wert. Sie gelangen dann in den Bereich CONTROLLER-ZUWEISUNGEN, den ich in Abschnitt 16.3 behandle.

16.2.16 Speichern von Smart-Control-Konfigurationen

Smart-Control-Konfigurationen sind Bestandteile von Patches und werden als solche mit dem Patch gespeichert. Es kann jede Menge Programmierarbeit in solchen Patches stecken.

16.3 Bedienoberflächen und Controller-Zuweisungen

Das Thema Bedienoberflächen und Controller-Zuweisungen behandelt die Fernsteuerung von Logic mit dedizierten Controllern oder MIDI-Hardware. In jüngster Zeit sind Verbesserungen wie die automatische Unterstützung einer großen Anzahl von Controllern hinzugekommen. Neu ist auch die Möglichkeit, den LIVE LOOPS-Bereich mit Novations Launchpad fernzusteuern. Und natürlich ist auch die Logic-Remote-App auf einem iOS-Gerät (siehe Abschnitt 16.4) vielleicht sogar die wichtigste von Apple gemeinte Option einer Logic-Fernsteuerung via Hardware.

Ich denke, dass sich Logic mit Maus, Computertastatur und Keyboard (mit MIDI-Controllern) sehr gut bedienen lässt. Natürlich ist es andererseits sowohl live als auch im Studio von Vorteil, mit beiden Händen gleichzeitig auf verschiedene Parameter schnell zugreifen zu können.

Je häufiger für Sie solche Mix-Tasks anstehen, desto eher sollten Sie sich in das Thema Controller-Konfiguration einarbeiten. Die Nutzung von Spezialisten wie etwa der patentierten Mackie-Control-Hardware erlaubt ein Hardwaremischpult-Feeling bei der Arbeit mit Logic, inklusive Transport-Buttons, Jog-Wheel, Display und Fader. Dabei kommen MIDI-Befehle zum Einsatz. Viele Hardwaregeräte versuchen, die Mackie Control zu emulieren. So können Sie z. B. mit einem günstigen Controller wie Behringer X-Touch Mini Logic in vielerlei Hinsicht fernsteuern.

Dieser Abschnitt kann nur einem ersten »Warmwerden« mit dem Thema und als Ergänzung zur mit Logic mitgelieferten englischen »Control Surfaces Support«-Dokumentation dienen; zu komplex sind die Optionen, zu unterschiedlich die verschiedenen Hardwarecontroller.

Ergänzend finden Sie in Abschnitt 16.4 eine ausführliche Anleitung zu Logic Remote auf dem iPad. Logic Remote erlaubt Recording-Sessions z. B. auch dann, wenn Sie allein im Studio und gleichzeitig Artist und Engineer sind.

Ich habe gemischte, also sowohl gute als auch schlechte Erfahrungen im Umgang mit Control Surfaces und Logic gemacht. Es kann beim Anstecken neuer USB-Geräte naturgemäß passieren, dass andere USB-Geräte (wie Ihr gerade verwendeter Controller) nicht mehr erkannt werden, bis Sie sie neu einstecken. Ferner sollten Sie nach meiner Testerfahrung Automation Quick Access deaktivieren, wenn Sie einen Controller zugewiesen haben und das dauerhaft funktionieren soll. Die Konfiguration erforderte oft Zeit und Geduld, das Feature ist nicht wie andere Logic-Funktionen benutzergerecht aufbereitet, sondern wirkt oft eher wie ein öffentlich zugänglicher Programmiermodus.

16.3.1 Hardwarecontroller installieren, automatische Zuweisung, Logic Remote verbinden

Via Neu • Installieren im Bedienoberflächen-Setup erscheint ein Dialog, der aktuell unterstützte Geräte auflistet (Abbildung 16.43). In Kursivschrift aufgelistete Geräte können nicht gescannt, aber durch Selektion und Klick auf Hinzufügen hinzugefügt werden.

16

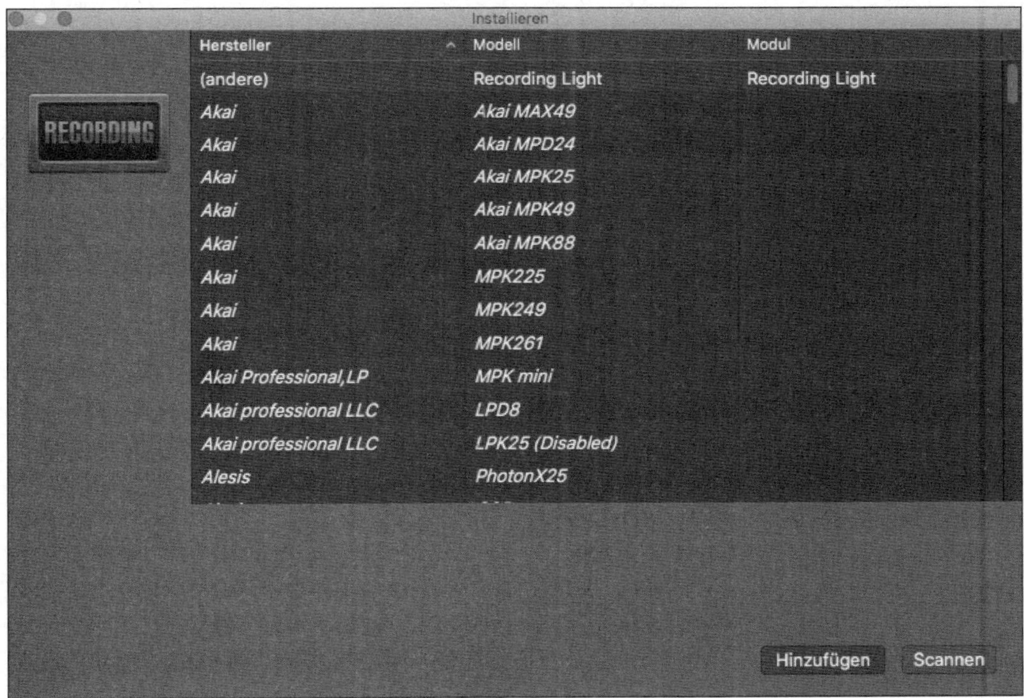

Abbildung 16.43 Bedienoberflächen-Dialog

Erkannte MIDI-Controller können auch unter Einstellungen • Bedienoberflächen • MIDI-Controller automatisch zugewiesen werden (Abbildung 16.44), ohne dass Sie etwas tun müssen. Ein angeschlossener KORG nanoKONTROL hat so automatisch stets die aktuellen Smart Controls einer Spur angesteuert.

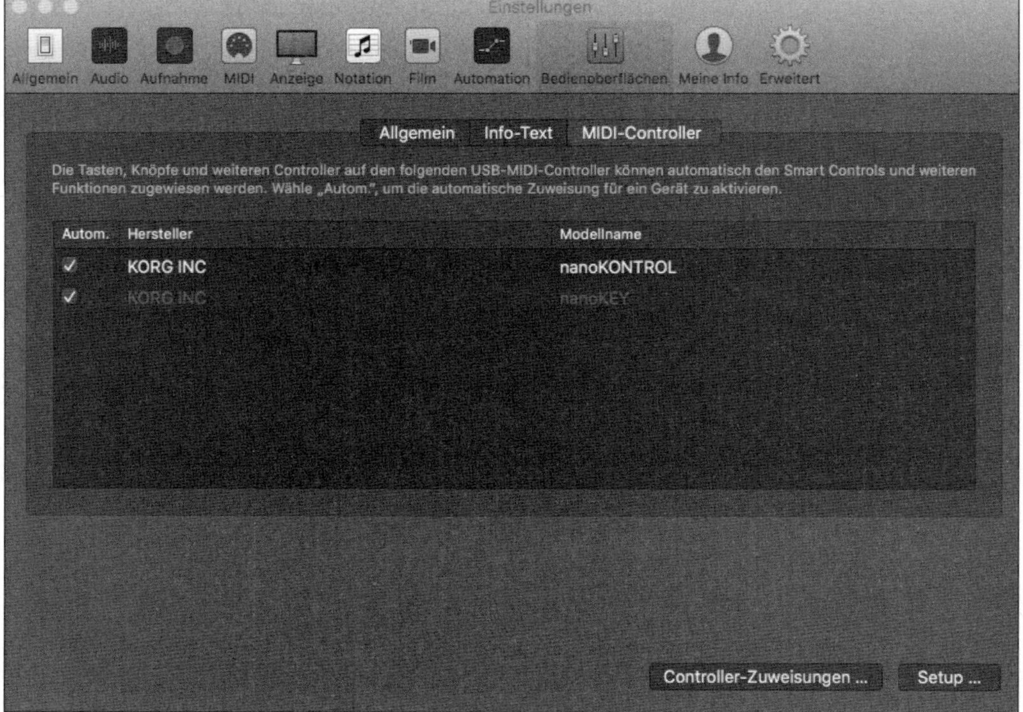

Abbildung 16.44 »Einstellungen • Bedienoberflächen • MIDI Controller«

Ferner konnte es mit seinen Transporttasten Logics Transportbereich automatisch fernsteuern. Manuelle Änderungen der Konfiguration sind dabei möglich.

16.3.2 Bedienoberflächen-Setup

Über das Menü BEDIENOBERFLÄCHEN • SETUP gelangen Sie zum Setup-Dialog für Bedienoberflächen (siehe Abbildung 16.45). Gängige Bedienoberflächen werden automatisch installiert bzw. können gescannt, aber auch manuell hinzugefügt werden.

In Abbildung 16.45 wurde Logic Remote auf dem iPhone gefunden und selektiert, woraufhin die unter dem Eintrag GERÄT befindlichen Informationen für das iPhone angezeigt werden. Sie müssen gegebenenfalls den Eingangs- und Ausgangs-Port eines angeschlossenen Geräts konfigurieren, falls das nicht automatisch passiert.

Während Sie mehr zu Logic Remote in Abschnitt 16.4 lesen können, behandle ich noch kurz zwei Beispiele zur Nutzung eines Mackie-Control Emulation (Behringer X-Touch Mini) und Novations Launchpad für LIVE LOOPS.

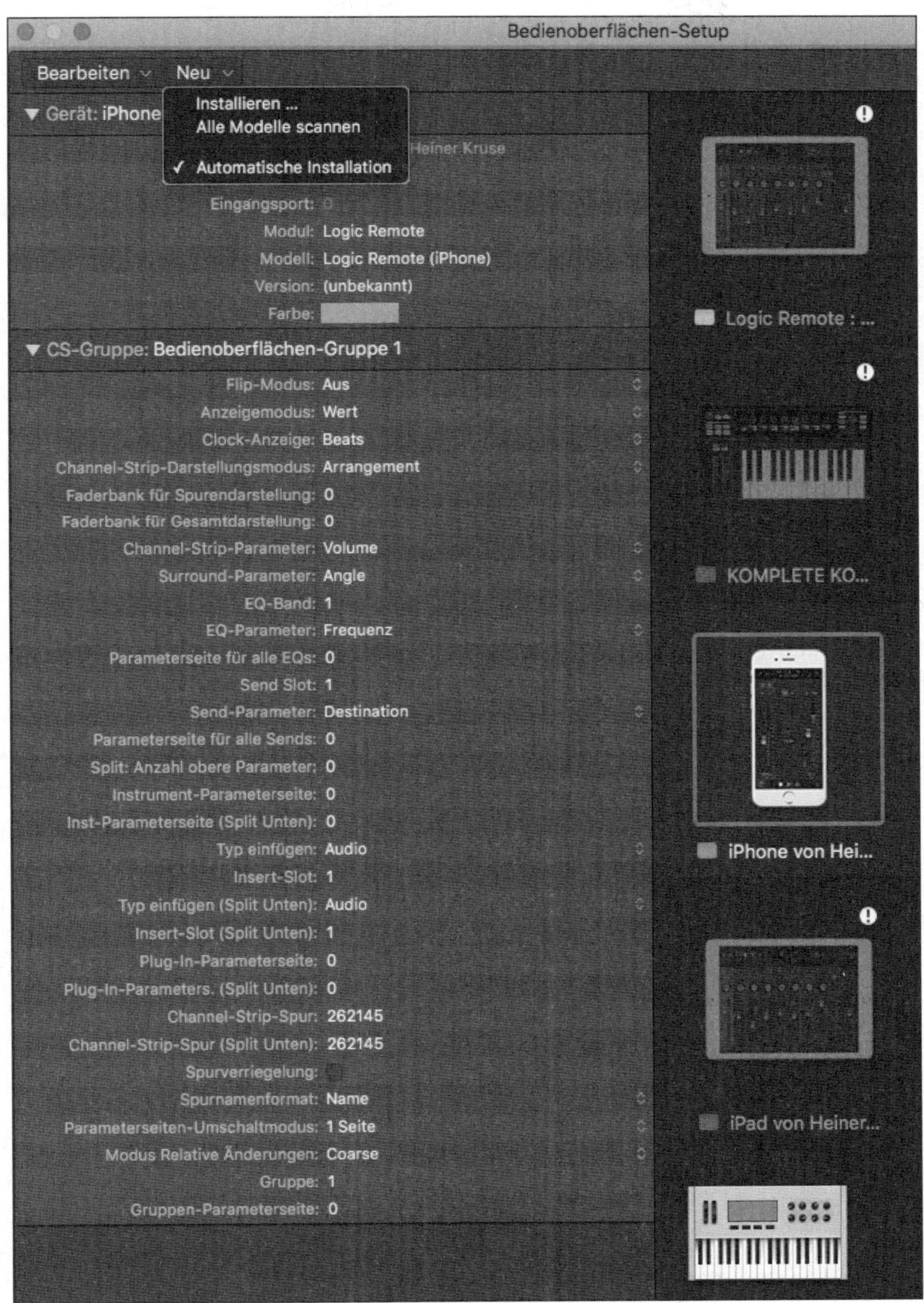

Abbildung 16.45 »Bedienoberflächen-Setup«-Dialog

16.3.3 Praxisbeispiel 1: Mackie Control Emulation, Behringer X-Touch Mini

Einige Geräte emulieren ein Mackie-Control-Gerät, für das eine umfassende Anpassung als Fernbedienung für Logic programmiert wurde. Hierzu gehören die preisgünstigen Behringer-X-Touch-Controller, die allerdings mitunter schlecht dokumentiert sind. Unter *logic-hilfe.de* bzw. *https://www.youtube.com/watch?v=f-vzbRMsmSg* habe ich hierzu ein kleines Video erstellt. Zunächst bringe ich das Gerät in den Mackie-Control-Modus, dann wähle ich den Eintrag MACKIE CONTROL im Dialog aus Abbildung 16.43 aus. Jetzt lege ich im Fenster aus Abbildung 16.45 die Ein- und Ausgänge meines Controllers fest. Ich ändere noch eine Zuweisung, um mit dem X-Touch Mini für ca. 40 Euro stets acht Regler von Smart Controls mit Endlos-Encoder und Werteanzeige per LED-Lichterkranz ansteuern zu können.

16.3.4 Praxisbeispiel 2: Novation Launchpad

Ein Launchpad wird typischerweise automatisch erkannt, aber es gibt noch einige Einstellmöglichkeiten: Unter BEDIENOBERFLÄCHEN • SETUP können Sie z. B. im Bereich GERÄT unter dem Eintrag DEVICE ROTATION eine 90 ° Drehung (nach links oder rechts) der Live Loops-Darstellung auf dem Launchpad auswählen.

Das Launchpad eignet sich, um den LIVE LOOPS-Bereich, aber auch spurweise den Mixer und mehr anzusteuern. Lesen Sie mehr zu Live Loops in Abschnitt 6.8.

16.3.5 Praxisbeispiel 3: MMC (MIDI Machine Control), Sensel Morph

Wenn Sie in den PROJEKTEINSTELLUNG • SYNCHRONISATION • MIDI das Häkchen bei AUF MIDI MACHINE CONTROL-EINGABE HÖREN setzen, reagiert Logic auf entsprechende Befehle von entsprechenden Controllern. So konnte ich im Test z. B. mit Transporttasten eines »Sensel Morph« mit »Piano Overlay« Logic steuern (siehe auch Abschnitt 19.5.3 über MIDI-Synchronisation).

16.3.6 Hardwarecontrollern manuell Logic-Funktionen zuweisen

Über das Menü LOGIC PRO • BEDIENOBERFLÄCHEN • CONTROLLER-ZUWEISUNGEN rufen Sie einen Dialog auf, in dem Sie Controller bestimmten Funktionen zuweisen. Das funktioniert, indem Sie in diesem Dialog zunächst den Lernmodus aktivieren, die fernzusteuernde Funktion mit der Maus in Logic anfassen und anschließend den gewünschten Hardwareknopf bewegen, wodurch eine Zuweisung gelernt wird.

Der Dialog kann in einer einfachen (Abbildung 16.47) und einer erweiterten Version (zum Beispiel um die Zuweisung zu editieren, siehe Abbildung 16.46) dargestellt werden, hierfür dienen oben die Buttons EINFACH und ERWEITERT. Wählen Sie die Option ERWEITERT, stehen differenzierte Möglichkeiten der Zuweisung von MIDI-Controllern zu Logic-Funktionen zur Verfügung.

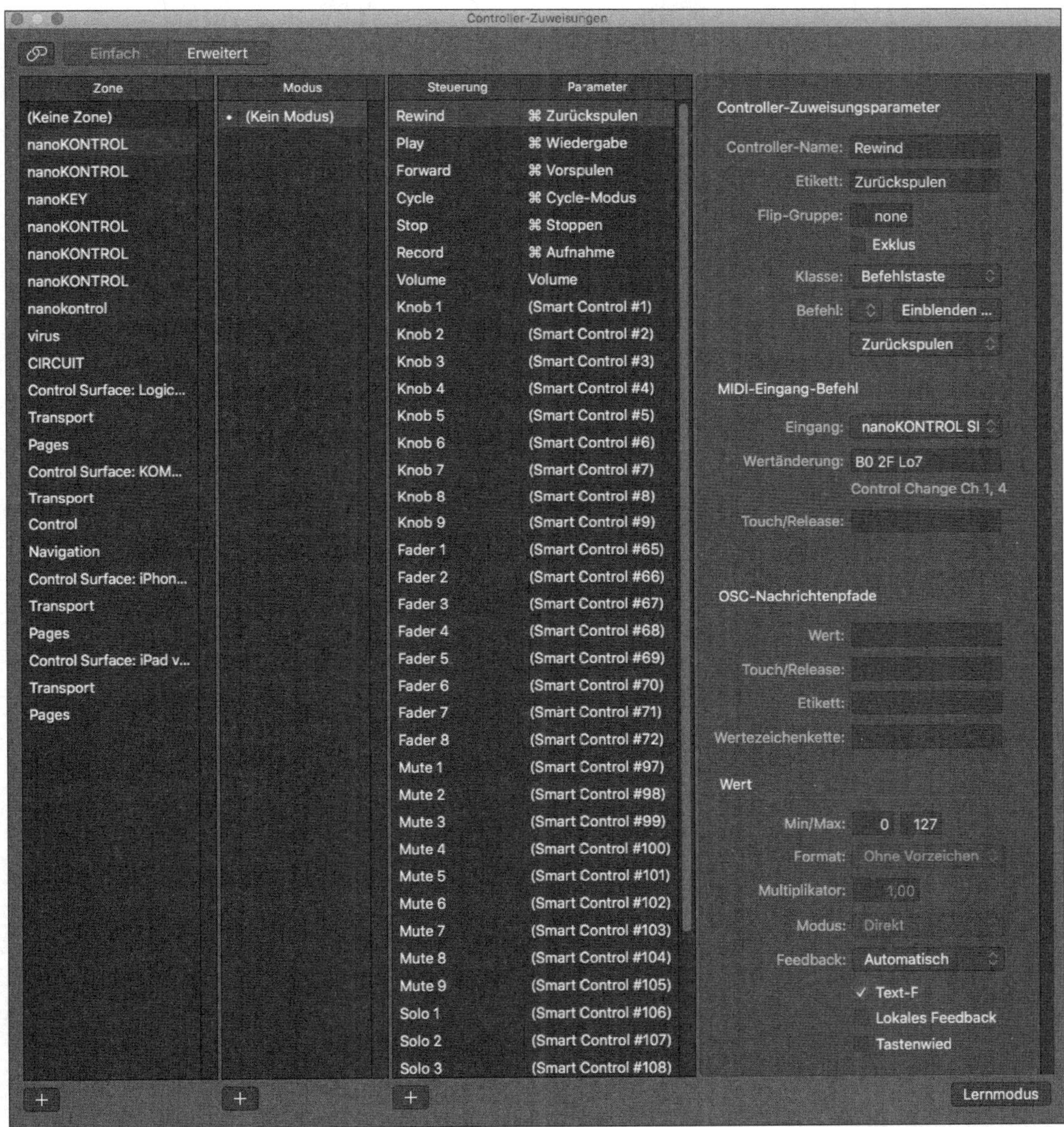

Abbildung 16.46 Erweiterte Version des »Controller-Zuweisungen«-Dialogs, hier mit Zuweisungen für den nanoKONTROL-Controller

Die Controller-Zuweisungen gelten grundsätzlich projektübergreifend und spurübergreifend. Wenn Sie z. B. einen KORG-nanoKontrol-Drehregler einem Volume-Fader zuweisen, bleibt diese Zuweisung bestehen, wenn Sie eine andere Spur auswählen oder ein neues Projekt öffnen.

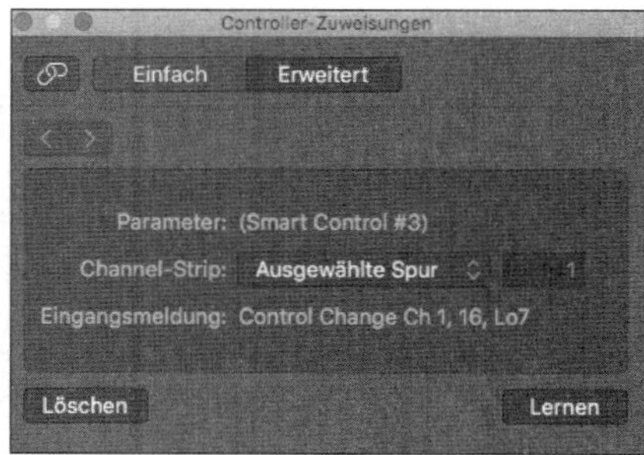

Abbildung 16.47 Einfache Version des »Controller-Zuweisungen«-Dialoges (nicht immer verfügbar)

Wenn die erweiterten Optionen angezeigt werden, erscheint eine vierspaltige Anzeige mit den Spalten ZONE, MODE, CONTROL und PARAMETER. Ein solcher Dialog öffnet sich übrigens auch dann, wenn Sie in einem anderen Dialog, nämlich in jenem zur Zuweisung von Tastaturkurzbefehlen (siehe Abschnitt 3.6 über Tastaturkurzbefehle) unten rechts auf NEUE ZUWEISUNG LERNEN klicken oder auf gelernte Zuweisungen doppelklicken. (Achten Sie darauf, nicht simultan Automation Quick Access für den Controller zu nutzen, da hier automatische Controller-Zuweisungen vorgenommen werden, die mit bisherigen Zuweisungen interferieren können.)

Im Test konnte ich Behringers X-Touch Mini dazu bewegen, Smart Controls fernzusteuern. Für die Plug-in-Steuerung habe ich den MODUS VPOTS • SMART CONTROLS eingestellt, so dass Preset 6 automatisch die acht Endlos-Encoder mit LED-Kranz zu acht Smart Controls mappt (Abbildung 16.48).

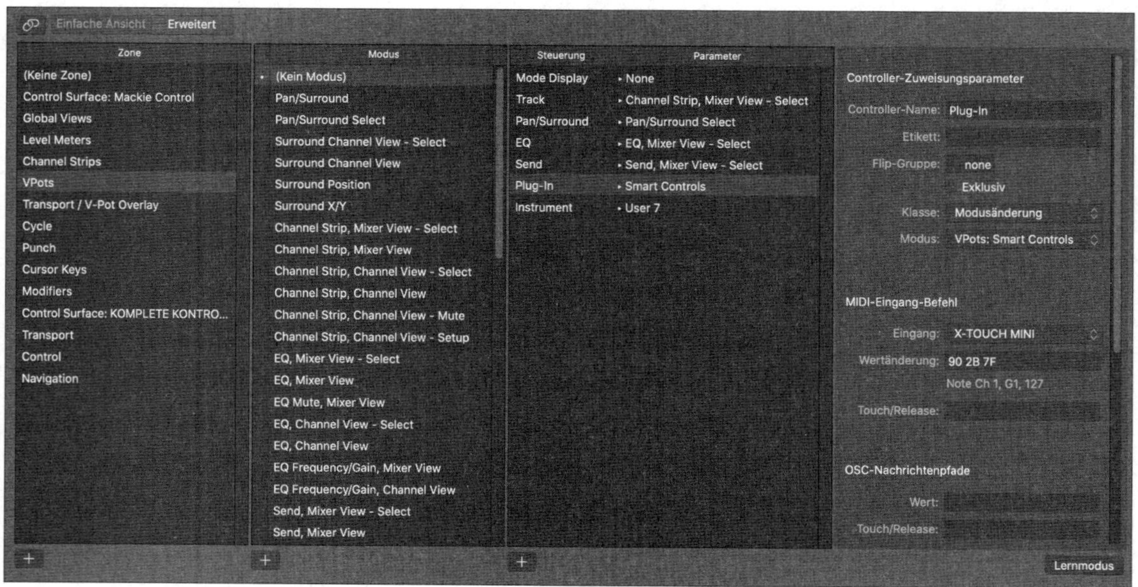

Abbildung 16.48 Modus »VPots • Smart Controls« als Zuweisungsparameter

Schauen Sie sich das Video auf *logichilfe.de* an (in der Playlist zu Kapitel 16 oder unter *https://www.youtube.com/watch?v=f-vzbRMsmSg*). Es zeigt auch die Installation des Controllers.

Zonen und Modi

Eine Zone repräsentiert grundsätzlich ein Gerät oder einen Controller-Bereich eines Gerätes. So kann ein Gerät beispielsweise einen Fader- und einen Drehreglerbereich haben. Außerdem können mehrere Controller angeschlossen sein und gleiche Funktionen ansteuern.

Grundsätzlich ist es Ihre Entscheidung, wie viele Zonen Sie anlegen, zumindest aber muss für jedes Gerät eine eigene Zone vorhanden sein. Für jede Zone lassen sich verschiedene Modi anlegen (z. B. Pan-, Send-Level- oder Plug-in-Parameter für die Drehregler eines Mackie-Control-Controllers); nur ein Modus kann gleichzeitig aktiv sein. In den anderen Zonen oder Modi zugewiesene Fernsteuerungen funktionieren dann manchmal nicht mehr. Es kann auch Zuweisungen geben, die unabhängig von Modi zugewiesen wurden und immer aktiv sind (*Modeless Assignments*).

Durch die Modi können die gleichen Knöpfe bzw. die gleichen MIDI-Befehle in der Theorie in verschiedenen Situationen unterschiedliche Funktionen übernehmen. So sollen beispielsweise dieselben Knöpfe einmal einen EQ, ein anderes Mal ein E-Piano ansteuern. Um bei der späteren Bedienung in den jeweiligen Modus zu gelangen, rufen Sie ihn einfach (durch Klick im CONROLLER-ZUWEISUNGEN-Fenster) auf. Zuerst allerdings müssen Sie natürlich mit dem +-Button die entsprechenden Zonen und Modi erzeugen und im Lernmodus die Knöpfe den Funktionen in Logic zuweisen. Das Fenster für erweiterte Controller-Zuweisungen sollte Ihnen nun eine gelernte Controller-Zuweisung anzeigen.

16

Klassen

Es gibt Unterschiede, welche Arten von Befehl Controller senden oder wie Logic diese klassifiziert. So ist im Bild eine Zuweisung im Flip-Menü KLASSEN als BEFEHLSTASTE klassifiziert (hier Transporttasten eines nanoKONTROL).

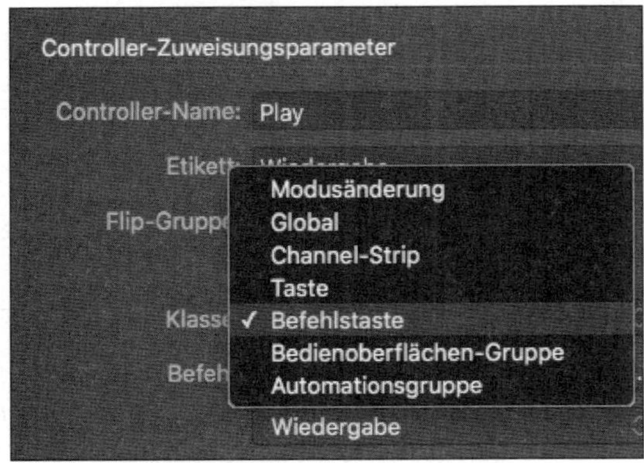

Abbildung 16.49 Klassen

Wird ein gelernter Befehl als TASTE klassifiziert, taucht eine entsprechende Zuweisung auch im Dialog zur Bearbeitung von Tastaturkurzbefehlen auf.

Es gibt weitere Zuordnungsklassen (siehe Abbildung 16.49), zu denen Sie Details im Handbuch »Control Surfaces« nachlesen können.

Wertparameter, Parametersprünge

Es kann vorkommen, dass die Fernsteuerung nicht zu funktionieren scheint, weil der entsprechende Parameter erst »abgeholt« werden muss. Das passiert beispielsweise, wenn bei einem EQ-Band eine Frequenz von 2.000 Hz eingestellt ist, Sie sich mit Ihrem Controller beispielsweise aber im unteren Wertebereich bewegen, der Frequenzen von 20 bis 100 Hz entspricht. In diesem Fall funktioniert die Fernsteuerung mit Ihrem Knopf erst dann, wenn Sie ihn einmal so weit aufgedreht haben, dass die 2.000 Hz überschritten wurden. Ein derartiges Verhalten Ihres Controllers ändern Sie, indem Sie unten im Bereich WERT für das Flip-Menü MODUS die Option DIREKT auswählen.

In diesem Fall springt der Equalizer immer sofort auf den Wert um, auf dem Ihr Hardwarecontroller steht – zumindest, wenn Sie den Controller kurz bewegen. Das allerdings hat andere Nachteile: Nun passiert eventuell ein Parametersprung, den Sie gar nicht wollen. An diesem Beispiel erkennen Sie den Sinn und Zweck von Motorfadern oder Endlosdrehreglern mit LED-Kranz. Mit Letzteren ist es leicht möglich, einen eingestellten Wert immer nur von der gerade eingestellten Position aus relativ zu verändern. Ist Ihr System dann noch in der Lage, Feedback zu senden, erscheint der gerade eingestellte Wert – wie im Beispiel die Frequenz von 2.000 Hz – im Equalizer, im LED-Kranz bzw. bewegt den Motorfader auf eine entsprechende Position.

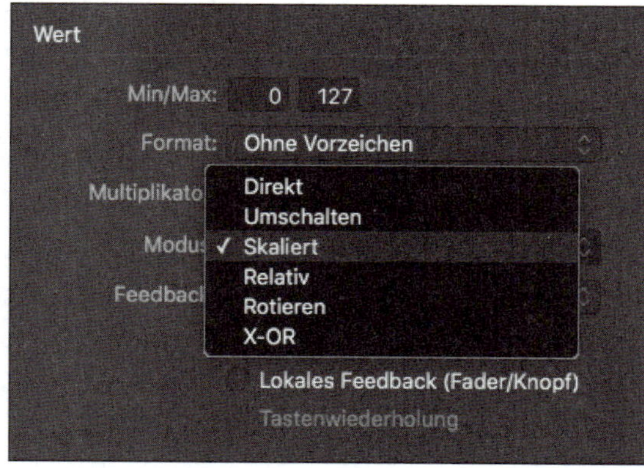

Abbildung 16.50 »Wert«-Bereich

Ein weiteres Beispiel: Mit DREHEN kann ein gedrückter Knopf eines KORG nanoKONTROL ein EQ-BAND dauerhaft von AKTIV in INAKTIV und umgekehrt umschalten, anstatt ihn nur temporär einzuschalten. Details für die weiteren WERT-Modi (siehe Abbildung 16.50) finden Sie im Handbuch »Control Surfaces«.

16.3.7 Ergänzende Hinweise, Spurautomationsauftrenner

Das Transformer-Objekt als MIDI-Spur-Instrument im Modus SPURAUTOMATIONSAUFTRENNER (WAHR: OBERES KABEL) ist eine Option für eine Hardwarefernsteuerung von Automation: Wenn eine Bedingung erfüllt ist und eine entsprechende Option für die Bearbeitung ausgewählt ist, können eingehende Events auf die Spurautomation des Objekts bzw. Kanalzugs geroutet werden, das mit dem obersten Kabel des Transformers verbunden ist. Bei entsprechenden Einstellungen im Bearbeitungsfeld können Sie die eingehenden MIDI-Daten in Echtzeit in Regler-Event-Daten umwandeln, so dass z. B. Parameter eines eventuell mit dem Transformer verbundenen Mixer-Channel-Strips angesteuert werden können.

16.4 Logic Remote und Touch-Instrumente

Logic Pro erlaubt die Nutzung der kostenlosen Logic-Remote-App auf iOS-Geräten als Fernsteuerung. Auf dem iPad gibt es dabei naturgemäß etwas mehr Möglichkeiten als auf dem iPhone. So faszinierend die Funktionalität der App ist, die Nutzung ist natürlich nicht unbedingt notwendig und birgt auch Konfigurationsfallen. Sie wurde aber in den letzten Jahren stets verbessert und präsentiert sich nun eindrucksvoll.

Wie sinnvoll es ist, sich mit einem solchen zusätzlichen Tool wie Logic Remote zu beschäftigen, hängt für mich sehr von der Spielbarkeit eines Instruments bzw. Reaktionsgeschwindigkeit ab. Und da muss ich sagen, dass mich das in den vorherigen Auflagen dieses Buchs noch wenig begeistert hat. Doch 2021 im Test mit einem MacBook Air mit M1-Prozessor, einem iPad von 2017 und einem schnellen Router fand ich die Spielbarkeit von Logic-Instrumenten via Logic Remote wirklich beeindruckend. Auch eine Verbindung via USB ist möglich.

Logic Remote bringt dank der Multi-Touch-Instrumente, Remix-Pads und Akkord-Strips Möglichkeiten ins Spiel, die Logic Pro standalone nicht besitzt. Funktionen wie die Fernsteuerung einer Aufnahme aus einem anderen Raum sind ebenfalls praktisch.

Die Nutzung der neuen Touch-Instrumente funktioniert in Logic Remote und GarageBand iOS weitgehend gleich. Sie machte in GarageBand wegen des direkten Ansprechverhaltens (und der nicht nötigen WLAN-Verbindung und -Konfiguration) früher mehr Spaß, doch Logic Remote hat sich wie gesagt verbessert.

Wenn Sie die nächsten Abschnitte lesen, lernen Sie also gleichzeitig ein wenig die Bedienung von GarageBand iOS. Ergänzendes lesen Sie in Kapitel 19. Logic Remote funktioniert auch als Fernsteuerung für aktuelle Versionen von MainStage und GarageBand auf dem Mac. Sie können sich auch mit mehreren Programmen verbinden und dann aus Logic Remote (ähnlich wie bei der Auswahl des Computers) wählen, welches angesteuert werden soll.

16.4.1 Konfiguration und Voraussetzungen, iPad via WLAN oder USB verbinden

Zunächst müssen Sie Logic Remote auf Ihrem iPad laden und installieren. Das kann insofern ein Problem sein, als neuere Logic-Versionen stets neuere Logic-Remote-Apps benötigen, die wiederum ein bestimmtes iOS voraussetzen. Prüfen Sie zunächst, ob Ihr iOS-Gerät die neueste Version von Logic Remote laden kann, und installieren Sie sie dann.

Neuere, bessere iPad Pros bieten Berührungsempfindlichkeit des Displays, was beispielsweise in Velocity umgesetzt werden kann. Auch müssen sich Ihr iPad und Ihr MacBook im gleichen Wireless-Netzwerk befinden, um miteinander kommunizieren zu können. Manchmal machte der Verbindungsaufbau in der Vergangenheit Schwierigkeiten. Im Laufe der letzten Jahre wurde das allerdings deutlich verbessert. Zudem können Sie Logic Remote und den Mac jetzt auch über ein USB-C-zu-Lightning-Kabel verbinden, hierfür müssen Sie eventuell einmalig auf Computer und iOS-Gerät bestätigen, dass dem jeweils anderen Gerät vertraut werden darf.

Bei Problemen oder einem Netzwerkwechsel müssen Sie Logic Remote eventuell einmal zwangsweise schließen und neu starten (wie das auf dem iOS-Gerät geht, hängt vom Gerät und System ab; bitte schlagen Sie das beispielsweise im Internet nach). Es empfiehlt sich, bei der Nutzung von Logic Remote nicht zwischendurch zu anderen Apps zu wechseln und außerdem die automatische Einschaltung des Bildschirmschoners bzw. Ruhezustands am iOS-Gerät zu deaktivieren. Andere Probleme können auch immer am WLAN-Router liegen. Aufgrund der Vielzahl verschiedener Router und Systeme auf dem Markt – inklusive der auf Mac und iPad installierten Systeme – lassen sich hier kaum Verallgemeinerungen anstellen.

Bei erfolgreicher Erkennung zeigt Logic Remote ein Logic Pro-Symbol mit dem Namen des Computers, mit dem Sie sich verbinden möchten, in einem Dialog an. Sie können Sie sich nun mit ihm verbinden. Beim ersten Mal müssen Sie diese Verbindung allerdings anschließend noch auf dem Mac in einem Dialog erlauben, bevor sie zustande kommt. Überprüfen oder aktivieren/deaktivieren können Sie die Verbindung auch unter LOGIC PRO • BEDIENOBERFLÄCHEN • SETUP, wie in Abschnitt 16.3.2 gezeigt.

16.4.2 Netzwerk anlegen

Als Problemlösung eignet sich manchmal auch die Erstellung eines eigenen Netzwerks mit Hilfe der Option NETZWERK ANLEGEN, die im WLAN-Menü zu sehen sein sollte. In neuen Systemen wird sie dort manchmal nicht angezeigt. Wählen Sie dann SYSTEMEINSTELLUNGEN und klicken auf NETZWERK, wählen WLAN links in der Liste der Dienste aus und klicken auf WEITERE OPTIONEN. Markieren Sie das Feld FRÜHERE NETZWERKE UND OPTIONEN EINBLENDEN und klicken auf OK und anschließend auf ANWENDEN.

Abbildung 16.51 Das Netzwerk ist aktiv, und Sie können andere Geräte mit ihm verbinden.

Nach Anwendung von NETZWERK ANLEGEN wird der Computer eine WLAN-Basisstation, mit der sich andere Geräte verbinden können (Abbildung 16.51). Dann wählen Sie dieses Netzwerk auf dem iOS-Gerät aus, so dass sich dieses mit dem MacBook ohne weitere störende Einflüsse verbinden kann. Bei selbsterstellten Netzwerken funktioniert das grundsätzlich wie bei den Verbindungen zu anderen Netzwerken – außer dass das Netzwerk eventuell gesondert unter GERÄTE bei der Auswahl der Netzwerke aufgelistet wird. Hierdurch wird die Verbindungsqualität zwischen iPad und Mac manchmal stabiler.

16.4.3 Einführung in und Aufbau von Logic Remote

Mit Logic Remote können Sie Befehle für die folgenden Funktionen nutzen:

- Navigation
- Touch-Instrumente
- Smart Controls
- LIVE LOOPS
- STEP SEQUENCER
- »Remix FX«-Pads
- Mixer
- Library/BIBLIOTHEK
- Tastaturkommandos
- Hilfe

Das iPad lässt sich mit mehreren Fingern gleichzeitig bedienen, was gegenüber dem Computer eine andere Art von Bedienung ermöglicht. So können Sie zum Beispiel zwei Pads der »Remix FX« gleichzeitig ansteuern. Aktionen, die Sie auf dem Mac in Logic vollführen, werden mit wenigen Ausnahmen sofort auf dem iPad angezeigt – und umgekehrt. Sie können über das iPad eingespielte Noten mit Logic aufnehmen und Bewegungen an Smart Controls auf dem iPad als Automation aufzeichnen. In manchen Ansichten kann noch eine Art Symbolleiste mit sinnvollen Funktionen eingeblendet werden, es erscheint dann ein Symbol rechts neben dem Bibliotheks-Symbol (siehe Abbildung 16.59 und Abbildung 16.65).

»Darstellung«-Menü

Im DARSTELLUNG-Menü links oben können Sie verschiedene Darstellungsmodi wählen (siehe Abbildung 16.52). Die Auswahl ändert sich bei eingestelltem PERFORMEN MIT ... AUTOMATISCH-Modus je nachdem, welches Instrument Sie im Kanalzug gewählt haben. Sie können aber auch voreingestellt eine der drei Alternativen KLAVIATUR (mit Arpeggiator), GRIFFBRETT (für Gitarren) und DRUM-PADS wählen. Dadurch ändert sich die Auswahl im DARSTELLUNG Menü. AKKORD-STRIPS gibt es sowohl basierend auf Tasten als auch auf Saiten. Es gibt auch spezielle Ansichten wie SAITEN und DRUM KITS, die bei manchen Instrumenten aufgerufen werden. In der beschriebenen Logic-Remote-Version ist es im Gegensatz zu früher auch möglich, für eine Drumkit-Spur gewählte Akkord-Strips zu sehen, auch wenn das wenig Sinn macht.

Hier eine kurze Übersicht zu den einzelnen Darstellungen:

- SMART CONTROLS & KEYBOARD/GRIFFBRETT/DRUM-PADS etc.: Es werden unterhalb des Navigationsbereichs sowohl Smart Controls als auch darunter ein entsprechendes Eingabetool bzw. Touch-Instrument angezeigt.
- AKKORD-STRIPS: Unterhalb des Navigationsbereichs werden Akkord-Strips mit voreingestellten, zur eingestellten Songtonart passenden Akkorden (Akkorde lassen sich auch manuell einstellen) angezeigt (sowohl als Basis eines Griffbretts oder als auch eines Keyboards).
- DRUM KITS und SAITEN: Hierbei handelt es sich um spezielle, zum Schlagzeug-Instrument passende Touch-Instrumente.
- LIVE LOOPS zeigt ein Live-Loops-Raster mit ansteuerbaren Zellen.
- MIXER: Unterhalb des Navigationsbereichs wird der Mixer angezeigt (Abbildung 16.52).

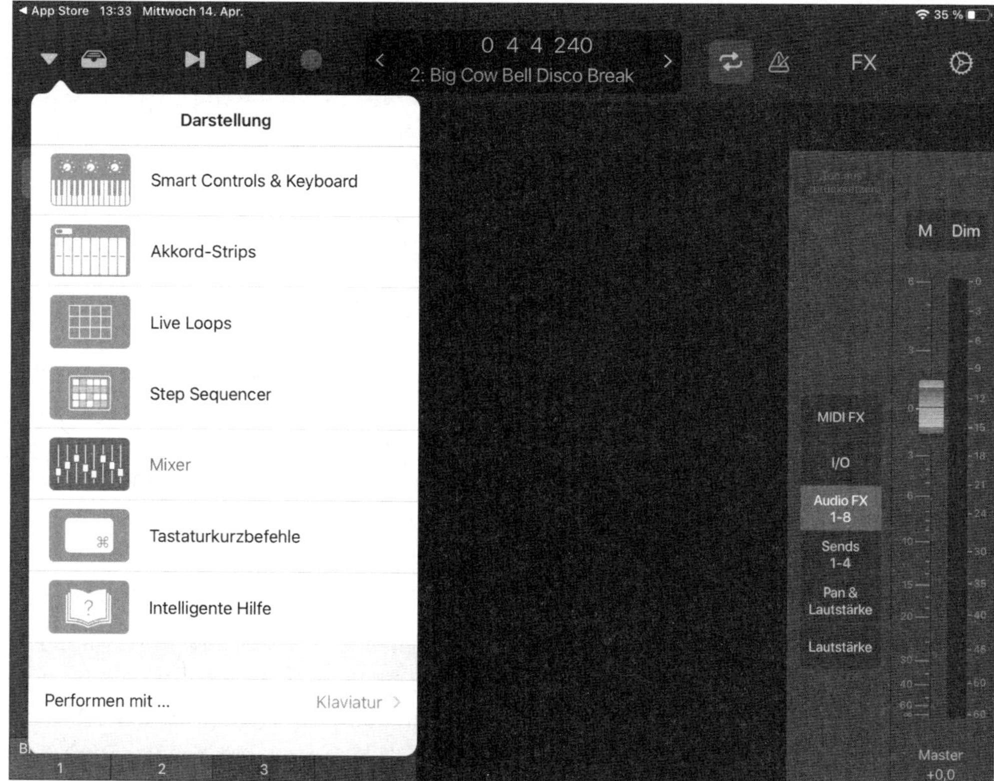

Abbildung 16.52 Menü »Darstellung« in Logic Remote

- TASTATURKURZBEFEHLE: In dieser Darstellung stehen Ihnen typische Logic-Funktionen und Shortcuts als beschriftete Buttons zur Verfügung, um den Workflow zu beschleunigen.
- INTELLIGENTE HILFE: Zeigt die Hilfe von Logic an. Dort können Sie im SUCHEN-Feld auch nach Funktionen stöbern. Dieser Anzeigemodus wechselt automatisch und ziemlich schnell die Inhalte, je nachdem, was Sie gerade auf dem Mac in Logic tun.

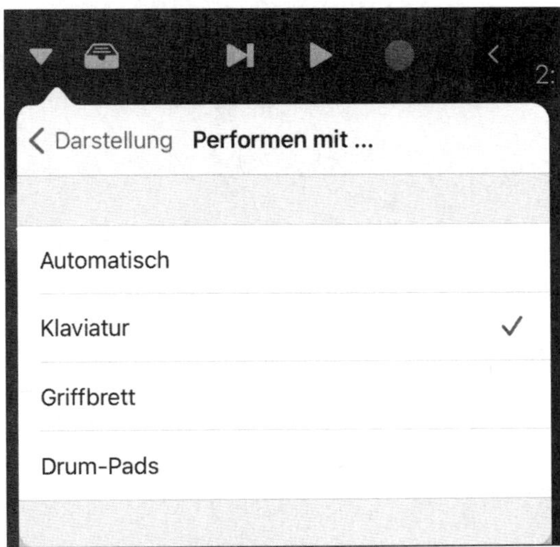

Abbildung 16.53 »Performen mit...«-Optionen

16.4.4 Einstellungen, Info-Funktion und Logic-Remote-Hilfe

Auf der rechten Seite von Logic Remote gelangen Sie an das Menü EINSTELLUNGEN (durch Tippen auf das Schraubenschlüsselsymbol) und die COACHING-TIPPS-Funktion (früher INFO). Im Einstellungsmenü können Sie auch die Funktionen WIDERRUFEN und WIEDERHOLEN aufrufen. Sie finden auch Befehle zum direkten Erzeugen von neuen Spuren (z. B. NEUE SPUR, AUSGEWÄHLTE SPUR DUPLIZIEREN, siehe Abbildung 16.54).

Die Optionen im EINSTELLUNGEN-Menü ändern sich, je nachdem, womit Sie gerade arbeiten. Die Touch-Instrumente im iPad reagieren velocitysensitiv. Welcher Velocity-Bereich dabei gesendet wird, bestimmen Sie dort ebenfalls.

Sie können auch in den Akkord-Strips vorgegebene Akkorde konfigurieren. Unten sehen Sie dort auch einen Eintrag zum Aufrufen der Logic-Remote-HILFE. Damit das klappt, müssen Sie jedoch mit dem Internet verbunden sein. COACHING-TIPPS blenden hingegen gelb unterlegte Notizen/Sprechblasen ein, die Ihnen Tipps zu den im aktuellen Bildschirm angezeigten Funktionen und Tools geben

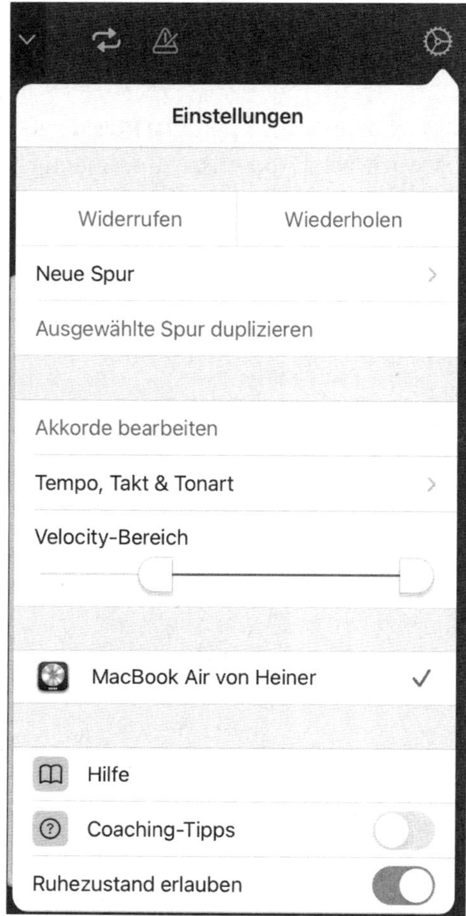

Abbildung 16.54 »Einstellungen«

16.4.5 Transportfunktionen und Aufnahme aus einem anderen Raum

In den nächsten Beispielen verwende ich das Projekt *16Logicremote1*, in dem verschiedenste Spurtypen und Instrumentengattungen geladen sind.

Taktlineal, Start, Stopp, Vor- und Rückspulen, Cycle, Marker

Tippen Sie auf den Displaybereich mit der angezeigten Taktposition, um das Taktlineal unterhalb davon (siehe Abbildung 16.55) ein- oder auszublenden.

Dort können Sie auch einen Cycle-Bereich einstellen und aktivieren. Sind Marker im Song vorhanden, werden sie ebenfalls angezeigt. Wischen Sie mit dem Finger auf dem Display (falls das Taktlineal nicht angezeigt wird) oder im Taktlineal nach links oder rechts, um sich im Song vorwärts oder rückwärts zu bewegen. Die »Wischgeschwindigkeit« hat Einfluss darauf, wie schnell das geschieht.

STOPP beendet die Wiedergabe. Ist die Wiedergabe angehalten, sehen Sie (wie in Logic) statt der Stopptaste eine GO TO BEGINNING-Funktionstaste.

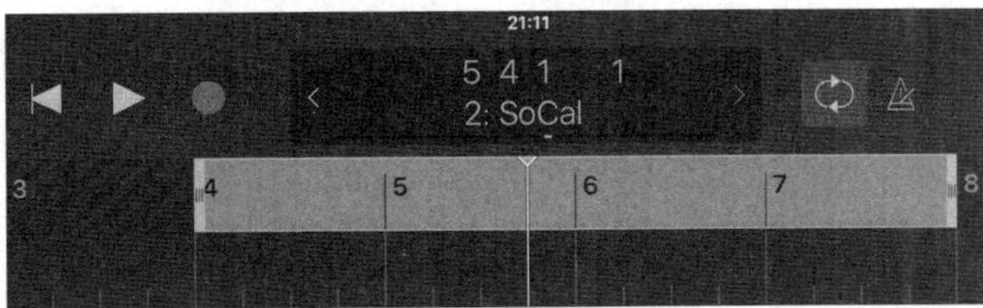

Abbildung 16.55 Taktlineal und Cycle sind sichtbar.

Aufnahme und Metronom

Drücken Sie den RECORD-Button, um Logic in den Aufnahmezustand zu versetzen, wodurch es beispielsweise leichter wird, wenn Sie sich selbst aufnehmen wollen, sich dabei aber in einer Gesangskabine befinden. Das Metronom wird entsprechend der Einstellungen in Logic aktiviert, durch einen Tap auf den Metronom-Button können sie es auch deaktivieren.

Ist die Aufnahme aktiv, färbt sich das Taktanzeigedisplay rot. Spielen Sie z. B. auf dem iPad-Keyboard, um MIDI-Noten in die Spur des *E-Pianos* aufzunehmen. Das Keyboard hat dabei verschiedene Modi (siehe den folgenden Abschnitt 16.4.6).

Wenn Sie sich bei der Aufnahme den Mixer anzeigen lassen (indem Sie ihn im DARSTELLUNG-Menü einblenden), können Sie jeweils andere Spuren selektieren bzw. scharf schalten (siehe Projekt *16Logicremote2* und Abschnitt 16.4.15 über die Mixer-Darstellung).

16.4.6 Touch-Instrument: Keyboard mit Arpeggiator

Wenn Sie ein Keyboard ausgewählt haben oder sich dies durch die automatische Instrumentenkonfiguration ergibt, so können Sie dieses Keyboard mit mehreren Fingern gleichzeitig spielen, und es besitzt zusätzliche Optionen wie eine Skalen-Darstellung und einen Arpeggiator. Die gleichzeitige Darstellung der Smart Controls ist sinnvoll, Bewegungen können Sie ohne zusätzliche Automationseinstellungen mit aufzeichnen (Abbildung 16.56).

Keyboardgröße

Oben rechts über dem Keyboard können Sie verschiedene Größen der Tastaturdarstellung wählen, so dass Sie entweder 19, 26 oder 31 Tasten sehen.

Abbildung 16.56 Darstellung Keyboard und Smart Controls

Arpeggiator

Die fünf treppenförmig angeordneten Balken rechts neben der Auswahl der Klaviaturgröße aktivieren oder deaktivieren einen Arpeggiatormodus. Dabei wird ein Arpeggiator-MIDI-Plug-in in den Kanalzug eingesetzt, bedienen/editieren müssen Sie den Arpeggiator in Logic auf dem Mac direkt.

Skalen

Links neben der Arpeggiatorfunktionalität können Sie Skalen für das Keyboard aktivieren. Die Einstellung einer Skala bewirkt, dass mit dem iPad-Keyboard lediglich die Töne der gewählten Skala gespielt werden können. Das Keyboard zeigt nun nur noch die Töne der gewählten Skala an. Die jeweiligen Grundtöne sind dabei schwarz markiert. Sie können den Grundton hier nicht verstellen, sondern müssen die Songtonart ändern, um an einen anderen Grundton für die Skala heranzukommen.

Sliding-Modi: Glissando, Scrollen, Pitch

In der Mitte können Sie zwischen drei Modi umschalten, die regeln, was passiert, wenn Sie Ihren Finger mehr oder weniger schnell nach rechts oder links über das Keyboard bewegen:

- GLISSANDO: Entspricht einem »normalen« Verhalten der Klaviertastatur – wobei Sie auf dem iPad natürlich besonders schnell über die Tasten »streichen« können.
- SCROLLEN: Wenn Sie Ihren Finger nach rechts oder links über das Keyboard bewegen, bewegt sich die Tastatur mit, so dass Sie höhere oder tiefere Tastaturbereiche ansteuern können.
- PITCH: Wenn Sie Ihren Finger nach rechts oder links über das Keyboard bewegen, erzeugen Sie einen Pitch-Bending-Effekt, dieser Modus ist daher auch für Streichersounds interessant. Das ist eine besonders interessante, weil auf einem normalen Keyboard nicht verfügbare Option (dafür aber bei MPE-Controllern). Die Wirkung hängt natürlich von den Einstellungen im jeweiligen Instrument ab (ein Beispiel hierfür habe ich im Dokument *16Logicremote3* aufgenommen). Lesen Sie in diesem Zusammenhang auch den Abschnitt über MIDI Polyphonic Expression (MPE) in Kapitel 11.

Sustain/Latch

Wenn Sie Klavierspieler sind, haben Sie vielleicht auch Freude an der Wirkung eines Sustain-Pedals, das die Noten länger aushallen lässt (zu hören mit dem *E-Piano* im Beispielprojekt *16Logicremote4*). Klicken Sie, während Sie auf dem Logic-Remote-Keyboard spielen, mit der anderen Hand auf den SUSTAIN-Knopf halblinks über der Tastatur, um Sustain zu aktivieren. Um den Sustain-Mode zu verriegeln, bewegen Sie den SUSTAIN-Button nach rechts; bewegen Sie ihn anschließend nach links, um ihn wieder zu entriegeln.

Ist der Arpeggiator aktiv, wird statt des SUSTAIN-Buttons ein LATCH-Button sichtbar, der sich ebenso verriegeln und entriegeln lässt. Die LATCH-Funktion ist das im Arpeggiatormodus sinnvolle musikalische Pendant zum Sustain-Modus: Nicht die einzelnen Noten werden dann langgezogen gehalten, sondern die gespielten Töne werden vom Arpeggiator dauerhaft arpeggiert, ein gespielter Akkord bleibt quasi liegen.

Oktavlage

Links oben über dem Keyboard stellen Sie mit Hilfe der Pfeiltasten die Oktavlage des Keyboards ein und verschieben diese nach unten oder oben.

16.4.7 Touch-Instrument: Griffbrett

Das Touch-Instrument Griffbrett soll die Spielweise von Saiteninstrumenten wie Gitarre und Streichern (Strings) näherungsweise ermöglichen. Es wird durch die jeweiligen Akkord-Strips ergänzt, die eher eine Strumming-Spielweise ermöglichen, während das Griffbrett sich mehr für das Spielen von einzelnen Noten oder Akkorden ohne Strumming eignet. Wie das klingt, hängt natürlich vom verwendeten Instrument ab.

Logic stellt werksseitig einige Gitarrensounds zur Verfügung, die sich in der Kombination mit den Smart Controls ganz gut mit Logic Remote spielen lassen. Je nach verwendetem Instrument sieht das Gitarrengriffbrett dabei etwas anders aus (z. B. E-Gitarre, Akustikgitarre), etwas anders für Smart-Strings-Saiteninstrumente).

Im Darstellungsmodus AUTOMATISCH wird jeweils das passende Touch-Instrument zum geladenen Patch in Logic geladen. Auch für einen Harfensound ist dies beispielsweise ein Griffbrett.

Abbildung 16.57 Griffbrett mit E-Gitarren-Instrument

Mit dem Gitarrengriffbrett und dem String-Griffbrett ist Pitch-Bending auf sehr spezielle Weise möglich. Während beim Gitarrengriffbrett Pitch-Bending eher durch vertikale Bewegungen der Saiten geschieht, kein Strumming möglich ist und stattdessen eine horizontale Bewegung auf dem Griffbrett eine in Halbtonschritten einrastende Veränderung der Tonhöhe bewirkt, verhält sich das Saitengriffbrett (mit anderer Saitenanzahl, Projekt *16SmartStr+Drumkit*, Abbildung 16.58) des Smart-String-Instruments anders: Hier werden zum einen die Noten bei auf der Saite gehaltenem Finger gehalten und Sie erhalten schöne Legato-Strings, andererseits können Sie die Tonhöhe stufenlos durch horizontale Bewegung auf dem Hals verändern – und zwar (und das ist das Besondere) für jeden Ton separat. Lesen Sie in diesem Zusammenhang auch Abschnitt 11.32 über MPE.

Abbildung 16.58 »Smart Strings«-Saiten

Natürlich liegt das an der Programmierung des zugehörigen Sounds und funktioniert nicht ohne weiteres mit anderen Sounds. Sie können auch für das Griffbrett Skalen wählen. Die Grundtöne sind dann unter den Saiten heller markiert (und können wiederum nur über die eingestellte Songtonart in Logic geändert werden).

16.4.8 Touch-Instrument: Drum-Pads

Drum-Pads stehen sowohl für Drumkit- als auch für Drum-Machine- oder Drum-Machine-Designer-Patches zur Verfügung. Besonders hilfreich ist mitunter die Beschriftung der Pads, an der Sie erkennen, welcher Sound auf dem Pad liegt (siehe Abbildung 16.59). Oben rechts können Sie auch NOTE REPEAT (inklusive Einstellung einer Wiederholrate) und SPOT ERASE aktivieren, oben links wählen Sie die OKTAVLAGE.

16

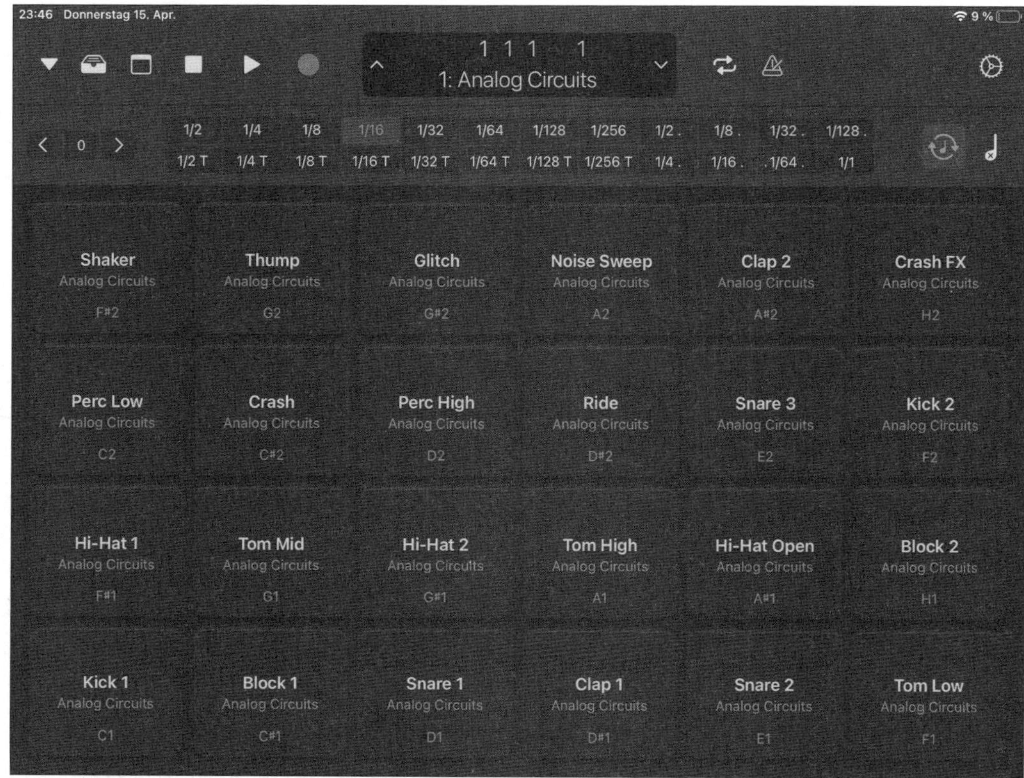

Abbildung 16.59 Drum-Pads-Touch-Instrument

16.4.9 Touch-Instrument: Drumkit

Das Touch-Instrument Drumkit (siehe Abbildung 16.60) steht bei der Auswahl bestimmter Drumkit-Patches oder beim Erzeugen einer Drummer-Spur zur Verfügung (Projekt *16Smart-Str+Drumkit*).

Es erlaubt (zusätzlich zu Velocity-Sensitivität) folgende spezielle Spielweisen (öffnen Sie das Projekt *16Remoteschlagzeug*, wo ich eine einfache Drummer-Spur erzeugt habe):

- Mit einem Finger auf Crash-Becken links oben tippen: Das Crash-Becken spielt allein.
- Mit zwei Fingern auf Crash-Becken links oben tippen: Crash-Becken und Kickdrum spielen gemeinsam.
- Je nachdem, wo Sie die Hi-Hat (im Bildschirm links auf mittiger Höhe) antippen, spielt entweder eine offene oder eine geschlossene Hi-Hat; für Letztere gibt es dabei zwei unterschiedliche Klangvariationen.
- Je nachdem, wo Sie die Snare (im Bildschirm links unten) antippen, erklingt ein normaler Snare-, ein Rimshot- oder ein Side-Stick-Sound.

- Je nachdem, wo Sie das Ride-Becken rechts oben anspielen, werden zwei verschiedene Arten Ride-Sounds hörbar.
- Toms und Kickdrum klingen, je nachdem, wo und wie fest Sie sie antippen, jeweils etwas unterschiedlich, um einen natürlichen Sound zu realisieren.

Abbildung 16.60 Drumkit in Logic Remote

16.4.10 Touch-Instrument: Akkord-Strips (Gitarre, Keyboard, Saiten), manuelle Akkordzuweisung

Akkord-Strips erlauben nicht nur den schnellen Zugriff auf Akkorde, sondern zusätzlich für das Instrument typische, jeweils leicht unterschiedliche Spielweisen.

Manuelle Akkordzuweisung

Die in den Akkord-Strips verfügbaren Akkorde ändern sich automatisch, wenn Sie in Logic die Tonart ändern. Zunächst stehen die tonleitereigenen Akkorde von Dur- und Moll-Tonleitern zur Verfügung. Sie können in Logic bei der Songtonart ja einstellen, ob es sich um eine Dur- oder eine Moll-Tonart handelt. Wollen Sie z. B. die leitereigenen Akkorde der C-Lydisch-Tonleiter spielen, ist dies auf Umwegen möglich, indem Sie F-Dur als Tonart einstellen (zum besseren Verständnis lesen Sie Abschnitt 12.14 über Kirchentonleitern im Harmonielehrekapitel).

Darüber hinaus können Sie die Akkorde über das Einstellungsmenü editieren. Wählen Sie im EINSTELLUNGEN-Menü den Eintrag zur Bearbeitung AKKORDE BEARBEITEN. Zum Editieren von Akkorden selektieren Sie einen Akkord-Strip und treffen entsprechende Einstellungen pro Strip (siehe Abbildung 16.61).

In Abbildung 16.61 ist für den ersten Akkord-Strip statt Em nun Em^6/G eingestellt, d. h., im Akkord wird zusätzlich der 6. Ton der e-Moll-Tonleiter gespielt. Zusätzlich ist als Grundton des Bassbereichs (der beispielsweise bei den abgebildeten Keyboard-Akkord-Strips, nicht aber bei Gitarren-Akkord-Strips zur Verfügung steht) ein G eingestellt, was nun im Akkord-Strip auch angezeigt wird.

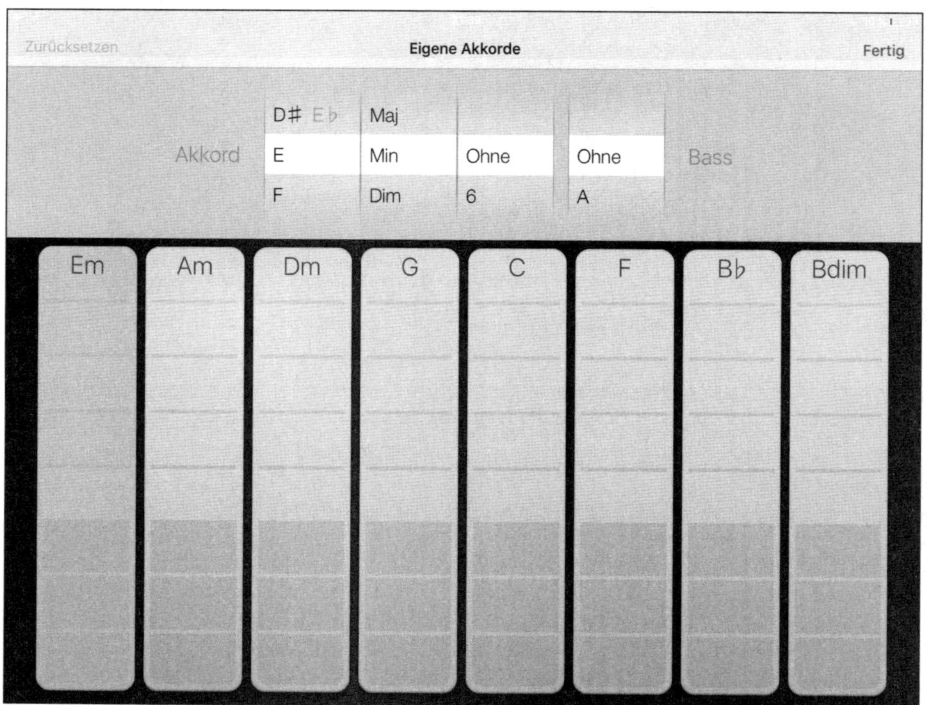

Abbildung 16.61 Für jeden Akkord-Strip können Sie einen eigenen Akkord einstellen. Zusätzlich lässt sich für den Bassbereich ein anderer Grundton auswählen.

Wenn Sie die Akkorde editiert haben, sehen Sie die geänderten Akkorde in allen Akkord-Strips des Songs. Geänderte Akkord-Strips werden mit dem Logic-Projekt gespeichert und lassen sich mit ihm auch wieder aufrufen. So können Sie das abgebildete Beispiel testweise mit dem Projekt *16LogicremotegeänderteAkkordstrips* öffnen.

Keyboard-Akkord-Strip

In den vorangegangenen Beispielen haben Sie bereits einen Keyboard-Akkord-Strip gesehen. Dieser erlaubt auf den vier blassen Strichen im oberen Bereich das Spielen des eingestellten

Akkordes in jeweils unterschiedlich hoher Lage. Die hellgrau untermalten drei Flächen darunter erlauben das gleichzeitige Spielen einer Bassnote, für die Sie im Akkorde-bearbeiten-Modus auch einen eigenen, anderen Ton einstellen können.

Gitarren-Akkord-Strip

Gitarren-Akkord-Strips (Abbildung 16.62) erlauben weitere spezielle Spielweisen:

- Wenn Sie mehrfach oben auf das Akkordsymbol tappen, erfolgt automatisches Akkord-Strumming.
- Wenn Sie einfach auf Saiten tippen, spielen Sie einzelne Noten an.
- Wenn Sie mit den Fingern über alle Saiten streichen, strummen Sie manuell. Je mehr Finger im Einsatz sind, desto schwieriger wird es, ein akkurates Timing hinzubekommen. Allerdings steht Ihnen ja die Möglichkeit zur Verfügung, oben auf die Akkordsymbole zu klicken (was dagegen manchmal etwas gleichförmig klingt). Gegebenenfalls spielen Sie die Aufnahmen in einem langsameren Tempo ein.
- Wenn Sie den Bund links festhalten, bekommen Sie dabei einen »Muted Sound« – sofern das Patch diese Funktion unterstützt.

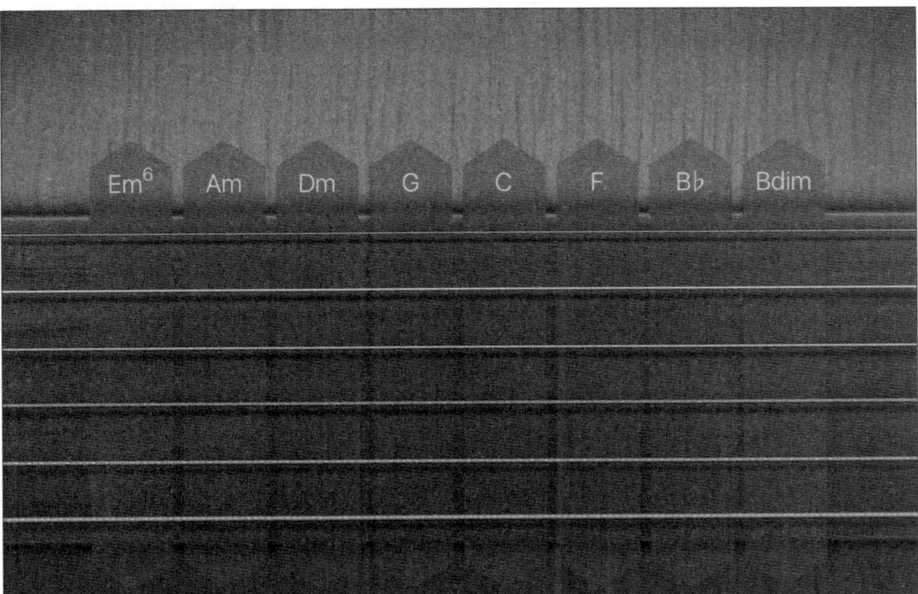

Abbildung 16.62 Gitarren-Akkord-Strips

Im Dokument *16LogicRemoteGitarrenAkkstrips* hören Sie ein Gitarrenbeispiel. Natürlich können Sie Eingespieltes anschließend in MIDI-Editoren bearbeiten. Einfaches Quantisieren mit 100 % Q-STÄRKE im Informationsfenster REGION wird den Strumming-Effekt zunichtemachen, hier kann INTELLIGENTE QUANTISIERUNG helfen, und Ausprobieren ist gefragt.

Zwischen Takt 1 und 3 hören Sie manuelles Strumming. Die Region habe ich nicht quantisiert. Zwischen Takt 3 und 5 hören Sie manuelles Strumming mit zwei Saiten und Fingern, die Region habe ich mit 78 % Stärke quantisiert. Zwischen Takt 5 und 7 wechselt die Gitarre in einen Muted-Mode. Die punktgenaue Umschaltung auf der gleichen Spur wollte nicht so recht gelingen, daher habe ich die Spur dupliziert, so dass Sie nun eine andere Spur mit einem anderen Instrument hören. Ab Takt 7 hören Sie automatisches Strumming durch mehrfaches Tappen auf die Akkordsymbole. Zusätzlich habe ich die Region anschließend quantisiert (Stärke 73 %) und die Noten in der PIANOROLLE mit der Funktion LEGATO ERZWINGEN etwas verlängert.

Saiten-Akkord-Strip

In den Genuss von Saiten-Akkord-Strips bin ich durch das Laden des Smart-Strings-Instrument-Patches (siehe Abbildung 16.63) gekommen. Oben sind verschiedene Streicherinstrumente abgebildet, die Sie durch Klick auf dieselben temporär stumm schalten oder aktivieren. Auch hier stehen – in Verbindung mit dem Instrument – besondere Spielweisen zur Verfügung:

Die drei Linien in den Akkord-Strips teilen diese in vier Bereiche ein, die jeweils einen eigenen Akkord triggern. Durch kurzes Tippen auf einen Abschnitt erzeugen Sie eine Art Staccato-Akkord (der erst beim Loslassen zu hören ist). Wenn Sie den Akkord-Strip von oben nach unten herabstreichen und dabei den Finger auf dem Akkord-Strip halten, spielen Sie einen helleren Legato-Akkord, und einen dunkleren, wenn Sie von ganz unten nach oben streichen. Wiederum etwas anders klingt es, wenn Sie in der Mitte des Akkord-Strips mit dem Hin- und Herstreichen beginnen. Wenn Sie Legato-Akkorde spielen, wirkt sich im Zeitverlauf aus, wie fest Sie Ihren Finger auf dem Akkord-Strip halten (Expression bzw. Crescendo/Decrescendo).

Im Projekt *16Smartstrings* hören Sie, wie es klingt, wenn Sie mit dem Finger über die Akkord-Strips streichen, die bei ausgewähltem Smart-Strings-Instrument erscheinen. In der EVENT-Liste können Sie die dabei verwendeten MIDI-Controller-Daten auch im Detail einsehen und gegebenenfalls editieren. Im Projekt *16Smartstrings3* habe ich abwechselnd von oben und von unten über die Akkord-Strips gestrichen und dabei zwischendurch tiefere Streichergruppen hinzugeschaltet und das Ergebnis etwas ediert. Damit es nach einer Quantisierung nicht komisch klingt, ist wichtig, dass die MIDI-Befehle für das Streichen der Seite (Controller Nr. 11) gegebenenfalls *vor* der Note einsetzen. Eine genaue Betrachtung der eingespielten Daten zeigt, dass die nachträgliche Aktivierung von Violen, Cellos und Bass lediglich in Form von zusätzlich gespielten Noten eingefangen wurde.

Etwas komplexer wird es im Projekt *16Smartstrings2*. Nachdem das Manual von Pizzicato-Strings sprach, habe ich nachgeschaut, ob es diese überhaupt im geladenen Patch gibt – und bin fündig geworden. Im Editor des Sampler-Instruments sah ich, dass Pizzicato-Gruppen vorhanden sind, die mit Hilfe von Artikulations-IDs ausgewählt werden. Artikulations-IDs lassen sich z. B. in der EVENT-Liste durch entsprechenden Eintrag im Menü DARSTELLUNG oder im Kontextmenü der PIANOROLLE anzeigen und editieren. Danach selektierte ich alle Noten, gab eine Artikulations-ID ein, die laut Pizzicatos triggert – und es funktionierte: Danach waren Pizzicato-Strings zu hören.

Abbildung 16.63 Streicher-Akkord-Strips

16.4.11 Innovative Keyboards: Ausblick und Vergangenheit

Das iPad als Tool zum Musizieren ist möglicherweise die Anschaffung wert: Es kann auf neuartige Weise das Spielgefühl des Musikers transportieren oder elektronische Tools zum Erzeugen maschinell klingender musikalischer Ergebnisse wie Step Sequencer oder Yamahas *Tenori-On* emulieren. Das iPad eignet sich für frühkindliche oder jugendliche Musikerziehung, für Live-Acts und Studioarbeit. Doch schon vor etlichen Jahren gab es innovative Instrumente, deren Genialität immer noch unerreicht ist, die es erlaubten, elektronische Sounds mit besonderem Ausdruck zu spielen. Sie sind in Vergessenheit geraten, weil sie in der Produktion zu teuer waren, verhalfen damals aber Profimusikern mit größeren Budgets zu Meisterwerken. So gab es in den 70er Jahren den sogenannten ABBA-Synthesizer *GX-1* von Yamaha, der unter anderem Pitch-Bending-Strips über der Tastatur besaß, mit denen der Keyboarder den Sound modulieren konnte. Ein weiteres Beispiel sind Keyboards mit der Fähigkeit, polyphone Aftertouch-MIDI-Daten zu senden. Dabei wird die Information gesendet, wie stark gehaltene Tasten niedergedrückt werden. Ein Beispiel ist der von Vangelis häufig benutzte Yamaha *CS 80*.

Ein neues Konzept sind MPE-(MIDI Polyphonic Expression-)Keyboards und Controller, wie die *Seaboard*-Keyboards von ROLI oder Sensels *Morph*. Sie erfassen Bewegungen und Druck in alle Richtungen. Diese Informationen werden z. B. von *Alchemy* oder auch dem multitimbralen Instrument-Plug-in *Equator2* in Soundvariationen umgesetzt. In Logic funktioniert dies, wenn Sie *Alchemy* und andere Instrumente im MIDI-Mono-Modus oder *Equator* als multitimbrales Instrument laden und über mehrere MIDI-Kanäle ansteuern. Mehr hierzu lesen Sie in Abschnitt 11.32 über MPE.

16.4.12 Smart Controls und Audiospuren in Logic Remote

Smart Controls lassen sich auf dem iPad in Logic Remote anzeigen, bedienen und fernsteuern und stehen sowohl bei der Verwendung von Instrumenten als auch bei Audiospuren zur Verfügung.

16.4.13 Live Loops in Logic Remote

Natürlich eignet sich Logic Remote besonders gut, um den LIVE LOOPS-Bereich live anzusteuern (Abbildung 16.64).

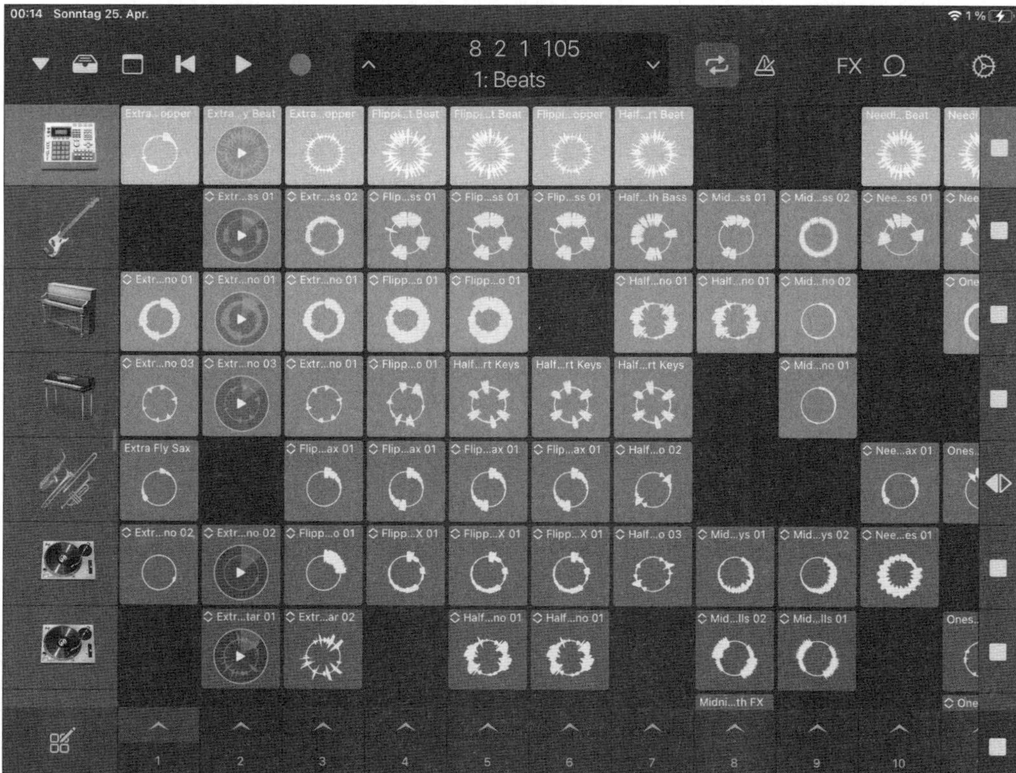

Abbildung 16.64 »Live Loops« in Logic Remote

Die Darstellung entspricht weitgehend der Bildschirmdarstellung. Unten links finden Sie einen Button zur Aktivierung des Bearbeitungsmodus für die Zellen. Ist dieser aktiviert, können Sie Zellen antippen und bearbeiten, anstatt sie zu starten und zu stoppen. Um spurweise nach unten zu navigieren, streichen Sie mit dem Finger über die Spur-Header links; um Szenen weiter rechts zu sehen, streichen Sie über die Szenen-Start-Buttons. Ist der Bearbeiten-Modus aktiv, ist das Risiko geringer, versehentlich eine Szene zu triggern.

16.4.14 Step Sequencer

Seit Logic 10.6 kann auch der STEP SEQUENCER via Logic Remote programmiert werden, öffnen Sie als Beispiel das Projekt *16patt*. Sie finden die meisten im Abschnitt 7.9 beschriebenen Tools auch hier. In GarageBand iOS gibt es diesen Step Sequencer schon jahrelang, siehe Abbildung 16.65.

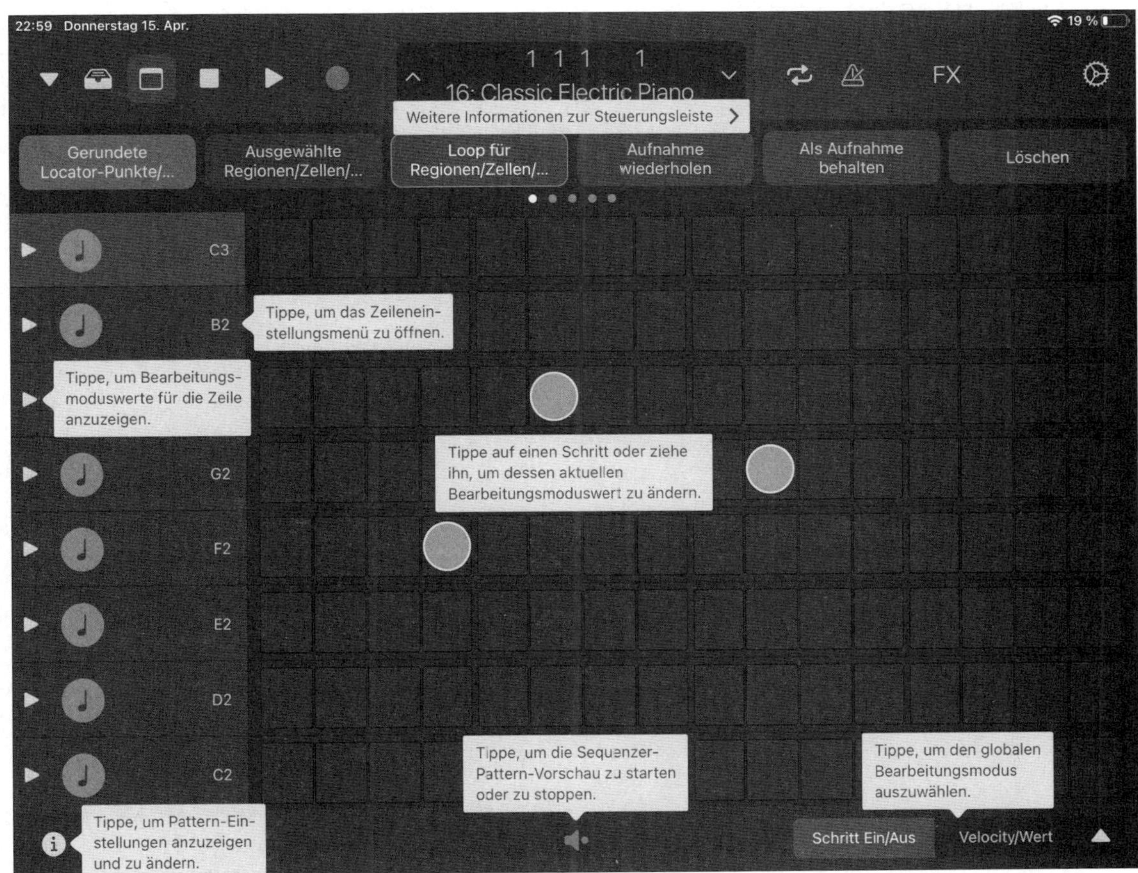

Abbildung 16.65 Step Sequencer mit Coaching-Tipps

Patterns für den STEP SEQUENCER konnte ich via Logic Remote bislang nicht laden.

16.4.15 Mischpult und Effekte in Logic Remote bedienen

Die Mischpult-Darstellung in Logic Remote folgt der Darstellung des MIXERS in Logic – ändert sich also z. B. auch, wenn Sie in Logic zwischen den Darstellungen EINZELN, SPUREN und ALLE wechseln.

Mixer-Darstellung und Darstellungsoptionen

Der Mixer (Abbildung 16.66) in Logic Remote zeigt maximal acht Channel-Strips, rechts daneben einen sogenannten *Control-Strip*, über den Sie unter anderem verschiedene Bereiche einblenden können, sowie einen Master-Kanalzug an. Über den Kanalzügen sehen Sie eine kleine Meter-Bridge mit Pegelausschlägen der in Logics Mixer sichtbaren Mixerkanäle, die Ihnen eine Übersicht über die im Mixer vorhandenen Kanäle gibt (wird das Taktlineal angezeigt, ist dieser Bereich nicht zu sehen; blenden Sie dann das Taktlineal durch Klick auf den Displaybereich ein und aus).

Abbildung 16.66 Mixer in Logic Remote

Wenn Sie sich z. B. durch Umschalten auf die Darstellung EINZELN in Logics Mixer andere Kanäle anzeigen lassen, so zeigt auch die Meter-Bridge in Logic Remote die entsprechenden Kanäle an. Der hellgrau markierte Bereich in der Meter-Bridge repräsentiert den gerade sichtbaren Ausschnitt des Mixers. Ihn können Sie nach links und rechts bewegen, um andere Bereiche des Mixers angezeigt zu bekommen. Alternativ können Sie auch unten die Kanalzüge an ihren Namensbezeichnungen anfassen und nach links oder rechts bewegen oder auf die Pfeile nach links oder rechts im Display klicken.

Der INPUT-MONITORING-Button aus den Kanalzügen im Mixer steht in Logic Remote leider nicht zur Verfügung, dafür aber RECORD-Buttons zum Scharfschalten, Buttons zur Aktivierung und Auswahl eines Automationsmodus, MUTE- und SOLO-Buttons sowie alternativ Sends oder PAN- und Lautstärkeregler (was angezeigt wird, wählen Sie im Control-Strip aus; sind mehr als vier Sends aktiv, können weitere Sends angezeigt werden).

Selektion einer Spur/eines Tracks

Sie selektieren eine Spur, indem Sie im Mixer unten auf das Namensfeld klicken. Hierdurch wird diese Spur auch in Logic selektiert (z. B. im Bereich SPUREN) und gegebenenfalls angesteuert.

Plug-ins und Effekte bedienen, Remix FX mit zwei Händen steuern

Klicken Sie auf ein Plug-in. Anschließend wird ein kleines Menü angezeigt, wo Sie das Plug-in öffnen, kopieren, einsetzen und entfernen können. Die Darstellung des geöffneten Plug-ins erfolgt meist in der Regler-Ansicht (siehe Kapitel 15), eine Ausnahme ist der Channel EQ, der in voller Darstellung aufgerufen werden kann. Sie können hier ferner die Plug-in-Presets im Menü EINSTELLUNGEN finden – oder ein anderes Plug-in laden (im Menü PLUG-IN WÄHLEN).

16

Eine weitere Ausnahme sind die Remix FX, deren Bedienung und Funktionsweise ich in Abschnitt 15.13.1 beschrieben habe. Remix FX arbeiten mit zwei X/Y-Pads, die Sie via Logic Remote mit zwei Händen gleichzeitig bedienen können, was sich als Automation aufzeichnen lässt.

Automationsmodus in Logic Remote auswählen

Durch Klick auf den Button mit dem Automationssymbol gelangen Sie zur Umschaltung des Automationsmodus für die entsprechende Spur, wo Sie die bekannten Modi finden. Die verschiedenen Automationsmodi färben den Button für die Automation jeweils anders ein (entsprechend der Farbgebung für die Modi in Logic).

Mehrere Spuren gleichzeitig bedienen; Mute und Solo im Control-Strip

Wenn Sie einen der Buttons MUTE, SOLO oder RECORD antippen, den Finger darauf halten und nach links oder rechts bewegen/swipen, können Sie die entsprechende Schaltung für mehrere Spuren gleichzeitig vornehmen. Das Antippen des entsprechenden Buttons unter dem Eintrag ZURÜCKSETZEN im Control-Strip bewirkt ein Zurücksetzen aller Stummschaltungen und Soloschaltungen. Falls irgendwelche Mute- oder Soloschaltungen aktiv sind,

sind die MUTE- und SOLO-Buttons des Control-Strips erleuchtet. Vorsicht – im Praxistest ist es mir auch passiert, dass Mutes, die in Logic gemacht wurden, nicht zurückgesetzt wurden, die auf dem iPad dagegen schon.

Fader-Reset

Ein Doppelklick auf einen Fader setzt diesen auf 0 dB zurück.

Dim-Button im Master-Kanalzug

Mit dem DIM-Button im Master-Kanalzug stellen Sie schnell den Output des Master-Busses leiser. Um wie viel leiser gestellt wird, bestimmen Sie unter EINSTELLUNGEN • AUDIO • ALLGEMEIN.

16.4.16 Sounds auswählen – Library nutzen mit Logic Remote

Mit Hilfe des LIBRARY-Buttons sehen Sie schnell Patches, die sich für die jeweilige Spurkategorie in Logics BIBLIOTHEK befinden. Dabei können Sie durch die vorhandenen Ordner browsen. Indem Sie auf einen Eintrag tippen, laden Sie das entsprechende Patch.

16.4.17 Tastaturkurzbefehle in Logic Remote auslösen

In der Darstellung TASTATURKURZBEFEHLE sehen Sie auf unzähligen Seiten Buttons mit Befehlen. Grundsätzlich können Sie hier allen Befehlen Buttons zuweisen, die auch als Shortcuts zur Verfügung stehen, wobei die Buttons die zugewiesenen Befehle jeweils gut lesbar anzeigen. Auf jeder Seite befinden sich vier Reihen mit je sechs Buttons, wobei die unteren sechs Buttons mit Transportfunktionen stets gleich bleiben und sich nur die oberen drei Reihen verändern, wenn Sie zur nächsten Seite wechseln. Durch Wischen nach links oder rechts oder Antippen der die sechs Seiten symbolisierenden weißen Punkte wechseln Sie zwischen den Seiten. Wenn Sie auf einen Button tippen, senden Sie damit den entsprechenden Befehl. Wenn Sie dabei den Finger auf dem Button lassen, senden Sie den Befehl wiederholt und dauerhaft, was bei Befehlen wie Zooming sinnvoll ist.

Zuweisung und Löschen von Befehlen und Farben

Wenn Sie mit zwei Fingern auf einen bereits zugewiesenen Button klicken oder mit einem Finger auf einen leeren Button, erscheint ein Menü mit einem SUCHEN-Dialog, der Option TASTATURKURZBEFEHL ENTFERNEN, Menüeinträgen für Kategorien von Shortcuts, um diese zu finden, sowie (unten) einer Farbpalette. Stöbern Sie zur Auswahl eines Befehls entweder durch die verschiedenen Kategorien, oder machen Sie Befehle durch den SUCHEN-Dialog oben ausfindig.

Import und Export von Befehlssets

Konfigurierte Befehlssets können zwischen iPads ausgetauscht werden, sind aber nicht mit Logics Key-Commands kompatibel. Hierzu verbinden Sie Ihr iPad mit dem Mac/Finder (in alten Systemen iTunes), wählen das iPad an, lassen sich DATEIEN anzeigen, scrollen nach unten und wählen unter den Apps des iPads LOGIC REMOTE aus, klicken auf das Icon und sehen anschließend Dokumente von LOGIC REMOTE – im Beispiel die Key-Commands, die Sie nun per Drag & Drop extern speichern können (siehe auch den Abschnitt zum Dateiaustausch mit iOS-Geräten in Kapitel 10). Umgekehrt können Sie ein gespeichertes Key-Command-Set per Drag & Drop in den Bereich DOKUMENTE von LOGIC REMOTE oder durch den Befehl HINZUFÜGEN (links neben SICHERN UNTER …) auch importieren (z. B. von einem anderen iPad).

16.4.18 Intelligente Hilfe in Logic Remote

In der INTELLIGENTE-HILFE-Darstellung, die Sie über das DARSTELLUNG-Menü links oben erreichen und die sich von der Hilfe im EINSTELLUNGEN-Menü unterscheidet und auch ohne Internetverbindung funktioniert, wird die dynamische Hilfe von Logic angezeigt. Dort können Sie im SUCHEN-Feld auch nach Funktionen stöbern. Wie erwähnt, wechselt, dieser Anzeigemodus automatisch und ziemlich schnell die Inhalte, je nachdem, was Sie gerade auf dem Mac in Logic tun. Das funktionierte bei mir auf dem iPad mit Logic Remote sehr gut und schnell, führte aber auch zu Abstürzen von Logic Remote. Logic Remote kann also in diesem Modus auch als eine Art Standby-Tutorial dienen – selbst wenn nicht immer vorhersehbar ist, was die Hilfe genau anzeigen wird, und auch nicht zu allen Themen Inhalte vorhanden sind.

Kapitel 17
Mixingstrategien, musikalische Ziele und Stile

In diesem Kapitel geht es um das Mixing sowie um stilistische und künstlerische Aspekte der Musikproduktion – also insgesamt darum, bisher Gelerntes zusammenzufügen.

Sie wissen jetzt, dass Logic ein Programm ist, das viele Wege anbietet. Welchen Sie davon gehen, müssen Sie nun selbst entscheiden – nach genügend Vorbereitung. Es geht nun darum, musikalische Ziele zu erreichen. Darüber lesen Sie in diesem Kapitel; zunächst eher werkzeug-/effektbezogen über Mixing, teilweise mit Differenzierung für nach Soundkategorien (Drums, Bass, Sounds, Vocals) Danach geht es unter künstlerischen Aspekten genrebezogen und zielbezogen mit Fallbeispielen weiter – auch dort teilweise bezogen auf Soundkategorien (z. B. Vocals).

17.1 Mixing Teil 1: Schnellkurs und die drei Dimensionen beim Mixing

Es ist nicht leicht, allgemeine Mixingregeln aufzustellen. Was in einem Genre üblich ist, kann in einem anderen verpönt sein. Oft ist eine subjektive Entscheidung nötig. Es gibt jedoch Grundsätze, die näherungsweise als allgemeingültig bezeichnet werden können. Und auch vom Organisatorischen her kann die Mixingprozedur analysiert und typisches Vorgehen aufgezeigt werden.

17.1.1 Mixen oder komponieren Sie?

Die Mixing-Aufgabenstellungen unterscheiden sich, je nachdem, ob Sie z. B. eine mit Mikrofonen aufgenommene Mehrspur-Bandaufnahme abmischen möchten oder selbst Musik komponieren und dabei gleichzeitig etwa mit Synths und Samplern arbeiten, so dass der Song selbst noch ständig verändert wird. Ersteres ist deutlich leichter zu organisieren, weil sich bei Letzterem ständig Veränderungen ergeben.

Mixing von Bandaufnahmen

Wenn Sie eine Musikgruppe aufnehmen und abmischen, ist die Reihenfolge der Prozedur meistens klar strukturiert: Erst gibt es eine Aufnahme und danach das Mixing. Bei den Aufnahmen kommt es neben gut klingenden Instrumenten und guten Musikern auf passende Mikrofone und deren Ausrichtung sowie eine gute Organisation der Aufnahme an. Beim Mixing liegen Ihnen die Aufnahmen bzw. das fertige Arrangement mit der Auswahl der Takes typischerweise schon vor. Sie können sich dann auf das Mixing konzentrieren. Es ist wichtig und auch leichter, die Spuren gründlich zu organisieren, weil kaum neue dazukommen werden, es sei denn, Sie »doppeln« einzelne Parts oder Ähnliches. Es stellt sich vor dem Mix die Frage, inwiefern die Band von Ihnen erwartet, dass Sie im Mix tendenziell auch »gestaltend/kreativ« oder eher »ausarbeitend/optimierend« tätig werden und ob es eine angestrebte Ästhetik als Vorbild gibt.

Alternativ gibt es noch Livesituationen/Livemixing. Hierbei müssen Sie Ihre Spuren möglichst übersichtlich und eventuell reduziert anordnen.

Produktionen in der DAW

Mixing und Aufnahme/Komponieren sind bei Produktionen in der DAW von elektronischer Musik oder mit MIDI typischerweise enger miteinander verwoben. Die Aufgabenstellung ist komplexer. Verglichen mit dem Mixing einer Aufnahme anderer Musiker bzw. einer Band sind Sie hier Musiker, Aufnahme- und Mixing-Engineer in einem. Der Mix beginnt bei der Auswahl und Bearbeitung der Sounds und Effekte sowie bei übersichtlichem Routing, so dass Zugriff auf Einzelsounds und Summenkanäle besteht. Sie mixen, während das Arrangement entsteht. Typischerweise haben Sie weniger »Abstand« zum Mix, weil Sie ihn im Prozess ständig hören, wodurch Sie sich eventuell an Fehler gewöhnen. Andererseits haben Sie mehr Zugriff auf die Soundentstehung, können mehr Details bearbeiten und oft auch wieder rückgängig machen. Das Festhalten von MIDI-Parts oder gelungenen »Jams« zwischendurch als Audiofiles ist ein probates Mittel, um die Zahl der nötigen Entscheidungen und Optionen zu reduzieren. Immer alles rückgängig machen zu können, kann auch ein Nachteil sein.

Mikroaufnahmen oder Library-Sounds, viele oder wenige Instrumente?

Selbstmikrofonierte Aufnahmen benötigen oft mehr Bearbeitung als »Library-Sounds«, um einen druckvollen Sound für ein Instrument hinzubekommen, das sich in einem komplexen Mix durchsetzt. Mit dem Compressor und einer Einschränkung des Dynamikumfangs machen Sie ein Instrument oder Vocals oft druckvoller und »präsenter«, mit dem EQ optimieren Sie den Frequenzbereich und entfernen ungewollte Frequenzen. Das ist für Sie möglicherweise ungewohnt, falls Sie bislang nur mit Sounds aus Sound Libraries oder Logic gearbeitet haben. Denn dort ist vieles schon »ausproduziert«, und man muss nicht mehr viel machen, eher manchmal noch etwas Schmutz hinzufügen. Je mehr Instrumente zusammengemischt werden müssen, desto schwieriger wird eine gute Abmischung. Spielen z. B. Drums,

Bass und mehrere Synths und kommt Gesang hinzu, muss eventuell ein Synth wegfallen oder leiser spielen. Oft müssen Sie sich entscheiden, was wann im Vordergrund stehen soll.

Fader oben oder Fader unten?

Manche Mixing-Engineers stellen alle Fader auf 0 und beginnen nacheinander, jedes Instrument einzeln abzumischen. Andere bevorzugen eine Mixingprozedur, die von einem Rough Mix ausgeht und diesen laufend verbessert. Kommt man »von unten« und mischt ein bislang nicht vorhandenes Instrument neu hinzu, ist man von vorher einen Zustand gewöhnt, bei dem das Instrument gar nicht da war. Dann mischt man es möglicherweise leiser ab, als wenn es die ganze Zeit schon laut spielt.

Ganz wenig Zeit?

Ist ganz wenig Zeit da und z. B. nur ein Rough Mix einer Bandaufnahme gewünscht, sollten Sie zuerst Lautstärkeverhältnisse justieren und kleine EQ-Korrekturen und Dynamics-Korrekturen vornehmen. Sie sollten im EQ bei (fast) allen Spuren den Tiefbass abschneiden. Wenn Sie dies überall unterhalb von 40 Hz mit einem Low-Cut-Filter tun, können Sie nicht viel falsch machen. Eine Subbass-Spur kann eine Ausnahme bilden. Die meisten Spuren können Sie an deutlich höheren Frequenzen beschneiden, z. B. 100 Hz. Wenn Vocals z. B. bei 400 Hz mit Filtern bearbeitet werden, die den Bass abschneiden, setzen sie sich im Mix oft gut durch, oder es steht eine Art Telefoneffekt. Es ist immer wieder erstaunlich, wie viel man durch richtige Lautstärkejustagen und das Wegfiltern tiefer Frequenzanteile bereits erreichen kann. Schwanken die Lautstärken von Aufnahmen stark, erreichen Sie mit Logics Compressor im voreingestellten Modus schnell eine unaufdringlich klingende Verbesserung. Ist ein wenig mehr Zeit vorhanden, wenden Sie die nachfolgend erläuterte Spursortierung an, und fügen Sie einige wichtige Effekte via Insert oder Send hinzu.

17.1.2 Step-by-Step-Anleitung

Im Folgenden finden Sie einen kleinen Step-by-Step-Mixing-Grundkurs mit sechs Hauptpunkten und einigen Unterabschnitten, der etwas mehr Zeitaufwand voraussetzt.

Versuchen Sie, die hier aufgelisteten Schritte bei Ihrem eigenen Mix zu beachten. Sinnvoll ist auch die Nutzung einer Logic-Vorlage für die Abmischung, die für jeden Kanal bereits EQ und Compressor integriert hat. Um eine solche Vorlage für eine 24-Spur-Mischung zu realisieren, erstellen Sie einfach 24 Audiokanäle, selektieren diese gleichzeitig und doppelklicken die Miniaturanzeigen für den EQ und die Pegelreduktion oben im Kanalzug – oder laden das Projekt *17Mix24*. Weitere Vorlagen finden Sie im Ordner *Vorlagen* des Bonusmaterials. Verstehen Sie mich nicht falsch, sie sollen Ihnen vor allem helfen, beim Mixen die richtige Struktur zu finden. Im Kreativprozess macht es auch mir selbst oft mehr Spaß, mit einem ganz leeren Song zu beginnen, als eine Vorlage zu benutzen.

1. Spuren kategorisieren und sortieren, Spuren für Aux-Kanäle erzeugen

Sortieren Sie Spuren durch eine entsprechende Anordnung im Hauptfenster, und beschriften Sie sie sinnvoll. Sie können die Spuren nicht im Mixer selbst verschieben, sondern müssen dies im Bereich SPUREN tun. Schalten Sie dann die Mixeransicht auf SPUREN, damit die Spuren im Mixer in derselben Anordnung angezeigt werden.

Vorschlag: Sortieren Sie Ihre Spuren nach den Kategorien Drums, Bass, Sounds, Vocals. Routen Sie sie auf dann auf Busse, erzeugen Spurstapel oder nutzen VCA-Fader. Details hierzu lesen Sie in Abschnitt 14.4. Manchmal ist es zusätzlich sinnvoll, auch die für den Bassbereich relevanten Spuren der Bereiche Drums und Bass nebeneinanderzulegen (z. B. Kickdrum und Bass), um schnelleren Zugriff auf den tiefen Frequenzbereich zu haben.

Erzeugen Sie Spuren im Hauptfenster für die wichtigsten Aux-Kanäle, sodass Sie auf sie (z. B. für Automationen) auch im Bereich SPUREN Zugriff haben. Eventuell sollten Sie zusätzlich Subgruppen innerhalb der Subgruppen bilden (z. B. Gitarren und Orgeln, die zu Sounds führen, Percussion-Subgruppe, die in die Drumsumme führt). In Livesituationen helfen gesonderte Effektbusse, die schnell von Subgruppen angesteuert werden können.

2. Routing-Ziele

Setzen Sie sich Routing-Ziele: Sie sollten Sounds einerseits sinnvoll einzeln (um sie besser positionieren zu können), andererseits auch zusammengefasst bearbeiten können (um Soundgruppen zu kompakteren Einheiten zu verschmelzen). Für Ersteres benötigen Sie in einer MIDI-Produktion gegebenenfalls Einzelouts von Instrumenten, für Zweiteres Subgruppen/Aux-Kanäle. Manchmal bedeutet Ersteres ganz schönen Aufwand. Wenn Sie hier bei der Produktion schon vorausschauend gearbeitet haben, zahlt sich das aus.

3. Grundsätze und Dimensionen für die Erstellung eines Mix

Nach einer guten Routing-Vorbereitung können Sie die eigentliche Bearbeitung der Einzel- und Summenspuren mit EQ, Dynamics und Effekten vornehmen. Ein guter Mix spielt mit Kontrasten und besitzt »Tiefe«. Sinnvoll erscheint beispielsweise die Kombination eher mittiger Sounds mit seitlich positionierten Signalen oder Signale mit mehr Stereobreite im Mix. Ein guter Mix setzt die Sounds im Songverlauf gut »in Szene« – durch ein entsprechendes Arrangement oder/und Automationen, wie es eine Band live auch machen würde. In der Literatur werden verschiedene Kategorisierungen und Reihenfolgen für die Dimensionen eines Mixes benutzt:

- erste Dimension: Raum vorn/hinten bzw. trockene vs. verhallte Sounds (*Tiefenstaffelung*)
- zweite Dimension: Panning links/rechts
- dritte Dimension: Frequenzspektrum (Bass bis Höhen)

Erste Dimension (vorn/hinten), Tiefenstaffelung

Sie können versuchen, sich die Anordnung von Instrumenten auf einer virtuellen Bühne vorzustellen. Dabei kann es ohne ein *Hinten* auch kein *Vorn* geben. Sie können das mit guten Porträtaufnahmen vergleichen, bei denen die Gesichter besser wirken, wenn der Hintergrund unscharf ist. Ist das komplette Motiv scharf und gibt es viel zu sehen, fehlt dem Bild vielleicht eine gute Struktur. Ähnlich verhält es sich mit Sounds, die alle mit dem kompletten Frequenzbereich in voller Lautstärke präsent sind. So können sich Sounds nicht von anderen Sounds absetzen, die besser weiter im Hintergrund stehen sollten. Aber wie befördert man einen Sound in den Hintergrund? Leisere, dumpfere Sounds mit mehr Hallanteil und abgeflachten Transienten stehen tendenziell weiter hinten im Mix. In diese Richtung wirken können also der Einsatz von Lautstärkereduzierung, Hall (vorzugsweise mit kurzem Pre-Delay), eine Höhen- und Mittenabsenkung beim EQ, der Einsatz kurzer Regelzeiten beim Kompressor etc. Trockene, laute Signale mit wenig Hall wirken dagegen präsent und stehen eher »vorn« im Mix.

Zweite Dimension (links/rechts)

Die zweite Dimension justieren Sie mit dem PANORAMA-Regler. Typischerweise mischt man Hauptinstrumente wie Bässe, Bassdrum, Snare und oft auch Vocals eher mittig ab. Damit ein Sound auf einer virtuellen Bühne »authentisch« weiter hinten steht, sollte er ebenfalls nicht zu »breit« sein. Bässe unterhalb von ca. 80 Hz können vom menschlichen Ohr nicht geortet werden. Daher hat die Subwoofer-Technik Verbreitung gefunden; in Clubs werden tiefe Bässe oft nur mittig über einen Lautsprecher wiedergegeben, für die Positionierung an den äußeren Rändern des Stereofelds sind eher »begleitende« Sounds geeignet. Das Frequenzspektrum der Stereoseiten sollte ähnlich sein, wenn kein asymmetrischer Höreindruck entstehen soll. Zusätzlich zu den Lautstärkeunterschieden zwischen dem linken und rechten Kanal tragen zeitliche Differenzen/Laufzeitunterschiede/Verzögerungen zwischen den Kanälen zur Stereowirkung bei. Sie können diese z. B. über Delays, Reverbs und Modulationseffekte herbeiführen.

Dabei müssen Sie auf Monokompatibilität achten (siehe Abschnitt 17.3.2). Probieren Sie andererseits bei breiten Stereosounds auch einmal aus, die Stereobreite schmaler zu machen und Signale mittiger zu positionieren. Das wirkt oft aufgeräumter und weniger verspielt.

Dritte Dimension (oben/unten im Frequenzspektrum)

Die dritte Dimension bearbeiten Sie hauptsächlich durch Volume, Filter und EQs, wobei das EQing natürlich auch Einfluss auf die Wahrnehmung der ersten Dimension hat und somit diese dritte, selbsterwählte Dimension von der ersten nicht scharf abgegrenzt werden kann. Sorgen Sie dafür, dass nicht zu viele Sounds in ähnlichen Frequenzbereichen spielen und stattdessen alle Frequenzbereiche dem künstlerischen Inhalt des Stücks angemessen vertreten sind.

Weitere grundsätzliche Mix-Tipps

- Achten Sie beim Mixdown zunächst vor allem auf die richtigen Lautstärkeverhältnisse der verschiedenen Sounds zueinander. Den Gesamtsound bzw. das Mastering können Sie später noch ändern. Stimmt das Verhältnis zwischen den Sounds nicht, ist dies später schwer zu korrigieren. Stimmt nur die Relation Bass/Höhen nicht (z. B. zu dumpfer Mix), lässt sich das Problem wesentlich eher im Mastering beheben.
- Vergleichen Sie Ihre Mixe mit Referenztracks – und hören Sie Ihre Mixe auch mit frischen Ohren oder ein paar Tagen Abstand. Möchten Sie den aktuellen Track während des Mixdowns bereits mit einem Referenztrack vergleichen, lesen Sie Abschnitt 18.3.3 über den Vergleich mit einem Referenztrack sowie die sonstigen Ausführungen über Mastering in Abschnitt 18.3.
- Störende Details (wie Rauschen einer schlechten Aufnahme) lassen sich in ansonsten leisen Stücken weniger kaschieren als bei ständig mit Beats unterlegten Tracks, in denen sie manchmal kaum stören. Ist eine Vocal-Aufnahme nicht gut, können Sie eventuell aus der Not eine Tugend machen, indem Sie sie mit verfremdenden Effekten abmischen oder sie mit EQ oder anderen Plug-ins nach »Telefon« klingen lassen. Letzteres ist bei Vocals ohnehin ein gängiger Trick, um sie vom Rest »abzuheben«.
- Bass-Sounds, die sowohl Subbass als auch zerrende Höhenanteile liefern sollen, teilen Sie am besten in mehrere Frequenzbereiche auf, die Sie unterschiedlich bearbeiten.
- Logics Effekte bieten Presets, die als Ausgangspunkt dienen können – sowohl für einzelne Sounds (nach Kategorien sortiert) als auch für Summenbearbeitungen.

4. Grundsätze und Tipps zum Einsatz von EQs

- Über kleine Boxen und mit geringer Lautstärke ist oft nicht korrekt zu hören, wie viel Tiefbass alle möglichen Sounds in sich bergen. Befreien Sie Ihren Mix mit Hilfe von steilflankigen Hochpassfiltern sauber von Bass, wo kein Bass sein soll (also z. B. auch auf Streicher- und Vocal-Spuren, selbst wenn Sie Bassanteile auf solchen Spuren kaum bemerken). Ich entferne den Tiefbass meist bei allen Spuren – manchmal selbst bei den Bass-Spuren – mit einem HP-Filter bei unterschiedlichen Frequenzeinstellungen. Während ich beim Tiefbass (wenn überhaupt) unter 30 Hz steilflankig abschneide, cutte ich bei Keyboards, Vocals etc. oft deutlich höher (z. B. bei 100 Hz).
- Filtern Sie auch hohe Frequenzen weg, wo keine Höhen sein sollen. Dies gilt insbesondere, wenn Sounds etwas mehr im Hintergrund des Mixes stehen sollen. Mit etwas weniger steilen EQ-Kurven können Sie auch versuchen, eine Art »Vintage Sound« zu realisieren und das Verhalten alter Bandmaschinen nachzuahmen. Manchmal ist es sinnvoll, die Dynamik von hohen Frequenzen mit einem frequenzspezifischen Kompressor oder einem dynamischem EQ zu begrenzen, um einzelne störende Ausschläge abfangen zu können, ohne die Höhen insgesamt zu stark absenken zu müssen.

- Mit dem Match EQ können Sie versuchen, Drums mit einem EQ und extremen Frequenzkurven zu bearbeiten. Das kann man mit Drums sinnvoller als mit anderen Instrumenten versuchen, weil sie weniger verschiedene Tonhöhen spielen, sondern meist näherungsweise durchgängig im selben Frequenzbereich agieren.
- Ansonsten gilt beim EQing oft: Besser weniger als mehr – wenn, dann gezieltes EQing. Wie viel Bearbeitung brauchen die einzelnen Sounds wirklich noch? Was genau wollen Sie erreichen? Entfernen Sie eventuell störende Resonanzfrequenzen, und beachten Sie störende Einflüsse Ihres Abhörraumes; hören Sie den Mix auf verschiedenen Boxen und in verschiedenen Räumen. Überlegen Sie, wann eher der Einsatz eines Filters und wann der eines Bell- oder Shelving-EQs sinnvoll ist. Lesen Sie Abschnitt 15.2 über Equalizer, wo Sie weitere Detailtipps für den Einsatz von EQs finden.

5. Instrumentenkategoriespezifische Tipps zum Einsatz von Kompressoren, Dynamics und Verzerrern

Diese Tipps habe ich nach Soundkategorien sortiert. Details zu den einzelnen Plug-ins lesen Sie in Abschnitt 15.3 über Logics Dynamics.

Drums

Fügen Sie einen oder mehrere Kompressoren auf dem Drum-Hauptbus ein, von denen einer mit kleiner Ratio komprimiert, um das Material zu verdichten. Ein weiterer Kompressor könnte mit höherer Ratio und höherem Threshold eingestellt werden, um Spitzen abzufangen.

Nutzen Sie internes Side Chaining (Bass in der Side Chain abschwächen), um eine Kompression ohne zu starke Beschneidung der Kickdrum zu erreichen.

Bei der Nutzung von Presets von Dynamics spielt natürlich stets die Justage der Eingangslautstärke bzw. des Thresholds eine Rolle, ohne die Presets eher sinnlose Ergebnisse liefern.

Probieren Sie verschiedene Dynamic-Tools aus, wie z. B. auch Logics Enveloper-Plug-in zum Betonen von Attack- oder Decay-Phasen einzelner Schläge. Nur ab und zu gespielte Toms von Schlagzeugaufnahmen können Sie auch manuell herausschneiden, anstatt zu gaten, um Artefakte zu vermeiden. Arbeiten Sie mit Parallelkompression, wenn Transienten zu stark beschnitten werden.

Bass

Bei Pop- oder Dance-Musik sollten Sie den Bass durch starke Kompression auf eine gleichmäßige Lautstärke bringen, um ihn richtig abmischen zu können. Anders liegen die Dinge bei Klassik- oder Jazz-Produktionen, wo eine große Dynamik (bzw. Differenz zwischen lauten und leisen Tönen) eher beibehalten werden soll.

Eine immer wieder auftauchende Frage vor Mixdowns ist, ob es eher eine bassige, wuchtige Kickdrum geben soll, die im Mix unterhalb oder im gleichen tiefen Frequenzbereich wie der Bass liegt – oder eher umgekehrt einen subbigen Bass, der deutlich unter der Kick liegt, die weniger Bass hat oder hochgepitcht ist. Ersteres kommt bei langsamen Tempi öfter vor, Letzteres eher bei schnellem Drum & Bass, doch es ist stets Geschmackssache. Vor allem aber kann es eine bewusste Entscheidung sein, die danach zielorientiertes Arbeiten leichter macht.

Spielen Bassdrum und Bass in einem ähnlichen Frequenzbereich (z. B. bei House, Funk und Neurofunk), sind eventuell Strategien wie Side Chaining oder Automation nötig, um zu verhindern, dass Kick und Bass mit doppelter Lautstärke in einem bestimmten Frequenzbereich gegenüber ihrer einzelnen Präsenz in den Mix eingehen.

Vocals

Setzen Sie einen Kompressor für gleichmäßige Lautstärke ein, der eher unauffällig und langsam regelt. Positionieren Sie Lead-Vocals eher »vorn« und »mittig« im Mix. Gestatten Sie dem »Rest« der Musik nicht, zu laut zu werden, wenn Vocals/Texte verstanden werden sollen, insbesondere dann nicht, wenn Instrumente in einem ähnlichen Frequenzbereich spielen (z. B. Gitarren; wenden Sie gegebenenfalls *Ducking* an). Auch das gilt eher für Pop und weniger bei Klassik- oder Jazz-Produktionen.

Nutzen Sie frequenzspezifische Dynamikbearbeitung per De-Esser oder Multibandkompressor, um den Höhenbereich zu optimieren. Oft sind s- oder Zischlaute so laut, dass Sie als Mixer unwillkürlich die Höhen rausdrehen. Das aber führt oft dazu, dass sich die Vocals im Mix nicht richtig durchsetzen können und zu dumpf sind. Sie müssen also zunächst die maximalen Pegel der s-Laute mit frequenzspezifischer Dynamikbearbeitung reduzieren, um anschließend die Vocals insgesamt mit etwas mehr Höhen abmischen zu können, ohne von den s-Lauten gestört zu werden. Diese Problematik ist genreübergreifend und kann bei klassischen Chor-Aufnahmen genau wie bei Pop-Produktionen eine Rolle spielen.

Nutzen Sie auch hier insbesondere bei bassigen männlichen Gesangsstimmen internes Side Chaining (Bass im Side-Chain-Filter abschwächen), um eine Kompression ohne zu starke Beschneidung der Bassanteile der Vocals zu erreichen.

Weitere (kreative) Fallbeispiele zur Vocal-Bearbeitung lesen Sie auch ab Abschnitt 17.4.21.

6. Tipps zum Einsatz von Hall und Delay

Verschieden lange Hallräume schaffen Räumlichkeit, ein zusätzlicher Delay-Effekt erzeugt eine weitere Ebene.

- Drums: Nutzen Sie eventuell unauffälligen, verschönernden gemeinsamen Hallraum für alle Drums.
- Vocals: Stellen Sie für Vocals, die »vorn« im Mix stehen sollen, ein langes Pre-Delay und nicht zu lauten Hall ein.

Die Verwendung eher unterschiedlicher Effekte anstelle des gleichen Effekts kann helfen, die einzelnen Effekte besser in Szene zu setzen. Andererseits führt die Verwendung eines Hallraums für alle Spuren dazu, dass die Instrumente akustisch verschmelzen und aus demselben Raum zu kommen scheinen. Ein solcher Einsatz von Hall hat natürlich viel Gewicht, denn der gesamte Mix ist betroffen – daher ist das natürlich auch ein Mastering-Thema. Hall ist oft ein stilbildender Faktor, manche Engineers und Genres erkennt man auch am verwendeten Hall. Ähnliches gilt für Delay-Sounds beim Dub. Auch bei der Abmischung einer klassischen Choraufnahme ist es Geschmackssache, wie viel Hall Sie verwenden, der den Sound »gefälliger« macht. Vielleicht möchte die künstlerische Leitung mit Hall lieber Fehler »schönen«. Dies geht dann eventuell etwas auf Kosten der Authentizität. Weitere Beispiele finden Sie in Abschnitt 15.4, »Reverb«.

17.1.3 Raumakustik und Workarounds

Räume zum Abmischen sollen typischerweise eine kurze Nachhallzeit haben (z. B. 0,3 Sekunden). Für Räume, in denen abgemischt wird, und für Lautsprecher, die Sie benutzen, gilt: Eine möglichst lineare, neutrale Frequenzwiedergabe ist optimal, doch das ist praktisch nur näherungsweise möglich.

Daher sollten Sie Ihren Raum ein wenig erforschen und optimieren. Auch wenn er nicht ganz optimal ist, hilft es, ihn zu kennen. Manchmal kann eine kleine Optimierung durch Akustikbau, ein Umstellen der Lautsprecher oder das Ändern Ihrer Abhörposition Wunder bewirken. Sie sollten zudem den Mix auf verschiedenen Boxen und in verschiedenen Räumen hören.

Dieses Thema ist allerdings sehr komplex und könnte ein ganzes Buch füllen – andere haben sich damit mehr beschäftigt als ich. In der Playlist *Raumakustik*, die Sie unter *logichilfe.de* finden, habe ich ein paar interessante Videos zu diesem Thema zusammengestellt. Zudem gibt es zahlreiche Softwaretools, die Raumeigenschaften erforschen und kompensieren wollen, etwa das ARC 2.5 System von IK Multimedia.

17.1.4 Techniker und Künstler

Als ich Student war, meinte einst ein Dozent: »Bei einem guten Mix darf keine rote Lampe im analogen Mischpult leuchten!« Das mag seine Meinung sein, aber es gibt auch Leute, die das genaue Gegenteil behaupten und anwenden. Auf der anderen Seite kenne ich als anderes Extrem die Aussage eines unorthodoxen, aber sehr erfolgreichen Drum-and-Bass-Künstlers, der in einem Interview sinngemäß sagte: »Mein ganzer Sound basiert darauf, dass überall im Mixer die roten Lampen leuchten.«

Viele Tontechniker vertreten mit Vehemenz extrem unterschiedliche Positionen, je nachdem, womit sie erfolgreich gearbeitet haben. Finden Sie in diesem Kosmos von Meinungen Ihre eigene Position – und für Ihre Aufgabenstellung die richtige Herangehensweise.

Andererseits – die beiden Aussagen können auch symbolisch für die Ansätze eines Toningenieurs versus denen eines Künstlers stehen: Aus künstlerischer Sicht ist grundsätzlich alles erlaubt, was Sie z. B. genrespezifisch begründen können, dem Publikum gefällt oder gar eine eigene, neue Soundcharakteristik generiert, die gut klingt. Das zu beurteilen bleibt subjektiv.

Ein Tontechniker ist dagegen oft dafür da, die Werke und Performances anderer Musiker möglichst professionell und objektiv klangneutral einzufangen und nicht zu verderben. Natürlich wollen viele Musiker auch kreative Hilfe von Tontechnikern, die auch Produzenten sind, und sind für gut klingende Bearbeitungen offen.

17.2 Mixing Teil 2: akustische Phänomene und Mixing-Backgroundwissen

Es hilft, ein paar genreunabhängig geltende technische/theoretische Hintergründe zu kennen, wenn Sie sich professionell mit Mixing beschäftigen.

17.2.1 Fletcher-Munson-Kurven

Die sogenannten *Fletcher-Munson-Kurven* (psychoakustische Kurven gleicher Lautstärkepegel) zeigen Kurven gleich wahrgenommener Lautheit (Abbildung 17.1).

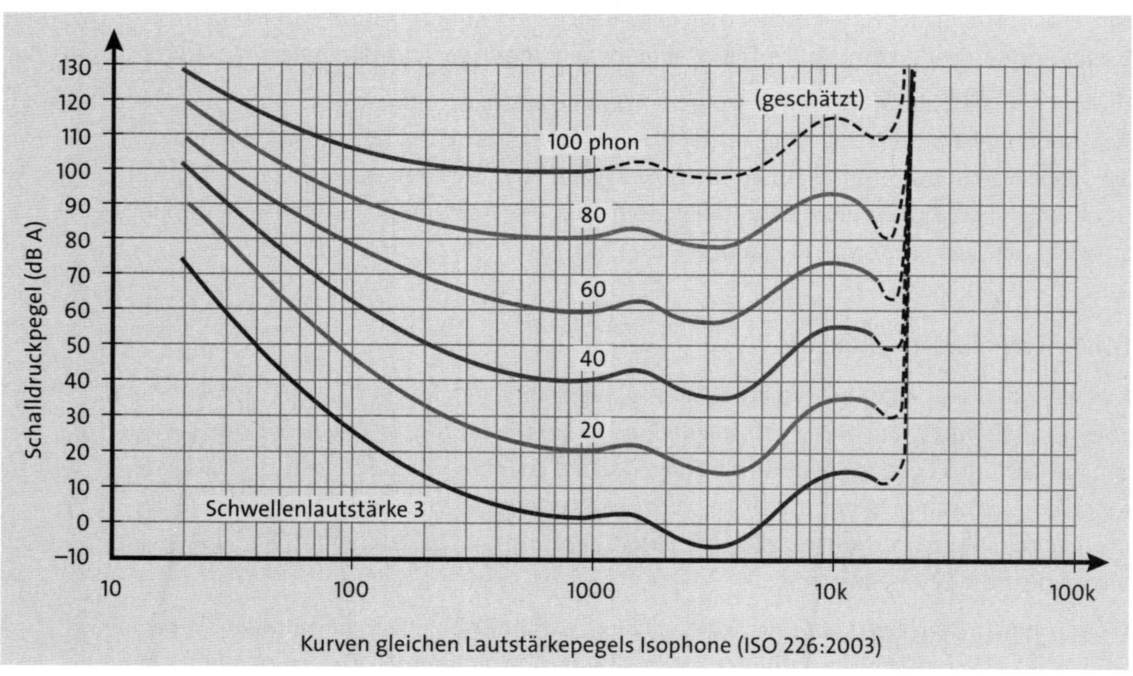

Abbildung 17.1 Kurven gleicher Lautstärke[1]

1 Quelle: *de.wikipedia.org/wiki/Gehörrichtige_Lautstärke*

Ihr Verlauf ändert sich mit unterschiedlichen Lautstärken. So werden tiefe Bässe und spitze Höhen bei größeren Lautstärken tendenziell stärker als bei leisen Lautstärken wahrgenommen. Deshalb gibt es bei vielen Verstärkern und Abhörsystemen einen Loudness-Button, der typischerweise bei geringeren Pegeln Bässe und Höhen anhebt bzw. gehörrichtig die Lautstärke entzerrt, wodurch der Originalklang auch bei niedrigeren Lautstärken erhalten bleiben soll. Denn Ziel ist ja, dass die Musik von Menschen als ausgewogen empfunden wird.

Dieses Phänomen kann Auswirkungen auf Strategien bei der Abmischung haben: So kann ein zu Hause leise abgehörter Track in einem Club bei hohen Lautstärken auch in Anbetracht der Fletcher-Munson-Kurven deutlich bassiger klingen (zumal die Club-PA vermutlich ohnehin mehr Bass wiedergeben kann) – und das müssen Sie bei einer Abmischung mit kleiner, leiser Abhöre bedenken.

Das Phänomen erklärt auch, warum ein Kompressor vor allem auf den Bassanteil eines Signals (z. B. Drums) reagiert, denn Bassfrequenzen brauchen mehr Pegel, um gleich laut wahrgenommen zu werden. Soll der Kompressor nicht so stark auf Bassanteile reagieren, filtert man Bass im Side-Chain-EQ mit einem HP-Filter etwas weg. Hierdurch erreicht man oft einen angenehmeren Gesamtklang, der die bassigen Anteile bewahrt und zudem durch eine gleichmäßigere Aktivität des Kompressors schöner klingt. Dies gilt für alle Arten von bearbeiteten Signalen, z. B. Drumkits, männliche Vocals, Bläserensembles und mehr.

17.2.2 Masking-Effekt/Verdeckungseffekt

Der *Masking-Effekt* beschreibt ein mit den physischen Gegebenheiten des menschlichen Gehörs zusammenhängendes Phänomen, wonach leisere Klanganteile durch lautere verdeckt werden können. Es gibt hierbei für verschiedene Frequenzen gemessene Kurvenverläufe, die angeben, wie laut bestimmte Frequenzen sein müssen, um in Gegenwart anderer Störtöne in bestimmten Frequenzen gehört werden zu können. Natürlich wirkt der Masking-Effekt in verschiedenen Frequenzbereichen unterschiedlich. Bekannt ist, dass sehr laute Bässe leise Töne im Mittenbereich verdecken. Sind Töne im Verhältnis zu anderen Tönen zu leise, um gehört werden zu können, könnte man sie im Mix auch weglassen, ohne dass ein Unterschied zu merken ist. Das wird auch bei verschiedenen verlustbehafteten Kompressionsverfahren genutzt, um verdeckte Frequenzbereiche wegzulassen oder in niedrigerer Datenrate zu übertragen und so die Dateigröße von Audiofiles zu verringern.

Dieses Phänomen können Sie aber auch in Abmischungen für sich arbeiten lassen. So fällt der Rauschpegel von verrauschten Aufnahmen beispielsweise nicht mehr auf, wenn der sonstige Lautstärkepegel der Musik hoch ist (großer Signal-Rausch-Abstand). Daher ist es auch manchmal unproblematisch, z. B. stark verrauschte Instrumentsoloaufnahmen in einem Mix unterzubringen, in dem auch ansonsten viele Sounds gleichzeitig spielen.

Andererseits führt das Phänomen manchmal dazu, dass Sounds im Mix nicht mehr so gut wahrgenommen werden wie zuvor, weil ein ähnlicher Sound im Mix vorkommt.

Ein Drittanbieter-Plug-in, das auf diese Phänomene eingeht, heißt »Gulfoss« von Sound Theory. Es versucht, durch das ständige dynamische Verändern einer EQ-Kurve verdeckte Töne und Frequenzen wieder hörbar zu machen oder verdeckende Töne zu dämpfen, um einen ausgewogeneren Klang zu erreichen.

17.2.3 Residualeffekt

Anhand von Obertönen kann sich das menschliche Gehirn manchmal den Grundton dazudenken. Dieses psychoakustische Phänomen wird *Residualeffekt* genannt. Auf diese Weise funktioniert beispielsweise das Hören über sehr kleine Lautsprecher. Auch Orgelspieler machen sich das Phänomen zunutze – z. B. wenn bei Kirchenorgeln der Bau großer Orgelpfeifen zu teuer ist. Beim Mixdown können Sie auf diese Weise auch einen tiefen Bass durch Obertöne simulieren, wofür es spezialisierte Plug-ins wie Waves »Maxx-Bass« gibt.

17.2.4 Geschwindigkeit der Schallausbreitung und Bedeutung bei Mikrofonierung und Mixdown

Schall breitet sich in Luft bei 0 Grad Celsius mit ca. 330 Meter pro Sekunde (m/s) aus. Die Geschwindigkeit steigt um ca. 0,6 m/s pro zusätzlichem Grad Celsius Wärme. Bei ca. 20 Grad beträgt die Ausbreitungsgeschwindigkeit des Schalls ca. 342 m/s, wobei der Einfachheit halber mit 340 m/s gerechnet wird. Frequenzen geben die Häufigkeit von Schwingungen pro Sekunde an. Je höher der Ton, desto höher die Frequenz. Das menschliche Ohr hört Frequenzen von ca. 16 Hz bis 20 kHz, wobei die Hörfähigkeit an der oberen Grenze pro Jahrzehnt des Lebensalters ca. 1 kHz abnimmt.

Wenn sich Schall also mit einer bestimmten Geschwindigkeit in einem Medium ausbreitet und in einer bestimmten Geschwindigkeit/Frequenz pro Sekunde schwingt, dann kann man auch die Länge einer einzigen Schwingung eines bestimmten Tons mit einer bestimmten Frequenz in Metern messen. Teilen Sie hierzu einfach die 340 Meter pro Sekunde durch den Bruchteil einer Sekunde, der einer einzigen Schwingung bei einer Frequenz entspricht. Haben Sie also eine Frequenz von 500 Hz, so dauert eine Schwingung 1/500 Sekunde. 340 Meter pro Sekunde geteilt durch 1/500 Sekunde ergeben eine Länge von 68 cm für eine Schwingung (Abbildung 17.2), die sich periodisch wiederholt. Drehen Sie also in einem Plug-in (z. B. im Gain-Plug-in) die Phase (man spricht hierbei von einer Verschiebung um 180 Grad), haben Sie damit einen Abstand von 34 cm (entspricht einer halben Schwingung) kompensiert. Das gilt nur für die betrachtete Frequenz – tiefere oder höhere Frequenzen haben eine andere Wellenlänge.

Sie können auch umgekehrt rechnen: Steht ein zweites Mikro ca. 1 Meter entfernt, benötigt der Schall für diese Strecke ca. 1/340 Sekunde. Verschieben Sie die zweite Aufnahme um genau diesen Betrag, könnten Sie nachträglich eventuell Phasenprobleme beheben.

Gegebenenfalls müssen Sie dabei auch die Samplerate berücksichtigen. Im Sample Delay werden Verzögerungen nicht in Millisekunden, sondern in Samples eingestellt. Bei einer Samplerate von 44.100 Samples pro Sekunde und einer Schallausbreitungsgeschwindigkeit von 340 m/s entspricht ein Sample ca. 7,76 Millimetern – und eine Verzögerung um 130 Samples ca. einem Meter (= 130 × 7,76 mm). Anders gerechnet hat man 44,1 Samples pro Millisekunde und bei ca. 130 Samples (die wie erläutert einen Meter ausmachen) pro Meter Abstand ca. 3 ms Verzögerung.

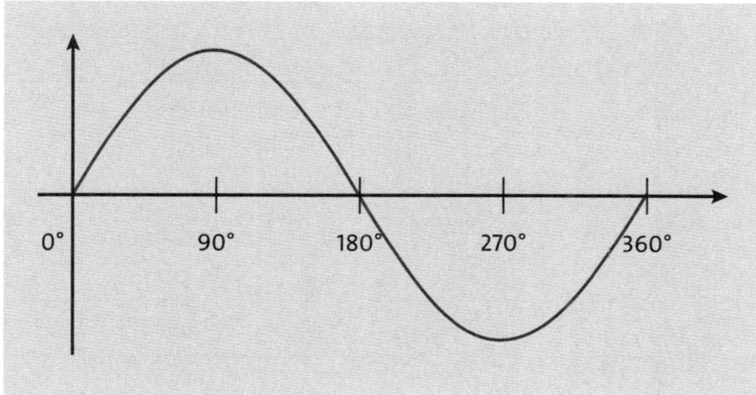

Abbildung 17.2 Schwingung

17.2.5 Frequenzen von Tönen (Tabelle)

Beim EQing hilft es, die Frequenzen der Töne zu kennen und zu wissen, in welcher Tonart/Tonika man sich befindet und welche Frequenz bestimmten Tönen entspricht. Die doppelte Frequenz entspricht dabei einem eine Oktave höheren Ton und die halbe Frequenz einem eine Oktave tieferen Ton. Manche EQs wie z. B. der FabFilter »Pro-Q 2« zeigen praktischerweise eine Klaviatur unterhalb der Frequenzkurve an. Ausgangspunkt von Tabelle 17.1 ist der Kammerton A, der zum Einstimmen von Instrumenten eines Orchesters oder einer Musikgruppe verwendet wird bei 440 Hz liegt (in Österreich bei 443 Hz und der Schweiz bei 442 Hz)[2].

Auf der Website *http://www.sengpielaudio.com/Rechner-notennamen.htm* finden Sie die folgende Tabelle auf der Basis von Klaviernoten. Die schwarzen Obertasten sind hier in Fettschrift dargestellt. Das Stromnetz in Europa »brummt« übrigens bei 50 Hz (nahe dem »G«), das in den USA dagegen bei 60 Hz.

2 Quelle: *de.wikipedia.org/wiki/Kammerton*

Nummer der Klavier-Taste	Deutsche Notation	Englische Notation	Frequenz in Hz
88	c''''' – letzter Ton	C8 – höchster Ton	4.186,01
87	h''''	B7	3.951,07
86	ais''''/b'	A#7/B♭7	3.729,31
85	a''''	A7	3.520,00
84	gis''''/as''''	G#7/A♭7	3.322,44
83	g''''	G7	3.135,96
82	fis''''/ges''''	F#7/G♭7	2.959,96
81	f''''	F7	2.793,83
80	e''''	E7	2.637,02
79	dis''''/es''''	D#7/E♭7	2.489,02
78	d''''	D7	2.349,32
77	cis''''/des''''	C#7/D♭7	2.217,46
76	c''''	C7	2.093,00
75	h'''	B6	1.975,53
74	ais'''/b'''	A#6/B♭6	1.864,66
73	a'''	A6	1.760,00
72	gis'''/as'''	G#6/A♭6	1.661,22
71	g'''	G6	1.567,98
70	fis'''/ges'''	F#6/G♭6	1.479,98
69	f'''	F6	1.396,91
68	e'''	E6	1.318,51
67	dis'''/es'''	D#6/E♭6	1.244,51
66	d'''	D6	1.174,66
65	cis'''/des'''	C#6/D♭6	1.108,73

Tabelle 17.1 Frequenzen der Klaviertastatur
(Quelle: *www.sengpielaudio.com/Rechner-notennamen.htm*)

Nummer der Klavier-Taste	Deutsche Notation	Englische Notation	Frequenz in Hz
64	c'''	C6 (*high C*)	1.046,50
63	h''	B5	987,767
62	ais''/b''	A#5/Bb5	932,328
61	a''	A5	880,000
60	gis''/as''	G#5/Ab5	830,609
59	g''	G5	783,991
58	fis''/ges''	F#5/Gb5	739,989
57	f''	F5	698,456
56	e''	E5	659,255
55	dis''/es''	D#5/Eb5	622,254
54	d''	D5	587,330
53	cis''/des''	C#5/Db5	554,365
52	c''	C5	523,251
51	h'	B4	493,883
50	ais'/b'	A#4/Bb4	466,164
49	a' Kammerton	A4 *concert pitch*	440,000
48	gis'/as'	G#4/Ab4	415,305
47	g'	G4	391,995
46	fis'/ges'	F#4/Gb4	369,994
45	f'	F4	349,228
44	e'	E4	329,628
43	dis'/es'	D#4/Eb4	311,127
42	d'	D4	293,665
41	cis'/des'	C#4/Db4	277,183

Tabelle 17.1 Frequenzen der Klaviertastatur
(Quelle: *www.sengpielaudio.com/Rechner-notennamen.htm*) (Forts.)

17

Nummer der Klavier-Taste	Deutsche Notation	Englische Notation	Frequenz in Hz
40	c' (Schloss-c)	C4 (*middle C*)	261,626
39	h	B3	246,942
38	ais/b	A#3/Bb3	233,082
37	a	A3	220,000
36	gis/as	G#3/Ab3	207,652
35	g	G3	195,998
34	fis/ges	F#3/Gb3	184,997
33	f	F3	174,614
32	e	E3	164,814
31	dis/es	D#3/Eb3	155,563
30	d	D3	146,832
29	cis/des	C#3/Db3	138,591
28	c	C3	130,813
27	H	B2	123,471
26	Ais/B	A#2/Bb2	116,541
25	A	A2	110,000
24	Gis/As	G#2/Ab2	103,826
23	G	G2	97,9989
22	Fis/Ges	F#2/Gb2	92,4986
21	F	F2	87,3071
20	E	E2	82,4069
19	Dis/Es	D#2/Eb2	77,7817
18	D	D2	73,4162
17	Cis/Des	C#2/Db2	69,2957

Tabelle 17.1 Frequenzen der Klaviertastatur
(Quelle: *www.sengpielaudio.com/Rechner-notennamen.htm*) (Forts.)

Nummer der Klavier-Taste	Deutsche Notation	Englische Notation	Frequenz in Hz
16	C	C2 (*low C*)	65,4064
15	,H	B1	61,7354
14	,Ais/,B	A#1/B♭1 – ~60 Hz	58,2705
13	,A	A1	55,0000
12	,Gis/,As	G#1/A♭1	51,9130
11	,G	G1 – ~50 Hz	48,9995
10	,Fis/,Ges	F#1/G♭1	46,2493
9	,F	F1	43,6536
8	,E	E1	41,2035
7	,Dis/,Es	D#1/E♭1	38,8909
6	,D	D1	36,7081
5	,Cis/,Des	C#1/D♭1	34,6479
4	,C	C1	32,7032
3	,H	B0	30,8677
2	,,Ais/,,B	A#0/B♭0	29,1353
1	,,A – erster Ton	A0 – tiefster Ton	27,5000

Tabelle 17.1 Frequenzen der Klaviertastatur
(Quelle: *www.sengpielaudio.com/Rechner-notennamen.htm*) (Forts.)

Töne unterhalb von 40 Hz können auf vielen Systemen und Anlagen nur unbefriedigend wiedergegeben werden. Dies ist bei der Wahl der Tonart zu bedenken.

Phasenprobleme können immer dann entstehen, wenn eine zweite Version eines ersten Signals (z. B. über ein anderes Mikrofon oder mehrere andere Mikrofone bei Mehrspuraufnahmen, als Reflexion oder durch ein Plug-in verzögert) im Mix vorkommt. Dadurch, dass ein Signal quasi mit einer Kopie seiner selbst zusammengemischt wird, können sich insbesondere bei einem leichten Zeitversatz des zweiten Signals bestimmte Frequenzen auslöschen, weil sich die Schwingungen teilweise gegenseitig aufheben. Es entstehen *Kammfilter* mit regelmäßigen Bedämpfungen und Verstärkungen im Klangbild.

Ist die Verzögerungszeit eines zweiten, identischen Signals ein ganzzahliges, positives Vielfaches einer sogenannten *Frequenzperiodendauer* (diese beträgt bei einer Frequenz von 60 Hz genau 1/60 Sekunde), so wird diese Frequenz doppelt so laut erklingen, die Frequenzen dazwischen dagegen werden bedämpft bzw. teilweise ausgelöscht. Dadurch sieht der Pegel des neuen Signals über einen längeren Zeitraum und den gesamten Frequenzbereich aus wie ein Kamm mit gleichmäßigen Einkerbungen an den Frequenzen, bei denen es leiser wird. Daher stammt der Begriff *Kammfiltereffekt*. In vielen Synths und Effekten (z. B. *Alchemy*, »Phat FX«, NIs *Massive*) gibt es auch einen Filtertyp, der diesen Sound simuliert (»Comb-Filter«).

Dass durch Phasendrehung komplette Signale ausgelöscht werden können, können Sie auch in einem Beispiel bei der Erläuterung des Gain-Plug-ins in Abschnitt 15.15.2, »Gain«, selbst nachvollziehen.

EQs und Phasen

Die meisten EQs führen in verschiedenen Frequenzbereichen unterschiedliche Phasenverschiebungen ein, wodurch sich der Sound verändern kann. Was das genau für Konsequenzen hat und bedeutet, darüber streiten selbst die Fachleute. Manchmal führt genau das zu einem typischen und gewollten Sound bestimmter Hardware.

In Logic gibt es linearphasige EQs und EQ-Modi, um das zu verhindern (z. B. Logics Linear Phase EQ/Match EQ). Ob es dadurch besser klingt, bleibt eine offene und frequenzabhängige Frage. Grundsätzlich finde ich es nicht angemessen, zu viele Schlüsse von der Anwendung eines EQs (z. B. FabFilter-EQ) auf ein anderes Gerät/Plug-in (z. B. Logics Linear Phase EQ) zu ziehen. Plug-ins sind letztlich – wie Hardware – in Details unterschiedlich konzipiert, aber weniger gut überprüfbar, weil der Programmiercode nicht einsehbar ist.

»Sauberes Arbeiten«, Phasenbearbeitung

Manche Toningenieure raten zu einem »sauberen« Arbeiten, z. B. im Sinne von weniger Mikros, die zusammengemischt werden müssen, um Phasenprobleme zu verhindern. Es gilt, Vor- und Nachteile abzuwägen, denn mit mehr Aufnahmen hat man auch mehr Möglichkeiten im Mix. Manchmal hilft eine frequenzspezifische Berechnung der Schallgeschwindigkeit (siehe Abschnitt 17.2.4), um Mikrofone so aufzustellen, dass es wenig Phasenprobleme gibt. Ein leichtes Verschieben einzelner Spuren (z. B. Overheads versus Direktabnahme) kann *nachträglich* zur Beseitigung von Phasenproblemen angewendet werden. Sie können einzelne Spuren manuell oder auch mit Hilfe des Sample Delay-Plug-ins (siehe Abschnitt 15.7.5) um minimale, samplegenaue Beträge verschieben. Oft bewirkt das Verschieben einer Spur um Millisekunden bzw. Samples oder das Verschieben der Phase markante Klangunterschiede. Sogar ein frequenzspezifisches Eingreifen in die Phasenlage ist mit Hilfe von Drittanbieter-Plug-ins wie Waves »In-Phase« möglich. »Direkter« klingenden Sounds stehen dann oft »indirekt« klingende Ergebnisse gegenüber. Oft muss man Kompromisse machen (oder sehr viel editieren), denn es kann z. B. beim Verschieben von Overheads nicht für alle Sounds gleichzeitig ein optimales Ergebnis erzielt werden. In Logic kann auch das Correlation Meter (siehe Abschnitt 15.8.3) bei der Analyse von Phasenproblemen helfen.

17.2.6 Blauertsche Bänder

Jens Blauert hat (in der Fachwelt weitgehend anerkannte) Frequenzbänder definiert, die dem Gehör tendenziell eine Information vermitteln, ob ein Sound von vorn, hinten oder gar von oben kommt. Entsprechende, aus Versuchen resultierende Frequenzkurven geben dabei an, welche Frequenzbereiche tendenziell zu einer Lokalisierung vorn, hinten oder oben geführt haben (siehe *www.sengpielaudio.com/DieRichtungswahrnehmungMedianebene.pdf*, mehr hierzu finden Sie auch unter *www.sengpielaudio.com/DieBedeutungDerBlauertschenBaender.pdf*).

Das bedeutet, dass Sie tendenziell durch das Anheben oder Absenken bestimmter Frequenzbereiche den Höreindruck eines direkteren, präsenteren oder eines diffuseren und verwascheneren Signals erzeugen können, z. B. ungefähr so:

- Direkterer Sound: Anhebung um maximal 6 dB bei 315 oder 400 Hz bzw. 3.150 Hz oder 4 kHz. Dabei soll nicht breiter als mit Q-Faktor 1 angehoben werden (zur Erläuterung des Q-Faktors siehe Abschnitt 15.2 im Abschnitt über EQ-Parameter).
- Indirekterer Sound: Absenkung bei ca. 1 kHz. Das Phänomen der blauertschen Bänder ändert jedoch nichts daran, dass Sounds, die weiter entfernt sind, u. a. durch Luftreibung grundsätzlich mittiger klingen, es liefert nur eine Detailergänzung.

17.3 Mixing Teil 3: sonstige Mixthemen

Nachfolgend finden Sie noch einige Mix-Themen, die im Buch bislang nicht ausführlich behandelt wurden oder an die ich hier kurz erinnern möchte.

17.3.1 Reihenfolge der Effektanordnung

Für die richtige Reihenfolge der Effektanordnung gibt es keine festen Regeln, logisches Denken ist gefragt. Sie sollten sich im Klaren darüber sein, was Sie möchten, was Ihre Plug-ins machen – und dann entscheiden, ob es wichtig ist, in welcher Reihenfolge Sie sie aktivieren. Manchmal ist die Reihenfolge relativ egal oder Geschmackssache, manchmal wichtig. Kontraproduktiv ist es beispielsweise, mit Hilfe eines Gates lautere Schläge durchzulassen und leisere wegzufiltern, dem Gate aber seine Arbeit zu erschweren, indem Sie davor einen Kompressor aktivieren. Ob nun ein Kompressor vor dem EQ oder dahinter sein sollte, lässt sich nicht eindeutig beantworten, zudem spricht nichts dagegen, mehrere EQs oder Kompressoren zu nutzen. Ein Hall vor dem Kompressor wird mehr betont, ein Hall hinter dem Kompressor kling meist luftiger und natürlicher.

17.3.2 Monokompatibilität im Mix

Falls Ihr Mix nicht monokompatibel ist, klingen die Lautstärkeverhältnisse beim Abhören in Mono anders als in Stereo, wodurch es schwierig wird, die richtigen Lautstärken einzustellen. Abhilfe schaffen Sie, indem Sie die kritischen Signale so bearbeiten, dass sie monokompatibel sind (z. B. indem Sie mit Logics Direction Mixer eine schmalere Stereobasis schaffen oder nur einen Stereokanal des kritischen Signals verwenden). Das Thema Monokompatibilität behandle ich in Abschnitt 15.8.3 über das Correlation Meter ausführlich.

17.3.3 Key Input/Side Chain beim Mixdown

Die Nutzung von Key Inputs bzw. Side Chaining (siehe Abschnitt 15.1) beim Mixdown kann – neben einem Einsatz als Effekt – auch dem Zweck dienen, zwei Frequenzbereiche oder Instrumente, die sich im Mix stören (z. B. Bassdrum und Bass, Gitarre und Vocals), so abzumischen, dass die Präsenz eines der beiden Instrumente dafür sorgt, dass das andere Instrument – ähnlich wie bei einem Ducking-Effekt – leiser wird, je nachdem, wie Sie die Prioritäten künstlerisch setzen. Alternativ können Sie das auch via Automation erreichen.

Eine gängige Arbeitsweise ist auch das Anlegen von Ghost Tracks (z. B. ein geloopter Bounce von 8 Takten Drums), die nicht in den Mix geroutet werden, sondern lediglich als Key Input/Side-Chain-Eingang dienen, um z. B. eine Fläche zum »Pumpen« zu bringen. Das hat den Vorteil, dass die Wirkung auch erhalten bleiben kann, wenn die Drums im Mix mal pausieren, weil Sie den Ghost Track einfach durchspielen lassen.

17.3.4 M/S-Bearbeitung

In Logics Equalizer wie auch in anderen Plug-ins, die sich im Dual-Mono-Modus öffnen lassen (siehe Abschnitt 15.1.4), können Sie Signale auch in Form von Mitten- und Seitensignalen bearbeiten. Hierdurch können Sie im Mix die Stereoanteile von Sounds frequenzselektiv betonen – oder absenken. Auf dem Mittenkanal finden Sie dabei ein Monosignal oder ein auf Links- und Rechtskanälen identisches Zwei-Kanal-Signal, auf Seitensignalen auf beiden Kanälen verschiedene Signale. Im Projekt *17MS1-2xGain* finden Sie zwei Gain-Plug-ins hintereinander, die Mitte und Seite getrennt regeln.

Wie funktioniert die M/S-Matrix?

Sie können ein Stereosignal selbst auch ohne Zuhilfenahme eines entsprechenden Plug-ins im Mitten- und Seitensignal getrennt voneinander bearbeiten, indem Sie das Signal

- auf einen Mitten-Bus routen, indem Sie die Stereosumme dort zu einem Monosignal zusammenfassen,
- auf einen Seiten-Bus routen. Hierzu mischen Sie das Stereosignal und eine phasengedrehte Version des Monosignals zusammen. Es bleibt dann nur noch der Seitenanteil übrig.

Dann mischen Sie anschließend beide Signale wieder zusammen.

Dies ist in Logic leicht mit Hilfe des Gain-Plug-ins möglich. Ein Beispiel-Routing finden Sie im Projekt *17MS1korr*. Der Seitenbus (Aux-Kanal-Seite, auch zu finden im Bereich SPUREN) erlaubt nun eine stufenlose Lautstärkeregulierung und bei Bedarf eine separate EQ-Bearbeitung des Stereobreitensignals.

Bearbeitung des Stereoeindrucks mit Hilfe von M/S-Routings; Anwendungsbeispiele

Grundsätzlich entsteht ein räumlicherer Sound, wenn das Seitensignal gegenüber dem Mittensignal einfach lauter gemacht wird. Weil Mitten- und Seitensignal frequenzspezifisch bearbeitet werden können, lässt sich auch der Bassbereich aus dem Seitensignal entfernen, so dass beim anschließenden Zusammenmischen ein sauberer Monobass übrig bleibt. Hat ein Mix nur eine geringe Stereowirkung (z. B. bei einer Choraufnahme mit XY-Mikrofonierung), können Sie vielleicht etwas Räumlichkeit hinzufügen, indem Sie das Seitensignal insgesamt oder auch nur seinen Mitten- oder Höhenbereich lauter abmischen. Im Ergebnis erzielen Sie damit möglicherweise einen etwas breiter scheinenden Mix – zumeist, ohne die Monokompatibilität zu verlieren, auf die Sie achten müssen. Natürlich muss der Mix die entsprechenden Stereosignale (die ja nur verstärkt werden) bereits innehaben.

Decodierung vom M/S-Mikrofonaufnahmen

Eigentlich stammt diese Technik aus dem Bereich Mikrofonierung, wo ein Mikrofon (typischerweise mit Nieren- oder Kugelcharakteristik, direkt auf die Schallquelle gerichtet) zur Aufnahme eines Mittensignals, ein anderes (mit der Charakteristik einer Acht und 90 Grad zum ersten Mikro gedreht) zur Aufnahme des Seitensignals verwendet wird. Wenn Sie die beiden Mikros mit einem Stereoaufnahmegerät aufnehmen, können Sie das Signal anschließend dekodieren: Routen Sie das Signal des Mittenmikrofons nach links und das des Seitenmikrofons nach rechts. Fügen Sie nun ein Direction Mixer-Plug-in in einen Kanalzug mit den beiden so angeordneten Signalen ein. Schalten Sie im Direction Mixer-Plug-in auf INPUT M/S (statt INPUT L/R). Die Dekodierung erfolgt dann automatisch.

17.4 Musikalische Stile und Ziele sowie künstlerische Aspekte

Haben Sie sich schon öfter gefragt, wie Sie pumpende Bässe und Flächen hinbekommen oder die fetten Beats und Synthies von Trap, Dubstep, Drum & Bass oder Bass Music allgemein – und wie Logic Ihnen dabei helfen kann? Meist spielen viele Faktoren eine Rolle. In diesem Abschnitt finden Sie genre- und soundspezifische Anleitungen und Projektbeispiele, nicht nur für Elektronikmusikthemen, sondern für Pop-, Rock- und Jazz-Musik mit akustischen Instrumenten.

Ein Referenz-Beispielprojekt ist der in Logic 10.6 mitgelieferte Demosong, den Sie im NEU AUS VORLAGE-Menü im Abschnitt DEMOPROJEKT öffnen können (Billie Eilish – »Ocean

Eyes«). Das Werk erreichte in den USA Platin für über 1 Mio. Verkäufe. Auch wenn das endgültige Master nicht hundertprozentig gleich klingt, ist der Sound doch recht ähnlich. Sie finden hier viele verwendete Originalsamples. Produziert wird Billie von ihrem Bruder Finneas O'Connell, dessen Produktionsmethoden ich ein gutes Vorbild finde, weil sie unkonventionell sind (Video: *https://youtu.be/ZBJ914ha6LQ*) und nicht stets das gleiche Schema verwenden. So macht er zum Beispiel perkussive Sounds aus dem Anzünden eines Streichholzes, die er in einen Sampler lädt. Logic ist dabei schon lange seine Hauptproduktionsplattform.

17.4.1 Künstlerisches Arbeiten zwischen »Malen nach Zahlen« und Sisyphos, zwischen Kunst und Kommerz

Mit vorproduzierten fetten Sounds aus der DAW oder Libraries wird es immer einfacher, sehr professionell klingende Produktionen zu realisieren. Versuchen Sie hingegen, die Sounds »von der Pike« auf selbst zu erstellen, dauert das Ganze zwar ungleich länger. Doch ist es auch eine Kunst, sich der richtigen Komponenten zu bedienen und diese richtig zusammenzustellen. Das machen vielleicht eher DJs, die wissen, wie es klingen soll, aber nichts von Sounddesign wissen. Oder Sänger, die ein Instrumental brauchen. So ehrenhaft es ist, alle Sounds selbst zu basteln oder als Instrumentalist talentiert zu sein: Das garantiert keine guten Stücke oder Komponistenfähigkeiten, und weil es schon so viele gute Sounds gibt, ist nicht sicher, dass es honoriert wird, und wird es schwerer, anders zu klingen als alle anderen. Egal, wie Sie arbeiten, wenn Sie sich damit wohlfühlen, lassen Sie es sich nicht zu leicht von außen kleinreden.

Jeder hat eine eigene, andere Ausgangssituation. Es gibt auch »Fließbandkomponisten«, die aus fertigen Bausteinen unter Zeitdruck schnell, günstig und behände Musik beispielsweise für »Daily Soaps« produzieren müssen. Ich denke, dass momentan viel Musik auf perfektem Produktionsniveau nach reproduzierbaren »Schemas« produziert wird, um schnell eine Zielästhetik zu erreichen. »Reproduktion« und Vergangenheitszitate sind sehr präsent. Das mag kommerziell funktionieren, unter künstlerischen Aspekten herrscht dabei manchmal ein Mangel an Individualität und Seele – und das ist natürlich auch wieder eine Chance. Hat man eine neue Idee mit »Seele« (Soul) und »Vibe«, muss vielleicht auch die Produktion nicht immer perfekt sein. In der Kunstgeschichte gab es schon oft zu viel von etwas, woraus Bedarf nach anderem entstand.

Sie sollten sich beim Musikmachen als eine Art Zauberer oder Koch betrachten. Es kann etwas Neues, Magisches gelingen, es kann aber auch sein, dass eine Zutat alles verdirbt. Sie sollten sich mit den Zutaten auskennen, sie besorgen und zur Hand haben. Je mehr Erfahrung Sie gesammelt haben, desto besser können Sie mit ihnen umgehen, desto eher trauen Sie sich eventuell auch, (im Bewusstsein der Wirkung) Dinge einmal anders als sonst einzusetzen. Zum Talent müssen Fleiß und Experimentierfreude hinzukommen. Es ist nicht verwerflich, in Lehrjahren Techniken anderer Künstler zu studieren; denken Sie dabei darüber nach und kopieren nicht nur, dann lernen Sie dadurch. Eventuell entsteht etwas Neues, wenn auch Abgeleitetes daraus. Auch berühmte Maler wie z. B. Piet Mondrian ließen sich lange inspirieren und probierten herum, bevor am Ende ein ganz eigener Stil herauskam. So empfehle ich Ihnen, einen Lieblingssong auszuwählen, auf Takt 1 in Logic anzulegen und dann die Dosierung von Instrumentierung sowie Spannungsauf- und abbau zu studieren, Marker zu setzen und auf dieser Basis selbst ein Stück zu erstellen. Das gilt besonders, wenn Sie Schwierigkeiten haben, ein Stück richtig fertigzustellen. In jedem Genre wird anders mit solchen Dosierungen umgegangen. Eine solche Übung kann Ihnen helfen, ein Gefühl dafür zu bekommen, wie es von Profis bei Musik gemacht wird, die Ihnen gefällt. Vergleichbare Studien finden Sie auch unter *learningmusic.ableton.com*.

Genres können eine Hilfe sein, können aber auch begrenzend wirken.

Sie sollten auch den Zufall als Helfer und Kompagnon betrachten, der Ihnen nicht selten gute Ideen oder Sounds liefert. Es ist wie im richtigen Leben: Gute Gelegenheiten kommen oft nicht wieder und wollen erkannt und genutzt werden.

Ich erinnere mich an eigene Anfänge: Damals hatte ich extrem konkrete und anspruchsvolle Soundvorstellungen, die ich zunächst bei weitem nicht in die Realität umsetzen konnte. Die paar Ergebnisse, die herauskamen, waren noch weit entfernt von dem, was ich mir vorstellte. Durch das Studium der Materie wurde mein Arbeitsprozess zwischendurch kopflastiger und weniger intuitiv, bevor ich wichtige Dinge irgendwann verinnerlicht hatte und wieder mehr aus dem Bauch heraus arbeiten konnte.

Wenn es nach dem Lernen der Materie schließlich darum geht, fertige Stücke zu produzieren, erfordert das eine andere Zielsetzung und Priorisierung. Ich merke selbst oft, dass das Unterrichten und Lernen andere Teile des Gehirns oder eine andere Denkweise fordert als das Musikmachen. Wenn Sie wirklich Musik produzieren möchten, bedeutet das auch, im ein oder anderen Fall darüber hinwegzugehen, wenn das Programm irgendwo einen Bug hat. Es geht darum, irgendwie zum Ziel zu kommen. Und um Musik, Intuition und Mitmusiker anstatt um Technik.

Manchmal ist es eher Nachteil als Vorteil bei der Musikproduktion am Computer, dass man vieles wieder rückgängig machen kann. Das wusste schon die Kölner Band Can und machte fixe Audioaufnahmen von Jams zum Konzept, mit denen beim nächsten Mal weitergearbeitet wurde. Ein gutes Konzept, das auch in die heutige Zeit wieder gut passt. Oft schneide ich selbst Jams mit Modularsynths mit, um später gute Teile davon zu verarbeiten. Angesichts von immer mehr Möglichkeiten wird es immer wichtiger, Entscheidungen treffen zu können. Das geht leichter, wenn Sie ein bestimmtes Konzept mit einem Stück oder Album verfolgen und Sie akzeptieren, dass in einem Stück nicht alle Ideen auf einmal untergebracht werden müssen, denn Sie können ja danach ein weiteres Stück machen. Wenn Sie ein Typ sind, der lange an Stücken bastelt, sollten Sie überlegen, welcher Ihrer Ideen Sie die Zeit widmen wollen, und diese vorher durchhören.

17.4.2 Welche Genres, welche Instrumente? – In der Musikwelt und in Logic

Genrenamen haben subjektiv unterschiedliche Bedeutungen und ändern sich im Laufe der Zeit. Ein gängiger, aber nicht immer positiv besetzter Oberbegriff für viele verschiedene Dance-Stile und Tempi heißt *Electronic Dance Music* (kurz: EDM). Dieser Begriff wird auch in Logics BIBLIOTHEK in den Synthesizerpresets aufgegriffen, wo Sie die Ordner EDM BASS und EDM CHORD finden. Manchmal werden viele Genres unter diesem Begriff zusammengefasst, ich verbinde EDM eher mit House und Techno, weniger mit Hip Hop, Pop oder Trap. Zwischen »Dubstep« oder »Trap« von damals und heute bestehen extreme Unterschiede, meist durch populäre neue Stücke, die kategorisiert und nachgeahmt werden.

17.4.3 Genres und Instrumente in Logic

Fassen wir noch einmal kurz zusammen, was für die Musikproduktion mit Logic zur Verfügung steht. Im Loop-Bereich finden Sie genresortierte oder an Instrumenten orientierte musikalische »Fragmente« bzw. Loop-Packs. Diese können Sie ohne Copyright-Probleme für Veröffentlichungen nutzen, und sie machen es leicht, schnell ein Instrumental zu erstellen. Laufend kommen neue Packs hinzu, die Logics Sound Library moderner machen. Ähnlich wie bei den Veröffentlichungen von Native Instruments haben manche neueren Packs nun Fantasienamen, deren Inhalte im weitesten Sinn zu einem Genre gehören. Sie finden im Loop Browser folgende Packs, die eventuell noch manuell installiert werden müssen (in Klammern zugehörige GENRE-Tags im Loop Browser):

Blues Garage, Chillwave, Chinesisch (TRADITIONELL), *Chromium Fray* (BASS HOUSE), *Deep House, Disco Funk* (FUNK), *Drummer* (verschiedene Genres), *Electro House, Gozadera Latina* (REGGAETON POP), *GarageBand, Hip-Hop, Indie Disco, Jam Pack, Keyboard Collection, Modern R&B, Oblique Structures* (TECHNO), *Prismatica* (ELECTRONIC POP), *Skyline Heat* (HIP HOP und HIP HOP/R&B), *Remix Tools, Rhythm Section, Step Sequencer, Studiobläser, Studiostreicher, Symphony Orchestra, Stimmen, Toy Box* (GERÄUSCHE), *Übergangseffekte, Vintage Breaks, Vision & Verse* (HIP HOP, HIP HOP/R&B, KINOMUSIK, WELTMUSIK), *Dubstep, Edges and Angels* (FUTURE BASS)

Ferner liegen in der BIBLIOTHEK folgende spielbare Instrumente nach Instrumentengattung sortiert als Patches und Channel-Strips vor: *Bass, Drum Kit, Electronic Drum Kit, Guitar,* Keyboards, *Mallet, Orchestral,* Percussion, *Piano, Quick Sampler, Studio Horns, Studio Strings, Synthesizer, Vintage B3 Organ, Vintage Clav, Vintage Electric Piano, Vintage Mellotron, World, Arpeggiator, Cinematic* und *Ältere Versionen*. Zur letzteren Kategorie gehören Logic 9-Sounds, GarageBand-Instrumente sowie Instrumente aus den Jam Packs. Die Logic 9-Instrumente sind wiederum in 14 Instrumentengattungen unterteilt, von denen einige anderweitig nicht zu finden sind. Insbesondere unter den *World*-Instrumenten finden Sie eine gute Ausstattung (z. B. japanische Koto-Sounds).

Zusätzlich finden Sie in den Einträgen für Audiospuren Patches für *Drums & Percussion, Voice, Performance Patches, Studio Instruments, Acoustic Guitar, Electric Guitar and Bass, Experimental* sowie eventuell wiederum einen Eintrag *Ältere Versionen*.

17.4.4 Genrespezifische Live-Loops-Ausgangspunkte

Darüber hinaus liegen im Loop Browser Live-Loop-Ausgangspunkte vor, die gute Genre-Beispiele sind und teilweise auf neueren Loop-Packs basieren. Sie erreichen sie via ABLAGE • NEU AUS VORLAGE. Die Live-Loop-Ausgangspunkte heißen (in Klammern der Versuch einer Genre-Einordnung): *Boom Bap Masher* (Hip Hop), *Vision & Verse* (Hip Hop), *Chill Hip Hop Masher* (Trap), *Chromium Fray* (Bass House), *Oblique Structures* (Techno), *Neon Drive* und *Solaris* (Disco Funk), *Bass House Masher* (Bass House), *Skyline Heat* (Hip Hop), *Skyline Masher* (Trap), *Edges and Angels* (Future Bass), *Flex & Flow* (Trap), *Future Bass Masher* (Future Bass), *Gozadera Latina* (Reggaeton Pop) und *Reggaeton Pop Masher*. Dazu noch *Rising Higher* und *Elevated Beats*, die beide Rises bzw. Steigerungen vor einem Drop liefern. Mehr zu LIVE LOOPS lesen Sie in Abschnitt 6.8.

17.4.5 Gitarren und Keys: Pop und Rock, zusätzlich mit Live-Loops-Beispielen

In Logic sind dank der Ausstattung mit einer großen Palette von Instrumenten viele Arten von Pop-Produktionen möglich. Wenn es richtig nach Akustikband klingen soll, sind MIDI-Produktionen keine Alternative zu einer echten Band. Bei vielen Pop-Produktionen sind dagegen MIDI-Saxophone oder Gitarren keine Seltenheit. Und natürlich helfen ergänzende, schmeichelnde Synth-Flächen oder auch ein bisschen Hall durchaus, ein wenig zu kaschieren, wenn Sounds von MIDI-Instrumenten kommen. Zudem wird hierdurch der Gesamtsound atmosphärischer.

Ein Pop/Rock-Songbeispiel

Im Projekt *17PopRock1* habe ich verschiedene Pop-Sounds zu einem kleinen Song zusammengebracht (und später in die LIVE LOOPS-Ansicht transferiert). Bei diesem Beispiel geht es mir vor allem darum zu zeigen, wie man relativ banale musikalische Inhalte zu einem ca. 3 Minuten langen fertigen Stück arrangieren kann. Hierzu gehören ein akustisches Schlagzeug, eine E-Gitarre, Klavier, Trompete und eine Synthie-Fläche sowie ein verhalltes Vibraphon. Das Stück wurde auf Basis der in Kapitel 12 erläuterten populären Kadenz (hier: D – A – Hm – G) komponiert, lebt aber auch davon, dass zwischendurch ein paar Noten anders gespielt oder kleine Motive verschoben wurden. Ein einfaches musikalisches Raster wie diese Kadenz sorgt für einen klaren Rahmen, der Struktur gibt und zu Variationen einlädt. Die Drums stammen größtenteils von Logics »Drummer«, ich habe sie in MIDI »umgewandelt« und bearbeitet. Mir fiel auf, dass der »Drummer« eher »funky« Patterns beherrscht und »gerade« Beats seltener vorkommen – vielleicht logisch, denn Letztere kann man leichter programmieren. Halleffekte und kleine Details wie z. B. eine Automation des Delay-Sends des Vibraphons vor Takt 33 (also bevor das Vibraphon aufhört zu spielen, um den Übergang weniger abrupt erscheinen zu lassen) runden den Track ab. Sie finden zusätzlich eine *.mp3*-Datei des Songs im Ordner *Sonstiges*.

Abbildung 17.3 Das Arrangement des Beispielprojekts »17PopRock1«

Fällt es Ihnen schwer, einen fertigen Song ganz allein zu produzieren? Sie können bei der Produktion eines solchen Stückes (siehe Abbildung 17.3) immer das, was bereits aufgenommen ist, als einen Part betrachten, den »der Rest der Band« spielt. Ihre Aufgabe besteht dann darin, etwas Ergänzendes dazuzuspielen. Auch ohne ein Virtuose zu sein, ist das möglich, vor allem, wenn Sie sich das, was herauskommen soll, vorher im Kopf vorstellen. Sie können auch das Tempo beim Einspielen verlangsamen oder vorher üben. Eine Alternativmethode ist, Songs und/oder deren Arrangement nachzubauen, um ein Gefühl für Fülle, Variation und Instrumentierung zu bekommen,

MIDI-Sounds realistischer klingen lassen

Für eine realistischere *MIDI-Trompete* in Spur 16 des Projekts haben Hall und Velocity-Edits geholfen. Der *Sampler*-basierte Gitarrensound in Spur 19 erlaubt die »Programmierung« eines realistischen Sounds: Verschiedene Gitarrenspielweisen sind auf unterschiedlichen Bereichen der Tastatur angelegt – und können in der PIANOROLLE entsprechend nachträglich editiert werden.

Denken Sie daran, dass im Bereich AMPS AND PEDALS (siehe Abschnitt 15.6) sehr viele unterschiedliche Effekt-»Tones« bzw. Verzerrungsnuancen zur Verfügung stehen. Wenn Sie ein

MIDI-Instrument suchen, das realistische Gitarrenspielweisen erlaubt, empfehle ich Music Labs *Real Guitar*, Native Instruments *Strummed*-Serie für Kontakt oder das nicht aus Samples, sondern auf Physical Modeling beruhende *Strum GS-2* von AAS.

Busse

Die Hauptbusse für Drums, Bass und Sounds heißen hier: Bus 20 (Drums), 21 (Bass) und 22 (Sounds). Für Drums und Bässe ist aktuell zwar nur je eine Spur aktiv, aber ich wollte Flexibilität, um später noch den ein oder anderen Sound dazumischen zu können. Beim Soundsummen-Sammelbus lohnte sich die Mühe – ich kann dort außerdem Signale von anderen Aux-Kanälen mit Effekten einsammeln, damit alle auf der Soundsumme landen. Für die Flächensounds, die in zwei Variationen auftreten, sowie die Pianosounds inklusive aller Hall-Sends gibt es zusätzliche Sub-Busse, die am Ende alle wieder in Bus 22 landen. Am Ende ist Bus 24 ein Mastrersatz, auf den alle Busse geroutet sind, damit der Bounce, der unten in der Spur liegt und auf die Stereosumme geroutet ist, ohne »Limiter«-Bearbeitung gehört werden kann.

Grundgedanken zum Arrangieren und Produzieren von Pop-Musik

Hier einige Grundgedanken zur Erstellung eines Arrangements:

- Die Schlagzeugspur sollte Steigerungen und Dynamik enthalten, sei es auf der Ebene einzelner Sounds, deren Intensität sich steigert, sei es durch wechselnde Rhythmuspatterns oder durch mehrere Ebenen Schlagzeug, die sich ergänzen, teilweise allein und teilweise zusammenspielen oder sich abwechseln.
- Verwendete Sounds sollten »eine Sprache« sprechen – wenn Sie im Verlauf eines Arrangements neue Sounds auswählen müssen, dann nehmen Sie solche, die »charakterlich« und von der Ästhetik her zu den bisher verwendeten Sounds passen.
- Andererseits sollten sich Arrangementteile manchmal voneinander absetzen (z. B. intensive vs. einleitende Drums; weiche, melodische vs. monotone Elemente; elektronische vs. akustische Elemente; Halftime- vs. volles Tempo; Tempowechselclips o. Ä.)
- Die Balance aus »hypnotischer Wiederholung« versus Abwechslungen, Variationen und Überraschungen muss passen; wann dies der Fall ist, ist in verschiedenen Genres unterschiedlich. Spannung sollte auf- und abgebaut werden; bauen Sie auch mal Überraschungen ein. Pausen/Drops/Build-ups vor Hauptteilen oder vor einprägsamen Stellen setzen diese besser in Szene.
- Gestehen Sie sich zu, nicht alles im Voraus exakt planen zu können, sondern lassen sie sich auch mal vom Zufall helfen. Versuchen Sie nach und nach, sich selbst zu begleiten und neue Inhalte dazuzuspielen.

Wenn Sie, wie das Projekt *17PopRock1*, relativ lange auf denselben Akkorden »herumreiten«, ist es umso wichtiger, das musikalische Thema in leichten Variationen und mit verschiedenen Instrumenten zu spielen. Durch den Wechsel der Instrumentierung wirkt das Stück beim »Neustart« auf Takt 57 plötzlich wieder »frisch«. Hören Sie sich Musik von Trevor Horn (z. B. »Video killed the Radio Star«) oder Hans Zimmer (»Inception«-Soundtrack) an. Das sind gute Beispiele für die Variation und Ausarbeitung von einfachen Themen mit passenden Sounds, Instrumenten und Mixideen.

Ausblick und Live Loops

Eine weitere Alternative finden Sie im Projekt *17Pop2021a*. Hier sind die Songteile ähnlich ausproduziert, liegen aber als Live-Loops-Raster vor.

Im Projekt *17PopRock1+LL* (im Ordner *17PopRock1*) habe ich die einzelnen Songteile in Szenen des Live-Loops-Rasters kopiert, was ein Umarrangieren oder eine Live-Performance ermöglicht. Hierzu öffnen Sie erst die LIVE LOOPS-Ansicht, selektieren die Zielszene und kopieren dann im Kontextmenü des Taktlineals einen eingestellten Cycle-Bereich via CYCLE IN LIVE LOOPS KOPIEREN. Die Szenen habe ich dann noch manuell umbenannt.

Die meisten weiteren Beispiele in diesem Kapitel sind nicht so weit ausproduziert/ausarrangiert wie das Projekt *17PopRock1*; ich konzentriere mich nachfolgend mehr auf Details und verschiedene Soundästhetiken.

17.4.6 Drums doppeln

Logic kann akustisch aufgenommene Drums mit elektronischen Drums timinggenau doppeln, ohne dass eine Tempoanpassung oder ein straightes Tempo notwendig ist. Das nutzt man, um nach dem Motto »best of both worlds« den organischen Klang von Akustikschlagzeug mit dem druckvollen Sound elektronischer Musik zu kombinieren. Mit Hilfe der Funktion DRUM-SPUR ERSETZEN ODER DOPPELN (`ctrl` + `D`) im Menü SPUR können Sie so etwas realisieren. Dabei geschieht eine Konvertierung von Audiodaten in MIDI-Noten – ähnlich, wie es mit FLEX PITCH möglich ist. Auch Aufnahmen, die gar nichts mit Logics Tempo zu tun haben, können Sie auf diese Weise ganz einfach doppeln. Die Lautstärke des Audiomaterials wirkt sich auf die Velocity der Noten aus.

So eine Technik hilft, wenn trockene, elektronische Drums mehr Druck erzeugen sollen als das akustisch mit Mikrofonen abgenommene Schlagzeug. »Akustische« Schlagzeugaufnahmen mit dem Mikrofon enthalten oft auch Nebengeräusche (z. B. der anderen Schlagzeuginstrumente). Das mag atmosphärisch interessant klingen, kann aber oft nicht so isoliert, trocken und druckvoll abgemischt werden wie Einzelsounds eines elektronischen Schlagzeugs. Den Charme von 1960er-Jahre-Drums können andererseits solche Elektronik-Drums nicht versprühen. Daher ist es für viele Genres (R & B, Hip-Hop und Drum & Bass) gängig, beides miteinander zu kombinieren, während bei Minimal Techno oft die reinen Elektronik-Drums oder bei Sixties-Sound die reinen Akustik-Drums reichen.

Praxisbeispiel, MIDI in der neuen Region – auf einer oder mehreren Noten?

Grundsätzlich ist das »Doppeln«-Tool natürlich vor allem geeignet, um Einzelspuren (z. B. einer Schlagzeugaufnahme mit mehreren Mikrofonen) zu bearbeiten und zu erkennen. Ein Beispiel finden Sie im Ordner zum Mehrspurprojekt von Abschnitt 9.9.1 (*09Mehrspur*) unter *09Mehrspur-Doppeln*. Hier habe ich die Kick gedoppelt.

Sie können auch versuchen, eine Audioaufnahme eines kompletten Drumsets zu analysieren, aber das wird schwieriger, und Sie müssen erzeugte Noten eventuell manuell verschieben. Öffnen Sie das Beispielprojekt *17Drumsdopp1*, und selektieren Sie das Audiofile (*Overheads_bip*), um es zu doppeln. Wählen Sie im Menü SPUR • DRUM-SPUR ERSETZEN ODER DOPPELN (ctrl + D). Es erscheint der Dialog aus Abbildung 17.4, außerdem wird sofort ein MIDI-File mit einer Software-Instrument-Spur mit Drums erstellt.

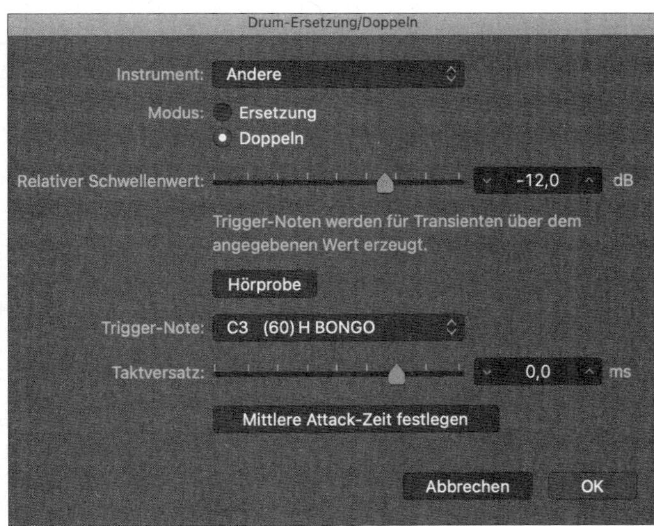

Abbildung 17.4 Drums ersetzen/doppeln

Im Flip-Menü INSTRUMENT können Sie ein zu erkennendes Schlagzeuginstrument auswählen. Die Auswahl regelt vor allem, in welchem Frequenzbereich Logic bei der Erkennung sucht, was wie gesagt vor allem für die Analyse von Einzelspuren optimal ist. Der Regler RELATIVER SCHWELLENWERT stellt ein, wie laut die erkannten Schläge sein müssen, damit Noten erzeugt werden. Ich habe als Instrument KICK ausgewählt und den Schwellenwert zunächst relativ hoch eingestellt. Durch Klick auf den VORHÖREN-Button können Sie erzeugte MIDI-Noten synchron mit dem Audiofile Probe hören und Einstellungen modifizieren (Logic startet automatisch die Wiedergabe und stellt die neue Region auf solo).

Grundsätzlich erzeugt Logic neue Noten in der MIDI-Region nur auf einer einzigen Note, dafür aber in verschiedenen Velocities. Ist die TRIGGER-NOTE auf AUTO gesetzt, wird automatisch eine Note getriggert, die dem unter INSTRUMENT ausgewählten Schlagzeugsound (z. B. KICK oder SNARE) von der General-MIDI-Drumkit-Tastenbelegung her entspricht. Alternativ suchen Sie im TRIGGER-NOTE-Flip-Menü selbst eine Note aus; die GM-Belegung wird zusätzlich angezeigt. Unter TAKTVERSATZ können Sie auch einen Versatz gegenüber dem Original einstellen. Klicken Sie auf OK, wenn Sie fertig sind. Sie können die erkannten Noten später auch auf eine andere Note schieben. Eine Auftrennung, welche Note eine Kick und welche eine Snare ist, habe ich im Beispiel durch Edits in der PIANOROLLE manuell vorgenommen. Anschließend habe ich das Ergebnis auf eine Spur mit einem selbstgewählten Drumkit gezogen. Das Ergebnis ist im Projekt *17Drumsdopp2* zu hören.

Vergleich mit anderen DAWs

Seit Version 9 erkennt Ableton Live mit Algorithmen auch verschiedene Schlagzeuginstrumente oder Harmonien, allerdings ist es dort etwas schwieriger, ganz frei ohne Bezug zum MIDI-Tempo zu arbeiten. Ich habe auch schon öfter erlebt, dass Kollegen eine Schlagzeugspur aus Pro Tools an Takt 1 ausgerichtet und kurz in Logic geladen haben, um diese Funktion zu nutzen, und dann die neuen Drums in Pro Tools importiert haben.

17.4.7 Elektro-Drums und Layering einzelner Drumsounds

Die Drums im Beispiel *17Electrodrums* sind alle synthetisch erzeugt. Durch die Modulation von Synth-Parametern lassen sie sich in kleinen Details zielgerichtet verändern und formen. So habe ich im Beispiel *17Electrodrums* eine Kickdrum im Verlauf der Takte 3 und 4 automatisiert: Dabei wird die Hüllkurve verlängert, wodurch die Kick länger und imposanter wird. Auch interessant ist die Variation der auf den Tasten E1 und F1 spielenden Snare, die aus Rauschen gemacht ist: Diesen Sound habe ich via Copy & Paste aus einem *Ultrabeat*-Slot in einen anderen kopiert und dort leicht verändert, so dass zwei sich ähnelnde Sounds zur Verfügung stehen. Jener Snare-Sound ist aber nur einer von zwei bis drei Sounds, aus denen sich die auf den Zählzeiten 2 und 4 spielende Snare zusammensetzt, und im Verlauf der beiden Takte des Beispiels werden hierbei jeweils andere Sounds kombiniert, damit die Snare jedes Mal ein bisschen anders klingt (Abbildung 17.5).

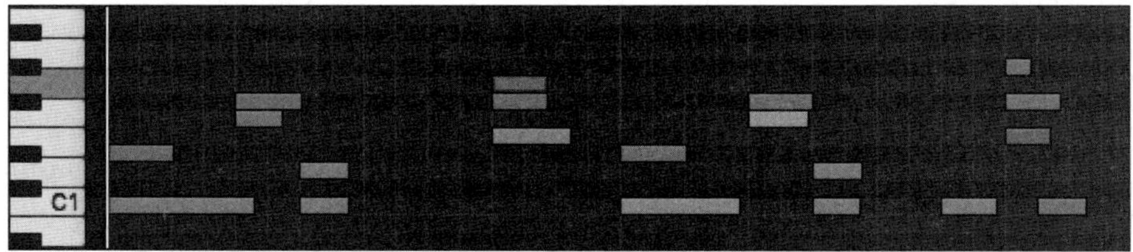

Abbildung 17.5 Drums aus dem Beispiel »17Electrodrums«

17.4.8 Drums im Mix verschmelzen

Drums aus unterschiedlichen Quellen im Mix stärker miteinander zu verschmelzen (Glueing), z. B. nach einer Doppelung, ist sinnvoll, damit alles wie aus einem Guss klingt. Das kann generell durch eine »gemeinsame« Bearbeitung der Signale erreicht werden, z. B. auch durch gemeinsamen Hall. Für eine unauffälligere Verschmelzung empfiehlt sich der Einsatz von Dynamikeffekten wie Compressor, Transienten-Designer (Enveloper) oder Limiter auf der Drumsumme (siehe beispielsweise das Projekt *17Drumsglow1*). Dabei sollten Sie darauf achten, dass Sie nicht mit zu kurzen Kompressions-Attack-Phasen die Transienten abschneiden oder gegebenenfalls Parallelkompression einsetzen, damit von den Transienten noch etwas übrig bleibt. Oft ist sinnvoll, zu verhindern, dass der Compressor zu stark auf Bassdrums reagiert, aktivieren Sie hierzu in Logics Compressor den Side-Chain-Bereich und schalten dort einen High-Pass-Filter ein, so dass der Compressor auf ein von Bass befreites Signal und damit weniger auf die Bassdrum reagiert (siehe hierzu auch Abschnitt 15.3.1 über den »Compressor«).

Auch die gemeinsame Bearbeitung der Sounds durch einen EQ oder Hall kann diese wie gesagt stärker miteinander verbinden, so dass das Ergebnis eher von demselben »Schlagzeuger« zu stammen scheint (vergleiche Projekt *17Drumsglow2*). Im nächsten Abschnitt zum Layern von Loops finden Sie ein weiteres Beispiel.

17.4.9 Drum-Beispiele mit Breakbeats und Drum & Bass

Das typische Drum-and-Bass-Tempo von ca. 174 BPM kann je nach Stück auch als Halftime, also 87 BPM, ausgelegt werden. Das potenziert die musikalischen Möglichkeiten und erklärt eine Nähe zu Hip-Hop und Rocksteady/Reggae/Ragga. Natürlich ist das auch noch bei etwas langsameren Tempi und bei Dubstep (140 BPM bzw. 70 BPM als Halftime-Variante) möglich. Eine wichtige Rolle spielen hierbei gebrochene bzw. ungerade »Breakbeats«, mit denen vielleicht die Entwicklung anfing und deren Produktion ich an einem Beispiel erklären möchte.

Breakbeats

Breakbeats werden oft mit verfremdeten oder bearbeiteten Drumloops produziert. Dabei kann es sich natürlich auch um zuvor selbst erstellte Loops handeln. Es gibt viele Möglichkeiten, mit Loops kreativ zu arbeiten (siehe Abbildung 17.6).

Irgendwann in den 80ern und 90ern bekamen DJs Sampler in die Finger. Dort wurden dann die Lieblingsgrooves zerschnitten, hochgepitcht oder getimestretcht. Künstler wie Fatboy Slim/Norman Cook, Photek, Shy FX, Doc Scott und Rebel MC/Congo Natty sind passende Beispiele, die sich vielleicht Ihrerseits schon von Grandmaster Flash oder Afrika Bambaata inspirieren ließen, die noch früher am Start waren.

So lagen dann oft gesampelte Schnipsel alter Soul- und Funk-Grooves zum Spielen auf der Tastatur bereit. Diese wurden auch hochgepitcht, bis sie zu einem (schnelleren) gewünschten Tempo passten. Diese Art der Tempoanpassung von Loops ist eine mittlerweile eher ausgestorbene Kunst, weil es mit integriertem Time-Stretching einfacher geht. Dieses Hochpitchen von Drums im alten Stil (wie bei Plattenspielern oder schnelleren Bandmaschinen) hat aber noch einen anderen Effekt: Das Soundmaterial wird hierdurch »verdichtet« und klingt oft perkussiver, aber immer noch relativ natürlich. Sie finden ein Beispiel im Projekt *17x3-*

rexbreakbeat2 (mit Erläuterungen im Projekt). Dies ist eine Weiterentwicklung des Projekts *09rexbreakbeat* aus Abschnitt 9.8.4.

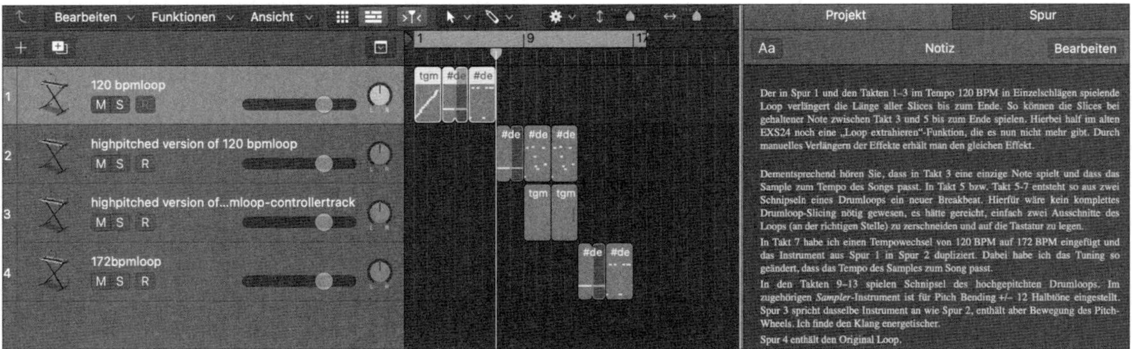

Abbildung 17.6 Breakbeats im Projekt »17x3rexbreakbeat2«

Layern und Abmischen von Loops und Drums in Drum & Bass

Wenn Sie mehrere Drumloops übereinanderlegen möchten, klappt das mit der im vorigen Abschnitt angewendeten Schneidetechnik nicht mehr so gut: Rhythmik-Besonderheiten *mehrerer* übereinanderliegender Drumloops passen oft nicht ohne weiteres zusammen. Besonderheiten der Rhythmik *eines* Drumloops lassen sich auf andere verwendete Drums oder Drumloops übertragen, wenn es möglich ist, auf alle Schläge einzeln zurückzugreifen und diese gemeinsam und detailliert zu bearbeiten, z. B. durch gemeinsame Quantisierungen oder Groove-Templates (siehe Abschnitt 9.2). Durch Slicing ist das grundsätzlich keine große Schwierigkeit mehr. Diese Arbeitstechnik führt andererseits unbewusst zu oft »geradlinigeren« Produktionen.

Ein Beispielprojekt, das hier die Produktionstechniken für Beats aus dem Genre Drum & Bass seziert, finden Sie zunächst unbearbeitet im Dokument *17Loop3xunbearb* sowie in mehreren Stufen bearbeitet in *17Loop3xbearb1*, *17Loop3xbearb2* und *17Loop3xbearb3b*. Alle drei Loops entstammen Apple-Loop-Content und wurden im unbearbeiteten Dokument zunächst in neue Sampler-Spuren konvertiert. Die Originalaudiofiles sind weiterhin im Dokument – stumm geschaltet und via »Hide« versteckt. Die Bearbeitung umfasste unter anderem folgende Schritte:

- Tuning aller Instrumente.
- Duplizieren einer Sampler-Spur (Snappy Beat), um die Snares getrennt von den Bassdrums zu editieren (andere Effekte wie eine Verlängerung des Ausklangs mit dem Enveloper, anderes Decay). Ich habe die MIDI-Region kopiert und in jeder Spur manche Noten stumm geschaltet.
- In Snappy Beat habe ich zudem einzelne Schläge unterschiedlich gestimmt und die Random-Tuningfunktion aktiviert, damit der Sound jedes Mal etwas anders klingt, und den Nachhall der Snares verlängert.

- Ich habe den *Hip-Hop-Bandit*-Beat in der Region von einigen störenden Bassdrum-Schlägen befreit, hochgepitcht und mit einem Band-Pass-Filter bearbeitet.
- Auch den *Hip-Hop-Small-Beats*-Beat habe ich im Sampler hochgepitcht.
- Sämtliche Drumloops haben eigene Effekte, ich habe sie aber zu einem Summenstapel zusammengefasst. Im Summenstapel-Master-Track befinden sich verschiedene, eher dezent arbeitende Effekte, durch die die Drums etwas mehr »zusammenwachsen« (Glueing). In *17Loop3xbearb3d* ist ein alternativer Kompressormodus aktiv, was den Drumsound deutlich verändert.
- Ab Takt 1, 5 und 9 spielen die Regionen jeweils mit unterschiedlichen Quantisierungen, wobei mir der Abschnitt ab Takt 5 am besten gefällt und ich ihn daher geloopt habe.

Vier akzeptable Takte mit Drums sind entstanden. In Abschnitt 17.4.14 über Bässe füge ich noch einen Bass-Sound hinzu. Im Ordner *17Loop3xbearb3b+phat* sind einige Varianten, wo ich in der Summe noch verschiedene Einstellungen der »Phat FX« angewendet habe. Verschiedene Versuche, diesen Beat zu bouncen, habe ich im Projekt gespeichert/hinzugefügt. So können Sie später beim Durchstöbern von Projektordnern schnell hören, worum es im Projektentwurf geht. Oder ob vielleicht doch nicht der letzte, sondern ein früherer Bounce am besten klingt.

17.4.10 Neurofunk

Ein weiteres Drum-and-Bass-Subgenre ist Neurofunk. Innovatoren dieses Genres sind Noisia und Black Sun Empire aus den Niederlanden. Neurofunk-Drums haben in der Regel recht kräftige Bassdrums, und es geht viel um Engineering, Sounddesign, das exakte Einstellen von Frequenzen für einzelne Sounds und einen extremen Einsatz von Effekten. Oft wird der Bass via MIDI oder Side Chaining genau in die Lücken gesetzt, wo die heftige Bassdrum nicht spielt (z. B. im Projekt *17x3Drumandsimple5* und *17x3Drumandsimple6*, mit Erläuterung). Der Track *17TrackObass3* enthält eine etwas elektronischere Drum-and-Bass-Spielart. Bass und Drums ergänzen sich auch hier.

17.4.11 Dubstep, Trap und Sounddesign (Beats und Einführung)

Dubstep und Trap können völlig auf den Dancefloor ausgerichtet sein. Andererseits finden sich deepere und musikalischere Varianten auch als Beispiel dafür, wie die Bedeutung von Genre-Bezeichnungen sich je nach aktuellen Hits ändern kann.

Trap, Future Bass und Dubstep

Dubstep hieß früher eine deepe Musik von Künstlern wie Burial oder Skream, mittlerweile ist der Begriff Dubstep manchmal eine Art Synonym für ganz schrille und krasse Beats mit Wobbelbässen. Trap-Musik kombinierte anfangs Subbässe mit Drumsounds einer Roland-

808-Drum-Machine. Bedenkt man, dass Tracks wie Tag Teams »Whoop (there it is)« schon einige Jahrzehnte alt sind, Fettes Brot schon vor Ewigkeiten »Wir brauchen Bass« gesungen hat und es eine Soundbewegung namens »Miami Bass« gab, handelte es sich eigentlich nicht um eine neue Erfindung. Wie bei Dubstep ging es im Verlauf aber in eine andere, zunehmend kommerziellere Richtung, angefangen bei Baauers »Harlem Shake«. Auch für meine Ohren moderne, nach Pop klingende Tracks zwischen Hip Hop und Future Bass heißen 2021 manchmal Trap. Charakteristisch sind schnelle Hi-Hats, verfremdete Vocal-Fetzen und Bläsersounds und jede Menge Sounddesign auf allen Ebenen (z. B. Flumes »Disclosure«-Remix für »Lacoste«, der für mich »Future Bass« ist).

Die Beats entwickelten sich in Richtung Halftime-Stil, sind nun aber nicht unbedingt auf die 70/140 BPM festgelegt, sondern tauchen auch z. B. als 75/150 oder als 87/174 BPM auf. Mittlerweile gibt es viele Trap- und Dubstep-Subgenres. Manchmal werden perfekt ausproduzierte Sounds mit eher improvisiert klingenden Leads zusammengebracht. Ein Beispiel finden Sie unter *17x3TrapNewSc*. *Edges and Angels* heißt ein neues, an Future Bass orientiertes Apple-Loops-Pack. Im Projekt *17x3Edges+FutureB* finden Sie ein auf der Vorlage basierendes Live-Loops-Raster mit diesem Sound.

Bässe und Lead-Sounds in manchen Dubstep-Produktionen sollen oft so »krank« wie möglich klingen (siehe Tracks von Skrillex oder Flux Pavillon) und nehmen manchmal funktional die Rolle von E-Gitarren aus Heavy-Metal-Tracks ein – oder haben Comedy-Character. Dementsprechend geht es im Beispiel *17phasedistdubst2* zu Werke.

Ein nur eintaktiger Beat mit etwas mehr Detailarbeit (mit Erläuterungen) stecken im Beispiel *17x3Electro1eohnebrass* (und dem weiterführenden Beispiel *17x3Electro1m+limohnebrass2*). Das Tempo liegt bei 75 BPM. Ich habe eine Region als Audiofile(s) exportiert, und zwar für alle Aux-Kanal-Spuren des Spurstapels jeweils ein eigenes Audiofile). Die erzeugten Audiofiles habe ich bearbeitet und mit Flex-Tools gestretcht oder mit Flex-Tools gestretchte Drums hinzugemischt. Außerdem habe ich Kick, Snare und Hi-Hat im Kanalzug anders gemischt (z. B. mit etwas Hall und dem Enveloper) und auf zusätzliche Aux-Kanäle mit verzerrenden Komponenten geschickt (die Originalsounds habe ich zum Vergleich im Projekt belassen). Die Kick erhielt zusätzlich einen Schub Bass über einen weiteren Aux-Kanal. Ziel war, die Drumsounds etwas übersteuert und laut klingen zu lassen. Manche Sounds im Sampler wurden »reversed«, auch ein paar Brass-Sounds sind dabei.

Im Beispiel *17x3Electro1m+limohnebrass2* kommen gestretchte Kick-Fragmente hinzu, die Drums werden in einem zusätzlichen Bus mit Limiter stärker angezerrt und lauter gemacht.

Im Projekt *17Electro1m+limohnebrass3* habe ich eine zusätzliche Spur mit der Kickdrum angelegt, die diverse »Compressor«-Effekte in flächigen Soundspuren triggert, so dass die Sounds auf der 1 und 3 wie durch einen pumpenden Limiter kurz »weggefadet« werden.

Die Projekte sollen demonstrieren, wie man Detailarbeit ins Shaping von Sounds stecken kann. Das ein oder andere mag übertrieben sein, doch betrachten Sie Ihr Studio ruhig auch mal als »Labor«.

Mein vielleicht am besten ausgearbeiteten Track dieser Stilrichtung (siehe Internet oder Spotify): Fr33m4n & Zera – »Like Them (The Green Man (TGM) Rmx)«. Besonders markant ist hier eine Snare, die durch langes Flex-Time-Stretching entstanden ist. Die Kick hat genug Obertöne, um sich durchzusetzen. Oft sind Teile des Beats oder einzelne Kicks reversed.

17.4.12 Hip-Hop-, Trip-Hop- und Contemporary R-and-B-Beats

Wenn Hip-Hop-Produzenten von »Beats machen« oder »Beats bauen« reden, meinen sie meist nicht nur »Schlagzeugprogrammierung«, sondern die Produktion eines kompletten Songs, der noch Platz lässt für Vocals. Musikalisch werden oft vor allem Harmonien mit Tonika, Subdominante und Dominante verwendet – allerdings als Moll-Akkorde, die eher zu den oft etwas cooleren, anklagenden oder von Weltschmerz triefenden Texten passen. Mir gefällt aber auch die Herangehensweise einiger Hip-Hop-Produzenten gut, die ab und zu die Fahne des Instrumental Hip-Hop hochhalten, wie z. B. Hulk Hodn aus Köln. Die produzierten Ästhetiken können völlig unterschiedlich ausfallen, es kann nach Jazz und Soul, aber auch nach Elektronik oder Rock klingen. Ich habe einen Hip-Hop-Track mit Reggae- und Drums-and-Bass-Einflüssen mit MC Navigator und Skarra Mucci produziert (»Take it Easy«, *www.youtube.com/watch?v=OzaX-Tl_Nc8*).

Hip-Hop-Drums und -Grooves; Lo-Fi Hip-Hop; Produktionstechniken

Das Apple-Loops-Pack *Vision and Verse* stellt coole Beats und Sounds für Lo-Fi Hip-Hop bereit – siehe das Projekt *17x3lofihiphop-tapedepianos1*, wo das E-Piano durch ein Tape-Delay auf 100 % wet mit kurzer Delay-Zeit läuft, also als eine Art Bandmaschinenersatz agiert. Je dominanter die einzelnen Schläge sind, desto wichtiger wird es, jeden Schlag ein wenig anders klingen zu lassen. Beim Layering mehrerer Sounds kann ein subtiler Soundunterschied auch dadurch entstehen, dass sich nur *ein* Sound verändert, während die anderen gleich bleiben. Eine Snaredrum aus mehreren Sounds (z. B. Clap, Snare, Bassdrum, tonaler Klang, Glocke) zusammenzusetzen, ist ein gängiger Trick. Der Groove darf durchaus »schlurfen«, so dass einzelne Schläge mit etwas Verspätung spielen oder übereinanderliegende Snares und Claps nicht ganz deckungsgleich sind. Das kann natürlich klingen, als ob Personen im Takt in die Hände klatschen.

Es geht um das richtige Drumfeeling (Swingfeeling? Groove-Quantisierung?), die richtige Mixtechnik (Verschmelzung oder Trennung der Sounds? Räumliche Positionierung? Lautstärke?) und eine gute Soundauswahl (alte vs. neue Drumsounds? Vibe? Instrumentierung?).

Oft stellt sich auch die Frage, ob Sie die Bassdrum frequenzmäßig oberhalb oder unterhalb des Basses abmischen möchten. Für Hip-Hop- und Trap-Beats ist es nicht unüblich, tiefe, langgezogene und dominante Kicks zu nutzen (die man auch als Bass bezeichnen kann). Anderseits kann die Bassdrum auch knallig und der Bass »subbig« ausfallen, wie im Beispiel *17HipHoploops*. Im Projekt *17ElectroHHc* klingt es eher »schlurfend« – und elektronisch. Im Dokument *17HipHopbt2* treffen sich sämtliche Drumsounds in Bus 6 als Drumsumme. Verschiedene Snares spielen abwechselnd, in der Summe wird alles bearbeitet. Ein Live-Loops-Raster mit Hip-Hop-/R&B-Loops aus dem *Vision & Verse*-Soundpack finden Sie unter *17x3-HipHopR&BVis+V*. Hip-Hop-Beispiele finden Sie auch bei den Loop-Ausgangspunkten *Boom Bap*, *Skyline Heat*, *Vintage Breaks*, *Vision & Verse*.

Sliced Samples für Sounds

Oft werden im Hip-Hop Teile älterer Tracks gesampelt oder nachgespielt. Im (älteren) Projekt *17SlicedHH1B4* kommen ein zerschnittenes Sample und einer der schönen Drumloops aus dem Ordner VINTAGE BREAKS zum Einsatz. Das Sample habe ich zuvor aus den oberen beiden Spuren erstellt und zerschnitten (mit der Funktion WIEDERHOLT SCHNEIDEN). Anschließend habe ich es via KONVERTIEREN IN NEUE SAMPLER-SPUR (anhand von Regionen) in den Sampler gelegt. Die Original-MIDI-Region habe ich in einer Spuralternative versteckt und selbst Noten gespielt.

Im Sampler habe ich die Länge der Zonen bearbeitet und eine Zone, die mir gut gefallen hat, dupliziert und unten auf die Tastatur gelegt. Zudem habe ich das Sampler-Instrument dupliziert und bei Variante 2 mit Effekten versehen. In den Sampler-Spuren ist noch ein Modulator aktiv, der eine Low-Cut-Frequenz des EQs moduliert.

Riffs nachspielen und MIDI-Files

Sie können auch ein »Riff« aus einem alten Klassiker leicht verändert nachspielen: So ist z. B. die Bassline des Hip-Hop-Klassikers »Hypnotize« von Notorious B. I. G. in Herb Alberts 80er-Jahre-Hit »Rise« wiederzufinden. Im Internet finden Sie das File *Rise* von Herb Alpert unter: *www.midi.com.au/herb-alpert/rise-midi/*. Ein Übungsvorschlag: Laden Sie das »Rise«-MIDI-File korrekt in Logic, und versuchen Sie, es durch bessere Sounds aufzupeppen oder einzelne Sequenzen zu etwas Neuem zu machen.

R & B

Contemporary-R-&-B-Tracks (abzugrenzen zu R & B im Sinne von Rhythm & Blues aus der Mitte des 20. Jahrhunderts) klingen oft etwas kitschiger und cleaner als Hip-Hop. So trennt auch der Genre Browser für Apple Loops zwischen HIP HOP und HIP HOP/R&B. Die Drum-Arrangements sind oft leerer, Drumsounds selbst moderner. Im Projekt *17RnB1* spielen verschiedene Loops miteinander, und es klingt relativ »clean«. Der *Hand in Hand*-Piano-Loop klingt wegen eines aktiven Noise Gates etwas »abgehackt«. Ein weiteres R-&-B-Beispiel mit Gesang finden Sie in Abschnitt 17.4.21 über Vocals.

Trip-Hop

Nicht erst seit den britischen Trip-Hop-Pionieren Massive Attack sind Reversed Sounds in Mode gekommen, wie im Beispiel *17ReversedTripHop*, wo ein rückwärts laufendes Piano zum Einsatz kommt. Die Edits für das rückwärts spielende Klavier habe ich in Abschnitt 11.12.11 erläutert. Es kommen zwei Apple Loops aus dem *Hip-Hop*-Pack zum Einsatz, die ich rhythmisch komplett anders angewendet habe. Hier sind Transient-Edits nötig, die in der Schlagzeugspur nach einer Speicherung wieder verlorengingen, so dass ich die Spuren gebounct habe. Danach setzte ich u. a. Enveloper und Audiofilter ein. Die Artefakte, die beim Time-Stretching der Drums entstehen, wirken sich meiner Meinung nach vorteilhaft aus.

17.4.13 Techno, Electronica, House

Techno und House haben die typische *4/4*- oder *4-to-the-Floor* genannte Bassdrum gemeinsam. Interessante Live-Loops-Ausgangspunkte zu diesen Genres finden Sie auch unter NEU AUS VORLAGE unter dem Namen CHROMIUM FRAY (Bass House), BASS HOUSE MASHER und OBLIQUE STRUCTURES (Techno).

Typisch für House-Beats ist die offene Hi-Hat auf den Zählzeiten 2 und 4; dazu kommen meist eine kräftige Kickdrum und eventuell Percussionsounds. Die Drumsounds sind meist elektronisch. Eine Snare wird manchmal gar nicht gespielt. Oft kommt auch eine Swing-Feeling-Quantisierung (Swing auf 16tel-Noten) zum Einsatz, die die Beats erst richtig lebendig macht (siehe das Projekt *17house-nonswingvsswing*). Unter Logics Loop-Packs finden sich einige, die House als Genre referenzieren, z. B. *Tech House*, *Deep House* und *Electro House*. Wie in den Genres zuvor fallen natürlich auch hier die Vibes und Interpretationen von kommerziell über sommerlich und jazzy bis zu dark und minimal sehr unterschiedlich aus.

House-Bass

Ein tiefer gespielter Orgelsound ist ein typischer House-Bass, den Sie auch aus Logics *Vintage B3 Organ* herausholen können. Das hören Sie im Projekt *17house1*.

Weitere Beispiele

Im Projekt *17HouseVocodedarr11* habe ich das Sample aus dem Projekt *11housemusicvocoded1* zu einem housigen Track-Sketch umgearbeitet. Die den Beat am Anfang und am Ende begleitenden Elektrogeräusche entspringen dabei einer gesampelten Automation des FREEZE-Parameters, die ich in einer anderen Länge als den Rest des Loops geloopt habe, wodurch der Rhythmus etwas komplexer wird (siehe Abschnitt 12.11.2, »Synkopen«).

Im »Break« in der Mitte des Projekts *17HouseVocodedarr11* habe ich versucht, meine Originalstimme mit zahlreichen Effekten bearbeitet einzusetzen, fand allerdings nie ein Ergebnis, mit dem ich zufrieden war. Deshalb habe ich einen weiteren Vocoder, diesmal in Form des in Abschnitt 15.10.2 vorgestellten EVOC 20 TrackOscillators, eingesetzt, der den Sound aus der Spur darunter von einem *Retro Synth* für das Vocoding via Side Chaining heranzieht.

Electro House und kreative Arbeit mit Apple Loops

Ein Beispiel aus dem Bereich Electro House finden Sie unter *17ElectroHouse*. Im Genre Electro House sind abrupte Übergänge zwischen verschiedenen Parts – wie im Beispiel der kurz eingeschobene Part zwischen Takt 5 und 7 bzw. Übergänge – typisch. Das Projekt besteht lediglich aus zwei Apple Loops, und ich möchte die kreative Arbeit mit Apple Loops anregen. Machen Sie z. B. ein eigenes Instrument aus einem Synth-Loop: Die ersten drei bis vier Töne des »Aggressive Stance Bass«-Loops aus Projekt *17ElectroHouse* habe ich nach passendem Setzen von Transienten in eine neue Sampler-Spur umgewandelt. Dann habe ich für jeden Sound einen eigenen Velocity-Bereich eingestellt, alle drei Sounds einheitlich gestimmt und anschließend alle drei Töne über die komplette Tastatur ausgebreitet. Nun habe ich ein spielbares Instrument – mit ihm habe ich neue Melodietöne eingespielt

Anschließend habe ich in der PIANOROLLE für verschiedene Noten die Velocity geändert, damit jeweils andere Samples spielen. Zusätzlich musste ich den VELOCITY TO VOLUME-Wert neutral einstellen, damit trotz unterschiedlicher Velocities alles Samples stets gleich laut spielen. Dann habe ich noch die Lautstärke im Kanal geändert. Das Ergebnis hören Sie im Projekt *17ElectroHouse2* zwischen Takt 7 und 11.

Minimal Techno, MIDI-FX-Modulationen, Beispiele

Die Gattung »Minimal« findet man oft im Techno, manchmal auch in anderen Genres. Oft werden Drums kurz und perkussiv gespielt und hochgestimmt. Eine oft verwendete interessantes Technik ist die Verwendung von Percussionsounds als Melodieersatz. Die Schönheit und Andersartigkeit vieler Elektronik-Musikproduktionen entsteht oft auch aus dem Verzicht auf klassische Harmonien – stattdessen werden eher »Geräusche« verwendet, die natürlich teilweise auch tonale/stimmhafte Komponenten haben. Konzeptionell wollen einige Künstler den konventionellen Kompositionsschemata und Klangklischees entsagen. Ein Beispiel finden Sie im Projekt *17Minimal1*. Dort habe ich zudem Schnipsel von Apple Loops in eine Sampler-Spur umgewandelt, hochgepitcht und die *Sampler*-Hüllkurven kurz und perkussiv eingestellt. Eine weitere Idee bei minimalen Arrangements ist es, gleichförmige, hypnotische Rhythmen lange laufen zu lassen, so dass kleine Veränderungen sehr stark auffallen und wirkungsvoll sind – wie etwa das Einsetzen der Bassdrum im Beispiel bei Takt 5.

Im Beispiel *17Minimal2* kommen zusätzlich Modulator-MIDI-FX zum Einsatz, die ein EQ-Band modulieren, um subtile Bewegungen zu erzeugen. MIDI-FX sind nur auf Instrumentenspuren einsetzbar. Daher spielt in *17Minimal2* in Spur 4 ein *EVOC 20*-Vocoder, durch den die oberste Audiospur geroutet wird (per Side Chain), so dass sie mit einem EQ bearbeitet werden kann, der von einem Modulator ferngesteuert wird. Im Projekt *17HouseBDesMinimal2L* wird die Hi-Hat-Rhythmik vor allem durch ein Tape Delay erzeugt; wiederum fungieren die Percussionsounds als eine Art Melodieersatz. Mehr Erläuterungen finden Sie im Projekt selbst.

17.4.14 Bässe und Synths in Dubstep, Trap, EDM und Drum & Bass

In den bisherigen Beispielen kamen bereits einige Basslines vor, nachfolgend lege ich den Fokus etwas mehr auf die Erzeugung der Bass-Sounds.

Praxisbeispiele

Im Beispiel *17EDMDanceHipH* kommt ein Bass-Preset aus Logics Library zum Einsatz, das die Funktionen des *ES2* ausnutzt. Etwas unkonventionell eingespielt, spielt dieser Sound eine Art Zwischending zwischen Bassline und Synth-Lead. Oft werden dabei der untere und obere Frequenzbereich getrennt mit Effekten bearbeitet. Im Ergebnis soll ein drückend bassiger Sound mit verzerrten und sich veränderten Obertonanteilen herauskommen – das sind ja eigentlich zwei verschiedene Ziele, die ein Arbeiten in die jeweils andere Richtung erfordern. Ein kräftiges Verzerren eines Sounds als Ganzes zerstört beispielsweise in der Regel den sauberen Tiefbass. Deshalb ist es eine gängige Praxis, mehrere Sounds zusammenzumischen oder als Subbass einen (komprimierten) Sinuston zu verwenden und hinzuzumischen.

Im Beispiel *17EDMDanceHipH+Sub1* habe ich das gemacht – und hierfür dieselben Noten (um eine Oktave heruntertransponiert) und eine neue Spur mit einem leicht angezerrten *Sampler* ohne Sample mit Sinuston benutzt. Weil die Lautstärke solcher Sinustöne/Subbässe schwer abzumischen ist (zu laut = macht alles platt, zu leise = vermittelt einen dünnen Sound), versucht man, sie mit einem Kompressor auf eine einigermaßen einheitliche Lautstärke zu bringen. Minimale Faderbewegungen können dann den Ausschlag geben, ob der Bass richtig, zu laut oder zu leise abgemischt ist. Ich fasse die verschiedenen Teilsounds anschließend in einem Bus (im Beispiel Bus 8) oder einer Mixgruppe zusammen, um die Lautstärke mit nur einem Fader regeln zu können.

Es geht aber auch anders: Im Beispiel *17EDMDanceHipH+Sub2* gesellt sich ebenfalls ein Subbass dazu, er ist ein Derivat des ursprünglichen Synth-Sounds. Ihn habe ich per Send auf einen Bus geschickt, wo via Channel EQ nur Bassiges durchgelassen wird. Anschließend folgen ein »Direction Mixer«, um das bassige Signal möglichst mittig und ohne Stereoeffekte hinzubekommen, und ein Compressor. Am Ende wird alles wieder in Bus 8 zusammengefasst.

Und noch ein wenig weiter geht es im Beispiel *17EDMDanceHipH+Sub3*. Hier wird das Signal an einen weiteren Bus geschickt, wo diesmal der Bass via EQ herausgefiltert wird. Anschließend wird das Signal in einem Bitcrusher verzerrt. Danach sorgt ein Autofilter für Modulationen und Bewegung im Sound, die mit Hilfe eines Delays noch verstärkt hörbar werden. Am Ende landet wieder alles (zusammen mit dem Rest) in Bus 8. So etwas können Sie beliebig oft machen und die Komplexität weiter steigern. Im Beispiel habe ich den eigentlichen Sound mittlerweile sogar aus dem Mix herausgenommen. Auf diese Weise kann man die einzelnen Komponenten des Basses kontrollierter mixen.

Im Projekt *17EDMDanceHipH+Sub4* wird der bassige Anteil des Sounds im *Bassbass*-Aux-Kanal von einem SubBass-Plug-in unterstützt, das künstlich versucht, einen Subbass auf

Basis eines Sinustons zu erzeugen. Diese Variante kann man ausprobieren, wenn man eine Synth-Line bearbeitet, die auf einer Audioaufnahme beruht. Ansonsten könnten Sie das Ganze auch einfacher haben, indem Sie den Subbass wie im Dokument *17EDMDanceHipH+Sub1* durch tiefere MIDI-Noten erzeugen.

Im Projekt *17EDMDanceHipH+Sub5* ist die Mischung noch einmal anders und transparenter: Der Bassbereich wird limitiert, der Höhenbus hat mehr Höhen, und die Bass-Summe wird von einem Compressor bearbeitet, der auf die Kickdrum reagiert und den Bassbus beim Einsetzen der Kickdrum jeweils etwas leiser macht.

Und noch ein Beispiel: Im Projekt *17Dubstbass* wird ein Sinuston an vier Busse geschickt (Output ist hier deaktiviert), die unterschiedliche Funktionen wahrnehmen (Subbass, verzerrter modulierter Teil A, B, C), und landet auf einer Summe. Dort zerrt ein »Bitcrusher« die Summe an. Ein Kompressor reagiert zudem auf die Drums (Abbildung 17.7).

Abbildung 17.7 Bass, der an vier Sends geht – im Projekt »17Dubstbass«

Wobble-Bässe im Dubstep

»Wobble-Bässe« sind grundsätzlich ziemlich einfach zu produzieren, Sie müssen lediglich rhythmisch und sich wiederholend (z. B. mit einer Sinuswellenform) die Cutoff-Frequenz eines Low-Pass-Filters modulieren, der ein obertonreiches Signal beschneidet. Oft werden als Basis für solche Sounds angezerrte, obertonreiche Synth-Sounds (sogenannte *Reeces*) oder spezielle Synthesizer-Plug-ins, die auf Verzerrungen oder Solo-Leads spezialisiert sind, wie NIs *Massive* oder Xfer *Serum*, verwendet. Die Dubstep-Bässe in Genre-Hits sind aber oft nicht ganz so leicht durchschaubar wie die hier bislang gezeigten einfachen Wah-Wah-Wobblesounds. Die Wobble-Geschwindigkeit variiert beispielsweise oft auf eine komplexe Weise, die nicht allein durch eine Modulation der LFO-Geschwindigkeit erklärbar ist, sondern Weiteres benötigt (z. B. Automation, Variation der LFO-Wellenform oder andere Techniken).

Praxisbeispiele

In Abschnitt 16.1.10 über die Erstellung von Automationspunkten im MIX-Menü sowie im Projekt *16Stepautomat* habe ich schnelle Wechsel zwischen Modulationsgeschwindigkeiten gezeigt.

Ein anderer Trick ist es, verschiedene gesampelte Wobble-Soundschnipsel aus unterschiedlichen Quellen chromatisch auf der Tastatur eines Sample-Instruments zu platzieren; auf jeder Taste liegt dann ein komplett anders wobbelnder Sound! So habe ich selbst oft gearbeitet, z. B. auch beim Track The Green Man – »Bassball« (Basswerk 28 Vinyl). Hierbei sind natürlich etwas Vorkonfiguration und Tuning nötig, denn die gespielten Tasten triggern dann ein im Sample zu stimmendes Sample und können nicht wie ein normales Instrument beispielsweise eine Dur-Tonleiter abspielen.

Im Beispielprojekt *11ES2LFOMod* aus Abschnitt 11.17 über den *ES2* moduliert ein LFO 1 die Cutoff-Frequenz gleichmäßig, und wir erhalten einen Wah-Wah-Effekt. Außerdem moduliert ein LFO 2 mit einer Zufallswellenform die Geschwindigkeit des LFO 1, wodurch dieser immer wieder zufällig seine Modulationsgeschwindigkeit ändert.

Im Track *17ES2LFOModbassed* habe ich einen »Wobble-Bass« an zwei verschiedene Busse geschickt, um dort den bassigen und den höhenreichen Teil des Sounds getrennt zu bearbeiten. Der Großteil der Bewegung im Sound stammt aus dem höhenreichen Bus, wo wieder ein Autofilter zum Einsatz kommt, dessen LFO mit einer Zufallswellenform die Cutoff-Frequenz moduliert. Im Track *17ES2LFOModbassed2* kommt ein dritter Bus hinzu.

Bass-Mixdown und Tonart allgemein und bei einem Drum-and-Bass-Track

Ein Problem beim Abmischen dominanter Synth/Bass-Sounds ist, dass minimale Faderbewegungen dazu führen können, dass diese Bässe im Gesamtmix zu laut oder zu leise sind. Sie sollten diese daher genug komprimieren und für gleichmäßige Lautstärke des Sounds im Stück sorgen. Ansonsten besteht die Gefahr, dass Sie sich im Kreis drehen und den Sound mal leiser, mal lauter machen, je nachdem, welche Stelle Ihres Stücks Sie hören. Für einen kräftigen, massiven Bass, bzw. eine Art »Basswand« und ihre optimale Wirkung, muss der Bass-Sound gleichmäßig laut sein und in optimaler Lautstärkebalance zum Rest stehen. Tracks von mir mit so einer Basswand finden Sie im Netz, z. B. »The Green Man – Damn Wire«).

Im Projekt *17Loop3xbearb3b+bass* spielt ein Bass-Sound zu Drum-and-Bass-Beats, deren Edits ich oben erläutert habe. Hierbei habe ich ein Logic-Preset, dessen Bass mir nicht kräftig genug war, auf Bus 2 und 3 geroutet. Bus 2 arbeitet den Bass heraus, stellt ihn mono und komprimiert ihn; Bus 3 lässt den oberen Frequenzbereich weitgehend unverändert, schneidet aber den Bass ab. Bus 4 mischt Bus 2 und 3 zusammen und dient als Master-Bass-Fader, um die Basslautstärke gegenüber den Drums abzugleichen. Die Bassnoten spielen so, dass die Zählzeit 1 und die Kick freigestellt und betont werden. Im Projekt *17Loop3xbearb3b+bass2* wird das Ganze durch Bass-Limiting weiter optimiert.

Optimale Tonart?

Ich kenne viele erfolgreiche Drum-and-Bass-Produzenten, die ihre Stücke speziell in bestimmten Tonarten (einige Halbtöne um F herum) schreiben, damit der Bass vom Frequenzbereich her die richtige Wirkung erzielen kann. Töne unterhalb von E1 – oder mit etwas Mut D1 – bzw. unterhalb von 40 Hz werden auf vielen Lautsprechern nicht befriedigend wiedergegeben und erzielen nicht die gewünschte Wirkung. In Abschnitt 17.2.5 können Sie in einer Tabelle ablesen, welcher Ton welcher Frequenz entspricht. Auch in Abschnitt 12.2.4 lesen Sie mehr über das Thema.

Mehr Synths

Viele neue Synth-Patches finden sich übrigens unten in der BIBLIOTHEK in den Ordnern ARPEGGIATOR und CINEMATIC sowie etwas darüber im Ordner VINTAGE MELLOTRON. In den Projekten *17xArpsds* und *17xCinematic1* spiele ich einige davon für Sie an. Viele Patches nutzen MIDI-FX und Spurstapel-Funktionalität. Darüber hinaus besitzt *Alchemy* eine riesige Sound Library. Diese sehen Sie nicht direkt in der Patch-Library, sondern wenn Sie *Alchemys* Library betrachten.

17.4.15 FX in Dub und Dubstep

Abgesehen von den Drums, Bässen und Lead-Sounds ist es typisch für die Genres Dub und Dubstep, dass stark mit der Kombination aus Delay- und Halleffekten gespielt wird. Solche Effekte eignen sich, um fließende Übergänge zwischen Songteilen zu ermöglichen. Harmonisch gibt es bei Dub-Musik oft Wechsel zwischen Tonika und Subdominante oder sogenannte II-V-Verbindungen.

»Packen« Sie ein Tape Delay in einen Aux-Kanal, legen einen Hall oder weiteren Effekt dahinter und routen anschließend den Aux-Kanal via Bus-Send in sich selbst, erhalten Sie eine besondere Art eines sich selbst immer mehr verhallenden Delays. Ein Beispiel finden Sie im

Projekt *17Dubfxpiano*. Vorsicht: Hören Sie dieses Projekt nicht zu laut, es besteht Rückkopplungsgefahr, wodurch Ihre Lautsprecher oder Kopfhörer und Ihr Gehör gefährdet sind! Die Pianoakkorde werden von zwei Randomizer MIDI-FX-Plug-ins und einem »Microphaser« bearbeitet, damit es jedes Mal etwas anders klingt. Dann werden die Akkorde via Send in Bus 1 geroutet. Dort ist ein Tape Delay ohne Feedback aktiv, und dann geht es in einen Autofilter und einen Hall. Bus 1 habe ich anschließend per Automation wieder in sich selbst geroutet. Die Akkordspur landet genau wie das Effektsignal aus dem in sich selbst gerouteten Bus 1 noch in Bus 2, wo EQ und zwei Compressor-Effekte extreme Übersteuerungen verhindern, um Sie und Ihre Boxen zu schützen.

Ähnliche Effekte können Sie in vielen Genres nutzen, um Übergänge zwischen zwei Songteilen zu schaffen, oder auch auf Vocals anwenden. Im Abschnitt 17.4.21 über Vocals und im Projekt *17RnB+Vox4* finden Sie ein entsprechendes Beispiel.

Ich mag Dub-Sound sehr und habe z. B. folgende Tracks mit vielen dubbigen Elementen veröffentlicht: Digital & The Green Man – »Junglist Soldier« (mit DJ Freeze und Sabrination auf Function Records UK), The Green Man & Peter Bouncer – »Word Sound Power«, Digital & The Green Man – »Guitar«, Digital & The Green Man – »Juice«.

17.4.16 Rise FX

Rising Higher und *Elevated Beats* sind Live-Loops-Ausgangspunkte, die beide Rises bzw. Steigerungen vor einem Drop liefern, was in vielen Genres wie Future Bass, Techno, House, Drum & Bass und Trap brauchbar ist. Die Loops beider Packs finden Sie zusammengefasst im Dokument *17x3Rises*.

17.4.17 Side Chaining für pumpende Flächensounds und zerhackte Tranceflächen

In vielen Produktionen finden sich rhythmisch pumpende Flächensounds, die den Track zusätzlich zu den Drums, aber auch dann, wenn keine Drums spielen, lebendig und rhythmisch klingen lassen. Dabei handelt es sich nicht um ein Techno-Phänomen, auch bei vielen Rock- und Pop-Tracks hören Sie solche Sounds, wie z. B. bei »Human« von den Killers. Ein klein wenig habe ich das bereits im Pop-Projekt *17PopRock1* realisiert.

Im Beispiel *15compsidech* aus Kapitel 15 sorgt eine stumm geschaltete Spur mit einem Drumloop für ein dezentes, rhythmisches »Pumpen« des Flächensounds. Als Side-Chain-Input dient dort ein Beat auf Spur 3, der zunächst auch als Kopie auf Spur 1 zu hören ist, später aber nicht mehr, dabei aber die ganze Zeit in der stumm geschalteten Spur 3 weiterläuft und die Fläche aus Spur 4 moduliert. Im Projekt *15Trancegate* wird eine Fläche durch einen Beat zerhackt. Jedes Mal, wenn dank des in der Side Chain anliegenden Beats der Threshold überschritten wird, öffnet sich das Gate, und die Hüllkurve wird ausgelöst.

Während bei der Verwendung des Gates die Fläche immer dann zu hören ist, wenn das Trigger-Signal einsetzt oder laut genug ist, bewirkt der Einsatz des Compressors im Beispiel eine umso stärkere Dämpfung, je lauter das Trigger-Signal ist. Das sollten Sie berücksichtigen, um das rhythmisch richtige Ergebnis zu bekommen. Allerdings können Sie ein unhörbares Trigger-Signal auf der entsprechenden Spur ja auch beliebig verschieben, so dass die hiermit erzeugten rhythmischen Soundbewegungen angepasst werden können, ohne dass dies den Originalsound betrifft.

17.4.18 Strings und Orchester, Disco Strings

Für die Produktion von Streichern (englisch *strings*) ist es besonders hilfreich, dass Sie in Logic Pro mit Hilfe von Artikulations-IDs verschiedene Spielweisen eines Instruments aufrufen können.

Im Projekt *17DiscoStrings1* spielen Apple Loops aus dem *Session Strings*-Pack, ein geöffnetes Event-Liste-Fenster zeigt dabei die wechselnden Artikulationen an. Das Beispiel demonstriert eindrucksvoll, dass Pop und Disco-Strings mit den *Session Strings* besonders gut möglich sind. Durch das Apple-Loop-Pack bekommen Sie authentisch realisierte Spielweisen gleich mit einer guten Mixeinstellung im Channel-Strip serviert. Da die Apple Loops MIDI-basiert sind, können Sie problemlos transponieren oder eigene Noten einspielen und einen ähnlichen Sound realisieren, wobei Sie natürlich auf die richtige Artikulation pro Note achten müssen.

Die Artikulations-ID für Staccato-Strings aus dem einen Instrument entspricht oft auch der aus einem anderen Streicherinstrument, zudem gibt es den in Kapitel 7 erläuterten Artikulationsset-Editor. Ein einfaches Beispiel finden Sie im Projekt *17Strings1*.

Das Beispiel demonstriert auch, wie Sie Pianorolle und Event-Liste bei der Arbeit mit Artikulations-IDs kombiniert miteinander nutzen können. Die Bassnoten sind in der Pianorolle leicht zu selektieren, die selektierten Noten sind dann wiederum in der Event-Liste leicht auf eine eigene Artikulations-ID einstellbar. Ein Vorteil der Artikulations-ID-Technik ist, dass verschiedene Spielweisen eines gesampelten Instruments gleichzeitig benutzt werden können.

Logic bietet viele gut klingende Orchestersounds bzw. samplerbasierte Patches. Spezialisierte Hersteller (Vienna Symphonic, East West etc.) bieten größere und teurere Libraries mit mehr gesampelten Spielweisen und Instrumenten an, mit denen Sie bombastischere Orchesterproduktionen realisieren können. Möchten Sie nur ein paar Streicher- oder Orchestersounds in einer Pop-Produktion, ist eine solche Anschaffung oft nicht unbedingt nötig, und Sie kommen recht weit mit dem, was Logic werksseitig mitbringt. Auch das *Session Strings*-Instrument kann Ihnen hier sehr weiterhelfen. Ein einfaches Beispiel finden Sie im Projekt *17Orch1*. Hier habe ich eine ältere Logic-Orchester-Projektvorlage geöffnet und einige Loops aus dem Loop-Pack *Symphony Orchestra* in den geloopten Bereich ab Takt 146 gezogen (die Regionen vor Takt 146 sind wie in der Vorlage leer). Die Audiofiles der grünen Loops klingen wegen eines fehlenden Halls (weil ja die Send-Effekte nicht mitimportiert werden) im Loop Browser anders als im Bereich Spuren. Ohne Hall ist die klangliche Wirkung allerdings wenig überzeugend, weswegen ich noch einen Hall (und zusätzlich einen »Limiter«) auf die Summe gelegt habe.

In meinem Track »The Green Man, Kammerchor des KMGV & Maria Kublashvili – Caritas, Veritas, Libertas« hatte ich die Ehre, im Rahmen eines vom Kulturamt Köln unterstützten Projektes einen Drum-and-Bass-Track mit Gesang des Kammerchors des Kölner Männer-Gesang-Vereins (KMGV) produzieren zu dürfen. Dort sind sämtliche nach Orchester klingenden Sounds mit Libraries bzw. via MIDI produziert. Der Bass agiert hier auch wieder druckvoll, aber mit wenig Obertönen, eine Art Basswand, die genug Platz für den Rest der Musik lässt, aber bei Lautstärkemessungen und beim Mastering natürlich den Pegel in die Höhe treibt.

17.4.19 Disco-Funk

Ein auf der Basis der »Electro-Funk«-Live-Loops in GarageBand iOS erstelltes Projekt finden Sie unter dem Namen *17GBLiveloopsElectroFunk*. Es benutzt zum Teil Loops des *Disco-Funk*-Loop-Packs. Auf dem Markt finden sich auch einige gute Disco-Strings-Libraries, mit denen Sie den typischen Disco-String-Sound der 70er hinbekommen. Ein weiteres Disco-Funk-Beispiel finden Sie bei den Live-Loops-Ausgangspunkten unter *Solaris* und *Neon Drive* oder unter *17x3DiscoFunkSolaris* und *17x3DiscoFunkNeonDrive*.

17.4.20 Jazz, Brass, Funk

Auch einige für die Produktion von Jazz-Musik geeignete Sounds und Loops finden Sie in Logic. Im Projekt *17Jazz1* spielen verschiedene grüne und blaue Apple Loops. Das Beispiel *17Jazz1* demonstriert zum einen den Sound des Brush-Schlagzeugs sowie des Pianos und Akustikbasses und nutzt zum anderen nur einen einzigen grünen Piano-Apple-Loop als Ausgangspunkt für manuelle Edits. Größere Pianosound-Authentizität wird in diesem Loop nicht zuletzt durch den Einsatz des Sustain-Pedals erreicht. Auch die Bass-MIDI-Regionen waren Gegenstand manueller Edits. Stellen Sie sich im Kopf die Melodie vor, die gespielt werden soll, und verschieben Sie die Noten entsprechend, falls Ihnen das auf dem Keyboard nicht so leicht gelingt.

Mit Brass-Sounds geht das nicht ganz so leicht wie mit dem Piano oder Akustikbässen – zumindest nicht, wenn nicht entsprechend aufwendig gesampelte Instrumente vorliegen. Doch seit der Einführung des *Session Horns*-Instruments hat sich das geändert. Ähnlich wie bei den *Session Strings* können Sie auf ein Apple-Loops-Pack zurückgreifen, das die Fähigkeiten des Instruments gut demonstriert. Im Projekt *17SessionHorns1* habe ich einige davon mit einem Beat zusammengestellt. Auch hier zeigt die geöffnete EVENT-Liste die gespielten Artikulationen, können Sie Noten wieder via MIDI ändern und liefern die Apple Loops gute Channel-Strip-Mix-Presets.

Ein weiteres Beispiel finden Sie im Projekt *17BrassScore1*, das allerdings nichts mit Jazz zu tun hat. Vielmehr habe ich einige als Audiofiles vorliegende (blaue) Apple Loops mit einer Trompete kombiniert, die als grüner Apple Loop im Instrument vorliegt. Das geladene Instrument *Horn* kann leicht in ein *Sampler*-Instrument umgewandelt werden. Im Beispiel *17Horns2* werden im Verlauf verschiedene Hornsamples durch Modulationsrad-Edits (Controller 1) angesteuert, wodurch die gespielten Akkorde jeweils unterschiedlich klingen. Empfehlenswert zum Selbstspielen von Brass-Sounds mit der Möglichkeit detaillierter Edits sind übrigens die Brass-Instrumente des Herstellers Sample Modeling.

17.4.21 Vocals und Voices, Vocal-Bearbeitung: Roundup 1

In Abschnitt 9.3 und Abschnitt 9.4 habe ich die Bearbeitung von Gesangsaufnahmen bezüglich der beiden Bearbeitungsschritte Timingkorrektur und Tonhöhenkorrektur schon ausführlich besprochen. Ein Gesangsbearbeitungs-Workflow *nach* der Aufnahme von Vocalists könnte – basierend auf meiner Praxiserfahrung – folgendermaßen aussehen:

1. Zunächst sollten Sie die Spuren beschriften und aufräumen, z. B. indem Sie die neuen Spuralternativen nutzen.
2. Ich nehme bei der eigentlichen Bearbeitung von Vocals zunächst Timing-Edits in Logic im Flex-Time-Algorithmus *Monophon* vor, bounce anschließend das Ergebnis und editiere dann das Tuning (ich bevorzuge Melodyne, aber in den Beispielen hier nutze ich FLEX PITCH), bounce wiederum ... und nehme dann eventuell nochmals Feinjustierungen vor. Auf diese Weise sind sehr präzise Korrekturen möglich, die natürlich klingen können.
3. Die Effekte sind bei mir zunächst in nachfolgenden Bussen untergebracht, in die alle Spuren hineingehen. Daher ist es egal, wenn ich zwischendurch Spuren mit Melodyne editiere oder bounce – alles läuft zum Abhören durch Busse. Zudem ist es sinnvoller, erst einmal Originale ohne Effekte zu editieren, wenn es um Timing und Tuning geht.
4. Mit dem Compressor bringen Sie Vocals auf eine einheitliche Lautstärke, damit sie besser zu verstehen sind. Achten Sie bei tieferen Stimmen darauf, den Compressor nicht zu stark auf die Bassfrequenzen reagieren zu lassen (indem Sie in der Side Chain das Signal filtern, auf das der Compressor reagiert).
5. Achten Sie auf De-Essing, um durch Dämpfung mancher Zischlaute nachfolgend mehr Höhen im Mix hinzugeben zu können – oder arbeiten zusätzlich mit einem Multibandkompressor, um die Höhen zu verdichten, indem Sie sie anheben und gleichzeitig komprimieren.
6. Gängig ist auch, Vocals nicht nur in mehreren Stufen zu komprimieren, sondern sie dabei auch noch ein wenig anzuzerren oder zu färben, z. B. mit Vintage-Kompressoren, EQs oder Verzerrungstools. Das Ziel dahinter ist oft ebenfalls eine bessere Brillanz und Verständlichkeit. Sie benötigen solche Plug-ins meiner Meinung nach nicht, um Vocals überzeugend abzumischen, wenn Sie gute EQs und Multibandkompressoren (z. B. von FabFilter) haben.

Drittanbieterprogramme wie Melodyne, Auto-Tune oder VocAlign erweitern die Möglichkeiten von Logic zudem deutlich. Doch was genau kann man damit erreichen?

17.4.22 Vocals: Melodyne, Auto-Tune, VocAlign und andere Vocaltools

Melodyne wird Sie auch bei schwierigeren Tonhöhenkorrekturen mit größter Wahrscheinlichkeit nicht im Stich lassen. Die große Stärke des Programms ist ein natürlicher Sound. Klanglich war mein Eindruck bei der Arbeit mit Melodyne (mein bevorzugtes Tool für solche Edits) meist besser als mit FLEX PITCH, wo ich öfter Artefakte gehört habe. Es kommt jedoch immer auf den Einzelfall und das Material an, das Sie bearbeiten. Seit Logic 10.4 ist es möglich, über die sogenannte ARA-Schnittstelle Musik sehr schnell zu anderen Programmen zu transferieren, die diese Schnittstelle unterstützen (wie Melodyne und VocAlign Ultra). Während die Version *Melodyne Assistant* für professionelle Vocal-Bearbeitung geeignet ist, liefert die Version *Essentials* wichtige Werkzeuge wie Vibratokorrektur *nicht* mit. Die Version Editorhingegen erlaubt zusätzlich zum Assistant die Analyse und Bearbeitung mehrstimmiger Aufnahmen. Die *Studio*-Version kann noch mehr: Skalen aus Aufnahmen gewinnen oder Lautstärken von in einer weiteren Analyse errechneten Obertonanteilen getrennt bearbeiten.

Es gibt viele weitere gute Programme für die Tuningbearbeitung mit ähnlicher Funktionalität – wie Antares *Auto-Tune*, Waves *Tune und Ovox* oder iZotope *Nectar* und *Vocal Synth*. Insbesondere *Auto-Tune* und Waves *Tune* sorgen eher für einen (oft gewünschten) künstlichen Sound, in Logic ist dieser vor allem via Pitch Correction-Plug-in möglich. Melodyne finde ich hingegen besonderes gut, wenn es natürlich klingen soll. In der Editor-Version können Sie mit Melodyne auch die Noten von Akkorden separieren und bearbeiten. In der Studio-Version ist es auch möglich, detaillierte Tunings aus Aufnahmen als Scala zu extrahieren

Für Live-Performances greifen Künstler oft auf das Auto-Tune-Realtime-Plug-in zurück, das es auch als auf Interfaces abgestimmte UAD-Version gibt. Das Interface liefert dabei Rechenleistung, wodurch die Echtzeit-Performance besonders gut sein kann.

Timingkorrekturen erledige ich meist in Logic.

Das Programm VocAlign *Ultra* erlaubt eine besonders schnelle Anpassung von mehreren Takes zueinander, und zwar sowohl bezüglich Timing als auch bezüglich Tonhöhe. Damit kann man viel Zeit sparen. Wenn z. B. bei zwei Refrain-Takes, von denen der zweite als Dopplung dient, die Konsonanten leicht versetzt gesprochen werden, klingt das unprofessionell. So etwas kann VocAlign enorm schnell ausbügeln, Sie können das aber auch manuell per Flex versuchen.

Darüber hinaus sind den kreativen Edits zur experimentellen Bearbeitung von Stimmen in Logic keine Grenzen gesetzt. Hier noch einige Beispiele:

Vocals: Praxisbeispiele

Im Projekt *17Rnb+Vox1* spielen zwei Apple Loops, einer mit R-&-B-Beats, ein anderer mit Vocals. Beide spielen zwar auch im Original mit Tempo 120 BPM, allerdings lässt die Timingabstimmung zu wünschen übrig. Diese habe ich im Projekt *17RnB+Vox1korr* verbessert – und zwar mit Hilfe einer Kombination aus automatischer Korrektur (Quantisierung anhand eines neu erzeugten Groove-Templates) und manueller Korrektur (Bewegung von Flex-Markern).

Im Projekt *17RnB+Vox+Quinte* spielt in Takt 3 und 4 eine zweite Stimme; es handelt sich um den gleichen Vocal, den ich jedoch mit FLEX PITCH auf einer weiteren Spur eine Quinte nach oben transponiert habe. Auf diese Weise verstärken Sie z. B. einen Refrain.

Fügen Sie gegebenenfalls manuell Ungenauigkeiten ein, um die zweite Stimme authentischer klingen zu lassen. Solch eine leiser hinzugemischte »zweite Stimme« können Sie auch mit Hilfe der Plug-ins Vocal Transformer oder Pitch Shifter umsetzen; nicht immer fällt die Künstlichkeit hierbei unangenehm auf (siehe auch das Beispiel *17RnB+Vox4* im folgenden Abschnitt).

Channel-Strip-Settings, Patches oder Effekte bei Vocals anwenden

Im Beispiel *17RnB+Vox4* habe ich die Vocal-Aufnahme mit verschiedenen vocaltypischen Effekten bearbeitet, die auf verschiedenen Spuren liegen und die Sie vergleichsweise durchhören können. In der BIBLIOTHEK stehen Ihnen für Audiospuren unter dem Eintrag VOICE Settings zur Verfügung, wie z. B. die folgenden:

- das in Spur 2 verwendete Patch *Telephone Vocal*, das die Stimme wie aus dem Telefon klingen lässt
- das *Tube Vocal*-Setting in Spur 3, das für ein wenig Verzerrung sorgt
- das *Classic Vocal*-Patch in Spur 4, das den Vocal mit ein wenig Delay anreichert

In den Spuren darunter habe ich weitere Edits vorgenommen oder andere Effekte geladen:

- In Spur 5 habe ich das kurze und sich nicht wiederholende Tape Delay aus Spur 4 etwas lauter gemacht. Ähnlich klingt es, wenn bei alten Rock-and-Roll-Vocal-Aufnahmen sogenannte *Slap-Delays* vorkommen.
- In Spur 6 hat dasselbe Tape Delay eine längere Delay-Zeit plus zusätzliches Feedback eingestellt, wodurch es länger aushallt und dubbiger klingt. So ein Effekt eignet sich auch für Übergänge zwischen Songteilen, weshalb ich das Feedback am Ende noch etwas via Automation aufgedreht und danach eine kleine Lücke gelassen habe.
- In Spur 7 sind die Vocals mit einem leichten »Chorus«-Effekt angereichert.
- In Spur 8 kommt eine zweite Stimme mit Hilfe des Vocal Transformers hinzu, die eine Quinte höher singt.
- In Spur 9 sorgt das Pitch Correction-Plug-in dafür, dass nur bestimmte ausgewählte Noten gesungen werden. Zwischendurch geht es dabei auch mal eine Oktave höher.

Allgemein sollten Sie bei Vocals den Tiefbass mit einem EQ abschneiden und Lautstärkeschwankungen insbesondere bei Dance-Produktionen oder auch der Bearbeitung von Sprache bei Filmvertonungen mit einem Kompressor auffangen und ausgleichen, während Vocals bei leiseren Jazz-Stücken oder Klassik ihre Dynamik meistens behalten sollen.

Roboterstimmen

In den Beispielen aus Abschnitt 17.4.13, »Techno, Electronica, House« (*17HouseVocodedarr11*), Abschnitt 11.22 über den *EVOC 20*-Vocoder sowie Abschnitt 15.10.2 über den »EVOC 20 TrackOscillator« wurde bereits die Erzeugung künstlicher Stimmen behandelt. Auf dem Mac finden Sie übrigens auch eine künstliche Stimme bzw. einen Sprachsynthesizer. Im Kontrollfeld BEDIENUNGSHILFEN der SYSTEMEINSTELLUNGEN können Sie unter GESPROCHENE INHALTE eine Stimme auswählen – und wann diese aktiv wird.

Diese künstliche Stimme können Sie gegebenenfalls mit Hilfe von *BlackHole* oder *Audio Hijack* (siehe Kapitel 19, »Andere Programme, Synchronisation, spezielle Verbindungen«) sampeln, wie ich es im Projekt *17RnB+Vox+Roboter* gemacht habe. Um die Frauenstimme robotig zum Singen zu bringen, habe ich in *17RnB+Vox+Roboter2* einen Vocoder zu Hilfe genommen. Im Projekt *17RnB+Vox+Roboter3* habe ich dagegen versucht, die sprechende Stimme mit Hilfe von FLEX PITCH singen zu lassen.

17.4.23 Remixing (und Coverversionen)

Ein *Remix* ist eine Neuinterpretation eines existierenden Musikstückes unter Verwendung einer oder mehrerer Originalspuren. Es wird also Audiomaterial des Originals verwendet (typischerweise besonders prägnantes Audiomaterial wie A-cappella-Gesang oder Lead-Synths). Zusätzlich werden neue Spuren ergänzt. Es wird häufig die Stilistik des Originals verändert, so dass sie mehr der Soundästhetik des Remixers entspricht.

Im Vergleich dazu ist eine *Coverversion* die Neuaufnahme eines Musikstückes. Alle Spuren werden neu aufgenommen. Unter rechtlichen Aspekten ist die Coverversion vom Remix abzugrenzen: Bei einer Veröffentlichung müssen in der Regel nicht mehr die Rechte der veröffentlichenden Künstler und Labels gewahrt werden, sondern nur die der Komponisten und Verlage. Hieraus ergeben sich neue Möglichkeiten und sinnvolle Fälle für die Erstellung von Coverversionen (z. B. mit abgeändertem Text) nach Absprache mit dem Verlag, ohne dass die Plattenfirma einbezogen werden muss.

Remixphilosophien

Es ist oft hilfreich, sich vor der praktischen Arbeit ein »Thema« für einen Remix zu überlegen. Auf diese Weise arbeiten Sie meist schnell erfolgreicher, weil Sie die Zahl der Optionen reduziert haben und z. B. Soundauswahl und Edits in ein übergeordnetes Konzept einordnen können. Andernfalls passiert es leicht, dass Sie aufgrund der Fülle der Möglichkeiten nicht recht weiterkommen. Mögliche Themen sind etwa folgende:

- sommerlicher Remix
- spaciger Remix
- düsterer Remix
- Remix, der eine entspannte Atmosphäre vermittelt
- auf der Tanzfläche treibender Remix

Die für Remixe oft nötige Tempoanpassung von Audiofiles wird in Kapitel 9, »Tempo und ›Smart Tempo‹-Editor, Tuning, Timing und Groove«, besprochen.

17.4.24 Ausblick

Ergänzend zu den hier beschriebenen Projekten, die Sie im Bonusbereich herunterladen können, habe ich einen Ordner *Extras* angelegt, in den nach Veröffentlichung des Buchs neuere Beispiele Eingang finden können.

Kapitel 18

Filmmusik, Live-Performance, Mastering und Meta-Events

Dieses Kapitel widmet sich einigen speziellen und fortgeschrittenen Anwendungen. Außerdem gehe ich auf ergänzende Sonderfunktionen ein.

Folgende spezielle Ziele und Anwendungen werde ich in diesem Kapitel erläutern:

- Filmmusik
- Live-Act-Konzeption und Logic-Funktionen, die hierbei helfen
- Mastering
- Meta-Events (Logic-spezifische Sonderfunktion)

18.1 Filmmusik und Soundvertonung mit Logic

Grundsätzlich sind Filmmusikkomposition und Sounddesign in der Praxis oft mit unterschiedlichen Workflows verbunden und finden im Film- und Fernsehbereich meist getrennt voneinander statt, bevor die finale Abmischung beides wieder vereint. Auch kommerziell wird beides immer mehr getrennt, und Kunden mit kleineren Budgets greifen immer mehr auf Online-Libraries mit Musik zurück. Ich habe öfter an kleineren Projekten (z. B. Kinospots) mitgearbeitet, wo ich beides gleichzeitig machen musste – sowohl die Musik als auch Geräusche (z. B. diverse Videos für das Lichtfaktor-Lightwriting-Kollektiv wie »Star Wars vs. Star Trek«, »Forest«, »BBC Blue Peter«, »Lichtwerker Stadtwerke Düsseldorf«, »Lenovo«, »Eurac Bozen«, »dENIZEN«, oder »Jägermeister Band Support«, zu finden bei YouTube oder Vimeo, siehe auch Abschnitt 18.1.7).

Egal, wie groß das Projekt ist und ob Sie Musik oder Soundeffekte oder beides beisteuern, es lohnt, sich exemplarisch den zeitlichen und organisatorischen Ablauf einer professionellen Filmvertonung (wo beides idealtypisch getrennt voneinander abläuft) zu vergegenwärtigen, um danach ein Arbeitskonzept zu haben und die einzelnen Schritte auch für kleinere Projekte abzuarbeiten.

18.1.1 Einführung: Filmmusik vs. Sounddesign, Logic vs. Pro Tools, Zeitbezug vs. Taktbezug

Sounddesign einerseits im Sinne von »Geräusche für den Film« und Filmmusikproduktion andererseits stellen unterschiedliche Anforderungen an ein Programm. Das wird gut am Vergleich zwischen Logic (Hauptprogramm für viele Komponisten) und Pro Tools (Favorit vieler Sounddesignfirmen) deutlich, auch wenn sich die Programme immer mehr einander annähern.

Logic hat eine lang gewachsene Tradition als professionelles MIDI-Programm. Die MIDI-Funktionen sind besonders detailliert, die Auswahl an Instrumenten und musikalischen Funktionen ist groß. Aber auch im Audiobereich ist eigentlich fast alles machbar, was auch in Pro Tools geht. Es gibt in Logic auch keine Einschränkung, dass Nutzer kleinerer Versionen bestimmte Funktionen nicht verwenden können. Viele Sounddesignfirmen verwenden dagegen Pro Tools, das eine lange Tradition als professionelles Audioschnittprogramm mit präzisen und im Detail schnell ausführbaren Schnitt- und Bearbeitungsfunktionen sowie extrem effizienten und durchdachten Shortcuts und Funktionen (z. B. Memory Locations, die Selektionen mit Notizen speichern können) aufweist. Zudem wird der Austausch von Dokumenten zwischen mehreren Bearbeitern leichter gemacht: In neueren Pro-Tools-Versionen lassen sich Dokumente so abspeichern, dass sie auch in älteren Versionen geöffnet werden können; kritische Stellen und sogar Detailselektionen können markiert und an Kollegen weiterkommuniziert werden.

Während Geräusche und Sounds stets eine feste Zeitposition haben (an der beispielsweise der Knall einer Explosion erfolgen soll), haben zumindest an MIDI-Tempo gebundene Kompositionen einen Taktbezug. Der Unterschied spielt eine Rolle, wenn man das MIDI-Tempo ändert. Nach Tempoänderungen liegen musikalische Ereignisse nach wie vor an ihrer Taktposition, aber nicht mehr auf denselben Zeitpositionen. Umgekehrt verrutschen nach Tempoänderungen die Taktpositionen zeitgebundener Ereignisse (z. B. Explosionsgeräusche in einem Film).

Für zum Film passende Musikkompositionen in Logic muss ein Komponist in der Regel öfter das Tempo ändern, um eine bestimmte Stelle im Film musikalisch zu betonen (so dass z. B. ein Filmereignis exakt auf der Zählzeit 1 passiert), dabei müssen die zeitgebundenen Elemente (wie Schritte oder andere Geräusche) zeitverriegelt werden. Logic ist standardmäßig für alle Regionen auf Taktbezug eingestellt, doch können Regionen zeitverriegelt werden. In Pro Tools ist es umgekehrt, dort sind Spureninhalte voreingestellt zeitbasiert (Einstellung: Samples), können aber leicht auch spurbezogen an »Ticks« (also ein MIDI-Zeitraster) gekoppelt werden.

Effekte in Spuren vs. Effekte in Audiofiles

Ein weiterer Unterschied bei der Vertonung von Musik und Sound betrifft die Art der Effektverarbeitung. Typisch für ein Musikstück wäre es, beispielsweise für den kompletten Song einen Verzerrungseffekt auf eine Gitarrenspur zu legen. Typisch bei der Geräuschvertonung wäre dagegen, Effekte für Schritte jeweils direkt in Audiodateien zu bouncen, weil beispielsweise die Hauptfigur während des Films mal in Pantoffeln, mal in Lederschuhen, mal auf Steinboden auf dem Kirchplatz und mal auf Teppich im Wohnzimmer herumläuft. Das klingt jedes Mal komplett anders, und Sie können kaum einen sinnvollen Effekt auf die gesamte Spur legen (außer einem Kompressor oder Limiter), sondern müssen viel mit Automation und Audiofiles arbeiten, bei denen die Effekte direkt hineingerechnet werden. Genau das konnte Pro Tools mit Hilfe der *AudioSuite*-Funktionalität lange besser als andere, weshalb es durchaus diskutabel war und ist, Pro Tools als externen Audioeditor für Logic zu benutzen. In Logic ist aber seit Version 10.3 genau diese Funktionalität in Form der AUSWAHLBASIERTEN BEARBEITUNG (siehe Abschnitt 6.6.14) hinzugekommen, so dass Logic diesbezüglich nun auf Augenhöhe operiert.

Auch zuvor konnten Sie schon Regionen inklusive Effekte als neue Audiofiles bouncen, mussten danach aber in der Regel noch die alte Spur löschen. Das ist nicht schlimm, wenn Sie an einem Musikstück arbeiten und nur selten einen Film oder nur ab und zu einen Kurzfilm vertonen müssen. Aber wenn Sie solche Operationen tausende Male wochenlang immer wieder durchführen müssen, dann kann schon ein einziger im Ablauf gesparter Arbeitsschritt viel Zeitgewinn bedeuten und darüber entscheiden, mit welchem Programm Sie letztlich arbeiten möchten. Andererseits bietet die REGIONEN BOUNCEN-Funktion den Vorteil, Automationen und Software-Instrumente in neue Audiofiles rendern zu können.

18.1.2 Ein typischer Ablauf von Filmvertonung

Die ganze Filmvertonungsprozedur inklusive Musik und Sounds lässt sich näherungsweise gemäß Tabelle 18.1 darstellen bzw. aufteilen.

Soundvertonung

Jeder der vier Arbeitsbereiche Originalton, Foley, SFX und Atmo versucht, innerhalb seines Zuständigkeitsbereichs den fertig geschnittenen Film weitgehend eigenständig zu vertonen, damit beim Mixen genügend Alternativen bereitstehen. Während die Originalton-Aufnahmen sich vor allem auf Dialoge konzentrieren, muss der Foley-Artist Geräusche für alles machen, was in Szenen zu sehen ist. Dabei geht es nicht unbedingt nur um »realistische« Sounds, sondern besonders um Geräusche, die dabei helfen, die Geschichte zu erzählen.

Mit Atmosphärensounds wird oft bei wenig Aufwand viel erreicht, sie haben oft einen verbindenden Charakter, der die Sounds in einen Kontext setzt (und wenn es nur ein leises, tristes Rauschen oder ein Nebengeräusch eines Raumes mit einer tickenden Wanduhr ist) und Ungenauigkeiten bei der sonstigen Vertonung verdecken kann. Weil die Sounddesigner vorher nicht genau wissen können, an welchen Stellen genau Musik spielen wird, wird meist mehr vertont, als später benötigt wird. So kann der Regisseur gegebenenfalls auch spontan entscheiden, die Musik an einer Stelle wegzulassen. Manches wird doppelt und dreifach produziert, weil man versucht, Alternativen anzubieten, falls man bei der Endabmischung feststellt, dass einer der Teilbereiche nicht so gut gelungen ist oder im Kontext einfach nicht so gut wirkt – oder dem Regisseur einfach danach ist. Die Ergebnisse der vier Arbeitsbereiche der Sounddesigner werden typischerweise von einem »Supervisor« für die Endabmischung aufbereitet (es muss einiges an Inhalten rausfliegen, damit man übersichtlich genug auf einem Mischpult darauf zugreifen kann), bevor (stets knappe) Zeit im großen Studio für die Endabmischung durch den großen Meister-Mixer (inklusive Filmmusik) in Anspruch genommen wird.

Musikvertonung

Der Filmmusikkomponist arbeitet meist weitgehend allein oder erstellt im Computer Rohversionen von etwas, was später von einem Orchester eingespielt wird. Gegebenenfalls teilt er ausgewählte Kompositionstonarten mit, damit FX-Geräusche nicht unpassend gestimmt werden. Für den Stil der Komposition insgesamt oder szenenbezogen kommen verschiedene Skalen und konzeptionelle Techniken in Frage, die in Tabelle 18.1 aufgelistet sind. Kommentiert die Musik, verstärkt sie, schwächt sie die Wirkung ab, oder soll sie die Wirkung ins Absurde ziehen? Es gibt viele Möglichkeiten. Natürlich gibt auch die Soundästhetik eine Stimmung vor und kann den Zuschauer auch bereits ohne Bilder in eine bestimmte Zeit oder Szene versetzen. Die unten genannten Filmmusik-Kompositionstechniken können Sie als theoretische Anhaltspunkte betrachten, das Vorgehen lässt sich in der Theorie nicht so leicht schematisieren wie der Prozess der Soundvertonung.

Gesamtüberblick

Bei der Filmvertonung werden Sounddesign und Filmmusik auf Basis eines fertig geschnittenen Films zusammengemischt.

Sounddesign	Filmmusik
Originalton: O-Ton-Aufnahme, O-Ton-Nachbearbeitung, Notizen, was nachsynchronisiert werden muss, gegebenenfalls Nachsynchronisation, passendes Einsetzen inklusive Effektbearbeitung (insbesondere Dynamikbearbeitung), EQing und Automation	szenenbezogene Musikkomposition (frei eingespielt oder mit MIDI-Tempoanpassung zur Betonung bestimmter Höhepunkte von Szenen), mögliche Kompositionsprinzipien für musikalische Themen:

Tabelle 18.1 Ablauf und Elemente einer Filmvertonung mit Sounds und Musik

Sounddesign	Filmmusik
Foley (Geräuschemacher): Foley-Aufnahme (der Foley-Artist arbeitet sich Szene für Szene durch und macht Geräusche für alles, was zu sehen ist – oder auch für Dinge, die nicht zu sehen sind), Foley-Nachbearbeitung, -Schnitt und Synchronisation mit dem O-Ton, passendes Einsetzen inklusive Effektbearbeitung, EQing und Automation *SFX* (kurze Sounds inklusive Peaks = Pegelspitzen, z. B. Türknallen, Reifenquietschen): Auswahl von Sounds aus geeigneten Libraries oder synthetische Erzeugung bzw. Aufnahme und Bearbeitung, passendes Einsetzen inklusive Effektbearbeitung, EQing und Automation	*Leitmotivtechnik*: Erzählstränge oder Personen werden musikalisch repräsentiert. *Underscoring*: Geschehnisse werden annähernd synchron nachvollzogen. *Mood-Technik*: Szenen werden durch stimmungsvolle Musik gestaltet und eingefärbt. *Paraphrasierung*: Musik bezieht Charakter aus den Bildern.
Atmos (langanhaltende Sounds, z. B. Regen, Waldrauschen, Zimmerrauschen mit Uhr): Atmo-Auswahl aus Libraries oder synthetische Erzeugung bzw. Aufnahme und -bearbeitung, passendes Einsetzen inklusive Effektbearbeitung, EQing und Automation	*Polarisierung*: Musik dominiert neutrale Bilder und bewegt die Stimmung in eine Richtung. *Kontrapunktierung*: Charakter der Musik widerspricht eindeutig den Bildern.
Anschließend: Optimierung der vier Soundvertonungsbereiche und Aufbereitung für den finalen Mix Anschließend: finaler Mix von Musik und Ton, Besprechung mit dem Regisseur (beides im großen Studio)	Währenddessen: Kommunikation der verwendeten Tonarten mit Sounddesignern, um unerwünschte Spannungen mit tonalen FX zu verhindern

Tabelle 18.1 Ablauf und Elemente einer Filmvertonung mit Sounds und Musik (Forts.)

Die Endabmischung von Musik und Sound erfolgt oft in einem großen Studio – z. B. dem der Sounddesignfirma in Abstimmung mit dem anwesenden Regisseur. Wenn Musik spielt, hört man natürlich nicht viel von den Geräuschen. Spielt keine Musik, muss die Geräuschvertonung perfekt sein.

So weit ein wenig Theorie, wenden wir uns nun der Umsetzung in Logic zu.

18.1.3 Einen Film in Logic öffnen, verschiedene Voreinstellungen, SMPTE-Timecode

In Logic Pro fügen Sie Filme via ABLAGE • FILM • FILM ÖFFNEN und Auswahl eines Films in einem Dialog dem Projekt hinzu. Sie können dann wählen, ob Sie eine eventuell vorhandene Original-Soundspur des Films als Audiospur importieren möchten.

Dies rate ich Ihnen, selbst wenn Sie den Ton gar nicht nutzen möchten, weil Sie auf diese Weise eine Region in Logic liegen haben, deren Länge exakt der Filmlänge entspricht. Das ist z. B. beim Exportieren des Tons für einen Film hilfreich. Audio aus einem Film können Sie auch nachträglich via ABLAGE • FILM • AUDIO AUS FILM IMPORTIEREN in eine Spur importieren.

Film-Kontextmenü

Für ein Film-Schwebefenster erscheint per Rechtsklick oder `ctrl`-Klick ein Kontextmenü, in dem Sie unter anderem die Größe einstellen können (siehe Abbildung 18.1).

Sie können dort aber auch z. B. die Film- und Audioregionen auf die Abspielposition verschieben oder die Regionen entsprechend kürzen oder verlängern.

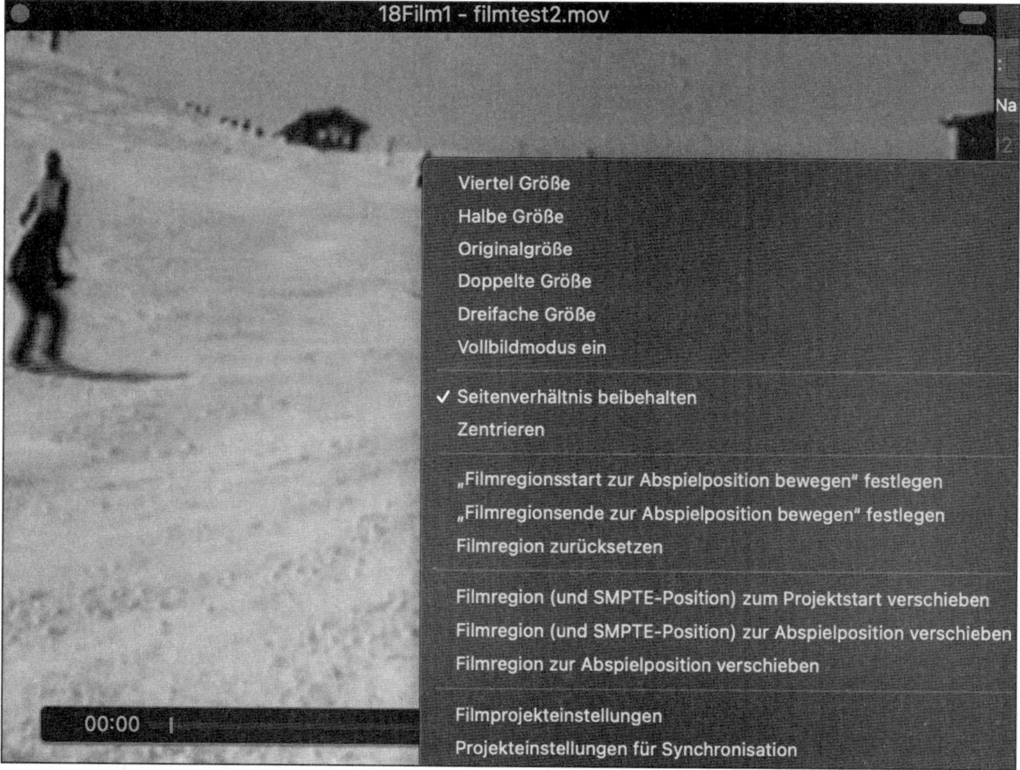

Abbildung 18.1 Film im Float-Fenster

Film-Projekteinstellungen (Film-Voreinstellungen Teil 1/3)

Zudem gelangen Sie von dort unter anderem in die PROJEKTEINSTELLUNGEN • FILM (siehe Abbildung 18.2), die Sie auch über ABLAGE • PROJEKTEINSTELLUNGEN • FILM erreichen.

Auch hier können Sie die Filmposition bzw. die Regionsgrenzen (wie im Kontextmenü) verändern. Hier legen Sie aber auch die Lautstärke des Filmoriginaltons außerhalb von Logic fest. Standard ist die Einstellung STUMM, denn es soll ja ein neuer Ton in Logic erzeugt werden.

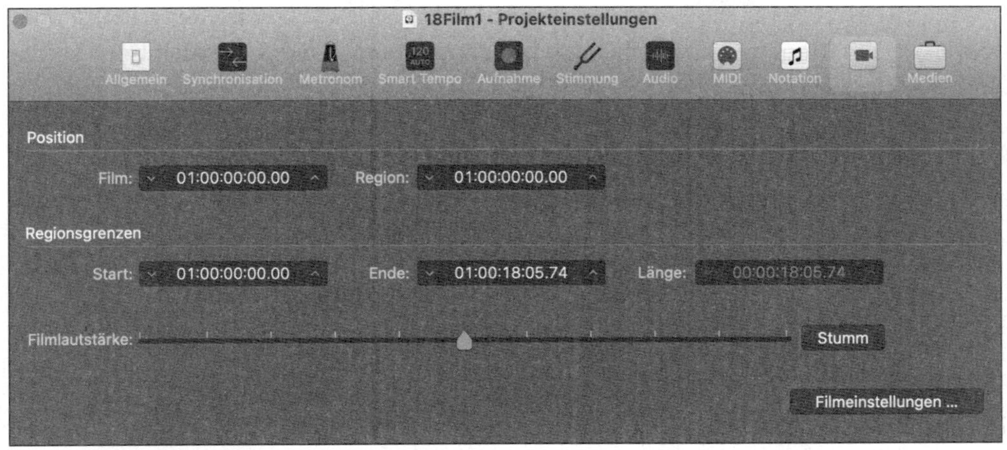

Abbildung 18.2 Filmprojekteinstellungen

Zeit als SMPTE-Zeit

Zeit wird bei der Filmvertonung als SMPTE-Zeit angegeben. Ende der 60er Jahre wurde von der amerikanischen *Society of Motion Picture and Television Engineers* (SMPTE) der SMPTE-Timecode als Norm festgelegt, um unabhängige Bild und Tonübertragung zu synchronisieren. Der Code ist nach folgendem Schema aufgebaut: HH (00–23):MM (00–59):SS (00–59):FF (00–24 bei 25 Bildern/Sek.).SF (00–79); dabei steht *H* für Stunden, *M* für Minuten, *S* für Sekunden, *F* für Frames (Einzelbilder) und *SF* für Sub-Frames.

Projekteinstellungen »Synchronisation« (Film-Voreinstellungen Teil 2/3)

Auch die Projekteinstellungen Synchronisation (Abbildung 18.3) erreichen Sie über das Kontextmenü.

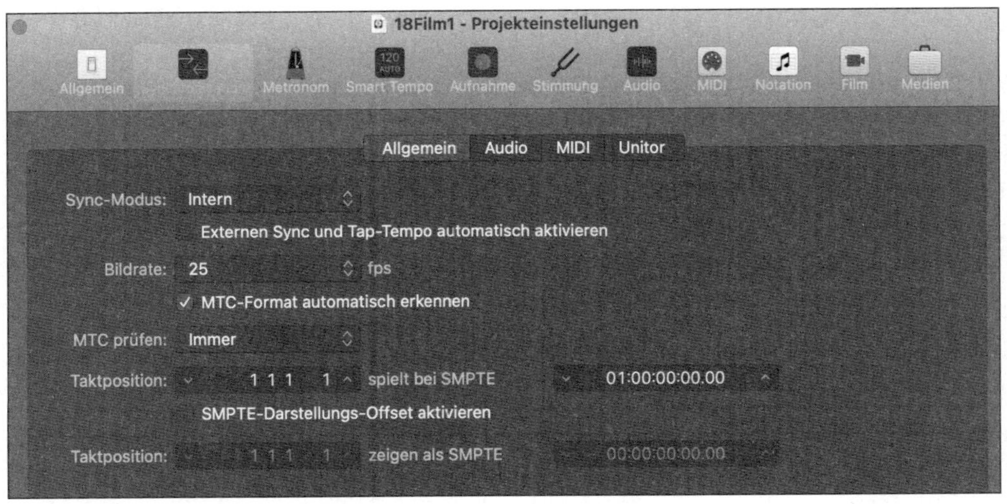

Abbildung 18.3 »Projekteinstellungen • Synchronisation«

In verschiedenen Medien existieren unterschiedliche Framerates. So hat beispielsweise in Deutschland ein Kinofilm üblicherweise 24 fps (Frames per Second), ein Videofilm dagegen 25 fps. Dies stellen Sie für Ihr Projekt unter PROJEKTEINSTELLUNGEN • SYNCHRONISATION ein. Bei digitalen Überspielungen ist so etwas meist nebensächlich, weil die Bilder automatisch entsprechend über die Zeit verteilt werden und ein 10 Sekunden langer Film in der Regel 10 Sekunden lang bleibt. Werden Filme dagegen analog (z. B. für Kinowerbung) überspielt, kann es durchaus vorkommen, dass Film und Musik nach der Überspielung plötzlich schneller oder langsamer abgespielt werden (und damit einhergehend auch in einer anderen Tonhöhe, wie bei einem Plattenspieler, der mit einer anderen Geschwindigkeit läuft). Zur Absicherung sollten Sie sich Spots von der Kinowerbefirma vorher probeweise in einem Kino vorspielen lassen. Es ist außerdem zu beachten, dass Filme und Bilddatenträger typischerweise mit einer Sampling-Rate von 48 kHz oder einem Vielfachen davon arbeiten (Audio-CDs dagegen mit 44.1 kHz).

Damit der Film und Logic synchron laufen, müssen Sie zusätzlich unter PROJEKTEINSTELLUNGEN • SYNCHRONISATION die Film-Startzeit entsprechend eingestellt haben. Die Option, hier eine SMPTE-Zeit für den Filmstart einzugeben, erlaubt, einerseits den Film im Projekt zu verrücken, so dass Sie Ihre Arbeit bei Taktposition 1 starten können, obwohl der Film bereits längere Zeit läuft. Dies kann Ihnen helfen, falls Sie nur einen Teilbereich des Films vertonen möchten. Andererseits geht es auch einfach nur um die Filmstartposition: Viele Filme beginnen nicht bei 00:00:00:00.00, sondern bei 01:00:00:00.00 (also bei genau einer Stunde), damit eventuelle Countdowns oder Vorspanne nicht auf »negativen« Zeiten vor 00:00:00:00.00 stattfinden müssen. Als Standard ist bei beiden Einstellungen der Wert 01:00:00:00.00 vorgegeben.

Die PROJEKTEINSTELLUNGEN unter FILM und SYNCHRONISATION stehen natürlich in Wechselwirkung miteinander, Logic bietet hier mal wieder mehrere Wege an – und das waren noch nicht alle.

Einstellungen Film (Film-Voreinstellungen Teil 3/3)

Außerdem spielen die allgemeinen EINSTELLUNGEN • FILM eine Rolle, die Sie aus den PROJEKTEINSTELLUNGEN • FILM unten rechts über den Button FILMEINSTELLUNGEN erreichen. Unter EINSTELLUNGEN • FILM können Sie gegebenenfalls einen Offset-Wert einstellen (siehe Abbildung 18.4), dann wirkt er sich allerdings auf alle Projekte, die Sie öffnen, aus. Wenn Sie einen Film vertonen, kann es zu Ungenauigkeiten kommen zwischen dem, was Sie sehen, und dem, was Sie hören – beispielsweise durch die Latenz der Audioausgabe.

Mit dem Anpassungsschieberegler IN PROJEKT VERSCHIEBEN können Sie versuchen, diese Ungenauigkeiten auszugleichen. Es kann außerdem sinnvoll sein, die Cache-Einstellungen zu ändern, wenn Sie eine Filmwiedergabe in höherer Auflösung benötigen.

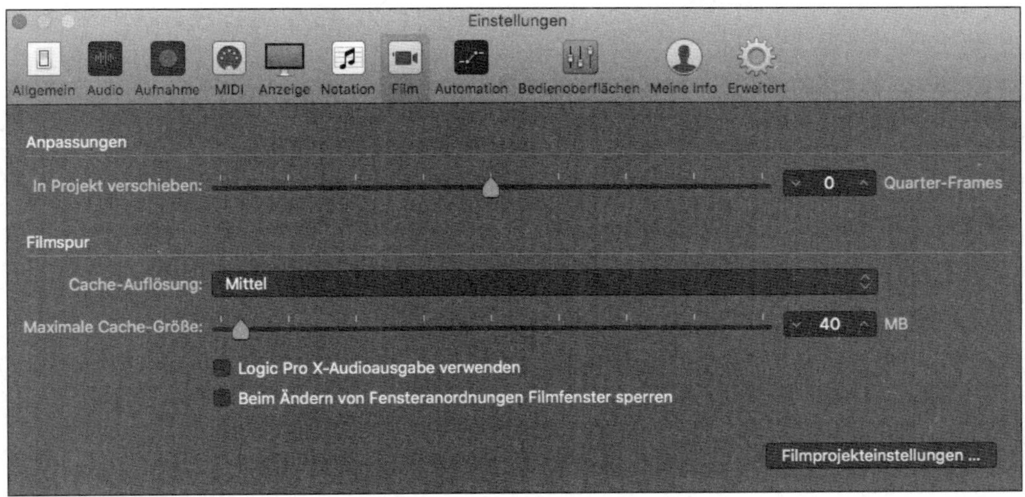

Abbildung 18.4 »Einstellungen • Film«

Die Option BEIM ÄNDERN VON FENSTERANORDNUNGEN FILMFENSTER SPERREN (unten unter EINSTELLUNGEN • FILM) sorgt dafür, dass das Filmfenster auch bei umgeschalteten Fensteranordnungen stets an derselben Stelle bleibt.

18.1.4 Filmvertonung in Logic: Sounds an Positionen platzieren und an (SMPTE-)Zeitpositionen koppeln

Um Geräusche an bestimmten Positionen des Films zu vertonen, steht Ihnen im Loop Browser eine Auswahl von Effekten unter dem Tag TONEFFEKTE (im Reiter INSTRUMENTE) und/ oder nach dem Einblenden der Spaltenansicht zur Verfügung. Weitere Details über den Loop Browser finden Sie in Abschnitt 4.13. Die Auswahl an Effekten ist für manche User, die Final Cut Pro X oder ältere Apple-Programme installiert haben, größer. Apple bietet übrigens Studentenrabatte für den Kauf aller Apple-Medienprogramme im Paket an, wenn Sie sich im deutschen Apple Store *Bildung* anmelden (im Sommer 2021 möglich via Registrierung bei Unidays).

Große Zeitanzeige und Event-Schwebefenster

Im Menü des Displays oder Transportfensters können Sie als Hilfe eine große Zeitanzeige öffnen. Eine weitere Hilfe bei der Platzierung von Geräuschen oder Regionen ist das Event-Schwebefenster. Sie rufen es im Menü FENSTER auf (via `alt` + `E`). Abbildung 18.5 zeigt ein Beispielprojekt, bei dem sowohl die große Zeitanzeige als auch das Event-Schwebefenster geöffnet wurden.

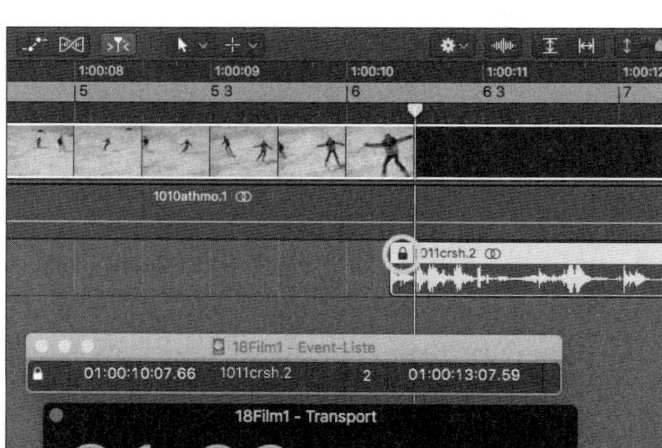

Abbildung 18.5 Große Zeitanzeige (für die Abspielposition) und Event-Schwebefenster (für die Position der selektierten Region)

Die Zeitanzeige zeigt die Abspielposition, das Event-Schwebefenster dagegen die Position der selektierten Region. Wenn das Event-Schwebefenster wie im Bild keine Takt-, sondern eine Zeitposition anzeigen soll, haben Sie zwei Möglichkeiten:

- Selektieren Sie im Kontextmenü des Event-Schwebefensters den Befehl EVENT-POSITION ALS LÄNGE UND ZEIT EINBLENDEN (`ctrl` + `alt` + `R`).
- Deaktivieren Sie unter ABLAGE • PROJEKTEINSTELLUNGEN • ALLGEMEIN die Option MUSIKALISCHES RASTER ANWENDEN.

Auch wenn die Darstellung danach zeitbezogen ist, bleibt die Bindung von Events an Taktpositionen bestehen. Um das zu ändern, müssen Sie die SMPTE-Position von Events/Regionen verriegeln.

SMPTE-Zeit-Verriegelung

Um eine selektierte Region fest an einer SMPTE-Zeit zu verriegeln, stellen Sie im FUNKTIONEN-Menü des Bereichs SPUREN oder via Rechtsklick auf die Region im Submenü SMPTE-VERRIEGELUNG ein. Wählen Sie dort die Option SMPTE-ZEIT VERRIEGELN/ENTRIEGELN. Das ist sowohl für MIDI- als auch für Audioregionen möglich und erfolgt regionen- und nicht spurbezogen.

Falls die SMPTE-Zeit für die Region verriegelt wurde, erkennen Sie dies normalerweise an dem kleinen Schlosssymbol im Region-Header (siehe Markierung in Abbildung 18.5).

In der PIANOROLLE lassen sich auch einzelne Events (z. B. Noten) einer Region an einer SMPTE-Zeit verriegeln. Oft ist es allerdings übersichtlicher, in solchen Fällen neue Spuren oder neue Regionen anzulegen, die getrennt voneinander verriegelt oder nicht verriegelt werden.

Ein einfaches Beispiel finden Sie im Projekt *18Film1*. Die verwendeten Sounds passen nicht unbedingt zum Film, demonstrieren Ihnen aber hier und im Folgenden die Arbeitsschritte bei der gleichzeitigen Vertonung eines Films mit Musik *und* Geräuschen.

Zweites Lineal

Am oberen Rand von Abbildung 18.5 sehen Sie ferner, dass im Hauptfenster (über das ANSICHT-Menü) ein zweites Lineal (ctrl + alt + cmd + R) eingeblendet wurde, das ergänzend die Zeit anzeigt.

Pickup Clock, »Zur Position«, »Zu Spuren hinzufügen«

Eine praktische Hilfe beim Platzieren von Sounds ist der Befehl REGION AUF ABSPIELPOSITION VERSCHIEBEN (PICKUP CLOCK), cmd + #. Bewegen Sie Ihre Abspielposition auf die Stelle, an der Sie den Sound platzieren wollen. Anschließend platzieren Sie eine zuvor selektierte Region oder ein Event bzw. eine Note mit »Pickup Clock« dort hin. Gegebenenfalls müssen Sie Sound mit einer langen Attack-Phase noch etwas vorziehen oder ein negatives Delay einstellen (z. B. im Informationsfenster REGION).

Definieren Sie sich am besten einen Vor- und Rückspul-Shortcut, um die Abspielposition in variablen Schritten durch den Film bewegen zu können. Ich benutze den Befehl VOR- bzw. ZURÜCKSPULEN MIT RASTERWERT, ändere den Rasterwert je nach Bedarf und weise selbst einen Shortcut zu. Alternativ lässt sich der Befehl ZUR POSITION ... (#) nutzen, um über einen nachfolgenden Dialog eine genaue Position für den Abspielpositions-Marker eingeben zu können. Die große Zeitanzeige verrät dabei genau die Position. Eine weitere Alternative ist die Nutzung der Funktion ZU SPUREN HINZUFÜGEN ... (ctrl + #), mit der Sie eine in der Übersicht PROJEKT selektierte Region sofort an der Abspielposition in einer selektierten Spur platzieren.

18.1.5 Was sind Szene-Marker, und wie erstelle ich sie?

Szene-Marker zeichnet ihre Zeitbindung an eine SMPTE-Position aus, während Standard-Marker an Taktpositionen gebunden sind. Beide Marker-Typen sind in der globalen Marker-Spur wie auch in der MARKER-Liste zu finden und lassen sich dort editieren oder auch in den jeweils anderen Typ konvertieren. Mit Szene-Markern springen Sie bei der Filmvertonung schnell an bestimmte Stellen im Film. Ihre Nutzung ist aber nicht unbedingt notwendig.

Szene-Marker können Sie in der globalen Filmspur erzeugen. Dort finden Sie im Flip-Menü zu diesem Zweck die Einträge MARKER-SET AUS SZENENSCHNITTEN ERSTELLEN und SZENENSCHNITTE ZUM MARKER-SET HINZUFÜGEN im aufspringenden Menü (Abbildung 18.6).

Alternativ geht das auch über das Menü NAVIGIEREN • ANDERE, wo ein paar mehr Optionen zur Verfügung stehen und Sie Marker auch entfernen können.

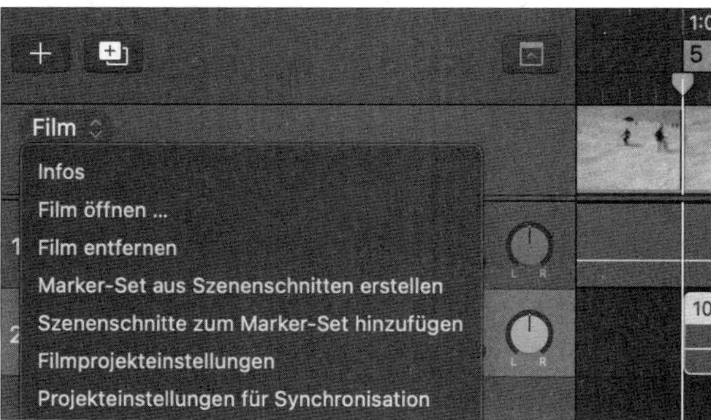

Abbildung 18.6 Hier erstellen Sie Filmszene-Marker.

Allerdings liefert eine solche automatische Erkennung nicht immer sinnvolle Ergebnisse. Eine manuelle Erzeugung von Markern ist alternativ über das Menü NAVIGIEREN • MARKER ERSTELLEN oder per Shortcut [alt] + [ß] möglich. In der MARKER-Liste können Sie Marker editieren und Szene-Marker in Standard-Marker konvertieren und umgekehrt.

18.1.6 Filmmusikkomposition, Taktpositionen mit Szenen synchronisieren

Wenn Sie Musik für einen Film komponieren, möchten Sie das oft so erledigen, dass ein wichtiger filmischer Schnitt oder Höhepunkt (bzw. dessen Zeitposition oder der Marker X) auf einer betonten Zählzeit (z. B. 1) liegt, so dass die filmisch betonte Stelle auch durch eine musikalische Betonung unterstützt wird. Im Beispiel *18Film1* könnte das die Stelle sein, wo der Skifahrer den Kameramann über den Haufen fährt und das entsprechende Geräusch platziert wurde.

Im Beispiel *18Film2* habe ich grob eine Musik angelegt, wie ich sie mir ungefähr vorstellen könnte – es handelt sich hier nur um einen einfachen Beat, der nach sechs Takten mit einem Crash-Becken endet. Nun liegt das Crash-Becken genau auf Takt 7, das Geräusch passend zum Sturz des Kameramanns liegt jedoch irgendwo kurz hinter Takt 6 (Abbildung 18.7).

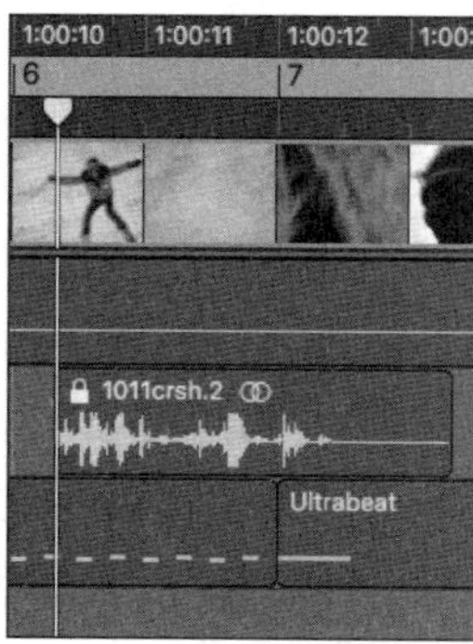

Abbildung 18.7 Die vorab eingespielte Musik bzw. »Ultrabeat«-Beats enden noch nicht genau auf dem durch ein Geräusch unterstützten Zeitpunkt.

Sie möchten nun eventuell das Tempo so anpassen, dass die Taktposition 7 1 1 1 exakt auf der Zeitposition liegt, wo es im Film »knallt«. Hierzu müssten Sie das Tempo passend verändern, wobei Ihnen der TEMPO-OPERATIONEN-Dialog hilft. Die Arbeitsschritte sind folgende:

- Notieren Sie zunächst die gewünschte SMPTE-Position für die gewünschte Taktposition in Ihrer Musik (in unserem Beispiel nehme ich die Position 1:00:10:08:27, sprich 1 Stunde, 10 Sekunden, 8 Frames und 27 Sub-Frames).
- Erzeugen Sie dann mit BEARBEITEN • TEMPO • TEMPO-OPERATIONEN einen Tempoverlauf, so dass für die gewünschte SMPTE-Zeit die gewünschte Taktzahl herauskommt. Hierzu wählen Sie unter OPERATIONEN zunächst aus, ob Sie eine Tempoänderung in Form eines Tempoverlaufs oder eines festen Tempos möchten (es gibt auch weitere Optionen wie einen zufälligen oder einen skalierten Tempoverlauf). In Abbildung 18.8 habe ich die Operation TEMPOKURVE ERZEUGEN für einen Tempoverlauf ausgewählt. Damit dieser flüssig abläuft, sollte die DICHTE der Tempoänderungen nicht auf 1/1, sondern stattdessen, wie in Abbildung 18.8, beispielsweise auf 1/32 stehen. Der Haken beim Eintrag NEUES TEMPO FORTSETZEN sorgt dafür, dass das Zieltempo nach der Tempokurve beibehalten wird.

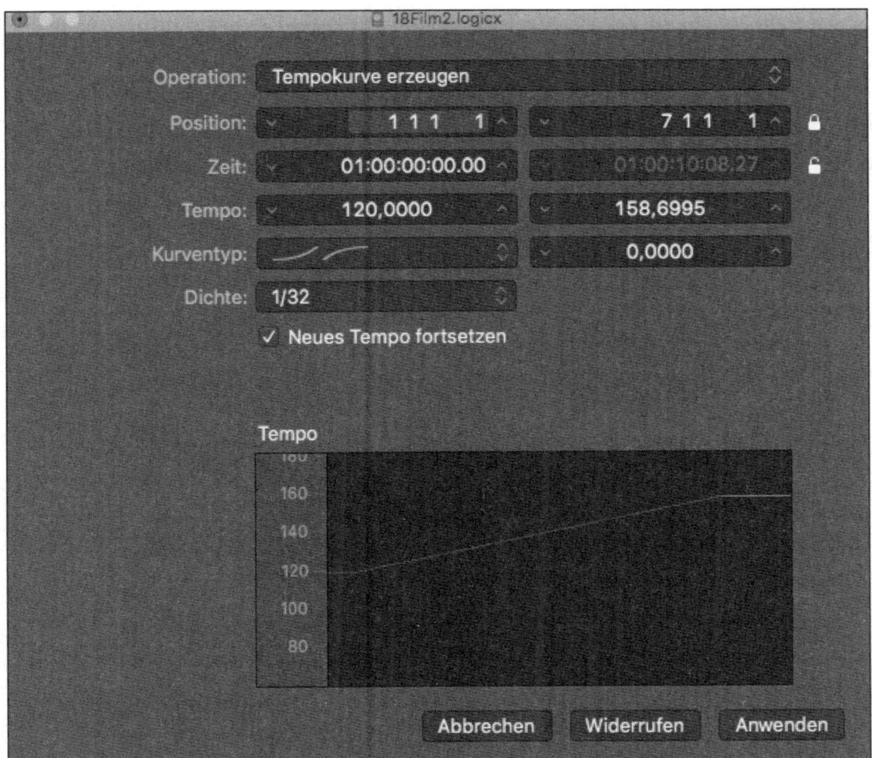

Abbildung 18.8 Das Dialogfenster »Tempo-Operationen«

18

Anschließend stellen Sie rechts oben die Zieltaktposition (im Beispiel Takt 7 1 1 1) ein und drehen mit der Maus so lange das Tempo herauf oder herunter, bis sowohl die gewünschte Taktposition als auch die gewünschte SMPTE-Zeit gleichzeitig untereinander angezeigt werden. Drücken Sie dann auf Anwenden, um die Ihnen angebotene passende Tempoänderung tatsächlich zu erzeugen. Das Ergebnis finden Sie im Projekt *18Film3b*. Leider hat Logic Pro hierbei die zeitverriegelte Region etwas verschoben. Ich habe keinen wirklich schlüssigen Grund hierfür gefunden. Allerdings blieb mir das im Projekt *18Film4* erspart, wo ich eine konstante Tempoänderung erzeugt (siehe Abbildung 18.9) und zudem im Hauptfenster den Einrasten-Modus deaktiviert habe. Ein Tempoverlauf müsste sich im Beispielprojekt von 120 auf ca. 158 BPM steigern, ein konstantes Tempo müsste mit ca. 139 BPM spielen, damit Takt 7 1 1 1 genau auf der »Crash«-Situation im Film liegt.

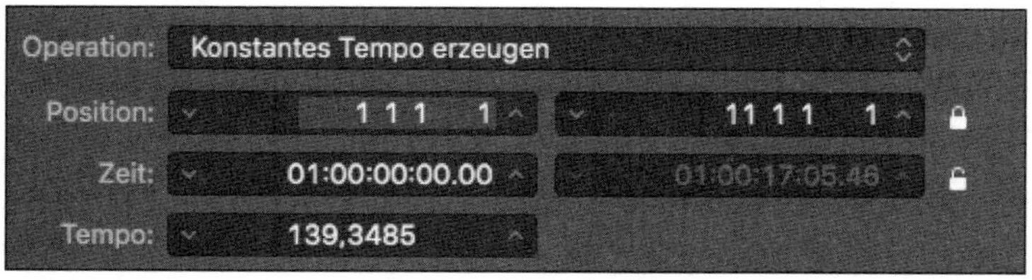

Abbildung 18.9 Konstantes Tempo im »Tempo-Operationen«-Fenster erzeugen

Weitere Ausführungen zu Tempoänderungen finden Sie in Kapitel 9, »Tempo und ›Smart Tempo‹-Editor, Tuning, Timing und Groove«. Interessant ist auch, dass Logic Ihnen das Anlegen mehrerer Tempoalternativen in der globalen Tempospur erlaubt (siehe Abschnitt 9.5).

18.1.7 Musik im Zeitverlauf komponieren und mit zeitverriegelten Bounces arbeiten

Oft ist ein Film zuerst fertig geschnitten und wird anschließend vertont, d. h., die Musik muss sich an einen gegebenenfalls unregelmäßig geschnittenen Film anpassen. Natürlich sollten Sie dann Prioritäten setzen, welche Stellen besonders wichtig sind, und diese perfekt realisieren, um anschließend die anderen noch »so gut es geht« hinzubekommen. Manchmal hilft auch »Kollege Zufall«. Zudem muss nicht jeder relevante Bildszenenschnitt auf einer musikalischen Zählzeit 1 liegen, auch eine andere Zählzeit kann gut wirken.

Wichtig ist aber in jedem Fall, sich von Anfang bis Ende durch den Film vorzuarbeiten und nicht irgendwo mittendrin anzufangen. Ansonsten halsen Sie sich eventuell selbst unnötig Arbeit auf, denn wenn Sie spätere Stellen im Film gut synchronisiert haben, verrutscht sehr leicht alles wieder, wenn Sie nachträglich das Tempo in einem Bereich editieren, der zeitlich *davor* liegt. Sollte so etwas aber (warum auch immer) nötig werden, empfiehlt es sich beispielsweise, die Musik des späteren Bereichs als Audiofile zu bouncen und anschließend den Bounce selbst zur Sicherheit als SMPTE-verriegelte Audioregion einzufügen – oder ein neues Dokument zu nutzen.

Praxisgeschichte 1

Ich musste mal mehrere Musiken für denselben Film komponieren (ca. 12 verschiedene Musikthemen), habe sie jeweils in eigenen Projekten verwaltet und gebounct und anschließend die Bounces in einem separaten Dokument angelegt. Sinnvoll war dabei auch, dass ich zur weiteren Sicherheit wichtige SMPTE-Positionen notierte, für den Fall, dass Logic sich mal etwas merkwürdig verhielt oder ich selbst Fehler machte.

Zusätzlich speicherte ich die einzelnen Logic-Projekte, in denen ich einzelne Bounces erstellt hatte, nach dem Bouncen und benannte sie entsprechend aussagekräftig (z. B. mit Datumsangabe oder Verweis auf das gebouncte Stück), um sie gegebenenfalls nachträglich wieder öffnen und die gebouncte Musik auch nachträglich wieder editieren zu können. Dies war wichtig, um durchzublicken, wenn ich im Laufe des Arbeitsprozesses mehrere Musikversionen von verschiedenen Szenen erstellt hatte.

Was tun, wenn der Filmschnitt nachträglich verändert wird?

Ein denkbares Szenario ist ein nachträglich anders geschnittener Film. In dem Fall markieren Sie die *nach* dem geänderten Schnitt liegenden Tempowechsel und verschieben im Dialog TEMPO-OPERATIONEN die SMPTE-Position um den erforderlichen SMPTE-Zeit-Wert. Auch das ist natürlich nicht ungefährlich. Manche netten und musikaffinen Filmcutter (hallo, Sven!) denken, Sie tun einem Filmmusiker einen Gefallen, wenn Sie nachträglich den Film passend zur Musik schneiden. Das ist natürlich bei vielen Musikvideos wirklich der Fall und kann auch sonst vorkommen, es kann aber auch die Komplexität der Aufgabenstellung erhöhen und einen Nervenzusammenbruch auslösen, wenn Ton- und Musikelemente teilweise nachträglich auf andere Positionen geschoben werden müssen.

Praxisgeschichte 2

Mein Kollege Marcel Panne aka VJ Sehvermögen ist seit 1999 bei meinen Basswerk-Session-Veranstaltungen im Gebäude 9 Köln als VJ (Videojockey) aktiv, der die Musik live bebildert. Eines Tages im Dezember hatten wir einen britischen Künstler als DJ zu Gast, der über 2 m groß und recht dünn ist. Er trug außerdem einen langen Bart und lange Haare, sah also vielleicht ein bisschen aus wie ein Heiliger auf religiösen Bildern. Am Tag nach der Party zeigten wir ihm Köln und einen Weihnachtsmarkt. Marcel, eigentlich gelernter Fotograf, entsann sich einer einst gelernten Fototechnik: Er machte ein Foto mit Langzeitbelichtung und malte ihm mit einer Taschenlampe einen Heiligenschein. Man nennt diese Technik *Lightwriting*: Durch die lange Belichtungszeit sieht ein (vorzugsweise auf einem Stativ gemachtes Nachtfoto) taghell aus, während die (nur kurz ins Objektiv einfallende) Bewegung einer Taschenlampe wie ein Feuerschweif wirkt. Fortan schickten wir uns zunächst gegenseitig mit Wunderkerzen geschriebene Weihnachts- und Neujahrsgrüße.

Marcel perfektionierte die Technik, zunächst mit Graffitikünstlern und selbstgebastelten Taschenlampen, und begann Filme aus solchen Fotos unter dem Namen »Lichtfaktor« zu machen, für die dann oft eine Komplettvertonung inklusive Musik gebraucht wurde. Diese Filme waren aufwendig in der Produktion: Für eine Minute Film brauchte man ca. 5–6 Bilder/Sek., also über 300 Bilder pro Filmminute – jedes davon mit ca. 30 Sekunden Belichtungszeit. Wir machten Filme für Sky, Arte, Philips, BBCs »Blue Peter«, Al Gores »Current TV«, die Stadtwerke Düsseldorf, das EURAC-Festival in Bozen und viele mehr. Manchmal hatte ich 14 Tage, manchmal nur 2 Tage Zeit für die Vertonung. Produziert habe ich immer in Logic. Gefordert war stets eine Vertonung von Musik *und* Sound. Sie finden diese Filmchen im Internet (zumeist bei YouTube) unter entsprechenden Schlagwörtern. Im Film »Lichtfaktor – Star Wars vs. Star Trek« hatte ich z. B. nur einen Tag Zeit. Bei »Lichtfaktor – Forest« sollten (ohne weitere Story, ebenfalls bei YouTube und Vimeo) Bewohner des dunklen Waldes mit Taschenlampen gezeichnet werden. Die Geräusche kosteten mich ca. zwei Wochen Arbeit, die Musik nur 10 Minuten, doch die Musik gibt dem ganzen Film erst »Zusammenhalt« und demonstriert die Bedeutung von Musik im Film.

Meistens habe ich auch bei kleinen Produktionen versucht, mich an das Workflowschema der Profis zu halten, Sounds unabhängig von der Musik zu realisieren, und habe dabei auf O-Töne, selbstgemachte Geräusche oder SFX und Atmos aus Libraries zurückgegriffen. Wenn Sie selbst wissen und entscheiden dürfen, wo Musik sein wird, müssen Sie für diese Stellen natürlich nicht mehr so aufwendig Geräusche produzieren. Wenn Sie bestimmte Geräusche suchen, können Sie sie mit mobilen Recordern einerseits leichter als früher selbst aufnehmen, andererseits gibt es nun auch viele Libraries im Netz, wo Sie nach Sounds suchen und diese einzeln kaufen können.

18.1.8 Audio in Film exportieren

Um den in Logic arrangierten Sound einem Film hinzuzufügen, wählen Sie AUDIO IN FILM EXPORTIEREN aus dem Menü ABLAGE • FILM. Anschließend werden Sie gefragt, wohin Sie den neuen Film speichern möchten. Logic exportiert dabei den bereits geladenen Film inklusive neuem Audio-Bounce. Achten Sie darauf, dass Sie zuvor für den Bounce die Locator-Punkte entsprechend der Länge des Films setzen. Hierbei hilft Ihnen z. B. die aus dem Film importierte Audioregion: Selektieren Sie sie, und setzen Sie die Locator-Punkte mit dem Shortcut cmd + U ungerundet auf die Länge der Region, die der Filmlänge entspricht.

Sollte der Film bereits eine Audiospur gehabt haben, fragt Logic Sie, ob Sie sie beibehalten wollen. Die Überschrift ZU EXPORTIERENDE SPUREN AUSWÄHLEN bezieht sich auf Spuren, die sich in der Original-Filmdatei befinden, nicht auf Spuren Ihres Logic-Projekts (siehe Abbildung 18.10).

Typischerweise möchten Sie nur neues Audiomaterial im Film haben – und nicht mehr die alte Audiospur. Wenn Sie dennoch das alte Audiomaterial im Film behalten möchten, selektieren Sie den AKTIVIERT-Button in der Spur.

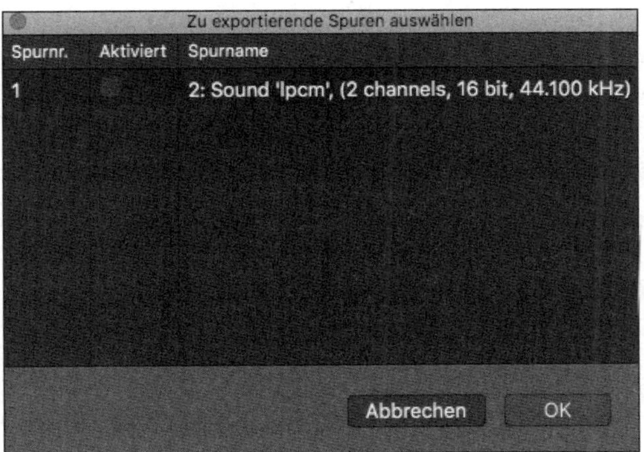

Abbildung 18.10 Der Dialog beim Filmexport

So oder so wird der neue Bounce bzw. Export als separate Audiospur in den Film eingefügt (auch wenn in einem Player beide gemeinsam abgespielt werden). Alternativ können Sie natürlich auch nur das Audiofile exportieren und in anderen Programmen mit dem Film zusammenbringen.

18.2 Live-Performance mit Logic und/oder MainStage

Für Live-Performances kann es sehr unterschiedliche und individuelle Konzepte geben. Logic bietet insbesondere seit Einführung der LIVE LOOPS (siehe Abschnitt 6.8.) einige auf Live-Performances abzielende Tools (teilweise auch die Meta-Events, siehe Abschnitt 18.4).

18.2.1 Live-Act mit Logic und Live Loops

Der bereits an vielen Stellen im Buch besprochenen Bereich Live Loops erweitert Logics Potenzial als Werkzeug für Live-Performances enorm.

Vorwort zu Logic und Live Loops

Ich bin kein Programmierer und kann nur spekulieren über das, was sich »under the hood« abspielt, aber kann sagen, dass ich mit Logic viele Jahre Praxiserfahrung gesammelt habe. Ich schreibe über mein »Hauptwerkzeug«. Dass Logic bisher grundsätzlich weniger auf Live-Acts ausgelegt und eher ein Studio-Tool war, mache ich zum Beispiel daran fest, dass das Einfügen von Effekten im laufenden Betrieb typischerweise nicht knacks- bzw. ruckelfrei vonstattenging. Ab Logic 10.5 scheint sich das geändert oder zumindest verbessert zu haben, im Test konnte ich Effekte ohne Knacks im laufenden Betrieb laden und aktivieren. Wie rund nun alles läuft, merkt man auch bei der Arbeit mit den neuen »Remix FX«, bei der sich die gewünschten Effekte live latenzfrei realisieren lassen (müssen). Es kommt mir allerdings dennoch vor, als würde Apple selbst Logics neues LIVE LOOPS-Feature vor allem als Tool zum Ideensammeln und spontanen Arrangieren, weniger aber als Tool für Live-Performances ankündigen. Aber ein bisschen Understatement schadet sicher nicht. Und wir werden sehen, wie viele Logic-Live-Acts es geben wird und ob die Zuverlässigkeit von Ableton oder Bitwig erreicht werden kann.

Live-Act-Realisation mit Logic und Live Loops

Wenn Sie einen Live-Act mit Live Loops planen, ist es vor allem sinnvoll, »Szenen« vorzubereiten, die Sie bei Bedarf als Ganzes auslösen können. Wie Sie Arrangement-Teile eines Projekts in Szenen umwandeln können, lesen Sie vor in Abschnitt 6.8 oder Abschnitt 17.4.5.

Zur Wiederholung: Öffnen Sie erst die Live Loops Ansicht, selektieren die Zielszene und kopieren dann im Kontextmenü des Taktlineals einen eingestellten Cycle-Bereich via CYCLE IN LIVE LOOPS KOPIEREN.

Sie können Szenen, die Inhalte für alle Spuren und Instrumente beinhalten, jederzeit bei Bedarf auslösen. Wann genau ein Wechsel stattfindet, entscheidet die jeweilige Quantisierungseinstellung. Beim Spielen können Sie jederzeit auch einzelne Clips stoppen bzw. für die jeweilige Spur alternative Clips auslösen (Details hierzu lesen Sie vor allem in Abschnitt 6.8).

In Verbindung mit Novations Launchpad und einem Controller zum Steuern von Smart Controls mit Mute-/Solo-Buttons oder Volume-Reglern der Spur (z. B. Logic Remote, Behringer xtouch Mini, KORG nanoKONTROL) sollten Sie so mit Logic besonders gut in der Lage sein, professionelle Live Acts zu realisieren. Logic Remote ist das optimale Tool, um mit den Remix FX zu arbeiten. Weiter unten im Abschnitt finden Sie auch allgemeine konzeptionelle Hinweise zur Erstellung eines Live-Acts.

18.2.2 MainStage

MainStage heißt ein weiteres Apple-Programm, das als Ergänzung zu Logic angeboten wird, primär für die Realisation von Live-Performances geeignet ist und vieles mit Logic gemeinsam hat. Es ist gewissermaßen eine für Performances optimierte Version von Logic ohne den Sequencer und auch ohne den Live Loops Bereich.

MainStage und Logic verfügen über das gleiche Arsenal an Instrumenten und Effekten, können mit AU-Plug-ins arbeiten und Patches laden und speichern. Ein bekannter Künstler, der seine Live-Acts mit MainStage performt, ist Marc Rebillet (meist aus dem Schlafzimmer in Unterhose und Pyjama, und das schon vor Corona). Er lädt nacheinander in MainStage Patches, lädt sie und spielt sie nacheinander in einen Boss RC 505 Looper ein. Mit riesigem Erfolg. Wobei gesagt werden muss, dass Sie auch den Live-Loops-Bereich von Logic wie einen Looper nutzen können (siehe Abschnitt 5.2 über Aufnahme im Live Loops-Bereich).

Abbildung 18.11 MainStage

Patches als Kombinationen mehrerer Channel-Strips wurden bereits vor Logic Pro X von MainStage benutzt. Alte MainStage-Patches müssen Sie allerdings zuerst in MainStage 3 öffnen und von dort exportieren, bevor Sie sie in Logic öffnen können.

MainStage (Abbildung 18.11) mag primär auf die Bedürfnisse von Keyboardern, Gitarristen und Sängern ausgelegt sein, die live mit einer Band oder solo spielen und schnell zwischen Sounds oder Soundeffekten umschalten wollen. Es kann aber auch anders genutzt werden – so lassen sich dort beispielsweise Backing-Tracks schnell und taktsynchron mit einem Fußschalter aktivieren.

18.2.3 Populäre Tools für Live-Acts

Ich habe früher regelmäßig einen Kurs unterrichtet, dessen Ziel die Erstellung eines Live-Acts war, wobei hauptsächlich Ableton Live zum Einsatz kam, das viele praktische Funktionen für eine Improvisation wie das automatisierte Hin- und Herspringen zwischen Songteilen, die Fernbedienung mit dedizierter Hardware und das knacksfreie Einfügen und Aktivieren von Effekten bietet, die Sie nun ähnlich in Logic finden. Ich würde einen Live-Act aktuell vorzugsweise mit Ableton Live performen, das Programm ist hierfür optimiert und läuft sehr stabil.

Wie stabil Logic wirklich live arbeitet, müssen Sie ausprobieren. Dass Ableton Live etwas gegenüber Logic etwas weniger komplex ist, ist für einen Live-Act jedenfalls hilfreich. Gegenüber Logic bietet Live zudem (noch) den Vorteil, dass man mit sogenannten *Follow Actions* Automatismen programmieren kann, nach denen Clips und Szenen ausgelöst werden. So können Sie Clips und Szenen geordnet nacheinander, aber auch zufällig automatisch auslösen.

Sowohl Logic als auch Ableton Live bieten die Möglichkeit, zwischen Live-Loops-Bereich (das heißt in Ableton Live *Session View*) und Arrangement umzuschalten. Tools wie Marker und Cycle-Bereiche können ergänzend bei der Konzeption eines Live-Acts helfen. Je nachdem wie komplex die Arrangements sind und in welchem Genre man einen Live-Act performen will, ist es unterschiedlich sinnvoll oder nötig, bereits mit vorkonfigurierten Arrangements zu arbeiten, die spontan mit Live Loops oder Session View unterbrochen oder ergänzt werden können.

Auch Tools wie Maschine, Traktor und Bitwig Studio machen den Übergang zwischen DJ-Performances und Live-Act immer fließender.

18.2.4 Allgemeine Tipps zu einem Live-Act

Abgesehen von den Technikdetails habe ich allerdings auch einige konzeptionelle Tipps für die Erstellung eines Live-Acts. Diese sind vielleicht eher für die Vorbereitung eines elektronischen Live-Acts als für eine Band relevant, halten aber auch für Letztere vielleicht die ein oder andere Anregung bereit. bei Folgende Grundgedanken sind bei der Konzeption eines Live-Acts hilfreich:.

- Wenn Sie auf die Reaktion der Crowd oder das »Momentum« eingehen möchten, brauchen Sie musikalische Tools und einen schnellen Zugriff auf dieselben. Solche Tools können sein: mehrere Ebenen Schlagzeug, die Sie schnell dem Mix hinzufügen oder aus dem Mix entfernen, sich ergänzende Grooves, die Steigerungen herbeiführen, Wirbel und Einschübe, die gut heraushörbar sind – aber auch ruhige Passagen, die auf unauffällige Weise weiter den Takt vorgeben und mit denen Sie Spannung neu aufbauen und die Aufmerksamkeit neu gewinnen. Haben Sie schon einmal erlebt, dass bei einer Performance die Anlage ausgefallen ist? Kaum eine Aktion auf der Bühne sorgt dermaßen für ein »Aufwecken« des Publikums, was vielleicht ein wenig zeigt, wie wirkungsvoll ruhige Stellen oder Unterbrechungen sein können.
- Grundsätzlich ist es hilfreich, Tools mit gegensätzlichem Charakter zur Verfügung zu haben (heftige vs. softe Drums; weiche, unanstrengende Flächen vs. verzerrte, aggressive Sounds; melodische vs. monotone Elemente; elektronische vs. akustische Elemente; Halftime vs. volles Tempo; leeres vs. volles Arrangement, Tempowechselclips o. Ä.). Zum einen müssen Sie im Live-Act Spannung auf- und abbauen können, zum anderen müssen Überraschungen möglich sein. Ist eine sich langfristig und langsam aufbauende Span-

nung geplant, kann es wichtig sein, in der Anfangsphase kleine »Wake-up Calls« einzubauen, mit denen der Artist bei Bedarf Aufmerksamkeit erregt oder Energie erzeugt.

- Ein Live-Act sollte zu Hause »Probe gespielt« werden, um eventuelle Schwierigkeiten aufzudecken und um zu gewährleisten, dass der Performer während des Auftrittes in der Lage ist, die Reaktionen des Publikums wahrzunehmen und eventuell zu reagieren, weil er seinen Live-Act ansonsten »im Schlaf« beherrscht.
- Tools wie der Step Sequencer ermöglichen den Einbau zufälliger Variationen, durch die die Inhalte live automatisch leicht variieren können, ohne dass Sie etwas tun müssen. Solche Tools sind besonders für minimale Musikrichtungen oder geloopte Teile interessant.
- Zusätzlich sollten Ausblender/Breaks, mit denen Wechsel von heftigen zu ruhigen Passagen möglich sind, vorhanden sein – und wenn möglich auch »Rises« oder »Wooshes« bzw. spannungssteigernde Effekte.
- Nichttonale Effekte, die zu jeder Zeit eingefügt werden können, sollten separat von tonalen Effekten erreichbar sein. Zusätzlich müssen Sie bei Sounds, die nur dann im Zusammenspiel miteinander funktionieren, wenn sie genau gleichzeitig oder in einer bestimmten »Kanon«-Reihenfolge gestartet werden, darauf achten, dass sich das in der Livesituation leicht realisieren lässt.
- Es stellt sich die grundsätzliche Frage, inwiefern Sie auf vorgefertigte Elemente zurückgreifen wollen: via Arrangement (Live-Improvisationen bauen Sie dann durch Loops im Arrangement ein) oder via Live-Triggering (z. B. von Szenen und Zellen in Logic, das wäre der typische Weg). Diese Entscheidung hängt auch von der Zahl der verwendeten Spuren ab und es kann hier auch eine Genreabhängigkeit geben. So können Hip Hop- oder Minimal Techno-Arrangements oft mit wenigen Spuren auskommen und dann kann man gut mit Live Loops ohne Arrangement improvisieren. Ein Arrangement, das komplexe Übergänge zwischen Songteilen realisiert, kann man weniger gut mit live getriggerten Clips bzw. Zellen performen.
- Wenn Optionen bestehen, durch Einbindung von Gesang oder Live-Instrumentalperformance die Bindung des Publikums an die Performer stärker zu machen, sollten Sie das tun (z. B. Sänger, Keyboarder, Gitarrist, die im Set phasenweise Aktionen performen). Für reine Elektronikmusiker/DJs/Performer steht das natürlich manchmal nicht zur Debatte, und ich möchte Sie hier nicht animieren, ein weiteres Exemplar eines permanent turnenden und winkenden DJs abzugeben. Alternativ sollten Sie aber eventuell darüber nachdenken, den visuellen Eindruck Ihrer Performance interessanter zu machen, etwa durch den Einsatz von Videos.
- Wenn es schwerfällt, ein Gefühl für die Wirkung des Live-Acts zu bekommen, sollten Sie zuerst versuchen, einen Song aus den Elementen, die für einen Live-Act in Frage kommen, zu erstellen – oder einfach generell Songs produzieren und ihre Wirkung vor Publikum zu testen. Das ist zunächst etwas leichter, weil ein Song in der Regel kürzer als ein Live-Act ist.

- Es ist manchmal hilfreich, fertige Elemente von fertigen Songs in Live-Acts einzubauen, z. B. Stems. So können Sie zum Beispiel »live« die Drums eines fertigen (und möglicherweise dem Publikum bekannten) Tracks verändern, während Bass und Soundspur unverändert bleiben oder separat mit Filtern bearbeitet werden.
- Mit Tools wie Hardware-Loopern, Abletons »Looper« oder auch Logics Live-Loops-Bereich können Sie schnell Eingespieltes in Echtzeit loopen, overdubben und mit Tools wie Sugarbytes »Turnado« in Echtzeit verfremden.

18.2.5 Weitere Logic-Funktionen, die bei der Erstellung eines Live-Acts helfen

Logic bietet weitere Funktionen, die bei Live-Performances hilfreich sein können:

- Die Funktion LOCATOR-PUNKTE UM CYCLE-LÄNGE VORRÜCKEN (⇧ + cmd + .) bzw. RÜCKWÄRTSBEWEGEN (⇧ + cmd + ,) erlaubt es, zunächst einen Teil eines Songs wiederholt abzuspielen (in dem Sie beispielsweise durch Aktivierung und Deaktivierung einzelner Tracks improvisieren) und anschließend ohne Holperer in einen anderen Teil zu wechseln.
- Wenn Sie ein Channel-Strip-Setting (*.cst*) als Performance sichern (siehe Kapitel 3), werden Sie aufgefordert, eine Programmnummer zu vergeben. Als Performance gespeicherte Channel-Strip-Settings finden Sie in der BIBLIOTHEK unter USER-CHANNEL-STRIP-SETTINGS • PERFORMANCES. Anschließend können Sie eine solche Performance über per Keyboard gesendete Program-Change-Befehle auf MIDI-Kanal 1 automatisch aufrufen. Es empfiehlt sich, die Session oder einen Ordner mit Patches entsprechend vorzukonfigurieren. Ist der entsprechende Track selektiert und ein Eintrag im gewünschten Ordner mit Patches in der BIBLIOTHEK selektiert, kann der Keyboarder auch ohne Program-Change-Befehle hierfür den Befehl NÄCHSTES bzw. VORHERIGES PATCH/PLUG-IN-SETTING ODER EXS-INSTRUMENT LADEN (Shortcuts Ä und Ö) nutzen – oder mit Fokus auf dem Bereich SPUREN die Pfeiltasten ↑ und ↓ zum Wechsel zwischen mehreren in einer Session geöffneten Tracks verwenden. Die Pfeiltasten können andererseits auch dafür sorgen, dass das nächste/vorherige Patch ausgewählt wird, falls der Fokus nicht auf dem Bereich SPUREN liegt, sondern ein Bibliothekseintrag ausgewählt und blau unterlegt ist.
- In Abschnitt 13.2.10, im Unterabschnitt über Touch Tracks, habe ich ebensolche vorgestellt. Mit Touch Tracks können Sie z. B. Regionen auf der nächsten Zählzeit 1 durch Drücken einer einzigen Taste dauerhaft oder für die Dauer des Tastendrückens triggern, wobei Ihnen Logic Timingungenauigkeiten verzeiht, was in Livesituationen vorteilhaft ist.
- Darüber hinaus gibt es Meta-Events, mit denen Sie z. B. die Wiedergabe anhalten oder ein Projekt auswählen können (kurz erwähnt in Abschnitt 18.4).

18.3 Mastering

Beim Mastering geht es um die finale Veredlung und Optimierung eines Mixes. Oft hilft es, externe Mastering-Dienste zu nutzen – und Experten, die hierauf spezialisiert sind und über eine entsprechende Ausstattung, Abhöre und Kompetenz verfügen. Doch auch Mastering-Experten sind Menschen, machen Fehler und haben Schwerpunkte, Stärken und Schwächen. Die meisten guten Mastering-Ingenieure treten spätestens nach dem ersten Master in den Dialog mit dem Kunden, und ich habe oft erlebt, dass nach kritischen Hinweisen in einem zweiten Versuch besser gemasterte Ergebnisse als beim ersten Versuch zurückkamen.

Als Musiker haben Sie durchaus die Chance, mit dem Resultat von Mastering-Ingenieuren zu konkurrieren, wenn Sie Ihre Tools und die Abhörsituation beherrschen. Der Vorteil des Mastering-Studios liegt meiner Meinung nach oft mehr in der Erfahrung und der Abhörsituationen (siehe Kapitel 17) als im Potential der verwendeten Tools, denn viele gute Plug-ins wie iZotopes »Ozone« sind mittlerweile relativ erschwinglich geworden und stehen auch bei Mastering-Profis am Ende der Signalkette.

Insbesondere wenn Sie sich – angesichts einer nicht optimalen Abhörsituation – die Mühe machen, Ihren Master im Kontext mit anderen Stücken und/oder auf verschiedenen Anlagen (von denen wenigstens eine den Subbass abbilden können sollte) oder im DJ-Set Probe zu hören, können Sie sich einem optimalen Ergebnis schrittweise annähern. Das ist dennoch schwer und langwierig.

Ein guter Mix ist die beste Voraussetzung für gutes Mastering. Einige Techniken hierfür habe ich z. B. in Kapitel 17, »Mixingstrategien, musikalische Ziele und Stile«, erläutert. Ein lauter Mix ist oft umso schwerer zu realisieren, je mehr Instrumente im Mix vorkommen. Wenn Sie versuchen, die Lautstärke eines einzelnen Schreis zu optimieren, erhalten Sie im Vergleich zu einem komplexen Arrangement schnell ein subjektiv lauteres Ergebnis.

Beim Mastern eines einzelnen Tracks (auch *Pre-Mastering* genannt) wird nicht selten ein anderer Track als Referenz herangezogen; beim Mastering eines Albums ist oft das Ziel, unterschiedlichen Tracks relativ einheitlichen Sound und Lautstärke zu geben – oder zumindest die Stücke und ihre Unterschiede mit mehr oder weniger gewollten Kontrasten aufeinander abzustimmen.

18.3.1 Mastering im Mix?

Ist es eventuell sinnvoll oder erlaubt, im Rahmen des Mixprozesses schon mit dem Mastering zu beginnen? Normalerweise erfolgt das Mastering *nach* dem Mixing, dennoch ist diese Frage nicht eindeutig zu beantworten. Grundsätzlich ist es beim Mixing vor allem wichtig, die Relationen der Instrumente zueinander inklusive des Effekteinsatzes pro Instrument richtig abzumischen. Diese kann der Mastering-Engineer (außer beim Stem-Mastering) nicht mehr korrigieren, wohl aber den Gesamtklang (zu dumpf, zu hell etc.).

Doch ein Einbinden des Masterings oder zumindest des Limitings in den Mix kommt in der Praxis dennoch oft vor. Ich kenne Artists, die im Mix ihre Drums absichtlich deutlich zu laut abmischen, weil sie bereits berücksichtigen, dass das Schlagzeug beim Limiting »platt« gemacht wird, wodurch ein bestimmter Schlagzeugsound entsteht und wodurch die Künstler nach dem Limiting die Lautstärke des Schlagzeugs in Relation zu dem Rest wieder okay finden. Die Wirkung des Limiters nehmen sie dabei selbst im Mix voraus.

Ist ein Track schon fast fertig, nutze ich selbst auch einige Prozessoren am Ende der Signalkette, auch um bereits mit anderen Stücken vergleichen zu können. Meistens bounce ich die Kopien dann auch mit heraus. Dabei versuche ich, einen Kompromiss zu finden, der Freiraum für späteres Mastering lässt, aber schon die Wirkung eines Limiters und erste Schritte der Lautstärkeoptimierung integriert.

18.3.2 Stem-Mastering

Beim *Stem-Mastering* mastert der Mastering-Engineer mehrere angelieferte Soundfiles (sogenannte *Stems*, z. B. einen Bounce einer Drum-Bus-Spur), wodurch er mehr Eingriffsmöglichkeiten hat, dabei aber möglicherweise auch das Lautstärkeverhältnis der Stems zueinander verändert. Damit Stems eines Mixes erstellt werden können, sollten Sie entsprechende Gruppen im Mixer in Bussen zusammenfassen, wie in Abschnitt 14.4 über das Thema Summierung erläutert.

18.3.3 Vergleich mit einem Referenz- oder Vergleichstrack

Ein probates Mittel zur Optimierung eines Mixes bis hin zum Mastering ist ein Vergleich mit einem Referenz- oder Vergleichstrack. Möchten Sie den aktuellen Track während des Mixdowns mit einem Referenztrack vergleichen, stellt sich folgendes Problem: Falls Sie eine aktuelle Produktion im Masterbereich mit einem Limiter bearbeiten, wollen Sie Referenztrack(s) im Vergleich *unbearbeitet* hören und nicht durch den Limiter schicken. Lösung: Sie routen alles (außer der Referenz) auf einen Masterersatz-Aux-Kanal. Falls Sie mehrere Abmischungen Ihres Tracks als Bounces vorliegen haben, können Sie diese nun ebenfalls als Referenzen vergleichen. Wie das aussehen kann, zeige ich in den beiden Projekten *Schnellkurs30cedited+othermaster1* und *2*. Spur 1 enthält den Bounce, Spur 2 einen (jeweils anderen) Referenztrack (diese wurden aus Copyright-Gründen ausgewählt, auch wenn sie hier thematisch nicht ganz so gut zum Schnellkurs-Song passen).

Sie können den Sound des Referenztracks nun durch Betätigung der SOLO-Taste mit dem Bounce in Track 1 oder dem eigentlichen Projekt vergleichen (kleine Verzögerungen beim Umschalten sind normal). Ein ähnliches Beispiel finden Sie auch in Abschnitt 15.3.8, wo es um die Limiter-Plug-ins in Logic geht (*Projekt15Electrolim*). Falls Sie es etwas bequemer haben und sich den Routing-Aufwand ersparen möchten, können Sie auch ein Plug-in kaufen, das das Gegenhören verschiedener Referenztracks erlaubt (z. B. »Ozone 9« von iZotope).

18.3.4 Mastering-Werkzeuge (in Logic und anderen)

Mastering-Engineers arbeiten insbesondere mit Equalizern, Kompressoren, Multiband-Dynamics, Multiband-Imaging-Tools, Multiband-Verzerrern, Hall und Limitern, aber auch mit Bandmaschinen, Röhrenverstärkern und weiteren Tools, um den Sound zu optimieren. Metering-Plug-ins helfen zusätzlich. Schauen wir uns an, was Logic uns diesbezüglich bietet – und welche anderen Tools sinnvoll sind.

EQ und Compressor

Von der Qualität des EQings müssen sich die Logic-EQs nach nicht vor der Konkurrenz verstecken, für meine Ohren klingen sie relativ neutral und erlauben sehr präzise Eingriffe. Es gibt auf dem Markt für Drittanbieter-Plug-ins natürlich EQs, die bei kleinsten Reglerbewegungen sofort gut klingen und weniger detaillierte Justage hierfür benötigen als Logic-EQs – dafür aber auch weniger präzise Eingriffsmöglichkeiten bieten. Es kann sinnvoll sein, mit mehreren EQ-Modellen zu arbeiten. Bei EQs stellt sich die Frage, ob Sie eher mit neutral klingenden oder färbenden EQs arbeiten wollen. Die gemeinsame Bearbeitung der Summe mit einem EQ kann alles verbinden und zum Glänzen bringen, aber es ist wie mit dem Salz in der Suppe: Etwas zu viel davon, und alles ist verdorben.

Logics Compressor besitzt unterschiedliche Modi, in denen er sehr unterschiedlich klingen kann (vergleiche Abschnitt 15.3.1). Eine Bearbeitung des Summensignals mit einem Kompressor sollte vorsichtig erfolgen. Bearbeitungen mit kleinen Ratios wie 1,2 oder 1,5 können gut klingende, dezent verdichtende Wirkungen haben. Ob so etwas noch nötig ist, hängt von der Beschaffenheit des Mixes ab.

Frequenzspezifische Stereobreitenbearbeitung; M/S-Dekodierung

Mitte/Seite-Bearbeitung ist ein wichtiges Thema beim Mastering. Sie können hiermit – oft ohne Phasenprobleme – den räumlichen Anteil Ihres Mixes hervorheben. Ich habe z. B. gute Erfahrungen bei der Bearbeitung von Choraufnahmen mit einem Stereo-X/Y-Mikrofon gemacht. Den etwas »dünnen« Stereoanteil der Aufnahme mit dem Stereo-X/Y-Mikrofon konnte ich mit Hilfe von M/S-Dekodierung authentisch präsenter machen und herausarbeiten. Oder Sie möchten die Stereobreite für verschiedene Frequenzen unterschiedlich einstellen. Das Thema behandele ich in Kapitel 17 über Mixing, im Abschnitt 15.8.3 über das »Correlation Meter« sowie im Abschnitt 15.1.4 über Kanalkonfiguration.

Frequenzspezifische Kompressoren oder dynamische EQs

Auch frequenzspezifische Kompression mit dem Multipressor kann sinnvoll sein. Der Multipressor trennt die Bänder eher weniger steil als Konkurrenten. Dies kann als Vorteil zu einer homogenen, unauffälligen Bearbeitung, als Nachteil zu einer wenig trennscharfen Bearbeitung führen. Mit einem dynamischen EQ (den es in Logic bislang nicht gibt) können Sie störende Frequenzen meist etwas präziser dynamisch herausfiltern als mit dem Multipressor. Die Idee: Weggefiltert wird nur eine bestimmte Frequenz – und auch nur dann, wenn sie eine bestimmte Lautstärke überschreitet. Ist die nervende Frequenz also gerade nicht nervend, wird auch der Rest nicht heruntergeregelt – ähnlich wie beim De-Essing. *Dynamische EQs* wie z. B. in iZotopes »Ozone« und »Neutron«, FabFilters »ProQ3« und Voxengos »GlissEQ« sind eine tendenziell neuere Entwicklung. Die Grenze zwischen dynamischen EQs und Multibandkompressoren verläuft fließend, allerdings hat ein FabFilter »ProQ3« detailliertere EQ-Einstellungen, während Sie bei Logics Multipressor detaillierter an Ratio, Attack und Release des Kompressors schrauben, jedoch weniger genau ein Frequenzband oder die Charakteristik der EQ-Kurve einstellen können.

Hall

Die Verwendung von prägnantem stilbildendem Hall beim Mastering ist eher ein künstlerischer Schritt, den Sie nicht unbedingt von einem Mastering-Engineer erwarten können. Wenn Sie selbst mastern, können Sie insbesondere bei cineastischer und atmosphärischer Musik damit in Einzelfällen wahre Wunder erreichen. Doch ist wenn überhaupt eher der Einsatz eines kurzen Halleffekts üblich. Auch damit geht man generell aber sicher eher vorsichtig um. Doch kann man so einem Track etwas mehr Volumen oder auch einen weicheren, schmeichelnden Sound verleihen.

Analoger Signalweg

Ob die Einführung eines analogen Signalwegs (z. B. eines analogen Summierers) für das Mastering notwendig ist, darüber wird oft gestritten, sicher ist das aber eine gängige Methode. Ich bin der Meinung, dass analoge Geräte oft interessantere Klangfärbungen und Verzerrungen ermöglichen, für eine saubere Lautstärkeoptimierung werden sie hingegen aus meiner Sicht nicht unbedingt benötigt. Logic ermöglicht über das Plug-in »I/O« das Einbinden externer Hardware als Effekt.

Zielmedium und EBU R128

Beim Mastering eines Stückes spielt das Zielmedium eine Rolle: Wird der Master z. B. im großen Kino, im Club oder eher im Radio gehört werden? Die European Broadcasting Union (EBU) hat in der Richtlinie R-128 Vorgaben gemacht. Darin steht u. a., dass im Broadcastbereich eine Standardlautstärke von –23 LUFS für Produktionen normalisiert werden soll. Die Umsetzung der Richtlinie bedeutet, dass laut gemasterte Stücke mit einer Lautstärke von –7 LUFS um 16 LU bzw. dB heruntergepegelt werden, um auf –23 dB LUFS zu kommen. Dadurch klingt in entsprechenden Medien ein weniger laut gemastertes Stück mit mehr Dynamik eventuell sogar besser als ein laut gemastertes Stück. Wie genau das gemessen wird und weitere Details zu diesem Thema finden Sie in Abschnitt 15.8.1 über Logics Loudness Meter.

Limiting/Dithering/Bouncing

Am Ende der Kette sollte ein sogenannter *Brickwall-Limiter* stehen, der in einem digitalen System sicherstellt, dass keine Pegelspitzen über 0 dB hinausgehen. In digitalen Systemen sorgen solche Brickwall-Limiter mit einer Lookahead-Funktion dafür, dass die 0 dB niemals überschritten werden. Immerhin bieten Logics Limiter und Adaptive Limiter im erweiterten Bereich zusätzlich eine sogenannte »Intersample Peak-Detection« an (siehe Abschnitt 15.3.8 über »Limiter«). Je länger die »Release«, desto geringer die Verzerrungen, wenn Sie hart am Limit fahren – auf Kosten der Lautstärke, weil der Limiter bei langen Release-Zeiten permanent leiser macht.

Der neue PRECISION-Mode des Logic-Limiters ermöglicht lautere Master als Vorversionen, dennoch empfehle ich beim Limiting eher die Nutzung von Tools von anderen Anbietern (siehe unten).

Digitaler Pegel ist mit analogem Pegel nur begrenzt vergleichbar und entscheidet nicht allein über den Sound. Das verwendete Digital-Analog-Wandlersystem gibt laute digitale Pegel manchmal jeweils recht unterschiedlich aus; Verzerrungen entstehen auf einem System früher, auf einem anderen später (bzw. erst bei größerem Pegel).

Einzelne Kanäle übersteuern, Master nicht übersteuern?

Grundsätzlich ist es in Logic relativ unproblematisch, intern einzelne Kanäle zu übersteuern, weil es intern mit einer hohen Bitrate arbeitet, die eine verzerrungsfreie Wiedergabe auch bei höheren Pegeln zulässt. Allerdings klingen manche Plug-ins schlechter, wenn sie mit zu hohem Pegel angefahren werden (was ich persönlich bei einigen Waves-Plug-ins so empfunden habe). Den Master-Output-Kanal sollten Sie in der Regel nicht übersteuern, wenn das Ziel die Ausgabe eines 16- oder 24-Bit-Audiofiles ist. Es sei denn, Sie nehmen eventuelle Verzerrungen in Kauf (siehe auch Abschnitt 10.2.6). Das Übersteuern des Masterbereichs wird aller Theorie zum Trotz zudem von manchen Künstlern für kreatives Mastering genutzt. Ich kenne Künstler, die den Output von Logic oder Cubase (auch dort gibt es den UV22HR-Algorithmus) mit Absicht übersteuern und mit UV22HR dithern, wodurch die Verzerrungen/Artefakte angeblich annehmbar werden und eine größere Lautstärke bei weniger ungewollter Klangveränderung erzielt wird als mit Limitern. Ob das stimmt und wie gut es klappt, hängt vom verwendeten Audiomaterial ab und muss sicherlich im Einzelfall ausprobiert werden. Von artefakt- oder verzerrungsfreien Ergebnissen können Sie bei dieser Methode nicht ausgehen, und sicher sollte die Übersteuerung nicht zu hoch ausfallen.

Beim *Dithering* geht es grundsätzlich um die klangliche Optimierung von Artefakten, die durch die Bitreduktion vor allem bei sehr leisem Signal oder z. B. ausklingenden Hallräumen entstehen. Für diese leisen Töne stehen nicht mehr viele Bits zur Verfügung, und so kann es bei genauem Hinhören in gemäßigter Form etwas ähnlich wie bei einem Bitcrushing-Effekt klingen. Beim Dithern wird eine Art Rauschen hinzugemischt, damit das weniger auffällt. Logic bietet hierfür verschiedene Optionen im Bounce-Dialog, dessen Einstellungen für die

Erstellung eines Masters ebenfalls wichtig sind. Vom mehrfachen Dithering eines Audiofiles ist abzuraten, genauso wie von mehrfacher Truncation durch Bitrate-Wandlung. Mehr zum Thema Bounce-Dialog, Bouncing, Bitrates und Dithering lesen Sie in Kapitel 10.

Drittanbieter-Limiter

Für das Mastering wird oft ein Limiter eines Drittanbieters herangezogen. Gute Tools stammen von iZotope (»Ozone«), Sonnox, FabFilter, Waves, Slate Digital, UAD, McDSP, Voxengo oder IK Multimedia. Ich empfehle, unterschiedliche Limiter und Einstellungen auszuprobieren, da sie oft jeweils ein stark unterschiedliches Klangverhalten an den Tag legen, verschiedene Prioritäten setzen und für spezielle Genres unterschiedlich gut geeignet sind. Limiter wie »Ozone« oder »T-Racks« haben verschiedene Modi eingebaut, die den unterschiedlichen Philosophien gerecht zu werden versuchen und (je nach Modus) z. B. unterschiedlich starke oder verschiedenartige Verzerrungen zulassen oder alternativ vor allem auf maximale Lautheit, maximale Verzerrungsfreiheit, optimale Transientenbewahrung oder minimale Verfälschung des Bassbereichs setzen.

Mastering-/Limiting-Philosophien – länderspezifisch?

Verschiedene Algorithmen spiegeln unterschiedliche Mastering-Philosophien wider. Nach meiner Erfahrung von über 40 gemasterten Drum-and-Bass-Vinylplatten (ich war beim Mastering meist anwesend) masterten englische Toningenieure Platten oft lauter, dafür aber unter Inkaufnahme von (erwünschten) Verzerrungen, während für deutsche Vinyl-Masterer oft die Unverfälschtheit des Originalsignals im Vordergrund stand (meist auf Kosten der Lautstärke). Die erste Priorität war jeweils eine andere: Lautstärke vs. originaltreue Reproduktion. Seinen Grund hatte dieser Unterschied in der Ausbildung der jeweiligen Ingenieure und den Genres, mit denen sie am meisten zu tun hatten.

Folgende Fragen sollten Sie sich stellen

- Wo ist für Sie als User selbst beim jeweiligen Stück die Grenze akzeptabler Klangveränderungen auf Kosten von Lautheit erreicht? Das ist subjektiv, hängt aber auch wieder vom Genre ab. Je mehr Tiefbass erhalten bleiben soll, desto schwieriger wird das Limiting, und desto mehr Limiter sind weniger gut geeignet. Es gibt ältere Limiter, die generell meist bei weniger großen Lautstärken beginnen, »kaputt« zu klingen, als die meisten neueren oder teureren Versionen. Das gilt auch für Logics »Limiter«. Allerdings klingen diese alten Limiter (wie z. B. Waves »L1«) bei moderatem Limiting trotzdem nicht unbedingt schlechter.
- Auf welcher Ebene werden – wenn überhaupt – zuerst klangliche Einbußen beim Limiting zugelassen? Manche Limiter erhalten eher die Schönheit des Klangs, bügeln aber schon relativ früh die Drum-Transienten platt und reduzieren den Bass. Solche Eigenschaften eignen sich gut für eine Lautstärkeoptimierung fürs Radio. Andere Limiter retten die Transienten und den Bass besser, klingen dafür nicht ganz so edel.
- Wie viel Dynamik durch die Medien möchten Sie zulassen, auch im Hinblick auf die Umsetzung der EBU-R128-Richtlinie? Entsprechend wählen Sie die Limiting-Parameter.

»Varispeed«/Samplerate-Conversion als Mastering-Tool

Mit Hilfe eines erhöhten Pitch-Werts, der mit der Funktion VARISPEED (erreichbar in einem selbstkonfigurierbaren Display, siehe Abschnitt 6.7.20) realisierbar ist, können Sie die Energie eines Stückes subtil erhöhen. Der Effekt ähnelt einer Wiedergabe durch den DJ im Club, der den Track leicht schneller abspielen lässt.

Ich habe diesen Effekt durch Samplerate-Konvertierung 1998 beim Mastering der Label-Compilation »Basswerk Sessions Vol. 1« selbst angewendet, um alle Stücke entsprechend der Wiedergabe im Club etwas schneller abzuspielen.

18.3.5 Album-Mastering in Logic und CD-(Master-)Erstellung

Die Erstellung von Mastern einzelner Tracks vor einem finalen Album-Mastering wird auch *Pre-Mastering* genannt. Beim Mastering eines Albums als Ganzes hingegen geht es vor allem darum, verschiedene Tracks zu einer Einheit – dem Album – zusammenzubringen und sie gegebenenfalls aufeinander abzustimmen. Während die meisten Künstler es für richtig halten, alle Tracks beim selben Engineer mastern zu lassen, ziehen andere es vor, Abwechslung im Sound und damit auch verschiedene Soundästhetiken zu bieten, die beim Mastering in unterschiedlichen Studios entstehen. Letztlich muss dann noch jemand die Stücke zu einem Album zusammenfügen. Das ist dann nicht mehr ganz so schwierig.

Logic-Master-Arrangement mit Tempo 10

Eine Methode der CD-Master-Erstellung, die ich mehrfach erfolgreich angewendet habe, ist die Erstellung des Masters komplett in Logic als Bounce (Abbildung 18.12).

18

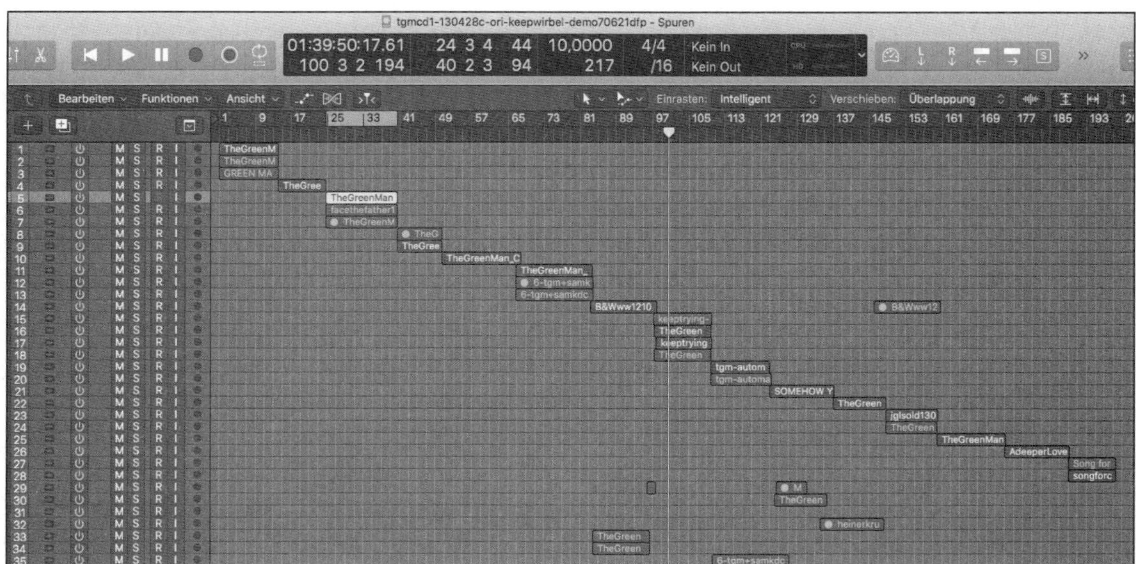

Abbildung 18.12 CD-Mastering in Logic von CD 1 meines Albums »Sound Power« (2013)

Sinnvoll ist es, hierfür ein langsames Songtempo (in Abbildung 18.12 ist 10 als Tempo eingestellt) auszuwählen, wodurch Logic in der Lage ist, z. B. eine CD von 79:50 Minuten Länge ausgezoomt übersichtlich abzubilden (wie in der Abbildung). Wer gewöhnt ist, mit Logic zu arbeiten, wird es in einem solchen CD-Arrangement leichter finden, detailliert gestaltete Übergänge zwischen Stücken zu erstellen, z. B. Automationen für Übergänge mit Aushallern einzubinden.

Ein weiterer Vorteil dieser Technik ist, dass Sie schnell verschiedene Varianten eines Tracks vergleichen können. So sind im Bild links oben beispielsweise drei Varianten von Track 1 zu sehen, die sich nun leicht im Kontext des Folgetracks anhören und vergleichen lassen.

Was tun mit vorgemasterten Tracks?

Falls sämtliche Tracks noch ungemastert sind, lässt sich ein einzelner Limiter auf die Masterspur legen. Sie können dann (z. B. zusätzlich zu EQing) einfach die Lautstärkefader der einzelnen Tracks justieren, um unterschiedlich laut mit den Tracks in den Limiter zu gehen (anstatt pro Track einen eigenen Limiter öffnen zu müssen). Haben Sie dagegen bereits teuer bezahlte Pre-Master auf den Spuren, sollten Sie sie nicht durch eine Limiter-Bearbeitung noch einmal modifizieren, sondern möglichst bouncen, ohne dass sie nochmals durch ein Plug-in geroutet werden. Puristen würden vermutlich selbst davon abraten, ich sehe darin allerdings kein Problem. So etwas im Routing entsprechend einzurichten, ist aber ja nicht schwierig. Routen Sie beispielsweise alle ungemasterten Tracks in einen Mastерersatzbus mit gutem Limiter und fahren diesen mit verschiedenen Track Volumes unterschiedlich stark an, während Sie die fertigen Pre-Master direkt an den Ausgang routen, wo kein Plug-in mehr geladen ist.

CD-Master/DDP

Den Bounce aus Logic können Sie anschließend z. B. in ein dafür geeignetes Programm als ganzes Audiofile importieren, wo Sie u. a. noch Track-Marker, CD-Text und ISRCs einfügen müssen, um eine den Formatvorgaben des sogenannten *Red Books* entsprechende, kompatible CD zur Abgabe ans Presswerk anzufertigen.

Programme mit dieser Funktionalität heißen *HOFA CD-Burn & DDP*, *Sonoris DDP Creator*, *Steinbergs Wavelab*, *Presonus Studio One* oder *DSP Quattro*. Früher konnte man so etwas auch mit dem im Logic 9-Studio-Bundle enthaltenen Apple-Programm *Waveburner* realisieren, das leider aus dem Programm genommen wurde. Die komplette CD müssen Sie zuverlässig auf Clipping hin überprüfen. Sind mehr als drei Samples hintereinander geclippt, so wird das Presswerk u. U. den angelieferten Masterrohling nicht vervielfältigen (digitale Knackser wären die Folge).

Änderungen am Master

Wenn Sie in Logic das Masterprojekt editieren, können Sie danach eine neue, große Datei bouncen und in das Programm zum Erstellen der Master-CD importieren (eventuell müssen Sie die neue Datei umbenennen und den Namen des zuvor verwendeten Bounces verwenden). Veränderungen an den Trackstart-Punkten und Indizes, Crossfades zwischen den Tracks, Master-Plug-in-Bearbeitung oder die Eingabe von CD-Text, ISRCs (digitale Signatur des Songs) und EAN-Codes (Barcode zur Abrechnung) müssen Sie dann idealerweise nur justieren und nicht komplett neu vornehmen.

Anlieferung an das Presswerk/DDP-Image

Die mittlerweile gängigste Methode der Album-Master-Erstellung für eine CD-Pressung ist die Erstellung sogenannter *DDP-Files* bzw. eines *DDP-Images*. Diese können Sie anstelle eines Rohlings an Presswerke schicken, um Klangverluste zu vermeiden. Es handelt sich um mehrere Dateien in einem Ordner, eine davon (die typischerweise *Image.dat* heißt) enthält die Audiodaten, andere weitere Informationen wie CD-Text und Track-Marker).

Es kann bei der Erstellung von DDP-Images zu Software-Inkompatibilitäten kommen (z. B. weil Textfelder nicht oder nicht richtig ausgefüllt wurden). Um Inkompatibilitäten auszuschließen, empfiehlt es sich, vom Presswerk eine »Probe-CD« vor der Fertigung der gesamten Auflage herstellen zu lassen (was nicht immer klappt) oder erstellte DDPs in einem anderen DDP-Reader-Programm testweise zu öffnen.

Wenn Sie noch eine gebrannte CD als Master an das Presswerk verschicken sollten: Nutzen Sie einen Rohling mit möglichst hochwertiger Qualität, um Fehlern auf dem Medium vorzubeugen. Eine sinnvolle Methode zur Kontrolle der abzugebenden Master-CD ist es, sofort nach dem Brennen eine Kopie oder ein Image von ihr zu erstellen (anstatt eine zweite CD zu brennen). Wenn Sie dann diese Kopie oder das Image Probe hören, sollten Fehler, die auf der Master-CD sind, auch auf der Kopie zu entdecken sein.

18.4 Meta-Events in Logic

Dieser Abschnitt soll nur als kurze Vorstellung der Meta-Events-Spezialfunktionen (Abbildung 18.13) aus Logic dienen, die im Logic-Handbuch genauer erläutert werden. *Meta-Events* sind Logic-spezifische Befehle, die nur von Logic erzeugt und verstanden werden können. Sie haben (wie Sie das im Zusammenhang mit Automationsdaten bereits kennengelernt haben) eine ähnliche Struktur wie MIDI-Daten und lassen sich daher besonders gut über die EVENT-Liste editieren (und dort auch erzeugen).

Auch bei Meta-Events gibt es wieder zwei Datenbytes, von denen eines die Art des Meta-Events beschreibt (in der Spalte NUMMER, z. B. Nr. 49 FENSTERANORDNUNG AUFRUFEN, 50 PROJEKTAUSWAHL, 52 WIEDERGABE STOPPEN) und das andere dessen aktuellen Wert (in der Spalte WERT, z. B. die Nummer der jeweiligen FENSTERANORDNUNG).

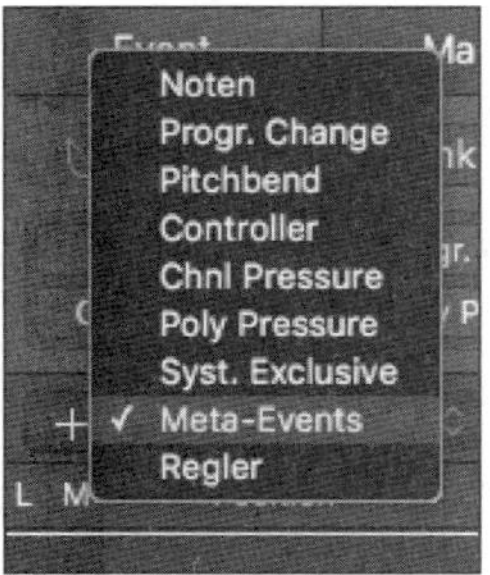

Abbildung 18.13 Hier erzeugen Sie Meta-Events.

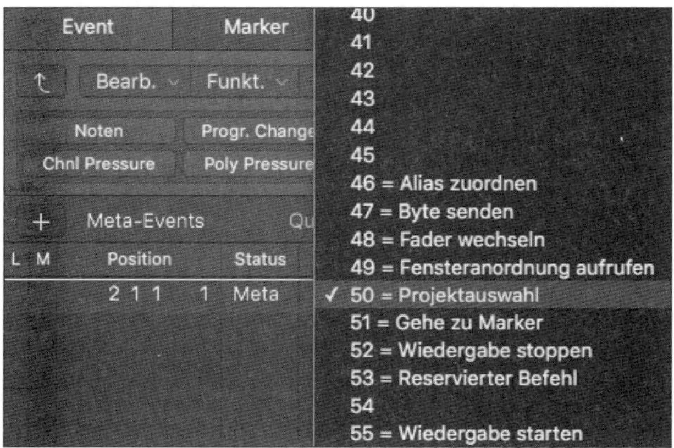

Abbildung 18.14 Es gibt verschiedenste Arten von Meta-Events.

Beispiele zum Meta-Event Nr. 100 finden Sie in Abschnitt 9.9.2 und im Projekt *09Temporegler2*, wo das Tempo über Meta-Events in einer Region gesteuert wird.

Kapitel 19

Andere Programme, Synchronisation, spezielle Verbindungen

Zum Abschluss des Buches geht es um Programme, die sinnvoll mit Logic zusammenarbeiten oder ergänzend genutzt werden können: Apples GarageBand und Sprachmemos, Kontakt, Maschine, Ableton, Reason und Audio Hijack ... Es geht auch um Möglichkeiten, mit mehreren Rechnern gleichzeitig Musik zu machen oder mehrere Programme computerintern oder außerhalb des Computers miteinander zu verbinden.

Zuerst zeige ich GarageBand und Sprachmemos auf iPad und iPhone als Standalone-App, deren *.band*-Projektdateien sich in Logic importieren lassen. Das Thema Dateiaustausch finden Sie detailliert in Abschnitt 10.9.

19.1 GarageBand für iOS

GarageBand für iOS und Mac kann als eine Art Logic-Light-Version betrachtet werden. Die iOS-Version bietet weitere Vorteile in der Bedienung beim Erstellen von Skizzen mit zwei Händen. Sie können via GarageBand iOS unterwegs Tracks starten, skizzieren, sampeln und in Logic weiterbearbeiten. Zudem ist es oft eine Art Vorreiter. So waren LIVE LOOPS- und Sequencer-Funktionen schon lange integriert, bevor sie in Logic hinzukamen. Zuletzt wurden die System-Mindestvoraussetzungen für GarageBand übrigens höher angelegt als die von Logic.

GarageBand für iOS gibt es als App auf dem iPhone und auf dem iPad. Die beiden Varianten der Programme unterscheiden sich vor allem hinsichtlich der angebotenen Größe der Darstellung. Bessere Prozessoren erlauben mehr Spuren oder müssen weniger früh automatische Rendering-Prozesse auslösen, bessere Displays können die Stärke der Berührung in Steuerdaten umwandeln. Die sich oft ändernden Voraussetzungen für den Betrieb auf einem iOS-Gerät entnehmen Sie bitte den Angaben in Apples iOS-App-Store zu GarageBand.

Apple hat zudem die iOS-App Musikmemos eingestellt, die in der letzten Auflage des Buchs noch vorgestellt wurde. Ideen können Sie nun in der App *Sprachmemos* aufnehmen und dann in GarageBand oder Logic weiterbearbeiten.

In Abschnitt 16.3 über Logic Remote haben Sie schon viel gelernt, was Sie für die Nutzung von GarageBand iOS gebrauchen können. Es fehlt nur die Bedienung des Sequencers außerhalb der LIVE LOOPS-Ansicht. Sie finden in GarageBand iOS wie in Logic LIVE LOOPS und Spuren, ebenso einen Step Sequencer. GarageBand Mac funktioniert sehr ähnlich wie Logic, nur mit weniger Ansichten.

19.1.1 GarageBand iOS – Einstieg

Falls Sie zuvor bereits an einem Song gearbeitet haben, wird dieser geöffnet. Klicken Sie ansonsten auf das +-Zeichen neben dem Schriftzug GARAGEBAND FÜR IOS, um einen neuen Song zu erstellen.

Wenn Sie GarageBand auf dem iPad oder iPhone öffnen und einen neuen Song erstellen, können Sie oben zwischen LIVE LOOPS- und SPUREN-Ansicht wählen. Voreingestellt öffnet sich aktuell die LIVE LOOPS-Ansicht. Klicken Sie auf die +-Taste, um eine Spur zu erstellen. Es erscheint ein Menü mit den Optionen LOOPS (zum Laden einer Audiodatei per Drag & Drop in eine Zelle) und INSTRUMENT. Wählen Sie INSTRUMENT, erscheint eine große Auswahl; Sie finden Sampler, Synths, Gitarren und vieles mehr, Audiospuren gehören auch dazu. Um eine Spur für eine Audioaufnahme zu erzeugen, wählen Sie die Option AUDIO RECORDER. Wischen Sie das Instrument zur Seite, um die nächste Instrumentenkategorie zu sehen. Für jede Instrumentenkategorie gibt es unten weitere Optionen, z. B. Einträge wie SMART PIANO, ALCHEMY-SYNTH, SAMPLER und MEHR SOUNDS. Unter dem Eintrag MEHR SOUNDS öffnet sich eine Soundbibliothek mit Patches.

19.1.2 Live Loops-Ansicht

GarageBand lädt voreingestellt die LIVE LOOPS-Ansicht und bietet Ihnen Templates. Sie können aber auch eine leere Matrix laden (Eintrag NEU). In der LIVE LOOPS-Ansicht werden Regionen wie bekannt als geloopte Zellen in einer Matrix angeordnet. Die waagerechten Linien entsprechen wieder Spuren, wie sie auch im Arrangement bzw. in der Songansicht zu finden sind. Sie können nun auf Zellen tappen, um sie zu starten. Sie können über die unterste Zeile aber auch die Zellen aller Spuren gleichzeitig starten. Wenn Sie die Aufnahme starten und nacheinander Loops starten und beenden, wird dies in ein Arrangement bzw. die Spurenansicht aufgenommen und kann dort editiert werden. Ein auf der Basis der »Electro Funk«-Live-Loops erstelltes Projekt finden Sie unter dem Namen *17GBLiveloopsElectroFunk*.

In Zelle aufnehmen

Sie können auch eine leere Zelle anklicken und den Eintrag IN ZELLE AUFNEHMEN wählen. Ein zur Spur gehörendes Tool erscheint (z. B. ein Keyboard), mit dem Sie aufnehmen können.

Audio in Zellen laden

Es liegt in der Natur der Sache, dass sich (Apple-) Loops besonders gut für die Loop-Matrix eignen. Über den Loop Browser können Sie Loops, aber auch Audiodateien und Stücke aus Apples Musik-App per Drag & Drop in Zellen laden.

Zellen bearbeiten

Klicken Sie ganz unten links auf das Feld mit dem Stiftsymbol, um Zellen zu bearbeiten. In diesem Modus können Sie Zellen in der Matrix verschieben oder ein Menü durch Klick auf die Zelle aufrufen.

19.1.3 Spurenansicht, erstes Instrument erstellen, Songeinstellungen

In der SPUREN-Ansicht können Sie nach Tap auf den RECORD-Button etwas einspielen – sie (bzw. der ähnlich wie in Logic aussehende Button zum Aufrufen der Spurenansicht) erscheint jedoch meist erst, nachdem Sie etwas aus dem LIVE LOOPS-Bereich aufgezeichnet haben. So war es zumindest bei Redaktionsschluss; die Art, wie das kostenlose GarageBand als »Einstiegstool« funktioniert, ändert sich aber immer wieder bei Updates.

19.1.4 Arbeit im Sequencer/generelle Workflows in GarageBand iOS

Sie können in GarageBand mit Songsektionen arbeiten, die Arrangement Markern in Logic Pro entsprechen. Oben erzeugen oder duplizieren Sie mit dem +-Symbol ganz rechts im Taktlineal (!) einen Songabschnitt, im Untermenü können Sie Marker auch anders anordnen, löschen oder ihre Länge editieren. Sie editieren und arbeiten jeweils im gerade selektierten Songabschnitt, der geloopt abgespielt wird. Sie können auch auswählen, alle Sektionen zu hören. Bewegen Sie den Playhead durch Finger-Taps an bestimmten Taktpositionen.

Wenn Sie Aufnahmen erstellt haben, zeigen Regionen Folgendes an:

- Grüne Regionen sind Touch-Instrument-Aufnahmen/MIDI.
- Blaue Regionen sind Audiofiles (z. B. Apple Loops oder Aufnahmen von Inter-App-Audio-kompatiblen Anwendungen).
- Gelbe Regionen sind Drummer-Regionen.
- Lila Regionen sind FX-Regionen.

Wenn Sie die Spur-Icons nach rechts bewegen, erscheinen SOLO- und MUTE-Buttons sowie ein LAUTSTÄRKE-Slider. Mit einem Doppelklick auf das Instrumenten-Icon gelangen Sie aus dem Sequencer an die Instrumentkategorie, um z. B. ein neues Instrument auszuwählen.

Wichtig: Es gibt auch eine Undo-Funktion.

Edits

Mit einem Doppelklick auf Regionen machen Sie ein Auswahlmenü für Edits und Copy-, Paste-, Loop- und Löschfunktionen sichtbar. Der Eintrag BEARBEITEN öffnet eine Art Pianorolle. Mit TEILEN rufen Sie ein Scherenwerkzeug auf, mit dem Sie die Region schneiden/teilen (indem Sie das Werkzeug herunterziehen). Ein Tap außerhalb der Region lässt das Scherenwerkzeug wieder verschwinden.

Noten im Editor lassen sich anfassen, verschieben, in der Tonhöhe ändern und in die Länge ziehen. Auch für Noten erscheinen nach einem doppelten Tap Bearbeitungsoptionen.

Tappen Sie lange auf einen Bereich außerhalb von Regionen, um anschließend einen Bereich aufzuziehen bzw. mehrere Regionen selektieren zu können. Oder tappen Sie auf eine Region und dann mit einem zweiten Finger auf die nächste, während Sie die erste noch festhalten. Ein Antippen des Track-Headers selektiert alle Regionen in der Spur. Edits können Sie auch für mehrere selektierte Regionen gleichzeitig vornehmen.

19.1.5 Ausblick

Da Spezialfunktionen wie LIVE LOOPS, STEP SEQUENCER und Remix FX mittlerweile größtenteils in leicht anderer Form in Logic oder Logic Remote integriert sind und sich zudem die Darstellung in GarageBand stets leicht ändert, verzichte ich hier aus Platzgründen auf detailliertere Ausführungen und Bilder und verweise nochmals auf Abschnitt 16.3 über Logic Remote. Gleichwohl ändert sich nichts daran, dass GarageBand iOS und Mac interessante Einsteigertools bleiben. Eine besondere Spezialität von GarageBand iOS ist zudem, dass man sich via WiFi über Jam-Sessions mit anderen Nutzern verbinden kann.

Ferner können Sie in Garage Band via Audiobus oder Audio Units v3 für iOS die Vielfalt der iOS-Audio-Apps kreativ nutzen und in Ihr Projekt einbinden. In GarageBand für iOS können Sie Touch-Instrumente besonders gut spielen, weil sie dort direkt mit passenden Instrumenten *in the box* verfügbar sind. Nach einem Transfer (z. B. über iCloud, Finder oder AirDrop, siehe Abschnitt 10.9) können Sie Projekte in GarageBand Mac oder Logic Pro öffnen.

19.2 iOS-Apps

Mit einem neuen Mac mit Apple-Prozessor können Sie ab macOS 11 auch iOS-Programme auf dem Mac laufen lassen. Im App Store wird zwischen Mac- bzw. iPhone- und iPad-Apps unterschieden. iOS-Apps öffnen sich in einem separaten Fenster. Dabei ist es mir in ersten Tests gelungen, Audio und MIDI über interne Audio- und MIDI-Verbindungen zwischen iOS- und Mac-Apps hin und her zu routen. Was im Detail möglich ist, hängt natürlich von der jeweiligen App ab.

Funktioniert haben bei mir im Test beispielsweise *Ribn*, eine App zum Aufzeichnen von händischen Modulationen, und *Space Craft*, ein Granularsynth, der aber auch als AU-Plug-in funktioniert.

iOS-Apps wie *Borderlands* oder *Samplr*, die ich für »professional audio« getestet habe, erlauben intuitives Manipulieren von Audiomaterial auf dem Touchscreen. Man kann zwar MIDI- und Audioverbindungen zum iPad herstellen, oft finde ich es aber intuitiver, den Audioausgang einfach über normale Audioverbindungen aufzunehmen. Die meisten dieser Apps konnte ich im Test aber nicht auf dem Mac öffnen. Was im Einzelfall möglich ist und was nicht, ändert sich jedoch gerade laufend.

19.2.1 iOS-Apps als Plug-in in Logic einbinden

Für iOS-Geräte gibt es die Apps *midimux* und *studiomux* des Drittherstellers AppBC, mit denen Sie MIDI- und Audio-Verbindungen via Kabel realisieren. Auf diese Weise wird es möglich, iOS-Apps über ein auf dem Mac zu installierendes Plug-in in Logic einzubinden, was jedoch MIDI- und Audio-Konfigurationsaufwand bedeutet.

19.3 Musizieren über das Internet

Die Corona-Zeit hat die Digitalisierung vorangetrieben, und es gibt immer mehr Möglichkeiten, über das Internet mit anderen Musikern zusammenzuarbeiten.

Dafür brauchen Sie nicht nur schnelles Internet. Auch das Routing zu lösen, ist gar nicht so einfach. Wollen Sie einem Musiker Inhalte aus der DAW vorspielen, die Sie aufnehmen möchten und die ihn begleiten soll, dann müssen Sie Feedbackschleifen verhindern, damit Sie einerseits nicht mit aufnehmen, was Sie selbst nach außen gesendet haben, andererseits nicht wieder nach außen senden, was Sie gerade aufnehmen.

Besonders gute Erfahrungen habe ich mit dem (im Sommer 2021 noch kostenlosen) Programm *SonoBus* gemacht, weil es über einen internen Recorder verfügt. Es kann sowohl die Spuren, die Sie nach außen senden, als auch die, die hineinkommen, aufnehmen. Später müssen Sie diese nur synchron in der DAW anlegen. Das fand ich großartig, denn man kann ganz leicht aus allen Quellen (z. B. Audioplayer, verschiedene DAWs) senden und sich nur auf Musik und Kommunikation mit dem anderen Musiker konzentrieren.

Es gibt auch andere Programme, die Ähnliches leisten, und die Szene ist in Bewegung. Für Live-Musiker, die Konzerte oder Online-Performances organisieren wollen, sind besonders die Latenzen wichtig. Für Studioaufnahmen gilt das zwar auch, aber die Ansprüche sind nicht ganz so hoch. Ein weiteres Kriterium ist die Zahl der Kanäle, die Sie senden können.

Für Online-Unterricht wurde mir zuletzt Software von der Firma Audiomovers empfohlen. Deren *Listento* können Sie standalone, aber auch als Plug-in nutzen. Sie können die Audioqualität einstellen und sogar unkomprimierte 24-Bit-Files senden. Der Sender muss hierfür allerdings Gebühren bezahlen, der Empfänger kann kostenlos in einem Browser hören, was passiert. Ein Anwendungsbeispiel: Auf diese Weise kann, kombiniert mit einer Videokonferenzsoftware mit Fernsteuerungsoption wie *Zoom* oder *GoToMeeting*, ein Toningenieur von zu Hause aus einen Mix für Sie auf Ihrem Rechner mit Logic erstellen, und Sie können mitverfolgen, was passiert. Oder umgekehrt.

19.4 ReWire: Ableton, Reason und Co. mit Logic nutzen

ReWire ist eine Softwareschnittstelle, die den rechnerinternen Austausch von Audio- und (ab Version 2) MIDI-Daten zwischen zwei Programmen ermöglicht. Diese ist bzw. war ein etablierter Standard, möglicherweise wird diese Schnittstelle bald nicht mehr unterstützt, da der Erfinder sein eigenes Programm Reason damit nicht mehr weiterentwickelt. Logic kann sich als *ReWire-Master* mit anderen Programmen verbinden. Dabei sind bidirektionale MIDI-Kommunikation für 255 virtuelle Geräte mit je 16 Kanälen sowie Audio-Streaming auf 256 Kanälen möglich. Theoretisch können 16 Programme über ReWire simultan laufen, es können mehrere Slaves aktiv sein. ReWire-fähige Programme kommen auch aus dem Videobereich, die Liste ist lang. Logic, Pro Tools und Cubase können nur Master sein, Ableton Live 10 kann Master und Slave sein. Ableton 10 hat als ReWire-Slave hat leider keinen Zugriff auf AU-/VST- und Max-for-Live-Instrumente. Ableton 11 und Reason 11 unterstützen Rewire nicht mehr. Ein ReWire-Slave muss immer *nach* dem Master geöffnet werden, um sich verbinden zu können. Sie müssen zuerst den Master ordnungsgemäß starten und anschließend den Slave, um eine ReWire-Verbindung herzustellen. Dass beide Programme im gleichen Bit-Modus (64 Bit oder 32 Bit) betrieben werden ist Bedingung, für eine ReWire-Verbindung. In Logic funktioniert ReWire nur, wenn unter EINSTELLUNGEN • AUDIO • GERÄTE unter REWIRE-VERHALTEN ReWire nicht abgeschaltet ist. Letzteres (Modus: AUS) ist jedoch die Voreinstellung. Sie können zwischen den drei Modi AUS, WIEDERGABE- und LIVE-MODUS umschalten. Im LIVE-MODUS funktioniert das Spielen von Instrumenten etwas besser. Nach einer Aktivierung/Deaktivierung von ReWire müssen Sie Logic neu starten, damit die neue Einstellung wirksam wird.

19.4.1 MIDI- und Audio-Routing mit Logic und ReWire

Erzeugen Sie eine *externe* MIDI-Spur (`alt` + `cmd` + `X`). Die Spuren und Instrumente eines via ReWire verbundenen Programms erscheinen in Logics BIBLIOTHEK im Menü für externe MIDI-Spuren inklusive der in den ReWire-Slaves zugewiesenen Bezeichnungen. Die ReWire-Slave-Programme streamen ihr Audiosignal an den ReWire-Master. In Logic nimmt benutzt man Aux-Kanäle, um diese Signale hörbar zu machen. Verfügbare ReWire-Programme stehen als optionale Inputs zur Verfügung. Logic listet installierte ReWire-Programme alphabetisch auf, egal, ob sie geöffnet sind oder nicht. Die ReWire-Slave-Programme ihrerseits erlauben das Routing verschiedener Instrumente an Outputs – ganz so, als ob ein Audiointerface mit vielen Outputs angeschlossen wäre, können aber nicht mehr auf angeschlossene Audiointerfaces zugreifen oder eigenständig Sound exportieren.

19.5 Computerinternes MIDI- und Audio-Routing, Synchronisation (computerintern und -extern)

Sie können Logic (auch ohne ReWire) computerintern mit anderen Programmen verbinden, um z. B. Instrumente aus Ableton aus Logics Sequencer anzuspielen. Ob Abletons Sequencer noch synchron zu Logic mitläuft und wo das Audiomaterial zusammengemischt wird, ist neben der Verbindungsherstellung eine Frage der Synchronisationseinstellungen,

19.5.1 Computerinterne MIDI-Verbindungen mit Logic

Das AUDIO-MIDI-SETUP bietet die Möglichkeit, mehrere interne MIDI-Busse zu aktivieren, sogenannte *IAC-Busse*. Hierbei aktivieren Sie ein Gerät, für das Sie Busse aktivieren können. Diese Busse stehen dann wie MIDI-Ports eines angeschlossenen MIDI-Interface zur Verfügung.

Auf diese Weise können Sie Instrumente in anderen Programmen (wie Ableton Live, Reason oder auch Pro Tools) aus Logic Pro via MIDI ansteuern. Sie können den IAC-Bus auch nutzen, um Logic-Instrumente aus einem Step Sequencer anzusteuern, der als Spurinstrument geladen ist (z. B. Sugar Bytes' »Thesys« oder Monoplugs' »B-Step Sequencer«).

Dabei und auch sonst müssen Sie darauf achten, dass Logic ein ausgehendes Signal nicht wieder an sich selbst schickt. Falls in der MIDI-UMGEBUNG der SUM-Ausgang des physischen Eingangsobjekts mit dem Sequencereingang verkabelt ist, bedeutet das, dass alle Eingänge an den Sequencereingang weitergeleitet werden. Zumindest in der Theorie (und in älteren Logic-Versionen) entsteht hierdurch eine MIDI-Feedback-Schleife, wenn Sie von Logic MIDI an einen IAC-Bus senden, ohne diesen zuvor aus der Eingangssumme (SUM) zu entfernen. Achtung: In neueren Versionen können Sie einzelne Eingänge wie die IAC-Busse unter LOGIC PRO • EINSTELLUNGEN • MIDI • EINGÄNGE deaktivieren, um das zu verhindern.

19.5.2 Computerinternes Audio-Routing

Wie kann man die Audiosignale verschiedener Computerprogramme zusammenmischen oder zwischen den Programmen hin- und her routen? Dies kann in einem externen Mixer, aber auch computerintern geschehen. Letzteres ist manchmal nicht ganz einfach.

Eine Variante ist die Nutzung von Softwaretools wie *BlackHole, Loopback, Sound Siphon* oder *Soundflower*, die ein Audiointerface simulieren, um computerinternes Audio-Routing zu ermöglichen. Ein virtuelles Audiointerface kann in einen Sequencer als Eingang, in einem anderen Programm oder dem System als Ausgang benutzt werden. Ist z. B. BlackHole als Standard-Output für den Mac und als Input in Logic eingestellt, kann Logic auch das Signal von Apple Music, Ihrem Browser oder anderen Programmen live aufnehmen (und Sie können das live mithören, wenn Sie ein entsprechend in Logic eingestelltes Output-Gerät abhören), Etwas einfacher geht der Mitschnitt von Audio aus Ihrem Browser und anderen Apps mit der Demoversion des Programms Audio Hijack (siehe Abschnitt 19.7).

Solche Routings sind als experimentell zu bezeichnen, falls jedoch alles klappt, kann diese Methode viel Spaß machen.

Eventuell empfiehlt es sich, im AUDIO-MIDI-SETUP ein kombiniertes Audiointerface aus Hardware und dem virtuellen Interface zu basteln.

Eine weitere Option sind zusätzliche Mixer-Apps von Soundkarten wie etwa UADs »Apollo«-Interfaces, bei denen die Software *Console* mitgeliefert wird. In dieser ließen sich im Test die Signale zweier DAWs zusammenmischen.

19.5.3 MIDI-Synchronisation – mehrere Sequencer miteinander synchronisiert betreiben

Sie können zwei Programme oder Sequencer auf demselben oder auf unterschiedlichen Rechnern miteinander synchronisieren. Das bedeutet zum Beispiel, dass Sie auf Rechner 1 (Master) Transportbefehle geben und ein Projekt abspielen und Rechner 2 (Slave) gleichzeitig ein Projekt abspielt, das sich kontinuierlich an der gleichen Taktposition befindet.

Im Tab ALLGEMEIN der projektbezogenen Synchronisationseinstellungen stellen Sie ein, ob Logic nach der eigenen Clock läuft, als Sklave eines MIDI Time Codes (MTC) oder nach der Vorgabe von Taps der TAP-TEMPO-Funktion mit im TEMPO-INTERPRETER vorgenommenen Einstellungen (Modi INTERN, MTC und MANUELL).

Um Logic als Master zu konfigurieren und die entsprechenden Sync-Informationen senden zu lassen, müssen Sie in den projektbezogenen Einstellungen im MIDI-Tab einstellen, wohin (bzw. an welchen externen oder internen Port) Logic welche Synchronisationsinformationen sendet.

Wollen Sie Logic als Slave konfigurieren, stellen Sie als SYNC-MODUS MTC in den PROJEKTEINSTELLUNGEN ein oder klicken den SYNC-Button in der Steuerungsleiste (falls Sie konfiguriert haben, dass dieser angezeigt wird). Ein Klick auf den SYNC-Button schaltet die Sync-Einstellung in den PROJEKTEINSTELLUNGEN automatisch zwischen INTERN, MTC und MANUELL um (Abbildung 19.1). Sie können auch einen Shortcut für den Umschaltungsbefehl SYNC INTERN/EXTERN vergeben.

MIDI Time Code sendet absolute Zeitpositionen in seinen Nachrichten. Auch bei Filmvertonungen mit mehreren Rechnern kommt diese Technik zum Einsatz.

Im MIDI-Tab der projektbezogenen Synchronisationseinstellungen stellen Sie ein, wohin Logic welche Synchronisationsinformationen sendet. Im AUDIO-Tab der projektbezogenen

Synchronisationseinstellungen können Sie ergänzend Feinjustierungen für die Synchronisation vornehmen (siehe Abschnitt 3.4.2).

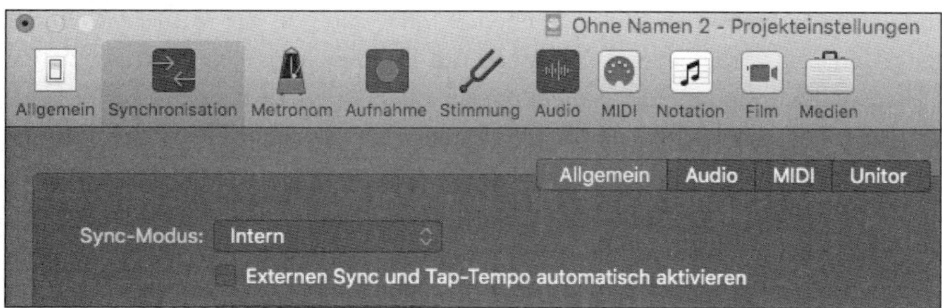

Abbildung 19.1 Interner Sync

MIDI-Clock sendet keine absoluten Zeitinformationen, sondern Taktpositionen. Je feiner die Auflösung der MIDI-Clock auf beiden Seiten, desto genauer funktioniert das. Ist auf einer Seite einer beidseitigen Synchronisationskommunikation ein ungenaueres Auslesen möglich als auf der anderen, erfolgt eine automatische Umrechnung. Das ist alles andere als ein theoretisches Thema.

So wurde in neuen Versionen beispielsweise die MIDI-Clock von Traktor und Maschine (Programme der Firma Native Instruments) verbessert, um diese beiden Programme mit Hilfe eines internen MIDI-Busses live genauer synchronisieren zu können, was Performances möglich macht, die irgendwo zwischen DJ- und Live-Set liegen und sehr gefragt sind. Logic kann nur MIDI-Clock-Master sein, nicht -Slave.

MMC-Befehle (*MIDI Machine Control*) senden Transportfunktionen wie Start, Stopp und Zurückspulen sowie Track Arming (Scharfschaltung), und zwar auch unabhängig von den Clock-Einstellungen. Sie haben mit der Clock insofern nichts zu tun, als sie als Erweiterung von MTC zu verstehen sind, nicht von MIDI-Clock.

Logic erkennt die MMC-Funktionen *Play*, *Deferred Play* und *Stop*, falls eingestellt ist, dass es MMC am Eingang erkennen soll. Deferred Play ist eine Funktion, die z. B. mit Bandmaschinen benutzt wird. Hierbei muss eine SMPTE-Position erreicht werden, bevor die Wiedergabe gestartet wird.

19.5.4 Logic-Instrumente aus einem anderen Sequencer oder von mehreren Musikern ansteuern und aufnehmen

Darüber hinaus kann es interessant sein, die Logic-Instrumente von einem anderen Rechner/Hauptsequencer aus oder mit mehreren Keyboards wie externen Synths anzusteuern. Hierfür benötigen Sie die richtige MIDI-Verkabelung in der MIDI-Umgebung. Dabei mehr als nur einen Klangerzeuger anzusteuern, ist gar nicht so einfach, weil Logic die eingehenden MIDI-Daten normalerweise immer auf die selektierte Sequencerspur routet.

Wenn Sie gleichzeitig unterschiedliche Instrumente in Logic ansteuern wollen, so haben Sie zwei Möglichkeiten:

- Verkabeln Sie im physischen Eingang eingehende MIDI-Daten in der MIDI-UMGEBUNG am Sequencereingang vorbei layerübergreifend mit ihren Zielobjekten (bzw. Zielinstrumenten). Hierdurch können mehrere Musiker verschiedene Instrumente, beispielsweise externe Keyboards, gleichzeitig spielen. Die Noten können nun allerdings nicht mehr im Sequencer aufgenommen werden, es sei denn, Sie routen sie von den empfangenden Instrumenten zurück an den Sequencereingang (Objekt EINGANGSNOTEN). Dabei können Sie allerdings im Sequencer nur auf eine oder mehrere Spuren alles gleichzeitig aufnehmen. Sie können jedoch als Workaround in der MIDI-UMGEBUNG Transformer, die z. B. individuelle MIDI-Kanäle zuweisen, zwischen Instrumente und Sequencereingang verkabeln, um die von allen Instrumenten in den Sequencereingang gerouteten MIDI-Daten später auseinanderhalten zu können.
- Nutzen Sie unterschiedliche MIDI-Kanäle, um verschiedene Instrumente anzusteuern. Erzeugen Sie eine Spur mit einem Instrument, das *alle* MIDI-Kanäle empfängt, aufnimmt und selbst ein multitimbrales Instrumente ist (z. B. ein Spurstapel-Instrument, das mehrere Instrumente mit verschiedenen MIDI-Kanälen beherbergt, oder Kontakt) oder die MIDI-Daten durch eine Verkabelung in der MIDI-UMGEBUNG an Instrumente weiterleitet, die so auf unterschiedlichen MIDI-Kanälen angespielt werden können (Logic-Instrumente empfangen voreingestellt stets alle Kanäle).

Wenn Sie also so etwas scheinbar Einfaches wie die Aufnahme mehrerer Musiker mit mehreren Keyboards, die verschiedene Instrumente in Logic spielen, nicht so einfach hinbekommen, liegt das daran, dass das in Logic wirklich nicht gerade einfach ist, denn im Gegensatz zu anderen Sequencern gibt es eben nicht *pro Spur* einen MIDI-Ein- und -Ausgang.

19.5.5 Sonstige Optionen

Abletons Link-Schnittstelle ist für Logic bislang leider nicht verfügbar, wohl aber für GarageBand iOS.

19.6 Logic und Maschine

Maschine von Native Instruments ist einerseits ein sehr einfaches, andererseits ein kompliziertes Programm, insbesondere wenn es um MIDI-Einbindung geht. Es erfährt zudem laufend Updates mit gravierenden Veränderungen. Maschine-Hardwarecontroller eignen sich in Verbindung mit Maschine nicht nur für Live-Acts, sondern können auch als Logic-Fernsteuerung oder als Zentrale für die Auswahl von Sounds dienen.

Sie können Maschine in Logic als Audio-Unit-Instrument oder auch als Audio-Unit-Effekt nutzen (und währenddessen in Maschine selbst z. B. auch VST-Plug-ins laden). Es eignet sich gut als Ergänzung zu Logic Pro, weil seine Stärke vor allem in einer großen Sound Library und zusätzlich erhältlichen Packs von NI mit genrespezifischen Einzelsounds und Drumsamples besteht (was ein Manko in Logic ist). Etwas unkomplizierter können Sie auf die Sounds von NI's Packs auch mit NIs Plug-in »Battery 4« zurückgreifen, dessen Browser ebenfalls die Library-Tags sämtlicher Expansion-Packs erkennt. In Maschine's Browser können auch *.nks*-Presets anderer Hersteller wie Arturia angezeigt und vorgehört werden.

Im Gegensatz zu »Battery 4« hat Maschine seinen eigenen Sequencer. In Maschine können Sie Songs auf der Basis von Patterns erstellen. Es stehen Soundgruppen (*Groups*), Sounds und Patterns zur Verfügung. Diese können Sie in »Scenes« (Szenen) anordnen. Die Szenen können Sie wiederum zu einem Arrangement in Maschines internem Sequencer zusammenfassen, live über dedizierte Pads oder, wie unten gezeigt, aus Logic mit MIDI-Befehlen aufrufen. Maschines Sequencer läuft dabei grundsätzlich synchron zu Logics Sequencer, wenn Maschine als Plug-in geladen ist. Die Frage ist, wie man das Zusammenspiel der beiden am besten organisiert. Ein Export von Audio- und MIDI per Drag & Drop aus Maschine in Logic ist möglich, praktikabel und im Internet gut dokumentiert. Weniger bekannt ist die folgende Lösung.

Szenen aus Logic ansteuern

Szenen in Maschine lassen sich mit MIDI-Noten (beginnend mit der sehr tiefen Note C2 chromatisch aufwärts) oder Program-Change-Befehlen triggern, so dass Sie aus Logic heraus die volle Kontrolle darüber behalten können, wann in Maschine welche Szene zu spielen beginnt. Diese Arbeitsweise ist sehr empfehlenswert, wenn Sie in Logic mit Maschine arbeiten.

Gehen Sie in das Edit-Menü von Maschine, und wählen Sie MIDI CHANGE, um in einen entsprechenden Dialog zu gelangen. Sie können Scenes, Sections und auch Snapshots mit Noten oder Program-Change-Befehlen ansteuern. Das Häkchen unter RETRIGGER in den Sync-Quantisierungs-Einstellungen muss gesetzt sein, wenn Scenes oder Sections von Anfang an neu gestartet werden sollen, ansonsten springt Maschine in der neuen Szene an eine Taktposition, die derjenigen in der zuvor laufenden Szene entspricht.

Die Zuweisung entspricht der automatischen Nummerierung anhand der Anordnung von Scenes oder Sections in Maschine. Wenn Sie Sections in Maschines Sequencer verschieben, wählt der gleiche MIDI-Befehl in Logic anschließend eine andere Szene an.

Um sicherzustellen, dass stets die richtige Szene getriggert wird, sollten Sie zusammengehörige Szenen und MIDI-Regionen in Logic einheitlich benennen.

19.7 Audio Hijack und Piezo: Sampling von Computerprogrammen

Audio Hijack und *Piezo* (ein einfacheres Programm mit weniger Features) von der Firma Rogue Amoeba können schnell Audio von auf dem Rechner laufenden Programmen absampeln oder Audio von externen Klangquellen aufnehmen. Beide Programme sind eigentlich für Radiomitschnitte konzipiert, doch eignen sich auch gut zum Sampling oder zum Digitalisieren von Kassetten oder Schallplatten. Abzusampelnde Programme können auch Browser wie Safari oder Firefox sein. Im Hintergund wird hierbei ein internes Routing Tool installiert. Mit Tools wie *BlackHole* können Sie Audio aber auch selbst im Computer routen (siehe Abschnitt 19.5.2 über computerinternes Audio-Routing)

Audio Hijack kann normalerweise jedes Programm sofort absampeln. Manchmal muss man das zu sampelnde Programm allerdings neu starten, falls man Audio Hijack erst danach gestartet hat.

Da Audio Hijack vor allem auf Radiomitschnitte ausgelegt ist, gibt es eine voll funktionsfähige Demoversion, die nach 10 Minuten anfängt zu rauschen. Zum Sampling ist das allerdings genug Zeit ...

19.8 TwistedWave

In Abschnitt 8.3 habe ich bereits die Einbindung eines externen Audiodateieditors in den Logic-Workflow behandelt. *TwistedWave* (Abbildung 19.2) ist ein zuverlässig funktionierender Audiodateieditor, den ich als Ergänzung zu Logic empfehle. Zudem habe ich auf meinem System TwistedWave als Standardprogramm definiert, das sich nach einem Doppelklick auf Audiofiles öffnet (im Informationsfenster, das Sie mit [cmd] + [I] aufrufen). Logic selbst könnte (auch wenn es als Standardprogramm zugewiesen wäre) nur dann ein Audiofile nach einem Doppelklick öffnen, wenn schon ein Projekt geöffnet ist.

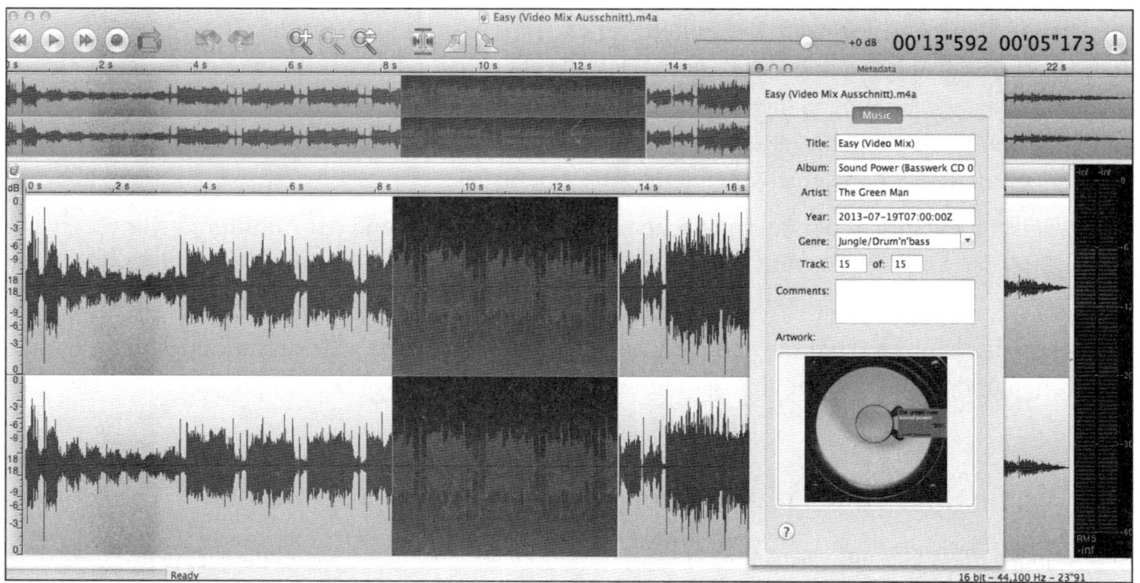

Abbildung 19.2 TwistedWave

Der Hauptgrund für mich, TwistedWave zu benutzen, ist, dass es sich und zu bearbeitende Audiodateien sehr schnell öffnet – auch dann, wenn viele Plug-in installiert sind. TwistedWave kann außerdem MP3- und M4A-Files direkt und ohne Konvertierung öffnen und anschließend bearbeiten, schnell schneiden, Geschnittenes wieder speichern oder auch konvertieren.

Effekt-Plug-in können in Audiofiles hineingerechnet werden, inklusive eines eventuellen Hallausklangs. Dabei ist es auch möglich, Effekt-Stacks mit Kombinationen von Effekten anzulegen oder Batch-Operationen/Stapelverarbeitung auszuführen. Auch Metadaten können geschrieben werden, nicht nur für MP3- und M4A-Dateien, sondern sogar in den Formaten Broadcast Wave und Soundminer. Damit können Sounds mit detaillierten Informationen (z. B. über die Aufnahmesituation) getaggt werden. TwistedWave ist allerdings nicht zum Mastering einer CD oder für die Erstellung von DDPs vorgesehen, hierbei helfen Programme wie *Steinberg WaveLab*, *Presonus Studio One* oder *DDP Creator*.

19.9 Sample-Management und externe Libraries

Die Programme *Samplism*, *Audio Finder*, *ADSR Sample Manager* bieten interessante Optionen zum Management von großen Samplebeständen. Man kann schnell ein Sample finden und vorhören, doch erst einmal alle Optionen zu verstehen ist nicht ganz einfach. Dabei können auch *.rex*-Files schnell vorgehört und von Samplism sogar in Apple Loops umgewandelt werden. Viele User nutzen außerdem die Online-Sound-Library *Splice*, die einen monatlichen Beitrag erhebt und interessante Rent-to-own-Optionen bietet. Sehr schnell zum Ziel kommen Sie auch mit Tools der Firma Loopmasters/Loopcloud. In einem Abo können Sie auf eine riesige Library aus Samplesammlungen zugreifen, Tools zum schnellen Produzieren und Vorhören von Sounds in der DAW werden ebenfalls mitgeliefert. Auch Outputs *Arcade* ist ein Subscription-basiertes Plug-in mit kuratierten Soundsammlungen.

19.10 MIDI über WLAN, Netzwerk und Bluetooth

Sie können über WLAN drahtlose MIDI-Verbindungen herstellen, z. B. zu einem anderen Mac oder einem iOS-Gerät. Hierzu müssen zunächst beide Geräte mit demselben Netzwerk verbunden sein.

Anmerkung: Die unten genannten Aktionen dauern gegebenenfalls etwas. Zudem habe ich die Erfahrung gemacht, dass solche Verbindungen nicht immer zuverlässig funktionieren. Falls Sie ein internes Netzwerk ohne Internetverbindung wählen (siehe auch Abschnitt 16.4 über Logic Remote), geht es eventuell etwas schneller. In manchen Fällen hilft auch ein Neustart der Verbindung.

Master

- Gehen Sie ins AUDIO-MIDI-SETUP (in das MIDI-STUDIO), und klicken Sie auf das NETZWERK-Icon.
- Klicken Sie auf den +-Button unterhalb der Anzeige MEINE SESSIONS, um eine neue Session zu erzeugen (siehe Abbildung 19.3). Aktivieren Sie die Session, indem Sie ein Häkchen neben dem Eintrag setzen.

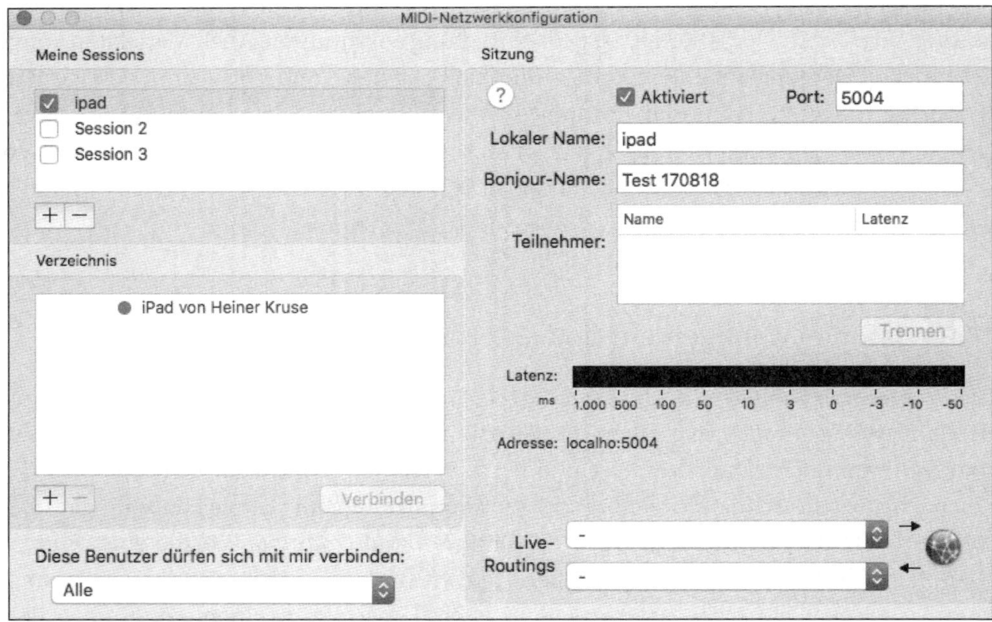

Abbildung 19.3 MIDI-Netzwerkkonfiguration

- Benennen Sie in den Feldern für die Namen für LOCAL und BONJOUR die Session um. Der BONJOUR-Name sollte dem Namen Ihres Netzwerks entsprechen, den lokalen Namen können Sie frei vergeben (z. B. »Wireless MIDI Master1«).
- Wählen Sie unten aus, wer sich verbinden darf (ALLE).
- Wenn Sie eine Verbindung zu einem iOS-Gerät herstellen möchten, sollte dieses unter VERZEICHNIS sichtbar werden. Klicken Sie dann auf VERBINDEN.
- Auf dem iOS-Gerät sollten Sie mit einer App arbeiten, die in der Lage ist, MIDI zu senden. Dies ist nicht bei allen Apps der Fall. Apps, bei denen dies funktioniert, sind beispielsweise »Pianist Pro« oder der Step Sequencer »Little MIDI Machine«. In »Pianist Pro« geschieht die Konfiguration automatisch, und Sie müssen auf dem iPad nichts weiter einstellen. In »Little MIDI Machine« müssen Sie in den Einstellungen konfigurieren, welche Step-Sequenz an das Netzwerk gesendet wird. Ich habe dies selbst mit meinem iPad ausprobiert, und es hat gut funktioniert.

Slave

- Gehen Sie ins AUDIO-MIDI-SETUP, und klicken Sie auf das NETZWERK-Icon.
- Klicken Sie auf den +-Button unterhalb der Anzeige MEINE SESSIONS. Aktivieren Sie sie, indem Sie ein Häkchen neben dem Eintrag setzen.
- Benennen Sie rechts in den Feldern LOKALER NAME UND BONJOUR-NAME die Session um (z. B. in »ipad« oder »Test 170818«).
- Wählen Sie aus, wer sich verbinden darf (ALLE).
- Klicken Sie auf VERBINDEN.

Konfigurieren Sie gegebenenfalls zusätzlich LIVE-ROUTINGS, und sorgen Sie dafür, dass keine Firewall- oder Router-Einstellungen einer Verbindung im Wege stehen.

Bluetooth- und Netzwerkverbindungen/iOS-Geräte per MIDI nutzen

Sie können mit dem AUDIO-MIDI-SETUP auch Bluetooth-MIDI-Geräte nutzen und sie mit Ihrem Mac oder iOS-Gerät (mit mindestens iOS 8) verbinden, wenn der Mac bzw. das iOS-Gerät Bluetooth verwendet. Gegebenenfalls müssen Sie Bluetooth im iOS-Gerät (im Bereich EINSTELLUNGEN) oder am Mac (in der Bildschirmleiste ganz oben) aktivieren. Im Test hat das bei mir nicht immer zuverlässig funktioniert und mitunter zu Latenzen geführt.

19.11 DMX-Steuerung

Mit Hilfe von *Enttec DMXis*, einem Paket aus Interface und Software, können Sie laut Userberichten per MIDI vorprogrammierte Szenen aufrufen, umschalten und bis zu 512 DMX-Kanäle mit Logic automatisieren.

Die Steuersoftware gibt es sowohl standalone als auch als Plug-in, und sie kann Szenen als Presets speichern. Diese können Sie via Note-On-Befehl aufrufen.

Kapitel 20
Fehler, Workarounds, Problemlösungen

In diesem Kapitel spreche ich – ergänzend – mögliche Probleme an und zeige Lösungen auf. Manchmal gibt es mehrere mögliche Gründe für ein Problem, manchmal handelt es sich um Bugs. Einige Dinge ändern sich auch bei kleinen Versionsupdates.

Viele Problemlösungen finden Sie nicht hier, sondern im zum jeweiligen Thema gehörenden Abschnitt. Die betreffenden Abschnitte sollten Sie also immer zuerst lesen. Bei hier gelisteten Bugs ist nie vorhersehbar, ob sie in neueren Versionen behoben oder überhaupt noch da sind. Daher liegt für mich als Autor der Fokus nicht auf Bugs. Einige jedoch tauchen immer wieder und schon seit Jahren auf und lassen User an ihrem Verstand zweifeln. Sie verdienen es, hier erwähnt zu werden. Über Fehler und Bugs wird von Herstellern meist erst dann gesprochen, wenn sie behoben sind. Allerdings war Apples Updatepolitik mit Logic lobenswert: Es gab viele kleine Updates, größtenteils Verbesserungen.

Es kommt außerdem vor, dass Funktionen manchmal reibungslos funktionieren und ein anderes Mal nicht. Ein Neustart von Logic oder des Rechners, ein An- und Abklemmen des Audiointerface (insbesondere wenn es ein USB-2.0-Interface ist) oder ein probeweises Öffnen eines neuen Projekts, um zu prüfen, ob der Fehler mit der Projektdatei zusammenhängt, helfen manchmal weiter. Sie können zudem via LOGIC PRO • LOGIC PRO FEEDBACK SENDEN Ihre Gedanken an Apple schicken – das mache ich auch manchmal.

Versuchen Sie zuerst selbst, Fehler aufzuspüren, indem Sie sich selbst wichtige Fragen in der richtigen Reihenfolge stellen. Das gilt besonders bei Dingen wie: »Ich höre keinen Sound.« Oft liegt der Fehler beim User – aber nicht immer.

Zunächst bespreche ich Mac-bezogene Probleme, dann Logic Pro-bezogene Probleme.

20.1 Lösungen für Mac-Probleme

Im Folgenden geht es um Mac-spezifische Probleme.

20.1.1 Verhalten von Maus und Trackpad

Scrollrichtung

Im Fenster SYSTEMEINSTELLUNGEN finden Sie eine Schaltfläche namens TRACKPAD, mit der Sie die Richtung, in die Sie mit der Maus scrollen, ändern.

20.1.2 Audioausgabe

Kein Sound/ausgegrauter Lautsprecher

Problem: Obwohl im AUDIO-MIDI-SETUP das richtige Interface für die Soundausgabe ausgewählt ist, ist nichts zu hören, und das Lautsprechersymbol zur Regelung der Ausgangslautstärke ist ausgegraut.

Lösungsvorschlag: Stecken Sie einen Kopfhörer in Ihren Audioausgang, und ziehen Sie ihn gegebenenfalls wieder heraus, um das interne Audiosystem zu »resetten«. Auch

- ein Abziehen und Wiederanstecken eines angeschlossenen Audiointerface oder
- eine neue Auswahl des Interfaces unter LOGIC PRO • EINSTELLUNGEN • AUDIO • GERÄTE oder
- ein Computerneustart

können helfen.

20.1.3 Wie formatiere ich eine Festplatte für den Gebrauch mit einem Mac?

Nutzen Sie hierfür das Festplatten-Dienstprogramm. Dort stehen Ihnen verschiedene Optionen zur Verfügung. Bedenken Sie, dass Windows-Festplattenformate wie NTFS vom Mac normalerweise gelesen, aber nicht beschrieben werden können. Es gibt auf dem Markt aber Hilfsprogramme, mit Hilfe derer auch NTFS-formatierte Platten auf dem Mac beschrieben werden können. Ab macOS 10.13 hat Apple ein neues Dateiformat namens *APFS* (*Apple File System*) eingeführt, das von älteren Systemen nicht gelesen werden kann und für neuere Systemfestplatten, nicht aber andere Festplatten Voraussetzung ist. Für diese kann auch noch das Standard-Mac-Festplattendateiformat OS X/MacOS Extended genutzt werden.

20.1.4 Korrupte Festplatten reparieren

Für die Reparatur älterer korrupter Festplatten, die z. B. nur mit Verzögerung mounten und nicht mehr beschrieben, sondern nur noch gelesen werden können, empfehle ich Alsoft Disk Warrior. Das Programm lässt sich zwar altmodischerweise nur in den USA bestellen – trotzdem funktioniert es recht gut. Allerdings kann es nicht mehr mit Apples neuem APFS umgehen, dessen Details Apple nicht komplett öffentlich verrät.

20.1.5 Sichtbarkeit der User-Library

Der Ordner *Library* im Benutzerordner ist beim Mac von Haus aus seit Mac OS X 10.7 unsichtbar. Wenn Sie mit gedrückter [alt]-Taste auf das Finder-Menü GEHE ZU klicken und die Maustaste festhalten, sehen Sie im aufspringenden Menü auch den *Library*-Ordner (weitere Informationen in Abschnitt 3.2 über Logic-Inhalte).

20.2 Logic-bezogene Problemlösungen

Im Folgenden beschäftigen wir uns mit Logic-spezifischen Problemen.

20.2.1 Ich habe Logic geöffnet, aber ich sehe nichts von Logic

Stellen Sie durch Klick auf das Logic-Symbol im Dock oder durch den Shortcut [cmd] + [⇥] und anschließendes Auswählen des Logic-Symbols sicher, dass Logic das Programm im Vordergrund ist. Danach sehen Sie oben rechts neben dem Apfelsymbol auch den Eintrag LOGIC PRO. Nun können Sie daneben unter ABLAGE • NEU ein neues Projekt erstellen.

20.2.2 Ich spiele auf einem angeschlossenen Keyboard, aber nichts passiert; MIDI-Fehlersuche und Fehlersuche allgemein

Bei der Lösung von Problemen sollten Sie sich immer eine richtige Reihenfolge überlegen, in der Sie Fehler suchen. Überprüfen Sie den Daten- oder Signalfluss von der Quelle bis zum Ziel.

- Beispiel 1: Sie sitzen vor Logic und hören nichts. Prüfen Sie mit Hilfe der MIDI-Aktivitätsanzeige zuerst, ob überhaupt MIDI-Daten in Logic ankommen.
- Beispiel 2: Eine gespielte Note geht nicht aus, z. B. in Verbindung mit der MUSIK-TASTATUR, wenn diese geschlossen wird, ohne ein Note-Off übertragen zu haben. Der Note-Off-Befehl ist also offensichtlich nicht angekommen. Doppelklicken Sie zweimal auf das Fenster MIDI-AKTIVITÄTSANZEIGE für einen Reset.
- Beispiel 3: Es soll eine externe MIDI-Spur erzeugt werden. Ziel ist es, den Klangerzeuger über ein MIDI-Keyboard anzusteuern und zu hören. Stimmen Port und MIDI-Kanal des externen Klangerzeugers mit denen der sendenden Spur in Logic überein? Wenn kein Sound zu hören ist, überprüfen Sie, ob MIDI-Steuerdaten beim Klangerzeuger ankommen (was dort oft an einer kleinen LED oder Anzeige zu erkennen ist). Ist das der Fall, schauen Sie nach, ob die Audiosignalkette richtig eingestellt ist. Falls Sie nicht sicher sind, ob Sie MIDI richtig an den Klangerzeuger routen, können Sie auch versuchen, einen Demosong am externen Klangerzeuger auszulösen, um zumindest die Audiosignalführung zu testen.

Hier noch zwei Spezialfälle:

- Falls in der MIDI-UMGEBUNG im Layer KLICK & PORT keine Verbindung zwischen dem physischen Eingang und dem Sequencereingang besteht (z. B. weil das Kabel versehentlich gelöscht wurde), kann Logic trotz ansonsten richtiger Konfiguration kein MIDI mehr empfangen.
- Bei der Nutzung mancher Drittanbieter-Instrumente in Logic (z. B. NI *Reaktor*) kann es vorkommen, dass die Audio-Engine »hängt« und Sie eine neue Instrumentenspur mit einem einfachen *Vintage E-Piano* öffnen und anspielen müssen – und danach funktioniert es wieder.

20.2.3 Mein Audiointerface gibt keinen Sound aus, oder Plug-ins laden nicht

Zuerst sollten Sie alle anderen Fehlerquellen ausschließen. Kommt MIDI bei Logic an, gibt Logic visuell im Master-Kanalzug Sound aus? Ist an Ihrem Mischpult oder Verstärker alles richtig eingestellt? Sind verwendete Geräte mit meinem Mac und dem System kompatibel?

Manchmal ist es problematisch, ältere USB-1.0- oder USB-2.0-Interfaces an USB-3.0-Anschlüsse anzuschließen, und Sie können das Problem lösen, indem Sie einen USB-2.0-Hub an den USB-3.0-Anschluss des Computers stecken und das Audiointerface an den USB-2.0-Hub anschließen (am besten mit eigener Stromversorgung, auch wenn das nicht immer nötig ist).

Wenn Ihr Audiointerface in Logics Geräteauswahl in Klammern aufgelistet ist, heißt das, dass es gerade *nicht* erkannt wurde. Es kommt vor, dass ein Audiointerface in Klammern aufgelistet wird, wenn es zuletzt benutzt wurde und nun nicht mehr verfügbar ist. Wählen Sie alternativ ein anderes, verfügbares Audiointerface aus – oder schließen Sie das fehlende Audiointerface erneut an.

Wenn Sie Ihr Audiointerface ausgewählt, das Häkchen bei CORE AUDIO aus Abbildung 20.1 aber nicht gesetzt haben, so hören Sie ebenfalls nichts.

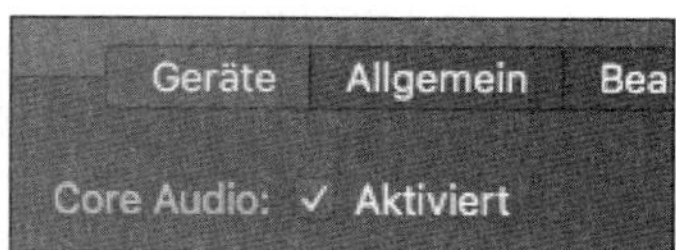

Abbildung 20.1 Häkchen zum Aktivieren von »Core Audio«

In diesem Fall können auch keine Plug-ins mehr in Audiokanäle geladen werden, weil das komplette Audiosystem inaktiv ist (siehe Abbildung 20.2).

Abbildung 20.2 Inaktives Plug-in

Ansonsten lautet die einfachste Lösung: Trennen Sie die Verbindung zu Ihrem Audiointerface, und warten Sie einen Moment. Falls Ihr Audiointerface eine eigene Stromversorgung hat, trennen Sie diese ebenfalls und starten Ihr Audiointerface neu. Falls Logic Ihnen mitteilt, dass das Audiointerface entfernt wurde, und vorschlägt, stattdessen die Ein- und Ausgänge des Computers zu benutzen, stimmen Sie zu. Schließen Sie Ihr Audiointerface wieder an. Geben Sie hierbei gegebenenfalls Logic genug Zeit, das Gerät neu zu finden und Core Audio neu zu initialisieren.

Manchmal hilft auch ein Programmneustart von Logic.

20.2.4 Probleme beim Öffnen eines Projekts

Wenn beim Starten des Projekts ein Plug-in nicht geladen werden kann und sich hierdurch das ganze Projekt nicht mehr öffnen lässt oder Logic abstürzt, gibt es einen Workaround. So etwas kann z. B. passieren, wenn Sie ein Plug-in verwenden, das eine Autorisation via iLok oder eLicenser benötigt und Sie das iLok oder den eLicenser gerade nicht zur Hand haben. Eine letzte Notlösung ist in so einem Fall die temporäre Deaktivierung der Core-Audio-Funktion in den allgemeinen EINSTELLUNGEN • AUDIO • GERÄTE (siehe Abbildung 20.1.) Hierdurch wird Logics Audiofunktion deaktiviert, und es werden überhaupt keine Plug-ins geladen. Stattdessen erscheinen diese als »fehlend« und sind im Kanalzug mit einem Ausrufezeichen markiert (Abbildung 20.2). Nun können Sie das Projekt in der Regel öffnen, das kritische Plug-in aus dem Kanalzug entfernen und anschließend Core Audio und das Projekt neu starten.

20.2.5 Inhalte fehlen, obwohl Logic mitteilt, dass alle Inhalte geladen sind

Im Internet haben mehrere User von solchen Problemen berichtet. Auch wenn angezeigt wird, dass alles geladen wurde, ist es dennoch in der Regel möglich, bestimmte Pakete zu selektieren und noch einmal neu zu laden, so dass sie anschließend ganz sicher vorhanden sind. Wenn Sie ein Projekt laden, bei dem Inhalte fehlen, bietet Logic in der Regel an, sie automatisch nachzuladen. Auch beim Öffnen von in GarageBand iOS erstellten Projekten musste Logic auf meinem System trotz eines komplett installierten Logics neue Inhalte aus dem Internet nachladen. Grund: Manche Inhalte stammen von GarageBand, wie z. B. einige neue Dubstep-Loops. Diese wurden in Logic als fehlend angezeigt, ich konnte sie nur via GarageBand laden (und zwar im Loop Browser über den Download-Button).

20.2.6 Synchronisationsprobleme von MIDI und Audio

Das Timing der Soundausgabe in Logic hängt von der Latenz bzw. Puffergröße ab, während der externe Klangerzeuger vor allem durch die langsame Übertragung von MIDI-Daten seinen Sound eventuell leicht verzögert ausgibt. Die letztgenannte Verzögerung ist aber nicht konstant, denn je mehr MIDI-Daten gesendet werden müssen, desto größer kann sie werden.

Und auch die Latenz kann je nach Systemauslastung variieren. Das betrifft dann die Synchronisation von MIDI und Audio. Hierbei kommen Sounds, die zusammengemischt werden, ja einerseits aus Logic, andererseits aus einem externen Klangerzeuger. Wenn MIDI-Daten an Software-Instrumente gesendet werden, geht es in der Regel etwas schneller, als wenn sie zu einem Hardware-Synth gelangen müssen.

Meine Erfahrung ist, dass es bei der Arbeit an einem komplexen Projekt über Stunden oder Tage sehr schwierig sein kann, beispielsweise Drums aus dem Computer und eine präzise 1/16-Hi-Hat aus einem externen Klangerzeuger zusammenzumischen. Wenn Sie es geschafft haben, dass beides zusammen richtig gut klingt, kann es sein, dass am nächsten Tag, beim nächsten Öffnen des Songs oder nach einiger Zeit intensiven Weiterarbeitens das Timing wieder leicht versetzt ist.

Wenn Sie MIDI ausschließlich an externe Klangerzeuger senden, taucht das Problem in der Regel nicht auf. Allenfalls holpern die gespielten Noten bei zu großen zu sendenden MIDI-Datenmengen etwas, was fast schon natürlich klingen kann.

Umgekehrt ist ein sehr tightes Timing zu erwarten, wenn Sie MIDI nur an interne Klangerzeuger senden. Signifikante Latenzprobleme bei Produktionen »in the Box« sind mir nur sehr selten begegnet, wenn, dann eher temporär. Ich habe in letzter Zeit MIDI-Spuren stets als Audio in Logic aufgenommen und damit weitergearbeitet.

20.2.7 Aufnahme in Logic ist nicht möglich

Ein möglicher Grund ist ein unter Ablage • Projekteinstellungen • Aufnahme eingestellter Aufnahmepfad, dessen Zugriffsrechte eine Aufnahme nicht erlauben.

Wenn Sie eine Drummer-Spur erstellt haben, ist diese nicht für die Aufnahme vorgesehen. Nutzen Sie stattdessen eine neue Software-Instrument-Spur mit dem gleichen Drumkit. Auch Aux-Kanäle, die in Spurstapeln enthalten sind, haben keinen Record-Button.

20.2.8 Ich höre keinen eingehenden Sound, obwohl mein Audiokanal scharf geschaltet ist; Input-Monitoring-Probleme

Schlagen Sie in Kapitel 5 über die Aufnahme im Allgemeinen und Audioaufnahme im Speziellen nach, was Sie sonst noch alles hierfür beachten und einstellen müssen. Wenn Sie sicher sind, alles richtig gemacht zu haben, muss ich leider sagen: Das ist Logics markantester Bug. Logic liefert manchmal kein zuverlässiges Input-Monitoring. Die Aktivierung des Input-Monitorings oder auch erst der Start der Aufnahme können helfen.

20.2.9 Ich höre etwas, obwohl ich nichts hören sollte

Die grafische Darstellung der Stummschaltung von Regionen ist manchmal irreführend. Manchmal scheint nichts zu spielen, trotzdem ist etwas zu hören. Im Beispielprojekt *20snare-*

toomuch hören Sie trotz ausgegrauter Region eine Snare. Das liegt daran, dass diese aus einem Einzel-Output herauskommt, es ist ja nur der Audiokanal des Instruments stumm geschaltet, nicht aber der zusätzliche Einzel-Output.

20.2.10 Hilfe, mein Logic sieht aus wie GarageBand, bestimmte Funktionen und Buttons fehlen

Aktivieren Sie alle erweiterten Werkzeuge unter LOGIC PRO • EINSTELLUNGEN • ERWEITERTE WERKZEUGE.

20.2.11 Audio-Edits: Flex Pitch und Flex Time; Tempoinformationen im File

Bei der Arbeit mit FLEX PITCH und Flex Time können Probleme auftauchen, die in den zugehörigen Abschnitten in Kapitel 9, »Tempo und ›Smart Tempo‹-Editor, Tuning, Timing und Groove«, behandelt wurden. Auch das Zurücksetzen oder Löschen der Flex-Marker oder im File gespeicherten Tempoinformationen funktioniert nicht immer wie erwartet. Eventuell hilft es, eine Region, bei der sich Flex unerwartet verhält, bei deaktiviertem Flex-Mode neu zu bouncen und Flex frisch erstmalig zu aktivieren. In Logic Pro scheinen zudem manchmal – insbesondere, aber nicht nur am Regionsende – bestimmte Positionen des Audiofiles beim Flex-Editing nicht mitzurutschen und verhalten sich, als ob zusätzliche Flex-Marker aktiv wären.

20.2.12 Probleme mit Apple Loops

Beim Duplizieren von Spuren, beim Editieren von Transienten oder beim einfachen Verwenden von Apple Loops habe ich Unregelmäßigkeiten wie unerklärliches, bruchstückhaftes Abspielen oder plötzliche Verlängerungen der Regionslängen bemerkt. Erzeugen Sie dann neue Spuren *nicht* via SPUR DUPLIZIEREN, sondern legen Sie manuell eine neue Spur an (und laden das gewünschte Patch neu). Probieren Sie alternativ, das Apple-Loop-File in ein neues, eigenständiges *.aiff*-File zu konvertieren. Auch wenn Sie einen Apple Loop in ein Sample-Instrument konvertieren wollen, wandeln Sie ihn zur Sicherheit in eine neue, unabhängige Datei im *.aif*-Format um. Außerdem: Insbesondere wenn Sie Apple Loops aus Spurstapel- oder multitimbralen Instrumenten erzeugen, aber auch manchmal, wenn nur Sends im Spiel sind, kann der Loop im Loop Browser, auf einer Instrumentenspur und auf einer Audiospur jeweils anders klingen.

20.2.13 Spurstapel

Regionen auf Spurstapel-Spuren, die Inhalte der enthaltenen Spuren anzeigen, sind nicht mit Längen- oder Loop-Tools bearbeitbar, das ist »normal«, vergleiche Abschnitt 6.7.11.

20

20.2.14 Probleme mit Automationsdaten

In immer seltener werdenden Fällen erhalten Sie unerwartete Ergebnisse beim Verschieben von Automationsdaten, z. B. wenn dort, wo Sie die Automation hinbewegen möchten, bereits Automationsdaten vorliegen. Ein Risikofaktor beim Verschieben von Automationsdaten in Logic ist der Umstand, dass Sie für denselben Channel-Strip mehrere Spuren oder neuerdings auch Spuralternativen anlegen können, dabei aber die gleiche Automation auf beiden Spuren verwendet wird.

20.2.15 Controller-Zuweisungen

Oft sind Bedienungsfehler und Kleinigkeiten, die Sie übersehen haben, die Ursache, wenn Controller-Zuweisungen nicht funktionieren, oft aber auch Logic-Bugs. Insbesondere die Zuweisung von Automation Quick Access (die ja automatisch immer neue temporäre Zuweisungen vornimmt) kann mit anderen Zuweisungen konkurrieren und (logischerweise) für ein Durcheinander sorgen. Ich empfehle die Nutzung von Automation Quick Access im Zusammenhang mit Controller-Fernsteuerungen entweder gar nicht – oder ausschließlich.

20.2.16 Teilen an Locator-Punkten; Songposition

In neueren Logic-Versionen hat bei mir manchmal der Befehl zum Teilen einer Region an Locator-Positionen nicht funktioniert. Außerdem war der Song Position Pointer bzw. Abspielmarker manchmal nicht zu sehen. Nach einem Neustart von Logic war das Problem normalerweise behoben.

20.2.17 Sonstige Bugs oder problematisches Verhalten

Folgendes unerwartete Verhalten von Logic ist mir begegnet oder wurde mir von anderen Usern angetragen:

- Nach dem Speichern oder Kopieren von *.exs*-Instrumenten, dem Umwandeln in eine Sampler-Spur oder nach einem ReCycle-Datei-Import werden manchmal unerklärlicherweise Dateien oder Sampler-Instrumente nicht gefunden. Machen Sie sicherheitshalber zwischendurch Backups Ihrer Projekte und verwendeten Audiodateien, und nutzen Sie die Funktion ABLAGE • PROJEKTVERWALTUNG • ZUSAMMENLEGEN, die ich in Abschnitt 3.1.6 besprochen habe. Ziehen Sie verwendete ReCycle-Dateien zur Sicherheit für den Fall der Fälle zusätzlich manuell in Ihren Projektordner. Selbst dann kann es noch passieren. Regionsbounces können eventuell helfen.
- Wenn Sie Ihre MIDI-Noten bei Takt 1 beginnen und Noten etwas vor Takt 1 gespielt wurden, kann es sein, dass Logic die Aufnahme oder eine Automation nicht richtig erfasst.

Lösung/Workaround: Beginnen Sie Ihr Projekt bzw. Ihre Aufnahme besser an einem etwas späteren Takt, um solche oder ähnliche Probleme zu vermeiden; das empfehle ich ohnehin generell.

20.2.18 Logic-User-Preferences löschen

Bei unerklärlichen Problemen mit Logic kann es helfen, die »versteckten« Logic-bezogenen User-Preferences zu löschen, die Sie ansonsten nicht anfassen sollten. Diese Lösung ist experimentell. Gehen Sie hierzu in den Ordner BENUTZER • LIBRARY • PREFERENCES (halten Sie im GEHE ZU ...-Menü des Finders die `alt`-Taste gedrückt, um den *Library*-Ordner zu erreichen). Löschen Sie dort Logic-Voreinstellungen (beginnend mit *com.apple...*, keine Gewähr bei Schäden). Sichern Sie bei Bedarf eigene Tastaturkurzbefehl-Sets, diese gehen ansonsten hierbei verloren. Eine weitere Alternative ist eine Neuinstallation über den App Store.

20.2.19 App-Store-Installation/-Update nicht möglich

Falls ein altes/anderes Logic auf einer anderen Festplatte oder in einem x-beliebigen Ordner herumliegt, kann es sein, dass der App Store Probleme hat, Logic auf Ihrer (Haupt-)Platte zu installieren. Unmounten Sie gegebenenfalls andere Festplatten, oder entfernen Sie alle anderen Logic-Versionen. Sonstige Probleme wegen Systemvoraussetzungen habe ich bereits in Kapitel 1 besprochen.

20.2.20 Drum Machine Designer

Nach Logic 10.2 wurden verwirrende und versteckte Optionen gesperrt, die in Version 10.1 vorhanden waren – z. B. die Möglichkeit, Instrumente wie *Battery* oder *Sculpture* für Pads (früher: Zellen genannt) zu nutzen. Logic 10.3 und 10.4 nutzte ausschließlich *Ultrabeat* im DRUM MACHINE DESIGNER. Nach Logic 10.5 hat sich das wieder geändert, und pro Pad können Instrumente aus der Library geladen werden.

Wenn Sie Samples auf DRUM MACHINE DESIGNER-Pads aus Logic 10.1 ziehen, passiert nichts. Nach Logic 10.2. wurde dann automatisch eine initialisierte *Ultrabeat*-Voice mit dem Sample erstellt.

Über den Autor

Heiner Kruse arbeitet seit 1994 als Musikproduzent; sein bekanntester Künstlername ist »The Green Man (TGM)« mit Schwerpunkt Drum & Bass und Dub. Er betreibt zudem seit 1997 das Label und die Veranstaltungsreihe »Basswerk«. Unter seinem bürgerlichen Namen hat er auch Ambient-Musik gemacht.

Musik komponieren, remixen, neue Techniken erforschen und darüber schreiben sowie als Dozent mit der Jugend im Austausch sein – dieses Wechselspiel mit Synergieeffekten lebt er seit vielen Jahren.

Seit einer Tour zum Album »You decide« auf Combination Records im Jahr 2001 gibt er regelmäßig Musikproduktions-Workshops. 2013 erschien sein Doppel-CD-Album »Sound Power« auf Basswerk, 2019 dann ein großes Kooperationsprojekt zum Jubiläum, wo er u. a. mit Künstlern wie Thorsten Quaeschning, Gregor Schwellenbach, Digital, Aqua Sky, Skarra Mucci, Kingz, Gourski, aber auch mit dem Kammerchor des Kölner Männer-Gesang-Vereins, der Opernsängerin Maria Kublashvili und anderen zusammenarbeitete.

Daneben gab es zahlreiche Releases auf internationalen Labels (z. B. Soundtrax, Dread UK 2016, Function UK 2020). Seine Musik wurde auch von CSI Miami, Arte, Current TV, Sky, dem Max-Ophüls-Preis, den Stadtwerken Düsseldorf, Jägermeister, Lichtfaktor, Jan Bonny und viele mehr für Filme verwendet.

Seine Arbeit als Autor umfasst auch Tests und Workshops, zuletzt vor allem für »professional audio« und »SynMag«, in letzter Zeit auch häufig über modulare Synthesizerthemen und auch in englischer Sprache. Er hat zuvor im Wizoo-Verlag ein in drei Auflagen erschienenes Buch »Musikproduktion mit Reason« und im Rheinwerk Verlag mit Benedikt Kampert ein Buch über GarageBand geschrieben. Er arbeitet auch als freiberuflicher Dozent für Musikproduktionskurse an der Akademie Deutsche Pop. Für »DVD Lernkurs« hat er diverse Tutorials (u. a. »Hands On Kontakt«, »Hands On Battery«) produziert.

Sein Sound als Künstler wird in der Presse oft als »cinematisch« beschrieben, so dass er ihn nun auch genreunabhängig und mit einem Stipendium des Musikfonds Berlin weiterentwickelt. Zuletzt beschäftigte er sich in Tests intensiv mit modularen Synthesizersystemen. Unter *www.youtube.com/basswerkrec* gibt es nicht nur eine kleine Werkschau seines Labels, sondern auch einige englischsprachige Tutorials.

Ergänzend zum Buch veröffentlicht er Tutorials auf *logichilfe.de*, die Sie teils auch bei Updates über die neuesten Logic-Features oder spezielle Themen informieren.

Künstler-Websites:

- *www.heinerkruse.de*
- *www.basswerk.de*
- *www.thegreenman.de*

Tutorial-Websites:

- *logichilfe.de*
- *sound.report*
- *sound.schule*

Index

B

C

D

E

F

G

H

I

J

K

L

M

N

O

P

Q

S

U

V

W

X

Z